LANGENSCHEIDT'S COMPACT FRENCH DICTIONARY

French-English
English-French

by

KENNETH URWIN

Docteur de l'Université de Paris
Docteur de l'Université de Caen

LANGENSCHEIDT

NEW YORK · BERLIN · MUNICH

This dictionary is also available in a larger type size in the Langenscheidt Standard Dictionary Series.

© 1968, 1988, 1989 Langenscheidt KG, Berlin and Munich
Printed in Germany

First Part

French-English

Contents
Table des matières

Preface

Language has two faces: one looking back, one looking forward. "Langenscheidt's Compact French Dictionary" has tried to take both of these aspects into account: In retaining some of yesterday's speech, it will help the user to grapple with the great 19th century authors, whether for school or for pleasure. At the same time, he will find language's path into the future staked out by such words as: *aiguilleur du ciel, alcootest, banlieue-dortoir, écologisme, microprocesseur, organigramme, rétro, télédistribution, etc., etc.*

Needless to say, a great deal of the material old and new is made up of phrases and phraselike expressions covering all registers of speech from everyday language down to slang.

A series of appendices to the dictionary proper gives a list of some common proper names, of common abbreviations, tables of numerals and weights and measures, and a list of model verbs to which the user is referred by the reference number with each verb in the vocabulary. Irregular forms of verbs have been given as separate entries.

The instructions on how to use this dictionary (pages 7–13) should be read carefully: they are intended to increase its practical value.

The phonetic transcription has been given in square brackets after each entry word, using the system of the International Phonetic Association.

It is hoped that this new dictionary will be an instrument for better understanding between peoples.

LANGENSCHEIDT

Préface

La langue a deux visages: l'un est tourné vers le passé, l'autre vers le futur. «Langenscheidt's Compact French Dictionary» s'efforce de tenir compte de ces deux aspects: En gardant une certaine partie du vocabulaire d'hier, il aidera l'utilisateur dans la lecture des auteurs classiques, que ce soit à l'école ou pour son plaisir personnel; mais d'autre part, pour rendre son dû à l'aspect «futuriste» de la langue, de nombreux «mots nouveaux» ont été introduits, comme par ex.: *aiguilleur du ciel, alcootest, banlieue-dortoir, écologisme, microprocesseur, organigramme, rétro, télédistribution, etc., etc.*

Il va sans dire qu'une bonne partie de ce dictionnaire consiste en phrases et expressions idiomatiques appartenant à tous les niveaux de langue.

En complément du dictionnaire proprement dit nous donnons une liste de noms propres, une autre des abréviations les plus courantes, ainsi que des tables d'adjectifs numéraux et de poids et de mesures et une table synoptique des conjugaisons à laquelle renvoie le numéro après chaque verbe. Les formes irrégulières des verbes se trouveront dans le vocabulaire sous forme de mots-souches indépendants.

Nous recommandons aux utilisateurs de lire attentivement les indications pour l'emploi de ce dictionnaire (pages 7–13), ce qui en relèvera la valeur pratique.

La prononciation figurée, placée entre crochets à la suite du mot-souche, est indiquée selon la méthode de l'Association Phonétique Internationale.

Puisse ce dictionnaire contribuer à une meilleure compréhension entre les peuples.

LANGENSCHEIDT

Directions for the use of this dictionary
Indications pour l'emploi de ce dictionnaire

1. **Arrangement.** The alphabetic order of the entry word has been observed throughout. Hence you will find, in their proper alphabetic order:

a) the irregular forms of nouns, adjectives, comparatives, adverbs, and those forms of irregular verbs from which the various tenses can be derived. Reflexive or pronominal verbs, however, will be found under the simple infinitive;

b) the various forms of the pronouns;

c) compound words.

2. **Homonyms** of different etymologies have been subdivided by exponents;

e.g. *mousse*[1] ship's boy ...
mousse[2] moss ...
mousse[3] blunt ...

3. **Differences in meaning.** The different senses of French words can be distinguished by:

a) explanatory additions given in italics after a translation;

e.g. *tombant* drooping (*moustache, shoulders*); sagging (*branch*); flowing (*hair*);

b) symbols and abbreviations before the particular meaning (see list on pages 10–11). If, however, the symbol or abbreviation applies to all translations alike, it is placed between the entry word and its phonetic transcription.

A semicolon is used to separate one meaning from another which is essentially different.

1. **Classement.** L'ordre alphabétique des mots-souches a été rigoureusement observé. Ainsi on trouvera dans leur ordre alphabétique:

a) les formes irrégulières des noms, des adjectifs, des comparatifs, des adverbes et, des verbes irréguliers, les formes dont on peut dériver les divers temps; toutefois les verbes réfléchis ou pronominaux se trouveront après l'infinitif simple;

b) les formes diverses des pronoms;

c) les mots composés.

2. Les **Homonymes** d'etymologie différente font l'objet d'articles différents distingués par un chiffre placé en haut derrière le mot en question;

p.ex. *mousse*[1] ship's boy ...
mousse[2] moss ...
mousse[3] blunt ...

3. **Distinction de sens.** Les différents sens des mots français se reconnaissent grâce à:

a) des additions explicatives, en italique, placées à la suite des versions proposées;

p.ex. *tombant* drooping (*moustache, shoulders*); sagging (*branch*); flowing (*hair*);

b) des symboles ou des définitions en abrégé qui les précèdent (voir liste, pages 10–11). Si, cependant, les symboles ou les abréviations se rapportent à l'ensemble des traductions, ils sont intercalés entre le mot-souche et la transcription phonétique.

Le point-virgule sépare une acception donnée d'une autre essentiellement différente.

4. **The gender** of French nouns is always given. In the case of adjectives the gender is not given unless there is a danger of misunderstanding.

5. **Letters in brackets** within an entry word indicate that the word may be spelt with or without the letter bracketed;

e.g. *immu(t)abilité* immutability.

6. **Conjugations of verbs.** The number given in round brackets after each French infinitive refers to the table of conjugations at the end of this volume (pages 570–598).

4. **Le genre grammatical** des noms français est toujours indiqué. Pour les adjectifs le genre est indiqué exceptionnellement pour éviter des malentendus.

5. **Les lettres entre parenthèses** dans les mots-souches indiquent qu'il est permis d'écrire le même mot de deux manières différentes;

p.ex. *immu(t)abilité* immutability.

6. **Conjugaisons des verbes.** Les chiffres donnés entre parenthèses à la suite de chaque verbe français renvoient à la table synoptique des conjugaisons à la fin de ce dictionnaire (pages 570–598).

Key to the symbols and abbreviations

Explication des symboles et des abréviations

1. Symbols

The tilde (∼, ∼) serves as a mark of repetition. To save space, compound entry words are often given with a tilde replacing one part.

The tilde in bold type (∼) replaces the entry word at the beginning of the entry;

e.g. **wagon** ...; **∼-poste** = wagon-poste.

The simple tilde (∼) replaces:

a) The entry word immediately preceding (which may itself contain a tilde in bold type), or in an illustrative example containing a feminine adjective, that part of the feminine adjective suppressed in the catchword;

e.g. **abattre** ...; s'∼ = s'abattre; **aéro...**; **∼statique** ...; *ballon m* ∼ = ballon aérostatique; **aphteux, -euse** *adj.*: *fièvre f* ∼*euse* = fièvre aphteuse;

b) within the phonetic transcription, the whole of the pronunciation of the preceding entry word, or of some part of it which remains unchanged;

e.g. **vénérable** [vene'rabl] ...; **vénération** [∼ra'sjɔ̃] = [venera'sjɔ̃] ...; **vénérer** [∼'re] = [vene're].

The tilde with circle (≗, ≗). When the first letter changes from capital to small or vice-versa, the usual tilde is replaced by a tilde with circle (≗, ≗);

e.g. **saint, sainte** ...; ≗-**Esprit** = Saint-Esprit; **croix** ...; ≗-*Rouge* = Croix-Rouge.

The other symbols used in this dictionary are:

1. Symboles

Le tilde (∼, ∼) est le signe de la répétition. Afin de gagner de la placé, souvent le mot-souche ou un de ses éléments a été remplacé par le tilde.

Le tilde en caractère gras (∼) remplace le mot-souche qui se trouve au début de l'article;

p.ex. **wagon** ...; **∼-poste** = wagon-poste.

Le tilde simple (∼) remplace:

a) le mot-souche qui précède (qui d'ailleurs peut également être formé à l'aide du tilde en caractère gras), ou dans une expression avec adjectif féminin l'élément de l'adjectif féminin supprimé dans le mot-souche;

p.ex. **abattre** ...; s'∼ = s'abattre; **aéro...**; **∼statique** ...; *ballon m* ∼ = ballon aérostatique; **aphteux, -euse** *adj.*: *fièvre f* ∼*euse* = fièvre aphteuse;

b) dans la transcription phonétique, la prononciation entière du mot-souche qui précède ou la partie qui demeure inchangée;

p.ex. **vénérable** [vene'rabl] ...; **vénération** [∼ra'sjɔ̃] = [venera'sjɔ̃] ...; **vénérer** [∼'re] = [vene're].

Le tilde avec cercle (≗, ≗). Quand la première lettre se transforme de majuscule en minuscule, ou vice versa, le tilde normal est remplacé par le tilde avec cercle (≗, ≗);

p.ex. **saint, sainte** ...; ≗-**Esprit** = Saint-Esprit; **croix** ...; ≗-*Rouge* = Croix-Rouge.

Les autres symboles employés dans ce dictionnaire sont:

10

F	colloquial, familier.	🚂	railway, Am. railroad, chemin de fer.
V	vulgar, vulgaire.	✈	aviation, aviation.
†	obsolete, vieilli.	♪	music, musique.
♀	botany, botanique.	△	architecture, architecture.
⊕	technology, technologie; mechanics, mécanique.	⚡	electricity, électricité.
⚒	mining, mines.	⚖	law, droit.
✕	military, militaire.	∧	mathematics, mathématique.
⚓	nautical, nautique; navy, marine.	🌾	agriculture, agriculture.
✝	commercial, commerce; finance, finances.	⚗	chemistry, chimie.
		🕮	medicine, médecine.
		▨	heraldry, blason.

2. Abbreviations – Abréviations

a.	also, aussi.	fut.	future, futur.
abbr.	abbreviation, abréviation.	geog.	geography, géographie.
adj.	adjective, adjectif.	geol.	geology, géologie.
admin.	administration, administration.	ger.	gerund, gérondif.
		gramm.	grammar, grammaire.
adv.	adverb, adverbe; adverbial phrase, locution adverbiale.	hist.	history, histoire.
		hunt.	hunting, chasse.
Am.	Americanism, américanisme.	icht.	ichthyology, ichtyologie.
anat.	anatomy, anatomie.	imper.	imperative, impératif.
approx.	approximately, approximativement.	impers.	impersonal, impersonnel.
		impf.	imparfait, imperfect.
archeol.	archeology, archéologie.	ind.	indicative, indicatif.
art.	article, article.	indef.	indefinite, indéfini.
astr.	astronomy, astronomie.	inf.	infinitive, infinitif.
attr.	attributively, attribut.	int.	interjection, interjection.
bibl.	biblical, biblique.	interr.	interrogative, interrogatif.
biol.	biology, biologie.	inv.	invariable, invariable.
box.	boxing, boxe.	Ir.	Irish, irlandais.
Br.	British, britannique.	iro.	ironically, ironiquement.
ch.sp.	childish speech, langage enfantin.	irr.	irregular, irrégulier.
		journ.	journalism, journalisme.
cin.	cinema, cinéma.	ling.	linguistics, linguistique.
cj.	conjunction, conjonction.	m	masculine, masculin.
co.	comical, comique.	metall.	metallurgy, métallurgie.
coll.	collective, collectif.	meteor.	meteorology, météorologie.
comp.	comparative, comparatif.	min.	mineralogy, minéralogie.
cond.	conditional, conditionnel.	mot.	motoring, automobilisme.
cost.	costume, costume.	mount.	mountaineering, alpinisme.
cuis.	cuisine, culinary art.	myth.	mythology, mythologie.
def.	definite, défini.	n	neuter, neutre.
dem.	demonstrative, démonstratif.	neg.	negative, négatif.
dial.	dialectal, dialectal.	npr.	nom propre, proper name.
dimin.	diminutive, diminutif.	num.	numeral, numéral.
eccl.	ecclesiastical, ecclésiastique.	oft.	often, souvent.
e.g.	exempli gratia, for example, par exemple.	opt.	optics, optique.
		orn.	ornithology, ornithologie.
esp.	especially, surtout.	o.s., o.s.	oneself, soi-même.
etc.	and so on, et cætera.	p.	person, personne.
f	feminine, féminin.	paint.	painting, peinture.
fig.	figuratively, sens figuré.	parl.	parliament, parlement.
foot.	football, football.	pej.	pejoratively, sens péjoratif.
Fr.	French, français.	pers.	personal, personnel.

phls.	*philosophy*, philosophie.	*s.th., s.th. something*, quelque chose.	
phot.	*photography*, photographie.		
phys.	*physics*, physique.	*su.*	*(= f + m) substantif*, noun.
physiol.	*physiology*, physiologie.	*su./f*	*substantif féminin*, feminine noun.
pl.	*plural*, pluriel.		
poet.	*poetic*, poétique.	*su./m*	*substantif masculin*, masculine noun.
pol.	*politics*, politique.		
poss.	*possessive*, possessif.	*sup.*	*superlative*, superlatif.
p.p.	*participe passé*, past participle.	*surv.*	*surveying*, arpentage.
		tel.	*telegraphy*, télégraphie.
p.pr.	*participe présent*, present participle.	*teleph.*	*telephony*, téléphonie.
		telev.	*television*, télévision.
pred.	*predicative*, prédicatif.	*tex.*	*textiles*, industries textiles.
pref.	*prefix*, préfixe.	*thea.*	*theatre*, théâtre.
pres.	*present*, présent.	*(TM)*	*trademark*, marque déposée.
pron.	*pronoun*, pronom.	*typ.*	*typography*, typographie.
prp.	*preposition*, préposition; *prepositional phrase*, locution prépositive.	*univ.*	*university*, université.
		USA	*United States of America*, États-Unis.
p.s.	*passé simple*, past tense.	*usu.*	*usually*, d'ordinaire.
psych.	*psychology*, psychologie.	*v/aux.*	*verbe auxiliaire*, auxiliary verb.
q.	*quelqu'un*, someone.		
qch.	*quelque chose*, something.	*vet.*	*veterinary*, vétérinaire.
qqf.	*quelquefois*, sometimes.	*v/i.*	*verbe intransitif*, intransitive verb.
recip.	*reciprocal*, réciproque.		
rel.	*relative*, relatif.	*v/impers.*	*verbe impersonnel*, impersonal verb.
rfl.	*reflexive*, réfléchi.		
sbj.	*subjunctive*, subjonctif.	*v/t.*	*verbe transitif*, transitive verb.
sc.	*scilicet*, namely, c'est-à-dire.		
Sc.	*Scottish*, écossais.	*vt/i.*	*verbe transitif et intransitif*, transitive and intransitive verb.
sg.	*singular*, singulier.		
sl.	*slang*, argot.	*zo.*	*zoology*, zoologie.
s.o., s.o.	*someone*, quelqu'un.		
sp.	*sports*, sport.		

The phonetic symbols of the International Phonetic Association

Signes phonétiques de l'Association Phonétique Internationale

A. Vowels

Note: In French the vowels are "pure", i.e. there is no slackening off or diphthongization at the end of the sound. Thus, the [e] of *né* [ne] has no tail as in English *nay* [nei].

[ɑ]   back vowel, mouth well open, tongue lowered, as in English *father*: long in *pâte* [pɑːt], short in *cas* [kɑ].

[ɑ̃]   [ɑ]-sound, but with some of the breath passing through the nose: long in *prendre* [prɑ̃ːdr], short in *banc* [bɑ̃].

[a]   clear front vowel, tongue further forward than for [ɑ] and corners of the mouth drawn further back: long in *page* [paːʒ], short in *rat* [ra].

[e]   closed vowel, tongue raised and well forward, corners of the mouth drawn back, though not as far as for [i]; purer than the vowel in English *nay*, *clay*, etc.: *été* [eˈte].

[ɛ]   open vowel, tongue less raised and further back than for [e], corners of the mouth drawn back but slightly less than for [e]; purer than the sound in English *bed*: long in *mère* [mɛːr], short in *après* [aˈprɛ].

[ɛ̃]   [ɛ]-sound, but with some of the breath passing through the nose: long in *plaindre* [plɛ̃ːdr], short in *fin* [fɛ̃].

[ə]   rounded sound, something like the **a** in English *about*: *je* [ʒə], *lever* [ləˈve].

[i]   closed vowel, tongue very high, corners of the mouth well back, rather more closed than [i] in English *sea*: long in *dire* [diːr], short in *vie* [vi].

[o]   closed vowel, tongue drawn back, lips rounded: no tailing off into [u] or [w] as in English *below*: long in *fosse* [foːs], short in *peau* [po].

[ɔ]   open **o** but closer than in English *cot*, with tongue lower, lips more rounded, mouth more open: long in *fort* [fɔːr], short in *cotte* [kɔt].

[ɔ̃]   [ɔ]-sound, but with some of the breath passing through the nose: long in *nombre* [nɔ̃ːbr], short in *mon* [mɔ̃].

[ø]   a rounded [e], pronounced rather like the **ir** of English *birth* but closer and with lips well rounded and forward: long in *chanteuse* [ʃɑ̃ˈtøːz], short in *peu* [pø].

[œ]   a rounded open **e** [ɛ], a little like the **ur** of English *turn* but with the tongue higher and the lips well rounded: long in *fleur* [flœːr], short in *œuf* [œf].

[œ̃]   the same sound as [œ] but with some of the breath passing through the nose: long in *humble* [œ̃:bl], short in *parfum* [par'fœ̃].

[u] closed vowel with back of the tongue raised close to the soft palate and the front drawn back and down, and lips far forward and rounded; rather like the **oo** of English *root* but tighter and without the tailing off into the [w] sound: long in *tour* [tu:r], short in *route* [rut].

[y] an [i] pronounced with the lips well forward and rounded: long in *mur* [my:r], short in *vue* [vy].

B. Consonants

Note: the consonant sounds not listed below are similar to those of English, except that they are much more dry: thus the [p] is not a breathed sound and [t] and [d] are best pronounced with the tip of the tongue against the back of the top teeth, with no breath accompanying the sound.

[j] a rapidly pronounced sound like the **y** in English *yes*: *diable* [dja:bl], *dieu* [djø], *fille* [fi:j].

[l] usually more voiced than in English and does not have its 'hollow sound': *aller* [a'le].

[ɲ] the "n mouillé", an [n] followed by a rapid [j]: *cogner* [kɔ'ɲe].

[ŋ] not a true French sound; occurs in a few borrowed foreign words: *meeting* [mi'tiŋ].

[r] in some parts of France the [r] may be sounded like a slightly rolled English [r], but the uvular sound is more generally accepted. It has been described as sounding like a short and light gargle: *ronger* [rɔ̃-'ʒe].

[ʃ] rather like the **sh** of English *shall*, never like the **ch** of English *cheat*: *chanter* [ʃɑ'te].

[ɥ] like a rapid [y], never a separate syllable: *muet* [mɥɛ].

[w] not as fully a consonant as the English [w]. It is half-way between the consonant [w] and the vowel [u]: *oui* [wi].

[ʒ] a voiced [ʃ]; it is like the second part of the sound of **di** in the English *soldier*, i.e. it does not have the [d] element: *j'ai* [ʒe]; *rouge* [ru:ʒ].

C. Use of the sign ' to mark stress

The stressed syllable is indicated by the use of ' before it. This is to some extent theoretical. Such stress as there is is not very marked and the presence of the ' may be considered a reminder that the word should not normally be stressed in any other syllable, especially if the word resembles an English one which *is* stressed elsewhere.

Though a stress-mark is shown for each word, all the words in one breath group will not in fact carry the stress indicated: thus, though *mauvai* may be transcribed [mɔ'vɛ], in *mauvais ami* there is only one main stress, on the *-mi*.

In words of one syllable only, the stress mark is not given.

D. Use of the sign : to mark length

When the sign [:] appears after a vowel it indicates that the duration of the vowel sound is rather longer than for a vowel which appears without it. Thus the [œ] of *feuille* [fœ:j] is longer than the [œ] of *feuillet*

[fœ'jɛ]. In unstressed syllables one frequently finds a semi-long vowel but this fine shade of duration has not been marked in the transcription.

A

A, a [a] *m* A, a.

a [a] *3rd p. sg. pres. of avoir 1.*

à [.] *prp. place*: at (*table, Hastings*), in (*Edinburgh*), on (*the wall*); *direction*: to, into; *distance*: at a distance of (*10 miles*); *origin*: from, of; *time*: at (*7 o'clock, this moment, his words*); in (*spring*); *sequence*: by (*twos*); for; *agent, instrument, etc.*: on (*horseback*); with; by (means of); *manner*: in; on (*condition, the occasion*); *price*: for (*two dollars*); at, by; *dative, possession*: donner qch. à q. give s.th. to s.o., give s.o. s.th.; *grâce à Dieu!* thank God!; *c'est à moi* this is mine; *c'est à moi de* (*inf.*) it is for me to (*inf.*); *un ami à moi* a friend of mine; *à terre* on *or* to the ground; *de la tête aux pieds* from head to foot; *prêt à* ready *or* willing to; *au secours!* help!; *à vingt pas d'ici* twenty steps *or* paces from here; *emprunter* (*arracher*) *à* borrow (tear) from; *c'est bien aimable à vous* that's very kind of you; *à l'aube* at dawn; *à la longue* at length; *au moment de* (*inf.*) on (*ger.*); *à le voir* seeing him; *à tout moment* constantly; *à demain* till tomorrow; *int.* see you tomorrow!; *à jamais* for ever; *à partir de ...* from ... (on); *mot à mot* word for word, literal(ly *adv.*); *quatre à quatre* four at a time; *peu à peu* little by little; *bateau m à vapeur* steamer, steamboat; *maison f à deux étages* two-storied house; ♪ *à quatre mains* for four hands; *verre m à vin* wineglass; *fait à la main* handmade; *à voix basse* in a low voice; *à la nage* swimming; *peinture f à l'huile* painting in oil; *aux yeux bleus* blue-eyed; *à dessein* on purpose; *à regret* reluctantly; *à merveille* excellently; *à prix bas* at a low price; *à mes frais* at my expenses; *à louer* to let; *à vendre* for sale; *à la bonne heure* well done!; fine!

abaissement [abɛs'mã] *m* lowering, sinking; *prices, temperature, etc.*: fall; falling; dropping; *water etc.*: abatement; *ground*: dip; *fig.* humbling, abasement; **abaisser** [abɛ'se] (1b) *v/t.* lower; *fig. a.* reduce; humble, bring low; *fig. a.* bring down (*a figure*), drop (*a perpendicular*), depress (*an equation*); s'~ fall, drop, go down; *fig.* humble o.s., lower o.s.; *fig.* s' ~ à descend *or* stoop to.

abajoue [aba'ʒu] *f zo.* cheek-pouch; F flabby cheek.

abandon [abã'dõ] *m* abandonment, forsaking; desertion; neglect; destitution; *rights*: surrender; lack of restraint, absence of reserve; *sp.* withdrawal; *à l'~* completely neglected; at random; *laisser tout à l'~* leave everything in confusion; **abandonner** [~dɔ'ne] (1a) *v/t.* forsake, abandon; leave; ⚖ surrender; renounce (*a claim, a right*); s'~ lose heart; neglect o.s.; give way *or* vent (to, à); give o.s. up (to, à), indulge (in, à).

abasourdir [abazur'di:r] (2a) *v/t.* stun; *fig.* dumbfound.

abat [a'ba] *m*: *pluie f d'~* downpour; ~s *pl.* offal *sg.*

abâtardir [abatar'di:r] (2a) *v/t.* impair; debase; s'~ deteriorate, degenerate; **abâtardissement** [~dis'mã] *m* deterioration, degeneration.

abat-jour [aba'ʒu:r] *m/inv.* lampshade; sun-blind; △ skylight.

abattage [aba'ta:ʒ] *m* knocking down, throwing down; *tree*: felling; clearing; *animals*: slaughter; *fig.* F dressing-down; ~ urgent forced slaughter; **abattant** [~'tã] *m* counter, table: flap; trapdoor; ~ de W.-C. lavatory seat; **abattement** [abat'mã] *m* prostration; dejection; ~ à la base personnal allowance; *Am.* exemption; **abattis** [~'ti] ✗ abatis; *cuis.* giblets *pl.*; *sl.* ~ *pl.* limbs; *sl.* numéroter ses ~ take stock of o.s.; **abattoir** [~'twa:r] *m* slaughterhouse; **abattre** [a'batr] (4a) *v/t.* knock down; fell; slaughter, destroy;

✈ bring *or* shoot down; *fig.* dishearten, depress, demoralize, wear out; ~ *de la besogne* get through a lot of work; *ne te laisse pas* ~ don't let things get you down; s'~ crash; fall; s'~ *sur* beat down on (*rain etc.*); swoop down on, pounce on; *fig.* hail down on; **abattu,e** *fig.* [aba'ty] depressed.
abat-vent [aba'vɑ̃] *m/inv.* chimney-cowl; ⚘ wind-break, cloche.
abbatial, e, *m/pl.* **-aux** [aba'sjal, ~'sjo] abbatial; **abbaye** [abe'ji] *f* abbey; *monks:* monastery; *nuns:* convent; **abbé** [a'be] *m* abbot; priest; *hist.* abbé; **abbesse** [a'bɛs] *f* abbess.
A B C [abe'se] *m* primer; spelling-book; *fig.* rudiments *pl.*
abcès ⚕ [ap'sɛ] *m* abscess.
abdication [abdika'sjɔ̃] *f* abdication; renunciation.
abdiquer [abdi'ke] (1m) *v/i.* abdicate; *v/t.* renounce (*s.th.*).
abdomen [abdɔ'mɛn] *m* abdomen.
abécédaire [abese'dɛ:r] *m* spelling-book; primer; *fig.* elements *pl.*
abeille [a'bɛ:j] *f* bee; ~ *mâle* drone; ~ *mère, reine f des* ~*s* queen (bee); ~ *ouvrière* worker (bee).
aberration [abɛra'sjɔ̃] *f* aberration.
abêtir [abɛ'ti:r] (2a) *v/t.* make stupid, stupefy; *s'*~ grow stupid.
abhorrer [abɔ're] (1a) *v/t.* loathe, detest.
abîme [a'bi:m] *m* abyss, chasm; **abîmer** [abi'me] (1a) *v/t.* spoil, damage, ruin; *sl.* beat up, smash; s'~ get spoilt *or* damaged *or* ruined; be plunged (in, *dans*).
abject, e [ab'ʒɛkt] contemptible, mean; abject; **abjection** [~ʒɛk'sjɔ̃] *f* baseness, abjection, meanness.
abjurer [abʒy're] (1a) *v/t.* abjure; retract, recant.
ablation ⚕ [abla'sjɔ̃] *f* removal, excision.
able *icht.* [abl] *m*, **ablette** *icht.* [a'blɛt] *f* bleak.
ablution [ably'sjɔ̃] *f* ablution (*a. eccl.*).
abnégation [abnega'sjɔ̃] *f* abnegation, self-denial, self-sacrifice.
abois [a'bwa] *m/pl.*: *aux* ~ at bay (*a. fig.*), hard pressed; **aboiement** [abwa'mɑ̃] *m* bark(ing), bay(ing).
abolir [abɔ'li:r] (2a) *v/t.* abolish, suppress; annul; repeal; **abolition** [~li'sjɔ̃] *f* abolition, suppression; ⚚ *debt:* cancelling; annulment.
abominable [abɔmi'nabl] abominable; heinous (*crime*); **abomination** [~na'sjɔ̃] *f* abomination; **abominer** [~'ne] (1a) *v/t.* abominate, loathe.
abondamment [abɔ̃da'mɑ̃] *adv. of abondant*; **abondance** [~'dɑ̃:s] *f* abundance; *en* ~ plentiful(ly *adv.*); *parler d'*~ extemporize; **abondant, e** [~'dɑ̃, ~'dɑ̃:t] plentiful, copious; abundant; abounding (in, *en*); **abonder** [~'de] (1a) *v/i.* be plentiful; abound (in, *en*).
abonné *m*, **e** *f* [abɔ'ne] *magazine, paper, telephone:* subscriber; *electricity, gas:* consumer; 🚂 *etc.* season-ticket holder, *Am.* commuter; **abonnement** [abɔn'mɑ̃] *m* subscription; *carte f d'*~ season-ticket, *Am.* commutation ticket; **abonner** [abɔ'ne] (1a) *v/t.*: ~ *q. à qch.* take out a subscription to s.th. for s.o.; s'~ *à* subscribe to; take (out) a season-ticket for.
abord [a'bɔ:r] *m* approach, access (to, *de*); manner, address; ~*s pl.* approaches, outskirts; *d'*~ (at) first; *de prime* ~ at first sight; *dès l'*~ from the outset; *d'un* ~ *facile* easy to approach; *tout d'*~ first of all; **abordable** [abɔr'dabl] accessible; ⚚ reasonable (*price*); **abordage** ⚓ [~'da:ʒ] *m* boarding, grappling; coming alongside; collision; **aborder** [~'de] (1a) *v/i.* ⚓ land, berth; *v/t.* ⚓ grapple; run down (*a ship*); *fig.* approach, tackle (*a problem*); *fig.* accost (*s.o.*); s'~ meet.
aborigène [abɔri'ʒɛn] **1.** *adj.* aboriginal; native; **2.** *su./m* aboriginal; ~*s pl.* aborigines.
abortif, -ve [abɔr'tif, ~'ti:v] **1.** *adj.* abortive; ⚕ abortifacient; **2.** *su./m* ⚕ abortifacient.
abouchement [abuʃ'mɑ̃] *m* † interview; ⊕ butt-joining; **aboucher** [abu'ʃe] (1a) *v/t.* join together; ⊕, *a.* ⚕ connect; ⊕ join end to end; s'~ confer.
aboulie *psych.* [abu'li] *f* aboulia, loss of will-power; **aboulique** *psych.* [~'lik] irresolute.
about ⊕ [a'bu] *m wood:* butt-end; **abouter** ⊕ [abu'te] (1a) *v/t.* join end to end; **aboutir** [~'tir] (2a) *v/i.* lead ([in]to, *à*), end (in, *à*); abut

acabit

(on, à); 🔥 come to a head, burst
(*abscess*); *fig.* succeed; **aboutissant,
e** [ˌti'sã, ˌ'sãːt] bordering, abut-
ting; **aboutissement** [ˌtis'mã] *m*
issue, outcome; *plan:* materializa-
tion; 🔥 *abscess:* bursting, coming
to a head.

aboyer [abwa'je] (1h) *v/i.* bark, bay;
aboyeur [ˌ'jœːr] *m* yelping dog;
fig. carping critic; *tout:* dun.

abrasif, -ve ⊕ [abra'zif, ˌ'ziːv] *adj.,
a. su./m* abrasive; **abrasion** 🔥
[ˌ'zjõ] *f* abrasion, scraping.

abrégé [abre'ʒe] *m* summary, précis;
abréger [ˌ] (1g) *v/t.* shorten, ab-
breviate.

abreuver [abrœ've] (1a) *v/t.* water;
soak; s'~ drink (*animal*); quench
one's thirst (*person*); **abreuvoir**
[ˌ'vwaːr] *m* horse-pond, trough,
watering place (*in a river*).

abréviation [abrevja'sjõ] *f* abbreviation; *a.* 👥 *sentence:* shortening.

abri [a'bri] *m* shelter, cover; ✕ dug-
out; air-raid shelter; ✕ ~ **atomique**
atomic shelter; ✕ ~ **bétonné** blockhouse, *sl.* pill-box; 🚗 ~ **de mécanicien** cab; **à l'~ de** sheltered from;
screened from; **mettre à l'~** shelter,
screen (from, *de*).

abricot [abri'ko] *m* apricot; **abricotier** [ˌkɔ'tje] *m* apricot-tree.

abriter [abri'te] (1a) *v/t.* shelter,
screen, protect, shield (from *de,
contre*); **s'~** take shelter *or* refuge.

abrivent [abri'vã] *m* ✕ sentry-box,
shelter; 🔨 screen, matting.

abroger [abrɔ'ʒe] (1e) *v/t.* abrogate,
repeal, rescind.

abrupt, e [a'brypt] abrupt; steep,
sheer; *fig.* rugged (*style*); blunt
(*words*).

abruti *m, e f sl.* [abry'ti] fool, idiot;
abrutir [ˌ'tiːr] (2a) *v/t.* stupefy,
brutalize; s'~ become sottish; **abrutissement** [ˌtis'mã] *m* brutishness;
degradation.

abscisse ⚠ [ap'sis] *f* abscissa.

absence [ap'sãːs] *f* absence; lack;
~ **d'esprit** absent-mindedness; **absent, e** [ˌ'sã, ˌ'sãːt] absent; *fig.*
absent-minded; **absentéisme** [ˌsã-
te'ism] *m* absenteeism; **absenter**
[ˌsã'te] (1a) *v/t.:* s'~ absent o.s.,
stay away; go away from home.

abside 🔺 [ap'sid] *f* apse.

absinthe [ap'sɛ̃ːt] *f* absinth; 🌿
wormwood.

absolu, e [apsɔ'ly] absolute; peremptory (*voice*); 🔥 pure (*alcohol*);
phys. zéro *m* ~ absolute zero
(—459.4° F.); **absolument** [apsɔly-
'mã] *adv.* absolutely, completely;
absolution [ˌ'sjõ] *f* absolution
(from, *de*); **absolutisme** [ˌ'tism]
m absolutism; **absolutoire** [ˌ'twaːr]
absolving.

absorber [apsɔr'be] (1a) *v/t.* absorb, soak up; imbibe; consume;
fig. engross; s'~ be absorbed (in,
dans); **absorption** [ˌsɔrp'sjõ] *f*
absorption (*a. fig.*).

absoudre [ap'sudr] (4bb) *v/t. eccl.,
a. fig.* absolve; exonerate; **absous,
-te** [ˌ'su, ˌ'sut] *p.p. of* absoudre.

abstenir [apstə'niːr] (2h) *v/t.:* s'~
refrain *or* abstain (from, *de*); *parl.* s'~
(*de voter*) abstain (from voting); **abstention** [ˌtã'sjõ] *f* abstention (from,
de); renunciation.

abstinence [apsti'nãːs] *f* abstinence; abstention (from, *de*); *faire*
~ **de** abstain from (*s.th.*); **abstinent, e** [ˌ'nã, ˌ'nãːt] **1.** *adj.* abstemious, sober; **2.** *su.* total abstai-
ner, teetotaller.

abstraction [apstrak'sjõ] *f* abstraction; ~s *pl.* vagueness *sg.*; ~ *faite de
cela* leaving that aside; apart from
that; *faire* ~ *de qch.* leave s.th. out
of account, disregard s.th.; *se perdre dans des* ~s be lost in thought.

abstraire [aps'trɛːr] (4ff) *v/t.* abstract, isolate; s'~ become en-
grossed (in *dans, en*); **abstrait, e**
[ˌ'trɛ, ˌ'trɛt] abstracted; abstract
(*idea*); abstruse (*problem, subject*).

abstrus, e [aps'try, ˌ'tryːz] abstruse; obscure; recondite.

absurde [ap'syrd] **1.** *adj.* absurd;
2. *su./m: tomber dans l'~* become
ridiculous; **absurdité** [ˌsyrdi'te] *f*
absurdity, nonsense.

abus [a'by] *m* abuse, misuse (of, *de*),
error; ~ **de confiance** breach of trust;
faire ~ **de** abuse; overindulge in;
abuser [aby'ze] (1a) *v/t.* mislead;
deceive; s'~ be mistaken; *v/i.:* ~ **de**
misuse; take unfair advantage of;
impose upon; delude; **abusif, -ve**
[ˌ'zif, ˌ'ziːv] excessive; *gramm.* contrary to usage, improper.

abyssal, e, m/pl. -aux [abi'sal, ˌ'so]
deep-sea...; **abysse** [a'bis] *m* deep
sea.

acabit F [aka'bi] *m* quality, nature;

du même ~ tarred with the same brush.

acacia ♀ [aka'sja] *m* acacia.

académicien [akademi'sjɛ̃] *m* academician; **académie** [~'mi] *f* academy; learned society; school (*of art etc.*); *paint.* nude; *in France:* educational district; **académique** [~'mik] academic; pretentious (*style*).

acagnarder [akaɲar'de] (1a) *v/t.:* s'~ idle, laze.

acajou [aka'ʒu] *m* mahogany.

acanthe ♀ [a'kɑ̃:t] *f* acanthus (*a.* △), brank-ursine.

acariâtre [aka'rjɑːtr] quarrelsome; peevish; shrewish; nagging.

accablant, e [aka'blɑ̃, ~'blɑ̃:t] overwhelming (*proof, emotions*); crushing, oppressive (*heat*); **accablement** [~blə'mɑ̃] *m* dejection; 🜂 prostration; 🜂 pressure; **accabler** [~'ble] (1a) *v/t.* overwhelm (with, de); overpower, crush.

accalmie [akal'mi] *f* 🜊, ♧, *a. fig.* lull; 🜊 slack period.

accaparement [akapar'mɑ̃] *m* hoarding; *fig.* F monopolizing; **accaparer** [~'re] (1a) *v/t.* corner, hoard; *fig.* F monopolize (*the conversation*); *fig.* seize; *fig.* take up (*time, energy, etc.*); *fig.* take up the time (and energy) of (*s.o.*); **accapareur** *m*, **-euse** *f* [~'rœːr, ~'røːz] *supplies:* buyer-up; monopolizer; *fig.* F hoarder; grabber.

accéder [akse'de] (1f) *v/i.:* ~ *à* have access to; accede to (*a request*).

accélérateur, -trice [akselera'tœːr, ~'tris] 1. *adj.* accelerating; 2. *su./m* accelerator; ~ *de particules* particle accelerator; **accélération** [~ra'sjɔ̃] *f* acceleration; *work-rhythm:* speeding up; *mot.* pédale *f* d'~ accelerator; **accélérer** [~'re] (1f) *v/i.* accelerate (*a. mot.*); *mot. sl.* step on the gas; *v/t. fig.* expedite, quicken; s'~ become faster.

accent [ak'sɑ̃] *m* accent; stress; emphasis; pronunciation; **accentuation** [aksɑ̃tɥa'sjɔ̃] *f* stress(ing); accentuation; **accentuer** [~'tɥe] (1n) *v/t.* stress; accentuate; emphasize; *fig.* strengthen.

acceptable [aksɛp'tabl] acceptable; satisfactory; **acceptation** [~ta'sjɔ̃] *f* acceptance (*a.* †); **accepter** [~'te] (1a) *v/t.* accept; agree to; accep-

teur † [~'tœːr] *m* drawee, acceptor; **acception** [~'sjɔ̃] *f* meaning, sense; *sans* ~ *de personne* without respect of persons; *dans toute l'*~ *du mot* in the full meaning *or* in every sense of the word.

accès [ak'sɛ] *m* access, approach; *anger, fever:* attack; fit; *par* ~ by fits and starts; **accessible** [aksɛ'sibl] accessible; approachable (*person*); **accession** [~'sjɔ̃] *f* accession; adherence; ~ *à la propriété* home ownership; ~ *du travail* rehabilitation; **accessoire** [~'swaːr] 1. *adj.* accessory; *occupation f* ~ subsidiary occupation, side-line; 2. *su./m* accessory; subsidiary topic *or* matter; *thea.* ~s *pl.* properties, *sl.* props.

accident [aksi'dɑ̃] *m* accident (*a. phls.*); ♩ accidental; ~ *de* (*la*) *circulation* road accident; ~ *de personne* casualty; ~ *de terrain* unevenness, undulation; *par* ~ accidentally; **accidenté, e** [aksidɑ̃'te] 1. *adj.* uneven, irregular (*ground*); chequered (*life*); 2. *su.* injured person, casualty; **accidentel, -elle** [~'tɛl] accidental, unintentional, casual; **accidenter** [~'te] (1a) *v/t.* vary (*one's style*); make picturesque, give variety to (*a landscape*); injure, damage; s'~ have an accident; **accidenteur** [~'tœːr] *m* party who causes an *or* the accident.

acclamation [aklama'sjɔ̃] *f* acclamation, applause; **acclamer** [~'me] (1a) *v/t.* acclaim, applaud, cheer.

acclimatation [aklimata'sjɔ̃] *f* acclimatization; *jardin m d'*~ Zoo; Botanical Gardens *sg.*; **acclimater** [~'te] (1a) *v/t.* acclimatize (to, à); s'~ become acclimatized.

accointance [akwɛ̃'tɑ̃:s] *f* oft. pej. intimacy, intercourse; *avoir des* ~s *avec* have dealings with; **accointer** [~'te] (1a) *v/t.:* s'~ *de* (*or avec*) *q.* enter into relations with s.o.

accolade [ako'lad] *f* embrace; accolade; F hug; *typ. a.* bracket, brace (⌒); **accolage** ✍ [~la'ʒ] *m* fastening to an espalier; **accoler** [~'le] (1a) *v/t.* couple; brace, bracket; tie up (*a plant*).

accommodage [akɔmɔ'da:ʒ] *m* *food:* preparation, dressing; **accommodant, e** [~dɑ̃, ~'dɑ̃:t] accommodating, easy to deal with, good-natured; **accommodation**

[~da'sjõ] *f* adaptation; **accommo-dement** [akɔmɔd'mɑ̃] *m* compromise, arrangement; ♱ agreement; **accommoder** [~mɔ'de] (1a) *v/t.* fit, adapt (to, *à*); prepare, dress (*food*); s'~ *à* adapt o.s. to; s'~ *de* put up with, make the best of.

accompagnateur *m*, **-trice** *f* [akõpaɲa'tœːr, ~'tris] ♪ accompanist; escort (of a tour); **accompa-gnement** [~paɲ'mɑ̃] *m* attendance; accompaniment (*a.* ♪); **accompa-gner** [~pa'ɲe] (1a) *v/t.* accompany; escort.

accomplir [akõ'pliːr] (2a) *v/t.* accomplish, achieve; complete; **ac-complissement** [~plis'mɑ̃] *m* accomplishment, achievement; completion.

accord [a'kɔːr] *m* agreement; harmony; ♪ chord; pitch; *gramm.* concordance, agreement (*a. pol.*); *pol.* treaty; ~ *commercial* trade agreement; *d'~* agreed!; *d'un commun* ~ by common consent, by mutual agreement; *tomber d'~* agree, reach an agreement; **accordable** [akɔr'dabl] reconcilable; grantable; ♪ tunable; **accordage** ♪ [~'daːʒ] *m* tuning; **ac-cordailles** [~'daːj] *f/pl.* † betrothal *sg.*; **accordéon** ♪ [~de'õ] *m* accordion; concertina; *fig.* *en* ~ crumpled (up); **accordéoniste** [~deɔ'nist] *m* accordion player; **accorder** [~'de] (1a) *v/t.* grant; match; ♪, *a. radio:* tune; s'~ agree (*a. gramm.*); harmonize (with, *avec*); **accordeur** *m*, **-euse** *f* ♪ [~'dœːr, ~'døːz] tuner.

accorte [a'kɔrt] *adj./f* pleasing, winsome.

accostable [akɔs'tabl] approachable; **accostage** ♣ [~'taːʒ] *m* boarding; drawing alongside (of, *de*); **ac-coster** [~'te] (1a) *v/t.* ♣ berth; board; ~ *q.* accost s.o., F go up to s.o.; greet s.o.

accotement [akɔt'mɑ̃] *m mot.*, ♣ shoulder; verge (*of road*); ~ *stabilisé* hard shoulder; ~ *non stabilisé* no hard shoulder, *Br. a.* soft verges; **accoter** [akɔ'te] (1a) *v/t.* lean, rest (against *contre*, *à*; on, *sur*); s'~ lean (against, *contre*); **accotoir** [~'twaːr] *m* armrest.

accouchée [aku'ʃe] *f* woman in childbed; **accouchement** [akuʃ'mɑ̃] *m* confinement; ~ *laborieux* difficult confinement; ~ *sans dou-*

leur painless delivery; **accoucher** [aku'ʃe] (1a) *v/i.* be delivered (of, *de*), give birth (to, *de*); *fig.* ~ *de qch.* bring s.th. forth; *v/t.* deliver (*a woman*); **accoucheur** [~'ʃœːr] *m* obstetrician; **accoucheuse** [~'ʃøːz] *f* midwife.

accouder [aku'de] (1a) *v/t.:* s'~ lean (on one's elbows); **accoudoir** [~'dwaːr] *m* arm-rest, elbow-rest; balustrade, rail.

accouple [a'kupl] *f* leash; **accou-plement** [akuplə'mɑ̃] *m* coupling (*a. radio*); pairing; ⚡ connecting; ⚗ copulation; ⊕ ~ *articulé* joint coupling; ⚡ ~ *en série* series connection; **accoupler** [~'ple] (1a) *v/t.* couple (up) (*a.* 🚋); ⚡ connect, group; *fig.* join; s'~ mate.

accourcir [akur'siːr] (2a) *v/t.* curtail; shorten; **accourcissement** [~sis'mɑ̃] *m* shortening.

accourir [aku'riːr] (2i) *v/i.* hasten (up), run up.

accoutrement [akutrə'mɑ̃] *m* dress, F get-up; **accoutrer** [~'tre] (1a) *v/t.* equip; rig (*s.o.*) out (in, *de*).

accoutumance [akuty'mɑ̃ːs] *f* habit, use, usage; **accoutumé, e** [~'me] **1.** *adj.* accustomed (to, *à*); *à l'~e* usually; **2.** *su.* regular visitor; **accoutumer** [~'me] (1a) *v/t.* accustom (*s.o.*) (to, *à*).

accouvage [aku'vaːʒ] *m* artificial incubation.

accréditer [akredi'te] (1a) *v/t.* accredit (*an ambassador*); confirm (*a story*); credit; authorize; s'~ gain credence; **accréditeur** [~'tœːr] *m* guarantor; surety; **accréditif** [~'tif] *m* ♱ (letter of) credit; credential.

accroc [a'kro] *m clothes:* rent, tear; *fig.* hitch; *fig.* impediment; *sans* ~*s* smooth(ly *adv.*).

accrochage [akrɔ'ʃaːʒ] *m* hooking; *picture:* hanging; accumulation; *box.* clinch; *radio:* picking-up; ✕ engagement; clash (*with the police*); F squabble; **accroche-cœur** [akrɔʃ'kœːr] *m* kiss-curl; **accroche-ment** [~'mɑ̃] *m* hooking; *fig.* difficulty; ⊕ coupling; **accrocher** [akrɔ'ʃe] (1a) *v/t.* hang (up) (on, *from à*); collide with (*a vehicle*); hook; catch; ♣ grapple; ✕ engage; *radio:* pick up; *sl.* pawn (*a watch*); F buttonhole (*s.o.*); s'~ cling (to, *à*); get

caught (on, à); box. clinch; ⚓
follow closely; F have a set-to;
accrocheur, -euse [-'fœːr, -'føːz]
tenacious, persistent; eye-catching,
catchy; c'est un ~ he's a sticker.

accroire [a'krwaːr] (4n) v/t.: (en)
faire ~ qch. à q. delude s.o. into
believing s.th.; s'en faire ~ over-
estimate o.s.

accroissement [akrwas'mã] m
growth; increase; ⚕ function: increment.

accroître [a'krwaːtr] (4o) v/t. increase; v/i. a. s'~ grow.

accroupir [akru'piːr] (2a) v/t.: s'~
crouch (down); squat (down).

accru, e [a'kry] 1. p.p. of accroître;
2. su./f accretion, extension.

accu F [a'ky] m ⚡ accumulator; battery; (re)charger (or régénérer) l'~
charge the accumulator.

accueil [a'kœːj] m reception, greeting; ⚕ faire (bon) ~ à une traite
hono(u)r a bill; faire bon ~ à welcome
(s.o.); **accueillant, e** [akœ'jã,
~'jãːt] affable; **accueillir** [~'jiːr]
(2c) v/t. welcome, greet, receive;
⚕ hono(u)r (a bill).

acculer [aky'le] (1a) v/t. drive into
a corner or to the wall; s'~ set one's
back (against à, contre).

accumulateur, -trice [akymyla-
'tœːr, ~'tris] su. hoarder; fig. miser;
su./m ⚡ accumulator; **accumuler**
[~'le] (1a) v/t. accumulate.

accusateur, -trice [akyza'tœːr,
~'tris] 1. adj. incriminating; accus-
ing; 2. su. accuser; su./m ⚖ hist. ~
public Public Prosecutor; **accusation** [~zɑ'sjõ] f accusation; charge;
accusé, e [~'ze] 1. adj. accused;
prominent (feature); 2. su. accused;
su./m: ⚕ ~ de réception acknowl-
edgement (of receipt); **accuser**
[~'ze] (1a) v/t. accuse; fig. emphasize, bring out; show; ⚕ réception acknowledge receipt (of, de); s'~
stand out; accuse o.s.

acéphale zo. [ase'fal] acephalous,
headless.

acerbe [a'sɛrb] tart; fig. sharp;
acerbité [asɛrbi'te] f acerbity;
tartness; sharpness.

acéré, e [ase're] sharp, keen; fig.
mordant (criticism); **acérer** [~] (1f)
v/t. steel; fig. sharpen, give edge to.

acétate ⚗ [ase'tat] m acetate; ~
d'alumine acetate of alumina; ~ de

cuivre verdigris; **acéteux, -euse**
[~'tø, ~'tøːz] acetous; **acétique**
[~'tik] acetic; **acétone** [~'ton] f
acetone; **acétylène** [~ti'lɛn] m
acetylene.

achalandage [aʃalã'daːʒ] m cus-
tom(ers pl.); **achalandé, e** [~'de]:
bien ~ well-stocked; † with a large
custom (shop); **achalander** [~'de]
(1a) v/t. provide with custom.

acharné, e [aʃar'ne] keen; fierce,
bitter; strenuous; relentless; **acharnement** [~nə'mã] m tenacity; re-
lentlessness; fury; stubbornness;
acharner [~'ne] (1a) v/t.: s'~ à be
intent on; slave at; s'~ sur (or contre)
be implacable towards.

achat [a'ʃa] m purchase; purchasing; ⚕ pouvoir m d'~ purchasing
power.

acheminement [aʃmin'mã] m progress, course (towards, vers); ⚕ etc.
routing; **acheminer** [~mi'ne] (1a)
v/t. put on the way; train (a horse); ⚕
etc. route, forward (to sur, vers); s'~
make one's way (towards vers, sur).

acheter [aʃ'te] (1d) v/t. buy, purchase; fig. bribe; ~ qch. à q. buy s.th.
from s.o.; buy s.th. for s.o., buy s.o.
s.th.; ~ cher (bon marché) buy at a
high price (cheap); **acheteur** m,
-euse f [~'tœːr, ~'tøːz] purchaser,
buyer.

achèvement [aʃɛv'mã] m completion, conclusion; **achever** [aʃ've]
(1d) v/t. finish, complete; F do for;
s'~ draw to a close; v/i.: ~ de (inf.)
finish (ger.).

achillée ♥ [aki'le] f milfoil, yarrow.

achoppement [aʃɔp'mã] m stumble; knock; pierre f d'~ stum-
bling-block; **achopper** [aʃɔ'pe] (1a)
v/i. a. s'~ stumble (over sur; against,
à); fig. come to grief.

achromatique opt. [akrɔma'tik]
achromatic.

acide ⚗ [a'sid] 1. adj. sharp, tart,
acid; 2. su./m acid; ~ chlorhydrique
hydrochloric acid; ~ sulfurique sulphuric acid; **acidification** [asidifi-
ka'sjõ] f acidification; **acidimètre**
[~'mɛtr] m acidimeter; **acidité** [~'te]
f acidity, sourness; **acidulé, e**
[asidy'le] acidulated; bonbons m/pl.
~s acid drops; **aciduler** [~] (1a) v/t.
turn sour; acidulate.

acier [a'sje] m steel; ~ à précontrainte
pre-stressed steel; ~ au tungstène

tungsten steel; ~ *coulé* (*or fondu*) cast steel; ~ *doux* mild steel; ~ *laminé* rolled steel; ~ *spécial* high-grade steel; ~ *trempé* hardened *or* tempered steel; *d'~* steel(y), of steel; **aciérage** ⊕ [asje'ra:ʒ] *m* steeling; *bain m d'~* steel bath; **aciérer** [~'re] (1f) *v/t.* steel, acierate; **aciérie** ⊕ [~'ri] *f* steelworks *usu. sg.*

acné ✻ [ak'ne] *f* acne.

acolyte [akɔ'lit] *m eccl.* acolyte; *fig.* associate, confederate.

acompte [a'kɔ:t] *m* down payment, deposit, payment on account; instalment; F *fig.* foretaste; *par ~s* by instalments.

aconit ♀ [akɔ'nit] *m* aconite, monk's-hood.

acoquiner [akɔki'ne] (1a) *v/t. oft. pej. s'~ avec q.* take up with s.o.

à-côté [akɔ'te] *m remark*: aside; *side-issue; ~s pl.* purlieus.

à-coup [a'ku] *m* jolt, jerk, sudden stop; *par ~s* by fits and starts; *sans ~s* smooth(ly *adv.*).

acoustique [akus'tik] **1.** *adj.* acoustic; *appareil m ~* hearing-aid; **2.** *su./f* acoustics *pl.*

acquéreur [ake'rœ:r] *m* purchaser, buyer; acquirer; **acquérir** [~'ri:r] (21) *v/t.* acquire, obtain; win (*esteem, friends*); *fig. ~ droit de cité* become naturalized; *v/i.* improve; **acquerrai** [aker're] *1st p. sg. fut. of acquérir.*

acquêt ⚖ [a'kɛ] *m* acquisition, *~s pl.* common property *sg.* (*in marriage*).

acquièrent [a'kjɛ:r] *3rd p. pl. pres. of acquérir;* **acquiers** [~] *1st p. sg. pres. of acquérir.*

acquiescement [akjɛs'mã] *m* acquiescence (in, *à*); consent; **acquiescer** [akje'se] (1k) *v/i.* acquiesce (in, *à*), agree (to, *à*).

acquis¹ [a'ki] *1st p. sg. p.s. of acquérir.*

acquis², e [a'ki, ~'ki:z] **1.** *p.p. of acquérir;* **2.** *adj.* acquired, gained; established (*fact*); **3.** *su./m* attainments *pl.*, experience; **acquisition** [akizi'sjõ] *f* acquisition, acquiring; purchase; *fig. ~s pl.* attainments.

acquit [a'ki] *m* discharge, release; † receipt (for, *de*); ~ *de transit Customs:* transire; *par ~ de conscience* for conscience sake; *for form's sake;* F *par manière d'~ as*

a matter of form; † *pour ~* paid, received with thanks; ~**-à-caution,** *pl.* ~**s-à-caution** [akiako'sjõ] *m Customs:* permit; **acquittement** [akit'mã] *m debt:* discharge; ⚖ acquittal; **acquitter** [aki'te] (1a) *v/t.* unburden (*one's conscience*); ⚖ acquit; † discharge (*a debt*); † receipt (*a bill, a note*); fulfil (*an obligation*); ~ *q. de qch.* release s.o. from s.th.; *s'~ de* discharge (*a debt*); perform, fulfil (*a duty*).

acre ⚖ [akr] *m* acre.

âcre [a:kr] tart, sharp; *fig.* caustic (*remark*); **âcreté** [akrə'te] *f* bitterness, acidity.

acrimonie [akrimɔ'ni] *f* acrimony; bitterness; **acrimonieux, -euse** [~'njø, ~'njø:z] acrimonious, bitter.

acrobate [akrɔ'bat] *su.* acrobat, tumbler; **acrobatie** [~ba'si] *f* acrobatics *pl.;* ~ (*aérienne*) aerobatics *pl.*

acte [akt] *m* act (*a. thea.*); deed (*a. ⚖*); ⚖ title; bill (*of sale*); ⚖ writ; ~*s pl.* learned society: transactions; records; *bibl. ~s pl. des Apôtres* Acts of the Apostles; ⚖ ~ *civil* civil marriage; ~ *de décès* death-certificate; ~ *notarié* notarial deed; *faire ~ de présence* put in an appearance; *prendre ~ de* take note of; **acteur** [ak'tœ:r] *m* actor.

actif, -ve [ak'tif, ~'ti:v] **1.** *adj.* active; busy; alert; **2.** *su./m* † assets *pl.*, credit (side); *gramm.* active voice.   [actinotherapy.]

actinothérapie ✻ [aktinɔtera'pi] *f/*

action [ak'sjõ] *f* action, act; exploit; *water:* effect; *machine:* working; *thea.* gesture; ⚖ action, lawsuit; ✕ engagement; † share(-certificate), *Am.* stock; *eccl.* ~ *de grâces* thanksgiving; ~ *de mine* mining-share; *champ m d'~* sphere of action; **actionnaire** [aksjɔ'nɛ:r] *su.* shareholder, *Am.* stockholder; **actionnariat** [~nar'ja] *m* (~ *ouvrier*, ~ *des salariés* employee) shareholding; **actioner** [~'ne] (1a) *v/t.* ⚖ sue; ⊕ set in motion; operate (*a machine*); urge on; *s'~* bestir o.s.

activer [akti've] (1a) *v/t.* stir up, push on; expedite; *s'~* busy o.s. (with, *à*); **activité** [~vi'te] *f* activity; briskness.

actrice [ak'tris] *f* actress.

actualité [aktɥali'te] *f* actuality,

**reality; topical question; ~s pl. cin. news-reel sg., F news sg.; radio: current events; d'~ topical.

actuel, -elle [ak'tµɛl] current, present.

acuité [akµi'te] f acuteness (a. 🎯); sharpness, keenness.

acupuncteur, acuponcteur [akypɔ̃k'tœːr] m acupuncturist; **acupuncture, acuponcture** [~'tyːr] f acupuncture.

acutangle 📐 [aky'tɑ̃ːgl] acute-[angled.]

adage [a'daːʒ] m adage, saying, saw.

adamantin, e [adamɑ̃'tɛ̃, ~'tin] adamantine.

adaptabilité [adaptabili'te] f adaptability, adaptableness; **adaptable** [adap'tabl] adaptable; **adaptateur** phot., telev. [~ta'tœːr] m adapter; **adaptation** [~ta'sjɔ̃] f adaptation; adjustment; **adapter** [~'te] (1a) v/t. adapt, adjust (s.th. to s.th., qch. à qch.); s'~ à qch. adapt o.s. to s.th.; fit s.th.

additif [adi'tif] m additive; **addition** [adi'sjɔ̃] f addition; accretion; restaurant: bill, Am. or F check; **additionnel, -elle** [adisjɔ'nɛl] additional; impôt m ~ surtax; **additionner** [~'ne] (1a) v/t. add up, tot up; add (to, à); ~ un liquide de qch. add s.th. to a liquid, mix or dilute a liquid with s.th.; additionné de sucre with sugar added.

adénite [ade'nit] f adenitis.

adéno... [adeno] glandular, adeno...

adent ⊕ [a'dɑ̃] m dovetail, tenon.

adepte [a'dɛpt] su. adept; initiate.

adéquat, e [ade'kwa, ~'kwat] adequate.

adhérence [ade'rɑ̃ːs] f adherence; adhesion (a. 🚗, phys.); **adhérent, e** [~'rɑ̃, ~'rɑ̃ːt] 1. adj. adhesive; adherent (to, à); 2. su. adherent, supporter; **adhérer** [~'re] (1f) v/i.: ~ à adhere or cling to; hold (an opinion); join, support (a party); mot. grip (the road).

adhésif, -ve [ade'zif, ~'ziːv] adhesive, sticky; emplâtre m ~ adhesive plaster; **adhésion** [~'zjɔ̃] f adhesion (a. fig.).

adieu [a'djø] 1. int. farewell!; goodbye!; dire ~ à say goodbye or farewell to; fig. give up or renounce (s.th.); 2. su./m: ~x pl. farewell sg., leave-taking sg.; faire ses ~x (à) say good-bye (to); take one's leave (of).

adipeux, -euse [adi'pø, ~'pøːz] adipose, fatty; **adipose** [~'poːz] f adiposis; **adiposité** [~pozi'te] f adiposity, fatness.

adirer 📐📐 [adi're] (1a) v/t. lose, mislay (documents).

adjacent, e [adʒa'sɑ̃, ~'sɑ̃ːt] adjacent, contiguous (to, à); être ~ à border on, adjoin; rue f ~e side-street.

adjectif [adʒɛk'tif] m adjective.

adjoindre [ad'ʒwɛ̃ːdr] (4m) v/t. unite, associate; appoint as assistant; enrol(l); s'~ à join with (s.o.); **adjoint, e** [~'ʒwɛ̃, ~'ʒwɛ̃ːt] 1. adj. assistant-...; 2. su./m assistant; ~ (or du) maire deputy-mayor.

adjonction [adʒɔ̃k'sjɔ̃] f adjunction; 📐 annexe; gramm. zeugma.

adjudant [adʒy'dɑ̃] m 🎖 company sergeant-major; ⚓ warrant-officer; 🎖 ~-chef regimental sergeant-major; ⚓ ~ de pavillon flag-lieutenant.

adjudicataire [adʒydika'tɛːr] m highest-bidder; auction: purchaser; contractor; **adjudication** [~'sjɔ̃] f adjudication, award; contract: allocation; auction: knocking-down; mettre en ~ invite tenders for; put up for auction.

adjuger [adʒy'ʒe] (1l) v/t. award; auction: knock down.

adjuration [adʒyra'sjɔ̃] f adjuration; imprecation; **adjurer** [~'re] (1a) v/t. adjure, beseech; exorcise (a spirit).

adjuvant [adʒy'vɑ̃] m 🎯 adjuvant, additive; stimulus.

admettre [ad'mɛtr] (4v) v/t. admit; let in; permit.

administrateur [administra'tœːr] m administrator, manager; bank: director; **administratif, -ve** [~'tif, ~'tiːv] administrative; **administration** [~'sjɔ̃] f administration (a. eccl.); management; governing body; civil service; **administratrice** [~'tris] f administratrix; **administré m, e f** [adminis'tre] person under one's administration or jurisdiction; **administrer** [~] (1a) v/t. administer (a. eccl.), conduct, manage, govern; 📐📐 ~ des preuves furnish proof.

admirable [admi'rabl] admirable, wonderful; **admirateur, -trice** [admira'tœːr, ~'tris] 1. adj. admiring; 2. su. admirer; **admiratif, -ve**

[~'tif, ~'ti:v] admiring; **admiration** [~'sjɔ̃] f admiration, wonder; **admirer** [admi're] (1a) v/t. admire.

admis, e [ad'mi, ~'mi:z] **1.** p.p. of admettre; **2.** adj. admitted; accepted; conventional; **admissible** [admi'sibl] admissible; eligible (to, à); **admission** [~'sjɔ̃] f admission; ⊕ inlet; ⊕ période f d'~ induction stroke.

admonestation [admɔnesta'sjɔ̃] f, **admonition** [~ni'sjɔ̃] f admonition, reprimand; **admonester** [~nes'te] (1a) v/t. admonish, reprimand, censure.

ado F [a'do] m youth, young man.

adolescence [adɔlɛ'sɑ̃:s] adolescence, youth; **adolescent, e** [~'sɑ̃, ~'sɑ̃:t] **1.** adj. adolescent; **2.** su. adolescent; F teen-ager; su./m youth.

adonner [adɔ'ne] (1a) v/t.: s'~ à devote o.s. to; take to (drink etc.), become addicted to.

adopter [adɔp'te] (1a) v/t. adopt (a child, a name, an opinion); assume (a name); parl. pass (a bill); **adoptif, -ve** [~'tif, ~'ti:v] adopted; adoptive (parent); **adoption** [~'sjɔ̃] f adoption; bill: passage; carrying; fils m par ~ adopted son; pays m d'~ adopted country.

adorable [adɔ'rabl] adorable; charming; **adorateur, -trice** [~ra'tœ:r, ~'tris] **1.** su. adorer, worshipper; F great admirer; **2.** adj. adoring; **adoration** [~ra'sjɔ̃] f adoration, worship; adorer [~'re] (1a) v/t. adore (a. fig.); worship (God); F dote on.

adossement [adɔs'mɑ̃] m leaning (against à, contre); position back to back; **adosser** [adɔ'se] (1a) v/t. lean; place back to back; s'~ à (or contre) lean one's back against.

adouber [adu'be] (1a) v/t. chess: adjust (a piece); hist. dub (s.o.) ([a] knight).

adoucir [adu'si:r] (1a) v/t. sweeten; tone down (a colour); mitigate; allay (a pain); pacify; ⊕ polish (metal), rough-polish (glass); s'~ soften; grow softer (voice); grow milder (weather); grow less (pain, grief); **adoucissement** [~sis'mɑ̃] m softening; alleviation; relief; sweetening.

adresse [a'drɛs] f address; skill, dexterity; shrewdness; **adresser**

[adrɛ'se] (1a) v/t. address; send; direct; refer (to, à); ~ la parole à q. adress s.o.; s'~ à speak to; go and see; inquire at; be intended for; appeal to.

adroit, e [a'drwa, ~'drwat] dexterous; shrewd.

adulateur, -trice [adyla'tœ:r, ~'tris] **1.** adj. flattering, fawning; **2.** su. sycophant; **adulation** [~la'sjɔ̃] f adulation, sycophancy; **aduler** [~'le] (1a) v/t. fawn upon, flatter (s.o.).

adulte [a'dylt] adj., a. su. adult, grown-up.

adultération [adyltera'sjɔ̃] f adulteration; **adultère** [adyl'tɛ:r] **1.** adj. adulterous; **2.** su./m adulterer; adultery; su./f adulteress; **adultérer** [~te're] (1f) v/t. adulterate; **adultérin, e** [~te'rɛ̃, ~'rin] adulterine; ⚕ hybrid.

advenir [advə'ni:r] (2h) v/i., a. impers. happen, occur, turn out; advienne que pourra come what may.

adventice [advɑ̃'tis] adventitious, casual (a. ⚕); **adventif, -ve** [~'tif, ~'ti:v] ⚕ growing wild, chance...; accrued (property).

adverbe [ad'vɛrb] m adverb.

adversaire [advɛr'sɛ:r] m adversary, opponent; **adverse** [~'vɛrs] adverse, unfavo(u)rable; ⚖ opposing, other (party); fortune f ~ adversity; **adversité** [~vɛrsi'te] f adversity, bad luck.

aérage [ae'ra:ʒ] m aeration, airing; ventilation (a. ⚒); puits m d'~ air-shaft; **aération** [~ra'sjɔ̃] f airing, ventilation; **aéré, e** [~'re] airy; **aérer** [~'re] (1f) v/t. air, give (s.th.) an airing; aerate; ventilate; s'~ get some fresh air; **aérien, -enne** [~'rjɛ̃, ~'rjɛn] aerial; air-...; chemin m de fer ~ elevated railway; défense f ~enne aerial defence; voyage m ~ journey by air; **aérifère** [aeri'fɛ:r] air-...

aéro... [aerɔ] flying-..., air-...; **~bus** [~'bys] m airbus; **~drome** [~drɔ:m] m aerodrome, Am. airdrome; **~dynamique** [~dina'mik] **1.** adj. aerodynamic; streamlined; **2.** su./f aerodynamics sg.; **~gare** [~'ga:r] f air terminal; **~gramme** [~'gram] m air letter; **~modélisme** [~mɔde'lism] model aircraft making; **~modéliste** [~mɔde'list] m model aircraft maker; **~moteur** [~mɔ'tœ:r] m aero-engine;

wind-engine; **~naute** [~'no:t] *m* aeronaut, balloonist; **~nautique** [~no'tik] 1. *adj.* aeronautical; 2. *su./f* aeronautics *sg.*; **~plane** [~'plan] *m* aeroplane, aircraft; **~port** [~'pɔ:r] *m* airport; **~porté, e** [~pɔr'te]: *troupes f/pl.* ~es airborne troops; **~postal, e,** *m/pl.* **-aux** [~pɔs'tal, ~'to] airmail...; **~sol** [~'sɔl] aerosol; spray; **~spatial, e** *m/pl.*, **-aux** [~spa'sjal, -'sjo] aerospace ...; **~stat** [~s'ta] *m* airship, balloon; **~station** [~sta'sjɔ̃] *f* aeronautics *sg.*; **~statique** [~sta'tik] 1. *adj.*: *ballon m* ~ balloon; 2. *su./f* aerostatics *sg.*; **~train** *(TM)* [~'trɛ̃] *m* hovertrain.

affabilité [afabili'te] *f* affability, graciousness (to *avec*, *envers*); **affable** [a'fabl] affable, gracious.

affadir [afa'di:r] (2a) *v/t.* render tasteless or uninteresting; *fig.* disgust; **affadissement** [~dis'mɑ̃] *m* loss of flavo(u)r; growing insipid.

affaiblir [afɛ'bli:r] (2a) *v/t.* weaken; *phot.* reduce (the contrasts of); *s'~* grow weaker; **affaiblissement** [~blis'mɑ̃] *m* diminution; weakening; reducing; **affaiblisseur** *phot.* [~bli'sœ:r] *m* reducing agent *or* bath.

affaire [a'fɛ:r] *f* business, affair; question, matter; ⚖ case; transaction; *~s pl.* ⚓ belongings; *pol.* étrangères foreign affairs; *avoir ~ à* have to deal with (a *problem etc.*); *cela fait l'~* that will do (nicely); *ce n'est pas petite ~* it is no trifling matter; *parler (d')~s* talk business; *son ~ est faite* he is done for; *voilà l'~* that's it!; **affairé, e** [a'fɛ're] busy; **affairement** [afɛr'mɑ̃] *m* hurry, bustle; **affairer** [afɛ're] (1a) *v/t.*: *s'~* busy oneself, be busy; **affairisme** [afɛ'rism] *m* racketeering; **affairiste** [afɛ'rist] *m* racketeer.

affaissement [afɛs'mɑ̃] *m* sinking; *ground:* subsidence; *strength:* breaking up; *fig.* prostration; *fig.* depression; **affaisser** [afɛ'se] (1b) *v/t.* cause to sink; weigh down; *s'~* sink, subside; give way; cave in; collapse (*a.* ⚙).

affaler [afa'le] (1a) *v/t.* ⚓ haul down; lower; *s'~* ⚓ be driven ashore; F drop.

affamé, e [afa'me] hungry, ravenous (for, *de*); **affamer** [~] (1a) *v/t.* starve.

affectation [afɛkta'sjɔ̃] *f* affectation;

---

pretence; † appropriation; † predilection; ✕ *etc.* posting, *Am.* assignment; assignment (to a post); **affecté** [~'te] affected, F put-on; **affecter** [~'te] (1a) *v/t.* assign; set apart; pretend; assume (a *shape*); move (*s.o.*); affect; have a predilection for; ⚖ burden (*the land*); ⚙ affect, attack; ✕ *etc.* post, *Am.* assign; **affectif, -ve** [~'tif, ~'ti:v] affective; **affection** [~'sjɔ̃] *f* affection (*a.* ⚙); fondness, liking; ⚙ disease, complaint; **affectionner** [~sjɔ'ne] (1a) *v/t.* be fond of, have a liking for; † *s'~ à q.* become fond of s.o.; *s'~ q.* gain s.o.'s affections; **affectueux, -euse** [~'tɥø, ~'tɥø:z] affectionate, fond, loving.

afférent, e [afe'rɑ̃, ~'rɑ̃:t] relating, relative (to, *à*); accruing.

affermer [afɛr'me] (1a) *v/t.* let; rent (*land*).

affermir [afɛr'mi:r] (2a) *v/t.* consolidate, make firm; *fig.* strengthen.

affété, e [afe'te] affected, mincing; **afféterie** [~'tri] *f* affectation, mincing.

affichage [afi'ʃa:ʒ] *m* bill-posting; *fig.* F show; *panneau m d'~* noticeboard; **affiche** [a'fiʃ] *f* poster; **afficher** [afi'ʃe] (1a) *v/t.* post up, placard; *fig.* parade, flaunt; *s'~* pour set up for; **afficheur** [~'ʃœ:r] *m* bill-sticker.

affidé, e [afi'de] 1. *adj.* † trusty; 2. *su. pej.* accomplice; secret agent.

affilage ⊕ [afi'la:ʒ] *m* whetting, sharpening.

affilée [afi'le]: *d'~* at a stretch, on end.

affiler [afi'le] (1a) *v/t.* sharpen, whet; ⊕ set (a *saw*); draw (*gold*).

affiliation [afilja'sjɔ̃] *f* affiliation; **affilié** *m, e f* [afi'lje] *su.* (affiliated) member, associate; **affilier** [afi'lje] (1o) *v/t.* affiliate (with, to *à*); *s'~ à* join (a *society etc.*).

affiloir [afi'lwa:r] *m* hone; *razor:* strop; *knife:* steel; whetstone.

affinage ⊕ [afi'na:ʒ] *m* refining; *fig.* improvement; *cloth:* cropping; *hemp:* hackling; *plank:* fining down; *~ de surface* surface refinement; **affiner** [~'ne] (1a) *v/t.* refine; improve; point (*needles*); fine (*metals*); fine down (a *plank*); hackle (*hemp*); crop, shear (*cloth*); mature (*wine, cheese*).

affinité [afini'te] *f* affinity (*a.* 🜪ₘ), relationship; *fig.* resemblance.

affirmatif, -ve [afirma'tif, ~'ti:v] **1.** *adj.* affirmative; **2.** *su./f* affirmative; *dans l'~ve* in the affirmative; if so; *répondre par l'~ve* answer yes or in the affirmative; **affirmation** [~ma'sjɔ̃] *f* assertion; **affirmer** [~'me] (1a) *v/t.* assert.

affleurer [aflœ're] (1a) *v/t.* level; flush; be level *or* flush with; *v/i.* be level *or* flush.

afflictif, -ve 🜂🜄 [aflik'tif, ~'ti:v] corporal, bodily; *peine f ~ve* corporal punishment; penal servitude; **affliction** [~'sjɔ̃] *f* affliction, sorrow, distress; **affliger** [afli'ʒe] (1l) *v/t.* afflict (with, *de*); distress, grieve; *s'~* grieve, be distressed (at, *de*).

affluence [afly'ɑ̃:s] *f* flow(ing); flood; 🜪 afflux; abundance; crowd; *heures f/pl. d'~* peak hours, rush hours; **affluent, e** [~'ɑ̃, ~'ɑ̃:t] **1.** *adj.* † affluent; **2.** *su./m* tributary; **affluer** [~'e] (1n) *v/i.* flow (*a.* 🜍); abound; *fig.* crowd, flock; **afflux** [a'fly] *m* afflux, rush.

affolement [afɔl'mɑ̃] *m* panic; *engine:* racing; **affoler** [afɔ'le] (1a) *v/t.* frighten, terrify, throw into a panic; madden; *s'~* (get in a) panic, get in a flap; go crazy; ⊕ *etc.* (begin to) race (*engine etc.*).

affouragement [afuraʒ'mɑ̃] *m* fodder(ing); **affourager** [~ra'ʒe] (1l) *v/t.* fodder (*cattle*).

affranchi, e [afrɑ̃'ʃi] **1.** *adj.* freed, free (from, of *de*); **2.** *su./m* freedman; *su./f* freedwoman; **affranchir** [~'ʃi:r] (2a) *v/t.* free, emancipate; exempt; *post:* frank, prepay, stamp; *s'~* de get rid of; **affranchissement** [~ʃis'mɑ̃] *m* emancipation; release, exemption; *post:* franking, prepayment; postage.

affres [afr] *f/pl.* pangs, terrors, throes.

affrètement ⚓ [afrɛt'mɑ̃] *m* freighting; charter(ing); **affréter** ⚓ [afre'te] (1f) *v/t.* freight; charter.

affreux, -euse [a'frø, ~'frø:z] frightful, dreadful; ghastly; hideous.

affriander [afriɑ̃'de] (1a) *v/t.* entice, allure; make attractive.

affront [a'frɔ̃] *m* affront, insult; *faire un ~ à* insult; **affronter** [afrɔ̃'te] (1a) *v/t.* confront, face; *fig.* brave; ⊕ join face to face.

affublement *pej.* [afyblə'mɑ̃] *m* get-up, rig-out; **affubler** *pej.* [~'ble] (1a) *v/t.* rig out (in, de).

affût [a'fy] *m* hiding-place; gun-carriage; *chasser à l'~* stalk; *être à l'~* lie in wait; be on the look-out (for, de); **affûter** ⊕ [afy'te] (1a) *v/t.* sharpen (*a.* 🜂 F *fig.*); set (*a saw*); stock with tools; **affûteuse** ⊕ [~'tø:z] *f* grinding-machine.

afin [a'fɛ̃] **1.** *prp.:* ~ *de* (*inf.*) (in order) to (*inf.*); **2.** *cj.:* ~ *que* (*sbj.*) in order that, so that.

africain, e [afri'kɛ̃, ~'kɛn] *adj., a. su.* ♀ African.

Afrikander [afrikɑ̃'dɛ:r] *m* Afrikander.

agaçant, e [aga'sɑ̃, ~'sɑ̃:t] irritating; provocative; **agacer** [~'se] (1k) *v/t.* irritate, annoy; *s'~* get annoyed; **agacerie** F [agas'ri] *f* provocation, teasing, coquetry.

agapes F [a'gap] *f/pl.* feast.

agate [a'gat] *f* agate.

âge [ɑ:ʒ] *m* age; period; generation; *d'~ à*, *en ~ de* of an age to; *enfant mf d'~ scolaire* child of school age; *entre deux ~s* middle-aged; *quel ~ avez-vous?, quel est votre ~?* how old are you?; *à ton ~* when I was your age; *retour m d'~* change of life; **âgé, e** [ɑ'ʒe] old, aged; elderly; ~ *de deux ans* 2 years old, aged 2.

agence [a'ʒɑ̃:s] *f* agency; ~ *de publicité* advertising agency; ~ *de voyages* travel agency; ~ *générale* general agency; ~ *matrimoniale* marriage bureau; **agencement** [aʒɑ̃s'mɑ̃] *m* arrangement, order; ~*s pl.* fixtures; **agencer** [aʒɑ̃'se] (1k) *v/t.* arrange; order; fit up.

agenda [aʒɛ̃'da] *m* note-book, memorandum-book; appointment book; diary.

agenouiller [aʒnu'je] (1a) *v/t.: s'~* kneel (down).

agent [a'ʒɑ̃] *m* agent; middleman; medium; agency; (*a.* ~ *de police*) policeman, (police) constable; ~ *de brevet* patent agent; ~ *de change* stockbroker, exchange broker; ~ *de liaison* liaison officer; ~ *de location* house agent; ~ *de maîtrise* supervisor; foreman; ~ *fiduciaire* trustee; ~ *provocateur* agent provocateur.

agglomération [aglɔmera'sjɔ̃] *f* agglomeration; mass; built-up area; ~*s pl. urbaines* centres of population, urban districts *or* centres; **aggloméré** [~ˈre] *m* patent fuel, briquette; *geol.* conglomerate; **agglomérer** [~ˈre] (1f) *v/t.* agglomerate; bring together; s'~ cohere; cake.

agglutinant, e [aglytiˈnɑ̃, ~ˈnɑ̃:t] **1.** *adj.* adhesive; agglutinative; binding; **2.** *su./m* bond; **agglutinatif, -ve** [~naˈtif, ~ˈtiːv] **1.** *adj. see* agglutinant 1; **2.** *su./m* agglutinant; **agglutiner** [~ˈne] (1a) *v/t.* agglutinate; bind; s'~ cake, agglutinate.

aggravant, e [agraˈvɑ̃, ~ˈvɑ̃:t] aggravating; **aggravation** [~vaˈsjɔ̃] *f* worsening; *penalty:* increase; *ₜₜₓ ~* aggravation; **aggraver** [~ˈve] (1a) *v/t.* aggravate; worsen; increase; s'~ worsen.

agile [aˈʒil] agile, nimble; active; **agilité** [aʒiliˈte] *f* agility, nimbleness.

agio [aˈʒjo] *m* ✝ agio; F jobbery; **agiotage** ✝ [aʒjɔˈtaːʒ] *m* (stock-) jobbing; **agioter** ✝ [~ˈte] (1a) *v/i.* gamble, speculate; **agioteur** [~ˈtœːr] *m* gambler, speculator.

agir [aˈʒiːr] (2a) *v/i.* act; do; operate, work; behave; ~ *bien* (*mal*) *envers* (*or avec*) behave well (badly) towards; *ₜₜₓ ~ contre* prosecute; sue; *il s'agit de savoir si* the question is whether; s'~ *de* be a question of (*s.th.*); **agissant, e** [aʒiˈsɑ̃, ~ˈsɑ̃:t] active; bustling; **agissements** [aʒisˈmɑ̃] *m/pl.* doings; machinations; goings-on.

agitateur, -trice [aʒitaˈtœːr, ~ˈtris] *su.* agitator; ⊕ mixer; *su./m* ⚲ stirring-rod; **agitation** [~taˈsjɔ̃] *f* agitation (*a. fig.*); stir(ring); shaking, tossing; disturbance; restlessness; excitement; **agité, e** [~ˈte] restless; excited; perturbed; choppy, rough (*sea*); **agiter** [~ˈte] (1a) *v/t.* agitate; wave; shake, toss; stir; disturb; debate (*a question*); s'~ move (about); stir; fidget.

agneau [aˈɲo] *m* lamb; **agneler** [aɲəˈle] (1d) *v/i.* lamb; **agnelet** † [~ˈle] *m* lambkin; **agnelin** [~ˈlɛ̃] *m* fur; lambskin.

agonie [agɔˈni] *f* death agony; *être à l'~* be at the point of death; **agonir** [~ˈniːr] (2a) *v/t..;* ~ *q. d'injures* heap abuse on s.o.; **agoniser** [~niˈze] (1a) *v/i.* be at the point of death, be dying.

agrafe [aˈgraf] *f* hook; clasp; clamp; clip; ⊕ dowel; ⊕ joint; **agrafer** [agraˈfe] (1a) *v/t.* hook; clasp; fasten; clip (*papers*); ⊕ dowel; *sl.* nab (= *capture*); **agrafeuse** [~ˈføːz] *f* stapler.

agraire [aˈgrɛːr] agrarian; *réforme f* ~ agrarian reform.

agrandir [agrɑ̃ˈdiːr] (2a) *v/t.* increase; enlarge; exalt; exaggerate; s'~ grow larger; **agrandissement** [~disˈmɑ̃] *m* enlargement; increase; rise (in power *etc.*); *phot.* blow-up; **agrandisseur** *phot.* [~disˈsœːr] *m* enlarger.

agrarien, -enne [agraˈrjɛ̃, ~ˈrjɛn] *adj., a. su./m* agrarian.

agréable [agreˈabl] agreeable, pleasant; pleasing.

agréé [agreˈe] *m commercial court:* counsel, attorney.

agréer [~] (1a) *v/t.* accept; approve; allow; *veuillez ~ l'expression de mes sentiments distingués* Yours sincerely; s'~ *à* enjoy; *v/i.* be agreeable (to, *à*).

agrégat ⊕ [agreˈga] *m* aggregate; **agrégation** [~gaˈsjɔ̃] *f* ⊕ binding; ⊕ aggregate; admission (*to a society*); *in France:* competitive State examination for appointment as teacher in a *lycée;* **agrégé, e** [~ˈʒe] **1.** *adj.* aggregate; *geol.* clastic (*rock*); **2.** *su./m* one who has passed the *agrégation;* **agréger** [~ˈʒe] (1g) *v/t.* † admit, incorporate; admit to the title of *agrégé.*

agrément [agreˈmɑ̃] *m* consent; approval; pleasure, amusement; charm; ~s *pl.* ornaments; trimmings; *voyage m d'~* pleasure-trip; **agrémenter** [~mɑ̃ˈte] (1a) *v/t.* adorn.

agrès [aˈgrɛ] *m/pl.* ⚓ tackle *sg.,* gear *sg.; sp.* apparatus *sg.,* fittings.

agresseur [agreˈsœːr] *m* aggressor; assailant; **agressif, -ve** [~ˈsif, ~ˈsiːv] aggressive; **agression** [~ˈsjɔ̃] *f* aggression; attack; assault; ~s *pl.* stresses *pl.,* strains *pl.;* **agressivité** [agresiviˈte] *f* aggressiveness.

agreste [aˈgrɛst] rural; rustic; uncouth.

agricole [agriˈkɔl] agricultural (*labourer, products*); **agriculteur** [~kylˈtœːr] *m* agriculturist; husbandman; farmer; **agriculture** [~kylˈtyːr] *f* agriculture; husbandry.

agriffer [agri'fe] (1a) v/t. F claw; s'~ à claw at; clutch at.

agripper [agri'pe] (1a) v/t. F clutch (at); grab.

agronomie [agrɔnɔ'mi] f husbandry, agronomy.

agrumes [a'grym] m/pl. citrus fruit.

aguerrir [age'ri:r] (2a) v/t. harden, season; s'~ grow seasoned; s'~ à (or contre) become hardened to.

aguets [a'gɛ] m/pl.: aux ~ on the watch or look-out.

aguicher sl. [agi'ʃe] (1a) v/t. excite; tantalize; sl. turn (s.o.) on.

ah! [ɑ] int. oh!; ah!

ahaner [aa'ne] (1a) v/i. pant; work hard, toil; hum and haw.

ahurir F [ay'ri:r] (2a) v/t. bewilder.

ai F 1st p. sg. pres. of avoir 1.

aï zo. [ai] m ai.

aide [ɛ:d] su. assistant; help; su./f help, assistance; pol. ~ économique economic aid; à l'~ de to or with the help of; venir en ~ à q., venir à l'~ de q. help s.o.; su./f: ~ ménagère home help; **~-comptable,** pl. **~s-comptables** [edkɔ̃'tabl] su. assistant-accountant; **~-maçon,** pl. **~s-maçons** [~ma'sɔ̃] m hodman; **~-mémoire** [~me'mwa:r] m/inv. pocket-book; manual; pol. aide-mémoire; memorandum; **aider** [ɛ'de] (1b) v/t. help, assist, aid; s'~ de make use of; v/i.: ~ à qch. help (towards) s.th., contribute to s.th.

aie F 1st p. sg. pres. sbj. of avoir 1.

aïeul [a'jœl] m grandfather; **aïeule** [~] f grandmother; **aïeuls** [~] m/pl. grandparents; grandfathers; **aïeux** [a'jø] m/pl. ancestors, forefathers.

aigle [ɛgl] su./m eagle; fig. genius; elephant paper; lectern; su./f 🗎 eagle; ✕ standard.

aiglefin cuis. [ɛglə'fɛ̃] m haddock.

aiglon [ɛ'glɔ̃] m eaglet.

aigre [ɛ:gr] **1.** adj. sour, tart; bitter (wind, tone); shrill, sharp (voice, sound); crude (colour); **2.** su./m sharpness; **aigre-doux, -douce** [egrə'du, ~'dus] bitter-sweet; fig. subacid; **aigrefin** [~'fɛ̃] m icht. haddock; fig. sharper, swindler; **aigrelet, -ette** [~'lɛ, ~'lɛt] sourish, tart; **aigrette** [ɛ'grɛt] f orn. aigrette (a. cost., 🖋), egret (a. 🐦); tuft; 🖋 a. brush; **aigreur** [ɛ'grœ:r] f sourness (a. fig.); fig. ranco(u)r; ⊕ iron: brittleness; 🩺 ~s pl. acidity sg. (of

the stomach); heartburn sg.; **aigrir** [ɛ'gri:r] (2a) vt/i. turn sour; v/t. fig. embitter.

aigu, -guë [e'gy] sharp, pointed; 🏹, 🗡, gramm. acute; fig. intense; bitter; piercing (sound); 🎵 high(-pitched).

aigue-marine, pl. **aigues-marines** [egma'rin] su./f, a. adj./inv. aquamarine.

aiguière [e'gjɛ:r] f ewer.

aiguillage 🚂 [egɥi'ja:ʒ] m shunting; Am. switching; points pl., Am. switches pl.; **aiguille** [e'gɥi:j] f needle (a. pine, compass); clock: hand; 🚂 king-post; mountain: point; churchtower: spire; 🚂 points pl., Am. switch; **aiguillée** [egɥi'je] f needleful; **aiguiller** [~'je] (1a) v/t. 🚂 shunt, Am. switch; fig. direct, steer, orient(ate); **aiguillette** [~'jɛt] f aiguillette, aglet; ✕, ⚓ shoulder-knot; **aiguilleur** 🚂 [~'jœ:r] m pointsman, Am. switchman; ✈ ~ du ciel air traffic controller; **aiguillier** [~'je] m needle-maker; needle-book; **aiguillon** [~'jɔ̃] m goad; wasp: sting; fig. spur, stimulus; **aiguillonner** [~jɔ'ne] (1a) v/t. goad, fig. spur on; rouse.

aiguiser [egɥi'ze] (1a) v/t. whet (a. fig.), sharpen; set (a razor, a saw); fig. excite, quicken.

ail [aj] m, pl. **ails,** cuis. **aulx** [a:j, o] m 🌱 allium; cuis. garlic.

aile [ɛl] f wing (a. ✕, sp.); windmill: sail; blade; eccl. aisle; F fin, arm; mot. wing, Am. fender; 🚗 ~ en delta delta wing; ✕ ~ en flèche swept-back wing; **ailé, e** [ɛ'le] winged; **aileron** [ɛl'rɔ̃] m pinion; small wing; shark: fin; ✈ aileron; water-wheel: float(-board); 🏛 scroll; **ailette** [ɛ'lɛt] f 🏛 small wing; ⊕ lug; radiator: gill, fin; ventilator: vane; turbine: blade; **ailier** sp. [ɛ'lje] m wing(er).

aillade cuis. [a'jad] f garlic sauce.

aille [aj] 1st p. sg. pres. sbj. of aller 1.

ailleurs [a'jœ:r] adv. elsewhere; d'~ from somewhere else; moreover, besides; nulle part ~ nowhere else.

aimable [ɛ'mabl] agreeable, pleasant; amiable, kind; nice.

aimant¹, e [ɛ'mã, ~'mã:t] loving, affectionate.

aimant² [ɛ'mã] m magnet (a. fig.); ~ long bar magnet; ~ naturel magnetic iron ore; **aimantation** [ɛmãta'sjɔ̃] f magnetization; **aimanter** [~'te] (1a) v/t. magnetize; aiguille f aimantée magnetic needle.

aimer [ɛ'me] (1b) v/t. love; like; be fond of; be in love with; v/i. love; ~ à (inf.) like (ger.) or to (inf.); j'aimerais I would like; j'aimerais mieux I would prefer or rather or sooner.

aine anat. [ɛn] f groin.

aîné, e [ɛ'ne] adj., a. su. elder; eldest; first-born; senior; il est mon ~ de trois mois he is 3 months older than I; he is my senior by 3 months; **aînesse** [ɛ'nɛs] f primogeniture; seniority; droit m d'~ law of primogeniture; birthright.

ainsi [ɛ̃'si] **1.** adv. thus; so; in this way; ~ soit-il! so be it!; eccl., a. co. amen; pour ~ dire so to speak; **2.** cj. so; ~ que as well as; like.

air[1] [ɛːr] m air; wind; atmosphere (a. fig.); ~ chaud hot blast; ⊕ ~ comprimé compressed air; ~ conditionné air-conditioned; ~ frais fresh air; courant m d'~ draught, Am. draft; en l'~ (up) into the air; en plein ~ in the open air; il y a qch. dans l'~ there is s.th. in the wind; menaces f/pl. en l'~ empty threats; mettre à l'~ place in the open; fig. être en l'~ be in disorder or confusion; be in a mess; fig. flanquer (or F ficher) en l'~ throw away; F chuck up or out; knock over; fig. mettre en l'~ throw into confusion; fig. paroles f/pl. en l'~ idle talk; fig. projets m/pl. en l'~ castles in the air; fig. vivre de l'~ du temps live on air.

air[2] [~] m air, look, appearance; way, manner; ~ de famille family likeness; avoir l'~ de look like; avoir l'~ de (inf.) seem to (inf.), look as if (ind.); prendre (or se donner) des ~s give o.s. airs.

air[3] ♪ [~] m air, tune, melody; aria; ~ à boire drinking song.

aire [~] f area; site; (threshing-)floor; ⊿, ♫ area; eagle: eyrie; ✈ ~ d'atterrissage landing strip or patch; meteor. ~ de haute (basse) pression high (low) pressure (area); ~ du vent wind direction; point of the compass.

airelle ♀ [ɛ'rɛl] f bilberry, whortleberry, Am. huckleberry, blueberry.

airer [ɛ're] (1a) v/i. build an eyrie or a nest.

aisance [ɛ'zɑ̃ːs] f ease; comfort;

competency; cabinet m d'~s public convenience, water-closet; **aise** [ɛːz] **1.** adj.: être bien ~ be very glad; **2.** su./f ease, comfort; † pleasure; à l'~, à son ~ comfortable; well-off; adv. comfortably; en prendre à son ~ take it easy; mal à l'~ ill at ease; **aisé, e** [ɛ'ze] easy; well-to-do, well-off (for money).

aisselle [ɛ'sɛl] f anat. armpit; ⊿ haunch; ♀ axilla.

ajointer [aʒwɛ̃'te] (1a) v/t. join (together); fit end to end.

ajonc ♀ [a'ʒɔ̃] m gorse, furze.

ajour [a'ʒuːr] m ⊿ opening; ⊕ perforation; **ajouré, e** [aʒu're] perforated; open-work.

ajournement [aʒurnə'mɑ̃] m postponement; adjournment; ⚖ deferment; **ajourner** [~'ne] (1a) v/t. postpone; adjourn; defer; pol. table (a bill).

ajouter [aʒu'te] (1a) v/t. add; ~ foi à believe (s.th.).

ajustage ⊕ [aʒys'taːʒ] m fitting, assembly; fit; ~ lâche (serré) loose (tight) fit; **ajustement** [~tə'mɑ̃] m adjusting; adjustment; **ajuster** [~'te] (1a) v/t. adjust, fit; adapt; settle, arrange; true up; aim (a shot, a gun); ~ une montre put a watch right; s'~ fit; agree; adapt o.s.; suit o.s.; **ajusteur** [~'tœːr] m fitter.

ajutage [aʒy'taːʒ] m nozzle; jet; water-works: a(d)jutage.

alacrité [alakri'te] f alacrity; eagerness.

alaire [a'lɛːr] alar, of the wings.

alambic [alɑ̃'bik] m still; **alambiqué, e** fig. [~bi'ke] oversubtle, strained.

alanguir [alɑ̃'giːr] (2a) v/t. make languid; s'~ languish; flag; grow languid; **alanguissement** [~gis-'mɑ̃] m languor; weakness.

alarme [a'larm] f alarm; donner l'~ sound the alarm; **alarmer** [alar'me] (1a) v/t. alarm, startle; disquiet; worry; s'~ be(come) alarmed; worry; **alarmiste** [~'mist] su., a. adj. alarmist.

albanais, e [alba'nɛ, ~'nɛːz] **1.** adj. albanian; **2.** su./m ling. Albanian; su. ♀ Albanian.

albâtre [al'bɑːtr] m alabaster.

albatros orn., ✈ [alba'trɔs] m albatross. [albino.]

albinos [albi'noːs] su., a. adj./inv.)

Albion [al'bjɔ̃] *f* Britain; *poet.* Albion.

album [al'bɔm] *m* album; *paint.* sketch-book; picture-book.

albumine ⚗ [alby'min] *f* albumin.

alcali [alka'li] *m* alkali; ~ *minéral* soda-ash; ~ *végétal* potash; ~ *volatil* ammonia; **alcalin, e** [~'lɛ̃, ~'lin] alkaline.

alchimie [alʃi'mi] *f* alchemy.

alcool [al'kɔl] *m* alcohol; F spirit(s *pl.*); ~ *dénaturé* methylated spirits *pl.*; ~ *méthylique* methyl alcohol; **alcoolique** [alkɔ'lik] **1.** *adj.* alcoholic; **2.** *su.* alcoholic; drunkard; **alcooliser** [~li'ze] (1a) *v/t.* alcoholize; fortify (*wine*); **alcoolisme** [~'lism] *m* alcoholism; **alcoomètre** [~'mɛtr] *m* alcoholometer; **alcootest** [~'test] *m* breathalyser; breath test.   [recess.)

alcôve [al'koːv] *f* alcove; (bed-))

alcyon *orn.* [al'sjɔ̃] *m* kingfisher, halcyon.

aléa [ale'a] *m* risk, hazard; **aléatoire** [~a'twaːr] aleatory; risky; problematic(al).

alène [a'lɛn] awl.

alentour [alɑ̃'tuːr] **1.** *adv.* around; **2.** *su./m:* ~s *pl.* neighbourhood *sg.*, surroundings.

alerte [a'lɛrt] **1.** *adj.* alert, quick; watchful; **2.** *int.* look out!; **3.** *su./f* alarm, alert; warning; ~ *au feu* fire alarm; *fausse* ~ false alarm; **alerter** [alɛr'te] (1a) *v/t.* alert; warn.

alésage ⊕ [ale'zaːʒ] *m* boring; reaming; bore; **aléser** ⊕ [~'ze] (1f) *v/t.* bore; ream.

alevin [al'vɛ̃] *m* fry; **alevinier** [~vi'nje] *m* breeding-pond.

alexandrin, e [alɛksɑ̃'drɛ̃, ~'drin] **1.** *adj.* Alexandrian; Alexandrine; **2.** *su./m prosody:* alexandrine; *su.* ♀ Alexandrian.

alezan [al'zɑ̃] *su./m, a. adj.* chestnut.

alfa ♀ [al'fa] *m* alfa(-grass), esparto (-grass).

algarade [alga'rad] *f* storm of insults *or* abuse; dressing-down; escapade; sally; ✕ † raid.

algèbre [al'ʒɛːbr] *f* algebra; **algébrique** [~ʒe'brik] algebraic.

algérien, -enne [alʒe'rjɛ̃, ~'rjɛn] *adj., a. su.* ~ Algerian.

algue ♀ [alg] *f* alga; sea-weed.

alibi [ali'bi] *m* alibi; ~ *de fer* cast-iron alibi.

aliénable ⚖ [alje'nabl] alienable; **aliénation** [~na'sjɔ̃] *f* alienation (*a.* ⚖); ♣ mental derangement; insanity; **aliéné, e** [~'ne] *su., a. adj.* lunatic; **aliéner** [~'ne] (1f) *v/t.* ⚖ alienate; unhinge (*s.o.'s mind*).

alignement [aliɲ'mɑ̃] *m* alignment; building-line; ✕ dressing (*of line*); **aligner** [ali'ɲe] (1a) *v/t.* ▲ align; lay out in a line; mark out; ✕ dress, draw up in a line; *s'*~ fall into line; ✕ dress; *non aligné* nonaligned.

aliment [ali'mɑ̃] *m* food, nutriment; ⚖ ~s *pl.* alimony *sg.*; ~s *pl. naturels* health food (*sg.*); **alimentaire** [alimɑ̃'tɛːr] alimentary; for food; nutritional; dietary; **alimentation** [~tɑ̃'sjɔ̃] *f* feeding, alimentation; food, diet; nutrition; supplying; supply; ⊕ feed; ~ *défectueuse* malnutrition; ~ *en essence* fuelling; *magasin m d'*~ food shop (*Am.* store); *rayon m d'*~ food department; **alimenter** [~'te] (1a) *v/t.* feed (*a.* ⊕); nourish (*a. fig.*); supply with food; *fig.* keep alive (*hatred, a quarrel, etc.*); ~ *en qch.* supply with s.th.

alinéa [aline'a] *m* paragraph; *typ.* *en* ~ indented.

alité, e [ali'te] confined to bed; **alitement** [alit'mɑ̃] *m* confinement to bed; **aliter** [ali'te] (1a) *v/t.* confine to bed; *s'*~ take to one's bed.

alizé [ali'ze] *m* trade wind.

allaiter [alɛ'te] (1b) *v/t.* suckle.

allant [a'lɑ̃] *m* initiative; energy; F dash; *avoir de l'*~ have plenty of go.

allécher [ale'ʃe] (1f) *v/t.* entice, tempt, allure.

allé, e [a'le] **1.** *p.p.* of *aller* 1; **2.** *su./f* going; avenue; (tree-lined) walk; path; passage; drive(way); ~es *pl. et venues f/pl.* coming *sg.* and going *sg.*, to-and-fro *sg.*

allégation [alega'sjɔ̃] *f* allegation.

allège [al'lɛːʒ] *f* ♣ lighter; ♣ barge; ▲ breast-wall; ♀ balustrade.

allégement [alɛʒ'mɑ̃] *m* alleviation (of, *de*), relief (from, *de*); lightening; ~ *fiscal* tax relief; **alléger** [~le'ʒe] (1g) *v/t.* make lighter; lighten; *fig.* alleviate, relieve.

allégorie [allego'ri] *f* allegory.

allègre [al'lɛːgr] lively, brisk; cheerful; **allégrement** [~lɛgrə'mɑ̃] *adv.* *of allègre;* **allégresse** [~le'grɛs] *f* joy, cheerfulness, liveliness.

alléguer [alle'ge] (1s) v/t. allege;
state; urge; adduce (evidence etc.);
quote; cite; ~ l'ignorance plead
ignorance.

alléluia [alelɥi'ja] m hallelujah,
alleluia(h).

allemand, e [al'mã, ~'mã:d] **1.** adj.
German; **2.** su./m ling. German;
su. ♀ German.

aller [a'le] **1.** (1q) v/i. go; depart;
~ (inf.) be going to (inf.), go and
...; a. = fut. tense; ~ à bicyclette
go by bicycle; ~ à cheval ride (a
horse); ~ bien (mal) be or be going
well (badly); ~ chercher (go and)
look for; fetch; ~ diminuant grow
steadily less; ~ en chemin de fer go
by train or rail; ~ en voiture drive,
ride (in a car), go by car; ~ se coucher
go to bed; ~ sur la cinquantaine be
going or getting on for fifty; ~ voir
q. call on s.o.; go and see s.o.;
allons! let's go!; come!; nonsense!; come along!; ce chapeau
lui va bien (mal) that hat suits
(does not suit) him; cela me va
that suits me; comment allez-vous?
how are you?; il va sans dire it goes
without saying, it is obvious; il y
va de ... it is a matter of ...; ... ıs at
stake; la clef va à la serrure the key
fits the lock; n'allez pas croire ...!
don't believe ...!; don't think ...!;
F on y va! coming!; s'en ~ go
away, leave, depart; va! agreed!;
believe me ...!; **2.** su./m ♣ alloy;
ward journey; 🚋 single ticket; ~ et
retour journey there and back;
ticket: return; à l'~ on the outward
journey; au pis ~ if the worst comes
to the worst; le pis ~ the last resort.

allergie [aller'ʒi] f 🏥, a. F fig.
allergy; **allergique** [~'ʒik] allergic
(to, à).

alliable [a'ljabl] miscible; fig. compatible; **alliage** [a'lja:ʒ] m alloy;
allié, e [a'lje] **1.** adj. allied;
2. su. ally; relation by marriage;
allier [~] (1o) v/t. ally; unite; ♣
alloy (metals); blend (colours); s'~
marry, be married.

allitération [alitera'sjõ] f allitera-
tion.

allô! [a'lo] int. hullo!, hello!

allocation [alloka'sjõ] f allocation;
allowance; grant; ~s pl. familiales

family allowances; ~ d'assistance
subsidy; ~ de chômage unemployment benefit; ~ de maternité maternity benefit; ~ vieillesse old age relief.

allocution [alloky'sjõ] f address,
speech.

allogène [allɔ'ʒɛn] non-native; alien.

allonge [a'lõ:ʒ] f extension; eking-
piece; table: leaf; meat-hook; box.
reach; ♣ rider; **allongement**
[alõʒ'mã] m lengthening; ⊕ elon-
gation; **allonger** [alõ'ʒe] (11) v/t.
lengthen; delay; prolong; 🔫 aim
(a blow) (at, à); sl. fork out (money);
s'~ stretch (out), grow longer.

allopathie 🏥 [allɔpa'ti] f allopathy.

allouable [a'lwa:bl] grantable; **allouer** [a'lwe] (1p) v/t. grant;
allocate.

allumage [aly'ma:ʒ] m lighting; ⊕
ignition; mot. ~ prématuré back-
fire; pinking; ~ raté misfire; couper l'~ switch off the ignition; retarder l'~ retard the spark; **allumé, e** sl. [~'me] worked-up; **allume-feu** [alym'fø] m/inv.fire-lighter;
allume-gaz [~'gɑ:z] m/inv. gas-
lighter; **allumer** [aly'me] (1a) v/t.
light, kindle; inflame; v/i. switch
on (the light); s'~ catch fire; light up;
allumette [~'mɛt] f match; ~ de
sûreté safety match.

allure [a'ly:r] f walk, gait; bearing,
manner; demeanour; speed; pace;
appearance; ♣ mode of sailing,
sailing-trim; ♣ business: trend; à
toute ~ at full speed; filer (marcher) à une ~ normale travel (walk,
go) at a normal speed; forcer l'~
increase speed; fig. prendre une
bonne ~ take a promising turn;
régler l'~ set the pace.

alluvial, e, m/pl. **-aux** geol. [ally-
'vjal; ~'vjo] alluvial; **alluvion**
[~'vjõ] f alluvium; alluvial (deposit).

almanach [alma'na] m almanac;
calendar; ~ du commerce commercial directory; faiseur m d'~s
weather-prophet.

aloi [a'lwa] m standard, quality (a.
fig.); fig. de bon ~ genuine, sterling;
fig. de mauvais ~ base, worthless;
monnaie f d'~ sterling money.

alors [a'lɔ:r] adv. then; at or by
that time; in that case; well (then); ~
même que even when or though; ~ que
at a time when; whereas; d'~ of that

time; *jusqu'~* until then; F *et ~?* and
what then?; so what?

alouette *orn.* [a'lwɛt] *f* lark.

alourdir [alur'diːr] (2a) *v/t.* make
heavy *or* dull; weigh down; *s'~*
become heavy; **alourdissement**
[~dis'mɑ̃] *m* heaviness.

aloyau [alwa'jo] *m* sirloin (of beef).

alpaga *zo.* [alpa'ga] *m* alpaca.

alpage [al'paːʒ] *m* pasture on the
upper slopes; **alpe** [alp] *f* Alp,
height; *geogr.* *les ~s pl.* the Alps;
alpestre [al'pɛstr] alpine.

alphabet [alfa'bɛ] *m* alphabet; spelling-book; primer; **alphabétique**
[~be'tik] alphabetical.

alpin, e [al'pɛ̃, ~'pin] alpine; ✗
chasseur m ~ mountain infantryman; **alpinisme** [alpi'nism] *m*
mountaineering; **alpiniste** [~'nist]
su. mountaineer, F climber.

alsacien, -enne [alza'sjɛ̃, ~'sjɛn]
1. *adj.* Alsatian, of Alsace; **2.** *su.* ♀
Alsatian, man (woman) of Alsace.

altérable [alte'rabl] liable to deterioration; *~ à l'air* which deterio-
rates on exposure to the air; **alté-
rant, e** [~'rɑ̃, ~'rɑ̃ːt] thirst-making;
altération [~ra'sjɔ̃] *f* deterioration;
weakening; *coinage:* debasing; *colour:* fading; *voice:* faltering; *fig.*
misrepresentation.

altercation [altɛrka'sjɔ̃] *f* altercation; dispute.

altéré¹, e [alte're] thirsty (*fig.* for,
de).

altéré², e [~] haggard (*face*); faded
(*colour*); broken, faltering (*voice*).

altérer¹ [~] (1f) *v/t.* change for the
worse; corrupt; debase (*the currency*); taint; spoil; adulterate, tamper
with; inflect (*a note*); *s'~* change for
the worse; deteriorate; break
(*voice*); weather (*rock*).

altérer² [~] (1f) *v/t.* make thirsty.

alternance [altɛr'nɑ̃ːs] *f* alternation
(*a. ♬*); ✔ *~ des cultures* crop rotation; **alternateur** ⚡ [~na'tœːr] *m*
alternator; **alternatif, -ve** [~na'tif,
~'tiːv] alternate; alternative; ⊕
reciprocating; ⚡ *courant m ~* alternating current; **alternative** [~na-
'tiːv] *f* alternation; alternative; *~s
pl. saisonnières* seasonal alternation *sg.*; **alterne** [al'tɛrn] alternate
(*angle*); **alterner** [~tɛr'ne] (1a) *v/i.*
alternate, take turns; *v/t.* rotate (*the
crops*); ⊕ break (*a joint*).

Altesse [al'tɛs] *f title:* Highness.

altier, -ère [al'tje, ~'tjɛːr] haughty,
proud, lofty; **altimètre** [alti'mɛtr]
m altimeter; **altitude** [~'tyd] *f*
altitude; ✈ *~ d'utilisation* cruising
altitude; ✈ *prendre de l'~* climb.

alto ♪ [al'to] *m voice:* alto; viola;
alto saxophone.

altruisme [altry'ism] *m* altruism;
altruiste [~'ist] **1.** *adj.* altruistic,
selfless; **2.** *su.* altruist.

alumine [aly'min] *f* alumina; **aluminium** [~mi'njɔm] *m* aluminium,
Am. aluminum.

alun [a'lœ̃] *m* alum; **aluner** [aly'ne]
(1a) *v/t.* alum; *phot.* harden (*the
negative*).

alunir [aly'niːr] (2a) *v/i.* land on the
moon; **alunissage** [~ni'saːʒ] *m*
landing on the moon, lunar landing.

alvéole [alve'ɔl] *m* alveolus; *a.* ⊕ cell;
tooth: socket; cavity.

amabilité [amabili'te] *f* amiability;
kindness; *~s pl.* civilities.

amadou [ama'du] *m* tinder, touch-
wood, *Am.* punk; **amadouer** [~-
'dwe] (1p) *v/t.* coax, wheedle;
draw, attract (*customers*).

amaigrir [amɛ'griːr] (2a) *v/t.* make
thin; reduce; *s'~* lose weight, grow
thin; **amaigrissement** [~gris'mɑ̃]
m growing thin; slimming; emaciation; *soil:* impoverishment.

amalgamation [amalgama'sjɔ̃] *f*
amalgamation; ✝ merger; **amalgame** [~'gam] *m* amalgam; F mixture; **amalgamer** [~ga'me] (1a)
v/t. amalgamate.

amande [a'mɑ̃ːd] *f* almond; kernel;
amandier [~'dje] *m* almond-tree.

amant, e [a'mɑ̃, ~'mɑ̃ːt] *su.* lover;
su./f mistress.

amarante ♀ [ama'rɑ̃ːt] *su./f*, *a.*
adj./inv. amaranth.

amarrage [ama'raːʒ] *m* mooring;
docking; **amarre** ⚓ [a'maːr] *f*
mooring rope; hawser; *~s pl.* moorings; **amarrer** [ama're] (1a) *v/t.*
moor; make fast; secure; dock; lash
(*a hawser*); *s'~* moor, make fast;
dock.

amas [a'mɑ] *m* heap; store; crowd; *~
de neige* snow-drift; **amasser**
[amɑ'se] (1a) *v/t.* heap up; amass;
accumulate.

amateur [ama'tœːr] *m* lover (*of
music, sports, etc.*); admirer;
amateur; **amateurisme** [~tœ'rism]

m *sp.* *etc.* amateurism; *pej.* amateurishness.

amatir [ama'ti:r] (2a) *v/t.* mat; dull; deaden.

amazone [ama'zo:n] *f* amazon; horsewoman; (lady's) riding-habit.

ambages [ãm'ba:ʒ] *f/pl.* circumlocution; *sans* ~ forthrightly.

ambassade [ãmba'sad] *f* embassy; ambassador's staff; *fig.* errand; **ambassadeur** [~sa'dœ:r] *m* ambassador; *fig.* messenger; **ambassadrice** [~sa'dris] *f* ambassadress, *a.* ambassador's wife.

ambiance [ã'bjã:s] *f* surroundings *pl.*, environment; atmosphere; **ambiant, e** [ã'bjã, ~'bjã:t] surrounding; *conditions f/pl.* ~es circumstances; environment *sg.*

ambidextre [ãbi'dekstr] **1.** *adj.* ambidextrous; **2.** *su.* ambidexter.

ambigu, -guë [ãmbi'gy] **1.** *adj.* ambiguous; equivocal; **2.** *su./m* mixture, medley; cold collation; **ambiguïté** [~gɥi'te] *f* ambiguity.

ambitieux, -euse [ãbi'sjø, ~'sjø:z] **1.** *adj.* ambitious; *style m* ~ affected style; **2.** *su.* ambitious person; **ambition** [~'sjõ] *f* ambition; **ambitionner** [~sjɔ'ne] (1a) *v/t.* covet; be eager for; *pol.* ~ *le pouvoir* aspire to power; strive for power.

amble [ã:bl] *m* amble, pace; *Am.* single-foot.

ambre [ã:br] *m* amber; ~ *gris* ambergris; **ambrer** [ã'bre] (1a) *v/t.* scent with amber; {♀ wormseed.}

ambroisie [ãbrwa'zi] *f* ambrosia;}

ambulance [ãby'lãs] *f* ambulance (*a. mot.*); ✗ field hospital; **ambulancier** [~lã'sje] *m* ambulance man or driver; **ambulancière** [~lã'sjɛ:r] *f* ambulance woman; **ambulant, e** [~'lã, ~'lã:t] **1.** *adj.* itinerant, travelling; ambulant; strolling (*player*); **2.** *su./m* post: travelling sorter; **ambulatoire** [~la'twa:r] ambulatory.

âme [a:m] *f* soul (*a. fig.*); *fig.* feeling; ⊕ *cable etc.*: core; girder: web; ✗ *gun*: bore; *fig.* ~s *pl.* souls, inhabitants; *fig.* ~ *damnée* tool, F stooge; ~ *en peine* soul in Purgatory; *rendre l'*~ breathe one's last.

amélioration [ameljɔra'sjõ] *f* improvement; **améliorer** [~'re] (1a) *v/t.* improve, ameliorate.

amen [a'mɛn] *int.*, *a.* *su./m/inv.* amen.

aménagement [amenaʒ'mã] *m* arranging; arrangement; adjustment; ✔ parcelling out; development; ~ *du territoire* town and country planning; ~ *intérieur* interior decoration; **aménager** [~na'ʒe] (11) *v/t.* arrange; ✔ parcel out; plan (*a town*); develop (*an area etc.*).

amendable [amã'dabl] improvable; **amende** [a'mã:d] *f* fine; ~ *honorable* amende honorable; *sous peine d'*~ on pain of a fine; *mettre q. à l'*~ fine s.o.; **amendement** [amãd'mã] *m* improvement (*a.* ✔); ✔ manure; *parl.* amendment; **amender** [amã'de] (1a) *v/t.* amend; improve; *s'*~ *a.* mend one's ways.

amenée [am'ne] *f* bringing; ⊕ ~ *d'air* air-intake, air-inlet; **amener** [~] (1d) *v/t.* lead (to, à); pull; bring (in, up, down, out); produce; cause; throw (*a number*); ~ *pavillon* strike one's flag; ~ *une crise* force an issue; *sl.* amène-toi! come along!; ⚖ *mandat m d'*~ order to appear.

aménité [ameni'te] *f* amenity; charm; *usu. iro.* ~s *pl.* compliments.

amenuisement [amnɥiz'mã] *m* decrease, dwindling, lessening, diminishing; **amenuiser** [amnɥi'ze] (1a) *v/t.* thin down; pare down; *s'*~ decrease, dwindle, lessen, diminish.

amer, -ère [a'mɛ:r] bitter (*a. fig.*).

américain, e [ameri'kɛ̃, ~'kɛn] **1.** *adj.* American; **2.** *su.* ♀ American; **américaniser** [~kani'ze] (1a) *v/t.* Americanize; *s'*~ become Americanized; **américaniste** [~ka'nist] *su.* Americanist.

amerrir ✈ [ame'ri:r] (2a) *v/i.* land, alight (*on sea*); splash down; **amerrissage** [~ri'sa:ʒ] *m* alighting, landing (*on sea*); splashdown.

amertume [amer'tym] *f* bitterness (*a. fig.*).

améthyste [ame'tist] *f* amethyst.

ameublement [amœblə'mã] *m* furnishing; (suite of) furniture; *tissu m d'*~ furnishing fabric; **ameubler** [~'bli:r] (2a) *v/t.* ⚖ convert into personalty; bring (*realty*) into the communal estate; ✔ break up (*the soil*); **ameublissement** [~blis'mã] *m* conversion into personalty; *realty*: inclusion in the communal estate; ✔ *soil*: breaking-up.

ameuter [amø'te] (1a) *v/t.* form (*hounds*) into a pack; assemble; stir up, incite (*the mob*) (against, *contre*); s'~ collect (into a mob); riot.

ami, e [a'mi] **1.** *su.* friend; *société f des* ~s Quakers *pl.*; **2.** *adj.* friendly; *fig.* kindly; **amiable** [a'mjabl] amicable; friendly; *à l'*~ amicably; *adj.* private; *vendre à l'*~ sell privately.

amiante *min.* [a'mjã:t] *m* asbestos.

amical, e, *m/pl.* **-aux** [ami'kal, ~'ko] friendly; amicable.

amidon [ami'dɔ̃] *m* starch; **amidonner** [~dɔ'ne] (1a) *v/t.* starch.

amincir [amɛ̃'si:r] (2a) *v/t.* make thinner; make (*s.o.*) look slender; *Am.* slenderize; s'~ grow thinner; **amincissant, e** [~si'sã, ~'sã:t] slimming, *Am.* slenderizing.

amiral [ami'ral] *m* admiral; *vaisseau m* ~ flagship; **amirauté** [~ro-'te] *f* admiralship; admiralty; *l'*~ the Admiralty.

amitié [ami'tje] *f* friendship; affection; friendliness; ~s *pl.* compliments (= *greetings*); *faites-lui mes* ~s give him my compliments *or* regards; remember me to him; *faites-moi l'*~ *de* (*inf.*) do me the favo(u)r of (*ger.*).

ammoniac, -que [amɔ'njak] *adj.*: *gaz m* ~ ammonia; *sel m* ~ sal ammoniac; **ammonisation** *biol.* [~niza'sjɔ̃] *f* ammonification.

amnésie [amne'zi] *f* amnesia, loss of memory.

amnistie [amnis'ti] *f* amnesty; **amnistier** [~'tje] (1o) *v/t.* pardon, grant an amnesty to.

amocher *sl.* [amɔ'ʃe] (1a) *v/t.* make a mess of; bash up.

amoindrir [amwɛ̃'dri:r] (2a) *v/t.* lessen, reduce, decrease; s'~ diminish, grow less; **amoindrissement** [~dris'mã] *m* lessening, reduction, decrease. [ning amok.)

amok [a'mɔk] *m* amok; person run-∫

amollir [amɔ'li:r] (2a) *v/t.* soften; *fig.* weaken; s'~ go soft; weaken; **amollissement** [~lis'mã] *m* softening (*a. fig.*); *fig.* weakening.

amonceler [amɔ̃s'le] (1c) *v/t.* pile up; accumulate; **amoncellement** [~sɛl'mã] *m* heap(ing); piling; accumulation; pile.

amont [a'mɔ̃] *m*: *en* ~ up-stream; *fig.* beforehand, in advance; *en* ~ *de* above; *fig.* previous to, before; *voyage m en* ~ up journey.

amorçage [amɔr'sa:ʒ] *m* pump: priming; *shell:* capping; starting; *fish:* baiting; **amorce** [a'mɔrs] *f* bait; priming; *pump, gun:* primer; *shell:* percussion cap; ⨁ fuse; *fig.* beginning; **amorcer** [amɔr'se] (1k) *v/t.* bait; prime (*a pump*); cap (*a shell*); *fig.* begin; ⨁, *a. fig.* s'~ start; ⚡ build up (*magnetic field*); **amorçoir** ⨁ [~'swa:r] *m* auger, boring-bit; centre punch.

amorphe [a'mɔrf] amorphous; *fig.* spineless.

amortir [amɔr'ti:r] (2a) *v/t.* deaden (*a noise, a pain*); cushion, absorb (*a shock*); tone down (*a colour*); ♰ pay off, amortize; ♰ write off (*equipment*); ⚠ slake (*lime*); *phys.* damp down; **amortissable** ♰ [~ti'sabl] redeemable; **amortissement** [~tis-'mã] *m* deadening; ♰ depreciation; ♰ redemption; paying-off; *shock:* absorption; **amortisseur** ⨁ [~ti-'sœ:r] *m* damping device; damper; (*a.* ~ *de choc*) shock absorber.

amour [a'mu:r] *m* love; passion; affection; ♀ Cupid, Love; ~s *f/pl.* love *sg.*, delight *sg.*; amours; *l'*~ *du prochain* love of one's neighbour; *iro. pour l'*~ *de Dieu* for heaven's sake; **amouracher** [amura'ʃe] (1a) *v/t.* enamour; s'~ *de* fall in love with, become enamoured of; **amourette** [~'rɛt] *f* love affair; F crush; ♣ quakinggrass; ♣ London pride; **amoureux, -euse** [~'rø, ~'rø:z] **1.** *adj.* loving; amorous (*look etc.*); ~ *de* in love with; enamoured of; **2.** *su.* sweetheart; **amour-propre,** *pl.* **amours-propres** [amur'prɔpr] *m* self-respect; *pej.* conceit.

amovible [amɔ'vibl] removable; detachable.

ampérage ⚡ [ãpe'ra:ʒ] *m* amperage; **ampère** ⚡ [ã'pɛ:r] *m* ampere.

amphibie [ãfi'bi] **1.** *adj.* amphibious; ✗ *etc.* combined (*operation*); **2.** *su./m* amphibian; **amphibiens** [ãfi-'bjɛ̃] *m/pl.* amphibia *pl.*, amphibians *pl.*

amphigouri [ãfigu'ri] *m* amphigory; rigmarole.

amphithéâtre [ãfite'ɑ:tr] *m* amphitheatre, *Am.* amphitheater; *univ.* lecture hall.

amphityron [ãfiti'jɔ̃] *npr./m* Amphitryon; *fig.* host, entertainer.

ample [ɑ̃pl] ample; spacious, roomy; full, complete; **ampleur** [ɑ̃'plœːr] f fullness; *meal*: copiousness; *style*: breadth; *appeal*: generality; ~ du son volume of sound; **ampliation** [ɑ̃plia'sjɔ̃] f certified copy; **amplificateur** [~fika'tœːr] m *sound*: intensifier; *radio*: amplifier, booster; *phot.* enlarger; **amplification** [~fika'sjɔ̃] f amplification (a. *radio*); development; *phot.* enlargement; *opt.* magnification; *fig.* exaggeration; **amplifier** [~'fje] (1o) v/t. amplify (a. ⚡), develop; *opt.* magnify; *fig.* exaggerate; **amplitude** [~'tyd] f amplitude (a. *phys.*, *astr.*); vastness.

ampoule [ɑ̃'pul] f 🜊 flask; ⚕ bulb (a. *thermometer*); *vacuum flask*: container; ⚕ blister; ⚕ ampoule; *phot.* (de) *flash* flash; **ampoulé, e** [ɑ̃pu'le] blistered; *fig.* bombastic.

amputation [ɑ̃pyta'sjɔ̃] f *limb*: amputation, cutting off; *book*: curtailment; **amputé** m, e f [~'te] person who has lost a limb; **amputer** [~'te] (1a) v/t. ⚕ amputate; *fig.* cut down.

amulette [amy'lɛt] f amulet, charm.

amusant, e [amy'zɑ̃, ~'zɑ̃ːt] amusing, entertaining; funny; **amuse-gueule** F [amyz'gœl] m/inv. appetizer (a. *fig.*); cocktail snack;

amusement [amyz'mɑ̃] m entertainment; amusement; pastime; **amuser** [amy'ze] (1a) v/t. amuse, entertain; put off, fool (*creditors*); s'~ a. have fun; *amusez-vous bien!* enjoy yourself; *have a good time!* s'~ de make fun of, laugh at; **amusette** [~'zɛt] f plaything; diversion.

amygdale *anat.* [amig'dal] f tonsil; **amygdalite** [~da'lit] f tonsillitis.

an [ɑ̃] m year; *avoir dix ~s* be ten (years old); *bon ~, mal ~* taking one year with another; *jour m de l'~* New Year's day; *par ~* a year, per annum; *tous les trois ~s* every three years.

anabaptiste [anaba'tist] m anabaptist.

anachorète [anakɔ'rɛt] m anchorite, recluse.

anachronisme [anakrɔ'nism] m anachronism.

anal, e, m/pl. **-aux** *anat.* [a'nal, ~'no] anal.

analgésique [analʒe'zik] adj., a. su./m analgesic.

analogie [analɔ'ʒi] f analogy; *par ~* by analogy (with, *avec*); **analogue** [~'lɔg] **1.** adj. analogous (to, with *à*), similar (to, *à*); **2.** su./m analogue; parallel.

analphabète [analfa'bɛt] adj., a. su. illiterate; **analphabétisme** [~be'tism] m illiteracy.

analyse [ana'liːz] f analysis (a. ℞, 🜊, etc.); précis, abstract; ~ du marché market analysis; ℞ ~ du sang bloodtest; ~ du travail time and motion study; **analyser** [~li'ze] (1a) v/t. analyse (a. ℞, 🜊, *fig.*); make a précis of; **analytique** [~li-'tik] analytic(al).

ananas [ana'na] m pineapple, ananas.

anarchie [anar'ʃi] f anarchy; *fig.* state of confusion; **anarchique** [~'ʃik] anarchic(al), anarchist(ic); **anarchisme** [~'ʃism] m anarchism; **anarchiste** [~'ʃist] adj., a. su. anarchist.

anathème [ana'tɛm] m anathema; curse.

anatomie [anatɔ'mi] f anatomy; F *fig.* une belle ~ a nice figure (*woman*); **anatomique** [~'mik] anatomical; **anatomiste** [~'mist] m anatomist; **anatomiser** [~mi'ze] (1a) v/t. anatomize.

ancêtre [ɑ̃'sɛtr] m ancestor, forefather.

anche ♪ [ɑ̃ːʃ] f reed.

anchois [ɑ̃'ʃwa] m anchovy.

ancien, -enne [ɑ̃'sjɛ̃, ~'sjɛn] **1.** adj. ancient, old; bygone, past; former, late; senior; ~(ne) *élève* mf old boy (girl); *univ.* Am. alumnus (alumna); ~ *combattant* ex-serviceman, Am. veteran; **2.** su./m eccl. elder; *les ~s* pl. the Ancients (*Greeks and Romans*); **anciennement** [ɑ̃sjɛn'mɑ̃] adv. in days of old, formerly; **ancienneté** [~'te] f oldness, antiquity; length of service; *avancer à l'~* be promoted by seniority.

ancrage [ɑ̃'kraːʒ] m anchoring, anchorage; *droit m d'~* anchorage due; **ancre** [ɑ̃ːkr] f ⚓ anchor; ⚓ brace; *être à l'~* ride at anchor; **ancrer** [ɑ̃'kre] (1a) v/t. anchor; *fig.* fix firmly.

andalou, -ouse [ɑ̃da'lu, ~'luːz] adj., a. su. ♀ Andalusian.

andouille [ɑ̃'duːj] f chitterlings pl.; *sl.* duffer, mug; **andouiller** *hunt.*

[ãdu'je] *m* tine; **andouillette** [ʌ'jɛt] *f* small chitterling sausage.

androgyne [ãdrɔ'ʒin] androgynous; **androphobe** [ʌ'fɔb] **1.** *adj.* man-hating; **2.** *su.* man-hater.

âne [a:n] *m* ass; donkey (*a. fig.*); ⊕ bench-vice; *pont m aux ⹁s* child's play.

anéantir [aneã'ti:r] (2a) *v/t.* annihilate; destroy; reduce to nothing; *fig.* overwhelm; **anéantissement** [ʌtis'mã] *m* annihilation, destruction; prostration; dejection.

anecdote [anɛk'dɔt] *f* anecdote; **anecdotique** [ʌdɔ'tik] anecdotal.

anémie ✚ [ane'mi] *f* an(a)emia; **anémier** [ʌ'mje] (1a) *v/t.* render an(a)emic; F weaken; *s'⹁* become an(a)emic; **anémique** [ʌ'mik] an(a)emic.

anémomètre [anemɔ'mɛtr] *m* anemometer, wind-ga(u)ge.

anémone ♀ [ane'mɔn] *f* anemone.

ânerie [an'ri] *f* gross blunder, stupidity; F ignorance.

anéroïde [anerɔ'id] aneroid (*barometer*).

ânesse [a'nɛs] *f* she-ass.

anesthésie [anɛstɛ'zi] *f* an(a)esthesia; an(a)esthetic; **anesthésier** [ʌ'zje] (1a) *v/t.* an(a)esthetize; **anethésique** [ʌ'zik] *adj., a. su./m* an(a)esthetic.

anfractuosité [ãfraktɥozi'te] *f* irregularity; *⹁s pl.* winding (*pl.*) *sg.*

ange [ã:ʒ] *m* angel; *gardien* guardian angel; *fig. être aux ⹁s* be in the seventh heaven, be overjoyed; *faiseuse f d'⹁s* baby-farmer; **angélique** [ãʒe'lik] **1.** *adj.* angelic; **2.** *su./f* ♀, *cuis.* angelica; ♀ *⹁ sauvage* cowparsnip; **angélus** [ʌ'lys] *m* angelus (*a. bell*).

angine ✚ [ã'ʒin] *f* angina; tonsillitis; *⹁ de poitrine* angina pectoris; **angineux, -euse** [ãʒi'nø, ʌ'nø:z] anginal, anginous.

anglais, e [ã'glɛ, ʌ'glɛ:z] **1.** *adj.* English; **2.** *su./m ling.* English; ♀ Englishman; *the* ♀ *m/pl.* the English; *su./f* ♀ Englishwoman.

angle [ã:gl] *m* angle; ⊕ edge; ♀ *⹁ aigu (droit, obtus)* acute (right, obtuse) angle; *⹁ visuel* angle of vision.

anglican, e [ãgli'kã, ʌ'kan] **1.** *adj.* Anglican; *l'Église f ⹁e* the Church of England; **2.** *su.* Anglican.

angliciser [ãglisi'ze] (1a) *v/t.* anglicize; *s'⹁* become English; imitate the English; **anglicisme** [ʌ'sism] *m* Anglicism; English idiom; **angliciste** [ʌ'sist] *su.*, **anglicisant** *m*, **e** *f* [ʌsi'zã, ʌ'zã:t] student of *or* authority on English language and literature.

anglo... [ãglɔ] Anglo...; **⹁manie** [ʌma'ni] *f* anglomania; **⹁normand, e** [ʌnɔr'mã, ʌ'mã:d] *adj., a. su.* ♀ Anglo-Norman; **⹁phile** [ʌ'fil] *adj., a. su.* Anglophil(e); **⹁phobe** [ʌ'fɔb] **1.** *su.* Anglophobe; **2.** *adj.* Anglophobic; **⹁phone** [ʌ'fɔn] **1.** *adj.* English-speaking; **2.** *su.* English-speaking person; **⹁saxon, -onne** [ʌsak'sɔ̃, ʌ'sɔn] *adj., a. su.* ♀ Anglo-Saxon.

angoisse [ã'gwas] *f* anguish, agony; ✚ spasm; *poire f d'⹁* choke-pear; **angoisser** [ãgwa'se] (1a) *v/t.* cause anguish, distress.

angora [ãgɔ'ra] *adj. m* angora.

anguille *icht.* [ã'gi:j] *f* eel; *⹁ de mer* conger-eel; *il y a ⹁ sous roche* there's more in it than meets the eye; **anguillère** [ãgi'je:r] *f* eel-pond; eel-pot; **anguillule** *zo.* [ʌ'jyl] *f* eel-worm.

angulaire [ãgy'lɛ:r] angular; *angle-...*; *pierre f ⹁* corner-stone; **anguleux, -euse** [ʌ'lø, ʌ'lø:z] angular; rugged.

anhélation [anela'sjɔ̃] *f* shortness of breath; **anhéler** [ʌ'le] (1f) *v/i.* gasp, pant.

anhydre 🜚 [a'nidr] anhydrous.

anicroche [ani'krɔʃ] *f* hitch, difficulty; F snag.

ânier *m*, **-ère** *f* [a'nje, ʌ'nje:r] donkey-driver, ass-driver.

aniline 🜚 [ani'lin] *f* aniline; *colorant m d'⹁* aniline dye.

animadversion [animadvɛr'sjɔ̃] *f* animadversion, reproof.

animal, e *m/pl.* **-aux** [ani'mal, ʌ'mo] **1.** *su./m* animal; *fig.* dolt; **2.** *adj.* animal, brutish; *règne m ⹁* animal kingdom; **animalcule** [ʌmal'kyl] *m* animalcule; **animalier** [ʌma'lje] *m* painter *etc.* of animals; **animaliser** [animali'ze] (1a) *v/t.* animalize; *s'⹁* become animalized; **animalité** [ʌ'te] *f* animality; animal kingdom.

animateur, -trice [anima'tœ:r, ʌ'tris] **1.** *adj.* animating; **2.** *su.* emcee; *Br. a.* compère; organizer; *fig.* driv-

ing force (*person*); **animation**
[~'sjɔ̃] *f* animation; coming *or* bringing to life; **animé, e** [ani'me] spirited, lively; ✝ brisk (*market*); *cin.*
dessins *m/pl.* ~s animated cartoons;
animer [~] (1a) *v/t.* animate; liven
up; impel, prompt, actuate; light up
(*the features*).

animosité [animozi'te] *f* animosity,
ranco(u)r, spite.

anis ♀ [a'ni] anise; aniseed; **aniser**
[ani'ze] (1a) *v/t.* flavo(u)r with aniseed.

ankylose ✿ [ɑ̃ki'loːz] *f* anchylosis.

annal, e [an'nal] **1.** *adj.* yearly,
lasting for one year; **2.** *su./f:* ~es *pl.*
annals, records.

anneau [a'no] *m* ring (a. ⊕, *sp.*); ⊕
chain: link; *hair:* ringlet; ~ brisé
split ring.

année [a'ne] *f* year; ~ bissextile leap
year; ~ civile natural year; ~ scolaire
school year, academic year, session;
~-lumière, *pl.* ~s-lumière [~ly-
'mjɛːr] *f* light year.

anneler [an'le] (1c) *v/t.* curl (*the
hair*); ring (*a pig*).

annexe [an'nɛks] **1.** *su./f* annex(e),
outbuilding; *document:* schedule,
supplement; *appendix; letter:* enclosure; *state:* dependency; **2.** *adj.*
annexed; *école f* ~ demonstration
school; *lettre f* ~ covering letter;
annexer [annɛk'se] (1a) *v/t.* annex;
annexion [~'sjɔ̃] *f* annexation.

annihiler [annii'le] (1a) *v/t.* annihilate, destroy; *ᵗᵗᵇ* annul.

anniversaire [anivɛr'sɛːr] **1.** *adj.* anniversary; **2.** *su./m* birthday; anniversary; ~ de mariage wedding anniversary; *gâteau m d*~ birthday cake.

annonce [a'nɔ̃ːs] *f* announcement,
notice; advertisement; *cards:* call;
fig. presage, sign; ~s *pl.* encartées
inset (advertisements) *sg.; journ.* petites ~s *pl.* classified adds; **annoncer**
[anɔ̃'se] (1k) *v/t.* announce; foretell;
fig. indicate; promise (*well, ill,
etc.*); **annonceur** [~'sœːr] *m* advertizer; **Annonciation** [~sja'sjɔ̃] *f:* l'~
the Annunciation; *fête f de l'~* Lady
Day.

annotateur *m*, **-trice** *f* [anɔta'tœːr,
~'tris] annotator, commentator;
annotation [~ta'sjɔ̃] *f* annotating,
note, annotation; ✝ inventory of
goods attached; **annoter** [~'te]
(1a) *v/t.* annotate.

annuaire [a'nɥɛːr] *m* year-book,
annual; almanac; *teleph.* directory;
♀ *militaire* Army List; **annuel,
-elle** [a'nɥɛl] annual, yearly; ♀
plante f ~elle annual; **annuité**
[anɥi'te] *f* annual instalment;
(terminable) annuity.

annulable [any'labl] that can be cancelled *or* annulled; *ᵗᵗᵇ* voidable;
defeasible.

annulaire [any'lɛːr] **1.** *adj.* ringlike, annular; **2.** *su./m* (*a.* doigt *m* ~)
ring-finger.

annulation [anyla'sjɔ̃] *f* annulment;
ᵗᵗᵇ judgment: setting aside; *sentence:*
quashing; **annuler** [~'le] (1a) *v/t.*
annul; cancel (*a cheque, a contract*);
set aside (*a judgment, a will*); quash
(*a sentence*).

anoblir [anɔ'bliːr] (2a) *v/t.* ennoble;
raise to the peerage.

anode ⚡ [a'nɔd] *f* anode.

anodin, e [anɔ'dɛ̃, ~'din] **1.** *adj.*
anodyne; *fig.* harmless, mild;
2. *su./m* analgesic, anodyne.

anomalie [anɔma'li] *f* anomaly.

ânon *zo.* [ɑ'nɔ̃] *m* young ass, ass's
foal; F ass; **ânonner** [ɑnɔ'ne] (1a)
v/t. stumble through; mumble
through; drone through.

anonymat [anɔni'ma] *m* anonymity;
anonyme [~'nim] **1.** *adj.* anonymous; unnamed; *société f* ~ limited
(-liability) company, *abbr.* Ltd.,
Am. Inc. Ltd.; **2.** *su./m* anonymous
writer; anonymity.

anorak [anɔ'rak] *m* anorak.

anorexie ✿ [anɔrɛk'si] *f* anorexia,
loss of appetite; **anorexigène**
[anɔrɛksi'ʒɛn] appetite suppressant.

anormal, e, *m/pl.* **-aux** [anɔr'mal,
~'mo] abnormal, irregular.

anse [ɑ̃ːs] *f* cup *etc.*: handle; ear;
rope: loop; *geog.* cove, small bay.

antagonisme [ɑ̃tagɔ'nism] *m* antagonism; **antagoniste** [~'nist]
1. *su./m* antagonist, opponent; **2.** *adj.*
antagonistic, opposed.

antalgique [ɑ̃tal'ʒik] *adj., a. su./m*
antalgic; anodyne.

antan [ɑ̃'tɑ̃] *adv.:* d'~ of yester year.

antarctique [ɑ̃tark'tik] **1.** *adj.* antarctic; **2.** *su./m* l'♀ the Antarctic.

anté... [ɑ̃te] pre..., ante...

antébois △ [ɑ̃te'bwa] *m* chair-rail.

antécédent, e [ɑ̃tese'dɑ̃, ~'dɑ̃ːt]
1. *adj.* antecedent, preceding;
2. *su./m* ♪, ♩, *gramm.* antecedent;

~s *pl.* (past) records, antecedents; *sans* ~s *judiciaires* with a clean record, not known to the police.

antéchrist [ãte'krist] *m* Antichrist.

antédiluvien, -enne [ãtedily'vjɛ̃, ~'vjɛn] antediluvian (*a. fig.*).

antenne [ã'ten] *f zo.* antenna, F feeler; ⚓ lateen yard; *radio:* aerial; ~ *à cadre* frame aerial; ~ *dirigée* directional aerial; ~ *extérieure* outdoor aerial.

antérieur, e [ãte'rjœːr] anterior, prior, previous (to, *à*).

anthère ♀ [ã'teːr] *f* anther.

anthologie [ãtɔlɔ'ʒi] *f* anthology.

anthracite [ãtra'sit] *m* anthracite.

anthrax ✻ [ã'traks] *m* anthrax.

anthropo... [ãtrɔpo] anthropo...; **~ide** [~'id] *adj., a. su./m* anthropoid; **~logie** [~lɔ'ʒi] *f* anthropology; **~logue** [~'lɔg] *m* anthropologist; **~morphe** [~'mɔrf] **1.** *adj.* anthropomorphous; **2.** *su./m zo.* anthropoid (ape); **~phage** [~'faːʒ] **1.** *su./m* cannibal; **2.** *adj.* cannibalistic.

anti... [ãti] anti...; ante...; **~aérien, -enne** [~ae'rjɛ̃, ~'rjɛn] anti-aircraft (*defence etc.*); **~biotique** ✻ [~bjo'tik] *m* antibiotic; **~brouillard** *mot.* [~bru'jaːr] *adj., a. su./m/inv.* demister; **~chambre** [~'ʃãːbr] *f* anteroom, waiting-room; *faire* ~ *chez* wait on, dance attendance on; **~char** [~'ʃaːr] *adj.* anti-tank (*missile*); **~choc** [~'ʃɔk] *adj./inv.* shockproof; **~chrétien, -enne** [~kre'tjɛ̃, ~'tjɛn] anti-christian.

anticipation [ãtisipa'sjɔ̃] *f* anticipation; encroachment (*on rights*); *par* ~ in advance; ~ *de paiement* advance payment; *littérature d'*~ science fiction; *roman d'*~ science fiction novel; **anticiper** [~'pe] (1a) *v/t.* anticipate; foresee; *v/i.:* ~ *sur* anticipate.

anti...: **~clérical, e,** *m/pl.* **-aux** [ãtikleri'kal, ~'ko] *adj.* anticlerical; **~conceptionnel, -elle** [~kɔ̃sɛpsjɔ'nɛl] contraceptive; **~corps** [~'kɔːr] *m* anti-body; **~dater** [~da'te] (1a) *v/t.* antedate; **~dépresseur** [~deprɛ'sœːr] antidepressant; **~dérapant, e** *mot.* [~dera'pã, ~'pãːt] **1.** *adj.* non-skid; **2.** *su./m* non-skid tyre; **~détonant, e** *mot.* [~detɔ'nã, ~'nãːt] antiknock; **~dote** ✻ [~'dɔt] *m* antidote (to, for, against *à, de*);

~éblouissant, e [~eblui'sã, ~'sãːt] anti-dazzle.

antienne [ã'tjɛn] *f* antiphon; anthem; *fig. chanter toujours la même* ~ be always harping on the same string.

anti...: ~fading [ãtifa'diŋ] *m radio:* (*a. dispositif m* ~) automatic volume control; **~gel** ⊕ [~'ʒɛl] *m* anti-freeze; **~halo** *phot.* [~a'lo] **1.** *adj./inv.* anti-halation..., backing; **2.** *su./m* backing.

antilope *zo.* [ãti'lɔp] *f* antelope.

anti...: ~parasite [~para'zit] *m radio:* suppressor; **~pathie** [~pa'ti] *f* antipathy (against, to, *contre*), aversion (to, *contre*); **~pathique** [~pa'tik] disagreeable; **~pode** [~'pɔd] *m* antipode; *fig. the* very opposite; **~polluant, e** [~pɔlɥ'ã, ~'ãt] non-polluting; **~pollution** [~pɔly'sjɔ̃] *f* antipollution; **~pyrine** ✻ [~pi'rin] *f* antipyrin.

antiquaille [ãti'kaːj] *f* lumber; fog(e)y; F old stuff, chunk; **antiquaire** [~'kɛːr] *m* antiquary, antique dealer; second-hand bookseller; **antique** [ã'tik] ancient; antique; antiquated; antiquarian; [ãtiki'te] *f* antiquity; ~s *pl.* antiques.

anti...: ~rides [ãti'rid] **1.** *adj.* anti-wrinkle; **2.** *su./m* anti-wrinkle cream or lotion; **~rouille** ⊕ [~'ruːj] *m* anti-rust (composition); **~sémite** [~se'mit] **1.** *adj.* anti-Semitic; **2.** *su.* Semite; **~septique** ✻ [~sɛp'tik] *adj., a. su./m* antiseptic; **~social, e,** *m/pl.* **-aux** [~sɔ'sjal, ~'sjo] antisocial; **~solaire** [~sɔ'lɛːr]: *crème f* ~ sun cream; **~spasmodique** ✻ [~spasmɔ'dik] antispasmodic; **~tétanique** ✻ [~teta'nik] antitetanic; **~thèse** [~'tɛːz] *f* antithesis; direct contrary; **~tuberculeux, -euse** [~tyberky'lø, ~'løːz] antitubercular; **~vol** [~'vɔl] *adj. (a. su./m)* anti-theft (device).

antonyme [ãtɔ'nim] **1.** *adj.* antonymous; **2.** *su./m* antonym.

antre [ã:tr] *m* cave; den, lair.

anurie ✻ [any'ri] *f* anuresis.

anus *anat.* [a'nys] *m* anus.

anxiété [ãksje'te] *f* anxiety, concern; **anxieux, -euse** [~'sjø, ~'sjøːz] anxious, uneasy; eager (to, *de*).

aorte *anat.* [a'ɔrt] *f* aorta.

août [u] *m* August; **aoûté, e** [u'te]　　　[ripe.]

apache [a'paʃ] *m* (*usu. in Paris*) hooligan, tough, hoodlum.

apaisement [apɛz'mã] *m* appeasement; quieting, calming; **apaiser** [ape'ze] (1b) *v/t.* appease (*a. one's hunger*), calm, pacify, soothe; quench (*one's thirst*); lull (*a storm*); s'~ calm down (*person*); die down.

apanage [apa'naːʒ] *m* ap(p)anage, prerogative, privilege; exclusive right (to, de); **apanager** [~na'ʒe] (1l) *v/t.* endow with an ap(p)anage; **apanagiste** [~na'ʒist] 1. *adj.* having an ap(p)anage; 2. *su.* ap(p)anagist.

aparté [apar'te] *m thea.* aside; F private conversation; en ~ aside, in a stage-whisper.

apathie [apa'ti] *f* apathy, listlessness; **apathique** [~'tik] apathetic, listless.

apatride [apa'trid] 1. *su.* stateless person; 2. *adj.* stateless.

apepsie ✱ [apɛp'si] *f* dyspepsia, indigestion.

apercevable [apɛrsə'vabl] perceivable, perceptible; **apercevoir** [~sə-'vwaːr] (3a) *v/t.* see; s'~ de notice; realize; become aware of; **aperçu** [~'sy] *m* glimpse; general idea; rough estimate.

apéritif, -ve [aperi'tif, ~'tiːv] 1. *adj.* appetizing; 2. *su./m* appetizer; aperitif; *l'heure f de l'~* cocktail time.

apéro F [ape'ro] *m* aperitif.

apesanteur [apəzã'tœːr] *f* weightlessness; en état d'~ weightless.

à-peu-près [apø'prɛ] *m* approximation.

apeuré, e [apœ're] frightened.

aphasie ✱ [afa'zi] *f* aphasia; **aphasique** ✱ [~'zik] aphasic, speechless.

aphone [a'fɔn] voiceless.

aphorisme [afɔ'rism] *m* aphorism.

aphte ✱ [aft] *m* aphtha; **aphteux, -euse** *vet.*, ✱ [af'tø, ~'tøːz] *adj.*; *fièvre f ~euse* foot-and-mouth disease.

apical, e [api'kal] *m/pl.* **-aux** 🄰, ♀, *gramm.* [api'kal, ~'ko] apical.

apicole [api'kɔl] apiarian; **apiculteur** [apikyl'tœːr] *m* beekeeper, apiarist; **apiculture** [~'tyːr] *f* beekeeping.

apitoiement [apitwa'mã] *m* pity, compassion; ~ *sur soi-même* self-pity; **apitoyer** [~'je] (1h) *v/t.* move (to pity); s'~ *sur* feel pity for (*s.o.*); bewail, lament (*s.th.*).

aplanir [apla'niːr] (2a) *v/t.* level; smooth; plane; *fig.* remove, smooth (away).

aplatir [apla'tiːr] (2a) *v/t.* make flat, flatten; ⊕ clench (*a rivet*); *fig.* crush; s'~ flatten o.s.; *fig.* gravel (before, devant).

aplomb [a'plɔ̃] *m* perpendicularity; *fig.* balance, equilibrium; steadiness; coolness; self-possession; *pej.* cheek; d'~ vertical(ly adv.), upright, plumb; steady (steadily adv.); F well, in good shape; 🄰 *prendre l'~* take the plumb.

apo... [apo] apo...; **~calypse** [~ka-'lips] *f* apocalypse; l'🄰 the Book of Revelation; **~calyptique** [~kalip-'tik] apocalyptic; *fig.* obscure (*style*); **~cryphe**[~'krif] 1. *adj.* apocryphal; 2. *su./m:* ~s *pl.* the Apocrypha. [footless; 2. *su./m* apod.)

apode *zo.* [a'pɔd] 1. *adj.* apodal,)

apo...: **~dictique** [apodik'tik] apodictic, indisputable; **~gée** [~'ʒe] *m astr.* apogee; *fig.* height, zenith, culminating point; **~logie** [~lɔ'ʒi] *f* apologia; vindication; **~logiste** [~lɔ'ʒist] *m* apologist; **~plexie** ✱ [~plɛk'si] *f* apoplexy; **~stasie** [~sta'zi] *f* apostasy; *pol.* F ratting; **~stasier** [~sta'zje] (1o) *v/t.* apostatize from; *v/i.* apostatize; renounce one's faith *or* principles *or* party; **~stat, e** [~s'ta, ~s'tat] *adj.*, *a. su.* apostate, F turncoat.

apostille [apɔs'tij] *f* marginal recommendation; ⚓ entry (*in log*); † apostil, foot-note, side-note.

apostolat [apɔstɔ'la] *m* apostolate, apostleship; **apostolique** [~'lik] apostolic.

apostrophe [apɔs'trɔf] *f rhetoric, a. gramm.* apostrophe; rude remark; **apostropher** [~trɔ'fe] (1a) *v/t.* address (*s.o.*) sharply.

apothéose [apote'oːz] *f* apotheosis; *fig. a.* pinnacle; *thea.* grand finale.

apothicaire [apoti'kɛːr] *m: compte m d'~* exorbitant bill.

apôtre [a'poːtr] *m* apostle (*a. fig.*); *faire le bon ~* play the saint.

apparaître [apa're:tr] (4k) *v/i.* appear; come into sight; become evident.

apparat [apa'ra] *m* pomp, show.

appareil [apa're:j] *m* apparatus (*a. fig.*, ✱, 🄰, 🄰); ✱ *wound:* dressing; 🄰 bond; 🄰 *stones:* height; *phot.* camera; ⊕ machinery; ⊕ device; *teleph. etc.* instrument; *radio:* set; pomp, display; *anat.* ~ *digestif*

digestive system; *phot.* ~ de petit
format miniature camera; ~ de projection projector; *teleph. qui est à
l'*~? who is speaking?; **appareillage** [~rɛ'ja:ʒ] *m* ⚓ getting under
way; installation; ⚒ bonding; △
stones: drafting; ⚡ *etc.* equipment;
⊕ fixture; ⊕ plant.

appareillement [aparɛj'mɑ] *m*
matching (up); pairing.

appareiller¹ [aparɛ'je] (1a) *v/t.*
match (up); pair.

appareiller² [aparɛ'je] (1a) *v/t.* install; △ bond; △ draft; ⚓ trim
(*a sail*); *v/i.* ⚓ get under way;

appareilleur [~'jœːr] *m* fitter,
trimmer; △ house carpenter; △
foreman mason.

apparemment [apara'mɑ] *adv.* of
apparent; **apparence** [~'rɑ̃:s] *f* appearance, semblance; *en* ~ à out-
wardly; *sauver les* ~s save one's
face; **apparent, e** [~'rɑ̃, ~'rɑ̃:t]
apparent; conspicuous.

apparenter [aparɑ̃'te] (1a) *v/t.:* s'~
à marry into (*the nobility etc.*).

apparier [apa'rje] (1o) *v/t.* pair (off);
mate.

appariteur [apari'tœːr] *m* 𝕯 ap-
paritor, usher; *univ.* laboratory
assistant.

apparition [apari'sjɔ̃] *f* appearance;
apparition; spectre; vision.

apparoir 𝕯[apa'rwaːr] *v/impers.*
appear (from, *de;* that, *que*).

appartement [apart'mɑ̃] *m* flat, *Am.*
apartment.

appartenance [apartə'nɑ̃:s] *f:* ~ à
belonging to; membership of; **appartenant, e** [~'nɑ̃, ~'nɑ̃:t] belonging (to, à); **appartenir** [~'niːr] (2h)
v/i. belong (to, à); *il appartient à q. de
faire qch.* it is s.o.'s business *or* it rests
with s.o. to do s.th.; *v/t.:* s'~ be one's
own master.

appas [a'pɑ] *m/pl.* charms.

appât [a'pɑ] *m* bait; lure; *poultry:*
soft food; *mordre à l'*~ take the bait;
appâter [apɑ'te] (1a) *v/t.* lure, entice; cram (*poultry*).

appauvrir [apo'vriːr] (2a) *v/t.* im-
poverish; *s'*~ become impoverished;
grow poor(er); **appauvrissement**
[~vris'mɑ̃] *m* impoverishment; deterioration; ~ *du sang* impoverished
blood.

appeau [a'po] *m* decoy(-bird); bird-
call.

appel [a'pɛl] *m* call; appeal (*a.* 𝕯); ✗
roll-call, call-over, muster; ⊕~ *d'air*
indraught, intake of air; *teleph.* ~
local (*interurbain*) local call (trunk
call); ~ *téléphonique* (tele)phone call;
𝕯 *cour f d'*~ Court of Appeal; *faire* ~ à
have recourse to; ✗ *ordre m d'*~
induction order; **appeler** [ap'le]
(1c) *v/t.* call; call to; call up; send
for; ~ *l'attention de q. sur qch.* call
s.o.'s attention to s.th.; s'~ be called;
v/i.: ~ *d'un jugement* appeal against a
sentence; *en* ~ à appeal to; **appellation** [apɛla'sjɔ̃] *f* appellation; ✝ ~
d'origine indication of origin.

appendice [apɛ̃'dis] *m* appendix (*a.*
⚜, *anat.*); △ annex(e); ⚡ tail; **appendicite** 𝕯 [~di'sit] *f* appendicitis.

appentis [apɑ̃'ti] *m* lean-to (roof);
penthouse; outhouse.

appert [a'pɛːr] *3rd p. sg. pres. of*
apparoir.

appesantir [apəzɑ̃'tiːr] (2a) *v/t.*
make heavy; weigh down; dull; s'~
become heavy; s'~ *sur* dwell upon;
appesantissement [~tis'mɑ̃] *m* increase in heaviness or dullness.

appétence [ape'tɑ̃:s] *f* appetency,
craving (for, *of,* after *pour*).

appétissant, e [apeti'sɑ̃, ~'sɑ̃:t] appetizing, tempting (*a. fig.*); **appétit**
[~'ti] *m* appetite; desire; craving;
ouvrir l'~ give an edge to the appetite.

applaudir [aplo'diːr] (2a) *v/i.* approve (s.th., à *qch.*); *v/t.* applaud;
clap; s'~ *de* congratulate o.s. on;
applaudissements [~dis'mɑ̃] *m/pl.*
applause *sg.*; commendation *sg.*

applicable [apli'kabl] applicable (to,
à); that can be applied; **application** [~ka'sjɔ̃] *f* application; *fig.*
diligence; *broderie f* ~ appliqué
work; **applique** [a'plik] *f* inlaid
work, inlaying; application; applied ornament; (wall-)bracket; **appliqué, e** [apli'ke] diligent; ✗ *etc.*
applied; **appliquer** [~] (1m) *v/t.*
apply; ~ *une gifle à q.* fetch s.o.
one; *fig.* s'~ à work hard at; be bent
on.

appoint [a'pwɛ̃] *m* contribution;
added portion; help, support; (*a.
monnaie f d'*~) odd money, (right)
change; *d'*~ secondary; extra; *faire
l'*~ give the right change; **appointements** [apwɛ̃t'mɑ̃] *m/pl.* emoluments, salary *sg.*

appointer[1] [apwɛ̃'te] (1a) v/t. put on a salary (basis).

appointer[2] ⊕ [~] (1a) v/t. sharpen.

appointement ⚓ [apõt'mã] m gangplank; wharf; landing-stage; **apponter** [apõ'te] (1a) v/i. land on an aircraft carrier.

apport [a'pɔːr] m 🏛 contributed property; ✝ contribution; ✝ initial share; ⚒ bringing up; ✝ *capital m d'~* initial capital; **apporter** [apɔr'te] (1a) v/t. bring; exercise (*care*); supply, provide; produce; ~ *du retard à* be slow in; ~ *du zèle in* show zeal in.

apposer [apo'ze] (1a) v/t. affix (to, à); put; set (*a seal*); **apposition** [~zi'sjõ] f affixing; *gramm.* apposition.

appréciable [apre'sjabl] appreciable; **appréciation** [~sja'sjõ] f valuation; estimate; appreciation; **apprécier** [~'sje] (1a) v/t. value; estimate; appreciate.

appréhender [apreã'de] (1a) v/t. apprehend; dread; seize; **appréhension** [~'sjõ] f apprehension; 🏛 arrest.

apprenant m, e f [aprə'nã, ~'nãt] learner, student.

apprendre [a'prãːdr] (4aa) v/t. learn; teach (s.o. s.th., qch. à q.); ~ à q. à faire qch. teach s.o. (how) to do s.th.; ~ par cœur learn by heart.

apprenti m, e f aprã'ti] apprentice; learner; 🏛 etc. articled clerk; **apprentissage** [~ti'saːʒ] m apprenticeship; 🏛 etc. articles pl.

apprêt [a'prɛ] m preparation; ⊕ finishing; cuis. dressing, seasoning; paint. priming, size; fig. affectation; **apprêtage** [apre'taːʒ] m finishing; sizing; **apprêté, e** [~'te] affected; **apprêter** [~'te] (1a) v/t. prepare; ⊕ finish; size, prime; starch; s'~ get ready; be imminent; dress; **apprêteur** m, **-euse** f [~'tœːr, ~'tøːz] finisher, dresser.

apprivoiser [aprivwa'ze] (1a) v/t. tame (a. fig.); fig. make sociable.

approbateur, -trice [aprɔba'tœːr, ~'tris] 1. adj. approving; ⊕ 2. su. approver; **approbatif, -tive** [~'tif, ~'tiːv] approving; **approbation** [~'sjõ] f approbation, approval; ✝ certifying.

approchant, e † [aprɔ'ʃã, ~'ʃãːt] 1. adj.: ~ de approximating to; 2. appro-

chant adv., a. prp. nearly; **approche** [a'prɔʃ] f approach; les ~s de the immediate surroundings of (a town etc.); **approcher** [aprɔ'ʃe] (1a) v/t. bring (s.th.) near; s'~ de draw or come near (to); v/i. approach; draw or come near.

approfondir [aprɔfõ'diːr] (2a) v/t. deepen; fig. go deeper into; investigate thoroughly; **approfondissement** [~dis'mã] m deepening; fig. thorough investigation.

appropriation [aprɔpria'sjõ] f appropriation; adaptation (to, à); embezzlement; allocation; **approprier** [~pri'e] (1o) v/t. appropriate; adapt (to, à); s'~ à adapt o.s. to; fall in with.

approuver [apru've] (1a) v/t. approve (of); consent to; agree to; confirm (an appointment); authorize.

approvisionnement [aprɔvizjɔn-'mã] m provisioning, supply(ing); stock(ing); **approvisionner** [~zjɔ-'ne] (1a) v/t. supply (with, en); provision, victual; s'~ lay in stores.

approximatif, -ve [aprɔksima'tif, ~'tiːv] approximate; **approximation** [~'sjõ] f approximation.

appui [a'pɥi] m support (a. fig.); rest, prop, stay; à l'~ in support of this; à l'~ de in support of; ~(e)-**livres**, pl. ~s-**livres**, ~e-**livres** [apɥi'liːvr] m book-rest; ~(e)-**tête**, pl. ~s-**tête** [~'tɛːt] m headrest; mot. headrestraint; **appuyer** [apɥi'je] (1h) v/t. support; press; lean, rest (against, contre); v/i.: ~ sur rest on; press, push (a button etc.), press down; fig. emphasize, stress; ~ sur la (or à) droite bear to the right; s'~ sur lean, rest on or against; fig. rely on.

âpre [aːpr] rough, harsh; biting; keen; ~ à eager for; ruthless at; ~ au gain grasping, greedy.

après [a'prɛ] 1. prp. space, time: after; behind; idea of attack: at, on to; ~ vous, Madame after you, Madam; ~ quoi after which; thereupon; ~ tout after all; ~ Jésus-Christ after Christ; être toujours ~ q. be always nagging at s.o.; ~ avoir lu ce livre after reading this book; d'~ according to; ~ que after, when; 2. adv. after(wards); later; next; la semaine d'~ the following week; une semaine ~ one week later; ~-**demain** [apreda'mɛ̃] adv.

the day after tomorrow; **~-guerre** [~'gɛːr] *m* or *f* post-war period; **~-midi** [~mi'di] *m/inv.* afternoon; **~-rasage** [~ra'zaːʒ] *adj., a. su./m/inv.* after-shave; **~-vente** [~'vãːt]: *service m ~* after-sales service.

âpreté [aprə'te] *f* roughness; harshness; sharpness; bitterness; keenness.

à-propos [aprɔ'po] *m* aptness, suitability; opportuneness.

apte [apt] fit(ted) (to, for *à*); apt; **aptitude** [apti'tyd] *f* aptitude; fitness; ⚖ capacity, qualification; ✕ **~s** *pl.* physiques physique *sg.; mot. ~ à conduire* fitness to drive.

apurement ✝ [apyr'mã] *m* audit (-ing); **apurer** [apy're] (1a) *v/t.* audit, pass; discharge (*a liability*).

aquafortiste [akwafɔr'tist] *su.* etcher; **aquaplane** [~'plan] *m* surfboard; **aquaplaning** *mot.* [~pla'niŋ] *m* aquaplaning; **aquarelle** [~'rɛl] *f* aquarelle, water-colo(u)r; **aquarelliste** [~rɛ'list] *su.* aquarellist, water-colo(u)rist; **aquarium** [~'rjɔm] *m* aquarium; **aquatique** [~'tik] aquatic; marshy (*land*).

aqueduc [ak'dyk] *m* aqueduct (*a. anat.*); culvert; **aqueux, -euse** [a'kø, ~'køːz] watery.

aquilin, e [aki'lɛ̃, ~'lin] aquiline; *nez m ~* Roman nose.

aquilon [aki'lõ] *m* north wind.

arabe [a'rab] **1.** *adj.* Arabian; Arab; Arabic; *chiffre m ~* Arabic numeral; **2.** *su.* ♀ Arab; *su./m ling.* Arabic; *horse:* Arab; *fig.* Shylock, usurer.

arabesque [ara'bɛsk] *adj., a. su./f* arabesque.

arabique [ara'bik] Arabic; Arabian; *gomme f ~* gum arabic; *geog. le golfe* ♀ the Arabian gulf.

arable [a'rabl] arable (*land*).

arachide ♀ [ara'ʃid] *f* peanut, ground-nut.

araignée [arɛ'ɲe] *f zo.* spider; ⊕ grapnel; ⚓ clew; *vehicle:* buggy; *sl. avoir une ~ au plafond* have bats in the belfry; *fig. pattes f/pl. d'~* long thin fingers; scrawl *sg.*; ⊕ grease-channels; *toile f d'~* cobweb; spider's web.

aratoire [ara'twaːr] farming, agricultural.

arbalète [arba'lɛt] *f* cross-bow; **arbalétrier** [~letri'e] *m* cross-bowman; △ principal rafter.

arbitrage [arbi'traːʒ] *m* arbitration; ✝ arbitrage; *conseil m d'~* conciliation board; **arbitraire** [~'trɛːr] arbitrary; **arbitre** [ar'bitr] *m* ✝ arbitrator; referee (*a. sp.*); *phls. libre ~* free will; **arbitrer** [~bi'tre] (1a) *v/t.* arbitrate; *sp.* referee.

arborer [arbɔ're] (1a) *v/t.* hoist (*a flag*); *fig.* wear, display; *sport* (*a garment*); **arborescence** ♀ [~rɛ'sãːs] *f* arborescence; **arborescent, e** ♀ [~rɛ'sã, ~'sãːt] arborescent; **arboriculteur** ✓ [~rikyl'tœːr] *m* arboriculturist, nurseryman; **arboriculture** ✓ [~rikyl'tyːr] *f* arboriculture.

arbre [arbr] *m* tree; ⊕ spindle, shaft, axle; ⚓ mast; arbor; ⊕ **~ à cames** cam-shaft; ⊕ **~ de transmission** propeller shaft; ⊕ **~ généalogique** genealogical tree; **~ manivelle** crankshaft; ⊕ **~ primaire** driving shaft; **arbrisseau** [~bri'so] *m* sapling; shrub.

arbuste ♀ [ar'byst] *m* bush, shrub.

arc [ark] *m* bow; △ arch; ⧽, ⊕ arc; **~ en ogive** ogival arch; **~ plein cintre** semi-circular arch; ⚓ *avoir de l'~* sag; ⚡ *lampe f à ~* arc-lamp.

arcade [ar'kad] *f* archway; ⊕ arch; *spectacles:* bridge; **~s** *pl.* arcade *sg.*

arcanes [ar'kan] *m/pl.* arcana, mysteries.

arc-boutant, pl. arcs-boutant [arkbu'tã] *m* △ flying buttress; △, ⊕ stay (*a. fig.*), strut; **arc-bouter** [~'te] (1a) *v/t.* buttress; shore up.

arceau [ar'so] *m* hoop; arch.

arc-en-ciel, pl. arcs-en-ciel [arkã-'sjɛl] *m* rainbow.

archaïque [arka'ik] archaic; **archaïsme** [~'ism] *m* archaism.

archange [ar'kãːʒ] *m* archangel.

arche¹ [arʃ] *f* arch; hoop.

arche² *bibl.* [~] *f* Ark; **~ d'alliance** Ark of the Covenant.

archéologie [arkeɔlɔ'ʒi] *f* arch(a)eology; **archéologue** [~'lɔg] *m* arch(a)eologist.

archer [ar'ʃe] *m* archer; **archet** ♪, ⊕ [~'ʃɛ] *m* bow.

archétype [arke'tip] **1.** *adj.* archetypal; **2.** *su./m* archetype, prototype.

archevêché [arʃəvɛ'ʃe] *m* archbishopric, archdiocese; archbishop's palace; **archevêque** [~'vɛk] *m* archbishop.

archi... [arʃi] arch...; extremely; to the hilt; **~bondé, e** [~bõ'de],

∼comble [∼'kɔ̃:bl] packed (full); **∼duc** [∼'dyk] *m* archduke.

archipel *geog.* [arʃi'pɛl] *m* archipelago.

architecte [arʃi'tɛkt] *m* architect; ∼ *paysagiste* landscape gardener; **architecture** [∼tɛk'ty:r] *f* architecture; ∼ *de paysage* landscape gardening or design.

archives [ar'ʃi:v] *f/pl.* archives, records; **archiviste** [∼ʃi'vist] *su.* archivist; 🕈 filing clerk.

arçon [ar'sɔ̃] *m* saddle-bow; *vider les ∼s* be unhorsed; *fig.* become embarrassed.

arctique [ark'tik] Arctic.

ardemment [arda'mɑ̃] *adv.* of *ardent*; **ardent, e** [∼'dɑ̃, ∼'dɑ̃:t] hot, burning (*a.* 🐾), scorching; *fig.* ardent, fervent, eager; *fig. être sur des charbons ∼s* be on tenterhooks; **ardeur** [∼'dœ:r] *f* heat; *fig.* ardo(u)r; eagerness; *horse:* mettle; 🐾 ∼ *d'estomac* heartburn.

ardillon [ardi'jɔ̃] *m buckle:* tongue, catch; *typ.* pin.

ardoise [ar'dwa:z] *f* slate; **ardoisé, e** [ardwa'ze] slate-colo(u)red; **ardoisière** [∼'zjɛ:r] *f* slate-quarry.

ardu, e [ar'dy] steep, abrupt; arduous; difficult.

are [a:r] *m* are.

arène [a'rɛn] *f* arena; *poet.* sand.

aréole [are'ɔl] *f* 🔵, 🐾, *anat.* areola; *meteor.* nimbus, halo.

arête [a'rɛt] *f icht.* (fish-)bone; ⊕, *mount., etc.* ridge; ⊕ *mount.* crest, ridge; △, ⊕, *etc.* chamfer; beading; 🌱 awn, beard; *à ∼s vives* sharpedged.

argent [ar'ʒɑ̃] *m* silver; money; 🔲 argent; ∼ *comptant* cash; ∼ *de poche* pocket-money; ∼ *en caisse* cash in hand; ∼ *liquide* ready money; *en avoir pour son ∼* have one's money's worth; *être à court d'∼* be short of money; **argentan** [arʒɑ̃'tɑ̃] *m* nickel *or* German silver; **argenté, e** [∼'te] silver(ed); silvery; silverplated; **argenter** [∼'te] (1a) *v/t.* silver; **argenterie** [∼'tri] *f* (silver-)plate.

argentin¹, e [arʒɑ̃'tɛ̃, ∼'tin] silvery.

argentin², e [∼] *adj., a. su.* ♀ Argentine.

argenture [arʒɑ̃'ty:r] *f mirror:* silvering; silver-plating.

argile [ar'ʒil] *f* clay; ∼ *réfractaire* fire-clay; **argileux, -euse** [arʒi'lø, ∼'lø:z] clayey; argillaceous.

argon 🔥 [ar'gɔ̃] *m* argon.

argot [ar'go] *m* slang; **argotique** [∼gɔ'tik] slangy.

arguer [ar'gɥe] (1e) *v/t.* infer, deduce (from, *de*); assert; ∼ *de qch.* put s.th. forward (as a reason); 🏛 ∼ *un acte de faux* assert that a document is spurious; *v/i.* argue; **argument** [argy'mɑ̃] *m* argument (*a.* 🏛, *a. of a book*); plot, summary; 🏛 variable; **argumentation** [∼mɑ̃ta'sjɔ̃] *f* argumentation; **argumenter** [∼mɑ̃'te] (1a) *v/i.* argue (about, *à propos de*; against, *contre*; quibble; **argutie** [∼'si] *f* quibble.

aride [a'rid] arid, dry; sterile; barren; **aridité** [aridi'te] *f* aridity, dryness; barrenness.

arien, -enne [a'rjɛ̃, ∼'rjɛn] *adj., a. su.* Arian.

ariette ♪ [a'riet] *f* arietta.

aristo *sl.* [aris'to] *m* swell; **aristocrate** [∼tɔ'krat] *su.* aristocrat; **aristocratie** [∼tɔkra'si] *f* aristocracy; **aristocratique** [∼tɔkra'tik] aristocratic, upper-class.

arithméticien m, -enne *f* [aritmeti'sjɛ̃, ∼'sjɛn] arithmetician; **arithmétique** [∼'tik] **1.** *adj.* arithmetical; **2.** *su./f* arithmetic.

arlequin [arlə'kɛ̃] *m* Harlequin; *food:* scraps *pl.*; *fig.* weathercock.

armateur ⚓ [arma'tœ:r] *m* shipowner; **armature** [∼'ty:r] *f* frame; brace; *brassière:* boning; ♪ armature; ♪ key-signature; *fig.* structure.

arme [arm] *f* arm; weapon; ✕ branch of the service; ✕ ∼s *pl.* blanches side-arms; ∼ *à tir rapide* automatic weapon; ∼ *automatique* light machine-gun; ∼ *de choc* striking weapon; ∼s *pl.* spatiales space weapons; *sp. faire des ∼s* fence; **armé, e** [ar'me] *adj.:* *béton m* ∼ reinforced concrete, ferro-concrete; *poutre f* ∼*e* trussed beam; *verre m* ∼ wired glass; **armée** [ar'me] *f* army; forces *pl.*; ∼ *de l'air* Air Force; ∼ *de mer* Navy; ∼ *de métier* regular army; ∼ *de terre* land forces *pl.*; ♀ *du Salut* Salvation Army; **armement** [armə'mɑ̃] *m* armament; arming; equipment; ⚓ commissioning; ⚓ manning.

arménien, -enne [arme'njɛ̃, ∼'njɛn] *adj., a. su.* ♀ Armenian.

armer [ar'me] (1a) *v/t.* arm (with, de); equip; ♣ commission; ♣ man; cock (*a pistol*); ⊕ mount (*a machine*); ⚡ wind (*a dynamo*); ⚡ sheath (*a cable*); set (*an apparatus*); † ~ q. *chevalier* dub s.o. knight; s'~ de arm o.s. with, *fig.* call upon (*one's courage, patience, etc.*).

armistice [armis'tis] *m* armistice.

armoire [ar'mwa:r] *f* cupboard; wardrobe; locker; ~ à *pharmacie* medicine-chest; ~ *au* (*or* à) *linge* linen-closet.

armoiries ⊘ [armwa'ri] *f/pl.* (coat *sg.* of) arms; armorial bearings.

armorial, e, *m/pl.* **-aux** ⊘ [armɔ'rjal, ~'rjo] **1.** *adj.* armorial; **2.** *su./m* armorial, book of heraldry; **armorier** ⊘ [~'rje] (1o) *v/t.* emblazon.

armure [ar'my:r] *f* armo(u)r; ⚡ weave; *phys. magnet.* armature; ⚡ *dynamo:* pole-piece; **armurerie** [armyr'ri] *f* manufacture of arms; arms factory; gunsmith's shop; ✕ armo(u)ry; **armurier** ✕, ♣ [~'rje] *m* armo(u)rer; gunsmith.

arnica ♣ [arni'ka] *f* arnica.

aromate [arɔ'mat] *m* spice, aromatic; **aromatique** [arɔma'tik] aromatic; **aromatiser** [~ti'ze] (1a) *v/t.* give aroma *or* flavo(u)r to; *cuis.* flavo(u)r; **arome** [a'ro:m] *m* aroma; *cuis.* flavo(u)ring.

aronde ⊕ [a'rɔ̃:d] *f:* queue *f* d'~ dovetail.

arpège ♪ [ar'pɛ:ʒ] *m* arpeggio.

arpent [ar'pɑ̃] *m* (*approx.*) acre; **arpentage** [arpɑ̃'ta:ʒ] *m* (land-)surveying; survey; **arpenter** [~'te] (1a) *v/t.* survey, measure (*the land*); *fig.* pace (up and down), stride along; **arpenteur** [~'tœ:r] *m* (land-)surveyor; *orn.* great plover.

arquebuse [arkə'by:z] *f* (h)arquebus.

arqué, e [ar'ke] arched, curved; *jambes* ~es bow legs, bandy legs; **arquer** [~] (1m) *v/t.* bend; arch; camber.

arraché [ara'ʃe] *m sp.* snatch; *fig.* à l'~ narrow (*victory etc.*); *fig.* obtenir *qch.* à l'~ (just manage to) snatch s.th.; **arrache-clou** ⊕ [araʃ'klu] *m* nail claw, nail wrench; **arrache-pied** [~'pje] *adv.:* d'~ relentlessly; fiercely; *travailler* d'~ F work flat out; **arracher** [ara'ʃe] (1a) *v/t.* tear out *or*

away (from, à); pull out; extract; draw (*a tooth*); extort (*a confession, money*); **arracheur, -euse** [~'ʃœ:r, ~'ʃø:z] *su.* puller; *su./f* ~ potato-lifter.

arraisonnement ♣ [arɛzɔn'mɑ̃] *m* boarding; examination (of a bill of health); **arraisonner** ♣ [~zɔ'ne] (1a) *v/t.* hail; board; stop and examine.

arrangement [arɑ̃ʒ'mɑ̃] *m* arrangement (*a.* ♪); settlement, agreement; † composition (*with creditors*); **arranger** [arɑ̃'ʒe] (11) *v/t.* arrange (*a.* ♪); put in order; tidy, straighten; sort (*cards*); organize; settle (*a dispute, a quarrel*); suit (*s.o.*); *cela m'arrange* that suits me; F *cela s'arrangera* it'll turn out all right; s'~ manage (with, de), make do (with, de); come to an agreement, ♣ compound (with, avec); dress; s'~ *pour faire qch.* see to it that one can do s.th.; **arrangeur** *m*, **-euse** *f* ♪ [~'ʒœ:r, ~'ʒø:z] arranger.

arrérager † [arera'ʒe] (11) *v/i.* get in arrears; **arrérages** † [~'ra:ʒ] *m/pl.* arrears; back-interest *sg.*

arrestation [aresta'sjɔ̃] *f* arrest; apprehension; ⚖ ~ *préventive* protective custody.

arrêt [a'rɛ] *m* stop (*a.* ⊕); ⊕ stoppage; stopping; halt; interruption; ⚖ judgment; ⚖ award; *admin.* decree; ⚖ seizure; ♣ detention; ⚖ arrest; *foot.* tackle; ⊕ *lock:* tumbler; *bus, tram, train:* stop(ping-place); ✕ ~s *pl.* arrest *sg.*; ⚖ ~ *de mort* death sentence; *chien m* d'~ pointer; *cran m* d'~ safety-catch; *dispositif m* d'~ arresting device; ⚖ *rendre un* ~ deliver judgment; ⊕ *robinet m* d'~ stop-cock; *temps m* d'~ pause, halt; **arrêté** [arɛ'te] *m* order; decree; ordinance; by(e)-law; † ~ *de compte*(s) settlement; **arrêter** [~] (1a) *v/t.* stop; arrest; check; fix, fasten; draw up; decide; † make up, close (*an account*); fasten off (*a stitch*); ~ *les mailles knitting:* cast off; s'~ stop; halt, pause; cease (*noise*); sans s'~ à without (a) letup; *v/i.* stop; *hunt.* point (*dog*); s'~ *de faire qch.* stop doing s.th.

arrhes [a:r] *f/pl.* deposit *sg.*; earnest (*money*) *sg.*

arrière [a'rjɛ:r] **1.** *adv.:* en ~ behind; back, backward(s); in arrears; *être en*

~ be behind; *regarder en ~* look back; *rester en ~* lag behind; *faire un pas en ~* step back(wards); *revenir en ~* go back; **2.** *su./m* back (part), rear; ⚓ stern; *sp.* back; **3.** *adj./inv.* back; *mot. feu m* (*or lanterne f*) ~ rear-light; *roue f ~* back-wheel, rear-wheel; *vent m ~* leading wind; **arriéré, e** [arje're] **1.** *adj.* late; in arrears; backward (*child, country*); **2.** *su./m* arrears *pl.*; † *faire rentrer des ~s* recover debts.

arrière...: ~**-ban** *hist.* [arjer'bɑ̃] *m* (whole body of) vassals *pl.*; ~**-bouche** [~'buʃ] *f* back of the mouth; ~**-boutique** [~bu'tik] *f* back-shop; ~**-cour** [~'ku:r] *f* backyard; ~**-garde** ✕ [~'gard] *f* rearguard; ~**-goût** [~'gu] *m* after-taste; ~**-grand-père** [~grɑ̃'pɛ:r] *m* great-grandfather; ~**-main** [~'mɛ̃] *f* back of the hand; *horse:* hindquarters *pl.*; back-hand stroke; ~**-neveu** [~nə'vø] *m* grand-nephew; ~**-pensée** [~pɑ̃'se] *f* ulterior motive; mental reservation; ~**-petit-fils,** *pl.* ~**-petits-fils** [~pəti'fis] *m* great-grandson; ~**-plan** [~'plɑ̃] *m* background; ~**-point** [~'pwɛ̃] *m* backstitch.

arriérer [arje're] (1f) *v/t.* postpone; *s'~* fall behind (*person*); get into arrears.

arrière...: ~**-saison** [arjersɛ'zɔ̃] *f* late season *or* autumn, *Am.* late fall; ~**-train** [~'trɛ̃] *m* waggon-body; trailer; *animal:* hindquarter.

arrimer ⚓ [ari'me] (1a) *v/t.* stow; trim (*a ship*); pack (*for transit*).

arrivant *m,* **e** *f* [ari'vɑ̃, ~'vɑ̃:t] arrival, comer; **arrivée** [~'ve] *f* arrival, coming; ⊕ inlet, intake; *sp.* finish; **arriver** [~'ve] (1a) *v/i.* arrive (at, *à*); come; happen; succeed; *à* bear away; ~ *à* (*inf.*) succeed in (*ger.*), manage to (*inf.*); **arriviste** [~'vist] *su.* thruster, (social) climber; careerist.

arrogance [arɔ'gɑ̃:s] *f* arrogance; haughtiness; **arrogant, e** [~'gɑ̃, ~'gɑ̃:t] arrogant; haughty.

arroger [arɔ'ʒe] (1l) *v/t.*: *s'~* arrogate (*s.th.*) to o.s.

arrondir [arɔ̃'di:r] (2a) *v/t.* (make) round; round off (*a. fig. a sum*); round, double; *s'~* fill out; become round; **arrondissement** [~dis'mɑ̃] *m* rounding off; roundness; *admin.* district; *admin. town:* ward.

arrosage [aro'za:ʒ] *m* watering, wetting; sprinkling; *cuis.* basting; *wine:* dilution; *rain:* soaking; **arroser** [~'ze] (1a) *v/t.* water; wet (*a. fig.*); sprinkle; moisten; *cuis.* baste; dilute (*wine*); F wash down (*the food*); F *ça s'arrose* that calls for a drink; **arroseur** [~'zœ:r] *m* watercart attendant; **arroseuse** [~'zø:z] *f* watercart; ~**-balayeuse** combined street-watering and sweeping lorry *or* truck; **arrosoir** [~'zwa:r] watering-can; sprinkler.

arsenal [arsə'nal] *m* arsenal (*a. fig.*); armo(u)ry; ⚓ dockyard.

arsenic 🜊 [arsə'nik] *m* arsenic.

art [a:r] *m* art; skill; ~*s pl. et métiers m/pl.* arts and crafts; ~*s pl. ménagers* domestic science.

artère [ar'tɛ:r] *f* artery (*a. fig.*); thoroughfare; ⚡ feeder; **artériel, -elle** [arte'rjɛl] arterial; **artériosclérose** ⚕ [~rjɔskle'ro:z] *f* arteriosclerosis.

artésien, -enne [arte'zjɛ̃, ~'zjɛn] artesian; of Artois; *puits m ~* artesian well.

arthrite ⚕ [ar'trit] *f* arthritis; gout.

artichaut [arti'ʃo] *m cuis.* artichoke; ✕ spiked barrier.

article [ar'tikl] *m* article (*a.* 🜚, ✝, *eccl., gramm.*); thing; *treaty:* clause; item; subject, topic; ✝ ~*s pl.* goods; ~*s pl. de Paris* fancy goods; *journ.* ~ *de fond* leader, leading article; ~ *de luxe* luxury article; ~ *documentaire* documentary report; *à l'~ de* at the point of death; *faire l'~* puff one's goods; **articlier** *journ.* [~ti'klje] *m* copy-writer, columnist.

articulaire ⚕ [artiky'lɛ:r] articular, of the joints; **articulation** [~la'sjɔ̃] *f anat.; speech:* articulation; joint; ⊕ connection; 🜚 node; utterance; **articuler** [~le] (1a) *v/t.* articulate; link; pronounce distinctly; state clearly.

artifice [arti'fis] *m* artifice; guile; stratagem; expedient; ✕ ~*s pl.* flares; *feu m d'~* fireworks *pl.; fig.* flash of wit; **artificiel, -elle** [artifi'sjɛl] artificial; **artificier** [~'sje] *m* pyrotechnist; ✕ artificer; **artificieux, -euse** [~'sjø, ~'sjø:z] artful, crafty, cunning.

artillerie ✕ [artij'ri] *f* artillery, ordnance; gunnery; ~ *antiaérienne* (*or contre avions*) anti-aircraft artillery; ~ *d'assaut* assault artillery; ~ *lourde* (*or à pied*) heavy artillery; **pièce** *f* d'~ piece of ordnance; **artilleur** [ˌtiˈjœːr] *m* artilleryman, gunner.

artimon ⚓ [artiˈmɔ̃] *m* mizzen; mizzenmast.

artisan [artiˈzã] *m* artisan; craftsman; working-man; *fig.* creator, agent; **artisanat** [ˌzaˈna] *m* handicraft; craftsmen *pl.*

artiste [arˈtist] *su.* artist; ♪, *thea.* performer; **artistique** [ˌtisˈtik] artistic.

aryen, -enne [aˈrjɛ̃, ˌˈrjɛn] *adj., a. su.* ♀ Aryan, Indo-European.

as[1] [a] 2nd *p. sg. pres. of avoir* 1.

as[2] [ɑːs] *m* ace (*a. fig.*); *sp.* crack (player *etc.*); *sl.* être *plein aux* ~ have stacks of money.

asbeste [asˈbɛst] *m* asbestos.

ascendance [asɑ̃ˈdɑ̃ːs] *f* ancestry; *astr.* ascent; **ascendant, e** [ˌˈdã, ˌˈdãːt] 1. *adj.* upward (*motion etc.*); 2. *su./m* ascendancy; *fig.* influence; ~*s pl.* ancestry *sg.*

ascenseur [asɑ̃ˈsœːr] *m* lift, *Am.* elevator; F *fig.* renvoyer l'~ do a favour in return, return the favour, reciprocate; **ascension** [ˌˈsjɔ̃] *f* ascent; climb; rising; ⊕ *piston:* upstroke; *eccl.* l'♀ Ascension-day; **ascensionniste** [ˌsjɔˈnist] *su.* climber; mountaineer; balloonist.

ascète [aˈsɛːt] *su.* ascetic; **ascétique** [aseˈtik] ascetic; **ascétisme** [ˌˈtism] *m* asceticism.

asepsie ⚕ [asɛpˈsi] *f* asepsis; **aseptique** ⚕ [ˌˈtik] aseptic; **aseptiser** ⚕ [ˌtiˈze] *v/t.* asepticize.

asexué, e [asɛksɥˈe] *biol.* asexual; sexless;   [Asiatic; Asian.\
asiatique [azjaˈtik] *adj., a. su.* ♀]

asile [aˈzil] *m* asylum; retreat; shelter; † sanctuary; ~ *d'aliénés* mental hospital; ~ *pour animaux* animal home, *Am.* animal shelter.

asocial, e *m/pl.* **-aux** [asɔˈsjal, ˌˈsjo] antisocial.

aspect [asˈpɛ] *m* aspect (*a. gramm.*); sight; appearance; look; *fig.* viewpoint.

asperge ♀ [asˈpɛrʒ] *f* asparagus.

asperger [aspɛrˈʒe] (11) *v/t.* sprinkle; spray (with, *de*).

aspérité [asperiˈte] *f* asperity; roughness, harshness; unevenness.

asperseur [aspɛrˈsœːr] *m* sprinkler; **aspersion** [ˌˈsjɔ̃] *f* aspersion, sprinkling; spraying; **aspersoir** [ˌˈswaːr] *m* 🕯 *watering-can:* rose; *eccl.* aspergillum.

asphaltage [asfalˈtaʒ] *m* asphalting; **asphalte** [ˌˈfalt] *m* asphalt.

asphyxie [asfikˈsi] *f* asphyxia(tion), suffocation; **asphyxier** [ˌˈsje] (1o) *v/t.* (*a. s'*~) asphyxiate, suffocate.

aspic [asˈpik] *m zo.* asp; *cuis.* aspic; ♀ aspic, French lavender; *fig. langue* f *d'*~ venomous tongue.

aspirant, e [aspiˈrã, ˌˈrãːt] 1. *adj.* sucking; ⊕ suction-...; 2. *su.* aspirant, candidate; *su./m* 🎖 officer candidate; ⚓ midshipman; ⚔ acting pilot-officer; **aspirateur, -trice** [ˌraˈtœːr, ˌˈtris] 1. *adj.* suction-...; 2. *su./m* ⊕ suction-conveyor; ⊕ exhaust-fan; aspirator; vacuum cleaner; **aspiration** [ˌraˈsjɔ̃] *f* aspiration (*a. gramm.*); *fig.* longing (after, *à*); ⊕ suction; ⊕ inspiration, inhaling; ⊕ intake; **aspirer** [ˌˈre] (1a) *v/t.* breathe in; suck in or up; *gramm.* aspirate; ⚕ inhale; *v/i.:* ~ *à* (*inf.*) aspire to (*inf.*); ~ *à qch.* aspire to s.th.; long for s.th.

aspirine ⚕ [aspiˈrin] *f* aspirin; *prendre un comprimé d'*~ take an aspirin.

assagir [asaʒiːr] (2a) *v/t.* make wiser; steady, sober (down).

assaillant [asaˈjã] *m* assailant; **assaillir** [ˌˈjiːr] (2s) *v/t.* assail, attack; *fig.* beset (with, *de*).

assainir [asɛˈniːr] (2a) *v/t.* make healthier; cleanse, purify, clean (up); clear (*slums, the atmosphere, etc.*); drain (*marshes*); stabilize (*the economy etc.*); reorganize (*the finances etc.*); **assainissement** [ˌnisˈmã] *m* cleansing, purifying; cleaning (up); clearing; *marshes:* draining; *economy:* stabilization; *finances:* reorganization.

assaisonnement [asɛzɔnˈmã] *m* seasoning; flavo(u)ring; *salad:* dressing; **assaisonner** [ˌzɔˈne] (1a) *v/t.* season (with, *de*); flavo(u)r (with, *de*); dress (*salads*).

assassin, e [asaˈsɛ̃, ˌˈsin] 1. *su./m* assassin; murderer; *à l'*~! murder!; *su./f* murderess; 2. *adj.* murderous; *fig.* provocative; *fig.* deadly; **assassinat** [ˌsiˈna] *m* murder; assassination; **assassiner** [ˌsiˈne] (1a) *v/t.*

murder (a. fig.); assassinate; F pester.

assaut [a'so] m assault, attack; sp. bout, match; faire ~ de bandy (words, wit).

assèchement [asɛʃ'mɑ̃] m drying, draining, drainage; **assécher** [ase-'ʃe] (1f) v/t. dry; drain.

assemblage [asɑ̃'blaːʒ] m gathering, collection; ⊕ assembly; ⊕ joint; ⚡ connection, coupling; **assemblée** [~'ble] f assembly, meeting; congregation; gathering; ~ générale general meeting; ~ plénière plenary assembly; **assembler** [~'ble] (1a) v/t. assemble (a. ⊕); gather, call together; convene (a committee); ✕ muster; ⚡ couple, connect; join(t); s'~ assemble, meet.

assener [asə'ne] (1d) v/t. strike, land (a blow).

assentiment [asɑ̃ti'mɑ̃] m agreement, assent, consent; signe m d'~ nod.

asseoir [a'swaːr] (3c) v/t. seat, place; pitch (a tent); lay (a stone); establish (a tax); base (an opinion); on le fit ~ he was asked to take a seat; s'~ sit down; settle; ✂ pancake.

assermenté, e [asɛrmɑ̃'te] sworn; on oath.

assertion [asɛr'sjɔ̃] f assertion.

asservir [asɛr'viːr] (2a) v/t. enslave (to, à) (a. fig.); subdue; subject; ⊕ synchronize; **asservissement** [~vis'mɑ̃] m slavery, subjection; bondage; ⊕ control.

assesseur [ase'sœːr] m assessor; assistant judge.

asseyons [asɛ'jɔ̃] 1st p. pl. pres. of asseoir.

assez [a'se] adv. enough; rather; sufficiently; fairly; ~! that's enough!; that will do!; (en) avoir ~ de be sick (and tired) of; j'en ai ~! a. I've had enough of it, F I'm fed up with it.

assidu, e [asi'dy] diligent; assiduous; regular; constant; attentive (to, auprès de); **assiduité** [~dɥi'te] f diligence, assiduity; ~s pl. constant attentions or care sg.; **assidûment** [~dy'mɑ̃] adv. of assidu.

assieds [a'sje] 1st p. sg. pres. of asseoir.

assiégeant, e [asje'ʒɑ̃, ~'ʒɑ̃ːt] 1. adj. besieging; 2. su./m besieger; **assiéger** [~'ʒe] (1g) v/t. besiege (a. fig.);

surround; beset; fig. mob; fig. dun.

assiérai [asje're] 1st p. sg. fut. of asseoir.

assiette [a'sjɛt] f plate; ⚓ trim; horse: seat; ⊕ etc. basis; machine: support; tax: establishment; F il n'est pas dans son ~ he's out of sorts, he's not up to the mark; **assiettée** [asje'te] f plate(ful).

assignation [asiɲa'sjɔ̃] f assignation; ⚖ summons, subpoena; **assigner** [~'ɲe] (1a) v/t. assign; allot; appoint, fix (a time); allocate; ♰ earmark (a sum); ⚖ summon, subpoena.

assimilable [asimi'labl] ♣ assimilable; comparable (to, à); **assimilation** [~la'sjɔ̃] f assimilation; ✕, ⊕ correlation, equivalence; **assimiler** [~'le] (1a) v/t. assimilate; compare; give equal status to.

assis¹ [a'si] 1st p. sg. p.s. of asseoir.

assis², e [a'si, ~'siːz] 1. p.p. of asseoir; 2. adj. seated, sitting; être ~ be seated or sitting; 🪑 etc. place f ~e seat; 3. su./f △ foundation; △ bricks: course; cement: layer; rider: seat; ~es pl. meetings, sessions; ⚖ assizes; ⚖ cour f d'~es Assize Court.

assistance [asis'tɑ̃ːs] f assistance, help; audience, spectators pl.; eccl. congregation; ⚖, eccl. attendance, presence; ~ judiciaire (free) legal aid; ~ maritime salvage; ~ publique public assistance, public relief; ~ sociale (social) welfare work; **assistant, e** [~'tɑ̃, ~'tɑ̃ːt] su. assistant; usu. ~s pl. spectators, onlookers; audience sg.; su./f: ~e sociale social worker; **assister** [~'te] (1a) v/i.: ~ à attend, be present at; v/t. assist, help, aid (s.o.).

association [asɔsja'sjɔ̃] f association; ♰ partnership; society; union; ⚡ coupling, connection; ~ de bienfaisance charitable organization; ♰ ~ en nom collectif (ordinary) partnership; **associé m, e** f [asɔ'sje] partner; learned society: associate; ♰ ~ commanditaire sleeping partner; **associer** [~] (1o) v/t. associate, unite; join up; ⚡ connect, couple; s'~ (à or avec) associate o.s. (with); join (in s.th.); keep company with; ♰ enter into partnership with.

assoiffé, e [aswa'fe] thirsty; fig. eager (for, de).

assoirai F [aswaˈre] *1st p. sg. fut. of* **asseoir**; **assois** F [aˈswa] *1st p. sg. pres. of* **asseoir**.

assolement ↙ [asɔlˈmɑ̃] *m* (crop-) rotation; **assoler** ↙ [asɔˈle] (1a) *v/t.* rotate the crops on.

assombrir [asɔ̃ˈbriːr] (2a) *v/t.* darken; make gloomy (*a. fig.*); cloud (*a. fig.*); s'~ darken; become cloudy (*sky*); *fig.* become gloomy.

assommant, e [asɔˈmɑ̃, ~ˈmɑ̃ːt] *adj.* boring; tiresome; **assommer** [~ˈme] (1a) *v/t.* fell; stun; knock on the head; knock out; *fig.* bore; *fig.* overcome; **assommoir** [~ˈmwaːr] *m* † bludgeon; *fig. coup d'~ staggering blow.

assomption [asɔ̃ˈsjɔ̃] *f* assumption; *eccl.* l'A~ the Assumption.

assonance [asɔˈnɑːs] *f* assonance; **assonant, e** [~ˈnɑ̃, ~ˈnɑ̃ːt] assonant.

assorti, e [asɔrˈti] assorted; (*well-, badly-)matched*; † (*well-, badly-)stocked*; ~ à matching; **assortiment** [asɔrtiˈmɑ̃] *m* assortment (*a.* †), range, variety; ⊕ set; *typ.* sorts *pl.*; **assortir** [~ˈtiːr] (2a) *v/t.* match; s'~ match (s.th., à qch.), go well together.

assoupir [asuˈpiːr] (2a) *v/t.* make sleepy *or* drowsy; soothe, deaden, lull (*a pain etc.*); s'~ doze off; wear off (*pain*); **assoupissement** [~pisˈmɑ̃] *m* drowsiness; nap, doze; *fig.* sloth; ♂ torpor.

assouplir [asuˈpliːr] (2a) *v/t.* make supple; break in (*a horse*); *fig.* s'~ become more tractable.

assourdir [asurˈdiːr] (2a) *v/t.* deafen (*a. fig.*); *fig.* deaden, damp, muffle (*a sound*); tone down (*a light etc.*); *gramm.* unvoice (*a consonant*).

assouvir [asuˈviːr] (2a) *v/t.* satiate, appease (*one's hunger*); quench (*one's thirst*); † glut (*the market*); s'~ gorge; become sated (with, de).

assoyons F [aswaˈjɔ̃] *1st p. pl. pres. of* **asseoir**.

assujetti, e [asyʒeˈti] subject, liable (to, à); ~ à l'assurance subject to compulsory insurance; ~ aux droits de douane liable to duty, dutiable; **assujettir** [~ˈtiːr] (2a) *v/t.* subjugate, subdue; fix, fasten; secure; make liable (to, à); compel (to *inf.*, à *inf.*); **assujettissement** [~tisˈmɑ̃] *m* subjugation; securing.

assumer [asyˈme] (1a) *v/t.* assume,

take (*a responsibility*) upon o.s.; take up (*duties*).

assurance [asyˈrɑ̃ːs] *f* assurance (*a.* †), self-confidence; certainty; security, pledge; safety; † insurance; ~s *pl. sociales* social security *sg.*; ~-automobile car insurance; ~-incendie fire-insurance; ~ maladie health-insurance; ~ maritime marine insurance; ~ au tiers third-party insurance; ~ tous risques comprehensive insurance; ~-vie, ~ sur la vie life assurance *or* insurance; ~-vieillesse old-age insurance; passer un contrat d'~ take out an insurance policy; **assuré, e** [~ˈre] **1.** *adj.* sure; confident; **2.** *su.* † the insured; policyholder; **assurément** [~reˈmɑ̃] *adv.* assuredly; **assurer** [~ˈre] (1a) *v/t.* assure; secure, fasten; make secure; make steady; affirm; ensure (*a result*); † insure; provide, maintain (*a service etc.*); carry out, undertake, handle (*work etc.*); s'~ a. make sure (of, de; that, que); s'~ de a. ensure; **assureur** † [~ˈrœːr] *m* insurers *pl.*, insurance agent; ~ maritime underwriter.

aster ♀, *biol.* [asˈteːr] *m* aster; **astérisque** *typ.* [~teˈrisk] *m* asterisk (*).

asthénie ♂ [asteˈni] *f* debility.

asthmatique ♂ [asmaˈtik] *adj.*, *a. su.* asthmatic; **asthme** ♂ [asm] *m* asthma.

asticot [astiˈko] *m* maggot; F un drôle d'~ a queer cove *or* chap; **asticoter** F [~kɔˈte] (1a) *v/t.* plague, worry.

astigmate ♂ [astigˈmat] astigmatic.

astiquer [astiˈke] (1m) *v/t.* polish; smarten.   [♀, *anat.* astragalus.]

astragale [astraˈgal] *m* ⌐

astral, e, *m/pl.* **-aux** [asˈtral, ~ˈtro] astral; **astre** [astr] *m* star (*a. fig.*).

astreindre [asˈtrɛ̃ːdr] (4m) subject; force, compel (to, à); bind; s'~ à force o.s. to, keep to.

astringent, e ♂ [astrɛ̃ˈʒɑ̃, ~ˈʒɑ̃ːt] *adj.*, *a. su./m* astringent.

astro... [astrɔ] astro...; ~**logie** [~lɔˈʒi] *f* astrology; ~**logue** [~ˈlɔg] *m* astrologer; ~**naute** [~ˈnoːt] *m* astronaut, space traveller; ~**nautique** [~noˈtik] *f* astronautics *sg.*, space travel; ~**nef** [~ˈnɛf] *m* space-ship; ~**nome** [~ˈnɔm] *m* astronomer; ~**nomie** [~nɔˈmi] *f* astronomy; ~**nomique** [~nɔˈmik] astronomical

(*year*, *a.* F *price*); **~physique** [~fi-
'zik] **1.** *adj.* astrophysical; **2.** *su./f*
astrophysics *sg.*

astuce [as'tys] *f* guile, craftiness;
wile, trick; **astucieux, -euse** [~ty-
'sjø, ~'sjøːz] crafty, astute, artful.

asymétrique [asime'trik] asym-
metrical, unsymmetrical.

asymptote [asɛ̃p'tɔt] **1.** *adj.*
asymptotic; **2.** *su./f* asymptote.

atavique [ata'vik] atavistic; *biol.*
retour m ~ throw-back; **atavisme**
[~'vism] *m* atavism.

ataxie [atak'si] *f* ataxy, ataxia.

atelier [atə'lje] *m* workshop; studio;
(shop or workroom) staff; ⚒ working party; *pol.* work-group; ⊕ ~
de constructions mécaniques engine
works; ~ *de réparations* repair-shop.

atermoiement [atɛrmwa'mɑ̃] *m* †
deferment of payment; procrastina-
tion; F ~s *pl.* shilly-shallying *sg.*;
atermoyer [~'je] (1h) *v/t.* † put off,
defer (*payment*); *v/i.* temporize, pro-
crastinate; *s'*~ arrange for an extension of time (*with creditors*).

athée [a'te] **1.** *adj.* atheistic; **2.** *su.*
atheist; **athéisme** [ate'ism] *m*
atheism.

athlète [at'lɛt] *m* (*Am.* track and
field) athlete; **athlétique** [atle'tik]
athletic; **athlétisme** [~'tism] *m*
(*Am.* track and field) athletics *pl.*

atlantique [atlɑ̃'tik] **1.** *adj.* Atlantic;
2. *su./m* ♀ Atlantic (Ocean).

atlas [at'lɑːs] *m* atlas; *geog.*, *myth.* ♀
Atlas.

atmosphère [atmɔs'fɛːr] *f* atmosphere (*a.* fig.); **atmosphérique**
[~fe'rik] atmospheric.

atoll *geog.* [a'tɔl] *m* atoll, coral island.

atome [a'toːm] *m* atom (*a.* fig.); fig.
speck; F fig. *avoir des* ~s *crochus* (*avec
q.*) have things in common (with
s.o.), be on the same wavelength
(with s.o.); **atomique** [atɔ'mik]
atomic; *bombe f* ~ atom(ic) bomb;
énergie f ~ atomic energy; *ère f* ~
atomic age; *pile f* ~ atomic pile; *poids
m* ~ atomic weight; **atomiser**
[~mi'ze] (1a) *v/t.* atomize; pulverize;
atomiseur [~mi'zœːr] *m* spray,
atomizer.

atone [a'tɔn] *gramm.* atonic, unstressed; fig. dull; vacant; **atonie** ✠
[atɔ'ni] *f* atony, sluggishness.

atours [a'tuːr] *m/pl.* †, *a.* co.
finery *sg.*

atout [a'tu] *m* trump; fig. asset, advantage; *jouer* ~ play trumps.

atoxique [atɔk'sik] non-poisonous.

âtre [ɑːtr] *m* hearth.

atroce [a'trɔs] atrocious, dreadful;
grim; **atrocité** [atrɔsi'te] *f* atroc-
ity; atrociousness.

atrophie ✠ [atrɔ'fi] *f* atrophy; emaciation; **atrophier** [~'fje] (1o) *v/i.*,
a. s'~ atrophy.

attabler [ata'ble] (1a) *v/t.*: *s'*~ sit
down to table; fig. F own up, *usu.*
Am. come clean.

attache [a'taʃ] *f* bond, tie, link;
cord, strap; ⊕ brace, joint; paper
clip; *chien m d'*~ house-dog; ✠
pat m d'~ home port; **attaché**
[ata'ʃe] *m pol.* attaché; **attachement** [ataʃ'mɑ̃] *m* attachment (*a.
fig.*); **attacher** [ata'ʃe] (1a) *v/t.*
attach; fasten (*a. fig.*); tie; fig. attract; *s'*~ *à* attach o.s. to; cling to;
apply or devote o.s. to; ⚒ *s'*~ *au sol*
hold on to the ground; *s'*~ *aux pas
de q.* dog s.o.'s footsteps.

attaque [a'tak] *f* attack (*a.* ✠, ✗);
assault; ⊕, *mot.* drive; *être d'*~ feel
fit; **attaquer** [ata'ke] (1m) *v/t.*
attack; assail; assault; ✝ contest
(*a will*), sue (*s.o.*); ⊕ operate; F
begin; *s'*~ *à* fall upon, attack; fig.
tackle; *v/i.* attack.

attardé, e [atar'de] **1.** *adj.* belated;
backward; old-fashioned; **2.** *su.*
late-comer; **attarder** [~] (1a) *v/t.*
make late; *s'*~ delay, linger (over,
sur); *s'*~ *à* (*inf.*) stay (up) late (*ger.*).

atteindre [a'tɛ̃dr] (4m) *v/t.* reach,
attain; overtake; hit (*a target*);
strike (*a. fig.*); fig. affect; *v/i.*: ~ *à*
attain (to), achieve; **atteint, e** [a'tɛ̃,
~'tɛ̃ːt] **1.** *p.p.* of *atteindre*; **2.** *su./f*
reach; attack; (*a. fig.*), blow, stroke;
touch; harm, injury; *hors d'*~*e* out
of reach.

attelage [at'laːʒ] *m* harnessing;
yoke, team; ⊕ attachment; ♞
coupling; **atteler** [~'le] (1c) *v/t.*
harness; yoke; connect; ♞ couple;
s'~ *à* settle or F get down to (*a task*);
attelle [a'tɛl] *f* ✠ splint; ~s *pl.*
hames.

attenant, e [at'nɑ̃, ~'nɑ̃ːt] neigh-
bo(u)ring, adjacent (to, *à*).

attendant, e [atɑ̃'dɑ̃]: *en* ~ *adv.* meanwhile; *prp.* pending; *en* ~ *que* (*sbj.*)
until, till (*ind.*); **attendre** [a'tɑ̃dr]
(4a) *v/t.* wait for, await; look for-

ward to; expect; *attendez voir!* wait and see!; *faire ~ q.* keep s.o. waiting; *s'~ à* expect (*s.th.*).

attendrir [atã'driːr] (2a) *v/t.* soften, make tender; tenderize (*meat*); *fig.* touch, move; *s'~ sur* gush over; *se laisser ~* be moved *or* affected; **attendrissement** [~dris'mã] *m* emotion; (feeling of) pity.

attendu, e [atã'dy] 1. *p.p. of attendre*; 2. *attendu prp.* considering; on account of; *~ que* seeing that ...; ⚖ whereas; 3. *su./m:* *~s pl.* ⚖ reasons adduced.

attentat [atã'ta] *m* assassination attempt; attack; outrage; ⚖ *~ à la pudeur* indecent assault; ⚖ *~ aux mœurs* indecent behavio(u)r, *Am.* offense against public morals.

attente [a'tãːt] *f* wait(ing); expectation; *contre toute ~* contrary to expectations; 🚉 *salle f d'~* waiting room.   [attempt (on, à).\

attenter [atã'te] (1a) *v/i.* make an\

attentif, -ve [atã'tif, ~'tiːv] (à) attentive (to); heedful (of); careful; mindful; **attention** [~'sjõ] *f* attention, care; *~!* look out; *faire ~* pay attention (to, à); take care (of, à); **attentisme** [~'tism] *m* wait-and-see attitude *or* policy; waiting game; **attentiste** [~'tist] 1. *su.* partisan of a wait-and-see policy; 2. *adj.* wait-and-see.

atténuant, e [ate'nɥã, ~'nɥaːt] mitigating *or* extenuating (*circumstances*); 🌿, 🜍 attenuant; **atténuer** [~'nɥe] (1n) *v/t.* mitigate, lessen, soften; *s'~ a.* die down.

atterrer [ate're] (1a) *v/t.* overwhelm, astound, stun.

atterrir [ate'riːr] (2a) *v/i.* ⚓ make a landfall; 🛫 land; **atterrissage** [~ri'saːʒ] *m* ⚓ landfall; 🛫 landing; 🛫 *~ forcé* forced landing; 🛫 *~ sans visibilité* instrument landing; *~ train m d'~* undercarriage.

atterrissement [ateris'mã] *m* alluvium.

atterrisseur [ateri'sœːr] *m* 🛫 undercarriage; *~ escamotable* retractable undercarriage.

attestation [atesta'sjõ] *f* attestation; testimonial; certificate; ⚖ *~ sous serment* affidavit; **attester** [~'te] (1a) *v/t.* testify, certify.

attiédir [atje'diːr] (2a) *v/t.* cool (*a. fig.*); take the chill off; *s'~* (grow) cool (*a. fig.*).

attifer [ati'fe] (1a) *v/t. usu. pej.* dress (*s.o.*) up; *s'~* get o.s. up, rig o.s. out.

attiger F [ati'ʒe] (1l) *v/i.* exaggerate, F lay it on.

attique [a'tik] 1. *adj.* Attic; 2. *su./m* △ attic; *su./f:* l'Ω Attica.

attirail [ati'raːj] *m* outfit; gear; F pomp; *pej.* paraphernalia *pl.*

attirance [ati'rãːs] *f* attraction; **attirant, e** [~'rã, ~'rãːt] attractive; engaging; **attirer** [~'re] (1a) *v/t.* attract; draw; (al)lure; *s'~* win (*s.th.*).

attiser [ati'ze] (1a) *v/t.* stir up (*a. fig.*); ⊕ stoke; *fig.* fan, feed; **attisoir** [~'zwaːr] *m* poker; ⊕ pricker, fire-rake.

attitré, e [ati'tre] appointed, regular; customary.

attitude [ati'tyd] *f* attitude (towards, envers).

attouchement [atuʃ'mã] *m* contact (*a.* 📡), touch(ing).

attractif, -ve [atrak'tif, ~'tiːv] attractive; gravitational (*force*); **attraction** [~'sjõ] *f* attraction (*a. fig.*), pull; *~s pl.* variety show *sg.*; cabaret *sg.*, *Am.* floor show *sg.*; *phys. ~ universelle* gravitation.

attrait [a'trɛ] *m* attractiveness, charm; inclination (for, pour).

attrapade F [atra'pad] *f*, **attrapage** F [~'paːʒ] *m* tiff, quarrel; blowing-up, reprimand.

attrape [a'trap] *f* hoax, trick; *object:* joke (article); **attrape-mouches** [atrap'muʃ] *m/inv.* flypaper; ♀ catchfly; *orn.* flycatcher; **attrape-nigaud** [~ni'go] *m* booby trap; **attraper** [atra'pe] (1a) *v/t.* catch (*a. ♬*); trap; *fig.* trick; F scold; *se faire ~* be taken in; get hauled over the coals (for *ger.*, *pour inf.*).

attrayant, e [atrɛ'jã, ~'jãːt] attractive; engaging.

attribuer [atri'bɥe] (1n) *v/t.* attribute (to, à); assign; allot; *s'~* appropriate; **attribut** [~'by] *m* attribute; *gramm.* predicate; emblem; 🎖 badge; **attribution** [~by'sjõ] *f* attribution; allocation; conferment; *~s pl.* competence *sg.*, powers, duties.

attrister [atris'te] (1a) *v/t.* sadden; *s'~* become sad; cloud over (*sky*).

attrition [atri'sjõ] *f* abrasion; *eccl.* attrition (*a.* ✗).

attroupement [atrup'mã] *m* ⚖

unlawful assembly; *fig.* mob; **attrouper** [atru'pe] (1a) *v/t.* gather together; s'~ flock together; assemble, crowd.

atypique [ati'pik] atypical.

aubade [o'bad] *f* ♪ aubade; F cat-calling.

aubaine [o'bɛn] *f* ⚖ right of escheat; *fig.* godsend, windfall.

aube[1] [o:b] *f* dawn; *eccl.* alb.

aube[2] [⌐] *f* paddle, float; blade.

aubépine ♀ [obe'pin] *f* hawthorn; whitethorn.

auberge [o'bɛrʒ] *f* inn, tavern; ~ de la jeunesse youth hostel.

aubergine ♀ [ober'ʒin] *f* egg-plant.

aubergiste [ober'ʒist] *su.* innkeeper; *su./m* landlord; *su./f* landlady.

aucun, e [o'kœ̃, ~'kyn] **1.** *adj.* any; **2.** *pron.* any(one); *with ne or on its own:* none; *d'*~s some (people); **aucunement** [okyn'mɑ̃] *adv.* not at all, by no means.

audace [o'das] *f* audacity (*a. fig.*); daring; boldness; F *payer d'* ~ face the music; **audacieux, -euse** [oda'sjø, ~'sjø:z] audacious, bold, daring; impertinent.

au-deçà † [oda'sa] *adv.* on this side; **au-dedans** [~'dɑ̃] *adv.* inside, within; ~ *de* within; **au-dehors** [~'ɔ:r] *adv.* (on the) outside; ~ *de* outside, beyond; **au-delà** [~'la] **1.** *adv.* beyond; ~ *de* beyond, on the other side of; **2.** *su./m* beyond; *l'*~ the next world; **au-dessous** [~'su] *adv.* below; ~ *de* below, under; beneath; **au-dessus** [~'sy] *adv.* above; ~ *de* above; *fig.* beyond; **au-devant** [~'vɑ̃] *adv.* forward, ahead; *aller* ~ *de* go to meet; anticipate; forestall; *aller* ~ *d'un danger* court danger.

audible [o'di:bl] audible; **audience** [o'djɑ̃:s] *f* attention, interest; ⚖ hearing; audience; *radio etc.*: public; **audiencier** [odjɑ̃'sje] *m* ⚖ haunter of law-courts; **audiovisuel, -elle** [odjovi'zɥɛl] audiovisual; **auditeur, -trice** [odi'tœ:r, ~'tris] *su.* hearer, listener; *univ.* student who attends lectures only; *su./m* ⚖, ⚖ public prosecutor; *admin.* commissioner of audits; ~s *m pl.* audience; **auditif, -ve** [~'tif, ~'ti:v] *anat.* auditory; *appareil m* ~ hearing aid; **audition** [~'sjɔ̃] *f* hearing; recital; audition; ~s *pl.* du

jour radio: today's program(me) *sg.*; **auditionner** [~sjɔ'ne] (1a) *v/t.* audition (*s.o.*); *v/i.* audition, give an audition; **auditoire** [~'twa:r] *m* audience.

auge [o:ʒ] *f* trough (*a.* ⊕); manger; ⊕ *water-wheel:* bucket; *geol.* ~ *glaciaire* glacial valley; **auget** [o'ʒɛ] *m* small trough; ⊕ *water-wheel:* bucket.

augmentation [ogmɑ̃ta'sjɔ̃] *f* increase (*a.* ⚕, ♩); prices, wages: rise; augmentation (*a.* ⚕, ♪); *faire une* ~ *knitting:* make a stitch; **augmenter** [~'te] (1a) *v/t.* increase, augment; raise (*a price, the wages*); s'~ increase; *v/i.* increase, rise, grow.

augure [o'gy:r] *m* augury, omen; augur; omen; **augurer** [ogy're] (1a) *v/t.* augur; forecast.

auguste [o'gyst] **1.** *adj.* august, majestic; **2.** *su./m circus:* the funny man.

aujourd'hui [oʒur'dɥi] today; (*d'*)~ *en huit* (*quinze*) today week (fortnight).

aumône [o'mo:n] *f* alms; charity; **aumônier** [omo'nje] *m* almoner; chaplain (*a.* ✕).

aunaie [o'ne] *f* plantation of alders.

aune[1] ♀ [o'n] *m* alder.

aune[2] [⌐] *f* † ell; F *une figure longue d'une* ~ a face as long as a fiddle; **auner** [o'ne] (1a) *v/t.* measure by the ell.

auparavant [opara'vɑ̃] *adv.* before(hand); *d'*~ preceding.

auprès [o'prɛ] *adv.* near; close by; ~ *de* near, beside; compared with; *in the opinion or view of*, with (*s.o.*).

aurai [ɔ're] *1st p. sg. fut. of avoir* 1.

auréole [ɔre'ɔl] *f* aureole, halo; *phot.* halation.

auriculaire [ɔriky'lɛ:r] **1.** *adj.* auricular; ear-...; *doigt m* ~ = **2.** *su./m* little finger.

aurifère [ɔri'fɛ:r] auriferous, goldbearing; **aurification** [~fika'sjɔ̃] *f* *tooth:* filling or Am. stopping with gold; **aurifier** [~'fje] (1o) *v/t.* fill or stop with gold.

aurore [ɔ'rɔ:r] **1.** *su./f* dawn (*a. fig.*), daybreak; *myth.* ♀ Aurora; ~ *boréale* northern lights *pl.*; **2.** *adj.* golden yellow.

auscultation ⚕ [ɔskylta'sjɔ̃] *f* auscultation, sounding (of chest); **aus-**

culter ⚙ [ˌ'te] (1a) *v/t.* auscultate, sound.

auspice [ɔs'pis] *m* auspice, omen; **~s** *pl.* protection *sg.*; auspices.

aussi [o'si] **1.** *adv.* also; too; as well; so; ~ ... *que* as ... as; *moi* ~ so am (do, can) I, F me too; **2.** *cj.* therefore; and so; ~ bien besides, moreover; **aussitôt** [osi'to] **1.** *adv.* immediately, at once; ~ *que* as soon as; **2.** *prp.* immediately on.

austère [ɔs'tɛːr] austere, stern; severe; **austérité** [ˌteri'te] *f* austerity, sternness; severity.

austral, e, *m/pl.* **-als** *or* **-aux** [ɔs'tral, ˌ'tro] southern; **australien, -enne** [ˌtra'ljɛ̃, ˌ'ljɛn] *adj., a. su.* ♀ Australian.

austro... [ɔstrɔ] Austro-...

autan [o'tɑ̃] *m* strong south wind.

autant [ˌ] *adv.* as much, as many; so much, so many; ~ *dire* practically, to all intents and purposes; *(pour)* ~ *que* as far as; *d'~ (plus) que* especially as, all the more as; *en faire* ~ do the same.

autarcie [otar'si] *f* autarky; **autarcique** [ˌ'sik] autarkical.

autel [o'tɛl] *m* altar.

auteur [o'tœːr] *m* author (*a. fig.*); *crime:* perpetrator; writer; ♪ composer; ♱ principal; *droit m d'~* copyright; *droits m/pl. d'~* royalties; *femme f* ~ authoress.

authenticité [otãtisi'te] *f* authenticity, genuineness; **authentique** [ˌ'tik] authentic, genuine.

auto F [o'to] *f* (motor-)car.

auto... [ɔtɔ] auto-..., self-...; motor-..., ~**bus** [ˌ'bys] *m* (motor) bus; ~**car** [ˌ'kaːr] *m* motor coach; ~**chenille** [ˌʃə'niːj] *f* crawler tractor; half-track vehicle.

autochtone [otɔk'tɔn] **1.** *adj.* autochthonous; aboriginal; **2.** *su.* autochthon.

auto...: ~**clave** [otɔ'klaːv] *m* sterilizer; *cuis.* pressure-cooker; ~**collant, e** [ˌkɔ'lɑ̃, ˌ'lɑ̃t] **1.** *adj.* self-adhesive; **2.** *su./m* sticker; ~**crate** [ˌ'krat] *m* autocrat; ~**cratie** [ˌkra'si] *f* autocracy; ~**cratique** [ˌkra'tik] autocratic; ~**détermination** [ˌdetɛrmina'sjɔ̃] *f* self-determination; ~**didacte** [ˌdi'dakt] **1.** *adj.* self-taught; **2.** *su.* self-taught person; ~**drome** [ˌ'droːm] *m* motor-racing

track; ~**école** [ˌe'kɔl] *f* school of motoring; driving school; ~**gène** [ˌ'ʒɛn] autogenous; ⊕ *soudure f* ~ autogenous *or* oxy-acetylene welding; ~**gire** ✈ [ˌ'ʒiːr] *m* autogiro; ~**graphe** [ˌ'graf] *adj., a. su./m* autograph; ~**mate** [ˌ'mat] *m* automaton; ~**mation** [ˌma'sjɔ̃] *f* automation; ~**matique** [ˌma'tik] automatic, self-acting; ~**matisation** ⊕ [ˌmatisa'sjɔ̃] *f* automation, ~**matiser** [ˌmati'ze] (1a) *v/t.* automate.

automnal, e, *m/pl.* **-aux** [otɔm'nal, ˌ'no] autumnal; **automne** [o'tɔn] *m* autumn, *Am.* fall.

auto...: ~**mobile** [otɔmɔ'bil] **1.** *su./f* (motor-)car, *Am.* automobile; **2.** *adj.* self-propelling; *canot m* ~ motor boat; ~**mobilisme** [ˌmɔbi'lism] *m* motoring; ~**mobiliste** [ˌmɔbi'list] *su.* motorist; ~**motrice** [ˌmɔ'tris] *f* rail-motor, *Am.* rail-car; ~**neige** [ˌ'nɛːʒ] *m* snowmobile, snowcat; ~**nome** [ˌ'nɔm] autonomous; independent; self-governing; ~**nomie** [ˌnɔ'mi] *f* autonomy; independence; ~**portrait** [ˌpɔr'trɛ] *m* self-portrait; ~**propulsé, e** [ˌprɔpyl'se] self-propelled.

autopsie [otɔp'si] *f* autopsy.

autorail 🚊 [otɔ'raːj] *m* rail-motor, *Am.* rail-car.

autorisation [otɔriza'sjɔ̃] *f* authorization; permission; leave; licence; ~ *exceptionnelle* special permission *or* permit; **autorisé, e** [ˌ'ze] authorized; authoritative (*source*); **autoriser** [ˌze] (1a) *v/t.* authorize; empower; permit; *s'~ de* use, rely on; refer to; **autoritaire** [ˌ'tɛːr] **1.** *adj.* authoritative; dictatorial; **2.** *su./m* authoritarian; **autoritarisme** [ˌta'rism] *m* authoritarianism; **autorité** [ˌ'te] *f* authority; (*legal*) power; control; *faire* ~ be an authority (on, *en matière de*).

auto...: ~**route** [otɔ'rut] *f* motorway, *Am.* superhighway; ~**stop** [ˌ'stɔp] *m* hitch-hiking; *faire de l'~* hitch-hike, thumb a lift; ~**stoppeur** *m*, **-euse** *f* [ˌstɔ'pœːr, ˌ'pøːz] hitch-hiker.

autour[1] *orn.* [o'tuːr] goshawk.

autour[2] *adv.* round, about; ~ *de* round, about (*s.th.*).

autre [o:tr] **1.** *adj.* other; different; further; ~ *chose* something else; *d'~ part* on the other hand; *l'~*

jour the other day; *nous ⁓s Français* we Frenchmen; *tout ⁓ chose* quite a different matter; *un ⁓ moi-même* my other self; **2.** *pron./indef.* (an-)other; *⁓s pl.* others; *à d'⁓s!* nonsense!, tell that to the marines!; *de temps à ⁓* now and then; *l'un l'⁓* one another, each other; *ni l'un ni l'⁓* neither; *tout ⁓* anybody else; *un(e) ⁓* another; another (one) more; **autrefois** [otrə'fwa] *adv.* formerly; **autrement** [⁓'mɑ̃] *adv.* otherwise; (or) else.

autrichien, -enne [otri'ʃjɛ̃, ⁓'ʃjɛn] *adj., a. su.* ♀ Austrian.

autruche *orn.* [o'tryʃ] *f* ostrich; *pratiquer la politique de l'⁓* stick one's head in the sand.

autrui [o'trɥi] *pron., no pl., usu. after prp.* others, other people.

auvent [o'vɑ̃] *m* penthouse; porch-roof; △ weather-board; ⊕, ⌂ hood; *mot.* dash; *mot. ⁓s pl.* louvres.

auxiliaire [oksi'ljɛːr] **1.** *adj.* auxiliary; *bureau m ⁓* sub-office; **2.** *su./m* auxiliary (*a. gramm.*).

avachi, e [ava'ʃi] limp, flabby; **avachir** [ava'ʃiːr] (2a) *v/t.* make limp *or* flabby *or* sloppy; *s'⁓* go out of shape; become limp *or* flabby *or* sloppy.

aval¹, *pl.* **-s** † [a'val] *m* endorsement.

aval² [⁓] *m* lower course of stream; *en ⁓* downstream; *afterwards; en ⁓ de* below; after; **avalage** [ava'laːʒ] *m* going downstream; *wine:* cellaring.

avalanche [ava'lɑ̃ːʃ] *f* avalanche; *fig.* shower.

avaler [ava'le] (1a) *v/t.* swallow; gulp down; inhale (*the cigarette smoke*); *fig.* swallow, pocket; **avaleur** *m,* **-euse** *f* [⁓'lœːr, ⁓'løːz] swallower; F guzzler.

avaliser † [avali'ze] (1a) *v/t.* endorse, back (*a bill*); **avaliste** † [⁓'list] *m* endorser.

à-valoir [ava'lwaːr] *m/inv.* advance (payment); down payment, deposit.

avance [a'vɑ̃ːs] *f* advance; progress; lead; ⊕ *tool:* feed movement, travel; † loan, advance; *mot. ⁓ à l'allumage* advance of the spark; *à l'⁓, d'⁓* in advance, beforehand; *être en ⁓* be early; be ahead (of schedule); *faire des ⁓s à* make up to (*s.o.*); **avancée** [avɑ̃'se] *f* projection; **avancement** [avɑ̃s'mɑ̃] *m* advancement; progress; putting forward; promotion;

avancer [avɑ̃'se] (1k) *v/t.* advance (*a.* †); hasten (*s.th.*); put on (*a watch*); promote; *fig.* be of help to; *s'⁓* advance; move forward; *fig.* commit o.s., F stick one's neck out; *v/i.* advance; be fast (*watch*); be ahead; △ project; *⁓ en âge* be getting on (in years).

avanie [ava'ni] *f* affront, snub.

avant [a'vɑ̃] **1.** *prp.* before (*Easter, the end, his arrival*); in front of (*the church*); within, in less than (*three days*); *⁓ peu* before long; *⁓ Jésus-Christ* before Christ, *abbr.* B.C.; *⁓ tout* above all; first of all; *⁓ de (inf.)* before (*ger.*); *⁓ que (sbj.)* before; **2.** *adv.* beforehand; previously; forward; far; *d'⁓* before, previous; *peu de temps ⁓* shortly before; *plus ⁓* further, more deeply; *bien ⁓ dans (la nuit, la forêt)* far into (the night, the wood); **3.** *cj.: ⁓ que (sbj.)* before (*ind.*); *⁓ de (inf.)* before (*ger.*); **4.** *adj./inv.* front ...; *roue f ⁓* front wheel; **5.** *int.: en ⁓!* forward!; advance!; *mettre en ⁓* advance (*an argument etc.*); **6.** *su./m* front; ⚓ bow; *sp.* forward.

avant-... [avɑ̃] fore...

avantage [avɑ̃'taːʒ] *m* advantage; privilege; profit, gain; benefit; *tennis:* vantage; *à l'⁓ de* to the benefit of; **avantager** [⁓ta'ʒe] (1l) *v/t.* favo(u)r; *fig.* flatter (*dress etc.*); **avantageux, -euse** [⁓ta'ʒø, ⁓'ʒøːz] *adj.* attractive (*price etc.*); profitable; favo(u)rable; conceited.

avant-...: *⁓-bec* [avɑ̃'bɛk] *m* △ bridge: pier-head; ⚓ forepeak; *⁓-bras* [⁓'brɑ] *m/inv.* forearm; *⁓-centre sp.* [⁓'sɑ̃ːtr] *m* centre forward; *⁓-corps* △ [⁓'kɔːr] *m* projecting part, projection; *⁓-coureur* [⁓ku'rœːr] **1.** *su./m* forerunner; **2.** *adj.* precursory; *signe m ⁓* premonitory sign; *⁓-dernier, -ère* [⁓dɛr'nje, ⁓'njɛːr] *adj. a. su.* last but one; *⁓-garde* [⁓'gard] *f* ✗ advance(d) guard; vanguard (*a. fig.*); *⁓-guerre* [⁓'gɛːr] *m or f* pre-war period; *d'⁓* pre-war; *⁓-hier* [⁓'tjeːr] the day before yesterday; *⁓-port* [⁓'pɔːr] *m* outer harbo(u)r; *⁓-poste* ✗ [⁓'pɔst] *m* outpost; *⁓-projet* [⁓prɔ'ʒɛ] *m* pilot study; *⁓-propos* [⁓prɔ'po] *m/inv.* preface, foreword; *⁓-scène thea.* [⁓'sɛn] *f* proscenium; stage-box; *⁓-train* [⁓'trɛ̃] *m* forecarriage;

limber; **~-veille** [~'vɛːj] f two days before.

avare [a'vaːr] **1.** adj. miserly; stingy; **2.** su. miserly person; **avarice** [ava'ris] f avarice; stinginess; **avaricieux, -euse** [~ri'sjø, ~'sjøːz] avaricious; stingy.

avarie [ava'ri] f ♠ average; damage; ⊕ breakdown; deterioration; F syphilis; **avarié, e** [~'rje] damaged; injured; spoiled; rotting, bad; **avarier** [~'rje] (1o) v/t. spoil; damage; s'~ go bad, rot.

avatar [ava'taːr] m avatar; ~s pl. ups and downs; vicissitudes.

avec [a'vɛk] **1.** prp. with; for, in spite of (all his riches); ~ patience (véhémence etc.) patiently (vehemently etc.); ~ l'âge with age; ~ ça into the bargain; et ~ ça, Madame? anything else, Madam?; ~ ce temps-là in this weather; divorcer d'~ sa femme divorce one's wife; distinguer l'ami d'~ le flatteur distinguish a friend from a flatterer; **2.** adv. F with it or them, F him, her, them.

avenant[1] [av'nɑ̃, ~'nɑ̃ːt] comely; à l'~ in keeping; ... to match; appropriate.

avenant[2] [av'nɑ̃] m codicil, rider.

avènement [avɛn'mɑ̃] m arrival, coming; king: accession; **avenir** [av'niːr] m future; à l'~ in (the) future; **avent** eccl. [a'vɑ̃] m Advent.

aventure [avɑ̃'tyːr] f adventure; chance, luck; love affair; à l'~ at random; dire la bonne ~ tell fortunes; parc m d'~ adventure playground; **aventurer** [avɑ̃ty're] (1a) v/t. venture, risk; s'~ venture, take a risk; **aventureux, -euse** [~rø, ~røːz] adventurous; hazardous; bold (theory); **aventurier, -ère** [~rje, ~rjeːr] **1.** adj. adventurous; **2.** su./m adventurer; su./f adventuress.

avenue [av'ny] f avenue; drive.

averé [ave're] established (fact etc.); known, recognized; **avérer** [~] (1f) v/t.: s'~ be confirmed; s'~ ... turn out to be ...; prove (to be) ...; show oneself to be ...

avers [a'vɛːr] m coin: obverse.

averse [a'vɛrs] f shower, downpour.

aversion [avɛr'sjɔ̃] f aversion (to, pour), dislike (of, for pour).

avertir [avɛr'tiːr] (2a) v/t. warn (of, de); notify; **avertissement** [~tis'mɑ̃] m warning; notification; foreword; ✝ demand note; **avertisseur** [~ti'sœːr] m warner; warning signal; thea. call-boy; ⚠ signal; mot. horn; ~ d'incendie fire-alarm.

aveu [a'vø] m confession; consent; homme m sans ~ disreputable character.

aveugle [a'vœgl] **1.** adj. blind; ~ d'un œil blind in one eye; **2.** su. blind person; en ~ blindfold; les ~s pl. the blind; **aveuglément** [avœgle'mɑ̃] adv. blindly; **aveuglement** [~glə'mɑ̃] m blindness; **aveugle-né, e** [~glə'ne] **1.** adj. blind from birth; **2.** su. person blind from birth; **aveugler** [~'gle] (1a) v/t. blind; dazzle; ♠ stop (a leak); **aveuglette** [~'glɛt] adv.: à l'~ blindly; ✈ voler à l'~ fly blind.

aveulir [avœ'liːr] (2a) v/t. enfeeble.

avez [a've] 2nd p. pl. pres. of avoir **1.**

aviateur m, **-trice** f [avja'tœːr, ~'tris] aviator; **aviation** [~'sjɔ̃] f aviation; flying; air force; aircraft; ~ civile civil aviation; ~ de ligne air traffic.

aviculteur [avikyl'tœːr] m birdfancier; poultry farmer.

avide [a'vid] greedy, eager (for, de); **avidité** [avidi'te] f greediness; eagerness.

avilir [avi'liːr] (2a) v/t. degrade, debase; lower; s'~ lower o.s., demean o.s.; lose value, fall (in price etc.); **avilissement** [~lis'mɑ̃] m debasement, degradation, depreciation, fall (in price etc.).

aviné, e [avi'ne] intoxicated, drunk, F tipsy; **aviner** [~] (1a) v/t. season (a cask); s'~ get drunk.

avion [a'vjɔ̃] m aeroplane, Am. airplane; F plane; ~ à décollage vertical vertical takeoff aircraft; ~ à réaction jet (plane); ~ bimoteur (polymoteur) two- (multi-)engined aircraft; ~ de bombardement bomber; ~ de chasse fighter; ~ de combat battle plane; ~ d'entraînement training plane; ~ de ligne airliner; ~ de reconnaissance scouting or reconnaissance plane; ~ de transport transport plane; ~-fusée rocket-plane; ~-taxi charter plane; ~ transbordeur air ferry; par ~ by airmail; **avionette** [avjo'nɛt] f light aeroplane (Am. airplane).

aviron [avi'rɔ̃] m oar; rowing.

avis [a'vi] m opinion; notice, notification; advice; warning; ~ *d'expert* expert opinion; *être d'~ que* feel *or* think *or* be of the opinion that; *être de l'~ de q.*, *être du même ~ que q.* be of *or* share s.o.'s opinion; *à mon ~* in my opinion; *jusqu'à nouvel ~* until further notice; *note f d'~* advice note; *sans ~ préalable* without notice; *~ suivant ~* as per advice; *un ~* a piece of advice; **avisé, e** [avi'se] shrewd; prudent; *bien ~* well-advised; **aviser** [~] (1a) *v/t.* catch sight of; notify, inform; *s'~* realize, notice; *s'~* think about (*s.th.*); take it into one's head to (*inf.*); *v/i.* decide, take steps; *~ à* see about (*s.th.*). [sloop.\

aviso ♣ [avi'zo] *m* dispatch-boat;\

avitaminose 🎓 [avitami'no:z] *f* avitaminosis, vitamin deficiency;

aviver [avi've] (1a) *v/t.* revive, brighten; touch up (*a colour*); ⊕ put a keen edge on, sharpen; ⊕ burnish (*metal*); 🎓 *les bords de* refresh (*a wound*).

avocat[1] ⚖ [avɔ'ka] *m* barrister, counsel; *Am.* counsellor; *Sc.* advocate (*a. fig.*); *~ général* (*approx.*) King's *or* Queen's Counsel.

avocat[2] ♀ [~] *m* avocado (pear).

avoine [a'vwan] *f* oat(s *pl.*).

avoir [a'vwa:r] (1) *v/t.* have; obtain; hold; *~ en horreur* abhor, detest; *~ faim (soif)* be hungry (thirsty); *~ froid (chaud)* be cold (hot); *~ honte* be ashamed; *~ lieu* happen, take place; *en ~ assez* be fed up; *en ~ contre* have a grudge against; *j'ai vingt ans* I am 20 (years old); *qu'avez vous?* what's the matter with you?; *v/impers.*: *il y a* there is, there are; *il y a un an* a year ago; **2.** *su./m* property; possession; † credit; *~ à l'étranger* deposits *pl.* abroad; *~ en banque* credit balance; *doit et ~* debit and credit.

avoisiner [avwazi'ne] (1a) *v/t.* border on; be near to.

avons [a'vɔ̃] *1st p. pl. pres. of avoir 1.*

avortement [avɔrtə'mɑ̃] *m* 🎓 miscarriage (*a. fig.*); abortion; ♀ nonformation; pregnancy; **avorter** [~'te] (1a) *v/i.* miscarry (*a. fig.*); abort; ♀ develop imperfectly; *faire ~* procure an abortion; **avorton** [~'tɔ̃] *m* abortion; ℱ shrimp, *sl.* little squirt.

avouable [a'vwabl] avowable; **avoué** [a'vwe] *m* solicitor; attorney; **avouer** [~] (1p) *v/t.* acknowledge, confess; *s'~ coupable* plead guilty.

avril [a'vril] *m* April; *poisson m d'~* April fool.

axe [aks] *m* axis (*a. pol.*); ⊕ axle; ⊕ *~ balisé* (localizer) beam; ⊕ *~ de pompe* pump spindle; *opt. ~ optique* axis of vision.

axiome À, *phls.*, *fig.* [ak'sjo:m] *m* axiom.

axonge [ak'sɔ̃:ʒ] *f* lard; grease.

ayant [ɛ'jɑ̃] *p.pr. of avoir 1;* *~ cause*, *pl. ~s cause* ⚖ assign; executor; trustee; *~ droit*, *pl. ~s droit* ⚖ *su./m* rightful claimant; beneficiary; **ayons** [ɛ'jɔ̃] *1st p.pl. pres. sbj. of avoir 1.*

azalée ♀ [aza'le] *f* azalea.

azimut [azi'myt] *m* azimuth; *fig. tous ~s* omnidirectional.

azote 🜍 [a'zɔt] *m* nitrate; **azote** 🜍 [a'zɔt] *m* nitrogen; **azoté, e** [azɔ'te] nitrogenous; *engrais m/pl. ~s* nitrate fertilizers; **azotite** 🜍 [~'tit] *m* nitrite.

aztèque [az'tɛk] **1.** *adj.* Aztec; **2.** *su.* ♀ Aztec; *su./m sl.* little shrimp of a fellow.

azur [a'zy:r] *m* azure, blue; *pierre f d'~* lapis lazuli; blue-spar; **azuré, e** [azy're] azure, (sky-)blue.

azyme [a'zim] **1.** *adj.* unleavened; **2.** *su./m* unleavened bread.

B

B, b [be] *m* B, b.

baba[1] [ba'ba] *m* baba (*sponge-cake soaked in rum syrup*).

baba[2] F [~] *adj./inv.* flabbergasted.

babeurre [ba'bœ:r] *m* buttermilk.

babil [ba'bil] *m child:* prattle; *birds:* twittering; *brook:* babble; **babillage** [babi'ja:ʒ] *m child, brook:* babbling; *birds:* twittering; **babillard, e** [~'ja:r, ~'jard] **1.** *adj.* talkative, garrulous; **2.** *su.* chatterer; *su./f sl.* better; **babiller** [~'je] (1a) *v/i.* prattle; babble.

babine [ba'bin] *f zo.* pendulous lip; chop; F ~s *pl.* lips, chops.

babiole [ba'bjɔl] *f* knick-knack, curio; toy, bauble.

bâbord ⚓ [ba'bɔ:r] *m* port (side).

babouche [ba'buʃ] *f* Turkish slipper.

babouin [ba'bwɛ̃] *m zo.* baboon; F imp (= *naughty child*).

bac[1] [bak] *m* ferry(-boat); ⊕ tank, vat; *⚡ accumulator:* container; *passer q. en* ~ ferry s.o. over.

bac[2] [bak] *m see* baccalauréat.

baccalauréat [bakalɔre'a] *m* school-leaving certificate.

bacchanale F [baka'nal] *f* orgy; drinking song; **bacchante** [~'kɑ̃:t] *f* bacchante; *fig.* lewd woman.

bâche [ba:ʃ] *f* ⊕ tank, cistern; ⊕ casing; ⊕ forcing frame; sheet, cover; ~ *goudronnée* tarpaulin.

bachelier *m*, **-ère** *f* [baʃə'lje, ~'ljɛ:r] holder of the school-leaving certificate.

bâcher [bɑ'ʃe] (1a) *v/t.* cover (*with a sheet*); ⊕ case (*a turbine*).

bachique [ba'ʃik] Bacchic; bacchanalian (*scene*); drinking (*song*).

bachot[1] [ba'ʃo] *m* ⚓ wherry, dinghy; ⊕ sieve.

bachot[2] F [ba'ʃo] *m see* baccalauréat; *boîte f à* ~ cramming-shop, crammer's; **bachotage** F [~ʃɔ'ta:ʒ] *m* cramming (*for an exam*); *faire du* ~ = **bachoter** F [~ʃɔ'te] (1a) *v/i.* cram (*for an exam*).

bacille [ba'sil] *m* bacillus; *porteur m de* ~s germ-carrier.

bâcle [bɑ:kl] *f* bar; **bâcler** [bɑ'kle] (1a) *v/t.* bar (*a door*); ⚓ block (*a port*); F hurry over (*one's toilet*); F scamp (*a piece of work*).

bactérie [bakte'ri] *f biol.* bacterium; *zo.* bacteria.

badaud *m*, **e** *f* [ba'do, ~'do:d] stroller; gaper; *Am.* F rubber-neck.

baderne ⚓ [ba'dern] *f* fender; F *vieille* ~ old fog(e)y; ✕ old dug-out.

badigeon [badi'ʒõ] *m* whitewash; distemper; **badigeonnage** [~ʒɔ-'na:ʒ] *m* whitewashing; distempering; *⚕* painting (*with iodine*); **badigeonner** [~ʒɔ'ne] (1a) *v/t.* whitewash; distemper; daub; *⚕* paint.

badin, e [ba'dɛ̃, ~'din] **1.** *adj.* playful; **2.** *su.* joker, banterer.

badin[2] ✈ [ba'dɛ̃] *m* air-speed indicator.

badinage [badi'na:ʒ] *m* banter.

badine [ba'din] *f* cane, switch.

badiner [badi'ne] (1a) *v/i.* jest; toy (*with, avec*).

baffe F [baf] *f* slap (in the face).

bafouer [ba'fwe] (1p) *v/t.* ridicule, scoff at; **bafouillage** [bafu'ja:ʒ] *m* stammering; **bafouiller** [~'je] (1a) *v/i.* stammer; *sl.* talk nonsense; *mot.* splutter.

bâfrer *sl.* [bɑ'fre] (1a) *vt/i.* guzzle.

bagage [ba'ga:ʒ] *m* luggage, *Am.* baggage; ✕ kit; *fig.* stock of knowledge; ~s *pl. non accompagnés* luggage *sg.* in advance; *plier* ~ pack up and leave; *sl.* decamp; *sl.* die.

bagarre [ba'ga:r] *f* fight(ing); scuffle; brawl; riot; **bagarrer** F [~ga're] (1a) *v/t.:* se ~ quarrel; fight.

bagatelle [baga'tɛl] *f* trifle, bagatelle; ~! nonsense!; F *pour une* ~ for a song.

bagne ⚔ [baɲ] *m* convict prison; penal servitude.

bagnole F [ba'ɲɔl] *f* motor car; *vieille* ~ jalopy.

bagou(t) F [ba'gu] *m* glibness; *avoir du* ~ have the gift of the gab.

bague [bag] *f* ring; *cigar*: band; ⊕ strap; ⊕ ∼ *d'arrêt* set collar; **baguenauder** F [∼noˈde] (1a) *v/i. a.* se ∼ go for stroll; stroll about; **baguette** [baˈgɛt] *f* stick, rod; stick of bread; ♪ baton; ⚘ beading; *writing paper*: black border; *stockings*: clock; ∼ *magique*, ∼ *de fée* magic wand; ⚗ ∼ *d'or* wall-flower; *passer par les ∼s* run the gauntlet; **baguier** [baˈgje] *m* ring-case; ring size ga(u)ge.

bahut [baˈy] *m* † trunk, chest; low sideboard; *sl.* school.

bai, e [bɛ] *adj., a. su./m* bay.

baie[1] ⚘ [∼] *f* berry.

baie[2] *geog.* [∼] *f* bay, bight.

baie[3] ⚘ [∼] *f* bay, opening.

baignade [bɛˈɲad] *f* bathe, dip; **baigner** [∼ˈɲe] (1b) *v/t.* bathe; bath; se ∼ bathe; take a bath; *v/i.* steep; *fig. baigné de larmes* suffused with tears (*eyes*); **baigneur, -euse** [∼ˈɲœːr, ∼ˈɲøːz] *su.* bather; bathing attendant; *su./f* bathing-wrap, *Am.* bathrobe; **baignoire** [∼ˈɲwaːr] *f* bath(-tub); *thea.* ground-floor box.

bail, *pl.* **baux** [baːj, bo] *m* lease; ∼ *à ferme* farming lease; *prendre à ∼* take a lease of, lease.

bâillement [baˈjˈmã] *m* yawn(ing); gaping; **bâiller** [baˈje] (1a) *v/i.* yawn; gape; stand ajar (*door*).

bailleur *m*, **-eresse** *f* [baˈjœːr, bajˈrɛs] 🏛 lessor; ⚘ ∼ *de fonds* backer; sleeping or silent partner.

bâillon [bɑˈjõ] *m* gag; *horse*: muzzle; **bâillonner** [∼jɔˈne] (1a) *v/t.* gag (*a. fig.*).

bain [bɛ̃] *m* bath; bathing; F *fig. dans le* ∼ in the picture, informed; implicated, involved; *prendre un* ∼ *de foule* go on a walkabout; *sortie f de* ∼ bath-wrap, *Am.* bath-robe; ∼-**douche,** *pl.* ∼**s-douches** [∼ˈduʃ] *m* shower(-bath); ∼-**marie,** *pl.* ∼**s-marie** [∼maˈri] *m* 🍴 waterbath; *cuis.* double saucepan, *Am.* double boiler.

baïonnette ⚔ [bajɔˈnɛt] *f* bayonet.

baisemain [bɛzˈmɛ̃] *m* hand-kissing; **baiser** [bɛˈze] 1. *su./m* kiss; 2. (1b) *v/t.*: ∼ q. *à la joue* kiss s.o.'s cheek; *sl.* (*a. v/i.*) ∼ (q.) make love (to *s.o.*); **baisoter** F [∼zɔˈte] (1c) *v/t.* peck at.

baisse [bɛs] *f* fall (*a. prices*), going down; subsidence; *sight, prices*: decline; *tide*: ebb; *en* ∼ falling (*stocks*);

baisser [bɛˈse] (1b) *v/t. usu.* lower; turn down (*the light*); drop (*a curtain*); se ∼ bend down; *v/i.* decline; fall; abate (*flood*); ebb (*tide*); burn low (*lamp*).

bajoue [baˈʒu] *f*: ∼s *pl.* cheeks, chaps, chops.

bakélite [bakeˈlit] *f* bakelite.

bal, *pl.* **bals** [bal] *m* ball; dance; **balade** F [baˈlad] *f* stroll; ramble; **balader** F [balaˈde] (1a) *v/t.* take for a walk; carry about; se ∼ (take a) stroll; **baladeur, -euse** [∼ˈdœːr, ∼ˈdøːz] 1. *adj.* F wandering; 2. *su.* wanderer, saunterer; *su./f* trailer (*of car, of tram*); street-barrow; handcart; ⚡ inspection lamp.

baladin *m*, **e** *f* [balaˈdɛ̃, ∼ˈdin] mountebank; F clown.

balafre [baˈlafr] *f* gash, slash; scar; **balafrer** [∼laˈfre] (1a) *v/t.* gash, slash; scar.

balai [baˈlɛ] *m* broom; brush; *mot. windscreen-wiper*: blade; ∼ *mécanique* carpet sweeper; *coup m de* ∼ sweep; *fig.* clean sweep.

balance [baˈlãːs] *f* balance (*a.* ✝); scales *pl.*, weighing machine; ✝ balance; ✝ hesitation; ✝ ∼ *de(s) paiements* balance of payments; ∼ *romaine* steelyard; ✝ *faire la* ∼ strike the (*fig. a.*) balance; *faire pencher la* ∼ turn the scales; *astr. la* ♎ Libra, the Balance; *fig. mettre en* ∼ weigh up; **balancement** [balãsˈmã] *m* sway(ing), swing(ing); *fig.* balance; **balancer** [balãˈse] (1k) *v/t.* swing; throw, fling, chuck; F chuck out; balance; *fig.* weigh up; se ∼ rock, sway; swing; seesaw; *sl.* se ∼ *de* not to care a damn about; *sl. je m'en balance a.* I couldn't care less (about it); **balancier** [∼ˈsje] *m* balancing pole; *mot. crank-shaft*: balancer; *watch*: balance-wheel; *clock*: pendulum; *pump*: handle; ⊕ *beam-engine*: beam; ⊕ fly(-press); **balançoire** [∼ˈswaːr] *f* seesaw; swing.

balayer [balɛˈje] (1i) *v/t.* sweep out or up or away (*a. fig.*); *fig.* clear out; scour (*the sea*); *telev.* scan; **balayette** [∼ˈjɛt] *f* whisk; small brush; **balayeur, -euse** [∼ˈjœːr, ∼ˈjøːz] *su. person*: sweeper; *su./f machine*: sweeper; **balayures** [∼ˈjyːr] *f/pl.* sweepings.

balbutiement [balbysiˈmã] *m* stuttering, stammering; **balbutier**

[ʌ'sje] (1o) v/i. mumble; stammer; v/t. stutter out, stammer out.

balcon [bal'kɔ̃] m △ balcony; *thea.* dress circle.

baldaquin [balda'kɛ̃] m canopy, baldachin.

baleine [ba'lɛn] f whale(bone); **baleinier** [balɛ'nje] m whaler (*ship, a. man*); whaling; **baleinière** [ʌ'njɛ:r] f whale-boat; ~ de sauvetage life-boat.

balise¹ ♀ [ba'li:z] f canna seed.

balise² [ba'li:z] f ⚓ beacon; 🛧 runway light; *mot.* road sign; marker; ~ flottante buoy; **baliser** [ʌli'ze] (1a) v/t. ⚓ beacon; ⚓ buoy; provide with runway lights or road signs; mark out.

balistique [balis'tik] 1. *adj.* ballistic; 2. *su./f* ballistics *sg.*

baliverne F [bali'vɛrn] f mostly ~s pl. nonsense *sg.*

ballade [ba'lad] f ballad.

ballant, e [ba'lɑ̃, ʌ'lɑ̃:t] 1. *adj.* dangling; swinging; slack (*rope*); 2. *su./m* swing.

ballast [ba'last] m ⊕ ballast; ⚓ ballast-tank; **ballastière** [ʌlas'tjɛ:r] f gravel-pit.

balle¹ [bal] f ball; bullet, shot; ✝ cotton: bale; *pedlar:* pack; *sl.* head; *sl.* franc; ~ de service tennis: service-ball.

balle² [ʌ] f husk, chaff; ♀ glume.

ballerine [bal'rin] f ballet-dancer, ballerina; **ballet** [ba'lɛ] m ballet.

ballon [ba'lɔ̃] m balloon (a. 🎈); (foot)ball; 🜂 flask; ⊕ carboy; ball-signal; ~ de plage beach ball; *fig.* ~ d'essai feeler; ~-sonde test or sounding balloon; **ballonnement** [ʌlɔn'mɑ̃] m swelling; 🦠 distension; 🦠 flatulence; **ballonner** [ʌb'ne] (1a) vt/i. swell; bulge; distend (a. 🦠).

ballot [ba'lo] m pack, bundle; F idiot, chump; **ballottage** pol. [balɔ'ta:ʒ] m second ballot; **ballotter** [ʌ'te] (1a) v/t. toss (about), shake about; *fig.* être ballotté entre be tossed or torn between; v/i. shake; toss; rattle (*door*).

bal(l)uchon F [baly'ʃɔ̃] m bundle.

balnéaire [balne'ɛ:r] bath...; watering-...; *station f* ~ watering-place; seaside resort.

balnéothérapie [balneotera'pi] f balneotherapy.

balourd, e [ba'lu:r, ʌ'lurd] 1. *adj.*

awkward; 2. *su.* awkward person; yokel; su./m ⊕ unbalance; unbalanced weight; **balourdise** [ʌlur'di:z] f awkwardness; F bloomer, stupid mistake.

baltique [bal'tik] 1. *adj.* Baltic; 2. *su./f:* la (mer) ♀ the Baltic (Sea).

balustrade [balys'trad] f balustrade; banister; (hand-)rail; **balustre** [ʌ'lystr] m baluster; banister.

bambin m, e f F [bɑ̃'bɛ̃, ʌ'bin] little child; kid; youngster.

bamboche [bɑ̃'bɔʃ] f puppet; F spree; *faire* ~ go on the spree; il est ~ he's a bit merry; **bambocher** F [bɑ̃bɔ'ʃe] (1a) v/i. go on the spree; **bambocheur** m, -euse f [ʌ'ʃœ:r, ʌ'ʃø:z] reveller.

bambou [bɑ̃'bu] m bamboo(-cane).

ban [bɑ̃] m † proclamation; drum roll; F applause; *mettre au* ~ banish; send to Coventry; outlaw (from, de); *publier les* ~s put up or publish the bans; *fig.* le ~ et l'arrière-~ de ses amis *etc.* all his friends *etc.*

banal, e, m/pl. **-als** *fig.* [ba'nal] commonplace, banal; vulgar; **banaliser** [ʌnali'ze] (1a) v/t. popularize; vulgarize.

banane [ba'nan] f ♀ banana; *sl.* decoration, medal; *sl.* chopper, whirlybird (= helicopter); **bananier** [ʌna'nje] m banana-tree.

banc [bɑ̃] m bench (a. ⊕); form, seat; *eccl.* pew; *lathe, oysters, stone:* bed; *sand, mud:* bank; *sand, coral:* shoal; (*witness-*)box; *fish:* school, shoal; ⊕ ~ d'épreuve testing stand, bench.

bancal, e, m/pl. **-als** [bɑ̃'kal] 1. *adj.* bandy(-legged); unsteady, rickety; 2. *su.* bandy-legged person.

bandage [bɑ̃'da:ʒ] m 🦠 bandaging; bandage; *mot.* tyre, *Am.* tire; ⊕ *spring:* winding up; 🦠 ~ herniaire truss.

bande¹ [bɑ̃:d] f band, strip; stripe; stretch (*of land*); 🦠 bandage; strap; ⊕ *spring:* compression; *cin.* reel; *post:* wrapper; ⚓ list; ~ dessinée comic strip; strip cartoon; ~ magnétique recording tape; ~ molletière puttee; ⊕ ~ transporteuse conveyor belt; *enregistrer sur* ~ tape-record; *enregistrer sur* ~ vidéo videotape; *sous* ~ *post:* by post.

bande² [ʌ] f band, gang; party; flock; pack.

bandeau [bã'do] *m* headband; diadem; bandage; **bandelette** [bãd-'let] *f* strip; **bander** [bã'de] (1a) *v/t.* bandage, bind up; wind up, tighten; ⚠ key in; *fig.* ~ *les yeux de* blindfold (*s.o.*); *v/i.* be tight; **banderole** [~'drɔl] *f* streamer; pennant; ✗ *rifle:* sling; *cartoon:* balloon.

bandit [bã'di] *m* bandit; gangster; crook.

bandoulière [bãdu'ljɛ:r] *f* shoulder-strap; *en* ~ slung over the shoulder.

banjo ♪ [bã'ʒo] *m* banjo.

banlieue [bã'ljø] *f* suburbs *pl.*, outskirts *pl.*; *de* ~ suburban; ~*dortoir* dormitory suburb; **banlieusard** m, **e** *f* F [~ljø'za:r, ~'zard] suburbanite.

banne [ban] *f* hamper; coal cart; awning; tarpaulin; ✗ tub, skip; ⚓ *dredger:* bucket; **bannette** [ba-'nɛt] *f* small hamper.

banni, e [ba'ni] **1.** *adj.* banished; **2.** *su.* outcast; outlaw.

bannière [ba'njɛ:r] *f* banner; F *être en* ~ be in shirt-tails.

bannir [ba'ni:r] (2a) *v/t.* outlaw; exile (from, de).

banque [bã:k] *f* bank; banking; ~ *du sang* blood bank; ~ *par actions* joint-stock bank; *faire sauter la* ~ break the bank; **banqueroute** ✝ [bã'krut] *f* bankruptcy; failure; *faire* ~ go bankrupt.

banquet [bã'kɛ] *m* banquet, feast.

banquette [bã'kɛt] *f* bench, seat; *earth:* bank; *golf:* bunker.

banquier m, **-ère** *f* [bã'kje, ~'kjɛ:r] banker. [ice.]

banquise [bã'ki:z] *f* ice-floe; pack-)

baptême [ba'tɛ:m] *m* baptism, christening; *nom m de* ~ Christian name, *Am.* given name; **baptiser** [bati'ze] (1a) *v/t.* baptize, christen; F *fig.* water (down) (*the wine*); **baptismal, e, *m/pl.* -aux** [batis'mal, ~'mo], **baptistaire** [~'tɛ:r] baptismal; *extrait m baptistaire* certificate of baptism.

baquet [ba'kɛ] *m* tub, bucket.

bar[1] [ba:r] *m* (public) bar; *au* ~ in the pub.

bar[2] *icht.* [~] *m* bass; perch.

bar[3] *phys.* [~] *m* bar.

baragouin F [bara'gwɛ̃] *m* gibberish; lingo; **baragouiner** F [~gwi'ne] (1a) *vt/i.* jabber, gibber.

baraque [ba'rak] *f* hut, shed; F dump, joint, hole; **baraquement**

[~rak'mã] *m:* ✗ ~*s pl.* hutments; **baraquer** ✗ [~ra'ke] (1m) *vt/i.* hut.

baratin F [bara'tɛ̃] *m* sweet talk; patter, *Am.* malarky; **baratiner** [~ti'ne] (1a) *vt/i.* sweet-talk; *v/t.* chat (*s.o.*) up.

barattage [bara'ta:ʒ] *m* churning; **baratte** [~'rat] *f* churn; **baratter** [~ra'te] (1a) *v/t.* churn.

barbacane [barba'kan] *f* ⊕ draining channel; weep-hole; ⚠ barbican; ⚠ loop-hole.

barbare [bar'ba:r] **1.** *adj.* barbaric; barbarous; uncivilized; **2.** *su./m* barbarian.

barbaresque [barba'rɛsk] *adj.*, *a. su./m* Berber.

barbarie [barba'ri] *f* barbarism; barbarity, cruelty; **barbarisme** *gramm.* [~'rism] *m* barbarism.

barbe[1] [barb] *f* beard (*a.* ♀); whiskers *pl.*; mould, mildew; ⊕ burr; F bore, nuisance; ~ *à papa* candyfloss, *Am.* cotton candy; *se faire faire la* ~ get o.s. shaved; (*se*) *faire la* ~ shave.

barbe[2] [~] *m* barb, Barbary horse.

barbeau [bar'bo] *m icht.* barbel; ♀ cornflower; *icht.* ~ *de mer* red mullet; *bleu* ~ cornflower blue; **barbelé, e** [~bə'le] **1.** *adj.* barbed; *fil m de fer* ~ barbed wire; **2.** *su./m:* ~*s pl.* barbed wire entanglement *sg.*

barber *sl.* [bar'be] (1a) *v/t.* bore.

barbet, -ette [bar'bɛ, ~'bɛt] *su.* water-spaniel; *su./m icht.* barbel.

barbiche [bar'biʃ] *f* goatee; short beard.

barbier [bar'bje] *m* barber; **barbifier** F [~bi'fje] (1o) *v/t.* shave; bore; *se* ~ be bored.

barbiturique [barbity'rik] **1.** *adj.* barbituric; **2.** *su./m* barbiturate.

barbotage [barbɔ'ta:ʒ] *m* paddling; splashing; ⊕ splash; *gas:* bubbling; mess, mud; bran mash; *sl.* filching; *sl.* mumbling; **barboter** [~'te] (1a) *v/i.* paddle, splash (about); bubble (*gas*); *v/t.* mumble; *sl.* filch; *sl.* scrounge; **barboteur, -euse** [~-'tœ:r, ~'tø:z] *su.* paddler; *sl.* scrounger; *su./m* ⊕ bubbler; ⊕ stirrer; *su./f* rompers *pl.*; washing machine.

barbouillage [barbu'ja:ʒ] *m* daubing; scrawl(ing), scribble; **barbouiller** [~'je] (1a) *v/t.* daub; smear (with, de); sully; scribble, scrawl;

fig. botch; **se ~** dirty one's face;
barbouilleur *m*, **-euse** *f* F [~'jœːr, ~'jøːz] dauber; hack.

barbouze F [bar'buːz] *m* secret (police) agent.

barbu, e [bar'by] bearded (*a.* ♥); mouldy.

barbue *icht.* [~] *f* brill.

barcasse ⚓ [bar'kas] *f* launch; F old tub.

barda *sl.* [bar'da] *m* ✗ pack, kit; stuff, things *pl.*

bardane ♣ [bar'dan] *f* burdock.

barde¹ [bard] *m* bard.

barde² [~] *f* pack-saddle; *cuis.* slice of bacon, bard.

bardeau¹ [bar'do] *m* △ shingle (-board), *Am.* clapboard; lath; small raft.

bardeau² [~] *m* hinny.

barder¹ *sl.* [bar'de] (1a): ça barde sparks are flying.

barder² [~] (1a) *v/t.* ✗ † arm with bards; *cuis.* bard (*with bacon*), lard (*a. fig.*).

bardot [bar'do] *m* hinny; packmule.

barème [ba'rɛm] *m* table, (price) list; scale; schedule; graph.

barguigner F [bargi'ɲe] (1a) *v/i.*: sans ~ without shilly-shallying.

baril [ba'ri] *m* cask(ful); **barillet** [~ri'jɛ] *m* keg; *revolver*: cylinder; ⊕ barrel; *anat.* middle-ear.

bariolage [barjɔ'laːʒ] *m* motley; gaudy colo(u)r scheme; **barioler** [~'le] (1a) *v/t.* variegate; paint in gaudy colo(u)rs.

barman, *pl. a.* **-men** [bar'man, ~'mɛn] *m* barman.

baromètre [barɔ'mɛtr] *m* barometer; F (weather-)glass.

baron [ba'rɔ̃] *m* baron; **baronne** [~'rɔn] *f* baroness.

baroque [ba'rɔk] **1.** *adj.* quaint; odd; baroque; **2.** *su./m* △ *etc.* baroque.

baroud F [ba'rud] *m* fight(ing); ~ d'honneur gallant last stand; **barouder** F [baru'de] *v/i.* fight.

barouf F [ba'ruf] *m* noise, racket.

barque ⚓ [bark] *f* barge, boat.

barrage [ba'raːʒ] *m* barring, closing; dam(ming); *fig.* obstruction; ⊕ barrage (*a.*✗), weir; ⚓ harbour: boom; *✝ cheque*: crossing; ✗ *tir m de ~* curtain-fire.

barre [baːr] *f* bar (*a.* ♫); ⊕ rod; *gold*: ingot; ⚓ helm; stroke (*of the pen*); *tex.* stripe; ♪ bar(-line);

(*tidal*) bore; *sp.* ~s *pl.* **parallèles** parallel bars; *sp.* ~ **fixe** horizontal bar; *mot.* ~ **de connexion** tie-rod; ♫ ~ **des témoins** witness-box; *∮* ~ **omnibus** (*collectrice*) omnibus-bar;

barreau [ba'ro] *m* bar (*a.* ♫); rail; *ladder*: rung; fire-bar; être reçu au ~ to be called to the bar, *Am.* pass the bar.

barrer [ba're] (1a) *v/t.* bar; secure with a bar; block (up); dam (*a stream*); close (*a road*); cross out (*a word*); ⚓ steer; *✝* cross (*a cheque*); route *f* barrée no thoroughfare; *sl.* se ~ skedaddle, make off.

barrette¹ *eccl.* [ba'rɛt] *f* biretta; cardinal's cap.

barrette² [~] *f* hair slide; *medal*: bar.

barreur ⚓ [ba'rœːr] *m* helmsman, cox.

barricader [barika'de] (1a) *v/t.* barricade; **barrière** [~'rjɛːr] *f* barrier (*a. fig.*); obstacle; *castle*, 🏰 *level-crossing, town*: gate; turn-pike; *sp.* starting-post.

barrique [ba'rik] *f* hogshead, cask, butt.

barrir [ba'riːr] (2a) *v/i.* trumpet (*elephant*).

bartavelle *orn.* [barta'vɛl] *f* rock partridge.

bas, basse [ba, baːs] **1.** *adj. usu.* low (*a. fig.*); mean; lower; *basse fréquence radio*: low frequency; *au* ~ *mot* at the lowest estimate; *à voix basse* in a low voice; *under one's breath*; *chapeau* ~ hat in hand; *chapeaux* ~! hats off!; *en* ~ *âge* of tender years; *les classes f/pl.* ~ses the lower classes; *prix m* ~ low price(s *pl.*); **2.** *su./m* lower part; bottom; *stocking*: foot; *fig.* low state; **3.** *bas adv.* low (down); *ici-*~ here below; *là-*~ down there; over there; *à* ~ ...! down with ...!; *en* ~ (down) below.

basalte *geol.* [ba'zalt] *m* basalt.

basane [ba'zan] *f* sheepskin, basil; **basaner** F [~za'ne] (1a) *v/t. a.* se ~ tan.

basculant, e [basky'lã, ~'lãːt] rocking, tilting; *pont m* ~ drawbridge; *siège m* ~ tip-up seat; **bascule** [~'kyl] *f* weighing machine; see-saw; *cheval m à* ~ rocking-horse; weigh-bridge; *wagon m à* ~ tip-waggon, *Am.* dump-cart; **basculer** [~ky'le] (1a) *vt/i.* rock; seesaw, *Am.* teeter; tip (up); topple over; *fig.*

fluctuate; *fig.* ~ *dans* get into; **basculeur** [~ky'lœ:r] *m* rocker; ⊕ rocking-lever.

base [ba:z] *f* base (*a.* 📐, 🔬); *surv.* base(-line); bottom; ⊕ bedplate; *fig.* basis, foundation; ~ *aérienne* air-base; ~ *de lancement* rocket launching site; ~ *d'entente* working basis; *sans* ~ unfounded; **baser** [ba'ze] (1a) *v/t.* base, found (on, *sur*); *se* ~ *sur* be grounded on.

bas-fond [ba'fõ] *m* low ground; *fig.* underworld; 🔱 shallows *pl.*

basilic [bazi'lik] *m* ♀ basil; *myth., a. zo.* basilisk.

basique 📐 [ba'zik] basic.

basket(-ball) *sp.* [basket('bɔ:l)] *m* basket-ball.

basque¹ [bask] *f* skirt (*of a garment*).

Basque² [~] *su.: tambour m de* ~ tambourine.

basse [ba:s] *f* ♩ part, singer, voice: bass; 🔱 sandbank, shoal; 🔱 reef; ~**-contre**, *pl.* ~**s-contre** ♩ [bas-'kõ:tr] *f* deep bass; ~**-cour**, *pl.* ~**s-cours** [~'ku:r] *f* farm-yard; ~**-courier**, **-ère** [~ku'rje, ~'rje:r] *su.* farm-hand; *su./m* poultry-boy; *su./f* poultry-maid; ~**-fosse**, *pl.* ~**s-fosses** [~'fo:s] *f* dungeon; **bassement** [~'mã] *adv.* basely, meanly; **bassesse** [ba'ses] *f* baseness, lowness; low deed, mean action.

basset *zo.* [ba'sε] *m* basset hound.

basse-taille, *pl.* **basses-tailles** [bas-'ta:j] *f voice:* bass-baritone.

bassin [ba'sε̃] *m* basin (*a. geog.*); artificial lake; ⊕ tank; 🔱 dock; *anat.* pelvis; *sl.* bore; 🔱 ~ *de carénage* careening basin; ~ *de radoub* dry dock; ~ *de retenue* reservoir; 🔱 *faire entrer au* ~ dock; **bassinant, e** *sl.* [basi'nã, -'nãt] boring; **bassine** [ba'sin] *f* pan; ~ *à confiture* preserving pan; **bassiner** [basi'ne] (1a) *v/t.* bathe (*a wound*); ✶ spray; warm (*a bed*); *sl.* bore; *sl.* annoy; **bassinoire** [~'nwa:r] *f* warming pan; *sl.* bore; *sl.* large watch. [bassoonist.]

basson ♩ [ba'sõ] *m* bassoon; *person:*)

baste! † [bast] *int.* enough of that!

bastille 🔀 [bas'ti:j] *f* small fortress.

bastingage 🔱 [bastε̃'ga:ʒ] *m* bulwarks *pl.*; rails *pl.*

bastion 🔀, *fig.* [bas'tjõ] *m* bastion; stronghold, bulwark.

bastonnade [bastɔ'nad] *f* bastinado; † flogging.

bastringue *sl.* [bas'trε̃:g] *m* low dancing-hall; shindy; paraphernalia.

bas-ventre [ba'vã:tr] *m* lower part of the abdomen.

bât [ba] *m* pack-saddle; *cheval m de* ~ pack-horse.

bataille [ba'ta:j] *f* battle (*a. fig.*); *ordre m de* ~ battle formation *or* order; **batailler** [bata'je] (1a) *v/i.* (*contre*) struggle (with), fight (against); **batailleur, -euse** [~'jœ:r, ~'jø:z] **1.** *adj.* quarrelsome; **2.** *su.* fighter; **bataillon** 🔀, *a. fig.* [bata'jõ] *m* battalion; *chef m de* ~ major.

bâtard, e [ba'ta:r, ~'tard] **1.** *adj.* bastard; *fig.* degenerate; **2.** *su.* bastard; *animal:* mongrel.

bateau 🔱 [ba'to] *m* boat, ship; *sl.* ~*x pl.* beetle-crushers; ~ *à vapeur* steamer; ~ *de sauvetage* lifeboat; F *monter un* ~ *à q.* pull s.o.'s leg; ~**-citerne**, *pl.* ~**x-citernes** ♩ [bato-si'tεrn] *m* tanker; ~**-feu**, *pl.* ~**x-feux** 🔱 [~'fø] *m* lightship; ~**-mouche**, *pl.* ~**x-mouches** 🔱 [~'muʃ] *m* small passenger steamer; ~**-phare**, *pl.* ~**x-phares** 🔱 [~'fa:r] *m* lightship; ~**-pilote**, *pl.* ~**x-pilotes** 🔱 [~pi'lɔt] *m* pilot boat; ~**-pompe**, *pl.* ~**x-pompes** 🔱 [~'põ:p] *m* fireboat.

bateleur *m*, **-euse** *f* [ba'tlœ:r, ~'tlø:z] knock-about comedian; juggler.

batelier [batə'lje] *m* boatman; ferryman; ~ *de chaland* bargee; **batellerie** [batεl'ri] *f* lighterage; inland water transport; ~ *fluviale* river fleet.

bâter [ba'te] (1a) *v/t.* saddle (*a pack-horse etc.*); F *c'est un âne bâté* he is a complete fool.

bath *sl.* [bat] *adj./inv.* super, posh, fab.

bâti [ba'ti] *m* frame(work); ⊕ bed, support.

batifoler F [batifɔ'le] (1a) *v/i.* frolic; cuddle (s.o., *avec q.*).

bâtiment [bati'mã] *m* building, edifice; 🔱 vessel.

bâtir¹ [ba'ti:r] (2a) *v/t.* build, erect; ~ *un terrain* build on a site; *terrain m à* ~ building site.

bâtir² [~] (2a) *v/t.* baste, tack.

bâtisse [ba'tis] *f* masonry; F house, building.

batiste *tex.* [ba'tist] *f* cambric.

bâton [ba'tõ] *m* stick; staff; truncheon; wand of office; ~ *d'encens* joss stick; ~ *de rouge à lèvres* lipstick; ♀ ~

d'or wallflower; ~ ferré alpenstock; à ~s rompus by fits and starts; **bâton-ner** [batɔ'ne] (1a) v/t. beat; **bâton-net** [~'nɛ] m short stick; cuis. ~s pl. de poisson fish fingers, Am. fish sticks.

bats [ba] 1st p. sg. pres. of battre; **battage** [ba'ta:ʒ] m beating; butter: churning; corn: threshing; ✕ field of fire; ⊕ ramming; F plugging, boosting; **battant, e** [~'tã, ~'tã:t] 1. adj. banging, pelting (rain); porte f ~e swing-door; folding-door; fig. tambour ~ briskly; F tout ~ neuf brand-new; 2. su./m door: leaf; bell: clapper; fig. fighter; F fig. go-getter; **batte** [bat] f beater; beating; beetle, rammer; cricket: bat; **battement** [~'mã] m beating; clapping; palpitation; pulsation, up and down movement; **batterie** [ba'tri] f ⚡, ✕ battery; drum: beat, roll; ♪ drums pl., percussion; † scuffle; ⊕ ~ de chaudières battery of boilers; ~ de cuisine kitchen utensils pl.; **batteur** [~'tœ:r] m beater (a. cuis.); sp. cricket: batsman; ♪ drummer; **batteuse** ✓, ⊕ [~'tø:z] f thresher; **battoir** [~'twa:r] m (linen) beetle; bat (a. sp.); F fig. (large) hand, paw.

battre [batr] (4a) v/t. beat, strike; thrash; thresh; mint (money); defeat; scour (the countryside); shuffle (cards); ~ q. en brèche disparage s. o., run s.o. down; se~ fight; v/i. throb; clap; bang; **battu, e** [ba'ty] 1. p.p. of battre; 2. su./f beat; admin. round-up; ⚓ ~ en mer scouting cruise.

baudet [bo'dɛ] m donkey; ass (a. fig.).

bauge [bo:ʒ] f wallow; lair (of wild boar); fig. pigsty.

baume [bo:m] m balsam; balm (a. fig.).

bauxite ⛏ [bok'sit] f bauxite.

bavard, e [ba'va:r, ~'vard] 1. adj. garrulous, talkative; 2. su. chatter-box; gossip; F bore; **bavardage** [bavar'da:ʒ] m gossip; chatter; **ba-varder** [~'de] (1a) v/i. gossip; chatter; tell tales.

bave [ba:v] f dribble, slobber; froth, foam; fig. venom; **baver** [ba've] (1a) v/i. dribble, slobber; run (pen); ~ ooze; F talk drivel; ~ sur cast a slur on; F fig. ~ d'admiration be agape with admiration; F fig. en ~ have a hard time (of it); F fig. en faire ~ à q.

give s.o. a hard time (of it); v/t. F fig. en ~ des ronds de chapeau gape in astonishment.

bavette [ba'vɛt] f bib; F tailler une ~ chew the fat; **baveux, -euse** [~'vø, ~'vø:z] slobbery (mouth); runny, wet; typ. blurred.

bavure [ba'vy:r] f ⊕ burr; ⊕ seam; writing: smudge.

bazar [ba'za:r] m bazaar; bargain stores; sl. tout le ~ the lot, the whole caboodle; **bazarder** sl. [~zar'de] (1a) v/t. sell off; get rid of.

béant, e [be'ã, ~ã:t] gaping, yawning, wide open.

béat, e [be'a, ~'at] 1. adj. smug, complacent; 2. su. smug or complacent person; **béatifier** eccl. [beati'fje] (1o) v/t. beatify; **béatitude** [~'tyd] f bliss, beatitude; complacency.

beau (adj. before vowel or h mute **bel**) m, **belle** f, m/pl. **beaux** [bo, bɛl, bo] 1. adj. beautiful; fine; handsome; au ~ milieu de right in the middle of; avoir ~ (inf.) (inf.) in vain; il fait ~ (temps) it is fine; le ~ sexe the fair sex; 2. su./m hist. beau; le ~ the beautiful; être au ~ be set fair (weather); faire le ~ sit up and beg (dog); su./f beauty; sp. deciding game; la Belle au bois dormant (the) Sleeping Beauty.

beaucoup [bo'ku] adv. much, a great deal; many; F à ~ près by a long chalk; de ~ by far.

beau-fils, pl. **beaux-fils** [bo'fis] m stepson; son-in-law; **beau-frère**, pl. **beaux-frères** [~'frɛ:r] m brother-in-law; **beau-père**, pl. **beaux-pères** [~'pɛ:r] m father-in-law; stepfather.

beaupré ⚓ [bo'pre] m bowsprit.

beauté [bo'te] f beauty; fig. belle, beauty.

beaux-arts [bo'za:r] m/pl. fine arts; **beaux-parents** [~pa'rã] m/pl. parents-in-law.

bébé [be'be] m baby; doll.

bec [bɛk] m bird: beak, bill; ⊕ tool: nose; ⊕ nozzle; spout; ♪ mouth-piece; pen: nib; F mouth, nose; ⊕ ~ d'âne mortise-chisel; ~ de gaz gas burner, F lamp-post; F fig. tomber sur un ~ (de gaz) get or be stymied.

bécane F [be'kan] f bike, bicycle.

bécarre ♪ [be'ka:r] m natural (sign).

bécasse orn. [be'kas] f woodcock.

bec-de-cane,   pl.   **becs-de-cane**

[bɛkdəˈkan] *m* spring lock; slide-bolt; lever handle; ⊕ flat-nosed pliers *pl.*; **bec-de-lièvre**, *pl.* **becs-de-lièvre** [ˌˈljɛːvr] *m* harelip.

bêchage [bɛˈʃaːʒ] *m* digging; F disparagement.

béchamel *cuis.* [beʃaˈmɛl] *f* bechamel.

bêche [bɛʃ] *f* spade.

bêche-de-mer, *pl.* **bêches-de-mer** [bɛʃdəˈmɛːr] *m* bêche-de-mer; *gramm.* beach-la-mar.

bêcher [bɛˈʃe] (1a) *v/t.* dig; F disparage, run (*s.o.*) down, pull (*s.o.*, *s.th.*) to pieces; **bêcheur, -euse** F [bɛˈʃœːr, -øːz] knock-up.

bécot F [beˈko] *m orn.* small snipe; F peck (= *little kiss*); **bécoter** [bekɔˈte] (1a) *v/t.* give (*s.o.*) a peck.

becqueter [bɛkˈte] (1c) *v/t.* peck at; pick up; *sl.* eat; F kiss.

bedaine F [bəˈdɛn] *f* belly; paunch.

bedeau *eccl.* [bəˈdo] *m* verger, beadle.

bedon F [bəˈdõ] *m* paunch; **bedonner** F [ˌdɔˈne] (1a) *v/i.* grow paunchy, acquire a corporation.

bée [be] *adj./f: bouche f* ~ gaping, open-mouthed.

beffroi [beˈfrwa] *m* belfry; ⊕ dredge; gantry.

bégayer [begɛˈje] (1i) *v/i.* stammer; *v/t.* stammer out.

bègue [bɛg] 1. *adj.* stuttering, stammering; **être** ~ stammer; 2. *su.* stutterer, stammerer.

bégueter [begˈte] (1d) *v/i.* bleat (*goat*).

béguin [beˈgɛ̃] *m* hood; baby's bonnet; F infatuation; *person:* love; **béguine** [ˌˈgin] *f eccl.* beguine; F very devout woman.

beige [bɛːʒ] 1. *adj.* beige; 2. *su./f* unbleached serge.

beigne *sl.* [bɛɲ] *f* blow; bruise.

beignet *cuis.* [beˈɲɛ] *m* fritter; doughnut.

bel [bɛl] *see* beau; ~ *esprit m person:* wit; ~ *et bien* well and truly, genuinely; *le* ~ *âge* youth; *un* ~ *âge* a ripe old age.

bêlement [bɛlˈmã] *m* bleating.

bêler [bɛˈle] (1a) *v/i.* bleat (*sheep*).

belette *zo.* [bəˈlɛt] *f* weasel.

belge [bɛlʒ] *adj., a. su.* ♀ Belgian; **Belgique** [bɛlˈʒik] *f: sl. filer en* ~ bolt (*financier*).

bélier [beˈlje] *m zo.* ram (*a.* ⊕), *Am.*

buck; ✗ *hist.* battering ram; *astr.* *le* ♀ Aries, the Ram.

bélinogramme [belinɔˈgram] *m* telephotograph.

bélître † [beˈlitr] *m* cad, knave.

bellâtre [bɛˈlɑːtr] 1. *adj.* foppish; 2. *su./m* fop.

belle [bɛl] *see* beau; *à la* ~ *étoile* in the open; *de plus* ~ more than ever; *iro.* *en faire de* ~s be up to s. th. pretty; *l'échapper* ~ have a narrow escape; ~**-dame**, *pl.* ~**s-dames** [ˌˈdam] *f* ☘ deadly nightshade; *zo.* painted lady; ~**-fille**, *pl.* ~**s-filles** [ˌˈfiːj] *f* stepdaughter; daughter-in-law; ~**-mère**, *pl.* ~**s-mères** [ˌˈmɛːr] stepmother; mother-in-law; ~**s-lettres** [ˌˈlɛtr] *f/pl.* belles-lettres, humanities; ~**-sœur**, *pl.* ~**s-sœurs** [ˌˈsœːr] *f* sister-in-law.

bellicisme [belliˈsism] *m* warmongering; **belligérant, e** [ˌʒeˈrã, ˌˈrãːt] *adj., a. su./m* belligerent; **belliqueux, -euse** [ˌˈkø, ˌˈkøːz] bellicose, warlike.

bellot, -otte [bɛˈlo, ˌˈlɔt] dandified; pretty(-pretty). (pinocle.)

belote [bəˈlɔt] *f cards: sort of*)

belvédère [bɛlveˈdɛːr] *m* belvedere; summer-house; vantage-point.

bémol ♩ [beˈmɔl] *m* flat.

bénédicité [benedisiˈte] *m* grace (before a meal); **bénédiction** [ˌdikˈsjõ] *f* blessing.

bénéfice [beneˈfis] *m* ✝ profit, gain; benefit; *eccl.* living; **bénéficiaire** [ˌfiˈsjɛːr] *m* ✝ payee; ✝, *eccl. etc.* beneficiary; **bénéficier** [ˌfiˈsje] (1o) *v/i.* profit, benefit (by, de); make a profit (on, sur).

benêt [bəˈnɛ] 1. *adj./m* stupid, silly; 2. *su./m* simpleton.

bénévole [beneˈvɔl] benevolent; gratuitous, unpaid; voluntary.

bénignité [beniɲiˈte] *f* kindness; mildness (*a.* ☘); **bénin, -igne** [beˈnɛ̃, ˌˈniɲ] kind, benign; mild (*a.* ☘).

bénir [beˈniːr] (2a) *v/t.* bless; *eccl. a.* consecrate; **bénit, e** [ˌˈni, ˌˈnit] blessed; consecrated; *eccl. eau f* ~ holy water; **bénitier** *eccl.* [ˌniˈtje] *m* holy-water basin.

benne [bɛn] *f* hamper; *dredger:* bucket; ✗ tub, corf; ✗ cage; *tel-pherway:* bucket seat; ✗ ~ *preneuse* (mechanical) grab; clam-shell bucket; ⊕ (*camion m à*) ~ *basculante* tipping waggon.

benoît, e [bən'wa, ~'wat] sanctimonious; bland.

benzine [bɛ̃'zin] f benzine; **benzol** 🜹 [~'zɔl] m benzol.

béquille [be'ki:j] f crutch; *bicycle:* stand; ⚓ shore, prop; *marcher avec des ~* walk on crutches; **béquiller** [~ki'je] (1a) v/i. walk on crutches; v/t. ⚓ shore up.

bercail [bɛr'ka:j] m/sg. sheepfold; *eccl.* fold.

berceau [bɛr'so] m cradle (a. fig., a. 🜹); ⊕ bower, arbo(u)r; ✗ bower, arbo(u)r; **bercer** [~'se] (1k) v/t. rock; lull; soothe; delude (with promises, *de promesses*); **berceuse** [~'søːz] f cradle; rocking-chair; ♪ lullaby.

béret [be'rɛ] m (a. ~ de Basque) beret; ~ *écossais* tam-o'-shanter.

berge [bɛrʒ] f river, ditch: bank; *mountain:* flank; ✗ rampart.

berger [bɛr'ʒe] m shepherd (a. fig.); **bergère** [~'ʒɛːr] f shepherdess; easy chair; *orn.* wagtail; **bergerie** [~ʒə'ri] f sheep-pen; *paint., prosody:* pastoral; **bergeronnette** *orn.* [~ʒərɔ'nɛt] f wagtail.

berline [bɛr'lin] f saloon (car), *Am.* sedan; † coach: Berlin; ✗ truck, tram.

berlue [bɛr'ly] f 🦠 false vision; *fig. avoir la ~* get things all wrong.

berne ⚓ [bɛrn] f: *en ~* at half-mast.

berner [bɛr'ne] (1a) v/t. laugh at, chaff; hoax.

bernique[1] sl. [bɛr'nik] int. nothing doing!

bernique[2] *orn.* [~] f limpet.

besace [bə'zas] f † double sack; *fig. être réduit à la ~* be reduced to beggary.

bésef sl. [be'zɛf] see bezef.

besicles *iro.* [bə'zikl] f/pl. glasses, spectacles.

besogne [bə'zɔɲ] f work; job; **besogneux, -euse** [~zɔ'ɲø, ~'ɲøːz] needy, hard-up.

besoin [bə'zwɛ̃] m need, want; poverty; *au ~* in case of need; when required; *avoir ~ de* need; *il est ~ (de inf.)* it is necessary (to *inf.*).

bestial, e, m/pl. **-aux** [bɛs'tjal, ~'tjo] bestial, brutish; **bestialité** [~tjali'te] f brutishness; bestiality; **bestiaux** [~'tjo] m/pl. livestock sg., cattle sg.

best-seller [bɛstsɛ'lœːr] m best seller.

bêta, -asse [be'ta, ~'tas] **1.** adj. stupid; **2.** su. blockhead, ass.

bétail [be'ta:j] m/sg. livestock, cattle.

bête [bɛt] **1.** su./f animal; beast; fool; ~s pl. féroces wild beasts; ~ à cornes horned beast; ~ de somme beast of burden; ~ de trait draught-animal; ~ fauve deer; ~ noire wild boar; fig. chercher la petite ~ split hairs; fig. ma ~ noire my pet aversion; **2.** adj. stupid, silly; **bêtifier** [beti'fje] (1o) v/i. play the fool; talk stupidly; **bêtise** [~'tiːz] f stupidity; blunder; nonsense; mere trifle.

béton △ [be'tɔ̃] m concrete; fig. du ~ absolutely fine or reliable; **bétonnière** [~tɔ'njɛːr] f cement mixer.

bette 🌿 [bɛt] f beet; **betterave** 🌿 [bɛ'traːv] f beet(root); (a. ~ sucrière) sugar-beet; ~ *fourragère* mangel-wurzel.

beuglant sl. [bø'glɑ̃] m cheap café-concert; **beuglement** [~glə'mɑ̃] m lowing, mooing; **beugler** [~'gle] (1a) v/i. low; moo.

beurre [bœːr] m butter; *au ~ noir* with browned butter sauce; *il c'est du ~* is child's play; *faire son ~* feather one's nest; F *un œil au ~ noir* a black eye; **beurré** [bœ're] m butter-pear; **beurrée** [~'re] f slice of bread and butter; **beurrer** [~'re] (1a) v/t. butter; **beurrier, -ère** [~'rje, ~'rjɛːr] **1.** su./m butter-dish; **2.** adj. butter-producing.

beuverie [bø'vri] f drinking bout.

bévue [be'vy] f blunder, slip; *commettre une ~* drop a brick.

bezef sl. [be'zɛf] adv.: *pas ~* not much.

bi... [bi] bi..., di...

biais, e [bjɛ, bjɛ:z] **1.** adj. skew, oblique; **2.** su./m △ etc. skew; slant; slanting; fig. expedient; *de (or en) ~* on the cross, on the slant; *regarder de ~* look askance at; **biaiser** [bjɛ'ze] (1b) v/i. (be on the) slant; skew; fig. use evasions.

bibelot [bi'blo] m knick-knack, trinket.

biberon [bi'brɔ̃] m baby: feeding (*Am.* nursing) bottle; *invalid:* feeding-cup; F tippler; **biberonner** F [~brɔ'ne] (1a) v/i. tipple.

bibi sl. [bi'bi] m I, me, myself; F (woman's) hat.

Bible [bibl] f Bible.

biblio... [biblio] biblio...; **~graphie** [~graˈfi] f bibliography; **~manie** [~maˈni] f bibliomania; book collecting; **~phile** [~ˈfil] m bibliophile, book-lover; **~thécaire** [~teˈkɛːr] m librarian; **~thèque** [~ˈtɛk] f library; bookcase; **~ de prêt** lending library; fig. **~ vivante** walking encyclop(a)edia.

biblique [biˈblik] Biblical.

bicarbonate 🜋 [bikarboˈnat] m bicarbonate; **~ de soude** bicarbonate of soda, baking soda.

bicentenaire [bisɑ̃tˈnɛːr] m bicentenary, Am. bicentennial.

biceps anat. [biˈsɛps] m, a. adj. biceps.

biche zo. [biʃ] f hind, doe; ma **~** my darling.

bicher sl. [biˈʃe] (1a) v/i.: ça biche? how goes it?; things alright with you?

bichette zo. [biˈʃɛt] f young hind.

bichon m, **-onne** f [biˈʃɔ̃, ~ˈʃɔn] lapdog; **bichonner** [~ʃɔˈne] (1a) v/t. spruce (s.o.) up; titivate.

bichromie [bikroˈmi] f two-colo(u)r printing.

bicolore [bikoˈlɔːr] two-colo(u)r; of two colo(u)rs.

bicoque [biˈkɔk] f shanty, F dump.

bicorne [biˈkɔrn] 1. adj. two-pointed; 2. su./m cocked hat.

bicyclette [bisiˈklɛt] f (bi)cycle.

bidasse sl. [biˈdas] m (simple) soldier.

bide sl. [bid] m belly; flop, washout; lies pl., rubbish, nonsense.

bidet [biˈdɛ] m nag; ⊕ trestle; hygiene: bidet.

bidoche sl. [biˈdɔʃ] f meat.

bidon [biˈdɔ̃] 1. m tin, can, drum; ✗ canteen, water-bottle; sl. belly; sl. rubbish, pack of lies; c'est pas du ~ that's the honest truth; 2. adj. sl. fake, mock, sham, phoney.

bidonner sl. [bidoˈne] (1a) vt/i. swig; v/t.: se **~** split one's sides.

bidonville [bidɔ̃ˈvil] m shanty-town.

bidule F [biˈdyl] m thing(umabob).

bief [bjɛf] m canal reach; mill-race.

bielle ⊕ [bjɛl] f connecting rod.

bien [bjɛ̃] 1. adv. usu. well; right(ly), porper(ly); quite, rather; really, indeed; adjectivally: good, nice, fine, all right; **~ de la peine** much trouble; **~ des gens** many people; **~ que** (sbj.) (al)though; aller **~** be well; eh **~!**

well!; être **~** a. be on good terms (with s.o., avec q.); se porter **~** be in good health; tant **~** que mal so so; c'est **~** de lui! that's just like him!; 2. su./m good; welfare; possession, property, wealth, estate; goods pl.; **~ public** public or common weal; **† ~s** pl. de consommation consumer goods; **~-aimé, e** [~nɛˈme] beloved; **~-dire** [~ˈdiːr] m fine words pl., eloquence; **~-être** [~ˈnɛːtr] m wellbeing, comfort; **~faisance** [~fəˈzãːs] f beneficence, charity; œuvre f ou société f ou association f de **~** charitable organization, charity; **~faisant, e** [~fəˈzã, ~ˈzãːt] beneficent, charitable; salutary, beneficial; **~fait** [~ˈfɛ] m benefit; service; fig. blessing; **~faiteur, -trice** [~fɛˈtœːr, ~ˈtris] 1. su./m benefactor; su./f benefactress; 2. adj. beneficent; **~fondé** [~fɔ̃ˈde] m merits pl. (of claim etc.); **~fonds**, pl. **~s-fonds** [~ˈfɔ̃] m real estate; landed property; **~heureux, -euse** [~nœˈrø, ~ˈrøːz] blissful, happy; blessed; **~-jugé** 🏛 [~ʒyˈʒe] m proper decision.

biennal, e, m/pl. **-aux** [bieˈnal, ~ˈno] biennial.

bien-pensant, e [bjɛ̃pãˈsã, ~ˈsãːt] adj., a. su. right-thinking (person).

bienséance [bjɛ̃seˈãːs] f propriety, decorum; **bienséant, e** [~ˈã, ~ˈãːt] seemly, decent.

bientôt [bjɛ̃ˈto] adv. soon, before long; à **~!** so long!

bienveillance [bjɛ̃vɛˈjãːs] f kindness; goodwill; benevolence; **bienveillant, e** [~ˈjã, ~ˈjãːt] kind(ly), benevolent.

bienvenu, e [bjɛ̃vəˈny] 1. adj. welcome (to, à); 2. su. welcome person; soyez le **~!** welcome!; su./f welcome; souhaiter la **~** à q. welcome s.o.

bière¹ [bjɛːr] f beer; **~ blonde** pale or light ale; **~ brune** brown ale.

bière² [~] f coffin.

biffer [biˈfe] (1a) v/t. cross out (a word); 🏛 strike out; **~ les indications inutiles** strike out what does not apply.

bifteck [bifˈtɛk] m beefsteak; **~ de porc** pork steak.

bifurcation [bifyrkaˈsjɔ̃] f road etc.: fork; 🚍 junction; **bifurquer** [~ˈke] (1m) v/i. a. se **~** fork, divide; 🚍 branch off; 🗲 shunt (current).

bigame [biˈgam] 1. adj. bigamous; 2.

su. bigamist; **bigamie** [~ga'mi] *f* bigamy.

bigarré, e [biga're] variegated; **bigarrer** [~'re] (1a) *v/t.* variegate, mottle; **bigarrure** [~'ry:r] *f* motley, variegation.

bigle [bigl] **1.** *adj.* squint-eyed; **2.** *su.* squint-eyed person.

bigleux, -euse F [bi'glø, ~'glø:z] shortsighted.

bigophone [bigo'fɔn] *m* phone.

bigorne [bi'gɔrn] *f* two-beaked anvil; *anvil:* beak; **bigorner** *sl.* [~gɔr'ne] (1a) *v/t.* smash up; se ~ fight.

bigot¹ ✝ *m* mattock.

bigot², e [bi'go, ~'gɔt] *adj.* (*a. su.*) sanctimonious (person); **bigoterie** [~gɔ'tri] *f* sanctimoniousness, (religious) bigotry.

bigoudi [bigu'di] *m* (hair) curler.

bigre *sl.* [bigr] *int.* by Jove!, bosh!; **bigrement** *sl.* [~ə'mã] *adv.* jolly (well), darn (well).

bijou, *pl.* **-x** [bi'ʒu] *m* jewel, gem; **bijouterie** [biʒu'tri] *f* jewellery, *Am.* jewelry; jeweller's shop; **bijoutier** *m*, **-ère** *f* [~'tje, ~'tjɛ:r] jeweller.

bikini [biki'ni] *m* bikini.

bilan [bi'lã] *m* ✝ balance sheet; *fig.* outcome; *fig.* consequences *pl.*; *fig.* toll; ✝ déposer son ~ file a petition in bankruptcy; *fig.* faire le ~ (de) take stock (of).

bilatéral, e, *m/pl.* **-aux** [bilate'ral, ~'ro] bilateral, two-sided.

bilboquet [bilbɔ'kɛ] *m* toy: cup-and-ball; *toy:* tumbler; *typ.* jobwork.

bile [bil] bile, gall; **biler** *sl.* [bi'le] (1a) *v/t.*: ne te bile pas! don't worry!; take it easy!; se ~ get worked up; **bilieux, -euse** [~'ljø, ~'ljø:z] bilious; *fig.* testy, morose.

bilingue [bi'lɛ̃:g] bilingual.

billard [bi'ja:r] *m* (game of) billards *pl.*; billiard table; billiard room; F operating table; **bille** [bi:j] *f* (*billiard etc.*) ball; marble; billet, block; *sl.* mug (= *face*); *sl.* nut (= *head*); *stylo* *m à ~* ball-point pen.

billet [bi'jɛ] *m* note, letter; notice; circular; ticket (*a.* 🎭, *thea.*); ✝ bill; ~ à ordre ✝ promissory note; ⚓ single bill; ~ blanc *lottery:* blank; ~ circulaire tourist ticket; ~ circular note; ~ de banque bank-note, *Am. a.* bill; ~ de faire part intimation, notice (*of death, wedding, etc.*);

~ de faveur complimentary ticket; ~ doux love-letter.

billevesée [bilvə'ze] *f* crazy notion.

billion [bi'ljɔ̃] *m* one million millions, billion; *Am.* one thousand billions, trillion.

billon [bi'jɔ̃] *m* alloy; copper *or* nickel coinage; base coinage; ✓ ridge of earth; **billot** ✓ [bi'jo] *m* block; *tethering:* clog; wheel drag.

bimbeloterie [bɛ̃blɔ'tri] *f* toys *pl.*, knick-knacks *pl.*; (cheap) toy trade.

bimensuel, -elle [bimã'sɥɛl] fortnightly.

bimoteur [bimɔ'tœ:r] *adj./m* twin-engined.

binaire [bi'nɛ:r] binary.

binard [bi'na:r] *m* (stone-)lorry, dray.

biner [bi'ne] (1a) *v/t.* ✓ hoe; dig *etc.* for a second time; *v/i. eccl.* celebrate two masses in one day; **binette** ✓ [~'nɛt] *f* hoe; *sl.* face, dial, mug.

biniou [bi'nju] *m* Breton pipes *pl.*; *sl.* horn, wind instrument.

binocle [bi'nɔkl] *m* eye-glasses *pl.*; pince-nez; lorgnette.

binôme ⚕ [bi'no:m] *adj.*, *a. su./m* binomial.

biochimie ⚗ [biɔʃi'mi] *f* biochemistry.

biographe [biɔ'graf] *m* biographer; **biographie** [~gra'fi] *f* biography.

biophysique [biɔfi'zik] *f* biophysics *sg.*

biosphère [biɔ'sfɛ:r] *f* biosphere.

biotope [biɔ'tɔp] *m* biotope.

bipartisme *pol.* [bipar'tism] *m* coalition government.   [seater.)

biplace [bi'plas] *adj.*, *a. su.* two-)

biplan ✈ [bi'plã] *m* biplane.

bipolaire ⚡ [bipɔ'lɛ:r] *adj./m* bipolar.

bique [bik] *f* F nanny-goat; *sl.* old hag; *sl.* nag; **biquet** *m*, **-ette** *f* F [bi'kɛ, ~'kɛt] kid.

biréacteur ✈ [bireak'tœ:r] **1.** *adj./m* twin-jet; **2.** *su./m* twin-jet plane.

bis¹, bise [bi, bi:z] greyish-brown; à ~ ou à blanc anyhow; *pain m* ~ brown bread.

bis² [bis] **1.** *adv.* twice; again; encore!; *no.* 9 ~ 9A (*house etc.*); **2.** *su./m* encore.

bisaïeul [biza'jœl] *m* great-grandfather; **bisaïeule** [~] *f* great-grandmother.

bisannuel, -elle [biza'nɥɛl] biennial.

bisbille

bisbille F [bis'bi:j] *f* bickering; *en* ~ at loggerheads (with, *avec*).

biscornu, e F [biskɔr'ny] mis-shapen; distorted; illogical; queer (*idea*).

biscotin [biskɔ'tɛ̃] *m* crisp biscuit; ship's biscuit; **biscotte** [~'kɔt] *f* rusk; **biscuit** [~'kɥi] *m* biscuit, *Am. a.* zwieback; plain cake; ✝ *ceramics:* biscuit, bisque; *à la cuiller* sponge-finger, *Am.* lady-finger; ~ *de mer* ship's biscuit.

bise[1] [bi:z] *f* north wind; *poet.* winter.

bise[2] F [~] *f* (little) kiss; *faire une* ~ *à q.* give s.o. a (little) kiss.

biseau ⊕ [bi'zo] *m* chamfer, bevel; *en* ~ chamfered, bevelled; **biseauter** [~zo'te] (1a) *v/t.* ⊕ chamfer, bevel; bezel (*gems*); *fig.* mark (*cards*).

biser[1] [bi'ze] (1a) *v/t.* re-dye.

biser[2] ✓ [~] (1a) *v/i.* darken.

biser[3] F [~] (1a) *v/t.* kiss.

bismuth ⚗ [bis'myt] *m* bismuth.

bison *zo.* [bi'zɔ̃] *m* bison.

bisque [bisk] *f cuis.* shellfish soup; **bisquer** F [bis'ke] (1m) *v/i.:* *faire* ~ *q.* rile s.o.

bissac [bi'sak] *m* double wallet.

bissecteur, -trice ⅄ [bisɛk'tœːr, ~'tris] bisecting; **bissection** ⅄ [~'sjɔ̃] *f* bisection.

bisser [bi'se] (1a) *v/t.* encore (*a singer, a song*); repeat; **bissextile** [bisɛks'til] *adj./f:* *année f* ~ leap year; **bissexuel, -elle** ⚢ [~sɛk'sɥɛl] bisexual.

bistourner [bistur'ne] (1a) *v/t.* wrench.

bistre [bistr] **1.** *su./m* bistre; **2.** *adj./inv.* blackish-brown, swarthy.

bistrot [bis'tro] *m* pub, café; pub- *or* café-owner.

bitume [bi'tym] *m* bitumen; **bitumer** [~ty'me] (1a) *v/t.* tar; asphalt.

biture *sl.* [bi'tyːr] *f:* *prendre une* ~ get drunk.

bivouac ⚔ [bi'vwak] *m* bivouac.

bizarre [bi'zaːr] odd, curious, strange, peculiar; **bizarrerie** [~zar'ri] *f* oddness, peculiarity; whimsicality.

bizut(h) *sl.* [bi'zy] *m* first-year student; beginner.

bla-bla F [bla'bla] *m/inv.* bunkum, *Am.* blah.

blackbouler [blakbu'le] (1a) *v/t.* blackball, turn down.

blafard, e [bla'faːr, ~'fard] wan, pale.

blague [blag] *f* F joke; trick, practical joke; F stupid mistake, blunder; F stupid thing, nonsense; (~ *à tabac*) tobacco pouch; ~ *à part* joking apart; F *sans* ~? you don't say!; really?; **blaguer** F [bla'ge] (1m) *v/i.* joke; *tu blagues!* impossible!; *v/t.* make fun of, F kid.

blair *sl.* [blɛːr] *m* nose.

blaireau [blɛ'ro] *m* zo. badger; shaving-brush; *paint.* brush.

blairer *sl.* [blɛ're] (1a) *v/t.:* *je ne peux pas le* ~ I can't stand him.

blâmable [blɑ'mabl] blameworthy; **blâme** [blɑːm] *m* blame; *admin.* reprimand; **blâmer** [blɑ'me] (1a) *v/t.* blame; censure; reprimand.

blanc, blanche [blɑ̃, blɑ̃ːʃ] **1.** *adj.* white; clean, pure; blank (*paper, cartridge*); pale (*ale*); *armes f/pl. blanches* side-arms; F *carte f blanche* free hand; *nuit f blanche* sleepless night; *se battre à l'arme blanche* fight with cold steel; **2.** *su.* white; white person; *su./m* blank; white wine; (*egg*) white; white meat; *chauffer à* ~ make white-hot; *fig.* work (*s.o.*) up, excite (*s.o.*); *saigner à* ~ bleed white; *tirer à* ~ fire blanks; (*signer un*) *chèque en* ~ (sign a) blank cheque; ~-**bec**, *pl.* ~**s-becs** F [blɑ̃'bɛk] *m* callow youth, *Am.* sucker, greenhorn; **blanchâtre** [blɑ̃'ʃɑːtr] whitish; **blanche** ♪ [blɑ̃ːʃ] *f* minim, *Am.* half note; **blancheur** [blɑ̃'ʃœːr] *f* whiteness; paleness; purity; **blanchir** [~'ʃiːr] (2a) *v/t.* whiten; bleach; clean; wash, launder; *v/i.* turn white; blanch; fade; **blanchissage** [~ʃi'saːʒ] *m* washing; laundering; **blanchisserie** [~ʃis'ri] *f* laundering; laundry; **blanchisseur** [~ʃi'sœːr] *m* laundryman; ⊕ bleacher; **blanchisseuse** [~ʃi'søːz] *f* laundress; washerwoman; **blancseing**, *pl.* **blancs-seings** [blɑ̃'sɛ̃] *m* blank signature; *fig.* full power(*s pl.*).

blaser [blɑ'ze] (1a) *v/t.* blunt (*the palate*); surfeit; *se* ~ become indifferent (to *de, sur*).

blason [blɑ'zɔ̃] *m* coat-of-arms; blazon; heraldry; **blasonner** [~zɔ'ne] (1a) *v/t.* blazon.

blasphémateur, -trice [blasfema-'tœːr, ~'tris] **1.** *su.* blasphemer; **2.** *adj.* blasphemous; **blasphème** [~'fɛm] *m* blasphemy; **blasphémer** [~fe'me] (1f) *vt/i.* blaspheme.

blatte [blat] f cockroach, blackbeetle.

blé [ble] m corn; wheat; ~ de Turquie maize, Am. (Indian) corn; ~ noir buckwheat.

blême [blɛːm] wan, pale; ghastly, livid; **blêmir** [blɛˈmiːr] (2a) v/i. blanch; grow pale.

blennorragie ♂ [blɛnɔraˈʒi] f gonorrh(o)ea.

blèse [blɛːz] lisping; être ~ = **bléser** [bleˈze] (1f) v/i. lisp.

blessant, e [blɛˈsɑ̃, ~ˈsɑ̃ːt] offensive (remark); **blesser** [~ˈse] (1a) v/t. wound; hurt; offend; se ~ take offence; **blessure** [~ˈsyːr] f wound, injury.

blet, blette [blɛ, blɛt] over-ripe.

bleu, bleue, m/pl. **bleus** [blø] **1.** adj. blue; cuis. underdone; une colère f bleue a towering rage; une peur f bleue a blue funk; zone f bleue zone of parking restrictions in the centre of a town; **2.** su./m blue; ⊕ blue print; ♂ bruise; ✗ F greenhorn; ✗ F recruit; ~s pl. overalls; ~ de Prusse Prussian blue; ~ d'outremer ultramarine; **bleuâtre** [bløˈɑːtr] bluish; **bleuir** [~ˈiːr] (2a) v/t. make blue; v/i. become blue.

blindage [blɛ̃ˈdaːʒ] m ✗, ♣ armo(u)r plating; ✗ timbering; ✗ screening; **blindé, e** [~ˈde] **1.** adj. armo(u)red; bullet-proof; F fig. hardened, immune (to, contre), thick-skinned; sl. drunk; **2.** su./m armo(u)red car; **blinder** [~ˈde] (1a) v/t. ✗, ♣ armo(u)r-plate; ⊕ shore up, timber; F fig. harden, make immune or indifferent (to, contre).

bloc [blɔk] m block; (memo) pad; mass; pol. bloc; ⊕ unit; sl. prison, clink; à ~ tight, hard, right home; en ~ in one piece; in the lump; wholesale; **blocage** [blɔˈkaːʒ] m blocking (a. ✗); ♣ rubble; ♣ cement-block foundation; ⊕ jamming, stopping; ~ des prix freezing of prices; ~ des salaires pay freeze; **bloc-cylindres**, pl. **blocs-cylindres** mot. [blɔksiˈlɛ̃ːdr] m cylinder-block.

blockhaus [blɔˈkoːs] m/inv. ✗ blockhouse; ♣ conning-tower.

bloc-notes, pl. **blocs-notes** [blɔkˈnɔt] m (memo) pad, writing pad.

blocus [blɔˈkys] m blockade; hist. ~ continental continental system; faire le ~ de blockade; forcer le ~ run the blockade.

blond, blonde [blɔ̃, blɔ̃ːd] **1.** adj. blond, fair; pale (ale); **2.** su./m blond; su./f blonde.

blondin, e [blɔ̃ˈdɛ̃, ~ˈdin] **1.** adj. fair-haired; **2.** su. fair-haired person.

bloquer [blɔˈke] (1m) v/t. block (up); besiege; blockade; ✝ stop (a cheque); ⊕ lock; ⊕ jam on (the brake); ✇ close (a section); ✝ freeze (wages, prices); F lock up; se ~ get jammed.

blottir [blɔˈtiːr] (2a) v/t.: se ~ crouch, squat; nestle.

blouse [bluːz] f blouse; smock; overall; billiards: pocket; **blouser** [bluˈze] (1a) v/t. pocket (the ball at billiards); F deceive; **blouson** [~ˈzɔ̃] m lumber-jacket; Am. windbreaker.

bluet ✿ [blyˈe] m cornflower.

bluette [blyˈɛt] f trivial story.

bluff F [blœf] m bluff; **bluffer** F [blœˈfe] (1a) v/t. bluff (s.o.); v/i. pull a fast one, try it on.

blutage [blyˈtaːʒ] m bolting, sifting; **bluter** [~ˈte] (1a) v/t. bolt, sift (flour etc.); **blutoir** [~ˈtwaːr] m bolting-machine; sieve.

boa zo., cost. [bɔˈa] m boa.

bobard sl. [bɔˈbaːr] m tall story; lie, fib.

bobèche [bɔˈbɛʃ] f candlestick: sconce; sl. nut, head.

bobinage ✗, ⊕ [bɔbiˈnaːʒ] m winding; **bobine** [~ˈbin] f bobbin, reel, spool; roll; ✗ coil; ⊕ drum; sl. dial, face; **bobiner** [bobiˈne] (1a) v/t. wind, spool; **bobineuse** [~ˈnøːz] f winding-machine.

bobo F [bɔˈbo] m hurt; sore; ch.sp. bump.

bocage [bɔˈkaːʒ] m grove, copse.

bocal [bɔˈkal] m jar, bottle (with wide mouth and short neck); globe, fish-bowl; chemist: show-bottle.

bocard metall. [bɔˈkaːr] m ore-crusher; **bocarder** [~karˈde] (1a) v/t. crush (ore).

bock [bɔk] m glass of beer.

bœuf [bœf, m/pl. bø] **1.** su./m ox; beef; boiled beef; ~ à la mode stewed beef; ~ conservé corned beef; **2.** adj. sl. colossal, fine, Am. bully.

boggie ✇ [bɔˈʒi] m bogie, Am. truck.

bohème [bɔˈɛm] adj., a. su. Bohemian; **bohémien, -enne** geog. [~eˈmjɛ̃, ~ˈmjɛn] adj., a. su. ♀ Bohemian; gypsy.

boire [bwa:r] (4b) **1.** v/t. drink; soak up, imbibe; fig. pocket (an insult); fig. drink in (s.o.'s words); ~ un coup have a drink; ~ une goutte take a sip; have a nip; v/i. drink; be a drunkard; ~ comme un trou drink like a fish; **2.** su./m drink(ing).

bois [bwa] m wood; timber; forest; rifle: stock; ~ pl. stag: horns, antlers; ~ contre-plaqué plywood; ~ de construction (or d'œuvre) timber; ~ de lit bedstead; ♪ les ~ pl. the woodwind sg.; touchez du ~ touch wood!; **boisage** ~ etc. [bwa'za:3] m timbering; frame(work); saplings pl.; **boisé, e** [~'ze] (well-)wooded; wainscoted (room); **boisement** [bwaz'mɑ̃] m afforestation; **boiser** [bwa'ze] (1a) v/t. wood; afforest; ⚒ timber, prop; **boiserie** [bwaz'ri] f △ panelling; wainscoting; woodwork.

boisseau [bwa'so] m measure: 13 litres (approx. 1 peck); ⊕ faucet-pipe; △ drain-tile; **boisselier** [~sə-'lje] m bushel-maker; cooper.

boisson [bwa'sɔ̃] m drink; pris de ~ drunk, intoxicated.

boîte [bwat] f box (a. ⊕); tin, Am. can; ⊕ case; F place, room; F joint, dump; F company, firm; F école; sl. prison; mot. ~ à gants glove compartment; ~ à ordures litterbin, Am. litterbag; ~ à outils tool-box; ~ aux lettres letter-box, Am. mail-box; ~ de conserves tin, Am. can; F ~ de nuit night-club; ~ de vitesses gearbox, Am. transmission; ~ postale post-office box; en ~ tinned, Am. canned; F fig. mettre q. en ~ pull s.o.'s leg.

boiter [bwa'te] (1a) v/i. limp; **boiteux, -euse** [~'tø, ~'tø:z] lame; rickety (table etc.).

boîtier [bwa'tje] m box-maker; watch-case maker; torch, watch, etc.: case.

boivent [bwa:v] 3rd p. pl. pres. of boire 1.

bol¹ [bɔl] m ⚒ bole; ⚕ bolus.

bol² [~] m bowl; sl. (good) luck; sl. avoir du ~ be lucky; F prendre un ~ d'air get some fresh air; sl. en avoir ras le ~ be fed up with it.

bolchevisme [bɔlʃə'vism] m Bolshevism; **bolcheviste** [~'vist] adj., a. su. Bolshevist. [car.]

bolide [bɔ'lid] m bolide; mot. racing-]

bombance F [bɔ̃'bɑ̃:s] f feast(ing); junket(ing); carouse.

bombardement [bɔ̃bardə'mɑ̃] m shelling; bombing; bombardment (a. phys.); **bombarder** [~'de] (1a) v/t. shell; bombard; pelt (with, de) (stones, a. fig. questions); F on l'a bombardé ministre he has been pitchforked into a Ministry; **bombardier** [~'dje] m bomber.

bombe [bɔ̃:b] f ⚔ bomb; (aerosol) spray; F feast; ~ à hydrogène H-bomb; ~ à retardement time-bomb; ~ nucléaire nuclear bomb; en ~ like a rocket; faire la ~ go on a spree; **bomber** [bɔ̃'be] (1a) v/t. cause to bulge; curve, arch; camber (a road); ~ la poitrine stick out one's chest; ~ le torse throw out one's chest, fig. a. swagger; v/i. a. se ~ bulge; swell out.

bon, bonne [bɔ̃, bɔn] **1.** adj. usu. good; nice, kind; proper, right; fit (for, à), apt; benevolent, charitable; dutiful (son); ✝ sound (firm); witty; typ. stet; ~ à manger eatable; ~ marché cheap(ly); ~ mot witticism; à quoi ~? what's the use?; à son ~ plaisir at his own convenience; at his discretion; de bonne famille of good family; de bonne foi truthful, honest; de bonne heure early; prendre qch. en bonne part take s.th. in good part; pour de ~, tout de ~ in earnest; really; for good; **2.** bon adv. nice; good; il fait ~ it's nice and warm (weather); il fait ~ (faire qch.) it's nice (to do s.th.); il ne fait pas ~ (faire qch.) it's not advisable (to do s.th.); tenir ~ stand fast or firm, hold out; **3.** su./m voucher; ticket, coupon; ✝ bond, draft; I.O.U., note of hand; ~ de caisse cash voucher; ~ de poste post: postal order; ~ du Trésor Treasury bond.

bonace [bɔ'nas] f lull (before storm).

bon(-)à(-)rien, pl. **bons(-)à(-)rien** [bɔ̃a'rjɛ̃] m good-for-nothing.

bonasse [~] good-hearted; simple-minded.

bonbon [bɔ̃'bɔ̃] m sweet, Am. candy.

bonbonne [bɔ̃'bɔn] f carboy.

bonbonnière [bɔ̃bɔ'njɛ:r] f sweet (-meat)box; fig. snug little dwelling.

bond [bɔ̃] m jump; bound; leap; fig. ~ en avant breakthrough; fig. faire faux ~ à leave in the lurch, let down.

bonde [bɔ̃:d] f ⊕ plug; barrel: bung; bung-hole; sluice-gate; **bondé**

[bɔ̃'de] packed, crammed, chock-full.

bondir [bɔ̃'diːr] (2a) v/i. bound; jump; bounce; caper; **bondissement** [~dis'mã] m bounding, leaping; frisking.

bondon ⊕ [bɔ̃'dɔ̃] m bung, plug.

bonheur [bɔ'nœːr] m happiness; bliss; good luck; success; par ~ luckily; porter ~ bring good luck.

bonhomie [bɔnɔ'mi] f simple good-heartedness; simplicity; avec ~ good-naturedly; **bonhomme**, pl. **bonshommes** [bɔ'nɔm, bɔ̃'zɔm] **1.** su./m fellow, chap; ~ de neige snowman; **2.** adj. inv. good-humo(u)red.

boni ✝ [bɔ'ni] m surplus; profit; **bonification** [bɔnifika'sjɔ̃] f improvement, amelioration; ✝ allowance, bonus; insurance: ~ pour non sinistre no claims bonus; **bonifier** [bɔni'fje] (1o) v/t. improve; ✝ make good; ✝ allow a discount to; ✝ credit (s.th.); **boniment** [~'mã] m advertizing: puff; pej. claptrap; humbug.

bonjour [bɔ̃'ʒuːr] m good morning; good afternoon.

bonne [bɔn] f maid; servant; waitress; ~ à tout faire maid of all work, F general; ~ d'enfants nursery-maid; **~-maman**, pl. **~s-mamans** ch.sp. [bɔnma'mã] f grandma, granny.

bonnement [bɔn'mã] adv.: tout ~ simply, plainly.

bonnet [bɔ'nɛ] m cap; brassière: cup; F avoir la tête près du ~ be quick-tempered or hot-headed; F gros ~ bigwig, Am. big shot; **bonneterie** [bɔn'tri] f hosiery; **bonnetier** m, **-ère** f [~'tje, ~'tjɛːr] hosier; **bonnette** [bɔ'nɛt] f child's bonnet; phot. supplementary lens.

bon-papa, pl. **bons-papas** ch.sp. [bɔ̃pa'pa] m gran(d)dad, grandpa.

bonsoir [bɔ̃'swaːr] m good evening; good night.

bonté [bɔ̃'te] f goodness, kindness; ayez la ~ de (inf.) be so kind as to (inf.).

bonze [bɔ̃ːz] m bonze (Buddhist priest); F bigwig, big shot; sl. vieux ~ old dodderer.

borax ⚗ [bɔ'raks] m borax.

bord [bɔːr] m edge, border; side; seaside, shore; river: bank; tack; hat: brim; ✈ ~ d'attaque leading edge; ✈ ~ de fuite trailing edge; ⚓ à ~ on board; **bordage** [bɔr'da:ʒ] m

hem(ming), border(ing); ⊕ flanging, ⚓ planking, sheathing; **bordé** [~'de] m edging, border; ⚓ planking; ⚓ plating; **bordée** ⚓ [~'de] f broadside; tack; watch; fig. une ~ d'injures a volley of abuse; courir une ~ ⚓ make a tack, fig. go on the spree.

bordel [bɔr'dɛl] m brothel.

bordelais, **e** [bɔrdə'lɛ, ~'lɛːz] of Bordeaux.

border [bɔr'de] (1a) v/t. hem, border (a dress); ⊕ flange; ⚓ ~ la côte keep close to the shore, hug the shore; ~ un lit tuck in the bed-clothes.

bordereau ✝ [bɔrdə'ro] m memorandum; statement; invoice; dispatch note; note, slip; list.

bordure [bɔr'dyːr] f border(ing); frame; edge; rim; kerb, Am. curb.

bore ⚗ [bɔːr] m boron.

boréal, **e**, m/pl. **-als** or **-aux** [bɔre'al, ~'o] north(ern).

borgne [bɔrɲ] **1.** adj. one-eyed, blind in one eye; fig. disreputable, shady; **2.** su. one-eyed person.

borique ⚗ [bɔ'rik] boric.

borne [bɔrn] f boundary; limit; boundary-stone; landmark; ⚓ bollard; ∮ terminal; ~ kilométrique (approx.) milestone; **borné**, **e** [bɔr'ne] limited; narrow, restricted; **borner** [~'ne] (1a) v/t. set limits to; limit; mark the boundary of; se ~ à content o.s. with, restrict o.s. to; **bornoyer** [~nwa'je] (1h) v/t. squint along (an edge); surv. stake off.

boscot, **-otte** ✝ [bɔs'ko, ~'kɔt] **1.** adj. hunchbacked; **2.** su. hunchback.

bosquet [bɔs'kɛ] m grove, thicket.

bosse [bɔs] f hump; bump; knob; dent; fig. avoir la ~ de have a gift for; en ~ in relief; **bosseler** [~'le] (1c) v/t. ⊕ emboss; fig. batter; **bosser** sl. [bɔ'se] (1a) v/t. work hard, sl. peg away; **bossoir** ⚓ [~'swaːr] m bow; davit (an edge); **bossu**, **e** [bɔ'sy] **1.** adj. hunchbacked; **2.** su. hunchback; **bossuer** [~'sɥe] (1n) v/t. dent, batter.

bot, **bote** [bo, bɔt] adj.: pied m ~ club-foot.

botanique [bɔta'nik] **1.** adj. botanical; **2.** su./f botany.

botte[1] [bɔt] f high boot; fig. heel; ~s pl. à l'écuyère riding boots; ~s pl. imperméables waders; fig. à propos de ~s without rhyme or reason.

botte[2] [bɔt] f bunch; bundle, bale;

wire: coil; **bottelage** [bɔ'tla:ʒ] *m* trussing; **botteler** [ˌ~'tle] (1c) *v/t.* bundle; bunch; tie up.

botter [bɔ'te] (1a) *v/t.* put boots on, supply (*s.o.*) with boots *or* shoes; *sp.*, *a.* F kick; *le Chat botté* Puss-in-Boots; *sl.* ça me botte I like that; o.k.!

bottine [bɔ'tin] *f* (half-)boot; Wellington boot.

botulisme [bɔty'lism] *m* botulism.

bouc [buk] *m* he-goat; *beard*: goatee; ~ *émissaire* scapegoat, *Am.* fall guy.

boucan F [bu'kɑ̃] *m* shindy, hulla-baloo.

boucaner [buka'ne] (1a) *v/t.* cure (*by smoke*); F sun-burn; *v/i.* hunt wild animals; be cured *or* smoke-dried; *sl.* kick up a row; **boucanier** F [ˌ~'nje] *m* buccaneer.

bouche [buʃ] *f* mouth; opening; ⊕ nozzle; ⚔ *canon*: muzzle; ⚔ ~ à feu piece of artillery; ~ d'eau hydrant; ⛲ water-crane; ~ de chaleur hot-air vent; ~ d'incendie fire-hydrant, *Am.* fire-plug; ~ de métro underground (*Am.* subway) entrance; *sl.* ta ~! shut up!; **bouche-à-bouche** [buʃa'buʃ] *m/inv.* mouth-to-mouth artificial respiration, kiss of life.

bouché, e [bu'ʃe] blocked; choked; F stupid, dense; F ~ à l'émeri absolutely blockheaded.

bouchée [ˌ~] *f* mouthful; *cuis.* patty.

boucher[1] [bu'ʃe] (1a) *v/t.* stop (up); shut up; cork (*a bottle*).

boucher[2] [bu'ʃe] *m* butcher; **bou-chère** [ˌ~'ʃɛ:r] *f* butcher's wife; **bou-cherie** [buʃ'ri] *f* butcher's shop; butcher's trade; slaughter (*a. fig.*).

bouche-trou [buʃ'tru] *m* stop-gap, substitute; **bouchon** [bu'ʃɔ̃] *m* cork, stopper, plug (*a.* ⚡); *cask*: bung; *fishing*: float; F † pub; *mot.* (*a. ~ de circulation*) traffic jam; ~ de paille wisp of straw; **bouchonner** [buʃɔ'ne] (1a) *v/t.* rub down (*a horse*); † bundle up; F *fig.* coddle, cosset.

boucle [bukl] *f* buckle; ring; loop; circuit; ear-ring; *hair*: curl, lock; **boucler** [bu'kle] (1a) *v/t.* buckle; loop; curl (*one's hair*); F lock up; *v/i.* curl (*hair*).

bouclier [bu'klje] *m* shield (*a. fig.*).

bouder [bu'de] (1a) *v/i.* sulk; shirk; pass (*at dominoes*); *v/t.* be sulky with; be cool towards; **bouderie** [ˌ~'dri] *f* sulkiness; **boudeur, -euse** [ˌ~'dœ:r,

~'dø:z] 1. *adj.* sulky; 2. *su.* sulky person.

boudin [bu'dɛ̃] *m* black pudding, *Am.* blood-sausage; *tobacco*: twist; ⊕ *wheel*: flange; ~ *blanc* white pudding; ⊕ *ressort m à ~* spiral spring; **boudiner** [budi'ne] (1a) *v/t.* ⊕ coil; F be too tight for (*s.o.*) (*garment*); F se ~ dans squeeze o.s. into (*a garment*).

boudoir [bu'dwa:r] *m* boudoir, lady's private room. [ment.]

boue [bu] *f* mud; dirt; slush; sedi-⎰

bouée ⚓ [bu'e] *f* buoy.

boueur [bu'œ:r] *m* scavenger; dust-man, *Am.* garbage-collector; street cleaner; **boueux, -euse** [bu'ø, ~'ø:z] muddy; dirty.

bouffe[1] [buf] *m* comic.

bouffe[2] *sl.* [ˌ~] *f* food, F grub.

bouffée [bu'fe] *f* puff, whiff; ⚕ attack; ⚕ ~ de chaleur hot flush; **bouffer** [ˌ~] (1a) *vt/i.* puff out; *v/t.* F eat (greedily); blue (*money*).

bouffi, e [bu'fi] puffed (with, de), puffy, swollen; turgid (*style*); **bouf-fir** [ˌ~'fi:r] (2a) *vt/i.* swell; **bouffis-sure** [ˌ~fi'sy:r] *f* swelling; *fig.* bombast.

bouffon, -onne [bu'fɔ̃, ~'fɔn] 1. *adj.* farcical; comical; ridiculous; 2. *su./m* buffoon, clown, fool; **bouffonne-rie** [ˌ~fɔn'ri] *f* buffoonery.

bouge [bu:ʒ] *m* hovel, dump; low dive; ⊕ *cask*: bilge; *wall*: bulge; ⚓ camber.

bougeoir [buʒ'wa:r] *m* candlestick.

bouger [bu'ʒe] (1l) *v/i.* move, stir; *v/t.* F move.

bougie [bu'ʒi] *f* candle; taper; *phys.* candle-power; *mot.* (*a. ~ d'allumage*) sparking-plug, *Am.* spark plug.

bougon, -onne F [bu'gɔ̃, ~'gɔn] 1. *adj.* grumpy; 2. *su.* grumbler.

bougran *tex.* [bu'grɑ̃] *m* buckram.

bougre *sl.* [bugr] 1. *su./m* fellow, chap; ~ d'idiot! you blooming idiot!; 2. *int.* gosh!; **bougrement** *sl.* [bugrə'mɑ̃] *adv.* devilishly; very; **bougresse** *sl.* [ˌ~'grɛs] *f* jade.

boui-boui, *pl.* **bouis-bouis** F [bwi-'bwi] *m* low theatre *or* music-hall; low haunt, *Am.* dive.

bouillabaisse [buja'bɛs] *f* (*Proven-çal*) fish-soup.

bouillant, e [bu'jã, ~'jã:t] boiling (*a. fig.* with, *de*); hot; *fig.* hotheaded.

bouille *sl.* [bu:j] *f* face; head.

bouilli, e [bu'ji] 1. *p.p.* of *bouillir*; 2. *su./m* boiled beef; *su./f* gruel; pulp; **bouillir** [~'ji:r] (2e) *v/i.* boil; *faire* ~ *l'eau* boil the water; **bouilloire** [buj'wa:r] *f* kettle, *Am.* teakettle; **bouillon** [bu'jõ] *m* bubble; broth (*a. biol.*); soup; restaurant; ✝ unsold copies *pl.*; ~ *d'onze heures* poison(ed drink); *fig.* boire un ~ suffer a loss; **bouillonner** [~jɔ'ne] (1a) *v/i.* bubble; seethe (*a. fig.* with, *de*); *v/t.*: ~ *une robe* gauge a dress; **bouillotte** [~'jɔt] *f* footwarmer; hot-water bottle; *cards:* bouillotte; *sl.* head; kettle, *Am.* teakettle; **bouillotter** [~jɔ'te] (1a) *v/i.* simmer.

boulange ⸕ bu'lã:ʒ] bakery trade; **boulanger** [bulã'ʒe] 1. *su./m* baker; 2. (1l) *v/t.* make (*bread*), bake (*bread*); **boulangerie** [bulãʒ'ri] *f* bakery; baker's shop; baking.

boule [bul] *f* ball; bowl; *sl.* head; ~ *de neige* snowball; ~**s** *pl.* Quiès (*TM*) earplugs.

bouleau ⚘ [bu'lo] *m* birch; birchwood.

bouledogue [bul'dɔg] *m* bulldog.

bouler ⸕ bu'le] (1a) *v/t.* send rolling; *v/i.* roll; *envoyer* ~ send (s.o.); **boulet** [~'lɛ] *m* bullet; shot; (~ *de canon*) cannon-ball; ✝ *coal:* ovoids *pl.*; *horse:* pastern-joint; **boulette** [~'lɛt] *f* small ball; *cuis.* (~ *de viande*) meat ball; *sl.* blunder.

boulevard [bul'va:r] *m* boulevard.

bouleversement [bulvɛrsə'mã] *m* overthrow; confusion; **bouleverser** [~'se] (1a) *v/t.* upset (*a. fig.*); throw into confusion; bowl over.

boulier [bu'lje] *m* billiards: scoring board; (*a.* ~ *compteur*) abacus.

boulimie ✻ [buli'mi] *f* abnormal hunger.

boulin [bu'lɛ̃] *m* pigeon-hole; △ putlog(-hole).

bouline ⚓ [bu'lin] *f* bowline; **bouliner** ⚓ [~li'ne] (1a) *v/i.* sail close to the wind; *v/t.* haul (*a sail*) to windward.

boulingrin [bulɛ̃'grɛ̃] *m* lawn, grass-plot.

boulon ⊕ [bu'lõ] *m* bolt; pin; **boulonner** [~lɔ'ne] (1a) *v/t.* bolt (down); *v/i.* *sl.* swot.

boulot, -otte [bu'lo, ~'lɔt] 1. *adj.*

dumpy; 2. *su./m sl.* work; job; **boulotter** [~lɔ'te] (1a) *v/t.* eat; get through (*money*); *v/i.* jog along; *ça boulotte!* things are fine!

boumer *sl.* [bu'me] *v/i.*: *ça boume?* how's things?; *ça boume!* it's going fine!

bouquet [bu'kɛ] *m* bunch of flowers, nosegay; aroma; *wine:* bouquet; *c'est le* ~! that takes the cake!; **bouquetière** [buk'tjɛ:r] *f* flower-girl.

bouquetin *zo.* [buk'tɛ̃] *m* ibex.

bouquin¹ [bu'kɛ̃] *m* old he-goat.

bouquin² bu'kɛ̃] *m* old book; ✝ book; **bouquiner** [buki'ne] (1a) *v/i.* collect old books; pore over old books; ✝ read; **bouquineur** [~'nœ:r] *m* lover or collector of old books; **bouquiniste** [~'nist] *m* second-hand bookseller.

bourbe [burb] *f* mud; mire; slime; **bourbeux, -euse** [bur'bø, ~'bø:z] muddy; *zo.* mud-...; **bourbier** [~'bje] *m* mire; *fig.* mess.

bourdaine ⚘ [bur'dɛn] *f* black alder.

bourde ⸕ [burd] *f* fib; blunder.

bourdon¹ [bur'dõ] *m* pilgrim's staff.

bourdon² ♩ [bur'dõ] *m* drone (*bass*); tenor or great bell; *zo.* bumblebee; *typ.* out; *pro. faux* ~ drone; **bourdonner** [~dɔ'ne] (1a) *v/i.* hum, buzz; *fig.* murmur; *v/t.* hum (*a tune*); **bourdonneur, -euse** [~dɔ'nœ:r, ~'nø:z] 1. *adj.* humming; 2. *su./m* ✝ humming-bird.

bourg [bu:r] *m* small market-town; borough; **bourgade** [bur'gad] *f* large village; **bourgeois** [~'ʒwa, ~'ʒwa:z] 1. *adj.* middle-class; homely; *pej.* narrow-minded; bourgeois; 2. *su.* citizen; middle-class person; ⸕ Philistine; *les petits* ~ the petty bourgeoisie *sg.*; *en* ~ in plain clothes; *su./f* ⸕ *la* or *ma* ~ my wife, ⸕ the missus; **bourgeoisie** [~ʒwa'zi] *f* citizens *pl.*; freemen *pl.*; middle-class; *petite* ~ lower middle-class, small shopkeepers *pl.*, tradespeople *pl.*

bourgeon ⚘ [bur'ʒõ] *m* bud; ✻ pimple; **bourgeonner** [~ʒɔ'ne] (1a) *v/i.* ⚘ bud, shoot; ✻ break out into pimples.

bourgeron [burʒə'rõ] *m* overall; ✂ fatigue jacket; ⚓ jumper.

bourgmestre [burg'mɛstr] *m* burgomaster.

bourgogne [bur'gɔn] *m* wine: burgundy; **bourguignon, -onne** [~gi'ɲɔ̃, ~'ɲɔn] *adj., a. su.* ♀ Burgundian.

bourlinguer [burlɛ̃'ge] (1m) *v/i.* ♣ strain, make heavy weather; *fig.* knock about (*the world*).

bourrache ♀ [bu'raʃ] *f* borage.

bourrade [bu'rad] *f* blow; thrust; unkind word; *gun:* kick; **bourrage** ⊕[~'ra:ʒ] *m* packing; charging; F~ *de crâne* bluff, eyewash; *media:* brainwashing.

bourrasque [bu'rask] *f* squall; gust of wind; *fig.* gust, attack.

bourre[1] [bu:r] *f* fluff; waste; padding; stuffing; *fire-arms:* plug; ⊕~ *de soie* floss-silk.

bourre[2] *sl.* [~] *m* cop (= *policeman*).

bourré, e [bu're] packed, crammed, stuffed (*with, de*); chock-full; *sl.* plastered (= *drunk*).

bourreau [bu'ro] *m* executioner; *fig.* tormenter.

bourrée [bu're] *f* bundle of firewood.

bourreler [bur'le] (1c) *v/t.* torture (*a. fig.*); ⊕ fit draught-excluders to (*a door*); **bourrelet** [~'lɛ] *m* pad; wad; draught-excluder; bulge; fold or roll (*of flesh*); **bourrelier** [~'lje] *m* saddler; **bourrer** [bu're] (1a) *v/t.* stuff; cram; pad; ram in; *fig.* trounce.

bourriche [bu'riʃ] *f* hamper(ful).

bourricot [buri'ko] *m* (small) donkey; **bourrin** *sl.* [~'rɛ̃] *m* horse, nag; **bourrique** [~'rik] *f* she-ass; *fig.* blockhead; **bourriquet** [~ri'kɛ] *m* ass' colt; ⊕ winch.

bourru, e [bu'ry] **1.** *adj.* surly, churlish; **2.** *su./m* curmudgeon; ~ *bienfaisant* rough diamond.

bourse [burs] *f* purse (*a. fig.*); bag; *zo.* pouch; *univ. etc.* scholarship; ♀ ♀ Stock Exchange; ♀ *du Travail* Labo(u)r Exchange; **boursicot** F [bursi'ko] *m* savings *pl.*, F nest-egg; † purse; **boursier, -ère** [~'sje, ~'sjɛ:r] *su. univ. etc.* scholarship-holder; exhibitioner; *su./m* ♀ speculator; paymaster, purse-holder.

boursoufler [bursu'fle] (1a) *v/t.* puff up; bloat; **boursouflure** [~-'fly:r] *f* swelling; *paint:* blister; *fig. style:* turgidity.

bous [bu] *1st p. sg. pres. of bouillir*.

bousculade [busky'lad] *f* hustle; scrimmage; **bousculer** [~'le] (1a)

v/t. knock (*s.th.*) over; jostle (*s.o.*).

bouse [bu:z] *f* cow-dung; **bousiller** F [buzi'je] (1a) *v/t.* botch, bungle (*a piece of work*); ruin, wreck, F bust up, goof up.

boussole [bu'sɔl] *f* compass; ⚡ galvanometer; F *perdre la* ~ lose one's head; be all at sea.

boustifaille F [busti'fa:j] *f* food, grub.

bout [bu] *m usu.* end (*a. fig.*); extremity; *cigarette:* tip, butt; *pen:* nib; bit, piece; *ground:* patch; ♂ ~ worn out, F all in; *être à* ~ *de qch.* have run out of s.th.; *à* ~ *de course* at the end of one's resources; *à* ~ *de forces* at the end of one's tether; *à* ~ *portant* point-blank; *au* ~ *de* after *or in* (*a. time*); *au* ~ *du compte* after all, in the end; *de* ~ *en* ~ from beginning to end; ♣ from stem to stern; *fig. joindre les deux* ~s make both ends meet; *pousser à* ~ try to breaking point; *venir à* ~ *de* manage; (be able to) cope with.

boutade [bu'tad] *f* whim; sally; outburst.

boute-en-train [butɑ̃'trɛ̃] *m/inv.* exhilarating fellow, good company; life and soul (*of a party*).

bouteille [bu'tɛ:j] *f* bottle; ⊕~ *à gaz* gas cylinder; ~ *isolante* (*or thermos*) Thermos flask; *prendre de la* ~ age (*wine*); *fig.* grow old.

bouter † [bu'te] (1a) *v/t.* push.

bouteroue △ [bu'tru] *f* guard-stone; *bridge:* guard-rail.

boutique [bu'tik] *f* shop; booth; ⊕ set of tools; *parler* ~ talk shop; **boutiquier** *m*, **-ère** *f* [~ti'kje, ~'kjɛ:r] shopkeeper.

boutoir [bu'twa:r] *m* snout (*of boar*); *fig. coup m de* ~ thrust; cutting remark.

bouton [bu'tɔ̃] *m* button; ♀ bud; *# pimple; cost.* stud, link; *door, radio:* knob; ~ *de puissance radio:* volume control; *appuyer sur le* ~ press the bell; *tourner le* ~ switch on *or* off; ~ **-d'or,** *pl.* **~s-d'or** ♀ [~tɔ̃'dɔ:r] *m* butter-cup; **boutonner** [~tɔ'ne] (1a) *v/t.* button (up); *v/i.* ♀ bud; *#* come out in pimples; **boutonnerie** [~tɔn'ri] *f* button trade *or* factory; **boutonnière** [~tɔ'njɛ:r] *f* button-hole; *#* incision; **bouton-poussoir,** *pl.* **boutons-poussoirs** [~tɔpu'swa:r] *m* push-button; **bou-**

ton-pression, pl. **boutons-pression** [⌐tõprɛ'sjõ] m press-stud.

bouture ✗ [bu'ty:r] f cutting.

bouverie [bu'vri] f cowshed.

bouvet ⊕ [bu've] m grooving-plane; tonguing-plane.

bouvier, -ère [bu'vje, ⌐'vjɛ:r] su. cowherd; drover; F boor; su./f cowgirl.

bouvreuil orn. [bu'vrœ:j] m bullfinch.

bovin, e [bɔ'vɛ̃, ⌐'vin] bovine; *bêtes* f/pl. ⌐es horned cattle.

box, pl. **boxes** [bɔks] m horse-box; mot. lock-up (garage); dormitory: cubicle; ₰₰ ⌐ des accusés dock.

boxe sp. [⌐] f boxing.

boxer[1] [bɔk'se] (1a) vt/i. box.

boxer[2] [bɔk'sœ:r] m dog: boxer.

boxeur [bɔk'sœ:r] m boxer, prizefighter.

boyau [bwa'jo] m hose-pipe; bowel, gut; ✗ communication trench; fig. narrow passage.

boycottage [bɔjkɔ'ta:ʒ] m boycotting; **boycotter** [⌐'te] (1a) vt/i. boycott.

bracelet [bras'lɛ] m bracelet; bangle; armlet; ₰ node; ⌐ de montre watch-strap; **⌐-montre**, pl. **⌐s-montres** [⌐lɛ'mõ:tr] m wristwatch.

brachial, e [braˈkjal, ⌐'kjo] brachial.

braconnage [brakɔ'na:ʒ] m poaching; **braconner** [⌐'ne] (1a) vt/i. poach; **braconnier** [⌐'nje] m poacher.

bractée [brak'te] f bract.

brader [bra'de] (1a) vt. sell off cheap(ly), undersell.

braguette [bra'gɛt] f trousers: fly, flies pl.

brai [brɛ] m tar, pitch.

braillard, e [bra'ja:r, ⌐'jard] **1.** adj. brawling, shouting, obstreperous; **2.** su. bawler; brawler; **brailler** [⌐'je] (1a) vt/i. bawl; **brailleur, -euse** [⌐'jœ:r, ⌐'jø:z] **1.** adj. brawling; shouting; **2.** su. bawler; brawler.

braire [brɛ:r] (4c) vi. bray (ass); F cry; squeal.

braise [brɛ:z] f glowing embers pl.; live charcoal; cinders pl.; sl. cash; **braiser** [brɛ'ze] (1b) vt. cuis. braise; vi. sl. pay; **braisière** cuis. [⌐'zjɛ:r] f braising-pan.

brait [brɛ] p.p. of braire. [(stag).]

bramer [bra'me] (1o) vi. bell]

brancard [brɑ̃'ka:r] m stretcher; hand-barrow; ⊕ carriage: shaft; **brancardier** [⌐kar'dje] m stretcher-bearer.

branchage [brɑ̃'ʃa:ʒ] m coll. branches pl.; **branche** [brɑ̃:ʃ] f branch (a. fig., ⅄, ✝); bough; spectacles: side; propeller: blade; compass: leg; sl. vieille ⌐ old pal; **branchement** [brɑ̃ʃ'mɑ̃] m branching; ₰ lead, branch-circuit; ₰ tapping (of main); ⊕ (de voie) junction; **brancher** [brɑ̃'ʃe] (1a) vt. ₰ plug in(to sur); ⊕, a. fig. connect or link (up) (with sur); fig. être branché en direct sur qch. be in close touch or in close contact with s.th.; F fig. être branché be in the know; be well up on things.

branchies zo. [brɑ̃'ʃi] f/pl. gills.

branchu, e [brɑ̃'ʃy] branchy.

brande ♀ [brɑ̃:d] f heather; heath.

brandebourg cost. [brɑ̃d'bu:r] m frogs pl. and loops pl.

brandiller [brɑ̃di'je] (1a) vt/i. dangle.   [dish, wave.]

brandir [brɑ̃'di:r] (2a) vt. bran-]

brandon [brɑ̃'dõ] m (fire-)brand; fig. ⌐ de discorde troublemaker.

branlant, e [brɑ̃'lɑ̃, ⌐'lɑ̃:t] tottering; shaky; loose (tooth); **branle** [brɑ̃:l] m swing; shaking; impulse; start; en ⌐ in action, going; **branle-bas** [brɑ̃l'bɑ] m/inv. ♣ clearing the decks, pipe to quarters; fig. commotion; **branler** [brɑ̃'le] (1a) vt/i. shake, move; swing; vi. a. rock, be unsteady; be loose (tooth, tool, etc.).

braquage [bra'ka:ʒ] m car etc.: steering; gun: aiming, pointing; car: rayon de ⌐ turning circle.

braque [brak] **1.** su./m pointer; F mad-cap; **2.** adj. F silly, sl. daft.

braquer [bra'ke] (1m) vt. aim, point (a gun etc.); mot. etc. change the direction of; vi. mot. turn the wheel.

bras [brɑ] m arm; ⊕ handle; ⊕ leg; ⊕ crane: jib; ⊕⌐ pl. workmen: hands; ⌐ (de pick-up) gramophone: tone-arm; ⌐ dessus, ⌐ dessous arm-in-arm; à ⌐ tendus at arm's length; à tour de ⌐ with might and main; avoir le ⌐ long be very influential; couper ⌐ et jambes à q. dishearten s.o.; en ⌐ de chemise in shirt-sleeves.

braser ⊕ [bra'ze] v/t. hardsolder.

brasero [braze'ro] m brazier; glowing fire; fig. blaze; **brasier** [∼'zje] m brazier; glowing fire; fig. blaze; **brasiller** [∼zi'je] (1a) v/i. sparkle (sea); splutter (meat etc. in pan); v/t. grill.

brassage [bra'sa:ʒ] m brewing; fig. (inter)mixing.

brassard [bra'sa:r] m arm-band; armlet.

brasse [bras] f ♄ fathom; swimming: stroke; ∼ sur le dos (ventre) back-(breast-)stroke; **brassée** [bra'se] f armful; swimming: stroke.

brasser¹ [bra'se] (1a) v/t. ♄ brace; ⚓ swing (the propeller).

brasser² [bra'se] (1a) v/t. brew (a. fig.); stir up; metall. puddle; (inter)mix; F handle (an affair); **brasserie** [bras'ri] f brewery; beer-saloon; brewing; restaurant.

brassière [bra'sjɛ:r] f shoulder-strap; (child's) bodice; ∼ de sauvetage life-jacket.

brassin [bra'sɛ̃] m brew; mash-tub.

brasure [bra'zy:r] f brazed seam; hard solder(ing).

bravache [bra'vaʃ] 1. su./m bully; swaggerer; 2. adj. blustering, swaggering; **bravade** [∼'vad] f bravado, bluster; brave [bra:v] brave; good, honest; F smart; un ∼ homme a worthy man; un homme ∼ a brave man; F faux ∼ see bravache 1; **braver** [bra've] (1a) v/t. defy; brave; **bravo** [∼'vo] 1. su./m cheers pl.; 2. int. ∼! bravo!; well done!; hear, hear!; **bravoure** [∼'vu:r] f bravery.

brayer [brɛ'je] 1. su./m ⚕ truss; 2. (1i) v/t. ♄ tar; ⚓ sling.

break mot. [brɛk] m estate (car), Am. station wagon.

brebis brə'bi] f ewe; sheep; fig. ∼ galeuse black sheep.

brèche [brɛʃ] f breach; gap; ♄ hole; blade: notch; fig. battre en ∼ disparage; ∼-dent [∼'dɑ̃] 1. adj. gap-toothed; 2. su. gap-toothed person.

bredouille [brə'du:j] unsuccessful; empty-handed; se coucher ∼ go supperless to bed; **bredouiller** [∼du'je] (1a) vt/i. mumble.

bref, brève [brɛf, brɛ:v] 1. adj. brief, short; 2. su./m eccl. (papal) brief; 3. bref adv. in short, briefly.

bréhaigne † zo. [bre'ɛɲ] barren (mare etc.).

brelan [brə'lɑ̃] m cards: brelan; cards: pair royal; gambling den.

breloque [brə'lɔk] f (watch-)charm; ✗ dismiss; F battre la ∼ go erratically.

brème [brɛm] f icht. bream; sl. playing card.

brésilien, -enne [brezi'ljɛ̃, ∼'ljɛn] adj., a. su. ♀ Brazilian.

bretailler F [brɔta'je] (1a) v/i. fight on the slightest provocation; fence.

bretelle [brɔ'tɛl] f (shoulder-)strap; mot. link road; ∼ de contournement bypass; ∼s pl. braces, Am. suspenders.

breton, -onne [brɔ'tõ, ∼'tɔn] 1. adj. Breton; 2. su./m ling. Breton; su. ♀ Breton.

bretteur † [brɛ'tœ:r] m swashbuckler; duellist.

breuvage [brœ'va:ʒ] m beverage, drink; ⚕ draught.

brève [brɛ:v] f gramm. short syllable; ♪ breve; tel. dot; orn. short tail.

brevet [brə've] m patent; † warrant; certificate, diploma; ✗ commission; ∼ de capacité school: lower certificate; ♄ ∼ de capitaine master's certificate; ✈ ∼ de pilote pilot's licence; prendre un ∼ take out a patent; **breveté, e** [brɔv'te] certificated (teacher etc.), commissioned (officer); **breveter** [∼] (1c) v/t. patent; grant a patent to; fig. license.

bréviaire eccl. [bre'vjɛ:r] m breviary.

bréviligne [brevi'liɲ] thick-set, squat.

bribes [brib] f/pl. scraps; fragments.

bric-à-brac [brika'brak] m/inv. odds pl. and ends pl.; curios pl.; curiosity shop.

brick ♄ [brik] m brig.

bricole [bri'kɔl] f strap; breast-harness; rebound; F ∼s pl. odds and ends, odd jobs; **bricoler** F [∼kɔ'le] (1a) v/i. do odd jobs; v/t. arrange; **bricoleur** [∼kɔ'lœ:r] m handy man, Am. putterer; potterer.

bride [brid] f bridle; rein (a. fig.); ⊕ tie, strap; ⊕ flange; ⊕ ∼ de serrage clamp(ing) piece; à ∼ abattue, à toute ∼ at full speed; lâcher la ∼ à l'émotion give free rein to one's feelings; fig. laisser à q. la ∼ sur le cou give s.o. his head; fig. tenir la ∼ haute à keep a tight rein on; be high-handed with; **brider**

broderie

[bri'de] (1a) v/t. bridle; curb; tie (up); ⊕ flange; *cuis.* truss (*fowl*); *cost.* bind (*a buttonhole*).

bridger [bri'd3e] (11) v/i. play bridge.

bridon [bri'dõ] m snaffle.

brie [bri] m Brie (cheese).

brièvement [briɛv'mã] adv. briefly, succinctly; **brièveté** [~'te] f brevity, concision.

brigade [bri'gad] f ✗ brigade; *workers:* gang; *workers:* shift; *police:* squad; **brigadier** [~ga'dje] m ✗ corporal; ⊕ foreman; *police:* sergeant.

brigand [bri'gã] m brigand; robber; F ruffian; **brigandage** [~gã'da:3] m highway robbery; plunder.

brigue [brig] f intrigue; cabal; **briguer** [bri'ge] (1m) v/t. seek, aspire to or after; court (*favour*); canvass for (*votes*).

brillant, e [bri'jã, ~'jã:t] 1. adj. shining, brilliant, bright; 2. su./m brilliance, brightness; gloss; shine; *diamond:* brilliant; **briller** [~'je] (1a) v/i. shine, glisten, sparkle; F ~ par son absence be conspicuous for one's absence.

brimade [bri'mad] f rag(ging), Am. hazing.

brimbaler [brɛ̃ba'le] (1a) v/i. dangle; wobble; v/t. F carry about.

brimborion [brɛ̃bɔ'rjõ] m bauble.

brimer [bri'me] (1a) v/t. rag, Am. haze; bully.

brin [brɛ̃] m grass: blade; *tree:* shoot; 𝒻, *rope:* strand; *fig.* bit; touch; **brindille** [~'di:j] f twig.

bringue[1] [brɛ̃:g] f spree, F binge, bust; *faire la ~* be or go on a spree.

bringue[2] [~] f: *grande ~* tall (and ugly) woman, F beanpole.

brioche [bri'ɔʃ] f brioche; bun; F blunder.

brique [brik] f △ brick; ✝ *soap:* bar; ~ *de parement* facing brick; ~ *hollandaise* clinker; ~ *tubulaire* hollow brick; *sl. bouffer des ~s* not to have a bite; **briquet** [bri'kɛ] m cigarette-lighter; tinder-box; *battre le ~* strike a light; **briqueter** [brik'te] (1c) v/t. brick; face with bricks or with imitation brickwork; **briqueterie** [~'tri] f brick-yard; **briquetier** [~'tje] m brick-maker; **briquette** [bri'kɛt] f briquette.

bris [bri] m breaking (a. 𝚝𝚝); ⚓ wreckage; **brisant, e** [bri'zã, ~'zã:t] 1. adj. high-explosive; 2. su./m reef; breaker (*wave*).

brise ⚓ [bri:z] f breeze.

brise-bise [briz'bi:z] m/inv. draught-excluder.

brisées [bri'ze] f/pl. tracks; *hunt.* broken boughs; *fig. aller sur les ~ de q.* trespass s.o.'s preserves.

brise...: **~-glace** [briz'glas] m/inv. ice-breaker; ice-fender; **~-jet** [~'3ɛ] m/inv. anti-splash nozzle; **~-lames** ⚓ [~'lam] m/inv. break-water; groyne.

briser [bri'ze] (1a) v/t. break; shatter; *fig. a.* crush; v/i. break (with, *avec*); *brisons là!* let's leave it at that!; **brise-tout** F [briz'tu] su./inv. esp. destructive child; **briseur** m, -euse f [bri'zœ:r, ~'zø:z] breaker; ~ *de grève* strikebreaker.

brisure [bri'zy:r] f break; *shutter:* folding-joint; ⊘ brisure.

britannique [brita'nik] 1. adj. British; Britannic (*majesty*); 2. su.: *les ~s* m/pl. the British.

broc [bro] m jug, pitcher.

brocanter [brɔkã'te] (1a) v/i. deal in second-hand goods; v/t. sell (to a second-hand dealer); barter; **brocanteur** m, -euse f [~'tœ:r, ~'tø:z] second-hand dealer; broker.

brocard[1] ✝ [brɔ'ka:r] m lampoon.

brocard[2] *hunt.* [~] m yearling roedeer.

brocart ✝ [~] m brocade.

broche [brɔʃ] f spit; skewer; ⊕ spindle; ⊕ pin; tent-peg; brooch; F knitting-needle; *zo. boar:* tusk; **brocher** [brɔ'ʃe] (1a) v/t. stitch; brocade; emboss; *livre broché* paper-bound book.

brochet *icht.* [brɔ'ʃɛ] m pike.

brochette [brɔ'ʃɛt] f skewer; ⊕ brooch.

brocheur, -euse [brɔ'ʃœ:r, ~'ʃø:z] su. stitcher, sewer (*of books*); su./f stitching-machine; stapling-machine; **brochure** [~'ʃy:r] f booklet, brochure; pamphlet; stitching (*of books*); *tex.* inwoven pattern.

brodequin [brɔd'kɛ̃] m half-boot; ✗ ammunition-boot; F *thea. chausser le ~* take to comedy.

broder [brɔ'de] (1a) v/t. embroider (*a. fig.*); **broderie** [~'dri] f embroidery (*a. fig.*); *fig.* embellishment; **brodeur** m, -euse f [⁓'dœːr, ⁓'døːz] embroiderer.

broie [brwa] f tex. brake; ⚹ brake-harrow; **broiement** [⁓'mɑ̃] m crushing, pulverizing; tex. braking.

brome 🜊 [broːm] m bromine; **bromique** 🜊 [bro'mik] bromic; **bromure** 🜊 [⁓'myːr] m bromide.

bronche anat. [brɔ̃ːʃ] f wind-pipe; bronchus; ⁓s pl. bronchi(a).

broncher [brɔ̃'ʃe] (1a) v/i. stumble; trip; move; fig. falter, flinch; sans ⁓ without flinching.

bronchite 🜊 [brɔ̃'ʃit] f bronchitis.

bronze [brɔ̃ːz] m bronze; fig. cœur m de ⁓ heart of steel; **bronzer** [brɔ̃'ze] (1a) v/t. bronze; tan; fig. harden.

brosse [brɔs] f brush; paint-brush; ⁓s pl. brushwood sg.; cheveux m/pl. en ⁓ crew-cut sg.; fig. passer la ⁓ sur efface; **brosser** [brɔ'se] (1a) v/t. brush; scrub; F thrash; F se ⁓ (le ventre) go without; sl. have an empty belly; **brosserie** [brɔs'ri] f brush-ware; brush-trade; brush-factory; **brossier** [brɔ'sje] m brush-maker; dealer in brushes.

brou [bru] m husk; ⁓ de noix walnut stain; walnut liqueur.

brouet [bru'ɛ] m (thin) gruel, F skilly; ⁓ noir black broth.

brouette [bru'ɛt] f wheelbarrow; **brouetter** [⁓e'te] (1a) v/t. convey in a (wheel)barrow.

brouhaha [brua'a] m hubbub; hullabaloo; uproar.

brouillage [bru'jaːʒ] m radio: jamming; interference.

brouillamini F [brujami'ni] m muddle.

brouillard [bru'jaːr] 1. su./m fog; smog; ♰ waste-book; 2. adj./m: papier m ⁓ blotting-paper; **brouillasser** [⁓ja'se] (1a) v/impers. drizzle.

brouille F [bru:j] f disagreement; quarrel; être en ⁓ avec be at loggerheads with; **brouiller** [bru'je] (1a) v/t. mix up; confuse; radio: jam; radio: interfere with (a broadcast); shuffle (cards); scramble (eggs); fig. create dissension between; set at variance; ⁓ du papier scribble over paper; **brouillerie** [bruj'ri] f disagreement; **brouilleur** [⁓'jœːr] m radio: jammer.

brouillon[1], **-onne** [bru'jɔ̃, ⁓'jɔn] 1.

adj. unmethodical; muddle-headed (person); avoir l'esprit ⁓ be muddle-headed; 2. su. muddler; muddle-head.

brouillon[2] [bru'jɔ̃] m draft, rough copy; scribbling paper; **brouillonner** [⁓jɔ'ne] (1a) v/t. botch (an essay etc.); draft, make a rough copy of.

broussailles [bru'saːj] f/pl. brushwood sg., scrub sg., bush sg.; en ⁓ shaggy, unkempt (hair); **brousse** [brus] f the bush (in Australia etc.).

brout [bru] m tender shoots pl.; browse(-wood); **brouter** [bru'te] (1a) v/t. browse (on), graze; v/i. ⊕ jump (tool); **broutille** [⁓'tiːj] f twig; F trifle.

broyage [brwa'jaːʒ] m pounding, crushing; grinding; tex. braking; **broyer** [⁓'je] (1h) v/t. pound, crush; grind; tex. brake; **broyeur** m, -euse f [⁓'jœːr, ⁓'jøːz] pounder; grinder; tex. hemp-braker.

brrr! [brrr] int. ugh!

bru [bry] f daughter-in-law.

bruine [brɥin] f drizzle, Scotch mist; **bruinement** [⁓'mɑ̃] m drizzling; **bruiner** [brɥi'ne] (1a) v/impers. drizzle; **bruineux, -euse** [⁓'nø, ⁓'nøːz] drizzly.

bruire [brɥiːr] (4d) v/i. rustle; hum (machine); murmur (brook etc.); **bruissement** [brɥis'mɑ̃] m rumbling; rustling; humming; murmuring; **bruit** [brɥi] m noise; clatter, din; rumble; metal. clang; gun: report; ⚔ murmur; fig. rumo(u)r, report; ⁓s pl. parasites radio: interference sg.; ⁓ de fond radio etc.: background noise; ⁓ sourd thud; le ⁓ court que ... rumo(u)r has it that ..., it ⁓ se rumo(u)red that ...; **bruitage** thea., cin. [brɥi'taːʒ] m sound effects pl.; **bruiteur** m, -euse f [⁓'tœːr, ⁓'tøːz] sound-effects engineer.

brûlé [bry'le] m smell of burning; **brûle-gueule** F [bryl'gœl] m/inv. nosewarmer; **brûle-pourpoint** [⁓pur'pwɛ̃] adv.: à ⁓ point-blank; **brûler** [bry'le] (1a) v/t. burn (a. fig.); scorch; ⚔ cauterize; overrun (a signal); ⁓ nip; ⁓ not to stop at; sl. unmask, detect; fig. ⁓ ses vaisseaux burn one's boats; se ⁓ la cervelle blow one's brains out; v/i. burn (a. fig.), be on fire; catch (milk); fig. be consumed; F be hot, be roasting; ~ de (*inf.*) be eager to (*inf.*); **brûleur, -euse** [ʌˈlœːr, ʌˈløːz] *su. person:* burner; *coffee:* roaster; *brandy distiller; su./m gas etc.:* burner; **brûloir** [ʌˈlwaːr] *m machine:* coffee roaster; blowlamp; **brûlot** [ʌˈlo] *m* × flare; F *pol.* firebrand; **brûlure** [ʌˈlyːr] *f* burn; scald; ✗ frost-nip; ⚕ ~s *pl. d'estomac* heartburn *sg.*

brume [brym] *f* thick fog; (sea-)mist; **brumeux, -euse** [bryˈmø, ʌˈmøːz] foggy; *fig.* hazy.

brun, brune [brœ̃, bryn] **1.** *adj.* brown; dark (*complexion*); dark-haired; **2.** *su./m* brown; *su./f* brunette; nightfall; **brunâtre** [bryˈnɑːtr] brownish; **brunir** [ʌˈniːr] (2a) *vt/i.* brown; tan; *v/t.* ⊕ burnish, polish; **brunissage** [ʌniˈsaːʒ] *m* burnishing; polishing; (sun)tan.

brusque [brysk] blunt, brusque, abrupt; sudden; rough; sharp; **brusquer** [brysˈke] (1m) *v/t.* be blunt with (*s.o.*); hurry; hustle; precipitate (*s.th.*); **brusquerie** [ʌkəˈri] *f* abruptness, brusqueness.

brut, brute [bryt] raw; crude (*oil*); unrefined (*sugar*); uncut (*diamond*); undressed (*stone*); 🕆 *poids m* ~ gross weight; **brutal, e,** *m/pl.* **-aux** [bryˈtal, ʌˈto] brutal; savage, fierce; harsh (*colour*); brute (*force*); unfeeling, plain, unvarnished (*truth*); **brutaliser** [ʌtaliˈze] (1a) *v/t.* illtreat; bully; *sp.* rough play; **brutalité** [ʌtaliˈte] *f* brutality; *sp.* rough play; *fig.* suddenness (*of an event etc.*); **brute** [bryt] *f* brute (*a. fig.*); lout.

bruyant, e [brɥiˈjɑ̃, ʌˈjɑ̃ːt] noisy, loud; boisterous; *fig.* resounding (*success*).

bruyère [brɥiˈjɛːr] *f* heather; heath; briar; *orn.* coq m de ~ grouse.

bu, e [by] *p.p.* of boire 1.

buanderie [bɥɑ̃ˈdri] *f* wash-house.

bubonique ⚕ [bybɔˈnik] bubonic; peste *f* ~ bubonic plague.

buccal, e, *m/pl.* **-aux** [bykˈkal, ʌˈko] buccal, of the mouth.

bûche [byʃ] *f* log; block; *cuis.* Swiss roll; F blockhead; *ramasser une* ~ have a fall, come a cropper.

bûcher¹ [byˈʃe] *m* wood-shed; pile of firewood, wood-stack; pyre.

bûcher² [ʌ] (1a) *v/t.* ⊕ rough-hew; *sl.* thrash; F swot at, work hard at

or for, *Am.* grind; *v/i.* F work hard; swot, *Am.* grind.

bûcheron [byʃˈrɔ̃] *m* woodcutter, *Am.* lumberjack; **bûcheronne** [ʌˈrɔn] *f* woodcutter's wife.

bûchette [byˈʃet] *f* stick.

bûcheur *m*, **-euse** *f* F [byˈʃœːr, ʌˈʃøːz] plodder; swotter, *Am.* grind.

budget [bydˈʒɛ] *m* budget; *estimates pl.;* F *boucler son* ~ make ends meet; **budgétaire** [ʌʒeˈtɛːr] budgetary; financial (*year etc.*); **budgétisation** [ʌʒetizaˈsjɔ̃] *f* budgeting.

buée [bɥe] *f* steam, vapo(u)r.

buffet [byˈfe] *m* sideboard; dresser; cupboard; buffet; 🚉 refreshment room; F *danser devant le* ~ have a bare cupboard; **buffetier** [byfˈtje] *m* refreshment-room manager; **buffetière** [ʌˈtjɛːr] *f* refreshment-room manageress.

buffle [byfl] *m zo.* buffalo; buffalo-hide; ⊕ buff-stick; **buffleterie** [ʌˈtri] *f* leather equipment.

bugle¹ [bygl] *m* saxhorn.

bugle² ♀ [ʌ] *f* bugle.

buis ♀ [bɥi] *m* box-tree; box-wood; **buisson** [bɥiˈsɔ̃] *m* bush; spinney, thicket; **buissoneux, -euse** [bɥisɔˈnø, ʌˈnøːz] bushy; **buissonnier, ère** [ʌˈnje, ʌˈnjɛːr] *adj.: faire l'école* ~ère play truant, *Am.* play hooky.

bulbe ♀ [bylb] *m* bulb; **bulbeux, -euse** [bylˈbø, ʌˈbøːz] bulbous; ♀ bulbed.

bulldozer [buldoˈzœːr] *m* bulldozer.

bulle [byl] *f* bubble; blister; *cartoon:* balloon; *eccl.* papal bull; *faire des* ~s blow bubbles.

bulletin [bylˈtɛ̃] *m* bulletin; ⚓ *rm;* voting-paper; report; 🚉 ~ *de bagages* luggage-ticket, *Am.* baggage-check; 🕆 ~ *de commande* order-form; ~ *d'expédition* way-bill; ~ *de santé* health report.

bulleux, -euse [byˈlø, ʌˈløːz] bubbly; ♀ bullate; ⚕, *geol.* vesicular.

bungalow [bœ̃ɡaˈlo] *m* bungalow.

buraliste [byraˈlist] *su.* tax collector; tobacconist; clerk.

bure¹ *tex.* [byːr] *f* rough homespun.

bure² ⚒ [ʌ] *f* shaft (*of a mine*).

bureau [byˈro] *m* writing-table, desk; bureau; office; *admin.* department; board of directors, governing body; *thea.* ~x *pl. fermés* sold out; 🚂 ~ *ambulant* travelling post office; ~ *central* head post office, G.P.O.; *teleph.* exchange; ~ *de bienfaisance* relief committee; ~ *de douane* custom-house; *thea.* ~ *de location* box-office; ~ *de placement* labo(u)r exchange; (private) employment bureau; ~ *de poste* post office; ~ *de renseignements* information bureau; ~ *de tabac* tobacconist's (shop); ~ *ministre* kneehole desk; ✗ *deuxième* ~ Intelligence (Department); ⚓ Naval Intelligence Division; **bureaucrate** [byro'krat] *m* bureaucrat; F blackcoated worker; **bureaucratie** [~kra'si] *f* bureaucracy, F red tape; **bureaucratiser** [~krati'ze] (1a) *v/t.* bureaucratize.

burette [by'rɛt] *f* cruet (*a. eccl.*); ⊕ oil-can, oiler; 🔬 burette.

burin ⊕ [by'rɛ̃] *m* burin, etching-needle, graver; cold chisel; engraving; **buriner** [~ri'ne] (1a) *v/t.* engrave; chisel; *v/i.* F swot.

burlesque [byr'lɛsk] burlesque; comical, ridiculous.

bus [by] *1st p. sg. p.s. of* boire 1.

buse[1] [by:z] *f orn.* buzzard; F blockhead, fool.

buse[2] [~] *f* ⊕ pipe; nozzle; ✗ airshaft; *mot.* choke(-tube).

busqué, e [bys'ke] arched, curved; *nez m* ~ hook nose.

buste [byst] *m* bust; *en* ~ half-length.

but [by(t)] *m* target; aim; goal (*a. sp.*); purpose; *avoir pour* ~ aim at, intend;

de ~ *en blanc* bluntly; *droit au* ~ (straight) to the point; *marquer un* ~ score a goal.

buté, e [by'te] obstinate, mulisk; **buter** [~] (1a) *v/i.*: ~ *contre* stumble over (*a. fig.*); bump *or* bang against *or* into, *fig.* ~ *contre or sur* meet with, come up against (*a difficulty etc.*); *v/t.* prop (up); *fig.* make (*s.o.*) obstinate; *se* ~ be(come) obstinate; **buteur** [by'tœ:r] *m foot.* striker; *sl.* killer.

butin [by'tɛ̃] *m* booty, spoils *pl.*; **butiner** [~ti'ne] (1a) *v/t./i.* † plunder; *v/i.* gather honey (*bee*); *v/t.* gather honey from (*a flower*).

butoir [by'twa:r] *m* ⊕ stop; catch; 🚂 terminal buffer.

butor [by'tɔ:r] *m orn.* bittern; F lout, clod.

butte [byt] *f* mound, hillock; bank; ✗ butts *pl.*; *fig. en* ~ *à* exposed to; **butter** [by'te] (1a) *v/t.* earth up; **buttoir** 🌾 [~'twa:r] *m* ridging-plough, *Am.* ridging-plow.

buvable [by'vabl] drinkable; *sl.* acceptable; **buvard** [~'va:r] *m* blotting-paper; **buvette** [~'vɛt] *f* refreshment bar; *spa:* pump-room; **buveur** *m*, **-euse** *f* [~'vœ:r, ~'vø:z] drinker; toper; ~ *d'eau* teetotaller; **buvons** [~'vɔ̃] *1st p. pl. pres. of* boire 1; **buvoter** F [~vɔ'te] (1a) *v/t.* sip (*wine*); *v/i.* tipple.

byzantin, e [bizɑ̃'tɛ̃, ~'tin] Byzantine.

C

C, c [se] *m* C, c.

ça [sa] F *abbr. of* cela; c'est ~! that's right!; et avec ~? anything else?

çà [~] **1.** *adv.* here; hither; ~ et là here and there; **2.** *int.* (ah) ~! now then!

cabale [ka'bal] *f* cabal; intrigue; clique, faction; **cabaler** [kaba'le] (1a) *v/i.* intrigue; **cabaleur, -euse** [~'lœːr, ~'løːz] **1.** *adj.* intriguing; **2.** *su.* intriguer.

caban [ka'bã] *m* oilskins *pl.*; duffle-coat.

cabane [ka'ban] *f* hut, shed; cabin; *rabbit:* hutch; *dog:* kennel; **cabanon** [~ba'nɔ̃] *m* small hut; *prison:* cell; *lunatic:* padded cell.

cabaret [kaba'rɛ] *m* night club; † pub(lic house), tavern; **cabaretier** *m*, **-ère** *f* [~baʁə'tje, ~'tjɛːr] inn-keeper; publican.

cabas [ka'bɑ] *m* basket.

cabestan ⊕, ♪ [kabɛs'tɑ̃] *m* capstan, winch.

cabillau(d) *icht.* [kabi'jo] *m* fresh cod.

cabine [ka'bin] *f* cabin; (~ *téléphonique*) telephone-box, telephone-booth; 🚈 (*a.* ~ *d'aiguillage*) signal-box; *cin.:* ~ *de projection* projection room; **cabinet** [~bi'nɛ] *m* small room; office; consulting room; practice; ⚖ chambers *pl.*; ministry; ~(s *pl.*) (*d'aisances*) water-closet, lavatory; ~ *de toilette* dressing-room; ~ (*de travail*) study; *phot.:* ~ *noir* dark room.

câble [ka:bl] *m* cable (*a.* F = *cablegram*); ♪ ~ *de remorque* hawser; ~ *métallique* wire rope; stranded wire; **câbler** [kɑ'ble] (1a) *v/t.* cable (*a message*); ⚡ wire up; **câblogramme** [~blɔ'gram] *m* cablegram.

caboche [ka'bɔʃ] *f* (hob)nail; ⊕ clout-nail; F head, pate.

cabosse F [ka'bɔs] *f* ♪ cacao-pod; ⚕ bump, bruise; **cabosser** F [~bɔ'se] (1a) *v/t.* ⚕ bump, bruise; dent.

cabotage ♪ [kabɔ'ta:ʒ] *m* coastal navigation; **caboter** [~'te] (1a) *v/i.* coast.

cabotin, e [kabɔ'tɛ̃, ~'tin] **1.** *adj.* theatrical, histrionic, affected; **2.** *su. thea.* ham (actor, *f* actress); *fig.* show-off, play-actor (*f* -actress); **cabotinage** [~ti'na:ʒ] *m thea.* hamming; *fig.* showing-off, play-acting; **cabotiner** [~ti'ne] (1a) *v/i. thea.* ham; *fig.* show off, playact.

cabrer [ka'bre] (1a) *v/t.* 🛩 elevate; se ~ rear (*horse*); 🛩 rear, buck; *fig.* se ~ *contre* jib at, rebel against.

cabri *zo.* [ka'bri] *m* kid; **cabriole** [kabri'ɔl] *f* caper, leap; **cabrioler** [~ɔ'le] (1a) *v/i.* caper; **cabriolet** [~'lɛ] *m mot.* cab(riolet).

cabus [ka'by] *adj./m:* chou *m* ~ headed cabbage.

cacahouète ♪ [kaka'wɛt] *f*, **cacahuète** ♪ [~'ɥɛt] *f* peanut.

cacao [kaka'o] *m* ♪ cacao, † cocoa; **cacaotier** [~ɔ'tje] *m*, **cacaoyer** [~ɔ'je] *m* cacao-tree.

cacarder [kakar'de] (1a) *v/i.* cackle (*goose*).

cacatoès *orn.* [kakatɔ'ɛs] *m* cocka-too; **cacatois** ♪ [~'twa] *m* royal (-sail).

cachalot *zo.* [kaʃa'lo] *m* sperm-whale, cachalot.

cache [kaʃ] *su./f* hiding-place; *su./m phot.* mask; ⊕ panel, plate; ~**cache** [~'kaʃ] *m* hide-and-seek (*a. fig.*); ~**col** [~'kɔl] *m/inv.* scarf; ~**nez** [~'ne] *m/inv.* muffler; ~**poussière** [~pu'sjɛːr] *m/inv.* dust-coat.

cacher [ka'ʃe] (1a) *v/t.* hide, conceal; ~ *sa vie* live in retirement; *esprit m caché* reserved person; sly person; se ~ hide; **cache-sexe** [kaʃ'sɛks] *m/inv.* G-string; **cachet** [ka'ʃe] *m* seal; stamp; † trade-mark; mark; F fee; 💊 cachet; *courir le* ~ give private lessons; **cacheter** [kaʃ'te] (1c) *v/t.* seal; **cachette** [ka'ʃɛt] *f* hiding place, hideout; *en* ~ secretly; by stealth; under the counter (*sale*); **cachot** [~'ʃo] *m* dungeon; ♪ cell; prison; **cachotterie** [~'tri] *f* myste-rious ways *pl.*; *faire des* ~s be secre-tive; act secretively; **cachottier,**

-**ère** F [ˌˈtje, ˌˈtjɛːr] **1.** *adj.* secretive; **2.** *su.* sly person.

cacique F [kaˈsik] *m* candidate who has obtained first place; *fig.* (big) boss, big chief.

caco... [kako] **caco...**; **~phonique** [ˌ.fɔˈnik] cacophonic, discordant.

cactus ♀ [kakˈtys] *m*, **cactier** ♀ [ˌˈtje] *m* cactus.

cadastre [kaˈdastr] *m* cadastral survey; (public) register of lands; survey.

cadavéreux, -euse [kadaveˈrø, ˌˈrøːz] cadaverous, deathlike; deathly pale; **cadavérique** *anat.* [ˌˈrik] cadaveric; *rigidité f* ~ rigor mortis; **cadavre** [kaˈdɑːvr] *m* corpse, *Am. a.* cadaver; *animal*: carcase; *sl.* dead man (= *empty winebottle*).

cadeau [kaˈdo] *m* present, gift.

cadenas [kadˈnɑ] *m* padlock; clasp; ~ *à chiffres* combination-lock.

cadence [kaˈdãːs] *f* cadence (*a.* ♪); rhythm; step; *march*: time; *à la* ~ *de* at the rate of; *fig.* to the tune of.

cadet, -ette [kaˈdɛ, ˌˈdɛt] **1.** *adj.* younger; junior; *il est mon* ~ he is my junior (by 3 *ans*), he is younger than I; *su./m* ✗ cadet; *golf*: caddie.

cadran [kaˈdrã] *m* dial; *clock*: face; ~ *solaire* sun-dial; **cadre** [kɑːdr] *m usu.* frame; *fig. a.* framework, context; *fig.* setting, surroundings *pl.*; *fig.* scope, limits *pl.*; *personnel*: executive, manager; ✗ officer; *les* ~*s a.* the managerial staff; ~ (*de réception*) *radio*: frame aerial; ~ *orienté radio*: directional aerial; **cadrer** [kaˈdre] (1a) *v/i.* tally, agree; fit in.

caduc, -que [kaˈdyk] decrepit, decaying; feeble (*voice*); ⚖ null, lapsed; ⚖ time-barred; ♀ deciduous; **caducité** [ˌdysiˈte] *f* dilapidated state; decrepitude; ⚖ nullity, ⚖ lapsing; ♀ caducity.

cafard[1] [kaˈfaːr] *m zo.* cockroach; F *avoir le* ~ be down in the dumps.

cafard[2], **e** [kaˈfaːr, ˌˈfard] **1.** *adj.* sanctimonious; **2.** *su. school*: sneak; *su./m* ✗ *sl.* spy; **cafarder** [ˌfarˈde] (1a) *v/i. school*: sneak.

café [kaˈfe] **1.** *su./m* coffee; café; ~ *complet* continental breakfast; ~ *crème* white coffee; ~ *nature* (*or noir*) black coffee; **2.** *adj./inv.* coffee-colo(u)red; ~**-concert**, *pl.* ~**s-concerts** [ˌfekɔˈsɛːr] *m*, F **caf'conc'**

[kafˈkɔ̃ːs] *m* café with a cabaret show.

cafetier, -ère [kafˈtje, ˌˈtjɛːr] *su.* café-owner; *su./f* coffee-pot; *sl.* head.

cafouillage F [kafuˈjaːʒ] *m* muddle; **cafouiller** F [ˌˈje] (1a) *v/i.* not to work properly, F be on the blink (*machinery etc.*); *fig.* muddle things up, get into a muddle, flounder (*person*); *fig.* get or turn into a shambles; **cafouillis** F [ˌˈji] *m* muddle.

cage [kaːʒ] *f* bird: cage; hen-coop; ⚠ frame; cover, casing; F prison; ~ *d'ascenseur* lift (*Am.* elevator) shaft; ~ *d'escalier* stair-well; *anat.* ~ *thoracique* chest.

cagne *sl.* [kaɲ] *f* school: class preparing to compete for entrance to the *École normale supérieure*.

cagneux, -euse [kaˈnø, ˌˈnøːz] knock-kneed; **cagnotte** [ˌˈnɔt] *f* pool, kitty.

cagot, e [kaˈgo, ˌˈgɔt] **1.** *adj.* sanctimonious; **2.** *su.* bigot; hypocrite; **cagoterie** [kagɔˈtri] *f* cant; **cagotisme** [ˌˈtism] *m* false piety.

cahier [kaˈje] *m* paper-book; exercise-book; ⚓ defaulters' book; ✝ ~ *des charges* specifications *pl.*

cahin-caha F [kaɛ̃kaˈa] *adv.* so-so; middling.

cahot [kaˈo] *m vehicle*: jolt; jog; **cahoter** [kaoˈte] (1a) *v/t.* jolt along; toss; *vie f cahotée* life of ups and downs; **cahoteux, -euse** [ˌˈtø, ˌˈtøːz] bumpy (*road*).

cahute [kaˈyt] *f* hut; cabin; hovel.

caïd F [kaˈid] *m* (big) boss, big chief; gangster boss.

caille *orn* [kaːj] *f* quail.

caillé [kaˈje] *m* curds *pl.*, curdled milk.

caillebotis [kajbɔˈti] *m* duck-board(s *pl.*); ⚓ grating.

caillebotte [kajˈbɔt] *f* curds *pl.*; **cailler** [kaˈje] *vt/i.* curdle, clot; congeal (*blood*); ~ be cold; *ça caille* it's freezing.

caillette[1] [kaˈjet] *f zo. ruminants*: fourth stomach; *cuis.* rennet.

caillette[2] F [ˌ] *f* flirt; tart.

caillot [kaˈjo] *m* clot.

caillou, *pl.* **-x** [kaˈju] *m* pebble; cobble; **cailloutage** [kajuˈtaːʒ] *m* ⚠ rough-cast, pebble-dash; 🛤 gravel; road-metal; pebble paving; **caillouter** [ˌˈte] (1a) *v/t.* ballast, metal (*a road*, *a railway-track*); pave with pebbles; **caillouteux, -euse** [∿'tø, ∿'tøːz] stony; pebbly, shingly (*beach*); **cailloutis** [∿'ti] *m* gravel; road-metal; pebbled surface; cobbled pavement; rubble.

caisse [kɛs] *f* case, box; ✝ cash-box; ✝ till; (pay-)desk; *thea.* pay-box; ✝ fund; ♪, *anat.* drum; ⊕ body; ✕ *sl.* prison, cells *pl.*; ∿ à eau watertank; ✝ ∿ d'amortissement sinkingfund; depreciation; ∿ d'épargne savings-bank; ∿ de prêts loan bank; ∿ enregistreuse cash-register; ⚡ ∿ nationale de l'énergie national grid; argent *m* en ∿ cash in hand; *fig.* battre la grosse ∿ advertize; boost a product; faire la ∿ balance the cash; grosse ∿ *instrument*: bass or big drum; *person*: bass drummer; tenir la ∿ be in charge of the cash; **caissier** *m*, **-ère** *f* [kɛ'sje, ∿'sjɛːr] cashier; treasurer; **caisson** [∿'sɔ̃] *m* box; ⊕ caisson; ✕ ammunitionwaggon; locker; *mot.* boot; ⚒ bunker.

cajoler [kaʒɔ'le] (1a) *v/t.* coax, wheedle; **cajolerie** [∿ʒɔl'ri] *f* coaxing, wheedling; **cajoleur, -euse** [∿ʒɔ'lœːr, ∿'løːz] **1.** *adj.* wheedling; **2.** *su.* wheedler.

cal, *pl.* **cals** [kal] *m* callosity; ♀, *♒* callus.

calamité [kalami'te] *f* calamity, disaster; **calamiteux, -euse** [∿'tø, ∿'tøːz] calamitous.

calandre [ka'lɑ̃ːdr] *f* mangle; *tex.* calender, roller (*a. for paper*); *mot.* shell; *mot.* radiator grill; **calandrer** [∿lɑ̃'dre] (1a) *v/t.* mangle; *tex. etc.* calender; surface.

calcaire [kal'kɛːr] **1.** *adj.* calcareous; chalky (*soil*); hard (*water*); **2.** *su./m* limestone; **calcification** *♒* [∿sifika'sjɔ̃] *f* calcification; **calcination** [∿sina'sjɔ̃] *f* calcination; *metall.* oxidation; *ores:* roasting.

calciner [kalsi'ne] (1a) *v/t.* char; burn (to cinders or ashes) ⊕ *etc.* roast; *♒* calcine.

calcul [kal'kyl] *m* reckoning, calculation; estimate; *♒* calculus; *♒* arithmetic; *♒* calculus, stone; *♒* biliaire gall-stone; ∿ *mental* mental arithmetic; **calculateur, -trice** [kalkyla'tœːr, ∿'tris] **1.** *adj.* scheming; **2.** *su. person:* calculator, reckoner; *su./f machine:* calculator; **cal-**

culer [∿'le] (1a) *v/t.* reckon, calculate; ∿ *de tête* work (*s.th.*) out in one's head; **calculette** [∿'lɛt] *f* pocket or desk calculator; **calculeux, -euse** *♒* [∿lø, ∿'løːz] **1.** *adj.* calculous; **2.** *su.* sufferer from stone.

cale¹ ⚓ [kal] *f* hold; *quay:* slope, slip; ∿ sèche drydock.

cale² [kal] *f* ⊕ wedge; ⊕, ✂ chock; ⊕ prop, strut; ⊕ tightening-key; **calé, e** F [ka'le] clever, bright; difficult, tough, tricky.

calebasse [kal'baːs] *f* ⚘ calabash, gourd; *metall.* small ladle; *sl.* head.

calèche [ka'lɛʃ] *f* barouche, calash.

caleçon [kal'sɔ̃] *m* (pair of) underpants *pl.*; ∿ *long* long johns *pl.*; ∿ *de bain* bathing-trunks *pl.*

calembour [kalɑ̃'buːr] *m* pun.

calembredaine F [kalɑ̃brə'dɛn] *f* nonsense; quibble.

calendrier [kalɑ̃'drje] *m* calendar; almanac; ∿ *à effeuiller* tear-off calendar.

cale-pied *cycl.* [kal'pje] *m* toe-clip.

calepin [kal'pɛ̃] *m* notebook.

caler¹ [ka'le] (1a) *v/t.* ⚓ strike (*the sail*); ⚓ house (*a mast*); *v/i.* ⚓ draw water; F climb down.

caler² [∿] (1a) *v/t.* prop up (*a. fig.*); wedge (up), chock (up); ⊕ jam; *mot.* stall (*an engine*); ⊕, ⚡ adjust; F *se* ∿ *les joues*, *se les* ∿ have a good feed; *sl.* *mot.* stall; F idle.

calfat ⚓ [kal'fa] *m* caulker; **calfater** [∿fa'te] (1a) *v/t.* caulk.

calfeutrer [kalfø'tre] (1a) *v/t.* stop up the chinks of (*a window etc.*); F *se* ∿ shut o.s. up.

calibrage [kali'braːʒ] *m* tube: calibrating; ⊕ ga(u)ging; *phot.* trimming; **calibre** [∿'libr] *m* ✕ calibre (*a. fig.*); bore; size; ⊕ *tool:* ga(u)ge; template; ⊕ ∿ *pour filetages* thread ga(u)ge; *compas m de* ∿ callipers *pl.*; **calibrer** [∿li'bre] (1a) *v/t.* ⊕ ga(u)ge; calibrate; *phot.* trim; *typ.* cast off. [cup; ♀ calyx; *anat.* calix.\]

calice [ka'lis] *m* *eccl.* chalice; *fig.*\

calicot [kali'ko] *m* *tex.* calico; *sl.* counter-jumper, sales assistant, *Am.* sales-clerk.

califourchon [kalifur'ʃɔ̃] *adv.:* à ∿ astride.

câlin, e [kɑ'lɛ̃, ∿'lin] **1.** *adj.* cajoling; coaxing; caressing; winning (*ways*); **2.** *su.* wheedler; **câliner** [∿li'ne] (1a) *v/t.* wheedle; caress; pet.

calleux, -euse [ka'lø, ~'lø:z] horny, callous.

calligraphie [kaligra'fi] *f* calligraphy, penmanship.

callosité [kalozi'te] *f* callosity.

calmant, e [kal'mã, ~'mã:t] **1.** *adj.* calming; soothing (*a.* 🟤); **2.** *su./m* 🟤 sedative.

calme¹ [kalm] *m* calm(ness); stillness; *fig.* composure.

calme² [kalm] calm, still, quiet; **calmer** [kal'me] (1a) *v/t.* calm, still, quiet; *fig.* soothe; se ~ calm down.

calomniateur, -trice [kalɔmnja-'tœ:r, ~'tris] **1.** *adj.* slanderous, libellous; **2.** *su.* slanderer, calumniator; **calomnie** [~'ni] *f* calumny, slander, libel; **calomnier** [~'nje] (1o) *v/t.* slander, libel.

calorie *phys.* [kalɔ'ri] *f* calorie; **calorifère** [kalɔri'fɛ:r] **1.** *adj.* heat-conveying; **2.** *su./m* central heating installation; **calorifique** *phys.* [~'fik] calorific, heating; **calorifuge** ⊕ [~'fy:ʒ] **1.** *adj.* heat-insulating; **2.** *su./m* heat-insulator; ⊕ non-conduction; **calorifugeage** ⊕ [~fy'ʒa:ʒ] *m* heat-insulation; **calorifuger** [~fy'ʒe] (1l) *v/t.* insulate.

calot [ka'lo] *m* ⚔ forage-cap; small wedge; ⊕ quarry: block of stone; *sl.* eye; **ribouler des** ~s be flabbergasted; **calotin** *sl.* [~lɔ'tɛ̃] *m* ardent church-goer; sky-pilot (= *priest*); **calotte** [~'lɔt] *f* skull-cap (*a. eccl.*); ⚔ undress cap; watch-case; F box on the ears; *sl.* clergy; **calotter** [~lɔ'te] (1a) *v/t.* F cuff (*s.o.*); *golf:* top (*the ball*).

calque [kalk] *m* tracing; F copy; **calquer** [kal'ke] (1m) *v/t.* trace (from, sur); *needlework:* transfer (*a pattern*); copy; *papier m à ~* tracing-paper; se ~ sur q. copy s.o., model o.s. on s.o.

calumet [kaly'mɛ] *m* 🌿 reed; pipe (*of a Red Indian*); le ~ de la paix the pipe of peace, the calumet.

calvaire [kal'vɛ:r] *m eccl.* stations *pl.* of the Cross; *eccl.* calvary; *fig.* martyrdom; le ♀ (Mount) Calvary.

calvinisme *eccl.* [kalvi'nism] *m* Calvinism.

calvitie [kalvi'si] *f* baldness.

camail *cost.* [ka'ma:j] *m* cape (*a. eccl.*, *a. orn.*), cloak.

camarade [kama'rad] *su.* comrade, fellow, mate, F chum; ~ de classe

classmate; **camaraderie** [~ra'dri] *f* comradeship, friendship; clique.

camard, e [ka'ma:r, ~'mard] **1.** *adj.* snub-nosed; **2.** *su./f:* la ~e Death.

cambouis [kã'bwi] *m* dirty oil; cart-grease.

cambré, e [kã'bre] bent; cambered, arched; bow-legged; **cambrement** [~brə'mã] *m* bending, cambering; **cambrer** [~'bre] (1a) *v/t.* bend; camber; arch; se ~ throw out one's chest; warp (*wood*).

cambriolage [kãbriɔ'la:ʒ] *m* house-breaking; burglary; **cambrioler** [~'le] (1a) *v/t.* break into (*a house*); burgle; **cambrioleur** [~'lœ:r] *m* housebreaker; burglar.

cambrure [kã'bry:r] *f* curve, camber; *foot:* arch.

cambuse [kã'by:z] *f* ⚓ store-room; canteen; *sl.* hovel; low pub(lic house); glory-hole; **cambusier** ⚓ [~by'zje] *m* store-keeper; steward's mate.

came¹ ⊕ [kam] *f* cam; **arbre** *m* *à* ~s cam-shaft.

came² *sl.* [~] *f* drug; *sl.* junk; **camé, e** *sl.* [ka'me] *adj.*, *a. su.* drug-addicted (person); *su. sl. a.* junkie.

caméléon *zo.* [kamele'ɔ̃] *m* chameleon.

camélia 🌿 [kame'lja] *m* camelia.

camelot [kam'lo] *m* street hawker; newsvendor; ~ *du roi* young royalist; **camelote** [~'lɔt] *f* cheap goods *pl.*; junk, trash; de ~ gimcrack.

caméra [kame'ra] *f* cine-camera.

camérier *eccl.* [kame'rje] *m* chamberlain.

camériste [kame'rist] *f* lady's maid; chamber-maid.

camion [ka'mjɔ̃] *m* waggon; lorry, *Am.* truck; (*a.* ~ *automobile*) motor lorry; **~-citerne**, *pl.* **~s-citernes** [~mjɔ̃si'tɛrn] *m* lorry: tanker; **~-grue**, *pl.* **~s-grues** [~mjɔ̃'gry] *m* breakdown lorry, *Am.* wrecker; **camionnage** [kamjɔ'na:ʒ] *m* cartage; carting, *Am.* trucking; **camionner** † [~'ne] (1a) *v/t.* cart; carry; truck; **camionette** [~'nɛt] *f* small lorry, *Am.* light truck; **camionneur** [~'nœ:r] *m* lorry-driver, *Am.* truck driver.

camisole [kami'sɔl] *f* sleeved vest; *woman:* dressing jacket; ~ de force strait jacket.　　　　　[mile.)

camomille 🌿 [kamɔ'mi:j] *f* camo-)

camouflage [kamuˈfla:ʒ] *m* disguising; ✕, ⚓ camouflage; **camoufler** [~ˈfle] (1a) *v/t.* disguise; ✕, ⚓ camouflage; **camouflet** F [~ˈfle] *m* insult; snub.

camp [kɑ̃] *m* camp (*a. fig.*); party; *fig.* side; ~ *de réfugiés* refugee camp; ~ *de vacances* holiday camp; ~ *volant* temporary shelter; F *ficher* (*or* al. *fouter*) *le* ~ clear out; **campagnard, e** [kɑ̃paˈna:r, ~ˈnard] **1.** *adj.* country; rustic; **2.** *su.* rustic; *su./m* countryman; *su./f* countrywoman; **campagne** [~ˈpaɲ] *f* open country; (countryside; ✕, ⚓, *pol.*, ✝ etc. campaign; *à la* ~ in the country; *en pleine* ~ in the open; **campagnol** *zo.* [~paˈɲɔl] *m* vole.

campanile △ [kɑ̃paˈnil] *m* belltower; **campanule** ⚘ [~ˈnyl] *f* campanula.

campé, e [kɑ̃ˈpe] (*bien* ~) (well) established; well-constructed; well-built; firmly fixed; **campement** ✕ [kɑ̃pˈmɑ̃] *m* camping; encampment; camp; camp party; **camper** [kɑ̃ˈpe] (1a) *vt/i.* encamp; *v/t.* F place; *fig.* arrange; *se* ~ *devant etc.* plant o.s. in front of *etc.*; *v/i.* camp; **campeur** *m*, **-euse** *f* [~ˈpœ:r, ~ˈpø:z] camper; **camping** [~ˈpiŋ] *m* camping; (*terrain de*) ~ camping site; *faire du* ~ go camping.

campos [kɑ̃ˈpo] *m* holiday.

camus, e [kaˈmy, ~ˈmy:z] snub-nosed; pug-nosed.

canadien, -enne [kanaˈdjɛ̃, ~ˈdjɛn] **1.** *adj.* Canadian; **2.** *su.* ♀ Canadian; *su./f* sheepskin jacket.

canaille F [kaˈnɑ:j] **1.** *adj.* low, base; cheap; **2.** *su./f* bastard; rascal; ✝ rabble.

canal [kaˈnal] *m* canal (*a.* ♀, *a. anat.*); channel; ⚓ passage; ⊕ pipe, conduit; ⊕ culvert; △ fluting; *anat.* duct; ⊕ ~-*tunnel* underground canal; **canalisation** [~nalizaˈsjɔ̃] *f* river: canalization; ⊕ pipeline; ⊕ *mains pl.*

canapé [kanaˈpe] *m* couch, sofa; *cuis.* canapé, fried slice of bread; ~-*lit*, *pl.* ~**s-lits** [~peˈli] *m* bed-settee.

canard [kaˈnaːr] *m* duck; drake; F hoax; F false news; sensationalist newspaper, rag; F brandy- *or* coffee-soaked lump of sugar; ♪ wrong note; **canardeau** [kanarˈdo] *m* duckling; **canarder** [~ˈde] (1a) *v/i.* ⚓ pitch; ♪ play *or* sing a wrong note; *v/t.* F snipe

at; **canardière** [~ˈdjɛ:r] *f* duck-pond; *duck-shooting*; screen; duck-gun; ✕ loop-hole.

canari *orn.* [kanaˈri] *m* canary.

canasson *sl. pej.* [kanaˈsɔ̃] *m* horse; nag.

cancan[1] [kɑ̃ˈkɑ̃] *m* dance: cancan.

cancan[2] [kɑ̃ˈkɑ̃] *m* piece of gossip; ~*s pl.* tittle-tattle *sg.*; **cancaner** [kɑ̃kaˈne] (1a) *v/i.* gossip; talk scandal; **cancanier, -ère** [~ˈnje, ~ˈnjɛ:r] **1.** *adj.* tale-bearing; **2.** *su. person:* gossip.

cancer [kɑ̃ˈsɛ:r] *m* 🦀 cancer; malignant growth; *astr. le* ♋ Cancer (*a. geog.*), the Crab; **cancéreux, -euse** 🦀 [kɑ̃seˈrø, ~ˈrø:z] **1.** *adj.* cancerous; **2.** *su.* cancer patient; **cancérigène** 🦀 [~riˈʒɛn] carcinogenic, carcinogenous; **cancérologie** 🦀 [~rɔlɔˈʒi] *f* cancer research; **cancre** [kɑ̃:kr] *m* crab; F dunce, dud.

candeur [kɑ̃ˈdœ:r] *f* artlessness.

candi [kɑ̃ˈdi] **1.** *adj./m* candied; **2.** *su./m*: ~*s pl.* crystallized fruit.

candidat *m*, **e** *f* [kɑ̃diˈda, ~ˈdat] candidate; **candidature** [~daˈty:r] *f* candidature; *poser sa* ~ *à* apply for (*a position*).

candide [kɑ̃ˈdid] artless, ingenuous.

cane [kan] *f* (*female*) duck; **caner** *sl.* [kaˈne] (1a) *v/i.* funk it, chicken out; **caneton** [kanˈtɔ̃] *m* duckling.

canette[1] [kaˈnɛt] *f orn.* duckling; teal.

canette[2] [~] *f* ⊕ faucet; can; bottle; *tex.* spool.

canevas [kanˈva] *m* canvas; outline.

caniche *zo.* [kaˈniʃ] *m* poodle.

caniculaire [kanikyˈlɛ:r] sultry; *jours m/pl.* ~*s* dog-days; **canicule** [~ˈkyl] *f* dog-days *pl.*; *astr.* dog-star.

canif [kaˈnif] *m* penknife, pocket-knife.

canin, e [kaˈnɛ̃, ~ˈnin] **1.** *adj.* canine; *exposition f* ~*e* dog-show; *avoir une faim* ~*e* be as hungry as a wolf; *dent f* ~*e* = **2.** *su./f* canine (tooth).

caniveau [kaniˈvo] *m* ⊕ gutter; ⚡ *cables:* conduit; ⚡ *main.*

canne [kan] *f* ⚘ cane, reed; walking-stick; ~ *à pêche* fishing rod; ~ *à sucre* sugar-cane; *sucre m de* ~ cane-sugar; **canneler** [~ˈle] (1c) *v/t.* groove; △ flute; corrugate.

cannelle[1] [kaˈnɛl] *f* ⚘ cinnamon; *fig.* small pieces *pl.*

cannelle² [~] f faucet.

cannelure [kan'ly:r] f groove, channel; ⚙ fluting; corrugation; **canner** [ka'ne] (1a) v/t. cane-bottom; **cannette** [~'nɛt] f see **cannelle¹**; **canette²**.

cannibale [kani'bal] m cannibal, man-eater.

canon¹ [ka'nɔ̃] m ⚔, ⚓ gun, cannon; coll. artillery; key; rifle, watch, etc.: barrel; measuring-glass; sl. glass of wine; ~ à électrons electron gun.

canon² [ka'nɔ̃] m ⚕, eccl. canon; **canonial, e**, m/pl. **-aux** [kanɔ'njal, ~'njo] canonical; of a canon; **canonique** [~'nik] canonical (book, age); F respectable, proper; **canoniser** eccl. [~'ni'ze] (1a) v/t. canonize.

cannonade ⚔ [kanɔ'nad] f gun-fire; cannonade; **canonner** [~'ne] (1a) v/t. cannonade; batter (a fortress); **canonnier** ⚔ [~'nje] m gunner; **canonnière** [~'njɛ:r] f ⚓ gunboat; ⚓ drain-hole; toy: pop-gun.

canot [ka'no] m boat; dinghy; ~ automobile motorboat; ~ de sauvetage lifeboat; ~ glisseur speedboat; ~ pliable folding boat; ~ pneumatique rubber dinghy; **canotage** [kanɔ'ta:ʒ] m rowing, boating, canoeing; faire du ~ row; **canoter** [~'te] (1a) v/i. row; go (in for) boating; **canotier** [~'tje] m boatman; oarsman; cost. straw-hat, boater; [singer, vocalist].

cantatrice [kɑ̃ta'tris] f (professional)

cantharide zo. [kɑ̃ta'rid] f Spanish fly; poudre f de ~s cantharides pl.

cantine [kɑ̃'tin] f ⚕ restaurant: canteen; soup-kitchen; equipment-case; **cantinier, -ère** [~ti'nje, ~'njɛ:r] su. canteen-attendant; su./m canteen-manager; su./f canteen-manageress.

cantique eccl. [kɑ̃'tik] m canticle; hymn; sacred song; bibl. le ♀ des ♀s the Song of Songs.

canton [kɑ̃'tɔ̃] m admin. canton, district; ⚕, road: section.

cantonade thea. [kɑ̃tɔ'nad] f wings pl.; thea. parler à la ~ speak to s.o. behind the scenes, speak off; crier à la ~ shout for everybody to hear.

cantonnement [kɑ̃tɔn'mɑ̃] m ⚔ quarters pl.; ⚔ billeting; **cantonner** [kɑ̃tɔ'ne] (1a) v/t. ⚔ billet, quarter; v/i. ⚔ be billeted; **cantonnier** [~'nje] m district road-surveyor; roadman; ⚕ permanent-way man.

canule [ka'nyl] f ⚕ nozzle; cannula; sl. bore.

caoutchouc [kau'tʃu] m india-rubber; mackintosh, raincoat; mot. etc. tyre; ~s pl. galoshes, Am. rubber overshoes; ~ durci vulcanite; ~ mousse foam rubber; gant m de ~ rubber-glove.

cap [kap] m geog. cape, headland; ⚓, ⚓ head; de pied en ~ from head to foot; mettre le ~ sur head for; ⚓, ⚓ suivre le ~ fixé be on one's course.

capable [ka'pabl] capable, able; **capacité** [~pasi'te] f capacity (a. ⚡); ability; ⚡ legal competence.

cape [kap] f cape, cloak; hood; cigar: outer leaf; ⚓ être à la ~ be hove to; rire sous ~ laugh up one's sleeve.

capeline [kap'lin] f sun-bonnet; wide-brimmed hat.

capillaire [kapil'lɛ:r] **1.** adj. capillary; artiste m tonsorial artist; **2.** su./m ♀ maidenhair fern; **capillarité** phys. [~lari'te] f capillary attraction, capillarity.

capilotade cuis. [kapilɔ'tad] f hash; fig. en ~ bruised; F mettre q. en ~ beat s.o. to a pulp.

capitaine [kapi'tɛn] m captain (a. fig.); ⚓ a. master; ⚔, gang, team: leader; sp. ~ d'equipe team captain.

capital, e, m/pl. **-aux** [kapi'tal, ~'to] **1.** adj. capital; fundamental, essential; deadly (sin); peine f ~e capital punishment, death penalty; **2.** su./m ♱ capital, assets pl.; ~ d'apport initial capital; ~ d'exploitation working capital; ♱ ~ et intérêt principal and interest; su./f geog. capital; typ. capital (letter); **capitaliser** [~tali'ze] (1a) v/t. ♱ capitalize; v/i. save; **capitalisme** [~ta'lism] m capitalism.

capitation [kapita'sjɔ̃] f poll-tax.

capiteux, -euse [kapi'tø, ~'tø:z] heady (wine); sensuous, F sexy.

capiton ♱ [kapi'tɔ̃] m silk waste; **capitonner** [~tɔ'ne] (1a) v/t. upholster; cost. quilt.

capitulaire [kapity'lɛ:r] capitular(y); **capitulation** [~la'sjɔ̃] f capitulation, surrender; **capituler** [~'le] (1a) v/i. ⚔ surrender; capitulate; fig. yield; fig. compromise (with, avec) (one's conscience).

capoc ♱ [ka'pɔk] m kapok.

capon, -onne [ka'pɔ̃, ~'pɔn] **1.** adj.

cowardly, afraid; **2.** *su.* coward; *school*: sneak.

caporal [kapɔˈral] *m* ✕ corporal; F *tobacco*: shag; ✕ ~ **chef** lance-sergeant; **caporalisme** [ˌra'lism] *m* narrow militarism.

capot [ka'po] **1.** *su./m mot.* bonnet, *Am.* hood; ✖ cowling; *cards*: capot; ♣ companion(-hatch); **2.** *adj./inv. fig.* nonplussed; **capotage** [ˌpɔ-'ta:ʒ] *m mot.* hooding; ✖, *mot.* overturning; ✖ noseover; **capote** [ˌ'pɔt] *f* greatcoat; bonnet; *mot.* hood, *Am.* convertible top; *chimney*: cowl; *sl.* ~ **anglaise** French letter (= *contraceptive*); **capoter** [ˌpɔ'te] (1a) *v/i.* capsize, overturn; *fig.* fail, founder.

câpre ♧ [kɑ:pr] *f* caper.

capricant, e ♗ [kapri'kɑ̃, ˌ'kɑ̃:t] bounding; caprisant (*pulse*).

caprice [ka'pris] *m* caprice, whim; impulse; *geol.* offshoot; *J* caprice, capriccio; **capricieux, -euse** [ˌpri'sjø, ˌ'sjø:z] capricious; whimsical; wayward (*child*).

capricorne [kapri'kɔrn] *m* capricorn beetle; *astr.* **le** ♑ **Capricorn,** the Goat.

capsule [kap'syl] *f* capsule; *bottle*: cap, crown-cork; ✕ percussioncap; ⚡ **à** ~ dished (*electrode*); **capsuler** [ˌsy'le] (1a) *v/t.* seal, cap (*a bottle*).

captage [kap'ta:ʒ] *m* water-catchment; collecting (*of waters*); ⚡ picking up; ⊕ recovery (*of by-products*); **captateur** *m*, **-trice** *f* ⚖ [ˌta'tœ:r, ˌ'tris] inveigler; **captation** [ˌta'sjɔ̃] *f* ⚖ inveiglement; ⚡ collecting; collection; *tel.*, *teleph.* tapping; **capter** [ˌ'te] (1a) *v/t.* ⚡ collect; catch (*waters*); ⊕ recover (*waste*); *radio*: pick up (*a station*); *tel.*, *teleph.* tap, intercept; captivate (*s.o.*); win by insidious means; **capteur** [ˌ'tœ:r] *m* ♣ captor; ⊕ collector; ~ **solaire** solar energy collector; **captieux, -euse** [ˌ'sjø, ˌ'sjø:z] fallacious, specious.

captif, -ve [kap'tif, ˌ'ti:v] **1.** *adj.* captive; **2.** *su.* prisoner; **captiver** [ˌti've] (1a) *v/t.* captivate, charm; master (*one's feelings*); **captivité** [ˌtivi'te] *f* captivity.

capture [kap'ty:r] *f* capture; seizure; ♣ *a.* prize; **capturer** [ˌty-'re] (1a) *v/t.* capture; ♣ seize; arrest.

capuchon [kapy'ʃɔ̃] *m cost.* hood; *eccl.* cowl; *lamp*, *pen*, *etc.*: cap.

capucin [kapy'sɛ̃] *m* Capuchin friar; **capucinade** F [ˌsi'nad] *f* dull sermon *or* address; **capucine** [ˌ'sin] *f* Capuchin nun; ♧ nasturtium; ⚙ drip-stone; *vehicle*: hood; *rifle*: band.

caque [kak] *f* keg; herring-barrel; **caquer** [ka'ke] (1m) *v/t.* cure and barrel (*herrings*).

caquet [ka'kɛ] *m*, **caquetage** [kak-'ta:ʒ] *m* *hens*: cackling; F gossip, chatter; *rabattre le caquet de* q. show s.o. up; make s.o. sing small; **caqueter** [ˌ'te] (1c) *v/i.* cackle (*hen*); F gossip, chatter; gabble; **caqueteur** *m*, **-euse** *f* [ˌ'tœ:r, ˌ-'tø:z] *person*: gossip.

car¹ [ka:r] *m* ⚒, tram: car; *police*: van; motor-coach.

car² [ˌ] *cj.* for, because.

carabe *zo.* [ka'rab] *m* carabid (beetle).

carabin *sl.* [kara'bɛ̃] *m* medic.

carabine ✕ [kara'bin] *f* rifle; carbine; **carabiné, e** [ˌbi'ne] sharp, violent; ♣ strong; **carabinier** [ˌbi'nje] *m* † carabineer; *Italy*: soldier of the police militia, constable; *Spain*: customs officer.

caracole [kara'kɔl] *f* horsemanship: caracole, half-turn; *fig.* caper; **caracoler** [ˌkɔ'le] (1a) *v/i.* horsemanship: caracole; *fig.* caper, gambol.

caractère [karak'tɛ:r] *m* character; nature; temperament; feature, characteristic; letter; *typ.* type; *mauvais* ~ bad temper; **caractériel, -elle** [ˌte'rjɛl] **1.** *adj.* (of) character; (emotionally) disturbed; **2.** *su.* problem child, (emotionally) disturbed child; **caractériser** [ˌteri'ze] (1a) *v/t.* characterize; *se* ~ *par* be distinguished by; **caractéristique** [ˌteris'tik] **1.** *adj.* characteristic (of, de), distinctive; typical (of, de); **2.** *su./f* characteristic.

carafe [ka'raf] *f* decanter; waterbottle; carafe; ✖ *avoir la* ~ make a forced landing; *rester en* ~ be left in the lurch; **carafon** [ˌra'fɔ̃] *m* small decanter *or* carafe; *wine*: icepail.

carambolage [karɑ̃bɔ'la:ʒ] *m* billiards: cannon, *Am.* carom; *mot.* crash, pileup; **caramboler** [ˌbɔ'le] (1a) *v/i.* cannon, *Am.* carom; *v/t.* hit, crash into; *se* ~ crash (into each other), collide; **carambouilleur** [~bu'jœːr] *m* swindler (*who buys things on credit and sells or pawns them at once*).

caramel [kara'mɛl] *m* caramel, burnt sugar; gravy-browning; **caraméliser** [~meli'ze] (1a) *v/t.* caramel(ize) (*sugar*); mix caramel with.

carapater *sl.* [karapa'te] (1a) *v/t.*: se ~ decamp, scram.

carat [ka'ra] *m* carat.

caravane [kara'van] *f* caravan; *mot.* caravan, *Am.* trailer; **caravanier** [~va'nje] *m* caravaneer; **caravansérail** [~vɑ̃se'raːj] *m* caravanserai.

carbonate ♎ [karbɔ'nat] *m* carbonate; *sl.* washing soda; **carbonater** ♎ [~bɔna'te] (1a) *v/t.* carbonate; **carbone** [~'bɔn] *m* ♎ carbon; *papier m* ~ carbon paper; **carbonique** [~bɔ'nik] carbonic; **carboniser** [~bɔni'ze] (1a) *v/t.* carbonize, char; *fig.* burn to death.

carburant [karby'rɑ̃] *m* motor fuel; **carburateur** *mot.* [~byra'tœːr] *m* carburettor; **carbure** ♎ [~'byːr] *m* carbide; **carburé, e** [~by're] carburetted; vaporized (*fuel*).

carcan [kar'kɑ̃] *m hist.* iron collar; *fig.* yoke, restraint.

carcasse [kar'kas] *f* carcass; frame(-work); ♎ shell, skeleton.

carcinome ✠ [karsi'nɔm] *m* carcinoma.

cardage *tex.* [kar'daːʒ] *m* wool: carding; *cloth:* teaseling; raising.

cardamine ♀ [karda'min] *f* cardamine; ~ *des prés* mayflower.

cardan ⊕ [kar'dɑ̃] *m* universal joint; *arbre m à* ♀ Cardan shaft.

carde [kard] *f* ♀ bur, teasel; ♀ chard; *tex.* carding-brush; ⊕ ~ *métallique* wire-brush; **carder** *tex.* [kar'de] (1a) *v/t.* card, comb (*wool*); teasel (*cloth*); **cardeuse** *tex.* [~'døːz] *f* carding-machine.

cardiaque ✠ [kar'djak] **1.** *adj.* cardiac; *crise f* ~ heart attack; *être* ~ have a heart condition; **2.** *su.* sufferer from heart trouble, F heart-case.

cardinal, e, *m/pl.* **-aux** [kardi'nal, ~'no] *adj., a. su./m* cardinal.

carême [ka'rɛm] *m* Lent; fast; *comme mars en* ~ without fail; ~**prenant,** *pl.* ~**s-prenants** [~rɛmprɔ'nɑ̃] *m* Shrovetide; *person:* Shrovetide reveller.

carénage [kare'naːʒ] *m* ♎ careening;

careening-place; docking; ✈, *mot.* stream-lining.

carence [ka'rɑ̃ːs] *f* ♎♎, ✠ insolvency; defaulting; ♋, *a. fig.* deficiency (of, in *de*); incompetence, inadequacy; *maladie f par* ~ deficiency disease.

carène [ka'rɛn] *f* ♎ hull; ✈, *mot.* stream-lined body; *pompe f de* ~ bilge-pump; **caréner** [~re'ne] (1f) *v/t.* ♎ careen; ✈, *mot.* stream-line.

caresse [ka'rɛs] *f* caress; endearment; **caresser** [~rɛ'se] (1a) *v/t.* caress, fondle; *fig.* cherish (*hopes*).

cargaison ♎ [karge'zɔ̃] *f* cargo; shipping (*of cargo*); **cargo** ♎ [~'go] *m* cargo-boat, tramp; **carguer** ♎ [~'ge] (1m) *v/t.* take in (*sail*).

caricature [karika'tyːr] *f* caricature; cartoon; *fig.* travesty.

carie [ka'ri] *f* ✠ caries; *trees:* blight; ✔ *corn:* stinking smut; **carier** [~'rje] (1o) *v/i. a. se* ~ rot, decay.

carillon [kari'jɔ̃] *m* carillon, chime(s *pl.*); peal; ♪ tubular bells *pl.*; F row; **carillonner** [~jɔ'ne] (1a) *vt/i.* chime; sound; *fête f carillonnée* High Festival; **carillonneur** [~jɔ'nœːr] *m* carillon player; bell-ringer; change-ringer.

carlin, e [kar'lɛ̃, ~'lin] *adj., a. su.* pug.

carlingue [kar'lɛ̃ːg] *f* ♎ keelson; ✈ fuselage; F cockpit.

carme [karm] *m* Carmelite, White Friar; ~ *déchaussé* discalced Carmelite; **carmélite** [karme'lit] *f nun:* Carmelite.

carmin [kar'mɛ̃] *su./m, a. adj./inv.* carmine.

carminatif, -ve ✠ [karmina'tif, ~'tiːv] *adj., a. su./m* carminative.

carnage [kar'naːʒ] *m* slaughter; **carnassier, -ère** [karna'sje, ~'sjɛːr] **1.** *adj.* carnivorous; **2.** *su./f* game bag; *su./m* carnivore; **carnation** [~'sjɔ̃] *f* flesh tint (*a. pl.*).

carnaval, *pl.* **-als** [karna'val] *m* carnival; King Carnival.

carne *sl.* [karn] *f* tough meat; old horse; bad-tempered person; wastrel; slut.

carnet [kar'nɛ] *m* notebook; (*cheque-, ticket-, etc.*) book; ~ *de bal* card; ✠ ~ *de commandes* order book.

carnier [kar'nje] *m* game-bag.

carnivore [karni'vɔːr] **1.** *adj.* carnivorous; **2.** *su./m:* ~s *pl.* carnivora.

carotte [ka'rɔt] **1.** *su./f* ♀, ✔ carrot;

tobacco: plug; *sl.* trick, swindle; **2.** *adj./inv.* carroty, ginger; **carotter** F [~rɔ'te] (1a) *v/t.* steal, F pinch; cheat, F do.

caroube ♀ [ka'rub] *f* carob; **caroubier** ♀ [~ru'bje] *m* carob-tree.

carpe[1] *anat.* [karp] *m* carpus, wrist.

carpe[2] *icht.* [karp] *f* carp; **carpeau** *icht.* [kar'po] *m* young carp.

carpette[1] [kar'pɛt] *f* rug.

carpette[2] *icht.* [~] *f* young carp.

carquois [kar'kwa] *m* quiver.

carre [kɑːr] *f plank*: thickness; *hat*: crown; *boot*: square toe; **carré, e** [kɑ're] **1.** *adj.* square; squared (*stone*); *fig.* plain, blunt; **2.** *su./m* square; ⚓ patch; *staircase*: landing; *anat.* quadrate muscle; *cuis.* loin; ♣ ~ *des officiers* ward-room; *mess-room*; *su./f sl.* room, digs *pl.*; **carreau** [~'ro] *m* small square; *flooring*: tile, flag; floor; (window-)pane; *cards*: diamonds *sg.*; ⚒ *mine*: head; (*tailor's*) goose; † bolt; *à* ~ checked (*material*); F *se garder* (*or tenir*) *à* ~ take every precaution; **carrefour** [kar'fur] *m* crossroads *pl.*; intersection; square (*in town*).

carrelage [karla'ʒ] *m* tiling; **carreler** [~'le] (1c) *v/t.* tile, pave with tiles; square (*paper*); checker; **carrelet** [~'lɛ] *m* square dipping-net; ⊕ large needle; sewing-needle (*of boatmen*); **carreleur** [~'lœːr] *m* tile-layer.

carrément [kare'mã] *adv.* square (-ly); *fig.* bluntly; straight (out); **carrer** [ka're] (1a) *v/t.* square; *se* ~ swagger; loll (*in a chair*).

carrier [ka'rje] *m* quarryman.

carrière[1] [ka'rjɛːr] *f* quarry.

carrière[2] [~] *f* course; career; *donner* ~ *à* give free rein to.

carriériste [karje'rist] *su.* careerist.

carriole [ka'rjɔl] *f* light cart.

carrossable [karɔ'sabl] carriageable, passable (*for vehicles*); **carrosse** [~'rɔs] *m* † coach; *fig.* rouler ~ live in style; **carrosserie** *mot.* [~rɔs'ri] *f* body, coachwork.

carrousel [karu'sɛl] *m* merry-go-round; ⚔ tattoo.

carrure [ka'ryːr] *f* breadth of shoulders.

cartable [kar'tabl] *m* satchel; writing-pad; cardboard portfolio.

carte [kart] *f* card; *restaurant*: menu; map, ♣ chart; ticket; *fig.* ~ *blanche*

full powers *pl.*; a free hand, a blank cheque; 🕱 ~ *d'accès au bord* boarding pass; ~ *d'alimentation* ration book; ~ *de lecteur* reader's ticket; ~ *d'identité* identity card; *mot.* ~ *grise* car licence; ~ *postale* postcard; *mot.* ~ *verte* insurance document, *Br.* green card; *battre les* ~s shuffle (the cards); *faire les* ~s deal (the cards); *jouer* ~s *sur table* be above-board.

cartel [kar'tɛl] *m* † ring, cartel, combine; *pol.* coalition.

carte-lettre, *pl.* **cartes-lettres** [kartə'lɛtr] *f* letter-card.

cartellisation ⊕ [karteliza'sjõ] *f* cartelization.

carter [kar'tɛːr] *m* mot. crank-case; *bicycle*: gear-case.

cartilage [karti'laːʒ] *m anat.* cartilage, F gristle; **cartilagineux, -euse** [~laʒi'nø, ~'nøːz] *anat.* cartilaginous, F gristly; ♀ hard.

cartographe [kartɔ'graf] *m* map-maker, chart-maker; cartographer; **cartographie** [~gra'fi] *f* cartography; mapping; map collection; **cartomancie** [~mã'si] *f* cartomancy, fortune-telling (by cards).

carton [kar'tõ] *m* cardboard; pasteboard; cardboard box; cardboard portfolio; *art*: cartoon; *phot.* mount; *typ.* cancel; *geog.* inset map; ~*en* ~ *a.* paper...; ~ *bitumé* roofing felt; ~ *ondulé* corrugated cardboard; *fig. homme de* ~ man of straw; **cartonner** [~tɔ'ne] (1a) *v/t.* bind in boards, case; *cartonné* hardback (*book*); **cartonnerie** [~tɔn'ri] *f* cardboard manufactory; cardboard trade; **cartonnier** [~tɔ'nje] *m* (cardboard) file; **carton-pâte,** *pl.* **cartons-pâtes** [~tõ'paːt] *m* papier mâché.

cartothèque † [kartɔ'tɛk] *f* card index.

cartouche[1] [kar'tuʃ] *m* ♙, *art*: cartouche.

cartouche[2] [kar'tuʃ] *f* ⚔ cartridge; refill (*of ball-pen*); **cartouchière** [~tu'ʃjɛːr] *f* ⚔ cartridge-pouch; ~ *d'infirmier* first-aid case.

carvi ♀ [kar'vi] *m* caraway.

cas [kɑ] *m* case (*a.* ⚕ = *disease, patient; a. gramm.*): instance, circumstance; affair; ~ *limite* borderline case; *au* (*or dans le*) ~ *où* (*cond.*) in case *or* in the event of (*ger.*); *au* ~ *où* (*cond.*), *en* ~ *que* (*sbj.*) in case ... should (*inf.*); *dans tous les* ~, *en* casanier 88

tout ~ in any case; *en aucun ~* in no
circumstances; *en ce ~* if so; *faire
grand ~ de* think highly of (*s.th.*);
faire peu de ~ de set little value on;
le ~ échéant if needed; *selon le ~*
as the case may be.

casanier, -ère [kaza'nje, ~'njɛ:r]
adj., a. su. stay-at-home.

casaque [ka'zak] *f* coat, jacket;
jumper (*of woman*); F *tourner ~*
turn one's coat; **casaquin** [~za'kɛ̃]
m dressing-jacket; jumper.

cascade [kas'kad] *f* waterfall, falls
pl., cascade; F gay time; F piece of
reckless folly; **cascader** [~ka'de]
(1a) *v/i.* cascade; **cascadeur** [~ka-
'dœ:r] *m* stuntman; acrobat.

case [kɑ:z] *f* hut, small house; compartment; pigeon-hole; *chessboard*:
square; *~ postale* Post Office box,
P.O. box.

caséeux, -euse [kaze'ø, ~'ø:z]
cheesy, caseous.

casemate [kaz'mat] *f* casemate.

caser [ka'ze] (1a) *v/t.* F put; † file
(*papers*); marry off; find a job for;
put (*s.o.*) up; *se ~* settle down; find a
home (with, *chez*).

caserne [ka'zɛrn] *f* barracks *pl.*;
caserner [~zɛr'ne] (1a) *v/t.* quarter, billet; *v/i.* live in barracks.

casier [ka'zje] *m* compartment;
locker; pigeon-hole; filing cabinet;
rack, bin; *~ judiciaire* police
record; *avoir un ~ judiciaire vierge*
have a clean record.

casino [kazi'no] *m* casino.

casque [kask] *m* helmet; *~s pl. d'écoute* ear-phones; *~ blindé* crash helmet;
casqué, e [kas'ke] helmeted; **casquer** F [~'ke] (1m) *v/i.* foot the bill;
v/t. fork out (*a sum*); **casquette**
[~'kɛt] *f* (peaked) cap.

cassable [ka'sabl] breakable; **cassant, e** [~'sɑ̃, ~'sɑ̃:t] brittle (*china
etc.*); crisp (*biscuit*); curt, short
(*manner*, *voice*); F sharp; *ce n'est pas
~, ça n'a rien de ~* it's not exactly
tiring work; F it's not so hot, it's
nothing to write home about; **cassation** [~sa'sjɔ̃] *f* reversing, quashing, setting aside; *~ aux ranks*: reduction to the
ranks; *cour f de ~* Supreme Court
of Appeal.

casse¹ [kɑ:s] *f* breakage, damage; *fig.*
break; F row.

casse² [~] *f typ.* case; ⊕ ladle; *metall.*

crucible; *typ.* *haut* (*bas*) *de ~* upper
(lower) case.

casse³ [~] *f* ♀ cassia; senna.

casse...: *~-cou* [kas'ku] *m/inv.* dangerous spot; *~-croûte* [~'krut]
m/inv. snack; snack-bar; *~-noiset-
tes* [~nwa'zɛt] *m/inv.*, *~-noix*
[~'nwa] *m/inv.* nutcrackers *pl.*; *~-
pieds* F [~'pje] *1. su/inv.* bore, F pain
in the neck; *2. adj./inv.* boring; *~-
pipe(s)* F [~'pip] *m/inv.* war; front.

casser [ka'se] (1a) *v/t.* break, smash;
crack; F punch (s.o.'s nose, *le nez à
q.*); *~* reduce to the ranks; *~* set
aside, quash, reverse; F *~ sa pipe* kick
the bucket (= *die*); *v/i. a. se ~* break,
give way; wear out (*person*).

casserole [kas'rɔl] *f* saucepan,
stewpan.

casse-tête [kas'tɛt] *m/inv.* life-
preserver (= *loaded stick*); club,
truncheon; *fig.* puzzle, head-ache;
fig. din, uproar.

cassette [ka'set] *f* (jewel-)casket;
case; money-box; cassette.

casseur, -euse [ka'sœ:r, ~'sø:z] 1.
adj. destructive, aggressive (*look
etc.*); 2. *su.* breaker; *cars:* scrap
dealer; F *~ d'assiettes* truculent
person.

cassis¹ [ka'sis] *m* ♀ black currant; *sl.*
head.

cassis² ⊕ [ka'si] *m* cross-drain.

cassonade [kasɔ'nad] *f* brown sugar.

cassure [ka'sy:r] *f* break; fragment.

caste [kast] *f* caste; *esprit m de ~* class
consciousness.

castel † [kas'tɛl] *m* (small) castle.

castillan, e [kasti'jɑ̃, ~'jan] *adj., a. su.*
♀ Castilian.

castor *zo.*, ♀ [kas'tɔ:r] *m* beaver.

casuel, -elle [ka'zɥɛl] 1. *adj.* accidental, fortuitous, casual; *gramm.*
case-...; *~* contingent; 2. *su./m*
perquisites *pl.*

casuistique [kazɥis'tik] *f* casuistry
(*a. fig.*).

cataclysme [kata'klism] *m* cata-
clysm, disaster; **catalepsie** *scil.* [~-
lep'si] *f* catalepsy; **catalogue** [~-
'lɔg] *m* catalogue, list; *faire le ~ de*
run over the list of; **cataloguer**
[~lɔ'ge] (1m) *v/t.* catalogue, list; **ca-
talyser** [~li'ze] (1a) *v/t.* catalyse;
catalyseur ⚛ [~li'zœ:r] *m* catalyst;
cataphote *mot.* [~'fɔt] *m* road: cat's
eye, *Am.* reflector; **cataplasme** *scil.*
[~'plasm] *m* poultice; **catapulter**

[~pyl'te] catapult; **cataracte** [~'rakt] *m* cataract (*a.* ✵).

catarrhe ✶ [ka'ta:r] *m* catarrh; F ~ *nasal* cold in the head; **catarrheux, -euse** [~ta'rø, ~'rø:z] catarrhous.

catastrophe [katas'trɔf] *f* catastrophe; disaster; **catastrophique** [~trɔ'fik] catastrophic.

catch *sp.* [kat∫] *m* catch-as-catch-can.

catéchiser [kate∫i'ze] (1a) *v/t.* eccl. catechize; *fig.* coach; lecture; reason with (*s.o.*).

catégorie [kategɔ'ri] *f* category, class; **catégoriser** [~ri'ze] (1a) *v/t.* classify.

caténaire ⚡ [kate'nɛ:r] 1. *adj.* catenary; 2. *su./f* trolley-wire.

cathédrale [kate'dral] *f* cathedral.

cathode ⚡ [ka'tɔd] *f* cathode; **cathodique** ⚡ [~tɔ'dik] cathodic; *tube m à rayons ~s* cathode-ray tube.

catholique [katɔ'lik] 1. *adj.* (Roman) Catholic; F *pas (très or bien)* ~ (a bit) fishy or shady, not (quite) straight; 2. *su.* (Roman) Catholic.

catimini F [katimi'ni] *adv.*: *en* ~ stealthily, on the sly.

catin F [ka'tɛ̃] *f* prostitute.

catir *tex.* [ka'ti:r] (2a) *v/t.* press, gloss.

cauchemar [ko∫'ma:r] *m* nightmare; *fig.* net aversion.

causal, e [ko'zal] causal, causative.

cause [ko:z] *f* cause, motive; reason; ✝⚖️ case, trial; *à* ~ *de* on account of; *fig. en* ~ at stake; involved; *mettre en* ~ question (*s.th.*); *pour* ~ for a good reason; ✝⚖️ *sans* ~ briefless (*barrister*).

causer[1] [ko'ze] (1a) *v/t.* cause.

causer[2] [ko'ze] (1a) *v/i.* talk (*a. fig.* = *blab*), chat; **causerie** [koz'ri] *f* talk, chat; **causette** F [ko'zɛt] *f* little chat; **causeur, -euse** [~'zœːr, ~'zøːz] 1. *adj.* talkative, chatty; 2. *su.* talker; *su./f* settee for two.

causticité [kostisi'te] *f* 🜋 causticity; *fig.* caustic humo(u)r; biting quality (*of a remark etc.*); **caustique** [~'tik] 1. *adj.* 🜋, *a. fig.* caustic; 2. *su./m* 🜋 caustic; *su./f opt.* caustic.

cautèle [ko'tɛl] *f* cunning, craftiness; **cauteleux, -euse** [kot'lø, ~'lø:z] cunning, crafty; wary.

cautère ✶ [ko'tɛ:r] *m* cautery; **cautériser** ✶ [~teri'ze] (1a) *v/t.* cauterize.

caution [ko'sjɔ̃] *f* security, guaran-

tee; ✝⚖️ bail; ✝ deposit; *être (or se porter)* ~ go bail; ✝ stand surety; *fournir* ~ produce bail; *sujet à* ~ unreliable, unconfirmed; **cautionnement** [~sjɔn'mɑ̃] *m* surety; **cautionner** [~sjɔ'ne] (1a) *v/t.* stand surety for (*s.o.*); ✝⚖️ bail go bail for; *fig.* support, back.

cavalcade [kaval'kad] *f* cavalcade; procession; **cavale** *poet.* [~'val] *f* mare; **cavaler** *sl.* [~va'le] (1a) *v/i.* run; *v/t.* pester (*s.o.*); *se* ~ do a bunk (= *run away*); **cavalerie** [~val'ri] *f* cavalry; **cavalier, -ère** [~va'lje, ~'lje:r] 1. *su.* rider; *su./m* horseman; *dancing:* partner; *chess:* knight; ⚔ trooper; *su./f* horsewoman; 2. *adj.* haughty; off-hand; jaunty; 🜨 *perspective f* ~*ère* isometric projection.

cave [ka:v] 1. *su./f* cellar (*a. fig.*); vault; ⊕ *coke-oven:* wharf; *cards:* stake(s *pl.*); 2. *adj.* hollow; *anat. veine f* ~ vena cava; **caveau** [ka'vo] *m* cellar, vault; burial vault; **caver** [~'ve] (1a) *v/t.* hollow (out), undermine; put up (*money at cards*); *v/i.* put up a sum of money; **caverne** [~'vɛrn] *f* cave, cavern; (thieves') den; ✶ cavity; **caverneux, -euse** [~vɛr'nø, ~'nø:z] cavernous; *fig.* hollow, sepulchral (*voice*); **cavité** [~vi'te] *f* cavity, hollow.

ce[1] [s(ə)] *dem./pron./n* it; this, that; these, those; *ce qui (or que)* what, which; *c'est pourquoi* therefore; *c'est que* the truth is that; *c'est moi* it is I, F it's me.

ce[2] (*before vowel or h mute* **cet**) *m*, **cette** *f*, **ces** *pl.* [sə, sɛt, se] *dem./adj.* this, that; *pl.* these, those; *ce ...-ci* this; *ce ...-là* that.

céans [se'ɑ̃] *adv.* F here(in); *maître m de* ~ master of the house.

ceci [sə'si] *dem./pron./n* this; ~ *étant* this being the case or so.

cécité [sesi'te] *f* blindness.

cédant, e ✝, ✝⚖️ [se'dɑ̃, ~'dɑ̃:t] 1. *su.* assignor, grantor, transferor; 2. *adj.* assigning, granting, transferring; **céder** [~'de] (1f) *vt/i.* give up, yield; surrender; *v/t.* 🜋 give off; transfer; sell (*a lease*); ~ *le pas à* give way to; ~ *le passage* give way; *le* ~ *à q.* be inferior to second to s.o. (*in, en*).

cédille *gramm.* [se'di:j] *f* cedilla.

cèdre [sɛ:dr] *m* tree or wood: cedar.

cédule [se'dyl] *f* script, note; *admin. taxes*: schedule; summons *sg.*

cégétiste [seʒe'tist] *m* trade-unionist (= *member of the C.G.T.*).

ceindre [sɛ̃:dr] (4m) *v/t.* (de, with) gird; bind; surround; wreathe.

ceinture [sɛ̃'ty:r] *f* belt (*a. fig.* of fortifications, hills, *etc.*); girdle; waist; waistband; enclosure, circle; ~ (de sécurité) seat or safety belt; ~ de sauvetage lifebelt; ~ verte green belt; 🚊 ligne *f* de ~ circle line; **ceinturer** [sɛ̃ty're] (1a) *v/t.* seize (*s.o.*) round the waist; *fig.* surround; *foot.* collar (*s.o.*) low; **ceinturier** [~'rje] *m* belt-maker; **ceinturon** [~'rɔ̃] *m* waist-belt, sword-belt.

cela [s(ə)la] **1.** *dem./pron./n* that; à ~ près with that exception; ~ fait thereupon; c'est ~ that's right, that's it; comment ~? how?; et ... avec tout ~? and what about ...?; **2.** *su./m* psych. id.

céladon [sela'dɔ̃] *su./m, a. adj./inv.* celadon, parrot-green.

célébration [selebra'sjɔ̃] *f* celebration; **célèbre** [~'lɛbr] famous, celebrated; **célébrer** [sele'bre] (1f) *v/t.* celebrate; extol; **célébrité** [~bri'te] *f* celebrity.

celer [sə'le] (1d) *v/t.* conceal.

céleri ♀ [sel'ri] *m* celery; pied *m* de ~ head of celery.

célérité [seleri'te] *f* speed, rapidity, swiftness.

céleste [se'lɛst] heavenly, celestial; bleu ~ sky-blue; ♪ voix *f* ~ organ: vox angelica.

célibat [seli'ba] *m* celibacy; **célibataire** [~ba'tɛ:r] **1.** *adj.* single; celibate; **2.** *su./m* bachelor; *su./f* unmarried woman; single girl; spinster.

celle [sɛl] *f* see celui.   [cupboard.]

cellier [sɛ'lje] *m* store-room, store-

cellulaire [sely'lɛːr] cellular; régime *m* ~ solitary confinement; voiture *f* ~ police-van, F Black Maria; **cellule** [~'lyl] *f* cell; F den; ⚡ ~ au sélénium selenium cell; ⚡ ~ d'avion air-frame; telev. ~ photo-électrique electric eye; **celluleux, -euse** [sely'lø, ~'lø:z] cell(at)ed; **celluloïd(e)** ⊕ [~lɔ'id] *m* celluloid; **cellulose** ⚛, ♀ [~lo:z] *f* cellulose.

celte [sɛlt] **1.** *adj.* Celtic; **2.** *su.* Celt; **celtique** [sɛl'tik] **1.** *adj.* Celtic; **2.** *su./m ling.* Celtic.

celui *m*, **celle** *f*, **ceux** *m/pl.*, **celles** *f/pl.* [sə'lɥi, sɛl, sø, sɛl] *dem./pron.* he (*acc.* him); she (*acc.* her); the one, that; *pl.* they (*acc.* them); those; ~ci *etc.* [səlɥi'si *etc.*] the latter; this one; ~là *etc.* [səlɥi'la *etc.*] the former; that one.

cément *metall.* [se'mɑ̃] *m* cement (*a.* 🔬), powdered carbon; **cémenter** [~mɑ̃'te] (1a) *v/t. metall.* case-harden (*steel*); cement (*an armourplate*).

cendre [sɑ̃:dr] *f* cinders *pl.*, ash; mercredi *m* des ⚜s Ash Wednesday; **cendré, e** [sɑ̃'dre] **1.** *adj.* ash-grey, ashy; **2.** *su./f sp.* cinders *pl.*; 🔬 lead ashes *pl.*; **cendreux, -euse** [~'drø, ~'drø:z] ash-grey, ashy; gritty; *metall.* brittle (*steel*); **cendrier** [~dri'e] *m* ash-pan; 🚊 ash-box; ash-tray.

Cendrillon [sɑ̃dri'jɔ̃] *f* Cinderella (*a. fig.*); *fig.* stay-at-home; F drudge.

Cène [sɛn] *f* the Last Supper; *protestant service:* the Lord's Supper; the Holy Communion.

censé, e [sɑ̃'se] être ~ faire qch. supposed to do s.th.; nul n'est ~ ignorer la loi ignorance of the law is no excuse; **censément** [~se'mɑ̃] *adv.* supposedly; ostensibly; to all intents and purposes; **censeur** [~'sœ:r] *m* censor; lycée: vice-principal; *univ.* proctor; **censurable** † [~sy'rabl] open to censure; **censure** [~'sy:r] *f* censure; *cin., journ., etc.* censorship; **censurer** [~sy're] (1a) *v/t.* censure; censor.

cent [sɑ̃] **1.** *adj./num.* (a or one) hundred; **2.** *su./m* (*inv.* when followed by another number) hundred; cinq pour ~ five per cent; je vous le donne en ~ I give you a hundred guesses; trois ~ dix three hundred and ten; trois ~s ans three hundred years; **centaine** [sɑ̃'tɛn] *f* (about) a hundred.

centaure *myth.* [sɑ̃'to:r] *m* centaur.

centenaire [sɑ̃t'nɛ:r] **1.** *adj.* a hundred years old; *fig.* ancient, venerable; **2.** *su./m* centenary; *su. person:* centenarian; **centésimal, e,** *m/pl.* **-aux** [sɑ̃tezi'mal, ~'mo] centesimal; thermomètre *m* ~ centigrade thermometer.

centi... [sɑ̃ti] centi...; **centiare** [sɑ̃'tja:r] *m measure:* one square metre (*approx.* 1 1/5 *square yards*); **cen-**

cesse

tième [-'tjɛm] **1.** adj./num., a. su., a. su./m fraction: hundredth; **2.** su./f thea. hundredth performance; **centigrade** [-ti'grad] centigrade; **centime** [-'tim] m ¹/₁₀₀ of a franc; **centimètre** [-ti'mɛtr] m measure: (approx.) ²/₅ inch; tape-measure.

central, e m/pl. **-aux** [sātral, -'tro] **1.** adj. central; **2.** su./m telephone-exchange; call-station; su./f ⚡ (~ électrique) powerhouse; power station (Am. plant); ⚡ ~e hydro-électrique hydro-electric generating station; ~e nucléaire (or atomique) nuclear power station (Am. plant); **centraliser** [-trali'ze] (1a) v/t. a. se ~ centralize; **centre** [sātr] m centre, Am. center; middle; foot. ~s pl. insides; meteor. ~ de dépression storm centre; phys. ~ de gravitation (or d'attraction) centre of attraction; **centrer** [sā'tre] (1a) v/t. centre, Am. center; adjust; **centrifuge** [sātri-'fy:ʒ] centrifugal; essoreuse f ~ rotary dryer; **centripète** [-'pɛt] centripetal; **centriste** pol. [sā'trist] adj., a. su. centrist.

centuple [sā'typl] su./m, a. adj. hundredfold; **centupler** [-ty'ple] (1a) vt/i. increase a hundredfold.

cep ⚘ [sep] m vine-stock; vine-plant.

cèpe ⚘ [-] m flap mushroom.

cependant [sapā'dā] **1.** adv. meanwhile; **2.** cj. however, nevertheless, yet.

céramique [sera'mik] **1.** adj. ceramic; **2.** su./f ceramics pl., pottery; **céramiste** [-'mist] su. potter.

cérat [se'ra] m cerate, ointment. **Cerbère** [sɛr'bɛ:r] m myth., a. fig. Cerberus.

cerceau [sɛr'so] m hoop; ⚕ cradle (over bed); **cercle** [sɛrkl] m circle (a. fig.), ring (a. ⊕); barrel: hoop; dial; fig. company, group; fig. sphere, range; geog. ~ polaire polar circle; en ~s in the wood (wine); ⚐ quart m de ~ quadrant; **cercler** [sɛr'kle] (1a) v/t. encircle, ring; hoop; put a tyre on (a wheel).

cercueil [sɛr'kœ:j] m coffin; ~ en plomb (leaden) shell.

céréale ⚘ [sere'al] su./f, a. adj. cereal.

cérébral, e, m/pl. **-aux** [sere'bral, ~'bro] cerebral, brain...; fatigue f ~e brain-fag.

cérémonial, pl. **-als** [seremɔ'njal] m ceremonial; **cérémonie** [~'ni] f ceremony (a. fig.), pomp; formality; sans ~ informal(ly adv.); **cérémonieux, -euse** [~'njø, ~-'njø:z] ceremonious, formal.

cerf [sɛːr] zo. stag, hart; cuis. venison.

cerfeuil ⚘ [sɛr'fœ:j] m chervil.

cerf-volant, pl. **cerfs-volants** [sɛr-vɔ'lā] m zo. stag-beetle; (paper) kite.

cerise [sə'ri:z] **1.** su./f ⚘ cherry; sl. bad luck; **2.** adj./inv. cherry-red; **cerisette** [səri'zɛt] f dried cherry; ⚘ winter-cherry; **cerisier** [~'zje] m cherry-tree; cherry-wood.

cerne [sɛrn] m tree: (age-)ring; ring, circle (round eyes, wound, etc.); **cerneau** [sɛr'no] m green walnut; **cerner** [~'ne] (1a) v/t. encircle, surround; hem in; ring (a tree etc.); fig. delimit, define (a problem etc.); shell (nuts); avoir les yeux cernés have rings under one's eyes.

certain, e [sɛr'tɛ̃, ~'tɛn] **1.** adj. certain, sure; positive, definite; (before noun) one; some; **2.** pron. some, certain; **certes** [sɛrt] adv. indeed; **certificat** [sɛrtifi'ka] m certificate (a. ⚕); testimonial; ~ de bonne vie et mœurs certificate of good character; ~ d'origine dog etc.: pedigree; **certification** [~fika'sjō] f certification; signature: witnessing; **certifier** [~'fje] (1o) v/t. certify, attest, assure; witness (a signature); **certitude** [~'tyd] f certainty.

cérumen [sery'mɛn] m ear-wax.

céruse ⚗ [se'ry:z] f white lead; **cérusite** ⚗ [~ry'zit] f cerusite.

cerveau [sɛr'vo] m brain; fig. mind; fig. mastermind; ~ brûlé hothead; rhume m de ~ cold in the head.

cervelas cuis. [sɛrvə'la] m saveloy.

cervelet anat. [sɛrvə'lɛ] m cerebellum; **cervelle** anat., cuis. [~'vɛl] f brains pl.; brûler la ~ à q. blow s.o.'s brains out; se creuser la ~ rack one's brains; fig. une ~ de lièvre a memory like a sieve.

ces [se] pl. of ce³.

césarienne ⚕ [sesa'rjɛn] adj./f: (opération f ~) Caesarean (operation).

cessation [sɛsa'sjō] f cessation, stoppage, suspension; breach (of relations); **cesse** [sɛs] f: n'avoir pas de ~ que not to rest until; sans ~ continually; continuously, constantly; **cesser** [sɛ'se] (1a) *vt/i.* cease; leave off; *v/i.*: faire ~ put a stop to; **cessez-le-feu** [~sela'fø] *m/inv.* ceasefire; **cessible** ɪʒɪ [~'sibl] transferable; assignable; **cession** [~'sjõ] *f* ɪʒɪ transfer, assignment; ✝ *shares:* delivery; **cessionnaire** ✝ [~sjɔ'nɛːr] *m* transferee, assignee; *bill:* holder.

c'est-à-dire [sɛta'diːr] *cj.* that is to say, i.e.; in other words; F ~ que well, actually.

césure [se'zyːr] *f* caesura.

cet *m,* **cette** *f* [sɛt] *see* ce².

cétacé, e *zo.* [seta'se] **1.** *adj.* cetaceous; cetacean; **2.** *su./m* cetacean.

ceux [sø] *m/pl. see* celui.

chabler [ʃa'ble] (1a) *v/t.* ⊕ hoist (*a load*); ⚓ tow (*a boat*); ⚹ beat (*a walnut-tree*). [Burgundy).\
chablis [ʃa'bli] *m* Chablis (= white)

chabot *icht.* [ʃa'bo] *m* bullhead, miller's thumb; chub.

chacal, *pl.* **-als** *zo.* [ʃa'kal] *m* jackal.

chacun, e [ʃa'kœ̃, ~'kyn] *pron./indef.* each (one); everybody.

chafouin, e [ʃa'fwɛ̃, ~'fwin] sly, toxy; sly-looking.

chagrin¹, e [ʃa'grɛ̃, ~'grin] **1.** *su./m* grief, sorrow; trouble; annoyance; **2.** *adj.* sorry; sad; troubled (at, de); distressed (at, de); peevish.

chagrin² [ʃa'grɛ̃] *m* (*a. peau f de* ~) *leather:* shagreen.

chagriner¹ [ʃagri'ne] (1a) *v/t.* grieve, distress; annoy; se ~ fret.

chagriner² [~] (1a) *v/t.* grain (*leather*).

chahut F [ʃa'y] *m* uproar, row; rag;

chahuter F [~y'te] (1a) *v/i.* kick up a row; *sl.* boo; *v/t.* rag (*s.o.*); give (*s.o.*) the bird; boo (*s.o.*).

chai [ʃɛ] *m* wine and spirit store.

chaîne [ʃɛn] *f* chain; link(s *pl.*); fetter; necklace; *fig.* sequence, train (*of ideas*); *tex.* warp; ⚓ chainboom; *geog. mountains:* range; *mot.* ~s *pl.* antidérapantes anti-skid chains; ⊕ travail *m à la* ~ assembly line work, work on the conveyor belt; **chaîner** [ʃɛ'ne] (1b) *v/t.* ⚠, *surv.* chain; ⚠ tie; **chaînette** [~'nɛt] *f* small chain; ⚠ catenary; *point m* de ~ chain-stitch; **chaînon** [~'nõ] *m* chain: link; *geog. mountains:* secondary range.

chair [ʃɛːr] *f* flesh; meat; *fruit:* pulp; *fig.* ~ de poule goose-flesh.

chaire [~] *f eccl., a. univ.* chair; *eccl.* throne; *eccl.* pulpit; rostrum; tribune.

chaise [ʃɛːz] *f* chair, seat; *hist.* (*a.* ~ *à porteurs*) sedan-chair; ~ de poste post-chaise; ~ longue couch, chaise longue.

chaland¹ [ʃa'lã] *m* lighter, barge.

chaland² *m,* **e** *f* ✝ [ʃa'lã, ~'lãːd] customer (*a. fig.*); purchaser.

chalcographie [kalkɔgra'fi] *f* engraving on metal; engraving studio.

châle [ʃɑːl] *m* shawl.

chalet [ʃa'lɛ] *m* chalet; country cottage; ~ de nécessité public convenience.

chaleur [ʃa'lœːr] *f* heat (*a. of animals*), warmth; ardo(u)r, zeal; ⊕ ~ blanche white heat; **chaleureux, -euse** [~lœ'rø, ~'røːz] warm; *fig.* ardent; cordial, hearty (*welcome etc.*); glowing (*colour, terms*).

châlit [ʃa'li] *m* bedstead.

challenge *sp.* [ʃa'lãːʒ] *m* challenge.

chaloupe ⚓ [ʃa'lup] *f* launch, longboat.

chalumeau [ʃaly'mo] *m* drinking-straw; ♪, ⊕ pipe; ⊕ blow-lamp.

chalut [ʃa'ly] *m* trawl; drag-net; **chalutier** ⚓ [~ly'tje] *m* person, boat: trawler.

chamailler [ʃama'je] (1a) *v/t.* squabble with; se ~ squabble (with, avec); be at loggerheads, bicker (with, avec); **chamaillerie** [~maj-'ri] *f* squabble, brawl, scuffle; **chamailleur, -euse** [~ma'jœːr, -'jøz] **1.** *adj.* quarrelsome; **2.** *su.* squabbler.

chamarrer [ʃama're] (1a) *v/t.* bedeck; *fig.* embroider; **chamarrure** [~'ryːr] *f* (*tawdry*) decoration.

chambard F [ʃã'bar] *m,* **chambardement** F [~bardə'mã] *m* upheaval, upset; **chambarder** F [~bar'de] (1a) *v/t.* rifle (*a room*); smash up, upset (*a. fig.*).

chambellan [ʃãbɛl'lã] *m* chamberlain.

chambranle ⚠ [ʃã'brãːl] *m* frame; ~ de cheminée mantelpiece.

chambre [ʃã:br] *f* (*bed*)room; chamber (*a. pol.,* ✝, *bed*); ɪʒɪ division; ⚓ cabin; *mot.* ~ à air inner tube; ~ à un lit (*deux lits*) single (double) room; ~ d'amis guest *or* spare room; ✝ ~ de commerce chamber of commerce; *pol.* 2 *des députés* House of Commons, *Am.* House of Representatives, *France:* Chamber of Deputies; ⚓ ~ des machines engineroom; *phot.* ~ noire dark room; ~ sur la cour (rue) back (front) room; garder la ~ be confined to one's room; ♪ *musique f* de ~ chamber music; ⊕ *ouvrier m* en ~ homeworker; garret-craftsman; *fig.* stratégiste *m* en ~ armchair strategist; **chambrée** [ʃãˈbre] *f* roomful; *x* barrack-room; *thea.* house; *thea.* takings *pl.*; **chambrer** [~ˈbre] (1a) *v/t.* lock up in a room; bring (*wine*) to room temperature; **chambrière** [~ˈbrjɛːr] *f* † chambermaid; long whip; *truck etc.:* drag.

chameau [ʃaˈmo] *m zo.* camel; 🚂 shunting engine; *sl.* dirty dog *m*, bitch *f*; **chamelier** [~məˈlje] *m* camel-driver; **chamelle** *zo.* [~ˈmɛl] *f* she-camel.

chamois *zo.* [ʃaˈmwa] *m* chamois; chamois *or* shammy leather; gants *m/pl.* de ~ wash-leather gloves; **chamoiser** [~mwaˈze] (1a) *v/t.* chamois, dress (*leather*).

champ [ʃã] *m* field (*a. fig.*); open country; ground; space; *fig.* range; ⊕ side, edge; ~ d'activité scope *or* field of activity; *sp.* ~ de courses racecourse, race-track; ~ de repos churchyard; *x* visuel field of vision; à tout bout de ~ the whole time, at every turn and turn; à travers ~s across country; ⊕ de ~ on edge, edgewise.

champagne [ʃãˈpaɲ] *su./m* champagne; *su./f:* fine ~ liqueur brandy.

champenois, e [ʃãpəˈnwa, ~ˈnwaːz] of Champagne.

champêtre [ʃãˈpɛːtr] rural, rustic.

champignon [ʃãpiˈɲɔ̃] *m* ♀ mushroom; 🚂 *rail:* head; *F mot.* accelerator pedal; *F mot.* appuyer sur le ~ step on the gas; **champignonnière** [~ɲɔˈnjɛːr] *f* mushroom-bed.

champion, -onne *f* [ʃãˈpjɔ̃, ~ˈpjɔn] *sp., fig.* champion; *fig.* supporter; ~ du monde world champion; **championnat** [~pjɔˈna] *m* championship.

chançard, e [ʃãˈsaːr, ~ˈsard] **1.** *adj.* lucky; **2.** *su.* lucky person; **chance** [ʃãːs] *f* luck, fortune; chance; ~s *pl.* égales equal opportunities *or* chances; bonne ~! good luck! par ~ by good fortune; les ~s sont contre lui the odds are against him.

chanceler [ʃãsˈle] (1c) *v/i.* reel, stagger, totter; falter.

chancelier [ʃãsəˈlje] *m* chancellor; *pol. embassy:* secretary; **chancelière** [~səˈljɛːr] *f* chancellor's wife; foot-muff; **chancellerie** [~sɛlˈri] *f* chancellery.   [risky; lucky.⟩

chanceux, -euse [ʃãˈso, ~ˈsøːz]⟩

chancir [ʃãˈsiːr] (2a) *v/i. a.* se ~ go mo(u)ldy; **chancissure** [~siˈsyːr] *f* mo(u)ld, mildew.

chancre [ʃãːkr] *m* 🐛 ulcer; 🐛 *F, a.* ♀ canker; **chancreux, -euse** [ʃãˈkrø, ~ˈkrøːz] 🐛 ulcerous; cankerous (*growth*); cankered (*organ*).

chandail [ʃãˈdaːj] *m* sweater.

Chandeleur *eccl.* [ʃãdˈlœːr] *f:* la ~ Candlemas; **chandelier** [ʃãdəˈlje] *m* candlestick; *person:* chandler; ⊕ *boiler:* pedestal; **chandelle** [~ˈdɛl] *f* candle; *cricket, tennis:* skyer, lob; △ stay, prop; à la ~ by candlelight; *fig.* en voir trente-six ~s see stars; *fig.* le jeu n'en vaut pas la ~ the game is not worth the candle; **chandellerie** [~dɛlˈri] *f* candleworks *usu. sg.*

chanfrein[1] [ʃãˈfrɛ̃] *m* blaze (on a horse's forehead); horse *mot.:* forehead.

chanfrein[2] [ʃãˈfrɛ̃] *m* bevelled edge; **chanfreiner** ⊕ [~frɛˈne] (1a) *v/t.* bevel, chamfer.

change [ʃãːʒ] *m* † exchange; *hunt.* wrong scent; *F* false scent; *fig.* donner le ~ à q. put s.o. off, sidetrack s.o.; **changeable** [ʃãˈʒabl] changeable; exchangeable; **changeant, e** [~ˈʒã, ~ˈʒãːt] changing; changeable, variable; unsettled (*weather*); **changement** [ʃãʒˈmã] *m* change, alteration; *mot.* ~ de vitesse gear-change, *Am.* gearshift; ~ de voie points *pl.*; **changer** [ʃãˈʒe] (11) *v/t.* change; exchange (for, contre); alter; se ~ change (one's clothes); se ~ en change *or* turn into; *v/i.* change, alter (s.th., de qch.); ~ de train change (trains); **changeur** [~ˈʒœːr] *m* money-changer.

chanoine *eccl.* [ʃaˈnwan] *m* canon; **chanoinesse** *eccl.* [~nwaˈnɛs] *f* canoness.

chanson [ʃãˈsɔ̃] *f* song; † ~s *pl.* nonsense; **chansonner** [ʃãsɔˈne] (1a) *v/t.* write satirical song about (*s.o.*); **chansonnette** [~ˈnɛt] *f* comic song; **chansonnier, -ère** [~ˈnje, ~ˈnjɛːr] *su.* singer; *su./m* songbook.

chant[1] [ʃã] m ♪ singing; song; eccl. chant; canto; melody; au ~ du coq at cock-crow; ~ de Noël Christmas carol.

chant[2] ⊕ [~] m edge, side; de ~, sur ~ on edge, edgewise.

chantage [ʃãˈtaːʒ] m blackmail.

chantepleure [ʃãtəˈplœːr] f wine funnel; colander; watering-can with a long spout; cask: tap; △ gutter: spout; **chanter** [ʃãˈte] (1a) v/t. sing; celebrate; ~ victoire sur crow over; iro. que me chantez-vous là? that's a fine story!; v/i. sing; creak (door); sizzle (butter); crow (cock); faire ~ q. blackmail s.o.; F si ça vous chante if it suits you.

chanterelle[1] [ʃãˈtrɛl] f ♪ violin: E-string; decoy-bird; bird-call.

chanterelle[2] ♀ [~] f mushroom: cantharellus.

chanteur m, **-euse** f [ʃãˈtœːr, ~ˈtøːz] singer; maître m ~ hist. mastersinger; F blackmailer.

chantier [ʃãˈtje] m building site; (timber- etc.) yard; workyard; site; F mess; traffic sign: roadworks; sur le ~ in hand.

chantonner [ʃãtɔˈne] (1a) vt/i. hum.

chantourner [ʃãturˈne] (1a) v/t. jig-saw; ⊕ scie f à ~ bow saw, jig-saw.

chantre [ʃãːtr] m eccl. cantor; poet. singer, poet.

chanvre [ʃãːvr] m hemp; cannabis; **chanvrier, -ère** [ʃãvriˈe, ~ˈɛːr] 1. su. hemp-grower; 2. adj. hemp-...

chaos [kaˈo] m chaos, confusion; **chaotique** [~ɔˈtik] chaotic.

chaparder F [ʃaparˈde] (1a) v/t. scrounge, filch, lift.

chape [ʃap] f eccl. cope, covering, layer; cuis. dish cover; ⊕ D-joint; mot. tyre: tread; mot. patch (on tyre); △ bridge: coping; ⊕ roller: flange; pulley-block: strap; pulley: shell; **chapeau** [ʃaˈpo] m hat; △ chimney: cowl; ⊕, a. pen: cap; ~! well done!, hats off!; ~ chinois Chinese bells pl.; ~ haut de forme top hat; ~ melon bowler; F travailler du ~ talk through one's hat.

chapelain [ʃaˈplɛ̃] m chaplain.

chapelet [ʃaˈplɛ] m rosary; ✝ beads, onions: string; fig. string, series; ✗ bombs: stick; su./f Saratoga trunk.

chapelle [ʃaˈpɛl] f chapel; ~ ardente chapel of rest.

chapellerie [ʃapɛlˈri] f hat-trade; hat-shop; **chapelure** cuis. [~ˈplyːr] f bread crumbs pl.

chaperon [ʃaˈprɔ̃] m hood; △ wall: coping; roof: cap-stone; chaperon; le petit ♀ rouge Little Red Riding Hood; **chaperonner** [~prɔˈne] (1a) v/t. hood (a falcon); chaperon (s.o.); △ put a coping on (a wall).

chapiteau [ʃapiˈto] m ♀ capital; windmill etc.: cap; circus: big top.

chapitre [ʃaˈpitr] m chapter (a. eccl.); heading, subject; **chapitrer** F [~piˈtre] (1a) v/t. read (s.o.) a lecture, reprimand.

chapon [ʃaˈpɔ̃] m capon; **chaponner** [~pɔˈne] (1a) v/t. caponize.

chaque [ʃak] adj. each, every.

char [ʃar] m waggon; ~ à bancs chara-banc(s pl.); ✗ ~ blindé armo(u)red car; ✗ ~ d'assaut tank; ✗ ~ de combat light-armo(u)red car; ♀ ~ de l'État Ship of State; ~ de triomphe triumphal car; ~ funèbre hearse.

charabia [ʃaraˈbja] m gibberish.

charade [ʃaˈrad] f charade.

charançon zo. [ʃarãˈsɔ̃] m weevil.

charbon [ʃarˈbɔ̃] m coal; (a. ~ de bois) charcoal; ♈ carbon; ☞ blight; anthrax; ☞ carbuncle; fig. être sur des ~s ardents be on tenterhooks; **charbonnage** ✗ [~bɔˈnaːʒ] m coal mining; colliery; bunkering; **charbonner** [~bɔˈne] (1a) v/t. char, carbonize; cuis. burn; sketch or blacken with charcoal; v/i. ♨ coal (ship).

charbonnerie [~bɔnˈri] f coal depot; **charbonnier, -ère** [~bɔˈnje, ~ˈnjɛːr] 1. adj. coal-...; charcoal-...; 2. su./m coal-man; coal-merchant; coal-hole; ♨ collier; ~ est maître chez lui a(n English)man's home is his castle; su./f coal-scuttle; charcoal kiln; orn. great tit; ♨ coal lighter.

charcuter [ʃarkyˈte] (1a) v/t. F cut (meat) into small pieces; F mangle; ☞ F carve, operate clumsily upon (a patient); **charcuterie** [~ˈtri] f pork-butcher's shop or trade or meat; delicatessen; **charcutier** m, **-ère** f [~ˈtje, ~ˈtjɛːr] pork-butcher; F sawbones sg. (= surgeon).

chardon [ʃarˈdɔ̃] m thistle; **chardonneret** orn. [~dɔnˈrɛ] m goldfinch.

charge [ʃarʒ] f load, burden; ♨

chasse-neige

loading; ⊕, ⚒, ✎, ✗ *arms*: charge; cost; post, office; responsibility; exaggeration, caricature, *thea.* overacting; ⊕ ~ *payante* pay load; ⊕ ~ *utile* useful load; *à* ~ *de revanche* on condition of reciprocity; *femme f de* ~ housekeeper; *pas m de* ~ *marching*: double time; **chargé, e** [ʃarʃe] 1. *adj.* loaded, laden (with, *de*); full (of, *de*); heavy (with, *de*); full, busy (*day*, *schedule*); ✱ coated, furry (*tongue*); troubled, guilty (*conscience*); overloaded, overladen (*a. fig.*); overelaborate (*style etc.*); ~ *de a.* in charge of; 2. *su./m*: *pol.* ~ *d'affaires chargé d'affaires*, ambassador's deputy; *univ.* ~ *de cours* reader, senior lecturer; **chargement** [~ʒə'mã] *m* load; ⚓ lading; ⚓ cargo; ✎ charging; **charger** [~'ʃe] (1l) *v/t.* (*de*, with) load, burden (*a. fig.*); charge (*a.* ✗, ⚒, ✎); entrust; *post*: register; *thea.* overact; ↟ inflate (*an account*); ~ *q. de coups* drub s.o., belabo(u)r s.o.; *se* ~ become overcast (*sky*); *se* ~ *de* become coated (*tongue*); *se* ~ *de* take care or charge of, see to; *se* ~ *de* (*inf.*) undertake to (*inf.*), take it upon o.s. to (*inf.*); **chargeur** [~'ʒœːr] *m* loader, ⚓ shipper; stoker; ✎ charger.

chariot [ʃa'rjo] *m* waggon; cart, trolley; ⚓ cradle; ⊕ *crane*: crab; *typewriter*: carriage; *camera*: baseboard; *astr. le grand* � Charles's Wain.

charitable [ʃari'tabl] charitable (to, towards *envers*); **charité** [~'te] *f* charity, love; alms(-giving) *sg.*

charivari [ʃariva'ri] *m* din, noise, hullabaloo.

charlatan *m, e* [ʃarla'tã, ~'tan] charlatan, quack; **charlatanisme** [~ta'nism] charlatanism.

charlotte *cuis.* [ʃar'lɔt] *f* apple charlotte; trifle.

charmant, e [ʃar'mã, ~'mãːt] charming, delightful.

charme¹ ♀ [ʃarm] *m* hornbeam.

charme² [ʃarm] *m* charm (*a. fig.*); spell; **charmer** [ʃar'me] (1a) *v/t.* charm (*a. fig.*); delight; **charmeur, -euse** [~'mœːr, ~'møːz] 1. *adj.* charming; 2. *su.* charmer.

charmille [ʃar'miːj] *f* hedge; arbo(u)r.

charnel, -elle [ʃar'nɛl] carnal;

sensual; **charnier** [~'nje] *m* charnelhouse (*a. fig.*).

charnière [ʃar'njɛːr] *f* hinge; ⊕ ~ *universelle* univeral joint.

charnu, e [ʃar'ny] fleshy.

charogne [ʃa'rɔɲ] *f* carrion; *sl.* woman: slut; *man*: scoundrel.

charpente [ʃar'pãːt] *f* framework (*a. fig.*); timber-work, steel-work; *house, ship, etc.*: skeleton; **charpenter** [ʃarpã'te] (1a) *v/t.* frame (*a. fig.*); **charpenterie** [~'tri] *f* carpentry; carpenter's (shop); timber-yard; **charpentier** [~'tje] *m* carpenter; ~ *de navires* ship- wright. **charpie** ✱ [ʃar'pi] *f* lint. [wright.]

charretée [ʃar'te] *f* cartload; F *fig. une* ~ *de* loads of, piles of; **charretier** [~'tje] *m* carter; **charrette** [ʃa'rɛt] *f* cart; ~ *à bras* handcart, pushcart, barrow; **charriage** [~'rjaːʒ] *m* carriage; *sl.* swindling; exaggeration; chaffing; **charrier** [~'rje] (1o) *v/t.* cart, carry; *sl.* swindle; make fun of; *v/i.* exaggerate; *sans* ~ joking apart; **charroi** [~'rwa] *m* carriage, cartage; ✗ † ~*s pl.* transport *sg.*; **charron** [~'rõ] *m* wheelwright; cartwright; **charroyeur** [~rwa'jœːr] *m* carter, carrier.

charrue [ʃa'ry] *f* plough, *Am.* plow; *fig.* mettre la ~ *devant les bœufs* put the cart before the horse.

charte [ʃart] *f* charter; deed; *hist. la Grande* � Magna C(h)arta; *École f des* ~*s* School of Pal(a)eography; ~-**partie**, *pl.* ~*s-parties* [ʃartəpar'ti] *f* charterparty.

chartreux, -euse [ʃar'trø, ~'trøːz] 1. *adj.* Carthusian; 2. *su.* Carthusian; *su./f* Carthusian monastery; *liqueur:* Chartreuse.

chas [ʃa] *m* needle: eye.

chasse [ʃas] *f* hunt(ing); (*a.* ~ *au tir*) shooting; game, bag; shooting-season; hunting-ground; ⊕ *wheels:* play; ⊕ flush; ~ *à courre* (stag-)hunting; ~ *d'eau W.C.:* flush, lavatory chain.

châsse [ʃɑːs] *f eccl.* reliquary, shrine; *spectacles:* frame; *sl.* ~*s pl.* eyes.

chasse...: ~-**marée** [ʃasma're] *m/inv.* fish-cart; coasting lugger; ~-**mouches** [~'muʃ] *m/inv.* fly-swatter; *horse:* fly-net; ~-**neige** [~'nɛːʒ] *m/inv.* snow-plough, *Am.* snow-plow; *sp. ski:* stem; *virage m en* ~

stem-turn; **~-pierres** 🚂 [~'pjɛːr] m/inv. cow-catcher.

chasser [ʃa'se] (1a) v/t. hunt, pursue; drive away or out; expel; drive (a nail); v/i. (usu. ~ à courre) hunt, go hunting (s.th., à qch.); drive; mot. skid; ⚓ drag; **chasseresse** poet. [ʃas'rɛs] f huntress; **chasseur** [ʃa'sœːr] m hunter; hotel: page-boy, Am. bell-hop; ✕ rifleman; ⚓ chaser; ✈ fighter; ✈ ~ à réaction jet fighter; **chasseuse** [~'søːz] f huntress. [bleary-eyed.)

chassieux, -euse [~'sjø, ~'sjøːz]⟩

châssis [ʃɑ'si] m frame (a. mot., 🚗), mot. chassis; window-sash; paint. stretcher; trunk: tray; ✕ slide; ✈ under-carriage; ✈ forcing frame; typ. chase; thea. scenery: flat; phot. plate-holder; ✈ ~ d'atterrissage landing gear; **~-presse** phot. [~si-'prɛs] m printing-frame.

chaste [ʃast] chaste, pure; **chasteté** [~s'te] f chastity, purity.

chasuble eccl. [ʃa'zybl] f chasuble.

chat zo. [ʃa] m (tom-)cat; le ♌ botté Puss in Boots.

châtaigne [ʃɑ'tɛɲ] f ♧ chestnut (a. horse); **châtaigneraie** [ʃatɛɲɔ're] f chestnut grove; **châtaignier** [~'ɲje] m chestnut(-tree, -wood); **châtain, e** [ʃɑ'tɛ̃, ~'tɛn] adj., a. su./m chestnut, brown.

château [ʃɑ'to] m castle; manor; palace; fig. ~ de cartes house of cards; ~ d'eau water-tower, 🚂 tank; ~x pl. en Espagne castles in the air.

chateaubriand, châteaubriant cuis. [ʃatobri'ɑ̃] m grilled steak, Am. porter-house steak.

châtelain [ʃat'lɛ̃] m castellan; lord (of the manor); **châtelaine** [~'lɛn] f chatelaine (a. cost.); lady (of the manor).

chat-huant, pl. **chats-huants** orn. [ʃa'ɥɑ̃] m tawny or brown owl.

châtier [ʃɑ'tje] (1o) v/t. punish, chastise; fig. refine (one's style); ~ l'insolence de q. punish s.o. for his impudence.

chatière [ʃa'tjɛːr] f cat-hole (in a door); cat-trap; ventilation hole; fig. secret entrance.

châtiment [ʃɑti'mɑ̃] m punishment.

chatoiement [ʃatwa'mɑ̃] m sheen, sparkle; glistening.

chaton¹ [ʃa'tɔ̃] m jewel: setting; jewel (in setting).

chaton² [~] m zo. kitten; ♧ catkin.

chatouillement [ʃatuj'mɑ̃] m tickle, tickling; **chatouiller** [ʃatu'je] (1a) v/t. tickle (a. fig.); F thrash; **chatouilleux, -euse** [~'jø, ~'jøːz] ticklish; sensitive, touchy, sore (point); delicate (question).

chatoyer [ʃatwa'je] (1h) v/i. shimmer; glisten; soie f chatoyée shot silk.

châtrer [ʃɑ'tre] (1a) v/t. castrate, geld; ✈ prune.

chatte [ʃat] f (she-)cat; tabby; **chattemite** F [~'mit] f toady, sycophant; **chatterie** [ʃa'tri] f wheedling; ~s pl. dainties, goodies.

chatterton ✈ [ʃatɛr'tɔn] m insulating or adhesive tape.

chaud, e [ʃo, ʃoːd] 1. adj. warm; hot; fig. ardent, keen; bitter (tears); avoir ~ be or feel warm; be or feel hot; il fait ~ it is warm or hot; la donner ~ à q. fill (s.o.) with dismay; servir ~ serve up (a dish) hot; tenir ~ keep warm; 2. **chaud** adv. warm etc.; 3. su./m heat, warmth; **chaudeau** cuis. [ʃo'do] m caudle, eggnog; **chaud-froid**, pl. **chauds-froids** cuis. [ʃo'frwa] m chaud-froid; ~ de ... cold jellied ...; **chaudière** ⊕ [ʃo'djɛːr] f boiler; ~ auxiliaire donkey boiler; ~ à vide vacuum pan; **chaudron** [~'drɔ̃] m ca(u)ldron; F old and tinny piano; **chaudronnier** [~drɔ'nje] m brazier; coppersmith; ironmonger.

chauffage · [ʃo'faːʒ] m heating; warming; ~ à distance long-distance heating; ~ au pétrole oil heating; ~ central central heating; bois m de ~ firewood; **chauffard** F [~'faːr] m road hog; **chauffe** ⊕ [ʃoːf] f heating; stoking, firing; metall. firechamber; ⊕ activer la ~ fire up.

chauffe...: **~-bain** [ʃof'bɛ̃] m geyser; **~-eau** [ʃo'fo] m/inv. water-heater; **~-pieds** [ʃof'pje] m/inv. foot-warmer; **~-plats** [~'pla] m/inv. dish-warmer; chafing-dish.

chauffer [ʃo'fe] (1a) v/t. warm, heat; ⊕ stoke up (a furnace); fig. boost; fig. cram (s.o. for an examination); sl. pinch, steal; v/i. get warm or hot; ⊕ overheat (bearings etc.); ⊕ get up steam (engine); ~ au pétrole burn oil; sl. ça se faire ~ get pinched (= arrested); **chaufferette** [~'frɛt] f foot-warmer; dish-warmer; mot. heater; **chaufferie** [~'fri] f metall. reheating furnace;

forge; ♨ stokehold; **chauffeur,
-euse** [~'fœːr, ~'føːz] su. mot. driver;
su./m mot. chauffeur; ♨ stoker; sl.
crammer, coach (for examination);
su./f mot. chauffeuse; fireside chair;
chauffoir [~'fwaːr] m warm-room.

chaufour [ʃo'fuːr] m lime-kiln.

chauler ✔ [ʃo'le] (1a) v/t. lime (the
soil); lime-wash.

chaume [ʃoːm] m haulm; roof:
thatch; stubble; **chaumière**
[~'mjɛːr] f thatched cottage; **chau-
mine** poet. [~'min] f cot.

chausse [ʃoːs] f wine strainer; † ~s pl.
breeches; **chaussée** [ʃo'se] f road-
way; road; causeway; geog. reef;
chausse-pied [ʃos'pje] m shoe-
horn; **chausser** [ʃo'se] (1a) v/t. put
on (shoes etc.); put shoes on (s.o.); fit
(shoe); ~ bien (large) be well-(large-)
fitting; ~ du 40 take size 40 (in shoes);
se ~ put on (one's) shoes; **chausse-
trape** [ʃos'trap] f hunt. trap (a. fig.);
fig. trick; ♣ starthistle; **chaussette**
[ʃo'sɛt] f sock; **chausson** [~'sɔ̃] m
slipper; ballet shoe; boxing shoe;
fencing shoe; gym shoe; **chaussure**
[~'syːr] f shoe, boot.

chauve [ʃoːv] 1. adj. bald; 2. su. bald
person; **~-souris**, pl. **~s-souris** zo.
[ʃovsu'ri] f.

chauvin, e [ʃo'vɛ̃, ~'vin] 1. adj. jin-
goistic, chauvinist(ic); 2. su. chauvinist warmonger; **chauvinisme**
[~vi'nism] m jingoism, chauvinism, ♣
flag-waving.

chaux [ʃo] f lime; ~ éteinte slaked
lime; ~ vive quicklime; blanchir à la ~
whitewash, limewash.

chavirer ♣ [ʃavi're] (1a) v/t/i. cap-
size; upset.

chef [ʃɛf] m head, principal; chief,
chieftain; master; leader; cuis. (a. ~
de cuisine) chef (= male head cook); ♪
conductor; fig. heading; ⚭ count;
fig. authority; ⊕ ~ d'atelier shop
foreman; ~ de bande ringleader; ✂ ~
de bataillon major; ~ de bureau (comptabilité) chief or head clerk (accountant); sp. ~ d'équipe team leader,
captain; ~ d'État chief of State; 🚂
~ de gare station master; †~ de rayon,
~ de service departmental manager or
head, floor manager; 🚂 ~ de train
guard, Am. conductor; au premier ~
in the highest degree; in the first
place; de mon ~ for myself; on my
own authority; ... en ~ ... in chief; ~-

d'œuvre, pl. **~s-d'œuvre** [ʃɛ'dœːvr]
m masterpiece; **~-lieu,** pl. **~s-lieux**
[ʃɛf'ljø] m chief town; county town,
Am. county seat.

cheftaine [ʃɛf'tɛn] f scout-mis-
tress.

chemin [ʃə'mɛ̃] m way; road; path;
eccl. ~ de croix Way of the Cross;
🚂 ~ de fer railway, Am. railroad; ~ de
table (table) runner; ~ faisant on the
way; faire son ~ make one's way;
fig. get on well; **chemineau** [ʃəmi-
'no] m tramp, Am. hobo; **cheminée** [~'ne] f chimney; ♨ funnel;
smoke-stack; ⊕ stack; fireplace;
mantelpiece; **cheminer** [~'ne] (1a)
v/i. tramp, plod on; **cheminot** 🚂
[~'no] m railwayman; platelayer.

chemise [ʃə'miːz] f shirt (of men);
chemise (of women); book: wrapper;
folder (for papers); ⊕ boiler etc.:
jacket; ⊕ ~ d'eau water jacket;
chemiserie [~miz'ri] f shirt-mak-
ing; shirt shop; shirt factory;
haberdashery; **chemisette** cost.
[ʃəmi'zɛt] f jumper; chemisette (of
women); **chemisier, -ère** [~'zje,
~'zjɛːr] su. shirt-maker; shirt-seller;
haberdasher; su./m shirt-blouse;
jumper.

chênaie [ʃɛ'nɛ] f oak-grove.

chenal [ʃə'nal] m channel, fairway;
⊕ mill-race.

chenapan [ʃəna'pɑ̃] m scoundrel.

chêne ♣ [ʃɛːn] m oak.

chéneau [ʃe'no] m ⌂ eaves: gutter;
mot. drip-mo(u)lding.

chêne-liège, pl. **chênes-lièges** [ʃɛn-
'ljɛːʒ] m cork-tree, cork-oak.

chènevière [ʃɛn'vjɛːr] f hemp-field;
chènevis [~'vi] m hemp-seed.

chenil [ʃə'ni] m dog-kennel (a. fig.).

chenille [ʃə'niːj] f caterpillar; caterpillar tractor: track; tex. chenille.

chenu, e [ʃə'ny] hoary (hair); snowy
(mountain).

cheptel [ʃɛp'tɛl] m (live-)stock; ~
mort implements pl. and buildings
pl.

chèque † [ʃɛk] m cheque, Am.
check; ~ barré crossed cheque; ~
de voyage traveller's cheque; ~ sans
provision cheque without cover;
formulaire m de ~ blank cheque;
chéquier [ʃe'kje] m cheque book,
Am. checkbook.

cher, chère [ʃɛːr] 1. adj. dear, beloved; expensive; la vie f chère high

prices *pl.*; *moins* ~ cheaper; *peu* ~ cheap; **2.** *su./m:* *mon* ~ my dear friend; *su./f:* *ma chère* my dear; **3.** *cher adv.* dear(ly); *acheter* ~ buy at a high price; *coûter* ~ be expensive; *payer* ~ pay a high price for (*s.th.*); *fig.* smart or pay for; *vendre* ~ sell dear.

chercher [ʃɛrˈʃe] (1a) *v/t.* look for, seek; search; try; *aller* ~ fetch, get; *envoyer* ~ send for; *venir* ~ call for, fetch; F *ça va* ~ *dans les ...* that'll add up to about ...; **chercheur, -euse** [~ˈʃœːr, ~ˈʃøːz] **1.** *adj.* enquiring; **2.** *su.* seeker; investigator; researcher; *su./m* finder; detector; *radio:* cat's-whisker.

chère [ʃɛːr] *f:* (*la*) *bonne* ~ good food.

chéri, e [ʃeˈri] **1.** *adj.* dear, cherished; **2.** *su.* darling, dear(est); **chérir** [~ˈriːr] (2a) *v/t.* cherish, love dearly; **chérot** *sl.* [ʃeˈro] (too) expensive, *Brit.* F precious; **cherté** [ʃɛrˈte] *f* dearness; high price; high prices *pl.*; *la* ~ *de la vie* the high cost of living.

chérubin [ʃeryˈbɛ̃] *m* cherub.

chétif, -ve [ʃeˈtif, ~ˈtiːv] puny, weak; paltry (*reason*); wretched, pitiful, miserable.

cheval [ʃəˈval] *m* horse; *mot.* horse-power; *sp.* ~ *de bois* vaulting horse; ~ *de course* race-horse; ⚔ ~ *de frise* cheval de frise; ~ *entier* stallion; *chevaux pl. de bois* merry-go-round *sg.*; *aller à* ~ ride, go on horseback; *être à* ~ *sur* straddle (*s.th.*); F be well up in; F be a stickler for (*etiquette*); **chevalement** [~val'mã] *m* ⚒ pit-head frame; △ *walls:* shoring; **chevaler** [~va'le] (1a) *v/t.* △ shore up; ⊕ put (*s.th.*) on a trestle; **chevaleresque** [ʃəval'rɛsk] chivalrous; knightly; **chevalerie** [~'ri] *f* chivalry; knighthood; chivalrousness; **chevalet** [ʃəva'lɛ] *m* trestle; ♪ *violin etc.:* bridge; ⊕, *a.* billiards: rest; *paint.* easel; ⊕ saw-horse; **chevalier** [~'lje] *m* knight; *fig.* ~ *d'industrie* sharper, swindler; *faire q.* ~ knight *s.o.*; **chevalière** [~'ljɛːr] *f* signet-ring; **chevalin, e** [~'lɛ̃, ~'lin] equine; **cheval-vapeur,** *pl.* **chevaux-vapeur** ⊕ [ʃəvalva'pœːr, ~vova'pœːr] *m* horse-power; **chevaucher** [~vo'ʃe] (1a) *v/i.* ride on horseback; sit astride; overlap; *v/t.*

ride on; sit astride; *bridge:* span (*a river*).

chevelu, e [ʃə'vly] long-haired; *cuir* *m* ~ scalp; **chevelure** [~'vlyːr] *f* (head of) hair; *comet:* tail.

chevet [ʃə've] *m* bed-head; bolster; △ *church:* chevet, apse; *fig.* bedside (*of a sick person*); *lampe f de* ~ bedside lamp; *livre m de* ~ bedside book, *fig.* favo(u)rite reading.

chevêtre [ʃə've:tr] *m* 🐎 (jaw-)bandage; △ trimmer beam.

cheveu [ʃə'vø] *m* (single) hair; ~*x pl.* hair *sg.*; ~*x pl. à la Jeanne d'Arc* bobbed hair (with fringe); ~*x pl. en brosse* crewcut; *sl.* avoir mal aux ~*x* have a hang-over; *fig.* couper les ~*x en quatre* split hairs; *de l'épaisseur d'un* ~ by a hair's breadth; *se prendre aux* ~*x* have a real set-to; *tiré par les* ~*x* farfetched; *voilà le* ~*!* that's the thing!

cheville [ʃə'viːj] *f* peg (*a. violin*), pin (*a.* ⊕); ⊕ bolt; *fig.* padding; *anat.* ankle; ~ *ouvrière* king-pin, *fig.* mainspring; **cheviller** [~vi'je] (1a) *v/t.* pin, peg, bolt; plug; *fig.* pad.

cheviotte *tex.* [ʃə'vjɔt] *f* wool, *cloth:* cheviot.

chèvre [ʃɛːvr] *f zo.* (she-)goat; ⊕, △ derrick; ⊕ trestle; **chevreau** *zo.* [ʃə'vro] *m* kid; *de (or en)* ~ kid-...; **chèvrefeuille** 🌿 [ʃɛvrə'fœːj] *m* honeysuckle; **chevrette** [ʃə'vrɛt] *f zo.* kid; roe-doe; ⊕ trivet; F shrimp, prawn; **chevreuil** [~'vrœːj] *m* roebuck; roe-deer; *cuis.* venison; **chevrier** [~'vrje] *m* goatherd; **chevrière** [~'vrjɛːr] *f* goat-girl; **chevron** [~'vrɔ̃] *m* △ rafter; ✗ chevron, stripe; **chevronné, e** [~'ne] experienced, practised, seasoned; veteran ...; **chevrotement** [ʃəvrɔt'mã] *m* quavering; **chevroter** [ʃəvrɔ'te] (1a) *v/i.* quaver, quiver, tremble (*voice*); bleat (*goat*); **chevrotine** [~'tin] *f* buckshot.

chez [ʃe] *prp. direction:* to; *place:* at (*s.o.'s* house or shop); with (*my aunt*); in (*a. fig.*); *post:* care of, *abbr. c/o*; *fig.* among (*the English*); ~ *nous* in our country; ~ *Zola* in (the works of) Zola; *être* (*aller*) ~ *soi* be at (go) home; *être* (*aller*) ~ *le docteur* be at (go to) the doctor's; *faire comme* ~ *soi* make o.s. at home; *de* ~ *q.* from *s.o.'s* (house); *de* ~ *soi* from home; ~-**moi** (*etc.*) [~'mwa] *m/inv.:* *mon* ~ my home.

chialer sl. [ʃjaˈle] (1a) v/i. snivel.

chiasse [ʃjas] f fly etc.: dirt; sl. drag; sl. avoir la ~ have the runs; be in a blue funk.

chic [ʃik] 1. su./m chic, smartness, style; fig. knack; 2. adj. smart, stylish; F first-rate, F posh, classy; F decent (fellow); des robes f/pl. chics smart robes.

chicane [ʃiˈkan] f quibbling; chicanery; ⊕ baffle(-plate); ⚔ zigzag trench; **chicaner** [ʃikaˈne] (1a) v/i. quibble, cavil; v/t. wrangle with (s.o.); haggle over (s.th.); **chicaneur, -euse** [∿ˈnœːr, ∿ˈnøːz] 1. adj. argumentative; quibbling; 2. su. quibbler, haggler; litigious person; **chicanier, -ère** [∿ˈnje, ∿ˈnjɛːr] 1. adj. litigious; quibbling; haggling; 2. su. litigious person; ⚖ barrator.

chiche [ʃiʃ] 1. adj. scanty; niggardly, mean (person); 2. su./m ⚘ (a. pois m ~) chick-pea.

chichis F [ʃiˈʃi] m/pl. frills (a. fig.); fig. affected manners; faire des ~ put on airs; make a fuss; create difficulties.

chicorée ⚘ [ʃikɔˈre] f chicory; endive (a. salad etc.).

chicot [ʃiˈko] m tooth, tree: stump.

chicotin [ʃikɔˈtɛ̃] m aloes pl.; amer comme ~ as bitter as gall.

chien [ʃjɛ̃] m dog; gun: hammer, cock; ~ d'aveugle guide dog; ~ de chasse hound; entre ~ et loup in the twilight; ~ méchant! beware of the dog!; **chiendent** ⚘ [∿ˈdɑ̃] m couch-grass; **chienloup**, pl. **chiens-loups** zo. [∿ˈlu] m Alsatian, wolf-hound; **chienne** [ʃjɛn] f (female) dog; bitch.

chier V [ʃje] (1o) v/i. shit.

chiffe [ʃif] f rag; fig. weakling; **chiffon** [ʃiˈfɔ̃] m rag; frippery; scrap; tex. chiffon; F parler ~s talk dress; **chiffonner** [ʃifɔˈne] (1a) v/t. ruffle, crumple; fig. sully; fig. irritate, provoke; v/i. pick rags; rake through or comb dustbins; do some dressmaking; **chiffonnier, -ère** [∿ˈnje, ∿ˈnjɛːr] su. rag-picker; dustbin-raker; su./m bureau, chest of drawers.

chiffre [ʃifr] m figure, number, numeral; cipher, code; amount, total; mark; monogram; ~ d'affaires turnover; ~ repère reference number; **chiffrer** [ʃiˈfre] (1a) v/i. calculate;

v/t. number; work out, express in figures; ♪ figure; write in cipher or code, encipher, encode; **chiffreur** [∿ˈfrœːr] m reckoner; cipherer.

chignole [ʃiˈɲɔl] f ⊕ hand-drill; F jalopy.

chignon [ʃiˈɲɔ̃] m bun, chignon; coil of hair.

chilien, -enne [ʃiˈljɛ̃, ∿ˈljɛn] adj., a. su. ♀ Chilean.

chimère [ʃiˈmɛːr] f chimera; **chimérique** [∿meˈrik] visionary.

chimie [ʃiˈmi] f chemistry; **chimique** [∿ˈmik] chemical; **chimiste** [∿ˈmist] su. chemist (not pharmacist).

chimpanzé zo. [ʃɛ̃pɑ̃ˈze] m ` chimpanzee.

chiner[1] tex. [ʃiˈne] (1a) v/t. shadow (a fabric).

chiner[2] F [∿] (1a) v/t. make fun of, kid, rag.`

chinois, e [ʃiˈnwa, ∿ˈnwaːz] 1. adj. Chinese; 2. su./m ling. Chinese; ♀ Chinaman; les ♀ m/pl. the Chinese; su./f ♀e Chinese woman; **chinoiserie** [∿nwazˈri] f Chinese curio; F trick; ~s pl. administratives red tape sg.

chiper sl. [ʃiˈpe] (1a) v/t. pinch; swipe; tennis: poach (a ball).

chipie F [ʃiˈpi] f sour woman; shrew.

chipoter F [ʃipɔˈte] (1a) v/i. nibble at one's food; haggle, quibble; waste time.

chique [ʃik] f zo. chigger, jigger; tobacco: quid.

chiqué sl. [ʃiˈke] m fake, pretence.

chiquenaude [ʃikˈnoːd] f flick (of the finger).

chiquer [ʃiˈke] (1m) v/t. chew (tobacco); v/i. chew (tobacco).

chiragre ⚕ [kiˈragr] f gout in the hand; **chiromancie** [kirɔmɑ̃ˈsi] f palmistry; **chiromancien** m, -enne f [∿ˈsjɛ̃, ∿ˈsjɛn] palmist.

chirurgical, e, m/pl. **-aux** [ʃiryrʒiˈkal, ∿ˈko] surgical; **chirurgie** [∿ˈʒi] f surgery; **chirurgien** [∿ˈʒjɛ̃] m surgeon.

chlorate ⚗ [klɔˈrat] m chlorate; **chlore** [klɔːr] m ⚗ chlorine; sl. calcium chloride; **chlorhydrique** [klɔriˈdrik] ⚗ adj.: acide m ~ hydrochloric acid, F spirits pl. of salt; **chloroforme** ⚗, ⚕ [klɔrɔˈfɔrm] m chloroform; **chlorose** [∿ˈroːz] f ⚕, ⚘ chlorosis; ⚘ a. etiolation; **chlorotique** ⚕ [∿rɔˈtik] chlorotic;

chlorure [∼'ry:r] *m* chloride; ∼ *d'ammonium* sal-ammoniac; ∼ *de chaux* bleaching powder.

choc [ʃɔk] *m* shock; collision, crash; impact; *de* ∼ shock-...

chocolat [ʃɔkɔ'la] **1.** *su./m* chocolate; ∼ *à craquer* plain chocolate; **2.** *adj./inv.* chocolate; **chocolatier, -ère** [∼la'tje, ∼'tjɛːr] **1.** *adj.* chocolate; **2.** *su.* chocolate-maker, chocolate-seller; *su./f* chocolate-pot.

chœur [kœːr] *m* △, *eccl.* choir, △ *a.* chancel; ♩, *thea., etc.* chorus.

choir [ʃwaːr] (3d) *v/i.* fall.

choisi, e [ʃwa'zi] choice, select(ed); chosen, appointed (*party leader etc.*); **choisir** [∼'ziːr] (2a) *v/t.* choose, pick (*from entre, parmi*; *sp.* toss for (*sides*); **choix** [ʃwa] *m* choice, option; selection; *au* ∼ as you wish; † all one price; *de* ∼ choice, *fig.* picked (*man*); † *de premier* ∼ best quality..., prime (*meat*).

chômage [ʃoˈmaːʒ] *m* unemployment; stoppage; ⊕ shut-down; ⚡ (power) cut; F dole; *en* ∼ out of work; ∼ *partiel* on part-time, on short work; **chômer** [∼'me] (1a) *v/i.* take a day off; be idle; be unemployed; *jour m chômé* day off; **chômeur** *m*, **-euse** *f* [∼'mœːr, ∼'møːz] unemployed worker; *les* ∼*s m/pl.* the unemployed.

chope [ʃɔp] *f* tankard.

choper [ʃɔ'pe] (1a) *v/t.* pinch (= *steal, a.* = *arrest*); *tennis:* chop.

chopine [ʃɔ'pin] *f* half-litre mug; ⊕ *pump:* plunger; **chopiner** F [∼pi'ne] (1a) *v/i.* booze.

chopper [ʃɔ'pe] (1a) *v/i.* trip, stumble.

choquant, e [ʃɔ'kɑ̃, ∼'kɑ̃:t] shocking, offensive; gross; **choquer** [∼'ke] (1m) *v/t.* shock; offend; bump against; clink (*glasses*); *se* ∼ come into collision (with, *contre*); be shocked; take offence (at, *de*).

choral, e, *m/pl.* **-als, -aux** [kɔ'ral, ∼'ro] **1.** *adj.* choral; **2.** *su./m* chorale; *su./f* choral society.

chorégraphie [kɔregra'fi] *f* choreography.

choriste [kɔ'rist] *m eccl.* chorister; *opera:* chorus-singer; **chorus** [∼'rys] *m* chorus; *faire* ∼ chorus one's agreement; echo; repeat in chorus.

chose [ʃo:z] **1.** *su./f* thing; matter, affair; property; ∼ *en question* case in point; ⚖ ∼ *jugée* res judicata; ∼

publique State; *autre* ∼ something else; *grand-*∼ much; *peu de* ∼ not much, very little; *quelque* ∼ something; *quelque* ∼ *de bon* (*nouveau*) something good (new); *su./m* what's-its (his, her)-name; thingumajig; *monsieur* ♀ Mr. What's-his-name; **2.** *adj./inv.* F: *tout* ∼ queer, out-of-sorts.

chou, -x [ʃu] *m* cabbage; *fig.* cabbage-bow; rosette; ∼*x pl. de Bruxelles* Brussels sprouts; ∼ *à la crème* cream puff; ∼ *frisé* kale; *être bête comme* ∼ be idiotic; be simplicity itself; *pej.* feuille *f de* ∼ rag, gutter paper (= *newspaper of no standing*); *mon* ∼! (my) dear!; darling!

choucas *orn.* [ʃu'ka] *m* jackdaw.

chouchou *m*, **-oute** *f* F [ʃu'ʃu, ∼'ʃut] darling, pet; **chouchouter** [∼ʃu'te] (1a) *v/t.* pamper, pet.

choucroute *cuis.* [ʃu'krut] *f* sauerkraut.

chouette [ʃwɛt] **1.** *su./f* orn. owl; **2.** F *adj., a. int.* fine, splendid.

chou...: ∼**-fleur,** *pl.* ∼**x-fleurs** [ʃu'flœːr] *m* cauliflower; ∼**-navet,** *pl.* ∼**x-navets** [∼na've] *m* swede; ∼**palmiste,** *pl.* ∼**x-palmistes** [∼pal'mist] *m* palm-cabbage; ∼**-rave,** *pl.* ∼**x-raves** [∼'raːv] *m* kohlrabi.

choyer [ʃwa'je] (1h) *v/t.* fondle, pet; *fig.* cherish.

chrétien, -enne [kre'tjɛ̃, ∼'tjɛn] **1.** *adj.* Christian; **2.** *su.* Christian; *su./m fig.* good citizen; **chrétienté** [∼tjɛ̃'te] *f* Christendom.

Christ [krist] *m* (Jesus) Christ; ♀ crucifix; **christianiser** [kristjani'ze] (1a) *v/t.* christianize; **christianisme** [∼'nism] *m* Christianity.

chrome [kro:m] *m* ⚗ chromium; † chrome; **chromo** F [krɔ'mo] *m* colo(u)r-print.

chromo... [krɔmo] chromo..., colo(u)r-...

chronique [krɔ'nik] **1.** *adj.* ⚕ chronic; **2.** *su./f* chronicle; *journ.* report, news *sg.*; **chroniqueur** *m*, **-euse** *f* [∼ni'kœːr, ∼'køːz] chronicler; *journ.* reporter; par-writer, paragrapher.

chrono... [krɔnɔ] chrono...; ∼**graphe** [∼'graf] *m* stop-watch; *phys.* chronograph; ∼**logie** [∼lɔ'ʒi] *f* chronology; ∼**logique** [∼lɔ'ʒik] chronological; ∼**mètre** [∼'metr] *m* chronometer; *sp.* ~ *à déclic* stop-watch; **~métrer** *sp.* [~me'tre] (1f) *v/t.* time; **~métreur** [~me'trœːr] *m* *sp.*, *a.* ⊕ time-keeper; **~métrie** [~me'tri] *f* chronometry, time-measurement.

chrysalide *zo.* [kriza'lid] *f* chrysalis, pupa; **chrysanthème** ♀ [~zã'tɛːm] *m* chrysanthemum.

chuchoter [ʃyʃɔ'te] (1a) *vt/i.* whisper; **chuchoterie** [~'tri] *f* whispering.

chut! [ʃyt] *int.* ssh!; hush!

chute [~] *f* fall; spill; *fig.* downfall, overthrow, ruin; ⊕, ⚒ shoot; *geog.* falls *pl.*; ~ *d'eau* waterfall; ♰ ~ *des prix* drop in prices; *anat.* ~ *des reins* small of the back; ~ *du jour* nightfall; *faire une* ~ (have a) fall.

chuter[1] [ʃy'te] (1a) *v/t.* hush; *thea.* hiss; *v/i.* say hush.

chuter[2] [~] *v/i.* fall; decrease, diminish; *thea.* (be a) flop; ~ *de deux levées cards*: be two tricks down.

ci [si] **1.** *adv.* here; *cet homme-~* this man; **2.** *dem./pron. see* **ceci**; *comme* ~ *comme ça* so so; **~-après** [~a'prɛ] *adv.* below.

cibiche *sl.* [si'biʃ] *f* cig, *Br.* fag (= *cigarette*).

cible [sibl] *f* target (*a. fig.*); ♰ *etc.* target group.

ciboire *eccl.* [si'bwaːr] *m* ciborium.

ciboule ♀ [si'bul] *f* Welsh onion; **ciboulette** ♀ [sibu'lɛt] *f* chive; **ciboulot** *sl.* [~'lo] *m* nut (= *head*).

cicatrice [sika'tris] *f* scar; **cicatriser** [~tri'ze] (1a) *v/t.* heal; *se* ~ heal (up), scar over.

ci-...: ~-contre [si'kõːtr] *adv.* opposite; **~-dessous** [~'dsu] *adv.* below, hereunder; ♭♭ hereinafter; **~-dessus** [~'dsy] *adv.* above(-mentioned); hereinbefore; **~-devant** [~'dvã] **1.** *adv.* formerly, previously; **2.** *su./inv.* aristocrat; F old fogey.

cidre [sidr] *m* cider.

ciel [sjɛl] **1.** *su./m* (*pl.* **cieux** [sjø]) sky, heaven; (*pl.* **ciels** [sjɛl]) (bed-)tester; ⊕, ⚒ roof; (*pl.* **ciels** *or* **cieux**) climate, sky; **2.** *int.* good heavens! [taper.)

cierge *eccl.* [sjɛrʒ] *m* (wax) candle,⟩

cigale *zo.* [si'gal] *f* cicada.

cigare [si'gaːr] *m* cigar; **cigarette** [~ga'rɛt] *f* cigarette; **cigarière** [~ga'rjɛːr] *f* cigar-maker.

cigogne [si'gɔɲ] *f* orn. stork; ⊕ crank(-lever).

ciguë ♀, ⚘ [si'gy] *f* hemlock.

ci-inclus, e [siɛ̃'kly, ~'klyːz], **ci-joint, e** [~'ʒwɛ̃, ~'ʒwɛ̃t] **1.** *adj.* enclosed, sub-joined (*letter, copy*); **2.** *ci-inclus, ci-joint adv.* herewith; ~ *la lettre* herewith the letter.

cil [sil] *m* (eye)lash.

cilice [si'lis] *m* hair-shirt.

cilié, e ♀ [si'lje] *adj.* ciliate; **ciller** [~'je] (1a) *v/t.* blink (one's eyes, *les yeux*).

cime [sim] *f* top, summit; *mountain*: peak.

ciment [si'mã] *m* cement; ~ *armé* reinforced concrete; **cimenter** [simã'te] (1a) *v/t.* cement (*a. fig.*); **cimenterie** [~'tri] *f* cement works *usu.sg.*; **cimentier** [~'tje] *m* cement-maker; cement-worker.

cimeterre [sim'tɛːr] *m* scimitar.

cimetière [sim'tjɛːr] *m* cemetery, graveyard; *mot.* ~ *de voitures* scrapyard.

cimier [si'mje] *m* helmet, *a.* ◪: crest; *venison*: haunch.

cinabre [si'naːbr] *m* cinnabar; *paint.* vermilion.

ciné F [si'ne] *m* cinema, F films *pl.*, *Am.* movies *pl.*; **cinéaste** [~'ast] *m* cinematographer; film-producer; scenario-writer; **ciné-caméra** [~kame'ra] *f* cine-camera; **ciné-club** [~'klœb] *m* filmclub; **ciné-journal** [~ʒur'nal] *m* news-reel; **cinéma** [~'ma] *m* cinema; F films *pl.*, pictures *pl.*, *Am.* movies *pl.*; F *fig.* playacting, act, show; F *fig.* fuss; ~ *parlant* F talkie; **cinémathèque** [sinema'tɛk] *f* film-library; **cinématique** *phys.* [~'tik] **1.** *adj.* kinematic; **2.** *su./f* kinematics *pl.*; **cinématographe** [~tɔ'graf] *m* cinematograph, F cinema; **cinématographier** [~tɔgra'fje] (1o) *v/t.* film; **cinématographique** [~tɔgra'fik] cinematographic; film-...; **cinéphile** [~'fil] *su.* film enthusiast.

cinéraire [sine'rɛːr] **1.** *adj.* cinerary; **2.** *su./f* ♀ cineraria.

ciné-roman [sinerɔ'mã] *m* film story.

cinétique *phys.* [sine'tik] **1.** *adj.* kinetic; **2.** *su./f* kinetics *pl.*

cingalais, e [sɛ̃ga'lɛ, ~'lɛːz] *adj.*, *a. su.* ♀ Cingalese.

cinglant, e [sɛ̃'glã, ~'glãːt] lashing (*rain*); bitter, biting (*cold, wind, etc.*);

fig. scathing; **cinglé, e** F [~'gle] **1.** *adj.* nutty, nuts (= *mad*); **2.** *su.* crackpot; **cingler** [~'gle] (1a) *v/t.* lash; ⚓ *v/i.* sail; scud along; steer a course.

cinq [sɛ̃:k; *before consonant* sɛ̃] *adj./ num., a. su./m/inv.* five; *date, title*: fifth; **cinquantaine** [sɛ̃kɑ̃'tɛn] *f* (about) fifty; *la* ~ the age of fifty, the fifties *pl.*; **cinquante** [~'kɑ:t] *adj./num., a. su./m/inv.* fifty; **cin- quantième** [~kɑ'tjɛm] *adj./num., a. su.* fiftieth; **cinquième** [~'kjɛm] **1.** *adj./num.;* **2.** *su.* fifth; *su./m* fraction: fifth; fifth, *Am.* sixth floor; *su./f secondary school:* (*approx.*) second form.

cintre [sɛ̃:tr] *m* ⚓ arch, curve, bend; coat *or* clothes hanger; *thea.* ~**s** *pl.* flies; **cintré, e** [sɛ̃'tre] arched, curved; *cost.* waisted; F nutty, nuts (= *mad*); **cintrer** [~] (1a) *v/t.* bend, curve; arch.

cirage [si'ra:ʒ] *m* waxing, polishing; *boot, shoe, floor, etc.*: polish.

circon... [sirkɔ̃] **circume...; ~cire** [~'si:r] (4e) *v/t.* circumcise; ring (*a tree*); ~**cis, e** [~'si, ~'si:z] *p.p. of cir- concire;* **circoncision** [~si'zjɔ̃] *f* circumcision; *tree:* ringing; **~férence** [~fe'rɑ̃:s] *f* circumference; perimeter; *tree:* girth; **~flexe** *gramm.* [~'flɛks] circumflex; *accent m* ~ circum- flex (accent); **~locution** [~lɔky'sjɔ̃] *f* circumlocution; **~scription** [~s- krip'sjɔ̃] *f* ⚖ circumscribing; *ad- min.* division, district; ~ *électorale* electoral district *or* ward; constitu- ency; **~scrire** [~s'kri:r] (4e) *v/t.* ⚖ circumscribe (*a. fig.*); *fig.* limit; ⚖ locate (*a fault*); **~spect, e** [~s- 'pɛ, ~s'pɛkt] guarded, circumspect; **~spection** [~spɛk'sjɔ̃] *f* caution, circumspection; **~stance** [~s'tɑ̃:s] *f* circumstance; event; ~**s** *pl.* atté- nuantes extenuating circumstances; ⚖⚖ ~**s** *pl. et dépendances f/pl.* appur- tenances; *de* ~ occasional; tempo- rary; special; **~stancié, e** [~stɑ̃'sje] detailed; **~stanciel, -elle** [~stɑ̃'sjɛl] due to circumstances; *gramm.* ad- verbial (*complement*); **~venir** [~- v'ni:r] (2h) *v/t.* circumvent; outwit (*s.o.*); ↑ impose on (*s.o.*); **~vention** [~vɑ̃'sjɔ̃] *f* imposture; fraud; **~volution** ⚕, *anat.* [~vɔly'sjɔ̃] *f* convolution.

circuit [sir'kɥi] *m* circuit; circuitous

route, roundabout way; circum- ference; ⚡ *mettre en* ~ connect up; ⚡ *mettre en court* ~ short-circuit; *ouvrir (fermer) le* ~ switch on (off); ~ *imprimé* printed circuit; ⚡ ~ *intégré* integrated circuit.

circulaire [sirky'lɛ:r] *adj., a. su./f* circular; **circulation** [~la'sjɔ̃] *f air, bank-notes, blood, information, etc.*: circulation; ↑, *bank-notes etc.*: cur- rency; traffic; ⚙ running; ~ *interdite* no thoroughfare; **circulatoire** *physiol.* [~la'twa:r] circulatory; *appa- reil m* ~ circulatory system; **circuler** [~'le] (1a) *v/i.* circulate, flow; ↑ turn over; ⚙ run (*train*); *circulez!* move along!; pass along!

circumnavigation [sirkɔmnaviga- 'sjɔ̃] *f* circumnavigation.

cire [si:r] *f* wax; *eccl.* taper; ~ *à cacheter,* ~ *d'Espagne* sealing-wax; ~ *à parquet* floor-polish; ~ *d'abeilles* beeswax; **ciré, e** [si're] **1.** *adj.* waxed, polished; *toile f* ~*e* oilcloth, Ameri- can cloth; **2.** *su./m* oilskin *pl.*; **cirer** [~'re] (1a) *v/t.* wax; polish; **cireur** [~'rœ:r] *m,* **-euse** [~'rœ:r, ~'rø:z] *su.* polisher; (~ *de chaussures*) shoeblack, *Am.* shoe- shine boy; *su./f machine:* waxer, polisher; **cirier, -ère** [~'rje, ~'rjɛ:r] **1.** *adj.* wax...; **2.** *su./m* wax-chandler; ⚘ candleberry-tree, *Am.* bayberry.

ciron *zo.* [si'rɔ̃] *m* mite.

cirque [sirk] *m* circus; amphithea- tre; *cirque (of mountains).*

cirrhose ⚕ [si'ro:z] cirrhosis.

cirrus *meteor.* [si'rrys] *m* cirrus.

cisaille [si'zɑ:j] *f metal:* clippings *pl.*; ⊕ shearing machine; ⊕ guillotine; ~**s** *pl.* shears; wire-cutter *sg.*; ~**s** *pl.* ⚘ haies hedge-shears, hedge-clippers; **cisailler** [~za'je] (1a) *v/t.* clip; cut; shear (*metal*); *fig.* discredit; cripple (*s.o.'s career*); **ciseau** [~'zo] *m* chisel; ~**x** *pl.* scissors; ⚔ shears; **ciseler** [siz'le] (1d) *v/t.* chisel; cut; chase (*silver*); tool (*leather*); *fig.* polish (*one's style*); **ciselet** ⊕ [~'lɛ] *m* small chisel; chasing tool; **ciseleur** [~'lœ:r] *m* chiseler; engraver; chaser; tooler; **ciselure** [~'ly:r] *f* chiseling, chasing; tooling; **cisoires** [si'zwa:r] *f/pl.* bench-shears.

citadelle ✕ [sita'dɛl] *f* citadel, strong- hold; **citadin, e** [~'dɛ̃, ~'din] *su.* citizen; *su./m* townsman; *su./f* townswoman.

citation [sita'sjɔ̃] *f* quotation; ✕

mention in dispatches; ⚖ summons *sg.*; ⚖ subpoena (*of a witness*).

cité [si'te] *f* city; (large) town; housing estate; *la* ♀ *London:* the City; *Paris:* the Cité; *~ du Vatican* Vatican City; *~ lacustre* lakedwelling; *~ universitaire* students' residential blocks *pl.*; *droit m de ~* freedom of the city; *fig.* avoir droit de *~* be accepted; be established; *~*-**dortoir,** *pl.* **~s-dortoirs** [*~*dɔrt'wa:r] *f* dormitory town; **~-jardin,** *pl.* **~s-jardins** [*~*teʒar'dɛ̃] *f* gardencity.

citer [si'te] (1a) *v/t.* quote, cite; ⚔ mention in dispatches; ⚖ summon; ⚖ subpoena (*a witness*).

citerne [si'tɛrn] *f* cistern, tank; 🚃 tank-car.

cithare ♩ [si'ta:r] *f* zither; **cithariste** ♩ [*~*ta'rist] *su.* zither-player.

citoyen *m,* **-enne** *f* [sitwa'jɛ̃, *~*'jɛn] citizen.

citrin, e [si'trɛ̃, *~*'trin] lemon-yellow; **citrique** ♠ [*~*'trik] citric; **citron** [*~*'trɔ̃] **1.** *su./m* ♀ lemon, citron, lime; F nut (= *head*); *~ pressé* lemon squash; **2.** *adj./inv.* lemon(-colo[u]red); **citronnade** [sitrɔ'nad] *f* lemonade; **citronnier** [*~*'nje] *m* ♀ lemon-tree; *wood:* lemon-wood.

citrouille ♀ [si'tru:j] *f* pumpkin.

civet *cuis.* [si'vɛ] *m* stew; *~ de lièvre* jugged hare.

civette¹ *zo.* [si'vɛt] *f* civet-cat; ⚜ *perfume:* civet.

civette² ♀ [*~*] *f* chive.

civière [si'vjɛ:r] *f* hand-barrow; stretcher; *coffin:* bier.

civil, e [si'vil] **1.** *su./m* ⚔ civilian; *eccl.* layman; civil status *or* dress; *dans le ~* in civil life; *en ~* in mufti, in plain clothes; **2.** *adj.* civil; ⚔ civilian; *eccl.* lay; civic; polite (to, towards *à, envers*); *année f ~e* calendar year; ⚖ *droit m ~* common law; *état m ~* civil status; register office; *mariage m ~* civil marriage; *mort f ~e* civil death; **civilisateur, -trice** [siviliza'tœ:r, *~*'tris] **1.** *adj.* civilizing; **2.** *su.* civilizer; **civilisation** [*~*za'sjɔ̃] *f* civilization; **civiliser** [*~*'ze] (1a) *v/t.* civilize; *se ~* become civilized; **civilité** [*~*'te] *f* civility, courtesy; *fig. ~s pl.* compliments, kind regards; *faire des ~s à* be civil to.

civique [si'vik] civic; civil (*rights*);

patriotic (*song*); *droits m/pl. ~s* civic rights, *Am.* citizen rights; *instruction f ~* civics *sg.*; **civisme** [*~*'vism] *m* good citizenship.

clabaud [kla'bo] *m hunt.* (longeared) hound; F scandal-monger; **clabaudage** [*~*bo'da:ʒ] *m hunt.* babbling; F spiteful gossip; **clabauder** [*~*bo'de] (1a) *v/i. hunt.* babble; F talk scandal (about, *sur*).

claie [klɛ] *f* ♪ hurdle; fence; ⊕ screen; ⊕ grid.

clair, e [klɛ:r] **1.** *adj.* clear; bright; obvious; thin (*silk, soup, wood*); **2.** *clair adv.* clearly, plainly; thinly; **3.** *~ m* light; *garment:* thin place; *tirer au ~* decant (*wine*); *fig.* clarify, bring to light; **clairet, -ette** [klɛ'rɛ, *~*'rɛt] **1.** *adj.* pale, light; thin (*voice*); **2.** *su./m* local light red wine; **claire-voie,** *pl.* **claires-voies** [klɛr'vwa] *f* openwork; ⚑ skylight; ⚓ decklight; *eccl.* clerestory; *à ~* thinly; **clairière** [klɛ'rjɛ:r] *f* clearing; glade; *linen:* thin place; **clair-obscur,** *pl.* **clairs-obscurs** *paint.* [klɛrɔps'ky:r] *m* chiaroscuro.

clairon ♩ [klɛ'rɔ̃] *m* bugle; *clarinet:* upper register; *person:* bugler; **claironner** [*~*rɔ'ne] (1a) *v/i.* sound the bugle; trumpet; *v/t. fig.* trumpet; *fig.* trumpet abroad.

clairsemé, e [klɛrsə'me] thinly-sown; scattered, sparse; thin (*hair, beard*).

clairvoyance [klɛrvwa'jɑ̃:s] *f* perceptiveness; clear-sightedness; **clairvoyant, e** [*~*'jɑ̃, *~*'jɑ̃:t] perceptive; clear-sighted; clairvoyant.

clamer [kla'me] (1a) *v/t.* protest (*one's innocence etc.*); F cry (*s.th.*) out; **clameur** [*~*'mœ:r] *f* clamo(u)r; outcry; *sea, tempest:* roar(ing).

clan [klɑ̃] *m* clan; *fig.* clique.

clandestin, e [klɑ̃dɛs'tɛ̃, *~*'tin] clandestine, secret; ⚔ underground (*forces*); illicit; *fig.* underhand; stealthy; ⚓ *passager m ~* stowaway; **clandestinité** [*~*tini'te] *f* secrecy; clandestineness; stealth.

clapet [kla'pɛ] *m* ⊕ valve; ⚡ rectifier.

clapier [kla'pje] *m* rabbit hutch *or* warren; F *fig.* dump, hole.

clapotement [klapɔt'mɑ̃] *m,* **clapotis** [klapɔ'ti] *m waves:* lapping, plashing; **clapoter** [*~*'te] (1a) *v/i.* lap, plash; **clapoteux, -euse** [*~*'tø,

~'tø:z] choppy (sea); plashing (noise). [one's tongue).]

clapper [kla'pe] [1a] v/i. click (with)

claque [klak] su./f smack, slap; thea. claque, hired applause; sl. death; golosh, Am. overshoe; fig. prendre ses cliques et ses ~s depart quickly, F clear off; su./m opera-hat, crush-hat; cocked hat; sl. disorderly house; **claquedent** F [~'dɑ̃] m starveling; **claquement** [~'mɑ̃] m bullet, whip: smack; door: slam; hands: clapping; teeth: chattering; machine: rattle.

claquemurer [klakmy're] (1a) v/t. immure; se ~ shut o.s. up.

claquer [kla'ke] (1m) v/i. clap; crack (whip); bang, slam (door); burn out (lamp); F kick the bucket (= die); break; snap (string etc.); F go bust; F go phut; F come to nothing; ~ des doigts snap one's fingers; ~ des mains clap; il claquait des dents his teeth were chattering; 2. v/t. slap, smack; slam, bang; fig. burst; wear out, tire out; thea. applaud; F blue, blow (money); F se ~ tire o.s. out; **claquet** [~'kɛ] m (mill-)clapper; **claqueter** [klak'te] (1c) v/i. cluck, cackle (hen); clapper (stork); **claquette** [kla'kɛt] f eccl. clapper; F chatterbox; (danse à) ~s pl. tap-cance sg.; **claqueur** thea. [~'kœ:r] m hired clapper.

clarifier [klari'fje] (1o) v/t. clarify.

clarine [kla'rin] f cattle-bell; **clarinette** ♪ [~ri'nɛt] f clarinet; person: clarinettist.

clarté [klar'te] f light, clearness; brightness; sun: gleam; glass: transparency; fig. lucidity.

classe [klɑ:s] f class (a. sociology; etc.); category; rank; kind; ✗ annual contingent; primary school: standard; secondary school: form, Am. grade; class-room; lessons pl.; ~ moyenne (ouvrière) middle (working) class(es pl.); aller en ~ go to school; de première ~ 🚆 etc. first-class (ticket, compartment); first-rate; faire la ~ teach; **classé, e** [kla'se] classified, listed (building); **classement** [klas'mɑ̃] m classification; 🌱 etc. filing; grading; **classer** [kla'se] (1a) v/t. classify; 🌱 etc. file; catalogue, Am. catalog; grade; **classeur** [~'sœ:r] m ✦ file; filing cabinet, Am. file case; ⊕ sorter; sizer; ~ à anneaux ring binder.

classicisme [klasi'sism] m classicism.

classification [klasifika'sjɔ̃] f classification; **classifier** [~'fje] (1o) v/t. classify.

classique [kla'sik] **1.** adj. classical (author, music, period); classic; standard; fig. orthodox; 2. su./m classic; classicist (as opposed to romantic); les ~s pl. the (ancient, French) classics.

clause 🏛 [klo:z] f clause; ~ additionnelle rider; additional clause.

claustral, e, m/pl. **-aux** [klos'tral, ~'tro] monastic; **claustrophobie** [klostrofɔ'bi] f claustrophobia.

claveau [kla'vo] m △ arch-stone; vet. sheep-pox.

clavecin ♪ [klav'sɛ̃] m harpsichord.

clavette ⊕ [kla'vɛt] f pin, key, peg, cotter.

clavicule anat. [klavi'kyl] f clavicle, collar-bone.

clavier ♪ etc. [kla'vje] m piano, typewriter; organ: manual; wind-instrument: range; † key-ring, key-chain.

clayon [klɛ'jɔ̃] m wicker-tray (for cheese); wattle enclosure; **clayonnage** [~jɔ'na:ʒ] m wicker-work; wattle fencing; ⊕ mat; **clayonner** [~jɔ'ne] (1a) v/t. protect with wattle fencing; mat.

clé, clef [kle] f key (a. fig.); △ keystone; △ beam: reinforcing piece; ⊕ spanner, wrench; ⚡ switch-key; ♪ clef; ♪ key-signature; ♪ key (wood-wind instrument); sp. wrestling: lock; ~ à douilles box-spanner; ~ à molette adjustable spanner; ~ anglaise monkey-wrench; ~ crocodile crocodile spanner; mot. ~ pour roues wheel-brace; △, a. fig. ~ de voûte keystone; ~s en main ready for immediate occupation (house etc.); fausse ~ skeleton key; mettre sous ~ lock up; sous ~ under lock and key.

clématite ♀ [klema'tit] f clematis.

clémence [kle'mɑ̃:s] f clemency (a. of weather); leniency; mercy; **clément, e** [~'mɑ̃, ~'mɑ̃:t] clement, lenient; merciful; mild (disease etc.); ciel m ~ mild climate.

clenche [klɑ̃:ʃ] f (door-)latch.

clerc [klɛr] m eccl. cleric, clergyman; 🏛 clerk; F être (grand) ~ en be an expert on; faire un pas de ~ blunder; **clergé** [klɛr'ʒe] m clergy pl.; **clérical, e,** m/pl. **-aux** eccl., a. pol.

[kleri'kal, ~'ko] adj., a. su./m clerical.

clic! [klik] int. click!

clichage [kli'ʃa:ʒ] m typ. stereotyping; electro-typing; ⚒ caging; **cliché** [~'ʃe] m typ. type: plate; illustration: block; phot. negative; fig. cliché, stock phrase; **clicher** [~'ʃe] (1a) v/t. typ. stereotype; take electrotypes of; ⚒ cage; **clicherie** typ., journ. [kliʃ'ri] stereotype room; stereotyping shop.

client m, e f [kli'ɑ̃, ~'ɑ̃:t] client; ⚕ customer; ⚕ patient; hotel: guest; **clientèle** [~ɑ̃'tɛl] f ⚕ custom, customers pl.; ⚕ goodwill; ⚕ connection; ⚕, ⚖ practice; ~ d'habitués regular clients pl. or customers pl.; donner sa ~ à patronize.

cligner [kli'ɲe] vt/i. wink; blink; v/t. screw up (one's eyes); **clignotant** mot. [kliɲɔ'tɑ̃] m indicator, trafficator; blinker; fig. warning light; **clignoter** [~'te] (1a) v/i. blink; flicker (eyelids, light); twinkle (star).

climat [kli'ma] m climate; region; fig. atmosphere; **climatérique** [klimate'rik] 1. su./f climacteric; 2. adj. climacteric; a. = **climatique** [~'tik] climatic (conditions); station f ~ health-resort; **climatisation** [~tiza'sjɔ̃] f air conditioning; **climatiser** [~ti'ze] (1a) v/t. air-condition; **climatiseur** [~ti'zœ:r] m air conditioner; **climatologie** [~tɔlɔ'ʒi] f climatology; **climatologique** [~tɔlɔ'ʒik] climatological.

clin [klɛ̃] m: ~ d'œil wink; en un ~ d'œil in the twinkling of an eye.

clinicien ⚕ [klini'sjɛ̃] su./m, a. adj./m clinician; **clinique** ⚕ [~'nik] 1. adj. clinical; 2. su./f clinic; nursing home; F surgery (of a doctor); teaching hospital.

clinquant, e [klɛ̃'kɑ̃, ~'kɑ̃:t] 1. adj. showy, gaudy, flashy; 2. su./m tinsel; ⊕ foil; fig. showiness.

clip [klip] m pen etc.: clip.

clipper ⚓, ✈ [kli'pœ:r] m clipper.

clique F [klik] f set, clique; gang; ✗ drum and bugle band; **cliquet** ⊕ etc. [kli'kɛ] m catch; ratchet; **cliqueter** [klik'te] (1c) v/i. rattle; clink (glass); jingle (keys etc.); mot. pink; **cliquetis** [~'ti] m metall. clang, rattle, clatter; glasses: clinking; keys etc.: jingling; mot. pinking.

clisse [klis] f bottle: wicker covering; cheese: drainer; ⚕ splint; **clisser**

[kli'se] (1a) v/t. wicker (a bottle); ⚕ put in splints; bouteille f clissée demijohn.

clivage [kli'va:ʒ] m cleavage; gap, split; **cliver** [kli've] (1a) v/t. a. se ~ split, cleave.

cloaque [klɔ'ak] m cesspool (a. fig.); fig. sink (of iniquity).

clochard F [klɔ'ʃa:r] m down-and-out; tramp, Am. hobo; **clochardiser** [~ʃardi'ze] (1a) v/t.: se ~ go to the dogs.

cloche [klɔʃ] f bell; ⚘ bell-jar; ✗ cloche; ⚕ cup (for blistering); dishcover; cloche(-hat); sl. idiot; F la ~ (the) down-and-outs (in general); ~-pied [~'pje] adv.: sauter à ~ hop.

clocher¹ [klɔ'ʃe] m church tower; steeple; fig. de ~ parochial; esprit m de ~ parochialism.

clocher² [~] (1a) v/i. F go or be wrong; limp, hobble.

clocheton [klɔʃ'tɔ̃] m bell-turret; **clochette** [klɔ'ʃɛt] f handbell; ⚘ bell-flower; ~ d'hiver snowdrop.

cloison [klwa'zɔ̃] f ⚕ partition (wall); ⚓ bulkhead; mot. baffle-plate; fig. ~ (étanche impenetrable) barrier; fig. ~ séparé(e)s par des ~s étanches in watertight compartments; **cloisonnage** [~zɔ'na:ʒ] m partition (-ing); **cloisonner** [~zɔ'ne] (1a) v/t. partition; divide up; compartmentalize.

cloître eccl. [klwa:tr] m cloister(s pl.); monastery; convent; **cloîtrer** [klwa'tre] (1a) v/t. cloister; nonne f cloîtrée enclosed nun.

clope sl. [klɔp] f cig, Br. fag (= cigarette).

clopin-clopant F [klɔpɛ̃klɔ'pɑ̃] adv. hobbling (along); **clopiner** [~pi'ne] (1a) v/i. hobble, limp.

cloporte zo. [klɔ'pɔrt] m woodlouse, Am. sow-bug.

cloque [klɔk] f ⚕ lump, swelling; ⚘ corn: rust; tree: blight.

clore [klɔ:r] (4f) vt/i. close; v/t. enclose (land); **clos, close** [klo, klo:z] 1. p.p. of clore; 2. adj. closed; shut in; finished; 3. su./m enclosure, close; vineyard; **closerie** [kloz'ri] f small estate; small holding; croft; pleasure garden; **clôt** [klo] 3rd p. sg. pres. of clore; **clôture** [~'ty:r] f fence, enclosure; closure, closing; end; ⚕ account: winding up; ⚕ books:

balancing; **clôturer** [ˌty're] (1a)
v/t. enclose (*land*); ✝ close down (*a
factory*); *pol.* apply the closure to (*a
debate*); ✝ wind up, close.

clou [klu] *m* nail; *fig.* star turn, hit,
highlight; ✽ boil, carbuncle; *pedestrian crossing*: stud; *sl.* pawn-
shop, *Am.* hock shop; *sl.* clink, jail;
sl. old jalopy; *cuis.* ~ *de girofle* clove;
clouer [klu'e] (1a) *v/t.* nail; pin
down; rivet; *fig.* tie; *tapis m cloué*
fitted carpet; **clouter** [ˌte] (1a) *v/t.*
stud; **clouterie** [ˌtri] *f* nail-
making; nail-works *usu. sg.*; **cloutier** [ˌtje] *m* nail-dealer; nailsmith.

clown [klun] *m* clown; buffoon;
clownerie [ˌri] *f* clownish trick;
clownishness; **clownesque** [klu-
'nɛsk] clownish; farcical.

cloyère [klwa'jɛːr] *f* oyster-basket.

club [klœb] *m* club.

cluse *geol.* [klyːz] *f* transverse valley.

coadjuteur *eccl.* [koadʒy'tœːr] *m*
coadjutor; **coadjutrice** *eccl.* [ˌ'tris]
f coadjutrix.

coagulation [koagyla'sjɔ̃] *f* coagulation, congealing; **coaguler** [ˌ'le]
(1a) *v/t. a. se* ~ coagulate, clot;
curdle.

coaliser *pol.* [koali'ze] (1a) *v/t. a.
se* ~ unite; **coalition** [ˌ'sjɔ̃] *f*
coalition; *fig.* combine; *ministère
m de* ~ coalition ministry.

coasser [koa'se] (1a) *v/i.* croak.

coassocié *m*, **e** *f* [koaso'sje] co-
partner.

cobaye *zo., fig.* [kɔ'baːj] *m* guinea-
pig.

cocagne [kɔ'kaɲ] *f:* *mât m de* ~
greasy pole; *pays m de* ~ land of
plenty.

cocaïne [koka'in] *f* cocaine.

cocasse F [kɔ'kas] comical, droll.

coccinelle *zo.* [kɔksi'nɛl] *f* lady-
bird.

coccyx *anat.* [kɔk'sis] *m* coccyx.

coche¹ [kɔʃ] *m* ✝ stage-coach; *faire
la mouche du* ~ buzz around; be a
busy-body; F *manquer le* ~ miss the
boat (= *lose an opportunity*).

coche² [ˌ] *f* nick, notch.

coche³ *zo.* [ˌ] *f* sow.

cocher¹ [kɔ'ʃe] (1a) *v/t.* nick, notch;
check off, tick off.

cocher² [kɔ'ʃe] *m* coachman, F cabby;
cochère [ˌ'ɛːr] *adj./f:* *porte f* ~
carriage-entrance; main gate.

cochon, -onne [kɔ'ʃɔ̃, ˌ'ʃɔn] **1.** *su./m*

pig, hog, porker; *fig.* filthy swine; ~
de lait sucking-pig; ~ *d'Inde* guinea-
pig; **2.** *adj. sl.* indecent; filthy; **cochonner** [ˌʃɔ'ne] (1a) *v/i.* farrow;
v/t. F botch (*a piece of work*); **co-
chonnerie** [ˌʃɔn'ri] *f* filth; rubbish;
foul trick; hogwash (= *bad food*);
cochonnet [ˌʃɔ'nɛ] *m* young pig;
bowls: jack; *tex.* cylinder.

cockpit ✈ [kɔk'pit] *m* cockpit.

cocktail [kɔk'tɛl] *m* cocktail; cocktail
party; ~ *Molotov* Molotov cocktail.

coco [kɔ'ko] *su./m* (*a. noix f de* ~)
coco(a)nut; F liquorice water; *sl.*
head; F guy; F darling; F stomach;
✈ *sl.* petrol; *ch.sp.* hen, egg; *su./f*
F snow (= *cocaine*).

cocon [kɔ'kɔ̃] *m* cocoon.

cocorico [kɔkɔri'ko] *m* cock-a-
doodle-doo.

cocotier ♣ [kɔkɔ'tje] *m* coconut
palm.

cocotte¹ [kɔ'kɔt] *f* chuck-chuck
(= *hen*); F darling, ducky; *pej.*
loose woman, tart.

cocotte² *cuis.* [ˌ] *f* stew-pan.

coction *cuis.* [kɔk'sjɔ̃] *f* ✽ boiling, coction; ✽ digestion.

cocu [kɔ'ky] *m* cuckold, deceived
husband; **cocufier** F [ˌky'fje] (1o)
v/t. cuckold.

codage [kɔ'daːʒ] *m* (en)coding; **code**
[kɔd] *m* code (*a.* ✚, *a. tel.*); ✚ ~ *civil*
(*pénal, de la route*) civil (penal, highway) code; ~ *postal* postcode, *Am.* zip
code; *mot. se mettre en* ~ dip (*Am.*
dim) the headlights; **coder** [kɔ'de]
(1a) *v/t.* code.

codétenu *m*, **e** *f* ✚ [kodet'ny] fellow-
prisoner.

codifier [kɔdi'fje] (1o) *v/t.* ✚ codify;
tel. code.

coéducation [koedyka'sjɔ̃] *f* coeduca-
tion; [factor.\]

coefficient [koefi'sjɑ̃] *m* coefficient;

coéquation *admin.* [koekwa'sjɔ̃] *f*
proportional assessment.

coercitif, -ve ✚, *phys.* [koɛrsi'tif,
ˌ'tiːv] coercive.

cœur [kœːr] *m* heart (*a. fig.*);
courage; feelings *pl.*; centre; *cards:*
heart(s *pl.*); ✽ ~*-poumon m artificiel*
heart-lung machine; ✽ *arrêt m du* ~
heart failure; *à* ~ *joie* to one's heart's
content; *avoir mal au* ~, *avoir le* ~ *sur
les lèvres* feel sick; *par* ~ by heart; *cela
vous (sou)lève le* ~ that makes you
(feel) sick.

coexistence [kɔɛgzis'tã:s] f coexistence (a. pol.); **coexister** [~'te] (1a) v/i. coexist.

coffrage [kɔ'fra:ʒ] m ⚒ coffering, lining; shuttering (for concrete work); **coffre** [kɔfr] m chest, box; coffer; ⚓ moorings pl.; ⚓ (mooring-)buoy; case; 🛏 ballast-bed; mot. boot; △ form, box (for concrete work); ⚓ navire m à ~ well-decker; **coffre-fort**, pl. **coffres-forts** [~ə'fɔːr] m safe; strong-box; **coffrer** [kɔ'fre] (1a) v/t. F imprison; ⚒ coffer, line; **coffret** [~'frɛ] m casket; (tool-, work-, etc.)box.

cogérance [kɔʒe'rã:s] f co-administration; joint management; **cogérer** [~'re] (1f) v/i. manage jointly; **cogestion** [~'stjɔ̃] f joint management; co-management.

cogiter [kɔʒi'te] (1a) vt/i. cogitate; think (up).

cognac [kɔ'ɲak] m cognac, F brandy.
cognassier ♀ [kɔɲa'sje] m quince-tree.

cognée [kɔ'ɲe] f axe, hatchet; **cogner** [~] (1a) v/t. hammer in; drive in (a nail); knock, hit; bump against; v/i. knock (a. mot.); bump.

cohabiter [kɔabi'te] (1a) v/i. live together, cohabit.

cohérence [kɔe'rã:s] f coherence; avec ~ coherently; **cohérent, e** [~'rã, ~'rã:t] coherent; **cohésion** [~'zjɔ̃] f cohesion; phys. force f de ~ cohesive force.

cohue [kɔ'y] f crowd, throng, crush; mob.

coi, coite [kwa, kwat] quiet; se tenir ~ keep quiet; F lie doggo.

coiffe [kwaf] f head-dress; cap; hat: lining; ⚓ cap-cover; **coiffé, e** [kwa'fe] adj.: être ~ be wearing a hat; have done one's hair; fig. be infatuated (with, de); être bien ~ have one's hair well dressed; né ~ born lucky; **coiffer** [~'fe] (1a) v/t. cover (one's head); hat: suit; put on (a hat); do (one's hair); fig. cover (up for) (s.o.); fig. control (an organization etc.); sp., a. fig. beat (an opponent); de combien coiffez-vous? what size in hats do you take?; ~ sainte Catherine reach the age of 25 without being married (woman); sp., a. fig. ~ q. au poteau beat s.o. at the post; **coiffeur, -euse** [~'fœːr, ~'føːz] su. hairdresser; su./f dressing-table;

coiffure [~'fy:r] f head-dress; hair-style; hairdressing; ~ à la Jeanne d'Arc bobbed hair (with fringe).

coin [kwɛ̃] m corner; nook, spot; ground: patch; coins: die; ⊕ wedge, chock; fig. hallmark, stamp; ~ du feu fireside; dans tous les ~s et recoins in every corner, everywhere; **coincement** [~kwɛ̃s'mã] m jamming; **coincer** ⊕ [kwɛ̃'se] (1k) v/t. wedge; fig. sl. corner; arrest; v/i. a. se ~ jam, stick.

coincidence [kɔɛ̃si'dã:s] f coincidence; ♩ ~ d'oscillations surging; **coincider** [~'de] (1a) v/i. coincide.

coing ♀ [kwɛ̃] m quince.

coït [kɔ'it] m coitus.

coke [kɔk] m coke; petit ~ breeze; **cokerie** [kɔ'kri] f coking plant.

col [kɔl] m neck (a. fig.); cost. collar; geog. pass, col; fig. ~ blanc (bleu) white- (blue-)collar worker; ~ cassé (droit, rabattu) wing (stand-up, turn-down) collar; ~ roulé polo neck, Am. turtleneck; à ~ Danton open-necked (shirt); faux ~ detachable or separate collar.

colchique ♀ [kɔl'ʃik] m colchicum.
coléoptère zo. [kɔleɔp'tɛ:r] m beetle; ~s pl. coleoptera.

colère [kɔ'lɛ:r] **1.** su./f anger; en ~ angry; se mettre en ~ become angry; **2.** adj. angry; irascible (person); **coléreux, -euse** [kɔle'rø, ~'rø:z] hot-tempered, irascible; **colérique** [~'rik] choleric.

colifichet [kɔlifi'ʃɛ] m trinket; ~s pl. rubbish sg.; † rayon m des ~s fancy goods department.

colimaçon zo. [kɔlima'sɔ̃] m snail; en ~ spiral (staircase).

colin icht. [kɔ'lɛ̃] m hake.

colin-maillard [kɔlɛ̃ma'ja:r] m game: blind-man's buff.

colique ♀ [kɔ'lik] f colic; F stomach-ache; sl. avoir la ~ have the wind up.

colis [kɔ'li] m packet, parcel; luggage; par ~ postal by parcel post.

collaborateur, -trice f [kɔllabora'tœːr, ~'tris] collaborator (a. pol.); associate; review: contributor; **collaboration** [~ra'sjɔ̃] f collaboration (a. pol.); co-operation; book: joint authorship; **collaborer** [~'re] (1a) v/i. collaborate, co-operate; contribute (to a journal etc.).

collage [kɔ'la:ʒ] m pasting; gluing;

paper: sizing; F (*unmarried*) cohabitation; *paint*. collage; **collant, e** [~'lɑ̃, ~'lãːt] **1.** *adj.* sticky, adhesive; *cost.* tight, close-fitting, skintight; *pej.* clinging; **2.** *su./m*: ~s *pl.* tights.

collatéral, e, *m/pl.* **-aux** [kɔllate'ral, ~'ro] **1.** *adj.* collateral; *eccl.* side-(*aisle*); **2.** *su.* relative, collateral; *su./m eccl.* side-aisle.

collateur *eccl.* † [kɔlla'tœːr] *m* patron (*of a living*); **collation** [~'sjɔ̃] *f* ⚖ *etc.* granting, conferment; *eccl.* advowson; *typ.* checking, proofreading; *documents*: collation; light meal; **collationner** [~sjɔ'ne] (1a) *v/t.* collate, compare; check; *v/i.* have a light meal.

colle [kɔl] *f* paste, glue; gum; *paper etc.*: size; *fig.* poser, difficult question; *school*: detention; ~ forte glue.

collecte [kɔl'lɛkt] *f eccl. etc.* collection; collecting; *eccl. prayer*: collect; *faire une* ~ make a collection; **collecteur** [kɔllɛk'tœːr] *m* ⚡ collector; ⚡ commutator; ⊕ sewer; *mot.* ~ d'admission (d'échappement) intake (exhaust) manifold; **collectif, -ve** [~'tif, ~'tiːv] *adj.* collective; **collection** [~'sjɔ̃] *f* collection; gathering; **collectionner** [~sjɔ'ne] (1a) *v/t.* collect; **collectiviser** [~tivi'ze] (1a) *v/t.* collectivize; communize; **collectivité** [~tivi'te] *f* community; group; common ownership.

collège [kɔl'lɛːʒ] *m* college; school; secondary grammar school; ~ électoral constituency; electoral body, *Am.* electoral college; *sacré* ~ College of Cardinals.

collégial, e, *m/pl.* **-aux** [kɔle'ʒjal, ~'ʒjo] **1.** *adj.* collegiate; collegial; **2.** *su./f* collegiate church; **collégialité** *pol.*, † *etc.* [~ʒjali'te] *f* collegial administration; **collégien, -enne** [~'ʒjɛ̃, ~'ʒjɛn] *su./m* college-student; *su./m* schoolboy; *su./f* schoolgirl.

collègue [kɔl'lɛg] *su.* colleague.

coller [kɔ'le] (1a) *v/t.* stick; paste; glue; size (*paper*); clarify (*wine*); F put, stick (*s.th. in s.o.*); F plough (*a candidate*); *se* ~ stick; *sl.* cohabit, live (with, *avec*); *v/i.* stick; cling; *sl. ça colle!* all right!; *sl. cela ne colle pas* it is not going properly.

collerette [kɔl'rɛt] *f cost.* collarette; ⊕ *joint*, *pipe*: flange.

collet [kɔ'le] *m* ⚡, ⊕, *cost.* collar; *cost.* cape; *cuis.* neck, scrag; *tooth,*

violin, ⊕ *screw, chisel*: neck; ⊕ *pipe, etc.*: flange; snare (*for rabbits etc.*); *fig.* ~ monté strait-laced person; strait-laced; **colleter** [kɔl'te] (1c) *v/t.* (seize by the) collar; grapple with; *fig.* hug; *se* ~ come to grips; *v/i.* set snares (*for rabbits etc.*).

colleur *m,* **-euse** *f* [kɔ'lœːr, ~'løːz] paster; (*bill-*)sticker; *paper*: sizer; *sl. school*: stiff examiner; *sl.* liar.

collier [kɔ'lje] *m* necklace; collar (a. ⊕, ⚓, *zo., order*); ~ de chien dog collar; *coup m de* ~ *fig.* big effort; ⚡ sudden overload; *fig. reprendre le* ~ be back in harness.

collimateur [kɔlima'tœːr] *m* collimator; *fig. avoir* or *prendre dans le* ~ train one's sights on.

colline [kɔ'lin] *f* hill.

collision [kɔlli'zjɔ̃] *f* collision.

collocation [kɔllɔka'sjɔ̃] *f* ⚖ order of priority of creditors (*in bankruptcy*); *gramm.* collocation.

collodion ⚗ [kɔllɔ'djɔ̃] *m* collodion.

colloque [kɔl'lɔk] *m* conference; conversation; parley.

collusion ⚖ [kɔlly'zjɔ̃] *f* collusion; **collusoire** ⚗ [~'zwaːr] collusive.

collutoire [kɔlly'twaːr] *m* mouthwash.

collyre [kɔl'liːr] *m* eyewash.

colmater [kɔlma'te] (1a) *v/t.* seal (up or off); plug (up); fill in (*holes etc.*); ⚡ warp (*the soil*); ⚡ consolidate.

colocataire [kɔlɔka'tɛːr] *su.* joint tenant; co-tenant.

colombe *orn.* [kɔ'lɔ̃ːb] *f* pigeon; dove (a. *pol.*); **colombier** [kɔlɔ̃'bje] *m* dovecot(e); pigeon-house; **colombin, e** [~'bɛ̃, ~'bin] **1.** *adj.* dove-like; dove-colo(u)red; **2.** *su./m orn.* stock-dove; ⚡ lead ore; *su./f* ⚡ pigeon-dung.

colon [kɔ'lɔ̃] *m* small holder; settler, colonist.

côlon *anat.* [ko'lɔ̃] *m* colon.

colonel [kɔlɔ'nɛl] *m* colonel; **colonelle** [~] *f* colonel's wife.

colonial, e, *m/pl.* **-aux** [kɔlɔ'njal, ~'njo] **1.** *adj.* colonial; *denrées f/pl.* ~es colonial produce *sg.*; **2.** *su./m* colonial; *su./f* ⚔ colonial troops *pl.*; **colonialisme** *pol.* [~nja'lism] *m* colonialism; **colonie** [~'ni] *f* colony, settlement; ~ de vacances holiday camp; **colonisateur, -trice** [kɔlɔ-niza'tœːr, ~'tris] **1.** *adj.* colonizing; **2.** *su.* colonizer; **colonisation** [~za'sjɔ̃] *f* colonization, settling; **coloniser** [~'ze] (1a) *v/t.* colonize, settle.

colonne [kɔ'lɔn] *f* △, ✕, *anat.* column; △ pillar; ⚓ en ~ line ahead; ~ *Morris* advertizing column *or* pillar.

colophane [kɔlɔ'fan] *f* rosin.

colorant, e [kɔlɔ'rã, ~'rã:t] **1.** *adj.* colo(u)ring; **2.** *su./m* dye; colo(u)ring (matter); **colorer** [~'re] (1a) *v/t.* colo(u)r, stain; dye; **colorier** [~'rje] (1o) *v/t.* colo(u)r; coloris [~'ri] *m* colo(u)r(ing); *fig.* hue.

colossal, e, *m/pl.* **-aux** [kɔlɔ'sal, ~'so] colossal, gigantic; **colosse** [~'lɔs] *m* colossus; F giant.

colportage [kɔlpɔr'ta:ʒ] *m* hawking, peddling; **colporter** [~'te] (1a) *v/t.* hawk, peddle; *fig.* spread (*news*); **colporteur** *m*, **-euse** *f* [~'tœ:r, ~'tø:z] hawker; pedlar, *Am.* peddler; *fig.* newsmonger.

coltiner [kɔlti'ne] (1a) *v/t.* carry (*loads*) (on one's back); F *fig.* se ~ saddle o.s. with (*s.th., s.o.*); **coltineur** [~'nœ:r] *m* heavy porter; ~ *de charbon* coal-heaver.

colza ⚘ [kɔl'za] *m* rape, colza; rapeseed.

coma ✻ [kɔ'ma] *m* coma; **comateux, -euse** ✻ [~ma'tø, ~'tø:z] comatose.

combat [kɔ̃'ba] *m* ✕ combat, battle, engagement; struggle (*a. fig.*); *fig.* contest; *hors de* ~ disabled; out of action; **combatif, -ve** [kɔ̃ba'tif, ~'ti:v] pugnacious; **combattant** [~'tã] *m* combatant, fighting man; fighter; *zo.* game-cock; *ancien* ~ ex-service man, veteran; **combattre** [kɔ̃'batr] (4a) *vt/i.* fight.

combe [kɔ̃:b] *f* coomb, dale, dell.

combien [kɔ̃'bjɛ̃] *adv.* how (many *or* much); ~ *de temps* how long; ~ *de ...* qui (*or* que) (*sbj.*) however much ... (*inf.*); F le ~ *sommes-nous?* what day of the month is it?

combinaison [kɔ̃binɛ'zɔ̃] *f* combination, arrangement, plan; *cost.* overalls *pl.*, boiler-suit; *cost.* combinations *pl.*; ✈ flying suit; *woman:* slip; **combinateur** ⚡ [~na'tœ:r] *m*: ~ *de couplage* controller; **combine** F [kɔ̃'bin] *f* plan, scheme; **combiner** [~bi'ne] (1a) *v/t.* combine; devise, concoct; se ~ combine.

comble [kɔ̃:bl] **1.** *su./m fig.* summit, height; △ roof(ing); *au* ~ *de la joie* overjoyed; *de fond en* ~ from top to

bottom; *mettre le* ~ *à* crown; *pour* ~ to cap it all; *c'est le or un* ~! that beats all!; **2.** *adj.* heaped up; packed (*house, room*); **comblé, e** [kɔ̃'ble] overjoyed; **comblement** [kɔ̃blə'mã] *m* filling in; **combler** [~'ble] (1a) *v/t.* fill (in); ✕, ✝ make good (*a deficit, casualties*); *fig.* fulfill; *fig.* gratify; *fig.* ~ *q. de qch.* shower s.th. on s.o.

combustibilité [kɔ̃bystibili'te] *f* inflammability; **combustible** [~'tibl] **1.** *adj.* inflammable; combustible; **2.** *su./m* fuel; **combustion** [~'tjɔ̃] *f* combustion, burning; ~ *continue* slow combustion.

comédie [kɔme'di] *f* comedy; *fig.* playacting; *fig. jouer la* ~ playact; **comédien, -enne** [~'djɛ̃, ~'djɛn] **1.** *su.* comedian; *su./m* actor; *su./f* actress; **2.** *adj.* theatrical.

comestible [kɔmɛs'tibl] **1.** *adj.* edible, eatable; **2.** *su./m* article of food; ~s *pl.* provisions, victuals.

comète *astr.* [kɔ'mɛt] *f* comet.

comice [kɔ'mis] *m* show; gathering; *hist.* ~s *pl.* electoral meeting *sg.*; ~ *agricole* agricultural show, cattle-show.

comique [kɔ'mik] **1.** *adj.* comic (*actor, author*); comical, funny; **2.** *su./m* comedian, humorist; comic actor; comedy-writer; comedy.

comité [kɔmi'te] *m* committee, board; ~ *d'arbitrage* arbitration board; ~ *de surveillance* vigilance committee; *petit* ~ little *or* informal meeting.

commandant [kɔmã'dã] *m* ✕, ⚓ commanding officer, commander; ✈ squadron-leader; ✕ ~ *de bataillon, d'escadron* major; ~ *en chef* commander-in-chief; **commande** [~'mã:d] *f* ✝ order; ⊕, ✈ control; ⊕ lever; *mot.* drive; ✝ *bulletin m de* ~ order-form; *de* ~ feigned; *eccl.* of obligation; F essential; *sur* ~ to order; **commandement** [~mãd'mã] *m* ✕, *a. fig.* command; instruction; ☆ summons *sg.*; *eccl.* commandment; **commander** [~mã'de] (1a) *v/t.* command (*a. fig.*), order (s.th. from s.o., *qch. à q.*); control; dominate; ~ *à* control; se ~ control o.s.; lead into each other *or* one another (*rooms*); *cela ne se commande pas* it does not depend upon our will; *v/i.* give orders; **commandeur** [~'dœːr] *m* order of knighthood: commander.

commanditaire ✝ [kɔmãdi'tɛːr] *m* sleeping *or Am.* silent partner; **commandite** [~'dit] *f* (*a.* société *f* en ~) limited partnership; **commanditer** ✝ [~'te] (1a) *v/t.* finance (*an enterprise*); become a sleeping partner in.

comme [kɔm] **1.** *adv.* as, like; how; in the way of; ~ ça like that; just (so); F ~ ci ~ ça so so; F c'est tout ~ it comes to the same thing; ~ il faut proper(ly *adv.*); **2.** *cj.* as, seeing that; *temporal:* just as.

commémoratif, -ve [kɔmemɔra'tif, ~'tiːv] commemorative (of, de); memorial (*service*); fête *f* ~ve festival of remembrance; **commémoration** [~ra'sjõ] *f* commemoration; **commémorer** [~'re] (1a) *v/t.* commemorate.

commendataire *eccl.* [kɔmãda'tɛːr] *m* commendator.

commensal *m*, **e** *f* [kɔmã'sal] companion at table, table-companion; regular guest.

commensurable ♈ [kɔmãsy-'rabl] commensurable (with, to avec).

comment [kɔ'mã] **1.** *adv.* how; what: **2.** *int.* what!; why!; F et ~! and how; **3.** *su./m/inv.* why; les ~ et les pourquoi the whys and the wherefores.

commentaire [kɔmã'tɛːr] *m* commentary; *fig.* comment; **commentateur** *m*, **-trice** *f* [~ta'tœːr, ~'tris] commentator; **commenter** [~'te] (1a) *v/t.* comment upon (*a. fig.* = criticise).

commérage [kɔme'raːʒ] *m* gossip.

commerçant, e [kɔmɛr'sã, ~'sãːt] **1.** *adj.* commercial; business...; mercantile; très ~ very busy (*street*); **2.** *su./m* tradesman, merchant; les ~s *pl.* tradespeople; **commerce** [~'mɛrs] *m* trade, commerce; commercial world; ✝ dealings *pl.*; ~ de détail retail trade; ~ d'outre-mer overseas trade; registre *m* du ~ Commercial Register; **commercer** [kɔmɛr'se] (1k) *v/i.*

(with, avec) trade, deal; *fig.* have dealings; **commercial, e**, *m/pl.* **-aux** [~'sjal, ~'sjo] commercial, trading, business.

commère [kɔ'mɛːr] *f* ✝ *eccl.* godmother; gossip; crony.

commettant [kɔme'tã] *m* ♟, ✝ principal; *pol.* ~s *pl.* constituents; **commettre** [~'mɛtr] (4v) *v/t.* commit.

comminatoire [kɔmina'twaːr] comminatory; *fig.* threatening.

commis, e [kɔ'mi, ~'miːz] **1.** *p.p. of* commettre; **2.** *su./m* clerk; agent; (shop-)assistant; ~ voyageur commercial traveller, *Am.* travelling salesman.

commisération [kɔmizera'sjõ] *f* pity; commiseration.

commissaire [kɔmi'sɛːr] *m* commissioner; *police:* superintendent; ♣ purser; *sp.* steward; ✝ ~ aux comptes auditor; ~-priseur, *pl.* ~s-priseurs [~sɛrpri'zœːr] *m* auctioneer; official valuer; **commissariat** [~sa'rja] *m* commissioner's office; central police station.

commission [kɔmi'sjõ] *f* commission; *admin. a.* committee, board; message; errand; faire la ~ à q. give s.o. the message; **commissionnaire** [~sjɔ'nɛːr] delivery boy or man; messenger; ✝ commission agent; ~ de transport forwarding agent; ~ en gros factor; **commissionner** [~sjɔ'ne] (1a) *v/t.* commission.

commissure [kɔmi'syːr] *f* commissure; ~ des lèvres corner of the mouth.

commode [kɔ'mɔd] **1.** *adj.* convenient; comfortable; handy; easy-going (*person*); good-natured; **2.** *su./f* chest of drawers, *Am. a.* highboy; **commodément** [kɔmɔde'mã] *adv.* of commode 1; **commodité** [~di'te] *f* convenience; comfort; ~s *pl.* public convenience *sg.*

commotion [kɔmɔ'sjõ] *f* commotion, disturbance; ⚡, ♠ shock; ♠ concussion.

commuer ♟ [kɔ'mɥe] (1p) *v/t.* commute (to, en).

commun, e [kɔ'mœ̃, ~'myn] **1.** *adj.* common; usual; joint; vulgar; ✝ average, mean (*tare*); chose *f* ~e common cause; faire bourse ~e pool resources; sens *m* ~ common sense; **2.** *su./m* generality, common run;

common funds *pl.*; † servants *pl.*; ~s *pl.* outbuildings; conveniences; en ~ in common; *su./f admin.* commune, (*approx.*) parish; *hist.* ℒe Commune (*1789, a. 1871*); *parl.* Chambre *f* des ~es House of Commons *pl.*; **communal, e**, *m/pl.* -**aux** [kɔmy'nal, ~'no] common; communal; parish ...; **communard** *hist.* [~'naːr] *m* communard (*supporter of the 1871 Paris Commune*); **communauté** [~no'te] *f eccl., admin., a. fig.* community; ⚖ joint estate; *pol.* ℒ French Community; ℒ Économique Européenne European Economic Community; ~ de travail school: group activity; **communément** [~ne'mã] *adv.* of commun 1.

communiant *m*, **e** *f eccl.* [kɔmy'njã, ~'njãːt] communicant; **communicable** [kɔmyni'kabl] communicable; **communicatif, -ve** [~ka'tif, ~'tiːv] communicative; infectious (*laughter*); **communication** [~ka-'sjɔ̃] *f* communication; message; (*telephone*) call; *teleph.* ~ locale (*interurbaine*) local (long-distance) call; *teleph.* donner la ~ put a call through; *teleph.* mauvaise ~ wrong number; **communier** *eccl.* [kɔmy-'nje] (1o) *v/i.* communicate; *v/t.* administer Holy Communion to (*s.o.*); **communion** [~'njɔ̃] *f* communion (*a. eccl.*); **communiqué** [kɔmyni'ke] *m* official statement, communiqué; *radio:* news *sg.*; bulletin; ~ de presse press release; **communiquer** [~] (1m) *vt/i.* communicate; *v/i.* be in communication or connection; ~ avec lead into; (*faire*) ~ connect; *v/t.:* se ~ spread (to, à); be communicative (*person*).

communisant, e [kɔmyni'zã, ~-'zãːt] **1.** *adj.* communistic; **2.** *su. pol.* fellow-traveller, communist sympathizer; **communisme** [~-'nism] *m* communism; **communiste** [~'nist] *su., a. adj.* communist.

commutateur ⚡ [kɔmyta'tœːr] *m* commutator; *light:* switch; **commutation** [~'sjɔ̃] *f* commutation (*a.* ⚖); ⚡ changing over; de ~ switch-...; **commutatrice** ⚡ [~'tris] *f* rotary transformer; **commuter** ⚡ [kɔmy'te] (1a) *v/t.* change over.

compacité [kɔ̃pasi'te] *f* compactness; *metal:* density; **compact, e** [~'pakt] compact; dense.

compagne [kɔ̃'paɲ] *f* companion; wife; mate; **compagnie** [kɔ̃pa'ɲi] *f* company (*a.* ✝, ✕, *a. person*); ⚓ division; society; de ou en ~ together; tenir ~ à q. keep s.o. company; **compagnon** [~'ɲɔ̃] *m* companion, comrade; mate (*a.* ⚓), partner; ⊕ journeyman; ~ de route fellow traveller; **compagnonnage** † [~ɲɔ'naːʒ] *m* trade-guild; time of service as journeyman.

comparable [kɔ̃pa'rabl] comparable; **comparaison** [~rɛ'zɔ̃] *f* comparison; simile.

comparaître ⚖ [kɔ̃pa'rɛːtr] (4k) *v/i.* appear; faire ~ devant bring before.

comparatif, -ve [kɔ̃para'tif, ~'tiːv] *adj., a. gramm. su./m* comparative; **comparé, e** [~'re] comparative (*grammar, history, etc.*); **comparer** [~'re] (1a) *v/t.* compare (to, with à, avec).

comparse [kɔ̃'pars] *m thea.* supernumerary; F super; *fig.* confederate.

compartiment [kɔ̃parti'mã] *m* ⚓, ship, ceiling, *etc.*: compartment; partition; division; draughts, chess, *etc.*: square; ~ de congélation freezing compartment, freezer.

comparution ⚖ [kɔ̃pary'sjɔ̃] *f* appearance.

compas [kɔ̃'pa] *m* compasses *pl.*; ⚓ *etc.* compass; *mot.* hood: arms *pl.*; standard, scale; ∆ ~ à pointes sèches dividers *pl.*; *surv.* ~ de relèvement azimuth compass; ⚓ ~ gyroscopique gyro-compass; **compassé, e** [kɔ̃pa'se] formal, stiff; regular; **compasser** [~] (1a) *v/t.* measure with compasses; *fig.* consider, weigh, study; ⚓ ~ la carte prick the chart.

compassion [kɔ̃pa'sjɔ̃] *f* compassion, pity.

compatible [kɔ̃pa'tibl] compatible. **compatir** [kɔ̃pa'tiːr] (2a) *v/i.:* ~ à sympathize with; bear with; **compatissant, e** [~ti'sã, ~'sãːt] (*pour, to[wards]*) compassionate, tender; sympathetic; indulgent.

compatriote [kɔ̃patri'ɔt] *su.* compatriot; *su./m* fellow-countryman; *su./f* fellow-countrywoman.

compensateur, -trice [kɔ̃pãsa-'tœːr, ~'tris] **1.** *adj.* compensating; ⚡ equalizing (*current*); *phot.* compensating (*filter, screen*); *phys.* pendule *m* ~ compensation pendulum; **2.** *su./m* compensator; 🔫 trimmer; **compensation** [~sɑ'sjɔ̃] *f* compensation; ⊕, ⚡ balancing; *sp.* handicapping; ✝ *accord m de* ~ barter agreement; ✝ *caisse f de* ~ equalization fund; ✝ *chambre f de* ~ clearing-house; **compenser** [~'se] (1a) *v/t.* compensate, make up for; ⊕ balance; ⚓ adjust (*a compass*); *sp.* handicap.

compère [kɔ̃'pɛːr] *m eccl.* godfather; *thea.* compère; *fig.* accomplice; F comrade, pal; *bon* ~ good fellow; **~loriot**, *pl.* **~s-loriots** 🌿 [~pɛrlɔ̃-'rjo] *m* sty.

compétence [kɔ̃pe'tɑ̃ːs] *f* competence (*a.* ⚖️); skill, ability; **compétent, e** [~'tɑ̃, ~'tɑ̃ːt] competent (*a.* ⚖️); **compéter** [~'te] (1f) *v/i.* ⚖️ be within the jurisdiction (of, *à*); belong by right (to, *à*).

compétiteur *m*, **-trice** *f* [kɔ̃peti-'tœːr, ~'tris] competitor, candidate, rival (for, *à*); **compétitif, -ve** [~'tif, ~'tiːv] competitive (*prices*); rival; **compétition** [~'sjɔ̃] *f* competition, rivalry.

compiler [kɔ̃pi'le] (1a) *v/t.* compile.

complainte [kɔ̃'plɛ̃ːt] *f* lament; ⚖️ complaint; plaintive ballad *or* song.

complaire [kɔ̃'plɛːr] (4z) *v/i.* be pleasing; ~ *à* please, humo(u)r(*s.o.*); *v/t.*: *se* ~ take pleasure (in *ger.*, *à inf.*; in s.th., *dans or* en *qch.*); **complaisance** [kɔ̃plɛ'zɑ̃ːs] *f* obligingness, kindness; self-satisfaction, complacency; ✝ *effet m de* ~ accommodation bill; **complaisant, e** [~'zɑ̃, ~'zɑ̃ːt] obliging; self-satisfied, complacent.

complément [kɔ̃ple'mɑ̃] *m* complement (*a.* ✕, *a. gramm.*); *gramm.* object; **complémentaire** [~mɑ̃-'tɛːr] complementary (*a.* ⚗️); supplementary; further (*information*).

complet, -ète [kɔ̃'plɛ, ~'plɛt] **1.** *adj.* complete; full (*theatre etc.*); ~! full up; *hotel:* no vacancies; *thea.* full house; *café m* ~ continental breakfast; **2.** *su./m* (*a.* ~*veston*) suit; *au* (*grand*) ~ whole, entire; **complètement** [~plɛt'mɑ̃] **1.** *su./m* completion; ✕ bringing up to strength; **2.** *adv.* completely, thoroughly, utterly; **compléter** [~ple'te] (1f) *v/t.* complete, fill up; ✕ bring up to strength; replenish (*stores*).

complexe [kɔ̃'plɛks] **1.** *adj.* complex; complicated; *gramm.*, *a.* ⚗️ compound; **2.** *su./m* complex; **complexé, e** [~plɛk'se] **1.** *adj.* suffering from a complex; **2.** *su.* person suffering from a complex.

complexion [kɔ̃plɛk'sjɔ̃] *f* constitution; temperament.

complexité [kɔ̃plɛksi'te] *f* complexity.

complication [kɔ̃plika'sjɔ̃] *f* complication (*a.* ⚕️); complexity.

complice [kɔ̃'plis] *adj.*, *a. su.* accessory (to, *de*); accomplice (of, *de*); **complicité** [~plisi'te] *f* complicity; ⚖️ aiding and abetting, abetment.

compliment [kɔ̃pli'mɑ̃] *m* compliment; congratulation; flattery; ~*s pl.* kind regards; **complimenter** [~mɑ̃'te] (1a) *v/t.* compliment, congratulate (on *de*, *sur*).

compliqué, e [kɔ̃pli'ke] complicated, elaborate, intricate; ⚗️ compound (*fracture*); **compliquer** [~] (1m) *v/t.* complicate; ⚕️ *la maladie s'est compliquée* complications set in.

componction [kɔ̃pɔ̃k'sjɔ̃] *f* compunction; F *avec* ~ solemnly.

comportement [kɔ̃pɔrtə'mɑ̃] *m* behavio(u)r; *psych. etc. de* ~ behavio(u)ral; **comporter** [kɔ̃pɔr'te] (1a) *v/t.* consist of, be composed of; comprise, include; *fig.* involve; require; *se* ~ behave, act.

composant, e [kɔ̃po'zɑ̃, ~'zɑ̃ːt] *adj.*, *a. su.* component; **composé, e** [~'ze] **1.** *adj.* compound (*a.* 🌿, *a. gramm.*); ⚘ composite; *fig.* composed; impassive; *être* ~ *de* be made up of, consist of; **2.** *su./m* compound; **composer** [~'ze] (1a) *v/t.* make up; set up; form; compose; arrange; *typ.* set; ⚗️ find the resultant of; ~ *son visage* compose one's countenance; *se* ~ *de* be made up of, consist of; *v/i.* compose music *etc.*; write a composition; come to terms (with, *avec*); **compositeur, -trice** [~zi'tœːr, ~'tris] *su.* ♪ composer; *typ.* compositor, type-setter; *su./m typ.* type-setting machine; **composition** [~zi'sjɔ̃] *f* making-up; setting-up; formation; composition; composing (*a. typ.*); *typ.* type-setting; *school:* essay; examination (paper); *amener q. à~* get s.o. to come to terms; *venir à ~* come to terms.

compost ✔ [kɔ̃'pɔst] *m* compost; **composter** [kɔ̃pɔs'te] (1a) *v/t.* ✔ treat with compost; date *or* punch (*a ticket*); **composteur** [~'tœːr] *m typ.* composing-stick; dating stamp; dating and numbering machine.

compote [kɔ̃'pɔt] *f* stewed fruit; *en~* stewed; *fig.* to *or* in a pulp; **compotier** [~pɔ'tje] *m* compote-dish; fruit-dish.

compréhensible [kɔ̃preɑ̃'sibl] comprehensible, understandable; **compréhension** [~'sjɔ̃] *f* understanding; **comprendre** [kɔ̃'prɑ̃ːdr] (4aa) *v/t.* understand; include; F *je comprends!* I see!

compresse ✘ [kɔ̃'prɛs] *f* compress; **compresser** F [kɔ̃prɛ'se] (1a) *v/t.* pack; **compresseur** [~'sœːr] *m* compressor; *mot.* supercharger; road-roller; **compressible** [~'sibl] compressible; **compression** [~'sjɔ̃] *f* compression; ⊕ crushing; repression; ✝ cutback, restriction.

comprimé ✘ [kɔ̃pri'me] *m* tablet; **comprimer** [~] (1a) *v/t.* compress; *fig.* repress; hold back (*emotions etc.*); ✝ cut back (*expenses etc.*).

compris, e [kɔ̃'pri, ~'priːz etc.]. *1. p.p. of comprendre*; *2. adj. (inv. before su.):* *non~* exclusive of; *service m~* service included; *tout ~* all in; *y ~* including.

compromettre [kɔ̃prɔ'mɛtr] (4v) *v/t.* compromise; endanger, jeopardize; *fig.* implicate; **compromis** [~'mi] *m* compromise (*a.* ✝), arrangement (*a.* ✝); **compromission** [~mi'sjɔ̃] *f* compromising; compromise.

comptabilité ✝ [kɔ̃tabili'te] *f* bookkeeping, accountancy; counting-house; accountancy department; *~ en partie double (simple)* double (single) entry book-keeping; **comptable** [~'tabl] *1. adj.* accountable, responsible; *2. su.* book-keeper, accountant; **comptant** [~'tɑ̃] *1. adj./m* ready (*cash*); *2. su./m* cash, ready money; *au ~* (for) cash; *$ ~* in cash, F on the nail; **compte** [kɔ̃t] *m* account; count; reckoning; number; *fig.* profit, advantage; *~ à rebours rocket:* countdown; *~ bloqué (courant, ouvert)* blocked (current, open) account; *~ de chèques postaux* postal cheque account; *~*

d'épargne savings account; *~ de virement* clearing-account; *~ rendu* account, report; *book etc.:* review; *à ~* on account; *fig. à bon ~* cheap; *à ce ~* in that case; *en fin de ~* after all; *mettre qch. sur le ~ de* ascribe s.th. to; *régler un ~* settle an account; *se rendre ~ de* realize; *tenir ~ de qch.* take s.th. into account; **compte-gouttes** [kɔ̃t'gut] *m/inv.* dropper; ⊕ drip-feed lubricator.

compter [kɔ̃'te] (1a) *v/t.* reckon, count (up); value; ✝ charge; expect; *v/i.* count, rely (on, *sur*); reckon; **compteur** [~'tœːr] *m* meter; register; *person:* counter; *~ à gaz* gas-meter; *$ ~ de courant* electricity meter; *$ ~ de Geiger* Geiger counter; *mot. ~ de stationnement* parking meter; *mot. ~ de vitesse* speedometer; **comptoir** [~'twaːr] *m* ✝ counter; *public house:* bar; ✝ bank; *✝ ~ d'escompte* discount bank.

compulser [kɔ̃pyl'se] (1a) *v/t.* examine, check (*documents*).

compulsif, -ive [kɔ̃pylsif, ~iːv] compulsive. [pute.]

computer [kɔ̃py'te] (1a) *v/t.* com-]

comte [kɔ̃t] *m* earl; (*non-English*) count; **comté** [kɔ̃'te] *m* county; shire; **comtesse** [~'tɛs] *f* countess.

con, conne *sl.* [kɔ̃, kɔn] *1. adj.* stupid; *il est ~ comme la lune* he is an absolute idiot; *2. su.* idiot; *à la ~* stupid, foolish; lousy.

concasser ⊕ [kɔ̃kɑ'se] (1a) *v/t.* crush, grind, break up; **concasseur** [~'sœːr] *m* breaker, crushing-mill.

concave [kɔ̃'kaːv] concave. [grant.]

concéder [kɔ̃se'de] (1f) *v/t.* concede,]

concentration [kɔ̃sɑ̃tra'sjɔ̃] *f* concentration; condensation; *camp m de ~* concentration camp; **concentré, e** [~'tre] *1. adj. fig.* reserved; abstracted (*look*); concentrated; concentrate; **concentrer** [~'tre] (1a) *v/t.* concentrate (*a.* ✿); intensify; focus (*light*); *fig.* restrain (*one's feelings*); *se ~ sur* be centred upon; **concentrique** ✿ *etc.* [~'trik] concentric.

concept [kɔ̃'sɛpt] *m* concept; **conceptible** [kɔ̃sɛp'tibl] conceivable; **conceptif, -ve** [~'tif, ~'tiːv] conceptive; **conception** [~'sjɔ̃] *f* conception (*a. fig.*); idea; *~ du monde* philosophy of life.

concernant [kɔ̃sɛrˈnã] *prp.* concerning, regarding; **concerner** [∼ˈne] (1a) *v/t.* concern, regard; **en ce qui concerne** ... with regard to ..., as far as ... is concerned; **in matters of** ...

concert [kɔ̃ˈsɛːr] *m* concert; *fig.* agreement; *fig.* **de** ∼ **(avec)** together (with); **in unison (with)**; **agir de** ∼ take concerted action; **concertation** [kɔ̃sɛrtaˈsjɔ̃] *f* consultation(s *pl.*), dialog(ue); **concerter** [kɔ̃sɛrˈte] (1a) *v/t.* (pre)arrange; plan; **se** ∼ concert *or* work together; **concerto** ♩ [∼ˈto] *m* concerto.

concession [kɔ̃sɛˈsjɔ̃] *f* concession, grant; ∼ **à perpétuité** *grave:* grant in perpetuity; **concessionnaire** [∼sjɔˈnɛːr] **1.** *adj.* concessionary; **2.** *su./m* grantee (*of land*); † licence-holder, concession-holder.

concevable [kɔ̃səˈvabl] conceivable; **concevoir** [∼ˈvwaːr] (3a) *v/t.* conceive (*a. physiol.*, *a. fig.*); understand; imagine; word (*a message*).

conchoïde ♈ [kɔ̃kɔˈid] *f* conchoid.

concierge [kɔ̃ˈsjɛrʒ] *su.* door-keeper; caretaker; *su./m* porter; *su./f* portress; **conciergerie** [∼sjɛrʒəˈri] *f* caretaker's lodge; post of caretaker; *a. hist.* ♀ **a prison in Paris.**

conciliable [kɔ̃siˈljabl] reconcilable; **conciliabule** [∼lja'byl] *m* secret meeting; *eccl.* conventicle; F confabulation; **conciliant, e** [∼'ljã, ∼'ljãːt] conciliatory; **conciliateur** *m*, **-trice** [∼lja'tœːr, ∼'triːs] peacemaker; **conciliation** [∼lja'sjɔ̃] *f* conciliation; **concilier** [∼'lje] (1o) *v/t.* reconcile, conciliate; **se** ∼ gain, win (*s.o.'s esteem etc.*); *fig.* win (*s.o.*) (over); **se** ∼ **avec** agree with.

concis, e [kɔ̃ˈsi, ∼ˈsiːz] concise, terse; **concision** [∼si'sjɔ̃] *f* concision, terseness, brevity.

concitoyen *m*, **-enne** *f* [kɔ̃sitwa'jɛ̃, ∼'jɛn] fellow-citizen.

concluant, e [kɔ̃kly'ã, ∼'ãːt] conclusive; **conclure** [∼'klyːr] (4g) *v/t.* conclude (*a. treaty*, *a. fig.*), finish; *fig.* infer (from, **de**); ∼ **à** conclude in favo(u)r of; **conclusion** [∼kly'zjɔ̃] *f* conclusion; end; inference; ᵗᵗ finding; ᵗᵗ ∼**s** *pl.* pleas; case *sg.*; ᵗᵗ **déposer des** ∼**s** deliver a statement.

concocter F [kɔ̃kɔk'te] (1a) *v/t.* concoct; work out, devise. [ber.⟩

concombre ♱ [kɔ̃ˈkɔ̃ːbr] *m* cucum-⟩

concomitant, e [kɔ̃kɔmi'tã, ∼'taːt] concomitant.

concordance [kɔ̃kɔr'dãːs] *f* concordance (*a. bibl.*); *gramm.* agreement; **concordant, e** [∼'dã, ∼'dãːt] harmonious; **concordat** [∼'da] *m* *eccl.* concordat; † bankrupt's certificate.

concorde [kɔ̃ˈkɔrd] *f* harmony, concord; **concorder** [∼kɔr'de] (1a) *v/i.* concur, agree; † compound with one's creditors.

concourant, e [kɔ̃ku'rã, ∼'rãt] ♈ *etc.* convergent; concerted (*efforts etc.*); **concourir** [∼'riːr] (2i) compete; ∼ **à** contribute to, work towards; **concours** [∼'kuːr] *m* assistance; help, aid; gathering; competition; competitive examination; show (*of agricultural products, cattle, horses, etc.*); ♈ convergence; ∼ **hippique** horse show; **hors** ∼ not competing (for prize); *fig.* unequalled, outstanding.

concret, -ète [kɔ̃ˈkrɛ, ∼ˈkrɛt] concrete; **concréter** [kɔ̃kre'te] (1f) *v/t.* *a.* **se** ∼ solidify, congeal; **concrétion** [∼'sjɔ̃] *f* coagulation; concretion (*a.* ♈). [cubinage.⟩

concubinage [kɔ̃kybi'naːʒ] *m* con-⟩ **concupiscence** [kɔ̃kypi'sãːs] *f* concupiscence, lust; **concupiscent, e** [∼'sã, ∼'sãːt] concupiscent.

concurremment [kɔ̃kyra'mã] *adv.* jointly; † in competition; ᵗᵗ **venir** ∼ **rank equally; concurrence** [∼'rãːs] *f* coincidence; competition, rivalry; ∼ **déloyale** unfair competition; † **faire** ∼ **à** compete with; † **jusqu'à** ∼ **de** to the amount of; **sans** ∼ unrivalled; **concurrent, e** [∼'rã, ∼'rãːt] **1.** *adj.* co(-)operating; rival, competing; **2.** *su.* competitor; candidate (*for a post*).

concussion [kɔ̃ky'sjɔ̃] *f* misappropriation of funds; extortion; **concussionnaire** [∼sjɔ'nɛːr] **1.** *adj.* guilty of misappropriation *or* extortion; **2.** *su.* official guilty of misappropriation *or* extortion.

condamnable [kɔ̃da'nabl] blameworthy; criminal; guilty; **condamnation** [∼na'sjɔ̃] *f* condemnation; ᵗᵗ sentence; ᵗᵗ conviction; ᵗᵗ ∼ **à vie** life sentence; **condamner** [∼'ne] (1a) *v/t.* condemn; ᵗᵗ sentence; ᵗᵗ convict; *fig.* blame, censure; △ block up; board up (*a window*).

condensateur ⚡ *etc.* [kɔ̃dɑ̃saˈtœːr] *m* condenser; ~ à plaques plate condenser; **condensé** [~ˈse] *m journ.* digest; précis; sum-up; **condenser** [~ˈse] (1a) *v/t.* condense; **condenseur** ⊕ [~ˈsœːr] *m* condenser.

condescendance [kɔ̃desɑ̃ˈdɑ̃ːs] *f* condescension; *avec* ~ condescending(ly *adv.*); **condescendre** [~ˈsɑ̃ːdr] (4a) *v/i.* condescend (to *inf.*, à *inf.*); comply (with, à).

condiment [kɔ̃diˈmɑ̃] *m* condiment; seasoning.

condisciple [kɔ̃diˈsipl] *m* schoolfellow; fellow-student.

condition [kɔ̃diˈsjɔ̃] *f* condition (*a. sp.*); circumstances *pl.*; rank; ~s *pl.* terms; ~s *pl. de travail* working conditions; ~ préalable condition precedent; à ~ on condition, † on approval; à ~ que provided or providing (that); mettre en ~ *sp. etc.* make fit; *fig.* condition; **conditionné, e** [kɔ̃disjɔˈne] in ... condition; ♫, *phls.* conditioned; **conditionnel, -elle** [~ˈnɛl] *adj., a. gramm. su./m* conditional; **conditionner** [~ˈne] (1a) *v/t.* condition (*the air, wool, etc., a. fig.*); † package.

condoléance [kɔ̃dɔleˈɑ̃ːs] *f* condolence; sincères ~s *pl.* deepest sympathy *sg.*

conductance ⚡ [kɔ̃dykˈtɑ̃ːs] *f* conductivity; **conducteur, -trice** [~ˈtœːr, ~ˈtris] 1. *adj.* ⚡ conducting; ⊕ driving; 2. *su.* leader; *mot. etc.* driver; ⊕ guard, *Am.* conductor; *su./m* ⚡, *phys.* conductor; ⊕ main; **conductibilité** ⚡, *phys.* [~tibiliˈte] *f* conductivity; **conductible** [~ˈtibl] conductive; **conduction** [~ˈsjɔ̃] *f* conduction; **conduire** [kɔ̃ˈdɥiːr] (4h) *v/t.* conduct (*a. ♪, ⊕*); lead (to à); *mot.* steer (*a. ♫*), drive; † manage, run; *mot.* permis *m* de ~ driving licence, *Am.* driver's license; se ~ behave; **conduisis** [~dɥiˈzi] *1st p. sg. p.s. of* conduire; **conduisons** [~dɥiˈzɔ̃] *1st p. pl. pres. of* conduire; **conduit, e** [~ˈdɥi, ~ˈdɥit] 1. *p.p. of* conduire; 2. *su./m* conduit, pipe, passage; *anat.* duct; ~ principal main; ~ souterrain culvert; drain; *su./f* guidance; *vehicle:* driving; command, management; ⊕ pipe; *fig.* behavio(u)r; *mot.* ~ à gauche (à droite) left-hand (right-hand) drive; ~ d'eau water-main; channel; ~ de gaz gas-

piping; ~ d'huile oilduct; *mot.* ~ en état d'ivresse drunken driving.

cône [koːn] *m* cone; ⊕ *a.* bell; ♙ ~ de charge *torpedo:* war-head; en ~ tapering.

confection [kɔ̃fɛkˈsjɔ̃] *f* making; manufacture; † ready-made clothes *pl.*; ♣ confection; *cost.* de ~ ready-made; **confectionner** [~sjɔˈne] (1a) *v/t.* make (up) (*a.* † *a balance-sheet*); manufacture; **confectionneur** *m*, **-euse** *f* [~sjɔˈnœːr, ~ˈnøːz] manufacturer; † ready-made clothier.

confédération [kɔ̃fedeɾaˈsjɔ̃] *f* (con-) federation; **confédéré, e** [~ˈɾe] 1. *adj.* confederate; 2. *su.* confederate; *su./m: hist. Am.* les ♀s *pl.* the Confederates; **confédérer** [~ˈɾe] (1f) *v/t. a.* se ~ confederate, unite.

conférence [kɔ̃feˈɾɑ̃ːs] *f* conference; *univ.* lecture; ~ avec projections lantern lecture; ~ de presse press conference; *univ.* ~s *pl. pratiques* seminar *sg.*; *univ.* maître *m* de ~s lecturer; **conférencier** *m*, **-ère** *f* [~ɾɑ̃ˈsje, ~ˈsjɛːr] member of a conference; lecturer, speaker; **conférer** [~ˈɾe] (1f) *v/t.* compare (*texts*); confer (*a degree*); *typ.* check (*proofs*); *v/i.* confer (with, *avec*); ~ de talk about (*s.th.*); talk (*s.th.*) over.

confesse *eccl.* [kɔ̃ˈfɛs] *f* confession; **confesser** [kɔ̃fɛˈse] (1a) *v/t.* confess (*a. eccl.*); admit; c'est le diable à ~ this is the dickens of a job; *eccl.* se ~ confess, go to confession; **confesseur** *eccl., a. hist.* [~ˈsœːr] *m* confessor; **confession** [~ˈsjɔ̃] *f* confession (*a. eccl.*); admission; **confessionnal** *eccl.* [~sjɔˈnal] *m* confessional(-box); **confessionnel, -elle** [~sjɔˈnɛl] confessional, denominational.

confiance [kɔ̃ˈfjɑ̃ːs] *f* confidence, trust, reliance; ~ en soi self-confidence; avoir ~ en, faire ~ à have confidence in, trust; homme *m* de ~ reliable man; confidential agent; **confiant, e** [~ˈfjɑ̃, ~ˈfjɑ̃ːt] confident, trusting; **confidence** [~ˈdɑ̃ːs] *f* confidence, secret; **confident** [~ˈdɑ̃] *m* confidant; **confidente** [~ˈdɑ̃ːt] *f* confidant; **confidentiel, -elle** [~dɑ̃ˈsjɛl] confidential; **confier** [kɔ̃ˈfje] (1o) *v/t.* entrust; *fig.* confide; se ~ à put faith in; rely on; se ~ en q. put one's trust in s.o.; confide in s.o.

configuration [kɔ̃figyra'sjɔ̃] *f* configuration (*a. astr.*); lie (*of the land*).

confiner [kɔ̃fi'ne] (1a) *v/i.* border (on, *à*); *v/t.* shut (*s.o.*) up (in, *dans*) (*a. fig.*); se ~ seclude o.s.; **confins** [~'fɛ̃] *m/pl.* confines (*a. fig.*), limits.

confire [kɔ̃'fi:r] (4i) *v/t.* preserve (*fruit*); candy (*peels*); pickle (*in salt or vinegar*); steep (*skins*).

confirmatif, -ve [kɔ̃firma'tif, ~'ti:v] corroborative; confirmative; **confirmation** [~ma'sjɔ̃] *f* confirmation (*a. ɪ̯ɪ̯, eccl., etc.*); **confirmer** [~'me] (1a) *v/t.* confirm (*a. eccl.*); bear out, corroborate.

confis [kɔ̃'fi] *1st p. sg. pres. and p.s. of confire.*

confiscable [kɔ̃fis'kabl] liable to seizure *or* confiscation; **confiscation** [~ka'sjɔ̃] *f* confiscation; seizure, forfeiture.

confiserie [kɔ̃fiz'ri] *f* confectionery; confectioner's (shop); **confiseur** *m*, **-euse** *f* [~fi'zœ:r, ~'zø:z] confectioner; **confisons** [~fi'zɔ̃] *1st p. pl. pres. of confire.*

confisquer [kɔ̃fis'ke] (1m) *v/t.* confiscate, seize.

confit, e [kɔ̃'fi, ~'fit] **1.** *p.p. of confire;* **2.** *adj. cuis.* preserved; candied; *fig.* ~ *dans* (*or en*) steeped in, full of; **confiture** [~fi'ty:r] *f* jam, preserve; F soft soap.

conflagration [kɔ̃flagra'sjɔ̃] *f* conflagration, blaze.

conflit [kɔ̃'fli] *m* conflict; clash; ✝ ~ *salarial* wages dispute; ✝ ~ *social* industrial dispute.

confluent, e [kɔ̃fly'ã, ~'ã:t] **1.** *adj.* ⚕, ⚘ confluent; **2.** *su./m* confluence, meeting.

confondre [kɔ̃'fɔ̃:dr] (4a) *v/t.* confound (*a. fig.*); (inter)mingle; *fig.* confuse; *fig.* disconcert; se ~ blend; be lost; be confused.

conformation [kɔ̃fɔrma'sjɔ̃] *f* conformation, structure; **conforme** [~'fɔrm] conformable; true; consonant (with, *à*); identical (with, *à*); ɪ̯ɪ̯ *pour copie* ~ certified true copy; **conformément** [kɔ̃fɔrme'mã] *adv.* in accordance (with, *à*); **conformer** [~'me] (1a) *v/t.* shape, form; *fig.* conform (to, *à*); se ~ *aux écritures* agree the books; se ~ *à* conform to, comply with; **conformité** [~mi'te] *f* conformity (with, *avec*);

to, *à*); agreement, accordance (with, *avec*).

confort [kɔ̃'fɔ:r] *m* comfort; *mot. pneu* m ~ balloon tyre; **confortable** [~fɔr'tabl] comfortable; considerable; **conforter** [~fɔr'te] (1a) *v/t.* strengthen, reinforce; confirm.

confraternité [kɔ̃fratɛrni'te] *f* confraternity; (good) fellowship; **confrère** [~'frɛ:r] *m* colleague; fellow (-teacher, -doctor, *etc.*); **confrérie** [~'fre'ri] *f* confraternity.

confrontation [kɔ̃frɔ̃ta'sjɔ̃] *f* ɪ̯ɪ̯ confrontation; ɪ̯ɪ̯ identification; *texts:* comparison; **confronter** [~'te] (1a) *v/t.* confront (with *à*, *avec*); compare (*texts*).

confus, e [kɔ̃'fy, ~'fy:z] confused (*a. fig.*); indistinct (*noise, sight*); obscure (*style*); *fig.* ashamed; **confusément** [kɔ̃fyze'mã] *adv.* confusedly; indistinctly; F in a jumble; **confusion** [~'zjɔ̃] *f* confusion, disorder; *fig.* embarrassment; *dates, names, etc.:* mistake; ⚕ (*mental*) aberration.

congé [kɔ̃'ʒe] *m* leave (*a.* ✕); holiday; dismissal, notice (to quit, *of dismissal, etc.*); ✕, ⚓ discharge; *admin.* permit; 🔺 congé; ~ *de maladie* sick leave; ~ *de maternité* maternity leave; ~*s scolaires pl.* school holidays (*Am. vacation*); ~ *payé* paid holidays *pl.* (*Am. vacation*); *deux jours m/pl. de* ~ two days off, two days' holiday; *donner* (*son*) ~ *à q.* give s.o. notice; *prendre* ~ *de* take leave of; **congédiable** [kɔ̃ʒe'djabl] due for *or* liable to dismissal; **congédier** [~'dje] (1o) *v/t.* dismiss; ✕, ⚓ discharge; ⚓ pay off; ✕ disband (*troops*).

congelable [kɔ̃ʒ'labl] freezable; **congélateur** [kɔ̃ʒela'tœ:r] *m* freezer; **congélation** [kɔ̃ʒela'sjɔ̃] *f* freezing; setting; ⚕, ⚘ frost-bite; **congelé, e** [kɔ̃ʒ'le] frozen; chilled (*meat*); **congeler** [~] (1d) *v/t. a.* se ~ freeze (*a.* ✝ *credits*); congeal; F solidify.

congénère [kɔ̃ʒe'nɛ:r] **1.** *adj. biol.* congeneric; *anat.* congenerous; **2.** *su./m biol.* congener; *fig.* lui *et ses* ~*s* he and his like.

congénital, e *m, m/pl.* **-aux** [kɔ̃ʒeni'tal, ~'to] congenital.

congestion ⚕ [kɔ̃ʒɛs'tjɔ̃] *f* congestion; ~ *pulmonaire* pneumonia; **con-**

gestionner [ʒɛstjɔ'ne] (1a) *v/t.* ⚓ congest; *fig.* flush (*s.o.'s face*).

conglomérat [kõglɔme'ra] *m geol.* pudding-stone; △ cemented gravel; **conglomération** [ˌra'sjõ] *f* conglomeration; **conglomérer** [ˌ're] (1f) *v/t. a.* se ~ conglomerate.

conglutiner ⚓ [kõglyti'ne] (1a) *v/t. a.* se ~ conglutinate.

congratuler [kõgraty'le] (1a) *v/t.* congratulate.

congréganiste *eccl. hist.* [kõgrega-'nist] *su.* member of the Congregation; **congrégation** *eccl.* [ˌ'sjõ] *f* community; *protestantism:* congregation; brotherhood; *College of Cardinals:* committee; *hist.* the Congregation.

congrès [kõ'grɛ] *m* congress; **congressiste** [ˌgrɛ'sist] *su.* member of a congress; *su./m Am.* Congressman.

congru, e [kõ'gry] adequate; suitable; *eccl.* congruous; *fig.* portion *f* ~e short allowance; bare living; **congruent, e** [ˌgry'ã, ˌ'ã:t] congruent (with, à).

conicité [kɔnisi'te] *f* conical shape; *bullet:* taper; **conifère** ♀ [kɔni'fɛ:r] **1.** *adj.* coniferous; **2.** *su./m:* ~s pl. conifers; **conique** [kɔ'nik] **1.** *adj.* conical; conic; ⊕ coned, tapering; ⊕ bevel (*gearing, pinion*); **2.** *su./m* Å (*a. section f* ˌ) conic section.

conjecture [kõʒɛk'ty:r] *f* surmise, guess; **conjecturer** [ˌty're] (1a) *v/t.* surmise, guess.

conjoint, e [kõ'ʒwɛ̃, ˌ'ʒwɛ̃:t] **1.** *adj.* united, joint; ♪ married; Å *règle f* ~e chain-rule; **2.** *su./m* spouse; ~s *pl.* husband and wife.

conjonctif, -ve [kõʒõk'tif, ˌ'ti:v] conjunctive (*a. gramm.*); *anat.* connective; **conjonction** [ˌ'sjõ] *f* conjunction (*a. gramm., astr.*); union; **conjonctive** *anat.* [ˌ'ti:v] *f* conjunctiva; **conjonctivite** ⚓ [ˌti'vit] *f* conjunctivitis; **conjoncture** [ˌ-'ty:r] *f* (set *or* combination *of*) circumstances *pl.*; ~ (*économique*) economic situation; ✝ *haute* ~ boom; **conjoncturel, -le** [ˌty'rɛl] cyclical, of the economic situation.

conjugaison [kõʒygɛ'zõ] *f gramm., biol., etc.* conjugation; pairing (*of guns etc.*).

conjugal, e, *m/pl.* **-aux** [kõʒy'gal, ˌ'go] conjugal.

conjuguer [kõʒy'ge] (1m) *v/t. gramm.* conjugate; pair (*guns etc.*).

conjungo F [kõʒõ'go] *m* marriage (*formula*).

conjurateur [kõʒyra'tœ:r] *m* magician; **conjuration** [ˌ'sjõ] *f* conspiracy, plot; exorcism; F ~s *pl.* entreaties; **conjuré m, e** *f* [kõʒy're] conspirator; **conjurer** [ˌ] *v/t.* conspire, plot; exorcise (*spirits*); entreat (s.o. to *inf., q. de inf.*); se ~ conspire (together).

connais [kɔ'nɛ] *1st p. sg. pres. of* connaître; **connaissable** [kɔnɛ'sabl] recognizable (by, à); *phls.* cognizable; **connaissance** [ˌ'sã:s] *f* knowledge, learning; acquaintance (*a. person*); ⚖ cognizance; ⚓ consciousness; *en* ~ *de cause* on good grounds, advisedly; **connaissement** ⚓ [kɔnɛs'mã] *m* bill of lading; ~ *direct* through bill of lading; **connaisseur, -euse** [ˌnɛ-'sœ:r, ˌ'sø:z] **1.** *adj.* (of an) expert; **2.** *su.* connoisseur; expert; **connaissons** [ˌnɛ'sõ] *1st p. pl. pres. of* connaître; **connaître** [ˌ'nɛ:tr] (4k) *v/t.* know (*a. bibl.*); be aware of; understand; experience; *s'y* or *se* ~ *en qch.* know all about s.th., be an expert in s.th.; *v/i.:* ⚖ ~ *de* take cognizance of; deal with; *faire* ~ *q. à* introduce s.o. to.

connard *m, e f sl.* [kɔ'na:r, ˌ'nard], **connasse** [ˌ'nas] *f* idiot, goddamn fool.

connecter [kɔnɛk'te] (1a) *v/t.* connect (to, with *avec*); **connectif, -ve** [ˌ'tif, ˌ'ti:v] **1.** *adj. anat.* connective; **2.** *su./m* ♀ connective.

connexe [kɔ'nɛks] connected; **connexion** [kɔnɛk'sjõ] *f* connection (*a. ⚡*); ≰ lead; Å connex; ⊕ ~ *directe* positive drive; **connexité** [ˌksi'te] *f* connexity, relationship.

connivence [kɔni'vã:s] *f* complicity, connivance.

conoïde Å [kɔnɔ'id] *adj., a. su./m* conoid.

connu, e [kɔ'ny] *p.p. of* connaître; **connus** [ˌ] *1st p. sg. p.s. of* connaître.

conque [kõ:k] *f* conch; *anat.* external ear; △ apse; ⊕ delivery space.

conquérant, e [kõke'rã, ˌ'rã:t] **1.** *adj.* conquering; *fig.* swaggering; **2.** *su.* conqueror, victor; **conquérir** [ˌ'ri:r] (2l) *v/t.* conquer; *fig.* win;

conquête [kõ'kε:t] *f* conquest; **conquis, e** [~'ki, ~'ki:z] *p.p.* of conquérir.

consacrer [kõsa'kre] (1a) *v/t.* consecrate (*a. fig.*); devote (*energies*); hallow (*the memory etc.*); expression *f* consacrée stock phrase, cliché.

consanguin, e [kõsã'gε̃, ~'gin] consanguineous; half-(*brother etc.*); inbred (*horse etc.*); **consanguinité** [~gini'te] *f* 🜨 consanguinity; inbreeding.

conscience [kõ'sjã:s] *f* consciousness; conscience; ~ *de soi* self-awareness; *perdre* (*reprendre*) ~ lose (regain) consciousness; *avoir bonne* (*mauvaise*) ~ have a clear (bad) conscience; *avoir* ~ *de* be aware of; **consciencieux, -euse** [~sjã'sjø, ~'sjø:z] conscientious; **conscient, e** [~'sjã, ~'sjã:t] conscious, aware (of, *de*).

conscription ✕ [kõskrip'sjõ] *f* conscription, *Am.* draft; **conscrit** [~'kri] *m* ✕ conscript, *Am.* draftee; *fig.* novice. [secration.]

consécration [kõsekra'sjõ] *f* con-⸣

consécutif, -ve [kõseky'tif, ~'ti:v] consecutive; ~ *à* following upon.

conseil [kõ'sε:j] *m* advice; committee, board; 🜨 counsel; ✝ ~ *d'administration* board of directors; ✕, ⚓ ~ *de guerre* council of war; court-martial; ~ *d'employés* works committee; ~ *d'entreprise* works council; *pol.* ~ *de sécurité* Security Council; ~ *des ministres* Cabinet; ✝ ~ *de surveillance* board of trustees; *admin.* ~ *général* county council; 🜨 ~ *judiciaire* guardian; *ingénieur-*~ *m* consulting engineer; *président m du* ♀ *Premier*, Prime Minister; **conseiller** [~sε'je] **1.** (1a) *v/t.* advise; recommend; **2.** *su./m* adviser; *admin.* councillor; ~ *d'orientation professionnelle* careers adviser, vocational guidance counsellor; ~ *économique* economic adviser; ~ *général* county councillor; ~ *municipal* town *or* city councillor.

consensus [kõsε̃'sys] *m* consensus.

consentement [kõsãt'mã] *m* consent, assent; *du* ~ *de tous* by universal consent; *par* ~ *mutuel* by mutual consent; **consentir** [~sã'ti:r] (2b) *v/i.* consent (to, *à*), agree (with, *à*); ⊕ yield (*beam*); *v/t.* authorize; grant; accept (*an opinion*).

conséquence [kõse'kã:s] *f* consequence, result; importance; *de* ~ *of* importance, important; *en* ~ consequently; *en* ~ *de* in consequence of; **conséquent, e** [~'kã, ~'kã:t] **1.** *adj.* consistent; following; **2.** *su./m* A̶, *gramm.*, *phls.* consequent; *par* ~ consequently.

conservable [kõsεr'vabl] that will keep (*food*); **conservateur, -trice** [~va'tœ:r, ~'tris] **1.** *adj.* preservative; *pol.* Conservative; **2.** *su.* keeper, curator, guardian; *pol.* Conservative; **conservation** [~va'sjõ] *f* preservation; **conservatisme** [~va'tism] *m* conservatism; **conservatoire** [~va'twa:r] **1.** *adj.* preservative, of conservation; **2.** *su./m* school, academy (*of music etc.*); conservatoire, *Am.* conservatory.

conserve[1] ⚓ [kõ'sεrv] *f* convoy; *naviguer de* ~ sail in company.

conserve[2] [kõ'sεrv] *f* preserve; tinned food; **conserver** [~sεr've] (1a) *v/t.* preserve, keep; *fig.* maintain; *se* ~ keep (*food*); *bien conservé* well-preserved.

considérable [kõside'rabl] considerable; extensive; *fig.* important; **considération** [~ra'sjõ] *f* consideration; attention; motive; esteem; **considérer** [~'re] (1f) *v/t.* consider; contemplate; regard; *hautement considéré* highly respected; *bien considéré* well-thought-of.

consignataire [kõsiɲa'tε:r] *m* ✝ consignee; 🜨 trustee; depositary; **consignateur** *m*, **-trice** *f* ✝ [~'tœ:r, ~'tris] consignor; shipper; **consignation** [~'sjõ] *f* ✝ consignment; deposit; 🜨 Caisse *f* des dépôts et ~s Deposit and Consignment Office; stock *m en* ~ goods *pl.* on consignment; **consigne** [kõ'siɲ] *f* order, instructions *pl.*; ✕, ⚓ order-board; ✕ password; ✕, ⚓ confinement; *school:* detention; ✕ guardroom; 🎒 left-luggage office, *Am.* baggage room, checkroom; ✝ deposit (on *a bottle etc.*); **consigner** [~si'ɲe] (1a) *v/t.* deposit; ✝ consign; ✝ put a deposit on (*a bottle etc.*); ✕ confine to barracks; *school:* detain (*a pupil*); close, put out of bounds; 🎒 put in the left-luggage office, *Am.* check (*baggage*); ~ (*par écrit*) set down, record, register; ~ *sa porte à q.* not to be at home to s.o.

consistance [kõsis'tã:s] f consistency; firmness; fig. standing, credit;

consister [~'te] (1a) v/i. consist (of en, dans).

consolant, e [kõsɔ'lã, ~'lã:t] see **consolateur 1; consolateur, -trice** [~la'tœːr, ~'tris] **1.** adj. consoling, comforting; **2.** su. consoler, comforter; **consolation** [~la'sjõ] f consolation, comfort.

console [kõ'sɔl] f ♪, △, a. table: console.

consoler [kõsɔ'le] (1a) v/t. console, comfort.

consolider [kõsɔli'de] (1a) v/t. consolidate (a. ♥); △ brace (a wall); fund (a debt); ✗ unite, heal (a fracture etc.); se ~ grow firm; ✗ unite, heal.

consommateur m, **-trice** f [kõsɔma'tœːr, ~'tris] consumer; café etc.: customer; **consommation** [~ma'sjõ] f consumption; ✗, ♣ expenditure; consummation (a. of marriage); café: drink; ✝ biens m/pl. de ~ consumer goods; mot. concours m de ~ economy run; impôt m sur la ~, taxe f de ~ purchase tax; ✝ société f coopérative de ~ co(-)operative stores pl.; **consommé, e** [~'me] **1.** adj. consummate (skill); **2.** su./m cuis. stock; clear soup, broth; **consommer** [~'me] (1a) v/t. consummate (a. marriage); accomplish; consume, use up.

consomption [kõsõp'sjõ] f consumption; destruction (by fire); ✗ decline.

consonance ♪, gramm. [kõsɔ'nã:s] f consonance; **consonant, e** ♪, gramm. [~'nã, ~'nã:t] consonant; **consonne** gramm. [~'sɔn] f consonant.

consort [kõ'sɔːr] m consort; ~s pl. associates, confederates; prince m ~ prince consort; **consortium** [~sɔr'sjɔm] m consortium.

conspirateur, -trice [kõspira'tœːr, ~'tris] **1.** adj. conspiring; **2.** su. conspirator; **conspiration** [~ra'sjõ] f conspiracy, plot; **conspirer** [~'re] (1a) v/i. conspire (a. fig.), plot; fig. tend.

conspuer [kõs'pɥe] (1n) v/t. decry; thea. etc. boo; sp. barrack.

constamment [kõsta'mã] adv. steadfastly; continually, constantly; **constance** [~'tã:s] f constancy;

steadiness; perseverance; **constant, e** [~'tã, ~'tã:t] **1.** adj. constant; invariable (a. ♠); steadfast; patent (fact); **2.** su./f ♪, phys. constant.

constat [kõs'ta] m certified or official report; established fact; ♪ ~ d'huissier affidavit made by process-server; **constatation** [kõstata'sjõ] f establishment, finding (of facts); certified statement; proof (of identity); **constater** [~'te] (1a) v/t. establish, ascertain; record, state; certify (s.o.'s death); note.

constellation [kõstella'sjõ] f constellation; **constellé, e** [~'le] spangled; studded; **consteller** [~'le] (1a) v/t. constellate; stud (with jewels).

consternation [kõsterna'sjõ] f consternation, dismay; **consterner** [~'ne] (1a) v/t. (fill with) dismay.

constipation ✗ [kõstipa'sjõ] f constipation; **constiper** ✗ [~'pe] (1a) v/t. constipate.

constituant, e [kõsti'tɥã, ~'tɥã:t] **1.** adj. constituent (a. pol.); component; **2.** su. ♫ constituent; ♫ dowry, annuity: grantor; pol. elector; su./m constituent part; pol. member of the Constituent Assembly (1789); su./f ♀e the Constituent Assembly (1789); **constituer** [~'tɥe] (1n) v/t. constitute; establish; appoint; settle; ♫ empanel (the jury); set up, institute (a committee); **constitutif, -ve** [~ty'tif, ~'ti:v] constituent; ♫ constitutive; **constitution** [~ty'sjõ] f ✗, pol. constitution; establishing; formation; composition (a. ♠); ♫ briefing (of a lawyer); **constitutionnel, -le** [~tysjɔ'nɛl] constitutional.

constricteur physiol., a. zo. [kõstrik'tœːr] adj., a. su./m constrictor; **constrictif, -ve** [~tif, ~'ti:v] constrictive; **constringent, e** ♫ [kõstrɛ̃'ʒã, ~'ʒã:t] [constringent.]

constructeur [kõstryk'tœːr] m builder, constructor; engineer; ~ de maisons (master-)builder; ~ mécanicien manufacturing engineer; **construction** [~'sjõ] f construction (a. △, ♠, gramm.); building; structure; the ~ française French-built; en ~ on the stocks (boat); société f de ~ building society; **construire** [kõs'trɥiːr] (4h) v/t. construct (a. △, ♠, gramm., a. fig.);

build; **construisis** [ˌtrɥi'zi] *1st p.
sg. p.s.* of *construire*; **construisons**
[ˌtrɥi'zɔ̃] *1st p. pl. pres.* of *construire*; **construit, e** [ˌ'trɥi, ˌ'trɥit]
p.p. of *construire*.

consul [kɔ̃'syl] *m* consul; **consulaire** [kɔ̃sy'lɛːr] consular; **consulat**
[ˌ'la] *m* consulate.

consultant, e [kɔ̃syl'tɑ̃, ˌ'tɑ̃ːt]
1. *adj.* consulting, consultant; *avocat m ~* chamber counsel; 2. *su.*
consulter; *★* consultant; **consultatif, -ve** [ˌta'tif, ˌ'tiːv] advisory,
consulting; **consultation** [ˌta'sjɔ̃]
f consultation, conference; *★*
opinion; **consulter** [ˌ'te] (1a)
v/t. consult; se ~ consider; *v/i.:*
★ ~ avec hold a consultation
with.

consumer [kɔ̃sy'me] (1a) *v/t.* consume; devour; burn; *fig.* se ~ waste
away; **consumérisme** [ˌme'rism]
m consumerism.

contact [kɔ̃'takt] *m* contact (a. *⚡
etc.*); *⚡ ~ à fiche* plug; *⚡ F ~ de terre*
earth; *mot.* clef *f* de ~ ignition key;
entrer en ~ avec get in touch with;
contacter [ˌtak'te] (1a) *v/t.* contact;
contacteur *⚡* [ˌtak'tœːr] *m* circuit-
maker; contact-maker.

contage [kɔ̃'taːʒ] *m* contagium;
contagieux, -euse [kɔ̃ta'ʒjø,
ˌ'ʒjøːz] *★* contagious; infectious;
catching; **contagion** *★* [ˌ'ʒjɔ̃] *f*
contagion; infection.

contaminer [kɔ̃tami'ne] (1a) *v/t.* *★*
infect; contaminate.

conte [kɔ̃ːt] *m* story, tale.

contemplatif, -ve [kɔ̃tɑ̃pla'tif,
ˌ'tiːv] 1. *adj.* contemplative; 2. *su.*
dreamer; **contempler** [ˌ'ple] (1a)
v/t. contemplate; *fig.* meditate
upon; *v/i.* meditate.

contemporain, e [kɔ̃tɑ̃pɔ'rɛ̃, ˌ'rɛn]
adj., a. su. contemporary.

contenance [kɔ̃t'nɑ̃ːs] *f* capacity;
content(s *pl.*); *fig.* bearing, countenance; **conteneur** *†* [ˌ'nœːr] *m*
container; **contenir** [ˌ'niːr] (2h) *v/t.*
contain, hold (a. *✕*); *fig.* control,
restrain; se ~ control o.s., keep one's
temper.

content, e [kɔ̃'tɑ̃, ˌ'tɑ̃ːt] 1. *adj.* con-
tent(ed); pleased, happy; 2. *su./m* F
sufficiency; *tout son ~* to one's heart's
content; **contentement** [ˌtɑ̃t'mɑ̃]
m contentment, satisfaction; **contenter** [ˌtɑ̃'te] (1a) *v/t.* content,

satisfy; se ~ make do, be content
(with, de).

contentieux, -euse [kɔ̃tɑ̃'sjø,
ˌ'sjøːz] 1. *adj.* contentious; 2. *su./m*
★ matters *pl.* in dispute; *†, admin.*
legal department; **contention**
[ˌ'sjɔ̃] *f* application; *★* holding; †
dispute.

contenu [kɔ̃t'ny] *m* content(s *pl.*).

conter [kɔ̃'te] (1a) *v/t.* tell, relate;
en ~ à q. pull s.o.'s leg; *en ~ de belles* tell tall stories (about, *sur*).

contestable [kɔ̃tɛs'tabl] debatable,
questionable; contestable *pol.*
[ˌta'tɛːr] 1. *adj.* anti-establishment;
2. *su.* protester; **contestation**
[ˌta'sjɔ̃] *f* dispute; *pol.* anti-establishment movement; **contester**
[ˌ'te] (1a) *vt/i.* dispute; *pol.* protest.

conteur *m*, **-euse** *f* [kɔ̃'tœːr, ˌ'tøːz]
narrator; story-teller; *fig.* romanc-
er, F bit of a liar.

contexte [kɔ̃'tɛkst] *m* context; *★*
text (*of a deed etc.*); **contextuel, -le**
[ˌtɛksty'ɛl] contextual.

contigu, -guë [kɔ̃ti'gy] adjoining;
adjacent (a. *A̱*); **contiguïté** [ˌgɥi-
'te] *f* contiguity, adjacency.

continence [kɔ̃ti'nɑ̃ːs] *f* continence,
continency; **continent, e** [ˌ'nɑ̃,
ˌ'nɑ̃ːt] 1. *adj.* continent, chaste; *★*
unintermitting (*fever*); 2. *su./m*
geog. continent; mainland; **continental, e,** *m/pl.* **-aux** [ˌnɑ̃'tal, ˌ'to]
continental.

contingence [kɔ̃tɛ̃'ʒɑ̃s] *f* phls. contingency; *les ~s* incidents; chance
happenings.

contingent, e [kɔ̃tɛ̃'ʒɑ̃, ˌ'ʒɑ̃ːt]
1. *adj.* contingent; 2. *su./m* quota;
ration, allowance; **contingente-
ment** [ˌʒɑ̃'mɑ̃] *m* quota system;
contingenter [ˌʒɑ̃'te] (1a) *v/t.* fix
quotas for.

continu, e [kɔ̃ti'ny] 1. *adj.* continuous (a. *A̱ function*), continual; uninterrupted, unbroken; *⚡* direct
(*current*); *A̱* continued (*fraction*);
2. *su./m* *phys.* continuum; **continuation** [ˌnɥa'sjɔ̃] *f* continuation;
weather: long spell; *war etc.:* carrying on; **continuel, -elle** [ˌ'nɥɛl]
continual, unceasing; **continuer**
[ˌ'nɥe] (1n) *v/t/i.* continue; carry
on; extend; *v/i.: ~ à (inf.)* continue
(*ger.*), continue to (*inf.*); *v/t.* prolong;
continuité [ˌnɥi'te] *f* continuity;
uninterrupted connection; **conti-**

nûment [ˌny'mɑ̃] *adv.* continuously, without a break.

contorsion [kɔ̃tɔr'sjɔ̃] *f* contortion; ♪ distortion; *faire des* ~*s* pull a wry face.

contour [kɔ̃'tu:r] *m* contour, outline; *town:* circuit; **contourner** [ˌtur'ne] (1a) *v/t.* outline; go round; by-pass (*a town*); distort (*one's face*); F get round (*the law*).

contraceptif, -ive [kɔ̃trasep'tif, ~'ti:v] *adj., a. su./m* contraceptive; **contraception** [~'sjɔ̃] *f* contraception.

contractant, e [kɔ̃trak'tɑ̃, ~'tɑ̃:t] **1.** *adj.* contracting; **2.** *su.* contracting party; **contracter** [~'te] (1a) *v/t.* contract (*debt, habit, illness, marriage, etc.*); incur (*debts*); catch (*cold*); **contractile** *physiol.* [~'til] contractile; **contraction** [~'sjɔ̃] *f* contraction; *road:* narrowing.

contractuel, -elle [kɔ̃trak'tɥɛl] **1.** *adj.* contractual; **2.** *su.* employee on contract; traffic warden, *f a.* F meter maid.

contradicteur [kɔ̃tradik'tœ:r] *m* contradictor; opponent; **contradiction** [~'sjɔ̃] *f* contradiction; opposition; **contradictoire** [~'twa:r] contradictory; inconsistent; conflicting (with, *à*); *jugement m* ~ judgment given after a full hearing.

contraindre [kɔ̃'trɛ̃:dr] (4m) *v/t.* compel, force; coerce; *fig.* restrain (*one's feelings etc.*); *se* ~ restrain o.s.; **contraint, e** [~'trɛ̃, ~'trɛ̃:t] **1.** *adj.* cramped (*position, style*); forced (*smile*); stiff (*manner*); **2.** *su./f* compulsion, constraint; embarrassment; *par* ~*e* under duress; *sans* ~*e* freely.

contraire [kɔ̃'trɛ:r] **1.** *adj.* contrary, opposite (to, *à*); averse; *en sens* ~ in the opposite direction; **2.** *su./m* contrary, opposite; *au* ~ on the contrary.

contralto ♪ [kɔ̃tral'to] *m* contralto.

contrariant, e [kɔ̃tra'rjɑ̃, ~'rjɑ̃:t] provoking; tiresome; vexatious; **contrarier** [~'rje] (1o) *v/t.* thwart, oppose; annoy, vex; contrast; **contrariété** [~rie'te] *f* difficulty; annoyance, vexation; clash (*of colours, interests, etc.*).

contraste [kɔ̃'trast] *m* contrast; **contraster** [~tras'te] (1a) *vt/i.* contrast.

contrat [kɔ̃'tra] *m* contract; *marriage:* settlement; *passer un* ~ enter into an agreement.

contravention [kɔ̃travɑ̃'sjɔ̃] *f ✝* infringement; *mot.* parking ticket *or* fine.

contre [kɔ̃:tr] **1.** *prp.* against; contrary to; (in exchange) for; ✝, *sp.* versus; ~ *son gré* against his will; *dix* ~ *un* ten to one; **2.** *adv.* against; near; *tout* ~ close by; **3.** *su./m* box. counter; *cards:* double; *le pour et le* ~ the pros *pl.* and the cons *pl.*; *règlement m par* ~ settlement per contra.

contre... [kɔ̃tr(ə)] counter...; anti...; contra...; back...; ~**accusation** ✝ [kɔ̃trakyza'sjɔ̃] *f* counter-charge; ~**allée** [~a'le] *f* side-walk, side-lane; ~**amiral** ⚓ [~ami'ral] *m* rear-admiral; ~**assurance** [~asy'rɑ̃:s] *f* reinsurance; ~**attaque** ⚔ [~a'tak] *f* counter-attack; ~**balancer** [~trəbalɑ̃'se] (1k) *v/t.* counterbalance; ~**bande** [~'bɑ̃:d] *f* contraband, smuggling; smuggled goods *pl.*; *faire la* ~ smuggle; ~**bandier** [~bɑ̃'dje] *m* smuggler; ~**bas** [~'ba] *adv.*: *en* ~ lower down (than, de); downwards; ~**basse** ♪ [~'ba:s] *f* doublebass; [~'bu'te], ~**buter** [~by'te] (1a) *v/t.* buttress; ~**carrer** [~ka're] (1a) *v/t.* thwart; counteract; ~**cœur** [~kœ:r] *adv.*: *à* ~ reluctantly; ~**coup** [~'ku] *m* rebound; recoil; repercussion; *fig.* side-effects *pl.*; *par* ~ as a result (indirect); ~**dire** [~'di:r] (4p) *v/t.* contradict; *se* ~ contradict o.s. or each other; ~**dit** [~'di] *adv.*: *sans* ~ unquestionably.

contrée [kɔ̃'tre] *f* region.

contre...: ~**écrou** ⊕ [kɔ̃tre'kru] *m* counter-nut; ~**épreuve** [~'prœ:v] *f* countercheck, crosscheck; *typ.* counterproof; ~**espionnage** [~ɛspjɔ'na:ʒ] *m* counter-espionage; ~**expertise** [~ɛkspɛr'ti:z] *f* countervaluation; ~**façon** [~trəfa'sɔ̃] *f* forgery, counterfeit; counterfeiting; infringement of copyright; ~**facteur** [~fak'tœ:r] *m* forger, counterfeiter; ~**faction** [~fak'sjɔ̃] *f* forgery; counterfeiting; ~**faire** [~'fɛ:r] (4r) *v/t.* imitate, mimic; forge; counterfeit (*money*); disguise (*one's voice etc.*); *fig.* deform; ~**fiche** △, ⊕ [~'fiʃ] *f* brace, strut; ~**ficher** *sl.* [~fi'ʃe] *v/t.*:

se ~ de care a damn about; **~fil** ⊕
[~'fil] *m*: à ~ against the grain; **~fort**
[~'fɔːr] *m* ⌂ buttress; *geog.* spur;
boot: stiffening; **~s** *pl.* foot-hills; **~
haut** [~'o] *adv.*: en ~ higher up; on a
higher level; **~jour** [~'ʒuːr] *m*
backlightning; à ~ against the light;
~lettre ⚖ [~'lɛtr] *f* counter-deed;
defeasance; **~maître** [~'mɛːtr] *m*
foreman; ⚓ petty officer; first mate;
~mesure [~məˈzyːr] *f* counter-
measure; **~partie** [~parˈti] *f* opposite view; *fig.* compensation; en ~ in
compensation; in return; **~pied** *fig.*
[~'pje] *m* opposite view; **~plaqué**
[~plaˈke] *m* plywood; **~poids**
[~'pwa] *m* counterweight; *clock*:
balanceweight; counterpoise; **~
poil** [~'pwal] *adv.*: à ~ the wrong
way; **~point** ♪ [~'pwɛ̃] *m* counterpoint; **~pointe** ⊕ [~'pwɛ̃ːt] *f* tail-
stock; **~poison** [~pwaˈzɔ̃] *m* antidote
(to, de); **~porte** [~'pɔrt] *f* ⌂ inner
door, *Am.* storm-door; ⊕ *furnace*:
shield.
contrer [kɔ̃ˈtre] (1a) *v/t.* box. counter; *cards*: double; *fig.* cross, thwart.
contre...: **~rail** 🚂 [kɔ̃trəˈraːj] *m*
safety-rail; **~sceller** [~seˈle] (1a)
v/t. counter-seal; **~seing** [~'sɛ̃] *m*
counter-signature; **~sens** [~'sãːs] *m*
misinterpretation; nonsense; à ~ in
the wrong way; **~signataire** [~siɲa-
ˈtɛːr] *m* one who countersigns;
~temps [~'tã] *m* mishap; inconvenience; disappointment; ♪ syncopation; à ~ at the wrong moment;
♪ out of time; ♪ contra tempo;
~terroriste [~terɔˈrist] *adj., a. su.*
anti-terrorist; **~torpilleur** ⚓ [~
tɔrpiˈjœːr] *m* destroyer; light cruiser; **~valeur** † [~vaˈlœːr] *f* exchange
value; **~vapeur** ⊕ [~vaˈpœːr]
f/inv. reversed steam; **~venant** *m*,
e *f* ⚖ [~vəˈnã, ~ˈnãːt] contravener;
offender; **~venir** [~vəˈniːr] (2h) *v/i.*:
~ à contravene; **~vent** [~'vã] *m* outside shutter; ⊕ wind-brace;
back-draught; **~ventement** ⊕
[~vãtˈmã] *m* wind-bracing; **~vérité**
[~veriˈte] *f* ironical statement; un-
truth; **~visite** ⚖ [~viˈzit] *f* check
inspection; **~voie** 🚂 [~'vwa] *f*
wrong side of the train.
contribuable [kɔ̃triˈbɥabl] **1.** *su.*
taxpayer; ratepayer; **2.** *adj.* tax-
paying; ratepaying; **contribuer**
[~'bɥe] (1n) *v/i.* contribute; con-

tribution [~byˈsjɔ̃] *f* contribution;
admin. tax; rate; *mettre à ~* make use
of, have recourse to use.
contrit, e [kɔ̃ˈtri, ~ˈtrit] penitent;
contrite; **contrition** [~triˈsjɔ̃] *f* penitence, contrition.
contrôle [kɔ̃ˈtroːl] *m* check(ing), inspection; supervision; verification;
control; *thea.* box-office; † audit-
ing; *gold, silver*: hallmark(ing); *gold,
silver*: assaying; assay office; ~ des
changes exchange control; 💰 ~ des
naissances birth-control; *coupon m de*
~ ticket: stub; **contrôler** [kɔ̃troˈle]
(1a) *v/t.* check; verify; examine (a
passport etc.); stamp (*gold, silver*);
control (*s.o.*); **contrôleur** *m*, **-euse**
f [~ˈlœːr, ~ˈløːz] inspector; supervisor; ticket-collector; controller;
métro etc.: driver; ✈ ~ (aérien or de la
navigation aérienne) air traffic controller.
contrordre [kɔ̃ˈtrɔrdr] *m* countermand; *sauf* ~ unless countermanded.
controuvé, e [kɔ̃truˈve] forged;
spurious.
controverse [kɔ̃troˈvɛrs] *f* contro-
versy; **controverser** [~vɛrˈse] (1a)
v/t. debate (a *topic*); controvert
(an *opinion*); *v/i.* hold a discussion.
contumace ⚖ [kɔ̃tyˈmas] *f*: par ~ in
absentia.
contus, e 💰 [kɔ̃ˈty, ~ˈtyːz] contused,
bruised; **contusion** [kɔ̃tyˈzjɔ̃] *f*
contusion, bruise; **contusionner**
[~zjɔˈne] (1a) *v/t.* contuse, bruise.
conurbation [kɔnyrbaˈsjɔ̃] *f* conurbation; megalopolis.
convaincant, e [kɔ̃vɛ̃ˈkã, ~ˈkãːt]
convincing; **convaincre** [~ˈvɛ̃:kr]
(4gg) *v/t.* convince; *fig.* prove (*s.o.*)
guilty (of, de).
convalescence [kɔ̃valɛˈsãːs] *f* convalescence; *être en* ~ convalesce;
convalescent, e [~ˈsã, ~ˈsãːt] *adj.
a. su.* convalescent.
convenable [kɔ̃vˈnabl] suitable;
decent, seemly; **convenance**
[~ˈnãːs] *f* fitness; propriety; decency; convenience; expediency; à
la ~ de q. to s.o.'s liking; to s.o.'s
convenience; *mariage m de* ~ marriage of convenience; *par* ~ for the
sake of decency; **convenir** [~ˈniːr]
(2h) *v/i.*: ~ à suit, fit; ~ de agree upon;
reach agreement about; admit, acknowledge (*s.th.*); *c'est convenu!*

agreed!; *il convient de (inf.)* it is advisable *or* fitting to *(inf.)*.

convention [kɔ̃vɑ̃'sjɔ̃] *f* convention; agreement; *pol.* assembly; ⁓**s** *pl.* clauses; ⁓ *collective* collective bargaining; **conventionné** [⁓sjɔ'ne]: *médecin* ⁓ panel doctor; **conventionnel, -elle** [⁓sjɔ'nɛl] **1.** *adj.* conventional; **2.** *su./m hist.* member of the National Convention.

conventuel, -elle [kɔ̃vɑ̃'tɥɛl] conventual.

convergence [kɔ̃vɛr'ʒɑ̃:s] *f* convergence; ✕, *a. fig.* concentration; **convergent, e** [⁓'ʒɑ̃, ⁓'ʒɑ̃:t] converging; ✕ concentrated; **converger** [⁓'ʒe] (1l) *v/i.* converge.

convers, e [kɔ̃'vɛ:r, ⁓'vɛrs] lay ...

conversation [kɔ̃vɛrsa'sjɔ̃] *f* conversation, talk; *teleph.* call; **converser** [⁓'se] (1a) *v/i.* converse, talk.

conversion [kɔ̃vɛr'sjɔ̃] *f* conversion (*a.* ✝); ✕ wheel(ing), change of front; **converti, e** *m*, *e f* [⁓'ti] convert; **convertible** [⁓'tibl] convertible (into, en); **convertir** [⁓'ti:r] (2a) *v/t.* ✝, *eccl.*, *phls.*, *fig.* convert; **convertisseur** [⁓ti'sœ:r] *m* ⊕ converter; ⚡ transformer.

convexe [kɔ̃'vɛks] convex.

conviction [kɔ̃vik'sjɔ̃] *f* conviction.

convier [kɔ̃'vje] (1o) *v/t.* invite; urge.

convive [kɔ̃'vi:v] *su.* guest; table companion.

convocation [kɔ̃vɔka'sjɔ̃] *f* convocation, summons *sg.*; notice of a meeting *or* an appointment; ✕ calling-up papers *pl.*

convoi [kɔ̃'vwa] *m* convoy; 🚂 train; (*a.* ⁓ *funèbre*) funeral procession; ⁓ *automobile* motor transport column.

convoiter [kɔ̃vwa'te] (1a) *v/t.* covet, desire; **convoitise** [⁓'ti:z] *f* covetousness; lust.

convoler *iro.* [kɔ̃vɔ'le] (1a) *v/i.* (re)marry.

convoquer [kɔ̃vɔ'ke] (1m) *v/t.* summon; ✕ call up; *admin.* summon to an interview.

convoyer ✕, ⚓ [kɔ̃vwa'je] (1h) *v/t.* convoy; **convoyeur** [⁓'jœ:r] *m* ⚓ convoy(-ship); ✕ convoying officer; ✕ officer in charge of a convoy; ⊕ conveyor, endless belt.

convulser [kɔ̃vyl'se] (1a) *v/t. physiol.* convulse; F frighten into fits; **con-**

vulsif, -ve [⁓'sif, ⁓'si:v] convulsive; **convulsion** [⁓'sjɔ̃] *f* convulsion; spasm.

coopérateur *m*, **-trice** *f* [koopera-'tœ:r, ⁓'tris] co(-)operator; **coopératif, -ve** [⁓'tif, ⁓'ti:v] **1.** *adj.* co(-)-operative; **2.** *su./f* co(-)operative stores *pl.*; ⁓ve immobilière building society; **coopération** [⁓'sjɔ̃] *f* co(-)operation; **coopératisme** [⁓-'tism] *m* co(-)operative system; **coopérer** [koope're] (1f) *v/i.* co(-)operate.

cooptation [koopta'sjɔ̃] *f* co-optation; **coopter** [⁓'te] (1a) *v/t.* co-opt.

coordinateur *m*, **-trice** *f* [koordina'tœ:r, -'tris] coordinator; **coordination** [⁓'sjɔ̃] *f* coordination.

coordonnées Ⱥ [koordɔ'ne] *f/pl.* co-ordinates; **coordonner** [⁓] (1a) *v/t.* coordinate (with, *à*); arrange.

copain F [kɔ'pɛ̃] *m* pal, chum, *Am.* buddy.

copeau [kɔ'po] *m* wood shaving; ⊕ ⁓x *pl.* turnings.

copiage [kɔ'pja:ʒ] *m school:* copying; **copie** [⁓'pi] *f* (carbon) copy, transcript; *fig.* imitation; *phot.* print; *school:* exercise, paper; ⁓ *au net* fair copy; **copier** [⁓'pje] (1o) *v/t.* copy; *fig.* imitate; *school:* crib (from, *sur*).

copieux, -euse [kɔ'pjø, ⁓'pjø:z] copious, abundant.

copilote ✈ [kɔpi'lɔt] *m* second pilot, *Am.* co-pilot.

copinage F [kɔpi'na:ʒ] *m* cronyism; **copine** F [kɔ'pin] *f girl:* pal, chum; **copiner** F [kɔpi'ne] (1a) *v/i.* be pally; be pals; **copinerie** F [kɔpin-'ri] *f* pallyness; *coll.* the pals *pl.*

copiste [kɔ'pist] *su.* copier, copyist; *fig.* imitator.

copra(h) [kɔ'pra] *m* copra.

copreneur ⚖ [koprə'nœ:r] *m* co-tenant, co-lessee.

coproduction [koprodyk'sjɔ̃] *n* joint production, coproduction.

copropriétaire [koproprije'tɛ:r] *su.* joint owner, co-owner; **copropriété** [⁓'te] *f* joint ownership, co-ownership.

copule *gramm.* [kɔ'pyl] *f* copula.

coq¹ ⚓ [kɔk] *m* ship's cook.

coq² *orn.* [kɔk] *m* cock, *Am.* rooster; *box.* (*a. poids m* ⁓) bantam weight; ⁓ *de bruyère* (great) grouse; ⁓ *d'Inde see* dindin; **être comme un ~ en pâte** live like a fighting cock, be in clover; **être le ~ du village** be cock of the walk; **~-à-l'âne** [kɔka'laːn] *m/inv.* abrupt jump from one subject to another.

coque [kɔk] *f* egg: shell; ♣ hull, bottom; ⊕ *boiler:* body; **œuf *m* à la ~** boiled egg.

coquelicot ♀ [kɔkli'ko] *m* red poppy.

coqueluche [kɔ'klyʃ] *f* ✽ whooping-cough; *fig.* darling, favo(u)rite.

coqueriquer [kɔkri'ke] (1m) *v/i.* crow.

coquet, -ette [kɔ'kɛ, ~'kɛt] **1.** *adj.* coquettish; smart, stylish (*hat etc.*); trim (*garden*); F tidy (*sum*); **2.** *su./f* flirt; **coqueter** [kɔk'te] (1c) *v/i.* coquette; flirt (with, *avec*); *fig.* toy (with, *avec*).

coquetier [kɔk'tje] *m* egg-cup; egg-merchant.

coquetterie [kɔkɛ'tri] *f* coquetry; affectation; smartness, daintiness.

coquillage [kɔki'jaːʒ] *m* shell-fish; shell; **coquille** [~'kiːj] *f* egg, nut, oyster, snail, *a. fig.:* shell; *typ.* misprint, printer's error; *metall.* chill-mould; *bank paper; size:* small post; *fig.* **sortir de sa ~** come out of one's shell.

coquin, e [kɔ'kɛ̃, ~'kin] **1.** *adj.* roguish; **2.** *su.* rogue; rascal (*a. co.*); *su./f* hussy; **coquinerie** [~kin'ri] *f* roguery; rascality.

cor[1] [kɔːr] *m hunt.* tine; ♪, *a. hunt.* horn; ♪ horn-player; ♪ **~ d'harmonie** French horn; *fig.* **à ~ et à cri** insistently; **sonner** (*or* **donner**) **du ~** sound the horn.

cor[2] ✽ [~] *m* corn.

corail, *pl.* **-aux** [kɔ'raːj, ~'ro] *m* coral; **corailleur** [kɔra'jœːr] *m* coral fisher; coral worker; coral-fishing boat; **corallin, e** [~'lɛ̃, ~'lin] coral-red.

corbeau [kɔr'bo] *m orn.* crow; raven; ⌂ corbel; F person of ill omen.

corbeille [kɔr'bɛːj] *f* basket; *thea.* dress-circle; ⊕ *valve:* cage; ♪ (round) flower-bed; **corbeillée** [~bɛ'je] *f* basketful.

corbillard [kɔrbi'jaːr] *m* hearse.

cordage [kɔr'daːʒ] *m* rope; *racket:* stringing; cord of wood; ♣ **~s** *pl.* gear rig.; **corde** [kɔrd] *f* rope, cord, line; ♪ string; ♪ chord; ♪ lift wire; hangman's rope, *fig.* gallows

sg.; *anat.* **~s** *pl.* **vocales** vocal c(h)ords.

cordé, e ♀ *etc.* [kɔr'de] cordate, heart-shaped.

cordeau [kɔr'do] *m* chalk-line, string; (measuring) tape; (♣ tow-) rope; *tex.* selvedge; ✂, ✂ fuse; **cordée** [~'de] *f mount.* rope (of *climbers*); † cord (of *wood*); *racket:* stringing; **cordeler** [kɔrdə'le] (1c) *v/t.* twist (*hemp etc.*) into rope; **cordelette** [~'lɛt] *f* small cord *or* string; **en ~s** in small plaits; **cordelier** [~'lje] *m* Franciscan friar; **cordelière** [~'ljɛːr] *f* † Franciscan nun; girdle; *typ.* ornamental border; **corder** [kɔr'de] (1a) *v/t.* twist (*hemp etc.*) into rope; string (a *racket*); twist (*tobacco*); cord (a *trunk etc.*); **corderie** [~'dri] *f* rope-making; rope-trade.

cordial, e, *m/pl.* **-aux** [kɔr'djal, ~'djo] **1.** *adj.* cordial; ✽ stimulating; **2.** *su./m* cordial; **cordialité** [~djali'te] *f* cordiality.

cordier [kɔr'dje] *m* rope-maker; dealer in ropes; ♪ *violin:* tail-piece; **cordon** [~'dɔ̃] *m* cord, string, tape; (shoe-)lace; door-pull, bell-pull; line (of *trees etc.*); *admin.* cordon, edge; *anat.* **~ ombilical** navel string, umbilical cord; **cordon-bleu,** *pl.* **cordons-bleus** F *fig.* [~dɔ̃'blø] *m* first-rate cook; **cordonner** [~dɔ'ne] (1a) *v/t.* twist, cord (*hemp etc.*); edge-roll (*coins*).

cordonnerie [kɔrdɔn'ri] *f* shoe-making; shoemaker's shop.

cordonnet [kɔrdɔ'nɛ] *m* braid, cord.

cordonnier [kɔrdɔ'nje] *m* shoe-maker, F cobbler.

coréen, -enne [kɔre'ɛ̃, ~'ɛn] *adj., a. su.* ♀ Korean.

coriace [kɔ'rjas] tough (*a. fig.*).

coricide ✽ [kɔri'sid] *m* corn cure.

corindon *min.* [kɔrɛ̃'dɔ̃] *m* corundum.

corinthien, -enne [kɔrɛ̃'tjɛ̃, ~'tjɛn] **1.** *adj.* Corinthian; **2.** *su.* ♀ Corinthian; *su./m* ⌂ Corinthian.

cormier ♀ [kɔr'mje] *m* service (-tree, -wood).

cormoran *orn.* [kɔrmɔ'rɑ̃] *m* cormorant.

cornac [kɔr'nak] *m* mahout, elephant driver; F *fig.* guide, companion, chaperon; **cornaquer** F [~na'ke]

corrompre

(1a) *v/t.* guide, show (*s.o.*) around, accompany, chaperon.

corne [kɔrn] *f* horn (*a. fig.*); dog's-ear (*in a book*); ~ à chaussures shoehorn, shoe-lift; de ~ horn...; **bêtes** *f/pl.* à ~s horned cattle; **corné, e** [kɔr'ne] **1.** *adj.* horny; horn...; **2.** *su./f anat.* cornea; **cornéen, -enne** [~ne'ɛ̃, ~e'ɛn] *adj.*: opt. lentilles *f/pl.* ~ennes contact lenses.

corneille *orn.* [kɔr'nɛːj] *f* crow, rook.

cornemuse ♩ [kɔrnə'myːz] *f* bagpipe(s *pl.*); **cornemuseur** [~my-'zœːr] *m* piper.

corner[1] *foot.* [kɔr'nɛːr] *m* corner.

corner[2] [kɔr'ne] (1a) *v/i.* hoot; *v/t. fig.* trumpet (*news etc.*); turn down the corner of (*a page etc.*); **cornet** [~'nɛ] *m pastry:* horn; *icecream:* cone; paper bag, screw of paper; ♩ (à pistons) cornet; F se mettre qch. dans le ~ have s.th. to eat; **cornette** [~'nɛt] *su./f nun:* coif; mob-cap.

corniche [kɔr'niʃ] *f rock:* ledge; coast road; △ cornice.

cornichon [kɔrni'ʃɔ̃] *m* gherkin; F nitwit.

cornière [kɔr'njɛːr] *f* ⊕ angle-(iron, -bar).

cornouille ♀ [kɔr'nuːj] *f* cornelberry; **cornouiller** [~nu'je] *m* cornel(-tree); † dogwood.

cornu, e [kɔr'ny] horned; spurred (*wheat*); *fig.* absurd.

cornue [~] *f* ♠ *etc.* retort; *metall.* steel converter.

corollaire [kɔrɔl'lɛːr] *m* ♠ corollary; ♀ corollary tendril; **corolle** ♀ [~'rɔl] *f* corolla.

coron [kɔ'rɔ̃] *m* miners' quarters *pl.*

coronaire ♂, anat. [kɔrɔ'nɛːr] coronary; **coronal, e,** *m/pl.* **-aux** [~'nal, ~'no] coronal.

corporatif, -ve [kɔrpɔra'tif, ~'tiːv] corporat(iv)e; **corporation** [~'sjɔ̃] *f* corporation; † hist. (trade-)guild.

corporel, -elle [kɔrpɔ'rɛl] corporeal; corporal (*punishment*); bodily.

corps [kɔːr] *m* body (*a.* ♠); flesh; matter; ✗ (army) corps; ♠ (battle) fleet; F person, figure; *fig.* profession; ⚖ corpus (*of law*); ~ à ~ hand to hand; ~ de bâtiment main building; ~ de logis housing unit; ~ de métier g(u)ild; trade association; ♣ ~ mort (fixed) moorings *pl.*; à ~ perdu desperately; en ~ in a

body; faire ~ avec be an integral part of; levée *f* du ~ start of the funeral; ♣ perdu ~ et biens lost with all hands.

corpulence [kɔrpy'lãːs] *f* stoutness, corpulence; **corpulent, e** [~'lã, ~'lãːt] stout, corpulent; portly.

corpus [kɔr'pys] *m* corpus; **corpuscule** [kɔrpys'kyl] *m* corpuscle; particle.

correct, e [kɔ'rɛkt] correct, proper; accurate; **correcteur, -trice** *f* [kɔrɛk'tœːr, ~'tris] corrector, proofreader; **correctif, -ve** [~'tif, ~'tiːv] *adj., a. su./m* corrective; **correction** [~'sjɔ̃] *f* punishment; correction; maison *f* de ~ reformatory; sauf ~ subject to correction; **correctionnel, -elle** ⚖ [~sjɔ'nɛl] **1.** *adj.* correctional; délit *m* ~ minor offence; tribunal *m* ~ = **2.** *su./f* court of petty sessions, *Am.* police court.

corrélation [kɔrrela'sjɔ̃] *f* correlation.

correspondance [kɔrɛspɔ̃'dãːs] *f* correspondence; ⚖ *etc.* connection; 🚋 railway omnibus, transfer coach; cours *m* par ~ correspondence course; par ~ by letter, by post; vote *f* par ~ postal vote; voter par ~ vote by post; **correspondancier** *m*, **-ère** *f* ♀ [~dã'sje, ~'sjɛːr] correspondence clerk; **correspondant, e** [~'dã, ~'dãːt] **1.** *adj.* corresponding; ♠ connecting; **2.** *su.* ♀, *journ.* correspondent; pen friend, *Am.* pen pal; *school:* parents' representative; **correspondre** [kɔrɛs'pɔ̃ːdr] (4a) *v/i.*: ~ à correspond to *or* with, suit; tally with; communicate with (*another room etc.*); ~ avec q. be in correspondence with s.o. [*passage.*]

corridor [kɔri'dɔːr] *m* corridor,)

corrigé [kɔri'ʒe] *m* fair copy, key, crib; **corriger** [~'ʒe] (1l) *v/t.* correct; read (*proofs*); punish; rectify; cure; **corrigible** [~'ʒibl] corrigible.

corroborer [kɔrɔbɔ're] (1a) *v/t.* corroborate, confirm.

corroder [kɔrɔ'de] (1a) *v/t.* corrode; eat away, erode.

corroi [kɔ'rwa] *m leather:* currying; **corroierie** [~rwa'ri] *f* currying; curriery.

corrompre [kɔ'rɔ̃ːpr] (4a) *v/t.* corrupt; spoil (*the taste*); taint (*meat*); ⚖ suborn; se ~ become corrupt(ed) *or* tainted.

corrosif, -ve [kɔrɔ'zif, ~'zi:v] *adj.,
a. su./m* corrosive; **corrosion** [~'zjɔ̃]
f corrosion; *soil:* erosion; ⊕ pitting.
corroyer [kɔrwa'je] (1h) *v/t.* curry
(*leather*); rough-plane (*wood*); weld
(*iron, steel*); puddle (*clay*); **corroyeur** [~'jœːr] *m* currier; *metall.*
blacksmith.

corrupteur, -trice [kɔryp'tœːr, ~
'tris] **1.** *adj.* corrupting; **2.** *su.* cor-
rupter; briber; ⚖ suborner; **corruptible** [~'tibl] corruptible; open
to bribery; **corruption** [~'sjɔ̃] *f*
corruption; bribery; *Am.* graft; ⚖
subornation; *food:* tainting; *air,
water:* pollution.

corsage *cost.* [kɔr'saːʒ] *m* bodice; †
blouse.

corsaire [kɔr'sɛːr] *m* corsair, priva-
teer.

corse [kɔrs] *adj., a. su.* ♀ Corsican.

corsé, e [kɔr'se] strong; full-bodied
(*wine*); spicy (*story*); F substantial.

corselet *zo., a. hist.* [kɔrsə'lɛ] *m*
cors(e)let.

corser [kɔr'se] (1a) *v/t.* give body
or flavo(u)r to; strengthen; *se* ~
take a turn for the worse.

corset [kɔr'sɛ] *m* corset; **corsetière**
[~sə'tjɛːr] *f* corsetmaker.

cortège [kɔr'tɛːʒ] *m* procession; retinue, train; ~ *funèbre* funeral procession.

cortisone ⚕ [kɔrti'zɔn] *f* cortisone.

corvéable ⚒ [kɔrve'abl] liable to fatigue duty; **corvée** [~'ve] *f* ⚒ fatigue; ⚓ duty; ⚒ fatigue party; *fig.*
drudgery, hard work, chore, drag;
thankless job.

corvette ⚓ *hist.* [kɔr'vɛt] *f* corvette.

coryphée [kɔri'fe] *m* leader of the
ballet, principal dancer; *fig.* party
leader, chief.

coryza ⚕ [kɔri'za] *m* cold in the head.

cosmétique [kɔsme'tik] *adj., a. su./m*
cosmetic.

cosmique [kɔs'mik] cosmic.

cosmo... [kɔsmɔ] cosmo...; **~drome**
[~'drɔːm] *m* cosmodrome; **~graphie**
[~gra'fi] *f* cosmography; **~naute**
[~'noːt] *su.* cosmonaut; **~polite**
[~pɔ'lit] *adj., a. su.* cosmopolitan.

cosse [kɔs] *f* pod, husk; shell; ⚡ eye or
spade terminal; *sl.* laziness; **cossu, e**
F [kɔ'sy] rich (*a. fig.*); well-to-do.

costal, e *m/pl.* **-aux** *anat.* [kɔs'tal,
~'to] costal; **costaud, e** *sl.* [~'to,
~'to:d] strong, sturdy; hefty.

costume [kɔs'tym] *m* costume,
dress; suit; ~ *de bain* bathing-
costume; ~ *de golf* plus-fours *pl.*; ~
tailleur tailor-made suit (*for women*);
coat and skirt; **costumer** [~ty'me]
(1a) *v/t.* dress up; *bal m* costumé
fancy-dress ball; **costumier** [~ty-
'mje] *m* costumier; *thea.* wardrobe-
keeper.

cotation ✝ [kɔta'sjɔ̃] *f* quotation,
quoting; **cote** [kɔt] *f* quota; *admin.*
assessment; ⚖, ✝, *etc.* document:
identification or classification mark;
sp. odds *pl.*; ⚓ classification; ✝
prices etc.: quotation; *fig.* rating, standing; popularity; ~ *d'alerte* danger
mark; F *avoir la* ~ be (very) popular.

côte [koːt] *f* ⚕, *anat., cuis.* rib; ⚕
midrib; slope; hill; coast, shore; ~ *à* ~
side by side.

côté [ko'te] *m* side; direction; *à* ~ *de*
beside; *de* ~ sideways; *de mon* ~ for
my part; *du* ~ *de* in the direction of;
d'un ~ on one side; *d'un* ~ ..., *de l'autre*
~ on the one hand ..., on the other
hand; *la maison d'à* ~ next door.

coteau [kɔ'to] *m* slope, hillside;
hillock.

côtelé, e *tex.* [kot'le] ribbed; **côtelette** [~'lɛt] *veal:* cutlet; *pork, mutton:*
chop; F ~*s pl.* whiskers: mutton-
chops.

coter [kɔ'te] (1a) *v/t.* classify, number, letter (*a document*); ⚓ class (*a
ship*); ✝ quote (*prices*); *admin.* assess.

coterie [kɔ'tri] *f* set, circle, clique.

côtier, -ère [ko'tje, ~'tjɛːr] coast
(-ing); coastal; inshore (*fishing*).

cotillon [kɔti'jɔ̃] *m* † petticoat; *courir
le* ~ flirt with the girls.

cotisation [kɔtiza'sjɔ̃] *f* subscription;
contribution; fee; *admin.* assessment; quota; **cotiser** [~'ze] (1a) *v/t.*
admin. assess; *se* ~ subscribe; get up
a subscription.

coton [kɔ'tɔ̃] *m* cotton; *a.* ~ *hydrophile*
cotton wool, *Am.* absorbent cotton;
élever dans du ~ coddle (*a baby*);
cotonnade [kɔtɔ'nad] *f* cotton
fabric; ~*s pl.* cotton goods; **cotonner** [~'ne] (1a) *v/t.: se* ~ become
covered with down; become woolly
(*fruit*); become fluffy (*cloth*); **coton-
nerie** [kɔtɔn'ri] *f* cotton growing;
cotton-plantation; cotton-mill; **cotonneux, -euse** [~tɔ'nø, ~'nøːz] cot-
tony; woolly (*fruit, style*); sleepy

(pear); fleecy (cloud); **cotonnier, -ère** [ˌkɔ̃ˈtɔ̃nje, ˌˈnjɛ:r] **1.** adj. cotton-...; **2.** su./m ♀ cotton-plant; **coton-poudre**, pl. **cotons-poudre** [ˌkɔ̃tɔ̃ˈpuːdr] m guncotton.

côtoyer [kotwaˈje] (1h) v/t. hug (the shore); keep close to; skirt (the forest); border on (a. fig.); fig. rub shoulders with (s.o.); se ~ rub shoulders.

cotte [kɔt] f workman's overalls pl.; petticoat; ~ de mailles coat of mail.

cou [ku] m neck.

couac ♩ [kwak] m squawk.

couard, e [kwaːr, kward] **1.** adj. coward(ly); **2.** su. coward; **couardise** [kwarˈdiːz] f cowardice.

couchage [kuˈʃaːʒ] m night's lodging; clothes: bedding; sac m de ~ sleeping-bag; **couchant, e** [ˌˈʃɑ̃, ˌˈʃɑ̃:t] **1.** adj. sunset, setting of the sun; west; **2.** adj.: chien m ~ setter; fig. crawler, fawner; soleil m ~ setting sun; **couche** [kuʃ] f layer; paint etc.: coat; geol. (a. social etc.) stratum; napkin, nappy, Am. diaper (for baby); ✗ seam; ✗ hotbed; tree: ring; † bed; ~s pl. childbirth sg.; ~ d'arrêt barrier layer; ⊕ ~ de roulement running surface; fausse ~ miscarriage; F il en a une ~! what a fathead!; F donner une belle ~ drink o.s. blind; **coucher** [kuˈʃe] **1.** (1a) v/t. put to bed; lay down; beat down; put or write (s.th.) down (on, sur); mention (s.o.) in one's will, over testament; ~ qch. en joue aim s.th.; se ~ go to bed; lie down; set (sun); v/i. sleep; **2.** su./m going to bed; sun: setting; **coucherie** sl. [kuʃˈri] f oft. pl. love-making; **couchette** [ˌˈʃɛt] f cot; ♨ bunk, ♨ berth; **coucheur** [ˌˈʃœːr] m: mauvais ~ awkward customer, nasty fellow.

couci-couça [kusikuˈsa], **couci-couci** [ˌˈsi] adv. so-so.

coucou [kuˈku] m cuckoo(-clock); ♀ F cowslip.

coude [kud] m elbow (a. river, road); ⊕ shaft: crank; coup m de ~ nudge; jouer des ~s elbow one's way; **coudée** [kuˈde] f cubit; F avoir ses ~s franches have elbow-room; fig. have a free hand.

cou-de-pied, pl. **cous-de-pied** [kudˈpje] m instep.

couder ⊕ [kuˈde] (1a) v/t. crank (a shaft); bend (a pipe) into an elbow,

coudoyer [ˌdwaˈje] (1h) v/t. elbow, jostle; rub shoulders with.

coudre¹ [kudr] (4l) v/t. sew; stitch; machine f à ~ sewing-machine; rester bouche cousue remain silent.

coudre² ♀ [kudr] m, **coudrier** ♀ [kuˈdrje] m hazel-tree.

couenne [kwan] f bacon-rind; roast pork: crackling; ♣ mole; **couenneux, -euse** ♣ [kwaˈnø, ˌˈnøːz] buffy (blood); angine f ~euse diphtheria.

couffe [kuf] f, **couffin** [kuˈfɛ̃] m basket.

couillon sl. [kuˈjɔ̃] m fool; ~! bloody fool!

coulage [kuˈlaːʒ] m pouring (a. metall.); metall. casting; liquid: leaking; ⚓ scuttling; fig. leakage; **coulant, e** [ˌˈlɑ̃, ˌˈlɑ̃:t] **1.** adj. running; flowing (a. style); fig. easy; F easy-going; F accommodating; **2.** su./m sliding ring (a. ⊕); ♀ runner; ✗ case-slide.

coule [kul] adv.: être à la ~ be wise, know the ropes, know all the tricks of the trade, be with it.

coulé [kuˈle] in dancing: slide; ♩ slur; billiards: follow-through; ⊕ cast (-ing); **coulée** [ˌ] f writing: running-hand; lava, liquid: flow; ⊕ casting; ⊕ tapping; fig. streak; **couler** [ˌ] (1a) v/t. pour; ⚓ sink (a ship); ♩ slur; fig. slip; F ruin; se ~ slide, slip; F fig. se la ~ douce have an easy life; v/i. flow, run; ⚓ founder, sink; ⊕ run; slip; leak (pen, vat, etc.); fig. slip by (time); fig. pass over (facts).

couleur [kuˈlœːr] f colo(u)r (a. fig.); complexion; cards: suit; cin. en ~s pl.) technicolor-...; ~ pâles ~s pl. chlorosis sg., green-sickness sg.; sous ~ de under the pretence of.

couleuvre [kuˈlœːvr] f grass snake; F avaler des ~s pocket an insult.

coulis [kuˈli] **1.** adj./m: vent m ~ insidious draught; **2.** su./m ⊕ (liquid) filling; cuis. purée.

coulisse [kuˈlis] f ⊕ groove, slot; ⊕ slide; △ wooden shoot; thea. wing; backstage; fig. background; ✝ outside market; dans les ~s backstage (a. fig.); porte f à ~ sliding door; fig. regard m en ~ sidelance; **coulisser** [kuliˈse] (1a) v/t. fit with slides; v/i. slide; **coulissier** ✝ [ˌˈsje] m outside broker.

couloir [ku'lwa:r] *m* corridor (*a.* 🚢, *geog.*), passage; *parl.* lobby; ⊕ shoot; *cin. film:* track; *water, mountain:* gully; *tennis:* tram-lines *pl.*; ✈ ~ aérien air corridor.

coup [ku] *m* blow, knock; hit; thrust; *knife:* stab; wound; ⊕, *sp.* stroke; sound; beat; *gun etc.:* shot; *wind:* gust; turn; (evil) deed; *sl.* drink, glass (*of wine*); *fig.* influence; ⚕ ~ *de chaleur* heat-stroke; ~ *de fil* (telephone) call, ring; ~ *de filet* haul; ~ *de grâce* finishing stroke, quietus; ⚔ ~ *de grisou* firedamp explosion; ~ *de Jarnac* treacherous attack; F low trick; ⚔ ~ *de main* surprise attack, raid; ~ *de maître* master stroke; *foot.* ~ *d'envoi* kick-off; place-kick; ~ *de pied* kick; ~ *de poing* blow (with the fist); ⚕ ~ *de sang* apoplectic fit, F stroke; ⚕ ~ *de soleil* sunburn; ~ *d'essai* trial shot; ~ *d'État* coup d'état; ~ *de téléphone* (telephone) call; ~ *de tête* butt; *fig.* impulsive act; *fig.* ~ *de théâtre* dramatic turn; ~ *d'œil* glance; view; ~ *franc foot.* free kick; *hockey:* free hit; *à ~ sûr* certainly; *après ~* after the event; as an afterthought; *sp. donner le ~ d'envoi* kick off; *donner un ~ de brosse* give a brush (down); *donner un ~ de main à* help; give a helping hand to; *d'un* (*seul*) ~ at one go; *du premier* ~ at the first attempt; *entrer en* ~ *de vent* burst in, rush in; *être aux cent* ~s be desperate; F *être dans le* ~ be with it; F *monter le* ~ *à q.* deceive s.o.; *pour le* ~ this time; for the moment; *saluer d'un* ~ *de chapeau* raise one's hat to; *tenir le* ~ take it; keep a stiff upper lip; *tout à* ~ suddenly, all of a sudden; *tout d'un* ~ (all) at once; *traduire qch. à* ~s *de dictionnaire* translate s.th., looking up each word in the dictionary.

coupable [ku'pabl] **1.** *adj.* guilty; **2.** *su.* culprit; ⚖ delinquent.

coupage [ku'pa:ʒ] *m* cutting; *wine:* blending; diluting (*of wine with water*); **coupant** [~'pɑ̃] *m* (cutting) edge.

coup-de-poing, *pl.* **coups-de-poing** [kud'pwɛ̃] *m* (~ *américain*) knuckleduster.

coupe¹ [kup] *f* cutting; *trees:* felling; ⊕ *wood etc., a. fig.* cut; section; ~ *des*

cheveux haircut; *fig. sous la* ~ *de q.* under s.o.'s control *or* thumb.

coupe² [~] *f* (drinking) cup; *sp.* cup; *sl.* dial, mug.

coupé [ku'pe] *m* brougham; 🚢 coupé (*a. mot.*), half-compartment; **coupée** ⚓ [~] *f* gangway.

coupe...: **~-cigares** [kupsi'ga:r] *m/inv.* cigar-cutter; **~-circuit** ⚡ [~sir'kɥi] *m/inv.* circuit-breaker; **~-faim** [~'fɛ̃] *m/inv.* appetite suppressant; **~-gorge** [~'gɔrʒ] *m/inv.* death-trap; **~-jarret** [~ʒa'rɛ] *m* cut-throat; assassin; **~-légumes** [~le'gym] *m/inv.* vegetable-cutter; **~-papier** [~pa'pje] *m/inv.* paperknife; letter-opener.

couper [ku'pe] (1a) *v/t.* cut (*a. tennis*); cut off (*a. ⚔*); cut down (*trees*), chop (*wood*); intercept; intersect; interrupt; water down (*wine*); ⚡ switch off; *cards:* trump; *teleph.* ~ *la communication* ring off; *mot.* ~ *l'allumage* switch off the ignition; ~ *intersect;* F *fig.* give o.s. away; *v/i.:* *sl.* ~ *à* dodge (*s.th.*); F ~ *dans le vif* resort to extreme measures; *teleph. ne coupez pas!* hold the line!

couperet [ku'prɛ] *m* chopper; *guillotine:* blade.

couperose [ku'pro:z] *f* ⚕ blotchiness; 🜊 ~ *verte* (*bleue*) green (blue) vitriol; **couperosé**, **e** [~pro'ze] blotchy (*skin*).

coupeur, **-euse** [ku'pœ:r, ~'pø:z] *su. person:* cutter; *su./f* cutting machine; ⚔ header.

couplage [ku'pla:ʒ] *m* ⚡ *etc.* coupling, connection; **couple** [kupl] *m* pair, couple; ⊕ torque, turning moment; **coupler** [ku'ple] (1a) *v/t.* couple; ⚡ connect; **couplet** [~'plɛ] *m* verse; ⊕ hinge.

coupoir [ku'pwa:r] *m* *instrument:* cutter.

coupole [ku'pɔl] *f* cupola, dome; ⚔ revolving gun-turret.

coupon [ku'pɔ̃] *m* bread, dividend, *etc.:* coupon; 🚢, *thea.* ticket; *material:* remnant; ⊕ test-bar; **~-réponse postal** *post:* international reply coupon; **coupure** [~'py:r] *f* cut, gash; (*newspaper-*)cutting, clipping; ⚡, *thea.* cut; paper money; *geol.* fault.

cour [ku:r] *f* court (*a.* ⚖); (court-) yard; ⚔ square; *Northern France:* lavatory; *thea. côté* ~ O.P.; ♀ *inter-*

nationale de justice International Court of Justice (*at the Hague*); *faire la ~ à* court, woo.

courage [ku'ra:ʒ] *m* courage, F pluck; *valo(u)r*; **courageux, -euse** [~ra'ʒø, ~'ʒø:z] brave, courageous, F plucky; zealous.

couramment [kura'mã] *adv.* fluently; in general use, usually; **courant, e** [~'rã, ~'rã:t] **1.** *adj.* running; current; *~ flottant (debt); ~* standard (*make*); *chien m ~* hound; **2.** *su./m ↯, ♭*; water: current; stream; *metall.* blast; present month, *♭* instant, *abbr.* inst.; *fig.* course; *↯ ~ alternatif (continu)* alternating (direct) current; *~ d'air* draught, *Am.* draft; *↯ ~ triphasé* three-phase current; *au ~ (de)* conversant (with), acquainted (with), well informed (of or about); *être au ~ de a.* know all about; *mettre q. au ~ (de)* inform s.o. (about or of); *se tenir au ~* keep up to date; *dans le ~ de* in the course of; *fin ~* at the end of this month; *↯ ... pour tous ~s* A.C./D.C. ...

courbatu, e [kurba'ty] stiff, aching; **courbature** [~'ty:r] *f* stiffness, muscle soreness; *~s pl.* aches and pains.

courbe [kurb] **1.** *adj.* curved; **2.** *su./f* curve; sweep; graph; **courber** [kur'be] (1a) *v/t.* bend, curve; *v/i.*: *se ~* bend, stoop; **courbette** [~'bɛt] *f*: *fig. faire des ~s à* knowtow to; **courbure** [~'by:r] *f* curve; *road:* camber; *earth, space:* curvature; *⊕ beam:* sagging; *⊕ double ~ pipe:* S-bend.

coureur, -euse [ku'rœ:r, ~'rø:z] *su.* runner (*a. sp.*); *fig.* frequenter (*of cafés etc.*); *fig.* hunter (*of prizes etc.*); *su./m: sp. ~ de fond* stayer; *~ de jupons* skirt-chaser; *su./f* streetwalker.

courge ♀ [kurʒ] *f* gourd; pumpkin; *Am.* squash.

courir [ku'ri:r] (2i) *v/i.* run; race; flow (*blood, river, etc.*); *fig.* be current; *♣* sail; *v/t.* run after; pursue; hunt; overrun; *sp.* run (*a race*); frequent; haunt; *F ~ le cachet* give private lessons; *~ le monde* travel widely; *être fort couru* be much sought after.

courlis *orn.* [kur'li] *m* curlew.

couronne [ku'rɔn] *f* crown; coronet; *flowers, laurel:* wreath; *⊕ wheel:* rim; **couronnement** [~rɔn'mã] *m*

crowning; coronation; **couronner** [~rɔ'ne] (1a) *v/t.* crown (*a. fig.; a. ⚙ a tooth*); *fig.* award a prize to.

courrai [ku're] *1st p. sg. fut. of courir.*

courre [ku:r] *v/t.: chasse f à ~* hunt(ing); **courrier** [ku'rje] *m* courier; post, mail; letters *pl.*; *journ.* (news, theatrical, *etc.*) column; *faire son ~* deal with one's mail; **courriériste** *journ.* [~rje'rist] *su.* columnist.

courroie [ku'rwa] *f* strap; *⊕* belt; *mot. ~ de ventilateur* fan belt.

courroucer [kuru'se] (1k) *v/t.* anger; *se ~* get angry; **courroux** *poet.* [~'ru] *m* anger.

cours [ku:r] *m* course; *⚙ bricks:* course, layer; *money:* circulation; *♭* quotation; *univ.* course (of lectures); *school:* class(es *pl.*), lesson; *~ d'eau* stream, river; *♭ ~ des changes* rate of exchange; *♭ ~ du marché mondial* price on the world market; *au ~ de* during, in the course of; *en ~* in progress.

course [kurs] *f* run(ning); race; excursion, trip; *♣* cruise; *♭* stroke; errand; *~ à pied* (foot-)race; *pol. ~ aux armements* armaments race; *~ de chevaux* horse-race; *~ de côte* hill climb; *⊕ ~ d'essay* test run; *F fig. être dans la ~* be with it; *faire des ~s* go shopping, rund errands; *garçon de ~s* errand boy; [charger; strand.]

coursier [kur'sje] *m* mill-race; *poet.*

court¹ [ku:r] *m* (tennis-)court.

court², courte [ku:r, kurt] **1.** *adj.* short, brief; *à ~ (de)* short (of); *sl. avoir la peau ~e* be lazy; **2.** *court adv.* short; *couper ~* cut short; *tout ~* simply, only.

courtage *♭* [kur'ta:ʒ] *m* brokerage.

courtaud, e [kur'to, ~'to:d] **1.** *adj.* squat, dumpy; **2.** *su.* stocky person; **courtauder** [~to'de] (1a) *v/t.* dock the tail or crop the ears of.

court...: ~-bouillon, *pl.* **~s-bouillons** *cuis.* [kurbu'jɔ̃] *m* wine-sauce in which fish or meat is cooked; **~-circuit**, *pl.* **~s-circuits** *↯* [~sir'kɥi] *m* short-circuit; **~-circuiter** *↯, a. fig.* [~sirkɥi'te] (1a) *v/t.* short-circuit; *fig. a.* bypass.

courtepointe [kurtə'pwɛ:t] *f* counterpane.

courtier, -ère *♭* [kur'tje, ~'tjɛ:r] *su.* broker; (electoral) agent; *su./m: ~ marron ♭* outside broker; *F* bucket shop swindler.

courtine [kur'tin] f † curtain; ✕ line of trenches; ⌂ façade.

courtisan [kurti'zã] m courtier; **courtisane** [~'zan] f courtesan; **courtiser** [~'ze] (1a) v/t. pay court to; woo; fig. toady to, F suck up to.

courtois, e [kur'twa, ~'twa:z] courteous, polite (with, envers); **courtoisie** [~twa'zi] f courtesy.

couru, e [ku'ry] 1. p.p. of courir; 2. adj. sought after; popular; † accrued (interest); **courus** [~] 1st p. sg. p.s. of courir.

couseuse [ku'zø:z] f seamstress; stitcher (of books); stitching machine; **cousis** [~'zi] 1st p. sg. p.s. of coudre¹; **cousons** [~'zõ] 1st p. pl. pres. of coudre¹.

cousin¹ [ku'zẽ] m midge, gnat.

cousin², a, e f [ku'zẽ, ~'zin] cousin; **cousinage** F [~zi'na:ʒ] m cousinship; cousinry; (poor) relations pl.

coussin [ku'sẽ] m cushion; pad; bolster; pillow (of lacemaker); **coussinet** [~si'nɛ] m small cushion; ⊕ bearing; ♀ F bilberry, huckleberry; ⊕ ~ à billes ball-bearings pl.; 🚂 ~ de rail (rail-)chair.

cousu, e [ku'zy] 1. p.p. of coudre¹; 2. adj. sewn; fig. ~ d'or rolling in money; ~ (à la) main hand-sewn; F ~ main solid; excellent, first-rate; F rester bouche ~e keep one's mouth shut.

coût [ku] m cost; ~s pl. expenses; ~ de la vie cost of living; **coûtant, e** [ku'tã, ~'tã:t] adj.: prix m ~ cost price.

couteau [ku'to] m knife; ⚔ blade; être à ~x tirés be at daggers drawn; **coutelas** [kut'la] m ⚔ cutlass; cuis. broad-bladed knife; icht. F swordfish; **coutelier** [kutə'lje] m cutler; **coutellerie** [~tɛl'ri] f cutlery; cutlery works usu. sg.; cutler's shop.

coûter [ku'te] (1a) v/t./i. cost; v/i.: ~ cher (peu) be (in)expensive; coûte que coûte at all costs; **coûteux, -euse** [~'tø, ~'tø:z] expensive, costly.

coutil tex. [ku'ti] m twill.

coutre [kutr] m ✒ plough-share; (wood-)chopper.

coutume [ku'tym] f custom, habit; avoir ~ de be accustomed to; comme de ~ as usual; **coutumier, -ère** [~ty'mje, ~'mje:r] customary; ⚖ unwritten (law).

couture [ku'ty:r] f sewing; dressmaking; seam (a. ⊕); F fig. angle, aspect; battre q. à plate ~ beat s.o. hollow; haute ~ high-class dressmaking; maison f de haute ~ fashion house; **couturier, -ère** [~ty'rje, ~'rjɛ:r] su. dressmaker; su./f: thea. répétition f des ~ères dress rehearsal.

couvain [ku'vẽ] m nest of insect eggs; brood-comb (for bees); **couvaison** [~vɛ'zõ] f brooding time; incubation; **couvée** [~'ve] f eggs: clutch; chicks: brood.

couvent [ku'vã] m nuns: convent; monks: monastery.

couver [ku've] (1a) v/t. sit on (eggs); hatch (out) (eggs); ✿ be sickening for; fig. hatch (a plot); fig. (molly-)coddle (a child); fig. ~ des yeux not to take one's eyes off (s.o., s.th.); gloat over (one's victim); v/i. smoulder (fire, a. fig.); fig. be brewing; fig., a. ✿ develop, be developing.

couvercle [ku'vɛrkl] m lid, cover; ⊕ a. cap.

couvert, e [ku'vɛ:r, ~'vɛrt] 1. p.p. of couvrir; 2. adj. covered; hidden; obscure; wooded (country); overcast (sky); rester ~ keep one's hat on; 3. su./m table things pl.; restaurant: cover-charge; shelter, cover(ing); être à ~ be sheltered, a. fig. be safe (from de); le vivre et le ~ board and lodging; mettre (ôter) le ~ lay (clear) the table; sous le ~ de under the cover or pretext of; su./f pottery: glaze; **couverture** [~vɛr'ty:r] f covering; cover; coverage (a. journ.); ⊕ roofing; rug, blanket; † security; fig. sous ~ de under cover or cloak of.

couveuse [ku'vø:z] f sitting hen; incubator.

couvi [ku'vi] adj./m addled (egg).

couvre [ku:vr] 1st p. sg. pres. of couvrir; **couvre-chef** F [kuvrə'ʃɛf] m headgear, hat; **~feu** [~'fø] m curfew; **~joint** ⊕ [~'ʒwẽ] m wood: covering bead; metall. flat coverplate; buttjoint: welt; **~lit** [~'li] m bedspread; **~pied(s)**, pl. **~pieds** [~'pje] m coverlet; bedspread.

couvreur [ku'vrœ:r] m ⚒ roofer; freemason: tiler; **couvrir** [~'vri:r] (2f) v/t. cover (a. journ., †); ⚒ roof; post: refund; se ~ cover o.s. (a. with honour etc.); put one's hat on; clothe o.s.; become overcast (sky etc.).

crabe [krɑːb] *m* crab.

crac! [krak] *int.* crack!

crachat [kra'ʃa] *m* spit; ♣ sputum; F star (*of an Order*); **craché, e** [ˌ'ʃe] *adj.*: *ce garçon est son père tout ~* this boy is the dead spit of his father; **cracher** [ˌ'ʃe] (1a) *vt/i.* spit; *v/t.* F cough up, fork out (*money*); *v/i.* splutter (*pen*); **cracheur** *m*, **-euse** *f* [ˌ'ʃœːr, ˌ'ʃøːz] spitter; **crachoir** [ˌ'ʃwaːr] *m* spittoon; F *tenir le ~* do all the talking, hold the floor; **crachoter** [ˌ'ʃɔ'te] (1a) *v/i.* sputter.

crack *sp.* [krak] *m* crack (*horse*); champion; ace.

craie [kre] *f* chalk; (*a. bâton m de ~*) stick of chalk.

craindre [krɛ̃ːdr] (4m) *v/t.* fear, be afraid of (*inf.*); be afraid of (*ger.*); ✝ *craint l'humidité inscription*: keep dry *or* in a dry place; *je crains qu'il (ne) vienne* I am afraid he is coming *or* will come; *je crains qu'il ne vienne pas* I am afraid he will not come; **craignis** [krɛ'ni] *1st p. sg. p.s.* of craindre; **craignons** [ˌ'nɔ̃] *1st p. pl. pres.* of craindre; **crains** [krɛ̃] *1st p. sg. pres.* of craindre; **craint, e** [krɛ̃, krɛ̃ːt] **1.** *p.p.* of craindre; **2.** *su.* F fear, dread; *de ~ que ... (ne) (sbj.)* lest; **craintif, -ve** [krɛ̃'tif, ˌ'tiːv] timid, fearful.

cramoisi, e [kramwa'zi] *adj., a. su./m* crimson.

crampe ♣ [krɑ̃ːp] *f* cramp; **crampon** [krɑ̃'pɔ̃] *m* △ cramp(-iron), staple; *boot sole*: stud; *horseshoe*: calk; ♀ crampon; ♀ tendril; F (*clinging*) bore; **cramponner** [ˌpɔ'ne] (1a) *v/t.* △ clamp; calk (*a horseshoe*); F pester; buttonhole (*s.o.*); *se ~ à* cling to.

cran ⊕ [krɑ̃] *m* notch; *ratchet, rifle, etc.*: catch; *wheel*: cog; *geol., metall.* fault; F pluck, guts *pl.*; *hair*: wave; *~ d'arrêt* stop; F *être à ~* be on edge; be edgy.

crâne[1] [krɑːn] *m* cranium, skull.

crâne[2] F [krɑːn] plucky; jaunty; **crânement** F [krɑn'mɑ̃] *adv.* pluckily; jauntily; F jolly; **crânerie** [ˌ'ri] *f* pluck; jauntiness, swagger; **crâneur, -euse** F [krɑ'nœːr, ˌ-øːz] **1.** *adj.* *être ~* be a show-off; **2.** *su.* show-off.

crapaud [kra'po] *m* toad (*a. fig. pej.*); *zo.* grease; tub easy-chair; *piano*:

baby-grand; F *fig.* brat, urchin; **crapaudière** [ˌpo'djɛːr] *f* toadhole; swampy place; **crapaudine** [ˌpo'din] *f* toadstone; ♀ ironwort; ⊕ grating; *bath*: waste hole; *cuis. à la ~* boned and broiled, spatchcocked.

crapule [kra'pyl] *f* debauchery; dissolute person; blackguard; *coll.* dissolute crowd; **crapuleux, -euse** [ˌpy'lø, ˌ'løːz] dissolute, filthy, lewd, foul.

craque F [krak] *f* tall story; (*whopping*) lie.

craquelé, e [kra'kle] crackled (*china, glass*).

craquelin [kra'klɛ̃] *m* biscuit: cracknel; *stocking*: wrinkle; *fig.* shrimp of a man.

craquelure [kra'klyːr] *f* crack; fine cracks *pl.*

craquement [krak'mɑ̃] *m* crackling; creaking; *fingers*: crack; *snow*: crunching; **craquer** [kra'ke] (1m) *v/i.* crack; crackle; crunch (*snow*); squeak (*shoes etc.*); come apart at the seams (*clothes, a. fig.*); *fig.* give way; F *fig.* break down (*person, thing*); *v/t.* strike (*a match*); **craqueter** [krak'te] (1c) *v/i.* crackle; chirp (*cricket*); clatter (*stork*); **craqueur** *m*, **-euse** *f* F [kra'kœːr, ˌ'køːz] teller of tall stories, fibber.

crash ✈ [kraʃ] *m* crash-landing.

crasse [kras] **1.** *adj./f* crass (*ignorance*); **2.** *su./f* filth, dirt; *metall.* dross; meanness; F dirty trick; **crasseux, -euse** [kra'sø, ˌ'søːz] dirty, filthy; F mean; **crassier** [ˌ'sje] *m* slag-heap, tip.

cratère [kra'tɛːr] *m* crater; ⚒ shell-hole.

cravache [kra'vaʃ] *f* hunting-crop, riding-whip.

cravate [kra'vat] *f* (neck)tie; ♣ sling; ⊕ collar; *orn.* ruff; **cravater** [ˌva'te] (1a) *v/t.* put a tie on; ⊕ wind round; *se ~* put one's tie on; *sp. etc.* collar (*s.o.*); *sl.* take *s.o.* for a ride.

crawl [kro:l] *m* crawl(-stroke).

crayeux, -euse [kre'jø, ˌ'jøːz] chalky; *geol.* cretaceous; **crayon** [ˌ'jɔ̃] *m* pencil; pencil sketch; ♣ carbon-pencil; *~ à bille* ball-point pen; *~ à cils* eyebrow pencil; *~ d'ardoise* slate pencil; *~ de couleur* colo(u)ring pencil; *~ feutre* felt(-tip) pen; *~ (de rouge) à lèvres* lipstick; *~-lèvres* lip-pencil; *~ noir* lead pencil; *~*

pour les yeux eyeliner (pencil); **crayonnage** [~jɔ'naːʒ] *m* pencil sketch; **crayonner** [~jɔ'ne] (1a) *v/t.* sketch; make a pencil note of, jot down.

créance [kre'ãːs] *f* belief, credence; confidence; ✝ credit; *pol.* lettres *f/pl.* de~ credentials; **créancier** *m*, **-ère** *f* [~ã'sje, ~'sjɛːr] creditor.

créateur, **-trice** [krea'tœːr, ~'tris] **1.** *adj.* creative; **2.** *su.* creator; inventor; ✝ issuer; **créatif**, **-ive** [~'tif, ~'tiːv] creative; **création** [~'sjɔ̃] *f* creation (*a. bibl., cost., thea., a. fig.*); establishment; **créativité** [~tivi'te] *f* creativeness, creativity; **créature** [~'tyːr] *f* creature; *fig.* tool; F person.

crécelle [kre'sɛl] *f* rattle; *fig.* chatterbox.

crèche [krɛʃ] *f* manger; crib (*a. eccl.*); crèche, day-nursery; *sl.* (= home, house room); **crécher** *sl.* [kre'ʃe] (1f) *v/i.* live, *sl.* hang out; stay.

crédence [kre'dãːs] *f* sideboard; *eccl.* credence-table.

crédibilité [kredibili'te] *f* credibility.

crédit [kre'di] *m* credit (*a.* ✝, *a. fig.*); *parl.* sum (voted); prestige; *admin.* ~ municipal pawn-office; à ~ on credit; on trust; gratuitously; faire ~ à give credit to; **créditer** [~di'te] (1a) *v/t.*: ~ q. de q. c. s.o.'s account with (*a sum*); give s.o. credit for; **créditeur**, **-trice** [~di'tœːr, ~'tris] **1.** *su.* creditor; **2.** *adj.* credit-...

credo [kre'do] *m/inv.* creed (*a. fig.*).

crédule [kre'dyl] credulous; **crédulité** [~dyli'te] *f* credulity.

créer [kre'e] (1a) *v/t.* create (*a. fig.*); ✝ make out (*a cheque*), issue (*a bill*); *admin. etc.* appoint, make (*s.o. magistrate etc.*).

crémaillère [krema'jɛːr] *f* pot-hook; ⊕ rack; 🚂 cog-rail; 🚂 (*a.* chemin *m* de fer à ~) rack-railway; pendaison *f* de ~ housewarming (party); pendre la ~ give a house-warming (party).

crémation [krema'sjɔ̃] *f* cremation; **crématoire** [~'twaːr] crematory; four *m* ~ crematorium.

crème [krɛm] *f* cream (*a. fig.*); *cuis. a.* custard; *fig.* the best; ~ fouettée whipped cream; ~ glacée ice-cream; **crémer** [kre'me] (1f) *v/i.* cream; **crémerie** [krɛm'ri] *f* creamery, dairy; small restaurant; **crémeux**, **-euse** [kre'mø, ~'møːz] creamy; **cré-**

mier, **-ère** [~'mje, ~'mjɛːr] *su.* keeper of a small restaurant; *su./m* dairyman; *su./f* dairymaid; cream-jug.

crémone △ [kre'mɔn] *f* casement bolt.

créneau [kre'no] *m* △ crenel; loop-hole; look-out slit; *fig., a.* ✝ *etc.* gap; slot; *mot.* parking space; *mot.* faire un ~ get into the or a parking space; **créneler** [krɛn'le] (1c) *v/t.* △ crenel(l)ate (*a wall*); cut loop-holes in (*a wall*); ⊕ tooth, notch; mill (*a coin*); **crénelure** [~'lyːr] *f* indentation; notches *pl.*; 🌿 crenel(l)ing.

crêpage [krɛ'paːʒ] *m* crimping; F ~ de chignon fight, set-to (*between women*).

crêpe¹ [krɛp] *m tex.* crape; crêpe (*-rubber*).

crêpe² *cuis.* [~] *f* pancake.

crêper [krɛ'pe] (1a) *v/t.* frizz, crimp; F se ~ le chignon tear each other's hair, fight (*women*).

crépi △ [kre'pi] *m* rough-cast.

crépine [kre'pin] *f* fringe; ⊕ pump-rose, strainer; **crépins** [~'pɛ̃] *m/pl.* shoemaker: grindery *sg.*; **crépir** [~'piːr] (2a) *v/t.* crimp; △ rough-cast; pebble (*leather*); **crépissure** △ [~pi'syːr] *f* rough-cast.

crépitation [krepita'sjɔ̃] *f* crackle; **crépiter** [~'te] (1a) *v/i.* crackle; sputter (*butter, etc.*); 🌿 crepitate.

crépon [kre'pɔ̃] *m tex.* crépon; hair-pad; **crépu**, **e** [~'py] fuzzy (*hair*); crinkled; **crêpure** [krɛ'pyːr] *f* hair: frizzing, crimping.

crépuscule [krepys'kyl] *m* twilight, dusk.

cresson [krɛ'sɔ̃] *m* (water)cress; *sl.* ne pas avoir de ~ sur la fontaine have lost one's thatch (= hair).

crétacé, **e** *geol.* [kreta'se] chalky, cretaceous.

crête [krɛt] *f* △, geog., zo., anat. helmet; wave: crest; mountain: ridge, summit; cock: comb; fig. head; **crêté**, **e** *zo.* [krɛ'te] tufted, crested.

crétin *m*, **e** *f* [kre'tɛ̃, ~'tin] 🌿 cretin; F fool; **crétinisme** 🌿 [~ti'nism] *m* cretinism.

cretonne *tex.* [krɛ'tɔn] *f* cretonne.

creuser [krø'ze] (1a) *v/t.* hollow out; excavate; dig; sink (*a well*); plough; Am. plow (*a furrow*); *fig.* wrinkle;

fig. hollow; **se ~ la tête** (*or la cervelle*) rack one's brains.

creuset ⊕ [krø'zɛ] *m* crucible; *a. fig.* test, trial.

creux, creuse [krø, krø:z] **1.** *adj.* hollow, empty; sunken (*cheeks*); ⊕, 🔩 slack (*period*); *fig.* futile; **assiette** *f* **creuse** soup-plate; **heures** *f/pl.* **creuses** off-peak hours; **2.** *su./m* hollow; *stomach:* pit; *wave, graph:* trough; *f* bass voice; **~ de la main** hollow of the hand.

crevaison [krəvɛ'zõ] *f* bursting (*a.* ⊕, *mot.*); *mot.* puncture; *sl.* death.

crevant, e F [krə'vɑ̃, ~'vɑ̃:t] boring, killing (*work*); very funny (*story*).

crevasse [krə'vas] *f* crack; *wall:* crevice; *glacier:* crevasse; *skin:* chap; *metal etc.:* flaw; **crevasser** [~va'se] (1a) *v/t.* crack; chap (*the skin*); **se ~** crack; chap (*skin*).

crève F [krɛ:v] *f* death; **~-cœur** [krɛv'kœ:r] *m/inv.* heart-ache, grief.

crever [krə've] (1d) *vt/i.* burst, split; *v/i.* F die (*animal*); F **~ de faim** starve; F **~ de rire** split one's sides with laughter; *v/t.* work or ride (*a horse*) to death; **~ le cœur à** *q.* break s.o.'s heart; F **~ les yeux à** *q.* be staring s.o. in the face, be obvious; **se ~ de travail** work o.s. to death.

crevette *zo.* [krə'vɛt] *f* shrimp; prawn.

cri [kri] *m* cry; shriek (*of horror, pain, etc.*); F fashion, style; *hinge, spring:* creak; *bird:* chirp; *mouse:* squeak; **~ de guerre** war-cry; F *pol. etc.* slogan; **à ~ public** by public proclamation; **... dernier ~** the latest thing in ...; **pousser un ~** (*or des ~s*) scream; **criailler** [~a'je] (1a) *v/i.* bawl; whine, F grouse; **~ contre** scold, rail at; **criaillerie** [~aj'ri] *f* bawling; whining; scolding; **criant, e** [~ã, ~ã:t] glaring, crying (*injustice*); **criard, e** [~a:r, ~ard] **1.** *adj.* crying; shrill (*voice*); loud (*colour*); **2.** *su.* bawler; *su./f* shrew.

crible [kribl] *m* sieve; ⊕, ✂ screen; **cribler** [kri'ble] (1a) *v/t.* riddle; *fig.* overwhelm, cover (with, *de*); **être criblé de dettes** be over head and ears in debt; **cribleur** *m*, **-euse** *f* [~'blœ:r, ~'blø:z] riddler; ⊕, ✂ screener; ⊕ screening machine; **criblure** [~'bly:r] *f* ✂ screenings *pl.*; siftings *pl.*

cric ⊕ [krik] *m* jack.

cricri F [kri'kri] *m* cricket; chirping.

criée [kri'e] *f* auction; **vente** *f* **à la ~** sale by auction; **crier** [~'e] (1a) *v/i.* cry, call out; scream; squeak (*door, hinge, mouse, shoes*); *v/t.* cry, proclaim; hawk (*wares*); shout (*abuses, orders*); **crieur, -euse** [~'œ:r, ~'ø:z] *su.* shouter; hawker; *su./m thea.* call-boy.

crime [krim] *m* crime; ⚖️ felony; **~ d'État** treason; **~ d'incendie** arson; **criminaliser** [kriminali'ze] (1a) *v/t.* refer (*a case*) to a criminal court; **criminaliste** [~'list] *su.* criminologist; **criminalité** [~li'te] *f* criminal nature (*of an act*); ⚖️ **~ juvénile** juvenile delinquency; **criminel, -elle** [krimi'nɛl] **1.** *adj.* criminal (*law, action*); guilty (*person*); **2.** *su.* criminal, felon; *su./m* criminal action.

crin [krɛ̃] *m* horsehair; coarse hair; **~ végétal** vegetable horsehair; *fig.* **... à tout** (*or tous* **~s**) out and out ...; F **être comme un ~** be very touchy.

crincrin F [krɛ̃'krɛ̃] *m* fiddle; fiddler.

crinière [kri'njɛ:r] *f* mane; *helmet:* (horse-)tail; F crop of hair.

crinoline [krinɔ'lin] *f* crinoline.

crique [krik] *m* creek, cove, small bay; ⊕ *metal:* flaw.

criquet [kri'kɛ] *m zo.* locust; *zo.* F cricket; F small pony; *sl.* person: shrimp.

crise ⚕️, *pol., fig.* [kri:z] *f* crisis; ⚕️ attack; shortage; ⚕️ **~ cardiaque** heart attack; **~ du logement** housing shortage; **~ économique** (*mondiale*) (worldwide) slump; **une ~ se prépare** things are coming to a head.

crispation [krispa'sjõ] *f* contraction; contortion; tensing (up); twitch(ing); puckering; **crispé, e** [~'pe] tense, strained; uptight; **crisper** [~'pe] (1a) *v/t.* contract; clench (*one's fists*); contort (*one's face*); tense (up); F irritate (s.o.); **se ~** *a.* tighten; *a.* pucker up (*face*).

crisser [kri'se] (1a) *v/i.* grate, rasp; squeak (*brakes*); **~ des dents** grind one's teeth.

cristal [kris'tal] *m* crystal; crystal-glass; **cristallin, e** [~ta'lɛ̃, ~'lin] **1.** *adj.* crystalline; clear as crystal; **2.**

su./m anat. crystalline lens; **cristalliser** [~tali'ze] (1a) vt./i. crystallize.

critère [kri'tɛːr] m criterion, test; **critérium** sp. [~te'rjɔm] m selection match or race.

critique [kri'tik] **1.** adj. critical; **2.** su./m critic; su./f criticism; **critiquer** [~ti'ke] (1m) vt/t. criticize, find fault with; review (a book); censure; **critiqueur** m, **-euse** f [~ti'kœːr, ~'køːz] fault-finder.

croasser [krɔa'se] (1a) v/i. croak (raven, a. fig.); caw (crow, rook).

croc [kro] m hook; ⊕ pawl; zo. fang.

croc-en-jambe, pl. **crocs-en-jambe** [krɔkɑ̃'ʒãːb] m trip (up); donner (or faire) un ~ à q. trip s.o. up.

croche [krɔʃ] f ♪ quaver; ⊕ ~s pl. crook-bit tongs.

crochet [krɔ'ʃɛ] m hook; crochet-hook; skeleton key; typ. square bracket; zo. fang; faire un ~ swerve; make a detour; fig. vivre aux ~s de q. live off s.o.; **crocheter** [krɔʃ'te] (1d) v/t. pick (a lock); hook s.th. out or up; **crocheteur** [~'tœːr] m thief: pick-lock; **crochu, e** [krɔ'ʃy] hooked; crooked (ideas); fig. avoir les doigts ~es be tight-fingered (thief); être close-fisted.

crocodile [krɔkɔ'dil] m zo. crocodile; 🕭 audible warning system.

croire [krwaːr] (4n) v/i. believe (in, à, in God, en Dieu); v/t. believe; think; ~ q. intelligent believe s.o. to be intelligent; à l'en ~ according to him (her); faire ~ qch. à q. lead s.o. to believe s.th.; s'en ~ be conceited.

crois [krwa] 1st p. sg. pres. of croire.

croîs [~] 1st p. sg. pres. of croître.

croisade [krwa'zad] f crusade; **croisé, e** [~'ze] **1.** adj. crossed; folded (arms); double-breasted (coat); tex. twilled; mots m/pl. ~s crossword puzzle; **2.** su./m crusader; tex. twill; su./f crossing; casement window; ⊿ church: transept; **croisement** [krwaz'mã] m crossing; intersection; animals: interbreeding; cross(-breed); **croiser** [krwa'ze] (1a) vt/t. cross (a. ✠, biol.); fold (one's arms); tex. twill; v/i. ⚓ cruise; **croiseur** ⚓ [~'zœːr] m cruiser; **croisière** [~'zjɛːr] f cruise; vitesse f de ~ cruising speed; fig. pace; **croisillon** [~zi'jõ] m cross-piece; ⊕ star-handle.

croissance [krwa'sãːs] f growth; ✝ ~ zéro zero growth; **croissant, e** [~'sã,

~'sãːt] **1.** adj. waxing (moon); **2.** su./m moon: crescent; cuis. croissant; 𝔄 lune: **croissons** [~'sõ] 1st p. pl. pres. of croître.

croisure [krwa'zyːr] f tex. twill weave; cost. cross-over.

croître [krwaːtr] (4o) v/i. grow; increase; wax (moon); lengthen (days, shadows).

croix [krwa] f cross (A decoration; fig. = trial, affliction); typ. dagger, obelisk; ~ de Lorraine cross of Lorraine; ♣ ✠-Rouge Red Cross; en~ crosswise; fig. avec la ~ et la bannière with great ceremony; F fig. il faut or c'est la ~ et la bannière pour ... it's the devil's job to ...

croquant¹, e [krɔ'kã, ~'kãːt] **1.** adj. crisp; **2.** su./m cuis. gristle.

croquant² [krɔ'kã] m F clodhopper; unimportant person.

croque au sel [krɔko'sɛl] adv.: manger à le ~ eat (s.th.) with salt only.

croque...: ~**madame** cuis. [krɔkma'dam] m/inv. toasted ham and cheese sandwich with fried egg; ~**mitaine** F [~mi'tɛn] m bog(e)y man; ~**monsieur** cuis. [~mɔ'sjø] m/inv. toasted ham and cheese sandwich; ~**mort** F [~'mɔːr] m undertaker's mute; ~**note** F pej. [~'nɔt] m third-rate musician.

croquer [krɔ'ke] (1m) vt/t. crunch; v/t. munch; sketch; fig. gobble up; ♪ leave out (notes); ⚓ hook; F ~ le marmot cool one's heels; F joli à ~ pretty enough to eat.

croquet¹ sp. [krɔ'kɛ] m croquet.

croquet² [krɔ'kɛ] m crisp almond-covered biscuit; F snappy person; **croquette** cuis. [~'kɛt] f croquette; rissole.

croquis [krɔ'ki] m sketch.

cross-country sp. [krɔskœn'tri] m cross-country running.

crosse [krɔs] f crook (a. eccl.); eccl. crozier; gun: butt; ⊕ piston: cross-head; sp. golf: club; hockey: stick.

crotale [krɔ'tal] m antiquity: crotalum; zo. rattlesnake, Am. a. rattler.

crotte [krɔt] f droppings pl.; cuis. une ~ de chocolat a chocolate; **crotté, e** [krɔ'te] dirty; **crottin** [~'tɛ̃] m horse dung.

croulant, e [kru'lã, ~'lãːt] **1.** adj. tumble-down; ramshackle; **2.** su./m: vieux ~ old fossil; ~s pl. old people;

crouler [~'le] (1a) *v/i.* totter, crumble; collapse.

croup [krup] *m* croup.

croupade [kru'pad] *f horsemanship:* croupade; **croupe** [krup] *f animal:* croup, rump; F *person:* rump, bottom, behind; *hill:* crest, brow; Δ hip; en ~ behind (the rider *or* driver); on the pillion; *monter en ~ a.* ride pillion; **croupetons** [~'tɔ̃] *adv.:* à ~ crouching, squatting; **croupi, e** [kru'pi] stagnant (*water*); *fig.* sunk (in, *dans*); **croupier** ✝ [~'pje] *m* broker's backer; *casino:* croupier; **croupière** [~'pjɛːr] *f* crupper; *fig.* † *tailler des ~s à* make things difficult for; **croupion** [~'pjɔ̃] *m bird:* rump; F *person's:* parson's nose; **croupir** [~'piːr] (2a) *v/i.* stagnate; *fig.* ~ *dans* wallow in.

croustade *cuis.* [krus'tad] *f* pie, pasty; **croustillant, e** [krusti'jɑ̃, ~'jɑ̃ːt] crisp; *short (pastry);* crusty (*bread etc.*); *fig.* spicy (*story*); attractive (*woman*); **croustiller** [~'je] (1a) *v/i.* nibble crusts (*with wine*); crunch (*food*); **croûte** [krut] *f* crust (*a.* ♨); *cheese:* rind; ♨ scab; F *daub* (= *poor picture*); *fig. pej.* old fossil; *pej.* dunce; F *casser la ~* have a snack; **croûter** F [kru'te] (1a) *v/i.* eat, feed; **croûteux, -euse** ♨ [~'tø, ~'tøːz] covered with scabs; **croûton** [~'tɔ̃] *m* piece of crust; *sl.* dauber (= *poor painter*); *fig. pej.* old fossil.

croyable [krwa'jabl] believable, trustworthy (*person*); **croyance** [~'jɑ̃ːs] *f* belief; faith; **croyant, e** [~'jɑ̃, ~'jɑ̃ːt] **1.** *adj.* believing; **2.** *su.* believer; *les ~s m/pl.* the faithful; **croyons** [~'jɔ̃] *1st p. pl. pres. of* croire.

cru¹, crue [kry] raw; uncooked; *fig.* broad; ~ *à l'estomac* indigestible.

cru² [~] *m* wine region; ✔ vineyard, wine, vintage; *fig.* soil; ✔ locality; *de mon ~* of my own (invention); *du ~* local (*wine,* ✔ *a. person etc.*); *(vin de) grand ~* great wine.

cru³, crue [~] *p.p. of* croire.

crû, crue, *m/pl.* **crus** [~] *p.p. of* croître.

cruauté [kryo'te] *f* cruelty (to, *envers*).

cruche [kryʃ] *f* jug, pitcher; *sl.* dolt, duffer; **cruchon** [kry'ʃɔ̃] *m* small jug; *beer:* mug; *sl.* dolt, duffer.

crucial, e, *m/pl.* **-aux** [kry'sjal, ~'sjo] crucial (*a. fig.*), cross-shaped; **crucifiement** [krysifi'mɑ̃] *m* crucifixion; **crucifier** [~'fje] (1o) *v/t.* crucify; **crucifix** [~'fi] *m* crucifix; **crucifixion** [~fik'sjɔ̃] *f* crucifixion; **cruciforme** [~'fɔrm] cruciform, cross-shaped.

crudité [krydi'te] *f* crudity; coarseness (*of an expression*); indigestibility (*of food*); ~s *pl.* offensive *or* gross passages *or* words; *cuis.* raw vegetables.

crue [kry] *f water:* swelling, rise; flood; en ~ in spate, in flood (*river*).

cruel, -elle [kry'ɛl] cruel (to, *envers*).

crûment [kry'mɑ̃] *adv. of* cru¹.

crus [kry] *1st p. sg. p.s. of* croire.

crûs [~] *1st p. sg. p.s. of* croître.

crusse¹ [krys] *1st p. sg. impf. sbj. of* croire.

crusse² [~] *1st p. sg. impf. sbj. of* croître.

crustacé *zo.* [krysta'se] *m* crustacean, F shellfish.

crypte Δ, ♀, *anat.* [kript] *f* crypt.

crypto... [kripto] crypto...

cubage [ky'baːʒ] *m* cubic content.

cubain, e [ky'bɛ̃, ~'bɛn] *adj., a. su.* ♀ Cuban.

cube [kyb] **1.** *su./m* cube; cubic space; *sl. toy:* building blocks, bricks; **2.** *adj.* cubic; **cuber** [ky'be] (1a) *v/t.* cube; find the cubic content of; have a cubic content.

cubilot *metall.* [kybi'lo] *m* smelting cupola.

cubique [ky'bik] **1.** *adj.* cubic; ♀ *racine f* ~ cube root; **2.** *su./f* ♀ cubic (curve); **cubisme** *paint.* [~'bism] *m* cubism; **cubiste** *paint.* [~'bist] *su., a. adj.* cubist.

cubitus *anat.* [kybi'tys] *m* cubitus, ulna.

cueillaison [kœje'zɔ̃] *f* picking, gathering; **cueille** [kœːj] *1st p. sg. pres. of* cueillir; **cueillerai** [kœj're] *1st p. sg. fut. of* cueillir; **cueillette** [kœj'ɛt] *f* picking, gathering; **cueillir** [~'jiːr] (2c) *v/t.* gather, pick; *fig.* win; *fig.* snatch, steal (*a kiss*); F pick (*s.o.*) up; F catch, nab; ~ *q. à froid* catch s.o. off (his *or* her) guard, take s.o. unawares; **cueilloir** [kœj'waːr] *m* fruit-basket; fruit-picker.

cuiller, cuillère [kɥi'jɛːr] *f* spoon; ⊕ *tool:* spoon-drill; ⊕ scoop; *sl. fin (=*

hand); ~ à bouche table-spoon; ~ à café coffee-spoon; ~ à dos d'âne heaped spoon; ~ à pot ladle; **cuillerée** [kɥij'tre] f spoonful.

cuir [kɥi:r] m leather; *razor*: strop; *animal*: hide; F faulty liaison (*in speech*); ~ chevelu scalp; ~ de Russie Russia (leather); F *faire un* ~ drop a brick (= *make an incorrect liaison*); **cuirasse** [kɥi'ras] f breast-plate, cuirass; ♣, zo. armo(u)r; **cuirassé, e** [kɥira'se] 1. *adj.* armo(u)red, armo(u)r-plated; *fig.* hardened (against, *contre*); 2. *su./m* battleship; **cuirasser** [~'se] (1a) *v/t.* put a cuirass on (*s.o.*); ♣ armo(u)r; ⊕ protect; *fig.* harden (against, *contre*); **cuirassier** ⊗ [~'sje] m cuirassier.

cuire [kɥi:r] (4h) *v/t.* cook; bake (*bread*); fire (*bricks, pottery*); boil (*sugar*); ~ à l'eau boil; ~ au four bake, roast; *v/i.* cook; be boiling (*a. fig.*); smart (*eyes etc.*); *il lui en cuira* he'll be sorry for it; *faire* ~ cook (*s.th.*); **cuisant, e** [kɥi'zɑ̃, ~'zɑ̃:t] burning, stinging, smarting; *fig.* bitter (*cold, disappointment*); burning (*desire*); **cuiseur** ⊕ [~'zœ:r] m burner.

cuisine [kɥi'zin] f kitchen; ✕ cook-house; ♣ galley; cookery; cooking; ✕ ~ roulante field-kitchen; *faire la* ~ do the cooking; **cuisiner** [~zi'ne] (1a) *vt/i.* cook; *v/t. fig.* F grill (*s.o.*); F cook (*accounts etc.*); **cuisinier, -ère** [~zi'nje, ~'njɛ:r] *su.* cook; *su./f* (~ à gas, électrique gas, electric) cooker, *Am.* range.

cuisis [kɥi'zi] *1st p. sg. p.s. of* cuire; **cuisons** [~'zɔ̃] *1st p. pl. pres. of* cuire.

cuissard [kɥi'sa:r] m *armour*: cuisse; ⊕(water-)leg; **cuisse** [kɥis] f thigh; *cuis. chicken*: leg; **cuisseau** *cuis.* [kɥi'so] m veal: fillet of leg.

cuisson [kɥi'sɔ̃] f cooking; baking; *sugar*: boiling; *bricks etc., a. fig.*: burning.

cuissot [kɥi'so] m venison: haunch.

cuistre [kɥistr] m (priggish) pedant; F cad.

cuit, e [kɥi, kɥit] 1. *p.p. of* cuire; 2. *su./f* ⊕ *bricks etc.*: baking, firing; *sugar*: boiling; batch (*of baked things*); F *prendre une* ~ get tight (= *drunk*); **cuiter** *sl.* [kɥi'te] (1a) *v/t.*: se ~ get drunk.

cuivre [kɥi:vr] m copper; ~ jaune brass; ♪ ~s pl. brass sg.; **cuivré, e** [kɥi'vre] coppery, copper-colo(u)red;

bronzed (*complexion*); *fig.* metallic (*voice*); brassy, blaring; **cuivrer** [~'vre] (1a) *v/t.* copper; **cuivreux, -euse** [~'vrø, ~'vrø:z] coppery; ⊕ cupreous (*ore*); 🜍 cuprous; *fig.* blaring.

cul V [kyl] m backside, V arse, *Am.* ass; *animal*: haunches *pl.*; F bottom (*of an object*); *cart*: tail; **culasse** [ky'las] f ✕ breech; ⚙ yoke, heel-piece; *mot.* detachable cylinderhead.

culbute [kyl'byt] f somersault, tumble, F purler; *sl.* failure; F *faire la* ~ ✝ fail; *pol.* fall; F make a scoop; **culbuter** [~by'te] (1a) *v/i.* turn a somersault; topple over; tumble; F ✝ fail; F *pol.* fall; *v/t.* throw over; overthrow (*a. pol.*); upset; knock head over heels; tip; **culbuteur** [~by'tœ:r] m tipping device; *mot.* rocker-arm, valve-rocker; ⚙ tumbler.

cul...: ~-de-jatte, *pl.* ~s-de-jatte [kyd'ʒat] m legless cripple; ~-de-lampe, *pl.* ~s-de-lampe [~'lɑ̃:p] m △ pendant; △ bracket, corbel; *typ.* tail-piece; ~-de-sac, *pl.* ~s-de-sac [~'sak] m blind alley (*a fig.*).

culée [ky'le] f △ abutment; ♣ stern-way; **culer** [~'le] (1a) *v/i.* go backwards, back; ♣ veer astern (*wind*); ♣ make stern-way; **culière** [~'ljɛ:r] f crupper.

culinaire [kyli'nɛ:r] culinary.

culminant, e [kylmi'nɑ̃, ~'nɑ̃:t] *astr.* culminant; *point m* ~ highest point; *glory, power*: height; *power*: zenith; **culmination** *astr.* [~na-'sjɔ̃] f culmination; **culminer** [~'ne] (1a) *v/i.* culminate, reach the highest point (*a. fig.*).

culot [ky'lo] m ⊕ bottom, base; *fig.* F baby of the family; F cheek, nerve, impudence; *tobacco pipe*: dottle; F *avoir du* ~ have a lot of cheek; **culotte** [~'lɔt] f breeches *pl.*; pants *pl.*; knickers *pl.*, panties *pl.* (*for women*); *beef*: rump; ⊕ breeches pipe, Y pipe; F *porter la* ~ wear the trousers; F *prendre une* ~ cards etc.: lose heavily; **culotté, e** [kylɔ'te] seasoned (*pipe*); F cheeky; **culotter** [kylɔ'te] (1a) *v/t.* put trousers on; season (*a pipe*).

culpabiliser [kylpabili'ze] (1a) *v/t.* make (*s.o.*) feel guilty; **culpabilité** [~'te] f guilt.

culte [kylt] m worship; creed, cult; religion; *protestant church*: (church) service; **cultivable** [kylti'vabl] arable; **cultivateur, -trice** [~va-'tœ:r, ~'tris] 1. *su.* cultivator; farmer; *su./m* cultivator, light plough; 2. *adj.* farming; **cultivé, e** [~'ve] ✶ cultivated; *fig.* cultured; **cultiver** ✶ [~'ve] (1a) *v/t.* cultivate (*a. fig.*); farm, till.

culture ♀ [kyl'ty:r] *f* ✶ cultivation (*a. fig.*), farming, growing; *fish etc.*: breeding; *fig.* culture (*a. of bacteria*); ✶ ~s *pl.* crops, cultivated land *sg.*; ~ *physique* physical culture; **culturel, -elle** [~ty'rɛl] cultural; **culturisme** [~ty'rism] *m* bodybuilding; **culturiste** [~ty'rist] *su.* bodybuilder.

cumin ♀ [ky'mɛ̃] *m* cum(m)in.

cumul [ky'myl] *m* plurality (*of offices*); ⚖ consecutiveness (*of sentences*); **cumulard** *pej.* [kymy'la:r] *m* pluralist; **cumuler** [~'le] (1a) *v/t.* hold a plurality (*of offices*); draw (*salaries*) simultaneously.

cupide [ky'pid] greedy, covetous; **cupidité** [~pidi'te] *f* greed, cupidity. [ing.]

cuprifère [kypri'fɛ:r] copper-bear-]

curable [ky'rabl] curable; **curage** [~'ra:ʒ] *m* teeth: picking; *drain etc.*: clearing (out); ~s *pl.* dirt *sg.*; **curatelle** ⚖ [kyra'tɛl] *f* trusteeship; guardianship; **curateur, -trice** [~'tœ:r, ~'tris] *su.* ⚖ trustee; guardian (*of a minor*); committee (*of a lunatic*); *su./m* administrator; **curatrice** *f* administratrix; **curatif, -ve** [~'tif, ~'ti:v] *adj., a. su./m* curative; **cure** [ky:r] *f* care; ✶ eccl. cure; *eccl.* living; ~ *de rajeunissement* rejuvenation; ~ *de repos* rest cure.

curé [ky're] *m* parish priest; (Anglican) vicar, rector.

cure-dent [kyr'dɑ̃] *m* toothpick.

curée [ky're] *f hunt.* deer's entrails *pl.* given to the hounds; *fig.* ~ *des places* scramble for office.

cure...: **~ongles** [kyr'rɔ̃:gl] *m/inv.* nail-cleaner; **~oreille** [kyrɔ'rɛ:j] *m* ear-pick; **~pipe** [kyr'pip] *m* pipe-cleaner.

curer [ky're] (1a) *v/t.* clean (out); pick (*one's teeth etc.*); dredge (*a river*); **curetage** [kyr'ta:ʒ] *m* scraping; ✶ curetting; **cureur** [ky'rœ:r] *m* cleaner.

curial, e, *m/pl.* **-aux** *eccl.* [ky'rjal, ~'rjo] of the parish priest, curé's ...; **curie** *eccl.* [~'ri] *f* curia.

curieux, -euse [ky'rjø, ~'rjø:z] 1. *adj.* curious; interested (in, *de*); inquisitive; odd; strange; *curieusement a.* oddly enough; 2. *su.* curious *or* interested person; *su./m* the odd thing (about, *de*); **curiosité** [~rjozi'te] *f* curiosity; ~s *pl.* sights (*of a town*).

curiste [ky'rist] *su.* patient taking a cure.

curseur ⊕ [kyr'sœ:r] *m* slide; slider; runner (*a.* ✎).

cursif, -ve [kyr'sif, ~'si:v] 1. *adj.* cursive; cursory; 2. *su./f writing*: cursive, running hand; *typ.* script.

cuscute ♀ [kys'kyt] *f* dodder.

cuspide ♀ [kys'pid] *f* cusp; **cuspidé, e** [~pi'de] cuspidate.

custode [kys'tɔd] *f* eccl. altar-curtain; pyx-cloth; custodial (*for host*); *mot.* ~ arrière rear-window.

cutané, e [kyta'ne] cutaneous; (*disease*) of the skin.

cuvage [ky'va:ʒ] *m*, **cuvaison** [~ve-'zɔ̃] *f* fermenting in vats; vat room; **cuve** [ky:v] *f* vat; ⊕ tank; cistern; *mot.* float-chamber; **cuveau** [ky'vo] *m* small vat; small tank; **cuvée** [~'ve] *f* vatful; *wine*: growth.

cuveler [kyv'le] (1c) *v/t.* line (*a shaft etc.*).

cuver [ky've] (1a) *vt/i.* ferment, work; **cuvette** [~'vɛt] *f* wash-basin; bowl; *geol., geog.* basin; *phot.* dish; *W.C.*: pan, bowl; *barometer*: cup; *thermometer*: bulb; *watch*: cap; ⊕ *ball-bearing*: race; ball-socket; **cuvier** [~'vje] *m* wash-tub.

cyanose [sja'no:z] *f* cyanosis; *min.* cyanose; **cyanuration** [~nyra'sjɔ̃] *f* cyanidization; **cyanure** 🜊 [~'ny:r] *m* cyanide.

cybernéticien [sibɛrneti'sjɛ̃] *m* cyberneticist; **cybernétique** [~'tik] 1. *su./f* cybernetics *sg.*; 2. *adj.* cybernetic; **cybernétiser** [~ti'ze] (1a) *v/t.* control cybernetically.

cyclable [si'klabl] for cyclists; *piste f* ~ cycle path.

cyclamen ♀ [sikla'mɛn] *m* cyclamen. **cycle** [sikl] *m* cycle (*a. fig.*); **cyclique** [si'klik] cyclic(al); **cyclisme** *sp.* [~'klism] *m* cycling; **cycliste** [~'klist] 1. *su.* cyclist; 2. *adj.* cycling. **cyclo...** [siklo] cyclo...; **cycloïde** ♒ [~'id] *f* cycloid; **cyclomoteur** [~mo'tœ:r] *m* moped, auto-cycle; **cyclomotoriste** [~mɔtɔ'rist] *su.* moped-rider.

cyclone *meteor.* [si'klɔn] *m* cyclone.

cyclotourisme [siklɔtu'rism] *m* cycle-touring, touring on (bi)cycles.

cyclotron *phys.* [siklɔ'trɔ̃] *m* cyclotron.

cygne *orn.* [siɲ] *m* swan.

cylindrage [silɛ̃'draːʒ] *m* rolling (*a.* ⊕); *tex.* calendering; **cylindre** ⊕ [∼'lɛ̃ːdr] *m* cylinder; roller.

cylindrée *mot.* [silɛ̃'dre] *f* (cubic) capacity; **cylindrer** [∼'dre] (1a) *v/t.* ⊕ roll; *tex.* calender; **cylindrique** [∼'drik] cylindrical.

cymbale ♪ [sɛ̃'bal] *f* cymbal; **cymbalier** [∼ba'lje] *m* cymbalist.

cynique [si'nik] **1.** *adj.* cynical; *phls.* cynic; *fig.* shameless; **2.** *su./m phls.* cynic; *fig.* shameless person; **cynisme** [∼'nism] *m phls.* cynicism; *fig.* effrontery.

cynocéphale *zo.* [sinɔse'fal] *m* cynocephalus, dog-faced baboon.

cyprès ♀ [si'prɛ] *m* cypress; **cyprière** [∼pri'ɛːr] *f* cypress-grove.

cyprin *icht.* [si'prɛ̃] *m* carp.

cystite ⚕ [sis'tit] *f* cystitis.

D

D, d [de] *m* D, d.

da [da]: *oui-da!* yes indeed!

d'ac *sl.* [dak] okay, Ok.

dactylo F [dakti'lo] *su. person:* typist; *su./f* typing; F typing pool; **~graphe** [dakti·lɔ'graf] *su.* typist; **~graphie** [∼gra'fi] *f* typing, typewriting; **~graphier** [∼gra'fje] (1o) *v/t.* type.

dada F [da'da] *m ch.sp.* gee-gee; *fig.* hobby(-horse), fad.

dadais [dɑ'dɛ] *m* simpleton.

dague [dag] *f* dagger; ⚓ dirk; ⊕ scraping-knife; *zo. deer:* first antler; *wild boar:* tusk.

daguet *hunt.* [da'gɛ] *m* brocket.

daigner [dɛ'ɲe] (1b) *v/t.* deign (to *inf.*), condescend (to *inf.*).

daim [dɛ̃] *m zo.* deer; buck; ⚓ buckskin; *en* ∼ suède (*gloves*); **daine** *zo.* [dɛn] *f* doe.

dais [dɛ] *m* canopy.

dallage [dɑ'la:ʒ] *m* paving; flagging; tiled floor; **dalle** [dal] *f* paving-stone; flagstone; floor tile; *sl.* throat; **daller** [dɑ'le] (1a) *v/t.* pave; tile (*the floor*).

daltonien, -enne 🔬 [daltɔ'njɛ̃, ∼'njɛn] **1.** *adj.* colo(u)r-blind; **2.** *su.* colo(u)r-blind person; **daltonisme** 🔬 [∼'nism] *m* colo(u)r-blindness.

dam [dɑ̃] *m* † hurt, prejudice; *au* (*grand*) ∼ *de* (much) to the detriment or displeasure of.

damas [da'ma] *m* Damascus blade; *tex.* damask; 🌣 damson; **damasquiner** [∼maski'ne] (1a) *v/t.* damascene; **damasser** [∼mɑ'se] (1a) *v/t.* damask; *acier m damassé* Damascus steel.

dame [dam] **1.** *su./f* lady (*a. chess*); *cards, chess:* queen; *draughts:* king; ⊕ (*paving*) beetle; rammer; ∼ *de charité* lady visitor; ♀*s pl.* Ladies (= *toilet*); ∼ *d'honneur* matron of hono(u)r; ∼ *du vestiaire* cloakroom (*Am.* checkroom) attendant, *Am. a.* hatcheck girl; *jeu m de* ∼*s* draughts, *Am.* checkers; **2.** *int.* indeed!; of course!; **~jeanne**, *pl.* **~s-jeannes** [∼'ʒan] *f* demijohn; **damer** [da'me]

(1a) *v/t.* crown (*a piece at draughts*); ⊕ ram (*the earth etc.*); *fig.* ∼ *le pion à* outdo *or* outwit (*s.o.*).

damier [da'mje] *m* draught-board, *Am.* checker-board; *tex. à* ∼ chequered, checked.

damnable [dɑ'nabl] *fig.* detestable, damnable; *eccl.* deserving damnation; **damnation** [∼na'sjɔ̃] *f* damnation; **damner** [∼'ne] (1a) *v/t.* damn; *fig.* *faire* ∼ *q.* drive s.o. crazy.

damoiseau [damwa'zo] *m* † squire; F fop; **damoiselle** † [∼'zɛl] *f* damsel.

dancing [dɑ̃'siŋ] *m* public dance-hall; supper-club.

dandin F [dɑ̃'dɛ̃] *m* simpleton; **dandiner** [∼di'ne] (1a) *v/t.* dandle; *se* ∼ waddle; strut.

danger [dɑ̃'ʒe] *m* danger; ∼ *de mort!* danger of death!; *en* ∼ *de mort* in danger of one's life; **dangereux, -euse** [dɑ̃ʒ'rø, ∼'rø:z] dangerous (to, *pour*).

danois, e [da'nwa, ∼'nwa:z] **1.** *adj.* Danish; **2.** *su./m ling.* Danish; *zo.* great Dane; *su.* ♀ Dane; *les* ♀ *m/pl.* the Danes.

dans [dɑ̃] *prp. usu. in* (*in the street, the house, a moment, a month, the morning, the past*); *place:* within (*the limits*); *among* (*the crowd*); *direction:* into; *time:* within (*an hour*), during; *condition:* in; with; under (*these circumstances, the necessity*); *source, origin:* out of, from; ∼ *la ville* (with)in the town; *entrer* ∼ *une pièce* enter a room; ∼ *Racine* in Racine; *mettre qch.* ∼ *un tiroir* put s.th. in(to) a drawer; ∼ *le temps* formerly; *périr* ∼ *un accident* be killed in an accident; ∼ *le commerce* in trade; ∼ *l'embarras* embarrassed; ∼ *l'intention de* (*inf.*) with the intention of (*ger.*); *faire qch.* ∼ *la perfection* do s.th. to perfection; *avoir foi* ∼ have confidence in; *consister* ∼ consist of; *puiser* (*boire, manger*) ∼ draw (drink, eat) from; *prendre* ∼ take from *or* out of.

dansant, e [dɑ̃'sɑ̃, ~'sɑ̃:t] dancing; springy (*step*); lively (*tune*); *thé m ~* tea-dance, thé dansant; **danse** [dɑ̃:s] *f* dance; dancing; *fig.* F battle; *sl.* thrashing; ⚕ *~ de Saint-Guy* St. Vitus' dance; *~ macabre* Dance of Death; *salle f de ~* ballroom; **danser** [dɑ̃'se] (1a) *v/t.* dance; dandle (*a baby*); *v/i.* dance; prance (*horse*); *faire ~ q.* dance with s.o.; *fig.* F lead s.o. a dance; **danseur, -euse** [~'sœ:r, ~'sø:z] *su.* dancer; (dance-)partner; ballet-dancer; *~ de corde* tight-rope dancer; *su./f* ballerina; **dansotter** F [~sɔ'te] (1a) *v/i.* hop, skip.

danubien, -enne *geog.* [dany'bjɛ̃, ~'bjɛn] Danubian.

dard [da:r] *m* † javelin, dart; *zo. bee etc.*: sting (*a. fig.*); *sun*: piercing ray; *flame*: tongue; ⚘ pistil; *icht.* dace; **darder** [dar'de] (1a) *v/t.* hurl; shoot forth; *icht.* spear; *fig.* shoot (*a glance*) (at, *sur*).

dare-dare F [dar'da:r] *adv.* post-haste, at top speed.

darne *cuis.* [darn] *f fish*: slice, steak.

dartre [dartr] *f* ⚕ dartre; scurf; *metall.* scab; **dartreux, -euse** [dar'trø, ~'trø:z] ⚕, *metall.* scabby; ⚕ herpetic.

date [dat] *f* date; *~ limite* deadline; target date; *de longue ~* of long standing; *en ~ de* ... dated ...; *être le premier en ~* come first; *faire ~* mark an epoch; *jusqu'à une ~ récente* until recently; **dater** [da'te] (1a) *v/i.* date (from, *de*); *à ~ de ce jour* from today; from that day; *cela date de loin* it goes a long way back; *v/t.* date (*a letter*); **dateur** [~'tœ:r] *m*, **datographe** [~to'graf] *m watch*: date indicator.

datte ⚘, † [dat] *f* date; *sl. des ~s!* not on your life!, *Am.* no dice!; **dattier** ⚘ [da'tje] *m* date-palm.

daube *cuis.* [do:b] *f* stew; *en ~* stewed, braised.

dauber[1] † [do'be] (1a) *v/t.* (*or v/i. ~ sur*) *q.* pull s.o. to pieces behind his back; jeer at s.o.

dauber[2] *cuis.* [do'be] (1a) *v/t.* stew, braise; **daubière** *cuis.* [~'bjɛ:r] *f* stew-pan, braising-pan.

dauphin [do'fɛ̃] *m zo.* dolphin; *hist.* Dauphin (= *eldest son of French king*); *fig.* successor; **dauphine** *hist.* [~'fin] *f* Dauphiness, wife of the Dauphin; **dauphinelle** ⚘ [~fi'nɛl] *f* delphinium.

davantage [davɑ̃'ta:ʒ] *adv.* more (and more); longer (*space, time*).

davier [da'vje] *m* ⚕ (extraction) forceps; ⊕ cramp; ⚓ davit.

de [də] *prp. usu.* of; *material*: (made) of (*wood*), in (*velvet*); *cause*: of (*hunger*), from (*exhaustion*); with, for (*pain, joy*); *origin*: from (*France, the house*), out of; *distance*: of, from; *direction*: to (*the station*); *place*: at, in; *time*: by (*day, night*); in; for (*ten month*); *agent, instrument*: with (*a stick*); by (*name*); in (*a low voice*); on; *manner*: in (*this way*); *measure, comparison*: by; *price*: for; *partitive article*: *du pain* (some) bread; *~ la viande* (some) meat; *des légumes* vegetables; *un litre ~ vin* a litre of wine; *une douzaine ~ bouteilles* a dozen bottles; *la ville ~ Paris* (the city of) Paris; *le mois ~ janvier* January; *assez ~* enough; *beaucoup ~* much (*money*), many (*things*); *moins ~* less; *pas ~* no; *peu ~* few; *plus ~* more; *tant ~* so much, so many; *trop ~* too much, too many; *qch. ~ rouge* s.th. red; *genitive, possession*: *~ mon père* of my father, my father's; *~ la table* of the table; *le journal d'hier* yesterday's paper; *les œuvres ~ Molière* Molière's works; *matériaux ~ construction* building materials; *membre du Parlement* Member of Parliament; *habitant des villes* city-dweller; *le meilleur élève ~ la classe* the best pupil in the class; *souvenirs d'enfance* childhood memories; *amour (crainte) ~* love (fear) of; *chapeau ~ paille* straw hat; *une robe ~ soie rouge* a dress in red silk; *mourir ~ cancer (fatigue)* die of cancer (from fatigue); *~ haut en bas* from top to bottom; *tirer qch. ~ sa poche* take s.th. out of *or* from one's pocket; *saigner du nez* bleed from the nose; *à trois milles ~ distance* at a distance of three miles; *~ ... à ...* from ... to ...; between ... and ...; *prendre la route (le train) ~ Bordeaux* take the Bordeaux road (train); *près ~* near, close to; *d'un côté* on one side; *~ ce côté* on this side; *~ nos jours* in our times; *~ ma vie* in my lifetime; *du temps ~ Henri IV* in the days of Henry IV; *à 2 heures ~ l'après-*

midi at 2 p.m.; *avancer (retarder)* ~ *5 minutes* be 5 minutes fast (slow) *(watch)*; *vêtir (couvrir, orner)* ~ clothe (cover, decorate) with; *se nourrir (vivre)* ~ feed (live) on; *frapper (toucher)* ~ strike (touch) with; *montrer du doigt* point at; *fig.* scorn; *précédé* ~ preceded by; *trois mètres* ~ *long (haut)* three metres long (high); *âgé* ~ *5 ans* 5 years old *or* of age; *plus âgé* ~ *2 ans* older by 2 years; *plus* ~ *6* more than 6; *d'un œil curieux* with an inquiring look *or* eye; *un chèque (des marchandises)* ~ *20 F.* a cheque (goods) for 20 F.; ~ *beaucoup* by far; *content* ~ content *or* pleased with; *digne* ~ ...-worthy, worthy of; *fier* ~ proud of; *paralysé d'un bras* paralyzed in one arm; *un jour* ~ *libre* a free day; *un drôle* ~ *bonhomme* an odd chap.

dé¹ [de] *m gaming:* die; *domino:* piece; *golf:* tee; ~*s pl.* dice; *le* ~ *en est jeté* the die is cast.

dé² [~] *m (a. à coudre)* thimble.

déambuler F [deãby'le] (1a) *v/i.* stroll about, saunter.

débâcle [de'bɑːkl] *f ice:* breaking up, *fig.* disaster; downfall, collapse; F *pol.* landslide; † crash; **débâcler** [~bɑ'kle] (1a) *v/t.* † unfasten *(a door etc.)*; clear *(a harbour)*; *v/i.* break up *(ice)*.

déballage [deba'laːʒ] *m* unpacking; display *(a. fig.)*; F *fig.* effusion, outpouring; **déballer** [~'le] (1a) *v/t.* unpack; F *fig.* let out *(emotions, complaints, etc.)*, air, display *(knowledge etc.)*.

débandade [debã'dad] *f* stampede, flight; rout; *à la* ~ in disorder; **débander** [~'de] (1a) *v/t.* unbend; remove the bandage from *(a wound, the eyes)*; ✗ disband; *se* ~ slacken, relax; scatter, disperse *(crowd)*; ✗ break into a rout.

débaptiser [debati'ze] (1a) *v/t.* rename.

débarbouiller [debarbu'je] *v/t.* wash *(s.o.'s)* face; *se* ~ wash one's face; *fig.* get out of difficulties as best one can.

débarcadère [debarka'dɛːr] *m* ⚓ landing-stage, wharf; 🚋 arrival platform.

débardage ⚓ [debar'daːʒ] *m* unloading; **debarder** [~'de] (1a) *v/t.* remove *(timber)* from the woods *or*

(stone) from the quarry; ⚓ unload, discharge; **débardeur** [~'dœːr] *m* ⚓ stevedore, docker; *garment:* slipover, *Brit.* tank top.

débarquement [debarkə'mã] *m* ⚓ unloading, discharge; *passengers:* landing; 🚋 F detraining, arrival; **débarquer** [~'ke] (1m) *v/t.* ⚓ unship, unload; land, disembark *(passengers)*; *bus etc.:* set down; F dismiss *(s.o.)*; *v/i.* ⚓ land, disembark; 🚋 alight, ✗ detrain.

débarras [deba'rɑ] *m* lumber room, junk room; *bon* ~*!* good riddance!; **débarrasser** [~ra'se] (1a) *v/t.* clear; relieve (of, *de*); *se* ~ get rid of *(s.o., s.th.)*; get clear of *(s.th.)*; extricate o.s. from.

débat [de'ba] *m* discussion; debate *(a. pol.)*; dispute; ⚖️ ~*s pl.* proceedings; court hearing *sg.*

débâter [deba'te] (1a) *v/t.* unsaddle.

débâtir [deba'tiːr] (2a) *v/t.* demolish; take the tacking threads out of *(a dress)*.

débattre [de'batr] (4a) *v/t.* debate, discuss; *fig. se* ~ struggle; flounder about (in the water, *dans l'eau*).

débauchage [debo'ʃaːʒ] *m* laying off, dismissal; **débauche** [de'boːʃ] *f* debauch(ery); *fig.* profusion; **débauché, e** [debo'ʃe] **1.** *adj.* debauched; **2.** *su.* debauchee; **débaucher** [~] (1a) *v/t.* † lead *(s.o.)* astray; entice away *(a workmcn)*; F tempt away; lay off *(workmen)*.

débile [de'bil] feeble, weak; F foolish, ridiculous; **débilitant, e** [debili'tã, ~'tãːt] debilitating, weakening; **débilité** [~'te] *f* weakness, debility; **débiliter** [~'te] (1a) *v/t.* weaken, debilitate; 🐟 undermine *(the health)*.

débinage *sl.* [debi'naːʒ] *m* disparagement, running down; **débine** *sl.* [~'bin] *f* poverty; **débiner** *sl.* [~bi'ne] (1a) *v/t.* disparage, run *(s.o.)* down; *se* ~ come down in the world; slip quietly away, make o.s. scarce.

débit [de'bi] *m* retailshop; † turnover; sales *pl.*; ⊕ output; ⊕, *a. speaker:* delivery; † debit; *river:* flow; ~ *de boissons (de tabac)* pub (tobacconist's [shop]); *avoir un* ~ *facile* be glib, F have the gift of the gab; *portez ... au* ~ *de mon compte* debit me with ...; **débitant** *m, e f* [debi'tã, ~'tãːt] dealer; **débiter** [~'te] (1a) *v/t.* sell, retail *(a: fig.* lies); cut up *(logs* etc.); ⊕ yield; reel off (*a poem*); *usu. pej.* utter (*threats*); *usu. pej.* deliver (*a speech*); ✝ debit (*s.o. with s.th. qch. à q., q. de qch.*).

débiteur¹, -trice [debi'tœːr, ~'tris] **1.** *su.* debtor; **2.** *adj.* debit...

débiteur² *m*, **-euse** *f* [debi'tœːr, ~'tøːz] retailer; *usu. pej.* utterer, ...monger; ~ **de calomnies** scandalmonger.

déblai [de'blɛ] *m* cutting, excavation; excavated material; **déblaiement** [~blɛ'mã] *m* excavating, excavation, digging out; removal (*of excavated material*).

déblatérer [deblate're] (1f) *v/t.* talk, utter; *v/i.* rail (against, **contre**).

déblayer [deblɛ'je] (1h) *v/t.* clear away, remove; clear (*a. fig.*).

déblocage [deblɔ'kaːʒ] *m* clearing; ✝, ⊕ releasing; **débloquer** [~'ke] (1m) *v/t.* clear; unblock; ✝, ⊕ release; ✕ relieve (*a place*); unclamp (*an instrument*).

débobiner [debɔbi'ne] (1a) *v/t.* unwind, unreel.

déboire [de'bwaːr] *m* nasty aftertaste; disappointment.

déboiser [debwa'ze] (1a) *v/t.* clear of trees; ✕ untimber (*a mine*).

déboîter [debwa'te] (1a) *v/t.* ✚ dislocate; ⊕ disconnect; *v/i. mot.* filter; haul out of the line.

débonder [debɔ̃'de] (1a) *v/t.* unbung (*a cask*); open the sluice-gates of (*a reservoir*); *fig.* ~ **son cœur, se ~** pour out one's heart; *v/i. a.* **se ~** burst (out).

débonnaire [debɔ'nɛːr] good-natured, easy-going; **débonnaireté** [~nɛr'te] *f* good nature; good humo(u)r.

débordé, e [debɔr'de] overflowing; *fig.* overwhelmed (*with work, de travail*); dissipated (*life, man*); **débordement** [~də'mã] *m* overflowing, flood; *fig.* outburst (*of temper etc.*); ♻, ✕ outflanking; ~s *pl.* dissipation *sg.*, excess(es *pl.*) *sg.*; **déborder** [~'de] (1a) *v/t/i.* overflow, run over; *v/t.* project beyond, stick out beyond; ✕ outflank; ♻ sheer off; ⊕ trim.

débotter [debɔ'te] (1a) *v/t.* take off (*s.o.'s*) boots; *v/i. a.* **se ~** take off one's boots; *fig. au* **débotté** immediately on arrival.

débouché [debu'ʃe] *m* outlet; open-

ing (*a. fig., a.* ✝); ✝ *a.* market; ✝ **créer de nouveaux ~s** open up new markets; **déboucher** [~] (1a) *v/t.* clear; open, uncork (*a bottle*); *v/i.* emerge; open (on[to], **sur**); ~ **sur** *or* **dans** *a.* lead to; end up in.

déboucler [debu'kle] (1a) *v/t.* un-buckle (*one's belt*); uncurl (*one's hair*); ✝ release.

débouler [debu'le] (1a) *vt/i.* roll down; tumble down; *hunt.* bolt.

déboulonner [debulɔ'ne] (1a) *v/t.* unrivet, unbolt; ✝ debunk.

débourber [debur'be] (1a) *v/t.* clean (out); haul (*a carriage*) out of the mire; ✝ get (*s.o.*) out of a mess.

débourrer [debu're] (1a) *v/t.* remove the stuffing from; break in (*a horse*); remove the wad from (*a gun*); clean out (*a pipe*); *fig.* smarten (*s.o.*) up.

débours [de'buːr] *m* (*usu. pl.*) disbursement; outlay; expenses *pl.*; **rentrer dans ses ~** recover *or* recoup one's expenses; **débourser** [~bur'se] (1a) *v/t.* lay out, spend, disburse; *v/i.* ✝ shell out, fork out.

déboussoler ✝ *fig.* [debusɔ'le] (1a) *v/t.* disorient(ate); disconcert.

debout [dǝ'bu] *adv.* upright; standing (up); on its hind legs (*animal*); ~! get up!; **être** ~ be up, be out of bed; *fig.* **ne pas tenir** ~ not to hold water, be fantastic (*theory*); **4 places** ~ **4 standing**; **se tenir** ~ stand.

débouter ✝ [debu'te] (1a) *v/t.* nonsuit; dismiss.

déboutonner [debutɔ'ne] (1a) *v/t.* unbutton; **manger (rire) à ventre déboutonné** eat (laugh) immoderately; *fig.* **se** ~ unburden o.s.; ✝ get s.th. off one's chest.

débraillé, e [debra'je] untidy; slovenly (*appearance, voice*); free, rather indecent (*conversation*); loose (*morals, life*).

débranchement [debrãʃ'mã] *m* disconnecting; **débrancher** ⚡ [~brã'ʃe] (1a) *v/t.* disconnect.

débrayage [debrɛ'jaːʒ] *m mot.* declutching; ✝ strike, *Am.* walkout; **débrayer** [~'je] (1i) *v/t.* ⊕ disconnect; *v/i. mot.* declutch; ✝ knock off work.

débrider [debri'de] (1a) *v/t.* un-bridle; halt; ✚ incise; ✝ open (*s.o.'s eyes*); **sans** ~ at a stretch, on end.

débris [de'bri] *m/pl.* debris *sg.*; remains; wreckage *sg.*; fragments; rubble *sg.*; rubbish *sg.*; ⊕ *metal*: scraps.

débrouillard, e F [debru'ja:r, ~'jard] 1. *adj.* resourceful; 2. *su.* resourceful or smart person; **débrouiller** [~'je] (1a) *v/t.* disentangle; *fig.* clear up; se ~ find a way out of difficulties; manage; cope.

débroussailler [debrusa'je] (1a) *v/t.* clear of undergrowth; *fig.* clear (up or out), unravel.

débucher *hunt.* [deby'ʃe] (1a) *v/t.* drive (a stag) from cover; *v/i.* break cover.

débusquer [debys'ke] (1m) drive (an animal) out (from cover); drive or chase (s.o.) out.

début [de'by] *m* beginning, start; first move *etc.*; *thea.* debut, first appearance; *salaire de ~* starting salary; *faire ses ~s* make a first appearance; **débutant, e** [deby'tɑ̃, ~'tɑ̃:t] *su.* beginner; novice; *su./m thea.* debutant; *su./f* debutante, F deb; **débuter** [~'te] (1a) *v/i.* begin, start; play first (in a game).

déc(a)... [dek(a)] deca(a)...

deçà [də'sa] *adv.* on this side; ~ *delà* here and there, on all sides; *en~ de* on this side of.

décacheter [dekaʃ'te] (1c) *v/t.* unseal, open (a letter).

décade [de'kad] *f* decade; period of ten days or years.

décadence [deka'dɑ̃:s] *f* decadence, decline, decay; **décadent, e** [~'dɑ̃, ~'dɑ̃:t] *adj.*, *a.* *su.* decadent.

décaèdre ⚛ [deka'ɛ:dr] 1. *adj.* decahedral; 2. *su./m* decahedron.

décaféiné, e [dekafei'ne] caffeine-free, decaffeinated.

décagone ⚛ [deka'gɔn] *m* decagon.

décaisser [deke'se] (1b) *v/t.* unpack, unbox; ✝ pay out; ✒ plant out.

décalage [deka'la:ʒ] *m* shifting; *fig.* gap, discrepancy; lag; **décaler** [~'le] (1a) *v/t.* shift (forward or back); move forward; put back.

décalogue [deka'lɔg] *m* the Decalogue, the Ten Commandments *pl.*

décalquage [dekal'ka:ʒ] *m*, **décalque** [~'kalk] *m* transfer(ring); tracing (off); **décalquer** [~kal'ke] (1m) *v/t.* transfer; trace off.

décamper [dekɑ̃'pe] (1a) *v/i.* *fig.* decamp; F clear out, *sl.* vamoose.

décanat [deka'na] *m* deanship.

décanter [dekɑ̃'te] (1a) *v/t.* decant, pour off.

décapage [deka'pa:ʒ] *m*, **décapement** [~kap'mɑ̃] *m* scouring; *metal*: pickling; ~ *au jet de sable* sandblasting; **décapant** [~'pɑ̃] *m* scouring agent or solution; paint or varnish remover; **décaper** [~ka'pe] (1a) *v/t.* scour; cleanse.

décapiter [dekapi'te] (1a) *v/t.* behead, decapitate; cut the head off (a. ✒).

décapotable *mot.* [dekapɔ'tabl] convertible; drop-head (coupé).

décapsulateur [dekapsyla'tœːr] *m* (crown-cork) opener.

décarburer *metall.* [dekarby're] (1a) *v/t.* decarbonize.

décartellisation ✝ [dekartɛliza'sjɔ̃] *f* decartel(l)ization.

décatir [deka'ti:r] (2a) *v/t.* *tex.* sponge, take the gloss off; F se ~ lose one's beauty, age.

décavé, e F [deka've] 1. *adj.* ruined, F broke (person); worn out; haggard (face); 2. *su.* ruined person; **décaver** [~] (1a) *v/t.* win all (s.o.'s) money (at cards etc.); F clean (s.o.) out.

décéder *admin.*, *eccl.* [dese'de] (1f) *v/i.* die, decease.

déceler [desə'le] (1d) *v/t.* reveal, disclose.

décélération [deselera'sjɔ̃] *f* deceleration.

décembre [de'sɑ̃:br] *m* December.

décemment [desa'mɑ̃] *adv.* of décent; **décence** [~'sɑ̃:s] *f* decency, decorum.

décennal, e, *m/pl.* -**aux** [dese'nal, ~'no] decennial.

décent, e [de'sɑ̃, ~'sɑ̃:t] decent, modest; seemly; *peu ~* unseemly.

décentraliser *admin.* [desɑ̃trali'ze] (1a) *v/t.* decentralize.

décentré, e [desɑ̃'tre] off-centre; **décentrer** [~] *v/t.* throw off centre; se ~ move off centre.

déception [desɛp'sjɔ̃] *f* disappointment.

décercler [desɛr'kle] (1a) *v/t.* unhoop.

décerner [desɛr'ne] (1a) *v/t.* award (a price) (to, à), confer (an honour) (on, à); ⚖ issue (a writ etc.).

décès [de'sɛ] *m* *admin. etc.* decease, death; ⚖ demise.

décevant, e [desə'vɑ̃, ~'vɑ̃:t] deceptive; disappointing; **décevoir** [ˌ'vwaːr] (3a) v/t. deceive, disappoint.

déchaînement [deʃɛn'mã] m unbridling; *fig.* outburst; **déchaîner** [ˌʃɛ'ne] (1b) v/t. let loose (a. fig.); se ~ break loose; break (storm); se ~ contre storm at.

déchanter F [deʃã'te] (1a) v/i. F change one's tune; F sing small, come down a peg.

décharge [de'ʃarʒ] f ⚡, ✗, ⚖️, ⊕ discharge; ⚡ output; ✗ volley; ⚖️ acquittal; ✝ receipt (for delivery); ✝ credit; *fig.* relief, easing; lumber-room, F gloryhole; reservoir; ~ (publique or municipale) rubbish (Am. garbage) dump; ⚖️ témoin m à ~ witness for the defence; ⊕ tuyau m de ~ outlet; à sa ~ in his defence; **déchargeoir** ⊕ [deʃar'ʒwaːr] m outlet; waste pipe; **décharger** [ˌ'ʒe] (11) v/t. unload (a cart, a gun); ⚓ unlade; discharge (a. ⚡, ⚖️, ⚖️, a gun) (at sur, contre); empty (a boiler, a reservoir); admin. exempt (from, de); ⚖️ acquit; *fig.* relieve, ease; *fig.* vent; se ~ go off (gun); ⚡ run down; *fig.* vent itself (anger); se ~ de pass of (a responsibility etc.) (onto, sur).

décharné, e [deʃar'ne] lean, emaciated, fleshless; gaunt.

déchaumer 🌾 [deʃo'me] (1a) v/t. plough (Am. plow) up the stubble of (a field); break (the ground).

déchausser [deʃo'se] (1a) v/t. take off (s.o.'s) shoes and stockings; lay bare (a tooth, tree roots, etc.).

dèche sl. [dɛʃ] f poverty, distress; F dans la ~ hard up, broke.

déchéance [deʃe'ãːs] f downfall; (moral) decay; *insurance:* expiration; ⚖️ forfeiture; lapse (of a right).

déchet [de'ʃɛ] m loss, decrease; ~s pl. waste sg. (a. phys.), refuse sg., scrap sg.; waste products; ~s pl. radioactifs radio-active waste sg.; ✝ ~ de route loss in transit.

déchiffrer [deʃi'fre] (1a) v/t. decipher; decode (a message); ♪ read at sight; **déchiffreur, -euse** [ˌ'frœːr, ˌ'frøːz] su. decipherer; decoder; ♪ sight-reader; su./m: ~ de radar radar scanner.

déchiqueter [deʃik'te] (1c) v/t. hack, slash, tear to shreds (a. fig.), tear up.

déchirant, e [deʃi'rã, ˌ'rãːt] heart-

rending; agonizing (cry, pain, scene); racking (cough); **déchirement** [ˌʃir'mã] m tearing (a. ⚙); laceration; pang, wrench; ~ de cœur heartbreak; **déchirer** [deʃi're] (1a) v/t. tear (a. fig.); tear up; fig. rend; **déchirure** [ˌ'ryːr] f tear, rent; ⚙ laceration.

déchoir [de'ʃwaːr] (3d) v/i. decay, decline, fall off.

déchristianiser [dekristjani'ze] (1a) v/t. dechristianize.

déchu, e [de'ʃy] **1.** p.p. of déchoir; **2.** adj. fallen; expired (insurance policy); disqualified.

déci... [desi] deci...

décidé, e [desi'de] decided, determined; resolute, confident (manner, person); **décidément** [ˌde'mã] adv. certainly, positively, really; **décider** [ˌ'de] (1a) v/t. decide, settle; decide on; ~ q. à (inf.) persuade s.o. to (inf.); v/i.: ~ de (inf.) decide to (inf.), make up one's mind to (inf.).

décimal, e [desi'mal, m/pl. -aux ˌ'mo] adj., a. su./f decimal; **décimer** [ˌ'me] (1a) v/t. decimate (a. fig.); *fig.* deplete; **décimo** [ˌ'mo] adv. tenthly.

décisif, -ve [desi'sif, ˌ'siːv] decisive (battle etc.); conclusive (proof); positive (tones); F cock-sure (person); **décision** [ˌ'sjɔ̃] f decision (a. ⚖️); *fig.* resolution.

déclamateur, -trice [deklama'tœːr, ˌ'tris] **1.** su./m declaimer; stump orator, F tub-thumper; bombastic writer; **2.** adj. see déclamatoire; **déclamation** [ˌma'sjɔ̃] f declamation; ranting; **déclamatoire** [ˌma'twaːr] declamatory; ranting (speech); turgid (style); **déclamer** [ˌ'me] (1a) v/t. declaim; recite (a poem); v/i. rant; rail (against, contre).

déclaration [deklara'sjɔ̃] f declaration; statement; admin. registration, notification; ~ de revenu income-tax return; **déclarer** [ˌ're] (1a) v/t. declare (a. ✝); ⚖️ ~ coupable find guilty; avez-vous qch. à ~? have you anything to declare?; se ~ declare (for, pour; against, contre); speak one's mind; declare one's love; break out (fire, war, epidemic, etc.).

déclasser [dekla'se] (1a) v/t. bring (s.o.) down in the world; ✗ etc. declare obsolete (a weapon etc.); ⚓

145 **décoration**

disrate (*a sailor*); 🚂 transfer from one class to another; *sp.* penalize (*a runner*).

déclencher [deklɑ̃'ʃe] (1a) *v/t.* launch (*an attack*); unlatch (*a door*); ⊕ release (*a. phot.*), disengage, disconnect (*a. ⚡*); F start; **déclencheur** [*~*'ʃœːr] *m* release (*a. phot.*); *phot.* ~ *automatique* self-timer.

déclic ⊕ [de'klik] *m* catch, pawl, trip-dog, trip pin; nippers *pl.*; *montre* f *à* ~ stop-watch.

déclin [de'klɛ̃] *m* decline, decay; *moon, talent:* waning; *year:* fall; *au* ~ *du jour* at the close of day; *au* ~ *de sa vie* in his declining years, towards the end of his days; **déclinaison** [dekline'zɔ̃] *f astr.* declination; ⚡ variation; *gramm.* declension; **décliner** [*~*'ne] (1a) *v/i.* deviate; decline; *fig.* fade, fail, wane; *v/t.* decline (*a. gramm.*); refuse; state (*one's name*). [release.\
décliqueter ⊕ [deklik'te] (1c) *v/t.*/
déclive [de'kliːv] **1.** *adj.* sloping; **2.** *su./f* slope; **déclivité** [*~*klivi'te] *f* slope, gradient, incline.

décloisonner [deklwazɔ'ne] (1a) *v/t.* decompartmentalize.

déclouer [deklu'e] (1a) *v/t.* unnail; take down (*a picture*); *sl.* take out of pawn.

décocher [dekɔ'ʃe] (1a) *v/t.* shoot, let fly; let off (*an epigram*); discharge.

décoction [dekɔk'sjɔ̃] *f* decoction.

décoder [dekɔ'de] (1a) *v/t.* decode; decipher.

décoiffer [dekwa'fe] (1a) *v/t.* remove (*s.o.'s*) hat; take (*s.o.'s*) hair down; ruffle (*s.o.'s*) hair.

décollage [dekɔ'laːʒ] *m* unsticking; 🛫 takeoff; **décoller** [*~*'le] (1a) *v/t.* unstick; disengage; loosen; *se* ~ come loose; *v/i.* 🛫 take off; F budge, depart.

décolleté, e [dekɔl'te] **1.** *adj.* lownecked (*dress*); wearing a lownecked dress (*woman*); **2.** *su./m* low neckline; bare neck and shoulders *pl.*; **décolleter** [*~*] (1c) *v/t.* cut out the neck of (*a dress*); ⊕ cut (*a screw*); *se* ~ wear a low-necked dress.

décolonisation [dekɔlɔniza'sjɔ̃] *f* decolonization; **décoloniser** [*~*'ze] (1a) *v/t.* decolonize.

décolorer [dekɔlɔ're] (1a) *v/t.* discolo(u)r; fade; bleach; *se* ~ fade; grow pale (*person*).

décombres [de'kɔ̃br] *m/pl.* rubbish *sg.*; debris *sg.*, *buildings:* rubble *sg.*

décommander [dekɔmɑ̃'de] (1a) *v/t.* cancel (*an invitation etc.*); ⸙ countermand; *se* ~ excuse o.s. from an invitation; cancel an appointment.

décomposer [dekɔ̃po'ze] (1a) *v/t.* 🜍, 🜔, *phys.* decompose; 🜍 analyse; ⚗ split up; distort (*the features*); *se* ~ decay; become convulsed (*features*); **décomposition** [*~*zi'sjɔ̃] *f* decomposition; rotting, decay; *features:* distortion; *gramm.* construing.

décompte [de'kɔ̃t] *m* ⸙ deduction; balance due; detailed account; *fig.* éprouver *du* ~ be disappointed (in, à); **décompter** [*~*kɔ̃'te] (1a) *v/t.* deduct; calculate (*the interest*); reckon off.

déconcerter [dekɔ̃sɛr'te] (1a) *v/t.* disconcert; upset (*plans*); ⸙ 🎵 put out of tune; *se* ~ lose one's assurance.

déconfit, e [dekɔ̃'fi, *~*'fit] crestfallen, discomfited; **déconfiture** [*~*fi'tyːr] *f* ruin, failure; insolvency; collapse; defeat.

décongeler [dekɔ̃'ʒle] (1d) *v/t.* defreeze, thaw (out).

décongestionner [dekɔ̃ʒɛstjɔ'ne] (1a) *v/t.* relieve congestion in; clear.

déconnecter [dekɔnɛk'te] (1a) *v/t.* disconnect; *fig.* separate.

déconner *sl.* [dekɔ'ne] (1a) *v/i.* talk a load of bullshit; blunder; *sl.* boob.

déconseiller [dekɔ̃sɛ'je] (1a) *v/t.* advise (s.o. against s.th., *qch. à q.*; s.o. against *ger.*, *q. de inf.*).

déconsidérer [dekɔ̃side're] (1f) *v/t.* discredit.

décontenancer [dekɔ̃tnɑ̃'se] (1k) *v/t.* put out of countenance, abash; *se* ~ lose one's self-assurance.

décontracter [dekɔ̃trak'te] (1a) *v/t.* relax; **décontraction** [*~*'sjɔ̃] *f* relax, cool(ness).

déconvenue [dekɔ̃v'ny] *f* disappointment; discomfiture; *fig.* blow; set-back.

décor [de'kɔːr] *m* house: decoration; *thea.* set(ting); scene; *thea.* ~*s pl.* scenery *sg.*; *mot. sl.* rentrer *dans le* ~ run into a wall *etc.*; **décorateur** *m*, **-trice** *f* [dekɔra'tœːr, *~*'tris] decorator; *thea.* stage-designer; **décoration** [*~*ra'sjɔ̃] *f* decoration

(a. = medal, insignia, ribbon of an order); **décorer** [~'re] (1a) v/t. decorate; confer a decoration on.

décortiquer [dekɔrti'ke] (1m) v/t. husk (rice); shell (nuts); peel (fruit).

décorum [dekɔ'rɔm] m decorum, propriety.

découcher [deku'ʃe] (1a) v/i. sleep out; stay out all night.

découdre [de'kudr] (41) v/t. unpick (a garment); rip open.

découler [deku'le] (1a) v/i.: ~ de follow or result from.

decoupage [deku'paːʒ] m cutting up or out; carving; cut-out (figure); **découper** [~'pe] (1a) v/t. carve (a chicken); cut up; cut out (a newspaper article, a pattern); ⊕ stamp out, punch; fig. se ~ stand out (against, sur).

découplé, e [deku'ple] well-built, strapping; **découpler** [~] (1a) v/t. uncouple (a. ♪), unleash; radio: decouple.

découpoir ⊕ [deku'pwaːr] m cutter; **découpure** [~'pyːr] f cutting-out; pinking; newspaper: cutting; geog. indentation.

découragement [dekuraʒ'mɑ̃] m discouragement, despondency; **décourager** [~ra'ʒe] (1l) v/t. discourage; dissuade (from, de); se ~ lose heart.

décousu, e [deku'zy] 1. p.p. of découdre; 2. adj. unstitched, unsewn; fig. disconnected; disjointed; rambling; 2. su./m disconnectedness; **décousure** [~'zyːr] f seam that has come unsewn; gash, rip (from animal's horns etc.).

découvert, e [deku'vɛːr, ~'vɛrt] 1. p.p. of découvrir; 2. adj. uncovered; ✗ exposed; ✝ overdrawn (account); 3. su./m ✝ overdraft; ✗ open ground; admin. deficit; à ~ openly; in the open; ✝ unsecure (credit), short (sale); su./f uncovering; discovery (a. fig.); aller à la ~e explore, ✗ reconnoitre; **découvreur** [~'vrœːr] m discoverer; **découvrir** [~'vriːr] (2f) v/t. uncover; lay bare, expose; discover; find out, detect; se ~ take off one's hat; come into sight; come to light (secret, truth); clear up (sky).

décrasser [dekra'se] (1a) v/t. clean, scrape; ⊕ scale (a boiler); draw (a furnace); decarbonize (an engine);

fig. rub the rough edges off (s.o.), polish (s.o.) up.

décrépir ⚠ [dekre'piːr] (2a) v/t. strip the plaster or rough-cast off; **décrépit, e** [~'pi, ~'pit] decrepit, senile; **décrépiter** ⚗ [~'pi'te] (1a) v/i. decrepitate; **décrépitude** [~pi-'tyd] f decrepitude; (senile) decay.

décret [de'krɛ] m decree; **décréter** [~kre'te] (1f) v/t. order; declare; decree; **décret-loi**, pl. **décrets-lois** [~krɛ'lwa] m order in council, Am. executive order.

décrire [de'kriːr] (4q) v/t. describe (a. ♣).

décrocher [dekrɔ'ʃe] (1a) v/t. unhook; teleph. lift (the receiver); uncouple; F get, land (o.s.) (s.th.); v/i. teleph. lift the receiver; fig. switch off; fig. hang up one's boots; **décrochez-moi-ça** sl. [~ʃemwa'sa] m/inv. reach-me-down; second-hand clothes' shop.

décroissance [dekrwa'sɑ̃:s] f, **décroissement** [~krwas'mɑ̃] m decrease; decline; moon: wane; **décroître** [de'krwaːtr] (4o) v/i. decrease, diminish; wane (moon).

décrotter [dekrɔ'te] (1a) v/t. remove the mud from; clean; scrape; F fig. rub the rough edges off (s.o.); **décrotteur** [~'tœːr] m shoe-black; hotel: boots; **décrottoir** [~'twaːr] m door-scraper; wire-mat.

décru, e [de'kry] 1. p.p. of décroître; 2. su./f water: fall, subsidence; decrease.

déçu, e [de'sy] p.p. of décevoir.

déculotter [dekylɔ'te] (1a) v/t. take off (s.o.'s) trousers; se ~ take off one's trousers; sl. chicken out.

déculpabiliser [dekylpabili'ze] (1a) v/t. excuse; free from a sense of guilt.

décuple [de'kypl] 1. adj. tenfold; 2. su./m tenfold; le ~ de ten times as much as; **décupler** [~ky'ple] (1a) vt/i. increase tenfold.

décuver [deky've] (1a) v/t. rack off (wine).

dédaigner [dede'ɲe] (1b) v/t. scorn, disdain; **dédaigneux, -euse** [~'ɲø, ~'ɲøːz] scornful, disdainful; **dédain** [de'dɛ̃] m disdain, scorn (of, de); disregard (of, de; for, pour); contempt (for, de).

dédale [de'dal] m labyrinth (a. fig.).

dedans [də'dɑ̃] 1. adv. in, inside, within; en ~ inside; en ~ de within;

défeuiller

F *mettre q.* ~ take s.o. in; **2.** *su./m* inside, interior.

dédicace [dedi'kas] *f* dedication (*a. fig.*); *church:* consecration; **dédier** [~'dje] (1o) *v/t.* dedicate (*a. fig.*); *fig.* inscribe (*a book*).

dédire [de'di:r] (4p) *v/t.:* se ~ de go back upon, retract, take back; break (*an engagement, a promise*); **dédit** [~'di] *m* renunciation; withdrawal; *promise etc.:* breaking; ⚖ forfeit, penalty.

dédommagement [dedɔmaʒ'mã] *m* indemnity; compensation, damages *pl.*; **dédommager** [~ma'ʒe] (11) *v/t.* compensate (for, de).

dédouanement [dedwanmã] *m* customs clearance; **dédouaner** [~'ne] (1a) *v/t.* clear (*goods etc.*) through the customs; *fig.* clear the name of, rehabilitate.

dédoubler [dedu'ble] (1a) *v/t.* divide into two; undouble (*a cloth*); remove the lining of (*a coat etc.*); 🚂 run (*a train*) in two parts.

déductible [dedyk'tibl]: ~ *de l'impôt* tax-)deductible; **déduction** [~'sjɔ̃] *f* ✝, *phls.* deduction; ✝ allowance.

déduire [de'dɥi:r] (4h) *v/t. phls.* deduce, infer; ✝ deduct, allow.

déesse [de'ɛs] *f* goddess.

défaillance [defa'jã:s] *f* failure, failing; ⚕ faint, swoon; ⚖ *witness:* default; **défaillant, e** [~'jã, ~'jã:t] **1.** *adj.* failing; sinking (*heart*); faltering (*steps*); waning (*light*); ⊕, *fig.* at fault (*person*); defaulting; **2.** *su.* ⚖, ✝ defaulter; **défaillir** [~'ji:r] (2t) *v/i.* fail, lose strength; falter (*courage*); *fig.* sink (*heart*); faint, swoon (*person*); ⚖ fail to appear.

défaire [de'fɛ:r] (4r) *v/t.* undo; ✗ defeat; annul (*a treaty*); unpack; unwrap; *fig.* distort (*the face*); *fig.* upset (*s.o.'s plans*); rid (*s.o.* of s.th., *q. de qch.*); se ~ come undone; undo one's coat; get rid (of, de); **défaite** [~'fɛt] *f* defeat; *fig.* lame excuse, evasion; *fig.* failure; **défaitisme** [defɛ'tism] *m* defeatism, pessimism; **défaitiste** [~'tist] *adj., a. su.* defeatist, pessimist.

défalquer [defal'ke] (1m) *v/t.* deduct; write off (*a debt*).

défausser [defo'se] (1a) *v/t.* straighten; *cards:* se ~ discard.

défaut [de'fo] *m* defect; want, lack;

fault, shortcoming; ⊕ flaw; ⚖ default; ✝ ~ *de provision* no funds; *à* ~ *de* for want of, in place of; *hunt.* être en ~ be at fault (*a. fig.*); faire ~ be lacking; be missing; be in short supply; *il nous a fait* ~ we have missed him; *sans* ~ faultless, flawless.

défaveur [defa'vœ:r] *m* disfavo(u)r (with, *auprès de*), discredit; **défavorable** [~vɔ'rabl] unfavo(u)rable.

défécation [defeka'sjɔ̃] *f* 🌿, physiol. defecation; clarification.

défectif, -ve [defɛk'tif, ~'ti:v] *gramm.* defective; ♫ deficient; **défection** [~'sjɔ̃] *f* defection (from, de); *faire* ~ fall away; **défectueux, -euse** [~'tɥø, ~'tɥø:z] faulty, defective; **défectuosité** [~tɥozi'te] *f* defect, flaw; faultlessness.

défendable [defã'dabl] defensible; tenable; **défendeur** *m*, **-eresse** *f* ⚖ [~'dœ:r, ~'drɛs] defendant; respondent; **défendre** [de'fã:dr] (4a) *v/t.* defend (*a.* ⚖, *a.* ✗); protect; support; forbid; *à son corps défendant* reluctantly; *fig.* se ~ de (*inf.*) refrain from (*ger.*), help (*ger.*); F *fig.* se ~ hold one's own; get along or by, manage, cope; F *fig.* se ~ *bien en qch.* be good at s.th.

défense [de'fã:s] *f* defence, *Am.* defense; protection; prohibition; *elephant:* tusk; ⚖ defence, plea; ⚓ fender; ~ *de fumer* no smoking; ⚖ *légitime* ~ self-defence; *psych.* ~s *pl.* defence mechanism *sg.*; **défenseur** [defã'sœ:r] *m* defender; *fig.* supporter; ⚖ counsel for the defence; **défensif, -ve** [~'sif, ~'si:v] *adj., a. su./f* defensive.

déférence [defe'rã:s] *f* deference, regard, respect; *par* ~ *pour* in deference to, out of regard for; **déférer** [~'re] (1f) *v/t.* ⚖ submit; remove (*to the Court of Appeal*); inform against (*a criminal*); administer (*an oath*); bestow, confer (*an honour*); *v/i.* defer (to, *à*); comply (with, *à*) (*an order*).

déferler [defer'le] (1a) *v/t.* unfurl (*a flag*); set (*sails*); *v/i.* break (*waves*); ✗ F break up (*attack*).

déferrer [defɛ're] (1a) *v/t.* remove the iron from; unshoe (*a horse*); *fig.* disconcert; ⚓ *un navire* slip anchor.

défeuiller [defœ'je] (1a) *v/t.* strip

(*a tree*) of its leaves, defoliate; se ~ shed its leaves (*tree*).

défi [de'fi] *m* challenge; *lancer un ~ à* challenge; *mettre q. au ~ de* dare or defy s.o. (to *inf.*, *de inf.*).

défiance [de'fjɑ̃:s] *f* suspicion, distrust; ~ *de soi-même* lack of self-confidence; *pol. vote m de ~* vote of no confidence; **défiant, e** [~'fjɑ̃, ~'fjɑ̃:t] distrustful, suspicious; cautious.

déficeler [defis'le] (1c) *v/t.* untie (*a parcel etc.*).

déficient, e [defi'sjɑ̃, ~'sjɑ̃:t] *adj.*, *a. su.* deficient.

déficit [defi'si] *m* deficit, shortage; deficiency; **déficitaire** [~si'tɛ:r] showing a deficit; ✍ short (*harvest*).

défier [de'fje] (1o) *v/t.* challenge; *fig.* brave, defy; se ~ *de* distrust, be on one's guard against; se ~ *de soi-même* lack self-confidence.

défigurer [defigy're] (1a) *v/t.* disfigure; *fig.* distort (*the sense, the truth*).

défilade F [defi'lad] *f* procession; **défilé** [~'le] *m geog.* pass, gorge; march past; parade; **défiler** [~'le] (1a) *v/t.* unthread; ✗ defilade (*a fortress*); ✗ conceal (*guns, troops*); ~ *son chapelet* speak one's mind; se ~ come unstrung; ✗ take cover; *sl.* clear off, get out; *v/i.* ✗ file off; march past.

défini, e [defi'ni] definite (*a. gramm.*); defined; *bien ~ a.* clean-cut; **définir** [~'ni:r] (2a) *v/t.* define; *fig.* describe; se ~ become clear; **définissable** [~i'sabl] definable; **définitif, -ve** [~'tif, ~'ti:v] 1. *adj.* definitive, final; *à titre ~* permanently; 2. *su./f.* *en ~ve* in short; **définition** [~'sjɔ̃] *f* definition; *crosswords:* clue; *telev. picture:* resolution.

déflagration [deflagra'sjɔ̃] *f* combustion, deflagration.

déflation [defla'sjɔ̃] *f* deflation.

défleuraison ♌ [deflœrɛ'zɔ̃] *f* fall(ing) of blossom; **défleurir** [~'ri:r] (2a) *v/t.* strip (*a plant*) of its bloom; take the bloom off (*a fruit*); *v/i. a.* se ~ lose its blossom.

déflorer [deflo're] (1a) *v/t.* ✍ strip (*a plant*) of its bloom; deflower (*a virgin*); *fig.* F take the freshness off.

défoncer [defɔ̃'se] (1k) *v/t.* stave

in; break up (*the ground, a road*); smash in (*a door etc.*); *fig.* destroy, F knock the bottom out of (*an argument*); se ~ break up; collapse (*roof*); *sl.* get high (*on drugs*); *sl.* **défoncé** high, stoned.

déformation [deforma'sjɔ̃] *f* deformation (*a.* ⊕); ⊕ *wood:* warping; ✍, *phot.* distortion; **déformer** [~'me] (1a) *v/t.* deform; ⊕, ✍, *phot., phys., a. fig.* distort; ⊕ buckle, warp; se ~ warp (*wood*); get out of shape.

défouler F [defu'le] *v/t.:* se ~ release one's pent-up feelings, F let off steam.

défourner [defur'ne] (1a) *v/t.* draw from the oven or kiln.

défraîchi, e [defrɛ'ʃi] (shop)soiled; *Am.* shopworn; faded; **défraîchir** [~'ʃi:r] (2a) *v/t.* take away the freshness of; se ~ lose its freshness; fade.

défrayer [defrɛ'je] (1i) *v/t.* defray (*s.o.'s*) expenses; *fig.* ~ *la conversation* be the (main) topic or subject of conversation; be the life of the conversation.

défricher [defri'ʃe] (1a) *v/t.* ✍ clear, reclaim (*land*); F *fig.* break new ground in (*a subject*).

défriser [defri'ze] (1a) *v/t.* uncurl; *fig.* disappoint.

défroisser [defrwa'se] (1a) *v/t.* smooth out.

défroncer [defrɔ̃'se] (1k) *v/t.* take out the gathers in (*a cloth*); ~ *les sourcils* cease to frown.

défroque *fig.* [de'frɔk] *f usu.* ~*s pl.* cast-off clothing *sg.*; **défroquer** [~frɔ'ke] (1m) *v/t.* unfrock (*a priest*).

défunt, e [de'fœ̃, ~'fœ̃:t] 1. *adj.* deceased; late; 2. *su.* deceased, *Am.* decedent.

dégagé, e [dega'ʒe] clear (*sky, road*); free, unconstrained; off-hand (*manner, tone*); **dégagement** [~gaʒ'mɑ̃] *m* clearing; freeing; extrication; relief; emission; passage; *escalier m de ~* emergency stairs; ⊕ *tuyau m de ~* waste pipe; **dégager** [~ga'ʒe] (1l) *v/t.* clear; free; extricate; relieve; release (from a promise, *d'une promesse*); give off, emit (*a smell etc.*); *fig.* bring out (*an idea etc.*); ✍ ~ *l'inconnue* isolate the unknown quantity; se ~ free o.s.; clear; emanate, be given off; emerge, come out; *v/i.:* *dégagez!* clear the way!; *bus:* gangway!

dégaine F [de'gɛːn] f (awkward) way of carrying o.s.; gawkiness; **dégainer** [~gɛ'ne] (1b) v/t. unsheathe, draw (one's sword); v/i. draw.

déganter [degã'te] (1a) v/t. unglove (one's hand); se ~ take off one's gloves.

dégarnir [degar'niːr] (2a) v/t. strip; dismantle; unsaddle (a horse); ⚓ unrig; ✕ withdraw the troops from; ✽ thin out (a tree); se ~ be stripped; empty (room); become bald (head); lose its leaves (tree).

dégât [de'gɑ] m food etc.: waste; ~s pl. damage sg.; havoc sg.

dégauchir ⊕ [dego'ʃiːr] (2a) v/t. rough-plane (wood); dress (a stone); straighten, true up (the machinery); fig. knock the corners off (s.o.).

dégel [de'ʒɛl] m thaw; **dégelée** [deʒa'le] f shower of blows; **dégeler** [~] (1d) vt/i. thaw; unfreeze, defrost; v/t.: F se ~ thaw (person).

dégénérer [deʒene're] (1f) v/i. degenerate (from, de; into, en); **dégénérescence** ☞ [~rɛ'sãːs] f degeneration.

dégingandé, e [deʒɛ̃gã'de] awkward, lanky, ungainly.

dégivrer [deʒi'vre] (1a) v/t. de-ice, defrost; **dégivreur** [~'vrœːr] m de-icer, defroster.

déglacer [degla'se] (1k) v/t. thaw; defrost (the refrigerator); unglaze (paper).

déglinguer F [deglɛ̃'ge] (1m) v/t. knock to pieces, F bust up.

dégluer [degly'e] (1a) v/t. remove the sticky substance from; remove the bird-lime from (a bird).

déglutition physiol. [deglyti'sjɔ̃] f swallowing.

dégobiller sl. [degɔbi'je] (1a) v/t. bring up (food); v/i. vomit, F spew, puke.

dégoiser F [degwa'ze] (1a) v/t. reel off, spout (a speech etc.).

dégommer [degɔ'me] (1a) v/t. ungum; ⊕ clean off old oil from; F dismiss (s.o.); F beat (s.o.) (at a game); F se faire ~ get the sack.

dégonflé sl. [degɔ̃'fle] m funk; **dégonfler** [~] (1a) v/t. deflate; reduce (☞ a swelling, ⬆ prices, fig. s.o.'s importance etc.); fig. debunk (s.o.); ~ mot. go flat (tyre), F back out, F chicken out.

dégorgeoir [degɔr'ʒwaːr] m outlet, outflow; pump: spout; **dégorger** [~'ʒe] (11) v/t. cleanse; clear, unstop (a pipe etc.); disgorge (a. fig.); v/i. a. se ~ flow out; overflow; ☞ discharge (abscess); become free (pipe etc.).

dégot(t)er sl. [degɔ'te] (1a) v/t. find, F unearth; v/i. ~ (bien) look great; ~ mal look awful.

dégouliner F [deguli'ne] (1a) v/i. roll (down); trickle.

dégourdi, e [degur'di] 1. adj. lively, sharp, smart; 2. su. brisk person, F live wire; **dégourdir** [~'diːr] (2a) v/t. warm (up), take the stiffness from (one's legs etc.); take the chill off (a liquid); fig. smarten (s.o.) up, F lick (s.o.) into shape; se ~ les jambes stretch one's legs; se ~ a. feel warmer; become more alert; F learn the ropes.

dégoût [de'gu] m disgust, loathing (for, pour); dislike, repugnance (for, pour); **dégoûtant, e** [degu'tɑ̃, ~'tɑ̃ːt] disgusting, loathsome, repulsive; **dégoûter** [~'te] (1a) v/t. disgust, repel; se ~ de take a dislike to, grow sick of.

dégoutter [degu'te] (1a) v/i. drip, trickle (from, with de).

dégradation [degrada'sjɔ̃] f degradation (a. phys.); rock: weathering; phys. energy: dissipation; colours etc.: shading off; ⚖ civique loss of civil rights; **dégrader** [~'de] (1a) v/t. degrade; ✕ demote, reduce to the ranks; shade off (colours); damage, deface (a building); se ~ deteriorate.

dégrafer [degra'fe] (1a) v/t. unhook, unfasten.

dégraissage [degrɛ'saːʒ] m cuis. skimming; (dry-)cleaning; **dégraisser** [~'se] (1a) v/t. remove the fat from; cuis. skim; take the grease marks out of; **dégraisseur** [~'sœːr] m drycleaner.

degré [da'gre] m degree (a. ☌ etc., a. of parentage); stage; step; rank; ~ centésimal degree centigrade; ~ de congélation freezing point; par ~s by degrees, progressively.

dégréer ⚓ [degre'e] (1a) v/t. unrig (a mast, a ship); dismantle (a crane).

dégrèvement [degrɛv'mã] m abatement of tax; derating; **dégrever** [~gra've] (1d) v/t. reduce (a duty, a tax), derate; reduce the assessment on; disencumber (an estate).

dégringolade F [degrɛ̃gɔ'lad] f

tumble, fall; *currency*: collapse;
dégringoler F [~'le] (1a) *vt./i.*
tumble down.

dégriser [degri'ze] (1a) *v/t.* sober
(*s.o.*); *fig.* bring (*s.o.*) to his senses;
se ~ sober up; *fig.* come to one's
senses; {draw down (*a wire*).}

dégrosser ⊕ [degro'se] (1a) *v/t.*{

dégrossir [degro'si:r] (2a) *v/t.*
rough-hew (*a stone*); rough-plane
(*wood*); rough out (*a plan*); F lick
(*s.o.*) into shape.

dégrouiller *sl.* [degru'je] (1a) *v/t.*:
se ~ hurry up, F get a move on.

déguenillé, e [degəni'je] **1.** *adj.*
ragged, tattered; **2.** *su.* ragamuffin.

déguerpir [deger'pi:r] (2a) *v/t.* re-
abandon (*one's property etc.*); *v/i.*
move out; clear out, *Am.* beat it;
faire ~ send (*s.o.*) packing.

déguisement [degiz'mã] disguise;
fig. concealment; fancy dress; *sans*
~ openly; **déguiser** [~gi'ze] (1a)
v/t. disguise; conceal; se ~ *a.* put
on fancy dress.

dégustateur *m*, **-trice** *f* [degysta-
'tœ:r, ~'tris] taster; **dégustation**
[~ta'sjõ] *f* tasting; **déguster** [~'te]
(1a) *v/t.* taste; F sip; relish, enjoy.

déhanché, e [deã'ʃe] *horse*: hip-
shot; *fig.* ungainly, slovenly; moving with a loose gait; **déhancher**
[~] (1a) *v/t./i.*: se ~ dislocate its hip
(*horse*); *fig.* move with a loose gait;
sway one's hips.

déharnacher [dearna'ʃe] (1a) *v/t.*
unharness.

dehors [də'ɔ:r] **1.** *adv.* outside, out;
dîner ~ dine out; *en* ~ outside; out-
wards; *en* ~ *de* outside; in addition
to; *en* ~ *de moi* without my knowledge *or* participation; *mettre q.* ~
turn s.o. out; F sack s.o., *Am.* lay
s.o. off; ⚓ *toutes voiles* ~ with
every sail set; **2.** *su./m* outside, exterior; ~ *pl.* appearances.

déifier [dei'fje] (1o) *v/t.* deify; *fig.*
make a god of; **déité** [~'te] *f* deity.

déjà [de'ʒa] *adv.* already, before.

déjection [deʒɛk'sjõ] *f* 💊 evacuation; ~*s pl. a.* ejecta (*of a volcano*).

déjeter ⊕ [deʒə'te] (1c) *v/t. a.* se ~
warp (*wood*); buckle (*metal*).

déjeuner [deʒœ'ne] **1.** (1a) *v/i.* have
breakfast; (have) lunch; **2.** *su./m*
lunch; *petit* ~ breakfast; ~-**débat**, *pl.*
~**s-débats** [~nede'ba] *m* working
lunch.

déjouer [de'ʒwe] (1p) *v/t.* thwart;
foil; outwit; elude; baffle.

déjucher [deʒy'ʃe] (1a) *v/t.* unroost
(*hens*); F *fig.* make (*s.o.*) come off
his perch; *v/i.* come off the roost.

déjuger [deʒy'ʒe] (1l) *v/t.*: se ~
reverse one's opinion.

delà [də'la] *adv., a. prp.* beyond.

délabré, e [dela'bre] dilapidated;
ramshackle, tumble-down; impaired (*health*); **délabrer** [~] (1a)
v/t. dilapidate, wreck; ruin (*a. one's
health*); se ~ fall into decay (*house*);
become impaired (*health*).

délacer [dela'se] (1k) *v/t.* unlace;
undo (*one's shoes*).

délai [de'lɛ] *m* delay; respite; reprieve; *à bref* ~ at short notice;
dans un ~ *de 2 mois* at a two-months'
notice; ~-**congé**, *pl.* ~**s-congés**
[~lekõ'ʒe] *m* term of notice.

délaisser [dele'se] (1b) *v/t.* forsake,
desert; abandon (*a.* 🏛 *prosecution*); 🏛 relinquish.   [(*butter*).}

délaiter [dele'te] (1b) *v/t.* work{

délarder [delar'de] (1a) *v/t.* remove
the fat from; ⊕ thin down (*wood*);
bevel, chamfer (*an edge*).

délassement [delas'mã] *m* rest, relaxation; recreation; **délasser** [~-
la'se] (1a) *v/t.* rest, refresh; se ~
relax.

délateur, -trice [dela'tœ:r, ~'tris]
su. informer, spy; *su./m* ⊕ detector
(*of a lock*); **délation** [~'sjõ] *f* in-
forming, denunciation; squealing.

délavé, e [dela've] washed out;
wishy-washy; weak.

délayer [dele'je] (1i) *v/t.* dilute; *fig.*
spin out (*a speech*).

délectable [delɛk'tabl] delectable;
delightful; **délecter** [~'te] (1a) *v/t.*:
se ~ *à* take delight in.

délégataire 🏛 [delega'tɛ:r] *su.* del-
egatee; **délégateur** *m*, **-trice** *f* 🏛
[~'tœ:r, ~'tris] delegator; **délégation** [~'sjõ] *f* delegation (*a. coll.*);
🏛 assignment; **délégué, e** [dele-
'ge] **1.** *adj.* deputy~, delegated; **2.**
su. delegate; deputy; *su./m:* ⊕ ~
syndical shop steward; ⊕ ~ *du personnel* union steward; **déléguer** [~]
(1s) *v/t.* delegate; 🏛 *a.* assign.

délester [delɛs'te] (1a) *v/t.* ⚓ *etc.*
unballast; unload; *fig.* relieve (of,
de); ⚡ shed the load.

délétère [dele'tɛ:r] deleterious;
noxious; poison(ous) (*gas, a. fig.*);

fig. pernicious (*doctrine*); offensive (*smell*).

délibératif, -ve [delibera'tif, ~'ti:v] deliberative; *avoir voix* ~ve be entitled to speak and vote; **délibération** [~ra'sjɔ̃] *f* deliberation, debate, discussion (on, *sur*); reflection; resolution, vote; **délibéré, e** [~'re] **1.** *adj.* deliberate; determined; *de propos* ~ deliberately; **2.** *su./m* ˢᵗ̱ᵗ private sitting, consultation; **délibérer** [~'re] (1f) *v/i.* deliberate; consult together; ponder, reflect (on *de, sur*).

délicat, e [deli'ka, ~'kat] delicate; fragile; dainty; nice, difficult; tricky (*situation, question*); fastidious (*eater*); sensitive (*skin*); scrupulous; *peu* ~ unscrupulous, dishonest; *su./m: faire le* ~ be squeamish; **délicatesse** [~ka'tes] *f* delicacy; fragility; fastidiousness; tact; difficulty; *avec* ~ tactfully.

délice [de'lis] *su./m* delight; *su./f:* ~*s pl.* delight *sg.*, pleasure *sg.*; *faire les* ~*s de* be the delight of; *faire ses* ~*s de* revel in; **délicieux, -euse** [~li'sjø,~'sjø:z] delicious; delightful.

délictueux, -euse ˢᵗ̱ᵗ [delik'tɥø, ~'tɥø:z] punishable, unlawful; felonious; *acte m* ~ misdemeano(u)r.

délié, e [de'lje] slim, thin, slender; glib (*tongue*); nimble (*fingers, wit*).

délier [~] (1o) *v/t.* untie, undo; release; *eccl.* absolve; *sans bourse* ~ without spending a (half)penny.

délimiter [delimi'te] (1a) *v/t.* delimit; fix the boundaries of; demarcate; define (*powers*).

délinquance [delɛ̃'kã:s] *f* delinquency; ~ *juvénile* juvenile delinquency; **délinquant** *m,* **e** *f* ˢᵗ̱ᵗ [~'kã, ~'kã:t] delinquent, offender; trespasser.

délirant, e [deli'rã, ~'rã:t] frantic, frenzied; rapturous; ℱ delirious, raving; **délire** [~'li:r] *m* ℱ delirium; *fig.* frenzy; **délirer** [~li're] (1a) *v/i.* be delirious; rave (*a. fig.*); **délirium tremens** ℱ [~li'rjɔm tre'mɛ̃:s] *m* delirium tremens, F d.t.'s.

délit ˢᵗ̱ᵗ [de'li] *m* misdemeano(u)r, offence; *en flagrant* ~ in the act, redhanded.

délivrance [deli'vrã:s] *f* deliverance; release; rescue; ℱ confinement; delivery; *certificate, ticket, etc.:* issue; **délivrer** [~'vre] (1a) *v/t.*

(set) free; deliver (*a. ℱ, a. a certificate*); release; issue (*a certificate, a ticket*); *se* ~ *de* free o.s. from.

déloger [delɔ'ʒe] (1l) *v/i.* remove, move house; go away; ✕ march off; *v/t.* oust, drive out; ✕ dislodge.

déloyal, e *m/pl.* **-aux** [delwa'jal, ~'jo] disloyal, false; ✝ unfair (*competition*); *sp.* foul; **déloyauté** [~jo'te] *f* disloyalty, treachery.

déluge [de'ly:ʒ] *m* deluge, flood (*a. fig.*); ✝ *rain:* downpour.

déluré, e [dely're] smart, sharp, knowing; forward, cheeky.

délustrer [delys'tre] (1a) *v/t. tex.* take the gloss off (*a cloth*); *fig.* take the shine off; *se* ~ lose its gloss; grow shabby; *fig.* fade.

démagogue [dema'gɔg] *m* demagogue.

démailler [demɑ'je] (1a) *v/t.* unshackle (*a chain*); unpick (*a knitted object*); *se* ~ run, ladder (*stocking*).

démailloter [~jo'te] (1a) *v/t.* unswaddle (*a baby*).

demain [də'mɛ̃] *adv., a. su./m* tomorrow; *à* ...! good-bye till tomorrow!, F see you to-morrow!; ~ *en huit* to-morrow week.

démancher [demã'ʃe] (1a) *v/t.* unhaft, remove the handle of (*a tool*); ℱ F dislocate; *fig.* upset; *v/i.* ♪ shift.

demande [də'mã:d] *f* question; enquiry; request (for, *de*); ✝ demand; ˢᵗ̱ᵗ claim, action; ~ *d'emploi* application for a job; ˢᵗ̱ᵗ ~ *en dommages-intérêts* claim for damages; ~ *en mariage* proposal (of marriage); *à la* ~ as required; *à la* ~ *générale* by general request; *sur* ~ on application *or* request; **demander** [~mã'de] (1a) *v/t.* ask (for); beg, request; wish, want; order; apply for; ~ *q.* ask for s.o.; ~ *qch. à q.* ask s.o. for s.th.; *se* ~ wonder.

demandeur[1] *m,* **-euse** [dəmã'dœ:r, ~'dø:z] petitioner; applicant (for, *de*); demander; *cards:* declarer; *teleph.* caller.

demandeur[2] *m,* **-eresse** *f* ˢᵗ̱ᵗ [dəmã'dœ:r, ~'drɛs] plaintiff.

démangeaison [demãʒɛ'zɔ̃] *f* itching; *fig.* F itch, longing; **démanger** [~'ʒe] (1l) *v/i.* ~ *à q.* itch (*arm, leg, etc.*); *fig.* *ça me démange de* (*inf.*) I'm dying to (*inf.*).

démantèlement [demãtɛl'mã] *m*

dismantling; **démanteler** [∼mɑ̃t'le] (1d) *v/t.* dismantle, demolish, raze; break up (*a gang*).

démantibuler [demɑ̃tiby'le] (1a) *v/t.* ruin, break up, smash up.

démaquillage [demaki'ja:ʒ] *m*: crème *m* de ∼cleansing cream; **démaquillant** [∼'jɑ̃] *m* make-up remover, cleanser; **démaquiller** [∼'je] (1a) *v/t.*: se ∼ take off one's make-up.

démarcation [demarka'sjɔ̃] *f* demarcation, boundary.

démarche [de'marʃ] *f* step (*a. fig.*), walk, gait; *fig. a.* procedure(s *pl.*); *faire des* ∼s *pour* take steps to.

démarquer [demar'ke] (1m) *v/t.* remove the marks from; ✝ mark down (*prices*); *fig.* plagiarize.

démarrage [dema'ra:ʒ] *m mot.*, 🚲, 🏃 start; ⚓ unmooring; **démarrer** [∼'re] (1a) *vt/i.* ⚓ cast off; *mot.*, 🚲, 🏃 start; *v/i. fig.* get moving, get off the ground; *faire* ∼ *mot.* start; ⊕ set in motion; **démarreur** ⊕, *mot.* [∼'rœ:r] *m* starter.

démasquer [demas'ke] (1m) *v/t.* unmask (*a.* ✕); ⚓ show (*a light*); *fig.* ∼ *ses batteries* show one's hand.

démêlé [deme'le] *m* dispute; contest; **démêler** [∼'le] (1a) *v/t.* unravel; comb out (*one's hair*); *fig.* make out; clear up; *avoir qch. à* ∼ *avec q.* have a bone to pick with s.o.; **démêloir** [∼'lwa:r] *m* large-toothed comb.

démembrer [demɑ̃'bre] (1a) *v/t.* dismember; break up.

déménagement [demenaʒ'mɑ̃] *m* removal, moving (house); *voiture f de* ∼ furniture van; **déménager** [∼na'ʒe] (11) *v/t.* (re)move; move the furniture out of (*a house*); *v/i.* move house; *fig.* go out of one's mind; F *sa tête déménage* he has taken leave of his senses; **déménageur** [∼na'ʒœ:r] *m* furniture remover.

démence [de'mɑ̃:s] *f* insanity, madness; ⚕ dementia; ⚖ lunacy.

démener [dema'ne] (1d) *v/t.*: se ∼ struggle; fling o.s. about; *fig.* strive hard.

dément, e [de'mɑ̃, ∼'mɑ̃:t] **1.** *adj.* mad; ⚖ lunatic; **2.** *su.* mad person, lunatic.

démenti [demɑ̃'ti] *m* denial, contradiction; *fig.* failure; **démentir** [∼'ti:r] (2b) *v/t.* contradict; deny

(*a fact*); belie; *se* ∼ contradict o.s.; fail (to keep one's word).

démérite [deme'rit] *m* demerit; **démériter** [∼'rite] (1a) *v/i.* act in a blameworthy manner; ∼ *auprès de q.* forfeit s.o.'s esteem; ∼ *de* break faith with (*s.o.*); become unworthy of (*s.th.*).

démesuré, e [demǝzy're] inordinate, beyond measure; excessive; out of all proportion.

démettre [de'mɛtr] (4v) *v/t.* dislocate; ✝ deprive; ⚖ ∼ *q. de son appel* dismiss s.o.'s appeal; *se* ∼ *l'épaule* dislocate one's shoulder, put one's shoulder out (of joint); *se* ∼ *de qch.* give s.th. up, abandon s.th.; *se* ∼ (*de ses fonctions*) resign.

démeubler [demœ'ble] (1a) *v/t.* remove the furniture from.

demeurant [dǝmœ'rɑ̃]: *au* ∼ after all; **demeure** [∼'mœ:r] *f* dwelling, residence; ✝ delay; *à* ∼ permanent(ly); *dernière* ∼ last resting place; ✝ *en* ∼ in arrears; *mettre q. en* ∼ *de* (*inf.*) call upon s.o. to (*inf.*); *mise f en* ∼ summons; **demeuré, e** [∼mœ're] mentally retarded; half-witted; **demeurer** [∼mœ're] (1a) *v/i.* live, reside; stay, stop; *en* ∼ *là* stop, leave off.

demi, e [dǝ'mi] **1.** *adj.* (*inv. before su.*) half, demi-…, semi-…; *une demi-heure* half an hour, a half-hour; *une heure et demie* an hour and a half; *dix heures et demie* half past ten; **2.** *su./m* half; *sp.* half-back; *∼-cercle* [dǝmi'sɛrkl] *m* semicircle; *surv.* demi-circle; *∼-fond sp.* [∼'fɔ̃] *m* medium distance; *∼-frère* [∼'frɛ:r] *m* half-brother, step-brother; *∼-gros* ✝ [∼'gro] *m* wholesale dealing in small quantities; *∼-jour* [∼'ʒu:r] *m/inv.* half-light; *∼-journée* [∼ʒur'ne] *f* part-time work; half-day.

demilitariser [demilitari'ze] (1a) *v/t.* demilitarize.

demi…: *∼-monde* [dǝmi'mɔ̃:d] *m* demi-monde; *∼-mot* [∼'mo] *adv.*: *à* ∼ without many words; *∼-pension* [∼pɑ̃'sjɔ̃] *f* part board; *∼-reliure* [ra'lju:r] *f* quarter-binding; *∼-saison* [∼sɛ'zɔ̃] *f* between-season, mid-season; *∼-sec* [∼'sɛk] *adj./m* medium dry (*wine*); *∼-sœur* [∼'sœ:r] *f* half-sister, step-sister; *∼-solde* ✕ [∼'sɔld] *f* half pay; *∼-sommeil* [∼'mɛ:j] *m* somnolence; *∼-soupir* ♪ [∼su'pi:r] *m* quaver rest.

démission [demi'sjɔ̃] f resignation; abdication; *donner sa* ~ hand in one's resignation; **démissionnaire** [~sjɔ'nɛːr] 1. *adj.* resigning; 2. *su.* resigner; **démissionner** [~sjɔ'ne] (1a) *v/i.* resign, step down; *fig.* give up.

demi...: ~**tarif** [dəmita'rif] *m*: (*à* ~ at) half-price *or* half-fare; ~**teinte** *paint., phot.* [~'tɛːt] f half-tone; ~**ton** ♪ [~'tɔ̃] *m* semitone; ~**tour** [~'tuːr] *m* half-turn; ⚔ about turn; *mot.* U-turn; *faire* ~ turn back; turn about; ⚔ about-turn; ⚓ turn a half-circle.

démobiliser ⚔ [demɔbili'ze] (1a) *v/t.* demobilize.

démocrate [demɔ'krat] 1. *adj.* democratic; 2. *su.* democrat; **démocratie** [~kra'si] f democracy; **démocratiser** [~krati'ze] (1a) *v/t.* democratize; *fig.* put in the reach of the average man.

démodé, e [demɔ'de] old-fashioned, out of date, dated, outmoded; **démoder** [~] (1a) *v/t.*: *se* ~ go out of fashion.

démographe [demɔ'graf] *m* demographer; **démographie** [~gra'fi] f demography.

demoiselle [dəmwa'zɛl] f young lady; spinster; ⊕ paving-beetle; *zo.* dragon-fly; ⚓ rowlock; ~ (*de magasin*) shop-girl; ~ *d'honneur* bridesmaid; maid of hono(u)r.

démolir [demɔ'liːr] (2a) *v/t.* demolish (*a. fig. an argument*), pull down; *fig.* overthrow; *fig.* ruin; F give a good thrashing to (*s.o.*); **démolisseur** [~li'sœːr] *m* demolition worker *or* contractor, wrecker; *fig.* demolisher; **démolition** [~li'sjɔ̃] f demolition; ~*s pl.* rubbish *sg.*; rubble *sg.* (*from demolished building*).

démon [de'mɔ̃] *m* demon, devil, fiend; *fig.* imp; *le* ~ *de midi* love in middle age.

démonétiser [demɔneti'ze] (1a) *v/t.* demonetize (*metal*); *fig.* discredit (*s.o.*).

démoniaque [demɔ'njak] *adj., a. su.* demoniac.

démonstrateur *m*, **-trice** f [demɔ̃stra'tœːr, ~'tris] ♱ demonstrator; **démonstratif, -ve** [~'tif, ~'tiːv] 1. *adj.* demonstrative (*a. gramm.*); *peu* ~ undemonstrative, dour; 2. *su./m gramm.* demonstrative; **démon-**

stration [~'sjɔ̃] f demonstration; ⚔ show of force.

démontable ⊕ [demɔ̃'tabl] that can be taken to pieces; collapsible (*boat*); **démontage** [~'taːʒ] *m* dismantling; *tyre*: removal; **démonté, e** [~'te] stormy, wild (*sea*); flustered; **démonter** [~'te] (1a) *v/t.* unseat (*a rider*); ⊕ dismantle, take down; *fig.* upset, take aback, fluster; *se* ~ lose countenance; get flustered.

démontrer [demɔ̃'tre] (1a) *v/t.* demonstrate, show.

démoraliser [demɔrali'ze] (1a) *v/t.* demoralize; *fig.* dishearten; ⚔ destroy *or* undermine the morale of (*troops etc.*).

démordre [de'mɔrdr] (4a) *v/i.* let go; *fig.* give in; *fig. ne pas* ~ de stick to.

démouler [demu'le] (1a) *v/t.* withdraw from the mould; turn out (*a cake*).

démunir [demy'niːr] (2a) *v/t.* deprive (of, *de*); *se* ~ *de* part with; ♱ run short of.   [muzzle (*a dog*).]

démuseler [demyz'le] (1c) *v/t.* un-⅃

démystification [demistifika'sjɔ̃] f debunking; demystification; **démystifier** [~'fje] (1a) *v/t.* debunk; demystify.

démythifier [demiti'fje] (1a) demythologize; debunk.

dénatalité [denatali'te] f fall in the birth-rate.

dénationaliser [denasjɔnali'ze] (1a) *v/t.* denationalize; *se* ~ lose one's nationality.

dénaturaliser [denatyrali'ze] (1a) *v/t.* denaturalize.

dénaturé, e [denaty're] unnatural; ⚗, *alcool m* ~ methylated spirit; **dénaturer** [~] (1a) *v/t.* adulterate; *fig.* misrepresent, distort, pervert.

dénégation [denega'sjɔ̃] f denial; ♱ traverse.

déni ♱ [de'ni] denial, refusal.

déniaiser F [denjɛ'ze] (1a) *v/t.* educate (*s.o.*) in the ways of the world; smarten (*s.o.'s*) wits; *fig.* initiate (*s.o.*) sexually.

dénicher [deni'ʃe] (1a) *v/t.* take from the nest; ⚔ dislodge; *fig.* unearth, rout out; discover; *v/i.* fly away; F *fig.* clear out, depart.

denier [də'nje] *m* small coin; penny; cent; money; *stockings*: denier; *les* ~*s pl. publics* public funds; *le* ~ *de Saint-Pierre* Peter's pence.

dénier [de'nje] (1o) v/t. deny; disclaim; refuse.

dénigrer [deni'gre] (1a) v/t. disparage, run (s.o.) down.

déniveler [deni'vle] (1c) v/t. make uneven (the surface); surv. determine differences in level.

dénombrement [denɔ̃brə'mɑ̃] m counting; population: census; **dénombrer** [~'bre] (1a) v/t. count; take a census of (the population).

dénominateur Å [denɔmina'tœ:r] m denominator; **dénominatif, -ve** [~'tif, ~'ti:v] denominative; **dénomination** [~'sjɔ̃] f name, denomination; **dénommer** [denɔ'me] (1a) v/t. denominate, call, designate.

dénoncer [denɔ̃'se] (1k) v/t. denounce (a. a treaty); betray, indicate; expose; ~ q. (à la police) inform against s.o.; **dénonciateur, -trice** [~sja'tœːr, ~'tris] 1. su. informer; F stoolpigeon; 2. adj. telltale, revealing; laying information (letter); **dénonciation** [~sja'sjɔ̃] f denunciation; information (against, de); notice of termination (of treaty etc.).

dénoter [denɔ'te] (1a) v/t. denote, show, mark.

dénouement [denu'mɑ̃] m untying; result, outcome; difficulty: solution; thea. etc. dénouement; **dénouer** [~'nwe] (1p) v/t. untie, unravel, undo; fig. clear up; loosen (limbs, the tongue); se ~ come undone; end (story); loosen (tongue).

denrée [dɑ̃'re] f usu. ~s pl. commodity sg.; produce sg.; ~s pl. alimentaires food-stuffs; ~s pl. coloniales colonial produce sg.

dense [dɑ̃ːs] dense (a. phys.); thick; peu ~ thin; sparse; **densimètre** phys. [dɑ̃si'mɛtr] m densimeter, hydrometer; **densité** [~'te] f density (a. phys., a. of population); phys. specific weight.

dent [dɑ̃] f tooth (a. ⊕); elephant: tusk; geog. jagged peak; ⊕ cog; fork: prong; ~ de lait (de sagesse) milk tooth (wisdom tooth); ~s pl. artificielles denture sg.; sl. avoir la ~ be hungry; avoir une ~ contre have a grudge against; être sur les ~s be worn out; mal m aux ~s toothache; sans ~s toothless; **dentaire** anat. [dɑ̃'tɛːr] dental (art, pulp); **dental, e**, m/pl. **-aux** [~'tal, ~'to] 1. adj.

dental (nerve, consonant); 2. su./f gramm. dental (consonant); **dent-de-lion,** pl. **dents-de-lion** ♀ [dɑ̃d'ljɔ̃] f dandelion; **denté, e** [dɑ̃'te] toothed; ⊕ roue f ~e cogwheel; **dentelé, e** [dɑ̃t'le] jagged, notched; serrated (a. leaf); **denteler** [~] (1c) v/t. notch; indent (a. fig.); **dentelle** [dɑ̃'tɛl] f lace; wrought ironwork; **dentelure** [dɑ̃t'ly:r] f indentation; post: perforation (of stamps); **denter** [dɑ̃'te] (1a) v/t. ⊕ tooth, cog (a wheel); **denticule** △ [~tiky'le] ♀ denticulate; △ denticular; **dentier** [~'tje] m denture, F plate; set of false teeth; **dentifrice** [~ti'fris] 1. su./m dentifrice, tooth-paste; 2. adj.: eau f ~ mouth-wash; **dentine** anat. [~'tin] f dentine; **dentiste** [~'tist] m dentist; **dentition** [~ti'sjɔ̃] f dentition; baby: teething; **denture** [~'ty:r] f set of (natural) teeth; ⊕ teeth pl., cogs pl., gear teeth pl.

dénucléarisé, e [denykleari'ze] atom-free (zone).

dénuder [deny'de] (1a) v/t. lay bare; strip; **dénuement** [~ny'mɑ̃] m destitution; poverty (a. fig.); room: bareness; **dénuer** [~'nɥe] (1n) v/t. strip (of, de); dénué de devoid of, lacking, ...less.

dépannage [depa'na:ʒ] m repairing, fixing; repairs pl.; fig. helping (out); help, relief, F troubleshooting; mot. (a. service m de ~) breakdown service; **dépanner** [~'ne] (1a) v/t. repair, fix; fig. help (out), tide over, relief; **dépanneur** mot. [~'nœ:r] m breakdown mechanic; **dépanneuse** mot. [~'nø:z] f breakdown lorry, Am. wrecker. [unpack.]

dépaqueter [depak'te] (1c) v/t. unpack.)

dépareillé, e [deparɛ'je] odd (= unpaired); ✝ articles m/pl. ~s job lot sg., oddments.

déparer [depa're] (1a) v/t. strip (of ornaments); divest (of medals etc.); fig. spoil, mar.

déparier [depa'rje] (1o) v/t. remove one of a pair of; separate (a pair); gant m déparié odd glove.

départ¹ [de'pa:r] m departure (a. ⚓), start; ♫ sailing; fig. start, beginning; sp. bloc m de ~ starting block; sp. ~ lancé flying start; point m de ~ starting point (a. fig.); fig. au ~ in the beginning; at the outset.

départ² [~] *m* division, separation.

départager [departa'ʒe] (1l) *v/t.* decide between; ∼ *les voix* give the casting vote.

département [depart'mã] *m* department (*a. pol. Am.*); *pol.* Ministry; *admin.* department; *fig.* province.

départir [depar'ti:r] (2b) *v/t.* distribute, deal out; *se* ∼ *de abandon,* give up.

dépassement [depas'mã] *m* overstepping, going beyond; *credit etc.:* exceeding; **dépasser** [~pa'se] (1a) *v/t.* pass, go beyond; exceed (*a. a speed*); overtake (*a car, a person, etc.*); project beyond; *fig.* outshine; *fig.* be beyond (*s.o.'s means etc.*); F *cela me dépasse* it is beyond my comprehension, F it's beyond me; *sp.* ∼ *à la course* outrun.

dépassionner [depasjɔ'ne] (1a) *v/t.* take the heat out of (*a discussion etc.*).

dépaver [depa've] (1a) *v/t.* take up the pavement of (*a street*).

dépayser [depei'ze] (1a) *v/t.* take (*s.o.*) out of his element; mislead; *fig.* bewilder.

dépecer [depə'se] (1d *a.* 1k) *v/t.* cut up; dismember; break up (*an estate, a ship*).

dépêche [de'pɛ:ʃ] *f* dispatch; telegram, F wire; **dépêcher** [depe'ʃe] (1a) *v/t.* hasten; expedite; dispatch; *se* ∼ hurry up, make haste (*to inf., de inf.*).

dépeigner [depe'ɲe] (1a) *v/t.* ruffle.

dépeindre [de'pɛ̃:dr] (4m) *v/t.* depict; describe.

dépenaillé, e [depəna'je] tattered, ragged.

dépendance [depɑ̃'dɑ̃:s] *f* dependence; dependency (*of a country*); *fig.* subjection, domination; ∼*s pl.* outbuildings, annexes.

dépendre¹ [de'pɑ̃:dr] (4a) *v/i.* depend (on, *de*); *cela dépend* that depends; *il dépend de vous de* (*inf.*) it lies with you to (*inf.*).

dépendre² [~] (4a) *v/t.* take down, unhang.

dépens [de'pɑ̃] *m/pl.* cost *sg.*, expense *sg.*, ⁂ costs; *aux* ∼ *de q.* at s.o.'s expense.

dépense [de'pɑ̃:s] *f* expenditure, spending, outlay, expense; *gas, steam, etc.:* consumption; **dépenser** [depɑ̃'se] (1a) *v/t.* spend; consume (*coal etc.*), use (up); *fig. se* ∼ exert

o.s.; **dépensier, -ère** [~'sje, ~'sjɛ:r] **1.** *su.* storekeeper; *hospital:* dispenser; spendthrift; **2.** *adj.* extravagant, spendthrift.

déperdition [deperdi'sjɔ̃] *f* waste; loss; *gas:* escape.

dépérir [depe'ri:r] (2a) *v/i.* decline, pine (away), dwindle; **dépérissement** [~ris'mã] *m* declining, pining, dwindling; decay(ing); deterioration.

dépersonnaliser [depɛrsɔnali'ze] (1o) *v/t.* depersonalize; *se* ∼ loose one's personality; become impersonal.

dépêtrer [depe'tre] (1a) *v/t.* extricate, free; *se* ∼ *de* get o.s. out of (*s.th.*); F *se* ∼ *de* go off.

dépeupler [depœ'ple] (1a) *v/t.* depopulate; thin (*a forest*).

déphasage [defa'za:ʒ] *m phys.* phase difference; *fig.* discrepancy, gap; *fig.* lag; **déphasé, e** [~'ze] *phys.* out of phase; *fig.* disoriented; *fig.* lagging behind; F *fig.* no longer with it.

dépiauter F [depjo'te] (1a) *v/t.* skin; *fig.* dissect (*a book*).

dépilation [depila'sjɔ̃] *f* depilation; removal of hair; **dépilatoire** [~la'twa:r] **1.** *adj.* depilatory; *pâte f* ∼ hair-removing cream; **2.** *su./m* depilatory, hair-remover; **dépiler** [~'le] (1a) *v/t.* remove the hair from.

dépister [depis'te] (1a) *v/t. hunt.* run to earth (*a.* F *fig. s.o.*); *fig.* detect, discover; put off the scent; *fig.* baffle.

dépit [de'pi] *m* vexation, frustration; *en* ∼ *de* in spite of; **dépiter** [~pi'te] (1a) *v/t.* annoy; spite; *se* ∼ be annoyed or vexed (at, *de*).

déplacé, e [depla'se] out of place; displaced; *fig.* misplaced; improper; **déplacement** [~plas'mã] *m* moving, shifting; movement; displacement, relocation, transfer, removal; travel(ling); ⚓ displacement; ∼ *disciplinaire* disciplinary transfer; *frais m/pl. de* ∼ travelling expenses; **déplacer** [~pla'se] (1k) *v/t.* displace, shift, move; dislodge; ⚓ have a displacement of; *fig.* transfer (*s.o.*); *se* ∼ move; move or get around or about; travel.

déplaire [de'plɛ:r] (4z) *v/i.:* ∼ *à* displease; *v/t.: se* ∼ *à* dislike; **déplaisant, e** [deple'zã, ~'zã:t] unpleasant, disagreeable; **déplaisir** [～'zi:r] *m* displeasure; annoyance.

déplanter [deplã'te] (1a) *v/t.* displant; take up (*a plant*); transplant.

dépliant [depli'ã] *m* folding album; folder; **déplier** [～'e] (1a) *v/t.* unfold.

déplisser [depli'se] (1a) *v/t.* unpleat, take the pleats out of; se ～ come out of pleats.

déploiement [deplwa'mã] *m* unfolding; *goods, courage, etc.:* display; ✕, ⚓, *troops, etc.:* deployment.

déplomber [deplõ'be] (1a) *v/t.* unseal; ⚙ unstop, *Am.* remove the filling from (*a tooth*).

déplorable [deplɔ'rabl] deplorable, lamentable; wretched; **déplorer** [～'re] (1a) *v/t.* deplore; lament, mourn.

déployer [deplwa'je] (1h) *v/t.* unfold; display (*a flag, goods, patience, etc.*); ✕ deploy (*troops*); ⚓ unfurl (*the sail*).

déplumer [deply'me] (1a) *v/t.* pluck; se ～ moult; F grow bald.

dépolir ⊕ [depɔ'li:r] (2a) *v/t.* remove the polish from; grind, frost (*glass*); se ～ grow dull; *verre m dépoli* ground or frosted glass.

dépolluer [depɔl'lɥe] (1n) *v/t.* depollute; **dépollution** [depɔly'sjõ] *f* depolluting.

dépopulation [depɔpyla'sjõ] *f* depopulation; falling population.

déport ✝ [de'pɔ:r] *m* backwardation.

déportation [depɔrta'sjõ] *f* 🏛 transportation; *pol.* deportation; **déportements** [depɔrtə'mã] *m/pl.* misconduct *sg.*; dissolute life *sg.*; **déporter** [～'te] (1a) *v/t.* deport (*s.o.*); carry away; ⊕ off-set (*a part*); *v/i.* ✕ drift.

déposant *m*, **e** *f* [depo'zã, ～'zã:t] ✝ depositor; 🏛 bailor; 🏛 deponent, witness; **déposer** [～'ze] (1a) *v/t.* deposit (*s.th., money, required documents*, 🅼 *a sediment, etc.*); lay down; leave; depose (*a king etc.*); *parl.* introduce, table (*a bill*); 🏛 file (*a petition*), prefer (*a charge*), lodge (*a complaint*); ✝ register (*a trade-mark*); *v/i.* settle (*wine*); 🏛 give evidence (against, *contre*); depose (that, *que*); **dépositaire** [～zi'tɛ:r] *su.* trustee; 🏛 bailee; ✝

agent (for, *de*); **déposition** [～zi-'sjõ] *f* 🏛 *a. king:* deposition; 🏛 evidence; 🏛 ～ *sous serment* affidavit.

déposséder [depɔse'de] (1f) *v/t.* (*de*) dispossess (from), deprive (of) **dépossession** [～sɛ'sjõ] *f* dispossession.

dépôt [de'po] *m* deposit; 🏛 bailment; *telegram:* handing in; ✝ store; depot (*a.* ✕); ✝ warehouse *Customs:* bond; sediment (*in liquid*); 🅰 depositing; 🔧 *engine:* shed police station; 🅰 accumulation of matter; ✝ *trade-mark:* registration ～ *de marchandises* goods depot freight yard; ～ *de mendicité* workhouse; ～ *mortuaire* mortuary; *caisse f de* ～*s et consignations* Deposit and Consignment Office; *en* ～ on sale; ir stock; on trust.

dépoter [depɔ'te] (1a) *v/t.* ✓ plant out (*seedlings*); unpot (*a plant*) decant (*wine etc.*).

dépotoir [depɔ'twa:r] *m* rubbish (*Am.* garbage) dump; junk room or yard.

dépouille [de'pu:j] *f animal:* skin *serpent:* slough; 🅰 rake, clearance *metall.* draw; ～*s pl.* spoils, booty *sg.* effects; ～ *mortelle* mortal remains *pl.* **dépouillement** [～puj'mã] *m* despoiling; scrutiny, examination *votes:* count; **dépouiller** [～pu'je] (1a) *v/t.* skin; strip; plunder; rob examine; open (*letters*); count (votes); *fig.* cast off *or* aside (*one's* pride *etc.*); se ～ shed its leaves (*tree*) cast its skin (*serpent*); divest o.s., get rid (of, *de*).

dépourvoir [depur'vwa:r] (3m) *v/t.* deprive (of s.th., *de qch.*); **dépourvu, e** [～'vy] 1. *adj.:* ～ *de* lacking, short of, devoid of; 2. *dépourvu adv.:* au ～ unawares.

dépoussiérage [depusje'ra:ʒ] *m* dusting; ⊕ dust extraction; *air:* filtering; **dépoussiérer** [～'re] (1a) *v/t.* remove (the) dust from; dust down; *fig.* dust off.

dépravation [deprava'sjõ] *f taste etc.:* depravation; *morals:* depravity; **dépraver** [～'ve] (1a) *v/t.* deprave, corrupt.

dépréciation [depresja'sjõ] *f* depreciation; wear and tear; **déprécier** [～'sje] (1o) *v/t.* depreciate (*a* ✝), undervalue; belittle, F run

down; devalue (*coinage*); se ~ ✝
depreciate; *fig.* belittle o.s.

déprédateur, -trice [depreda'tœːr,
~'tris] **1.** *su.* depredator; embezzler;
2. *adj.* depredatory; **déprédation**
[~'sjɔ̃] *f* depredation, pillaging;
peculation.

déprendre [de'prɑ̃ːdr] (4q) *v/t.*: se ~
de break away from; free *or* rid o.s.
of; cast off.

dépressif, -ve [depre'sif, ~'siːv]
bearing down; *fig.* depressing; **dépression** [~'sjɔ̃] *f* depression (*a.* ✝,
a. meteor., *a.* fig.); fall (*in value*);
barometer: fall in pressure; ✝ (*of
nerveuse nervous*) breakdown; **dé-
prime** F [de'prim] *f* depression;
déprimer [depri'me] (1a) *v/t.*
depress; *fig.* lower; se ~ become
depressed.

depuis [də'pɥi] **1.** *prp.* since, for;
from; ~ quand? since when?; *je suis
ici* ~ *cinq jours* I have been here for
five days; ~ ... jusqu'à from ... (down)
to; **2.** *adv.* since (then); afterwards;
3. *cj.*: ~ que since.

dépuratif, -ve [depyra'tif, ~'tiːv]
adj., a. su./m depurative; **dépurer**
[~'re] (1a) *v/t.* depurate, cleanse (*the
blood*); purify (*water, metal*).

députation [depyta'sjɔ̃] *f* deputa-
tion; membership of Parliament; se
présenter à la ~ stand for Parliament,
Am. run for Congress; **député** [~'te]
m deputy, M.P., Am. Congressman;
députer [~'te] (1a) *v/t.* depute,
delegate (to à, vers).

déraciner [derasi'ne] (1a) *v/t.*
uproot; *fig.* eradicate.

déraidir [derɛ'diːr] (2a) *v/t.* take the
stiffness out of; *fig.* relax.

dérailler [derɑ'je] (1a) *v/i.* ➋ *etc.* go
off the rails; be derailed, leave the
track; F talk wildly; F behave
weirdly; F be on the blink (*machinery*); **dérailleur** [~'jœːr] *m* ➋
shifting track; *bicycle:* gearshift.

déraison [derɛ'zɔ̃] *f* unreasonable-
ness; unwisdom; **déraisonnable**
[~zo'nabl] unreasonable, irrational;
unwise; foolish; **déraisonner** [~zo-
'ne] (1a) *v/i.* talk nonsense; rave
(*sick man*).

dérangement [derɑ̃ʒ'mɑ̃] *m* derangement; disturbance; disorder;
trouble; upset; ✍, ⊕ fault; **déranger** [~rɑ̃'ʒe] (1l) *v/t.* derange; bother; disturb; upset (*a. fig.*); ⊕ put

out of order; se ~ move; take trouble
(to *inf.*, pour *inf.*); lead a wild life;
⊕ get out of order; get upset.

dérapage [dera'paːʒ] *m* mot. skid
(-ding); ⚓ dragging; **déraper** [~'pe]
(1a) *v/t.* ⚓ trip, weigh (*the anchor*);
v/i. ⚓ drag; drag its anchor (*ship*);
mot. skid.

dératé, e F [dera'te] **1.** *adj.* scatterbrained, harum-scarum; **2.** *su./m*:
courir comme un ~ run like a hare.

derby sp. [dɛr'bi] *m* derby, horse-
race; contest. [more.]

derechef [dərə'ʃef] *adv.* again, once⟨

déréglé [dere'gle] ⊕ out of order;
fig. immoderate; dissolute (*life*);
dérèglement [~reglə'mɑ̃] *m* disorder; *pulse:* irregularity; profli-
gacy; dissolute life; **dérégler** [~re-
'gle] (1f) *v/t.* upset, disarrange;
unsettle; ⊕ put out of order; se ~
get out of order; *fig.* get into evil
ways.

dérider [deri'de] (1a) *v/t.* smooth;
unwrinkle; *fig.* cheer (*s.o.*) up.

dérision [deri'zjɔ̃] *f* derision, ridicule; tourner en ~ hold up to ridicule; **dérisoire** [~'zwaːr] ridiculous, laughable; prix ~ ridiculously
low price.

dérivatif, -ve [deriva'tif, ~'tiːv] *adj.,
a. su./m* derivative; **dérivation**
[~'sjɔ̃] *f* ✍, gramm. derivation;
watercourse: diversion; ➋ loop
(-line); ⚡ shunt(ing); teleph. branch-
circuit; ⚡ differentiation; ⚓ drift;
dérive [de'riːv] *f* ⚓ leeway; aller
à la ~ drift; **dérivé** ⚗, gramm.
[deri've] *m* derivative; **dérivée** ✍
[~] *f* differential coefficient.

dériver[1] [deri've] (1a) *v/i.* drift.

dériver[2] [~] (1a) *v/t.* divert; ⚡, ➋
shunt; ✝ free from the board; ✍, ⚡,
gramm. derive; *v/i.* derive *or* be derived (from, de); spring (from, de).

dériver[3] ⊕ [~] (1a) *v/t.* unrivet;
unhead (*a rivet*).

dermatologiste [dɛrmatɔlɔ'ʒist],
dermatologue [~'lɔg] *su.* dermato-
logist.

dernier, -ère [dɛr'nje, ~'njɛːr] **1.**
adj. last, latest; highest, utmost
(*importance etc.*); ✝ closing (*price*);
least (*trouble, worry*); vilest (*of
men*); le jugement ~ judgment-day,
the last judgment; mettre la ~ère
main à give the finishing touch to;
2. *su.* last, latest; **dernièrement**

dérobade

[⸗njɛr'mɑ̃] *adv.* lately, not long ago, recently.

dérobade [derɔ'bad] *f* escape; *horse:* balking; **dérobé, e** [⸗'be] hidden, concealed; **dérobée** [⸗'be] *adv.:* à la ~ secretly, on the sly; **dérober** [⸗'be] (1a) *v/t.* steal; hide; *cuis.* skin (*beans*), blanch (*almonds*); se ~ steal away; hide; escape (from, à).

dérogation [derɔga'sjɔ̃] *f* derogation (of, à); *faire ~ à* deviate from; **déroger** [⸗'ʒe] (1l) *v/i.* derogate (from, à); deviate (from, à); *fig.* lower o.s., stoop (to *inf.*, *jusqu'à inf.*).

dérouiller [deru'je] (1a) *v/t.* remove the rust from; *fig.* polish up.

dérouler [deru'le] (1a) *v/t.* unroll; unreel (*a cable, a wire*); *fig.* unfold (*one's plan*); se ~ unroll; come unwound; *fig.* unfold (*scene*); *fig.* occur, develop.

déroute [de'rut] *f* rout; *fig.* ruin; *mettre en ~* rout; **dérouter** [⸗ru'te] (1a) *v/t.* re-route (*an aircraft etc.*); *fig.* confuse, disconcert (*s.o.*), baffle (*s.o., s.th.*).

derrick [dɛ'rik] *m* oil-well: derrick.

derrière [dɛ'rjɛːr] **1.** *adv.* behind, at the back, in the rear; ⚓ astern; ⚓ aft; *par ~* from the rear; **2.** *prp.* behind, at the back of, in the rear of, *Am.* back of; ⚓ astern of; *abaft*; *être ~ q.* back s.o. up; **3.** *su./m* back, rear; F backside, behind, bottom, rump; ✕ ~s *pl.* rear *sg.*; *de ~* rear..., hind...

derviche [dɛr'viʃ] *m*, **dervis** [⸗'vi] *m* dervish.

dès [dɛ] *prp.* from, since; upon (*arrival, entry*); as early as; ~ *demain* from tomorrow; ~ *lors* from then on; ~ *que* as soon as.

désabonner [dezabɔ'ne] (1a) *v/t.:* se ~ cancel one's subscription (to, à).

désabuser [dezaby'ze] (1a) *v/t.* disabuse, disillusion; se ~ have one's eyes opened.

désaccord [deza'kɔːr] *m* discord; disharmony; disagreement; discrepancy; *fig.* en ~ at variance; **désaccorder** [⸗kɔr'de] (1a) *v/t.* ♪ put out of tune; *radio:* detune; *fig.* set at variance; ♪ se ~ get out of tune.

désaccoupler [dezaku'ple] (1a) *v/t.* unpair; unleash (*hounds*).

désaccoutumer [dezakuty'me] (1a)

v/t.: ~ *q. de* (*inf.*) break s.o. of the habit of (*ger.*).

désaffecté, e [dezafɛk'te] disused; abandoned.

désaffection [dezafɛk'sjɔ̃] *f* loss of affection; disaffection.

désagréable [dezagre'abl] disagreeable, unpleasant, nasty.

désagréger [dezagre'ʒe] (1a) *v/t.* disaggregate, disintegrate; *geol.* weather (*rock*).

désagrément [dezagre'mɑ̃] *m* unpleasantness; nuisance, inconvenience; discomfort.

désajuster [dezaʒys'te] (1a) *v/t.* disarrange; ⊕ throw out of adjustment.

désaltérant, e [dezalte'rɑ̃, ~'rɑ̃ːt] thirst-quenching; **désaltérer** [⸗'re] (1f) *v/t.* quench (*s.o.'s*) thirst; refresh, water (*a plant*).

désamarrer ⚓ [dezama're] (1a) *v/t.* unmoor.

désamorcer [dezamɔr'se] (1k) *v/t.* unprime; defuse (*a. fig.*); ~ run dry (*pump etc.*).

désappointement [dezapwɛt'mɑ̃] *m* disappointment; **désappointer** [~pwɛ'te] (1a) *v/t.* disappoint.

désapprendre [deza'prɑ̃ːdr] (4aa) *v/t.* unlearn; forget (*a subject, a skill*).

désapprobateur, -trice [dezaprɔba'tœːr, ~'tris] **1.** *su.* disapprover; **2.** *adj.* disapproving; **désapprouver** [~pru've] (1a) *v/t.* disapprove (of), object to.

désarçonner [dezarsɔ'ne] (1a) *v/t.* unseat (*a rider*); *fig.* dumbfound.

désarmement [dezarmə'mɑ̃] *m* disarmament; **désarmer** [⸗'me] (1a) *v/t.* disarm (*a. fig.*); ⚓ lay up (*a ship*); unship (*oars*); ✕ unload (*a gun*); uncock (*a rifle*); *v/i.* disarm; ⚓ be laid up (*ship*).

désarrimer ⚓ [dezari'me] (1a) *v/t.* unstow (*the cargo*); put (*a ship*) out of trim; se ~ shift.

désarroi [deza'rwa] *m* confusion, disorder.

désarticuler [dezartiky'le] (1a) *v/t.* dislocate; ⚕ disarticulate.

désassembler [dezasɑ̃'ble] (1a) *v/t.* take (*s.th.*) to pieces; disassemble; disconnect (*joints, couplings*).

désastre [de'zastr] *m* disaster; **désastreux, -euse** [~zas'trø, ~'trøːz] disastrous, calamitous.

désavantage [dezavã'ta:ʒ] *m* disadvantage; drawback; **désavantager** [‿ta'ʒe] (1l) *v/t.* (put at a) disadvantage; handicap; **désavantageux, -euse** [‿ta'ʒø, ‿'ʒø:z] unfavo(u)rable.

désaveu [deza'vø] *m* disavowal, denial; repudiation; disclaimer; **désavouer** [‿'vwe] (1p) *v/t.* disown; disavow; repudiate; disclaim.

désaxé, e [dezak'se] ⊕ out of true (*wheel*); off-centre; offset (*cylinder*); eccentric (*cam, a. fig.*); *fig.* F unbalanced.

desceller [desɛ'le] (1a) *v/t.* unseal, break the seal of; ⊕ loosen; force (*a safe*).

descendance [desã'dã:s] *f* descent; *coll.* descendants *pl.*; **descendant, e** [‿'dã, ‿'dã:t] **1.** *adj.* descending, downward; ⚔ decreasing (*series*); 🚇 up-... (*platform, train*); **2.** *su.* descendant; **descendre** [dɛ'sã:dr] (4a) *v/i.* descend (*a. fig.*), go or come down(stairs); fall (*temperature*); alight; get off (*a bus etc.*); dismount (*from a horse*); put up, stay (*at a hotel*); be descended (*from a family etc.*); ~ chez q. stay with s.o.; ⚖ ~ dans (*or* chez) raid; ⚔ ~ en piqué nose-dive; ⚖ ~ sur les lieux visit the scene (*of the accident, crime, etc.*); *v/t.* go *or* come down; bring (*s.th.*) down; take (*s.th.*) down (*from a shelf etc.*); lower (*by rope etc., a. ♪*); bring *or* shoot down; set (*s.o.*) down, F drop (*s.o.*) (*at an address*); **descente** [‿'sã:t] *f* descent; slope; *police:* raid; 🚇 alighting from (*a train*); ⚓ landing; ⚕ prolapse; lowering (*by rope etc.*); taking down (*from the wall etc.*); ⊕ *piston:* downstroke; ⚡ downpipe; *radio:* down-lead; ⚡ run (*on a bank*); ~ à pic ski: straight (downhill) run; *paint. etc.* ~ de croix descent from the cross; ~ de lit (bed-side) rug; ⚔ ~ piquée nose-dive.

descriptif, -ve [dɛskrip'tif, ‿'ti:v] descriptive; **description** [‿'sjõ] *f* description.

déséchouer ⚓ [deze'ʃwe] (1p) *v/t.* refloat.

déségrégation *pol.* [desegrega'sjõ] *f* desegregation.

désempar|é, e [dezãpa're] helpless, all at sea; crippled (*vehicle etc.*); **‿er**

[‿] (1a) *v/i.: sans* ~ without stop-(ping), on end; *v/t.* ⚓ disable; undo.

désemplir [dezã'pli:r] (2a) *v/t.* half-empty; *v/i.: ne pas* ~ be always full.

désenchaîner [dezãʃɛ'ne] (1b) *v/t.* unchain, unfetter.

désenchanter [dezãʃã'te] (1a) *v/t.* disenchant; *fig.* disillusion.

désencombrer [dezãkõ'bre] (1a) *v/t.* clear; disencumber.

désenfler [dezã'fle] (1a) *v/t.* reduce the swelling of (*the ankle*); deflate (*a tyre etc.*); *v/i. a. se* ~ go down, become less swollen.

désengager [dezãga'ʒe] (1l) *v/t.* free from an engagement *or* an obligation.

désengorger ⊕ [dezãgɔr'ʒe] (1l) *v/t.* unstop (*a pipe*).

désenivrer [dezãni'vre] (1a) *v/t.* sober (*s.o.*) (up).

désennuyer [dezãnɥi'je] (1h) *v/t.* amuse (*s.o.*); divert (*s.o.*); se ~ seek diversion (*in ger., à inf.; from, de*).

désenrayer ⊕ [dezãrɛ'je] (1i) *v/t.* release (*a brake etc.*).

désensibiliser [desãsibili'ze] (1a) *v/t.* desensitize.

désenvenimer ⚕ [dezãvəni'me] (1a) *v/t.* cleanse (*a wound*).

déséquilibre [dezeki'libr] *m* lack of balance; unbalance; **déséquilibré, e** [dezekili'bre] unbalanced (*a. mind*); out of balance; **déséquilibrer** [‿] (1a) *v/t.* throw (*s.th.*) off balance; unbalance.

désert, e [de'zɛ:r, ‿'zɛrt] **1.** *adj.* deserted; desert (*island, country*); wild (*country*); lonely (*spot*); **2.** *su./m* desert, wilderness; **déserter** [dezɛr'te] (1a) *v/t.* desert (*a.* ⚔), forsake, abandon; *v/i.* ⚔ desert; **déserteur** [‿'tœ:r] *m* deserter; **désertion** [‿'sjõ] *f* desertion. [lation.]

désescalade [dezɛskalad] *f* de-esca-/

désespérant, e [dezɛspe'rã, ‿'rã:t] heart-breaking; disheartening; **désespéré, e** [‿'re] desperate; hopeless ; *être dans un état* ~ be past recovery; **désespérément** [‿re-'mã] *adv.* desperately; **désespérer** [‿'re] (1f) *v/i.* despair (of, de); lose hope; lose heart; *v/t.* drive (*s.o.*) to despair; **désespoir** [dezɛs'pwa:r] *m* despair; desperation; *en* ~ *de cause* as a last resource.

désétatiser [dezetati'ze] (1a) *v/t.* denationalize; ⚕ *etc.* decontrol.

déshabillé [dezabi'je] *m* undress; **en ~** in dishabille; in undress; **déshabiller** [~] (1a) *v/t.* undress, disrobe; strip (*a.* ♣).

déshabituer [dezabi'tɥe] (1n) *v/t.*: **~ q. de** (*inf.*) break s.o. of the habit of (*ger.*); **se ~** grow unused (to, *de*); break o.s. of the habit (of *ger.*, *de inf.*).

déshériter [dezeri'te] (1a) *v/t.* disinherit; deprive; **les déshérités** the underprivileged.

déshonnête [dezɔ'nɛt] improper, immodest; **déshonneur** [~'nœːr] *m* dishono(u)r, disgrace; **déshonorant, e** [~nɔ'rɑ̃, ~'rɑ̃ːt] dishono(u)ring, dishono(u)rable; degrading; disgraceful; **déshonorer** [~nɔ're] (1a) *v/t.* dishono(u)r, disgrace; disfigure (*a picture etc.*).

déshumaniser [dezymani'ze] (1a) *v/t.* dehumanize.

déshydrater ♫ [dezidra'te] (1a) *v/t.* dehydrate.

désignation [deziɲa'sjɔ̃] *f* designation; appointment (as, *au poste de*); **désigner** [~'ɲe] (1a) *v/t.* designate, indicate; appoint.

désillusionner [dezillyzjɔ'ne] (1a) *v/t.* disillusion, undeceive.

désinence *gramm.* [dezi'nɑ̃ːs] *f* ending.

désinfecter [dezɛ̃fɛk'te] (1a) *v/t.* disinfect; decontaminate.

désintégration [dezɛ̃tegra'sjɔ̃] *f* disintegration; *atom:* splitting; *rock:* weathering.

désintéressé, e [dezɛ̃tere'se] unselfish; disinterested, unbiased; **désintéressement** [~rɛs'mɑ̃] *m* impartiality; unselfishness; ✝ *partner:* buying out; ✝ *creditor:* paying off; **désintéresser** [~rɛ'se] (1a) *v/t.* ✝ buy out (*a partner*); ✝ pay off (*a creditor*); reimburse (*s.o.*); **se ~ de** lose interest in; take no part in; take no further interest in; **désintérêt** [~'rɛ] *m* disinterest, indifference.

désintoxiquer [dezɛ̃tɔksi'ke] (1a) *v/t.* ✱ detoxicate; treat for alcoholism or drug addiction.

désinvolte [dezɛ̃'vɔlt] free, easy (*bearing, gait*); off-hand, airy (*manner*); rakish; cheeky (*reply*); **désinvolture** [~vɔl'tyːr] *f* ease, freedom (*of bearing*); off-handedness; F cheek.

désir [de'ziːr] *m* desire, wish; **désirable** [dezi'rabl] desirable; **peu ~** undesirable; **désirer** [~'re] (1a) *v/t.* desire, wish, want; *laisser à ~* leave much to be desired; **désireux, -euse** [~'rø, ~'røːz] (*de*) desirous (*of*); eager (*to*).

désister [dezis'te] (1a) *v/t.*: **se ~ de** withdraw; desist from; renounce.

désobéir [dezɔbe'iːr] (2a) *v/i.*: **~ à** disobey; **désobéissance** [~i'sɑ̃ːs] *f* disobedience (to, *à*); **désobéissant, e** [~i'sɑ̃, ~'sɑ̃ːt] disobedient.

désobligeant, e [dezɔbli'ʒɑ̃, ~'ʒɑ̃ːt] disobliging, unfriendly; **désobliger** [~'ʒe] (1l) *v/t.* disoblige (*s.o.*); offend (*s.o.*).

désobstruer [dezɔpstry'e] (1a) *v/t.* free (*s.th.*) of obstructions; ⊕ clear (*a pipe*). [deodorant.\]

désodorisant [dezɔdɔri'zɑ̃] *m*⟩

désœuvré, e [dezœ'vre] 1. *adj.* idle, unoccupied; at a loose end; 2. *su.* idler; **désœuvrement** [~vrə'mɑ̃] *m* idleness; leisure.

désolant, e [dezɔ'lɑ̃, ~'lɑ̃ːt] sad, distressing; troublesome; **désolation** [~la'sjɔ̃] *f* desolation; grief; **désolé, e** [~'le] desolate; very sorry; **désoler** [~'le] (1a) *v/t.* desolate; lay waste; distress, grieve (*s.o.*).

désolidariser [desɔlidari'ze] (1a) *v/t.*: **se ~** (*de*) dissociate o.s. (from).

désopilant, e [dezɔpi'lɑ̃, ~'lɑ̃ːt] side-splitting, screaming; **désopiler** *fig.* [~'le] (1a) *v/t.*: **se ~** shake with laughter.

désordonné, e [dezɔrdɔ'ne] disorderly; untidy; excessive (*pride, appetite*); immoderate (*appetite*); dissolute (*life, man, etc.*); **désordre** [~'zɔrdr] *m* disorder (*a.* ✻), confusion; *fig.* dissoluteness; **~s** *pl.* disturbances, riots; *vivre dans le ~* lead a wild life.

désorganisation [dezɔrganiza'sjɔ̃] *f* disorganization.

désorienter [dezɔrjɑ̃'te] (1a) *v/t.* mislead; *fig.* bewilder, confuse, disconcert; puzzle; *fig. tout désorienté* a. at a loss, all at sea.

désormais [dezɔr'mɛ] *adv.* from now on, henceforth.

désossé, e [dezɔ'se] boned (*fish etc.*); F boneless, flabby (*person*); **désosser** [~] (1a) *v/t. cuis.* bone (*a fish etc.*); *fig.* take to pieces, dissect (*a book etc.*).

despote [dɛs'pɔt] *m* despot; **despotique** [~pɔ'tik] despotic; **despotisme** [~pɔ'tism] *m* despotism.

dessaisir [desɛ'ziːr] (2a) *v/t.* ⚖ dispossess; se ~ de part with, give up.

dessalé, e *fig.* [desa'le] knowing,
sharp (*person*); **dessaler** [~] (1a) *v/t.*
desalinate; *cuis.* soak (*fish*); *fig.* put
(*s.o.*) up to a thing or two; *fig.* se ~
learn a thing or two.

dessécher [dese'ʃe] (1f) *v/t.* dry (up);
wither (*a plant, a limb*); drain (*a
swamp*); parch (*one's mouth*); sear
(*the heart*); se ~ dry up; wither.

dessein [dɛ'sɛ̃] *m* design; scheme,
plan; intention; à ~ intentionally, on
purpose.

desseller [dese'le] (1a) *v/t.* unsaddle.

desserrer [dese're] (1a) *v/t.* loosen
(*the belt, a screw*); unclamp; unscrew
(*a nut*); release (*the brake*); unclench
(*one's fist, one's teeth*).

dessert [de'sɛːr] *m* dessert; **desserte**
[~'sɛrt] *f* sideboard; *public transport:*
service, servicing.

desservir¹ [desɛr'viːr] (2b) *v/t.* clear
(*the table*); clear (*s.th.*) away; (*a. ~ la
table*) clear the table.

desservir² [~] (2b) *v/t. public transport:* serve; call at (*a port,* 🚂 *a
station*); *eccl.* minister in|to (*a parish*);
lead (in|to) (*a road etc.*).

desservir³ [~] (2b) *v/t.* put (*s.o.*) at a
disadvantage; harm (*s.o.'s*) interests.

dessiccatif, -ve [desika'tif, ~'tiːv]
drying.

dessiller [desi'je] *v/t.:* F ~ les yeux à
(*or* de) q. open s.o.'s eyes (*to the
truth*).

dessin [de'sɛ̃] *m* drawing, sketch;
△ *etc.* plan; ⊕ draughtsmanship;
pattern, design; ~ à main levée
free-hand drawing; *cin.* ~ animé
(animated) cartoon; **dessinateur,
-trice** [desina'tœːr, ~'tris] *su.*
drawer, sketcher; designer; car-
toonist; *su./m* ⊕ draughtsman;
su./f ⊕ draughtswoman; **dessiner**
[~'ne] (1a) *v/t.* draw, sketch; design
(*material etc.*); lay out (*a garden*);
outline; se ~ stand out, be outlined;
appear; *fig.* take shape.

dessouder ⊕ [desu'de] (1a) *v/t.*
unsolder; reopen (*a welded seam
etc.*).

dessouler [desu'le] (1a) *v/t.* sober
(up); *v/i. a.* se ~ sober up.

dessous [də'su] **1.** *adv.* under(neath),

beneath, below; de ~ underneath;
en ~ underneath; *fig.* in an underhand way; **2.** *prp.*: de ~ from under;
3. *su./m* underside, lower part; ~ *pl.*
(*women's*) underclothing *sg.*, F un-
dies; *fig.* seamy or shady side *sg.*;
F avoir le ~ be defeated, get the
worst of it; **~-de-bras** *cost.* [də-
sud'bra] *m/inv.* dress-shield.

dessus [də'sy] **1.** *adv.* above, over;
on (it, them, *etc.*); en ~ at the top,
above; sens ~ dessous in confusion,
topsy-turvy; ⚓ avoir le vent ~ be
aback; *fig.* mettre le doigt ~ hit the
nail on the head; **2.** *prp.* † on,
upon; de ~ from, (from) off;
3. *su./m* top, upper side; ♪ treble;
thea. ~ *pl.* flies; avoir (prendre) le ~
have (get) the upper hand, have
(get) the best of it; ~ de cheminée
mantelpiece; le ~ du panier the
pick of the basket; **~-de-lit** [dəsyd-
'li] *m/inv.* bedspread, coverlet.

déstabiliser [destabili'ze] (1a) *v/t.*
destabilize, make unstable.

destin [dɛs'tɛ̃] *m* fate, destiny; **destinataire** [dɛstina'tɛːr] *su.* addressee; † *money order:* payee; *goods:*
consignee; **destination** [~na'sjɔ̃] *f*
destination; à ~ de for, to; ⚓
bound for; *post:* addressed to; **destinée** [~'ne] *f* destiny; **destiner**
[~'ne] (1a) *v/t.* destine; intend (for,
à); se ~ à intend to take up, enter
(*a profession*).

destituer [dɛsti'tɥe] (1n) *v/t.* dismiss, discharge; **destitution** [~ty-
'sjɔ̃] *f* dismissal; removal.

destrier *poet.* [dɛstri'e] *m* charger,
steed.

destroyer ⚓ [dɛstrwa'jœːr] *m* destroyer.

destructeur, -trice [dɛstryk'tœːr,
~'tris] **1.** *adj.* destructive; destroying; **2.** *su.* destroyer; **destructif,
-ve** [~'tif, ~'tiːv] destructive (of,
de); **destruction** [~'sjɔ̃] *f* destruction; demolition.

désuet, -ète [de'sɥe, ~'sɥet] obsolete (*a. gramm.*), out-of-date; **désuétude** [~sɥe'tyd] *f* disuse; tomber en ~ fall into disuse; *fig.* fall
into abeyance (*law*), lapse (*right*).

désunion [dezy'njɔ̃] *f* disunion;
parts: separation; *fig.* dissension;
désunir [~'niːr] (2a) *v/t.* disunite,
divide; take apart; *fig.* set at
variance.

détachant [deta'ʃɑ̃] *m* stain remover.

détachement [detaʃ'mɑ̃] *m* loosening; detachment (*a.* ✗); *fig.* indifference (to, de), unconcern.

détacher[1] [deta'ʃe] (1a) *v/t.* detach (*a.* ♪); undo, unfasten; separate; ✗ detail (*a company*); 📷 uncouple; *fig.* estrange; se ~ come loose; part; stand out (against, sur).

détacher[2] [~] (1a) *v/t.* clean, remove stains from.

détail [de'taːj] *m* detail; particular; *fig.* trifle; † retail; *marchand m* en ~ retailer; *vendre au* ~ retail; **détaillant** *m*, **e** *f* [deta'jɑ̃, ~'jɑ̃ːt] retailer; **détailler** [~'je] (1a) *v/t.* enumerate; itemize (*an account*); relate in detail; cut up; † (sell) retail.

détaler F [deta'le] (1a) *v/i.* decamp, clear out.

détaxation [detaksa'sjɔ̃] *f* tax reduction *or* removal; **détaxe** [de'taks] *f* tax reduction *or* removal *or* refund; **détaxer** [detak'se] (1a) *v/t.* reduce *or* remove the tax on (*s.th.*).

détecteur ⚡ [detɛk'tœːr] *m radio:* detector; ⚡ ~ *de fuites* fault-finder.

détective [detɛk'tiːv] *m* detective; *phot.* box-camera.

déteindre [de'tɛ̃ːdr] (4m) *v/t.* remove the colo(u)r from; *v/i.* ~ *a.* se ~ fade, lose colo(u)r; run, bleed (*colour*).

dételer [det'le] (1c) *v/t.* unharness; 📷 uncouple; *v/i.* 📷 stop (working); F knock off; *sans* ~ without a break.

détendre [de'tɑ̃ːdr] (4a) *v/t.* loosen, slacken; *fig.* relax (*the mind*); steady (*one's nerves*); calm, reduce (*one's anger*); ⊕ expand (*steam*); se ~ slacken; relax.

détenir [det'niːr] (2h) *v/t.* hold, detain (*goods, s.o., a.* ⚖).

détente [de'tɑ̃ːt] *f* relaxation; slackening; *gun:* trigger; *pol.* détente; *fig.* improvement (*of relations*); ⊕ *steam:* expansion; *mot.* power stroke; *fig. dur à la* ~ close-fisted; *appuyer sur la* ~ press the trigger.

détenteur *m*, **-trice** *f* [detɑ̃'tœːr, ~'tris] holder (*a. sp.*); detainer (*of goods, property*); **détention** [~'sjɔ̃] *f* detention, imprisonment; † holding; possession; withholding; ⚖ *préventive* holding *or* remand in custody; ⚖ *maison f de* ~ remand home; house of detention; **détenu, e**

[det'ny] **1.** *p.p.* of détenir; **2.** *su.* prisoner.

détergent, e [detɛr'ʒɑ̃, ~'ʒɑ̃ːt] **1.** *adj.* detergent; **2.** *su./m* detergent; cleanser; **déterger** [~'ʒe] (11) *v/t.* cleanse.

détériorer [deterjɔ're] (1a) *v/t.* make worse; spoil; impair, damage; se ~ deteriorate; spoil.

déterminant [detɛrmi'nɑ̃] *m* 𝔸 determinant; *gramm.* determiner; **détermination** [~na'sjɔ̃] *f* determination; *fig. a.* resolution; **déterminé, e** [~'ne] determined; definite, specific; *fig.* resolute; **déterminer** [~'ne] (1a) *v/t.* determine, settle; ascertain; induce; bring about; ~ *q.* lead *or* induce s.o. to; ~ *de* (*inf.*) resolve to (*inf.*); se ~ make up one's mind (to *inf.*, à *inf.*); resolve (upon s.th., à *qch.*).

déterrer [detɛ're] (1a) *v/t.* unearth (*a. fig.*); dig up; exhume (*a corpse*).

détersif, -ve [detɛr'sif, ~'siːv] *m* detergent; cleansing product.

détestable [detɛs'tabl] detestable, hateful; **détester** [~'te] (1a) *v/t.* hate; detest.

détonateur [detɔna'tœːr] *m* detonator; *fig.* trigger; **détonation** [~na'sjɔ̃] *f* detonation; *gun:* report; **détoner** [~'ne] (1a) *v/i.* detonate, explode; *faire* ~ detonate; *mélange m détonant* detonating mixture.

détonner [detɔ'ne] (1a) *v/i.* ♪ sing *or* play out of tune; *fig.* clash (*colours*).

détordre [de'tɔrdr] (4a) *v/t.* untwist, unravel; unlay (*a rope*); **détors, e** [~'tɔːr, ~'tɔrs] untwisted; unlaid (*rope*); **détortiller** [~tɔrti'je] (1a) *v/t.* untwist; disentangle.

détour [de'tuːr] *m* detour, roundabout way; ~s *pl.* curves, turns; *sans* ~ straightforward(ly *adv.*); *tours et* ~s ins and outs (*a. fig.*), nooks and corners.

détourné, e [detur'ne] roundabout (*way*), *fig. a.* indirect; *sentier m* ~ by-path; **détournement** [~nə'mɑ̃] *m* diversion; *money:* embezzlement; *funds:* misappropriation; ⚖ abduction (*of a minor*); ~ *d'avion* hijacking; **détourner** [~'ne] (1a) *v/t.* turn away; divert (*a river, the traffic, etc.*), avert (*s.o.'s anger, a blow, one's eyes, etc.*); embezzle (*money*); misappropriate (*funds*); entice (*a wife from her husband, s.o. from his* *duty*); abduct (*a minor*); highjack (*an airplane*); se ~ de turn aside from.

détracteur *m*, **-trice** *f* [detrak'tœ:r, ~'tris] detractor, maligner; slanderer.

détraqué, e [detra'ke] out of order; deranged (*mind*); shattered (*health*); F il est ~ he is out of his mind; **détraquer** [~] (1m) *v/t.* put out of order; throw (*a machine*) out of gear; *fig.* upset; se ~ break down; F go all to pieces (*person*).

détrempe [de'trɑ̃:p] *f* distemper; *metall.* annealing; **détremper** [~trɑ̃'pe] (1a) *v/t.* soak; dilute; *metall.* anneal.

détresse [de'tres] *f* distress.

détriment [detri'mɑ̃] *m* detriment, injury; au ~ de to the prejudice of.

détritus [detri'tys] *m* detritus, debris; refuse, rubbish.

détroit *geog.* [de'trwa] *m* strait(s *pl.*).

détromper [detrɔ̃'pe] (1a) *v/t.* undeceive, enlighten; F détrompezvous! don't you believe it!; se ~ recognize one's error.

détrôner [detro'ne] (1a) *v/t.* dethrone; *fig.* replace, supersede.

détrousser [detru'se] (1a) *v/t.* rob (*s.o.*); **détrousseur** [~'sœ:r] *m* highwayman, footpad.

détruire [de'trɥi:r] (4h) *v/t.* destroy (*a. fig.*); demolish (*buildings, a. arguments*).

dette [det] *f* debt (*a. fig.*); ♀ *publique* National Debt; ~s *pl. actives* assets; ~s *pl. passives* liabilities.

deuil [dœ:j] *m* mourning (*a. clothes, a. time*); bereavement; *fig.* faire son ~ de qch. give s.th. up as lost, F say goodbye to s.th.; porter le ~ de q. mourn for s.o.

deux [dø] *adj./num.*, *a. su./m/inv.* two; *date*, *title*: second; ~ *fois* twice; ~ p double p (*in spelling*); à nous ~ between us; de ~ *jours l'un, tous les* ~ *jours* every other day, on alternate days; diviser en ~ halve; en ~ in two (*pieces*); Georges ♀ George the Second; le ~ *mai* the second of May; nous ~ the two of us; tous (*les*) ~ both; **deuxième** [dø'zjɛm] **1.** *adj./num.* second; **2.** *su.* second; *su./m* second, *Am.* third floor; *su./f secondary school*: (*approx.*) fifth form.

deux...: ~-**pièces** [dø'pjɛs] *m* (woman's) two-piece suit; ~-**points**

[~'pwɛ̃] *m/inv.* colon; ~-**roues** [~'ru] *m/inv.* two-wheeled vehicle.

dévaler [deva'le] (1a) *vt/i.* run or rush down.

dévaliser [devali'ze] (1a) *v/t.* rob; rifle, burgle (*a house*).

dévalorisation ✝ [devalɔriza'sjɔ̃] *f* currency: devaluation; depreciation, fall in value; **dévaloriser** ✝ [~'ze] (1a) *v/t.* devaluate (*the currency*).

dévaluation ✝ [devalɥa'sjɔ̃] *f* devaluation; **dévaluer** ✝ [~'lɥe] (1n) *v/t.* devaluate.

devancer [devɑ̃'se] (1k) *v/t.* precede; outstrip, leave (*s.o.*) behind; *fig.* forestall; **devancier** *m*, **-ère** *f* [~'sje, ~'sjɛ:r] precursor; predecessor; **devant** [də'vɑ̃] **1.** *adv.* in front, ahead, before; **2.** *prp.* in front of, before; ahead of; in the presence of (*s.o.*); *fig.* in the eyes of (*the law*); **3.** *su./m* front, forepart; gagner les ~s take the lead; *zo.* patte f de ~ foreleg; prendre les ~s make the first move, forestall the others *etc.*; shop window. **devanture** [~vɑ̃'ty:r] *f* front; shop window.

dévastateur, -trice [devasta'tœ:r, -'tris] devastating; destructive; **dévaster** [~'te] (1a) *v/t.* devastate, lay waste, ravage, wreck.

déveinard F [devɛ'na:r] *m* a man whose luck is out; **déveine** F [~'vɛn] *f* (run of) ill-luck, bad or hard luck.

développement [devlɔp'mɑ̃] *m* development (*a. phot., a. ♪*); ♠ *algebra*: expansion; pays m en voie de ~ developing country; **développer** [~lɔ'pe] (1a) *v/t.* develop; expand (♠); spread out; *fig.* amplify, unfold (*a plan*); se ~ develop, expand; spread out.

devenir [dəv'ni:r] (2h) *v/i.* become; grow (*tall, sad, dry*).

dévergondé, e [devergɔ̃'de] **1.** *adj.* profligate; shameless; F extravagant (*style etc.*); **2.** *su.* profligate.

déverrouiller [deveru'je] (1a) *v/t.* unbolt.

dévers [de've:r] *m* slope, cant; *road*: banking; 🚂 cant, vertical slant.

déversement [deversə'mɑ̃] *m* water etc.: discharge; *cart*: tilting; *refuse*: dumping.

déverser [dever'se] (1a) *v/t.* pour (out) (*water etc.*); dump (*refuse etc.*); tip (out); unload; *fig.* discharge, empty; se ~ pour, empty; **déversoir**

[∿'swaːr] *m* overflow; overfall, waste-weir; *fig.* outlet.

dévêtir [deve'tiːr] (2g) *v/t.* undress; take off (*one's coat etc.*); *metall.* open up (*a mould*); se ∿ de qch. divest o.s. of s.th.

déviation [devja'sjɔ̃] *f* road: deviation, diversion; *compass:* variation; ⊕ *tool:* deflection; *fig.* deviation; **deviationniste** [∿sjɔ'nist] *adj., a. su.* deviationist.

dévider [devi'de] (1a) *v/t. tex.* unwind; reel; *fig.* reel off; **dévideur** *m*, **-euse** *f tex.* [∿'dœːr, ∿'døːz] reeler; **dévidoir** [∿'dwaːr] *m tex.* winder; *f* (cable-)drum.

dévier [de'vje] (1o) *v/i.* deviate, swerve; faire ∿ deflect (*s.th.*); *fig.* divert (*the conversation*); *v/t.* deflect; turn aside (*a blow*); se ∿ become crooked; warp (*wood*).

devin [də'vɛ̃] *m* soothsayer; **deviner** [∿vi'ne] (1a) *v/t.* guess; foretell, foresee (*the future*); see through (*s.o.*); **devineresse** [∿vin'rɛs] *f* fortune teller; **devinette** [dəvi'nɛt] *f* riddle, conundrum; **devineur** *m*, **-euse** *f* [∿'nœːr, ∿'nøːz] guesser.

devis [də'vi] *m* estimate; tender.

dévisager [deviza'ʒe] (1l) *v/t.* stare at (*s.o.*).

devise [də'viːz] *f* motto; ⊘ device; ✝ currency; ✝ ∿s *pl. étrangères* foreign currency *sg.*; **deviser** [∿vi'ze] (1a) *v/i.* chat.

dévisser ⊕ [devi'se] (1a) *v/t.* unscrew; *sl.* ∿ son billard die, *sl.* peg out.

dévoiler [devwa'le] (1a) *v/t.* unveil; reveal (*a. fig.*).

devoir [də'vwaːr] 1. (3a) *v/t.* owe; *v/aux.* have to, must; should, ought to, be to; *j'aurais dû* le faire I should have done it; *je devrais* le faire I ought to do it; 2. *su./m* duty; *school:* home-work; exercise; ✝ debit; ∿s *pl.* respects; faire ses ∿s do one's home-work; rendre ses ∿s à pay one's respects to (*s.o.*).

dévolu, e [devo'ly] 1. *adj.* (à) devolved (upon); *eccl.* lapsing (to); 2. *su./m:* jeter son ∿ sur have designs on; lay claim to; choose (*s.th.*).

dévorant, e [devo'rã, ∿'rãːt] ravenous (*animal, a. fig. hunger*); consuming (*fire, a. fig. passion*); **dévorer** [∿'re] (1a) *v/t.* devour; consume; squander (*a fortune*); *F mot.* ∿ l'espace eat up the miles.

dévot, e [de'vo, ∿'vɔt] 1. *adj.* devout, pious; *pej.* sanctimonious; 2. *su:* devout person; *pej.* sanctimonious person; *faux* ∿ hypocrite; **dévotion** [∿vo'sjɔ̃] *f* devotion; piety; **dévoué, e** [∿'vwe] devoted; *votre tout* ∿ yours faithfully *or* sincerely; **dévouement** [∿vu'mã] *m* devotion (to, à), self-abnegation; **dévouer** [∿'vwe] (1p) *v/t.* devote; dedicate.

devoyé, e [devwa'je] *adj., a. su.* delinquent; **dévoyer** [∿] (1h) *v/t.* lead (*s.o.*) astray; se ∿ go astray.

devrai [də'vre] *1st p. sg. fut. of devoir 1.*

dextérité [dɛksteri'te] *f* dexterity, ability, skill.

dextrose [dɛks'troːz] *m* dextrose.

diabète ✿ [dja'bɛt] *m* diabetes; **diabétique** ✿ [∿be'tik] *adj., a. su.* diabetic.

diable [djaːbl] *m* devil; ⊕ (stone-)lorry; trolley; porter's barrow, *Am.* porter's dolly; *comment* (où), pourquoi) ∿ how (where, why) the devil; *au* ∿ vauvert at the back of beyond; *bon* ∿ not a bad fellow; tirer le ∿ par la queue be hard up; **diablement** F [djablə'mã] *adv.* devilish; **diablerie** [∿blə'ri] *f* devilry; F fun; mischievousness; **diablesse** F [∿'blɛs] *f* she-devil; virago, shrew; **diablotin** [∿blɔ'tɛ̃] *m* imp (*a.* F = *mischievous child*); cracker; **diabolique** [∿bɔ'lik] fiendish, diabolic(al), devilish.

diacre *eccl.* [djakr] *m* deacon.

diadème [dja'dɛm] *m* diadem.

diagnose [djag'noːz] *f* ✿ diagnosis; ✿ diagnostics *sg.*; **diagnostic** ✿ [djagnɔs'tik] *m* diagnosis (*of disease*); faire le ∿ de diagnose; **diagnostique** ✿ [∿'tik] diagnostic; **diagnostiquer** [∿ti'ke] (1m) *v/t.* diagnose.

diagonal, e [djago'nal, ∿'no] *adj., a. su./f* diagonal.

diagramme [dja'gram] *m* diagram.

dialecte [dja'lɛkt] *m* dialect.

dialectique [djalɛk'tik] *f* dialectics *pl.*

dialogue [dja'lɔg] *m* dialog(ue); **dialoguer** [∿lɔ'ge] (1m) *v/i.* converse, talk; *v/t.* write (*s.th.*) in dialog(ue) form.

diamant [dja'mã] *m* diamond; **diamanter** [∿mã'te] (1a) *v/t.* set with diamonds; ⊕ diamondize; **dia-**

mantin, e [ˌˌmãˈtɛ̃, ˌˈtin] diamond-like.

diamètre ⚕ [djaˈmɛtr] m diameter.

diane [djan] f ⚔ reveille; ⚓ morning watch.

diantre! † [djɑ̃:tr] int. deuce!; sl. hell!

diapason ♪ [djapaˈzɔ̃] m diapason, pitch; tuning-fork; voice: range; fig. au ~ (de) in harmony or tune (with).

diaphane [djaˈfan] diaphanous; transparent.

diaphragme [djaˈfragm] m ⊕, anat. diaphragm; phot. diaphragm stop; gramophone: sound-box; **diaphragmer** [ˌfragˈme] (1a) v/t. provide with a diaphragm; phot. stop down (the lens).

diapositive phot. [djapoziˈtiːv] f transparency.

diapré, e [djaˈpre] variegated, mottled.

diarrhée ❦ [djaˈre] f diarrhoea.

diatomique ⚗ [djatoˈmik] diatomic.

diatribe [djaˈtrib] f diatribe; harangue.

dictaphone [diktaˈfɔn] m dictaphone.

dictateur [diktaˈtœːr] m dictator; de ~ dictatorial (tone, attitude, etc.); **dictature** [ˌˈtyːr] f dictatorship; **dictée** [ˌˈte] f dictation; **dicter** [ˌˈte] (1a) v/t. dictate (a. fig.); **diction** [ˌˈsjɔ̃] f diction; delivery; style; **dictionnaire** [ˌsjɔˈnɛːr] m dictionary; lexicon; ~ ambulant walking dictionary; **dicton** [ˌˈtɔ̃] m saying, proverb.

dièse ♪ [djɛːz] m sharp.

diesel ∉ [diˈzɛl] m diesel engine; équiper de moteurs ~s dieselize.

diéser ♪ [djeˈze] (1f) v/t. sharp(en) (a note).

diète [djɛt] f diet (a. pol.); regimen; ~ absolue starvation diet; **diététique** [djeteˈtik] dietary.

dieu [djø] m/pl. 2 God; 2 merci thank God; F thank heaven; à 2 ne plaise to be God forbid; grâce à 2 thank be to God; by God's grace; mon 2! good heavens!; dear me!; pour l'amour de 2 for Christ's sake.

diffamant, e ⚖ [difaˈmã, ˌˈmãːt] defamatory; libellous; slanderous; **diffamateur** m, **-trice** f ⚖ [difaˈmatœːr, ˌˈtris] defamer; libeller; slanderer; **diffamation** ⚖ [ˌˈsjɔ̃] f defamation; ~ écrite libel; ~ orale

slander; **diffamatoire** [ˌˈtwaːr] defamatory; libellous; slanderous; **diffamer** [difaˈme] (1a) v/t. defame; slander; libel.

différemment [diferaˈmã] adv. of différent; **différence** [ˌˈrãːs] f difference; à la ~ de unlike; **différencier** [ˌrãˈsje] (1o) v/t. differentiate (a. ⚕) (from de, d'avec); distinguish (between, entre); **différend** [ˌˈrã] m dispute; quarrel; difference; **différent, e** [ˌˈrã, ˌˈrãːt] different, distinct (from, de); **différentiel, -elle** [ˌrãˈsjɛl] adj., a. mot. su./m, a. ⚕ su./f differential; **différer** [ˌˈre] (1f) v/t. postpone, put off, defer; delay; v/i. differ (from, de).

difficile [difiˈsil] **1.** adj. difficult (a. fig.); fig. hard to please; **2.** su./m: faire le ~ be hard to please; be squeamish; **difficulté** [ˌkylˈte] f difficulty; faire des ~s create obstacles, make difficulties, raise objections; **difficultueux, -euse** [ˌkylˈtɥø, ˌˈtɥøːz] over-particular, fussy; squeamish; fig. thorny (business, enterprise).

difforme [diˈfɔrm] deformed; misshapen; **difformité** [ˌfɔrmiˈte] f deformity, malformation.

diffracter opt. [difrakˈte] (1a) v/t. diffract.

diffus, e [diˈfy, ˌˈfyːz] diffused (light), fig. diffuse (style etc.); éclairs m/pl. ~ sheet lightning sg.; **diffuser** [dify'ze] (1a) v/t. diffuse (heat, light); radio, rumour: broadcast; **diffuseur** [ˌˈzœːr] m ⊕ spray nozzle; radio: broadcaster (person); radio: cone loud-speaker; **diffusion** [ˌˈzjɔ̃] f heat, light, news, germs: diffusion; news: spreading; radio: broadcasting; disease, germs: spread; fig. style: prolixity, diffuseness.

digérer [diʒeˈre] (1f) v/t. digest (food, news); fig. swallow (an insult); **digestif, -ve** [diʒɛsˈtif, ˌˈtiːv] adj., a. su./m digestive; **digestion** [ˌˈtjɔ̃] f digestion.

digital, e m/pl. -aux [diʒiˈtal, ˌˈto] **1.** adj. digital; empreinte f ~e fingerprint; **2.** su./f ♣ digitalis, foxglove.

digne [diɲ] worthy, deserving; dignified (air); ~ d'éloges praiseworthy; **dignitaire** [diɲiˈtɛːr] m dignitary; **dignité** [ˌˈte] f dignity.

digression [digrɛ'sjɔ̃] *f* digression (*a. astr.*).

digue [dig] *f* dike, dam, embankment; jetty; sea-wall; breakwater; *fig.* barrier.

dilapider [dilapi'de] (1a) *v/t.* squander (*a fortune, money*); misappropriate (*trust funds*).

dilatation [dilata'sjɔ̃] *f* eye: dilatation; expansion (*a.* △, ♏, ⊕ *truck*); *stomach:* distension; **dilater** [∼'te] (1a) *v/t.* dilate, expand; distend (*the stomach*); *fig.* ∼ le cœur gladden the heart; se ∼ dilate, expand; become distended; **dilatoire** ⚖, *a. fig.* [∼'twaːr] dilatory.

dilection [dilɛk'sjɔ̃] *f* dilection; loving-kindness.

dilemme [di'lɛm] *m* dilemma.

dilettante [dilɛt'tɑ̃ːt] *su.* dilettante, amateur; **dilettantisme** [dilɛtɑ̃-'tism] *m* dilettantism, amateurism, amateurishness.

diligence † [dili'ʒɑ̃ːs] *f* diligence, industry; speed, haste; stage-coach; **diligent, e** [∼'ʒɑ̃, ∼'ʒɑ̃ːt] diligent, industrious; speedy; prompt.

diluer [di'lɥe] (1n) *v/t.* dilute (with, de); water down; **dilution** [∼ly'sjɔ̃] *f* dilution.

diluvien, -enne [dily'vjɛ̃, ∼'vjɛn] diluvial (*clay, deposit*); *fig.* torrential (*rain*).

dimanche [di'mɑ̃ːʃ] *m* Sunday.

dîme [dim] *f* tithe.

dimension [dimɑ̃'sjɔ̃] *f* dimension (*a. fig.*); size; *fig. a.* importance, weight; *prendre les* ∼*s de* measure out; *fig.* understand, seize; *fig.* become, grow or develop into.

dîmer [di'me] (1a) *v/i.* levy tithes.

diminuer [dimi'nɥe] (1n) *v/t/i.* lessen, diminish; reduce; *v/i.* ♱ go down; abate (*fever, flood*); ♧ ∼ de *toile* shorten sail; **diminution** [∼ny'sjɔ̃] *f* diminution; reduction (*a. price*); ♱ rebate (*on account*); *dress:* shortening; abatement.

dinanderie [dinɑ̃'dri] *f* brass-ware, copper-ware.

dinde [dɛ̃ːd] *f* turkey-hen; *cuis.* turkey; *fig.* stupid woman; **dindon** [dɛ̃'dɔ̃] *m* turkey-cock; *fig.* fool; **dindonneau** [dɛ̃dɔ'no] *m* young turkey; **dindonnier** *m*, **-ère** *f* [∼'nje, ∼'njɛːr] turkey-keeper.

dîner [di'ne] **1.** (1a) *v/i.* dine, have dinner; **2.** *su./m* dinner(-party);

~**-débat**, *pl.* ~**s-débats** [∼nede'ba] *m* working dinner; **dînette** [∼'nɛt] *f* snack (meal); **dîneur, -euse** [∼'nœːr, ∼'nøːz] *su.* diner; *su./m:* F un beau ∼ a good trencherman.

dingo [dɛ̃'go] **1.** *su./m zo.* dingo; **2.** *adj. sl.* crazy, nuts.

dingue *sl.* [dɛ̃ːg] **1.** *adj.* crazy, nuts; **2.** *su.* crackpot, loony.

dinguer *sl.* [dɛ̃'ge] (1m) *v/i.:* aller ∼ drop; crash down (*things*), go sprawling (*person*); envoyer ∼ send (*s.o.*) packing; send (*s.th.*) flying.

diocèse *eccl.* [djo'sɛːz] *m* diocese.

dioptrie *phys., opt.* [diɔp'tri] *f* diopter.

diphtérie ☢ [difte'ri] *f* diphtheria.

diphtongue *gramm.* [dif'tɔ̃ːg] *f* diphthong.

diplomate [diplɔ'mat] *m* diplomat (*a. fig.*); **diplomatie** [∼ma'si] *f* diplomacy (*a. fig.*); diplomatic service; **diplomatique** [∼ma'tik] **1.** *adj.* diplomatic; **2.** *su./f* diplomatics *pl.*; pal(a)eography.

diplôme [di'plo:m] *m* diploma; certificate; **diplômé, e** [∼plo'me] **1.** *adj.* certificated; *ingénieur m* ∼ qualified engineer; **2.** *su.* (*approx.*) graduate.

dire [diːr] **1.** *v/t.* (4p) say; tell; recite (*a poem*); show, reveal; ∼ à *s.o.* de (*inf.*) tell s.o. to (*inf.*); ∼ du mal de speak ill of; ∼ que oui (non) say yes (no); F à *qui le dites-vous?* don't I know it!; *sl.* you're telling me!; à *vrai* ∼ to tell the truth; *cela ne me dit rien* that conveys nothing to me; it doesn't appeal to me; *cela va sans* ∼ it goes without saying; *c'est-à-*∼ that is to say, i.e.; in other words; *c'est tout* ∼ I need say no more; *dites donc!* I say!; *on dirait que* one (you) would think that; *on le dit riche* he is said to be rich; *on dit* people say; it is said; *pour tout* ∼ in a word; *qu'en dites-vous?* what is your opinion?; *sans mot* ∼ without a word; se ∼ claim to be; be used (*word*); *vouloir* ∼ mean; *vous l'avez dit* exactly; *Am.* F you said it; **2.** *su./m* statement; ⚖ allegation; *au* ∼ *de* according to.

direct, e [di'rɛkt] **1.** *adj.* direct; straight; show, reveal; ticket); **2.** *su./m* 🚂 through or express train; *radio, telev.:* live broadcast; *en* ∼ live (*broadcast, a. fig.*); *box.* ∼ du droit straight right; **directement** [dirɛk-təmɑ̃] directly; straight (away).

directeur, -trice [dirɛk'tœːr, ~'tris] **1.** *su./m* director, manager; *school:* headmaster; principal; *prison:* warden; *journ.* editor; *eccl.* ~ de conscience confessor; ✝ ~ gérant managing director; *su./f* directress; manageress; *school:* headmistress; **2.** *adj.* directing, controlling; guiding (*principle*); ⊕ driving; *mot.* steering (*wheel*); **direction** [~'sjɔ̃] *f* direction; *enterprise, war:* conduct; ✝ management; ✝ manager's office; ✝ board of directors; *school:* headship; ⊕ driving; ⊕ steering; course, route; en ~ de bound *or* heading for, ...bound; *train* m en ~ de train for; **directive** [~'tiːv] *f* directive; ~s *pl. a.* guidelines; **directoire** [~'twaːr] *m eccl.* directory; *hist.* ♀ Directory; **directrice** [~'tris] *f see directeur.*

dirigeable [diri'ʒabl] **1.** *adj.* dirigible; *antenne f* ~ directional aerial; **2.** *su./m* airship; **dirigeant** [~'ʒɑ̃] *m* ruler, leader; **diriger** [~'ʒe] (1a) *v/t.* direct; ✝ *etc.* manage, ♪ run; *mot.* drive; ⚓, *mot.* steer; ⚓ sail; ♪ conduct; aim (*a gun, a. fig. remarks*); *journ.* edit; se ~ vers make one's way towards, make for; **dirigisme** *pol.* [~'ʒism] *m* planning, planned economy.

dis [di] *1st p. sg. pres. and p.s. of dire* 1.

discernement [disɛrnə'mɑ̃] *m* discernment; discrimination (between ... and, de ... et de); **discerner** [~'ne] (1a) *v/t.* discern, make out; distinguish, discriminate (between s.th. and s.th., qeh. de qch.).

disciple [di'sipl] *m* disciple, follower; **discipline** [disi'plin] *f* discipline; *eccl.* scourge; ✗ compagnie f de ~ disciplinary company; **discipliner** [~pli'ne] (1a) *v/t.* discipline; school; bring under control.

discobole *sp.* [disko'bɔl] *m* discobo-⎫
discontinu, e [diskɔ̃ti'ny] discontinuous; **discontinuer** [~'nɥe] (1n) *vt/i.* discontinue, stop; *sans* ~ without stopping; at a stretch.

disconvenance [diskɔ̃v'nɑ̃ːs] *f* unsuitability; disparity; **disconvenir** [~'niːr] (2h) *v/i.:* ~ de deny; ~ que (*sbj.*) deny that (*ind.*).

discophile [disko'fil] *su.* (gramophone) record fan.

discordance [diskɔr'dɑ̃ːs] *f sounds:* discordance; *opinions etc.:* disagreement, conflict; **discordant, e** [~'dɑ̃, ~'dɑ̃ːt] discordant (*sounds*); conflicting (*opinions etc.*); ♪ out of tune (*instrument*); *geol.* unconformable; **discorde** [dis'kɔrd] *f* discord, dissension; **discorder** [~kɔr'de] (1a) *v/i.* ♪ be discordant; clash (*colours*); disagree (*persons*).

discothèque [diskɔ'tɛk] *f* record library; record collection; disco(thèque).

discoureur *m*, **-euse** *f* [disku'rœːr, ~'røːz] speechifier; talkative person; **discourir** [~'riːr] (2i) *v/i.* discourse; **discours** [dis'kuːr] *m* speech (*a. gramm.*); discourse; talk; language; ~ improvisé extempore speech; ~ inaugural inaugural address, *Am.* inaugural; *faire* un ~ make a speech; *gramm. partie* f du ~ part of speech.

discourtois, e [diskur'twa, ~'twaːz] discourteous, rude, unmannerly.

discrédit [diskre'di] *m* discredit, disrepute; **discréditer** [~di'te] (1a) *v/t.* bring into discredit; disparage.

discret, -ète [dis'krɛ, ~'krɛt] discreet; ✗, discrete; cautious; tactful; quiet (*dress, taste, village, etc.*); modest (*request*); *sous pli* ~ under plain cover; **discrétion** [diskre'sjɔ̃] *f* discretion; prudence; tact; *à* ~ at will; unlimited; ✗ unconditional (*surrender*); *être à la* ~ de be at the disposal of; be at the mercy of; **discrétionnaire** ⚖ [~sjɔ'nɛːr] discretionary.

discrimination [diskrimina'sjɔ̃] *f* discrimination, differentiation; ~ raciale racial discrimination.

disculper [diskyl'pe] (1a) *v/t.* clear (s.o. of s.th., q. de qch.).

discussion [disky'sjɔ̃] *f* discussion, debate; argument; **discuter** [~'te] (1a) *vt/i.* discuss, debate; question; ⚖ sell up (*a debtor*).

disert, e [di'zɛːr, ~'zɛrt] eloquent.

disette [di'zɛt] *f* scarcity, dearth; shortage (of, de).

diseur, -euse [di'zœːr, ~'zøːz] *su.* speaker, reciter; talker; *su./f thea.* diseuse; ~euse de bonne aventure fortune-teller.

disgrâce [dis'grɑːs] *f* disgrace, disfavo(u)r; misfortune; **disgracié, e** [disgra'sje] out of favo(u)r; **disgra-**

cier [∼'sje] (1o) *v/t.* dismiss from favo(u)r; disgrace; **disgracieux, -euse** [∼'sjø, ∼'sjø:z] uncouth, awkward; ungracious (*reply*).

disjoindre [dis'ʒwɛ̃:dr] (4m) *v/t.* sever, separate; se ∼ come apart; break up; **disjoncteur** ⚡ [disʒɔ̃k'tœ:r] *m* circuit-breaker; switch (-board); **disjonctif, -ve** *gramm.* [∼'tif, ∼'ti:v] disjunctive; **disjonction** [∼'sjɔ̃] *f* sundering, separation; ⚖ severance.

dislocation [disloka'sjɔ̃] *f* ⊕ taking down; ✕ breaking up (*of troops*); ✈ dislocation; *fig.* dismemberment; *geol.* fault; **disloquer** [∼'ke] (1m) *v/t.* ✕ break up; ✈ dislocate; *fig.* dismember; disperse; *geol.* fault.

disons [di'zɔ̃] *1st p. pl. pres. of dire 1.*

disparaître [dispa're:tr] (4k) *v/i.* disappear; vanish.

disparate [dispa'rat] **1.** *adj.* ill-assorted, ill-matched; dissimilar; **2.** *su./f* disparity; *colours:* clash; incongruity; **disparité** [∼ri'te] *f* disparity.

disparition [dispari'sjɔ̃] *f* disappearance.

dispendieux, -euse [dispɑ̃'djø, ∼'djø:z] expensive.

dispensaire ✚ [dispɑ̃'sɛ:r] *m* community clinic; *hospital:* surgery; outpatients' department; **dispensateur** *m*, **-trice** *f* [∼pɑ̃sa'tœ:r, ∼'tris] distributor; **dispense** [∼'pɑ̃:s] *f* exemption; certificate of exemption; *eccl.* dispensation; **dispenser** [∼pɑ̃'se] (1a) *v/t.* dispense; exempt, excuse (from, *de*); se ∼ *de* avoid, get out of.

disperser [dispɛr'se] (1a) *v/t.* disperse, scatter; **dispersion** [∼'sjɔ̃] *f* dispersion; breaking up; ⚡ dissipation; ✕ rout; *phys. light:* scattering.

disponibilité [disponibili'te] *f* availability; disposal; release; ∼s *pl.* available funds *or* means *or* time *sg.*; en ∼ unattached; **disponible** [∼'nibl] ⚖ disposable; available; spare (*time*); ✕ unattached.

dispos, e [dis'po, ∼'po:z] fit, in good form; all right; alert (*mind*).

disposer [dispo'ze] (1a) *v/t.* dispose, arrange, lay out; se ∼ (*à*) prepare (for *s.th.*; to *inf.*); *v/i.:* ∼ *de* dispose of; have at one's disposal; ∼ *pour* apply to; *vous pouvez* ∼ you may go;

dispositif [∼zi'tif] *m* ⊕ device, appliance; system; plan; **disposition** [∼zi'sjɔ̃] *f* disposition; arrangement; disposal; state (*of mind*), frame of mind; tendency (to, *à*); ∼s *pl.* talent *sg.*; à la ∼ de q. at s.o.'s disposal; à votre entière ∼ a. entirely at your service.

disproportion [dispropor'sjɔ̃] *f* disproportion; **disproportionné, e** [∼sjo'ne] disproportionate.

dispute [dis'pyt] *f* dispute, quarrel; *chercher* ∼ à pick a quarrel with; **disputer** [∼py'te] (1a) *vt/i.* dispute; contend; *v/i.* argue, quarrel; *v/t. sp.* play (*a match*); fight for (*victory*); ∼ *à q. qch. à q.* contend with s.o. for s.th.; F se ∼ argue, quarrel, have an argument; **disputeur, -euse** [∼py'tœ:r, ∼'tø:z] **1.** *adj.* contentious, quarrelsome; **2.** *su.* arguer, wrangler.

disquaire [dis'kɛ:r] *m* record dealer *or* seller.

disqualifier *sp.* [diskali'fje] (1o) *v/t.* disqualify.

disque [disk] *m* disk; *sp.* discus; 🖅 signal; ⊕ plate; (gramophone) record, album, disc, *Am.* disk; ∼s *pl. des auditeurs radio:* listener's requests; *teleph.* ∼ *d'appel* dial; ∼ *de longue durée*, *à microsillon* long-playing record, F long-player; *mot.* ∼ *de stationnement* parking disc; *changeur m de* ∼s record changer.

dissection [disɛk'sjɔ̃] *f* dissection.

dissemblable [disɑ̃'blabl] *adj.:* ∼ à (*or de*) dissimilar to (*s.th.*), unlike (*s.th.*); **dissemblance** [∼'blɑ̃:s] *f* dissimilarity.

disséminer [disemi'ne] (1a) *v/t.* spread; scatter; disseminate.

dissension [disɑ̃'sjɔ̃] *f* discord, dissension; **dissentiment** [∼ti'mɑ̃] *m* disagreement, dissent.

disséquer [dise'ke] (1s) *v/t.* dissect.

dissertation [disɛrta'sjɔ̃] *f* dissertation; essay; **disserter** [∼'te] (1a) *v/i.* discourse (on, *sur*), F hold forth.

dissidence *eccl. etc.* [disi'dɑ̃:s] *f* dissidence, dissent; **dissident, e** *eccl.*, *pol.* [∼'dɑ̃, ∼'dɑ̃:t] **1.** *adj.* dissident; dissenting; **2.** *su.* dissentient; *eccl.* nonconformist, dissenter.

dissimilitude [disimili'tyd] *f* dissimilarity.

dissimulation [disimyla'sjɔ̃] *f* dissembling, dissimulation; concealment, cover-up; **dissimulé, e** [ˌˈle] *fig.* hidden; secretive, double-dealing, dissembling; **dissimuler** [ˌˈle] (1a) *v/t.* conceal, hide; cover up; se ~ hide; *vt/i.* dissemble.

dissipateur, -trice [disipaˈtœːr, ˌˈtris] **1.** *su.* spendthrift; **2.** *adj.* wasteful; **dissipation** [ˌpaˈsjɔ̃] *f* dissipation (*a. fig.*); waste; inattention; *school:* fooling; **dissiper** [ˌˈpe] (1a) *v/t.* dissipate; waste (*money, time*); disperse, dispel (*clouds, fear, a suspicion*); clear up (*a misunderstanding*); divert; se ~ disappear; amuse o.s.; *fig.* become dissipated; be inattentive (*pupil*).

dissocier [disɔˈsje] (1o) *v/t.* dissociate.

dissolu, e [disɔˈly] dissolute; **dissoluble** [ˌˈlybl] 🜍 soluble; 📊 dissolvable; **dissolution** [ˌlyˈsjɔ̃] *f* 🜍 dissolving; 🜍 solution; 📊, *a. parl.* dissolution; disintegration; dissoluteness; **dissolvant, e** [disɔlˈvɑ̃, ˌˈvãːt] **1.** *adj.* solvent; **2.** *su.* solvent; ~ de vernis à ongles nail-varnish remover.

dissonance [disɔˈnãːs] *f* 🎵, *a. fig.* dissonance; *fig. a.* clash, discord; **dissonant, e** [ˌnã, ˌˈnãːt] dissonant; discordant, clashing, jarring.

dissoudre [diˈsudr] (4bb) *v/t.* dissolve; 📊 annul (*a marriage*); **dissous, -te** [ˌˈsu, ˌˈsut] *p.p. of dissoudre.*

dissuader [disɥaˈde] (1a) *v/t.* dissuade (from [doing] s.th., *de* [*faire*] *qch.*); **dissuasion** [ˌˈzjɔ̃] *f* dissuasion; ✗ *arme f de* ~ deterrent weapon.

distance [disˈtãːs] *f* distance; *time:* interval; *mot.* ~ *d'arrêt* braking distance; ✗ ~ *de tir* range; *opt.* ~ *focale* focal length; ⊕ *commande f à* ~ remote control; *tenir à* ~ keep (*s.o.*) at arm's length; **distancer** [ˌtãˈse] (1k) *v/t.* outrun, outstrip; *fig. se laisser* ~ lag behind; **distant, e** [ˌtã, ˌˈtãːt] distant; *fig. a.* aloof.

distendre 📊 [disˈtãːdr] (4a) *v/t.* distend; pull, strain (*a muscle*); **distension** 📊 [ˌtãˈsjɔ̃] *f* distension; *muscle:* straining.

distiller [distiˈle] (1a) *v/t.* 🜍, ⊕ distil; ⊕ condense (*water*); *fig.* exude; **distillerie** [ˌtilˈri] *f* distillery; *trade:* distilling.

distinct, e [disˈtɛ̃(kt), ˌˈtɛ̃kt] distinct; separate; clear; **distinctif, -ve** [ˌtɛ̃kˈtif, ˌˈtiːv] distinctive, characteristic; **distinction** [ˌtɛ̃kˈsjɔ̃] *f* distinction; difference; discrimination; refinement; polished manner.

distingué, e [distɛ̃ˈge] distinguished; eminent; refined; smart (*appearance, dress*); *sentiments m/pl.* ~*s* yours truly; **distinguer** [ˌ] (1m) *v/t.* distinguish; make out; single out; hono(u)r; se ~ distinguish o.s.; *fig.* stand out; **distinguo** [ˌˈgo] *m* distinction.

distique [disˈtik] *m Greek or Latin:* distich; *French verse:* couplet.

distordre [disˈtɔrdr] (4a) *v/t.* distort; twist (*the ankle etc.*); **distors, e** [ˌˈtɔːr, ˌˈtɔrs] distorted (*limb*); **distorsion** [ˌtɔrˈsjɔ̃] *f* distortion.

distraction [distrakˈsjɔ̃] *f* absent-mindedness; inattention, distraction; amusement, recreation; 📊 appropriation; 📊 misappropriation (*of funds*).

distraire [disˈtrɛːr] (4ff) *v/t.* separate; 📊 set aside, appropriate; 📊 misappropriate (*funds etc.*); amuse, entertain; distract (*s.o.'s attention*); **distrait, e** [ˌˈtrɛ, ˌˈtrɛt] inattentive; absent-minded; *piéton m* ~ jay-walker.

distributeur [distriˈbytœːr, ˌbyˈtœːr, ˌˈtris] *su.* distributor; *su./m* ⊕ distributor; booking-clerk, *Am.* ticket agent, ticket clerk; ~ (*automatique*) (slot *or* vending) machine; **distribution** [ˌbyˈsjɔ̃] *f* distribution; giving *etc.* out; *post:* delivery; *thea.* cast(ing).

district [disˈtrik(t)] *m* district, region; *fig.* province.

dit, dite [di, dit] **1.** *p.p. of dire 1;* **2.** *adj.* so-called; *autrement* ~ in other words; **dites** [dit] *2nd p. pl. pres. of dire 1.*

diurétique 📊 [diyreˈtik] *adj., a. su./m* 📊 diuretic.

diurne [diyrn] diurnal; day-(*bird*).

divagation [divagaˈsjɔ̃] *f* wandering; *fig.* digression; **divaguer** [ˌˈge] (1m) *v/i.* wander; *fig.* digress; F ramble, rave. [couch.)

divan [diˈvɑ̃] *m* divan; (studio)

divergence

170

divergence [diver'ʒɑ̃:s] *f* divergence (*a.* ⚡, ⚗); *fig.* difference; **diverger** [ˌˈʒe] (11) *v/i.* diverge, branch off; *fig.* differ.

divers, e [di'vɛːr, ˌˈvɛrs] diverse, miscellaneous; various; sundry; **diversifier** [diversi'fje] (1o) *v/t.* diversify, vary; **diversion** [ˌˈsjɔ̃] *f* diversion (*a.* ⚔); change; **diversité** [ˌsiˈte] *f* diversity; variety.

divertir [diver'tiːr] (2a) *v/t.* divert; amuse; entertain; ✝ misappropriate (*funds*); **divertissement** [ˌˈtisˈmɑ̃] *m* entertainment; amusement; pastime; ✝ *funds*: misappropriation; *thea.* divertissement.

divette [di'vɛt] *f light opera, music hall:* singer.

dividende ✝, ⚡ [dividiˈdɑ̃:d] *m* dividend.

divin, e [di'vɛ̃, ˌˈvin] divine (*a. fig.*); holy; godlike; **divinateur, -trice** [divinaˈtœːr, ˌˈtris] **1.** *su.* soothsayer; diviner; **2.** *adj.* prophetic; **divination** [ˌˈsjɔ̃] *f* divination (*a. fig.*), soothsaying; **divinatoire** [ˌˈtwaːr] divining...; *baguette f* ˌ dowsing-rod; **diviniser** [diviniˈze] (1a) *v/t.* deify; *fig.* glorify; **divinité** [ˌˈte] *f* divinity; deity.

diviser [diviˈze] (1a) *v/t.* divide (*a.* ⚡); separate (from, *d'avec*); **diviseur** [ˌˈzœːr] *m* ⚡ *etc.* divider; ⚡ divisor; ⚡ *commun* ˌ common factor; **divisible** [ˌˈzibl] divisible; **division** [ˌˈzjɔ̃] *f* division (*a.* ⚡, ⚔, ⚓, *school*); section; *admin.* department; *fig.* dissension, discord; ♪ double bar; *typ.* hyphen; *biol.* ˌ binaire (*or cellulaire*) binary fission; ˌ *du travail* division of labo(u)r.

divorce [di'vɔrs] *m* divorce (*a. fig.*); *fig.* disagreement; ⚖ *former une demande en* ˌ seek a divorce; **divorcer** ⚖ [ˌvɔrˈse] (1k) *v/i.* divorce (s.o., [*d'*]*avec q.*); *fig.* break (with, [*d'*]*avec*).

divulgation [divylgaˈsjɔ̃] *f* divulgence, disclosure; **divulguer** [ˌˈge] (1m) *v/t.* divulge, disclose, reveal.

dix [dis; *before consonant* di; *before vowel and h mute* diz] *adj./num., a. su./m/inv.* ten; *date, title:* tenth; **ˌ-huit** [di'zɥit; *before consonant* ˌˈzɥi] *adj./num., a. su./m/inv.* eighteen; *date, title:* eighteenth; **dix-huitième** [ˌzɥi'tjɛm] *adj./num., a. su.* eighteenth; **dixième** [ˌˈzjɛm]

1. *adj./num., a. su., a. su./m fraction:* tenth; **dix-neuf** [diz'nœf; *before vowel and h mute* ˌˈnœv] *adj./ num., a. su./m/inv.* nineteen; *date, title:* nineteenth; **dix-neuvième** [ˌnœˈvjem] *adj./num., a. su.* nineteenth; **dix-sept** [dis'sɛt] *adj./num., a. su./m/inv.* seventeen; *date, title:* seventeenth; **dix-septième** [ˌseˈtjem] *adj./num., a. su.* seventeenth.

dizain [di'zɛ̃] *m* ten-line stanza; *rosary:* decade; **dizaine** [ˌˈzɛn] *f* (about) ten, half a score; *dans la* ˌ within ten days.

do ♪ [do] *m/inv.* do, *note:* C.

docile [dɔ'sil] docile; amenable; submissive; **docilité** [ˌsiliˈte] *f* docility; obedience; meekness.

dock [dɔk] *m* ⚓ dock(yard); ✝ warehouse; **docker** [dɔ'kɛːr] *m* docker.

docte [dɔkt] learned (*a. iro.*).

docteur [dɔk'tœːr] *m* doctor; physician; **doctoral, e** [dɔktɔ'ral, ˌˈro] doctoral; *fig.* pedantic; **doctorat** [ˌˈra] *m* doctorate, Doctor's degree; **doctoresse** [ˌˈrɛs] *f* (lady) doctor.

doctrine [dɔk'trin] *f* doctrine, tenet.

document [dɔkyˈmɑ̃] *m* document; **documentaire** [ˌmɑ̃ˈtɛːr] *adj., a. su./m* documentary; **documenter** [ˌmɑ̃ˈte] (1a) *v/t.* document.

dodeliner [dɔdliˈne] (1a) *v/i.* ˌ *de la tête* wag one's head.

dodo *ch.sp.* [dɔ'do] *m* bye-byes, sleep; bed; *faire* ˌ (go to) sleep.

dodu, e [dɔ'dy] plump, chubby.

dogme [dɔgm] *m* dogma, tenet.

dogue *zo.* [dɔg] *m:* ˌ *anglais* mastiff; **doguin** [dɔ'gɛ̃] *m zo.* pug; ⊕ (*lathe-*)dog.

doigt [dwa] *m* finger; *zo., anat.* digit; ˌ *de pied* toe; *à deux* ˌ*s de* on the verge of, within an ace of; *fig. mettre le* ˌ *sur* put one's finger on, pinpoint (*a problem etc.*); *montrer du* ˌ point at; **doigté** [dwa'te] *m* ♪ fingering; *fig.* skill; *fig.* tact; **doigter** ♪ [ˌˈte] (1a) *v/t.* finger (*a piece of music*); **doigtier** [ˌˈtje] *m* finger-stall.

dois [dwa] *1st p. sg. pres. of devoir* 1; **doit** ✝ [ˌ] *m* debit, liability; **doivent** [dwa:v] *3rd p. pl. pres. of devoir* 1.

dol ⚖ [dɔl] *m* fraud.

doléances [dɔle'ɑ̃:s] *f/pl.* complaints; grievances; **dolent, e** [ˌˈlɑ̃,

dopant

~'lɑ̃ːt] painful (*limb*); plaintive, doleful (*person, voice, etc.*).

doler [dɔ'le] (1a) *v/t.* pare (*wood, skins*); shave (*wood*).

dollar [dɔ'laːr] *m coinage:* dollar.

dolomie [dɔlɔ'mi] *f*, **dolomite** [~'mit] *f* dolomite.

domaine [dɔ'mɛn] *m* domain; realm; estate, property; *fig.* sphere, field; ~ *public* public property.

dôme [doːm] *m* dome; *fig.* canopy; vault (*of heaven*).

domesticité [dɔmɛstisi'te] *f* menial condition; domestic service; *animal:* domesticity; *coll.* staff (*of servants*); **domestique** [~'tik] **1.** *adj.* domestic; menial; **2.** *su.* servant; domestic; ~*s pl.* staff *sg.* (*of servants*), household *sg.*; **domestiquer** [~ti'ke] (1m) *v/t.* domesticate; tame; *se* ~ become domesticated.

domicile [dɔmi'sil] *m* residence; ṭ̇ṭ̇ domicile; *travail m à* ~ home-work; **domiciliaire** [dɔmisi'ljɛːr] domiciliary; **domicilié, e** [~'lje] domiciled, resident; **domicilier** [~'lje] (1o) *v/t.* domicile at; *se* ~ *à* take up residence at.

dominant, e [dɔmi'nɑ̃, ~'nɑ̃ːt] **1.** *adj.* dominant, ruling; prevailing, predominating; **2.** *su./f ♪* dominant; *fig.* dominant feature; **dominateur, -trice** [~na'tœːr, ~'tris] **1.** *adj.* dominant, ruling; domineering (*attitude, person*); **2.** *su.* ruler; **domination** [~na'sjɔ̃] *f* domination, rule; **dominer** [~'ne] (1a) *v/t.* dominate; master, rule; overlook; *v/i.* rule; predominate; prevail (*opinion*); ~ *sur* rule over; domineer.

dominical, e, *m/pl.* **-aux** [dɔmini'kal, ~'ko] dominical; Sunday-...; *oraison f* ~ Lord's Prayer.

domino [dɔmi'no] *m cost., game:* domino.

dommage [dɔ'maːʒ] *m* damage, injury; ~*s pl.* damage *sg.* (*to property*); ~*s pl. de guerre* war damage (compensation) *sg.*; ṭ̇ṭ̇ ~*s pl. et intérêts m/pl.* damages; *c'est* ~*!*, *quel* ~*!* what a pity!; *c'est* ~ *que* it's a pity (that); **dommageable** [dɔma'ʒabl] harmful, prejudicial; ṭ̇ṭ̇ *acte m* ~ tort.

domptable [dɔ̃'tabl] tamable; **dompter** [~'te] (1a) *v/t.* tame; break in (*a horse*); *fig.* subdue (*feelings*); *fig.* reduce (*s.o.*) to obedience;

dompteur *m*, **-euse** *f* [~'tœːr, ~'tøːz] tamer (*of animals*); subduer, vanquisher.

don [dɔ̃] *m* gift (*a. fig.*) (for, *de*); present; ṭ̇ṭ̇ donation; *fig.* talent (for, *de*); *faire* ~ *à q. de qch.* make a present of s.th. to s.o.; **donataire** ṭ̇ṭ̇ [dɔna'tɛːr] *su.* donee, *Sc.* donatary; **donateur, -trice** [~'tœːr, ~'tris] *su.* giver; *su./m* ṭ̇ṭ̇ donor; *su./f* ṭ̇ṭ̇ donatrix; **donation** [~'sjɔ̃] *f* donation, gift.

donc [dɔ̃k; dɔ̃] **1.** *adv.* therefore; just ...; *allons* ~*!* come along!; come, come!; nonsense!; *pourquoi* ~*?* (but) why?; *viens* ~*!* come along!; **2.** *cj.* therefore, so, consequently; then; hence.

donjon [dɔ̃'ʒɔ̃] *m castle:* keep.

donnant, e [dɔ'nɑ̃, ~'nɑ̃ːt] generous; ~ ~ *tit* for tat; **donne** [dɔn] *f cards:* deal; *à qui la* ~*?* whose deal is it?; *fausse* ~ misdeal; **donnée** [dɔ'ne] *f* datum; theme; fundamental idea; ~*s pl.* admitted facts; **donner** [~'ne] (1a) *v/t.* give (*a. advice, orders, an example*), present, bestow; yield (*a profit, a harvest, fig. a result*); deal (*cards, a blow*); set (*a problem, a price*); ṭ̇ṭ̇ donate (*blood*); *sl.* give away (*an accomplice*); ~ *à* assign to; confer (*a title*) upon; † ~ *avis* (*quittance*) give notice of (*a receipt*); ~ *de la peine* give trouble; ~ *en mariage* give in marriage; *teleph.* ~ *à q. la communication* put s.o. through to; ~ *le bonjour à* wish (*s.o.*) good day; ~ *lieu à* give rise to, cause; ~ *q. pour perdu* give s.o. up for lost; *elle lui donna un enfant* she bore him a child; *se* ~ *à abandon* o.s. to; *se* ~ *de la peine* take pains; *se* ~ *pour* give o.s. out as; *v/i.* give, sag; ⊕, ✕ engage; *cards:* deal; ~ *à entendre* give to understand; ~ *contre* run against; ~ *dans* run into; *sun:* shine into (*a room*); *fig.* have a taste for; ~ *sur* overlook, look out on; lead to; **donneur** *m*, **-euse** *f* [~'nœːr, ~'nøːz] giver, donor; *cards:* dealer; ṭ̇ṭ̇ seller; ~ *de sang* blood donor; † ~ *d'ordre principal.*

dont [dɔ̃] *pron.* whose, of whom (which); by *or* from *or* among *or* about whom (which).

donzelle F [dɔ̃'zɛl] *f* wench, hussy.

dopage [dɔ'paːʒ] *m* doping; **dopant**

[dɔ'pɑ̃] *m* dope; **doper** *sp.* [dɔ'pe] (1a) *v/t.* dope; **doping** *sp.* [dɔ'piŋ] *m* action: doping; *drug*: dope.

doré, e [dɔ're] gilt, gilded; golden (*hair etc.*); browned (*meat*); glazed (*cake*).

dorénavant [dɔrena'vɑ̃] *adv.* henceforth.

dorer [dɔ're] (1a) *v/t.* gild; brown (*meat*); glaze (*a cake*); F *la pilule* gild the pill; **doreur** *m*, **-euse** *f* [dɔ'rœːr, ~'røːz] gilder.

dorloter [dɔrlɔ'te] (1a) *v/t.* fondle; pamper; make a fuss of.

dormant, e [dɔr'mɑ̃, ~'mɑ̃ːt] **1.** *adj.* sleeping; ✝, ⚓, *geol.* dormant; stagnant, still (*water*); **2.** *su./m* sleeper; ⊕ casing, frame; **dormeur, -euse** [~'mœːr, ~'møːz] *su.* sleeper; *fig.* sluggard; *su./f* stud earring; **dormir** [~'miːr] (2b) *v/i.* sleep, be asleep; ⚓ close (*flower*); ✝ lie idle; *fig.* be still or latent; ~ *comme une souche* (*or une marmotte or un loir*) sleep like a log; ~ *sur les deux oreilles* be absolutely confident; ~ *trop longtemps* oversleep; *histoire f à ~ debout* incredible story; **dormitif, -ve** 💊 [~mi'tif, ~'tiːv] **1.** *adj.* soporific; **2.** *su./m* sleeping-draught.

dorsal, e, *m/pl.* **-aux** [dɔr'sal, ~'so] dorsal.

dortoir [dɔr'twaːr] *m* dormitory; sleeping-quarters *usu. pl.*

dorure [dɔ'ryːr] *f* gilding; goldbraid; *meat*: browning; *cake*: glazing.

doryphore *zo.* [dɔri'fɔːr] *m* Colorado beetle.

dos [do] *m* back (*a. of chair, page, etc.*); *nose*: bridge; *geog.* ridge; *en ~ d'âne* ridged, high-crowned (*road*); △ ogee; hump-back (*bridge*); *en avoir plein le ~* be fed up with it; *faire le gros ~* arch its back (*cat*); *voir au ~* turn over!; see overleaf.

dosage 💊 [do'zaːʒ] *m* ✎ dosage; 🜨 titration, quantity determination; **dose** [doːz] *f* ✎ dose; 🜨 amount, proportion; *fig.* share; ~ *excessive*, ~ *trop forte* overdose; **doser** [do'ze] (1a) *v/t.* ✎ determine the dose of; 🜨 titrate; *fig.* measure out.

dossier [do'sje] *m* *chair etc.*: back; file, papers *pl.*, documents *pl.*; 🜨🜨 record; ✎ case history.

dot [dɔt] *f* dowry; **dotal, e,** *m/pl.*

-aux [dɔ'tal, ~'to] dotal; 🜨🜨 *régime m* ~ marriage settlement; **dotation** [~ta'sjõ] *f* endowment; ⊕ *etc.* equipment; **doter** [~'te] (1a) *v/t.* give a dowry to (*a bride*); endow (*a hospital etc.*, *a. fig.*) (with, de).

douaire [dwɛːr] *m* (*widow's*) dower; (*wife's*) jointure; **douairière** [dwɛ-'rjɛːr] *su./f*, *a. adj.* dowager.

douane *admin.* [dwan] *f* customs *pl.*; **douanier, -ère** [dwa'nje, ~'njɛːr] **1.** *adj.* customs-...; **2.** *su./m* customs officer.

doublage [du'blaːʒ] *m* *cost.* lining; ⊕ plating; *cin.* dubbing; **double** [dubl] **1.** *adj.* double, twofold; *à ~ face* two-faced (*person*); *à ~ sens* ambiguous; ✝ *en partie* ~ by double-entry; *sp. partie f ~ golf*: foursome; **2.** *su./m* double, duplicate; ✝ *en ~* in duplicate; *plier en ~* fold in half *or* in two; ~*s pl.* messieurs tennis: men's doubles; **doublé** [du'ble] *m* billiards: stroke off the cushion; rolled gold; plated ware; **doubler** [~'ble] (1a) *v/t.* double (*a. ⚓ a cape*); fold in half *or* in two; *cost.* line; ⊕ metal: plate; *cin.* dub; pass, overtake; *thea.* understudy (*a role*); *mot.* défense de ~ no overtaking!; *mot.* ~ *à gauche* overtake *or* pass on the left; ~ *une classe* repeat a class; *v/i.* double; **doublet** [~'blɛ] *m* doublet; **doublon** [~'blõ] *m* double; doublet; **doublure** [~'blyːr] *f* *cost.* lining; *thea.* understudy; *mot.* overtaking.

douce-amère, *pl.* **douces-amères** ⚓ [dusa'mɛːr] *f* bitter-sweet, woody nightshade; **douceâtre** [~- 'saːtr] sweetish; sickly; **doucement** [dus'mɑ̃] gently; softly; carefully; smoothly; **doucereux, -euse** [dus'rø, ~'røːz] sweetish, sickly, cloying; *fig.* smooth-tongued; sugary; **doucet, -ette** [du'sɛ, ~'sɛt] **1.** *adj.* meek; mild; **2.** *su./f* ⚓ lamb's lettuce, corn-salad; **douceur** [~'sœːr] *f* sweetness; softness; gentleness; *weather*: mildness; ~*s pl.* sweets, *Am.* candies; *fig. en* ~ soft (*landing, transition, etc.*); gently, smoothly; carefully.

douche [duʃ] *f* shower(-bath); 💊 douche; **doucher** [du'ʃe] (1a) *v/t.* give (*s.o.*) a shower-bath; F dowse (*s.o.*); 💊 douche.

doucir [du'si:r] (2a) v/t. grind down (glass or metal).

douer [du'e] (1p) v/t. endow (with, de) (a. fig.); être doué pour have a natural bent for.

douille [du:j] f ⊕, ⚡ socket; ⚡ (bulb-)holder; cartridge case; ⊕ wheel: sleeve.

douillet, -ette [du'jɛ, ~'jɛt] soft (cushion etc., a. person); pej. effeminate, over-delicate.

douleur [du'lœ:r] f pain; suffering; grief; **douloureux, -euse** [~lu'rø, ~'rø:z] 1. adj. painful; aching; fig. sad; fig. sorrowful (look); fig. grievous (cry, event, loss); 2. su./f F bill, Am. check.

doute [dut] m doubt, misgiving; suspicion; mettre (or révoquer) en ~ (call in) question (whether, que); sans ~ no doubt; probably; sans aucun ~ without (a) doubt, assuredly; **douter** [du'te] (1a) v/i. ~ (a. ~ de) doubt, question; mistrust; v/t.: se ~ de suspect, think; **douteur, -euse** [~'tœ:r, ~'tø:z] 1. su. doubter; 2. adj. doubting; **douteux, -euse** [~'tø, ~'tø:z] doubtful, dubious; questionable; uncertain.

douve [du:v] f ⚓ moat; ⚡ trench; sp. water-jump; tub: stave.

doux, douce [du, dus] 1. adj. soft (a. fig.; a. iron.; a. drug etc.); sweet; mild (a. steel); gentle; smooth; pleasant (memories, news); billet m ~ love-letter; eau f douce fresh or soft water; vin m ~ must; 2. adv.: F filer doux sing small; submit; tout doux! take it easy!; sl. en douce on the quiet.

douzaine [du'zɛn] f dozen; à la ~ by the dozen; une ~ de fleurs a dozen flowers; **douze** [du:z] adj./num., a. su./m/inv. twelve; date, title: twelfth; **douzième** [du'zjɛm] adj./num., a. su. twelfth.

doyen m, **-enne** f [dwa'jɛ̃, ~'jɛn] eccl., univ. dean; diplomat: doyen; fig. (a. ~ d'âge) senior; **doyenné** [~jɛ'ne] m deanery; ⚡ pear: doyenne.

draconien, -enne [drakɔ'njɛ̃, ~'njɛn] draconian; harsh.

dragage ⊕ [dra'ga:ʒ] m dredging; dragging (for body); (mine-)sweeping.

dragée [dra'ʒe] f sugared almond; sweet; ⚡ dragee; ✕ sl. bullet; fig. pill; hunt. small shot; tenir la ~

haute à make (s.o.) pay dearly; **drageoir** [~'ʒwa:r] m watch-glass: bezel; sweets-box, comfit-dish.

drageon ⚡ [dra'ʒɔ̃] m sucker.

dragon [dra'gɔ̃] m myth. dragon (a. fig.); zo. flying lizard; ✕, orn. dragoon; **dragonne** [~'gɔn] f sword-knot; umbrella: tassel.

drague [drag] f ⊕ dredger; grappling-hook; fishing: dredge-net, dredge; **draguer** [dra'ge] (1m) v/t. ⊕ dredge; drag (a pond); dredge for (oysters); ⚓ sweep for (mines); sl. (try and) pick up (a girl etc.); **dragueur** [~'gœ:r] m ⊕ dredger-man; fishing: dragman; (a. bateau m ~) dredger; ⚓ ~ de mines mine sweeper.

drain [drɛ̃] m drain(ing); drain-pipe; 🌿 drainage tube; ⚡ watercourse; **drainage** ⚡, 🌿 [drɛ'na:ʒ] m drainage, draining; 🌿 drain; **drainer** ⚡, 🌿 [~'ne] (1a) v/t. drain.

dramatique 🌿 [drama'tik] 1. adj. dramatic (a. fig.); auteur m ~ playwright; 2. su./m drama (a. fig.); **dramatiser** [~ti'ze] (1a) v/t. dramatize (a. fig.); adapt (a novel) for the stage; **dramaturge** [~'tyrʒ] m playwright; **drame** [dram] m drama (a. fig.); play.

drap [dra] m cloth; ~ (de lit) sheet; ~ mortuaire pall; F être dans de beaux ~s be in a pretty mess; **drapeau** [dra'po] m flag; telev. irregular synchronism; ✕ colo(u)rs pl.; sous les ~x ✕ in the services; F être sous le ~ (de, to); **draper** [~'pe] (1a) v/t. drape; cover with cloth (buttons etc.); se ~ drape o.s. (in, dans) (a. fig.); **draperie** [~'pri] f drapery; curtains pl.; ✕ bunting; **drapier** [~'pje] m draper; cloth merchant or manufacturer.

drastique 🌿 [dras'tik] adj., a. su./m drastic.

drawback 🌿 [dro'bak] m drawback.

drêche [drɛʃ] f draff.

dressage [drɛ'sa:ʒ] m preparation; monument: erection; ⊕ stone, wood: dressing; ⊕ facing; training (a. ✕); horse: breaking in; **dressement** [drɛs'mã] m preparation, drawing up; **dresser** [drɛ'se] (1a) v/t. erect (a monument etc.); fix up (a bed); raise (one's head); prick up (one's ears); lay, set (an ambush, the table, a trap); draw up (a contract, an *inventory, a list, a report*); pitch (*a tent*); ✗ lay out (*a camp*); ✗ establish (*a battery*); ⚓ lodge (*a complaint*); ✝ make out (*a cheque*); dish up (*food*); train (*an animal, a person*); break in (*a horse*); ✗ drill (*recruits*); ⊕ line up (*an engine, a machine*); trim (*a hedge*); dress (*wood, a stone*); ⊕ straighten out (*a wire*); ~ *un procès-verbal contre* (*or à*) *q.* take down the particulars of a minor offence, F take s.o.'s name and address; *se* ~ rise, get to one's feet; stand on end (*hair*); stand (*monument etc.*); rise on its hind legs (*horse*); **dresseur** *m,* **-euse** *f* [~'sœːr, ~'søːz] trainer (*of animals*); adjuster; **dressoir** [~'swaːr] *m* dresser, sideboard.

dribbler *sp.* [dri'ble] (1a) *vt/i.* dribble.

drille[1] [driːj] *m:* F *bon* ~ *grand chap;* F *pauvre* ~ poor devil.

drille[2] ⊕ [~] *f* hand-drill, drill-brace.

drisse ⚓ [dris] *f* halyard, yard-rope.

drogue [drɔg] *f* drug; *coll.* drugs *pl.; pej.* patent medicine; **drogué, e** [drɔ'ge] 1. *adj.* high (on drugs), stoned; 2. *su.* drug addict; dope fiend; **droguer** [drɔ'ge] (1m) *vt/i.* drug (up); dose up; *se* ~ take drugs, be on drugs; **droguerie** [~'gri] *f* chemist's, *Am.* drugstore.

droit, droite [drwa, drwat] 1. *adj.* straight (*a. line*); right (*angle, hand, side*); upright (*a. fig.*); vertical; stand-up (*collar*); *fig.* honest; *au* ~ *de* at right angles with; ⚓ *section f* ~ cross-section; 2. *droit adv.* straight; *tout* ~ straight ahead *or* on; 3. *su./m* right; privilege; law; fee, charge; ~*s pl. d'auteur* royalties; ~*s pl. civiques* civil rights; ✝ ~*s pl. de magasinage* storage *sg.* (charges); warehouse dues; ~ *de douane* (customs) duty; ~ *des gens* law of nations; ~ *du plus fort* right of the strongest; *à qui de* ~ to the proper person *or* quarter; *avoir* ~ *à* be entitled to; be eligible for; *de* (*bon*) ~ by right; *être en* ~ *de* (*inf.*) have a right to (*inf.*), be entitled to (*inf.*); *faire son* ~ study law; *su./f* right hand; straight line; *à* ~*e* on the right; *direction*: to the right; *tenir la* ~*e* keep to the right; *pol. la* ⅔*e* the Right, the Conservatives *pl.;* **droitier, -ère** [drwa'tje, ~'tjɛːr] 1. *adj.* right-

handed; *pol.* right-wing; 2. *su.* right-handed person; *pol.* Rightist, Conservative; **droitiste** *pol.* [~'tist] *adj., a. su.* Rightist; **droiture** [~'tyːr] *f* uprightness; integrity; honesty.

drolatique [drɔla'tik] comic, humorous; spicy; **drôle** [droːl] 1. *adj.* funny; odd; queer; F *la* ~ *de guerre* the phoney war; *un(e)* ~ *de* a funny, an odd; 2. *su./m* rascal, knave; **drôlerie** [drol'ri] *f* jesting, fun; joke, jest, *Am.* gag; **drôlesse** ✝ [dro'lɛs] *f* hussy.

dromadaire *zo.* [drɔma'dɛːr] *m* dromedary.

drosser ⚓, ✗ [drɔ'se] (1a) *v/t.* drive, carry, drift (*wind etc.*).

dru, drue [dry] 1. *adj.* thick, strong; dense; vigorous; 2. *dru adv.* thickly; ~ *et menu* in a steady drizzle (*rain*), (*walk*) with quick, short steps; *tomber* ~ fall thick and fast.

druide [drɥid] *m* druid.

drupe ♀ [dryp] *f* drupe, stone-fruit.

dû, due, *m/pl. dus* [dy] 1. *p.p. of devoir 1;* 2. *adj.* due; owing; 3. *su./m* due.

dubitatif, -ve [dybita'tif, ~'tiːv] dubitative.

duc [dyk] *m* duke; *orn.* horned owl; **ducal, e,** *m/pl.* -**aux** [dy'kal, ~'ko] ducal; ... *of a* ~ *or* the duke.

ducat ✝ [dy'ka] *m* ducat.

duché [dy'ʃe] *m* duchy, dukedom; **duchesse** [~'ʃɛs] *f* duchess; *tex.* duchesse lace *or* satin; ♀ duchess pear.

ductile [dyk'til] ductile, malleable (*a. fig.*); *fig.* pliable; **ductilité** [~-tili'te] *f* malleability; *fig.* docility.

duel[1] *gramm.* [dɥɛl] *m* dual.

duel[2] [dɥɛl] *m* duel; **duelliste** [dɥe-'list] *m* duellist.

dum-dum [dum'dum] *f* dum-dum (bullet).

dûment [dy'mã] *adv.* duly, in due form, properly.

dumping ✝ [dœm'piŋ] *m* dumping; *faire du* ~ dump.

dune [dyn] *f* dune; ~*s pl.* downs.

dunette ⚓ [dy'nɛt] *f* poop-deck.

duo ♪ [dɥo] *m* duet.

duodénum *anat.* [dɥɔde'nɔm] *m* duodenum.

dupe [dyp] *f* dupe; F gull; *être* ~ *de* be taken in by; *prendre q. pour* ~ make a cat's-paw of s.o.; **duper**

[dy'pe] (1a) *v/t.* dupe, fool; take (*s.o.*) in; **duperie** [~'pri] *f* deception, trickery; take-in; **dupeur** [~'pœːr] *m* cheat, swindler, *Am.* sharper; hoaxer.

duplex ⊕ [dy'plɛks] *adj., a. su./m* duplex; **duplicata** [dyplika'ta] *m/ inv. copy:* duplicate; **duplicateur** [~ka'tœːr] *m* duplicator; ⚡ doubler; **duplicatif, -ve** [~ka'tif, ~'tiːv] duplicative; **duplicité** [~si'te] *f* duplicity, double-dealing.

dur, dure [dyːr] **1.** *adj.* hard (*a. fig.*); stiff; tough (*meat, wood*); *fig.* harsh; unfeeling; hardened; *avoir le sommeil* ~ be a heavy sleeper; *être* ~ *avec* (*or pour*) *q.* be hard on s.o., be rough with s.o.; *avoir l'oreille* ~*e, être* ~ *d'oreille* be hard of hearing; **2.** *dur adv.* hard; **3.** *su./m* F tough guy; hard-liner; F *un* ~ *à cuire* a tough nut to crack; ⚠ *en* ~ permanent (*structure etc.*); *su./f:* *coucher sur la dure* sleep on the bare ground *or* on bare boards.

durabilité [dyrabili'te] *f* durability; **durable** [~'rabl] durable, lasting; solid.

durant [dy'rɑ̃] *prp.* during; ~ *des années* for many years; *sa vie* ~ his whole life long; *des heures* ~ for hours (and hours).

durcir [dyr'siːr] (2a) *v/t.* harden; hard-boil (*an egg*); *metall.* chill; *v/i. a. se* ~ harden; set (*concrete*); **durcissement** [~sis'mɑ̃] *m* hardening, toughening; *metall.* stiffening; *metall.* chilling.

durée [dy're] *f* duration; *machine,* building, *etc.:* wear, life; *de courte* ~ short-lived; **durer** [~] (1a) *v/i.* last, endure; wear (well) (*goods*); hold out, bear, F stick (it) (*person*); *le temps me dure* time hangs heavily on my hands, I find life dull.

duret, -ette F [dy'rɛ, ~'rɛt] rather hard; rather tough (*meat*); **dureté** [dyr'te] *f* hardness (*a. fig.*); *meat:* toughness; *fig.* harshness; austerity; ~ *d'oreille* hardness of hearing; **durillon** [dyri'jɔ̃] *m foot:* corn; *hand:* callosity.

durit *mot.* (*TM*) [dy'rit] *f* radiator hose.

dus [dy] *1st p. sg. p.s.* of *devoir 1*.

duvet [dy'vɛ] *m* down; *tex.* fluff, nap; F down quilt; **duveté, e** [dyv'te], *a.* **duveteux, -euse** [~'tø, ~'tøːz] downy, fluffy.

dynamique [dina'mik] **1.** *adj.* dynamic; **2.** *su./f* dynamics *sg.*; **dynamiser** [~mi'ze] (1a) *v/t.* make (more) dynamic; **dynamite** [~'mit] *f* dynamite; **dynamiter** [~mi'te] (1a) *v/t.* dynamite; blow up; *fig. a.* F bust (up); **dynamo** ⚡, ⊕ [~'mo] *f* dynamo; ~ *lumière* (*or d'éclairage*) lighting generator; **dynamomètre** ⊕ [~mɔ'mɛtr] *m* dynamometer.

dynastie [dinas'ti] *f* dynasty.

dysenterie 🜛 [disɑ̃'tri] *f* dysentery. **dysfonctionnement** 🜛 [disfɔ̃ksjɔn'mɑ̃] *f* dysfunction.

dyspepsie 🜛 [dispɛp'si] *f* dyspepsia, indigestion; **dyspepsique, dyspepsique** [~pɛp'sik] *adj., a. su.* dyspeptic.

dytique *zo.* [di'tik] *m* water-beetle, dytiscus.

E

E, e [ə] *m* E, e.

eau [o] *f* water; rain; *fruit:* juice; perspiration; *eccl.* ~ bénite holy water; ~ de toilette lotion; ~ du robinet tap water; ⚓~ lourde heavy water; 🜊 ~ oxygénée hydrogen peroxide; ~ potable drinking water; ~ vive spring water, running water; *aller aux* ~*x* go to a watering-place; ⚓ *faire* ~ (spring a) leak; *faire de l'*~ ⚓, 🜊 (take in) water; 🜊 make water; *grandes* ~*x pl.*, *jeux m/pl. d'*~*x* ornamental fountains; *river:* high water *sg.*; *nager entre deux* ~*x* swim under water; *prendre les* ~*x* take the waters (*at a spa*); *ville f d'*~ watering-place, spa; ~**-de-vie**, *pl.* ~**x-de-vie** [od'vi] *f* brandy; spirits *pl.*; ~**-forte**, *pl.* ~**x-fortes** 🜊 [o'fɔrt] *f* nitric acid; etching; ~**x-vannes** [o'van] *f/pl.* liquid manure *sg.*, sewage *sg.*

ébahir [eba'i:r] (2a) *v/t.* amaze, astound; take (*s.o.'s*) breath away; *s'*~ be astounded, wonder (at, de); **ébahissement** [~is'mã] *m* amazement, wonder.

ébarber [ebar'be] (1a) *v/t.* trim (*a.* ✂); ✂ clip; ⊕ dress.

ébats [e'ba] *m/pl.* frolics, gambols; *prendre ses* ~ frolic, gambol; **ébattre** [e'batr] (4a): *v/t.:* *s'*~ frolic, gambol, frisk about.

ébaubi, e [ebo'bi] amazed, astounded.

ébauchage [ebo'ʃa:ʒ] *m* roughing out (*of s.th.*); **ébauche** [e'bo:ʃ] *f* outline (*a. fig.*); sketch (*a. fig.*); rough draft; *fig.* ghost (*of a smile*); **ébaucher** [ebo'ʃe] (1a) *v/t.* rough out, sketch (*out*); roughhew (*a stone etc.*); *fig.* give a ghost *or* a hint of (*a smile etc.*); *s'*~ take shape, form, develop.

ébène [e'bɛn] *f* ebony; *fig. d'*~ jet-black; **ébénier** 🜊 [ebe'nje] *m* ebony-tree; **ébéniste** [~'nist] *m* cabinet-maker; **ébénisterie** [~nis-'tri] *f* cabinet-work; cabinet-making.

éberlué, e [ebɛrlɥ'e] flabbergasted.

éblouir [eblu'i:r] (2a) *v/t.* dazzle (*a. fig.*); **éblouissement** [~is'mã] *m* dazzle; glare; dizziness.

ébonite [ebo'nit] *f* ebonite, vulcanite.

éborgner [ebɔr'ɲe] (1a) *v/t.* blind in one eye, put (*s.o.'s*) eye out; ✔ disbud.

ébouillanter [ebujã'te] (1a) *v/t.* scald.

éboulement [ebul'mã] *m* caving in, collapsing; fall of stone; landslide; **ébouler** [ebu'le] (1a) *v/t.* bring down; *s'*~ cave in, collapse; slip (*cliff, land*); **éboulis** [~'li] *m* 🜂 debris; fallen earth; scree.

ébouriffant, e F [eburi'fã, ~'fã:t] amazing, startling; fantastic (*story*); **ébouriffer** [~'fe] (1a) *v/t.* ruffle (*a. fig.*), dishevel (*s.o.'s hair*); *fig.* amaze.

ébrancher ✔ [ebrã'ʃe] (1a) *v/t.* lop off the branches of (*a tree*); prune, trim; **ébranchoir** ✔ [~'ʃwa:r] *m* (long-hafted) billhook.

ébranlement [ebrãl'mã] *m* shaking, shock; *fig.* agitation; commotion; *fig.* disturbance (*a. of the mind*); **ébranler** [ebrã'le] (1a) *v/t.* shake (*a. fig.*); loosen (*a tooth*); set in motion; disturb; *s'*~ shake; ring (*bells*); start, set off; ✗ move off.

ébrécher [ebre'ʃe] (1f) *v/t.* notch; chip (*a plate etc.*); jag (*a knife*); *fig.* make a hole in (*one's fortune*); *fig.* damage (*s.o.'s reputation*).

ébriété [ebrie'te] *f* drunkenness, intoxication.

ébrouement [ebru'mã] *m* snort (-ing); **ébrouer** [~'e] *v/t.:* *s'*~ snort; take (*a dust-*)bath (*bird*).

ébruiter [ebrɥi'te] (1a) *v/t.* noise abroad, make known; divulge (*a secret*); *s'*~ become known.

ébullition [ebyli'sjõ] *f* boiling; effervescence; *fig.* turmoil; *point m d'*~ boiling point.

éburné, e [ebyr'ne] eburnean, like ivory; *anat. substance f* ~*e* dentine.

écaille [e'ka:j] *f* 🐟, 🜊, *metall.*, *fig.*,

fish: scale; *paint*: flake; *wood*: splinter; *tortoise etc.*: shell; ✝ tortoise-shell.

écailler¹ [ekɑ'je] (1a) *v/t.* scale (*fish, a. metall.*); open (*oysters*); s'~ scale *or* flake off, peel off.

écailler², **-ère** [ekɑ'je, ~'jɛːr] *su.* oyster-seller; *su./f* oyster-knife.

écailleux, -euse [ekɑ'jø, ~'jøːz] scaly; flaky (*paint*).

écale [e'kal] *f pea*: pod; *nut*: husk; **écaler** [ekɑ'le] (1a) *v/t.* shell (*peas*); hull (*walnuts*); shuck (*chestnuts*).

écarlate [ekàr'lat] *adj., a. su./f* scarlet.   [wide (*one's eyes*).]

écarquiller [ekarki'je] (1a) *v/t.* open↗

écart [e'kaːr] *m* gap; divergence; difference; separation; *cards*: discard (-ing); ✗ *range*: error (*a. fig.*); ✝ margin (*of prices*); ⊕ deviation; ⊕ variation; swerve; *fig.* digression; *fig. fancy*: flight; ~ (*de conduite*) misdemeano(u)r; *à l'*~ on one side, apart; aloof; out of the way; *faire un* ~ swerve; shy (*horse*); *gymn.* grand ~ splits *pl.*; *se tenir à l'*~ stand aside *or* aloof; **écarté, e** [ekar'te] remote; isolated; out-of-the-way; lonely.

écarteler [ekartə'le] (1d) *v/t.* ⚔ *hist.* quarter; *fig.* tear apart; *écartelé entre* torn between.

écartement [ekartə'mã] gap, space (between, *de*); 🚆 *track*: gauge; *mot.* wheelbase; ⊕ deflection; **écarter** [~'te] (1a) *v/t.* separate; spread; remove; avert; push aside (*a. proposals*); divert (*suspicion etc.*); s'~ move aside; diverge, stray, deviate (from, *de*).

Ecclésiaste [ɛkle'zjast] *m*: *livre m de l'*~ Ecclesiastes; **ecclésiastique** [~zjas'tik] **1.** *adj.* ecclesiastical; clerical (*hat etc.*); **2.** *su./m* clergyman, ecclesiastic; *l'*♌ Ecclesiasticus.

écervelé, e [eservə'le] **1.** *adj.* scatterbrained, wild, flighty; **2.** *su.* scatterbrain, harum-scarum; madcap.

échafaud [eʃa'fo] *m* scaffolding; *sp. etc.* stand; ⚔ scaffold, gallows *pl.*; **échafaudage** [~fo'daːʒ] *m* △ scaffolding; *fig.* structure; *fig. fortune*: piling up; **échafauder** [~fo'de] (1a) *v/i.* erect a scaffolding; *v/t.* pile up; *fig.* build up; construct.

échalas [eʃa'la] *m* 🌱 vine-prop; hop-pole; *fig.* spindle-shanks (= *lanky person*); **échalasser** [~la'se] (1a) *v/t.* prop (*the vine etc.*).

échalier [eʃa'lje] *m* stile; gate.

échalote ♀ [eʃa'lɔt] *f* shallot.

échancrer [eʃã'kre] (1a) *v/t.* indent, notch; scallop (*a handkerchief*); cut out (*the neck of*) (*a dress*); **échancrure** [~'kryːr] *f* indentation; cut; *dress*: neckline; notch.

échange [e'ʃãːʒ] *m* exchange (*a.* ✝); ✝ barter; *libre* ~ free trade; *en* ~ *de* in exchange *or* return for; **échanger** [eʃã'ʒe] (1l) *v/t.* exchange (for *pour, contre*) (*a.* ✝); ✝ barter; **échangeur** [~'ʒœːr] *m* *mot.* interchange; ⊕ exchanger.

échanson [eʃã'sɔ] *m* ✝ cup-bearer; butler.

échantillon [eʃãti'jɔ] *m* sample (*a. fig.*); specimen; pattern; ⊕ template; ~ *représentatif* adequate sample; **échantillonnage** [~jɔ'naːʒ] *m* sampling; (collection of) samples *pl.*; **échantillonner** [~jɔ'ne] (1a) *v/t.* sample.

échappatoire [eʃapa'twaːr] *f* evasion, way out, loop-hole; **échappé, e** [~'pe] **1.** *adj.* fugitive, runaway; **2.** *su.* fugitive, runaway; *su./f* escape; (free) space; *sp.* spurt; ~ (*de vue*) vista; ~ *de lumière* burst of light; *par* ~s by fits and starts; **échappement** [eʃap'mã] *m gas etc.*: escape; ⊕, *mot.* exhaust; ⊕ outlet; *clock*: escapement; *mot.* *tuyau m* (*pot m*) *d'*~ exhaust-pipe (silencer); **échapper** [eʃa'pe] (1a) *v/i.* escape; avoid, dodge; defy; *laisser* ~ let slip; set free; *le mot m'a échappé* the word was had slipped my memory; *v/t.*: *fig. l'*~ *belle* have a narrow escape *or* F a close shave; s'~ escape (from, *de*); slip out; disappear.

écharde [e'ʃard] *f* splinter.

écharner [eʃar'ne] (1a) *v/t.* flesh (*hides*); **écharnoir** [~'nwaːr] *m* fleshing knife.

écharpe [e'ʃarp] *f* (*shoulder*) sash; *cost.* stole, scarf; ✚ *arm*: sling; *en* ~ diagonally, slantwise; **écharper** [eʃar'pe] (1a) *v/t.* slash; cut to pieces (*a.* ✗); *tex.* card (*wool*).

échasse [e'ʃaːs] *f* stilt; *scaffold*: pole; *fig. monté sur des* ~s on one's high horse; **échassier** [eʃa'sje] *m* *orn.* wader; *fig.* spindle-shanks.

échaudé *cuis.* [eʃo'de] *m* canarybread; **échauder** [~'de] (1a) *v/t.* scald; *tex.* scour; F fleece (*s.o.*);

fig. se faire ~ burn one's fingers;
échaudoir [~'dwa:r] *m* scalding-room; scalding-tub; *tex.* scouringvat; **échaudure** [~'dy:r] *f* scald.

échauffant, e [eʃo'fɑ̃, ~'fɑ̃:t] *𝔰* heating; 𝔰 constipating, *fig.* exciting; **échauffement** [eʃof'mɑ̃] *m* ⊕ heating; 𝔰 overheating; 𝔰 constipation; *fig.* over-excitement; **échauffer** [eʃo'fe] (1a) *v/t.* overheat (𝔰, *a.* a room); 𝔰 constipate; ⊕ heat; *fig.* warm; *fig.* inflame; s'~ become overheated; warm up; ⊕ get *or* run hot.

échauffourée [eʃofu're] *f* brawl; scuffle; clash; ✕ skirmish, affray.

échéance [eʃe'ɑ̃:s] *f bill:* falling due, term; maturity; date; *tenancy:* expiration; à longue ~ long-dated; long-term; **échéant, e** [~'ɑ̃, ~'ɑ̃:t] † falling due; *le cas ~ if necessary; should the occasion arise.*

échec [e'ʃɛk] *m chess:* check (*a. fig.*); ⊕, *a. fig.* failure; ~s *pl.* chess *sg.,* chessmen; chessboard *sg.;* voué à l'~ doomed to failure.

échelette [eʃ'lɛt] *f cart etc.:* rack; *fig.* clean up; free **échelle** [e'ʃɛl] *f* ladder (*a. fig.*); colours, drawing, map, prices, wages, *etc.:* scale; *stocking:* ladder, run; ~ double pair of steps; ~ mobile (des salaires) sliding scale (of wages); ~ sociale social scale; faire la courte ~ à q. give s.o. a helping hand; sur une grande ~ on a large scale; **échelon** [eʃ'lɔ̃] *m* ladder: rung; *admin.* grade; *fig.* step; ✕ echelon; ♪ degree; *pol. etc.* à l'~ le plus élevé at the highest level; ⊕ en ~ stepped (*gearing*); **échelonnement** [eʃlɔn'mɑ̃] *m* ✕ echeloning; ⊕ placing at intervals; † spreading (*over a period*); 𝔰 brushes, *a. fig.* holidays: staggering; **échelonner** [eʃlɔ'ne] (1a) *v/t.* ✕ (draw up in) echelon; space out; place at intervals; ⊕ step (*gears*); † spread (*payments over a period*); stagger (*a. fig.* holidays); grade.

écheniller [eʃni'je] (1a) *v/t.* ✓ clear of caterpillars; *fig.* clean up, free from undesirable elements; **échenilloir** ✓ [~niʃ'wa:r] *m* tree-pruner; branch-lopper.

écheveau [eʃ'vo] *m* skein, hank; *fig.* maze, jumble; **échevelé, e** [eʃə'vle] dishevelled; tousled; *fig.* wild;

écheveler [~] (1c) *v/t.* dishevel, rumple (*s.o.'s hair*).

échine *anat.* [e'ʃin] *f* backbone, spine; **échiner** [eʃi'ne] (1a) *v/t.* break (*s.o.'s back*); *fig.* tire (*s.o.*) out; *fig.* thrash (*s.o.*) within an inch of his live; *sl.* ruin; *fig.* s'~ tire o.s. out.

échiquier [eʃi'kje] *m* chess-board; checker pattern; *pol. Br.* ♀ Exchequer; en ~ chequerwise.

écho [e'ko] *m* echo; faire ~ echo.

échoir [e'ʃwa:r] (3d) *v/i.* † fall due; expire (*tenancy*); fall (*to s.o.'s lot*); *fig.* befall.

échoppe[1] [e'ʃɔp] *f* (*covered*) stall, booth.

échoppe[2] ⊕ [~] *f* burin; graver.

échotier *journ.* [eko'tje] *m* gossip-writer, paragraphist; columnist.

échouer [e'ʃwe] (1p) *v/i.* ⚓ run aground; *fig.* fail, come to naught; fall through; *fig.* land, end up (*in dans*); faire ~ foil; ruin; thwart; *v/t.* ⚓ run (*a ship*) aground; beach.

échu, e [e'ʃy] † due; expired.

écimer ✓ [esi'me] (1a) *v/t.* pollard, top.

éclabousser [eklabu'se] (1a) *v/t.* splash, bespatter (with, de); **éclaboussure** [~'sy:r] *f* splash.

éclair [e'klɛ:r] *m* flash of lightning; flash (*a. fig.*); *cuis.* éclair; ~s *pl.* de chaleur heat lightning *sg.;* ✕ guerre *f* ~ blitzkrieg; visite *f* ~ lightning visit; **éclairage** [ekle'ra:ʒ] *m* light(ing); ✕, ⚓ scouting; ~ par projecteurs flood-lighting; ⚡ circuit *m* d'~ light(ing) circuit; **éclairagiste** [~ra'ʒist] *m* lighting engineer; **éclaircie** [ekle'rsi] *f* fair period; break (*of clouds*); clearing (*in a forest*); *fig.* bright period (*in life*); **éclaircir** [~'si:r] (2a) *v/t.* clear (up); brighten; thin (*a forest*); clarify (*a liquid*); thin out (*a sauce*); *fig.* solve, explain, elucidate; **éclairer** [ekle're] (1b) *v/t.* light, illuminate; *fig.* enlighten; ✕ reconnoitre; s'~ light up; become clear(er); **éclaireur** [~'rœ:r] *m* ✕, ⚓ *etc.* scout.

éclat [e'kla] *m* splinter, chip; burst (*of laughter, of thunder*); explosion; flash (*of gun, light*); brightness, radiance, brilliance (*a. fig.*); *fig.* splendo(u)r; *fig.* glamo(u)r; ~ de rire burst of laughter; faire ~ create a stir; faux ~ tawdriness; rire aux ~s roar with laughter; **éclatant, e** [ekla'tɑ̃, ~'tɑ̃:t] brilliant; sparkling; glittering; magnificent; loud (noise); fig. obvious; **éclater** ⚡ ['te] (1a) v/i. burst, explode; shatter; break up, split (up) flash (a. fig.); shine out or forth; clap (thunder); break out (fire, laughter, war); ~ de rire burst out laughing; **éclateur** ⚡ [~'tœːr] m spark-gap; spark-arrester; ~ à boule discharger.

éclipse [e'klips] f eclipse; fig. disappearance; **éclipser** [eklip'se] (1a) v/t. eclipse (a. fig.); obscure (a beam); s'~ vanish.

éclisse [e'klis] f wedge; 💉 splint; ⊕ butt-strap; 🐟 fish-plate; **éclisser** [ekli'se] (1a) v/t. 💉 splint; 🐟 fish.

éclopé, e [eklɔ'pe] 1. adj. lame, footsore; 2. su. cripple; lame person.

éclore [e'klɔːr] (4f) v/i. hatch (bird); 🌸 open; 🌸 bloom; fig. develop, come to light; **éclosion** [eklo'zjɔ̃] f eggs: hatching; 🌸 opening; 🌸 blooming; fig. birth, dawning.

écluse [e'klyːz] f lock; sluice; floodgate; **éclusée** [ekly'ze] f lockful; sluicing-water; **écluser** [~'ze] (1a) v/t. provide (a canal) with locks; pass (a barge) through a lock; **éclusier, -ère** [~'zje, ~'zjɛːr] 1. su. lock-keeper; 2. adj. lock-...

écœurer [ekœ're] (1a) v/t. disgust, sicken, nauseate; fig. dishearten.

école [e'kɔl] f school (a. fig.); ✗, ♟ drill; ~ confessionnelle denominational school; ~ de commerce commercial school; ~ des arts et métiers industrial school; engineering college; technical school or institute; ~ des hautes études commerciales commercial college (of university standing); ~ laïque undenominational school; ~ libre private school; ~ maternelle infant school; kindergarten; ~ mixte mixed school, Am. co-educational school; ~ moyenne intermediate school; ~ primaire supérieure central school; ~ professionnelle training school; ~ secondaire secondary school; ~ supérieure college, academy; faire ~ get a following (person); become the accepted thing; attract followers; faire l'~ (à) teach; faire l'~ buissonnière play truant; **écolier, -ère** [ekɔ'lje, ~'ljɛːr] su. pupil; su./m schoolboy; su./f schoolgirl.

écologie [ekɔlɔ'ʒi] f ecology; **écologique** [~'ʒik] ecological; **écologis-**

me [~'ʒism] m ecology movement; **écologiste** [~'ʒist] su. ecologist.

éconduire [ekɔ̃'dɥiːr] (4h) v/t. show out; get rid of; reject (a suitor); être éconduit meet with a polite refusal.

économat [ekɔnɔ'ma] m † stewardship; school, univ.: bursarship; society: treasurership; steward's (etc.) office; **économe** [~'nɔm] 1. adj. economical, thrifty; sparing; 2. su. † steward, housekeeper; treasurer; bursar; **économie** [ekɔnɔ'mi] f economy, saving; thrift; management; ~s pl. savings; ~ dirigée controlled economy; ~ domestique domestic economy; housekeeping; ~ politique political economy; economics sg.; faire des ~s save (up); **économique** [~'mik] 1. adj. economic (doctrine, problem, system); inexpensive, economical, cheap; 2. su./f economics sg.; **économiser** [~mi'ze] (1a) v/t. economize, save (on, sur); **économiste** [~'mist] m (political) economist.

écope [e'kɔp] f ladle (a. cuis.); ⚓ scoop; **écoper** [ekɔ'pe] (1a) v/t. bail out; v/i. sl. be hit; cop it; get the blame.

écorce [e'kɔrs] f tree: bark; fruit: rind, peel; fig. outside, crust; **écorcer** [ekɔr'se] (1k) v/t. bark; peel (a fruit).

écorcher [ekɔr'ʃe] (1a) v/t. skin, flay; graze, chafe (the skin); scrape, scratch; fig. murder (a language); fig. grate on (the ear); fig. burn (one's throat); fig. fleece (a client); **écorcheur** [~'ʃœːr] m flayer; fig. fleecer; **écorchure** 💉 [~'ʃyːr] f abrasion, F graze, scratch.

écorner [ekɔr'ne] (1a) v/t. break or chip the corner(s) off (s.th.); dog-ear (a book); fig. make a hole in (one's fortune); **écornifler** F [~ni'fle] (1a) v/t. scrounge; sponge; **écornifleur** m, **-euse** f F [~ni'flœːr, ~'fløːz] cadger, scrounger; sponger; **écornure** [~'nyːr] f chip (off wood, stone, etc.).

écossais, e [ekɔ'sɛ, ~'sɛːz] 1. adj. Scottish; étoffe f ~e tartan, plaid; 2. su./m ling. Scots; ♀ Scot, Scotsman; les ♀ m/pl. the Scots; su./f ♀ Scot, Scotswoman.

écosser [ekɔ'se] (1a) v/t. shell, hull.

écosystème [ekɔsi'stɛm] m ecosystem.

écot [e'ko] *m* share (of the bill); *payer chacun son ~* go Dutch treat, *Am.* go Dutch.

écoulement [ekul'mã] *m* outflow, flow (*a. ♪*); (*nasal*) discharge; *bath etc.*: waste-pipe; *crowd*: dispersal; ✝ *sale,* disposal; ✝ *~ facile* ready sale; **écouler** [eku'le] (1a) *v/t.* ✝ sell off, dispose of; *s'~* flow out; pass, elapse (*time*); ✝ sell.

écourter [ekur'te] (1a) *v/t.* shorten, F cut short; dock (*a horse*); crop (*dog's ears*); *fig.* clip (*words*).

écoute[1] [e'kut] *f* listening(-in); *être aux ~s* listen (in); *fig.* keep one's ears open (for, de); *heures f/pl. de grande ~ radio, telev.*: peak listening (viewing) hours; *mettre q. sur ~(s)* tap s.o.'s telephone; *station f d'~* monitoring station.

écoute[2] ♫ [~] *f* sail: sheet.

écouter [eku'te] (1a) *v/t.* listen to; pay attention to; *v/i.* listen (in).

écouteur, -euse [~'tœ:r, ~'tø:z] *su. person, a. radio:* listener; *su./m teleph.* receiver; *radio:* head-phone, ear-phone.

écoutille ♫ [eku'ti:j] *f* hatchway.

écran [e'krã] *m* screen; *phot.* filter; *faire ~ à* screen; *fig.* be or get in the way of; *le petit ~* television; *porter à l'~* film (*a novel, a play*).

écraser [ekra'ze] (1a) *v/t.* crush; *mot.* run over; ✝ F glut (*the market*); *fig.* overwhelm; *fig.* ruin; *mot. ~ l'accélérateur* (or F *le champignon*) put one's foot hard down (on the accelerator); *mot. ~ le frein* slam on the brakes; *s'~* collapse; break; ✈, *mot.* crash (into, *contre*); *sl.* (*a. v/i.*) keep one's mouth shut, shut up.

écrémer [ekre'me] (1f) *v/t.* cream (*milk, a. fig.*); skim (*milk, molten glass*); *fig.* take the cream of (*s.th.*); *lait m non écrémé* whole milk; **écrémeuse** [~'mø:z] *f* separator; creamer; *metall., a. glass-making*: skimmer; **écrémoir** [~'mwa:r] *m* skimmer.

écrêter [ekre'te] (1a) *v/t.* level off or down; *fig.* take the edge off.

écrevisse *zo.* [ekrə'vis] *f* crayfish, *Am.* crawfish.

écrier [ekri'e] (1a) *v/t.*: *s'~* cry (out), shout (out); exclaim.

écrin [e'krɛ̃] *m* (jewel-)case.

écrire [e'kri:r] (4q) *v/t.* write (down); spell (*a word*); *écrivis* [ekri'vi] *1st*

p. sg. p.s. of écrire; **écrivons** [~'võ] *1st p. pl. pres. of écrire*; **écrit, e** [e'kri, ~'krit] **1.** *p.p. of écrire*; **2.** *su./m* writing; document; *univ. etc.* written examination; *par ~* in writing; **écriteau** [ekri'to] *m* bill, poster, placard; notice; notice-board; **écritoire** [~'twa:r] *f* inkstand; *eccl.* scriptorium; **écriture** [~'ty:r] *f* (hand)writing; script; ✝ entry, item; ✝ *~ en partie double* double entry; ♀ *sainte* Holy Scripture; ⚱, ✝ *~s pl.* paper *sg.*, documents; books; **écrivailler** F [~va'je] (1a) *v/i.* scribble; be a hack-writer of the poorest kind; **écrivain** [~'vɛ̃] *m* writer, author; *femme f ~* authoress; woman writer; **écrivassier** F [~va'sje] *m* hack-writer, penny-a-liner.

écrou[1] [e'kru] *m* ⊕ nut, female screw.

écrou[2] ⚱ [~] *m* entry (*on calendar*) of receipt of prisoner into custody; committal to jail; *levée f d'~* release from prison.

écrouelles *𝒮* [ekru'ɛl] *f/pl.* scrofula *sg.*

écrouer ⚱ [ekru'e] (1a) *v/t.* imprison; send to prison.

écrouir *metall.* [ekru'i:r] (2a) *v/t.* cold-hammer; cold-draw; cold-harden; cold-roll.

écroulement [ekrul'mã] *m* collapse, falling-in; crumbling; fall (*a. fig.*), *fig.* ruin; **écrouler** [ekru'le] (1a) *v/t.*: *s'~* collapse (*a. fig.*); fall (down); crumble; break up; give way; come to nothing.

écroûter [ekru'te] (1a) *v/t.* cut the crust off; ✓ scarify (*land*).

écru, e [e'kry] unbleached, ecru; *soie f ~e* raw silk; *toile f ~e* holland.

écu [e'ky] *m* shield; ▨ coat of arms; *~s pl.* plenty *sg.* of money.

écueil [e'kœ:j] *m* reef; rock (*a. fig.*); shelf; *fig.* danger.

écuelle [e'kɥɛl] *f* bowl, basin; ⚒ pan; **écuellée** [ekɥe'le] *f* bowlful.

éculer [eky'le] (1a) *v/t.* wear (*one's shoes*) down at the heel.

écume [e'kym] *f* froth; *waves*: foam; *jam, metal, a. fig.*: lather; scum; *~ de mer* meerschaum; **écumer** [eky'me] (1a) *v/t.* skim; *fig.* scour (*the sea[s], les mers*); *v/i.* foam, froth (*a. metal, a. fig.*); **écumeur** [~'mœ:r] *m*: F *~ de marmites*

sponger, parasite; ~ de mer pirate;
écumeux, -euse [~'mø, ~'møːz]
foamy, frothy; scummy; **écumoire**
[~'mwaːr] f skimmer.

écurage [eky'raː:ʒ] m cleansing;
cleaning (out); **écurer** [~'re] (1a)
v/t. cleanse, scour; clean (out); pick
(one's teeth).

écureuil zo. [eky'rœːj] m squirrel.

écureur m, **-euse** f [eky'rœːr, ~'røːz]
cleanser, cleaner; scourer.

écurie [eky'ri] f stable; fig. team.

écusson [eky'sɔ̃] m Ø shield, escutcheon; ⊕ key-plate; ✕ badge; ⚕
shield-bud.

écuyer, -ère [ekɥi'je, ~'jɛːr] su.
rider; su./m horseman; riding-
master; △ staircase: hand-rail; ⚹
tree: prop; hist. (e)squire; † equer-
ry; su./f horsewoman; bottes f/pl.
à l'~ère riding-boots.

eczéma ⚕ [egze'ma] m eczema.

édénien, -enne [ede'njɛ̃, ~'njɛn]
paradisaic.

édenté, e [edɑ̃'te] toothless; zo.
edentate; **édenter** [~] (1a) v/t.
break the teeth of; s'~ lose one's
teeth.

édicter ⚖ etc. [edik'te] (1a) v/t.
decree; enact (a law).

édifiant, e [edi'fjɑ̃, ~'fjɑ̃t] edifying;
édificateur [edifika'tœːr] m builder; **édification** [~'sjɔ̃] f erection,
building; (moral) edification; fig.
F information; **édifice** [edi'fis] m
building, edifice; structure (a. fig.);
édifier [~'fje] (1o) v/t. build, erect;
edify (morally); fig. F enlighten.

édit [e'di] m edict.

éditer [edi'te] (1a) v/t. edit; publish
(a book etc.); **éditeur** [~'tœːr] m
text: editor; book etc.: publisher;
édition [~'sjɔ̃] f edition; publishing (trade); **éditorial, e, e** m/pl.
-aux [~to'rjal, ~'rjo] 1. adj. editorial; leading (article); 2. su./m leader;
editorial.

édredon [edrə'dɔ̃] m eiderdown.

éducable [edy'kabl] educable; train-
able (animal); **éducatif, -ve** [~ka'tif,
~'tiːv] educational; educative; **éducation** [~ka'sjɔ̃] f education, schooling; rearing; training (a. animals); ~
physique physical training.

édulcorant [edylkɔ'rɑ̃] m sweetener;
édulcorer [~'re] (1a) v/t. sweeten;
⚕ edulcorate.

éduquer [edy'ke] (1m) v/t. educate;

bring up (a child); train (an animal, a
faculty); mal éduqué ill-bred.

éfaufiler [efofi'le] (1a) v/t. unravel.

effacé, e [efa'se] faded; unobtrusive,
inconspicuous; retiring (manners,
person, etc.), retired (life); receding
(chin etc.); **effacer** [~] (1k) v/t.
efface, blot out, erase; fig. outshine,
throw into the shade; s'~ wear away;
fade away; stand aside; keep in the
background, F take a back seat.

effarement [efar'mɑ̃] m alarm;
dismay; **effarer** [efa're] (1a) v/t.
frighten, scare; startle; dismay; s'~
be scared (at, by de); take fright (at,
de).

effaroucher [efaru'ʃe] (1a) v/t.
startle; scare away; alarm; fig. shock
(the modesty).

effectif, -ve [efɛk'tif, ~'tiːv] 1. adj.
effective; ✝ active, real; 2. su./m
manpower; ✕ total strength; ♣
complement; ⊕ stock; **effectuer**
[~'tɥe] (1n) v/t. effect, carry (out),
execute; accomplish; go into (training).

efféminer [efemi'ne] (1a) v/t. render
effeminate; mollycoddle (a child).

effervescence [efɛrve'sɑ̃:s] f effervescence; fig. agitation, exite-
ment; restiveness; **effervescent, e**
[~'sɑ̃, ~'sɑ̃:t] effervescent (liquid);
fig. in a turmoil.

effet [e'fɛ] m effect, result; operation,
action; impression; ✝ bill; ✝ commencement (of policy); ~ secondaire
side effect; ~s pl. things, clothes; ✝
stocks; ✝ bonds; ✝ ~s pl. à payer (à
recevoir) bills payable (receivable); ✝
~s pl. publics government stock sg. or
securities; ✝ ~ à court terme short-
dated bill; à cet ~ with this end in
view, for this purpose; en ~ indeed;
mettre à l'~ put (s.th.) into operation;
prendre ~ become operative; produire
son ~ operate, act; sans ~ ineffective.

effeuiller [efœ'je] (1a) v/t. pluck the
petals off (a flower); thin out the
leaves of (a fruit-tree); fig. destroy bit
by bit; s'~ lose its petals (flower) or
leaves (tree); **effeuilleuse** F [~'jøːz]
stripper.

efficace [efi'kas] effective; efficient
(a. ⊕); **efficacité** [~kasi'te] f ef-
ficacy; efficiency (a. ⊕).

efficience [efi'sjɑ̃:s] f efficiency;
efficient, e [~'sjɑ̃, ~'sjɑ̃:t] efficient.

effigie [efi'ʒi] f effigy.

effilé, e [efi'le] tapering; slender; *tex.* frayed; fringed; *mot.* streamlined; **effiler** [~'le] (1a) *v/t. tex.* fray, unravel; taper; *cuis.* string (*beans*).

effilocher *tex.* [~lɔ'ʃe] (1a) *v/t.* ravel out; fray; break (*cotton waste etc.*).

efflanqué, e [eflɑ̃'ke] lean, F skinny, lanky; *fig.* inadequate (*style*).

effleurer [eflœ're] (1a) *v/t.* graze, touch lightly; brush; skim (*the water*); ✔ plough lightly; *fig.* touch lightly upon (*a subject*).

efflorescence [eflɔre'sɑ̃:s] *f* ✿ flowering; 🜍 efflorescence; ✿ rash, eruption.

effluent, e [efly'ɑ̃, ~'ɑ̃:t] *adj., a. su./m* effluent; **effluve** [e'fly:v] *m* effluvium; exhalation; *fig.* breath; ⚡ ~ électrique glow discharge.

effondrement [efɔ̃drə'mɑ̃] *m* collapse (*a.* ✝, *a. fig.*); caving in; ✝ *prices:* slump; ✔ trenching; **effondrer** [~'dre] (1a) *v/t.:* s'~ collapse; cave in; break down.

efforcer [efɔr'se] (1k) *v/t.:* s'~ de or à (*inf.*) do one's best to (*inf.*); strive to (*inf.*).

effort [e'fɔ:r] *m* effort, exertion; pressure; ⊕ stress; ⊕, 🜍 strain; *sp.* ball: spin.

effraction 🜍 [efrak'sjɔ̃] *f* breaking open; *vol m avec* ~ house-breaking (*by day*), burglary (*by night*).

effrayant, e [efre'jɑ̃, ~'jɑ̃:t] terrifying, dreadful, appalling; *fig.* awful; **effrayer** [~'je] (1i) *v/t.* frighten, scare, terrify; s'~ take fright, be frightened (at, *de*).

effréné, e [efre'ne] unbridled, unrestrained.

effriter [efri'te] (1a) *v/t.* crumble; cause to crumble; s'~ crumble.

effroi [e'frwa] *m* terror, fear, fright; dread.

effronté, e [efrɔ̃'te] brazen-faced, impudent; saucy (*child*); **effronterie** [~'tri] *f* effrontery, impudence, impertinence.

effroyable [efrwa'jabl] frightful (*a. fig.*).

effusion [efy'zjɔ̃] *f* effusion (*a. fig.*); outpouring; ~ *de sang* bloodshed; 🜍 haemorrhage; *avec* ~ effusively.

égailler [ega'je] (1a) *v/t. a.* s'~ scatter (*birds*).

égal, e, *m/pl.* **-aux** [e'gal, ~'go] **1.** *adj.* equal; level; smooth; even (*a. fig.*), regular; steady (*pace*); *cela*

m'est ~ it is all the same to me, I don't mind; F *c'est* ~ all the same; **2.** *su.* equal, peer; *su./m:* à l'~ de as much as; **égaler** [ega'le] (1a) *v/t.* regard as equal; be equal to, equal; *fig.* compare with, F touch; **égaliser** [egali'ze] (1a) *v/t.* equalize (*a. sp.*); level; make even; 🜍 equate to; *sp.* à ~ equal on points.

égard [e'ga:r] *m* regard, consideration, respect; ~*s pl.* respect *sg.*; attentions (to, *pour*); *à cet* ~ in this respect; *à l'*~ *de* with respect to; *as regards*; *à mon* ~ concerning me; *à tous* ~*s* in every respect; *eu* ~ *à* considering; *manque m d'*~ lack of consideration; slight; *par* ~ *pour* out of respect for; *sans* ~ *pour* without regard for.

égarement [egar'mɑ̃] *m* mislaying; error; *fig.* (*mental*) aberration; *feelings:* frenzy; *conduct, expression:* wildness; bewilderment; **égarer** [ega're] (1a) *v/t.* mislay; lead astray; mislead; let (*one's eyes*) wander; bewilder; *fig.* avoir l'air égaré look distraught; s'~ lose one's way; become unhinged (*mind*).

égayer [ege'je] (1i) *v/t.* cheer up; enliven; s'~ amuse o.s.; cheer up; make merry (about, *de*).

églantier ✿ [eglɑ̃'tje] *m* wild rose (-bush); ~ *odorante* sweet briar; **églantine** ✿ [~'tin] *f* flower: wild rose; ~ *odorante flower:* sweet briar.

église [e'gli:z] *f* church.

églogue [e'glɔg] *f* eclogue.

égocentrique [egɔsɑ̃'trik] egocentric.

égoïne ⊕ [egɔ'in] *f* compass saw.

égoïsme [egɔ'ism] *m* egoism; selfishness; **égoïste** [~'ist] **1.** *su.* egoist; **2.** *adj.* egoistic; selfish.

égorger [egɔr'ʒe] (1l) *v/t.* cut the throat of; F stick (*a pig*); slaughter, massacre (*people*); *fig.* fleece; **égorgeur** *m*, **-euse** *f* [~'ʒœ:r, ~'ʒø:z] cut-throat; (*pig-*)sticker.

égosiller [egozi'je] (1a) *v/t.:* s'~ bawl; shout; make o.s. hoarse.

égout [e'gu] *m* sewer; **égoutter** [egu'te] (1a) *v/t.* drain (*a.* ✔); strain (*vegetables*); s'~ drain, drip; **égouttoir** [~'twa:r] *m* drainer; *cuis.* plate-rack.

égrapper [egra'pe] (1a) v/t. pick off (grapes etc.); ✗ clean (ore).

égratigner [egrati'ɲe] (1a) v/t. scratch (a. ✗); fig. gibe at, F have a dig at; **égratignure** [~'ɲy:r] f scratch; fig. gibe, F dig.

égrener [egrə'ne] (1d) v/t. pick off (grapes); shell (peas, corn); gin (cotton); ripple (flax); tree: shed (the leaves) one by one; fig. deal with one by one; s'~ drop (away), scatter.

égrillard, e [egri'ja:r, ~'jard] ribald, lewd, F dirty.

eh! [e] int. hey!; hi!; ~ bien! well!; now then!

éhonté, e [eɔ̃'te] shameless.

éjaculer [eʒaky'le] (1a) v/t. ejaculate.

éjection [eʒɛk'sjɔ̃] f ejection.

élaborer [elabɔ're] (1a) v/t. elaborate, work out (a. fig.).

élaguer [ela'ge] (1m) v/t. ✗ prune (a. fig.); fig. a. cut out or down.

élan[1] [e'lɑ̃] m spring, dash, bound; impetus; fig. impulse; fig. outburst (of temper etc.).

élan[2] zo. [~] m elk, moose.

élancé, e [elɑ̃'se] (tall and) slim, slender; **élancement** [elɑ̃s'mɑ̃] m spring; fig. yearning (towards, vers); ✗ twinge, shooting pain; **élancer** [elɑ̃'se] (1k) v/i. twinge, throb; v/t.: s'~ shoot; rush; ✗ shoot up.

élargir [elar'ʒi:r] (2a) v/t. enlarge, widen; broaden (a. fig.); fig., a. ✗ release; **élargissement** [~ʒis'mɑ̃] m enlarging; widening, broadening, fig., a. ✗ release.

élasticité [elastisi'te] f elasticity; fig. springiness; **élastique** [~'tik] 1. adj. elastic; fig. flexible; gomme f ~ (india-)rubber; 2. su./m (india-)rubber; cost. elastic; rubber band.

électeur [elɛk'tœ:r] m pol. voter; elector (a. hist.); ~ par correspondance absent voter; **électif, -ve** [~'tif, ~'ti:v] elective; **élection** [~'sjɔ̃] f election (a. fig.); fig. choice; ~s pl. partielles by-election sg.; **électoral, e**, m/pl. **-aux** [~tɔ'ral, ~'ro] electoral, election ...; **électoralisme** pej. [~tɔra'lism] m electioneering; **électorat** [~tɔ'ra] m coll., a. hist. electorate; franchise; **électrice** [~'tris] f pol. electress (a. hist.), voter.

électricien [elɛktri'sjɛ̃] m electrician; **électricité** [~si'te] f electricity; **électrifier** [~'fje] (1o) v/t. elec-

trify; **électrique** [elɛk'trik] electric; electrical (unit); **électriser** [~tri'ze] (1a) v/t. electrify (a. fig.); fig. thrill; fil m électrisé live wire.

électro... [elɛktro] electro...; ~**-aimant** [~ɛ'mɑ̃] m electro-magnet; ~**cardiogramme** ✗ [~kardjɔ'gram] m electrocardiogram; ~**choc** ✗ [~'ʃɔk] m treatment: electric shock.

électrode [elɛk'trɔd] f electrode.

électro...: ~**magnétique** [elɛktrɔmaɲe'tik] electromagnetic; ~**ménager** [~mena'ʒe] adj./m: appareils m/pl. ~s domestic electrical equipment sg.

électron phys. [elɛk'trɔ̃] m electron; **électronicien** [~trɔni'sjɛ̃] m electronics engineer; **électronique** [~trɔ'nik] 1. adj. electronic; 2. su./f electronics sg.

électrophone [elɛktrɔ'fɔn] m record player.

électuaire [elɛk'tɥɛ:r] m electuary.

élégamment [elega'mɑ̃] adv. elegantly; **élégance** [~'gɑ̃:s] f elegance; **élégant, e** [~'gɑ̃, ~'gɑ̃:t] 1. adj. elegant, stylish; smart; 2. su./m man of fashion; su./f woman of fashion.

élément [ele'mɑ̃] m element; ingredient; ✗ cell; ~s pl. rudiments, first principles, basics; **élémentaire** [~mɑ̃'tɛ:r] elementary; rudimentary; fundamental, basic.

éléphant zo. [ele'fɑ̃] m elephant; ~ femelle cow-elephant.

élevage [el'va:ʒ] m breeding, rearing; ranch; **élévateur, -trice** [eleva'tœ:r, ~'tris] 1. adj. lifting; anat. elevator (muscle); 2. su./m elevator (a. anat.); lift; **élévation** [~'sjɔ̃] f elevation (a. fig. ✗, △); lifting, raising; rise, increase; height; altitude (a. astr.); **élévatoire** [~'twa:r] hoisting.

élève [e'lɛ:v] su. pupil; univ. student; apprentice; su./f young rearing animal; cattle etc.: breeding; ✗ seedling.

élevé, e [el've] high; fig. lofty; bred, brought-up; mal ~ ill-bred; **élever** [~'ve] (1d) v/t. raise (a. ✗), lift; △ erect, set up; breed (cattle etc.); keep (bees, hens); bring up (a child); ✗ au carré (au cube) square (cube); s'~ rise; get up; amount (to, à); protest, take a stand (against, contre); **éleveur** [~'vœ:r] m breeder (of horses, cattle); ~ de *chiens* dog-fancier; **élevure** ⚥ [~'vy:r] *f* pimple, pustule.

élider *gramm.* [eli'de] (1a) *v/t.* elide.

éligible [eli'ʒibl] eligible.

élimer [eli'me] (1a) *v/t. a.* s'~ wear threadbare.

éliminer [elimi'ne] (1a) *v/t.* eliminate (*a.* ⚕); get rid of; ⚕ s'~ cancel out.

élire [e'li:r] (4t) *v/t.* elect, choose; *parl.* return (*a member*).

élision [eli'zjɔ̃] *f* elision.

élitaire [eli'tɛ:r] elitist; **élite** [e'lit] *f* elite, pick, choice, best; *d'*~ picked; crack (*team etc.*).

élixir [elik'si:r] *m* elixir.

elle [εl] *pron./pers./f subject:* she, it; ~s *pl.* they; *object:* her, it; (to) her, (to) it; ~s *pl.* them; (to) them; *à* ~ to her, to it; hers, its; *à* ~s *pl.* to them; theirs; *c'est* ~ it is she, F it's her; *ce sont* ~s *pl.*, F *c'est* ~s *pl.* it is they, F it's them.

ellébore ♧ [elle'bɔːr] *m* hellebore; ~ *noir* Christmas rose.

elle-même [εl'mɛːm] *pron./rfl.* herself; *elles-mêmes pl.* themselves.

ellipse [e'lips] *f gramm.* ellipsis; ⚥ ellipse; **elliptique** [elip'tik] elliptic(al).

élocution [elɔky'sjɔ̃] *f* elocution.

éloge [e'lɔ:ʒ] *m* praise; eulogy, panegyric.

éloigné, e [elwa'ɲe] remote; distant (*a. relative*); far-off, faraway; far (off *or* away); **éloignement** [elwaɲ'mã] *m* distance; remoteness; removal; *fig.* estrangement; **éloigner** [elwa'ɲe] (1a) *v/t.* remove; move (*s.th.*) away; dismiss (*a thought*); avert (*a suspicion, a danger*); postpone; estrange (*s.o.*); s'~ move away, go away; digress; s'~ *du sujet* wander from the subject, divagate.

éloquence [elɔ'kãːs] *f* eloquence; **éloquent, e** [~'kã, ~'kã:t] eloquent.

élucider [elysi'de] (1a) *v/t.* elucidate, clear up.

élucubrations [elykybra'sjɔ̃] *f/pl.* *pej.* wild imaginings.

éluder [ely'de] (1a) *v/t. fig.* evade; shirk (*work*).

Élysée [eli'ze] **1.** *su./m myth.* Elysium; *pol.* Élysée (= *Paris residence of the President of the French Republic*); **2.** *adj. myth.* Elysian (*Fields*).

émacier [ema'sje] (1o) *v/t.* s'~ waste away, become emaciated.

émail, *pl.* -**aux** [e'ma:j, ~'mo] *m* enamel (*a. of teeth*); enamelling material; *phot.* glaze; **émailler** [ema'je] (1a) *v/t.* enamel; glaze (*porcelain, a. phot.*); *fig.* sprinkle, spangle (with, de).

émanation [emana'sjɔ̃] *f* emanation, efflux.

émancipation [emãsipa'sjɔ̃] *f* emancipation; **émancipé, e** *fig.* [~'pe] free, forward; **émanciper** [~'pe] (1a) *v/t.* emancipate.

émaner [ema'ne] (1a) *v/i.* emanate, issue, originate.

émarger [emar'ʒe] (11) *v/t.* make marginal notes in, write in the margin of; *v/i.* † draw one's salary.

émasculation [emaskyla'sjɔ̃] *f* emasculation (*a. fig.*).

embâcle [ã'baːkl] *m* obstruction; ice-jam (*in water-way*).

emballage [ãba'la:ʒ] *m* packing; package; packaging; *sp.* burst of speed; F blowing-up; ♦ ~ *perdu* (*consigné*) non-returnable (returnable) packing (*or* can, bottle, *etc.*); **emballer** [~'le] (1a) *v/t.* pack (up); wrap up; *mot.* race (*the engine*); F thrill, excite; F blow (*s.o.*) up; *sl.* arrest; *sl.* get (*s.o.*) round; s'~ bolt (*horse*); race (*engine*); F get excited; F fly into a temper; *v/i. sp.* spurt; **emballeur** *m*, -**euse** *f* [~'lœ:r, ~'løːz] packer; F *sl.* cajoler.

embarbouiller F [ãbarbu'je] (1a) *v/t.* dirty; *fig.* muddle (*s.o.*); s'~ get muddled.

embarcadère [ãbarka'dɛ:r] *m* ♨ landing-stage; wharf, quay; ♨ (departure) platform; **embarcation** [~'sjɔ̃] *f* craft; ship's boat.

embardée [ãbar'de] *f* swerve.

embargo ♨, *pol.* [ãbar'go] *m* embargo.

embarquement [ãbarkə'mã] *m* ♨ embarkation; *goods:* shipment; **embarquer** [~'ke] (1m) *v/t.* ♨ embark; ship (*goods*, F *a. water*); take on board; *v/i. a.* s'~ embark (*a. fig.* upon, *dans*), go aboard.

embarras [ãba'ra] *m* obstruction; impediment (*of speech*); difficulty, trouble; money difficulties; ~ *pl. d'argent* money difficulties; ~ *de voitures* traffic jam; F *faire des* ~ make a fuss; **embarrasser** [~ra'se] (1a) *v/t.* clutter (up); hinder; bother; put in an awkward position; *fig.* perplex, puzzle; ✻ clog (*the digestion*); s'~ de burden o.s. with.

embasement ⏃ [ãbaz'mã] *m* base; ground-table.

embauchage [ãbo'ʃa:ʒ] *m*, **embauche** [ã'bo:ʃ] *f* taking on (*of workmen*); hiring; *labour*: pas d'embauche no vacancies; **embaucher** [ãbo'ʃe] (1a) *v/t*. take on, hire; **embauchoir** [~'ʃwa:r] *m* boot tree.

embaumé, e [ãbo'me] balmy (*air*); **embaumer** [~] (1a) *v/t*. embalm (*a corpse, a. the garden*); scent, perfume; smell of; *v/i*. smell sweet.

embecquer [ãbɛ'ke] (1m) *v/t*. feed (*a bird*); bait (*the hook*).

embéguiner [ãbegi'ne] (1a) *v/t*. wrap up (*s.o.'s* head (*in, de*); *fig*. infatuate; s'~ de become infatuated with (*s.o.*).

embellie [ãbɛ'li] *f* lull; fair period; **embellir** [~'li:r] (2a) *v/t*. make (look) more attractive; embellish (*a. fig.*); beautify; *fig*. glamorize; *v/i*. become better-looking; **embellissement** [~lis'mã] *m* embellishment; improvement in looks.

emberlificoter *sl*. [ãbɛrlifiko'te] (1a) *v/t*. entangle; get round, cajole; s'~ get tangled; get in a muddle.

embêtant, e F [ãbɛ'tã, ~'tã:t] annoying, irritating, tiresome; **embêtement** F [ãbɛt'mã] *m* nuisance; worry; annoyance; F bother; **embêter** F [ãbɛ'te] (1a) *v/t*. annoy, bore; get on (*s.o.'s*) nerves.

emblave ⚹ [ã'bla:v] *f* land sown with corn; *corn*: sown seed; **emblaver** ⚹ [ãbla've] (1a) *v/t*. sow with corn.

emblée [ã'ble] *adv*.: d'~ right away, then and there, at the first attempt.

emblème [ã'blɛ:m] *m* emblem; symbol; badge.

embob(el)iner F [ãbɔb(l)i'ne] (1a) *v/t*. get round, coax.

emboîter [ãbwa'te] (1a) *v/t*. encase; nest (*boats, boxes, tubes*); pack in boxes; ⊕ joint; F hiss, hoot; ~ le pas à q. dog s.o.'s footsteps; ✗ fall into step with s.o.; *fig*. model o.s. on s.o.; **emboîture** [~'ty:r] *f* fit; ⊕ socket; ⊕ joint; ✗ juncture.

embolie ✻ [ãbɔ'li] *f* embolism.

embonpoint [ãbõ'pwɛ̃] *m* stoutness; plumpness.

emboucher [ãbu'ʃe] (1a) *v/t*. ♪ put to one's mouth; *fig*. mal embouché

foul-mouthed; **embouchure** [~'ʃy:r] *f* river: mouth; ♪ mouthpiece; opening.

embourber [ãbur'be] (1a) *v/t*. bog; *fig*. implicate; s'~ get stuck in the mud (*etc.*); *fig*. get tied up.

embourgeoiser [ãburʒwa'ze] (1a) *v/t*.: s'~ become conventional.

embout [ã'bu] *m* stick, umbrella: ferrule.

embouteillage [ãbutɛ'ja:ʒ] *m* bottling; ⚓ bottling up; *fig*. traffic jam; ⊹ bottleneck; **embouteiller** [~'je] (1a) *v/t*. bottle; ⚓ bottle up, block up; *fig*. hold up (*the traffic*); block (*the road*).

embouter [ãbu'te] (1a) *v/t*. tip, put a ferrule on.

emboutir [ãbu'ti:r] (2a) *v/t*. ⊕ stamp, press (*metal*); emboss; tip, put a ferrule on; *mot*. hit, run *or* crash into.

embranchement [ãbrãʃ'mã] *m* junction; branching (off); ⊕, *a. fig*. branch; ⊞ branch-line; ⊞ siding; fork (*of a road*); branch-road; *geog*. spur; **embrancher** [ãbrã'ʃe] (1a) *v/t*. join up; s'~ form a junction (*roads*); branch off (*from, sur*).

embrasement [ãbraz'mã] *m* conflagration; *fig*. fire; *fig*. burning passion; *pol*., *fig*. conflagration; **embraser** [ãbra'ze] (1a) *v/t*. set on fire; *fig*. fire; *fig*. set aglow.

embrassade [ãbra'sad] *f* embrace, hug; kissing; **embrasser** [~'se] (1a) *v/t*. embrace (*a. fig.*); hug; *fig*. take up (*a career, a cause*); *fig*. encircle; kiss; include, take in.

embrasure [ãbra'zy:r] *f* embrasure; window-recess; ⚓ gun-port.

embrayage [ãbrɛ'ja:ʒ] *m* ⊕ connecting, coupling; *mot*. clutch: engaging; putting (*the engine*) into gear; *mot*. clutch; *mot*. ~ à disques multi-disc clutch; *mot*. ~ à cône cone clutch; **embrayer** [~'je] (1i) *v/t*. ⊕ connect, couple; throw into gear; *fig*. start, set (*s.th.*) rolling; *v/i*. *mot*. let in the clutch; F *fig*. start, begin.

embrigader [ãbriga'de] (1a) *v/t*. ✗ recruit; *fig*. enrol; F organize.

embrocher [ãbrɔ'ʃe] (1a) *v/t*. *cuis*. (put on the) spit; ⚡ wire on to a circuit; F run (*s.o.*) through.

embrouillage [ãbru'ja:ʒ] *m*, **embrouillement** [ãbruj'mã] *m* confusion; tangle; **embrouillamini** F

[ăbrujami'ni] *m* tangle, mess(-up);
embrouiller [ăbru'je] (1a) *v/t.*
tangle (up); muddle (up); *fig.* confuse (*an issue*); s'~ get into a tangle;
fig. get into a muddle.

embroussaillé, e [ăbrusa'je] covered with bushes; *fig.* tousled; F
complicated.

embruiné, e [ăbrui'ne] ♪ blighted
with cold drizzle; lost in a haze of
rain.

embrumer [ăbry'me] (1a) *v/t.*
shroud with mist *or* haze *or* fog; *fig.*
cloud.

embruns [ă'brœ̃] *m/pl.* sea spray *sg.*,
spindrift *sg.*

embrunir [ăbry'ni:r] (2a) *v/t.*
darken.

embryon [ăbri'jɔ̃] *m* embryo (*a.
fig.*); F insignificant little man.

embûche [ă'by:ʃ] *f* trap, pitfall; †
ambush.

embuer [ă'bɥe] (1n) *v/t.* steam up;
dim (*a. fig.*).

embuscade [ăbys'kad] *f* ambush;
embusqué [~'ke] *m* man in ambush; man under cover; F
shirker, dodger; **embusquer** ⚔
etc. [~'ke] (1m) *v/t.* place in ambush
or in wait; s'~ lie in wait; take
cover; F ⚔ shirk.

éméché, e F [eme'ʃe] slightly the
worse for drink *or* F for wear.

émeraude [em'ro:d] *su./f, a.
adj./inv.* emerald.

émerger [emer'ʒe] (1l) *v/i.* emerge;
come into view, appear.

émeri [em'ri] *m* emery(-powder).

émérite [eme'rit] emeritus (*professor*); experienced, practised.

émersion [emer'sjɔ̃] *f* emergence
(*a. opt.*); *astr.* emersion.

émerveiller [emerve'je] (1a) *v/t.*
amaze, fill with wonder; s'~ marvel,
be amazed (at, *de*).

émétique ⚗ [eme'tik] *adj., a. su./m*
emetic.

émetteur, -trice [eme'tœ:r, ~'tris]
1. *adj.* issuing; *radio:* transmitting,
broadcasting; **2.** *su./m* † issuer;
radio: transmitter; ~ à modulation
de fréquence V.H.F. transmitter; ~
à ondes courtes short wave transmitter; ~ de télévision television
transmitter; ~-récepteur *radio:*
transmitter-receiver, F walkie-
talkie; **émettre** [e'mɛtr] (4v) *v/t.*
emit, send out; † issue; utter (*a*

sound, *a. counterfeit coins*); express
(*an opinion*); *radio:* transmit, broadcast; put forward (*a claim*).

émeute [e'mœ:t] *f* riot, disturbance;
émeutier [emø'tje] *m* rioter.

émietter [emje'te] (1a) *v/t.* crumble;
fig. waste.

émigration [emigra'sjɔ̃] *f* emigration; **émigré, e** [~'gre] *su.* expatriate; **émigrer** [~'gre] (1a) *v/i.*
emigrate (*people*); *pol.* fly the
country.

émincé *cuis.* [emɛ̃'se] *m* sliced meat;
émincer [~] (1k) *v/t.* mince, slice
(up) (*meat*).

éminemment [emina'mã] *adv.* to
a high degree; **éminence** [~'nã:s] *f*
eminence (*a. fig., a. title*); **éminent, e** [~'nã, ~'nã:t] eminent;
high, elevated; *fig.* distinguished.

émissaire [emi'sɛ:r] **1.** *su./m* emissary (*a.* ⊕), messenger; ⊕ outlet;
anat. emissary vein; **2.** *adj.:* bouc
m ~ scapegoat; **émission** [~'sjɔ̃] *f*
emission; † issue, issuing; uttering
(*of sound, a. of counterfeit coins*);
heat: radiation; *radio:* transmission,
broadcast(ing); ~ de télévision television transmission.

emmagasiner [ămagazi'ne] (1a)
v/t. † store, warehouse; ⚡, *phys.,
a. fig.* store up.

emmailloter [ămajo'te] (1a) *v/t.*
swaddle (*a baby*); swathe (*one's leg
etc.*).

emmancher [ămã'ʃe] (1a) *v/t.* fix
a handle to, haft; ⊕ joint (*pipes*);
fig. start (*an affair*).

emmanchure [ămã'ʃy:r] *f* armhole.

emmêler [ăme'le] (1a) *v/t.* tangle;
fig. mix up, get in a tangle *or*
muddle.

emménager [ămena'ʒe] (1l) *v/i.*
move in; *v/t.* move (*s.o., s.th.*) in,
install.

emmener [ăm'ne] (1d) *v/t.* take
(*s.o.*) away, lead (*s.o.*) away *or* out.

emmerdant, e V [ămɛr'dã, ~'dã:t]
boring; annoying; **emmerder** V
[~'de] (1a) *v/t.* bore (*s.o.*) (stiff); get
on (*s.o.'s*) nerves; bug, give (*s.o.*) a
pain in the neck; s'~ be bored (stiff).

emmieller [ămje'le] (1a) *v/t.*
sweeten with honey; *fig.* sugar
(*one's words*); V irritate.

emmitoufler [ămitu'fle] (1a) *v/t.*
muffle up (in *dans, de*).

émoi [e'mwa] *m* emotion, agitation; excitement; commotion; anxiety.

émollient, e [emɔ'ljã, ~'ljã:t] *adj., a. su./m* emollient, softener-irritant.

émoluments [emɔly'mã] *m/pl.* emoluments, pay *sg.*, salary *sg.*

émonder [emɔ̃'de] (1a) *v/t.* prune (*a. fig. a book*), trim; *fig.* clean.

émotion [emo'sjɔ̃] *f* emotion; *fig.* agitation, disturbance; ✶ quickening (*of pulse*); **émotionnable** [~sjɔ'nabl] emotional; excitable; **émotionner** F [~sjɔ'ne] (1a) *v/t.* affect; thrill.

émotivité [emotivi'te] *f* emotivity.

émoucher [emu'ʃe] (1a) *v/t.* drive the flies from *or* off; **émouchette** [~'ʃet] *f* fly-net (*for horses*); **émouchoir** [~'ʃwa:r] *m* fly-whisk; fly-net (*for horses*).

émoudre ⊕ [e'mudr] (4w) *v/t.* grind, sharpen, whet; **émoulu, e** [emu'ly] sharp(ened); *fig. frais ~* de fresh from (*school etc.*).

émousser [emu'se] (1a) *v/t.* ⊕ blunt, take the edge off (*a. fig.*); ✔ remove the moss from; ⊕ ~ become blunt(ed) (*a. fig.*); lose its edge *or* point.

émoustiller F [emusti'je] (1a) *v/t.* exhilarate, F ginger up; put on one's mettle; *s'~* get jolly; cheer up.

émouvant, e [emu'vã, ~'vã:t] moving, touching; **émouvoir** [~'vwa:r] (3f) *v/t.* move; affect, touch; stir up, rouse (*the audience, a crowd*).

empailler [ãpa'je] (1a) *v/t.* pack (*s.th.*) in straw; stuff (*a dead animal*); ✔ cover up with straw.

empaler [ãpa'le] (1a) *v/t.* impale.

empan [ã'pã] *m* span.

empaqueter [ãpak'te] (1c) *v/t.* pack up; wrap up; do up (*a parcel*).

emparer [ãpa're] (1a) *v/t.: s'~* de seize, lay hands on; take possession of.

empâté, e [ãpa'te] coated (*tongue*); *fig.* thick (*voice*); bloated (*face*); **empâter** [~] (1a) *v/t.* make thick; *s'~* put on flesh.

empattement [ãpat'mã] *m mot.* wheel base; △ foundation; △ *wall:* footing.

empaumer F [ãpo'me] (1a) *v/t.* trick (*s.o.*), take (*s.o.*) in.

empêchement [ãpεʃ'mã] *m* obsta-cle, hindrance; prevention; impediment (*of speech*); *sans ~* without let or hindrance; **empêcher** [ãpε'ʃe] (1a) *v/t.* prevent (from ger., *de inf.*); stop; hinder; *s'~ de* refrain from, stop o.s. (from) (*doing s.th.*); *on ne peut s'~ de a.* one cannot help (*doing s.th.*).

empeigne [ã'pεɲ] *f shoe:* vamp.

empennage ✈ [ãpε'na:ʒ] *m* tail unit; stabilizer(s *pl.*); *bomb:* fin assembly.

empereur [ã'prœ:r] *m* emperor.

empesé, e F [ãpə'ze] stiff, starchy (*manner etc.*); **empeser** [~] (1d) *v/t.* starch (*linen etc.*); stiffen.

empester [ãpεs'te] (1a) *v/t.* stink out (*a room*); stink (of).

empêtrer [ãpε'tre] (1a) *v/t.* hobble (*an animal*); entangle; *fig.* involve (in, *dans*); *fig.* embarrass (*s.o.*).

emphase [ã'fa:z] *f* bombast, pomposity; *gramm.* emphasis; **emphatique** [ãfa'tik] bombastic, pompous; grandiloquent; *gramm.* emphatic.

empierrer [ãpje're] (1a) *v/t.* metal (*a road*); pave; 🚆 ballast (*a track*).

empiéter [ãpje'te] (1f) *v/i.* trespass, encroach (upon, *sur*) (*a. fig.*); *v/t.* appropriate (from, *sur*).

empiffrer F [ãpi'fre] (1a) *v/t.: s'~ de* stuff o.s. with.

empiler [ãpi'le] (1a) *v/t.* pile (up); F rob, cheat (out of, *de*); *fig.* F *s'~ dans* pile into.

empire [ã'pi:r] *m* empire; dominion; sway; control; influence; *~ sur soi-même* self-control.

empirer [ãpi're] (1a) *v/t.* make (*s.th.*) worse; *v/i.* become *or* grow worse.

empirique [ãpi'rik] **1.** *adj.* empirical, rule-of-thumb; **2.** *su./m* empiricist; **empirisme** [~'rism] *m* empiricism; *fig.* guess-work.

emplacement [ãplas'mã] *m* buildings etc.: site; place, spot; ⚓ berth (*of a ship*); ✗ *gun:* emplacement; ✗(dis)position (*of troops for battle*), station (*of peace-time troops*).

emplâtre [ã'plɑ:tr] *m* ✶ plaster; *mot. etc.* patch.

emplette [ã'plεt] *f* purchase, shopping.

emplir [ã'pli:r] (2a) *v/t. a. s'~* fill (up).

emploi [ã'plwa] *m* employment; use; post, job, situation; *~ du temps* schedule, timetable; *mode m* d'~ directions *pl.* for use; *plein* ~ full employment; *sans* ~ unemployed, jobless; **employé m, e** *f* [ɑ̃plwa'je] employee; clerk; *shop:* assistant; **employer** [~'je] (1h) *v/t.* employ; use; spend (*time*); *s'*~ be used; *s'*~ apply *or* devote o.s. to ([*doing*] *s.th.*); **employeur** *m*, **-euse** *f* [~'jœːr, ~'jøːz] employer.

empocher [ɑ̃pɔ'ʃe] (1a) *v/t.* pocket (*a. fig.*); *fig.* receive, F get.

empoigner [ɑ̃pwa'ɲe] (1a) *v/t.* grip (*a. fig.*); *fig.* grasp, seize; catch, arrest.

empois [ɑ̃'pwa] *m* starch; *tex.* dressing.

empoisonnant, e F [ɑ̃pwazɔ'nɑ̃, ~'nãːt] irritating, annoying; *fig.* poisonous; **empoisonner** [~'ne] (1a) *v/t.* poison; *fig.* corrupt; *fig.* bore (*s.o.*) to death; reek of; **empoisonneur, -euse** [~'nœːr, ~'nøːz] **1.** *su.* poisoner; **2.** *adj.* poisonous.

empoissonner [ɑ̃pwasɔ'ne] (1a) *v/t.* stock (*a lake etc.*) with fish.

emporté, e [ɑ̃pɔr'te] **1.** *adj.* hotheaded, hasty; quick-tempered; **2.** *su.* hot-headed *or* quick-tempered person; **emportement** [~tə'mɑ̃] *m* (fit of) anger; *avec* ~ angrily; **emporte-pièce** [~tə'pjɛs] *m/inv.* punch; *fig. à l'*~ cutting, sarcastic; **emporter** [~'te] (1a) *v/t.* carry away, take away; remove; ✗ *etc.* capture; *plats m/pl. à* ~ take-away meals, *Am.* meals to go; *l'*~ win, get the upper hand (of, *sur*); prevail (over, *sur*); *l'*~ *sur a.* get the better of; *fig.* surpass, triumph over; *s'*~ lose one's temper, flare up; bolt (*horse*).

empoté, e [ɑ̃pɔ'te] **1.** *adj.* awkward, clumsy; **2.** *su.* awkward *or* clumsy person; **empoter** [~] (1a) *v/t.* pot (*jam etc., a.* ✤).

empourprer [ɑ̃pur'pre] (1a) *v/t.* tinge with crimson *or* with purple (*grapes*); *s'*~ flush (*person*); turn red.

empreindre [ɑ̃'prɛ̃ːdr] (4m) *v/t.* imprint, stamp, impress; **empreinte** [ɑ̃'prɛ̃ːt] *f* impress, (im-)print, stamp, impression; ~ *digitale* finger-print.

empressé, e [ɑ̃prɛ'se] eager; earnest, fervent; willing; fussy; **empressement** [ɑ̃prɛs'mɑ̃] *m* eagerness, promptness, readiness; hurry; *avec* ~ readily; *peu d'*~ reluctance; **empresser** [ɑ̃prɛ'se] (1a) *v/t.:* *s'*~

à (*inf.*) be eager to (*inf.*), show zeal in (*ger.*); *s'*~ *de* (*inf.*) hasten to (*inf.*).

emprise [ɑ̃'priːz] *f* hold (on, *sur*) mastery.

emprisonner [ɑ̃prizɔ'ne] (1a) *v/t.* imprison; confine (*s.o. to his room*).

emprunt [ɑ̃'prœ̃] *m* loan; borrowing; *gramm.* loanword; *nom m* d'~ assumed name; ✝ *souscrire à un* ~ subscribe to a loan; **emprunté, e** [ɑ̃prœ̃'te] assumed; sham; borrowed; derived; stiff, awkward (*manner etc.*); **emprunter** [~'te] (1a) *v/t.* borrow (from, *of à*); assume (*a name*); take (*a road, a track*); **emprunteur** *m*, **-euse** [~'tœːr, ~'tøːz] borrower; ⚖ bailee.

empuantir [ɑ̃pɥɑ̃'tiːr] (2a) *v/t.* make (*s.th.*) stink; infect (*the air*); *s'*~ become foul.

ému, e [e'my] *p.p.* of *émouvoir*.

émulateur, -trice [emyla'tœːr, ~'tris] emulative, rival; **émulation** [~'sjɔ̃] *f* emulation, rivalry, competition; **émule** [e'myl] *su.* emulator, rival, competitor.

émulsion [emyl'sjɔ̃] *f* emulsion; **émulsionner** [~sjɔ'ne] (1a) *v/t.* emulsify.

en[1] [ɑ̃] *prp. place:* in (*France*); at; *direction:* into (*town*); to (*France, town*); *time:* in (*summer*); (with)in (*an hour, two days*); *state:* in (*good health, mourning, prayer, English*); on (*leave, strike, sale*); at (*war, peace*); as, like (*some character*); *change:* into (*decay, oblivion, English*); to (*dust, ashes, pieces*) *material:* of; *ger.:* ~ *dansant* (while) dancing; *partir* ~ *courant* run away; ~ *ne pas* (*ger.*) by not (*ger.*); ~ *ville* in town, *Am.* downtown; ~ *tête* at the head (of, *de*); *aller* ~ *ville* go to town; ~ *voiture* in a *or* by car; 🚂 ~ *voiture!* all aboard!; ~ *avion* by air; ~ *arrière* (*de*) behind; *direction:* ~ *arrière* backward; ~ *avant* in front; *direction:* ~ *avant* forward; on; *de* ... ~ ... from ... to ...; ~ (*l'an*) *1789* in 1789; ~ *colère* in anger, angry; ~ *défaut* at fault; ~ *fait* in fact; ~ *hâte* in a hurry; ~ *honnête homme* (*ami*) as *or* like an honest man (a friend); *mettre* ~ *vente* put up for sale; ~ *vérité* really, actually; ~ *vie* alive, living; *changer* des livres ~ francs change pounds into francs; briser ~ morceaux break to pieces or into bits; ... ~ bois (or) wooden (gold) ...; escalier m ~ spirale spiral staircase; fertile (riche) ~ fertile (rich) in; ~ l'honneur de in hono(u)r of; ~ punition de as a punishment for; docteur m ~ droit Doctor of Laws; admirer qch. ~ q. admire s.th. about s.o.; de mal ~ pis from bad to worse; de plus ~ plus more and more.

en² [~] **1.** adv. from there; on that account, for it; ~ être plus riche be the richer for it; j'~ viens I have just come from here; **2.** pron. genitive: of or about or by or from or with him (her, it, them); quantity or inanimate possessor: of it or them; partitive use: some, any, negative: not any, none; sometimes untranslated: qu'~ pensez-vous? what do you think (about it)?, what is your opinion?; qu'~ dira-t-on? what will people say (about it)?; il ~ mourut he died of it; il s'~ soucie he worries about it; j'~ ai cinq I have five (of them); je vous ~ offre la moitié I offer you a half or half of it; j'~ connais qui ... I know some people who ...; je connais cet auteur et j'~ ai lu tous les livres I know this author and have read all his books; j'~ ai besoin I need or some; je n'~ ai pas I have none, I haven't any; prenez-~ take some; c'~ est fait the worst has happened; c'~ est fait de moi I am done for; je vous ~ félicite! congratulations!; s'~ aller go away.

enamourer [ănamu're] (1a) v/t.: s'~ fall in love (with, de).

encablure ⚓ [ăka'bly:r] f cable('s-length).

encadrement [ăkadrə'mă] m framing; frame(work); setting; **encadrer** [~'dre] (1a) v/t. frame; enclose, surround; ✕ officer (a battalion); ✕ enrol (recruits); ✕ straddle (an objective).

encager [ăka'ʒe] (1l) v/t. put in a cage; ♘ cage.

encaisse [ă'kɛs] f ✝ cash (in hand); box. punishment; **encaissé, e** [ăke'se] encased; deep (valley); sunken (road); **encaisser** [~] (1b) v/t. ✝ box, encase; ✔ plant in tubs; ✝ collect, (en)cash (a bill,

money); ⊕ embank (a river); ballast (a road); fig. swallow (an insult); fig. stand, bear; F ~ une gifle get one's ears boxed.

encan [ăkă] m (public) auction; mettre à l'~ put (s.th.) up for auction.

encanailler [ăkana'je] (1a) v/t. degrade; fill (the house) with low company; s'~ lower o.s.; keep low company; fig. have one's fling.

encapuchonner [ăkapyʃɔ'ne] (1a) v/t. put a cowl on; ⊕ cover, hood; s'~ put a cowl or hood on; fig. become a monk.

encaquer [ăka'ke] (1m) v/t. ✝ barrel; fig. pack (people) like sardines.

encartage [ăkar'ta:ʒ] m insetting; inset; ✝ card(ing) (of pins); **encarter** [~'te] (1a) v/t. inset; insert (a loose leaflet); card (pins).

en-cas [ă'ka] m/inv. cuis. snack, light meal; stand-by, thing kept for emergencies; dumpy umbrella.

encastrement ⊕ [ăkastrə'mă] m fixing; embedding; bed, recess; casing, frame; rigid fixing; **encastrer** ⊕ [~'tre] (1a) v/t.: ~ dans fit or sink or embed into; s'~ dans fit into.

encaustique [ăkos'tik] f encaustic; floor, furniture: wax polish; **encaustiquer** [~ti'ke] (1m) v/t. wax, polish.

encaver [ăka've] (1a) v/t. cellar.

enceindre [ă'sɛ̃:dr] (4m) v/t. surround, gird, enclose.

enceinte¹ [ă'sɛ̃:t] f enclosure; precincts pl.; box. ring; surrounding wall(s pl.).

enceinte² [~] adj./f pregnant.

encens [ă'să] m incense; fig. flattery; **encenser** [ăsă'se] (1a) v/t. eccl. cense; burn incense to; fig. flatter; **encenseur** [~'sœ:r] m eccl. thurifer; fig. flatterer; **encensoir** [~'swa:r] m thurible, censer; fig. flattery, fulsome praise.

encéphale [ăse'fal] m encephalon, brain; **encéphalite** ✗ [~fa'lit] f encephalitis.

encerclement [ăserklə'mă] m encircling; **encercler** [~'kle] (1a) v/t. encircle, shut in.

enchaînement [ăʃen'mă] m chain, series, linking; dog etc.: chaining (up); fig. sequence; **enchaîner** [ăʃe'ne] (1b) v/t. chain (a dog, a *prisoner*); connect, link up (*a. fig. ideas*); *fig.* captivate; *fig.* curb, enchain.

enchanté, e [ãʃãˈte] enchanted; delightful (*place*); *fig.* delighted (at, with *de*; to *inf.*, de *inf.*); ~ *de vous voir* pleased to meet you; **enchantement** [ãʃãtˈmã] *m* magic; spell; *fig.* charm; *fig.* delight; **enchanter** [ãʃãˈte] (1a) *v/t.* bewitch; delight; **enchanteur, -eresse** [~ˈtœːr, ~ˈtrɛs] **1.** *su.* charmer; *su./m* enchanter; *su./f* enchantress; **2.** *adj.* entrancing; enchanting; delightful, charming.

enchâsser [ãʃaˈse] (1a) *v/t.* mount, set (*jewels, a.* ⊕); ⊕, *a. fig.* frame, house; *eccl.* enshrine; **enchâssure** [~ˈsyːr] *f* jewel *etc.*: setting; ⊕ axle: housing.

enchère [ãˈʃɛːr] *f* bidding, bid; *dernière (folle)* ~ highest (irresponsible) bid; *mettre (or vendre) aux* ~s put up for auction; *vente f aux* ~s auction sale.

enchérir [ãʃeˈriːr] (2a) *v/t.* ✝ raise the price of; *v/i.* ✝ grow dearer, go up (*in price*); make a higher bid, go higher; ~ *sur* outbid (*s.o.*); *fig.* outdo (*s.o.*); *fig.* improve on (*s.th.*); **enchérissement** ✝ [~risˈmã] *m* rise (in price); **enchérisseur** [~riˈsœːr] *m* bidder; *dernier* ~ highest bidder.

enchevêtrer [ãʃveˈtre] (1a) *v/t.* halter (*a horse*); *fig.* entangle, confuse; ⚹ join (*joists*).

enclave *pol.* [ãˈklaːv] *f* enclave; **enclaver** [ãklaˈve] (1a) *v/t. pol.* enclave (*a territory*); *fig.* hem in, enclose.

enclenche ⊕ [ãˈklã:ʃ] *f* gab; **enclencher** [ãklãˈʃe] (1a) *v/t.* ⊕ engage; throw into gear; ⚡ switch on; *fig.* set going. [prone (to, *à*).]

enclin, e [ãˈklɛ̃, ~ˈklin] inclined,

enclore [ãˈklɔːr] (4f) *v/t.* enclose; wall in, fence in; **enclos** [ãˈklo] *m* enclosure; paddock; sheep-fold; (*enclosing*) wall.

enclume [ãˈklym] *f* anvil (*a. anat.*).

encoche [ãˈkɔʃ] *f* notch, nick; slot; ⊕ gab; *avec* ~**s** thumb-indexed; **encocher** [ãkɔˈʃe] (1a) *v/t.* notch; nick; slot; drive home (*a pin etc.*).

encoffrer [ãkɔˈfre] (1a) *v/t.* lock up (*a. fig.*); *fig.* hoard (*money*).

encoignure [ãkɔˈɲyːr] *f* corner; corner-cupboard.

encoller [ãkɔˈle] (1a) *v/t.* glue; paste, gum (*paper*); size (*cloth*).

encolure [ãkɔˈlyːr] *f* neck (*a. of horse*); size in collars; neck-line.

encombrant, e [ãkɔ̃ˈbrã, ~ˈbrãːt] cumbersome; bulky (*goods, luggage*); **encombre** [ãˈkɔ̃:br] *m*: *sans* ~ without difficulty; **encombrement** [ãkɔ̃brɔˈmã] *m* obstruction; litter; *traffic*: congestion; ✝ glut; *people*: overcrowding; *article*: bulk (-iness); **encombrer** [~ˈbre] (1a) *v/t.* encumber; obstruct, block up; clutter up; ✝ glut (*the market*); *fig.* saddle with.

encontre [ãˈkɔ̃:tr] *prp.*: *à l'~ de* against; *aller à l'~ de* run counter to.

encorbellement [ãkɔrbɛlˈmã] *m* △, ⊕ cantilever; △ corbel-table.

encorder *mount.* [ãkɔrˈde] (1a) *v/t.* rope (*climbers*) up; *s'* ~ rope up.

encore [ãˈkɔːr] **1.** *adv.* still; yet; too, besides; more; once again; ~ *un* another one; ~ *une fois* once again or more; *en voulez-vous* ~? do you want some more?; *non seulement ... mais* ~ not only ... but also; *pas* ~ not yet; *quoi* ~? what else?; **2.** *cj.*: ~ *que* (*sbj.* or *cond.*) although (*ind.*).

encorner [ãkɔrˈne] (1a) *v/t.* gore.

encourager [ãkuraˈʒe] (1l) *v/t.* encourage; cheer up.

encourir [ãkuˈriːr] (2i) *v/t.* incur; take (*a risk*).

encrasser [ãkraˈse] (1a) *v/t.* dirty, soil, grease; ⊕ clog, choke (*a machine*); *mot.* soot up (*a plug*); foul (*a gun*).

encre [ãːkr] *f* ink; ~ *de Chine* Indian ink; ~ *d'imprimerie* printer's ink; ~ *sympathique* invisible ink; **encrer** *typ.* [ãˈkre] (1a) *v/t.* ink; **encrier** [ãkriˈe] *m* ink-pot, ink-well; *typ.* ink-trough.

encroûter [ãkruˈte] (1a) *v/t.* crust, encrust; cake with mud *etc.*; △ rough-cast; *fig. s'* ~ get into a rut.

encuver [ãkyˈve] (1a) *v/t.* vat.

encyclopédie [ãsiklɔpeˈdi] *f* encyclop(a)edia.

endauber *cuis.* [ãdoˈbe] (1a) *v/t.* stew; tin, can.

endémique ✱ [ãdeˈmik] endemic.

endenter [ãdãˈte] (1a) *v/t.* tooth, cog (*a wheel*); mesh (*wheels*); indent (*timber*).

endetter [ãdɛˈte] (1a) *v/t. a. s'* ~ get into debt.

endeuiller [ãdœ'je] (1a) v/t. plunge into mourning; *fig.* shroud in gloom.
endiablé, e [ãdja'ble] possessed; *fig.* wild; reckless; *fig.* mischievous.
endiguer [ãdi'ge] (1m) v/t. dam up (*a river*); dike (*land*); *fig.* stem.
endimanché, e [ãdimã'ʃe] in one's Sunday best.
endive ♀ [ã'di:v] f endive.
endoctriner [ãdɔktri'ne] (1a) v/t. indoctrinate, instruct; F win over (*to one's cause*).
endolori, e [ãdɔlɔ'ri] sore; tender.
endommager [ãdɔma'ʒe] (1l) v/t. damage; injure.
endormeur *m*, **-euse** f [ãdɔr'mœ:r, ~'mø:z] *m.* humbug, cajoler; swindler; bore; **endormi, e** [~'mi] **1.** *adj.* asleep; sleepy, drowsy; numb (*leg etc.*); dormant (*passion*); **2.** *su.* sleeper; *fig.* sleepyhead; **endormir** [~'mi:r] (2b) v/t. send to sleep; make (*s.o.*) sleep; numb (*the leg etc.*); deaden (*a pain*); *fig.* bore; *fig.* lull (*a suspicion*); *fig.* hoodwink, beguile (*s.o.*); s'~ go to sleep (*a. fig.*); fall asleep; **endormissement** [~mis'mã] *m* going to sleep; *✻* passing into inconsciousness; sleepiness; somnolence.
endos † [ã'do] *m*, **endossement** † [ãdos'mã] *m* endorsement; **endossataire** † [ãdosa'tɛ:r] *su.* endorsee; **endosser** [~'se] (1a) v/t. † endorse; † back; put on (*clothes*); *fig.* assume; ~ qch. à q. saddle s.o. with s.th.; **endosseur** † [~'sœ:r] *m* endorser.
endroit [ã'drwa] *m* place, spot; site; side; *tex.* right side; à l'~ de as regards; *par* ~s in places.
enduire [ã'dцi:r] (4h) v/t. ▲ coat, plaster (with, de) (*a. fig.*); smear (with, de); **enduit** [ã'dцi] *m* paint, tar, etc.: coat, coating; ▲ coat of plaster, plastering; *tex.* proofing.
endurance [ãdy'rã:s] f endurance; *fig.* patience; **endurant, e** [~'rã, ~'rã:t] patient, long-suffering.
endurcir [ãdyr'si:r] (2a) v/t. harden (*a. fig. the heart*); *fig.* inure (to, à); s'~ harden (*a. fig.*); become fit *or* tough.
endurer [ãdy're] (1a) v/t. endure, bear, tolerate.
énergétique [enɛrʒe'tik] *✻* energizing; ⊕ of energy; **énergie** [~'ʒi] f energy; ⊕ fuel and power; ~ atomi-

que (*or* nucléaire) atomic *or* nuclear energy; ⊕ ~ consommée power consumption; **énergique** [~'ʒik] energetic; drastic (*measures, steps, remedy*); emphatic.
énergumène [enɛrgy'mɛn] *su.* person in a frenzied state of mind.
énervement [enɛrvə'mã] *m* exasperation; F state of nerves; **énerver** [~'ve] (1a) v/t. enervate (*the body, the will*); irritate, annoy; F get on (*s.o.'s*) nerves.
enfance [ã'fã:s] f childhood; *fig.* infancy; childishness; dotage; **enfant** [ã'fã] *su.* child; ~ de chœur *eccl.* altar boy; F *fig.* choir boy (= naïve person); ~ gâté spoilt child; *fig.* pet; *fig.* ~ terrible enfant terrible; ~ trouvé foundling; d'~ childlike; childish; mes ~s! boys (and girls)!; ✗ men!; lads!; *su./m* boy; *su./f* girl; **enfanter** [ãfã'te] (1a) v/t. give birth to, bear; *fig.* beget; father (*an idea*); **enfantillage** [~ti'ja:ʒ] *m* childishness; ~s *pl.* baby tricks; **enfantin, e** [~'tɛ̃, ~'tin] childish; infantile.
enfariner [ãfari'ne] (1a) v/t. *cuis.* flour, cover with flour; *fig.* être enfariné de have a smattering of.
enfer [ã'fɛ:r] *m* hell; ~s *pl.* the underworld *sg.*; aller un train d'~ go at top speed.
enfermer [ãfɛr'me] (1a) v/t. shut up; lock up; shut in, enclose.
enferrer [ãfɛ're] (1a) v/t. pierce; *fig.* F s'~ be hoist with one's own petard.
enfiévrer [ãfje'vre] (1f) v/t. make (*s.o.*) feverish; *fig.* excite, stir up; s'~ grow feverish; *fig.* get excited.
enfilade [ãfi'lad] f series; *rooms:* suite; *houses:* row; *fig.* string; **enfiler** [~'le] (1a) v/t. thread (*a needle*); string (*pearls etc.*); enter, take (*a road etc.*); slip on (*clothes*) (*a. s'~*); eat, F get through; drink, F knock back.
enfin [ã'fɛ̃] **1.** *adv.* at last, finally; in short, that is to say; **2.** *int.* at last!; still!
enflammer [ãfla'me] (1a) v/t. inflame; set on fire; strike (*a match*); *fig.* stir up; s'~ catch fire; *fig.* flare up; *✻* inflame.
enfler [ã'fle] (1a) v/t. swell (*a. fig.*); bloat; puff out (*one's cheeks*); *fig.* inflate (*one's style*); *fig.* puff (*s.o.*) up; v/i. a. s'~ swell; **enflure** [ã'fly:r] f *✻* swelling; *fig. style:* turgidity.

enfoncement [ãfõs'mã] *m door*: breaking open; *nail*: driving in; sinking (*a.* ⊕ *of a pile*); *ground*: hollow; ⚓ recess; ⚓ bay; **enfoncer** [ãfõ'se] (1k) *v/t.* break in *or* open; drive in; thrust; ✕ *etc.* break through; F get the better of; F down (*s.o.*); s'~ plunge; sink, go down; subside; go in; *v/i.* sink; **enfonçure** [~'sy:r] *f ground*: hollow; *rock*: cavity; *cask*: bottom. [hide.]

enfouir [ã'fwi:r] (2a) *v/t.* bury;

enfourchement [ãfurʃə'mã] *m* ⊕ fork link; *wood*: open mortise-joint, slit-and-tongue joint; **enfourcher** [~'ʃe] (1a) *v/t.* set astride, mount (*a bicycle, a horse*); ~ son dada get on to one's pet subject.

enfourner [ãfur'ne] (1a) *v/t.* put in the oven; put in a kiln (*bricks, pottery*); *sl.* gobble (*one's food*).

enfreindre [ã'frɛ̃:dr] (4m) *v/t.* infringe, break, transgress (*the law*); violate (*a treaty*).

enfuir [ã'fɥi:r] (2d) *v/t.*: s'~ flee, run away; escape (from, *de*); leak (*liquid*).

enfumer [ãfy'me] (1a) *v/t.* fill with smoke; blacken with smoke; smoke out (*bees, animals*).

enfutailler [ãfyta'je] (1a) *v/t.* cask (*wine*).

engagé [ãga'ʒe] **1.** *adj.* ✕ enlisted; *fig.* committed (*literature*); **2.** *su./m* ✕ volunteer; *sp.* entry; **engagement** [ãgaʒ'mã] *m* engagement; promise; bond; pawning; appointment; ✕ enlistment; ✕ skirmish; *sp.* entry; ~s *pl.* liabilities; ~ sans ~ without obligation; **engager** [ãga-'ʒe] (1l) *v/t.* engage (*a.* ⊕ *machinery*); employ; ✕ enlist; ⊕ take on (*hands*); pawn (*a watch etc.*); pledge (*one's word*); ⚖ institute (*proceedings*); ⊕ put in gear; *fig.* begin, open; ✕ join (*battle*); ⚓ foul (*the anchor etc.*); jam (*a machine*); s'~ undertake, promise (to *inf.*, *à inf.*); commit o.s. (to *inf.*, *à inf.*); take service (with, *chez*); ⚓ foul; jam (*machine*); ⚓ get out of control; *fig.* enter; *fig.* begin (*battle, discussion*); ✕ enlist; *v/i.* ⊕ (come into) gear.

engainer [ãgɛ'ne] (1b) *v/t.* sheathe; ⚘ ensheathe.

engeance *pej.* [ã'ʒã:s] *f* brood, bunch, lot.

engelure ⚘ [ãʒ'ly:r] *f* chilblain.

engendrer [ãʒã'dre] (1a) *v/t.* beget; *fig.* engender; produce; generate (*heat*); *fig.* breed (*a disease, contempt*).

engin [ã'ʒɛ̃] *m* machine; tool; device; F gadget, contraption; ✕ ballistic missile; ~s *pl. fishing*: tackle *sg.*

englober [ãglɔ'be] (1a) *v/t.* include, take in; unite, merge.

engloutir [ãglu'ti:r] (2a) *v/t.* swallow; gulp; *fig.* swallow up; *fig.* sink (*money in s.th.*).

engluer [ãgly'e] (1a) *v/t.* lime (*a bird, twigs*); *fig.* trap, ensnare (*s.o.*).

engorger [ãgɔr'ʒe] (1l) *v/t.* block, choke up; ⊕ obstruct; ⚕ congest.

engouement [ãgu'mã] *m* ⚕ obstruction; *fig.* infatuation (with, *pour*); **engouer** [~'e] (1a) *v/t.* obstruct; s'~ become obstructed; *fig.* become infatuated (with, *de*).

engouffrer [ãgu'fre] (1a) *v/t.* engulf; F devour (*food*); *fig.* swallow up; s'~ be swallowed up, rush (*wind*); F dive (into, *dans*).

engoulevent *orn.* [ãgul'vã] *m* nightjar, goatsucker.

engourdir [ãgur'di:r] (2a) *v/t.* (be)numb; *fig.* dull (*the mind*); s'~ grow numb, F go to sleep; *fig.* become sluggish; **engourdissement** [~dis'mã] *m* numbness; *fig.* dullness; ✝ *market*: slackness.

engrais [ã'grɛ] *m* manure; fattening pasture *or* food; ~ *pl.* azotés nitrate fertilizers, F nitrates; ~ vert manure crop; **engraisser** [ãgrɛ'se] (1a) *v/t.* fatten (*animals*), cram (*poultry*); make(*s.o.*) fat; ✔ manure, fertilize; *v/i.* grow fat; thrive (*cattle*); **engraisseur** [~'sœ:r] *m* fattener; *poultry*: crammer.

engranger [ãgrã'ʒe] (1l) *v/t.* garner, get in (*the corn*).

engraver [ãgra've] (1a) *v/t.* ⚓ strand (*a ship*); cover (*ground*) with sand *or* gravel; ⚓ s'~ ground; run on to the sand; silt up (*harbour*).

engrenage [ãgrə'na:ʒ] *m* ⊕ gearing (toothed) gear; throwing *or* coming into gear; *fig.* machine, mesh.

engrener [~'ne] (1d) *v/t.* feed corn into (*a threshing-machine*); feed (*animals*) on corn; ⊕ (put into) gear, engage (*wheels*); *fig.* start (*s.th.*) off; set (*s.th.*) going; s'~ engage, cog, mesh with one another; *v/i.* be in mesh; **engrenure** ⊕ [∿'ny:r] f gear ratio; engaging.

engrosser sl. [ãgrɔ'se] (1a) v/t. get (s.o.) pregnant, sl. knock (s.o.) up.

engrumeler [ãgrym'le] (1c) v/t.: s'∿ clot, curdle.

engueulade sl. [ãgœ'lad] f telling-off, F dressing-down, blow-up; **engueuler** sl. [∿'le] (1a) v/t. tell (s.o.) off, blow (s.o.) up, go for (s.o.).

enguirlander [ãgirlã'de] (1a) v/t. garland; wreathe (with, de); F tell (s.o.) off, go for (s.o.).

enhardir [ãar'di:r] (2a) v/t. embolden; fig. encourage (to inf., à inf.); s'∿ grow bold, take courage; make bold (to, à).

énigmatique [enigma'tik] enigmatic; **énigme** [e'nigm] f enigma; parler par ∿s speak in riddles.

enivrement [ãnivrə'mã] m intoxication; fig. elation; **enivrer** [∿'vre] (1a) v/t. intoxicate; make (s.o.) drunk; fig. elate, go to (s.o.'s) head; s'∿ get drunk.

enjambée [ãʒã'be] f stride; **enjambement** [ãʒãb'mã] m prosody: run-on line; enjambment; **enjamber** [ãʒã'be] (1a) v/t. bestride (a horse, a. fig.); stride over (an object); fig. span, straddle; v/i. stride; prosody: run on (line).

enjeu [ã'ʒø] m gambling, a. fig.: stake.

enjoindre [ã'ʒwɛ̃:dr] (4m) v/t. enjoin, order, direct; call upon.

enjôler [ãʒo'le] (1a) v/t. wheedle, coax; cajole; **enjôleur, -euse** [∿'lœ:r, ∿'lø:z] 1. su. coaxer, wheedler; cajoler; 2. adj. wheedling, coaxing; cajoling; 🎵 smooth-tongued.

enjoliver [ãʒoli've] (1a) v/t. beautify, embellish; fig. embroider (a story); **enjoliveur** mot. [∿'vœ:r] m hub cap.

enjoué, e [ã'ʒwe] jaunty, sprightly; playful, lively; **enjouement** [ãʒu-'mã] m sprightliness; playfulness.

enlacer [ãla'se] (1k) v/t. entwine; interlace; embrace, clasp; ⊕ dowel.

enlaidir [ãlɛ'di:r] (2a) v/t. disfigure; make (s.o.) ugly; v/i. grow ugly.

enlevé, e [ãl've] paint. dashed off; ♪ (played) con brio; **enlèvement** [ãlɛv'mã] m removal; carrying off; kidnapping; abduction; ✗ storming; ⊕ snapping up (of goods); **enlever** [ãl've] (1d) v/t. remove; take

away or off; lift up; carry off (a. fig. a prize); kidnap; abduct; deprive (s.o. of s.th., qch. à q.); fig. urge on; ✗ storm; fig. do (s.th.) brilliantly; ∿ en arrachant (grattant) snatch (rub) away; s'∿ take off (balloon etc.); peel off (bark, paint, skin, etc.); boil over (milk); fig. flare up (person); se faire ∿ par elope with.

enliser [ãli'ze] (1a) v/t. get (a car etc.) stuck in the sand etc.; s'∿ sink (in a quicksand); get bogged, get stuck; fig. get bogged down.

enluminer [ãlymi'ne] (1a) v/t. illuminate; colo(u)r (a map etc.); fig. flush, redden; **enluminure** [∿'ny:r] f illumination; maps etc.: colo(u)ring; fig. redness, high colo(u)r.

enneigé, e [ãnɛ'ʒe] snow-covered, snow-clad; **enneigement** [ãnɛʒ-'mã] m condition of the snow; bulletin m d'∿ snow report.

ennemi, e [ɛn'mi] 1. adj. enemy ...; holstile (to, de); opposing; 2. su. enemy; adversary.

ennoblir [ãnɔ'bli:r] (2a) v/t. ennoble (a. fig.).

ennui [ã'nɥi] m nuisance, annoyance; boredom, tediousness; fig. bore; trouble; ∿s pl. worries; **ennuyer** [ãnɥi'je] (1h) v/t. bore, weary; worry, annoy; s'∿ be bored (with, de); long (for, de); fig. s'∿ mortellement be bored to death, sl. be bored stiff; **ennuyeux, -euse** [∿'jø, ∿'jø:z] boring, tedious, annoying; vexing.

énoncé [enõ'se] m statement; wording; **énoncer** [∿'se] (1k) v/t. state, set forth; express; **énonciation** [∿sja'sjõ] f stating, declaring; expressing.

enorgueillir [ãnɔrgœ'ji:r] (2a) v/t. make (s.o.) proud; s'∿ de glory in; pride o.s. on.

énorme [e'nɔrm] enormous, tremendous, huge; pej. outrageous, shocking; **énormément** [enɔrme-'mã] adv. enormously; fig. extremely, very; ∿ de a great many; **énormité** [∿mi'te] f vastness, hugeness; fig. enormity; gross blunder; fig. shocking thing.

enquérir [ãke'ri:r] (21) v/t.: s'∿ de inquire or ask about; **enquête** [ã'kɛt] f inquiry; investigation; ∿ par sondage sample survey; **enquêter** [ãkɛ'te] (1a) v/i. make an investigation; hold an inquiry; **enquêteur** *m*, **-euse** *f* [ˌↃˈtœːr, ˌↃˈtøːz] investigator; pollster.

enquiquiner F [ãkikiˈne] (1a) *v/t.* get on (*s.o.'s*) nerves.

enracinement [ãrasinˈmã] *m* taking root; *fig.* deep-rootedness; **enraciner** [ˌↃsiˈne] (1a) *v/t.* ✔ root; ✔, ⚕ dig in; *fig.* implant; s'~ take root; *fig.* become rooted.

enragé, e [ãraˈʒe] 1. *adj.* mad; rabid (*dog, a. fig. opinions*); *fig.* keen, enthusiastic; wild (*life*); 2. *su.* enthusiast; **enrager** [ˌↃ] (11) *v/i.* be mad (*a. fig.*); fume; *faire* ~ q. tease s.o.; drive s.o. wild.

enrayer [ãrɛˈje] (1i) *v/t.* fit (*a wheel*) with spokes; *fig.* check, stem; ⊕ s'~ jam.

enrégimenter [ãreʒimãˈte] (1a) *v/t.* enlist; enrol.

enregistrement [ãrəʒistrəˈmã] *m* registration; record(ing); entry; registry (*a. admin.*); *cin., radio, gramophone:* recording; *admin.* register office; **enregistrer** [ˌↃˈtre] (1a) *v/t.* register (*a.* ⚙); record (*a. cin., radio, music*); *sp.* score (*a goal*); **enregistreur, -euse** [ˌↃˈtrœːr, ˌↃˈtrøːz] 1. *adj.* recording; registering; 2. *su./m* (*tape- etc.*)recorder; ✈ ~ *de vol* flight recorder.

enrhumer [ãryˈme] (1a) *v/t.* give (*s.o.*) a cold; s'~ catch (*a*) cold.

enrichi, e [ãriˈʃi] *su.* & *etc.* enriched (*uranium etc.*), improved; *a. su.* newrich, parvenu, upstart; **enrichir** [ˌↃˈʃiːr] (2a) *v/t.* enrich (*a. fig.*); make (*s.o.*) wealthy; s'~ grow rich.

enrober [ãroˈbe] (1a) *v/t.* coat (with, *de*); imbed (in, *de*).

enrôler [ãroˈle] (1a) *v/t.* enrol(l), recruit; ✗ enlist; !s'~ enrol(l) (in, *dans*); ✗ enlist.

enroué, e [ãˈrwe] hoarse, husky, **enrouement** [ãruˈmã] *m* hoarseness, huskiness; **enrouer** [ãˈrwe] (1p) *v/t.* make hoarse or husky; s'~ become hoarse.

enrouiller [ãruˈje] (1a) *v/t.* cover with rust.

enroulement [ãrulˈmã] *m* rolling up; ⊕, ✔, ✗, *etc.* winding; wrapping up (in, *dans*); **enrouler** [ãruˈle] (1a) *v/t.* roll up; ⊕, ✔, ✗, *etc.* wind; wrap up (in, *dans*).

enroutiné, e [ãrutiˈne] routineminded; stick-in-the-mud.

enrubanner [ãrybaˈne] (1a) *v/t.* decorate with ribbons.

ensabler [ãsaˈble] (1a) *v/t.* ⚓ run (*a ship*) aground; strand; cover (*the soil*) with sand; silt up (*a harbour*); s'~ ⚓ settle in the sand; silt up.

ensacher [ãsaˈʃe] (1a) *v/t.* put into sacks; bag.

ensanglanter [ãsãglãˈte] (1a) *v/t.* stain or cover with blood.

enseigne [ãˈsɛɲ] *su./f* (shop) sign; signboard; *à telle(s)* ~*(s) que* so much so that; *fig.* être *logé à la même* ~ be in the same boat; su./m ✗ † standardbearer; ⚓ sublieutenant, *Am.* ensign.

enseignement [ãsɛɲˈmã] *m* teaching; tuition, education, instruction; *fig.* lesson; ~ *par correspondance* postal tuition; ~ *primaire* (*secondaire, supérieur*) primary (secondary, higher) education; **enseigner** [ãsɛˈɲe] (1a) *v/t.* teach; *fig.* point out; ~ *qch. à q.* teach s.o. s.th.

ensemble [ãˈsãːbl] 1. *adv.* together; at the same time; 2. su./m whole; unity; *cost.* ensemble, suit, outfit; ⊕ set (*of tools*); ⊕ assembly unit; ⚕ block (*of buildings*); ⚕ *grand* ~ housing scheme or development; *dans l'*~ on the whole; *d'*~ comprehensive; combined; & *théorie f des* ~*s* set theory; *vue f d'*~ general view; **ensemblier** [ãsãbliˈe] *m* (interior) decorator.

ensemencer ✔ [ãsmãˈse] (1k) *v/t.* sow (with, *en*).

enserrer [ãsɛˈre] (1a) *v/t.* squeeze; be too tight for; hem in.

ensevelir [ãsəˈvliːr] (2a) *v/t.* bury (*a. fig.*); shroud (*a corpse*).

ensiler ✔ [ãsiˈle] (1a) *v/t.* silo, silage.

ensoleillé, e [ãsɔlɛˈje] sunny, sunlit.

ensommeillé, e [ãsɔmɛˈje] sleepy, drowsy.

ensorceler [ãsɔrsəˈle] (1c) *v/t.* put a spell on; bewitch (*a. fig.*); **ensorceleur, -euse** [ˌↃˈlœːr, ˌↃˈløːz] 1. *su. fig.* charmer; su./m sorcerer; su./f sorceress; 2. *adj.* bewitching (*a. fig.*); **ensorcellement** [ˌↃsɛlˈmã] *m* sorcery, witchcraft; spell.

ensuite [ãˈsɥit] *adv.* then, after (-wards), next; *et* ~? what then?

ensuivre [ãˈsɥiːvr] (4ee) *v/t.:* s'~ follow, ensue, result (from, *de*).

entablement ⚕ [ãtabləˈmã] *m* coping; entablature (*a.* ⊕).

entacher [ātaʃe] (1a) v/t. sully; taint (with, de); ⟂⟂ vitiate; entaché de nullité void for want of form.

entaille [ātɑ:j] f wood etc.: notch, nick; groove; chin etc.; **entailler** [⌣tɑje] (1a) v/t. notch, nick (wood); groove; gash, cut (s.o.'s chin etc.).

entame [ā'tam] f loaf, meat: outside slice; **entamer** [āta'me] (1a) v/t. cut into (a loaf); open (a bottle, a jar of jam, etc., a. fig.); fig. smear (s.o.'s reputation); begin, start (a discussion, a quarrel, etc.); broach (a cask, a. fig. a subject); ⟂⟂ institute (proceedings); ⚔ commence (operations).

entasser [āta'se] (1a) v/t. a. s'~ pile up; accumulate; crowd together (people, animals).

ente [ā:t] f ⚘ graft, scion; ⊕ paintbrush: handle.

entendement [ātād'mā] m understanding; **entendre** [ā'tā:dr] (4a) v/t. hear (a. ⟂⟂); understand; intend, mean; attend (a lecture); ~ dire que hear that; ~ parler de hear of; ~ raison listen to reason; laisser ~ hint; s'~ agree; get on (with, avec); get on (together); be heard; s'~ à be good at; be an expert at; know all about; **entendu, e** [ātā'dy] **1.** adj. agreed; knowing (smile, etc.); **2.** int. all right; F O.K.; bien ~! of course!; **entente** [ā'tā:t] f understanding; agreement; meaning; ⌀ ~ industrielle combine.

enter [ā'te] (1a) v/t. ⚘ graft (a. ⊕); ⊕ scarf (timbers).

entériner ⟂⟂ [āteri'ne] (1a) v/t. ratify, confirm.

entérique anat. [āte'rik] enteric; **entérite** ☤ [⌣'rit] f enteritis.

enterrement [āter'mā] m burial; interment; funeral; **enterrer** [āte-'re] (1a) v/t. bury, inter; fig. outlive; fig. shelve (a question).

en-tête [ā'tɛːt] m letterhead; heading; typ. headline, Am. caption; **en-têté, e** [ātɛ'te] obstinate, stubborn, F pig-headed; **entêtement** [ātɛt'mā] m fig. obstinacy, stubbornness, F pig-headedness; **entêter** [ātɛ'te] (1a) v/t. odour: make (s.o.) giddy; go to (s.o.'s) head; s'~ be obstinate; s'~ à (inf.) persist in (ger.).

enthousiasme [ātu'zjasm] m en-

thusiasm; avec (sans) ~ (un)enthusiastically; **enthousiasmer** [⌣zjas'me] (1a) v/t. fill with enthusiasm; fig. carry (s.o.) away; s'~ enthuse (over, pour); **enthousiaste** [⌣'zjast] **1.** adj. enthusiastic; **2.** su. enthusiast (for, de).

entichement [ātiʃ'mā] m infatuation (for de, pour); keenness (on, pour); **enticher** [āti'ʃe] (1a) v/t.: s'~ de become infatuated with.

entier, -ère [ā'tje, ⌣'tjɛːr] **1.** adj. whole (a. number); entire, complete; total; full (authority, control, fare, etc.); fig. headstrong; cheval m ~ stallion; **2.** su./m entirety; en ~ in full; completely.

entité phls. [āti'te] f entity.

entôler sl. [āto'le] (1a) v/t. rob; fleece, sl. con.

entomologie [ātomolo'ʒi] f entomology.

entonner¹ [āto'ne] (1a) v/t. barrel (wine).

entonner² ♪ [⌣] (1a) v/t. begin to sing (a song); strike up (a tune); eccl. intone; fig. sing (s.o.'s praises).

entonnoir [āto'nwaːr] m funnel; ⚔ crater; geog. hollow; geol. sink-hole.

entorse ☤ [ā'tɔrs] f sprain, wrench; se donner une ~ sprain one's ankle.

entortiller [ātɔrti'je] (1a) v/t. twist, wind; wrap up; entangle; fig. wheedle, get (s.o.) round; F express (views etc.) in an obscure fashion; s'~ twine; fig. get entangled.

entourage [ātu'ra:ʒ] m surroundings pl.; setting, frame(work); circle (of associates, friends, etc.); attendants pl.; ⊕ machinery: casing; **entourer** [⌣'re] (1a) v/t. surround (with, de); encircle (a. ⚔).

entournure cost. [ātur'nyːr] f armhole.

entracte [ā'trakt] m thea., cin. interval, Am. intermission; ♪ interlude.

entraide [ā'trɛːd] f mutual aid; **entraider** [ātrɛ'de] (1b) v/t.: s'~ help one another.

entrailles [ā'trɑːj] f/pl. intestines, entrails, bowels; fig. pity sg.; compassion sg.; ~ de la terre bowels of the earth.

entrain [ā'trɛ̃] m liveliness; spirit, go, mettle.

entraînement [ātrɛn'mā] m impetus, force, impulse; fig. heat (of discussion); ⊕ *machine*: drive; *sp. etc.* training; **entraîner** [ɑ̃trɛ'ne] (1a) *v/t.* carry away; pull; drag along; *fig.* lead (*s.o.*), incite (*s.o.*); ⊕ drive; *fig.* involve; *fig.* give rise to, bring about; *sp.* train; *sp.* coach (*a team*); **entraîneur** [~'nœːr] *m sp.* trainer; *team:* coach; pace-maker; ⊕ driving device; **entraîneuse** [~'nøːz] dance hostess.

entrave [ɑ̃'traːv] *f* fetter; shackle; *fig.* hindrance, obstacle; **entraver** [ɑ̃tra've] (1a) *v/t.* fetter, shackle; *fig.* impede, hinder.

entre [ɑ̃ːtr] *prp.* between (*two points in space or time*); in (*s.o.'s hands etc.*); among (*others, other things, my brothers*); out of (*a number*); ~ eux one another, each other; between themselves; *soit dit* ~ *nous* between ourselves, between you and me and the lamp-post; ~ *amis* among friends; ~ *quatre yeux* in private; ~ *deux âges* middle-aged (*woman*); ~ *la vie et la mort* between life and death; *moi* ~ *autres* I for one; *d'*~ (out) of, (from) among; *l'un* (*ceux*) *d'*~ *eux* one (these) of them; *see* nager.

entre...: ~**bâiller** [ɑ̃trəba'je] (1a) *v/t.* half-open; ~**chats** *fig.* [~'ʃa] *m/pl.* capers; ~**choquer** [~ʃɔ'ke] (1m) *v/t.* clink (*glasses*); s'~ collide; clash (a. *fig.*); knock against one another (*bottles etc.*); ~**côte** *cuis.* [~'koːt] *f* entrecôte, rib of beef; ~**couper** [~ku'pe] (1a) *v/t.* intersect; *fig.* interrupt; s'~ *la gorge* cut one another's throats; ~**croiser** [~krwa'ze] (1a) *v/t. a.* ~ intersect, cross; interlock; ~**deux** [~'dø] *m/inv.* space between, interspace; △ partition; *basket-ball:* center jump; *cost.* insertion; ~**deux-guerres** [~dø'gɛːr] *f or m/inv.* the inter-war years *pl.* (*between World War I and II*).

entrée [ɑ̃'tre] *f* entry; entrance; admission (a. ⊕), access; price of entry; import (duty); *cuis.* entrée; ⊕ inlet, intake; *fig.* start, beginning; ⊤ receipt; ⚓ arrival (*of ship*); cave, *harbour:* mouth; ~ *en vacances school:* breaking up; ~ *gratuite* free admission; ~ *latérale* side entrance; *d'*~ (*de jeu*) from the outset, right from the beginning, from the very first.

entre...: ~**faites** [ɑ̃trə'fɛt] *f/pl.*: *sur ces* ~ meanwhile, meantime; ~**fer** ⚡ [~'fɛr] *m* air-gap; ~**filet** [~fi'lɛ] *m newspaper:* paragraph; ~**gent** [~'ʒɑ̃] *m* tact; worldly wisdom; ~**lacer** [~la'se] (1k) *v/t.* interlace; intertwine; ~**lacs** [~'la] *m* △ knotwork; △ tracery; *fig.* tangle; ~**lardé, e** [~lar'de] streaky; ~**larder** [~lar'de] (1a) *v/t. cuis.* lard; *fig.* interlard (*a speech*) (with, de); ~**ligne** [~'liɲ] *m* space between lines; interlineation; ~**mêler** [~mɛ'le] (1a) *v/t.* intermingle; intersperse; mix; blend; *fig.* intersperse (*a speech*) (with, de); s'~ mingle; *fig.* s'~ *dans* meddle with; ~**mets** *cuis.* [~'mɛ] *m* sweet; ~**metteur, -euse** [~mɛ'tœːr, ~'tøːz] *su.* go-between; *su./m* ⊤ middleman; procurer; *su./f* procuress; ~**mettre** [~'mɛtr] (4v) *v/t.*: s'~ intervene; act as go-between; ~**mise** [~'miːz] *f* intervention; mediation; ~**pont** ⚓ [~'põ] *m* between-decks; *d'*~ steerage (*passenger*); ~**poser** ⊤ [~po'ze] (1a) *v/t.* warehouse, store; put in bond (*at the customs*); ~**poseur** ⊤ [~po'zœːr] *m* warehouseman; *customs:* officer in charge of a bonded store; ~**positaire** ⊤ [~pozi'tɛːr] *m* warehouseman; *customs:* bonder; ~**pôt** [~'po] *m* ⊤ warehouse, store, repository; *customs:* bonded warehouse; ✗ ammunition: depot; ⊕ frigorifique cold store; *en* ~ in bond; ~**prenant, e** [~prə'nɑ̃, ~'nɑ̃ːt] enterprising; ~**prendre** [~'prɑ̃ːdr] (4aa) *v/t.* undertake, embark (up)on; contract for (*work*); *fig.* worry; F *fig.* besiege (*s.o.*); ~**preneur** [~prə'nœːr] *m* contractor; ~ *de pompes funèbres* undertaker, *Am.* mortician; ~**prise** [~'priːz] *f* undertaking; concern; ⊤ contract; attempt; ~ *de transport* carriers *pl.*

entrer [ɑ̃'tre] (1a) *v/i.* enter, go or come in; take part, be concerned (be included; ~ *dans* enter; ~ *dans une famille* marry into a family; ~ *en* enter upon (*s.th.*) or into (*competition*); *fig.* ~ *en jeu* come into play; ~ *pour beaucoup dans* play an important role or part in; *faire* ~ show (*s.o.*) in(to the room); drive (*s.th.* into *s.th.*); *v/t.* bring in; introduce.

entre...: ~**rail** 🚆 [ɑ̃trə'raːj] *m* ga(u)ge; ~**sol** △ [~'sɔl] *m* floor: mezzanine; **~temps** [ʌˈtɑ̃] **1.** m/inv. interval; *dans l'~* meanwhile; **2.** *adv.* meanwhile; **~teneur** [ʌtɔˈnœːr] m maintainer; **~tenir** [ʌtɔˈniːr] (2h) v/t. maintain; keep up; support; talk to (s.o.) (about, *de*); entertain (*suspicions, doubts*); **s'~** support o.s.; converse, talk (with, *avec*); *sp.* keep o.s. fit; **~tien** [ʌˈtjɛ̃] m maintenance; upkeep; conversation; **~toise △** [ʌˈtwaːz] f strut, (cross-)brace, cross-piece, tie; **~toisement △** [ʌtwazˈmɑ̃] m (counter)bracing; strutting, staying; **~voir** [ʌˈvwaːr] (3m) v/t. catch a glimpse of; *fig.* foresee, have an inkling of; *laisser* ~ disclose, give to understand; **~vue** [ʌˈvy] f interview.

entrouvrir [ɑ̃truˈvriːr] (2f) v/t. half-open; open (*curtains*) a little; *fig.* **s'~** yawn (*chasm*).

énumération [enymeraˈsjɔ̃] f enumeration; *votes:* counting; *facts:* recital; **énumérer** [ʌˈre] (1f) v/t. enumerate; count (*votes*); recite (*facts*).

envahir [ɑ̃vaˈiːr] (2a) v/t. overrun; invade; encroach upon; *fig. feeling:* steal *or* come over (s.o.); **envahisseur** [ʌiˈsœːr] m invader.

envaser [ɑ̃vaˈze] (1a) v/t. silt up; choke with mud; **♣** run on the mud; **s'~** silt up; **♣** stick in the mud.

enveloppe [ɑ̃vˈlɔp] f *post*, a. **⅍**: envelope; *parcel:* wrapping; **⊕** casing, jacket, lagging; *mot.* tyre: outer cover, casing; *fig.* exterior; **⚡** *cable:* sheathing; *à* ~ *fenêtre* window envelope; **enveloppement** [ɑ̃vlɔpˈmɑ̃] m wrapping; **⚕** ~ *humide* wet pack; **envelopper** [ɑ̃vlɔˈpe] (1a) v/t. envelop; wrap (up); cover; **⚡** encircle (*the enemy*); **⊕** lag; *fig.* involve; *fig.* wrap, shroud (in, *de*).

envenimer [ɑ̃vɔniˈme] (1a) v/t. poison; aggravate (a. *fig.*); *fig.* embitter (s.o.); **s'~** fester; *fig.* grow bitter.

enverguer ♣ [ɑ̃vɛrˈge] (1m) v/t. bend (*the sail*); **envergure** [ʌˈgyːr] f **♣** spread of sail; **⅍**, *orn., etc.* (wing-)span; spread, breadth; *⚡* calibre; *fig.* scope, scale; *de grande* ~ *a.* large-scale.   [*enverrai* [ɑ̃vɛˈre] *1st p. sg. fut. of* ⎰

envers[1] [ɑ̃ˈvɛːr] *prp.* to(wards).

envers[2] [ʌ] m *tex.* reverse (a. *fig.*, a. *of medal*), wrong side, back; *fig.* seamy side; *à l'~* inside out; *fig.* topsy-turvy.

envi [ɑ̃ˈvi] *adv.*: *à l'~* vying with each other; in emulation.

enviable [ɑ̃ˈvjabl] enviable; **envie** [ɑ̃ˈvi] f envy; longing, desire, fancy; **⚘** agnail, F hangnail; **⚘** birthmark; *avoir* ~ *de* be in the mood for, have a mind to; *faire* ~ *à q.* make s.o. envious; *porter* ~ *à q.* envy s.o.; **envier** [ɑ̃ˈvje] (1o) v/t. envy; long for; covet; begrudge (s.o. s.th., *qch. à q.*); **envieux, -euse** [ɑ̃ˈvjø, ʌˈvjøːz] envious.

environ [ɑ̃viˈrɔ̃] *adv.* about, approximately; **environs** [ʌˈrɔ̃] m/pl. vicinity *sg.*; neighbo(u)rhood *sg.*, surroundings; *aux* ~ *de* about (*fifty*), towards (*Christmas*); **environnement** [ʌrɔnˈmɑ̃] m surroundings *pl.*; environment; **environner** [ʌrɔˈne] (1a) v/t. surround; encompass (a. *fig.*).

envisager [ɑ̃vizaˈʒe] (1l) v/t. envisage; consider, view, contemplate; ~ *de* (*inf.*) think of (*ger.*), consider (*ger.*), contemplate (*ger.*).

envoi [ɑ̃ˈvwa] m sending, dispatch (a. ✕); consignment, parcel; *post:* delivery; ~ *par bateau* shipment; *coup* m *d'~* foot. kickoff; *fig.* (starting) signal; **†** *lettre f d'*~ letter of advice.

envol [ɑ̃ˈvɔl] m *orn.* (taking) flight; **✈** taking off, takeoff; **envoler** [ɑ̃vɔˈle] (1a) v/t.: **s'~** fly away; **✈** take off; *fig.* fly (*time*); **†** zoom (up) (*prices etc.*).

envoûter [ɑ̃vuˈte] (1a) v/t. *fig.* put under a spell, bewitch.

envoyé, e [ɑ̃vwaˈje] **1.** *p.p. of envoyer*; **2.** *su.* envoy, messenger; *su./m:* journ. ~ *spécial* special correspondent; **envoyer** [ʌ] (1r) v/t. send; forward; fling, hurl; shoot, fire; ~ *chercher* send for; ~ *coucher* (*or promener*) send (s.o.) packing, send (s.o.) about his business; *sl.* **s'~** get saddled with (*work*); gulp down (*wine*), get outside (*a meal*).

enzyme [ɑ̃ˈzim] m enzyme.

éolien, -enne [eɔˈljɛ̃, ʌˈljɛn] **1.** *adj.* Aeolien (*harp etc.*); **2.** *su./f* windmill (*for pumping*); air-motor.

épagneul m, e f [epaˈɲœl] spaniel.

épais, e [eˈpɛ, ʌˈpɛːs] thick; dense (a. *fig. mind*); *fig.* dull (*person*); stout (glass); **épaisseur** [epɛ'sœ:r] f thickness; depth; density; fig. denseness; **épaissir** [~'si:r] (2a) v/t. thicken; v/i. a. s'~ thicken, become thick; cuis. jell; grow stout (person).

épanchement [epɑ̃'mɑ̃] m: effusion (a. fig.); fig. outpouring; **épancher** [epɑ̃'ʃe] (1a) v/t. pour out; s'~ pour (out); fig. open one's heart.

épandage ✓ [epɑ̃'da:ʒ] m manuring; champs m/pl. d'~ sewage farm sg.; **épandre** [e'pɑ̃dr] (4a) v/t. spread; shed (light); pour out (a liquid); s'~ spread.

épanoui, e [epa'nwi] ❀ in full bloom; fig. beaming, cheerful; **épanouir** [~'nwi:r] (2a) v/t. ❀ open (out); s'~ bloom (flower, a. fig.); open up; fig. light up (face).

épargne [e'parɲ] f economy, thrift; saving; ✝ caisse f d'~ savings bank; la petite ~ small investors pl.; **épargner** [epar'ɲe] (1a) v/t. save (up); economize (on); be sparing with; fig. spare (s.o.).

éparpiller [eparpi'je] (1a) v/t. a. s'~ scatter, disperse.

épars, e [e'pa:r, ~'pars] scattered; sparse (population); dishevelled (hair).

épatant, e F [epa'tɑ̃, ~'tɑ̃:t] stunning, wonderful, marvellous, first-rate, Am. swell, great; **épater** [~'te] (1a) v/t. break off the foot of (a wineglass); F amaze, flabbergast; nez m épaté flat or squat nose; F ~ le bourgeois shock conventional people; **épateur** m, **-euse** f F [~'tœːr, ~'tøːz] swanker; bluffer.

épaule [e'po:l] f anat., a. cuis. shoulder; ⚓ boss: luff; un coup d'~ a shove; fig. a leg-up; par-dessus l'~ disdainfully; **épaulement** [epol'mɑ̃] m geog., a. ⊕ shoulder; 🏛 revetment wall; **épauler** [epo'le] (1a) v/t. support (a. 🔺); help (s.o.); back (s.o.) up; bring (a gun) to the shoulder; v/i. take aim; **épaulette** [~'lɛt] f ✕ epaulette (a. = commission); cost. shoulder strap.

épave [e'pa:v] f 🐟 unclaimed object; waif, stray; ⚓ wreck (a. fig.), flotsam.

épée [e'pe] f sword (a. tex.); rapier; swordsman; coup m d'~ dans l'eau wasted effort.

épeler [e'ple] (1c) v/t. spell (a word);

spell out (a message); **épellation** [epɛlla'sjɔ̃] f spelling.

éperdu, e [epɛr'dy] distraught; frantic; beside o.s.; wild; desperate; éperdument amoureux head over heels in love; je m'en moque éperdument I couldn't care less.

éperlan icht. [epɛr'lɑ̃] m smelt.

éperon [e'prɔ̃] m spur (on rider's heel, a. zo., ❀, geog.); ⚓ warship: ram; bridge: cutwater; 🔺 wall: buttress; fig. eyes: crow's-foot; **éperonné, e** [epro'ne] spurred; ❀ calcarate; crow-footed (eyes); **éperonner** [~] (1a) v/t. spur (a. fig.); ⚓ ram.

épervier [epɛr'vje] m orn. sparrowhawk; fishing: cast-net; pol. hawk.

éphémère [efe'mɛ:r] **1.** adj. ephemeral; fig. transitory, fleeting; **2.** su./m zo. day-fly.

éphéméride [efeme'rid] f tear-off calendar, block-calendar.

épi [e'pi] m corn, grain: ear; ❀ spike; fig. cluster; ⊕ wharf; 🚉 marshalling tracks pl.

épice [e'pis] f spice; pain m d'~ gingerbread; quatre ~s pl. allspice sg.; **épicé, e** [epi'se] highly spiced; hot; fig. spicy (story); **épicer** [~] (1k) v/t. spice (a. fig. a story); **épicerie** ✝ [epis'ri] f groceries pl.; grocer's (shop), Am. grocery; **épicier** m, **-ère** f [epi'sje, ~'sjɛːr] grocer; fig. philistine.

épidémie ⚕ [epide'mi] f epidemic (a. fig.).

épiderme [epi'dɛrm] m epidermis.

épier [e'pje] (1o) v/t. watch (s.o.); spy on (s.o.); watch or look out for.

épierrer ✓ [epjɛ're] (1a) v/t. clear of stones.

épieu [e'pjø] m boar-spear; pike.

épigastre anat. [epi'gastr] m pit of the stomach, epigastrium.

épigone [epi'gɔn] m epigone, follower.

épigraphe [epi'graf] f epigraph; motto.

épilation [epila'sjɔ̃] f depilation; removal of superfluous hairs; eyebrows: plucking; **épilatoire** [~'twa:r] adj., a. su./m depilatory.

épilepsie ⚕ [epilɛp'si] f epilepsy.

épiler [epi'le] (1a) v/t. depilate; remove hairs; pluck (one's eyebrows).

épilogue [epi'lɔg] m epilogue; **épi-**

loguer [ˌlɔˈge] (1m) (*sur*) carp (at), find fault (with).

épiloir [epiˈlwaːr] *m* eyebrow etc.: tweezers *pl*.

épinaie [epiˈnɛ] *f* thicket.

épinard ♀ [epiˈnaːr] *m* (*a. cuis. ~s pl.*) spinach.

épine [eˈpin] *f* ♀ thorn (*a. fig.*), prickle; ♀ thorn-bush; *anat.* ~ *dorsale* backbone, spine.

épinette [epiˈnɛt] *f* ♪ spinet; ✶ (hen-)coop; ♀ spruce.

épineux, -euse [epiˈnø, ~ˈnøːz] thorny (*a. fig.*); prickly (*a. fig. person*); *fig.* knotty (*problem*).

épingle [eˈpɛ̃ːgl] *f* pin; † ~s *pl.* pin-money *sg.*; ~ ⚶ *chapeau* hatpin; ~ *à cheveux* hairpin; ~ *à linge* clothespeg; ~ *de cravate* tie-pin, *Am.* stick-pin; ~ *de nourrice* safety-pin; *fig. coup m d'~* pin-prick; *tiré à quatre ~s* dapper, spruce, spick and span; *mot. virage m en ~ à cheveux* hairpin bend; **épinglé** [epɛ̃ˈgle] *m* (*a. velours m ~*) uncut velvet; **épingler** [~ˈgle] (1a) *v/t.* pin; pin up; *metall.* pierce (*a mould etc.*); F pin (*s.o.*) down; **épinglerie** ⊕ [~glɔ̃ˈri] *f* pin-factory; **épinglette** [~ˈglɛt] *f* ✕ priming-needle; ⚒ boring-tool; **épinglier** [~gliˈe] *m* pin-tray.

épinière [epiˈnjɛːr] *adj./f: moelle f* ~ spinal cord.

épinoche *icht.* [epiˈnɔʃ] *f* stickleback.

épique [eˈpik] epic.

épiscopal, e, *m/pl.* **-aux** [episkɔˈpal, ~ˈpo] episcopal; cathedral (*city*); **épiscopat** [~ˈpa] *m* episcopate; *coll. the* bishops *pl.*

épisode [epiˈzɔd] *m* episode; *cin. film m à ~s* serial film.

épistolaire [epistɔˈlɛːr] epistolary; *être en relations ~s avec q.* correspond with s.o.

épitaphe [epiˈtaf] *f* epitaph.

épithète [epiˈtɛt] *f* epithet; *gramm.* attributive adjective.

épître [eˈpiːtr] *f* epistle; *fig.* (long) letter.

éploré, e [eplɔˈre] tearful, in tears.

éployée ⊘ [eplwaˈje] *adj./f* spread (*eagle*).

éplucher [eplyˈʃe] (1a) *v/t.* pick (*a. tex. wool, a. salad*); pare, peel (*a fruit*); prune (*a fruit-tree*); clean (*a. plumage, salad*); preen (*feath-*

ers); ⚹ weed (*a field*); *fig.* pick holes in; **éplucheur** *m*, **-euse** *f* [~ˈʃœːr, ~ˈʃøːz] cleaner; (*wool-*)picker; (*potato-*)peeler; ⚹ weeder; F *fig.* faultfinder; **épluchoir** [~ˈʃwaːr] *m* paring-knife; *cuis.* potato-knife; **épluchures** [~ˈʃyːr] *f/pl.* potatoes etc.: peelings; *fig.* refuse *sg.*; waste *sg.*

épointé, e [epwɛ̃ˈte] blunt (*pencil etc.*); hipshot (*horse*); **épointer** [~] (1a) *v/t.* break the point of; blunt (*s.th.*); *s'~* lose its point (*pencil etc.*).

éponge [eˈpɔ̃ːʒ] *f* sponge; F *fig. jeter l'~* throw in the towel *or* sponge; *fig. passer l'~ sur* say no more about (*s.th.*); **éponger** [epɔ̃ˈʒe] (1l) *v/t.* sponge; mop (*the surface, one's brow*); mop up (*a liquid*); sponge down (*a horse*); dab (*one's eyes*); *a. fig.* absorb; *fig.* compensate.

épopée [epɔˈpe] *f* epic (poem).

époque [eˈpɔk] *f* epoch, age, era; period; time; *à l'~* at the time (*of, de*); *at that time, then; la Belle ♀ that up to 1914; faire ~* mark an epoch; *qui fait ~* epoch-making.

épouiller [epuˈje] (1a) *v/t.* delouse.

époumoner [epumɔˈne] (1a) *v/t.* put (*s.o.*) out of breath; *s'~* shout o.s. out of breath.

épousailles [epuˈzaːj] *f/pl.* nuptials, wedding *sg.*; **épouse** [eˈpuːz] *f* wife, spouse; **épousée** [epuˈze] *f* bride; **épouser** [~ˈze] (1a) *v/t.* marry, wed; *fig.* take up, espouse (*a cause*); *fig.* embrace (*an idea*); *fig.* fit (*dress etc.*); *fig.* accept, make (*s.th.*) one's own; ~ *son temps* move with the times; **épouseur** † [~ˈzœːr] *m* suitor, eligible man.

épousseter [epusˈte] (1c) *v/t.* dust; beat (*a carpet etc.*); rub down (*a horse*); **époussette** [epuˈsɛt] *f* feather-duster; rag (*for rubbing down a horse*).

époustouflant, e F [epustuˈflɑ̃, ~ˈflɑ̃ːt] extraordinary, amazing.

épouvantable [epuvɑ̃ˈtabl] horrible, dreadful, terrible; appalling; **épouvantail** [~vɑ̃ˈtaːj] *m* scarecrow; *fig.* bogy, bugbear; *fig. person:* fright; **épouvante** [~ˈvɑ̃ːt] *f* terror, fright; **épouvanter** [~vɑ̃ˈte] (1a) *v/t.* scare; appal.

époux [eˈpu] *m* husband; ⚖ *a.* spouse; *les ~ pl.* ... the ... couple *sg.*

éprendre [eˈprɑ̃ːdr] (4aa) *v/t.: s'~*

de become enamo(u)red of; fall in love with (s.o.); take a fancy to (s.th.).

épreuve [e'prœːv] f test (a. ⊕, a. school examination); proof (a. typ.); phot. print; fig. ordeal, trial; sp. event; à l'~ de proof against (s.th.); à toute ~ never-failing; ⊕ foolproof; mettre à l'~ put to the test.

épris, e [e'pri, ~'priːz] **1.** p.p. of éprendre; **2.** adj. in love (with, de).

éprouver [epru've] (1a) v/t. try (a. fig.); test; put (s.o.) to the test; fig. feel (sympathy etc.), experience (pain etc., a. fig. a difficulty); **éprouvette** [~'vɛt] f 🜊 test-tube; probe; metall. test-piece.

épucer [epy'se] (1k) v/t. clean (a dog etc.) of fleas.

épuisé, e [epɥi'ze] exhausted; run down; spent (energy etc.); 🛉 sold out; typ. out of print; **épuisement** [epɥiz'mɑ̃] m exhaustion (⊕, ⚕, a. fig.); cistern, a. fig. finances: draining; resources: depletion; **épuiser** [epɥi'ze] (1a) v/t. exhaust; use up; fig. wear (s.o.) out; s'~ run out (provisions etc.); run dry, dry up (source); wear o.s. out; **épuisette** [~'zɛt] f 🛢 scoop, bailer; fisherman: landingnet.

épuration [epyra'sjɔ̃] f purifying; oil, metal: refining; gas: filtering; pol. morals: purging; **épuratoire** ⊕ [~'twaːr] purifying.

épure [e'pyːr] f working drawing; diagram (a. ⚕).

épurer [epy're] (1a) v/t. purify; refine; filter; pol. purge; fig. expurgate (a novel).

équarrir [eka'riːr] (2a) v/t. ☐ square; cut up or quarter the carcass of (a horse); 🔺 bois m équarri squared timber; **équarrisseur** [~ri'sœːr] m knacker.

équateur [ekwa'tœːr] m equator.

équation ⚕, 🜊, astr., fig. [ekwa'sjɔ̃] f equation.

équerre [e'kɛːr] f square; 🔺 right angle; ⊕ angle-iron; ~ à coulisses sliding callipers pl.; ~ à dessin, ~ de dessinateur set square; ~ en T Tsquare; d'~ square; en ~ square.

équestre [e'kɛstr] equestrian.

équilibrage [ekili'braːʒ] m balancing (a. mot.); **équilibre** [eki'libr] m balance (a. fig.); equilibrium; fig.

poise; pol. ~ politique balance of power; **équilibrer** [ekili'bre] (1a) v/t. balance; counterbalance; **équilibreur** [~'brœːr] m see stabilisateur; **équilibriste** [~'brist] su. equilibrist.

équinoxe [eki'nɔks] m equinox.

équipage [eki'paːʒ] m retinue, suite; 🜊, ⚓ crew; ✗ train, equipment; cost. attire, F get-up; fig. state, plight; ⊕ gear, outfit; ⊕ factory: plant; hunt. pack of hounds; carriage and horses; **équipe** [e'kip] f ✗ workmen: gang; ⊕ shift; ✗ working party; sp. team; ⚓ crew; ~ de nuit night shift; esprit m d'~ team spirit; homme m d'~ yardman.

équipée [eki'pe] f escapade; sally.

équipement [ekip'mɑ̃] m ✗, ⚓, sp., etc. equipment; gear; outfit (a. ⊕); **équiper** [eki'pe] (1a) v/t. equip (a. ✗); fit out; ⚓ man (a vessel).

équitable [eki'tabl] equitable, fair, just.

équitation [ekita'sjɔ̃] f horsemanship; école f d'~ riding-school.

équité [eki'te] f equity (a. 🜊), fairness, fair dealing.

équivalent, e [ekiva'lɑ̃, ~'lɑ̃ːt] adj., a. su./m equivalent; **équivaloir** [~'lwaːr] (3l) v/i. be equivalent or tantamount (to, à).

équivoque [eki'vɔk] **1.** adj. equivocal; fig. dubious; **2.** su./f ambiguity; quibble; **équivoquer** [~vɔ'ke] (1m) v/i. quibble, equivocate.

érable 🜋 [e'rabl] m tree, a. wood: maple.

érafler [era'fle] (1a) v/t. graze, scratch; **éraflure** [~'flyːr] f graze, abrasion, scratch.

érailler [era'je] (1a) v/t. tex. unravel, fray; fret (a rope); roughen (the voice); graze, chafe (the skin); s'~ become unravelled; fray (cloth).

ère [ɛːr] f era, epoch.

érection [erɛk'sjɔ̃] f statue etc.: erection (a. biol.); position: establishment.

éreintement F [erɛ̃t'mɑ̃] m exhaustion; slating (= harsh criticism); **éreinter** [erɛ̃'te] (1a) v/t. break the back of (a horse); F exhaust; fig. slash, cut to pieces; F être éreinté a be all in, be worn out.

erg phys. [ɛrg] m erg.

ergot [ɛr'go] m cock: spur; ✔ stub; 🜋 ergot; ⊕ catch, lug; electric bulb pin; **ergotage** F [ɛrgɔ'taːʒ] m quib bling; **ergoté, e** [~'te] spurred (*cock, rye*); ergoted (*corn*); **ergoter** F [~'te] (1a) *v/i.* quibble (about, *sur*); split hairs; **ergoteur, -euse** [~'tœːr, ~'tøːz] **1.** *adj.* quibbling, pettifogging; **2.** *su.* quibbler, pettifogger.

ergothérapie [ɛrgɔtera'pi] *f* occupational therapy; work therapy.

ériger [eri'ʒe] (1l) *v/t.* erect (*a statue etc.*); establish, found (*an office, a position*); *fig.* exalt, raise (to, en); ~ qch. en principe lay s.th. down as a principle; s'~ en set o.s. up as, pose as.

ermitage [ɛrmi'taːʒ] *m* hermitage; **ermite** [~'mit] *m* hermit; recluse.

éroder [erɔ'de] (1a) *v/t.* erode; wear away; **érosif, -ve** [~'zif, ~'ziːv] erosive; **érosion** [~'zjɔ̃] *f* erosion; eating away (*of metal, rock*).

érogène [erɔ'ʒɛn] erogenous.

érotique [erɔ'tik] erotic; **érotisme** [~'tism] *m* eroticism; **érotism.**

errant, e [ɛ'rɑ̃, ~'rɑ̃ːt] rambling, roving, wandering; *chevalier m* ~ knight-errant.

errata *typ.* [ɛra'ta] *m/inv.* errata slip; **erratum,** *pl.* **-ta** [ɛra'tɔm, ~'ta] *m* erratum.

errements [ɛr'mɑ̃] *m/pl.* ways, methods; *pej.* bad habits; *anciens* ~ bad old ways; **errer** [ɛ're] (1b) *v/i.* ramble, roam, wander; stroll (about); *fig.* err, make a mistake; **erreur** [ɛ'rœːr] *f* error; mistake, slip; ~ *de traduction* mistranslation; *faire* ~ be mistaken, be wrong; *revenir de ses* ~s turn over a new leaf.

erroné, e [ɛrɔ'ne] erroneous, mistaken, wrong.

ersatz [ɛr'sats] *m* ersatz, substitute.

éructation [erykta'sjɔ̃] *f* eructation, F belch(ing).

érudit, e [ery'di, ~'dit] **1.** *adj.* erudite, scholarly, learned; **2.** *su.* scholar; **érudition** [~di'sjɔ̃] *f* erudition, learning, scholarship.

éruptif, -ve [eryp'tif, ~'tiːv] eruptive; **éruption** [~'sjɔ̃] *f* eruption; ♂ *a.* rash; cutting (*of teeth*).

érysipèle [erizi'pɛl] *m* erysipelas.

es [ɛ] *2nd p. sg. pres. of* être 1.

ès [ɛs] *prp.*: *docteur m* ~ *sciences* doctor of science.

esbroufe [ɛs'bruf] *f*: F *faire de l'*~ swank, show off; 🏴 *à l'*~ snatch-and-grab (*theft*); **esbroufeur** *m*, **-euse** *f*

[~bru'fœːr, ~'føːz] swanker; hustler; 🏴 snatch-and-grab thief.

escabeau [ɛska'bo] *m* stool; pair of steps, step-ladder; **escabelle** [~'bɛl] *f* stool.

escadre [ɛs'kadr] *f* ⚓ squadron; ✈ wing; **escadrille** [ɛska'driːj] *f* ⚓ flotilla; ✈ squadron; **escadron** ✖ [~'drɔ̃] *m* squadron; *chef m d'*~ major.

escalade [ɛska'lad] *f* cliff, *wall:* climbing, scaling; climb; *pol., fig.* escalation; **escalader** [~la'de] (1a) *v/t.* scale, climb.

escalator [ɛskala'tɔːr] *m* escalator.

escale [ɛs'kal] *f* ⚓ port of call; ✈ stop; call; *faire* ~ *à* call at; ✈ *sans* ~ non-stop (*flight*).

escalier [ɛska'lje] *m* staircase; stairs *pl.*; steps; *en* ~ stepped; ~ *tournant* (*or en colimaçon or à vis*) spiral staircase.

escalope *cuis.* [ɛska'lɔp] *f meat:* scallop; *fish:* steak; escalope.

escamotable [ɛskamɔ'tabl] disappearing, F pull-down (*arm-rest*); ✈ retractable (*undercarriage*); **escamoter** [~'te] (1a) *v/t.* conjure away; ✈ retract (*the undercarriage*); *fig.* dodge, evade, get round; filch, pinch; **escamoteur** [~'tœːr] *m* conjuror.

escampette F [ɛskɑ̃'pɛt] *f: prendre la poudre d'*~ skedaddle, vamoose, *Am. sl.* take a powder.

escapade [ɛska'pad] *f* escapade; prank.

escarbille [ɛskar'biːj] *f* cinder; ~*s pl.* clinkers.

escarbot *zo.* [ɛskar'bo] *m* beetle.

escarboucle [ɛskar'bukl] *f* carbuncle.

escargot [ɛskar'go] *m* snail.

escarmouche ✖ [ɛskar'muʃ] *f* skirmish, brush.

escarole ♀ [ɛska'rɔl] *f* endive.

escarpe [ɛs'karp] *m* cut-throat.

escarpé, e [ɛskar'pe] sheer (*rock*), steep; **escarpement** [~pə'mɑ̃] *m* steepness; ✖, *geol.* escarpment; abrupt descent; *mountain:* slope.

escarpin [ɛskar'pɛ̃] *m* light shoe.

escarpolette [ɛskarpɔ'lɛt] *f* swing.

escarre ♂ [ɛs'kaːr] *f* scab; bed-sore.

escient [ɛ'sjɑ̃] *m*: *à bon* ~ advisedly.

esclaffer [ɛskla'fe] (1a) *v/t.*: *s'*~ burst out laughing, guffaw.

esclandre [ɛs'klɑ̃ːdr] *m* scandal; scene.

esclavage [ɛskla'vaːʒ] *m* slavery; *fig.*

drudgery; **esclave** [~'klaːv] *su.* slave; *fig.* drudge; *être* ~ *de sa parole* stick to one's promise.

escoffier *sl.* [ɛskɔ'fje] (1o) *v/t.* kill.

escogriffe F [ɛskɔ'grif] *m* lanky fellow, F beanpole.

escompte ✝ [ɛs'kɔ̃ːt] *m* discount, rebate; *à* ~ at a discount; **escompter** [~kɔ̃'te] (1a) *v/t.* ✝ discount; *fig.* anticipate; *fig.* reckon on, bank on.

escorte [ɛs'kɔrt] *f* ✗ *etc.* escort; ⚓ convoy; **escorter** [~kɔr'te] (1a) *v/t.* escort; ⚓ *a.* convoy.

escouade ✗ [ɛs'kwad] *f* gang, squad.

escrime [ɛs'krim] *f* fencing; *faire de l'*~ fence; **escrimer** F [ɛskri'me] (1a) *v/t.*: *s'*~ fight (with, *contre*); *s'*~ *à* work hard at; try hard to (*inf.*); **escrimeur** [~'mœːr] *m* fencer, swordsman.

escroc [ɛs'kro] *m* crook; swindler; **escroquer** [~kro'ke] (1m) *v/t.* swindle (*s.o.*); ~ *qch. à q.* cheat s.o. out of s.th.; **escroquerie** [~krɔ'kri] *f* fraud; swindling; false pretences *pl.*

ésotérique [ezɔte'rik] esoteric.

espace [ɛs'paːs] *su./m* space; *space, a. time*: interval; room; ⊕ clearance; ~ *vert* green space *or* area; ~ *vital* living space; *dans (or en) l'*~ *de* within (*a certain time*); *su./f typ.* space; **espacement** [~pas'mɑ̃] *m objects, typ.*: spacing; **espacer** [~pa'se] (1k) *v/t.* space; leave a space between; *typ., a. fig.* space out; *s'*~ become less frequent (*space, a. time*).

espadon [ɛspa'dɔ̃] *m* † two-handled sword; *icht.* sword-fish.

espadrille [ɛspa'driːj] *f* rope-soled canvas shoe.

espagnol, e [ɛspa'ɲɔl] **1.** *adj.* Spanish; **2.** *su./m ling.* Spanish; *su.* ♀ Spaniard; **espagnolette** [~ɲɔ'lɛt] *f* espagnolette.

espalier ✔ [ɛspa'lje] *m* espalier.

espèce [ɛs'pɛs] *f* kind, sort; ⚖ case (in question); ♀, *zo., eccl.* species; ~*s pl.* cash *sg.*, specie *sg.*; ~ *de* ...! silly ...!; ~ *humaine* mankind; *en* ~*s* in hard cash; *en l'*~ in the present case (*a.* ⚖).

espérance [ɛspe'rɑ̃ːs] *f* hope; expectation; *fig.* promise; ⚖ ~*s pl.* expectations; ~ *de vie* life expectancy; **espérer** [~'re] (1f) *v/t.* hope for; ~ *que* hope that; *je l'espère, j'espère* I hope so; ~ *quand même* hope against hope; *v/i.* hope, trust (in, *en*).

espiègle [ɛs'pjɛɡl] **1.** *adj.* mischie-

vous, roguish; **2.** *su.* imp; **espièglerie** [~pjɛɡlə'ri] *f* mischief; prank; *par* ~ out of mischief.

espion, -onne [ɛs'pjɔ̃, ~'pjɔn] *su.* spy; secret agent; *su./m* concealed microphone; window-mirror; **espionnage** [ɛspjɔ'na:ʒ] *m* espionage spying; ✝ ~ *industriel* industrial espionage; **espionner** [~'ne] (1a) *v/t.* spy (upon).

esplanade [ɛspla'nad] *f* esplanade, promenade.

espoir [ɛs'pwaːr] *m* hope; expectation.

esprit [ɛs'pri] *m* spirit; mind, intellect; sense; wit; disposition; talent; meaning; soul; ~*-de-vin* spirit(s pl.) of wine; ~ *fort* free-thinker; *le Saint-*~ the Holy Ghost *or* Spirit; *plein d'*~ witty; *présence f d'*~ presence of mind; *rendre l'*~ give up the ghost; *venir à (sortir de) l'*~ de cross (slip) s.o.'s mind.

esquif ⚓ *poet.* [ɛs'kif] *m* small boat, skiff.

esquille ⚚ [ɛs'kiːj] *f bone*: splinter.

esquimau [ɛski'mo] **1.** *adj.* Eskimo; **2.** *su.* ♀ Eskimo; *su./m cuis.* choc-ice; *cost.* child's rompers *pl.*

esquinter F [ɛskɛ̃'te] (1a) *v/t.* exhaust; tire (*s.o.*) out; *fig.* ruin; run (*s.o.*) down.

esquisse [ɛs'kis] *f* sketch; outline, draft; **esquisser** [~ki'se] (1a) *v/t.* sketch, outline.

esquiver [ɛski've] (1a) *v/t.* avoid evade; dodge; *fig. s'*~ slip *or* steal away, F make *o.s.* scarce.

essai [e'sɛ] *m* ⊕, ⚙ trial, essay; test; *sp.* try; attempt (to, pour); ~ *nucléaire* atomic test; *mot.* ~ *sur route* trial run; *à l'*~ on trial; *coup m d'*~ first attempt; *faire l'*~ *de* try (*s.th.*); ✈ *pilote m d'*~ test pilot.

essaim [e'sɛ̃] *m* swarm (*a. fig.*); **essaimage** [esɛ'maːʒ] *m* hiving off (*a fig.*); *fig.* excessive growth; **essaimer** [esɛ'me] (1a) *v/i.* swarm.

essarter ✔ [esar'te] (1a) *v/t.* clear (*the ground*); grub up (*roots etc.*).

essayage [esɛ'jaːʒ] *m* testing; *cost.* trying on, fitting; **essayer** [~'je] (1i) *v/i.* try (to *inf.*, *de inf.*), attempt; ✝ test; *metall.* assay; *cost.* try on; taste; *s'*~ try one's hand at; **essayeur, -euse** *f* [~'jœːr, ~'jøːz] ⊕ tester analyst; *metall.* assayer; *cost.* fitter

essayiste [~'jist] *su.* essayist.

esse [ɛs] f ⊕ S-hook; S-shaped link or hook etc.; ♪ violin: sound-hole.

essence [e'sãːs] f essence; trees: species; ♈, 🐾, etc. oil; petrol, Am. gasoline; extract (of beef etc.); fig. pith; poste m d'~ filling-station, Am. service station; **essentiel, -elle** [esã'sjɛl] 1. adj. essential; 2. su./m main thing.

essieu [e'sjø] m axle.

essor [e'sɔːr] m flight, soaring; fig. scope; fig. progress; **essorer** [eso-'re] (1a) v/t. dry; wring (linen); ~ à la machine spin-dry (linen); **essoreuse** [~'røːz] f ⊕ drainer; laundry: wringer, mangle.

essoufflé, e [esu'fle] out of breath; breathless; **essoufler** [~] (1a) v/t. wind, make (s.o.) breathless; s'~ get out of breath; fig. exhaust o.s.

essuie...: **~-glace** mot. [esɥi'glas] m windscreen wiper, Am. windshield wiper; **~-mains** [~'mɛ̃] m/inv. (hand-)towel; **~-pieds** [~'pje] m/inv. door-mat; **~-verres** [~'vɛr] m/inv. glass cloth.

essuyer [esɥi'je] (1h) v/t. wipe; dry; mop up; dust; fig. suffer (defeat etc.); fig. meet with (a refusal); F ~ les plâtres be the first occupant of a new house; fig. be first to do the disagreeable job.

est¹ [ɛst] 1. su./m east; de l'~ east (-ern); d'~ easterly (wind); l'Ê (of a country); vers l'~ eastward(s), to the east; 2. adj./inv. east(ern); easterly (wind).

est² [ɛ] 3rd p. sg. pres. of être 1.

estacade [esta'kad] f ⚔ stockade; ⚓ breakwater; pier; 🚢 coalpit.

estafette [esta'fɛt] f courier; ✗ dispatch-rider.

estafilade [estafi'lad] f gash; slash.

estagnon [esta'ɲɔ̃] m oil-can; (oil-)drum.

estaminet † [estami'nɛ] m tavern; pub; bar.

estampe [ɛs'tãːp] f print, engraving; ⊕ stamp, punch, die; **estamper** [estã'pe] (1a) v/t. stamp, emboss; ⊕ punch; fig. fleece (s.o.); swindle (s.o.); **estampille** [~'piːj] f stamp; brand; ✝ trade-mark; **estampiller** [~pi'je] (1a) v/t. stamp; brand; ✝ mark (goods).

esthète [ɛs'tɛt] su. (a)esthete; **esthéticien** m, **-enne** f [esteti'sjɛ̃, ~'sjɛn] (a)esthetician; beautician; **esthéti-**

que [~'tik] 1. adj. (a)esthetic; 2. su./f (a)esthetics pl.

estimable [ɛsti'mabl] estimable; quite good; assessable; **estimateur** [estima'tœːr] m estimator; ✝ valuer, appraiser; **estimatif, -ve** [~'tif, ~'tiːv] estimated (cost etc.); estimative (faculty); devis m ~ estimate; **estimation** [~'sjɔ̃] f estimation; valuation; assessment, appraisal; **estime** [ɛs'tim] f esteem, respect; à l'~ by guesswork; tenir q. en haute (petite) ~ hold s.o. in high (low) esteem; **estimer** [~ti'me] (1a) v/t. estimate; value, appraise, assess; fig. (hold in) esteem; consider, think.

estival, e [ɛsti'val], **m/pl. -aux** [~'vo] summer...; ⚘ etc. estival; **estivant** m, **e** f [~'vã, ~'vãːt] summer visitor; **estivation** ⚘, zo. [~va'sjɔ̃] f estivation.

estoc [ɛs'tɔk] m coup m d'~ fencing: thrust; frapper d'~ et de taille cut and thrust; **estocade** [ɛstɔ'kad] f ✝ fencing: thrust; fig. sudden onset; fig. death-blow, finishing blow.

estomac [ɛstɔ'ma] m stomach; ~ dérangé upset stomach; avoir l'~ dans les talons be faint with hunger; mal m d'~ stomach-ache; **estomaquer** F [~ma'ke] (1m) v/t. take (s.o.'s) breath away, stagger (s.o.).

estompe [ɛs'tɔ̃ːp] f stump; stump drawing; **estomper** [~tɔ̃'pe] (1a) v/t. stump, shade off; fig. blur; fig. tone down (crudities); fig. s'~ grow blurred, tone up.

estrade [ɛs'trad] f platform, stage.

estragon ⚘, cuis. [ɛstra'gɔ̃] m tarragon.

estrapade 🕸 † [ɛstra'pad] f strappado.

estropié, e [ɛstrɔ'pje] 1. adj. crippled; ✗ disabled; lame; 2. su. cripple; **estropier** [~] (1o) v/t. cripple, lame, maim; ✗ disable; fig. mangle (a quotation, a word), murder (music, a language).

estuaire [ɛs'tɥɛːr] m estuary, Sc. firth.

esturgeon icht. [ɛstyr'ʒɔ̃] m sturgeon.

et [e] and; et ... et both ... and.

étable [e'tabl] f cattle-shed, cowshed; pigsty (a. fig.); **établer** [eta-'ble] (1a) v/t. stall (cattle); stable (horses).

établi¹ [eta'bli] *m* work-bench.

établi², **e** [eta'bli] established (*fact*); determined (*limit*); **établir** [~'bli:r] (2a) *v/t.* establish (*a.* 🜨, 🜚); set up (*a business, a statue, sp. a record*); construct, erect; ascertain (*facts*); prove (*a charge*); draw up (*an account, a budget, a plan*); institute (*a rule, a tax, a post*); 🜚 ~ *le contact* make contact; s'~ become established; establish (o.s.); settle (*in a place*); **établissement** [~blis'mã] *m* establishment; institution; settlement; † concern, business, firm; 🜨 factory, plant; † *accounts*: drawing up; † *balance*: striking.

étage [e'ta:ʒ] *m* stor(e)y, floor; *fig.* degree, rank; 🜨, *geol.* stage (*a. of rocket*); *geol.* stratum, layer; 🜚 level; *fig. de bas ~* of the lower classes (*people*); low; *deuxième ~* second floor, *Am.* third floor; **étager** [eta'ʒe] (11) *v/t.* range in tiers; terrace (*the ground*); perform (*an operation*) in stages; **étagère** [~'ʒɛ:r] *f* whatnot; shelves *pl.*; shelf.

étai [e'tɛ] *m* 🜚 stay (*a.* ⚓), prop (*a. fig.*), strut; 🜚 pit-prop; **étaiement** 🜨, 🜨 [etɛ'mã] *m see* étayage.

étain [e'tɛ̃] *m* tin; pewter; *papier m d'~* tinfoil; *~ de soudure* plumber's solder.

étal, *pl. a.* **étals** [e'tal] *m* market: stall; **étalage** [eta'la:ʒ] *m* † display, show (*a. fig.*); shop window; *fig. a.* parade; **étalagiste** † [~la'ʒist] window dresser; **étalement** [etal'mã] *m* displaying; spreading(-out); *holidays etc.*: staggering; **étaler** [eta'le] (1a) *v/t.* † display (*a. fig.*), expose for sale; *fig.* show, disclose; stagger (*holidays*); spread (out); s'~ sprawl; spread *or* stretch out.

étalon¹ [eta'lɔ̃] *m* stallion.

étalon² [eta'lɔ̃] *m* standard; *~-or* gold standard; *poids-~* troy weight; **étalonnage** [~lɔ'na:ʒ] *m* standardization; *tubes etc.*: calibration; ga(u)ging; *radio*: logging; *phot.* grading; **étalonner** [~lɔ'ne] (1a) *v/t.* standardize; calibrate; ga(u)ge; *radio*: log (*stations*); *phot.* grade; stamp (*weights*).

étamer 🜨 [eta'me] (1a) *v/t.* tin; galvanize; silver (*a mirror*); **étameur** [~'mœ:r] *m* tinsmith; *mirrors*: silverer.

étamine¹ [eta'min] *f* butter-muslin;

bolting-cloth; *passer qch. par l'~* sift s.th. (*a. fig.*).

étamine² 🜚 [~] *f* stamen.

étampe 🜨 [e'tã:p] *f* stamp, die; punch; swage.

étanche [e'tã:ʃ] (*water-, air*)tight; impervious; 🜚 insulated; *~ à l'eau* watertight; **étanchéité** [etãʃei'te] *f* watertightness; airtightness; 🜚 *de l'~* insulating; **étancher** [~'ʃe] (1a) *v/t.* sta(u)nch (*blood*); stem (*a liquid*); quench (*one's thirst*); stop (*a leak*); make watertight *or* airtight.

étang [e'tã] *m* pond, pool; *~ à poissons* fish pond.

étant [e'tã] *p. pr. of* être 1.

étape [e'tap] *f* ✕, *a. fig.* stage; halting-place; *fig.* step (towards, *vers*); *par petites ~s* by easy stages; *faire ~* stop off, stop over.

état [e'ta] *m* state (*a. pol., a. fig.*), condition; *fig.* position; 🜚 status; profession, trade; *hist. ~s pl.* the estates; ~ *civil* civil status; *bureau m de l'~ civil* register office; 🜚 *en ~ de légitime défense* able to plead self-defence; ~ *d'esprit* frame of mind; *en tout ~ de cause* in any case; ~ *transitoire* transition stage; *réduit à l'~ de* reduced to; *coup m d'⚡ coup d'état*; F *dans tous ses ~s* all of a dither; *en ~ de vol* in flying condition (*airplane*); *être en ~ de* (*inf.*) be in a position to (*inf.*); *faire ~ de* put forward; *homme m d'⚡* statesman; *hors d'~* useless; *remettre en ~* put in order; **étatique** *pol.* [eta'tik] state …; (*of*) state control; **étatisation** [etatiza'sjɔ̃] *f* nationalisation (*of industries*); **étatisme** [~'tism] *m* state control; **état-major**, *pl.* **états-majors** [~ma'ʒɔ:r] *m* ✕ (general) staff; headquarters *pl.*; *fig.* management.

étau 🜨 [e'to] *m* vice, *Am.* vise; *~ à main* hand-vice; *~-limeur* shaping-machine.

étayage 🜨, 🜨 [etɛ'ja:ʒ] *m* shoring, staying, propping (up); buttressing; **étayer** [~'je] (1i) *v/t.* prop (up), shore, stay; support (*a. fig.*).

été¹ [e'te] *p.p. of* être 1.

été² [~] *m* summer; F *~ de la Saint-Martin* Indian summer.

éteignoir [etɛ'nwa:r] *m* candle: extinguisher; **éteindre** [e'tɛ̃:dr] (4m) *v/t.* extinguish (*the light, a race, etc.*); put out; 🜚 switch off (*the light*); quench (*one's thirst, a.* 🜨 *red-hot* iron); pay off (a debt); abolish (a right); fig. put an end to (s.o.'s ambition, hope); fig. soften, dim (the colour, the light); deaden (a sound); allay (passions); slake (lime); s'~ die out; go out (light etc.); fade, grow dim; die down (passions); die, pass away (person).

étendage [etã'da:ʒ] m clothes lines pl.; drying-yard; **étendard** [~'da:r] m standard, flag; **étendoir** [~-'dwa:r] m clothes line; **étendre** [e'tã:dr] (4a) v/t. extend; stretch; spread (out); lay (a tablecloth); expand (the wings); dilute (with, de); lay (s.o.) down; hang (linen) out; cuis. roll out (pastry); fig. widen, enlarge; s'~ spread; stretch (out), extend; stretch out, lie down; **étendu, e** [etã'dy] 1. adj. extensive; outspread (wings); outstretched (hands); widespread (influence); 2. su./f extent; expanse; voice, knowledge: range; capacity; speech etc.: length.

éternel, -elle [eter'nel] eternal; everlasting, unending; **éterniser** [eterni'ze] (1a) v/t. perpetuate; eternalize; s'~ last for ever; **éternité** [~'te] f eternity; fig. ages pl.

éternuer [eter'nɥe] (1n) v/i. sneeze.

êtes [et] 2nd p. pl. pres. of être 1.

éteule [e'tœl] f stubble.

éther [e'tɛ:r] m ether; **éthéré, e** [ete're] etherial (a. ♀); **éthériser** ♣ [~ri'ze] (1a) v/t. etherize.

éthique [e'tik] 1. adj. ethical; 2. su./f ethics pl.; moral philosophy.

ethnique [et'nik] ethnic(al).

ethno... [etno] ethno...

éthylène ♣ [eti'lɛ:n] m ethylene.

étiage [e'tja:ʒ] m low water mark; fig. level.

étinceler [etɛ̃s'le] (1c) v/i. sparkle (a. fig. conversation); gleam (anger); twinkle (star); **étincelle** [etɛ̃'sɛl] f spark; mot. ~ d'allumage ignition spark; **étincellement** [~sɛl'mã] m sparkling; twinkling (of the stars).

étioler [etjo'le] (1a) v/t.: s'~ droop, wilt (plant); waste away.

étique [e'tik] emaciated.

étiqueter [etik'te] (1c) v/t. label; **étiquette** [eti'kɛt] f label, ticket, tag; etiquette, ceremony.

étirer [eti're] (1a) v/t. stretch; pull out, draw out; ⊕ draw (metals).

étoffe [e'tɔf] f material, cloth; fig. stuff; avoir l'~ de have the makings

of; **étoffé, e** [etɔ'fe] plump (person); meaty (style etc.); rich (voice); **étoffer** [~] (1a) v/t. stuff; fig. fill out; cost. give fulness to; fig. s'~ fill out (person).

étoile [e'twal] f star (a. film); typ. asterisk; blaze (on horse); ~ du berger evening star; zo. ~ de mer starfish; ~ filante shooting or falling star; à la belle ~ out of doors, in the open; **étoiler** [etwa'le] (1a) v/t. stud with stars; star (glass etc.); s'~ star (glass etc.); glow with stars (sky).

étole cost., eccl. [e'tɔl] f stole.

étonnant, e [etɔ'nã, ~'nã:t] astonishing, surprising; **étonnement** [etɔn'mã] m astonishment, surprise, amazement; **étonner** [etɔ'ne] (1a) v/t. astonish, amaze; s'~ be surprised (at s.th., de qch; at ger., de inf.).

étouffant, e fig. [etu'fã, ~'fã:t] stifling; **étouffée** cuis. [~'fe] f: cuire à l'~ braise; **étouffement** [etuf'mã] m stifling; suffocation; scandal: hushing up; choking sensation; **étouffer** [etu'fe] (1a) v/t/i. a. s'~ suffocate, choke; stifle; v/t. a. damp (a sound); ♪ quench (a spark); hush up (an affair); **étouffoir** [~'fwa:r] m charcoal extinguisher; ♪ damper; fig. stuffy room.

étoupe [e'tup] f tow; oakum; ⊕ packing; **étouper** [etu'pe] (1a) v/t. stop; ⊕ pack; ⚓ caulk; **étoupille** [~'pi:j] f ✗ friction-tube; ✗ fuse.

étourderie [eturdə'ri] f inadvertence; blunder, careless mistake; oversight; **étourdi, e** [~'di] 1. adj. thoughtless, scatter-brained; foolish (reply etc.); 2. su. scatter-brain; **étourdir** [~'di:r] (2a) v/t. stun, daze; make dizzy; soothe (a pain etc.); appease (one's hunger); **étourdissement** [~dis'mã] m dizziness, giddiness; dizzy spell; mind: dazing; pain etc.: deadening; fig. shock, bewilderment.

étourneau [etur'no] m orn. starling; F feather-brain.

étrange [e'trã:ʒ] strange, odd, peculiar; **étranger, -ère** [etrã'ʒe, ~'ʒɛ:r] 1. adj. pol. foreign (a. fig.); pej. alien; strange, unknown; irrelevant (to, à); ~ à unacquainted with (an affair); a stranger in (a place); 2. su. foreigner; stranger; su./m foreign parts pl.; à l'~ abroad

206

étrangeté [etrãʒ'te] *f* strangeness, oddness.

étranglement [etrãglə'mã] *m* strangulation; *pipe, tube:* neck; *fig.* narrow passage; *fig.* goulet *m* (or goulot *m*) d'~ bottleneck; **étrangler** [~'gle] (1a) *v/t.* strangle, choke, throttle (*a.* ⊕), stifle; ⚕ strangulate; *fig.* constrict; ⊕ throttle down (*the engine*); *v/i.*: ~ de colère choke with rage; ~ de soif be parched.

étrave ⚓ [e'traːv] *f* stem(-post).

être [ɛːtr] **1.** (1) *v/i.* be, exist; belong (to, *à*); lie, stand; F go; *passive voice:* be (*seen*); ~ malade be or feel sick; *si cela est* if so; *ça y est* it is done; *ç'est ça* that's it; *c'est moi* it is me; *c'en est assez!* enough (of it)!; *lequel sommes-nous?* what is the date today?; *à qui est cela?* whose is it?; *c'est à lui de* (*inf.*) it is his turn to (*inf.*); it rests with him to (*inf.*); ~ de come or be from (*a town*); ~ assis sit; ~ debout stand; *j'ai été voir ce film* I have seen this film; *elle s'est blessée* she has hurt herself; *elle s'est blessé le doigt* she has hurt her finger; *en* ~ *à* (*inf.*) be reduced to (*ger.*); *en êtes-vous?* will you join us?; *où en sommes-nous?* how far have we got?; *quoi qu'il en soit* however that may be; *en* ~ *pour* have spent (*s.th.*) to no purpose; *vous y êtes?* do you follow *or* F get it?; *il est* it is (2 *o'clock*); *il était une fois* once upon a time there was; *est-ce qu'il travaille?* does he work?, is he working?; *elle est venue, n'est-ce pas?* she has come, hasn't she?; *n'était* but for; **2.** *su./m* being, creature, existence.

étreindre [e'trɛ̃ːdr] (4m) *v/t.* clasp; grasp; embrace, hug; *fig.* grip; **étreinte** [e'trɛ̃ːt] *f* embrace; grasp, grip.

étrenne [e'trɛn] *f:* ~*s pl.* New Year's gift *sg.*; Christmas box *sg.*; *avoir l'*~ *de* = **étrenner** [etrɛ'ne] (1a) *v/t.* wear (*a garment*) or use (*s.th.*) for the first time.

êtres [ɛːtr] *m/pl.*: *les* ~ *d'une maison* the ins and outs of a house.

étrier [etri'e] *m* stirrup (*a. anat.*); *fig. mettre le pied à l'*~ *à q.* help s.o.

étrille [e'triːj] *f* curry-comb; **étriller** [etri'je] (1a) *v/t.* curry (*a horse*); F † thrash, trounce.

étriper [etri'pe] (1a) *v/t.* disembowel (*a horse*); draw (*a chicken*); gut (*a fish*).

étriquer [etri'ke] (1m) *v/t.* make too narrow or tight; *fig.* curtail (*a speech*); *habit m étriqué* skimped coat.

étroit, e [e'trwa, ~'trwat] narrow (*a. fig. mind*); tight; confined; limited; *fig.* strict (*sense of a word*); *à l'*~ cramped for room; (*live*) economically; **étroitesse** [etrwa'tɛs] *f* narrowness; tightness; ~ *d'esprit* narrow-mindedness.

étron [e'trɔ̃] *m* turd.

étude [e'tyd] *f* study (*a.* ♪); office; (*barrister's*) chambers *pl.*; preparation; research; preparation; (*lawyer's*) practice; ♣ ~ *du marché* (*de motivation*) marketing (motivation) research; *à l'*~ under consideration; *thea.* under rehearsal; *faire ses* ~*s* study; **étudiant** *m*, **e** *f* [ety'djã, ~'djãːt] student; undergraduate; **étudier** [~'dje] (1o) *v/t.* study; prepare (*a lesson*); examine, go into, investigate; design; † *s'*~ *à* (*inf.*) make a point of (*ger.*); be very careful to (*inf.*).

étui [e'tui] *m* case, cover; *book, hat:* box; ✕ ~ *de cartouche* cartridge case.

étuve [e'tyːv] *f* ♨, ⊕, *baths:* sweating-room; sterilizer; drying cupboard; F oven; **étuvée** *cuis.* [ety've] *f:* cuire *à l'*~ steam; **étuver** [~] (1a) *v/t. cuis.* stew (*meat*); steam (*vegetables*); ⊕ dry; sterilize.

étymologie [etimɔlɔ'ʒi] *f* etymology.

eu, e [y] *p.p. of avoir* 1.

eucalyptus ♣, *a.* ⚕ [økalip'tys] *m* eucalyptus.

eucharistie *eccl.* [økaris'ti] *f* Eucharist; Lord's Supper.

eunuque [ø'nyk] *m* eunuch.

euphémique [øfe'mik] euphemistic; **euphémisme** [~'mism] *m* euphemism.

euphonie [øfɔ'ni] *f* euphony.

euphorie [øfɔ'ri] *f* euphoria; **euphorique** [~'rik] euphoric; **euphorisant, e** [~ri'zã, ~'zãːt] *adj., a. su.* euphoriant; **euphoriser** [~ri'ze] (1a) *v/t.* put into a euphoric mood.

européen, -enne [ørɔpe'ɛ̃, ~'ɛn] *adj., a. su.* ♀ European.

eus [y] *1st sg. p.s. of avoir* 1.

euthanasie [øtana'zi] *f* euthanasia, F mercy-killing.

exact

eux [ø] *pron./pers. m/pl. subject:* they; *object:* them; à ~ to them; theirs; *ce sont* ~, F *c'est* ~ it is they, F it's them; ~**-mêmes** [~'mɛːm] *pron./rfl.* themselves.

évacuation [evakɥa'sjɔ̃] *f* evacuation (*a.* ⚔, ✕); *water:* drainage; **évacué** *m*, **e** *f* [eva'kɥe] evacuee; **évacuer** [~] (1n) *v/t.* ✕, ⚔ evacuate; ⊕ exhaust (*steam*); drain (*water*).

évadé, e [eva'de] *adj., a. su.* fugitive; **évader** [~] (1a) *v/t.: s'~* escape, run away.

évaluation [evalɥa'sjɔ̃] *f* valuation; estimate; assessment; **évaluer** [~-'lɥe] (1n) *v/t.* value; estimate; assess.

évangélique [evɑ̃ʒe'lik] evangelical; **Évangile** [~'ʒil] *m* Gospel.

évanouir [eva'nwiːr] (2a) *v/t.: s'~* ⚕ faint, swoon; *fig.* vanish, fade away; *radio:* fade; **évanouissement** [~nwis'mɑ̃] *m* ⚕ faint, swoon; *fig.* disappearance; *radio:* fading; ⚕ *revenir de son* ~ come to.

évaporation [evapɔra'sjɔ̃] *f* evaporation; **évaporé, e** [~'re] **1.** *adj.* scatterbrained; flighty; irresponsible; **2.** *su.* flighty person; **évaporer** [~'re] (1a) *v/t.: s'~* evaporate.

évasé, e [eva'ze] bell-mouthed; flared (*skirt*); △ splayed; **évaser** [~'ze] (1a) *v/t.* widen the opening of; open out; flare (*a skirt*); △ splay; *s'~* widen at the mouth; flare (*skirt*).

évasif, -ve [~'zif, ~'ziːv] evasive; **évasion** [~'zjɔ̃] *f* escape, flight; evasion, quibble; *literature:* escapism; ~ *de prison* jailbreak; *d'~* escapist (*novel etc.*); ✝ ~ *des capitaux* exodus of capital.

évêché [eve'ʃe] *m* bishopric, see; diocese; bishop's palace.

éveil [e've:j] *m* awakening; alertness; *fig.* dawn; *en* ~ on the alert; **éveillé, e** [eve'je] awake; wide-awake; alert, bright; **éveiller** [~] (1a) *v/t.* awaken; *fig.* arouse; *s'~* wake up; *fig.* awaken.

événement [even'mɑ̃] *m* event; occurrence; incident; emergency.

évent [e'vɑ̃] *m* open air; ⊕ vent (-hole); *zo. whale:* blowhole; *beverage:* flatness; *sentir l'~* smell musty; F *tête f à l'~* feather-brain.

éventail [evɑ̃'taːj] *m* fan; *fig. salaries:* range; *en* ~ fan-wise.

éventaire [evɑ̃'tɛːr] *m* (hawker's) tray; street stall.

éventé, e [evɑ̃'te] stale, musty; flat (*beer etc.*); *fig.* hare-brained; divulged (*secret*); **éventer** [~] (1a) *v/t.* air; fan; *hunt.* scent, fig. get wind of (*beer etc.*); *fig.* divulge; let (*beer etc.*) grow flat; F *fig.* ~ *la mèche* uncover a plot; *s'~* go flat or stale; spoil.

éventrer [evɑ̃'tre] (1a) *v/t.* disembowel; *fig.* break or rip open; gut (*a fish*); *mot.* rip (*a tyre*).

éventualité [evɑ̃tɥali'te] *f* possibility, contingency; **éventuel, -elle** [~'tɥɛl] possible, contingent; eventual.

évêque [e've:k] *m* bishop.

évertuer [ever'tɥe] (1n) *v/t.: s'~* strive, do one's utmost (*to inf., à inf.*).

évidemment [evida'mɑ̃] *adv.* of course, certainly; obviously; **évidence** [~'dɑ̃:s] *f* obviousness, evidence; obvious fact; à *l'*~, *de toute* ~ (quite) obviously; *en* ~ in a prominent or conspicuous position; *se mettre en* ~ push o.s. forward; **évident, e** [~'dɑ̃, ~'dɑ̃:t] evident, obvious.

évider [evi'de] (1a) *v/t.* hollow out; groove; pink (*cloth, leather*); cut away.

évier [e'vje] *m scullery:* sink.

évincer [evɛ̃'se] (1k) *v/t.* ⚖ evict, eject, dispossess; *fig.* oust (*s.o.*), supplant (*s.o.*).

évitable [evi'tabl] avoidable; **évitement** [evit'mɑ̃] *m* avoidance, shunning; *route f d'~* bypass (road); *voie f d'~* siding; **éviter** [evi'te] (1a) *v/t.* avoid; *fig.* spare (*trouble*); *v/i.: ~ de* (*inf.*) avoid (*ger.*).

évocateur, -trice [evɔka'tœ:r, ~-'tris] evocative (of, *de*); **évocation** [~'sjɔ̃] *f* evocation (⚖, *a. spirits, a. past*); *past, spirits:* conjuring up.

évoluer [evɔ'lɥe] (1n) *v/i.* develop, evolve; ✕, ⚓ manœuvre; move; **évolution** [~ly'sjɔ̃] *f* ✕, ⚓ manœuvre; *biol. etc.* evolution; *fig.* development.

évoquer [evɔ'ke] (1m) *v/t.* evoke (*a.* ⚖), bring to mind; conjure up (*a. spirits*).

ex... [ɛks] former; *ex-...*; late; ~*ministre* former minister.

exact, e [ɛg'zakt] exact (*a. science*);

correct, right; true; punctual (*time*).

exacteur [ɛgzak'tœːr] *m* exactor; extortioner; **exaction** [ʌ'sjɔ̃] *f* extortion; *tax:* exaction.

exactitude [ɛgzakti'tyd] *f* exactitude, exactness; accuracy; *time:* punctuality.

exagération [ɛgzaʒera'sjɔ̃] *f* exaggeration; overstatement; **exagérer** [ʌʒe're] (1f) *v/t.* exaggerate; overstate; overestimate; *v/i. fig.* go too far.

exaltation [ɛgzalta'sjɔ̃] *f* *eccl.*, *emotion:* exaltation; excitement; over-excitement; **exalté, e** [ʌ'te] **1.** *adj.* heated; excited; overstrung (*person*); **2.** *su.* hot-head; fanatic; **exalter** [ʌ'te] (1a) *v/t.* exalt, praise; excite, rouse (*emotions*); *s'~* grow excited; enthuse.

examen [ɛgza'mɛ̃] *m* examination; ⊕ test; ⊕ *machine:* overhaul; survey; investigation; ✝ *accounts:* inspection; *à l'~* under consideration (*question*); *~ d'entrée* entrance examination; *~ de passage* end-of-year examination; *mot. ~ pour le permis de conduire* driving test; **examinateur** *m*, **-trice** *f* [ʌmina'tœːr, ʌ'tris] examiner; ⊕ inspector; **examiner** [ʌmi'ne] (1a) *v/t.* examine (*a.* 𝔰); scrutinize; look into, investigate; ⊕ overhaul (*a machine*); *fig.* scan; ✝ inspect (*accounts*).

exaspération [ɛgzaspera'sjɔ̃] *f* *disease*, *pain*, *a. F fig.:* aggravation; *fig.* exasperation, irritation; **exaspérer** [ʌ're] (1f) *v/t.* exasperate, irritate, aggravate.

exaucer [ɛgzo'se] (1k) *v/t.* grant, fulfill (*a wish*); hear (*a prayer*).

excavateur *m*, **-trice** *f* ⊕ [ɛkskava'tœːr, ʌ'tris] excavator, grub; **excavation** [ʌ'sjɔ̃] *f* excavation; hole.

excédant, e [ɛkse'dɑ̃, ʌ'dɑ̃ːt] surplus; excess (*luggage*); **excédent** [ʌ'dɑ̃] *m* excess, surplus; *~ de poids* excess weight; **excéder** [ʌ'de] (1f) *v/t.* exceed; *fig.* tire, weary (*s.o.*); irritate.

excellence [ɛksɛ'lɑ̃ːs] *f* excellence; ♀ *title:* Excellency; *par ~* particularly; pre-eminently; **excellent, e** [ʌ'lɑ̃, ʌ'lɑ̃ːt] excellent, F first-rate, capital; delicious (*meal etc.*); **exceller** [ʌ'le] (1a) *v/i.* excel (in, *en*; in *ger.*, *à inf.*).

excentrer ⊕ [ɛksɑ̃'tre] (2a) *v/t.* throw off centre; **excentrique** [ʌ'trik] **1.** *adj.* ⊕ eccentric (*a. person*); *fig.* odd (*person*); remote (*quarter of a town*); **2.** *su./m* ⊕ eccentric; cam; *lathe:* eccentric chuck; *su.* eccentric, crank.

excepté [ɛksɛp'te] *prp.* except(ing), save; **excepter** [ʌ'te] (1a) *v/t.* except, exclude (from, *de*); **exception** [ʌ'sjɔ̃] *f* exception (*a.* 𝔰𝔱); *~ faite de, à l'~ de* with the exception of; *pol. état m d'~* state of emergency; *sauf ~* with certain exceptions; **exceptionnel, -elle** [ʌsjɔ'nɛl] exceptional, uncommon; ✝ *prix m ~* bargain.

excès [ɛk'sɛ] *m* excess; *powers, mot. speed limit:* exceeding; *à l'~, avec ~* excessively, to excess; **excessif, -ve** [ʌsɛ'sif, ʌ'siːv] excessive, extreme; unreasonable; exorbitant (*price*).

exciser 𝔰 [ɛksi'ze] (1a) *v/t.* excise.

excitable [ɛksi'tabl] excitable; **excitant** [ʌ'tɑ̃] **1.** *su./m* stimulant; **2.** *adj.* exciting; **exciter** [ʌ'te] (1a) *v/t.* excite (*a. fig.*); arouse (*emotions*); incite (*s.o.*, *a rebellion*, *etc.*); cause; *s'~* get excited; get worked up.

exclamation [ɛksklama'sjɔ̃] *f* exclamation; *point m d'~* exclamation mark; **exclamer** [ʌ'me] (1a) *v/t.*: *s'~* exclaim; protest; make an outcry.

exclure [ɛks'klyːr] (4g) *v/t.* exclude (from, *de*); *fig.* preclude, prevent; *s'~ mutuellement* be mutually exclusive; **exclusif, -ve** [ɛkskly'zif, ʌ'ziːv] exclusive; sole (*agent*, *right*); **exclusion** [ʌ'zjɔ̃] *f* exclusion; *pupil:* expulsion; *à l'~ de* excluding; **exclusivité** [ʌzivi'te] *f* exclusiveness; sole right (in, *de*); *... en ~* exclusive *...*

excommunier *eccl.* [ɛkskomy'nje] (1o) *v/t.* excommunicate.

excorier [ɛksko'rje] (1o) *v/t. a. s'~* excoriate; peel off.

excrément [ɛkskre'mɑ̃] *m* *physiol.* excrement; *fig.* scum; **excréter** *physiol.* [ʌ'te] (1f) *v/t.* excrete.

excroissance [ɛkskrwa'sɑ̃ːs] *f* excrescence.

excursion [ɛkskyr'sjɔ̃] *f* excursion, tour, trip; hike; **excursionniste** [ʌsjɔ'nist] *su.* tourist, tripper; hiker.

excuse [ɛks'kyːz] *f* excuse; *~s pl.* apology *sg.*, apologies; **excuser** [ʌky'ze] (1a) *v/t.* excuse; *s'~* apologize (for, *de*); excuse o.s.; † decline an invitation.

exécrable [ɛgze'krabl] abominable; horrible; disgraceful; **exécration** [⏜kra'sjɔ̃] *f* detestation, execration; *fig.* disgrace; **exécrer** [⏜'kre] (1f) *v/t.* loathe, detest.

exécutant *m*, e *f* ♪ [ɛgzeky'tɑ̃, ⏜'tɑ̃ːt] performer; executant; **exécuter** [⏜'te] (1a) *v/t.* execute (a. ♱, a. ♫ a murderer, etc.), perform (a. ♪), carry out (a. a plan, an order, etc.); ♵ distrain on (a debtor); ♱ hammer (a defaulter); *fig.* slash (s.o.); s'⏜ comply; yield; *fig.* pay up; **exécuteur -trice** [⏜'tœːr,⏜'tris] *su.* promise etc.: performer; ♵ testamentaire executor; *su./m* ♵ executioner; **exécutif, -ve** [⏜'tif, ⏜'tiːv] *adj.*, *a. su./m* executive; **exécution** [⏜'sjɔ̃] *f* execution (a. ♱, a. ♫ of a murderer), performance (a. ♪); *promise:* fulfilment; ♱ forcée ♵ *debtor:* distraint; ♱ *defaulter:* hammering; ♵ *law:* enforcement; *mettre à ⏜* carry out.

exemplaire [ɛgzɑ̃'plɛːr] **1.** *adj.* exemplary; **2.** *su./m* sample, specimen; model, pattern; *book:* copy; *en double ⏜* in duplicate; **exemple** [⏜'zɑ̃ːpl] *m* example; *par ⏜* for instance; *par ⏜!* well I never!; *ah ça par ⏜!* well really!; *ah non, par ⏜!* no indeed!

exempt, e [ɛg'zɑ̃, ⏜'zɑ̃ːt] *adj.* exempt (from, *de*); free; immune; ♱ ⏜ *de défauts* perfect; ⏜ *d'impôts* tax-free.

exempter [ɛgzɑ̃'te] (1a) *v/t.* exempt; exonerate; **exemption** [⏜'sjɔ̃] *f* exemption; *fig.* freedom.

exercer [ɛgzɛr'se] (1k) *v/t.* exercise (✖ etc. train, drill; use, exert (one's influence, one's power); practise (a profession, a trade); s'⏜ practise (s.th., *à qch.*); drill; be exerted; *fig.* operate; **exercice** [⏜'sis] *m* exercise; ✖ drill, training; *influence, power:* use; practice; ♱ *fiscal* financial year; (*month's, year's*) trading; *sp. ⏜s pl.* aux agrès apparatus work; *sp. ⏜s pl. libres* light gymnastics *sg.*

exhalaison [ɛgzalɛ'zɔ̃] *f* exhalation; *⏜s pl.* fumes; **exhalation** [⏜la'sjɔ̃] *f* exhaling, exhalation; **exhaler** [⏜'le] (1a) *v/t.* exhale, give out, emit; *fig.*

express, utter; *fig.* give vent to (*one's anger*); *fig.* breathe (a sigh).

exhausser [ɛgzo'se] (1a) *v/t.* raise (by, *de*), heighten.

exhausteur *mot.* [ɛgzos'tœːr] *m* suction-pipe; vacuum-feed tank.

exhérédation ♵ [ɛgzereda'sjɔ̃] *f* disinheritance; **exhéréder** ♵ [⏜'de] (1f) *v/t.* disinherit.

exhiber [ɛgzi'be] (1a) *v/t.* ♵ produce; show (*animals, the ticket, etc.*); *pej.* flaunt, show off; *pej.* s'⏜ make an exhibition of o.s.; **exhibition** [⏜bi'sjɔ̃] *f* ♵ production; showing, display, exhibition; (*cattle-etc.*) show.

exhorter [ɛgzɔr'te] (1a) *v/t.* exhort, urge, encourage.

exhumer [ɛgzy'me] (1a) *v/t.* exhume, disinter; *fig.* unearth, bring to light.

exigeant, e [ɛgzi'ʒɑ̃, ⏜'ʒɑ̃ːt] exacting, hard to please; **exigence** [⏜'ʒɑ̃ːs] *f* demand; requirement; *fig.* exactingness; ♱ *⏜s pl.* conditions; **exiger** [⏜'ʒe] (11) *v/t.* demand; require; **exigible** [⏜'ʒibl] due (*payment*).

exigu, -guë [ɛgzi'gy] exiguous; scanty; slender (*income, means*); **exiguïté** [⏜gɥi'te] *f* tininess, smallness; slenderness.

exil [ɛg'zil] *m* exile, banishment; **exilé, e** *m* et *f* [ɛgzi'le] exile; **exiler** [⏜] (1a) *v/t.* exile, banish.

existence [ɛgzis'tɑ̃ːs] *f* existence; life; ♱ *⏜s pl.* stock *sg.*; *moyens m/pl. d'⏜* means of subsistence; **existentialisme** *phls.* [⏜tɑ̃sja'lism] *m* existentialism; **existentialiste** *phls.* [⏜tɑ̃sja'list] *adj.*, *a. su.* existentialist; **exister** [⏜'te] (1a) *v/i.* exist, be; be extant.

exode [ɛg'zɔd] *m* exodus (a. *fig.*); *bibl.* ♀ Exodus; *⏜ rural sociology:* drift to the towns, urban drift.

exonérer [ɛgzone're] (1f) *v/t.* exempt; free; exonerate; remit (*s.o.'s*) fees.

exorbitant, e [ɛgzɔrbi'tɑ̃, ⏜'tɑ̃ːt] exorbitant, excessive.

exorciser *eccl.* [ɛgzɔrsi'ze] (1a) *v/t.* exorcize; lay (a ghost).

exotique [ɛgzɔ'tik] exotic; *fig.* foreign.

expansibilité [ɛkspɑ̃sibili'te] *f phys.* expansibility; *fig.* expansiveness; **expansible** *phys.* [⏜'sibl] expansible; **expansif, -ve** [ˌ∿'sif, ∿'si:v] *phys.*, *a. fig.* expansive; *fig.* effusive; **expansion** [∿'sjɔ̃] *f phys.*, *a.* ⊕ expansion; *fig.* expansiveness; *culture*: spread; **expansionnisme** [ˌ∿sjo'nism] *m* expansionism.

expatrié, e [ɛkspatri'e] exile, expatriate; **expatrier** [∿] (1a) *v/t.* expatriate; exile, banish; s'∿ leave one's own country.

expectant, e [ɛkspɛk'tɑ̃, ∿'tɑ̃:t] expectant; **expectative** [ˌ∿ta'ti:v] *f* expectancy; *dans l'*∿ de waiting for.

expectoration ⚕ *etc.* [ɛkspɛktɔra-'sjɔ̃] *f* expectoration; sputum; **expectorer** [∿'re] (1a) *v/t.* expectorate.

expédient, e [ɛkspe'djɑ̃, ∿'djɑ̃:t] **1.** *adj.* expedient, advisable, proper (to, de); **2.** *su./m* expedient, shift; *vivre d'*∿s live by one's wits.

expédier [ɛkspe'dje] (1o) *v/t.* dispatch; get rid of; dispose of (*s.th.*) quickly, hurry through; send (off), forward (*mail etc.*), clear (*the customs*); ⚖ draw up (*a contract*); ∿ qch. par bateau ship s.th.; **expéditeur** *m*, **-trice** *f* [ɛkspedi'tœ:r, ∿'tris] sender; ✝ consigner, shipper; forwarding agent; **expéditif, -ve** [∿'tif, ∿'ti:v] expeditious, prompt; **expédition** [∿'sjɔ̃] *f* expedition (*a. geog.*), dispatch (*a.* ✝); ✝ sending; ✝ consignment; ✝ shipping; copy; **expéditionnaire** [ˌ∿sjo'nɛ:r] *m* ✝ sender; ✝ forwarding agent; shipper, consignee.

expérience [ɛkspe'rjɑ̃:s] *f* experience; 🜍 *etc.* experiment, test; *par* ∿ from experience.

expérimenté, e [ɛksperimɑ̃'te] experienced; skilled (*workman*); **expérimenter** [∿] (1a) *v/t.* test, try; *v/i.* experiment (on, sur).

expert, e [ɛks'pɛ:r, ∿'pɛrt] **1.** *adj.* expert, skilled (in en, dans); able; **2.** *su./m* expert (in, at en) (*a.* ⚖); valuer; *fig.* connoisseur; ✝ ∿ comptable chartered accountant; **expertise** [ɛksper'ti:z] *f* ✝ expert appraisal *or* valuation; ⚓ survey; expert evidence; expert opinion; **expertiser** [ˌ∿ti'ze] (1a) *v/t.* ✝ value, appraise; ⚓ survey.

expiable [ɛks'pjabl] expiable; **expiation** [ˌ∿pja'sjɔ̃] *f* expiation; *eccl.* atonement (for, de); **expiatoire** [ˌ∿pja'twa:r] expiatory; **expier**

∿'pje] (1o) *v/t.* expiate, atone for, F pay for.

expiration [ɛkspira'sjɔ̃] *f* expiration, breathing out; termination, expiry; ⊕ steam: discharge; **expirer** [∿'re] (1a) *v/t.* breathe out; *v/i.* expire (*a.* ⚖), die.

explétif, -ve [ɛksple'tif, ∿'ti:v] *adj.*, *a. su./m* expletive.

explicable [ɛkspli'kabl] explicable, explainable; **explicatif, -ve** [ˌ∿ka-'tif, ∿'ti:v] explanatory; **explication** [ˌ∿ka'sjɔ̃] *f* explanation; ∿ de texte textual commentary.

explicite [ɛkspli'sit] explicit, plain.

expliquer [ɛkspli'ke] (1m) *v/t.* explain; comment upon (*a text*); account for; s'∿ explain o.s.; be explained; s'∿ avec have it out with; *je m'explique* what I mean is this.

exploit [ɛks'plwa] *m* exploit, deed, feat; ⚖ writ, summons *sg.*; ⚖ signifier un ∿ à serve a writ on; **exploitable** [ɛksplwa'tabl] workable (*quarry*); ⛏ gettable (*coal*); exploitable (*person*); ⚖ distrainable; **exploitation** [ˌ∿ta'sjɔ̃] *f* exploitation (*a. fig.*); ✝ management; ⛏, 🜚, *quarry*: working; farming; *trees*: felling; *fig.* swindling; mine, workings *pl.*; **exploiter** [∿'te] (1a) *v/t.* exploit (*a. fig.*); ⛏ work; ✝ cultivate; ✝ manage; *fig.* take advantage of; *fig.* swindle; *v/i.* ⚖ serve a writ.

explorateur, -trice [ɛksplɔra'tœ:r, ∿'tris] **1.** *adj.* exploratory; **2.** *su.* explorer; **exploration** [ˌ∿ra'sjɔ̃] *f* exploration; ⚔ reconnaissance; *telev.* scanning; **explorer** [∿'re] (1a) *v/t.* explore; ⚕ probe; ⚔ reconnoitre; *telev.*, *cin.* scan.

exploser [ɛksplo'ze] (1a) *v/i.* ⊕, ⚔, *a. fig.* explode; *faire* ∿ blow up; **explosible** [∿'zibl] explosive; detonable; **explosif, -ve** [∿'zif, ∿'zi:v] *adj.*, *a. su./m* explosive; **explosion** [∿'zjɔ̃] *f* explosion; ⊕ bursting; ∿ démographique population explosion; *moteur m à* ∿ internal combustion engine.

exportation ✝ [ɛkspɔrta'sjɔ̃] *f* exportation; export trade; ∿s *pl.* exports.

exposant, e [ɛkspo'zɑ̃, ∿'zɑ̃:t] *su.* ⚖ petitioner; *paint. etc.* exhibitor; *su./m* 𝔸 exponent; index; **exposé** [∿'ze] *m* report; outline; account;

statement; **exposer** [ʌ'ze] (1a) v/t. expose; disclose (*plans*); set forth; state; *paint*. exhibit; jeopardize; s'ʌ take risks; **exposition** [ʌzi'sjɔ̃] f exhibition; *eccl.* exposition; exposure (*to cold, to danger*; *of a baby*; *of a house*); *facts etc.*: statement, exposition.

exprès, expresse [ɛks'prɛ, ʌ'prɛs] 1. *adj.* explicit, express, definite; 2. *exprès adv.* deliberately, on purpose; 3. *su./m* express messenger; lettre f exprès express letter.

express [ɛks'prɛs] m express.

expressément [ɛksprɛse'mɑ̃] expressly.

expressif, -ve [ɛksprɛ'sif, ʌ'siːv] expressive; **expression** [ʌsjɔ̃] f expression; ᴀ, *fig.* réduire à la plus simple ʌ reduce to the simplest terms.

exprimer [ɛkspri'me] (1a) v/t. express; put into words, voice; show (*an emotion*); squeeze out (*juice*); si l'on peut s'ʌ ainsi if one may put it that way.

expropriation [ɛksproprɪa'sjɔ̃] f expropriation; compulsory purchase; **exproprier** [ʌ'e] (1a) v/t. expropriate.

expulser [ɛkspyl'se] (1a) v/t. expel (*a.* an electron, *a.* a pupil); eject (*s.o.*); ᵗᵗ evict (*a tenant*); *univ.* send (*a student*) down; ⊕ discharge.

expurger [ɛkspyr'ʒe] (1l) v/t. expurgate, bowdlerize (*a book*).

exquis [ɛks'ki, ʌ'kiːz] exquisite; **exquisément** [ʌkize'mɑ̃] adv. of exquis.

exsangue [ɛk'sɑ̃ːg] an(a)emic, bloodless.

exsuder [ɛksy'de] (1a) vt/i. exude.

extase [ɛks'taːz] f ecstasy; *fig.* rapture; ⫼ trance; **extasié, e** [ʌta'zje] enraptured; **extasier** [ʌta'zje] (1o) v/t.: s'ʌ go into ecstasies (*over* devant, sur).

extenseur [ɛkstɑ̃'sœːr] 1. *adj./m anat.* extensor; 2. *su./m anat.* muscle: extensor; *sp.* chest-expander; *trousers:* stretcher; ᴤ shock-absorber; **extensible** [ʌ'sibl] extensible; *metall.* tensile; **extension** [ʌ'sjɔ̃] f extent; extension (*a.* ⫟); spreading; stretching; ⊕ *etc.* tension; *gramm.* par ʌ in a wider sense.

exténuer [ɛkste'nɥe] (1n) v/t. exhaust, tire out; † extenuate.

extérieur, e [ɛkste'rjœːr] 1. *adj.* exterior, external, outer; *pol.* foreign; affaires f/pl. ʌes foreign affairs; 2. *su./m* exterior (*a. cin.*); outside; *fig.* appearance; *pol.* foreign countries pl.

exterminateur, -trice [ɛkstermina-'tœːr, ʌ'tris] 1. *adj.* exterminating, destroying; 2. *su.* exterminator, destroyer; **exterminer** [ʌ'ne] (1a) v/t. exterminate, destroy, wipe out.

externat [ɛkster'na] m day-school; ᵍˢ non-resident studentship; **externe** [ʌ'tern] 1. *adj.* external, outer; ᵍˢ out-(*patient*); ᵍˢ usage m ʌ external application; 2. *su.* day-pupil; ᵍˢ non-resident medical student.

extincteur, -trice [ɛkstɛ̃k'tœːr, ʌ'tris] 1. *adj.* extinguishing; 2. *su./m* fire-extinguisher; ʌ à mousse foam extinguisher; **extinction** [ʌ'sjɔ̃] f extinction; *fire, light:* extinguishing; suppression; termination; *race etc.*: dying out; *voice:* loss; ⫻ ʌ des feux lights out, *Am.* taps.

extirper [ɛkstir'pe] (1a) v/t. eradicate (*a. fig.*).

extorquer [ɛkstɔr'ke] (1m) v/t. extort (*from, out of* à); **extorsion** [ʌtɔr'sjɔ̃] f extortion; blackmail.

extra [ɛks'tra] 1. *su./m/inv.* extra; hired waiter; temporary job; 2. *adj./inv.* extra-special; 3. *adv.* extra-...

extraction [ɛkstrak'sjɔ̃] f extraction (*a.* ᴀ, ᵍˢ, *a. fig.*); *stone:* quarrying; *gold:* winning; *fig.* origin, descent.

extradition ᵗᵗ [ɛkstradi'sjɔ̃] f extradition.

extraire [ɛks'trɛːr] (4ff) v/t. extract (*a.* ᵗᵗ); pull (*a tooth*); quarry (*stone*); win (*gold*); copy out (*a passage*); *fig.* rescue; **extrait** [ʌ'trɛ] m extract; *admin.* (*birth- etc.*) certificate; abstract; ✝ ʌ de compte statement of account.

extraordinaire [ɛkstraɔrdi'nɛːr] 1. *adj.* extraordinary; uncommon; special; wonderful; queer; 2. *su./m* extraordinary thing; *the* unusual.

extrapoler [ɛkstrapɔ'le] (1a) v/t. extrapolate.

extravagance [ɛkstrava'gɑ̃ːs] f extravagance; absurdity; *fig.* ʌs pl. nonsense sg.; **extravagant, e** [ʌ'gɑ̃, ʌ'gɑ̃ːt] extravagant; absurd; exorbitant, prohibitive (*price*); ex-

travaguer [~'ge] (1m) *v/i.* 𝄢 rave; *fig.* talk nonsense; act wildly.

extrême [ɛks'trɛːm] **1.** *adj.* extreme; utmost, furthest; drastic (*measures*); intense (*cold, emotions, etc.*); **2.** *su./m* extreme; *à l'~* in the extreme; **~-onction** *eccl.* [ɛkstrɛmõk'sjõ] *f* extreme unction; **2-Orient** *geog.* [~mɔ'rjã] *m the* Far East; **extrémiste** *pol. etc.* [ɛkstre'mist] *adj., a. su.* extremist; **extrémité** [~mi'te] *f* extremity; very end, tip; extreme; plight, straits *pl.*; last moment; point

of death; ~*s pl.* extremities; extreme measures.

extrinsèque [ɛkstrɛ̃'sɛk] extrinsic.

exubérance [ɛgzybe'rãːs] *f* exuberance, luxuriance, superabundance; **exubérant, e** [~'rã, ~'rãːt] exuberant, luxuriant, superabundant; immoderate (*laughter*).

exultation [ɛgzylta'sjõ] *f* exultation, rejoicing; *avec* ~ exultantly; **exulter** [~'te] (1a) *v/i.* exult, rejoice.

ex-voto [ɛksvɔ'to] *m/inv.* votive offering; ex-voto.

F

F, f [ɛf] *m* F, f.

fa ♪ [fa] *m/inv.* fa, *note:* F; ~ **dièse** F sharp; **clef** *f* **de** ~ F-clef.

fable [fɑ:bl] *f* fable; story; *fig.* falsehood; *fig.* talk, laughing-stock (*of the town*); **fabliau** [fabli'o] *m* *Old French literature:* fabliau; **fablier** [~'e] *m* book of fables.

fabricant [fabri'kɑ̃] *m* manufacturer; mill-owner; maker; **fabrication** [~ka'sjɔ̃] *f* manufacture; production; *document:* forging; *fig.* fabrication; ~ **en série** mass production; **fabrique** [fa'brik] *f* manufacture; factory; works *usu. sg.*; *paper, cloth:* mill; make; *eccl.* fabric (*of a church*); *eccl.* church council; **fabriquer** [~bri'ke] (1m) *v/t.* ⊕ manufacture; *fig.* make, do; *fig.* fabricate (*a charge, lies, a document*); coin (*a word*); *sl.* cheat, pinch.

fabulation [fabyla'sjɔ̃] *f* fantasizing; fabrication; **fabuler** [fa'byle] (1a) *v/i.* fantasize; make up stories (*a. fig.*); **fabuleux, -euse** [faby'lø, ~'lø:z] fabulous (*a. fig.*).

façade [fa'sad] *f* façade; frontage; front; *fig.* window-dressing.

face [fas] *f* face; countenance; aspect; front; ♪, *a.* ♪ *record:* side; surface; **de** ~ full-face (*photo*); **d'en** ~ opposite; **en** ~ **de** in front of; in the presence of; opposite; **faire** ~ **à** face; *fig.* meet; cope with; **pile ou** ~ heads or tails; **à face** *telev.* [~a'fas] *m/inv.* encounter; ~**-à-main,** *pl.* ~**s-à-main** [~a'mɛ̃] *m* lorgnette.

facétie [fase'si] *f* facetious remark; joke; **facétieux, -euse** [~'sjø, ~'sjø:z] facetious, waggish.

facette [fa'sɛt] *f* facet (*a. zo.*).

fâché, e [fɑ'ʃe] sorry; angry, cross (about, *de*; with s.o., *avec* q.); annoyed; offended; **fâcher** [~] (1a) *v/t.* anger, make angry; offend; grieve, pain; **se** ~ get angry; get angry *or* annoyed (with, *contre*; over, *pour*); fall out (with, *avec*); F **se** ~ **tout rouge** blow one's top, *Br. a.* go spare; **fâcherie** [fɑʃ'ri] *f* tiff, quarrel; bad

feeling; **fâcheux, -euse** [fɑ'ʃø, ~'ʃø:z] annoying, deplorable, regrettable; awkward (*situation*).

facial, e, *m/pl.* **-aux** [fa'sjal, ~'sjo] facial, face-.

facile [fa'sil] easy; simple; facile; *fig.* pliable; fluent (*tongue*); **facilité** [fasili'te] *f* easiness; ease; readiness; facility (*a.* ♥), aptitude; complaisance; ♥ ~**s** *pl.* de paiement easy terms; **faciliter** [~] (1a) *v/t.* facilitate, make easy *or* easier (for s.o., *à* q.).

façon [fa'sɔ̃] *f* make; fashioning; way, manner; ~ *pl.* manners, behavio(u)r *sg.*; ceremony *sg.*, fuss *sg.*; affectation *sg.*; **de** ~ **à** so as to; **de** ~ **que** so that; **de la bonne** ~ properly; in fine style; **de ma** ~ of my own composition; **de toute** ~ in any case; **faire des** ~**s** stand on ceremony; *cost.* **on travaille à** ~ customers' own materials made up; **sans** ~(s) simple; offhanded(ly *adv.*); unceremonious(ly *adv.*); without further ado.

faconde [fa'kɔ̃d] *f* loquaciousness.

façonner [faso'ne] (1a) *v/t.* shape, form, fashion; make (*a dress etc.*); train; ♪ dress (*the soil*); *fig.* mould (*s.o.*); **façonnier, -ère** [~'nje, ~'njɛ:r] 1. *adj.* fussy; bespoke (*worker*); 2. *su.* home-worker.

fac-similé [faksimi'le] *m* facsimile, exact copy.

facteur [fak'tœ:r] *m* postman, *Am.* mailman; maker; ♪ instrument maker; ♪, *a. fig.* factor.

factice [fak'tis] artificial, factitious.

factieux, -euse [fak'sjø, ~'sjø:z] 1. *adj.* factious, seditious; 2. *su.* sedition-monger; **faction** [~'sjɔ̃] *f* ✗ sentry-duty, guard, watch; *fig.* faction; **être de** ~ be on sentry-go *or* on guard; **factionnaire** [~sjo'nɛ:r] *m* sentry; sentinel.

factotum [fakto'tɔm] *m* factotum; man-of-all-work.

factuel, -elle [fakty'ɛl] factual, objective.

facture [fak'ty:r] *f* ♥ workmanship,

make (*of an article*); ✝ bill, invoice;
♩ *instruments*: manufacturing; ♩
organ pipes: scale; **facturer** ✝
[~ty're] (1a) v/t. invoice; **facturier**
✝ [~ty'rje] m invoice clerk; sales-
book.

facultatif, -ve [fakylta'tif, ~'ti:v]
optional; ⚖ permissive; *arrêt m* ~
request stop; **faculté** [~'te] f faculty (*a. univ, a. fig.*); option; power,
ability; ~s *pl.* means, resources.

fada F [fa'da] m fool; **fadaise**
[fa'dɛ:z] f nonsense, *Am. sl.* baloney.

fadasse [fa'das] sickly (*taste*); pale
(*colour*).

fade [fad] insipid, tasteless; washed-
out (*colour*); **fadeur** [fa'dœ:r] f
insipidity; *smell*: sickliness; *fig.*
pointlessness; *fig.* ~s *pl.* insipid talk
sg. or compliments.

fading [fe'diŋ] m *radio*: fading.

fafiot ✝ *sl.* [fa'fjo] m bank-note.

fagot [fa'go] m bundle of firewood;
fig. sentir le ~ smack of heresy; **fago-
ter** [~'te] (1a) v/t. ✝ bundle (*firewood*); F dress (*s.o.*) badly.

faible [fɛbl] 1. adj. weak; feeble (*a.
fig.*); faint (*smell, sound, voice*); slight
(*difference, hope, pain*); gentle
(*slope*); slender (*means*); poor (*performance*); lame (*excuse*); 2. *su.* m
weakness, foible; *person*: weakling;
les économiquement ~s *pl.* the lower
income groups; **faiblesse** [fɛ'blɛs] f
weakness, feebleness, frailty; ⚕
fainting fit; *fig.* weak point; *amount,
number*: smallness; **faiblir** [~'bli:r]
(2a) v/i. weaken; ⊕ lose power.

faïence [fa'jã:s] f ✝ earthenware,
crockery; **faïencerie** [~jãs'ri] f
trade, a. works: pottery; crockery
shop; earthenware, crockery; **faïen-
cier** m, **-ère** f [~jã'sje, ~'sjɛ:r]
crockery- or earthenware-maker or
dealer.   [*falloir.*]

faille[1] [faj] 3rd p. sg. pres. sbj. of

faille[2] [fa:j] f ⚘, *geol.* fault; *fig.* flaw,
weakness.

failli m, **e** f ⚖ [fa'ji] bankrupt,
faillible [~'jibl] fallible; **faillir**
[~'ji:r] (2n) v/i. : ~ *faire qch.* almost or
nearly do s.th., all but do s.th.; *j'ai
failli tomber* I nearly fell; ~ *à un devoir*
fail in a duty; **faillite** [~'jit] f bankruptcy; *fig.* failure; *faire* ~ go bankrupt; *mettre q. en* ~ declare s.o.
bankrupt.

faim [fɛ̃] f hunger; *fig.* thirst (for
glory, *de gloire*); *avoir (très)* ~ be
(very) hungry; *avoir une* ~ *canine* (or
de loup) be ravenous; *mourir de* ~ die
of starvation; F be famished.

faine ⚕ [fɛːn] f beechnut.

fainéant, e [fene'ã, ~'ã:t] 1. adj.
idle, lazy; slothful; 2. *su.* idler;
sluggard; **fainéanter** [~ã'te] (1a)
v/i. idle, loaf; **fainéantise** [~ã'ti:z]
f idleness, laziness.

faire [fɛ:r] (4r) 1. v/t. make (*bread,
a voyage, a declaration, one's bed, a
profit*), do; create; form; beget (*a
child*); make out (*a list,* ✝ *a cheque*);
pay (*attention, a visit*); clean (*one's
shoes*), do (*a room*); pack (*a trunk*);
cover (*a distance*), travel; carry out,
perform (*a.* ✖ *an operation*); work
(*miracles*); play (*a.* ♩), feign; see to
it (that *ind., que sbj.*); deal (*cards*);
matter; ✖ run (*a temperature*);
place (*an order*); *thea.* act (*a part*),
F cook; *followed by an inf.*: make,
cause, have; ~ *attention* take care;
~ *de la peine à* hurt (*s.o.'s*) feelings;
~ *de la peinture* paint; ~ *de q. son
héritier* make s.o. one's heir; ~ *du
bien à* do (*s.o.*) good; *mot.* ~ *du 150
kilomètres à l'heure* do 150 kilometres per hour; ~ *du ski* ski;
~ *du sport* go in for sports; *thea.* ~
du théâtre be on the stage (*professional*); ~ *école* set a fashion; ~
entrer show (*s.o.*) in; ~ *faire* have
(*s.th.*) done or made (by s.o., *à q.*);
~ *fortune* make a fortune; ~ *la
cuisine* do the cooking; ~ *la vaisselle* wash up the dishes; ✝ ~ *le
commerce de* deal in; *mot.* ~ *le plein*
fill up (with, *de*); ~ *mention de*
mention; ~ *partie de* form part of;
~ *pendre* get (*s.o.*) hanged; ~ *sa
philosophie* read philosophy; ~
savoir inform (s.o. of s.th., *qch. à
q.*); ~ *un sourire à* give (*s.o.*) a
smile; ~ *venir* send for; *ça ne fait
rien* it does not matter; *en* ~ *trop*
overdo; *faites-lui mes amitiés* give
him my kindest regards; *ne* ~ *que*
(*inf.*) do nothing but (*inf.*); *qu'est-
ce que ça peut nous* ~? what is that
to us!; *trois et six font neuf* three
and six are or make nine; *se* ~ be
done; become; happen; get used
to; *cela ne se fait pas* that is not
done; *comment se fait-il que?* how
does it happen that?, how is it

that?; *il peut se ~ que* it may happen that; *ne vous en faites pas!* don't worry!; don't bother!; *se ~ entendre* make o.s. heard; be heard; **2.** *v/i.* do, act; manage; make (with, *de*); look; last; *cards:* deal; fit; say, remark; *~ bien de (inf.)* do well or right to *(inf.)*; *~ bien sur dress:* look well on *(s.o.)*; *~ de son mieux* do one's best (to *inf.*, *pour inf.*); *elle fait très jeune* she looks quite young; *fit-il* he said, said he; *je ne peux ~ autrement que de (inf.)* I cannot but *(inf.)*; *laisser ~ q.* let s.o. alone; *qu'y ~?* what can be done about it?; **3.** *v/impers.* be; *il fait chaud (beau, nuit)* it is hot (fine, dark); *il fait bon (inf.)* it is nice to *(inf.)*; **~-part** [fɛr'pa:r] *m/inv.* notice, announcement; **~-valoir** *thea., fig.* [~va'lwa:r] *m/inv.* foil.

faisable [fə'zabl] feasible, practicable.

faisan [fə'zɑ̃] *m* pheasant; **faisan(d)e** [~'zɑ̃, ~'zɑ̃:d] *f* (*a. poule f ~*) hen-pheasant; **faisandé, e** [fəzɑ̃-'de] high; gamy; *fig.* spicy (*story*); **faisandeau** *cuis.* [~'do] *m* young pheasant; **faisander** [~'de] (1a) *v/t.* hang (*game etc.*); *se ~* get high; **faisanderie** [~'dri] *f* pheasantry; **faisandier** [~'dje] *m* pheasant breeder.

faisceau [fɛ'so] *m* bundle; cluster; *rays:* pencil; beam; 🚊 *sidings:* group; *~x pl.* fasces; ⚔ *~ d'armes* pile *or* stack of arms; *former (rompre) les ~x* (un)pile arms.

faiseur *m*, **-euse** *f* [fə'zœ:r, ~'zø:z] maker, doer; *fig.* bluffer; *faiseuse d'anges* back-street abortionist; *~ de mariages* matchmaker; *~ d'intrigues* schemer; *~ de vers* versifier; **faisons** [fə'zɔ̃] *1st p. pl. pres. of faire*; **fait, e** [fɛ, fɛt] **1.** *p.p. of faire*; *c'en est ~ de* it's all up with; **2.** *su./m* fact; deed; act; feat, achievement; happening; development; case; matter, point; *au ~* after all; the (*or en*) *~* as a matter of fact; actually; *~s pl.* divers news items; news in brief; *du ~ de* on account of; *en ~ de* as regards; *en venir au ~* come to the point, get down to business; *être au ~ de* be informed of s.th., know how s.th. stands; *il est de ~ que* it is a fact that; *mettre q. au ~ de qch.* acquaint s.o.

with s.th.; give s.o. full information about s.th.

faitage △ [fɛ'ta:ʒ] *m* ridge-piece; roof-tree; ridge tiling; roof timbers *pl.*; **faite** [fɛt] *m* top, summit; △ ridge; *geog.* crest.

faites [fɛt] *2nd p. pl. pres. of faire*.

faix [fɛ] *m* burden, load.

fakir [fa'ki:r] *m* fakir.

falaise [fa'lɛ:z] *f* cliff.

fallacieux, -euse [fala'sjø, ~'sjø:z] fallacious, misleading.

falloir [fa'lwa:r] (3e) *v/impers.* be necessary, be lacking; *il faut que je (sbj.)* I must *(inf.)*; *il me faut (inf.)* I must *(inf.)*; *il me faut qch.* I want s.th.; I need s.th.; *comme il faut* proper(ly *adv.*); *il s'en faut de beaucoup* far from it; *peu s'en faut* very nearly; *tant s'en faut* not by a long way; **fallu** [~'ly] *p.p. of falloir*; **fallut** [~'ly] *3rd p. sg. p.s. of falloir*.

falot¹ [fa'lo] *m* (hand) lantern; (stable) lamp.

falot², e [fa'lo, ~'lɔt] wan (*light*); *fig.* dull, dreary (*person*); † odd, quaint.

falsificateur *m*, **-trice** *f* [falsifika-'tœ:r, ~'tris] forger (*of papers*); adulterator (*of food, milk, etc.*); **falsification** [~'sjɔ̃] *f* forgery, forging; adulteration; **falsifier** [falsi'fje] (1o) *v/t.* falsify; forge; adulterate (*food etc.*).

famé, e [fa'me] *adj.:* *bien (mal) ~* of good (evil) repute.

famélique [fame'lik] **1.** *adj.* starving, famished; **2.** *su.* starveling.

fameux, -euse [fa'mø, ~'mø:z] famous, renowned, celebrated; F first-class, magnificent, capital, *Am.* swell.

familial, e *m/pl.* **-aux** [fami'ljal, ~'ljo] family...; domestic; **familiariser** [familjari'ze] (1a) *v/t.* familiarize; *se ~ avec* make o.s. familiar with; **familiarité** [~'te] *f* familiarity; *fig. ~s pl.* liberties; **familier, -ère** [fami'lje, ~'ljɛ:r] **1.** *adj.* family..., domestic; familiar, well-known; intimate; colloquial; *expression f ~ère* colloquialism; **2.** *su.* intimate; regular visitor; **famille** [~'mi:j] *f* family; household.

famine [fa'min] *f* famine, starvation.

fana F [fa'na] **1.** *adj.* enthusiastic, fanatic; **2.** *su.* enthusiast, fan(atic).

fanal [fa'nal] *m* lantern; beacon; ⚓ navigation light; 🚂 headlight.

fanatique [fana'tik] **1.** adj. fanatical; enthusiastic; **2.** su. fanatic; enthusiast; **fanatisme** [~'tism] m fanaticism.

fane [fan] f potatoes: haulm; carrots: top; dead leaves pl.; **faner** [fa'ne] (1a) v/t. ted, toss (the hay); fig. cause (colour etc.) to fade; se ~ fade (colour); wither, droop (flower); v/i. make hay; **faneur, -euse** [~'nœ:r, ~'nø:z] su. haymaker; su./f tedder, tedding machine.

fanfare [fã'fa:r] f trumpets: flourish; hunt. etc. fanfare; brass band; ✗ bugle band; **fanfaron, -onne** [fãfa'rõ, ~'rɔn] **1.** adj. boastful, bragging, swaggering; **2.** su. swaggerer, braggart, boaster; su./m: faire le ~ bluster; brag; **fanfaronnade** [~rɔ'nad] f swagger, boasting; bluster.

fanfreluche [fãfrə'lyʃ] f bauble; cost. ~s pl. fal-lals.

fange [fã:ʒ] f mud; filth, F muck; **fangeux, -euse** [fã'ʒø, ~'ʒø:z] muddy; dirty, filthy.

fanion ✗ [fa'njõ] m flag; pennon.

fanon [fa'nõ] m eccl. maniple; ox: dewlap; horse: fetlock; whalebone.

fantaisie [fãtɛ'zi] f imagination; fancy (a. fig.); fig. whim; ♪ fantasia; à ma ~ as the fancy takes (took) me; ✝ articles m/pl. de ~ fancy goods; de ~ imaginary; ✝ fancy-...; **fantaisiste** [~'zist] **1.** adj. fantastic, freakish; **2.** su. fanciful person.

fantasmagorie [fãtasmagɔ'ri] f phantasmagoria; fig. weird spectacle.

fantasque [fã'task] odd; whimsical, queer (person).

fantassin [fãta'sɛ̃] m infantryman, foot-soldier.

fantastique [fãtas'tik] fantastic; weird; fig. incredible.

fantoche [fã'tɔʃ] m puppet (a. fig.), marionette; gouvernement ~ puppet government.

fantôme [fã'to:m] m phantom, ghost, spectre; illusion; le vaisseau ~ the Flying Dutchman.

faon [fã] m fawn; roe calf.

faquin [fa'kɛ̃] m cad, scoundrel; low fellow.

faraud, e [fa'ro, ~'ro:d] **1.** adj. full of o.s.; affected; **2.** su. swanker.

farce [fars] **1.** su./f practical joke, trick; thea., a. fig. farce; cuis. stuffing, forcemeat; **2.** adj. sl. funny, comical; **farceur** m, **-euse** f [far-'sœ:r, ~'sø:z] practical joker; wag, humorist.

farcir cuis., a. fig. [far'si:r] (2a) v/t. stuff.

fard [fa:r] m make-up; rouge; fig. artifice, camouflage; parler sans ~ speak plainly or candidly; sl. piquer un ~ blush.

fardeau [far'do] m burden (a. 🚂), load.

farder [far'de] (1a) v/t. make (s.o.) up; paint; fig. disguise, camouflage; se ~ make up. [lorry.)

fardier [far'dje] m trolley; truck,)

farfadet [farfa'dɛ] m goblin; elf.

farfelu, e ✝ [farfə'ly] **1.** adj. excentric, crazy, F cranky, F far-out; **2.** su. eccentric, F nutcase, F srewball.

farfouiller [farfu'je] (1a) v/i. rummage (in, among dans); v/t. explore.

faribole [fari'bɔl] f (stuff and) nonsense.

farinacé, e [farina'se] farinaceous; **farine** [fa'rin] f flour, meal; fig. type, sort; ~ de riz ground rice; **fariner** cuis. [fari'ne] (1a) v/t. dust with flour; **farineux, -euse** [~'nø, ~'nø:z] **1.** adj. farinaceous; floury; flour-covered; **2.** su./m farinaceous food.

farouche [fa'ruʃ] wild, fierce; cruel; timid, shy; unsociable, unapproachable.

fart [fa:r] m ski wax; **farter** [far'te] (1a) v/t. wax (one's skis).

fascicule [fasi'kyl] m encyclopaedia etc.: part, section; ♀, zo. bunch; ♀, zo. fascic(u)le.

fascinateur, -trice [fasina'tœ:r, ~'tris] fascinating; **fascination** [~-'sjõ] f fascination, charm.

fasciner [fasi'ne] (1a) v/t. fascinate; fig. entrance.

fascisme pol. [fa'ʃism] m fascism; **fasciste** [~'ʃist] su., a. adj. fascist.

fasse [fas] 1st p. sg. pres. sbj. of faire.

faste [fast] m pomp, display.

fastes [~] m/pl. hist. fasti; F records.

fastidieux, -euse [fasti'djø, ~'djø:z] tedious, dull; irksome, tiresome.

fastueux, -euse [fas'tɥø, ~'tɥø:z] ostentatious, showy; sumptuous.

fat [fat] **1.** adj./m foppish; conceited; **2.** su./m fop; conceited idiot.

fatal, e, *m/pl.* **-als** [fa'tal] fatal; *fig.* inevitable; *femme* f $\sim$ vamp; **fatalisme** [fata'lism] *m* fatalism; **fataliste** [$\sim$'list] **1.** *adj.* fatalistic; **2.** *su.* fatalist; **fatalité** [$\sim$li'te] f fatality.

fatidique [fati'dik] prophetic (*utterance*); fateful.

fatigant, e [fati'gɑ̃, $\sim$'gɑ̃:t] tiring; tiresome, tedious; **fatigue** [fa'tig] f fatigue (*a.* $\oplus$, *metall.*); tiredness, weariness; hard work; *fig.* wear (and tear); *brisé* (*or mort*) *de* $\sim$ dogtired; *de* $\sim$ strong (*shoes*); working (*clothes*); F *tomber de* $\sim$ be worn out; **fatigué, e** [fati'ge] tired, weary; **fatiguer** [$\sim$] (1m) *v/t.* tire, make (*s.o.*) tired; overwork; overstrain; *fig.* bore (*s.o.*); *v/i.* labo(u)r, strain (*engine etc.*); *se* $\sim$ get tired; tire o.s.

fatras [fa'trɑ] *m* hotchpotch, jumble; lumber.

fatuité [fatɥi'te] f conceit, self-satisfaction.

faubourg [fo'bu:r] *m* suburb; outskirts *pl.*; *fig.* $\sim$s *pl.* working classes; **faubourien, -enne** [$\sim$bu'rjɛ̃, $\sim$'rjɛn] **1.** *adj.* suburban; *fig.* common (*accent*); **2.** *su.* suburbanite; *fig.* common person.

fauchage [fo'ʃa:ʒ] *m*, **fauchaison** [$\sim$ʃɛ'zɔ̃] f, **fauche** [fo:ʃ] f mowing, cutting; reaping (*time*); **fauché, e** [fo'ʃe] **1.** *adj.* F broke; **2.** *su./f* (one) day's mowing *or* cutting; swath; **faucher** [$\sim$'ʃe] (1a) *v/t.* mow, cut; reap (*corn*); $\times$ mow down (*troops*); $\times$ sweep by fire; *sl.* pinch, steal; **fauchet** $\swarrow$ [$\sim$'ʃɛ] *m* hay-rake; bill-hook; **fauchette** $\swarrow$ [$\sim$'ʃɛt] f bill-hook; **faucheur, -euse** [$\sim$'ʃœ:r, $\sim$'ʃø:z] *su. person:* reaper; *su./m zo.* harvest-spider; *Am.* daddy-longlegs; *su./f* machine: reaper; **faucheux** *zo.* [$\sim$'ʃø] *m* harvest-spider, *Am.* daddy-longlegs.

faucille $\swarrow$ [fo'si:j] f sickle.

faucon *orn.* [fo'kɔ̃] *m* falcon, hawk (*a. pol.*).   [*falloir.*\

faudra [fo'dra] *3rd p. sg. fut. of*\

faufil [fo'fil] *m* tacking *or* basting thread; **faufiler** [fofi'le] (1a) *v/t.* tack, baste; † slip (*s.th., s.o.*) in; *se* $\sim$ creep in, slip in; thread *or* worm one's way (into, *dans*); **faufilure** [$\sim$'ly:r] f tacked seam; tacking, basting.

faune [fo:n] *su./m myth.* faun; *su./f zo.* fauna.

faussaire [fo'sɛ:r] *m* forger; *fig.* falsifier; **fausser** [$\sim$'se] (1a) *v/t.* falsify; distort (*facts, ideas, words*); $\oplus$ force (*a lock etc.*); $\oplus$ warp, strain; $\oplus$ put (*s.th.*) out of true; $\text♪$ put (*s.th.*) out of tune; F $\sim$ *compagnie à q.* give s.o. the slip; $\sim$ *parole à q.* break one's promise to s.o.

fausset[1] $\text♪$ [fo'sɛ] *m* falsetto.

fausset[2] $\oplus$ [$\sim$] *m* spigot, vent-plug.

fausseté [fos'te] f falseness, falsity; falsehood; *fig.* treachery, duplicity.

faut [fo] *3rd p. sg. pres. of falloir.*

faute [fo:t] f fault (*a. tennis*); error, mistake; *foot. etc.* foul; $\sim$ *de* for want of, lacking; $\sim$ *de mieux* for want of anything better; *faire* $\sim$ be lacking; *sans* $\sim$ without fail; **fauter** F † [fo'te] (1a) *v/i.* go wrong.

fauteuil [fo'tœ:j] *m* arm-chair, easy chair; *meeting:* chair; *thea.* stall; *Académie française:* seat; $\sim$ *à bascule* see rocking-chair; $\sim$ *club* club chair; $\not{t}$ $\sim$ *électrique* electric chair; $\sim$ *roulant* wheel chair; Bath chair.

fauteur *m*, **-trice** f [fo'tœ:r, $\sim$'tris] instigator; $\not{t}$ abettor.

fautif, -ve [fo'tif, $\sim$'ti:v] faulty, wrong, incorrect; offending.

fauve [fo:v] **1.** *adj.* tawny, musky (*smell*); lurid (*sky*); **2.** *su./m* fawn; *coll.* deer *pl.*; $\sim$s *pl.* wild beasts; deer *pl.*; **fauvette** *orn.* [fo'vɛt] f warbler.

faux[1] $\swarrow$ [fo] f scythe.

faux[2]**, fausse** [fo, fo:s] **1.** *adj.* false; untrue, wrong; imitation...; fraudulent; forged (*document*); $\text♪$ out of tune; $\sim$ *col* *m* detachable *or* loose collar; $\sim$ *frais* *m/pl.* incidental expenses; *teleph.* $\sim$ *numéro* *m* wrong number; *fig.* $\sim$ *pas* *m* blunder; *fausse clef* f skeleton key; $\ast\ast$ *fausse couche* f miscarriage; *fausse monnaie* f counterfeit coin(s *pl.*); *faire fausse route* take the wrong road; **2.** *faux adv.* falsely; $\text♪$ out of tune; **3.** *su./m* falsehood; *the* untrue; $\not{t}$ forgery; $\not{t}$ *s'inscrire en* $\sim$ *contre* deny (*s.th.*); $\sim$**bourdon** [fobur'dɔ̃] *m* faux-bourdon; $\sim$**fuyant** *fig.* [$\sim$fɥi'jɑ̃] *m* subterfuge, evasion; $\sim$**monnayeur** [$\sim$mone'jœ:r] *m* counterfeiter.

faveur [fa'vœ:r] f favo(u)r; *à la* $\sim$ *de* by the help of; under cover of (*darkness etc.*); de ~ complimentary (*ticket*); preferential, special (*treatment, price*); en ~ in favo(u)r (of, de); mois m de ~ month's grace; **favorable** [favɔˈrabl] favo(u)rable; advantageous (*price etc.*); propitious; **favori, -te** [ˌ~ˈri, ˌ~ˈrit] **1.** *adj.* favo(u)rite; **2.** *su.* favo(u)rite; su./*m* ~s *pl.* (side-)whiskers; **favoriser** [ˌ~riˈze] (1a) *v/t.* favo(u)r; promote; **favoritisme** [ˌ~riˈtism] *m* favo(u)ritism.

fayot *sl.* [faˈjo] *m* ⚘ kidney-bean; *person:* eager beaver, *pej.* bootlicker.

fébrifuge ⚕ [febriˈfyːʒ] *adj.*, *a. su./m* febrifuge; **fébrile** [ˌ~ˈbril] feverish (*a. fig.*).

fécal, e, *m/pl.* **-aux** 🜋, *physiol.* [feˈkal, ˌ~ˈko] f(a)ecal; matières f/pl. ~es = **fèces** [fɛs] f/pl. *physiol., a.* 🜋 f(a)eces; 🜋 precipitate sg.; ⚕ stool sg.

fécond, e [feˈkɔ̃, ˌ~ˈkɔːd] fruitful, fertile; productive (of, en); prolific; **fécondation** [fekɔ̃daˈsjɔ̃] f fertilisation; impregnation; ~ artificielle artificial insemination; ~ croisée, *a. fig.* ~ mutuelle cross-fertilization; **féconder** [fekɔ̃ˈde] (1a) *v/t.* fecundate; fertilize; **fécondité** [ˌ~diˈte] f fertility; fecundity; fruitfulness.

fécule [feˈkyl] f starch, fecula; **féculent, e** [ˌ~kyˈlɑ̃, ˌ~ˈlɑ̃t] **1.** *adj.* starchy; 🜋 thick; **2.** *su./m* starchy food.

fédéral, e, *m/pl.* **-aux** [fedeˈral, ˌ~ˈro] *adj., a. su./m* federal; **fédéraliser** [ˌ~raliˈze] (1a) *v/t.* federalize; **fédératif, -ve** [ˌ~raˈtif, ˌ~ˈtiːv] federative; **fédération** [ˌ~raˈsjɔ̃] f federation; ~ syndicale ouvrière trade union; **fédéré, e** [ˌ~ˈre] *adj., a. su./m* federate; **fédérer** [ˌ~ˈre] (1f) *v/t. a. se* ~ federate.

fée [fe] f fairy; conte m de ~s fairytale; pays m des ~s fairyland; F vieille ~ old hag; **féerie** [ˌ~ˈri] f fairyland; fairy scene; *fig.* enchantment; *thea.* pantomime; fairy-play; **féerique** [ˌ~ˈrik] fairy, magic; *fig.* enchanting.

feindre [fɛ̃ːdr] (4m) *v/t.* feign, sham, pretend (to *inf.*, de *inf.*); *v/i.* limp slightly (*horse*); **feinte** [fɛ̃ːt] f pretence, sham; make-believe; bluff; *box. etc.* feint; *horse:* slight limp.

fêlé, e [fɛˈle] cracked (*a. sl. fig.*);

fêler [ˌ~] (1a) *v/t.* crack (*a glass etc.*); se ~ crack (*glass*).

félicitation [felisitaˈsjɔ̃] f congratulation; faire des ~s à q. congratulate s.o.; **félicité** [ˌ~ˈte] f bliss, joy; **féliciter** [ˌ~ˈte] (1a) *v/t.:* ~ q. de congratulate s.o. on; se ~ de be pleased with; be thankful for.

félin, e [feˈlɛ̃, ˌ~ˈlin] **1.** *adj. zo.* feline, cat-...; *fig.* cat-like; **2.** *su./m zo.* feline, cat.

félon, -onne *hist.* [feˈlɔ̃, ˌ~ˈlɔn] **1.** *adj.* disloyal, felon; **2.** *su./m* felon, caitiff; **félonie** *hist.* [ˌ~lɔˈni] f disloyalty; *feudality:* felony.

fêlure [fɛˈlyːr] f crack; split; ⚕ *skull:* fracture; F avoir une ~ be a bit cracked (= *crazy*).

femelle *zo.* [fəˈmɛl] *adj., a. su./f* female.

féminin, e [femiˈnɛ̃, ˌ~ˈnin] **1.** *adj.* feminine; female (*sex*); woman's ...; womanly; **2.** *su./m gramm.* feminine (gender); **féminiser** [ˌ~niˈze] (1a) *v/t.* make feminine (*a. gramm.*); give a feminine appearance to; **féminisme** [ˌ~ˈnism] *m* feminism; **féministe** [ˌ~ˈnist] *su., a. adj.* feminist.

femme [fam] **1.** *su./f* woman; wife; woman ...; ~ de chambre housemaid; ~ de charge housekeeper; ~ de ménage charwoman, cleaner; housekeeper; **2.** *adj.* female, woman ...; lady ...; **femmelette** F [ˌ~ˈlɛt] f little or weak woman; *man:* weakling.

fémur *anat.* [feˈmyːr] *m* femur, thigh-bone.

fenaison ⚘ [fənɛˈzɔ̃] f haymaking.

fenderie ⊕ [fɑ̃ˈdri] f *metal, wood:* splitting into rods; splitting-mill; splitting-machine; cutting shop; **fendeur** [ˌ~ˈdœːr] *m* splitter; cleaver; F woodcutter; **fendiller** [ˌ~diˈje] (1a) *v/t. a. se* ~ crack (*wood, a. paint.*); crackle (*china, glaze*); craze (*china, concrete, glaze*); **fendre** [fɑ̃ːdr] (4a) *v/t.* split, cleave; slit; crack; rend (*the air*); break through (*a crowd*); se ~ split, crack; F se ~ la gueule (*or* la pomme) split one's sides; F se ~ de fork out (*a sum*); buy, stand (*a round etc.*); F il ne s'est pas fendu he didn't overspend himself.

fenêtrage [fənɛˈtraːʒ] *m* windows pl.; **fenêtre** [ˌ~ˈnɛːtr] f window; ~ à bascule balance *or* pivoted window; ~ à coulisse (*or* guillotine) sash-

window; *jeter l'argent par la* ~
throw money down the drain;
fenêtrer △ [~ne'tre] (1a) *v/t.* put
windows in.

fenil [fə'ni] *m* hayloft.

fenouil ♀ [fə'nu:j] *m* fennel.

fente [fɑ̃:t] *f* crack, fissure, split;
slit; chink; gap; crevice; opening;
⊕ slot.

féodal, e, *m/pl.* **-aux** [feɔ'dal, ~'do]
feudal; **féodalité** [~dali'te] *f*
feudality; feudal system.

fer [fɛ:r] *m* iron; *fig.* sword; (horse-)
shoe; ~*s pl.* fetters, chains; ~ *à*
repasser (flat-)iron; ⊕ ~ *à souder*
soldering-iron; ~ *à* T *T*-iron; *fig.* ~ *de*
lance spearhead; *most important*
factor; ~ *électrique* electric iron; *en*
barres bar or strip iron; △ *construc-*
tion f en ~ ironwork; *de* ~ iron; *donner*
un coup de ~ *à* dress, iron; *fil m de* ~
wire.

ferai [fə're] *1st p. sg. fut. of* faire.

fer-blanc, *pl.* **fers-blancs** [fɛr-
'blɑ̃] *m* tin(-plate); **ferblanterie**
[fɛrblɑ̃'tri] *f* tin-plate; tin goods
pl., tinware; ⊕ tin-shop; **ferblan-**
tier [~'tje] *m* tinsmith.

férié [fe'rje] *adj./m:* jour *m* ~ public
holiday; *eccl.* holy day.

férir † [fe'ri:r] (2u) *v/t.* strike; *sans*
coup ~ without striking a blow.

fermage ✗ [fɛr'ma:ʒ] *m* (farm-)
rent; tenant farming.

ferme¹ [fɛrm] **1.** *adj.* firm, steady
(*a.* ♥); rigid; fixed, fast; resolute;
vente f ~ definite sale; **2.** *adv.* firmly; ~*!* steady!; *frapper* ~ hit hard;
tenir ~ stand firm. [*à* ~ on lease.)

ferme² [~] *f* farm; farming lease;)

ferme³ [~] *f* △ truss(ed girder).

fermé [fɛr'me] **1.** *p.p. of* fermer; **2.** *adj.*
shut; locked; closed (*road, shop, etc.*);
closed-in (*area, site, etc.*); ⊕ *etc.* off
(*faucet, tap, radio, switch, etc.*); *fig.*
impenetrable, inscrutable (*face, ex-*
pression, etc.); *fig.* exclusive (*circle,*
club, society, etc.); *être* ~ *à qch.* be
impervious to s.th., have no appreciation of s.th.; *être* ~ *à q.* be closed to
s.o. (*career, circle, etc.*).

ferment [fɛr'mɑ̃] *m* ferment (*a.*
fig.); *bread:* leaven; **fermentation**
[~mɑ̃ta'sjɔ̃] *f* fermentation; *dough:*
rising; *fig.* unrest, ferment; **fer-**
menter [~'te] (1a) *v/i.* ferment;
fig. be in a ferment.

fermer [fɛr'me] (1a) *vt/i.* close,

shut; *v/t.* fasten; turn off (*the*
electricity, the gas, the light); clench
(*one's fist*); block (*a game, a.* ⚉);
~ *à clef* lock; ~ *au verrou* bolt; ~ *à*
vis screw (*s.th.*) down; *sl. ferme*
ça!, la ferme! shut up!; *v/i.* close
(*down*) (*firm etc.*); wrap round
(*clothes*).

fermeté [fɛrmə'te] *f* firmness;
steadiness (*a. of purpose*); constancy; *fig.* steadiness (*of mind*).

fermette [fɛr'met] *f* (*small*) farmhouse; (*small*) rural residence.

fermeture [fɛrmə'ty:r] *f* shutting,
closing; fastening; ~ *éclair* (*or* ~ *à glis-*
sière) zip fastener, F zip, *Am.* zipper.

fermier, -ère [~'mje, ~'mjɛ:r] *su.*
farmer; tenant farmer; *su./f a.*
farmer's wife.

fermoir [fɛr'mwa:r] *m* snap; clasp,
fastener, catch; ⊕ firmer (= *sort of*
chisel).

féroce [fe'rɔs] ferocious (*a. fig.*),
fierce, savage, wild; **férocité**
[~rɔsi'te] *f* fierceness; ferocity.

ferraille [fɛ'rɑ:j] *f* old iron, scrap
iron; scrap-heap; *mettre à la* ~ scrap;
ferrailleur [~rɑ'jœ:r] *m* scrap-iron
dealer; junkdealer; † F swash-
buckler; **ferrant** [~'rɑ̃] *adj./m:*
maréchal ~ *m* farrier; **ferré, e** [~'re]
fitted with iron; iron-tipped; studded (*boots, tyres*); F well up (in, en);
ferrer [~'re] (1a) shoe (*a horse*);
ferret [~'re] *m* tag, tab; *min. stone:*
core; **ferronnerie** [~rɔn'ri] *f* ironworks; ironmongery; **ferronnier**
[~rɔ'nje] *m* ironworker; ironmonger;
ferronnière [~rɔ'njɛ:r] *f* frontlet.

ferroutage [fɛru'ta:ʒ] *m* transport:
piggyback (system).

ferroviaire [fɛrɔ'vjɛ:r] railway-...

ferrugineux, -euse ✿ [fɛryʒi'nø,
~'nø:z] ferruginous, iron-...

ferrure [fɛ'ry:r] *f* iron-fitting; ironwork.

ferry-boat [fɛri'bo:t] *m* train ferry.

fertile [fɛr'til] fertile, fruitful, rich
(in, en); **fertiliser** [~tili'ze] (1a)
v/t. fertilize; *se* ~ become fertile;
fertilité [~'te] *f* fertility; richness;
abundance.

féru, e [fe'ry] **1.** *p.p. of* férir; **2.** *adj.:* ~
de smitten with; set on (*an idea*).

férule [fe'ryl] *f* ♀ giant fennel;
school: cane; *fig. être sous la* ~ *de q.* be
under s.o.'s (iron) rule.

fervent, e [fɛr'vɑ̃, ~'vɑ̃:t] **1.** *adj.*

fervent, earnest, ardent; **2.** *su.* enthusiast; devotee, ... fan; **ferveur** [∿'vœːr] *f* fervo(u)r, earnestness.

fesse [fɛs] *f* buttock; ∿*s pl.* buttocks, bottom *sg.*; **fessée** [fɛ'se] *f* spanking; **fesse-mathieu** [fɛsma'tjø] *m* skinflint; **fesser** [fɛ'se] (1a) *v/t.* spank.

festin [fɛs'tɛ̃] *m* feast, banquet; **festiner** [∿ti'ne] (1a) *v/i.* feast.

festival [fɛsti'val] *m*, *pl.* -als [fɛsti'val] *m* festival; **festivité** [∿vi'te] *f* festivity.

feston [fɛs'tɔ̃] *m* festoon; *needlework*: scallop; *point m de* ∿ buttonhole stitch; **festonner** [∿tɔ'ne] (1a) *v/t.* festoon; scallop (*a hem*); *v/i. sl.* stagger about.

festoyer [fɛstwa'je] (1h) *vt/i.* feast.

fêtard *m*, **e** *f* F [fɛ'taːr, ∿'tard] reveller, roisterer; **fête** [fɛːt] *f* feast, festival; holiday; name *or* Saint's day; festivity; fête; party; ∿ *foraine* fun fair; ∿ *des Mères* Mother's Day; ∿ *du travail* Labo(u)r Day; *faire* ∿ *à* welcome; *sl. faire sa* ∿ *à q.* beat s.o. up; make things hot for s.o.; **fête-Dieu**, *pl.* **fêtes-Dieu** *eccl.* [fɛt'djø] *f* Corpus Christi; **fêter** [fɛ'te] (1a) *v/t.* keep (*a feast, a holiday*); feast, entertain (*s.o.*); celebrate (*a birthday, an event*).

fétiche [fe'tiʃ] *m* fetish; *mot.* mascot.

fétide [fe'tid] fetid, stinking, rank; **fétidité** [∿tidi'te] *f* fetidness, foulness.

fétu [fe'ty] *m* straw; F *fig.* rap.

feu¹ [fø] *m* fire (*a. of a gun or rifle*); flame; fireplace; *fig.* ardo(u)r; heat; *stove*: burner; *mot. etc.* light; *mot.* ∿ *arrière* rearlight; ∿ *d'artifice* firework(s *pl.*); ∿ *de joie* bonfire; *mot.* ∿*x pl. de signalisation* (*routière*), F ∿ *rouge* traffic lights *pl.*; ∿ *follet* will-o'-the-wisp; *mot.* ∿ *vert* (*rouge*) green (red) light (*a. fig.*); ✗ *aller au* ∿ go into action; *à petit∿ on* or over a slow fire; *fig.* tu peux; *arme f à* ∿ fire-arm; *coup m de* ∿ shot; *donner du* ∿ *à q.* give s.o. a light; *fig. donner le* ∿ *vert (à q.)* give (s.o.) the green light; *fig. entrer dans le* ∿ *pour q.* go through fire and water for s.o.; *faire* ∿ fire (at, *sur*); *fig. faire long* ∿ fail; *fig. ne pas faire long* ∿ be short-lived; *mettre le* ∿ *à qch.* set fire to s.th., set s.th. on fire; *par le fer et le* ∿ by fire and sword; *prendre* ∿ catch fire; *fig.* flare up, fly into a temper.

feu², **feue** [fø] *adj.* (*inv. before article and poss. adj.*) late, deceased; *la feue reine*, *feu la reine* the late queen.

feuillage [fœ'jaːʒ] *m* leaves *pl.*, foliage; **feuillaison** ♀ [∿jɛ'zɔ̃] *f* foliation; springtime; **feuillard** [∿'jaːr] *m* hoop-wood; hoop-iron; ⊕ metallic ribbon; **feuille** [fœːj] *f* leaf; *paper:* sheet; *admin.* form; ⚓ chart; *rail* list; F *journ.* ∿ *de chou* rag; ∿ *de paie* wage-sheet; ∿ *de présence* attendance list; ⊕ time-sheet; ∿ *de route* ✈ way-bill; ✗ marching orders *pl.*; ✗ *travel warrant*; ∿ *volante* fly-sheet; **feuillée** [fœ'je] *f* arbo(u)r; foliage; ✗ ∿ *s pl.* latrines; **feuille-morte** [fœj'mɔrt] *adj./inv.* dead-leaf (*colour*); oak-leaf brown; russet; **feuillet** [fœ'jɛ] *m* book: leaf; *admin.* form; sheet; ⊕ thin sheet, plate; **feuilletage** *cuis.* [fœj'taːʒ] *m*, **feuilleté** *cuis.* [∿'te] *m* puff paste; **feuilleter** [∿'te] (1c) *v/t.* skim through, thumb through, turn over the pages of (*a book*); *cuis.* roll and fold; ♀ divide into sheets; **feuilleton** [∿'tɔ̃] *m journ.* feuilleton; serial (story).

feuillu, **e** [fœ'jy] leafy; deciduous (*forest*).

feutre [føːtr] *m* felt; felt hat; *saddle:* stuffing; **feutrer** [fø'tre] (1a) *v/t.* felt; stuff, pad (*a saddle etc.*); *à pas feutrés* noiselessly; **feutrier** [∿tri'e] *m* felt-maker.

fève ♀ [fɛːv] *f* bean; **fèverole** ♀ [fɛv'rɔl] *f* field-bean.

février [fevri'e] *m* February.

fi! [fi] *int.* fie!; for shame!; ∿ *de* ...! a fig for ...!; *faire* ∿ *de* scorn, turn up one's nose at.

fiabilité [fjabili'te] *f* reliability; **fiable** [fjabl] reliable.

fiacre [fjakr] *m* cab, hackney carriage.

fiançailles [fjɑ̃'saːj] *f/pl.* engagement *sg.*, betrothal *sg.* (to, *avec*); **fiancé** [∿'se] *m* fiancé; **fiancée** [∿'se] *f* fiancée; **fiancer** [∿'se] (1k) *v/t.* betroth; *se* ∿ become engaged (to, *à*).

fiasco [fjas'ko] *m* fiasco; *faire* ∿ turn out *or* be a fiasco.

fibranne *tex.* [fi'bran] *f* staple fibre.

fibre [fibr] *f* fibre; *wood:* grain; *fig.* feeling; ∿ *de bois* packing: woodwool, *Am.* excelsior; ~ *de verre* glass-wool; *(la)* ~ *de la poésie* (a) soul for poetry; *avoir la* ~ *sensible* be impressionable; **fibreux, -euse** [fi'brø, ~'brø:z] fibrous, stringy; **fibrille** *physiol.* [~'bri:j] *f* fibril.

ficeler [fis'le] (1c) *v/t.* tie up, do up; *sl.* dress (*s.o.*); **ficelle** [fi'sɛl] **1.** *su./f* string (*a. fig.*); twine; *sl.* tricks *pl.*; *sl.* *connaître toutes les* ~*s* know the ropes; **2.** *adj.* wily, cunning.

fiche [fiʃ] *f* iron, *wood:* peg, pin; *paper:* form, voucher; sheet, slip (*of paper*); label; index card; *games:* counter; *⚡ plug; fig.* scrap; ~ *de paye* wages slip; *⚡ femelle* jack; *mettre qch. sur* ~*s* card(-index) s.th.; **ficher** [fi'ʃe] (1a) *v/t.* stick in, drive in; △ point (*a wall*); *sl.* do; *sl.* put; *sl.* give; *sl.* ~ *q. à la porte* throw s.o. out; *sl.* *fichez-moi la paix!* leave me alone!; *sl.* *fichez(-moi) le camp!* clear off!; clear out!; *sl.* se ~ *de* make fun of; not to care (a hang) about; **fichier †** [~'ʃje] *m* card index; file (case); ~ *de données* data file.

fichoir [fi'ʃwa:r] *m* clothes-peg.

fichtre! [fiʃtr] *int.* my word!; indeed!; hang it!

fichu¹ [fi'ʃy] *m* neck scarf; small shawl.

fichu², e *sl.* [~] **1.** *p.p.* of *ficher*; **2.** *adj.* lost, done for, *sl.* bust; rotten, *sl.* lousy; *mal* ~ wretched; out of sorts.

fictif, -ve [fik'tif, ~'ti:v] fictitious; sham; *† facture f fictive* pro forma invoice; **fiction** [~'sjɔ̃] *f* fiction, invention, fabrication.

fidèle [fi'dɛl] **1.** *adj.* faithful, true, staunch; exact (*copy*); **2.** *su. eccl.* *les* ~*s pl.* the congregation *sg.*; the faithful; **fidélité** [~deli'te] *f* fidelity; integrity; *de haute* ~ high fidelity, F hi-fi (*record etc.*).

fiduciaire [fidy'sjɛ:r] fiduciary, trust ...; *monnaie f* ~ paper money.

fief [fjɛf] *m hist.* fief; fig. preserve, (private) kingdom; **fieffé, e** [fjɛ'fe] *hist.* enfeoffed; given in fee (*land*); F *pej.* out and out, arrant, thoroughpaced; **fieffer** *hist.* [~] (1a) *v/t.* enfeoff (*s.o.*); give (*land*) in feoff.

fiel [fjɛl] *m animal:* gall; *person:* bile; *fig.* spleen; *fig.* bitterness; *sans* ~ without malice.

fiente [fjɑ̃:t] *f* dung; *birds:* drop-pings *pl.*; **fienter** [fjɑ̃'te] (1a) *v/i.* dung; mute (*birds*).

fier¹ [fje] (1o) *v/t.*: *se* ~ *à* trust (*s.o.*), rely on; *fiez-vous à moi!* leave it to me!; *ne vous y fiez pas!* don't count on it!

fier², fière [fjɛ:r] proud; haughty; *fig.* magnificent.

fier-à-bras, *pl.* **fier(s)-à-bras** [fjɛra'bra] *m* swaggerer, bully.

fierté [fjɛr'te] *f* pride; haughtiness; vanity.

fièvre ⚕ [fjɛ:vr] *f* fever; **fiévreux, -euse** [fje'vrø, ~'vrø:z] **1.** *adj.* feverish; fever-ridden; *fig.* excited; **2.** *su.* fever patient.

fifre ♪ [fifr] *m* fife (*a. player*).

figer [fi'ʒe] (11) *v/t. a. se* ~ congeal, coagulate; *se* ~ *a.* set (*face*); *fig.* freeze (*smile*).

fignoler F [fiɲɔ'le] (1a) *v/i.* finick, be finicky; *v/t.* fiddle over (*s.th.*) with extreme care; *se* ~ titivate o.s.

figue ♀ [fig] *f* fig; F *mi-*~, *mi-raisin* wavering; so-so; middling; **figuier ♀** [fi'gje] *m* fig-tree.

figurant *m*, **e** *f* [figy'rɑ̃, ~'rɑ̃:t] *thea.* supernumerary, F super; extra; walker-on; **figuratif, -ve** [~ra'tif, ~'ti:v] figurative; **figuration** [~ra'sjɔ̃] *f* figuration, representation; *thea.* extras *pl.*; **figure** [fi'gy:r] *f* 🝔, *person:* figure; shape, form; face; appearance; *court-card;* **figuré, e** [figy're] **1.** *adj.* figured (*cloth etc.*); *fig.* figurative; **2.** *su./m:* *au* ~ figuratively; **figurer** [~'re] (1a) *v/t.* represent; *thea.* act, play the part of; *se* ~ imagine, fancy; *v/i.* figure, appear; *thea.* ~ *sur la scène* walk on; **figurine** [~'rin] *f* statuette; *†* (wax-)model.

fil [fil] *m* thread (*a. fig.*); wire; *⚡ filament; blade:* edge; *meat, wood:* grain; *wool:* ply; △ ~ *à plomb* plumb-line; ~ *d'archal* brass wire, binding wire; ~ *de fer barbelé* barbed wire; ~ *de la Vierge* gossamer; *au bout du* ~ on the phone; *coup m de* ~ ring, call; *donner du* ~ *à retordre à* give a lot of trouble to; *⚡ sans* ~ wireless; **filage** [fi'la:ʒ] *m* spinning; yarn; *metall.* drawing; **filament** [~la'mɑ̃] *m* ♀, *⚡ filament; silk:* thread; **filamenteux, -euse** [~lamɑ̃'tø, ~'tø:z] fibrous; *fig.* stringy; **filandière †** [~lɑ̃'dje:r] *f* spinner; *les sœurs* ~*s pl.* the Fates; **filandre**

[ʌˈlɑ̃:dr] f fibre; ~s pl. meat etc.: stringy parts; gossamer sg.; **filandreux, -euse** [ʌlɑ̃ˈdrø, ʌˈdrø:z] stringy, tough (meat); streaked (marble etc.); fig. involved, complicated; **filant, e** [ʌˈlɑ̃, ʌˈlɑ̃:t] flowing, shooting (star); ropy (wine); **filasse** [ʌˈlas] f tow; oakum; sl. stringy meat; **filateur** m, **-trice** f [ʌlaˈtœːr, ʌˈtris] tex. spinner; (spinning-)mill owner; interner, shadower; **filature** [ʌlaˈty:r] f spinning-mill, cotton-mill; spinning; shadowing.

file [fil] f line, file; (~ d'attente) queue, Am. line; à la ~ in file; fig. on end, without a break; chef m de ~ leader; en ~ indienne in single file; ♏ en ligne de ~ (single) line ahead; **filer** [fiˈle] (1a) v/t. tex. spin; draw (metal); play out (cards); ♏ run out (a cable); ♏ slip (the moorings); shadow (s.o.); v/i. flow smoothly; run (oil); rope (wine); smoke (lamp); fig. slip by, go by; travel; F clear out; ~ doux sing small; filez! clear out!; go away!; **filerie** [filˈri] f spinning mill; metall. wire drawing.

filet [fiˈle] m net; ⊕ screw: thread; cuis. fillet; water: trickle; dash (of lemon); ⛟ etc. luggage rack; ~ à provisions string bag; ~ de voix thin voice; coup m de ~ fish: catch, haul; **filetage** [filˈta:ʒ] m ⊕ metal, wire: drawing; screw-cutting; screw: thread(ing); **fileter** [ʌˈte] (1d) v/t. ⊕ draw (metal, a. wire); thread, screw (a bolt); poach (fish with nets); **fileur** m, **-euse** f tex. [fiˈlœːr, ʌˈlø:z] spinner.

filial, e, m/pl. **-aux** [fiˈljal, ʌˈljo] **1.** adj. filial; **2.** su./f ✝ subsidiary company; ✝, a. association: branch; **filiation** [ʌljaˈsjɔ̃] f filiation; descendants pl.; fig. relationship; en ~ directe in direct line.

filière [fiˈljɛːr] f ⊕ die; ⊕ drawplate; ♏ man-rope; fig. usual channels pl.; fig. passer par la ~ work one's way up from the bottom; fig. filiforme [filiˈfɔrm] threadlike.

filigrane [filiˈgran] m filigree (work); paper, banknotes: watermark.

fille [fiːj] f daughter; girl; maid; spinster; ~ publique prostitute; ~ à papa rich man's daughter; ~ de salle

hotel etc.: waitress; jeune ~ girl, young woman; vieille ~ old maid; ~**mère,** pl. ~**s-mères** [fijˈmɛːr] f unmarried mother; **fillette** [fiˈjɛt] f little girl; F lass; **filleul, e** [fiˈjœl] su. godchild; su./m godson; su./f goddaughter.

film [film] m film (a. cin.); cin. F picture; Am. movie; ~ documentaire documentary (film); ~ en couleurs colo(u)r film; ~ muet silent film; ~ parlant talking picture, F talkie; ~ policier detective film; ~ sonore sound-film; ~ truqué trick film; tourner un ~ make a film; F act in a film (person); **filmer** [filˈme] (1a) v/t. film; **filmothèque** [ʌmɔˈtɛk] f film library or collection.

filon [fiˈlɔ̃] m ✗ vein, seam, lode; sl. good fortune; sl. cushy job.

filou [fiˈlu] m pickpocket, thief; (card-)sharper; F swindler; **filouter** [filuˈte] (1a) v/t. swindle (s.o. out of s.th., a. q. de qch.); rob (s.o. of s.th., qch. à q.); **filouterie** [ʌˈtri] f swindle, fraud; picking pockets, stealing; cheating.

fils [fis] m son; F lad, boy; ~ à papa rich man's son; fig. ~ de ses œuvres self-made man.

filtrage [filˈtraːʒ] m liquid: filtering; ~ à interférences radio: interference elimination; **filtre** [filtr] m filter; coffee: percolator; radio: by-pass, filter; bout m ~ cigarette: filter-tip; **filtrer** [filˈtre] (1a) v/i. a. se ~ filter; v/t. filter; by-pass (a radiostation).

fin¹ [fɛ̃] f end, termination, close, conclusion; aim, object; ~ d'alerte all clear; ✝ ~ de mois monthly statement; à la ~ in the long run; at last; à toutes ~s for all purposes; en ~ de compte, F à la ~ des ~s when all is said and done; mettre ~ à put an end to; prendre ~ come to an end; tirer à sa ~ be drawing to a close.

fin², fine [fɛ̃, fin] fine; pure; choice; slender (waist etc.); artful, sly; small; subtle; keen (ear).

final, e, m/pl. **-als** [fiˈnal] **1.** adj. final (a. gramm.); last; eventual; **2.** su./f gramm. end syllable; ♪ keynote; ♪ plainsong: final; sp. finals pl.

final(e) ♪ [ʌ] m finale.

finance [fiˈnɑ̃:s] f finance; finan-

cial world; ready money; ~s pl.
resources; *ministère* m des ~s Exchequer, Treasury (a. Am.); **financer** [finɑ̃'se] (1k) v/t. finance;
financier, -ère [~'sje, ~'sjɛːr]
1. *adj.* financial; stock (*market*);
2. *su./m* financier.

finasser F [fina'se] (1a) v/i. finesse;
use subterfuges; **finasserie** [~
nas'ri] f trickery; (piece of) cunning; ~s pl. wiles; **finasseur, -euse**
[~fina'sœːr, ~'søːz], **finassier, -ère**
[~'sje, ~'sjɛːr] 1. *adj.* cunning,
wily; 2. *su.* wily person.

finaud, e [fi'no, ~'noːd] 1. *adj.* cunning, wily; 2. *su.* wily person.

fine [fin] f liqueur brandy.

finesse [fi'nɛs] f fineness; *waist*:
slenderness; cunning; shrewdness;
opt., radio, telev.: sharpness; **finette**
tex. [~'nɛt] f flannelette.

fini, e [fi'ni] 1. *adj.* finished (*a. fig.*),
ended, over; A, *gramm., etc.* finite;
fig. pej. absolute, complete; 2. *su./m*
finish; *phls. etc.* finite; **finir**
[~'niːr] (2a) v/t. finish; end; end up; ~ de
faire qch. stop doing s.th.; ~ *par faire
qch.* finally or eventually do s.th.; *en
~ avec* get over (and done) with; put
an end to; *à n'en plus ~* endless(ly);
finition ⊕ [~ni'sjɔ̃] f finishing.

finlandais, e [fɛ̃lɑ̃'dɛ, ~'dɛːz] 1. *adj.*
Finnish; 2. *su.* ♀ Finn, Finlander;
finnois, e [fi'nwa, ~'nwaːz] 1. *adj.*
Finnish; 2. *su./m ling.* Finnish; *su.*
♀ Finn.

fiole [fjɔl] f small bottle; flask; *sl.*
head.

fioritures [fjɔri'tyːr] f/pl. handwriting, style: flourishes; ♪ grace-
notes.

firmament [firma'mɑ̃] m firmament, sky, heavens pl.

firme ✝ [firm] f firm; *book*: imprint.

fis [fi] 1st p. sg. p.s. of *faire*.

fisc [fisk] m Exchequer, Treasury;
Inland (*Am.* Internal) Revenue,
taxes pl.; **fiscal, e**, m/pl. **-aux**
[fis'kal, ~'ko] fiscal, tax ...

fissile [fi'sil] fissile; **fission** [~'sjɔ̃]
f (*esp. phys. nuclear*) fission; **fissure** [~'syːr] f fissure (*a. ✿*), crack,
split, crevice; **fissurer** [~sy're] (1a)
v/t. a. se ~ crack, fissure.

fiston *sl.* [fis'tɔ̃] m son, youngster.

fistule ✿ [fis'tyl] f fistula.

fixage [fik'saːʒ] m fixing; **fixateur**

[~sa'tœːr] m fixer; **fixation** [~sa-
'sjɔ̃] f fixing; *admin.* assessment;
⚷ fixation; attachment; **fixe** [fiks]
1. *adj.* fixed; steady; firm, fast;
stationary; regular (*price*); *arrêt* m
~ regular stop; *traffic sign:* all
buses *etc.* stop here; *étoile* f ~ fixed
star; 2. *su./m* fixed salary; **fixe-
chaussettes** [~ʃo'sɛt] m suspender, *Am.* sock-suspender, gar-
ter; **fixer** [fik'se] (1a) v/t. fix (*a.
phot., ⚷, ✝, value, time*), fasten;
settle, appoint; hold (*s.o.'s attention*);
decide, determine; keep one's eye
on (*s.th.*), stare at; ✗ fix, hold; ⚖
assess (*damages*); ~ *les yeux sur*
stare at, look hard at; se ~ settle
(down); **fixité** [~si'te] f fixity.

flac! [flak] *int.* slap!; crack!; plop!
(*into water*); *faire* ~ plop.

flacon [fla'kɔ̃] m bottle; flask; ~ *plat*
hip flask.

flageller [flaʒɛl'le] (1a) v/t. scourge,
lash.

flageoler [flaʒo'le] (1o) v/i. tremble,
shake.

flageolet[1] ♪ [flaʒo'le] m flageolet.

flageolet[2] *cuis.* [~] m (small) kidney
bean, flageolet.

flagorner [flagɔr'ne] (1a) v/t. flatter;
toady to; fawn upon; **flagornerie**
[~nɔ'ri] f flattery, F soft soap;
toadying.

flagrant, e [fla'grɑ̃, ~'grɑ̃ːt] flagrant;
striking; *en ~ délit* red-handed, in
the very act.

flair [flɛːr] m *dog*: scent; *fig.* nose;
fig. person: flair; *avoir du ~ pour*
have a flair for; **flairer** [flɛ're] (1b)
v/t. scent (*a. fig.*); smell; *fig.* suspect; *sl.* smell of.

flamand, e [fla'mɑ̃, ~'mɑ̃ːd] 1. *adj.*
Flemish; 2. *su./m ling.* Flemish; *su.*
♀ Fleming.

flamant *orn.* [fla'mɑ̃] m flamingo.

flambant, e [flɑ̃'bɑ̃, ~'bɑ̃ːt] 1. *adj.*
blazing; *fig.* brilliant; *flambant
adv.*: *tout ~ neuf* brandnew; **flambeau** [~'bo] m torch; *fig.* candlestick; candelabra; **flambée** [~'be]
f blaze, blazing fire; *fig.* surge, outburst; ✝ *prices etc.*: zooming or
shooting up; **flamber** [~'be] (1a)
v/i. flame, blaze; burn; ⊕ buckle
(*metal rod*); v/t. singe; ⚡ sterilize (a
needle in a flame); *fig. sl.* être flambé
be done for; **flamboyer** [~bwa'je]
(1h) v/i. blaze (*fire, a. fig.*).

flamme [flɑ:m] f flame; fig. love, passion; ✕, ⚓ pennon, pennant; être en ~s be on fire.

flammèche [flaˈmɛʃ] f spark.

flan [flɑ̃] m cuis. baked-custard tart; ⊕ etc. blank; sl. c'est du ~! that's a load of hooey!

flanc [flɑ̃] m flank, side; ~ de coteau hillside; F sur le ~ laid up; exhausted; sl. tirer au ~ malinger, F swing the lead.

flancher F [flɑ̃ˈʃe] (1a) v/i. flinch; give in; F quit, chicken out; ⊕ break down.

flandrin † F [flɑ̃ˈdrɛ̃] m lanky fellow.

flanelle tex. [flaˈnɛl] f flannel.

flâner [flɑˈne] (1a) v/i. stroll; lounge about; loaf; saunter; **flâneur** m, **-euse** f [~ˈnœ:r, ~ˈnø:z] stroller; lounger, loafer.

flanquer[1] F [flɑ̃ˈke] (1m) v/t. throw, chuck; deal, land (a blow); ~ q. à la porte chuck s.o. out; give s.o. the sack.

flanquer[2] [flɑ̃ˈke] (1m) v/t. ✕, △, etc. flank; **flanqueur** ✕ [~ˈkœ:r] m flanker.

flapi, e F [flaˈpi] tired out, fagged out.

flaque [flak] f puddle, pool.

flash, pl. flashes [flaʃ] m phot. flash-light; radio, telev.: newsflash.

flasque[1] [flask] flabby, limp.

flasque[2] [~] f ⚓ flask; † powder-horn.

flasque[3] [~] m ⊕ lathe etc.: cheek; support (of dynamo); mot. wheel-disk.

flatter [flaˈte] (1a) v/t. flatter (s.o. on s.th., q. sur qch.; s.o. by or in ger., q. de inf.); humo(u)r (s.o.); caress, stroke; **flatterie** [~ˈtri] f flattery; **flatteur, -euse** [~ˈtœ:r, ~ˈtø:z] 1. adj. flattering; pleasing; 2. su. flatterer; sycophant.

flatulence ✺ [flatyˈlɑ̃:s] f flatulence, F wind; **flatulent, e** [~tyˈlɑ̃, ~ˈlɑ̃:t] flatulent, caused by flatulence; **fla-tuosité** ✺ [~tɥoziˈte] f flatus, F wind.

fléau [fleˈo] m flail; balance: beam; fig. scourge; pest, curse.

flèche[1] [flɛ:ʃ] f arrow; balance etc.: pointer; church: spire; ⚓ pole; ⊕ crane: jib; en ~ swept-back (wings); very rapidly, like an arrow; fig. faire ~ de tout bois use all means; fig. monter en ~ rocket or zoom up.

flèche[2] [~] f bacon: flitch.

flécher [fleˈʃe] (1f) v/t. mark with arrows, arrow (a course etc.).

fléchir [fleˈʃi:r] (2a) v/t. bend; fig. move, touch (s.o.); anat. flex; v/i. bend; give way (a. ✕); sag (cable, wire, a. †); weaken; fig. flag, fall off; † go down (prices); **fléchissement** [~ʃisˈmɑ̃] m bending etc.; see fléchir; **fléchisseur** anat. [~ʃiˈsœ:r] adj./m, a. su./m flexor.

flegmatique [flɛgmaˈtik] phlegmatic; **flegme** [flɛgm] m phlegm; imperturbability, coolness.

flemmard, e sl. [flɛˈma:r, ~ˈmard] 1. adj. lazy; 2. su. slacker; **flemme** sl. [flɛm] f laziness; avoir la ~ not to feel like work, feel lazy; tirer sa ~ idle one's time away.

flet icht. [flɛ] m flounder.

flétrir[1] [fleˈtri:r] (2a) v/t. fade; wilt; wither; fig. blight (s.o.'s hopes); se ~ fade; wilt; wither (flowers).

flétrir[2] [~] (2a) v/t. condemn; stain, blemish; hist. brand.

flétrissure[1] [fletriˈsy:r] f fading; withering.

flétrissure[2] [~] f stain, blemish; hist. brand.

fleur [flœ:r] f flower (a. fig.); blossom; bloom (a. on fruit); fig. prime; ~ de farine pure wheaten flour; à ~ de level with; à ~ de peau skin-deep; en ~ in bloom; F faire une ~ à q. do s.o. a good turn; **fleuraison** [flœrɛˈzɔ̃] f flowering, blooming.

fleurer [flœˈre] (1a) v/t. smell of; v/i. smell.

fleuret [flœˈrɛ] m fencing: foil; tex. floss silk; ✕ drill, borer; tex. ~ de ... first-quality ...; **fleurette** [~ˈrɛt] f small flower; conter ~ à say sweet nothings to; **fleurir** [~ˈri:r] (2o) v/i. flower, bloom; fig. flourish, thrive; v/t. decorate with flowers; fig. make florid; **fleuriste** [~ˈrist] adj., a. su. florist; (boutique de) ~ flower shop; **fleuron** [~ˈrɔ̃] m ❀ floret; rosette; △ finial; typ. fleuron; fig. un ~ à sa couronne a feather in one's cap.

fleuve [flœ:v] m river.

flexible [flɛkˈsibl] 1. adj. flexible; 2. su./m ⚡ flex; **flexion** [~ˈsjɔ̃] f ⊕, a. sp. bending; ⊕ flexion, sagging; gramm. inflexion; **flexueux, -euse** [~ˈsɥø, ~ˈsɥø:z] winding; ❀ flexuose.

flibuster [flibysˈte] (1a) v/i. buccaneer; v/t. sl. steal, pinch.

flic sl. [flik] m policeman, copper,

Am. cop; detective; **flicaille** *sl.*
[fli'kaj] *f:* la ~ the police, *sl.* the fuzz.

flic flac [flik'flak] *int.* crack.

flingot *sl.* [flɛ̃'go] *m* rifle, gun; **flin-
guer** F [~'ge] (1m) *v/t.* shoot (s.o.), F
gun (s.o.) down.

flipper¹ [fli'pœːr] *m* pin-ball
machine.

flipper² F [fli'pe] (1a) *v/i.* flip.

flirt [flœrt] *m* flirt(ation); **flirter**
[flœr'te] (1a) *v/i.* flirt.

floche [flɔʃ] soft, flabby; floss (*silk*).

flocon [flɔ'kɔ̃] *m* snow: flake; *wool:*
flock; **floconneux, -euse** [~kɔ'nø,
~'nøːz] fleecy; 🜊 flocculent.

flonflons [flɔ̃'flɔ̃] *m/pl.* mus *sg.*

floraison [flɔrɛ'zɔ̃] *f* flowering,
blooming; **floral, e,** *m/pl.* **-aux**
[~'ral, ~'ro] floral.

flore [flɔːr] *f* ♀ flora; *myth.* ♀ Flora.

florès [flɔ'rɛːs] *m: faire* ~ be in vogue;
be a success.

floriculture [flɔrikyl'tyːr] *f* flower
growing; **florilège** [~'lɛːʒ] *m* (verse)
anthology.

florissant, e *fig.* [flɔri'sɑ̃, ~'sɑ̃ːt]
flourishing.

flot [flo] *m* wave; stream; crowd; *fig.*
flood; *à* ~ afloat; ♱ *mettre qch. à* ~
(re)float s.th.; launch s.th.; **flottaison** ♱ [flɔtɛ'zɔ̃] *f* floating; *ligne f de* ~
ship: water-line; **flottant, e** [~tɑ̃,
~'tɑ̃ːt] (*a.* ♀) flowing (*hair*); loose
(*garment*); *fig.* irresolute; *fig.* elusive
(*personality*); *pol. électeur* ~ floating
voter.

flotte¹ [flɔt] *f* ♱ fleet; F the navy, F
water, rain.

flotte² [~] *f fishing:* float.

flotter [flɔ'te] (1a) *v/i.* float; flow
(*hair*); *fig.* waver (*a.* ⚔), be
irresolute; **flotteur** [~'tœːr] *m*
raftsman; ⊕, *a. fishing:* float; ♱
anchor buoy.

flottille ♱ [flɔ'tiːj] *f* flotilla; ~ de
pêche fishing fleet.

flou, floue [flu] **1.** *adj.* blurred; soft
(*hair*); loose-fitting (*garment*); **2.** *su./
m* haziness; *phot.* blurring.

flouer *sl.* [flu'e] (1a) *v/t.* swindle;
do (s.o.).

fluctuation [flyktɥa'sjɔ̃] *f* fluctuation (*a.* ♱); ⊕ ~ *de charge* variation
of load; **fluctuer** [~'tɥe] (1n) *v/i.*
fluctuate.   (*voice*), slender.

fluet, -ette [fly'ɛ, ~'ɛt] thin (*a.*)

fluide [flɥid] **1.** *adj.* fluid; *fig. a.*
(smoothly) flowing; **2.** *su./m* fluid;

fluidifier [flɥidi'fje] (1o) *v/t.* fluid-
ify; **fluidité** [~'te] *f* fluidity.

flûte [flyːt] *f* ♪ flute; tall champagne
(*etc.*) glass; long thin roll (*of bread*);
tex. shuttle; F ~s *pl.* (long, thin) legs;
sl. ~! dash it!; bother!; *sl. jouer des* ~s
take to one's heels; **flûter** [fly'te]
(1a) *v/i.* ♪ play the flute; *sl.* drink; F
envoyer ~ *q.* tell s.o. to go to blazes;
voix f flûtée melodious voice; piping
voice; **flûtiste** ♪ [~'tist] *m* fl(a)utist.

fluvial, e, *m/pl.* **-aux** [fly'vjal, ~'vjo]
river...; water...;

flux [fly] *m* flow; *cards, face:* flush;
♀, ♁, 🜊 *metall.* flux; *le* ~ *et le reflux*
the ebb and flow; **fluxion** ♀, *a.* ♱ ♀
[flyk'sjɔ̃] *f* fluxion, ♱ inflammation, swelling; ~ *à la joue* gumboil; ~
de poitrine pneumonia.

foc ♱ [fɔk] *m* jib; *grand* (*petit*) ~ outer
(inner) jib.

focal, e, *m/pl.* **-aux** *phot.*, *opt.*, ♀
[fɔ'kal, ~'ko] focal; **focalisation**
[~kaliza'sjɔ̃] *f* focussing; **focaliser**
[~kali'ze] (1a) *v/t.* focus.

foëne [fwɛn] *f* pronged harpoon.

foi [fwa] *f* belief; trust, confidence; *ajouter* ~ *à* believe (in);
de bonne (*mauvaise*) ~ *adv.* in good
(bad) faith; *adj.* honest (dishonest);
digne de ~ reliable; *faire* ~ be a
proof; be authentic (of, *de*); attest
(that, *que*); *ma* ~! upon my word!;
mauvaise ~ insincerity; unfairness;
sous la ~ *du serment* on oath.

foie [~] *m* liver; *sl. avoir les* ~s be
in a funk.

foin¹ [fwɛ̃] **1.** *su./m* hay; *sl.* row;
F *avoir du* ~ *dans ses bottes* have
feathered one's nest; *faire du* ~ kick\
up a row.\
foin²! [~] *int.* bah!   [up a row.)

foire¹ [fwaːr] *f* fair; F *fig.* madhouse;
F *fig.* ~ *d'empoigne* free-for-all; rat
race; *sl. faire la* ~ whoop it up.

foire² *sl.* † [~] *f* diarrhoea.

fois [fwa] *f* time, occasion; *une* ~
once; *deux* ~ twice; *trois* ~ three
times; *à la* ~ at once; at the same
time; *encore une* ~ once more; *une*
~ *que* when.

foison [fwa'zɔ̃] *f* abundance, plenty;
à ~ in abundance; galore; **foisonner** [~zɔ'ne] (1a) *v/i.* abound (in,
with *de*), teem (with, *de*); swell
(*earth*, *lime*); ⊕ buckle (*metal*).

fol [fɔl] *see* fou.

folâtre [fɔ'lɑːtr] playful, frisky;
folâtrer [~lɑ'tre] (1a) *v/i.* frolic,

frisk; gambol; F act the fool; **folâtrerie** [⌣ɑtrɑ'ri] f playfulness; sportiveness; frolic; **folichon, -onne** F [⌣li'ʃɔ̃, ⌣'ʃɔn] playful, frolicsome; wanton; **folie** [⌣'li] f madness; folly; mania; ⁓ *des grandeurs* megalomania; *aimer q. à la* ⁓ love s.o. to distraction.

folié, e ⚕ [fɔ'lje] foliate(d); **folio** *typ. etc.* [⌣'ljo] m folio; **folioter** [⌣ljɔ'te] (1a) *v/t.* folio, paginate.

folklore [fɔl'klɔːr] m folklore.

folle [fɔl] *see* **fou**; ⁓ *farine* flour dust; **follet, -ette** [fɔ'lɛ, ⌣'lɛt] (slightly) mad; scatterbrained; *esprit m* ⁓ goblin; *poil m* ⁓ down; *feu* ⁓ *feu.*

folliculaire F [fɔliky'lɛːr] m hack writer; **follicule** ⚕, *anat.* [⌣'kyl] m follic(u)le.

fomentateur m, **-trice** f [fɔmãta-'tœːr, ⌣'tris] fomenter; *a. fig.* [⌣ta'sjɔ̃] f fomentation; **fomenter** [⌣'te] (1a) *v/t.* ⚔ foment (*a. fig.*); *fig.* stir up.

foncé, e [fɔ̃'se] dark, deep (*colour*); *bleu* ⁓ dark blue; **foncer** [⌣'se] (1k) *v/t.* make darker, darken, deepen (*a colour*); bottom (*a cask*); *v/i.* darken, grow darker; F rush, dash (at, *sur*).

foncier, -ère [fɔ̃'sje, ⌣'sjɛːr] landed, real (*property*); ground (*landlord, rent*); *fig.* thorough, fundamental.

fonction [fɔ̃k'sjɔ̃] f function (*a.* A, *a.* ⚔); *fig. en* ⁓ de in step with, hand in hand with; *faire* ⁓ de act as; **fonctionnaire** [jɔksɔ'nɛːr] m official; civil servant; office bearer; **fonctionnel, -elle** [⌣'nɛl] functional; **fonctionner** [⌣'ne] (1a) *v/i.* function (*a.* ⚔); ⊕ work (*brake, machine, etc.*).

fond [fɔ̃] m bottom; *sea:* bed; ⚓, *a. fig.* foundation, *fig.* basis; *paint.* background; back, far end; *fig.* gist, essence; *à* ⁓ thoroughly; *à* ⁓ *de train* at top speed; *article m de* ⁓ leading article, leader; *au* ⁓ after all; at bottom; *de* ⁓ *en comble* from top to bottom; **fondamental, e,** *m/pl.* **-aux** [fɔ̃damã'tal, ⌣'to] fundamental; radical; essential.

fondant, e [fɔ̃'dã, ⌣'dãːt] **1.** *adj.* melting; juicy (*fruit*); **2.** *su./m* fondant; *metall.* flux.

fondateur m, **-trice** f [fɔ̃da'tœːr, ⌣'tris] founder; **fondation** [⌣'sjɔ̃] f founding; foundation (*a.* 🔺); institution; **fondé, e** [fɔ̃'de] **1.** *adj.*

founded, justified; authorized; ⚔ funded (*debt*); *être* ⁓ *à* (*inf.*) be entitled to (*inf.*), have reason to (*inf.*); **2.** *su./m:* ⁓ *de pouvoir* 🔀 proxy, holder of a power of attorney; ⚔ managing director; ⚔ chief clerk; **fondement** [fɔ̃d'mã] m base, foundation; F behind, bottom; *sans* ⁓ groundless, unfounded; **fonder** [fɔ̃'de] (1a) *v/t.* found (*a.* ⚔, *a. fig.*); ⚔ start (*a firm, a paper*); ⚔ fund (*a debt*); *fig.* base, justify.

fonderie ⊕, *metall.* [fɔ̃'dri] f foundry; smelting works *usu. sg.*; founding; **fondeur** [⌣'dœːr] m founder; smelter; *typ.* ⁓ *en caractères* type-founder; **fondre** [fɔ̃'dr] (4a) *v/t. metall.* smelt; *metall.* cast (*a bell, a statue*); melt; dissolve; thaw (*snow*); blend (*colours*); ⚔ amalgamate; *v/i.* melt (*a. fig.*); *fig.* grow thinner; dissolve (*fig.* in, *en*); ⚡ blow (*fuse*); ⁓ *sur* swoop upon, pounce upon; *fig.* bear down upon (*s.o.*).

fondrière [fɔ̃dri'ɛːr] f bog, quagmire; hollow (*in the ground*).

fonds [fɔ̃] m land, estate; ⚔ stock-in-trade; fund; ⁓ *pl.* cash *sg.*, capital *sg.*, means; ⚔ public funds; ⚔ ⁓ *de commerce* business, goodwill; ⚔ ⁓ *pl. de roulement* working capital *sg.*, cash reserve *sg.*; ⁓ *perdu* life annuity; F *à* ⁓ *perdu* without security.   [melted cheese.⟩

fondue *cuis.* [fɔ̃'dy] f 'fondue.⟩

font [fɔ̃] *3rd p. pl. pres. of* faire.

fontaine [fɔ̃'tɛn] f fountain; spring; *eau f de* ⁓ spring water; F *ouvrir la* ⁓ turn on the waterworks (= *start to cry*); **fontainier** [⌣tɛ'nje] m fountain-maker; filter-maker; wellsinker; *admin.* turncock.

fonte [fɔ̃ːt] f melting; *ore:* smelting; *metal:* casting; *snow:* thawing; *typ.* fount; cast iron.

fonts [fɔ̃] *m/pl.* (⁓ *a.* ⁓ *baptismaux*) font *sg.*; *tenir* (or *porter*) *sur les* ⁓ *baptismaux* stand sponsor to (*a child*); *fig.* (help to) launch (*s.th.*).

foot F [fut] m, **football** *sp.* [fut'bol] m (Association) football; F soccer; **footballeur** [⌣bɔ'lœːr] m footballer.

for [fɔːr] m: ⁓ *intérieur* conscience; *dans* (or *en*) *mon* ⁓ *intérieur* in my heart of hearts.

forage ⊕, ⚒ [fɔ'raːʒ] m boring, drilling; bore-hole.

forain, e [fɔ'rɛ̃, ~'rɛn] **1.** *adj.* † alien, foreign; itinerant; *fête f ~e* fun fair; **2.** *su.* strolling player; hawker.

forban [fɔr'bɑ̃] *m hist.* buccaneer, pirate; crook, shark.

forçat [fɔr'sa] *m* convict; † galley-slave.

force [fɔrs] **1.** *su./f* strength; might; force (*a.* ✕, *a.* ⊕); power (*a.* ⊕); authority; ~ *aérienne* (*tactique*) (tactical) air force; ~ *de frappe* ✕ strike force; *fig.* force(fulness); ⚖ ~ *majeure* overpowering circumstances *pl.*; ~ *motrice* ⊕ horsepower; *fig.* motive power; *phys.* ~ *vive* kinetic energy; momentum; *à* ~ *de* by dint of, by means of; *à toute* ~ despite opposition, at all costs; *de première* ~ first-class ...; *de vive* ~ by sheer force; *un cas de* ~ *majeure* an act of God; **2.** *adv.* † many, plenty of; **forcément** [fɔrse'mɑ̃] *adv.* necessarily, inevitably.

forcené, e [fɔrsə'ne] **1.** *adj.* mad, frantic, frenzied; **2.** *su./m* madman; *su./f* madwoman.

forcer [fɔr'se] (1k) *v/t.* force; compel, oblige; ✕ take by storm; run (*a blockade*); break open; pick (*a lock*); ♒, ⊕ strain; ⊕ buckle (*a plate*); increase (*one's pace, speed*); *être forcé de* (*inf.*) be obliged to (*inf.*); **forcerie** ✍ [~sə'ri] *f* forcing house; forcing bed.

forer ⊕ [fɔ're] (1a) *v/t.* bore, drill.

forestier, -ère [fɔrɛs'tje, ~'tjɛːr] **1.** *adj.* forest-...; forest-clad; forester's ...; **2.** *su./m* forester.

foret ⊕ [fɔ'rɛ] *m* drill; bit; gimlet.

forêt [~] *f* forest (*a. fig.*); *fig.* hair: shock; ~ *vierge* virgin forest.

foreur ⊕ [fɔ'rœːr] *m* borer, driller; **foreuse** [~'røːz] *f* ⊕ *machine*: drill; ✕ rock-drill.

forfaire [fɔr'fɛːr] (4r) *v/i.* be false (to, à); ~ *à* fail in (*one's duty*).

forfait¹ [fɔr'fɛ] *m* heinous crime.

forfait² *sp.* [~] *m* forfeit, fine; withdrawal; *declarer* ~ *sp.* scratch (a horse); withdraw from the competition (*a. fig.*); *fig.* give up.

forfait³ [fɔr'fɛ] *m* contract; *à* ~ for a fixed sum; by contract; job-(*work*) (*buy, sell*) as a job lot; *travail m à* ~ contract work; **forfaitaire** [~fɛ'tɛːr] lump (*sum*); **forfaiture** [~fɛ'tyːr] *f* abuse (*of authority*); breach (*of duty, honour, etc.*).

forfanterie [fɔrfɑ̃'tri] *f* bragging, boasting.

forge [fɔrʒ] *f* forge, smithy; ~s *pl.* ironworks *usu. sg.*; **forgeable** [fɔr-'ʒabl] forgeable; **forger** [~'ʒe] (1l) *v/t.* forge; *fig.* invent; **forgeron** [~ʒə'rɔ̃] *m* (black)smith; ironsmith; **forgeur** [~'ʒœːr] *m* forger.

formaliser [fɔrmali'ze] (1a) *v/t.*: *se* ~ take offence (at, de); **formaliste** [~'list] **1.** *adj.* formal, stiff; **2.** *su.* formalist (*a. phls.*); stickler for formalities; **formalité** [~li'te] *f* form(ality); ceremony; *une simple* ~ a pure formality; **format** [fɔr'ma] *m* size (*a. phot.*); *book:* format; **formateur, -trice** [~ma'tœːr, ~'tris] **1.** *adj.* formative; **2.** *su.* former, maker; **formation** [~ma'sjɔ̃] *f* formation (*a.* ✕, 🜨); education; ~ (*professionnelle vocational*) training; **forme** [fɔrm] *f* form (*a.* ⚖, *sp., fig., typ., a.* = *hare's lair*); shape; pattern; mo(u)ld; formality; ⚓ dock; ~s *pl.* manners; *en* ~ fit, up to the mark *or* to scratch; *par* ~ *d'avertissement* by way of warning; *pour la* ~ for the sake of appearances; *sous* (*la*) ~ *de* in the form of; *prendre* ~ take shape; *prendre la* ~ *de* take the form *or* shape of; **formel, -elle** [fɔr'mɛl] formal; strict; categorical; **former** [~'me] (1a) *v/t.* form; fashion, shape; *fig.* constitute; mo(u)ld; *fig.* train (*s.o.*).

formidable [fɔrmi'dabl] formidable, dreadful; F terrific, *sl.* smashing, *Am.* swell.

formique 🜍 [fɔr'mik] formic (*acid etc.*).

formulaire [fɔrmy'lɛːr] *m* formulary; pharmacopoeia; *admin.* form; **formule** [~'myl] *f* ♒, 🜍, *a. fig.* formula; 🜍 recipe; *admin.,* ✝, *post:* form; **formuler** [~my'le] (1a) *v/t.* formulate, draw up; lodge (*a complaint*); state precisely; *fig.* put into words; 🜍 ~ *une ordonnance* write out a prescription.

fornication [fɔrnika'sjɔ̃] *f* fornication.

fors † [fɔːr] *prp.* except.

fort, forte [fɔːr, fɔrt] **1.** *adj.* strong, robust; clever (at, en); good (at, en); large (*sum*); *fig.* big; ample (*resources*); thick, stout (*person*); heavy (*beard, rain, sea, soil*); steep (*slope*); high (*fever, wind*); *fig.* difficult; *fig.* severe; *à plus* ~e *rai-*

son all the more; *esprit* m ~ free-thinker; *se faire* ~ *de* undertake to; **2. fort** *adv.* very; strongly; loud(ly); **3.** *su./m* strong part; strong man; *fig.* strong point; *fig.* height (*of debate, fever, season*); ⚔ fort, stronghold; ~ *de la Halle* market porter.

forteresse ⚔ [fɔrtə'res] *f* fortress; stronghold (*a. fig.*).

fortifiant, e [fɔrti'fjɑ̃, ~'fjɑ̃:t] **1.** *adj.* strengthening; invigorating; **2.** *su./m* tonic; **fortification** [~fika'sjɔ̃] *f* fortification; **fortifier** [~'fje] (1o) *v/t.* ⚔, *fig.* fortify; strengthen (*a. fig.*); invigorate; *se* ~ grow stronger.

fortin ⚔ [fɔr'tɛ̃] *m* small fort.

fortuit, e [fɔr'tɥi, ~'tɥit] chance..., accidental.

fortune [fɔr'tyn] *f* fortune, luck; chance; wealth; *bonne* (*mauvaise*) ~ good (bad) luck; *dîner à la* ~ *du pot* take pot-luck; ⚓ *mât* m *de* ~ jurymast; *sans* ~ poor; *tenter sa* ~ try one's luck; **fortuné, e** [fɔrty'ne] fortunate; well-off, rich.

forure ⊕ [fɔ'ry:r] *f* bore(-hole).

fosse [fo:s] *f* pit, hole; trench; grave; *lions:* den; *mot.* inspection pit; **fossé** [fo'se] *m* ditch, trench; *castle:* moat; **fossette** [~'set] *f* dimple.

fossile [fo'sil] **1.** *adj.* fossilized (*a. fig.*); **2.** *su./m* fossil (*a. fig.*).

fossoyer ✍ [foswa'je] (1h) *v/t.* trench, drain; **fossoyeur** [~'jœ:r] *m* grave-digger.

fou (*adj. before vowel or h mute* **fol**) *m*, **folle** *f*, *m/pl.* **fous** [fu, fɔl, fu] **1.** *adj.* mad, insane, crazy; *fig.* enormous, tremendous; silly, foolish; *devenir* (*rendre q.*) ~ go (drive s.o.) mad; **2.** *su.* lunatic; *su./m* fool; madman; *chess:* bishop; ~*s pl. du volant* reckless drivers; *su./f* madwoman.

fouailler † [fwɑ'je] (1a) *v/t.* flog; beat.

foudre[1] [fudr] *m* tun.

foudre[2] [fudr] *f* thunderbolt; lightning; *coup* m *de* ~ thunderbolt (*a. fig.*); *fig.* love at first sight; *fig.* bolt from the blue; *la* ~ *est tombée* lightning struck (at, *à*); **foudroyer** [fudrwa'je] (1h) *v/t.* strike (by lightning); *fig.* strike down; *fig.* dumbfound, crush; ~ *du regard* look daggers at.

fouëne [fwɛn] *f see* **foëne**.

fouet [fwɛ] *m* whip; ~ (*à œufs*) (egg) whisk; **fouetter** [fwɛ'te] (1a) *v/t.* whip; birch; flog (*a child*); whisk (*eggs*); *rain:* lash against (*a window*); *v/i.* lash (*rain*).

fougère ♀ [fu'ʒɛ:r] *f* fern.

fougue [fug] *f* fire, spirit, dash; (*youthful*) enthusiasm; **fougueux, -euse** [fu'gø, ~'gø:z] fiery, mettlesome, spirited (*horse*); impetuous.

fouille [fu:j] *f* excavation; *fig.* search; **fouillé, e** [fu'je] detailed; elaborate; **fouiller** [~'je] (1a) *v/t.* dig, excavate; search (*s.o.*); *v/i.* rummage; **fouillis** [~'ji] *m* jumble, mess.

fouinard, e F [fwi'na:r, ~'nard] inquisitive; sneaking; **fouine** *zo.* [fwin] *f* stone marten; **fouiner** F [fwi'ne] (1a) *v/i.* nose *or* ferret about.

fouir [fwi:r] (2a) *v/t.* dig; **fouisseur, -euse** [fwi'sœ:r, ~'sø:z] **1.** *adj.* burrowing (*animal*); **2.** *su./m* burrower, burrowing animal.

foulage [fu'la:ʒ] *m* pressing; ⊕ *cloth, leather:* fulling; *metall.* ramming; *typ.* impression.

foulard [fu'la:r] *m* silk neckerchief *or* handkerchief; *tex.* foulard.

foule [ful] *f* crowd, multitude; throng; mob; heaps *pl.*; *tex., cloth, leather:* fulling; **fouler** [fu'le] (1a) *v/t.* tread; trample down; press, crush; ✸ strain, wrench; *tex.* full; *metall.* ram; *fig.* ~ *aux pieds* ride rough-shod over; **foulerie** [ful'ri] *f* fulling-mill; **fouleur** *tex.* [fu'lœ:r] *m* fuller; **fouloir** [~'lwa:r] *m tex.* fulling-stock; fulling-mill; *metall.* rammer; **foulon** *tex.* [~'lɔ̃] *m person:* fuller; *terre f à* ~ fuller's earth; **foulure** ✸ [~'ly:r] *f* sprain, wrench.

four [fu:r] *m* oven; cooker; ⊕ furnace, kiln; *thea., a.* F failure, F flop; ~ *à chaux* lime-kiln; *faire* ~ be a failure *or* F a flop; *petits* ~*s pl.* small fancy cakes.

fourbe [furb] **1.** *adj.* rascally; double-dealing; **2.** *su.* cheat; **fourberie** [furbə'ri] *f* swindle; deceit; trickery; *Am.* skulduggery.

fourbi F [fur'bi] *m* equipment, ⚔ kit; thingumajig; **fourbir** [~'bi:r] (2a) *v/t.* furbish, polish up.

fourbu, e [fur'by] tired out, exhausted.

fourche [furʃ] *f* fork; *en* ~ forked; **fourcher** [fur'ʃe] (1a) *v/i.* fork branch; *fig. la langue m'a fourché* I made a slip of the tongue; **fourchet** [~'ʃɛ] *m* fork; *vet.* foot-rot; **fourchette** [~'ʃɛt] *f* (table)fork; wishbone; *statistics etc.*: bracket; *prices etc.*: range; *avoir un bon coup de ~* be a hearty eater; **fourchon** [~'ʃɔ̃] *m* fork: prong; *bough*: fork; **fourchu, e** [~'ʃy] forked; cloven (*hoof*).

fourgon[1] [fur'gɔ̃] *m* van, waggon; 🚃 luggage van, *Am.* baggage or freight car.

fourgon[2] [fur'gɔ̃] *m* poker, fire-rake; **fourgonner** [~gɔ'ne] (1a) *v/t.* poke (*the fire*); *v/i.* poke (the fire); *fig.* poke about (in, *dans*).

fourgonnette *mot.* [furgɔ'nɛt] *f* light van.

fourmi zo. [fur'mi] *f* ant; *~ blanche* termite; *fig. avoir des ~s* have pins and needles; **fourmilier** zo. [furmi'lje] *m* ant-eater; **fourmilière** [~'ljɛːr] *f* ant-hill, ants' nest; *fig.* swarm, nest; **fourmi(-)lion**, *pl.* **fourmis(-)lions** zo. [~'ljɔ̃] *m* antlion; **fourmiller** [~'je] (1a) *v/i.* swarm, teem (with, de); *fig.* tingle.

fournaise *poet., a. fig.* [fur'nɛːz] *f* furnace; **fourneau** [~'no] *m* ⊕ furnace; cooker, stove; ♜, ⚒ *mine*: chamber; *pipe*: bowl; *sl.* fool, idiot; *metall. haut ~* blast-furnace; **fournée** [~'ne] *f* ovenful (*of*), ⊕, *metall.* charge; ⊕ *bricks*: baking; *loaves, a. fig.*: batch.

fourni, e [fur'ni] supplied; thick, abundant; bushy (*beard*).

fournier [fur'nje] *m* baker; oven-man; **fournil** [~'ni] *m* bakehouse.

fourniment ⚒ [furni'mã] *m* kit, equipment; **fournir** [~'niːr] (2a) *v/t.* furnish, supply, equip (with, de); provide; ✝ stock (*a shop*); **fournisseur** ✝ [~ni'sœːr] *m* supplier, caterer; tradesman; **fourniture** [~'tyːr] *f* supplying; *~s pl.* supplies; equipment *sg.*

fourrage [fu'raːʒ] *m* forage, fodder; ⚒ foraging; **fourrager** [fura'ʒe] (1l) *v/i.* forage; *fig.* rummage, search; *v/t. fig.* ravage; **fourragère** ⚒ [~'ʒɛːr] **1.** *su./f* forage waggon; lanyard; shoulder-braid; **2.** *adj./f*: *plante f ~* fodder plant.

fourré, e [fu're] fur-lined; furry; lined; filled (with, de); *fig. coup m ~* backhanded blow; *paix f ~e* sham peace.

fourreau [fu'ro] *m* ✗ sheath (*a. cost., a. fig.*); case; ⊕ sleeve; ⊕ *cylinder*: liner.

fourrer [fu're] (1a) *v/t.* line with fur; stuff, thrust, cram; F stick, poke; ⊕ pack (*a joint*); *se ~* wrap o.s. up; hide o.s.; thrust o.s.; **fourreur** [~'rœːr] *m* furrier.

fourrier [fu'rje] *m* ✗ quartermaster-sergeant; *fig.* forerunner; **fourrière** [~'rjɛːr] *f* pound; *emmener une voiture à la ~,* mettre une voiture *en ~* tow a car away.

fourrure [fu'ryːr] *f* fur; skin; lining (*a. mot. brake*); ⊕ *joint*: packing; ⚠ filler-block.

fourvoyer [furvwa'je] (1h) *v/t.* lead astray, mislead; *se ~* go astray; be mistaken.

foutaise F [fu'tɛːz] *f* rubbish, rot.

foutre V [futr] **1.** (4a) *v/t.* throw; give; do; *~ la paix à q.* leave s.o. alone; shut up; *~ le camp* clear out, go; *~ q. dedans* do or cheat s.o.; *je m'en fous* I don't care, I don't give a damn; *se ~ de* not to care a hang or *sl.* a damn about; **2.** *int.* gosh!; damn it!; **foutu, e** F [fu'ty] damned, *Br. sl.* bloody; done for, finished, *sl.* bust(ed).

fox zo. [fɔks] *m* (*a. fox-terrier*) fox terrier; *~-trot* [~'trɔt] *m/inv.* foxtrot.

foyer [fwa'je] *m* hearth, fire(-place); *fig.* home; ⊕ fire-box, combustion chamber; *boiler*: furnace; ⚡, ✗, *phot., phys.* focus; *hotel*: lounge; *fig.* seat, centre; *thea.* ~ *des artistes* green-room; *~ des étudiants* (university) hall of residence; *building*: Students' Union.

frac [frak] *m* dress-coat.

fracas [fra'ka] *m* crash; din, shindy; **fracassant, e** [~ka'sã, ~'sãːt] deafening (*noise*); *fig.* sensational, F shattering, F thundering; **fracasser** [~ka'se] (1a) *v/t.* shatter; smash to pieces.

fraction [frak'sjɔ̃] *f* fraction (*a.* ⚛); portion; *pol.* group; ⚛ *~ continue* continued fraction; **fractionnaire** [fraksjɔ'nɛːr] fractional; *nombre m ~* mixed number; improper fraction; **fractionner** [~'ne] (1a) *v/t.* split up; ⊕, ⚗ fractionate; crack (*mineral oils*); ⚛ fractionize.

fracture [frak'tyːr] *f* breaking open; *lock*: forcing; ✗, *geol.* fracture; **fracturer** [~ty're] (1a) *v/t.* break open; force (*a lock*); ⚒ fracture, break; ⚒ se ~ un bras fracture *or* break one's arm.

fragile [fra'ʒil] fragile; brittle; *fig.* weak; ✝ *inscription*: with care; **fragilité** [~ʒili'te] *f* fragility; brittleness; *fig.* weakness, frailty.

fragment [frag'mã] *m* fragment, bit; snatch (*of a song*); **fragmentaire** [~mã'tɛ:r] fragmentary; in fragments.

frai [frɛ] *m* spawning (season); spawn; fry.

fraîcheur [frɛ'ʃœ:r] *f* freshness (*a. fig.*); coolness; *fig.* bloom (*a. of flowers*); **fraîchir** [~'ʃi:r] (2a) *v/i.* grow colder; freshen (*wind*).

frais¹, fraîche [frɛ, frɛʃ] **1.** *adj.* fresh; cool; recent; new (*bread*); wet (*paint*); new-laid (*egg*); **2.** *adv.*: frais arrivé just arrived; fleur *f* fraîche cueillie freshly gathered *or* picked flower; **3.** *su./m* cool; coolness; au ~ in a cool place; de ~ freshly.

frais² [frɛ] *m/pl.* cost *sg.*, expenses, outlay *sg.*; fees; ⚖ costs; charges; ~ de livraison delivery charges; ~ d'entretien maintenance costs, upkeep *sg.*; ✝ ~ de port en plus carriage *sg.* extra; ~ de transport freight charges; carriage *sg.*; aux ~ de at the expense of; faire les ~ de bear the cost of; *fig.* provide the topic(s) of (*a conversation*); peu de ~ small cost *sg.*; ... pour ~ d'envoi postage and packing ...

fraise¹ [frɛ:z] *f* ⚘ strawberry; ⚒ strawberry mark, n(a)evus.

fraise² [~] *f cuis.* calf, lamb: crow; *turkey*: wattle; *collar*: ruff.

fraise³ [frɛ:z] *f* countersink (bit); mill; ⊕ ~ champignon (*or conique*) rose bit.

fraiser ⊕ [frɛ'ze] (1a) *v/t.* mill; countersink.

fraiseuse ⊕ [frɛ'zø:z] *f* milling machine. [plant.]

fraisier ⚘ [frɛ'zje] *m* strawberry

framboise [frã'bwa:z] *f* raspberry; **framboiser** [frãbwa'ze] (1a) *v/t.* flavo(u)r with raspberry; **framboisier** ⚘ [~'zje] *m* raspberry-bush.

franc¹, franche [frã, frã:ʃ] **1.** *adj.* frank; free; open, candid; straightforward; fair (*play*); *fig.* real, pure; ~ de port carriage paid; post-free; *foot.* coup ~ ~ free kick; **2.** *franc adv.* frankly; candidly; pour parler ~. to be frank.

franc² [frã] *m coin*: franc; pour un ~ de a franc's worth of.

franc³, franque [frã, frã:k] **1.** *adj.* Frankish; **2.** *su.* ♀ Frank; *in Levant*: European.

français, e [frã'sɛ, ~'sɛ:z] **1.** *adj.* French; **2.** *su./m ling.* French; ♀ Frenchman; les ♀ *m/pl.* the French; *su./f* ♀ Frenchwoman.

franchement [frãʃ'mã] *adv.* frankly; openly; straight (out); F really.

franchir [frã'ʃi:r] (2a) *v/t.* jump over, clear; cross; pass through; ⚓ weather (*a headland*); *fig.* overcome; **franchise** [~'ʃi:z] *f* frankness; openness; *city*: freedom; *admin.* exemption; ~ de bagages baggage (*Am.* luggage) allowance; en ~ duty-free; **franchissable** [~ʃi'sabl] passable (*river*); negotiable (*hill*).

franciser [frãsi'ze] (1a) *v/t.* gallicize; **franciste** [~'sist] *su.* French scholar *or* specialist.

franc-maçon, *pl.* **francs-maçons** [frãma'sɔ̃] *m* freemason; **franc-maçonnerie** [~sɔn'ri] *f* freemasonry.

franco ✝ [frã'ko] *adv.* free (of charge).

francophone [frãko'fɔn] **1.** *adj.* French-speaking; **2.** *su.* French-speaking person.

franc-tireur, *pl.* **francs-tireurs** [frãti'rœ:r] *m* ✕ sniper; *fig.* free lance.

frange [frã:ʒ] *f* fringe; fringe group; **franger** [frã'ʒe] (11) *v/t.* fringe.

frangin *sl.* [frã'ʒɛ̃] *m* brother; **frangine** *sl.* [~'ʒin] *f* sister.

franquette F [frã'kɛt] *adv.*: à la bonne ~ without ceremony.

frappage ⊕ [fra'pa:ʒ] *m* stamping, striking; *coins*: minting; **frappe** [frap] *f* minting; striking; stamp; **frappé, e** [fra'pe] (1a) *v/t.* strike (*a. fig.*), hit; mint (*money*); ice (*a drink*); type (*a letter*); punch (out) (*a design*); F se ~ get alarmed; *v/i.* strike; knock (at the door, à la porte); ~ du pied stamp one's foot; ~ juste strike home; **frappeur** [fra'pœ:r] **1.** *su./m* ⊕ *etc.* striker; *tel.* tapper; stamper; puncher; **2.** *adj./m*: esprit *m* ~ rapping spirit.

frasque [frask] *f* escapade.

fraternel, -elle [fratɛr'nɛl] fraternal, brotherly; **fraterniser** [~ni'ze]

frigo

(1a) v/i. fraternize (with, avec); **fraternité** [~ni'te] f fraternity, brotherhood.

fratricide [fratri'sid] **1.** su. person: fratricide; su./m crime: fratricide; **2.** adj. fratricidal.

fraude [fro:d] f fraud, deception; ~ fiscale tax evasion; faire entrer en ~ smuggle in; **frauder** [fro'de] (1a) v/i. cheat; v/t. defraud, cheat, swindle; **fraudeur, -euse** [~'dœ:r, ~'dø:z] **1.** adj. fraudulent; **2.** su. defrauder; cheat; ~ fiscal(e) tax evader.

frayer [frɛ'je] (1i) v/t. rub; clear (a path, a way); se ~ un chemin make a way for o.s.; v/i. spawn (fish); ~ avec associate with.

frayeur [frɛ'jœ:r] fright, terror.

fredaine [frə'dɛn] f escapade; faire des ~s sow one's wild oats.

fredonner [frədɔ'ne] (1a) v/t. hum (a tune).

frégate [fre'gat] f ⚓ frigate; orn. frigate-bird.

frein [frɛ̃] m mot. etc., a. fig. brake; fig. a. curb, restraint; horse: bit; ~ à air comprimé air-brake; ~ à rétropédalage back-pedalling brake; ⚙ ~ de secours emergency-brake; ~s pl. à disque disc brakes; ~ sur jante rim-brake; mettre un ~ à curb, bridle; ronger son ~ champ the bit; **freinage** [frɛ'na:ʒ] m braking; puissance de ~ braking power; mot. traces f/pl. de ~ skid marks; **freiner** [frɛ'ne] (1a) vt/i. mot. brake; v/i. mot. apply the brakes; v/t. mot. apply the brakes to; fig. restrain, curb; fig. put a brake on, check.

frelater [frəla'te] (1a) v/t. adulterate (food, wine).

frêle [frɛl] frail, weak.

frelon zo. [frə'lɔ̃] m hornet.

freluquet F [frəly'kɛ] m whippersnapper.

frémir [fre'mi:r] (2a) v/i. tremble, shudder; rustle (leaves); quiver (a. fig. with, de); **frémissement** [~mis'mã] m quiver(ing); shudder(ing); leaves: rustle; wind: sighing.

frêne ♀ [frɛ:n] m ash(-tree).

frénésie [frene'zi] f frenzy, madness; **frénétique** [~'tik] frantic, frenzied (a. fig.).

fréquemment [freka'mã] adv. of fréquent; **fréquence** [fre'kã:s] f ⚡, ♪, etc. frequency; **fréquent, e** [~'kã, ~'kã:t] frequent; ⚕ rapid

(pulse); **fréquentation** [~kãta'sjɔ̃] f frequenting; association (with, de); regular attendance (at, de); (a. ~s pl.) company (sg.); **fréquenté, e** [~kã'te]: (très ~ very) busy (place); bien (mal) ~ of good (ill) repute; **fréquenter** [~kã'te] v/t. frequent; visit; see (s.o.) frequently; attend (s.th.) frequently.

frère [frɛ:r] m brother; eccl. monk; friar; faux ~ traitor, double-crosser. **frérot** F [fre'ro] m little brother.

fresque [frɛsk] f fresco.

fret ⚓ [frɛ] m freight; cargo; prendre à ~ charter; **frètement** ⚓ [frɛt'mã] m chartering; **fréter** [fre'te] (1f) v/t. freight; charter; fit out (a ship); F hire (a car etc.); **fréteur** [~'tœ:r] m shipowner, charterer.

frétiller [freti'je] (1a) v/i. wriggle, wag (tail); fig. fidget.

fretin [frə'tɛ̃] m: (le menu ~ the small) fry.

freudien, -enne [frø'djɛ̃, ~'djɛn] Freudian.

friable [fri'abl] crumbly.

friand, e [fri'ã, ~'ã:d] dainty; ~ de partial to; **friandise** [~ã'di:z] f titbit, delicacy; epicurism.

fric sl. [frik] m dough (= money).

fricandeau cuis. [frikã'do] m stewed larded veal; **fricassée** cuis. [frika-'se] f fricassee, hash; **fricasser** [~'se] (1a) v/t. cuis. fricassee; F squander; **fricasseur** m, -euse f F [~'sœ:r, ~'sø:z] poor cook; fig. squanderer; journ. ~ d'articles potboiler.   [glary.\

fric-frac sl. [frik'frak] m/inv. bur-\
friche ♪ [friʃ] f fallow land; waste land; en ~ fallow; fig. undeveloped.

fricoter F [frikɔ'te] (1a) vt/i. stew, cook (up) (a. fig.); F fig. a. be up to (s.th.); **fricoteur, -euse** f F [~'tœ:r, ~'tø:z] schemer; wangler; trafficker.

friction [frik'sjɔ̃] f ⊕ friction; scalp: massage; ⚕ rubbing; sp. rub-down; **frictionner** [~sjɔ'ne] (1a) v/t. rub; give (s.o.) a rub-down; massage (s.o.'s scalp); give (s.o.) a dry shampoo.

frigidaire (TM) [friʒi'dɛ:r] m refrigerator; fig. mettre qch. au ~ put s.th. on ice or into cold storage.

frigidité ⚕ [friʒidi'te] f frigidity.

frigo F [fri'go] m refrigerator, Br. F

fridge; **frigorifier** [frigɔri'fje] (1o) v/t. refrigerate; viande f frigorifiée frozen meat; **frigorifique** [~'fik] refrigerating, chilling.

frileux, -euse [fri'lø, ~'lø:z] chilly.

frimas [fri'ma] m hoar-frost.

frime F [frim] f sham; pour la ~ for the sake of appearances.

frimousse F [fri'mus] f little face.

fringale F [frɛ̃'gal] f keen appetite.

fringant, e [frɛ̃'gɑ̃, ~'gɑ̃:t] frisky, lively; fig. dashing (person).

fringues F [frɛ̃:g] f/pl. togs.

friper [fri'pe] (1a) v/t. crease; crumple; se ~ get crumpled; **friperie** [~'pri] f old clothes pl.; second-hand goods pl. or business; old-clothes shop or business; fig. rubbish; **fripier** m, **-ère** f [~'pje, ~'pjɛ:r] dealer in old clothes; second-hand dealer.

fripon, -onne [fri'põ, ~'pɔn] **1.** adj. roguish; **2.** su. rascal; **friponnerie** [~pɔn'ri] f (piece of) mischief, prank(s pl.).

fripouille F [fri'pu:j] f bad lot, cad.

frire [fri:r] (4s) v/t./i. (a. faire ~) fry.

frise¹ [fri:z] f ⚠ frieze; thea. ~s pl. borders.

frise² tex. [~] f frieze; see cheval.

friselis [friz'li] m rustle.

friser [fri'ze] (1a) v/t. curl; wave; crimp (cloth); skim, graze; fig. verge on, border on; v/i. curl (hair); **frisoir** [~'zwa:r] m (hair-)curler; curling-tongs pl.

frison¹ [fri'zõ] m curl, ringlet.

frison², -onne [fri'zõ, ~'zɔn] adj., a. su. ♀ Frisian.

frisquet, -ette F [fris'kɛ, ~'kɛt] chilly, sl. parky.

frisson [fri'sõ] m shiver, shudder; pleasure: thrill; **frissonner** [~sɔ'ne] (1a) v/i. (with, de) shiver, shudder; quiver; be thrilled.

frit, e [fri, frit] p.p. of frire; **friterie** [fri'tri] f fried-fish shop or stall; **frites** F [frit] f/pl. chipped potatoes, F chips, Am. French fries, French fried potatoes; **friteuse** [fri'tø:z] f deep-frying pan; **frittage** ⊕ [fri'ta:ʒ] m sintering; roasting; **fritter** ⊕ [~'te] (1a) v/t. roast; sinter; **friture** [~'ty:r] f frying; frying fat; fried fish; radio, teleph.: crackling.

frivole [fri'vɔl] frivolous; fig. trifling; **frivolité** [~vɔli'te] f frivolity; fig. trifle; lace: tatting.

froc eccl. [frɔk] m cowl; frock; **fro-card** sl. [frɔ'ka:r] m monk.

froid, froide [frwa, frwad] **1.** adj. cold (a. fig. smile, reception); chilly (a. fig. manner); frigid (style); à ~ in the cold state; when cold (a. cuis.); avoir ~ be cold (person); battre ~ à cold-shoulder (s.o.); en ~ avec on chilly terms with, cool towards; faire ~ be cold (weather); prendre ~ catch a chill; **2.** su./m cold; fig. coldness; ♀ industrie f du ~ refrigeration industry; **froideur** [frwa'dœ:r] f coldness, chilliness, indifference; fig. chill; ⚙ frigidity.

froissement [frwas'mɑ̃] m crumpling; rustle; bruising; fig. conflict; giving or taking offence; **froisser** [frwa'se] (1a) v/t. crumple, crease; fig. offend, hurt, ruffle (s.o.); se ~ take offence (at, de); **froissure** [~'sy:r] f cloth, paper: crumple.

frôlement [frol'mɑ̃] m light brushing; light touch; **frôler** [fro'le] (1a) v/t. graze; brush against or past; fig. come near to.

fromage [frɔ'ma:ʒ] m cheese; fig. F cushy job; ~ de tête pork brawn; **fromager, -ère** [~ma'ʒe, ~'ʒɛ:r] **1.** adj. cheese...; **2.** su. cheesemonger; cheesemaker; **fromagerie** [~maʒ'ri] f cheesemonger's (shop); cheese dairy.

froment ✒ [frɔ'mɑ̃] m wheat.

fronce [frõ:s] f crease; dress etc.: gather; **froncement** [frõs'mɑ̃] m puckering; ~ des sourcils frown; **froncer** [frõ'se] (1k) v/t. pucker, wrinkle; gather (one's skirt etc.); ~ les sourcils frown; scowl; **froncis** [~'si] m skirt, dress: gathering.

frondaison [frõdɛ'zõ] f foliage, leaves pl.; foliation.

fronde [frõ:d] f sling; (toy) catapult; hist. ♀ the Fronde (1648 – 1653); **fronder** [frõ'de] (1a) v/t. sling, catapult (a stone); hit with a sling; (a. ~ contre) scoff at; **frondeur, -euse** f [~'dœ:r, ~'dø:z] **1.** su. slinger; hist. member of the Fronde; fig. scoffer; F grouser; **2.** adj. bantering; irreverent.

front [frõ] m front (a. ⚔); forehead; brow; face; fig. impudence, cheek; pol. ♀ populaire Popular Front; de ~ abreast; front-...; head-on (collision); at once; faire ~ à face (s.th.); **frontal, e** m/pl. -aux [frõ'tal, ~'to-

1. *adj.* frontal, front-...; *mot. collision* ~e head-on collision; **2.** *su./m horse:* headband; *anat.* frontal (bone); **fronteau** [~'to] *m horse:* headband; Δ frontal; *eccl.* frontlet; **frontière** [~'tje:r] **1.** *su./f* frontier; border; boundary; **2.** *adj./f: ville f* ~ frontier town; **frontispice** [~tis'pis] *m* frontispiece (*a.* Δ); titlepage.

fronton [frɔ̃'tɔ̃] *m* Δ fronton, pediment; *pelota:* front wall.

frottage [frɔ'ta:ʒ] *m* polishing; rubbing; *flesh:* chafing; *metal:* scouring; **frottée** [~'te] *f* thrashing; **frottement** [frɔt'mɑ̃] *m* rubbing, chafing; ⊕ friction; **frotter** [frɔ'te] (1a) *v/t.* rub; chafe (*one's leg*); polish; scour (*metal*); strike (*a match*); F thrash; *paint.* scumble; *fig.* se ~ à q. associate with s.o.; come up against s.o.; *v/i.* rub; **frottoir** [~'twa:r] *m* polishing cloth, polisher; ⊕ friction-plate; ⚡ brush.

frou(-)frou [fru'fru] *m gown:* rustle, swish; **froufrouter** [~fru'te] (1a) *v/i.* rustle, swish.

froussard, e *sl.* [fru'sa:r, ~'sard] **1.** *adj.* cowardly, *sl.* chicken; **2.** *su.* coward; **frousse** *sl.* [frus] *f* fear, F funk; *avoir la* ~ be scared.

fructifier [frykti'fje] (1o) *v/i.* bear fruit; **fructueux, -euse** [~'tɥø, ~'tɥø:z] fruitful, profitable.

frugal, e, *m/pl.* **-aux** [fry'gal, ~'go] frugal; **frugalité** [~gali'te] *f* frugality.

fruit [frɥi] *m* fruit; *fig.* advantage, profit; *fig.* result; ⚖ profit, revenue; *zo.* ~s *pl.* de mer fish and shellfish, *Am.* sea-food *sg.*; ~ sec dried fruit; *fig. person:* failure; **fruité, e** [frɥi'te] fruity (*wine, olives*); **fruiterie** [~'tri] *f* store-room for fruit; fruiterer's (shop); greengrocery; **fruitier, -ère** [~'tje, ~'tje:r] **1.** *adj.* fruit-bearing; fruit(-tree); **2.** *su.* fruiterer, greengrocer; *su./m* store-room for fruit.

frusques *sl.* [frysk] *f/pl.* togs (= *clothes*).

fruste [fryst] rough (*a. fig.*).

frustration [frystra'sjɔ̃] *f* frustration; **frustrer** [frys'tre] (1a) *v/t.* frustrate; ~ q. de qch. deprive s.o. of s.th.; cheat s.o. out of s.th.

fuel(-oil) [fjul, fju'lɔjl] *m* fuel-oil.

fugace [fy'gas] fleeting, passing, transient;

fugitif, -ve [fyʒi'tif, ~'ti:v] **1.** *adj.* fugitive; *fig.* fleeting, passing, transient; **2.** *su.* fugitive.

fugue [fyg] *f* ♪ fugue; running away; *faire une* ~ run away.

fuir [fɥi:r] (2d) *v/i.* flee, run away; leak (*barrel*); recede (*forehead, landscape*); *v/t.* avoid, shun; **fuis** [fɥi] *1st p. sg. pres. and p.s. of fuir;* **fuite** [fɥit] *f* flight; escape; *gas, liquid, a. fig. secrets:* leak, leakage; shunning; *mettre en* ~ put to flight; *prendre la* ~ take to flight, F take to one's heels.

fulgurant, e [fylgy'rɑ̃, ~'rɑ̃:t] flashing; fulgurating (*pain*); **fulguration** [~ra'sjɔ̃] *f* flashing; 𝟉 fulguration; **fulgurer** [~'re] (1a) *v/i.* flash, fulgurate.

fuligineux, -euse [fyliʒi'nø, ~'nø:z] fuliginous, sooty; murky.

fulmicoton [fylmiko'tɔ̃] *m see cotonpoudre;* **fulmination** *eccl.,* 🝿 [~na'sjɔ̃] *f* fulmination; **fulminer** [~'ne] (1a) *vt/i.* fulminate; *v/i.: fig.* ~ contre fulminate against.

fumage¹ 🜨 [fy'ma:ʒ] *m* dunging, dressing; manure.

fumage² [~] *fish, meat:* smoking.

fume-cigare(tte) [fymsi'gar, ~ga-'ret] *m/inv.* cigar(ette)-holder.

fumée [fy'me] *f* smoke; *soup:* steam; *fumes pl.*; *fig.* vanity.

fumer¹ [~] (1a) *v/t.* smoke (*cigars, fish, meat*); *v/i.* smoke; steam; *fig.* ~ de colère fume.

fumer² 🜨 [~] (1a) *v/t.* manure, dung (*the soil*).

fumerie [fym'ri] *f † tobacco etc.:* smoking; *opium:* den; **fumeron** [~'rɔ̃] *m* smoky charcoal; **fumet** [fy'me] *m cooking:* aroma; *wine:* bouquet; *cuis.* concentrate; *hunt.* scent; **fumeur** *m,* **-euse** f [~'mœr, ~'mø:z] smoker; *su./m* 🚬 F smoker, smoking compartment; **fumeux, -euse** [~'mø, ~'mø:z] smoky; heady (*wine*); *fig.* hazy.

fumier [fy'mje] *m* manure, dung; dunghill; *fig. mourir sur le* ~ die in squalor.

fumiste [fy'mist] *m* stove-setter; F humbug; F practical joker; **fumisterie** [~mis'tri] *f* stove-setting; F practical joke; *sl.* monkey business; **fumivore** ⊕ [~mi'vo:r] *m* smoke-consumer; **fumoir** [~'mwa:r] *m* smoking-room; smokehouse (*for curing of fish, meat*).

funèbre [fy'nɛbr] funeral; gloomy, funereal; **funérailles** [fyne'rɑ:j] f/pl. funeral sg.; obsequies; **funéraire** [\'rɛ:r] funeral; tomb(stone).

funeste [fy'nɛst] fatal, deadly.

funiculaire [fyniky'lɛ:r] **1.** adj. funicular; **2.** su./m funicular railway.

fur [fy:r] m: au ~ et à mesure progressively, gradually; au ~ et à mesure que (as soon) as; (in proportion) as; au ~ et à mesure de according to.

furet [fy'rɛ] m zo. ferret; fig. Nosey Parker, Paul Pry; **fureter** [fyr-'te] (1d) v/i. ferret (a. fig.); fig. rummage, nose about; **fureteur, -euse** [\'tœ:r, \'tø:z] **1.** adj. prying; **2.** su. ferreter; fig. rummager; Nosey Parker.

fureur [fy'rœ:r] f fury, rage; passion; aimer avec (or à la) ~ be passionately fond of; fig. faire ~ be all the rage; **furibond, e** [\ri'bɔ̃, \'bɔ̃:d] **1.** adj. furious; **2.** su. furious person; **furie** [\'ri] f fury, rage; fig. avec ~ frantically, wildly; entrer en ~ become furious; **furieux, -euse** [\'rjø, \'rjø:z] furious, mad, raging.

furole [fy'rɔl] f will-o'-the-wisp.

furoncle [fy'rɔ̃:kl] m furuncle, F boil.

furtif, -ve [fyr'tif, \'ti:v] furtive, [stealthy.\]

fus [fy] 1st p. sg. p.s. of être 1.

fusain [fy'zɛ̃] m ♀ spindle-tree; (drawing-)charcoal; charcoal sketch; **fuseau** [\'zo] m tex. spindle; ♀ spherical lune; ⊕ roller-chain: link-pin; ⊕ ~ trundle: stave; biol. nucleus spindle; cost. pantalon m ~ tapering or peg-top trousers pl.; ~ horaire time zone; en ~ tapering (at both ends); F fig. jambes f/pl. en ~ spindle-shanks.

fusée¹ [fy'ze] f tex. spindleful; ⊕ spindle.

fusée² [\.] f ✗ bomb etc.: fuse; ✗, phys. rocket; ~ éclairante flare; ~ engin space, carrier vehicle; avion m ~ rocket-propelled aircraft; lancer une ~ send up a flare.

fuselage ✈ [fyz'la:ʒ] m fuselage; **fuselé, e** [\'le] spindle-shaped, tapering; mot. stream-lined; **fuseler** [\'le] (1c) v/t. taper; mot. streamline.

fuser [fy'ze] (1a) v/i. run, spread (colours); fuse, melt; fig. burst out (laughter); ♪ crackle, F fizz; slake (lime); burn slowly (fuse); **fusible** [\'zibl] **1.** adj. fusible; **2.** su./m ∉ fuse(-wire).

fusil [fy'zi] m rifle, gun; ~ de chasse shotgun; à portée de ~ within gunshot; coup m de ~ shot; **fusilier** ✗ [fyzi'lje] m fusilier; **fusillade** [\'jad] f rifle-fire, fusillade; (execution by) shooting; **fusiller** [\'je] (1a) v/t. shoot; sl. smash (up), mess up.

fusion [fy'zjɔ̃] f fusion (a. fig.); melting; † merger; **fusionner** [\.zjɔ'ne] (1a) v/t. a. se ~ amalgamate, merge.

fustiger [fysti'ʒe] (1l) v/t. censure, denounce; fig. flay; † thrash.

fût [fy] m gun: stock; tools etc.: handle; ♪ chimney, column, etc. shaft; barrel, cask; box, drum: body; beer: wood; ♀ tree: bole.

futaie [fy'te] f forest; arbre m de haute ~ full-grown tree, timber tree; **futaille** [\'ta:j] f cask, tun.

futaine tex. [fy'tɛn] f fustian.

futé, e f [fy'te] sharp, cunning.

futile [fy'til] futile; trifling; **futilité** [\tili'te] f futility; ~s pl. trifles.

futur, e [fy'ty:r] **1.** adj. future; **2.** su./m intended (husband); gramm. future; su./f intended (wife); **futurisme** paint. [\ty'rism] m futurism; **futuriste** [\ty'rist] **1.** su. futurist; **2.** adj. futuristic; **futurologie** [\ty-rɔlɔ'ʒi] f futurology; **futurologue** [\tyrɔ'lɔg] su. futurologist.

fuyant, e [fɥi'jɑ̃, \'jɑ̃:t] fleeing, fleeting (moment); shifty (eyes); fig. receding (forehead, a. paint. etc. line); **fuyard, e** [\'ja:r, \'jard] **1.** su. fugitive; **2.** adj. timid; **fuyons** [\'jɔ̃] 1st p. pl. pres. of fuir.

G

G, g [ʒe] *m* G, g.

gabare ⚓ [ga'ba:r] *f* lighter; transport-vessel; drag-net; **gabarier** [∼ba'rje] *m* barge: skipper; bargee, lighterman.

gabarit [gaba'ri] *m* size; *fig.* calibre; *ships:* model; ⊕ template; ⊕ clearance; 🚂, ⊕ ga(u)ge; *fig.* sort, kind; *fig. du même* ∼ of the same sort.

gabelle † [ga'bɛl] *f* salt-tax; **gabelou** *pej.* [∼'blu] *m* customs officer.

gabier ⚓ [ga'bje] *m* topman.

gâche[1] ⊕ [ga:ʃ] *f* staple; wall-hook; catch; *pawl:* notch.

gâche[2] ⊕ [ga:ʃ] *f* ⊕ trowel; *cuis.* spatula; **gâcher** [ga'ʃe] (1a) *v/t.* mix (*mortar*); slack, slake (*lime*); *fig.* waste; spoil; bungle (*work*).

gâchette [ga'ʃɛt] *f* lock: springcatch; ⊕ pawl; *gun-lock:* tumbler; F *gun:* trigger.

gâcheur, -euse [ga'ʃœ:r, ∼'ʃø:z] *su.* bungler; *su./m* ⚒ builder's labo(u)rer; **gâchis** [∼'ʃi] *m* ⚒ wet mortar; mud; F *fig.* mess.

gadget [gad'ʒɛ(t)] *m* gadget; **gadgetiser** [∼dʒeti'ze] (1a) *v/t.* make a gadget out of; fit up with gadgets; customize (*a car etc.*). [Gaelic.]

gaélique [gae'lik] *adj., a. su./m ling.*⌡

gaffe [gaf] *f* ⚓ boat-hook; *fishing:* gaff; F *fig.* blunder, bloomer; F *faire une* ∼ put one's foot in it, drop a brick; *sl. faire* ∼ be careful; **gaffer** [ga'fe] (1a) *v/t.* hook; gaff (*a fish*); *v/i.* F blunder, drop a brick; **gaffeur** *m*, **-euse** *f* F [∼'fœːr, ∼'fø:z] *m* blunderer.

gaga *sl.* [ga'ga] **1.** *su./m* dodderer; **2.** *adj.* doddering, senile.

gage [ga:ʒ] *m* 🏴 pledge, pawn; *gambling:* stake; *fig.* token; forfeit; ∼s *pl.* wages, pay *sg.*; *mettre en* ∼ pawn; **gager** [ga'ʒe] (1l) *v/t.* 🏴 guarantee; F bet; **gageur** *m*, **-euse** *f* [∼'ʒœːr, ∼'ʒø:z] better, wagerer; **gageure** [∼'ʒy:r] *f* hopeless *or* (almost) impossible undertaking; † wager, bet.

gagne-pain [gaɲ'pɛ̃] *m/inv.* livelihood; bread-winner; **gagne-petit** [∼pə'ti] *m/inv.* (itinerant) knife-grinder; cheap-jack; **gagner** [ga'ɲe] (1a) *v/t.* win (*a. fig.*); gain; earn (*a salary etc.*); reach, arrive at; overtake; *v/i.* gain profit (by, *à*); spread (*disease, fire*); **gagneur** *m*, **-euse** *f* [∼'ɲœːr, ∼'ɲø:z] earner; gainer; winner.

gai, gaie [ge] gay, merry, jolly, cheerful; lively, bright; ⊕ easy (*bolt, tenon*); F *un peu* ∼ a bit merry (= *tipsy*); **gaieté** [∼'te] *f* cheerfulness; mirth; ∼s *pl.* frolics; escapades; teasing jokes; *de* ∼ *de cœur* out of sheer wantonness.

gaillard, e [ga'ja:r, ∼'jard] **1.** *adj.* jolly, merry; strong, well (*health etc.*); broad, spicy, risky (*song, story*); **2.** *su./m* fellow, chap; *su./f* wench; bold young woman; **gaillardise** [∼jar'di:z] *f* jollity; ∼s *pl.* broad jokes, risky stories.

gain [gɛ̃] *m* gain, profit; earning; *cards etc.:* winnings *pl.*

gaine [gɛ:n] *f* ♀, *anat.*, *a.* knife: sheath; case, casing; corset, girdle; 🔧, 🔩 shaft; *geol.* matrix; **gainer** [ge'ne] (1b) *v/t.* sheathe.

gala [ga'la] *m* gala, fête; *en grand* ∼ in state; *habits m/pl. de* ∼ full dress *sg.*; *fig.* one's Sunday best.

galamment [gala'mɑ̃] *adv. of galant* 1; **galant, e** [∼'lɑ̃, ∼'lɑ̃:t] **1.** *adj.* courteous, gallant; † gay, elegant; *aventure f* ∼*e* (love) affair; *pej.* femme ∼*e* woman of easy virtue; *en* ∼*e compagnie* with a lady friend (*man*); with a gentleman friend (*woman*); **2.** *su./m* ladies' man; lover; **galanterie** [∼lɑ̃'tri] *f* politeness, attentiveness; love-affair; pretty speech; ∼s *pl.* compliments (*to a woman*); **galantin** [∼lɑ̃'tɛ̃] *m* dandy.

galaxie *astr.* [galak'si] *f* galaxy; *the* Milky Way.

galbe [galb] *m* curve; contour; line(s *pl.*) (*of a car*); shapeliness; **galber** [gal'be] (1a) *v/t.* shape.

gale [gal] *f* 🐕 scabies; *the* itch; *hunt.* mange; *fig.* defect (*in material*); *fig. sl. woman:* shrew.

galène min. [ga'lɛn] f galena; ~ de fer wolfram.

galère [ga'lɛːr] f galley; ⊕ barrow; *qu'allait-il faire dans cette ~?* what was he doing there?; F *vogue la ~!* let's risk it!

galerie [gal'ri] f 🐎, ⚒, thea., museum: gallery; 🐎 drift, level; arcade; mot. roof rack; 🐎 ~ de roulage drawing-road.

galérien [gale'rjɛ̃] m † galley-slave; † convict; fig. drudge.

galet [ga'lɛ] m pebble; ⊕ roller; ⊕ pulley; ~s pl. shingle sg.

galetas [gal'tɑ] m garret; hovel.

galette [ga'lɛt] f flat cake; sl. money.

galeux, -euse [ga'lø, ~'løːz] mangy (dog); ♀ scurfy (tree); with the itch (person); F fig. *brebis f ~euse* black sheep.

galimatias [galima'tjɑ] m farrago; gibberish.

galle ♀ [gal] f gall(-nut); *noix f de ~* nut-gall.

gallicanisme eccl. [galika'nism] m Gallicanism.

gallicisme [gali'sism] m gallicism, French turn of phrase.

gallois, e [ga'lwa, ~'lwaːz] **1.** adj. Welsh; **2.** su./m ling. Welsh; ♀ Welshman; *les* ♀ m/pl. the Welsh; su./f ♀ Welshwoman.

galoche [ga'lɔʃ] f clog; galosh; Am. rubber.

galon [ga'lɔ̃] m braid; ⚒, ⚓ stripe; **galonner** [~lɔ'ne] (1a) v/t. trim with braid or lace; braid.

galop [ga'lo] m gallop; fig. ~ *d'essay* trial run; fig. *au ~* (very) quickly; *au grand ~* at full gallop; *au petit ~* at a canter; **galoper** [galɔ'pe] (1a) v/i. gallop; **galopin** [~'pɛ̃] m errand-boy; urchin; ⊕ loose pulley.

galure, galurin sl. [ga'lyːr, galy'rɛ̃] m hat.

galvaniser [galvani'ze] (1a) v/t. ⊕ galvanize; (electro)plate; fig. stimulate; **galvanoplastie** ⊕ [~nɔplas-'ti] f electroplating.

galvauder [galvo'de] (1a) v/t. varnish, sully; se ~ sully one's reputation; lower o.s.

gambade [gã'bad] f gambol, caper; **gambader** [~ba'de] (1a) v/i. gambol, caper; frisk.

gamberge sl. [gã'bɛrʒ] f thinking, co. cerebration; **gamberger** sl. [~bɛr'ʒe] (11) v/i. think.

gambiller † F [gãbi'je] (1a) v/i. dance; fidget.

gamelle [ga'mɛl] f ⚒ mess tin; billy (can).

gamin, e [ga'mɛ̃, ~'min] su. urchin; street-arab; su./m little boy; su./f little girl; **gaminerie** [~min'ri] f child's trick.

gamma phys. [ga'ma] m: *rayons m/pl. ~* gamma rays.

gamme [gam] f ♪ scale (a. paint.); gamut; range; fig. *changer de ~* change one's tune; † *haut (bas) de ~* high-(low-)grade; (un)expensive.

gammé, e [ga'me] adj.: *croix f ~e* swastika.

gang [gãːg] m gang.

ganglion anat. [gãgli'ɔ̃] m ganglion.

gangrène [gã'grɛn] f 💉 gangrene; ♀, a. fig. canker; fig. corruption; **gangrener** [gãgrə'ne] (1d) v/t. 💉 gangrene, cause mortification in; fig. corrupt; **gangreneux, -euse** [~'nø, ~'nøːz] 💉 gangrenous; ♀ cankerous; [hooligan.]

gangster [gãgs'tɛːr] m gangster, ⟩

ganse [gãːs] f braid; piping; loop.

gant [gã] m glove; ~ de boxe boxing-glove; ~ de toilette washing-glove; *jeter (relever) le ~* throw down (take up) the gauntlet; **gantelet** [gãt'lɛ] m gauntlet; **ganter** [gã'te] (1a) v/t. glove; fig. suit (s.o.); se ~ put one's gloves on; buy gloves; **ganterie** [~'tri] f glove-making, glove-trade; glove-shop, glove-counter; glove-factory; † coll. gloves pl.; **gantier** m, -**ère** f [~'tje, ~'tjɛːr] glover.

garage [ga'raːʒ] m mot. garage; hangar; shed; 🚃 shunting; ⚓ dock(ing); 🚃 *voie f de ~* siding; fig. *mettre q. sur une voie de ~* put s.o. out in the cold; push s.o. aside; **garagiste** mot. [~ra'ʒist] m garage owner; garage mechanic.

garance [ga'rãːs] f **1.** su./f ♀ madder(-wort); dye: madder; (madder-)red; **2.** adj./inv. (madder-)red.

garant, e [ga'rã, ~'rãːt] su. surety, bail; security; se *porter ~* vouch (for, de); su./m guarantee, authority; **garantie** [garã'ti] f safeguard; guarantee (a. †); † warranty; pledge; **garantir** [~'tiːr] (2a) v/t. guarantee (a. †); † underwrite; vouch for; fig. protect.

garce sl. [gars] f bitch, strumpet.

garçon [gar'sɔ̃] *m* boy, lad; young man; (*a. vieux* ~) bachelor; *café etc.*: waiter; ~ *de bureau* office-messenger; ~ *d'honneur* best man; F *brave* ~ nice fellow; **garçonne** [~'sɔn] *f* bachelor girl; *cheveux m/pl.* (*or coiffure f*) *à la* ~ Eton crop *sg.*; **garçonnet** [~sɔ'nɛ] *m* little boy; **garçonnière** [~sɔ'njɛːr] *f* bachelor apartment *or* rooms *pl.*

garde [gard] *su./f* watch, guard; care, protection; custody, keeping; nurse; *book:* fly-leaf; *book:* end-paper; ~ *à vous!* look out!; ~ *à vous!* look out!; ~ *à ...* attention!, 'shun!; ⚔ *de* ~ on guard, on duty; *faire la* ~ keep watch; ⚔ *monter la* ~ mount guard; *prendre* ~ beware, be careful; *être sur ses* ~s be on one's guard; *su./m* guardian, watchman; keeper; warden; ~ *champêtre* rural constable; ⚔ *des Sceaux* (French) Minister of Justice; ~**-barrière,** *pl.* ~**s-barrière(s)** 🚂 [gardəba'rjɛːr] gate-keeper; ~**boue** *mot.* [~'bu] *m/inv.* mud-guard, *Am.* fender; ~**-chasse,** *pl.* ~**s-chasse(s)** [~'ʃas] *m* gamekeeper; ~**corps** [~'kɔːr] *m/inv.* life-line; ~**côte** [~'koːt] *m* coastguard vessel; ~**feu** [~'fø] *m/inv.* fender; ~**fou** [~'fu] *m* parapet; railing; handrail; ~**frein,** *pl.* ~**s-frein(s)** 🚂 [~'frɛ̃] *m* brakesman; ~**malade,** *pl.* ~**s-malades** [~ma'lad] *su./m* male nurse; *su./f* nurse; ~**manger** [~mɑ̃'ʒe] *m/inv.* larder, pantry; meat-safe; ~**nappe,** *pl.* ~**s-nappe(s)** [~'nap] *m* table-mat.

garder [gar'de] (1a) *v/t.* keep; preserve; retain; look after; mind; *se* ~ protect o.s.; refrain (from *de inf.*); take care (not to *inf.*, *de inf.*); baware (of, *de*); **garderie** [~'dri] *f* day nursery; **garde-robe** [~də'rɔb] *f* furniture, clothes: wardrobe; toilet, watercloset; **gardeur** *m*, **-euse** *f* [~'dœːr, ~'døːz] keeper, minder; preserver; **garde-voie,** *pl.* ~**s-voie(s)** 🚂 [~də'vwa] *m* track-watchman; **garde-vue** [~də'vy] *m/inv.* eye-shade; lampshade; **gardien, -enne** [~'djɛ̃, ~'djɛn] 1. *su.* guardian; keeper; attendant; *prison:* warder, guard; *foot.* ~ *de but* goal-keeper; ~ *de la paix* policeman; 2. *adj.: ange* ~ guardian angel.

gare[1] [gaːr] siding (⚔, *a. canal, river, a.* 🚂); 🚂 (railway) station; 🚂 ~

aérienne airport; 🚂 ~ *de triage* marshalling yard; ⚓ ~ *maritime* harbo(u)r-station; ~ *routière* bus station; 🚂 *chef de* ~ stationmaster.

gare[2] ! [~] *int.* look out!; ~ *à ...* beware of ...; ~ *à toi!* just watch it!; *sans crier* ~ without warning.

garenne [ga'rɛn] *su./f* (rabbit-)warren; fishing preserve; *su./m* wild rabbit.

garer [ga're] (1a) *v/t. mot.* park; dock (*a vessel*); *se* ~ *mot. etc.* pull to one side; move out of the way; F *mot.* park (one's car); take cover (from, *de*).

gargariser [gargari'ze] (1a) *v/t.: se* ~ gargle; F revel (in, *de*); **gargarisme** [~'rism] *m* gargle; gargling.

gargote [gar'gɔt] *f* (third-rate) eating house; cook-shop; **gargotier** *m*, **-ère** *f* [~gɔ'tje, ~'tjɛːr] cook-shop owner.

gargouille △ [gar'guːj] *f* gargoyle; water-spout; culvert; **gargouiller** [~gu'je] (1a) *v/i.* gurgle; rumble (*bowels*); F paddle (in the gutter); **gargouillis** [~gu'ji] *m* gurgling.

garnement F [garnə'mɑ̃] *m* good-for-nothing, rogue.

garni [gar'ni] *m* furnished room(s *pl.*), F digs *pl.*; **garnir** [~'niːr] (2a) *v/t.* furnish, provide, fit up (with, *de*); ⚔ occupy, garrison, line (with, *de*); trim; ⊕ lag (*pipes*); ⊤ stock (*a shop*); **garnison** ⚔ [~ni'zɔ̃] *f* garrison; **garniture** [~ni'tyːr] *f* fittings *pl.*; *cost., cuis.* trimming(s *pl.*); ⊕ lagging; ⊕ packing; *mot.* brakes, *clutch:* lining; buttons, ⊕ pulleys, *toilet, etc.*: set.

garrot [ga'ro] *m* ⊕ tongue (*of saw*); 𝔰 tourniquet; **garrotter** [~rɔ'te] (1a) *v/t.* pinion; bind down; ⊤ gar(r)otte.

gars F [gɑ] *m* lad, young fellow, boy.

gascon *m*, **-onne** *f* [gas'kɔ̃, ~'kɔn] 1. *adj.* Gascon; 2. *su./m ling.* Gascon; F *faire le* ~ brag, boast; *su.* ♀ Gascon; **gasconnade** [~kɔ'nad] *f* boast(ing), bragging; tall story; **gasconner** [~kɔ'ne] (1a) *v/i.* speak with a Gascon accent; F brag, boast.

gas(-)oil [ga'zɔjl] *m* fuel *or* diesel oil.

gaspiller [gaspi'je] (1a) *v/t.* waste, squander; dissipate; *se* ~ be wasted.

gastrite 𝔰 [gas'trit] *f* gastritis.

gastro... [gastrɔ] gastro...; **gas-**

tronome [~'nɔm] *m* gastronome(r).
gâteau [gɑ'to] *m* cake; (open) tart; pudding (*usu. cold*); *fig.* profit; ~ *des Rois* Twelfth-night cake; *fig. partager le* ~ go shares, split the profit.
gâter [gɑ'te] (1a) *v/t.* spoil (*a. fig.*); *fig.* pamper (*a child*); damage; taint (*the meat*); se ~ deteriorate; **gâterie** [~'tri] *f* spoiling (*of a child*); overindulgence; ~*s pl.* goodies; **gâteux, -euse** [~'tø, ~'tø:z] **1.** *su.* old dotard; **2.** *adj.* senile, doddering; **gâtisme** ⚕ [~'tism] *m* senile decay.
gauche [go:ʃ] **1.** *adj.* left; crooked; awkward, clumsy; *à* ~ on *or* to the left; *tourner à* ~ turn left; **2.** *su./f* left hand; left-hand side; *tenir sa* ~ keep to the left; **gaucher, -ère** [go'ʃe, ~'ʃɛ:r] **1.** *adj.* left-handed; **2.** *su.* left-hander; **gaucherie** [goʃ'ri] *f* awkwardness, clumsiness; **gauchir** [go'ʃi:r] (2a) *v/i. a.* se ~ warp (*wood*); buckle (*metal*); *v/t.* warp; buckle; *fig.* distort; **gauchisme** *pol.* [~'ʃism] leftism; **gauchissement** [~ʃis'mɑ̃] *m* warping; buckling; *fig.* distortion; **gauchiste** *pol.* [~'ʃist] *adj., a. su.* leftist.
gaudriole F [godri'ɔl] *f* broad joke(s *pl.*).
gaufre *cuis* [go:fr] *f* waffle; ~ *de miel* honeycomb; **gaufrer** [go'fre] (1a) *v/t.* ⊕ emboss (*leather etc.*); crimp (*linen*); corrugate (*iron, paper*); *tex.* diaper; **gaufrette** *cuis.* [~'frɛt] *f* wafer biscuit; **gaufrier** *cuis.* [~fri'e] *m* waffle-iron.
gaule [go:l] *f* long pole; (one-piece) fishing rod; **gauler** [go'le] (1a) *v/t.* knock down (*fruit etc. from a tree*); beat (*with a pole*).
gaulois, e [go'lwa, ~'lwa:z] **1.** *adj.* of Gaul; Gallic; *fig.* spicy, broad; **2.** *su./m ling.* Gaulish; *su.* ♀ Gaul; **gauloiserie** [~lwaz'ri] *f* broad joke *or* story.
gausser [go'se] (1a) *v/t.*: **se ~ de** make fun of.
gave [ga:v] *m* mountain-torrent (*in the Pyrenees*).
gaver [ga've] (1a) *v/t.* cram (*a. fig. a pupil*); ⚕ feed forcibly; se ~ stuff o.s. (with, *de*); gorge.
gavroche [ga'vrɔʃ] *su. Paris*: street arab, ragamuffin.
gaz [gɑ:z] *m* gas; gas works *usu. sg.*; ⚕ wind; ~ *d'échappement* exhaust gas; ~ *d'éclairage* (*or de ville*) illuminating gas; ⚗ ~ *hilarant* laughing-gas; ⚗ ~ *pl. rares* rare gases; *mot. couper les* ~ throttle back; *mot. ouvrir les* ~ open the throttle; F *mot. mettre les* ~ step on the gas; *mot. pédale f de* ~ accelerator.
gaze [~] *f* gauze.
gazéifier [gɑzei'fje] (1o) *v/t.* gasify; aerate (*mineral waters etc.*); **gazéiforme** ⚗ [~'fɔrm] gasiform.
gazer[1] [gɑ'ze] (1a) *v/t.* ⚒, *tex.* gas; *v/i.* F *mot.* move at top speed, tear *or* speed along; *fig.* go smoothly; F *ça gaze?* things O.K.?
gazer[2] [~] (1a) *v/t.* cover with gauze; *fig.* draw a veil (of reticence) over.
gazetier † [gazə'tje] *m* journalist; *fig.* newsmonger; **gazette** [~'zɛt] *f* gazette; *person*: gossip(er).
gazeux, -euse [gɑ'zø, ~'zø:z] gaseous; ☤ aerated, fizzy; **gazier** [~'zje] *m* gas-worker; gas-fitter; **gazoduc** [~zɔ'dyk] *m* gas pipeline; **gazogène** [~zɔ'ʒɛn] *m* gas-producer, generator; gasogene; **gazomètre** [~zɔ'mɛtr] *m* gasometer, gas-holder.
gazon [ga'zɔ̃] *m* grass; turf; lawn; **gazonner** [~zɔ'ne] (1a) *v/t.* turf; *v/i.* sward.
gazouillement [gazuj mɑ̃] *m* warbling, chirping, *birds*: twittering, *brook etc.*: babbling; *fig.* prattle; **gazouiller** [gazu'je] (1a) *v/i.* warble, chirp, twitter (*birds*); babble (*brook*); *fig.* prattle; *sl.* stink; **gazouillis** [~'ji] *m see gazouillement.*
geai *orn.* [ʒɛ] *m* jay.
géant, e [ʒe'ɑ̃, ~'ɑ̃:t] **1.** *su./m* giant; *su./f* giantess; **2.** *adj.* gigantic.
géhenne [ʒe'ɛn] *f* gehenna, hell (*a. fig.*).
geignard, e F [ʒɛ'ɲa:r, ~'ɲard] whining; moaning; **geindre** [ʒɛ̃:dr] (4m) *v/i.* whine; moan; whimper; complain.
gel [ʒɛl] *m* frost; freezing (*a.* ☤, *a. fig.*); ⚗ gel.
gélatine [ʒela'tin] *f* gelatine; **gélatineux, -euse** [~ti'nø, ~'nø:z] gelatinous.
gelée [ʒə'le] *f* frost; *cuis.* jelly; ~ *blanche* hoar-frost; ground frost; ~ *nocturne* night frost; **geler** [~] (1d) *v/t.* freeze (*a.* ☤ *credits*); ⚘, ⚕ frostbite; *v/i.* freeze, become frozen;

                                           gens

avoir gelé be frozen (*river*); *il gèle blanc* there is a white frost; *on gèle ici* it is freezing (in) here.

gelinotte *orn.* [ʒəliˈnɔt] *f* hazel-grouse; fat(tened) pullet.

gélivure [ʒeliˈvyːr] *f* frost-crack.

Gémeaux *astr.* [ʒeˈmo] *m/pl.*: *les ~* Gemini; the Twins; **géminé, e** [ʒemiˈne] **△**, *biol.* twin; *biol.* geminate; mixed, co-educational (*school*).

gémir [ʒeˈmiːr] (2a) *v/i.* groan, moan; lament, bewail; **gémissement** [ʒemisˈmɑ̃] *m* groan(ing), moan(ing).

gemme [ʒɛm] *f min.* gem; precious stone; ♀ (leaf-)bud; resin; *biol.* gemma; *sel ~* △ rock-salt.

gênant, e [ʒeˈnɑ̃, ʒeˈnɑ̃ːt] inconvenient, in the way; *fig.* awkward (*silence etc.*).

gencive *anat.* [ʒɑ̃ˈsiːv] *f* gum.

gendarme [ʒɑ̃ˈdarm] *m* police militia: gendarme, constable; F virago; *sl.* red herring; **gendarmer** [ʒɑ̃darˈme] (1a) *v/t.*: *se ~* flare up, be up in arms; **gendarmerie** [ʒmɑˈri] *f* constabulary; barracks *pl.* or head-quarters *pl.* of the gendarmes.

gendre [ʒɑ̃ːdr] *m* son-in-law.

gène *biol.* [ʒɛːn] *m* gene.

gêne [ʒɛːn] *f* embarrassment, uneasiness; difficulty; trouble, bother; discomfort; want, financial straits *pl.*; *sans ~* free and easy; familiar; **gêner** [ʒɛˈne] (1a) *v/t.* cramp *s.o.'s* style; *fig.* embarrass; inconvenience; hamper, hinder; constrain; trouble; *cela vous gêne-t-il?* is that in your way?; is that troubling you?; *la robe me gêne* the dress is too tight for me; *fig.* *se ~* put o.s. out (to, *pour*); be embarrassed, be shy; squeeze up; *sourire m gêné* embarrassed smile.

général, e, *m/pl.* -**aux** [ʒeneˈral, ʒeneˈro] **1.** *adj.* general; *d'une façon ~e* broadly speaking; *en ~* generally; **2.** *su./m* ✕ general (*a. eccl. of an order*); *~ de brigade* ✕ brigadier, *Am.* brigadier general (*a.* ✕); ✕ *Br.* Air Commodore; *su./m* ✕ general's wife; ✕ alarm; *eccl.* general (*of order of nuns*); *thea.* dress-rehearsal; **généraliser** [ʒeneraliˈze] (1a) *v/t.* generalize; **généraliste** ✚ [ʒeneraˈlist] *m* (*a. médecin ~*) general practitioner, G.P.; **généralité** [ʒeneraliˈte] *f* generality.

générateur, -trice [ʒeneraˈtœːr, ʒeneraˈtris] **1.** *adj.* generating; productive; **2.** *su./f* generator; dynamo; *su./m* ⊕ boiler; *~ à gaz* gas-producer; **génération** [ʒeneraˈsjɔ̃] *f* generation.

généreux, -euse [ʒeneˈrø, ʒeneˈrøːz] generous (*person, fig.* heart, help, *wine*); liberal; abundant; ✓ fertile (*soil*); **générosité** [ʒeneroziˈte] *f* generosity; liberality; *wine*: body.

genèse [ʒəˈnɛːz] *f* genesis; *bibl.* la ♀ Genesis.

genêt ♀ [ʒəˈnɛ] *m* broom; *~ épineux* gorse, furze.

génétique [ʒeneˈtik] **1.** *adj.* genetic; **2.** *su./f* genetics *pl.*

gêneur *m*, -**euse** *f* [ʒɛˈnœːr, ʒɛˈnøːz] intruder; nuisance; spoil-sport.

genevois, e [ʒənˈvwa, ʒənˈvwaːz] *adj.*, *a. su.* ♀ Genoese.

genévrier ♀ [ʒenevriˈe] *m* juniper (-tree).

génial, e, *m/pl.* -**aux** [ʒeˈnjal, ʒeˈnjo] inspired, of genius; **génie** [ʒeˈni] *m* spirit, *a. person:* genius; spirit, characteristic; ✕ engineers *pl.*; *~ civil* civil engineering; *coll.* civil engineers *pl.*; *mauvais* (*bon*) *~* bad (good) genius.

genièvre [ʒəˈnjɛːvr] *m* ♀ juniper-berry; juniper(-tree); gin.

génisse [ʒeˈnis] *f* heifer.

génital, e, *m/pl.* -**aux** [ʒeniˈtal, ʒeniˈto] genital; *anat. organes m/pl. ~aux* genitals.

génocide [ʒenɔˈsid] *m* genocide.

génois, e [ʒeˈnwa, ʒeˈnwaːz] *adj.*, *a. su.* ♀ Genoese.

genou, *pl.* -**x** [ʒəˈnu] *m* knee; ⊕ pipe: elbow-joint; ⊕ (*a.* joint *m à ~*) ball-and-socket joint; *se mettre à ~x* kneel down; **genouillère** [ʒənuˈjɛːr] *f* knee-pad; *armour, a.* horse: knee-cap; ⊕ *articulation f à ~* ball-and-socket joint.

genre [ʒɑ̃ːr] *m* kind, type, sort; *gramm.* gender; *art:* genre; *zo. etc.* genus; *se donner du ~* put on airs; *le ~ humain* mankind.

gens [ʒɑ̃] *m/pl.* (*an adj. or participle immediately preceding it is made feminine; if, however, both masculine and feminine forms end in a mute e, the adj. is made masculine*) people, folk *sg.*; servants; nations; *les jeunes ~* the young folks; *tous les ~ intéressés* all people interested; *petites ~* small fry; *vieilles ~* old folks; *~ d'église* clergy *pl.*; church people; *~ de lettres* men of letters; ~ de mer sailors; ~ de robe lawyers; ⚖ droit m des ~ law of nations.

gent †, a. co. [~] f race, tribe.

gentiane [ʒãˈsjan] f ⚘ gentian; gentian-bitters pl.

gentil¹ hist. [ʒãˈti] m Gentile.

gentil², **-ille** [ʒãˈti, ~ˈtiːj] nice; kind; pretty, pleasing; sois ~! be good!; **gentilhomme,** pl. **gentils-hommes** [ʒãtiˈjɔm, ~tiˈzɔm] m nobleman; gentleman (= man of gentle birth); **gentillesse** [~ˈjɛs] f graciousness; politeness; avoir la ~ de (inf.) be so kind as to (inf.); **gentiment** [~ˈmã] adv. nicely.

génuflexion eccl. [ʒenyflɛkˈsjɔ̃] f genuflexion; faire une ~ genuflect.

géodésie [ʒeɔdeˈzi] f surveying, geodesy; **géodésique** [~ˈzik] geodetic, geodesic; surv. point m ~ triangulation point.

géographe [ʒeɔˈgraf] m geographer; **géographie** [~graˈfi] f geography; **géographique** [~graˈfik] geographic(al).

geôle [ʒoːl] f gaoler's lodge; † gaol, prison; **geôlier** [ʒoˈlje] m jailer.

géologie [ʒeɔlɔˈʒi] geology. [etry.)
géométrie ⚖ [ʒeɔmeˈtri] f geom-)

géopolitique [ʒeɔpoliˈtik] 1. adj. geopolitical; 2. su./f geopolitics sg.

gérance [ʒeˈrãːs] f direction, management; managership; board of directors or governors; **gérant, e** [~ˈrã, ~ˈrãːt] su./m director; company: managing director; manager; journ. rédacteur-~ managing editor; su./f manageress.

gerbage [ʒɛrˈbaːʒ] m sheaves: binding; bales etc.: stacking; **gerbe** [ʒɛrb] f corn: sheaf; flowers, water: spray; sparks: shower, flurry; fig. bundle, collection; ⚔ cone of fire; **gerber** [ʒɛrˈbe] (1a) v/t. bind (corn-sheaves); stack, pile; ⚔ bombard; **gerbier** [~ˈbje] m corn: stack; barn; **gerbière** [~ˈbjɛːr] f harvest wain.

gercer [ʒɛrˈse] (1k) vt/i. a. se ~ crack (wood, skin, soil); chap (hands); **gerçure** [~ˈsyːr] f crack, fissure; hands: chap; ⊕ flaw (in wood), haircrack (in metal).

gérer [ʒeˈre] (1f) v/t. manage, administer; mal ~ mismanage.

gériatrie ⚕ [ʒerjaˈtri] f geriatrics sg.

germain¹, **e** [ʒɛrˈmɛ̃, ~ˈmɛn] full, own (brother, sister); first (cousin).

germain², **e** hist. [ʒɛrˈmɛ̃, ~ˈmɛn] 1. adj. Germanic, Teutonic; 2. su. ~ German, Teuton; **germanique** [~maˈnik] adj., a. su./m ling. Germanic; **germanisme** [~maˈnism] m Germanism; German turn of phrase.

germe [ʒɛrm] m biol. germ (a. fig.); potato: eye; fig. seed, origin; **germer** [ʒɛrˈme] (1a) v/i. germinate; sprout, shoot; fig. develop; **germination** biol. [~minaˈsjɔ̃] f germination; **germoir** [~ˈmwaːr] m 🌾 seed-bed, hot-bed; brewing: malt-house.

gérondif gramm. [ʒerɔ̃ˈdif] m gerund.

gerzeau ⚘ [ʒɛrˈzo] m corn-cockle.

gésier zo. [ʒeˈzje] m gizzard.

gésir [ʒeˈziːr] (2q) v/i. lie; ci-gît here lies.

gestation physiol. [ʒɛstaˈsjɔ̃] f (period of) gestation, pregnancy.

geste¹ [ʒɛst] f (a. chanson f de ~) medieval verse chronicle; faits m/pl. et ~s pl. doings.

geste² [ʒɛst] m gesture, motion, sign; **gesticulation** [ʒɛstikylaˈsjɔ̃] f gesticulation.

gestion [ʒɛsˈtjɔ̃] f administration, management.

gestique [ʒɛsˈtik] f gestures pl.

ghetto [ɡɛˈto] m ghetto (a. fig.).

gibbeux, -euse [ʒibˈbø, ~ˈbøːz] gibbous; humped; **gibbosité** [~boziˈte] f gibbosity; hump.

gibecière [ʒibˈsjɛːr] f game-bag; school: satchel.

gibelotte cuis. [ʒiˈblɔt] f fricassee of rabbit or hare in white wine.

giberne [ʒiˈbɛrn] f cartridge-pouch.

gibet [ʒiˈbe] m gibbet, gallows usu.)
gibier [ʒiˈbje] m game. [sg.)

giboulée [ʒibuˈle] f sudden shower; F fig. shower of blows.

giboyer [ʒibwaˈje] (1h) v/i. go shooting; **giboyeux, -euse** [~ˈjø, ~ˈjøːz] abounding in game; pays m ~ good game country.

gicler [ʒiˈkle] (1a) v/i. squirt, spurt; splash; spray; **gicleur** mot. [~ˈklœːr] m jet; (spray) nozzle.

gifle [ʒifl] f slap in the face; box on the ear; **gifler** [ʒiˈfle] (1a) v/t.: ~ q. slap s.o.'s face; box s.o.'s ears.

gigantesque [ʒiɡɑ̃ˈtɛsk] gigantic; **gigantisme** [~ˈtism] m ⚕ gigantism; fig. gigantic proportions pl.; fig. overexpansion.

gigogne [ʒi'gɔɲ] **1.** *su./f:* la mère ♀ (*approx.*) the Old Woman who lived in a shoe; **2.** *adj.:* fusée f ~ multi-stage rocket; *lit m*~ stowaway bed; *poupée f* ~ nest of dolls; *table f* ~ nest of tables; ⚓ *vaisseau m* ~ mother ship.

gigot [ʒi'go] *m cuis.* leg of mutton; *cost.* manches f/pl. à ~ leg-of-mutton sleeves; **gigoter** F [~gɔ'te] (1a) *v/i.* kick; jig.

gigue¹ [ʒig] *f* haunch of venison; gawky kid; F ~s *pl.* legs.

gigue² ♩♪ [~] *f* jig.

gilet [ʒi'lɛ] *m* waistcoat, vest; *knitwear:* cardigan; ~ de sauvetage lifejacket.

gin [dʒin] *m* gin.

gingembre ♀ [ʒɛ̃'ʒɑ̃:br] *m* ginger.

gingivite 🦷 [ʒɛ̃ʒi'vit] *f* gingivitis.

girafe *zo.* [ʒi'raf] *f* giraffe.

girandole [ʒirɑ̃'dɔl] *f* chandelier, jewels: girandole; *flowers:* cluster.

giratoire [ʒira'twa:r] gyratory (*traffic*); sens m ~ roundabout.

girofle ♀ [ʒi'rɔfl] *m* clove. *cuis.* clou m de ~ clove; **giroflée** [ʒirɔ'fle] *f* stock; wallflower; **giroflier** ♀ [~fli'e] *m* clove-tree.

girolle ♀ [ʒi'rɔl] *f* mushroom, *usu.* chanterelle.

giron [ʒi'rɔ̃] *m* lap; ⊕ loose handle; ⚒ tread; *fig.* bosom (*of the Church*).

girouette [ʒi'rwɛt] *f* weathercock (*a. fig.*), vane.

gisant [ʒi'zɑ̃] *m arts:* recumbent effigy; **gisement** [ʒiz'mɑ̃] *m geol.* bed, layer, stratum; ⚓ bearing; ⚒ lode, vein; ~s *pl.* houillers coal measures; **gisons** [ʒi'zɔ̃] *1st p. pl. pres. of gésir;* **gît** [ʒi] *3rd p. sg. pres. of gésir.*

gitan m, e f [ʒi'tɑ̃, ~'tan] gipsy.

gîte [ʒit] *su./m* resting-place, lodging; *hare:* form; *animal:* lair; *geol.* bed, stratum; ⚒ vein; ⚓ joist; *su./f* ⚓ list; **gîter** [ʒi'te] (1a) *v/i.* lodge; lie; sleep; ⚓ list; ⚓ run aground.

givrage ✈ [ʒi'vra:ʒ] *m* icing; **givre** [ʒi:vr] *m* hoar-frost; **givré** ✈ [ʒi'vre] rimy; frosted; ✈ iced-up; **givrer** [~] (1a) *v/t.* cover with hoarfrost, frost (*s.th.*) over; frost (*a cake*); ✈ ice up.

glabre [glɑ:br] smooth, hairless, *fig.* clean-shaven (*face*).

glaçage [gla'sa:ʒ] *m* glazing; *cuis.* icing, frosting; **glace** [glas] *f* ice;

ice-cream; *cuis.* icing; *fig.* chill; mirror; (plate-)glass; *mot. etc.* window; ⊕ flaw; ⊕ pris dans les ~s ice-bound; **glacé, e** [gla'se] **1.** *adj.* icy (*a. fig.* stare, politeness), freezing; iced (*drink*); chilled (*wine*); frozen; glazed (*paper etc.*); glacé, kid ...; **2.** *su./m* glaze; **glacer** [~] (1k) *v/t.* freeze; glaze; *fig.* chill (*the wine*); surface (*paper etc.*); *cuis.* frost, ice (*a cake*); ✝ polish (*the rice*); se ~ freeze; *fig.* run cold;

glacerie [glas'ri] *f* ice-cream trade; glass-works *usu.* sg.; **glaceur** ⊕ [gla-'sœ:r] *m* paper, material: glazer; rolling-machine; glazing-pad; **glaciaire** *geol.* [~'sjɛ:r] glacial; ice-(age) ...; **glacial, e,** m/pl. **-als** [~'sjal] icy (*temperature, a. fig.*); frosty (*air*); ice-...; frigid (*style, manner, politeness, zone*); **glacier** [~'sje] *m geol.* glacier; ice-cream man; maker of mirrors *or* plate-glass; **glacière** [~'sjɛ:r] *f* ice-house; ice-box; refrigerator; 🚐 refrigerator van; **glacis** [~'si] *m* slope; △ ramp; ⚔ *hist.* glacis; *paint.* glaze, scumble; **glaçon** [~'sɔ̃] *m* icicle (*a. fig.* person); ice cube; block of ice; **glaçure** [~'sy:r] *f* pottery etc.: glaze, glazing.

glaïeul ♀ [gla'jœl] *m* gladiolus.

glaire [glɛ:r] *f* white of egg; mucus, phlegm; flaw (*in precious stone*); **glaireux, -euse** [glɛ'rø, ~'rø:z] glaireous; full of phlegm (*throat*).

glaise [glɛ:z] *f* clay, loam; **glaiser** [glɛ'ze] (1b) *v/t.* line with clay; ⚒ coffer; ✍ dress (*the soil*) with clay; ⊕ puddle (*a reservoir*); **glaisière** [~'zjɛ:r] *f* clay-pit.

glaive [glɛ:v] *m* sword.

glanage ✍ [gla'na:ʒ] *m* gleaning.

gland [glɑ̃] *m* ♀ acorn; *curtain:* tassel; **glandage** [glɑ̃'da:ʒ] *m* pannage.

glande ♀, *anat.* [glɑ̃:d] *f* gland.

glander *sl.* [glɑ̃'de], **glandouiller** *sl.* [~du'je] (1a) *v/i.* hang around; footle around.

glane [glan] *f* gleaning; *pears:* cluster; *onions:* rope; F ~s *pl.* pickings; **glaner** [gla'ne] (1a) *v/t.* glean (*a. fig.*); **glaneur** *m,* **-euse** [~'nœ:r, ~'nø:z] gleaner; **glanure** [~'ny:r] *f* gleanings *pl.* (*a. fig.*).

glapir [gla'pi:r] (2a) *v/i.* yelp; bark (*fox*); **glapissement** [~pis'mɑ̃] *m* yelping, yapping; *fox:* barking.

glas [glɑ] m knell; ✕ etc. salvo of guns (at funeral).

glauque [glo:k] sea-green; bluish green.

glèbe [gleb] f earth: sod; † land; hist. feudal land; attaché à la ~ bound to the soil.

glissade [gli'sad] f slip; sliding; slide (on snow etc.); dancing: glide; geol. ~ de terre landslide; ⚓ ~ sur l'aile side-slip; ✕ ~ sur la queue tail-dive; mount. faire une descente en ~ glissade; **glissant, e** [⌐'sɑ̃, ⌐'sɑ̃:t] sliding (a. ⊕ joint); slippery (a. fig.); **glissement** [glis'mɑ̃] m sliding, slipping; gliding; geol. landslide; ⊕ belt: creeping; **glisser** [gli'se] (1a) v/i. slip; slide (on ice etc.); glide; mot. skid (wheel); ⊕ creep (belt); ~ sur glance off (s.th., s.o.); fig. not to dwell upon, let pass; v/t. slip (s.th. into s.th., a stitch, etc.); se ~ slip; creep (a. fig.); **glissière** [⌐'sjɛ:r] f slide; (coal-)shoot; ⊕ slide-bar; mot. ~ de sécurité crash barrier; **glissoir** [gli'swa:r] m ⊕ slide; chute; **glissoire** [⌐] f slide (on ice etc.).

global, e, m/pl. **-aux** [glɔ'bal, ⌐'bo] total; overall; global; **globe** [glɔb] m globe (a. ⚡), sphere; sun: orb; anat. (eye)ball; ~ terrestre terrestrial globe; **globulaire** [glɔby'lɛ:r] 1. adj. globular; 2. su./f ♀ globularia; **globule** [⌐'byl] m globule (a. ⚡); water: drop; ⊕ metals: airhole; ⚡ small pill; blood: corpuscle; **globuleux, -euse** [⌐by'lø, ⌐'lø:z] globular.

gloire [glwa:r] f glory; fame; pride; halo; se faire ~ de glory in; **gloria** [glɔ'rja] m eccl. gloria; F coffee with brandy; **gloriette** [⌐'rjɛt] f summer-house; **glorieux, -euse** [⌐'rjø, ~'rjø:z] 1. adj. glorious; vain, conceited (about, de); eccl. glorified; 2. su./m braggart; **glorification** [⌐rifika'sjɔ̃] f glorification; **glorifier** [⌐ri'fje] (1o) v/t. glorify; praise; se ~ boast (of, de); glory (in ger., de inf.); **gloriole** [⌐'rjɔl] f vainglory, vanity.

glose [glo:z] f gloss; commentary; fig. criticism; **gloser** [glo'ze] (1a) v/t. gloss; v/i.: ~ sur find fault with; criticize; gossip about.

glossaire [glɔ'sɛ:r] m glossary; vocabulary.

glotte anat. [glɔt] f glottis.

glouglou [glu'glu] m gurgle; turkey: gobble; **glouglouter** [⌐glu'te] (1a) v/i. cluck (hen); gobble (turkey); chuckle (person).

glouteron ♀ [glu'trɔ̃] m burdock.

glouton, -onne [glu'tɔ̃, ~'tɔn] 1. adj. greedy; 2. su. glutton; su./m zo. wolverine; **gloutonnerie** [⌐tɔn-'ri] f gluttony.

glu [gly] f bird-lime; glue; **gluant, e** [⌐'ɑ̃, ~'ɑ̃:t] sticky, gluey; sl. il est ~ he's a sticker; **gluau** [⌐'o] m lime-twig; snare.

glucose ♏ [glyko:z] m glucose.

gluer [gly'e] (1a) v/t. lime (twigs); fig. make sticky.

glume [glym] f chaff; ♀ glume.

glutineux, -euse [glyti'nø, ~'nø:z] glutinous.

glycérine [glise'rin] f glycerine.

glycine [gli'sin] f ♀ wistaria, wisteria; phot. glycin(e).

gnangnan [ɲɑ̃'ɲɑ̃] 1. adj./inv. peevish; 2. su. peevish person.

gn(i)ole, gnôle, a. **gnaule** sl. [ɲɔl] f brandy.

gnome [gno:m] m gnome.

go F [go] adv.: tout de ~ immediately, straight away.

goal sp. [gol] m goal; goalkeeper.

gobelet [gɔ'blɛ] m goblet; cup; mug; **gobeleterie** [gɔblɛ'tri] f hollow-glass factory or trade or ware; **gobeletier** [⌐'tje] m manufacturer of or dealer in glass-ware.

gobe-mouches [gɔb'muʃ] m/inv. orn. fly-catcher; ♀ fly-trap; F simpleton.

gober [gɔ'be] (1a) v/t. swallow (a. F fig. = believe blindly); F fig. like (s.o.) very much; sl. catch; F se ~ be conceited, think no end of o.s.

goberger [gɔbɛr'ʒe] (1l) v/t.: se ~ feed well, F have a good tuck-in.

gobeur m, **-euse** f [gɔ'bœ:r, ~'bø:z] F simpleton, credulous person.

godaille sl. [gɔ'da:j] f feast, guzzle; **godailler** F [⌐da'je] (1a) v/i. feast, guzzle; pub-crawl.

godasses sl. [gɔ'das] f/pl. boots.

godelureau [gɔdly'ro] m (young) dandy.

goder [gɔ'de] (1a) v/i. crease, pucker; bag (trousers); **godet** [⌐'dɛ] m mug; cup (a. ♀); bowl (a. of pipe); ⊕ dredger: bucket; cost. flare; pucker (in cloth).

godiche F [gɔ'diʃ], **godichon, -onne** [⌐di'ʃɔ̃, ~'ʃɔn] 1. adj. awkward, stupid; 2. su. simpleton; gawk; lout.

goulot

godille ⚓ [gɔ'di:j] *f* stern-oar.
godillot *sl.* [gɔdi'jo] *m* (military) boot.
goéland *orn.* [gɔe'lɑ̃] *m* (sea-)gull; **goélette** [‿'lɛt] *f* ⚓ schooner; ⚓ trysail; *orn.* sea-swallow.
goémon [gɔe'mɔ̃] *m* seaweed; wrack.
gogo F [gɔ'go] *m* dupe, *sl.* mug; *fig. à* ‿ in abundance; galore; (*money*) to burn.
goguenard, e [gɔg'naːr, ‿'nard] 1. *adj.* bantering; 2. *su.* mocker, chaffer; **goguette** F [gɔ'gɛt] *f*: *en* ‿ on the spree.
goinfre [gwɛ̃:fr] *m* glutton, guzzler; **goinfrer** [gwɛ̃'fre] (1a) *v/t.: se* ‿ guzzle (s.th., *de qch.*); **goinfrerie** [‿frə'ri] *f* gluttony.
goitre ⚕ [gwa:tr] *m* goitre; **goitreux, -euse** [gwa'trø, ‿'trø:z] 1. *adj.* goitrous; 2. *su.* goitrous person.
golf *sp.* [gɔlf] *m* golf; F golf-links; *joueur m de* ‿ golfer.
golfe *geog.* [‿] *m* gulf, bay; *anat.* sinus.
gomme [gɔm] *f* gum; india-rubber; **gommer** [gɔ'me] (1a) *v/t.* gum; mix with gum; rub (*s.th.*) out, erase; *fig.* suppress; *fig.* blur; *v/i.* ⊕ jam, stick; **gommeux, -euse** [‿'mø, ‿'mø:z] 1. *adj.* gummy, sticky; 2. *su./m* F toff, swell, *Am.* dude.
gond [gɔ̃] *m* (door-)hinge; F *sortir de ses* ‿s fly into a rage or off the handle; F *hors de ses* ‿s beside oneself.
gondole [gɔ̃'dɔl] *f* gondola; ✈ *dirigible balloon*: nacelle; ☇ eyebath; **gondoler** [‿dɔ'le] (1a) *v/i. a. se* ‿ warp (*wood*); buckle (*metal*); blister (*paint*); *v/t. sl. se* ‿ split one's sides with laughter.
gonflage [gɔ̃'flaːʒ] *m* inflation; *mot.* blowing-up; **gonflé, e** [‿'fle] swollen; puffy; bloated; ⚕ distended; *pej.* puffed-up; F *il est vraiment* ‿ he's got some nerve or cheek; F ‿ *à bloc* keyed-up; completely sure of oneself, *pej.* cocksure; **gonflement** [‿flə'mɑ̃] *m* inflation, inflating; swelling; bulging; ⚕ distension; **gonfler** [‿'fle] (1a) *v/t.* swell; inflate; blow up; puff out; fill (*the tyres*); ⚕ distend (*the stomach*); F *mot.*, *a. fig.* soup up; *v/i. a. se* ‿ swell (up); become inflated or ⚕ distended; *pej. se* ‿ puff o.s. up; **gonfleur** *mot.* [‿'flœːr] *m* air-pump.
gonio ⚓, ✈ [gɔ'njo] *m* direction-

finder; ‿**mètre** [‿njo'mɛtr] *m* goniometer.
gordien [gɔr'djɛ̃] *adj./m*: *nœud m* ‿ Gordian knot.
goret [gɔ'rɛ] *m* little pig, piglet; F *fig.* dirty pig.
gorge [gɔrʒ] *f* throat, neck; *woman*: breast, bosom; *geog.*, *a. hunt.* gorge; *geog.* pass, defile; ⊕ *etc.* groove; *axle*: neck; *lock*: tumbler; *à pleine* ‿ at the top of one's voice; *mal m à la* ‿ sore throat; F *fig. rendre* ‿ make restitution; **gorgée** [gɔr'ʒe] *f* draught; gulp; *petite* ‿ sip; **gorger** [‿'ʒe] (1l) *v/t.* gorge; cram (*fowls*, *a. fig.*); **gorgerette** [‿ʒə'rɛt] *f* orn. blackcap; *cost.* gorget; **gorget** ⊕ [‿'ʒɛ] *m* mo(u)lding plane.
gorille [gɔ'riːj] *m zo.* gorilla; F *fig.* bodyguard.
gosier [gɔ'zje] *m* throat; gullet; *à plein* ‿ loudly; *avoir le* ‿ *pavé* have a cast-iron throat.
gosse F [gɔs] *su.* kid, youngster.
gothique [gɔ'tik] 1. *adj.* Gothic; 2. *su./m* △, *ling.*, *art*: Gothic; *su./f typ.* Old English.
gouache *paint.* [gwaʃ] *f* gouache.
gouailler [gwa'je] (1a) *v/i.* chaff; **gouaillerie** [gwaj'ri] *f* banter, chaff; **gouailleur, -euse** [gwa-'jœːr, ‿'jøːz] 1. *adj.* mocking (*tone*); waggish (*humour*); 2. *su.* banterer.
gouape F [gwap] *f* blackguard, hooligan.
goudron [gu'drɔ̃] *m* tar; ⚓ *a.* pitch; **goudronnage** [‿drɔ'naːʒ] *m* tarring; **goudronner** [‿drɔ'ne] (1a) *v/t.* tar; **goudronnerie** [‿drɔn'ri] *f* tar-works *usu. sg.*; tar-shed; **goudronneux, -euse** [‿drɔ'nø, ‿'nøːz] tarry; gummy (*oil*).
gouffre [gufr] *m* gulf, pit, abyss.
gouge [guːʒ] *f* ⊕ gouge, hollow chisel; ⊕ barrel plane.
gouine *sl.* [gwin] *f* dike, dyke (= *lesbian*).
goujat [gu'ʒa] *m* △ hodman; farmhand; *fig.* boor, cad.
goujon[1] *icht.* [gu'ʒɔ̃] *m* gudgeon.
goujon[2] [gu'ʒɔ̃] *m* △ gudgeon (*a.* ⊕ *of a shaft*); ⊕ stud; ⊕ tenon; bolt; ⊕ coak; ⊕ *hinge*: pin(tle); **goujonner** [‿ʒɔ'ne] (1a) *v/t.* ⊕ coak, dowel; ⊕ pin, bolt; ⚓ joggle.
goulée [gu'le] *f metall.* channel; F mouthful; **goulet** [‿'le] *m* neck; ⚓ narrows *pl.*; △ neck-gutter; **goulot**

[⌐'lo] *m* bottle: neck; spout; *sl.*
mouth; **goulotte** [⌐'lɔt], **goulette**
[⌐'lɛt] *f* shoot; water-channel;
goulu, e [⌐'ly] greedy, gluttonous.

goupille ⊕ [guˈpiːj] *f* pin; (*stop-*)
bolt; gudgeon; cotter; **goupiller**
[⌐pi'je] (1a) *v/t.* ⊕ pin, key; *sl.*
wangle, arrange.

goupillon [gupi'jõ] *m eccl.* aspergillum; *bottle, gun, lamp:* brush.

gourbi [gurˈbi] *m* (Arab) hut; shack;
F funk-hole.

gourd, gourde [guːr, gurd] be-
numbed; stiff.

gourde [gurd] 1. *su./f* 🌿 gourd, calabash; (*brandy-*)flask; *sl.* blockhead;
2. *adj. sl.* blockheaded, thick.

gourdin [gurˈdɛ̃] *m* cudgel, club,
bludgeon.

gourgandine † F [gurgãˈdin] *f*
hussy.

gourmand, e [gurˈmã, ⌐ˈmãːd]
1. *adj.* greedy, gluttonous; F *fig.*
sweet-toothed; 2. *su.* gourmand,
glutton; epicure; **gourmander**
[⌐mãˈde] (1a) *v/t.* scold, rebuke;
fig. treat roughly; **gourmandise** [⌐mãˈdiːz] *f* greediness, gluttony; ⌐s *pl.* sweetmeats.

gourme [gurm] *f hunt.* strangles
pl.; 🔬 impetigo; 🔬 teething pain;
jeter sa ⌐ run at the nose (*horse*);
F *fig.* blow off steam; F sow one's
wild oats; **gourmé, e** [gurˈme]
stiff, formal (*manners*); aloof (*person*).

gourmet [gurˈmɛ] *m* gourmet,
epicure.

gourmette [gurˈmɛt] *f horse:* curb;
curb-bracelet; curb watch-chain;
⊕ polishing-chain.

gousse [gus] *f* pod, shell; *garlic:*
clove; **gousset** [guˈsɛ] *m cost., a.* ⊕
gusset; *cost.* fob, waistcoat pocket;
⊕ bracket; ⊕ stayplate.

goût [gu] *m* taste (*a. fig.*); flavo(u)r;
smell; liking, fancy; style, manner;
avoir bon (*mauvais*) ⌐ taste nice
(nasty); *mauvais* ⌐ bad taste; **goûter**
[guˈte] 1. (1a) *v/t.* taste; *fig.* enjoy,
appreciate; *v/i.* take a snack; picnic;
⌐ *à* try, sample (*s.th.*); ⌐ *de* taste (*s.th.*)
(for the first time); 2. *su./m* snack;
Am. lunch; *meal:* tea.

goutte¹ 🔬 [gut] *f* gout.

goutte² [gut] *f* drop; speck, *colour:*
spot; F sip, drop; *sl.* spot of brandy
etc.; ⌐ *à* ⌐ drop by drop; *ne* ... ⌐ *not* ...

in the least, not ... at all; **goutte-à-
goutte** 🔬 [⌐aˈgut] *m/inv.* drip; *alimenter au* ⌐ drip-feed; **gouttelette**
[⌐lɛt] *f* droplet; **goutter** [guˈte] (1a)
v/i. drip.

goutteux, -euse 🔬 [guˈtø, ⌐ˈtøːz] 1.
adj. gouty; 2. *su.* sufferer from gout.

gouttière [guˈtjɛːr] *f* △ gutter(ing);
drainpipe; spout; blood; 🔬 cradle;
△ ⌐s *pl.* eaves.

gouvernail [guverˈnaːj] *m* 🚢 rudder
(*a.* 🛩); helm; 🚢 ⌐ *de direction*
vertical rudder; 🚢 ⌐ *de profondeur*
elevator; **gouvernant, e** [⌐ˈnã,
⌐ˈnãːt] 1. *adj.* governing, ruling;
2. *su./f* housekeeper; governess;
regent; **gouverne** [guˈvɛrn] *f* guidance; ⊕ control; ⚓ steering; 🛩 ⌐s
pl. control surfaces; rudders and ai-
lerons; *fig. pour ta* ⌐ for your guidance; **gouvernement** [guvɛrnə-
ˈmã] *m* government; management;
governorship; ⚓ steering; **gouvernemental, e** [⌐nõmã-
ˈtal, ⌐ˈto] governmental; Govern-
ment-...; **gouverner** [⌐ˈne] (1a)
v/t. govern (*a.* ⚓, *a. gramm.*), rule,
control; ⚓ steer; **gouverneur**
[⌐ˈnœːr] *m* governor.

grabat [graˈba] *m* pallet; wretched
bed; *fig. sur un* ⌐ in abject poverty.

grabuge F [graˈbyːʒ] *m* row, ruc-
tions *pl.*

grâce [graːs] *f* grace (*a. eccl., a.* 🔬),
gracefulness, charm; favo(u)r;
mercy; ⚖ pardon; ⌐! for pity's
sake; ⌐s *pl.* thanks; *à* thanks to;
action f de ⌐s thanksgiving; *coup*
m de ⌐ finishing stroke, quietus; *de*
mauvaise ⌐ unwillingly, ungra-
ciously; *dire ses* ⌐s say grace after
a meal; *faire* ⌐ *de qch. à q.* spare
s.o. s.th.; *rendre* ⌐(s) give thanks
(to s.o. for s.th., *à q. de qch.*); **gracier** [graˈsje] (1o) *v/t.* pardon,
reprieve.

gracieuseté [grasjøzˈte] *f* graciousness; kindness; affability; **gracieux, -euse** [⌐ˈsjø, ⌐ˈsjøːz] grace-
ful, pleasing; gracious; courteous;
à titre ⌐ free (of charge), complimentary.

gracile [graˈsil] slender, slim; thin
(*voice*).

gradation [gradaˈsjõ] *f* gradual process; *gramm.* ⌐ *inverse* anti-climax;
par ⌐ gradually; **grade** [grad] *m*
rank (*a.* ⚔), grade (*a.* 🔬); *univ.*

degree; ♣ rating; **gradé** [gra'de] *m* ✗ non-commissioned officer, N.C.O.; ♣ rated man; **gradin** [ʌ'dɛ̃] *m* step; en ʌs in tiers, tier upon tier; **graduation** *phys.* [ʌdɥa-'sjɔ̃] *f* graduating; scale; **graduel, -elle** [ʌ'dɥɛl] *adj., a. su./m eccl.* gradual; **graduer** [ʌ'dɥe] (1n) *v/t.* graduate; increase gradually; *univ.* confer a degree on.

grailler [gra'je] (1a) *v/i.* speak in a husky voice.

graillon [gra'jɔ̃] *m* smell of burnt fat; F clot of phlegm; **graillonner** [ʌjɔ'ne] (1a) *v/i. cuis.* catch; taste of burnt fat; F bring up phlegm, hawk.

grain [grɛ̃] *m* grain (*a.* of sand, *powder*, *salt*); seed; *coffee*: bean; berry; *rosary etc.*: bead; texture, grain; particle, speck (*a. fig.*); ♣ squall; ⊕ lining; ⊕ cam-roller; F bee in the bonnet, quirk; ʌ de beauté beauty spot; mole; ʌ de raisin grape; à gros ʌs coarse-grained; F avoir son ʌ be a bit fuddled (= *drunk*).

graine [grɛn] *f* seed; *silkworm*: eggs *pl.*; monter en ʌ run to seed; *fig.* grow into an old maid; F de la mauvaise ʌ a bad lot; **graineterie** [ʌ'tri] *f* seed-trade; seed-shop; **grainetier** [ʌ'tje] *m* corn-chandler.

graissage [grɛ'sa:ʒ] *m* greasing, lubrication; oiling; **graisse** [grɛs] *f* grease (*a.* ⊕); fat; *wine*: ropiness; *sl.* money; **graisser** [grɛ'se] (1a) *v/t.* grease, lubricate, oil; get grease on (*clothes*); F ʌ la patte à q. grease s.o.'s palm (= *bribe s.o.*); *v/i.* become ropy (*wine*); **graisseur** [ʌ'sœːr] *m person:* greaser; ⊕ lubricator, grease-cup; **graisseux, -euse** [ʌ'sø, ʌ'søːz] greasy, oily; fatty; ropy (*wine*).

grammaire [gram'mɛːr] *f* grammar; **grammairien** *m*, **-enne** *f* [ʌmɛ'rjɛ̃, ʌ'rjɛn] grammarian; **grammatical, e, m/pl. -aux** [ʌmati'kal, ʌ'ko] grammatical.

gramme [gram] *m measure:* gram (*-me*).

gramophone [gramɔ'fɔn] *m* gram-

grand, grande [grɑ̃, grɑ̃:d] **1.** *adj.* great, big; large; tall; high (*building*, *explosives*, *wind*); wide, extensive; grown-up; noble; high-class (*wines*); chief; main (*road*); ʌ public in general public; au ʌ jour in broad daylight; de ʌ cœur with a will,

heartily, willingly; de ʌ matin early in the morning; en ʌ on a large scale; un ʌ homme a great man; un homme ʌ a tall man; **2.** *su./m* (Spanish) grandee; great man; adult, grown-up; *school:* senior pupil.

grand...: ʌ-**chose** [grɑ̃'ʃoːz] *su./inv.:* ne ... pas ʌ not much; **grandeur** [ʌ'dœːr] *f* size; height; greatness; magnitude; splendo(u)r; **grandir** [ʌ'diːr] (2a) *v/i.* grow tall; grow up (*child*); increase, grow; *v/t.* make look taller *or* bigger; magnify (*a. fig.*); enlarge.

grand...: ʌ-**livre**, *pl.* ʌs-**livres** [grɑ̃'liːvr] *m* ledger; ʌ-**mère**, *pl.* ʌ(**s)-mères** [ʌ'mɛːr] *f* grandmother; ʌ-**messe** *eccl.* [ʌ'mɛs] *f* high mass; ʌ-**oncle**, *pl.* ʌs-**oncles** [ʌ'tɔ̃:kl] *m* great-uncle; ʌ-**peine** [ʌ'pɛn] *adv.:* à ʌ with great difficulty *or* much trouble; ʌ-**père**, *pl.* ʌs-**pères** [ʌ-'pɛːr] *m* grandfather; ʌ-**route** [ʌ'rut] *f* highway, high road; ʌ-**rue** [ʌ'ry] *f* high *or* main street; ʌs-**parents** [ʌpa'rɑ̃] *m/pl.* grandparents.

grange [grɑ̃:ʒ] *f* barn; mettre en ʌ garner.

granit [gra'ni] *m* granite; **graniteux, -euse** [ʌni'tø, ʌ'tø:z] granitic.

granivore [grani'vɔːr] granivorous; **granulaire** [grany'lɛːr] granular; **granulation** [ʌla'sjɔ̃] *f* granulation (*a.* ✳); *gunpowder:* corning; **granule** [gra'nyl] *m*, **granulé** [grany'le] *m* granule; **granuler** [ʌ'le] (1a) *v/t.* granulate; corn (*gunpowder*); stipple (*an engraving*); **granuleux, -euse** [ʌ'lø, ʌ'lø:z] granular.

graphique [gra'fik] **1.** *adj.* graphic; **2.** *su./m* graph; (*a. dessin m* ʌ) diagram.

grappe [grap] *f fruit:* bunch; cluster; ✝ onions: string; *vet.* ʌs *pl.* grapes; **grappiller** [grapi'je] (1a) *v/t.* glean (*vineyards*); F pilfer, scrounge; *v/i.* F make petty profits; **grappilleur** *m*, **-euse** *f* [ʌ'jœːr, ʌ'jøːz] gleaner; F pilferer, scrounger; **grappillon** [ʌ'jɔ̃] *m* small bunch *or* cluster.

grappin [gra'pɛ̃] *m* ♣ grapnel, grappling-iron; ⊕ grab; ⚓ anchor-iron; ʌs *pl.* climbing-irons; F mettre le ʌ sur lay hands on, get hold of.

gras, grasse [grɑ, grɑːs] **1.** adj. fat(ted) (animal); fatty (acid, tissue); greasy, oily (rag, voice); stout; thick (beam, mud, speech, weather); heavy (soil); rich (food, coal); soft (outline, stone); ♩ aliphatic; typ. heavy, bold(-faced); fig. broad, smutty; fromage m ~ cream cheese; eccl. jour m ~ meat day; **2.** su./m fat; ⊕ beam; thickness; thick (of thumb); ~ de la jambe calf (of the leg); faire ~ eat meat; **gras-double** cuis. [grɑ'dubl] m tripe.

grasseyer [grɑsɛ'je] (1a) v/i. speak with a strong guttural r.

grassouillet, -ette F [grɑsu'jɛ, ~'jɛt] plump, chubby; buxom (woman).

gratifiant, e [grati'fjɑ̃, ~'fjɑ̃ːt] gratifying; satisfying; **gratification** [~fika'sjɔ̃] f tip, gratuity; bonus; **gratifier** [~'fje] (1o) v/t. ~ q. de qch. bestow s.th. upon s.o.; present or favo(u)r or hono(u)r s.o. with s.th.; fig. attribute s.th. to s.o.

gratin [gra'tɛ̃] m cuis. cheese topping; cheese-topped dish; F fig. the upper crust; cuis. au ~ with cheese topping; **gratiné, e** cuis. with cheese topping; F hellish, a hell of a ...

gratis [gra'tis] adv. free (of charge), gratis.

gratitude [grati'tyd] f gratitude; thankfulness.

gratte [grat] f ⊕ scraper; pickings pl., F perks pl., graft; ✝ fringe benefits pl.; **~-ciel** [~'sjɛl] m/inv. skyscraper; **~-cul** [~'ky] m/inv. dog-rose; hip; **~-papier** F [~pa'pje] m/inv. penpusher; **~-pieds** [~'pje] m/inv. shoe-scraper; **gratter** [gra'te] (1a) v/t. scrape; scratch; scrape off; sp. overtake (a rival); sl. make (s.th.) on the side; se ~ scratch (o.s.); v/i.: ~ du pied paw the ground (horse); **grattoir** [~'twaːr] m scraper; **grattures** [~'tyːr] f/pl. metal: scrapings.

gratuit, e [gra'tɥi, ~'tɥit] free; gratuitous; unmotivated; unfounded; unprovoked (abuse, insult); à titre ~ free of charge, gratis; **gratuité** [~tɥi'te] f gratuitousness.

gravatier [grava'tje] m rubbish-carter; **gravats** [~'va] m/pl. (plaster) screenings; buildings: rubbish sg.

grave [gra:v] **1.** adj. grave; solemn; serious, bad; important; ♩ deep, low; **2.** su./m ♩ low register.

graveler [grav'le] (1c) v/t. gravel;

graveleux, -euse [~'lø, ~'løːz] gravelly (soil); gritty; ✍ suffering from gravel; ✍ showing traces of gravel (urine); fig. smutty (song etc.); **gravelle** ✍ [gra'vɛl] f gravel; **gravelure** [grav'lyːr] f smutty story.

graver [gra've] (1a) v/t. engrave, carve; fig. ~ qch. dans sa mémoire engrave s.th. on one's memory; **graveur** [~'vœːr] m engraver; stone: carver; ~ sur bois wood-engraver.

gravier [gra'vje] m gravel, grit; ~s pl. gravel sg.

gravir [gra'viːr] (2a) v/t. climb, ascend; mount.

gravitation [gravita'sjɔ̃] f gravitation(al pull); **gravité** [~'te] f phys., a. fig. gravity; fig. seriousness; ♩ deepness; **graviter** [~'te] (1a) v/i. revolve (round, autour de); move; gravitate (to, towards à, vers).

gravure [gra'vyːr] f engraving; etching; print; ~ en taille-douce, ~ sur cuivre copper-plate engraving; ~ sur acier steel engraving.

gré [gre] m will, wish, pleasure; liking, taste; consent; à mon ~ as I please, to suit myself; au ~ de at the mercy of (the winds etc.); bon ~, mal ~ willy-nilly; contre mon ~ against my will, unwillingly; de bon ~ willingly; de mon plein ~ of my own accord; savoir ~ à q. de qch. be grateful to s.o. for s.th.

grec, grecque [grɛk] **1.** adj. Greek; **2.** su./m ling. Greek; cuis. F smutty Greek; **gréco-latin, e** [grekɔla'tɛ̃, ~'tin] Gr(a)eco-Latin.

gredin m, e ✝ [grə'dɛ̃, ~'din] scoundrel, rogue.

gréement ⚓, ⚔ [gre'mɑ̃] m rigging; gear; **gréer** ⚓, ⚔ [~'e] (1a) v/t. rig.

greffage ⚘ [grɛ'faːʒ] m grafting; **greffe** [grɛf] su./m ⚖ office of the clerk of the court; ⚖ registry (a. ✝); record-office; su./f ⚘, ✍ graft, grafting; ✍ ~ de cœur heart transplant; **greffer** ⚘ [grɛ'fe] (1a) v/t. graft; **greffier** [~'fje] m ⚖ clerk of the court; ⚖, ✝, admin. registrar; **greffoir** ⚘ [~'fwaːr] m grafting-knife; **greffon** ⚘ [~'fɔ̃] m graft, slip, scion.

grégaire [gre'gɛːr] gregarious; **grégarisme** [~ga'rism] m gregariousness.

grège [grɛːʒ] *adj./f* raw (*silk*).

grégeois [greˈʒwa] *adj./m*: feu m ~ Greek fire.

grêle¹ [grɛːl] slender; thin (*a. fig. voice*); *anat.* small (*intestine*).

grêle² [grɛːl] *f* hail; *fig.* hail, shower; **grêlé, e** [greˈle] pock-marked; **grêler** [~ˈle] (1a) *v/impers.* hail; *v/t.* damage by hail; pock-mark; **grêlon** [~ˈlɔ̃] *m* hail-stone.

grelot [grəˈlo] *m* small bell; sleigh-bell; F attacher le ~ bell the cat; **grelotter** [~lɔˈte] (1a) *v/i.* shiver, tremble, shake (with, de); tinkle.

grenade [grəˈnad] *f* pomegranate; grenade; **grenadier** [grənaˈdje] *m* pomegranate(-tree); grenadier; bomber; F *woman*: amazon; **grenadille** [~ˈdiːj] *f* granadilla; red ebony; **grenadin, e** [~ˈdɛ̃, ~ˈdin] **1.** *adj.* of Granada; of Grenada; **2.** *su./m cuis.* fricassee of chicken; grenadin; *orn.* African finch; *su./f tex.* grenadine.

grenaille [grəˈnaːj] *f* small grain; (small) shot; en ~ granulated.

grenat [grəˈna] **1.** *su./m* garnet; **2.** *adj./inv.* garnet(-red).

greneler [grənˈle] (1c) *v/t.* grain (*leather etc.*).

grener [grəˈne] (1d) *v/i.* corn, seed (*cereals etc.*); *v/t.* corn (*gunpowder*); grain (*salt, a. leather, paper*); stipple (*an engraving*).

grènetis [grɛnˈti] *m* milled edge (*of a coin*).

grenier [grəˈnje] *m* granary; (hay-, corn-) loft; attic, garret.

grenouillage [grənuˈjaːʒ] *m* (shady) dealings *pl.*, wangling; **grenouille** [grəˈnuːj] *f* frog; F kitty, club-money, funds *pl.*, mess-funds *pl.*, F manger la ~ run off with the funds; **grenouillère** [~nuˈjɛːr] *f* marsh; froggery; **grenouillette** [~nuˈjɛt] *f* water-crowfoot; ranula.

grès [grɛ] *m* sandstone; (*a.* ~ cérame) stoneware; earthenware; **gréseux, -euse** [greˈzø, ~ˈzøːz] sandy, gritty; *geol.* sandstone (*rocks*); **grésière** [~ˈzjɛːr] *f* sandstone quarry; **grésil** [greˈzi(l)] *m* (fine) hail.

grésiller¹ [greziˈje] (1a) *v/impers.* patter (*hail*).

grésiller² [~] (1a) *v/i.* crackle (*fire*); sizzle; sputter (*candle*).

grève [grɛːv] *f* seashore, (sandy) beach; strike, walkout, ~ bouchon

disruptive action, selective action; ~ de la faim hunger-strike; ~ perlée go-slow strike, *Am.* slow-down strike; ~ sauvage wildcat strike; ~ sur le tas sit-down strike; faire ~ be on strike; faire la ~ du zèle work to rule; faire une ~ de sympathie come out in sympathy; se mettre en ~ walk out.

grever [grəˈve] (1d) *v/t.* burden (*an estate*) (with, de); entail (*an estate*); mortgage (*land*); *admin.* rate (*a building*).

gréviste [greˈvist] *su.* striker.

gribouiller [gribuˈje] (1a) *vt/i.* daub; scribble; **gribouillis** [~ˈji] *m* scrawl, scribble.

grief [griˈɛf] *m* grievance, ground for complaint; faire ~ à q. de qch. hold s.th. against s.o.

grièvement [griɛvˈmɑ̃]: ~ blessé(e) seriously injured.

griffade [griˈfad] *f* scratch (*of claw*); **griffe** [grif] *f* claw (*a.* ⊕); *fig. a.* clutches *pl.*; maker's label; signature (stamp); *a. fig.* stamp; **griffé, e** [~ˈfe] with a famous label; **griffer** [~ˈfe] (1a) *v/t.* scratch, claw; fasten with a clamp; stamp (a signature on).

griffon [griˈfɔ̃] *m myth.* griffin; *orn.* tawny vulture; *dog*: griffon.

griffonnage [grifɔˈnaːʒ] *m* scrawl, scribble; **griffonner** [~ˈne] (1a) *v/t.* scrawl, scribble; do a rough sketch of; **griffonneur** *m*, **-euse** *f* [~ˈnœːr, ~ˈnøːz] scribbler.

grignoter [griɲɔˈte] (1a) *v/t.* nibble (at); pick at (*one's food*); gnaw (away) (at); *fig.* eat away (at); *fig.* wear down or out; *fig.* win, get; *v/i.* nibble (at one's food).

grigou F [griˈgu] *m* miser, skinflint.

gril [gri] *m cuis.* grill, gridiron (*a.* ⊕, *a.* ⚓); ⊕ sluice-gate; grating; *fig.* être sur le ~ be on tenterhooks.

grillade *cuis.* [griˈjad] *f* grill, grilled steak; grilling.

grillage¹ [griˈjaːʒ] *m cuis.* grilling; roasting (*a. metall.*); bulb: burn-ing-out.

grillage² [griˈjaːʒ] *m* lattice; (wire) netting *or* fencing; **grillager** [~jaˈʒe] (1l) *v/t.* surround with wire fencing *or* netting; **grille** [griːj] *f* grate (*a.* ⊕); grating; iron gate, rail-ing; radio, *fig.* grid; *mot.* grille; *fig.* schedule.

griller¹ [griˈje] (1a) *v/t. cuis.* grill; toast (*bread*); roast (*beans, a.* ⊕ *ore*);

singe (*cloth*); 🔥 calcine; scorch, burn; ⚡ burn out, blow (*a bulb, etc.*); *mot.* F race past; F jump (*the traffic lights*), jump, cut out (*a stop sign*); F smoke (*a cigarette*); F *sp.* outrun (*an opponent*); *v/i.* F fig. be roasting (*in the heat*); *fig.* be burning (with s.th., de qch.; to *inf.*, de *inf.*).

griller² [~] (1a) *v/t.* rail in; bar (*a window*).

grillon zo. [gri'jɔ̃] *m* cricket.

grill-room [gril'rum] *m* grill-room.

grimace [gri'mas] *f* grimace, wry face; **grimacer** [~ma'se] (1k) *v/i.* make faces, screw one's face up, grimace; simper; *v/t.* ~ *un sourire* force a smile; **grimacier, -ère** [~ma'sje, ~'sjɛːr] 1. *adj.* grimacing; grinning; affected; 2. *su.* affected person; hypocrite.

grimer thea. [gri'me] (1a) *v/t. a. se* ~ make up.

grimoire [gri'mwaːr] *m* book of spells, gibberish; scribble, scrawl.

grimpant, e [grɛ̃'pɑ̃, ~'pɑ̃ːt] climbing; ⚘ a. creeping, trailing; **grimper** [~'pe] (1a) *vt/i.* climb; *v/i.* climb up; ⚘ climb, creep, trail; **grimpereau** *orn.* [~'pro] *m* tree-creeper; **grimpette** [~'pɛt] *f* steep slope *or* climb; **grimpeur, -euse** [~'pœːr, ~'pøːz] 1. *adj.* climbing; 2. *su./m orn.* climber; *cyclism:* good hill-climber.

grincement [grɛ̃s'mɑ̃] *m door, teeth, wheel:* grinding, grating; *door, gate:* creaking; *pen:* scratch; **grincer** [grɛ̃'se] (1a) *v/i.* grate, grind; gnash (*teeth*); creak (*door*); scratch (*pen*); **grincheux, -euse** [grɛ̃'ʃø, ~'ʃøːz] 1. *adj.* grumpy; testy; touchy; crabbed; 2. *su.* grumbler, F grouser.

gringalet F [grɛ̃ga'lɛ] *m* shrimp (= *seedy boy*); whipper-snapper.

griot [gri'o] *m* 🔧 *flour etc.:* seconds *pl.*

griotte [gri'ɔt] *f* ⚘ morello cherry; *min.* griotte (= *sort of marble flecked with red and brown*).

grippage ⊕ [gri'paːʒ] *m* rubbing, friction; jamming; abrasion.

grippe [grip] *f* dislike; 🦠 influenza, F 'flu; *prendre q. en* ~ take a dislike to s.o.; **grippé, e** 🦠 [gri'pe] *adj.:* *être* ~ have influenza, F have the 'flu; **gripper** [~] (1a) *v/i. a. se* ~ ⊕ seize up, jam; run hot; become abraded; *tex.* pucker; *v/t.* seize,

snatch; **grippe-sou,** *pl.* **grippe-sou(s)** F [grip'su] *m* skinflint, miser.

gris, grise [gri, griːz] grey; dull (*weather, a. fig.*); F tipsy, fuddled; *faire grise mine à* give a cold welcome to; **grisaille** [gri'zaːj] *f paint.* grisaille; greyness; *fig.* dullness; **grisailler** [~za'je] (1a) *v/t.* paint grey; paint (*s.th.*) in grisaille; *v/i.* turn grey (*hair*); **grisâtre** [~'zaːtr] greyish.

grisbi *sl.* [gris'bi] *m* dough (= *money*).

griser [gri'ze] (1a) *v/t.* intoxicate, make drunk; *se* ~ get drunk; **grisette** [~'zɛt] *f* grisette (*a. tex.*).

grisoller [grizɔ'le] *v/i.* sing (*lark*).

grison¹, **-onne** [gri'zɔ̃, ~'zɔn] 1. *adj.* of the canton of Grisons; 2. *su.* inhabitant of the canton of Grisons.

grison², **-onne** † [gri'zɔ̃, ~'zɔn] 1. *adj.* grey(-haired), grizzled; 2. *su./m* grey-beard; donkey; **grisonner** [~zɔ'ne] (1a) *v/i.* turn grey (*hair*).

grisou ⚒ [gri'zu] *m* fire-damp; gas; *coup m de* ~ fire-damp explosion.

grive *orn.* [griːv] *f* thrush; **grivelé, e** [griv'le] speckled; **griveler** [~] (1d) *v/t.* obtain (*a meal etc.*) without being able to pay; **grivèlerie** [grivel'ri] *f* sponging; graft; pilfering.

grivois, e [gri'vwa, ~'vwaːz] broad, spicy (*joke, story, etc.*); **grivoiserie** [~vwaz'ri] *f* broad *or* smutty joke or story *etc.*; licentious gesture.

grog [grɔg] *m* grog, toddy.

grognard hist. [grɔ'naːr] *m* soldier of Napoleon's Old Guard; **grognement** [grɔɲ'mɑ̃] *m* grunt; growl; snarl; grumbling; **grogner** [grɔ'ɲe] (1a) *v/i.* grunt; growl; grumble; *v/t.* growl out (*s.th.*); **grogneur, -euse** [~'ɲœːr, ~'ɲøːz] 1. *adj.* grumbling; 2. *su./m* grumbler, F grouser; **grognon, -onne** [~'ɲɔ̃, ~'ɲɔn] 1. *adj.* grumbling; peevish; 2. *su./m* grumbler; cross-patch; **grognonner** F [~ɲɔ'ne] (1a) *v/i.* grunt; grumble, grouse; be peevish.

groin [grwɛ̃] *m pig:* snout.

grol(l)e *sl.* [grɔl] *f* shoe.

grommeler [grɔm'le] (1c) *vt/i.* mutter; growl; grumble.

grondement [grɔ̃d'mɑ̃] *m thunder:* rumble, rumbling; *storm:* roar(ing); *sea:* boom; *dog:* growl; **gronder** [grɔ̃'de] (1a) *v/i.* growl (*dog*);

grumble (at, *contre*); rumble (*thunder*); roar (*sea, storm*); *v/t.* scold; **gronderie** [ˌˈdri] *f* scolding; **grondeur, -euse** [ˌˈdœːr, ˌˈdøːz] **1.** *adj.* grumbling, scolding; **2.** *su.* grumbler; *su./f* shrew.

groom [grum] *m* page-boy, *Am.* bell-hop.

gros, grosse [gro, groːs] **1.** *adj.* big, large, stout, fat; thick; broad (*humour etc.*); foul (*weather, word*); heavy (*rain, sea*); swollen (*river*); † pregnant; *fig.* teeming (with, *de*); *fig.* fraught (with, *de*); ~ *bétail m* cattle; ~ *doigt m du pied* big toe; F **grosse** *légume f* big shot; △ ~ *œuvre m* foundations *pl.*; *main walls pl.*; *avoir le cœur* ~ be heavy-hearted; **2.** *gros adv.* a great deal, a lot; *gagner* ~ earn a lot, make big money; *écrire* ~ write in large letters; **3.** *su./m* bulk, main part; ✗ main body (*of an army*); thickest part; essential (part); *winter etc.*: heart; ✝ ~ *wholesale* (*price, firm, business, etc.*); *en* ~ rough, broad (*estimate etc.*); (*describe etc.*) roughly, broadly, all told, altogether; (*write*) in large letters; ✝ *wholesale* (*a. fig.*); ✝ *marchand m en* ~ *wholesaler*; ✝ *faire le* ~ deal in wholesale; *su./f* gross, twelve dozen.

groseille ♀ [groˈzɛːj] *f* (*red etc.*) currant; ~ *à maquereau* gooseberry; **groseillier** ♀ [ˌzɛˈje] *m* currant bush.

gros-grain *tex.* [groˈgrɛ̃] *m* grogram.

grossesse ✗ [groˈsɛs] *f* pregnancy; **grosseur** [ˌˈsœːr] *f* size, bulk; *lips:* thickness; ✗ swelling; **grossier, -ère** [ˌˈsje, ˌˈsjɛːr] coarse; gross, crude; rude, unmannerly; rough; boorish; crass (*ignorance, stupidity, etc.*); **grossièreté** [ˌsjɛrˈte] *f* coarseness, roughness; rudeness; grossness; coarse language; *dire des* ~s be offensive; **grossir** [ˌˈsiːr] (2a) *v/t.* enlarge, magnify (*a. opt., a. fig.*); swell; *v/i.* grow bigger, increase; put on weight (*person*); **grossissement** [ˌsisˈmɑ̃] *m* magnification; enlargement; increase, swelling; **grossiste** ✝ [ˌˈsist] *m* wholesaler; **grossoyer** [ˌswaˈje] (1h) *v/t.* engross (a document).

grotesque [groˈtɛsk] **1.** *adj.* grotesque; **2.** *su./m* grotesque person; freak.

grotte [grɔt] *f* grotto; cave.

grouiller [gruˈje] (1a) *v/i.* swarm, crawl, teem, be alive (with, *de*); rumble (*belly*); † stir; *v/t.:* *sl.* se ~ hurry up, F get a move on.

groupe [grup] *m persons, objects, a. ♪:* group; *stars:* cluster; *trees:* clump; *biol.* division; ~ *de pression* pressure group; ✗ ~ *sanguin* blood-group; **groupement** [ˌˈmɑ̃] *m* grouping; group; **grouper** [gruˈpe] (1a) *v/t.* group; se ~ form a group or groups; gather, cluster (round, *autour de*).

gruau [gryˈo] *m* flour of wheat; ~ *d'avoine* groats *pl.*; *cuis.* gruel.

grue [gry] *f orn., a.* ⊕ crane; F street-walker, prostitute; ⊕ ~ *à bras* (or *à flèche*) jib-crane; ⛟ ~ *d'alimentation* water-pillar; F *faire le pied de* ~ cool one's heels, hang about (*ger., à inf.*).

gruger [gryˈʒe] (1l) *v/t.* crunch; F eat; *fig.* sponge on (*s.o.*), fleece (*s.o.*).

grume [grym] *f* log; *bois m de* (or *en*) ~ undressed timber.

grumeau [gryˈmo] *m* clot; *salt:* speck; **grumeler** [grymˈle] (1c) *v/t.:* se ~ clot, curdle; **grumeleux, -euse** [ˌˈlø, ˌˈløːz] curdled; gritty (*pear*).

grutier ⊕ [gryˈtje] *m* crane-driver.

gruyère [gryˈjɛːr] *m* gruyère.

gué [ge] *m* ford; **guéable** [ˈabl] fordable; **guéer** [ˌˈe] (1a) *v/t.* ford (a river, a stream); water (a horse).

guenille [gəˈniːj] *f* rag; F trollop; *en* ~s in rags.

guenon [gəˈnɔ̃] *f zo.* long-tailed monkey; F ugly woman.

guêpe *zo.* [gɛːp] *f* wasp; **guêpier** [geˈpje] *m* wasps' nest; *orn.* bee-eater.

guère [gɛːr] *adv.:* *ne ...* ~ hardly, little, scarcely, not much *or* many.

guéret [geˈrɛ] *m* ploughed land; fallow land.

guéridon [geriˈdɔ̃] *m* pedestal table.

guérilla ✗ [geriˈja] *f* guerilla (warfare); **guérillero** ✗ [ˌjeˈro] *m* person: guerilla.

guérir [geˈriːr] (2a) *v/t.* cure; heal (a *wound etc.*); *v/i.* get better, be cured; heal (*wound*); **guérison** [geriˈzɔ̃] *f* cure; *wound:* healing; recovery; **guérissable** [ˌˈsabl] curable; healable; **guérisseur, -euse** [ˌˈsœːr, ˌˈsøːz] *su.* healer; quack-doctor.

guérite [geˈrit] *f* ✗ sentry box; workman's hut; (*watchman's*) shelter.

guerre [gɛːr] *f* war(fare); *fig.* quarrel; *Grande* ⩶ Great War, World War I; *faire la* ∼ make war (on, *à*); *faire la* ∼ *à qch. a.* fight s.th.; *fig. de bonne* ∼ fair; **guerrier, -ère** [gɛˈrje, ∼ˈrjɛːr] **1.** *adj.* warlike; **2.** *su./m* warrior; **guerroyer** [∼rwaˈje] (1h) *v/i.* wage war.

guet [gɛ] *m* watch; look-out; patrol; *faire le* ∼ be on the look-out; **∼-apens,** *pl.* **∼s-apens** [gɛtaˈpɑ̃] *m* ambush, trap.

guêtre [gɛːtr] *f* gaiter; *mot.* patch, sleeve.

guetter [gɛˈte] (1a) *v/t.* lie in wait for, watch for; *fig.* wait (*one's opportunity*); **guetteur** ✗, ⚓ [∼ˈtœːr] *m* person: look-out.

gueulard, e [gœˈlaːr, ∼ˈlard] **1.** *adj.* loud-mouthed (*person*); noisy; **2.** *su.* loudmouth, bigmouth; **gueule** [gœl] *f animal, a. sl. person:* mouth; *sl.* face; F look, appearance; *gun:* muzzle; opening; *sl. casser la* ∼ *à q.* break s.o.'s jaw, F sock s.o.; *sl. ta* ∼! shut up!; F *avoir une drôle de* ∼ look funny; F *avoir de la* ∼ look or be great; **gueule-de-loup,** *pl.* **gueules-de-loup** ♀ [∼dəˈlu] snapdragon, antirrhinum; **gueuler** *sl.* [gœˈle] (1a) *v/i.* bawl; **gueuleton** F [gœlˈtɔ̃] *m* blowout, spread; **gueuletonner** F [∼tɔˈne] (1a) *v/i.* have a blow-out.

gueusaille F [gøˈzaːj] *f* rabble; **gueusard** F [∼ˈzaːr] *m* beggar; rascal, rogue.

gueuse *metall.* [gøːz] *f* pig-mo(u)ld; **gueuserie** [gøzˈri] *f* beggary; begging; *fig.* poor show, poor affair.

gueux, gueuse [gø, gøːz] **1.** *adj.* poverty-stricken, poor; **2.** *su.* beggar; tramp, vagabond; *su./f* wench; *courir la* ∼ lead a wild life.

gui[1] ♀ [gi] *m* mistletoe.

gui[2] ⚓ [∼] *m* boom; guy(-rope).

guibolle *sl.* [giˈbɔl] *f* leg.

guichet [giˈʃɛ] *m post office, bank etc.:* counter, window; wicket, hatch; 🖂 booking office (window); *thea.* box office; *sp. cricket:* wicket; **guichetier** [giʃˈtje] *m prison:* turnkey.

guide[1] [gid] *m* guide (*a.* ✗, *a.* ⊕); guide-book.

guide[2] [∼] *f* rein; girl guide.

guide-âne [giˈdɑːn] *m* (handbook of) elementary instructions *pl.*; *writing pad:* black lines *pl.*, ruled guide; **guider** [∼ˈde] (1a) *v/t.* guide; direct, steer; lead; ⊕ control; *se* ∼ *sur* use as a guide; ⊕ *guidé par ordinateur* computer-controlled.

guidon [giˈdɔ̃] *m* ⚓ pennant; *cycle:* handle-bar; ✗ *gun:* foresight.

guigne [giɲ] *f* heart-cherry; F *fig.* bad luck; F *avoir la* ∼ be out of luck.

guigner F [giˈɲe] (1a) *v/t.* steal a glance at; have an eye to; ogle (*s.o.*). [(tree).)]

guignier ♀ [giˈɲje] *m* heart-cherry) **guignol** [giˈɲɔl] *m* Punch and Judy show; puppet (show).

guignolet [giɲɔˈlɛ] *m* cherry-brandy.

guignon [giˈɲɔ̃] *m* bad luck; *avoir du* ∼ have a run of bad luck.

guillaume ⊕ [giˈjoːm] *m* plane: rabbet.

guillemets [gijˈmɛ] *m/pl.* inverted commas, quotation marks.

guilleret, -ette [gijˈrɛ, ∼ˈrɛt] gay; broad (*joke*).

guillocher ⊕ [gijɔˈʃe] (1a) *v/t.* chequer.

guillotine [gijɔˈtin] *f* guillotine (*a. for cutting paper*); *fenêtre f à* ∼ sash-window.

guimauve ♀ [giˈmoːv] *f* marshmallow.

guimbarde [gɛ̃ˈbard] *f* ♩ Jew's-harp; ⊕ grooving-plane; *sl.* rattletrap, *Am.* jalopy.

guimpe [gɛ̃p] *f* (*nun's*) wimple; chemisette.

guindage [gɛ̃ˈdaːʒ] *m* ⊕ hoisting; ⊕ *tackle:* hoist; **guindé, e** [∼ˈde] stiff, starchy; strained; stilted (*style*); **guinder** [∼ˈde] (1a) *v/t.* hoist; *fig.* strain; *fig.* make look stiff; *fig. se* ∼ become stilted or strained (*story, etc.*); adopt a stiff manner (*person*).

guinguette [gɛ̃ˈgɛt] *f* suburban tavern; out-of-town inn.

guiper [giˈpe] (1a) *v/t.* wind; wrap; lap (*a.* ⊕); **guipure** [∼ˈpyːr] *f* pillow-lace; ✂ lapping.

guirlande [girˈlɑ̃d] *f* garland, wreath, festoon; *pearls:* rope.

guise [giːz] *f* manner, way; *à votre* ∼! as you like!; please yourself!; *en* ∼ *de* by way of, as.

guitare ♩ [giˈtaːr] *f* guitar.

gustatif, -ve [gystaˈtif, ∼ˈtiːv] gustative; gustatory (*nerve*); **gustation** [∼taˈsjɔ̃] *f* tasting.

gutta-percha [gytaperˈka] *f* gutta-percha.

guttural, e, *m/pl.* **-aux** [gytyˈral, ∼ˈro] **1.** *adj.* guttural; throaty

(*voice*); **2.** *su./f gramm.* guttural.
gymnase [ʒim'nɑːz] *m* gymnasium, F gym; **gymnaste** [~'nast] *su.* gymnast; **gymnastique** [~nas'tik] **1.** *adj.* gymnastic; **2.** *su./f* gymnastics *sg.*, F gym; ~ *rythmique* eurhythmics *sg.*; *faire de la* ~ do gymnastics.
gymnote *icht.* [ʒim'nɔt] *m* electric eel.
gynécologiste ⚕ [ʒinekɔlɔ'ʒist], **gynécologue** ⚕ [~'lɔg] *su.* gyn(a)ecologist.
gypaète *orn.* [ʒipa'ɛt] *m* lammergeyer.
gypse [ʒips] *m min.* gypsum; ⚒ plaster of Paris.
gyrophare [ʒirɔ'faːr] *m* flashing light; **gyroscope** [~'skɔp] *m* gyroscope; **gyroscopique** [~skɔ'pik] gyroscopic; ✈ *appareil m* ~ *de pilotage* gyro-pilot; ⚓ *compas m* ~ gyro-compass.

H

(Before the so-called aspirate *h*, marked ******h*, there is neither elision nor liaison.)

H, h [aʃ] *m* H, h.

habile [a'bil] clever; skilful; ⚖ competent (to, *à*); **habileté** [abil'te] *f* skill, ability; cleverness; (clever) trick; **habilité** ⚖ [~'te] *f* competency; **habiliter** ⚖ [~'te] (1a) *v/t.* entitle (s.o. to *inf.*, *q. à inf.*).

habillage [abi'jaːʒ] *m* dressing; ⊕ assembling; ✝ get-up; **habillement** [abij'mɑ̃] *m* clothing; clothes *pl.*; dress; **habiller** [abi'je] (1a) *v/t.* dress; clothe; ✝ get up; cover; *dress*: suit (s.o.); s'~ dress (o.s.), get dressed; dress up (as, *en*); **habilleur** *m*, **-euse** *f* [~'jœːr, ~'jøːz] *thea. etc.* dresser.

habit [a'bi] *m* (*a.* ~ *de soirée*) dress coat; dress; coat; *eccl.* habit; ~ *vert* green coat (*of the Members of the Académie française*).

habitable [abi'tabl] habitable; **habitacle** [~'takl] *m* ⚓ binnacle; 🛩 cockpit; *poet.* dwelling; **habitant** *m*, **e** *f* [~'tɑ̃, ~'tɑ̃ːt] inhabitant; occupier (*of a house*); resident; **habitat** ♀, *zo.*, *etc.* [~'ta] *m* habitat; **habitation** [~ta'sjɔ̃] *f* habitation; dwelling; residence; **habiter** [~'te] (1a) *v/t.* inhabit, live in; *v/i.* dwell, live, reside.

habitude [abi'tyd] *f* habit, custom, practice, use; *avoir l'~ de* be used to (s.th., *doing s.th.*); *avoir l'~ de* (*inf.*) *a.* be in the habit of (*ger.*); *j'ai l'~*, *j'en ai l'~* I am used to it; *d'~* usually; *par ~* from sheer force of habit; **habitué** *m*, **e** *f* [~'tɥe] frequenter, regular attendant *or* customer; **habituel, -elle** *f* [~'tɥɛl] usual; customary; **habituer** [~'tɥe] (1n) *v/t.*: ~ *q. à* accustom s.o. to *or* get s.o. used to (s.th., *doing s.th.*); s'~ *à* get used to.

*hâblerie [abla'ri] *f* boasting; ***hâbleur** *m*, **-euse** *f* [a'blœːr, ~'bløːz] boaster.

*hache [aʃ] *f* axe; **~-légumes** [~le-'gym] *m/inv.* vegetable-cutter; **~-paille** [~'paːj] *m/inv.* chaff-cutter.

*hacher [a'ʃe] (la) *v/t.* chop (up); hash (*meat*); hack up; *fig.* score (s.o.'s *face*); hatch (*a drawing etc.*); ***hachereau** [aʃ'ro] *m* small axe, hatchet; ***hachette** [a'ʃɛt] *f* hatchet; ***hachis** *cuis.* [a'ʃi] *m* hash (*a. fig.*), mince.

*hachisch [a'ʃiʃ] *m* hashish.

*hachoir [a'ʃwaːr] *m* chopper; chopping-knife; chopping-board; ***hachure** [a'ʃyːr] *f* hachure, hatching; *en* ~s hachured.

*hagard, e [a'gaːr, ~'gard] wild, wild-looking; distraught.

*haï, e [a'i] *p.p. of haïr*.

*haie [ɛ] *f* hedge(row); *people*: line; *sp.* hurdle; ~ *d'honneur* guard of hono(u)r; *sp.* course *f de* ~s hurdle-race; *faire la* ~ be lined up.

*haillon [a'jɔ̃] *m* rag, tatter.

*haine [ɛːn] *f* hate, hatred; ***haineux, -euse** [ɛ'nø, ~'nøːz] full of hatred.

*haïr [a'iːr] (2m) *v/t.* hate, detest, loathe.

*haire [ɛːr] *f* hair-shirt; *tex.* hair-cloth.

*hais [ɛ] *1st p. sg. pres. of haïr*; ***haïs** [a'i] *1st p. sg. p.s. of haïr*; ***haïssable** [ai'sabl] hateful, odious; ***haïssent** [a'is] *3rd p. pl. pres. of haïr*.

*halage [a'laːʒ] *m* ⚓ *ship*: hauling; towing; *chemin m de* ~ tow(ing)-path.

*hâle [ɑːl] *m* tan(ning); sunburn; ***hâlé, e** [ɑ'le] (sun)tanned, sunburnt.

haleine [a'lɛn] *f* breath; *fig.* wind; *à perte d'~* until out of breath; *avoir l'~ courte* be short-winded; *de longue* ~ long and exacting, of long duration; long-term (*plans*); *hors d'~* out of breath; *tenir en* ~ keep (s.o.) breathless.

*haler [a'le] (la) *v/t.* ⚓ haul (in); tow.

*halètement [alɛt'mɑ̃] *m* panting, gasping; ***haleter** [al'te] (1d) *v/i.* pant; gasp (for breath); puff.

*haleur ⚓ [a'lœːr] *m* hauler; tower.

*hall [ɔl] *m* entrance hall; *hotel*:

lounge; *mot.* open garage; ⊕ shop, room; **hallage** † [aˈlaːʒ] *m* market dues *pl.*; **halle** [al] *f* (covered) market.

hallebarde hist. [alˈbard] *f* halberd.

hallier [aˈlje] *m* thicket, copse; ~s *pl.* brushwood sg.

hallucinant, e [alysiˈnɑ̃, ~ˈnɑ̃t] hallucinating; *fig.* incredible, staggering; **hallucination** [~naˈsjɔ̃] *f* hallucination; **hallucinogène** [~no-ˈʒɛn] **1.** *adj.* hallucinogenic; **2.** *su./m* hallucinogen.

halo [aˈlo] *m* meteor. halo; *phot.* halation; *opt.* blurring.

halogène ⚗ [aloˈʒɛn] **1.** *adj.* halogenous; **2.** *su./m* halogen.

halte [alt] *f* halt (*a.* 🚂), stop; stopping-place; *faire* ~ stop, ✕ halt; ~(-là)! stop!, ✕ halt!

haltère [alˈtɛːr] *m* dumbbell.

hamac ⚓ etc. [aˈmak] *m* hammock.

hameau [aˈmo] *m* hamlet.

hameçon [amˈsɔ̃] *m* (fish) hook; *fig.* bait; *fig.* mordre à l'~ take the bait.

hampe[1] [ɑ̃ːp] *f* flag; *spear:* shaft; handle; ♀ stem.

hampe[2] cuis. [~] *f* (thin) flank of beef.

hamster [amsˈtɛːr] *m* zo. hamster; F hoarder (*of money*).

hanap † [aˈnap] *m* hanap, goblet.

hanche [ɑ̃ːʃ] *f* hip; *horse:* haunch; ⚓ quarter.

handicap [ɑ̃diˈkap] *m* sp. handicap (*a. fig.*); *fig.* disadvantage; **handicaper** sp. [~ka'pe] (1a) *v/t.* handicap (*a. fig.*); *les handicapés* (mentaux or physiques) the (mentally or physically) handicapped.

hangar [ɑ̃ˈgaːr] *m* shed; lean-to; ✈ hangar.

hanneton [anˈtɔ̃] *m* zo. cockchafer; F *fig.* harum-scarum, scatterbrain.

hanter [ɑ̃ˈte] (1a) *v/t.* haunt; *maison f hantée* haunted house; **hantise** [ɑ̃ˈtiːz] *f* obsession; haunting memory.

happement [apˈmɑ̃] *m* snatching up, seizing; **happer** [aˈpe] (1a) *v/t.* catch, snatch; *v/i.* cling, stick.

haquenée [akˈne] *f* hack; ambling mare; *aller à la* ~ amble along.

haquet [aˈkɛ] *m* dray, waggon (*a.* ✕); **haquetier** [akˈtje] *m* drayman.

hara-kiri [arakiˈri] *m* harakiri, happy dispatch.

harangue [aˈrɑ̃ːg] *f* harangue; **haranguer** [arɑ̃ˈge] (1m) *v/t.* harangue; F *fig.* lecture (*s.o.*); F hold forth to; **harangueur** [~ˈgœːr] *m* orator; F tub-thumper.

haras [aˈrɑ] *m* stud-farm; stud.

harasser [araˈse] (1a) *v/t.* wear out, exhaust.

harcèlement [arsɛlˈmɑ̃] *m* harassing, harrying (*a.* ✕); **harceler** [~sɔˈle] (1d) *v/t.* harass, harry (*a.* ✕); badger; nag at, be on at.

harde[1] [ard] *f* herd; *orn.* flock.

harde[2] hunt. [ard] *f* leash; **harder** hunt. [arˈde] (1a) *v/t.* leash (*the hounds in couples*).

hardes [ard] *f/pl.* old clothes.

hardi, e [arˈdi] bold; daring; rash; impudent; **hardiesse** [~ˈdjɛs] *f* boldness; temerity; daring; rashness; effrontery.

hareng [aˈrɑ̃] *m* herring; ~ *fumé* kipper; ~ *saur* red herring; **harengaison** [arɑ̃ɡɛˈzɔ̃] *f* herring-season; herring-fishing; 'harengère [~ˈʒɛːr] *f* fishwife.

hargne [arɲ] *f* ill-temper; aggressiveness; **hargneux, -euse** [arˈɲø, ~ˈɲøːz] surly; peevish; bad-tempered; aggressive; nagging (*wife*).

haricot[1] ♀ [ariˈko] *m* bean; ~ *blanc* haricot bean; ~ *rouge* kidney bean; ~ *vert* French bean; *sl. courir sur le* ~ *à q.* get on s.o.'s nerves.

haricot[2] [~] *m* stew, haricot; ~ *de mouton* haricot mutton, *Am.* lamb stew.

haridelle F [ariˈdɛl] *f* jade, nag.

harmonica ♩ [armɔniˈka] *m* harmonica; mouth-organ.

harmonie [armɔˈni] *f* ♩ harmony (*a. fig.*); *fig.* agreement; ♩ brass and reed band; **harmonieux, -euse** [~ˈnjø, ~ˈnjøːz] harmonious; **harmonique** [~ˈnik] harmonic; **harmoniser** [~niˈze] (1a) *v/t. a. s'*~ harmonize; match (*colours*); **harmonium** ♩ [~ˈnjɔm] *m* harmonium.

harnacher [arnaˈʃe] (1a) *v/t.* harness; rig (*s.o.*) out; **harnacheur** [~ˈʃœːr] *m* harness-maker; saddler; groom.

harnais [arˈnɛ] *m*, † **harnois** [~ˈnwa] *m* horse, *a. tex.:* harness.

haro [aˈro] *m* hue and cry; *crier* ~ *sur* denounce.

harpagon [arpaˈgɔ̃] *m* skinflint.

harpe[1] ♩ [arp] *f* harp.

*harpe² △ [~] f toothing-stone.

*harpie [arˈpi] f myth., a. fig. harpy; fig. hell-cat.

*harpin ⚓ [arˈpɛ̃] m boat-hook.

*harpiste ♪ [arˈpist] su. harpist.

*harpon [arˈpɔ̃] m harpoon; △ wall-staple; ***harponner** [~pɔˈne] (1a) v/t. harpoon; fig. buttonhole (s.o.).

*hasard [aˈzaːr] m chance, luck; risk; hazard (a. golf); à tout ~ at all hazards or events; au ~ at random; ... de ~ chance ...; par ~ by chance; ***hasardé, e** [azarˈde] risky, foolhardy; bold; hazardous; ***hasarder** [~ˈde] (1a) v/t. risk, venture; ***hasardeux, -euse** [~ˈdø, ~ˈdøːz] perilous, risky; daring, foolhardy.

*hase zo. [ɑːz] f doe-hare; doe-rabbit.

*hâte [ɑːt] f haste, hurry; à la ~ in a hurry; hurriedly; avoir ~ de (inf.) be in a hurry to (inf.); long to (inf.); en (toute) ~ with all possible speed; ***hâter** [ɑˈte] (1a) v/t. a. se ~ hasten, hurry; ***hâtif, -ve** [ɑˈtif, ~ˈtiːv] hasty; premature; early (fruit etc.); ***hâtiveau** ✗ [ɑtiˈvo] m early fruit (esp. pear); early vegetable.

*hauban [oˈbɑ̃] m ⚓ shroud; △, ⊕ stay; ✗ (bracing-)wire; ***haubaner** [oba'ne] (1a) v/t. stay, guy.

*haubert hist. [oˈbɛːr] m hauberk, coat of mail.

*hausse [oːs] f rise (a. ✝), Am. raise; rifle: back-sight, rear-sight; △ block, prop; à la ~ on the rise; ***haussement** [osˈmɑ̃] m raising; ~ d'épaules shrug; ***hausser** [oˈse] (1a) v/t. raise (a. ♪; a. a house, the price, one's voice); lift; increase; shrug (one's shoulders); v/i. rise, go up; ✗ heave in sight; ***haussier** ✝ [oˈsje] m bull.

*haussière ⚓ [oˈsjɛːr] f hawser.

*haut, haute [o, oːt] **1.** adj. high; elevated; eminent, important; loud (voice); erect (head); upper (floor etc.); la haute mer the open sea; la mer haute high tide; **2.** haut adv. high (up); aloud; haughtily; further back (in time); fig. ~ la main easily; ~ les mains! hands up! d'en ~ adj. upstairs; upper; en ~ adv. above; upstairs; **3.** su./m height; top; summit; tomber de son ~ fall flat; fig. fall; fig. be dumbfounded;

vingt pieds de ~ 20 feet or foot high; su./f: la haute the smart set, the upper crust.

*hautain, e [oˈtɛ̃, ~ˈtɛn] proud; haughty.

*haut...: *~bois ♪ [oˈbwa] m oboe; (a. ***~boïste** [obɔˈist] m) oboist; ***~-de-chausses,** pl. ***~s-de-chausses** [odˈʃoːs] m breeches pl.; ***~-de-forme,** pl. ***~s-de-forme** [~ˈfɔrm] m top hat.

*haute-contre, pl. ***hautes-contre** ♪ [otˈkɔ̃ːtr] f voice: alto.

*hautement [otˈmɑ̃] adv. highly; loudly; loftily; frankly.

*Hautesse [oˈtɛs] f title of sultan: Highness.

*hauteur [oˈtœːr] f height; eminence, high place; hill(-top); level; depth; ⚓, astr. altitude; ♪ pitch; fig. arrogance; fig. principles etc.: loftiness; être à la ~ de be equal to; be a match for; fig. be abreast of (developments, news); ⚓ be off (Calais); ✗ prendre de la ~ gain height; tomber de sa ~ fall flat; F fig. be dumbfounded; sp. saut en ~ high jump.

*haut...: *~-fond, pl. ***~s-fonds** [oˈfɔ̃] m sea: shoal, shallows pl.; ***~-le-cœur** [olˈkœːr] m/inv. heave; nausea; avoir des ~ retch; ***~-le-corps** [~ˈkɔːr] m/inv. sudden start; ***~-lieu,** pl. ***~s-lieux** [oˈljø] centre, Mecca (of art etc.); ***~-parleur** [oparˈlœːr] m radio etc.: loudspeaker; amplifier; ***~-relief,** pl. ***~s-reliefs** [orəˈljɛf] m arts: alto-relievo.

*havanais, e [avaˈnɛ, ~ˈnɛːz] adj., a. su. ⊕ Havanese; ***havane** [aˈvan] **1.** su./m Havana (cigar); **2.** adj./inv. tobacco-colo(u)red; brown.

*hâve [ɑːv] haggard, gaunt; wan.

*havre ⚓ [ɑːvr] m harbo(u)r, haven.

*havresac [avrəˈsak] m ✗ knapsack; tool-bag; camping: haversack.

*hayon mot. [ɛˈjɔ̃] m rear door, tailgate; a. voiture à ~ arrière hatchback.

*hé! [e] int. hi!; I say!; what!

*heaume hist. [oːm] m helm(et).

hebdomadaire [ɛbdɔmaˈdɛːr] **1.** adj. weekly; **2.** su./m weekly (paper or publication).

héberger [ebɛrˈʒe] (1l) v/t. accommodate, put up, take in, lodge.

hébéter [ebeˈte] (1f) v/t. stupefy; daze; fig. stun; **hébétude** [~ˈtyd] f fig. daze, dazed condition; ✗ hebetude.

hébraïque [ebra'ik] Hebrew, Hebraic; **hébraïsant** *m*, **e** *f* [~i'zã, ~'zã:t] Hebraist; **hébreu** [e'brø] *adj./m*, *a. su./m ling.* Hebrew.
hécatombe [eka'tõ:b] *f* hecatomb; F *fig. persons:* (great) slaughter.
hectare [ɛk'ta:r] *m* hectare (2.47 *acres*).
hectique ⚕ [ɛk'tik] hectic.
hecto... [ɛktɔ] hecto...; **~gramme** [~'gram] *m* hectogram(me); **~litre** [~'litr] *m* hectolitre (2.75 *bushels*); **~mètre** [~'mɛtr] *m* hectometre.
***hein!** F [ɛ̃] *int.* what?; isn't it?; did I not?, *etc.*
hélas! [e'lɑ:s] *int.* alas!
***héler** [e'le] (1f) *v/t.* hail (*a ship, a taxi*).
hélianthe ⚘ [e'ljɑ̃:t] *m* sunflower, helianthus.
hélice [e'lis] *f* ⚠, *anat.* helix (*a.* = *snail*); ⚓ screw; ⚓, ✈ propeller; Archimedean screw; *escalier m en* ~ spiral staircase; *en* ~ helical (ly *adv.*); ⚓ *vaisseau m à* ~ screw-steamer.
hélicoptère ✈ [elikɔp'tɛ:r] *m* helicopter.
hélio... [eljɔ] helio...; **~graphe** *astr.* [~'graf] *m* heliograph; **~gravure** [~gra'vy:r] *f* photogravure; heliogravure; **~scope** *astr.* [~s'kɔp] *m* solar prism; **~thérapie** ⚕ [~tera'pi] *f* sunlight *or* sun ray treatment; **~trope** ⚘ [~'trɔp] *m* heliotrope.
héliport ✈ [eli'pɔ:r] *m* heliport.
hélium ⚗ [e'ljɔm] *m* helium.
helvétien, -enne [ɛlve'sjɛ̃, ~'sjɛn] *adj.*, *a. su.* ♀ Swiss; **helvétique** [~'tik] Helvetic (*confederation*), Swiss.
***hem!** [ɛm] *int.* ahem!; hm!
héma... [ema], **hémat(o)...** [emat(o)] h(a)ema..., h(a)emat(o)...; blood...; **hématite** *min.* [ema'tit] *f* h(a)ematite; ~ *rouge* red iron.
hémi... [emi] hemi...; **~cycle** ⚠ [~'sikl] *m* hemicycle; **~sphère** [emis'fɛ:r] *m* hemisphere.
hémo... [emɔ] h(a)em(o)... **~globine** *physiol.* [~glɔ'bin] *f* h(a)emoglobin; **~philie** ⚕ [~fi'li] *f* h(a)emophilia; **~rragie** ⚕ [~ra'ʒi] *f* h(a)emorrhage; **~rroïdes** ⚕ [~rɔ'id] *f/pl.* h(a)emorrhoids, piles.
***henné** ⚘ [ɛn'ne] *m* henna (*a. for hair*); *teindre au* ~ henna.
***hennir** [ɛ'ni:r] (2a) *v/i.* whinny, neigh; ***hennissement** [ɛnis'mɑ̃] *m* whinny(ing), neigh(ing).
hépatique [epa'tik] **1.** *adj.* hepatic; **2.** *su.* ⚕ hepatic; *su./f* ⚘ hepatica, liverwort; **hépatite** [~'tit] *f* ⚕ hepatitis; *min.* hepatite.
hepta... [ɛpta] hepta...
héraldique [eral'dik] heraldic, armorial.
***héraut** [e'ro] *m* herald (*a. fig.*).
herbacé, e ⚘ [ɛrba'se] herbaceous; **herbage** [~'ba:ʒ] *m* grass-land; pasture; grass; *cuis.* green stuff; **herbager** [~ba'ʒe] *m* grazier; **herbe** [ɛrb] *f* grass; herb; weed; *~s pl. potagères* pot herbs; *en* ~ unripe; *fig.* budding; *fines ~s pl.* herbs for seasoning; *mauvaise* ~ weed; *fig.* bad lot; *couper l'~ sous le pied de q.* cut the ground from under s.o.'s feet; *déjeuner sur l'~* (have a) picknick; *manger son blé en* ~ spend one's money before getting it; **herbeux, -euse** [~'bø, ~'bø:z] grassy; **herbicide** [~bi'sid] *m* weed-killer; **herbivore** *zo.* [~bi'vɔ:r] **1.** *adj.* herbivorous; **2.** *su./m* herbivore; **herboriser** [~bɔri'ze] (1a) *v/i.* go botanizing; gather plants *or* herbs; **herboriste** [~bɔ'rist] *su.* herbalist; **herbu, e** [~'by] **1.** *adj.* grassy; **2.** *su./f* light grazing-land.
***hère** [ɛ:r] *m*: *pauvre* ~ poor devil.
héréditaire [eredi'tɛ:r] hereditary; **hérédité** [~'te] *f* heredity; ⚖ (right of) inheritance.
hérésie [ere'zi] *f* heresy; **hérétique** [~'tik] **1.** *adj.* heretical; **2.** *su.* heretic.
***hérissé, e** [eri'se] bristling (with, *de*); spiked (with, *de*); prickly; bristly (*moustache*); ***hérisser** [~'se] (1a) *v/t.* bristle up; cover with spikes; ruffle (*its feathers*); *se* ~ stand on end (*hair*); bristle (up) (*a. fig.*); ***hérisson** [~'sɔ̃] *m zo.* hedgehog; ⊕ brush.
héritage [eri'ta:ʒ] *m* inheritance, heritage; **hériter** [~'te] (1a) *vt/i.* inherit; ~ (*de*) *qch.* inherit s.th. (from s.o., *de q.*); **héritier, -ère** [~'tje, ~'tjɛ:r] *su.* heir; *su./f* heiress.
hermétique [ɛrme'tik] hermetic; (air-, water)tight; light-proof; impenetrable.
hermine *zo.* [ɛr'min] *f* ermine (*a.* ✝ *fur*), stoat.
***herniaire** ⚕ [ɛr'njɛ:r] hernial; *bandage m* ~ truss; ***hernie** ⚕ [~'ni] *f* hernia, rupture.
héroïne [erɔ'in] *f* heroine; ⚗ hero-

in; **héroïque** [~'ik] heroic (*a.* ⚕); **héroïsme** [~'ism] *m* heroism.
***héron** *orn.* [e'rõ] *m* heron.
***héros** [e'ro] *m* hero.
herpès ⚕ [ɛr'pɛs] *m* herpes.
***herse** [ɛrs] *f* ⚒ harrow; ⚠ portcullis; *thea.* ~*s pl.* battens; ***herser** ⚒ [ɛr'se] (1a) *v/t.* harrow.
hésitation [ezita'sjõ] *f* hesitation; hesitancy; faltering; misgiving; **hésiter** [~'te] (1a) *v/i.* hesitate, waver; falter (*in speaking*).
hétéro... [eterɔ] hetero...; **~clite** [~'klit] heteroclite, irregular; *fig.* odd, strange; **~doxe** [~'dɔks] heterodox, unorthodox; **~gène** [~'ʒɛn] heterogeneous; *fig.* incongruous; mixed (*society*).
***hêtre** ⚘ [ɛ:tr] *m* beech.
heure [œ:r] *f* hour; time; moment; period; ... o'clock; *six* ~*s pl.* 6 o'clock; ~ *d'été* summer time; ⚔ ~ *H* zero hour; ~ *légale* standard time; ~*s pl. supplémentaires* overtime *sg.*; *à l'*~ on time, punctual(ly *adv.*); *à l'*~ (*de*) ... in the ... age; in the ... fashion; *à la bonne* ~*!* well done!; fine!; *tout à l'*~ a few minutes ago; in a few minutes; presently; *à tout à l'*~*!* so long!; see you later!; F *c'est l'*~ time's up!; *de bonne* ~ early; *quelle* ~ *est-il?* what time is it?; *livre m d'*~*s* book of hours; prayer-book.
heureux, -euse [œ'rø, ~'rø:z] happy, glad, pleased, delighted; lucky; successful; fortunate (*accident, position, etc.*); apt (*expression, phrase, word*).
***heurt** [œ:r] *m* blow, knock, shock; *fig. sans* ~ smoothly; ***heurté, e** [œr'te] clashing (*colours*); ***heurter** [~'te] (1a) *vt/i.* knock, hit, strike; jostle; *v/t.* run into; collide with; *fig.* offend (*s.o.'s feelings*); ⚓ ram, strike; *v/i. a.* se ~ collide; clash (*colours*); ***heurtoir** [~'twa:r] *m* knocker; ⊕ stop; ⊕ tappet; 🚂 buffer.
hexagonal, e, *m/pl.* **-aux** ⚹ [ɛgzagɔ'nal, ~'no] hexagonal; **hexagone** [~'gɔn] *m* ⚹ hexagon; *fig. l'*~ France.
hiatus [ja'tys] *m ling.* hiatus; *fig.* gap; *fig.* break.
hibernal, e, *m/pl.* **-aux** [ibɛr'nal, ~'no] winter-...; hibernal; wintry; **hibernant, e** [~'nã, ~'nã:t] hibernating; **hiberner** [~'ne] (1a) *v/i.* hibernate.
***hibou** *orn.* [i'bu] *m* owl; *jeune*~ owlet.
***hic** [ik] *m*: *voilà le* ~*!* there's the snag!
***hideux, -euse** [i'dø, i'dø:z] hideous.
hiémal, e, *m/pl.* **-aux** [je'mal, ~'mo] winter-...
hier [jɛ:r] *adv.* yesterday; ~ *soir* yesterday evening, last night; *d'*~ very recent; F *fig. né d'*~ green.
***hiérarchie** [jerar'ʃi] *f* hierarchy; ***hiérarchique** [~'ʃik] hierarchical; *voie f* ~ official channels *pl.*
hiéroglyphe [jerɔ'glif] *m* hieroglyph; *fig.* scrawl.
hilarant, e [ila'rã, ~'rã:t] mirth-provoking; **hilarité** [~ri'te] *f* hilarity, laughter, mirth.
hippique [ip'pik] equine, horse-...; *concours m* ~ horse-show; race-meeting, *Am.* race-meet; **hippisme** [~'pism] *m* horse-racing.
hippo... [ipɔ] hippo...; horse...; **~campe** *zo.* [~'kã:p] *m* sea-horse, hippocampus; **~drome** [~'dro:m] *m* hippodrome, circus; race-course, race-track; **~mobile** [~mɔ'bil] horse-drawn; **~potame** *zo.* [~pɔ'tam] *m* hippopotamus.
hirondelle [irõ'dɛl] *f orn.* swallow.
hirsute [ir'syt] hirsute, hairy; *fig.* boorish, rough.
hispanique [ispa'nik] Hispanic, Spanish.
hispide ⚘ [is'pid] hispid; hairy.
***hisser** [i'se] (1a) *v/t.* hoist (*a.* ⚓); se ~ *a.* pull o.s. up.
histoire [is'twa:r] *f* history; story; F fib, invention; *faire des* ~*s* make a to-do; F ~ *de* (*faire qch.*) just to (*do s.th.*); **historien** [~tɔ'rjɛ̃] *m* historian; chronicler; narrator; **historier** [~'rje] (1o) *v/t.* illustrate; embellish (*a. fig.*); **historiette** [~'rjɛt] *f* anecdote; short story; **historique** [~'rik] **1.** *adj.* historic(al); **2.** *su./m* historical record *or* account.
histrion [istri'õ] ham (actor).
hiver [i'vɛ:r] *m* winter; **hivernage** [ivɛr'na:ʒ] *m* ⚓ laying up for the winter; winter season; winter quarters *pl.*, ⚓ winter harbo(u)r; *tropics*: rainy season, wintering (*of cattle*); **hivernal, e,** *m/pl.* **-aux** [~'nal, ~'no] winter-...; wintry (*weather*); **hivernant** *m*, **e** *f* [~'nã, ~'nã:t] winter visitor; **hiverner** [~'ne] (1a) *v/i.*

winter; hibernate (*animal*); v/t.
↗ plough before winter.

*hobereau [ɔ'bro] m orn. hobby; F
small country squire, squireen.

*hochement [ɔʃ'mã] m shake or nod
(*of the head*); ***hochequeue** orn.
[~'kø] m wagtail; ***hocher** [ɔ'ʃe] (1a)
v/t.: ~ la tête shake or nod one's head;
*hochet [ɔ'ʃɛ] m rattle (*for babies*);
toy, bauble.

*hockey [ɔ'kɛ] m hockey; ~ sur
glace ice-hockey; ***hockeyeur** sp.
[ɔkɛ'jœːr] m hockey-player.

hoir ⚖ [war] m heir; **hoirie** ⚖
[wa'ri] f inheritance, succession.

*holà [ɔ'la] 1. int. hallo!; stop!; 2.
m/inv.: mettre le ~ à qch. put a stop to
s.th.

*holding ✝ [ɔl'diŋ] m holding
company.

*hold-up [ɔl'dœp] m/inv. hold-up.

*hollandais, e [ɔlã'dɛ, ~'dɛːz] 1. adj.
Dutch; 2. su./m ling. Dutch; m
Dutchman; les ♀ m/pl. the Dutch;
su./f ♀ Dutchwoman.

*Hollande [ɔ'lãːd] su./m Dutch
cheese; su./f tex. Holland.

holocauste [ɔlɔ'koːst] m holocaust;
fig. sacrifice.

*homard zo. [ɔ'maːr] m lobster.

homélie [ɔme'li] f eccl. homily; F
fig.sermon, lecture.

homicide [ɔmi'sid] 1. su. person:
homicide; su./m crime: homicide;
~ par imprudence (or involontaire)
manslaughter; ~ volontaire (or prémédité) murder; 2. adj. homicidal.

hommage [ɔ'maːʒ] m homage; token
of esteem; ~s pl. compliments; ~
de l'auteur with the author's compliments; rendre ~ do homage,
pay tribute (to, à); **hommasse**
F [ɔ'mas] mannish, masculine
(*woman*); **homme** [ɔm] m man;
mankind; ~ d'affaires business-
man; ~ d'État statesman; ⊕ ~ de métier
craftsman; **~-grenouille,** pl. **~s-
grenouilles** [~grɔ'nuːj] m frogman;
~-sandwich, pl. **~s-sandwichs**
[~sã'dwitʃ] m sandwich-man.

homo... [ɔmɔ] homo...; **~gène**
[~'ʒɛn] homogeneous; **~généiser**
[~ʒenei'ze] (1a) v/t. homogenize;
~logue [~'lɔg] 1. adj. homologous;2.
su./m homologue; person: counterpart, opposite number; **~loguer**
[~lɔ'ge] (1m) v/t. confirm, endorse;
ratify (a decision); prove (a will);

~nyme gramm. [~'nim] 1. adj.
homonymous; 2. su./m homonym;
~sexuel, -elle [~sɛk'sɥɛl] adj. a. su.
homosexual.

*hongre [ɔ̃ːgr] 1. adj./m gelded; 2.
su./m gelding; ***hongrois, e** [ɔ̃'grwa,
~'grwaːz] 1. adj. Hungarian; 2. su./m
ling. Hungarian; su. ♀ Hungarian.

honnête [ɔ'nɛt] honest; upright,
decent; respectable; courteous,
well-bred; seemly (*behaviour*); reasonable (*price*); virtuous (*woman*); ~s
gens m/pl. decent people; **honnêteté** [ɔnɛt'te] f honesty; integrity; politeness; respectability (*of
behaviour*); ✝ fairness; price etc.:
reasonableness; (*feminine*) modesty.

honneur [ɔ'nœːr] m hono(u)r; ~s pl.
hono(u)rs, preferments; regalia;
avoir l'~ have the hono(u)r (of ger.,
de inf.); ✝ beg (to inf., de inf.); ✝
faire ~ à hono(u)r, meet (a bill, an
obligation); ✗ rendre les ~s present
arms (to, à).

*honnir ✝ [ɔ'niːr] (2a) v/t. disgrace;
spurn; revile; honni soit qui mal
y pense evil be to him who evil
thinks.

honorabilité [ɔnɔrabili'te] f respectability; **honorable** [~'rabl]
hono(u)rable; respectable, credit-
able, ✝ reputable; **honoraire**
[~'rɛːr] 1. adj. honorary; 2. su./m: ~s
pl. fee(s pl.) sg., honorarium sg.; ⚖
retainer sg.; **honorer** [~'re] (1a) v/t.
hono(u)r (a. ✝); respect; do hono(u)r
to; ✝ meet; s'~ de pride o.s. on;
honorifique [~ri'fik] honorary
(*title*).

*honte [ɔ̃ːt] f (sense of) shame; dis-
hono(u)r, disgrace; fig. reproach;
avoir ~ be ashamed (of, de); faire ~
à put to shame; **honteux, -euse**
[ɔ̃'tø, ~'tøːz] ashamed; disgraceful,
shameful, scandalous; bashful.

hôpital [ɔpi'tal] m 🏥 hospital; poor-
house, (*orphan's*) home; ✗ ~ militaire (de campagne) station (field)
hospital.

*hoquet [ɔ'kɛ] m hiccough, hiccup;
emotion: gasp (*of surprise etc.*); ***hoqueter** [ɔk'te] (1c) v/i. hiccup;
have the hiccups.

horaire [ɔ'rɛːr] 1. adj. time...;
hour-...; ⊕ ~ per hour, hourly;
2. su./m time-table; ~ souple flexible
working hours pl.

*horde [ɔrd] f horde.

horizon [ɔri'zɔ̃] *m* horizon (*a. fig.*); panorama, view; *fig. à l'~ 2000 etc.* in *or* for the year 2000 *etc.*; **horizontal, e,** *m/pl.* **-aux** [~zɔ̃'tal, ~'to] horizontal.

horloge [ɔr'lɔːʒ] *f* clock; ⊕*~ centrale* master clock; *~ normande* grandfather('s) clock; *teleph. ~ parlante* speaking clock, Tim; **horloger** [~lɔ'ʒe] *m* watch-maker, clockmaker; **horlogerie** [~lɔʒ'ri] *f* watchmaking, clock-making; watchmaker's (shop).

hormis [ɔr'mi] *prp.* except.

hormone *physiol.* [ɔr'mɔn] *f* hormone.

horoscope [ɔrɔs'kɔp] *m* horoscope; *faire (or tirer) un ~* cast a horoscope.

horreur [ɔ'rœːr] *f* horror; *avoir ~ de* loathe; abhor; hate; *avoir en ~* detest, hold in abhorrence; *faire ~ à* disgust; **horrible** [ɔ'ribl] horrible, dreadful; appalling; **horripiler** [ɔripi'le] (1a) *v/t.* give (*s.o.*) gooseflesh; F make (*s.o.'s*) flesh creep; F *fig.* exasperate.

***hors** [ɔːr] *prp.* out of; outside (*the town*); beyond, but, save (*two, this*); *⚡~ circuit* cut off; *~ concours* hors concours; *sp. ~ jeu* offside; *~ ligne* (*or classe*) outstanding; *🏷~ vente* no longer on sale; *mettre ~ la loi* outlaw (*s.o.*); *~ (de) pair* peerless; *~ de* outside; out of (*breath, danger, fashion, hearing, reach, sight, use*); beyond (*dispute, doubt*); *~ d'affaire* out of the wood; *~ de combat* disabled; out of action; *~ de propos* illtimed; irrelevant (*remark*); *~ de saison* unseasonable; *~ de sens* out of one's senses; *~ de soi* beside o.s. (*with rage*); *~ d'ici!* get out!; *qch. est ~ de prix* the price of s.th. is prohibitive.

***hors...: *~-bord** [ɔr'bɔːr] *m/inv.* outboard motor boat, F speed-boat; ***~-d'œuvre** [~'dœːvr] *m/inv. art etc.*: irrelevant matter; *cuis.* hors-d'œuvre, side dish; ***~-jeu** *sp.* [~'ʒø] *m/inv.* off side; ***~-la-loi** [~la'lwa] *m/inv.* outlaw; ***~-saison** [~sɛ'zɔ̃] *adj./inv.* off-season (*tariff etc.*); ***~-texte** [~'tɛkst] *m/inv.* (full page) plate (*in a book*).

hortensia ♀ [ɔrtɑ̃'sja] *m* hydrangea.

horticole [ɔrti'kɔl] horticultural; **horticulture** [~kyl'ty:r] *f* horticulture, gardening.

hosanna [ɔzan'na] *int.*, *a. su./m* hosanna.

hospice [ɔs'pis] *m* hospice; almshouse; (*orphan's*) home; **hospitalier, -ère** [ɔspita'lje, ~'ljɛːr] 1. *adj.* hospitable; hospital-...; *~ m eccl.* hospitaller; *su./f eccl.* Sister of Mercy; **hospitaliser** [~li'ze] (1a) *v/t.* send *or* admit to a hospital *or* home, hospitalize; **hospitalité** [~li'te] *f* hospitality; *donner l'~ à q.* give s.o. hospitality, F put s.o. up.

hostie [ɔs'ti] *f bibl.* (sacrificial) victim; *eccl.* host.

hostile [ɔs'til] hostile; **hostilité** [~tili'te] *f* hostility (against, *contre*); enmity; ✗ *~s pl.* hostilities.

hôte, hôtesse [oːt, o'tɛs] *su.* guest, visitor, lodger; *su./m* host; landlord; *su./f* hostess; landlady; ✈ *hôtesse de l'air* air hostess.

hôtel [o'tɛl] *m* hotel; *~ (particulier)* (private) mansion; *~ de ville* town hall, city hall; *~ garni* residential hotel; *pej.* lodgings *pl.*, lodging-house; *maître d'~* head waiter; *private house:* butler; *~-Dieu, pl. ~s-Dieu* [otɛl'djø] *m* principal hospital; **hôtelier, -ère** [ota'lje, ~'ljɛːr] *su.* innkeeper; hotel-keeper; *su./m* landlord; *su./f* landlady; **hôtellerie** [otɛl'ri] *f* hostelry, inn; hotel trade.

***hotte** [ɔt] *f* basket; pannier (*bricklayer's*) hod; ⊕ hopper; ⚙ hood.

***houblon** ♀ *etc.* [u'blɔ̃] *m* hop(s *pl.*); ***houblonner** [ublɔ'ne] (1a) *v/t.* hop (*beer*); ***houblonnier, -ère** [~'nje, ~'njɛːr] 1. *adj.* hop-(growing); 2. *su./f* hop-field.

***houe** 🪓 [u] *f* hoe; ***houer** [u'e] (1a) *v/t.* hoe.

***houille** ⛏ [u:j] *f* coal; *fig. ~ blanche* water-power; ***houiller, -ère** ⛏ [u'je, ~'jɛːr] 1. *adj.* coal-...; carboniferous; *production f ~ère* output of coal; 2. *su./f* coal-mine, pit, colliery; ***houilleux, -euse** [u'jø, ~'jøːz] carboniferous, coal-bearing.

***houle** [ul] *f* swell, surge, billows *pl.*; ***houlette** [u'lɛt] *f* (shepherd's *etc.*) crook; ⚜ trowel; *metall.* handladle.

***houleux, -euse** [u'lø, ~'løːz] swelling, surging (*a. fig.*), billowing; ♠ rather rough (*sea*); *fig.* stormy (*meeting*).

***houp!** [up] *int.* up!; off you go!

***houppe** [up] *f orn., a.* feathers,

hair, wool: tuft; tassel, bob; pompom; *orn.*, *a. hair, tree*: crest; (powder-)puff; *hair*: topknot; ***houpper** [u'pe] (1a) *v/t.* tuft; trim with tufts *or* pompoms; *tex.* comb (*wool*); ***houppette** [u'pɛt] *f* small tuft; powder-puff.

*hourra [u'ra] **1.** *int.* hurrah!; **2.** *su./m*: pousser des ~s cheer.

*houspiller [uspi'je] (1a) *v/t.* scold, tell (*s.o.*) off; rag (*s.o.*) (*audience etc.*); handle (*s.o.*) roughly.

*houssaie [u'sɛ] *f* holly-grove.

*housse [us] *f* furniture cover, *Am.* slip-cover; dust-sheet; horse-cloth; *cost.* (protective) bag; ***housser** [u'se] (1a) *v/t.* dust (*furniture*).

*houssine [u'sin] *f furniture, riding*: switch; ***houssiner** [usi'ne] (1a) *v/t.* switch.

*houssoir [u'swa:r] *m* featherduster; whisk.

*houx ♀ [u] *m* holly.

*hoyau ⚒ [wa'jo] *m* grubbing-hoe, mattock.

*hublot ⚓ [y'blo] *m* port-hole, scuttle; air-port; *faux ~* dead-light.

*huche [yʃ] *f* kneading-trough; bin; ⊕ hopper.

*hue! [y] *int.* gee up!; *a. to a horse*: to the right!; *fig. tirer à ~ et à dia* pull in opposite directions.

*huée [y'e] *f hunt. etc.* hallooing; *fig.* boo, hoot, ~s pl. booing *sg.*, jeers; ***huer** [y'e] (1a) *v/t.* boo *or* jeer (*s.o.*); *v/i.* hoot (*owl*).

*huguenot, e [yg'no, ~'nɔt] **1.** *adj. eccl.* Huguenot; **2.** *su. eccl.* Huguenot; *su./f cuis.* pipkin.

huilage [ɥi'la:ʒ] *m* oiling, lubrication; *metall.* oil-tempering; **huile** [ɥil] *f* oil; ⚕, ⚕ *~ de foie de morue* cod-liver oil; *~ de graissage* (de *machine*) lubricating (engine) oil; *~ minérale* mineral oil, petroleum; *~ végétale* vegetable oil; F *les ~s pl.* the big pots (= *important people*); *eccl. les saintes ~s pl. extreme unction*: the holy oil *sg.*; **huiler** [ɥi'le] (1a) *v/t.* oil, lubricate; *fig. huilé* working *or* running smoothly; **huilerie** [ɥil'ri] *f* oil-works *usu. sg.*; oil-store; **huileux, -euse** [ɥi'lø, ~'lø:z] oily, greasy; **huilier** [~'lje] *m* ⊕ oil-can; oil-merchant; *cuis.* oil-cruet; cruet-stand.

huis [ɥi] *m* † door; ⚖ *à ~ clos* in camera; F *à ~ clos* in private; ⚖

ordonner le *~ clos* clear the court; **huisserie** ⚙ [ɥis'ri] *f* door-frame; **huissier** [ɥi'sje] *m* usher; ⚖ bailiff, process-server.

*huit [ɥit; *before consonant* ɥi] *adj./ num.*, *a. su./m/inv.* eight; *date, title*: eighth; *d'aujourd'hui en ~* today week; *tous les ~ jours* once a week; every week; ***huitain** [ɥi'tɛ̃] *m* octet; ***huitaine** [~'tɛn] *f* (about) eight; week; ***huitième** [~'tjɛm] **1.** *adj./ num.* eighth; **2.** *su.* eighth; *su./m fraction*: eighth; *su./f secondary school*: (*approx.*) second form.

huître [ɥi:tr] *f* oyster; F *fig.* ninny; **huîtrier, -ère** [ɥitri'e, ~'ɛ:r] **1.** *adj.* oyster-...; **2.** *su./f* oyster-bed.

*hulotte *orn.* [y'lɔt] *f* brown owl, common wood-owl.

humain, e [y'mɛ̃, ~'mɛn] **1.** *adj.* human; humane; **2.** *su./m*: les ~s pl. mankind; human beings; **humaniser** [ymani'ze] (1a) *v/t.* humanize; s'~ become (more) human; *fig.* become more sociable; **humanitaire** [~'tɛ:r] *adj.*, *a. su.* humanitarian; **humanité** [~'te] *f* humanity; kindness; mankind; ~s pl. classical studies, *the* humanities.

humble [œ̃:bl] humble; lowly; meek; ~ *serviteur* humble servant.

humecter [ymɛk'te] (1a) *v/t.* moisten, damp; wet; s'~ become moist.

*humer [y'me] (1a) *v/t.* breathe in (*the air, a perfume*); sip (*tea, coffee*); swallow (*a raw egg*).

humeur [y'mœ:r] *f* mood; disposition, temperament; temper; bad temper; ill humo(u)r; ⚕ †~s pl. body fluids; *avec ~* crossly; peevishly; *de bonne* (*mauvaise*) *~* in a good (bad) mood; *être ou se sentir d'~ à faire qch.* be in the mood to do or for doing s.th.; feel like doing s.th.

humide [y'mid] damp; humid; **humidité** [ymidi'te] *f* dampness; moisture; humidity.

humilier [ymi'lje] (1o) *v/t.* humiliate, humble; **humilité** [~li'te] *f* humility.

humoriste [ymɔ'rist] **1.** *adj.* humorous (*writer*); **2.** *su.* humorist; **humoristique** [~ris'tik] humorous.

humour [y'mu:r] *m* (sense of) humo(u)r. [mo(u)ld.)

humus ⚘ [y'mys] *m* humus, leaf)

*hune ⚓ [yn] *f* top; ***hunier** ⚓ [y'nje] *m* topsail.

*huppe [yp] f orn. hoopoe; bird: crest, tuft; ***huppé, e** [y'pe] orn. tufted, crested; F fig. smart; F les gens m/pl. ⌣s the swells.

*hure [y:r] f head (usu. of boar): salmon: jowl; cuis. brawn, Am. headcheese; sl. (ugly) head.

*hurlement [yrlə'mã] m animal: howl(ing); roar; bellow; ***hurler** [⌣'le] (1a) v/i. howl; roar; v/t. bawl out; ***hurleur, -euse** [⌣'lœ:r, ⌣-'lø:z] 1. adj. howling; 2. su. howler; su./m zo. monkey: howler.

hurluberlu [yrlybɛr'ly] m scatter-brain; harum-scarum.

*hussard ⚔ [y'sa:r] m hussar; ***hussarde** [y'sard] f dance: hussarde; à la ⌣ cavalierly.

*hutte [yt] f hut, cabin, shanty.

hybride [i'brid] adj., a. su./m hybrid; **hybridité** [ibridi'te] f hybrid character, hybridity.

hydratation 🜍 [idrata'sjɔ̃] f hydration; **hydrater** [⌣'te] (1a) v/t. hydrate, moisturize.

hydraulique [idro'lik] 1. adj. hydraulic; water-...; 2. su./f hydraulics sg.

hydravion [idra'vjɔ̃] m seaplane; ⌣ à coque flying boat.

hydro... [idrɔ] hydro...; water-...; **⌣carbure** 🜍 [⌣kar'by:r] m hydrocarbon; **⌣céphalie** 🜍 [⌣sefa'li] f hydrocephaly, F water on the brain; **⌣fuge** [⌣'fy:ʒ] waterproof; **⌣gène** 🜍 [⌣'ʒɛn] m hydrogen; **⌣glisseur** [⌣gli'sœ:r] m hovercraft; **⌣mel** [⌣'mɛl] m hydromel; **⌣phile** [⌣'fil] absorbent (cotton); **⌣phobie** 🜍 [⌣fɔ'bi] f rabies; **⌣pisie** 🜍 [⌣pi'zi] f dropsy; **⌣thérapie** 🜍 [⌣tera'pi] f hydrotherapy; water-cure.

hyène zo. [jɛn] f hyena.

hygiène [i'ʒjɛn] f hygiene; admin. health; **hygiénique** [iʒje'nik] hygienic, sanitary; healthy; papier m ⌣ toilet paper; **hygiéniste** [⌣'nist] su. hygienist, authority on public health.

hygromètre phys. [igrɔ'mɛtr] m hygrometer; **hygrométricité** phys. [⌣metrisi'te] f humidity; humdity-absorption index.

hymen [i'mɛn] m anat. hymen; poet. = **hyménée** poet. [ime'ne] m marriage.

hymne [imn] su./m patriotic song; national anthem; su./f eccl. hymn.

hyper... [ipɛr] hyper...; **⌣bole** [⌣-'bɔl] f 🜍 hyperbola; gramm. hyperbole; **⌣critique** [⌣kri'tik] hypercritical; **⌣métrope** 🜍 [⌣me'trɔp] hypermetropic; long-sighted; **⌣tension** 🜍 [⌣tã'sjɔ̃] f hypertension; a. ⌣ artérielle high blood pressure; **⌣trophie** 🜍 [⌣trɔ'fi] f hypertrophy.

hypnose [ip'no:z] f hypnosis; trance; **hypnotiser** [ipnɔti'ze] (1a) v/t. hypnotize; **hypnotiseur** [⌣ti'zœ:r] m hypnotist; **hypnotisme** [⌣'tism] m hypnotism.

hypo... [ipɔ] hypo...; **⌣crisie** [⌣kri'zi] f hypocrisy; cant; **⌣crite** [⌣'krit] 1. adj. hypocritical; 2. su. hypocrite; **⌣thécaire** [⌣te'kɛ:r] ... on mortgage; mortgage-...; créancier m ⌣ mortgagee; **⌣thèque** [⌣'tɛk] f mortgage; prendre (purger) une ⌣ raise (pay off or redeem) a mortgage; **⌣théquer** [⌣te'ke] (1f) v/t. mortgage; secure (a debt) by mortgage; **⌣thèse** [⌣'tɛ:z] f hypothesis; F theory.

hystérie 🜍 [iste'ri] f hysteria; **hystérique** 🜍 [⌣'rik] hysteric(al).

I

I, i [i] *m* I, i; *i grec* y.

ïambe [jãˈb] *m* iambus; iambic; **~s** *pl.* satirical poem *sg.*; **ïambique** [jãˈbik] iambic.

ibérique *geog.* [ibeˈrik] Iberian, Spanish.

iceberg [isˈbɛrg] *m* iceberg.

ichtyo... [iktjo] ichthyo..., fish-...; **~colle** [~ˈkɔl] *f* fish-glue, isinglass; **~phage** [~ˈfaːʒ] **1.** *adj.* fish-eating; **2.** *su.* ichthyophagist; **~saure** [~ˈsɔːr] *m* ichthyosaurus.

ici [iˈsi] *adv.* here; now, at this point; *teleph.* **~** Jean John speaking; **~** *Londres radio*: London calling; this is London; *d'~* (*à*) *lundi* by Monday; *d'~* (*à*) *trois jours* within the next three days; *d'~ demain* by tomorrow; *d'~ là* by that time, by then; in the meantime; *d'~ peu* before long; *jusqu'* **~** *place*: as far as here; *time*: up to now; *par* **~** here(abouts); this way; *près d'~* nearby; **~-bas** [isiˈba] *adv.* on earth, here below.

iconoclaste [ikɔnɔˈklast] **1.** *adj.* iconoclastic; **2.** *su.* iconoclast; **iconolâtrie** [~laˈtri] *f* image-worship.

icosaèdre Å [ikɔzaˈɛːdr] *m* icosahedron.

ictère 𝒮 [ikˈtɛːr] *m* jaundice; **ictérique** [~teˈrik] **1.** *adj.* jaundiced (*eyes, person*); icteric (*disorder*); **2.** *su.* sufferer from jaundice.

idéal, e, *m/pl.* **-als, -aux** [ideˈal, ~ˈo] **1.** *adj.* ideal; **2.** *su./m* ideal.

idée [iˈde] *f* idea; notion; intention; purpose; mind, head; suggestion, hint; **~** *fixe* fixed idea, obsession.

idem [iˈdɛm] *adv.* idem; ditto.

identifier [idãtiˈfje] (1o) *v/t.* identify; *s'~ à* identify o.s. with; **identique** [~ˈtik] identical (with, *à*); **identité** [~tiˈte] *f* identity; *carte f d'~* identity card.

idéologie [ideɔlɔˈʒi] *f* ideology (*a. pol.*).

idiomatique [idjɔmaˈtik] idiomatic; **idiome** [iˈdjoːm] *m* idiom; language.

idiot, e [iˈdjo, ~ˈdjɔt] **1.** *adj.* 𝒮 idiot; *fig.* idiotic, absurd; **2.** *su.* 𝒮 idiot (*a. fig.*), imbecile; *fig.* fool; **idiotie** [idjɔˈsi] *f* 𝒮 idiocy; *fig.* piece of nonsense; **idiotisme** [~ˈtism] *m* idiom(atic expression).

idoine [iˈdwan] appropriate.

idolâtre [idɔˈlaːtr] **1.** *adj.* idolatrous; *fig. être* **~** *de* be passionately fond of, worship; **2.** *su./m* idolater; *su./f* idolatress; **idolâtrer** [~laˈtre] (1a) *v/i.* worship idols; *v/t. fig.* be passionately fond of, worship; **idolâtrie** [~laˈtri] *f* idolatry; **idole** [iˈdɔl] *f* idol, image.

if ♧ [if] *m* yew (tree).

ignare [iˈɲaːr] **1.** *adj.* illiterate, ignorant; **2.** *su.* ignoramus.

igné, e [igˈne] igneous; **ignicole** [igniˈkɔl] **1.** *adj.* fire-worshipping; **2.** *su.* fire-worshipper; **ignifuge** [~ˈfyːʒ] **1.** *adj.* fireproof; non-inflammable; **2.** *su./m* fireproof(ing) material; **ignifuger** [~fyˈʒe] (11) *v/t.* fireproof; **ignition** [~ˈsjɔ̃] *f* ignition.

ignoble [iˈɲɔbl] ignoble, base; vile; [wretched.]

ignominie [iɲɔmiˈni] *f* ignominy, shame, disgrace; **ignominieux, -euse** [~ˈnjø, ~ˈnjøːz] ignominious, shameful, disgraceful.

ignorance [iɲɔˈrãːs] *f* ignorance; **ignorant, e** [~ˈrã, ~ˈrãːt] **1.** *adj.* ignorant (of, *de*), uneducated; **2.** *su.* ignoramus; **ignorer** [~ˈre] (1a) *v/t.* be unaware of, not to know (about); *ne pas* **~** *que* not to be unaware that (*ind.*), know quite well that (*ind.*).

il [il] **1.** *pron./pers./m* he, it, she (*ship etc.*); **~s** *pl.* they; **2.** *pron./impers.* it; there; *il est dix heures* it is 10 o'clock; *il vint deux hommes* two men came.

île [iːl] *f* island; isle.

illégal, e, *m/pl.* **-aux** [illeˈgal, ~ˈgo] illegal, unlawful.

illégitime [illeʒiˈtim] illegitimate (*child*); unlawful (*marriage*); *fig.* spurious; *fig.* unwarranted; **illégitimité** [~timiˈte] *f* illegitimacy.

illettré, e [ille'tre] illiterate, uneducated.

illicite [illi'sit] illicit; *sp.* foul.

illico F [ili'ko] *adv.* at once, straightaway.

illimité, e [illimi'te] unlimited.

illisible [illi'zibl] illegible; unreadable (*book*).

illogique [illɔ'ʒik] illogical.

illuminant, e [illymi'nɑ̃, ~'nɑ̃:t] illuminating; **illuminer** [~'ne] (1a) *v/t.* illuminate, flood-light (*buildings*); light up (*a. fig.*); *fig.* enlighten (*s.o.*).

illusion [illy'zjɔ̃] *f* illusion; delusion; **illusionner** [~zjɔ'ne] (1a) *v/t.* delude; deceive; s'~ delude o.s.; labo(u)r under a delusion; **illusoire** [~'zwa:r] illusory.

illustration [illystra'sjɔ̃] *f* illustration; illustrating; † renown, illustriousness; **illustre** [~'lystr] illustrious, renowned, famous; **illustré** [illys'tre] *m* pictorial (paper), F magazine; **illustrer** [~] (1a) *v/t.* illustrate; † elucidate; s'~ win fame.

îlot [i'lo] *m* islet, small island; *houses:* block.

ilote *hist.* [i'lɔt] *m* helot.

image [ima:ʒ] *f* image; picture; **imagé, e** [ima'ʒe] colo(u)rful (*style*); **imagerie** [imaʒ'ri] *f* imagery; **imaginable** [imaʒi'nabl] imaginable; **imaginaire** [~'nɛ:r] imaginary (*a. Å*); fictitious; **imaginatif, -ve** [~na'tif, ~'ti:v] imaginative; **imagination** [~na'sjɔ̃] *f* imagination; fancy; **imaginer** [~'ne] (1a) *v/t.* imagine, picture; think up; s'~ imagine; imagine *or* picture o.s.

imbécile [ɛ̃be'sil] 1. *adj.* imbecile, half-witted; *fig.* idiotic; 2. *su.* imbecile; *fig.* idiot, F fat-head, *Am.* sl. nut; **imbécilité** [~sili'te] *f* imbecility; *fig.* stupidity; ~s *pl.* nonsense *sg.*

imberbe [ɛ̃'bɛrb] beardless; F callow.

imbiber [ɛ̃bi'be] (1a) *v/t.* impregnate (with, *de*); s'~ de soak up; become saturated with; F drink.

imbu, e [ɛ̃'by] ~ de full of; steeped in.

imbuvable [ɛ̃by'vabl] undrinkable.

imitable [imi'tabl] imitable; worthy of imitation; **imitateur, -trice** [imita'tœ:r, ~'tris] 1. *adj.* imitative; 2. *su.* imitator; **imitatif, -ve** [~'tif,

~'ti:v] imitative; **imitation** [~'sjɔ̃] *f* imitation; *money:* counterfeiting; *signature:* forgery; à l'~ de in imitation of; **imiter** [imi'te] (1a) *v/t.* imitate; copy.

immaculé, e [immaky'le] immaculate; unstained.

immanent, e *phls.* [imma'nɑ̃, ~'nɑ̃:t] immanent. [able.)

immangeable [ɛ̃mɑ̃'ʒabl] uneat-)

immanquable [ɛ̃mɑ̃'kabl] infallible, inevitable; which cannot be missed (*target etc.*).

immatériel, -elle [immate'rjɛl] immaterial; † intangible.

immatriculation [immatrikyla'sjɔ̃] *f* registration; *univ.* enrolment, matriculation; *mot.* numéro m d'~ registration (*Am.* license) number.

immaturité [immatyri'te] *f* immaturity.

immédiat, e [imme'dja, ~'djat] immediate; *dans* l'~ for the moment.

immémorial, e, *m/pl.* **-aux** [immemo'rjal, ~'rjo] immemorial.

immense [im'mɑ̃:s] immense, huge, vast; *sl.* terrific (= *wonderful*); **immensité** [~mɑ̃si'te] *f* immensity; vastness.

immerger [immer'ʒe] (11) *v/t.* immerse.

immérité, e [immeri'te] unmerited, undeserved.

immersion [immer'sjɔ̃] *f* immersion; ⚓ *submarine:* submergence; *astr.* occultation.

immeuble [im'mœbl] 1. *adj.* ⚖ real; 2. *su./m* ⚖ real estate, realty; † building, house; ~ tour tower block.

immigrant, e [immi'grɑ̃, ~'grɑ̃:t] *adj., a. su.* immigrant; **immigration** [~gra'sjɔ̃] *f* immigration; **immigré m, e** *f* [~'gre] immigrant; **immigrer** [~'gre] (1a) *v/i.* immigrate.

imminence [immi'nɑ̃:s] *f* imminence; **imminent, e** [~'nɑ̃, ~'nɑ̃:t] imminent, impending.

immiscer [immi'se] (1k) *v/t.:* s'~ *dans* interfere with; **immixtion** [immik'sjɔ̃] *f* interference.

immobile [immɔ'bil] motionless, unmoving, *fig.* steadfast, unshaken; **immobilier, -ère** ⚖ [immɔbi'lje, ~'ljɛ:r] (real) estate (*agency, agent*); **immobiliser** [~li'ze] (1a) *v/t.* immobilize; fix in position; † tie up (*capital*); s'∼ stop; come to a standstill; **immobilisme** [∼'lism] *m* ultra-conservatism; **immobilité** [∼li'te] *f* immobility.

immodéré, e [immɔde're] immoderate, excessive.

immodeste [immɔ'dɛst] immodest; shameless.

immoler [immɔ'le] (1a) *v/t.* sacrifice, immolate.

immonde [im'mɔ̃:d] filthy, foul; unclean (*animal, eccl. spirit*); **immondices** [∼mɔ̃'dis] *f/pl.* rubbish *sg.*, refuse *sg.*, dirt *sg.*

immoral, e, *m/pl.* **-aux** [immɔ'ral, ∼'ro] immoral; **immoralité** [∼rali-'te] *f* immorality; immoral act.

immortaliser [immɔrtali'ze] (1a) *v/t.* immortalize; **immortalité** [∼tali'te] *f* immortality; **immortel, -elle** [∼'tɛl] 1. *adj.* immortal; everlasting, imperishable; ♣ everlasting flower; *su./m:* ♀s *pl.* immortals, F members of the *Académie française*. [vated.)

immotivé, e [immɔti've] unmoti-/

immuable [im'mɥabl] unalterable; unchanging.

immuniser ✿ [immyni'ze] (1a) *v/t.* immunize; **immunité** [∼'te] *f* immunity (from, *contre*); *admin.* exemption from tax.

immuno-dépresseur ✿ [immynodeprɛ'sœːr] *m* immuno-suppressive drug.

immu(t)abilité [immyabili'te,∼mytabili'te] *f* immutability, fixity.

impact [ɛ̃'pakt] *m* impact; effect.

impair, e [ɛ̃'pɛːr] 1. *adj.* ♣ odd; *anat.* unpaired (*organ*), single (*bone*); 📖 down (*line*); 2. *su./m* F bloomer, blunder.

impalpable [ɛ̃pal'pabl] impalpable, intangible.

impardonnable [ɛ̃pardɔ'nabl] unpardonable; unforgivable.

imparfait, e [ɛ̃par'fɛ, ∼'fɛt] 1. *adj.* imperfect; unfinished; 2. *su./m* *gramm.* imperfect (tense).

imparité [ɛ̃pari'te] *f* inequality; ♣ oddness.

impartial, e, *m/pl.* **-aux** [ɛ̃par'sjal, ∼'sjo] impartial, unprejudiced, unbiased.

impasse [ɛ̃'paːs] *f* dead end, blind alley; 'no through road'; *fig.* impasse, deadlock; ✝ (*a.* ∼ *budgétaire*) budget deficit; *faire une* ∼ *cards:*

finesse; *fig. faire l'*∼ *sur qch.* neglect s.th. consciously.

impassibilité [ɛ̃pasibili'te] *f* impassiveness, impassibility; **impassible** [∼'sibl] impassive, unmoved; unimpressionable.

impatience [ɛ̃pa'sjãːs] *f* impatience; **impatient, e** [∼'sjã, ∼'sjãːt] impatient; *eager* (to *inf.*, *de inf.*); **impatienter** [∼sjã'te] (1a) *v/t.* irritate, annoy; s'∼ lose patience; grow impatient.

impayable [ɛ̃pɛ'jabl] ✝ invaluable; F *fig.* screamingly funny; **impayé, e** ✝ [∼'je] unpaid (*debt*); dishono(u)red (*bill*). [infallible.]

impeccable [ɛ̃pɛ'kabl] impeccable;/

impénétrable [ɛ̃pene'trabl] impenetrable (by, *à*); impervious (to, *à*); *fig.* inscrutable; close (*secret*).

impénitence [ɛ̃peni'tãːs] *f* impenitence; **impénitent, e** [∼'tã, ∼'tãːt] impenitent, unrepentant.

imper F [ɛ̃'pɛr] *m* (*abbr. of imperméable*) raincoat.

impératif, -ve [ɛ̃pera'tif, ∼'tiːv] *adj.*, *a. su./m* imperative.

impératrice [ɛ̃pera'tris] *f* empress.

imperceptible [ɛ̃pɛrsɛp'tibl] imperceptible, undiscernible.

imperfection [ɛ̃pɛrfɛk'sjɔ̃] *f* imperfection; incompleteness; defect, flaw, fault; faultiness.

impérial, e, *m/pl.* **-aux** [ɛ̃pe'rjal, ∼'rjo] 1. *adj.* imperial; 2. *su./f* top; *bus, tram:* top-deck, outside; *beard:* imperial; **impérialisme** [∼rja-'lism] *m* imperialism; **impérieux, -euse** [∼'rjø, ∼'rjøːz] imperious; domineering; peremptory; urgent, pressing. [able, undying.]

impérissable [ɛ̃peri'sabl] imperish-/

imperméable [ɛ̃pɛrme'abl] 1. *adj.* impermeable; watertight; waterproof; impervious (to, *à*); 2. *su./m* rain-coat; waterproof.

impersonnel, -elle [ɛ̃pɛrsɔ'nɛl] impersonal.

impertinence [ɛ̃pɛrti'nãːs] *f* impertinence; rudeness, cheek; 🕮 irrelevance; **impertinent, e** [∼'nã, ∼'nãːt] 1. *adj.* impertinent; cheeky, pert; 🕮 irrelevant; 2. *su./m* impertinent fellow; *su./f* saucy girl.

imperturbable [ɛ̃pɛrtyr'babl] unruffled; imperturbable, phlegmatic.

impétrant, e 🕮 [ɛ̃pe'trã, ∼'trãːt] *su.* grantee.

impétueux, -euse [ɛ̃pe'tɥø, ~'tɥøːz] impetuous; hot-headed, precipitate, impulsive; **impétuosité** [~tɥozi'te] *f* impetuosity; impulsiveness.

impitoyable [ɛ̃pitwa'jabl] pitiless (to[wards] *à*, *envers*); merciless; relentless.

implacable [ɛ̃pla'kabl] implacable, unrelenting (towards *à*, *à l'égard de*, *pour*).

implanter [ɛ̃plɑ̃'te] (1a) *v/t.* plant; *fig.* implant; *♪* graft; *s'~* take root.

implication [ɛ̃plika'sjɔ̃] *f* implication; *phls.* contradiction; *~s pl.* consequences; **implicite** [~'sit] implicit; implied, tacit; **impliquer** [~'ke] (1m) *v/t.* involve; imply; implicate.

implorer [ɛ̃plɔ're] (1a) *v/t.* implore, beseech.

imploser [ɛ̃plɔ'ze] (1a) *v/i.* implode; **implosion** [~'zjɔ̃] *f* implosion.

impoli, e [ɛ̃pɔ'li] impolite, discourteous; rude (to *envers*, *avec*); **impolitesse** [~li'tɛs] *f* impoliteness, discourtesy; rudeness.

impolitique [ɛ̃pɔli'tik] impolitic; ill-advised.

impondérable [ɛ̃pɔ̃de'rabl] *adj.*, *a.* *su./m* imponderable.

impopulaire [ɛ̃pɔpy'lɛːr] unpopular; **impopularité** [~lari'te] *f* unpopularity.

importance [ɛ̃pɔr'tɑ̃ːs] *f* importance; size, extent; **important, e** [~'tɑ̃, ~'tɑ̃ːt] **1.** *adj.* important; considerable; weighty; *fig. pej.* self-important, F bumptious; **2.** *su.*: F *faire l'~* give o.s. airs; *su./m* main thing, essential point.

importateur, -trice † [ɛ̃pɔrta'tœːr, ~'tris] **1.** *su.* importer; **2.** *adj.* importing; **importation** † [~'sjɔ̃] *f* importation; *~s pl.* goods: imports.

importer¹ [ɛ̃pɔr'te] (1a) *v/t.* † import; *fig.* introduce.

importer² [~] (1a) *v/i.* matter; be important; *n'importe!* it doesn't matter!; never mind!; *n'importe quoi* no matter what, anything; *qu'importe?* what does it matter?

importun, e [ɛ̃pɔr'tœ̃, ~'tyn] **1.** *adj.* importunate; tiresome; unwelcome; untimely (*request*); **2.** *su. person:* nuisance; bore; **importunément** [ɛ̃pɔrtyne'mɑ̃] *adv.* of *importun* 1; **importuner** [~'ne] (1a) *v/t.* importune; bother, pester (with,

de); inconvenience; **importunité** [~ni'te] *f* importunity.

imposable [ɛ̃po'zabl] taxable; **imposant, e** [~zɑ̃, ~'zɑ̃ːt] imposing; commanding; **imposer** [~'ze] (1a) *v/t.* prescribe, impose; force (*an opinion, one's viewpoint*) (upon, *à*); *admin.* tax, rate; *eccl.* lay on (*hands*); *~ du respect à q.* fill s.o. with respect; *~ silence à q.* enjoin silence on s.o.; *s'~* assert o.s.; be essential; *v/i.: en ~ à q.* impress s.o.; *en ~* be imposing; **imposition** [~zi'sjɔ̃] *f* taxation; rating.

impossibilité [ɛ̃posibili'te] *f* impossibility (*a. = impossible thing*); **impossible** [~'sibl] impossible; F fantastic.

imposteur [ɛ̃pɔs'tœːr] *m* impostor, F sham; **imposture** [~'tyːr] *f* imposture; deception.

impôt [ɛ̃'po] *m* tax, duty; taxation.

impotence [ɛ̃pɔ'tɑ̃ːs] *f* impotence; helplessness; **impotent, e** [~'tɑ̃, ~'tɑ̃ːt] **1.** *adj.* impotent; crippled, helpless; **2.** *su.* cripple, invalid.

impraticable [ɛ̃prati'kabl] impracticable; impassable (*road*); *sp.* unplayable (*tennis court etc.*).

imprécation [ɛ̃preka'sjɔ̃] *f* curse.

imprécis, e [ɛ̃pre'si, ~'siːz] vague; unprecise.

imprégner [ɛ̃pre'ɲe] (1f) *v/t.* impregnate (*a. fig.*) (with, de).

imprenable ⚔ [ɛ̃prə'nabl] impregnable.

imprésario [ɛ̃presar'jo] *su.* impresario.

imprescriptible ⚖ [ɛ̃preskrip'tibl] indefeasible.

impression [ɛ̃prɛ'sjɔ̃] *f fig.*, *a. book*, *seal:* impression; *tex., typ. book:* printing; *wind:* breeze; *footsteps:* imprint; *coins:* stamping; *(colour-)* print; *paint.* priming; *envoyer à l'~* send to press; **impressionnable** [ɛ̃presjɔ'nabl] impressionable; **impressionnant, e** [~'nɑ̃, ~'nɑ̃ːt] impressive; moving (*sight, voice*); stirring (*news*); **impressionner** [~'ne] (1a) *v/t.* impress, affect, move; make an impression on; **impressionnisme** [~'nism] *m* impressionism; **impressionniste** [~'nist] *su.* impressionist.

imprévisible [ɛ̃previ'zibl] unforeseeable, unpredictable; **imprévision** [~'zjɔ̃] *f* lack of foresight.

imprévoyance [ɛ̃prevwa'jɑ̃ːs] *f*

lack of foresight; improvidence; **imprévu, e** [~'vy] unforeseen, unexpected.

imprimé [ɛ̃pri'me] *m* printed paper *or* book; **~s** *pl. post:* printed matter *sg.;* **imprimer** [~'me] (1a) *v/t. typ., tex.* print; impress (*a seal*); communicate, impart (*a movement*); *paint.* prime; **imprimerie** [ɛ̃prim-'ri] *f* printing; printing-house; printing-press; **imprimeur** [ɛ̃pri-'mœ:r] *m* printer; **imprimeuse** [~'mø:z] *f* (small) printing-machine.

improbable [ɛ̃prɔ'babl] improbable, unlikely; **improbateur, -trice** [~ba'tœ:r, ~'tris] disapproving; **improbation** [~ba'sjɔ̃] *f* strong disapproval.

improbité [ɛ̃prɔbi'te] *f* dishonesty.

improductif, -ve [ɛ̃prɔdyk'tif, ~'ti:v] unproductive; ✝ idle (*assets, money*).

impromptu [ɛ̃prɔ̃p'ty] 1. *adj./inv.* extempore (*speech*); impromptu, scratch (*meal*); 2. *adv.* without preparation; off the cuff; out of the blue; 3. *su./m* ♪ impromptu.

impropre [ɛ̃'prɔpr] wrong; unfit, unsuitable (for, *à*); **impropriété** [ɛ̃prɔprie'te] *f* impropriety; incorrectness.

improuvable [ɛ̃pru'vabl] unprovable.

improviser [ɛ̃prɔvi'ze] (1a) *vt/i.* improvise; *v/i.* speak extempore; F ad-lib; **improviste** [~'vist] *adv.:* à l'~ unexpectedly, by surprise; without warning.

imprudence [ɛ̃pry'dɑ̃:s] *f* imprudence; rashness; imprudent act; **imprudent, e** [~'dɑ̃, ~'dɑ̃:t] imprudent, rash; unwise.

impudence [ɛ̃py'dɑ̃:s] *f* impudence; effrontery; impudent act; **impudent, e** [~'dɑ̃, ~'dɑ̃:t] 1. *adj.* impudent; 2. *su.* impudent person; **impudeur** [~'dœ:r] *f* shamelessness; lewdness; effrontery; **impudicité** [~disi'te] *f* indecency; **impudique** [~'dik] indecent; shameless.

impuissance [ɛ̃pɥi'sɑ̃:s] *f* powerlessness; helplessness; impotence (*a.* ⚕); *dans l'~ de* (*inf.*) powerless to (*inf.*); **impuissant, e** [~'sɑ̃, ~'sɑ̃:t] powerless, helpless; vain (*effort*); ⚕ impotent.

impulsif, -ve [ɛ̃pyl'sif, ~'si:v] impulsive; **impulsion** [~'sjɔ̃] *f* ⚡, ⊕,

a. fig. impulse; F stimulus; *fig.* prompting; *force* *f* *d'~* impulsive force.

impunément [ɛ̃pyne'mɑ̃] *adv.* with impunity; *fig.* harmlessly; **impuni, e** [~'ni] unpunished; **impunité** [~ni'te] *f* impunity.

impur, e [ɛ̃'py:r] impure, tainted; unclean; **impureté** [ɛ̃pyr'te] *f* impurity, unchastity.

imputable [ɛ̃py'tabl] imputable, ascribable (to, *à*); ✝ chargeable (to, *sur*); **imputer** [~'te] (1a) *v/t.* impute, ascribe (to, *à*); ✝ *~ une somme à* (*or sur*) *un compte* charge a sum to an account.

imputrescible [ɛ̃pytrɛ'sibl] incorruptible; rot-proof.

inabordable [inabɔr'dabl] unapproachable, inaccessible; prohibitive (*price*).

inacceptable [inaksɛp'tabl] unacceptable.

inaccessible [inaksɛ'sibl] inaccessible; impervious (to, *à*) (*flattery, light, rain*).

inaccompli, e [inakɔ̃'pli] unaccomplished, unfulfilled.

inaccordable [inakɔr'dabl] ungrantable (*favour*).

inaccoutumé, e [inakuty'me] unaccustomed (to, *à*); unusual.

inachevé, e [inaʃ've] incomplete, unfinished.

inactif, -ve [inak'tif, ~'ti:v] inactive; idle (*a.* ✝ *capital*); ✝ dull (*market*); 🜊 inert; **inaction** [~'sjɔ̃] *f* inaction, idleness; ✝ dullness; **inactivité** [~tivi'te] *f* inactivity; ✝ dullness; 🜊 inertness.

inadapté, e [inadap'te] 1. *adj.* not adapted (to, *à*); maladjusted; 2. *su.* maladjusted person; misfit.

inadmissible [inadmi'sibl] inadmissible.

inadvertance [inadvɛr'tɑ̃:s] *f* inadvertence, oversight; *par ~* inadvertently. [able.)

inaliénable [inalje'nabl] inalien-)

inaltérable [inalte'rabl] unchanging, unvarying; which does not deteriorate.

inamovible [inamɔ'vibl] irremovable; for life (*post*); built in (*furniture etc.*); *agencements* *m/pl.* **~s** fixtures.

inanimé, e [inani'me] inanimate, lifeless; unconscious.

inanité [inani'te] f futility; inane remark.

inanition [inani'sjɔ̃] f starvation.

inaperçu, e [inapɛr'sy] unnoticed.

inappréciable [inapre'sjabl] inappreciable (*quantity*); *fig.* invaluable.

inapte [i'napt] unfit (for, *à*); unsuited (to, *à*); incapable (of *ger.*, *à inf.*); **inaptitude** [inapti'tyd] f inaptitude; unfitness (for, *à*).

inassouvi, e [inasu'vi] unappeased (*hunger*); unslaked, unquenched (*thirst*); *fig.* unsatisfied.

inattaquable [inata'kabl] unattackable; unassailable; irrefutable; irreproachable.

inattendu, e [inatã'dy] unexpected.

inattentif, -ve [inatã'tif, ~'tiːv] inattentive (to, *à*); heedless (of, *à*).

inaugurer [inogy're] (1a) *v/t.* inaugurate, open; unveil (*a monument*); *fig.* usher in (*an epoch*).

inavoué, e [ina'vwe] unacknowledged.

incalculable [ɛ̃kalky'labl] countless, incalculable.

incandescence [ɛ̃kɑ̃de'sɑ̃ːs] f incandescence, glow; ⚡ *lampe f à ~* glow-lamp.

incapable [ɛ̃ka'pabl] incapable (of *ger.*, *de inf.*); unfit (to *inf.*, *de inf.*); **incapacité** [~pasi'te] f incapacity (*a.* ⚡); unfitness; incompetency.

incarcération [ɛ̃karsera'sjɔ̃] f incarceration, imprisonment; **incarcérer** [~re] (1f) *v/t.* incarcerate, imprison.

incarnadin, e [ɛ̃karna'dɛ̃, ~'din] incarnadine, flesh-pink; **incarnat, e** [~'na, ~'nat] fleshcolo(u)red, rosy; **incarnation** [~na'sjɔ̃] f incarnation; *fig.* personification; ⚕ *nail:* ingrowing; **incarné, e** [~'ne] incarnate; *fig.* personified; ⚕ ingrowing (*nail*); **incarner** [~'ne] (1a) *v/t.* incarnate; *fig.* personify; ⚕ *s'~* grow in (*nail*).

incartade [ɛ̃kar'tad] f prank; freak; (*verbal*) outburst.

incassable [ɛ̃ka'sabl] unbreakable.

incendiaire [ɛ̃sɑ̃'djɛːr] 1. *adj.* incendiary (*bomb*); *fig.* inflammatory; 2. *su.* incendiary; fire-brand; **incendie** [~'di] m fire; ⚖ *~ volontaire* arson; **incendié** m, e f [~'dje] person rendered homeless by fire; **incendier** [~'dje] (1o) *v/t.* set (*s.th.*) on fire, burn (*s.th.*) down.

incertain, e [ɛ̃sɛr'tɛ̃, ~'tɛn] un-

certain, doubtful; unreliable; undecided (about, *de*) (*person*); unsettled (*weather*); **incertitude** [~ti'tyd] f uncertainty; doubt; *result:* inaccuracy; *fig.* indecision; unsettled state (*of the weather*).

incessamment [ɛ̃sɛsa'mã] *adv.* incessantly; at any moment; without delay, at once; **incessant, e** [~'sã, ~'sãːt] ceaseless, unceasing, incessant.

inceste [ɛ̃'sɛst] 1. *adj.* incestuous; 2. *su./m* incest; *su.* see *incestueux* 2; **incestueux, -euse** [ɛ̃sɛs'tɥø, ~'tɥøːz] 1. *adj.* incestuous; 2. *su.* incestuous person.

inchiffrable [ɛ̃ʃi'frabl] immeasurable (*wealth etc.*); *fig.* invaluable.

incidemment [ɛ̃sida'mã] *adv.* of *incident* 1; **incidence** [~'dãːs] f incidence; consequence, effect; **incident, e** [~'dã, ~'dãːt] 1. *adj.* incidental; *opt.* incident; 2. *su./m* incident; occurrence; ⚖ point of law; *fig.* difficulty, hitch; *~ de parcours* mishap, (*minor*) setback; *~ technique* technical hitch.

incinération [ɛ̃sinera'sjɔ̃] f incineration; cremation; **incinérer** [~'re] (1f) *v/t.* incinerate; cremate.

inciser [ɛ̃si'ze] (1a) *v/t.* make an incision in; ⚕ lance (*an abscess*); **incisif, -ve** [~'zif, ~'ziːv] 1. *adj.* incisive, cutting; *dent f ~ve =* 2. *su./f* tooth: incisor; **incision** [~'zjɔ̃] f incision; ⚕ *abscess:* lancing.   [instigate, urge (on).]

inciter [ɛ̃si'te] (1a) *v/t.* incite;∫

incivil, e [ɛ̃si'vil] uncivil, rude; **incivilité** [~vili'te] f incivility, rudeness; rude remark.

inclinaison [ɛ̃kline'zɔ̃] f incline, slope; ⚓ *ship:* list; *~ magnétique* magnetic dip; **inclination** [~na'sjɔ̃] f inclination (*a. fig.*); *body:* bending; *head:* nod; *fig.* bent; **incliner** [~'ne] (1a) *v/t.* incline (*a. fig.*), slope; bend; nod (*one's head*); *s'~* slant; bow; *fig.* yield (to, *devant*); ⚓ heel; ⚒ bow; *v/i.* incline (*a. fig.*); lean; ⚓ list.

inclure [ɛ̃'klyːr] (4g) *v/t.* include; *letter:* enclose; **inclus, e** [ɛ̃'kly, ~'klyːz] 1. *adj.* enclosed; *la lettre ci-~e* enclosed letter; **inclusif, -ve** [ɛ̃kly-'zif, ~'ziːv] inclusive.

incognito [ɛ̃kɔɲi'to] *adv.*, *a. su./m* incognito.

incohérent, e [ɛ̃koe'rɑ̃, ~'rɑ̃:t] incoherent (*a. phys.*), rambling.

incolore [ɛ̃ko'lɔ:r] colo(u)rless (*a. fig.*); *fig.* insipid.

incomber [ɛ̃kɔ̃'be] (1a) *v/i.*: ~ à be incumbent upon; devolve upon.

incombustible [ɛ̃kɔ̃bys'tibl] incombustible, fireproof.

incommensurable [ɛ̃komɑ̃sy'rabl] *Ⱥ* incommensurable; irrational (*root*); incommensurate; *fig.* enormous, huge.

incommode [ɛ̃kɔ'mɔd] inconvenient; uncomfortable; troublesome; unwieldy (*object*); **incommodément** [ɛ̃komɔde'mɑ̃] *adv.* inconveniently, uncomfortably; **incommoder** [~'de] (1a) *v/t.* inconvenience, hinder; disturb, trouble; *food etc.*: disagree with (*s.o.*); **incommodité** [~di'te] *f* inconvenience; discomfort; awkwardness.

incomparable [ɛ̃kɔ̃pa'rabl] incomparable, unrivalled.

incompatible [ɛ̃kɔ̃pa'tibl] incompatible.

incomplet, -ète [ɛ̃kɔ̃'plɛ, ~'plɛt] incomplete, unfinished.

incompréhensible [ɛ̃kɔ̃preɑ̃'sibl] incomprehensible; **incompréhensif, -ve** [~'sif, ~'si:v] uncomprehending; unwilling or unable to understand; **incompréhension** [~'sjɔ̃] *f* incomprehension; unwillingness or inability to understand.

incompris, e [ɛ̃kɔ̃'pri, ~'pri:z] misunderstood; unappreciated.

inconcevable [ɛ̃kɔ̃sə'vabl] unimaginable, unthinkable.

inconciliable [ɛ̃kɔ̃si'ljabl] irreconcilable.

inconditionnel, -le [ɛ̃kɔ̃disjɔ'nɛl] unconditional, unreserved; unquestioning.

inconduite [ɛ̃kɔ̃'dɥit] *f* misbehavio(u)r; loose living; *tt* misconduct.

incongelable [ɛ̃kɔ̃ʒ'labl] unfreezable; non-freezing.

incongru, e [ɛ̃kɔ̃'gry] incongruous; improper, unseemly; **incongruité** [~grɥi'te] *f* incongruity; unseemliness; **incongrûment** [~gry'mɑ̃] *adv. of* incongru.

inconnu, e [ɛ̃kɔ'ny] **1.** *adj.* unknown (to *à*, *de*); **2.** *su.* unknown, stranger; *su./f Ⱥ* unknown (quantity).

inconscience [ɛ̃kɔ̃'sjɑ̃:s] *f* uncon-

sciousness; ignorance (of, *de*); **inconscient, e** [~'sjɑ̃, ~'sjɑ̃:t] **1.** *adj.* unconscious; **2.** *su.* unconscious person; *su./m psych.* the unconscious.

inconséquence [ɛ̃kɔ̃se'kɑ̃:s] *f* inconsequence, inconsistency; thoughtlessness.

inconsidéré, e [ɛ̃kɔ̃side're] inconsiderate (*person*); rash, ill-considered.

inconsistant, e [ɛ̃kɔ̃sis'tɑ̃, ~'tɑ̃:t] unsubstantial; loose (*ground*); soft (*mud*); *fig.* inconsistent.

inconsolable [ɛ̃kɔ̃sɔ'labl] unconsolable; disconsolate (*person*).

inconstance [ɛ̃kɔ̃s'tɑ̃:s] *f* inconstancy, fickleness; changeableness (*of weather*); *biol.* variability; **inconstant, e** [~'tɑ̃, ~'tɑ̃:t] inconstant, fickle; changeable (*weather*); *biol.* variable.

inconstitutionnel, -elle [ɛ̃kɔ̃stitysjɔ'nɛl] unconstitutional.

incontestable [ɛ̃kɔ̃tes'tabl] indisputable, unquestionable, beyond (all) question; **incontesté, e** [~'te] undisputed.

incontinence [ɛ̃kɔ̃ti'nɑ̃:s] *f* incontinence (*a. ♨*); **incontinent, e** [~'nɑ̃, ~'nɑ̃:t] **1.** *adj.* incontinent; unchaste; **2.** *incontinent adv.* † forthwith.

inconvenance [ɛ̃kɔ̃v'nɑ̃:s] *f* unsuitableness; impropriety; indecency.

inconvénient [ɛ̃kɔ̃ve'njɑ̃] *m* disadvantage, drawback; inconvenience; *fig.* objection; *si vous n'y voyez pas d'*~ if you dont mind, if you have no objections.

incorvertible [ɛ̃kɔ̃ver'tibl] inconvertible (*a. ♰*); **inconvertissable** [~ti'sabl] *fig.* incorrigible; past praying for; ♰ inconvertible.

incorporation [ɛ̃kɔrpɔra'sjɔ̃] *f* incorporation; ✕ enrolment; **incorporel, -elle** [~'rɛl] incorporeal; *tt* intangible (*property*); **incorporer** [~'re] (1a) *v/t.* incorporate; mix (with *à*, *avec*, *dans*); ✕ draft (*men*).

incorrect, e [ɛ̃kɔ'rɛkt] incorrect; wrong; inaccurate; indecorous; **incorrection** [~rɛk'sjɔ̃] *f* incorrectness; error; wrong act; indecorousness.

incorrigible [ɛ̃kɔri'ʒibl] incorrigible; *fig.* F hopeless.   [ruptible.)

incorruptible [ɛ̃kɔryp'tibl] incor-∫

incrédibilité [ɛ̃kredibili'te] *f* incredibility; **incrédule** [ˌ'dyl] **1.** *adj.* incredulous; sceptical (about, of *à l'égard de*); *eccl.* unbelieving; **2.** *su. eccl.* unbeliever; **incrédulité** [ˌdyli'te] *f* incredulity; *eccl.* unbelief.

incrimination [ɛ̃krimina'sjɔ̃] *f* (in-)crimination; indictment; charge; **incriminer** [ˌ'ne] (1a) *v/t.* accuse, charge; *fig.* impeach (*s.o.'s conduct*).

incrochetable [ɛ̃krɔʃ'tabl] burglar-proof.

incroyable [ɛ̃krwa'jabl] **1.** *adj.* incredible; **2.** *su./m hist.* beau; **incroyance** [ˌ'jɑ̃:s] *f* unbelief; **incroyant, e** [ˌ'jɑ̃, ˌ'jɑ̃:t] **1.** *adj.* unbelieving; **2.** *su.* unbeliever.

incrustation [ɛ̃krysta'sjɔ̃] *f* incrustation; ⊕ inlaid work; ⊕ *boiler*: fur(ring); **incruster** [ˌ'te] (1a) *v/t.* incrust; ⊕ inlay (with, *de*); ⚓ line; form a crust on; *fig.* s'ˌ become ingrained (*in the mind*); outstay one's welcome.

incubateur [ɛ̃kyba'tœ:r] *m* incubator; **incubation** [ˌ'sjɔ̃] *f eggs, a.* ⚘: incubation; *hens*: sitting.

incube [ɛ̃'kyb] *m* incubus, nightmare.

inculper [ɛ̃kyl'pe] (1a) *v/t.* charge, indict.

inculquer [ɛ̃kyl'ke] (1m) *v/t.* inculcate, instil (into, *à*).

inculte [ɛ̃'kylt] uncultivated, wild; waste (*land*); *fig.* rough; *fig.* unkempt (*hair*).

incunable [ɛ̃ky'nabl] *m* early printed book; ˌs *pl.* incunabula.

incurable [ɛ̃ky'rabl] *adj., a. su.* incurable; **incurie** [ˌ'ri] *f* carelessness, negligence.

incursion [ɛ̃kyr'sjɔ̃] *f* inroad, foray, raid; *fig.* excursion (into, *dans*).

indébrouillable [ɛ̃debru'jabl] impossible to disentangle; *fig.* inextricable.

indécence [ɛ̃de'sɑ̃:s] *f* indecency; **indécent, e** [ˌ'sɑ̃, ˌ'sɑ̃:t] indecent, improper.

indéchiffrable [ɛ̃deʃi'frabl] undecipherable; *fig.* illegible; *fig.* unintelligible.

indécis, e [ɛ̃de'si, ˌ'si:z] undecided; irresolute; blurred, vague (*outline etc.*); indecisive (*battle, victory*); **indécision** [ˌsi'zjɔ̃] *f* indecision; uncertainty.

indéfini, e [ɛ̃defi'ni] indefinite; un-

defined; **indéfinissable** [ˌni'sabl] indefinable; nondescript.

indéfrisable [ɛ̃defri'zabl] *f* permanent wave.

indélébile [ɛ̃dele'bil] indelible; kiss-proof (*lipstick*).

indélibéré, e [ɛ̃delibe're] unconsidered.

indélicat, e [ɛ̃deli'ka, ˌ'kat] indelicate, coarse; tactless (*act*); dishonest.

indémaillable [ɛ̃dema'jabl] ladder-proof, non-run (*stocking*).

indemne [ɛ̃'demn] undamaged; uninjured; without loss; free (from, *de*); **indemnisation** [ɛ̃demniza'sjɔ̃] *f* indemnification; **indemniser** [ˌ'ze] (1a) *v/t.* indemnify, compensate (for, *de*); **indemnité** [ˌ'te] *f* indemnity; compensation; allowance; ˌ *de déplacement* travel allowance; ˌ *de maladie* sick pay; ˌ *journalière* daily allowance.

indéniable [ɛ̃de'njabl] undeniable.

indépendamment [ɛ̃depɑ̃da'mɑ̃] *adv.* of *indépendant*; **indépendance** [ˌ'dɑ̃:s] *f* independence (of *de, à l'égard de*); **indépendant, e** [ˌ'dɑ̃, ˌ'dɑ̃:t] independent (of, *de*); free (from, *de*); self-contained (*flat etc.*). [ineradicable.]

indéracinable *fig.* [ɛ̃derasi'nabl]

indéréglable [ɛ̃dere'glabl] foolproof (*machine etc.*).

indescriptible [ɛ̃deskrip'tibl] indescribable (F *a. fig.*).

indestructible [ɛ̃destryk'tibl] indestructible.

indéterminé, e [ɛ̃determi'ne] undetermined; indeterminate (⚓, *a. fig.*).

index [ɛ̃'dɛks] *m* forefinger, index (finger); *book*: index; pointer; *eccl. the* Index; *fig.* black list; *mettre à l'*ˌ blacklist.

indicateur, -trice [ɛ̃dika'tœ:r, ˌ'tris] **1.** *adj.* indicatory; ˌ *de* indicating (*s.th.*); **2.** *su./m* ⊕ indicator, ga(u)ge, pointer; 🚂 guide, time-table; directory (*of streets etc.*); informer, police spy; ˌ *de pression* pressure-ga(u)ge; *mot.* ˌ *de vitesse* speedometer; **indicatif, -ve** [ˌ'tif, ˌ'ti:v] **1.** *adj.* indicative; **2.** *su./m radio etc.*: station-signal; signature-tune; call sign; *gramm.* indicative; **indication** [ˌ'sjɔ̃] *f* indication; information; sign, token; mark; 🚂

declaration; ~s *pl.* ⚔ *etc.* instructions; ⊕ particulars; *thea.* ~s *pl.* scéniques stage-directions.

indice [ɛ̃'dis] *m* indication, sign; *opt.*, ⚖ index; *fig.* clue; rating, grading; ~ *de popularité* popularity rating.

indicible [ɛ̃di'sibl] unspeakable; unutterable; *fig.* indescribable.

indien, -enne [ɛ̃'djɛ̃, ~'djɛn] **1.** *adj.* Indian; **2.** *su.* ♀ Indian; *su./f tex.* printed calico; *tex.* chintz.

indifférence [ɛ̃dife'rɑ̃:s] *f* indifference, apathy (towards, pour); **indifférent, e** [~'rɑ̃, ~'rɑ̃:t] indifferent (*a.* ⚛) (to, *à*); unaffected (by, *à*); unconcerned; ⚛ neutral (*salt etc.*); unimportant. [*(fig.)*\]

indigence [ɛ̃di'ʒɑ̃:s] *f* poverty (*a.*\]

indigène [ɛ̃di'ʒɛn] **1.** *adj.* indigenous (to, *à*); native; ♱ homegrown; **2.** *su.* native.

indigent, e [ɛ̃di'ʒɑ̃, ~'ʒɑ̃:t] **1.** *adj.* poor, needy; **2.** *su.* pauper; *su./m: les* ~s *pl.* the poor.

indigeste [ɛ̃di'ʒɛst] indigestible; stodgy (*a. fig.*); **indigestion** ⚕ [~ʒɛs'tjɔ̃] *f* indigestion; F *fig. avoir une* ~ *de* be fed up with.

indignation [ɛ̃diɲa'sjɔ̃] *f* indignation.

indigne [ɛ̃'diɲ] unworthy (of, *de*; to *inf.*, *de inf.*).

indigner [ɛ̃di'ɲe] (1a) *v/t.* make (*s.o.*) indignant; *s'*~ be indignant (with, at *contre*, *de*).

indignité [ɛ̃diɲi'te] *f* unworthiness; vileness; indignity.

indigo [ɛ̃di'go] *m* indigo.

indiquer [ɛ̃di'ke] (1m) *v/t.* indicate; point out; recommend; *fig.* show; fix.

indirect, e [ɛ̃di'rɛkt] indirect; *pej.* underhand; ⚖ circumstantial; ⚡ *éclairage m* ~ concealed lighting.

indiscipliné, e [ɛ̃disipli'ne] undisciplined; unmanageable; unruly; out of hand.

indiscret, -ète [ɛ̃dis'krɛ, ~'krɛt] indiscreet; tactless; *fig.* prying (*look*).

indiscutable [ɛ̃disky'tabl] indisputable, unquestionable.

indispensable [ɛ̃dispɑ̃'sabl] **1.** *adj.* indispensable (to, for *à*); essential; unavoidable; **2.** *su./m* the necessary.

indisponible [ɛ̃dispɔ'nibl] unavailable; ⚖ inalienable.

indisposé, e [ɛ̃dispo'ze] unwell, indisposed; **indisposer** [~'ze] (1a) *v/t.*

make (*s.o.*) unwell; *fig.* antagonize, irritate, annoy; *fig.* ~ *q. contre* make s.o. hostile to; **indisposition** [~zi-'sjɔ̃] *f* indisposition; upset.

indisputable [ɛ̃dispy'tabl] unquestionable.

indissociable [ɛ̃diso'sjabl] inseparable.

indissoluble [ɛ̃disɔ'lybl] ⚛ insoluble; *fig.* indissoluble.

indistinct, e [ɛ̃dis'tɛ̃(:kt), ~'tɛ̃:kt] indistinct; faint; dim, hazy.

individu [ɛ̃divi'dy] *m* individual (*a. pej.*); **individualiser** [~dɥali'ze] (1a) *v/t.* particularize; individualize; **individualiste** [~dɥa'list] **1.** *adj.* individualistic; **2.** *su.* individualist; **invididualité** [~dɥali-'te] *f* individuality; **individuel, -elle** [~'dɥɛl] individual, personal; private; separate.

indivis, e ⚖ [ɛ̃di'vi, ~'vi:z] joint; *par* ~ jointly; **indivisible** [~vi'zibl] indivisible; ⚖ joint.

indocile [ɛ̃dɔ'sil] unmanageable, intractable; **indocilité** [~sili'te] *f* intractability.

indolence [ɛ̃dɔ'lɑ̃:s] *f* ⚕, *a. fig.* indolence; sloth; **indolent, e** [~'lɑ̃, ~'lɑ̃:t] **1.** ⚕, *a. fig.* indolent; *fig.* apathetic; sluggish; **2.** *su.* idler.

indolore ⚕ [ɛ̃dɔ'lɔ:r] painless.

indomptable [ɛ̃dɔ̃'tabl] unconquerable; *fig.* indomitable; uncontrollable.

indu, e [ɛ̃'dy] undue (*haste*); unseasonable (*remark*); *à une heure* ~*e* at some ungodly hour.

indubitable [ɛ̃dybi'tabl] unquestionable, undeniable.

inductance ⚡ [ɛ̃dyk'tɑ̃:s] *f* inductance; **inducteur, -trice** ⚡ [~'tœ:r, ~'tris] **1.** *adj.* inducing (*current*); inductive (*capacity*); **2.** *su./m* inductor; field-magnet; **induction** ⚡, *phls.* [~'sjɔ̃] *f* induction.

induire [ɛ̃'dɥi:r] (4h) *v/t.* infer, induce; *fig.* lead (into, *à*); ~ *q. en erreur* mislead s.o.; **induit, e** ⚡ [~'dɥi] **1.** *adj./m* induced; **2.** *su./m* ⚡ induced circuit; armature.

indulgence [ɛ̃dyl'ʒɑ̃:s] *f* indulgence (*a. eccl.*); forbearance; **indulgent, e** [~'ʒɑ̃, ~'ʒɑ̃:t] *adj.:* ~ *pour* indulgent to, lenient with.

indûment [ɛ̃dy'mɑ̃] *adv.* unduly; improperly.

industrialiser [ɛ̃dystriali'ze] (1a)

v/t. industrialize; **industrie** [ˌ~'tri] *f* industry; trade, manufacture; *fig.* activity; † *fig.* skill, ingenuity; ~-clef key-industry; ~ minière mining industry; *co.* exercer sa coupable~ practise one's disreputable trade; **industriel, -elle** [ˌ~tri'ɛl] 1. *adj.* industrial; 2. *su./m* manufacturer; industrialist; **industrieux, -euse** [ˌ~tri'ø, ~'ø:z] industrious, busy; skil(l)ful.

inébranlable [inebrã'labl] unshakable.

inédit, e [ine'di, ~'dit] unpublished; novel, new; original.

ineffable [ine'tabl] ineffable, beyond expression.

inefficace [inefi'kas] ineffective, unavailing; **inefficacité** [ˌ~kasi'te] *f* inefficacy; ineffectiveness.

inégal, e, *m/pl.* **-aux** [ine'gal, ~'go] unequal; irregular (*pulse etc.*); uneven (*ground, temper*); changeable (*moods, wind*); **inégalité** [ˌ~gali'te] *f* inequality (*a.* 🅰); irregularity; unevenness.

inéligible [ineli'ʒibl] ineligible.

inéluctable [inelyk'tabl] inescapable.

inemployé, e [inãplwa'je] unemployed; not made use of.

inepte [i'nɛpt] inept, fatuous, stupid; **ineptie** [inɛp'si] *f* ineptitude; stupidity, ineptness.

inépuisable [inepɥi'zabl] inexhaustible.

inerte [i'nɛrt] inert (*mass, a.* 🔥); inactive (🔥, *a. mind*); *fig.* sluggish; *fig.* passive (*resistance*); **inertie** [iner'si] *f* phys. *etc.*, *a. fig.* inertia; *fig.* listlessness; *fig.* passive resistance; *force f* d'~ inertia, vis inertiae.

inespéré, e [inɛspe're] unhoped-for, unexpected.

inestimable [inɛsti'mabl] invaluable; without price.

inévitable [inevi'tabl] inevitable; unavoidable.

inexact, e [inɛg'zakt] inexact; inaccurate; unpunctual; **inexactitude** [ˌ~zakti'tyd] *f* inexactitude; inaccuracy; unpunctuality.

inexcusable [inɛksky'zabl] inexcusable.

inexistant, e [inɛgzis'tã, ~'tã:t] nonexistent.

inexorable [inɛgzɔ'rabl] inexorable, unrelenting.

inexpérience [inɛkspe'rjã:s] *f* lack of experience; **inexpérimenté, e** [ˌ~rimã'te] unskilled (*worker*); untested, untried; inexperienced (*person*).

inexplicable [inɛkspli'kabl] inexplicable.

inexploré, e [inɛksplɔ're] unexplored.

inexprimable [inɛkspri'mabl] inexpressible; unspeakable (*pleasure etc.*).

inexpugnable [inɛkspyg'nabl] impregnable.

inextinguible [inɛkstɛ̃'gɥibl] inextinguishable (*fire*); unquenchable; *fig.* uncontrollable.

inextirpable [inɛkstir'pabl] ineradicable.

inextricable [inɛkstri'kabl] inextricable.

infaillible [ɛ̃fa'jibl] infallible.

infaisable [ɛ̃fǝ'zabl] unfeasible; impracticable.

infamant, e [ɛ̃fa'mã, ~'mã:t] defamatory; ignominious; **infâme** [ɛ̃'fa:m] infamous; vile (*deed, quarter, slum*); foul (*behaviour, deed*); **infamie** [ɛ̃fa'mi] *f* infamy, dishono(u)r; vile deed *or* thing; ~s *pl.* abuse *sg.*, infamous accusations.

infant [ɛ̃'fã] *m* infante; **infante** [ɛ̃'fã:t] *f* infanta; **infanterie** ✕ [ɛ̃fã'tri] *f* infantry; **infanticide** [ˌ~ti'sid] 1. *adj.* infanticidal; 2. *su. person:* infanticide; *su./m crime:* infanticide; **infantile** [ˌ~'til] infantile (*disease, mortality*); *fig.* childish; **infantiliser** psych. [ˌ~tili'ze] (1a) *v/t.* make infantile.

infarctus 🩺 [ɛ̃fark'tys] *m* infarct(ion); ~ du myocarde coronary (thrombosis).

infatigable [ɛ̃fati'gabl] indefatigable, untiring.

infatuer [ɛ̃fa'tɥe] (1n) *v/t.* infatuate; s'~ de become infatuated with.

infécond, e [ɛ̃fe'kõ, ~'kõ:d] barren; *fig.* unfruitful.

infect, e [ɛ̃'fɛkt] stinking; noisome (*smell*); filthy (*book, a. fig. lie, weather*); **infecter** [ɛ̃fɛk'te] (1a) *v/t.* infect; pollute; stink of; **infection** [ˌ~'sjõ] *f* infection; stench.

inférer [ɛ̃fe're] (1f) *v/t.* infer (from, de).

inférieur, e [ɛ̃fe'rjœ:r] 1. *adj.* inferior; lower; ~ à below; 2. *su.* inferior; subordinate; **inférioriser** [~rjɔri'ze] (1a) v/t. regard as inferior; **infériorité** [~rjɔri'te] f inferiority; **complexe m d'~** inferiority complex.

infernal, e, m/pl. **-aux** [ɛ̃fɛr'nal, ~'no] infernal (a. fig.); fig. devilish; **⚕ pierre f ~e** lunar caustic.

infertile [ɛ̃fɛr'til] infertile, barren.

infestation [ɛ̃fɛsta'sjɔ̃] f infestation; **infester** [~'te] (1a) v/t. infest (with, de) (a. fig.).

infidèle [ɛ̃fi'dɛl] **1.** adj. unfaithful; inaccurate; infidel; unbelieving; **2.** su. unbeliever; infidel; **infidélité** [~deli'te] f infidelity (to, envers); unfaithfulness; inaccuracy; unbelief.

infiltration [ɛ̃filtra'sjɔ̃] f infiltration (a. ⚔); **infiltrer** [~'tre] (1a) v/t.: s'~ infiltrate (a. ⚔, a. ⚕); filter in, seep in (a. fig.).

infime [ɛ̃'fim] lowly; lowest; least; minute, tiny.

infini, e [ɛ̃fi'ni] **1.** adj. infinite; endless; **2.** su./m infinity; the infinite; à l'~ endless(ly); **infiniment** [~ni'mã] adv. infinitely; F extremely; **infinité** [~ni'te] f ⅄ etc. infinity; fig. host.

infirme [ɛ̃'firm] **1.** adj. infirm; disabled, crippled; fig. weak; **2.** su. invalid; cripple; **infirmer** [ɛ̃fir'me] (1a) v/t. fig. weaken; disprove; 🏛 quash; **infirmerie** [~mə'ri] f infirmary; sick-room; ⚓ sick-bay; **infirmier** [~'mje] m (hospital-)attendant; male nurse; ⚔ medical orderly; ambulance man; **infirmière** [~'mjɛ:r] f nurse; **infirmité** [~mi'te] f infirmity; disability; fig. weakness.

inflammable [ɛ̃fla'mabl] inflammable, Am. a. flammable; easily set on fire (a. fig.); **inflammation** [~ma-'sjɔ̃] f inflammation (a. ⚕); ignition; **inflammatoire** [~ma'twa:r] inflammatory.

inflation ✝ etc. [ɛ̃fla'sjɔ̃] inflation.

infléchir [ɛ̃fle'ʃi:r] (2a) v/t. bend, inflect; **infléchissement** [~ʃis'mã] m modification.

inflexible [ɛ̃flɛk'sibl] inflexible; **inflexion** [~'sjɔ̃] f inflection, inflexion (a. ⅄, opt., gramm.); voice: modulation; body: bow.

infliger [ɛ̃fli'ʒe] (11) v/t. inflict.

inflorescence ♀ [ɛ̃flɔrɛ'sã:s] f inflorescence.

influence [ɛ̃fly'ã:s] f influence; **influencer** [~ã'se] (1k) v/t. influence; **influent, e** [~'ã, ~'ã:t] influential; **influer** [~'e] (1a) v/i.: ~ sur influence.   [inv. folio.)

in-folio typ. [ɛ̃fɔ'ljo] m/inv., a. adj.)

informaticien [ɛ̃fɔrmati'sjɛ̃] m computer scientist.

information [ɛ̃fɔrma'sjɔ̃] f information; inquiry; ~s pl. radio: news (-bulletin) sg.; newscast sg.

informatique [~fɔrma'tik] f computer science; data processing; **informatisation** [~tiza'sjɔ̃] f computerization; **informatiser** [~ti'ze] (1a) v/t. computerize.

informe [ɛ̃'fɔrm] unformed; shapeless, unshapely; 🏛 irregular, informal.

informel, -le [ɛ̃fɔr'mɛl] informal; casual.

informer [ɛ̃fɔr'me] (1a) v/t. inform, notify; s'~ inquire (about, de; of, from auprès de); 🏛 ~ contre inform against; ~ de, ~ sur investigate, inquire into.

infortune [ɛ̃fɔr'tyn] f misfortune; adversity; **infortuné, e** [~ty'ne] unfortunate, unlucky.

infraction [ɛ̃frak'sjɔ̃] f infraction; right, treaty, etc.: infringement; 🏛 offence; duty, peace: breach (of, à).

infranchissable [ɛ̃frãʃi'sabl] impassable; fig. insuperable (difficulty).

infrarouge [ɛ̃fra'ru:ʒ] infra-red.

infrastructure [ɛ̃frastryk'ty:r] f infrastructure; ✈ ground organization; ⊕ etc. substructure.

infroissabilité tex. [ɛ̃frwasabili'te] f crease-resistance; **infroissable** tex. [~'sabl] uncreasable.

infructueux, -euse [ɛ̃fryk'tuø, ~'tuø:z] unfruitful, barren; fig. unavailing, fruitless.

infus, e [ɛ̃'fy, ~'fy:z] fig. innate, intuitive; avoir la science ~e know things by intuition; **infuser** [ɛ̃fy'ze] (1a) v/t. infuse (a. fig. life); brew (tea); v/i. infuse; draw (tea); **infusible** [~'zibl] non-fusible; **infusion** [~'zjɔ̃] f infusion; herb tea; **infusoires** [~'zwa:r] m/pl. infusoria.

ingambe [ɛ̃'gã:b] active, nimble.

ingénier [ɛ̃ʒe'nje] (1o) v/t.: s'~ à tax one's ingenuity to, F go all out to; **ingénieur** [~'njœ:r] m engineer; ~ de l'État Government civil engineer; ~ du son radio: sound engineer, Am. sound man; ~ mécanicien mechanical engineer; **ingénieux, -euse** [~'njø, ~'njø:z] ingenious; clever; **ingéniosité** [~nʒozi'te] f ingenuity; cleverness.

ingénu, e [ɛ̃ʒe'ny] 1. adj. ingenuous, artless, unsophisticated; 2. su. artless person; su./f thea. ingénue; **ingénuité** [~nɥi'te] f artlessness, ingenuousness.

ingérence [ɛ̃ʒe'rɑ̃:s] f interference; **ingérer** [~'re] (1f) v/t. ingest; F consume (a meal); s'~ dans interfere in, meddle in.

ingrat, e [ɛ̃'gra, ~'grat] ungrateful (to[wards], envers; for, à); thankless (task); unpleasant (work); unpromising; ✒, fig. unproductive; âge m ~ awkward age; **ingratitude** [ɛ̃grati'tyd] f ingratitude; thanklessness; ✒, fig. unproductiveness.

ingrédient [ɛ̃gre'djɑ̃] m ingredient.

inguérissable [ɛ̃geri'sabl] incurable.

ingurgiter [ɛ̃gyrʒi'te] (1a) v/t. ✒ ingurgitate; F swallow.

inhabile [ina'bil] unskilful, inexpert; ✝✝ incompetent; **inhabileté** [~bil'te] f lack of skill (in, à); clumsiness; **inhabilité** ✝✝ [~bili'te] f incapacity, disability; incompetency.

inhabitable [inabi'tabl] uninhabitable; **inhabité, e** [~'te] uninhabited; untenanted (house).

inhalateur ✗ [inala'tœ:r] m inhaler; (oxygen-)breathing apparatus; **inhaler** [~'le] (1a) v/t. inhale.

inhérence [ine'rɑ̃:s] f inherence (in, à); **inhérent, e** [~'rɑ̃, ~'rɑ̃:t] inherent (in, à); intrinsic.

inhiber [ini'be] v/t. physiol., psych. inhibit; ✝✝ prohibit; **inhibition** [~bi'sjɔ̃] f ✝✝ prohibition; physiol., psych. inhibition.

inhospitalier, -ère [inɔspita'lje, ~'lje:r] inhospitable.

inhumain, e [iny'mɛ̃, ~'mɛn] inhuman; cruel.

inhumer [iny'me] (1a) v/t. bury.

inimaginable [inimaʒi'nabl] unimaginable.

inimitable [inimi'tabl] inimitable.

inimitié [inimi'tje] f hostility (a. fig.); enmity.

ininflammable [inɛ̃fla'mabl] noninflammable, uninflammable.

inintelligence [inɛ̃teli'ʒɑ̃:s] f lack of intelligence; **inintelligent, e** [~'ʒɑ̃, ~'ʒɑ̃:t] unintelligent; obtuse; **inintelligible** [~'ʒibl] unintelligible.

inique [i'nik] iniquitous; **iniquité** [iniki'te] f iniquity (a. eccl., a. fig.).

initial, e, m/pl. -aux [ini'sjal, ~'sjo] adj., a. su./f initial; adj. a. starting...; first; **initiateur, -trice** [~sja'tœ:r, ~'tris] 1. adj. initiatory; initiation...; 2. su. initiator; originator; **initiatique** [~sja'tik] initiatory (rite etc.); **initiative** [~sja'ti:v] f initiative; **initier** [~'sje] (1o) v/t. initiate (a. fig.).

injecter [ɛ̃ʒɛk'te] (1a) v/t. inject (with de, avec); impregnate (wood); injecté de sang bloodshot (eye); s'~ become bloodshot (eye); **injection** [~'sjɔ̃] f ✗, ⊕ injection; wood: impregnation.

injonction ✝✝ [ɛ̃ʒɔ̃k'sjɔ̃] f injunction; order.

injure [ɛ̃'ʒy:r] f insult; ravages pl. (of time); ✝ wrong, injury; ✝✝ tort; ~s pl. abuse sg.; **injurier** [ɛ̃ʒy'rje] (1o) v/t. insult, abuse; call (s.o.) names; **injurieux, -euse** [~'rjø, ~'rjø:z] insulting, abusive (towards, pour); ✝ ✝✝ tortious.

injuste [ɛ̃'ʒyst] 1. adj. unjust, unfair (to, envers); unrighteous (person); 2. su./m wrong; **injustice** [ɛ̃ʒys'tis] f injustice, unfairness; **injustifiable** [~ti'fjabl] unwarrantable, unjustifiable.

inlassable [ɛ̃la'sabl] tireless; fig. untiring.

inné, e [in'ne] innate.

innocemment [inɔsa'mɑ̃] adv. of innocent 1; **innocence** [~'sɑ̃:s] f innocence; **innocent, e** [~'sɑ̃, ~'sɑ̃:t] 1. adj. innocent; simple, artless; 2. su. simple or artless person; **innocenter** [~sɑ̃'te] (1a) v/t. clear (s.o.) (of, de), prove (s.o.) innocent; justify.

innocuité [innɔkɥi'te] f harmlessness.

innombrable [innɔ̃'brabl] innumerable, countless.

innovation [innɔva'sjɔ̃] f innovation; **innover** [~'ve] (1a) v/t./i. innovate; v/i. introduce innovations (in, en); break new ground.

inoccupé, e [inɔky'pe] unoccupied; vacant; unemployed; idle (person).

in-octavo typ. [inɔkta'vo] m/inv., a. adj./inv. octavo.

inoculer [inɔky'le] (1a) *v/t. ᴪ, a. fig.* inoculate, infect (s.o. with s.th., *qch. à q.*).

inodore [inɔ'dɔːr] odo(u)rless; ♀ scentless.

inoffensif, -ve [inɔfã'sif, ‿'siːv] inoffensive; harmless.

inondation [inɔ̃da'sjɔ̃] *f* inundation; flood; *fig.* deluge; **inonder** [‿'de] (1a) *v/t.* inundate; flood (*a.* ✝); *fig.* deluge (with, *de*); F soak.

inopérant, e ⁑ [inɔpe'rã, ‿'rãːt] inoperative.

inopiné, e [inɔpi'ne] unforeseen, sudden.

inopportun, e [inɔpɔr'tœ̃, ‿'tyn] inopportune; untimely; **inopportunément** [‿tyne'mã] *adv. of inopportun.*

inorganisation [inɔrganiza'sjɔ̃] *f* disorganization, lack of organization.

inoubliable [inubli'abl] unforgettable.

inouï, e [i'nwi] unheard of; extraordinary.

inoxydable [inɔksi'dabl] rust-proof; rustless; stainless (*steel*).

inqualifiable [ɛ̃kali'fjabl] beyond words; *fig.* indescribable; *fig.* scandalous.

in-quarto *typ.* [ɛ̃kwar'to] *m/inv., a. adj./inv.* quarto.

inquiet, -ète [ɛ̃'kjɛ, ‿'kjɛt] restless; uneasy; anxious; **inquiétant, e** [ɛ̃kje'tã, ‿'tãːt] alarming, disturbing; *fig.* disquieting; **inquiéter** [‿'te] (1f) *v/t.* alarm, disturb; make (s.o.) uneasy; s'‿ worry (about, *de*); **inquiétude** [‿'tyd] *f* disquiet; uneasiness, anxiety; restlessness.

insaisissable [ɛ̃sɛzi'sabl] unseizable; elusive; imperceptible (*difference, sound, etc.*); ⁑⁑ not attachable.

insalissable [ɛ̃sali'sabl] dirt-proof.

insalubre [ɛ̃sa'lybr] unhealthy; insanitary; **insalubrité** [‿lybri'te] *f* unhealthiness; insanitary condition.

insanité [ɛ̃sani'te] *f* insanity; *fig.* nonsense.

insatiable [ɛ̃sa'sjabl] insatiable.

insciemment [ɛ̃sja'mã] *adv.* unconsciously.

inscription [ɛ̃skrip'sjɔ̃] *f* inscription; registration, enrolment; *univ.* matriculation; ✝ scrip; ⚓ ‿ *maritime* seaboard conscription; **inscrire** [‿'kriːr] (4q) *v/t.* inscribe,

write down; register; enroll; s'‿ register.

inscrutable [ɛ̃skry'tabl] inscrutable.

insecte [ɛ̃'sɛkt] *m* insect, *Am.* F bug; **insecticide** [ɛ̃sɛkti'sid] **1.** *adj.* insecticidal; *poudre f* ‿ insect-powder; **2.** *su./m* insecticide; pesticide; **insectivore** *zo.* [‿'vɔːr] **1.** *su./m* insectivore; **2.** *adj.* insectivorous.

insécuriser [ɛ̃sekyri'ze] (1a) *v/t.* make (s.o.) feel unsure or uncertain, give (s.o.) a feeling of insecurity.

insensé, e [ɛ̃sã'se] **1.** *adj.* mad (*a. fig.*); *fig.* senseless; *fig.* crazy (*idea, plan*); **2.** *su./m* madman; *su./f* madwoman.

insensibilisation ᴪ [ɛ̃sãsibiliza'sjɔ̃] *f* an(a)esthetization; **insensibiliser** ᴪ [‿'ze] (1a) *v/t.* an(a)esthetize; **insensibilité** [‿'te] *f* insensibility (*a. fig.*); insensitiveness; callousness, indifference; **insensible** [ɛ̃sã'sibl] insensible; insensitive; indifferent; imperceptible (*difference*).

inséparable [ɛ̃sepa'rabl] **1.** *adj.* inseparable; **2.** *su.* inseparable companion; *su./m: orn.* ‿s *pl.* love-birds.

insérer [ɛ̃se're] (1f) *v/t.* insert; **insertion** [ɛ̃sɛr'sjɔ̃] *f* insertion.

insidieux, -euse [ɛ̃si'djø, ‿'djøːz] insidious (*a. ᴪ disease*); crafty (*person*).

insigne[1] [ɛ̃'siɲ] distinguished (by, for *par*); signal (*favour*); *pej.* notorious; glaring.

insigne[2] [‿] *m* ✕, *sp., etc.* badge; ‿s *pl.* insignia; *su. pl. de la royauté* royal insignia.

insignifiant, e [ɛ̃siɲi'fjã, ‿'fjãːt] insignificant; trifling; trivial.

insinuer [ɛ̃si'nɥe] (1n) *v/t.* insinuate (*a. fig.*); ⁑ insert (*a probe etc.*); s'‿ insinuate o.s.; worm one's way (into, *dans*).

insipide [ɛ̃si'pid] insipid; tasteless (*food*); *fig.* dull, uninteresting; **insipidité** [‿pidi'te] *f food*: tastelessness, lack of taste; *fig.* insipidity, dullness; tameness.

insistance [ɛ̃sis'tãːs] *f* insistence (on *ger., à inf.*); *avec* ‿ insistently; **insister** [‿'te] (1a) *v/i.* insist (on *ger. à, pour inf.*); ‿ *sur* stress; persist in.

insociable [ɛ̃sɔ'sjabl] unsociable.

insolation [ɛ̃sɔla'sjɔ̃] *f* ᴪ sunstroke; sun-bathing; *phot.* daylight printing.

insolence [ɛ̃sɔ'lãːs] *f* insolence; impertinence; impudence; **insolent, e** [ʌ'lɑ̃, ʌ'lɑ̃:t] insolent, impertinent; overbearing.

insoler [ɛ̃sɔ'le] (1a) v/t. expose (s.th.) to the sun; phot. print by daylight.

insolite [ɛ̃sɔ'lit] unusual; strange.

insoluble [ɛ̃sɔ'lybl] insoluble (a. fig.).

insolvable † [ɛ̃sɔl'vabl] insolvent.

insomnie [ɛ̃sɔm'ni] f insomnia, sleeplessness.

insondable [ɛ̃sɔ̃'dabl] unsoundable (sea); fig. unfathomable.

insonorisé, e [ɛ̃sɔnɔri'ze] soundproof(ed); **insonoriser** [ʌ] (1a) v/t. soundproof.

insouciance [ɛ̃su'sjɑ̃:s] f unconcern; jauntiness; carelessness; **insouciant, e** [ʌ'sjɑ̃, ʌ'sjɑ̃:t] unconcerned, carefree, jaunty; thoughtless; **insoucieux, -euse** [ʌ'sjø, ʌ'sjø:z] carefree; unconcerned (about, de).

insoumis, e [ɛ̃su'mi, ʌ'mi:z] 1. adj. unsubdued; unruly, refractory; insubordinate; ✗ absent; 2. su./m ✗ absentee.

insoutenable [ɛ̃sut'nabl] untenable, indefensible; unbearable (pain).

inspecter [ɛ̃spɛk'te] (1a) v/t. inspect; † examine (accounts); **inspecteur** [ʌ'tœ:r] m factory, mines, police, school, sanitary, taxes: inspector; works: overseer; † examiner; shop-walker, Am. floorwalker; **inspection** [ʌ'sjɔ̃] f inspection; examination; inspectorate; ✗ muster parade.

inspiration [ɛ̃spira'sjɔ̃] f inspiration (a. fig.); **inspirer** [ʌ're] (1a) v/t. inspire (s.o. with s.th., qch. à q.) (a. fig.); fig. prompt (to inf., de inf.).

instabilité [ɛ̃stabili'te] f instability (a. fig.); **instable** [ʌ'tabl] unstable, fig. unreliable.

installation [ɛ̃stala'sjɔ̃] f installation; setting (in); moving in, setting up house or shop; putting in, setting ⊕ equipment; ⊕ plant; ⊕ ~ d'aérage ventilation plant; **installer** [ʌ'le] (1a) v/t. install; put in or up; ⊕ etc. fit up; fit out; furnish (a house); fig. establish, settle; s'~ settle down; settle in; set up house or shop.

instamment [ɛ̃sta'mɑ̃] adv. earnestly; urgently.

instance [ɛ̃s'tɑ̃:s] f admin., ✗✗ authority; ✗✗ (legal) proceedings pl.; ~s

pl. entreaties; en ~ de on the point of;

instant, e [ʌ'tɑ̃, ʌ'tɑ̃:t] 1. adj. pressing; imminent; 2. su./m moment, instant; à l'~ just now; immediately; **instantané, e** [ʌtɑ̃ta'ne] 1. adj. instantaneous; instant (coffee etc.); 2. su./m phot. snapshot; **instantanéité** [ʌtɑ̃tanei'te] f instantaneousness.

instar [ɛ̃s'ta:r] m: à l'~ de after the manner of, like.

instauration [ɛ̃stɔra'sjɔ̃] f founding; establishment; **instaurer** [ʌ're] (1a) v/t. found; establish.

instigateur m, -trice f [ɛ̃stiga'tœ:r, ʌ'tris] instigator (of, de); inciter (to, de); **instigation** [ʌ'sjɔ̃] f instigation.

instiller ⚕ [ɛ̃sti'le] (1a) v/t. instil (a. fig.), drop (liquid in the eye).

instinct [ɛ̃s'tɛ̃] m instinct; d'~, par ~ instinctively; **instinctif, -ve** [ʌtɛ̃k'tif, ʌ'ti:v] instinctive.

instituer [ɛ̃sti'tɥe] (1n) v/t. institute; establish; admin., a. ✗✗ appoint (an heir etc.); **institut** [ʌ'ty] m institute; eccl. order; eccl. rule; **instituteur, -trice** [ʌty'tœ:r, ʌ'tris] su. schoolteacher; **institution** [ʌty'sjɔ̃] f institution; **institutionnaliser** [ʌtysjɔnali'ze] (1a) v/t. institutionalize.

instructeur [ɛ̃stryk'tœ:r] 1. su./m instructor (a. ✗), teacher; 2. adj./m: ✗✗ juge m ~ examining magistrate; **instructif, -ve** [ʌ'tif, ʌ'ti:v] instructive; **instruction** [ʌ'sjɔ̃] f instruction; education; ✗ training (of troops); ✗✗ preliminary investigation, judicial inquiry; ~s pl. instructions, directions; ~ civique civics sg.; ~ publique state education; avoir de l'~ be well educated; **instruire** [ɛ̃s'trɥi:r] (4h) v/t. inform; educate, teach; ✗ train (troops etc.); ✗ drill (troops); ✗✗ investigate; **instruit, e** [ɛ̃s'trɥi, ʌ'trɥit] educated, learned.

instrument [ɛ̃stry'mɑ̃] m instrument (a. ♪, a. ✗✗), tool (a. fig.); ✗✗ deed; **instrumenter** [ʌmɑ̃'te] (1a) v/t. ♪ score; v/i. ✗✗ draw up a document; ~ contre order proceedings to be taken against.

insu [ɛ̃'sy] m: à l'~ de without the knowledge of, unknown to.

insubmersible [ɛ̃sybmɛr'sibl] unsinkable.

insubordination [ɛ̃sybɔrdina'sjɔ̃] f insubordination; **insubordonné, e** [ʌdɔ'ne] insubordinate.

insuccès [ɛ̃syk'sɛ] *m* failure.

insuffisance [ɛ̃syfi'zɑ̃s] *f* insufficiency; *fig.* unsatisfactoriness; **insuffisant, e** [~'zɑ̃, ~'zɑ̃:t] insufficient; inadequate; *fig.* incompetent.

insuffler [ɛ̃sy'fle] (1a) *v/t.* inflate (*a balloon etc.*); ✶ spray (*one's throat*); *fig.* inspire (s.o. with s.th., *qch. à q.*).

insulaire [ɛ̃sy'lɛːr] **1.** *adj.* insular; **2.** *su.* islander.

insuline ✶ [ɛ̃sy'lin] *f* insulin.

insulte [ɛ̃'sylt] *f* insult; **insulter** [ɛ̃syl'te] (1a) *v/t.* insult; *v/i.:* † ~ à abuse, revile; be an insult to.

insupportable [ɛ̃sypɔr'tabl] unbearable; insufferable (*person*); intolerable; F aggravating.

insurgé, e [ɛ̃syr'ʒe] *adj., a. su.* insurgent, rebel; **insurger** [~] (1l) *v/t.:* s'~ revolt, rebel (against, *contre*).

insurmontable [ɛ̃syrmɔ̃'tabl] insurmountable, insuperable.

insurrection [ɛ̃syrɛk'sjɔ̃] *f* insurrection, rebellion, rising.

intact, e [ɛ̃'takt] intact; undamaged; untouched; *fig.* unblemished (*reputation*).

intarissable [ɛ̃tari'sabl] inexhaustible; never-failing; long-winded (*talker*).

intégral, e, *m/pl.* **-aux** [ɛ̃te'gral, ~'gro] **1.** *adj.* integral (*a.* Ⓐ), full, complete; **2.** *su./f* Ⓐ integral; *music etc.:* complete works *pl.* or series; **3.** *su./m* crash helmet; **intégralement** [~gral'mɑ̃] fully, in full; **intégrant, e** [~'grɑ̃, ~'grɑ̃:t] integral (*part etc.*); **intégration** [~gra'sjɔ̃] *f* integration; **intègre** [ɛ̃'tɛgr] upright, honest; incorruptible; **intégrer** [ɛ̃te'gre] (1f) *v/t.* integrate; **intégrité** [ɛ̃tegri'te] *f* integrity.

intellect [ɛ̃tɛl'lɛkt] *m* intellect; **intellectuel, -elle** [~lɛk'tɥɛl] *adj., a. su.* intellectual.

intelligence [ɛ̃tɛli'ʒɑ̃:s] *f* intelligence; understanding; *d'*~ avec in agreement or collusion with; en bonne (mauvaise) ~ on good (bad) terms; **intelligent, e** [~'ʒɑ̃, ~'ʒɑ̃:t] intelligent; clever; **intelligible** [~'ʒibl] intelligible; *fig.* distinct.

intempérance [ɛ̃tɑ̃pe'rɑ̃:s] *f* intemperance; **intempérant, e** [~'rɑ̃, ~'rɑ̃:t] intemperate; **intempérie** [~'ri] *f* weather: inclemency; **~s** *pl.* bad weather *sg.*

intempestif, -ve [ɛ̃tɑ̃pɛs'tif, ~'tiːv] untimely, unseasonable.

intendance [ɛ̃tɑ̃'dɑ̃:s] *f* intendance; stewardship; ✗ Commissariat; *pol.* (*approx.*) domestic affairs *pl.*; **intendant** [~'dɑ̃] *m* intendant; steward; ✗ Commissariat officer; ♣ paymaster; *school:* bursar.

intense [ɛ̃'tɑ̃:s] intense; severe (*cold, pain*); powerful; deep (*colour*); ⚡ strong (*current*); heavy (*flow*); high (*fever*); bitter (*cold*); **intensif, -ive** [ɛ̃tɑ̃'sif, ~'iːv] intensive; **intensifier** [ɛ̃tɑ̃si'fje] (1a) *v/t.* (*a.* s'~) intensify; **intensité** [ɛ̃tɑ̃si'te] *f* intensity; severity; strength; *light:* brilliance; *colour:* depth, richness; *cold:* bitterness; *wind:* force.

intenter ⚖ [ɛ̃tɑ̃'te] (1a) *v/t.* bring (*an action*); institute (*proceedings*).

intention [ɛ̃tɑ̃'sjɔ̃] *f* intention; aim, purpose; *à ton* ~ for you; **intentionné, e** [~sjɔ'ne] ...-disposed, ...-intentioned; *bien* ~ well-intentioned, well-meaning; **intentionnel, -elle** [~sjɔ'nɛl] intentional, wilful.

inter... [ɛ̃tɛr] inter...; **~agir** [~a'ʒiːr] (2a) *v/i.* interact; **~allié, e** *pol.* [~a'lje] interallied; **~calaire** [~ka'lɛːr] intercalated; intercalary (*day etc.*); **~caler** [~ka'le] (1a) *v/t.* intercalate; insert; ⚡ cut in; **~céder** [~se'de] (1f) *v/t.* intercede (on s.o.'s behalf, *pour q.*; with s.o., *auprès de q.*); **~cepter** [~sɛp'te] (1a) *v/t.* intercept; ⊕ shut off (*steam*); **~ception** [~sɛp'sjɔ̃] *f* interception; ⊕ *steam:* shutting off; **~cesseur** [~sɛ'sœːr] *m* intercessor; **~cession** [~sɛ'sjɔ̃] *f* intercession; **~changeable** [~ʃɑ̃'ʒabl] interchangeable; **~continental, e** *m/pl.* **-aux** [~kɔ̃tinɑ̃'tal, ~'to] intercontinental (*a.* ✗ *missile*); **~dépendance** [~depɑ̃'dɑ̃:s] *f* interdependence; **~diction** [~dik'sjɔ̃] *f* interdiction; **~dire** [~'diːr] (4p) *v/t.* prohibit, forbid; *fig.* bewilder, dumbfound; *eccl.* (lay under an) interdict; *admin.* suspend; **~disciplinaire** [~disipli'nɛːr] interdisciplinary; **~dit, e** [~'di, ~'dit] **1.** *adj.* forbidden; bewildered, perplexed, taken aback; **2.** *su./m eccl.* interdict.

intéressé, e [ɛ̃terɛ'se] **1.** *adj.* interested; selfish; **2.** *su.* interested party; **interessement** † [~rɛs'mɑ̃] *m* (*workers'*) profit-sharing (scheme); **intéresser** [~rɛ'se] (1b) *v/t.* interest; concern; s'~ take an interest (in, à); **intérêt** [~'rɛ] *m* interest (*a.* †); advantage; *par* ~ out of selfishness; † à ~ *fixe* fixed-interest; *sans* ~ uninteresting; † interest-free.

interférence *phys., fig.* [ɛ̃tɛrfe'rɑ̃:s] *f* interference (*a. radio*).

interfolier [ɛ̃tɛrfɔ'lje] (1o) *v/t.* interleave (*a book*).

intérieur, e [ɛ̃te'rjœːr] **1.** *adj.* interior, inner; inward; *geog., a.* ⚓ inland...; *admin., pol.* domestic, home...; **2.** *su./m* interior, inside; home; *sp.* inside; *d'*~ domestic; domesticated (*person*).

intérim [ɛ̃te'rim] *m/inv.* interim; *par* ~ *adj.* interim; *adv.* temporarily; **intérimaire** [~ri'mɛːr] **1.** *adj.* temporary, acting; **2.** *su.* locum tenens, deputy; F temp.

inter...: ~**jection** [ɛ̃tɛrʒɛk'sjɔ̃] *f* interjection; *t½* ~ *d'appel* lodging of an appeal; ~**jeter** [~ʒə'te] (1c) *v/t.* interject; *t½* appel appeal; ~**ligne** [~'liɲ] *su./m* space (between two lines); *su./f typ.* lead; ~**ligner** [~li'ɲe] (1a) *v/t.* interline; *typ.* lead out; ~**linéaire** [~line'ɛːr] interlinear; ~**locuteur** *m*, **-trice** *f* [~lɔky'tœːr, ~'tris] interlocutor; *conversation:* speaker; questioner; ~ *valable* pol. etc. valid representative; *fig.* worthy opponent; ~**lope** [~'lɔp] **1.** *adj.* † illegal, dishonest; *fig.* shady, dubious; **2.** *su./m* smuggler; blockade-runner; ~**loquer** *fig.* [~lɔ'ke] (1m) *v/t.* disconcert, nonplus; ~**mède** [~'mɛd] *m* medium; *thea.* interlude; ~**médiaire** [~me'djɛːr] **1.** *adj.* intermediate; † middleman's ...; ⊕ *arbre m* ~ countershaft; **2.** *su./m* intermediary, go-between; medium; † middleman; agent; *par l'*~ *de* through (the medium of).

interminable [ɛ̃tɛrmi'nabl] neverending, interminable.

intermittence [ɛ̃tɛrmi'tɑ̃:s] *f* intermittence; *par* ~ intermittently; **intermittent, e** [~'tɑ̃, ~'tɑ̃:t] intermittent (*a.* ♨ *fever*); *⚡* irregular (*pulse*); *⚡* make-and-break (*current*).

internat [ɛ̃tɛr'na] *m* living-in; boarding-school; † post of assistant house-physician *or* house-surgeon, *Am.* internship; *coll.* boarders *m*.

international, e, *m/pl.* **-aux** [ɛ̃tɛrnasjɔ'nal, ~'no] **1.** *adj.* international; **2.** *su. sp.* international; *su./f* Inter-

national (Working Men's Association); *song:* Internationale.

interne [ɛ̃'tɛrn] **1.** *adj.* internal; inner; municipal (*law*); *⚕* interior (*angle*); resident; **2.** *su. school:* boarder; *⚕* resident medical student in a hospital; **internement** [ɛ̃tɛrnə'mɑ̃] *m admin.* internment; *lunatic:* confinement; **interner** [~'ne] (1a) *v/t. admin.* intern; shut up, confine (*a lunatic*).

inter...: ~**pellateur** *m*, **-trice** *f* [ɛ̃tɛrpɛla'tœːr, ~'tris] interpellator; ~**pellation** [~pɛla'sjɔ̃] *f* peremptory question(ing); interruption; *⚔* challenge; *parl.* interpellation; ~**peller** [~pɛ'le] (1a) *v/t.* interpellate; *⚔ etc.* challenge; *t½ etc.* call upon (*s.o.*) to answer; ~**phone** [~'fɔn] *m* intercom; ~**planétaire** [~plane'tɛːr] interplanetary; ~**polateur** *m*, **-trice** *f* [~pɔla'tœːr, ~'tris] interpolator; ~**polation** [~pɔla'sjɔ̃] *f* interpolation; ~**poler** [~pɔ'le] (1a) *v/t.* interpolate; ~**poser** [~pɔ'ze] (1a) *v/t.* interpose; *t½ personne f interposée* intermediary; third party fraudulently hold out as a principal; *par ... interposé* through ..., by ..., with the help of ...; *s'*~ interpose *or* place o.s. (between, *entre*); ~**position** [~pozi'sjɔ̃] *f* interposition; *fig.* intervention; *t½* ~ *de personnes* fraudulent holding out of a third party as principal; ~**prétation** [~preta'sjɔ̃] *f* interpreting; interpretation (*a. thea., ♪ etc.*); explanation; ~**prète** [~'prɛt] *su.* interpreter; *fig.* exponent; ~**préter** [~pre'te] (1f) *v/t.* interpret; expound; read (*a signal*); *mal* ~ misconstrue; ~**professionnel, -elle** [~prɔfesjɔ'nɛl] (*salaries*) in comparable professions; ~**rogateur, -trice** [ɛ̃tɛrɔga'tœːr, ~'tris] **1.** *adj.* interrogatory; questioning; **2.** *su.* questioner; interrogator; *school:* examiner; ~**rogatif, -ive** *gramm.* [~rɔga'tif, ~'tiːv] *adj., a. su.* interrogative; ~**rogation** [~rɔga'sjɔ̃] *f* interrogation; question; questioning; *point m d'*~ question-mark; ~**rogatoire** [~rɔga'twaːr] *m t½* interrogatory, examination (*of an accused*); *⚔* questioning; ~**roger** [~rɔ'ʒe] (1l) *v/t.* interrogate, question; examine; *fig.* consult; ~**rompre** [~'rɔ̃:pr] (4a) *v/t.* interrupt; break (*a. journey, a. ⚡*); suspend, stop, cut short; ⊕ shut off (*steam*); ~**rupteur, -trice** [~ryp-

'tœːr, ~'tris] 1. *adj.* interrupting; 2. *su.* interruptor; *su./m* ⚡ switch, circuit breaker; **~ruption** [~ryp'sjɔ̃] *f* interruption; stopping; *communications*: severing; *work*: stopping; ⚡ *current*: breaking; ⊕ *steam*: shutting off; *sans* ~ without a break; **~section** [~sɛk'sjɔ̃] *f* ⚰ *etc.* intersection; *track, road*: crossing; **~stellaire** [~ste'lɛːr] interstellar; **~stice** [~ɛrs'tis] *m* interstice; *chink*; **~urbain, e** [~ɛryr-'bɛ̃, ~'bɛn] interurban; *teleph.* trunk(-*call, -line, etc.*); **~valle** [~'val] *m* interval (a. ♩); space, gap; *time*: period; ⚡ clearance; *dans l'*~ in the meantime; *par* ~s off and on, at intervals; **~venir** [~və'niːr] (2h) *v/i.* intervene, interfere; *fig.* occur, happen; **~vention** [~vɑ̃'sjɔ̃] *f* intervention (a. ⚰); interference; ⚕ operation; ⚕ ~ *chirurgicale* surgical intervention; **~vertir** [~vɛr'tiːr] (2a) *v/t.* invert (*an order, a.* ⚖); **~view** [~'vju] *f* interview(ing); **~viewer 1.** (1a) *v/t.* [~vju'νe] interview; *interviewé(e)* interviewee; 2. *su./m* [~vju'vœːr] interviewer.

intestin, e [ɛ̃tɛs'tɛ̃, ~'tin] 1. *adj.* internal; civil (*war*); 2. *su./m anat.* intestine, bowel, gut; ~ *grêle* small intestine; *gros* ~ large intestine; **intestinal, e,** *m/pl.* **-aux** [~ti'nal, ~'no] intestinal.

intimation [ɛ̃tima'sjɔ̃] *f* intimation; *admin.* notice; ⚖ notice of appeal; **intime** [ɛ̃'tim] intimate, close; inner; private; **intimer** [ɛ̃ti'me] (1a) *v/t.* intimate; notify; ⚖ summons (*s.o.*) to appear before the Court of Appeal.

intimider [ɛ̃timi'de] (1a) *v/t.* intimidate; frighten; threaten; F bully.

intimité [ɛ̃timi'te] *f* intimacy; privacy; *fig.* depths *pl.*; *dans l'*~ privately, in private life; in privacy.

intitulé [ɛ̃tity'le] *m book title*: title; *chapter*: heading; *deed*: premises *pl.*; **intituler** [~] (1a) *v/t.* entitle, call.

intolérable [ɛ̃tɔle'rabl] intolerable, unbearable; **intolérance** [~'rɑ̃ːs] *f* intolerance; **intolérant, e** [~'rɑ̃, ~'rɑ̃ːt] intolerant.

intonation [ɛ̃tɔna'sjɔ̃] *f speech*: intonation; *voice*: modulation, pitch.

intoxication ⚕ [ɛ̃tɔksika'sjɔ̃] *f* poisoning; ~ *alimentaire* food poi-

soning; **intoxiquer** ⚕ [~'ke] (1m) *v/t.* poison.

intraitable [ɛ̃trɛ'tabl] unmanageable; obstinate, inflexible; ⚕ beyond treatment.

intramusculaire [ɛ̃tramyskylɛːr] 1. *adj.* intramuscular; 2. *su./f* intramuscular injection.

intransigeant, e [ɛ̃trɑ̃zi'ʒɑ̃, ~'ʒɑ̃ːt] 1. *adj.* uncompromising; peremptory (*tone*); *pol.* intransigent; 2. *su. pol.* die-hard.

intransitif, -ve *gramm.* [ɛ̃trɑ̃zi'tif, ~'tiːv] intransitive.

intraveineux, -euse ⚕ [ɛ̃travɛ'nø, ~'nøːz] 1. *adj.* intravenous; 2. *su./f* intravenous injection.

intrépide [ɛ̃tre'pid] intrepid, fearless; *fig.* brazen; **intrépidité** [~pidi'te] *f* intrepidity, fearlessness.

intrigant, e [ɛ̃tri'gɑ̃, ~'gɑ̃ːt] 1. *adj.* scheming; 2. *su.* intriguer, schemer; **intrigue** [ɛ̃'trig] *f* intrigue; machination; plot (*a. thea., novel, etc.*); love-affair; **intriguer** [ɛ̃tri'ge] (1m) *v/i.* plot, intrigue; *v/t.* puzzle, intrigue (*s.o.*).

intrinsèque [ɛ̃trɛ̃'sɛk] intrinsic; specific (*value*).

introducteur *m*, **-trice** *f* [ɛ̃trɔdyk-'tœːr, ~'tris] introducer; **introduction** [~dyk'sjɔ̃] *f* introduction; ushering in; ⊕ *steam*: admission; *book*: preface; **introduire** [~'dɥiːr] (4h) *v/t.* introduce; usher in, show in; ⊕ admit (*steam*); *s'*~ get in, enter.

introniser [ɛ̃trɔni'ze] (1a) *v/t.* enthrone; *fig.* establish (*a fashion*); *s'*~ establish o.s.; become established (*fashion*).

introuvable [ɛ̃tru'vabl] undiscoverable.

intrus, e [ɛ̃'try, ~'tryːz] 1. *adj.* intruding; 2. *su.* intruder; ⚖ trespasser; F *reception etc.*: gate-crasher; **intrusion** [ɛ̃try'zjɔ̃] *f* intrusion.

intuitif, -ve [ɛ̃tɥi'tif, ~'tiːv] intuitive; **intuition** [~'sjɔ̃] *f* intuition, insight.

inusable [iny'zabl] everlasting; proof against wear.

inusité, e [inyzi'te] unusual; not in use (*word*).

inutile [iny'til] useless; pointless; needless; unnecessary; superfluous; **inutilisable** [inytili'zabl] unserviceable, unemployable (*person*);

worthless; **inutilisé, e** [ˌˈze] unused; **inutilité** [ˌˈte] f uselessness; futility; useless thing.

invaincu, e [ɛ̃vɛ̃ˈky] unbeaten; unvanquished; unconquered.

invalide [ɛ̃vaˈlid] **1.** adj. invalid (a. ⚖ᵗ), infirm; ✗ disabled; rickety (chair etc.); **2.** su. invalid; su./m disabled soldier, pensioner; **invalider** [ɛ̃valiˈde] (1a) v/t. ⚖ᵗ invalidate; quash (elections); pol. unseat (a member of Parliament etc.); **invalidité** [ˌˈdiˈte] f infirmity; disablement; ⚖ᵗ invalidism; ⚖ᵗ invalidity.

invariable [ɛ̃vaˈrjabl] invariable, unchanging. [ance.]

invariance ⚼ [ɛ̃vaˈrjɑ̃ːs] f invari-⟩

invasion [ɛ̃vaˈzjɔ̃] f invasion.

invective [ɛ̃vɛkˈtiːv] f invective; ˜s pl. abuse sg.; **invectiver** [ˌˈtiˈve] (1a) v/t. rail at, abuse (s.o.); v/i.: ˜ contre rail at, revile, inveigh against.

invendable † [ɛ̃vɑ̃ˈdabl] unsaleable, unmerchantable.

inventaire [ɛ̃vɑ̃ˈtɛːr] m inventory; † stock-list; faire son ˜ take stock; **inventer** [ˌˈte] (1a) v/t. invent; **inventeur, -trice** [ˌˈtœːr, ˌˈtris] **1.** adj. inventive; **2.** su. inventor, discoverer; ⚖ᵗ finder; **inventif, -ve** [ˌˈtif, ˌˈtiːv] inventive; **invention** [ˌˈsjɔ̃] f invention; imaginative capacity; **inventorier** † [ˌˈtɔˈrje] (1o) v/t. inventory, list; value (bills etc.); take stock of.

inverse [ɛ̃ˈvɛrs] adj., su./m opposite; inverse, reverse; **inverser** [ɛ̃vɛrˈse] (1a) vt/i. reverse (a. ⚡); **inverseur** [ˌˈsœːr] m ⚡ reverser; ⊕ reversing device or handle; **inversible** [ˌˈsibl] reversible; **inversion** [ˌˈsjɔ̃] f ⚼, gramm. inversion; ⚡ current: reversal; **invertir** [ˌˈtiːr] (2a) v/t. reverse (a. ⚡ the current); invert.

investigateur, -trice [ɛ̃vɛstigaˈtœːr, ˌˈtris] **1.** adj. investigating; searching (a. glance); **2.** su. investigator, inquirer; **investigation** [ˌˈsjɔ̃] f investigation, inquiry.

investir [ɛ̃vɛsˈtiːr] (2a) v/t. invest; ✗ a. blockade; **investissement** [ˌˈtisˈmɑ̃] m investment; **investisseur** [ˌˈtiˈsœːr] m investor.

invétérer [ɛ̃veteˈre] (1f) v/t.: s'˜ become inveterate, become deep-rooted.

invincible [ɛ̃vɛ̃ˈsibl] invincible; fig. insuperable (difficulty).

inviolable [ɛ̃vjɔˈlabl] inviolable; burglar-proof (lock); immune (diplomat, etc.).

invisible [ɛ̃viˈzibl] invisible.

invitation [ɛ̃vitaˈsjɔ̃] f invitation; sans ˜ uninvited(ly adv.); sur l'˜ de at the invitation of; **invite** [ɛ̃ˈvit] f invitation, inducement; cards: lead; **invité m, e** f [ɛ̃viˈte] guest; **inviter** [ˌˈ] (1a) v/t. invite (to inf., à inf.); ask, request; fig. tempt; cards: call for.

invivable ⅟ [ɛ̃viˈvabl] unlivable-with, unbearable (person); impossible to live in (building etc.).

invocation [ɛ̃vɔkaˈsjɔ̃] f invocation.

involontaire [ɛ̃vɔlɔ̃ˈtɛːr] involuntary.

invoquer [ɛ̃vɔˈke] (1m) v/t. invoke; call upon; put forward (an excuse, a reason, etc.).

invraisemblable [ɛ̃vrɛsɑ̃ˈblabl] unlikely, improbable; **invraisemblance** [ˌˈblɑ̃ːs] f unlikelihood, improbability. [nerable.⟩

invulnérable [ɛ̃vylneˈrabl] invul-⟩

iode ⚕, ⚗ [jɔd] m iodine; **ioder** [jɔˈde] iodize; **iodique** [ˌˈdik] iodic.

ion ⚕, phys. [jɔ̃] m ion.

ionique[1] ⚼ [jɔˈnik] Ionic.

ionique[2] [jɔˈnik] phys. ionic; radio: thermionic (tube, valve); **ionisation** ⚕, phys. [ˌˈnizaˈsjɔ̃] f ionization.

iouler ♩ [juˈle] (1a) v/i. yodel.

irai [iˈre] 1st p. sg. fut. of aller 1.

irascible [iraˈsibl] irritable, testy; quick-tempered.

iris [iˈris] m ⚘, anat., phot. iris; poet. rainbow; ⚘ a. flag; **iriser** [iriza-ˈsjɔ̃] f iridescence; **irisé, e** [ˌˈze] iridescent; **iriser** [ˌˈze] (1a) v/t. make iridescent.

irlandais, e [irlɑ̃ˈdɛ, ˌˈdɛːz] **1.** adj. Irish; **2.** su./m ling. Irish; ⅟ Irishman; les ⅟ pl. the Irish; su./f ⅟ Irishwoman.

ironie [irɔˈni] f irony; **ironique** [ˌˈnik] ironic(al); **ironiser** [ˌˈniˈze] (1a) v/i. speak ironically.

irradiation [irradjaˈsjɔ̃] f ⚕, phys. irradiation; phot. halation; **irradier** [ˌˈdje] (1o) v/i. radiate, spread (pain, etc.); v/t. irradiate.

irraisonnable [irrɛzɔˈnabl] irrational.

irréalisable [irrealiˈzabl] unrealiz-

able (*a.* ✝); impracticable; **irréalité** [~'te] *f* unreality.

irrécusable [irreky'zabl] unimpeachable; unchallengeable.

irréductible [irredyk'tibl] ♈, ♪ irreducible; *fig.* unshakable.

irréel, -elle [irre'εl] unreal.

irréfléchi, e [irrefle'ʃi] thoughtless; unthinking, rash (*person*).

irrégularité [irregylari'te] *f* irregularity; unevenness; **irrégulier, -ère** [~'lje, ~'ljɛ:r] irregular; uneven; erratic.

irrémédiable [irreme'djabl] incurable; *fig.* irreparable; irremediable, past remedy.

irréparable [irrepa'rabl] irreparable; *fig.* irretrievable.

irrépréhensible [irrepreã'sibl] blameless.

irrépressible [irrepre'sibl] uncontrollable, irrepressible.

irréprochable [irreprɔ'ʃabl] irreproachable; ♏♐ unimpeachable.

irrésistible [irrezis'tibl] irresistible.

irrésolu, e [irrezɔ'ly] irresolute; unsolved (*problem*); **irrésolution** [~ly'sjɔ̃] *f* indecision, irresolution.

irrespectueux, -euse [irrespɛk-'tɥø, ~'tɥø:z] disrespectful (to [-wards] *pour, envers*).

irresponsabilité [irrespɔ̃sabili'te] *f* irresponsibility; **irresponsable** [~'sabl] irresponsible.

irrétrécissable *tex.* [irretresi'sabl] unshrinkable; *rendre* ~ sanforize.

irréversible [irrever'sibl] irreversible.

irrévocable [irrevɔ'kabl] irrevocable; absolute (*decree*).

irrigateur [irriga'tœ:r] *m* ✒ hose (-pipe); water-cart; ♏♐ *wounds*: irrigator; ♏♐ douche, enema; **irrigation** [~ga'sjɔ̃] *f* ✒, ✒ irrigation; ✒ flooding; ♏♐ douching; **irriguer** [~'ge] (1m) *v/t.* ✒, ♏♐ irrigate; ✒ water; ♏♐ douche.

irritable [irri'tabl] irritable; touchy (*person*); sensitive (*skin*); **irritant, e** [~'tã, ~'tã:t] irritating; ♏♐ irritant; **irriter** [~'te] (1a) *v/t.* irritate; ♏♐ inflame; *s'*~ become angry (at, with s.o. *contre q.*; at s.th., *de qch.*); ♏♐ become inflamed.

irruption [irryp'sjɔ̃] *f* irruption; invasion; inrush; *river*: overflow, flood; *faire* ~ burst *or* barge in (on s.o., *chez q.*).

isard zo. [i'za:r] *m* izard, (Pyrenean) wild goat.

islamique [isla'mik] Islamic; **islamisme** [~'mism] *m* Islam(ism).

islandais, e [islɑ̃'dɛ, ~'dɛ:z] 1. *adj.* Icelandic; 2. *su./m ling.* Icelandic; *su.* ♀ Icelander.

isobare *meteor.* [izɔ'ba:r] *f* isobar; **isocèle** ♈ [~'sɛl] isosceles; **isochrone** ⊕ [~'krɔn], **isochronique** ⊕ [~krɔ'nik] isochronous.

isolant, e [izɔ'lɑ̃, ~'lɑ̃:t] 1. *adj.* isolating; ⚡ insulating; *bouteille f* ~e vacuum *or* thermos flask; 2. *su./m* insulator; insulating material; **isolateur** ⚡ [~la'tœ:r] *m* insulator; **isolé, e** [~'le] isolated; lonely; lone; remote, out-of-the-way; **isolement** [izɔl'mɑ̃] *m* ♪, ⚡, ⊕, *a. fig.* isolation; ⚡ insulation; **isolément** [izɔle'mɑ̃] *adv.* separately; **isoler** [~'le] (1a) *v/t.* isolate (*a.* ♈) (from *d'avec, de*); ⚡ insulate; **isoloir** [~'lwa:r] *m* polling booth.

isomère [izɔ'mɛ:r] 1. *adj.* ♈, ♀ isomerous, isomeric; 2. *su./m* ♈ isomer.

isotope ♈, *phys.* [izɔ'tɔp] *m* isotope.

israélien, -enne [israe'ljɛ̃, ~'ljɛn] *adj., a. su.* ♀ Israeli; **israélite** [~'lit] 1. *adj.* Jewish, of the Israelites; 2. *su.* ♀ Israelite, Jew.

issu, e [i'sy] 1. *adj.*: ~ *de* descended from; born of; 2. *su./f* issue, end; upshot, result; outlet; ⊕ ~*es pl.* by-products; *à l'*~*e de* at the end of; after; *sans* ~*e* blind (*alley*).

isthme *geog., anat.* [ism] *m* isthmus.

italien, -enne [ita'ljɛ̃, ~'ljɛn] 1. *adj.* Italian; 2. *su./m ling.* Italian; *su.* ♀ Italian; **italique** *typ.* [~'lik] *adj., a. su./m* italic.

item [i'tɛm] *adv.* item, also.

itératif, ve [itera'tif, ~'ti:v] *gramm.* iterative; ♏♐ repeated.

itinéraire [itine'rɛ:r] 1. *adj.* road-..., direction-...; 2. *su./m* itinerary; route; guide-book; **itinérant, e** [~'rɑ̃, ~'rɑ̃:t] itinerant; ✕ mobile.

ivoire [i'vwa:r] *m* ivory; **ivoirerie** [ivwarə'ri] *f* ivory work *or* trade.

ivraie ♀ [i'vrɛ] *f* cockle, darnel; *bibl.* tares *pl.*

ivre [i:vr] drunk (with, *de*); intoxicated; *fig.* mad (with, *de*); **ivresse** [i'vrɛs] *f* drunkenness, intoxication; *fig.* ecstasy; **ivrogne, -esse** [i'vrɔɲ, ivrɔ'ɲɛs] **1.** *adj.* addicted to drink; drunken; **2.** *su.* drunkard, toper, *sl.* boozer; **ivrognerie** [ivrɔɲ'ri] *f* (habitual) drunkenness.

J

J, j [ʒi] m J, j.

jabot [ʒaˈbo] m *bird*: crop; *cost. blouse, shirt*: frill; ruffle, jabot; **jaboter** F † [∟boˈte] (1a) *v/i.* jabber, chatter.

jacasse [ʒaˈkas] f *zo.* magpie; F † chatterbox; **jacasser** [∟kaˈse] (1a) *v/i.* chatter, gossip; **jacasserie** [∟kasˈri] f gossip.

jachère ✍ [ʒaˈʃɛːr] f fallow; **jachérer** ✍ [∟ʃeˈre] (1f) *v/t.* plough up (*fallow land*); fallow (*land*).

jacinthe [ʒaˈsɛ̃ːt] f ♀ hyacinth; *min.* jacinth; ♀ ∼ *des bois* bluebell.

jack ✍ [ʒak] m jack.

jacobin, e [ʒakɔˈbɛ̃, ∟ˈbin] *su. hist.* Jacobin; *fig.* sympathizer with radical democracy.

Jacques [ʒɑːk] *npr./m* James; *sl. faire le* ♀ play the fool.

ja(c)quot *orn.* [ʒaˈko] m *parrot*: Poll(y).

jactance [ʒakˈtɑ̃ːs] f boast(ing); **jacter** *sl.* [∟ˈte] (1a) *v/i.* boast; brag.

jade *min.* [ʒad] m jade.

jadis [ʒaˈdis] *adv.* formerly, long ago; *de* ∼ *a.* of old.

jaillir [ʒaˈjiːr] (2a) *v/i.* gush, spurt out; shoot or burst forth; fly (*sparks*); flash (*light*); **jaillissement** [∟jisˈmɑ̃] m gushing *etc.* [jet-black.]

jais *min.* [ʒɛ] m jet; noir comme du ∼ ∫

jalon [ʒaˈlɔ̃] m surveying staff; (range-)pole; ✕ aiming-post; *fig. planter* (or *poser*) *des* ∼s (or *les premiers* ∼s) pave the way or prepare the ground (for *de, pour*); **jalonner** [∟lɔˈne] (1a) *v/t.* stake out; *fig.* mark; *fig.* be a landmark in (*a period*).

jalouser [ʒaluˈze] (1a) *v/t.* be jealous of (*s.o.*); **jalousie** [∟ˈzi] f jealousy; Venetian blind; screen; ♀ sweet-william; ∼ *du métier* professional jealousy; **jaloux, -ouse** [ʒaˈlu, ∟ˈluːz] jealous; envious; *fig.* eager (for, *de*).

jamais [ʒaˈmɛ] *adv.* ever; never; ∼ *de la vie!* out of the question!; ∼ *plus* never again; *à* (or *pour*) ∼ for ever; *ne ... ∼* never.

jambage [ʒɑ̃ˈbaːʒ] m △ *door*: jamb; *door, window*: post; *fireplace*: cheek, jamb; foundation-wall; *writing*: down-stroke; **jambe** [ʒɑ̃ːb] f leg; *glass*: stem; △ *brickwork*: stone pier; △ ∼ *de force* strut, prop; *mot.* stay-rod; *à toutes* ∼s at top speed; *cela me fait une belle* ∼! a fat lot of good that does me; *sp. jeu m de* ∼s foot-work; *prendre ses* ∼s *à son cou* take to one's heels; **jambé, e** [ʒɑ̃ˈbe] *adj.*: *bien* ∼ with shapely legs; **jambette** [∟ˈbɛt] f small leg; △ stanchion; **jambier, -ère** [∟ˈbje, ∟ˈbjɛːr] **1.** *adj. anat.* tibial; **2.** *su./f* elastic stocking; legging; *sp.* shinguard; **jambon** [∟ˈbɔ̃] m ham; *œufs m/pl. au* ∼ ham and eggs; **jambonneau** [∟bɔˈno] m knuckle of ham; small ham.

jamboree [ʒɑ̃boˈre] m jamboree.

jansénisme *eccl.* [ʒɑ̃seˈnism] m Jansenism.

jante [ʒɑ̃ːt] f *wheel*: felloe; rim.

janvier [ʒɑ̃ˈvje] m January.

japon [ʒaˈpɔ̃] m Japan porcelain; **japonais, e** [∟pɔˈnɛ, ∟ˈnɛːz] **1.** *adj.* Japanese; **2.** *su./m ling.* Japanese; *su.* ♀ Japanese; *les* ♀ *m/pl.* the Japanese.

japper [ʒaˈpe] (1a) *v/i.* yelp.

jaquette [ʒaˈkɛt] f morning coat; (*lady's*) jacket; *book etc.*: (dust) cover.

jardin [ʒarˈdɛ̃] m garden; ∼ *alpin* rock-garden; ∼ *anglais* landscape garden; ∼ *d'enfants* kindergarten; *thea. côté m* ∼ prompt-side; **jardinage** [ʒardiˈnaːʒ] m gardening; *diamond*: flaw; ∼ *paysagiste* landscape gardening; **jardiner** [∟ˈne] (1a) *v/i.* garden; **jardinet** [∟ˈnɛ] m small garden; **jardinier, -ère** [∟ˈnje, ∟niˈɛːr] **1.** *adj.* garden; ∼; **2.** *su.* gardener; ∼ *paysagiste* landscape gardener; *su./f* flower stand; window-box; spring cart; *orn.* ortolan; ∼*ère d'enfants* kindergarten teacher; *cuis. à la* ∼*ère* garnished with vegetables.

jargon [ʒarˈgɔ̃] *m* jargon; slang; *fig.* gibberish; **jargonner** [ˌ~gɔˈne] (1a) *v/i.* talk jargon.

jarre [ʒaːr] *f* (earthenware) jar; ⚡ ~ électrique Leyden jar.

jarret [ʒaˈrɛ] *m anat. man:* back of the knee; *horse:* hock; *cuis. beef:* shin; *veal:* knuckle; ⊕ *pipe:* elbow; ⚿ bulge; **jarretelle** [ʒarˈtɛl] *f* suspender, *Am. a.* garter; **jarretière** [ʒarˈtjɛːr] *f* garter.

jars *orn.* [ʒaːr] *m* gander.

jaser [ʒaˈze] (1a) *v/i.* chatter, talk; gossip; **jaseur, -euse** [ˌ~ˈzœːr, ˌ~ˈzøːz] **1.** *adj.* talkative; **2.** *su.* chatterbox; gossip; tale-bearer.

jasmin ♀ [ʒasˈmɛ̃] *m* jasmine.

jaspe *min.* [ʒasp] *m* jasper; ~ *sanguin* bloodstone; **jaspé, e** [ʒasˈpe] marbled, veined.

jatte [ʒat] *f* bowl; *milk:* pan, basin; **jattée** [ʒaˈte] *f* bowlful; *milk:* panful.

jauge [ʒoːʒ] *f* ga(u)ge (*a.* ⊕); ga(u)ging-rod; *mot.* (~ *d'huile*) dipstick; (~ *d'essence*) petrol ga(u)ge, *Am.* gasoline ga(u)ge; ⚓ tonnage; **jauger** [ʒoˈʒe] (11) *v/t.* ga(u)ge (*a.* ⊕); measure; *fig.* size up.

jaunâtre [ʒoˈnɑːtr] yellowish; sallow (*face*); **jaune** [ʒoːn] **1.** *adj.* yellow; **2.** *adv.:* *rire* ~ give a sickly smile; **3.** *su./m* yellow; *egg.:* yolk; F blackleg, scab, *Am.* strike-breaker; **jaunet, -ette** [ʒoˈnɛ, ~ˈnɛt] yellowish; **jaunir** [ʒoˈniːr] (2a) *vt/i.* yellow; **jaunisse** ✿ [ˌ~ˈnis] *f* jaundice.

Javel [ʒaˈvɛl] *m:* *eau f de* ~ liquid bleach (and disinfectant).

javeler [ʒavˈle] (1c) *v/t.* ✔ lay (*corn*) in swaths; *v/i.* turn yellow; **javelle** ✔ [ʒaˈvɛl] *f corn:* swath; bundle.

javelot [ʒavˈlo] *m* javelin.

jazz [dʒaːz] *m* jazz.

je [ʒə] *pron./pers.* I.

jeannette F [ʒaˈnɛt] *f* sleeve-board.

je-m'en-fichisme F [ʒəmãfiˈʃism], **je-m'en-foutisme** F [ˌ~fuˈtism] *m/inv.* couldn't-care-less attitude.

je(-)ne(-)sais(-)quoi [ʒənseˈkwa] *m/inv.* indefinable something.

jerrycan *mot.* [dʒɛriˈkan] *m* petrol-can.

jet [ʒɛ] *m* throw, cast(ing); jet (*a. gas, nozzle, etc.*); *liquid:* gush, spurt; *light:* flash; ⚓, ⚒ jetsam; ✿ shoot, sprout; *metall.* casting; ⚹ jet (aeroplane); ~ *de sable* sandblast; ✕ *armes*

f/pl. de ~ projectile *or* missile weapons; *du premier* ~ at the first try; **jetable** [ʒəˈtabl] disposable, throwaway; **jetée** [ʒəˈte] *f* jetty; breakwater; **jeter** [ˌ~ˈte] (1c) *v/t.* throw, fling, hurl; throw away; ⚓ drop (*anchor*), jettison (*goods*); ⚿ lay (*the foundations*); ⚡ discharge; utter (*a cry, a threat*); give off (*sparks*); *se* ~ *river:* flow (into, *dans*); *se* ~ *sur* pounce on; *se* ~ *vers* rush towards; **jeton** [ˌ~ˈtɔ̃] *m* counter; token; *teleph.* ~ *de téléphone* telephone token.

jeu [ʒø] *m* game; play (*a.* ⊕); gambling; fun; *thea.* acting; *tools etc.:* set; *machine etc., a. fig.* working; ⊕ clearance; *fig.* action; *fig.* interaction; ♪ *organ:* stop; *cards:* pack, *Am.* deck; *thea.* ~*x pl. de scène* stage business *sg.*; ~ *de mots* pun, play on words; ~ *d'esprit* witticism; *cacher son* ~ hide one's cards; *être en* ~ be at stake; *entrer en* ~ come into play; *mettre en* ~ stake; *il a beau* ~ *de* (*or pour*) (*inf.*) it's easy for him to (*inf.*).

jeudi [ʒøˈdi] *m* Thursday; ~ *saint* Maundy Thursday.

jeun [ʒœ̃] *adv.:* *à* ~ on an empty stomach, fasting.

jeune [ʒœn] **1.** *adj.* young; youthful; younger, junior; *fig.* new; recent; unripe, early (*fruit*); ~ *fille* girl; ~ *homme* youth, lad; **2.** *su.* young person *or* animal; *su./m:* les ~*s pl.* the young *pl.*; youth (*coll.*) *sg.*

jeûne [ʒøːn] *m* fast(ing), abstinence; **jeûner** [ʒøˈne] (1a) *v/i.* fast (from, *de*).

jeunesse [ʒœˈnɛs] *f* youth; boyhood; girlhood; *fig.* youthfulness, freshness; F girl; ~ *scolaire* school-children *pl.*; **jeunet, -ette** F [ˌ~ˈne, ~ˈnɛt] very young.

jiu-jitsu [dʒydʒitˈsy] *m* ju-jutsu.

joaillerie [ʒɔajˈri] *f* jewellery; jeweller's business; **joaillier** *m*, **-ère** *f* [ʒɔaˈje, ~ˈjɛːr] jeweller.

job F [ʒɔb] *m* job, employment.

jobard F [ʒɔˈbaːr] *m* dupe, F mug; **jobarder** F [ʒɔbarˈde] (1a) *v/t.* fool, dupe; **jobarderie** F [ˌ~ˈdri] *f* gullibility.

jociste [ʒɔˈsist] *su.* member of the *Jeunesse ouvrière chrétienne*.

jocrisse [ʒɔˈkris] *m* fool; clown; F mug.

joie [ʒwa] *f* joy; delight; pleasure; ~

de vivre joy in life; *fille de* ~ prostitute.

joignis [ʒwaˈɲi] *1st p. sg. p.s. of joindre;* **joignons** [~ˈɲɔ̃] *1st p. pl. pres. of joindre;* **joindre** [ʒwɛ̃:dr] (4m) *v/t.* join (*a.* ⊕); unite, combine; bring together; clasp (*one's hands*); † attach (*to a letter*); adjoin (*a house etc.*); † *etc.* **pièces** *f/pl. jointes* enclosures; *se* ~ *à* join (in); *v/i.* meet; **joins** [ʒwɛ̃] *1st p. sg. pres. of joindre;* **joint, e** [ʒwɛ̃, ʒwɛ̃:t] **1.** *p.p. of joindre;* **2.** *su./m* △, ⊕, ♪, *anat., geol.* joint; join; *metall.* seam; ⊕ *piston:* packing; ⊕ ~ *à rotule* ball-and-socket joint; *mot.* ~ *de culasse* gasket; *sans* ~ seamless; F *trouver le* ~ find a way (to, *inf.*, *pour inf.*; of *ger.*, *de inf.*).

jointé, e [ʒwɛ̃ˈte] jointed; pasterned (*horse*); **jointif, -ve** △ [~ˈtif, ~ˈtiːv] placed edge to edge; joined; **jointoyer** △ [~twaˈje] (1h) *v/t.* point; grout; **jointure** [~ˈtyːr] *f* ⊕, *anat.* joint; *fingers:* knuckle.

joli, e [ʒɔˈli] pretty; nice; **joliet, -ette** [~ˈljɛ, ~ˈljɛt] rather pretty; **joliment** [~liˈmɑ̃] *adv.* prettily; *fig.* well; F awfully; F pretty.

jonc ♀ [ʒɔ̃] *m* rush; Malacca cane; *droit comme un* ~ straight as a die; **jonchaie** ♀ [ʒɔ̃ˈʃɛ] *f* rush bed; cane-plantation; **joncher** [~ˈʃe] (1a) *v/t.* strew (with, *de*); *fig.* litter; **jonchère** [~ˈʃɛːr] *f see jonchaie.*

jonction [ʒɔ̃kˈsjɔ̃] *f* junction (*a.* ⊕, *a.* ⊕); ⚡ connector; joining, meeting; 🚇 joinder.

jongler [ʒɔ̃ˈgle] (1a) *v/i.* juggle (*a. fig.*); **jonglerie** [~gləˈri] *f* juggling; *fig.* trick(ery); **jongleur** [~ˈglœːr] *m* juggler; cheat, charlatan; † jongleur.

jonque ⚓ [ʒɔ̃:k] *f* junk.

jouable ♪, *thea.*, *etc.* [ʒwabl] playable; **jouailler** F [ʒwaˈje] (1a) *v/i. cards:* play for love; ♪ *piano:* strum, *violin:* scrape.

joue [ʒu] *f* cheek; ~ *contre* ~ cheek by jowl; *mettre en* ~ take aim at.

jouer [ʒwe] (1p) *v/t.* play (*a.* ♪, *thea.*, *a game*, *cards*); back (*a horse*); stake, bet (*money*); pretend to be; imitate (*s.o.*); look like (*wool*); F fool (*s.o.*); *se* ~ *de* take (*s.th.*) in one's stride; make light of; *v/i.* play; gamble (on the Stock Exchange), speculate; ⊕ work, run well (*ma-*

chine); ⊕ have too much play; ~ *à* play (*a play*, *cards*, *football*, *at soldiers*, *etc.*); ~ *de* ♪ play (*an instrument*); *fig.* use, make use of; *à qui de* ~? *cards:* whose turn is it?; *faire* ~ set in motion, release; **jouet** [ʒwɛ] *m* toy; plaything (*a. fig.*); **joueur, -euse** [ʒwœːr, ʒwøːz] **1.** *su.* player; gambler; † speculator, operator; † ~ *à la hausse* (*à la baisse*) bull (bear); **2.** *adj.* fond of playing or gambling.

joufflu, e [ʒuˈfly] chubby. [beam.\

joug [ʒu] *m* yoke (*a.* ⊕); *balance:*\

jouir [ʒwiːr] (2a) *v/i.* enjoy o.s.; ~ *de* enjoy (*s.th.*); **jouissance** [ʒwiˈsɑ̃:s] *f* enjoyment; † fruition, right to interest etc.

joujou, *pl.* **-x** F [ʒuˈʒu] *m* toy, plaything; *fam.* ~ever play with them.

jour [ʒuːr] *m* day(light); daytime; light (*a. fig.*); dawn, daybreak; opening, gap; *sewing:* open-work; *fig.* aspect; ~ *de fête* holiday; ~ *de l'an* New Year's Day; *ouvrable* working-day; *à* ~ *sewing:* open-work ...; † posted, up to date; *au grand* ~ in broad daylight; *fig.* publicly; *au* ~ *le* ~ from day to day; *au point* (*or lever*) *du* ~ at daybreak; *de* ~ by day; *de nos* ~s nowadays; *donner le* ~ *à* give birth to; *du* ~ *au lendemain* overnight; at a moment's notice; ⚔ *être de* ~ be on duty for the day; *l'autre* ~ the other day; *fig. mettre au* ~ reveal, disclose; *par* ~ per *or a* or each day; *cuis. plat m du* ~ today's special dish; *petit* ~ morning twilight; *sous un nouveau* ~ in a new light; *tous les* (*deux*) ~s every (other) day; *un* ~ one day (*in the past*), some day (*in the future*); *un* ~ *ou l'autre* sooner or later; *vivre au* ~ *le* ~ live from hand to mouth; *see voir.*

journal [ʒurˈnal] *m* record, diary; journal (*a.* †); † day-book; ⚓, ⊕ log-book; newspaper; ~ *financier* (*officiel*) financial (official) gazette; ~ *parlé radio:* news(-bulletin), *Am.* newscast; *fig.* ~ *du jour* today's paper; **journalier, -ère** [ʒurnaˈlje, ~ˈljɛːr] **1.** *adj.* daily; variable (*character*); **2.** *su./m* day-labo(u)rer; journeyman; **journalisme** [~ˈlism] *m* journalism; **journaliste** [~ˈlist] *su.* journalist; reporter; † journalizer.

journée [ʒurˈne] *f* day; daytime day's work *or* journey; *à la* ~ by the day; *femme f de* ~ charwoman, F daily; **journellement** [ˌʒnɛl'mɑ̃] *adv.* daily, every day.

joute [ʒut] *f* contest; † joust, tilt; **jouter** [ʒu'te] (1a) *v/i.* fight; † joust, tilt.

jovial, e, *m/pl.* -als, -aux [ʒɔ'vjal, ~'vjo] jolly, jovial; good-natured; **jovialité** [ˌvjali'te] *f* joviality, jollity.

joyau [ʒwa'jo] *m* jewel (*a. fig.*).

joyeux, -euse [ʒwa'jø, ~'jøːz] merry, joyful, cheerful.

jubé △, *eccl.* [ʒy'be] *m* rood-screen, rood-loft.

jubilaire [ʒybi'lɛːr] jubilee-...; **jubilation** F [ˌla'sjõ] *f* jubilation; **jubilé** [ˌ'le] *m* jubilee; fiftieth anniversary; golden wedding; **jubiler** F [ˌ'le] (1a) *v/i.* be delighted, rejoice; F gloat.

jucher [ʒy'ʃe] (1a) *vt/i.* perch (*bird, a. fig. person*); roost; **juchoir** [ˌ'ʃwaːr] *m* perch, hen-roost.

judaïque [ʒyda'ik] Judaic (*law*); Jewish (*history*); **judaïser** [ˌi'ze] (1a) *v/i.* Judaize; **judaïsme** [ˌ'ism] *m* Judaism.

Judas [ʒy'da] *m* Judas (*a. fig.*); F traitor; ♀ spy-hole, Judas-(hole) (*in a door*).

judicature [ʒydika'tyːr] *f* judicature; judgeship; **judiciaire** [ˌ'sjɛːr] judicial, legal; *poursuites f/pl.* ~s legal proceedings; **judicieux, -euse** [ˌ'sjø, ~'sjøːz] judicious, sensible; discerning; *peu* ~ injudicious; ill-advised.

judo *sp.* [ʒy'do] *m* judo.

juge [ʒyːʒ] *m* judge (*a. fig.*); *sp.* umpire; ~ *d'instruction* examining magistrate; **jugement** [ʒyʒ'mɑ̃] *m* judgment; ♊ *case*: trial; sentence (*on criminal*), *civil case*: award; *fig.* opinion; *fig.* discrimination, good sense; *eccl.* ~ *dernier* Last Judgment, doomsday (*a. fig.*); ♊ ~ *par défaut* judgment by default; ♊ *passer en* ~ stand trial; **jugeote** F [ʒy'ʒɔt] *f* common sense; **juger** [ˌ'ʒe] (1l) *v/t.* judge; ♊ *a.* pass sentence on; ♊ *try* (*for, pour*); *fig.* think; ~ *à propos de* think it proper to; *mal* ~ misjudge (*s.o.*).

jugulaire [ʒygy'lɛːr] **1.** *adj.* jugular; **2.** *su./f anat.* jugular (vein); *helmet etc.*: chin strap; **juguler** [ˌ'le] (1a) *v/t.* † strangle; *fig.* nip (*s.th.*) in the

bud; *fig.* check, stop; *fig.* stifle, put down; ♊ jugulate.

juif, juive [ʒɥif, ʒɥiːv] **1.** *adj.* Jewish; **2.** *su./m eccl.* (*practising*) Jew; ♀ Jew; *petit* ~ funny bone; *su./f* ♀ Jewess.

juillet [ʒɥi'jɛ] *m* July.

juin [ʒɥɛ̃] *m* June.

juiverie [ʒɥi'vri] *f* Jewry; *coll. the* Jews *pl.*

Jules [ʒyl] *m sl.* man, guy; F boyfriend.

julienne [ʒy'ljɛn] *f cuis.* vegetable soup; ♀ rocket.

jumeau, -elle, *m/pl.* -aux [ʒy'mo, ~'mɛl, ~'mo] **1.** *adj.* twin; **2.** *su.* twin; *su./f:* ~*elles pl. opt.* binoculars; opera-glasses; ⊕ cheeks; *lathe-bed:* slide-bars; **jumelage** [ʒym'laːʒ] *m* twinning (*of towns*); **jumelé, e** [ˌ'le] twin; coupled.

jument [ʒy'mɑ̃] *f* mare.

jumping *sp.* [dʒœm'piŋ] *m* jumping.

jungle [ʒɔ̃ːgl] *f* jungle.

jupe [ʒyp] *f* skirt; **jupe-culotte,** *pl.* **jupes-culottes** [ˌky'lɔt] *f* culotte, divided skirt; **jupon** [ʒy'põ] *m* petticoat; slip, *Am.* half-slip; *Sc.* kilt; *fig.* women *pl.*; *courir le* ~ be a skirt-chaser, run after women.

juré, e [ʒy're] **1.** *adj.* sworn; **2.** *su./m* juror, juryman; ~*s pl.* jury; **jurement** [ʒyr'mɑ̃] *m* swearing, oath; **jurer** [ʒy're] (1a) *v/t.* swear; vow; *v/i.* curse; *fig.* clash (*colours*); **jureur** [ˌ'rœːr] *m* swearer.

juridiction [ʒyridik'sjõ] *f* ♊ jurisdiction; venue; *fig.* province; **juridique** ♊ [ˌ'dik] judicial; legal.

jurisconsulte ♊ [ʒyriskõ'sylt] *m* jurist; legal expert; **jurisprudence** ♊ [ˌpry'dɑ̃ːs] *f* jurisprudence; statute law; case-law; (*legal*) precedents *pl.*

juriste ♊ [ʒy'rist] *m* jurist; legal writer.

juron [ʒy'rõ] *m* oath, swear-word.

jury [ʒy'ri] *m* ♊ jury; *univ. etc.* board of examiners; selection committee.

jus [ʒy] *m* juice; *cuis.* gravy; *sl.* coffee; *⚡ sl.* juice (= *current*); *sl.* petrol, *Am.* gas; *sl.* elegance; *cuis. arroser de* ~ baste (*meat*); *mot. sl.* donner du ~ step on the gas.

jusant ♎ [ʒy'zɑ̃] *m* ebb(-tide).

jusqu'au-boutisme *pol. etc.* [ʒysko-bu'tism] *m* extremism; **jusqu'au-boutiste** *pol. etc.* [ˌ'tist] *su.* whole-

285   **juxtaposer**

hogger; die-hard; **jusque** [ʒysk(ə)]
prp. (*usu. jusqu'à*) until, till; as far as
(to), up *or* down to; *jusqu'à ce que*
(*sbj.*) until; *jusqu'au bout* to the
(bitter) end; *jusqu'ici* thus *or* so far.
juste [ʒyst] **1.** *adj.* just, legitimate,
fair; proper, fit; accurate; exact
(*word*); tight (*fit*); right (*time, watch,
word*); au ~ exactly; **2.** *adv.* rightly;
just; precisely; ♪ true; scarcely; *à 10
heures*~ at ten (o'clock) sharp;**justement** [ʒystə'mã] rightly; just, precisely; **justesse** [~'tɛs] *f* exactness;
accuracy; *de*~ just, barely, by a hair's
breadth; **justice** [~'tis] *f* justice;
equity; legal proceedings *pl.*; *aller en
*~ go to law; *poursuivre en *~ take legal
action against; *se faire*~ revenge o.s.;
commit suicide; **justiciable** [~ti-
'sjabl] *adj.*: ~ *de* amenable to (*a.
fig.*); open to (*criticism*); **justicier,.
-ère** [~ti'sje, ~'sjɛːr] *adj., a. su.*
justiciary.
justificatif, -ve [ʒystifika'tif, ~'tiːv]
1. *adj.* justificatory; *pièce f* ~*ve* = **2.**
su./m supporting document; †
voucher; **justification** [~fika'sjõ] *f*
justification; **justifier** [~'fje] (1o)
v/t. justify, vindicate; *se *~ clear o.s.;
v/i.: ~ *de* give proof of.
jute *tex.* [ʒyt] *m* jute.
juteux, -euse [ʒy'tø, ~'tøːz] **1.** *adj.*
juicy; F *fig.* lucrative; **2.** *su./m* ✗ *sl.*
company sergeant-major.
juvénile [ʒyve'nil] juvenile; youthful; **juvénilité** [~nili'te] *f* youthfulness.
juxtaposer [ʒykstapo'ze] (1a) *v/t.*
juxtapose, place side by side.

K

K, k [ka] *m* K, k.
kakatoès *orn.* [kakatɔˈɛs] *m* cockatoo.
kaki *tex.* [kaˈki] *su./m, a. adj./inv.* khaki.
kangourou *zo.* [kɑ̃guˈru] *m* kangaroo.
kaolin [kaɔˈlɛ̃] *m* china clay, kaolin.
karaté [karaˈte] *m* karate.
képi [keˈpi] *m* peaked cap, kepi.
kermesse [~] *f* village fair; church bazaar.
kérosène [kerɔˈzɛn] *m* paraffin(-oil), *Am.* kerosene.
khâgne [kaɲ] *f see cagne*.
kibboutz [kiˈbuts] *m* kibbutz.
kidnapper [kidnaˈpe] (1a) *v/t.* kidnap; **kidnappeur** *m*, **-euse** *f* [~ˈpœːr, ~ˈpøːz] kidnapper.
kif kif *sl.* [kifˈkif] *adj./inv.* same; the same thing, much of a muchness.
kiki *sl.* [kiˈki] *m* throat, neck.
kilo... [kilɔ] kilo...; **~cycle** *⚡* [~ˈsikl] *m* kilocycle; **~(gramme)** [~(ˈgram)] *m measure:* kilogram(me); **~métrage** [~meˈtraːʒ] *m* measuring *or* length in kilometres, mileage; **~mètre** [~ˈmɛtr] *m measure:* kilometre, *Am.* kilometer; **~métrer** [~meˈtre] (1f) *v/t.* measure in kilometres; mark (*a road*) with kilometre stones; **~watt** *⚡* [~ˈwat] *m* kilowatt; **~-heure** kilowatt-hour.
kimono *cost.* [kimɔˈno] *m* kimono; *manche f* ~ Magyar sleeve.
kinésithérapeute [kineziteraˈpøːt] *su.* physiotherapist; **kinésithérapie** [~ˈpi] *f* physiotherapy.
kiosque [kjɔsk] *m* kiosk; *band:* stand; *flower, newspaper:* stall; *⚓* house; *⚓ submarine:* conning tower.
kirsch [kirʃ] *m* kirsch(wasser).
kitchenette [kitʃəˈnɛt] *f* kitchenette.
klaxon *mot. etc.* [klakˈsõ] *m* horn, hooter, klaxon; **klaxonner** [~sɔˈne] (1a) *v/i.* hoot, sound the horn; *v/t.* hoot at.
kleptomane [klɛptɔˈman] *adj., a. su.* kleptomaniac; **kleptomanie** [~maˈni] *f* kleptomania.
knock-out *box.* [nɔˈkaut] **1.** *su./m/inv.* knock-out; **2.** *adj./inv.*: *mettre q.* ~ knock s.o. out.
krach *✝* [krak] *m* crash.
kyrielle F [kiˈrjɛl] *f* rigmarole; long list (of, *de*).
kyste *⚕* [kist] *m* cyst.

L

L, l [ɛl] *m* L, l.

la¹ [la] *see* le.

la² ♪ [∿] *m*/*inv.* la, *note:* A; donner le ∿ give the pitch.

là [la] *adv. place:* there; *time:* then; ∿ où where; ce livre-∿ that book; c'est ∿ que that is where; de ∿ hence; ∿-bas [∿'ba] *adv.* over there.

labeur [la'bœ:r] *m* labo(u)r, toil; *typ.* bookwork.

labial, e, *m*/*pl.* -aux [la'bjal, ∿'bjo] *adj., a. su.*/*f* labial (*a. gramm.*).

labile [la'bil] ⚕, ♠ labile; *fig.* unstable; *fig.* untrustworthy (*memory*).

laborantine [labɔrɑ̃'tin] *f* female laboratory assistant; **laboratoire** [∿ra'twa:r] *m* ⚗ laboratory; *metall. furnace:* hearth; ∿ de langues language laboratory; ∿ spatial space lab.

laborieux, -euse [∿'rjø, ∿'rjø:z] *adj.* laborious, hardworking; working (*classes*).

labour [la'bu:r] *m* ploughing, tillage; ∿s *pl.* ploughed land *sg.*; cheval *m* de ∿ plough-horse; **labourable** [labu-'rabl] arable; plough-...; **labourage** [∿ra:ʒ] *m* ploughing, tilling; **labourer** [∿'re] (1a) *v*/*t.* plough, till; *fig.* lacerate; **laboureur** [∿'rœ:r] *m* ploughman; farm-hand.

labyrinthe [labi'rɛ̃:t] *m* labyrinth (*a. anat.*); maze.

lac [lak] *m* lake; F dans le ∿ in a fix, in the soup.

laçage [la'sa:ʒ] *m* lacing (up); **lacer** [∿'se] (1k) *v*/*t.* lace (up); ⚓ belay (*a rope*).

lacérer [lase're] (1f) lacerate; tear; slash.

lacet [la'sɛ] *m* (*shoe- etc.*) lace; *hunt.* noose, snare (*a. fig.*); *road:* hairpin bend; en ∿s winding (*road*).

lâchage [lɑ'ʃa:ʒ] *m* release; F *friends:* dropping; **lâche** [lɑ:ʃ] **1.** *adj.* loose, slack; lax (*discipline, style*); cowardly; **2.** *su.*/*m* coward; **lâcher** [lɑ'ʃe] (1a) *v*/*t.* release (*a. mot.*), loosen, slacken; let go of; *fig.* give up, *a. friend:* drop; let out (*a curse, an*

oath, *a secret*); ⊕ blow off (*steam*); *fig.* ∿ pied give way; *v*/*i.* become loose; give way; snap (*rope etc.*); *sp.* F give up; **lâcheté** [laʃ'te] *f* cowardice; **lâcheur, -euse** *f* F [la'ʃœ:r, ∿'ʃø:z] fickle person; quitter.

lacis ✗, *anat., etc.* [la'si] *m* network.

laconique [lakɔ'nik] laconic.

lacrymal, e, *m*/*pl.* -aux [lakri'mal, ∿'mo] tear-...; **lacrymogène** [∿mɔ-'ʒɛn] tear-exciting; gaz *m* ∿ tear-gas.

lacs [lɑ] *m* noose, snare; *fig.* trap.

lacté, e [lak'te] milky; milk-(*diet, fever*); *anat.* lacteal; voie *f* ∿e Milky Way, Galaxy; **lactose** ♠ [∿'to:z] *f* lactose, milk-sugar.

lacune [la'kyn] *f* gap, blank.

lacustre [la'kystr] lacustrine (*a. zo.*); cité *f* ∿ lake-dwelling.

lad *sp.* [lad] *m* stable-boy.

là-dessous [lat'su] *adv.* underneath, under there; **là-dessus** [∿'sy] *adv.* thereupon (*place, a. time*); on that.

ladite [la'dit] *see* ledit.

ladre [lɑ:dr] **1.** *adj.* stingy, mean; **2.** *su.*/*m* skinflint, miser; **ladrerie** [lɑdrə'ri] *f* stinginess, meanness.

lai, e [lɛ] **1.** *adj. eccl.* lay-...; **2.** *su.*/*m eccl.* layman; lay; **laïc, -ïque** [la'ik] *adj., a. su. see* laïque; **laïcisation** [laisiza'sjɔ̃] *f* secularization; **laïciser** [∿ze] (1a) *v*/*t.* secularize; **laïcité** [∿'te] *f* secularity, undenominationalism.

laid, e [lɛ, lɛ:d] ugly; plain (*face*); *Am.* homely; mean (*deed*); **laideron** F [lɛ'drɔ̃] *mf* plain woman *or* girl; **laideur** [∿'dœ:r] *f* ugliness; *face:* plainness, *Am.* homeliness.

laie¹ [lɛ] *f* wild sow.

laie² [∿] *f* forest-path.

lainage [lɛ'na:ʒ] *m* fleece; woollen article; *tex.* teaseling; ♱ ∿s *pl.* woollens, woollen goods; **laine** [lɛn] *f* wool; *carpet:* pile; ∿ artificielle àrtificial wool; ∿ peignée worsted; **lainer** *tex.* [lɛ'ne] (1b) *v*/*t.* teasle, nap; **laineux, -euse** [∿'nø, ∿'nø:z] fleecy; woolly (*hair, sheep, a.* ♠); **lainier, -ère** [∿'nje, ∿'njɛ:r]

1. *adj.* wool(len); **2.** *su.* manufacturer of woollens.

laïque [la'ik] **1.** *adj.* secular; undenominational (*school*); **2.** *su./m* layman; **~s** *pl.* laity; *su./f* laywoman.

laisse [lɛs] *f* leash, lead; *fig.* tenir q. en ~ keep s.o. in leading-strings.

laissé(e)-pour-compte, *pl.* **laissé(e)s-pour-compte 1.** *adj.* † returned; unsold; *a. fig.* rejected; **2.** *su.* † returned *or* unsold article; *a. fig.* reject.

laisser [lɛ'se] (1b) *v/t.* leave; let, allow, permit; leave, abandon; ~ là q. leave s.o. in the lurch; ~ là qch. give s.th. up; *v/i.:* ~ à désirer leave much to be desired; ~ à penser give food for thought; **~-aller** [lesea'le] *m/inv.* unconstraint; carelessness; **~-faire** *pol. etc.* [~'fɛːr] *m* inaction, non-interference; **laissez-passer** [~pa'se] *m/inv.* pass, permit.

lait [lɛ] *m* milk; ~ de chaux whitewash; ~ en poudre powdered milk; cochon m de ~ sucking-pig; **laitage** [lɛ'taːʒ] *m* dairy products *pl.;* **laitance** [~'tɑ̃ːs] *f,* **laite** [lɛt] *f* milt; soft roe; **laité, e** [lɛ'te] soft-roed; **laiterie** [~'tri] *f* dairy; dairy-farming; **laiteux, -euse** [~'tø, ~'tøːz] milky; *✻* lacteal, milk-...; **laitier, -ère** [~'tje, ~'tjɛːr] **1.** *adj.* milk-...; dairy-...; **2.** *su./m* milk-man; ⊕ slag; *su./f* milk-woman; milkmaid; dairymaid; milk-cart.

laiton [lɛ'tɔ̃] *m* (yellow) brass.

laitue ♀ [lɛ'ty] *f* lettuce; ~ pommée cabbage-lettuce.

laïus F [la'jys] *m* speech.

lama¹ [la'ma] *m Buddhism:* lama.

lama² *zo.* [~] *m* llama.

lambeau [lɑ̃'bo] *m* shred, bit, scrap; rag.

lambin, e F [lɑ̃'bɛ̃, ~'bin] **1.** *adj.* dawdling, slow; **2.** *su.* dawdler; **lambiner** F [~bi'ne] (1a) *v/i.* dawdle.

lambrequin [lɑ̃brə'kɛ̃] *m* valance, pelmet.

lambris △ [lɑ̃'bri] *m wood:* wainscoting, panelling; *marble, stone:* wall-lining; **lambrissage** △ [lɑ̃bri'saːʒ] *m* wainscoting, panelling; *room:* lining; **lambrisser** △ [~'se] (1a) *v/t.* wainscot, panel; line (*a room*); plaster (*attic walls*).

lame [lam] *f metal:* thin plate, strip; *sword, razor,* ♀ *leaf, etc.:* blade; *⚡ accumulator etc.:* plate; ⚓ wave;

feather: vane; *blind:* slat; (*metallic*) foil; **lamelle** [la'mɛl] *f* lamella; scale, flake; *metal:* thin sheet; *blind:* slat; **~s** *pl. à parquet* steel shavings; **lamelleux, -euse** [~mɛ'lø, ~'løːz] fissile, F flaky; lamellate(d) (*fungus etc.*).

lamentable [lamɑ̃'tabl] deplorable, lamentable; grievous (*error*); pitiful; full of woe (*voice*); **lamentation** [~tɑ'sjɔ̃] *f* lamentation; **lamenter** [~'te] (1a) *v/t.: se ~* lament, deplore (s.th., *de qch.*).

lamette [la'mɛt] *f metal:* small plate; small blade.

laminer [lami'ne] (1a) *v/t.* ⊕ laminate, roll (*metal*); calender (*paper*); throttle (*steam*); *fig.* reduce, cut down, curtail; **laminoir** ⊕ [~'nwaːr] *m* rolling mill; *fig.* passer au ~ put (*s.o.*) *or* go through the mill.

lampadaire [lɑ̃pa'dɛːr] *m* street; street lamp *or* light; *room:* standard lamp, *Am.* floor lamp; lamp post.

lampe [lɑ̃ːp] *f* lamp; *radio:* valve; *telev.* tube; ~ à arc arc-light; ~ amplificatrice *radio:* amplifying valve; ⊕ ~ à souder blowlamp, blowtorch; ~ de chevet bedside lamp; ⚒ ~ de mineur safety-lamp; ~ de poche flash-lamp, electric torch; ~ témoin pilot-lamp; ~ triode three-electrode lamp.

lampée [lɑ̃'pe] *f water etc.:* draught, *Am.* draft; *d'une seule* ~ at one gulp; swig (*a drink*).

lamper [~] (1a) *v/t.* gulp down, F swig (*a drink*).

lampion [lɑ̃'pjɔ̃] *m* decorations: fairy-light; Chinese lantern; **lampiste** [~'pist] *m* lamp-maker; lamp-lighter; F underling.

lamproie *icht.* [lɑ̃'prwa] *f* lamprey.

lampyre *zo.* [lɑ̃'piːr] *m* fire-fly, glow-worm.

lance [lɑ̃ːs] *f* spear; lance; *waterhose:* nozzle; *railing:* spike; ~ d'incendie fire hose; ⊕ ~ hydraulique monitor; *fig.* rompre une ~ (*or des* ~s) *avec* cross swords with (*s.o.*); **lancée** [lɑ̃'se] *f* momentum; *continuer sur sa* ~ keep up the momentum (*a. fig.*); keep up, be (still) going strong.

lance...: ~-eau [lɑ̃'so] *m/inv.* water cannon; **~-flammes** ✗ [lɑ̃s'flɑːm] *m/inv.* flame-thrower; **~-grenades** ✗ [~grə'nad] *m/inv.* grenade-thrower; **lancement** [~'mɑ̃] *m* throwing; *Am. baseball:* pitch; ⚓ launching (*a. rocket, a. fig.*); bomb:

largesse

releasing; *propeller:* swinging; ⚓ floating; **lancer** [lã'se] **1.** (1k) *v/t.* throw, fling, hurl; *Am. baseball:* pitch (*a ball*); launch (⚓, ⚓ *an article, a rocket, fig. an attack, a. fig. a person*); ⚓ fire (*a torpedo*); utter (*an oath*); emit (*smoke, steam*); set (*a dog on s.o.*); ⚡ switch on; *mot.* start; ✗ swing (*the propeller*); ⚓ float (*a company*); *fig.* crack (*a joke*); se ~ rush, dash, dart; *fig.* se ~ dans or launch (out) into; **2.** *su./m sp.* throw; **lance-torpilles** ⚓ [lãstɔr'piːj] *m/inv.* torpedo tube.

lancette ⚕, △ [lã'sɛt] *f* lancet.

lanceur *m*, **-euse** *f* [lã'sœːr, ~'søːz] thrower; *cricket:* bowler; *Am. sp. baseball:* pitcher; ⚓ promoter, floater; *fig.* initiator; **lancier** ✗ [~'sje] *m* lancer.

lancinant, e [lãsi'nã, ~'nãːt] shooting, throbbing (*pain*).

landau, *pl.* **-s** [lã'do] *m* pram, *Am.* baby carriage; landau.

lande [lãːd] *f* heath, moor.

langage [lã'gaːʒ] *m* language; speech; ~ *chiffré* coded text.

lange [lãːʒ] *m* baby's napkin; ~s *pl.* swaddling-clothes (*a. fig.*).

langoureux, -euse [lãgu'rø, ~'røːz] languid, languishing.

langouste *zo.* [lã'gust] *f* lobster; F crayfish.

langue [lãːg] *f* tongue; language; ~ *d'arrivée* target language; ~ *de départ* source language; ~ *maternelle* native language, mother language; ~ *verte* slang; *avoir la* ~ *bien pendue* have a glib tongue; *le* ~ *anglaise* English-speaking (*country*); *donner sa* ~ *aux chats* give up (*a riddle etc.*); *ne pas avoir sa* ~ *dans sa poche* have a quick or ready tongue; **languette** [lã'gɛt] *f metal, wood:* small tongue; *strip, shoe,* ⊕ *joint, a.* ♪: tongue; ⊕ feather; *balance:* pointer.

langueur [lã'gœːr] *f* languor; listlessness.

languir [lã'giːr] (2a) *v/i.* languish, pine; *thea.* drag; *fig.,* ⚓ be dull; **languissant, e** [~gi'sã, ~'sãːt] languid, listless; languishing (*look etc.*); ⚓ dull.

lanière [la'njɛːr] *f* thong, lash.

lansquenet [lãskə'nɛ] *m* lansquenet (*a. card game*).

lanterne [lã'tɛrn] *f* lantern; *opt.* ~ *à projections* slide projector; ~ *rouge* rear light; *fig.* tail-ender; ~ *vénitienne* Chinese lantern; **lanterneau** [lãtɛr'no] *m* △ *staircase:* skylight; ⚓ *Am.* monitor roof; **lanterner** F [~'ne] (1a) *v/i.* dawdle; *v/t.* put (*s.o.*) off; pester (*s.o.*); **lanternier** [~'nje] *m* lantern-maker; lamp-lighter.

lanugineux, -euse ♀ [lany3i'nø, ~'nøːz] downy.

lapalissade [lapali'sad] *f* truism, glimpse of the obvious.

laper [la'pe] (1a) *v/t.* lap.

lapereau [la'pro] *m* young rabbit.

lapidaire [lapi'dɛːr] *adj., a. su./m* lapidary; **lapidation** [~da'sjõ] *f* stoning; **lapider** [~'de] (1a) *v/t.* stone to death; F throw stones at; *fig.* hurl (*abuse etc.*); **lapidifier** [~di'fje] (1o) *v/t.* petrify.

lapin, e [la'pɛ̃, ~'pin] *su./m* rabbit; F *chap;* ~ *de choux* (or *domestique*) tame rabbit; ~ *de garenne* wild rabbit; ~ *mâle* buck rabbit; ⚓ *peau f de* ~ cony; F *poser un* ~ *à q.* fail to turn up; *su./f* doe; **lapinière** [~pi-'njɛːr] *f* rabbit-hutch; rabbit-warren.

lapis(-lazuli) [la'pis, ~pislazy'li] *m min.* lapis lazuli; *colour:* bright blue.

lapon, -onne [la'põ, ~'pɔn] **1.** *adj.* Lapp(ish); **2.** *su./m ling.* Lapp(ish); *su.* ♀ Laplander, Lapp.

laps [laps] *m:* ~ *de temps* lapse or space of time; **lapsus** [la'psys] *m pen, tongue:* slip; *memory:* lapse.

laque [lak] *su./f lac; paint.* lake; *hair spray; su./m* lacquer; **laquer** [la'ke] (1m) *v/t.* lacquer, japan.

laquelle [la'kɛl] *see* lequel.

larbin F [lar'bɛ̃] *m* flunkey.

larcin ⚖ [lar'sɛ̃] *m* larceny; pilfering.

lard [laːr] *m* bacon; back-fat; F *faire du* ~ grow stout; **larder** [lar-'de] (1a) *v/t. cuis.* (inter)lard (*a. fig.*); *fig.* assail (*with, de*); **lardoire** [~'dwaːr] *f cuis.* larding-pin; △ *pile:* shoe; **lardon** [~'dõ] *m cuis.* piece of larding bacon; *fig.* cutting remark, jibe; F kid, baby; **lardonner** [~dɔ'ne] (1a) *v/t. cuis.* cut (*bacon*) into strips; *fig.* taunt.

large [lar3] **1.** *adj.* broad; wide; big, ample; loose-fitting (*suit etc.*); **2.** *adv.* broadly; **3.** *su./m* breadth, width; room, space; ⚓ open sea; offing; *au* ~! keep away!; **largesse** [lar'3ɛs] *f* liberality; bounty, largesse; **largeur** [~'ʒœːr] *f* breadth, width; △ *arch*: span; ~ *d'esprit* broadness of mind.

largue ⚓ [larg] slack (*rope*); free, large (*wind*); **larguer** [lar'ge] (1m) *v/t.* ⚓ let go *or* cast off (*a rope*); unfurl (*a sail*); ✈ release (*bombs*); drop (*a. fig.*); F *fig.* chuck up (*one's job etc.*), chuck (out) (*principles etc.*).

larme [larm] *f* tear; teardrop; *fig.* drop; *fig.* ~*s pl. de crocodile* crocodile tears; **larmier** [lar'mje] *m* △ dripstone; *anat.* eye: corner; **larmoyant, e** [larmwa'jã, ~'jãːt] weeping; tearful; *pej.* maudlin; **larmoyer** [~'je] (1h) *v/i. fig. pej.* weep.

larron [la'rɔ̃] *m* † thief; *s'entendre comme ~s en foire* be as thick as thieves.

larve *biol.* [larv] *f* larva, grub.

laryngite [larɛ̃'ʒit] *f* laryngitis; **laryngoscope** ✶ [~gɔs'kɔp] *m* laryngoscope; **laryngotomie** ✶ [~gɔtɔ'mi] *f* laryngotomy; **larynx** *anat.* [la'rɛ̃ːks] *m* larynx.

las, lasse [lɑ, lɑːs] tired, weary.

lascar [las'kaːr] *m* lascar; F (smart) fellow.

lascif, -ve [la'sif, ~'siːv] lascivious, lewd; **lasciveté** [~siv'te] *f* lasciviousness, lewdness.

lasser [la'se] (1a) *v/t.* tire; *fig.* exhaust; *se* ~ grow weary (of, de); **lassitude** [~si'tyd] *f* weariness, lassitude.

latent, e [la'tã, ~'tãːt] ✶, *phys., phot., etc.* latent; *fig.* concealed.

latéral, e, m/pl. -aux [late'ral, ~'ro] lateral; side-...

latin, e [la'tɛ̃, ~'tin] 1. *adj.* Latin; ⚓ lateen (*sail*); *les nations f/pl. ~es* the Latin peoples; 2. *su./m ling.* Latin.

latitude [lati'tyd] *f geog., fig.* latitude; *fig.* freedom; *geog. par 10° de ~ Sud* in latitude 10° South.

latrines [la'trin] *f/pl.* latrines.

latte [lat] *f* lath; *floor*: board; **latter** [la'te] (1a) *v/t.* lath; ⊕ lag; **lattis** [~'ti] *m* lathwork.

laudanum [loda'nɔm] *m* laudanum.

laudatif, -ve [loda'tif, ~'tiːv] laudatory.

lauréat, e [lɔre'a, ~'at] 1. *adj.* laureate; 2. *su.* laureate, prize-winner.

laurier ♀, *a. fig.* [lɔ'rje] *m* laurel; ~-**rose** *pl.* ~**s-roses** ♀ [~rje'roːz] *m* common oleander.

lavable [la'vabl] washable; ~ *en ma-*

chine machine-washable; **lavabo** [~va'bo] *m* wash-stand; lavatory; ✗ baths *pl.*; **lavage** [~'vaːʒ] *m* washing; *pol.* ~ *de cerveau* brain-washing; *terre f de* ~ alluvium; *faire (subir) un* ~ *de cerveau à q.* brainwash s.o.

lavande ♀ [la'vãːd] *f* lavender.

lavandière [lavã'djɛːr] *f* washerwoman; laundress; **lavasse** F [~'vas] *f* watery soup; slops *pl.*, dishwater, hog-wash.

lave *geol.* [la:v] *f* lava.

lave-glace, *pl.* **lave-glaces** [lav'glas] *m* windscreen (*Am.* windshield) washer; **lave-mains** [~'mɛ̃] *m/inv.* hand-basin; **lavement** [~'mã] *m eccl.* washing; ✶ enema; **laver** [la've] (1a) *v/t.* wash; scrub (*a.* ♠~, ⊕); bathe (*a wound*); *fig.* clear; ~ *la tête à tel* (*s.o.*) off, *Am.* call (*s.o.*) down; **laverie** [lav'ri] *f* launderette; **lavette** [~'vɛt] *f* dish-mop; dishcloth; **laveur, -euse** [~'vœːr, ~'vøːz] *su. person*: washer, ⊕, ♠ *gas*: scrubber; *su./m* ⊕ scrubber; *su./f* washing-machine; **lave-vaisselle** [lavvɛ'sɛl] *m/inv.* dish washer; **lavis** *paint.* [la'vi] *m* washing; wash-tint; wash-drawing; **lavoir** [~'vwaːr] *m* wash-house, ✗ washing-plant; ~ *de cuisine* scullery; **lavure** [~'vyːr] *f* (*a.* ~ *de vaisselle*) dishwater.

laxatif, -ve ✶ [laksa'tif, ~'tiːv] *adj., a. su./m* laxative, aperient; **laxisme** [la'ksism] *m* laxity, laxness; **laxité** [laksi'te] *f* laxity.

layette [lɛ'jɛt] *f* packing-case; (*baby's*) layette, baby-linen.

lazaret ⚓ [laza're] *m* lazaret(to) (*a.* = *quarantine station*).

lazulite *min.* [lazy'lit] *f see lapis* (-*lazuli*).

le *m*, **la** *f*, **les** *pl.* [lə, la, le] 1. *art./def.* the; 2. *pron./pers.* him, her, it; *pl.* them.

lé [le] *m tex.* width, breadth; ⚓ tow-path.

leader *pol., journ., sp.* [li'dœːr] *m* lead-...

lèche [lɛʃ] F *f* bread *etc.*: thin slice; *sl.* *faire de la* ~ *à* suck up to; ~-**cul** V [~'ky] *m/inv.* arse-crawler; ~-**frite** [~'frit] *f* dripping-pan.

lécher [le'ʃe] (1f) *v/t.* lick; *fig.* overpolish, elaborate (*one's style*); **lécheur** *m*, **-euse** *f* [~'ʃœːr, ~'ʃøːz] † gourmand; *pej.* toady; **lèche-vitrines** F [lɛʃvi'trin] *m/inv.* window-

léser

shopping; **faire du ~** go window-shopping, window-shop.

leçon [lə'sõ] *f* reading; *school, a. fig.*: lesson; *univ.* lecture; **~ particulière** private lesson.

lecteur *m,* **-trice** [lɛk'tœːr, ~'tris] reader; *univ.* foreign assistant; *typ.* proof-reader; **lecture** [~'tyːr] *f* reading (*a. parl., a.* ⊕); reading matter; **avoir de la ~** be well read; **faire la ~** à q. read to s.o.

ledit *m,* **ladite** *f,* **lesdits** *m/pl.,* **lesdites** *f/pl.* [lə'di, la'dit, le'di, le'dit] *adj.* the aforesaid, the above-mentioned, the said ...

légal, e *m/pl.* **-aux** [le'gal, ~'go] legal; forensic (*medicine*); **monnaie** *f* **~e** legal tender; **légaliser** [legali'ze] (1a) *v/t.* legalize; attest, certify (*a declaration, a signature*); **légalité** [~'te] *f* legality, lawfulness.

légat *hist., a. eccl.* [le'ga] *m* legate; **légataire** ⚖ [lega'tɛːr] *su.* legatee; heir; **~ universel** residuary legatee; **légation** *eccl., pol.* [~'sjõ] *f* legation.

légendaire [leʒã'dɛːr] **1.** *adj.* legendary; F epic (*struggle, fight*); **2.** *su./m* legendary; **légende** [~'ʒãːd] *f* legend (*a. coins, illustrations, etc.*); *typ.* caption; *diagram, map, etc.*: key.

léger, -ère [le'ʒe, ~'ʒɛːr] light (*a. wine*); slight (*error, pain*); weak (*tea, coffee*); small (*beer, tobacco*); *fig.* flighty (*conduct, woman*); *fig.* frivolous; free (*talk*); **à la légère** lightly; unthinkingly, too hastily; **prendre à la légère** *a.* make light of; **légèreté** [leʒɛr'te] *f* lightness *etc., see* léger.

légion [le'ʒjõ] *f* ✕ *etc.* legion; *fig.* host; **~ d'Honneur** Legion of Hono(u)r; ✕ **~ étrangère** Foreign Legion; **légionnaire** [~ʒjɔ'nɛːr] *m hist.* legionary; ✕ soldier of the Foreign Legion; member of the Legion of Hono(u)r.

législateur *m,* **-trice** *f* [leʒisla'tœːr, ~'tris] legislator; **législatif, -ve** [~'tif, ~'tiːv] legislative; **législation** [~'sjõ] *f* legislation; law; **législature** [~'tyːr] *f* legislature; period of office of a legislative body; **légiste** [le'ʒist] **1.** *su./m* legist, jurist; **2.** *adj.*: **médecin** *m* **~** medical expert.

légitimation [leʒitima'sjõ] *f child:* legitimation; official recognition;

légitime [~'tim] **1.** *adj.* legitimate, lawful; *fig.* justifiable; sound (*inference*); **~ défense** *f* self-defence; **2.** *su./f* child's portion; *sl.* wife; **légitimer** [~ti'me] (1a) *v/t.* legitimate; *fig.* justify; *admin. etc.* recognize; **légitimité** [~timi'te] *f* legitimacy; lawfulness.

legs [le] *m* legacy; bequest; **léguer** [le'ge] (1s) *v/t.* bequeath (*a. fig.*), leave.

légume [le'gym] *m* vegetable; ⊛ pod; **légumier, -ère** [legy'mje, ~'mjɛːr] *adj.* vegetable...; *2.su./m* vegetable dish; **légumineux, -euse** ⊛ [~mi'nø, ~'nøːz] **1.** *adj.* leguminous; **2.** *su./f* leguminous plant.

lendemain [lãd'mɛ̃] *m* next day, day after; *fig.* morrow; *fig.* future; *fig.* consequences; **le ~ matin** the next morning; *fig.* **sans ~** short-lived.

lénifier ♗ [leni'fje] (1o) *v/t.* soothe, assuage, alleviate; **lénitif, -ve** ♗ [~'tif, ~'tiːv] **1.** *adj.* lenitive; soothing; **2.** *su./m* lenitive.

lent, lente [lã, lãːt] slow; slow-burning (*powder*).

lente [lãːt] *f* louse: nit.

lenteur [lã'tœːr] *f* slowness; **~s** *pl.* slowness *sg.*; dilatoriness *sg.*

lentille [lã'tiːj] *f* ⊛ lentil; *opt.* lens; ⊕, *clock pendulum:* bob, basil; **~s** *pl.* face: freckles, spots; *opt.* **~s** *pl.* cornéennes contact lenses.

léonin, e [leo'nɛ̃, ~'nin] leonine; *fig.* **part** *f* **~e** lion's share; **léopard** *zo.* [leo'paːr] *m* leopard.

lépidoptères [lepidɔp'tɛːr] *m/pl.* lepidoptera.

lèpre ♗ [lɛpr] *f* leprosy (*a. fig.*); **lépreux, -euse** ♗ [le'prø, ~'prøːz] **1.** *adj.* leprous; **2.** *su.* leper; **léproserie** ♗ [~proz'ri] *f* leper-hospital.

lequel *m,* **laquelle** *f,* **lesquels** *m/pl.,* **lesquelles** *f/pl.* [lə'kɛl, la-'kɛl, le'kɛl] **1.** *pron./rel.* who, whom, which; *2.* **pron./interr.** which (one)?; **3.** *adj.* which.

lérot *zo.* [le'ro] *m* garden dormouse, leriot.

les [le] *see* le.

lès [le] *prp.* near ... (*only in place names*).

lesbienne [lɛs'bjɛn] *f* lesbian.

lèse-majesté ⚖ [lɛzmaʒɛs'te] *f* high treason, lese-majesty; **léser** [le'ze] (1f) *v/t.* wrong (*s.o.*); injure (*a. fig. s.o.'s pride*); *fig.* damage.

lésine [leˈzin] f stinginess; **lésiner** [∼ziˈne] (1a) v/i. be stingy; ∼ sur haggle over; **lésinerie** [∼zinˈri] f stinginess.

lésion [leˈzjɔ̃] f injury (a. ⚕); ⚕ lesion.

lessivage [lesiˈvaːʒ] m washing; ⊕ boiler: cleaning; ⊕, ⚒ leaching; **lessive** [∼ˈsiːv] f wash(ing); ✝ washing powder; faire la ∼ do the laundry; jour m de ∼ washing-day; **lessivé, e** F [lesiˈve] washed out, all in; **lessiver** [∼] (1a) v/t. wash, scrub (the floor); ⊕ clean (a boiler); ⊕, ⚒ leach; sl. clean (s.o.) out.

lest ⚓ [lɛst] m ballast.

leste [∼] adj. light, nimble, agile; fig. unscrupulous; fig. broad (humour).

lester [lɛsˈte] (1a) v/t. ballast; weight (a net).

léthargie [letarˈʒi] f lethargy; **léthargique** [∼ˈʒik] lethargic.

letton, -onne [leˈtɔ̃, ∼ˈtɔn] 1. adj. Lettonian; geog. Latvian; 2. su./m ling. Lettish; su. ♀ Lett.

lettre [letr] f letter; ∼s pl. literature sg., letters; ⚖ ∼s pl. de procuration letters of procuratory; ∼s pl. patentes letters patent; ∼ chargée (or recommandée) post: registered letter; hist. ∼ de cachet order under the king's private seal; ✝ ∼ de change bill of exchange; ∼ de commerce business letter; pol. ∼ de créance credentials pl.; ∼ de crédit letter of credit; ∼ de faire-part notice (of wedding etc.); ∼ de voiture way-bill, consignment note; à la ∼, au pied de la ∼ literally; en toutes ∼s in full; homme m (femme m) de ∼s man (woman) of letters; lever les ∼s post: collect the post; F passer comme une ∼ à la poste go off smoothly; go through easily; **lettré, e** [leˈtre] well-read, literate.

leu [lø] m: à la queue ∼ in single file.

leur [lœːr] 1. adj./poss. their; 2. pron./pers. them; (to) them; 3. pron./poss.: le (la) ∼, les ∼s pl. theirs, their own; 4. su./m theirs, their own; les ∼s pl. their (own) people.

leurre [lœːr] m fish, a. fig.: bait; fig. illusion, deception; **leurrer** [lœˈre] (1a) v/t. bait (a fish); decoy; allure; fig. deceive, delude, take in; se ∼ delude o.s.

levage [ləˈvaːʒ] m hoisting, raising; dough: rising; appareil m de ∼ hoist.

levain [ləˈvɛ̃] m yeast; leaven (a. fig.).

levant [ləˈvɑ̃] m east; **levantin, e** [∼vɑ̃ˈtɛ̃, ∼ˈtin] adj., a. su. ♀ Levantine.

levé [ləˈve] m ♪ up beat; surv. survey; **levée** [∼ˈve] f ♪ siege: raising; thing, ban, embargo: lifting; meeting: closing; ⚖ court: rising; ⚒ levy(ing); embankment, causeway; post: collection; ⚒ camp: striking; ⚓ anchor: weighing, sea: swell; removal; ⊕ piston: travel, cam, valve: lift, cam, cog; cards: trick; **lever** [∼ˈve] 1. (1d) v/t. raise (a. ⚒); adjourn, close (a meeting); levy (⚒, a. taxes); shrug (one's shoulders); post: collect; post: clear (a letter-box); ⚒ etc. strike (a. camp); ⚓ weigh (anchor); remove (a bandage, a difficulty, a doubt); cards: pick up (a trick); se ∼ rise, stand up; clear (weather); v/i. ⚹ shoot; rise (dough); 2. su./m person, thing, sun: rising; thea. curtain: rise; (royal) levee; surv. surveying; **lève-tard** [lɛvˈtaːr] su./inv. late riser; **lève-tôt** [lɛvˈto] su./inv. early riser.

levier [ləˈvje] m lever; mot. ∼ du changement de vitesse gear lever.

levraut [ləˈvro] m leveret, young hare.

lèvre [lɛːvr] f lip (a. ⚹); crater: rim; geol. fault: wall; ∼s pl. wound: lips; se mordre les ∼s d'avoir parlé regret having spoken.

levrette [ləˈvrɛt] f greyhound bitch; **lévrier** [leˈvrje] m greyhound.

levure [ləˈvyːr] f yeast; ∼ artificielle baking-powder.

lexicographe [lɛksikoˈgraf] m lexicographer; **lexicographie** [∼graˈfi] f lexicography.

lez [le] see **lès**.   [f lexicography.]

lézard [leˈzaːr] m zo. lizard; fig. idler, lounger; faire le ∼ bask in the sun; **lézarde** [∼ˈzard] f chink, crevice, crack; **lézarder** [∼zarˈde] (1a) v/t. crack, split; v/i. F bask in the sun; F lounge.

liage [ljaːʒ] m binding, tying, fastening; **liaison** [ljɛˈzɔ̃] f ✝ joining; connection (a. ✝); relationship; contact; dealings pl.; fig. link; ⚒ mortar, cement; ⚒, gramm. liaison (a. = intimacy); ♪ slur; **liant, liante** [ljɑ̃, ljɑ̃ːt] 1. adj. elastic; good-natured, sociable; 2. su./m sociability; flexibility, springiness; ⚘ binding agent.

liarder † [ljarˈde] (1a) *v/i.* pinch and scrape; count every halfpenny.

liasse [ljas] *f* bundle, packet; wad.

libation [libaˈsjɔ̃] *f* libation; F *faire d'amples* ∼s drink deeply.

libelle [liˈbɛl] *m* lampoon; ♊ libel;

libeller [libelˈle] (1a) *v/t.* draw up (*a cheque, a document*); make out (*a cheque*); **libelliste** [∼ˈlist] *m* lampoonist.

libellule *zo.* [libelˈlyl] *f* dragon-fly, (*devil's*) darning-needle.

liber ♀ [liˈbɛːr] *m* bast, inner bark.

libéral, e, *m/pl.* **-aux** [libeˈral, ∼ˈro] **1.** *adj.* liberal; broad; generous; **2.** *su./m* liberal; **libéralisme** *pol.* [liberaˈlism] *m* liberalism; **libéralité** [∼liˈte] *f* liberality; *fig.* generosity; **libérateur, -trice** [∼ˈtœːr, ∼ˈtris] **1.** *adj.* liberating; **2.** *su.* liberator, deliverer; rescuer; **libération** [∼ˈsjɔ̃] *f* liberation; ♊ discharge (*a.* ✗), release; ♦ payment in full; **libérer** [libeˈre] (1f) *v/t.* liberate; set free; ♊ ✗ discharge; exempt from military service; ♦ free (*s.o. of a debt*); se ∼ de free o.s. from; ♦ liquidate (*a debt*); **libertaire** [liberˈtɛːr] *su. a. adj.* libertarian; **liberté** [∼ˈte] *f* liberty, freedom; ⊕ *piston*: clearance; ∼ *de la presse* freedom of the press; ∼ *religieuse* freedom of worship; *prendre des* ∼s *avec* take liberties with; *prendre la* ∼ *de* (*inf.*) take the liberty of (*ger.*);

libertin, e [∼ˈtɛ̃, ∼ˈtin] **1.** *adj.* dissolute; licentious; **2.** *su.* libertine; **libertinage** [∼tiˈnaːʒ] *m* dissolute behavio(u)r *or* ways *pl.*; licentiousness.

libidineux, -euse [libidiˈnø, ∼ˈnøːz] lewd, lustful; **libido** *psych.* [∼ˈdo] *f* libido.

libraire [liˈbrɛːr] *su.* bookseller; ∼**éditeur,** *pl.* **∼s-éditeurs** [∼brɛredi-ˈtœːr] *m* publisher; **librairie** [∼brɛˈri] *f* bookshop; book-trade; publishing house.

libre [libr] free; clear (*passage etc.*); independent (*school*); *temps m* ∼ spare time; ∼ *à vous de* (*inf.*) you are welcome or at liberty to (*inf.*); *teleph. pas* ∼ line engaged, *Am.* line busy; ∼**échange** [libreˈʃãːʒ] *m* free(-)trade; ∼**-échangiste** [∼ʃãˈʒist] *m* free-trader; ∼**-service,** *pl.* **∼s-services** [librosɛrˈvis] *m* self-service; self-service store *or* restaurant, *etc.*

librettiste *thea.* [librɛˈtist] *m* librettist; **libretto** *thea.* [∼ˈto] *m* libretto.

lice [lis] *f* † lists *pl.*; *fig. entrer en* ∼ *contre* enter the lists against, have a tilt at.

licence [liˈsãːs] *f* *fig.*, *a. admin.* licence; *univ.* degree of licentiate; *fig.* licentiousness; ∼ *poétique* poetic licence; *prendre des* ∼s with take liberties with; **licencié, e** *f* [lisãˈsje] licentiate; *univ.* bachelor (*of arts etc.*); ♦ licensee; **licenciement** ✗ *etc.* [∼siˈmã] *m* disbanding; **licencier** [∼ˈsje] (1o) *v/t.* disband; ⊕ lay off (*workmen*); **licencieux, -euse** [∼ˈsjø, ∼ˈsjøːz] licentious.

lichen ♀ [liˈkɛn] *m* lichen. [(up).}]

licher *sl.* [liˈʃe] (1a) *v/t.* lick; drink}

licite [liˈsit] licit, lawful.

licol [liˈkɔl] *m* halter.

licorne [liˈkɔrn] *f* ☑, *myth.* unicorn; *icht.* ∼ *de mer* narwhal.

licou [liˈku] *m* *see* **licol.**

lie [li] *f* lees *pl.*; dregs *pl.* (*a. fig.*).

liège [ljɛːʒ] *m* ♀ cork oak; cork; float; **liégeux, -euse** [ljeˈʒø, ∼ˈʒøːz] cork-like.

lien [ljɛ̃] *m* tie (*a.* ⊕), bond, link; ⊕ *metal*: strap; band; ∼s *pl.* chains; **lier** [lje] (1o) *v/t.* bind (*a.* ♊), fasten, tie; connect, link (*ideas, questions, topics*); *cuis.* thicken (*a sauce*); ∼ *connaisance avec* strike up an acquaintance with; *se* ∼ *avec* make friends with.

lierre ♀ [ljɛːr] *m* ivy.

liesse [ljɛs] *f* rejoicing, jollity.

lieu [ljø] *m* place; locality, spot; *fig.* grounds *pl.*, reason, cause; ♻ locus; site; ∼x *pl.* premises; ∼x *pl.* (*d'aisance*) privy *sg.*, toilet *sg.*; *gramm.* ∼x *pl.* communs common-places; *au* ∼ *de* instead of; *au* ∼ *que* whereas; *avoir* ∼ take place, occur; *donner* ∼ *à* give rise to; *en haut* ∼ in high places; *en premier* ∼ in the first place, first of all; *il y a* (*tout*) ∼ *de* (*inf.*) there is (every) reason for (*ger.*); *sur les* ∼x on the premises; F on the spot.

lieue [ljø] *f* measure: league.

lieur, -euse [ljœːr, ljøːz] *su.* person: binder; *su./f* (*mechanical*) binder.

lieutenance [ljøtˈnãːs] *f* lieutenancy; **lieutenant** [ljøtˈnã] *m* ✗ lieutenant; ♻ ∼ *de vaisseau* lieutenant; ∼**-colonel** ✗ lieutenant-colonel; ☞ wing-commander.

lièvre zo. [ljɛˈvr] m hare.
liftier [lifˈtje] m lift boy, Am. elevator operator.
ligament anat. [ligaˈmɑ̃] m ligament; **ligamenteux, -euse** [~mɑ̃-ˈtø, ~ˈtøːz] ligamentous; **ligature** [~ˈtyːr] f binding, tying; ♪, typ. ligature; ♫, ✂ splice; ♪ tie; **ligaturer** [~tyˈre] (1a) v/t. bind; ♪ ligature; ♪ tie.
lignage [liˈɲaːʒ] m lineage; **lignard** ⚔ F [~ˈɲaːr] m soldier of the line, infantryman; **ligne** [liɲ] f line, row; ✈ flight; geog. the equator; ~ de pêche fishing (Am. fish) line; ~ aérienne ⊕ overhead line; airline; à la ~! new paragraph!, indent!; F elle a de la ~ she has a good figure; sp. dernière ~ droite home straight or stretch; 🚂 grande ~ main line; hors ~ incomparable; lire entre les ~s read between the lines; pêcher à la ~ angle; **lignée** [liˈɲe] f line(age); stock; descendants pl.
ligneux, -euse [liˈɲø, ~ˈɲøːz] ligneous, woody; **lignifier** [~ɲiˈfje] (1o) v/t. a. se ~ turn into wood; **lignite** min. [~ˈɲit] m lignite, brown coal.
ligoter [ligoˈte] (1a) v/t. tie up.
ligue [lig] f league; **liguer** [liˈge] (1m) v/t. league; **ligueur** hist. [~ˈgœːr] m leaguer.
lilas ♀ [liˈla] su./m, a. adj./inv. lilac.
limace [liˈmas] f zo. slug; ⊕ Archimedean screw; **limaçon** [~maˈsɔ̃] m zo. snail; anat. cochlea; ~ de mer periwinkle; escalier m en ~ spiral staircase.
limaille ⊕ [liˈmaːj] f filings pl.
limande [liˈmɑ̃ːd] f icht. dab; ⊕ graving piece.
limbe [lɛ̃ːb] m astr. rim; ♀, ♀ limb; ♀ leaf: lamina; eccl. ~s pl. limbo sg.; fig. dans les ~s rather vague, in the air.
lime [lim] f file; ~ à ongles nailfile; ~ d'émeri emery board; enlever à la ~ file (s.th.) off; **limer** [liˈme] (1a) v/t. file; fig. polish; **limeuse** ⊕ [~ˈmøːz] f filing-machine.
limier [liˈmje] m zo. bloodhound; F sleuth.
limitatif, -ve [limitaˈtif, ~ˈtiːv] limiting, restrictive; **limitation** [~taˈsjɔ̃] f limitation, restriction; ~ des naissances birth-control; **limite** [liˈmit] 1. su./f limit; boundary (a. sp.); ~ d'élasticité elastic limit, tensile

strength; sans ~ de durée a. open-end(ed); 2. adj.: cas m ~ border-line case; vitesse f ~ maximum speed, speed limit; **limiter** [limiˈte] (1a) v/t. limit; restrict; **limitrophe** [~ˈtrɔf] (de) adjacent (to); bordering (on); pays m ~ borderland.
limoger [limoˈʒe] (1l) v/t. supersede (a general etc.); dismiss.
limon¹ [liˈmɔ̃] m mud, slime, alluvium.
limon² [~] m cart etc.: shaft; ⚓ string-board.
limon³ ♀ [liˈmɔ̃] m sour lime; **limonade** [limoˈnad] f lemonade; **limonadier, -ère** [~naˈdje, ~ˈdjɛːr] m bar-keeper; dealer in soft drinks, Am. soda-fountain keeper.
limoneux, -euse [limoˈnø, ~ˈnøːz] muddy (water); geol. alluvial; ♀ growing in mud; ...
limousine [limuˈzin] f rough woollen coat or cloak; mot. † limousine; **limousiner** ⚓ [~ziˈne] (1a) v/t. build in rubble work.
limpide [lɛ̃ˈpid] clear, transparent, limpid; **limpidité** [~pidiˈte] f limpidity; clarity.
lin [lɛ̃] m ♀ flax; tex. linen; **linaire** ♀ [liˈnɛːr] f linaria, F toad-flax;
linceul [lɛ̃ˈsœl] m shroud.
linéaire [lineˈɛːr] linear; ⊕ dessin m ~ geometrical drawing; mesure f ~ measure of length; **linéament** [~aˈmɑ̃] m feature (a. fig.).
linette ♀ [liˈnɛt] f linseed.
linge [lɛ̃ːʒ] m linen, calico; ~ de corps underwear; ~ de table table linen; ~ sale dirty linen (a. fig.); **linger** m, -ère [lɛ̃ˈʒe, ~ˈʒɛːr] su. linen-draper; su./f wardrobe keeper; seamstress; **lingerie** [lɛ̃ʒˈri] f underwear; † linen-drapery; † linen-trade; linen-room.
lingot metall. [lɛ̃ˈgo] m ingot; **lingotière** metall. [~gɔˈtjɛːr] f ingot-mo(u)ld.
lingual, e, m/pl. **-aux** [lɛ̃ˈgwal, ~ˈgwo] lingual; **linguiste** [~ˈgɥist] su. linguist; **linguistique** [~gɥisˈtik] 1. adj. linguistic; 2. su./f linguistics sg.
linier, -ère [liˈnje, ~ˈnjɛːr] 1. adj. linen...; flax...; 2. su./f flax-field.
liniment ♂ [liniˈmɑ̃] m liniment.
linoléum [linɔleˈɔm] m linoleum; oilcloth.
linon tex. [liˈnɔ̃] m lawn; buckram.

linotte *orn.* [li'nɔt] *f* linnet; red poll; F tête *f* de ~ feather-brain.

linteau △ [lɛ̃'to] *m* lintel.

lion [ljɔ̃] *m* lion (*a.* F); F celebrity; *astr.* le ♀ Leo, the Lion; *fig.* part *f* du ~ lion's share; **lionceau** [ljɔ̃'so] *m* lion cub; **lionne** [ljɔn] *f* lioness.

lippe [lip] *f* thick lower lip; F faire la ~ pout; **lippée** † [li'pe] *f* feast; **lippu, e** [~'py] thick-lipped.

liquéfaction ⌀ *etc.* [likefak'sjɔ̃] *f* liquefaction; **liquéfier** ⌀ *etc.* [~'fje] (1o) *v/t.* liquefy; reduce to the liquid state; se ~ liquefy.

liquette F [li'kɛt] *f* shirt.

liqueur [li'kœ:r] *f* liquor, drink; liqueur; ⌀ solution, liquid.

liquidateur ⚖ [likida'tœ:r] *m* liquidator; **liquidation** [~'sjɔ̃] *f* liquidation; † Stock Exchange: settlement; † clearance sale; ⚖ † ~ judiciaire winding up.

liquide [li'kid] **1.** *adj.* liquid (*a.* gramm., *a.* † debt); ready (money); actif *m* ~ liquid assets *pl.*; **2.** *su./m* liquid; drink; *su./f* gramm. liquid consonant; **liquider** [~ki'de] (1a) *v/t.* liquidate (*a. fig.*); † settle (*an account, a. fig.* a question); † sell off (*goods*); fig. get rid of; se ~ avec clear off one's debt to.

liquoreux, -euse [liko'rø, ~'rø:z] liqueur-like; sweet (*wine*); **liquoriste** [~'rist] *m* wine and spirit merchant.

lire[1] [li:r] (4t) *v/i.* read (about, *sur*) *v/t.* read; cela se lit sur votre visage it shows in your face; je vous lis difficilement I have difficulty with your handwriting.

lire[2] [~] *f* Italian currency: lira.

lis ♀ [lis] *m* lily; ⬚ fleur *f* de ~ fleur-de-lis.

liséré [lize're] *m* border, edging; piping, binding; **lisérer** [~] (1d) *v/t.* border; edge; pipe.

liseron ♀ [liz'rɔ̃] *m* bindweed, convolvulus.

liseur, -euse [li'zœ:r, ~'zø:z] *su.* great reader; *su./f* reading stand; *book*: dust jacket; reading-lamp; *cost.* bed jacket; **lisibilité** [~zibili'te] *f* legibility; **lisible** [~'zibl] legible; *fig.* readable (*book*).

lisière [li'zjɛ:r] *f* tex. selvedge, list; *field, forest*: edge; *country, field*: border; *fig.* leading-strings *pl.*

lisons [li'zɔ̃] *1st p. pl. pres.* of *lire*[1].

lissage [li'sa:ʒ] *m* ⊕ polishing; *metal*: burnishing.

lisse[1] [lis] smooth, polished; glossy.

lisse[2] ⚓ [~] *f* rail; *hull*: ribband.

lisser [li'se] (1a) *v/t.* smooth, polish; burnish (*metal*); glaze (*paper*); *bird*: preen (*its feathers*); se ~ become smooth; **lissoir** ⊕ [~'swa:r] *m* smoother; polishing-iron.

liste [list] *f* list; roll; register; ⚔ roster; ⚖ jury: panel; ~ civile civil list; ~ électorale register of voters; ~ noire blacklist; mettre sur la ~ noire a. blacklist.

listeau [lis'to] *m*, **listel** [~'tɛl] *m* △ listel, fillet; *coin*: rim; ⚓ sheer rail.

lit [li] bed (*a.* △, ⊕, *river, etc.*); *river*: bottom; *geol.* layer, stratum; ~ de camp camp-bed; *hist.* ~ de justice king's throne in old French parliament; ~ de mort death-bed; ~ d'enfant cot; ~ de plume feather bed; *fig.* comfortable job; ⚓ ~ du vent wind's eye; ~ escamotable folding-bed; chambre *f* à deux ~s twin-bedded room; enfant *mf* du second ~ child of the second marriage; faire ~ à part sleep apart; garder le ~ be confined to one's bed.

litanie [lita'ni] *f* F litany; *eccl.* ~s *pl.* litany *sg.*; F la même ~ the old, old story; the same refrain.

liteau [li'to] *m* △ batten, rail; *tex.* stripe.

literie [li'tri] *f* bedding.

litho... [lito] litho...; **~graphe** [~'graf] *m* lithographer; **~graphie** [~gra'fi] *f* lithography; lithograph.

litière [li'tjɛ:r] *f* litter; *fig.* faire ~ de trample underfoot.

litigant, e ⚖ [liti'gɑ̃, ~'gɑ̃:t] litigant; **litige** [~'ti:ʒ] *m* dispute; ⚖ (law-)suit; en ~ under dispute, at issue; **litigieux, -euse** [~ti'ʒjø, ~'ʒjø:z] litigious.

litre [litr] *m* measure; litre, Am. liter.

littéraire [lite'rɛ:r] literary; **littéral, e, ** *m/pl.* **-aux** [~'ral, ~'ro] literal (*a.* ⚗); ⚖ documentary (*evidence*); **littérateur** [~ra'tœ:r] *m* man of letters; **littérature** [~ra-'ty:r] *f* literature; ~ professionnelle technical literature.

littoral, e *m/pl.* **-aux** [lito'ral, ~'ro] **1.** *adj.* coastal, littoral; **2.** *su./m* coast-line; shore.

liturgie *eccl.* [lityr'ʒi] *f* liturgy; **liturgique** *eccl.* [~'ʒik] liturgical.

liure [ljy:r] *f* cart-load *etc.*: lashing.

livide [li'vid] livid; ghastly; **lividité** [~vidi'te] *f* lividness; ghastliness.

livrable ✝ [li'vrabl] deliverable; ready for delivery; **livraison** [~vrɛ'zɔ̃] *f* ✝ delivery; *book*: instalment; ~ *à domicile* home delivery.

livre[1] [li:vr] *m* book; ⚓ ~ *de bord* log-book; ~ *de cuisine* cookery book, *Am.* cookbook; ~ *de raison* register; record; *pol.* ~ *jaune* (*approx.*) blue book; *à* ~ *ouvert* at sight; *tenir les* ~*s* keep the accounts; ✝ *tenue f des* ~*s* book-keeping; *see* **grand-livre**.

livre[2] [~] *f* money, weight: pound.

livrée [li'vre] *f* livery; *coll.* servants *pl.*

livrer [li'vre] (1a) *v/t.* deliver; give away (*a secret etc.*); ~ *à* give *or* hand over to, deliver up to; *se* ~ *à* give o.s. up to; confide in; indulge in; engage in; carry out; ✗ ~ *bataille* give battle.

livret [li'vrɛ] *m* booklet; ♪ libretto; (*bank-*)book; *school*: record-book; (*student's*) handbook.

livreur ✝ [li'vrœ:r] *m* delivery-man, delivery-boy; **livreuse** [li'vrø:z] *f* delivery-girl; delivery-van.

lobe [lɔb] *m*, *anat.* lobe; ~ *de l'oreille* earlobe; **lobé, e** ⚘ [lɔ'be] lobed, lobate; **lobule** ⚘, *anat.* [~'byl] *m* lobule.

local, e, *m/pl.* -aux [lɔ'kal, ~'ko] 1. *adj.* local; 2. *su./m* premises *pl.*; site; room; **localiser** [lɔkali'ze] (1a) *v/t.* locate; localize; **localité** [~li'te] *f* locality, place; **locataire** [~'tɛ:r] *su.* tenant, occupier; ✝ͭ̍ lessee; lodger; hirer; **locatif, -ve** [~'tif, ~'ti:v] rental; tenant's ...; *réparations f/pl.* ~*ves* repairs for which the tenant is liable; **location** [~'sjɔ̃] *f* hiring; letting; renting; tenancy; *thea. etc.* booking; ~ *de livres* lending-library; *bureau m de* ~ box-office; booking-office (*a.* ⚐); **location-vente**, *pl.* **locations-ventes** [~sjɔ̃'vɑ̃:t] *f* hire-purchase system.

loch ⚓ [lɔk] *m* log.

lock-out ⊕ [lɔ'kaut] *m/inv.* lock-out.

locomobile [lɔkɔmɔ'bil] 1. *adj.* travelling; locomotive; 2. *su./f* transportable steam-engine, locomobile; **locomotif, -ve** [~'tif, ~-

'ti:v] 1. *adj.* ⊕, *a. physiol.* locomotive; transportable; 2. *su./f* locomotive, engine; *fig.* pacemaker; *fig.* dynamic element; **locomotion** [~'sjɔ̃] *f* locomotion.

locuste *zo.* [lɔ'kyst] *f* locust.

locution [lɔky'sjɔ̃] *f* expression, phrase.

lof ⚓ [lɔf] *m* windward side; *sail*: luff; **lofer** ⚓ [lɔ'fe] (1a) *v/i.* luff.

loge [lɔ:ʒ] *f* hut; cabin; *freemason, gardener, porter*: lodge; *dog*: kennel; *thea.* box; *thea.* (*artist's*) dressing-room; ⚘ cell, loculus; **logeable** [lɔ'ʒabl] fit for occupation (*house*); *mot.* comfortable; **logement** [lɔʒ-'mɑ̃] *m* lodging, housing; accommodation; ✗ billeting; ✗ quarters *pl.*; ⊕ bed, seating; ✝ container; **loger** [lɔ'ʒe] (1l) *v/t.* lodge, house; ✗ billet, quarter; put; ⊕ fix, fit, set; *v/i.* lodge, live; ✗ *be* quartered; ~ *en garni* live in lodgings; **logette** [~'ʒɛt] *f* small lodge; *thea.* small box; **logeur** [~'ʒœ:r] *m* landlord, lodging-house keeper; ✗ householder (*on whom a soldier is billeted*); **logeuse** [~'ʒø:z] *f* landlady.

logiciel [lɔʒi'sjɛl] *m computer*: software.

logicien *m*, **-enne** *f* [lɔʒi'sjɛ̃, ~'sjɛn] logician; **logique** [~'ʒik] 1. *adj.* logical; 2. *su./f* logic.

logis [lɔ'ʒi] *m* abode, home, dwelling; hostelry; *fig. la folle du* ~ imagination. [tics *sg.*]

logistique(s) [lɔʒis'tik] *f/*(*pl.*) logis-ƒ

loi [lwa] *f* law; rule; *mettre hors la* ~ outlaw; *parl. projet m de* ~ bill; *se faire une* ~ *de* (*inf.*) make a point of (*ger.*); ~-**cadre**, *pl.* ~*s*-**cadres** [~'kɑ:dr] *f* skeleton law.

loin [lwɛ̃] *adv.* far, distant (from, *de*); ~ *de* (*inf.*) far from (*ger.*); *se faire une* ~ *de* (*inf.*); *trop* ~ overdo it, go too far; *au* ~ far away; *bien* ~ very far; far back (*in the past*); *further on* (*in the book etc.*); *de* ~ at a distance; from afar; *de* ~ *en* ~ at long intervals, now and then; **lointain, e** [~'tɛ̃, ~'tɛn] 1. *adj.* far (off), distant, remote; 2. *su./m* distance; *dans le* ~ in the distance.

loir *zo.* [lwa:r] *m* dormouse.

loisible [lwa'zibl] permissible; *il lui est* ~ *de* (*inf.*) he is at liberty to (*inf.*).

loisir [~'zi:r] *m* leisure; spare time; ~*s pl.* leisure activities; *à* ~ at leisure, leisurely.

lombaire *anat.* [lɔ̃'bɛːr] lumbar; **lombes** *anat.* [lɔ̃ːb] *m/pl.* lumbar region *sg.*; loins.

londonien, -enne [lɔ̃dɔ'njɛ̃, ~'njɛn] **1.** *adj.* London ...; **2.** *su.* ♀ Londoner.

long, longue [lɔ̃, lɔ̃ːg] **1.** *adj.* long; thin (*sauce*); ~ *à croître* slow-growing; ✝ *à ~ terme* long-dated (*bill*); *de longue main* well in advance; *être ~ à* (*inf.*) be long in (*ger.*); **2.** *long adv.*: *fig. en dire* ~ speak volumes; *en savoir* ~ know a lot (about, *sur*); **3.** *su./m* length; *de ~ en large* to and fro; *deux pieds de ~* two feet long; *le* (*or au*) ~ *de* (all) along; *tomber de tout son* ~ fall full length; *su./f* grande ~ long syllable; *cards*: long suit; *à la longue* in the long run; at length.

longanimité [lɔ̃ganimi'te] *f* forbearance; long-suffering.

long-courrier ✈ [lɔ̃ku'rje] *m* long-distance plane.

longe [lɔ̃ːʒ] *f* tether; *whip*: thong; longe; *cuis. veal, venison*: loin.

longer [lɔ̃'ʒe] (1l) *v/t.* pass *or* go along; skirt (*the coast, a wall*); **longeron** [lɔ̃ʒ'rɔ̃] *m* ⚙ stringer; longitudinal girder; ✈ *fuselage*: longeron, *wing*: spar.

longévité [lɔ̃ʒevi'te] *f* longevity, long life.

longitude *geog.* [lɔ̃ʒi'tyd] *f* longitude; **longitudinal, e,** *m/pl.* -aux [~tydi'nal, ~'no] longitudinal, lengthwise; ⚓ fore-and-aft.

longtemps [lɔ̃'tɑ̃] *adv.* long, a long time; *il y a* ~ long ago.

longueur [lɔ̃'gœːr] *f* length (*a. sp.*); *fig. film, novel, etc.*: tedious passage; *à* ~ *de* all (*day, year, etc.*) long, throughout the (*day, year, etc.*); *for* (*days, years, etc.*); *phys.* ~ *d'onde radio*: wavelength; *a. fig. être sur la même* ~ *d'onde(s)* be on the same wavelength.

longue-vue, *pl.* **longues-vues** [lɔ̃g'vy] *f* telescope; field-glass.

looping ✈ [lu'piŋ] *m* loop(ing); *faire un* ~ loop (the loop).

lopin [lɔ'pɛ̃] *m ground*: patch, plot.

loquace [lɔ'kwas] talkative; garrulous; **loquacité** [~kwasi'te] *f* loquacity, talkativeness.

loque [lɔk] *f* rag.

loquet [lɔ'kɛ] *m* latch; *knife*: clasp; **loqueteau** [lɔk'to] *m* catch, small latch.

loqueteux, -euse [lɔk'tø, ~'tøːz]

1. *adj.* ragged, in tatters; **2.** *su.* tatterdemalion.

lorgner [lɔr'ne] (1a) *v/t.* ogle, leer at; *fig.* have one's eye on; stare at; **lorgnette** [~'nɛt] *f* opera-glasses *pl.*; **lorgnon** [~'nɔ̃] *m* eye-glasses *pl.*; pince-nez.

loriot *orn.* [lɔ'rjo] *m* oriole.

lorrain, e [lɔ'rɛ̃, ~'rɛn] **1.** *adj.* of *or* from Lorraine; **2.** *su.* ♀ Lorrainer.

lors [lɔːr] *adv.*: ~ *de* at the time of; ~ *même que* even when; *dès* ~ since that time; consequently; *pour* ~ so ...; *lorsque* [lɔrsk(ə)] *cj.* when.

losange ⚼ [lɔ'zɑ̃ːʒ] *m* rhomb(us); *en* ~ diamond-shaped.

lot [lo] *m* portion, share, lot (*a. fig.*); prize; *gros* ~ first prize, jackpot; **loterie** [lɔ'tri] *f* lottery (*a. fig.*); draw, raffle.

lotier ⚘ [lɔ'tje] *m* lotus.

lotion [lɔ'sjɔ̃] *f* ⚕, ⊕ washing; ⚕ lotion; ~ *capillaire* hairwash; **lotionner** [~sjɔ'ne] (1a) *v/t.* wash, bathe; sponge.

lotir [lɔ'tiːr] (2a) *v/t.* parcel out (✝, *a. an estate*); divide up (into lots *or* plots); ~ *q. de qch.* allot s.th. to s.o.; **lotissement** [~tis'mɑ̃] *m* lot, plot; (*housing*) development; ✝ parcelling out; dividing into lots; *estate*: apportionment.

loto [lɔ'to] *m* lotto; lotto set.

louable [lwabl] laudable, praiseworthy (*for, de*).

louage [lwaːʒ] *m* hiring out; hire; ✈ chartering; *de* ~ hired; ✈ charter...

louange [lwɑ̃ːʒ] *f* praise; **louanger** [lwɑ̃'ʒe] (1l) *v/t.* praise, extol; **louangeur, -euse** [~'ʒœːr, ~'ʒøːz] **1.** *adj.* adulatory; **2.** *su.* adulator, lauder. [ligan.]

loubar(d) [lu'baːr] *m* young hoo-]

louche[1] [luʃ] † squinting; cross-eyed; *fig.* dubious, shady, ⨍ fishy, funny.

louche[2] [~] *f* (*soup-*)ladle; ⊕ reamer.

loucher [lu'ʃe] (1a) *v/i.* squint; **loucherie** [luʃ'ri] *f* squint.

louchet [lu'ʃɛ] *m* draining-spade.

louer[1] [lwe] (1p) *v/t.* rent, hire; book, reserve (*a place, seats*).

louer[2] [~] (1p) *v/t.* praise; commend (*s.o. for s.th., q. de qch.*); *se* ~ *de* be very pleased with (*s.o., s.th.*); congratulate o.s. on (*ger., de inf.*).

loueur *m,* **-euse** *f* [lwœːr, lwøːz] hirer out.

loueur², **-euse** [~] 1. *adj.* flattering; 2. *su.* flatterer.

loufoque F [lu'fɔk] loony, daft, F dippy.

loulou *zo.* [lu'lu] *m* Pomeranian.

loup [lu] *m zo.* wolf; *fig.* (black velvet) mask; ✗ *gas-mask*: face-piece; ~ de mer *icht.* sea-perch; F old salt; *à pas de* ~ stealthily; *entre chien et* ~ in the twilight; *hurler avec les* ~*s* do in Rome as the Romans do; *jeune* ~ ambitious young manager; ~**cervier**, *pl.* ~**s-cerviers** [~sɛr'vje] *m zo.* lynx; *fig.* profiteer.

loupe [lup] *f* ♀ wen; ♀ excrescence; *opt.* lens, magnifying-glass.

loupé ⊕ [lu'pe] defective (*piece*); **louper** F [~'pe] (1a) *v/t.* mess up; bungle, botch; miss (*one's train, an occasion, etc.*).

loup-garou, *pl.* **loups-garous** [luga'ru] *m myth.* werewolf; F *fig.* bear; F bogy.

lourd, lourde [lu:r, lurd] heavy; clumsy; *fig.* dull (*mind etc.*); sultry, close (*weather*); **lourdaud, e** [lur'do, ~'do:d] 1. *adj.* clumsy, awkward; dull-witted; 2. *su.* lout; clod; blockhead; **lourdeur** [~'dœ:r] *f* heaviness; clumsiness.

loustic F [lus'tik] *m* wag.

loutre [lutr] *f zo.* otter; ✝ sealskin.

louve *zo.* [lu:v] *f* she-wolf; **louveteau** [luv'to] *m* wolf-cub (*a. Boy Scouts*).

louvoyer [luvwa'je] (1h) *v/i.* ⚓ tack; *fig.* manœuvre; *fig.* hedge.

loyal, e, *m/pl.* **-aux** [lwa'jal, ~'jo] fair, straightforward, sincere; faithful; ⚖⚖ true; **loyauté** [~jo'te] *f* fairness; honesty; loyalty (to, *envers*).

loyer [lwa'je] *m* rent; ✝ *money*: price.

lu, e [ly] *p.p. of* lire¹.

lubie [ly'bi] *f* whim, fad.

lubricité [lybrisi'te] *f* lubricity, lust; **lubrifiant, e** ⊕ [~'fjɑ̃, ~'fjɑ̃:t] 1. *adj.* lubricating; 2. *su./m* lubricant; **lubrification** [~fika'sjɔ̃] *f* lubrication; greasing; **lubrifier** [~'fje] (1o) *v/t.* lubricate; grease, oil; **lubrique** [ly'brik] lustful, lewd; wanton.

lucane [ly'kan] *m lucanus*, stag beetle.

lucarne [ly'karn] *f* dormer *or* attic window; gable-window.

lucide [ly'sid] lucid (*a.* ✗); clear; **lucidité** [~sidi'te] *f* lucidity (*a.* ✗); ✗ sanity; clearness.

luciole *zo.* [ly'sjɔl] *f* firefly, glow-worm.

lucratif, -ve [lykra'tif, ~'ti:v] lucrative; **lucre** [lykr] *m* lucre, profit.

ludique [ly'dik] play ...

luette *anat.* [lɥɛt] *f* uvula.

lueur [lɥœ:r] *f* gleam, glimmer (*a. fig.*); flash.

luge [ly:ʒ] *f* toboggan, sledge, *Am.* sled; **luger** [ly'ʒe] (1l) *v/i.* toboggan, sledge, *Am.* sled; **lugeur** *m*, **-euse** *f* [~'ʒœ:r, ~'ʒø:z] tobogganer.

lugubre [ly'gybr] dismal, gloomy; ominous.

lui¹ [lɥi] *p.p. of* luire.

lui² [~] *pron./pers. subject:* he; *object:* him, her, it; (to) him, (to) her, (to) it; *à* ~ to him, to her, to it; his, hers, its; *c'est* ~ it is he, F it's him; ~**-même** [~'mɛ:m] *pron./rfl./m* himself, itself.

luire [lɥi:r] (4u) *v/i.* shine, gleam; *fig.* dawn (*hope*); **luisant, e** [lɥi'zɑ̃, ~'zɑ̃:t] 1. *adj.* shining; gleaming; glossy (*surface*); 2. *su./m* gloss, shine; **luisis** [~'zi] *1st p. sg. p.s. of* luire; **luisons** [~'zɔ̃] *1st p. pl. pres. of* luire.

lumière [ly'mjɛ:r] *f* light; ⊕ port; *fig.* (*a.* ~*s*) knowledge; *à la* ~ de by (*fig.* in) the light of; **lumignon** [lymi'ɲɔ̃] *m* candle-end; poor light; **luminaire** [~'nɛ:r] *m coll.* lighting; **luminescence** [~nɛ'sɑ̃:s] *f* luminescence; *éclairage m par* ~ fluorescent lighting; **luminescent, e** [~nɛ'sɑ̃, ~'sɑ̃:t] luminescent; **lumineux, -euse** [~'nø, ~'nø:z] luminous; *phys.* light (*-wave*); bright, brilliant (*a. fig. idea*); illuminated (*advertisement*); **luminosité** [~nozi'te] *f* luminosity; brightness; radiance.

lunaire [ly'nɛ:r] 1. *adj.* lunar; 2. *su./f* ♀ lunaria; **lunaison** *astr.* [~nɛ'zɔ̃] *f* lunation; **lunatique** [~na'tik] ✝ moonstruck; *fig.* capricious, whimsical.

lunch [lœ̃:ʃ] *m* lunch(eon); snack; **luncher** [lœ̃'ʃe] (1a) *v/i.* lunch; have a snack.

lundi [lœ̃'di] *m* Monday; F *faire le* ~ take Monday off.

lune [lyn] *f* moon; *poet.* month; ~ *de miel* honeymoon; *clair m de* ~ moonlight; *être dans la* ~ be in the clouds; *promettre la* ~ promise the moon and stars; **luné, e** [ly'ne]: *bien (mal)* ~

well- (ill-)disposed; in a good (bad) mood.

lunetier [lyn'tje] *m* spectacle-maker; optician; **lunette** [ly'nɛt] *f* telescope; ~s *pl.* spectacles, glasses; *mot. etc.* goggles; 🚋 cab-window; ⊕ die; ⊕ *lathe:* back-rest; ⊕ ~s *pl.* de soleil sunglasses; **lunetterie** [lynɛ'tri] *f* spectacle-making; making of optical instruments.

lunule [ly'nyl] *f anat.*, *a.* ⚹ lunule, lunula; *finger-nail:* half-moon.

lupanar [lypa'na:r] *m* brothel.

lupin ♪ [ly'pɛ̃] *m* lupin.

lurette F [ly'rɛt] *f: il y a belle* ~ a long time ago.

luron [ly'rɔ̃] *m* (jolly) fellow; **luronne** [~'rɔn] *f* (lively) lass.

lus [ly] *1st p. sg. p.s. of* lire[1].

lustre[1] *poet.* [lystr] *m* lustre, period of five years.

lustre[2] [lystr] *m* lustre (*a. fig.*), gloss; chandelier; **lustrer** [lys'tre] (1a) *v/t.* glaze, gloss; F make shiny (*with wear*); **lustrine** *tex.* [~'trin] *f* (silk) lustrine; cotton lustre; *manches f/pl. de* ~ oversleeves.

lut ⊕ [lyt] *m* luting; **luter** ⊕ [ly'te] (1a) *v/t.* lute, seal with luting.

luth ♪ [lyt] *m* lute; **lutherie** [ly'tri] *f* stringed-instrument trade *or* industry.

luthérien, -enne *eccl.* [lyte'rjɛ̃, ~'rjɛn] *adj., a. su.* Lutheran.

luthier [ly'tje] *m* lute-maker; stringed-instrument maker *or* seller.

lutin, e [ly'tɛ̃, ~'tin] **1.** *adj.* mischievous, impish; **2.** *su./m* imp (*a. fig. child*), elf, goblin; **lutiner** [~ti'ne] (1a) *v/t.* tease; pester.

lutrin *eccl.* [ly'trɛ̃] *m* lectern; *coll.* succentors *pl.*

lutte [lyt] *f* fight; struggle; conflict; *sp.* wrestling; *sp.* ~ *à la corde* tug-of-war; *pol.* ~ *des classes* class war *or* struggle; **lutter** [ly'te] (1a) *v/i.* fight, struggle; *sp., a. fig.* wrestle; **lutteur** *m*, **-euse** *f* [~'tœ:r, ~'tø:z] wrestler; *fig.* fighter.

luxation ⚕ [lyksa'sjɔ̃] *f* luxation, dislocation.

luxe [lyks] *m* luxury; wealth; *fig.* profusion; *de* ~ luxury, de luxe.

luxer ⚕ [lyk'se] (1a) *v/t.* luxate, dislocate.

luxueux, -euse [lyk'sɥø, ~'sɥø:z] luxurious; sumptuous (*feast*).

luxure [lyk'sy:r] *f* lewdness, lechery; **luxuriant, e** [~sy'rjɑ̃, ~'rjɑ̃:t] luxuriant; **luxurieux, -euse** [~sy'rjø, ~'rjø:z] lecherous, lewd.

luzerne ♀ [ly'zɛrn] *f* lucern(e), *Am.* alfalfa; **luzernière** ✍ [~zɛr'nje:r] *f* lucern(e)-field.

lycée [li'se] *m* (state) grammar-school; **lycéen, -enne** [~se'ɛ̃, ~se'ɛn] *su.* pupil at a lycée; *su./m* grammar-schoolboy; *su./f* grammar-schoolgirl.

lymphe ⚕ [lɛ̃:f] *f* lymph.

lynchage [lɛ̃'ʃa:3] *m* lynching; **lyncher** [~'ʃe] (1a) *v/t.* lynch.

lynx *zo.* [lɛ̃:ks] *m* lynx; *aux yeux de* ~ lynx-eyed.

lyre [li:r] *f* ♪ lyre; ⊕ quadrant; ⚓ *rowlock:* stirrup; *orn. oiseau-*~ lyre-bird; **lyrique** [li'rik] **1.** *adj.* lyric (*-al*); **2.** *su./m* lyric poet; **lyrisme** [~'rism] *m* lyricism.

lys ♀ [lis] *m* lily.

M

M, m [ɛm] *m* M, m.

ma [ma] *see* mon.

maboul, e F [ma'bul] **1.** *adj.* cracked, dippy; **2.** *su.* loony.

macabre [ma'kɑ:br] gruesome; ghastly; *danse f* ~ dance of Death.

macadamiser [makadami'ze] (1a) *v/t.* macadamize (*a road*).

macaque *zo.* [ma'kak] *m* macaque.

macaron *cuis.* [maka'rɔ̃] *m* macaroon; *fig.* dago (= *Italian*).

macédoine [mase'dwan] *f* (~ *de fruits*) fruit salad; *fig.* miscellany, *pej.* hotchpotch; ~ *de légumes* mixed (diced) vegetables *pl.*

macérer [mase're] (1f) *v/t.* soak, steep; *fig.* mortify (*the flesh*).

Mach *phys.* [mak] *npr.:* *nombre m de* ~ mach (number).

mâche [mɑ:ʃ] *f* horses: mash; ♀ cornsalad.

mâchefer ⊕ [maʃ'fɛ:r] *m* clinker, slag; *lead:* dross.

mâcher [mɑ'ʃe] (1a) *v/t.* chew; munch; ~ *à q. la besogne* half-do s.o.'s work for him; *ne pas* ~ *ses mots* not to mince matters.

machin F [ma'ʃɛ̃] *m* thing, gadget; what's-his-name.

machinal, e *m/pl.* **-aux** [maʃi'nal, ~'no] mechanical, unconscious; **machinateur** [~na'tœ:r] *m* plotter, schemer; **machination** [~na'sjɔ̃] *f* machination, plot; **machine** [ma-'ʃin] *f* machine; engine (*a.* 🚢); ~ dynamo; ~s *pl.* machinery *sg.*; ~ *à calculer* calculating machine, calculator; ~ *à écrire* typewriter; ~ *à photocopier* photocopier; ~ *à sous* slot-machine; **machine-outil,** *pl.* **machines-outils** [~ʃinu'ti] *f* machine-tool; **machiner** [~ʃi-'ne] (1a) *v/t.* scheme, plot; hatch; *machiné à l'avance* put-up (*affair*); **machinery** [~ʃin'ri] *f* machinery; ♣ engine-room; **machiniste** [~ʃi-'nist] *m* bus driver; *thea.* scene shifter.

mâchoire [mɑ'ʃwa:r] *f* jaw (*a.* ⊕); ⊕ vice; ⊕ flange; *mot.* ~s *pl.* (brake-) shoes; **mâchonner** [~ʃɔ'ne] (1a) *v/t.* mumble; mutter; chew; *animal:* champ (*fodder*); **mâchure** [~'ʃy:r] *f* *tex.* flaw; *fruit, flesh:* bruise; **mâchurer** [~ʃy're] (1a) *v/t.* ⊕ soil, stain; *typ.* smudge; chew; munch.

macis ♀, *cuis.* [ma'si] *m* mace.

maçon [ma'sɔ̃] *m* ⚒ mason; F freemason.

Mâcon [mɑ'kɔ̃] *m* Mâcon (= *wine of Burgundy*).

maçonner [masɔ'ne] (1a) *v/t.* ⚒ build; face (*with stone*); wall up (*a door, a window*); **maçonnerie** [~sɔn'ri] *f* ⚒ masonry; F freemasonry; **maçonnique** [~sɔ-'nik] masonic.

macro... [makrɔ] macro...; **~biotique** [~bjɔ'tik] macrobiotic; **~biotisme** [~bjɔ'tism] *m* macrobiotics *sg.*; **~céphale** *zo.*, ♀ [~se'fal] macrocephalic, large-headed; **~cosme** [~'kɔsm] *m* macrocosm.

macule [ma'kyl] *f* spot, blemish, stain; *astr.* sun-spot; **maculer** [~ky'le] (1a) *v/t.* maculate; stain; *typ.* mackle; *v/i. a. se* ~ mackle, blur.

madame, *pl.* **mesdames** [ma'dam, me'dam] *f* Mrs.; madam; F lady.

madeleine [mad'lɛn] *f* ♀ (*sort of*) pear; *cuis.* sponge-cake.

mademoiselle, *pl.* **mesdemoiselles** [madmwa'zɛl, medmwa'zɛl] *f* Miss; young lady.

madère [ma'dɛ:r] *m* Madeira (wine).

Madone [ma'dɔn] *f* Madonna.

madras ✝, *tex.* [ma'drɑ:s] *m* Madras (handkerchief).

madré, e [mɑ'dre] **1.** *adj.* mottled; spotted; *fig.* sly, wily; **2.** *su. fig.* sly fox.

madrier ⚒ [madri'e] *m* timber; plank.

madrilène [madri'lɛn] **1.** Madrilenian; of Madrid; **2.** *su.* ♀ inhabitant of Madrid.

maestria [maestri'ja] *f* skill.

mafflu, e F [mɑ'fly] heavy-jowled.

magasin [maga'zɛ̃] *m* shop, Am.

store; warehouse, store; *camera, rifle:* magazine; ⚔ armo(u)ry; ~ *à succursales multiples* chain stores *pl.*; † *grand* ~ department store; † *en* ~ in stock; **magasinage** [~zi'na:ʒ] *m* warehousing, storing; storage (charges *pl.*); **magasinier** [~zi'nje] *m* warehouseman, store-keeper.

magazine [maga'zin] *m* (illustrated) magazine.

mage [ma:ʒ] **1.** *su./m* magus; seer; **2.** *adj.: bibl.* les Rois *m/pl.* ~s the Three Wise Men, the (Three) Magi; **magicien** *m,* **-enne** *f* [maʒi-'sjɛ̃, ~'sjɛn] magician; wizard; **magie** [~'ʒi] *f* magic (*a. fig.*); **magique** [~'ʒik] magic(al) (*a. fig.*).

magistral, e, *m/pl.* **-aux** [maʒis'tral, ~'tro] magisterial; *fig.* pompous; *fig.* masterly (*work*); F first-rate; 📖 magistral; **magistrat** [~'tra] *m* magistrate, judge; **magistrature** [~tra'ty:r] *f* magistrature; magistracy; ~ *assise* Bench, judges *pl.*; ~ *debout* public prosecutors *pl.*

magma [mag'ma] *m geol.* magma; *fig.* muddle.

magnanime [maɲa'nim] magnanimous; **magnanimité** [~nimi'te] *f* magnanimity.

magnat [mag'na] *m* magnate.

magnésie ♈ [maɲe'zi] *f* magnesia, magnesium oxide; *sulfate m de* ~ Epson salts *pl.*

magnésite [maɲe'zit] *f* magnesite, meerschaum.

magnésium [maɲe'zjɔm] *m* ♈ magnesium; *phot.* flash-light.

magnétique [maɲe'tik] magnetic; **magnétisme** [~'tism] *m* magnetism; **magnétite** *min.* [~'tit] *f* lodestone, magnetite; **magnéto** [~'to] *f* magneto; **magnétophone** [~to'fɔn] *m* tape recorder; ~ *à cassettes* cassette recorder; **magnétoscope** [~to-'skɔp] *m* video(-tape) recorder; **magnétoscoper** [~] (1a) *v/t.* video-tape.

magnificence [maɲifi'sɑ̃:s] *f* magnificence, splendo(u)r; ~s *pl.* lavishness *sg.*; **magnifier** [~'fje] (1a) *v/t.* magnify, glorify, glamorize; **magnifique** [~'fik] magnificent, splendid; *fig.* marvellous.

magnolia ♣ [maɲɔ'lja] *m,* **magnolier** ♣ [~'lje] *m* magnolia(-tree).

magot[1] [ma'go] *m zo.* barbary ape; macaque; *fig.* ugly man.

magot[2] F [~] *m* savings *pl.*, hoard.

magouille *sl.* [ma'guj] *f* dealings *pl.*, tricks *pl.*; wangle: graft.

mahométan, e [maɔme'tɑ̃, ~'tan] *adj., a. su.* Mohammedan, Moslem; **mahométisme** [~'tism] *m* Mohammedanism.

mai [mɛ] *m* May; may-pole.

maie [~] *f* kneading-trough.

maigre [mɛ:gr] **1.** *adj.* thin, lean; meagre, scanty (*meal, a. fig.*); **2.** *su./m* meat: lean; *icht.* meagre; *faire* ~ fast, abstain from meat; **maigrelet, -ette** [mɛgrə'lɛ, ~'lɛt] rather thin, slight; **maigreur** [~-'grœ:r] *f* thinness; emaciation; *fig.* meagreness, poorness; **maigrir** [~'gri:r] (2a) *v/i.* grow thin; lose weight; *v/t.* make thinner; ⊕ thin (*wood*).

mail [ma:j] *m* ⊕ sledge-hammer; avenue; † *club, game:* mall.

maille[1] [ma:j] *f* stitch; *chain:* link; (chain-)mail; *net:* mesh; *feather:* speckle; *vine etc.:* bud; ⊕ two-handed mallet; *à larges (petites)* ~s wide-(close-)meshed.

maille[2] [~] *f:* *avoir* ~ *à partir avec q.* have a bone to pick with s.o.

maillechort [maj'ʃɔ:r] *m* nickel *or* German silver.

mailler [ma'je] (1a) *v/t.* net; 🎣 lace; ⊕ shackle (*chains*); ⊕ make (*s.th.*) in lattice-work; *v/i.* 🐦 bud; *a. se* ~ become speckled (*partridge etc.*).

maillet [ma'jɛ] *m* mallet, maul; *sp.* polo-stick; croquet mallet.

maillon [ma'jɔ̃] *m chain:* link; *tex.* mail; 🎣 shackle; **maillot** [ma'jo] *m* swaddling-clothes *pl.*; *sp. football:* jersey; *rowing, running:* vest; ~ *de bain woman:* swimsuit; *man:* bathing trunks *pl.*

main [mɛ̃] *f* hand (*a cards; a. handwriting*); † *paper:* quire; *cards:* deal; ~ *courante* handrail; *à la* ~ in the *or* one's hand; (*do s.th.*) by hand; *à* ~ *levée* freehanded; *à pleines* ~s lavishly; *avoir la* ~ *cards:* have the lead *or* deal; *bas (haut) les* ~s! hands off (up)!; *battre des* ~s clap (one's hands); *fig. de bonnes* ~s on good authority; *en* ~ under control; in hand; *en un tour de* ~ straight off, F in a jiffy; *en venir aux* ~s come to blows *or* grips; *fait à la* ~ handmade; *la* ~ *dans la* ~ hand in hand; *payer de la* ~ *à* *la* ~ pay direct without formalities; *mettre la* ~ *sur* lay hands on; *prêter la* ~ lend a hand; *savoir de longue* ~ have known for a long time; *serrer la* ~ *à q.* shake hands with s.o.; *sous la* ~ to hand, at hand, handy; *sous* ~ underhanded(ly *adv.*); **~d'œuvre**, *pl.* **~s-d'œuvres** [~'dœ:vr] *f* labo(u)r; manpower; **~forte** [~'fɔrt] *f*: *prêter* ~ give assistance (*to the police etc.*); **~levée** ⚖ [~lə've] *f* withdrawal; **~mise** [~'mi:z] *f* seizure (*of, sur*); ⚖ distraint; **~morte** ⚖ [~'mɔrt] *f* mortmain.

maint, mainte *poet.* [mɛ̃, mɛ̃:t] many a; *maintes fois* many a time.

maintenance [mɛ̃t'nɑ̃s] *f* maintenance.

maintenant [mɛ̃t'nɑ̃] *adv.* now; *dès* ~ from now on, henceforth.

maintenir [mɛ̃t'ni:r] (2h) *v/t.* maintain (*a. fig.*); keep; support; uphold; *se* ~ continue; remain; hold one's own; **maintien** [mɛ̃'tjɛ̃] *m* maintenance; bearing, carriage; *perdre son* ~ lose countenance.

maire [mɛ:r] *m* mayor; **mairie** [mɛ'ri] *f* town hall; mayoralty.

mais [mɛ] **1.** *cj.* but; ~ *non!* no indeed!; ~ *non!* not at all!; ~ *oui!* sure!, of course!; ~ *je n'en puis* ~ I am completely exhausted; *I don't know what to say.* **2.** *adv.*:

maïs 🌾 [ma'is] *m* maize, Indian corn, *Am.* corn.

maison [mɛ'zɔ̃] *f* house; home; household; family; ♥ (*a. de commerce*) firm; ~ *close* brothel; ~ *d'arrêt* gaol, lock-up; ~ *de commission* commission agency; ~ *de rapport* apartment house; ~ *de santé* nursing home; mental hospital; ~ *du Roi* Royal Household; ~ *jumelle* semi-detached house; ♥ *mère* head office; *de bonne* ~ of a good family; *la* ~ *des Bonaparte* the House of Bonaparte; *tenir* ~ *ouverte* keep open house; **maisonnée** [mɛzɔ'ne] *f* household, family; **maisonnette** [~'nɛt] *f* cottage, small house.

maître, -esse [mɛ:tr, mɛ'trɛs] **1.** *su. m* master (*a. fig.*); *fig.* ruler; owner; *school:* teacher; ♣ petty officer; ♣♣ *title given to lawyers:* maître; ~ *d'armes* fencing-master; *univ.* ~ *de conférences* lecturer; ~ *d'hôtel* head-waiter; ♣ chief steward; ~ *d'œuvre* foreman; *être* ~ *de* be in control of;

have at one's disposal; *être passé* ~ *en* be a past master of *or* in; *su./f* mistress; **2.** *adj.* ♠, ⊕, *etc.*, *a. fig.* principal, main; **~autel**, *pl.* **~s-autels** *eccl.* [mɛtro'tɛl] *m* high altar; **maîtrisable** [~tri'zabl] controllable; **maîtrise** [~'tri:z] *f* mastership; *fig.* feeling, *profession*, *etc.*: mastery; command, control; **maîtriser** [~tri'ze] (1a) *v/t.* master, overcome; *se* ~ control o.s.

majesté [maʒɛs'te] *f* majesty; **majestueux, -euse** [~'tɥø, ~'tɥø:z] majestic, stately.

majeur, e [ma'ʒœ:r] **1.** *adj.* major (*a.* ♩, ♪, *phls.*), greater; *fig.* main, chief; *devenir* ~ reach one's majority; **2.** *su./m* ⚖ major; middle finger; **major** ✗ [ma'ʒɔ:r] *m* regimental adjutant; ~ *de place* town major; ~ *général* chief of staff; **majoration** [~ʒɔra'sjɔ̃] *f* over-estimation; increase; *admin.* advancement; **majordome** [~ʒɔr'dɔm] *m* major-domo, steward; **majorer** [maʒɔ're] (1a) *v/t.* over-estimate; add to (*a bill*); increase; **majorité** [~ri'te] *f* majority (*a.* ⚖); ⚖ coming of age; ✗ adjutancy.

majuscule [maʒys'kyl] **1.** *adj.* capital (*letter*); **2.** *su./f* capital letter.

mal [mal] **1.** *su./m* evil; hurt, harm; pain; ♫ disease; wrong; ~ *à l'estomach* stomachache; ~ *aux reins* backache; ~ *de cœur* nausea, sickness; ~ *de l'air* air sickness; ~ *de mer* seasickness; ~ *de tête* headache; ~ *du pays* homesickness; *avoir* ~ *au ventre* have a stomachache; *avoir du* ~ *à faire qch.* have difficulty (in) doing s.th.; *donner du* ~ *à q.* give s.o. some trouble; *faire* ~ (*à q.*) hurt (s.o.); *faire du* ~ *à q.* harm s.o.; ♫ *haut* ~ epilepsy; *prendre* ~ be taken ill; *se donner du* ~ take pains *or* trouble; **2.** *adv.* badly; ill; uncomfortable; ~ *à l'aise* ill at ease; ~ *à propos* inopportunely, at the wrong time; ~ *fait* badly made; botched (*work*); *être* ~ be uncomfortable; be wrong; *pas* ~ good-looking, presentable (*person*); quite good; ⊦ *pas* ~ *de* a good many; *prendre* ~ *qch.* take offence at s.th.; *se sentir* ~ feel ill; *se trouver* ~ faint.

malade [ma'lad] **1.** *adj.* ill, sick; diseased; **2.** *su.* patient; sick person; **maladie** [mala'di] *f* disease; illness, sickness; ailment; ~ *de carence* deficiency disease, vitamin deficiency; ~ infantile childhood disease; fig. teething troubles pl.; **maladif, -ve** [\\'dif, ~'di:v] sickly, ailing.

maladresse [mala'drɛs] f clumsiness; blunder; **maladroit, e** [~'drwa, ~'drwat] 1. adj. clumsy, awkward; 2. su. duffer; blunderer; awkward person.

malais, e [ma'lɛ, ~'lɛ:z] 1. adj. Malay(an); 2. su./m ling. Malay(an); su. ♀ Malay(an).

malaise [ma'lɛ:z] f uneasiness; discomfort; fig. unrest; **malaisé, e** [~lɛ'ze] difficult.

malappris, e [mala'pri, ~'pri:z] 1. adj. ill-mannered; 2. su. ill-mannered person.

malavisé, e [malavi'ze] 1. adj. illadvised; injudicious (person); 2. su. blunderer.

malaxage [malak'sa:ʒ] m mixing; dough: kneading; **malaxer** [~'se] (1a) v/t. mix; knead (dough); **malaxeur** ⊕ [~'sœ:r] m (cement) mixer; mixing machine. [uncouth.]

malbâti, e [malba'ti] misshapen;|

malchance [mal'ʃɑ̃:s] f bad luck; mishap; **malchanceux, -euse** [~ʃɑ̃sø, ~'søːz] 1. adj. unlucky, luckless; 2. su. unlucky person.

maldonne [mal'dɔn] f cards: misdeal; error, mistake; misunderstanding.

mâle [mɑ:l] 1. adj. male (♀, ⊕ screw, person); zo. buck (rabbit), dog (fox, wolf), bull (elephant); orn. cock; fig. virile; manly; 2. su./m male.

malédiction [maledik'sjɔ̃] f curse.

maléfice [male'fis] m evil spell; **maléfique** [~'fik] evil; maleficent.

malencontre † [malɑ̃'kɔ̃:tr] f mishap; **malencontreux, -euse** [malɑ̃kɔ̃'trø, ~'trø:z] unfortunate, awkward.

malentendu [malɑ̃tɑ̃'dy] m misunderstanding.

mal-être [mal'ɛ:tr] m (feeling of) discomfort; uneasiness.

malfaçon [malfa'sɔ̃] f bad workmanship; defect; **malfaire** [mal'fɛ:r] (4r) v/i. do evil; **malfaisant, e** [~fɑ'zɑ̃, ~'zɑ̃:t] harmful; mischievous; evil-minded (person); **malfaiteur** m, **-trice** f [~fɛ'tœ:r, ~'tris] malefactor; offender.

malfamé, e [malfa'me] ill-famed; notorious.

malformation [malfɔrma'sjɔ̃] f malformation (a. ♀).

malgré [mal'gre] prp. despite, in spite of; ~ moi against my will; ~ tout still.

malhabile [mala'bil] clumsy; inexperienced (in ger., à inf.).

malheur [ma'lœ:r] m bad luck; misfortune; unhappiness; ~ à lui! woe betide him!; quel ~! what a pity!; **malheureux, -euse** [~lœ'rø, ~'rø:z] 1. adj. unlucky, unhappy; unfortunate; fig. poor; fig. paltry; 2. su. unfortunate person; pauvre ~! poor soul!

malhonnête [malɔ'nɛt] dishonest; fig. impolite; indecent (gesture); **malhonnêteté** [~nɛt'te] f dishonesty; fig. rudeness; gesture: indecency.

malice [ma'lis] f malice; fig. trick; ne pas voir ~ à not to see any harm in; **malicieux, -euse** [~li'sjø, ~'sjø:z] mischievous; waggish, sly (remark etc.).

malignité [maliɲi'te] f malignity (a. ♀); piece of spite; **malin, -igne** [~'lɛ̃, ~'liɲ] 1. adj. malignant (a. ♀); wicked; fig. cunning, sharp, sly; fig. clever, smart; fig. difficult; 2. su. fig. shrewd person; su./m: le ♀ the Devil.

malingre [ma'lɛ̃:gr] sickly, weakly.

malintentionné, e [malɛ̃tɑ̃sjɔ'ne] 1. adj. evil-minded, ill-intentioned; 2. su. evil-minded person.

malique ⚕ [ma'lik] malic (acid).

mal-jugé ⚖ [malʒy'ʒe] m miscarriage of justice.

malle [mal] f trunk; ⚓ mail-boat; (de)faire sa ~ (un)pack.

malléable [malle'abl] malleable (a. fig.); fig. pliant.

malle-poste, pl. **malles-poste** [mal'pɔst] f mail-coach; **malletier** [mal'tje] m trunk-maker; **mallette** [ma'lɛt] f suitcase; attaché case; small case.

malmener [malmə'ne] (1d) v/t. illtreat, maltreat, handle roughly.

malotru, e [malɔ'try] 1. adj. uncouth; vulgar; 2. su. boor, churl.

malpeigné, e [malpe'ɲe] unkempt, untidy (person).

malpropre [mal'prɔpr] dirty (a. fig.); slovenly (appearance); **malpropreté** [~prɔprə'te] f dirtiness (a. fig.); dirt; slovenliness; ~s pl. dirty stories, F smut sg.

malsain

malsain, e [mal'sɛ̃, ~'sɛn] unhealthy; unwholesome (a. fig.); dangerous (coast); fig. unsound.

malséant, e [malse'ɑ̃, ~'ɑ̃:t] unbecoming, unseemly.

malsonnant, e [malsɔ'nɑ̃, ~'nɑ̃:t] offensive.

malt [malt] m malt; **malter** [mal'te] (1a) v/t. malt; **malterie** [~'tri] f malting; malt-house; **malteur** [~'tœːr] m maltster; **maltose** ⚗︎, ⊕ [~'toːz] m maltose.

maltraiter [maltrɛ'te] (1a) v/t. illtreat, maltreat; handle roughly; batter.

malveillance [malvɛ'jɑ̃ːs] f malevolence, ill will; spite (to[wards] pour, envers); **malveillant, e** [~'jɑ̃, ~'jɑ̃ːt] ill-willed; malicious; spiteful.

malversation ⚖ [malvɛrsa'sjɔ̃] f embezzlement; breach of trust.

malvoisie [malvwa'zi] mf wine: malmsey.

maman [ma'mɑ̃] f mam(m)a, mummy, Am. a. mom.

mamelle [ma'mɛl] f breast; cow etc.: udder; teat; **mamelon** [mam-'lɔ̃] m nipple; a. ⊕ for oiling); person, a. animal: teat; ⊕ boss; geog. rounded hillock; **mamelonné, e** [~lɔ'ne] mamillate; hilly.

mamel(o)uk [mam'luk] m mameluke.

m'amie †, ma mie [ma'mi] f my dear.

mamillaire [mamil'lɛːr] mamillary; **mammaire** anat. [~'mɛːr] mammary; **mammifère** zo. [~mi'fɛːr] **1.** adj. mammalian; **2.** su./m mammal.

mamours [ma'muːr] m/pl. billing sg. and cooing sg., caresses.

mammouth zo. [ma'mut] m mammoth.

manant [ma'nɑ̃] m boor; yokel; † villager.

manche[1] [mɑ̃:ʃ] m handle; haft; (broom-)stick; whip: stock; ♩ violin: neck; 🎿 ~ à balai joy-stick; jeter le ~ après la cognée give up.

manche[2] [~] f sleeve; water: hose; (air-)shaft; geog. strait; sp. heat; tennis: set; cards: hand; 🎿 ~ à air wind sock; la ♀ the (English) Channel; F faire la ~ beg (for alms).

mancheron [mɑ̃ʃ'rɔ̃] m plough: handle; cost. cuff; short sleeve; **manchette** [mɑ̃'ʃɛt] f cuff; wrist-band; journ. headline; sl. ~s pl. handcuffs; **manchon** [~'ʃɔ̃] m muff; ⊕ casing, sleeve; gas-mantle.

manchot, e [mɑ̃'ʃo, ~'ʃɔt] **1.** adj. one-armed; fig. awkward with one's hands, F ham-fisted; **2.** su. one-armed person; su./m orn. penguin.

mandant [mɑ̃'dɑ̃] m ⚖ principal; employer; pol. constituent.

mandarin [mɑ̃da'rɛ̃] mandarin (a. fig., pej.); **mandarinat** [mɑ̃dari'na] m mandarinate.

mandarine ♀ [mɑ̃da'rin] f mandarin(e), tangerine.

mandat [mɑ̃'da] m mandate; commission; ⚖ power of attorney; ⚖ warrant; ✝ draft, order; sous ~ mandated (territory); **mandataire** [mɑ̃da'tɛːr] su. agent; ⚖ attorney; trustee; pol. mandatory; **mandat-carte**, pl. **mandats-cartes** [~'kart] m post: money order (in post-card form); **mandater** [~'te] (1a) v/t. give a mandate to; write a money order for (a sum); **mandat-poste**, pl. **mandats-poste** [~'pɔst] m postal money order.

mandement [mɑ̃d'mɑ̃] m eccl. pastoral letter; instructions pl.; **mander** [mɑ̃'de] (1a) v/t. instruct (s.o.); summon (s.o.); journ. on mande ... it is reported ...

mandibule anat. [mɑ̃di'byl] f mandible.

mandoline ♩ [mɑ̃dɔ'lin] f mandolin(e).

mandragore ♀ [mɑ̃dra'gɔːr] f mandragora, F mandrake.

mandrin ⊕ [mɑ̃'drɛ̃] m mandrel; chuck; punch.

manducation [mɑ̃dyka'sjɔ̃] f mastication; eccl. manducation.

manège [ma'nɛːʒ] m riding school; fig. trick, stratagem; (a. ~ de chevaux de bois) roundabout, merry-go-round.

mânes [mɑːn] m/pl. manes, spirits (of the departed).

manette ⊕ [ma'nɛt] f lever (a. mot.); Morse: key.

manganèse ⚗︎, min., metall. [mɑ̃ga-'nɛːz] m manganese.

mangeable [mɑ̃'ʒabl] edible, eatable; **mangeaille** [~'ʒɑːj] f feed (for animals); F food, F grub; **mangeoire** [~'ʒwaːr] f manger; feeding-trough; **manger** [mɑ̃'ʒe] **1.** (1l) vt/i. eat; v/t. corrode (metal); squander (*money*); mumble (*words*); *fig.* use up, consume (*coal, gas, petrol, etc.*); **2.** *su./m* food; **mangetout** [mãʒ'tu] *m/inv.* † spendthrift; ♥ French bean;

mangeur *m*, **-euse** *f* [mã'ʒœ:r, ‿'ʒø:z] eater; *fig.* devourer; **mangeure** † [‿'ʒy:r] *f* place eaten (*by mice, moths, etc.*).

maniabilité [manjabili'te] *f* handiness; manageableness; ⚓, *mot.* manœuvrability; **maniable** [‿'njabl] manageable, manœuvrable; handy (*tool*); *fig.* tractable.

maniaque [ma'njak] **1.** *adj.* finnicky, fussy; fanatic; suffering from a mania; **2.** *su.* ✶ maniac; **manie** [‿'ni] *f* mania; funny habit.

maniement [mani'mã] *m* management; handling; **manier** [‿'nje] (1o) *v/t.* manage; handle.

manière [ma'njɛ:r] *f* manner (*a. paint. etc.*), way; *fig.* mannerisms *pl.*; ‿s *pl.* manners; *à la* ‿ *de* after the manner of; *de* ‿ *à* so as to; *de* ‿ *que* so that; *d'une* ‿ *ou d'une autre* somehow or other; *en aucune* ‿ in no way; *en* ‿ *de* by way of; *faire des* ‿s be affected; affect reluctance; **maniéré, e** [manje're] affected; *paint. etc.* mannered; *fig.* genteel (*voice etc.*); **maniérisme** [‿'rism] *m* mannerism.

manieur [ma'njœ:r] *m* controller; *pej.* ‿ *d'argent* financier; financial adventurer.

manif F [ma'nif] *f* (*abbr. of manifestation*) demo; **manifestant, e** *pol.* [manifɛs'tã, ‿'tãt] **1.** *adj.* demonstrating; **2.** *su.* demonstrator; **manifestation** [‿tas'jɔ̃] *f* manifestation; *pol.* demonstration; *eccl.* revelation; **manifeste** [‿'fɛst] **1.** *adj.* manifest, obvious; ⚖ overt; **2.** *su./m* manifesto; ⚓ manifest; **manifester** [‿fɛs'te] (1a) *v/t.* show, manifest, reveal; *se* ‿ appear; show o.s.; *v/i.* *pol.* demonstrate.

manigance F [mani'gã:s] trick, scheme; F monkey business; dealings *pl.*; **manigancer** F [‿gã'se] (1k) *v/t.* plot, scheme.

manipulateur [manipyla'tœ:r] *m* handler; *tel.* sending key; *radio:* sender; **manipulation** [‿la'sjɔ̃] *f* manipulation; handling; **manipuler** [‿'le] (1a) *v/t.* manipulate (*a. fig.*), handle; *⚡, tel.* operate (*a key etc.*).

manitou F [mani'tu] *m* boss, tycoon.

manivelle ⊕ [mani'vɛl] *f* crank (-handle).

manne¹ [man] *f* basket; (*baby's*) bassinet.

manne² [‿] *f* *bibl.* manna; *fig.* godsend.

mannequin¹ [man'kẽ] *m* small hamper.

mannequin² [man'kẽ] *m* ✂, *paint.* manikin; *paint.* lay figure; *cost.* dummy; mannequin; *fig.* puppet; **mannequiner** *paint.* [‿ki'ne] (1a) *v/t.* pose (*s.o.*) unnaturally.

manœuvrabilité [manœvrabili'te] *f* manœuvrability; **manœuvrable** [‿'vrabl] manageable; workable; **manœuvre** [ma'nœ:vr] *su./f* working; operation; ⚓ shunting, *Am.* switching; ✕, ⚓ manœuvre (*a. fig.*); exercise; ✕, ⚓ movement; *fig.* intrigue; *su./m* (manual) labo(u)rer; unskilled worker; *fig.* hack; **manœuvrer** [manœ'vre] (1a) *v/t.* work (*a machine etc.*); F *à la* ‿, marshal; *vt/i.* manœuvre (*a.* ⚓, *fig.*); **manœuvrier, -ère** [‿vri'e, ‿'ɛ:r] skilful; capable.

manoir [ma'nwa:r] *m* country-house; *hist.* manor.

manomètre ⊕ [manɔ'mɛtr] *m* manometer.

manouvrier [manuvri'e] *m* day-labo(u)rer.

manque [mã:k] *m* lack, want; deficiency, shortage; *fig.* emptiness; *drugs etc., a. fig.* (*symptôme* *m* *de*) ‿ withdrawal (*symptom*); ‿ *de foi* lack of; ‿ *de foi* breach of faith; ‿ *de parole* breaking of one's promise; F *à la* ‿ poor, fifth-rate; **manqué, e** [mã'ke] unsuccessful; **manquement** [mãk'mã] *m* failure, lapse; ‿ *à* breach of; **manquer** [mã'ke] (1m) *v/t.* miss (*a. fig.*); spoil (*one's life, a picture*); *se* ‿ miss one another; *v/i.* lack; be absent; be missing; fail; ‿ *à q.* be missed by s.o.; ‿ *à qch.* fail in s.th.; commit a breach of s.th.; ‿ *de qch.* lack s.th., not to have s.th.; ne pas ‿ *de rien* lack for nothing; ‿ (*de*) *faire qch.* nearly do s.th.; *j'ai manqué* (*de*) *tomber* I nearly fell; ne pas ‿ *de* (*inf.*) not to fail to (*inf.*).

mansarde △ [mã'sard] *f* attic, garret(-window); *roof:* mansard.

mansuétude [mãsɥe'tyd] *f* gentleness, meekness.

mante [mã:t] *f* (*woman's*) sleeveless

cloak; zo. ~ religieuse (or prie-Dieu) praying mantis.

manteau [mɑ̃'to] m coat; cloak (a. fig.); mantle (a. zo.); ⊕ casing; △ mantelpiece; sous le ~ on the quiet, secretly; **mantelet** [mɑ̃t'lɛ] m cost. tippet, mantlet; ⚓ port-lid; **mantille** cost. [mɑ̃'ti:j] f mantilla.

manucure [many'ky:r] su. manicurist; **manucurer** [~ky're] (1a) v/t. manicure.

manuel, -elle [ma'nɥɛl] 1. adj. manual; 2. su./m handbook, manual; text-book; ~ d'entretien instruction handbook.

manufacture [manyfak'ty:r] f (manu)factory; ⊕ plant; **manufacturer** [~ty're] (1a) v/t. manufacture; **manufacturier, -ère** [~ty'rje, ~'rjɛ:r] 1. adj. manufacturing; 2. su./m manufacturer; mill-owner.

manuscrit, e [manys'kri, ~'krit] 1. adj. manuscript; hand-written; 2. su./m manuscript.

manutention [manytɑ̃'sjɔ̃] f control; handling; ✕, ⚓ store-keeping; stores pl.; ✕ bakery; **manutentionner** [~sjɔ'ne] (1a) v/t. handle; ✕, ⚓ store; bake.

mappemonde [map'mɔ̃:d] f map of the world.

maquereau [ma'kro] m icht. mackerel; V pimp.

maquette [ma'kɛt] f model (a. thea.); ⊕ mock-up; book: dummy; metall. bloom.

maquignon [maki'ɲɔ̃] m horsedealer; pej. shady dealer or go-between; **maquignonnage** [~ɲɔ'na:ʒ] m horse-dealing; pej. sharp practice; **maquignonner** [~ɲɔ'ne] (1a) v/t. fake up (a horse); arrange (s.th.) by sharp practices, F work, sl. cook.

maquillage [maki'ja:ʒ] m make-up; **maquiller** [~'je] (1a) v/t. make up; phot. work up; fig. disguise; se ~ make up; **maquilleur** m, -euse f [~'jœ:r, ~'jø:z] thea. make-up artist; fig. faker.

maquis [ma'ki] m scrub; fig. maze; jungle; ✕ underground forces pl., maquis; prendre le ~ go underground.

maraîcher, -ère [marɛ'ʃe, ~'ʃɛ:r] 1. adj. market-(gardening-); culture f mâraîchère market gardening, Am. truck farming; 2. su./m marketgardener, Am. truck farmer.

marais [ma'rɛ] m marsh; bog; swamp.

marasme [ma'rasm] m 🏥 marasmus, wasting; fig. depression (a. ✝).

marathon sp. [mara'tɔ̃] m marathon (a. fig.).

marâtre [ma'rɑ:tr] f step-mother; cruel or unnatural mother.

maraude [ma'ro:d] f plundering, looting; filching; F en ~ cruising, crawling (taxi); **marauder** [~ro'de] (1a) v/i. plunder; filch; F cruise (taxi).

marbre [marbr] m marble; typ. press-stone; ⊕ (sur)face-plate; typ. sur le ~ in type; **marbrer** [mar'bre] (1a) v/t. marble; fig. mottle; **marbrerie** [~brə'ri] f marblecutting, marble-work; marble-mason's yard; **marbrier, -ère** [~bri'e, ~'ɛ:r] 1. adj. marble...; 2. su./m marble-cutter; monumental mason; su./f marble-quarry; **marbrure** [~'bry:r] f marbling; fig. mottling.

marc [ma:r] m grapes etc.: marc; (tea-)leaves pl., (coffee-)grounds pl.

marcassin zo. [marka'sɛ̃] m young wild boar.

marchand, e [mar'ʃɑ̃, ~'ʃɑ̃:d] 1. adj. saleable, marketable; trade (name, price); shopping (centre); commercial (town); ⚓ merchant (navy, ship); 2. su. dealer, shopkeeper; (coster-,fish-,iron-)monger; ~ d'antiquités antique dealer; ~ des quatresaisons costermonger; ~ de tabac tobacconist; ~ en (or au) détail retailer; ~ en gros wholesaler; **marchandage** [marʃɑ̃'da:ʒ] m bargaining; **marchander** [~'de] (1a) v/t. haggle with (s.o., q.); bargain for (s.th.,qch.); beat (s.o.) down; ⊕ subcontract (a job); ne pas ~ not to spare; **marchandeur** m, -euse f [~'dœ:r, ~'dø:z] bargainer; ⊕ subcontractor of labo(u)r; **marchandise** [~'di:z] f merchandise, wares pl., goods pl.; 🚂 train m de ~s goods train, Am. freight train.

marche¹ [marʃ] f walk; ✕, ♩ march; tread; step, stair; ⊕, ♩ machine, train: running; fig. events, stars, time, etc.: course; fig. (rate of) progress; ~ arrière mot. reversing; 🚂 backing; en ~ moving...; ⊕ running; en état de ~ in working order; ⊕, a. fig. mettre en ~ start, set going, set in motion.

marche[2] *geog.* [~] *f* border(land); march(-land).

marché [mar'ʃe] *m* market (*a. financial*); deal, bargain; ✝ ~ *à terme* time-bargain; ~ *au comptant* cash transaction; ✝, *pol.* ♀ *commun* Common Market; ~ *des changes* exchange market; ~ *du travail* labo(u)r market; ~ *intérieur (étranger)* home (foreign) market; ~ *noir* black market; (*à*) *bon* ~ cheap(ly); (*à*) *meilleur* ~ more cheaply; cheaper; *le bon* ~ the cheapness (of, *de*); (*aller*) *faire son* ~ go shopping; *fig.* *par-dessus le* ~ into the bargain.

marchepied [marʃə'pje] *m* vehicle: footboard; *mot.* running-board; *wagon:* tail-board; step-ladder; *fig.* stepping-stone.

marcher [mar'ʃe] (1a) *v/i.* walk, go (*a.* 🚂 *engine*); ✗ *etc.* march; ⊕ run (*a.* 🚂 *train*), work; *fig.* F swallow; ♣ sail, head (for, *vers*); ⊕ ~ *à vide* run idle; ~ *sur les pas de* q. follow in s.o.'s footsteps; ~ *sur les pieds de* q. tread on s.o.'s feet; *faire* ~ *run* (*a house, a business*); F *faire* ~ *q.* pull s.o.'s leg; F (*je ne*) *marche pas!* nothing doing!; F *ne pas se laisser* ~ *sur les pieds* not to let o.s. be put upon; *ma montre ne marche plus* my watch is broken; **marcheur, -euse** [~'ʃœːr, ~'ʃøːz] **1.** *adj.* walking; ♣ *bon* ~ fast-sailing; **2.** *su.* walker; *su./m:* F *vieux* ~ old rake.

marcotte ✿ [mar'kɔt] *f* layer; runner; **marcotter** ✿ [~kɔ'te] (1a) *v/t.* layer.

mardi [mar'di] *m* Tuesday; ~ *gras* Shrove Tuesday.

mare [maːr] *f* pond; pool (*a. fig.*).

marécage [mare'kaːʒ] *m* bog, swamp; fen, marshland; **marécageux, -euse** [~ka'ʒø, ~'ʒøːz] boggy, swampy, marshy.

maréchal ✗ [mare'ʃal] *m* marshal; (*a.* ~*ferrant*) farrier; ~ *des logis cavalry:* sergeant; ~ *des logis-chef battery or squadron sergeant-major;* **maréchalat** [~ʃa'la] *m* marshalship; **maréchalerie** [~ʃal-'ri] *f* horse-shoeing; smithy.

marée [ma're] *f* tide; ✝ fresh fish; *fig.* flood, wave, surge; ~ *basse (haute)* low (high) tide, low (high) water; *grande* ~ springtide; *la* ~ *descend (monte)* the tide is going out (coming in).

marelle [ma'rɛl] *f* game: hopscotch.

marémoteur, -trice [maremɔ'tœːr, ~'tris] tidal (*energy*); *usine* ~*trice* tidal power station.

mareyeur *m*, **-euse** *f* [marɛ'jœːr, ~'jøːz] fishmonger.

margarine ✝ [marga'rin] *f* margarine.

marge [marʒ] *f* border, edge; margin (*a. fig., a.* ✝); *fig.* scope; ~ *bénéficiaire* profit margin; ~ *de sécurité* safety margin; *fig.* *en* ~ (*de*) on the fringe (of); **margelle** [mar'ʒɛl] *f* well: curb(-stone); **margeur** [~-'ʒœːr] *m typ.* layer-on; *typewriter:* margin stop; **marginal, e** *m/pl.* **-aux** [~ʒi'nal, ~'no] marginal.

margotin [margo'tɛ̃] *m* bundle of firewood.

margouillis F [margu'ji] *m* mud, slush; mess.

margoulin F [margu'lɛ̃] *m* petty tradesman; swindler; (small-time) crook.

marguerite ✿ [margə'rit] *f* daisy; *grande* ~ marguerite, ox-eye daisy; *petite* ~ daisy.

mari [ma'ri] *m* husband; **mariable** [~'rjabl] marriageable, F *in the marriage market;* **mariage** [~'rjaːʒ] *m* marriage; wedding; matrimony; ~ *d'amour* love match; **marié, e** [~'rje] **1.** *adj.* married; **2.** *su./m* bridegroom; *su./f* bride; **marier** [~'rje] (1o) *v/t.* marry (*a. fig.*), give *or* join in marriage; *fig.* join; *fig.* blend (*colours*); *se* ~ marry, get married; *fig.* harmonize (with, *à*); **marieur** *m*, **-euse** *f* [~'rjœːr, ~'rjøːz] matchmaker.

marihuana [mariɥa'na], **marijuana** [mariʒɥa'na] *f* marijuana.

marin, e [ma'rɛ̃, ~'rin] **1.** *adj.* marine (*plant*); sea...; nautical; **2.** *su./m* sailor; moist wind (*in South-Eastern France*); F ~ *d'eau douce* land-lubber.

marinade [mari'nad] *f* pickle; brine; *cuis.* marinade.

marine [ma'rin] **1.** *adj./inv.* navy (-blue); **2.** *su./f* ♣ navy; ♣ seamanship; *paint.* seascape; ~ *de guerre* Navy; ~ *marchande* merchant service *or* navy, *Am.* merchant marine.

mariner *cuis.* [mari'ne] (1a) *v/t.* marinade; pickle.

marinier, -ère [mari'nje, ~'njɛːr] **1.** *adj.* naval; **2.** *su./m* waterman, bargee; *su./f swimming:* side-stroke.

marionnette [marjɔ'nɛt] *f* puppet

(a. fig.); théâtre m de ~s puppet-show.

marital, e, m/pl. **-aux** [mari'tal, ~'to] marital; **maritalement** [~tal'mã] adv. maritally; vivre ~ live together as husband and wife.

maritime [mari'tim] maritime (♀, law, power, province); shipping (agent, intelligence); naval (dockyard); marine (insurance); seaborne (trade); seaside (town). [tern.\

maritorne [mari'torn] f slut, slat-\

marivaudage [marivo'da:ʒ] m preciosity in writing; mild flirting.

marjolaine ♀ [marʒɔ'lɛn] f marjoram.

marmaille F coll. [mar'ma:j] f children pl., F kids pl.

marmelade [marmə'lad] f compote (of fruit); (orange) marmalade; F mess; fig. en ~ pounded to a jelly.

marmite [mar'mit] f pan; (cooking-)pot; ⚔ F heavy shell; ~ à pression (or de Papin) pressure-cooker; ~ norvégienne hay-box; F faire bouillir la ~ keep the pot boiling; **marmiton** [~mi'tõ] m cook's boy; (pastry-cook's) errand-boy.

marmonner [marmɔ'ne] (1a) v/t. mumble, mutter.

marmoréen, -enne [marmɔre'ɛ̃, ~'ɛn] marmoreal, marble...; **marmoriser** ⚗ [~ri'ze] (1a) v/t. marmarize.

marmot [mar'mo] m F brat; F croquer le ~ cool one's heels; wait.

marmotte [mar'mɔt] f zo. marmot, Am. woodchuck; ♦ case of samples; head-scarf.

marmotter [marmɔ'te] (1a) v/t. mumble, mutter.

marmouset [marmu'zɛ] m fig. F whipper-snapper, little chap; ⊕ fire-dog.

marne ✍, geol. [marn] f marl; **marner** [mar'ne] (1a) v/t. ✍ marl; v/i. ⚓ rise (tide).

marocain, e [marɔ'kɛ̃, ~'kɛn] adj., a. su. ♀ Moroccan.

maronner [marɔ'ne] (1a) vt/i. growl, mutter.

maroquin [marɔ'kɛ̃] m morocco (-leather); pol. F ministerial portfolio; **maroquiner** [~ki'ne] (1a) v/t. give a morocco finish to; make (skin) into morocco-leather; **maroquinerie** [~kin'ri] f fancy leather goods pl.

marotte [ma'rɔt] f (fool's) cap and bells pl.; hairdresser etc.: dummy head; F fad, F bee in the bonnet.

maroufle[1] † [ma'rufl] m lout, hooligan.

maroufle[2] [ma'rufl] f strong paste; **maroufler** [~ru'fle] (1a) v/t. remount (a picture); prime, size (canvas); ✗ tape (a seam).

marquant, e [mar'kã, ~'kã:t] outstanding, prominent; **marque** [mark] f mark (a. ✝, a. fig.); ✝ brand, make (a. mot.); ✝ tally; sp. score; fig. token; fig. highest quality; ~ au crayon pencil mark; ~ de fabrique, ~ de fabrication trade mark; brand (name); ~ déposée registered trademark; de ~ distinguished (person); ✝ F choice, best quality; **marquer** [mar'ke] (1m) v/t. mark; stamp; brand; sp. score (goals, points); fig. denote, indicate; fig. show (one's age, one's feelings); fig. emphasize; ascertain (facts); fig. watch, keep a watch on (one's opponent etc.); ♪~ la mesure beat time; v/i. be outstanding; F ~ mal make a bad impression; **marqueter** [~kə'te] (1c) v/t. speckle; inlay (wood); **marqueterie** [~kə'tri] f inlaid work, marquetry; fig. patchwork.

marqueur, -euse [mar'kœ:r, ~'kø:z] su. marker; sp. scorer.

marquis [mar'ki] m marquis, marquess; **marquise** [~'ki:z] f title: marchioness; marquee; awning, canopy.

marraine [ma'rɛn] f godmother; eccl., a. fig. sponsor.

marrant, e sl. [ma'rã, ~'rã:t] screamingly funny; odd.

marre sl. [ma:r] f: en avoir ~ be fed up (with, de); **marrer** sl. [ma're] (1a) v/t.: se ~ (have a good) laugh, F split one's sides.

marri, e † [ma'ri] grieved.

marron[1] [ma'rõ] 1. su./m ♀ (edible) chestnut; F blow; ♀ ~ d'Inde horsechestnut; 2. adj./inv. brown; chestnut(-coloured).

marron[2], **-onne** [ma'rõ, ~'rɔn] unqualified; unlicensed (taxi-driver, trader, etc.).

maronnier ♀ [marɔ'nje] m chestnut (-tree).

mars [mars] m March; astr. Mars; ✍ ~ pl. spring wheat sg.

marsouin [mar'swɛ̃] m zo. porpoise;

⚓ forecastle awning; ✕ F colonial infantry soldier.

marsupial m, **-e** f, m/pl. **-aux** zo. [marsyˈpjal, ∼ˈpjo] adj., a. su./m marsupial.

marteau [marˈto] m hammer (a. ♪, a. anat.); (door-)knocker; clock: striker; icht. hammerhead; ∼ pneumatique pneumatic drill; **∼-pilon**, pl. **∼x-pilons** metall. [∼topiˈlɔ̃] m power-hammer; forging-press.

martel [marˈtɛl] m † hammer; fig. se mettre ∼ en tête worry; **marteler** [∼təˈle] (1d) v/t. hammer; pound; fig. ∼ ses mots speak each word with emphasis.

martial, e, m/pl. **-aux** [marˈsjal, ∼ˈsjo] martial (a. law); soldierly; **martien, -enne** [∼ˈsjɛ̃, ∼ˈsjɛn] adj., a. su. ♀ Martian.

martinet[1] [martiˈnɛ] m ⊕ tilt-hammer; (small) whip.

martinet[2] orn. [∼] m swift, martlet.

martin-pêcheur, pl. **martins-pêcheurs** orn. [martɛ̃peˈ∫œːr] m king-fisher.

martre zo. [martr] f marten.

martyr m, **e** f [marˈtiːr] m martyr; enfant m ∼ battered child; **martyre** [∼ˈtiːr] m martyrdom; fig. agonies pl.; **martyriser** [∼tiriˈze] (1a) v/t. eccl. martyr; fig. torment; fig. make a martyr of.

marxiser [marksiˈze] (1a) v/t. make Marxist; se ∼ become Marxist; **marxisme** pol. [markˈsism] m Marxism; **marxiste** pol. [∼ˈsist] adj., a. su. Marxist.

mas [mas] m small farmhouse.

mascarade [maskaˈrad] f masquerade (a. fig.).

mascaret [maskaˈrɛ] m bore, tidal wave.

mascotte [masˈkɔt] f mascot, charm.

masculin, e [maskyˈlɛ̃, ∼ˈlin] **1.** adj. masculine; male; **2.** su./m gramm. masculine.

masochiste [mazɔˈ∫ist] su. masochist.

masque [mask] m mask (a. fig.); fig. cloak, cover; thea. masque; masquerader; ∼ à gaz gas-mask, respirator; **masquer** [masˈke] (1m) v/t. mask; fig. conceal; ⚓ back (a sail).

massacrant, e [masaˈkrɑ̃, ∼ˈkrɑ̃t] adj.: humeur f ∼e bad or F foul temper; **massacre** [∼ˈsakr] m mas-

sacre; slaughter (a. fig.); **massacrer** [masaˈkre] (1a) v/t. massacre, slaughter; fig. make a hash of, ruin; murder (music); tennis: kill (a ball); **massacreur** m, **-euse** f [∼ˈkrœːr, ∼ˈkrøːz] slaughterer; fig. bungler; fig. music: murderer.

massage ✻ [maˈsaːʒ] m massage.

masse[1] [mas] f ⊕ sledge-hammer; (ceremonial) mace.

masse[2] [∼] f ✕, phys., fig. mass; ♣ bulk; ♣ fund; ♪ earth; persons, water: body; fig. crowd, heap; en ∼ in a body; as a whole; fig. masse..., a great number of.

massé [maˈse] m billiards: massé (shot).

massepain [masˈpɛ̃] m marzipan.

masser[1] [maˈse] (1a) v/t. mass (people); se ∼ form a crowd.

masser[2] [maˈse] (1a) v/t. ✻ massage; rub down (a horse); **masseur** [∼ˈsœːr] m (a. ∼ kinésithérapeute) masseur; **masseuse** [∼ˈsøːz] f masseuse.

massicot[1] ♣, ⊕ [masiˈko] m yellow lead.

massicot[2] [∼] m books: guillotine, trimmer.

massier [maˈsje] m mace-bearer.

massif, -ve [maˈsif, ∼ˈsiːv] **1.** adj. massive, bulky; heavy; solid (gold); **2.** su./m clump, cluster; △ block, solid mass; geog. mountain mass.

massue [maˈsy] f club (a. zo., ♀); fig. en coup de ∼ sledge-hammer (arguments).

mastic [masˈtik] m iron etc.: mastic; glazier: cement; putty; tooth: filling, stopping.

masticateur [mastikaˈtœːr] **1.** adj./m masticatory; **2.** su./m masticator; **masticatoire** [∼ˈtwaːr] **1.** adj. masticatory; **2.** su./m ✻ masticatory; chewing-gum.

mastiquer[1] [mastiˈke] (1m) v/t. masticate; chew.

mastiquer[2] [∼] (1m) v/t. ⊕ cement; stop (a hole, a. a tooth); putty (a window).

mastroquet F [mastrɔˈkɛ] m public-house keeper, F pub-keeper.

masure [maˈzyːr] f hovel, shack.

mat[1] [mat] dull, flat, lustre-less (colour); heavy (bread, dough).

mat[2] [∼] adj./inv. checkmated; être ∼ be checkmate; faire ∼ checkmate (s.o.).

mât [mɑ] *m* ⚓ mast; (*tent*-)pole; ⚓ strut; ~ *de pavillon* flagstaff, flagpole; 🚩~ *de signaux* signalpost; ⚓ *navire m à trois* ~*s* threemaster.

matador [mata'dɔ:r] *m* matador; *fig.* magnate; *fig.* bigwig.

matamore [mata'mɔ:r] *m* swashbuckler.

match, *pl. a.* **matches** *sp.* [matʃ] *m* match; ~ *de championnat* league match; ~ *de retard* match in hand; ~ *retour* return match.

matelas [mat'la] *m* mattress; ⊕ ~ *d'air* air-cushion; ~ *pneumatique* air-bed, air-mattress; **matelasser** [matla'se] (1a) *v/t.* pad; stuff; *porte f matelassée* baize door; **matelassier** *m,* **-ère** *f* [ʌ'sje, ʌ'sjɛ:r] mattress-maker; mattress-cleaner; **matelassure** [ʌ'sy:r] *f* padding, stuffing.

matelot [mat'lo] *m* sailor; **matelote** [ʌ'lɔt] *f cuis.* matelote; † (*approx.*) hornpipe; *à la* ~ sailor-fashion.

mater¹ [ma'te] (1a) *v/t.* mat, dull; ⊕ hammer; work (*the dough*).

mater² [ʌ] (1a) *v/t.* (check)mate (*at chess*); *fig.* subdue, humble.

mâter ⚓ [mɑ'te] (1a) *v/t.* mast; rig (*booms*); up-end (*a boat*).

matérialiser [materjali'ze] (1a) *v/t. a. se* ~ materialize; **matérialisme** [ʌ'lism] *m* (⊕ *dialectique* dialectic) materialism; **matérialiste** 1. *adj.* materialistic; 2. *su.* materialist; **matériau** △ [ʌ'rjo] *m* material; **matériaux** ⊕, △, *fig.* [ʌ'rjo] *m/pl.* materials; **matériel, -elle** [ʌ'rjɛl] 1. *adj.* material; physical; *fig.* sensual; ⚖ *dommages m/pl.* ~*s* damage *sg.* to property; *vie f* ~*elle* necessities *pl.* of life; 2. *su./m* ⊕ plant; apparatus; *school, a.* ⚓ furniture; *war:* material; *computer:* hardware; ~ *humain* manpower; *men pl.;* 🚂 ~ *roulant* rolling stock.

maternel, -elle [matɛr'nɛl] maternal; mother (*tongue*); *école f* ~*elle* infant school; **maternité** [ʌni'te] *f* maternity, motherhood; maternity hospital.

mathématicien *m,* **-enne** *f* [matemati'sjɛ̃, ʌ'sjɛn] mathematician; **mathématique** [ʌ'tik] 1. *adj.* mathematical; 2. *su./f:* ~*s pl.* mathematics; ~*s pl. spéciales* higher mathematics.

matière [ma'tjɛ:r] *f* material; matter,

substance; *fig.* subject; *fig.* grounds *pl.* (*oft.* ⚖); *anat., fig.* ~ *grise* grey matter; ~*s pl. premières* raw material *sg.;* ⊕ ~*s plastiques* plastics; *en* ~ *de* as regards; *in matters of; en la* ~ on the subject; *entrer en* ~ broach the subject; *table f des* ~*s* table of contents.

matin [ma'tɛ̃] 1. *su./m* morning; *au* ~ in the morning; *de bon* (*or grand*) ~, *au petit* ~ early in the morning; 2. *adv.* early.

mâtin [mɑ'tɛ̃] *su./m* mastiff hound.

matinal, e, *m/pl.* **-aux** [mati'nal, ʌ'no] morning...; early; *être* ~ be an early riser (*person*); **matinée** [ʌ'ne] *f* morning, forenoon; morning's work; *cost.* wrapper; *thea.* matinee, afternoon performance; *faire la grasse* ~ sleep late, F have a lie in; **matines** *eccl.* [ma'tin] *f/pl.* mat(t)ins; **matineux, -euse** [mati'nø, ʌ'nø:z] 1. *adj.* early rising; 2. *su.* early riser; **matinier, -ère** [ʌ'nje, ʌ'njɛ:r] *adj.:* *l'étoile f* ~*ère* the morning star. [⊕ hammer.]

matir [ma'ti:r] (2a) *v/t.* mat, dull;}

matois, e [ma'twa, ʌ'twa:z] 1. *adj.* sly, foxy, cunning; 2. *su.* crafty person.

matou *zo.* [ma'tu] *m* tom-cat.

matraquage [matra'ka:ʒ] *m* bludgeoning, *etc.; see matraquer;* **matraque** [ma'trak] *f* bludgeon; rubber truncheon; **matraquer** [matra'ke] (1a) *v/t.* bludgeon, beat (*s.o.*) up; *fig.* overcharge (*customer, etc.*), overburden (*tax-payer etc.*); *fig.* bombard (*the public*); *fig.* plug (*a song, etc.*).

matriarcat [matriar'ka] *m* matriarchy; **matrice** [ʌ'tris] 1. *su./f* matrix; ⊕ die; ⊕ master record; *typ.* type mo(u)ld; *anat.* womb, uterus; 2. *adj.* primary (*colour*); mother (*church, tongue*); **matricer** ⊕ [matri'se] (1k) *v/t.* stamp (out); swage; **matricide** [ʌ'sid] 1. *su.* person: matricide; *su./m crime:* matricide; 2. *adj.* matricidal.

matricule [matri'kyl] *su./f* roll, register; registration; *su./m* registration or reference number; ✗ regimental number; *sl. ça devient mauvais pour son* ~ his number is up, things are going to be hot for him.

matrimonial, e, *m/pl.* **-aux** [matrimɔ'njal, ʌ'njo] matrimonial.

matrone [ma'trɔn] *f* matron.

maturation [matyra'sjɔ̃] *f* ripening; *tobacco:* maturing.

mâture ⚓ [mɑ'ty:r] f masting; *coll.* masts *pl.*; sheer-legs *pl.*

maturité [matyri'te] f maturity; ripeness; *avec* ~ after mature consideration.

matutinal, e, *m/pl.* **-aux** [matyti-'nal, ~'no] matutinal.

maudire [mo'di:r] (4p) *v/t.* curse; *fig.* grumble about; **maudit, e** [~'di, ~'dit] **1.** *p.p.* of maudire; **2.** *adj.* (ac)cursed; *fig.* execrable, damnable.

maugréer [mogre'e] (1a) *v/i.* curse; *fig.* grumble (about, at *contre*).

maure [mo:r] **1.** *adj./m* Moorish; **2.** *su./m* ♂ Moor; **mauresque** [mo-'rɛsk] **1.** *adj.* Moorish; △ Moresque; **2.** *su./f* ♀ Moorish woman.

mausolée [mozo'le] *m* mausoleum.

maussade [mo'sad] surly, sullen; *fig.* depressing, dull (*weather*); irritable (*person, tone*); **maussaderie** [~sa'dri] f sullenness, irritability, peevishness.

mauvais, e [mo've, ~'vɛ:z] **1.** *adj.* bad (*a. influence, news,* ✝ *season*); evil, wicked; wrong; ill; nasty, unpleasant; offensive (*smell*); ✚ severe (*illness*); ~e excuse lame excuse; ~e foi dishonesty; unfairness; ~e tête unruly *or* obstinate *'person*; de ~e humeur in a bad temper; **2.** mauvais *adv.*: il fait ~ the weather is bad; sentir ~ smell bad, stink.

mauve [mo:v] *su./f* ♣ mallow; *su./m, a. adj.* mauve, purple.

mauviette [mo'vjɛt] f *orn.* skylark; *fig.* frail person; **mauvis** *orn.* [~'vi] *m* redwing.

maxillaire *anat.* [maksil'lɛ:r] *m* jaw-bone; ~ *supérieur* maxilla.

maximal, e, *m/pl.* **-aux** [maksi'mal, ~'mo] maximal; **maxime** [mak'sim] f maxim; **maximiser** [~simi'ze] (1a) *v/t.* maximize; **maximum,** *pl.* a. **maxima** [~si'mɔm, ~'ma] *su./m, a. adj.* maximum; *porter au* ~ maximize.

mayonnaise *cuis.* [majo'nɛ:z] f mayonnaise.

mazout [ma'zut] *m* fuel oil; crude oil.

me [mə] **1.** *pron./pers.* me; to me; ~ *voici!* here I am!; **2.** *pron./rfl.* myself, to myself.

méandre [me'ɑ̃:dr] *m* wind(ing), bend; *faire des* ~s meander, wind (*river*).

mec F [mɛk] *m* gay, fellow.

mécanicien [mekani'sjɛ̃] *m* mechanic; engineer; 🚂 engine driver, *Am.* engineer; **mécanique** [~'nik] **1.** *adj.* mechanical; **2.** *su./f* mechanics *sg.*; mechanism, (piece of) machinery; engineering; *phys.* ~ *ondulatoire* wave-mechanics *sg.*; **mécaniser** [~ni'ze] (1a) *v/t.* mechanize; turn (*s.o.*) into a machine; **mécanisme** [~'nism] *m* mechanism; machinery.

mécano ⊕ F [meka'no] *m* mechanic.

méchamment [meʃa'mɑ̃] *adv.* of méchant; **méchanceté** [~ʃɑ̃s'te] f nastiness; meanness; malice, spite; spiteful remark *or* action; **méchant, e** [~'ʃɑ̃, ~'ʃɑ̃:t] **1.** *adj.* nasty; mean; bad; spiteful; *fig.* ✝ poor, sorry, paltry; il n'est pas ~ he's all right; he's harmless; **2.** *su./m* naughty boy; *su./f* naughty girl.

mèche[1] [mɛʃ] f candle, lamp: wick; ✗ match fuse; *whip*: cracker, *Am.* snapper; *hair*: lock; ⊕ bit, drill; *éventer la* ~ discover a secret; *vendre la* ~ let the cat out of the bag, *sl.* blow the gaff.

mèche[2] F [~] f: de ~ avec in collusion with; hand in glove with; il n'y a pas ~! it can't be done!

mécompte [me'kɔ̃:t] *m* miscalculation, mistake in reckoning, error; *fig.* disappointment.

méconnaissable [mekɔnɛ'sabl] unrecognizable; hardly recognizable; **méconnaissance** [~nɛ'sɑ̃:s] f failure to recognize; **méconnaître** [~'nɛ:tr] (4k) *v/t.* refuse to recognize, cut; *fig.* not to appreciate; *fig.* underrate; disown.

mécontent, e [mekɔ̃'tɑ̃, ~'tɑ̃:t] dissatisfied, discontented (with, de); annoyed (at, de; that, que); **mécontentement** [~tɑ̃t'mɑ̃] *m* dissatisfaction (with, de); displeasure, annoyance (at, de); *pol.* disaffection; **mécontenter** [~tɑ̃'te] (1a) *v/t.* dissatisfy; displease, annoy.

mécréant, e [mekre'ɑ̃, ~'ɑ̃:t] **1.** *adj.* unbelieving; heterodox; **2.** *su.* unbeliever; misbeliever; miscreant.

médaille [me'da:j] f medal; badge; △ medallion; **médaillé, e** [meda-'je] **1.** *adj.* decorated; holding a medal; **2.** *su.* medallist; medal-winner, prize-winner; **médaillier** [~'je] *m* medal cabinet; collection of medals; **médailliste** [~'jist] *m*

collector of medals; medal-maker;
médaillon [~'jõ] *m* medallion;
locket; *journ.* inset; *cuis. butter*: pat;
cuis. medallion.

médecin [met'sɛ̃] *m* doctor, physician; ⚓ ~ *du bord* ship's doctor; ~
légiste medical expert; ~ *traitant*
doctor in charge of the case; *femme*
f ~ lady doctor; **médecine** [~'sin] *f*
medicine; ~ *légale* forensic medicine.

media, média [me'dja] *m/pl.* (mass)
media.

médian, e [me'djã, ~'djan] median;
middle...; *foot.* half-way (*line*); **médiat, e** [~'dja, ~'djat] mediate;
médiateur, -trice [medja'tœːr,
~'tris] 1. *adj.* mediatory; 2. *su.*
mediator; intermediary; *pol.* ombudsman; **médiation** [~'sjõ] *f* mediation.

médical, e, *m/pl.* **-aux** [medi'kal,
~'ko] medical; **médicalisation**
[~kaliza'sjõ] *f* medical care; **medicaliser** [~kali'ze] (1a) *v/t.* provide
medical care for; **médicament**
[medika'mã] *m* medicament, F medicine; **médicamenter** [~mã'te]
(1a) *v/t.* doctor, dose (*s.o.*); **médicamenteux, -euse** [~mã'tø, ~'tøːz]
medicinal; **médicastre** [medi'kastr]
m quack (doctor); **médication**
[~ka'sjõ] *f* medical treatment, medication; **médicinal, e**, *m/pl.* **-aux**
[~si'nal, ~'no] medicinal; **médicolégal, e**, *m/pl.* **-aux** [~kole'gal, ~'go]
medico-legal.

médiéval, e, *m/pl.* **-aux** [medje'val,
~'vo] medi(a)eval; **médiéviste**
[~'vist] *su.* medi(a)evalist.

médiocre [me'djɔkr] mediocre;
poor, second-rate; indifferent; **médiocrité** [~djɔkri'te] *f* mediocrity; F
person: second-rater.

médire [me'diːr] (4p) *v/i.*: ~ *de q.*
slander s.o., speak ill of s.o., F run
s.o. down; **médisance** [medi'zãːs]
f slander; scandal-mongering; **médisant, e** [~'zã, ~'zãːt] 1. *adj.* slanderous, backbiting; 2. *su.* slanderer;
scandal-monger.

méditatif, -ve [medita'tif, ~'tiːv]
meditative; contemplative, pensive;
méditation [~ta'sjõ] *f* meditation
(*a. eccl.*); cogitation, thought; **méditer** [~'te] (1a) *v/i.* meditate; *v/t.*
contemplate (*s.th.*).

méditerrané, e *geog.* [mediteRa'ne]
mediterranean.

médium [me'djɔm] *m* *psychics*:
medium; ♪ middle register.

médius *anat.* [me'djys] *m* middle
finger.

médullaire ⚕, *anat.* [medyl'lɛːr]
medullary.

méduse [me'dyːz] *f* jelly-fish; **méduser** [~dy'ze] (1a) *v/t.* dumbfound;
petrify.

meeting *sp., pol.* [mi'tiŋ] *m* meeting.

méfaire † [me'fɛːr] *v/i.* *occurs only in*
inf. do wrong; **méfait** [~'fɛ] *m* misdeed; *fig.* ill *or* damaging effect,
ravages *pl.*

méfiance [me'fjãːs] *f* distrust; **méfiant, e** [~'fjã, ~'fjãːt] suspicious,
distrustful; **méfier** [~'fje] (1o) *v/t.*:
se ~ be on one's guard; *se* ~ *de* be
suspicious of, distrust; look out for,
watch.

mégalo... [megalɔ] megalo...; **~mane** [~'man] *su.* megalomaniac; **~manie** [~ma'ni] *f* megalomania; **~pole**
[~'pɔl] *f* megalopolis.

mégaphone [mega'fɔn] *m* megaphone.

mégarde [me'gard] *f*: *par* ~ inadvertently; accidentally.

mégatonne [mega'tɔn] *f* megaton.

mégère [me'ʒɛːr] *f* shrew, termagant.

mégot F [me'go] *m* *cigarette*: fag end,
Am. butt; *cigar*: stump; (poor) cigar;
mégoter F [~gɔ'te] (1a) *v/i.* skimp
(on, *sur*).

meilleur, e [mɛ'jœːr] 1. *adj.* better;
le ~ the better (*of two*), the best (*of*
several); 2. *su./m* best (*thing*).

mélancolie [melãkɔ'li] *f* melancholy, gloom; ⚕ melancholia; **mélancolique** [~'lik] mournful,
gloomy, melancholy; ⚕ melancholic.

mélange [me'lãːʒ] *m* mixture, blend;
cards: shuffling; **~s** *pl.* miscellany
sg.; ~ *réfrigérant* freezing-mixture;
mélanger [melã'ʒe] (11) *v/t. a. se*
~ mix; blend; **mélangeur** [~'ʒœːr]
m mixing-machine, mixer.

mélasse [me'las] *f* molasses *pl.*,
treacle; *sl. dans la* ~ in the soup.

mêlée [mɛ'le] *f* ⚔ mêlée, fray;
scuffle; scramble; *sp. rugby*: scrum;
mêler [~] (1a) *v/t.* mix; mingle,
blend; ~ *q. à* (*or dans*) involve s.o.
in; *se* ~ *à* join; mix with; *se* ~ *de*
meddle in, interfere in *or* with;
dabble in (*politics*).

mélèze ♀ [me'lɛːz] *m* larch.

mélilot ♀ [meli'lo] *m* sweet clover, melilot.

méli-mélo, *pl.* **mélis-mélos** F [me-lime'lo] *m* jumble; clutter; hotch-potch.

mellifère [melli'fɛːr] honey-bearing; **mellifique** [~'fik] mellific, honey-making; **melliflue** *fig.* [~'fly] mellifluous, honeyed.

mélodie [melɔ'di] *f* ♪ melody, tune; melodiousness; **mélodieux, -euse** [~'djø, ~'djøːz] melodious, tuneful; **mélodique** ♪ [~'dik] melodic; **mélodrame** [~'dram] *m* melodrama; **mélomane** [~'man] **1.** *adj.* mad on music; **2.** *su.* melomaniac.

melon [mə'lɔ̃] *m* ♀ melon; bowler (hat).

membrane [mã'bran] *f* ♀, anat., ⊕ membrane; zo. duck, goose, etc.: web; **membraneux, -euse** [~bra-'nø, ~'nøːz] membranous.

membre [mãːbr] *m* member; body: limb; ⊕ rib; **membré, e** [mã'bre] adj.: bien ~ well-limbed; **membru, e** [~'bry] strong-limbed; big-limbed; **membrure** [~'bryːr] *f* coll. limbs *pl.*, ⊕ ribs *pl.*; ⚓ frame.

même [mɛːm] **1.** adj. same; after noun: self, very; ce ~ soir the same evening; ce soir ~ this very evening; en ~ temps at the same time; la bonté ~ kindness itself; les ~s personnes the same persons; see vous-même; **2.** adv. even; à ~ de (inf.) able to (inf.), in a position to (inf.); boire à ~ la bouteille drink out of the bottle; de ~ in the same way, likewise; de ~ que like, (just) as; pas ~ not even; quand ~ even if; all the same; tout de ~ all the same; voire ~ ... indeed ...

mémère F [me'mɛːr] *f* mother, F mum(my); grandmother, F granny.

mémoire[1] [me'mwaːr] *f* memory; de ~ by heart, from memory; de ~ d'homme within living memory; en ~ de in memory of.

mémoire[2] [~] *m* memorandum; memorial; memoir, dissertation; 🕆 abstract; ~s *pl.* transactions; ♀s *pl.* (historical) memoirs.

mémorable [memɔ'rabl] memorable, noteworthy; **mémorial** [~'rjal] *m* Gazette; ♀ memoirs *pl.*; **mémorialiste** [~rja'list] *m* memorialist.

menace [mə'nas] *f* threat, menace; **menacer** [~na'se] (1k) *v/t.* threaten (with, de).

ménage [me'naːʒ] *m* housekeeping; housework; † set of furniture; *fig.* household, family; *fig.* married couple; faire bon ~ (avec) get on well (with); faire le ~ do the housework; faux ~ unmarried couple living together; femme *f* de ~ charwoman, cleaner; être heureux en ~ be happily married; jeune ~ newly married couple; monter son ~ set up house; tenir le ~ de keep house for; **ménagement** [~naʒ'mã] *m* care; consideration, caution.

ménager[1] [mena'ʒe] (1l) *v/t.* save; use economically, make the most of; arrange; provide.

ménager[2], -ère [mena'ʒe, ~'ʒɛːr] **1.** adj. domestic; *fig.* thrifty, sparing (of, de); enseignement *m* ~ domestic science; **2.** su./f housewife; housekeeper; canteen of cutlery; cruet-stand; **ménagerie** [~naʒ'ri] *f* menagerie.

mendiant, e [mã'djã, ~'djãːt] **1.** adj. mendicant; **2.** su. beggar; su./m: F les quatre ~s *pl.* figs, raisins, almonds and hazel-nuts as dessert; **mendicité** [~disi'te] *f* begging; beggary, beggardom; **mendier** [~'dje] (1o) *v/i.* beg; *v/t.* beg for; ~ des compliments fish for compliments; **mendigot** F [~di'go] *m* beggar.

meneau ⟁ [mə'no] *m* mullion; à ~x mullioned.

menée [mə'ne] *f* hunt. track; *fig.* manœuvre, intrigue.

mener [~] (1d) *v/t.* lead; take, get (s.o. to, q. à); ✗ draw (a line); *fig.* run, control, manage; steer (a boat); ~ qch. à bien (or à bonne fin) see s.th. through; ~ par le bout du nez lead by the nose; cela peut le ~ loin that may take him a long way; *v/i.* lead (to, à).

ménestrel hist. [menes'trɛl] *m* minstrel; **ménétrier** [~ne'trje] *m* village musician, fiddler.

meneur [mə'nœːr] *m* leader; ring-leader; driver; *pej.* agitator, fomenter; ~ de jeu emcee, Br. a. compère; quizmaster.

menhir geol. [me'niːr] *m* menhir.

méninge [menɛ̃ʒ] *m* anat. meninx; F ~s *pl.* brains; F se creuser les ~s rack one's brains; F se fatiguer les ~s overtax one's brains; **méningite** ☞ [menɛ̃'ʒit] f meningitis.

ménisque anat. [me'nisk] m meniscus.

ménopause ☞ [menɔ'poːz] f menopause.

menotte [mə'nɔt] f ⊕ handle; mot. etc. link; F little hand; ∼s pl. handcuffs.

mensonge [mɑ̃'sɔ̃ːʒ] m lie, falsehood; fig. delusion; ∼ officieux (or pieux) white lie; **mensonger, -ère** [∼sɔ̃'ʒe, ∼'ʒɛːr] untrue; false; fig. illusory.

mensualité [mɑ̃sɥali'te] f monthly payment or instalment; monthly salary; **mensuel, -elle** [∼'sɥɛl] 1. adj. monthly; 2. su. employee paid by the month.

mensurations [mɑ̃syra'sjɔ̃] f/pl. measurements.

mental, e, m/pl. **-aux** [mɑ̃'tal, ∼'to] mental; restriction f ∼e mental reservation; **mentalité** [∼tali'te] f mentality.

menterie F [mɑ̃'tri] f lie, F fib; **menteur, -euse** [∼'tœːr, ∼'toːz] 1. adj. lying; deceptive, false; 2. su. liar, F fibber.

menthe ⚕ [mɑ̃ːt] f mint.

mention [mɑ̃'sjɔ̃] f mention; faire ∼ de = **mentionner** [∼sjɔ'ne] (1a) v/t. mention; name.

mentir [mɑ̃'tiːr] (2b) v/i. lie (to, à).

menton [mɑ̃'tɔ̃] m chin; **mentonnet** [mɑ̃tɔ'ne] m ⊕ catch; ⊕ lug; ⚙ flange; **mentonnière** [∼'njɛːr] f (bonnet-)string; ☞ chin-bandage; ✗ check-strap; ♪ violin: chin-rest.

mentor [mɛ̃'tɔːr] m mentor.

menu, e [mə'ny] 1. adj. small; fine; minute (details, fragments); slim, slender (figure); petty, trifling; 2. menu adv. small, fine; hacher ∼ mince; chop (s.th.) up small; 3. su./m detail; meal: menu; ∼ à prix fixe table d'hôte; par le ∼ in detail.

menuiser [mənɥi'ze] (1a) v/t. cut (wood) down; v/i. do woodwork; **menuiserie** [∼nɥiz'ri] f woodwork, carpentry; joiner's shop; **menuisier** [∼nɥi'zje] m joiner; carpenter.

méphitique [mefi'tik] noxious, foul; gaz m ∼ choke-damp.

méplat, e [me'pla, ∼'plat] 1. adj. flat; △ flat-laid; in planks (wood); 2. su./m flat part; geol. rock: ledge.

méprendre [me'prɑ̃ːdr] (4aa) v/t.:

se ∼ sur be mistaken about, misjudge; fig. à s'y ∼ to the life; il n'y a pas à s'y ∼ there can be no mistake.

mépris [me'pri] m contempt, scorn; au ∼ de in defiance of, contrary to; **méprisable** [mepri'zabl] contemptible; **méprisant, e** [∼'zɑ̃, ∼'zɑ̃ːt] scornful, contemptuous.

méprise [me'priːz] f mistake.

mépriser [mepri'ze] (1a) v/t. despise; scorn.

mer [mɛːr] f sea; tide; ∼ haute high tide; haute ∼ open sea; porter de l'eau à la ∼ carry coals to Newcastle.

mercanti F [mɛrkɑ̃'ti] m profiteer; **mercantile** [∼'til] profit-minded, mercenary; esprit m ∼ (absolute) profit-mindedness.

mercenaire [mɛrsə'nɛːr] 1. adj. mercenary (a. ✗); 2. su./m hireling; ✗ mercenary.

mercerie [mɛrsə'ri] f haberdashery; haberdasher's (shop), Am. notions shop.

merci [mɛr'si] 1. adv. thank you, thanks (for, de); ∼ bien, ∼ beaucoup many thanks, thank you very much; 2. su./m thanks pl.; su./f mercy; à la ∼ de at the mercy of; crier ∼ cry mercy, beg for mercy; sans ∼ pitiless(ly adv.), merciless(ly adv.).

mercier m, -ère f [mɛr'sje, ∼'sjɛːr] haberdasher; small-ware dealer.

mercredi [mɛrkrə'di] m Wednesday.

mercure ⚗ [mɛr'kyːr] m mercury, quicksilver; **mercureux** ⚗[∼ky'rø] adj./m mercurous.

mercuriale [mɛrky'rjal] f ⚕ market-prices pl.; F fig. reprimand.

mercuriel, -elle [mɛrky'rjɛl] mercurial.

merde V [mɛrd] 1. su./f shit; 2. int. hell!; **merdier** sl. [mɛr'dje] m (hell of a) mess.

mère [mɛːr] f mother (a. fig.); ⊕ die; mo(u)ld; fig. source, root; ∼(-)célibataire unmarried mother; ∼ patrie mother country; ✝ maison f ∼ head office.

méridien, -enne [meri'djɛ̃, ∼'djɛn] 1. adj. geog. meridian; midday; astr. transit; 2. su./m meridian; su./f meridian line; midday nap; sofa; **méridional, e,** m/pl. **-aux** [∼djo'nal, ∼'no] 1. adj. south(ern); meridional; **2.** *su.* southerner; meridional.

meringue *cuis.* [mə'rɛ̃:g] *f* meringue.

mérinos ✝, *zo.* [meri'nos] *m* merino.

merise ♀ [mə'ri:z] *f* wild cherry; **merisier** [ˌri'zje] *m* wild cherry (-tree).

mérite [me'rit] *m* merit; quality; ability; *sans* ~ undeserving; **mériter** [meri'te] (1a) *vt/i.* deserve, merit; **méritoire** [ˌ'twa:r] meritorious, praiseworthy, commendable.

merlan [mɛr'lɑ̃] *m icht.* whiting; *sl.* hairdresser; **merle** [mɛrl] *m orn.* blackbird; F *fig.* ~ *blanc* rara avis; F *fig.* fin ~ sly fellow.

merluche [mɛr'lyʃ] *f icht.* hake; ✝ dried cod.

merrain [mɛ'rɛ̃] *m* ⊕ stave-wood; wood for cooperage; *deer's antlers*: beam.

merveille [mɛr'vɛ:j] *f* marvel, wonder; *à* ~ magnificently, F fine; **merveilleux, -euse** [ˌvɛ'jø, ~'jø:z] marvellous, wonderful; supernatural.

mes [me] *see* mon.

més... [mez] mis...; ~**alliance** [meza'ljɑ̃:s] *f* misalliance.

mésange *orn.* [me'zɑ̃:ʒ] *f* tit(mouse); **mésangette** [ˌzɑ̃'ʒɛt] *f* bird-trap.

mésaventure [mezavɑ̃'ty:r] *f* misadventure, mishap, mischance.

mesdames [me'dam] *pl.* of *madame*; **mesdemoiselles** [medmwa'zɛl] *pl.* of *mademoiselle*.

mésentente [mezɑ̃'tɑ̃:t] *f* misunderstanding, disagreement.

mésentère *anat.* [mezɑ̃'tɛ:r] *m* mesentery.

mésestimer [mezɛsti'me] (1a) *v/t.* underestimate; hold (*s.o.*) in low esteem.

mésintelligence [mezɛ̃teli'ʒɑ̃:s] *f* disagreement; *en* ~ *avec* at loggerheads with.

mesquin, e [mɛs'kɛ̃, ~'kin] mean, stingy; **mesquinerie** [ˌkin'ri] *f* meanness; pettiness.

mess ✕ [mɛs] *m* mess.

message [mɛ'sa:ʒ] *m* message (*a. fig.*); **messager** *m*, **-ère** *f* [ˌsa'ʒe, ~'ʒɛ:r] messenger, *fig.* harbinger; **messageries** [ˌsaʒ'ri] *f/pl.* delivery *or* distribution service *sg.*; shipping (company) *sg.*

messe *eccl.*, *a.* ♪ [mɛs] *f* mass.

messeoir [mɛ'swa:r] (3k) *v/i.* be unbecoming (to, *à*).

Messie *bibl.* [me'si] *m* Messiah.

messieurs [me'sjø] *pl.* of *monsieur*.

mesurable [məzy'rabl] measurable; **mesurage** [ˌ'ra:ʒ] *m* measurement; **mesure** [mə'zy:r] *f* measure; measurement; extent, degree; step; moderation; *verse:* metre; ♪ time; ♪ bar; *à* ~ one by one; in proportion; *à* ~ *que* (in proportion) as; *donner sa* ~ show what one is capable of; *en* ~ *de* in a position to; *outre* ~ excessively, beyond measure; *poids m/pl. et* ~s *pl.* weights and measures; *prendre des* ~s *contre* take steps *or* measures against; *fig. prendre la* ~ *de q.* size s.o. up; *prendre les* ~s *de q.* take s.o.'s measurements; *fig. sans* ~ boundless; *sur* ~ to measure; to order; **mesurer** [məzy're] (1a) *v/t.* measure; calculate; *fig.* estimate; *se* ~ *avec* pit o.s. against; **mesureur** [ˌ'rœ:r] *m* person, machine: measurer; ga(u)ge; ⚡ metre.

méta... [meta] meta...

métairie [metɛ'ri] *f* small farm.

métal [me'tal] *m* metal; ~ *brut* (commun) raw (base) metal; **métallifère** [metalli'fɛ:r] metalliferous; **métallique** [ˌ'lik] metallic; wire (rope); ✝ *encaisse* ~ gold reserve; **métalliser** ⊕ [ˌli'ze] (1a) *v/t.* cover with metal, plate; metallize; **métallo** F [ˌ'lo] *m* metal-worker; **métallurgie** ⊕ [ˌlyr'ʒi] *f* metallurgy; smelting; **métallurgiste** ⊕ [ˌlyr'ʒist] *m* metallurgist; metal-worker.

méta...: ~**morphose** [metamɔr'fo:z] *f* metamorphosis, transformation; ~**morphoser** [ˌmɔrfo'ze] (1a) *v/t.* metamorphose; *se* ~ change; ~**phore** [ˌ'fɔ:r] *f* metaphor; image; ~**phorique** [ˌfɔ'rik] metaphorical; ~**physique** [ˌfi'zik] *f* metaphysics *sg.*; ~**psychique** [ˌpsi'ʃik] *f* parapsychology; ~**stase** ☤ [ˌ'sta:z] *f* metastasis.

métayer [metɛ'je] *m* metayer, tenant farmer; *Am.* share-cropper.

métempsycose [metɑ̃psi'ko:z] *f* metempsychosis.

météo [mete'o] *su./f* weather report; meteorological office; *su./m* meteorologist; weather man; **météore** [ˌ'ɔ:r] *m* meteor; **météorisme** [ˌɔ-

'rism] *m* 🐾 meteorism; flatulence; *vet.* hoove; **météorologie** [\~ɔrɔlɔ-'ʒi] *f* meteorology.

métèque *pej.* [me'tɛk] *m sl.* wop, *Br. sl.* wog.

méthode [me'tɔd] *f* method, system; way; **méthodique** [\~tɔ'dik] methodical, systematic.

méticuleux, -euse [metiky'lø, \~'lø:z] meticulous, punctilious, F fussy.

métier [me'tje] *m* job; trade; craft; profession; (\~ à tisser weaving) loom.

métis, -isse [me'tis] **1.** *su.* half-breed; *dog:* mongrel; **2.** *adj.* half-bred; cross-breed; mongrel (*dog*).

métrage [me'tra:ʒ] *m* measurement; metric length; *cin. court (long)* \~ short (full-length) film; **mètre** [mɛtr] *m* metre, *Am.* meter; rule, yardstick; \~ à ruban tape measure; \~ carré square metre; \~ cube cubic metre; \~ pliant folding rule; **métrique** [\~'trik] **1.** *adj.* metric; **2.** *su./f* metrics *sg.*

métro F [me'tro] *m* underground railway, tube, *Am.* subway.

métro...: \~logie [metrɔlɔ'ʒi] *f* metrology; **\~manie** [\~ma'ni] *f* metromania; **\~nome** ♩ [\~'nɔm] *m* metronome.

métropole [metrɔ'pɔl] *f* metropolis; capital; mother country; **métropolitain, e** [\~pɔli'tɛ̃, \~'tɛn] **1.** *adj.* metropolitan; *eccl.* archbishop; underground railway.

mets[1] [mɛ] *m* food; dish; \~ tout préparé ready-to-serve meal.

mets[2] [\~] *1st p. sg. pres. of mettre.*

mettable [\~] [mɛ'tabl] wearable (*clothes*); **metteur** [\~'tœ:r] *m* ⊕ setter; 🔩 (*plate-*)layer; \~ en scène *thea.* producer; *cin.* director.

mettre [mɛtr] (4v) *v/t.* put; place, set; lay (*a. the table*); put on (*clothes*); translate (into, *en*); bet (on, *sur*); *fig.* suppose, assume; \~ à l'aise put (*s.o.*) at his ease; 🔥 à la terre earth; \~ au point adjust; *opt.* focus (*a lens*); *fig.* clarify (*an affair*); \~ bas lamb (*sheep*), litter, whelp (*bitch*), foal (*mare*), farrow (*pig*), calve (*cow*); \~ de côté save; \~ deux heures à (*inf.*) take two hours to (*inf.*); \~ en colère make angry; \~ en jeu bring into play *or* discussion; ⊕ \~ en marche start (*a. fig.*); *typ.* \~ en pages make up; *thea.* \~ en

scène stage; **mettons que ce soit vrai** let us suppose this to be true *or* that this is true; se \~ place o.s., stand; se \~ à (*inf.*) begin (*ger.*, to *inf.*); start (*ger.*), take to; se \~ à l'œuvre set to work; se \~ en colère get angry; se \~ en gala put on formal dress; se \~ en route start out; se \~ ensemble live together (*unmarried couple*); se \~ en tête de (*inf.*) take it into one's head to (*inf.*); s'y \~ set about it.

meublant, e [mœ'blɑ̃, \~'blɑ̃:t] decorative, effective, nice; **meuble** [mœbl] **1.** *adj.* movable; loose (*ground*); 🔩 *biens m/pl.* \~s movables; **2.** *su./m* piece of furniture; \~s *pl.* furniture *sg.*; **meublé, e** [mœ'ble] **1.** *adj.:* (*non*) \~ (un)furnished; **2.** *su./m* furnished room; **meubler** [\~] (1a) *v/t.* furnish; *fig.* fill (with, *de*).

meule[1] [mœ:l] *f* hay: stack, rick; *charcoal:* pile; *bricks:* clamp; 🌱 *mushrooms:* bed.

meule[2] [mœ:l] *f* ⊕ millstone; grindstone; \~ de fromage large round cheese; **meuler** ⊕ [mœ'le] (1a) *v/t.* grind; **meulerie** ⊕ [møl-'ri] *f* millstone-factory, grindstone-factory; **meulier** ⊕ [mø'lje] *m* millstone-maker, grindstone-maker; **meulière** ⊕ [\~'ljɛ:r] *f* millstone grit; millstone quarry.

meulon [mø'lɔ̃] *m* small haystack; *corn:* stook; (*hay*)cock.

meunerie [mønə'ri] *f* flour: milling; **meunier** [mø'nje] miller; **meunière** [\~'njɛ:r] *f* woman mill-owner, *a.* miller's wife.

meurent [mœ:r] *3rd p. pl. pres. of mourir;* **meurs** [\~] *1st p. sg. pres. of mourir;* **meurt-de-faim** F [mœrdə'fɛ̃] *m/inv.* starveling; *de* \~ starvation (*wage*).

meurtre [mœrtr] *m* murder; 🔩 non-capital murder, *Am.* murder in the second degree; *au* \~! murder!; *fig.* c'est un \~ it is a downright shame; **meurtrier, -ère** [mœrtri'e, \~'ɛ:r] **1.** *adj.* murderous; guilty of murder (*person*); **2.** *su./m* murderer; *su./f* murderess; △ loop-hole.

meurtrir [mœr'tri:r] (2a) *v/t.* bruise; **meurtrissure** [\~tri'sy:r] *f* bruise. [*voir*.]

meus [mø] *1st p. sg. pres. of mou-*

meute [mø:t] *f* pack; *fig.* mob.

meuvent [mœːv] *3rd p. pl. pres.* of **mouvoir.**

mévendre 🕇 † [me'vãːdr] (4a) *v/t.* sell at a loss; **mévente** 🕇 [ʌ'vãːt] *f* goods: sale at a loss; slump.

mezzanine [medza'nin] *f* mezzanine (floor).

mi ♩ [mi] *m/inv.* mi, note: E.

mi... [mi] *adv.* half, mid, semi-; ʌ-*clos* half open; *à* ʌ-*chemin* half-way; *la* ʌ-*janvier* mid-January; *sp. poids m* ʌ-*lourd* light-heavy weight.

miaou [mjau] *m* :niaow, mew.

miasme [mjasm] *m* miasma.

miauler [mjo'le] (1a) *v/i.* mew, miaow.

mica *min.* [mi'ka] *m* mica; **micelle** *biol.* [mi'sɛl] *m* micella.

miche [miʃ] *f* round loaf.

micheline 🚋 [miʃ'lin] *f* rail-car.

micmac F [mik'mak] *m* intrigue; underhand work.

micro F [mi'kro] *m* radio: microphone, F mike; *au* ʌ on the air.

micro... [mikro] micro...

microbe [mi'krɔb] *m* microbe, F germ.

microcéphale [mikrose'fal] *adj., a. su.* microcephalic.

micron [mi'krõ] *m measure*: micron (1/1000 mm).

micro...: ʌ**cosme** [ʌkrɔ'kɔsm] *m* microcosm; ʌ**phone** [mikrɔ'fɔn] *m* microphone; ʌ**processeur** [ʌkrɔprɔse'sœːr] *m* microprocessor; ʌ**scope** [ʌkrɔs'kɔp] *m* microscope; ʌ**sillon** [ʌkrɔsi'jõ] *m* microgroove, long-playing record.

midi [mi'di] *m* midday, noon, twelve o'clock; *fig.* heyday (*of life*); ʌ *et demi* half past twelve; *plein* ʌ high noon; *geog.* **le** ♀ the South of France; **midinette** F [ʌdi'nɛt] *f* dressmaker's assistant, midinette.

mie [mi] *f* bread: soft part, cumb.

miel [mjɛl] *m* honey; **miellé, e** [mje'le]honeyed;honey-colo(u)red; **mielleux, -euse** [ʌ'lø, ʌ'løːz] like honey; *fig.* honeyed (*words*); bland (*smile*); smooth-tongued (*person*).

mien, mienne [mjɛ̃, mjɛn] **1.** *pron./ poss.*: **le** ʌ, **la** ʌ*ne*, **les** ʌ*s m/pl.*, **les** ʌ*nes f/pl.* mine; **2.** *adj./poss.* † *of* mine; *un* ʌ *ami* a friend of mine; **3.** *su./m* mine, my own; **les** ʌ*s pl.* my (own) people.

miette [mjɛt] *f* crumb; *fig.* piece, bit.

mieux [mjø] **1.** *adv.* better; rather; *aimer* ʌ prefer; 🎾 *aller* ʌ feel *or* be better; *à qui* ʌ ʌ one trying to outdo the other; *de* ʌ *en* ʌ better and better; *je ne demande pas* ʌ *que de* (*inf.*) I shall be delighted to (*inf.*); *le* ʌ (the) best; *tant* ʌ all the better; *valoir* ʌ be better; *vous feriez* ʌ *de* (*inf.*) you had better (*inf.*); **2.** *su./m* best; 🎾 *change for the better; au* ʌ as well as possible, 🕇 at best; *faire de son* ʌ do one's best.

mièvre [mjɛːvr] delicate; *fig.* affected (*style*); **mièvrerie** [mjɛvrə'ri] *f* delicateness; *fig.* style *etc.*: affectation.

mignard, e [mi'ɲaːr, ʌ'ɲard] affected, mincing; dainty; **mignardise** [ʌɲar'diːz] *f* affectation; *style*: finicalness; ♀ (garden) pink; **mignon, -onne** [ʌ'ɲõ, ʌ'ɲɔn] **1.** *adj.* dainty, sweet, nice, cute; *péché m* ʌ besetting sin; **2.** *su.* darling, pet; **mignoter** † [ʌɲɔ'te] (1a) *v/t.* caress; pet.

migraine [mi'grɛn] *f* migraine, sick headache.

migrant, e [mi'grã, ʌ'grãːt] **1.** *adj.* migrant; **2.** *su.* migrant (worker); **migrateur, -trice** [migra'tœːr, ʌ'tris] *orn.* migratory; migrant (*person*); **migration** [ʌ'sjõ] *f* migration; **migratoire** [ʌ'twaːr] migratory.

mijaurée [miʒo're] *f* affected woman.

mijoter [miʒo'te] (1a) *v/t.* let (*s.th.*) simmer (*a. fig. an idea*); hatch (*a plot*); *fig. se* ʌ be brewing; *v/i.* simmer.

mil [mil] *adj./inv.* thousand (*only in dates*).

milan *orn.* [mi'lã] *m* kite.

mildiou ♀, 🍂 [mil'dju] *m* mildew.

miliaire 🎾 [mi'ljɛːr] miliary (*fever*).

milice ⚔ [mi'lis] *f* militia; **milicien** ⚔ [ʌli'sjɛ̃] *m* militiaman.

milieu [mi'ljø] *m* middle; *phys.* medium; *fig.* circle, sphere; *fig.* environment; *fig.* (social) background; *fig.* middle course; *the* underworld; *au* ʌ *de* in the middle of.

militaire [mili'tɛːr] **1.** *adj.* military; ♩ martial; **2.** *su./m* military man; soldier; **militant, e** [ʌ'tã, ʌ'tãːt] **1.** *adj.* militant; **2.** *su.* fighter (for, de); militant; **militariser** [ʌtari'ze] (1a) *v/t.* militarize; **militarisme** [ʌta-'rism] *m* militarism; **militer** [ʌ'te]

(1a) *v/i.* militate (against, *contre*; in favo[u]r of *pour*, *en faveur de*); be a militant.

mille [mil] **1.** *adj./num./inv.* (a *or* one) thousand; **2.** *su./m/inv.* thousand; *sp.* bull's eye; *mettre dans le* ~ hit the bull's eye; *F fig.* be bang on target; *su./m* mile.

mille-feuille [mil'fœ:j] *f* ❀ yarrow; *cuis.* mille-feuille (*sort of puff pastry*); **millénaire** [mille'nɛ:r] **1.** *adj.* millennial; **2.** *su./m* one thousand; thousand years, millennium.

mille...: ~**-pattes** *zo.* [mil'pat] *m/inv.* centipede, millepede; ~**(-)pertuis** ❀ [~pɛr'tɥi] *m* St. John's wort.

millésime [mille'zim] *m* date (*on coin*); ⊕ year of manufacture.

millet ❀ [mi'jɛ] *m* (wood) millet-grass; *grains m/pl.* de ~ bird-seed, canary-seed.

milliaire [mi'ljɛ:r] milliary; *borne f* ~ milestone; **milliard** [~'lja:r] *m* milliard, one thousand million(s *pl.*), *Am.* billion; **millième** [~'ljɛm] *adj.*, *a. su.*, *a. su./m* fraction: thousandth; **millier** [~'lje] *m* (about) a thousand; **million** [~'ljɔ̃] *m* million.

mime [mim] *m* mimic; *thea. hist.* mime; **mimer** [mi'me] (1a) *v/t.* mime (*a scene*); mimic (*s.o.*).

mimétisme *zo.* [mime'tism] *m* mimicry. [ling.]

mimi [mi'mi] *m* pussy; *F* pet, dar-]

mimique [mi'mik] mimic.

mimosa ❀ [mimo'za] *m* mimosa.

minable *fig.* [mi'nabl] seedy, shabby.

minauder [mino'de] (1a) *v/i.* simper, smirk; **minauderie** [~'dri] *f* simpering, smirking.

mince [mɛ̃:s] thin; slender, slight, slim; *F* ~ *alors!* hell!

mine¹ [min] *f* appearance, look; ~*s pl.* simperings; *avoir bonne* (*mauvaise*) ~ look well (ill); look good (bad) *Am.*; *faire* ~ *de* (*inf.*) make as if to (*inf.*); make a show of (*s.th.*; *doing s.th.*).

mine² [min] *f* ⚒, ⚔, ⚓, *fig.* mine; *pencil:* lead; *fig.* store; ~ *de houille* colliery, coal-mine; ~ *de plomb* graphite; *faire sauter une* ~ spring a mine; **miner** [mi'ne] (1a) *v/t.* ⚔ mine; *fig.* undermine, consume, wear away.

minerai ⚒ [min'rɛ] *m* ore.

minéral, e, *m/pl.* **-aux** [mine'ral, ~'ro] **1.** *adj.* mineral; inorganic (*chemistry*); *eau f* ~*e* mineral water; spa water; **2.** *su./m* mineral; **minéraliser** [~rali'ze] (1a) *v/t.* mineralize; **minéralogie** [~ralɔ'ʒi] *m* mineralogy; **minéralogique** [~ralɔ'ʒik] mineralogical; *mot. numéro m* ~ registration (*Am.* license) number; *mot. plaque f* ~ number plate.

minet *m,* **-ette** *f* [mi'nɛ, ~'nɛt] puss(ycat); *F* pet, darling; young trendy.

mineur¹, e [mi'nœ:r] **1.** *adj.* minor, (*a.* ♫, *a.* ♪); **2.** *su.* ♫, ♪ minor; *su./f* minor premise; assumption.

mineur² [~] *m* ⚒ miner; ⚔ sapper.

miniature [minja'ty:r] *f* miniature; **miniaturiser** [~tyri'ze] (1a) *v/t.* miniaturize; **miniaturiste** [~ty-'rist] *adj.*, *a. su.* miniaturist.

minier, -ère [mi'nje, ~'njɛ:r] **1.** *adj.* mining; **2.** *su./f* open-cast mine.

mini-jupe [mini'jyp] *f* miniskirt.

minimal, e, *m/pl.* **-aux** [mini'mal, ~'mo] minimal; **minime** [~'nim] tiny; *fig.* trivial; **minimiser** [~ni-mi'ze] (1a) *v/t.* minimize, play down; **minimum,** *pl. a.* **minima** [~ni-'mɔm, ~'ma] **1.** *su./m* minimum; ~ *vital* minimum living wage; **2.** *adj.* minimum.

ministère [minis'tɛ:r] *m* agency; *pol., a. eccl.* ministry; *pol.* office, government department; service; *pol.* ♀ Office; Ministry; ♀ *de la Défense nationale* Ministry of Defence, *Am.* Department of Defense; ♀ *des Affaires étrangères* Foreign Office, *Am.* State Department; ♫ ♀ *public* Public Prosecutor; **ministre** [~'nistr] *m pol., a. protestantism:* minister; ♀ *de la Défense nationale* Minister of Defence, *Am.* Secretary of Defense; ♀ *des Affaires étrangères* Foreign Secretary, *Am.* Secretary of State; ♀ *des Finances France:* Minister of Finance, *Britain:* Chancellor of the Exchequer, *Am.* Secretary of the Treasury.

minium ♫ [mi'njɔm] *m* minium; red lead.

minois F [mi'nwa] *m* pretty face.

minorité [minɔri'te] *f* minority; ♫ infancy; *pol. mettre en* ~ defeat (*the government*).

minoterie [minɔ'tri] *f* flour-mill;

mitonner

flour-milling; **minotier** [ˌ'tje] *m* (flour-)miller.

minuit [mi'nɥi] *m* midnight; ~ *et demi* half past twelve (at night).

minuscule [minys'kyl] **1.** *adj.* tiny; small (*letter*); **2.** *su./f* small letter, *typ.* lower-case letter.

minute [mi'nyt] **1.** *su./f* minute; *deed, judgment*: draft; record; *à la ~* this instant; to the minute; while you wait; **2.** *int.* wait a bit!; **minuter** *admin.* [miny'te] (1a) *v/t.* time; **minuterie** [ˌ'tri] *f clocks etc.*: motion work; ⚡ time switch.

minutie [miny'si] *f* (attention to) minute detail; **minutieux, -euse** [ˌ'sjø, ˌ'sjøːz] detailed, painstaking, thorough.

mioche F [mjɔʃ] *su.* urchin; kid(die), tot.

mi-parti, e [mipar'ti] equally divided; halved.

miracle [mi'raːkl] *m* miracle (*a. fig.*); **miraculeux, -euse** [ˌraky'lø, ˌ'løːz] miraculous; F marvellous.

mirage [mi'raːʒ] *m* mirage; *fig.* illusion; **mire** [miːr] *f* ✳ aiming; *gun*: bead; *surv.* pole, levelling-rod; *telev.* test-card, test-pattern; *point de ~* ✳ aim; *fig.* cynosure; **mirer** [mi're] (1a) *v/t.* aim at; *surv.* take a sight on; ✝ candle (*an egg*); hold (*cloth*) against the light; *se ~* look at o.s.; be reflected.

mirifique F [miri'fik] wonderful.

mirliton [mirli'tɔ̃] *m* ♩ toy flute; *cuis.* cream puff; *vers m/pl. de ~* doggerel.

mirobolant, e F [mirɔbɔ'lɑ̃, ˌ'lɑ̃ːt] marvellous; staggering.

miroir [mi'rwaːr] *m* mirror, looking-glass; *mot. ~ rétroviseur* driving mirror; **miroitement** [ˌrwat'mɑ̃] *m* flash; gleam; *water:* shimmer; **miroiter** [mirwa'te] (1a) *v/i.* flash; glitter; sparkle; *fig. faire ~ qch. à q.* paint s.th. in glowing colo(u)rs for s.o.

miroton *cuis.* [mirɔ'tɔ̃] *m* re-heated beef in onion sauce.

mis¹ [mi] *1st p. sg. p.s. of mettre.*

mis², e [mi, miːz] *p.p. of mettre.*

misaine ⚓ [mi'zɛn] *f* foresail; *mât m de ~* foremast.

misanthrope [mizɑ̃'trɔp] **1.** *su./m* misanthropist; **2.** *adj.* misanthropic.

miscible [mi'sibl] miscible.

mise [miːz] *f* placing, putting; *auc-*

tion: bid; *gamble:* stake; dress, attire; ✝ outlay; ~ *à la retraite* retirement; ⚡ ~ *à la terre* earthing; ⚓ ~ *à l'eau* launching; ~ *à mort* bullfight: kill (of the bull); ~ *à pied* sacking; ~ *au point* adjustment; *phot.* focussing; ~*-bas* dropping (*of young animals*); ✝ ~ *de fonds* putting up of money; ⊕ ~ *en fabrication* putting into production; ~ *en liberté* release; ⊕ ~ *en marche* starting; ~ *en ondes* radio adaptation; *typ.* ~ *en pages* making up; ~ *en plis hair:* setting; *mot.* ~ *en route* starting up; *thea.* ~ *en scène* staging, production; ~ *en service* commencement of service; ~ *en train* start(ing); ✝ ~ *en vente* putting up for sale; *ne pas être de ~* be out of place or season; **miser** [mi'ze] (1a) *v/t.* bid; stake; *v/i.* count (on, *sur*).

misérable [mize'rabl] **1.** *adj.* miserable; *fig.* wretched; *fig.* mean (*action*); **2.** *su.* (poor) wretch; **misère** [ˌ'zɛːr] *f* misery; poverty; *fig.* trifle.

miséricorde [mizeri'kɔrd] **1.** *su./f* mercy, forgiveness; **2.** *int.* mercy!; **miséricordieux, -euse** [ˌkɔr'djø, ˌ'djøːz] merciful (to, *envers*).

missel *eccl.* [mi'sɛl] *m* missal.

missile ✳ [mi'sil] *m* (guided) missile; ~ *de croisière* cruise missile.

mission [mi'sjɔ̃] *f* mission; **missionnaire** [ˌsjɔ'nɛːr] *m* missionary; **missive** [ˌ'siːv] *f* missive, letter.

mistigri F [misti'gri] *m* puss.

mistral [mis'tral] *m* mistral (*cold north-east wind in Provence*).

mitage [mi'taːʒ] *m* spoiling (of the countryside) through architectural development.

mitaine [mi'tɛn] *f* mitten.

mite [mit] *f* moth; *cheese:* mite; **mité, e** [mi'te] moth-eaten; **miter** [ˌ] (1a) *v/t.* spoil (*the countryside*) through architectural development.

mi-temps [mi'tɑ̃] *f sp.* half-time; interval; ✝ *à ~* half-time (*work*).

miteux, -euse F [mi'tø, ˌ'tøːz] shabby; seedy (*person*).

mitiger [miti'ʒe] (11) *v/t.* mitigate; relax (*a law etc.*).

miton ✿ F [mi'tɔ̃] *m:* *onguent m ~ mitaine* harmless but useless ointment.

mitonner [mitɔ'ne] (1a) *v/i.* simmer; *v/t.* let (*s.th.*) simmer; *fig.* hatch.

mitoyen, -enne [mitwaˈjɛ̃, ˌˈjɛn] common (*to two things*), △ party (*wall*).

mitraille ✕ [miˈtrɑːj] f grape-shot; F coppers pl. (= *small change*); **mitrailler** ✕ [mitraˈje] (1a) v/t. machine-gun, strafe, rake with fire; **mitraillette** ✕ [ˌˈjɛt] f submachine-gun; **mitrailleur** ✕ [ˌˈjœːr] 1. su./m machine-gunner; 2. adj./m: fusil m ~ Bren gun; **mitrailleuse** ✕ [ˌˈjøːz] f machine-gun.

mitre [mitr] f (*bishop's*) mitre; △ chimney-cowl; **mitron** [miˈtrɔ̃] m journeyman baker; △ chimney-pot.

mixage [mikˈsaːʒ] m (sound) mixing; **mixer**¹ [ˌˈse] (1a) v/t. mix (*sounds*); **mixer**² [ˌˈsœːr] m (food) mixer; **mixte** [mikst] mixed; 🚋 combined; ~ double m tennis: mixed doubles pl.; enseignement m ~ co-education; **mixtion** ⚗ [miksˈtjɔ̃] f mixture; drugs: compounding; **mixtionner** ⚗ [ˌtjɔˈne] (1a) v/t. compound (*drugs*); **mixture** ⚗, ⚕ [ˌˈtyːr] f mixture.

mobile [mɔˈbil] 1. adj. mobile; movable (a. feast); moving (object, target, etc.); detachable; fig. inconstant; ✕ colonne f ~ flying column; 2. su./m moving body; ⊕ moving part; fig. motive; fig. mainspring; premier ~ person: prime mover; **mobilier, -ère** [ˌbiˈlje, ˌˈljɛːr] 1. adj. 🏛 movable; 🏛 personal (action, estate); 🏛 transferable; 2. su./m furniture; suite.

mobilisation [mɔbiliza'sjɔ̃] f ✕, 🏛 mobilization; 🏛 realization; 🏛 liquidation; **mobiliser** [ˌˈze] (1a) v/t. ✕, 🏛 mobilize; ✕ call up; 🏛 realize (an indemnity); 🏛 liquidate (capital).

mobilité [mɔbiliˈte] f mobility; fig. temperament etc.: fickleness.

mobylette (*TM*) [mɔbiˈlɛt] f moped.

moche F [mɔʃ] ugly; F lousy; rotten; poor, shoddy; F awful.

modal, e, m/pl. -aux [mɔˈdal, ˌˈdo] modal; **modalité** [ˌdaliˈte] f phls. modality; ♪ form of scale; ~s pl. 🏛 terms and conditions; 🏛 restrictive clauses.

mode [mɔd] su./m ♪, phls. mood (a. gramm.); mode, method; ⚙ ~ d'emploi directions pl. for use; 🏛 ~ de paiement method of payment; su./f fashion; à la ~ fashionable, stylish, F

in; à la ~ de in the style of; cuis. ... fashion; à la dernière ~ in the latest fashion.

modèle [mɔˈdɛl] 1. su./m model (a. fig.), pattern; prendre q. pour ~ model o.s. on s.o.; 2. adj. model ...

modelé [mɔdˈle] m relief; contours pl.; **modeler** [ˌˈle] (1d) v/t. model (on, sur); mo(u)ld; shape; **modeleur** ⊕ [ˌˈlœːr] m pattern-maker.

modérateur, -trice [mɔderaˈtœːr, ˌˈtris] 1. su. moderator, restrainer; su./m ⊕ regulator; ⚡, phys. moderator; (volume-)control; 2. adj. moderating, restraining; **modération** [ˌraˈsjɔ̃] f moderation, restraint; price, tax, 🏛 sentence: reduction; **modéré, e** [ˌˈre] adj. moderate; sober; conservative (estimate); **modérer** [ˌˈre] (1f) v/t. moderate, restrain; check; reduce (the price etc.); se ~ abate (weather).

moderne [mɔˈdɛrn] modern; **moderniser** [mɔdɛrniˈze] (1a) v/t. modernize; **moderniste** [ˌˈnist] modernist; **modernité** [ˌniˈte] f modernity; modern times pl.

modeste [mɔˈdɛst] modest; unpretentious; quiet; moderate (price); **modestie** [ˌˈdɛsˈti] f modesty; unpretentiousness.

modicité [mɔdisiˈte] f means: modesty; prices: reasonableness.

modifiable [mɔdiˈfjabl] modifiable; **modificateur, -trice** [ˌfikaˈtœːr, ˌˈtris] modifying; **modification** [ˌfikaˈsjɔ̃] f modification, alteration; **modifier** [ˌˈfje] (1o) v/t. modify (a. gramm.); alter; 🏛 rectify (an entry).

modique [mɔˈdik] reasonable, moderate (price); slender, modest (means).

modiste [mɔˈdist] f milliner, modiste.

modulateur ⚡ [mɔdylaˈtœːr] m modulator; **modulation** [ˌˈsjɔ̃] f modulation (♪, a. voice); voice: inflexion; **module** [mɔˈdyl] m ♪ modulus; △ module; unit; size; **moduler** [ˌdyˈle] (1a) vt/i. modulate.

moelle [mwal] f marrow; ♀ pith (a. fig.); anat. medulla; ~ épinière spinal cord; **moelleux, -euse** [mwaˈlø, ˌˈløːz] marrowy (bone); ♀ pithy; fig. soft; fig. mellow (light, voice).

moellon [mwa'lɔ̃] *m* quarry-stone; ~ de roche rock rubble.

mœurs [mœrs] *f/pl.* morals; manners, ways, customs; *animals*: habits.

mohair [mɔ'ɛ:r] *m* mohair.

moi [mwa] **1.** *pron./pers. subject*: I; *object*: me; (to) me; à ~ to me; mine; *c'est* ~ it is I, F it's me; de vous à ~ between you and me; il a vu mon frère et ~ he has seen my brother and me; **2.** *su./m* ego, self.

moignon ⚕ [mwa'ɲɔ̃] *m* stump (*of amputated limb*).

moi-même [mwa'mɛ:m] *pron./rfl.* myself.

moindre [mwɛ̃:dr] less(er); le (la) ~ the least; the slightest; **moindrement** [mwɛ̃drə'mɑ̃] *adv.*: *pas le* ~ not in the least.

moine [mwan] *m* monk; *fig.* F bedwarmer, hot-water bottle; *metall.* blister; **moineau** *orn.* [mwa'no] *m* sparrow; *sl.* fellow; **moinerie** *usu. pej.* [mwan'ri] *f* friary; monkery; **moinillon** F [mwani'jɔ̃] *m* young monk.

moins [mwɛ̃] **1.** *adv.* less (than, *que*); fewer; de deux less than two; à ~ de (*inf.*), à ~ que ... (*ne*) (*sbj.*) unless; au ~ at least; de ~ en ~ less and less; du ~ at least (= *at all events*); le ~ (the) least; **2.** *prp.* minus, less; *cinq heures ~ dix* ten minutes to five; **3.** *su./m* ℞ minus (sign); **~value** † [~va'ly] *f* depreciation.

moire *tex.* [mwa:r] *f* moire; watered silk; **moirer** *tex.*, *a.* ⊕ [mwa're] (1a) *v/t.* moiré.

mois [mwa] *m* month; month's pay; † à un ~ de date one month after date; *par* ~, *tous les* ~ monthly; *tous les* ~ every month.

moisi, e [mwa'zi] **1.** *adj.* mo(u)ldy, musty (*smell, taste*); **2.** *su./m* mo(u)ld, mildew; *sentir le* ~ smell musty; **moisir** [~'zi:r] (2a) *vt/i.* mildew; *v/i. a.* se ~ go mo(u)ldy; F vegetate; **moisissure** [~zi'sy:r] *f* ✗ mildew, mo(u)ld; mustiness.

moisson [mwa'sɔ̃] *f* harvest, crop (*a.fig.*); harvest-time; **moissonner** [mwaso'ne] (1a) *v/t.* harvest, reap (*a. fig.*), gather; **moissonneur** [~'nœ:r] *m* harvester, reaper; **moissonneuse** [~'nø:z] *f* harvester, reaper (*a. machine*); **~batteuse** com-

bine-harvester; **~lieuse** *machine*: self-binder.

moite [mwat] moist, damp; clammy; † limp; **moiteur** [mwa'tœ:r] *f* moistness; ⚕ perspiration.

moitié [mwa'tje] **1.** *su./f* half; F better half (= *wife*); à ~ *chemin* half-way; à ~ *prix* (at) half-price; *se mettre de* ~ *avec q.* go halves with s.o.; **2.** *adv.* half.

mol [mɔl] *see* mou 1.

molaire [mɔ'lɛ:r] *adj., a. su./f* molar.

môle [mo:l] *m* mole, breakwater; pier.

moléculaire [mɔleky'lɛ:r] molecular; **molécule** [~'kyl] *f* molecule; **🔥 ~gramme** gram(me)-molecule.

molester [mɔlɛs'te] (1a) *v/t.* molest.

molette [mɔ'let] *f* spur: rowel; ⊕ cutting-wheel; *paint.* small pestle; ✗ winding-pulley; *lighter*: wheel; *clef f à* ~ adjustable spanner.

mollasse F [mɔ'las] soft, flabby; slow (*person*); **molle** [mɔl] *see* mou 1; **mollesse** [mɔ'les] *f* softness, flabbiness; slackness; indolence.

mollet, -ette [~'le, ~'let] **1.** *adj.* softish; soft-boiled (*egg*); tender (*feet*); *pain m* ~ roll; **2.** *su./m leg*: calf; **molletière** [mɔl'tjɛ:r] *f* puttee; **mollir** [mɔ'li:r] (2a) *v/i.* soften; slacken; *fig.* get weak; ✗ give ground; † get easier (*price of commodity*). [F slowcoach.]

mollusque *zo.* [mɔ'lysk] *m* mollusc;}

mollo! [mɔ'lo] *int.* easy!; gently!; *vas-y* ~! easy does it!

molosse [mɔ'lɔs] *m* watch-dog; mastiff.

môme *sl.* [mo:m] *su.* child: kid, brat.

moment [mɔ'mɑ̃] *m* moment (*a. phys.*); *au* ~ *où* (*or que*) since; *par* ~s now and again; *pour le* ~ for the time being; **momentané, e** [~mɑ̃ta'ne] momentary; temporary (*absence*).

momerie [mɔm'ri] *f* mummery; *fig.* affectations *pl.*

momie [mɔ'mi] *f* mummy; F old fogy; F bag of bones; **momifier** [~mi'fje] (1o) *v/t.* mummify.

mon *m*, **ma** *f*, *pl.* **mes** [mɔ̃, ma, me] *adj./poss.* my.

monacal, e, m/pl. -aux *eccl.* [mɔna'kal, ~'ko] monac(h)al; **monachisme** *eccl.* [~'kism] *m* monasticism.

monarchie [mɔnarˈʃi] f monarchy;
monarchiste [ˌ√ˈʃist] adj., a. su.
monarchist; **monarque** [mɔˈnark]
m monarch.

monastère [mɔnasˈtɛːr] m monastery; nuns: convent; **monastique**
[ˌ√ˈtik] monastic.

monceau [mɔ̃ˈso] m heap, pile.

mondain, e [mɔ̃ˈdɛ̃, ˌ√ˈdɛn] **1.** adj.
mundane, worldly; fashionable;
2. su. wordly-minded person; su./m
man-about-town; su./f society
woman; police: la ♀ the vice squad;
mondanité [ˌ√daniˈte] f worldliness; love of social functions; **monde** [mɔ̃ːd] m world (a. fig.); people;
fig. society; au bout du ~ at the back of
beyond; dans le ~ entier all over the
world; homme du ~ man of good
breeding; il y a du ~ there is a crowd;
recevoir du ~ entertain (guests); tout le
~ everyone; fig. un ~ de lots pl. of;
vieux comme le ~ as old as the hills; of;
mondial, e [mɔ̃ˈdjal], -aux [mɔ̃ˈdjal,
ˌ√ˈdjo] worldwide; world (war);
mondialisation [mɔ̃djalizaˈsjɔ̃] f
establishing or application on a
worldwide basis; spread(ing)
throughout the world; **mondialiser** [ˌ√ˈze] (1a) v/t. establish or apply
on a worldwide basis; (a. se ~) spread
throughout the world.

monégasque [mɔneˈgask] of
Monaco.

monétaire [mɔneˈtɛːr] monetary;
monétisation [ˌ√tizaˈsjɔ̃] f minting.

moniteur [mɔniˈtœːr] m school, telev.:
monitor; sp. coach; ✈ plane: instructor; **monition** eccl. [ˌ√ˈsjɔ̃] f
monition; **monitoire** eccl. [ˌ√ˈtwaːr]
m (a. lettre f ~) monitory (letter).

monnaie [mɔˈnɛ] f money; (small)
change; currency; ✞ ~ forte hard
currency; donner la ~ de give change
for, change (a note etc.); **monnayer**
[ˌ√nɛˈje] (1i) v/t. mint, coin; **monnayeur** [ˌ√nɛˈjœːr] m minter, coiner.

mono [mɔˈno] f, a. adj. short for
monophonie, monophonique; mono;
en ~ (in) mono.

mon(o)... [mɔn(ɔ)] mon(o)...; **monobloc** [mɔnɔˈblɔk] cast or made in
one piece.

monocle [mɔˈnɔkl] m monocle.

mono...: **~game** [mɔnɔˈgam] monogamous; **~gamie** [ˌ√gaˈmi] f monogamy; **~gramme** [ˌ√ˈgram] m monogram; initials pl.; **~logue** [ˌ√ˈlɔg] m

monologue; **~loguer** [ˌ√lɔˈge] (1m)
v/i. soliloquize.

monôme ⅄ [mɔˈnoːm] m monomial.

mono...: **~phasé, e** ⚡ [mɔnɔfaˈze]
single-phase; **~phonie** [ˌ√fɔˈni] f
monaural reproduction; en ~ (in)
mono; **~phonique** [ˌ√fɔˈnik] monaural, mono(phonic); **~place** ✈,
mot. [ˌ√ˈplas] m single-seater; **~plan**
✈ [ˌ√ˈplɑ̃] m monoplane; **~pole**
[ˌ√ˈpɔl] m monopoly; **~poliser** [ˌ√poli-ˈze] (1a) v/t. monopolize; **~rail** 🚆
[ˌ√ˈrɑːj] adj., a. su./m monorail; **~syllabe** [ˌ√siˈlab] m monosyllable; **~théisme** [ˌ√teˈism] m monotheism; **~tone** [ˌ√ˈtɔn] monotonous; **~tonie**
[ˌ√tɔˈni] f monotony.

monseigneur, pl. **messeigneurs**
[mɔ̃sɛˈɲœːr, mɛsɛˈɲœːr] m My Lord;
archbishop, duke: Your Grace; prince:
Your Royal Highness; His Lordship;
His Grace; His Royal Highness;
monsieur, pl. **messieurs** [məˈsjø,
mɛˈsjø] m Mr.; sir; gentleman; man;
in letters: Dear Sir; ~ le Président Mr.
President.

monstre [mɔ̃ːstr] **1.** su./m monster
(a. fig.); freak of nature; ~ sacré
(super)star; **2.** adj. colossal, huge;
monstrueux, -euse [mɔ̃stryˈø,
ˌ√ˈøːz] monstrous; huge; frightful;
monstruosité [ˌ√oziˈte] f monstrosity; fig. enormity.

mont [mɔ̃] m mount(ain); les ~s pl. [the Alps.]

montage [mɔ̃ˈtaːʒ] m putting up;
loads, materials: hoisting; ⊕ machine: assembling; gun, phot., etc.:
mounting; ⚡ wiring, connecting up;
gems, scene, etc.: setting; mot. tyre:
fitting (on); cin. film: editing; ⊕
chaîne f de ~ assembly line.

montagnard, e [mɔ̃taˈnaːr, ˌ√ˈnard]
1. adj. mountain..., highland...; **2.** su.
mountaineer, highlander; **montagne** [ˌ√ˈtaɲ] f mountain; la ~ the
mountains pl.; **~s** pl. russes switchback sg.; **montagneux, -euse**
[ˌ√taˈnø, ˌ√ˈnøːz] mountainous, hilly.

montaison [mɔ̃tɛˈzɔ̃] f salmon: run-up; **montant, e** [ˌ√ˈtɑ̃, ˌ√ˈtɑ̃t] **1.** adj.
rising; uphill; 🚆 up (train, platform); cost. high-necked; **2.** su./m
reckoning, account: total; tide: flow,
rising; ladder: upright; (tent-)pole;
stair: riser; (gate-)post; leg; (lamp-)
post.

mont-de-piété, pl. **monts-de-piété**
[mɔ̃dəpjeˈte] m pawn-shop.

monte...: ~-**charge** [mɔ̃ˈʃarʒ] m/ inv. hoist; goods-lift; ~-**pente** [~ˈpãːt] m ski-lift; ~-**plats** [~ˈpla] m/ inv. service-lift, Am. dumb-waiter.

monté, e [mɔ̃ˈte] 1. adj. mounted (a. police); equipped; F fig. coup m ~ plot, put-up job; fig. être ~ have a grudge (against, contre); 2. su./f rising; rise; ascent; climb, gradient; ⚒, mot. climbing; **monter** [~ˈte] (1a) v/i. climb up, ascend, mount; go upstairs; rise (anger, price, sun, barometer, tide); amount (to, à) (cost, total); boil up (milk); ~ à (or sur) un arbre climb a tree; ~ dans un train get on a train, Am. board a train; ~ en avion get into a plane; ~ sur un navire go aboard a ship; faire ~ raise (prices); v/t. mount (a. phot., a. ✕ guard), climb, go up (the stairs, a hill); ride (a horse); ✝ set up (a factory); take up, carry up; turn up (a lamp, etc.); equip, wind up (a watch); assemble (a machine); thea. stage (a play); fig. plan, plot; F ~ la tête à q. work s.o. up (against, contre); ~ son ménage set up house; se ~ amount (to, à); **monteur** m, **-euse** f [~ˈtœːr, ~ˈtøːz] ⊕ setter; cin. cutter; thea. producer; ⊕, ✄ fitter; **monticule** [~tiˈkyl] m hillock; ice: hummock.

montre [mɔ̃ːtr] f show, display; shop-window; show-case; watch, mot. clock; mot. etc. course f contre la ~ race against the clock; faire ~ de display; ~-**bracelet**, pl. ~s-**bracelets** [mɔ̃trabrasˈle] f wrist-watch; **montrer** [mɔ̃ˈtre] (1a) v/t. show; display; indicate, point out; se ~ show o.s., fig. prove (o.s.); turn out; appear.

montueux, -euse [mɔ̃ˈtɥ̈ø, ~ˈtɥ̈øːz] hilly, mountainous; **monture** [~ˈtyːr] f horse, picture: mount; ⊕ mounting, assembling; gem: setting; spectacles: frame; gun etc.: handle, stock; sans ~ rimless (spectacles).

monument [mɔnyˈmã] m monument (a. fig.), memorial; public building; ~s pl. town: sights; ~ funéraire monument (over tomb); **monumental, e**, m/pl. **-aux** [~mã-ˈtal, ~ˈto] monumental; F huge, enormous.

moquer [mɔˈke] (1m) v/t.: se ~ de make fun of; F s'en ~ not to care (a

damn); **moquerie** [mɔkˈri] f mockery; ridicule; jeer.

moquette[1] [mɔˈkɛt] f decoy(-bird). **moquette**[2] [~] f fitted carpet, wall-to-wall carpet(ing); tex. moquette.

moqueur, -euse [mɔˈkœːr, ~ˈkøːz] 1. adj. mocking, derisive; 2. su. mocker; su./m orn. mocking-bird.

moraine geol. [mɔˈrɛn] f moraine. **moral, e**, m/pl. **-aux** [mɔˈral, ~ˈro] 1. adj. moral; fig. mental; 2. su./m morale; (moral) nature; su./f morals pl.; ethics; fables etc.: moral; **moralisateur, -trice** [mɔraliza-ˈtœːr, ~ˈtris] moralizing (person); edifying; **moraliser** [~liˈze] vt/i. moralize; v/t. F lecture, preach at (s.o.); **moraliste** [~ˈlist] su. moralist; **moralité** [~liˈte] f good (moral) conduct, morality; morals pl.; story: moral; thea. morality(-play).

moratoire [mɔraˈtwaːr] 🏛 moratory; ✝ intérêts m/pl. ~s interest sg. on over-due payments.

morbide [mɔrˈbid] morbid, sickly; paint. delicate (flesh-tints); **morbidesse** paint. [~biˈdɛs] f delicacy of flesh-tints, morbidezza; **morbidité** [~bidiˈte] f morbidity.

morceau [mɔrˈso] m piece, morsel; bit, scrap; avoir qch. pour un ~ de pain get s.th. for a song; **morceler** [~sɔˈle] (1c) v/t. cut up (into pieces); divide (land, an estate); **morcellement** [~sɛlˈmã] m cutting up; land, estate: parcelling out.

mordache ⊕ [mɔrˈdaʃ] f clamp; chuck; jaw, grip.

mordacité [mɔrdasiˈte] f 🔥 corrosiveness; fig. causticity, mordancy; **mordant, e** [mɔrˈdã, ~ˈdãt] biting; scathing, caustic; **mordicus** F [mɔrdiˈkys] adv. stoutly, doggedly.

mordiller [mɔrdiˈje] (1a) v/t. nibble; puppy etc.: bite playfully.

mordoré, e [mɔrdɔˈre] adj., a. su./m bronze, reddish brown.

mordre [mɔrdr] (4a) v/t. bite; ⊕ catch; acid: corrode (metal); se ~ les lèvres bite one's lips; v/i. bite (a. fig.); ⊕ catch, engage (wheel); fig. ~ à get one's teeth into; take to (a subject); **mordu, e** F [mɔrˈdy] 1. adj. madly in love (with, de); mad or crazy or wild (about, de); 2. su. fan, freak, buff; un ~ du film a film freak.

more [mɔːr] adj./m, a. su./m ♀ see maure; **moreau, -elle**, m/pl. **-eaux**

[mɔ'ro, ~'rɛl, ~'ro] **1.** adj. black (horse); **2.** su./f ♀ morel, black nightshade; **moresque** [~'rɛsk] adj., a. su./f see mauresque.

morfondre [mɔr'fɔ̃:dr] (4a) v/t. freeze; se ~ wait, F cool one's heels; fig. be bored.

morgue¹ [mɔrg] f haughtiness, arrogance.

morgue² [~] f mortuary, morgue.

moribond, e [mɔri'bɔ̃, ~'bɔ̃:d] **1.** adj. moribund, dying; **2.** su. dying person; su./m: les ~s pl. the dying.

moricaud, e [mɔri'ko, ~'ko:d] **1.** adj. dark-skinned, dusky; **2.** su. blackamoor; F darky.

morigéner [mɔriʒe'ne] (1f) v/t. lecture (s.o.); tell (s.o.) off.

morille ♀ [mɔ'ri:j] f fungus: morel.

morillon [mɔri'jɔ̃] m ♀ black grape; orn. tufted duck; ⚒ rough emerald.

mormon, -onne [mɔr'mɔ̃, ~'mɔn] adj., a. su. Mormon.

morne [mɔrn] gloomy; dismal (scene, existence); bleak (scenery).

morose [mɔ'ro:z] morose; surly; forbidding (aspect); **morosité** [~rɔzi'te] f moroseness, surliness, gloominess.

morphine ⚕ [mɔr'fin] f morphia, morphine; **morphinisme** ⚕ [~fi'nism] m morphinism; **morphinomane** [~fino'man] adj., a. su. morphia addict, F drug-fiend, Am. dope-fiend.

morphologie [mɔrfɔlɔ'ʒi] f morphology; **morphologique** [~'ʒik] morphological.

mors [mɔr] m harness: bit; ⊕ vice: jaw; fig. prendre le ~ aux dents lose one's temper, get mad.

morse zo. [mɔrs] m ♀ walrus.

morsure [mɔr'sy:r] f bite; fig. sting.

mort¹ [mɔr] f death; à ~ deadly; attraper la ~ catch one's death; avoir la ~ dans l'âme be sick at heart; mourir de sa belle ~ die in bed.

mort², e [mɔr, mɔrt] **1.** p.p. of mourir; **2.** adj. dead; stagnant (water); paint. nature f ~e still life; poids m ~ dead weight; point m ~ mot. neutral (gear); fig. dead-lock; **3.** su. dead person; su./m dummy (at cards); faire le ~ be dummy; fig. sham dead; jour m des ♀s All Souls' Day; ~s pl. et blessés m/pl. casualties.

mortadelle [mɔrta'dɛl] f Bologna sausage.

mortaise ⊕ [mɔr'tɛ:z] f mortise.

mortalité [mɔrtali'te] f mortality; **mort-aux-rats** [mɔro'ra] f ratsbane; **mortel, -elle** [mɔr'tɛl] **1.** adj. mortal; fatal (accident, wound); fig. deadly, boring; **2.** su. mortal; **morte-saison,** pl. **mortes-saisons** ♀ [mɔrtsɛ'zɔ̃] f slack season, off-season.

mortier △, ✕ [mɔr'tje] m mortar.

mortification [mɔrtifika'sjɔ̃] f eccl., fig. mortification; ⚕ gangrene; cuis. game: hanging; fig. humiliation; **mortifier** [~'fje] (1o) v/t. mortify (the body, one's passions, fig. s.o.); ⚕ gangrene; cuis. hang (game); ⚕ se ~ mortify, gangrene; **mort-né, e** [mɔr'ne] **1.** adj. still-born (child, a. fig. project); **2.** su. still-born baby; **mortuaire** [mɔr'tɥɛ:r] mortuary; death...; drap m ~ pall; extrait m ~ death certificate; maison f ~ house of the deceased.

morue icht. [mɔ'ry] f cod; ~ sèche salt cod; huile f de foie de ~ cod-liver oil.

morve [mɔrv] f vet. glanders pl.; (nasal) mucus, ✕ snot; **morveux, -euse** [mɔr'vø, ~'vø:z] **1.** adj. vet. glandered; F snotty; **2.** su. F greenhorn.

mosaïque¹ bibl. [mɔza'ik] Mosaic.

mosaïque² [mɔza'ik] f flooring, a. telev.: mosaic; **mosaïste** [~'ist] su. worker in mosaic.

moscoutaire pej. [mɔsku'tɛ:r] **1.** adj. Communist; **2.** su. F Bolshie.

mosquée [mɔs'ke] f mosque.

mot [mo] m word; note, line (= short letter); saying; ✕ password; ~s pl. croisés crossword (puzzle) sg.; ~ à ~ word for word; ✕, fig. ~ d'ordre keyword, watchword; à ~s couverts by hints; au bas ~ at the lowest estimate; avoir des ~s avec q. fall out with s.o.; bon ~ witticism; en un ~ in a word, in a nutshell; jouer sur les ~s play upon words; ne pas souffler ~ keep one's mouth shut; prendre q. au ~ take s.o. at his word; sans ~ dire without a word.

motard F [mɔ'ta:r] m motor cyclist; courtesy cop.

motel [mɔ'tɛl] m motel.

moteur, -trice [mɔ'tœ:r, ~'tris] **1.** adj. motive, driving; anat. motory; **2.** su./m ⊕ motor; engine; fig.

moulineur

(prime) mover, driving force; ~ à combustion interne, ~ à explosion internal combustion engine; ~ à deux temps two-stroke engine; ~ à injection injection engine; ~ à réaction jet engine; ~ fixe stationary engine.

motif, -ve [mɔ'tif, ~'ti:v] **1.** adj. motive; **2.** su./m motive; fig. grounds pl.; ♩ theme; needlework: pattern.

motion [mɔ'sjɔ̃] f motion; parl. ~ de confiance (censure) motion of confidence (no-confidence).

motivation [mɔtiva'sjɔ̃] f motivation; **motiver** [~'ve] (1a) v/t. motivate; cause; ⚖ give the reasons for.

moto F [mɔ'to] f motor cycle, F motor bike.

moto...; power-driven...; ~culteur [mɔtɔkyl'tœ:r] m power-driven cultivator; **~culture** [~kyl'ty:r] f mechanized farming; **~cyclette** [~si'klɛt] f motor cycle; ~ à sidecar motor-cycle combination; faire de la ~ motor-cycle; **~cycliste** [~si'klist] su. motor cyclist; **~glisseur** ⚓ [~gli'sœ:r] m speed-boat; **~godille** ⚓ [~gɔ'di:j] f out-board slung motor; **motoriser** [mɔtɔri'ze] v/t. motorize.

mot-souche, pl. **mots-souches** typ. [mo'suʃ] m catchword.

motte [mɔt] f mound; earth: clod; lawn, peat: sod; butter: pad.

motus! [mɔ'tys] int. keep it quiet!

mou (adj. before vowel or h mute **mol**) m, **molle** f, m/pl. **mous** [mu, mɔl, mu] **1.** adj. soft; fig. weak; flabby (flesh); slack (rope); close (weather); calm, smooth (sea); **2.** su./m belt, rope, etc.: slack; cuis. lights pl.

mouchard pej. [mu'ʃa:r] m (police) informer, F stool-pigeon; F school: sneak; **moucharder** [~ʃar'de] (1a) v/t. spy on (s.o.); school: sneak on; v/i. spy; sneak (at school); **mouche** [muʃ] f fly; foil: button; target: bull's-eye; spot, speck; patch (on face); beauty-spot; faire ~ hit the bull's-eye; faire d'une ~ un éléphant make a mountain out of a molehill; fig. pattes f/pl. de ~ handwriting: scrawl; prendre la ~ get angry; F quelle ~ le pique? what is biting him?

moucher [mu'ʃe] (1a) v/t. wipe (s.o.'s) nose; snuff (a candle); ⊕

trim; fig. snub (s.o.); se ~ blow or wipe one's nose.

moucherolle orn. [muʃ'rɔl] f fly-catcher.

moucheron¹ [muʃ'rɔ̃] m gnat, midge; F kid.

moucheron² [~] m candle: snuff.

moucheter [muʃ'te] (1c) v/t. spot, fleck; button (a foil); **mouchette** [mu'ʃɛt] f ⊕ mo(u)lding-plane; ~s pl. snuffers; **moucheture** [muʃ'ty:r] f spot, speckle, fleck; zo. ermine: tail.

mouchoir [mu'ʃwa:r] m handkerchief; ⊕ triangular wooden bracket; ~ de tête head square; **mouchure** [~'ʃy:r] f (nasal) mucus; candle: snuff; rope: frayed end.

moudre [mudr] (4w) v/t. grind.

moue [mu] f pout; faire la ~ pout, look sulky.

mouette orn. [mwɛt] f gull.

moufle [mufl] f ⊕ set of pulleys; (block and) tackle; ⚙ tie, clamp; ~s pl. mitts; ⚡ wiring gloves.

mouflon zo. [mu'flɔ̃] m moufflon, wild sheep.

mouillage [mu'ja:ʒ] m moistening, dampening; wine: watering; ⚓ anchoring; **mouiller** [~'je] (1a) v/t. wet, damp, moisten; water (wine etc.); ⚓ moor (a ship); ⚓ drop (the anchor); gramm. palatalize (a consonant); se ~ get wet; grow moist (with tears); **mouillure** [~'jy:r] f wetting; damp-mark; gramm. palatalization.

moulage [~] m ⊕ cast(ing); metall. founding; △ plaster mo(u)lding.

moulant, e [mu'lɑ̃, ~'lɑ̃:t] skintight (dress).

moule¹ [mul] m ⊕ mo(u)ld; matrix; jeter en ~ cast.

moule² [mul] f mussel; F fat-head; F lazy-bones sg.

moulé, e [mu'le] mo(u)lded, cast; écriture moulée block letters pl.

mouler [mu'le] (1a) v/t. cast; mo(u)ld; metall. found; fig. fit tightly; ~ sur model (s.th.) on; **mouleur** [~'lœ:r] m mo(u)lder, caster.

moulière [mu'ljɛ:r] f mussel-bed.

moulin [mu'lɛ̃] m mill (a. ⊕); ~ à café coffee-mill; **mouliner** [muli-'ne] (1a) v/t. tex. throw (silk); insects: eat into (wood); **moulinet** [~'nɛ] m winch; fishing-rod: reel; turnstile; fencing, a. stick: twirl; ~ à musique toy musical box; **mou-**

lineur *tex.* [ˌ~'nœ:r] *m*, **moulinier** *tex.* [ˌ~'nje] *m* silk-thrower.

moulons [mu'lɔ̃] *1st p. pl. pres. of* moudre; **moulu, e** [ˌ~'ly] **1.** *adj. fig.* F tired out; aching all over; **2.** *p.p. of* moudre.

moulure △, ⊕ [mu'ly:r] *f* mo(u)lding; profiling.

moulus [mu'ly] *1st p. sg. p.s. of* moudre.

mourant, e [mu'rɑ̃, ~'rɑ̃:t] **1.** *adj.* dying; faint (*voice*); languishing (*voice*); F screamingly funny; **2.** *su.* dying person; **mourir** [ˌ~'ri:r] (2k) *v/i.* die; die out (*fire*); die away (*sound*); fall (*hope*); ~ **avant l'âge** come to an untimely end; **être à** ~ **de rire** be screamingly funny; **ennuyer q. à** ~ bore s.o. to death; *v/t.:* **se** ~ be dying; die away.

mouron [mu'rɔ̃] *m* ♀ (~ *rouge*) scarlet pimpernel; ♀ ~ *blanc* (*or des oiseaux*) chickweed; *sl.* hair; *sl.* **se faire du** ~ worry (o.s. sick).

mourrai [mur're] *1st p. sg. fut. of* mourir; **mourus** [mu'ry] *1st p. sg. p.s. of* mourir.

mousquet ⚔ [mus'ke] *m* musket; **mousquetade** [muskə'tad] *f* musket-shot; *musket-shots:* volley; **mousquetaire** ⚔ [ˌ~'tɛ:r] *m* musketeer; **mousqueton** [ˌ~'tɔ̃] *m* snaphook; ⚔ † artillery carbine.

mousse[1] [mus] *m* ship's boy; cabin-boy.

mousse[2] [ˌ~] *f* ♀ moss; *beer:* froth; *sea:* foam; *soap:* lather; *cuis.* mousse.

mousse[3] [ˌ~] blunt.

mousseline [mus'lin] **1.** *su./f tex.* muslin; **2.** *adj./inv.: cuis.* **pommes** *f/pl.* ~ mashed potatoes; **verre** *m* ~ muslin-glass.

mousser [mu'se] (1a) *v/i.* froth; lather (*soap*); effervesce, fizz (*champagne*); F **faire** ~ *q.* crack s.o. up; **mousseux, -euse** [ˌ~'sø, ~'sø:z] **1.** *adj.* mossy; foaming; sparkling (*wine*); **2.** *su./m* sparkling wine.

mousson [mu'sɔ̃] *f* monsoon.

moussu, e [mu'sy] mossy; ♀ **rose** *f* ~e moss-rose.

moustache [mus'taʃ] *f* moustache; *cat:* whiskers *pl.*; **moustachu, e** [ˌ~ta'ʃy] moustached.

moustiquaire [musti'kɛ:r] *f* mosquito-net; **moustique** *zo.* [ˌ~'tik] *m* mosquito; gnat.

moût [mu] *m grapes:* must; *unfermented* wine.

moutarde ♀, *a. cuis.* [mu'tard] *f* mustard; **moutardier** [ˌ~tar'dje] *m* mustard-pot; mustard-maker; F **se croire le premier** ~ **du pape** think no end of o.s.

mouton [mu'tɔ̃] *m* sheep; *cuis.* mutton; ~**s** *pl.* fleecy clouds; *sea:* white horses; **revenons à nos** ~**s** let us get back to the subject; **moutonner** [ˌ~tɔ'ne] (1a) *v/i.* foam, break into white horses (*sea*); **ciel** *m* **moutonné** mackerel sky; **moutonnerie** [ˌ~tɔn'ri] *f* stupidity; **moutonneux, -euse** [mutɔ'nø, ~'nø:z] fleecy (*sky*), frothy, covered with white horses (*sea*); **moutonnier, -ère** [ˌ~'nje, ~'nje:r] ovine; *fig.* sheep-like, easily led.

mouture [mu'ty:r] *f* grinding, milling; milling dues *pl.*

mouvance [mu'vɑ̃:s] *f* domain, sphere (of influence); mobility; instability; **mouvant, e** [mu'vɑ̃, ~'vɑ̃:t] moving; shifting (*sands*); loose (*ground*); *fig.* changeable; **sables** *m/pl.* ~**s** quicksand *sg.*; **mouvement** [muv'mɑ̃] *m* movement (*a.* ♪); motion (*a. phys.*); ♥, *a. fig.* change; † *market:* fluctuation; *roads etc.:* traffic; ⊕ *machine:* action, works *pl.*; *fig.* impulse; *fig.* outburst; ~ **clandestin** underground movement; ⊕ ~ **perdu** idle motion; ~ **perpétuel** perpetual motion; ~ **populaire** popular uprising; ~ **syndical** trade-unionism; ✍ **faire un faux** ~ strain o.s. or a muscle; **mouvementé, e** [ˌ~mɑ̃'te] lively; busy; eventful (*life*); undulating (*ground*).

mouvoir [mu'vwa:r] (3f) *v/t.* ⊕ drive; ⚓ propel (*a ship*); *fig.* move; *fig.* urge, drive, prompt; **se** ~ move; **mouvrai** [ˌ~'vre] *1st p. sg. fut. of* mouvoir.

moyen, -enne [mwa'jɛ̃, ~'jɛn] **1.** *adj.* middle; mean; average; medium (*size, quality*); ⟂ **Age** Middle Ages *pl.*; **classe** *f* ~**enne** middle class; **du** ⟂ **Age** medi(a)eval; **2.** *su./m* means *sg.*, way, manner; medium; ♣ mean; ♣ grounds *pl.* of a claim; ~**s** *pl.* resources; **au** ~ **de** by means of; **il (n')y a (pas)** ~ **de** (*inf.*) it is (im)possible to (*inf.*); **pas** ~! nothing doing!; **le** ~ **de** (*inf.*) how could one (*inf.*); *su./f* average, mean; *examination:* pass-

mark; *en* ⁓*enne* on an average;
moyenâgeux, -euse F [⁓jɛnɑ'ʒø,
⁓'ʒø:z] (*pej.* sham-)medi(a)eval, his-
toric; *fig.* antiquated; **moyennant**
[⁓jɛ'nɑ] *prp.* for (*money etc.*); ⁓ *quoi* in
return for which.

moyeu[1] [mwa'jø] *m wheel*: hub,
nave.

moyeu[2] [⁓] *m* preserved plum.

mû, mue, *m/pl.* **mus** [my] *p.p.* of
mouvoir.

muance [mɥɑ̃:s] *f voice*: breaking.

mucilage ⚘ [mysi'la:ʒ] *m* gum, mucilage; **mucilagineux, -euse** [⁓la-
ʒi'nø, ⁓'nø:z] mucilaginous, viscous.

mucosité [mykozi'te] *f* mucus.

mue [my] *f birds*: mo(u)lt(ing);
snakes: sloughing; *animals*: shed-
ding of coat *etc.*; mo(u)lting-season;
hens: coop; *voice*: breaking; **muer**
[mɥe] (1n) *v/i.* mo(u)lt (*birds*);
slough (*snake*); shed its coat *etc.*
(*animal*); break (*voice*); cast its
antlers (*stag*).

muet, -ette [mɥɛ, mɥɛt] **1.** *adj.*
dumb; mute; **2.** *su.* dumb *or* mute
person.

mufle [myfl] *m animal*: muzzle,
nose; *fig.* F boor, lout; F mug (=
face); **muflerie** F [myflə'ri] *f* boorishness; **muflier** ⚘ [⁓fli'e] *m* snapdragon.

mugir [my'ʒi:r] (2a) *v/i.* bellow
(*bull, a.* F *person with rage*); low
(*cow*); howl (*wind*); roar (*sea, a. fig.*);
mugissement [⁓ʒis'mɑ̃] *m* bellow-
ing *etc.*

muguet [my'gɛ] *m* ⚘ lily of the
valley; ⚕ thrush.

mulâtre *m,* **-tresse** *f* [my'lɑ:tr, ⁓-
la'trɛs] mulatto.

mule[1] [myl] *f* mule, slipper; ⚕ kibe.

mule[2] *zo.* [⁓] *f* (she-)mule.

mulet[1] *zo.* [my'lɛ] *m* mule.

mulet[2] *icht.* [⁓] *m* grey mullet.

muletier [myl'tje] *m* muleteer.

mulot *zo.* [my'lo] *m* field-mouse.

mulsion [myl'sjɔ̃] *f* milking.

multi... [mylti] multi(-)...; **⁓colore**
[⁓kɔ'lɔ:r] many-colo-
(u)red, multi-colo(u)red; **⁓latéral,
e,** *m/pl.* **-aux** [⁓late'ral, ⁓'ro] multi-
lateral.

multiple [myl'tipl] **1.** *adj.* multiple;
multifarious; **2.** *su./m* multiple;
multiplication [⁓tiplika'sjɔ̃] *f*
multiplication; ⊕, *mot.* gear(-ratio);
fig. increase; **multiplier** [⁓tipli'e]

(1a) *vt/i.* multiply; *v/t.*: ⊕ ⁓ *la
vitesse* gear up.

multitude [mylti'tyd] *f* multitude;
crowd.

municipal, e, *m/pl.* **-aux** [mynisi-
'pal, ⁓'po] municipal; bye-(*law*);
local, town...; *conseil m* ⁓ town
council; **municipalité** [⁓pali'te] *f*
municipality, township.

munificence [mynifi'sɑ̃:s] *f* munificence; bounty; **munificent, e**
[⁓'sɑ̃, ⁓'sɑ̃:t] munificent; bounteous.

munir [my'ni:r] (2a) *v/t.* equip, provide (with, *de*); **munitions** [myni-
'sjɔ̃] *f/pl.* ✕ ammunition *sg.*; ⁓ *de
bouche* provisions.

muqueux, -euse [my'kø, ⁓'kø:z]
mucous.

mûr, mûre [my:r] ripe; mature
(*age, mind, wine*).

mur [my:r] *m* wall; ⚒ ⁓ *du son*
sound barrier; **murage** [my'ra:ʒ]
m walling (in); bricking up; **muraille** [⁓'ra:j] *f* high *or* thick wall;
⚓ *ship*: side; **mural, e,** *m/pl.* **-aux**
[⁓'ral, ⁓'ro] mural; *carte f* ⁓*e* wall-
map.

mûre ⚘ [my:r] *f* mulberry; blackberry.

murer [my're] (1a) *v/t.* wall in;
wall *or* block up.

mûrier ⚘ [my'rje] *m* mulberry
(-bush *or* -tree); ⁓ *sauvage* bramble.

mûrir [my'ri:r] (2a) *vt/i.* ripen,
mature (*a. fig.*); *v/t. fig.* meditate,
think out thoroughly.

murmure [myr'my:r] *m* murmur
(-ing); whisper; **murmurer** [⁓my-
're] (1a) *vt/i.* murmur; whisper;
babble (*child, stream*); *fig.* complain.

mûron ⚘ [my'rɔ̃] *m* blackberry;
wild raspberry.

mus [my] *1st p. sg. p.s.* of *mouvoir.*

musaraigne *zo.* [myza'rɛɲ] *f* shrew-
mouse.

musard, e [my'za:r, ⁓'zard] **1.** *adj.*
idling; **2.** *su.* idler; **musarder** F
[⁓zar'de] (1a) *v/i.* idle; fritter
away one's time.

musc [mysk] *m* musk; *zo.* musk-
deer.

muscade ⚘ [mys'kad] *f* nutmeg.

muscadet [myska'dɛ] *m* (*sort of*)
muscatel (wine).

muscardin *zo.* [myskar'dɛ̃] *m* dormouse.

muscat [mys'ka] *m* muscat (grape *or*
wine); musk-pear.

muscle [myskl] *m* muscle; *fig.* brawn; **musclé, e** [mys'kle] muscular; brawny; athletic; sinewy (*a. fig.*); *fig.* powerful, strong; *fig.* strong-arm (*politics etc.*); **muscler** [~] (1a) *v/t.* develop the muscles of; *fig.* strengthen; **musculaire** [~ky-'lɛːr] muscular; **musculeux, -euse** [~ky'lø, ~'løːz] muscular; *cuis.* sinewy (*meat*). [mug (= *face*).]

museau [my'zo] *m* muzzle; snout; ⨍ J

musée [my'ze] *m* museum.

museler [myz'le] (1c) *v/t.* muzzle (*a. fig.*); **muselière** [~zə'ljɛːr] *f* muzzle.

muser [my'ze] (1a) *v/i.* dawdle; fritter away one's time.

musette [my'zɛt] *f horse:* nose-bag; ⨉ haversack; J country bagpipe; *bal m* ~ popular dance-hall.

musical, e, *m/pl.* **-aux** [myzi'kal, ~'ko] musical; **music-hall** [myzi-'koːl] *m* music-hall; variety; **musicien, -enne** [myzi'sjɛ̃, ~'sjɛn] **1.** *adj.* musical; **2.** *su.* musician; performer, player; **musique** [my-'zik] *f* music; ⨉ *etc.* band; ~ *enregistrée* recorded music.

musqué, e [mys'ke] musky, musk; *fig. paroles f/pl.* ~es honeyed words; *poire f* ~e musk-pear; *rose f* ~e musk-rose.

musulman, e [myzyl'mã, ~'man] *adj., a. su.* ♀ Moslem, Mohammedan.

mutabilité [mytabili'te] *f* instability; ⚖ alienability; **mutation** [~ta'sjɔ̃] *f* change, alteration; J, *biol.* mutation; J *violin-playing:* shift; *personnel, property:* transfer; **muter** [~'te] (1a) *v/t.* transfer (*an official etc.*).

mutilation [mytila'sjɔ̃] *f person, book, statue, etc.:* mutilation; *person:* maiming; *book, statue, etc.:* defacement; **mutilé** [~'le] *m:* ~ *de guerre* disabled ex-serviceman; ~ *du travail* disabled workman; **muti-**

-ler [~'le] (1a) *v/t.* mutilate; maim; deface.

mutin, e [my'tɛ̃, ~'tin] **1.** *adj.* mischievous; † insubordinate; **2.** *su./m* mutineer; **mutiner** [~ti'ne] (1a) *v/t.: se* ~ rise in revolt, rebel; be unruly; ⨉ mutiny; **mutinerie** [~tin'ri] *f* rebellion; ⨉ mutiny; unruliness; pertness.

mutisme [my'tism] *m* silence.

mutualité [mytɥali'te] *f* mutuality, reciprocity; **mutuel, -elle** [my-'tɥɛl] **1.** *adj.* mutual; *pari m* ~ totalizator, F tote; *secours m/pl.* ~*s* mutual benefit; *société f* de *secours* ~ friendly society; **2.** *su./f* mutual insurance company.

myocarde *anat.* [mjɔ'kard] *m* myocardium; **myocardite** ⚕ [~kar-'dit] *f* myocarditis.

myope ⚕ [mjɔp] **1.** *adj.* myopic, near-sighted, short-sighted; **2.** *su.* near-sighted *or* short-sighted person; **myopie** ⚕ [mjɔ'pi] *f* myopia, near-sightedness, short-sightedness. [forget-me-not.]

myosotis ♀ [mjɔzɔ'tis] *m* myosotis,)

myrte ♀ [mirt] *m* myrtle; **myrtille** ♀ [mir'til] *f* whortleberry, bilberry, *Am.* blueberry, huckleberry.

mystère [mis'tɛːr] *m* mystery (*a. thea.*), secret; secrecy; **mystérieux, -euse** [~te'rjø, ~'rjøːz] mysterious; enigmatic; **mysticisme** [~ti'sism] *m* mysticism; **mystification** [~tifika'sjɔ̃] *f* hoax; mystification; **mystifier** [~ti'fje] (1o) *v/t.* hoax, fool; mystify; **mystique** [~'tik] **1.** *adj.* mystic; **2.** *su.* mystic; *su./f* mystical theology *or* doctrine.

mythe [mit] *m* myth (*a. fig.*); legend; **mythique** [mi'tik] mythical; **mythologie** [mitɔlɔ'ʒi] *f* mythology; **mythologique** [~lɔ'ʒik] mythological; **mythologue** [~'lɔg] *m* mythologist; **mythomane** *psych.* [~'man] *adj., a. su.* mythomaniac.

N

N, n [ɛn] *m* N, n.

nabab [na'bab] *m* nabob.

nabot, e [na'bo, ~'bɔt] **1.** *su.* dwarf, midget; **2.** *adj.* dwarfish.

nacelle [na'sɛl] *f* ⚓ skiff, wherry; ✈ cockpit; *airship:* gondola; *balloon:* basket.

nacre [nakr] *f* mother of pearl; **nacré, e** [na'kre] pearly; **nacrer** [~] (1a) *v/t.* give a pearly sheen to.

nage [na:ʒ] *f* swimming; rowing; stroke; ~ *à la brasse* breast-stroke; ~ *libre* free style; ~ *sur le dos* back-stroke; *à la* ~ by swimming; *donner la* ~ *rowing:* set the stroke; F (*tout*) *en* ~ bathed in perspiration; **nageoire** [na'ʒwa:r] *f icht.* fin; *whale:* paddle; float; *sl.* arm; **nager** [~'ʒe] (1l) *v/i.* swim; row; float; ~ *dans l'opulence* be rolling in money; *v/t.:* ~ *le crawl* swim the crawl; **nageur** *m*, **-euse** *f* [~'ʒœ:r, ~'ʒø:z] swimmer; rower.

naguère [na'gɛ:r] *adv.* lately, a short time ago.

naïf, -ve [na'if, ~'i:v] naïve, artless, unaffected; unsophisticated, simple.

nain, naine [nɛ̃, nɛn] **1.** *su.* dwarf, midget; **2.** *adj.* dwarf(ish); stunted.

nais [nɛ] *1st p. sg. pres. of naître;* **naissance** [nɛ'sɑ̃:s] *f* birth; *fig.* origin; *fig.* beginning; *acte de* ~ birth-certificate; *Français de* ~ French-born; ~ *des cheveux* hair line; *fig.* prendre ~ originate; **naissant, e** [~'sɑ̃, ~'sɑ̃:t] dawning; *fig. a.* incipient; **naissent** [nɛs] *3rd p. pl. pres. of naître;* **naître** [nɛ:tr] (4x) *v/i.* be born; dawn; *fig.* originate, begin; *faire* ~ give rise to, cause.

naïveté [naiv'te] *f* naïvety, ingenuousness; simpleness; ingenuous remark.

naja *zo.* [na'ʒa] *m* cobra. (*woman*.)

nana *sl.* [na'na] *f* chick (= *girl,*)

nantir [nɑ̃'ti:r] (2a) *v/t.* ⚖ *creditor:* secure; *fig.* provide (with, *de*); *bien nanti* well-off (for money); *les nantis* the well-to-do; **nantissement** [~tis'mɑ̃] *m* security; lien, hypothecation.

napalm ⚗ ✕ [na'palm] *m* napalm.

naphte ⚗ [naft] *m* naphtha.

nappe [nap] *f* (table)cloth; cover; *ice, water, etc.:* sheet; ~ *de pétrole* oil slick; **napperon** [na'prɔ̃] *m* (table)mat; ~ *individuel* place mat.

naquis [na'ki] *1st p. sg. p.s. of naître.*

narcisse [nar'sis] *m* narcissus; ~ *des bois* daffodil; **narcissique** [~si'sik] narcissistic; **narcissisme** [~si'sism] *m* narcissism.

narcose ⚕ [nar'ko:z] *f* narcosis; **narcotique** [~kɔ'tik] *adj., a. su./m* narcotic.

nard ♀ [na:r] *m* (spike)nard.

narguer [nar'ge] (1m) *v/t.* flout; jeer at (*s.o.*).

narine [na'rin] *f anat.* nostril.

narquois, e [nar'kwa, ~'kwa:z] mocking.

narrateur *m*, **-trice** *f* [nara'tœ:r, ~'tris] narrator, teller, relater; **narratif, -ve** [~'tif, ~'ti:v] narrative; **narration** [~'sjɔ̃] *f* narration, narrative; **narrer** [na're] (1a) *v/t.* narrate, relate.

narval, *pl.* **-als** *zo.* [nar'val] *m* narwhal.

nasal, e, *m/pl.* **-aux** [na'zal, ~'zo] *adj., a. su./f gramm.* nasal; **nasaliser** *gramm.* [~zali'ze] (1a) *v/t.* nasalize.

naseau [~'zo] *m* nostril; **nasillard, e** [nazi'ja:r, ~'jard] nasal, twanging; **nasiller** [~'je] (1a) *v/i.* speak through one's nose *or* with a twang; *v/t.* twang (*s.th.*) (out).

nasse [nas] *f* eel-pot; trap (*a. fig.*).

natal, e, *m/pl.* **-als** [na'tal] native; birth...; **natalité** [~tali'te] *f* birth-rate, natality.

natation [nata'sjɔ̃] *f* swimming; **natatoire** [~'twa:r] *zo.* natatory; *icht.* vessie *f* ~ air-bladder, swimming-bladder.

natif, -ve [na'tif, ~'ti:v] **1.** *adj.* native (*a.* ⚒); natural, innate; **2.** *su.* native.

nation [na'sjɔ̃] *f* nation; *bibl.* les ~*s pl.* the Gentiles; **national, e,** *m/pl.* **-aux** [~sjɔ'nal, ~'no] **1.** *adj.*

national; 2. *su./m*: ~s *pl.* nationals; *su./f* (*a.* route *f* ~e) highway; main road; **nationalisation** [nasjɔnaliza'sjɔ̃] *f* nationalization; **nationalisme** *pol.* [~'lism] *m* nationalism; **nationaliste** *pol.* [~'list] **1.** *su.* nationalist; **2.** *adj.* nationalistic; **nationalité** [~li'te] *f* nationality; nation.

nativité *eccl., astr.* [nativi'te] *f* nativity.

natte [nat] *f* (straw- *etc.*) mat(ting); *hair*: plait, braid; F pigtail; **natter** [na'te] (1a) *v/t.* cover (*s.th.*) with mats; plait (*one's hair, straw*).

naturalisation [natyraliza'sjɔ̃] *f* naturalization; ♀, *zo.* acclimatizing; **naturaliser** [~li'ze] (1a) *v/t.* naturalize; ♀, *zo.* acclimatize; se ~ become naturalized; **naturalisme** *paint. etc.* [~'lism] *m* naturalism; **naturaliste** [~'list] **1.** *su.* naturalist; taxidermist; **2.** *adj.* naturalistic; **naturalité** [~li'te] *f* naturalness.

nature [na'ty:r] **1.** *su./f* nature; kind; type; disposition, temperament; *paint.* d'après ~ from nature; de ~ à (*inf.*) likely to (*inf.*), such as to (*inf.*); lois *f/pl.* de la ~ laws of nature; de ~, par ~, by nature, naturally; payer en ~ pay in kind; **2.** *adj./inv.* plain; café m ~ black coffee; **naturel, -elle** [naty'rɛl] **1.** *adj.* natural; **2.** *su./m* disposition, nature; naturalness; native; *au* ~ realistically, true to life; *cuis.* plain; **naturiste** [~'rist] **1.** *su.* naturist; **2.** *adj.* naturistic.

naufrage [no'fra:ʒ] *m* shipwreck (*a. fig.*); faire ~ be shipwrecked; **naufragé, e** [nofra'ʒe] **1.** *adj.* shipwrecked; castaway; **2.** *su.* shipwrecked person; castaway; **naufrageur** [~'ʒœ:r] *m* wrecker.

nauséabond, e [nozea'bɔ̃, ~'bɔ̃:d] nauseous, foul; evil-smelling; **nausée** [~'ze] *f* nausea; seasickness; *fig.* loathing; **nauséeux, -euse** [~ze'ø, ~'ø:z] nauseous; loathsome.

nautique [no'tik] ♣ nautical; sea-...; aquatic (*sports*); **nautonier** [~to'nje] *m* ferryman, pilot.

naval, e, m/pl. -als [na'val] naval, nautical; constructions *f/pl.* ~es ship-building *sg.*

navarin *cuis.* [nava'rɛ̃] *m* mutton stew with turnips.

navet [na'vɛ] *m* turnip; F *paint.* daub; F rubbish, tripe.

navette¹ [na'vɛt] *f eccl.* incense boat; ⊕ shuttle; 🚌 *etc.* shuttle service; ~ spatiale space shuttle; *fig.* faire la ~ shuttle; come and go; ply.

navette² ♀ [~] *f* rape.

navigabilité [navigabili'te] *f* navigability; *ship*: seaworthiness; ✈ airworthiness; **navigable** [~'gabl] navigable; seaworthy (*ship*); ✈ airworthy; **navigateur** [~ga'tœ:r] *adj./m* seafaring; **2.** *su./m* navigator; sailor; **navigation** [~ga'sjɔ̃] *f* navigation, sailing; ~ intérieure inland navigation; **naviguer** [~'ge] (1m) *vt/i.* ♣, ✈ navigate; ♣ steer.

naviplane ♣ [navi'plan] *m* hovercraft.

navire ♣ [na'vi:r] *m* ship, vessel; ♣ ~ de commerce merchantman; **~-citerne**, *pl.* **~s-citernes** ♣ [~vir-si'tɛrn] *m* tanker; **~-école**, *pl.* **~s-écoles** ♣ [~vire'kɔl] *m* training ship; **~-hôpital**, *pl.* **~s-hôpitaux** ♣ [~virɔpi'tal, ~'to] *m* hospital-ship.

navrant, e [na'vrɑ̃, ~'vrɑ̃:t] heart-rending, heart-breaking; **navré, e** [~'vre] deeply grieved; heart-broken; **navrer** [~'vre] (1a) *v/t.* grieve (*s.o.*) deeply; j'en suis navré! I am awfully *or* F terribly sorry!

ne [nə] *adv.*: ne ... guère not ... much, scarcely; ne ... jamais never; ne ... pas not; ne ... plus no more, no longer; ne ... plus jamais never again; ne ... point not (at all); ne ... que only.

né, née [ne] **1.** *p.p.* of naître; **2.** *adj.* born; *fig.* cut out (for, pour); bien ~ of a good family; *fig.* être ~ coiffé be born with a silver spoon in one's mouth.

néanmoins [neɑ̃'mwɛ̃] *adv.* nevertheless, however; yet.

néant [ne'ɑ̃] *m* nothing(ness), naught; *admin.* nil; 🏛 mettre à ~ dismiss; réduire à ~ reduce to naught; **néantiser** [~ɑ̃ti'ze] (1a) *v/t.* destroy; reduce to nothing.

nébuleux, -euse [neby'lø, ~'lø:z] **1.** *adj.* nebulous; cloudy (*a.* liquid), misty (*sky, view*); *fig.* gloomy (*face*); F *fig.* obscure; **2.** *su./f astr.* nebula; **nébulosité** [~lozi'te] *f* haziness (*a. fig.*); patch of haze *or* mist.

nécessaire [nesɛ'sɛ:r] **1.** *adj.* necessary (to, for *à*); requisite; 2. *su./m* necessaries *pl.*; outfit, kit, set; ~ de toilette toilet bag; **nécessité** [~si'te] *f* necessity, need; indigence; **nécessiter** [~si'te] (1a) *v/t.* necessitate, entail, require; **nécessiteux, -euse** [~si'tø, ~'tø:z] 1. *adj.* needy; 2. *su./m:* les ~ *pl.* the needy.

nécro... [nekrɔ] necro...; **~loge** [~'lɔːʒ] *m* obituary list; death-roll; **~logie** [~lɔ'ʒi] *f* obituary; **~logue** [~'lɔg] *m* necrologist; **~mancie** [~mãˈsi] *f* necromancy; **~pole** [~'pɔl] *f* necropolis, city of the dead. **nécrose** [ne'kroːz] *f* ⚕ necrosis; ♀ canker.

nectar ♀, *a. myth.* [nɛk'taːr] *m* nectar.

néerlandais, e [neɛrlɑ̃'dɛ, ~'dɛːz] 1. *adj.* Dutch, Netherlandish; 2. *su.* ♀ Netherlander; *su./m* ♀ Dutchman; *su./f* ♀ Dutchwoman.

nef [nɛf] *f church:* nave; *poet.* ship.

néfaste [ne'fast] *m* ill-omened; ill-starred; ill-fated; disastrous.

nèfle ♀ [nɛfl] *f* medlar; *sl.* des ~s! not likely!

négatif, -ve [negaˈtif, ~ˈtiːv] 1. *adj.* negative (*a.* ♠); *phot.* épreuve *f* ~e = 2. *su./m phot.* negative; *su./f* negative; dans la ~ve in the negative; if not; répondre par la ~ve say no; se tenir sur la ~ve maintain a negative attitude; **négation** [~'sjɔ̃] *f* negation, denial; *gramm.* negative.

négligé, e [negliˈʒe] 1. *adj.* neglected; slovenly (*dress, style*); careless (*appearance, dress*); 2. *su./m* undress; informal dress; dishabille; négligé; **négligeable** [~'ʒabl] negligible (*a.* ♠); trifling; **négligence** [~'ʒãːs] *f* negligence, neglect; oversight; **négligent, e** [~'ʒã, ~'ʒãːt] negligent, careless; **négliger** [~'ʒe] (1l) *v/t.* neglect; overlook; disregard; slight (*s.o.*); se ~ become careless *or* slovenly.

négoce [ne'gɔs] *m* trade, business; **négociable** ✝ [negɔ'sjabl] negotiable; market (*value*); **négociant** [~'sjã] *m* (wholesale) merchant; trader; **négociateur, m -trice** *f* [~sja'tœːr, ~'tris] negotiator; **négociation** [~sja'sjɔ̃] *f* negotiation (*a.* ⚔); ✝ transaction; ⚔ parley; **négocier** [~'sje] (1o) *vt/i.* negotiate; *mot.* ~ un virage negotiate a bend.

nègre [nɛːgr] *m* negro; F ghost

(*writer*); (*barrister's*) devil; *fig.* travailler comme un ~ work like a slave; **négresse** [ne'grɛs] *f* negress; **négrier** [negri'e] *m* slave trader; ♣ (*a.* bateau *m* ~) slave ship; *fig.* slave driver; **négrillon** F [~'jɔ̃] *m* negro boy; F piccaninny; **négrillonne** F [~'jɔn] *f* negro girl.

neige [nɛːʒ] *f* snow (*a. sl.* = *cocaine*); ~s *pl.* éternelles perpetual snow *sg.*; 🜹 ~ carbonique dry ice; ~ croûteuse (*poudreuse*) crusted (powdery) snow; boule *f* de ~ snowball; 🚋 train *m* de ~ winter sports train; **neiger** [nɛ'ʒe] (1l) *v/impers.* snow; **neigeux, -euse** [~'ʒø, ~'ʒøːz] snowy; snow-covered; snow-white.

nénuphar ♀ [neny'faːr] *m* water-lily.

néo... [neɔ] neo-...; **~logisme** [~lɔ-'ʒism] *m* neologism.

néon 🜹 [ne'ɔ̃] *m* neon; éclairage *m* au ~ neon lighting.

néphrétique ⚕ [nefre'tik] 1. *adj.* nephritic; 2. *su.* sufferer from nephritis; **néphrite** [~'frit] *f* ⚕ nephritis; *min.* jade; ⚕ ~ chronique Bright's disease.

népotisme [nepɔ'tism] *m* nepotism.

nerf [nɛːr] *m anat.* nerve; *fig.* vigo(u)r, F guts *pl.*; *fig.* ~ de bœuf cosh; life-preserver; *fig.* avoir du ~ be vigorous; avoir ses ~s, F avoir les ~s en pelote *or* en boule be on edge; le ~ de la guerre the sinews *pl.* of war; porter (*or* donner *or* F taper sur les ~s à q. get on s.o.'s nerves.

nerprun ♀ [nɛr'prœ̃] *m* buckthorn.

nerveux, -euse [nɛr'vø, ~'vøːz] nervous; sinewy; *anat.* nerve...; excitable, highly-strung (*person*); *fig.* virile (*style etc.*); **nervin** 💊 [~'vɛ̃] *adj./m, a. su./m* nervine; **nervosisme** 💊 [~vo'zism] *m* nervous predisposition; **nervosité** [~vozi'te] *f* nervousness; irritability; irritation; **nervure** [~'vyːr] *f leaf etc.:* vein; 🜂, ⊕ rib.

net, nette [nɛt] 1. *adj.* clean; neat; clear; clear-cut, distinct; ✝ net; 2. *net adv.* plainly, flatly; clearly; refuser ~ refuse point-blank; 3. *su./m:* copie *f* au ~ fair copy; mettre qch. au ~ make a fair copy of s.th.; **netteté** [nɛtə'te] *f* cleanness; (*bodily*) cleanliness; *fig.* image, sound: clarity; distinctness; *fig.* decidedness; **nettoiement** [nɛtwa'mã] *m* cleaning; clearing; **nettoyage** [$\sim$ 'ja:ʒ] m ⊕ scaling; ⚒ mopping-up; à sec dry-cleaning; **nettoyer** [$\sim$ 'je] (1h) v/t. clean; clear; ⊕ scale; ⚒ mop up; F rifle (a house, s.o.); F clean out; à sec dry-clean; **nettoyeur** m, **-euse** f [$\sim$ 'jœ:r, $\sim$ 'jø:z] cleaner.

neuf¹ [nœf; before vowel or h mute nœv] adj./num., a. su./m/inv. nine; date, title: ninth.

neuf², neuve [nœf, nœ:v] 1. adj. new; fig. inexperienced; 2. su./m new; quoi de $\sim$? what's new?; remettre à $\sim$ do up (like new); repeindre à $\sim$ redecorate.

neurasthénie ⚕ [nøraste'ni] f neurasthenia; **neurasthénique** [$\sim$ 'nik] adj., a. su. neurasthenic; **neurologue** ⚕ [nørɔ'lɔg] m neurologist, nerve specialist; **neurone** [nø'rɔn] m neuron.

neutraliser [nøtrali'ze] (1a) v/t. neutralize; **neutraliste** pol. [$\sim$ 'list] adj., a. su. neutralist; **neutralité** [$\sim$ li'te] f neutrality; ⚓ neutral state; **neutre** [nø:tr] 1. adj. neuter (a. gramm.); ⚗, ⚡, pol., a. colour: neutral; 2. su. pol. neutral; su./m gramm. neuter.

neutron phys. [nø'trɔ̃] m neutron.

neuvaine eccl. [nœ'vɛn] f novena; **neuvième** [$\sim$ 'vjɛm] adj./num., a. su., a. su./m fraction: ninth.

névé geol. [ne've] m névé, firn.

neveu [nə'vø] m nephew; $\sim x$ pl. descendants.

névralgie ⚕ [nevral'ʒi] f neuralgia; **névralgique** [$\sim$ 'ʒik] adj. neuralgic; fig. point m $\sim$ sore spot.

névr(o)... [nevr(o)...] neur(o)...

névrose ⚕ [ne'vro:z] f neurosis; **névrosé, e** [nevro'ze] adj., a. su. neurotic; **névrotique** [$\sim$ 'tik] adj. neurotic.

nez [ne] m nose; animal: snout; ⚓, ⚓ bow, nose; scent; F à $\sim$ à face to face; au $\sim$ de q. under s.o.'s nose; fig. avoir le $\sim$ fin be shrewd; F avoir q. dans le $\sim$ bear s.o. a grudge; mener par le bout du $\sim$ twist (s.o.) round one's little finger; mettre le $\sim$ dans poke one's nose into.

ni [ni] cj. nor, or; ni ... ni neither ... nor; ni moi non plus nor I (either).

niable [njabl] deniable; ⚖ traversable.

niais, e [njɛ, njɛ:z] 1. adj. simple, silly; Am. dumb; 2. su. fool; simpleton; Am. dumbbell; **niaiserie** [njɛz'ri] f foolishness, silliness.

niche¹ [niʃ] f trick, practical joke.

niche² [niʃ] f niche, recess; $\sim$ à chien kennel; **nichée** [ni'ʃe] f nestful; brood; **nicher** [$\sim$] (1a) v/i. nest; F fig. live, hang out; v/t.: se $\sim$ (build it's) nest; fig. nestle; fig. lodge o.s. (thing), put o.s. (person).

nichrome metall. [ni'krom] m chrome-nickel steel.

nickel ⚗ [ni'kɛl] m nickel; **nickelage** ⊕ [ni'kla:ʒ] m nickel-plating; **nickeler** ⊕ [$\sim$ 'kle] (1c) v/t. nickel (-plate).

nicotine ⚗ [niko'tin] f nicotine.

nid [ni] m nest; fig. thieves: den; tex. $\sim$ d'abeilles honeycomb, Am. waffle weave; mot. $\sim$-de-poule pothole (on a road); **nidification** [nidifika'sjɔ̃] f nest-building.

nièce [njɛs] f niece.

nielle [njɛl] su./f ✿ wheat: ear-cockle; ✿ nigella; su./m ⊕ niello, inlaid enamel-work; **nieller** [njɛ'le] (1a) v/t. ✿ blight, smut; ⊕ (inlay with) niello; ✿ se $\sim$ smut; **niellure** [$\sim$ 'ly:r] f ✿ blighting; ⊕ niello-work.

nier [nje] (1o) v/t. deny; repudiate (a debt); on ne saurait $\sim$ que there can be no denying that.

nigaud, e [ni'go, $\sim$ 'go:d] 1. adj. simple, silly; 2. su. simpleton, booby, ass; **nigauderie** F [$\sim$ go'dri] f stupidity; simplicity.

nimbe [nɛ̃:b] m nimbus, halo; **nimbé, e** [nɛ̃'be] haloed.

nipper F [ni'pe] (1a) v/t. rig (s.o.) out; **nippes** F [nip] f/pl. old clothes; togs.

nippon, e [ni'pɔ̃, $\sim$ 'pɔn] adj., a. su. ♀ Japanese, Nipponese.

nique F [nik] f: faire la $\sim$ à cook a snook at (s.o.); treat (s.th.) with contempt.

nitouche [ni'tuʃ] f: sainte $\sim$ (little) hypocrite; F goody-goody.

nitrate ⚗ [ni'trat] m nitrate; $\sim$ de ... ... nitrate; **nitre** ⚗ [nitr] m nitre, saltpetre; **nitré, e** [ni'tre] nitrated; nitro-...; **nitreux, -euse** [$\sim$ 'trø, $\sim$ 'trø:z] nitrous; **nitrière** [nitri'ɛ:r] f saltpetre-bed; nitreworks usu. sg.; **nitrification** [$\sim$ fika'sjɔ̃] f nitrification; **nitrifier** [$\sim$ 'fje] (1o) v/t. a. se $\sim$ nitrify; **nitrique** [ni'trik] nitric (acid).

nitro... [nitro] nitro(-)...; $\sim$**gène** ⚗ [$\sim$ 'ʒɛn] m nitrogen.

nitruration 🔄 [nitryra'sjɔ̃] f nitriding.   [nival.]

nivéal, e, m/pl. **-aux** 💠 [nive'al, ~'o]

niveau [ni'vo] m level (a. ⊕); fig. standard; ⊕ ga(u)ge; ~ d'eau water-level; ~ de maçon plumb-level; mot. ~ d'essence petrol gauge, Am. gasoline level gage; ~ de vie standard of living; pol. ~ le plus élevé highest level; fig. au ~ de on a par with; de ~ level (with, avec); 🚇 passage m à ~ level crossing, Am. grade crossing; **niveler** [niv'le] (1c) v/t. level, even up; ⊕ true up; survey (the ground); **niveleur** [~'lœːr] m leveller (a. fig.); **nivellement** [nivɛl'mɑ̃] m land: surveying; ground, a. fig.: levelling.

nobiliaire [nɔbi'ljɛːr] **1.** adj. nobiliary; **2.** su./m peerage-list; **noble** [nɔbl] **1.** adj. noble; lofty (style); **2.** su./m nobleman; su./f noblewoman; **noblesse** [nɔ'blɛs] f nobility (a. fig.).

noce [nɔs] f wedding; weddingparty; ~s pl. d'argent (d'or) silver (golden) wedding sg.; F faire la ~ go on the spree or sl. the binge; voyage m de ~s honeymoon (trip); 🎵 noceur m, **-euse** f F [nɔ'sœːr, ~'søːz] reveller, fast liver.

nocif, -ve [nɔ'sif, ~'siːv] harmful, noxious; **nocivité** [~sivi'te] f harmfulness.

noctambule [nɔktɑ̃'byl] su. latenighter, night bird; † sleepwalker; **nocturne** [~'tyrn] **1.** adj. nocturnal; by night; **2.** su./m orn. nocturnal (bird of prey); 🎵 nocturne.

Noël [nɔ'ɛl] m (oft. la [fête de]~) Christmas; yule-tide; Christmas present; 🎵♪ (Christmas) carol; arbre m de~ Christmas tree; le Père~, le Bon homme ~ Father Christmas, Santa Claus; joyeux ~! merry Christmas!

nœud [nø] m knot (a. ⚓); band: bow; fig. tie, bond; fig. matter, play, question, etc.: crux; 💠, ⚛, ⚡, astr., phys. node; 🚇 junction; ~ de tisserand weaver's knot; ♪ papillon bow tie.

noir, noire [nwaːr] **1.** adj. black; dark; fig. gloomy (thoughts); fig. illegal, illicit; sl. dead drunk; avoir des idées noires have the blues; cuis. beurre m ~ browned butter sauce; blé m ~ buckwheat; **2.** su./m black (man); negro; colour: black; dark(ness); ~ de fumée lampblack; fig. ~ sur blanc in

black and white; au ~ illegally, illicitly; broyer du ~ be in the dumps; mettre des ~ hit the mark; prendre le ~ go into mourning; travailler au ~ moonlight; voir tout en ~ look on the black side of things; su./f black woman; negress; ♪ crotchet; **noirâtre** [nwa'rɑːtr] blackish, darkish; **noiraud, e** [~'ro, ~'roːd] **1.** adj. swarthy; **2.** su. swarthy person; **noirceur** [nwar'sœːr] f blackness; darkness; fig. gloominess; fig. foulness; crime: heinousness; **noircir** [~'siːr] (2a) v/t. blacken (a. fig.); make gloomy (a picture, the sky, thoughts); se~ blacken; v/i. turn black or dark; **noircissure** [~si'syːr] f smudge.

noise [nwaːz] f: chercher ~ à (try to) pick a quarrel with.

noisetier 💠 [nwaz'tje] m hazel (-tree, -bush); **noisette** [nwa'zɛt] **1.** su./f 💠 hazel-nut; **2.** adj./inv. (a. couleur f ~) (nut-)brown; hazel (eyes).

noix [nwa] f 💠 walnut; 💠, a. ⚙ nut; ⊕ half-round groove; sl. head; sl. fellow; ~ de terre peanut; cuis. ~ de veau round shoulder of veal.

nom [nɔ̃] m name; gramm. noun; fig. reputation; ~ de baptême Christian or baptismal name, Am. given name; ~ de famille family name; surname; ~ de guerre assumed name; ~ de jeune fille maiden name; ~ de plume pen-name; ↑ ~ déposé registered trade name; ↑ ~ social name of (the) firm or company; de ~ by name; décliner ses ~ et prénoms give one's full name; du ~ de called, by the name of; petit ~ Christian name, Am. given name.

nomade [nɔ'mad] **1.** adj. wandering; nomadic; **2.** su. nomad.

nombrable [nɔ̃'brabl] countable; **nombre** [nɔ̃:br] m number (a. gramm.); ~ cardinal cardinal number; ~ entier integer; whole number; ~ impair (pair, premier) odd (even, prime) number; bon ~ de a good many ...; du ~ be one of; bibl. les 2s pl. Numbers; sans ~ countless; **nombrer** [nɔ̃'bre] (1a) v/t. count, number; **nombreux, -euse** [~'brø, ~'brøːz] numerous; manifold; rhythmic, harmonious.

nombril [nɔ̃'bri] m anat. navel; 💠 fruit: eye.

nomenclature [nɔmɑ̃kla'ty:r] *f* nomenclature; list.

nominal, e, *m/pl.* **-aux** [nɔmi'nal, ~'no] nominal; of names; *appel m* ~ roll-call; ✝ *valeur f* ~e face-value;

nominatif, -ve [~na'tif, ~'ti:v] **1.** *adj.* nominal; of names; ✝ *registered* (*securities*); **2.** *su./m* gramm. nominative; **nomination** [~na'sjɔ̃] *f* nomination; appointment.

nommé, e [nɔ'me] **1.** *adj.* appointed (*day*); *à point* ~ in the nick of time; **2.** *su.: le* ~ X, *la* ~e X the person named X; *su./m: un* ~ Jean one John; **nommément** [~me'mɑ̃] *adv.* by name; especially; **nommer** [~'me] (1a) *v/t.* name; mention; appoint (*to a post*); *se* ~ be called; give one's name.

non [nɔ̃] *adv.* no; not; ~ *pas!* not at all!; ~ (*pas*) *que* (*sbj.*) not that (*ind.*); *dire que* ~ say no; *ne* ... *pas* ~ *plus* not ... either.

non... [nɔ̃; *before vowel* nɔn] non-...; ~**activité** [nɔnaktivi'te] *f* non-activity; *mettre en* ~ suspend.

nonagénaire [nɔnaʒe'nɛːr] *adj., a. su.* nonagenarian.

nonce [nɔ̃:s] *m* nuncio; ~ *apostolique*)

nonchalance [nɔ̃ʃa'lɑ̃:s] *f* nonchalance; languidness; **nonchalant, e** [~'lɑ̃, ~'lɑ̃:t] nonchalant, unconcerned, languid.

non...: ~**combattant** ✕ [nɔ̃kɔ̃ba'tɑ̃] *m* non-combattant; ~**conducteur, -trice** [~kɔ̃dyk'tœːr, ~'tris] **1.** *adj.* non-conducting; **2.** *su./m* non-conductor; ~**conformisme** *eccl.* [~kɔ̃fɔr'mism] *m* nonconformity, dissent; ~**conformiste** [~kɔ̃fɔr'mist] *m* non-conformist (*a. fig.*); ~**engagé,** *a. pol.* [~ɑ̃ga'ʒe] **1.** non-aligned; **2.** *su./m* non-aligned country; ~**ingérence** [nɔnɛ̃ʒe'rɑ̃:s] *f*, ~**intervention** [nɔnɛ̃tervɑ̃'sjɔ̃] *f* non-intervention, non-interference; ~**lieu** [nɔ̃'ljø] *m* no true bill; *rendre une ordonnance de* ~ dismiss the charge.

nonne ✝, *co.* [nɔn] *f* nun.

nonobstant [nɔnɔp'stɑ̃] **1.** *prp.* notwithstanding; **2.** *adv.* ✝ for all that.

nonpareil, -eille [nɔ̃pa'rɛːj] **1.** *adj.* matchless, unparalleled; **2.** *su./f apple, a. typ.:* nonpareil.

non...: ~**retour** [nɔ̃r'tu:r] *m:* point

m de ~ point of no return; ~**réussite** [~rey'sit] *f* failure; *plan:* miscarriage; ~**sens** [~'sɑ̃:s] *m* meaningless act *or* expression; ~**valeur** [~va'lœːr] *f* worthless object; unproductive land; F passenger (= *incompetent employee etc.*); *admin.* possible deficit; ~**violence** [~vjɔ'lɑ̃s] *f* non-violence.

nord [nɔ:r] **1.** *su./m* north; ✈ north wind; *du* ~ north(ern); northerly (*wind*); *le* ♀ *the* north (*of a country*); *fig.* perdre *le* ~ lose one's bearings; *vers le* ~ northward(s), to the north; **2.** *adj./inv.* northern (*latitudes etc.*); northerly (*wind*); ~**est** [nɔ'rɛst] **1.** *su./m* north-east; **2.** *adj./inv.* north-east; north-eastern (*region*); north-easterly (*wind*); ~**ouest** [nɔ'rwest] **1.** *su./m* north-west; **2.** *adj./inv.* north-west; north-western (*region*); north-westerly (*wind*).

noria [nɔ'rja] *f* ⊕ chain-pump; bucket-conveyor; *fig.* line, chain, string.

normal, e, *m/pl.* **-aux** [nɔr'mal, ~'mo] **1.** *adj.* normal; usual; standard (*measures etc.*); natural; *École f* ~e (teachers') training college; **2.** *su./f* norm; normal (*a.* ♱); *au-dessous de la* ~ above average; *revenir à la* ~ get back to normal; **normalien** *m*, **-enne** *f* [nɔrma'ljɛ̃, ~'ljɛn] student at an *École normale*; **normalisation** [~liza'sjɔ̃] *f* standardization; **normaliser** [~li'ze] (1a) *v/t.* standardize; normalize.

normand, e [nɔr'mɑ̃, ~'mɑ̃:d] **1.** *adj.* Norman; F *réponse f* ~e non-committal answer; **2.** *su.* ♀ Norman.

norme [nɔrm] *f* norm, standard.

norvégien, -enne [nɔrve'ʒjɛ̃, ~'ʒjɛn] *adj., a. su.* ♀ Norwegian.

nos [no] *pl. of* notre.

nostalgie [nɔstal'ʒi] *f* ♱ nostalgia; *fig.* homesickness; *fig.* yearning; **nostalgique** [~'ʒik] nostalgic; *fig.* homesick.

notabilité [nɔtabili'te] *f* notability (*a. person*); *fig.* prominent person; **notable** [nɔ'tabl] **1.** *adj.* notable; considerable; distinguished; **2.** *su./m* person of distinction *or* note; *hist.* Notable.

notaire [nɔ'tɛːr] *m* notary (public).

notamment [nɔta'mɑ̃] *adv.* particularly, especially.

notarial, e, *m/pl.* **-aux** [nɔta'rjal, ~'rjo] notarial; **notarié, e** [~'rje] *adj.*: acte *m* ~ deed executed and authenticated by a notary.

notation ♪, ♬ [nɔta'sjɔ̃] *f* notation.

note [nɔt] *f* note (a. ♪, *pol.*, *fig.*), memo(randum); minute; annotation; *school:* mark; *journ.* notice; ✝ account, bill; *prendre* ~ *de* note, make a note of; *prendre des* ~*s* jot down notes; **noter** [nɔ'te] (1a) *v/t.* note, make a note of; jot down; take notice of; ♪ write down.

notice [nɔ'tis] *f* note, notice.

notification [nɔtifika'sjɔ̃] *f* notification, notice; **notifier** [~'fje] (1o) *v/t.* intimate (s.th. to s.o., *qch. à q.*); notify (s.o. of s.th., *qch. à q.*).

notion [nɔ'sjɔ̃] *f* notion, idea; ~*s pl.* smattering *sg.*; **notoire** [~'twa:r] well-known; manifest; *pej.* notorious; **notoriété** [~tɔrje'te] *f* notoriety; *person:* repute.

notre, *pl.* **nos** [nɔtr, no] *adj./poss.* our.

nôtre [no:tr] **1.** *pron./poss.*: le (la) ~, les ~*s pl.* ours; **2.** *su./m* ours, our own; les ~*s pl.* our (own) people.

nouage [nwa:ʒ] *m* tying; *bone:* knitting.

nouba *sl.* [nu'ba] *f: faire la* ~ go on a binge, live it up.

noué, e [nwe] knotty (*joint*); *fig.* stunted (*mind etc.*); **nouer** [nwe] (1p) *v/t.* tie (up); knot; *fig.* enter into (*conversation*, *relations*); *se* ~ become knotted; *fig.* be formed; build up; *v/i.* set (*fruit*); **nouet** *cuis.* [nwɛ] *m* bag of herbs; **noueux, -euse** [nwø, nwø:z] knotty; ✝ arthritic (*rheumatism*); gnarled (*hands*, *stem*).

nougat ✝ *cuis.* [nu'ga] *m* nougat.

nouille [nu:j] *f cuis.* noodle; F gutless individual, drip, idiot.

nourrain [nu'rɛ̃] *m* fry, young fish; **nourrice** [~'ris] *f* (wet-)nurse; ⊕, ⚒ service-tank; *mot.* feed-tank; *mettre un enfant en* ~ put a child out to nurse; **nourricerie** [~ris'ri] *f* stock-farm; silkworm nursery; baby-farm; **nourricier, -ère** [~ri'sje, ~'sjɛ:r] nutritious, nutritive; foster-(*father*, *mother*); **nourrir** [~'ri:r] (2a) *v/t.* feed, nourish; suckle, nurse (*a baby*); *fig.* harbo(u)r (*hope*, *thoughts*); foster (*hatred*); cherish (*hope*, *a grudge*); strengthen; maintain (*a fire*); *se* ~ *de* live on;

v/i. be nourishing; **nourrissage** [nuri'sa:ʒ] *m* cattle: rearing; **nourrissant, e** [~'sã, ~'sã:t] nourishing; nutritious; rich (*food*); **nourrisseur** [~'sœ:r] *m* dairyman; ⊕ feed-roll; **nourrisson** [~'sɔ̃] *m* suckling, nursling; foster-child; **nourriture** [~'ty:r] *f* feeding; food; board, keep; *la* ~ *et le logement* board and lodging.

nous [nu] **1.** *pron./pers. subject:* we; *object:* us; (to) us; *à* ~ to us; ours; *ce sont* ~, F *c'est* ~ it is we, F it's us; **2.** *pron./rfl.* ourselves; **3.** *pron./ recip.* each other; one another; ~-**mêmes** [~'mɛ:m] *pron./rfl.* ourselves.

nouveau (*adj. before vowel or h mute* -**el**) *m*, -**elle**, *m/pl.* -**aux** [nu'vo, ~'vɛl, ~'vo] **1.** *adj.* new; recent, fresh; new-style; another, further; novel; ~*eaux riches m/pl.* nouveaux riches, newly rich; *le plus* ~ latest; *qch. (rien) de* ~ s.th. (nothing) new; *quoi de* ~? what's the news?; **2.** *nouveau adv.*: *à* ~ anew, afresh; *de* ~ again; **nouveau-né, e** [nuvo'ne] **1.** *adj.* new-born; **2.** *su./m* new-born child; **nouveauté** [~'te] *f* newness, novelty; latest model; innovation; ✝ ~*s pl.* fancy goods; linen-drapery *sg.*; **nouvel** [nu'vɛl] **1.** *adj. see nouveau* 1; ~ *an m* New Year; **nouvelle** [nu'vɛl] **1.** *adj. see nouveau* 1; **2.** *su./f* news *sg.*, tidings *pl.*; short story; *avoir des* ~*s de q.* hear from or of s.o.; **nouvelliste** [~vɛ'list] *su.* short-story writer; *journ.* F par writer.

novateur, -trice [nɔva'tœ:r, ~'tris] **1.** *adj.* innovating; **2.** *su.* innovator.

novembre [nɔ'vɑ̃:br] *m* November.

novice [nɔ'vis] **1.** *adj.* inexperienced (in *à, dans*), new (to *à, dans*); **2.** *su.* novice (*a. eccl.*, *a. fig.*); *fig.* tyro; beginner; *profession:* probationer; **noviciat** [~vi'sja] *m* noviciate; F apprenticeship.

noyade [nwa'jad] *f* drowning.

noyau [nwa'jo] *m fruit:* stone, kernel; *phys.*, *biol.*, *fig.* nucleus (*a. atom etc.*); ⊕ *wheel:* hub; *metall.*, *a.* ⚡ core; △ newel; *fig.* group; *pol.* cell; *fig.* ~ *dur* hard core; ⚔ *fruit m à* ~ stone-fruit; **noyautage** [~jo'ta:ʒ] *m* *pol.* infiltration (into, *de*); *metall.* coring.

noyer[1] [nwa'je] (1h) *v/t.* drown

(a. F *fig.*); flood (a. *mot.*), inundate, immerse; ⊕ countersink (a *screw*); ⊕ bed (*s.th.*) in cement; *se ~ suicide*: drown o.s.; *accident*: be drowned; *fig.* be steeped (in, *dans*); ⊕ *vis f noyée* countersunk screw.

noyer² ♀ [~] *m* walnut(-tree).

nu, nue [ny] **1.** *adj.* naked, nude, bare; *fig.* unadorned; *~-pieds, pieds ~s* barefoot(ed); **2.** *su./m* nude; nudity; △ bare part; **3.** *adv.*: *à nu* bare; *mettre à nu* expose, lay bare; denude; *monter à nu* ride (a *horse*) bareback.

nuage [nɥaːʒ] *m* cloud; *sans ~s* cloudless (*sky*), *fig.* perfect (*bliss*); **nuageux, -euse** [nɥaʒø, ~ʒøːz] cloudy, overcast; *fig.* hazy (*idea*).

nuance [nɥɑ̃ːs] *f* shade (a. *fig.*), hue; *fig.* tinge; *fig.* nuance, shade of meaning; **nuancer** [nɥɑ̃ˈse] (1k) *v/t.* shade (with, *de*); vary (*the tone*); express slight differences in.

nubile [ny'bil] nubile, marriageable.

nucléaire *phys.* [nykleˈɛːr] nuclear (a. *armament*); **nucléon** *phys.* [~'5] *m* nucleon.

nudisme [ny'dism] *m* nudism; **nudiste** [~'dist] *su.* nudist; **nudité** [~di'te] *f* nudity, nakedness; *paint.* nude; △ bareness.

nue [ny] *f* high cloud; *~s pl.* skies (a. *fig.*); *porter aux ~s* praise to the skies; *fig. tomber des ~s* be thunderstruck; **nuée** [nɥe] *f* storm-cloud; *fig.* cloud; swarm, host.

nuire [nɥiːr] (4u *a.* h) *v/i.*: *~ à* harm, hurt; be injurious to; **nuisance** [nɥiˈzɑ̃ːs] *f* environment etc.: nuisance; **nuisant, e** [nɥiˈzɑ̃, ~ˈzɑ̃ːt] harmful, polluting; **nuisibilité** [nɥizibiliˈte] *f* harmfulness; **nuisible** [~ˈzibl] harmful, injurious.

nuit [nɥi] *f* night; *de ~* by night; *passer la ~* stay overnight (with, *chez*); **nuitée** [nɥiˈte] *f* night's work; *hotel etc.*: overnight stay; **nuiteux**

m, **-euse** *f* [nɥiˈtø, ~ˈtøːz] person working by night.

nul, nulle [nyl] **1.** *adj.* no, not one; void, null; *sp.* drawn (*game*); nonexistent; ⚁ invalid (*marriage*); **2.** *pron./indef.* no(t) one, nobody; **nullement** [nylˈmɑ̃] *adv.* not at all; **nullité** [nyliˈte] *f* ⚁ nullity, invalidity; *fig.* nothingness; non-existence; *person*: nonentity; *fig.* incapacity.

numéraire [nymeˈrɛːr] **1.** *adj.* legal (*tender*); numerary (*value*); **2.** *su./m* specie; cash; currency; **numéral, e,** *m/pl.* **-aux** [~ral, ~ro] numeral; **numérateur** 𝒜 [~raˈtœːr] *m* numerator; **numération** 𝒜 [~raˈsjɔ̃] *f* numeration; number system; **numérique** [~ˈrik] numerical; digital; **numéro** [~ˈro] *m* number; *periodical*: issue, copy; ✝ size; F person, fellow; (*~ de téléphone*) telephone number; F *~ deux* second-best; *~ de vestiaire* cloak-room ticket; F *~ un* first-class; **numérotage** [~roˈtaːʒ] *m* numbering; *book*: paging; **numéroter** [~roˈte] (1a) *v/t.* number; paginate (a *book*); **numéroteur** [~roˈtœːr] *m* numbering machine *or* stamp.

numismate [nymisˈmat] *m* numismatist; **numismatique** [~maˈtik] *f* numismatics *sg.*

nuptial, e, *m/pl.* **-aux** [nypˈsjal, ~ˈsjo] bridal; wedding...

nuque [nyk] *f* nape *or* F scruff of the neck. (nanny.)

nurse [nœrs] *f* children's nurse, F)

nutritif, -ve [nytri'tif, ~'tiːv] nourishing, nutritive; nutritional, food...; **nutrition** [~'sjɔ̃] *f* nutrition; **nutritionel, -le** [~sjɔ'nɛl] nutritional.

nylon *tex.* [ni'lɔ̃] *m* nylon.

nymphe [nɛ̃ːf] *f* *myth.* nymph (a. *fig.*); *zo.* pupa, chrysalis; **nymphéa** ♀ [nɛ̃fe'a] *m* water-lily; nymphea.

nymphette [nɛ̃ˈfɛt] *f* nymph.

O

O, o [o] *m* O, o.

ô! [o] *int.* oh!

oasis [oa'zis] *f* oasis (*a. fig.*).

obédience [ɔbe'djãːs] *f eccl.* dutiful submission, obedience; F submission; *de même ~* of the same (*religious etc.*) persuasion; *d'~ communiste* of Communist allegiance.

obéir [ɔbe'iːr] (2a) *v/i.: ~ à* obey; comply with (*s.th.*); yield to; ⚡, *mot.* respond to; ⚓ answer; *se faire ~* compel obedience (from, *par*); **obéissance** [ˌi'sãːs] *f* obedience; submission (*to authority*); *fig.* pliancy; **obéissant, e** [ˌi'sã, ˌ'sãːt] obedient; submissive; *fig.* pliant. [lisk.]

obélisque *archeol.* [ɔbe'lisk] *m* obe-/

obérer [ɔbe're] (1f) *v/t.* burden with debt; *s'~* run deep into debt.

obèse [ɔ'bɛːz] **1.** *adj.* obese, stout; **2.** *su.* obese *or* stout person; **obésité** [ɔbezi'te] *f* obesity, corpulence.

obit *eccl.* [ɔ'bit] *m* obit; **obituaire** [ɔbi'tɥɛːr] *m* obituary list.

objecter [ɔbʒɛk'te] (1a) *v/t.* raise as an objection (to, *à*); *~ qch. à q.* allege *or* hold s.th. against s.o.; **objecteur** [ˌ'tœːr] *m: ✠ ~ de conscience* conscientious objector; **objectif, -ve** [ˌ'tif, ˌ'tiːv] **1.** *adj.* objective; **2.** *su./ m opt.* objective; *phot.* lens; ✠, ⚓ target; *fig.* aim, object; **objection** [ˌ'sjɔ̃] *f* objection; **objectiver** [ˌ'tive] (1a) *v/t.* objectify; **objectivité** [ˌtivi'te] *f* objectivity.

objet [ɔb'ʒɛ] *m* object (*a. gramm., phls., a. fig.*); thing; subject(-matter); *fig.* purpose, aim; *gramm.* complement; † article; *~s pl. trouvés* lost property *sg.*; *remplir son ~* reach one's goal.

obligataire † [ɔbliga'tɛːr] *m* bondholder, debenture-holder; **obligation** [ˌ'sjɔ̃] *f* obligation, duty; † bond, debenture; favo(u)r; gratefulness; **obligatoire** [ˌ'twaːr] obligatory; compulsory; binding (*agreement, decision*); *enseignement m ~* compulsory education; ✠ *service m*

militaire ~ compulsory military service.

obligé, e [ɔbli'ʒe] **1.** *adj.* obliged, compelled (to *inf.*, *de inf.*); necessary, indispensable; inevitable; *fig.* grateful; **2.** *su.* person under an obligation; † obligor; **obligeamment** [ˌʒa'mã] *adv. of obligeant*; **obligeance** [ˌ'ʒãːs] *f* kindness; *avoir l'~ de* (*inf.*) be so kind as to (*inf.*); **obligeant, e** [ˌ'ʒã, ˌ'ʒãːt] obliging; kind; **obliger** [ˌ'ʒe] (11) *v/t.* oblige, bind (to, *à*); compel (to, *de*); do (*s.o.*) a favo(u)r; *s'~ à* bind o.s. to.

oblique [ɔ'blik] **1.** *adj.* oblique; slanting; *fig. regard m ~* sidelong glance; **2.** *su./f* oblique line; **obliquer** [ɔbli'ke] (1m) *v/i.* turn off (to[wards] *à*, *vers*); **obliquité** [ˌki'te] *f* obliqueness.

oblitération [ɔblitera'sjɔ̃] *f* obliteration; *stamp:* cancellation; ✻ obstruction; **oblitérer** [ˌ're] (1f) *v/t.* obliterate; cancel (*a stamp*); ✻ obstruct (*a vein*).

oblong, -gue [ɔ'blɔ̃, ˌ'blɔ̃ːg] oblong.

obnubiler [ɔbnybi'le] (1a) *v/t.* cloud, obnubilate (*the mind*); obsess (*idea etc.*).

obole [ɔ'bɔl] *f* † obol(us); F farthing; (*widow's*) mite; *apporter son ~ à* contribute one's mite to.

obombrer [ɔbɔ̃'bre] (1a) *v/t.* cloud over.

obscène [ɔp'sɛn] obscene; smutty; **obscénité** [ˌseni'te] *f* obscenity; smuttiness.

obscur, e [ɔps'kyːr] dark; gloomy (*weather*); obscure (*a. fig.*); abstruse (*argument etc.*); dim (*horizon, light*); humble (*person*); **obscurantisme** [ˌkyrã'tism] *m* obscurantism; **obscuration** *astr.* [ˌkyra'sjɔ̃] *f* occultation; **obscurcir** [ˌkyr'siːr] (2a) *v/t.* obscure; darken; dim (*the view*); **obscurcissement** [ˌkyrsis-'mã] *m* darkening; dimming; obscuring; **obscurément** [ˌkyre'mã] *adv. of obscur*; **obscurité** [ˌkyri'te] *f* obscurity (*a. fig.*); darkness; *fig.* vagueness. [*importune, pester.*] **obséder** [ɔpseˈde] (1f) *v/t.* obsess; **obsèques** [ɔpˈsɛk] *f/pl.* funeral *sg.*, obsequies; **obséquieux, -euse** [ɔpseˈkjø, ˈkjøːz] obsequious, fawning; **obséquiosité** [ˌkjoziˈte] *f* obsequiousness. **observable** [ɔpsɛrˈvabl] observable; **observance** [ˌvãːs] *f* observance (*a. eccl.*); **observateur, -trice** [ˌva'tœːr, ˌtris] 1. *adj./m* observant; 2. *su.* observer; ✈, ✠ spotter; **observation** [ˌva'sjõ] *f* observation; *eccl., law, rule:* observance; reprimand; **observatoire** [ˌva'twaːr] *m astr.* observatory; ✠ observation post; **observer** [ˌve] (1a) *v/t.* observe, keep (*feast, law, rule, sabbath*); watch; notice; *faire* ~ *qch. à q.* draw s.o.'s attention to s.th.; *s'* ~ be careful *or* cautious.

obsessif, -ve [ɔpseˈsif, ˌsiːv] obsessive; **obsession** [ˌsjõ] *f* obsession.

obstacle [ɔpsˈtakl] *m* obstacle; *sp.* hurdle; *sp. course f d'* ~s obstacle *or* hurdle race; *faire* ~ *à* stand in the way of; hinder; obstruct.

obstétrique ⚕ [ɔpsteˈtrik] 1. *adj.* obstetric(al); 2. *su./f* obstetrics *sg.*

obstination [ɔpstinaˈsjõ] *f* obstinacy; perversity; pig-headedness; **obstiné, e** [ˌne] obstinate, stubborn; persistent; pig-headed; **obstiner** [ˌne] (1a) *v/t.: s'* ~ show obstinacy; *s'* ~ *à* (*inf.*) persist in (*ger.*).

obstructif, -ve [ɔpstrykˈtif, ˌtiːv] *pol.* obstructive; **obstruction** [ˌsjõ] *f* ⚕, *pol.* obstruction; *pol.* filibustering; ✠ stoppage; **obstructionnisme** *pol.* [ˌsjoˈnism] *m* obstructionism, filibustering; **obstruer** [ɔpstryˈe] (1a) *v/t.* obstruct, block; ⊕ choke.

obtempérer [ɔptãpeˈre] (1f) *v/i.: ~ à* comply with, obey.

obtenir [ɔptəˈniːr] (2h) *v/t.* obtain, get; **obtention** [ˌtãˈsjõ] *f* obtaining.

obturateur, -trice [ɔptyraˈtœːr, ˌˈtris] 1. *adj.* obturating, closing; 2. *su./m* 🔧, ✠, *anat.* obturator; *phot.* shutter; ⊕ stop-valve; *mot.* throttle; **obturation** [ˌraˈsjõ] *f* obturation; closing; sealing; *tooth:* filling; **obturer** [ˌre] (1a) *v/t.* stop, seal, obturate; fill (*a tooth*).

obtus, e [ɔpˈty, ˌˈtyːz] Ⓐ, *a. fig.* obtuse; blunt; *fig.* dull; **obtusangle** Ⓐ [ˌtyˈzãːgl] obtuse-angled.

obus [ɔˈby] *m* ✠ shell; *mot.* valveplug; ~ *à balles* shrapnel; ~ *non éclaté* unexploded shell, dud; ~ *perforant* armo(u)r-piercing shell; **obusier** ✠ [ɔbyˈzje] *m* howitzer.

obvier [ɔbˈvje] (1o) *v/i.: ~ à* prevent.

oc [ɔk] *adv.: langue f d'* ~ Langue d'oc, Old Provençal.

occasion [ɔkaˈzjõ] *f* opportunity, chance; occasion; *fig.* reason (for, de); ✝ bargain; *à l'* ~ when the chance occurs; *à l'* ~ *de* on the occasion of; *d'* ~ second-hand; cheap; *par* ~ occasionally; **occasionner** [ˌzjoˈne] (1a) *v/t.* cause, give rise to.

occident [ɔksiˈdã] *m* west, occident; **occidental, e, m/pl. -aux** [ˌdãˈtal, ˌˈto] 1. *adj.* west(ern); occidental; 2. *su.* occidental; westerner.

occiput *anat.* [ɔksiˈpyt] *m* occiput, back of the head.

occire † [ɔkˈsiːr] (4y) *v/t.* kill, slay; **occis, e** [ˌˈsi, ˌˈsiːz] *p.p.* of occire.

occlusion [ɔklyˈzjõ] *f* ⚕ stoppage, obstruction; ⊕ *valve:* closure; 🜔, ⚕ occlusion.

occultation *astr.* [ɔkyltaˈsjõ] *f* occultation; **occulte** [ɔˈkylt] occult; secret; hidden; **occultisme** [ɔkylˈtism] *m* occultism.

occupant, e [ɔkyˈpã, ˌpãːt] 1. *adj.* occupying, in occupation; *fig.* engrossing (*work*); 2. *su./m* occupant; ✠, ✠ occupier; **occupation** [ˌpaˈsjõ] *f* occupation; profession; employment, work; ✠ *forces f/pl. d'* ~ occupying forces; *sans* ~ unemployed; **occuper** [ˌpe] (1a) *v/t.* occupy (*a.* ✠); employ (*workers etc.*); *s'* ~ keep (o.s.) busy; *s'* ~ *à* be engaged in; *s'* ~ *de* see to (*s.th.*); take care of; deal with; be in charge of; look after; attend to (*customer*); be interested in.

occurrence [ɔkyˈrãːs] *f* occurrence, happening; emergency; juncture; *en l'* ~ at this juncture; in *or* F under the circumstances; in the present case.

océan [ɔseˈã] *m* ocean, sea (*a. fig.*); F *l'O* the Atlantic; **océanien, -enne** [ˌaˈnjɛ, ˌˈnjɛn] 1. *adj.* Oceanian, Oceanic; 2. *su.* ♀ South Sea Islander; **océanique** [ˌaˈnik] *adj.* oceanic, ocean...

ocelot *zo.* [ɔsˈlo] *m* ocelot.

ocre [ɔkr] *f* ochre; **ocrer** [ɔ'kre] (1a) *v/t.* ochre; **ocreux, -euse** [ɔ'krø, ~'krø:z] ochrous.

oct... [ɔkt], **octa...** [ɔkta], **octo...** [ɔktɔ] oct..., octa..., octo...; **octaèdre** [ɔkta'ɛːdr] **1.** *adj.* octahedral; **2.** *su./m* ⚗ octahedron.

octane ⚗ [ɔk'tan] *m* octane.

octant ⚓, *astr., surv.* [ɔk'tã] *m* octant.

octobre [ɔk'tɔbr] *m* October.

octogénaire [ɔktɔʒe'nɛːr] *adj., a. su.* octogenarian.

octogone ⚗ [ɔktɔ'gɔn] *m* octagon.

octroi [ɔk'trwa] *m* concession, grant; city toll; toll-house; **octroyer** [~trwa'je] (1h) *v/t.* grant; bestow (on, *à*).

octuple [ɔk'typl] eightfold; octuple.

oculaire [ɔky'lɛːr] **1.** *adj.* ocular; eye(-witness); **2.** *su./m* opt. eye-piece; **oculiste** [~'list] *m* oculist.

odeur [ɔ'dœːr] *f* odo(u)r (*a. fig.*), smell, scent.

odieux, -euse [ɔ'djø, ~'djøːz] **1.** *adj.* odious; hateful; heinous (*crime*); **2.** *su./m* odiousness; odium.

odontalgie [ɔdõtal'ʒi] *f* toothache, odontalgia.

odorant, e [ɔdɔ'rã, ~'rãːt] fragrant, sweet-smelling; scented; **odorat** [~'ra] *m* (sense of) smell; **odoriférant, e** [~rife'rã, ~'rãːt] fragrant, odoriferous.

œcuménique [ekyme'nik] (o)ecumenical.

œil, *pl.* **yeux** [œːj, jø] *m* eye; *bread, cheese:* hole; notice, attention; *à l'~* by the eye; *sl.* on credit *or* tick; *à l'~ nu* with the naked eye; *à mes yeux* in my opinion; *voir l'~ à qch.* see to s.th.; *avoir l'~ sur* keep an eye on; *coup m d'~* glance; *entre quatre yeux* in confidence; *être tout yeux* be all eyes; F *faire de l'~* ogle; *tip* s.o. the wink; *fermer les yeux sur* shut one's eyes to; *perdre des yeux* lose sight of; F *pour vos beaux yeux* for love, for your pretty face; *sauter aux yeux* be obvious; *sous mes yeux* before my face; **~-de-bœuf**, *pl.* **~s-de-bœuf** [œjdɔ'bœf] *m* bull's-eye window; **~-de-perdrix**, *pl.* **~s-de-perdrix** [~per'dri] *m* soft corn; **œillade** œi'jad] *f* wink, glance.

blind; 🐟 eye-bath; **œillet** [œ'jɛ] *m* eyelet(-hole); ♀ pink, carnation; **œilleton** [œj'tõ] *m* ✔ eyebud; phot. eye; ✕ rifle sight: peephole; **œillette** ♀ [œ'jɛt] *f* oil-poppy.

œsophage anat. [ezɔ'faːʒ] *m* (o)esophagus, gullet.

œstre zo. [estr] *m* oestrus; bot-fly.

œstrogène [østrɔ'ʒɛn] *m* (o)estrogen.

œuf [œf, *pl.* ø] *m* egg; biol. ovum; icht. spawn, roe; **~s** *pl.* brouillés scrambled eggs; **~s** *pl.* sur le plat fried eggs; **~** à la coque (soft-)boiled egg; **~** dur hard-boiled egg; blanc m d'**~** white of egg; fig. dans l'**~** in the bud; jaune m d'**~** egg-yolk.

œuvre [œːvr] *su./f* work; effect; product(ion); *(welfare)* society; occupation; **~s** *pl.* works (*a. eccl.*); bois m d'**~** timber; se mettre à l'**~** start working; *su./m* ⚗ main work; *writer:* complete works *pl.*; ♩ opus; grand **~** philosopher's stone; ⚗ gros **~** foundations *pl.* and walls *pl.*; **œuvrer** [œ'vre] (1a) *v/i.* work.

offense [ɔ'fãːs] *f* insult; contempt (of Court, à la Cour); eccl. sin; **offenser** [ɔfã'se] (1a) *v/t.* offend; injure; s'**~** take offence (at, de); **offenseur** [~'sœːr] *m* offender; **offensif, -ve** [~'sif, ~'siːv] *adj., a.* ✕ *su./f* offensive.

offert, e [ɔ'fɛːr, ~'fɛrt] *p.p.* of offrir; **offertoire** eccl. [ɔfɛr'twaːr] *m* offertory.

office [ɔ'fis] *su./m* office (*a. fig.*); agency, bureau; service (*a. eccl., a. fig. = turn*); d'**~** officially; automatically; *faire* **~** de act as; *su./f* butler's pantry; servants' hall; **officiant** eccl. [ɔfi'sjã] *m* officiating priest; officiant; **officiel, -elle** [~'sjɛl] official; formal (*call*).

officier [ɔfi'sje] **1.** (1o) *v/i.* officiate; **2.** *su./m* officer; **officière** [~'sjɛːr] *f* woman officer (*in the Salvation Army*); **officieux, -euse** [~'sjø, ~'sjøːz] unofficial; à titre **~** unofficially.

officinal, e, *m/pl.* **-aux** [ɔfisi'nal, ~'no] medicinal; **officine** [~'sin] *f* dispensary; chemist's shop, *Am.* drugstore; F *fig.* den.

offrande usu. eccl. [ɔ'frãːd] *f* offering; **offrant** [ɔ'frã] *m*: au plus **~** to the highest bidder; **offre** [ɔfr] **1.** *1st p. sg. pres.* of offrir; **2.** *su./f* offer; tender; auction: bid; journ. **~s** *pl.* d'emploi situations vacant; l'**~** et la

demande supply and demand; **offrir** [ɔ'fri:r] (2f) v/t. offer; give (to, à); expose (to, à); hold out (*one's hand etc.*); bid (*at an auction*); ~ le mariage à propose to; s'~ a. present itself (*occasion etc.*); s'~ qch. treat o.s. to s.th.; buy o.s. s.th.; s'~ à faire qch. offer *or* volunteer to do s.th.

offset typ. [ɔf'sɛt] m/inv. offset.

offusquer [ɔfys'ke] (1m) v/t. obscure (*the view, a. fig.*); offend; s'~ take offence (at, de).

ogival, e [ɔʒi'val, ~'vo] m/pl. **-aux** △ ogival, pointed, Gothic; **ogive** [ɔ'ʒiːv] f △ ogee, ogive; Gothic *or* pointed arch; △ *vault:* rib; ⚔ war-head.

ogre [ɔgr] m ogre; *manger comme un ~* eat like a horse; **ogresse** [ɔ'grɛs] f ogress.

oh! [o] int. oh!

ohé! [o'e] int. hi!; hullo!; ⚓ ahoy!

oie zo. [wa] f goose.

oignon [ɔ'ɲɔ̃] m onion; ♀ bulb; 🦶 bunion; F turnip (= *watch*); *en rang d'~s* in a row; **oignonade** cuis. [ɔɲɔ'nad] f onion-stew; **oignonière** [~'njɛːr] f onion-bed.

oindre [wɛ̃:dr] (4m) v/t. oil; *eccl.* anoint; **oint, ointe** bibl., a. eccl. [wɛ̃, wɛ̃:t] adj., a. su./m anointed.

oiseau [wa'zo] m bird; △ (*bricklayer's*) hod; F fellow, Am. guy; ~ *de passage* bird of passage; ~ *de proie* bird of prey; *à vol d'~* as the crow flies; *vue f à vol d'~* bird's-eye view; **~-mouche**, pl. **~x-mouches** orn. [~zo'muʃ] m humming-bird; **oiseler** [waz'le] (1c) v/t. bird-catching; **oiselet** [~'lɛ] m small bird; **oiseleur** [~'lœːr] m fowler, bird-catcher; **oiselier** [wazə'lje] m bird-fancier; bird-seller; **oisellerie** [~zɛl'ri] f bird-catching; bird-breeding; bird-shop.

oiseux, -euse [wa'zø, ~'zøːz] idle (a. fig.); fig. useless; **oisif, -ive** [~'zif, ~'ziːv] idle (a. ✝); unemployed; unoccupied; **oisiveté** [~ziv'te] f idleness; sloth.

oison [wa'zɔ̃] m gosling.

oléagineux, -euse [ɔleaʒi'nø, ~'nøːz] oily, oleaginous; ♀ oil-yielding; **oléoduc** [ɔleɔ'dyk] m pipeline.

olfactif, -ve [ɔlfak'tif, ~'tiːv] olfactory; **olfaction** physiol. [~'sjɔ̃] f olfaction.

oligarchie [ɔligar'ʃi] f oligarchy.

olivacé, e [ɔliva'se] olive-green; **olivaie** [~'vɛ] f olive-grove; **olivaire** [~'vɛːr] olive-shaped; **olivaison** [~vɛ'zɔ̃] f olive-harvest; **olivâtre** [~'vɑːtr] olive (*colour*); sallow (*complexion*); **olive** [ɔ'liːv] **1.** su./f ♀ olive; **2.** adj./inv. olive-green; **oliverie** [ɔli'vri] f olive-oil factory; **olivier** ♀ [~'vje] m olive-tree; olive-wood; bibl. Mont m des ♀s Mount of Olives.

olympien, -enne [ɔlɛ̃'pjɛ̃, ~'pjɛn] Olympian; fig. godlike; **olympique** [~'pik] Olympic; Jeux m/pl. ♀s Olympic games.

ombelle ♀ [ɔ̃'bɛl] f umbel; *en ~ =* **ombellé, e** ♀ [ɔ̃bɛl'le] umbellate.

ombilical, e [ɔ̃bili'kal, ~'ko] umbilical.

ombrage [ɔ̃'braːʒ] m shade; fig. offence, umbrage; *porter ~ à q.* offend s.o.; *prendre ~ de qch.* take umbrage *or* offence at s.th.; **ombrager** [ɔ̃bra'ʒe] (11) v/t. (give) shade; **ombrageux, -euse** [~'ʒø, ~'ʒøːz] shy (*horse*), touchy, sensitive (*person*); **ombre** [ɔ̃:br] f shadow (*a. fig.*); shade (*a. myth., a. paint.*); fig. dark; fig. obscurity; fig. a. hint, suspicion; *~s pl. chinoises* shadow-show sg.; fig. *d'une chance* the ghost of a chance; *à l'~* in the shade; *à l'~ de* in the shade of; fig. under cover of; *rester dans l'~* stay in the background; sl. *à l'~* in jail; **ombrelle** [ɔ̃'brɛl] f sunshade, parasol; **ombrer** [ɔ̃'bre] (1a) v/t. shade; darken (*the eyelids*); **ombreux, -euse** [ɔ̃'brø, ~'brøːz] shady.

omelette cuis. [ɔm'lɛt] f omelet(te).

omettre [ɔ'mɛtr] (4v) v/t. omit, leave out; ~ *de* (inf.) fail to (inf.); **omission** [ɔmi'sjɔ̃] f omission; oversight.

omni..., **omni-**...; **~bus** [~'bys] m (omni)bus; 🚂 *train ~* stopping *or* local train, Am. accommodation train; **~potence** [~pɔ'tɑ̃:s] f omnipotence; **~potent, e** [~pɔ'tɑ̃, ~'tɑ̃:t] omnipotent; **~présent, e** [~pre'zɑ̃, ~'zɑ̃t] omnipresent; **~présence** [~'zɑ̃:s] f omnipresence.

omoplate anat. [ɔmɔ'plat] f shoulder-blade.

on [ɔ̃] pron. one, people pl., you; somebody; ~ *dit que* it is said that.

once¹ [ɔ̃:s] f measure: ounce; F fig. scrap, bit.

once² zo. [~] f snow-leopard, ounce.

oncial, e [ɔ̃'sjal, ~'sjo] m/pl. **-aux** adj., a. su./f uncial.

oncle [ɔ̃:kl] *m* uncle.

onction [ɔ̃k'sjɔ̃] *eccl., a. fig. pej.* unction; **onctueux, -euse** [~'tɥø, ~'tɥø:z] creamy, rich; smooth; oily (*surface, a. pej. manner*); *fig.* unctuous (*speech*).

onde [ɔ̃:d] *f* wave (*a. hair, a. radio*); undulation; **~s** *pl.* moyennes *radio*: medium waves; **~** *sonore* sound wave; **~** *ultra-courte* ultrashort wave; *grandes* **~s** *pl. radio*: long waves; *longueur f d'*~ wavelength; *mettre en* **~s** *radio*: put on the air; **ondé, e** [ɔ̃'de] **1.** *adj.* wavy (*hair, surface*); undulating; watered (*silk*); **2.** *su./f* heavy shower; **ondin** *m*, **e** *f* [ɔ̃'dɛ̃, ~'din] water-sprite.

on-dit [ɔ̃'di] *m/inv.* rumo(u)r, hearsay.

ondoiement [ɔ̃dwa'mɑ̃] *m* undulation; *eccl.* emergency *or* private baptism; **ondoyant, e** [~'jɑ̃, ~'jɑ̃:t] undulating, wavy; swaying (*crowd*); *fig.* changeable; **ondoyer** [~'je] (1h) *v/i.* undulate, wave; sway (*crowd*); fall in waves (*hair*); *v/t. eccl.* baptize privately (*a child*); **ondulation** [ɔ̃dyla'sjɔ̃] *f* ground, *water*: undulation; *hair*: wave; **⊕** *metal etc.*: corrugation; **ondulatoire** *phys.* [~la'twa:r] undulatory; wave-(*motion*); **ondulé, e** [~'le] undulating (*ground*); corrugated (*metal etc.*); wavy, waved (*hair*); *tôle f* ~*e* corrugated iron; **onduler** [~'le] (1a) *v/i.* undulate, ripple; *v/t.* wave (*one's hair*); **⊕** corrugate; **onduleux, -euse** [~'lø, ~'lø:z] wavy, sinuous.

onéreux, -euse [ɔne'rø, ~'rø:z] onerous; troublesome; *fig.* heavy; *à titre* ~ subject to liabilities; **⚖** for valuable consideration.

ongle [ɔ̃:gl] *m* (finger)nail; *zo.* claw; *eagle, falcon, etc.*: talon; ~ *des pieds* toenail; *jusqu'au bout des* ~*s* to the fingertips; **onglée** [ɔ̃'gle] *f* numbness of the fingertips; **onglet** [ɔ̃'glɛ] *m* thimble; *book*: tab, thumb-index; **⚖** ungula; **⊕** mitre; **onglier** [ɔ̃gli'e] *m* manicure-set; ~*s pl.* nail-scissors.

onguent [ɔ̃'gɑ̃] *m* ointment, salve.

ongulé, e *zo.* [ɔ̃gy'le] **1.** *adj.* ungulate, hoofed; **2.** *su./m:* ~*s pl.* ungulates, ungulata.

ont [ɔ̃] *3rd. p. pl. pres. of avoir* 1.

onze [ɔ̃:z] **1.** *adj./num., a. su./m/inv.* eleven; *date, title:* eleventh; **2.** *su./ m/inv. foot.* team; **onzième** [ɔ̃-'zjɛm] *adj./num., a. su.* eleventh.

opacité [ɔpasi'te] *f* opacity; *fig.* denseness.

opale [ɔ'pal] **1.** *su./f* opal; **2.** *adj./inv.* opalescent; opal (*glass*); **opalin, e** [ɔpa'lɛ̃, ~'lin] *adj., a. su./f* opaline.

opaque [ɔ'pak] opaque.

opéra [ɔpe'ra] *m* opera; *building:* opera-house.

opérable **⚕** [ɔpe'rabl] operable.

opéra-comique, *pl.* **opéras-comiques ♪,** *thea.* [ɔperako'mik] *m* light opera.

opérateur, -trice [ɔpera'tœ:r, ~'tris] *su.* operator; *su./m cin.* cameraman; **⚕** operating surgeon; **opération** [~'sjɔ̃] *f* **⚕,** **⚖,** **✕,** *a. fig.* operation; **✝** transaction; *salle f d'*~ operating theatre; **opérationnel, -le** [~sjɔ'nɛl] operational; **opératoire** **⚕** [~'twa:r] operating; postoperative; *médicine f* ~ *subject:* surgery.

opercule [ɔpɛr'kyl] *m* cover; lid (*a.* **⚲**); *icht.* gill-cover.

opérer [ɔpe're] (1f) *v/t.* operate, effect; **⚕,** **⚙,** **✕** carry out; *place* operate on (*s.o.*) (for, *de*); *s'*~ take place; *v/i.* act; work.

opérette ♪ [ɔpe'rɛt] *f* operetta; musical comedy.

ophtalmie **⚕** [ɔftal'mi] *f* ophthalmia.

ophtalmo... [ɔftalmɔ] ophthalmo...; **~scope** [~mɔs'kɔp] *m* ophthalmoscope.

opiacé, e [ɔpja'se] opiated.

opiner [ɔpi'ne] (1a) *v/i.* be of (the) opinion (that, *que*); decide, vote; ~ *du bonnet* nod assent; **opiniâtre** [~'nja:tr] obstinate, stubborn; **opiniâtrer** [~nja'tre] (1a) *v/t.:* *s'*~ remain stubborn; persist (in, *dans*; in *ger.*, *à inf.*); **opiniâtreté** [~njɑ̃-tre'te] *f* obstinacy, stubbornness; **opinion** [~'njɔ̃] *f* opinion; *à mon* ~ in my opinion; *avoir bonne (mauvaise)* ~ *de* think highly (poorly) of.

opiomane [ɔpjɔ'man] *su.* opium-eater; opium addict; **opium** [ɔ-'pjɔm] *m* opium.

opportun, e [ɔpɔr'tœ̃, ~'tyn] opportune, timely; advisable; **opportunément** [ɔpɔrtyne'mɑ̃] *adv. of* opportun; **opportunisme** [~'nism] *m* opportunism; **opportuniste** *pol.*

[ˌ‿'nist] **1.** *adj.* time-serving; **2.** *su.* opportunist; time-server; **opportunité** [ˌ‿ni'te] *f* timeliness; opportuneness; advisability.

opposant, e [ɔpo'zɑ̃, ˌ‿'zɑ̃:t] **1.** *adj.* opposing, adverse; **2.** *su.* opponent; **opposé, e** [ˌ‿'ze] **1.** *adj.* opposed, opposite (*a.* ♠); **2.** *su./m* opposite (of, de); *à l'*‿ *de* contrary to, unlike; **opposer** [ˌ‿'ze] (1a) *v/t.* oppose; contrast (with, à); *s'*‿ *à* be opposed to; resist (*s.th.*); **opposition** [ˌ‿zi'sjɔ̃] *f* opposition (*a. parl., astr.*); contrast; *être en* ‿ *avec* clash with; **oppositionnel, -le** [ˌ‿zisjɔ'nɛl] **1.** *adj.* oppositional; **2.** *su.* oppositionist.

oppresser [ɔprɛ'se] (1a) *v/t.* oppress (*a.* ♣); *fig.* depress; **oppresseur** [ˌ‿'sœ:r] *m* oppressor; **oppressif, -ve** [ˌ‿'sif, ˌ‿'si:v] oppressive; **oppression** ♣ [ˌ‿'sjɔ̃] *f* oppression (*a. fig.*); difficulty in breathing.

opprimer [ɔpri'me] (1a) *v/t.* oppress, crush.

opprobre [ɔ'prɔbr] *m* opprobrium, shame, disgrace.

optatif, -ve [ɔpta'tif, ˌ‿'ti:v] *adj., a. su./m gramm.* optative.

opter [ɔp'te] (1a) *v/i.* opt; choose; ‿ *pour* decide in favo(u)r of.

opticien [ɔpti'sjɛ̃] *m* optician.

optimal, e *m/pl.* **-aux** [ɔpti'mal, ˌ‿'mo] optimal; **optimiser** [ɔpti-mi'ze] (1a) *v/t.* optimize; **optimisme** [ɔpti'mism] *m* optimism; **optimiste** [ˌ‿'mist] **1.** *adj.* optimistic; sanguine (*disposition*); **2.** *su.* optimist.

option [ɔp'sjɔ̃] *f* option (on, sur) (*a.* ♱); choice (between de, entre); **optionnel, -le** [ɔpsjɔ'nɛl] *adj.* optional.

optique [ɔp'tik] **1.** *adj.* optic; optical; **2.** *su./f* optics *sg.*; optical device; *illusion f d'*‿ optical illusion.

opulence [ɔpy'lɑ̃s] *f* affluence; wealth (*a. fig.*); **opulent, e** [ˌ‿'lɑ̃, ˌ‿'lɑ̃:t] opulent; wealthy; abundant; F buxom (*figure*).

opuscule [ɔpys'kyl] *m* pamphlet; short treatise.

or¹ [ɔ:r] **1.** *su./m* gold; *de l'*‿ *en barres* as good as ready money; *d'*‿ gold(en); *rouler sur l'*‿ be rolling in money.

or² [ˌ‿] *cj.* now, well (now).

oracle [ɔ'ra:kl] *m* oracle.

orage [ɔ'ra:ʒ] *m* storm (*a. fig.*);

[ɔra'ʒø, ˌ‿'ʒø:z] **orageux, -euse** stormy (*a. fig. debate*); thundery (*weather*); threatening (*sky etc.*).

oraison [ɔrɛ'zɔ̃] *f* prayer; oration; ‿ *dominicale* Lord's Prayer; ‿ *funèbre* funeral oration.

oral, e *m/pl.* **-aux** [ɔ'ral, ˌ‿'ro] **1.** *adj.* oral; **2.** *su./m* oral examination.

orange [ɔ'rɑ̃:ʒ] **1.** *su./f* ♀ orange; *su./m colour:* orange; **2.** *adj./inv.* orange (*colour*); **orangé, e** [ɔrɑ̃'ʒe] *adj., a. su./m* orange; **orangeade** [ˌ‿'ʒad] *f* orangeade, orange squash; **orangeat** [ˌ‿'ʒa] *m* candied orange-peel; **oranger** [ˌ‿'ʒe] *m* ♀ orange-tree; orange-seller; **orangerie** [ɔrɑ̃ʒ'ri] *f* orangery; orange-grove.

orang-outan(g) *zo.* [ɔrɑ̃u'tɑ̃] *m* orang-(o)utang.

orateur [ɔra'tœ:r] *m* orator, speaker; spokesman; **oratoire** [ˌ‿'twa:r] **1.** *adj.* oratorical; **2.** *su./m eccl.* oratory; (*private*) chapel; **oratorio** ♪ [ˌ‿tɔ'rjo] *m* oratorio.

orbe¹ ♠ [ɔrb] *adj.:* *mur m* ‿ blind wall.

orbe² [ɔrb] **1.** *su./m* orb; globe; sphere; **orbite** [ɔr'bit] *f* orbit; *anat. eye:* socket; *mettre (or placer) en* (*or sur*) ‿ put into orbit; **orbiter** [ɔrbi'te] (1a) *v/i.* orbit.

orchestre ♪ [ɔr'kɛstr] *m* orchestra; *à cordes* string orchestra; *chef m d'*‿ conductor; bandmaster; **orchestrer** [ˌ‿kɛs'tre] (1a) *v/t.* orchestrate, score; *fig.* organize; *fig.* mastermind.

orchidée ♀ [ɔrki'de] *f* orchid.

ordalie † [ɔrda'li] *f* ordeal.

ordinaire [ɔrdi'nɛ:r] **1.** *adj.* ordinary, usual, customary; ♠ vulgar (*fractions*); average; *peu* ‿ uncommon, unusual; *mot. essence f* ‿ regular petrol (*Am.* gas); *tribunal m* ‿ civil court; *vin m* ‿ table wine; **2.** *su./m* daily fare; ✕ mess; *eccl.* Ordinary; *à l'*‿, *d'*‿ as a rule, usually; *sortir de l'*‿ be out of the ordinary.

ordinateur [ɔrdina'tœ:r] *m* computer.

ordination *eccl.* [ɔrdina'sjɔ̃] *f* ordination.

ordonnance [ɔrdɔ'nɑ̃:s] *f* order (*a.* ♱); arrangement; ♣ prescription; *pol., admin.* statute; ✕ † orderly; ‿ (*de paiement*) order to pay; **ordonnateur, -trice** [ˌ‿na'tœ:r, ˌ‿'tris] **1.** *su.* director; organizer; **2.** *adj.*

managing; **ordonnée** ♣ [⌣'ne] f ordinate; **ordonner** [⌣'ne] (1a) v/t. order, command; arrange; ♣ prescribe; tidy; eccl., a. admin. ordain; v/i. dispose (of, de).

ordre [ɔrdr] m order; sequence; orderliness; (social) estate; class, sort; command; eccl. ⌣s pl. Holy Orders; ✝ ⌣ d'achat purchase permit; ⌣ du jour agenda; admin. ⌣ public law and order; fig. de l'⌣ de in the region of (2000); fig. de premier ⌣ first-class, outstanding; jusqu'à nouvel ⌣ until further notice; ✕ mot m d'⌣ password; numéro m d'⌣ serial number; ✕ porté (or cité) à l'⌣ du jour mentioned in dispatches.

ordure [ɔr'dy:r] f dirt, filth; ⌣s pl. refuse sg., rubbish, Am. garbage; **ordurier, -ère** [⌣dy'rje, ⌣'rjɛːr] filthy; scurrilous; obscene (book); lewd.

oreillard, e zo. [ɔrɛ'ja:r, ⌣'jard] 1. adj. lop-eared; 2. su./m longeared bat; **oreille** [ɔ'rɛːj] f ear; metall. lug, flange; vase: handle; book: dog's ear; fig. hearing; fig. heed; avoir de l'⌣ have a good ear (for music); ♪ avoir l'⌣ absolue have perfect pitch; avoir l'⌣ dure be hard of hearing; être tout ⌣s be all ears; faire la sourde ⌣ turn a deaf ear; F se faire tirer l'⌣ need a lot of persuading; tirer les ⌣s à (or de) pull (s.o.'s) ears; **oreille-d'ours**, pl. **oreilles-d'ours** ♣ [ɔrɛj'durs] f bear's ear; **oreiller** [ɔrɛ'je] m pillow; **oreillette** [⌣'jɛt] f anat. auricle; cap: ear-flap; **oreillons** ♣ [⌣'jɔ̃] m/pl. mumps sg.

ores [ɔ:r] adv.: d'⌣ et déjà from now on.

orfèvre [ɔr'fɛːvr] m goldsmith; **orfèvrerie** [⌣fɛvrə'ri] f goldsmith's trade or shop; gold plate.

orfraie orn. [ɔr'frɛ] f osprey.

organe [ɔr'gan] m anat., a. fig. organ; fig. voice; ⊕ ⌣s pl. de commande controls; **organigramme** [ɔrgani'gram] m organization chart; flow chart or diagram(me); **organique** [ɔrga'nik] organic; **organisateur, -trice** [⌣niza'tœ:r, ⌣'tris] 1. su. organizer; 2. adj. organizing; **organisation** [⌣niza'sjɔ̃] f organization; setting up; setup; **organisationnel, -le** [⌣nizasjɔ'nɛl] organizational; **organiser** [⌣ni'ze] (1a) v/t.

organize; arrange; set up; s'⌣ settle down, get into working order; **organisme** [⌣'nism] m organism; **organiste** ♪ [⌣'nist] su. organist.

orgasme physiol. [ɔr'gasm] m orgasm.

orge ♣ [ɔrʒ] su./f barley; su./m: ⌣ mondé hulled barley; ⌣ perlé pearlbarley; **orgeat** [ɔr'ʒa] m orgeat (sort of syrup); **orgelet** ♣ [⌣ʒə'lɛ] m eyelid: stye.

orgie [ɔr'ʒi] f orgy; colours etc., fig.: riot; fig. profusion.

orgue ♪ [ɔrg] su./m organ; ⌣ de Barbarie barrel-organ; su./f: eccl. ⌣s pl. organ sg.; les grandes ⌣s pl. the grand organ sg.

orgueil [ɔr'gœ:j] m pride; dignity; pej. arrogance; **orgueilleux, -euse** [⌣gœ'jø, ⌣'jø:z] proud; pej. arrogant.

orient [ɔ'rjã] m Orient, East; pearl: water; **oriental, e**, m/pl. **-aux** [ɔrjã'tal, ⌣'to] 1. adj. oriental, east(ern); orient (jewel); 2. su. oriental; **orientation** [⌣tã'sjɔ̃] f orientation; bearings pl.; ground: lie, lay; aspect; pol. trend; ⌣ professionnelle vocational guidance; **orienter** [⌣'te] (1a) v/t. orient (a house etc.); train, point (a gun, an instrument); direct (a. radio), guide; antenne f orientée radio: directional aerial; s'⌣ find one's bearings; fig. s'⌣ vers turn towards.

orifice [ɔri'fis] m hole, opening; ⊕ port.

origan ♣ [ɔri'gã] m origanum.

originaire [ɔriʒi'nɛːr] originating (in, from de); native; innate; **original, e**, m/pl. **-aux** [⌣'nal, ⌣'no] 1. adj. original; novel (idea); inventive (mind); fig. queer; 2. su. eccentric; su./m text etc.: original; **originalité** [⌣nali'te] f originality; fig. eccentricity; **origine** [ɔri'ʒin] f origin; birth; fig. source; dès l'⌣ from the outset; **originel, -elle** [⌣ʒi'nɛl] eccl. etc. original (sin, grace); primordial; fundamental.

oripeaux [ɔri'po] m/pl. rags.

ormaie [ɔr'mɛ] f elm-grove; **orme** ♣ [ɔrm] m tree, a. wood: elm; fig. attendez-moi sous l'⌣! you can wait for me till the cows come home!

ornement [ɔrnə'mã] m ornament, adornment; trimming; ♪ grace (-note); ✕ badge; eccl. ⌣s pl. vestments; *sans* ~s plain (*style*); **orne-mental, e** m/pl. **-aux** [~mã'tal, ~'to] ornamental, decorative; **ornementer** [~mã'te] (1a) v/t. ornament, adorn (a. fig.).

ornière [ɔr'njɛ:r] f rut (a. fig.); ⊕ groove.

ornitho... [ɔrnitɔ] ornitho...; **~logie** [~lɔ'ʒi] f ornithology.

orphelin, e [ɔrfə'lɛ̃, ~'lin] **1.** adj. orphan(ed); ~ *de père* (*mère*) fatherless (motherless); **2.** su. orphan; **orphelinat** [~li'na] m orphanage.

orteil anat. [ɔr'tɛ:j] m (big) toe.

ortho... [ɔrtɔ] orth(o)...; **~doxe** [~'dɔks] **1.** adj. orthodox; conventional; correct; **2.** su. orthodox; **~graphe** [~'graf] f spelling, orthography; **~graphier** [~gra'fje] (1o) v/t. spell (a word) correctly; *mal* ~ mis-spell; **~pédie** ☞ [~pe'di] f orthop(a)edy; **~phonie** [~fɔ'ni] f correct pronunciation; ☞ speech therapy.

ortie ♀ [ɔr'ti] f nettle; **ortier** ☞ [~'tje] (1o) v/t. urticate.

ortolan orn. [ɔrtɔ'lã] m ortolan.

orvet zo. [ɔr've] m slow-worm.

os [ɔs, pl. o] m bone; fig. *trempé jusqu'aux* ~ soaked to the skin.

oscillation [ɔsilla'sjɔ̃] f oscillation; *machine*: vibration; *pendulum*: swing; fig. fluctuation, change; **osciller** [~'le] (1a) v/i. oscillate, sway, swing (*pendulum*); ✝ fluctuate; fig. waver.

osé, e [o'ze] bold, daring.

oseille ♀ [o'zɛ:j] f sorrel.

oser [o'ze] (1a) v/t. dare.

oseraie ☞ [oz'rɛ] f osier-bed; **osier** ♀ [o'zje] m osier, willow; wicker.

osmose [ɔs'mo:z] f osmosis.

ossature anat., ⊕, fig. [ɔsa'ty:r] f skeleton, frame; **osselet** [ɔs'lɛ] m knucklebone; anat. ossicle; **ossements** [~'mã] m/pl. bones, remains; **osseux, -euse** [o'sø, ~'sø:z] bony; **ossification** [ɔsifika'sjɔ̃] f ossification; **ossifier** [~'fje] (1o) v/t. a. s'~ ossify; **ossuaire** [ɔ'sɥɛ:r] m ossuary, charnel-house.

ostensible [ɔstã'sibl] open, patent; **ostensoir** eccl. [~'swa:r] m monstrance; **ostentation** [~ta'sjɔ̃] f ostentation, show.

ostéo... [ɔsteɔ] osteo...

ostracisme [ɔstra'sism] m ostra-

cism; *frapper q. d'*~ ostracize s.o.

ostréicole [ɔstrei'kɔl] oyster-...; **ostréiculteur** [~kyl'tœ:r] m oyster-breeder; **ostréiculture** [~kyl'ty:r] f oyster-breeding.

ostrogot(h), e [ɔstrɔ'go, ~'gɔt] **1.** adj. Ostrogothic; fig. barbarous; **2.** su. ♀ Ostrogoth; fig. barbarian, vandal.

otage [o'ta:ʒ] m hostage (for, de); fig. guarantee.

otalgie ☞ [ɔtal'ʒi] f ear-ache.

otarie zo. [ɔta'ri] f sea-lion.

ôter [o'te] (1a) v/t. remove, take away; take off (*one's gloves etc.*); Å deduct, subtract (a number).

otite ☞ [ɔ'tit] f otitis; ~ *moyenne* tympanitis.

oto-rhino ☞ [ɔtɔri'no], **oto-rhino-laryngologiste** [ɔtɔrinɔlarɛ̃gɔlɔ-'ʒist] su. ear, nose and throat specialist.

ottoman, e [ɔtɔ'mã, ~'man] **1.** adj. Ottoman; **2.** su. ♀ Ottoman; su./m tex. grogram; su./f divan, ottoman.

ou [u] cj. or; *ou* ... *ou* either ... or; *ou bien* or else; *si* ... *ou whether* ... *ou bien*.

où [u] **1.** adv. place, direction: where; time: when; **2.** pron. rel. place, direction: where; time: when, on which; fig. at or in which; *d'où* whence, where ... from; hence, therefore; *par où?* which way?

ouaille [wa:j] f ✝, a. dial. sheep; fig., eccl. ~s pl. flock sg.

ouate [wat] f wadding; cotton-wool; ~ *hydrophile* absorbent cotton-wool; **ouater** [wa'te] (1a) v/t. wad, pad; fig. soften (a sound); cost. quilt.

oubli [u'bli] m forgetfulness; forgetting; oblivion; oversight, omission.

oublie [~] f wafer: cornet.

oublier [ubli'e] (1a) v/t. forget; overlook; miss (an occasion); neglect; *faire* ~ live down; *n'oubliez pas* remember; s'~ forget o.s.; indulge (in, à); **oubliettes** [~'ɛt] f/pl. secret dungeon sg., oubliette sg.; **oublieux, -euse** [~'ø, ~'ø:z] forgetful, unmindful (of, de).

oued [wed] m wadi, watercourse.

ouest [wɛst] **1.** su./m west; *de l'*~ west(ern); *d'*~ westerly (*wind*); *vers l'*~ westward(s), to the west; **2.** adj./inv. west(ern); westerly

ouf! [uf] int. phew! ((*wind*).)

oui [wi] **1.** adv. yes; *dire que* ~ *well*

yes; *mais ~!* certainly!; yes indeed!; **2.** *su./m/inv.* yes.

ouiche! *sl.* [wiʃ] *int.* not on your life!

ouï-dire [wi'diːr] *m/inv.* hearsay; *par ~* by hearsay; **ouïe** [wi] *f* (sense of) hearing; ⊕ ear; *~s pl.* ♪ sound-holes; *icht.* gills (*of a fish*); **ouïr** [wiːr] (2r) *v/t.* hear.

ouragan [ura'gã] *m* hurricane.

ourdir [ur'diːr] (2a) *v/t. tex.* warp; *fig.* weave (*an intrigue*), hatch (*a plot*).

ourler [ur'le] (1a) *v/t.* hem; ⊕ lap-joint; **ourlet** [~'lɛ] *m* hem; *fig.* edge; ⊕ lap-joint.

ours [urs] *m zo.* bear (*a. fig.*); *~ blanc* polar bear; *~ en peluche* Teddy bear; **ourse** [~] *f zo.* she-bear; *astr. la Grande* ♀ the Great Bear, Charles's Wain; *astr. la Petite* ♀ the Little Bear; **oursin** *zo.* [ur'sɛ̃] *m* sea-urchin; **ourson** *zo.* [~'sɔ̃] *m* bear cub.

oust(e)! F [ust] *int.* get a move on!; out you go!

outarde *orn.* [u'tard] *f* bustard; Canada goose.

outil [u'ti] *m* tool; **outillage** [uti-'jaːʒ] *m* tool set *or* kit; ⊕ equipment, plant, machinery; **outiller** [~'je] (1a) *v/t.* equip with tools; ⊕ fit out (*a factory*); **outilleur** [~'jœːr] *m* tool-maker.

outrage [u'traːʒ] *m* outrage; *𝔱𝔱 ~ à magistrat* contempt of court; **outrager** [utra'ʒe] (11) *v/t.* outrage; insult; violate (*a woman*); **outrageux, -euse** [~'ʒø, ~'ʒøːz] insulting; scurrilous.

outrance [u'trãːs] *f* excess; *à ~* to the bitter end; to the death (*war*); **outrancier, -ère** [utrã'sje, ~'sjeːr] **1.** *adj.* extreme; **2.** *su.* extremist.

outre¹ [uːtr] *f* water-skin.

outre² [uːtr] **1.** *prp.* beyond; in addition to; **2.** *adv.: en ~* moreover, furthermore; *passer ~* not to take notice (of, *à*); *passer ~ à a.* disregard, ignore; *percer q. d'~ en ~* run s.o. through; **~cuidance** [utrəkɥi'dãːs] *f* bumptiousness, overweening conceit; **~cuidant, e** [~'dã, ~'dãːt] bumptious, overweening; **~mer** [~'meːr] *m* lapis lazuli; *bleu ~* ultramarine; **~mer** [~'meːr] *adv.* overseas...; **~passer** [~pa'se] (1a) *v/t.* exceed; go beyond.

outrer [u'tre] (1a) *v/t.* exaggerate; tire out; *outré de colère* provoked to anger, infuriated.

ouvert, e [u'vɛːr, ~'vɛrt] **1.** *p.p.* of *ouvrir*; **2.** *adj.* open (*a. fig., a. ✕ war, city*); quick (*mind*); *fig. à bras ~s* with open arms; *♱ compte m ~* open account, open credit; **ouverture** [uvɛr'tyːr] *f* opening; aperture; ♪ overture; ⊕ *~s pl.* ports.

ouvrable [u'vrabl] workable; *jour m ~* working day; **ouvrage** [u'vraːʒ] *m* work; *fig.* workmanship; product; **ouvrager** [uvra'ʒe] (11) *v/t.* ⊕ work; *tex.* embroider.

ouvré, e [u'vre] wrought (*iron*), worked (*timber*); *tex.* figured.

ouvre-boîtes [uvrə'bwat] *m/inv.* tin-opener, *Am.* can-opener; **ouvre-bouteilles** [~bu'tɛːj] *m/inv.* bottle-opener; **ouvre-lettres** [~-'lɛtr] *m/inv.* letter-opener.

ouvrer [u'vre] (1a) *v/t.* work; *tex.* diaper, figure.

ouvreur, -euse [u'vrœːr, ~'vrøːz] *su.* opener; *su./f thea.* usherette (*a. cin.*); box-attendant; *tex. machine:* cotton-opener.

ouvrier, -ère [uvri'e, ~'ɛːr] **1.** *su.* worker; operator; factory-worker; *~ agricole* farm-hand; ✕ *~ aux jour* surface hand; *~ aux pièces* piece-worker; *su./m: ~ qualifié* skilled workman; *~ simple* unskilled worker; *su./f* factory-girl; *zo.* worker (bee *or* ant); **2.** *adj.* working (*class*); workmen's ...; *labo(u)r...;* worker (*ant, bee*) control.

ouvriérisme [~e'rism] *m* worker control.

ouvrir [u'vriːr] (2f) *v/t.* open (*a. fig.*); unfasten; turn on (*the gas, a tap*); *fig.* begin; open (*s.th.*) up; ≠ break (*the circuit*); 𝔰 lance (*a boil*); *fig. s'~ à q.* confide in s.o.; talk freely to s.o.; *v/i. s'~* open. [charity workshop.) **ouvroir** [u'vrwaːr] *m* workroom;}

ovaire ♀, *anat.* [ɔ'vɛːr] *m* ovary.

ovale [ɔ'val] *adj., a. su./m* oval.

ovation [ɔva'sjɔ̃] *f* ovation; *faire une ~ à q.* give s.o. an ovation.

ove [ɔːv] *m* △ ovolo; egg-shaped section; **ové, e** [ɔ've] egg-shaped.

ovi... [ɔvi] ovi..., ovo...

ovin, e [ɔ'vɛ̃, ~'vin] ovine.

ovipare *zo.* [ɔvi'paːr] oviparous.

ovni [ɔv'ni] *m* (= *objet volant non identifié*) Ufo.

ovule *biol.* [ɔ'vyl] *m* ovum; ♀ ovule.

ox(y)... [ɔks(i)] ox(y)...

oxycoupeur [ɔksiku'pœːr] *m* oxyacet-ylene burner.

oxydable ♈ₘ [ɔksi'dabl] oxidizable;
  oxydation ♈ₘ [~da'sjɔ̃] *f* oxidization;
  oxyde ♈ₘ [ɔk'sid] *m* oxide; ~ de

carbone carbon monoxide; **oxyder**
♈ₘ [~si'de] (1a) *v/t. a. s'*~ oxidize.

oxygène ♈ₘ [ɔksi'ʒen] *m* oxygen;
  oxygéné, e [~ʒe'ne] ♈ₘ oxygenated;
  F *cheveux m/pl.* ~s peroxided hair;
  eau f ~e hydrogen peroxide.

ozone ♈ₘ [ɔ'zɔn] *m* ozone.

347

P

P, p [pe] *m* P, p.

pacage [paˈkaːʒ] *m* pasturage; grazing; **pacager** [ˌkaˈʒe] (1l) *v/t.* pasture, graze.

pachyderme *zo.* [paʃiˈdɛrm] **1.** *adj.* thick-skinned; **2.** *su./m* pachyderm.

pacificateur, -trice [pasifikaˈtœːr, ˌˈtris] **1.** *adj.* pacifying; **2.** *su.* peacemaker; **pacification** [ˌsjõ] *f* pacification, pacifying; **pacifier** [pasiˈfje] (1o) *v/t.* pacify (*a country*); calm (*the crowd, s.o.'s mind*); **pacifique** [ˌˈfik] **1.** *adj.* pacific; peaceful, quiet; *l'océan m* ♀ **= 2.** *su./m* **:** le ♀ the Pacific (Ocean).

pacotille [pakɔˈtiːj] *f* ❦ shoddy goods *pl.*; *fig.* cheap stuff, rubbish, junk; *de ~* cheap; jerry-built (*house*).

pacte [pakt] *m* pact, agreement; **pactiser** [paktiˈze] (1a) *v/i.* come to terms; compromise (with, *avec*).

paf F [paf] **1.** *int.* slap!; **2.** *adj.* F tight (= *drunk*).

pagaie [paˈgɛ] *f* paddle.

pagaïe, pagaille F [paˈgaːj] *f* disorder, mess; *fig.* chaos.

paganiser [paganiˈze] (1a) *vt/i.* paganize; **paganisme** [ˌˈnism] *m* paganism; heathendom.

pagayer [pageˈje] (1i) *vt/i.* paddle.

page[1] [paːʒ] *m* page(-boy).

page[2] [paːʒ] *f book:* page, leaf; *à la ~* in the know, up to date; **paginer** [paʒiˈne] (1a) *v/t.* paginate.

pagne [paɲ] *m* loin-cloth.

paie [pɛ] *f* pay(ment), wages *pl.*; *enveloppe f de ~* pay envelope; *jour m de ~* pay-day; **paiement** [ˌˈmã] *m* payment; *~ anticipé* advance payment *or* instalment; *~ au comptant* cash payment; *~ contre livraison* cash on delivery; *~ partiel* part-payment; *suspendre ses ~s* suspend payment.

païen, -enne [paˈjɛ̃, ˌˈjɛn] *adj., a. su.* pagan, heathen.

paillage ⚹ [paˈjaːʒ] *m* mulching.

paillard, e *sl.* [paˈjaːr, ˌˈjard] **1.** *adj.* ribald, lewd; **2.** *su./m* rake; *su./f* wanton; **paillardise** [ˌjarˈdiːz] *f* lechery; lewd talk.

paillasse[1] [paˈjas] *m* buffoon, clown.

paillasse[2] [paˈjas] *f* straw mattress, palliasse; 🍴 bench; **paillasson** [ˌjaˈsõ] *m* mat; matting; **paille** [paːj] **1.** *su./f* straw; ⊕ *iron:* shavings *pl.*; ⊕, *gem, glass, metal, a. fig.:* flaw; *fig.* poverty; *~ de fer* steel wool; *fig.* homme *m de ~* man of straw, tool, *Am.* front; *tirer à la courte ~* draw lots; **2.** *adj./inv.* straw-colo(u)red; **paillé, e** [paˈje] flawed, flawy; scaly (*metal*); strawcolo(u)red; **pailler** [ˌˈje] **1.** (1a) *v/t.* mulch; (cover with) straw; **2.** *su./m* farm-yard; straw-yard; straw-stack; **paillet** [ˌˈjɛ] *m* pale red wine; **pailleter** [paˈjte] (1c) *v/t.* spangle (with, *de*); **paillette** [paˈjɛt] *f* sequin, spangle; *mica, soap:* flake; *metall. scale; jewel:* flaw; grain of golddust; **pailleux, -euse** [paˈjø, ˌˈjøːz] strawy; ⊕ flawy; scaly (*metal*); **paillis** [ˌˈji] *m* mulch; **paillotte** [ˌˈjɔt] *f* straw hut.

pain [pɛ̃] *m* bread; loaf; *soap:* cake, tablet; *butter:* pat; *sugar:* lump; *fig. livelihood; sl.* punch, blow; *~ à cacheter* wafer, seal; *~ bis* brown bread; *~ complet* whole-meal bread; *~ d'épice* gingerbread; *petit ~* roll.

pair, paire [pɛːr] **1.** *adj.* equal; ⅍ even (*number*); **2.** *su./m* equality; ♀ par; *parl.* peer; *person:* equal; *au ~* in return for board and lodging, au pair; *de ~* together, hand in hand (with, *avec*); *hors de ~* peerless, unrivalled; *fig.* être au ~ de be up to date *or* schedule with; *parl.* la Chambre des ♀s the (House of) Lords *pl.*

paire [pɛːr] *f* pair; *birds etc.:* brace; *fig.* faire la ~ be two of a kind.

pairesse [pɛˈrɛs] *f* peeress; **pairie** [ˌˈri] *f* peerage.

paisible [pɛˈzibl] peaceful, quiet.

paître [pɛːtr] (4k) *v/t.* graze (*cattle*); drive to pasture; feed on (*grass*); *v/i.* feed, graze; pasture, browse; F envoyer q. ~ send s.o. packing.

paix [pɛ] *f* peace; quiet; *fig.* reconciliation; ~ *donc!* keep quiet!; ~ *sé-parée* separate peace; *faire la* ~ make peace; F *ficher la* ~ *à q.* leave s.o. alone, let s.o. be.

pal, *pl.* **pals** [pal] *m* pale (*a.* ▨), stake.

palabre [pa'labr] *f* or *m* palaver; F speech.

paladin [pala'dɛ̃] *m* paladin, knight; knight-errant.

palais[1] [pa'lɛ] *m* (*royal or bishop's*) palace; *coll.* lawyers *pl.*; ~ *de justice* law-courts *pl.*

palais[2] *♀*, *anat.*, *fig.* [~] *m* palate; *anat.* voile *m* du ~ soft palate.

palan ⚓, ⊕ [pa'lɑ̃] *m* pulley-block, tackle; set of pulleys.

palanche [pa'lɑ̃:ʃ] *f* yoke (*for carrying buckets etc.*).

palangre [pa'lɑ̃:gr] *f* trawl-line, *Am.* trawl.

palanque [pa'lɑ̃:k] *f* stockade.

palanquin [palɑ̃kɛ̃] *m* palanquin.

palatal, e [pala'tal, ~'to] *adj.*, *a. su./f* palatal; **palatin, e** *anat.* [pala'tɛ̃, ~'tin] palatine.

pale[1] *eccl.* [pal] *f* chalice-cover, pall.

pale[2] [~] *f* ⚓, ☇, *cin.* blade (*a. fan*); *fan:* vane; ✈ arm.

pâle [pɑ:l] pale, pallid; wan; ashen (*complexion*); *fig.* colo(u)rless (*style*); ✗ *sl.* sick; *fig.* sickly (*smile*).

palefrenier [palfrə'nje] *m* groom, stable-boy; ostler; **palefroi** † [~'frwa] *m* palfrey.

paléo... [paleo] pal(a)eo...; **paléontologie** [~ɔ̃tɔlɔ'ʒi] *f* pal(a)eontology.

paleron [pal'rɔ̃] *m* ox etc.: shoulder-blade; *cuis.* chuck.

palet [pa'lɛ] *m* game: quoit.

paletot [pal'to] *m* overcoat; *sl. tomber sur le* ~ *à q.* jump on s.o., pitch into s.o.

palette [pa'lɛt] *f paint.*, *a. fig.* palette; *cuis.* shoulder; ⊕ *wheel etc.*: paddle; † pallet.

pâleur [pa'lœ:r] *f* pallor, paleness; *moon:* wanness.

palier [pa'lje] *m* ⚠ stairs: landing; ⊕ bearing; ⊕ pillow-block; ☇, ⊞, *mot.* level; *sur le même* ~ on the same floor; **palière** ⚠ [~'lje:r] *adj./f* top (*step*).

palinodie [palino'di] *f* recantation.

pâlir [pa'li:r] (2a) *v/i.* (grow) pale; *fig.* fade; *v/t.* make pale; bleach (*colours*).

palissade [pali'sad] *f* palisade,

fence; ✗ stockade; **palissader** [~sa'de] (1a) *v/t.* fence in, enclose; ✗ stockade; ✈ hedge in (*a field*).

palissandre [pali'sɑ̃:dr] *m* rosewood.

palisser ✈ [pali'se] (1a) *v/t.* train (*vine etc.*).

palliatif, -ve [pallja'tif, ~'ti:v] *adj.*, *a. su./m* palliative.

pallier [pal'lje] (1o) *v/t.* palliate.

palmarès [palma'rɛ:s] *m* prize-list, hono(u)rs list.

palme[1] [palm] *f* ♀ palm(-branch); *fig.* palm; *skin diving etc.*: flipper.

palme[2] † [~] *m measure:* hand('s-breadth).

palmé, e [pal'me] ♀ palmate; *orn.* web-footed.

palmer ⊕ [pal'mɛ:r] *m* micrometer ga(u)ge.

palmeraie [palmə'rɛ] *f* palm-grove.

palmette [~'met] *f* ⚠ palm-leaf, palmette; ✈ fan-shaped espalier; **palmier** ♀ [~'mje] *m* palm-tree.

palmipède *zo.* [~mi'pɛd] *adj.*, *a. su./m* palmipede; **palmite** [~'mit] *m* palm-marrow; **palmure** *orn.* [~'my:r] *f* web.

palombe *orn.* [pa'lɔ̃:b] *f* ring-dove, wood-pigeon.

palonnier [palɔ'nje] *m* ⊕ *carriage etc.*: swingle-bar; *mot.* compensation bar; ☇ rudder-bar.

pâlot, -otte [pa'lo, ~'lɔt] palish, peaky.

palpable [pal'pabl] palpable (*a. fig.*); tangible; *fig.* obvious; **palpe** [palp] *m zo.* feeler; *icht.* barbel; **palper** [pal'pe] (1a) *v/t.* feel; ✗ palpate; F pocket (*money*).

palpitant, e [palpi'tɑ̃, ~'tɑ̃:t] 1. *adj.* fluttering (*heart*); throbbing; *fig.* thrilling; 2. *su./m sl.* ticker (= *heart*); **palpitation** [~ta'sjɔ̃] *f* throb(bing); ✗ palpitation; fluttering; **palpiter** [~'te] (1a) *v/i.* palpitate; throb, beat (*heart*); flutter; *fig.* thrill (with, de).

paltoquet F † [paltɔ'ke] *m* lout, whipper-snapper.

paludéen, -enne [palyde'ɛ̃, ~'ɛn] marsh...; ✗ malarial (*fever*); **paludisme** ✗ [~'dism] *m* malaria, marsh fever; **palustre** [pa'lystr] paludous; swampy (*ground*).

pâmer [pɑ'me] (1a) *v/t.*: † se ~ faint; *se ~ de qch.* be overcome with s.th.; *se* ~ *de joie a.* be in raptures; *se ~ de rire* split one's sides with laughter; **pâmoison** †, *co.* [~mwa'zɔ̃] *f* swoon.

pampa [pãˈpa] f pampas pl.

pamphlet [pãˈflɛ] m lampoon; **pamphlétaire** [ˌflɛˈtɛːr] m pamphleteer, lampoonist.

pamplemousse ♀ [pãpləˈmus] m grapefruit; shaddock.

pampre ♀ [pãːpr] m vine-branch, vine-shoot.

pan[1] [pã] m cost. flap; coat-tail; ⚠ wall: piece, section; (wooden) partition, framing; building, prism, nut: side; sky: patch.

pan[2]! [pã] [ˌ] int. bang!; slap!

pan... [pã; before vowel pan] pan...

panacée [panaˈse] f panacea, cure-all.

panachage [panaˈʃaʒ] m election: splitting one's vote; **panache** [ˌˈnaʃ] m plume, tuft (on a helmet etc.); smoke: wreath; fig. gallantry; mot. etc. faire ~ turn over; **panaché, e** [panaˈʃe] **1.** adj. mixed (salad, ice); **2.** su./m shandy(gaff); **panacher** [ˌ] (1a) v/t. variegate; election: split (one's votes).

panade [paˈnad] f cuis. panada; F dans la ~ in need; in the soup.

panais ♀ [paˈnɛ] m parsnip.

panama [panaˈma] m panama hat, F (fine-)straw hat.

panaris ♀ [panaˈri] m whitlow.

pancarte [pãˈkart] f placard, bill; sign; notice.

pancréas anat. [pãkreˈɑs] m pancreas.

panda zo. [pãˈda] m panda.

panégyrique [paneʒiˈrik] m panegyric; faire le ~ de panegyrize (s.o.).

paner cuis. [paˈne] (1a) v/t. cover with bread-crumbs; **paneterie** [panˈtri] f bread-pantry; ✗, school, etc.: bread-store; **panetier** [ˌˈtje] m bread-store keeper; **panetière** [ˌˈtjɛːr] f bread-cupboard; sideboard.

panier [paˈnje] m basket (a. sp.); ~ à salade salad bowl; sl. Black Maria, prison van; fig. ~ percé spendthrift; F le dessus du ~ the pick of the bunch; **panier-repas**, pl. **paniers-repas** [ˌrəˈpa] m packed lunch, lunchpack.

panifiable [paniˈfjabl] bread-...; farine f ~ bread-flour; **panification** [ˌfikaˈsjɔ] f panification; **panifier** [ˌˈfje] (1o) v/t. turn (flour) into bread.

panique [paˈnik] adj., a. su./f panic; **paniquer** [ˌniˈke] (1a) v/t. (throw

into a) panic; se ~ = v/i. (get into a) panic.

panne[1] tex. [pan] f plush.

panne[2] [ˌ] f lard, hog's fat.

panne[3] [ˌ] f mot. etc. breakdown; ⚡ etc. current, engine: failure; être en ~ be stuck; être en ~ de ... have run out of ...; laisser en ~ leave (s.o.) in the lurch; tomber en ~ break down.

panne[4] ⚠ [ˌ] f pantile; roof: purlin.

panneau [paˈno] m wood, a. paint.: panel; board; 🚂 ground-signal; ⚓ hatch; ✐ glass frame; F snare, trap.

panneton ⊕ [panˈtɔ] m key: web; (window-)catch.

panoplie [panoˈpli] f set (of tools, toys, etc.); outfit; ✗ armoury; fig. package, (whole) set, variety.

panorama [panoraˈma] m panorama.

panse [pãːs] f F belly (a. 🐏 retort etc.); zo. first stomach, paunch.

pansement ✚ [pãsˈmã] m wound: dressing; **panser** [paˈse] (1a) v/t. groom, rub down (a horse); ✚ dress (a wound), tend (a wounded man).

pansu, e [pãˈsy] pot-bellied.

pantalon [pãtaˈlɔ] m trousers pl., Am. pants pl.; (woman's) knickers pl.; slacks pl.

panteler [pãˈtle] (1c) v/i. pant.

panthère zo. [pãˈtɛːr] f panther.

pantin [pãˈtɛ] m toy: jumping-jack; fig. puppet.

panto... [pãtɔ] panto...; ~**graphe** [ˌˈgraf] m drawing, a. ✐: pantograph; lazy-tongs pl.

pantois [pãˈtwa] adj./m flabbergasted.

pantomime [pãtɔˈmim] f dumb show; pantomime.

pantouflard [pãtuˈflaːr] m stay-at-home type; **pantoufle** [ˌˈtufl] f slipper; fig. en ~s in a slipshod way; **pantouflerie** ⊕ [ˌtuflɔˈri] f slipper-making.

paon orn. [pã] m peacock (a. fig.); **paonne** orn. [pan] f peahen; **paonneau** [paˈno] m pea-chick.

papa F [paˈpa] m papa, dad(dy); fig. à la ~ in leisurely fashion; fig. de ~ old, antiquated, old-fashioned; (good) old; grandfather's ...

papal, e, m/pl. **-aux** [paˈpal, ˌˈpo] papal; **papauté** [ˌpoˈte] f papacy; **pape** eccl., a. fig. [pap] m pope.

papelard, e F [paˈplaːr, ˌˈplard] **1.** adj. sanctimonious; **2.** su./m sanctimonious person; **papelardise** F [ˌplarˈdiːz] f cant, sanctimoniousness.

paperasse [paˈpras] f red tape; useless paper(s pl.); **paperasserie** [ˌprasˈri] f accumulation of old papers; F red tape, red-tapism; **paperassier** [ˌpraˈsje] m bureaucrat.

papeterie [papˈtri] f paper-mill; paper trade; stationery; stationer's (shop); **papetier, -ère** [ˌtje, ˌtjeːr] 1. su. stationer; paper-manufacturer; 2. adj. paper-(making).

papier [paˈpje] m paper; document; ✝ bill(s pl.); ∼ à calquer tracing-paper; ∼ à la cuve hand-made paper; ∼à lettres letter-paper; ∼ à musique music-paper; ∼ bible (or indien) India paper; ∼ buvard blotting paper; ∼ carbone carbon paper; ∼ couché art paper; ∼ d'emballage brown paper; ∼ de verre sand-paper, glass-paper; ∼-émeri emery-paper; ∼ filtre filter-paper; ∼ hygiénique toilet-paper; ∼ peint, ∼-tenture wallpaper; ∼ pelure tissue-paper; ∼-monnaie [ˌpjemɔˈne] m paper money.

papille ♀, anat. [paˈpiːj] f papilla.

papillon [papiˈjɔ̃] m zo. butterfly; cost. butterfly bow, bow-tie; leaflet; (parking) ticket; poster: fly-bill; inset map; document: rider; ✝ label, tag; ⊕ butterfly-valve; ⊕ wing-nut; mot. throttle; F fig. ∼s pl. noirs gloomy thoughts; **papillonner** [ˌjɔˈne] (1a) v/i. flutter; F flit from subject to subject; **papillotte** [ˌˈjɔt] f curl-paper; frill (round ham etc.); twist of paper; **papilloter** [ˌjɔˈte] (1a) v/i. blink (eyes, light); cin. flicker; fig. glitter.

paprika ♀, cuis. [papriˈka] m red pepper.

papule ♣, ♀ [paˈpyl] f papula, papule; **papuleux, -euse** [ˌpyˈlø, ∼ˈløːz] papulose, F pimply.

papyrus [papiˈrys] m papyrus.

pâque [pɑːk] f (Jewish) Passover.

paquebot ⚓ [pakˈbo] m (passenger-)liner; packet-boat.

pâquerette ♀ [pɑˈkrɛt] f pimply.

Pâques [pɑːk] su./m Easter; su./f: ∼ pl. closes Low Sunday sg.; ∼ pl. fleuries Palm Sunday sg.; faire ses ♀ make one's Easter communion.

paquet [paˈkɛ] m parcel, package; pack; bundle; ⚓ ∼ de mer heavy sea;

faire son ∼ or ses ∼s pack one's bags; lâcher son ∼ à q. give s.o. a piece of one's mind; (y) mettre le ∼ give all one has got; risquer le ∼ chance the lot; **paqueter** [pakˈte] (1c) v/t. make up into a parcel; **paqueteur** m, -euse f ✝, ⊕ [ˌˈtœːr, ∼ˈtøːz] packer.

par [par] prp. place: by (sea), through (the door, the street); via (Calais); over; to; time: on (a fine evening, a summer's day); in (the rain); motive: from, through; out of (friendship, curiosity); agent: by; instrument: by (mail, telephone, train, boat, etc.); distribution: per (annum, capita), each; a (day, week, etc.); in (hundreds, numerical order); ∼ eau et ∼ terre by land and sea; ∼ monts et ∼ vaux over hill and dale; ∼ où? which way?; ∼ toute la terre (ville) all over the world (town); regarder (jeter) ∼ la fenêtre look (throw) out of the window; tomber ∼ terre fall to the ground; ∼ un beau temps in fine weather; ∼ bonheur (malheur) by good (ill) fortune, (un)fortunately; ∼ hasard by chance; ∼ pitié! for pity's sake!; vaincu ∼ César conquered by Caesar; Phèdre ∼ Racine Phèdre by Racine; ∼ soi-même (by or for) oneself; célèbre ∼ famous for; ∼ conséquent consequently; ∼ droit et raison by rights; ∼ avion post: via air-mail; venir ∼ air à fly to; prendre ∼ la main take by the hand; jour ∼ jour day by day; deux ∼ deux two by two; commencer (finir etc.) ∼ (inf.) begin (end) by (ger.); F ∼ trop court (much or far) too short; de ∼ by, in conformity with (the conditions, nature, etc.); de ∼ le roi by order of the King; in the King's name; ∼-ci here; ∼-là there; ∼-ci ∼-là hither and thither; now and then; ∼ derrière from behind; ∼-dessous under, beneath; ∼-dessus over (s.th.); ꜞꜞ ∼-devant before, in presence of.

para ⚔ F [paˈra] m paratrooper.

para...: ∼**bole** [paraˈbɔl] f parable; ꞵ parabola.

parachever [paraʃˈve] (1d) v/t. perfect.

para...: ∼**chute** [paraˈʃyt] m ⚔ parachute; ꜞ cage: safety device; ∼**chuter** [ˌʃyˈte] (1a) v/t. (drop by) parachute; fig. pitchfork (s.o. into, q.

dans); **~chutiste** [~ʃy'tist] *m* parachutist; paratrooper.

parade [pa'rad] *f* box., *a.* fencing: parry; *horse:* checking; reply, repartee; ✕ parade (*a. fig.*); *fig.* show; *faire ~ de* show off, display; *lit m de ~* lying-in-state bed; **parader** [~ra'de] (1a) *v/i.* strut (about).

paradigme gramm. [para'digm] *m* paradigm.

paradis [para'di] *m* paradise; *thea.* gallery, F the gods *pl.*; ✝ ~ *fiscal* tax haven; **paradisiaque** [~di'zjak] paradisiac; of paradise; **paradisier** *orn.* [~di'zje] *m* bird of paradise.

paradoxal, e, *m/pl.* **-aux** [paradɔk'sal, ~'so] *m/pl.* paradoxical; **paradoxe** [~'dɔks] *m* paradox.

parafe [pa'raf] *m see paraphe;* **parafer** [~ra'fe] *see parapher.*

paraffine 🝣 [para'fin] *f* paraffin.

parafoudre ⚡ [para'fudr] *m* lightning-arrester; *magneto:* safety-gap.

parage¹ ✝ [pa'ra:ʒ] *m* birth, descent; *de haut ~* of high lineage.

parage² [~] *m:* ~*s pl.* ⚓ latitudes; regions; vicinity *pl.*, quarters; *dans les ~s de ...* in the ... area, near ...; *dans les ~* (around) here.

paragraphe [para'graf] *m* paragraph.

parais [pa'rɛ] *1st p. sg. pres. of paraître;* **paraissons** [~rɛ'sɔ̃] *1st p. pl. pres. of paraître;* **paraître** [~'rɛːtr] (4k) *v/i.* appear; seem, look; be visible; come out (*book etc.*); just out (*book*); *v/impers.: à ce qu'il paraît* apparently; *il paraît que* (*ind.*) it seems that; *il paraît que oui* (*non*) it appears so (not).

parallèle [paral'lɛl] **1.** *adj.* parallel; *fig.* unofficial (*institution etc.*); second, side (*job etc.*); alternative (*medicine etc.*); **2.** *su./f* A, ✕ parallel; *su./m geog.,* ⚡, *a. fig.* parallel; **parallélépipède** A [~lelepi'pɛd] *m* parallelepiped; **parallélisme** [~le'lism] *m* parallelism (between ... and *de* à, *entre* ... *et*); **parallélogramme** A [~lelɔ'gram] *m* parallelogram.

para...: ~lyser [parali'ze] (1a) *v/t.* 🝣 paralyse (*a. fig.*); *fig.* cripple; **~lysie** 🝣 [~li'zi] *f* paralysis; ✝ palsy; *~ agitante* Parkinson's disease; **~lytique** 🝣 [~'tik] *adj., a. su.* paralytic; **~mètre** A [para'mɛtr] *m* parameter; **~militaire** [paramili'tɛːr] semimilitary.

parangon [parɑ̃'gɔ̃] *m* paragon, model; flawless gem; *typ.* gros ~ double pica.

parapet [para'pɛ] *m* △, ✕ parapet; ✕ breastwork.

paraphe [pa'raf] *m signature:* flourish; initials *pl.*; **parapher** [~ra'fe] (1a) *v/t.* initial.

para...: ~phrase [para'frɑːz] *f* paraphrase; *fig.* circumlocution; **~phraser** [~frɑ'ze] (1a) *v/t.* paraphrase; *fig.* add to (*a story etc.*); **~plégie** 🝣 [~ple'ʒi] *f* paraplegia; **~pluie** [~'plɥi] *m* umbrella (*a.* ✕, ✈); **~site** [~'sit] **1.** *adj.* 🝣, ⚡ parasitic; **2.** *su./m* 🝣, biol., zo., *fig.* parasite; *fig.* sponger; ~*s pl. radio:* atmospherics; **~sol** [~'sɔl] *m* parasol, sunshade; *mot.* visor; **~tonnerre** [~tɔ'nɛːr] *m* lightning-conductor; lightning-rod; **~typhoïde** 🝣 [~tifɔ'id] *f* paratyphoid fever; **~vent** [~'vɑ̃] *m* folding screen.

parbleu! [par'blø] *int.* rather!; of course!

parc [park] *m* park; enclose; *horses:* paddock; *cattle:* pen; *sheep:* fold; *oysters:* bed; ⊕ *coal:* yard; 🚉, ✕ depot; *child:* playpen; ✝, *a. fig.* stock; *mot.* ~ *de stationnement* car park, *Am.* parking lot; **parcage** [par'ka:ʒ] *m mot.* parking; *cattle:* penning; *sheep:* folding; *oysters:* laying down; *mot.* ~ *interdit* no parking.

parcellaire [parsɛl'lɛːr] divided into small portions; **parcelle** [~'sɛl] *f* land: lot, plot; small fragment; *fig.* grain; **parceller** [~sɛ'le] (1a) *v/t.* divide into lots; portion out; **parcelliser** [~sɛli'ze] (1a) *v/t.* divide *or* split up.

parce [pars] *cj.:* ~ *que* because.

parchemin [parʃə'mɛ̃] *m* parchment; *bookbinding:* vellum; F ~*s pl. univ.* diplomas; 🕮 title-deeds; **parcheminé, e** [parʃəmi'ne] *fig.* parchment-like, dried; wizened (*skin*); **parcheminer** [~'ne] (1a) *v/t.* give a parchment finish to; *se* ~ shrivel up; become parchment-like; **parchemineux, -euse** [~'nø, ~'nøːz] parchment-like.

parcimonie [parsimɔ'ni] *f* parsimony, stinginess; **parcimonieux, -euse** [~'njø, ~'njøːz] parsimonious, stingy.

parc(o)mètre [park(ɔ)'mɛtr] *m* parking meter.

parcourir [parku'ri:r] (2l) v/t. travel through; traverse (a. ♪); cover (a distance); skim, look through (a book, papers, etc.); eye: survey; **parcours** [∼'ku:r] m distance covered; sp., golf, river: course; ⊕ path; trip, journey.

pardessus [pardə'sy] m overcoat, top-coat.

par-devers [pardə've:r] in the presence of, before; in one's possession; garder qch. ∼ keep s.th. to o.s.

pardi! † [par'di] int. of course!; rather!

pardon [par'dɔ̃] 1. su./m pardon (a. eccl.); forgiveness; eccl. pilgrimage (in Brittany); 2. int.: ∼! excuse me!; ∼? I beg your pardon?; **pardonnable** [∼dɔ'nabl] forgivable, excusable; **pardonner** [∼dɔ'ne] (1a) v/t. pardon, forgive; excuse; je ne pardonne pas que vous l'ayez visité I cannot forgive your having visited him.

pare...: ∼**-balles** [par'bal] adj./inv. bullet-proof; ∼**-boue** mot. [∼'bu] m/inv. see garde-boue; ∼**-brise** mot. [∼'bri:z] m/inv. windscreen, Am. windshield; ∼**-chocs** mot. [∼'ʃɔk] m/inv. bumper; ∼**-étincelles** [∼etɛ̃'sɛl] m/inv. fire-guard; 🖭 spark-catcher; ∼**-feu** [∼'fø] m/inv. forest: fire-break.

pareil, -eille [pa'rɛ:j] 1. adj. like, similar; such (a); sans ∼ unrivalled, unequalled; 2. su. equal, like; peer; match; su./f rendre la ∼eille à pay (s.o.) back in his own coin.

parement [par'mã] m adorning; ornament; cost., a. 🏛 facing; 🏛 stone: face; ⊕, cuis. dressing; kerb-stone; curb-stone.

parent, e [pa'rã, ∼'rã:t] su. relative; relation; su./m: ∼s pl. parents, father and mother; **parental, e,** m/pl. **-aux** [parã'tal, ∼'to] parental; **parenté** [∼rã'te] f relationship, kinship.

parenthèse [parã'tɛ:z] f parenthesis, digression; typ. bracket; entre ∼s in brackets; fig. incidentally.

parer [pa're] (1a) v/t. ornament, adorn; dress (meat, vegetables); ⚓ clear (the anchor); ⚓ steer clear of, clear; ward off, parry; avoid; pull up (a horse); deck o.s. out (in, de); fig. show off; v/i.: ∼ à provide against or for; obviate (a difficulty); avert (an accident).

pare-soleil [parsɔ'lɛ:j] m/inv. sun-visor (a. mot.).

paresse [pa'rɛs] f laziness, idleness; mind, a. 🏛 bowels, etc.: sluggishness; **paresseux, -euse** [∼rɛ'sø, ∼'sø:z] 1. adj. sluggish; lazy, idle; 2. su. lazy or idle person; su./m zo. sloth.

pareur m, **-euse** f ⊕ [pa'rœ:r, ∼'rø:z] finisher, trimmer.

parfaire [par'fɛ:r] (4r) v/t. complete, finish; make up (a total of money); **parfait, e** [∼'fɛ, ∼'fɛt] 1. adj. perfect; fig. thorough, utter; † full (payment); F capital; (c'est) ∼! splendid!; 2. su./m gramm. perfect; cuis. ice-cream; **parfaitement** [∼fɛt'mã] adv. perfectly; thoroughly; ∼! precisely!; exactly!

parfois [par'fwa] adv. sometimes, now and then.

parfum [par'fœ̃] m perfume, scent; fragrance; sl. être au ∼ be in the know; sl. mettre q. au ∼ put s.o. in the picture, wise s.o. up; **parfumer** [∼fy'me] (1a) v/t. perfume, scent; se ∼ use scent; **parfumerie** [∼fym'ri] f perfumery; **parfumeur** m, **-euse** f [∼fy'mœ:r, ∼'mø:z] perfumer.

pari [pa'ri] m bet, wager; sp. betting; ∼ mutuel totalizator system, F tote; **pariade** orn. [∼'rjad] f pairing; pairing season; pair; **parier** [∼'rje] (1o) vt/i. bet (on, sur); wager.

pariétaire ♀ [parje'tɛ:r] f wall-pellitory; **pariétal, e,** m/pl. **-aux** [∼'tal, ∼'to] 1. ♀, anat. parietal; paint. mural; 2. su./m anat. parietal bone.

parieur m, **-euse** f [pa'rjœ:r, ∼'rjœ:z] better, punter.

Parigot m, **e** F [pari'go, ∼'gɔt] Parisian; **parisien, -enne** [∼'zjɛ̃, ∼'zjɛn] adj., a. su. ♀ Parisian.

paritaire [pari'tɛ:r] adj.: réunion f ∼ round-table conference; **parité** [∼'te] f parity; equality; ♠ evenness.

parjure [par'ʒy:r] 1. adj. perjured; 2. su. person: perjurer; su./m perjury; **parjurer** [∼ʒy're] (1a) v/t.: se ∼ perjure o.s.

parking mot. [par'kiŋ] m parking; car park, Am. parking lot.

parlant, e [par'lã, ∼'lã:t] speaking (a. fig.); fig. talkative; cin. sound (film); fig. expressive; fig. eloquent, that speaks for itself; **parlé, e** [∼'le] spoken (language).

parlement [parlə'mã] m parliament; **parlementaire** [parləmã-'tɛ:r] **1.** adj. parliamentary, Am. Congressional; drapeau m ~ flag of truce; **2.** su./m member of parliament, Am. Congressman; negotiator; **parlementarisme** pol. [~ta'rism] m parliamentary government; **parlementer** [~'te] (1a) v/i. parley.

parler [par'le] **1.** (1a) v/i. speak, talk (to, à; of, about de); be on speaking terms (with, à); les faits parlent the facts speak for themselves; on m'a parlé de I was told about; sans ~ de let alone ...; v/t. speak (a language); ~ affaires (F boutique, politique, raison) talk business (F shop, about politics, sense); se ~ be spoken (language); **2.** su./m speech; dialect; way of speaking; **parleur, -euse** [~'lœ:r, ~'lø:z] su. talker; **parloir** [~'lwa:r] m parlo(u)r; **parlote** F [~'lɔt] f chitchat.

parmesan [parmə'zã] m Parmesan (cheese).

parmi [par'mi] prp. among; amid.

parodie [parɔ'di] f parody; skit ([up]on, de); **parodier** [~'dje] (1o) v/t. parody, burlesque.

paroi [pa'rwa] f biol., ⊕ boiler, cylinder, a. rock, tent: wall; △ partition-wall; case, stomach, tunnel: lining; thea. flat.

paroisse [pa'rwas] f parish; parish church; **paroissial, e,** m/pl. **-aux** [parwa'sjal, ~'sjo] parochial; parish-...; **paroissien, -enne** [~'sjɛ̃, ~'sjɛn] su. parishioner; su./m prayer-book; F drôle de ~ queer stick.

parole [pa'rɔl] f word; remark; promise, ✗ parole; fig. speech; eloquence; saying; avoir la ~ have the floor; donner la ~ à q. call upon s.o. to speak.

parpaing △ [par'pɛ̃] m parpen; breeze-block.

Parque myth. [park] f one of the Fates; les ~ the Fates, the Parcae.

parquer [par'ke] (1m) v/t. enclose; pen (cattle); fold (sheep); put (a horse) in paddock; mot., ✗ park; v/i. a. se ~ park; **parquet** [~'kɛ] m △ floor(ing); mirror: backing; ✗ public prosecutor's department; ✗ well; ✝ official market; bourse: Ring; **parqueter** ⊕ [parkə'te] (1c) v/t. lay a floor in (a room); parquet; **parqueterie** ⊕ [~'tri] f laying of

floors; ~ en mosaïque inlaid floor; inlaying; **parqueteur** ⊕ [~'tœ:r] m parquet-layer.

parrain [pa'rɛ̃] m godfather; sponsor (a. fig.).

parricide [pari'sid] **1.** adj. parricidal; **2.** su. person: parricide; su./m crime: parricide.

parsemer [parsə'me] (1d) v/t. strew, sprinkle (with, de); fig. stud, spangle.

part [pa:r] f share (a. ✝); part; portion (a. ✗); place; food: helping, cake: piece; à ~ apart, separately; à ~ cela apart from that; except for that; à ~ entière full (member etc.); entirely, fully; à ~ soi in one's own heart, to o.s.; autre ~ elsewhere; d'autre ~ besides; de la ~ de on behalf of; from; de ma ~ from me; on my part; de ~ en ~ through and through; de ~ et d'autre on both sides (of, de), on either side; d'une ... d'autre ~ on the one hand ... on the other hand; faire ~ de qch. à q. inform s.o. of s.th.; faire la ~ de take into account; nulle ~ nowhere; pour ma ~ as to me, I for one; prendre ~ à take part in, join in; quelque ~ somewhere; **partage** [par'ta:ʒ] m division, sharing; ✗, a. pol. partition; share, portion, lot (a. fig.); geog. ligne f des eaux watershed; pol. divide; échoir en ~ à q. fall to s.o.'s lot; **partager** [~ta'ʒe] (11) v/t. divide (up); share (a. fig. an opinion); se ~ be divided; differ; être bien (mal) partagé be well (ill) provided for or endowed.

partance ⚓, ✗ [par'tã:s] f departure; en ~ pour (bound) for.

partant[1] [par'tã] cj. therefore, hence.

partant[2] [par'tã] m departing traveller; party leaving; sp. starter, runner.

partenaire [partə'nɛ:r] m partner (a. sp., cin., etc.).

parterre [par'tɛ:r] m ✓ flower-bed; thea. pit.

parti[1], **e** [par'ti] away; gone; F tipsy; ... est bien (mal) ~ ... had a good (bad) start.

parti[2] [par'ti] m pol., fig. party; fig. side; marriage: match; fig. choice, decision, option; fig. course of action, solution; ~ pris bias, set purpose; prendre ~ (pour) take sides (with); prendre un ~ come to a decision; prendre le ~ de (inf.) decide to (inf.); prendre son ~ de resign o.s. to; tirer ~ de turn (s.th.) to account; utilize; use; **partial, e**, m/pl. **-aux** [~'sjal, ~'sjo] biased; partial (to, envers); **partialité** [~sjali'te] f partiality (for, to envers); bias.

participation [partisipa'sjõ] f participation; ♀, a. fig. share (in, à); ♀ ~ majoritaire controlling interest; **participe** gramm. [~'sip] m participle; **participer** [~si'pe] (1a) v/i. participate, (have a) share (in, à); take part (in, à); ~ de partake of; resemble.

particulariser [partikylari'ze] (1a) v/t. particularize; specify; se ~ (par) be distinguished (by); **particularité** [~'te] f particularity; (distinctive) feature; characteristic.

particule [partik'kyl] f particle (a. phys., a. gramm.).

particulier, -ère [partiky'lje, ~'ljɛːr] **1.** adj. particular, special; unusual; private (collection, room, etc.); **2.** su. private individual; su./m private life; en ~ privately; particularly.

partie [par'ti] f part (a. ♪); pleasure, hunt., a. ♫: party; cricket, foot., tennis: match; ♂♀ line of business; ♫ ~ civile plaintiff; ♫ simple (double) single (double) entry; en grande ~ largely; en ~ in part, partly; faire ~ de be one of, belong to; **partiel, -elle** [~'sjɛl] partial, incomplete.

partir [par'tiːr] (2b) v/i. go (away); start; leave (for, pour); set out; go off (a. gun etc.); hunt. rise; come off (button etc.); ~ en voyage go on a journey; à ~ de (starting) from.

partisan, e [parti'zã, ~'zan] **1.** su. partisan, follower; supporter, advocate; j'en suis ~ I am (all) for it; su./m ✕ soldier: guerilla; guerre f de ~s guerilla warfare; **2.** adj. party ...

partitif, -ve gramm. [parti'tif, ~'tiːv] partitive (article).

partition [parti'sjõ] f ♪ score; ⊘ ∅

partout [par'tu] adv. everywhere; ~ où wherever; rien ~ tennis: love all.

partouze sl. [par'tuːz] f orgy.

paru, e [pa'ry] p.p. of paraître.

parure [pa'ryːr] f adornment; ornament; jewels etc.: set; ⊕ parings pl.

parus [pa'ry] 1st p. sg. p.s. of paraître.

parution [pary'sjõ] f book: publication.

parvenir [parvə'niːr] (2h) v/i.: ~ à arrive; reach; succeed in (doing s.th., faire qch.); **parvenu** m, e f [~'ny] upstart.

parvis [par'vi] m △ square (in front of church); bibl., a. fig. court.

pas [pa] **1.** su./m step (a. dancing, a. of staircase), pace, gait, walk; footprint; door: threshold; geog. pass(age); ♫, fig. straits pl.; ⊕ screw: thread; fig. move; distance (between seats, rows, etc.); fig. precedence; fig. difficulty, obstacle; ~ à ~ step by step; ~ cadencé measured step; ✕, sp. ~ gymnastique double; à grands ~ apace, quickly; mot. aller au ~ go dead slow; à ~ de loup stealthily; au ~ at a walking pace; faux ~ slip (a. fig.); fig. (social) blunder; geog. le ~ de Calais the Straits pl. of Dover; ~ de porte key money; ceder le ~ à give way to; être dans un mauvais ~ be in a bad patch; prendre le ~ sur take the lead from, outstrip; ✕, sp. marquer le ~ mark time; **2.** adv. not; ne ... pas not; ne ... pas de no; ne ... pas un not (a single) one; ne ... pas non plus nor or not ... either.

pascal, e, m/pl. **-als, -aux** [pas'kal, ~'ko] paschal; Easter (vacation).

pas-d'âne ♀ [pɑ'dɑːn] m/inv. coltsfoot.

pasquinade † [paski'nad] f lampoon.

passable [pɑ'sabl] passable, acceptable; middling; mention f ~ examination: pass; **passade** F [~'sad] f passing fancy; F brief love affair; **passage** [~'saːʒ] m passage (a. in a book); ⛴, mountains, river, etc.: crossing; way; mountain: pass; △ arcade; ⚡ flow; fig. transition; ⛴ ~ à niveau level crossing, Am. grade crossing; psych. ~ à vide blank; ~ clouté pedestrian crossing, Am. crosswalk; ~ souterrain subway; ~ supérieur railway bridge; de ~ migratory (bird); fig. passing, casual; être de ~ à be passing through (a town etc.), be in (a town etc.) at the moment; **passager, -ère** [~sa'ʒe, ~'ʒɛːr] **1.** adj. of passage (bird); passing (a. fig.); **2.** su. ⛴, ✈ passenger; **passant, e** [~'sã, ~'sãːt] **1.** su. passer-by; **2.** adj. busy, frequented (road); **passavant** [~sa'vã] m ⛴ gangway; admin. permit; customs: transire.

passe [pɑːs] f ⛴, ⛴, fencing, foot:

pass; *bonne* (*mauvaise*) ~ good (bad) position; *en* ~ *de* (*inf.*) in a fair way to (*inf.*), on the point of (*ger.*); *mot* m *de* ~ password.

passé, e [pɑ'se] **1.** *su./m* past; ⅞ record; *gramm.* past (tense); **2.** *v/t.* pass; cross; go past; hand (over) (to, à); slip (*s.th. into a pocket*); slip on, put on (*a garment*); omit, leave out; overlook; excuse (*a mistake*); spend (*time*); sit for (*an examination*); vent (*one's anger*) (on, *sur*); *cuis.* strain (*a liquid*); sift (*flour*); ✝ place (*an order*); *parl.* pass (*a bill*); ~ *en fraude* smuggle in; *elle ne passera pas le jour* she will not live out the day; *se* ~ pass, go by (*time*); happen, take place, pass away, cease, abate (*anger*); fade (*colour*); *se* ~ *de* do without (*s.th., qch.; ger., inf.*).

passereau *orn.* [pas'ro] m sparrow.

passerelle [pas'rɛl] f footbridge; ⚓ gangway; catwalk; ⊕ crane: platform; ⚓ bridge; *fig.* (inter)link.

passe...: **~-temps** [pas'tɑ̃] *m/inv.* pastime; hobby; **~-thé** [~'te] *m/inv.* tea-strainer.

passeur [pɑ'sœːr] m ferryman; smuggler.

passible ⅞ [pa'sibl] liable (to, *de*).

passif, -ve [pa'sif, ~'siːv] **1.** *adj.* passive (*a. gramm.*); *fig.* blind (*obedience*); *défense* ✝ *~ve* Civil Defence; Air Raid Precautions *pl.*; ✝ *dettes* f/*pl.* *~ves* liabilities; ✝ *passions* f/*pl.*; **2.** *su./m* *gramm.* passive (voice); ✝ liabilities *pl.*

passion [pa'sjɔ̃] f passion (for, *de*) (*a. ✝, eccl., a. fig.*); **passionnant, e** [pasjɔ'nɑ̃, ~'nɑ̃ːt] thrilling, fascinating; **passionné, e** [~'ne] **1.** *adj.* passionate, impassioned (for, *pour*); enthusiastic (about, *de*); **2.** *su.* enthusiast, F fan; **passionnel, -elle** [~'nɛl] *adj.* ⅞ *crime* m ~ crime due to sexual passion; **passionner** [~'ne] (1a) *v/t.* rouse, excite; *fig.* fascinate; *se* ~ *become* passionately fond (of, *pour*); get excited.

passivité [pasivi'te] f passivity.

passoire *cuis.* [pa'swaːr] f strainer.

pastel [pas'tɛl] m crayon; pastel drawing; *bleu* m ~ pastel blue.

pasteur [pas'tœːr] m shepherd; *eccl.* pastor.

pasteuriser [pastœri'ze] (1a) *v/t.* pasteurize (*milk*).

pastiche [pas'tiʃ] m pastiche; par-

---

am skipping over many items; *laisser* ~ let (*s.o.*) pass; miss (*an opportunity*); *passons!* no more about it!; *se faire* ~ *pour* pose as; **passe...**: **~-bouillon** *cuis.* [pɑsbu-'jɔ̃] *m/inv.* soup-strainer; **~-carreau** [~kaʼro] *m* sleeve-board; **~-debout** *hist.* [~ʼdəʼbu] *m/inv.* transire; **~-droit** [~ʼdrwa] undeserved privilege; unfair promotion.

passéisme [paseʼism] m clinging to the past; **passéiste** [~ʼist] *adj.* (*a. su.* person) clinging to the past.

passe...: **~-lacet** [~laʼse] *m* bodkin; **~-lait** *cuis.* [~ʼlɛ] *m/inv.* milk strainer.

passement [pasʼmɑ̃] m *cost.* lace; *chair etc.*: braid; **passementer** [~mɑ̃ʼte] (1a) *v/t.* trim with lace; braid (*furniture*); **passementier** m, **-ère** f [~mɑ̃ʼtje, ~ʼtjɛːr] dealer in trimmings.

passe...: **~-montagne** [pasmɔ̃ʼtaɲ] m Balaclava helmet; **~-partout** [~parʼtu] **1.** *su./m/inv.* passkey, master key; *phot.* slip-in mount; ⊕ crosscut saw; compass-saw; **2.** *adj./inv.* all-purpose; general-purpose; *pej.* nondescript; **~-passe** [~ʼpas] *m/inv.* legerdemain, sleight-of-hand; *tour* m *de* ~ conjuring trick; **~-plats** [~ʼpla] *m/inv.* service-hatch; **~-poil** *cost.* [~ʼpwal] *m* piping, braid; **~-port** [~ʼpɔːr] *m admin.* passport; ⚓ sea-letter; **~-purée** *cuis.* [~pyʼre] *m/inv.* potato masher.

passer [pɑʼse] (1a) **1.** *v/i.* pass (*a. time*); go (to, à); be moved (*pupil*); become, ✗ be promoted; fade (*colour*); vanish; pass away, die; *fig.* wear off (*success etc.*); go by, elapse (*time*); be transmitted or handed down (*heritage, tradition*); ✗ fly (over, *sur*); ⅞ ~ *à la douane* go through the customs; ~ *chez q.* call at s.o.'s or on s.o.; ~ *en proverbe* become proverbial; *mot.* ~ *en seconde* change into second gear; ~ *par* go through; *road:* go over (*a mountain*); ~ *pour* be thought to be, be considered (*s.th.*), seem; ~ *sur* overlook (*a fault*); *faire* ~ pass (*s.th.*) on (to, à); while away (*the time*); get rid of; *j'en passe* I

ody; **pasticher** [~ti'ʃe] (1a) v/t. copy the style of; parody.

pastille [pas'ti:j] f pastille, lozenge.

pastis [pas'tis] m aniseed aperitif; F muddle.

pastoral, e, m/pl. -aux [pasto'ral, ~'ro] **1.** adj. pastoral; episcopal (ring); **2.** su./f pastoral; **pastorat** [~'ra] m pastorate.

pastourelle [pastu'rɛl] f poem: pastoral.

pat [pat] su./m, a. adj./m stalemate.

pataquès [pata'kɛːs] m faulty liaison (in speech).

patate [pa'tat] f ♀ sweet potato; F spud (= potato); sl. idiot, fathead.

patati* [pata'ti] int.: et ~ et patata and so forth and so on.

patatras* [pata'trɑ] int. crash!

pataud, e [pa'to, ~'to:d] **1.** su. clumsy puppy; F lout; **2.** adj. clumsy, loutish.

patauger [pato'ʒe] (11) v/i. flounder (a. fig.); paddle, wade (in sea); **pataugeoire** [~'ʒwaːr] f paddling pool.

pâte [pɑːt] f paste; dough; paper: pulp; fig. stuff; fig. type; ~s pl. alimentaires Italian pastes; ~ dentifrice tooth-paste; F une bonne ~ a good sort; F une ~ molle a softy, a spineless individual; vivre comme un coq en ~ live like a fighting cock; **pâté** [pa'te] m cuis. pie; liver: paste; fig. trees etc.: clump, cluster; ink: blot; ~ de maisons block (of houses); ~ (de sable) sandcastle; **pâtée** [~] f hens: mash; dog food; fig. coarse food; F hiding, threshing.

patelin F [pat'lɛ̃] m native village; small place.

patelinage [patli'na:ʒ] m smooth words pl., F blarney; **pateliner** F [~li'ne] (1a) v/t. cajole v/t.; wheedle; v/i. blarney; **patelinerie** [~lin'ri] f see patelinage.

patelle [pa'tɛl] f zo., anat., archeol. patella; zo. limpet, barnacle.

patène eccl. [pa'tɛn] f paten.

patenôtre [pat'no:tr] f Lord's prayer; ⚒ bucket elevator; ~s pl. rosary sg., F beads.

patent, e [pa'tɑ̃, ~'tɑ̃:t] **1.** adj. patent; obvious; hist. Lettres f/pl. ~es Letters patent; ⚓ ~ f/ licence; ♰ etc. tax; ⚓ (a. ~e de santé) bill of health; **patenté, e** [~tɑ̃'te] **1.** adj. licensed; **2.** su. licensee.

pater eccl. [pa'tɛːr] m/inv. Lord's prayer; paternoster.

patère [~] f hat-peg, coat-peg; curtain-hook.

paterne [pa'tɛrn] benevolent; **paternel, -elle** [pater'nɛl] paternal; fatherly; **paternité** [~ni'te] f paternity, fatherhood.

pâteux, -euse [pɑ'tø, ~'tøːz] pasty; cloudy (jewel); thick (voice etc.); coated (tongue).

pathétique [pate'tik] **1.** adj. pathetic (a. anat.), moving, touching; **2.** su./m pathos, the pathetic.

pathogène ♣ [pato'ʒɛn] pathogenic; **pathologie** ♣ [~lɔ'ʒi] f pathology; **pathologique** [~lɔ'ʒik] pathological.

pathos [pa'tɔs] m pathos; emotionalism.

patibulaire [patiby'lɛːr] gallows...; fig. hang-dog (look).

patience [pa'sjɑ̃ːs] f patience; forbearance; (jig-saw) puzzle; prendre ~ be patient; **patient, e** [~'sjɑ̃, ~'sjɑ̃:t] adj., a. su. patient; **patienter** [~sjɑ̃'te] (1a) v/i. be patient; wait patiently.

patin [pa'tɛ̃] m skate; sledge: runner; ⊕ brake, wheel: shoe; brake-block; ⊕ rail: flange; staircase: sleeper; ~ à roulettes roller-skate; **patinage** [~ti'na:ʒ] m skating; wheel, belt: slipping.

patine [pa'tin] f bronze: patina.

patiner¹ [pati'ne] (1a) v/t. give a patina to.

patiner² [pati'ne] (1a) v/i. skate; slip (wheel, belt); skid (wheel); fig. get nowhere (fast), make no progress; **patinette** [~'nɛt] f scooter; **patineur** m, **-euse** f [~'nœːr, ~'nøːz] skater; **patinoire** [~'nwaːr] f skating-rink.

pâtir [pɑ'tiːr] (2a) v/i. suffer (from, de); vous en pâtirez you will rue it.

pâtisser [pɑti'se] (1a) v/i. make pastry; **pâtisserie** [~tis'ri] f pastry; pastry shop; pastry-making; cakes pl.; **pâtissier** m, **-ère** f [~ti'sje, ~'sjɛːr] pastry-cook.

patois [pa'twa] m dialect, patois; F jargon.

patouiller F [patu'je] (1a) v/i. flounder, splash (in the mud).

patraque F [pa'trak] **1.** su./f worn-out machine; person: old crock;

payer

2. adj. seedy (person); worn-out (machine).

pâtre [pɑːtr] m shepherd; herdsman.

patriarcal, e, m/pl. **-aux** [patriarˈkal, ˌˈko] patriarchal; **patriarche** [ˌˈarʃ] m patriarch (a. eccl.).

patricien, -enne [patriˈsjɛ̃, ˌˈsjɛn] adj., a. su. patrician.

patrie [paˈtri] f fatherland; native or mother country; fig. home.

patrimoine [patriˈmwan] m patrimony, inheritance; **patrimonial, e,** m/pl. **-aux** [ˌmɔˈnjal, ˌˈnjo] patrimonial.

patriote [patriˈɔt] **1.** adj. patriotic (person); **2.** su. patriot; **patriotique** [ˌɔˈtik] patriotic (sentiments, song, etc.); **patriotisme** [ˌɔˈtism] m patriotism.

patron [paˈtrɔ̃] m master, F boss; head (of a firm); hotel: proprietor; protector; eccl. patron (saint); cost. pattern; ⊕ template; † model; **patronage** [patrɔˈnaːʒ] m patronage (a. †); support; eccl. young people's club; **patronal, e,** m/pl. **-aux** [ˌˈnal, ˌˈno] eccl. patronal (festival); patron (saint); † employers' ...; **patronat** [ˌˈna] m protection; † coll. employers pl.; **patronne** [paˈtrɔn] f mistress; protectress; eccl. patroness; **patronner** [patrɔˈne] (1a) v/t. patronize, sponsor, support; **patronnesse** [ˌˈnɛs] adj.f patroness.

patrouille ✕ [paˈtruːj] f patrol; **patrouiller** ✕ [patruˈje] (1a) v/i. (go on) patrol; **patrouilleur** [ˌˈjœːr] m ♣ patrol-boat; ✖ scout; ✕ member of a patrol.

patte [pat] f zo. paw (a. F = hand); orn. foot; insect: leg; ⊕ cramp, hook; ⊕ flange; clamp; ♣ anchor: fluke; cost. strap; envelope, a. pocket: flap; F authority, power; F ˌs of de mouche writing: scrawl; faire ˌ de velours draw in its claws (cat); fig. speak s.o. fair; F tomber sous la ˌ de q. fall into s.o.'s clutches; **ˌd'oie,** pl. **ˌs-d'oie** [ˌˈdwa] f crossroads pl.; wrinkle: crow's-foot.

pâturage [pɑtyˈraːʒ] m grazing; pasture(-land); pasturage; **pâture** [ˌˈtyːr] f fodder; food (a. fig.); pasture; **pâturer** [ˌtyˈre] (1a) vt/i. graze.

pâturin ♀ [pɑtyˈrɛ̃] m meadow-grass, Am. spear-grass.

paturon [patyˈrɔ̃] m horse: pastern.

paume [poːm] f palm of hand.

paumé, e F [poˈme] miserable, wretched; fig. lost, at a loss; a. su. down(-)and(-)out; derelict.

paupérisme [popeˈrism] m pauperism.

paupière [poˈpjɛːr] f eyelid.

paupiette cuis. [poˈpjɛt] f (beef- or veal-)olive.

pause [poːz] f pause, break; foot. half time; ♪ rest; (lunch- etc.)interval; ˌ-café coffee break; **pauser** [poˈze] (1a) v/i. pause; ♪ dwell (on a note).

pauvre [poːvr] **1.** adj. poor; needy; scanty (vegetation); fig. slight (chance); unfortunate; **2.** su./m poor man; admin. pauper; **pauvresse** [poˈvrɛs] f poor woman; admin. pauper; **pauvret, -ette** f fig. [ˌˈvrɛ, ˌˈvrɛt] person: poor little thing; **pauvreté** [ˌvrəˈte] f poverty (a. fig.), destitution.

pavage [paˈvaːʒ] m paving; pavement.

pavaner [pavaˈne] (1a) v/t.: se ˌ strut; F show off.

pavé [paˈve] m paving-stone, paving-block; pavement; highway; fig. the streets pl.; F thick (boring) book; heavy tome; **pavement** [pavˈmɑ̃] m see pavage; **paver** [paˈve] (1a) v/t. pave; **paveur** [ˌˈvœːr] m paver.

pavillon [paviˈjɔ̃] m pavilion; lodge, house; † bed: canopy; gramophone, loud-speaker: horn; funnel: mouth; teleph. mouthpiece; ♣ flag, colo(u)rs pl.; ♪ trumpet: bell; anat. auricle, external ear.

pavois [paˈvwa] m hist. (body-)shield; ♣ bulwark; coll. flags pl.; élever sur le ˌ hist. raise to the throne; fig. extol; **pavoiser** [pavwaˈze] (1a) v/t. deck with flags; v/i. put out (the) flags; a. fig. wave the banners.

pavot ♀ [paˈvo] m poppy.

payable [pɛˈjabl] payable; **payant, e** [ˌˈjɑ̃, ˌˈjɑ̃ːt] **1.** adj. paying; charged for; with a charge for admission; fig. profitable; **2.** su. payer; † drawee; **paye** [pɛːj] f see paie; **payement** [pɛjˈmɑ̃] m see paiement; **payer** [pɛˈje] (1i) v/t. pay; pay for (an article, a. fig.); † defray (expenses); settle (a debt); fig. reward (for, de); ˌ cher pay dear, fig. be sorry for; ˌ de retour reciprocate (an affection etc.); trop payé overpaid; trop peu payé underpaid; se ˌ be paid or recom-

pensed; se ~ de paroles be satisfied by
mere words; **payeur, -euse** [\ˈjœ:r,
\ˈjø:z] su. payer; su./m✕, ♣ paymaster; bank: teller.

pays [peˈi] m country; land; region;
home, native land; F fellow-countryman; mal m du ~ homesickness; vin m du ~ local wine; **paysage**
[peiˈza:ʒ] m landscape, scenery; fig.
scene; **paysagiste** [\zaˈʒist] m landscape painter; landscape gardener;
paysan, -anne [\zã, \ˈzan] adj., a.
su. peasant, rustic; **paysannat**
[\zaˈna] m, **paysannerie** [\zanˈri] f
peasantry; farmers pl.; **payse**
[peˈiz] f fellow-countrywoman.

péage [peˈa:ʒ] m toll; tollgate; autoroute f à ~ toll motorway, Am. turnpike (road); **péagiste** [peaˈʒist] su.
toll collector.

peau [po] f ♥, anat., a. fruit, sausage,
milk: skin; ♱ pelt, hide; ♱ leather;
fruit: peel; faire ~ neuve change
clothes; fig. turn over a new leaf;
♀-Rouge, pl. ♀x-Rouges [\ˈruːʒ] m
Red Indian, redskin.

peccable [pɛkˈkabl] liable to sin.

peccadille [pekaˈdiːj] f peccadillo.

pechblende 🝁, phys. [pɛʃˈblɛːd] f
pitchblende.

pêche¹ ♀ [pɛːʃ] f peach.

pêche² [\] f fishing; fishery; catch;
~ à la ligne angling; aller à la ~ go
fishing.

péché [peˈʃe] m sin; fig. indiscretion,
error; ~ mignon little weakness;
pécher [\] (1f) v/i. sin; fig. offend
(against, contre); fig. err.

pêcher¹ [peˈʃe] m peach-tree.

pêcher² [peˈʃe] (1a) v/t. fish for;
drag up (a corpse); fig. find, pick
up; v/i.: ~ à la ligne angle; **pêcherie** [pɛʃˈri] f fishing-ground.

pêcheur, -eresse [peˈʃœ:r, peʃˈrɛs]
1. adj. sinning; sinful; 2. su. sinner.

pêcheur, -euse [peˈʃœ:r, \ˈʃø:z] 1.
adj. fishing; 2. su./m fisherman; su./f
fisherwoman.

pectoral, e, m/pl. -aux [pɛktoˈral,
\ˈro] pectoral; cough-(lozenge, syrup).

péculat [pekyˈla] m embezzlement,
peculation; **péculateur** [\laˈtœ:r]
m embezzler, peculator.

pécule [peˈkyl] m savings pl., F
nest-egg; ✕, ♣ gratuity.

pécuniaire [peky'njɛ:r] pecuniary,
financial.

pédagogie [pedagɔˈʒi] f pedagogy;
pédagogique [\gɔˈʒik] pedagogic;
pédagogue [\ˈgɔg] su. pedagogue.

pédale [peˈdal] f pedal; ⊕
treadle; sl. queer, gay; mot. ~ d'embrayage clutch (pedal); sl. perdre les
~s get all mixed up; **pedaler**
[pedaˈle] (1a) v/i. pedal; F cycle;
pédaleur, -euse f f [\ˈlœ:r,
\ˈlø:z] pedalist; cyclist; **pédalier**
[\ˈlje] m cycle: crank gear; ♩ pedalboard; **pédalo** F [\ˈlo] m pedal-craft.

pédant, e [peˈdã, \ˈdã:t] 1. adj. pedantic, priggish; 2. su. pedant, prig;
pédanterie [pedãˈtri] f pedantry;
priggishness; **pédantesque** [\ˈtɛsk]
pedantic; **pédantisme** [\ˈtism] m
see pédanterie.

pédé sl. [peˈde] m gay, queer.

pédestre [peˈdɛstr] pedestrian; **pédestrement** [\dɛstrəˈmã] adv. on
foot.

pédiatre 🝁 [peˈdja:tr] m p(a)ediatrist; **pédiatrie** 🝁 [\djaˈtri] f
p(a)ediatrics pl.

pédiculaire [pedikyˈlɛ:r] pediculous, lousy; 🝁 maladie f ~ phthiriasis; **pédicule** biol. [\ˈkyl] m
pedicle; **pédiculé, e** [\kyˈle] pediculate.

pédicure [pediˈky:r] su. chiropodist.

pédologie [pedɔlɔˈʒi] f subject: child
psychology.

pègre [pɛːgr] f coll. thieves pl.,
underworld, gangsterdom.

peignage tex. [pɛˈɲa:ʒ] m combing,
carding; **peigne** [pɛɲ] m comb (a.
⊕); shell-fish: scallop, clam; tex.
wool: card; hemp: hackle; ~ de chignon back-comb; se donner un coup de
~ run a comb through one's hair; fig.
passer qch. au ~ fin go through or over
s.th. with a fine-tooth comb; **peigné, e** [peˈɲe] 1. adj. combed; fig.
affected (style); bien ~ trim; mal ~
unkempt; 2. su./m tex. worsted; su./f
tex. cardful (of wool etc.); F fig.
thrashing; **peigner** [\ɲe] (1a) v/t.
comb (a. tex.); tex. card (wool),
hackle (hemp); polish (one's style);
peigneur, -euse [\ˈɲœ:r,
\ˈɲø:z] su. wool-comber; su./f
wool-combing machine; hackling-machine; **peignier** [\ˈɲje] m combmaker; ♱ comb-seller; **peignoir**
[\ˈɲwa:r] m (lady's) dressing gown;
morning wrapper; ~ de bain bath-

penchant

wrap; **peignures** [ʌ'ɲy:r] f/pl. combings.

peinard, e F [pɛ'na:r, ʌ'nard] adj. quiet, cushy (job etc.); **se tenir** (or **rester**) ʌ keep quiet or out of trouble.

peindre [pɛ̃:dr] (4m) v/t. paint; ʌ au pistolet spray (with paint); fig. ʌ en beau paint (things) in rosy colo(u)rs; F se ʌ make up.

peine [pɛn] f sorrow; trouble, difficulty; effort; punishment; pain; à ʌ hardly, scarcely; à grand-ʌ with difficulty; en valoir la ʌ be worth while; être en ʌ de be at a loss to; faire de la ʌ à hurt (s.o.); sous ʌ de under pain of; **peiner** [pɛ'ne] (1a) v/t. pain, hurt, grieve; fig. tire; v/i. toil; labo(u)r (a. mot. engine).

peintre [pɛ̃:tr] m painter; artist; ʌ en bâtiments house: painter and decorator, house-painter; femme f ʌ woman artist; **peinture** [pɛ̃'ty:r] f painting; paint(work); ʌ au pistolet spray-painting; prenez garde à la ʌ! wet paint!; **peinturer** [ʌty're] (1a) v/t. daub; **peinturlurer** [ʌtyrly're] (1a) v/t. daub with colo(u)r); paint in all the colo(u)rs of the rainbow.

péjoratif, -ve [peʒɔra'tif, ʌ'ti:v] pejorative; disparaging; au sens ʌ in a disparaging sense.

pékin [pe'kɛ̃] m F ✗ civilian; F ✗ en ʌ in civvies.

pékiné, e tex. [peki'ne] candy-striped.

pelade ✗ [pə'lad] f alopecia.

pelage [pə'la:ʒ] m pelt, coat, fur; **pelé, e** [pə'le] 1. adj. peeled (fruit, tree-bark); bald (person); 2. su. F bald-pate, bald person.

pêle-mêle [pɛl'mɛl] 1. adv. higgledy-piggledy, in confusion; 2. su./m/inv. disorder, jumble.

peler [pə'le] (1d) vt/i. peel.

pèlerin, e [pɛl'rɛ̃, ʌ'rin] su. pilgrim; su./m orn. peregrine falcon; icht. basking shark; su./f cost. cape; **pèlerinage** [ʌri'na:ʒ] m (place of) pilgrimage; aller en ʌ go on a pilgrimage.

pélican [peli'kɑ̃] m orn. pelican; ⊕ bench: holdfast.   [coat.]

pelisse [pə'lis] f pelisse, fur-lined]

pellagre ✗ [pel'la:gr] f pellagra.

pelle [pɛl] f ⊕ shovel, scoop; oar: blade; (child's) spade; ʌ à poussière dust-pan; ⊕ ʌ mécanique grab;

shovel-dredger; F fig. ramasser une ʌ come a cropper (off a horse, a. fig.); have a spill (off a cycle); **pelletée** [ʌ'te] f shovelful, spadeful; **pelleter** [ʌ'te] (1c) v/t. shovel; turn with a shovel.

pelleterie [pɛl'tri] f ⊕ fur-making; ✝ fur-trade; coll. peltry.

pelleteur m, -euse f [pɛl'tœ:r, ʌ'tø:z] shovel excavator.

pelletier m, -ère f [pɛl'tje, ʌ'tjɛ:r] furrier.

pelliculaire [pɛlliky'lɛ:r] pellicular (metal); **pellicule** [ʌ'kyl] f (thin) skin; phot., a. ice, oil: film; scalp: dandruff, scurf.

pelotage [pəlɔ'ta:ʒ] m string, wool, etc.: winding into balls; billiards: knocking the balls about; F petting; **pelote** [ʌ'lɔt] f string, wool: ball; cotton-wool: wad; (pin) cushion; game: pelota; fig. faire sa ʌ feather one's nest; make one's pile; **peloter** [pəlɔ'te] (1a) v/t. † wind (s.th.) into a ball; F handle (s.o.) roughly; F pet (a girl); F paw (a woman); F flatter (s.o.); F se ʌ pet, neck; **peloton** [ʌ'tɔ̃] m string, wool: ball; ✗ squad, platoon; fig. group; sp. runners: bunch, field, main body; ʌ de tête sp. leaders pl. (a. fig.), fig. front-runners pl.; ʌ d'exécution firing squad or party; **pelotonner** [ʌtɔ'ne] (1a) v/t. wind (s.th.) into a ball; se ʌ curl up, roll o.s. up; huddle together.

pelouse [pə'lu:z] f lawn; grass-plot; turf, a. golf: green.

peluche tex. [pə'lyʃ] f plush; ours m en ʌ teddy bear; **pelucher** [pəly'ʃe] (1a) v/i. become fluffy; shed fluff; **pelucheux, -euse** [ʌ'ʃø, ʌ'ʃø:z] shaggy; fluffy.

pelure [pə'ly:r] f fruit: peel; vegetable: paring, peeling; cheese: rind; F overcoat, outer garment (pl.).

pénal, e, m/pl. -aux [pe'nal, ʌ'no] penal; penalty (clause); **pénalisation** sp. [penaliza'sjɔ̃] f penalizing; area: penalty; **pénalité** sp., a. ⚖ [ʌ'te] f penalty; **penalty** foot. [pe-nal'ti] m penalty (kick).

pénates [pe'nat] m/pl. penates, household gods; fig. home sg.

penaud, e [pə'no, ʌ'no:d] shamefaced, abashed, crestfallen.

penchant, e [pɑ̃'ʃɑ̃, ʌ'ʃɑ̃:t] 1. adj. sloping, leaning, fig. declining; 2. su./m slope; (hill)side; fig. inclination, propensity (to, for *à*), tendency; *fig.* fondness (for s.o., *pour* q.); **pencher** [~'ʃe] (1a) *v/t.* tip, tilt (*s.th.*); bend (one's head); se ~ lean (over); bend (down); *v/i.* tilt, lean (over); be slanting; *fig.* se ~ *sur* study, look into; *fig.* incline, be inclined (to, *vers*).

pendable [pɑ̃'dabl] † meriting the gallows; *fig.* outrageous; **pendaison** [dɛ'zɔ̃] *f death:* hanging; **pendant, e** [~'dɑ̃, ~'dɑ̃:t] 1. *adj.* hanging; lop-(*ears*); flabby (*cheeks*); ⚖ pending; 2. *su./m* pendant; *fig.* fellow, counterpart; 3. *pendant prp.* during; for (2 *days*, 3 *miles*); ~ *que* while, whilst; **pendard, e** F [~'da:r, ~'dard] *su.* gallows-bird; rogue; *su./f* hussy.

pendeloque [pɑ̃d'lɔk] *f* ear-drop; F *cloth:* shred; ~s *pl.* pendants; *chandelier:* drops; **pendentif** [pɑ̃dɑ̃'tif] *m necklace, a. ⚜:* pendant; ▲ pendentive; en ~ hanging; **penderie** [~'dri] *f* hanging-wardrobe; hanging cupboard.

pendiller [pɑ̃di'je] (1a) *v/i.* dangle.

pendre [pɑ̃:dr] (4a) *v/t.i.* hang (on, from *à*); dire pire (or pis) que ~ de q. sling mud at (s.o.); run s.o. down; **pendu, e** [pɑ̃'dy] 1. *p.p.* of pendre; 2. *adj.* hanged; hanging (on, from *à*); 3. *su.* person who has been hanged or who has hanged himself.

pendulaire [pɑ̃dy'lɛ:r] swinging, pendular (*motion*); **pendule** [~'dyl] *su./m phys. etc.* pendulum; *su./f* clock; **pendulette** [~dy'lɛt] *f* small clock.

pêne [pɛ:n] *m lock:* bolt; latch.

pénétrable [pene'trabl] penetrable; **pénétrant, e** [~'trɑ̃, ~'trɑ̃:t] penetrating; keen (*glance, intelligence, wind*); pervasive (*smell*); acute (*person*); **pénétration** [~tra'sjɔ̃] *f* penetration (*a. fig.*); *fig.* insight, shrewdness; **pénétrer** [~'tre] (1f) *v/t.* penetrate; *fig.* fathom (*a secret*); permeate (with, *de*); *v/i.* penetrate; enter; force one's way.

pénible [pe'nibl] painful; hard, laborious.

péniche [pe'niʃ] *f* barge; lighter; ⚔ ~ *de débarquement* landing-craft.

pénicillé, e [penisil'le] penicillate; **pénicilline** [~'lin] *f* penicillin.

péninsulaire [penɛ̃sy'lɛ:r] peninsu-

lar; **péninsule** *geog.* [~'syl] *f* peninsula.

pénis *anat.* [pe'nis] *m* penis.

pénitence [peni'tɑ̃:s] *f* penitence, repentance; *eccl.* penance; *mettre q. en ~ school:* make s.o. stand in the corner; **pénitencerie** *eccl.* [~tɑ̃s'ri] *f* penitentiary(ship); **pénitencier** [~tɑ̃'sje] *m eccl.*, ⚖ penitentiary; ⚖ reformatory; **pénitent, e** [~'tɑ̃, ~'tɑ̃:t] *adj., a. su.* penitent; **pénitentiaux** [~tɑ̃'sjo] *adj./m/pl.* penitential (*psalms*); **pénitentiel, -elle** [~tɑ̃'sjɛl] penitential, (*works*) of penance.

pennage [pɛn'na:ʒ] *m* plumage.

penne[1] ⚓ [pɛn] *f* peak.

penne[2] [pɛn] *f* quill-feather; wing-feather, tail-feather; *arrow:* feather; *tex.* warp end; **penné, e** ⚘ [pɛ'ne] pennate, pinnate; **pennon** [~'nɔ̃] *m pennon; arrow:* feather.

pénombre [pe'nɔ̃:br] *f* half-light; penumbra; obscurity (*a. fig.*).

pensant, e [pɑ̃'sɑ̃, ~'sɑ̃:t] thinking; *mal ~* heretical; *see* bien-pensant.

pensée[1] ⚘ [pɑ̃'se] *f* pansy.

pensée[2] [pɑ̃'se] *f* thought; idea; *fig.* mind; intention; **penser** [~'se] (1a) *v/i.* think (of, *à*); remember; intend; *fig.* expect; *faire* ~ remind (s.o. of s.th., *q. à qch.*); *pensez à faire cela* don't forget to do this; *sans y* ~ thoughtlessly; *v/t.* think, believe; consider; think out; *elle pense venir* she means to come; *qu'en pensez-vous?* what do you think of it?; **penseur** [~'sœ:r] *m* thinker; *libre* ~ freethinker; **pensif, -ve** [~'sif, ~'si:v] pensive, thoughtful.

pension [pɑ̃'sjɔ̃] *f* pension, allowance; boarding house; boarding school; (charge for) board and lodging; ~ *alimentaire* maintenance allowance; **pensionnaire** [pɑ̃sjo'nɛ:r] *su.* boarding house, *school:* boarder; *hotel:* resident; ⚕ inmate; **pensionnat** [~'na] *m* boarding school; *school:* hostel; *coll.* boarders *pl.*; **pensionner** [~'ne] (1a) *v/t.* pension off. [tion.]

pensum [pɛ̃'sɔm] *m school:* imposi-]

pent(a)... [pɛ̃ta] pent(a)...; five..., **pentathlon** *sp.* [pɛ̃ta'tlɔ̃] *m* pentathlon.

pente [pɑ̃:t] *f* slope, incline; gradient; *river:* fall; ▲ *roof:* pitch; *fig.* bent, propensity.

perdu

Pentecôte [pɑ̃t'koːt] f Whitsun (-tide); Pentecost; **dimanche** m **de la ~** Whit Sunday.

pénultième [penyl'tjɛm] **1.** adj. penultimate; **2.** su./f gramm. penult, last syllable but one.

pénurie [peny'ri] f shortage, scarcity; fig. poverty, need.

pépère F [pe'pɛːr] **1.** su./m granddad; **gros ~** big, quiet fellow; chubby child; **2.** adj. F quiet; cosy; cushy.

pépie [pe'pi] f disease of birds: pip; F fig. **avoir la ~** have a terrible thirst.

pépiement [pepi'mɑ̃] m chirp(ing), cheep(ing); **pépier** [~'pje] (1o) v/i. chirp, cheep.

pépin [pe'pɛ̃] m fruit: pip; F snag; F umbrella, F brolly; sl. **avoir un ~ pour** be in love with, F be smitten by; **pépinière** [pepi'njɛːr] f ✔ seed-bed; ✔, a. fig. nursery; **pépiniériste** [~nje'rist] m nurseryman.

pépite [pe'pit] f gold: nugget.

pepsine ⚕ [pɛp'sin] f pepsin.

péquin F ✗ [pe'kɛ̃] m see pékin.

perçage [pɛr'saːʒ] m piercing, boring; cask: tapping.

percale tex. [pɛr'kal] f cambric; percale; **percaline** [~ka'lin] f tex. percaline; calico; bookbinding: cloth.

perçant, e [pɛr'sɑ̃, ~'sɑ̃ːt] piercing, penetrating, keen (cold, mind, etc.); **perce** [pɛrs] f ⊕ borer, drill; ♪ flute: hole; **en ~** broached (cask); **mettre en ~** broach; **perce-bois** zo. [~'bwa] m/inv. wood-borer; **percée** [pɛr'se] f opening; ✗, a. fig. break-through; metall. tap-hole; furnace: tapping; **percement** [~sə'mɑ̃] m piercing; boring; perforation; opening; **perce-neige** ✿ [pɛrs'nɛːʒ] f/inv. snowdrop; **perce-oreille** zo. [pɛrsɔ'rɛːj] m earwig.

percepteur, -trice [pɛrsɛp'tœːr, ~'tris] **1.** adj. perceiving; **2.** su./m collector of taxes; **perceptibilité** [~tibili'te] f perceptibility; sound: audibility; tax: liability to collection; **perceptible** [~'tibl] perceptible; audible (sound); collectable, collectible (tax); **perceptif, -ve** [~'tif, ~'tiːv] perceptive; **perception** [~'sjɔ̃] f perception; admin. taxes, etc.: collection; collectorship (of taxes).

percer [pɛr'se] (1k) v/t. pierce; fig. penetrate; break through; perforate; make a hole in (a wall etc.);

broach (a cask); sink (a well); ⊕ drill, punch; 𝒮 lance (an abscess); v/i. pierce; come through; **perceur, -euse** [~'sœːr, ~'søːz] su. borer; driller; puncher; su./f drill (-ing-machine).

percevable [pɛrsə'vabl] perceivable; leviable (tax); **percevoir** [~'vwaːr] (3a) v/t. perceive; hear (a sound); collect (taxes, fares, etc.).

perche¹ icht. [pɛrʃ] f perch.

perche² [pɛrʃ] f pole; F lanky individual; fig. **tendre la ~ à** q. give s.o. a helping hand; sp. **saut m à la ~** pole vault; **percher** [pɛr'ʃe] (1a) v/i. a. **se ~** perch, roost; F fig. live, F hang out; v/t. F put, stick (somewhere); **percheur, -euse** [~'ʃœːr, ~'ʃøːz] perching, roosting; **perchoir** [~'ʃwaːr] m perch, roost.

perclus, e [pɛr'kly, ~'klyːz] anchylosed; stiff; lame; paralyzed (a. fig.).

perçoir ⊕ [pɛr'swaːr] m punch, drill, gimlet.

percolateur [pɛrkɔla'tœːr] m coffee: percolator.

percussion [pɛrky'sjɔ̃] f ✗, ♪, a. gun: percussion; **percutant, e** [~'tɑ̃, ~'tɑ̃ːt] percussive; fig. that strikes home; fig. trenchant; **percuter** [~'te] (1a) v/t. strike; hit; ✗ percuss; v/i.: **~ contre** crash into, hit; **percuteur** [~'tœːr] m fuse, gun: hammer; fuse: plunger.

perdable [pɛr'dabl] losable; **perdant, e** [~'dɑ̃, ~'dɑ̃ːt] **1.** adj. losing; **billet m ~** ticket: blank; **2.** su. loser; **perdition** [~di'sjɔ̃] f eccl. perdition; ⚓ **en ~** sinking; in distress; **perdre** [pɛrdr] (4a) v/t. lose; waste (time, pains); get rid of; be the ruin of; **~ la pratique** get out of practice; **~ q. de vue** lose sight of s.o.; **je m'y perds** I can't make head or tail of it; **se ~** be lost; disappear; lose one's way; be wasted; go bad; be wrecked; v/i. lose; ⊕ etc. leak.

perdreau [pɛr'dro] m orn. young partridge; cuis. partridge; **perdrix** orn. [~'dri] f partridge.

perdu, e [pɛr'dy] **1.** p.p. of perdre; **2.** adj. lost; waisted; fig. ruined; ⊕, ▲ sunk; phys. idle (motion); ✗ stray (bullet); loose (woman); spare (time); out-of-the-way, god-forsaken (place); **à corps ~** desperately; recklessly; *crier comme un* ~ shout like a madman; *reprise f* ~e invisible darn.

père [pɛːr] *m* father (*a. fig.*); *eccl.* ♀ Father; ~*s pl.* forefathers; ~ *de famille* paterfamilias; ~ *spirituel* father confessor; F *le* ~ ... *old* ...; *Dumas* ~ Dumas Senior; *ses* ~ *et mère* his parents.

pérégrination [peregrina'sjɔ̃] *f* peregrination.

péremption ⚖ [perãp'sjɔ̃] *f* striking out of an action by reason of failure to comply with a time-limitation; **péremptoire** [~'twaːr] peremptory (*tone, a.* ⚖ *exception*); decisive (*argument*); ⚖ strict (*time-limit*).

perenniser [perɛni'ze] (1a) *v/t.* perpetuate; **pérennité** [~'te] *f* everlastingness.

péréquation *admin.* [perekwa'sjɔ̃] *f* equalization; standardizing; adjustment; balancing (out).

perfectibilité [pɛrfɛktibili'te] *f* perfectibility; **perfectible** [~'tibl] perfectible; **perfection** [~'sjɔ̃] *f* perfection; *à* (*or dans*) *la* ~ to perfection; **perfectionnement** [~sjɔn'mã] *m* improvement; perfecting; **perfectionner** [~sjɔ'ne] (1a) *v/t.* improve; perfect.

perfide [pɛr'fid] false; treacherous (*to, envers*); perfidious; **perfidie** [~fi'di] *f* perfidy, (act of) treachery.

perforage ⊕ [pɛrfɔ'raːʒ] *m see* perforation; **perforateur, -trice** [~ra'tœːr, ~'tris] **1.** *adj.* perforating; **2.** *su./m* perforator; *su./f* ⊕ boring *or* drilling machine; card punch; **perforation** [~ra'sjɔ̃] *f* perforation (*a.* 🖋); drilling; *mot. etc.* puncture, puncturing; **perforer** [~'re] (1a) *v/t.* perforate; ⊕ drill, bore through; punch (*leather, paper*); *mot.* puncture; **perforeuse** [~'røːz] *f see* perforatrice.

performance [pɛrfɔr'mãːs] *f* performance.

pergola [pɛrgɔ'la] *f* pergola.

péri... [peri] peri...; ~**carde** *anat.* [~'kard] *m* pericardium; ~**cardique** 🖋 [~kar'dik] pericardial; ~**cardite** 🖋 [~kar'dit] *f* pericarditis; ~**carpe** ♀ [~'karp] *m* pericarp, seed-vessel.

péricliter [perikli'te] (1a) *v/i.* be in jeopardy *or* F in a bad way.

péril [pe'ril] *m* peril, danger; risk; *au* ~ at the risk of; **périlleux,**

-**euse** [~ri'jø, ~'jøːz] perilous, dangerous.

périmé, e [peri'me] out-of-date; expired (*ticket etc.*); ⚖ barred by limitation.

périmètre [peri'mɛtr] *m* ⚖ perimeter; *fig.* sphere.

périnée *anat.* [peri'ne] *m* perineum.

période [pe'rjɔd] *su./f time, a. astr., geol., gramm.,* 🎵, *a. phys. wave:* period; 🎵 phase; ♪ phrase; age, era, epoch; *su./m poet.* point; zenith; **périodicité** [perjɔdisi'te] *f* periodicity; **périodique** [~'dik] **1.** *adj.* periodic(al); intermittent; ♪ recurrent (*fever*); **2.** *su./m* periodical.

péri...: ~**oste** *anat.* [pe'rjɔst] *m* periosteum; ~**ostite** 🖋 [~rjɔs'tit] *f* periostitis; ~**pétie** [peripe'si] *f* sudden change; ~*s pl.* vicissitudes; ~**phérie** [~fe'ri] *f* 🖋 periphery, circumference; *town:* outskirts *pl.*; ~**phérique** [~fe'rik] **1.** *adj.* peripheral; outlying (*district etc.*); *mot. boulevard m* ~ = **2.** *su./m* ring road, circular route; ~**phrase** *gramm.* [~'fraːz] *f* periphrasis; circumlocution; *par* ~ periphrastically; ~**phrastique** *gramm.* [~fras'tik] periphrastic.

périr [pe'riːr] (2a) *v/i.* perish, die; ⚓ be wrecked, be lost.

périscope [peris'kɔp] *m* periscope; **périscopique** [~kɔ'pik] periscopic.

périssable [peri'sabl] perishable; **périssoire** [~'swaːr] *f* canoe.

péri...: ~**style** △ [peris'til] *m* peristyle; *eccl.* cloisters *pl.*; ~**toine** *anat.* [peri'twan] *m* perito(a)eum; ~**tonite** 🖋 [~tɔ'nit] *f* peritonitis; ~**urbain, e** [~yr'bɛ̃, ~'bɛn] suburban, suburb

perle [pɛrl] *f* pearl (*a. typ.*); bead (*a. fig. of dew*); *fig.* maid, wife, etc.: jewel; F *school:* howler; **perlé, e** [pɛr'le] set with pearls; *fig.* pearly; ♪ *etc.* exquisitely executed; **perler** [~'le] (1a) *v/t.* pearl (*an article, a. barley*); set with pearls; ♪ *etc.* execute perfectly; *v/i.* stand in beads (*sweat*); bead (*sugar*); **perlier, -ère** [~'lje, ~'ljɛːr] pearl-bearing; pearl-...

perlimpinpin [pɛrlɛ̃pɛ̃'pɛ̃] *m: poudre f de* ~ quack powder; *fig.* magic cure-all.

permanence [pɛrma'nãːs] *f* permanence; office *etc.* always open to the public; *en* ~ permanently; **perma-**

nent, e [ʌˈnɑ̃, ʌˈnɑ̃:t] **1.** adj. permanent; fig. lasting; admin. standing (committee, order); cin. non-stop (performance); **2.** su./f permanent wave, perm; **permanenter** [ʌmanɑ̃ˈte] (1a) v/t. perm.

perméable [pɛrmeˈabl] permeable, pervious.

permettre [pɛrˈmɛtr] (4v) v/t. permit, allow; authorize; se ~ de (inf.) venture to (inf.), take the liberty of (ger.); **permis, e** [ʌˈmi, ʌˈmi:z] **1.** p.p. of permettre; **2.** adj. permitted, allowed; lawful; **3.** su./m permit; licence; mot. ~ de conduire driving licence, Am. driver's license; ~ de séjour residence permit; **permissif, -ve** [ʌmiˈsif, ʌˈsi:v] permissive; **permission** [ʌmiˈsjɔ̃] f permission; ✕, ⚓ leave (of absence); ✕ ~ de détente furlough after strenuous service; **permissionnaire** [ʌmisjoˈnɛ:r] m permit holder; ✕ soldier on leave; ⚓ liberty man.

permutable [pɛrmyˈtabl] interchangeable; **permutation** [ʌtaˈsjɔ̃] f exchange of posts; ⚔ etc. permutation; **permuter** [ʌˈte] (1a) v/t. exchange (posts etc.); ⚔ change over; ⚔ etc. permute; v/i. exchange posts (with, avec).

pernicieux, -euse [pɛrniˈsjø, ʌˈsjø:z] pernicious, injurious.

péronnelle F pej. [perɔˈnɛl] f silly goose.

péroraison [perɔrɛˈzɔ̃] f peroration; **pérorer** [ʌˈre] (1a) v/i. hold forth; F speechify.

peroxyde 🜍 [pɛrɔkˈsid] m peroxide.

perpendiculaire [pɛrpɑ̃dikyˈlɛ:r] upright; ⚔ perpendicular (to, à) (a. ⚔ style).

perpétration [pɛrpetraˈsjɔ̃] f perpetration; **perpétrer** [ʌˈtre] (1f) v/t. perpetrate, commit.

perpétuel, -elle [pɛrpeˈtɥɛl] perpetual, everlasting; for life; **perpétuer** [ʌˈtɥe] (1n) v/t. perpetuate; **perpétuité** [ʌtɥiˈte] f perpetuity; à ~ in perpetuity; for life (⚖ sentence).

perplexe [pɛrˈplɛks] perplexed (person); perplexing (situation); **perplexité** [ʌplɛksiˈte] f perplexity.

perquisition ⚖ [pɛrkiziˈsjɔ̃] f search; ~ domiciliaire search of a house; **perquisitionner** ⚖ [ʌsjoˈne] (1a) v/i. (carry out a) search.

perron ⚔ [pɛˈrɔ̃] m front steps pl.

perroquet [pɛrɔˈkɛ] m orn. parrot; ⚓ sail: topgallant; **perruche** [ʌˈry∫] f orn. parakeet; hen-parrot; (~ ondulée) budgerigar; ⚓ mizzen topgallant sail.

perruque [pɛˈryk] f wig; F fig. vieille ~ fogey; **perruquier** † [ʌryˈkje] m wig-maker; barber.

persan, e [pɛrˈsɑ̃, ʌˈsɑ̃] **1.** adj. Persian; **2.** su./m ling. Persian; su. ♀ Persian; **perse** tex. [pɛrs] f chintz.

persécuter [pɛrsekyˈte] (1a) v/t. persecute; F fig. harass; **persécuteur, -trice** [ʌˈtœ:r, ʌˈtris] **1.** adj. persecuting; fig. troublesome (thing); **2.** su. persecutor; **persécution** [ʌˈsjɔ̃] f persecution; fig. importunity.

persévérance [perseveˈrɑ̃:s] f perseverance (in ger., à inf.); **persévérant, e** [ʌˈrɑ̃, ʌˈrɑ̃:t] persevering (in ger., à inf.); dogged (work); **persévérer** [ʌˈre] (1f) v/i. persevere.

persienne [pɛrˈsjɛn] f Venetian blind; slatted shutter.

persiflage [pɛrsiˈflaːʒ] m mockery; **persifler** [ʌˈfle] (1a) v/t. make fun of, mock; **persifleur, -euse** [ʌˈflœːr, ʌˈfløːz] **1.** adj. mocking; **2.** su. mocker.

persil 🍃 [pɛrˈsi] m parsley; **persillade** cuis. [ʌsiˈjad] f beef salad with parsley-sauce; **persillé, e** [ʌsiˈje] blue(-moulded) (cheese); spotted with green; marbled (meat).

persistance [pɛrsisˈtɑ̃:s] f persistence (in ger., à inf.); ⚕, a. fig. continuance; **persistant, e** [ʌˈtɑ̃, ʌˈtɑ̃:t] persistent (a. 🍃 leaves); dogged (effort); fig. lasting; steady (rain); **persister** [ʌˈte] (1a) v/i. persist (in s.th., dans qch.; in ger., à inf.); la pluie persiste it keeps on raining.

personnage [pɛrsɔˈnaːʒ] m personage; person of distinction; thea. etc. character; pej. individual, person; **personnaliser** [ʌnaliˈze] (1a) v/t. personalize; give a personal touch to; **personnalité** [ʌnaliˈte] f personality; person of distinction; fig. ~s pl. personal remarks, personalities; **personne** [pɛrˈsɔn] **1.** su./f person (a. gramm.); one's self; body, appearance; ⚖ morale corporate body, artificial person; jeune ~ young lady; **2.** pron./indef./m/inv. anybody, anyone; (with negative) not anyone,

nobody; *qui l'a vu?* ~! who saw him?
no one!; **personnel, -elle** [pɛrsɔ-
'nɛl] **1.** *adj.* personal (*a.* ♟, *gramm.*);
selfish, self-(*interest etc.*); not transferable (*ticket*); **2.** *su./m* staff, personnel; ♣ complement; ✕ ~ *à terre*
(*or rampant*) ground staff *or* crew;
~ *enseignant school:* staff, *univ.* academic staff, *Am.* faculty; **personnification** [~nifika'sjɔ̃] *f* personification; impersonation; **personnifier** [~ni'fje] (1o) *v/t.* personify; impersonate.

perspectif, -ve [pɛrspɛk'tif, ~'ti:v]
1. *adj.* perspective; **2.** *su./f* perspective; *fig.* outlook; prospect; vista; *en*
~ in view.

perspicace [pɛrspi'kas] shrewd, per-
spicacious; **perspicacité** [~kasi'te] *f*
perspicacity, shrewdness, insight.

persuader [pɛrsɥa'de] (1a) *v/t.* persuade; (of, de; to *inf.*, de *inf.*); convince; **persuasif, -ve** [~'zif, ~'zi:v]
persuasive; **persuasion** [~'zjɔ̃] *f*
persuasion; conviction.

perte [pɛrt] *f* loss, ruin; waste;
leakage; ✕ ~s *pl.* casualties; ~ *sèche*
dead loss; ✝ *à* ~ at a loss; *à* ~ *de vue* as
far as the eye can see; *F fig.* endlessly;
en pure ~ to no purpose; *être en* ~ *de 10
F* be 10 francs down *or* out of pocket;
être en ~ *de vitesse* ✈ lose lift, *fig.* lose
momentum.

pertinence [pɛrti'nã:s] *f* pertinence;
pertinent, e [~'nã, ~'nã:t] pertinent, relevant; judicious.

pertuis [pɛr'tɥi] *m* sluice; *metall.*
tap-hole; *geog.* channel; *river:* narrows *pl.*; *geog.* pass.

perturbateur, -trice [pɛrtyrba-
'tœ:r, ~'tris] **1.** *adj.* disturbing; **2.** *su.*
disturber; interferer; **perturba-
tion** [~'sjɔ̃] *f* perturbation, agitation;
~s *pl.* atmosphériques *radio:* atmospherics.

péruvien, -enne [pery'vjɛ̃, ~'vjɛn]
adj., a. su. ♀ Peruvian.

pervenche ♀ [pɛr'vã:ʃ] *f* periwinkle.

pervers, e [pɛr'vɛːr, ~'vɛrs] **1.** *adj.*
perverse; perverted; **2.** *su.* ♗ pervert; **perversion** [~vɛr'sjɔ̃] *f* perversion; **perversité** [~vɛrsi'te] *f* perversity; **pervertir** [~vɛr'tiːr] (2a)
v/t. corrupt; pervert.

pesage [pə'za:ʒ] *m* weighing; *turf:*
weighing-in; weighing-in room;
paddock; **pesamment** [~za'mã]
adv. of *pesant 1;* **pesant, e** [~'zã,

~'zã:t] **1.** *adj.* heavy; *fig.* ponderous
(*style*); *fig.* dull (*mind*); **2.** *su./m*
weight; **pesanteur** [~zã'tœ:r] *f*
weight; *phys.* gravity; heaviness; *fig.*
clumsiness; *fig.* dullness.

pèse... [pɛz] ...ometer; ...-scales *pl.*;
~-**bébé** [~be'be] *m* baby-scales *pl.*

pesée [pə'ze] *f* weighing; *heart:* a
weigh (*s.th.*); **pèse-lettre** [~'lɛtr] *m*
letter scales *pl.*; **pèse-personnes**
[~pɛr'sɔn] *m* (bathroom) scales *pl.*;
peser [pə'ze] (1d) *v/t.* weigh; consider; *v/i. fig.* lie *or* weigh heavy (on
sur, à); ~ *à q. a.* weigh s.o. down; ~ *sur
a.* press hard on (*a lever*); **pesette**
[~'zɛt] *f* assay scales *pl.*; **peseur** *m*,
-euse *f* [~'zœ:r, ~'zø:z] weigher;
peson [~'zɔ̃] *m* balance.

pessimisme [pɛsi'mism] *m* pessimism; **pessimiste** [~'mist] **1.** *adj.*
pessimistic; **2.** *su.* pessimist.

peste [pɛst] *f* plague (*a. fig.*), pestilence; *F fig.* pest, nuisance; *F* ~!
confound it!; *vet.* ~ *bovine* cattle-
plague; ♗ ~ *bubonique* bubonic
plague, *hist.* Black Death; ~ *soit de
lui* a plague on him!; **pester** [pɛs-
'te] (1a) *v/i.* rave, storm (at, *contre*);
pestiféré, e [pɛstife're] **1.** *adj.*
plague-stricken; **2.** *su.* plague-
stricken person; **pestilence** †
[~'lã:s] *f* pestilence; **pestilentiel,
-elle** [~lã'sjɛl] pestilential.

pet [pɛ] *m* ∨ fart; *cuis.* ~-*de-nonne*
doughnut, fritter.

pétale ♀ [pe'tal] *m* petal.

pétarade [peta'rad] *f* *fireworks:*
crackle; *mot.* back-fire; ✕ random
firing; **pétard** [~'taːr] *m* ✕ shot;
🏭 detonator; *firework:* cracker; *F*
sensational news; *sl.* backside, bum;
F faire du ~ kick up a row; **péter**
[~'te] (1f) *v/i.* crack (*fire, gun*); pop
(*cork*); ∨ fart; **pétillant, e** [~ti'jã,
~'jãt] sparkling, fizzy, bubbly
(*liquid*); **pétiller** [~ti'je] (1a) *v/i.*
crackle (*fire etc.*); sparkle (*champagne, eyes*); *fig.* scintillate (with wit,
d'esprit).

petiot, e *F* [pə'tjo, ~'tjɔt] **1.** *adj.* tiny,
little; **2.** *su./m* little boy; *su./f* little
girl.

petit, e [pə'ti, ~'tit] **1.** *adj.* small,
little; slight (*sound*); minor (*nobility,
subject*); *school:* lower (*forms*); tight
(*shoes*); short; young (*a. zo.*); petty,
trifling; *pej.* mean; ~ *à* ~ little by
little; ~*e industrie* smaller industries

pl.; ~*es gens pl.* humble people; **2.** *su.* child, kid; *zo.* cub, young; **petit-déjeuner** F [⸗tideʒø'ne] (1a) *v/i.* (have) breakfast; **petite-fille,** *pl.* **petites-filles** [⸗tit'fiːj] *f* grand-daughter; **petitement** [⸗tit'mã] poorly; pettily; meanly; **petitesse** [⸗ti'tɛs] *f* smallness, littleness; *pej.* meanness, pettiness; mean trick; **petit-fils,** *pl.* **petits-fils** [⸗ti'fis] *m* grandson; **petit-gris,** *pl.* **petits-gris** [⸗ti'gri] *m zo.* miniver; ✝ *fur:* squirrel.

pétition [peti'sjõ] *f* petition; **pétitionnaire** [⸗sjɔ'nɛːr] *su.* petitioner; **pétitionner** [⸗sjɔ'ne] (1a) *v/i.* petition.

petit...: ~**lait,** *pl.* ~**s-laits** [pɔti'lɛ] *m* whey; ~**maître,** *pl.* ~**s-maîtres** [⸗'mɛːtr] *m* fop; ~**nègre** F [⸗'nɛːgr] *m: parler* ~ talk pidgin; ~**neveu,** *pl.* ~**s-neveux** [⸗nə'vø] *m* grand-nephew; ~**s-enfants** [⸗zã'fã] *m/pl.* grandchildren; ~**suisse,** *pl.* ~**s-suisses** *cuis.* [⸗'sɥis] *m* small cream cheese.

peton F [pə'tõ] *m* tiny foot, F tootsy.

pétrel *orn.* [pe'trɛl] *m* petrel.

pétrification [petrifika'sjõ] *f* petrifaction; **pétrifier** [⸗'fje] (1o) *v/t.* petrify; F dumbfound; *se* ~ petrify.

pétrin [pe'trɛ̃] *m* kneading-trough; F *fig.* mess; F *dans le* ~ in a mess or fix; **pétrir** [⸗'triːr] (2a) *v/t.* knead; mo(u)ld (*clay,* a. *s.o.'s mind*); **pétrissage** [petri'saːʒ] *m* kneading; *clay,* a. *fig.* mind: mo(u)lding; **pétrisseur, -euse** [⸗'sœːr, ⸗'søːz] *su.* kneader; *su./f* kneading-machine.

pétrochimie [petrɔʃi'mi] *f* petrochemistry; **pétrochimique** [⸗'mik] petrochemical; **petrochimiste** [⸗'mist] *su.* petrochemist.

pétrole [pe'trɔl] *m* petroleum; mineral oil; paraffin, *Am.* kerosene; ~ *brut* crude oil; *puits m de* ~ oil-well; **pétrolier, -ère** [petrɔ'lje, ⸗'ljɛːr] **1.** *adj.* oil-...; **2.** *su./m (a.* navire *m* ~*)* tanker; **pétrolifère** [⸗li'fɛːr] oil-bearing (*belt, field, well*).

pétulance [pety'lãːs] *f* liveliness; *horse:* friskiness; **pétulant, e** [⸗'lã, ⸗'lãːt] lively; frisky (*horse*).

peu [pø] **1.** *adv.* little; few; *before adj.:* un-..., not very; ~ *à* ~ bit by bit, little by little; ~ *de* little (*bread etc.*), few (*people, things, etc.*); ~ *de chose* nothing much; ~ *d'entre eux*

few of them; *à* ~ *près* approximately, nearly; *depuis* ~ of late; *pour* ~ *que* (*sbj.*) however little (*ind.*); if ever (*ind.*); *quelque* ~ rather, slightly; *sous (or dans)* ~ before long; *tant soit* ~ ever so little, a little bit; *viens un* ~! come here!; **2.** *su./m* little, bit; want, lack; *le* ~ *de ... the* little ..., the lack of ...; *un* ~ *de* a bit of.

peuplade [pœ'plad] *f* small tribe, people; **peuple** [pœpl] *m* people; nation; **peupler** [pœ'ple] (1a) *v/t.* populate (with, de); stock (*with animals etc.*); *fig.* fill; *se* ~ become populated; fill up with people;, *v/i.* multiply, breed.

peuplier ♣ [pœpli'e] *m* poplar.

peur [pœːr] *f* fear, dread; *avoir* ~ be afraid (of, de), be scared (of, de); *de* ~ (*de*) qch. for fear of (*s.th.*); *de* ~ *que* ... (*ne*) (*sbj.*) for fear of (*ger.*); *faire* ~ *à* frighten (*s.o.*); **peureux, -euse** [pœ'rø, ⸗'røːz] fearful; timid.

peut-être [pø'tɛtr] *adv.* perhaps, maybe; **peuvent** [pœːv] *3rd p. pl. pres. of pouvoir 1;* **peux** [pø] *1st p. sg. pres. of pouvoir 1.*

phagocyter [fagɔsi'te] (1a) *v/t. biol.* phagocytose; *fig.* absorb.

phalange [fa'lãːʒ] *f anat.,* a. ♣ phalanx; *fig.* host.

phalène *zo.* [fa'lɛn] *f* moth.

phallocrate [fal'krat] *m* male chauvinist; **phallocratie** [⸗kra'si] *f* male chauvinism.

phare [faːr] *m* lighthouse; ⚓, ⛴ beacon; 🚗, *mot.* headlight, headlamp; *mot.* ~*s pl.* code dipped or dimmed headlights, *Am.* ⚓ dimmers; *mot. baisser les* ~*s* dim or dip the headlights.

pharisaïque [fariza'ik] pharisaic(al); **pharisaïsme** [⸗za'ism] *m* pharisaism (*a. fig.*); **pharisien** [⸗'zjɛ̃] *m* pharisee (*a. fig.*); *fig.* self-righteous person; *fig.* hypocrite.

pharmaceutique [farmasø'tik] **1.** *adj.* pharmaceutic(al); **2.** *su./f* pharmaceutics *sg.*; **pharmacie** [⸗'si] *f* pharmacy; chemist's (shop), *Am.* drugstore; medicine-chest; **pharmacien** *m,* **-enne** *f* [⸗'sjɛ̃, ⸗'sjɛn] chemist, *Am.* druggist; **pharmacologie** [⸗kɔlɔ'ʒi] *f* pharmacology; **pharmacopée** [⸗kɔ'pe] *f* pharmacopoeia.

phase [faːz] *f* phase (*a.* ♣, ⚡, *fig.*).

phénicien, -enne [feni'sjɛ̃, ~'sjɛn] **1.** *adj.* Phoenician; **2.** *su./m ling.* Phoenician; *su.* ♀ Phoenician.

phénique ♏ [fe'nik] *adj.*: acide *m* ~ = **phénol** ♏ [~'nɔl] *m* phenol, carbolic acid.

phénomène [fenɔ'mɛn] *m* phenomenon; *fig.* wonder; freak.

philanthrope [filɑ̃'trɔp] *su.* philanthropist.

philatélie [filate'li] *f* stamp-collecting, philately; **philatéliste** [~'list] *su.* stamp-collector, philatelist.

philippique [fili'pik] *f* philippic.

Philistin [filis'tɛ̃] *m* Philistine (*a. fig.*).

phil(o)... [fil(ɔ)] phil(o)...

philo...: **~logie** [filɔlɔ'ʒi] *f* philology; **~logue** [~'lɔg] *su.* philologist; **~sophe** [~'zɔf] **1.** *su.* philosopher; **2.** *adj.* philosophical; **~sophie** [~zɔ'fi] *f* philosophy; *faire sa* ~ be in the philosophy class (= [*approx.*] *lower 6th form*]; **~sophique** [~zɔ-'fik] philosophical(al).

philtre [filtr] *m* philtre.

phlébite ✠ [fle'bit] *f* phlebitis.

phobie *psych.* [fɔ'bi] *f* phobia.

phonétique [fɔne'tik] **1.** *adj.* phonetic; **2.** *su./f* phonetics *pl.*; **phonique** [~'nik] phonic; sound (*signal*).

phonographe [fɔnɔ'graf] *m*, F **phono** [~'no] *m* gramophone, record-player, *Am. a.* phonograph.

phoque [fɔk] *m zo.* seal; ♱ sealskin.

phosphate ♏, ✐ [fɔs'fat] *m* phosphate; **phosphore** ♏ [~'fɔːr] *m* phosphorus; **phosphoré, e** [fɔsfɔ-'re] containing phosphorus, phosphorated, phosphuretted (*hydrogen*); **phosphorescence** [~rɛ'sɑ̃:s] *f* phosphorescence; **phosphorescent, e** [~rɛ'sɑ̃, ~'sɑ̃:t] phosphorescent; **phosphoreux, -euse** ♏ [~-'rø, ~'røːz] phosphorous; **phosphorique** ♏ [~'rik] *adj./m* phosphoric; **phosphorite** *min.* [~'rit] *f* phosphorite; **phosphure** ♏ [fɔs-'fyːr] *m* phosphide; **phosphuré, e** ♏ [~fy're] phosphuretted.

photo F [fɔ'to] *f* photograph, F photo; *faire de la* ~ go in for photography.

photo... [fɔtɔ] photo...; **~calque** ⊕ [~'kalk] *m* blue print; **~chimie** [~ʃi'mi] *f* photochemistry; **~chromie** [~krɔ'mi] *f* colo(u)r photography; photochromy; **~copie** [~kɔ'pi]

f photocopy; **~copier** [~kɔ'pje] (1o) *v/t.* photocopy; **~copieur** [~kɔ'pjœ:r] *m* photocopier; **~électrique** *phys.* [~elɛk'trik] photoelectric; **~gène** *phys.* [~'ʒɛn] photogenic; **~génique** [~ʒe'nik] actinic; *cin., phot.* photogenic; **~graphe** [~'graf] *m* photographer; **~graphie** [~gra'fi] *f* photograph, F photo; photography; ~ *aérienne* aerial photography; **~graphier** [~gra'fje] (1o) *v/t.* photograph, take a photo(graph) of; *se faire* ~ have one's photo(graph) taken; **~graphique** [~gra'fik] photographic; *appareil m* ~ camera; ✠ *reconnaissance f* ~ photoreconnaissance; **~gravure** [~gra'vy:r] *f process, a. print:* photogravure; **~litho-graphie** [~litɔgra'fi] *f* photolithography; photolithograph; **~mètre** [~'mɛtr] *m* photometer, light meter; **~pile** [~'pil] *f* solar battery; **~sensible** [~sɑ̃'sibl] photosensitive; **~stoppeur** [~stɔ'pœ:r] *m* street photographer; **~thérapie** ✠ [~tera-'pi] *f* phototherapy; light-cure; **~tropisme** ♀ [~trɔ'pism] *m* phototropism; **~type** ⊕ [~'tip] *m* phototype; collotype; **~typie** ⊕ [~ti'pi] *f process:* collotype.

phrase [frɑ:z] *f* sentence; ♪ phrase; **phraséologie** [frazeɔlɔ'ʒi] *f* phraseology; **phraséologique** [~'ʒik] phraseological; **phraser** [frɑ'ze] (1a) *vt/i.* phrase (*a. ♪*); **phraseur** *m*, **-euse** *f* F [~'zœ:r, ~'zø:z] phrasemonger, speechifier.

phrénologie [frenɔlɔ'ʒi] *f* phrenology; **phrénologique** [~'ʒik] phrenological; **phrénologiste** [~'ʒist] *m* phrenologist.

phtisie ✠ [fti'zi] *f* phthisis; consumption.

phyllo... *zo.* [filɔ] phyllo...; **~xéra** [~ɔkse'ra] *m* phylloxera.

physicien *m*, **-enne** *f* [fizi'sjɛ̃, ~'sjɛn] physicist.

physico... [fizikɔ] physico...; physical (*chemistry*).

physio... [fizjɔ] physio...; **~logie** [~ɔ'ʒi] *f* physiology; **~logique** [~ɔ'ʒik] physiological; **~logiste** [~ɔ-'ʒist] *su.* physiologist; **~nomie** [~nɔ-'mi] *f* physiognomy; appearance; countenance; *fig.* aspect, character.

physique [fi'zik] **1.** *adj.* physical; bodily; **2.** *su./f* physics *sg.*; ~ *nucléaire* nuclear physics *sg.*; *su./m*

physique; constitution; appearance.
phyto... [fitɔ] **phyto...; phytopte**
zo. [ˌ·'tɔpt] *m* rust-mite.
piaffement [pjaf'mɑ̃] *m horse:* paw-
ing, piaffer; **piaffer** [pja'fe] (1a)
v/i. paw the ground (*horse*); prance
(*horse*); *fig.* ∼ *d'impatience* fidget;
piaffeur, -euse [ˌ·'fœːr, ˌ·'føːz]
prancing, high-stepping (*horse*); *fig.*
fidgety; swaggering.
piaillard, e F [pja'jaːr, ˌ·'jard] **1.** *adj.*
cheeping (*bird*); squalling (*child*);
2. *su.* squalling child; **piailler** [ˌ·-
'je] (1a) *v/i.* cheep (*bird*); squall,
screech (*child, animal*); **piaillerie**
[pjaj'ri] *f birds:* (continuous) cheeping; *children etc.:* squealing, screech-
ing; **piailleur** *m*, **-euse** *f* [pja'jœːr,
ˌ·'jøːz] *bird:* cheeper; *child etc.:*
squeaker, squaller.
pianino ♪ [pjani'no] *m* pianino; **pianiste** ♪ [ˌ·'nist] *su.* pianist; **piano**
[ˌ·'no] **1.** *adv.* ♪ piano; F *fig.* gently,
easy; **2.** *su./m* piano(forte); ∼ *à queue*
grand piano; ∼ *droit* upright piano;
jouer du ∼ play the piano; **pianoter**
[ˌ·nɔ'te] (1a) *v/i.* ♪ tinkle (on the
piano); *fig.* drum one's fingers (on,
sur).
piaule *sl.* [pjol] *f* digs *pl.* (= *lodgings*); **piauler** [pjo'le] (1a) *v/i.*
cheep (*chicks*); whine, pule (*children*).
pic¹ [pik] *m* ⚒ *etc.* pick(axe); *geog.,* a.
♣ peak; *cards:* pique (*at piquet*); ∼
pneumatique pneumatic drill; *à* ∼
perpendicular(ly *adv.*), sheer; just at
the right moment or time.
pic² *orn.* [ˌ·] *m* woodpecker.
picaillons *sl.* [pika'jɔ̃] *m/pl.* dough
sg. (= *money*).   [(*novel*).\
picaresque [pika'rɛsk] picaresque∫
pichet [pi'ʃe] *m* pitcher, jug.
pickpocket [pikpɔ'kɛt] *m* pickpocket.
pick-up [pi'kœp] *m/inv. radio:*
pickup, record-player.
picorer [pikɔ're] (1a) *vt/i.* peck (at).
picoté, e [pikɔ'te] pitted (*face etc.*);
picotement [ˌ·'mɑ̃] *m* smarting
(sensation); prickling; **picoter** [ˌ·te]
(1a) *v/t.* make smart; prickle; peck
(at) (*bird*).
picotin [pikɔ'tɛ̃] *m measure:* peck.
pie¹ [pi] **1.** *su./f orn.* magpie; **2.** *adj./
inv.* piebald (*horse*).
pie² [ˌ·] *adj./f:* œuvre *f* ∼ charitable
deed, good work.

pièce [pjɛs] *f piece:* bit, fragment;
cost. patch; *wine:* cask, barrel; *tex.*
roll; *money:* coin, piece; ⊕ *machine:* part; *thea.* play; room (*in a
house*); *fig.* mo(u)ld; ⚖ document (*in
a case*); ⊕, *mot., etc.* ∼*s pl. de rechange* spare parts; ⊕ ∼*s pl. dé-
tachées* attendant parts; ∼ *d'eau*
ornamental lake; ∼ *de résistance
cuis.* principal dish; *fig.* principal
feature; *à la* ∼ in ones, separately;
5 F (*la*) ∼ *5 F* each; *mettre en* ∼*s*
break or tear (*s.th.*) to pieces; *tout
d'une* ∼ all of a piece.
pied [pje] *m* ♗, *anat., column, glass,
measure, mountain, stocking, tree,
verse, wall:* foot; foothold; footing
(*a.* ⚔); *furniture:* leg; ♀ stalk;
wine-glass: stem; *camera etc.:* stand,
rest; *asparagus, lettuce, etc.:* head;
hunt. track; ∼ *à coulisse* slide ga(u)ge,
sliding cal(l)ipers *pl.*; ∼ *plat* flat-
foot; *à* ∼ on foot; walking; *au* ∼
de la lettre literal(ly *adv.*); *au* ∼ *levé*
off the cuff; at a moment's notice;
avoir ∼ have a footing; *sl. c'est le* ∼!
that's great!; *coup de* ∼ kick; *en* ∼
full-length (*portrait*); F *faire du* ∼
play footsie (with *à*, *avec*); F *lever le* ∼
make o.s. scarce; get out; F *mettre q.
à* ∼ dismiss or F sack s.o.; *mettre sur* ∼
establish, set up; prendre (perdre) ∼
gain a (lose one's) foothold; ∼-**à-
terre** [ˌ·ta'tɛːr] *m/inv.* temporary
lodging; town apartment; ∼-**bot,**
pl. ∼**s-bots** [ˌ·'bo] *m* club-footed
person; ∼-**d'alouette,** *pl.* ∼**s-
d'alouette,** [ˌ·da'lwɛt] *m* larkspur,
delphinium; ∼-**de-biche,** *pl.* ∼**s-de-
biche** [ˌ·də'biʃ] *m* bell-pull; ⊕ nail-
claw; *sewing-machine:* presser-foot;
⚕ molar forceps; ∼-**de-chèvre,** *pl.*
∼**s-de-chèvre** ⊕ [ˌ·də'ʃɛːvr] *m* footing; ∼-**de-poule** *tex.* [ˌ·də'pul] *m*
broken-check; ∼-**droit,** *pl.* ∼**s-
droits** [ˌ·'drwa] △ *arch. bridge:* pier;
side-wall; *window:* jamb.
piédestal [pjedɛs'tal] *m* pedestal.
pied-noir, *pl.* **pieds-noirs** F [pje-
'nwaːr] *m* European settler in
Algeria.
piège [pjɛʒ] *m* trap (*a. fig.*); *prendre
au* ∼ trap; *tendre un* ∼ *à* set a trap for;
piéger [pje'ʒe] (1g) *v/t.* trap (*a. fig.
s.o.*); booby-trap (*s.th.*).
pie-grièche, *pl.* **pies-grièches** [pi-
gri'ɛʃ] *f orn.* shrike; F *fig. woman:*
shrew.

pierraille [pjɛ'rɑːj] f rubble; road metal; **pierre** [pjɛːr] f stone (a. 🎯); ~ à briquet flint; 🔺 ~ de taille freestone; ashlar; ~ fine semi-precious stone; ~ précieuse precious stone, gem; **pierreries** [pjɛrə'ri] f/pl. precious stones, gems, jewels; **pierrette** [~'rɛt] f small stone; thea. pierrette; **pierreux, -euse** [~'rø, ~'røːz] stony; gravelly (river-bed); gritty (pear); 🩺 calculous; 🩺 suffering from calculus.

pierrot [pjɛ'ro] m thea. pierrot, clown; F orn. cock-sparrow; F fellow.

piété [pje'te] f piety; devotion.

piétiner [pjeti'ne] (1a) v/t. trample (s.th.); ~, ⊕ tread; v/i. stamp; (a. ~ sur place) mark time.

piétisme [pje'tism] m pietism; **piétiste** [~'tist] 1. su. pietist; 2. adj. pietistic.

piéton, -onne [pje'tɔ̃, ~'tɔn] 1. su. pedestrian; 2. adj. = **piétonnier, -ère** [~tɔ'nje, ~'njɛːr] pedestrian, for pedestrians; rue f (or aire f or zone f) piétonne (or piétonnière) pedestrian precinct.

piètre F [pjɛtr] wretched, poor (a. fig.); fig. lame (excuse).

pieu [pjø] m stake, pile, post; sl. bed; **pieuter** sl. [~'te] (1a) v/rfl.: se ~ hit the sack.

pieuvre zo. [pjœːvr] f octopus, squid, devil-fish.

pieux, -euse [pjø, pjøːz] pious, devout; dutiful (child); ⚖ charitable (bequest).

pif¹ F [pif] m nose.

pif²! [~] int.: ~ ~! , ~ paf! bang, bang!

pif(f)er sl. [pi'fe]: je ne peux pas le ~ I can't stand him; **pifomètre** [pifɔ'mɛːtr] m instinct, intuition; au ~ by guesswork; by chance.

pige [piːʒ] f measuring rod; journ. etc. à la ~ (paid) by the line; sl. faire la ~ à do better than, outdo.

pigeon [pi'ʒɔ̃] m orn. pigeon (a. F fig.); 🔺 builder's plaster; ~ voyageur carrier-pigeon; **pigeonne** orn. [~'ʒɔn] f hen-pigeon; **pigeonneau** [piʒɔ'no] m young pigeon; F fig. dupe; **pigeonnier** [~'nje] m pigeon-house, dovecot(e).

piger sl. [pi'ʒe] (1l) vt/i. cotton on (to, à), get (it), get the message (= understand); look (at).

pigment [pig'mɑ̃] m skin etc.: pigment.

pigne 🌲 [piɲ] f fir-cone, pine-cone.

pignocher F [piɲɔ'ʃe] (1a) v/i. pick (at one's food).

pignon [pi'ɲɔ̃] m 🔺 gable; ⊕ pinion; ⊕ cogwheel; 🌲 pine seed; fig. avoir ~ sur rue be well set up.

pignouf F [pi'ɲuf] m rotten cad; miser.

pilage [pi'laːʒ] m pounding, crushing.

pilastre 🔺 [pi'lastr] m pilaster; newel.

pile¹ [pil] f pile, heap; 🔺 bridge: pier; phys. (atomic, nuclear) pile; ⚡ battery; ⊕ beating-trough; sl. thrashing; ⚡ ~ sèche dry cell.

pile² [~] f reverse (of a coin); ~ ou face heads pl. or tails pl.; jouer à ~ ou face toss up; F exactly, just, right; F s'arrêter ~ stop short or dead.

piler [pi'le] (1a) v/t. pound, crush, grind (almonds, pepper); F run down.

pileux, -euse zo., a. 🌲 [pi'lø, ~'løːz] pilose, hairy.

pilier [pi'lje] m 🔺 pillar (a. fig.), column; bridge: pier; fig. frequenter (of a place).

pillage [pi'jaːʒ] m looting, pillaging, mettre au ~ plunder; **pillard, e** [~'jaːr, ~'jard] 1. adj. pillaging; pilfering; 2. su. looter, plunderer; **piller** [~'je] v/t. pillage, loot, plunder; fig. steal from (an author); fig. ransack (a book, a work); **pilleur, -euse** [~'jœːr, ~'jøːz] 1. adj. looting; pilfering; 2. su. looter; plunderer; ⚓ ~ d'épaves wrecker.

pilon [pi'lɔ̃] m ⊕ rammer; metall. stamper; pestle; F wooden leg; cuis. fowl: drumstick; mettre au ~ pulp (a book); **pilonner** [~lɔ'ne] (1a) v/t. pound (a road); ⊕ ram; metall. stamp (ore); ✕ shell, ✈ bomb, a. fig. bombard.

pilori [pilɔ'ri] m pillory.

pilot [pi'lo] m 🔺 pile; salt-pans: heap of salt.

pilotage [pilɔ'taːʒ] m ⚓ pilotage (a. ✈); ✈ flying; ✈ ~ sans visibilité blind flying, flying on instruments; **pilote** [~'lɔt] 1. su.m ⚓, ✈, etc., a. fig. pilot; fig. leader, guide; ✈ ~ automatique automatic pilot, gyro-pilot; ~ d'essai test-pilot; 2. adj. experimental; 🌲 low-priced (drink etc.).

piloter [pilɔ'te] (1a) v/t. ⚓, ✈ pilot;

≫ fly (*a plane*); *fig.* guide, show (round Paris, *dans Paris*).

pilotis [pilɔ'ti] *m* pile-work; piling.

pilule ✍, *a. fig.* [pi'lyl] *f* pill.

pimbêche F [pɛ̃'bɛʃ] *f* stuck-up woman *or* girl.

piment [pi'mɑ̃] *m* ✍, *a. cuis.* pimento, Jamaica pepper; *cuis.* red pepper; *fig.* spice; **pimenter** [∼mɑ̃'te] (1a) *v/t. cuis.* season with pimento; *fig.* give spice to (*a story*).

pimpant, e [pɛ̃'pɑ̃, ∼'pɑ̃:t] smart, fresh and trim; spruce.

pin ✍ [pɛ̃] *m* pine(-tree), fir(-tree); ∼ sylvestre Scotch fir; *pomme f de* ∼ fir-cone, pine-cone.

pinacle [pi'nakl] *m* pinnacle; *fig.* height of power *or* fame; F *porter au* ∼ praise (*s.o.*) to the skies.

pinailler *sl.* [pina'je] (1a) *v/i.* quibble.

pinard F [pi'na:r] *m* wine.

pinasse ⚓ [pi'nas] *f* pinnace.

pince [pɛ̃:s] *f* pincers *pl.*, pliers *pl.*; riveting, sugar, *etc.*: tongs *pl.*; 𝄞 clip (*a. bicycle, paper, etc.*); ⊕ crowbar; *zo.* crab, lobster: claw; *sl. fig.* paw, hand; *cost.* dart, pleat; *zo.* ∼s *pl. herbivora*: incisors; ∼ à épiler tweezers *pl.*; ∼ à linge clothes peg (*Am.* pin); ∼ à ongles nail clippers *pl.*

pincé, e [pɛ̃'se] 1. *adj.* prim, affected, stiff (*voice*); tight-lipped (*smile*); 2. *su./f* pinch (*of salt etc.*).

pinceau [pɛ̃'so] *m* (paint-)brush; *opt. light*: pencil; *fig.* touch.

pincement [pɛ̃s'mɑ̃] *m* pinch(ing); plucking; twinge; *j'ai eu un* ∼ *au cœur* my heart missed a beat; **pince-monseigneur**, *pl.* **pinces-monseigneur** [pɛ̃smɔ̃sɛ'ɲœ:r] *m* crowbar, jemmy; **pince-nez** [∼'ne] *m/inv.* pince-nez, eye-glasses *pl.*; **pincer** [pɛ̃'se] (1k) *v/t.* pinch; nip; grip; purse (*one's lips*); F arrest; 𝄞 pluck (*the strings*); *en* ∼ *pour* have a crush on (*s.o.*); **pince-sans-rire** [pɛ̃sɑ̃'ri:r] *m/inv.* man of dry and sly humo(u)r; **pincettes** [pɛ̃'sɛt] *f/pl.* tweezers; (*fire*) tongs; **pinçon** [∼'sɔ̃] *m* pinch mark.

pineraie ✍ [pin're] *f*, **pinède** ✍ [pi'nɛd] *f* see **pinière**.

pingouin *orn.* [pɛ̃'gwɛ̃] *m* auk, razorbill.

pingre F [pɛ̃:gr] 1. *adj.* miserly, stingy, near; 2. *su.* skinflint; **pingrerie** F [pɛ̃grə'ri] *f* stinginess.

pinière ✍ [pi'njɛ:r] *f* pine-wood, fir-grove.

pinson *orn.* [pɛ̃'sɔ̃] *m* finch.

pintade [pɛ̃'tad] *f orn.* guinea-fowl; F stuck-up woman.

pinte [pɛ̃:t] *f measure*: (*French*) pint, (*approx.*) English quart; **pinter** *sl.* [pɛ̃'te] (1a) *v/i.* tipple, booze; *v/t.* swill (*beer etc.*).

piochage [pjɔ'ʃa:ʒ] *m* swotting; **pioche** ⊕ [pjɔʃ] *f* pick(axe); **piocher** [pjɔ'ʃe] (1a) *vt/i.* dig (*with a pick*); F *fig.* grind; *v/t.* F *fig.* swot at; *v/i.* F *fig.* swot; **piocheur, -euse** [∼'ʃœ:r, ∼'ʃø:z] *su.* F person: swot, *Am.* grind; *su./m* ⊕ navvy, digger; *su./f* ⊕ steam-digger.

piolet *mount.* [pjɔ'le] *m* ice-axe.

pion *m chess*: pawn; *draughts*: man; F *school*: usher, supervisor (*of preparation*).

pioncer *sl.* [pjɔ̃'se] (1k) *v/i.* sleep.

pionnier ⚔ [pjɔ'nje] *m* pioneer (*a. fig.*).

pipe [pip] *f* pipe (*a. measure for wine*); ⚡, gas, liquid: tube; **pipeau** [pi'po] *m* ♪ (reed-)pipe; bird-call; *birds*: limed-twig, snare; **pipée** [∼'pe] *f* bird-snaring (*with bird-calls*).

pipe-line [pajp'lajn] *m* oil: pipe-line.

piper [pi'pe] (1a) *v/t.* lure (*with bird-calls*); *fig.* † trick, dupe (*s.o.*); load (*a dice*); mark (*a card*).

pipette ⚗ [pi'pet] *f* pipette.

pipeur [pi'pœ:r] *m* bird-lurer; F sharper, cheat.

pipi *ch.sp.* [pi'pi] *m*: *faire* ∼ wee.

piquant, e [pi'kɑ̃, ∼'kɑ̃:t] 1. *adj.* pricking; stinging (*nettle, a. remark*); biting (*remark, wind*); tart (*wine*); pungent (*smell, taste*); *fig.* piquant (*a. sauce*), stimulating; *cuis.* hot (*spice*); *mot m* ∼ witty remark, quip; 2. *su./m plant*: sting; porcupine: quill; *sauce etc.*: bite; *fig.* piquancy; *fig.* point; **pique** [pik] *su./f* ✍ pike; pointed tip; pique, ill feeling; *su./m cards*: spade(s *pl.*); **piqué, e** [pi'ke] 1. *adj.* quilted (*garment*); sour (*wine*); ♪ staccato (*note*); ≫ nose-(dive); *cuis.* larded (*meat*); F cracked, dotty; moth-eaten; 2. *su./m* quilting; piqué; ≫ nose-dive, vertical dive; **pique-assiette** F [pika'sjet] *m* sponger; **pique-**

feu [pik'fø] *m/inv.* fire-rake, poker;
pique-nique [ˌ'nik] *m* picnic;
pique-notes [ˌ'nɔt] *m/inv.* spike-
file; **piquer** [pi'ke] (1m) *vt/i.*
prick; sting; *v/t.* nettle, wasp, *fig.*
remark: sting (*s.o.*); make (*eyes,
tongue*) smart; *moths, worms*: eat
into; *tex.* quilt; pink (*silk*); stick
(into, *then*); *fig.* offend; arouse
(*s.o.'s curiosity*); *cuis.* lard; *fig.*
interlard (*an account, a story*);
✗ ~ q. à qch. give an injection of
s.th. to *s.o.*; ✗ ~ un animal put an
animal to sleep; ~ une tête dive, take a
header; F ~ un soleil blush; se ~ get
mildewy; turn sour; *fig.* get offended; se ~ de prick s.o. on; have
pretensions to; *v/i.*: ~ des deux spur
one's horse; ~ sur head for; ✗ *etc.*
dive down on.
piquet¹ [pi'kɛ] *m* peg, stake, post; ✗
picket; ~ de grève strike picket.
piquet² [ˌ] *m* cards: piquet, pack of
piquet cards.
piquette [pi'kɛt] *f* second wine; poor
wine; **piqueur, -euse** [ˌ'kœːr,
ˌ'køːz] *su.* stitcher, sewer; *su./m hunt.*
whip(per-in); groom; outrider; ✗
hewer; plate-layer; **piqûre**
[ˌ'kyːr] *f* sting, prick; (*flea-*)bite; ✗
injection; puncture; spot; *books,
leather, etc.*: stitching, sewing.
pirate [pi'rat] *m* pirate; ~ de l'air
highjacker; **pirater** [pira'te] (1a)
v/i. practise piracy; pirate; **piraterie** [ˌ'tri] *f* piracy (*a. fig.*); ~ aérienne
highjacking.
pire [piːr] worse; *au* ~ if the worst
comes to the worst; *le* ~ (the) worst.
piriforme [piri'fɔrm] pear-shaped.
pirogue [pi'rɔg] *f* (dug-out) canoe.
pirouette [pi'rwɛt] *f toy:* whirligig;
horsemanship, a. dancing: pirouette;
pirouetter [ˌrwɛ'te] (1a) *v/i.* pirouette; twirl.
pis¹ *zo.* [pi] *m* udder.
pis² [pi] *adv.* worse; *le* ~ (the) worst;
~**-aller** [piza'le] *m/inv.* stopgap, last
resource.
piscicole [pisi'kɔl] piscicultural;
pisciculteur [ˌkyl'tœːr] *m* pisci-
culturist; **pisciculture** [ˌkyl'tyːr] *f*
pisciculture, fish-breeding; **pisci-
forme** [ˌ'fɔrm] pisciform, fish-
shaped.

piscine [pi'sin] *f* swimming-pool;
public baths *pl.*; † fish-pond.
piscivore [pisi'vɔːr] piscivorous.
pisé △ [pi'ze] *m* puddled clay.
pissat [pi'sa] *m* (*animal*) urine; **pissenlit** ♀ [ˌsɑ̃'li] *m* dandelion; F *fig.*
manger les ~s par la racine be pushing
up the daisies (= *be dead*); **pisser** V
[ˌ'se] (1a) *v/i.* piss, pee; **pissoir**
[ˌ'swaːr] *m* urinal; **pissotière** V
[ˌsɔ'tjɛːr] *f* urinal.
pistache ♀ [pis'taʃ] *f* pistachio-nut;
pistachier ♀ [ˌta'ʃje] *m* pistachio
tree.
piste [pist] *f* track; race-track; race-
course; *circus:* ring; *hunt., a. fig.*
trail, scent; clue, lead; ✒ tarmac; ✈
~ d'atterrissage landing-strip; ✈ ~
d'envol runway; *cin.* ~ sonore sound-
track; **pister** [pis'te] *v/t. hunt.* track;
tail (*s.o.*).
pistil ♀ [pis'til] *m* pistil.
pistolet [pistɔ'lɛ] *m* pistol; gun; *a.* ~-
pulvérisateur spray gun.
piston [pis'tɔ̃] *m* ⊕ piston; ♪ valve; ♪
cornet; *fig.* influence, F pull; ⊕
course *f* du ~ piston-stroke; **pisto-
ner** F [ˌtɔ'ne] (1a) *v/t.* pull strings for
(*s.o.*).
pitance [pi'tɑ̃ːs] *f* (allowance of)
food; **piteux, -euse** [ˌ'tø, ˌ'tøːz]
piteous, sorry, woeful.
pithécanthrope [pitekɑ̃'trɔp] ~*m*
pithécanthrope, ape-man.
pitié [pi'tje] *f* pity (on, de).
piton [pi'tɔ̃] *m* ⊕ eye-bolt, ring-
bolt; F large nose; *geog.* peak; *mount.*
piton, peg; ~ à vis screweye.
pitoyable [pitwa'jabl] pitiful; pitia-
ble; poor.
pitre [pitr] *m* clown (*a. pej. fig.*);
pitrerie [pitrə'ri] *f* buffoonery.
pittoresque [pitɔ'rɛsk] **1.** *adj.* picturesque; graphic (*description, style*);
2. *su./m* picturesqueness; vividness.
pivert *orn.* [pi'vɛːr] *m* green woodpecker.
pivoine ♀ [pi'vwan] *f* peony.
pivot [pi'vo] *m* ⊕ pivot (*a.* ✗ *sl.*),
pin, axis; *lever:* fulcrum; *fig.* central figure *etc.*; ♀ tap-root; F ~s *pl.*
legs; **pivoter** [ˌvɔ'te] (1a) *v/i.*
pivot; turn, swivel; ✗ wheel; ♀
form tap-roots; F faire ~ drill, put
(*s.o.*) through it.
placage [pla'kaːʒ] *m* ⊕ veneer(ing);
metal: plating; ♪ patchwork; **placard** [ˌ'kaːr] *m* cupboard; △ *door:*

panel; poster, bill; *typ. proof*: galley; **placarder** [∼kar'de] (1a) *v/t.* post (*a bill*); stick (*a poster*) on a wall.

place [plas] *f* place, position; space, room; seat (*a. 🚗, thea., etc.*); square; (*taxi-*)stand; job, employment; rank; 🗲 ∼ *d'armes* parade-ground; 🗲 ∼ *forte* fortified town; fortress; *à la* ∼ *de* instead of; *à votre* ∼ if I were you; ✝ *faire la* ∼ canvass for orders; *par* ∼*s* here and there; *sur* ∼ on the spot; **placement** [plas'mã] *m* placing; ✝ sale, disposal; ✝ *money*: investing, investment.

placer [pla'se] (1k) *v/t.* place; put; find employment for; ✝ sell, dispose of; ✝ invest (*money*); seat (*s.o.*); show (*s.o.*) to a seat; F *il n'a pu* ∼ *un mot* he couldn't get a word in; *se* ∼ find a job; sell (*article*).

placet 🕮 [pla'sε] *m* claim; petition.

placeur, -euse [pla'sœːr, ∼'søːz] *su.* manager of an employment agency; steward (*at meetings*); ✝ placer, seller; *su./f thea.* usherette, attendant.

placide [pla'sid] placid, calm; **placidité** [∼sidi'te] *f* calmness, serenity, placidity.

placier *m*, **-ère** *f* [pla'sje, ∼'sjεːr] ✝ agent, canvasser; *admin.* clerk in charge of letting market pitches.

plafond [pla'fɔ̃] **1.** *su./m* ceiling (*a. fig., a. 🗲*); *mot.* maximum speed; 🗲 roof; ⚓ *hold*: floor; ⊕ *canal*: bottom; **2.** *adj.* maximum, ceiling; **plafonner** [∼fɔ'ne] (1a) *v/t.* ⚓ ceil; *v/i.* reach a maximum; *mot.* reach one's top speed; 🗲 fly at the ceiling; ✝ reach the ceiling (of, *à*) (*prices*); **plafonnier** [∼fɔ'nje] *m* ceiling-light; *mot.* roof-light.

plage [pla:ʒ] *f* beach, shore; seaside resort; surface; place; area, zone; period (of time); section, portion; range; ∼ *arrière* ⚓ quarter-deck; *mot.* back shelf.

plagiaire [pla'ʒjεːr] *m* plagiarist (from, *de*); **plagiat** [∼'ʒja] *m* plagiarism, plagiary; **plagier** [∼'ʒje] (1o) *v/t.* plagiarize, F crib from.

plaid [plεd] *m tex., cost.* plaid; travelling-rug.

plaider [plε'de] (1a) *v/i.* plead; litigate, go to court; *v/t.* plead; **plaideur** *m*, **-euse** *f* [∼'dœːr, ∼'døːz]

litigious person; **plaidoirie** 🕮 [∼dwa'ri] *f* counsel's speech; **plaidoyer** [∼dwa'je] *m* 🕮 defence speech; *fig.* plea, argument (for, *en faveur de*).

plaie [plε] *f* wound; sore (*a. fig.*); scourge; *bibl., fig.* plague.

plaignant [plε'ɲɑ̃, ∼'ɲɑ̃:t] *adj., a. su.* plaintiff; complainant.

plain, plaine [plε̃, plεn] *adj.*: *de* ∼*-pied* on a level (with, *avec*), on the same floor; *fig.* straight; ∼*-chant, pl.* ∼*s-chants* ♪ [plε̃'ʃɑ̃] *m* plainsong.

plaindre [plε̃:dr] (4m) *v/t.* pity, be sorry for; ✝ grudge; *se* ∼ complain; grumble.

plaine [plεn] *f* plain.

plainte [plε̃:t] *f* complaint (*a.* 🕮); reproach; lamentation; **plaintif, -ve** [plε̃'tif, ∼'tiːv] plaintive; querulous (*person, voice*).

plaire [plεːr] (4z) *v/i.*: ∼ *à* please; *à Dieu ne plaise* God forbid (that, *que*); *v/impers.*: *cela lui plaît* he likes that; *plaît-il?* I beg your pardon?; *qu'il vous plaise ou non* if you like it or not; *s'il vous plaît, s'il te plaît* please; *v/t.*: *se* ∼ delight (in, *à*); enjoy *o.s.*; be happy; please one another.

plaisamment [plεza'mɑ̃] *adv.* of *plaisant* 1; **plaisance** [∼'zɑ̃:s] *f*: *de* ∼ pleasure-(*boat, ground*); country (*seat*), in the country (*house*); **plaisant, e** [∼'zɑ̃, ∼'zɑ̃:t] **1.** *adj.* pleasant; amusing; ✝ ridiculous; **2.** *su./m* the amusing part (*of s.th.*); *mauvais* ∼ practical joker; **plaisanter** [plεzɑ̃'te] (1a) *v/i.* joke; *pour* ∼ for fun, for a joke; *v/t.* chaff (*s.o.*); **plaisanterie** [∼'tri] *f* joke; *mauvaise* ∼ silly joke; *par* ∼ for fun; **plaisantin** [∼'tε̃] *m* joker.

plaisir [plε'ziːr] *m* pleasure (*a. fig.*); delight; amusement; favo(u)r; *à* ∼ at will; without cause; *avec* ∼ willingly; *de* ∼ pleasure-...; *faire* ∼ *à* please; *les* ∼*s de la table* the pleasures of the palate; *menus* ∼*s pl.* little luxuries; *par* ∼ for pleasure.

plaisons [plε'zɔ̃] *1st p. pl. pres. of plaire*; **plaît** [plε] *3rd p. sg. pres. of plaire.*

plan, plane [plɑ̃, plan] **1.** *adj.* plane (*a.* 📐), level, flat; **2.** *su./m* 📐, 📏, 🗲, ♪, *opt.* plane; ⊕ *plane*: sole; 🗲 *fire*: line; 🗲 wing; *fig.* level, sphere; *fig.* rank, importance; 📐 *etc., fig.* plan; draft, drawing; *cin. gros* ∼ close-up; F *laisser q. en* ~ leave s.o. in the lurch; *premier* ~ *thea.* down-stage; *paint.* foreground; *fig.* first importance; *second* ~ *paint.* middle ground; *fig.* background, *fig.* second rank.

planche [plã:ʃ] *f* board; plank; (*book-*)shelf; ⊕ plate, block; ✔ land; ✔ (*flower- etc.*)bed; *thea.* ~s *pl.* boards, stage *sg.*; ⚓ ~ *de débarquement* gang-plank; *faire la* ~ *swimming:* float (on one's back); ⚓, ~ *jours m/pl. de* ~s lay days; **planchéier** [plãʃe'je] (1a) *v/t.* board (over); floor (*a room*); **plancher** [~'ʃe] **1.** *su./m* (*boarded*) floor; ⚓ planking; ✔, *mot.* floor-board; F ~ *des vaches* terra firma; F *débarrasser le* ~ clear out (= *go away*); F *mot. mettre le pied au* ~ step on it; **2.** *adj.* bottom, minimum (*price etc.*); **planchette** [~'ʃɛt] *f* small board or plank.

plan-concave *opt.* [plãkõ'ka:v] planoconcave; **plan-convexe** *opt.* [~'vɛks] planoconvex.

plane ⊕ [plan] *f* drawing-knife; turning-chisel.

plané, e ✔ [pla'ne] gliding; *vol m* ~ glide, volplane; *birds:* soaring.

planer¹ [pla'ne] (1a) *v/t.* ⊕ make even; plane (*wood*).

planer² [~] (1a) *v/i.* ✔ glide; soar (*bird*); hover (*bird, mist, a. fig.*).

planétaire [plane'tɛ:r] **1.** *adj.* planetary; **2.** *su./m* planetarium; **planète** *astr.* [~'nɛt] *f* planet.

planeur [pla'nœ:r] *m* ✔ glider; ⊕ *metals:* planisher; **planeuse** ⊕ [~'nø:z] *f* planing-machine; planishing-machine.

planification *pol.* [planifika'sjõ] *f* planning; **planifier** [~'fje] (1a) *v/t.* plan; *économie f planifiée* planned economy.

planimétrie ⅄ [planime'tri] *f* planimetry; **planimétrique** [~'trik] planimetric(al).

planning [pla'niŋ] *m* planning (*a. pol.*); ~ *familial* family planning.

planque *sl.* [plãk] *f* hideaway; cushy job; **planquer** *sl.* [plã'ke] (1m) *v/t.* hide; *se* ~ take cover; hide; lie flat.

plant ✔ [plã] *m* sapling; slip; (*nursery*) plantation; **plantage** ✔ [plã'ta:ʒ] *m* planting; plantation.

plantain ✔ [plã'tɛ̃] *m* plantain.

plantation [plãta'sjõ] *f* planting; plantation; *fig.* setting up, erection; **plante** [plã:t] *f* ✔ plant; *anat.* foot:

sole; ~ *d'appartement* indoor plant; ~ *marine* seaweed; *jardin m des* ~s botanical gardens *pl.*, F zoo; **planter** [plã'te] (1a) *v/t.* plant; fix; set up; F *fig.* ~ *là* run out on (*s.o.*); jilt (*s.o.*); chuck (up); *se* ~ take (up) a stand; **planteur** [~'tœ:r] *m* planter; **planteuse** [~'tø:z] *f* planting-machine.

plantigrade *zo.* [plãti'grad] *adj.*, *a. su./m* plantigrade.

plantoir ✔ [plã'twa:r] *m* dibble.

planton ⅄ [plã'tõ] *m* orderly.

plantule ✔ [plã'tyl] *f* plantlet, plantling.

plantureux, -euse [plãty'rø, ~'rø:z] plentiful, copious; fertile, rich (*country*); *fig.* buxom (*woman*).

plaque [plak] *f* sheet; *metal, a. phot.:* plate; *marble:* slab; *engine, a.* 🚗: bed-plate; (*ornamental*) plaque; badge; ~ *commémorative* (*votive*) tablet; *mot.* ~ *de police,* ~ *minéralogique* number plate; ~ *de porte* (*rue*) name plate (street plate); ~ *d'identité* identification disc, ⅄ identity disc; ~ *tournante* 🚂 turntable; *fig.* centre; **plaqué** ⊕ [pla'ke] *m* plated metal; electroplate; veneered wood; **plaquer** [~'ke] (1m) *v/t.* ⊕ plate (*metal*); ⊕ veneer (*wood*); ✔ lay down (*turf*); *foot.* tackle; ♪ strike (*a chord*); F run out on (*s.o.*); jilt (*s.o.*); chuck (up); **plaquette** [~'kɛt] *f metal, wood:* small plate; *stone, marble:* thin slab; brochure; **plaqueur** [~'kœ:r] *m* ⊕ *metal:* plater; *wood:* veneerer; *foot.* tackler.

plastic 🔫 [plas'tik] *m* explosive gelatine; **plasticité** [~tisi'te] *f* plasticity; **plastique** [~'tik] **1.** *adj.* plastic; **2.** *su./f* plastic art; *fig.* figure; *su./m* ⊕ plastic goods *pl.*

plastron [plas'trõ] *m* ⅄ breast-plate; ⊕ drill-plate; fencing-jacket; *fig.* butt; *cost.* woman's modesty-front; *cost.* man's shirt-front; **plastronner** [~trɔ'ne] (1a) *v/i.* F strut, put on side.

plat, plate [pla, plat] **1.** *adj.* flat (*a. fig.*); level; smooth (*sea*); straight (*hair*); low-heeled (*shoes*); empty (*purse*); plain (*water*); *fig.* dull; *fig.* poor, paltry; *calme m* ~ dead calm; **2.** *su./m* flat part (*of s.th.*); oar, *tongue:* blade; *book:* board; *cuis.* dish; *cuis.* course; *à* ~ flat; F *fig.* washed out, all in; F *mettre les pieds dans le* ~ put one's foot in it; *tomber à ~* fall flat on one's face, *thea.* fall flat (*play*).

platane ♀ [pla'tan] *m* plane-tree; *faux ~* sycamore, great maple.

plateau [pla'to] *m* tray; platform; *thea.* stage; *geog.* plateau; *balance:* scale; ⊕ (bed-)plate; ⊕ table.

plate-bande, *pl.* **plates-bandes** [plat'bãːd] *f ✿* flower-bed; (grass) border; △ plat band; F **plates-bandes** *pl.* preserves, private ground *sg.*

platée [pla'te] *f* △ concrete: foundation; F dishful.

plate-forme, *pl.* **plates-formes** [plat'fɔrm] *f bus, a. fig.:* platform; 🚂 *engine:* foot-plate.

platine [pla'tin] *su./f lock, watch:* plate; *typewriter, printing press:* platen; *record player:* turntable; deck; *su./m 🜍 min.* platinum; *pla-tiné, e* [⌣ti'ne] platinized; *une blonde ~e* a platinum blonde.

platitude [plati'tyd] *f* platitude, commonplace remark; *fig.* servility; *style:* flatness.

plâtrage [plɑ'traːʒ] *m* ⊕ plastering; △ plaster-work; F rubbish; **plâtras** [⌣'trɑ] *m* debris (of building materials); **plâtre** [plɑːtr] *m* plaster; plaster cast; plaster-work; *battre comme ~* beat (*s.o.*) to a jelly; *✟ mettre en ~* (put into) plaster; **plâtrer** [plɑ'tre] (1a) *v/t.* plaster; *fig.* patch up; *✟* (put into) plaster; **plâtreux, -euse** [⌣'trø, ⌣'trøːz] plastery; chalky (*soil, water*); gypseous; **plâtrier** [⌣tri'e] *m* plasterer; calciner of gypsum; **plâtrière** [⌣tri-'ɛːr] *f* gypsum-quarry, gypsum-kiln; chalk-pit.

plausible [plo'zibl] plausible, specious.

plèbe [plɛb] *f* the plebs; *the* common people *pl.*; **plébéien, -enne** [plebe'jɛ̃, ⌣'jɛn] *adj., a. su.* plebeian; **plébiscite** [plebi'sit] *m* plebiscite; **plébisciter** [⌣si'te] (1a) *v/t.* vote for by plebiscite; vote for or elect or approve (of) by an overwhelming majority; F measure (*s.o.'s*) popularity.

plein, pleine [plɛ̃, plɛn] **1.** *adj.* full (of, *de*); filled (with, *de*); high (*sea, tide*); open (*country, street*); big with young (*animal*); solid (*brick, wood, tyre, wire*); *~ emploi* see **plein-emploi**; *fig. pleine saison* the

height of the season; *de son ~ gré* of one's own free will; *en ~ air* in the open; *en ~ jour* in broad daylight; *fig.* publicly, openly; ⚓ *en pleine mer* on the open sea; *en pleine rue* in the open street; openly; **2.** *su./m* full part; *building:* solid part; *✕ etc.* bull's-eye; fill(ing); *battre son ~* be at the full (*tide*); *fig.* be in full swing (*party, season, etc.*); *mot. faire le ~* fill up with petrol or *Am.* gas, fill up the tank; **plein-emploi** [plɛ̃ã'plwa] *m* full employment; **plein-temps** [plɛ̃'tã] **1.** *adj./inv.* full-time; **2.** *m/inv.* full-time job.

plénier, -ère [ple'nje, ⌣'njɛːr] complete, absolute; *✝‚ eccl.* plenary; **plénipotentiaire** [plenipotã'sjɛːr] *adj., a. su./m* plenipotentiary; **plé-nitude** [⌣'tyd] *f* fullness; completeness.

plénum, plenum [ple'nɔm] *m* plenum.

pléonasme [pleɔ'nasm] *m* pleonasm.

pléthore [ple'tɔːr] *f ✟, a. fig.* plethora; *fig.* (super)abundance; **pléthorique** [⌣tɔ'rik] *f* plethoric, full-blooded; *fig.* (super)abundant.

pleur [plœːr] *f* tear; **pleurard, e** [plœ'raːr, ⌣'rard] **1.** *adj.* whimpering; whining (*voice*); tearful; **2.** *su.* whiner; F cry-baby; **pleure-mi-sère** [plœrmi'zɛːr] *su./inv.* person who is always pleading poverty; **pleurer** [plœ're] (1a) *v/t.* weep for, mourn for; *v/i.* weep; cry (for, *de*; over, *sur*) (*a. fig.*); water (*eyes*); ⊕ *etc.* drip; *✎* bleed.

pleurésie [plœre'zi] *f* pleurisy.

pleureur, -euse [plœ'rœːr, ⌣'røːz] **1.** *adj.* tearful, lachrymose; weeping (*person, rock, & willow*); **2.** *su.* weeper; whimperer; *su./f* hired mourner; **pleurnicher** [plœrni-'ʃe] (1a) *v/i.* whimper, whine, snivel; **pleurnicherie** [⌣niʃ'ri] *f* whining; **pleurnicheur, -euse** [⌣ni'ʃœːr, ⌣'ʃøːz] **1.** *adj.* whining, whimpering, peevish; **2.** *su.* whiner, whimperer; F cry-baby.

pleut [plø] *3rd p. sg. pres. of* pleuvoir.

pleutre [pløtr] *m* cad; coward.

pleuvoir [plœ'vwaːr] (3g) *v/impers.* rain; *il pleut à verse* it is pouring (with rain), it is raining hard; *v/i. fig.* pour in; **pleuvra** [⌣'vra] *3rd p. sg. fut. of* pleuvoir.

plèvre *anat.* [plɛːvr] *f* pleura.

plexus *anat.* [plɛkˈsys] *m*: ~ *solaire* solar plexus.

pli [pli] *m* fold, pleat; wrinkle; (*a. faux* ~) crease; ✝ cover, envelope; *bridge, whist*: trick; *arm, leg*: bend; *fig.* habit; *ground*: undulation; ~*s pl. non repassés* unpressed pleats; *faire des* ~*s* crease (*v/i.*); *faire des* ~ *à plat* (*s.th.*); F *cela ne fait pas un* ~ that's for sure; *fig.* prendre *un* ~ acquire a habit; ✝ *sous ce* ~ enclosed, herewith; ✝ *sous* ~ *séparé* under separate cover; **pliable** [ˈabl] foldable, folding; pliable, flexible (*a. fig.*); **pliant, e** [ˈɑ̃, ˈɑ̃ːt] **1.** *adj.* pliant, flexible; folding; *fig.* docile; *mot. capote f* ~*e* collapsible hood; **2.** *su./m* folding-stool, camp-stool.

plie *icht.* [pli] *f* plaice.

plier [pliˈe] (1a) *v/t.* fold (up); bend; bow (*one's head*); se ~ à submit to; *fig.* give o.s. up to; *v/i.* bend; yield (*a.* ✗); **plieur, -euse** [ˈœːr, ˈøːz] *su.* folder; *su./f* folding-machine.

plinthe △ *etc.* [plɛ̃ːt] *f* plinth.

plioir [pliˈwaːr] *m bookbinding*: folder; paper-knife; *fishing-line*: winder.

plisser [pliˈse] (1a) *v/t.* pleat; crumple; crease; corrugate (*metal, paper*); pucker up (*one's face etc.*); *v/i.* crease, pucker; hang in *or* have folds; **plissure** [ˈsyːr] *f* pleating; pleats *pl.*

pliure [pliˈyːr] *f* fold; bend; *bookbinding*: folding.

plomb [plɔ̃] *m* lead; △ lead sink; ⚡ fuse; ✝ lead seal; ⚓ plummet; *hunt. etc.* shot; *typ.* metal, type; *fig.* weight; *à* ~ vertically; upright; straight down; *mine f de* ~ black-lead, graphite; *sommeil m de* ~ heavy sleep; *tomber à* ~ fall plumb *or* vertically; **plombage** [plɔ̃ˈbaːʒ] *m* leading, plumbing; ✝ sealing; *teeth*: stopping, filling; **plombagine** [ˌbaˈʒin] *f* graphite, plumbago; **plombé, e** [ˈbe] leaded (*a. cane*); leaden (*sky*); livid (*complexion*); **plomber** [ˈbe] (1a) *v/t.* cover *or* weight with lead; glaze (*pottery*); stop, fill (*a tooth*); △ plumb; ✝ seal; *fig.* give a livid hue to; **plomberie** [ˈbri] *f* plumbing; lead industry; lead-works *usu. sg.*; plumber's (shop); **plombier** [ˈbje] *m* lead-worker; plumber;

plombifère [ˌbiˈfeːr] lead-bearing; lead (*glaze*).

plongeant, e [plɔ̃ˈʒɑ̃, ˈʒɑ̃ːt] plunging; from above (*view*); **plongée** [ˈʒe] *f* plunge, dive; diving; slope; *ground*: dip; ~ *sous-marine* (skin) diving; **plongeoir** [ˈʒwaːr] *m* diving-board; **plongeon** [ˈʒɔ̃] *m* dive; *orn.* diver; *faire le* ~ dive; *fig.* make up one's mind, F take the plunge; **plonger** [ˈʒe] (1l) *v/i.* plunge; *v/t.* dip (into, *dans*); se ~ immerse o.s.; *fig.* être plongé dans be absorbed in; *v/i.* dive; ⚓ submerge (*submarine*); dip (*ground, a.* ✗ *seam*); ⚓ *du nez* pitch; **plongeur, -euse** [ˈʒœːr, ˈʒøːz] **1.** *adj.* diving; **2.** *su. person*: diver; dish-washer, washer-up (*in a restaurant*); *su./m orn.* diver; ⊕ plunger.

plot ⚡ [plo] *m* stud, terminal; plug.

plouc, plouk, plouque F *pej.* [pluk] **1.** *su./m* rustic, country bumpkin; provinciality, provincialism; **2.** *adj./inv.* rustic, provincial.

ploutocratie [plutɔkraˈsi] *f* plutocracy.

ployable [plwaˈjabl] pliable; **ployer** [ˈje] ✝ (1h) *v/t.* bend; *v/i.* give way.

plu[1] [ply] *p.p. of* plaire.

plu[2] [ply] *p.p. of* pleuvoir.

pluie [plɥi] *f* rain (*a. fig.*); *fig.* shower; ~(*s pl.*) *acide(s)* acid rain; *craint la* ~! keep dry!; F *fig.* faire la ~ *et le beau temps* rule the roost.

plumage [plyˈmaːʒ] *m* plumage; **plumard** *sl.* [ˈmaːr] *m* bed; **plume** [plym] *f* feather; pen; pen-nib; *homme m de* ~ man of letters; **plumeau** [plyˈmo] *m* feather duster; **plumée** [ˈme] *f poultry*: plucking; **plumer** [ˈme] (1a) *v/t.* pluck (*poultry*); F fleece (*s.o.*); **plumet** [ˈme] *m* ✗ *helmet*: plume; **plumier** [ˈmje] *m* pen(cil) box; pen tray; **plumitif** *pej.* [ˌmiˈtif] *m* penpusher; scribbler.

plupart [plyˈpaːr] *f*: *la* ~ most, the majority, the greater part; *la* ~ *des gens, la* ~ *du monde* most people; *la* ~ *du temps* most of the time; generally; *pour la* ~ mostly.

pluralité [plyraliˈte] *f* plurality; *votes*: majority.

pluri... [plyri] pluri..., multi...

pluriel, -elle *gramm.* [plyˈrjɛl] **1.** *adj.* plural; **2.** *su./m* plural; *au* ~ in the plural.

plus[1] [ply; *oft.* plys *at end of word-group*; *before vowel* plyz] **1.** *adv.* more; ✳ plus; ~ ... ~ ... the more ... the more ...; ~ *confortable* more comfortable; ~ *de* more than (*2 days*); ~ *de soucis!* no more worries!; ~ *grand* bigger; ~ *haut!* speak up!; ~ *que* more than (*he*); ~ *rien* nothing more; *de* ~ *further(more)*; *de* ~ *en* ~ more and more; *en* ~ in addition (to, de); extra; *le* ~ *confortable* most comfortable; *le* ~ *grand* biggest; *moi non* ~ nor I, I me neither; *ne* ... ~ no more, no longer; not again; *non* ~ (not) either; *rien de* ~ nothing else *or* more; *sans* ~ simply, only, nothing more; *tant et* ~ any amount, plenty; **2.** *su./m:* le ~ the most, the best; *au* ~ at the best, at most; *tout au* ~ at the best, at the very most.

plus[2] [ply] *1st p. sg. p.s. of* plaire.

plusieurs [ply'zjœ:r] *adj./pl., a. pron./indef./pl.* several; some.

plus-que-parfait *gramm.* [plyskə-par'fɛ] *m* pluperfect.

plus-value *f, pol.* [plyva'ly] *f* appreciation, increment value; betterment; extra-payment; *impôt sur la* ~ (*approx.*) capital gains tax.

plut [ply] *3rd p. sg. p.s. of* pleuvoir.

plutonium 🜍 [plytɔ'njɔm] *m* plutonium.

plutôt [ply'to] *adv.* rather, sooner (than, que); on the whole.

pluvial, e, *m/pl.* **-aux** [ply'vjal, ~'vjo] rain-...; rainy (*season*); **pluvier** *orn.* [~'vje] *m* plover; **pluvieux, -euse** [~'vjø, ~'vjø:z] rainy; wet; of rain; **pluviomètre** *meteor.* [~vjɔ'mɛtr] *m* rain-ga(u)ge, udometer.

pneu, *pl.* **pneus** [pnø] *m mot.* tyre, *Am.* tire; express letter; ~ *antidérapant* non-skid tyre; **pneumatique** [~ma'tik] **1.** *adj.* air-..., pneumatic; **2.** *su./m* (pneumatic) tyre; (*a. carte f* ~) express letter.

pneumonie 🜍 [pnømɔ'ni] *f* pneumonia; **pneumonique** 🜍 [~'nik] pneumonic.

pochade [pɔ'ʃad] *f* rapid *or* rough sketch. [drunk.]

pochard, e [pɔ'ʃa:r, ~'ʃard] *adj., su.*⌉

poche [pɔʃ] *f* pocket; sack; case; pouch; *geol.* pot-hole; *geol.* washout; *cost.* pucker, F bag; *fig.* isolated case(s *pl.*); ~ *d'air* ✈ air-pocket; ⊕

airlock; *argent m de* ~ pocket-money; **pochée** [pɔ'ʃe] *f* pocketful; **pocher** [~'ʃe] (1a) *v/t. cuis.* poach; *fig.* black (*s.o.'s eye*); dash off (*an essay, a sketch, etc.*); *cost.* make baggy at the knees; **pochetée** [pɔʃ'te] *f* pocketful; *sl.* stupid (person); **pochette** [pɔ'ʃɛt] *f* small pocket; handbag, sachet; *matches:* book; fancy handkerchief; ✳ pocket-set (*of mathematical instruments*).

podagre ✚ [pɔ'da:gr] **1.** *su.* gouty person; *su./f* podagra; **2.** *adj.* gouty.

podomètre [pɔdɔ'mɛtr] *m* pedometer.

poêle[1] [pwa:l] *m* (funeral-)pall.

poêle[2] [pwa:l] *m* stove, cooker.

poêle[3] [pwa:l] *f* frying-pan; F *fig. tenir la queue de la* ~ be in charge *or* control; **poêlée** [pwa'le] *f* panful.

poêlier [pwa'lje] *m* dealer in stoves and cookers; stove-setter.

poêlon [pwa'lɔ̃] *m* small saucepan; casserole.

poème [pɔ'ɛ:m] *m* poem; **poésie** [~e'zi] *f* (piece of) poetry; **poète** [~'ɛt] *m* poet; *femme f* ~ woman poet, poetess; **poétereau** [pɔe'tro] *m* poetaster; **poétesse** [~'tɛs] *f* poetess; **poétique** [~'tik] **1.** *adj.* poetic(al); **2.** *su./f* poetics *sg.*; **poétiser** [~ti'ze] (1a) *v/i.* write poetry; *v/t.* poet(ic)ize.

poids [pwɑ] *m* weight; heaviness; *fig.* importance; load; *fig.* burden; ✚ ~ *brut* gross weight; *box.* ~ *coq* bantam weight; *box.* ~ *léger* lightweight; ~ *lourd* box. heavy-weight; *mot.* heavy lorry *or* truck; *box.* ~ *mi-lourd* light heavy-weight; ~ *mort* dead weight; *box.* ~ *mouche* flyweight; *box.* ~ *moyen* middleweight; ✚ ~ *net* net weight; *box.* ~ *plume* feather-weight; 🜍 ~ *spécifique* specific gravity; ⚖ ~ *utile* payload; ~ *vif* live weight; *sp. lancer m (or lancement m) du* ~ shot put; *fig. ne pas faire le* ~ not to measure up.

poignant, e [pwa'nɑ̃, ~'nɑ̃:t] poignant; keen; *fig.* heart-breaking.

poignard [pwa'na:r] *m* dagger; **poignarder** [~nar'de] (1a) *v/t.* stab; *fig.* wound (*s.o.*) deeply; **poigne** F [pwaɲ] *f* grip, grasp; **poignée** [pwa'ɲe] *f* handful (*a. fig.*); *door etc.:* handle; *sword:* hilt; ⊕ *tool:* haft; ~ *de main* handshake; **poignet** [~'ɲɛ] *m* wrist; *cost.* cuff; *shirt:* wristband.

poil [pwal] *m* hair; fur, coat (*of animal*); *tex. cloth*: nap; *velvet*: pile; ⚓ *brush*: bristle; F *à* ~ naked; F *au* ~ great, fantastic, perfectly, fine; F *de bon* (*mauvais*) ~ in a good (bad) mood; **poilu, e** [pwa'ly] **1.** *adj.* hairy, shaggy; **2.** *su./m* ⚔ F French soldier.

poinçon ⊕ [pwɛ̃'sɔ̃] *m* (brad)awl; punch; stamp; *silver etc.*: (hall-)mark; *embroidery*: pricker; **poinçonner** [pwɛ̃sɔ'ne] (1a) *v/t.* prick; punch (*a. tickets*); stamp; hallmark (*silver etc.*); **poinçonneur** [~'nœːr] *m* puncher; **poinçonneuse** [~'nøːz] *f* ⊕ stamping-machine; 🎫 ticket-punch.

poindre [pwɛ̃:dr] (4m) *v/t.* † sting; *v/i.* dawn (*day*[*light*]); *fig.* come up, appear; ⚓ sprout.

poing [pwɛ̃] *m* fist.

point¹ [pwɛ̃] *m* 🅰, ♬, *phys.*, *typ.*, *sp.*, *fig.*, *time*, *place*: point; *gramm.* full stop, *Am.* period; 🅂, *needlework*: stitch; *opt.* focus; *sp.* score; *school*: mark; speck; dot (*a. on letter i*); *cards*, *dice*: pip; *fig.* extent, degree; *fig.* state, condition; *cost.* lace; *fig.* ~ *chaud* hot spot, trouble spot; ~ *d'arrêt* stopping place; ~ *de côté* stitch in one's side; 🅂 *de suture* stitch (*in a wound*); ~ *de vue* point of view, viewpoint; ~ *d'exclamation* exclamation mark; ~ *d'interrogation* question mark; ~ *du jour* daybreak; *fig.* ~ *faible* weak point; *fig.* ~ *noir* problem; difficulty; weak spot or link; ~-*virgule* semicolon; *à ce* ~ *que* so much so that; *à* ~ in the right condition; in the nick of time; medium-cooked (*meat*); *au* ~ *mort* in neutral; *fig.* at a standstill; *sp.* *battre aux* ~*s* beat (*s.o.*) on points; *de* ~ *en* ~ in every particular; *deux* ~*s* colon; *en tout* ~ in every way, on all points; *être sur le* ~ *de* (*inf.*) be about to (*inf.*); 🅂 *faire le* ~ take the ship's position; *mauvais* ~ *school*: bad or poor mark; *mettre au* ~ *opt.* focus; *mot. etc.* tune (*the engine*); restate (*a question*); clarify (*an affair*); *sur ce* ~ on that score or head.

point² [~] *adv.*: *ne* ... ~ not ... at all; ~ *du tout!* not at all.

pointe [pwɛ̃:t] *f* point; *arrow etc.*: tip; *bullet*: nose; *spire*, *tree*: top; touch (*of bronchitis etc.*, *a. fig.*); *geog.* headland, *land*: tongue; *day*: break; witticism; *fig.* peak, maximum; ~ *des pieds* tiptoe; ⊕ ~ *sèche* etching-needle; dry-point engraving; F *avoir une* ~ *de vin* be slightly excited with drink; *fig. de* ~ top, leading; top, maximum; latest (*developments etc.*); *décolleté en* ~ V-neck; *en* ~ pointed (*beard*); tapering; *fig.* top, leading; *heures f/pl. de* ~ peak hours.

pointer¹ [pwɛ̃'te] (1a) *v/t.* prick up (*one's ears*); sharpen (*a pencil*); ♬ dot (*a note*); *v/i.* ⚓ sprout, come up; rear (*horse*); rise, soar (*bird*, *spire*).

pointer² [pwɛ̃'te] (1a) *v/t.* aim (*a gun etc.*); check (off) (*items*, *names*); prick; F *se* ~ turn up, show up; *v/i.* clock in or out (*worker*); **pointillé, e** [pwɛ̃ti'je] *su./m* dotted line; stippling; **pointiller** [~'je] (1a) *v/t.* dot; stipple; **pointilleux, -euse** [~'jø, ~'jøːz] particular (about, *sur*); finicky; touchy.

pointu, e [pwɛ̃'ty] pointed, sharp; *fig.* shrill (*voice*); *fig.* touchy (*disposition*); **pointure** [~'ty:r] *f* collars, shoes, *etc.*: size.

poire [pwa:r] *f* ⚓ pear; 🗲 bulb; 🗲 pear-switch; *sl.* mug, sucker, F head; ~ *à poudre* powder-flask; F *garder une* ~ *pour la soif* put s.th. by for a rainy day; **poiré** [pwa're] *m* perry.

poireau [pwa'ro] *m* ⚓ leek; F waiting person; F *faire le* ~ = **poireauter** [~rɔ'te] (1a) *v/i.* be kept waiting, cool or kick one's heels; **poirée** ⚓ [~'re] *f* white beet.

poirier ⚓ [pwa'rje] *m* pear-tree.

pois [pwa] *m* ⚓ pea; *tex.* polka dot; ~ *pl. cassés* split peas; ~ *chiche* chickpea; *tex. à* ~ spotted, dotted; *cuis. petits* ~ *pl.* green peas.

poison [pwa'zɔ̃] *m* poison.

poissant, e F [pwa'sã, ~'sã:t] importunate, a pest.

poissard, e [pwa'sa:r, ~'sard] **1.** *adj.* vulgar; **2.** *su./f* fishwife; foulmouthed woman; *langue f de* ~*e* F Billingsgate.

poisse F [pwas] *f* bad luck; **poisser** [pwa'se] (1a) *v/t.* make sticky; ⊕ pitch; F *nab* (*s.o.*); **poisseux, -euse** [~'sø, ~'søːz] sticky.

poisson [pwa'sɔ̃] *m* fish; ~ *d'avril* April Fool trick or joke; ~ *rouge* goldfish; *faire un* ~ *d'avril à* make an April Fool of (*s.o.*); *astr. les* ⚓*s* Pisces, the Fishes; ~-**chat**, *pl.* ~*s*-**chats** *icht.* [~sɔ̃'ʃa] *m* cat-fish; **poissonnerie** [~sɔn'ri] *f* fish-market;

fish-shop; **poissonneux, -euse**
[ˌsɔ'nø, ˌ'nøːz] teeming with fish;
poissonnier, -ère [ˌsɔ'nje, ˌ'njɛːr]
su. fishmonger; su./f fishkettle.

poitrail [pwa'traːj] m zo. breast; co.
(human) chest; **poitrinaire** ⚕
[ˌtri'nɛːr] adj., a. su. consumptive;
poitrine [ˌ'trin] f breast, chest;
woman: bust.

poivrade cuis. [pwa'vrad] f dressing
of oil, vinegar and pepper; **poivre**
[pwaːvr] m pepper; F ~ et sel grey-
haired (person); grain m de ~ pep-
percorn; **poivré, e** [pwa'vre] pep-
pery, hot (food); pungent (smell);
stiff (price); fig. spicy (story); **poivrer** [ˌ'vre] (1a) v/t. pepper; F
spice (a story etc.); **poivrier** [ˌvri'e]
m pepper-box; ♀ pepper-plant;
poivrière [ˌvri'ɛːr] f pepper-pot;
pepper-box (a. △); **poivron** [ˌ'vrɔ̃]
m pimento, allspice; **poivrot** F [ˌ'vro] m
drunkard.

poix [pwa] f pitch; cobbler's wax.

polaire ♁, ♓, geog. [pɔ'lɛːr] polar;
polarisation phys. [pɔlariza'sjɔ̃] f
polarization; **polariser** [ˌ'ze] (1a)
v/t. phys. polarize; fig. focus, centre;
polarité phys. [ˌ'te] f polarity.

pôle [poːl] m pôle: geog. ~ Nord (Sud)
North (South) Pole.

polémique [pɔle'mik] 1. adj. polemic; 2. su./f polemic; ~ ccl. po-
lemics pl.; **polémiquer** [ˌmi'ke]
(1m) v/i. polemize.

poli, e [pɔ'li] 1. adj. polished (a. fig.);
burnished (metal); glossy; fig. polite; fig. urbane, elegant; 2. su./m
polish, gloss.

police¹ [pɔ'lis] f police, constabulary; policing; regulations pl.; ~ de
la circulation traffic police; ~ fluviale river police; ~ judiciaire (approx.) Criminal Investigation Department, C.I.D.; agent m de ~
policeman; appeler ~(-)secours dial
999; ✕ bonnet m de ~ forage cap;
fiche f de ~ registration form (at a
hotel); ✕ salle f de ~ guard-room.

police² [ˌ'] f insurance policy; ♜
~ de chargement bill of lading; ~
flottante floating policy.

policer † [pɔli'se] (1k) v/t. bring
law and order to; organize; civilize.

polichinelle [pɔliʃi'nɛl] m Punch;
F buffoon; secret m de ~ open secret.

policier, -ère [pɔli'sje, ˌ'sjɛːr] 1. adj.

police...; detective (film, novel);
2. su./m policeman; detective; detective novel.

poliment [pɔli'mɑ̃] adv. of poli 1.

poliomyélite ⚕ [pɔljɔmje'lit] f
poliomyelitis, F polio; infantile
paralysis.

polir [pɔ'liːr] (2a) v/t. polish (a. fig.);
make glossy; burnish (metal); fig.
refine; **polisseur, -euse** [pɔli'sœːr,
ˌ'søːz] su. polisher; su./f polishing
machine; **polissoir** [ˌ'swaːr] m ⊕
tool: polisher; polishing machine;
buff-stick; nail-polisher.

polisson, -onne [pɔli'sɔ̃, ˌ'sɔn] 1.
adj. naughty; pej. indecent; saucy; 2.
su. naughty child, scamp; dissolute
person; **polissonner** [ˌsɔ'ne] (1a)
v/i. run the streets (child); behave or
talk lewdly; **polissonnerie** [ˌsɔn'ri]
f child: mischievousness; indecent
act; smutty story; depravity.

polissure [pɔli'syːr] f polish(ing).

politesse [pɔli'tɛs] f politeness, courtesy; ~s pl. civilities.

politicien, -enne m, f usu. pej [pɔ-
liti'sjɛ̃, ˌ'sjɛn] politician; **politique**
[ˌ'tik] 1. adj. political; fig. prudent,
wary; fig. diplomatic; homme m ~
politician; 2. su./m politician; su./f
politics; policy; ~ de clocher par-
ish-pump politics; ~ de la porte
ouverte open-door policy; ~ extérieure (intérieure) foreign (home)
policy; **politiquer** F [ˌti'ke] (1m)
v/i. dabble in politics; talk politics;
politologie [pɔlitɔlɔ'ʒi] f political
science; **politologue** [ˌ'lɔg] su.
political scientist.

polka [pɔl'ka] f ♪ dance: polka; ⊕
quarryman's hammer.

pollen ♀ [pɔl'lɛn] m pollen; **polli-
nique** ♀ [ˌli'nik] pollinic; pollen-
(sac, tube); **pollinisation** ♀ [ˌ
liniza'sjɔ̃] f fertilisation, polliniza-
tion.

polluant, e [pɔl'lɥɑ̃, ˌ'lɥɑ̃t] 1. adj.
polluting; 2. su./m pollutant, polluting agent; **polluer** [ˌ'lɥe] (1n) v/t.
pollute; defile; eccl. profane; **pollution** [ˌly'sjɔ̃] f pollution (a. ⚕); eccl.
profanation.

polochon sl. [pɔlɔ'ʃɔ̃] m bolster.

polonais, e [pɔlɔ'nɛ, ˌ'nɛːz] 1. adj.
Polish; 2. su./m ling. Polish; su. ♀
Pole; su./f ♪ dance: polonaise.

poltron, -onne [pɔltrɔ̃, ˌ'trɔn] 1. adj.
timid; cowardly, craven; 2. su.

coward, craven, *sl.* funk; **poltronnerie** [ˌ˜trɔn'ri] *f* timidity; cowardice.

poly... [pɔli] poly...; **˜clinique** [ˌ˜-
kli'nik] *f* polyclinic; **˜copier** [ˌ˜kɔ-
'pje] (1o) *v/t.* duplicate, *Am.* mimeo-
graph; **˜èdre** Å [ˌ˜'ɛːdr] 1. *adj.* poly-
hedral; 2. *su./m* polyhedron; **˜game**
[ˌ˜'gam] 1. *adj.* polygamous; ♀ poly-
gamic; 2. *su.* polygamist; **˜gamie**
[ˌ˜ga'mi] *f* polygamy; **˜glotte** [ˌ˜'glɔt]
adj., a. su. polyglot; **˜gone** [ˌ˜'gɔn] 1.
adj. polygonal; 2. *su./m* polygon; ✕
artillery: shooting-range; **˜mère** ♠
[ˌ˜'mɛːr] polymeric; **˜nôme** Å
[ˌ˜'noːm] *m* polynomial.

polype [pɔ'lip] *m zo.* polyp; ♠ pol-
ypus; **polypeux, -euse** [ˌ˜li'pø, ˌ˜-
'pøːz] polypous.

poly...: ˜phonie ♪ [pɔlifɔ'ni] *f* po-
lyphony; **˜phonique** ♪ [ˌ˜fɔ'nik]
polyphonic; **˜technicien** [ˌ˜tɛkni-
'sjɛ̃] *m* student at the *École polytechnique*; **˜technique** [ˌ˜tɛk'nik]: ♀ *f or
École f* ˜ Academy of Engineering;
˜valance [ˌ˜va'lɑ̃ːs] *f* ♠ poly-
valency; ⊕ *etc., a. fig.* versatility,
flexibility; **˜valent, e** [ˌ˜va'lɑ̃, ˌ˜'lɑ̃ːt]
♠ polyvalent; ⊕ *etc., a. fig.* versatile,
flexible, multi-purpose.

pomiculteur [pɔmikyl'tœːr] *m* fruit
grower.

pommade [pɔ'mad] *f* pomade, po-
matum, *(hair-)*cream; F *passer de la* ˜
à soft-soap *(s.o.)*; **pommader**
[ˌ˜ma'de] (1a) *v/t.* pomade, put cream
on *(one's hair)*.

pommard [pɔ'maːr] *m* Pommard *(a
red burgundy)*.

pomme [pɔm] *f* apple; ♀ pome;
lettuce etc.: head; *bedstead, stick:*
knob; *sprinkler etc.:* rose; F head; ˜ *de
discorde* bone of contention; ˜ *de
terre* potato; ˜*s pl.* chips potato
crisps, *Am.* chips; ˜*s pl.* frites Br.
chips, *Am.* French fries, French
fried potatoes; ˜*s pl.* mousseline
mashed potatoes; F *tomber dans les* ˜*s*
pass out (= *faint*); **pommé, e**
[pɔ'me] 1. *adj.* rounded; F *downright*
(fool); first-rate; *chou m* ˜ white-
heart cabbage; *laitue f* ˜*e* cabbage
lettuce; 2. *su./m* cider.

pommeau [pɔ'mo] *m* pommel;
fishing-rod: butt.

pommelé, e [pɔm'le] dappled; *ciel
m* ˜ mackerel sky; *gris* ˜ dapple-
grey; **pommelle** ⊕ [pɔ'mɛl] *f*

grating *(over pipe)*; **pommer** [ˌ˜-
'me] (1a) *v/i. a. se* ˜ form a head
(cabbage, lettuce, etc.); **pomme-
raie** ✔ [pɔm're] *f* apple-orchard;
pommette [pɔ'met] *f* knob; *anat.*
cheek-bone; **pommier** [ˌ˜'mje] *m*
apple-tree; **pomologie** [ˌˌmɔlɔ'ʒi] *f*
pomology.

pompe¹ [pɔ̃ːp] *f* pomp, ceremony;
entrepreneur m de ˜*s funèbres* funeral director, undertaker, *Am.*
mortician.

pompe² [pɔ̃ːp] *f* ⊕ pump; *mot.* ˜ *à
essence* petrol-pump, *Am.* gas-
pump; *sl.* shoe, boot; ˜ *à graisse*
grease-gun; ˜ *à pneumatique* fire-engine;
˜ *à pneumatique* tyre-pump; tyre-
inflator; ˜ *aspirante* suction-pump;
˜ *aspirante-foulante* lift-and-force
pump; F *à toute* ˜ at top speed, at full
tilt; F *sp. faire des* ˜*s* do push-ups;
pomper [pɔ̃'pe] (1a) *v/t.* pump *(a.
fig.)*; suck up *or* in; F tire out;
pompette F [ˌ˜'pɛt] tipsy.

pompeux, -euse [pɔ̃'pø, ˌ˜'pøːz]
pompous; stately; high-flown *(style)*.
pompier [pɔ̃'pje] 1. *su./m* fireman;
les ˜*s pl.* the fire brigade *sg.*; 2. *adj.* F
corny; high-falutin' *(style)*; **pom-
piste** *mot.* [ˌ˜'pist] *m* pump attendant.

pompon [pɔ̃'pɔ̃] *m* pompon, tuft;
powder-puff; F *iro. avoir (or tenir) le* ˜
surpass everyone; **pomponner**
[ˌ˜pɔ'ne] (1a) *v/t.* dress up, F doll up.

ponant *hist.* [pɔ'nɑ̃] *m* West; Occident.

ponce [pɔ̃ːs] *f (a. pierre f* ˜*)* pumice-
stone; *drawing:* pounce.
ponceau¹ △ [pɔ̃'so] *m* culvert.
ponceau² [ˌ˜] 1. *su./m* corn-poppy;
poppy-red; 2. *adj./inv.* poppy-red.
poncer ⊕ [pɔ̃'se] (1k) *v/t.* pumice;
floor etc.: sand-paper; rub down
(paint); pounce *(a drawing)*; **pon-
ceux, -euse** [ˌ˜'sø, ˌ˜'søːz] 1. *adj.*
pumiceous; 2. *su./f* ⊕ sand-paper-
ing machine; **poncif, -ve** [ˌ˜'sif,
ˌ˜'siːv] 1. *adj.* conventional; trite;
stereotyped *(effect, plot)*; 2. *su./m*
conventionalism; *fig.* conventional
piece of writing.

ponction ♠ [pɔ̃k'sjɔ̃] *f* puncture;
blister: pricking; **ponctionner** [ˌ˜-
sjɔ'ne] (1a) *v/t.* puncture; tap; prick
(a blister).
ponctualité [pɔ̃ktɥali'te] *f* punctuality; **ponctuation** *gramm.* [ˌ˜'sjɔ̃-

f punctuation; **ponctuel, -elle** [pɔ̃k'tɥɛl] punctual; *phys.* pinpoint (*a. fig.*); *fig.* isolated, selective, individual; **ponctuer** [~'tɥe] (1n) *v/t.* punctuate; emphasize (*a spoken word*).

pondaison [pɔ̃dɛ'zɔ̃] *f* eggs: laying.

pondérable [pɔ̃de'rabl] ponderable; **pondérateur, -trice** [~ra'tœːr, ~'tris] stabilizing, balancing; **pondération** [~ra'sjɔ̃] *f* balance (*a. fig.*); *fig.* level-headedness; **pondéré, e** [~'re] level-headed.

pondeur, -euse [pɔ̃'dœːr, ~'døːz] **1.** *adj.* (egg-)laying; **2.** *su. fig.* prolific producer (*of novels etc.*); *su./f hen*: layer; **pondoir** [~'dwaːr] *m* nest-box; *hens*: laying-place; **pondre** [pɔ̃ːdr] (4a) *v/t.* lay (*an egg*); F *fig.* produce, bring forth.

poney *zo.* [pɔ'nɛ] *m* pony.

pongiste [pɔ̃'ʒist] *su.* table tennis player.

pont [pɔ̃] *m* △, ⊕, *fig.* bridge; ⊕, *mot.* axle; ⚓ deck; ~s *pl.* et chaussées *f/pl.* Highways Department *sg.* (*in France*); ⊕~ à bascule weigh-bridge; ~ aérien air-lift; *mot.* ~ arrière rear-axle; *mot.* ~ élévateur repair or car ramp; ~ roulant ⊕ travelling crane; 🚋 traverser; △ ~ suspendu suspension-bridge; △ ~ tournant swing-bridge; *fig.* couper les ~s burn one's boats; **pontage** [pɔ̃'taːʒ] *m* bridge-building; bridging; 💉 by-pass.

ponte¹ [pɔ̃ːt] *f* eggs: laying; eggs *pl.*

ponte² [~] *m* cards: punter; F top brass, V.I.P.

ponter [pɔ̃'te] (1a) *v/i.* cards: punt.

pontife [pɔ̃'tif] *m* pontiff; *fig.* pundit; souverain *m* ~ pope, sovereign pontiff; **pontifical, e,** *m/pl.* **-aux** [pɔ̃tifi'kal, ~'ko] *adj.*, *a. su./m* pontifical; **pontificat** [~fi'ka] *m* pontificate; **pontifier** [~'fje] (1o) *v/i.* pontificate (*a. fig.*).

pont-levis, *pl.* **ponts-levis** [pɔ̃lə'vi] *m* drawbridge.

ponton [pɔ̃'tɔ̃] *m* ✗ pontoon; ⚓ lighter; *in river etc.*: floating landing stage; † hulk; **pontonnier** ✗ [~tɔ'nje] *m* pontoneer.

popeline *tex.* [pɔ'plin] *f* poplin.

popote F [pɔ'pɔt] **1.** *su./f* cooking; ✗ cook-shop; ✗ (*field*-)mess; faire la ~ do the cooking; **2.** *adj.* stay-at-home, quiet.

populace *pej.* [pɔpy'las] *f* populace, rabble; **populacier, -ère** F [~la-'sje, ~'sjɛːr] *vulgar*, common.

populage ♀ [pɔpy'la:ʒ] *m* marsh marigold.

populaire [pɔpy'lɛːr] **1.** *adj.* popular (with, auprès de); **2.** *su./m* common people; herd; **populariser** [pɔpy-lari'ze] (1a) *v/t.* popularize; make (*s.o.*) popular; **popularité** [~'te] *f* popularity; **population** [pɔpyla-'sjɔ̃] *f* population; ~ active working population; **populeux, -euse** [~'lø, ~'løːz] populous; crowded (*city etc.*); **populo** F [~'lo] *m* common people, riff-raff.

porc [pɔːr] *m* pig, hog; *cuis.* pork; *fig.* (dirty) swine.

porcelaine [pɔrsa'lɛn] *f* china (-ware); porcelain; ~ de Limoges Limoges ware; porcelain...; ~ de Limoges [~lɛ'nje, ~'njɛːr] **1.** *adj.* china...; porcelain...; **2.** *su./m* porcelain manufacturer.

porcelet [pɔrsa'lɛ] *m* piglet, *ch.sp.* piggy.

porc-épic, *pl.* **porcs-épics** *zo.* [pɔr-ke'pik] *m* porcupine, *Am.* hedgehog.

porche △ [pɔrʃ] *m* porch, portal.

porcher [pɔr'ʃe] *m* swine-herd; **porchère** [~'ʃɛːr] *f* swine-maiden; **porcherie** [~ʃə'ri] *f* pig-farm; pigsty (*a. fig.*).

pore [pɔːr] *m* pore; **poreux, -euse** [pɔ'rø, ~'røːz] porous; unglazed (*pottery etc.*).

porion ✗ [pɔ'rjɔ̃] *m* overman.

pornographie [pɔrnɔgra'fi] *f* pornography.

porosité [pɔrozi'te] *f* porosity.

porphyre [pɔr'fiːr] *m min.* porphyry; 📐 slab; **porphyrique** *min.* [~fi'rik] porphyritic.

porreau [pɔ'ro] *m see* poireau.

port¹ [pɔːr] *m* ⚓, ✝ port; harbo(u)r; haven (*a. fig.*); ~ d'attache port of registry; ~ de (*or* à) marée tidal harbo(u)r; ~ de mer seaport; ~ franc free port; arriver à bon ~ ⚓ come safe into port; fig. arrive safely; capitaine *m* de ~ harbo(u)r-master; entrer au ~ come into port.

port² [pɔːr] *m* carrying; *goods etc.*: carriage; *letter, parcel*: postage; ⚓ ship: tonnage; *transport, telegram, etc.*: charge; *decorations, uniform*: wearing; *person*: bearing, carriage; ~ dû carriage forward; ~

payé carriage *or* postage paid; **portable** [pɔr'tabl] portable; *cost.* wearable; **portage** [ˌ'taːʒ] *m* † conveyance, transport; ⚓ portage; ⊕ bearing. [door.\

portail ⚠ [pɔr'taːj] *m* portal; main\

portant, e [pɔr'tɑ̃, ˌ'tãːt] **1.** *adj.* ⊕ bearing, carrying; *fig.* bien (mal) ~ in good (bad) health; **2.** *su./m* ⊕ stay, strut; *box*, *trunk*: handle; *thea.* framework (*of a flat*); **portatif, -ve** [ˌta'tif, ˌ'tiːv] portable.

porte [pɔrt] **1.** *su./f* ⚠, *a.* ⊕ door (*a. fig.*); gate (*a.* ♣); doorway, entrance; *geog.* pass, gorge; ~ *à deux battants* folding-door; ~ *cochère* carriage entrance, gateway; ~ *d'aérage* trap, air-gate; ~ *vitrée* glass door; *écouter aux* ~*s* eavesdrop; *mettre* (*or* F *flanquer*) *q. à la* ~ turn s.o. out; give s.o. the sack; *nous habitons* ~ *à* ~ we are next-door neighbo(u)rs; **2.** *adj.:* *anat.* veine *f* ~ portal vein.

porte-...: ~(-)à(-)**faux** [pɔrta'fo] *m:* *en* ~ in an unstable position; ~**aiguilles** [ˌɛ'gɥiːʒ] *m/inv.* needle case; ~**avions** ♣ [ˌa'vjɔ̃] *m/inv.* aircraft carrier; ~**bagages** [ˌba'gaːʒ] *m/inv.* luggage (*Am.* baggage) rack; ~**billets** [ˌbi'jɛ] *m/inv.* note case, *Am.* billfold; ~**bonheur** [ˌbɔ'nœːr] *m/inv.* talisman, lucky charm; mascot; ~**bouteilles** [ˌbu'tɛːj] *m/inv.* bottle rack; ~**cigarettes** [ˌsiga'rɛt] *m/inv.* cigarette case; ~**clefs** [ˌə'kle] *m/inv.* key ring; *hotel:* key rack; ~**drapeau** ⚔ [ˌədra'po] *m/inv.* colo(u)r bearer.

portée [pɔr'te] *f* bearing; ⚠ span; *gun:* range; *voice:* compass; *arm:* reach; ♪ stave; *animals:* litter; *fig.* comprehension; *fig.* meaning, consequences *pl.*, implications *pl.*; *à* (*la*) ~ (*de*) within reach (of); *hors de* (*la*) ~ (*de*) without reach (of); *à* (*hors de*) ~ *de voix* within (out of) earshot; *être à la* ~ *de a.* be within the understanding of (*s.o.*); *vues f/pl. à longue* ~ farsighted policy *sg.*

porte-...: ~**enseigne** [pɔrtɑ̃'sɛɲ] *m/inv.* colo(u)r-bearer; ~**faix** [ˌə'fɛ] *m* (*street-*)porter; *docks:* stevedore.

porte-fenêtre, *pl.* **portes-fenêtres** ⚠ [pɔrtə'fnɛːtr] *f* French window.

porte-...: ~**feuille** [pɔrtə'fœːj] *m* documents, *a. pol.:* portfolio; wallet, note-case, *Am.* bill-fold; † ~ *titres*

investments *pl.*, securities *pl.*; ~**habits** [pɔrta'bi] *m/inv.* hall-stand; ~**malheur** [ˌma'lœːr] *m/inv.* bringer of bad luck, F Jonah; ~**manteau** [ˌmã'to] *m* coat-rack, hatstand; ~**mine** [ˌ'min] *m/inv.* pencil-case; propelling pencil; ~**monnaie** [ˌmɔ'ne] *m/inv.* purse; ~**parapluies** [ˌpara'plɥi] *m/inv.* umbrella-stand; ~**parole** [ˌpa'rɔl] *m/inv.* spokesman, F mouthpiece; ~**plume** [pɔrtə'plym] *m/inv.* penholder.

porter [pɔr'te] (1a) *v/t.* carry; bear; wear (*clothing*); take; strike, deal (*a blow*); † bring (*a charge, a complaint*); † charge; † place (*to s.o.'s credit*); † post (*in ledger*); produce (*fruit etc.*); ⚔ shoulder (*arms*); *fig.* lead (*s.o.*) (to, *à*); *fig.* increase (*the number, the price, the temperature*); *fig.* have (*an affection, an interest*); bear (*the responsibility, witness*); se ~ proceed (to, *à*); feel, be (*well, unwell etc.*); se ~ *bien* (*mal*) *a.* be in good (bad) health; se ~ *comme un charme* be as fit as a fiddle; se ~ *candidat* stand as candidate; *pol.* run (for, *à*); se ~ *garant de* vouch for; *v/i.* bear (*a. fig.*), rest (on, *sur*); deal (with, *sur*); carry (*sound etc.*); hit the mark, strike home (*shot, a. fig. insult, etc.*); ♣ pregnant; be with young (*animal*); *fig.* ~ *à la tête* go to the head (*wine*); ~ *sur les nerfs* get on one's nerves.

porte-...: ~**respect** [pɔrtrɛs'pɛ] *m/inv.* defensive weapon; ~**savon** [ˌsa'vɔ̃] *m* or *m/inv.* soap-dish, soap-holder; ~**serviettes** [ˌsɛr'vjɛt] *m/inv.* towel-rack.

porteur, -euse [pɔr'tœːr, ˌ'tøːz] **1.** *su.* porter; *letter, message, news, etc.:* bearer; ♣ (*germ-*)carrier; *su./m* † bearer, payee (*of cheque*) (*stock-, share-*)holder; *au* ~ (*payable*) to bearer (*cheque*); **2.** *adj.* pack-(*animal*); ⊕ bearing; suspension-...; carrier (*wave, rocket*).

porte-voix [pɔrtə'vwa] *m/inv.* speaking-tube; megaphone.

portier, -ère [pɔr'tje, ˌ'tjɛːr] *su.* doorman; gatekeeper; porter; *su./f* mot., 🚗 door; door-curtain; **portillon** [ˌti'jɔ̃] *m* wicket(-gate); small gate.

portion [pɔr'sjɔ̃] *f* portion, share, part; *meal:* helping; F ~ *congrue* bare living.

portique [pɔr'tik] *m* portico, porch; ⊕ gantry; *sp.* crossbar.

porto [pɔr'to] *m wine*: port.

portrait [pɔr'trɛ] *m paint.* portrait; face; *fig.* likeness; *fig.* description; character-sketch, profile; *~* robot identikit (picture); **portraitiste** [pɔrtrɛ'tist] *su.* portrait-painter; **portraiturer** [⌣ty're] (1a) *v/t.* portray.

portugais, e [pɔrty'gɛ, ⌣'gɛːz] **1.** *adj.* Portuguese; **2.** *su./m ling.* Portuguese; *su.* ♀ Portuguese; *les* ♀ *m/pl.* the Portuguese.

posage ⊕ [po'zaːʒ] *m* placing; fixing; *bricks*: laying; **pose** [poːz] *f* ⊕ placing; fixing; *bricks, pipes*: laying; ✕ posting; *phot.* time-exposure; *fig.* posture; pose; *fig.* affectation; *prendre une ~* adopt or strike an attitude; **posé, e** [po'ze] *fig.* sedate, staid, grave; steady (*bearing, person, voice*); sitting (*bird*); **posemètre** [poz'mɛtr] *m* exposure meter; **poser** [po'ze] (1a) *v/t.* place, put (*a. a question, a motion*), lay (*a.* ⚒ *bricks, pipes, carpet,* 🚋 *rails, etc.*); lay down (*a book, a fig. a principle*); hang (*curtains*); ⊕ fix, fit; ✕ *~ les armes* lay down one's arms; *~ q.* establish s.o.'s reputation; *posons le cas que* let us suppose that; *se ~ fig.* achieve a certain standing; 🚋 *land* (*plane*); *se ~ comme* pass o.s. off as, claim to be; *v/i.* rest, lie; *paint.* pose (*a. fig.*), sit; F *fig.* put it on, *Am.* put on dog; *fig. ~ pour* claim to be; **poseur, -euse** [⌣'zœːr, ⌣'zøːz] *su.* affected person; attitudinizer; *su./m pipes, a. mines*: layer; (*bill-*)sticker.

positif, -ve [pozi'tif, ⌣'tiːv] **1.** *adj.* ♪, 🔬, *gramm., phys., phot.* positive; real, actual; matter-of-fact, practical (*person*); **2.** *su./m phot.*, *gramm., phot.* positive; ♪ choir-organ.

position [pozi'sjɔ̃] *f* position; situation (*a. fig.*); job; (*physical*) posture, attitude; (*social*) standing; *~ clé* key position; *feux m/pl. de ~* 🚋 navigation lights; ⚓ riding lights; *mot.* parking lights; *prendre ~ sur* take up a definite stand about.

posologie 🔬 [pozɔlɔ'ʒi] *f* dosage, directions *pl.* for use.

possédé, e [pɔse'de] **1.** *adj.* possessed

(by, de; *fig. a.* with, pour); **2.** *su./m* madman, maniac; *su./f* madwoman; **posséder** [⌣] (1f) *v/t.* possess (*a. fig.*); own; have; *fig. passion, influence*: dominate; have a thorough knowledge of; *fig. se ~* contain o.s., control o.s.

possesseur [pɔse'sœːr] *m* owner, possessor; **possessif, -ve** *gramm.* [⌣'sif, ⌣'siːv] *adj., a. su./m* possessive; **possession** [⌣'sjɔ̃] *f* possession (*a. by a demon*); *fig.* thorough knowledge (*of a subject*); *~ de soi* self-control.

possibilité [pɔsibili'te] *f* possibility; **possible** [⌣'sibl] **1.** *adj.* possible; *le plus ~* as far as possible; as many or much as possible; *le plus vite ~* as quickly as possible; **2.** *su./m* what is possible; *faire tout son ~* do all one can (to *inf.*, pour *inf.*).

post... [pɔst] post...

postal, e, *m/pl.* **-aux** [pɔs'tal, ⌣'to] postal; *sac m ~* mail-bag.

postdater [pɔstda'te] (1a) *v/t.* post-date.

poste[1] [pɔst] *f* post; mail; postal service; post office; *~ aérienne* air-mail; *~ restante* to be called for, *Am.* general delivery; *mettre à la ~* post, *Am.* mail (*a letter*); *par la ~* by post.

poste[2] [⌣] *m* post (*a.* ✕); job; position; *pilot*: cockpit; ✕, ⊕, 🔌, *police, fire, radio, tel., etc.*: station; *radio, teleph.*: set; *teleph.* extension; ✝ entry; ✝ item; *mot.* (*filling*) station, (*petrol*) pump; ✕ *~ avancé* advanced post, outpost; 🚋 *~ d'aiguillage* signal-box; ✕ *~ de contrôle* control tower; *~ de secours* first-aid post; ✕ regimental aid post; *~ de télévision* television set; *~ de T.S.F.* radio; *~ téléphonique* telephone-station; *conduire q. au ~* take s.o. to the police station.

poster [pɔs'te] (1a) *v/t.* post, *Am.* mail (*a letter*); post, station (*a sentry*).

postérieur, e [pɔste'rjœːr] **1.** *adj.* posterior; subsequent (*time*); hind (-er) (*place*); back (*vowel*); **2.** F *su./m* posterior, F backside.

postérité [pɔsteri'te] *f* posterity; descendants *pl.*; *la ~* generations *pl.* to come.

postface [pɔst'fas] *f book*: postscript.

posthume [pɔs'tym] posthumous.

postiche [pɔs'tiʃ] **1.** *adj.* false (*hair*

etc.); imitation (*pearl*); **2.** *su./m* hair-piece; postiche.

postier *m*, **-ère** *f* [pɔs'tje, ~'tjɛːr] post-office employee; **postillon** [~ti'jɔ̃] *m* postilion; F *speech*: splutter(ing).

post...: ~position [pɔstpozi'sjɔ̃] *f* postposition; **~scolaire** [~skɔ'lɛːr] after-school; *class*, *school*: continuation ...; **~scriptum** [~skrip'tɔm] *m/inv.* postscript, P.S.

postulant *m*, **e** *f* [pɔsty'lɑ̃, ~'lɑ̃ːt] *post*: applicant, candidate; *eccl.* postulant; **postulat** [~'la] *m* postulate, assumption; **postulation** [~la'sjɔ̃] *f* postulation; **postuler** [~'le] (1a) *v/t.* apply for (*a post*); postulate; *v/i.* 🏛 conduct a (law)suit.

posture [pɔs'tyːr] *f* posture, attitude; *fig.* position.

pot [po] *m* pot; jar, jug, can; 🎨 crucible; ~ *à eau* water jug, ewer; ~ *à fleurs* flower-pot; ~ *à lait* milk-can, milk-jug; ~ *de chambre* chamber(-pot); ~ *de fleurs* pot of flowers; *fig.* découvrir le ~ aux roses smell out the secret; manger à la fortune du ~ take pot luck; F *fig.* tourner autour du ~ beat about the bush.

potable [pɔ'tabl] drinkable, fit to drink; F fair, acceptable; *eau f* ~ drinking water.

potache F [pɔ'taʃ] *m* secondary-school boy, grammar-school boy.

potage [pɔ'taːʒ] *m* soup; *fig. pej.* pour tout ~ in all; **potager, -ère** [~ta'ʒe, ~'ʒɛːr] **1.** *adj.* pot-(*herbs*); kitchen (*garden*); **2.** *su./m* (*a. jardin m* ~) kitchen *or* vegetable garden.

potasse [pɔ'tas] *f* 🎨 potash; 🎨 (*impure*) potassium carbonate; **potasser** F [pɔta'se] (1a) *v/t.* swot at *or* for; **potassique** 🎨 [~'sik] potassium...; potassic (*salt*); **potassium** 🎨 [~'sjɔm] *m* potassium.

pot-au-feu [pɔto'fø] **1.** *su./m/inv.* stock-pot; beef-broth; boiled beef and vegetables; **2.** *adj.* stay-at-home; **pot-bouille** † *sl.* [po'buːj] *f*: faire ~ ensemble live together; **pot-de-vin**, *pl.* **pots-de-vin** F [pod'vɛ̃] *m* tip, gratuity; *pej.* bribe; *pej.* hush-money, *Am. sl.* rake-off.

pote *sl.* [pɔt] *m* pal, *Am.* buddy.

poteau [pɔ'to] *m* post (*a. sp.*), stake; pole; ⛏ pit-prop; *sl.* pal, *Am.*

buddy; ~ *indicateur* sign-post; ~ *télégraphique* telegraph pole.

potée [pɔ'te] *f* potful, jugful; *beer*: mugful; 🎨 *emery*, *putty*, *etc.*: powder.

potelé, e [pɔt'le] plump, chubby; dimpled.

potence [pɔ'tɑ̃ːs] *f* gallows *usu. sg.*, gibbet; △, ⊕ arm, cross-piece; ⊕ *crane*: jib; mériter la ~ deserve hanging.

potentat [pɔtɑ̃'ta] *m* potentate; † F magnate.

potentialiser 🎨 *etc.* [pɔtɑ̃sjali'ze] (1a) *v/t.* potentiate, increase the effect of; **potentiel, -elle** [~'sjɛl] *adj.*, *a. su./m* potential (*a. gramm.*).

poterie [pɔ'tri] *f* pottery (*a. works*); earthenware; ~ *d'étain* pewter; **potiche** [~'tiʃ] *f* vase of Chinese *or* Japanese porcelain; F *fig.* figurehead; **potier** [~'tje] *m* potter; ~ *d'étain* pewterer.

potin [pɔ'tɛ̃] *m* pewter; pinchbeck; F gossip; F din, rumpus; ~ *jaune* brass; **potiner** F [pɔti'ne] (1a) *v/i.* gossip; **potinier, -ère** [~'nje, ~'njɛːr] **1.** *adj.* gossipy; **2.** *su.* scandalmonger, gossip; *su./f* gossip-shop.

potion 🎨 [po'sjɔ̃] *f* potion, draught.

potiron ♀ [pɔti'rɔ̃] *m* pumpkin.

pot-pourri, *pl.* **pots-pourris** [popu'ri] *m cuis.* meat-stew; ♪ pot-pourri (*a. perfume*), medley.

pou, *pl.* **poux** [pu] *m* louse; (*bird-*)mite; (*sheep-*)tick.

pouah! [pwa] *int.* ugh!

poubelle [pu'bɛl] *f* refuse-bin, *Am.* garbage-can; dustbin.

pouce [puːs] *m* thumb; † *measure:* inch (*a. fig.*); big toe; manger sur le ~ have a snack; mettre les ~s knuckle under, give in; s'en mordre les ~s regret it bitterly; se tourner les ~s twiddle one's thumbs; **poucettes** [pu'sɛt] *f/pl.* thumb-cuffs; † *torture:* thumb-screw *sg.*; **poucier** [~'sje] *m* 🎨 thumb-stall; ⊕ *latch:* thumb-piece.

pouding *cuis.* [pu'diŋ] *m* pudding.

poudre [pudr] *f* powder; dust (*a. fig.*); ⚔ (*gun*)powder; ☙ ~ *de mine* blasting powder; *café m en* ~ instant coffee; *il n'a pas inventé la* ~ he won't set the Thames on fire; *fig.* jeter de la ~ aux yeux de q. throw dust in s.o.'s eyes; bluff s.o.;

réduire en ~ pulverize; **sucre** m **en** ~ castor sugar; **poudrer** [pu'dre] (1a) v/t. (sprinkle [s.th.] with) powder; **poudrerie** [∼drə'ri] f (gun)powder-factory; **poudreux, -euse** [∼'drø, ∼'drø:z] **1.** adj. dusty; powdery; **neige** f ∼**euse** = **2.** su/f powder snow; **poudrier** [∼dri'e] m powder-case, powder-box; compact; **poudrière** [∼dri'jɛ:r] f esp. fig. powder keg; **poudrin** [∼'drɛ̃] m see embrun; **poudroyer** [∼drwa'je] (1h) v/i. form or send up clouds of dust.

pouf [puf] **1.** int. sound of falling: plop!; plump!; feelings: phew!; **2.** su/m cushion: pouf; puff (= exaggerated advertisement); **pouffant, e** F [pu'fɑ̃, ∼'fɑ̃:t] screamingly funny; **pouffer** [∼'fe] (1a) v/i. (a. ∼ **de rire**) burst out laughing.

pouffiasse sl. [puf'jas] f whore, tart; slattern, slut; fat woman.

pouillerie sl. [puj'ri] f abject poverty; filthy hole.

pouilles [pu:j] f/pl.: **chanter** ∼ **à** jeer at.

pouilleux, -euse [pu'jø, ∼'jø:z] lousy, lice-infested; F wretched.

poulailler [pula'je] m hen-house, hen-roost; F thea. gallery, gods pl.; **poulaillerie** [∼laj'ri] f poultry-market.

poulain [pu'lɛ̃] m zo. foal, colt; ⊕ skid; slide-way.

poulaine [pu'lɛn] f ⊕ head; hist. **souliers** m/pl. **à la** ∼ shoes with long pointed toes.

poularde cuis. [pu'lard] f fowl; fat (-tened) pullet; **poule** [pul] f hen; cuis. fowl; games, a. fencing: pool; races: sweepstake; F girl; F tart, prostitute; ∼ **d'Inde** turkey-hen; F ∼ **mouillée** milksop; fig. **chair** f **de** ∼ goose-flesh; **poulet** [pu'lɛ] m chicken; F love-letter; sl. copper (= policeman); **poulette** [pu'lɛt] **1.** su/f zo. pullet; F girl; **2.** adj.: cuis. **sauce** f ∼ sauce of butter, yolk of egg and vinegar.

pouliche zo. [pu'liʃ] f filly.

poulie ⊕ [pu'li] f pulley; block; driving wheel.

pouliner [puli'ne] (1a) v/i. foal.

poulot m, **-otte** f F [pu'lo, ∼'lɔt] darling, pet (addressing children).

poulpe zo. [pulp] m see pieuvre.

pouls ♥ [pu] m pulse; **prendre le** ∼ **à** q. feel s.o.'s pulse; F fig. **tâter le** ∼ **à** q.

sound s.o.; F **se tâter le** ∼ reflect, hesitate.

poumon [pu'mɔ̃] m anat. lung; ♣ ∼ **d'acier** iron lung.

poupard [pu'pa:r] m baby in long clothes; baby-doll.

poupe ♣ [pup] f stern, poop; **avoir le vent en** ∼ ♣ have the wind astern; fig. have the wind in one's sails, be on the road to success.

poupée [pu'pe] f doll; puppet; F chick (= girl); bandaged finger.

poupin, e [pu'pɛ̃, ∼'pin] chubby; **visage** ∼ baby face.

poupon m, **-onne** f F [pu'pɔ̃, ∼'pɔn] baby; **pouponner** F [pupo'ne] (1a) v/t. coddle (a child etc.); **pouponnière** [∼'njɛ:r] f babies' room (in day-nursery); day-nursery; infants' nursery.

pour [pu:r] **1.** prp. for (s.o., this reason, negligence, ten dollars, the moment, Christmas, ever); on account of, because of, for the sake of; instead of; in favo(u)r of; considering; as; (al)though, in spite of, for; calculated or of a nature to (inf.); about to (inf.); ♥ per (cent); **du respect** ∼ consideration for; **prendre** ∼ take for; **passer** ∼ be looked upon as; see partir; ∼ **le plaisir (la vie)** for fun (life); ∼ **ma part** as for me; ∼ **moi** in my opinion; ∼ **(ce qui est de) cela** as far as that goes; see amour; **il fut puni** ∼ **avoir menti** he was punished for lying or because he had lied; ∼ **être riche il ... though he is rich he ...;** ∼ **(inf.)** be on the point of (ger.); ∼ **affaires** on business; ∼ **de bon** seriously, in earnest; ∼ **le moins** at least; ∼ **ainsi dire** so to speak, as it were; ∼ **important qu'il soit** however important it may be; ∼ **peu que (sbj.)** if ever (ind.); however little (ind.); ∼ **que (sbj.)** so or in order that; **être** ∼ **beaucoup (peu) dans qch.** play a big (small) part in s.th.; **être** ∼ be in favo(u)r of; **sévère** ∼ hard on, strict with; **2.** su/m: **le** ∼ **et le contre** the pros pl. and cons pl.

pourboire [pur'bwa:r] m tip, gratuity.

pourceau [pur'so] m pig, hog, swine.

pour-cent ♥ [pur'sɑ̃] m/inv. percentage, rate per cent; **pourcen-**

tage † [~sa'tɑ:ʒ] *m* percentage; rate.

pourchasser [purʃa'se] (1a) *v/t.* pursue; *fig.* chase; hound (*a debtor etc.*).

pourfendeur *iro.* [purfɑ̃'dœ:r] *m* destroyer; **pourfendre** *iro.* [~'fɑ̃:dr] (4a) *v/t.* attack, fight (against).

pourlécher F [purle'ʃe] (1f) *v/t.*: se ~ lick; se ~ les babines lick one's chops.

pourparlers [purpar'le] *m/pl.* (*diplomatic*) talks, negotiations; ✗ parley *sg.*

pourpoint *cost.* † [pur'pwɛ̃] *m* doublet.

pourpre [purpr] **1.** *su./f* dye, robe, *a. fig.*: purple; *su./m* dark red, crimson; ✿ purpura; **2.** *a.* dark red, crimson, purple; **pourpré, e** [pur'pre] crimson; purple.

pourquoi [pur'kwa] **1.** *adv.*, *cj.* why; c'est ~ therefore; that's why; **2.** *su./m/inv.*: le ~ the reason (for, de).

pourrai [pu're] *1st p. sg. fut. of* pouvoir 1.

pourri, e [pu'ri] **1.** *adj.* rotten (with, de) (*fruit, wood, a. fig.*); bad (*egg, meat*); addled (*egg*); dank (*air*); damp (*weather*); putrid (*flesh*); **2.** *su./m* rotten part, bad patch (of *fruit etc.*); **pourrir** [~'ri:r] (2a) *v/t./i.* rot; *v/i.* go bad or rotten; rot (away) (*wood etc.*); addle (*egg*); *fig.* ~ en prison rot in goal; **pourriture** [~ri'ty:r] *f* decay, rot(ting); putrefaction; *fig.* rottenness, corruption.

poursuite [pur'sɥit] *f* pursuit (*a. fig.*); chase; ~s *pl.* legal action *sg.*; prosecution *sg.*; **poursuivant, e** [~sɥi'vɑ̃, ~'vɑ̃:t] **1.** *su.* pursuer; ✝️ plaintiff; prosecutor; **2.** *adj.* prosecuting; **poursuivre** [~'sɥi:vr] (4ee) *v/t.* pursue (*a. ✗, a. fig.*); ✝️ continue, go on with; ✝️ sue (*s.o.*); prosecute (*s.o.*).

pourtant [pur'tɑ̃] *cj.* nevertheless, (and) yet.

pourtour [pur'tu:r] *m* periphery; precincts *pl.*; *thea.* gangway round the stalls; *avoir cent mètres de* ~ be 100 metres round.

pourvoi ✝️ [pur'vwa] *m* appeal; petition (for mercy, en grâce); **pourvoir** [~'vwa:r] (3m) *v/t.* provide, supply, furnish (with, de); ✝️ se ~ appeal (to the Supreme Court, en cassation); se ~ en grâce petition

for mercy; *v/i.*: ~ à provide for; ~ à un emploi fill a post; **pourvoyeur** *m*, **-euse** *f* [~vwa'jœ:r, ~'jœ:z] provider; caterer; contractor. [(that).]

pourvu [pur'vy] *cj.*: ~ que provided|

poussah [pu'sa] *m* toy: tumbler; *fig.* pot-bellied man.

pousse [pus] *f* leaves, hair, *etc.*: growth; *teeth*: cutting; 🌱 (young) shoot; *wine*: ropiness; **~-café** F [~ka'fe] *m/inv.* liqueur (*after coffee*), F chaser; **~-caillou** ✗ *sl.* [~ka'ju] *m/inv.* foot-slogger (= *infantrymen*); **poussé, e** [pu'se] advanced; extensive, thorough (*studies etc.*); highly developped; elaborate; exaggerated; **poussée** [~] *f* ✾ thrust; *phys.* pressure (*a. business*); *fig.* push, shove; *fig.* upsurge; 🌱 upward tendency; ⚡ outbreak; ✾ growth; **pousse-pousse** [pus'pus] *m/inv.* rickshaw (*in the East*); pushchair; **pousser** [pu'se] (1a) *v/t.* push, shove; push (*the door*) to, push (*a bolt*) across; drive (*a tunnel*); jostle (*s.o.*); *fig.* carry (to, *jusqu'à*); *fig.* urge on (*a crowd, a horse*); incite (*a crowd, s.o.*); *fig.* utter (*a cry*), heave (*a sigh*); extend (*one's studies*); push (*s.o.*) on; 🌱 put forth (*roots, leaves*); se ~ push o.s. forward; push one's way to the front; *v/i.* push, apply pressure; ✾ grow (*a. hair etc.*); *fig.* make one's way, push on; **poussette** [~'sɛt] *f* game: push-pin; baby-carriage; push-chair.

poussier [pu'sje] *m* coal-dust; **poussière** [~'sjɛ:r] *f* dust; speck of dust; *water*: spray, spindrift; ✾ ~ *fécondante* pollen; *mordre la* ~ bite the dust; F *fig.* 300 F et des ~ three-hundred odd francs; **poussiéreux, -euse** [~'sje'rø, ~'rø:z] dusty; dust-colo(u)red.

poussif, -ve [pu'sif, ~'si:v] broken-winded (*horse etc.*); F shortwinded (*person*).

poussin [pu'sɛ̃] *m* chick; *cuis.* spring chicken; **poussinière** [~si'nje:r] *f* chicken-coop; incubator.

poussoir [pu'swa:r] *m* electric bell, clock, *etc.*: push; ⊕, *mot.* push-rod; ✗ machine-gun: button.

poutrage △ [pu'tra:ʒ] *m* framework, beams *pl.*; **poutre** △ [pu:tr] *f* beam; joist; *metal*: girder; **poutrelle** △ [pu'trɛl] *f* small beam; girder.

précoce

pouvoir [pu'vwa:r] **1.** (3h) *v/t.* be able; can; be possible; *cela se peut bien* it is quite possible; *il se peut que* (*sbj.*) it is possible that (*ind.*); *puis-je? may I?; n'en ~ plus* be worn out; be at the end of one's resources; **2.** *su./m* power; *en mon* (*son etc.*) ~ (with)in my (his *etc.*) power.

pragmatique [pragma'tik] **1.** *adj.* pragmatic; **2.** *su./f hist.* Pragmatic Sanction; **pragmatisme** [~'tism] *m* pragmatism.

prairie [prɛ'ri] *f* meadow; grassland, *Am.* prairie.

praline *cuis.* [pra'lin] *f* burnt almond; praline; **praliner** *cuis.* [~li'ne] (1a) *v/t.* brown, crisp (*almonds*).

praticable [prati'kabl] practicable, feasible (*idea, plan*); negotiable, passable (*road etc.*); **praticien** *m*, **-enne** *f* [~sjɛ̃, ~'sjɛn]; ♂♂ practitioner; practician; **pratiquant, e** *eccl.* [~'kɑ̃, ~'kɑ̃:t] practising (*Catholic etc.*), churchgoing; **pratique** [pra'tik] **1.** *adj.* practical; convenient; useful; **2.** *su./f* practice (*a. eccl.*); habit, use; experience; *mettre en ~* put into practice; **pratiquer** [~ti'ke] (1m) *v/t.* practise (♂, ♂♂, *a. a religion, etc.*); exercise (*a profession*); put into practice (*a rule, virtues, etc.*); carry out; ♠ make, cut (*a hole, a path, etc.*); se ~ be the practice.

pré [pre] *m* (small) meadow; **pré...** [~] pre...; prae..., ante..., fore...

préalable [prea'labl] **1.** *adj.* previous, preliminary; **2.** *su./m* prerequisite, (pre)condition; † preliminary; *au* ~ = **préalablement** [~labla'mɑ̃] first, beforehand.

préambule [preɑ̃'byl] *m* preamble (to, de).

préau [pre'o] *m* yard; *school:* covered playground.

préavis [prea'vi] *m* previous (or advance) notice; warning; *donner son* ~ give (one's) notice.

prébende *eccl.* [pre'bɑ̃:d] *f* prebend.

précaire [pre'kɛ:r] precarious; delicate (*health*); **précarité** [~kari'te] *f* precariousness.

précaution [preko'sjɔ̃] *f* precaution; caution; care; *avec* ~ cautiously; warily; **précautionner** [~'sjo'ne] (1a) *v/t.* warn, caution; se ~ *contre* take precautions against.

précédemment [preseda'mɑ̃] *adv.*

previously, before; **précédent, e** [~'dɑ̃, ~'dɑ̃:t] **1.** *adj.* preceding, previous, prior; former; **2.** *su./m* precedent; ♂♂ *~s pl.* case-law *sg.*; *sans* ~ unprecedented; **précéder** [~'de] (1f) *v/t.* precede; go before; *fig.* take precedence over, have precedence of.

précepte [pre'sɛpt] *m* precept; **précepteur** *m*, **-trice** *f* [presep-'tœ:r, ~'tris] tutor; teacher; **préceptoral, e** *m/pl.* **-aux** [~tɔ'ral, ~'ro] tutorial; **préceptorat** [~tɔ-'ra] *m* tutorship.

prêche [prɛ:ʃ] *m protestantism:* sermon; *fig.* protestantism; **prêcher** [prɛ'ʃe] (1a) *v/t.* preach (*a. fig.*); preach to (*s.o.*); *v/i.* preach; *fig.* ~ *d'exemple* (or *par l'exemple*) set an example; **prêcheur** *m*, **-euse** *f fig.* [~'ʃœ:r, ~'ʃø:z] sermonizer; **prêchi-prêcha** F [~ʃiprɛ'ʃa] *m* preachifying.

précieux, -euse [pre'sjø, ~'sjø:z] **1.** *adj.* precious; valuable; *fig.* affected (*style etc.*); **2.** *su.* affected person; **préciosité** [~sjozi'te] *f* preciosity, affectation.

précipice [presi'pis] *m* precipice.

précipitamment [presipita'mɑ̃] *adv.* in a hurry, headlong; **précipitation** [~ta'sjɔ̃] *f* (violent) haste, hurry, precipitancy; ♠, *phys., meteor.* precipitation; **précipité, e** [~'te] **1.** *adj.* precipitate; hasty; ♂ racing (*pulse*); headlong (*flight*); **2.** *su./m* ♠ *etc.* precipitate; **précipiter** [~'te] (1a) *v/t.* throw (down); hurl (down); *fig.* plunge (*into war, despair, etc.*); quicken, hasten; precipitate (*events, a.* ♠); se ~ rush (at, upon *sur*).

précis, e [pre'si, ~'si:z] **1.** *adj.* precise, accurate, exact; definite (*explanation, reason, time*); *à dix heures ~es* at ten o'clock precisely *or* F sharp; **2.** *su./m* summary, précis, abstract; **précisément** [presize'mɑ̃] *adv. of précis* 1; **préciser** [~'ze] (1a) *v/t.* state precisely; define; specify; make clear; se ~ become clear(er); **précision** [~'zjɔ̃] *f* precision, accuracy, exactness; ~s *pl.* detailed information *sg.*, particulars.

précité, e [presi'te] above(-mentioned), aforesaid.

précoce [pre'kɔs] precocious (*child, talent, a.* ♥); early (♥, *a. season*); *fig.*

premature; **précocité** [ˌkɔsiˈte] f precocity; earliness.

précompte † [preˈkɔ̃ːt] m previous deduction; **précompter** [ˌkɔ̃ˈte] (1a) v/t. deduct beforehand.

préconçu, e [prekɔ̃ˈsy] preconceived; idée f ˌe preconception.

préconiser [prekɔniˈze] (1a) v/t. recommend; advocate.

préconstruction ⚠ [prekɔ̃stryk-ˈsjɔ̃] f prefabrication.

précontraint, e ⊕ [prekɔ̃ˈtrɛ̃, ˌˈtrɛ̃ːt] prestressed (concrete).

précurseur [prekyrˈsœːr] 1. su./m forerunner, precursor; harbinger (of spring); 2. adj./m premonitory.

prédécesseur [predeseˈsœːr] m predecessor.

prédestination [predestinaˈsjɔ̃] f predestination; **prédestiné, e** [ˌˈne] foredoomed; fig. fated (to, à); **prédestiner** [ˌˈne] (1a) v/t. predestine (to, à) (a. fig.).

prédicateur m, **-trice** f [predika-ˈtœːr, ˌˈtris] preacher; **prédication** [ˌˈsjɔ̃] f preaching; sermon.

prédiction [predikˈsjɔ̃] f prediction; forecast; **prédire** [ˌˈdiːr] (4p) v/t. predict, prophesy, foretell; forecast.

prédisposer ✴, a. fig. [predispoˈze] (1a) v/t. predispose; ˌ contre prejudice (s.o.) against (s.o.); **prédisposition** ✴, a. fig. [ˌziˈsjɔ̃] f predisposition.

prédominance [predɔmiˈnãːs] f predominance, prevalence; **prédominant, e** [ˌˈnã, ˌˈnãːt] predominant, prevalent, prevailing; **prédominer** [ˌˈne] (1a) v/i. predominate, prevail (over, sur); v/t. take pride of place over.

prééminence [preemiˈnãːs] f preeminence (over, sur); **prééminent, e** [ˌˈnã, ˌˈnãːt] pre-eminent.

préemption [preãpˈsjɔ̃] f preemption; droit m de ˌ preemptive right.

préexistant, e [preɛksisˈtã, ˌˈtãːt] pre-existent, pre-existing.

préfabriqué, e [prefabriˈke] prefabricated; maison f ˌe prefab (-ricated house); **préfabriquer** [ˌ] (1m) v/t. prefabricate.

préface [preˈfas] f preface (a. eccl.); foreword, introduction (to à, de); **préfacer** [ˌfaˈse] (1k) v/t. write a preface to.

préfectoral, e m/pl. **-aux** [prefɛk-toˈral, ˌˈro] prefectorial; of the or a prefect; **préfecture** [ˌˈtyːr] f hist. prefectship; hist, a. admin. prefecture; admin. Paris police headquarters pl.

préférable [prefeˈrabl] preferable (to, à), better (than, à); **préférence** [ˌˈrãs] f preference (a. †); ✝ priority; de ˌ in preference (to, à), preferential (tariff); **† preference** (shares); **préférer** [ˌˈre] (1f) v/t. prefer.

préfet [preˈfɛ] m hist., a. admin. prefect; civil administrator; ˌ de police chief administrator of the Paris police; ˌ des études school: master in charge of discipline; ⚓ maritime port-admiral; **préfète** F [ˌˈfɛt] f prefect's wife.

préfixe gramm. [preˈfiks] m prefix; **préfixer** [ˌfikˈse] (1a) v/t. fix (a date etc.) in advance; gramm. prefix.

préhistoire [preisˈtwaːr] f prehistory; **préhistorique** [ˌtoˈrik] prehistoric.

préjudice [preʒyˈdis] m prejudice, harm; wrong, damage; ✝✝ tort; au ˌ de to the detriment of; sans ˌ de without prejudice to; **préjudiciable** [preʒydiˈsjabl] prejudicial, detrimental (to, à); ✝✝ tortious; **préjudiciaux** ✝✝ [ˌˈsjo] adj./m/pl.: frais m/pl. ˌ security sg. for costs; **préjudiciel, -elle** ✝✝ [ˌˈsjɛl] interlocutory; **préjudicier** [ˌˈsjo] (1o) v/i. be prejudicial or detrimental (to, à); ˌ à injure.

préjugé [preʒyˈʒe] m prejudice; bias; presumption; ✝✝ (legal) precedent; sans ˌs unprejudiced; **préjuger** [ˌ] (1l) v/t. (or v/i.: ˌ de) prejudge, judge in advance.

prélasser F [prelaˈse] (1a) v/t.: se ˌ lounge, loll (in a chair etc.); strut.

prélat eccl. [preˈla] m prelate.

prélèvement [prelɛvˈmã] m previous deduction; deduction, amount deducted; blood, gas, ore, etc.: sample; **prélever** [prelˈve] (1d) v/t. deduct in advance; levy; take (a sample [a. ✴ of blood]) (from, à).

préliminaire [prelimiˈnɛːr] 1. adj. preliminary (to, de); 2. su./m preliminary; ˌs pl. document: preamble sg.

prélude ♪, a. fig. [preˈlyd] m prelude; **préluder** [∼ly'de] (1a) v/i. ♪ (play a) prelude; fig. ∼ à lead up to, serve as prelude to.

prématuré, e [prematy're] premature, untimely; **prématurément** [∼re'mã] adv. of prématuré.

préméditation [premedita'sjõ] f premeditation; avec ∼ wilfully; ✝ with malice aforethought; **prémédité, e** [∼'te] deliberate; **préméditer** [∼'te] (1a) v/t. premeditate.

prémices [pre'mis] f/pl. first fruits; cattle: firstlings; ✝ fig. beginnings.

premier, -ère [prə'mje, ∼'mjɛːr] **1.** adj. first (time, place, position, rank); fig. leading, best; title: the first; ⅍ prime (number); admin. etc. principal, head (clerk); former (of two); mot. ∼ère vitesse f first or low gear; ∼ livre m school: primer; pol. ∼ ministre m Prime Minister; au ∼ coup at the first attempt; ce n'est pas le ∼ venu he isn't just anybody; le ∼ venu the first comer; les cinq ∼s pl. the first five; Napoléon Iᵉʳ Napoleon I, Napoleon the First; partir le ∼ be the first to leave; **2.** su./m first; first, Am. second floor; en ∼ in the first place; thea. jeune ∼ leading man; le ∼ du mois the first of the month; su./f secondary school: (approx.) sixth form; thea. first night or performance; cin., à fig. première; mot. first (gear); ⛟ first class (carriage); thea. jeune ∼ère leading woman; ⛟ voyager en ∼ère travel first (class); **premièrement** [∼mjɛr'mã] adv. first; in the first place; **premier-né, premier-née** or **première-née,** m/pl. **premiers-nés** [∼mje'ne, ∼mjɛr'ne] adj., a. su./m first-born.

prémilitaire [premilitɛːr] premilitary (training).

prémisse [pre'mis] f logic: premise, premiss.

prémonition [premɔni'sjõ] f premonition; **prémonitoire** ⚕ [∼'twaːr] premonitory.

prémunir [premy'niːr] (2a) v/t. put (s.o.) on his guard, forewarn (s.o.) (against, contre); se ∼ take precautions (against, contre).

prenable [prə'nabl] pregnable; **prenant, e** [∼'nã, ∼'nãːt] captivating; absorbing; ✝ partie f ∼e payee; recipient.

prénatal, e, m/pl. **-als** or **-aux** [prena'tal, ∼'to] prenatal, antenatal.

prendre [prãːdr] (4aa) **1.** v/t. take (a. lessons, a degree, a road, ✗ a town), grasp; catch (fire, a cold, the train), trap (a rat); steal; seize; accept; eat (a meal), have (tea, a meal); pick up; engage (a servant); take (up) (time); handle, treat; ✝ choose; buy (a ticket); ✗ conquer; ✗ etc. capture; ∼ à mentir catch (s.o.) in a lie; ∼ corps put on weight; ∼ en amitié take to (s.o.); ♈ ∼ le large put to sea; ∼ mal misunderstand; take (s.th.) badly; ∼ plaisir à take pleasure in; ∼ pour take (s.o.) for; ∼ à dans sa voiture give s.o. a lift; ∼ rendez-vous avec make an appointment with; ∼ sur soi take (s.th.) upon o.s.; pour qui me prenez-vous? what do you take me for?; se laisser ∼ let o.s. be taken in; se ∼ be caught; cling (to, à); set (liquid); curdle (milk); se ∼ à undertake (a task), begin; fig. s'en ∼ à find fault with (s.o.); fig. s'y ∼ manage, go about things; **2.** v/i. set (plaster etc.); congeal, freeze; curdle (milk); cuis. thicken; cuis. catch (milk in pan); take root (tree); take (fire); fig. be successful; ça ne prend pas that cock won't fight; **preneur** m, **-euse** f [prə'nœːr, ∼'nøːz] taker; ⚖ lessee; ✝ buyer, purchaser; cheque: payee; **prennent** [prɛn] 3rd p. pl. pres. of prendre.

prénom [pre'nõ] m first or Christian name, Am. given name; **prénommé, e** [preno'me] above-named; **prénommer** [∼] (1a) v/t.: se ∼ be called.

prenons [prə'nõ] 1st p. pl. pres. of prendre.

préoccupation [preɔkypa'sjõ] f preoccupation; anxiety, concern; **préoccuper** [∼'pe] (1a) v/t. preoccupy; worry, trouble; se ∼ de concern o.s. with; be concerned about, worry or care about.

préparateur m, **-trice** f [prepara'tœːr, ∼'tris] preparer; experiments: demonstrator; assistant; **préparatifs** [∼'tif] m/pl. preparations; **préparation** [∼'sjõ] f preparation (a. ⚕ etc.) (for, à); preparing; ⊕ dressing; typ. ouvrage m en ∼ work to appear shortly; **préparatoire** [∼-'twaːr] preparatory (a. school); preliminary; **préparer** [prepa're] (1a)

prépondérance [prepɔ̃de'rɑ̃:s] *f* preponderance (over, *sur*); *avoir la ~* preponderance; **prépondérant, e** [~'rɑ̃, ~'rɑ̃:t] preponderant; leading (*part, role*); casting (*vote*).

préposé, **e** *m*, *f* [prepo'ze] official in charge; employee, attendant; postman, *Am.* mailman; **préposer** [~] (1a) *v/t.* appoint (as *comme, pour*; to, *à*).

préposition *gramm.* [prepozi'sjɔ̃] *f* preposition; **prépositionnel, -elle** *gramm.* [~sjɔ'nɛl] prepositional.

pré(-)retraite [prerə'trɛt] *f* early retirement.

prérogative [prerɔga'ti:v] *f* prerogative; *parl.* privilege.

près [prɛ] 1. *adv.* near, close (at hand); *à beaucoup ~* by far; *à cela ~* except for that; *à cela ~ que* except that; *à peu de chose ~* little short of; *à peu ~* nearly; about; *fig. au plus ~* to the nearest point; *de ~* closely; from close to; (*fire*) at close range; *ici ~* near by, quite near, close at hand; *regarder de plus ~* take a closer look, examine more closely; *tout ~* very near, quite close; 2. *prp.* near; to; *ambassadeur m ~ le Saint-Siège* ambassador to the Holy See; *~ de* near, close to (*Paris, the station*); by; nearly (*two hours, two o'clock, ten pounds, three miles*), almost; *⚓ courir ~ du vent* sail close to the wind; *il était ~ de tomber* he was on the point of falling.

présage [pre'za:ʒ] *m* portent, foreboding; omen; **présager** [~za'ʒe] (11) *v/t.* portend, bode; foresee.

pré-salé, *pl.* **prés-salés** [presa'le] *m* salt-marsh sheep; *cuis.* salt-marsh mutton.

presbyte ⚕ [prɛz'bit] *adj.*, *a. su.* long-sighted; **presbytéral, e**, *m/pl.* **-aux** [prɛzbite'ral, ~'ro] priestly; **presbytère** *eccl.* [~'tɛ:r] *m* presbytery; *protestantism*: vicarage, rectory, *Sc.* manse; **presbytie** ⚕ [~'si] *f* long-sightedness.

prescience [prɛ'sjɑ̃:s] *f* foreknowledge.

préscolaire [preskɔ'lɛ:r] preschool.

prescriptible 🕀 [prɛskrip'tibl] prescriptible; **prescription** [~'sjɔ̃] 🕀, *admin.* regulation(s *pl.*); 🕀, prescription; 🕀~s *pl.* specifications; **prescrire** [prɛs'kri:r] (4q) *v/t.* prescribe (*s.o.'s conduct, a rule, a.* 💊), lay down (*the law, a time, s.o.'s conduct, etc.*); 🕀 bar (*by statute of limitations etc.*); 🕀 *se ~ par* be barred at the end of (*5 years*).

préséance [prese'ɑ̃:s] *f* precedence (of, *over sur*).

présélection [preselɛk'sjɔ̃] *f* preselection.

présence [pre'zɑ̃:s] *f* presence (at, *à*); *~ d'esprit* presence of mind; *en ~* face to face (with, *de*); faire *acte de ~* put in *or* enter an appearance.

présent¹, e [pre'zɑ̃, ~'zɑ̃:t] 1. *adj.* present (at, *à*); current; *~!* present!; *esprit m ~* ready wit; *gramm. temps m ~* present (tense); *à ~* just now, at present; *les ~s pl.* exceptés present company *sg.* excepted; *pour le ~* for the time being, for the present; *quant à ~* as for now; *su./f: la ~e* this letter.

présent² [pre'zɑ̃] *m* present, gift; *faire ~ de* make a present of; **présentable** F [prezɑ̃'tabl] presentable; **présentateur** *m*, **-trice** *f* [~ta'tœ:r, ~'tris] presenter; *show, etc.*: host, emcee; **présentation** [~ta'sjɔ̃] *f* 💊, 💊, *eccl., thea., court*: presentation; introduction (to s.o., *à q.*); ✕ trooping (the colo[u]rs, *du drapeau*); ✝ *à ~* on demand, at sight.

présentement ✝ [prezɑ̃t'mɑ̃] *adv.* now, this minute; at present.

présenter [prezɑ̃'te] (1a) *v/t.* present (*a.* ✕, ✝, *a.* difficulties, ✕ arms), offer; show; introduce (*formally*); nominate (*a candidate*) (for, *pour*); produce (*one's passport*); *parl.* table (*a bill*); submit (*a conclusion*); *cin. etc.* ~ *q.* (*en vedette*) star s.o.; *je vous présente ma femme* may I introduce my wife?; *se ~* appear; arise (*problem, question*); occur; present o.s.; ✕ report (o.s.); introduce o.s.; *se ~ chez q.* call on s.o.; *se ~ bien* (*mal*) look good (not too good); *v/i.: ~ bien* (*mal*) have a pleasant (an unattractive) appearance; **présentoir** ⚕ [~'twa:r] *m* display stand *or* shelf.

préservateur, -trice [prezerva-'tœːr, ~'tris] preserving (from, *de*); **préservatif, -ve** [~'va'tif, ~'tiːv] **1.** *adj.* preservative; **2.** *su./m* preservative; ♻ condom; **préservation** [~va'sjɔ̃] *f* preservation, protection; **préserver** [~'ve] (1a) *v/t.* preserve, protect (from, *de*).

présidence [prezi'dãːs] *f* presidency; President's house; ✞ board; ✞, *admin.* chairmanship; **président** *m*, *e f* [~'dã, ~'dãːt] president; *admin.* chairman; ⚔ presiding judge; **présidentiel, -elle** [~dã-'sjɛl] **1.** *adj.* presidential; **2.** *su./f pol. ~les pl.* presidential elections; **présider** [~'de] (1a) *v/t.* preside over *or* at (*s.th.*); *fig.* direct; *v/i.*: ~ *à* preside at *or* over.

présomptif, -ve [prezɔ̃p'tif, ~'tiːv] presumptive; ⚔ *héritier m* ~ heir apparent; **présomption** [~'sjɔ̃] *f* presumption (*a.* ⚔, *a. fig. pej.*); **présomptueux, -euse** [~'tɥø, ~'tɥøːz] presumptuous; self-conceited, self-important.

presque [prɛsk(ə)] *adv.* almost, nearly; **presqu'île** *geog.* [prɛs'kil] *f* peninsula.

pressage ⊕ [prɛ'saːʒ] *m* pressing; **pressant, e** [~'sã, ~'sãːt] pressing, urgent; earnest (*request*); **presse** [prɛs] *f* ⊕, *journ., typ.* press; pressing-machine; crowd, throng; haste; *business:* pressure; *exemplaire m du service de* ~ review copy; *heures f/pl. de* ~ rush hours; *sous* ~ in the press (*book*); **pressé, e** [prɛ'se] hurried (*style, words*); in a hurry (*person*); crowded, close; ⊕ pressed; urgent (*letter, task*); *citron m* ~ (fresh) lemon squash; **presse-bouton** [prɛsbu'tɔ̃] *adj./inv.* push-button; automatic; **presse-citron** [prɛssi-'trɔ̃] *m/inv.* lemon-squeezer; **presse-étoffe** [~e'tɔf] *m/inv.* sewing-machine; presser-foot; **presse-étoupe** ⊕ [~e'tup] *m/inv.* stuffing box.

pressentiment [prɛsãti'mã] *m* presentiment; foreboding; F feeling, *Am.* hunch; **pressentir** [~'tiːr] (2b) *v/t.* have a presentiment of; sound (*s.o.*) (out) (on, *sur*); *faire* ~ foreshadow (*s.th.*).

presse...: **~-pantalon** [prɛspãta'lɔ̃] *m/inv.* trouser-press; **~-papiers** [~pa'pje] *m/inv.* paper-weight;

~-purée [~py're] *m/inv.* potato-masher.

presser [prɛ'se] (1a) *v/t.* press (*a.* ⊕, *a. fig.*), squeeze; hasten (one's steps, *le pas*); hurry (*s.o.*); push on, urge on (*a horse etc.*); *cuis.* squeeze; *v/i.* press; be urgent; *rien ne presse* there is no hurry.

pressing [prɛ'siŋ] *m* (steam) pressing.

pression [prɛ'sjɔ̃] *f* pressure (*a.* ⊕, *meteor., mot., a. fig.*); *cost.* snap fastener; ⚔ ~ *artérielle* blood pressure; *bière f à la* ~ draught (*Am.* draft) beer; *faire* ~ *sur* press (*s.th.*) down, press (down) on (*s.th.*); *fig. a. exercer une* ~ *sur* put pressure on (*s.o.*), pressurize (*s.o.*); **pressoir** [~'swaːr] *m* (*wine- etc.*)press; **pressurage** [prɛsy'raːʒ] *m* pressing; F *fig.* extortion; **pressurer** [~'re] (1a) *v/t.* press (*grapes*); press out (*juice*); F *fig.* extort money from; **pressureur** [~'rœːr] *m* pressman; **pressuriser** [~ri'ze] (1a) *v/t.* pressurize.

prestance [prɛs'tãːs] *f* fine presence, commanding appearance; **prestataire** [~ta'tɛːr] *su.* person receiving benefits *or* allowances; ~ *de services* service(s) (*trade etc.*); **prestation** [~ta'sjɔ̃] *f* dues; prestation; *money:* lending; (*insurance-*)benefit; service; *sp., thea. etc., a. fig.* performance; ⚔ ~ *de serment* taking (of) the oath; ~*s pl.* *en nature* allowances in kind.

preste [prɛst] nimble, quick; F ~! quick!; **prestesse** [prɛs'tɛs] *f* quickness, nimbleness, alertness.

prestidigitateur [prɛstidiʒita'tœːr] *m* conjurer; juggler; **prestidigitation** [~'sjɔ̃] *f* conjuring, sleight of hand; juggling.

prestige [prɛs'tiːʒ] *m* prestige; *fig.* influence; **prestigieux, -euse** [~ti-'ʒjø, ~'ʒjøːz] prestigious.

présumable [prezy'mabl] presumable; **présumer** [~'me] (1a) *v/t.* presume; assume; *il est à* ~ *que* the presumption is that; *trop* ~ *de* overestimate (*s.th.*); *trop* ~ *de soi* be too presuming.

présure [pre'zyːr] *f* rennet.

prêt¹ [prɛ] *m* loan; *wages:* advance; ⚔ pay; ~ *à intérêt* loan at interest; ~ *sur gage* loan against security.

prêt², prête [prɛ, prɛt] ready (for

pretantaine

s.th., à qch.; to *inf.*, à *inf.*); pre-
pared; ~ à on the verge of.

pretantaine F [pretã'tɛn] *f: courir
la* ~ gad about.

prêt-à-porter [prɛtapɔr'te] *m
coll.* ready-to-wear *or* ready-made
clothes *pl. or* clothing.

prêt-bail, *pl.* **prêts-baux** [prɛ-
'ba:j, ~'bo] *m* lease-lend, lend-lease.

prétendant, e [pretã'dã, ~'dã:t] *su.*
candidate (for, à); *su./m* pretender
(*to* throne); suitor; **prétendre**
[~'tã:dr] (4a) *v/t.* claim; assert,
affirm, maintain; intend; *v/i.* lay
claim (to, à); aspire (to, à); **prétendu, e** [~tã'dy] *adj.* alleged; *pej.* so-
called; 2. *su.* F (*my*) intended.

prête-nom *usu. pej.* [prɛt'nõ] *m* man
of straw, figure-head, F front.

pretentaine [pretã'tɛn] *f see* pretantaine.

prétentieux, -euse [pretã'sjø,
~'sjø:z] pretentious; conceited; **prétention** [~'sjõ] *f* pretension (*a. fig.*),
claim; *fig.* conceit.

prêter [prɛ'te] (1a) *v/t.* lend, Am.
loan; take (*an oath*); attribute; give
credit (s.o. with s.th., qch. à q.); ~ à
impart to; se ~ à lend o.s. to; be a
party to; *v/i.* give (*gloves etc.*); ~ à
give rise to.

prétérit *gramm.* [prete'rit] *m* (*English*) preterite.

prêteur *m*, **-euse** *f* [prɛ'tœ:r, ~'tø:z]
lender; ~ *sur gages* pawnbroker; 📈
pledgee.

prétexte [pre'tɛkst] *m* pretext, excuse; *prendre* ~ *que* put forward as
a pretext that; *sous* ~ *que on* the plea
or under the pretext that; **prétexter**
[~tɛks'te] (1a) *v/t.* plead; allege; give
(*s.th.*) as a pretext.

prétoire [pre'twa:r] *m hist.* praetor-
ium; 📈 court.

prêtraille † *pej.* [prɛ'tra:j] *f* priests
pl.; shavelings *pl.*; **prêtre** [prɛ:tr] *m*
priest; ~*-ouvrier* worker priest; **prêtresse** [prɛ'trɛs] *f* priestess; **prê-
trise** [~'tri:z] *f* priesthood.

preuve [prœv] *f* proof (*a. Â, 📈,
fig.*); 📈, *a. fig.* evidence; signs *pl.*;
faire ~ *de* show, display; *faire la* ~ *de*
prove; *faire ses* ~*s* prove o.s. *or* itself.

preux † [prø] 1. *adj.* valiant, gallant;
2. *su./m/inv.* valiant knight.

prévaloir [preva'lwa:r] (3l) *v/i.* prevail (against, *sur*); *faire* ~ make good
(*a claim, one's right*), win people over

to (*an idea, an opinion*); *v/t.*: se ~
take advantage of; exercise (*a right*),
pride o.s. on.

prévaricateur, -trice [prevarika-
'tœ:r, ~'tris] 1. *adj.* unjust; 2. *su.*
unjust judge; person guilty of a
breach of trust; **prévarication** [~-
ka'sjõ] *f* maladministration of justice; breach *or* abuse of trust; **pré-
variquer** [~'ke] (1m) *v/i.* be unjust (*judge*); betray one's trust.

prévenance [prev'nã:s] *f* kindness,
(kind) attention; **prévenant, e**
[~'nã, ~'nã:t] kind, attentive, con-
siderate (to, *envers*); prepossessing
(*manners etc.*); **prévenir** [~'ni:r]
(2h) *v/t.* forestall; prevent (*an
accident, danger, illness*); anticipate (*a wish*); warn; *admin.* inform,
give notice; prepossess; *pej.* prejudice; **préventif, -ve** [prevã'tif,
~'ti:v] 📈, *a.* 📈 preventive; deterrent (*effect*); 📈 *détention f* ~*ve* remand in custody, detention await-
ing trial; **prévention** [~'sjõ] *f* prevention; prepossession, *pej.* prejudice; 📈 custody; ~ *routière* road
safety; **préventionnaire** 📈 [~sjo-
'nɛ:r] *su.* prisoner on remand; **pré-
ventorium** 📈 [~tɔ'rjɔm] *m* observation sanatorium; **prévenu, e** [prev-
'ny] 1. *p.p. of* prévenir; 2. *adj.* prepos-
sessed; prejudiced; 3. *su.* accused;
defendant.

prévisible [previ'zibl] foreseeable;
prévision [~'zjõ] *f* forecast (*a.
meteor.*); anticipation; expectation;
prévisionnel, -elle [~zjo'nɛl] forward-looking; **prévisionniste** †
[~zjo'nist] *su.* forecaster.

prévoir [pre'vwa:r] (3m) *v/t.* forecast (*a. the weather*), foresee, anticipate; plan, provide for; lay down
(*s.th.*) (in advance).

prévôt [pre'vo] *m* 📈, *a. hist.* provost; ✕ assistant provost marshal;
~ *de salle fencing:* assistant fencing-
master; **prévôté** [~vo'te] *f hist.*
provostship; *hist.* provostry; ✕
military police (*establishment or
service*).

prévoyance [prevwa'jã:s] *f* foresight; precaution; ~ *sociale* national
insurance; *mesures f/pl. de* ~ pre-
cautionary measures; *société f de* ~
provident society; **prévoyant, e**
[~'jã, ~'jã:t] provident; careful;
cautious; far-sighted.

prie-Dieu [pri'djø] *m/inv.* prayer stool, prie-Dieu, praying-desk;

prier [~'e] (1a) *v/t.* ask, entreat, beg, beseech; invite (*to dinner etc.*); *je vous (en) prie!* please (do)!; don't mention it!; *les priés m/pl.* the guests; *sans se faire ~* willingly, readily; *se faire ~* require pressing, need persuading; **prière** [~'ɛːr] *f* prayer; request, entreaty; *~ de (ne pas) (inf.)* please (do not) (*inf.*).

prieur *eccl.* [pri'œːr] *m* prior; **prieure** *eccl.* [~'œːr] *f* prioress; **prieuré** [~œ're] *m* priory; priorship.

primaire [pri'mɛːr] primary; simplistic; simple-minded (*person*).

primat [pri'ma] *m eccl.* primate; *fig.* pre-eminence; **primates** *zo.* [~'mat] *m/pl.* primates; **primatie** *eccl.* [~ma'si] *f* primacy; **primauté** [~mo'te] *f* primacy (*a. eccl.*); priority.

prime[1] [~] *f* ✝ premium; ✝ subsidy; ⊕ bonus; ✝ free gift; *fig. faire ~* be highly appreciated.

prime[2] [prim] **1.** *adj.* ♣ prime; *fig.* first; *~ jeunesse* earliest youth; *de ~ abord* at first; *de ~ saut* at the first attempt; **2.** *su./f eccl., a. fencing:* prime.

primer[1] [pri'me] (1a) *v/i.* prevail; have priority; ⊕, *a. astr.* prime; *v/t.* surpass; take precedence of; have or take priority over; *la force prime le droit* might is right.

primer[2] [~] (1a) *v/t.* award a prize to; ✝ give award to the.

primerose ♀ [prim'roːz] *f* hollyhock.

primesautier, -ère [primso'tje, ~'tjɛːr] impulsive; ready.

primeur [pri'mœːr] *f* ✝ freshness, newness; *~s pl.* ♂ early vegetables or fruit; *avoir la ~ d'une nouvelle* be the first to hear a piece of news; **primeuriste** ♂ [~mœ'rist] *m* grower of early vegetables or fruit.

primevère ♀ [prim'vɛːr] *f* primula; primrose.

primitif, -ve [primi'tif, ~'tiːv] primitive; first, early; original, pristine; *gramm.* primary (*tense*).

primo [pri'mo] *adv.* first, in the first place; **primogéniture** [~mɔʒeni'tyːr] *f* primogeniture.

primordial, e, *m/pl.* **-aux** [primɔr'djal, ~'djo] primordial; *fig.* of primary importance.

prince [prɛ̃ːs] *m* prince.

princeps [prɛ̃'sɛps] *adj.:* *édition f ~* first edition.

princesse [prɛ̃'sɛs] *f* princess; **princier, -ère** [~'sje, ~'sjɛːr] princely.

principal, e, *m/pl.* **-aux** [prɛ̃si'pal, ~'po] **1.** *adj.* principal (*fig., a.* ♣ ♣, ♪, *gramm.*), chief, main; **2.** *su./m school:* head(master); *admin.* chief clerk; ✝ principal; *fig.* main thing; **principalat** [~pa'la] *m school:* headship; **principat** *hist.* [~'pa] *m* principate; **principauté** [~po'te] *f* principality.

principe [prɛ̃'sip] *m* principle; *en ~* in principle; *par ~* on principle; *sans ~s* unprincipled (*person*).

printanier, -ère [prɛ̃ta'nje, ~'njɛːr] spring...; **printemps** [~'tɑ̃] *m* spring; springtime (*a. fig.*); *fig.* heyday.

priorat [prio'ra] *m* priorate, priorship.

prioritaire [priɔri'tɛːr] **1.** *adj.* having priority, priority...; **2.** *su.* priority-holder; **priorité** [~'te] *f* priority; *mot. a.* right of way; *de ~ mot.* major (*road*); ✝ preference (*shares*).

pris[1] [pri] *1st p. sg. p.s. of* prendre.

pris[2], e [pri, priːz] *1. p.p. of* prendre; **2.** *adj.:* *bien ~* well-proportioned (*figure*), well-built (*man*); *~ de sommeil* drowsy.

prise [priːz] *f* hold, grip (*a. fig.*), grasp; ✗ taking (*a. phot.*); *town:* capture; ♣ prize; ⊕ machine: mesh, engagement; ✝ *parcels:* collection; *cement etc.:* setting; *snuff:* pinch; *fish:* catch; ⊕ ore: sample; *analysis:* specimen, sample; ⊕ *air, steam, etc.:* intake; *~ d'air* ⊕ air-inlet; ✗ air scoop; *~ d'eau* intake of water; tap, cock; hydrant; ♠ water-crane; F *~ de bec* squabble; ♣ *~ de corps* arrest; *~ de courant* wall-plug, socket, power point; *trolley:* current collector; *~ de sang* blood specimen; *~ de terre* earth-connection; *~ de vues* taking of photographs, photography; *cin.* shooting; *avoir ~ sur* have a hold over or on; *fig. donner ~ à* lay o.s. open to; *en ~* ⊕ engaged, in gear; ♣ holding (*anchor*); *fig. en ~ directe avec* in close contact with, in touch with; *être aux* ~s *avec* be at grips with; *faire* ~ set (*cement*); *faire une* ~ *à* (*or sur*) tap (*river, & coil, cable*); *lâcher* ~ let go; F *fig.* give in.

prisée ‖‖ [pri'ze] f valuation; appraisal.

priser¹ [pri'ze] (1a) v/t. inhale, snuff, take; v/i. take snuff.

priser² [~] (1a) v/t. value, appreciate, prize.

priseur¹ m, **-euse** f [pri'zœːr, ~'zøːz] snuff-taker.

priseur² ‖‖ [pri'zœːr] m goods: appraiser; valuer.

prismatique [prisma'tik] prismatic; **prisme** [prism] m prism.

prison [pri'zɔ̃] f prison; gaol, *Am.* jail; ⚔, F cells pl.; **prisonnier, -ère** [~zo'nje, ~'njɛːr] 1. su. prisoner; *se constituer* ~ give o.s. up (to the police); 2. adj. ⚔ captive; ‖‖ imprisoned.

privatif, -ve gramm. [priva'tif, ~'tiːv] adj., a. su./m privative; **privation** [~'sjɔ̃] f ⚔, fig. deprivation, loss; fig. privation; ‖‖ forfeiture.

privautés pej. [privo'te] f/pl. familiarity sg., liberties.

privé, e [pri've] 1. adj. private; 2. su./m private life; private sector; *en* ~ privately; in private life.

priver [pri've] v/t. deprive; *se* ~ *de* do without; stint o.s. of.

privilège [privi'lɛːʒ] m privilege; **privilégier** [~le'ʒje] (1o) v/t. privilege; favo(u)r, prefer, give preference to.

prix [pri] m price, cost; value (a. fig.); prize; reward; *sp.* challenge-cup race, prize race, stakes pl.; *& exchange*: rate; ~ *courant* market *or* current price; price-list; ~ *de revient* cost price; ~ *de vente* selling price; ~ *fait* (*or fixe*) fixed price; ~ *fort* list price; ~ *homologué* established price; ~ *régulateur* standard of value; ~ *unique* one-price store; ~ *unitaire* unit-price; *à* ~ *d'ami* cheap; *à aucun* ~ not at any price, on no account; *à tout* ~ at all costs; *à vil* ~ at a low price, F dirt cheap; *dernier* ~ lowest price, F rock-bottom price; *faire un* ~ quote a price (to, *à*); *hors de* ~ at ransom prices; ~ *fixe* F [~'fiks] m restaurant with a fixed-price meal.

pro F [pro] m pro(fessional).

probabilité [probabili'te] f probability (a. Ⱥ); *selon toute* ~ in all probability; **probable** [~'babl] probable, likely.

probant, e ‖‖ etc. [pro'bɑ̃, ~'bɑ̃ːt] probative; conclusive; **probation** [~ba'sjɔ̃] f probation; **probatoire** [~ba'twaːr] probative; **probe** [prob] honest; of integrity (*man*); **probité** [probi'te] f probity, integrity.

problématique [problema'tik] 1. adj. problematical; questionable; 2. su./f problem(s pl.); **problème** [~'blɛm] m problem (a. Ⱥ, a. fig.); puzzle.

procédé [prose'de] m fig. proceeding; conduct; *billiard cue*: tip; ⊕ process; ~s pl. behaviour sg.; *bons* ~s pl. civilities; *manquer aux* ~s be ill-mannered; **procéder** [~'de] (1f) v/i. proceed (from, *de*; ‖‖ against, *contre*; to, *à*); arise (from, *de*); act; **procédure** [~'dyːr] f procedure (a. ‖‖); ‖‖ proceedings pl.

procès [~] m ‖‖ (legal) proceedings pl.; legal action; trial; ~ *civil* (law)suit; ~ *criminel* (criminal) trial; **processif, -ve** [~se'sif, ~'siːv] litigious; procedural (*form*).

procession [prose'sjɔ̃] f eccl. etc. procession; parade; fig. cars, visitors: string; **processionnaire** zo. [~sjo'nɛːr] 1. adj. processionary; 2. su./f zo. processionary caterpillar; **processional** eccl. [~'nal] m processional; **processionnel, -elle** [~'nɛl] processional (*hymn* etc.); **processionnellement** [~nɛl'mɑ̃] adv. in procession.

processus [prose'sys] m anat., a. fig. process; progress; method.

procès-verbal ‖‖ [prosevɛr'bal] m official report, statement; *mot.* parking ticket; *meeting*: proceedings pl.; *dresser* (*un*) ~ *contre q.* make a report on s.o., take s.o.'s name and address; *mot.* book (*a motorist*).

prochain, e [pro'ʃɛ̃, ~'ʃɛn] 1. adj. next (*in a series*); nearest; near; impending (*departure, storm*, etc.); 2. su./m neighbo(u)r, fellow-creature; **prochainement** [~ʃɛn'mɑ̃] adv. soon, shortly; **proche** [prɔʃ] 1. adj. near, close; 2. adv.: *de* ~ *en* ~ by degrees; 3. su./m: ~s pl. relatives.

proclamation [proklama'sjɔ̃] f proclamation; *faire une* ~ issue a proclamation; **proclamer** [~'me] (1a) *v/t.* proclaim (*a. fig.*); declare, announce. [create.]

procréer [prɔkre'e] (1a) *v/t.* pro-|

procuration [prɔkyra'sjɔ̃] *f* ✝, *a.* ⚖️ procuration, power of attorney; *par* ~ by proxy *or* procuration; **procurer** [~'re] (1a) *v/t. a. se* ~ obtain, get, procure; **procureur** [~'rœːr] *m* ⚖️ procurator, proxy; *eccl.* bursar; ⚖️ attorney; ♀ *de la République* (*approx.*) Public Prosecutor, *Am.* district attorney; ~ *général* (*approx.*) Attorney General.

prodigalité [prɔdigali'te] *f* prodigality; extravagance, lavishness.

prodige [prɔ'diːʒ] **1.** *su./m* prodigy; marvel (*a. fig.*); **2.** *adj.*: *enfant m* ~ infant prodigy; **prodigieux, -euse** [~di'3jø, ~'3jøːz] prodigious, stupendous.

prodigue [prɔ'dig] **1.** *adj.* prodigal (*a. pej.*); lavish (*of, with* de), profuse (*in,* de); spendthrift; *bibl. l'enfant m* ~ the Prodigal Son; **2.** *su.* spendthrift, prodigal; **prodiguer** [~di'ge] (1m) *v/t.* lavish; be unsparing of; squander; *se* ~ set out to please.

prodrome [prɔ'drɔːm] *m* ⚕️ premonitory symptom (*to,* de); *fig.* preamble (*to,* de).

producteur, -trice [prɔdyk'tœːr, ~'tris] **1.** *adj.* productive (*of,* de); producing; ⊕ generating (*apparatus*); **2.** *su.* producer; 🌿 grower; **productible** [~'tibl] producible; **productif, -ve** [~'tif, ~'tiːv] productive, fruitful; **production** [~'sjɔ̃] *f* production (*a.* ⚖️, ♪, ⊕, *cin.*); 🌿, gas, steam: generation; ⊕ output; product; 🌿 growth; **productivité** [~tivi'te] *f* productivity; **produire** [prɔ'dɥiːr] (4h) *v/t.* produce (*a.* ⚖️ *evidence, a. cin.*); ✝, 🌿 yield; ⊕ turn out (*products*); generate (🌿, *gas, steam*); *fig.* give rise to; *fig.* bring about; *se* ~ take place, happen, occur; **produit** [~'dɥi] *m* 🏭, ⊕, ⚗️ product; 🌿 produce; proceeds *pl.* (*of sale*), receipts *pl.*; ✝ yield; ~ *accessoire* (*or secondaire*) by-product; ~ *d'un capital* yield of a capital sum; ✝ ~ *manufacturé* manufacture (⊕ *product*); ✝ ~ *national brut* gross national product; ✝ ~ *ouvré* finished article.

proéminence [prɔemi'nɑ̃ːs] *f* prominence; protuberance; **proéminent, e** [~'nɑ̃, ~'nɑ̃ːt] prominent; projecting.

profanateur *m,* **-trice** *f* [prɔfana'tœːr, ~'tris] desecrator; **profanation** [~'sjɔ̃] *f* desecration; **profane** [prɔ'fan] **1.** *adj.* profane; secular (*history, art, theatre, etc.*); sacrilegious; impious; **2.** *su.* layman (*a. fig.*); ♀ F *fig.* outsider; **profaner** [~fa'ne] (1a) *v/t.* profane; desecrate (*a church, a tomb*); *fig.* degrade (*one's talent etc.*).

proférer [prɔfe're] (1f) *v/t.* utter; pour forth (*insults*).

professer [prɔfe'se] (1a) *v/t.* profess; be a professor of (*a subject*); practise (*law, medicine, etc.*); **professeur** [~'sœːr] *m* teacher, master; (*a. femme f* ~) *secondary school:* mistress; *univ.* professor, lecturer; ~ *d'athéisme* avowed *or* open atheist; **profession** [~'sjɔ̃] *f eccl., a. fig.* profession; occupation; trade; *de* ~ by profession; *fig.* habitual (*drunkard*); *sans* ~ of private means (*person*); **professionnaliser** [~sjɔna'lize] (1a) *v/t.: se* ~ become *or* go professional; acquire (*a*) professional character; **professionnel, -elle** [~sjɔ'nɛl] **1.** *adj.* professional; vocational; ♀ occupational (*disease*); *enseignement m* ~ vocational training; **2.** *su. usu. sp.* professional; **professorat** [~sɔ'ra] *m* *secondary school:* post of teacher; *univ.* professorship, *coll.* teaching profession, teachers *pl.*; *univ.* professors.

profil [prɔ'fil] *m* profile; outline; △ *etc.* section; *geog.* contour; **profilé, e** [prɔfi'le] **1.** *adj.* 🔧, ✈, *mot.* streamlined; **2.** *su./m* ⊕, *mot., etc.* section; **profiler** [~] (1a) *v/t.* ⊕ shape; draw (*s.th.*) in section; *profile; mot.* streamline; *se* ~ be silhouetted (*against* contre, sur, à).

profit [prɔ'fi] *m* ✝ profit (*a. fig.*); *fig.* advantage, benefit; ✝ ~*s pl. et pertes f/pl.* profit *sg.* and loss *sg.*; *mettre qch. à* ~ turn s.th. to account, take advantage of s.th.; **profitable** [prɔfi'tabl] profitable, advantageous; **profiter** [~'te] (1a) *v/i.* profit (*by,* de); *fig.* grow, thrive; *fig.* wear well (*material etc.*); be economical; ~ *à q.* benefit s.o.; be profitable to s.o.; ~ *de* take advantage of, make the most of; **profiteur** *pej.* [~'tœːr] *m* profit-taker; F profiteer; F ~ *de guerre* war profiteer.

profond, e [prɔ'fɔ̃,~'fɔ̃ːd] **1.** *adj.* deep (*a. fig.* sigh, sleep); *fig.* profound; **2.** *profond adv.* deep; **3.** *su./m* depth(s *pl.*); *au ~ de la nuit* in the dead of night; **profondément** [~fɔ̃de'mã] *adv. of profond* 1; **profondeur** [~'dœːr] *f* depth (*a. fig.*); *en ~* in depth; thorough(ly); in-depth.

profus, e [prɔ'fy, ~'fyːz] profuse; **profusément** [prɔfyze'mã] *adv. of profus*; **profusion** [~'zjɔ̃] *f* profusion; abundance; *fig.* lavishness; *fig. à ~* lavishly.

progéniture [prɔʒeni'tyːr] *f* progeny, offspring.

prognose ✻ [prɔg'noːz] *f* prognosis.

programme [prɔ'gram] *m* programme, *Am.* program (*a. pol., radio, data processing*); *pol.* platform; *univ. etc.* examination: syllabus; ~ *des auditeurs* radio: request program(me); ~ *d'études* curriculum; **programmateur, -trice** [prɔgrama'tœːr,~'tris] *su. radio* (*person*), *su./m* data processing (*machine*): programmer; **programmation** [~ma'sjɔ̃] *f* radio, data processing: programming; **programmer** [~'me] *vt/i.* (1a) program, *etc.:* program; *fig. a.* plan; **programmeur** *m*, **-euse** *f* [~'mœːr, ~'møːz] data processing (*person*): programmer.

progrès [prɔ'grɛ] *m* progress; advancement; *faire des ~* progress, make headway; **progresser** [prɔgre'se] (1a) *v/i.* progress, make headway, advance; *fig.* improve; **progressif, -ve** [~'sif, ~'siːv] progressive; forward; gradual; graduated (*tax*); **progression** [~'sjɔ̃] *f* progress; progression (*a.* ♫); advance(ment); increase; **progressiste** *pol.* [~'sist] *adj., a. su.* progressive.

prohiber [prɔi'be] (1a) *v/t.* forbid, prohibit; *hunt. temps m prohibé* close season; **prohibitif, -ve** [prɔi'bi'tif, ~'tiːv] prohibitive (*price etc.*); prohibitory (*law etc.*); **prohibition** [~'sjɔ̃] *f* prohibition; ~*s pl. de sortie* ban *sg.* on exports; **prohibitionniste** [~sjɔ'nist] *adj., a. su./m* prohibitionist.

proie [prwa] *f* prey (*a. fig.*); *être en ~ à* be a prey to, be consumed by (*hatred*

etc.), be tortured by (*pains, remorse, etc.*).

projecteur [prɔʒɛk'tœːr] *m* projector; floodlight; spotlight; searchlight; **projectif, -ve** [~'tif, ~'tiːv] projective; **projectile** [~'til] *adj., a. su./m* projectile; missile; **projection** [~'sjɔ̃] *f* projection (*a.* △, ♣); △ plan; (lantern) slide; **projecture** △ [~'tyːr] *f* projection.

projet [prɔ'ʒɛ] *m* project, plan; draft; scheme; *parl. ~ de loi* government bill; *état m de ~* planning stage; **projeter** [prɔʒ'te] (1c) *v/t.* project; throw; cast (*a shadow*); *fig.* plan, contemplate, intend; *se ~* stand out; be cast (*shadow*); jut out (*cliff etc.*).

prolétaire *pol.* [prɔle'tɛːr] *m* proletarian; **prolétariat** [~ta'rja] *m coll.* proletariate; **prolétarien, -enne** [~ta'rjɛ̃, ~'rjɛn] proletarian.

prolifération [prɔlifera'sjɔ̃] *f* proliferation; **proliférer** [~fe're] (1f) *v/i.* proliferate; **prolifique** [~'fik] prolific.

prolixe [prɔ'liks] prolix, diffuse; F *fig.* long-winded; **prolixité** [~liksi'te] *f* prolixity; F *fig.* verbosity.

prologue [prɔ'lɔg] *m* prolog(ue) (*to, de*).

prolongation [prɔlɔ̃ga'sjɔ̃] *f time:* prolongation; *leave, stay, ticket:* extension; *sp.* extra time; **prolonge** ✗ [prɔ'lɔ̃ːʒ] *f* ammunition waggon; lashing-rope; **prolongement** [~lɔ̃ʒ'mã] *m space:* prolongation; extension; **prolonger** [~lɔ̃'ʒe] (1l) *v/t.* prolong, extend (*in time or space*); ✻ protract (*a disease*); △ produce (*a line*); ⚓ coast (along); *se ~* continue; extend; be protracted.

promenade [prɔm'nad] *f* walk(ing); stroll (*on foot*), drive (*in a car*), sail (*in a boat*), ride (*on a bicycle*); trip, excursion; *place:* promenade, avenue; ✗ ~ (*militaire*) route march; *faire une ~* go for or take a walk; **promener** [~'ne] (1d) *v/t.* take (*s.o.*) for a walk or a drive *etc.*; exercise (*an animal*); take, conduct; *fig.* run (*one's hand, one's eyes*) (*over, sur*); cast (*one's mind, one's thoughts*) (*over, sur*); *envoyer ~ q.* send s.o. about his business; *se ~* walk, go for a walk or ride *etc.*; *fig.* rove, wander (*eyes, gaze*); *va te ~!* get away with you!; **promeneur** *m,*

-euse *f* [‿'nœːr, ‿'nøːz] walker, stroller; tripper; *thea.* promenader; **promenoir** [‿'nwaːr] *m* promenade, covered walk; ♣ promenade deck; ⚖ lobby.

promesse [prɔ'mɛs] *f* promise; assurance; ✝ promissory note; *manquer à sa ～* break one's promise; **prometteur, -euse** [‿mɛ'tœːr, ‿'tøːz] **1.** *adj.* free with his (her, *etc.*) promises; *fig.* promising, full of promise, attractive; **2.** *su.* person free with his (her) promises, ready promiser; **promettre** [‿'mɛtr] (4v) *v/t.* promise (*a. fig.*); *fig.* bid fair to (*inf.*); *se ～ qch.* promise o.s. s.th.; look forward to s.th.; *v/i.* look or be promising; **promis, e** [‿'mi, ‿'miːz] **1.** *p.p. of* promettre; **2.** *adj.* promised; engaged (*to be married*); *la terre ～e* the Promised Land (*a. fig.*); **3.** *su.* betrothed, F intended.

promiscuité [prɔmiskɥi'te] *f* promiscuity; *en ～* promiscuously.

promission *bibl., a. fig.* [prɔmi'sjɔ̃] *f*: *la terre de ～* the Promised Land.

promontoire *geog.* [prɔmɔ̃'twaːr] *m* promontory; headland.

promoteur, -trice [prɔmɔ'tœːr, ‿'tris] **1.** *adj.* promoting; **2.** *su.* promoter; (*a. ～-constructeur, ～ de construction*) property developer; ✝ *～ de ventes* sales promoter; **promotion** [‿mɔ'sjɔ̃] *f* promotion; *school:* class (= *year*); *coll.* persons *pl.* promoted; ✝ special offer; ✝ *～ des ventes* sales promotion; ✝ *en ～* on special offer; *～ ouvrière* or *sociale* rise in the social scale, social advancement; **promotionnel, -elle** ✝ [‿mɔsjɔ'nɛl] *adj.* promotion(al); **promouvoir** [‿mu-'vwaːr] (3f) *v/t.* promote.

prompt, prompte [prɔ̃, prɔ̃ːt] prompt, quick, speedy, ready; *～ à se décider* quick to make up one's mind; **promptitude** [prɔ̃ti'tyd] *f* promptness, promptitude, quickness; readiness.

promu, e [prɔ'my] *p.p. of* promouvoir.

promulgation [prɔmylga'sjɔ̃] *f law:* promulgation; *decree:* publication; **promulguer** [‿'ge] (1m) *v/t.* promulgate (*a law*); publish, issue (*a decree*).

prône *eccl.* [proːn] *m* sermon; **prôner** [pro'ne] (1a) *v/t. eccl.* preach to; *fig.* extol, crack (*s.th., s.o.*) up;

read (*s.o.*) a lecture, scold; **prôneur** *m*, **-euse** *f* [‿'nœːr, ‿'nøːz] extoller, *sl.* booster.

pronom *gramm.* [prɔ'nɔ̃] *m* pronoun; **pronominal, e** *m/pl.* **-aux** *gramm.* [‿nɔmi'nal, ‿'no] pronominal.

prononçable [prɔnɔ̃'sabl] pronounceable; **prononcé, e** [‿'se] **1.** *adj.* pronounced (*a. fig.*); *fig.* marked; **2.** *su./m* ⚖ decision; **prononcer** [‿'se] (1k) *v/t.* pronounce; ⚖ pass (*sentence*); make (*a. a speech*); *fig.* mention (*a name*); *mal ～* mispronounce (*a word etc.*); *se ～* give one's opinion or decision; come to a decision (on, about *sur*); be pronounced (*word*); *v/i.* pronounce; *～ sur* rule upon, adjudicate upon (*a question*); ⚖ give one's verdict on; **prononciation** [‿sja-'sjɔ̃] *f gramm.* pronunciation; ⚖ *sentence:* passing; *verdict:* bringing in; *speech:* delivery.

pronostic [prɔnɔs'tik] *m* prognostic(ation); forecast; *turf:* (*tipster's*) selection; ⚕ prognosis; **pronostiquer** [‿ti'ke] (1m) *v/t.* foretell, prognose, give a prognosis; forecast (*the weather*); **pronostiqueur** *m*, **-euse** *f* [‿ti'kœːr, ‿'køːz] prognosticator.

propagande [prɔpa'gɑ̃ːd] *f* propaganda; publicity; advertising; *de ～* propaganda ...; **propagandisme** [‿gɑ̃'dism] *m* propagandism; **propagandiste** [‿gɑ̃'dist] *su.* propagandist.

propagateur, -trice [prɔpaga'tœːr, ‿'tris] **1.** *adj.* propagating; **2.** *su.* propagator; *news, germs, etc.:* spreader; **propagation** [‿ga'sjɔ̃] *f* propagation, spread(ing); *phys.: ～ des ondes* wave propagation; **propager** [‿'ʒe] (1l) *v/t.* propagate (*biol., phys., a. fig.*); spread (*news, germs*); *fig.* popularize; *se ～* propagate; spread; *phys.* be propagated.

propane 🜂 [prɔ'pan] *m* propane.

propension [prɔpɑ̃'sjɔ̃] *f* propensity, tendency.

prophète [prɔ'fɛt] *m* prophet, seer; *fig.* prophesier; **prophétesse** [prɔ-fe'tɛs] *f* prophetess; **prophétie** [‿'si] *f* prophecy; **prophétique** [‿'tik] prophetic; **prophétiser** [‿ti'ze] (1a) *v/t.* prophesy, foretell.

prophylactique ⚕ [prɔfilak'tik] prophylactic; **prophylaxie** ⚕ [⌃'si] f prophylaxis; prevention of disease.

propice [prɔ'pis] propitious (to, à; for s.th., à qch.); favo(u)rable (to, à); **propitiation** [prɔpisja'sjɔ̃] f propitiation; **propitiatoire** [⌃'twa:r] propitiatory; F don ∿ sop (to Cerberus).

proportion [prɔpɔr'sjɔ̃] f proportion (with, avec); ratio; fig. ∿s pl. size sg., dimensions; à ∿ que in proportion as; en ∿ de in proportion or relation to; **proportionnel, -elle** [⌃sjɔ'nɛl] 1. adj. proportional; Å moyenne f ∿elle mean proportional; 2. su./f Å proportional; **proportionner** [⌃sjɔ'ne] (1a) v/t. proportion or adjust or adapt (to, à); bien proportionné well-proportioned.

propos [prɔ'po] m purpose; topic; remark; convenience; ∿ pl. talk sg.; à ∿ relevant, pertinent, timely; à ∿! by the way!; à ∿ de about; regarding, concerning, in connection with; à ∿ de rien for no reason at all; à ce ∿ in this connection; à tout ∿ at every (end and) turn; changer de ∿ change the subject; hors de ∿ irrelevant (comment); ill-timed; juger à ∿ think fit; mal à ∿ inopportunely, at the wrong moment; **proposable** [prɔpo'zabl] worthy of consideration; **proposer** [⌃'ze] (1a) v/t. propose; suggest; offer (a solution, money); put forward (a candidate, s.o. as a model); se ∿ propose or offer o.s. (as, comme); se ∿ de (inf.) propose or intend to (inf.); se ∿ pour (inf.) offer to (inf.); **proposition** [⌃zi'sjɔ̃] f offer, proposal; Å, phls., ♪ proposition; gramm. clause; motion (to be voted upon).

propre [prɔpr] 1. adj. proper, correct; peculiar (to, à); characteristic (of, à); own; fit, able (to, à) calculated (to, à); clean; neat; housetrained, Am. housebroken (animal); toilet-trained, clean (child); ∿ à rien good for nothing; ∿ maison f own house; maison f ∿ clean house; en ∿s termes in so many words; 2. su./m nature, characteristic, peculiarity; gramm. literal sense; au ∿ in the proper sense; iro. c'est du ∿! that's a fine thing!; **propret, -ette** † [prɔ'prɛ, ⌃'prɛt] neat, tidy; **propreté**

[⌃prə'te] f cleanness; neatness; cleanliness.

propriétaire [prɔprie'tɛ:r] su./m proprietor, owner; landlord; su./f landlady; proprietress; **propriété** [⌃'te] f property (a. phys.); estate; ownership; fig. characteristic, property; language, words, etc.: correctness; ∿ immobilière real estate; ∿ littéraire copyright.

proprio F [prɔpri'o] m proprietor; owner; landlord.

propulser [prɔpyl'se] (1a) v/t. propel; 🚀 propulsé par réaction rocket-powered; **propulseur** [⌃'sœ:r] 1. adj./m propulsive, propelling, propellent; 2. su./m propeller; **propulsif, -ve** [⌃'sif, ⌃'si:v] propulsive, propelling; **propulsion** [⌃'sjɔ̃] f propulsion; ∿ par réaction rocket-propulsion.

prorata [prɔra'ta] m/inv. proportion; au ∿ pro rata (payment); au ∿ de in proportion to, proportionately to.

prorogation [prɔrɔga'sjɔ̃] f parl. prorogation; ᵗᵗ etc. extension of time; fig. prolongation; **proroger** [⌃'ʒe] (1l) v/t. parl. adjourn, prorogue; ᵗᵗ, † extend (a time-limit), prolong.

prosaïque [prɔza'ik] prosaic; fig. unimaginative, dull; **prosaïsme** [⌃'ism] m prosaic style; fig. dullness; **prosateur** [⌃'tœ:r] m prose-writer.

proscription [prɔskrip'sjɔ̃] f proscription; banishment; fig. abolition; **proscrire** [⌃'kri:r] (4q) v/t. proscribe; fig. abolish; forbid; **proscrit** m, e f [⌃'kri, ⌃'krit] proscript, outlaw, exile.

prose [pro:z] f prose; eccl. sequence.

prosélyte [prɔze'lit] m proselyte.

prospecter [prɔspɛk'te] (1a) v/t. ⚒ prospect; ♥ canvass; **prospecteur** ⚒ etc. [⌃'tœ:r] m prospector; **prospectif, -ve** [⌃'tif, ⌃'ti:v] 1. adj. prospective; forward-looking; 2. su./f forecasting (the future); research into the future development; **prospection** [⌃'sjɔ̃] f ⚒ etc. prospecting; prospection; ♥ canvassing; **prospectus** [⌃'tys] m prospectus; leaflet; brochure; handbill.

prospère [prɔs'pɛ:r] prosperous, thriving; favo(u)rable (circumstances etc.); well-to-do (person); **prospé-**

rer [∼pe're] (1f) v/i. prosper, thrive; succeed; **prospérité** [∼peri'te] f prosperity; ✝ vague f de ∼ boom.

prostate anat. [prɔ'stat] f prostate (gland).

prosterner [prɔstɛr'ne] (1a) v/t.: se ∼ prostrate o.s.; bow down (before, to devant); F kowtow (to, devant).

prostituée [prɔsti'tɥe] f prostitute, whore; **prostituer** [∼'tɥe] (1a) v/t. prostitute (a. fig.); **prostitution** [∼ty'sjɔ̃] f prostitution (a. fig.).

prostration [prɔstra'sjɔ̃] f prostration (a. ⚕); ⚕ exhaustion; **prostré, e** [∼'tre] prostrate; ⚕ exhausted.

protagoniste thea., a. fig. [prɔtagɔ-'nist] m protagonist.

protecteur, -trice [prɔtɛk'tœːr, ∼'tris] **1.** adj. ⊕, a. pol. protective; protecting; fig. pej. patronizing; **2.** su. protector; patron; ∼ de l'environnement environmentalist; **protection** [∼'sjɔ̃] f protection (against, from contre); patronage, influence; wire-pulling; ∼ civile civil defence; F air m de ∼ patronizing air; **protectionnisme** pol. [∼sjɔ'nism] m protectionism; **protectionniste** pol. [∼sjɔ'nist] adj., a. su. protectionist; **protectorat** [∼tɔ'ra] m protectorate.

protégé [prɔte'ʒe] m favo(u)rite; protégé; **protégée** [∼te'ʒe] f protégée; **protège-oreilles** [∼tɛʒɔ're:j] m/inv. ear-protector; **protéger** [∼te'ʒe] (1g) v/t. protect (from, contre); fig. be a patron of; patronize.

protéine [prɔte'i:n] f protein; **protéique** [∼'ik] protein..., proteinic.

protestant, e [prɔtɛs'tɑ̃, ∼'tɑ̃:t] adj., a. su. Protestant; **protestantisme** pol. [∼tɑ̃'tism] m Protestantism; **protestataire** pol. [∼ta'tɛ:r] su. objector; **protestation** [∼ta'sjɔ̃] f protest (against, contre); protestation (of friendship, innocence, etc.); **protester** [∼'te] (1a) v/t. protest (a. ✝ a bill); v/i.: ∼ contre challenge; protest against; ∼ de qch. protest s.th.; ∼ protêt [pro'tɛ] m protest.

prothèse ⚕ [prɔ'tɛːz] f prosthesis; artificial limb; (a. ∼ dentaire) false teeth pl., denture.

prot(o)... [prɔt(ɔ)] prot(o)...

protocolaire [prɔtɔkɔ'lɛːr] formal; of etiquette; **protocole** [∼'kɔl] m protocol; ceremonial; F etiquette; pol. chef m du ∼ Chief of Protocol.

prototype [prɔtɔ'tip] m prototype.

protubérance [prɔtybe'rɑ̃:s] f protuberance; (solar) prominence; knob.

protuteur m, **-trice** f ⚖ [prɔty-'tœːr, ∼'tris] acting guardian.

prou [pru] adv.: ni peu ni ∼ none or not at all; peu ou ∼ more or less.

proue ⚓ [∼] f prow, bows pl.

prouesse [pru'ɛs] f prowess; ∼s pl. exploits.

prouvable [pru'vabl] provable; **prouver** [∼'ve] (1a) v/t. prove.

provenance [prɔv'nɑ̃:s] f source, origin; ✝ product; produce; 🚂 en ∼ de from; **provenir** [∼'ni:r] (2h) v/i.: ∼ de arise from, come from; originate in.

proverbe [prɔ'vɛrb] m proverb; **proverbial, e**, m/pl. **-aux** [∼vɛr-'bjal, ∼'bjo] proverbial.

providence [prɔvi'dɑ̃:s] f providence; F fig. guardian angel; **providentiel, -elle** [∼dɑ̃'sjɛl] providential; fig. opportune, heaven-sent.

province [prɔ'vɛ̃:s] f province pl.; fig. de ∼ provincial, pej. countrified; **provincial, e**, m/pl. **-aux** [∼vɛ̃'sjal, ∼'sjo] **1.** adj. provincial; fig. pej. countrified; **2.** su., a. su./m eccl. provincial.

proviseur [prɔvi'zœːr] m lycee: headmaster; **provision** [∼'zjɔ̃] f provision, stock, supply; finance: funds pl., cover; ⚖ sum paid into court; faire ses ∼s go shopping; par ∼ provisional; sac m à ∼ shopping-bag; **provisoire** [∼'zwa:r] provisional; temporary; acting (official etc.); **provisorat** [∼zɔ'ra] m lycee: headmastership.

provocant, e [prɔvɔ'kɑ̃, ∼'kɑ̃:t] provocative (a. fig.); fig. enticing; **provocateur, -trice** [∼ka'tœːr, ∼'tris] **1.** adj. provocative; **2.** su. aggressor; instigator; provoker; **provocation** [∼ka'sjɔ̃] f provocation; instigation; crime: incitement; challenge; ⚖ sleep etc.: inducement; **provoquer** [∼'ke] (1m) v/t. provoke; incite (to, à); ⚕ induce (sleep etc.); fig. cause, bring about; fig. arouse (suspicion etc.).

proxénète [prɔkse'nɛt] su./m procurer; su./f procuress.

proximité [prɔksimi'te] f proximity; nearness; ∼ de parenté near relationship; *à* ~ near at hand; *à* ~ *de* close to.

prude [pryd] 1. *adj.* prudish; 2. *su./f* prude.

prudemment [pryda'mã] *adv.* of *prudent*; **prudence** [~'dã:s] *f* care(fulness), cautiousness; prudence; discretion; wisdom; **prudent, e** [~'dã, ~'dã:t] careful, cautious, prudent; discreet; *fig.* wise, advisable (to *inf.*, de *inf.*).

pruderie [pry'dri] *f* prudery, prudishness; **prud'homme** [~'dɔm] *m* man of integrity, *fig.* wise man; *conseil m des* ~*s* conciliation board.

prudhommerie [prydɔm'ri] *f* pomposity.

pruine [prɥin] *f* bloom (*on fruit*).

prune [pryn] 1. *su./f* plum; F *fig. pour des* ~*s* for nothing; 2. *adj./inv.* plum-colo(u)red; **pruneau** [pry'no] *m* prune, F ✗ (*rifle-*)bullet; *sl.* black eye; **prunelaie** [pryn'lɛ] *f* plum orchard; **prunelée** [~'le] *f* plum jam; **prunelle** [pry'nɛl] *f* ♀ sloe; ♀, *a. tex.* prunella; *anat.* eye: pupil; *fig.* apple (*of the eye*); **prunellier** ♀ [~ne'lje] *m* blackthorn, sloetree; **prunier** ♀ [~'nje] *m* plum-tree.

prurigineux, -euse ✿ [pryriʒi'nø, ~'nø:z] pruriginous; **prurit** ✿ [~'ri(t)] *m* pruritus, itching.

Prusse [prys] *f: bleu m de* ~ Prussian blue; **prussien, -enne** [pry'sjɛ̃, ~'sjɛn] *adj., a. su.* ♀ Prussian; **prussique** ✿ [~'sik] *adj.: acide m* ~ prussic acid.

psalmiste [psal'mist] *m* psalmist; *bibl. le* ♀ *the* Psalmist (= *king David*); **psalmodie** [~mɔ'di] *f eccl.* psalmody; intoned psalm; F *voice:* singsong; **psalmodier** [~mɔ'dje] (1o) *vt/i.* intone, chant; *v/t.* F *fig.* drone (*s.th.*) out; **psaume** [pso:m] *m* psalm; **psautier** [pso'tje] *m* psalter.

pseud(o)... [psød(ɔ)] pseud(o)...

pseudonyme [psødɔ'nim] *m* assumed name; pseudonym; *nom de plume;* stage name.

ps(it)t! [ps(i)t] *int.* psst!; I say!

psittacisme ✿ [psita'sism] *m* psittacism, parrotry; **psittacose** ✿ [~'ko:z] *f* psittacosis; parrot disease.

psych... [psik] psych(o)...; ~**analyse** ✿ [psikana'li:z] *f* psychoanalysis;

psychanalyser [~li'ze] (1a) *v/t.* psychoanalyze; ~**analyste** ✿ [~'list] *m* psychoanalyst; ~**analytique** ✿ [~li'tik] psychoanalytic(al).

psyché [psi'fe] *f* cheval-glass.

psych...: ~**iatre** [psi'kja:tr] *m* psychiatrist; ~**iatrie** [psikja'tri] *f* psychiatry; ~**iatrique** [~'trik] psychiatric; *hôpital m* ~ *a.* mental hospital.

psychique [psi'fik] psychic; **psychisme** [~'fism] *m* psychism.

psycho... [psiko] psycho...; ~**logie** [~lɔ'ʒi] *f* psychology; ~ *des enfants (foules)* child (mass) psychology; ~**logique** [~lɔ'ʒik] psychological (*a.* F *fig. moment*); ~**logue** [~'lɔg] *su.* psychologist; ~**pathe** [~'pat] *su.* psychopath.

psychose [psi'ko:z] *f* psychosis; obsessive fear; ~ *de guerre* war scare. **psycho-...)-somatique** [psikɔsɔma'tik] 1. *adj.* psychosomatic; 2. *su./f* psychosomatics *sg.*; ~**thérapeute** [~tera'pø:t] *su.* psychotherapist; ~**thérapie** [~tera'pi] *f* psychotherapy; ~**trope** [~'trɔp] 1. *adj.* psychotropic; 2. *su./m* psychotropic (substance).

ptomaïne ✿, ⚗ [ptɔma'in] *f* ptomaine.

pu [py] *p.p.* of *pouvoir* 1.

puant, e [pɥã, pɥã:t] stinking; foul (*a. fig.*); F conceited; **puanteur** [pɥã'tœ:r] *f* stench, stink.

pubère [py'bɛ:r] pubescent; **pubertaire** [~bɛr'tɛ:r] (of) puberty; adolescent; *l'âge m* ~ puberty; **puberté** [~bɛr'te] *f* puberty.

pubescent, e [pybɛ'sã, ~'sã:t] pubescent; downy.

pubien, -enne *anat.* [py'bjɛ̃, ~'bjɛn] pubic; **pubis** *anat.* [~'bis] *m* pubis.

publiable [pybli'abl] publishable; **public, -que** [~'blik] 1. *adj.* public; *la chose* ~*que* the state, the government; *la vie* ~*que* public life, politics *pl.*; *maison f* ~*que* brothel; 2. *su./m* public; *thea. etc.* audience; *en* ~ in public; *le grand* ~ the general public; F the man in the street; **publication** [pyblika'sjõ] *f* publication; publishing; *en cours de* ~ printing (*book*); **publiciste** [~'sist] *su.* publicist; public relations officer; **publicitaire** [~si'tɛ:r] 1. *adj.* publicity-..., advertising...; promotion...; 2. *su./m* publicity man;

publicité [~si'te] f publicity; public relations pl.; advertising; ~ aérienne sky-writing; ~ lumineuse illuminated advertising; bureau m de ~ advertising agency; exemplaires m/pl. de ~ press copies; **publier** [~'e] (1a) v/t. publish; make public; release (news); proclaim.

puce [pys] 1. su./f flea; F marché m aux ~s flea market; F secouer les ~s à give (s.o.) a good hiding; 2. adj./inv. puce.

pucelle [py'sɛl] f maiden, virgin; la ♀ (d'Orléans) the Maid of Orleans, Joan of Arc.

puceron ✗ [pys'rɔ̃] m plant-louse; aphis.

pucier sl. [py'sje] m bed.

pudeur [py'dœːr] f modesty; decency; reserve; sans ~ shameless(ly adv.); **pudibond, e** [~di'bɔ̃, ~'bɔ̃:d] prudish; **pudicité** [~disi'te] f modesty; bashfulness; chastity; **pudique** [~'dik] modest, bashful; chaste.

puer [pɥe] (1n) v/i. stink, reek, smell; v/t. smell of; stink of.

puériculture [pɥerikyl'tyːr] f rearing of children; infant care; **puéril, e** [~'ril] puerile, childish (a. argument etc.); âge m ~ childhood; **puérilité** [~rili'te] f childishness; puerility (a. fig.).

pugilat [pyʒi'la] m pugilism; F set-to, fistfight; **pugiliste** [~'list] m pugilist, boxer, F pug.

puîné, e [pɥi'ne] 1. adj. younger; 2. su./m younger brother; su./f younger sister.

puis¹ [pɥi] adv. then, afterwards, next; et ~ and then; moreover; et ~ après? what then?; what about it?, so what?

puis² [~] 1st p. sg. pres. of pouvoir 1.

puisage ⊕ [pɥi'zaːʒ] m pumping up; **puisard** [~'zaːr] m ⊕ sump; **puisatier** [~za'tje] m well digger; **puiser** [~'ze] (1a) v/t. draw (from à, dans) (a. fig.); dip (into, dans).

puisque [pɥisk(ə)] cj. since, as; seeing that.

puissamment [pɥisa'mɑ̃] adv. powerfully; fig. extremely; **puissance** [~'sɑ̃:s] f fig., a. ⊕, ⚡, ✗, pol., radio: power; force; fig. influence; ✝ fig. authority; phys. ~ en bougies candle-power; ~ lumineuse searchlight: candle-power; pol. ~ mondiale world(-)power; **puissant, e** [~'sɑ̃, ~'sɑ̃:t] powerful; strong;

weighty (argument); thick (coal-seams).

puisse [pɥis] 1st p. sg. pres. sbj. of pouvoir 1.

puits [pɥi] m well; ✗ shaft; ⊕, ✗ pit; ~ d'aérage air-shaft; cuis. ~ d'amour cream-puff; jam-puff; fig. ~ de science person: mine of information. [sweater.]

pull-over [pylɔ'vœːr] m pullover;)

pulluler [pyly'le] (1a) v/i. swarm, teem; multiply rapidly.

pulmonaire [pylmɔ'nɛːr] 1. adj. pulmonary; 2. su./f ♀ lungwort.

pulpe [pylp] f pulp; finger etc.: pad; **pulpeux, -euse** [pyl'pø, ~'pø:z] pulpy, pulpous.

pulsatif, -ve [pylsa'tif, ~'ti:v] pulsatory; throbbing (pain); **pulsation** [~'sjɔ̃] f pulsation (a. ♪, a. phys.); heart: throb(bing), beat (-ing); **pulsatoire** ♪ [~'twa:r] pulsatory.

pulsion psych. [pyl'sjɔ̃] f urge, drive; ~ sexuelle sexual urge.

pulsoréacteur ✈ [pylsɔreak'tœːr] m intermittent jet, pulsojet.

pulvérisateur [pylveriza'tœːr] m pulverizer; spray, atomizer; liquids: vaporizer; **pulvériser** [~'ze] (1a) v/t. pulverize (a. fig. s.o.); F sp. smash (a record); mot. etc., a. ⊕: atomize (petrol, liquids); **pulvérulence** [pylvery'lɑ̃:s] f powderiness; dustiness; **pulvérulent, e** [~'lɑ̃, ~'lɑ̃:t] powdery; dusty.

puma zo. [py'ma] m puma, cougar.

punais, e [py'nɛ, ~'nɛ:z] 1. adj. foulsmelling; 2. su./f zo. bug; drawing-pin, Am. thumbtack.

punch [pɔ̃:ʃ] m punch.

punique hist. [py'nik] Punic; fig. foi f ~ treachery.

punir [py'niːr] (2a) v/t. punish (with, de); **punissable** [pyni'sabl] punishable; **punition** [~'sjɔ̃] f punishment; games: forfeit.

pupillaire anat., ✝✝ [pypil'lɛːr] pupil(l)ary; **pupillarité** ✝✝ [~lari'te] f wardship.

pupille¹ [py'pil] su. ✝✝ ward; orphanage-child; ~ de la nation war orphan (in France).

pupille² anat. [~] f eye; pupil.

pupitre [py'pitr] m desk; ♪ (music-) stand; eccl. lectern; ⊕~ de commande control desk; ♪, thea. ~ de distribution (or commutation) switch-desk.

pur, pure [py:r] pure (a. fig.), spotless; fig. clear (conscience etc.); fig. innocent, chaste (girl); fig. sheer, downright; zo. ~ sang thoroughbred; folie f pure utter folly.

purée [py're] f cuis. vegetables: mash; mashed potatoes pl.; thick soup; sl. être dans la ~ be in the soup, be hard up.

pureté [pyr'te] f purity (a. fig.); chastity; fig. clearness.

purgatif, -ve [pyrga'tif, ~'ti:v] adj., a. su./m purgative; **purgation** [~'sjɔ̃] f ɤ́, eccl. purgation; ɤ́ purging; ɤ́ purge; **purgatoire** eccl. [~'twa:r] m purgatory (a. fig.); **purge** [pyrʒ] f ɤ́ purge (a. pol.), purgative; ⚙ mortgage: redemption; ⊕ blow-off; tex. cleaning; **purgeoir** ⊕ [pyr'ʒwa:r] m filtering-tank; **purger** [~'ʒe] (1l) v/t. purge (fig., a. ɤ́), cleanse; ⚙ serve (a sentence); ⊕, a. fig. clear; se ~ take a purgative; fig. clear o.s.

purification [pyrifika'sjɔ̃] f purification (a. eccl.); cleansing; **purifier** [~'fje] (1o) v/t. purify, cleanse; refine (metal); ⊕ disinfect (the air etc.).

purin ✓ [py'rɛ̃] m liquid manure.

purisme [py'rism] m purism; **puriste** [~'rist] 1. su. purist; 2. adj. puristic.

puritain, e [pyri'tɛ̃, ~'ten] 1. su. Puritan; 2. adj. puritan(ical) (a. fig.); **puritanisme** [~ta'nism] m puritanism (a. fig.).

purpurin, e [pyrpy'rɛ̃, ~'rin] purplish; crimson.

pur-sang [pyr'sɑ̃] m/inv. horse: thoroughbred.

purulence ɤ́ [pyry'lɑ̃:s] f purulence; **purulent, e** ɤ́ [~'lɑ̃, ~'lɑ̃:t] purulent; foyer m ~ abscess.

pus¹ [py] m pus, matter.

pus² [~] 1st p. sg. p.s. of pouvoir 1.

pusillanime [pyzilla'nim] pusillanimous; faint-hearted; **pusillanimité** [~nimi'te] f faint-heartedness.

pustule ɤ́ [pys'tyl] f pustule; **pustulé, e** ɤ́ [~ty'le], **pustuleux, -euse** ɤ́ [~ty'lø, ~'lø:z] pustulous.

putain V [py'tɛ̃] f whore; ~! goddamn it!

putatif, -ve [pyta'tif, ~'ti:v] putative; reputed.

putois zo. [py'twa] m polecat.

putréfaction [pytrefak'sjɔ̃] f putrefaction, decay; **putréfier** [~'fje] (1o) v/t. putrefy, rot, decompose; se ~ putrefy; **putrescence** [pytre'sɑ̃:s] f ɤ́ putrescence; ɤ́ sepsis; **putrescent, e** [~'sɑ̃, ~'sɑ̃:t] putrescent; **putrescible** [~'sibl] liable to putrefaction; **putride** [py'trid] putrid; tainted. [Auvergne).\

puy geog. [pɥi] m peak (in the

puzzle [pœzl] m jig-saw puzzle.

pygmée [pig'me] m pygmy.

pyjama [piʒa'ma] m (pair of) pyjamas pl., Am. pajamas pl.

pylône [pi'lo:n] m ⚡ pylon (a. △), mast; ⛴, ⚑ post.

pyramidal, e, -aux [pirami'dal, ~'do] pyramidal; **pyramide** △, ⚑ [~'mid] f pyramid; ~ des âges statistics: age pyramid.

pyrite min. [pi'rit] f pyrites.

pyro... [piro] pyro...; ~**gravure** [~gra'vy:r] f poker-work; ~**ligneux** ⚗ [~li'ʃnø] adj.: acide m ~ pyroligneous acid; ~**mane** [~'man] su. pyromaniac; ~**phore** ⚗, zo. [~'fɔ:r] m pyrophorus.

pyrosis ɤ́ [piro'zis] m pyrosis, heartburn.

pyro...: ~**technicien** [pirotekni'sjɛ̃] m pyrotechnist; ~**technie** [~tek'ni] f pyrotechnics pl.

pyroxyle ⚗ [pirɔk'sil] m pyroxyline; gun-cotton.

Pyrrhus [pi'rys] npr./m: victoire f à la ~ Pyrrhic victory.

python zo. etc. [pi'tɔ̃] m python; **pythonisse** [~tɔ'nis] f prophetess; clairvoyante.

Q

Q, q [ky] *m* Q, q.

quadragénaire [kwadraʒe'nɛːr] *adj., a. su.* quadragenarian.

quadrangulaire [kwadrɑ̃gy'lɛːr] Å *etc.* quadrangular; Δ four-cornered.

quadrant Å [ka'drɑ̃] *m* quadrant; **quadrature** [kwadra'tyːr] *f* Å, *astr.* quadrature; Å *circle:* squaring (*a. fig.*).

quadri... [kwadri] quadri...; **∼folié, e** ♀ [∼fɔ'lje] quadrifoliate.

quadrilatère [kwadrila'tɛːr] *su./m, a. adj.* quadrilateral.

quadrillage [kadri'jaːʒ] *m* crossruling; cross-gridding; chequerwork; squares *pl.*; *fig.* cover(ing), control(ling); **quadrille** [∼'driːj] *m* ♪ *dance, a. cards:* quadrille; **quadriller** [∼dri'je] (1a) *v/t.* square (*paper etc.*); grid (*map*); chequer; *fig.* cover (*an area etc.*); (bring under) control.

quadri...: **∼moteur** 🛩 [kwadrimɔ'tœːr] **1.** *adj./m* four-engined; **2.** *su./m* four-engined plane; **∼phonie** [∼fɔ'ni] *f* quadrophony; **en ∼** in quadrophonic sound; **∼réacteur** 🛩 [∼reak'tœːr] *m* four-engined jet plane.

quadrupède [kwadry'pɛd] **1.** *adj.* four-footed, quadruped; **2.** *su./m* quadruped.

quadruple [kwa'drypl] *adj., a. su./m* quadruple, fourfold; **quadruplé(e)s** [∼dry'ple] *su./pl.* quadruplets; **quadrupler** [∼] (1a) *vt/i.* quadruple; increase fourfold.

quai [ke] *m* quay, wharf; 🚉 platform; embankment (*along a river*); **droits** *m/pl.* **de ∼** quayage (dues) *qt.*

qualifiable [kali'fjabl] subject to qualification; describable (as, de); **qualificatif, -ve** *gramm.* [∼fika'tif, ∼'tiːv] **1.** *adj.* qualifying; **2.** *su./m* qualifier; **qualification** [∼fika'sjɔ̃] *f* qualification (*a. sp.*); calling; *gramm.,* ✝ qualifying; description, designation; **qualifié, e** [∼'fje] qualified (to, pour); ⊕ skilled (*workman*); ⚖

aggravated (*larceny*); **qualifier** [∼'fje] (1o) *v/t.* call, style (by, de; s.o. s.th., q. de qch.); qualify (*a. gramm.*); **se ∼** call o.s.; qualify (for, pour); **qualitatif, -ve** [∼ta'tif, ∼'tiːv] qualitative; **qualité** [∼'te] *f* quality, property; nature; qualification; *fig.* capacity (as, de); title; **avoir ∼ pour** be qualified to; **de première ∼** first-rate; **en (sa) ∼ de** in his capacity as; ✝ **gens** *m/pl.* **de ∼** gentlefolk.

quand [kɑ̃] **1.** *adv.* when; **depuis ∼?** how long?, since when?; **pour ∼ est ...?** when is ...?; **2.** *cj.* when; **∼ même** none the less, nevertheless; even though.

quant à [kɑ̃ta] *prp.* as for; as regards, in relation to.

quantième [kɑ̃'tjɛm] *m* day of the month, date.

quantifier [kɑ̃ti'fje] (1o) *v/t.* quantify.

quantique *phys.* [kwɑ̃'tik] *adj.:* **mécanique** *f* **∼** quantum mechanics.

quantitatif, -ve [kɑ̃tita'tif, ∼'tiːv] 🎵 *etc.* quantitative; *gramm.* (*adjective*) of quantity, (*adverb*) of degree; **quantité** [∼'te] *f* quantity.

quantum, *pl.* **-ta** [kwɑ̃'tɔm, ∼'ta] *m* Å, 🎵, ⚖ *phys.* quantum; *phys.* **théorie** *f* **des quanta** quantum theory.

quarantaine [karɑ̃'ten] *f* (about) forty; ⚓ quarantine; **la ∼** the age of forty, the forties *pl.*; **mettre q. en ∼** ✴, ⚓ quarantine s.o.; *fig.* send s.o. to Coventry; **quarante** [∼'rɑ̃t] **1.** *adj./num.,* forty; **2.** *su./m/inv.* forty; **les ♀ the** Forty (members of the Académie française); **∼cinq tours** *m* record: single; **quarantième** [∼'tjɛm] *adj./num., a. su.* fortieth.

quart [kaːr] *m* Å *etc.* quarter; ⚓ point (of the compass); ⚓ watch; ♪ **∼ de soupir** semiquaver rest; **∼ d'heure** quarter of an hour; *fig.* **passer un mauvais ∼ d'heure** have a hard time (of it); **faire passer un mauvais ∼ d'heure à q.** give s.o. a hard time; **deux heures moins le ∼** a quarter to two; **le ∼ a sonné** it has struck quarter past; **un**

~ *(de livre)* a quarter of a pound); *fig.*
aux trois ~s almost (completely); *fig.*
les trois ~s *de* most (of); *fig. au* ~ *de*
tour immediately, straight off; *fig. un*
petit ~ *d'heure* a few minutes; **quar-**
te [kart] **1.** *adj./f* ♂ quartan (*fever*);
2. *su./f* ♪ fourth; *fencing:* carte,
quart(e).

quartier [kar'tje] *m* quarter; (fourth)
part; piece, portion; *venison:*
haunch; *bacon:* gammon; *stone:*
block; district, neighbo(u)rhood;
fig. mercy, clemency; ✕ quarters
pl.; ~ *chic* residential quarter; ✕
~ *général* headquarters *pl.;* ~ *ouvrier*
working-class district; ✕ *demander*
~ ask for or cry quarter; ✕ *faire* ~
give quarter; ~-**maître**, *pl.* ~s-
maîtres [~tje'mɛːtr] *m* ♣ leading
seaman; ✕ † quartermaster.

quarto [kwar'to] *adv.* fourthly.

quartz *min.* [kwarts] *m* quartz;
quartzeux, -euse *min.* [kwart'sø,
~'søːz] quartzose; quartz *(sand).* ✕

quasi [ka'zi] *adv.* almost, practically;
quasi; ~-*délit* ♂ [~zide'li] *m* technical offence; **quasiment** F [~zi-
'mɑ̃] *adv.* almost, practically.

Quasimodo *eccl.* [kazimo'do] *f* Low
Sunday.

quaternaire ♈, ♏, *geol.*, *etc.*
[kwatɛr'nɛːr] quaternary.

quatorze [ka'tɔrz] *adj./num.*, *a.*
su./m/inv. fourteen; *date*, *title:*
fourteenth; **quatorzième** [~tɔr-
'zjɛm] *adj./num.*, *a. su.* fourteenth.

quatrain [ka'trɛ̃] *m* quatrain.

quatre [katr] *adj./num.*, *a. su./m/inv.*
four; *date*, *title:* fourth; *à* ~ *pas*
d'ici close by; *à* ~ *pattes* on all
fours; *entre* ~ *yeux* between you
and me; *pol. les* ♊ *Grands* the Big
Four; ~-**mâts** ♣ [katrə'ma] *m/inv.*
four-master; ~-**saisons** [~sɛ'zɔ̃]
f/inv. (*sort of*) strawberry; *see mar-*
chand 2; ~-**temps** *eccl.* [~'tɑ̃] *m/pl.*
ember days; ~-**vingt-dix** [~vɛ̃'dis]
before consonant ~'di; *before vowel or*
h mute ~'diz] *adj./num.*, *a. su./m/inv.*
ninety; ~-**vingt-dixième** [~vɛ̃di-
'zjɛm] *adj./num.*, *a. su.* ninetieth;
~-**vingtième** [~vɛ̃'tjɛm] *adj./num.*,
a. su. eightieth; ~-**vingts** [~'vɛ̃]
adj./num., *a. su./m* (loses its -s
when followed by another number)
eighty; *quatre-vingt-un* eighty-one;
quatrième [katri'ɛm] **1.** *adj./num.*
fourth; **2.** *su.* fourth; *su./m* fraction:

fourth, quarter; fourth, *Am.*
fifth floor; *su./f* secondary school:
(*approx.*) third form.

quatuor ♪ [kwa'tɥɔːr] *m* quartet;
~ *à cordes* string quartet.

que [kə] **1.** *pron./interr.* what?; how
(many)!; ~ *cherchez-vous?*, *qu'est-*
ce que vous cherchez? what are you
looking for?; ~ *c'est beau!* how
beautiful it is!; ~ *de monde!* what
a lot of people!; ~ *faire?* what can
(could) be done?; *qu'est-ce* ~ *c'est*
~ *cela?* what's that?; *qu'est-ce* ~ *la*
littérature? what is literature?;
2. *pron./rel.* whom, that; which;
what; (*autant*) ~ *je sache* so far as I
know; *je ne sais* ~ *dire* I don't know
what to say; *je sais ce qu'il veut* I
know what he wants; *le jour qu'il vint*
the day (when) he came; *l'homme* ~
j'aime the man (whom or that) I
love; *misérable* ~ *tu es!* wretch that
you are!; you wretch!; **3.** *cj.* that;
so that; when; whether; *replacing*
another cj. to avoid its repetition:
puisque vous le dites et ~ *nous le*
croyons since you say so and we
believe it; ~ (*sbj.*) ... ~ (*sbj.*) whether
(*ind.*) ... or (*ind.*); ~ *la lumière soit!*
let there be light!; ~ *le diable l'em-*
porte! to hell with him!; *approchez*
~ *je vous regarde* come closer and
let me look at you; *aussi* ... ~ *as* ...
as; *d'autant plus* ... ~ all the more
... as or because; *il ne partira pas*
sans ~ *cela ne soit fait* he will not
leave before it is done; *il y a* ... ~
since ...; *je crois* ~ *oui* I think so;
ne ... ~ only, but; *non* (*pas*) ~ (*sbj.*)
not that (*ind.*); *plus* ~ more than;
tel ~ such as; *tel* ~ *je suis* as I am;
un tel vacarme ~ such a row that.

quel *m*, **quelle** *f*, **quels** *m/pl.*,
quelles *f/pl.* [kɛl] **1.** *adj./interr.*
what; who; which; what (a)!; *quelle*
bonté! how kind!; *quelle heure est-*
il? what time is it?; ~ *que* (*sbj.*)
whatever (*ind.*); *quelle que soit son*
influence whatever his influence
(may be); ~s *que soient ces mes-*
sieurs whoever these gentlemen
may be; **2.** *adj./indef.* whatever;
whoever, whichever.

quelconque [kɛl'kɔːk] *adj./indef.* any
whatever; some ... or other; ordinary, commonplace; indifferent,
poor.

quelque [kɛlk(ə)] **1.** *adj.* some, any;

~s pl. some, (a) few; ~ chose something, anything; ~ peu something; ~ ... qui (or que) (sbj.) whatever (ind.); ne ... ~ chose not ... anything; **2.** adv. some, about; ~ peu somewhat, a little; ~ ... que (sbj.) however (adj.); **fois** [kɛlkə'fwa] adv. sometimes, now and then.

quelqu'un m, e f, m/pl. **quelques-uns** [kɛl'kœ̃, ~'kyn, ~kə'zœ̃] pron./indef. someone, anyone; somebody, anybody; pl. some, any; ~! **†** shop!; F W.C.: engaged!; ~ des ... one (or other) of the ...; être ~ be s.o. (important).

quémander [kemã'de] (1a) v/i. beg (from, à); v/t. beg for; **quémandeur**, m **-euse** f [~'dœːr, ~'døːz] importunate beggar; (place-)hunter.

qu'en-dira-t-on [kãdira'tɔ̃] m/inv. what people will say; public opinion.

quenelle cuis. [kə'nɛl] f (fish-, meat-) ball.

quenotte F [kə'nɔt] f tooth.

quenouille [kə'nuːj] f distaff; **†** cat's-tail; fig. tomber en ~ fall to the distaff side.

querelle [kə'rɛl] f quarrel; dispute; ~ d'Allemand groundless quarrel; **quereller** [kərɛ'le] (1a) v/t. quarrel with (s.o.), nag (s.o.); se ~ quarrel; fall out (with, avec); **querelleur, -euse** f [~'lœːr, ~'løːz] **1.** adj. quarrelsome; nagging (wife); **2.** su. quarrelsome person.

quérir [ke'riːr] (2v) v/t.: aller ~ go and fetch, go for; envoyer ~ send for; venir ~ come and fetch, come for.

question [kɛs'tjɔ̃] f question; matter; **†‡** issue; **†‡** hist. torture; ~ d'actualité topic of the moment or day; ~ en suspens outstanding question, question still unresolved; ~-piège trick question, loaded question; ce n'est pas la ~ that is not the point; il est ~ de it is a question of; there is talk of; mettre qch. en ~ challenge s.th.; question s.th.; ... ne fait pas ~ there is no doubt about ...; **questionnaire** [kɛstjɔ'nɛːr] m list of questions; quiz; questionnaire; **questionner** [~'ne] (1a) v/t. question (s.o.); **questionneur, -euse** [~'nœːr, ~'nøːz] **1.** adj. inquisitive; **2.** su. inquisitive person; su./m: c'est un éternel ~ he never stops asking questions.

quête [kɛt] f quest, search; hunt.

tracking (by dogs); eccl. etc. collection; en ~ de in search of; fig. looking for (information); **quêter** [kɛ'te] (1a) v/t. collect; F fig. seek (for); hunt. seek (game); v/i. take up a collection; **quêteur** m, **-euse** f [~'tœːr, ~'tøːz] collector (of alms); eccl. taker-up of the collection.

quetsche [kwɛtʃ] f damson.

queue [kø] f **🌾**, zo., astr., etc. tail; pan: handle; cost. dress: train; (billiard-)cue; fig. bottom, (tail) end; people: queue, Am. line; rear; **🌿** stalk; tool, button: shank; en ~ in the rear; fig. at the bottom or tail-end; faire (la ~ queue up, form a queue, Am. line up, stand in line; mot. faire une ~ de poisson cut in (on, à); fig. finir en ~ de poisson fizzle out; n'avoir ni ~ ni tête be disconnected (story); **♪** piano m à ~ grand piano; ~**d'aronde**, pl. ~**s-d'aronde** ⊕ [~daˈrɔ̃d] f dovetail; ~**de-cochon**, pl. ~**s-de-cochon** ⊕ [~dkɔˈʃɔ̃] f auger-bit, gimlet; ~**de-morue**, pl. ~**s-de-morue** [~dmɔˈry] f (painter's) flat brush; F evening dress, tails pl.; ~**de-pie**, pl. ~**s-de-pie** [~dˈpi] f swallow-tail coat; ~**de-rat**, pl. ~**s-de-rat** [~dˈra] f ⊕ rattail(ed file); reamer; (sort of) snuffbox.

qui [ki] **1.** pron./interr. subject: persons: who, two persons: which; things: which; what; object: persons: whom; things: which; ~ des deux? which of the two?; ~ est-ce ~ chante? who sings?, who is singing?; ~ est-ce que tu as vu? who(m) did you see?; à ~ to whom? à ~ est ce livre? whose book is this?; whom does this book belong to?; de ~ whose?; of or from whom? **2.** pron./rel. subject: persons: who, that; (he or anyone) who; things: which, that; what; after prp.: persons: whom; things: which; ~ pis est what is worse; ~ que soit whoever it is; anyone; à ~ mieux mieux vying with one another; ce ~ what; which; n'avoir ~ tromper have no one to deceive; **3.** pron./indef. some; ~ ..., ~ ... some ..., some or others ...

quia † [kɥi'a] adv.: être à ~ be nonplussed; mettre (or réduire) à ~ nonplus.

quiconque [kiˈkɔ̃ːk] pron./indef. whoever, anyone who; anybody.

quidam [ki'dam] *m*: un ~ an individual, someone.

quiétude [kui̯e'tyd] *f* quietude. .

quignon [ki'ɲɔ̃] *m* bread: chunk, hunk.

quille[1] ⚓ [ki:j] *f* keel.

quille[2] [ki:j] *f sp.* skittle, ninepin; *sl.* leg; *fig.* recevoir q. comme un chien dans un jeu de ~s give s.o. a cold welcome; **quillier** *sp.* [ki'je] *m* skittle-alley.

quinaire [kui̯'nɛ:r] Ⱥ quinary; ⚥, *zo.* pentamerous.

quincaille [kɛ̃'ka:j] *f* ✝ (piece of) hardware, ironmongery; F *coins:* coppers *pl.*; **quincaillerie** ✝ [~kaj'ri] *f* hardware, ironmongery; hardware shop; **quincaillier** ✝ [~ka'je] *m* hardware merchant, ironmonger.

quinconce [kɛ̃'kɔ̃s] *m*: en ~ staggered; zigzag.

quinine 🧪 ⚕ [ki'nin] *f* quinine.

quinquagénaire [kɥɛ̃kwaʒe'nɛ:r] *adj., a. su.* quinquagenarian.

quinquennal, e, *m/pl.* **-aux** [kɥɛ̃kɥɛn'nal, ~'no] five-year (*plan*).

quinquina ♣ [kɛ̃ki'na] *m* cinchona, quinquina.

quint † [kɛ̃] *adj./m* fifth; *Charles* ⛊ *Charles* V.

quinte [kɛ̃:t] *f cards:* quint; *fencing:* quinte; ♪ fifth; F *fig.* whim; *coughing:* fit.

quintessence [kɛ̃tɛ'sã:s] *f* quintessence; **quintessencier** [~sã'sje] (1o) *v/t.* refine.

quintette ♪ [kɛ̃'tɛt] *f* quintet(te).

quinteux, -euse [kɛ̃'tø, ~'tø:z] crotchety, cantankerous (*person*), restive (*horse*); ♣ fitful.

quintuple [kɛ̃'typl] *adj., a. su./m* quintuple, fivefold; **quintupler** [~ty'ple] (1a) *vt/i.* increase fivefold, quintuple.

quinzaine [kɛ̃'zɛn] *f* (about) fifteen; fortnight; fortnight's pay; **quinze** [kɛ̃:z] *adj./num., a. su./m/inv.* fifteen; *date, title:* fifteenth; ~ *jours*

a fortnight; **quinzième** [kɛ̃'zjɛm] *adj./num., a. su.* fifteenth.

quiproquo [kipro'ko] *m* misunderstanding; mistake.

quittance ✝ [ki'tã:s] *f* receipt; *donner ~ à que* (s.o.) a receipt in full; *fig.* forgive (s.o.); **quittancer** ✝ [~tã'se] (1k) *v/t.* receipt.

quitte [kit] *adj.* free, clear (of, *de*); discharged (from, *de*); être ~ be quits, be even; en être ~ *pour qch.* get or come off with s.th.; *adj./inv.*: ~ à (*inf.*) even if (*ind.*); il le fera ~ à perdre son argent he will do it even if he loses his money.

quitter [ki'te] (1a) *v/t.* leave (*a person, a place*); resign (*a post*); give up (*a post, business, a. fig.*); take off (*one's coat, hat, etc.*); *teleph.* ne quittez pas! hold the line, please!

quitus ✝, ⚖ [ki'tys] *m* full discharge; receipt in full.

qui-vive [ki'vi:v] *m/inv.* ⚔ (*sentry's*) challenge; *fig.* être sur le ~ be on the qui vive *or* on the alert.

quoi [kwa] **1.** *pron./interr. things:* what; ~ *de neuf*? what's the news?; ~ *donc!* what!; **2.** *pron./rel.* what; ~ *que* (*sbj.*) whatever (*ind.*); ~ *qu'il* en soit be that as it may; *avoir de* ~ have the wherewithal; *avoir de* ~ *vivre* have enough to live on; (il n'y a) *pas de* ~! don't mention it!; you're welcome!; *sans* ~ ... otherwise, or else; un je-ne-sais-~ (or je ne sais ~) a(n indescribable) something, just something.

quoique [kwak(ə)] *cj.* (al)though.

quolibet [kɔli'bɛ] *m* gibe.

quote-part [kɔt'pa:r] *f* quota, share.

quotidien, -enne [kɔti'djɛ̃, ~'djɛn] **1.** *adj.* daily, everyday; ♣ quotidian; **2.** *su./m* daily (paper); **quotidienneté** [~djɛn'te] *f* everyday life.

quotient [kɔ'sjã] *m* Ⱥ quotient; *pol., admin.* quota; *psych.* ~ *intellectuel* intelligence quotient, *abbr.* I. Q.

quotité [kɔti'te] *f* share, portion, amount.

R

R, r [ɛːr] *m* R, r.

rabâchage [rabɑˈʃaːʒ] *m* tiresome repetition; rigmarole; **rabâcher** [ˌˈʃe] (1a) *v/i.* repeat the same thing over and over again; *v/t.* repeat (*s.th.*) over and over again; **rabâcheur, -euse** [ˌˈʃœːr, ˌˈʃøːz] *su.* person who repeats the same thing over and over again.

rabais [raˈbɛ] *m* ✝ price: reduction, discount; *au* ~ at a discount *or* reduced price; **rabaisser** [ˌbɛˈse] (1a) *v/t.* lower; ✝ depreciate (*the coinage*); *fig.* belittle; humble (*s.o., s.o.'s pride*).

rabat [raˈba] *m cost.* bands *pl.*; *handbag etc.*: flap; ⊕ rabbet; **~joie** [ˌbaˈʒwa] *m/inv.* spoil-sport, wet blanket; **rabattage** [ˌbaˈtaːʒ] *m* ✝ prices: lowering; *hunt.* beating (*for game*); heading back (*of game*); heading off (*of people*); ✂ cutting back; **rabatteur** [ˌbaˈtœːr] *m* ✝ tout; *hunt.* beater; **rabattre** [ˌˈbatr] (4a) *v/t.* fold back *or* down; lower (*a. fig.*); *fig.* reduce; ✂ cut back; *hunt.* beat up (*game*); head (*game*) back; *fig.* head off (*people*); tone down (*a colour*); lower (*the price, s.o.'s pride, one's claims*); ~ *qch. de* take *s.th.* off (*the price etc.*); *fig. en* ~ climb down; *mot. etc. se* ~ get back into the inside lane; *se* ~ *sur* fall down upon; *fig.* fall back on.

rabbin [raˈbɛ̃] *m* rabbi.

rabibocher F [rabiboˈʃe] (1a) *v/t.* patch up; *fig.* reconcile (*two adversaries*); *se* ~ make it up.

rabiot *sl.* [raˈbjo] *m food:* extra; overtime; extra time.

rabique ⚕ [raˈbik] rabic.

râble [rɑːbl] *m zo.* hare etc.: back; *cuis. hare:* saddle; **râblé, e** [rɑˈble] thick-backed (*hare*); broad-backed, strapping, strong (*person*).

rabonnir [rabɔˈniːr] (2a) *vt/i.* improve.

rabot ⊕ [raˈbo] *m* plane; ~ *en caoutchouc* squeegee; **raboter** [rabɔˈte] (1a) *v/t.* ⊕ plane (*wood*); *fig.* polish;

sl. filch, *Am.* lift (*s.o.'s money*); **raboteur** ⊕ [ˌˈtœːr] *m* planer; **raboteuse** ⊕ [ˌˈtøːz] *f* planing-machine; **raboteux, -euse** [ˌˈtø, ˌˈtøːz] rough; knotty (*wood*); uneven (*road*); rugged (*country, a. fig. style*).

rabougri, e [rabuˈgri] stunted, dwarfed (*person, a. plant*); scraggy (*vegetation*); **rabougrir** [ˌˈgriːr] (2a) *v/t.* stunt the growth of; *v/i. a. se* ~ become stunted.

rabouter [rabuˈte] (1a), **raboutir** [ˌˈtiːr] (2a) *v/t.* join end to end.

rabrouer F [rabruˈe] (1a) *v/t.* scold, F dress down; snub.

racaille [raˈkaːj] *f people:* riff-raff, scum; *things:* trash.

raccommodage [rakɔmɔˈdaːʒ] *m* mending, repairing; *socks etc.:* darning; repair; darn; **raccommodement** [ˌˈmɔdˈmɑ̃] *m* reconciliation; *quarrel:* mending; **raccommoder** [ˌmɔˈde] (1a) *v/t.* mend, repair; darn (*socks etc.*); *fig.* reconcile; *se* ~ *avec* make it up with (*s.o.*); **raccommodeur,** *m* **-euse** *f* [ˌmɔˈdœːr, ˌˈdøːz] repairer, mender.

raccord [raˈkɔːr] *m* ⊕ joint, connection; link; 🎨 join (*in a picture etc.*); linking up; touch-up; **raccordement** [rakɔrdəˈmɑ̃] *m* ⊕, 🎨 joining, linking, connection; 🚂 *voie f de* ~ slip line; **raccorder** [ˌˈde] (1a) *v/t.* join, connect, link (up).

raccourci, e [rakurˈsi] **1.** *adj.* shortened; abridged (*account*); ⚕ oblate; bobbed (*hair*); short (*stature*); *fig. à bras* ~(*s*) with might and main; **2.** *su./m* abridgement; short cut (*to somewhere*); *en* ~ in a few words, briefly; **raccourcir** [ˌˈsiːr] (2a) *v/t.* shorten; cut short (*a speech*); curtail; abridge (*an account, a story*); *v/i.* grow shorter; *tex.* shrink; **raccourcissement** [ˌsisˈmɑ̃] *m* shortening; abridgement; *tex.* shrinking.

raccroc [raˈkro] *m billiards:* fluke;

fig. ~ par ~ by chance; **raccrocher** [rakrɔˈʃe] (1a) *v/t.* hang up again; F get hold of (*s.o.*, *s.th.*); F solicit, accost (*s.o.*); se ~ clutch (at, *à*); *fig.* link (with); F recoup one's losses; *v/i.* *teleph.* hang up, ring off.

race [ras] *f* race; *zo.* species, breed; *fig.* breeding; **racé, e** [raˈse] thoroughbred (*a. fig.*); pure(bred).

racer [reˈsœːr] *m* racing-horse; *mot.* racing-car.

rachat [raˈʃa] *m* repurchase; *goods*: buying in; *annuity, covenant, loan, option, a. eccl.*: redemption; *policy, value*: surrender; **rachetable** [raʃˈtabl] redeemable; *eccl.* atonable (*sin*); **racheter** [ʃˈte] (1d) *v/t.* buy back; ✝ buy (*s.th.*) in; redeem (✝ *annuity, debt, loan, a. fig.*); ransom (*a prisoner*); atone for (*one's sins, a. fig.*); ✝ surrender (*a policy*); buy more of (*s.th.*).

rachitique ✸ [raʃiˈtik] rachitic, rickety; **rachitisme** ✸ [ʃˈtism] *m* rachitis, rickets.

racinage [rasiˈnaːʒ] *m coll.* (edible) roots *pl.*; *tex.* walnut dye; *book-binding*: tree-marbling; **racine** [ʃˈsin] *f* ♪, ♥, ♉, *ling., a. fig.* root; *mountain*: foot; **raciner** [ʃˈsine] (1a) *v/i.* ♥ (take) root; *v/t. tex.* dye with walnut; *bookbinding*: marble.

racisme [raˈsism] *m* racialism, racism; **raciste** [ʃˈsist] *adj., a. su.* racialist, racist.

racle ⊕ [rɑːkl] *f* scraper.

raclée F [rɑˈkle] *f* hiding, thrashing, dressing-down; **racler** [ʃˈkle] (1a) *v/t.* scrape; make a clean sweep of; thin out; se ~ la gorge clear one's throat; *v/i.*: ♪ ~ du violon scrape on the fiddle; ✗ ~ hoe; *phot.* squeegee; **racloir** ⊕ [ʃˈklwaːr] *m* scraper; **racloire** ⊕ [ʃˈklwaːr] *f* ⊕ spokeshave; tongue scraper; **raclure** [ʃˈklyːr] *f* scrapings *pl.*

racolage [rakɔˈlaːʒ] *m* ✗, ⚓ recruiting; *fig.* enlisting; *prostitute*: soliciting; **racoler** [ʃˈle] (1a) *v/t.* ✗, ⚓ recruit; *fig.* enlist; *fig.* tout for; *prostitute*: solicit; **racoleur** [ʃˈlœːr] *m* tout; **racoleuse** [ʃˈløːz] *f* prostitute, streetwalker.

raconter [rakɔ̃ˈte] (1a) *v/t.* tell, relate; **raconteur** *m*, **-euse** *f* [ʃˈtœːr, ʃˈtøːz] (story-)teller.

racornir [rakɔrˈniːr] (2a) *v/t.* hard-

en, toughen; se ~ harden; grow hard or horny; *fig.* grow callous; *fig.* shrivel up.

radar [raˈdaːr] *m* radar (set); **radariste** [ʃˈdaˈrist] *m* radar operator.

rade ⚓ [rad] *f* roads *pl.*, roadstead; *fig.* laisser en ~ abandon.

radeau [raˈdo] *m* raft; ~ de sauvetage life raft.

radiaire [raˈdjɛːr] radiate(d); **radial, e,** *m/pl.* **-aux** ♉, *anat.* [ʃˈdjal, ʃˈdjo] radial; **radiance** [ʃˈdjãːs] *f* radiance; radiant heat; **radiant, e** [ʃˈdjã, ʃˈdjãːt] *adj., a. su./m* radiant; **radiateur** [ʃˈdjaˈtœːr] *m* radiator.

radiation[1] *phys.* [radjaˈsjɔ̃] *f* radiation.

radiation[2] [ʃ] *f* striking out; *debt etc.*: cancellation; ♣ *solicitor*: striking off; *barrister*: disbarment.

radical, e, *m/pl.* **-aux** [radiˈkal, ʃˈko] **1.** *adj.* radical (*a.* ♉, ♥, *m, pol., gramm.*); **2.** *su./m* radical; ♥ root(-sign); *gramm.* root; **radicaliser** [ʃˈkaliˈze] (1a) *v/t.* radicalize; intensify; **radicelle** ♥ [ʃˈsɛl] *f* radicle.

radié, e [raˈdje] radiate(d), rayed.

radier[1] ⚒ *etc.* [raˈdje] *m* floor, base, bed; level; *basin, dock*: apron; *(foundation-)raft*; *tunnel*: invert.

radier[2] [ʃ] (1o) *v/t.* strike out, erase; delete; cancel.

radieusement [radjøzˈmã] radiantly; brilliantly; gloriously; **radieux, -euse** [ʃˈdjø, ʃˈdjøːz] radiant (*a. fig.*).

radin *sl.* [raˈdɛ̃] stingy.

radio [raˈdjo] *su./f* radio; radio set; ✸ X-ray photograph; à la ~ on the radio; *su./m* radio(tele)gram; radio operator.

radio... [radjo] radio...; ~**actif, -ve** *phys.* [ʃˈakˈtif, ʃˈtiːv] radioactive; ~**conducteur** ⚡ [ʃˈkɔ̃dykˈtœːr] *m* radio conductor; ~**détection** [ʃˈdetɛkˈsjɔ̃] (1a) *v/t.* broadcast; ~**diffuser** [ʃˈdifyˈze] (1a) *v/t.* broadcast; ~**diffusion** [ʃˈdifyˈzjɔ̃] *f* broadcasting; ~**électricité** radio, *a. phys.* [ʃˈelɛktriziˈte] *f* radioelectricity; ~**élément** *phys.* [ʃˈeleˈmã] *m* radioactive element, radio-element; ~**goniométrie** [ʃˈgɔnjɔmeˈtri] *f* direction-finding; ~**gramme** [ʃˈgram] *m* ✸ radiogram; ✸ X-ray photograph; skiagraph; ~**graphe** [ʃˈgraf] *su.* radiographer; **~graphie** 🖋 [~gra'fi] f radiography; X-ray photograph(y); **~graphier** [~gra'fje] (1o) v/t. X-ray; **~guidage** [~gi'da:ʒ] m 🚗 radio control; mot. traffic news pl.; **~guidé, e** [~gi'de] radiocontrolled; **~journal** [~ʒur'nal] m radio: news bulletin; **~logie** 🖋, a. phys. [~lɔ'ʒi] f radiology; **~logue** 🖋 [~'lɔg] m, **~logiste** 🖋 [~lɔ'ʒist] m radiologist; **~mètre** phys. [~'mɛtr] m radiometer; **~phare** 🚗 [~'fa:r] m radio beacon; **~phonie** [~fɔ'ni] f radiotelephony; **~phonique** [~fɔ'nik] wireless ...; radio...; **~phono** [~fɔ'no] m instrument, furniture: radiogram; **~repérage** [~rəpe'ra:ʒ] m radiolocation; **~reporter** [~rəpɔr'tɛ:r] m (radio) commentator; **~réveil** [~re'vej] m clock radio; **~scopie** [~skɔ'pi] f radioscopy; **~télégramme** 🖋 [~tele'gram] m radiotelegram; **~télégraphie** 🖋 [~telegra'fi] f radiotelegraphy; **~téléphonie** [~telefɔ'ni] f radiotelephony; **~(-)télévisé, e** [~televi'ze] broadcast on both radio and television; **~thérapie** 🖋 [~tera'pi] f radiotherapy.

radis 🌱 [ra'di] m radish; F ne pas avoir un ~ be penniless, F be broke.

radium ⚗ [ra'djɔm] m radium; **~térapie** 🖋 [~djɔmtera'pi] f radium treatment, radium-therapy.

radius anat., a. zo. [ra'djys] m radius.

radotage [radɔ'ta:ʒ] m drivel, twaddle; dotage; **radoter** [~'te] (1a) v/i. talk nonsense; drivel; be in one's dotage; **radoteur** m, **-euse** f [~'tœ:r, ~'tø:z] dotard; driveller.

radoub ⚓ [ra'du] m repair; bassin m de ~ graving-dock, dry dock; **radouber** ⚓ [~du'be] (1a) v/t. repair the hull of; dock.

radoucir [radu'si:r] (2a) v/t. calm (a. fig.); make (s.th.) milder or softer; se ~ become milder or softer.

rafale [ra'fal] f squall; wind: (strong) gust; ✗ gun-fire: burst; ~ de pluie cloud-burst.

raffermir [rafɛr'mi:r] (2a) v/t. harden, make firm(er) (a. fig.); fig. fortify; se ~ harden (a. ✝ prices); ✝ level off (prices); 🖋 improve; **raffermissement** [~mis'mɑ̃] m hardening (a. ✝ of prices); fig. strengthening; fig. improvement.

raffinage ⚙ [rafi'na:ʒ] m sugar, petrol, etc.: refining; oil: distilling; **raffiné, e** [~fi'ne] refined (sugar, petrol, a. fig.); fig. subtle; **raffinement** [~fin'mɑ̃] m fig. refinement; fig. subtlety; ⚙ sugar, petrol, etc.: refining; oil: distilling; **raffiner** [~fi'ne] (1a) v/t. refine (a. ⚙, a. fig.); v/i. be punctilious or over-nice (on, upon sur); **raffinerie** ⚙ [~fin'ri] f refinery; (sugar-)refinery; oil distillery; **raffineur** m, **-euse** f ⚙ [~fi'nœ:r, ~'nø:z] refiner.

raffoler F [rafɔ'le] (1a) v/i.: ~ de be passionately fond of, F be mad about; dote on.

raffut F[ra'fy] m row, din.

raffûter ⚙ [rafy'te] (1a) v/t. reset, sharpen (a tool).

rafiot ⚓ [ra'fjo] m skiff.

rafistoler F [rafisto'le] (1a) v/t. patch (s.th.) up.

rafle[1] 🌱 [ra:fl] f grapes etc.: stalk; maize: cob.

rafle[2] [ra:fl] f police etc.: raid, round-up; swipe.

rafraîchir [rafrɛ'ʃi:r] (2a) v/t. cool; renovate; freshen up; refresh (a. one's memory); revive; brush up (a subject); restore (a painting); v/i. cool; grow cooler (weather); **rafraîchissement** [~ʃis'mɑ̃] m ⊕ etc. cooling; memory: refreshing; subject: brushing up; painting etc.: restoring; **~s** pl. refreshments; **rafraîchisseur** [~ʃi'sœ:r] m, **rafraîchissoir** [~ʃi'swa:r] m cooler.

ragaillardir F [ragajar'di:r] (2a) v/t. cheer (s.o.) up.

rage [ra:ʒ] f rage, fury; fig. mania; violent pain; 🖋 rabies; faire ~ rage, be raging; **rager** [ra'ʒe] (11) v/i. rage; be infuriated; **rageur, -euse** [~'ʒœ:r, ~'ʒø:z] violent-tempered, choleric; angry.

raglan cost. [ra'glɑ̃] m raglan.

ragot[1], **e** [ra'go, ~'gɔt] **1.** adj. squat, stocky (person, a. horse); **2.** su./m hunt. boar in its third year.

ragot[2] F [ra'go] m tittle-tattle, gossip.

ragoût [ra'gu] m cuis. stew; ✝ fig. relish, spice; **ragoûtant, e** [ragu'tɑ̃, ~'tɑ̃:t]: peu ~ unsavo(u)ry; unpleasant; unpalatable.

ragréer [ragre'e] (1a) v/t. finish, polish; △ clean down (brickwork); ⚓ re-rig; fig. restore.

rai [rɛ] m light: ray; wheel: spoke.

raid [rɛd] *m mot.* long-distance run *or*
✈ flight; *mot.* (long-distance) endurance test; ✕, ✈ raid.

raide [rɛd] **1.** *adj.* stiff (*a. manner*);
rigid; tight (*rope*); straight (*flight,
hair*); steep (*path, slope, stair, a. fig.
remark*); F *fig.* unyielding (*character*); **2.** *adv.* steep(ly); hard; *tomber ~
mort* drop stone dead; **raideur**
[rɛ'dœːr] *f* stiffness (*a. of manner*);
rigidity; *rope:* tautness; *path, slope,
stair:* steepness; *character, temperament:* inflexibility; *avec ~* violently;
stubbornly; **raidir** [rɛ'diːr] (2a) *v/t.*
stiffen (*a. fig.*); tighten (*a rope*); *se ~*
brace o.s.; *v/i. a.* *se ~* grow stiff;
harden; **raidissement** [~dis'mɑ̃] *m*
stiffening; tautening.

raie[1] [rɛ] *f* line; streak; stripe;
scratch; *hair:* parting; ✎ furrow;
anat., a. ✎ ridge.

raie[2] *icht.* [~] *f* skate, ray.

raifort ♣ [rɛ'fɔːr] *m* horse-radish.

rail [rɑːj] *m* rail; railway, *Am.* railroad; *~ conducteur* live rail.

railler [rɑ'je] *v/t.* laugh at (*s.o.*);
make fun of (*s.o.*); twit (*s.o.*); *se ~ de*
make fun of; *v/i.* joke; **raillerie**
[rɑj'ri] *f* banter; jest; scoffing; *~ à
part* joking aside; *entendre la ~* be
able to take a joke; *ne pas entendre ~*
be very touchy, be unable to take a
joke; **railleur, -euse** [rɑ'jœːr,
~'jøːz] **1.** *adj.* bantering, mocking; **2.**
su. scoffer, banterer.

rainette [rɛ'nɛt] *f zo.* tree-frog; ♣
apple: pippin.

rainure ⊕ [rɛ'nyːr] *f* groove; slot.

raire [rɛːr] (4ff) *v/i.* bell (*stag*).

rais [rɛ] *m see* rai.

raisin [rɛ'zɛ̃] *m* grape(s *pl.*); *~s pl. de
Corinthe* currants; *~s pl. de Smyrne*
sultanas; *~s pl. secs* raisins; **raisiné**
[~zi'ne] *m* grape jam.

raison [rɛ'zɔ̃] *f* reason; sense; satisfaction; justice, right; proof, ground;
justification; motive; ✝✝ ratio; ✝✝
~ sociale name, style (*of a
firm*); *à ~ de* at the rate of; *à plus forte
~* so much *or* all the more; *avec (juste)
~* rightly, with good reason; *avoir ~*
be right; *avoir ~ de* get the better of;
get the upper hand of; *comme de ~* as
one might expect; *of course; en ~ de*
in proportion to; because of; *parler ~*
talk sense; **raisonnable** [~zɔ'nabl]
sensible, reasonable (*a.* ✝); rational;
adequate; fair; **raisonné, e** [~zɔ'ne]

reasoned; descriptive (*catalogue*);
raisonnement [~zɔn'mɑ̃] *m* reasoning; argument; *pas de ~s!* don't
argue!; **raisonner** [rɛzɔ'ne] (1a) *v/i.*
reason, argue (about, *sur*); *v/t.*
reason with (*s.o.*); weigh (*actions*);
raisonneur, -euse [~'nœːr, ~'nøːz]
1. *adj.* reasoning; *fig.* argumentative;
2. *su.* reasoner; *fig.* argumentative
person; *su./m: faire le ~* argue.

rait [rɛ] *p.p./inv. of* raire.

rajeunir [raʒœ'niːr] (2a) *v/t.* make
younger, rejuvenate; renovate; *se ~*
make o.s. look younger; *v/i.* get *or*
look younger; **rajeunissement**
[~nis'mɑ̃] *m person:* rejuvenation;
renovation.

rajouter [raʒu'te] (1a) *v/t.* add.

rajustement [raʒystə'mɑ̃] *m* re-
adjustment, setting right; ✝ *~ des
salaires* wage adjustment; **rajuster**
[~'te] (1a) *v/t.* readjust, set to
rights; *fig.* settle (*a quarrel*).

râle[1] [rɑːl] *m orn.* rail; (*a.* **râlement**
[rɑl'mɑ̃] *m*) 🐎 râle; *throat:* rattle;
death-rattle.

ralenti [ralɑ̃'ti] *m* slow motion *or*
speed; *au ~* slow(ly *adv.*); *tourner au ~*
idle, tick over; **ralentir** [~'tiːr] (2a)
vt/i. a. *se ~* slow down; relax; **ralentissement** [~tis'mɑ̃] *m* slowing
down, slackening; decrease.

râler [rɑ'le] (1a) *v/i.* groan; be in
one's death agony; F grouse, fume
(with anger, *de colère*); **râleur** *m*,
-euse *f* F [~'lœːr, ~'løːz] grouser.

ralliement [rali'mɑ̃] *m* rally(ing);
✕, ⚓ assembly; *mot m de ~* password; *point m de ~* rallying-point;
rallier [~'lje] (1o) *v/t.* ✕, ⚓ assemble (*troops, ships*); ✕, ⚓ rejoin (*a
unit, a ship*); *fig.* win, attract (*support,
votes, etc.*); *se ~ à* rally to; ⚓ hug (*the
shore*).

rallonge [ra'lɔ̃ʒ] *f* ⊕ extension-
piece; *table:* extension-leaf; ✝ additional sum *or* payment; *une ~ de ...*
an additional ...; *table f à ~s* extension table; **rallongement** [~lɔ̃ʒ-
'mɑ̃] *m* extension; **rallonger** [~lɔ̃-
'ʒe] (1l) *v/t.* lengthen; eke out; *cuis.*
thin (*a sauce*).

rallumer [raly'me] (1a) *v/t.* relight;
fig. revive (*an emotion*); *se ~* rekindle;
break out again (*war*); *fig.* revive
(*emotion*).

rallye *mot. etc.* [ra'li] *m* race-meeting, rally.

ramage [ra'ma:ʒ] *m tex.* floral design; *orn.* song, warbling; **ramager** *orn.* [~ma'ʒe] (11) *v/t.* sing, warble.

ramassage [rama'sa:ʒ] *m* gathering; collection; picking up; ~ *scolaire* school bus service; *point de* ~ pick-up point; **ramassé, e** [~'se] stocky (*person, horse*); ⊕, *a. fig.* compact; **ramasse-miettes** [~mas'mjɛt] *m/inv.* crumb-tray, crumb-scoop; **ramasser** [rama'se] (1a) *v/t.* gather (together); collect; pick up (*an object*); *fig.* ~ *une bûche* come a cropper; *se* ~ collect; pick o.s. up; *fig.* crouch (*animal*); *fig.* gather o.s. (*for an effort*); **ramassis** [~'si] *m* pile; F *people:* pack.

rame¹ ♺ [ram] *f* oar.

rame² [~] *f* † *paper:* ream; 🚋 *coaches,* ⛴ *barges etc.:* string; 🚋 train.

rame³ ♪ [~] *f* stick, prop.

rameau [ra'mo] *m* ♀ bough; ♀ twig; *geog., a. family, science, etc.:* branch; ⚔ vein; *zo.* ~*x pl.* antlers; ~ *d'olivier* olive-branch (*a. fig.*); *eccl.* (*dimanche m des*) ⚦*x* Palm Sunday; **ramée** [~'me] *f* leafy branches *pl.,* arbo(u)r; small wood (*for burning etc.*).

ramender [ramã'de] (1a) *v/t.* mend (*nets*); ♪ manure again; renew the gilt of (*a picture-frame*).

ramener [ram'ne] (1d) *v/t.* bring back; ♠, *a. fig.* reduce (to, *à*); draw (*down, back, etc.*); *fig.* restore (*peace*); *fig.* win (*s.o.*) over; *sl.* ~ *sa fraise* (*or gueule*), *la* ~ protest; talk big; *se* ~ amount, come down (to, *à*); F turn up, come (back).

ramequin *cuis.* [ram'kɛ̃] *m* ramekin, ramequin (= *mixture of cheese, eggs, etc.*).

ramer¹ ♪ [ra'me] (1a) *v/t.* stick, prop (up).

ramer² [ra'me] (1a) *v/i.* row; **rameur, -euse** [~'mœ:r, ~'mø:z] *su.* rower; *su./m* oarsman; *su./f* oarswoman.

rameux, -euse ♀ [ra'mø, ~'mø:z] ramose; branching; **ramier** *orn.* [~'mje] *m* ring-dove, wood-pigeon.

ramification [~mifika'sjõ] *f* ramification (*a. fig.*); branch(ing) (*a. fig.*); **ramifier** [~mi'fje] (1o) *v/t.: se* ~ ramify; branch out (*a. fig.*); **ramille** [~'mi:j] *f* twig; ~*s pl.* fire-lighting: small wood *sg.*

ramolli, e [ramɔ'li] softened; F *fig.* soft-headed; **ramollir** [~'li:r] (2a) *v/t.* soften; *se* ~ soften, grow soft;

ramollissement [~lis'mã] *m* softening; ♂ ~ *cérébral* softening of the brain.

ramoner [ramɔ'ne] (1a) *v/t.* sweep (*the chimney*); ⊕ scour, clear; *mount.* climb (*a chimney*); **ramoneur** [~'nœ:r] *m* (chimney-)sweep.

rampant, e [rã'pã, ~'pã:t] **1.** *adj.* ♠ sloping; ♀, *zo.* creeping; *zo.* crawling; *fig.* cringing; *fig.* pedestrian (*style*); **2.** *su./m* ♠ sloping part; **rampe** [rã:p] *f* slope, incline; inclined plane; gradient, *Am. road:* grade; ♠, 🚋, ⚔ ramp; *stairs:* handrail; *thea.* limelight (*a. fig.*); footlights *pl.,* ⚔ runway lights *pl.;* ~ *de lancement* launching ramp; **ramper** [rã'pe] (1a) *v/i.* creep (*a.* ♀, *zo., a. person*); crawl (*zo., person, a.* F *fig.*); *fig.* fawn (*person*); ♀ trail; *fig.* lurk.

ramponneau F [rãpɔ'no] *m* blow.

ramure [ra'my:r] *f* branches *pl.;* *stag:* antlers *pl.*

rancard *sl.* [rã'ka:r] *m* info, tip-off; meeting, date; **rancarder** *sl.* [~kar-'de] (1a) *v/t.* inform, tip (*s.o.*) off; make a date with, date (*s.o.*); *se* ~ get the info (*about, sur*).

rancart F [rã'ka:r] *m: mettre au* ~ discard; throw on the scrap-heap; F chuck out; shelve (*a project*); *admin.* retire (*s.o.*).

rance [rã:s] **1.** *adj.* rancid; **2.** *su./m: sentir le* ~ smell rancid.

ranch, *pl.* **ranches** [rã:ʃ] *m* ranch.

ranche [rã:ʃ] *f ladder:* peg; **rancher** [rã'ʃe] *m* peg-ladder, pole-ladder.

rancir [rã'si:r] (2a) *v/i.* become rancid; **rancissure** [~si'sy:r] *f* rancidness.

rancœur [rã'kœ:r] *f* ranco(u)r; resentment.

rançon [rã'sõ] *f* ransom; *fig.* price; **rançonner** [rãsɔ'ne] (1a) *v/t.* hold to ransom; ransom (*s.o.*); † F fleece; **rançonneur, -euse** F [~-'nœ:r, ~'nø:z] extortionate.

rancune [rã'kyn] *f* grudge; *garder* (*de la*) ~ *à q.* bear s.o. a grudge (*for, de*); *sans* ~! no offence!; no hard feelings!; **rancunier, -ère** [~ky'nje, ~'njɛ:r] **1.** *adj.* spiteful; **2.** *su.* spiteful person; person bearing a grudge.

randonnée [rãdɔ'ne] *f* tour, excursion, (*long*) trip; outing; hike; **randonneur** *m,* **-euse** *f* [~'nœ:r, ~'nø:z] hiker; excursionist.

rang [rã] *m* row, line; order; class; tier; ✗, *a. fig.* rank; F *fig.* de premier ~ first-rate, first-class; **rangé, e** [rã'ʒe] **1.** *adj.* tidy; steady (*person*); orderly; (*a.* bien ~) well-ordered; ✗ pitched (*battle*); *thea.* tier; *figures*: set; **ranger** [~] (11) *v/t.* (ar)range; ✗ draw up, marshal; put (*s.th.*) away; tidy (*objects, a room*); *fig.* rank (among, *parmi*); ♻ hug (*the coast*); *fig.* steady (*s.o.*); restrain; keep back (*a crowd*); *mot.* park (*one's car*); se ~ line up, get into rows or line; *fig.* settle down (*in life, behaviour, etc.*); *mot.* pull over; *fig.* make way (*person*); *fig.* se ~ à fall in with, come round to.

ranimer [rani'me] (1a) *v/t. a.* se ~ revive; *fig.* cheer up.

rapace [ra'pas] rapacious (*a. fig.*); predatory; **rapacité** [~pasi'te] *f* rapacity; *avec* ~ rapaciously.

rapatriement [rapatri'mã] *m* repatriation; **rapatrier** [~'e] (1a) *v/t.* repatriate.

râpe [rɑːp] *f* ⊕ rasp, rough file; *cuis.* grater; ♻ grapes *etc.*: stalk; **râper** [rɑ'pe] (1a) *v/t.* ⊕ rasp; grind (*snuff*); *cuis.* grate; wear threadbare (*clothes*); **râpé** threadbare (*clothes*).

rapetasser F [rapta'se] (1a) *v/t.* patch up; cobble (*shoes*); *fig.* botch up.

rapetisser [rapti'se] (1a) *v/t.* make (*s.th.*) smaller; shorten (*clothes*); *v/i. a.* se ~ become smaller; shorten; *tex.* shrink.

râpeux, -euse [ra'pø, ~'pøːz] rough; raspy (*tongue*); harsh (*voice, wine*).

rapiat, e F [ra'pja, ~'pjat] **1.** *adj.* stingy; **2.** *su.* skinflint.

rapide [ra'pid] **1.** *adj.* rapid, fast, swift; steep (*slope*); **2.** *su./m geog.* rapid; 🚃 express (*train*); **rapidité** [~pidi'te] *f* swiftness, speed; *slope*: steepness.

rapiéçage [rapje'saːʒ] *m* patching (-up); patchwork; **rapiécer** [~'se] (1f *a.* 1k) *v/t.* patch.

rapière † [ra'pjɛːr] *f* rapier.

rapin † F [ra'pɛ̃] *m* art student; *pej.* dauber (= *painter*).

rapine [ra'pin] *f* rapine; *pej.* graft; **rapiner** [~pi'ne] (1a) *vt/i.* pillage.

rappareiller [rapaʁɛ'je] (1a) *v/t.* match, complete (*a set*).

rapparier [rapa'rje] (1o) *v/t.* match, complete (*a pair*).

rappel [ra'pɛl] *m pol. etc.* recall; reminder; ✦ *money*: calling in; ✦ back pay; ✚ (*injection de* ~) booster (shot); *thea.* curtain call; call (*to order*); ⊕ backmotion; *fig.* touch, suspicion; *mount.* faire une descente en ~ rope down; *touche f de* ~ *typewriter*: backspacer; **rappeler** [~'ple] (1c) *pol., a. fig.* recall; *thea.* call for (*an actor*); remind (s.o. of s.th., *qch. à q.*); ⊕ draw back; *teleph.* ring back; *fig.* restore (*s.o. to health*); *parl.* ~ à l'ordre call to order; se ~ recall, remember (*s.th.*).

rappliquer [rapli'ke] (1m) *v/t.* reapply; *v/i.* F come or go back.

rapport [ra'pɔːr] *m* ✦, ⊕ return, yield; ✦ *etc.* report; statement, account; ⚖, *a. mot.* ratio; connection (with, *avec*); relation; *fig.* resemblance; ~s *pl.* intercourse *sg.*; *fig.* en ~ avec in keeping or touch with; F faire des ~s tell tales; *maison f de* ~ apartment house; *mettre q. en* ~ *avec* put s.o. in touch with; *par* ~ à in relation to; compared with; *sous tous les* ~s in every respect or way; **rapporter** [rapor'te] (1a) *v/t.* bring back; *hunt.* retrieve; ⚖ restore; ⚖, *admin.* revoke; ⊕ join, add; ✦ yield, produce; *fig.* get; report (*a fact, an observation, etc.*); *fig.* ~ à relate to; ascribe to; se ~ à relate to; s'en ~ à rely on; *v/i.* pay, be profitable; F tell tales; present a report (on, about *sur*); **rapporteur, -euse** [~'tœːr, ~'tøːz] **1.** *adj.* sneaking; **2.** *su.* sneak, telltale; *su./m* committee, conference: rapporteur; ✗, ⚖ judge advocate; ⚖ protractor.

rapprendre [ra'prãːdr] (4aa) *v/t.* learn or teach (*s.th.*) again.

rapprochement [rapʁɔʃ'mã] *m* bringing together; comparison; connection; closeness; *fig.* reconciliation; *pol.* rapprochement, re-establishment of harmonious relations; **rapprocher** [~prɔ'ʃe] (1a) *v/t.* bring together; bring (*s.th.*) near again; bring (*things*) closer together; bring (*s.th.*) nearer (to, *de*); compare; *fig.* put together; *fig.* reconcile; se ~ get closer or draw near(er) (to, *de*); *fig.* become reconciled (with, *de*); *fig.* se ~ de be close to.

rapt Fᵢᵢ [rapt] *m* abduction of a minor; kidnapping.

râpure [rɑˈpyːr] *f* filings *pl.*; raspings *pl.*

raquette [raˈkɛt] *f* sp. racket, ping-pong: snowshoe; ♀ prickly pear.

rare [raːr] rare (*a.* ⚙, *phys.*, *fig.*); *fig.* singular, uncommon; ✱ slow (*pulse*); thin, scanty (*hair etc.*); **raréfaction** [rarefakˈsjɔ̃] *f* phys. rarefaction; ✝ growing scarcity; **raréfier** [~ˈfje] (1o) *v/t.* phys. rarefy; ✝ etc. make scarce; se ~ rarefy; grow scarce(r); **rareté** [rarˈte] *f* phys., *a. fig.* rarity; ✝, *a. fig.* scarcity; singularity, rare occurrence.

ras¹, rase [rɑ, rɑːz] **1.** *adj.* close-cropped (*hair, head*); close-shaven (*cheek, chin, beard*); *fig.* blank, bare; open (*country*); full (*measure*); à ~ bord to the brim, brim-full; faire table rase make a clean sweep; *cuis.* une cuillerée ~e a level spoonful; **2.** *adv.*: coupé (*or* taillé) ~ cut short; **3.** *prp.*: à (*or* au) ~ de level *or* flush with.

ras² [rɑ] *m* see raz.

rasade [raˈzad] *f* brim-full glass; verser une ~ fill (*s.o.'s*) glass to the brim; **rasage** [~ˈzaːʒ] *m* beard: shaving; *tex. cloth:* shearing; **rasemottes** ⚙ [rɑzˈmɔt] *m/inv.*: voler en ~ hedge-hop; **raser** [rɑˈze] (1a) *v/t.* shave; *tex.* shear (*cloth*); F *fig.* bore (*s.o.*); ✕ raze (*to the ground*); *tex.* graze, skim; crème *f* à ~ shaving cream; se ~ shave; F *fig.* be bored; rasé de près clean-shaven, close-shaven; **raseur** *m*, **-euse** *f* [~ˈzœːr, ~ˈzøːz] shaver; *tex.* shearer; F *fig.* bore, *Am. sl.* bromide; **rasibus** [~ziˈbys] *adv.* very close (to, de); **rasoir** [~ˈzwaːr] **1.** *su./m* razor; *tex.* knife; ~ de sûreté safety razor; *fig.* au ~ perfectly; **2.** *adj.* F boring.

rassasier [rasaˈzje] (1o) *v/t.* satisfy; satiate (with, de); cloy (with, de); se ~ take one's fill.

rassemblement [rasɑ̃bləˈmɑ̃] *m* collecting; gathering; crowd; ✕ parade; **rassembler** [~ˈble] (1a) *v/t.* (re)assemble; gather together (again); *fig.* muster (*strength*); ✕ parade.   [down again.|

rasseoir [raˈswaːr] (3c) *v/t.*: se ~ sit

rasséréner [rasereˈne] (1f) *v/t.*: se ~ become serene again.

rassis, e [raˈsi, ~ˈsiːz] settled, calm, sedate; stale (*bread*).

rassurer [rasyˈre] (1a) *v/t.* reassure; △ strengthen.

rastaquouère F [rastaˈkwɛːr] *m* flashy adventurer.

rat [ra] *m* zo. rat; F *fig.* miser; F *fig.* ~ de bibliothèque book-worm; ~ de cave exciseman; ~ d'église frequent church-goer; ~ d'hôtel hotel thief.

rata *sl.* [raˈta] *m* stew.

ratage [raˈtaːʒ] *m* failure, F washout, flop; messing-up.

ratatiner [ratatiˈne] (1a) *v/t. a.* se ~ shrivel, shrink; crinkle up (*parchment*).

ratatouille *sl.* [rataˈtuːj] *f* stew, skilly.

rate¹ [rat] *f* anat. spleen; zo., anat. milt; F dilater la ~ de q. make s.o. shake with laughter; F ne pas se fouler la ~ take things easy.

rate² zo. [~] *f* (female) rat.

raté, e [raˈte] **1.** *adj.* botched (*work*); miscarried; coup *m* ~ failure; **2.** *su.* person: failure, F washout; su./m ⊕, mot. misfire.

râteau [rɑˈto] *m* ✓ etc. rake; F large comb; ⊕ lock: wards *pl.*; **râteler** [rɑtˈle] (1c) *v/t.* ✓ rake (up); **râtelier** [rɑtəˈlje] *m* rack; F (set of) false teeth *pl.*, denture.

rater [raˈte] (1a) *v/i.* ✕, mot. misfire (*a. fig.*); fail to go off (*gun*); *fig.* fail; *v/t.* miss; mess up, spoil; fail in (*an examination, attempt, etc.*).

ratiboiser *sl.* [ratibwaˈze] (1a) *v/t.* pinch (= steal) (from s.o., à q.); clean (= do) out; ruin, wreck (s.o.).

ratière [raˈtjɛːr] *f* rat-trap.

ratification [ratifikaˈsjɔ̃] *f* ratification; **ratifier** [~ˈfje] (1o) *v/t.* ratify; approve.

ratiner *tex.* [ratiˈne] (1a) *v/t.* freeze (*cloth*).

ratiociner *pej.* [rasjosiˈne] (1a) *v/i.* reason, quibble.

ration [raˈsjɔ̃] *f* ration(s *pl.*), allowance; *physiol.* intake.

rationaliser [rasjonaliˈze] (1a) *v/t.* rationalize; **rationalisme** *phls.* [~ˈlism] *m* rationalism; **rationaliste** *phls.* [~ˈlist] *adj., a. su.* rationalist; **rationalité** [~liˈte] *f* rationality.

rationnel, -elle [rasjoˈnɛl] rational (*a.* ℞); F *fig.* sensible.

rationnement [rasjonˈmɑ̃] *m* rationing; **rationner** [~sjoˈne] (1a) *v/t.* ration (*a. fig.*).

ratisser [ratiˈse] (1a) *v/t.* ✓ rake; ✓

hoe; scrape (*skins, potatoes*); *fig.* comb (*police etc.*); F rake in, grab; F clean (*s.o.*) out; **ratissoire** [~'swaːr] *f* 🔧 hoe; 🔧 rake; scraper.

raton [ra'tɔ̃] *m zo.* little rat; F darling; *zo.* ~ *laveur* rac(c)oon.

rattachement [rataʃ'mɑ̃] *m* linking up; *pol.* union; **rattacher** [~ta'ʃe] (1a) *v/t.* (re)fasten; tie up (again); *fig.* connect; *fig.* bind; se ~ be fastened; *fig.* be connected (with, *à*).

rattraper [ratra'pe] (1a) *v/t.* catch again; recover (*one's health, one's money*); catch up on (*time*); overtake; *fig.* make good, make up for (*an error etc.*), compensate; ~ *le temps perdu* (*play*); se ~ *à* catch hold of (*a branch etc.*); *fig.* se ~ make up for it; catch up.

raturage [raty'raːʒ] *m* erasing; crossing out; **rature** [~'tyːr] *f* erasure; crossing out; **raturer** [~ty're] (1a) *v/t.* erase; cross out; scrape (*parchment*).

rauque [roːk] hoarse; harsh.

ravage [ra'vaːʒ] *m* ravages *pl.*, havoc; **ravager** [~va'ʒe] (1l) *v/t.* ravage, lay waste; devastate; play havoc with.

ravalement [raval'mɑ̃] *m* building: re-surfacing, refurbishing; **ravaler** [~va'le] (1a) *v/t.* swallow (again *or* down); F *fig.* take back (*a statement*); ⊕, *fig.* reduce (to, *à*); *fig.* lower, disparage; ⚗ re-surface, refurbish (*a wall, a building*); 🔧 cut back, trim; *fig.* se ~ lower o.s.

ravauder [ravo'de] (1a) *v/t.* mend, patch; darn (*socks etc.*); botch; **ravaudeur** *m*, **-euse** *f* [~'dœːr, ~'døːz] mender; darner; botcher.

rave 🔧 [raːv] *f* rape.

ravi, e [ra'vi] enraptured; F delighted (with s.th., *de qch.*; to *inf.*, *de inf.*).

ravier [ra'vje] *m* radish-dish, hors-d'œuvres dish; **ravière** 🔧 [~'vjɛːr] *f* radish-bed; turnip-field.

ravigote *cuis.* [ravi'gɔt] *f* ravigote sauce; **ravigoter** F [~gɔ'te] (1a) *v/t.* revive, refresh (a person); F buck (*s.o.*) up.

ravilir [ravi'liːr] (2a) *v/t.* degrade, debase. 🔧

ravin [ra'vɛ̃] *m*, **ravine** [~'vin] *f*, **ravinée** [ravi'ne] *f* ravine, gully; **raviner** [~] (1a) *v/t.* cut channels in (*the ground*).

ravir [ra'viːr] (2a) *v/t.* carry off, abduct; steal; *fig.* charm, delight; *à* ~ delightfully.

raviser [ravi'ze] (1a) *v/t.*: se ~ change one's mind; think again.

ravissant, e [ravi'sɑ̃, ~'sɑ̃ːt] ravishing; enchanting; delightful, lovely; **ravissement** [~vis'mɑ̃] *m* carrying off; *fig.* rapture; **ravisseur** [~vi'sœːr] *m* plunderer; abductor (*of a woman*); kidnapper (*of a child*).

ravitaillement [ravitaj'mɑ̃] *m* supplying (with, *en*); ⊕ refuel(l)ing; **ravitailler** [~ta'je] (1a) *v/t.* supply (with, *en*); *mot. etc.* refuel; se ~ get fresh supplies; ⊕ refuel; **ravitailleur** [~ta'jœːr] *m* ⚓ supply ship; ⚓ parent ship; ✈ refuelling aircraft.

raviver [ravi've] (1a) *v/t.* revive; brighten up; se ~ revive; break out again (*struggle*).

ravoir [ra'vwaːr] *v/t. occurs only in inf.* get (*s.th.*) back again; have (*s.th.*) again.

rayer [rɛ'je] (1i) *v/t.* scratch (*a surface*); stripe (*cloth etc.*); ⊕ groove (*a cylinder*); rifle (*a gun*); rule (*paper*); strike out, cross out.

rayon[1] [rɛ'jɔ̃] *m* book-case: shelf; store: department; *fig.* speciality, F line, field; ~ *de miel* honeycomb.

rayon[2] [rɛ'jɔ̃] *m phys., a. fig.* ray; sun, light: beam; A radius (*a. fig.*); wheel: spoke; 🔧 drill; 🔧 lettuce etc.: row; 🔬 ~s *pl.* X X-rays; (*grand*) ~ *d'action* (long) range; **rayonnage** [rɛjɔ'naːʒ] *m* set of shelves; **rayonnant, e** [~jɔ'nɑ̃, ~'nɑ̃ːt] radiant (*heat, a. fig.*); *fig.* beaming (*face*); *phys.* radio-active (*matter*).

rayonne *tex.* [rɛ'jɔn] *f* rayon.

rayonnement [rɛjɔn'mɑ̃] *m phys.* radiation; *astr., fig.* radiance; **rayonner** [~jɔ'ne] (1a) *v/i. phys. u. fig.* radiate (with, *de*); *fig.* shine (forth); *fig.* beam (with, *de*); tour, go touring.

rayure [rɛ'jyːr] *f tex.* stripe; streak; *glass etc.*: scratch; ⊕ groove; *gun*: rifling; erasure, striking out.

raz [rɑ] *m* strong current, race; ~ *de marée* tidal wave (*a. fig.*); *fig.* landslide; *fig.* flood.

razzia [ra(d)'zja] *f* raid, razzia.

re... [rə], **ré...** [re] re-...; ... again; ... back.

ré ♪ [re] *m/inv.* re, note: D.

réacteur [reak'tœːr] *m* ⚡, *phys.* reactor; *mot.* choke; ✈ jet engine; F jet; **réactif, -ve** 🔧 [~'tif, ~'tiːv] **1.** *adj.* reactive; test-(*paper*); **2.** *su./m* reagent; **réaction** [⌣'sjɔ̃] f pol., ⊕ reaction; rifle: kick; ✸ jet; ⌢ physiol., etc. test; phys. ~ en chaîne chain reaction; avion m à ~ jet (plane); **réactionnaire** pol. [⌣sjɔ̃-'nɛ:r] adj., a. su. reactionary.

réadmettre [read'mɛtr] (4p) v/t. re-admit; **réadmission** [⌣mi'sjɔ̃] f readmittance.

réagir [rea'ʒi:r] (2a) v/i. react (to, à; on, sur).

réalisable [reali'zabl] realizable; available (assets); feasible (plan); **réalisateur, -trice** [⌣za'tœ:r, ⌣'tris] su. realizer; shares: seller; plan: worker out; su./m. cin. director; **réalisation** [⌣za'sjɔ̃] f realization, shares: selling out; carrying out, performing; production; **réaliser** [⌣'ze] (1a) v/t. realize; achieve; produce; sell out (shares); carry out (a plan); se ~ be realized; come true; **réalisme** [rea'lism] m realism; **réaliste** [⌣'list] 1. adj. realist(ic); 2. su. realist; **réalité** [⌣li'te] f reality; ~s pl. facts; en ~ really; actually.

réanimation [reanima'sjɔ̃] f resuscitation; **réanimer** [⌣'me] (1a) v/t. resuscitate, revive.

réapparaître [reapa'rɛtr] (4k) v/i. reappear; **réapparition** [⌣ri'sjɔ̃] f reappearance.

réapprovisionner [reaprɔvizjɔ'ne] (1a) v/t. restock (with, en).

réarmement [rearmə'mɑ̃] m ✕ rearming; rearmement; ♣ refitting; **réarmer** [⌣'me] (1a) v/t. ✕ rearm; reload (a gun); ♣ refit.

réassigner [reasi'ɲe] (1a) v/t. re-summon.

réassortir † [reasɔr'ti:r] (2a) v/t. restock; match up.

réassurer † [reasy're] (1a) v/t. re-insure, reassure.

rebaptiser [rəbati'ze] (1a) v/t. re-baptize (child); rename (s.th.).

rébarbatif, -ve [rebarba'tif, ⌣'ti:v] forbidding, grim; fig. crabbed (style); surly (disposition).

rebâtir [rəba'ti:r] (2a) v/t. ▲ re-build; fig. reconstruct.

rebattre [rə'batr] (4a) v/t. beat again; reshuffle (cards); F fig. repeat over and over again; avoir les oreilles rebattues de be sick of hearing (s.th.); sentier m rebattu beaten track.

rebelle [rə'bɛl] 1. adj. rebellious; ✸ obstinate; ⊕ refractory (ore); un-ruly (spirit); 2. su. rebel; **rebeller** [⌣bɛ'le] (1a) v/t.: se ~ rebel, rise (against, contre); **rébellion** [rebe-'ljɔ̃] f rebellion, revolt, rising.

rebiffer F [rəbi'fe] (1a) v/t.: se ~ bristle (up); get one's back up.

reboisement [rəbwaz'mɑ̃] m reaf-forestation; **reboiser** [⌣bwa'ze] (1a) v/t. reafforest (land).

rebond [rə'bɔ̃] m bounce; rebound; **rebondi, e** [rəbɔ̃'di] chubby; plump; **rebondir** [⌣'di:r] (2a) v/i. rebound; bounce; fig. get going again.

rebord [rə'bɔ:r] m edge, rim, border; (window-)sill; ⊕ flange; cost. hem.

reboucher [rəbu'fe] (1a) v/t. stop (s.th.) up again; recork (a bottle); fill up.

rebours [rə'bu:r] m: à (or au) ~ against the grain, fig. the wrong way; backwards; contrary (to, de).

rebouter ✸ [rəbu'te] (1a) v/t. set (a broken leg); **rebouteur** ✸ [⌣tœ:r] m, **rebouteux** ✸ [⌣'tø] m bone-setter.

rebras [rə'bra] m glove: gauntlet; book jacket: flap.

rebrousse-poil [rəbrus'pwal] adv.: à ~ against the nap; the wrong way (a. F fig.); **rebrousser** [⌣bru'se] (1a) v/t. brush up (one's hair, tex.); ruffle up; F fig. rub (s.o.) the wrong way; ~ chemin retrace one's steps; turn back.

rebuffade [rəby'fad] f rebuff, snub.

rébus [re'bys] m picture-puzzle.

rebut [rə'by] m rejection; † etc. reject; ⊕ waste, rubbish; fig. scum; post: dead letter; † marchandises f/pl. de ~ trash sg.; mettre au ~ dis-card; put on the scrap-heap; throw out; ⊕ scrap; **rebutant, e** [rəby'tɑ̃, ⌣'tɑ̃:t] tiresome; forbidding; **rebuter** [⌣'te] (1a) v/t. repel; discourage, take the heart out of; se ~ be(come) discouraged.

récalcitrant, e [rekalsi'trɑ̃, ⌣'trɑ̃:t] adj., a. su. recalcitrant.

recaler [rəka'le] (1a) v/t. wedge again (furniture); ⊕ reset; F fail, F plough (a candidate).

récapituler [rekapity'le] (1a) v/t. recapitulate, sum up, summarize.

recel [rə'sɛl] m, **recèlement** ✠ [⌣sɛl'mɑ̃] m stolen goods; receiving;

receler

criminal: harbo(u)ring; concealment; **receler** [rəs'le] (1d) v/t. 🏛
receive; harbo(u)r; conceal (a. fig.);
receleur m, **-euse** f 🏛 [~'lœːr,
~'løːz] receiver (of stolen goods),
F fence. [lately, of late.)
récemment [resa'mã] adv. recently,)
recensement [rəsãːs'mã] m admin.
census; admin. record; admin. votes:
count(ing); ✝ (new) inventory; fig.
review; ⚔ registration; **recenser**
[rəsã'se] (1a) v/t. admin. take a
census of; count (votes); record; ⚔
register; ✝ inventory; **recension**
[~'sjɔ̃] f text: recension.
récent, e [re'sã, ~'sãːt] recent, fresh,
new.
recéper [rəse'pe] (1f) v/t. ✔ cut
down or back; ⊕ cut down to level.
récépissé ✝ [resepi'se] m receipt;
acknowledgment.
réceptacle [resep'takl] m receptacle (a. ♀); ⊕ steam, waters:
collector; **récepteur, -trice** [~
'tœːr, ~'tris] **1.** adj. receiving; appareil m ~ tel., teleph. receiver;
radio: set; **2.** su./m ⊕, tel., teleph.
receiver; radio: set; ⊕ machine:
driven part; teleph. décrocher (raccrocher) le ~ lift (hang up) the receiver; **réceptif, -ve** [~'tif, ~'tiːv]
receptive; **réception** [~'sjɔ̃] f receipt; tel., teleph., telev., a. hotel,
a. at court: reception; welcome;
thea. acceptance (of a new play);
réceptionner ✝ [~sjɔ'ne] (1a) v/t.
check and sign for; **réceptionniste**
[~sjɔ'nist] su. receptionist; **réceptivité** [~tivi'te] f receptivity; ⚕ en
état de ~ liable to infection.
récession [rese'sjɔ̃] f recession (a.
✝).
recette [rə'sɛt] f ✝ receipts pl., returns pl.; thea. etc. takings pl.; ✝
acceptance; receipt; admin. collectorship; cuis. recipe; ✝ bills, debts:
collection; ⚔ landing; garçon m de ~
bank-messenger; thea. etc. faire ~ be
a (box-office) hit; be a success.
recevable [rəsə'vabl] admissible (a.
🏛); ✝ fit for acceptance; **receveur, -euse** [~'vœːr, ~'vøːz] su.
receiver; admin. collector; tel. addressee; su./m bus, tram: conductor;
(post)master; su./f (post)mistress;
thea. usherette; bus, tram: conduc-
tress; **recevoir** [~'vwaːr] (3a) v/t.
receive; fig. welcome; admit (pu-

pils, a. fig. customs), promote (to a
higher class); accept (an excuse);
être reçu à (inf.) be permitted or
authorized to (inf.); être reçu à un
examen pass an examination; être
reçu avocat (médecin) qualify as a
barrister (doctor); v/i. hold a reception, be at home; **recevrai**
[~'vre] 1st p. sg. fut. of recevoir.
rechange [rə'ʃãːʒ] m: de ~ spare (part
etc.); alternative (plan etc.); des vêtements de ~ a change of clothes; **re-
changer** [~ʃã'ʒe] (1l) v/t. (exchange (s.th.) again.
rechaper mot. [rəʃa'pe] (1a) v/t. re-
tread (a tyre).
réchapper [reʃa'pe] v/i.: ~ de
escape from; get over (s.th.); ⚕ recover from (an illness).
recharger [rəʃar'ʒe] (1l) v/t. reload;
⚡ recharge; refill (a pen, a lighter,
etc.).
réchaud [re'ʃo] m hot-plate; chafing-dish; ~ à alcool spirit-stove; ~ à
gaz gas-oven, gas-cooker; ~ à pétrole oil-stove.
réchauffé [reʃo'fe] m cuis. warmed-
up dish; fig. rehash; fig. old or
stale news; **réchauffer** [~'fe] (1a)
v/t. (re)heat; warm up or Am. over
(food); fig. warm (s.o.'s heart); fig.
reawaken (s.o.'s enthusiasm etc.);
se ~ warm o.s. up; **réchauffeur** ⊕
[~'fœːr] m (pre-)heater; **réchauf-
foir** [~'fwaːr] m hot-plate.
rechausser [rəʃo'se] (1a) v/t. fit (s.o.)
with new shoes; mot. fit (a car) with
new tyres; ✔ bank up the foot of (a
tree etc.); △ line the foot of (a wall).
rêche [rɛʃ] rough; difficult (person).
recherche [rə'ʃɛrʃ] f search; research, investigation; 🏛 enquiry;
fig. style: studied elegance; 🏛 ~ de
(la) paternité affiliation; à la ~ de
in search of; fig. sans ~ unaffected,
easy; **recherché, e** [rəʃɛr'ʃe] sought
after; ✝ in demand; studied (elegance, style); fig. choice, exquisite
(dress etc.); fig. strained (interpretation, style); **rechercher** [~] (1a) v/t.
search for, seek; look for; fig. court
(praise, a woman); try to obtain; ✝
find (the value of s.th.).
rechigné, e [rəʃi'ɲe] sour (look etc.);
sour-tempered, surly; **rechi-
gner** [~] (1a) v/i. jib, balk (at,
devant; at ger., à inf.); look sour; sans
~ with a good grace.

rechute ✕, *eccl.* [rə'ʃyt] *f* relapse.
récidive [resi'di:v] *f* ✕ recurrence; ✝ repetition of an offence; **récidiver** [~di've] (1a) *v/i.* ✕ recur; ✝ commit an offence for the second time, relapse into crime; **récidiviste** ✝ [~di'vist] *su.* second *or* habitual offender, recidivist.
récif ⚓, *geog.* [re'sif] *m* reef.
récipiendaire [resipjɑ̃'dɛ:r] *su.* newly elected member; **récipient** [~'pjɑ̃] *m* container, receptacle; ⊕ air-pump *etc.*: receiver; ⊕ cistern.
réciprocité [resiprɔsi'te] *f* reciprocity; interchange; **réciproque** [~'prɔk] **1.** *adj.* reciprocal (*a.* A, *phls.*, *gramm.*), mutual; A inverse (*ratio*), converse (*proposition*); et ~ment and vice versa; **2.** *su.*/*f* A, *phls.* converse; *fig.* la ~ the same; the opposite, the reverse.
récit [re'si] *m* account; narrative; ♪ recitative; ♪ *organ:* swell-box; **récital**, *pl.* **-als** ♪ [~'tal] *m* recital; **récitant** *m*, **e** *f* [~'tɑ̃, ~'tɑ̃t] radio, telev., *etc.:* narrator; **récitateur** *m*, **-trice** *f* [~ta'tœ:r, ~'tris] reciter; **récitatif** ♪ [~ta'tif] *m* recitative; **récitation** [~ta'sjɔ̃] *f* recitation; **réciter** [~'te] (1a) *v/t.* recite.
réclamant *m*, **e** *f* [rekla'mɑ̃, ~'mɑ̃t] complainer; ✝ claimant; **réclamation** [~ma'sjɔ̃] *f* complaint (*a.* admin.); objection; ✝ claim; *bureau m des* ~s claims department; **réclame** [re'kla:m] *f* advertising; advertisement; ~s *pl.* blurb; *typ.* catchword; ~ lumineuse illuminated sign; *faire de la* ~ advertise, boost one's goods; **réclamer** [~kla'me] (1a) *v/t.* claim (from, *à*); demand (*s.th.*) back; call for; require; *se* ~ de appeal to; *fig.* use (*s.o.*) as one's authority; *v/i.*: ~ *contre* complain of; protest against; ✝ appeal against.
reclassement [rəklɑs'mɑ̃] *m* re-classifying, re-classification; re-grouping; *admin.* regrading; **reclasser** [~klɑ'se] (1a) *v/t.* re-classify; regroup; regrade.
reclus, **e** [rə'kly, ~'kly:z] **1.** *adj.* cloistered; **2.** *su.* recluse; **réclusion** [rekly'sjɔ̃] *f* seclusion, retirement; ✝ solitary confinement with hard labo(u)r.
récognition *phls.* [rekɔgni'sjɔ̃] *f* recognition.

recoiffer [rəkwa'fe] (1a) *v/t.* do (*s.o.'s*) hair (again); *se* ~ do one's hair (again); put one's hat on again.
recoin [rə'kwɛ̃] *m* nook, cranny.
reçois [rə'swa] *1st p. sg. pres. of* recevoir; **reçoivent** [~'swa:v] *3rd p. pl. pres. of* recevoir.
récolement [rekɔl'mɑ̃] *m* verification; *depositions:* reading; **récoler** ✝ [~kɔ'le] (1a) *v/t.* check; read over a deposition to (*a witness*).
récollection *eccl.* [rekɔlɛk'sjɔ̃] *f* recollection.
recoller [rəkɔ'le] (1a) *v/t.* re-glue; re-paste; F plough (again) (*in an examination*).
récolte [re'kɔlt] *f* harvest, crop; harvesting; F *fig.* collection; *fig.* profits *pl.*; **récolter** [~kɔl'te] *v/t.* harvest; gather in; *fig.* collect.
recommandable [rəkɔmɑ̃'dabl] to be recommended; estimable (*person*); *fig.* advisable; **recommandation** [~da'sjɔ̃] *f* recommendation; *fig.* instruction, advice; *post:* registration; **recommander** [~'de] (1a) *v/t.* recommend; *fig.* advise; *fig.* bring (to *s.o.'s* attention); *post:* register; *se* ~ à commend o.s. to; *se* ~ de give (*s.o.*) as a reference; *post:* en recommandé by registered post (*Am.* mail).
recommencer [rəkɔmɑ̃'se] (1k) *v/t./i.* begin again, start afresh.
récompense [rekɔ̃'pɑ̃:s] *f* reward (for, de); *iro.* punishment; *show etc.:* prize, award; *en* ~ in return (for, de); **récompenser** [~pɑ̃'se] (1a) *v/t.* reward, recompense (for, de).
recomposer [rəkɔ̃po'ze] (1a) *v/t.* ✎ recompose; *typ.* reset.
recompter [rəkɔ̃'te] (1a) *v/t.* re-count, count again.
réconciliable [rekɔ̃si'ljabl] reconcilable; **réconciliateur** *m*, **-trice** *f* [~lja'tœ:r, ~'tris] reconciler; **réconciliation** [~lja'sjɔ̃] *f* reconciliation; **réconcilier** [~'lje] (1o) *v/t.* reconcile; *se* ~ à make one's peace with (*a. eccl.*); make it up with (*s.o.*).
reconduction ✝ [rəkɔ̃dyk'sjɔ̃] *f* lease: renewal; *tacite* ~ renewal of lease by tacit agreement; **reconduire** [~'dɥi:r] (4h) *v/t.* escort (*s.o.*) (back); lead back; show (*s.o.*) to the door; ✝ renew (*a lease*); **reconduite** [~'dɥit] *f* escorting

(s.o.) (back); showing (s.o.) to the door.

réconfort [rekõ'fɔːr] m comfort, consolation; **réconfortant** ✻ [ˌˈfɔr-'tã] m tonic, stimulant; **réconforter** [ˌfɔr'te] (1a) v/t. cheer (s.o.) up, comfort; strengthen.

reconnaissable [rəkɔnɛ'sabl] recognizable (by, from à); **reconnaissance** [ˌˈsãːs] f recognition; ✕ etc. reconnaissance, reconnoitring; ✝ note of hand, F I.O.U.; 🏛 fig. acknowledgment; fig. gratitude; 🏛 bastard: affiliation; **reconnaissant, e** [ˌˈsã, ˌˈsãːt] grateful (for, de; to, envers); **reconnaître** [ˌˈnɛːtr] (4k) v/t. recognize (a. 🏛, a. pol. a government); know again; ✝ credit; fig. acknowledge; ✕, 🖂, etc. reconnoitre; ⚓ identify (a ship); fig. be grateful for; fig. se ~ collect one's thoughts; get one's bearings.

reconquérir [rəkõke'riːr] (2l) v/t. reconquer; win back (a. fig.); **reconquête** [ˌˈkɛːt] f reconquest.

reconstituant, e ✻ [rəkõsti'tɥã, ˌˈtɥãːt] adj., a. su./m tonic, restorative; **reconstituer** [ˌˈtɥe] (1n) v/t. reconstitute; reconstruct (a crime); restore (⚠ an edifice, fig. s.o.'s health).

reconstruction [rəkõstryk'sjõ] f reconstruction, rebuilding; **reconstruire** [ˌˈtrɥiːr] (4h) v/t. reconstruct, rebuild.

recoquiller [rəkɔki'je] (1a) v/t. a. se ~ curl up; shrivel; page f recoquillée dog-eared page.

record [rə'kɔːr] **1.** su./m sp. etc. record; ⊕ maximum output; sp. détenir le ~ hold the record; **2.** adj./inv. record...; bumper (crop); **recordman**, pl. **-men** [ˌkɔrd-'man, ˌ'men] m record-holder.

recoucher [rəku'ʃe] (1a) v/t. put (s.o.) to bed again; lay down again; se ~ go back to bed.

recoudre [rə'kudr] (4l) v/t. sew up or on again; fig. link up.

recoupe [rə'kup] f stone, metal, etc.: chips pl., chippings pl.; food: scraps pl.; ⚘ second crop; ✝ flour: sharps pl.; **recouper** [ˌku'pe] (1a) v/t. cut (again); intersect; ⚠ step; blend (wines); cross-check; confirm, support (a declaration etc.); se ~ intersect, overlap; match up, tally

(declarations etc); v/i. cards: cut again.

recourbement [rəkurbə'mã] m bending; **recourber** [ˌˈbe] (1a) v/t. bend (again or down).

recourir [rəku'riːr] (2i) v/i. run back; ~ à turn to (s.o.); resort to, have recourse to; **recours** [ˌˈkuːr] m recourse; resort; 🏛 appeal (for mercy, en grâce).

recouvrement[1] [rəkuvrə'mã] m covering, coating.

recouvrement[2] [rəkuvrə'mã] m debt, health, strength, etc.: recovery; ~s pl. outstanding debts; **recouvrer** [ˌˈvre] (1a) v/t. recover, regain; collect (a tax, a debt, etc.).

recouvrir [rəku'vriːr] (2f) v/t. recover, cover (s.th.) again (with, de); cover (a. fig.); coat; ⊕ overlap.

récréatif, -ve [rekrea'tif, ˌˈtiːv] recreational; entertaining; light (reading); school: play. **récréation** [ˌˈsjõ] f recreation;

recréer [rəkre'e] (1a) v/t. recreate; re-establish.

récréer [rekre'e] (1a) v/t. entertain, amuse; refresh; se ~ take some recreation.

récrépir [rekre'piːr] (2a) v/t. ⚠ replaster; rough-cast again; F fig. patch up, touch up.

récrier [rekri'e] (1a) v/t.: se ~ (sur) cry out, exclaim (against); object (to).

récrimination [rekrimina'sjõ] f remonstration; **récriminer** [ˌˈne] (1a) v/i. remonstrate (against, contre).

récrire [re'kriːr] (4q) v/t. rewrite; v/i. reply by letter.

recroître ⚘ [rə'krwaːtr] (4o) v/i. grow again.

recroqueviller [rəkrɔkvi'je] (1a) v/t.: se ~ curl up, shrivel up (leaf etc.) curl or huddle o.s. up (person).

recrû, -crue [rə'kry] **1.** su./m copsewood: new growth; **2.** p.p. of recroître.

recrudescence [rəkrydɛ'sãːs] f recrudescence; fresh outbreak; **recrudescent, e** [ˌˈsã, ˌˈsãːt] recrudescent.

recrue ✕, pol., fig. [rə'kry] f recruit; **recruter** [ˌˈkry'te] (1a) v/t. recruit; se ~ be recruited; **recruteur** [ˌˈtœːr] m recruiter; recruiting officer.

rectangle ⚮ [rɛk'tɑ̃:gl] 1. *adj.* right-angled; 2. *su./m* rectangle; **rectangulaire** ⚮ [‿tɑ̃gy'lɛ:r] rectangular, right-angled.

recteur, -trice [rɛk'tœ:r, ‿'tris] 1. *adj.* guiding; *orn.* tail(-*feather*); 2. *su./m univ.* rector, vice-chancellor.

rectificateur 🎵, ⚡ [rɛktifika'tœ:r] *m* rectifier; **rectificatif, -ve** [‿'tif, ‿'ti:v] 1. *adj.* rectifying; 2. *su./m* corrigendum (*to a circular*); **rectification** [‿'sjɔ̃] *f* rectification; *alcohol:* rectifying; *fig.* correction; **rectifier** [rɛkti'fje] (1o) *v/t.* straighten; correct (*an error, a price*, ✂ *the range*); 🎵, ⚮, *a. fig.* rectify; *fig.* put (*s.th.*) right; ⊕ adjust (*a machine etc.*); ⊕ true up (*on the lathe*).

rectiligne [rɛkti'liɲ] rectilinear; linear (*movement*); *fig.* unswerving.

rectitude [rɛkti'tyd] *f* straightness; *fig.* rectitude; *fig.* correctness.

recto [rɛk'to] *m* page: recto; *book:* right-hand page.

reçu, e [rə'sy] 1. *su./m* receipt; *au* ~ *de* (up)on receipt of; 2. *adj.* received, accepted, recognized; 3. *p.p.* of **recevoir**.

recueil [rə'kœ:j] *m* collection; anthology; 🕮 compendium, digest; **recueillement** [‿kœj'mɑ̃] *m* collectedness; meditation; **recueillir** [‿kœ'ji:r] (2c) *v/t.* collect, gather, ✦, *a. fig.* reap; *fig.* give shelter to (*s.o.*), take (*s.o.*) in; obtain (*information*); se ~ collect one's thoughts; meditate.

recuire [rə'kɥi:r] (4h) *v/t.* recook, cook (*s.th.*) again; ⊕ reheat; ⊕ anneal (*glass*), temper (*steel*).

recul [rə'kyl] *m* retirement; backward movement; *rifle:* kick; *cannon:* recoil; **reculade** [rəky'lad] *f* retreat (*a.* ✂, *fig.*), falling back; **reculé, e** [‿'le] remote, distant; **reculer** [‿'le] (1a) *v/i.* move or draw back; back (*car, horse*); *fig.* shrink (from, *devant*); *v/t.* move back; set back; *fig.* postpone; **reculons** [‿'lɔ̃] *adv.:* à ~ backwards.

récupérateur ⊕ [rekypera'tœ:r] *m* regenerator; *oil:* extractor; **récupération** [‿ra'sjɔ̃] *f loss:* recoupment; ⊕, *a.* ⚒ recovery; ⊕ retrieval, salvage, reprocessing; rehabilitation; **récupérer** [‿'re] (1f) *v/t.*

recover; recoup (*a loss*); ⊕ retrieve, salvage, reprocess (*materials*); rehabilitate (*persons*); bring (*a satellite*) back to earth; *v/i. a.* se ~ recuperate, recover.

récurer [reky're] (1a) *v/t.* scour; clean; **récureur** [‿'rœ:r] *m* scourer.

reçus [rə'sy] *1st p. sg. p.s.* of **recevoir**.

récusable [reky'zabl] challengeable; impeachable (*evidence, witness*); **récuser** ⚖ [‿'ze] (1a) *v/t.* challenge, object to (*a witness*); impeach (*s.o.'s evidence*); se ~ declare o.s. incompetent, decline to give an opinion.

recyclage [rəsi'kla:ʒ] *m* reorientation; retraining; ⊕ recycling, reprocessing; **recycler** [‿'kle] (1a) *v/t.* reorient; retrain; ⊕ recycle, reprocess.

rédacteur, -trice [redak'tœ:r, ‿'tris] *su.* writer, author; drafter; *journ.* sub-editor; *su./m:* ~ *en chef* editor; **rédaction** [‿'sjɔ̃] *f* drafting; *journ.* editorial staff; *journ.* editing; *journ.* (*newspaper*) office; *school:* composition, essay.

reddition [rɛdi'sjɔ̃] *f* surrender; ✝ rendering (*of an account*).

redécouvrir [rədeku'vri:r] (2f) *v/t.* rediscover.

redemander [rədmɑ̃'de] (1a) *v/t.* ask for (*s.th.*) again or back; ask for more of (*s.th.*).

rédempteur, -trice [redɑ̃p'tœ:r, ‿'tris] 1. *adj.* redeeming; 2. *su.* redeemer; **rédemption** [‿'sjɔ̃] *f* redemption (*a. eccl.*).

redescendre [rədɛ'sɑ̃:dr] (4a) *v/i.* go or come down again; ⚓ back (*wind*); fall (*barometer*); *v/t.* bring down again; take (*s.th.*) down again; ~ *l'escalier* go downstairs again.

redevable [rəd'vabl] 1. *adj.* indebted (for, *de*); *être* ~ *de qch. à q.* owe s.o. s.th.; 2. *su.* debtor; **redevance** [‿'vɑ̃:s] *f* charge, fee; (*author's*) royalty; *admin.* tax, dues *pl.*; **redevoir** [‿'vwa:r] (3a) *v/t.* owe a balance of.

rédhibition ⚖ [redibi'sjɔ̃] *f* annulment of sale (*owing to latent defect*); **rédhibitoire** [‿'twa:r] *adj.* ⚖ redhibitory (*defect*); *fig.* crippling, dooming (*defect etc.*); *vice* ~ *a.* latent defect that makes a sale void.

rédiger [redi'ʒe] (11) *v/t.* draw up, draft, write; *journ.* edit.

rédimer [redi'me] (1a) v/t. redeem; se ~ de redeem o.s. from; compound for (a tax).

redingote cost. [rədɛ̃'gɔt] f frockcoat.

redire [rə'diːr] (4p) v/t. repeat; say or tell again; v/i.: avoir (or trouver or voir) à ~ à find fault with; take exception to, criticize; **rediseur** m, -euse f [ˌdiˈzœːr, ˌˈzøːz] repeater; **redite** [ˌˈdit] f repetition, tautology; **redites** [ˌˈdit] 2nd p. pl. pres. of redire.

redondance [rədɔ̃'dãːs] f redundancy; **redondant, e** [ˌˈdã, ˌˈdãːt] redundant.

redonner [rədɔ'ne] (1a) v/t. give (s.th.) again; restore (s.th., a. strength); v/i. return, come on again; ~ dans fall back into; la pluie redonne de plus belle the rain is coming on again worse than ever.

redoubler [rədu'ble] (1a) v/t. redouble; cost. reline; ~ une classe school: stay down; v/i. increase (fever); ~ d'efforts strive harder than ever.

redoutable [rədu'tabl] formidable; to be feared (by, à).

redoute [rə'dut] f ✗ redoubt; dancing-hall: gala evening.   [dread.\

redouter [rədu'te] (1a) v/t. fear,/

redressement [rədrɛs'mã] m fig. rectification; ⊕, fig. straightening; ⚡ rectifying; ⚕, opt., phot. correction; **redresser** [rədrɛ'se] (1a) v/t. re-erect (a statue); raise (a pole); ⚓ right (a boat); set right (a wrong etc.); ✗ lift the nose of; ⚡, a. fig. rectify; ⊕ straigthen out, true; se ~ stand up again; draw o.s. up; right itself (boat); fig. mend one's ways; **redresseur** [ˌˈsœːr] m ⚡ rectifier; ⚡ commutator; ⊕ straightener; fig. righter (of wrongs).

redû, -due [rə'dy] 1. p.p. of redevoir; 2. su./m ✝ balance due.

réducteur, -trice [redyk'tœːr, ˌˈtris] 1. adj. reducing; 2. su./m 🜔, phot. reducer; reducing camera or apparatus; ⊕, mot. reducing gear; **réductibilité** [ˌtibili'te] f reducibility; **réductible** 🜔, 🜍, ✝ [ˌˈtibl] reducible; **réductif, -ve** 🜔, -ve [ˌ'tif, ˌ'tiːv] reducing; **réduction** [ˌ'sjɔ̃] f decrease; ✝, 🜔, 🜍, 🜔, metall., admin., phot., paint., a. fig. reduc-

tion, taxes, wages, production, etc.: a. cut; ⚡ voltage: stepping down; ⊕ gearing down; 🜔 sentence: mitigation; **réduire** [re'dɥiːr] (4h) v/t. reduce; lessen; cut down (expenses); subjugate; ⚡ step down; ⊕ gear down; se ~ à keep (o.s.) to; fig. come or F boil down to; **réduit** [ˌ'dɥi] 1. su./m retreat, nook; pej. hovel; ✗ keep; 2. adj./m: à prix ~ at a reduced price.

réédifier [reedi'fje] (1o) v/t. rebuild; re-erect.

rééditer [reedi'te] (1a) v/t. republish; cin. remake (a film); **réédition** [ˌ'sjɔ̃] f re-issue; cin. a. remake.

rééducatif, -ve 🜔 [reedyka'tif, ˌ'tiːv] occupational (therapy); **rééducation** 🜔 [ˌka'sjɔ̃] f re-education; rehabilitation; **rééduquer** 🜔 [ˌ'ke] (1m) v/t. re-educate; rehabilitate.

réel, -elle [re'ɛl] 1. adj. real (a. 🜔 action, estate); actual; ✝ (in) cash; 2. su./m reality, the real.

réélection [reelɛk'sjɔ̃] f re-election; **rééligible** [ˌli'ʒibl] re-eligible; **réélire** [ˌ'liːr] (4t) v/t. re-elect.

réescompte ✝ [rees'kɔ̃ːt] m rediscount; **réescompter** ✝ [ˌkɔ̃'te] (1a) v/t. rediscount.

réévaluation [reevalɥa'sjɔ̃] f revaluation; **réévaluer** [ˌ'lɥe] (1n) v/t. revalue.

réexpédier [reekspe'dje] (1o) v/t. send back; forward, send on.

refaire [rə'fɛːr] (4r) v/t. remake; do or make (s.th.) again; mend, repair; 🜔 restore to health; F swindle, do (s.o.), dupe; F steal (from, à); se ~ 🜔 recuperate; ✝ retrieve one's losses; **refait, e** F [ˌ'fe, ˌ'fɛt] duped.

réfection [refɛk'sjɔ̃] f remaking; 🏛 rebuilding; repair(ing); 🜔 recuperation; **réfectoire** [ˌ'twaːr] m refectory, dining-hall.

refend [rə'fã] m splitting; ⊕ bois m de ~ wood in planks; 🏛 mur m de ~ partition-wall; **refendre** [ˌ'fãːdr] (4a) v/t. split; rip (timber); slit (leather).

référé 🜔 [refe're] m summary procedure; provisional order; **référence** [ˌ'rãːs] f reference (a. of a servant); ✝ pattern-book; ✝ sample-book; fig. allusion; ouvrage m de ~ reference book; **référendaire** [ˌ~

rã'dɛːr] *m* ⚖ *commercial court*: chief clerk; *hist.* grand ~ Great Referendary; **référendum** [~rɛ̃-'dɔm] *m* referendum; strike ballot; **référer** [~'re] (1f) *v/t.* se ~ *à* refer to (*s.th.*); ask (*s.o.'s*) opinion; consult; en ~ *à q.* submit the matter to s.o.

refermer [rəfɛr'me] (1a) *v/t.* shut (again), close (again); se ~ close up (*wound*); shut (again).

réfléchi, e [refle'ʃi] thoughtful (*person*); considered (*action, opinion*); ⚖ premeditated (*crime*); *gramm.* reflexive; *tout* ~ everything considered; **réfléchir** [~'ʃiːr] (2a) *v/t.* reflect; se ~ curl back; *phys.* be reflected; reverberate (*sound*); *v/i.* consider; reflect (on *à, sur*); **réfléchissement** *phys.* [~ʃis'mã] *m* reflection; *sound*: reverberation; **réflecteur** [reflɛk'tœːr] *m* ✂, *mot.*, *phys.* reflector; *fig.* searchlight; **reflet** [rə'flɛ] *m* reflection; glint, gleam, glimmer; *picture, etc.*: highlight; **refléter** [~fle'te] (1f) *v/t.* reflect, throw back (*colour, light*); *fig.* se ~ *sur* be reflected on (*s.o.*).

réflexe *phys., physiol.* [re'flɛks] *adj.*, *a. su./m* reflex; **réflexion** [~flɛk'sjɔ̃] *f phys., a. fig.* reflection; thought; *toute* ~ *faite* everything considered.

refluer [rəfly'e] (1a) *v/i.* flow back; ebb (*tide*); *fig.* fall back; *fig.* pour (into, *dans*), **reflux** [~'fly] *m* tide: ebb; ebbtide; flowing back; *fig.* crowd *etc.*: falling back.

refondre [rə'fɔ̃ːdr] (4a) *v/t.* ⊕ remelt; *metall., a. fig.* recast; *fig.* remodel; ♫ refit (*a ship*); **refonte** [~'fɔ̃ːt] *f* remelting; recasting (*a. fig.*); reorganization; ♫ refit(ting).

réformable [refɔr'mabl] reformable; ✕ liable to discharge; ⚖ reversible; **réformateur, -trice** [~ma'tœːr, ~'tris] 1. *adj.* reforming; 2. *su.* **réformation** [~ma'sjɔ̃] *f* reformation (*a. eccl.*); **réforme** [re'fɔrm] *f* reform(ation); ✕, ♫ discharge; *horse*: casting; *eccl. la* ♀ *the* Reformation; ✕ *mettre à la* ~ discharge (*s.o.*); cast (*a horse*); dismiss, cashier (*an officer*); **réformé, e** [refɔr'me] 1. *su. eccl.* protestant; ✕ person invalided out of the service; 2. *adj. eccl.* reformed; ✕ discharged (*soldier*).

reformer [rəfɔr'me] (1a) *v/t.* reform, form anew.

réformer [refɔr'me] (1a) *v/t.* reform, amend; ✕, ♫ invalid (*s.o.*) out of the service; dismiss; cashier (*an officer*); retire (*an officer*); cast (*a horse*); ⚖ reverse (*a judgment*).

refoulement [reful'mã] *m* driving back; *fig.* repression (*a. psych.*); **refouler** [rəfu'le] (1a) *v/t.* drive back, repel; *fig.* repress (*a. psych.*), hold back, force back.

réfractaire [refrak'tɛːr] 1. *adj.* refractory (*a.* ⊕ *ore*), rebellious, recalcitrant; ⊕ fire-proof; proof (against, *à*); 2. *su.* refractory person; ✕ defaulter, *Am.* draft-dodger; **réfraction** *phys., opt.* [~'sjɔ̃] *f* refraction; *indice m de* ~ refractive index.

refrain [rə'frɛ̃] *m* refrain (*a. fig.*); *fig. le même* ~ the same old story.

refrènement [rəfrɛn'mã] *m* instincts: curbing; **refréner** [~fre'ne] (1f) *v/t.* curb, restrain.

réfrigérant, e [refriʒe'rã, ~'rãːt] 1. *adj.* refrigerating, cooling; freezing; ♨ refrigerant; ⊕ cooler-...; 2. *su./m* ♨ condenser; ⊕ refrigerant; **réfrigérateur** [~ra'tœːr] *m* refrigerator; *fig. mettre qch. au* ~ put s.th. on ice or in cold storage; **réfrigératif, -ve** [~ra'tif, ~'tiːv] *adj., a. su./m* refrigerant; **réfrigération** [~ra'sjɔ̃] *f* refrigeration; *meat.*: chilling; **réfrigérer** [~'re] (1f) *v/t.* refrigerate; cool; chill (*meat*).

refroidir [rəfrwa'diːr] (2a) *v/t.* cool, chill; ⊕, *a. fig.* quench (metal, one's enthusiasm, one's sympathy); *sl.* kill; ⊕ *refroidi par l'air* air-cooled (*engine*); *v/i. a. se* ~ grow cold; cool off (*a. fig.*); **refroidissement** [~dis'mã] *m* cooling (down); ♨ chill; *temperature*: drop.

refuge [rə'fyːʒ] *m* refuge; shelter (*a. admin.*); *birds*: sanctuary; traffic island; *mot.* lay-by; *fig.* pretext, ✕ way out; **réfugié m, e** [refy'ʒje] refugee; **réfugier** [~] (1o) *v/t.: se* ~ take refuge; seek shelter; *fig.* have recourse (to, *dans*).

refus [rə'fy] *m* refusal; denial; rejection; ♠ ~ *m d'acceptation* non-acceptance; *essuyer un* ~ meet with a refusal); **refuser** [~fy'ze] (1a) *vt/i.* refuse, decline; *v/t.* ~ reject (*a* *man*); fail (*a candidate*); ~ de (*inf.*), se ~ à (*inf.*) refuse to (*inf.*); se ~ à qch. resist s.th., object to s.th.

réfutation [refyta'sjɔ̃] *f* refutation; proof to the contrary; **réfuter** [~'te] (1a) *v/t.* refute; disprove.

regagner [rəga'ɲe] (1a) *v/t.* regain; win back; recover; return to (*a place*).

regain [rə'gɛ̃] *m* 🗲 aftergrowth, second growth; *fig.* renewal, revival; ~ de vie new lease of (*Am.* on) life.

régal, *pl.* **-als** [re'gal] *m* treat; delight; **régalade** [~ga'lad] *f:* boire à la ~ drink without the lips coming into contact with the glass or bottle.

régalage ⊕ [rega'la:ʒ] *m* levelling.

régale [re'gal] **1.** *adj./f:* 🜍 eau *f* ~ aqua regia; **2.** *su./f* hist. royal prerogative. [*ground*).\

régaler[1] [rega'le] *v/t.* level (*the*\

régaler[2] [~] (1a) *v/t.* treat (*s.o.*) to a (fine) meal; ~ q. de qch. treat s.o. to s.th.; se ~ have a fine meal *etc.*; enjoy o.s.; se ~ de feast on; treat o.s. to.

regard [rə'ga:r] *m* look, glance; *sewer etc.:* man-hole; inspection hole; peep-hole; *geol.* inlier; *fig.* attention, eyes *pl.*; au ~ de compared to; en ~ de opposite, facing; **regardant, e** F [rəgar'dɑ̃, ~'dɑ̃:t] stingy, niggardly; **regarder** [~'de] (1a) *v/t.* look at, watch; glance at; face, look on to (*s.th.*); *fig.* consider (as, *comme*); *fig.* concern; ~ fixement stare at; cela me regarde that is my business; *v/i.* (have a) look; ~ à pay attention to (*s.th.*); look through (*s.th.*); ~ par (à) la fenêtre look through (in at) the window; ~ fixement stare.

régate [re'gat] *f* regatta; *cost.* sailor-knot tie.

regel [rə'ʒɛl] *m* renewed frost.

régence [re'ʒɑ̃:s] *f* regency; fob-chain.

régénération [reʒenera'sjɔ̃] *f* regeneration; ⊕ reclamation; ... à ~ regenerative ...; **régénérer** [~'re] (1f) *v/t.* regenerate; ⊕ reclaim.

régent, e [re'ʒɑ̃, ~'ʒɑ̃:t] su. regent; su./m † collège: form-master; **régenter** [~ʒɑ̃'te] (1a) *v/t.* † teach; F *fig.* lord it over.

régicide [reʒi'sid] **1.** *adj.* regicidal; **2.** *su. person:* regicide; *su./m crime:* regicide.

régie [re'ʒi] *f* administration; management; state control; excise-office.

regimber [rəʒɛ̃'be] (1a) *v/i.* balk (at, *contre*); kick (against, at *contre*).

régime [re'ʒim] *m* organization; regulations *pl.*; system; ⊕ *engine:* normal running; *mot.* speed; *med.* diet; *gramm.* object; ¾ *bananas etc.:* bunch; *hist. Ancien* ⊙ Ancien Regime (*before 1789*); *gramm. cas m* ~ objective case; *med.* mettre au ~ put (*s.o.*) on a diet; suivre un ~ (follow a special) diet.

régiment [reʒi'mɑ̃] *m* ⚔ regiment; F *fig.* host; **régimentaire** ⚔ [~mɑ̃-'tɛ:r] regimental; army-...; troop (*train*).

région [re'ʒjɔ̃] *f* region (*a. anat.*); area; *phys.* field; ~ désertique desert region; ~ vinicole wine-producing district; ~ **régional, e,** *m/pl.* **-aux** [~ʒjo'nal, ~'no] regional, local.

régir [re'ʒi:r] (2a) *v/t.* pol., gramm., *fig.* govern; † direct, manage; **régisseur** [~ʒi'sœ:r] *m* manager; *thea.* stage-manager; *cin.* assistant director; ✓ *farm:* bailiff; *estate:* agent.

registre [rə'ʒistr] *m* register (*a.* ♪); record; † account-book; ⊙ logbook; ⊕ *chimney etc.:* damper; ⊕ *steam engine:* throttle; ~ de l'état civil register of births, deaths and marriages; tenir ~ de keep a record of, note (down).

réglable [re'glabl] adjustable; **réglage** [~'gla:ʒ] *m* ⊕ regulating, adjustment; *speed:* control; *paper:* ruling; *radio:* tuning; **règle** [regl] *f* rule; ⊕ ruler, rule; *surv.* measuring rod; *med.* ~s *pl.* menses; ⚭ ~ à calcul slide rule; ⯆ ~ de trois rule of three; de ~ usual, customary; en ~ in order, straight; **réglé, e** [re'gle] regular, steady (*pace, person*); △ uniform (*courses*); ruled (*paper*); fixed (*hour etc.*); **règlement** [reglə'mɑ̃] *m* admin., ⚔ *etc.* regulation(s *pl.*); rule; † settlement; ~ **réglementaire** [regləmɑ̃'tɛ:r] regular, prescribed; regulation-...; *pas* ~ against the rules; **réglementation** [~ta'sjɔ̃] *f* regulation; regulating, control; ~ de la circulation traffic regulations *pl.*; **réglementer** [~'te] (1a) *v/t.* regulate, control; make rules for; **régler** [re'gle] (1f) *v/t.* ⊕, *a. fig.* regulate; ⊕, ✝ adjust; *fig.* settle (*a quarrel, a question,* ✝ *an account*); ✝ settle (up), pay (up), rule (*paper*); *mot.* tune (*an engine*); ~ **sur** model on; adjust to.

réglet [reˈglɛ] *m* carpenter's rule; △ reglet; **réglette** [~ˈglɛt] *f typ.* reglet; small rule; (*metal*) strip; *slide-rule:* slide; *mot.* ~**-jauge** dipstick.

réglisse ♀, ✿ [reˈglis] *f* liquorice.

réglure [reˈglyːr] *f paper:* ruling.

règne [rɛɲ] *m* ♀, *zo.* kingdom; *pol.*, *a. fig.* reign; **régner** [reˈɲe] (1f) *v/i.* reign (*a. fig.*), rule; *fig.* prevail.

regorger [rəgɔrˈʒe] (1l) *v/i.* overflow; abound (in, de); be crowded (with, de); *v/t.* bring up (*food*); *fig.* disgorge.

regratter [rəgraˈte] (1a) *v/t.* △ scrape, rub down (*a wall*); *v/i.* ✝ F huckster.

régresser [regreˈse] (1a) *v/i.* decrease, diminish, fall off; **régressif, -ve** [~ˈsif, ~ˈsiːv] regressive; **régression** [~ˈsjɔ̃] *f* regression; *biol.* retrogression; *biol.* throw-back; *sales etc.:* drop.

regret [rəˈgrɛ] *m* regret (for, of de); **à** ~ regretfully, with regret; **avoir** ~ **de** (*inf.*) regret to (*inf.*); **regrettable** [rəgreˈtabl] regrettable, unfortunate; **regretter** [~ˈte] (1a) *v/t.* regret; be sorry (that *ind.*, que *sbj.*; for *ger.*, de *inf.*); miss, mourn (for).

regroupement [rəgrupˈmɑ̃] *m* regrouping; **regrouper** [~gruˈpe] (1a) *v/t.* regroup.

régulariser [regylariˈze] (1a) *v/t.* regularize; put (*s.th.*) in order; ⚖ put into legal form; **régularité** [~ˈte] *f* regularity; *temper:* evenness; punctuality; **régulateur, -trice** [regylaˈtœːr, ~ˈtris] **1.** *adj.* regulating; ✝ buffer-(*stocks*); **2.** *su./m* regulator; *watch:* balance-wheel; **régulier, -ère** [~ˈlje, ~ˈljɛːr] **1.** *adj.* regular (⚓, *gramm.*); steady; even, equable (*temper*); **2.** *su./m* ✗, *eccl.* regular.

régurgiter [regyrʒiˈte] (1a) *v/t.* regurgitate.

réhabilitation [reabilitaˈsjɔ̃] *f* rehabilitation (*a. fig.*); *bankrupt:* discharge; △ modernization (*of buildings etc.*); **réhabiliter** [~ˈte] (1a) *v/t.* reinstate; discharge (*a bankrupt*); *fig.* rehabilitate; *fig.* bring back into

favo(u)r; △ modernize (*buildings etc.*); **se** ~ clear one's name.

réhabituer [reabiˈtɥe] (1n) *v/t.* reaccustom (to, à).

rehaussement [rɔosˈmɑ̃] *m* raising (*a. prices*); *fig.* enhancing; **rehausser** [~oˈse] (1a) *v/t.* raise; increase (*one's courage*); *fig.* enhance, set off (*one's beauty, a colour, one's merit*).

réimporter [reɛ̃pɔrˈte] (1a) *v/t.* reimport.

réimposer [reɛ̃poˈze] (1a) *v/t.* reimpose (*a tax*); tax (*s.o.*) again.

réimpression [reɛ̃preˈsjɔ̃] *f* reprint (-ing); **réimprimer** [~priˈme] (1a) *v/t.* reprint.

rein [rɛ̃] *m anat.* kidney; ~**s** *pl.* back *sg.*, loins; △ *arch.:* sides; ♀ ~ **artificiel** kidney machine; ♀ ~ **flottant** floating kidney; *avoir les* ~**s solides** be sturdy; F *fig.* be wealthy; *avoir mal aux* ~**s** have backache; *casser les* ~**s à** *q.* ruin s.o.

réincorporer [reɛ̃kɔrpɔˈre] (1a) *v/t.* reincorporate.

reine [rɛn] *f* queen; ~**-claude**, *pl.* ~**s-claudes** ♀ [~ˈklo:d] *f* greengage; ~**-des-prés**, *pl.* ~**s-des-prés** ♀ [~deˈpre] *f* meadow-sweet; ~**-marguerite**, *pl.* ~**s-marguerites** ♀ [~margaˈrit] *f* china aster; **reinette** ♀ [rɛˈnɛt] *f apple:* pippin; ~ **grise** russet.

réinsérer [reɛ̃seˈre] (1f) *v/t.* reinsert; *fig.* reintegrate (*persons*); **réinsertion** [~sɛrˈsjɔ̃] *f* reinsertion; *fig.* reintegration.

réintégration [reɛ̃tegraˈsjɔ̃] *f admin. person:* reinstatement; ⚖ reintegration; ⚖ *conjugal rights:* restitution; *residence:* resumption; **réintégrer** [~ˈgre] (1f) *v/t. admin.* reinstate (*a person*); ⚓ reintegrate; return to, resume (*one's domicile*).

réitératif, -ve [reiteraˈtif, ~ˈtiːv] reiterative; second (*summons*); **réitérer** [~ˈre] (1f) *v/t.* repeat, reiterate.

reître [rɛːtr] *m* ruffianly soldier.

rejaillir [rəʒaˈjiːr] (2a) *v/i.* gush out; spurt; be reflected (*light*); spring; *fig.* fall (upon, sur), reflect (on, sur).

rejet [rəˈʒɛ] *m* throwing out; *food:* throwing up; ⚖ dismissal; *fig.*, *parl.*, ♀ *etc.* rejection; ✝ transfer; ♀ shoot; **rejetable** [rəʒˈtabl] rejectable; **rejeter** [~ˈte] (1c) *v/t.* throw back *or* again; fling back (*a.* ✗ *the enemy*);

throw up (a. food); reject (s.o.'s advice, parl. a. bill, an offer, a. ⚙ etc.); ⚖ dismiss; ✝ transfer; cast off (stitches); shift (a. fig. the blame etc.); ♣ throw out (shoots); ∼ la responsabilité sur throw or cast the responsibility on; **rejeton** [∼'tɔ̃] m ♣ (off)shoot; fig. offspring, scion.

rejoindre [rəʒwɛ̃:dr] (4m) v/t. rejoin (a. ✕); catch (s.o.) up; se ∼ meet (again).

réjoui, e [re'ʒwi] 1. adj. jolly, jovial, merry; 2. su./m: gros ∼ merry or jovial fellow; **réjouir** [∼'ʒwi:r] (2a) v/t. cheer, delight; entertain, amuse (the company); se ∼ rejoice (at, in de), be delighted (at, de); enjoy o.s., make merry; **réjouissance** [∼ʒwi'sã:s] f rejoicing; ✝ makeweight.

relâche¹ [rə'la:ʃ] m rest, respite; thea. ∼! closed!; thea. faire ∼ be closed; sans ∼ without respite.

relâche² ♦ [∼] f (port of) call; faire ∼ put into port.

relâché, e [rəla'ʃe] relaxed; slack (rope); fig. loose; **relâchement** [∼laʃ'mã] m relaxing, slackening; fig. relaxation (a. ⚙, a. from work); bowels, conduct: looseness; **relâcher** [∼la'ʃe] (1a) v/t. loosen (a. ⚙ the bowels), slacken; fig. relax; release (a prisoner); ∼ le temps make the weather milder; se ∼ grow milder; v/i. ♦ put into port.

relais [rə'lɛ] m ♪ radio: relay; ⊕ shift; mot. ∼ des routiers truck stop; sp. course f de (or par) ∼ relay race; prendre le ∼ (de) take over (from); sans ∼ without rest.

relance [rə'lã:s] f boost(ing), stimulation; revival, relaunching; **relancer** [rəlã'se] (1k) v/t. throw back or again; return (a ball); hunt. start (the quarry) again; fig. pester (s.o.); mot. restart (the engine); fig. boost, stimulate; fig. revive, relaunch.

relaps, e eccl. [rə'laps] 1. adj. relapsed; 2. su. apostate, relapsed heretic.

relater [rəla'te] (1a) v/t. relate, recount; report.

relatif, -ve [rəla'tif, ∼'ti:v] relative (a. gramm.); ∼ à referring to, connected with, related to; **relation** [∼'sjɔ̃] f relation; connection; account, report; ∼s pl. acquaintances; ✝ ∼s pl. publiques public relations; **relativiser** [∼tivi'ze] (1a) v/t. relativize; see

(s.th.) in (its true) perspective; **relativité** [∼tivi'te] f relativity; phys. théorie f de la ∼ relativity theory.

relaxer [rəlak'se] (1a) v/t. relax; ⚖ release; se ∼ relax.

relayer [rələ'je] (1i) v/t. relieve, take over from; take turns with; ♪, tel., radio: relay; se ∼ take turns; work in shifts; v/i. change horses.

relégation ⚖ [rəlega'sjɔ̃] f relegation; **reléguer** [∼'ge] (1s) v/t. relegate; fig. banish; fig. remove.

relent [rə'lã] m musty smell or taste; unpleasant smell.

relevant, e [rəl'vã, ∼'vã:t] adj.: ∼ de dependent on; within the jurisdiction of.

relève [rə'lɛ:v] f ✕, ⚓ relief; F relieving troops pl.; ✕ guard: changing; **relevé, e** [rəl've] 1. adj. raised (head etc.); turned up (sleeve, trousers, etc.); high; lofty; noble (sentiment); cuis. highly seasoned; fig. spicy (story); 2. su./m abstract, summary; ✝ statement; admin. return; survey; cost. tuck; cuis. remove (= course after soup); ∼ du gaz gas-meter reading; su./f † afternoon; **relèvement** [rəlɛv'mã] m raising again; picking up; bankrate, temperature, wages: rise; raising (a. ✝ bank-rate etc.); ⚓, surv. bearing; ✝, fig. recovery, improvement; ✝ account: making out; ♦ sentry: relieving; wounded: collecting; **relever** [rəl've] (1d) v/t. raise (a. ✝ prices, wages, etc.); lift; pick up (from the ground); △ rebuild; ♦ take the bearings of; surv. survey; fig. bring into relief, set off, enhance; ✝ make out (an account); put up (a price); read (the meter); fig. call attention to, notice; fig. accept (a challenge); relieve, take over from (s.o.); fig. release (from, de); cuis. season; se ∼ get up; rise (a. fig.); ✝, a. fig. revive, recover; take turns; v/i.: ∼ de be dependent on; admin. be a matter for; pertain to; arise from; ⚙ have just recovered from.

reliage [rə'lja:ʒ] m binding; joining; casks: hooping.

relief [rə'ljɛf] m relief (a. fig.); fig. prominence; en ∼ relief (map); fig. mettre en ∼ set off, throw into relief.

relier [rə'lje] (1o) v/t. bind (a. books); join; connect (a. ♪, teleph., ☏); tie (*s.th.*) up again; hoop (*a cask*); **re-lieur, -euse** [rə'ljœːr, ~'ljøːz] *su.* (book)binder; *su./f* bookbinding machine.

religieux, -euse [rəli'ʒjø, ~'ʒjøːz] **1.** *adj.* religious; sacred (*music*), church ...; **2.** *su./m* monk; *su./f* nun.

religion [~'ʒjõ] *f* religion; *fig.* sacred duty; *entrer en ~* enter into religion, take the vows; **religiosité** [~ʒjozi-'te] *f* religiosity; *fig.* scrupulousness (*in ger., à inf.*).

reliquaire [rəli'kɛːr] *m* reliquary, shrine.

reliquat [rəli'ka] *m* 🏛 residue; † *account:* balance; 🏛 after-effects *pl.*

relique [rə'lik] *f* relic; F *fig. garder comme une ~* treasure.

relire [rə'liːr] (4t) *v/t.* re-read.

reliure [rə'ljyːr] *f* (book)binding; *~ en toile* cloth binding.

relouer [rəlu'e] (1a) *v/t.* re-let; renew the lease of.

reluire [rə'lɥiːr] (4u) *v/i.* gleam, glisten, glitter; *faire ~* polish (*s.th.*); **reluisant, e** [~lɥi'zã, ~'zãːt] gleaming, shining; glittering; well-groomed (*horse*).

reluquer [rəly'ke] (1m) *v/t.* eye, ogle; have one's eye on; covet.

remâcher [rəma'ʃe] (1a) *v/t.* chew again; *fig.* turn (*s.th.*) over in one's mind; brood over.

remailler [rəma'je] (1a) *v/t.* mend a ladder in (*a stocking*).

remanent, e ⚡, *phys.* [rəma'nã, ~'nãːt] remanent, residual.

remaniement *pol.* [rəmani'mã] *m* reshuffle; **remanier** [~'nje] (1o) *v/t.* rehandle; ⚠ retile (*a roof*); re-lay (*a pavement, pipes, etc.*); *fig.* recast; *fig.* adapt (*a play etc.*).

remarier [rəma'rje] (1o) *v/t. a. se ~* remarry, marry again.

remarquable [rəmar'kabl] remark-able (for, *par*); distinguished (by, *par*); outstanding (for, *par*); astonishing; **remarque** [~'mark] *f* re-mark; note; ⚓ landmark; **remar-quer** [~mar'ke] (1m) *v/t.* notice, note; re-mark; remark, observe; *faire ~ qch. à q.* point s.th. out to s.o.; *se faire ~* attract attention; make o.s. conspicuous.

remballer [rãba'le] (1a) *v/t.* re-pack; pack up again.

rembarquer [rãbar'ke] (1m) *vt./i.* 🚢 re-embark; *v/i. a. se ~* go to sea

again; *v/t.*: F *fig. se ~ dans* embark again upon (*s.th.*).

remblai [rã'blɛ] *m* embankment; filling up *or* in; banking (up); *ma-terial:* filling; ⊕ slag dump; **rem-blayer** [~blɛ'je] (1i) *v/t.* fill (up); bank (up).

remboîter ✂ [rãbwa'te] (1a) *v/t.* set (*a bone*).

rembourrage [rãbu'raːʒ] *m* stuff-ing, padding; upholstering; **rem-bourrer** [~'re] (1a) *v/t.* stuff, pad, upholster.

remboursable † [rãbur'sabl] re-payable; redeemable (*annuity, stock, etc.*); **remboursement** [~sə'mã] *m* reimbursement, repayment; *an-nuity, stock:* redemption; *livraison f contre ~ post:* cash on delivery; **rembourser** [~'se] (1a) *v/t.* reim-burse, repay; redeem (*stocks etc.*).

rembrunir [rãbry'niːr] (2a) *v/t.*: *se ~* darken; cloud over; become gloomy.

remède [rə'mɛd] *m* remedy, cure (for, *à*) (*a. fig.*); *porter ~ à* remedy; *sans ~* beyond remedy; **remédiable** [reme'djabl] remediable; **remédier** [~'dje] (1o) *v/i.*: *~ à* remedy, cure; ⚒ stop (*a leak*).

remembrement *admin.* [rəmãbrə-'mã] *m* regrouping of lands.

remémorer [rəmemo're] (1a) *v/t.* remind (s.o. of s.th., *qch. à q.*); *se ~* call (*s.th.*) to mind.

remerciements [rəmɛrsi'mã] *m/pl.* thanks; **remercier** [~'sje] (1o) *v/t.* thank (for, *de*); dismiss (*an em-ployee*); *je vous remercie* thank you.

remettre [rə'mɛtr] (4v) *v/t.* put (*s.th.*) back again, replace; *cost.* put (*s.th.*) on again; return; restore; *fig.* calm (*s.o.'s mind*), reassure (*s.o.*); ✂ set (*a bone*); deliver; hand over (*a. a command, an office*); tender (*one's resignation*); pardon (*an of-fence*); remit (*a penalty, a. sins*); † give a discount of, allow; *fig.* post-pone; *~ au hasard* leave to chance; F *fig. ~ ça* begin again; *~ en état* over-haul; *se ~* recover (from, *de*); *s'en ~ à q.* rely on s.o. (for, *de*); leave it to s.o.

réminiscence [remini'sãːs] *f* remi-niscence.

remise [rə'miːz] *su./f* putting back; postponement; *thea.* revival; *pointer, ✂ bone:* setting; † remittance; † discount (of, *de*; on, *sur*); restoration; *post*: delivery; *debt, penalty*: remission; *duties, office, ticket*: handing over; coach-house; 🚂 (*engine-*)shed; ~ *à neuf* renovation; ~ *de bagages* luggage (*Am.* baggage) reclaim; F *sous la* ~ on the shelf; *su./m* livery carriage; **remiser** [~mi'ze] (1a) *v/t.* put (*a vehicle*) away; lay (*s.th.*) aside; F *fig.* superannuate (*s.o.*); F snub (*s.o.*); *hunt.* se ~ take cover.

rémissible [remi'sibl] remissible; **rémission** [~'sjɔ̃] *f debt, sin*: remission; *abatement*, remission; *sans* ~ unremitting(ly *adv.*).

rémittence [remi'tɑ̃:s] *f* abatement, remission; **rémittent, e** [~'tɑ̃, ~'tɑ̃:t] remittent.

remmailler [rɑ̃ma'je] (1a) *v/t. see* remailler.

remodelage [rəmɔd'la:ʒ] *m* remodelling; reorganization; **remodeler** [~'le] (1d) remodel, reshape; reorganize.

remontage [rəmɔ̃'ta:ʒ] *m* going up; *furniture*: assembling; ⚓ ascending; ⊕ *machine etc.*: (re)assembling, refitting; ♠ *shop*: restocking; *wine*: fortifying; *clock*: winding up; *shoes*: vamping; *à* ~ *automatique* self-winding (*watch*); **remontant, e** [~'tɑ̃, ~'tɑ̃:t] 1. *adj.* ascending; ⚓ remontant; *etc.* stimulating, tonic; 2. *su./m* stimulant, tonic, F pick-me-up; **remonte** [rə'mɔ̃:t] *f salmon*: ascent, running; *coll. fish*: run; ✗ *cavalry*: remount(ing); **remontée** [~mɔ̃'te] *f road*: climb; ⚡ climbing; **remonte-pente** *mount.* [~mɔ̃t'pɑ̃:t] *m see* monte-pente; **remonter** [rəmɔ̃'te] (1a) *v/i.* go up (again) (*a.* ♠); get (*into a car, on a horse, etc.*) again; rise (*barometer*); re-ascend (the throne, *sur le trône*); ♠ flow (*tide*), come round (*wind*); *v/t.* go up (again), climb up (again); raise (up) (*s.th.*) up; pull up (*socks, trousers*); ✗ remount (*s.o.*); wind up (*a watch*); ⊕ reassemble; refit, reset; ♠ restock; *thea.* put (*a play*) on again; refurnish (*a house*); F *fig.* cheer (*s.o.*) up; se ~ recover one's strength or spirits; get in a new supply (of, *de*); **remontoir** [~'twa:r] *m watch*: winder; *clock, watch*: key.

remontrance [rəmɔ̃'trɑ̃:s] *f* reprimand, reproof.

remontrer [rəmɔ̃'tre] (1a) *v/t.* show (again); point out; *v/i.*: *en* ~ *à q.* show or prove one knows better than s.o., prove one's superiority to s.o.

remordre [rə'mɔrdr] (4a) *v/t.* bite again; *v/i.*: ~ *à* take up or tackle again; **remords** [~'mɔ:r] *m* remorse; twinge of conscience.

remorque [rə'mɔrk] *f* ♠, *mot.* tow(ing); tow-rope; ♠ vessel in tow; *mot.* trailer; *prendre en* ~ tow; *être en* ~ be on tow; **remorquer** [rəmɔr'ke] (1m) *v/t.* ♠, *mot.* tow; pull; **remorqueur, -euse** [~'kœ:r, ~'kø:z] 1. *adj.* towing; 🚂 relief (*engine*); 2. *su./m* tug(boat); towboat.

rémoulade *cuis.* [remu'lad] *f* remoulade-sauce.

rémouleur ⊕ [remu'lœ:r] *m* (*scissors-, etc.*)grinder.

remous [rə'mu] *m water, wind*: eddy; *tide*: swirl; *crowd*: movement; ♠ *ship*: wash; *river*: rise in level; ⚡ slip-stream.

rempailler [rɑ̃pa'je] (1a) *v/t.* re-seat (*a rush-bottomed chair*); re-stuff (*with straw*).

rempart [rɑ̃'pa:r] *m* △ rampart; *fig.* bulwark.

rempiler [rɑ̃pi'le] (1a) *v/t.* pile up again; *v/i.* ✗ *sl.* re-engage, re-enlist.

remplaçant, e [rɑ̃pla'sɑ̃, ~'sɑ̃:t] *person*: substitute, deputy; *etc.*, *eccl.* locum tenens, F locum; **remplacement** [~plas'mɑ̃] *m* replacement; substitution; ... *de* ~ refill ...; spare ...; *en* ~ *de* in place of; **remplacer** [~pla'se] (1k) *v/t.* replace (by, *par*); take the place of; supersede (*an official, a rule*); appoint a successor to (*an official, a diplomat*); deputize for.

rempli *cost.* [rɑ̃'pli] *m dress*: tuck; *hem or seam*: turning; **remplier** *cost.* [~pli'e] (1a) *v/t.* put a tuck in (*a dress etc.*); lay (*a hem, a seam*).

remplir [rɑ̃'pli:r] (2a) *v/t.* fill (up), refill (with, *de*), *admin.* complete, fill in or up (*a form*); *fig.* fulfil (*a hope, a promise*), perform (*a duty*), comply with (*formalities*); *thea.* play (*a part*); se ~ fill up; **remplissage** [~pli'sa:ʒ] *m* filling (up); ✗ infilling; △ *etc.* filling (in); *fig.* padding, F radio: fill-up.

remploi [rɑ̃'plwa] *m* re-use, using again; re-employment; 🏛 reinvestment; **remployer** [~plwa'je] (1h *v/t.* re-use; use again; employ (*s.o.*) again; reinvest (*money*).

remplumer [rᾶply'me] (1a) *v/t.*: se ~ F put on flesh again, get better, recover; F get back on one's feet (*financially*); *orn.* grow new feathers.

rempocher [rᾶpɔ'ʃe] (1a) *v/t.* put (*s.th.*) back in one's pocket.

remporter [rᾶpɔr'te] (1a) *v/t.* take or carry back; carry off *or* away; *fig.* win, gain (*a prize, a victory*).

rempoter ⚬ [rᾶpɔ'te] (1a) repot.

remuage [rə'mɥaː:ʒ] *m* moving, removal; shaking (up), stirring (up); *wine*: settling of the deposit; **remuant, e** [~'mɥᾶ, ~'mɥᾶːt] restless; bustling; **remue-ménage** [~myme-'naːʒ] *m/inv.* bustle, commotion, stir; **remue-méninges** [~myme-'nɛ̃ːʒ] *m/inv.* brainstorming; **remuement** [~my'mᾶ] *m* moving, furniture, earth: removal; *fig.* stir, commotion; **remuer** [~'mɥe] (1n) *v/t.* move (*furniture, one's head, a. fig. s.o.'s heart, etc.*); stir (*coffee, tea*); *fig.* stir up (*a crowd*); *dog*: wag (*its tail*); se ~ move, stir; bestir o.s., *fig.* be a move on; *v/i.* move; budge; be loose (*tooth*).

remugle [rə'myːgl] *m* musty smell.

rémunérateur, -trice [remynera-'tœ:r, ~'tris] **1.** *adj.* remunerative; profitable; **2.** *su.* rewarder; **rémunération** [~ra'sjɔ̃] *f* remuneration, payment (for, de); **rémunératoire** ⚖ [~ra'twaːr] for services rendered; (*money*) by way of recompense; **rémunérer** [~re] (1f) *v/t.* remunerate, reward; pay for (*services*).

renâcler [rənɑ'kle] (1a) *v/i.* snort (*horse*); sniff (*person*); *fig.* turn up one's nose (at, à); F *fig.* be reluctant; jib (at, à).

renaissance [rənɛ'sᾶːs] *f* rebirth; revival; *art etc.*: ♀ Renaissance, Renascence; **renaître** [~'nɛːtr] (4x) *v/i.* be born again; *fig.* reappear; *fig.* revive (*hope, etc.*).

rénal, e, *m/pl.* **-aux** ♈, *anat.* [re'nal, ~'no] renal; *calcul* ~ ♈ renal calculus.

renard [rə'naːr] *m* zo. fox; ⊕ *sl.* strike-breaker, F blackleg; ⊕, ⚓ dog(-hook); F *fig.* fin ~ sly dog; **renarde** *zo.* [~'nard] *f* vixen, she-fox; **renardeau** *zo.* [rənar'do] *m* fox-cub; **renardière** [~'djɛːr] *f* fox-hole, fox's earth, burrow.

renchéri, e [rᾶʃe'ri] **1.** *adj.* dearer; F particular, fastidious; **2.** *su.* fastidious person; *su./m:* faire le ~ be squeamish; put on airs; **renchérir** [~'riːr] (2a) *v/t.* raise the price of; *v/i.* get dearer, go up in price; ~ *sur* go one better than (*s.o.*); improve upon (*s.th.*); **renchérissement** [~ris'mᾶ] *m* increase or rise in price; **renchérisseur** [~ri'sœːr] *m* outdoor; outbidder; ⚘ runner up of prices.

rencogner F [rᾶkɔ'ɲe] (1a) *v/t.* drive or push (*s.o.*) into a corner; se ~ huddle (o.s.) up.

rencontre [rᾶ'kɔ̃ːtr] *f* ♈, *person, streams:* meeting; ✕, *persons:* encounter; ⚐, *mot.* collision; ✕ skirmish; *fig.* occasion; *aller à la* ~ *de* go to meet; *de* ~ casual; chance ...; **rencontrer** [~kɔ̃'tre] (1a) *v/t.* meet; ⚐, *mot.* collide with; *fig.* come across; find; ✕ encounter; *fig.* meet with, come up against; se ~ meet; ⚐, *mot.* collide; *fig.* happen; *fig.* appear (*person*); *fig.* agree (*persons, ideas*).

rendement [rᾶd'mᾶ] *m* ✐, ♈, ♽ yield; ⊕ *works, men:* output; ⊕ efficiency (*a. of machines*); ⊕, ⚓, *mot.* performance; *sp. time:* handicap; ~ *maximum* maximum output or speed.

rendez-vous [rᾶde'vu] *m* rendez-vous (*a.* ✕); appointment, F date; meeting-place; haunt; ~ *social* collective bargaining.

rendormir [rᾶdɔr'miːr] (2b) *v/t.* put to sleep again; se ~ fall asleep again.

rendre [rᾶːdr] (4a) *v/t.* return, give back; restore (*s.o.'s liberty, s.o.'s health*); give (*an account, change*, ⚖ *a verdict*); pay (*homage*); *fig.* convey (*the meaning*), translate; render (⚘ *an account, services*); ⚖ pronounce (*judgment*); ♪ perform, play; ⚘ deliver; ♈, ⚘, ⊕ yield, produce; ✕ surrender (*a fortress*); ♽ throw up, vomit; ~ (*adj.*) make (*adj.*); ~ *compte de* account for; *fig.* ~ *justice à do* (*s.o.*) justice; ⚖ ~ *la justice* dispense justice; ~ *les derniers devoirs à* pay (*s.o.*) the last hono(u)rs; ~ *nul* nullify; vitiate (*a contract*); se ~ go (to, à); *fig.* yield, give way; ✕ surrender; *v/i.* be productive or *fig.* profitable; ♽ vomit; work, run (*engine*); ~ *à* lead to (*way*); **rendu, e** [rᾶ'dy] **1.** *adj.* arrived;

exhausted; **2.** *su./m* paint. etc. rendering; ✝ returned article; F *un prêté pour un ~* tit for tat.

rendurcir [rɑ̃dyr'siːr] (2a) *v/t. a. se ~* harden.

rêne [rɛn] *f* rein (*a. fig.*); *lâcher les ~s* slacken the reins; give a horse its head. [gade, turncoat.]

renégat *m,* e *f* [rəne'ga, ~'gat] rene-↲

rénette ⊕ [re'nɛt] *f* tracing-iron; *leather:* race-knife; *horse's hoof:* paring-knife.

renfermé, e [rɑ̃fɛr'me] **1.** *adj. fig.* uncommunicative; **2.** *su./m* fustiness; *odeur f de ~* fusty *or* stale smell; *sentir le ~* smell fusty *or* stuffy; **renfermer** [~] (1a) *v/t.* shut *or* lock up (again); enclose; *fig.* contain, include; *fig.* hide; *se ~* (*dans, en*) confine o.s. (to); withdraw (into o.s., *silence*).

renflé, e [rɑ̃'fle] bulging, swelling; **renflement** [rɑ̃flə'mɑ̃] *m* bulging, bulge, swelling; **renfler** [~'fle] (1a) *v/t.* swell (out); *se ~* bulge (out), swell (out).

renflouer [rɑ̃flu'e] (1a) *v/t.* ⚓ refloat; *fig.* put in funds.

renfoncement [rɑ̃fɔ̃s'mɑ̃] *m* knocking in (*of s.th.*) again; △ recess, hollow; *paint.* effect of depth; **renfoncer** [~fɔ̃'se] (1k) *v/t.* knock *or* push (further) in; △ recess, set back; dent; pull down (*one's hat*).

renforçateur *phot.* [rɑ̃fɔrsa'tœːr] *m* intensifier; **renforcement** [~sə-'mɑ̃] *m* △, ✗ strengthening (*a. fig. opinion*); reinforcing; *phys. sound:* magnification; *phot.* intensification; **renforcer** [~'se] (1k) *v/t.* reinforce; ⊕ *a.* strengthen; increase (*the sound, the expenditure*); *phot.* intensify; *phys.* magnify; **renfort** [rɑ̃'fɔːr] *m* ✗, ⊕, etc. reinforcement (*s pl.*); *de ~* stiffening ...; *à grand ~ de* with a great deal of.

renfrogné, e [rɑ̃frɔ'ɲe] sullen, sulky; **renfrogner** [~] (1a) *v/t.: se ~* scowl; frown.

rengager [rɑ̃ga'ʒe] (1l) *v/t.* re-engage; *v/i. a. se ~* ✗ re-enlist.

rengaine F [rɑ̃'gɛːn] *f* old refrain, (*the same*) old story; **rengainer** [~gɛ'ne] (1a) *v/t.* ✝ put up (*the sword*); F withhold, hold back, save.

rengorger [rɑ̃gɔr'ʒe] (1l) *v/t.: se ~* puff o.s. up, give o.s. airs.

rengraisser [rɑ̃grɛ'se] (1a) *v/t.* fatten up again; *v/i.* grow fat again.

renier [rə'nje] (1o) *v/t. eccl.* deny; abjure (*one's faith*); disown (*a friend, an opinion*); repudiate (*an action, an opinion*).

reniflement [rəniflə'mɑ̃] *m* sniffing; **renifler** [~'fle] (1a) *v/t.* sniff (*s.th.*) (up); *fig.* scent; *v/i.* sniff; snivel (*child*); **renifleur** *m,* -euse *f* F [~'flœːr, ~'fløːz] sniffer.

rénitence ⚕ [reni'tɑ̃ːs] *f* resistance to pressure; **rénitent, e** [~'tɑ̃, ~'tɑ̃ːt] renitent.

renne zo. [rɛn] *m* reindeer.

renom [rə'nɔ̃] *m* fame, renown; **renommé, e** [rə'nɔ'me] **1.** *adj.* famed, renowned, famous (for, *pour*); **2.** *su./f* fame, renown; reputation; *esp.* ✝ report; rumo(u)r; **renommer** [~] (1a) *v/t.* re-elect, re-appoint; ✝ praise.

renoncement [rənɔ̃s'mɑ̃] *m* renouncing; renunciation (*a.* ⚕); *~ à soi-même* self-denial; **renoncer** [rənɔ̃'se] (1k) *v/i.: ~ à* give up, renounce, abandon; waive (*a claim, a right*); **renonciation** [~sja'sjɔ̃] *f* renunciation.

renoncule ♣ [rənɔ̃'kyl] *f* ranunculus; *~ âcre* crowfoot; buttercup.

renouement [rənu'mɑ̃] *m* renewal; **renouer** [~'e] (1a) *v/t.* re-knot; tie up again; *fig.* renew; resume (*a conversation*).

renouveau [rənu'vo] *m* spring (-time); renewal; *fig. catholique* Catholic (literary) revival; **renouveler** [~nuv'le] (1c) *v/t.* renew; revive (*a custom, a lawsuit, a quarrel*); *fig.* transform; ✝ repeat (*an order*); *mot.* fit a new set of (*tyres*); *se* ~ be renewed; happen again; **renouvellement** [~nuvɛl'mɑ̃] *m* renovation; replacement; renewal; *fig.* increase.

rénovateur, -trice [renova'tœːr, ~'tris] **1.** *adj.* renovating; **2.** *su.* renovator, restorer; **rénovation** [~'sjɔ̃] *f* renovation, restoration; renewal; reform; (*religious*) revival; **rénover** [~'ve] (1a) *v/t.* renovate, restore; renew; reform.

renseigné, e [rɑ̃sɛ'ɲe] (well-)informed (about, *sur*); **renseignement** [~sɛɲ'mɑ̃] *m* (piece of) information; *teleph. ~s pl.* inquiries; *bureau m de ~s* information bureau *or* Am. booth, inquiry office;

prendre des ~*s sur* make inquiries about; ✗ *service m de* ~*s* Intelligence Corps; **renseigner** [~se'ɲe] (1a) *v/t.* inform (*s.o.*), give (*s.o.*) information (about, *sur*); give (*s.o.*) directions; *se* ~ inquire, find out (about, *sur*).

rentabiliser [rɑ̃tabili'ze] (1a) *v/t.* make profitable, make pay; **rentabilité** [rɑ̃tabili'te] *f* profitability; **rentable** [rɑ̃'tabl] profitable.

rente [rɑ̃ːt] *f* revenue; annuity; pension; stock(s *pl.*), bonds *pl.*; ~*s pl.* (private) income *sg.*; ~ *foncière* ground rent; ~ *perpétuelle* perpetuity; ~ *viagère* life annuity; **rentier** *m*, **-ère** *f* [~'tje, ~'tjɛːr] stockholder; annuitant; person living on private means; *petit* ~ small investor.

rentrant, e [rɑ̃'trɑ̃, ~'trɑ̃ːt] **1.** *adj.* ⚿ re-entrant; ⚔ retractable; ⊕ inset; **2.** *su. sp.* new player; **rentré, e** [rɑ̃'tre] suppressed (*anger*); sunken (*eyes, cheeks*); **rentrée** [~] *f* return, home-coming; re-entry (a. ♪); ✔ crops: gathering; *school etc.*: reopening; *parl.* re-assembly; ✔ *taxes etc.*: collection; ✝ *money*: receipt; *air etc.*: entry; *actor etc.*: comeback; **rentrer** [~] (1a) *v/i.* re-enter (a. *thea.*, a. ♪); come or go in (again); return; come or go home; re-open (*school etc.*); *parl.* re-assemble; go back to school (*child*); ✝ come in (*money*); ~ *dans* be included in, be part of; get back, recover (*rights etc.*); crash into (*a wall, car, etc.*); ~ *en fonctions* resume one's duties; *v/i.* take or bring or get or pull in; put away; ✔ gather in (*crops*); ✝ re-enter (*in an account*); *fig.* suppress (*a desire, one's tears*); ⚔ retract (*the undercarriage*).

renversable [rɑ̃ver'sabl] reversible; capsizable (*boat etc.*); **renversant, e** F [~'sɑ̃, ~'sɑ̃ːt] staggering, stunning; **renverse** [rɑ̃'vers] *f* ⚓ *tide*: turn; *à la* ~ backwards; **renversement** [rɑ̃versə'mɑ̃] *m* reversal (a. *phys.*); ♪, *opt.*, *phls.*, *geol.* inversion; ⊕ reversing; ⚓ *tide*: turn(ing); *wind*: shift(ing); overturning; *fig.* disorder; *fig.*, a. *pol.* overthrow; **renverser** [~'se] (1a) *v/t.* reverse (a. ✗, ♪, ⊕ *an engine, the steam, mot.*); ♪, *opt.*, *phls.* invert; turn upside down; knock down; knock over; overturn, upset; spill; *fig.*, a.

pol. overthrow; F *fig.* amaze; F ~ *les rôles* turn the tables; *se* ~ fall over; overturn; lie back (*in a chair*); *v/i.* F spill over.

renvoi [rɑ̃'vwa] *m* return(ing), sending back; *ball, sound*: throwing back; *tennis*: return; *heat, light*: reflecting; ✽ belch; ♪ repeat (sign); *servant*: dismissal; adjournment; ⚖, *pol.*, *typ.* reference; ⚖ transfer; ⚖ remand; **renvoyer** [~vwa'je] (1r) *v/t.* return (a. *tennis*), send back; throw back (*a ball, a sound*); reflect (*heat, light*); dismiss (*s.o.*); postpone; adjourn; *pol.* refer; ⚖ defer; ⚖ remand.

réoccuper [reɔky'pe] (1a) *v/t.* re-occupy.

réorganiser [reɔrgani'ze] (1a) *v/t.* reorganize.

réouverture [reuver'tyːr] *f* reopening; resumption.

repaire [rə'pɛːr] *m animals, a. fig.*: den; *fig. criminal*: haunt; hideout.

repaître [rə'pɛːtr] (4k) *v/t.* feed (a. *fig.*); *se* ~ *eat* one's fill; *se* ~ *de* feed on; *fig.* indulge in (*vain hopes*); wallow in (*blood*).

répandre [re'pɑ̃ːdr] (4a) *v/t.* spill, shed; spread (*light, news*); scatter (*flowers, money, sand, etc.*); give off (*heat, a smell*); *fig.* it *s'est répandu que* the rumo(u)r has spread that; *fig. se* ~ spread; be seen in society; **répandu, e** [~pɑ̃'dy] widespread, widely held (*opinion*); well known.

réparable [repa'rabl] reparable; *cost.* repairable; remediable.

réparaître [repa'rɛːtr] (4k) *v/i.* reappear; ✽ recur.

réparateur, -trice [repara'tœːr, ~'tris] **1.** *adj.* repairing; restoring; **2.** *su.* repairer; repairman; **réparation** [~ra'sjɔ̃] *f* repair(ing); ✽ amends *pl.*; (*legal*) redress; ✗ ~*s pl.* reparations; ⚖ ~ *civile* compensation; *foot. coup m de pied de* ~ penalty kick; **réparer** [~'re] (1a) *v/t.* mend, repair, fix; *fig.* make good (*losses, wear*); *fig.* make amends for, put (*s.th.*) right.

repartie [rəpar'ti] *f* repartee; retort; ~ *spirituelle* witty rejoinder; *avoir de la* ~, *avoir la* ~ *facile* be quick at repartee; **repartir** [~'tiːr] (2b) *v/i.* set out or leave again; retort, reply.

répartir [repar'tiːr] (2a) *v/t.* share out, distribute (amongst, *entre*);

admin. assess; ♥ allot (*shares*);
répartition [ˌti'sjɔ̃] *f* distribution
(*a.* ⚡); apportionment, division,
sharing out; *errors:* frequency;
admin. assessment; allocation; ♥
allotment.

repas [rə'pɑ] *m* meal; *petit* ～ snack.

repassage [rəpɑ'saːʒ] *m* repassing;
water, motionless: recrossing;
clothes: ironing; *lessons:* revision;
⊕ sharpening; **repasser** [～'se] (1a)
v/i. pass again; call again (on s.o.,
chez q.); cross over again (to, en); *v/t.*
repass; cross (*the sea etc.*) again;
iron (*clothes*); go over (*in the mind,
a lesson, an outline, accounts, etc.*);
take (*s.o.*) back; ⊕ sharpen, whet;
fer m à ～ iron; **repasseur** [～'sœːr]
m (*knife- etc.*)grinder; ⊕ examiner;
repasseuse [～'søːz] *f* woman, *a.*
machine: ironer.

repayer [rəpɛ'je] (1i) *v/t.* repay;
pay back.

repêchage [rəpɛ'ʃaːʒ] *m* fishing up
or out; *fig.* giving a helping hand (to,
de); *univ., school:* supplementary examination, F resit; **repêcher** [～'ʃe]
(1a) *v/t.* fish up *or* out; *fig.* come to
the rescue of, help (*s.o.*) out; give
(*s.o.*) a second chance; *school:* let
(*s.o.*) through, give (*s.o.*) a chance to
scrape through.

repeindre [rə'pɛ̃ːdr] (4m) *v/t.*
repaint.

repenser [rəpɑ̃'se] (1a) *v/i.* think
again (about, of ð); *y* ～ think it over.

repentant, e [rəpɑ̃'tɑ̃, ～'tɑ̃ːt] repentant; **repenti, e** [～'ti] *adj., a. su.*
repentant, penitent; **repentir**
[～'tiːr] (2b) *v/t.: se* ～ (*de* qch.)
repent (*[of] s.th.*), be sorry (*for s.th.*);
2. *su./m* repentance.

repérage [rəpe'raːʒ] *m* marking with
guide *or* reference marks; locating.

répercussion [rəpɛrky'sjɔ̃] *f* repercussion; consequences *pl.*; *phys.*
sound: reverberation; **répercuter**
[～'te] (1a) *v/t.* reverberate; send *or*
throw back, reflect (*heat, light, etc.,
a. fig.*); *fig.* pass on (*costs etc.*) (to,
sur); *se* ～ *phys.* reverberate; *fig.* have
repercussions.

repère [rə'pɛːr] *m* (reference *or*
guide) mark; *surv.* benchmark; *cin.*
synchronizing mark; *point m de* ～
landmark (*a. fig.*); **repérer** [～pe're]
(1f) *v/t.* mark with guide *or* reference
marks; fix *or* adjust by guide marks;

✗, ⚓ *etc.* locate; spot; *se* ～ get *or* take
one's bearings.

répertoire [reper'twaːr] *m* index,
list; *thea., a. fig.* repertory; *thea.*
repertoire; *fig.* ～ *vivant* mine of information.

repeser [rəpə'ze] (1d) *v/t.* re-weigh.

répéter [repe'te] (1f) *v/t.* repeat; do
or say again; con (*a lesson, thea.
a part*); *thea.* rehearse (*a play*);
mirror: reflect; **répétiteur** [～'tœːr]
m teleph. repeater; *phys.* reflector;
reproducer; **répétiteur, -trice**
[～ti'tœːr, ～'tris] *su.* private tutor;
su./m school: assistant-master; ⚓
repeating ship; *teleph.* repeater;
su./f school: assistant-mistress; **répétition** [～ti'sjɔ̃] *f* repetition; recurrence; private lesson; *thea.* rehearsal; *picture etc.:* reproduction,
replica; *thea.* ～ *générale* dress rehearsal; ✗ *fusil m à* ～ repeating
rifle; *montre f à* ～ repeater (*watch*).

repeupler [rəpœ'ple] (1a) *v/t.* re-
people; ♀ replant; restock (*a pond,
a river, etc.*).

repiquer [rəpi'ke] (1m) *v/t.* prick
(*s.th.*) again; repair (*a road*); *cost.*
restitch; ✗ prick *or* plant out; *sl.*
catch *or* F nab again; *v/i.:* F ～ *au plat*
have a second helping; F ～ *au truc*
begin again.

répit [re'pi] *m* respite; F *fig.* breath-
er; *sans* ～ incessantly (*etc.*).

replacer [rəpla'se] (1k) *v/t.* replace;
♥ reinvest; find a new position for (*a
servant*).

replanter [rəplɑ̃'te] (1a) *v/t.* replant.

replâtrer [rəplɑ'tre] (1a) *v/t.* ⚛ replaster; *fig.* patch up.

replet, -ète [rə'plɛ, ～'plɛt] stoutish;
replétion [reple'sjɔ̃] *f* repletion.

repli [rə'pli] *m* cost. fold (*a. of
ground*), crease; *rope, snake:* coil;
river: bend, winding; ✗ falling back;
repliable [rəpli'abl] folding; collapsible (*boat, chair*); **repliement**
[～'mɑ̃] *m* re-folding, turning up;
bending back; ✗ falling back; *fig.*
withdrawal (into o.s.); **replier** [～'e]
(1a) *v/t. a. se* ～ fold up; coil up; bend
back; ✗ withdraw (*outposts*); *se* ～ ✗
fall back; *fig.* retire (within o.s., *sur*
soi-même).

réplique [re'plik] *f* rejoinder, retort;
thea. cue; *work of art etc.:* replica;
cin. retake; ♪ *counterpoint:* answer;
fig. sans ～ unanswerable (*argument*).

répliquer [~pli'ke] (1m) *v/i.* retort; answer back.

reploiement [rəplwa'mᾶ] *m see* repliement.

répondant [repõ'dᾶ] *m* ⚖ surety, guarantor; *eccl.* server; *servir de* ~ *à* q. stand surety for s.o.; F *avoir du* ~ have money behind one, *a. fig.* have something to fall back on; **répondeur** *teleph.* [~'dœ:r] *m* (*a.* ~ *téléphonique*) answering machine; **répondre** [~'põ:dr] (4a) *v/t.* answer, reply; *eccl.* make the responses at (*mass*); *v/i. etc.*, *a. fig.* respond; ~ *à* answer; comply with, satisfy; correspond to, match; ~ *de* answer for; be responsible for; guarantee; **réponse** [~'põ:s] *f* answer, reply; *phys.*, *physiol.*, *a. fig.* response; *options:* declaration; ⚖ ~*s pl. de droit* judicial decisions; ~ *payée* reply paid.

report [rə'pɔ:r] *m* ✝ carrying forward; ✝ amount carried forward; transfer; postponement; **reportage** *journ.* [rəpɔr'ta:ʒ] *m* report(ing); article, story; coverage; (live) commentary.

reporter[1] [rəpɔr'te] (1a) *v/t.* carry or take back; transfer (*a. phot.*), transmit; ✝ carry forward; ✝ *Stock Exchange*: continue; *fig.* postpone (*to, until à*).

reporter[2] *journ.* [rəpɔr'tɛ:r] *m* reporter; ~ *sportif* sports reporter *or* commentator.

repos [rə'po] *m* rest, repose; peace (*of mind etc.*); ♪ pause; resting-place; *stair:* landing; ✗ ~*!* stand easy!; *au* ~ at rest (*a. machine*); still; **reposé, e** [~po'ze] **1.** *adj.* rested, refreshed; restful, quiet; fresh (*complexion*); *à tête* ~*e* at leisure; deliberately; **2.** *su./f animal:* lair; **repose-pied** [~poz'pje] *m/inv.* foot-rest; **reposer** [rəpo'ze] (1a) *v/t.* place, put, lay; 🛏 re-lay (*a track*); *fig.* rest; ✗ *reposez armes!* order arms!; *se* ~ (take a) rest; rely ([up]on, *sur*); settle (*bird, wine, etc.*); *fig. se* ~ *sur ses lauriers* rest on one's laurels; *v/i.* lie, rest; be at rest; *fig.* ~ *sur* rest on, be based on; *ici* ~*pose* here lies; **reposoir** *eccl.* [~'zwa:r] *m* temporary altar, station.

repoussant, e [rəpu'sᾶ, ~'sᾶ:t] repulsive, offensive, obnoxious (*odour*); **repousser** [~'se] (1a) *v/t.* push back *or* away, repel; ✗, *a. fig.*

repulse (*an attack, an offer*); *pol.*, *a. fig.* reject (*a bill, overtures*); ⊕ chase (*metal*), emboss (*leather*); *v/i.* ♀ shoot (*up*) again; grow again (*hair*); recoil (*gun*); resist (*spring*); **repoussoir** [~'swa:r] *m* cuticle remover; *paint.* strong piece of foreground; *fig.* foil.

répréhensible [repreᾶ'sibl] reprehensible; **répréhension** [~'sjõ] *f* reprehension.

reprendre [rə'prᾶ:dr] (4aa) *v/t.* take again; recapture; get (*s.th.*) back; pick (*s.o.*) up (again); *fig.* recover (*senses, strength, taste, tongue*); take back (*an object, a gift, a promise, a servant, etc.*); resume (*a talk, one's work*); repeat (*an operation*); *thea.* revive (*a play*); *fig.* catch (*cold,* F *s.o.*) again; *fig.* reprove (*s.o.*); put on again (*one's summer clothes*); *v/i.* begin again; 🌸, ✝ improve; 🌸 heal again (*wound*); ♀ take root (again); set again (*liquid*); reply; come in again (*fashion*).

représailles [rəpre'za:j] *f/pl.* reprisal(s *pl.*) *sg.*; *user de* ~ make reprisals.

représentable [rəprezᾶ'tabl] representable; *thea.* performable; **représentant, e** [~'tᾶ, ~'tᾶ:t] **1.** *adj.* representative; **2.** *su.* representative; *su./m* ✝ agent, traveller; ~ *de sole agent for;* для **représentatif, -ve** [~ta'tif, ~'ti:v] representative (of, *de*); **représentation** [~ta'sjõ] *f* ⚖, *paint.*, *pol.*, *fig.* representation; *thea.* performance, show; ✝ agency; *admin.* official entertainment; *fig.* protest; **représenter** [~'te] (1a) *v/t.* re-present (*a thing*); ✝, *pol.*, *fig.* re-present; stand for; symbolize; *thea.* perform, give (*a play*), take the rôle of (*a character*); *paint.* depict, portray; *fig.* describe (*as, comme*); introduce (*s.o.*) again; recall (*s.o.*); point (*s.th.*) out (to, *à*); *fig. se* ~ *qch.* imagine *or* picture s.th.; *v/i.* have a good presence; keep up appearances.

répressif, -ve [repre'sif, ~'si:v] repressive; **répression** [~'sjõ] *f* repression.

réprimable [repri'mabl] repressible.

réprimandable [reprimᾶ'dabl] deserving (of) censure; **réprimande**

[ˌ'mã:d] f reprimand, rebuke; **ré-primander** [ˌmã'de] (1a) v/t. reprimand, rebuke, reprove (for, de).

réprimer [repri'me] (1a) v/t. repress.

repris, e [rə'pri, ˌ'pri:z] **1.** p.p. of reprendre; **2.** adj. recaptured; **3.** su./m: ~ de justice old offender; habitual criminal; F old lag, Am. repeater; su./f resumption, recovery; talks, work: resumption; thea. play, † business: revival; box. round; foot. second half; ♪ repetition; fig. renewal; ✠ fresh attack; mot. engine: pick-up; cost. darn(ing), mend(ing); ~e perdue invisible mending; à plusieurs ~es again and again; on several occasions; † valeur f de ~ trade-in value; † prendre qch. en ~ take s.th. as a trade-in; **repriser** [ˌpri'ze] (1a) v/t. mend, darn; **repriseuse** [ˌ'zø:z] f mender, darner.

réprobateur, -trice [reprɔba'tœ:r, ˌ'tris] reproachful; reproving; **réprobation** [ˌ'sjɔ̃] f reprobation, censure; fig. (howl of) protest.

reprochable [rəprɔ'ʃabl] reproachable, blameworthy; **reproche** [ˌ'prɔʃ] m reproach; reproof; sans ~ blameless, unimpeachable; **reprocher** [ˌprɔ'ʃe] (1a) v/t.: ~ qch. à q. reproach or blame s.o. for s.th.; grudge s.o. s.th.

reproducteur, -trice [rəprɔdyk-'tœ:r, ˌ'tris] **1.** adj. reproductive; **2.** su./m stud animal; **reproductible** [ˌ'tibl] reproducible; **reproduction** [ˌ'sjɔ̃] f ⚤, zo., etc. reproduction; † reproducing; copy; replica; ✠ droits m/pl. de ~ copyright sg.; **reproduire** [rəprɔ'dɥi:r] (4h) v/t. reproduce; produce (s.th.) again; copy; se ~ fig. recur; zo. etc. reproduce, breed.

reprographie [rəprɔgra'fi] f reprography; **reprographier** [ˌ'fje] (1o) v/t. reproduce, copy.

réprouvable [repru'vabl] blamable; blameworthy; **réprouvé, e** [ˌ've] su. outcast; su./m: eccl. les ~s pl. the damned; **réprouver** [ˌ've] (1a) v/t. reprobate (a. eccl.); fig. disapprove of; eccl. damn.

reps tex. [rɛps] m rep.

reptile zo. [rɛp'til] adj., a. su./m reptile.

repu, e [rə'py] **1.** p.p. of repaître; **2.** adj. satiated, full.

républicain, e [repybli'kɛ̃, ˌ'kɛn] adj., a. su. republican; **république** [ˌ'blik] f republic (a. fig.).

répudier [repy'dje] (1o) v/t. repudiate (an opinion, one's wife); ✠ relinquish (a succession).

répugnance [repy'nã:s] f repugnance; dislike (of, to pour); loathing (of, for pour); fig. reluctance (to inf., à inf.); avec ~ reluctantly; **répugnant, e** [ˌ'nã, ˌ'nã:t] repugnant, loathsome, disgusting; **répugner** [ˌ'ne] (1a) v/i.: ~ à q. be repugnant to s.o., disgust s.o.; ~ à faire qch. be loath to do s.th.; il me répugne de (inf.) I am loath or reluctant to (inf.).

répulsif, -ve [repyl'sif, ˌ'si:v] repulsive; **répulsion** phys., a. fig. [ˌ'sjɔ̃] f repulsion (for, pour).

réputation [repyta'sjɔ̃] f reputation, F character; (good or bad) name; connaître q. de ~ know s.o. by reputation; **réputer** [ˌ'te] (1a) v/t. think, consider, hold.

requérant, e ✠ [rəke'rã, ˌ'rã:t] **1.** su. plaintiff; petitioner; applicant; **2.** adj.: partie f ~e applicant; petitioner; claimant; **requérir** [ˌke'ri:r] (21) v/t. ask (for) (claim, demand); fig. require; ✗ requisition; call upon (s.o.) for help; **requête** [ˌ'kɛt] f request, petition; demand; ✠ ~ civile appeal against a judgment.

requin icht. [rə'kɛ̃] m shark (a. F = swindler).

requis, e [rə'ki, ˌ'ki:z] **1.** adj. required, necessary, requisite; **2.** p.p. of requérir; **3.** su./m labo(u)r conscript.

réquisition [rekizi'sjɔ̃] f requisition(ing) (a. ✗); levy; demand; **réquisitionner** [ˌsjɔ'ne] (1a) v/t. requisition; seize, commandeer; **réquisitoire** ✠ [ˌ'twa:r] m charge, indictment.

rescapé, e [rɛska'pe] **1.** adj. rescued; **2.** su. survivor; rescued person.

rescinder ✠ [rɛsɛ̃'de] (1a) v/t. rescind, annul; avoid (a contract); **rescision** ✠ [ˌsi'zjɔ̃] f rescission, annulment; contract: avoiding.

rescousse [rɛs'kus] f: aller (venir) à la ~ de go (come) to the rescue of.

réseau [re'zo] m 🔠, teleph., roads,

lace, a. fig.: network; *teleph., fig.* area (served); ⚡ mains *pl.*; 🚂, *rivers, roads*: system; ⚔ *barbed wire etc.*: entanglement; *opt.* diffraction grating; *anat. nerves*: plexus.
résection ⚕ [resɛk'sjɔ̃] *f* resection.
réséda ⚘ [reze'da] *m* reseda.
réséquer ⚕ [rese'ke] (1s) *v/t.* resect.
réservation [rezɛrva'sjɔ̃] *f* reservation; ⚖ ~ *faite de* without prejudice to; **réserve** [~'zɛrv] *f* 🚂, ⚖, *eccl., a. fig.* reservation; ⚔, ⚓, ✝, ⚖, *pol., provisions,* ⊕ *power*: reserve; *fig.* caution; ⚖ (*legal*) portion; ⚔ *officier m de* ~ reserve officer; *fig. sans* ~ unreserved(ly *adv.*), unstinted (*praise*); ⚖ *sous* ~ without prejudice; *sous* ~ *de* subject to; **reservé, e** [rezɛr've] reserved; cautious; stand-offish; shy; ⚖ *tous droits* ~*s* all rights reserved; **réserver** [~'ve] (1a) *v/t.* reserve; set (*s.th.*) aside; save (*s.th.*) up; set apart (*money for a specific purpose*); **réserviste** ⚔ [~'vist] *m* reservist; **réservoir** [~'vwa:r] *m* reservoir; container; (*fish-*)pond; ⊕, *mot.* tank; ⊕ (*grease-*)box; ✈, *mot.* ~ *de secours* reserve tank.
résidant, e [rezi'dɑ̃, ~'dɑ̃:t] resident; *eccl.* residentiary; **résidence** [~'dɑ̃:s] *f* residence; residential flats *pl.*; ~ *principale* (*secondaire*) main (second) home; **résident** *admin.* [~'dɑ̃] *m* resident; **résidentiel, -elle** [~dɑ̃'sjɛl] residential (*quarter*); **résider** [~'de] (1a) *v/i.* live, dwell, reside (at, *à*; in, *dans*); *fig.* lie (in *dans, en*); **résidu** [~'dy] *m* ⚗, ⊕, 𝔄 residue; 𝔄 remainder.
résignation ⚖, *eccl. etc., a. fig.* [reziɲa'sjɔ̃] *f* resignation; **résigné, e** [~'ɲe] resigned (to, *à*); meek; **résigner** [~'ɲe] (1a) *v/t.* resign (*s.th.*); give (*s.th.*) up; ~ *le pouvoir* abdicate (*king*); lay down office; se ~ resign o.s. (to, *à*).
résilier ⚖ [rezi'lje] (1o) *v/t.* cancel, annul; terminate (*a contract*).
résille [re'zi:j] *f* hair-net.
résine [re'zin] *f* resin; **résineux, -euse** [~zi'nø, ~'nø:z] resinous; coniferous (*forest*).
résistance [rezis'tɑ̃:s] *f* ⚡, ⊕, ⚔, *pol., fig.* resistance; ⊕ *materials*: strength; *fig.* opposition; *fig.* stamina, endurance; *pol.* ♀ underground movement; ⚡ ~ *de fuite de grille radio*: grid-leak; *faire* ~ offer *or* put up resistance; **résistant, e** [~'tɑ̃, ~'tɑ̃:t] **1.** *adj.* resistant; strong; tough; fast (*colour*); hard-wearing; ⊕ *très* ~ *a.* heavy-duty ...; ~ *à la chaleur* heat-proof; **2.** *su. pol.* member of the *Résistance* (*1939—45 war*); **résister** [~'te] (1a) *v/i.*: ~ *à* resist; ⚓ weather (*a storm*); ⊕ take (*a stress*); *fig.* bear; hold out against.
résolu, e [rezɔ'ly] **1.** *adj.* resolute; determined (to, *à*); **2.** *p.p. of résoudre*; **résolus** [~] *1st p. sg. p.s. of résoudre*; **résolutif, -ve** ⚕ [rezɔly'tif, ~'ti:v] *adj. a. su./m* resolvent; **résolution** [~'sjɔ̃] *f* ⚗, 𝔄, ♪, *admin., a. fig.* resolution; *fig.* resolve, determination; ⚖ *contract*: avoidance, termination; *prendre la* ~ *de* determine to; *admin. prendre une* ~ pass a resolution; **résolutoire** ⚖ [~'twa:r] (*condition*) of avoidance; **résolvons** [rezɔl'vɔ̃] *1st p. pl. pres. of résoudre.*
résonance [rezɔ'nɑ̃:s] *f* resonance; *radio a.* tuning; **résonnement** [~zɔn'mɑ̃] *m* resounding, reverberation, re-echoing; **résonner** [~zɔ'ne] (1a) *v/i.* resound, reverberate, ring; be resonant (*room*); echo (*sound*).
résorber ⚕ [rezɔr'be] (1a) *v/t.* re(ab)sorb; **résorption** ⚕ [~zɔrp'sjɔ̃] *f* re(ab)sorption.
résoudre [re'zudr] (4bb) *v/t.* resolve (*a.* ♪ *a dissonance, fig. a difficulty*); 𝔄 solve (*a. fig. a problem*); *fig.* decide on; settle (*a question*); ⚖ rescind, avoid; se ~ *à* (*inf.*) decide to (*inf.*), make up one's mind to (*inf.*); **résous** ⚗ [~'zu] *p.p./m of résoudre.*
respect [rɛs'pɛ] *m* respect; ~ *de soi* self-respect; *sauf votre* ~ with all (due) respect; saving your presence; *tenir q. en* ~ keep s.o. at arm's length *or* in check; **respectable** [rɛspɛk'tabl] respectable (*a. fig.*); *fig. a.* fair-sized, sizeable; **respecter** [~'te] (1a) *v/t.* respect; se ~ have self-respect; **respectif, -ve** [~'tif, ~'ti:v] respective; **respectueux, -euse** [~'tɥø, ~'tɥø:z] respectful (towards, *envers*; of, *de*); dutiful (*child*).
respirable [rɛspi'rabl] respirable; **respiration** [~ra'sjɔ̃] *f* respiration, breathing; **respiratoire** [~ra'twa:r] breathing; respiratory; *exercice m* ~ breathing exercise; **respirer** [~'re] (1a) *v/i.* breathe; *fig.* breathe again;

fig. take breath, get one's breath; *v/t.* breathe (in), inhale; *fig.* radiate, exude.

resplendir [rɛsplãˈdiːr] (2a) *v/i.* be resplendent, glitter (with, de); *fig.* glow (with, de); **resplendissant, e** [‿diˈsã, ‿ˈsãːt] resplendent; **resplendissement** [‿disˈmã] *m* splendo(u)r, resplendence, brightness.

responsabilité [rɛspõsabiliˈte] *f* responsibility, liability (*a.* ᵍᵗᵗ for, de); accountability; ᵍᵗᵗ ~ civile civil liability; **responsable** [‿ˈsabl] responsible, accountable (for s.th., de qch.; for s.o., pour q.; to devant, envers); rendre q. ~ de hold s.o. responsible for, blame s.o. for.

resquiller F [rɛskiˈje] (1a) *v/i.* get in on the sly; fiddle a free ride; *v/t.* avoid paying for.

ressac ⚓ [rəˈsak] *m* backwash, undertow; burst.

ressaisir [rəsɛˈziːr] (2a) *v/t.* recapture, seize again; recover possession of; se ~ recover o.s.; recover one's balance.

ressasser [rəsɑˈse] (1a) *v/t.* repeat (a story etc.) over and over; keep going back over (a story etc.); keep turning over (memories etc.).

ressaut [rəˈso] *m* ⚓ projection; shelf (along a track); geol. rockstep; geog. sharp rise.

ressemblance [rəsɑ̃ˈblɑ̃ːs] *f* likeness; resemblance (to, avec); **ressemblant, e** [‿ˈblɑ̃, ‿ˈblɑ̃ːt] lifelike, true to life; **ressembler** [‿ˈble] (1a) *v/i.:* ~ à resemble, look like; ils se ressemblent they are alike.

ressemeler [rəsəmˈle] (1c) *v/t.* resole (a shoe).

ressentiment [rəsɑ̃tiˈmã] *m* resentment (against, contre; at, de); avec ~ resentfully; **ressentir** [‿ˈtiːr] (2b) *v/t.* feel, experience (an emotion, pain, etc.); resent (an insult etc.); *fig.* se ~ de feel the (after)effects of.

resserre [rəˈsɛr] *f* shed; **resserré, e** [rɑsɛ̃ˈre] narrow, confined; **resserrement** [‿sɛrˈmã] *m* contraction; tightening; closing up; narrowness; **resserrer** [‿sɛˈre] (1b) *v/t.* (a. se ~) tighten (up); contract; close (up); se ~ *a.* narrow, grow narrow(er); se ~ autour de close in on.

ressort¹ [rəˈsɔːr] *m* elasticity; ⊕ spring; *fig.* incentive, motive; ~ à boudin (à lames) spiral (laminated)

spring; faire ~ act as a spring; be elastic; *fig.* faire jouer tous les ~s leave no stone unturned.

ressort² [‿] *m* ᵍᵗᵗ competence, jurisdiction; *fig.* scope; en dernier ~ ᵍᵗᵗ without appeal; *fig.* in the last resort.

ressortir¹ [rəsɔrˈtiːr] (2b) *v/i.* go or come out again; *fig.* stand out, be thrown into relief; *fig.* result, follow (from, de); *v/t.* bring or take out again.

ressortir² [rəsɔrˈtiːr] (2a) *v/i.* ᵍᵗᵗ be within the jurisdiction (of, de); *fig.* pertain (to, à); **ressortissant, e** [‿tiˈsã, ‿ˈsãːt] national (of a country), subject.

ressource [rəˈsurs] *f* resource(fulness); expedient; ⚓ pull-out; ~s *pl.* resources, means; funds; en dernière ~ in the last resort.

ressouvenir [rəsuvˈniːr] (2h) *v/t.:* se ~ de remember, recall.

ressuer [rəˈsɥe] (1n) *v/i.* △, metall. sweat; ⊕ faire ~ roast (ore).

ressusciter [rɛsysiˈte] (1a) *v/t/i.* resuscitate, revive; *v/t.* raise from the dead; *v/i.* rise from the dead.

restant, e [rɛsˈtã, ‿ˈtãːt] **1.** *adj.* remaining, left; ᵍᵗᵗ surviving; **2.** *su:* survivor; *su./m* remainder, rest; ✝ account: balance.

restaurant [rɛstoˈrã] *m* restaurant; manger au ~ eat out; **restaurateur, -trice** [‿raˈtœːr, ‿ˈtris] *su.* restorer; *su./m* restaurateur, keeper of a restaurant; **restauration** [‿raˈsjõ] *f* restoration; **restaurer** [‿ˈre] (1a) *v/t.* restore; ✿ etc. set (s.o.) up again; se ~ take refreshment; ✿ feed up.

reste [rɛst] *m* rest, remainder, remnant(s *pl.*); ~s *pl.* ✝ remnants, leavings; left-overs; mortal remains; au ~, du ~ moreover; de ~ (time, money, etc.) to spare; en ~ ✝ in arrears; *fig.* indebted (to, avec); **rester** [rɛsˈte] (1a) *v/i.* remain; be left (behind); stay; en ~ là leave it at that; (il) reste à savoir si it remains to be seen whether.

restituable [rɛstiˈtɥabl] repayable; restorable; **restituer** [‿tiˈtɥe] (1n) *v/t.* restore (a text, s.th. to s.o.); return; restitute; ᵍᵗᵗ reinstate (s.o.); **restitution** [‿tiˈsjõ] *f* restoration (of a text, a. of s.th. to s.o.); ᵍᵗᵗ restitution; return. [side restaurant.)

restoroute (TM) [rɛstoˈrut] *m* road-)

restreindre [rɛsˈtrɛ̃:dr] (4m) v/t. restrict, limit, cut down; *fig.* se ~ à limit o.s. to; **restrictif, -ve** [ˌtrikˈtif, ˌˈtiːv] restrictive; **restriction** [ˌtrikˈsjɔ̃] f restriction (a. fig.); limitation; *fig.* ~ mentale mental reservation; **restringent, e** [ˌtrɛ̃ˈʒɑ̃, ˌˈʒɑ̃:t] adj., a. su./m astringent.

restructurer [rəstryktyˈre] (1a) v/t. restructure.

résultante Ⱥ, phys. [rezylˈtɑ̃:t] f resultant; **résultat** [ˌˈta] m result (a. Ⱥ), issue; effect; *avoir pour* ~ result in; **résulter** [ˌˈte] (1a) v/i. (3rd persons only) result, follow (from, de); il en résulte que it follows that.

résumé [rezyˈme] m summary, précis; en ~ to sum up, in short; **résumer** [ˌˈ] (1a) v/t. summarize; sum up (⅊, arguments, etc.); sum up; *fig.* amount, F boil down (to, à).

résurrection [rezyrɛkˈsjɔ̃] f resurrection; *fig.* revival.

retable ⵣ, eccl. [rəˈtabl] m reredos, altar-piece.

rétablir [retaˈbliːr] (2a) v/t. re-establish; restore (a. ⚕); reinstate (an official); ⚔ recover (one's health); *fig.* retrieve (one's fortune, a position, one's reputation); se ~ recover (a. ⚔); ✝ revive; **rétablissement** [ˌblisˈmɑ̃] m re-establishment; restoration; reinstatement; ⚔ recovery (a. fig.); ✝ revival.

retailler [rətaˈje] (1a) v/t. recut (a. ⊕); resharpen (a pencil); prune (a tree) again.

rétamé ⊕ a F [retaˈme] worn out; stoned (= drunk); broke; bust(ed); **rétamer** ⊕ [ˌˈme] (1a) v/t. re-tin; re-coat; F fig. clean (s.o.) out; **rétameur** [ˌˈmœːr] m tinker.

retaper F [rətaˈpe] (1a) v/t. touch up, recast (a bed); retrim (a hat etc.); *fig.* restore (s.o.) up; plough (a candidate); se ~ recover; F buck up.

retard [rəˈtaːr] m delay; lateness; child, harvest: backwardness; ⚕, ⊕, ⚓ lag; ♩ suspension; *être en* ~ be late; be slow (clock etc.); be behind (with, dans or pour); be backward; *être en* ~ sur be behind (the fashion, the times); ma montre est en ~ de cinq minutes my watch is 5 minutes slow; **retardataire** [rətardaˈtɛːr] 1. adj. late; ✝ in arrears; behindhand; backward

(child, country, etc.); **2.** su. latecomer; laggard; ✝ etc. person in arrears; ⚡, ♣ defaulter; **retardadeur, -trice** [ˌtœːr, ˌˈtris] retarding; **retardation** phys. [ˌˈsjɔ̃] f retardation, negative acceleration; **retardement** [rətardəˈmɑ̃] m delay; retarding; F à ~ after the event, afterwards; *bombe f à* ~ delayed-action bomb; **retarder** [ˌˈde] (1a) v/t. delay, retard; make late; defer (an event, payment); put back (a clock); v/i. be late; be slow, lose (clock); ⚡, ♣ lag; ~ sur son temps be behind the times.

reteindre [rəˈtɛ̃:dr] (4m) v/t. redye.

retéléphoner [rətelefɔˈne] (1a) v/i.: ~ à q.) phone (s.o.) again, call (s.o.) back.

retenir [rətˈniːr] (2h) v/t. hold back; detain (s.o.); keep; hold (s.o., s.o.'s attention); withhold (wages); *fig.* remember; book (a seat, a room); engage (a servant etc.); fig. repress, hold back (a sob, tears, one's anger, etc.); restrain (from ger., de inf.); se ~ control o.s.; refrain (from, de); se ~ à clutch at (s.th.); **rétention** [retɑ̃ˈsjɔ̃] f ⚕, a. ⚖ case: retention; ⚖ pledge: retaining.

retentir [rətɑ̃ˈtiːr] (2a) v/i. (re-)sound, ring, echo; *fig.* ~ sur affect; **retentissement** [ˌtisˈmɑ̃] m resounding, echoing; *fig.* repercussion (of an event); fig. stir.

retenu, e [rətˈny] restrained, reserved; discreet; low-key(ed); **retenue** [ˌˈ] f money: deduction; stoppage; Ⱥ carry over; school: detention; holding back; reservoir; dam; ♣ guy(-rope); *fig.* discretion; modesty; fig. actions, speech: restraint.

réticence [retiˈsɑ̃:s] f reticence; hesitation, reluctance.

réticule [retiˈkyl] m opt. graticule; hand-bag, reticule; **réticulé, e** [ˌˈkyˈle] reticulated.

rétif, -ve [reˈtif, ˌˈtiːv] restive, stubborn (a. fig.).

rétine anat. [reˈtin] f eye: retina; **rétinite** [ˌtiˈnit] f ⚕ retinitis; min. pitchstone.

retiré, e [rətiˈre] retired, secluded, solitary; remote; in retirement; **retirer** [ˌˈ] (1a) v/t. withdraw; take out; extract (a bullet, a cork); derive, get (profit); obtain; ✝ take up (a bill); *fig.* take back (an insult, a promise, *etc.*); *fig.* give shelter to (*s.o.*); *typ.* reprint (*a book*); fire (*a gun*) again; take out, *Am.* check out (*luggage*); ~ de la circulation call in (*currency*); se ~ retire, withdraw; *ebb* (*tide*), recede (*sea*), subside (*waters*).

retombée [rətɔ̃'be] *f* fallout; △ *arch etc.*: springing; *fig.* ~s *pl.* repercussions, consequences, effect(s) (*sg.*); *fig.* spin-off (*sg.*); *phys.* ~s *pl.* radioactives fallout *sg.*; **retomber** [~] (1a) *v/i.* fall (down) again; fall (back); ~ dans lapse into; *fig.* ~ sur blame, glory: fall upon.

retoquer F [rətɔ'ke] (1m) *v/t.* fail, F plough (*a candidate*).

retordoir ⊕ [rətɔr'dwaːr] *m* instrument: twister; **retordre** [~'tɔrdr] (4a) *v/t.* wring out again; *tex.* twist; *fig.* donner du fil à ~ à q. give s.o. trouble.

retorquer [rətɔr'ke] (1m) retort; turn (*an argument*); cast back (*an accusation*).

retors, e [rə'tɔːr, ~'tɔrs] *tex.* twisted; curved (*beak*); *fig.* crafty; rascally.

retouche [rə'tuʃ] *f* *paint. etc.* retouch; *phot.* retouching; ⊕ finishing, dressing; **retoucher** [~tu'ʃe] (1a) *v/t.* paint., phot., etc. retouch; ⊕ finish, dress; *v/i.*: ~ à meddle with (*s.th.*) (again).

retour [rə'tuːr] *m* return (*a.* △ *wall,* ↑, ⚡, *sp., post, a. fig.*); going back; ⚡, life, feeling, fortune, opinion, rope: turn; *fig.* feeling, fortune, opinion, *etc.*: change; ↑, recurrence; † dishono(u)red bill; ♫, *biol.* reversion; ⚡ ~ d'âge critical age, change of life; *mot.* ~ de flamme back-fire; ⚡ ~ par la terre earth return; à son ~ on his return; ⚡ billet *m* de ~ return ticket; en ~ de in return *or* exchange for; être de ~ be back; être sur le ~ be past one's prime, F be getting on; *sp.* match *m* ~ return match; **retourne** [~'turn] f *cards:* turn-up; trumps *pl.*; **retourner** [~tur'ne] (1a) *v/i.* return; go back; *fig.* recoil (*upon, sur*); ⚡, *biol.* revert; de quoi retourne-t-il? what is it all about?; il retourne cœur *cards:* hearts are trumps; *v/t.* turn (*s.th.*) inside out; turn (hay, one's head, omelette, ship, a. fig. argument, *etc.*); turn over (*an

idea, the soil*); turn up (*a card*); twist (*s.o.'s arm*); *cuis.* mix (*salad*); *fig.* upset, disturb (*s.o.*); return (*s.th.* to *s.o.,* qch. à q.); se ~ turn (round *or* over); round (*on, contre*); change (*opinion*); F s'en ~ go back.

retracer [rətra'se] (1k) *v/t.* retrace; mark (*s.th.*) out again; *fig.* bring to mind, recall; se ~ recur.

rétracter [retrak'te] (1a) *v/t.* retract; draw in; withdraw (*an opinion etc.*); ⚖ rescind (*a decree*); se ~ tex. shrink; ⚡, a. fig. retract; **rétractile** [~'til] retractile; **rétraction** [~'sjɔ̃] *f* contraction; ⚡ retraction.

retrait [rə'trɛ] *m* ⊕ metal, wood, etc.: shrinkage, contraction; withdrawal (*a.* ↑, *parl.*); licence, ticket, order, *etc.*: cancelling; △ recess; ⚖ redemption; en ~ sunk (*panel*), recessed (*shelves*), set back (*house*); **retraite** [~'trɛt] f ✕, ⚓ retreat (*a. fig.*); withdrawal; ✕ tattoo; retirement, superannuation; pension, ✕, ⚓ retired pay; *animals:* lair; ↑ redraft; ⚖ offset; caisse f de ~ superannuation fund; en ~ retired; mettre q. à la ~ retire s.o., pension s.o. off; prendre sa ~ retire; **retraité, e** [rətrɛ'te] **1.** *adj.* pensioned off; superannuated; ✕, ⚓ on the retired list; **2.** *su.* pensioner.

retraitement ⊕ [rətrɛt'mã] *m* reprocessing; **retraiter**[1] [rətrɛ'te] (1a) *v/t.* treat *or* handle again; ⊕ reprocess.

retraiter[2] [~] (1a) *v/t.* pension (*s.o.*) off, retire (*s.o.*), superannuate (*s.o.*); ✕, ⚓ place on the retired list.

retranchement [rətrãʃ'mã] *m* cutting off; *pension:* docking; suppression; ✕ entrenchment; **retrancher** [~trã'ʃe] (1a) *v/t.* cut off (from, de); remove (from, de); cut out (*a. fig.*); ✕ entrench; ♪ deduct; se ~ retrench; ✕ entrench o.s.; dig o.s. in; *fig.* take refuge (behind, derrière).

retransmettre [rətrãs'metrə] (4v) *v/t.* radio: broadcast; telev. show; **retransmission** [~mi'sjɔ̃] *f* broadcast; showing.

rétrécir [retre'siːr] (2a) *vt/i.* a. se ~ narrow; contract; *tex.* shrink; **rétrécissement** [~sis'mã] *m* narrowing; contraction (*a. opt.*); *tex.* shrinking; ⚡ stricture.

retremper [rətrã'pe] (1a) *v/t.* soak

rétribuer [retri'bɥe] (1n) v/t. pay, remunerate; **rétribution** [～by'sjɔ̃] f remuneration, payment; salary; sans ～ honorary.

rétro [re'tro] 1. adj. reminiscent of times past; la vogue ～ nostalgia; 2. su./m nostalgia; mot. (= rétroviseur) back-view mirror.

rétro... [retrɔ] retro...; **～actif, -ve** [～aktif, ～'ti:v] retroactive, retrospective; admin. avec effet ～ (à) backdated (to) (measure etc.); **～action** [～ak'sjɔ̃] f retroaction; ⚡, radio: feedback; **～céder** [～se'de] (1f) v/t. ⚖ retrocede; redemise; ✝ return (a commission); **～fusée** ⚡ [～fy'ze] f retrorocket; braking-rocket; **～grade** [～'grad] retrograde, backward; **～grader** [～gra'de] (1a) v/i. move backwards; regress; retrograde; fall back; mot. change (Am. shift) down (from ... to ..., de ... en ...); v/t. admin. ✗ etc. demote; **～pédalage** [～peda'la:ʒ] m bicycle: back-pedalling; **～spectif, -ve** [～spɛk'tif, ～'ti:v] retrospective.

retrousser [rɔtru'se] (1a) v/t. turn up (a sleeve, one's trousers, one's moustache); tuck up (one's skirt); curl up (one's lips); nez m retroussé turned-up or snub nose.

retrouvailles [rɔtru'vɑ:j] f/pl. reunion, reconciliation; **retrouver** [～'ve] (1a) v/t. find (again); rediscover (s.th.); meet (s.o.) again; return to (a place); recover (one's health, one's strength); aller ～ go and see (s.o.) again; se ～ find o.s. back; a. s'y ～ find one's way.

rétro...: **～version** ⚡ [retrɔver'sjɔ̃] f retroversion; **～viseur** mot. [～vi'zœ:r] m driving mirror, rear-view mirror.

rets hunt. [rɛ] m net.

réunifier [reyni'fje] (1o) v/t. reunify.

réunion [rey'njɔ̃] f reunion; meeting; ✗, a. pol. union; gathering; party, function; **réunir** [～'ni:r] (2a) v/t. re-unite; join (to, with à); join together, link; collect (money, water); ✗ raise (troops).

réussir [rey'si:r] (2a) v/i. succeed (in ger., à inf.; at or in s.th., dans qch.); be a success (thea. etc.); ⚘ thrive; ～ à pass (an examination); v/t. be suc-

cessful in; carry (s.th.) out well; **réussite** [～'sit] f ✝ result, outcome; success; cards: patience.

revacciner ⚕ [rɔvaksi'ne] (1a) v/t. revaccinate.

revaloir [rɔva'lwa:r] (31) v/t. pay back in kind; repay; **revalorisation** [rɔvalɔriza'sjɔ̃] f ✝ revalorization, revaluation; fig. reassertion of the value of; **revaloriser** [～'ze] (1a) v/t. ✝ revalorize, revalue; fig. reassert the value of.

revanche [rɔ'vɑ̃:ʃ] f revenge; return; en ～ in return; on the other hand; **revancher** [～vɑ̃'ʃe] (1a) v/t.: se ～ have one's revenge; revenge o.s. (for, de).

rêvasser [reva'se] (1a) v/i. muse (on, à), day-dream (about, à); **rêvasserie** [～vas'ri] f musing, day-dream(ing); **rêvasseur** m, **-euse** f [～vɑ'sœ:r, ～'sø:z] day-dreamer; **rêve** [rɛ:v] m dream (a. fig.); faire un ～ have a dream.

revêche [rɔ'vɛʃ] harsh, rough; ⊕ difficult to work (stone, wood); brittle (iron); fig. cantankerous, crabby; sour (face).

réveil [re've:j] m waking, awakening; religion: revival; ✗ reveille; alarm(-clock); fig. fâcheux ～ rude awakening; **réveille-matin** [～vɛjma'tɛ̃] m/inv. alarm(-clock); **réveiller** [reve'je] (1a) v/t. (a)wake; waken (a. fig.); rouse (a. fig.); ✗ turn out; se ～ wake up, awake (person); fig. be awakened or aroused; **réveillon** [～'jɔ̃] m midnight supper (usu. on Christmas Eve and New Year's Eve).

révélateur, -trice [revela'tœ:r, ～'tris] 1. adj. revealing, tell-tale (sign); phot. developing (bath); 2. su. revealer; su./m phot. developer; ⊕ detector; **révélation** [～la'sjɔ̃] f revelation; ⚖ information; bibl. 2s pl. the Revelation sg.; **révéler** [～'le] (1f) v/t. reveal (a. eccl.), disclose, F let out (a secret); fig. show; phot. develop.

revenant [rɔv'nɑ̃] m ghost; F fig. stranger; il y a des ～s ici this place is haunted.

revendeur m, **-euse** f ✝ [rɔvɑ̃'dœ:r, ～'dø:z] retailer; second-hand dealer.

revendication [rɔvɑ̃dika'sjɔ̃] f claim, demand; **revendiquer** [～'ke] (1m) v/t. claim, demand; assume (a responsibility); claim (*an attempt, an attack, etc.*).

revendre [rə'vɑ̃:dr] (4a) *v/t.* resell; † sell out; F *fig.* spare; en ~ à outwit (*s.o.*), be too much for (*s.o.*).

revenez-y [rəvne'zi] *m/inv.* charm; F *avoir un goût de* ~ be very more-ish.

revenir [rəv'ni:r] (2h) *v/i.* return, come back *or* again (*a. fig.*); recover (*from, de*); cost (*s.o.* s.th., *à q. à qch.*); *fig.* amount (*to, à*); *fig.* fall by right (*to, à*); ⚭ à soi come round; ~ à qch. amount *or* come down to s.th.; *cela revient au même* it amounts *or* comes to the same thing; ~ de get over (*s.th.*); ~ sur retrace (*one's steps*); go back on (*a decision, a promise*); go back over (*the past, an affair, etc.*); *cuis.* faire ~ brown (*meat*); ... *ne me revient pas* I don't like the look of ...; *I cannot recall ...; ne pas en* ~ be unable to get over it.

revente [rə'vɑ̃:t] *f* re-sale; † stock-selling-out.

revenu [rəv'ny] *m* person: income; *State*: revenue; † yield; *metall.* tempering; *admin. impôt m sur le* ~ income tax; **revenue** ⚭ [~] *f* new growth; young wood.

rêver [rε've] (1a) *v/i.* dream (*about, of de*); ~ à think about, ponder over; ~ de long for; *v/t.* dream of; *fig.* imagine; *fig.* desire ardently. **réverbère** [rever'bε:r] *m* heat, lamp, *etc.*: reflector; street-lamp; **réverbérer** [~be're] (1f) *v/t.* reflect (*light*); re-echo (*a sound*).

reverdir [rəver'di:r] (2a) *v/t.* make *or* paint green again; *v/i.* turn green again; F *fig.* grow young again (*person*).

révérence [reve'rɑ̃:s] *f* reverence (*a. title*); bow; curtsey; F ~ *parler* with all due respect; *tirer sa* ~ take one's leave; **révérenciel, -elle** [~rɑ̃'sjεl] reverential; **révérencieux, -euse** [~rɑ̃'sjø, ~'sjø:z] ceremonious; over-polite (*person*); **révérend, e** *eccl.* [~'rɑ̃, ~'rɑ̃:d] Reverend; **révérendissime** *eccl.* [~rɑ̃di-'sim] Most *or* Right Reverend; **révérer** [~'re] (1f) *v/t.* revere, (hold in) reverence.

rêverie [rεv'ri] *f* reverie; dreaming.

revers [rə'vε:r] *m* coin, fencing, *a. fig. fortune*: reverse; *hand, page*: back; *tex.* wrong side; *cost. coat*: lapel; *trousers*: turn-up, *Am.* cuff; *stocking*: turn-down, top; ✕ *uniform*: facing; *fig.* set-back; backhanded blow; *sp.* back-hand stroke; **reverser** [rəver'se] (1a) *v/t.* pour (*s.th.*) out again; pour (*s.th.*) back; *fig.* shift (*on, to sur*); † transfer; **réversible** [rever'sibl] reversible; ⚖ revertible; **réversion** [~'sjɔ̃] *f* reversion (*to, à*).

revêtement [rəvεt'mɑ̃] *m* △ facing, coating, sheathing; *road*: surface; △, *a.* ✕ revetment; ⚡ *flex*: cover; ⊕ *wood*: veneer(ing); △ *mur m de* ~ retaining wall, revetment wall; **revêtir** [~vε'ti:r] (2g) *v/t.* clothe; dress (*in, de*); *fig.* invest (*with, de*); *cost.* put on; *fig.* assume (*a form, a shape, etc.*); △ face, coat, cover; ⊕ lag (*a boiler*); ✕ revet; ~ *qch. de sa signature* sign s.th.; affix one's signature to s.th.

rêveur, -euse [rε'vœ:r, ~'vø:z] **1.** *adj.* dreamy; dreaming; **2.** *su.* (day-)dreamer.

revient † [rə'vjε̃] *m: prix m de* ~ cost (price).

revirement [rəvir'mɑ̃] *m* †, *a. fig.* sudden change *or* turn; † *debt etc.*: transfer; ⚓ going about; **revirer** [~vi're] (1a) *v/i.* ⚓ go about; *fig.* change sides.

réviser [revi'ze] (1a) *v/t.* revise; † audit (*accounts*); ⚖ review; ⊕, *mot.* recondition, overhaul; inspect; **réviseur** [~'zœ:r] *m* reviser; examiner; *typ.* proof-reader; † auditor; **révision** [~'zjɔ̃] *f* revision; audit(ing); ⚖ review; ⊕, *mot.* overhaul(ing); ⊕ inspection; *typ.* proof-reading; ✕ *conseil m de* ~ recruiting board, *Am.* draft board; military appeal court; **révisionnisme** *pol.* [~zjɔ-'nism] *m* revisionism.

revitaliser [rəvitali'ze] (1a) *v/t.* revitalize; *crème f revitalisante* nourishing cream.

revivifier [rəvivi'fje] (1o) *v/t.* revitalize, revive.

revivre [rə'vi:vr] (4hh) *v/i.* live again, come alive again; *fig.* revive; *v/t.* live (*s.th.*) over again.

révocable [revo'kabl] revocable; removable (*official*); **révocation** [~ka'sjɔ̃] *f* ⚖ *will*: revocation, *law*: repeal; *admin. order*: cancellation, *official*: removal, dismissal; **révocatoire** [~ka'twa:r] revocatory.

revoici F [rəvwa'si] *prp.*: me ~!
here I am again!; **revoilà** F [~'la]
prp.: le ~ *malade!* there he is, ill
again!

revoir [rə'vwaːr] **1.** (3m) *v/t.* see
again; meet (*s.o.*) again; revise; inspect; ⚙ review; *typ.* read (*proofs*);
go over (*accounts etc.*) again; **2.** *su.*/
m: au ~ good-bye.

révoltant, e [revɔl'tɑ̃, ~'tɑ̃ːt] shocking, revolting; **révolte** [~'vɔlt] *f*
revolt, rebellion; ✗, ⚓ mutiny;
révolté, e [revɔl'te] **1.** *adj.* in revolt; **2.** *su.* rebel, insurgent; ✗, ⚓
mutineer; **révolter** [~] (1a) *v/t.*
rouse to rebellion, cause to revolt;
F *fig.* revolt, shock, disgust; *se* ~
revolt, rebel (*a. fig.*); ✗, ⚓ mutiny.

révolu, e [revɔ'ly] past, bygone
(*time*); full (*year*), completed (*period
of time*); **révolution** [revɔly'sjɔ̃] *f* A,
pol., fig. revolution; *astr.* rotation;
révolutionnaire [~sjɔ'nɛːr] *adj., a.
su.* revolutionary; **révolutionner**
[~sjɔ'ne] (1a) *v/t.* revolutionize (*a.
fig.*); F *fig.* stir up.

revolver [revɔl'vɛːr] *m* revolver,
gun; ⊕ *lathe*: turret.

révoquer [revɔ'ke] (1m) *v/t.* revoke,
cancel (*an order*); dismiss, remove
(*an official*); recall (*an ambassador*); ~
en doute question (*s.th.*), call (*s.th.*) in
question.

revue [rə'vy] *f* review (= *survey, a.*
✗, *journ.*); inspection (*a.* ✗); *journ.*
magazine, periodical; *thea.* revue; F
nous sommes de ~ we'll meet again; we
often meet; *passer en* ~ review, run
over (*s.th.*); *être* ~ be reviewed *or* in-
spected; **revuiste** *thea.* [~'vɥist] *su.*
composer of revues.

révulsé, e [revyl'se] *adj.*: *l'œil* ~
with turned-up eyes; **révulsif, -ve**
✗ [~'sif, ~'siːv] *adj., a. su./m* revul-
sive; counter-irritant; **révulsion** ✗
[~'sjɔ̃] *f* revulsion; counter-irrita-
tion.

rez-de-chaussée [retʃo'se] *m/inv.*
street level; ground floor, *Am.* first
floor; *au* ~ on the ground *or Am.*
first floor.

rhabiller [rabi'je] (1a) *v/t.* dress
(*s.o.*) again; provide (*s.o.*) with new
clothing; *fig.* refurbish; ⊕ repair; ✍
renovate; *se* ~ get dressed again; F *il
peut aller se* ~ he'd better give up;
rhabilleur [~'jœːr] *m* repairer;
watch repairer.

rhénan, e [re'nɑ̃, ~'nan] Rhine ...,
Rhenish.

rhéostat ✍ [reɔs'ta] *m* rheostat.

rhétoricien † [retɔri'sjɛ̃] *m* rheto-
rician; **rhétorique** [~'rik] *f* rhetoric; † (*a. classe f de* ~) *school*: top
classical form (*preparing for first part
of the baccalauréat*).

Rhin *geog.* [rɛ̃] *m*: vin *m* du ~ hock.

rhino... [rino] rhino...; **~céros** *zo.*
[~se'rɔs] *m* rhinoceros; **~logie** ✗
[~lɔ'ʒi] *f* rhinology; **~plastie** ✗
[~plas'ti] *f* rhinoplasty; **~scopie** ✗
[~skɔ'pi] *f* rhinoscopy.

rhodanien, -enne *geog.* [rɔda'njɛ̃,
~'njɛn] of the Rhone.

rhombe A [rɔ̃ːb] *m* rhomb(us);
rhombique [rɔ̃'bik] *adj.* rhombic;
rhomboïdal, e, *m/pl.* -aux [~bɔi-
'dal, ~'do] rhomboidal.

rhubarbe ⚘ [ry'barb] *f* rhubarb.

rhum [rɔm] *m* rum.

rhumatisant, e [rymati'zɑ̃, ~-
'zɑ̃ːt] *adj., a. su.* rheumatic; **rhumatismal, e,** *m/pl.* -aux [~tis-
'mal, ~'mo] rheumatic; **rhumatisme** ✗ [~'tism] *m* rheumatism, F
rheumatics *pl.*; ~ *articulaire* rheu-
matoid arthritis.

rhume ✗ [rym] *m* cold; ~ *de cerveau*
(*poitrine*) cold in the head (on the
chest); ~ *des foins* hayfever; *prendre
un* ~ catch (a) cold.

ri [ri] *p.p. of rire* 1; **riant, e** [rjɑ̃, rjɑ̃ːt]
smiling (*person, face, a. countryside*);
pleasant (*thought*). [*su.* ribald.)

ribaud, e † [ri'bo, ~'boːd] *adj., a.*)

riblons ⊕ [ri'blɔ̃] *m/pl.* swarf *sg.*

ribote F [ri'bɔt] *f* drunken bout; *sl.*
binge; *être en* ~ be tipsy; be on the
spree.

ribouldingue F [ribul'dɛ̃ːg] *f* spree.

ricaner [rika'ne] (1a) *v/i.* snigger;
sneer; laugh derisively; **~euse**
[~ka'nœːr, ~'nøːz] **1.** *su.*
deriser; **2.** *adj.* derisive, sneering.

ric-(à-)rac F [rik(a)'rak] *adv.*
strictly, exactly; punctually.

richard, m, e *e f* F [ri'faːr, ~'ʃard]
wealthy person; **riche** [riʃ] **1.** *adj.*
rich (in *en, de*) (*a. fig.*); wealthy;
fig. valuable, handsome (*present*);
F *fig.* fine, first-class; **2.** *su.* rich
person; *su./m*: *bibl.* le *mauvais* ~
Dives; *les* ~*s pl.* the rich; **richesse**
[ri'ʃes] *f* wealth, riches *pl.*; *fig.*
opulence; ✍ *soil*: richness; *vegetation*: exuberance; **richissime** F

[ʃi'sim] extremely rich, F rolling in money.

ricin ♀ [ri'sɛ̃] *m* castor-oil plant; *huile f de ~* castor oil.

ricocher [riko'ʃe] (1a) *v/i.* glance off; ricochet (*bullet etc.*); **ricochet** [~'ʃɛ] *m* rebound; ⚔ ricochet; *fig. par ~* indirectly; *faire ~* rebound (*a. fig.*); *faire des ~s* play drakes and ducks.

rictus [rik'tys] *m* ☀ rictus; F grin.

ride [rid] *f face, forehead:* wrinkle; *geol. ground:* fold; *sand, water:* ripple; *sand:* ridge; ⚓ (shroud) lanyard; **rideau** [ri'do] *m* curtain, *Am. a.* drape; ⚒, ⚓, ⚔, *a. fig.* screen; *thea.* (drop-)curtain; ⊕ roll-top, roll-shutter; *~!* that's enough!; *~ de fer thea.* safety curtain; *pol.* Iron Curtain; *fig.* tirer le *~ sur* draw a veil over.

ridelle [ri'dɛl] *f cart, truck:* rail.

rider [ri'de] (1a) *v/t.* wrinkle; ripple (*water, sand*); ⊕ corrugate (*metal*); ⚓ tighten (*the shrouds*).

ridicule [ridi'kyl] 1. *adj.* ridiculous; 2. *su./m* absurdity; ridiculous aspect; ridicule; *tourner en ~* (hold up to) ridicule; **ridiculiser** [~kyli'ze] (1a) *v/t.* ridicule, deride.

rien [rjɛ̃] 1. *su./m* mere nothing, trifle; F tiny bit; 2. *pron./indef.* anything; nothing; not ... anything; *~ de nouveau* nothing new; *~ du tout* nothing at all; *~ moins que* nothing less than; *cela ne fait ~* that does not matter; *de ~!* don't mention it!; *en moins de ~* in less than no time; *il ne dit jamais ~* he never says a thing; *il n'y a ~ à faire* it can't be helped; *obtenir pour ~* get for a song; *plus ~* nothing more; *sans ~ dire* without (saying) a word.

rieur, -euse [rjœːr, rjøːz] 1. *adj.* laughing; merry; mocking; 2. *su.* laugher.

rififi *sl.* [rifi'fi] *m* fight, brawl; trouble.

riflard¹ F [ri'flaːr] *m* umbrella, F brolly.

riflard² [~] *m* ⊕ *metal:* coarse file; *wood:* jack-plane; paring chisel; plastering trowel.

rigide [ri'ʒid] rigid, stiff (*a. fig.*); fixed (*axle*); tense (*muscle, cord*); **rigidifier** [~ʒidi'fje] (1o) *v/t.* make rigid; harden; **rigidité** [~ʒidi'te] *f* rigidity, stiffness (*a. fig.*); tenseness.

rigolade F [rigo'lad] *f* fun, lark.

rigolage ✍ [rigo'laːʒ] *m field:* trenching.

rigolard, e *sl.* [rigo'laːr, ~'lard] fond of a lark; full of fun, jolly.

rigole [ri'gɔl] *f* ✍ trench, ditch; ✍, ⊕ channel; ⚒ trough.

rigoler F [rigo'le] (1a) *v/i.* laugh; enjoy o.s.; **rigoleur, -euse** [~'lœːr, ~'løːz] 1. *adj.* jolly; fond of fun; 2. *su.* jolly person; person fond of fun; laugher; **rigolo, -ote** F [~'lo, ~'lɔt] 1. *adj.* funny, comical; queer, odd; 2. *su./m* funny fellow; F card; F revolver, *Am.* gun.

rigorisme [rigo'rism] *m* rigorism, strictness; **rigoriste** [~'rist] 1. *adj.* rigorous; strict; 2. *su.* rigorist; rigid moralist; **rigoureux, -euse** [rigu'rø, ~'røːz] rigorous; strict; severe (*climate, punishment*); close (*reasoning*); **rigueur** [~'gœːr] *f* rigo(u)r, severity; *fig.* strictness; *fig. reasoning:* closeness, accuracy; *à la ~* strictly; *if really necessary, sl.* at a push; *de ~* obligatory, compulsory.

rillettes *cuis.* [ri'jɛt] *f/pl.* potted pork mince *sg.*

rimailler † [rima'je] (1a) *v/i.* write doggerel, dabble in poetry; **rimailleur** [~'jœːr] *m* poetaster, rhymester; **rime** [rim] *f* rhyme; *fig. sans ~ ni raison* without rhyme or reason; **rimer** [ri'me] (1a) *v/t.* put into rhyme; *v/i.* rhyme (with, *avec*); **rimeur** [~'mœːr] *m* rhymer, versifier.

rinçage [rɛ̃'saːʒ] *m* rinsing.

rinceau [rɛ̃'so] *m* ⚔ foliage; ⊠ branch.

rince-bouteilles [rɛ̃sbu'tɛːj] *m/inv.* bottle washer; **rince-doigts** [~'dwa] *m/inv.* finger bowl; **rincée** [rɛ̃'se] *f sl.* thrashing; F downpour; **rincer** [~'se] (1k) *v/t.* rinse; *sl.* clean (*s.o.*) out; *rain:* soak (*s.o.*); *sl. se ~ la dalle* wet one's whistle; *sl. se ~ l'œil* get an eyeful; **rinceur** *m*, **-euse** *f* [~'sœːr, ~'søːz] washer, rinser; **rinçure** [~'syːr] *f* slops *pl.* (*a.* F = *very thin wine*).

ring box. [rin] *m* ring.

ringard ⊕ [rɛ̃'gaːr] *m* poker.

ripaille F † [ri'pɑːj] *f* revelry; *faire ~* carouse; **ripailleur** *m*, **-euse** *f* F † [~pɑ'jœːr, ~'jøːz] reveller, carouser.

ripoliner [ripɔli'ne] (1a) *v/t.* (paint with) enamel.

riposte [ri'pɔst] *f* retort, smart reply; *sp.* counter; **riposter** [~pɔs-'te] (1a) *v/i.* retort; *sp.* counter, riposte; *fig.* ~ à counteract.

riquiqui F [riki'ki] *m* shrimp (= undersized man).

rire [ri:r] **1.** (4cc) *v/i.* laugh (at, *de*); jest, joke; smile (on, at à); make light (of, *de*); ~ *au nez de q.* laugh in s.o.'s face; ~ *dans sa barbe* chuckle to o.s.; ~ *jaune* give a sickly smile; *à crever de* ~ killingly funny; *éclater de* ~ burst out laughing; *je ne ris pas* I am in earnest; *pour* ~ for fun, as a joke; comic (*paper*); mock (*action, king*); *se* ~ *de* take (*s.th.*) in one's stride; † make fun of, laugh at; **2.** *su./m* laugh(ter); *fou* ~ uncontrollable laughter.

ris[1] ♫ [ri] *m* reef (*in a sail*).

ris[2] *cuis.* [~] *m*: ~ *de veau* sweetbread.

ris[3] [ri] *1st p. sg. p.s. of* rire 1; **risée** [ri'ze] *f* derision; *person:* laughing stock; ♫ light squall; **risette** [~'zɛt] *f* (*child's*) smile; *faire (la)* ~ smile (at, à), give a smile; **risible** [~'zibl] ludicrous; ridiculous (*a. person*).

risotto *cuis.* [rizɔ'to] *m* risotto (*Italian rice dish*).

risque [risk] *m* risk; ~ *du métier* occupational hazard; ~ *pour la santé* health hazard; **risqué, e** [ris'ke] risky; daring, risqué (*joke, etc.*); † *à ses* ~*s et périls* at one's own risk; *à tout* ~ at all hazards; *au* ~ *de* (*inf.*) at the risk of (*ger.*); **risquer** [ris'ke] (1m) *v/t.* risk; venture (*a question etc.*); ~ *le coup* take a chance, chance it; *v/i.*: ~ *de* (*inf.*) run the risk of (*ger.*); be likely to (*inf.*); **risque-tout** [~kə'tu] *m/inv.* daredevil.

rissole *cuis.* [ri'sɔl] *f* rissole, (*fish-*) ball; **rissoler** *cuis.* [~sɔ'le] *vt/i.* brown (*meat*).

ristourne † [ris'turn] *f* repayment; refund; rebate; **ristourner** † [~tur'ne] (1a) *v/t.* repay; refund.

rite *eccl. etc.* [rit] *m* rite.

ritournelle [ritur'nɛl] *f* ♪ ritornello; F *fig. la même* ~ the same old story.

ritualiser [rityali'ze] (1a) *v/t.* ritualize; **rituel, -elle** [ri'tɥɛl] *adj., a. su./m* ritual, ceremonial.

rivage [ri'va:ʒ] *m* river: bank; *lake, sea:* shore, beach.

rival, e *m/pl.* -**aux** [ri'val, ~'vo] *adj., a. su.* rival; **rivaliser** [rivali'ze] (1a) *v/i.*: ~ *avec* rival; compete with,

vie with; **rivalité** [~'te] *f* rivalry, competition.

rive [ri:v] *f* river: bank; *lake, river:* side; *lake,* † *sea:* shore; *forest:* edge.

river ⊕ [ri've] (1a) *v/t.* rivet; clinch (*a nail*); F ~ *son clou à q.* settle s.o.'s hash.

riverain, e [ri'vrɛ̃, ~'vrɛn] **1.** *adj.* riverside...; riparian; bordering on a road *etc.*; **2.** *su.* riverside resident; riparian owner; dweller along a road *etc.*

rivet ⊕ [ri've] *m* rivet; *nail:* clinch; **rivetage** ⊕ [riv'ta:ʒ] *m* riveting, clinching.

rivière [ri'vjɛ:r] *f* river; stream (*a. fig.*); *sp.* water-jump; *rivière (of diamonds).*

rixe [riks] *f* brawl, fight; affray.

riz [ri] *m* rice; *cuis.* ~ *au lait* rice pudding; ~ *glacé* polished rice; **rizerie** [riz'ri] *f* rice-mill; **rizière** [ri'zjɛ:r] *f* rice-field, rice-swamp.

roadster *mot.* [rɔds'tœ:r] *m* two-seater, *Am.* roadster.

rob [rɔb] *m cards:* rubber; *faire un* ~ play a rubber.

robe [rɔb] *f* dress, frock; gown (*a. ♏, a. univ.*); *animal:* coat; *bird:* plumage; *onion, potato, sausage:* skin; *cigar:* outer leaf; ♏ legal profession; ~ *de chambre* dressing-gown; **robin** F *pej.* [rɔ'bɛ̃] *m* lawyer.

robinet [rɔbi'nɛ] *m* tap, *Am.* faucet; ~ *d'arrêt* stop cock; ~ *mélangeur* mixer tap; **robinetterie** [~nɛ'tri] *f* plumbing.

robot [rɔ'bo] *m* robot; ✈ pilotless plane; **robotiser** [rɔbɔti'ze] (1a) *v/t.* robotize; ⊕ *a.* automate; *fig. a.* turn (*s.o.*) into a robot.

robre [rɔbr] *m see* rob.

robuste [rɔ'byst] robust, sturdy; ♀ hardy; *fig.* firm (*faith etc.*); **robustesse** [~bys'tɛs] *f* sturdiness; strength; hardiness.

roc [rɔk] *m* rock (*a. fig.*).

rocade [rɔ'kad] *f road:* bypass.

rocaille [rɔ'ka:j] *f* rock-work; rubble; † *rococo; jardin m de* ~ rock-garden; **rocailleux, -euse** [~ka'jø, ~'jø:z] rocky, stony, pebbly; *fig.* rugged, rough.

rocambolesque [rɔkɑ̃bɔ'lɛsk] fantastic.

roche [rɔʃ] *f* rock; boulder; ⚒ ~ *mère*

matrix, parent-rock; *fig.* cœur *m* de ~ heart of stone; **rocher** [rɔ'ʃe] *m* (mass of) rock; *anat.* otic bone.

rochet[1] *eccl.* [rɔ'ʃɛ] *m* rochet.

rochet[2] [~] *m* ⊕ ratchet; *tex.* bobbin; ⊕ roue *f* à ~ ratchet-wheel.

rocheux, -euse [rɔ'ʃø, ~'ʃøːz] rocky, stony.

rococo [rɔkɔ'ko] **1.** *su./m* rococo; **2.** *adj./inv.* rococo; *fig.* antiquated.

rodage [rɔ'daːʒ] *m* ⊕ grinding; *mot.*, *a. fig.* running in; **rodé, e** [~'de] ⊕ run in; *fig.* broken in; *fig.* running well *or* smoothly; **roder** [~'de] (1a) *v/t. mot.* run in (*an engine, a. fig.*); grind in (*valves*).

rôder [ro'de] (1a) *v/i.* loiter; prowl (about); ♣ veer (at anchor, *sur son ancre*); **rôdeur** *m.* **-euse** *f* [~'dœːr, ~'døːz] prowler. [ging; bluster.)

rodomontade [rɔdɔmɔ̃'tad] *f* brag-)

rogations *eccl.* [rɔga'sjɔ̃] *f/pl.* Rogation days; **rogatoire** ⚖ [~'twaːr] rogatory; commission *f* ~ commission (*issued by foreign court*) to take evidence for that court, Commission Rogatoire.

rogatons F [rɔga'tɔ̃] *m/pl.* food: scraps, left-overs.

rogne F [rɔɲ] *f* (bad) temper; se mettre en ~ blow one's top (*Am. a.* one's stack).

rogner [rɔ'ɲe] (1a) *v/t.* trim, pare; clip (*claws, a. fig. the wings*); cut down (*s.o.'s salary*) *v/i. sl.* be in a temper, be cross; grumble; **rogneuse** ⊕ [~'ɲøːz] *f* trimming-machine.

rognon *usu. cuis.* [rɔ'ɲɔ̃] *m* kidney.

rognures [rɔ'ɲyːr] *f/pl.* clippings, cuttings; trimmings; scraps.

rogomme F [rɔ'gɔm] *m* spirits *pl.*; voix *f* de ~ *drunkard*: husky voice.

rogue [rɔg] haughty, arrogant.

roi [rwa] *m* king (*a. cards, chess*); jour *m* des ⚌ Twelfth-night.

roide [rwad] *see* raide. [wren.)

roitelet [rwat'lɛ] *m* petty king; *orn.*)

rôle [roːl] *m thea.*, *a. fig.* part, rôle; *thea.* ~ principal title rôle; *thea.* ~ secondaire supporting part; à tour de ~ in turn.

romain, e [rɔ'mɛ̃, ~'mɛn] **1.** *adj.* Roman; **2.** *su./m ling.* Roman; *typ.* roman, primer; *su.* ⚺ Roman.

romaine[1] [rɔ'mɛn] *f* balance: steel-yard.

romaine[2] ⚘ [~] *f* Cos lettuce.

romaïque [rɔma'ik] *adj.*, *a. su./m ling.* Romaic; modern Greek.

roman, e [rɔ'mɑ̃, ~'mɑ̃:d] **1.** *adj.* Romance; △ Norman (*in England*), Romanesque; **2.** *su./m ling.* Romance; novel (*medieval*) romance; *usu.* ~s *pl.* fiction *sg.*; ~ à thèse tendenz novel.

romance ♪ [rɔ'mɑ̃ːs] *f* song, ballad; ~ sans paroles song without words.

romanche *ling.* [rɔ'mɑ̃ːʃ] *m* Ro(u)-mansh.

romancier *m*, **-ère** *f* [rɔmɑ̃'sje, ~'sjɛːr] novelist; fiction-writer; **roman-cycle**, *pl.* **romans-cycles** [~'sikl] *m* saga (novel).

romand, e *geog.* [rɔ'mɑ̃, ~'mɑ̃:d] *adj.*: *la Suisse* ~e French(-speaking) Switzerland.

romanesque [rɔma'nɛsk] **1.** *adj.* romantic; **2.** *su./m fig.* romance; **roman-feuilleton**, *pl.* **romans-feuilletons** *journ.* [rɔmɑ̃fœj'tɔ̃] *m* serial (story); **roman-fleuve**, *pl.* **romans-fleuves** [~'flœːv] *m* saga (novel), river novel.

romanichel *m*, **-elle** *f* [rɔmani'ʃɛl] gipsy; Romany.

romaniser [rɔmani'ze] (1a) *vt/i.* Romanize (*a. eccl.*); **romaniste** [~'nist] *su. eccl., a. ling.* Romanist; *ling.* student of the Romance languages; **romantique** [rɔmɑ̃'tik] **1.** *adj.* Romantic; *fig.* imaginative; **2.** *su.* Romantic; **romantisme** [~'tism] *m* Romanticism.

romarin ⚘ [rɔma'rɛ̃] *m* rosemary.

rompre [rɔ̃:pr] (4a) *v/t.* break (*s.th.*) in two; break (⚡ circuit, one's neck, *object, peace, promise, silence*, ✗ *step*); ⚖ *hist.* break on the wheel; break up (*an alliance*, ✗ *an attack, the road, etc.*); ✗ scatter (*a regiment*); break off (*a conversation, an engagement*); disrupt (✗ *an army, fig. unity*); burst (*an artery, the river banks*); break in (*an animal*); ♦ cancel; *fig.* disturb, upset; *fig.* interrupt; *fig.* deaden (*a shock*); *fig.* accustom (*s.o.*) (to, *à*); se ~ break; snap; accustom *or* harden o.s. (to, *à*) *v/i.* break; ✗, *a. sp.* slave ground; ✗ *rompez!* dismiss!; **rompu, e** [rɔ̃'py] **1.** *p.p. of* rompre; **2.** *adj.* broken; broken in; ~ à used to, hardened to; experienced in (*business*); ~ de fatigue worn out; à bâtons ~s by fits and starts.

rotatif

romsteck *cuis.* [rɔms'tɛk] *m* rump-steak.

ronce [rɔ̃:s] *f* ♣ bramble branch; ⊕ *wood grain*: curl; *fig.* thorns; *fig.* difficulties; ~ *artificielle* barbed wire; **ronceraie** [~'rɛ] *f* ground covered with brambles.

ronchonner F [rɔ̃ʃɔ'ne] (1a) *v/i.* grumble, grouse; hum (*radio-set*); **ronchonneur** *m*, **-euse** *f* F [~'nœ:r, ~'nø:z] grumbler.

rond, ronde [rɔ̃, rɔ̃:d] **1.** *adj.* round; plump (*face, person*); *fig.* brisk (*wind*); *fig.* straight, honest (*person*); F tipsy, tight, *Am.* high; **2.** *rond adv.*: ⊕ *etc.*, *a. fig.* tourner ~ run smoothly; *fig.* qu'est-ce qui ne tourne pas ~ what's wrong?; **3.** *su./m* circle, round, ring; *bread etc.*: slice; *butter*: pat; ♣ washer; F des ~s *pl.*, le ~ money, F cash; en ~ in a circle; *su./f* ✗, dance, *a. song*: round; ♪ semibreve; *script*: round hand; *à la* ~e around; (*do s.th.*) in turn; **rond-de-cuir**, *pl.* **ronds-de-cuir** [~d-'kɥi:r] *m* round leather cushion; pen-pusher, clerk; bureaucrat; **rondeau** [rɔ̃'do] *m poem*: rondeau; ♪ rondo; ♪ roller; **rondelet, -ette** [~d'lɛ, ~'lɛt] plumpish; nice round (*sum*); **rondelle** [rɔ̃'dɛl] *f* disc; slice; ♣ washer; ⊕ (*ball-*)race; **rondeur** [~'dœ:r] *f* roundness (*a. fig. style*); fullness; *figure*: curve; *fig.* straightforwardness, frankness; **rondin** [~'dɛ̃] *m* log; billet; *iron*: round bar; **rond-point**, *pl.* **ronds-points** [rɔ̃'pwɛ̃] *m* road: mot. roundabout, *Am.* traffic circus.

ronflant, e [rɔ̃'flɑ̃, ~'flɑ̃:t] snoring (*person*); throbbing, roaring, rumbling (*noise*); resounding (*titles, voice*); *fig.* pretentious, bombastic; **ronflement** [~flə'mɑ̃] *m* snore; snoring; *noise*: roar(ing), boom (-ing); *machine, top, a. radio*: hum; **ronfler** [~'fle] (1a) *v/i.* snore (*sleeper*); roar, boom, hum; *sl.* prosper; **ronfleur, -euse** [~'flœ:r, ~'flø:z] *su.* snorer; *su./m* ♣ buzzer.

rongeant, e [rɔ̃'ʒɑ̃, ~'ʒɑ̃:t] ♠ corroding; 𝔰 rodent; *fig.* gnawing (*worries*); **ronger** [~'ʒe] (11) *v/t.* gnaw; *worms etc.*: eat into; ♠ corrode; pit (*metal*); *fig.* erode; *fig.* fret (*s.o.'s heart*); se ~ *les ongles* bite one's nails; *fig.* rongé de tormented by (*grief*); worn by (*care*); **rongeur,**

-euse [~'ʒœ:r, ~'ʒø:z] **1.** *adj.* zo., *a.* 𝔰 rodent; *fig.* gnawing (*care, worry*); **2.** *su./m* zo. rodent.

ronron [rɔ̃'rɔ̃] *m cat*: purr(ing); F *machine*: hum; **ronronner** [~rɔ'ne] (1a) *v/i.* purr (*cat, engine*); ⊕, radio, *etc.*: hum.

roquer [rɔ'ke] (1m) *v/i. chess*: castle.

roquet [rɔ'kɛ] *m* pug(-dog); mongrel, *Am.* yellow dog.

roquette[1] ✗ [rɔ'kɛt] *f* rocket.

roquette[2] ♣ [~] *f* rocket.

rosace △ [rɔ'zas] *f* rose-window; (*ceiling-*)rose; **rosacé, e** [~za'se] **1.** *adj.* rosaceous; **2.** *su./f* ~s *pl.* rosaceae; **rosage** ♣ [~'za:ʒ] *m* rhododendron; **rosaire** *eccl.* [~'zɛ:r] *m* rosary; **rosâtre** [~'zɑ:tr] pinkish.

rosbif [rɔs'bif] *m* roast beef.

rose [ro:z] **1.** *su./f* ♣ rose; A rose-window; ♣ ~ *des vents* compass-card; ♣ *sauvage* dog-rose; *su./m* rose (colo[u]r), pink; *voir tout* (*or la vie*) *en* ~ see things (*or the world*) through rose-colo(u)red glasses; **2.** *adj.* pink; rosy; **rosé, e** [ro'ze] **1.** *adj.* rose-pink, rosy; rose, rosé (*wine*); **2.** *su./m wine*: rosé.

roseau [rɔ'zo] *m* ♣ reed; *fig.* (broken) reed.

rose-croix [roz'krwa] *m/inv.* Rosicrucian.

rosée [ro'ze] *f* dew.

roseraie [roz'rɛ] *f* rose garden; **rosette** [ro'zɛt] *f ribbon*: bow; rosette (*a.* = *decoration*); red ink *or* chalk; ⊕ burr; **rosier** ♣ [~'zje] *m* rose tree, rose bush.

rossard *sl.* [rɔ'sa:r] *m* skunk, beast (= *objectionable individual*).

rosse [rɔs] **1.** *su./f* † F *horse*: nag; *see* rossard; **2.** *adj.* nasty; beastly; cynical (*comedy*).

rossée F [rɔ'se] *f* thrashing; **rosser** F [~] (1a) *v/t.* give (*s.o.*) a thrashing.

rossignol [rɔsi'ɲɔl] *m orn.* nightingale; ♣ piece of junk, old stock; F white elephant; ♣ skeleton-key; ♣ whistle.

rossinante F [rɔsi'nɑ̃:t] *f* worn-out old hack, Rosinante.

rossolis [rɔsɔ'li] *m* ♣ sundew; *cordial*: rosolio.

rot *sl.* [ro] *m* belch.

rôt [~] *m* roast (meat).

rotateur, -trice [rɔta'tœ:r, ~'tris] **1.** *adj.* rotatory; **2.** *su./m anat.* rotator; *biol.* rotifer; **rotatif, -ve**

[ₑ'tif, ₑ'ti:v] 1. *adj.* rotary; 2. *su./f typ.* rotary (printing-)press; **rotation** [ₑ'sjɔ̃] f rotation (a. ⚛, ✈); † ~ *du stock merchandise* turn-over; **rotativiste** *typ.* [ₑti'vist] m rotary printer; **rotatoire** [ₑ'twa:r] ⊕ rotatory (a. *phys.* power); rota-tional (*force*); *phys.* rotary (*polariza-tion*).

roter *sl.* [rɔ'te] (1a) *v/i.* belch, bring up wind; *j'en rotais* it took my breath away.

rôti *cuis.* [ro'ti] m roast (meat); ~ *de bœuf* (*porc*) roast beef (pork); **rôtie** [~'ti] f (round of) toast; ~ *à l'anglaise* Welch rarebit.

rotin [rɔ'tɛ̃] m 🌿 rattan; rattan cane.

rôtir [ro'ti:r] (2a) *vt/i.* roast (a. *fig.*); *fig.* scorch; *cuis.* prêt(e) à ~ oven-ready; *v/t.* toast (*bread*); **rôtissage** [~ti'sa:ʒ] m roasting; **rôtisserie** [~tis'ri] f cook-shop; **rôtisseur** m, **-euse** [roti'sœr, ~'søːz] seller of roast meats; cook-shop keeper; **rôtissoire** *cuis.* [~'swa:r] f Dutch oven; roaster.

rotonde [rɔ'tɔ̃d] f 🏛 rotunda; 🚂 engine shed; *en* ~ circular; **rotondi-té** [~tɔ̃di'te] f rotundity; F stoutness.

rotor ✈, ⚡ [rɔ'tɔ:r] m rotor.

rotule [rɔ'tyl] f *anat.* knee-cap; ⊕ ball-and-socket joint; *mot.* (*steer-ing-*)knuckle.

roture [rɔ'ty:r] f commoner's con-dition; *coll.* commons *pl.*; **roturier, -ère** [~ty'rje, ~'rjɛːr] 1. *adj.* com-mon, plebeian; 2. *su.* commoner; self-made man.

rouage [rwa:ʒ] m wheels *pl.* (a. *fig.*); work(s *pl.*); cog-wheel, gear-wheel; *fig.* cog.

rouan, -anne *zo.* [rwɑ̃, rwan] roan.

rouanne [rwan] f rasing-knife; scribing-compass; carpenter's au-ger.

roublard, e F [ru'blaːr, ~'blard] 1. *adj.* wily, crafty; 2. *su.* wily or crafty person; **roublardise** F [~blar'diːz] f cunning; piece of trickery.

rouble [rubl] m *Russian coinage*: r(o)uble.

roucouler [ruku'le] (1a) *vt/i.* coo; *v/t.* *fig.* warble (*a song*).

roue [ru] f wheel; ~ *arrière* (*avant*) back (front) wheel; *mot.* ~ *de se-cours* spare wheel; ~ *directrice* mot. steering-wheel; *cycl.* front wheel;

~ *motrice* driving wheel; *faire la* ~ *orn.* spread its tail (*peacock etc.*); *sp.* turn cart-wheels; ✗ wheel about; *fig.* swagger; *mot.* freins *m/pl.* sur quatre ~s four-wheel brakes; *mettre* (*or jeter*) *des bâtons dans les* ~s *de q.* put a spoke in s.o.'s wheel; *sur* ~s wheeled, on wheels; **roué, e** [rwe] 1. *su.* cunning *or* artful person; *su./m* rake, roué; 2. *adj.* cunning, artful; exhausted; **rouelle** [rwɛl] f round slice; *veal:* fillet, *beef:* round.

rouennerie *tex.* [rwan'ri] f printed cotton goods *pl.*

rouer [rwe] (1p) *v/t.* coil (a *rope*); ⚖ *hist.* break (*s.o.*) on the wheel; *fig.* ~ *de coups* thrash (*s.o.*) soundly, beat (*s.o.*) black and blue; **rouerie** [ru'ri] f trick; piece of trickery; **rouet** [rwe] m small wheel; spin-ning-wheel; ⊕ pulley-wheel; ⊕ *pully:* sheave; *lock:* scutcheon; ⚓ gin.

rouge [ru:ʒ] 1. *adj.* red (with, *de*); ruddy (*cheek*); red-hot (*metal etc.*); ~ *brique* brick-red; ~ *sang* blood-red; 2. *adv.: fig. voir* ~ see red; 3. *su./m colour:* red; F red wine; ~ *à lèvres*, *bâton m de* ~ lipstick; ⊕ ~ *au* ~ at red heat, red-hot; *porter au* ~ make (*s.th.*) red-hot; *se mettre du* ~ put on rouge; *traffic:* passer au ~ jump the lights; *su. pol. person:* red; **rougeâtre** [ru'ʒɑːtr] reddish; **rougeaud, e** [~'ʒo, ~'ʒoːd] 1. *adj.* red-faced; 2. *su.* red-faced person; **rouge-gorge**, *pl.* **rouges-gorges** *orn.* [ruʒ'gɔrʒ] m robin (redbreast).

rougeole [ru'ʒɔl] f 🩺 measles *sg.*; ♀ filed-cowwheat.

rouge-queue, *pl.* **rouges-queues** *orn.* [ruʒ'kø] m redstart; **rouget** [ru'ʒɛ] m *icht.* red mullet; gurnard; *vet.* swine-fever; *zo.* harvest-bug; **rougeur** [~'ʒœːr] f redness; *face:* blush, flush; blotch, red spot (*on the skin*); **rougir** [~'ʒiːr] (2a) *vt/i.* redden; turn red; *fig.* flush; *v/t.* make (*s.th.*) red-hot, bring (*s.th.*) to a red heat; *v/i.* blush.

rouille [ru:j] f rust (a. ✈); ♀ mildew; **rouillé, e** [ru'je] rusty (a. *fig.*), rusted; ♀ mildewed; **rouiller** [~'je] (1a) *v/t.* rust (a. ✈); ♀ mildew, blight; *su.* ~ rust; ♀ go mildewed; *fig.* get out of practice; **rouillure** [~'jyːr] f rustiness; ♀ rust, blight.

rouir [rwiːr] (2a) v/t. ret, steep (*flax etc.*); **rouissage** [rwiˈsaːʒ] m retting, steeping.

roulade [ruˈlad] f roll; ♪ (vocal) flourish, roulade; **roulage** [ˌˈlaːʒ] m ✗, a. mot. rolling; *goods*: carriage; haulage; cartage; (road) traffic; ✝ haulage firm; **roulant, e** [ˌˈlɑ̃, ˌˈlɑ̃ːt] **1.** adj. rolling; sliding (*door*); good, smooth (*road*); smooth-running (*car*); ✝ floating, working (*capital*), going (*concern*); F screamingly funny; ✗, fig. feu m ~ running fire; **2.** su./m les ~s train or truck crews; **3.** su./f (a. cuisine f ~e) field kitchen; **rouleau** [ˌˈlo] m roll; ⊕ etc. roller; *rope etc.*: coil; phot. spool; *tobacco*: twist; *hair*: curler, roller; (~ à pâtisserie) rolling pin; ~ hygiénique toilet roll; fig. être au bout de son ~ be at one's wit's end; **roulement** [rulˈmɑ̃] m rolling; ⊕ *machine*: running, rumble, rattle; ⊕ (~ à billes) ball bearings pl.; ⊕ rolling (mechanism), race; ♪ *drum*: roll; ✝ *capital*: circulation; fig. alternation; ✍ run, taxying; mot. bande f de ~ tread; ✍ chemin m de ~ runway; par ~ in rotation; **rouler** [ruˈle] (1a) v/t. roll (along or about or up); ling. roll (*one's r's*), trill; fig. turn over (in *one's mind*); F cheat, fleece (s.o.); F ~ sa bosse knock about the world; se ~ roll; F se ~ par terre (de rire) fall about laughing; v/i. roll (a. ♣); roll about or along or over; travel, wander; mot. ride, drive (along); ✍ taxi; ♣, mot. run; ✝ circulate (*money*); take turns, rotate; vary (between, entre) ~; ~ sur turn upon, depend on; be rolling in (*money*).

roulette [ruˈlɛt] f small wheel; *chair etc.*: caster, truckle; *tram*: trolley-wheel; ✍ *dentist's* drill; ♪ cycloid; *game*: roulette; *bath-chair*; F aller comme sur des ~s go like clockwork; sp. patin m à ~s roller-skate.

rouleur, -euse [ruˈlœːr, ˌˈløːz] su. travelling journeyman; worker who keeps changing jobs; *barrow*: wheeler; su./m ✗ trammer, haulier; zo. vine-weevil; su./f zo. leaf-roller; F low prostitute; **roulier, -ère** [ˌˈlje, ˌˈljɛːr] **1.** adj. carrying; **2.** su./m carrier, carter; **roulis** ♣ [ˌˈli] m roll(ing); **roulotte** [ˌˈlɔt] f (gipsy-)van; mot. caravan, trailer;

roulure [ˌˈlyːr] f ⊕ *metal*: rolled edge; *timber*: cup-shake; sl. low prostitute.

roumain, e [ruˈmɛ̃, ˌˈmɛn] **1.** adj. Rumanian; **2.** su./m ling. Rumanian; su. ♀ Rumanian.

roupie¹ [ruˈpi] f *Indian coinage*: rupee.

roupie² [ˌˈ] f † drop of mucus; fig. bit of trash; F ce n'est pas de la ~ de sansonnet that's not half bad.

roupiller F [rupiˈje] (1a) v/i. snooze, doze; sl. sleep; **roupilleur** F [ˌˈjœːr] m snoozer; **roupillon** F [ˌˈjɔ̃] m snooze; nap; piquer un ~ have a snooze.

rouquin, e F [ruˈkɛ̃, ˌˈkin] **1.** adj. red-haired, sandy-haired; **2.** su. red-haired or sandy-haired person, red-head.

rouspéter F [ruspeˈte] (1f) v/i. resist, show fight; protest; complain; **rouspéteur** F [ˌˈtœːr] m complainer; quarrelsome fellow; Am. sl. griper, sorehead.

roussâtre [ruˈsɑːtr] reddish; **rousseur** [ˌˈsœːr] f *hair etc.*: redness; tache f de ~ freckle.

roussi [ruˈsi] m: sentir le ~ smell of burning; fig. smack of heresy (*opinion, statement*); be something of a heretic (*person*).

roussin † [ruˈsɛ̃] m cart-horse; cob; sl. cop(per) (= policeman); sl. police-spy, Am. sl. stool pigeon.

roussir [ruˈsiːr] (2a) vt/i. turn brown; scorch, singe (*linen*); cuis. brown.

routage [ruˈtaːʒ] m post: sorting; routing.

route [rut] f road(way); path; route (a. ✗, ✍); course (a. ♣); ✗ chanson f de ~ marching song; en ~ on the way; ♣ on her course; ✝ on the road; en ~! off you go!; let's go!; ♠ right away!; ♣ full speed ahead!; faire ~ sur make for; faire fausse ~ go astray, take the wrong road; fig. be on the wrong track; mettre en ~ start (up); se mettre en ~ set out; ♣ get under way.

router [ruˈte] (1a) v/t. post: sort; route.

routier, -ère [ruˈtje, ˌˈtjɛːr] **1.** adj. road-...; carte f ~ère road-map; réseau m ~ highway network; voie f ~ère traffic lane; carriage-way; **2.** su./m track-chart; mot. long-distance driver; *cyclist*: (road) racer; *boy scout*: rover; F *vieux* ~ old stager; *su./f* roadster; road-map; traction-engine; **routine** [~'tin] *f* routine; red tape; *par* ~ as a matter of routine; *de* ~ routine ...; **routinier, -ère** [~ti'nje, ~'njɛːr] **1.** *adj.* routine (*activities*); who works to a routine (*person*); F in a rut; **2.** *su.* routinist; lover of routine; F *fig.* stick-in-the-mud.

rouvre ♣ [ruːvr] **1.** *adj.*: *chêne m* ~ = **2.** *su./m* Austrian *or* Russian oak, robur.

rouvrir [ru'vriːr] (2f) *vt/i.* reopen.

roux, rousse [ru, rus] **1.** *adj.* russet; reddish(-brown); red (*hair*); *cuis.* brown(ed) (*butter, sauce*); *lune f rousse* April moon; *vents m/pl.* ~ cold winds of April; **2.** *su.* red-haired *or* sandy person; *su./m colour*: russet; reddish-brown; *cuis.* brown sauce; browning; brown(ed) butter.

royal, e *m/pl.* -**aux** [rwa'jal, ~'jo] royal, regal; kingly; crown (*prince*); *fig.* (*suivre*) *la voie* ~ the royal road; **royaliste** [~ja'list] *adj., a. su.* royalist; **royaume** [~'joːm] *m* kingdom; realm (*a. fig.*); **royauté** [~jo'te] *f* royalty; kingship.

ru [ry] *m* water-course; gully; brook.

ruade [rɥad] *f horse*: kick, lashing out.

ruban [ry'bã] *m* ribbon (*a.* ✠, *a. typewriter, decorations*), band; tape; measuring-tape; ~ *adhésif* adhesive tape; ~ *bleu* ♣ Blue Ribbon; *fig.* first place *or* prize; *fig.* (sign of) superiority; ~ *d'acier* steel band; *mot.* ~ *de frein* brake band; ⚡ ~ *isolant* insulating (*Am. a.* friction) tape; ~ *magnétique* (*or de magnétophone*) recording tape; ⊕ ~ *roulant* conveyor belt; ⊕ *scie f à* ~ band saw; **rubaner** [ryba'ne] (1a) *v/t.* trim (*s.th.*) with ribbons; cut (*s.th.*) (in)to ribbons; ⚡ tape (*a wire*); **rubanier, -ère** [~ba'nje, ~'njɛːr] ribbon-...

rubéfier ✚ [rybe'fje] (1o) *v/t.* rubefy; **rubicond, e** [~bi'kɔ̃, ~'kɔ̃ːd] florid, rubicund, redfaced.

rubigineux, -euse [rybiʒi'nø, ~'nøːz] rusty, rust-colo(u)red.

rubis [ry'bi] *m min.* ruby; *watch*: jewel; *faire* ~ *sur l'ongle* drain to the dregs; *montre f montée sur* ~ jewelled watch; *payer* ~ *sur l'ongle* pay to the last farthing *or Am.* last cent.

rubrique [ry'brik] *f journ.* column; heading, rubric.

ruche [ryʃ] *f* (bee-)hive; *cost.* ruching, ruche, frill; **rucher** [ry'ʃe] **1.** (1a) *v/t. cost.* ruche, frill; **2.** *su./m* apiary.

rude [ryd] rough (*cloth, path, sea, skin, wine*); hard (*blow, brush, climb, task, times, weather*); severe (*blow, cold, shock, trial, weather, a. fig.*); harsh (*voice, a. fig.*); primitive (*people etc.*); *fig.* brusque; F enormous; **rudement** [~'mã] *adv.* roughly *etc. see rude*; F extremely, awfully, real (= *very*).

rudesse [ry'dɛs] *f* roughness; hardness; severity; harshness; primitiveness; brusqueness, abruptness.

rudiment [rydi'mã] *m anat.*, *biol.*, *zo.*, *etc.* rudiment; *fig.* ~s *pl. a.* grounding *sg.*; **rudimentaire** [~mã'tɛːr] rudimentary.

rudoyer [rydwa'je] (1h) *v/t.* treat roughly; bully.

rue[1] [ry] *f* street, thoroughfare; ~ *à sens unique* one-way street; ~ *barrée!* no thoroughfare; ~ *commerçante* shopping street.

rue[2] ♣ [~] *f* rue.

ruée [rɥe] *f* rush, stampede.

ruelle [rɥɛl] *f* lane, alley; space between bed and wall.

ruer [rɥe] (1n) *v/i.* lash out, kick; *se* ~ (*sur*) fling o.s. (at); rush (at, to); **rueur, -euse** [rɥœːr, rɥøːz] **1.** *adj.* kicking (*horse*); **2.** *su. horse*: kicker.

rugby *sp.* [ryg'bi] *m* rugby (football).

rugir [ry'ʒiːr] (2a) *v/i.* roar (*a. fig.*); howl (*storm, wind*); **rugissement** [~ʒis'mã] *m* roar(ing); *storm, wind*: howl(ing).

rugosité [rygozi'te] *f* roughness, ruggedness; corrugation; *ground*: unevenness; **rugueux, -euse** [~'gø, ~'gøːz] rough, rugged; corrugated; gnarled (*tree, trunk*).

ruine [rɥin] *f* ruin (*a. fig.*); downfall (*a. fig.*); *fig.* fall; *tomber en* ~s fall in ruins; **ruiner** [rɥi'ne] (1a) *v/t.* ruin (*a. fig.*), destroy; ✝ bankrupt (*s.o.*); disprove (*a theory*); *se* ~ ruin o.s. (*person*); *fig.* go to ruin (*thing*); **ruineux, -euse** [~'nø, ~'nøːz] ruinous; *fig.* disastrous.

ruisseau [rɥi'so] *m* brook; stream (*a. fig. of blood*); *street, a. fig. pej.*: gutter; **ruisseler** [rɥis'le] (1c) *v/i.* stream (with, *de*), run (down);

trickle; drip; **ruisselet** [↓'lɛ] *m* rivulet, brooklet; **ruissellement** [rɥisɛl'mɑ̃] *m* streaming, running; trickling; dripping; *fig. jewels:* glitter, shimmer.

rumeur [ry'mœːr] *f* distant sound; confused noise; *traffic:* hum; uproar; *fig.* rumo(u)r, report.

ruminant, e *zo.* [rymi'nɑ̃, ↓'nɑ̃:t] *adj., a. su./m* ruminant; **ruminer** [↓'ne] (1a) *v/t.* ruminate (*fig.* on an idea, *une idée*); *fig.* ponder; *v/i. zo., fig.* chew the cud, ruminate.

rune [ryn] *f* rune; **runique** [ry'nik] runic.

ruolz [ry'ɔls] *m* electroplate(d ware).

rupestre [ry'pɛstr] ♀ rupestral, rock-dwelling; rock-(*drawings*).

rupin, e F [ry'pɛ̃, ↓'pin] **1.** *adj.* first-rate, *Am.* swell; wealthy (*person*); **2.** *su./m* swell, toff, nob.

rupteur ⚡ [ryp'tœːr] *m* circuit-breaker; **rupture** [↓'tyːr] *f dam:* breaking (*a.* ⚡ *circuit*), bursting; ⚕ *blood-vessel:* rupture; *bone:* fracture; *battle, engagement, negotiations:* breaking off; ⚖ *contract, promise:* breach; *road surface:* breaking up; *fig.* falling out, quarrel (*between persons*); 🚬 ~ de charge dividing of load; ⚖ ~ de promesse de mariage breach of promise; *charge f de* ~ breaking load.

rural, e, *m/pl.* **-aux** [ry'ral, ↓'ro] **1.** *adj.* rural, country...; **2.** *su.* peasant.

ruse [ryːz] *f* ruse, trick, wile; ✗ ~ de guerre stratagem; *en amour la* ~ *est de bonne guerre* all's fair in love and war; *user de* ~ practise deceit; **rusé, e** [ry'ze] artful, wily, crafty, cunning; **ruser** [↓] (1a) *v/i.* use guile; resort to trickery.

rush [rœʃ] *m sp.* (final) spurt, sprint; *fig.* rush.

russe [rys] **1.** *adj.* Russian; **2.** *su./m ling.* Russian; *su.* ♀ Russian; **russifier** [rysi'fje] (1o) *v/t.* Russianize.

russo... [rysɔ] Russo...; **~phile** [↓'fil] *adj., a. su.* Russophile.

rustaud, e [rys'to, ↓'toːd] **1.** *adj.* boorish, loutish, uncouth; **2.** *su.* boor, lout; F bumpkin; **rusticité** [↓tisi'te] *f* rusticity; boorishness; primitiveness; ♀ hardiness; **rustique** [↓'tik] **1.** *adj.* rustic (*a. fig.*); country...; *fig.* countrified, unrefined; ♀ hardy; **2.** *su./m* △ bush-hammer; **rustiquer** [↓ti'ke] (1m) *v/t.* give a rustic appearance to; **rustre** [rystr] **1.** *adj.* boorish, loutish, churlish; **2.** *su./m* boor, lout, churl; F bumpkin.

rut [ryt] *m animals:* rut(ting), heat; *être en* ~ be in *or* on heat (*female*); rut (*male*).

rutilant, e [ryti'lɑ̃, ↓'lɑ̃:t] glowing red; gleaming (*a. fig.*); 🔥 rutilant; *fig.* glittering; **rutiler** [↓'le] (1a) *v/i.* glow, gleam (red).

rythme [ritm] *m* rhythm; **rythmique** [rit'mik] rhythmic.

S

S, s [ɛs] *m* S, s; *s... sl.* = *sacré*.
sa [sa] *see* son¹.
sabbat [saˈba] *m eccl.* Sabbath; *fig.* witches' sabbath; F *fig.* din, racket; **sabbatique** [∪baˈtik] sabbatical.
sabine ♀ [saˈbin] *f* savin(e).
sabir *ling.* [saˈbiːr] *m Levant:* lingua franca. [ing.⟩
sablage ⊕ [saˈblaːʒ] *m* sand-blast-⟩
sable¹ [saːbl] *m* sand; ⚜ gravel; sand-glass;~ *mouvant* quicksand; *bâtir sur le* ~ build on sand; F *être sur le* ~ be broke; be down and out.
sable² *zo.* [∪] *m* sable.
sablé *cuis.* [saˈble] *m* shortbread; **sabler** [∪ˈble] (1a) *v/t.* sand, gravel (*a path*); ⊕ cast (*s.th.*) in a sandmo(u)ld; ⊕ sand-blast; F *fig.* swig (*a drink*); **sableur** [∪ˈblœːr] *m* ⊕ sand-mo(u)lder; F *fig.* hard drinker; **sableux, -euse** [∪ˈblø, ∪ˈbløːz] 1. *adj.* sandy; 2. *su./f* ⊕ sand-jet; **sablier** [∪bliˈe] *m* sand-man; sand-box, sand-sifter; sand-glass; *cuis.* egg-timer.
sablière¹ △ [sabliˈɛːr] *f* plate; stringer.
sablière² [sabliˈɛːr] *f* sand-pit; gravel-pit; 🚂 sand-box; **sablon** [∪ˈblɔ̃] *m* fine sand; **sablonner** [sablɔˈne] (1a) *v/t.* sand; *metall.* sprinkle with welding sand; **sablonneux, -euse** [∪ˈnø, ∪ˈnøːz] sandy; gritty (*fruit*); **sablonnière** [∪ˈnjɛːr] *f* sand-pit, gravel-pit; *metall.* sand-box.
sabord ⚓ [saˈbɔːr] *m* port(hole); scuttle; **saborder** [∪bɔrˈde] (1a) *v/t.* ⚓ scuttle; *fig.* shut down, wind up (*a company etc.*); *se* ~ ⚓ scuttle one's ship; *fig.* shut down.
sabot [saˈbo] *m* sabot (*a.* ⚔, ⊕); wooden shoe *or* clog; *zo.* hoof; ⊕, 🗲, *mot.* (brake-, contact-, *etc.*)shoe; F dud; *toy:* top; *mot.* ~ (*de Denver*) (*TM*) Denver shoe; *mot.* ~ *de parechoc* overrider; F *fig.* *dormir comme un* ~ sleep like a log; **sabotage** [sabɔˈtaːʒ] *m work:* scamping, bungling; scamped *or* bungled work;

(act of) sabotage (*during strikes etc.*); **saboter** [∪ˈte] (1a) *v/i.* bungle one's work; commit acts of sabotage; *v/t.* ⊕ shoe (*a pile*); 🚂 chair (*a sleeper*); *fig.* bungle (*one's work etc.*); ⊕ sabotage (*a job, machinery*); **saboteur** *m,* **-euse** *f* [∪ˈtœːr, ∪ˈtøːz] ⊕ saboteur; *work:* bungler, botcher; **sabotier** [∪ˈtje] *m* sabot-maker.
sabre [saːbr] *m* sabre, broadsword; *icht.* sword-fish; ~ *au clair* (with) drawn sword; *coup m de* ~ sabre cut; slash; F *fig.* *traîneur m de* ~ sabre-rattler; **sabrer** [∪ˈbre] (1a) *v/t.* sabre; slash; F botch, scamp (*one's work*); F *fig.* make drastic cuts in (*a play etc.*); **sabretache** ⚔ [∪brɔˈtaʃ] *f* sabretache; **sabreur** [∪ˈbrœːr] *m* ⊕ dashing cavalry officer; F *work:* scamper.
sac¹ [sak] *m* coal, flour, *etc.:* sack; bag; ⚔ kit-bag, knapsack; rucksack; *zo.* pouch; *anat.* sac; *geol.* pocket; (*wind-*)cone; sackcloth; ~ *à main* handbag, *Am. a.* purse; ~ *de couchage* sleeping-bag; ~ *de voyage* travelling-case; ~ *en bandoulière* shoulder-bag; ~ *en papier* paper-bag; F *homme m de* ~ *et de corde* thorough scoundrel; F *c'est dans le* ~ it's in the bag; F *vider son* ~ get it off one's chest.
sac² [∪] *m* pillage, sacking.
saccade [saˈkad] *f* jerk; *par* ~s in jerks; *fig.* by fits and starts; **saccadé, e** [sakaˈde] jerky; irregular.
saccage [saˈkaːʒ] *m* sacking; havoc; **saccager** [saka'ʒe] (1l) *v/t.* sack; create havock in; upset; **saccageur** *m,* **-euse** *f*[∪ʒœːr,∪ˈʒøːz] plunderer.
saccharate 🜍 [sakaˈrat] *m* saccharate; **saccharide** 🜍 [∪ˈrid] *m* saccharide; **saccharifier** 🜍 [∪riˈfje] (1o) *v/t.* saccharify; **saccharin, e** [∪ˈrɛ̃, ∪ˈrin] *adj., a. su./f* saccharine; **saccharose** 🜍 [∪ˈroːz] *m* saccharose.
sacerdoce [saserˈdɔs] *m* priesthood (*a. coll.*); **sacerdotal, e,** *m/pl.* **-aux** [∪dɔˈtal, ∪ˈto] priestly; sacerdotal; *fig.* priestlike.

sachant [sa'ʃɑ̃] *p.pr. of* savoir 1; **sache** [saʃ] *1st p. sg. pres. sbj. of* savoir 1.

sachée [sa'ʃe] *f* sackful, bagful; **sachet** [⁓'ʃɛ] *m* small bag; scent: sachet; ⁓ de thé teabag.

sacoche [sa'kɔʃ] *f* satchel, wallet; mot., bicycle, etc.: tool-bag; ✕ saddle-bag.

sacramental eccl. [sakramɑ̃'tal] *m* sacramental; **sacramentel, -elle** [⁓'tɛl] eccl. sacramental; fig. ritual.

sacre [sakr] *m* king: anointing, coronation; bishop: consecration.

sacraliser [sakrali'ze] (1a) *v/t.* make or consider (s.th., s.o.) sacred; **sacralité** [⁓'te] *f* sacredness; **sacré, e** [sa'kre] holy (orders, scripture); sacred (spot, vessel, a. fig.); anat. sacral; sl. (before su.) confounded, damned; **sacre-bleu!** [⁓krə'blø] int. damn (it)!; **sacrement** eccl. [⁓krə'mɑ̃] *m* sacrament; derniers ⁓s pl. last rites; fréquenter les ⁓s be a regular communicant; **sacrer** [⁓'kre] (1a) *v/t.* anoint, crown (a king); consecrate (a bishop); *v/i.* F curse.

sacrificateur *m*, **-trice** *f* † [sakrifika'tœːr, ⁓'tris] sacrificer; **sacrifice** [⁓'fis] *m* sacrifice (a. fig.); eccl. saint ⁓ Blessed Sacrament; **sacrifier** [⁓'fje] (1o) *v/t.* sacrifice (a. ✝, a. fig.); fig. give (s.th.) up to, for (à); se ⁓ devote o.s. (to, à); *v/i.* sacrifice; conform (to, à); **sacrilège** [⁓'lɛːʒ] 1. adj. sacrilegious, impious; 2. su. sacrilegious person; su./m sacrilege.

sacripant [sakri'pɑ̃] *m* F scoundrel, knave; † braggart.

sacristain eccl. [sakris'tɛ̃] *m* sacristan; sexton; **sacristi!** [⁓'ti] int. Good Lord!; hang it!; **sacristie** eccl. [⁓'ti] *f* sacristy, vestry.

sacro... [sakrɔ] sacro-... (a. anat.); **⁓-saint,** [⁓'sɛ̃, ⁓'sɛ̃ːt] sacrosanct.

sacrum anat. [sa'krɔm] *m* sacrum.

sadique [sa'dik] 1. adj. sadistic; 2. su. sadist; **sadisme** [⁓'dism] *m* sadism.

safari [safa'ri] *m* safari; **⁓-photo** photographic safari.

safran [sa'frɑ̃] 1. su./m ♀, cuis. saffron; ♀ crocus; 2. adj./inv. saffron (-colo[u]red); **safraner** cuis. [⁓fra-'ne] (1a) *v/t.* (colo[u]r or flavo[u]r with) saffron.

sagace [sa'gas] sagacious; shrewd; **sagacité** [⁓gasi'te] *f* sagacity; shrewdness; avec ⁓ sagaciously.

sage [saːʒ] 1. adj. wise; prudent; discreet (person, conduct); well-behaved; good (child); modest (woman); 2. su./m wise man, sage; **⁓-femme,** pl. **⁓s-femmes** [saʒ-'fam] *f* midwife; **sagesse** [sa'ʒɛs] *f* wisdom; discretion; good behavio(u)r; woman: modesty; la ⁓ (d')après coup hindsight.

sagittaire [saʒi'tɛːr] su./m hist. archer; astr. le ♐ Sagittarius, the Archer; su./f ♀ sagittaria, arrowhead.

sagou cuis. [sa'gu] *m* sago.

sagouin, e [sa'gwɛ̃, ⁓'gwin] su. zo. squirrel-monkey; su./m F slovenly fellow; su./f F slattern, slut.

sagoutier ♀ [sagu'tje] *m* sago-palm.

saignant, e [sɛ'ɲɑ̃, ⁓'ɲɑ̃ːt] bleeding; cuis. underdone, rare (meat); F fig. sensational, F hot; **saignée** [⁓'ɲe] *f* ✚ bleeding; anat. (⁓ du bras) bend of the arm; drainage: ditch; fig. resources: drain, loss(es pl.); ⊕ (oil-)groove; **saigner** [⁓'ɲe] (1b) *v/i.* bleed (a. fig.); ⊕, fig. drain: tap.

saillant, e [sa'jɑ̃, ⁓'jɑ̃ːt] 1. adj. △ projecting; prominent; fig. outstanding, striking; 2. su./m ✕ salient; **saillie** [⁓'ji] *f* spurt, bound; ✕ sally (a. fig. wit); zo. covering; fig. outburst; paint. prominence; △ projection; ⊕ lug; en ⁓ projecting; bay(-window); faire ⁓ project; protrude; par ⁓s by leaps and bounds.

saillir¹ [sa'jiːr] (2a) *v/i.* spurt out, gush out; ✕ (make a) sally; *v/t.* zo. cover (a mare).

saillir² [⁓] (2p) *v/i.* project; paint. etc. stand out.

sain, saine [sɛ̃, sen] healthy (person, climate, a. sp.); sound (doctrine, horse, fruit, timber, views, ✝, ♣, etc.); wholesome (food); ⬙ clear; ⁓ et sauf safe and sound; **sain(-)bois** ♀ [sɛ̃'bwa] *m* spurge-flax.

saindoux cuis. [sɛ̃'du] *m* lard.

sainfoin ♀, ✔ [sɛ̃'fwɛ̃] *m* sainfoin.

saint, sainte [sɛ̃, sɛ̃ːt] 1. adj. holy; eccl. saintly; consecrated (building, ground, etc.); ♀ Jean St. John; F toute la sainte semaine all the blessed week; 2. su. saint; su./m: les ⁓s pl. de glace the Ice or Frost Saints; le ⁓ des ⁓s the Holy of

Holies; ~-**bernard** zo. [sɛbɛr-'na:r] m/inv. St. Bernard; ~-**crépin** [ˌkre'pɛ̃] m shoemaker's tools pl.; fig. possessions pl.; ⚥-**Esprit** [ˌtes'pri] m Holy Ghost; **sainteté** [sɛ̃tə'te] f holiness, saintliness; fig. sanctity.

saint...: ~-**frusquin** F [sɛ̃frys'kɛ̃] m/inv. possessions pl.; tout le ~ the whole caboodle; ~-**glinglin** F [ˌglɛ̃'glɛ̃]: à la ~ never; ~-**office** [ˌto'fis] m Holy Office; ⚥-**Père** eccl. [ˌ'pɛ:r] m the Holy Father, the Pope; ⚥-**Siège** eccl. [ˌ'sjɛ:ʒ] m the Holy See; ⚥-**Sylvestre** [ˌsil'vɛstrə]: la ~ New Year's Eve.

sais [sɛ] 1st p. sg. pres. of savoir 1.

saisi ʒ̷ʒ̷ [sɛ'zi] m distrainee; **saisie** [~] f seizure (a. ʒ̷ʒ̷); ʒ̷ʒ̷ distraint; **saisine** [~'zin] f ʒ̷ʒ̷ livery of seisin; ⚓ etc. lashing; boat: sling; **saisir** [~'zi:r] (2a) v/t. seize; catch hold of; ʒ̷ʒ̷ attach; distrain upon (goods); foreclose (a mortgage); ⚓ stow (anchors, boats); cuis. cook (meat) at high temperature; fig. catch, grasp; understand; ~ q. de refer (s.th.) to s.o.; vest s.o. with; se ~ de seize upon (a. fig.); **saisissable** [~zi'sabl] seizable; attachable; fig. distinguishable; **saisissant, e** [~zi'sɑ̃,~'sɑ̃:t] striking; gripping (scene, spectacle, speech); piercing (cold); **saisissement** [~zis'mɑ̃] m † seizure; sudden chill; shock, emotion.

saison [sɛ'zɔ̃] f season; tourist season; time: period; ~ hivernale winter season; (hors) de ~ (un)seasonable, (in)opportune; la ~ bat son plein it is the height of the season; **saisonnier, -ère** [~zɔ'nje, ~'njɛ:r] 1. adj. seasonal; 2. su. seasonal worker.

salade [sa'lad] f salad; lettuce; fig. confusion, jumble; sl. panier m à ~ Black Maria (= prison van); **saladier** [~la'dje] m salad-bowl.

salage [sa'la:ʒ] m salting; † salt-tax.

salaire [sa'lɛ:r] m wage(s pl.) (a. fig.); pay; fig. reward; ~ de base basic wage; les gros ~s pl. the top earners.

salaison [salɛ'zɔ̃] f salting; bacon: curing; salt provisions pl.; marchand m de ~s dry-salter.

salamandre [sala'mɑ̃:dr] f zo. salamander; ⊕ slow-combustion stove.

salami [sala'mi] m salami; fig. métho-

de f (ou tactique f) du ~ salami tactics sg.

salangane orn. [salɑ̃'gan] f salangane; cuis. nid m de ~ bird's nest.

salant [sa'lɑ̃] adj./m salt-...

salariat [sala'rja] m salaried or wage-earning classes pl.; **salarié, e** [~'rje] 1. adj. wage-earning (person); paid (work); 2. su. wage-earner; pej. hireling; **salarier** [~'rje] (1o) v/t. pay wages to (s.o.).

salaud sl. [sa'lo] m dirty person; fig. bastard, Br. a. bugger; **sale** [sal] adj. dirty (a. fig.); fig. foul.

salé, e [sa'le] 1. adj. salt(ed); fig. spicy, coarse (story); biting (comment etc.); F stiff (price, ʒ̷ʒ̷ sentence); 2. su./m salt pork; petit ~ pickled pork.

salement [sal'mɑ̃] adv. dirtily; meanly, nastily; sl. very, extremely.

saler [sa'le] (1a) v/t. salt (a. fig.); cure (bacon); fig. fleece, overcharge (s.o.).

saleté [sal'te]/dirt(iness)/filth(iness), fig. indecency; dirty story; fig. dirty trick; fig. dire des ~s smut; saler des ~s.

salicylate 🜔 [salisi'lat] m salicylate; **salicylique** 🜔 [~'lik] salicylic.

salière [sa'ljɛ:r] f table: salt-cellar, Am. saltshaker; kitchen: salt-box.

saligaud m, e f sl. [sali'go, ~'go:d] dirty dog, skunk, rotter; sloven.

salin, e [sa'lɛ̃, ~'lin] 1. adj. saline, salty; salt (air); 2. su./m salt-marsh; ⊕, 🜔 (crude) potash; 2. su./f salt-pan, salt works usu. sg; rock-salt mine; **salinier** [~li'nje] m salter; salt-mine owner; † salt merchant.

salir [sa'li:r] (2a) v/t. dirty, soil; fig. sully; se ~ get dirty or soiled; fig. tarnish one's reputation; **salissant, e** [~li'sɑ̃, ~'sɑ̃:t] dirty(ing); tex. etc. easily soiled.

salivaire anat. [sali'vɛ:r] salivary; **salivation** ⚕ [~va'sjɔ̃] f salivation; **salive** [sa'li:v] f saliva; F perdre sa ~ waste one's breath; **saliver** [~li-'ve] (1a) v/i. salivate.

salle [sal] f hall; (large) room; hospital: ward; thea. (a. ~ de spectacle) auditorium, F house; ~ à manger dining-room; ~ d'attente waiting-room; ~ de bain(s) bathroom; ~ de classe class-room, schoolroom; ⚔ ~ de police guard-room; ~ des pas perdus lobby, waiting-hall.

salmigondis [salmigɔ̃'di] m cuis.

salmagundi, ragout; *fig.* hotchpotch.

salmis *cuis.* [sal'mi] *m* salmi; ragout (*of roasted game*).

saloir [sa'lwaːr] *m* salting-tub.

salon [sa'lɔ̃] *m* drawing-room; ✠ *etc.* saloon, cabin; (*tea-*)room; ♀ exhibition; *fig.* ~s *pl.* society *sg.*, fashionable circles; ♀ *de l'automobile* motor-show; *fréquenter les* ~s *move in high society;* **salonnier** [~lɔ'nje] *m* art critic; critic of the *Salon* (*the annual art exhibition in Paris*).

salopard *sl.* [salɔ'paːr] *m* unprepossessing person; **salope** *sl.* [~'lɔp] *f* tart; bitch; **saloper** F [salɔ'pe] (1a) *v/t.* mess up; F. goof up; **saloperie** F [salɔ'pri] *f* filth; rubbish, trash; mess; bungled piece of work; ~s *pl.* smut *sg.*, dirt *sg.*; *faire une* ~ *à* play a dirty trick on; **salopette** [~'pɛt] *f* overall (*s pl.*); dungarees *pl.*

salpêtre [sal'pɛːtr] *m* saltpetre, potassium nitrate, nitre.

salsifis ♀, *cuis.* [salsi'fi] *m* salsify.

saltimbanque [saltɛ̃'bãːk] *m* (travelling) showman; *pol.*, *fig.* charlatan, mountebank; † tumbler.

salubre [sa'lyːbr] salubrious, healthy; wholesome (*food etc.*); **salubrité** [~lybri'te] *f* salubrity, healthiness; *food etc.*: wholesomeness; ~ *publique* public health.

saluer [sa'lɥe] (1n) *v/t.* bow to; salute (*a.* ✕, ✠), greet (*s.o.*); welcome; ✠ ~ *du pavillon* dip the flag to.　　　[(*of the sea air*).]

salure [sa'lyːr] *f* saltness; salt tang∫

salut [sa'ly] *m* safety; *eccl.*, *a. fig.* salvation; greeting; bow; ✕ salute; ✠ *flag*: dipping; ✕ *colour*: lowering; *eccl.* Benediction (*of the Blessed Sacrament*); ~! hullo!; how do you do?; *Armée f du* ♀ *Salvation Army*; **salutaire** [saly'tɛːr] salutary, wholesome, beneficent; **salutation** [~ta'sjɔ̃] *f* greeting; bow; *agréez mes meilleures* ~s *end of letter*: yours faithfully; **salutiste** [~'tist] *su.* Salvationist, member of the Salvation Army.

salve [salv] *f* ✕ salvo; *guns*: salute; *fig.* round (*of applause*).

samedi [sam'di] *m* Saturday; ~ *saint* Holy Saturday, Saturday before Easter.

sanctificateur, -trice [sãktifika-'tœːr, ~'tris] **1.** *adj.* sanctifying;

2. *su.* sanctifier; *su./m:* le ♀ *the Holy Ghost;* **sanctification** [~fika-'sjɔ̃] *f* sanctification; *Sabbath:* observance; **sanctifier** [~'fje] (1o) *v/t.* sanctify, make holy; observe (*the Sabbath*); *que votre nom soit sanctifié* hallowed be Thy name.

sanction [sãk'sjɔ̃] *f* sanction (*a. pol.*); approval; penalty, punishment; **sanctionner** [~sjɔ'ne] (1a) *v/t.* sanction; approve; punish.

sanctuaire [sãk'tɥɛːr] *m* sanctuary (*a. fig.*); **sanctus** *eccl.*, ♪ [~'tys] *m Mass*: sanctus.

sandal, *pl.* **-als** [sã'dal] *m see* santal.

sandale [sã'dal] *f* sandal; gym-shoe.

sandow (*TM*) [sã'dɔf] *m* elastic; *sp.* chest-expander.

sandre *icht.* [sãːdr] *f* pike-perch.

sandwich, *pl. a.* **-es** [sã'dwitʃ] *m* sandwich; *sl.* *faire* ~ play gooseberry.

sang [sã] *m* blood; race, lineage; kinship, relationship; *biol.* à ~ *chaud* (*froid*) warm-blooded (cold-blooded) (*animal*); F *avoir le* ~ *chaud* be quick-tempered; ✿ *coup m de* ~ (apoplectic) fit; *droit m du* ~ birthright; ✿ *écoulement m de* ~ h(a)emorrhage; *être tout en* ~ be covered with blood; *se faire du mauvais* ~ worry; ~-**froid** [~'frwa] *m* composure, self-control; *de* ~ *in* cold blood, cold-bloodedly; *accompli de* ~ cold-blooded (*murder etc.*).

sanglant, e [sã'glã, ~'glãːt] bloody; blood-covered; blood-red; *fig.* bitter (*attack, criticism, tears, etc.*); deadly (*insult*).

sangle [sãːgl] *f* strap; (*saddle-*)girth; ̂t *m de* ~ camp-bed; **sangler** [sã'gle] (1a) *v/t.* strap; girth (*a horse*); strike (*s.o.*); fasten the webbing on (*a bed, a chair*).

sanglier *zo.* [sãgli'e] *m* wild boar.

sanglot [sã'glo] *m* sob; **sangloter** [~glɔ'te] (1a) *v/i.* sob.

sangsue *zo.*, *fig.* [sã'sy] *f* leech.

sanguin, e [sã'gɛ̃, ~'gin] blood...; of blood; full-blooded (*person*); red-faced (*person*); **sanguinaire** [~gi'nɛːr] **1.** *adj.* bloodthirsty (*person*); bloody (*fight*); **2.** *su./f* ♀ blood-root; **sanguine** [~'gin] *f* blood-orange; red h(a)ematite, red chalk; *min.* bloodstone; paint. red chalk (drawing); **sanguinolent, e** [~ginɔ'lã, ~'lãːt] blood-red; ✿ sanguinolent.

sanie 𝕤 [sa'ni] *f* pus, F matter; **sanieux, -euse** 𝕤 [‿'njø, ‿'njø:z] sanious.

sanitaire [sani'tɛ:r] **1.** *adj.* sanitary; ✕ hospital (*train*), ambulance (*aeroplane*); **2.** *su./m* (*a. ‿s pl.*) sanitation; (bathroom) plumbing; bathroom.

sans [sɑ̃] *prp.* without; free from *or* of; ...less; un...; ‿ hésiter without hesitating *or* hesitation; *non ‿ peine* not without difficulty; ‿ *plus tarder* without further delay; ‿ *bretelles* strapless; ‿ *cesse* ceaseless; ‿ *doute* doubtless, no doubt; ‿ *exemple* unparalleled; ‿ *faute* without fail; faultless; ‿ *le sou* penniless; ‿ *que* (*sbj.*) without (*ger.*); ‿ *cela*, ‿ *quoi* but for that; *see mot*; **‿-abri** [‿za'bri] *m/inv.* homeless person; **‿-atout** [‿za'tu] *m* cards: no trumps; **‿-cœur** F [‿'kœ:r] *su./inv.* heartless person; **‿-culotte** *hist.* [‿ky'lɔt] *m* sansculotte (= *extreme republican*); **‿-façon** [‿fa'sɔ̃] *m/inv.* straightforwardness, bluntness; **‿-fil** [‿'fil] *f/inv.* wireless message; **‿-filiste** [‿fi'list] *su.* wireless enthusiast; wireless operator; **‿-gêne** [‿'ʒɛn] *su./inv.* off-handed *or* unceremonious person; *su./m/ inv. pej.* off-handedness; F cheek; **‿-le-sou** [‿lə'su] *su./inv.* penniless person.

sansonnet *orn.* [sɑ̃so'nɛ] *m* starling. **sans...:** **‿-parti** *pol.* [‿par'ti] *su./inv.* independent; **‿-souci** [‿su'si] *adj./inv.* carefree; unconcerned; **‿-travail** [‿tra'vaj] *su./inv.* jobless person.

santal, *pl.* **-als** 𝕢 [sɑ̃'tal] *m* sandalwood.

santé [sɑ̃'te] *f* health; *à votre ‿!* cheers!; your health!; *être en bonne ‿* be well; *maison f de ‿* private hospital, nursing home; mental hospital; *médecin m de (la) ‿* medical officer of health, F M.O.H.; *service m de (la) ‿* Health Service, ✕ medical service, ⚓ quarantine service.

saoul [su] *see* soûl.

sape [sap] *f* ✕ *etc.* sap(ping); undermining (*a. fig.*); **saper** [sa'pe] (1a) *v/t.* sap, undermine (*a. fig.*).

sapeur ✕ [sa'pœ:r] *m* sapper; pioneer; **‿-pompier**, *pl.* **‿s-pompiers** [‿pœrpɔ̃'pje] *m* fireman; *sapeurs-pompiers pl.* fire-brigade.

saphir *min.*, *a. orn.* [sa'fi:r] *m* sap-

phire; **saphirine** *min.* [‿fi'rin] *f* sapphirine.

sapientiaux *bibl.* [sapjɑ̃'sjo] *adj./m/ pl.*: *Livres m/pl.* ♀ wisdom-literature *sg.*

sapin [sa'pɛ̃] *m* ♀ fir(-tree), spruce; ✝ deal; F coffin; *faux ‿* pitch-pine; F *toux f qui sent le ‿* churchyard cough; **sapinière** ♀ [‿pi'nje:r] *f* fir-plantation.

saponacé, e [sapona'se] saponaceous, soapy; **saponaire** ♀ [‿'nɛ:r] *f* saponaria, *usu.* soapwort; **saponifier** [‿ni'fje] (1o) *v/t. a. se ‿* saponify.

sapristi! ✝ F [sapris'ti] *int.* Good Lord!; hang it!

sarbacane [sarba'kan] *f* blow-pipe.

sarcasme [sar'kasm] *m* sarcasm; sarcastic remark; **sarcastique** [‿kas'tik] sarcastic.

sarcelle *orn.* [sar'sɛl] *f* teal.

sarclage 🖉 [sar'kla:ʒ] *m* weeding; **sarcler** [‿'kle] *v/t.* 🖉 weed; hoe (up); *fig.* weed out; **sarcloir** 🖉 [‿'klwa:r] *m* hoe; **sarclure** 🖉 [‿'kly:r] *f* (uprooted) weeds *pl.*

sarcome [sar'ko:m] *m* sarcoma.

sarcophage [sarko'fa:ʒ] *m* sarcophagus.

sarde [sard] **1.** *adj.* Sardinian; **2.** *su./m ling.* Sardinian; *su.* ♀ Sardinian; **sardine** [sar'din] *f* *icht.* pilchard; ✝ sardine; ✕ F N.C.O.'s stripe; **sardinerie** [‿din'ri] *f* sardine-packing factory *etc.*; **sardinier, -ère** [‿di'nje, ‿'nje:r] *su.* sardine fisher; sardine packer *or* curer; *su./m* sardine-net; sardine-boat. [*bibl.* sardine stone.]

sardoine *min.* [sar'dwan] *f* sard;⎱

sardonique [sardo'nik] sardonic.

sargasse ♀ [sar'gas] *f* sargasso.

sarigue *zo.* [sa'rig] *m* sarigue; *South America*: opossum.

sarment ♀ [sar'mɑ̃] *m* vine-shoot; bine; **sarmenteux, -euse** ♀ [‿mɑ̃'tø, ‿'tø:z] sarmentous; *vine*: climbing.

sarrasin, e [sara'zɛ̃, ‿'zin] **1.** *adj. hist.* Saracen; **2.** *su. hist.* ♀ Saracen; *su./m* 🖉 buckwheat; *su./f* ✕, ⚔ portcullis.

sarrau, *pl.* *a.* **-s** *cost.* [sa'ro] *m* overall, smock.

sarriette ♀ [sa'rjɛt] *f* savory.

sas ⊕ [sɑ] *m* sieve, riddle, screen; (*air*-)lock; lock-chamber; ⚓ submarine: flooding-chamber; *passer au ‿* sift, bolt (*s.th.*).

sasse [sɑːs] *f* ⚓ bailing-scoop, bailer; ⊕ *flour*: bolter.

sassement [sɑsˈmɑ̃] *m* ⚓ passing through a lock; ⊕ sifting, screening, *flour etc.*: bolting; **sasser** [sɑˈse] (1a) *v/t.* ⚓ pass (*a boat*) through a lock; ⊕ sift (*a. fig.*), screen, bolt (*flour etc.*); jig (*ore*); *fig.* examine in detail.

satané, e F [sataˈne] confounded; **satanique** [∼ˈnik] satanic; *fig.* diabolical.

satellisation [satɛlizaˈsjɔ̃] *f* satellite: putting into orbit; *fig.* making into or becoming a satellite; **satelliser** [∼liˈze] (1a) *v/t.* put (*a satellite*) into orbit; *fig.* make a satellite of (*a country etc.*); **satellite** [∼ˈlit] *m astr., phys., a. fig.* satellite.

satiété [sasjeˈte] *f* satiety; *à ∼ to* repletion, to satiety.

satin ✝, *tex.* [saˈtɛ̃] *m* satin; *bois m de ∼* satinwood; **satinade** ✝, *tex.* [satiˈnad] *f silk*: satinette; **satinage** [∼ˈnaːʒ] *m* ⊕ glazing; *tex.* satining; *paper*: surfacing; *phot. print*: burnishing; **satiné, e** [∼ˈne] 1. *adj.* satiny; glazed (*leather, paper*); *geol.* satin-(*spar, stone*); 2. *su./m* gloss; **satiner** [∼ˈne] (1a) *v/t.* satin, glaze; surface (*paper*); press (*linen, paper*); *phot.* burnish; **satinette** ✝, *tex.* [∼ˈnɛt] *f* (*cotton*) satinette, sateen; **satineur, -euse** *tex.* [∼ˈnœːr, ∼ˈnøːz] *su.* satiner, glazer; *su./f* satining-machine, glazing-machine.

satire [saˈtiːr] *f* satire (on, *contre*); lampoon; satirizing; **satirique** [satiˈrik] 1. *adj.* satiric(al); 2. *su./m* satirist; **satiriser** [∼riˈze] (1a) *v/t.* satirize.

satisfaction [satisfakˈsjɔ̃] *f* satisfaction (*a. fig.*); *fig.* amends *pl.* (for *pour, de); eccl.* atonement (for, *de*); **satisfaire** [∼ˈfɛːr] (4r) *v/t.* satisfy (*a. fig.); fig.* make amends to (*s.o.*); *eccl.* make atonement; *à* satisfy; *fig.* meet (*an objection etc.*); *fig.* fulfil (*a duty*); **satisfaisant, e** [∼fəˈzɑ̃, ∼ˈzɑ̃ːt] satisfactory, satisfying; **satisfait, e** [∼ˈfɛ, ∼ˈfɛt] satisfied, pleased (with, *de*).

saturable ⚗, *phys.* [satyˈrabl] saturable; **saturer** [∼ˈre] (1a) *v/t.* ⚗, *phys.* saturate (with, *de); fig.* satiate.

saturnin, e ⚕ [satyrˈnɛ̃, ∼ˈnin]

lead-...; **saturnisme** ⚕ [∼ˈnism] *m* lead-poisoning.

satyre [saˈtiːr] *m myth.* satyr; *zo.* satyr butterfly.

sauce [soːs] *f cuis., a. tobacco:* sauce; *cuis.* gravy; *drawing:* lamp-black; *∼ tomate* tomato sauce; F *dans la ∼ in* the soup; **saucée** F [soˈse] *f rain:* downpour; F *fig.* dressing-down, F telling-off; **saucer** [∼ˈse] (1k) *v/t.* dip (*s.th.*) in the sauce; soak (F *fig.*); F scold, tell (*s.o.*) off; **saucière** [∼ˈsjɛːr] *f* sauce-boat; gravy-boat.

saucisse [soˈsis] *f* (*fresh*) sausage; *sl.* fat-head; idiot; F *ne pas attacher son chien avec des ∼s* be careful with one's money.

saucisson [sosiˈsɔ̃] *m* (*dry, smoked, etc.*) sausage; **saucissonnage** F *fig.* [∼sɔˈnaːʒ] *m* splitting (up); **saucissonner** F [∼sɔˈne] (1a) *v/i.* have a snack; picknick.

sauf, sauve [sof, soːv] 1. *adj.* safe, unhurt; unscathed; 2. *sauf prp.* except, but; save; in the absence of; *∼ à* (*inf.*) subject to (*ger.*); *∼ erreur ou omission* errors and omissions excepted; *∼ imprévu* except for unforeseen circumstances; *∼ que* (*sbj.*) except that (*ind.*); **∼-conduit** [sofkɔ̃ˈdɥi] *m* safe-conduct, pass.

sauge ♀, *cuis.* [soːʒ] *f* sage.

saugrenu, e [sogrəˈny] preposterous, ridiculous.

saulaie ♀ [soˈle] *f* willow-plantation; **saule** ♀ [soːl] *m* willow; *∼ pleureur* weeping willow; **saulée** [soˈle] *f* row of willows.

saumâtre [soˈmɑːtr] brackish; F nasty; sour (*person*).

saumon [soˈmɔ̃] 1. *su./m icht.* salmon; ⊕ *lead:* pig; ⊕ *metal:* ingot, block; 2. *adj./inv.* salmon-pink; **saumoné, e** [somɔˈne] salmon; *icht. truite f ∼e* salmon-trout; **saumoneau** *icht.* [∼ˈno] *m* young salmon; parr.

saumure [soˈmyːr] *f* pickling brine; pickle; **saumurer** [∼myˈre] (1a) *v/t.* pickle in brine; brine (*anchovies, meat*).

sauna [soˈna] *m* sauna.

saupoudrage [sopuˈdraːʒ] *m* sprinkling; *fig.* scattering; **saupoudrer** [∼ˈdre] (1a) *v/t.* sprinkle, powder (with, *de*); dust (with, *de); fig.* scatter; *fig.* stud (*the sky, a speech*) (with, *de*); **saupoudreuse** [∼ˈdrøːz] *f*,

saupoudroir [~'drwa:r] *m* sprinkler. [herring.⟩

saur [sɔ:r] *adj./m:* hareng *m* ~ red⟩

saurai [sɔ're] *1st p. sg. fut.* of **savoir** 1.

saurer [so're] (1a) *v/t.* kipper, cure (*herrings*); **sauret** [~'rɛ] *adj./m* lightly cured (*herring*); **saurin** [~'rɛ̃] *m* bloater.

saut [so] *m* leap, jump; (*water*)fall; *sp.* ~ *à la perche* pole-jump; *sp.* ~ *d'ange* swallow-dive; *sp.* ~ *de mains* hurdling; *sp.* ~ *en hauteur (longueur)* high (long) jump; ~ *en parachute* parachute jump; *sp.* ~ *périlleux* somersault; F *au* ~ *du lit* on getting out of bed; *faire le* ~ give way; *take the plunge;* F *faire un* ~ *chez* pop round to (*a shop etc.*); *par* ~*s et par bonds* by leaps and bounds; *fig.* jerkily; ~**-de-lit,** *pl.* ~**s-de-lit** *cost.* [~d'li] *m* dressing-gown; **saute** [so:t] *f* price, temperature; jump; sudden change; *wind, a. fig.:* shift; **saute-mouton** *etc.* [sotmu'tõ] *m* leap-frog; *jouer à* ~ play leapfrog; **sauter** [so'te] (1a) 1. *v/i.* jump, leap (*a. fig.* for joy, *de joie*); ⚓ shift, veer (*wind*); blow up (*explosive, mine, etc.*); ⚡ blow (*fuse*); ✝ go bankrupt, fail; ~ *aux yeux* be obvious; *faire* ~ blow (*s.th.*) up; ⚡ blow (*a fuse*); burst (*a boiler*); blast (*a rock*); spring (*a trap*); burst (*a button, a lock*); *fig.* dismiss, F fire (*an official*); *fig. mot.* bring down (*the government*); *v/t.* jump (over), leap (over); *fig.* skip, omit; ⚡ blow (*a fuse*); toss (*a child, a. cuis. a pancake*); *cuis.* fry quickly; **sauterelle** [~'trɛl] *f zo.* grasshopper; F *fig.* (*a. grande* ~) beanpole; **sauterie** [~'tri] *f* jumping, hopping; F (*informal*) dance, F hop; **sauteur, -euse** [~'tœ:r, ~'tø:z] 1. *adj.* jumping, leaping; *fig.* unreliable (*person*); 2. *su.* jumper (*a. sp.*), leaper; *circus:* tumbler; *fig.* unreliable individual; *su./f cuis.* shallow pan; **sautiller** [~ti'je] (1a) *v/i.* hop, jump (about); throb (*heart*); *fig.* be jerky (*style*).

sautoir [so'twa:r] *m sp.* hurdle; St. Andrew's cross, ⬚ saltire; *cost.* neckerchief (*worn crossed in front*); long chain worn round the neck; *en* ~ diagonal; *porter en* ~ wear (*s.th.*) crosswise; carry (*a haversack etc.*) with the straps crossed over the chest; *porter un ordre en* ~ wear an order round one's neck.

sauvage [so'va:ʒ] 1. *adj.* wild (*a. zo., a.* ⚘, *a. fig.*); savage; *fig.* shy; *fig.* unsociable; *fig.* unauthorized, illegal; wildcat (*strike*); 2. *su.* (*f a. sauvagesse* [~va'ʒɛs]) savage; unsociable person; **sauvageon** ⚘ [~va'ʒõ] *m* wilding; *grafting:* wild stock; **sauvagerie** [~vaʒ'ri] *f* savagery; *fig.* unsociability; shyness; **sauvagine** [~va'ʒin] *su./f* coll. *orn.* waterfowl *pl.;* ✝ common pelts *pl.*

sauvegarde [sov'gard] *f* safeguard (*a. fig.*), protection; safety; safe-conduct; ⚓ life-line; **sauvegarder** [~gar'de] (1a) *v/t.* safeguard, protect; keep up (*appearances*).

sauve-qui-peut [sovki'pø] *m* stampede; headlong flight; **sauver** [so've] (1a) *v/t.* save, rescue (from, *de*); keep up (*appearances*); ⚓ salvage, salve; *sauve qui peut!* every man for himself!; *se* ~ escape (from, *de*); ✝ recoup o.s.; *fig.* run away, F clear out, *Am.* F beat it; **sauvetage** [sov'ta:ʒ] *m* life-saving; rescue; ⚓ salvage; *bateau m* (*or canot m*) *de* ~ lifeboat; *ceinture f de* ~ lifebelt; **sauveteur** [~'tœ:r] 1. *su./m* rescuer; lifeboatman; ⚓ salvager; 2. *adj.: bateau m* ~ lifeboat; ⚓ salvage vessel; **sauvette** [so'vɛt]: *à la* ~ hurriedly, hastily, with undue haste; unauthorized, illicit (*hawking etc.*); hawk *etc.* illicitly, without authorization; **sauveur** [so'vœ:r] *m* saver, preserver; *eccl.* ♀ Savio(u)r, Redeemer.

savamment [sava'mã] *adv.* learnedly; knowingly, wittingly; with full knowledge.

savane ⚘ [sa'van] *f* savanna(h).

savant, e [sa'vã, ~'vã:t] 1. *adj.* learned (*in, en*); scholarly, erudite; performing (*dog*); *fig.* clever, skilful; 2. *su.* scholar; scientist.

savate [sa'vat] *f* old shoe; *sp.* French or foot boxing; F bungler, clumsy workman; F *traîner la* ~ be down at heel; **savetier** ✝ [sav'tje] *m* cobbler.

saveur [sa'vœ:r] *f* flavo(u)r, taste; *fig.* zest, pungency; *sans* ~ insipid, tasteless.

savoir [sa'vwa:r] 1. (3i) *v/t.* know (of), be aware of, know how; be able to; learn, get to know; ~ *l'anglais* know English; ~ *vivre* know how to behave; *autant (pas) que je sache* as far as I know (not that I know of); *faire* ~ *qch. à q.* inform s.o. of s.th.; *je ne saurais* (*inf.*) I cannot (*inf.*), I could not (*inf.*); *ne ~ que* (*inf.*) not to know what to (*inf.*); *sans le ~* unintentionally; *v/i.* know; know how; (*à*) *~* to wit, namely; *c'est à ~* that remains to be seen; **2.** *su./m* knowledge, learning, erudition, scholarship; **~-faire** [savwar'fɛːr] *m/inv.* ability; know-how; skill(s *pl.*); **~-vivre** [~'viːvr] *m/inv.* good manners *pl.*; (good) breeding.

savon [sa'võ] *m* soap; F *fig.* rebuke, F telling-off; *~ à barbe* shaving-soap; *~ de Marseille* yellow soap, scrubbing-soap; *bulle f de ~* soap bubble; *donner un coup de ~ à* give (*s.th.*) a wash; *passer un ~ à q.* dress s.o. down, F tell s.o. off; *pain m de ~* cake of soap; **savonnage** [savo'naːʒ] *m* washing, soaping; **savonner** [~'ne] (1a) *v/t.* soap; wash (*clothes*); lather (*one's face before shaving*); F dress (*s.o.*) down; *se ~* wash; **savonnette** [savo'nɛt] *f* cake of soap; **savonneux, -euse** [~'nø, ~'nøːz] soapy; **savonnier, -ère** [~'nje, ~'njɛːr] **1.** *adj.* soap...; **2.** *su./m* soap-maker; soap-berry(-tree).

savourer [savu're] (1a) *v/t.* enjoy; *fig.* savo(u)r; **savoureux, -euse** [~'rø, ~'røːz] tasty, savo(u)ry; *fig.* enjoyable; *fig.* racy (*story*).

savoyard, e [savwa'jaːr, ~'jard] *adj., a. su.* ♀ Savoyard.

saxe [saks] *m* Dresden china.

saxifrage ♀ [saksi'fraːʒ] *f* saxifrage.

saxon, -onne [sak'sõ, ~'sɔn] *adj., a. su.* ♀ Saxon.

saynète *thea.* [sɛ'nɛt] *f* sketch; short comedy.

sbire [sbiːr] *m* henchman; F cop (= *policeman*).

scabieux, -euse [ska'bjø, ~'bjøːz] *adj., a. su./f* scabious.

scabreux, -euse ♀ [ska'brø, ~'brøːz] *fig.* scabrous (*behaviour, tale*); risky, difficult, F ticklish (*work*); delicate (*question*); indelicate (*allusion*); rough (*path*).

scaferlati [skaferla'ti] *m* ordinary cut tobacco.

scalène ♀, *anat.* [ska'lɛn] *adj., a. su./m* scalene.

scalpe [skalp] *m* trophy: scalp.

scalpel ♀ [skal'pɛl] *m* scalpel.

scandale [skã'dal] *m* scandal; *fig.* disgrace, shame; *faire ~* create a

scandal; **scandaleux, -euse** [skã-da'lø, ~'løːz] scandalous, disgraceful; notorious; **scandaliser** [~li'ze] (1a) *v/t.* shock, scandalize; *se ~ de* be shocked at.

scander [skã'de] (1a) *v/t.* scan (*a verse*); ♪ stress; *fig.* punctuate (with, *de*).

scandinave [skãdi'naːv] *adj., a. su.* ♀ Scandinavian.

scaphandre [ska'fãːdr] *m* diving suit; space suit; *~ autonome* aqualung; *casque m de ~* diver's helmet; **scaphandrier** [~fãdri'e] *m* deep-sea diver.

scapulaire [skapy'lɛːr] *adj. anat., a. su./m eccl.* scapular.

scarabée *zo.* [skara'be] *m* beetle; *hist. Egypt:* scarab.

scarificateur [skarifika'tœːr] *m* ♪ scarifier; ♣ scarificator; **scarifier** [~'fje] (1o) *v/t.* scarify.

scarlatine ♣ [skarla'tin] *f* (*a. fièvre f ~*) scarlet fever.

scélérat, e [sele'ra, ~'rat] **1.** *adj.* villainous (*person*); outrageous (*act*); **2.** *su.* villain, scoundrel; **scélératesse** [~ra'tɛs] *f* villainy.

scellé ⚖ [se'le] *m* seal; **sceller** [~] (1a) *v/t.* seal; ♣ ratify (*a pact etc., in concrete etc.*); ⚓ bed (*a post etc., in concrete etc.*); plug (*a nail in the wall etc.*).

scénario [sena'rjo] *m thea., cin.* scenario; *cin.* script; *cin.* screenplay; *fig. le ~ habituel* the usual pattern; **scénariste** [~'rist] *su.* scenario writer; *cin.* script-writer; **scène** [sɛn] *f thea.* stage; *fig.* drama; *play, a.* F *fig.*: scene; *fig. faire une ~* create a scene; *mettre en ~* stage (*a play*); *mise f en ~* production; (*stage*) setting; **scénique** [se'nik] scenic; stage...; *indications f/pl. ~s* stage directions.

sceptique [sɛp'tik] **1.** *adj.* sceptical, *Am.* skeptical; **2.** *su.* sceptic, *Am.* skeptic.

sceptre [sɛptr] *m* sceptre; *fig.* power.

schéma [ʃe'ma] *m* diagram; (sketch-) plan; design; **schématique** [~ma-'tik] schematic.

schisme [ʃism] *m* schism.

schiste *geol.* [ʃist] *m* shale, schist; **schisteux, -euse** *geol.* [ʃis'tø, ~'tøːz] schistose; *coal:* slaty.

schlague [ʃlag] *f* ✗ † flogging; beating.

schlitte [ʃlit] f wood-sledge (for transport of lumber down mountain); Am. dray; **schlitteur** [ʃli'tœːr] m lumberman (in charge of a schlitte).

schnaps F [ʃnaps] m brandy.

schnock sl. [ʃnɔk] m (old) fathead.

schooner ⚓ [sku'nœːr] m schooner.

sciable ⊕ [sjabl] fit for sawing; **sciage** ⊕ [sjaːʒ] m sawing; (a. bois m de ~) sawn timber; **sciant, e** F [sjã, sjãːt] boring; fig. irritating.

sciatique ⚕ [sja'tik] **1.** adj. sciatic; **2.** su./m sciatic nerve; su./f sciatica.

scie ⊕ [si] f saw; sl. bore, nuisance; fig. catchword, cliché; fig. catch tune, hit tune; ~ à chantourner compass-saw; ~ à main hand-saw; ~ à manche pad-saw; ~ à ruban band-saw; ~ circulaire circular saw, Am. buzz-saw; trait m de ~ sawcut.

sciemment [sja'mã] adv. knowingly, intentionally; **science** [sjãːs] f knowledge, learning; science; ~s pl. naturelles natural science sg.; homme m de ~ scientist, man of science; **science-fiction** [sjãsfik'sjõ] f science fiction; **scientifique** [sjãti'fik] **1.** adj. scientific; **2.** su. scientist.

scier [sje] (1o) v/t. ⊕ saw; ⚘ saw off (a branch); F ~ le dos à bore (s.o.); stiff; **scierie** ⊕ [si'ri] f saw-mill; **scieur** [sjœːr] m ⊕ sawyer; ~ de long pit sawyer.

scille [sil] f ⚘ scilla; ⚕ squills pl.

scindement [sɛ̃d'mã] m splitting up; **scinder** [sɛ̃'de] (1a) v/t. split up, divide; se ~ split (pol. party).

scintillation [sɛ̃tila'sjõ] f, **scintillement** [~tij'mã] m sparkling, scintillation (a. fig.); star: twinkling; cin. flicker(ing); **scintiller** [~ti'je] (1a) v/i. sparkle, scintillate (a. fig.); twinkle (star); cin. flicker.

scion [sjõ] m ⚘ shoot, scion; fishing-rod: tip.

scirpe ⚘ [sirp] m bulrush, club-rush.

scissile min. [si'sil] scissile; **scission** [~'sjõ] f scission, split, division; faire ~ secede; **scissipare** biol. [sisi'paːr] fissiparous, scissiparous; **scissiparité** biol. [~pari'te] f fissiparity, scissiparity; **scissure** anat. etc. [si'syːr] f fissure, cleft.

sciure ⊕ [sjyːr] f (saw)dust.

scléreux, -euse ⚕ [skle'rø, ~'røːz] sclerous; **sclérose** ⚕ [~'roːz] f ⚕

sclerosis; fig. ossification; **sclérosé, e** [~rɔ'ze] ⚕ sclerotic; fig. ossified; **sclérotique** anat. [~'tik] adj., a. su./f sclerotic.

scolaire [skɔ'lɛːr] school...; **scolariser** [~lari'ze] (1a) v/t. provide with schools or schooling; **scolarité** [~lari'te] f schooling; années f/pl. de ~ school years; **scolastique** phls. [~las'tik] **1.** adj. scholastic; **2.** su./m scholastic, schoolman; su./f scholasticism.

scolopendre [skɔlɔ'pãːdr] f zo. centipede; ⚘ hart's-tongue.

sconse † [skõːs] m skunk (fur).

scooter [sku'tœːr] m scooter.

scorbut ⚕ [skɔr'by] m scurvy; **scorbutique** ⚕ [~by'tik] adj., a. su. scorbutic.

score sp. [skɔr] m score.

scorie [skɔ'ri] f slag, scoria; iron: dross.

scorpion [skɔr'pjõ] m zo. scorpion; astr. le ♏ Scorpio, the Scorpion.

scorsonère ⚘ [skɔrsɔ'nɛːr] f scorzonera, black salsify.

scout, e [skut] **1.** su./m boy-scout; **2.** adj. scout...; **scoutisme** [sku'tism] m boy-scout movement, scouting.

scribe [skrib] m hist. (Jewish) scribe; copyist; F pen-pusher.

script cin. [skript] m film-script; **~-girl** cin. [~'gœːrl] f continuity-girl.

scriptural, e, m/pl. **-aux** [skripty'ral, ~'ro] scriptural; † monnaie f ~e deposit currency.

scrofulaire ⚘ [skrɔfy'lɛːr] f fig-wort; **scrofule** [~'fyl] f scrofula; **scrofuleux, -euse** ⚕ [~fy'lø, ~'løːz] scrofulous (person); strumous (tumour).

scrupule [skry'pyl] m weight, a. fig.; scruple; avoir des ~s à (inf.) have scruples about (ger.); sans ~ unscrupulous(ly adv.); **scrupuleux, -euse** [~py'lø, ~'løːz] scrupulous (about, over sur); punctilious; peu ~ unscrupulous.

scrutateur, -trice [skryta'tœːr, ~'tris] **1.** adj. searching; **2.** su./m scrutinizer, investigator; pol. etc., ballot etc.: teller; **scruter** [~'te] (1a) v/t. scrutinize; investigate; search (one's memory); **scrutin** [~'tɛ̃] m poll; admin. vote; voting; ~ public (secret) open (secret) vote;

dépouiller le ~ count the votes; tour m de ~ ballot.

sculpter [skyl'te] (1a) v/t. sculpture, carve (out of, dans); **sculpteur** [~'tœːr] m sculptor; ~ sur bois wood-carver; **sculpture** [~'tyːr] f sculpture; ~ sur bois wood-carving.

se [sə] **1.** pron./rfl. oneself; himself, herself, itself; themselves; to express passive: ~ vendre be sold; ~ roser be(come) pink; **2.** pron./recip. each other, one another.

séance [se'ãːs] f seat; sitting (a. paint.), session, meeting; cin. performance; ~ plénière (de clôture) plenary (closing) session; fig. ~ tenante immediately; **séant, e** [~'ã, ~'ãːt] **1.** adj. in session, sitting; fig. seemly, fitting; becoming (to, à); **2.** su./m F posterior; se mettre sur son ~ sit up (in bed).

seau [so] m pail, bucket; biscuit: barrel; ~ à charbon coal-scuttle; F il pleut à ~x it is raining in bucketfuls.

sébacé, e ✶ [seba'se] sebaceous.

sébile [se'bil] f wooden bowl.

sec, sèche [sek, seʃ] **1.** adj. dry (a. wine, fig. remark); dried (cod, raisins); lean (person, horse); sharp (blow, answer, remark, tone); fig. harsh, unsympathetic; barren; dead (loss); split (peas); hard (cash); cards: bare (ace, king, etc.); **2.** sec adv.: boire ~ drink neat; drink hard; brûler ~ burn like tinder; parler ~ not to mince one's words; rire ~ laugh harshly; à ~ dry; dried up; F hard-up, broke; **3.** su./m être à ~ be dried (up); be dry; F be broke; mettre à ~ dry (up or out); drain; F clean (s.o.) out; **4.** su./f ⚓ flat; sl. fag (= cigarette); sl. piquer une sèche be stumped (in oral examination), get no marks (in examination).

sécante ⚓ [se'kãːt] f secant; **sécateur** ✶ [~ka'tœːr] m pruning shears pl., secateurs pl.

sécession [sesε'sjõ] f secession; faire ~ secede (from, de); **sécessionniste** [~sjɔ'nist] adj., a. su. secessionist.

séchage [se'ʃaːʒ] m drying; ⊕ wood: seasoning; F univ. lecture: cutting; **sèche-cheveux** [seʃə'ʃvø] m/inv. hair-drier; **sécher** [se'ʃe] (1f) v/i. (become) dry; F waste away (with, de); F be stumped (in an ex-

amination); sl. smoke; faire ~ dry; ⊕ season (wood); v/t. dry; ⊕ season (wood); F univ. cut (a lecture); F fail (a candidate); **sécheresse** [seʃ'res] f dryness; drought; person, horse: leanness; answer, remark, tone: curtness; fig. heart: coldness; fig. style etc.: bareness; **sécherie** [~'ri] f drying-floor; machine: drier; ✶ seed-kiln; **sécheur** ⊕ [se'ʃœːr] m drier; **sécheuse** ⊕ [se'ʃøːz] f steam-drier; **séchoir** [~'ʃwaːr] m ⊕ drying-room; drying-ground; ⊕ drier; clotheshorse, airer.

second, e [sə'gõ, ~'gõːd] **1.** adj. second (a. fig.); **2.** su. (the) second; su./m second in command, principal assistant; ⚓ first mate, first officer, sl. number one; box., a. duel: second; ⚓ second floor, Am. third floor; ⚓ ~ maître petty officer; su./f ♪, ♫, time: second; ⚓ second (class); secondary school: (approx.) fifth form; typ. revise; **secondaire** [səgõ'dεːr] **1.** adj. secondary; fig. a. subordinate, minor; **2.** su./m ✶ secondary winding; **seconder** [~'de] (1a) v/t. second, support; further (s.o.'s interests).

secouer [sə'kwe] (1p) v/t. shake (a. fig.); shake down or off; knock out (a pipe); F fig. rouse (s.o.); F se ~ get a move on; rouse o.s.

secourable [səku'rabl] helpful; ready to help; **secourir** [~'riːr] (2i) v/t. aid, succo(u)r, help; **secouriste** [~'rist] su. first-aid worker; voluntary ambulance worker; **secours** [sə'kuːr] m help, assistance, aid; ✕ ~ pl. relieving force sg., relief troops; au ~! help! be ~ relief—...; spare (wheel); emergency (exit, landing-ground); ✕, ✶ premier ~ first aid.

secousse [sə'kus] f bump, jolt, jerk; ⚡, a. fig. shock.

secret, -ète [sə'krε, ~'krεt] **1.** adj. secret, concealed; fig. reticent; **2.** su./m secret; secrecy; ⚖ solitary confinement; ⊕ desk etc.: secret spring; ~ postal secrecy of correspondence; en ~ in secret, in secrecy; privately; su./f prayer: secret; **secrétaire** [səkre'tεːr] su. person: secretary; su./m furniture: secretaire, writing-desk; orn. secretary-bird; ~ d'État Secretary of State; ~ particulier private secretary;

secrétairerie [ˌtɛrəˈri] f secretary's staff; secretariat; *pol.* chancery, registry; **secrétariat** [ˌtaˈrja] m secretariat, secretary's office; secretaryship.

sécréter *physiol.* [sekreˈte] (1f) *v/t.* secrete; **sécréteur, -trice** or **-euse** *physiol.* [ˌˈtœːr, ˌˈtris, ˌˈtøːz] secretory; **sécrétion** *physiol.* [ˌˈsjõ] f secretion; **sécrétoire** *physiol.* [ˌˈtwaːr] secretory.

sectaire [sɛkˈtɛːr] *adj.*, *a. su.* sectarian; **secte** [sɛkt] f sect.

secteur [sɛkˈtœːr] m Å, ⊕, ✕, *astr.* sector; *admin.* district, area; ⚡ mains *pl.*; ⚓ (steering-)quadrant.

section [sɛkˈsjõ] f section (*a.* Å, △); cutting, docking; ✕ *infantry:* platoon, *artillery:* section; ✕ *ammunition:* column; ⚓ subdivision; *admin.* branch; *bus, tram:* stage; *admin.* ~ de vote polling-district; **sectionnel, -elle** [sɛksjɔˈnɛl] sectional; **sectionner** [ˌˈne] (1a) *v/t.* divide into sections; cut, sever.

séculaire [sekyˈlɛːr] secular (= *once in 100 years*); century-old; *fig.* time-hono(u)red, ancient; **séculariser** [ˌlariˈze] (1a) *v/t.* secularize; convert (*a church etc.*) to secular use; **sécularité** [ˌlariˈte] f secularity; *eccl.* secular jurisdiction; **séculier, -ère** [ˌˈlje, ˌˈljɛːr] *adj.*, *su./m* secular.

sécuriser [sekyriˈze] (1a) *v/t.* give (*s.o.*) a feeling of security, make (*s.o.*) feel (more) secure; **sécurité** [ˌˈte] f security; *admin.*, *mot.*, *a.* ⚡ safety; *pol.* ~ collective collective security; ~ routière road safety; ⊕ *etc.* de ~ safety ... [*a. su./m* sedative.⟩

sédatif, -ve ✗ [sedaˈtif, ˌˈtiːv] *adj.*,⟩

sédentaire [sedɑ̃ˈtɛːr] sedentary (*life, profession*); settled, sedentary (*people etc.*); settled, fixed; *orn.* non-migrant; **sédentariser** [ˌtariˈze] (1a) *v/t.* make sedentary, settle (*a tribe etc.*).

sédiment [sediˈmɑ̃] m sediment, deposit; **sédimentaire** *geol. etc.* [ˌmɑ̃ˈtɛːr] sedimentary; aqueous (*rock*); **sédimentation** [ˌmɑ̃taˈsjõ] f sedimentation.

séditieux, -euse [sediˈsjø, ˌˈsjøːz] **1.** *adj.* seditious; mutinous; **2.** *su.* seditionist, fomenter of sedition; **sédition** [ˌˈsjõ] f sedition; en ~ in revolt.

séducteur, -trice [sedykˈtœːr, ˌˈtris] **1.** *adj.* seductive, alluring; tempting (*look, word*); **2.** *su.* seducer; **séductible** [ˌˈtibl] seducible; **séduction** [ˌˈsjõ] f seduction (*a.* ⚖); *fig.* attraction; **séduire** [seˈdɥiːr] (4h) *v/t.* seduce (*a.* ⚖); suborn, bribe (*a witness*); *fig.* attract (*s.o.*), fascinate (*s.o.*); **séduisant, e** [ˌdɥiˈzɑ̃, ˌˈzɑ̃ːt] seductive, tempting; *fig.* attractive, fascinating.

segment [sɛgˈmɑ̃] m Å, *zo.* segment; ⊕ (*piston-*)ring; *caterpillar tyre:* joint; **segmentaire** [ˌmɑ̃ˈtɛːr] Å segmentary; △, *anat.* segmental; **segmenter** [ˌmɑ̃ˈte] (1a) *v/t. a. se* ~ segment, divide into segments.

ségrégation [segregaˈsjõ] f segregation (*a. pol.*); isolation; **ségrég(u)é, e** [ˌˈge] segregated.

seiche *zo.* [sɛʃ] f cuttle-fish; os m de ~ cuttle-bone.

séide [seˈid] m henchman; blind supporter.

seigle 💡 [sɛgl] m rye; ~ ergoté spurred rye.

seigneur [sɛˈɲœːr] m lord; noble; lord of the manor; *faire le* (or *vivre en*) grand ~ live like a lord; *eccl.* le ♀ the Lord; **seigneurial, e** [ˌɲœˈrjal, ˌˈrjo] seigniorial, manorial; *maison f* ~e manor-house; **seigneurie** [ˌˈri] f lordship; manor.

seille [sɛːj] f pail, bucket.

sein [sɛ̃] m breast; bosom; *au* ~ de within; in the midst of.

seine [sɛn] f *fishing:* seine, drag-net.

seing ⚖ [sɛ̃] m signature, † sign manual; *acte m sous* ~ *privé* simple contract; private agreement.

séisme [seˈism] m earthquake, seism.

seize [sɛːz] *adj./num.*, *a. su./m/inv.* sixteen; *date, title:* sixteenth; **seizième** [seˈzjɛm] **1.** *adj./num.*, *a. su.* sixteenth.

séjour [seˈʒuːr] m stay; place: abode, residence, dwelling; ⚖ *interdiction f de* ~ prohibition from entering certain localities; *permis m de* ~ residence permit; **séjournant, e** [ˌʒurˈnɑ̃, ˌˈnɑ̃ːt] *su.* visitor, guest; **séjourner** [ˌʒurˈne] (1a) *v/i.* stay, reside; stop; remain.

sel [sɛl] m salt (*a.* 🜍); *fig.* wit; ~s *pl.* smelling-salts; *prendre qch. avec un* *grain de* ~ take s.th. with a grain of salt.

select F [se'lɛkt] select; *réunions f/pl.* selects exclusive parties.

sélecter F ✝ [selɛk'te] (1a) *v/t.* choose; **sélecteur** [~'tœ:r] *m* ∉, *a. radio:* selector; **sélectif, -ve** [~'tif, ~'ti:v] selective; **sélection** [~'sjɔ̃] *f* selection (*a.* ♪, ∉, radio, biol., *a. sp.*); choice; **sélectionner** [~sjɔ'ne] (1a) *v/t.* select, choose; **sélectivité** [~tivi'te] *f* radio: selectivity.

sélénique ⚗, *astr.* [sele'nik] selenic.

sélénium ⚗ [~'njɔm] *m* selenium.

sélénographie [~nɔgra'fi] *f* selenography.

self [sɛlf] *f* F self-service restaurant, ∉ (*a. bobine f de* ~) inductance-coil; **~-induction** ∉ [~ɛ̃dyk'sjɔ̃] *f* self-induction; inductance.

selle [sɛl] *f* ⊕, *mot., cuis., horse, bicycle:* saddle; 🐎 plate; *physiol.* motion, stool; ~ *anglaise* hunting saddle; *physiol. aller à la* ~ go to stool; F *mettre q. en* ~ give s.o. a helping hand; **seller** [se'le] (1a) *v/t.* saddle (*a horse*); **sellette** [sɛ'lɛt] *f* stool, seat; ⊕ slung cradle; *fig. mettre* (*or tenir*) *q. sur la* ~ cross-examine s.o., F carpet s.o.; **sellier** [se'lje] *m* saddler.

selon [sə'lɔ̃] **1.** *prp.* according to; ~ *moi* in my opinion; *c'est* ~ ! it all or that depends!; **2.** *cj.:* ~ *que* according as, depending upon whether.

Seltz [sɛlts] *m: eau f de* ~ soda-water.

semailles [sə'ma:j] *f/pl.* sowing *sg.*; seeds.

semaine [sə'mɛn] *f* week; ⊕, ✝ working week; 💥 *etc.* duty for the week; week's pay; *anglaise* five and a half day (working) week; ~ *sainte* Holy Week; *à la* ~ by the week; *en* ~ during the week; *être de* ~ be on duty for the week.

sémantique [semã'tik] **1.** *adj.* semantic; **2.** *su./f* semantics *pl.*

sémaphore [sema'fɔ:r] *m* semaphore; ⚓ signal-station (*on land*).

semblable [sɑ̃'blabl] **1.** *adj.* similar (to, *à*) (*a.* ⚖ *triangles*); alike; like (*a.* ⚖ *terms*); such; **2.** *su.* like, equal; fellow; *su./m: nos* ~*s pl.* our fellowmen; **semblablement** [~blablə-'mɑ̃] *adv.* in like manner; **semblant** [~'blɑ̃] *m* appearance, look; *fig.* show (of, *de*); *faire* ~ pretend (to *inf.*, *de inf.*); make a show (of

s.th., *de qch.*); *faux* ~ pretence; *sans faire* ~ *de rien* as if nothing had happened; surreptitiously; **sembler** [~'ble] (1a) *v/i.* seem, appear; *il me semble* I think; *que vous en semble?* what do you think (about it)?

semelle [sə'mɛl] *f* shoe: sole; *stocking:* foot; *mot.* tyre: tread; ⊕ bed; △ foundation; ~ *de liège* cork insole; *battre la* ~ stamp one's feet (to warm them); kick one's heels; *remettre des* ~*s à* re-sole.

semence [sə'mɑ̃:s] *f* seed (*a. fig.*); *physiol.* semen; ⊕ (tin)tack; ~ *de perles* seed-pearls *pl.*; **semer** [~'me] (1d) *v/t.* ⚿ sow (*a. fig. discord etc.*); scatter; *fig.* disseminate, spread (*a rumour*); squander (*one's money*); F lose; F shake off, drop (*s.o.*).

semestre [sə'mɛstr] *m* half-year; six months' duty or pay or 💥 leave of absence; univ. semester; **semestriel, -elle** [~mɛstri'ɛl] half-yearly; lasting six months.

semeur, -euse [sə'mœ:r, ~'mø:z] *su.* sower (*a. fig. of discord*); *fig.* spreader (*of rumours*).

semi... [səmi] semi...; **~-brève** ♪ [~'brɛ:v] *f* semibreve, *Am.* whole note; **~-conducteur** ∉ [~kɔ̃dyk-'tœ:r] *m* semi-conductor; **~-coke** [~'kɔk] *m* coalite.

sémillant, e [semi'jɑ̃, ~'jɑ̃:t] vivacious.

séminaire [semi'nɛ:r] *m* seminary; *fig.* training centre; *fig.* colloque, symposium; univ. seminar; *petit* ~ secondary school run by priests.

séminal, e, *m/pl.* **-aux** [semi'nal, ~'no] seminal.

semi-remorque [səmira'mɔrk] *f* articulated truck, *Am.* trailer truck.

semis [sə'mi] *m* sowing; seedling; seed-bed.

semi-ton ♪ [səmi'tɔ̃] *m* semitone; **semi-voyelle** gramm. [~vwa'jɛl] *f* semivowel.

semoir ⚿ [sə'mwa:r] *m* sowing-machine; seed-drill; seeder.

semonce [sə'mɔ̃:s] *f fig.* reprimand; ⚓ *coup m de* ~ warning shot; **semoncer** (1k) *v/t.* ✝ reprimand, F read (*s.o.*) a lecture; ⚓ call upon (*a ship*) to heave to *or* to show her flag.

semoule *cuis.* [sə'mul] *f* semolina.

sempiternel, -elle [sɑ̃pitɛr'nɛl] sempiternal, everlasting.

sénat [se'na] *m* senate(-house); **sé-nateur** [sena'tœ:r] *m* senator.

séneçon ♀ [sen'sɔ̃] *m* groundsel.

sénevé ♀ [senve] *m* black mustard.

sénile ✿ [se'nil] senile; **sénilité** ✿ [∼nili'te] *f* senility, senile decay.

sens [sã:s] *m fig. smell etc.*: sense; *fig.* opinion; understanding; judg(e)-ment; meaning; direction (*a.* 🅰); way; ∼ *de la musique* musicianship; ∼ *de l'orientation* sense of direction; ∼ *dessus dessous* upside down; ∼ *devant derrière* back to front; ∼ *interdit* no entry; ∼ *moral* moral sense; ∼ *unique* one-way street; *à mon* ∼ in my view *or* opinion; *le bon* ∼, *le* ∼ *commun* common sense; *plaisirs m/pl. des* ∼ sensual pleasures; **sensation** [sãsa-'sjɔ̃] *f* sensation; (*physical*) feeling; *à* ∼ sensational (*news*); **sensationnel, -elle** [∼sjo'nɛl] sensational; *fig.* thrilling; *roman m* ∼ thriller; **sensé, e** [sã'se] sensible, intelligent; practical.

sensibiliser [sãsibili'ze] (1a) *v/t.* sensitize; *fig.* make sensitive (*to, à*); *sensibilisé à* alive to; ...-minded; **sensibilité** [∼'te] *f* sensitiveness (*a. phot.*); *fig.* feeling, compassion; **sensible** [sã'sibl] sensitive (*ear, instrument, phot. paper, skin, spot, a. fig. to pain etc.*); tender (*flesh, spot*); responsive; susceptible; *fig.* appreciative (*of, à*); *fig.* sympathetic; perceptible, real (*difference, progress*); *phot.* sensitized (*paper*); ♩ *note f* ∼ leading note *or Am.* tone; **sensiblerie** [∼siblə'ri] *f* sentiment(ality); F sob-stuff.

sensitif, -ve [sãsi'tif, ∼'ti:v] 1. *adj.* sensitive; *anat.* sensory; 2. *su./f* ♀ sensitive plant; F very sensitive woman *or* girl; **sensitivité** [∼tivi'te] *f* sensitivity.

sensoriel, -elle [sãsɔ'rjɛl] sensorial, sensory.

sensualisme *phls.* [sãsɥa'lism] *m* sensualism; **sensualiste** *phls.* [∼'list] 1. *adj.* sensual; 2. *su.* sensualist; **sensualité** [∼li'te] *f* sensuality, sensuousness; **sensuel, -elle** [sã'sɥɛl] sensual; sensuous.

sentence [sã'tã:s] *f* maxim; 🏛 sentence; (*a.* ∼ *arbitrale*) award; **sentencieux, -euse** [∼tã'sjø, ∼'sjø:z] sententious.

senteur *hunt.* [sã'tœ:r] *f* scent (*a. poet. = perfume*).

sentier [sã'tje] *m* footpath; path (*a. fig.*); ∼ *battu* beaten track.

sentiment [sãti'mã] *m* feeling (*a. fig.*); emotion; consciousness; sense; *fig.* opinion, sentiment; ∼ *d'infériorité* sense of inferiority; *avoir le* ∼ *de a.* be aware of; *voilà mon* ∼ that is my opinion; **sentimental, e,** *m/pl.* **-aux** [∼mã'tal, ∼'to] sentimental; **sentimentalité** [∼mãtali'te] *f* sentimentality.

sentine ⚓ [sã'tin] *f ship*: well; cesspit (*a. fig.*); *fig.* sink of iniquity.

sentinelle ✕ [sãti'nɛl] *f* sentry, guard, watch; *faire* ∼ mount guard; F *fig. faire la* ∼ be on the watch.

sentir [sã'ti:r] (2b) *v/t.* feel; be conscious of, be alive to; smell (*a. fig.*); taste of, smack of (*s.th.*); F *je ne peux pas le* ∼ I can't stand him; *vin m qui sent le bouchon* corked wine; *se* ∼ feel; *ne pas se* ∼ *de joie* be beside oneself with joy; *v/i.* smell (bad, *mauvais*; *bon*, good).

seoir [swa:r] (3k) *v/i.*: ∼ *à q.* become s.o.

sépale ♀ [se'pal] *m* sepal.

séparable [sepa'rabl] separable (from, *de*); **séparateur, -trice** [separa'tœ:r, ∼'tris] 1. *adj.* separating, separative; 2. *su./m* ⊕ separator; **séparation** [∼'sjɔ̃] *f* ⊕, ⚒, 🏛, *a. fig.* separation (from, *d'avec*); parting; *fig. family, meeting*: breaking up; division; 🏛 ∼ *de biens* separate maintenance; 🏛 ∼ *de corps* judicial separation; *pol.* ∼ *des pouvoirs* separation of powers; △ *mur m de* ∼ partition wall; **séparatiste** [∼'tist] 1. *adj.* separatist; 2. *su.* separatist, separationist; secessionist; **séparément** [separe'mã] *adv.* separately; **séparer** [∼'re] (1a) *v/t.* separate (from, *de*); part; drive apart; divide, *fig.* distinguish (from, *de*); *se* ∼ part (company); break up (*assembly*); divide; *se* ∼ *de* part with.

sépia [se'pja] *f zo., colour*: sepia; *zo.* cuttle-fish; *paint.* sepia drawing.

sept [sɛt] *adj./num., a. su./m/inv.* seven; *date, title*: seventh; **septain** [sɛ'tɛ̃] *m* seven-line stanza; ⊕ seven-strand rope (*holding clock weights*); **septante** † [sɛp'tã:t] *adj./num., a. su./m/inv.* seventy; *bibl. version des* ♀ Septuagint; **septembre** [∼'tã:br] *m* September; **septembrisades** *hist.* [∼tãbri'zad] f/pl. September massacres (*1792 in Paris*); **septénaire** [~te'nɛ:r] adj., a. su./m septenary; **septennal, e,** m/pl. -aux [~ten'nal, ~'no] septennial; **septennat** [~ten'na] m septennate.

septentrion poet. [septɑ̃tri'ɔ̃] m north; **septentrional, e,** m/pl. -aux [~'nal, ~'no] 1. adj. north(ern); 2. su. northerner.

septicémie ஃ [septise'mi] f septic(a)emia; blood-poisoning; **septicémique** ஃ [~se'mik] septic(a)emic; **septicité** ஃ [~si'te] f septicity.

septième [sɛ'tjɛm] 1. adj./num. seventh; 2. su. seventh; su./m fraction: seventh; su./f ♪ seventh; school: top form of lower school.

septique ஃ [sɛp'tik] septic; fosse f ~ septic tank.

septuagénaire [septɥaʒe'nɛ:r] adj., a. su. septuagenarian.

septuple [sɛp'typl] adj., a. su./m sevenfold; septuple; **septupler** [~ty'ple] (1a) vt/i. increase sevenfold, septuple.

sépulcral, e, m/pl. -aux [sepyl'kral, ~'kro] sepulchral; **sépulcre** [~'pylkr] m sepulchre; le saint ~ the Holy Sepulchre.

sépulture [sepyl'ty:r] f burial; tomb; burial-place.

séquelles [se'kɛl] f/pl. after-effects; aftermath sg.

séquence [se'kɑ̃:s] f sequence.

séquestration [sekɛstra'sjɔ̃] illegal confinement; **séquestre** ⚖ [~'kɛstr] m impoundment; mettre sous ~ impound; **séquestrer** [~kɛs'tre] (1a) vt/. confine (s.o.) illegally; hold (s.o.) captive; ⚖ impound (property); fig. se ~ sequester o.s.

serai [sə're] 1st p. sg. fut. of être 1.

sérail [se'ra:j] m seraglio.

sérancer tex. [serɑ̃'se] (1k) vt/. heckle, comb (flax).

séraphin [sera'fɛ̃] m seraph; ~s pl. seraphim; **séraphique** [~'fik] seraphic.

serbe [sɛrb] 1. adj. Serb(ian); 2. su./m ling. Serb(ian); su. ♀ Serb(ian).

serein, e [sə're, ~'rɛn] 1. adj. serene, calm (a. fig.); fig. tranquil; ஃ goutte f ~ e amaurosis; 2. su./m evening dew.

sérénade ♪ [sere'nad] f serenade.

sérénissime [sereni'sim] title: (Most) Serene; **sérénité** [~'te] f

serenity (a. title); calmness; tranquillity.

séreux, -euse ஃ [se'rø, ~'rø:z] serous.

serf, serve [sɛrf, sɛrv] 1. adj. in bondage; condition f serve serfdom; 2. su. serf; su./m bond(s)man; su./f bond(s)woman.

serfouette ✔ [sɛr'fwɛt] f combined hoe and fork; **serfouir** ✔ [~'fwi:r] (2a) vt/. hoe; loosen (the soil).

serge tex. [sɛrʒ] f serge.

sergent [sɛr'ʒɑ̃] m ✕ etc. sergeant; ⊕ cramp, clamp; ⚓ ~ d'armes (approx.) ship's corporal; † ~ de ville policeman; ✕ ~-major, ~-chef infantry: quartermaster-sergeant.

sériciculteur [serisikyl'tœ:r] m silkworm breeder; **sériciculture** [~'ty:r] f silkworm breeding.

série [se'ri] f series; sequence; tools etc.: set; sp. race: heat; billiards: break; en ~, par ~ in series; ✝ fait en ~ mass-produced; ✝ fin f de ~ remnants pl.; fig. hors ~ extraordinary; fig. la ~ noire one disaster after another, a run of hard luck; fig. ~ noire crime-thriller (atmosphere, style, etc.); eerie, sinister; **sérier** [~'rje] (1o) vt/. arrange, classify.

sérieux, -euse [se'rjø, ~'rjø:z] 1. adj. serious; grave; earnest; genuine (offer, purchaser); fig. peu ~ irresponsible (person); 2. su./m gravity, seriousness; thea. serious rôle; garder son ~ preserve one's gravity; prendre au ~ take (s.th.) seriously.

serin [sə'rɛ̃] m orn. serin; canary; F fool, Am. sap; greenhorn; **seriner** [səri'ne] (1a) vt/. teach (a canary) to sing; F fig. drum (a rule etc.) (into s.o., à q.); F ♪ mumble, sing, grind out (a tune).

seringue [sə'rɛ̃:g] f ✔, ஃ syringe; mot. ~ à graisse grease-gun; **seringuer** [~rɛ̃'ge] (1m) vt/. syringe (the ear etc.), inject (a drug); squirt (a liquid).

serment [sɛr'mɑ̃] m oath; faux ~ perjury; prêter ~ take an oath; sous ~ sworn (evidence).

sermon [sɛr'mɔ̃] m sermon; fig. lecture; **sermonner** F [~mɔ'ne] (1a) vt/i. sermonize; vt/. reprimand; **sermonneur, -euse** F [~mɔ'nœ:r, ~'nø:z] 1. adj. fault-finding; 2. su. fault-finder.

sérosité physiol. [serozi'te] f serosity; **sérothérapie** ⚕ [ˌrɔteraˈpi] f serotherapy.

serpe ✎ [sɛrp] f bill-hook.

serpent [sɛrˈpɑ̃] m ♪, zo., astr., fig. serpent; zo., fig. snake; ～ à lunettes cobra; ～ à sonnettes rattlesnake; **serpentaire** [sɛrpɑ̃ˈtɛːr] su./m orn. secretary-bird; su./f ♀ serpentaria, snake-root; **serpenteau** [ˌʌˈto] m zo. young snake; *firework*: serpent, squib; **serpenter** [ˌʌˈte] (1a) v/i. (a. aller en serpentant) wind, meander; **serpentin, e** [ˌʌˈtɛ̃, ˌʌˈtin] 1. adj. serpentine; 2. su./m ⊕ coil; ticker tape, paper streamer; su./f ♀ snake-wood; min. serpentine.

serpette ✎ [sɛrˈpɛt] f bill-hook, pruning-knife.

serpillière [sɛrpiˈjɛːr] f tex. packing-cloth; tex. dish-cloth; F apron made from sacking.

serpolet ♀ [sɛrpɔˈlɛ] m wild thyme.

serrage ⊕ [sɛˈraːʒ] m tightening; gripping; mot. ～ des freins braking.

serre [sɛːr] f ✎ greenhouse, glasshouse, conservatory; ✎ (～ chaude) hot-house; grip; orn. claw, talon; ⊕, ⚕ clip; ⊕ mo(u)ld press.

serré, e [sɛˈre] 1. adj. tight; close-grained (wood); compact; narrow (defile etc.); close (buildings, ✗ order, reasoning, texture, translation, sp. finish); tightly packed (people etc.); 2. serré adv.: jouer ～ play cautiously; vivre ～ live on a tight budget.

serre...: ～**file** [sɛrˈfil] m/inv. ✗ file closer; ⚓ rear ship; marcher en ～ bring up the rear; ～**fils** [ˌʌˈfil] m/inv. ✎ binding-screw; ✎ clamp; ～**freins** [ˌʌˈfrɛ̃] m/inv. ⚓ brakesman; ⊕ brake-adjuster; ～**joint** [ˌʌˈʒwɛ̃] m cramp; screw-clamp.

serrement [sɛrˈmɑ̃] m squeezing; ⛏ dam; ～ de main handshake; hand pressure; fig. ～ de cœur pang; **serre-papiers** [sɛrpaˈpje] m/inv. file (for papers); **serrer** [sɛˈre] (1b) v/t. press, squeeze; grasp (s.o.'s hand), grip; put (away); tighten (a knot, ⊕ a screw); fig. compress, condense; ✗ close (the ranks); skirt (the coast, a wall); sp. jostle (other runners etc.); crowd (s.o.'s car); mot. ～ à droite keep (to the) right; ～ q. de près follow close behind s.o.; ～ la main à q. shake hands with; ～ les dents clench one's teeth; serrez-vous! sit closer!; F move up!; se ～ crowd, stand (sit etc.) close

together; tighten (lips); fig. feel a pang, contract (heart); **serre-tête** [sɛrˈtɛːt] m/inv. headband; skullcap.

serrure [sɛˈryːr] f lock; **serrurerie** [sɛryrəˈri] f locksmith's trade; locksmith's (shop); lock-mechanism; metal-work; **serrurier** [ˌʌˈrje] m locksmith; metal-worker.

serte [sɛrt] f gem: mounting or setting (in a bezel); **sertir** [sɛrˈtiːr] (2a) v/t. set (a gem) (in a bezel); set (window-panes) (in, de); **sertissage** [sɛrtiˈsaːʒ] m gem: setting; panes: setting in lead; **sertisseur** [ˌʌˈsœːr] m setter; **sertissure** [ˌʌˈsyːr] f bezel; setting.

sérum ⚕ [seˈrɔm] m serum.

servage [sɛrˈvaːʒ] m serfdom; bondage.

serval, pl. **-als** zo. [sɛrˈval] m serval, tiger-cat.

servant, e [sɛrˈvɑ̃, ～ˈvɑ̃ːt] 1. adj. serving; eccl. lay (brother); 2. su./m ✗ gunner; tennis: server; su./f servant; dumb waiter, dinner-waggon; ⊕ prop; ⊕ (bench-)vice.

serveur [sɛrˈvœːr] m waiter; **serveuse** [ˌʌˈvøːz] f waitress.

serviabilité [sɛrvjabiliˈte] f obligingness; **serviable** [ˌʌˈvjabl] obliging, helpful (person); **service** [ˌʌˈvis] m service (a. ✗, ✝, eccl., tennis); ✗, ⚓ guard etc.: duty; hotel: service charge; ✝, admin. department; cuis. meal: course; tools: set; ～ compris service included; ～ de table dinner-service; ～ diplomatique diplomatic service, Am. corps; ～ divin divine service; ✗ ～ obligatoire compulsory (military) service; ～s pl. publics public services; ✗ être de ～ be on duty; ✝ libre ～ self-service; rendre (un) ～ à q. do s.o. a good turn.

serviette [sɛrˈvjɛt] f (table) napkin, serviette; towel; briefcase, portfolio; ～**éponge** Turkish towel; ⚕ hygiénique sanitary towel or Am. napkin.

servile [sɛrˈvil] servile; abject (to, envers); menial (duties); slavish (imitation); **servilité** [ˌʌviliˈte] f servility.

servir [sɛrˈviːr] (2b) v/t. serve (a dish, s.o. at table, ✝ a customer, one's country, a. tennis a ball); help, assist; be in the service of; wait on; cards: deal; ✝ supply; pay (a rent); eccl. ～ la messe serve at mass; hunt.

~ un sanglier au couteau dispatch a boar with a knife; se ~ help o.s. to food; se ~ de use; v/i. serve (à ✗); be used (as, de); be in service; be useful; à quoi cela sert-il? what's the good of that?; à quoi cela sert-il de (inf.)?, à quoi sert de (inf.)? what is the good of (ger.)?; **serviteur** [~vi'tœːr] m servant;~! no thank you; **servitude** [~vi'tyd] f servitude; slavery; fig. tyranny; 🜨 easement; fig. obligation.

servo... ⊕ [sɛrvo] servo(-assisted) ..., power(-assisted) ...; **~commande** [~kɔ'mɑ̃d] f servo-control; **~direction** [~dirɛk'sjɔ̃] f servo- or power steering; **~moteur** [~mɔ'tœːr] m servo-motor.

ses [se] see **son**[1].

sessile 🜺 etc. [sɛ'sil] sessile.

session 🜨, parl. [sɛ'sjɔ̃] f session.

set [sɛt] m tennis: set; table: place mat.

sétacé, e [seta'se] bristly, setaceous.

séton 🜺, zo. [se'tɔ̃] m seton; plaie f en ~ flesh wound.

seuil [sœːj] m phys., psych., fig. fame, door: threshold; doorstep.

seul, seule [sœl] adj. before su. one, only, single; very, mere; after su. or verb alone, lonely; before art. only; ... alone; comme un ~ homme like one man; un homme ~ a single or lonely man; **seulement** [~'mɑ̃] adv. only; solely; but; ne ... pas ~ not even; si ~ ... if only ...; **seulet, -ette** F [sœ'lɛ, ~'lɛt] alone; lonely.

sève [sɛːv] f 🜺 sap; fig. vigo(u)r, pith.

sévère [se'vɛːr] severe (a. fig.); stern; strict (discipline, morals); hard (person, climate); **sévérité** [~veri'te] f severity (a. fig.); person, look: sternness; fig. taste: austerity; discipline, morals: strictness; 🜨 ~s pl. harsh sentences.

sévices [se'vis] m/pl. cruelty sg., ill treatment; **sévir** [~'viːr] (2a) v/i. rage (plague, war); ~ contre deal severely with.

sevrage [sə'vraːʒ] m child, lamb: weaning; **sevrer** [~'vre] (1d) v/t. wean (a child, a lamb); 🜺 separate; fig. deprive (of, de).

sexagénaire [sɛksaʒe'nɛːr] adj., a. su. sexagenarian.

sex-appeal [sɛksa'piːl] m sex-appeal.

sexe [sɛks] m sex; F le beau ~, le ~ faible the fair or weaker sex, women

pl.; le ~ fort the strong sex, men pl.; des deux ~s of both sexes.

sextuor 🜪 [sɛks'tɥɔːr] m sextet.

sextuple [sɛks'typl] adj., a. su./m sixfold, sextuple; **sextupler** [~ty-'ple] (1a) vt/i. increase sixfold, sextuple.

sexuel, -elle [sɛk'sɥɛl] sexual.

seyant, e [sɛ'jɑ̃, ~'jɑ̃ːt] becoming.

shake-hand [ʃɛk'hɑ̃d] m/inv. handshake.

shaker [ʃɛ'kœːr] m cocktail-shaker.

shampooing [ʃɑ̃'pwɛ̃] m shampoo; faire un ~ à shampoo.

shooter [ʃu'te] (1a) v/i. foot. shoot; sl. se ~ shoot (up), fix (drug addict).

short cost. [ʃɔrt] m shorts pl.

shot foot. [ʃɔt] m shot.

shunt ⚡ [ʃœ̃t] m shunt; ~ de grille grid leak; **shunter** ⚡ [ʃœ̃'te] (1a) v/t. shunt.

si[1] [si] cj. if; whether; suppose; ~ ce n'est que were it not that; if it were not that; ~ je ne me trompe if I am not mistaken; ~ tant est que (sbj.) if it happens that (ind.).

si[2] [~] adv. so, so much; answer to negative question: yes; ~ bien que so that; with the result that; ~ fait! yes indeed!; ~ riche qu'il soit however rich he may be.

si[3] 🜪 [~] m/inv. si; note: B; ~ bémol B flat.

siamois, e [sja'mwɑ, ~'mwaːz] Siamese; 🜺 frères m/pl. ~, sœurs f/pl. ~es Siamese twins.

sibérien, -enne [sibe'rjɛ̃, ~'rjɛn] Siberian.

sibilant, e 🜺 [sibi'lɑ̃, ~'lɑ̃ːt] sibilant.

siccatif, -ve [sika'tif, ~'tiːv] 1. adj. (quick-)drying, siccative; 2. su./m siccative; quick-drying substance.

side-car [sajd'kaːr] m motor-cycle combination; side-car.

sidéral, e m/pl. **-aux** [side'ral, ~'ro] astr. sidereal; **sidérer** F [~'re] (1a) v/t. stagger, shatter.

sidérose [side'roːz] f min. siderite; 🜺 siderosis; **sidérostat** astr. [~rɔs'ta] m siderostat; **sidérotechnie** [~rɔtɛk'ni] f metallurgy of iron; **sidérurgie** [~ryr'ʒi] f metallurgy of iron; **sidérurgique** [~ryr'ʒik] ironworking; usine f ~ ironworks usu. sg.

siècle [sjɛkl] m century; eccl. world(ly life); fig. period, time, age;

sied

F il y a un ~ que it's ages since; ♀ des lumières age of enlightenment; Grand ♀ the age of Louis XIV.

sied [sje] 3rd p. sg. pres. of seoir.

siège [sjɛ:ʒ] m chair etc., ⊕, disease, government, parl.: seat; centre (of activity, learning, etc.); ✝ office; ⚖ siege; ⚖ judge: bench; eccl. (episcopal) see; chair: bottom; mot. etc. ~ arrière back-seat; ~ du cocher coachman's box; ✝ ~ social head office, registered office; **siéger** [sje'ʒe] (1g) v/i. sit (⚖, a. in Parliament, au parlement); ✝ have its head office; ~ be seated; eccl. hold one's see (bishop).

sien, sienne [sjɛ̃, sjɛn] 1. pron./poss.: le ~, la ~ne, les ~s pl., les ~nes pl. his, hers, its, one's; 2. su./m his or her or its or one's own; les ~s pl. his or her or one's (own) people; su./f: faire des ~nes lark (about).

sieste [sjɛst] f siesta; F nap; faire la ~ take a nap.

sieur ⚖ [sjœr] m: le ~ ... Mr. ...

sifflant, e [si'flɑ̃, ~'flɑ̃:t] 1. adj. hissing; wheezing (breath); whistling (note); gramm. sibilant; 2. su./f gramm. sibilant; **sifflement** [~flə-'mɑ̃] m person, a. arrow, bullet, wind: whistle, whistling; gas, goose, steam: hiss(ing); cuis., a. ♪ sizzling; breathing: wheezing; **siffler** [~'fle] (1a) v/i. whistle; hiss; cuis., a. ♪ sizzle; ♫ wheeze; blow a whistle; ♨ pipe; v/t. whistle (a tune); whistle to (a dog); whistle for (a taxi); ♨ pipe; thea. hiss, boo; F swig (a drink); **sifflet** [~'fle] m whistle, ♨ pipe; thea. hiss, catcall; ~ d'alarme alarmwhistle; coup m de ~ (blast of the) whistle; sl. couper le ~ à q. cut s.o.'s throat; fig. nonplus s.o.; donner un coup de ~ blow a whistle; ✝ en ~ slantwise; bevelled; **siffleur, -euse** [~'flœ:r, ~'flø:z] 1. adj. whistling; wheezy (horse); hissing (serpent); 2. su. whistler; thea. hisser, booer; su./m orn. widgeon; **sifflotement** [~flɔt'mɑ̃] m soft whistling; **siffloter** [~flɔ'te] (1a) v/t/i. whistle softly or under one's breath.

sigillaire [siʒil'lɛ:r] sigillary; signet (-ring); **sigillé, e** [~'le] sigillate(d).

sigisbée †, co. [siʒis'be] m gallant.

sigle [sigl] m shorthand: outline; abbreviation; ~s pl. sigla (in old manuscripts).

signal [si'ɲal] m signal; teleph. (dialling) tone; ~ à bras hand signal, ⚔ etc. semaphore signal; ▩ ~ avancé distant signal; ~ d'alarme alarmsignal, ⊕ communication cord; teleph. ~ d'appel calling signal; ~ de danger (détresse) danger (distress) signal; ~ horaire radio: time signal, F pips pl.; ~ lumineux traffic-light; **signalé, e** [siɲa'le] outstanding, pej. notorious; **signalement** [~ɲal-'mɑ̃] m description; particulars pl.; **signaler** [siɲa'le] (1a) v/t. signal (a train etc.); fig. indicate; point out (s.th. to s.o., qch. à q.), draw attention to; describe; give a description of (s.o.); report (to, à); **signalétique** admin. [~le'tik] descriptive; **signalisation** [~liza'sjɔ̃] f signalling; signals pl., signal system; mot. ~ routière road signs pl.; panneau m de ~ road sign.

signataire [siɲa'tɛ:r] su. signatory; **signature** [siɲa'ty:r] f signature; apposer sa ~ à set one's hand to; **signe** [siɲ] m sign (bodily, punctuation) mark; ⚔ insignia (of rank); ~ de tête (des yeux) nod (wink); faire ~ beckon to; **signer** [si'ɲe] (1a) v/t. sign; se ~ cross o.s.; **signet** [~'ɲɛ] m bookmark.

significatif, -ve [siɲifika'tif, ~'ti:v] significant (a. ✿ figure); **signification** [~'sjɔ̃] f meaning; sense; ⚖ notice, petition, writ, etc.: service; **signifier** [siɲi'fje] (1o) v/t. mean, signify; ⚖ serve (a writ etc.); ~ qch. à q. make s.th. known to s.o., inform s.o. of s.th.; qu'est-ce que cela signifie? what is the meaning of this? (indicating disapproval).

silence [si'lɑ̃:s] m silence; stillness; fig. secrecy; ♪ rest; garder le ~ keep silent (about, sur); passer qch. sous ~ pass s.th. over in silence; say nothing about s.th.; **silencieux, -euse** [~lɑ̃'sjø, ~'sjø:z] 1. adj. silent; still (evening etc.); 2. su./m mot. silencer.

silex min. [si'lɛks] m flint, silex.

silhouette [si'lwɛt] f silhouette; outline; profile; **silhouetter** [~lwe-'te] (1a) v/t. silhouette, outline; phot. block out; se ~ stand out (against, contre).

silicate ⚗ [sili'kat] m silicate; ~ de potasse water-glass; **silice** ⚗ [~'lis] f silica; **siliceux, -euse** [sili'sø-

~'sø:z] siliceous; **silicium** ⚗ [~'sjɔm] *m* silicon; **siliciure** ⚗ [~'sjy:r] *m* silicide.

sillage [si'ja:ʒ] *m* ⚓ wake; ✈, *fig.* trail; *fig.* marcher dans le ~ de follow in (*s.o.'s*) footsteps.

sillet ♪ [si'jɛ] *m* violin etc.: nut.

sillon [si'jɔ̃] *m* furrow; *anat., a. gramophone*: groove; *poet.* ~s *pl.* fields; **sillonner** [~jɔ'ne] (1a) *v/t.* furrow (*a. one's forehead*); *fig.* criss-cross.

silo [si'lo] *m* silo; *potatoes*: clamp; **silotage** ✔ [~lɔ'ta:ʒ] *m* ensilage.

silphe *zo.* [silf] *m* carrion-beetle.

silure *icht.* [si'ly:r] *m* silurus, catfish.

simagrée F [sima'gre] *f* pretence; ~s *pl.* affectation *sg.*; affected airs; faire des ~s put on airs.

simien, -enne *zo.* [si'mjɛ̃, ~'mjɛn] *adj., a. su./m* simian; **simiesque** [~'mjɛsk] simian; ape-like.

similaire [simi'lɛ:r] similar (*a.* ♓); like; **similairement** [~lɛr'mɑ̃] *adv.* in like manner; **similarité** [~lari'te] *f* similarity, likeness; **simili** F [~'li] *m* imitation; **similitude** ♓ [~li'tyd] *f* similitude; similarity (*a.* ♓); *gramm.* simile.

simonie *eccl.* [simɔ'ni] *f* simony.

simoun [si'mun] *m* wind: simoom.

simple [sɛ̃:pl] **1.** *adj.* simple; single (*a.* 🚃 ticket); ✕, ⚓ ordinary; *fig.* elementary; plain (*food, dress*); *fig.* simple(-minded); half-witted; **2.** *su./m* the simple; simple-minded person, simpleton; *tennis*: single; ~s *pl.* medicinal herbs, simples; ~ messieurs *tennis*: men's single (*s pl.*); **simplicité** [sɛ̃plisi'te] *f* simplicity; *fig.* simple-mindedness; ~s *pl.* naïve remarks; **simplification** [~fika'sjɔ̃] *f* simplification; **simplifier** [~'fje] (1o) *v/t.* simplify; ♓ reduce to its lowest terms; se ~ become simple(r); **simpliste** [sɛ̃'plist] **1.** *adj.* simplistic; over-simple; **2.** *su.* person who over-simplifies.

simulacre [simy'lakr] *m* image; *fig.* pretence, semblance; ✕ flight simulator; ~ de combat sham fight.

simulateur *m*, **-trice** *f* [simyla'tœ:r, ~'tris] shammer; ✕ malingerer; ⊕ simulator; **simulation** [~'sjɔ̃] *f* simulation; ✕ malingering; **simulé, e** [simy'le] feigned (*illness*); fictitious; sham (*fight*); **simuler** [~] (1a) *v/t.* simulate; feign (*illness*).

simultané, e [simulta'ne] simul-

taneous; **simultanéité** [~nei'te] *f* simultaneity; **simultanément** [~ne'mɑ̃] *adv. of* simultané.

sinapisme ✚ [sina'pism] *m* mustard-plaster, sinapism.

sincère [sɛ̃'sɛ:r] sincere; **sincérité** [~seri'te] *f* sincerity, frankness; genuineness.

singe [sɛ̃:ʒ] *m zo.* monkey; *zo.* ape (*a.* F *fig.* = imitator); ⊕ hoist; F bully (beef); *sl.* boss; F faire le ~ monkey about; laid comme un ~ as ugly as sin; **singer** [sɛ̃'ʒe] (1l) *v/t.* mimic, ape; **singerie** [sɛ̃ʒ'ri] *f* monkey trick; grimace; ~s *pl. a.* airs and graces.

singulariser [sɛ̃gylari'ze] (1a) *v/t.* make (*s.o.*) conspicuous; render (*s.o.*) singular; se ~ make o.s. conspicuous; **singularité** [~'te] *f* singularity; peculiarity; eccentricity; oddness; **singulier, -ère** [sɛ̃gy'lje, ~'ljɛ:r] **1.** *adj.* singular (*a.* ♓); peculiar; unusual; strange; conspicuous; single (*combat*); **2.** *su./m gramm.* singular; au ~ in the singular.

sinistre [si'nistr] **1.** *adj.* sinister; ominous; threatening; **2.** *su./m* disaster, catastrophe; fire; loss (*from fire etc.*); **sinistré, e** [~nis'tre] **1.** *adj.* (*disaster-*)stricken; shipwrecked; homeless (*through fire, bombs, etc.*); bomb-damaged (*house etc.*); **2.** *su.* victim (*of a disaster*).

sinon [si'nɔ̃] *cj.* otherwise, if not; except (*that, que*).

sinueux, -euse [si'nɥø, ~'nɥø:z] sinuous; winding (*path, river*); **sinuosité** [~nɥozi'te] *f* winding; meandering; bend (*in river*); **sinus** [~'nys] *m anat.* sinus; ♓ sine; **sinusite** ✚ [~ny'zit] *f* sinusitis.

sionisme [sjɔ'nism] *m* Zionism.

siphon [si'fɔ̃] *m phys. etc.* siphon; ⚠ drain etc.: trap.

sire [si:r] *m* king: Sire, Sir; † lord; † pauvre ~ person: sorry specimen.

sirène [si'rɛn] *f* ⚓, ⊕, *myth., zo., fig.* siren; ⚓, ⊕ hooter; ✈ foghorn.

sirocco [sirɔ'ko] *m* wind: sirocco.

sirop [si'ro] *m* syrup; (fruit) cordial; ✚ *a.* mixture.

siroter [sirɔ'te] (1a) *v/t.* F sip; *v/i. sl.* tipple.

sirupeux, -euse [siry'pø, ~'pø:z] syrupy; F *fig.* sloppy, sentimental.

sis, e [si, si:z] *p.p. of* seoir.

sismique [sis'mik] seismic.

sismo... [sismɔ] seismo...; **~graphe** [~'graf] *m* seismograph.

site [sit] *m* setting; site, spot; △, ✕ lie of the ground; ~ *propre* bus lane; ✕ *angle m de* ~ angle of sight.

sitôt [si'to] *adv.* as *or* so soon; ~ *après* immediately after; ~ *dit,* ~ *fait* no sooner said than done; ~ *que* as soon as; *ne ... pas de* ~ not ... for a long time.

situation [sitɥa'sjɔ̃] *f* situation; position; *fig.* job, post; location; bearing; ↑, ✕, *admin.* return, report; ~ *économique* economic position; ~ *sociale* station in life; **situé, e** [si'tɥe] situated (at, *à*); **situer** [~] (1n) *v/t.* situate, place; locate (*a. fig.*).

six [sis; *before consonant* si; *before vowel and h mute* siz] *adj./num., a. su./m/inv.* six; *date, title:* sixth; *à la* ~*-quatre-deux* in a slapdash way; **sixain** [si'zɛ̃] *m prosody:* six-line stanza; *cards:* packet of six packs; **sixième** [~'zjɛm] **1.** *adj./num.* sixth; **2.** *su.* sixth; *su./m fraction:* sixth; sixth, *Am.* seventh floor; *su./f secondary school:* (approx.) first form; **sixte** ♪ [sikst] *f* sixth.

sizain [si'zɛ̃] *m see* sixain.

skating [ske'tiŋ] *m* roller-skating; skating-rink.

ski [ski] *m* ski; skiing; ~ *nautique* water skiing; *faire du* ~ = **skier** [~'e] (1a) *v/i.* ski; **skieur** *m,* **-euse** *f* [~'œːr, ~'øːz] skier.

slalom [sla'lɔm] *m sp.* slalom; *fig.* zigzag (movement); *sp. descente en* ~ slalom descent; *faire du* ~ = **slalomer** [~lɔ'me] (1a) *v/i. sp.* slalom; *fig.* zigzag (one's way), dodge in and out.

slave [slaːv] **1.** *adj.* Slavonic; **2.** *su./m ling.* Slavonic; *su.* ♀ Slav; **slavisme** [sla'vism] *m* Slavism.

slip [slip] *m women:* panties *pl.; men:* (short) pants *pl.*

sloop ♣ [slup] *m* sloop.

slovaque [slɔ'vak] *adj., a. su.* ♀ Slovak; **slovène** [~'vɛn] *adj., a. su.* ♀ Slovene.

smash [smaʃ] *m tennis:* smash.

smoking [smɔ'kiŋ] *m* dinner-jacket, *Am.* tuxedo.

snob [snɔb] **1.** *adj.* snobbish, swanky, swell; **2.** *su./m* snob; vulgar follower of fashion; **snober** [snɔ'be] (1a) *v/t.* look down on (*s.o.*); cold-shoulder, cut (*s.o.*); **snobisme**

[~'bism] *m* vulgar following of fashion; snobbery.

sobre [sɔbr] abstemious (*person*); sober; frugal (*eater, meal*); *fig.* ~ *de* sparing of; **sobriété** [sɔbrie'te] *f* abstemiousness; moderation (*in drinking, eating, speech*).

sobriquet [sɔbri'kɛ] *m* nickname.

soc ✍ [sɔk] *m* ploughshare.

sociabilité [sɔsjabili'te] *f* sociability; **sociable** [~'sjabl] sociable, companionable; *il est* ~ he is a good mixer.

social, e, *m/pl.* **-aux** [sɔ'sjal, ~'sjo] social; ↑ registered (*capital, name of company*); ↑ trading, financial (*year*); *assistante f* ~*e* social worker; ↑ *raison f* ~*e* (registered) name of company *or* firm; **socialisation** *pol.* [sɔsjaliza'sjɔ̃] *f* socialization; **socialiser** *pol.* [~li'ze] (1a) *v/t.* socialize; **socialisme** *pol.* [~'lism] *m* socialism; **socialiste** *pol.* [~'list] **1.** *adj.* socialist; socialistic (*doctrine*); **2.** *su.* socialist.

sociétaire [sɔsje'tɛːr] *su.* (full) member; ↑ shareholder; **société** [~'te] *f* society; company (*a.* ↑); association, club; ~ *anonyme* company limited by shares; ~ *à responsabilité limitée* (sort of) limited company; ~ *d'abondance* affluent society; ~ *de consommation* consumer society; ~ *de masse* mass society; ~ *des Nations* League of Nations; ~ *en commandite* (*par actions*) limited partnership; ~ *en nom collectif* firm; private company; ~ *filiale* daughter (company); ~ *par actions* company limited by shares; *acte m de* ~ deed of partnership.

sociologie [sɔsjɔlɔ'ʒi] *f* sociology; **sociologique** [~'ʒik] sociological; **sociologue** [~'lɔg] *su.* sociologist.

socle [sɔkl] *m* △ base (*a. fig.*); *column:* plinth; *wall:* footing; ⊕ bed-plate (*of engine etc.*); bracket; stand.

socque [sɔk] *m* clog.

socquettes [sɔ'kɛt] *f/pl.* (ladies') ankle socks.

soda [sɔ'da] *m* fizzy drink.

sodium ♫ [sɔ'djɔm] *m* sodium.

sœur [sœːr] *f* sister (*a. eccl.*); *eccl.* nun; ~ *de lait* foster-sister.

sofa [sɔ'fa] *m* sofa, settee.

soi [swa] *pron.* oneself; himself, herself, itself; *amour m de* ~ self-love; *cela va de* ~ that goes without saying;

être chez ∼ be at home; en (or de) ∼ in itself; ∼**-disant** [∼di'zɑ̃] **1.** adj./inv. so-called; **2.** adv. supposedly, apparently; ostensibly.

soie [swa] f silk; (hog-)bristle; ⊕ crank: pin; ⊕ tool etc.: tongue; ✝ ∼ artificielle artificial silk; rayon; ∼ grège raw silk; **soierie** ✝ [∼'ri] f silk (fabric); silk trade; silk factory.

soif [swaf] f thirst (a. fig. for, de); avoir ∼ be thirsty.

soigné, e [swa'ɲe] neat, trim; well-groomed (appearance); cuis. first-rate (meal); **soigner** [∼'ɲe] (1a) v/t. look after; ✿ nurse (a sick person); ✿ doctor: attend (a patient); fig. elle soigne sa mise she dresses with care; ✿ se faire ∼ have treatment; **soigneux, -euse** [∼'ɲø, ∼'ɲøːz] careful (of, de; to inf., de inf.); neat; painstaking.

soi-même [swa'mɛːm] oneself.

soin [swɛ̃] m care, pains pl.; neatness, tidiness; ∼s pl. ✿ etc. attention sg.; aux bons ∼s de post: care of, c/o.; par les ∼s de thanks to, by courtesy of; premiers ∼s pl. first aid sg.; avoir (or prendre) ∼ de take care of (s.th.); be or make sure to (do s.th.).

soir [swaːr] m evening; afternoon; du matin au ∼ from morning to night; le ∼ in the evening; sur le ∼ towards evening; tous les ∼s every evening; **soirée** [swa're] f duration, period: evening; (evening) party; thea. evening performance; ∼ d'adieu farewell party; ∼ dansante dance; thea. ∼ unique one-night stand.

sois [swa] 1st p. sg. pres. sbj. of être 1; **soit 1.** adv. [swat] (let us) suppose...; say...; ∼! all right!, agreed!; ainsi ∼-il so be it!, amen!; tant ∼ peu ever so little; **2.** cj. [swa]: ∼ ..., ∼ ..., ∼ ... ou ... either ... or ...; whether ... or ...; ∼ que (sbj.) whether (ind.).

soixantaine [swasɑ̃'tɛn] f (about) sixty; la ∼ the age of sixty, the sixties pl.; **soixante** [∼'sɑ̃ːt] adj./num., a. su./m/inv. sixty; **soixante-dix** [∼sɑ̃t'dis; before consonant ∼'di; before vowel and h mute ∼'diz] adj./num., a. su./m/inv. seventy; **soixante-dixième** [∼sɑ̃tdi'zjɛm] adj./num., a. su. seventieth; **soixantième** [∼sɑ̃'tjɛm] adj./num., a. su. sixtieth.

soja ♀ [sɔ'ja] m soya-bean, Am. soy-bean.

sol¹ ♪ [sɔl] m/inv. sol; note: G; clef ([f de ∼ G-clef.]

sol² [sɔl] m earth, ground; ✗ soil; field; ∼-**air** ✗ [∼'ɛːr] adj./inv. ground-to-air (missile).

solaire [sɔ'lɛːr] solar; sun(-dial, glasses); sun-ray (treatment).

soldat usu. ✗ [sɔl'da] m soldier; ∼ de plomb toy or tin soldier; ♀ inconnu the Unknown Warrior; les simples ∼s pl. the rank sg. and file sg.; se faire ∼ join the army; simple ∼ private; **soldatesque** pej. [∼da'tɛsk] **1.** adj. barrack-room ...; **2.** su./f soldiery.

solde¹ ✗, ♣ [sɔld] f pay.

solde² ✝ [∼] m account: balance; job lot, remnant; ∼s pl. (clearance) sale sg.; ∼ créditeur (débiteur) credit (debit) balance.

solder¹ ✗, ♣ [sɔl'de] (1a) v/t. pay.

solder² [∼] (1a) v/t. balance (accounts); settle (a bill, an account); sell off, clear (goods); remainder (a book); se ∼ par (or en) show (a profit, deficit, etc.); end (up) in (failure etc.).

sole¹ ♪ [sɔl] f break.

sole² [∼] f vet. sole; ⊕ bed-plate; ⊕ furnace: hearth; ⚠ sleeper; ♣ boat: flat bottom.

sole³ icht. [∼] f sole.

solécisme gramm., a. fig. [sɔle-'sism] m solecism.

soleil [sɔ'lɛːj] m sun; sunshine; eccl. monstrance; ♀ sunflower; firework: Catherine-wheel; ✿ coup m de ∼ sunstroke; sunburn; il fait (du) ∼ the sun is shining; **soleilleux, -euse** [∼lɛ'jø, ∼'jøːz] sunny.

solennel, -elle [sɔla'nɛl] solemn; fig. grave (tone); **solenniser** [∼ni'ze] (1a) v/t. solemnize; **solennité** [∼ni'te] f solemnity; eccl. ceremony; ∼s pl. celebrations.

solfège ♪ [sɔl'fɛːʒ] m sol-fa; **solfier** ♪ [∼'fje] (1o) v/t. sol-fa.

solidage ♀ [sɔli'daːʒ] m golden-rod.

solidaire [sɔli'dɛːr] ⊕ etc. interdependent; ⚖ joint and several; être ∼ (de) show solidarity (with); ⊕ etc. be bound up (with); **solidariser** [sɔlidari'ze] (1a) v/t.: se ∼ show solidarity (with, avec); make common cause; **solidarité** [∼'te] f solidarity; ⚖ joint responsibility; grève f de ∼ sympathetic strike.

solide [sɔ'lid] **1.** *adj.* solid (*body, earth, food, foundation, wall,* a. ⚓ *angle*); fast (*colour*); strong (*flow, cloth, building, person*); ♱ sound (a. *reason*); *fig.* reliable; **2.** *su./m* solid (a. ⚓); △ solid ground *or* foundations *pl.*; **solidification** [sɔlidifika'sjɔ̃] *f* solidifying; **solidifier** [~'fje] (1o) *v/t.* a. se ~ solidify; **solidité** [~'te] *f* solidity; *building, friendship,* a. *tex.*: strength; *fig.* soundness (*of judgment,* a. ♱).

soliloque [sɔli'lɔk] *m* soliloquy.

solipède *zo.* [sɔli'pɛd] solid-ungulate; whole-hoofed.

soliste ♩ [sɔ'list] **1.** *su.* soloist; **2.** *adj.* solo (*violin etc.*).

solitaire [sɔli'tɛ:r] **1.** *adj.* solitary, lonely, lonesome; 🐛 *ver m* ~ tapeworm; **2.** *su.* solitary, recluse; loner, lone wolf; *su./m* diamond, a. *game*: solitaire; *zo.* old boar.

solitude [sɔli'tyd] *f* solitude, loneliness; lonely spot.

solive △ [sɔ'li:v] *f* beam, joist; **soliveau** △ [~li'vo] *m* small joist.

sollicitation [sɔllisita'sjɔ̃] *f* entreaty, earnest request; ⚡ attraction, *magnet:* pull; 🏛 application (*to the judge*); **solliciter** [~'te] (1a) *v/t.* seek, request, ask *or* beg for; appeal to; solicit; urge; attract; **solliciteur** *m,* **-euse** *f* [~'tœ:r, ~'tø:z] applicant (for, de); petitioner; **sollicitude** [~'tyd] *f* concern, solicitude; anxiety (for, pour).

solo [sɔ'lo] **1.** *su./m* ♩ (*pl.* a. -li [~'li]) solo; **2.** *adj./inv.* solo (*cycle, violin, etc.*).

solstice [sɔls'tis] *m* solstice; **solsticial, e,** *m/pl.* **-aux** [~ti'sjal, ~'sjo] solstitial.

solubilité [sɔlybili'te] *f* solubility; *fig.* solvability; **soluble** [~'lybl] soluble (a. *fig.*); **solution** [~ly'sjɔ̃] *f* 🧪, ⚓, ⚡, a. *fig.* solution; resolution; 🏛 discharge (*of obligation*); ~ de continuité gap; break; ⚡ fault.

solvabilité ♱ [sɔlvabili'te] *f* solvency; **solvable** ♱ [~'vabl] solvent; **solvant** 🧪 [~'vɑ̃] *m* solvent.

sombre [sɔ̃:br] dark, gloomy; dull, murky (*sky, weather*); dim (*light*); melancholy (*face, temperament, thoughts*).

sombrer [sɔ̃'bre] (1a) *v/i.* ⚓, a. *fig.* founder; sink; *fig.* fail.

sommaire [sɔ'mɛ:r] **1.** *adj.* sum-

mary (a. 🏛), brief, concise; *fig.* improvised; **2.** *su./m* summary, synopsis; **sommation** [~ma'sjɔ̃] *f* 🏛 demand; notice; summons *sg.*; warning; ⚓ summation.

somme[1] [sɔm] *f* sum, amount; ~ globale lump *or* global sum; ~ toute ... on the whole ...; en ~ in short.

somme[2] [~] *f* burden; *bête f de* ~ beast of burden; *mulet m de* ~ pack-mule.

somme[3] [sɔm] *m* nap; *faire un* ~ take a nap, F have a snooze; **sommeil** [sɔ'mɛ:j] *m* sleep, slumber; sleepiness; *avoir* ~ feel *or* be sleepy; **sommeiller** [~mɛ'je] (1a) *v/i.* be asleep; doze; *fig.* lie dormant.

sommelier [sɔmə'lje] *m* butler; cellarman; *restaurant:* wine-waiter.

sommer[1] [sɔ'me] (1a) *v/t.* summon; call on (*s.o.*) (*to inf., de inf.*); ⚔ call upon (*a place*) to surrender.

sommer[2] ⚓ [~] (1a) *v/t.* find the sum of.

sommes [sɔm] *1st p. pl. pres. of* être 1.

sommet [sɔ'mɛ] *m* summit (a. *pol.*), top (a. *fig.*); ⚓, △ apex; ⚓, ⚔ vertex; *head, arch:* crown; *wave:* crest; *fig.* zenith, height; 🧪 ~ du poumon apex of the lung; *pol.* conférence f au ~ summit conference.

sommier[1] [sɔ'mje] *m* ♱ cash-book; *admin.* register; *les* ~s criminal records office.

sommier[2] [~] *m* pack-horse; △ *arch:* springer; *floor:* cross-beam; *door:* lintel; ⊕ *machine:* bed; 🛢 bolster; ♩ *organ:* wind-chest; *piano:* string-plate; (a. ~ élastique *or* à ressorts) spring-mattress, box-mattress.

sommité [sɔmi'te] *f* summit; tip; 🌱 top; *fig. person:* leading figure.

somnambule [sɔmnɑ̃'byl] **1.** *adj.* somnambulant; **2.** *su.* somnambulist, sleep-walker; **somnambulisme** [~nɑ̃by'lism] *m* somnambulism, sleep-walking; **somnifère** [~ni'fɛ:r] **1.** *adj.* sleep-inducing; 🌱 soporific; F boring; **2.** *su./m* 🌱 sleeping drug; sleeping pill.

somnolence [sɔmnɔ'lɑ̃:s] *f* sleepiness, somnolence; **somnolent, e** [~nɔ'lɑ̃, ~'lɑ̃:t] sleepy, drowsy.

somptuaire [sɔ̃p'tɥɛ:r] sumptuary; **somptueux, -euse** [~'tɥø, ~'tɥø:z] sumptuous; *fig.* magnificent; **somptuosité** [~tɥozi'te] *f* sumptuousness, magnificence.

son[1] *m*, **sa** *f*, *pl.* **ses** [sõ, sa, se] *adj./poss.* his, her, its, one's.

son[2] [sõ] *m* sound, noise; *phys.* **mur** *m* de ~ sound-barrier.

son[3] ⚹ [⌐] *m* bran; F **tache** *f* de ~ freckle.

sonate ♪ [sɔ'nat] *f* sonata; **sonatine** ♪ [⌐na'tin] *f* sonatina.

sondage [sõ'da:ʒ] *m* 🞨 boring; ⚓ sounding; ⚕ probing; ⊕ drill-hole; *fig.* survey; (*a.* ~ d'opinion opinion) poll; *enquête f par* ~ sampling survey; *fig.* **faire des** ~s make a spot check; **sonde** [sõ:d] *f* sounding-rod; ⚓ lead; ⚓ sounding(s *pl.*); ⚕ probe; 🞨 drill(er), borer; **sonder** [sõ'de] (1a) *v/t.* sound (⚓, ⚕ *a patient*, *a. fig.*); ⚕ probe (*a wound, a. fig.*); *fig.* investigate; *fig.* explore.

songe [sõ:ʒ] *m* dream (*a. fig.*); ~**creux** [sõʒ'krø] *m/inv.* dreamer; **songer** [sõ'ʒe] (1l) *v/i.* dream (of, de); think (of, à); *songez donc!* just fancy!; **songerie** [sõʒ'ri] *f* reverie; (day)dream(ing); **songeur, -euse** [sõ'ʒœ:r, ~'ʒø:z] **1.** *adj.* pensive; dreamy; thoughtful; **2.** *su.* dreamer.

sonique [sɔ'nik] sonic; sound ...; *barrière f* ~ sound barrier.

sonnaille [sɔ'na:j] *f* cattle-bell; **sonnailler** [⌐na'je] **1.** *su./m* bell-wether; **2.** (1a) *v/i.* ring the bell all the time; **sonnant, e** [⌐'nã, ~'nã:t] striking; *fig.* resounding; hard (*cash*); *à trois heures* ~es on the stroke of three; **sonner** [⌐'ne] (1a) *v/t.* sound (*a.* 🞨); ring (*a bell*); strike (*the hour*); ring for (*s.o., a. church service*); *fig.* **ne pas** ~ **mot** not to utter a word; *v/i.* sound; ring (*bell, coin*); strike (*clock*); *gramm.* be sounded *or* pronounced; *fig.* ~ **bien** (*creux*) sound well (hollow); *dix heures sonnent* it is striking 10; *dix heures sont sonnées* it has struck 10; *les vêpres sonnent* the bell is ringing for vespers; **sonnerie** [sɔn'ri] *f* bells: ringing; *church etc.:* bells *pl.*; alarm (mechanism); ⊕ striking mechanism; ♪, *teleph. etc.* bell; 🞨 (bugle-)call.

sonnet [sɔ'nɛ] *m* sonnet.

sonnette [sɔ'nɛt] *f* (house-)bell; hand-bell; ⊕ pile-driver; *cordon m de* ~ bell-pull; *coup m de* ~ ring; **sonneur** [sɔ'nœ:r] *m* bell-ringer; *tel.* sounder; 🞨 bugler.

sono F [sɔ'no] *f* P.A. (system); **sono-**

re [⌐'nɔ:r] resonant; *phys.* acoustic; resounding, loud; ringing (*voice*); *gramm.* voiced (*consonant*); *bande f* ~ sound track; *phys.* **onde** *f* ~ sound-wave; **sonorisation** [⌐nɔriza'sjõ] *f* (fitting with a) P.A. (system); **sonorité** [⌐nɔri'te] *f* sonority; *instrument etc.:* tone, sound; *room:* acoustics *pl.*

sont [sõ] *3rd p. pl. pres.* of **être** 1.

sophisme [sɔ'fism] *m* sophism; *logic:* fallacy.

sophistication [sɔfistika'sjõ] *f* use of sophistry; sophistication; † *wine etc.:* adulteration; **sophistique** [sɔfis'tik] **1.** *adj.* sophistic(al); **2.** *su./f* sophistry; **sophistiqué, e** [⌐ti'ke] sophisticated; highly developed; **sophistiquer** [⌐ti'ke] (1m) *v/t.* sophisticate; *se* ~ become (more) sophisticated; **sophistiqueur** [⌐ti'kœ:r] *m* quibbler.

soporifique [sɔpɔri'fik] *adj., a.f.*

soprano, *pl. a.* **-ni** ♪ [sɔpra'no, ~'ni] *m* soprano (*voice, a. singer*).

sorbe ⚹ [sɔrb] *f* rowanberry.

sorbet *cuis.* [sɔr'bɛ] *m* sorbet, water-ice; † sherbet.

sorbier ⚹ [sɔr'bje] *m* sorb; ~ *sauvage* rowan(-tree), mountain-ash.

sorcellerie [sɔrsɛl'ri] *f* witchcraft, sorcery; **sorcier** [⌐'sje] *m* sorcerer; wizard; *fig.* brilliant mind; **sorcière** [⌐'sjɛ:r] *f* sorceress; witch; *fig. vieille* ~ old hag.

sordide [sɔr'did] sordid, squalid; filthy; *fig.* base; **sordidité** [⌐didi'te] *f* sordidness.

sornettes [sɔr'nɛt] *f/pl.* nonsense *sg.*; idle talk *sg.*; *conter des* ~ talk nonsense.

sort [sɔ:r] *m* fate, destiny; lot; chance, fortune; spell; *fig. jeter un* ~ *sur* cast a spell on *or* over; *tirer au* ~ draw lots; **sortable** [sɔr'tabl] presentable; **sorte** [sɔrt] *f* sort (*a. typ.*), kind; way, manner; *de la* ~ of that sort; in that way; *de* ~ *que* so that; *en quelque* ~ in a way, to some extent; *en* ~ *que* so that; *toutes* ~s *de* all sorts of.

sortie [sɔr'ti] *f* going out; exit; outlet (*a.* ⊕); ⊕ *a.* outflow; leaving; *admin. goods:* issue; † export(ation); 🞨 sortie, sally; outing, trip, excursion; *fig.* outburst; ~ *de secours* emergency exit; † ~s *pl.* de fonds outgoings; *à la* ~ *de* on leaving; *cost.* ~ *de bain* bathrobe.

sortilège [sɔrti'lɛːʒ] *m* witchcraft; spell.

sortir[1] [sɔr'tiːr] **1.** (2b) *v/i.* go or come out, leave; ♀, ⚹, *etc.* come up; come through (*tooth*); stand out, protrude (from, de); ~ de come from; come of (*a good family*); have been at (*a school*); get out of (*one's bed, a difficulty*); *fig.* deviate from (*a subject*); F ~ de (*inf.*) have just done or finished (*ger.*); ⚹ ~ de l'hôpital be discharged from or *Am.* the hospital; 🚆 ~ des rails jump the metals; **être sorti** be out; *thea.* sort exit; *v/t.* bring or take or put or send out; ♱ bring out (*a product*), release (*a film etc.*), publish (*a book*); F throw (*s.o.*) out; F come out with (*a remark, joke, etc.*); **2.** *su./m:* au ~ de on leaving; *fig.* at the end of.

sortir[2] 🚆 [~] (2a, *3rd pers. only*) *v/t.* take, have (*effect*).

sosie F [sɔ'zi] *m* (*person's*) double.

sot, sotte [so, sɔt] **1.** *adj.* stupid, foolish; disconcerted; **2.** *su.* fool; **sottise** [sɔ'tiːz] *f* folly, stupidity; stupid act or saying; insult.

sou [su] *m* sou (= 5 centimes); *sans le* ~ penniless.

soubassement [subas'mã] *m* △ sub-foundation; base (*a.* ⊕); ⊕ base-plate; *geol.* bed-rock; *bed:* valance; *fig.* substructure.

soubresaut [subrə'so] *m* jerk; sudden start; *vehicle:* jolt; ⚹ ~s *pl.* trembling *sg.*

soubrette [su'brɛt] *f thea.* soubrette, maid-servant; F ♱ maid.

souche [suʃ] *f* ⚹ *tree etc.:* stump; ⚹, *a. fig.* stock; ⚹ *virus:* strain; △ (*chimney-*)stack; *eccl.* candle-stock; *fig.* blockhead; *fig.* head (*of a family*); ♱ *cheque, ticket:* counterfoil, stub; *carnet m à* ~s counterfoil book, *Am.* stub-book; *fig.* faire ~ found a family or a line.

souci[1] ♀ [su'si] *m* marigold.

souci[2] [su'si] *m* care; worry; concern; **soucier** [~'sje] (1o) *v/t.* trouble (*s.o.*); se ~ be anxious; ne se ~ de rien care for nothing; se ~ de trouble o.s. about; care for or about; mind about; **soucieux, -euse** [~'sjø, ~'sjøːz] anxious, concerned (about, de; to *inf.*, de *inf.*); *fig.* worried.

soucoupe [su'kup] *f* saucer; F ~ *volante* flying saucer.

soudable ⊕ [su'dabl] that can be

soldered or welded; **soudage** ⊕ [~'daːʒ] *m* soldering; welding.

soudain, e [su'dɛ̃, ~'dɛn] **1.** *adj.* sudden; **2.** *soudain adv.* suddenly, all of a sudden; **soudaineté** [~dɛn-'te] *f* suddenness.

soudard *usu. pej.* [su'daːr] *m* ♱ old soldier, F old sweat; *fig.* ruffian.

soude [sud] *f* 🝆, ♀, ⚹ soda; ♀ saltwort; 🝆 ~ *caustique* caustic soda.

souder [su'de] (1a) *v/t.* ⊕ solder, weld; *fig.* join; *lampe f à* ~ blowlamp.

soudoyer [sudwa'je] (1h) *v/t.* hire (the services of); *fig.* bribe, buy (*s.o.*) (over).

soudure ⊕ [su'dyːr] *f* solder; soldering; welding; soldered joint; weld, (*welded*) seam; ⚹, ⊕, *inner tube, etc.:* F join; *fig.* faire la ~ bridge the gap.

soue [su] *f* pigsty.

soufflage [su'flaːʒ] *m* ⊕ glass-blowing; ⊕ *furnace:* blast; **soufflante** ⊕ [~'flãːt] *f* blower; **souffle** [sufl] *m* breath (*a.* ⚹); breathing; blast; *fig.* inspiration; ⚹ murmur; *sp., fig.* wind; *à bout de* ~ out of breath; *trouver son second (ou deuxième)* ~ *sp.*, *a. fig.* get one's second wind; **soufflé** *cuis.* [su'fle] *m* soufflé; **soufflement** [~flə'mã] *m* blowing; **souffler** [~'fle] (1a) *v/i.* blow (*person, a. wind*); pant; get one's breath; *v/t.* blow (♪ *the organ,* ⊕ *glass*); inflate; blow up (*a balloon, a. the fire*); *thea.* prompt; *fig.* whisper; *fig.* breathe (*a word, a sound*); blow out (*a candle*); F trick (*s.o.* out of s.th., *qch. à q.*); F foment (*a strife*); *fig.* ~ *le chaud et le froid* blow hot and cold; **soufflerie** [~flə'ri] *f* forge, *a.* ♪ *organ:* bellows *pl.*; ⊕ *blower;* ⊕ wind-tunnel; **soufflet** [~'fle] *m* bellows *pl.* (*a. phot.*); ⊕ fan; 🚆 concertina vestibule; *carriage:* (*folding*) hood; ⚹ swell; *cost.* gusset, gore; *fig.* slap, box on the ear; *fig.* affront; **souffleter** [~fle'te] (1c) *v/t.* slap (*s.o.*) in the face; *fig.* insult; **souffleur, -euse** [~'flœːr, ~'fløːz] *su.* blower; *thea. etc.* prompter; *vet. horse:* roarer; *su./m* ⚹ blower; ⚹ blow-out; **soufflure** [~'flyːr] *f glass:* bubble; *metall.* flaw, blowhole; *paint:* blister.

souffrance [su'frãːs] *f* suffering; 🚆 sufferance; ♱ *en* ~ suspended (*busi-*

ness); held up (*post etc.*); outstanding (*bill etc.*); **souffrant, e** [ˌ'frã, ˌ'frãːt] suffering, in pain; ⚕ unwell, ill; **souffre** [sufr] *1st p. sg. pres. of souffrir*; **souffre-douleur** [ˌfrədu'lœːr] *su./inv.* drudge; scapegoat; laughing-stock.

souffreteux, -euse [sufrə'tø, ˌ'tøːz] destitute; sickly (*child etc.*).

souffrir [su'friːr] (2f) *vt/i.* suffer; *v/t.* bear (*a. fig.*); permit, allow; *v/i.* fig. be grieved (to *inf.*, de *inf.*); be injured.

soufre [sufr] *m* 🜍 *etc.* sulphur; ~ en poudre, fleur *f* de ~ flowers *pl.* of sulphur; *fig.* sentir le ~ smack of heresy; **soufrer** [su'fre] (1a) *v/t.* treat with sulphur; ⊕, *tex.* sulphur (*a.* matches).

souhait [swɛ] *m* wish; à ~ to one's liking; **souhaitable** [swe'tabl] desirable; **souhaiter** [ˌ'te] (1a) *v/t.* wish.

souillard [su'jaːr] *m* ⊕ sink-hole; ⊕ sink-stone; 🏛 strut; **souillarde** [ˌ'jard] *f* scullery; **souille** [suːj] *f* (*wild boar's*) wallow; ⚓ bed; **souiller** [su'je] (1a) *v/t.* soil (with, de); pollute; stain (*a. fig.*); *fig.* tarnish (*one's reputation etc.*); **souillon** [ˌ'jɔ̃] *su.* *(kitchen)* woman: slut; **souillure** [ˌ'jyːr] *f* stain (*a. fig.*); spot; *fig.* blemish; 🜍 impurity.

soûl, soûle F [su, sul] **1.** *adj.* drunk; surfeited (with, de); satiated; **2.** *su./m* fill (*a. fig.*); dormir tout son ~ have one's sleep out.

soulagement [sulaʒ'mã] *m* relief (*a.* ⊕); **soulager** [ˌla'ʒe] (1l) *v/t.* relieve; se ~ relieve o.s. (*of a burden, a.* F *fig.*); relieve one's mind.

soûlard *m, e* *f* [su'laːr, ˌ'lard], **soûlaud** *m, e* *f* [ˌ'lo, ˌ'loːd] drunkard, soaker; **soûler** [ˌ'le] (1a) *v/t.* satiate, glut (*s.o.*) (with, de); F make (*s.o.*) drunk; F get on (*s.o.'s*) nerves, bore (*s.o.*); F se ~ get drunk.

soulèvement [sulɛv'mã] *m* ground, stomach, *a. fig.* people: rising; ⚓ sea: swelling(*s*); *fig.* general protest; *geol.* upheaval; ⚕ de cœur nausea; **soulever** [sul've] (1d) *v/t.* raise (*a. fig.* an objection, a question, *etc.*); lift (*up*); *fig.* provoke (an emotion); *fig.* rouse (*peole*) to revolt; F steal, *sl.* lift; *fig.* ~ le cœur à q. make s.o. sick; se ~ rise (*a.* in revolt); raise o.s.; turn (*stomach*).

soulier [su'lje] *m* shoe; ~s *pl.* de ski ski-boots; ~ ferré (*plat*) spiked (lowheeled) shoe; ~ Richelieu lace-up shoe; être dans ses petits ~s be on pins and needles; be ill at ease.

soulignement [suliɲ'mã] *m* underlining; *fig.* stressing; **souligner** [ˌli'ɲe] (1a) *v/t.* underline; *fig.* stress, emphasize.

soumettre [su'mɛtr] (4v) *v/t.* subdue (*s.o., one's feelings, a. a country*); *fig.* subject (s.o. to s.th., q. à qch.); *fig.* submit (*an idea, a plan, a request*) (to s.o., à q.); se ~ à submit to, comply with; **soumis, e** [ˌ'mi, ˌ'miːz] submissive, obedient; dutiful; **soumission** [ˌmi'sjɔ̃] *f* ⚔, *pol.* submission, surrender; obedience (to, à); ✝ tender (for, *pour*); **soumissionnaire** ✝ [sumisjɔ'nɛːr] *m* tenderer; *finance* underwriter; **soumissionner** ✝ [ˌ'ne] (1a) *v/t.* tender for; *finance* underwrite.

soupape ⊕ [su'pap] *f* valve; *bath etc.*: plug; *fig.* safety-valve; ~ à papillon throttle-valve; ~ d'admission intake valve; ~ d'échappement outlet valve; *mot.* exhaust-valve; ⚡ électrique rectifier.

soupçon [sup'sɔ̃] *m* suspicion; *fig.* inkling, idea, hint; *fig., a. cuis.* touch, dash; *liquid*: drop; *fig.* pas un ~ de not a shadow of, not the ghost of; **soupçonner** [ˌsɔ'ne] (1a) *v/t.* suspect; surmise; **soupçonneux, -euse** [ˌsɔ'nø, ˌ'nøːz] suspicious.

soupe [sup] *f* soup; F, *a.* ✗ meal; F food, *sl.* grub; soup (*for soaking in soup, wine, etc.*); ~ à l'oignon onionsoup; F *populaire* soup kitchen; F monter (*or s'emporter*) comme une ~ au lait flare up; F être ~ au lait be irritable; F être trempé comme une ~ be wet through.

soupente [su'pãːt] *f* ⊕ support; 🏛 loft, garret; closet.

souper [su'pe] **1.** *v/i.* (1a) have supper; *sl.* fig. j'en ai soupé I'm fed up with it; **2.** *su./m* supper.

soupeser [supə'ze] (1d) *v/t.* feel the weight of; weigh (*s.th.*) in the hand.

soupière [su'pjɛːr] *f* soup-tureen.

soupir [su'piːr] *m* sigh; ♩ crotchet rest; ♪ (*demi-*)*quart m de* ~ (*demi-*) semiquaver rest; ♪ *demi-*~ quaver rest; **soupirail,** *pl.* **-aux** [supiˈraːj, ˌ'ro] *m* air-hole; vent (*in air-*

shaft etc.); ventilator; **soupirant** F [ᴗ'rɑ̃] suitor, admirer; **soupirer** [ᴗ're] (1a) *v/i.* sigh; ~ *après* (*or pour*) long *or* sigh for.

souple [supl] supple; flexible; *fig.* compliant, docile; **souplesse** [su'plɛs] *f* suppleness; flexibility; *fig.* adaptability; *fig. character*: pliability.

souquenille † [suk'ni:j] *f* smock.

source [surs] *f* source (*a. fig.*); spring; *fig.* origin; ~ *jaillissante* gusher; *de bonne* ~ on good authority; *prendre sa* ~ *dans river*: rise in; **sourcier** [sur'sje] *m* water-diviner.

sourcil [sur'si] *m* eyebrow; *froncer les* ~*s* frown; **sourciller** [ᴗsi'je] (1a) *v/i.* knit one's brows, frown; *fig.* flinch; *ne pas* ~ F not to turn a hair, *Am.* never to bat an eyelid; **sourcilleux, -euse** [ᴗsi'jø, ᴗ'jø:z] finicky, pernickety; supercilious.

sourd, sourde [su:r, surd] **1.** *adj.* deaf; dull (*blow, colour, noise, pain, thud*); low (*cry*); hollow (*voice*); *fig.* hidden, veiled (*hostility*); *fig.* underhand; *gramm.* voiceless; F ~ *comme un pot* deaf as a (door-)post; *faire la sourde oreille* turn a deaf ear; *lanterne f sourde* dark-lantern; **2.** *su.* deaf person.

sourdine [sur'din] *f* ♪ mute; ♪ damper; *en* ~ ♪ muted; *fig.* softly; *fig.* on the quiet; *fig. mettre une* ~ *à qch.* tone s.th. down.

sourd-muet, sourde-muette [sur'mμɛ, surd'mμɛt] **1.** *adj.* deaf-and-dumb; **2.** *su.* deaf-mute.

sourdre [surdr] (4dd) *v/i.* spring; *a. fig.* arise.

souriant, e [su'rjɑ̃, ᴗ'rjɑ̃:t] smiling.

souriceau [suri'so] *m* young mouse; *fig.* (police-)trap.

souricière [ᴗsje:r] *f* mouse-trap; *fig.* (police-)trap.

sourire [su'ri:r] **1.** (4cc) *v/i.* smile; *pej.* smirk; ~ *à q.* smile at s.o.; *fig.* appeal *or* be attractive to s.o.; **2.** *su./m* smile.

souris [su'ri] *f* mouse.

sournois, e [sur'nwa, ᴗ'nwa:z] underhand; deceitful; **sournoiserie** [ᴗnwaz'ri] *f* underhand manner *or* trick; deceitfulness.

sous [su] *prp. usu.* under (*the table, s.o.'s command, etc.*); underneath; below; at (*the equator*); in (*the tropics, the rain, a favourable light*); within (*three months*); ~ *clé* under

lock and key; ~ *les drapeaux* with the colo(u)rs; ~ *enveloppe* under cover, in an envelope; ~ *le nom de* by the name of; ~ *peine de* on pain of; ~ *peu* before long, shortly; ~ *ce pli* enclosed; ~ *prétexte de* on the pretext of; ~ *le rapport de* in respect of; ~ (*le règne de*) *Louis XIV* under *or* in the reign of Louis XIV; *passer* ~ *silence* pass (*s.th.*) over in silence; ~ *mes yeux* before my eyes; *see* cape; main.

sous... [su; suz] sub..., under...; ~**aide** [su'zɛd] *su.* sub-assistant; ~**alimenté, e** [ᴗzalimɑ̃'te] undernourished, underfed; ~**arrondissement** [ᴗzarɔ̃dis'mɑ̃] *m* sub-district; ~**bail** [su'ba:j] *m* sub-lease; ~**bois** [ᴗ'bwa] *m* undergrowth.

souscripteur ✝ [suskrip'tœ:r] *m* shares, periodical, etc.: subscriber; *cheque*: drawer; **souscription** [ᴗ'sjɔ̃] *f* subscription (for shares, *à des actions*); signature; (*public*) fund; **souscrire** [sus'kri:r] (4q) *v/i.* ✝, *a. fig.* ~ *à* subscribe to; ~ *pour* subscribe (*a sum of money*); **souscrit, e** ✝ [ᴗ'kri, ᴗ'krit] subscribed (*capital*).

sous...: ~**cutané, e** 🗲 [sukyta'ne] subcutaneous; ~**développé, e** [ᴗdevlɔ'pe] underdeveloped; ~**emploi** [suzɑ̃'plwa] *m* underemployment; ~**entendre** [ᴗzɑ̃'tɑ̃:dr] (4a) *v/t.* understand (*a. gramm.*); imply; ~**entendu** [ᴗzɑ̃tɑ̃'dy] *m* implication; innuendo; allusion; overtone; ~**entente** [ᴗzɑ̃'tɑ̃:t] *f* mental reservation; ~**équipé, e** [ᴗzeki'pe] underequipped; ~**estimer** [ᴗzesti'me] (1a) *v/t.* underestimate; ~**exposer** *phot.* [ᴗzɛkspo'ze] (1a) *v/t.* under-expose; ~**fifre** F [su'fifr] *m* underling; sidekick; ~**locataire** [ᴗlɔka'tɛ:r] *su.* subtenant, sublessee; ~**location** [ᴗlɔka'sjɔ̃] *f* sub-letting; sub-lease; ~**louer** [ᴗ'lwe] (1p) *v/t.* sub-let; sub-lease; rent (*a house*) from a tenant; ~**main** [ᴗ'mɛ̃] *m/inv.* blotting-pad, writing-pad; *en* ~ secretly, behind the scenes; ~**maître** [ᴗ'mɛ:tr] *m* assistant master; ~**maîtresse** [ᴗmɛ'trɛs] *f* assistant mistress; ~**marin, e** 🏴 [ᴗma'rɛ̃, ᴗ'rin] *adj., a. su./m* submarine; ~**officier** [suzɔfi'sje] *m*, F ~**off** [ᴗ'zɔf] *m* 🗡 non-commissioned officer, N.C.O.; 🏴 petty officer; ~**ordre**

[~'zɔrdr] *m* ♀ sub-order; *admin.* subordinate; en ~ subordinate(ly *adv.*); **~-payer** [~pɛ'je] (1i) *v/t.* underpay; **~-pied** [su'pje] *m* trouser-strap; *gaiters:* under-strap; **~-préfet** [~pre'fɛ] *m* sub-prefect; **~-produit** ⊕ [~prɔ'dɥi] *m* by-product; spin-off; **~-prolétariat** [~prɔletar'ja] *m* underprivileged class; **~-secrétaire** [~səkre'tɛ:r] *m* under-secretary of State, *d'État*; **~-signé, e** [~si'ɲe] 1. *adj.* undersigned; 2. *su.* undersigned; je ~ ... I the undersigned ...; **~-sol** [~'sɔl] *m* ♂ subsoil; △ basement; basement-flat; ⚒ underground; *richesses f/pl.* de ~ mineral resources; **~-tendre** [~'tɑ̃dr] (4a) *v/t.* ♣ subtend; *fig.* underlie.

soustraction [sustrak'sjɔ̃] *f* removal, abstraction (*a.* ✍); ♣ subtraction; **soustraire** [~'trɛ:r] (4ff) *v/t.* remove; withdraw; ♣ subtract (from, *de*); *fig.* shield (s.o. from s.th., *q. à qch.*); se ~ à escape from; avoid (*a duty*).

sous-...: **~-traitance** [sutrɛ'tɑ̃:s] *f* subcontracting; **~-traitant** [~trɛ'tɑ̃] *m* subcontractor; **~-traiter** [~trɛ'te] (1a) *v/t.* subcontract; **~-ventrière** [~vɑ̃tri'ɛ:r] *f* saddle-girth; bellyband; **~-verge** [~'vɛrʒ] *m/inv.* offhorse; ♣ *fig.* underling; **~-vêtement** [~vɛtmɑ̃] *m* undergarment.

soutache ✂, *a. cost.* [su'taʃ] *f* braid.

soutane *eccl.* [su'tan] *f* cassock, soutane; *fig.* la ~ holy orders *pl.*, F the cloth.

soute [sut] *f* ⚓ store-room; ✈ ~ à bombes bomb-bay; ~ à charbon coal-bunker; ~ aux poudres (powder-)magazine.

soutenable [sut'nabl] bearable; tenable (*opinion, theory, a.* ✕ †); **soutenance** [~'nã:s] *f thesis:* maintaining; **soutènement** [suten'mã] *m* support(ing); △ de ~ retaining (*wall*); relieving (*arch*); **souteneur** [sut'nœ:r] *m* procurer; **soutenir** [sut'ni:r] (2h) *v/t.* support; hold (*s.th.*) up; back (*s.o.*) (*financially*); keep up (*a conversation, a credit, a part*); maintain, assert (*a fact*); uphold (*an opinion, a theory, a thesis*); *fig.* endure, bear (*a comparison*), stand; **soutenu, e** [~'ny] sustained; unflagging (*attention,*

effort, interest); ♦ steady (*market*); *fig.* lofty (*style*).

souterrain, e [sutɛ'rɛ̃, ~'rɛn] 1. *adj.* underground; *a. fig.* subterranian; 2. *su./m* underground passage.

soutien [su'tjɛ̃] *m* support(ing); *person:* supporter; *fig.* mainstay; **~-gorge, e** *pl.* **~s-gorge** *cost.* [~tjɛ̃'gɔrʒ] *m* brassière, F bra.

soutirer [suti're] (1a) *v/t.* draw off (*wine etc.*); *fig.* get (s.th. out of s.o., *qch. à q.*).

souvenir [suv'ni:r] 1. (2h) *v/t.*: se ~ de remember, recall; *v/impers.*: il me souvient de (*inf.*) I remember (*ger.*); 2. *su./m* memory, remembrance; souvenir, keepsake.

souvent [su'vã] *adv.* often; *assez* ~ fairly often; *peu* ~ seldom, not often.

souverain, e [su'vrɛ̃, ~'vrɛn] 1. *adj.* sovereign; supreme; 2. *su.* sovereign; **souveraineté** [~vrɛn'te] *f* sovereignty; territory (*of a sovereign*).

soviet *pol.* [sɔ'vjɛt] *m* Soviet; **soviétique** [~vje'tik] 1. *adj.* Soviet; 2. *su.* ♀ Soviet citizen.

soya ♀ [sɔ'ja] *m see* soja.

soyeux, -euse [swa'jø, ~'jø:z] 1. *adj.* silky, silken; 2. *su./m* silk manufacturer.

soyons [swa'jɔ̃] *1st p. pl. pres. sbj. of* être 1.

spacieux, -euse [spa'sjø, ~'sjø:z] spacious, roomy.

spadassin [spada'sɛ̃] *m* hired killer; † swordsman.

sparadrap ♣ [spara'dra] *m* sticking *or* adhesive plaster, *Am. a.* Band-Aid (*TM*).

spasme ♣ [spasm] *m* spasm; **spasmodique** ♣ [spasmɔ'dik] spasmodic, spastic.

spath *min.* [spat] *m* spar; ~ fluor fluorite.

spatial, e *m/pl.* **-aux** [spa'sjal, ~'sjo] spatial; space ...; *navire m* ~ space craft.

spatule [spa'tyl] *f* ♣ spatula; ⊕ spoon tool; *sp.* ski-tip; *orn.* spoonbill; **spatulé, e** [~ty'le] spatulate.

speaker, speakerine [spi'kœ:r, ~kə'rin] *su. radio:* announcer; newscaster, newsreader; *su./m parl.* speaker.

spécial, e, m/pl. **-aux** [spe'sjal, ~'sjo] 1. adj. special, particular; ✗ armes f/pl. ~es technical arms; 2. su./f school: higher mathematics class; **spécialiser** [spesjali'ze] (1a) v/t. particularize; ear-mark (funds); se ~ dans specialize in, make a special study of, Am. major in; **spécialiste** [~'list] su. specialist (a.⚕); expert; ✗ tradesman; **spécialité** [~li'te] f speciality; special study; ⚓ special duty; ⚓ specialized branch; ~ pharmaceutique patent medicine.

spécieux, -euse [spe'sjø, ~'sjø:z] specious; plausible.

spécification [spesifika'sjɔ̃] f specification; raw material: working up; **spécificité** [~fisi'te] f specificity (a. ⚗); **spécifier** [~'fje] (1o) v/t. specify; lay down; stipulate; determine (s.th.) specifically; **spécifique** [~'fik] 1. su./m specific (for, de); 2. adj. specific; phys. poids m ~ specific gravity.

spécimen [spesi'mɛn] 1. su./m specimen, sample; 2. adj. specimen (copy).

spéciosité [spesjozi'te] f speciousness.

spectacle [spɛk'takl] m spectacle, sight; pej. exhibition; thea. play, show; "~s" pl. «entertainment»; le (monde du) ~ show business; fig. se donner en ~ make an ass of o.s.; taxe f sur les ~s entertainment tax.

spectateur, -trice [spɛkta'tœːr, ~'tris] su. spectator; witness (of an accident, an event, etc.); su./m: thea. ~s pl. audience sg.

spectral, e, m/pl. **-aux** [spɛk'tral, ~'tro] spectral (a. 🎨); spectrum (analysis); opt. ~ of the spectrum; fig. ghostly; **spectre** [spɛktr] m spectre; ghost (a. fig.); opt., a. phys. spectrum; **spectroscopie** phys. [spɛktrɔskɔ'pi] f spectroscopy.

spéculaire [speky'lɛːr] 1. adj. specular; psych. mirror (writing); pierre f ~ mica; 2. su./f specularia.

spéculateur m, **-trice** f [spekyla-'tœːr, ~'tris] ✝, a. fig. speculator; fig. theorizer; **spéculatif, -ve** [~'tif, ~'tiːv] ✝, a. fig. speculative; fig. contemplative; **spéculation** [~'sjɔ̃] f ✝, a. fig. speculation; fig. theory, conjecture; fig. cogitation; **spéculer** [speky'le] (1a) v/i. ✝, a. fig.

speculate (fig. on, ✝ in sur; ✝ for, à).

spéléologie [speleɔlɔ'ʒi] f spel(a)eology; cave hunting; F pot-holing; **spéléologue** [~'lɔg] m spel(a)eologist; cave hunter; F pot-holer.

spencer cost. [spɛ̃'seːr] m spencer.

sperme physiol. [spɛrm] m sperm, semen.

sphère [sfɛːr] f sphere (a. ⚥, fig.); geog. globe; **sphéricité** [sferisi'te] f sphericity, curvature; **sphérique** [~'rik] 1. adj. spherical (a. ⚥); 2. su./m 🎈 spherical balloon.

sphinx [sfɛ̃ks] m sphinx (a. fig.); zo. hawk-moth.

spic ♀ [spik] m spike-lavender.

spider mot. [spi'dɛːr] m dick(e)y (seat).

spinal, e, m/pl. **-aux** anat. [spi'nal, ~'no] spinal.

spinelle min. [spi'nɛl] m spinel.

spiral, e, m/pl. **-aux** [spi'ral, ~'ro] 1. adj. spiral; 2. su./f spiral; en ~e spiral(ly adv.), winding; su./m ⊕ watch: hairspring; spire [spiːr] f single turn, whorl (a. 🌀); ♂ bobbin: one winding.

spirée ♀ [spi're] f spiraea.

spirite [spi'rit] 1. adj. spiritualistic; 2. su. spiritualist; **spiritisme** [spi-ri'tism] m spirit(ual)ism; **spiritualiser** [~tɥali'ze] (1a) v/t. spiritualize; 🔬 † distil; **spiritualité** [~tɥali'te] f spirituality; **spirituel, -elle** [~'tɥɛl] spiritual (a. eccl., phls., etc.); fig. witty, humorous; **spiritueux, -euse** ✝ [~'tɥø, ~'tɥø:z] 1. adj. spirituous; 2. su./m spirit(uous liquor); les ~ pl. spirits.

spleen † [splin] m spleen, melancholy.

splendeur [splɑ̃'dœːr] f splendo(u)r; brilliance, brightness; fig. grandeur, glory; **splendide** [~'did] splendid; brilliant; fig. magnificent.

spoliateur, -trice [spɔlja'tœːr, ~'tris] 1. adj. spoliatory (law, measure); 2. su. despoiler; **spoliation** [~lja'sjɔ̃] f despoilment; **spolier** [~'lje] (1o) v/t. despoil, rob (of, de). [dee.)

spondée [spɔ̃'de] m prosody: spon-∫

spongiaires [spɔ̃'ʒjɛːr] m/pl. spongiae; **spongieux, -euse** [~'ʒjø, ~'ʒjø:z] spongy; anat. ethmoid (bone); **spongiosité** [~ʒjozi'te] f sponginess.

spontané, e [spɔta'ne] spontaneous; 🏛 voluntary (*confession*); ♀ self-sown; **spontanéite** [~nei'te] f spontaneity; **spontanément** [~ne'mã] adv. of spontané.

sporadique ♉, ♀ [spɔra'dik] sporadic; **spore** ♀, biol. [spɔːr] f spore.

sport [spɔːr] m sport; ⤳ pl. nautiques aquatic sports; le ~ sports pl.; **sportif, -ve** [spɔr'tif, ~'tiːv] 1. adj. sporting; sports...; 2. su. follower of sports, F sports fan; su./m sportsman; su./f sportswoman; **sportsman,** pl. **sportsmen** [spɔrts'man, ~'men] m sportsman; **sportswoman,** pl. **sportswomen** [~wu'man, ~'men] f sportswoman.

spot [spɔt] m radio, TV, etc.: spot; spot(light).

spoutnik [sput'nik] m sputnik.

sprat icht. [sprat] m sprat.

sprint [sprint] m sprint; **sprinter** sp. [sprin'tœːr] su./m sprinter; 2. [~'te] (1a) v/i. sprint.

spumeux, -euse [spy'mø, ~'møːz] frothy, foamy.

squale icht. [skwal] m dog-fish.

squame [skwam] f skin: scale; bone: exfoliation; squama; **squameux, -euse** [skwa'mø, ~'møːz] ♉, anat., etc. scaly; squamous (a. ♀).

square [skwaːr] m (public) square (with garden).

squelette [skə'lɛt] m skeleton (a. fig.); ⚓ carcass; fig. book, plot: outline; **squelettique** [~lɛ'tik] skeletal; fig. skeleton-like.

stabilisateur, -trice [stabiliza'tœːr, ~'tris] 1. adj. stabilizing; 2. su./m 🛩 etc. stabilizer; **stabilisation** [~za'sjɔ̃] f stabilization; 🛩 standstill; ⊕ annealing; **stabiliser** [~'ze] (1a) v/t. stabilize (a. ✝ the currency); ⊕ anneal; se ~ become steady; **stabilité** [~'te] f stability; fig. lasting; **stable** [stabl] stable; steady; fig. lasting.

stade [stad] m sp. stadium; sp. athletic club; 🛩, a. fig. stage, period.

stage [staːʒ] m (period of) probation; training period or course; 🏛 articles pl.; **stagiaire** [sta'ʒjɛːr] adj., su. trainee.

stagnant, e [stag'nã, ~'nãːt] stagnant (a. ✝); **stagnation** [~na'sjɔ̃] f stagnation (a. ✝); ⚓ compass: slowness; ✝ dullness.

stalle [stal] f eccl., thea., stable, etc.: stall; stable: box.

staminé, e ♀ [stami'ne] stamened, staminate.

stance [stãːs] f stanza.

stand [stãːd] m races, show, exhibition: stand; ~ de tir shooting-gallery, rifle range.

standard [stã'daːr] 1. su./m teleph. switchboard; fig. standard (of living, de vie); 2. adj. standard; **standardisation** ⊕ [stãdardiza'sjɔ̃] f standardization; **standardiser** [~di'ze] (1a) v/t. standardize; **standardiste** teleph. [~'dist] su. switchboard operator.

standing [stã'diŋ] m (social) status, standing; reputation; (de) grand ~ luxury (flat, apartment, etc.).

starter [star'tɛːr] m sp. starter; mot. choke.

station [sta'sjɔ̃] f ✕, ⚓, ⚡, radio, 🚂 underground: station; stop, halt; (taxi-)rank; bus, tram: (fare) stage; (holiday) resort; ⚡ ~ centrale power station; ~ climatique health resort; ~ de correspondance underground railway: interchange station; en ~ standing; faire une ~ break one's journey; **stationnaire** [~sjɔ'nɛːr] 1. adj. stationary; 2. su./m ⚓ guard ship; **stationnement** mot. [~sjɔn'mã] m parking; ~ bilatéral parking on both sides; ~ interdit road sign: no parking; no waiting; ~ unilatéral parking on one side only; **stationner** [~sjɔ'ne] (1a) v/i. stop; halt; stand; park (car); ✕ be stationed; défense f de ~ no parking; **station-service,** pl. **stations-service** mot. [~sjɔsɛr'vis] f service station; repair station.

statique [sta'tik] 1. adj. static; 2. su./f ⊕ statics sg.

statisticien [statisti'sjɛ̃] m statistician; **statistique** [~'tik] 1. adj. statistical; 2. su./f statistics sg.

statuaire [sta'tɥɛːr] 1. adj. statuary; 2. su./m person: sculptor; su./f art: statuary; sculptress; **statue** [~'ty] f statue; image.

statuer [sta'tɥe] (1n) v/t. decree, enact; rule; v/i.: ~ sur qch. decide s.th., give judgment on s.th.

stature [sta'tyːr] f stature; height.

statut [sta'ty] m 🏛 statute; regulation; charter; pol. status; constitution; **statutaire** [~ty'tɛːr] statutory; ✝ qualifying (share).

stéarine 🜛 [stea'rin] f stearin(e); **stéarique** 🜛 [~'rik] stearic.

steeple-chase *sp.* [stiplə'tʃez] *m* track: hurdle-race.

stellaire [stel'lɛːr] **1.** *adj.* astr. stellar; **2.** *su./f* ♀ starwort.

sténo... [steno] steno...; **⁓dactylographe** [⁓daktilɔ'graf], F **⁓dactylo** [⁓dakti'lo] *su.* shorthand-typist; **⁓gramme** [⁓'gram] *m* shorthand report; **⁓graphe** [⁓'graf] *su.* shorthand writer; stenographer; **⁓graphie** [⁓gra'fi] *f* shorthand; **⁓type** [⁓'tip] *su./m* stenotype; *su./f* shorthand typewriter; **⁓typiste** [⁓ti'pist] *su.* stenotypist.

stentor [stɑ̃'tɔːr] *npr./m:* fig. voix *f* de ⁓ stentorian voice.

steppe geog. [stɛp] *f* steppe.

stercoraire [stɛrkɔ'rɛːr] *m* zo. dung-beetle; *orn.* skua.

stère [stɛːr] *m* measure of wood: stere, cubic metre; bois *m* de ⁓ cordwood.

stéréo [stere'o] *f*, *a. adj.* short for *stéréophonie*, *stéréophonique*: stereo; en ⁓ (in) stereo.

stéréo... [stereo] stereo...; **⁓métrie** Ⓐ [⁓me'tri] *f* stereometry; **⁓métrique** Ⓐ [⁓me'trik] stereometric; **⁓phonie** [⁓fɔ'ni] *f* stereophony, stereo (sound); **⁓phonique** [⁓fɔ'nik] stereophonic; **⁓scope** opt. [stereos'kɔp] *m* stereoscope; **⁓scopique** [⁓skɔ'pik] stereoscopic; **⁓type** typ. [stereo'tip] **1.** *adj.* stereotype; stereotyped (*book*); **2.** *su./m* stereotype (plate); **⁓typer** [⁓ti'pe] (1a) *v/t.* stereotype; *expression f* stéréotypée hackneyed phrase; *sourire m* stéréotype fixed smile; **⁓typie** [⁓ti'pi] *f* stereotypy; stereotype foundry.

stérile [ste'ril] ♂, ♀, zo., *a. fig.* sterile, barren (*a. woman*); childless (*marriage*); *fig.* fruitless, vain (*effort*); **stériliser** [sterili'ze] (1a) *v/t.* sterilize (*a.* ♂); **stérilité** [⁓'te] *f* sterility; barrenness (*a. fig.*).

sternum anat. [stɛr'nɔm] *m* sternum, breast-bone.

sternutation ♂ [stɛrnyta'sjɔ̃] *f* sternutation, sneezing; **sternutatoire** ♂ [⁓'twaːr] *adj.* sternutatory; sneezing(-powder).

stéthoscope ♂ [stetos'kɔp] *m* stethoscope.

stick [stik] *m* ✕ swagger-stick; (riding-)switch.

stigmate [stig'mat] *m* ♂, ♀, *a. fig.* stigma; ♂ *wound:* scar, mark; *small-pox:* pock-mark; *fig.* stain (on

character); eccl. ⁓s *pl.* stigmata; **stigmatique** [⁓ma'tik] stigmatic; *opt.* anastigmatic; **stigmatiser** [⁓mati'ze] (1a) *v/t.* eccl., *a. fig.* stigmatize (with, de); ♂ pock-mark (*s.o.*); *fig.* brand (*s.o.*).

stimulant, e [stimy'lɑ̃, ⁓'lɑ̃ːt] **1.** *adj.* stimulating; **2.** *su./m* ♂ stimulant; *fig.* stimulus, incentive; **stimulateur, -trice** [⁓la'tœːr, ⁓'tris] **1.** *adj.* stimulative; **2.** *su./m:* ♂ ⁓ cardiaque pacemaker; **stimuler** [⁓'le] (1a) *v/t.* stimulate; *fig.* incite, give a stimulus to; **stimulus** ♂, biol. [⁓'lys] *m* stimulus.

stipendier pej. [stipɑ̃'dje] (1o) *v/t.* hire, buy (*s.o.*).

stipulation 🕮 [stipyla'sjɔ̃] *f* condition; stipulation; **stipuler** [⁓'le] (1a) *v/t.* stipulate.

stock ✝ [stɔk] *m* stock; **stockage** [stɔ'kaːʒ] *m* ✝ stocking; storing; **stocker** [⁓'ke] (1a) *v/t.* ✝ stock, store; ✕ stockpile (bombs).

stoïcien, -enne phls. [stɔi'sjɛ̃, ⁓'sjɛn] **1.** *adj.* stoic(al); **2.** *su.* stoic; **stoïcisme** phls., *a. fig.* [⁓i'sism] *m* stoicism; **stoïque** [⁓'ik] **1.** *adj. fig.* stoic(al); **2.** *su.* stoic.

stolon ♀ [stɔ'lɔ̃] *f* stolon, runner, sucker.

stomacal, e *m/pl.* **-aux** [stɔma'kal, ⁓'ko] gastric; stomach-(pump, tube); **stomachique** ♂, anat. [⁓'ʃik] *adj.*, *a. su./m* stomachic.

stop [stɔp] **1.** *int.* stop!; **2.** *su./m* mot. stop sign; brake light, Am. stoplight; F hitchhiking, hitching.

stoppage [stɔ'paːʒ] *m* cost. invisible mending; stockings: invisible darning; **stopper** [⁓'pe] (1a) *v/t.* stop; check; cost. repair by invisible mending; *v/i.* (come to a) stop; **stoppeur, -euse** [⁓'pœːr, ⁓'pøːz] *su.* cost. fine-darner, invisible mender; F hitchhiker.

store [stɔːr] *m* blind; awning.

strabique ♂ [stra'bik] **1.** *adj.* squint-eyed, F cross-eyed; **2.** *su.* squinter; **strabisme** ♂ [⁓'bism] *m* squinting, strabismus(us).

strangulation [strãgyla'sjɔ̃] *f* strangulation.

strapontin [strapɔ̃'tɛ̃] *m* bus, taxi, thea.: folding seat, jump seat; *fig.* back seat, minor role.

strass [stras] *m* paste jewellery, strass.

stratagème ✂, *a. fig.* [strata'ʒɛm] *m* stratagem.

stratégie ✂, *a. fig.* [strate'ʒi] *f* strategy; **stratégiste** [~'ʒist] *m* strategist.

stratifié, e [strati'fje] (1o) stratified; ⊕ laminated; **stratigraphie** *geol.* [~tigra'fi] *f* stratigraphy; **strato-sphère** *meteor.* [~tɔs'fɛːr] *f* stratosphere.

stress *psych.* [strɛs] *m* stress; **stressant, e** [strɛ'sɑ̃, ~'sɑ̃ːt] stress (*situation, etc.*), full of stress.

strict, stricte [strikt] strict (*a. fig.*); *fig.* severe; exact; **striction** [strik'sjɔ̃] *f* ✂ constriction; ♀ striction.

strident, e [stri'dɑ̃, ~'dɑ̃ːt] strident, harsh, shrill.

stridulant, e [stridy'lɑ̃, ~'lɑ̃ːt] stridulant, chirring; **stridulation** [~la'sjɔ̃] *f* stridulation, chirring; **striduleux, -euse** ✂ [~'lø, ~'løːz] stridulous.

strie [stri] *f* groove; ▲, ♀, *anat.,geol.* stria; *colour:* streak; **strier** [stri'e] (1a) *v/t.* score, scratch; ♀, *geol.* striate; ▲ flute, groove; ⊕ corrugate (*iron*); streak; **striure** [~'yːr] *f* see strie. [strophe.]

strophe [strɔf] *f* stanza, verse;] **structure** [stryk'tyːr] *f* structure; ~(s) *d'accueil* reception facilities *pl.*; *psych.* ~ *de comportement* behavio(u)r pattern; ~ *gonflable* air hall; **structurel, -elle** [~ty'rɛl] structural.

strychnine 🝔 [strik'nin] *f* strychnine.

stuc ▲ [styk] *m* stucco; **stucateur** [styka'tœːr] *m* stucco-worker.

studieux, -euse [sty'djø, ~'djøːz] studious; devoted to study.

studio [sty'djo] *m radio, a. cin.:* studio; one-roomed flat, flatlet, *Am.* studio apartment.

stupéfaction [stypefak'sjɔ̃] *f* stupefaction; amazement; **stupéfait, e** [~'fɛ, ~'fɛt] stupefied; amazed (at, *de*); **stupéfiant, e** [~'fjɑ̃, ~'fjɑ̃ːt] 1. *adj.* stupefying (✂, *a. fig.*); *fig.* astounding; 2. *su./m* ✂ drug, narcotic; **stupéfier** [~'fje] (1o) *v/t.* ✂, *a. fig.* stupefy; *fig.* astound; **stupeur** [sty'pœːr] *f* stupor; *fig.* amazement.

stupide [sty'pid] 1. *adj.* stupid, *Am.* F dumb; dumbfounded; silly, foolish; 2. *su.* stupid person; dolt; **stupidité** [~pidi'te] *f* stupidity; folly.

stuquer ▲ [sty'ke] (1m) *v/t.* stucco.

style [stil] *m* ♀, ▲, *fig., a.* sun-dial: style; etching-needle; sun-dial: gnomon; **styler** [sti'le] (1a) *v/t.* train, form; F school (*s.o.*) (in, *à*).

stylet [sti'lɛ] *m* stiletto; ✂ stylet, probe.

styliser [stili'ze] (1a) *v/t.* stylize; **styliste** [sti'list] *su.* stylist; **stylistique** [~lis'tik] *f* stylistics *sg.*

stylo [sti'lo] *m* pen; F fountain pen; ~ (*à*) *bille*, ~-*bille* ball-point pen; ~(-)*feutre* felt-tip pen; **stylographe** [~lɔ'graf] *m* fountain pen.

styptique 🝔 [stip'tik] *adj., a. su./m* styptic, astringent.

su, e [sy] 1. *p.p. of savoir;* 2. *su./m:* au vu et au ~ *de* to the knowledge of.

suaire [sɥɛːr] *m* shroud; *eccl. saint* ~ vernicle, veronica.

suant, e [sɥɑ̃, sɥɑ̃ːt] sweaty; *sl.* boring, deadly dull.

suave [sɥaːv] sweet; bland (*manner, tone*); soft (*shade*); mild (*cigar*); **suavité** [sɥavi'te] *f* sweetness, softness; *manner, tone:* blandness, suavity.

sub... [syb] sub...

subalterne [sybal'tɛrn] 1. *adj.* subordinate; inferior; 2. *su./m* underling; ✂ subaltern.

subconscience [sybkɔ̃'sjɑ̃ːs] *f* subconsciousness; **subconscient, e** [~'sjɑ̃, ~'sjɑ̃ːt] 1. *adj.* subconscious; 2. *su./m:* le ~ the subconscious.

subdiviser [sybdivi'ze] (1a) *v/t.* subdivide; **subdivision** [~'zjɔ̃] *f* subdivision.

subéreux, -euse ♀ [sybe'rø, ~'røːz] suberose; corky; *enveloppe f* ~*euse* cortex.

subir [sy'biːr] (2a) *v/t.* undergo; suffer (*death, defeat, a penalty*); submit to (*a law, a rule*); come under (*an influence*); put up with, endure.

subit, e [sy'bi, ~'bit] sudden, unexpected.

subjectif, -ve [sybʒɛk'tif, ~'tiːv] subjective.

subjonctif, -ve *gramm.* [sybʒɔ̃k'tif, ~'tiːv] 1. *adj.* subjunctive; 2. *su./m* subjunctive; *au* ~ in the subjunctive.

subjuguer [sybʒy'ge] (1m) *v/t.* captivate, thrill; † subdue (*a. fig.*); *fig.* master (*one's feelings*).

sublimation 🝔 *psych.* [syblima'sjɔ̃] *f* sublimation; **sublime** [~'blim] 1. *adj.* sublime (*a. anat., fig.*); lofty; 2. *su./m the* sublime; **sublimé** 🝔

[sybli'me] *m* sublimate; **sublimer** [∼] (1a) *v/t.* 🜇 sublimate (*a. psych.*), sublime; **sublimité** [syblimi'te] *f* sublimity.

submerger [symɛr'ʒe] (1l) *v/t.* submerge; flood (*a field, a village, a valley*); immerse (*an object in water*); swamp (*a boat, a field*); *fig.* inundate, overwhelm (with, de); **submergé de besogne** snowed under *or* inundated with work; **submersible** [∼'sibl] *adj., su./m* ♣ † submarine; **submersion** [∼'sjɔ̃] *f* submersion, submergence; ⬦ sinking; ⚓ flooding; **mort *f* par ∼** death by drowning.

subordination [sybɔrdina'sjɔ̃] *f* subordination; **subordonné, e** [∼dɔ'ne] 1. *adj.* subordinate, dependent (*a. gramm.*); 2. *su.* subordinate, underling; **subordonner** [∼dɔ'ne] (1a) *v/t.* subordinate; *fig.* regulate (according to, in the light of à).

suborner [sybɔr'ne] (1a) *v/t.* suborn (*a.* 🏛 *a witness etc.*); bribe; **suborneur, -euse** [∼'nœːr, ∼'nøːz] 1. *adj.* persuasive; 2. *su.* 🏛 suborner.

subreptice [sybrɛp'tis] surreptitious; clandestine; **subreption** 🏛 [∼'sjɔ̃] *f* subreption.

subroger 🏛 [sybrɔ'ʒe] (1l) *v/t.* subrogate; appoint (*s.o.*) as deputy; **subrogé tuteur** *m* surrogate guardian.

subséquemment [sypseka'mã] *adv.* subsequently; in due course; **subséquent, e** [∼'kã, ∼'kãːt] subsequent.

subside [syp'sid] *m* grant, allowance; **subsidiaire** [si'djɛːr] subsidiary, accessory, additional (to, à).

subsistance [sybzis'tãːs] *f* subsistence; keep; ∼*s pl.* provisions, supplies; **mis en ∼** attached to another unit for rations; **subsistant, e** [∼'tã, ∼'tãːt] 1. *adj.* subsisting, extant; 2. *su./m* soldier attached (*to a unit*) for rations; **subsister** [∼'te] (1a) *v/i.* subsist; exist, continue, be extant; live (on, de); **moyens** *m/pl.* **de ∼** means of subsistence.

substance [syps'tãːs] *f* substance (*a. fig.*); ⊕ *etc.* material; *fig.* gist; *anat.* ∼ **grise** grey matter; **en ∼** substantially; **substantiel, -elle** [∼tã'sjɛl] substantial; nourishing (*food*).

substantif, -ve [sypstã'tif, ∼'tiːv] 1. *adj.* substantive (*a. gramm.*); 2. *su./m* *gramm.* substantive, noun.

substitué, e [sypsti'tɥe] supposititious (*child*); **substituer** [∼'tɥe] (1n) *v/t.* substitute (for, à); **se ∼ à** substitute for, act as substitute for (*s.o.*); take the place of; **substitut** [∼'ty] *m* deputy; 🏛 *locum tenens*, F locum; 🏛 deputy public prosecutor; **substitution** [∼ty'sjɔ̃] *f* substitution (for, à); mix-up.

substrat [syps'tra] *m* substratum.

substruction 🜨 [sypstryk'sjɔ̃] *f* foundation, substructure; underpinning; **substructure** 🜨 [∼'tyːr] *f* substructure.

subterfuge [syptɛr'fyːʒ] *m* subterfuge; evasion, shift.

subtil, e [syp'til] subtle; fine, nice (*distinction, point*); **subtiliser** [syptili'ze] (1a) *v/t.* subtilize; F steal, filch, pinch; *v/i.:* ∼ **sur** subtilize on (*a question*); **subtilité** [∼'te] *f* subtlety; *distinction:* fineness; ∼*s pl. a.* niceties.

suburbain, e [sybyr'bɛ̃, ∼'bɛn] suburban.

subvenir [subvə'niːr] (2h) *v/i.:* ∼ **à** provide for (*needs etc.*); **subvention** [sybvã'sjɔ̃] *f* subsidy, subvention; **subventionnel, -elle** [∼sjɔ'nɛl] subventionary; **subventionner** [∼sjɔ'ne] (1a) *v/t.* subsidize.

subversif, -ve [sybvɛr'sif, ∼'siːv] subversive, destructive (of, de); **subversion** [∼'sjɔ̃] *f* subversion; overthrow.

suc [syk] *m* juice; 🌿 sap; *fig.* essence, pith.

succédané, e [syksedа'ne] *adj., a. su./m* substitute (for, de); **succéder** [∼'de] (1f) *v/i.:* ∼ **à** succeed, follow; replace; 🏛 come into (*a fortune*); ∼ **au trône** succeed to the throne.

succès [syk'sɛ] *m* success; hit; **à ∼** successful; **avec (sans) ∼** *a.* (un)successfully.

successeur [syksɛ'sœːr] *m* successor (to, of de); **successible** 🏛 [∼'sibl] entitled to inherit *or* succeed; **successif, -ve** [∼'sif, ∼'siːv] successive; in succession; 🏛 ... **of succession; **succession** [∼'sjɔ̃] *f* succession; series; 🏛 inheritance; **successivement** [∼siv'mã] *adv.* in succession; one after another, consecutively; **successoral, e,** *m/pl.* **-aux** [∼sɔ'ral, ∼'ro] relating to a succession; death (*duties*).

succin [syk'sɛ̃] *m* yellow amber.

succinct, e [syk'sɛ̃, ~'sɛ̃:(k)t] succinct, concise, brief.

succion [syk'sjɔ̃] f suction; sucking (of a wound).

succomber [sykɔ̃'be] (1a) v/i. succumb (fig. to, à); fig. yield (to, à) (grief, temptation, etc.); be overcome; die.

succube [sy'kyb] m succubus.

succulence [syky'lɑ̃:s] f succulence; tasty morsel; **succulent, e** [~'lɑ̃, ~'lɑ̃:t] succulent (food, morsel, a. ⚜, a. fig. style); tasty (morsel).

succursale [sykyr'sal] f ✝ branch; sub-office; magasin m à ~s multiples multiple store, chain store.

sucer [sy'se] (1k) v/t. suck; fig. avec le lait imbibe (s.th.) from infancy; **sucette** [~'sɛt] f ⊕ sucker; ✝ lollipop, F lolly; **suceur, -euse** [~'sœːr, ~'søːz] 1. adj. sucking; zo. suctorial; 2. su. sucker; su./m ⊕ vacuum cleaner: nozzle, sucker; zo. ~s pl. suctoria; **suçoir** zo. [~'swaːr] m organ: sucker; **suçon** F [~'sɔ̃] m barley-sugar stick; kiss-mark, mark left by sucking (on the skin); **suçoter** F [~sɔ'te] (1a) v/t. suck (at).

sucrage ⊕ [sy'kraːʒ] m sugaring, sweetening; **sucrase** ↗, ⚜ [~'kraːz] f invert sugar; **sucrate** ↗ [~'krat] m sucrate; **sucre** [sykr] m sugar; ~ de betterave beet sugar; ~ de lait lactose; ~ de raisin grape sugar; ~ en morceaux (poudre) lump (castor) sugar; **sucré, e** [sy'kre] 1. adj. sweet; 2. su./f: faire la ~e be all honey or sweetness; **sucrer** [~'kre] (1a) v/t. sugar, sweeten; fig. a. sugar-coat; sl. stop, cut; se ~ help o.s. to sugar; sl. line one's pockets; **sucrerie** [~krə'ri] f sugar-refinery; ~s pl. confectionery sg., sweets, Am. candies; **sucrier, -ère** [~kri'e, ~'εːr] 1. adj. sugar-...; 2. su. sugar-refiner, sugar-boiler; su./m sugar-bowl, sugar-basin; **sucrin** [~'krɛ̃] m sugary melon.

sud [syd] 1. su./m south; ⚓ south wind; du ~ south(ern); le ⚜ the south (of a country); vers le ~ southward(s), to the south; 2. adj./inv. southern (latitudes); southerly (wind).

sudation ↗ [syda'sjɔ̃] f sudation, sweating; **sudatoire** [~'twaːr] 1. adj. sudatory; 2. su./m hot-air bath; sweating-room.

sud-est [sy'dɛst] 1. su./m south-east; 2. adj./inv. south-east; south-eastern (region); south-easterly (wind).

sudiste Am. hist. [sy'dist] 1. su./m southerner (in Civil War); 2. adj. southern. [su./m sudorific.]

sudorifique ↗ [sydɔri'fik] adj., a.}

sud-ouest [sy'dwɛst] 1. su./m south-west; 2. adj./inv. south-west; south-western (region); south-westerly (wind).

suède ✝ [sɥɛd] m: de (or en) ~ suède (gloves); **suédois, e** [sɥe'dwa, ~'dwa:z] 1. adj. Swedish; 2. su./m ling. Swedish; su. ⚜ Swede.

suée [sɥe] f F sweat(ing); sl. drag, pain; **suer** [~] (1n) v/i. sweat (a. wall, a. fig. = toil); perspire; F faire ~ q. get on s.o.'s nerves; bore s.o.; make s.o. sick; F se faire ~ be bored, get cheesed off; v/t. sweat (iron, a horse, etc.); fig. reek of; fig. ~ sang et eau toil hard, F sweat blood; **suette** [sɥɛt] f fever; **sueur** [sɥœːr] f sweat, perspiration.

suffi [sy'fi] p.p. of suffire; **suffire** [~'fiːr] (4i) v/i. suffice, be sufficient; fig. ~ à meet (expenses); v/impers.: il suffit que it is enough that; **suffisamment** [syfiza'mɑ̃] adv. sufficiently, enough; **suffisance** [~'zɑ̃:s] f sufficiency; pej. (self-)conceit, self-importance; à (or en) ~ in plenty; **suffisant, e** [~'zɑ̃, ~'zɑ̃:t] 1. adj. sufficient, adequate; pej. conceited, self-important; 2. su. conceited person; **suffisons** [~'zɔ̃] 1st p. pl. pres. of suffire.

suffixe gramm. [sy'fiks] 1. su./m suffix; 2. adj. suffixed.

suffocant, e [syfɔ'kɑ̃, ~'kɑ̃:t] suffocating, stifling; **suffocation** [~ka'sjɔ̃] f suffocation, choking; **suffoquer** [~'ke] (1m) v/t. suffocate; choke; v/i. choke (with, de).

suffragant, e [syfra'gɑ̃, ~'gɑ̃:t] adj., a. su./m suffragan; **suffrage** [~'fraːʒ] m pol., a. eccl. suffrage; pol. vote; franchise; fig. approbation, approval.

suffusion ↗ [syffy'zjɔ̃] f suffusion (usu. of blood); flush.

suggérer [sygʒe're] (1f) v/t. suggest; inspire; **suggestif, -ve** [~ʒɛs'tif, ~'tiːv] suggestive; **suggestion** [~ʒɛs'tjɔ̃] f suggestion.

suicidaire [sɥisi'dɛːr] 1. adj. suicidal; suicide-prone, with suicidal tendencies (*person*); 2. *su.* person with suicidal tendencies; **suicide** [sųi'sid] suicide; **suicidé** *m*, e *f* [sųisi'de] *person*: suicide; **suicider** [~] (1a) *v/t.*: se ~ commit suicide.

suie [sųi] *f* soot.

suif [sųif] *m* tallow; *cuis.* (*mutton*) fat; *sl.* **suiffer** [sųi'fe] (1a) *v/t.* tallow; grease; **suiffeux, -euse** [~'fø, ~'fø:z] tallowy; greasy.

suint [sųɛ̃] *m* ⊕ yolk, wool grease; glass gall; *laines f/pl.* en ~ greasy wool *sg.*; **suintant, e** [sųɛ̃'tɑ̃, ~'tɑ̃:t] oozing; sweating; **suinter** [~'te] (1a) *v/i.* ooze, sweat; ♨ leak; *v/t. fig.* ooze (*hatred*).

suis[1] [sųi] *1st p. sg. pres.* of être 1.

suis[2] [~] *1st p. sg. pres.* of suivre.

suisse [sųis] 1. *adj.* Swiss; 2. *su./m eccl.* beadle, (*approx.*) verger; *hotel*: porter; ♀ Swiss; *les* ♀s *pl.* the Swiss; *petit* ~ small cream cheese; **Suissesse** [sųi'sɛs] *f* Swiss (woman).

suite [sųit] *f* continuation; retinue, train, followers *pl.*; sequence, series; *fig.* result, consequence; sequel; *fig.* coherence; ✝ ~ *à* with reference to (*a.* ✝); ✕ *à la* ~ on pension; *à la* ~ de following (*s.th.*); in (*s.o.'s*) train; de ~ in succession, on end; F at once; *donner* ~ *à* give effect to, carry out (*a decision*); ✝ carry out (*an order*); et *ainsi* de ~ and so on; *manquer* (*d'esprit*) de ~ lack method or coherence; *par la* ~ later on, eventually; *par* ~ therefore, consequently; *par* ~ de as a result of, because of; *tout de* ~ at once, immediately.

suitée [sųi'te] *adj./f*: *jument f* ~ mare and foal; wild sow with her young.

suivant, e [sųi'vɑ̃, ~'vɑ̃:t] 1. *adj.* following, next; 2. *su.* follower; *su./m* attendant, follower; *su./f* lady's-maid; *thea.* soubrette; 3. *suivant prp.* following, along; *fig.* according to; ~ *que* according as; **suivi, e** [~'vi] 1. *p.p.* of suivre; consistent; steady, regular; coherent (*speech, reasoning, story, etc.*); *très* (*peu*) ~ very popular (unpopular); (not) widely followed; well- (poorly) attended; **suivre** [sųi:vr] (4ee) *v/t.* follow; take (*a course*); practise (*a profession*); succeed, come after; attend (*lectures etc.*); ~ *des yeux* look after (*s.o.*); ~ *la*

mode keep up with fashion; *v/i.* follow, come after; *à* ~ to be continued; *faire* ~ *post*: forward (*a letter*); (*prière de*) *faire* ~ please forward.

sujet, -ette [sy'ʒɛ, ~'ʒɛt] 1. *adj.* subject (to, *à*); 2. *su. pol.* subject; *su./m* subject (*a. gramm.*, ♪, *a. fig.*); theme; (subject-)matter; reason (for, de); *fig.* individual, person; *à ce* ~ on this matter, about this; *au* ~ de about, concerning, with reference to (*a.* ✝); *mauvais* ~ *person*: bad lot; *school*: bad boy; **sujétion** [syʒe'sjɔ̃] *f* subjection; constraint.

sulfamide ✍ [sylfa'mid] *f* sulpha drug, sulphonamide; **sulfate** ⚛ [~'fat] *m* sulphate; **sulfure** ⚛ [~'fy:r] *m* sulphide; **sulfurer** [sylfy're] (1a) *v/t.* sulphurate; treat (*vines*) with sulphide; **sulfureux, -euse** [~'rø, ~'rø:z] sulphureous; ⚛ sulphurous; sulphur...; **sulfurique** ⚛ [~'rik] sulphuric (*acid*).

sultan [syl'tɑ̃] *m* sultan; scent sachet; **sultanat** [~ta'na] *m* sultanate; **sultane** [~'tan] *f* sultana.

super [sy'pɛ:r] 1. *su./m* high-octane petrol *or Am.* gasoline, F super; 2. *adj./inv.* F super, fantastic, great.

super... [sypɛr] super-...

superbe [sy'pɛrb] 1. *adj.* superb; fine, magnificent; 2. ✝ *su./f* pride, vainglory.

super...: **~carburant** *mot.* [syper-karby'rɑ̃] *m* high-octane petrol *or Am.* gasoline; **~cherie** [~ʃə'ri] *f* swindle, fraud, deceit; **~fétation** [~feta'sjɔ̃] *f physiol.* superfetation; *words etc.*: superfluity; **~ficie** [~fi'si] *f* area; surface (*a. fig.*); **~ficiel, -elle** [~fi'sjɛl] superficial (*a. fig.*); **~fin, e** [~'fɛ̃, ~'fin] superfine (*a. fig.*); **~flu, e** [~'fly] 1. *adj.* superfluous; useless; 2. *su./m* superfluity; **~fluité** [~flui'te] *f* superfluity; *fig.* ~s *pl.* extras, F luxuries; **~forteresse** ✈ [~fɔrtə'rɛs] *f* superfortress.

supérieur, e [sype'rjœ:r] 1. *adj.* superior (*a. fig.*); upper, higher (*a.* ♠, *zo.*); ✝ of superior quality; ~ *à* superior to; above (*a. fig.*); 2. *su.* superior; **supériorité** [~rjori'te] *f* superiority (*a. fig.*); *eccl.* superiorship; seniority (in age, d'âge).

super...: **~latif, -ve** [sypɛrla'tif, ~'ti:v] 1. *adj.* superlative; 2. *su./m gramm.* superlative; *au* ~ *gramm.* in

the superlative; *fig.* superlatively;
~marché † [~mar'ʃe] *m* super-
market; **~posable** [~po'zabl] super-
(im)posable; **~poser** [~po'ze] (1a)
v/t. super(im)pose (on, *à*); **~po-
sition** [~pozi'sjɔ̃] *f* superimposition;
A̸ superposition; *cin.* double exposure; **~(-)puissance** *pol.* [~pɥi-
'sɑ̃:s] *f* superpower; **~sonique** 🛧
[~sɔ'nik] supersonic; *bang m* ~ sonic
boom *or* bang; **~stitieux, -euse**
~stitieux, -euse [~sti'sjø, ~'sjø:z] superstitious; **~sti-
tion** [~sti'sjɔ̃] *f* superstition; *fig.*
mania, obsession; **~structure**
[~stryk'ty:r] *f* △, ⚓ superstructure;
🚋 permanent way; **~viser** [~vi'ze]
(1a) *v/t.* supervise, control; **~vision**
[~vi'zjɔ̃] *f* control, supervision.
supplanter [syplɑ̃'te] (1a) *v/t.* supplant, supersede.
suppléant, e [syple'ɑ̃, ~'ɑ̃:t] 1. *adj.*
deputy ...; acting ...; 2. *su.* deputy;
supply teacher; 🎓 locum; **~s** *pl. a.*
temporary staff *sg.*; **suppléer** [~'e]
(1a) *v/t.* supply; make up; complete;
deputize for; replace, take the place
of; *v/i.*: ~ *à* make up for; remedy;
supplément [~'mɑ̃] *m* supplement
(*a.* A̸, *a. book*); addition; extra
charge (*a. book*); excess (*fare*); *restaurant:*
extra course; **supplémentaire**
[~mɑ̃'tɛ:r] extra, additional; supplementary; A̸ supplemental; ♪ *leger
(line)*; ⊕ *heures f/pl.* ~s overtime *sg.*;
🚋 *train m* ~ relief train; **supplétif,
-ve** [~'tif, ~'ti:v] suppletive, supple-
tory; ✗ auxiliary.
suppliant, e [sypli'ɑ̃, ~'ɑ̃:t] 1. *adj.*
suppliant, pleading, imploring; 2.
su. suppli(c)ant; **supplication**
[~ka'sjɔ̃] *f* supplication, entreaty.
supplice [sy'plis] *m* torture; *fig. a.*
agony, torment; 🕱 *dernier* ~ capital
punishment; *fig. être au* ~ be on
tenterhooks; be agonized; **suppli-
cier** [~pli'sje] (1o) *v/t. a. fig.* torture;
torment.
supplier [sypli'e] (1a) *v/t.* beseech,
implore, beg; **supplique** [sy'plik] *f*
petition.
support [sy'po:r] *m* support (*a. fig.*);
stand, pedestal; **supportable**
[sypɔr'tabl] tolerable, bearable; *fig.*
fairly good, moderate; **supporter**
[~'te] (1a) *v/t.* support; tolerate;
withstand; bear, endure; put up
with.
supposé, e [sypo'ze] supposed; es-

timated (*number etc.*); **supposer**
[~'ze] (1a) *v/t.* suppose; imply, pre-
suppose; *à* ~ *que, en supposant que*
supposing (that); **supposition**
[~zi'sjɔ̃] *f* supposition, surmise; 🕱
will: forging, setting up (*of a supposititious child*); production of
forged document(s), assumption (*of
a false name*).
suppositoire ⚕ [sypozi'twa:r] *m*
suppository.
suppôt *fig.* [sy'po] *m* tool, instrument; henchman; ~ *du Satan* (*or du
diable*) hellhound.
suppression [sypre'sjɔ̃] *f* suppression; ⚕ stoppage; *difficulty:* removal; 🕱 ~ *d'enfant* concealment of
birth; **supprimer** [sypri'me] (1a)
v/t. suppress; end; abolish; stop; cut
out; do away with; *fig.* omit; *typ.*
delete; 🕱 conceal; F kill (*s.o.*); cancel
(*a train etc.*).
suppurant, e ⚕ [sypy'rɑ̃, ~'rɑ̃:t]
suppurating; **suppuratif, -ve** ⚕
[~ra'tif, ~'ti:v] *adj., a. su./m* sup-
purative; **suppuration** ⚕ [~ra'sjɔ̃] *f*
suppuration, running; **suppurer** ⚕
[~'re] (1a) *v/i.* suppurate, run.
supputer [sypy'te] (1a) *v/t.* calculate, reckon; work out (*expenses,
interest*).
supra... [sypra] supra..., super...
suprématie [syprema'si] *f* suprem-
acy; **suprême** [~'prɛm] 1. *adj.*
supreme; highest; *fig.* last (*honours,
hour, request*); 2. *su./m cuis.* supreme.
sur¹ [syr] *prp. usu.* on (*a chair, the
Thames, my word, my honour*), upon;
destination: towards (*evening, old
age*); *measurement:* by; *number:* out
of; *succession:* after; *tomber* ~ hit
upon; *donner* ~ *la rue* look on to the
street; ~ *la droite* on *or* to the right; ~
place on the spot; *avoir de l'argent* ~
soi have money on *or* about one; ~ *ce*
thereupon, and then; ~ *quoi* where-
upon, and then; *un impôt* ~ a tax on;
travailler ~ work on (*wood etc.*); *être* ~
un travail be at a task; *8* ~ *10 8* out of
10; *measurement:* 8 by 10; *une fois* ~
deux every other time; *juger* ~ *les
apparences* judge by appearances;
coup ~ *coup* blow after blow; *revenir* ~
ses pas turn back; *fermer la porte* ~ *soi*
close the door behind one; ~ *toute(s)
chose(s)* above all; *lire qch.* ~ *le journal*
read s.th. in the paper; ~ *un ton sévère*
in a grave voice; *retenir* ~ keep (*s.th.*)

back out of; stop (*s.th.*) out of (*s.o.'s wages*); *autorité f* ~ authority over.

sur², **sure** [syːr] sour; tart.

sur... [syr] over-...; super-...; supra-...; sur...

sûr, **sûre** [syːr] sure (of, de); safe; reliable (*person*, ⊕, *information*, *a. weather*); *fig.* unerring; *fig.* certain, unfailing; ~ de soi self-confident; à coup ~ for certain, definitely; bien ~! certainly!; surely!, *Am.* sure!; F pour ~ of course.

surabondance [syrabɔ̃ˈdɑ̃ːs] *f* super-abundance; ✝ glut; **surabondant, e** [~ˈdɑ̃, ~ˈdɑ̃ːt] superabundant; superfluous; **surabonder** [~ˈde] (1a) *v/i.* overflow (with de, en); ✝ be glutted (with de, en).

suraigu, -guë [syreˈgy] high-pitched, (very) shrill.

suranné, e [syraˈne] old-fashioned; superannuated; out of date.

surbaisser [syrbɛˈse] (1b) *v/t.* △ depress; *mot.* underslung.

surcharge [syrˈʃarʒ] *f* overload; extra *or* excess load; *fig.* extra work; ~ de bagages excess luggage (*Am.* baggage); *manuscript etc.*: alteration, correction; **surcharger** [~ʃarˈʒe] (1l) *v/t.* overload (*a. ⚡*), overburden; ⚡ overcharge (*an accumulator*); *post:* overprint (*a stamp*); *typ.* interline; write over (*other words in a line*); *fig.* overtax (*s.o.*).

surchauffe [syrˈʃof] *f* overheating; ⊕ superheat(ing); **surchauffer** [syrʃoˈfe] (1a) *v/t.* overheat; superheat (*steam*); burn (*iron*).

surchoix [syrˈʃwa] *m* finest quality.

surclasser [syrklaˈse] (1a) *v/t.* outclass.

surcontrer [syrkɔ̃ˈtre] (1a) *v/t.* cards: redouble.

surcoupe [syrˈkup] *f* cards: over-trumping; **surcouper** [~kuˈpe] (1a) *v/t.* cards: overtrump.

surcroît [syrˈkrwa] *m* increase; un ~ de qch. an added s.th.; par ~ in addition.

surdi-mutité ⚕ [syrdimytiˈte] *f* deaf-and-dumbness; **surdité** ⚕ [~ˈte] *f* deafness.

surdos [syrˈdo] *m horse:* back-band; *porter:* carrying-pad.

surdoué, e [syrˈdwe] exceptionally gifted.

sureau ⚘ [syˈro] *m* elder.

surélever [syrelˈve] (1d) *v/t.* △, ✝

heighten; raise; ✝ put up, boost (*prices*); *road-building:* bank (*a road bend*).

surenchère [syrɑ̃ˈʃɛːr] *f auction:* higher bid, outbidding; overbid; *fig.* exaggerated promises *pl.*; *fig.* une ~ de violences ever-increasing violence; **surenchérir** [~ʃeriˈriːr] (2a) *v/i.* rise higher in price; *auction:* bid higher; ~ sur q. outbid s.o.; *fig. a.* go one better than s.o.; **surenchérisseur** *m*, **-euse** *f* [~ʃeriˈsœːr, ~ˈsøːz] outbidder.

surentraînement *sp.* [syrɑ̃trɛnˈmɑ̃] *m* over-training.

surestimer [syrɛstiˈme] (1a) *v/t.* over-estimate; overrate (*s.o.*).

suret, -ette [syˈrɛ, ~ˈrɛt] sourish.

sûreté [syrˈte] *f* safety; security (*a.* ✝); *fig.* blow, foot, hand, *stroke:* sureness; *judgment etc.*: soundness; *memory:* reliability; ~ de soi self-assurance; de ~ safety-...; la ⚨ the Criminal Investigation Department, the C.I.D., *Am.* the Federal Bureau of Investigation, the F.B.I.

surexcitation [syrɛksitaˈsjɔ̃] *f* over-excitement; ⚕ over-stimulation; **surexciter** [~ˈte] (1a) *v/t.* over-excite (*s.o.*); over-stimulate (*a. ⚕*).

surexposer *phot.* [syrɛkspoˈze] (1a) *v/t.* over-expose.

surface [syrˈfas] *f* surface; ⚛ surface area; area; ⚓ faire ~ surface (*submarine*).

surfaire [syrˈfɛːr] (4r) *v/t.* overrate (*a book, a writer*); ✝ charge too much for.

surfer [sœrˈfe] (1a) *v/i.* surf(ride); go surfing; **surfeur** *m*, **-euse** *f* [~ˈfœːr, ~ˈføːz] surfer, surfrider.

surgelé, e [syrʒəˈle] deep-frozen; quick-frozen.

surgeon ⚘ [syrˈʒɔ̃] *m* sucker; *pousser des* ~s sucker; **surgir** [~ˈʒiːr] (2a) *v/i.* appear (suddenly); loom up; spring up; *fig.* arise.

surhausser [syroˈse] (1a) *v/t.* △ raise; ⚓ cant; ✝ force up the price of.

surhomme [syˈrɔm] *m* superman; **surhumain, e** [~ryˈmɛ̃, ~ˈmɛn] superhuman.

surimposer [syrɛ̃poˈze] (1a) *v/t.* superimpose; ✝ overtax, increase the tax on.

surimpression *phot.* [syrɛ̃prɛˈsjɔ̃] *f* double exposure.

surin *sl.* [sy'rɛ̃] *m* dagger, knife; **suriner** † *sl.* [ˌˌri'ne] (1a) *v/t.* knife (*s.o.*), murder (*s.o.*).

surintendant, e [syrɛ̃tɑ̃'dɑ̃, ˌˌdɑ̃:t] *su.* superintendent, overseer; *su./f* superintendent's wife; lady-in-waiting in chief.

surir [sy'ri:r] (2a) *v/i.* turn sour.

surjet [syr'ʒɛ] *m* seam: whipping; **surjeter** [ˌˌʒə'te] (1c) *v/t.* whip (a seam). [once, on the spot.]

sur-le-champ [syrlə'ʃɑ̃] *adv.* at]

surlendemain [syrlɑ̃d'mɛ̃] *m* day after the morrow, second day (after s.th., de qch.).

surmenage [syrmə'na:ʒ] *m* overwork(ing); **surmener** [ˌˌne] (1d) *v/t.* overwork; work (*s.o.*) too hard; override (a *horse*); ⊕, ⚡ overrun.

surmontable [syrmɔ̃'tabl] surmountable; **surmonter** [ˌˌte] (1a) *v/t.* rise above (a. *fig.*); surmount (a *building*, a. *fig.* feelings, an obstacle); *fig.* overcome (an *enemy*, feelings); se ˌˌ control o.s.; surmonté de crowned by, surmounted by.

surnager [syrna'ʒe] (1l) *v/i.* float on the surface; *fig.* linger (on).

surnaturel, -elle [syrnaty'rɛl] **1.** *adj.* supernatural; *fig.* uncanny, extraordinary; **2.** *su./m:* le ˌˌ the supernatural.

surnom [syr'nɔ̃] *m* nickname, appellation, name; *hist.* agnomen.

surnombre [syr'nɔ̃:br] *m* excess number; ˌˌ des habitants overpopulation; en ˌˌ extra; supernumerary.

surnommer [syrnɔ'me] (1a) *v/t.* call (*s.o.* s.th., *q.* qch.); nickname.

surnuméraire [syrnyme'rɛ:r] *adj.*, *a. su./m* supernumerary.

suroffre ✝ [sy'rɔfr] *f* better offer.

suroît ⚓ [sy'rwa] *m* south-west; hat, a. *wind:* sou'wester.

surpasser [syrpa'se] (1a) *v/t.* surpass (a. *fig.*); be higher than; be taller than (a *person*); *fig.* exceed, outdo.

surpaye [syr'pɛ:j] *f* overpayment; bonus, extra pay; **surpayer** [ˌˌpe-'je] (1i) *v/t.* overpay (*s.o.*); pay too much for (*s.th.*).

surpeuplé, e [syrpœ'ple] overpopulated (area); **surpeuplement** [ˌˌplə'mɑ̃] *m* overpopulation.

sur(-)place [syr'plas] *m:* faire du ˌˌ mark time.

surplis *eccl.* [syr'pli] *m* surplice.

surplomb [syr'plɔ̃] *m* overhang; en ˌˌ overhanging; **surplombement** [ˌˌplɔ̃b'mɑ̃] *m* overhang(ing); **surplomber** [ˌˌplɔ̃'be] (1a) *vt/i.* overhang; *v/t.* jut out over (*s.th.*).

surplus [syr'ply] *m* surplus, excess; remainder; au ˌˌ besides; moreover; en ˌˌ excess ..., surplus ...

surprenant, e [syrprə'nɑ̃, ˌˌnɑ̃:t] surprising, astonishing, amazing; **surprendre** [ˌˌ'prɑ̃:dr] (4aa) *v/t.* surprise; astonish, amaze; come upon (*s.o.*); catch (*s.o.*) (unawares); pay (*s.o.*) a surprise visit; overhear (a *conversation, a remark*); intercept (a *glance, a letter*); ˌˌ la bonne foi de q. abuse s.o.'s good faith.

surprime ✝ [syr'prim] *f insurance:* extra premium.

surprise [syr'pri:z] *f* surprise; ✕ surprise attack; *fig.* surprise-packet, lucky dip; par ˌˌ by surprise.

sur(-)prix [syr'pri] *m* excessive price; overcharge.

surproduction [syrprodyk'sjɔ̃] *f* overproduction.

surrégénérateur *phys.* [syreʒenera'tœ:r] *m:* (a. ˌˌ rapide) fast breeder.

sursalaire [syrsa'lɛ:r] *m* bonus; extra pay.

sursaturer ⚗ [syrsaty're] (1a) *v/t.* supersaturate.

sursaut [syr'so] *m* start, jump; s'éveiller en ˌˌ wake with a start.

surseoir [syr'swa:r] (3c) *v/i.:* ⚖ à stay (a *judgment, proceedings*); suspend (a *judgment*); defer, postpone; il a été sursis à qch. s.th. has been postponed; **sursis, e** [ˌˌ'si, ˌˌ'si:z] **1.** *p.p. of* surseoir; **2.** *su./m* ⚖ delay; suspension of sentence; ✕ call-up: deferment; **sursitaire** ✕ [ˌˌsi'tɛ:r] *m* deferred conscript.

surtaux [syr'to] *m* over-assessment.

surtaxe [syr'taks] *f* surtax; *post:* postage due, surcharge; *admin.* over-assessment; **surtaxer** [ˌˌtak-'se] (1a) *v/t.* surtax; *post:* surcharge (a *letter*); *admin.* over-assess, overtax.

surtout[1] [syr'tu] *adv.* above all; particularly, especially.

surtout[2] [ˌˌ] *m* dinner table: centrepiece; *metall.* mantle; light handcart; † overcoat.

surveillance [syrve'jɑ̃:s] *f* supervision; ⊕ inspection; ⚕ surveillance; *sous la ~ de la police* under police supervision; **surveillant, e** [~'jɑ̃, ~'jɑ̃:t] *su.* supervisor, overseer; 🚂 inspector; ✝ shop-walker, *Am.* floorwalker; *examination*: invigilator; *su./f* ⚕ (*ward-*)sister; **surveille** [syr'vɛ:j] *f*: *la ~ de* two days before ...; **surveiller** [~vɛ'je] (1a) *v/t.* supervise; superintend; tend (*a machine*); ⊕ inspect, test; *examination*: invigilate; *fig.* keep an eye on, watch; ⚖ *liberté f surveillée* probation.

survenir [syrvə'ni:r] (2h) *v/i.* occur, happen; take place; set in (*complications etc.*); arrive unexpectedly (*person*).

survente ✝ [syr'vɑ̃:t] *f* overcharge.

survie [syr'vi] *f* survival; ⚖ (presumption of) survivorship; ✝ expectation of life; **survivance** [~vi'vɑ̃:s] *f* survival (*a. biol.*, *a. fig.*); *estate*: reversion; **survivant, e** [~vi'vɑ̃, ~'vɑ̃:t] **1.** *adj.* surviving; **2.** *su.* survivor; **survivre** [~'vi:vr] (4hh) *v/i.*: *~ à* outlive, survive.

survol [syr'vɔl] *m* ✈ flight over; *cin.* panning; **survoler** ✈ [~vɔ'le] (1a) *v/t.* fly over.

survolté, e [syrvɔl'te] ⚡ boosted; *fig.* (over)excited, worked up.

sus[1] [sy] *1st p. sg. p.s. of savoir 1.*

sus[2] [sy(s)] **1.** *adv.*: *courir ~ à* rush at (*s.o.*); *en ~ (de)* in addition (to); **2.** *int.* come on!; *~ à ...!* at (*s.o.*)!, away with (*s.th.*)!

susceptibilité [sysɛptibili'te] *f* susceptibility, sensitiveness, touchiness; **susceptible** [~'tibl] susceptible; sensitive, touchy; *~ de* capable of; liable to.

susciter [sysi'te] (1a) *v/t.* cause, give rise to; provoke, stir up (*a rebellion*); (a)rouse (*envy*); raise up.

suscription [syskrip'sjɔ̃] *f letter*: address.

susdit, e ⚖ [sys'di, ~'dit] *adj.*, *a. su.* aforesaid, above-mentioned; **susmentionné, e** ⚖ [~mɑ̃sjɔ'ne] *see susdit.*

susnommé, e ⚖ [sysnɔ'me] *adj.*, *a. su.* above-named, afore-named.

suspect, e [sys'pɛ, ~'pɛkt] **1.** *adj.* suspicious; suspect (*person*); *~ de* suspected of; **2.** *su.* suspect; **suspecter** [~pɛk'te] (1a) *v/t.* suspect (*s.o.*); doubt (*s.th.*).

suspendre [sys'pɑ̃:dr] (4a) *v/t.* suspend (*a. a judgment, payment*); hang up; *fig.* defer; *fig.* interrupt; **suspendu, e** [~pɑ̃'dy] hanging (on, from *à*); *mot. bien (mal) ~* with a good (poor) suspension (*car*); **suspens** [~'pɑ̃] *m*: *en ~* in suspense (*a.* ✝); outstanding (*question, a.* ✝ *bills*); **suspense** [sys'pɛns] *m* suspense; **suspensif, -ve** [syspɑ̃'sif, ~'si:v] suspensive; *gramm. points m/pl. ~s* points of suspension; **suspension** [~'sjɔ̃] *f* suspension; hanging (*a.* ⚖); (hanging) lamp; *mot.* springs *pl.*; *~ d'armes* truce; armistice; suspension of hostilities; ⚗ *en ~* in suspension; *gramm. points m/pl. de ~* points of suspension; **suspensoir** [~'swa:r] *m* suspensory bandage; jockstrap.

suspicion ⚖ *etc.* [syspi'sjɔ̃] *f* suspicion; *en ~* suspected.

sustentateur, -trice ✈ [systɑ̃ta'tœ:r, ~'tris] lifting; main (*wing*); **sustentation** [~ta'sjɔ̃] *f* † sustenance; ✈ lift(ing force); **sustenter** [~'te] (1a) *v/t.*: F *se ~* take sustenance.

susurrer [sysy're] (1a) *vt/i.* whisper, murmur.

suture [sy'ty:r] *f* ⚕, *anat.* suture; ⚕ *wound*: stitching; *fig. etc.* join.

suzerain, e [syz'rɛ̃, ~'rɛn] **1.** *adj.* paramount; **2.** *su.* suzerain; **suzeraineté** [~rɛn'te] *f* lordship; suzerainty; ⚖ suzerain (state).

svelte [svɛlt] slender, slim; **sveltesse** [svɛl'tɛs] *f* slenderness, slimness.

sweater *cost.* [swi'tœ:r] *m* sweater.

swing ♪, *a. box.* [swiŋ] *m* swing; **swinguer** ♪ [swiŋ'ge] (1a) swing (*a. fig.*).

sybaritique [sibari'tik] sybaritic; voluptuary; **sybaritisme** [~'tism] *m* sybaritism.

sycomore ⚘ [sikɔ'mɔ:r] *m* sycamore.

sycophante [sikɔ'fɑ̃:t] *m* sycophant, F toady.

syllabaire [silla'bɛ:r] *m* spelling book; **syllabe** [~'lab] *f* syllable; **syllabique** [~la'bik] syllabic.

sylphe [silf] *m*, **sylphide** [sil'fid] *f* sylph; *taille f de sylphide* sylph-like waist.

sylvain [sil'vɛ̃] *m* sylvan, silvan; *~s pl.* genii of the woods; **sylvestre** ⚘ [~'vɛstr] woodland (*tree*); wood (*plant*), growing in the woods; **sylviculteur** [silvikyl'tœ:r] *m* sylviculturist; **sylviculture** [ˌ∼'ty:r] *f* forestry, sylviculture.

symbiose [sɛ̃'bjo:z] *f* symbiosis.

symbole [sɛ̃'bɔl] *m* symbol; emblem; *eccl.* ⌕ creed; **symbolique** [sɛbo'lik] symbolic(al); **symboliser** [ˌ∼li'ze] (1a) *v/t.* symbolize; **symbolisme** [ˌ∼'lism] *m* symbolism; **symboliste** [ˌ∼'list] **1.** *adj.* symbolistic; **2.** *su.* symbolist.

symétrie [sime'tri] *f* symmetry; *sans* ∼ unsymmetrical; **symétrique** [ˌ∼'trik] symmetrical.

sympa Ⅎ [sɛ̃'pa] *adj./inv.* nice, likable; **sympathie** [sɛ̃pa'ti] *f* sympathy (*a.* ✻, *physiol.*); *fig.* liking, congeniality; **sympathique** [ˌ∼'tik] sympathetic (*a.* ✻, *physiol.*); nice, likable (*person*); attractive; *fig.* congenial (*task*, *work*); invisible (*ink*); *il m'est* ∼ I like him, I take to him; **sympathisant, e** [ˌ∼ti'zɑ̃, ˌ∼'zɑ̃:t] **1.** *adj.* sympathizing; **2.** *su./m pol.* fellow-traveller; sympathizer; **sympathiser** [ˌ∼ti'ze] (1a) *v/i. fig.* blend, harmonize, go together; sympathize (with, *avec*).

symphonie ♪ [sɛ̃fo'ni] *f* symphony; **symphoniste** ♪ [ˌ∼'nist] *m* composer of symphonies; orchestral player.

symposium [sɛ̃po'zjɔm] *m* symposium.

symptôme [sɛ̃p'to:m] *m* ✻, *a. fig.* symptom; *fig.* sign.

syn... [*before vowel* sin...; *before consonant* sɛ̃...] syn...; **∼chronique** [sɛ̃krɔ'nik] synchronological; synchronistic; **∼chronisateur** *mot.* [ˌ∼niza'tœ:r] *m* synchromesh (device); **∼chronisation** [ˌ∼niza'sjɔ̃] *f* synchronization; **∼chroniser** [ˌ∼ni'ze] (1a) *v/t.* synchronize (*a. cin.*); ⨍ parallel; **∼chronisme** [ˌ∼'nism] *m* synchronism (⨍, *phys.* step; synchrony (*a. cin.*)); **∼cope** [sɛ̃'kɔp] *f* ✻, *gramm.* syncope; ✻ fainting fit, blackout; ♪ syncopation; ♪ syncopated note; **∼coper** [ˌ∼kɔ'pe] (1a) *v/t.* ♪, *gramm.* syncopate.

syndic [sɛ̃'dik] *m* managing agent; ⚖ receiver; **syndical, e** [ˌ∼di'kal, ˌ∼'ko] trade-union (*movement*); ✝ *chambre f* ∼*e* (*approx.*) Stock Exchange Committee; **syndicali-**

sation [ˌ∼kaliza'sjɔ̃] *f* unionization; **syndicaliser** [ˌ∼kali'ze] (1a) *v/t.* unionize; **syndicalisme** [ˌ∼ka'lism] *m* trade unionism; **syndicaliste** [ˌ∼ka'list] *su.* trade unionist; **syndicat** [ˌ∼'ka] *m* trade union; syndicate, association; receivership, trusteeship (*in bankruptcy*); ∼ *d'initiative* tourist information bureau; **syndiqué, e** [ˌ∼'ke] **1.** *adj.* associated; belonging to a (trade) union; union-...; **2.** *su.* trade unionist; union member; **syndiquer** [ˌ∼'ke] (1m) *v/t.* unionize; form (*men*) into a trade union; *se* ∼ combine; form a syndicate or trade-union.

syndrome [sɛ̃'drɔm] *m* syndrome.

synodal, e, *m/pl.* **-aux** [sino'dal, ˌ∼'do] synodical; synodal (*examiner*); **synode** *eccl.* [ˌ∼'nɔd] *m* synod; **synodique** [ˌ∼nɔ'dik] synodic(al).

synonyme [sino'nim] **1.** *adj.* synonymous (with, de); **2.** *su./m* synonym; **synonymie** [ˌ∼ni'mi] *f* synonymity; **synonymique** [ˌ∼ni'mik] **1.** *adj.* synonymic; **2.** *su./f* synonymy, synonymics *sg.*

synoptique [sinɔp'tik] synoptic.

syntaxe *gramm.* [sɛ̃'taks] *f* syntax; **syntaxique** *gramm.* [ˌ∼tak'sik] syntactic(al).

synthèse [sɛ̃'tɛ:z] *f* synthesis; **synthétique** [sɛ̃te'tik] synthetic; **synthétiser** [ˌ∼ti'ze] (1a) *v/t.* synthesize.

syntonisation [sɛ̃tɔniza'sjɔ̃] *f radio:* tuning; *bobine f de* ∼ tuning-coil; **syntoniser** [ˌ∼'ze] (1a) *v/t. radio:* tune in.

syphilis ✻ [sifi'lis] *f* syphilis.

syrien, -enne [si'rjɛ̃, ˌ∼'rjɛn] *adj.*, *a. su.* ⌕ Syrian.

systématique [sistema'tik] systematic; methodical; *fig.* hide-bound; **systématiser** [ˌ∼ti'ze] (1a) *v/t.* systematize; **système** [sis'tɛm] *m* system; *phot.* (back, front) lens; *fig.* device; ⊕ *etc.* set; F ∼ *D* resourcefulness; wangling; A⊢ ∼ *décimal* (*métrique*) decimal (metric) system; *anat.* ∼ *nerveux* nervous system; *fig. esprit m de* ∼ pigheadedness; **systémique** [ˌ∼te'mik] systemic.

systole ✻ [sis'tɔl] *f* systole.

T

T, t [te] *m* T, t; ⊕ *fer m en* T T-iron; tee; ⊕ *poutre f en double* T I-section, H-beam.

ta [ta] *see* ton¹.

tabac [ta'ba] **1.** *su./m* ⚘, *a.* ✝ tobacco; ~ *à chiquer* chewing tobacco; ~ *à fumer* (smoking) tobacco; ~ *à priser* snuff; ⚘s *pl.* (State) Tobacco Department *sg.*; *bureau m* (*or débit m*) *de* ~ tobacconist's (shop); *sl. faire un* ~ be a hit; F *passer* (q.) *à* ~ *see* tabasser; *prendre du* ~ take snuff; **2.** *adj./inv.* snuff-colo(u)red; **tabagie** [taba'ʒi] *f* † smoking-room; place smelling of stale tobacco-smoke; **tabagisme** [~'ʒism] *m* nicotine-poisoning; **tabasser** F [~'se] (1a) *v/t.* handle (s.o.) roughly, beat (s.o.) up.; **tabatière** [~'tjɛːr] *f* snuff-box.

tabernacle [taber'nakl] *m* tabernacle.

table [tabl] *f* table; *stone:* slab, tablet; *teleph.* switchboard; index; ~ *à rallonges* extending table; ⚘ ~ *de multiplication* multiplication table; ~ *des matières* table of contents; ♪ ~ *d'harmonie violin:* belly; ~ *d'hôte* set dinner, table d'hôte; *pol. etc.* ~ *ronde* round table conference; *à* ~! dinner is served!; *mettre la* ~ lay the table; *sainte* ~ Lord's table, altar; *se mettre à* ~ sit down at table; *sl.* talk, come clean; **tableau** [ta'blo] *m paint. etc.* picture, painting; *thea.* tableau; *thea. a. fig.* scene; view; *notices, a.* ⚡, *sp.:* board; *hotel:* key-board; (~ *noir*) blackboard; list, table; ♪, *a.* ⚡⚡ *jurors:* panel; ⚡⚡ *solicitors:* roll, *barristers:* list; *typ.* table; ⛟ train indicator; *fig.* description; ~ *d'annonces* notice-board, *Am.* bulletin-board; ~ *de bord mot.* dashboard; ⚡ instrument panel; ⚡ ~ *de distribution* switchboard; *mot.* ~ *de graissage* lubrication chart; F *au* ~ in the bag; **tableautin** [~blo'tɛ̃] *m* small picture; **tablée** [~'ble] *f* (tableful of) guests *pl.*; **tabler** [~'ble] (1a) *v/i.*: ~ *sur* count on.

tabletier ✝ [tablə'tje] *m* dealer in *or* maker of fancy articles and inlaid work; **tablette** [~'blɛt] *f* shelf; *stone:* slab; (window-)sill; *sideboard etc.:* (flat) top; *joist:* bearing surface; ⚘ plate; 💊 lozenge; *chocolate:* bar; ~ *de cheminée* mantelpiece; *rayez ça de vos* ~s! you can forget that!; don't count on that!; **tabletterie** [~blɛ'tri] *f* fancy-goods *pl.* (industry); inlaid work.

tablier [tabli'e] *m* apron, *child:* pinafore; *bridge:* road(way); ⊕ *etc.* shutter; *fig. rendre son* ~ resign; give notice.

tabou, e [ta'bu] **1.** *adj.* taboo; forbidden; **2.** *su./m* taboo.

tabouret [tabu'rɛ] *m* (foot)stool.

tabulaire [taby'lɛːr] tabular; **tabulateur** [~la'tœːr] *m* tabulator; **tabulatrice** [~la'tris] *f* machine: tabulator.

tac [tak] *m mill:* clack; *sword-blades:* click; *riposter du* ~ *au* ~ *fencing:* parry with the riposte; *fig.* give tit for tat.

tache [taʃ] *f* stain (*a. fig.*), spot; mark; ink, *a. fig.:* blot; *colour:* blob, patch; *fig.* blemish; *fruit:* bruise; ~ *de naissance* birthmark; ~ *de rousseur face etc.:* freckle; ~ *de suie* smut; *fig. faire* ~ jar, be out of place.

tâche [tɑːʃ] *f* task, job; *ouvrier m à la* ~ jobbing workman; piece-worker; *prendre à* ~ *de* (inf.) undertake to (inf.), make a point of (ger.); *travailler à la* ~ do piece-work.

tacher [ta'ʃe] (1a) *v/t.* stain (*a. fig.*), spot; *fig.* tarnish (s.o.'s reputation); *se* ~ get one's clothes stained; stain, spot (cloth).

tâcher [tɑ'ʃe] (1a) *v/i.* try to (inf., de inf.); labo(u)r, toil (at, à); ~ (à ce) que (sbj.) try to (inf.); **tâcheron** [tɑʃ'rɔ̃] *m* jobbing workman; ⚠ sub-contractor, jobber.

tacheter [taʃ'te] (1c) *v/t.* fleck, mottle speckle.

tachy... [taki] tachy...; tacho...; ~**mètre** ⊕ [~'mɛtr] *m* speedometer, tachometer.

tacite [ta'sit] tacit; implied; **taciturne** [⁓si'tyrn] taciturn; reserved;
close-mouthed.

tacot F [ta'ko] *m mot.* old rattletrap,
banger, crate.

tact [takt] *m* (sense of) touch; *fig.*
tact; **manque** *m* **de** ⁓ tactlessness.

tacticien ✕ *etc.* [takti'sjɛ̃] *m* tacti-
cian.

tactile [tak'til] tactile.

tactique [tak'tik] **1.** *adj.* tactical;
2. *su./f* ✕, *a. fig.* tactics *pl.*

taffetas *tex.* [taf'ta] *m* taffeta.

taie [tɛ] *f* (pillow-)case, slip; 🗲
albugo, white speck (*on the eye*).

taillade [tɑ'jad] *f* slash, gash, cut;
taillader [⁓ja'de] (1a) *v/t.* slash (*a.
cost., a. fig.*); gash; **taillage** [⁓'ja:ʒ]
m file, gear: cutting; **taillant** [⁓'jɑ̃]
m blade, tool: (cutting) edge; **taille**
[tɑ:j] *f* cutting; *🌱 plant:* pruning;
hedge: clipping; *stone:* hewing; *hair,
tool, clothes:* cut; *blade:* edge; *fig.*
size, dimensions *pl.; person:* height,
stature; waist, figure; waist(line);
cost. **à** ⁓ **haute** (*basse*) high-waisted
(low-waisted); F **de** ⁓ big; **grandes** ⁓s
pl. outsizes; *par rang de* ⁓ in order of
size *or* height; **être de** ⁓ **à** (*inf.*) be
capable of (*ger.*); **taille-crayon**
[tɑjkrɛ'jɔ̃] *m/inv.* pencil sharpener;
taille-douce, *pl.* **tailles-douces**
[⁓'dus] *f* copperplate (engraving);
tailler [tɑ'je] (1a) *v/t.* cut (*gem, hair,
lawn, stone*); hew (*a stone*); trim
(*one's beard*); *🌱* prune (*a plant*), clip
(*a hedge*); ⊕ mill (*gears*); sharpen (*a
pencil*); carve (*in a rock etc., a. fig. a
way*); hew (*the enemy to pieces*); bien
taillé well set-up (*person*); *cost.* well-
cut; *v/i. cards:* deal; **taillerie** [tɑj'ri]
f gem-cutting; gem-cutter's workshop; **tailleur** [tɑ'jœ:r] *m* ⊕ cutter;
cost. tailor; *gaming:* banker; *cost.* (*a.
costume m* ⁓) tailor-made costume; ⁓
pantalon m trouser suit, pant(s) suit;
taillis [⁓'ji] *m* copse; brushwood;
tailloir [tɑj'wa:r] *m* trencher; △
abacus.

tain ⊕ [tɛ̃] *m* mirrors: silvering; *iron:*
tin-bath; foil.

taire [tɛ:r] (4z) *v/t.* suppress, hush
(*s.th.*) up, say nothing about, not to
mention (*s.th.*); *faire* ⁓ silence, hush;
se ⁓ be silent, say nothing; stop
talking; *taisez-vous!* be quiet!; **tai-
sons** [tɛ'zɔ̃] *1st p. pl. pres. of taire;*
tait [tɛ] *3rd p. sg. pres. of taire.*

talc *min.* [talk] *m* talc; French chalk;
talcum powder; **talcique** [tal'sik]
talcose.

talent [ta'lɑ̃] *m* talent (*fig., a. ancient
weight*); aptitude; **de** ⁓ talented,
gifted; **talentueux, -euse** F [⁓lɑ-
'tɥø, ⁓'tɥø:z] talented.

talion [ta'ljɔ̃] *m* retaliation.

talisman [talis'mɑ̃] *m* talisman.

talle 🌱 [tal] *f* sucker; *wheat etc.:*
tiller; **taller** [ta'le] (1a) *v/i.*
throw out suckers; tiller (*wheat*).

taloche [ta'lɔʃ] *f* ⊕ (*plasterer's*) hawk;
F cuff, clout; **talocher** F [⁓lɔ'ʃe] (1a)
v/t. cuff, clout.

talon [ta'lɔ̃] *m foot, shoe, a. ⊕ rudder,
tool, rifle, mast, a. ♪ violin bow:* heel;
spur; ⊕ catch; clip; *mot. tyre:*
bead(ing); ⊕ axle, bayonet: shoulder; *axle:* flange; *loaf:* end; *bread,
cheese:* remnant; *cards etc.:* stock,
pile; 🕇 counterfoil, stub; 🕇 ⁓s stub.
aiguille stiletto heels; tourner les ⁓s
take to one's heels; **talonner**
[talɔ'ne] (1a) *v/t.* follow (on the heels
of); dog (*s.o.*); spur on, urge on (*a
horse, a. fig. a person*); dun (*s.o.*); *v/i.*
⚓ touch; strike; **talonnette** [⁓'nɛt] *f*
heel.

talqueux, -euse *min.* [tal'kø, ⁓'kø:z]
talcose.

talus [ta'ly] *m* slope; bank, embankment; *en* ⁓ sloping.

talweg *geol.* [tal'vɛg] *m* thalweg.

tamanoir *zo.* [tama'nwa:r] *m* great
ant-eater.

tamarin 🌱 [tama'rɛ̃] *m* tamarind;
tamarind-tree; **tamarinier** 🌱 [⁓ri-
'nje] *m* tamarind-tree.

tambouille *sl.* [tɑ̃'bu:j] *f* kitchen
(staff); cooking.

tambour [tɑ̃'bu:r] *m ♪, ✕, 🔨, ⊕
oil, 🔧 cable, mot. brake, △ column:*
drum; *person:* drummer; 🔧 *coil:*
cylinder; △ *hotel etc.:* revolving
door; *embroidery:* frame; ♪ ⁓ **de
basque** tambourine (*with jingles*); ⁓
de ville town-crier; *fig. mener q.* ⁓
battant lead s.o. with a high hand;
sans ⁓ *ni trompette* quietly, on the
quiet; **tambourin** [tɑ̃bu'rɛ̃] *m ♪*
tambourine (*without jingles*); (*Provençal*) long, narrow drum; *ball-
games:* tambourine-like racquet;
tambouriner [⁓ri'ne] (1a) *v/t/i.*
drum (*a. fig.*).

tamis [ta'mi] *m* sieve; *liquids:*
strainer; ⊕ screen; *cinders etc.:*

riddle; *flour:* bolter; *passer au ~* sift (*a. fig.*); **tamiser** [tami'ze] (1a) *v/t.* sift, sieve; strain; filter (*air, light, a. liquid*); bolt (*flour*); *fig.* soften (*the light*); *lumière tamisée* subdued *or* soft(ened) light; **tamiseur** *m*, **-euse** *f* [~'zœːr, ~'zøːz] *person:* sifter, screener; strainer.

tampon [tɑ̃'pɔ̃] *m* ⚙ wall, 🛡, bath, wash-basin, cask, metall: plug; inking, polishing, *a.* 🚃 cotton-wool: pad; *paper, cotton-wool, etc.:* wad; rubber stamp; 🚂 (*a. ~ de choc*) buffer; ~ *buvard* hand-blotter; ~ *encreur* inking pad, stamp pad; *coup m de ~* collision; F *fig.* thump; *pol.* État *m ~* buffer State; **tamponnement** [~pɔn'mɑ̃] *m* 🚂, *mot.* collision; dabbing (*with pad*); F thumping; **tamponner** [~pɔ'ne] (1a) *v/t.* mop, dab (*with a handkerchief, a pad, etc.*); 🚂 *etc.* collide with; *mot.* bump into; stamp (*a letter etc.*); ⚙ plug.

tam-tam [tam'tam] *m* ♪ tom-tom; ♪ (*Chinese*) gong; *fig.* fuss, to-do.

tan [tɑ̃] *m* tan, tanner's bark.

tancer [tɑ̃'se] (1k) *v/t.* scold, F tell (*s.o.*) off.

tanche *icht.* [tɑ̃ːʃ] *f* tench.

tandem [tɑ̃'dɛm] *m* tandem (*bicycle*); *fig.* twosome, pair, couple; *fig.* partnership; *fig.* combination; *en ~* tandem; *fig.* together.

tandis [tɑ̃'di] *cj.:* ~ *que* whereas (*emphasizing difference*); while.

tangage ⚓, 🛩 [tɑ̃'gaːʒ] *m* pitch (-ing).

tangent, e [tɑ̃'ʒɑ̃, ~'ʒɑ̃ːt] **1.** *adj.* ⩑ tangent(ial) (*to, à*); **2.** *su./f* ⩑ tangent; F *prendre la ~e, s'échapper par la ~e* make off; dodge the issue; wriggle out; **tangenter** [~ʒɑ̃'te] (1a) *v/t.* run along(side), border, skirt; **tangible** [~'ʒibl] tangible.

tanguer ⚓, 🛩 [tɑ̃'ge] (1m) *v/i.* pitch, rock; be down by the head.

tanière [ta'njɛːr] *f* den, lair (*a. fig.*); (*fox-*)hole, earth.

tank ✗ [tɑ̃ːk] *m* tank; **tankiste** ✗ [tɑ̃'kist] *m* member of a tank crew.

tannant, e [ta'nɑ̃, ~'nɑ̃ːt] tanning; F tiresome; boring.

tanne [tan] *f* *face:* blackhead; *leather:* spot.

tanné, e [ta'ne] **1.** *adj.* tan(ned); **2.** *su./m colour:* tan; **tanner** [~] (1a) *v/t.* ⚙ tan; F irritate; pester; F thrash (*s.o.*); F ~ *le cuir à q.* tan s.o.'s hide;

tannerie ⚙ [tan'ri] *f* tannery; *trade:* tanning; **tanneur** ⚙ [ta'nœːr] *m* tanner; **tan(n)in** [~'nɛ̃] *m* tannin; **tan(n)iser** ⚙ [~ni'ze] (1a) *v/t.* treat (*s.th.*) with tannin.

tan-sad [tɑ̃'sad] *m* pillion.

tant [tɑ̃] *adv.* so much; so *or* as many; so; as much, as hard (as, *que*); so *or* as long (as, *que*); ~ *bien que mal* somehow (*or other*); ~ *de fois* so often; ~ *heureuse qu'elle paraisse* however happy she may seem; ~ *il y a que* the fact remains, however, that; ~ *mieux!* so much the better!; F *good!*; ~ *pis!* so much the worse!; *what a pity!*; F *too bad!*; ~ *s'en faut* far from it; ~ *s'en faut que* (*sbj.*) far from (*ger.*); ~ *soit peu* ever so little; even a little; somewhat; *en ~ que* in so far as (+ *verb*); considered as (+ *su.*); *si ~ est que* if indeed.

tante [tɑ̃ːt] *f* aunt; *sl.* queer, nancyboy; F *chez ma ~* pawned, in pawn.

tantième † [tɑ̃'tjɛm] *m* percentage, share.

tantinet F [tɑ̃ti'ne] *m: un ~ a* little, a bit.

tantôt [tɑ̃'to] **1.** *adv.* presently, soon, by and by; a little while ago, just now; ~ ... ~ ... now ... now ..., sometimes ... sometimes ...; *à ~!* good-bye for the present!; F *so long!*; **2.** *su./m* F afternoon.

taon *zo.* [tɑ̃] *m* gad-fly, horse-fly.

tapage [ta'paːʒ] *m* noise; din; *fig.* row; fuss; F touching (*s.o. for money*); *faire du ~* make a stir (*news*); **tapageur, -euse** [~pa'ʒœːr, ~'ʒøːz] **1.** *adj.* noisy, rowdy; *cost.* flashy; *fig.* blustering (*manner, speech*); **2.** *su.* rowdy, roisterer; brawler; noisy person; ⚖ disturber of the peace; **tape** [tap] *f* slap; F † *ramasser une ~* fail, F flop; **tapé, e** [ta'pe] **1.** *adj.* dried (*fruit*); *fig.* first-class; *sl.* crazy, nutty; *réponse f ~e* smart answer; **2.** *su.* F lots *pl.*, heaps *pl.*; *tons pl.*; *children:* horde; **tape-à-l'œil** F [tapa'lœj] **1.** *adj.* showy, flashy; **2.** *su./m* show, window-dressing; **tapecul** [tap'ky] *m* seesaw, *Am.* teeter-totter; gig; *pej. carriage:* rattletrap; **taper** [ta'pe] (1a) *v/t.* plug, stop (up); F smack, slap; slam (*the door*); ♪ thump out (*a tune*), beat (*a drum*); type (*a letter etc.*); dab on (*paint*); F touch (*s.o.*) (*for, de*); *sl.*

se ~ qch. put s.th. away (= *eat, drink*); do s.th.; saddle o.s. with s.th.; *sl.* *tu peux te* ~! nothing doing!; *sl.* you've had it!; *v/i.* knock; hit; bang; ~ *dans l'œil à* take (*s.o.'s*) fancy; ~ *du pied* stamp (one's foot); ~ *sur la* slate s.o.; pitch into s.o.; F ~ *sur le ventre à q.* give s.o. a dig in the waistcoat; **tapette** [~'pɛt] *f* gentle tap; ⊕ bat (*for corking bottles*); fly-swatter; carpet-beater; F chatter-box; *sl.* queer, fairy, nancy-boy; F *avoir une de ces* ~s (*or une fière* ~) be a real chatterbox; **tapeur** F [~'pœ:r] *m* cadger; piano strummer.

tapinois [tapi'nwa] *adv.*: *en* ~ quietly, on the sly.

tapioca [tapjɔ'ka] *m* tapioca; *cuis.* tapioca soup.

tapir[1] [ta'pi:r] (2a) *v/t.*: *se* ~ crouch; hide (o.s. away); *être tapi* crouch; hide, be hidden; *fig.* lurk.

tapir[2] *zo.* [~] *m* tapir.

tapis [ta'pi] *m* carpet; cloth; ⚡ *chauffant* electrically heated mat; ⊕ ~ *roulant* endless belt, assembly line; ~ *vert* (gaming) table; *fig. mettre sur le* ~ bring (*s.th.*) up (for discussion); **tapisser** [~pi'se] (1a) *v/t.* paper (*a room*); hang (*a wall*) with tapestry; *fig.* cover, line; **tapisserie** [~pis'ri] *f* tapestry, hangings *pl.*; tapestry-weaving; tapestry-work; wall-paper; *fig. faire* ~ be a wall-flower (*at a dance*); *pantoufles f/pl. en* ~ carpet-slippers; **tapissier, -ère** [~pi'sje, ~'sjɛ:r] *su.* tapestry-maker; *furniture:* upholsterer; crewel-worker; *su./f* delivery-van; covered waggon.

tapon † [ta'põ] *m* plug, stopper; *en* ~ screwed up.

tapoter F [tapɔ'te] (1a) *v/i.* tap; pat; strum (*a tune*); drum (*on the table*).

taquer *typ.* [ta'ke] (1m) *v/t.* plane (down); **taquet** [~'kɛ] *m* ⊕ wedge, angle-block; *metall.* lug; ⚓ cleat.

taquin, e [ta'kɛ̃, ~'kin] **1.** *adj.* (fond of) teasing; **2.** *su.* tease; **taquiner** [~ki'ne] (1a) *v/t.* tease; *fig.* worry; **taquinerie** [~kin'ri] *f* teasing (*disposition*).

tarabiscoté, e [tarabiskɔ'te] *adj.* grooved; *fig.* over-elaborate (*style*).

tarabuster F [tarabys'te] (1a) *v/t.* pester (*person*); worry, bother (*thing, idea, etc.*).   [*tare.*]

tarage † [ta'ra:ʒ] *m* allowance for⌐

tarare ⚡ [ta'ra:r] *m* winnower.

taratata! F [tarata'ta] *int.* fiddle-sticks!

taraud ⊕ [ta'ro] *m* (screw-)tap; **taraudage** ⊕ [taro'da:ʒ] *m* nut etc.: tapping; screw-cutting; screw-pitch; **tarauder** [~'de] (1a) *v/t.* tap, cut; *a. fig.* pierce; **taraudeuse** ⊕ [~'dø:z] *f* machine: screw-cutter, thread-cutter.

tard [ta:r] **1.** *adv.* late; *au plus* ~ at the latest; *il se fait* ~ it is getting late; *pas plus* ~ *que* ... only ..., not later than ...; *tôt ou* ~ sooner or later; **2.** *su./m*: *sur le* ~ late in the day; *fig.* late in life; **tarder** [tar'de] (1a) *v/i.* delay; *il me tarde de* (*inf.*) I am anxious to (*inf.*); *ne pas* ~ *à* (*inf.*) not to have to wait long before (*ger.*); *sans* (*plus*) ~ without (further) delay; **tardif, -ve** [~'dif, ~'di:v] late; belated (*apology, regret*); *fig.* slow (to, *à*); backward (*fruit, a. fig. intelligence*); **tardigrade** *zo.* [~di'grad] *adj., a. su./m* tardigrade; **tardillon** [~di'jõ] *m* animal: latest born; *fig.* Benjamin (*of a family*); **tardiveté** [~div'te] *f* lateness; slowness; backwardness.

tare [ta:r] *f* ⚡ tare; *fig.* defect, flaw, taint; † *faire la* ~ allow for the tare; **taré, e** [ta're] spoiled, damaged; with a defect; *a. fig.* tainted; *fig.* corrupt.

tarentelle ♪ *etc.* [tarɑ̃'tɛl] *f* tarantella.

tarentule *zo.* [tarɑ̃'tyl] *f* tarantula; *fig. être piqué* (*or mordu*) *de la* ~ be very excited.

tarer † [ta're] (1a) *v/t.* tare.

targette ⊕ [tar'ʒɛt] *f* sash-bolt; flat door-bolt.

targuer [tar'ge] (1m) *v/t.*: *se* ~ *de* pride o.s. on (s.th., qch.); doing, faire); claim (*a privilege*).

tarière ⊕ [ta'rjɛ:r] *f* auger; drill; ⚒ borer.

tarif [ta'rif] *m* price-list, tariff; rate(s *pl.*); schedule of charges; ~ *différentiel* (*préférentiel*) differential (preferential) tariff; ~ *postal* postage (rates *pl.*); ~ *réduit* reduced tariff; *plein* ~ *goods*: full tariff; *person*: full fare; **tarifaire** [tari'fɛ:r] tariff-...; **tarifer** [~'fe] (1a) *v/t.* fix the rate of (*a duty, a tariff*); fix the price of (*goods*); **tarification** [~fika'sjõ] *f* tariffing.

tarin sl. [ta'rɛ̃] m conk (= nose).

tarir [ta'riːr] (2a) v/t. dry up; fig. exhaust; v/i. a. se ~ dry up, run dry; fig. cease; **tarissement** [ˌris-'mɑ̃] m drying up; fig. exhausting.

tarot [ta'ro] m cards: tarot pack; ~s pl. cards, game: tarots.

tarse anat. [tars] m tarsus; F human foot: instep; **tarsien, -enne** anat. [tar'sjɛ̃, ~'sjɛn] tarsal.

tartan tex. [tar'tɑ̃] m tartan.

tartarinade F [tartari'nad] f boast.

tarte cuis. [tart] f (open) tart; flan; **tartelette** cuis. [~'lɛt] f tartlet; **tartine** [tar'tin] f slice of bread and butter or jam etc.; F fig. rigmarole; long-winded speech or article or sermon; **tartiner** [~ti'ne] (1a) v/t. spread (bread) (with, de); butter (bread); spread (butter etc.) (on, sur); fromage m à ~ cheese spread.

tartrate 🜍 [tar'trat] m tartrate; **tartre** [tartr] m tartar (a. 🜍, a. dental); ⊕ boiler: scale, fur; **tartreux, -euse** [tar'trø, ~'trøːz] tartarous; ⊕ furry, scaly; **tartrique** 🜍 [~'trik] tartaric (acid).

tartufe [tar'tyf] m hypocrite; **tartuferie** [~ty'fri] f (piece of) hypocrisy, cant.

tas [ta] m heap, pile (a. fig. of things); fig. crowd, lot; lies, a. people: pack; ⊕ hand or small anvil; mettre en ~ pile up; sur le ~ on the job, at work.

tasse [taːs] f cup; ~ à café coffee-cup; ~ de café cup of coffee.

tasseau [ta'so] m 🜨 bracket; (supporting) batten; brick foundation.

tassée [ta'se] f cupful.

tassement [tɑs'mɑ̃] m sinking; settling; subsidence; 🜪, fig. fall(-off), drop; **tasser** [ta'se] (1a) v/t. cram together; pack (tightly); shake down; se ~ crowd together; squeeze up; 🜨 settle; 🜨 sink, subside; 🜪 weaken; shrink, grow smaller (with age) (person); F fig. settle down, come out in the wash.

tâter [ta'te] (1a) v/t. touch, feel; grope for (s.th.); fig. feel out, explore, try; 🜣 feel (the pulse); try; ~ à (or de) taste, try; fig. ~ de try (one's hand at) (work); **tâte-vin** [tat'vɛ̃] m/inv. instrument: wine-taster; sampling-tube.

tatillon, -onne F [tati'jɔ̃, ~'jɔn] **1.** adj. niggling, finicky; over-particular; **2.** su. fusspot; busybody; **tatillonner** F [~jɔ'ne] (1a) v/i. niggle, fuss over details; be meddlesome.

tâtonner [tatɔ'ne] (1a) v/i. feel one's way (a. fig.); grope; fumble; **tâtonneur** m, -euse f [~tɔ'nœːr, ~'nøːz] groper, fumbler; **tâtons** [~'tɔ̃] adv.: à ~ gropingly; marcher etc. à ~ grope one's way.

tatou zo. [ta'tu] m armadillo.

tatouage [ta'twaːʒ] m tattooing; design: tattoo; **tatouer** [~'twe] (1p) v/t. tattoo; **tatoueur** [~'twœːr] m tattooist.

taudis [to'di] m hovel; wretched room; squalid hole; ~ pl. slums.

taule [toːl] f see tôle.

taupe [toːp] f zo. mole; 🌱 moleskin; F myope comme une ~ (as) blind as a bat; sl. pej. vieille ~ old hag; **taupinière** [~pi'njɛːr] f molehill.

taureau [to'ro] m bull; astr. le ♉ Taurus, the Bull; avoir un cou de ~ be bull-necked; course f de ~x bull-fight; **taurillon** [~ri'jɔ̃] m bull-calf; **tauromachie** [~rɔma'ʃi] f bull-fighting. [redundancy.\

tautologie [totɔlɔ'ʒi] f tautology,\

taux [to] m rate (a. 🜪); 🜪 fixed price; ⊕ ratio; 🜍 proportion, amount; 🜪 ~ de change rate of exchange; ~ de charge load per unit area; ~ de la mortalité death-rate; 🜪 ~ d'escompte bank rate; ~ d'intérêt rate of interest; au ~ de at the rate of.

tavelé, e [tav'le] marked; spotted, speckled; **tavelure** [~'lyːr] f mark; spot, speckle.

taverne [ta'vɛrn] f tavern; public house, F pub; café-restaurant.

taxateur [taksa'tœːr] m assessor; 🜪 taxing master; **taxation** [~'sjɔ̃] f fixing of prices etc.; admin., a. 🜪 taxation; admin. assessment; **taxe** [taks] f admin. tax, duty; rate; fixed price; 🜪 controlled price; **taxer** [tak'se] (1a) v/t. tax; put a tax on (goods); fix (the price); fix the price or rate of; fig. accuse (of, de).

taxi [tak'si] m taxi(-cab), cab; ~-mètre [~si'metr] m taximeter; ~-phone teleph. [~si'fɔn] m (public) call-box.

tayloriser ⊕ [tɛlɔri'ze] (1a) v/t. Taylorize; **taylorisme** ⊕ [~'rism] m Taylorism.

tchécoslovaque [tʃekɔslɔ'vak] adj., a. su. ♀ Czechoslovak; **tchèque** [tʃɛk] 1. adj. Czech; 2. su./m ling. Czech; su. ♀ Czech.

te [tə] 1. pron./pers. you; to you; 2. pron./rfl. yourself, to yourself.

té [te] m letter: T; T-square; ⚒ tee-iron.

technicien m, **-enne** f [tɛkni'sjɛ̃, ~'sjɛn] technician; **techni(ci)ser** [~(si)'ze] (1a) v/t. ⊕ mechanize; fig. technicalize; **technicité** [~si'te] f technicality; **technique** [tɛk'nik] 1. adj. technical; 2. su./f technique; ~ électrique electrical engineering; **technocrate** [~'krat] m technocrat; **technocratie** [~nɔkra'si] f technocracy; **technocratique** [~nɔkra'tik] technocratic; **technologie** [~nɔ-lɔ'ʒi] f technology; **technologique** [~nɔlɔ'ʒik] technological.

te(c)k ♥, ♦ [tɛk] m teak.

tectrice orn. [tɛk'tris] adj./f: plumes f/pl. ~s tectrices.

tégument ♥, anat., zo. [tegy'mɑ̃] m tegument.

teigne [tɛɲ] f zo. moth; ♣ tinea, scalp-disease; ♀ scurf; vet. thrush; F fig. pest; **teigneux, -euse** [tɛ'ɲø, ~'ɲøːz] 1. adj. suffering from scalp-disease; 2. su. person suffering from scalp-disease.

teignis [tɛ'ɲi] 1st p. sg. p.s. of teindre; **teignons** [~'ɲɔ̃] 1st p. pl. pres. of teindre; **teindre** [tɛ̃ːdr] (4m) v/t. dye (blue etc., en bleu etc.); stain (a. fig.); se ~ dye one's hair; **teins** [tɛ̃] 1st p. sg. pres. of teindre; **teint, teinte** [tɛ̃, tɛ̃ːt] 1. p.p. of teindre; 2. su./m dye, colo(u)r; complexion; tex. bon (or grand) ~ fast colo(u)r; fig. partisan m bon ~ staunch supporter; petit ~ fading dye; su./f tint, hue, shade; fig. touch, tinge; **teinter** [tɛ̃'te] (1a) v/t. tint; fig. tinge (with, de); **teinture** [~'tyːr] f tex., a. hair: dye(ing); phot. etc. tinting; colo(u)r, hue, fig. touch; ♣, ♥ tincture; **teinturerie** ⊕ [~tyr'ri] f (dry) cleaner's, cleaners pl.; dye-works usu. sg.; dyeing; **teinturier** [~ty'rje] m (dry) cleaner, dyer.

tel m, **telle** f, **tels** m/pl., **telles** f/pl. [tɛl] 1. adj./indef. such; so great; like; as; ~ maître, ~ valet like master, like man; ~ que (such) as; like; such that; ~ quel ordinary; just as he or it is or was; ♦ with all faults;

à telle ville in such and such a town; de telle sorte que in such a way that; il n'y a rien de ~ que there's nothing like; un ~ repas such a meal; 2. pron./indef. (such a) one; some; Monsieur un ~ (or Un ♀) Mr. So-and-so; Madame une telle (or Une Telle) Mrs. So-and-so; ~ qui he who.

télautographe [telotɔ'graf] m telewriter.

télé F [te'le] television, Br. F telly.

télé... [tele] tele...; **~commande** [~kɔ'mɑ̃:d] f remote control; **~commander** [~kɔmɑ̃'de] (1a) v/t. operate by remote control; **~communication** [~kɔmynika'sjɔ̃] f telecommunication; **~distribution** [~distriby'sjɔ̃] f cable television; **~enseignement** [~ɑ̃sɛɲ'mɑ̃] m educational broadcast or television program(me)s pl.; **~férique** [~fe'rik] m see téléphérique; **~génique** telev. [~ʒe'nik] telegenous; **~gramme** [~'gram] m telegram, F wire; **~graphe** [~'graf] m telegraph; **~graphie** [~gra'fi] f telegraphy; ~ sans fil, abbr. T.S.F. wireless, radio; **~graphier** [~gra'fje] (1o) v/t/i. telegraph, wire; **~graphique** [~gra'fik] telegraphic; mandat m ~ telegraph(ic) money order; poteau m ~ telegraph-pole; réponse f ~ reply by wire or cable; **~graphiste** [~gra'fist] su. telegraph operator; telegraph boy or messenger; **~guidé, e** [~gi'de] radio-controlled; guided (missile); **~imprimeur** [~ɛ̃pri'mœːr] m teleprinter; **~mètre** phot. [~'mɛtr] m range-finder; **~objectif** phot. [~ɔbʒɛk'tif] m telephoto lens; **~phérique** [~fe'rik] m telpher railway; cableway; cable car; **~phone** [~'fɔn] m telephone, F phone; ~ intérieur house telephone; internal telephone, F intercom; annuaire m du ~ telephone directory or F book; appeler q. au ~ ring s.o. up; avez-vous le ~? are you on the phone?; **~phoner** [~fɔ'ne] (1a) v/t/i. (tele)phone (s.o., à q.); **~phonie** [~fɔ'ni] f telephony; ~ sans fil radiotelephony; **~phonique** [~fɔ'nik] telephone...; telephonic; cabine f (or cabinet m) ~ telephone booth, call-box; **~phoniste** [~fɔ'nist] su. telephone operator.

télescopage [telɛskɔ'paːʒ] m smashing up; concertinaing; telescoping;

traffic: ~ *en serie* pile-up; **télescope** [~'kɔp] *m* telescope; **télescoper** 🚗 *etc.* [~kɔ'pe] (1a) *v/t.* smash up, crash into; *se* ~ concertina, telescope.

télé...: ~**scripteur** ⚡ [teleskrip'tœːr] *m* teleprinter; ~**spectateur** *m*, **-trice** *f* telev. [~spɛkta'tœːr, ~'tris] (tele-)viewer; ~**viser** [~vi'ze] (1a) *v/t.* televise; ~**viseur** [~vi'zœːr] *m* television set; televisor; ~**vision** [~vi'zjɔ̃] *f* television; ~ *en couleurs* colo(u)r television; ~ *par câble* cable television.

télex [te'lɛks] *m* telex; **télexer** [~lɛk'se] (1a) *v/t.* telex.

tellement [tɛl'mɑ̃] *adv.* so, in such a way; to such an extent.

tellure 🜛 [tɛl'lyːr] *m* tellurium; **tellureux, -euse** 🜛 [tɛlly'rø, ~'røːz] tellurous; **tellurien, -enne** [~'ljɛ̃, ~'rjɛn] tellurian; earth...

téméraire [teme'rɛːr] **1.** *adj.* rash (*a. fig.* judgment *etc.*), reckless; daring; **2.** *su.* rash person; dare-devil; **témérité** [~ri'te] *f* temerity, rashness, recklessness; piece of daring; bold speech.

témoignage [temwa'ɲaːʒ] *m* 🏛 *etc.* evidence (*a. fig.*); 🏛 hearing (of witness); *eccl.* witness; *fig.* proof; *fig. en* ~ *de* as a token of; *porter* ~ certify; *rendre* ~ bear witness (to, *à*); **témoigner** [~'ɲe] (1a) *vt/i.* testify; *v/i.* bear witness; *v/t.* show; bear witness to; **témoin** [tem'wɛ̃] **1.** *su./m* witness; *duel:* second; boundary mark; 🏛 reference solution; sample; *sp.* stick (*etc. in relay race*); 🏛 ~ *à charge* (*décharge*) prosecution (defence) witness; ~ *oculaire* eye witness; **2.** *adj./inv.* pilot...; test...; control...; *appartement m* ~ show flat; *lampe f* ~ warning light.

tempe *anat.* [tɑ̃ːp] *f* temple.

tempérament [tɑ̃pera'mɑ̃] *m* temperament; constitution; disposition; 🎵 *à* ~ by instal(l)ments, on the instal(l)ment plan; *vente f à* ~ hire-purchase; sale on the instalment plan.

tempérance [tɑ̃pe'rɑ̃ːs] *f* temperance, moderation; **tempérant, e** [~'rɑ̃, ~'rɑ̃ːt] temperate, moderate; 💊 sedative; **température** [~ra'tyːr] *f* temperature; 🜛 (boiling-, freezing-)point; *fig.* feeling; 💊 *avoir de la* ~ have a temperature; **tempéré, e**

[~'re] temperate, moderate (*climate, a. fig.* speech); *fig.* sober, restrained; 🎵 equally tempered; *geog.* zone *f* ~ *e* temperate zone; **tempérer** [~'re] (1f) *v/t.* moderate, temper (*a. fig.*); ~ moderate.

tempête [tɑ̃'pɛt] *f* wind, *a. fig.:* storm; 🌊 hurricane; *fig.* storm, rage; **tempêter** ᖴ [~pɛ'te] (1a) *v/i.* rant and rave, storm, rage; **tempétueux, -euse** [~pe'tɥø, ~'tɥøːz] stormy, tempestuous (*a. fig.*).

temple [tɑ̃ːpl] *m* temple (*a. hist.* ②); *protestantism:* church, chapel; *freemasonry:* lodge; **templier** [tɑ̃pli'e] *m* Knight Templar; ᖴ *jurer comme un* ~ swear like a trooper.

temporaire [tɑ̃pɔ'rɛːr] temporary; provisional; 🎵 *time(-value).*

temporal, e, *m/pl.* **-aux** *anat.* [tɑ̃pɔ'ral, ~'ro] **1.** *adj.* temporal; **2.** *su./m* temporal (bone).

temporalité *eccl.* † [tɑ̃pɔrali'te] *f* temporality; temporel, **-elle** [~'rɛl] **1.** *adj.* secular; temporal (= *not eternal, not spiritual*); **2.** *su./m* temporal power; revenue, temporalities *pl.* (*of a benefice*).

temporisateur, -trice [tɑ̃pɔriza'tœːr, ~'tris] **1.** *adj.* temporizing; **2.** *su.* temporizer; ⚡ *welding:* timer; **temporisation** [~za'sjɔ̃] *f* temporization, temporizing; **temporiser** [~'ze] (1a) *v/i.* temporize, delay action deliberately, play for time, stall.

temps¹ [tɑ̃] *m* time (*a.* 🎵); while; times *pl.*; 🎵, ⊕ phase; *mot. etc.* stroke; 🎵 *à.* beat; *gramm.* tense; *à deux* ~ two-stroke (*engine*); *à* ~ in the nick of) time; *avec le* ~ in the course of) time; *de mon* ~ in my time; *de* ~ *à autre* (or *en* ~) now and then, from time to time; *en même* ~ at the same time; *en* ~ *de guerre* in wartime; *entre* ~ meanwhile; *être de son* ~ keep up with the times; *gagner du* ~ play for time; *il est grand* ~ it is high time (to *inf.*, *de inf.*; *that inf.*, *que inf.*); *le bon vieux* ~ the good old days *pl.*; *les* ~ *pl. sont durs* times are hard; *le* ~, *c'est de l'argent* time is money; *le* ~ *mesure f à deux* ~ duple time; (*ne pas) avoir le* ~ *(de inf.*) have (no) time to (*inf.*).

temps² [tɑ̃] *m* weather; *quel* ~ *fait-il?* what is the weather like?; *il fait beau* (*mauvais*) ~ the weather is fine (bad).

tenable [tə'nabl] 🏛, *a. fig.* tenable;

habitable (*house*); *fig.* pas ~ unbearable.

tenace [tə'nas] tenacious; clinging (*perfume*, *a.* ♀); adhesive; stiff (*soil*); tough (*metal*); *fig.* stubborn, persistent; retentive (*memory*); **ténacité** [tenasi'te] *f* tenacity (*a.fig.*); stickiness; *soil:* stiffness; *metal:* toughness; *fig.* stubbornness; doggedness; *memory:* retentiveness; avec ~ tenaciously; stubbornly.

tenaille ⊕ [tə'naːj] *f* tongs *pl.*; clamp; pliers *pl.*; pincers *pl.* (*a.*✖); **tenailler** *fig.* [~na'je] (1a) *v/t.* torture.

tenancier [tənɑ̃'sje] *m* manager; tenant-farmer; keeper; † freeholder.

tenant, e [~'nɑ̃, ~'nɑ̃ːt] **1.** *adj.:* séance *f* ~e during the sitting; *fig.* then and there; **2.** *su./m* supporter; *sp. title etc.:* holder; *bet:* taker; ⚖ d'un seul ~ all in one block; continuous; ~s *pl.* lands bordering on an estate; ~s *pl. et* aboutissants *m/pl. estate:* adjacent parts; *fig. the* full details, *the* ins and outs.

tendance [tɑ̃'dɑ̃ːs] *f* tendency; leanings *pl.*; drift, trend; ∂ ~ tendentious (*book*); avoir ~ ∂ tend to, be inclined to; **tendancieux, -euse** [~dɑ̃'sjø, ~'sjøːz] tendentious; ⚖ leading (*question*).

tender 🚂 [tɑ̃'dɛːr] *m* tender.

tenderie *hunt.* [tɑ̃'dri] *f* (*bird-*)snare; setting of snares (*for birds*).

tendeur, -euse [tɑ̃'dœːr, ~'døːz] *su.:* carpet: layer; *wallpaper:* hanger; *hunt.* snares: setter; *su./m* ⊕ tightener; (*trouser- etc.*)stretcher; (*shoe-*)tree; *mot.* tension-rod; ~ de chaîne chain-adjuster.

tendineux, -euse [tɑ̃di'nø, ~'nøːz] *anat.* tendinous; *cuis.* stringy (*meat*).

tendoir [tɑ̃'dwaːr] *m* clothes-line; *tex.* tenter.

tendon *anat.* [tɑ̃'dɔ̃] *m* tendon, sinew.

tendre¹ [tɑ̃ːdr] (4a) *v/t.* stretch; hang (*wallpaper*), paper (*a room*); lay (*a carpet*, *a snare*); pitch (*a tent*); spread (*a net, a sail*); hold out (*one's hand*); offer (*one's hand etc.*); *fig.* strain; ~ l'oreille prick up one's ears; *v/i.:* ~ ∂ tend towards s.th. or to do s.th.; aim at s.th. or to do s.th.

tendre² [tɑ̃ːdr] tender (*heart, meat, skin, years, youth*); soft (*colour, grass, metal, pencil, stone, wood,*

etc.); early (*childhood, years*); *fig.* affectionate, fond; **tendresse** [tɑ̃'drɛs] *f* tenderness; love; ~s *pl.* caresses, endearments; **tendron** [~'drɔ̃] *m* ♀ tender shoot; *cuis.* gristle; F *fig.* little or young girl.

tendu, e [tɑ̃'dy] **1.** *p.p.* of tendre¹; **2.** *adj.* stretched; tight; taut; tense, strained (*a. fig.*).

ténèbres [te'nɛːbr] *f/pl.* darkness *sg.* (*a. fig.*), gloom *sg.*; *eccl.* tenebrae; **ténébreux, -euse** [~ne'brø, ~'brøːz] dark, gloomy; lowering (*sky*); *fig.* deep, sinister; obscure (*style*).

teneur¹, -euse [tə'nœːr, ~'nøːz] *su.:* holder; *su./m:* ✝ ~ de livres bookkeeper.

teneur² [tə'nœːr] *f* tenor (*of book, conduct, etc.*); ⊕, 🜍 percentage, amount; *solution:* strength; *min.* grade; (*gold- etc.*)content; 🜍 ~ en *alcool* alcoholic content.

ténia 🜍, *zo.* [te'nja] *m* taenia, tapeworm; **ténifuge** [~ni'fy:ʒ] *adj.*, *a. su./m* 🜍 les livres du tapeworm, *a. su./m* t(a)enifuge.

tenir [tə'niːr] (2h) **1.** *v/t.* hold (*a. a meeting*); have, possess; grasp (*a.* = *understand*); retain; *fig.* have in hand, control; manage, run (*a firm*); keep; contain (*a pint*); *fig.* accommodate, seat (*200 persons*); △ support; occupy, take up; consider, think; regard (as, *pour*); ⚓ hug (*the coast*); *thea.* take, play (*a rôle*); ✝ stock (*goods*); take (on) (*a bet*); ~ compte de take (*s.th.*) into account; ~ en respect hold in awe; ~ l'eau be watertight; ~ le lit stay in bed; ✝ ~ les livres do the bookkeeping; ~ sa langue hold one's tongue; ~ sa promesse keep one's word; *mot.* ~ (*bien*) la route hold the road well; ~ son tempérament de son père have got one's temper from one's father; ~ tête ∂ resist; tenez votre droite keep to the right; se ~ keep (*quiet*); remain (*standing*; be); s'en ~ ∂ keep to; be satisfied with; **2.** *v/i.* hold; hold firm; ✖ hold out; remain; *fig.* last; ✝ be held (*market*); ⚖ sit; border (on, ∂) (*land*); *fig.* be joined (to, ∂); be keen (on *ger.*, ∂ *inf.*); ~ ∂ value (*s.th.*); be due to, depend on; ~ ∂ que (*sbj.*) be anxious that (*ind.*); ~ bon (*or ferme*) stand firm; hold out; ⚓ hold tight; ~ de take after (*s.o.*), be akin to (*s.th.*); ~ pour be in favo(u)r of; en ~ pour be

fond of (s.o.); stick to (s.th.); je n'y
tiens pas I don't care for it, F I am not
keen (on it); ne pouvoir plus y ~ be
unable to stand it; tiens!, tenez! look
(here)!; here!; tiens! well!; really?

tennis [te'nis] m (lawn) tennis; tennis
court; pl. (a. chaussures f de ~) plim-
solls, Am. sneakers; ~ de table table
tennis.

tenon [tə'nɔ̃] m ⊕ tenon; ⊕ lug;
⚓ nut.

ténor ♪ [te'nɔːr] m tenor; fort ~
heroic tenor.

tenseur [tɑ̃'sœːr] adj., a. su./m ♫,
anat. tensor; **tension** [~'sjɔ̃] f phys.,
⚡, etc., a. fig. tension; ⊕, ⚡ blood,
steam: pressure; ⚡ voltage; ✝
prices: hardness, firmness; ♫ (a. ~
artérielle) blood-pressure; ♫ ~ de
service operating potential; ♫ avoir
de la ~ have high blood pressure; ⚡
sous ~ live (wire); **tensiomètre**
[~sjɔ'mɛːtr] m blood pressure meter.

tentacule zo. [tɑ̃ta'kyl] m tentacle.

tentant, e [tɑ̃'tɑ̃, ~'tɑ̃ːt] tempting,
alluring; **tentateur, -trice** [tɑ̃ta-
'tœːr, ~'tris] 1. adj. tempting; 2. su./m
tempter; su./f temptress; **tentation**
[~'sjɔ̃] f temptation (to inf., de inf.);
tentative [~'tiːv] f attempt (at, de);
⚖ d'assassinat attempted murder.

tente [tɑ̃ːt] f tent; fair etc.: booth; ⚓
awning; dresser une ~ pitch a tent.

tenter [tɑ̃'te] (1a) v/t. tempt (s.o.);
put to the test; ✕ ~ l'assaut de attempt (a place); être tenté de (inf.)
be tempted to (inf.); v/i.: ~ de (inf.)
try to (inf.), attempt to (inf.).

tenture [tɑ̃'tyːr] f (paper-)hanging;
tapestry; hangings pl.; wallpaper.

tenu, e [tə'ny] 1. p.p. of tenir;
2. su./f holding (a. ⚖); ✝ books,
shop, etc.: keeping (a. ⚖); fig. shape; person: bearing; behavio(u)r; ⊕ maintenance; ⚖ etc. sitting; cost., a. ✕
dress; ✝ market, prices: firmness;
♪ sustained note; ~e de campagne
battle-dress; ~ de détente leisure
wear; mot. ~e de route road-holding
qualities pl.; ~e de soirée evening
dress; ~e de ville morning or street
dress; ✕ walking-out dress; de la ~!
school etc.: behave yourself!; ✕ en
grande (petite) ~e in full dress (undress); en petite ~, en ~ légère in light
clothing; F scantily dressed.

ténu, e [te'ny] thin, slender; fig.
fine; **ténuité** [~nɥi'te] f tenuous-

ness; slenderness; thinness (a. of a
liquid); sand, a. fig.: fineness.

ter [tɛr] adv. three times, ♪ ter;
for the third time; in house numbers: 3ter 3b.

tercet ♪ [tɛr'se] m triplet (a. prosody).

térébenthène ♫ [terebɑ̃'ten] m
terebenthene; **térébenthine** ♫
[~'tin] f turpentine.

térébrant, e [tere'brɑ̃, ~'brɑ̃ːt] zo.
boring; ♫ terebrating (pain).

tergiversation [tɛrʒivɛrsa'sjɔ̃] f
equivocation; beating about the
bush; **tergiverser** [~'se] (1a) v/i.
shilly-shally; beat about the bush.

terme [tɛrm] m end, conclusion;
statue: terminus; ⚖ quarter; quarter's rent; quarter day; ✕, ✝, ⚖
time; ✝ stocks etc.: settlement;
delay (for payment); ✝ price: instalment; expression, ♫, phls., ⚖
contract: term; ⚖ ~s pl. wording
sg.; conditions; ~ de métier technical term; à ~ in due time; à court
(long) ~ ✝ short- (long-)dated; fig.
short- (long-)term (policy etc.); ✝
demander un ~ de grâce ask for
time to pay; en ~s de commerce in
commercial language; en propres
~s in so many words; fig. être en
bons ~s avec be on good terms with;
✝ opérations f/pl. à ~ forward dealings; vente f (achat m) à ~ credit sale
(purchase).

terminaison [tɛrminɛ'zɔ̃] f ending,
termination (a. gramm.); **terminal,
e**, m/pl. -aux adj., a. su./m [~'nal,
~'no] terminal; **terminer** [~'ne] (1a)
v/t. terminate; end, finish, complete; se ~ come to an end; gramm. se
~ en end in.

terminologie [tɛrminɔlɔ'ʒi] f ter-
minology; **terminologique** [~'ʒik]
terminological.

terminus 🚂 etc. [tɛrmi'nys] 1. su./m
terminus; 2. adj.: gare f ~ (railway)
terminus.

termite zo. [tɛr'mit] m termite,
white ant; **termitière** [~mi'tjɛːr] f
termitary.

ternaire [tɛr'nɛːr] ♫, ♫ ternary; ♪
triple (measure).   [two treys pl.|

terne¹ [tɛrn] m lottery: tern; dice:|

terne² [tɛrn] dull; colo(u)rless; tarnished (metal etc.); **ternir** [tɛr'niːr]
(2a) v/t. tarnish (metal etc., a. fig.
s.o.'s honour, s.o.'s reputation); fig.
dull; se ~ become tarnished or dull;

ternissure [~ni'sy:r] *f* tarnish; dullness; *metal*: dull spot.

terrain [tɛ'rɛ̃] *m* ground; soil, land; terrain; ✗ *(parade- etc.)*ground; *foot.* field; *cricket*: ground; *golf*: course; ⚐ site; *geol.* rock formation; *(ne plus) être sur son ~* be in one's element (out of one's depth).

terrasse [tɛ'ras] *f* terrace; bank; ⚐ flat roof; *café*: pavement (area); *assis à la ~* sitting outside the café; *en ~* terraced; **terrassement** [~ras'mɑ̃] *m* banking; earthwork; **terrasser** [~a'se] (1a) *v/t.* embank, bank up; throw *(s.o.)* down, floor, down *(s.o.)*; lay *(s.o.)* low; *fig.* overwhelm; **terrassier** [~ra'sje] *m* excavation or road worker.

terre [tɛ:r] *f* earth (*a.* ⚡), ground; ∕ soil; ⊕ loam; clay; ⚓ land, shore; property, estate; *fig.* world; *~ à ~* prosaic; down-to-earth; *~ cuite* terracotta; *~ ferme* mainland; firm land, terra firma; ✗ *armées f/pl. de ~* land forces; F *avoir les pieds sur ~* have both feet firmly on the ground; *de ~* earth(en)...; ⚡ *mettre à la ~* earth; *mettre pied à ~* alight; *toucher ~* land; *se coucher par ~* lie on the ground; *tomber par ~* fall (flat).

terreau ∕ [tɛ'ro] *m* vegetablemo(u)ld; compost; leaf-mo(u)ld.

terre-neuvas [tɛrnœ'va] *m* Newfoundland fishing-boat *or* fisherman; **terre-neuve** *zo.* [~'nœ:v] *m/inv.* Newfoundland dog; **terreneuvien** [~nœ'vjɛ̃] *m see* terre-neuvas.

terre-plein [tɛr'plɛ̃] *m* earth platform, terrace; ⚐ road-bed; ✗ terreplein.

terrer [tɛ're] (1a) *v/t.* ∕ earth up; warp (*a field*); spread mo(u)ld over; ⊕ clay (*sugar*); *tex.* full; *se ~* ✗ entrench o.s.; ✗ lie flat on the ground; go to earth (*fox*); burrow (*rabbit*); **terrestre** [~'rɛstr] ⚐, zo. terrestrial; ⚘ ground-...; ✗ land-... (*a. insurance*); *fig.* earthly, wordly.

terreur [tɛ'rœ:r] *f* terror (*a. fig.*), dread; *hist.* la ♀ the (Reign of) Terror.

terreux, -euse [tɛ'rø, ~'rø:z] earthy; *fig.* grubby, dirty; *fig.* muddy (*colour*, *complexion*).

terrible [tɛ'ribl] terrible (*a. fig.*), dreadful, frightful.

terrien, -enne [tɛ'rjɛ̃, ~'rjɛn] **1.** *adj.* landed (*proprietor*); country..., of the soil; **2.** *su.* earthling; ⚓ landsman, *pej.* land-lubber.

terrier [tɛ'rje] *m* (*rabbit-*)hole, (*fox-*) earth; zo. terrier.

terrifier [tɛri'fje] (1o) *v/t.* terrify.

terri(l) ✗ [tɛ'ri] *m* heap, tip.

terrine *cuis.* [tɛ'rin] *f* earthenware vessel *or* pot; potted meat; **terrinée** [~ri'ne] *f* potful; panful.

territoire [tɛri'twa:r] *m* territory; area of jurisdiction; *anat.* area; **territorial, e, *m/pl.* -aux** [~to'rjal, ~'rjo] **1.** *adj.* territorial; **2.** *su./m* ✗ territorial (soldier); *su./f* ✗ territorial army; **territorialité** [~tɔrjali'te] *f* territoriality.

terroir ∕ [tɛ'rwa:r] *m* soil; *sentir le ~* smack of the soil.

terroriser [tɛrɔri'ze] (1a) *v/t.* terrorize; **terrorisme** [~'rism] *m* terrorism; **terroriste** *pol.* [~'rist] *adj.*, *a. su.* terrorist.

tertiaire *geol. etc.* [tɛr'sjɛ:r] tertiary.

tertre [tɛrtr] *m* mound, hillock.

tes [te] *see* ton[1].

tessiture ♪ [tɛsi'ty:r] *f* tessitura.

tesson [tɛ'sɔ̃] *m* potsherd; *glass etc.*: fragment.

test[1] ✗ *etc.* [tɛst] *m* test; *~ mental* intelligence test.

test[2] [tɛst] *m zo.* shell, test; ♀ *seed*: testa, skin; **testacé, e** zo. [tɛsta'se] testaceous.

testament [tɛsta'mɑ̃] *m* ⚖ will, testament; *bibl.* Ancien (Nouveau) ♀ Old (New) Testament; **testamentaire** ⚖ [~mɑ̃'tɛ:r] testamentary; **testateur** ⚖ [~'tœ:r] *m* testator *m*; **testatrice** ⚖ [~'tris] *f* testatrix.

tester[1] ⚖ [tɛs'te] (1a) *v/i.* make a will.

tester[2] ✗ *etc.* [~] (1a) *v/t.* test.

testicule *anat.* [tɛsti'kyl] *m* testicle.

testimonial, e, *m/pl.* -aux [tɛstimo'njal, ~'njo] oral (*evidence*); deponed to by a witness; *lettre f ~e* testimonial.

têt ⚗ [tɛ] *m* small fire-clay cup, crucible.

tétanos [teta'nɔs] *m* ✗ tetanus, lockjaw; *vet.* stag-evil.

têtard [tɛ'ta:r] *m zo.* tadpole; *sl.* child, kid; **tête** [tɛ:t] *f* head (*a.* = leader; *a.* = person); *fig.* face; *fig.* intelligence; *fig.* memory; *fig.* self-possession; *fig.* mind, reason; *page*, *class*, *tree*, *etc.*: top; *column*, *vehicle*:

front; *chapter*: heading; *foot.* header; ~ carrée stubborn person, *sl.* squarehead; ~ *chercheuse rocket etc.*: homing device; *fig.* trail blazer; ~ *de bielle* ⊕ crank-head; *mot.* big end; 🚂 ~ *de ligne* rail-head; 🚂 ~ *de pont* bridge-head; *iro.* ~ *d'œuf* egghead; ~ *nue* bareheaded; *agir* ~ *baissée* act blindly; *avoir la* ~ *chaude (froide)* be hot- (cool-)headed; *calculer de* ~ *work* (*s.th.*) out in one's head; *coup m de* ~ rash action; *de* ~ from memory; *faire à sa* ~ go one's own way; *en* ~ *à* ~ privately; *faire la* ~ *à* frown at; be sulky with; *faire une* ~ look glum; *forte* ~ strong-minded *or* unmanageable person; *sp. gagner d'une* ~ win by a head; *la* ~ *la première* head first, headlong; *piquer une* ~ dive; *se mettre en* ~ *de* (*inf.*) take it into one's head to (*inf.*); *se monter la* ~ get worked up; F *se payer la* ~ *de q.* make fun of s.o.; take s.o. for a ride; *tenir à* stand up to, hold one's own against; *un homme m de* ~ a capable man; **~-à-tête** [tɛta'tɛt] *m/inv.* tête-à-tête; private interview; sofa; **~-bêche** [tɛt'bɛʃ] *adv.* head to tail; **~-de-loup**, *pl.* **~s-de-loup** [~d'lu] *f* wall-broom; longhandled brush.

têtée [tɛ'te] *f* (*baby's*) feed; suck; **téter** [~] (1f) *v/t. baby*: suck; *v/i.* suck (*baby*).

têtière [tɛ'tjɛːr] *f* infant's cap; antimacasser; ⚓ *sail*: head; *horse*: head-stall.

tétin [te'tɛ̃] *m* nipple; **tétine** [~'tin] *f animal*: teat, dug; **téton** F [~'tɔ̃] *m* (*woman's*) breast.

tétra... [tetra] tetra...; four-...; **~èdre** Å [~'ɛdr] 1. *adj.* tetrahedral; 2. *su./m* tetrahedron; **~phonie** [~fɔ'ni] *f* quadrophony.

tétras *orn.* [te'trɑ] *m* grouse.

tette [tɛt] *f animal*: teat, dug.

têtu, e [tɛ'ty] 1. *adj.* stubborn, obstinate; 2. *su.* stubborn *or* obstinate person; *su./m* ⊕ granite-hammer.

teuf-teuf [tœf'tœf] *m/inv.* puff-puff (= *train*); motor-car, *Am.* automobile.

teuton, -onne [tø'tɔ̃, ~'tɔn] 1. *adj.* Teutonic; 2. *su.* ♀ Teuton; **teutonique** [~tɔ'nik] Teutonic (*a. Order*).

texte [tɛkst] *m* text.

textile [tɛks'til] 1. *adj.* textile; 2. *su./m* textile (industries *pl.*).

textuaire [tɛks'tɥɛːr] textual; **textuel, -elle** [~'tɥɛl] *adj.* textual; word-for-word (*quotation*); **texture** [~'tyːr] *f* texture; *fig.* construction, make-up.

thalweg *geol.* [tal'vɛg] *m* thalweg.

thaumaturge [toma'tyrʒ] *m* miracle-worker; thaumaturge; **thaumaturgie** [~tyr'ʒi] *f* thaumaturgy.

thé [te] *m* tea; tea-party; *boîte f à* ~ tea-caddy, tea-canister; *heure f du* ~ tea-time.

théâtral, e, *m/pl.* **-aux** [tea'tral, ~'tro] theatrical; *fig.* spectacular; *pej.* stagy; **théâtraliser** [~trali'ze] (1a) *v/t.* put on the stage, dramatize; **théâtralisme** [~tra'lism] *m* theatricalism, theatricalness; **théâtre** [~'ɑːtr] *m* theatre, *Am.* theater (*a.* 💥 *of war*); stage, F boards *pl.*; scene (*a. fig.*); *fig.* setting; dramatic art; plays *pl.* (*of s.o.*); ~ *en plein air*, ~ *de verdure* open-air theatre; *coup m de* ~ sensational development; *faire du* ~ go *or* be on the stage; *fig.* playact.

thébaïde [teba'id] *f* solitary retreat; wilderness; **thébaïque** 🜇 [~'ik] thebaic; opium...; **thébaïsme** 🜇 [~'ism] *m* opium poisoning, thebaism.

théière [te'jɛːr] *f* teapot.

théine 🜇 [te'in] *f* theine.

théisme *phls.* [te'ism] *m* theism.

thématique [tema'tik] 1. *adj.* thematic; 2. *su./f* subject; **thème** [tɛm] *m* theme (*a.* ♪); topic; ♪ subject; *gramm.* stem; 💥, ⚓ scheme; *school*: prose (composition).

théo... [teo] theo...; **~cratie** [~kra'si] *f* theocracy; **~dolite** surv. [~dɔ'lit] *m* theodolite; **~logie** [~lɔ'ʒi] *f* theology; *univ. a.* divinity; *docteur m en* ~ doctor of divinity, D.D.; **~logien** *m*, **-enne** *f* [~lɔ'ʒjɛ̃, ~'ʒjɛn] theologian; **~logique** [~lɔ'ʒik] theological.

théorème Å [teɔ'rɛm] *m* theorem.

théoricien *m*, **-enne** *f* [teɔri'sjɛ̃, ~'sjɛn] theoretician, theorist; **théorie** [~'ri] *f* theory; **théorique** [~'rik] theoretical; **théoriser** [~ri'ze] (1a) *v/t.* theorize.

théosophe [teɔ'zɔf] *su.* theosophist.

thérapeute [tera'pøːt] *m* therapeutist; **thérapeutique** [~pø'tik] 1. *adj.* therapeutic; 2. *su./f* therapy; therapeutics *pl.*; ~ *de choc* shock-treatment; **thérapie** 🜇 [~'pi] *f* therapy; ~ *occupationnelle* occupational therapy; ~ *de groupe* group therapy.

thermal, e, *m/pl.* **-aux** [tɛr'mal, ~'mo] thermal; *eaux f/pl.* ~es hot springs; *station f* ~e spa; **thermalisme** [~ma'lism] *m* balneology; hydrotherapeutics *sg.*; running and organization of spas; **thermes** [tɛrm] *m/pl.* thermal baths; *hist. Greece and Rome:* thermae, public baths; **thermique** *phys.* [tɛr'mik] thermal, thermic; heat (*engine*).

thermo... [tɛrmɔ] thermo-...; ~**électrique** *phys.* [~elɛk'trik] thermo-electric(al); ~**gène** *physiol.* [~'ʒɛn] thermogenic; heat-producing; ☞ *ouate f* ♀ thermogene (*wool*); ~**mètre** [~'mɛtr] *m* thermometer; ~**nucléaire** *phys.* [~nykle'ɛːr] thermonuclear; ~**siphon** *phys.* [~si'fɔ̃] *m* thermo-siphon; ~**stat** [~s'ta] *m* thermostat; ~**thérapie** ☞ [~tera'pi] *f* heat treatment.

thésauriser [tezɔri'ze] (1a) *v/i.* hoard; amass money; *v/t.* hoard, pile up, amass.

thèse [tɛːz] *f* thesis (*a. univ.*); argument.

thon *icht.* [tɔ̃] *m* tunny(-fish), tuna.

thoracique *anat.* [tɔra'sik] thoracic; **thorax** [~'raks] *m anat.* chest; thorax (*a. of insect*).

thrombose ☞ [trɔ̃'boːz] *f* thrombosis.

thuriféraire [tyrife'rɛːr] *m eccl.* thurifer, censer-bearer; *fig.* fawner; sycophant.

thym ♀ [tɛ̃] *m* thyme.

tiare [tja:r] *f* (papal) tiara; papacy.

tibia *anat.* [ti'bja] *m* shin(-bone), tibia.

tic [tik] *m* ☞ tic, twitch; *fig.* mannerism.

ticket [ti'kɛ] *m* ticket; *cloak-room etc.:* check; (*ration-*)coupon; 🚋~ *de quai* platform ticket; ☞~ *modérateur* patient's contribution, portion paid by the insured.

tic-tac [tik'tak] *m/inv.* tick-tack; click-clack; *clock:* tick(-tock); *heart:* pit-a-pat; **tictaquer** [~ta'ke] (1m) *v/i.* tick (away) (*clock*); go pit-a-pat (*heart*).

tiède [tjɛd] tepid; lukewarm (*a. fig.*); warm (*wind*); **tiédeur** [tje'dœːr] *f* tepidity; lukewarmness (*a. fig.*); *fig.* indifference; **tiédir** [~'diːr] (2a) *v/i.*

become tepid *or* lukewarm; *v/t.* take the chill off; make tepid *or* lukewarm.

tien *m,* **tienne** *f* [tjɛ̃, tjɛn] **1.** *pron./poss.:* le ~, la ~ne, les ~s *pl.,* les ~nes *pl.* yours; † thine; **2.** *su./m* your own; les ~s *pl.* your (own) people.

tiendrai [tjɛ̃'dre] *1st p. sg. fut. of* tenir; **tiennent** [tjɛn] *3rd p. pl. pres. of* tenir; **tiens** [tjɛ̃] *1st p. sg. pres. of* tenir.

tierce [tjɛrs] *f* ♪, ♫, *astr.* third; *eccl.* terce; *cards, fencing:* tierce; *typ.* final revise; **tiercé** [tjɛr'se] *m* bet to forecast the first three horses in a race; **tiers, tierce** [tjɛːr, tjɛrs] **1.** *adj.* third; *hist.* ~ *état m* third estate, commonalty; ☞ *fièvre f tierce* tertian (ague); **2.** *su./m* third (part); third person; ⚖ third party; **Tiers-Monde** [tjɛːr'mɔ̃d] *m: le* ~ the Third World; **tiers-point** [tjɛr'pwɛ̃] *m* ⊕ triangular file; △ *vaulting:* intersection of two ribs.

tige [ti:ʒ] *f* ♀ stem, stalk; *tree:* trunk; *column:* shaft; ⊕ rod; *boot:* upper; ⚓ anchor, *a. key:* shank; *fig. family:* stock; ⊕ ~ *du piston* piston-rod.

tignasse F [ti'ɲas] *f hair:* mop.

tigre *zo.* [tigr] *m* tiger; **tigré, e** [ti'gre] striped (*fur*); spotted (*skin*); tabby (*cat*); **tigresse** *zo.* [~'grɛs] *f* tigress.

tilde *typ.* [tild] *m* tilde (~).

tillac ⚓ [ti'jak] *m* deck.

tilleul [ti'jœl] *m* ♀ linden, lime (-tree); *infusion:* lime-blossom tea.

timbale [tɛ̃'bal] *f* ♪ kettledrum; *cuis.* pie-dish; metal drinking-cup; F *décrocher la* ~ carry off the prize; ♪ les ~s *pl.* orchestra: the timpani; **timbalier** ♪ [~ba'lje] *m* kettledrummer; *orchestra:* timpanist.

timbre [tɛ̃:br] *m* date, postage, *etc.:* stamp; *bicycle, clock, etc.:* bell; *fig. voice etc.:* timbre; ~ *humide* rubber stamp; ~ *fiscal* revenue stamp; ~ *humide* rubber stamp; F *avoir le* ~ *fêlé* be cracked *or* crazy; **timbré, e** [tɛ̃'bre] sonorous (*voice*); *admin.* stamped (*paper*); ⊕ tested (*boiler*); F *fig.* cracked, crazy, daft; **timbre-poste,** *pl.* **timbres-poste** [~brə'pɔst] *m* postage stamp; **timbre-quittance,** *pl.* **timbres-quittance** [~brəki'tãːs] *m* receipt stamp; **timbrer** [~'bre] (1a) *v/t.* stamp (*a passport, paper*); post-mark (*a let-*

ter); ⊕ test (*a boiler*); **timbreur** [~'brœːr] *m* stamper.

timide [ti'mid] timid; shy; apprehensive; **timidité** [~midi'te] *f* timidity; shyness; diffidence (*in ger.*, *à inf.*).

timon [ti'mɔ̃] *m* *plough*: beam; *vehicle*: pole; *fig.* helm; ⚓ † tiller; **timonerie** [~mɔn'ri] *f* ⚓ steering; ⚓ wheel-house; 🚂, *mot.* steering-gear, brake-gear; ⚓ *maître* *m de* ~ quartermaster; *Royal Navy*: yeoman of signals; **timonier** [~mɔ'nje] *m* *vehicle*: wheel-horse; ⚓ helmsman; ⚓ quartermaster; ⚓ signalman.

timoré, e [timɔ're] timorous.

tinctorial, e, *m/pl.* **-aux** [~ktɔ'rjal, ~'rjo] ⊕ tinctorial; dye(-*stuffs, -woods*).

tins [tɛ̃] *1st p. sg. p.s. of* tenir.

tintamarre F [tɛ̃ta'maːr] *m* din, noise; *fig.* publicity, fuss; **tintement** [tɛ̃t'mã] *m* bell: ringing; *glasses, small bells*: tinkle; *coins*: jingle; 🎵 tinnitus, buzzing (*in the ears*); **tinter** [tɛ̃'te] (1a) *v/t.* ring, toll (*the bell*); ring the bell for (*mass etc.*); *v/i.* ring, toll (*bell*); tinkle (*glasses, small bells, etc.*); jingle (*coins*); 🎵 buzz (*ears*); *fig.* tingle, burn (*ears*); **tintouin** F [~'twɛ̃] *m* trouble, worry.

tique *zo.* [tik] *f* tick.

tiquer [ti'ke] (1m) *v/i.* *vet.* be a crib-biter, crib; F twitch (*face etc.*); wince; F *sans* ~ without turning a hair.

tiqueté, e ⚘, *orn.*, *etc.* [tik'te] variegated, speckled.

tiqueur *m*, **-euse** *f* *psych.* [ti'kœːr, ~'køːz] person with a tic.

tir [tiːr] *m* shooting; musketry; *artillery*: gunnery; fire, firing; shooting-match; rifle-range; (*a. jeu m de* ~) shooting gallery; ~ *à la cible* target-practice; ~ *à volonté* individual fire; ~ *sur zone* barrage; *à* ~ *rapide* quick-firing (*gun*); *ligne f de* ~ line of fire.

tirade [ti'rad] *f* tirade; *thea.* long declamatory speech; ♪ run.

tirage [ti'raːʒ] *m* drawing, pulling, hauling; *chimney etc.*: draught, *Am.* draft; wire-drawing; *stone*: quarrying; *lottery*: draw; *typ., phot.* action, *a.* number printed: printing; *journ.* circulation; *book*: (print) run; *fig.* disagreement, friction; *à part off-*

print; ~ *au sort* drawing lots; *cheval m de* ~ draught horse; **tiraillement** [~rɑj'mã] *m* tugging, pulling; *fig.* disagreement, friction, F ~ *s pl. d'estomac* pangs of hunger, F aching void *sg.*; **tirailler** [~rɑ'je] (1a) *v/t.* pull about; tug at; *fig.* pester (*s.o.*); *v/i.* blaze away, shoot at random; ~ *contre* snipe at; **tirailleur** [~rɑ'jœːr] *m* ✗, *a.* *fig.* skirmisher; **tirant** [~'rã] *m* drawstring; bootlace; stay; *strap etc.*: pull; ⊕ rod; △ tie-beam; tie-rod; ⚓ ~ *d'eau* draught.

tire [tiːr] *f*: *voleur m à la* ~ pick-pocket.

tiré, e [ti're] **1.** *adj.* haggard, drawn; *fig.* ~ *par les cheveux* far-fetched; **2.** *su./m* † drawee; *su./f:* F *une* ~ a long haul, quite a distance; quite a lot.

tire...: ~-**au-flanc** *sl.* [tirɔ'flã] *m/inv.* skirker; ~-**balle** 🎵 [~'bal] *m* bullet-forceps; ~-**botte** [~'bɔt] *m* bootjack; boot-hook; ~-**bouchon** [~bu'ʃɔ̃] *m* corkscrew; *hair*: ringlet; *en* ~ corkscrew (*curls*); ~-**bouton** [~bu't5] *m* button-hook; ~-**clou** ⊕ [~'klu] *m* nail-puller; ~-**d'aile** [~'dɛl] *adv.*: *à* ~ at full speed, swiftly; ~-**fesses** F [~'fɛs] *m/inv.* ski-tow; ~-**larigot** [~lari'go] *adv.*: *à* ~ to one's heart's content; *boire à* ~ drink heavily or like a fish; ~-**ligne** [~'liɲ] *m* drawing pen; ⊕ scriber.

tirelire [tir'liːr] *f* moneybox; piggy bank; *sl.* tummy (= *stomach*); *sl.* nut (= *head*); *sl.* mug (= *face*).

tire-pied [tir'pje] *m* shoe-horn, shoe-lift; (*shoemaker's*) stirrup; **tirer** [ti're] (1a) **1.** *v/t.* pull, drag; draw (*a. a wire, a line, wine; a.* † *a cheque, money; a.* ⚓ 10 feet; *fig. lots*); tug; stretch; pull off (*boots*); raise (*one's hat*) (*to, devant*); 🎵 pull out (*a tooth*); take out (*sth. from somewhere*); *fig.* derive, get; fire (*a gun etc.*), let off (*a firearm*); *hunt.* shoot at (*an animal*); *typ.* pull (*a proof*), run off (*copies*); *gramm.* borrow (*a word*) from Greek, du grec); ~ *du sang à* take a blood specimen from (*s.o.*); ~ *en longueur* stretch (*s.th.*) out; ~ *la langue* put one's tongue out; *phot.* F ~ *le portrait de* snap (*s.o.*); ~ *les cartes* tell fortunes (*by the cards*); ~ *les conséquences* draw the consequences; ~ *plaisir (vanité) de* derive pleasure from (take pride in); ~ *son origine* de spring from; **†** ~ *une lettre de change sur* draw a bill on (*s.o.*); *film m tiré d'un roman* film adapted from a novel; *se* ~ extricate o.s. (from, *de*); F *beat it*; F *l'année se tire* the year is drawing to its close; *s'en* ~ get off; pull through; make ends meet; scrape through; *se* ~ *d'affaire* pull through, get out of trouble; **2.** *v/i.* pull (at, on *sur*); draw (chimney, oven, *etc.*); tend (to *à, sur*), verge (on *à, sur*); go, make (for, *vers*); shoot, fire (at, *sur*); **†** ~ *à découvert* overdraw one's account; ~ *à sa fin* draw to a close; run low (*stock*); ✗ F ~ *au flanc* swing the lead, malinger; ~ *au large* ⚓ stand out to sea; F *fig.* beat it, clear off; ~ *au sort* draw lots; ~ *en longueur* drag on; ~ *sur le rouge* shade into *or* border on red; ~ *sur une cigarette (sa pipe)* draw on a cigarette (suck one's pipe); **tiret** *typ.* [~'rɛ] *m* hyphen; dash; **tirette** [~'rɛt] *f* draw-cords *pl.*, curtain cords *pl.*; *mot.* (bonnet) fastener; *desk:* writing-slide; **tireur, -euse** [~'rœːr, ~'røːz] *su.* ⊕, **†**, *a.* beer, *etc.*: drawer; *typ.* (proof-) puller; *gun:* firer; shooter; marksman, shot; *phot.* printer; pickpocket; *su./f phot.* printing-box; ~euse *de cartes* fortune-teller.

tiroir [ti'rwaːr] *m* desk, table, *etc.*: drawer; ⊕ *a. slide-rule:* slide; slide-valve; *à* ~ episodic (play, novel); F *nom m à* ~s double-barrel(l)ed name; **~-caisse**, *pl.* **~s-caisses** [~rwar'kɛs] *m* till.

tisane [ti'zan] *f* infusion; (herb-)tea; **tisanerie** [~zan'ri] *f* hospital: patients' kitchen.

tison [ti'zõ] *m* fire-brand; half-burned log; fusee; **tisonné, e** [ti-zɔ'ne] with black spots (horse's coat); **tisonner** [~'ne] (1a) *vt/i.* poke, stir; *v/t. fig.* fan (a quarrel); **tisonnier** [~'nje] *m* poker; ⊕ ~s *pl.* firing tools.

tissage *tex.* [ti'saːʒ] *m* weaving; weave, mesh; cloth-mill; **tisser** *tex.*, *a. fig.* [~'se] (1a) *v/t.* weave; **tisserand** *tex.* [tis'rã] *m* weaver; **tisserin** *orn.* [~'rɛ̃] *m* weaver-bird; **tisseur** *m*, **-euse** *f* [ti'sœːr, ~'søːz] weaver; **tissu, e** [~'sy] **1.** *adj.* woven, made up; **2.** *su./m tex.* fabric, textile, cloth; *fig.* texture; *biol.*, *a. fig.* lies *etc.*: tissue; **tissu-éponge**, *pl.* **tissus-éponges** [~sye-'põːʒ] *m* terry (cloth), towelling; **tissure** *tex.*, *a. fig.* [~'syːr] *f* texture.

titane [ti'tan] *m* titanium; **titanesque** [~ta'nɛsk], **titanique** [~ta-'nik] titanic.

titiller [titil'le] (1a) *v/t.* tickle, titillate.

titrage [ti'traːʒ] *m* 🜍, ⊕ titration; *metall.* assaying; ⊕ *thread, wire:* sizing; *cin.* insertion of the titles; **titre** [ti:tr] *m* book, claim, *eccl.*, gold, honour, nobility, office, song: title; *book:* title-page; *chapter*, *page:* heading; *journ.* headline; *school:* certificate (*a.* **†**); *univ.* diploma; **†** bond; *admin.* pass (*a.* ✗), voucher; 🏛 deed; *fig.* claim; 🜍 strength, *alcohol:* degree; *metall. ore:* content; *coinage:* standard; ⊕ *thread, wire:* size; ~s *pl.* qualifications (for, *à*); **†** stocks and shares, securities; *typ.* ~ *courant* running headline; * à* ~ *de créance* proof of debt; *à* ~ *de* by right *or* virtue of; as a (*friend*); *à* ~ *d'office* ex officio; *à* ~ *gratuit* free; as a favo(u)r; *à* ~ *juste* ~ rightly, deservedly; *en* ~ titular; on the permanent staff; *fig.* acknowledged; *typ. faux* ~ half-title; *or m au* ~ standard gold; **titrer** [ti'tre] (1a) *v/t.* confer a title on (*s.o.*); give a title to; *cin.* title (*a film*); 🜍 ⊕ titrate; *metall.* assay; *journ.* run as a headline; *wine etc.:* ~ 10° be 10° proof.

tituber [tity'be] (1a) *v/i.* stagger, lurch, reel.

titulaire [tity'lɛːr] **1.** *adj.* titular (*a. eccl.*); full, regular (member); **2.** *su.* holder; *passport:* bearer; *su./m eccl.* incumbent; *univ.* regular professor.

toast [tost] *m* toast; *porter un* ~ propose a toast ((to, *à*)); **toaster** [tos'te] (1a) *v/t.* toast (*s.o.*), drink to (*s.o.'s*) health.

toboggan [tɔbɔ'gã] *m* toboggan; *mot.* overpass; *piste f de* ~ toboggan-run.

toc [tɔk] **1.** *int.* tap, tap!; rat-rat! (*at door*), *su./m coinage:* tap, rap; ⊕ (*lathe-*)carrier; ⊕ catch; F sham jewellery; **†** *en* ~ pinchbeck; **3.** *adj./inv.* sl. touched, crazy.

tocante F [tɔ'kãːt] *f* watch, F ticker.

tocsin [tɔk'sɛ̃] *m* alarm(-bell, -signal).

toge [tɔːʒ] *f hist.* Rome: toga; 🏛 *univ.* gown; 🏛 robe.   [hubbub.]

tohu-bohu [tɔybɔ'y] *m* confusion;}

toi [twa] *pron./pers. subject:* you; *object:* you; (to) you; *à* ~ *to* you; yours.

toile [twal] *f* linen; cloth; *paint.* canvas; (oil) painting; (*spider's*) web; *thea.* curtain; ♣ sail; ✕ tent; ~*s pl. hunt.* toils; ✝ ~ *à matelas* tick(ing); ~ *à sac* sackcloth; ~ *à voiles* sail-cloth; ~ *cirée* ✝ oilcloth, American cloth; ♣ oilskin; ✝ ~ *de coton* cotton(-cloth); *thea., a. fig.* ~ *de fond* backdrop; ~ *métallique* wire gauze; *reliure f en* ~ cloth binding; **toilerie** [~'ri] *f* linen *or* textile trade; linen goods *pl.*; **toilettage** [twale'ta:ʒ] *m* grooming (*of pets*); *fig.* touch-up; **toilette** [~'lɛt] *f* toilet, washing; dressing; dressing table; (*woman's*) dress, costume; wash-stand; ~*s pl.* toilet, lavatory; *faire sa* ~ have a wash, get washed; *objets pl. de* ~ toilet accessories; **toilier, -ère** [~'lje, ~'lje:r] **1.** *adj.* linen...; **2.** *su./m* ✝ linen dealer *or* manufacturer.

toi-même [twa'mɛ:m] *pron./rfl.* {yourself.}

toise [twa:z] *f* measuring apparatus; *fig.* standard (of comparison); ✝ *measure:* fathom; **toiser** [twa'ze] (1a) *v/t.* measure; △, *surv.* survey for quantities; *fig.* eye (*s.o.*) from head to foot, weigh (*s.o.*) up.

toison [twa'zɔ̃] *f* fleece; ✝ *fig.* shock of hair.

toit [twa] *m* roof (*a.* ✕); house-top; *mot.* ~ *ouvrant* sunshine roof; *fig.* *crier sur les* ~*s* shout (*s.th.*) from the housetops; **toiture** [twa'ty:r] *f* roof (-ing).

tokai, tokay [tɔ'kɛ] *m wine:* Tokay.

tôle [to:l] *f* ⊕ sheet-metal, sheet-iron; (*galvanized, enamelled, etc.*) iron; plate; boiler-plate; *sl.* clink (= *prison*); ~ *ondulée* corrugated iron.

tolérable [tɔle'rabl] tolerable, bearable; **tolérance** [~'rɑ̃:s] *f* ⊕, *coinage, a. fig.:* tolerance; ⊕ limits *pl.*, margin; *admin.* allowance; (*religious*) toleration; **tolérant, e** [~'rɑ̃, ~'rɑ̃:t] tolerant; **tolérer** [~'re] (1f) *v/t.* tolerate (*a.* ✎ *a drug*); *fig.* overlook; F bear, endure.

tôlerie [tol'ri] *f* sheet-iron and steel-plate goods *pl. or* trade *or* works *usu. sg.*

tolet ♣ [tɔ'lɛ] *m* thole-pin.

tôlier [to'lje] *m* ✝ sheet-iron merchant; sheet-iron worker; *sl.* innkeeper; *sl. hotel:* boss.

tomate ♀ [tɔ'mat] *f* tomato.

tombale [tɔ̃'bal] *adj./f:* pierre *f* ~ tombstone.

tombant, e [tɔ̃'bɑ̃, ~'bɑ̃:t] falling; drooping (*moustache, shoulders*); sagging (*branch*); flowing (*hair*); *à la nuit* ~*e* at nightfall.

tombe [tɔ̃:b] *f* tomb, grave; tombstone; **tombeau** [tɔ̃'bo] *m* tomb; *fig.* death.

tombée [tɔ̃'be] (1a) **1.** *f rain:* fall; *à la* ~ *de la nuit* (*or du jour*) at nightfall; **tomber** [~'be] (1a) **1.** *v/i.* fall (*a.* ✕, *a. fig.* hair, night, government, *etc.*); tumble (down), fall (down); decline; drop (*a.* ✎ *fever*); decrease; subside (*rage, wind, a. fever*); die down (*feelings, fire, storm*); flag (*conversation*); *fig.* fail; *thea.* fall flat (*play*); ✎ crash; *fig.* become; *fig.* go out of fashion; *fig.* drop in (on, *chez*); ~ *à rien* come to nothing; ~ *bien* (*or juste*) happen *or* come at the right moment; ~ *d'accord* reach agreement, agree; ~ *dans le ridicule* make a fool of o.s.; ~ *de fatigue* be ready to drop; ~ *en disgrâce* fall into disgrace; ~ *le mardi* fall on a Tuesday (*festival*); ~ *mal* be inopportune; ~ *malade* (*mort, amoureux*) fall ill (dead, in love); ~ *sur* meet (with), run *or* come across; ✕ *fall on* (*the enemy*); *faire* ~ bring down; *cards:* drop; *il tombe de la neige* it is snowing; *laisser* ~ drop (*s.th., one's voice,* F *s.o.*); give up, discard; F *les bras m'en tombent* I am flabbergasted; **2.** *v/t. wrestling:* throw (*s.o.*); ⊕ turn up *or* down (*the edge of a plate etc.*); *thea.* bring about the failure of, F kill; F ~ *la veste* slip off one's jacket; *sl.* ~ *une femme* lay a woman; **tombereau** [tɔ̃'bro] *m* (tip-)cart; ⊕ open truck; truckload; *hist.* tumbrel; ~ *à ordures* dust-cart; **tombeur** [~'bœ:r] *m sp.* wrestler; F ~ *de femmes* lady-killer.

tombola [tɔ̃bɔ'la] *f* lottery, raffle.

tome [tɔ:m] *m* tome, (large) volume.

ton[1] *m*, **ta** *f, pl.* **tes** [tɔ̃, ta, te] *adj./poss.* your.

ton[2] [tɔ̃] *m* voice, *paint., phot.,* ♪ *a.* ♪ *instrument, a. fig.* tone; *paint., phot.* tint; ✝ shade, colo(u)r; *fig.* (*good etc.*) form; ♪ pitch; ♪ key; ♪ mode; *fig. le bon* ~ good form; *être de bon* ~ be good form, be in good taste;

donner le ∼ ♪ give the pitch; *fig.* set the tone *or* the fashion; *être dans le ton, avoir le* ∼ ♪ be in tune; *fig.* tone in, match; *fig.* fit in; *ne pas être dans le* ∼ ♪ be out of tune; *fig.* clash; *fig.* be out of place; ♪ *donner du* ∼ (*à q.*) brace (s.o.) up, act as a tonic (on s.o.); **tonal, e,** *m/pl.* **-als** ♪ [tɔ'nal] tonal; **tonalité** [∼nali'te] *f* ♪, *paint.*, *phot.* tonality; *radio:* tone.

tondage [tɔ̃'da:ʒ] *m vet.* dipping; shearing (*a. tex.*); **tondaille** [∼'da:j] *f* (sheep-)shearing; **tondaison** [∼de'zɔ̃] *f see* tonte; **tondeur, -euse** [∼'dœ:r, ∼'dø:z] *su.* shearer; *vet.*, *a.* ♪ clipper; *su./f* shears *pl.*; ♪ lawn-mower; *hair*, *dog's coat:* clippers *pl.*; **tondre** [tɔ̃:dr] (4a) *v/t. vet.*, *a.* ⊕ shear; *sheep:* crop (*the grass*); clip (*dog, hair, hedge, horse*); *fig.* fleece (*s.o.*).

tonicité ♪ [tɔnisi'te] *f* tonicity; **tonifier** ♪ [∼ni'fje] (1o) *v/t.* tone up, brace; **tonique** [∼'nik] **1.** *adj.* tonic (♪, *a. gramm.*); accent *m* ∼ stress, tonic; **2.** *su./m* ♪ tonic; *su./f* ♪ tonic, key-note.

tonitruant, e *fig.* [tɔnitry'ã, ∼'ã:t] thundering; violent (*wind*); **tonitruer** *fig.* [∼'e] (1a) *v/i.* thunder.

tonnage ⚓ [tɔ'na:ʒ] *m* tonnage; displacement.

tonnant, e [tɔ'nã, ∼'nã:t] thundering (*a. fig.* voice).

tonne [tɔn] *f measure:* metric ton; tun, cask; **tonneau** [tɔ'no] *m* cask, barrel; governess-cart; *mot.* tonneau; ⚖ toll, horizontal spin; *au* ∼ draught (*beer*); **tonnelage** [tɔn'la:ʒ] *m* cooperage; ♣ *marchandises f/pl. de* ∼ goods in barrels; **tonnelet** [∼'lɛ] *m* keg (*a.* ♣); small cask; *oil:* drum; **tonnelier** ⊕ [tɔnə'lje] *m* cooper; **tonnelle** [∼'nɛl] *f* △ barrel-vault, semicircular arch; *fig.* bower; *hunt.* tunnel-net; **tonnellerie** ⊕ [∼nɛl'ri] *f* cooperage; cooper's shop.

tonner [tɔ'ne] *v/i.* thunder (*a. fig.*); *fig.* boom (out); **tonnerre** [∼'nɛ:r] *m* thunder (*a. fig.*); † thunderbolt, lightning; *coup m de* ∼ thunderclap, peal of thunder; *fig.* thunderbolt; F *du* ∼ (*de Dieu*) terrific, *a* hell of a ...

tonsure [tɔ̃'sy:r] *f* tonsure; *fig.* priesthood; **tonsurer** [∼sy're] (1a) *v/t.* tonsure.

tonte [tɔ̃:t] *f* (sheep-)shearing; shearing-time; *tex.* shearing; ♪ clipping; *lawn:* mowing.

tonton F [tɔ̃'tɔ̃] *m* uncle.

tonus [tɔ'nys] *m* ♪ tonus, tone; *fig.* energy.

topaze *min.* [tɔ'pa:z] *f* topaz; ∼ *brûlée* (*occidentale*) pink (false) topaz.

tope! [tɔp] *int.* agreed! done!; **toper** *fig.* [tɔ'pe] (1a) *v/i.* agree; shake hands on it.

topinambour ♀, *cuis.* [tɔpinã'bu:r] *m* Jerusalem artichoke.

topique [tɔ'pik] **1.** local (*a.* ♪); *fig.* to the point, relevant; **2.** *su./m* ♪ local *or* topical remedy; *phls.* commonplace.

topographe [tɔpɔ'graf] *m* topographer; **topographie** [∼gra'fi] *f* topography; surveying; topographical map *or* plan; **topographique** [∼gra'fik] topographic(al); ordnance (*map*, *survey*).

toquade F [tɔ'kad] *f* passing craze, infatuation.

toquante F [tɔ'kã:t] *f* watch, F ticker.

toque *cost.* [tɔk] *f* chef, jockey, univ., ♣♣: cap; (*woman's*) toque.

toqué, e F [tɔ'ke] crazy, cracked, nuts; ∼ *de* infatuated with, *sl.* mad about (*a hobby, a woman, etc.*); **toquer** [∼] (1m) *v/t.* drive (*s.o.*) crazy; *fig.* infatuate; *se* ∼ lose one's head (over, *de*).

torche [tɔrʃ] *f* torch; straw pad; **torcher** [tɔr'ʃe] (1a) *v/t.* wipe (*s.th.*) (clean); daub (*the wall*), cover (*the floor, the wall*) with cobmortar; F *fig.* polish off, do (*s.th.*) quickly; *pej.* botch, scamp (*one's work*); **torchère** [∼'ʃɛ:r] *f* candelabra; **torchette** [∼'ʃɛt] *f* wisp of straw (*for cleaning*); house flannel; *tex.* hank; **torchis** △ [∼'ʃi] *m* cob; benchcob; **torchon** [∼'ʃɔ̃] *m* (kitchen) cloth; (∼ *à vaisselle*) dish towel; duster; floor cloth; F *fig.* rag (= *bad newspaper*); *coup de* ∼ wipe; *a. fig.* clean-up; F *fig.* fight, quarrel; **torchonner** F [∼ʃɔ'ne] (1a) *v/t.* wipe; *sl.* botch, scamp (*one's work*).

tordage [tɔr'da:ʒ] *m* twisting; *tex. etc.* twist; **tordant, e** F [∼'dã, ∼'dã:t] *screamingly funny*; **tord-boyaux** F [tɔrbwa'jo] *m/inv.* strong (but poor) brandy, *sl.* rot-gut; rat poison; **tordeur, -euse** [tɔr'dœ:r, ∼'dø:z] *su. tex. person:* twister; *su./f* ⊕ cable-twisting machine; *zo.* leafroller moth; **tordoir** ⊕ [~'dwa:r] *m* rope-twister, rack-stick; cable-twisting machine; *laundry*: wringer; oil-mill; **tordre** [tɔrdr] (4a) *v/t.* ⊕ twist; wring (*hands, s.o.'s neck, clothes, a. fig. s.o.'s heart*); distort, twist (*one's features, the mouth, the meaning*); ⊕ buckle (*metal*); se ~ twist, writhe; (*a. se ~ de rire*) roar with laughter; **tordu, e** [tɔr'dy] twisted; bent; crooked; warped (*a. fig. mind*); F nuts, crazy, loony.

toréador [tɔrea'dɔ:r] *m* bull-fighter.

torgn(i)ole F [tɔr'ɲɔl] *f* slap, blow.

tornade [tɔr'nad] *f* tornado; *fig.* torrent of abuse.

toron [tɔ'rɔ̃] *m* rope: strand; *straw*: wisp.

torpeur [tɔr'pœ:r] *f* torpor; **torpide** [~'pid] torpid.

torpille ⚓, ✱, *a. icht.* [tɔr'pi:j] *f* torpedo; **torpiller** ⚓ [~pi'je] (1a) *v/t.* torpedo (*a ship, a. fig. a scheme*); **torpilleur** ⚓ [~pi'jœ:r] *m* destroyer; *person*: torpedo man.

torréfacteur [tɔrefak'tœ:r] *m* (coffee-)roaster; **torréfaction** [~fak-'sjɔ̃] *f* (coffee-)roasting; torrefaction; **torréfier** [~'fje] (1o) *v/t.* roast (*coffee etc.*); torrefy; *sun*: scorch (*s.o.*).

torrent [tɔ'rɑ̃] *m* torrent (*a. fig.*); *fig.* abuse, light, *tears*: flood; **torrentiel, -elle** [tɔrɑ̃'sjɛl] torrential; **torrentueux, -euse** [~'tɥø, ~'tɥø:z] torrent-like, torrential.

torride [tɔr'rid] *geog.* torrid; *fig.* scorching (*heat*).

tors, torse [tɔ:r, tɔrs] 1. *adj.* twisted, △ wreathed (*column*); crooked, bandy; *cou m ~* wry neck; 2. *su./m rope etc.*: twist; (twisted) cord; *en ~* coiled (*hair*); **torsade** [tɔr'sad] *f hair*: twist, coil; twisted cord; **torsader** [~sa'de] (1a) *v/t.* twist (together); coil (*hair*).

torse [tɔrs] *m* trunk, torso; chest.

torsion [tɔr'sjɔ̃] *f rope, wire, etc.*: twisting; *phys.*, ✱, *mot.* torsion; *moment m de* torque.

tort [tɔ:r] *m* wrong; mistake, error, fault; damage, harm; *à ~* wrongly; *à ~ ou à raison* rightly or wrongly; *avoir ~* be wrong; *dans (or en) son ~* in the wrong, at fault; *donner ~ à* blame, lay the blame on; prove (to be) wrong; *faire (du) ~ à q.* harm s.o., do s.o. harm; be detrimental to s.o.

torticolis ✱ [tɔrtiko'li] *m* crick (in the neck); stiff neck.

tortillard, e [tɔrti'ja:r, ~'jard] *m* small local railway; **tortille** [~'ti:j] † *f* winding path (*in a wood etc.*); **tortillement** [~ti'mɑ̃] *m* twist(ing); *worm, a. fig.*: wriggling; *fig.* quibbling, subterfuge; **tortiller** [~ti'je] (1a) *v/t.* twist; twiddle; twirl (*one's moustache*); se ~ wriggle; writhe, squirm; *v/i.* F *fig.* wriggle (a)round; ~ *des hanches* swing or F wiggle one's hips; **tortillon** [~ti'jɔ̃] *m hair, paper*: twist; *market porter*: headpad.

tortionnaire [tɔrsjɔ'nɛ:r] 1. *adj.* torture-..., of torture; *fig.* wicked; 2. *su./m* torturer.

tortis [tɔr'ti] *m* twisted threads *pl.*; torsel.

tortu, e † [tɔr'ty] crooked.

tortue [tɔr'ty] *f zo.* tortoise; F *à pas de ~* at a snail's pace; *cuis. soupe f à la ~* turtle-soup.

tortueux, -euse [tɔr'tɥø, ~'tɥø:z] tortuous (*a. fig. conduct*), winding; twisted (*tree*); *fig.* crooked (*conduct, person*); *fig.* wily (*person*).

torture [tɔr'ty:r] *f* torture; **torturer** [~ty're] (1a) *v/t.* torture; *fig.* twist, strain (*the sense, a text*); se ~ *l'esprit* rack one's brains.

torve [tɔrv] menacing; forbidding; *regard m ~* grim look; scowl.

tôt [to] *adv.* soon; early; ~ *ou tard* sooner or later; *au plus ~* at the earliest; *le plus ~ possible* as soon as possible; *pas de si ~* not so soon.

total, e, m/pl. -aux [tɔ'tal, ~'to] 1. *adj.* total, complete; 2. *su./m* (sum) total; *au ~* on the whole; **totalisateur** [tɔtaliza'tœ:r] *m* adding-machine; *turf*: totalizator; **totalisation** [~za'sjɔ̃] *f* totalization; totting up, adding up; **totalisatrice** [~za'tris] *f* cash register; **totaliser** [~'ze] (1a) *v/t.* totalize, tot up, add up; **totalitaire** [~'tɛ:r] totalitarian; **totalitarisme** [~ta-'rism] *m* totalitarianism; **totalité** [~'te] *f* whole, total; *en ~* wholly.

toton [tɔ'tɔ̃] *m* teetotum; F *faire tourner q. comme un ~* twist s.o. round one's little finger.

touage [twa:ʒ] *m* chain-towage (*dues pl.*); kedging.

touaille [twa:j] *f* roller-towel.

toubib F [tu'bib] *m* doctor, F doc.

touchant, e [tuˈʃɑ̃, ~ˈʃɑ̃:t] **1.** *adj.* touching, moving; **2.** *su./m* touching thing (about s.th., *de qch.*); **3.** † *touchant prp.* concerning, about, with regard to; **touchau** [tuˈʃo] *m* (goldsmith's) touch-needle, test-needle; **touche** [tuʃ] *f* touch (*a. paint., sp.*); typewriter, *♪ piano*: key; *♪ violin desc.*: fingerboard; *paint. etc., a. fig.* style, manner; *foot.* throw-in; *foot.* (*a. ligne f de ~*) touch-line; *fencing, billiards*: hit; *♪ ~s pl.* guitar: frets; *tel. ~ d'interruption* break-key; *arbitre m de ~ foot.* linesman; *rugby*: touch-judge; *pierre f de ~* touchstone (*a. fig.*); *sl. avoir une drôle de ~* look funny; *sur la ~ sp.* on the sidelines; *fig.* out in the cold; *fig.* aloof; **touche-à-tout** [tuʃaˈtu] *su./inv.* dabbler; meddler; Jack of all trades; **toucheau** [~ˈʃo] *m see touchau*; **toucher** [~ˈʃe] **1.** (1a) *v/t.* touch, hit (*a ball,* ⚔ *the mark, an opponent*); feel; contact, reach (*s.o.*); receive, draw (*money*); ✝ collect (*a bill*); *fig.* move (*s.o.*) (*to tears etc.*); deal with, touch on, allude to (*a matter, a question*); strike (*a.* ⚓ *rock*); *v/i.*: ~ *à* border on (*a place, a. fig.*); be in contact with (*s.th.*); be near to (*an age, a place, a. fig.*); reach to; *fig.* affect (*interests, question, welfare*); ⚓ call at; ~ *à sa fin* be drawing to a close; *défense f de ~!* hands off! ; F *touchez là!* shake hands on it! ; F *put it there!*; shake! ; **2.** *su./m* touch (*of a pianist*); feel; **touchette** *♪* [~ˈʃɛt] *f* guitar etc.: fret, stop; **toucheur** [~ˈʃœːr] *m* (cattle-)drover.

toue ⚓ [tu] *f* river barge; **touée** [twe] *f* ⚓ warping-cable; *cable, rope, ship at anchor*: scope; *fig.* stretch, length; **touer** ⚓ [~] (1p) *v/t.* chain-tow; take in tow.

touffe [tuf] *f grass, hair*: tuft; *hay, straw*: wisp; *flowers*: bunch; *trees*: clump; **touffeur** [tuˈfœːr] *f room*: stifling heat; F fug; **touffu, e** [~ˈfy] bushy (*beard etc.*); thickly wooded (*scenery*); close, tangled (*thicket*); *fig.* abstruse; that is heavy reading (*book*).

toujours [tuˈʒuːr] *adv.* always, ever; still; nevertheless, anyhow; ~ *est-il que* the fact remains that; *pour* (*or* à) ~ for ever.

toundra *geog.* [tunˈdra] *f* tundra.

toupet [tuˈpɛ] *m* tuft of hair; *person,*

a. horse: forelock; F *fig.*: impudence, cheek; *faux ~* toupet.

toupie [tuˈpi] *f* (spinning-)top; peg-top; ⊕ mo(u)lding lathe; ~ *d'Allemagne* humming-top; F *vieille ~* old frump; **toupiller** [tupiˈje] (1a) *v/t.* ⊕ shape (*wood*); *v/i.* spin round; bustle about.

toupillon [tupiˈjɔ̃] *m* (*small*) bunch.

tour[1] [tuːr] *f* tower; *chess*: castle, rook; *high-rise or* tower block; *fig.* ~ *d'ivoire* ivory tower.

tour[2] [~] *m* ⊕ machine, key, phrase, order, *fig.*: turn; ⊕ revolution; (*potter's*) wheel; ⊕ lathe; circuit, circumference; *cost.* size, measurement; turning, winding; *face*: outline; *affairs*: course; trip, walk, stroll; *♂, a. road*: twist; *♂* sprain; *sp. tennis*: round; *fig.* feat; trick; *fig.* manner, style; ~ *à bras* in my turn; *sp.* ~ *cycliste* cycle race; ~ *de force* feat (*of strength or skill*); ~ *de main* knack, skill; *fig.* tricks *pl.* of the trade; *sp.* ~ *de piste* lap; *cost.* ~ *de poitrine* man: chest measurement, *woman*: bust measurement; *♂* ~ *de reins* crick in the back; *cost.* ~ *de taille* waist measurement; *à mon* ~ in my turn; *à* ~ *de bras* with all one's might; *à son* ~ it is his turn; *en un* ~ *de main* in a twinkling, straight away; ⚓ *faire le* ~ swing the ship; *cap-size*; *faire le* ~ *de* go round (*the world etc.*); *faire un mauvais* ~ *à q.* play a dirty trick on s.o.; *faire un* ~ take a stroll; *fermer à double* ~ double-lock (*a door*); *par* ~ *de faveur* out of (one's proper) turn.

touraille ⊕ [tuˈraːj] *f* malt-kiln.

tourbe[1] † *pej.* [turb] *f* mob, rabble.

tourbe[2] [turb] *f* peat, turf; **tourbeux, -euse** [turˈbø, ~ˈbøːz] *♂* peaty, boggy; *marais m* ~ peat-bog; **tourbier** [~ˈbje] *m* peat-worker; **tourbière** [~ˈbjɛːr] *f* peat-bog.

tourbillon [turbiˈjɔ̃] *m* whirlwind; *dust*: swirl; whirlpool; eddy; *astr., fig.* vortex; *fig.* whirl; *fig.* round; ~ *de neige* snowstorm; **tourbillonner** [~ʒɔˈne] (1a) *v/i.* swirl; whirl round.

tourelle [tuˈrɛl] *f* ⚓, ⚔, ⚓, ⊕, ⚒ turret; ⚓ *lathe*: capstan.

tourie [tuˈri] *f* carboy.

tourisme [tuˈrism] *m* tourism; touring; holiday travel; tourist industry; *bureau m de* ~ travel agency; *voiture f* de ~ touring car; **touriste** [ʌˈrist] su. tourist; **touristique** [ʌ·risˈtik] travel ...; touristic, tourist ...

tourment [turˈmɑ̃] m torment, torture (a. fig.); fig. agony, anguish; ~s pl. hunger: pangs; **tourmente** [ʌˈmɑ̃ːt] f storm (a. fig.); fig. turmoil; ~ de neige blizzard; **tourmenter** [turmɑ̃ˈte] (1a) v/t. torture, torment; fig. worry, trouble; fig. pester, harry; ♣ wind: toss (a ship) about; fig. overelaborate (a picture, a theme, etc.); se ~ worry, fret; **tourmenteur, -euse** [ʌˈtœːr, ʌˈtøːz] tormenting; **tourmentin** ♣ [ʌˈtɛ̃] m storm-jib.

tournage [turˈnaːʒ] m ⊕ turning (on a lathe); ♣ belaying; cin. shooting; **tournailler** F [ʌnɑˈje] (1a) v/i. wander up and down or about; **tournant, e** [ʌˈnɑ̃, ʌˈnɑ̃ːt] 1. adj. turning; revolving; winding (path, road); spiral (staircase); 2. su./m road, river: turning, bend; (street) corner; winding; mill: water-wheel; fig. turning point; F fig. avoir (or rattraper) q. au ~ pay s.o. back; **tourne-broche** [turnəˈbrɔʃ] m roasting jack; † turnspit; **tourne-disque** [ʌˈdisk] m grammophone: turntable; **tourne-dos** cuis. [ʌˈdo] m tournedos; fillet steak; **tournée** [turˈne] f admin., a. ♣ round; ♣ circuit; thea. tour; fig. round (of drinks); F fig. thrashing; faire la ~ de visit, do the round of, F do; **tournemain** † [ʌnəˈmɛ̃] m: en un ~ in a twinkling, straight away; **tourner** [ʌˈne] (1a) 1. v/t. turn; rotate (a wheel); turn round (a corner); wind (s.th. round s.th.); ⟨~ shape, fashion; cuis. stir (a liquid); ♣ make fast (a hawser); cin. shoot, make (a film), actor: star in (a film); ✗ outflank; fig. evade (a difficulty, a law), get round (a. ✗); fig. turn over (a. a page), revolve (a problem); convert (into, en); ~ la tête (l'estomac) à q. turn s.o.'s head (stomach); se ~ turn (round); change (into, en); 2. v/i. turn; go round, revolve; ⊕ run, go; spin (top); wind (path, road); fig. whirl (head); change (weather, wind); shift (wind); cin. film; turn (sour) (milk etc.); fig. turn out (badly, well); fig. ~ à become, tend to(wards); ~ à droite turn to the right; ~ au beau turn fine; mot. ~ au ralenti idle, tick over; bien tourné handsome, well set-up; il tourne cœur cards: the turn-up is

hearts; la tête me tourne I feel giddy, my head is spinning; mal ~ go to the bad; **tournerie** ⊕ [ʌnəˈri] f turner's shop.

tournesol [turnəˈsɔl] m ♥ sunflower; 🜅 litmus.

tournette [turˈnɛt] f tex. reel; squirrel's cage; turn-table; ⊕ circular glass-cutter; **tourneur, -euse** [ʌˈnœːr, ʌˈnøːz] 1. adj. dancing (dervish); 2. su./m ⊕ turner; ♣ lathe operator; **tournevent** [ʌnəˈvɑ̃] m chimney-jack; chimney-cowl; **tournevis** ⊕ [ʌnəˈvis] m screwdriver.

tourniole ♣ F [turˈnjɔl] f whitlow (round a nail).

tourniquet [turniˈkɛ] m turnstile; † revolving stand; ✔ sprinkler; ⊕ catch; shutter: button; ✔ card, tourniquet; ✗ F passer au ~ be court-martialled.

tournis vet. [turˈni] m sheep: staggers pl.

tournoi [turˈnwa] m sp. etc. tournament; whist: drive; **tournoiement** [turnwaˈmɑ̃] m spinning, whirling; water: swirling; bird: wheeling; ♣ dizziness; **tournoyer** [ʌˈje] (1h) v/i. spin; turn round and round, whirl; swirl (water); wheel (bird); fig. quibble.

tournure [turˈnyːr] f fig. turn (of events etc.); shape; cast; phrase: turn; ⊕ lathe: turning(s pl.); ~ d'esprit cast of mind; way of thinking; prendre une meilleure ~ take a turn for the better.

tourte [turt] f cuis. (covered) pie or tart; F dolt, duffer; **tourteau** [turˈto] m round loaf; cattle-cake, oil-cake; edible crab; ⊕ centreboss.

tourtereau orn. [turtəˈro] m young turtle-dove (a. fig.); **tourterelle** orn. [ʌˈrɛl] f turtle-dove.

tourtière cuis. [turˈtjɛːr] f pie-dish; baking-tin.

tous [tu; tus] see tout.

Toussaint eccl. [tuˈsɛ̃] f: la ~ All Saints' Day; la veille de la ~ Hallowe'en.

tousser [tuˈse] (1a) v/i. cough; **tousseur** m, **-euse** f [ʌˈsœːr, ʌˈsøːz] cougher; **toussoter** [ʌsɔˈte] (1a) v/i. give little coughs; have a slight cough.

tous-temps [tuˈtɑ̃] adj./inv. all-weather.

tout m, **toute** f, **tous** m/pl., **toutes** f/pl. [tu, tut, tu, tut] **1.** adj. before unparticularized noun: all, any, every; sole, only; intensive: very, most, utmost, extreme; before particularized su./sg.: all, the whole (of); before particularized su./pl.: all, every, every one of; with numerals: all; with numeral + su./pl. every + su./sg.; ~ homme every or any man; pour toute nourriture as sole food; de toute fausseté completely false; toute la (une) ville the (a) whole town; ~ le monde everyone; ~ Paris all or the whole of Paris; toutes les semaines every week; tous les cinq all five; tous les deux both; toutes les cinq (deux) semaines every fifth (other) week; **2.** pron./indef. [m/pl.] tus] all; everything; ~ est là everything is there; après ~ after all; bonne f à ~ faire maid of all work; c'est (or voilà) ~ that is all; c'est ~ dire that's the long and the short of it; et ~ et ~ and all the rest of it; nous tous all of us; six fois en ~ six times in all; **3.** su./m the whole, all; the main thing; ⚓ (pl. **touts** [tu]) total; du ~ au ~ completely, entirely; pas du ~ not at all; **4.** adv. (before su. adj./f beginning with consonant or aspirate h, agrees as if adj.) quite, completely; all; very; ready(-cooked, -made, etc.); right; stark (naked, mad); straight (ahead, forward); ~ à coup suddenly; ~ à fait completely; ~ à l'heure a few minutes ago; in a few minutes; ~ au plus at the very most; ~ autant quite as much or many; ~ d'abord at first; ~ de même all or just the same; ~ de suite at once, immediately; restaurant: in a moment; ~ d'un coup at one fell swoop; ~ en (ger.) while (ger.); ~ petits enfants very young children; ~ sobre qu'il paraît however sober he seems or may seem, sober though he seems or may seem; à ~ à l'heure! see you later!; c'est ~ un it's all the same; elle est toute contente (honteuse) she is quite content (ashamed); elle est tout étonnée she is quite astonished.

tout-à-l'égout [tutale'gu] m/inv. main-drainage, direct-to-sewer drainage.

toute [tut] see tout; **~fois** [~'fwa]

cj. however, still, nevertheless; **~-puissance** eccl. [~pчi'sᾶ:s] f omnipotence. [wow.)

toutou ch.sp. [tu'tu] m doggie, bow-)

tout(-)va F [tu'va]: à ~ enormous, unbounded, super; (adv.) enormously, F like crazy.

tout-venant [tuvᾶ'nᾶ] m ⁰ unscreened coal; ✝ ungraded products; fig. hoi polloi.

toux [tu] f cough; accès m (or quinte f) de ~ fit of coughing.

toxicité [tᴐksisi'te] f toxicity; **toxicologie** [~kᴐlᴐ'ʒi] f toxicology; **toxicomane** ✷ [~kᴐ'man] **1.** su. dope fiend; drug-addict; **2.** adj. drug-addicted; **toxicomanie** ✷ [~kᴐma'ni] f dope-habit; drug-habit; **toxine** ✷ [tᴐk'sin] f toxin; **toxique** [~'sik] **1.** adj. toxic; poisonous; **2.** su./m poison.

trac F [trak] m fright; thea. stage-fright; avoir le ~ get the wind up; tout à ~ without reflection.

tracas [tra'ka] m bother, worry, trouble; **tracasser** [~ka'se] (1a) v/t. bother, worry; se ~ worry, fret (about, pour); **tracasserie** [~kas'ri] f worry; harassment; **tracassier, -ère** [~ka'sje, ~'sjɛ:r] **1.** adj. vexatious; irksome; **2.** su. fussy person; troublesome person.

trace [tras] f trace; vehicle: track; animal, person: trail; footprints pl.; fig. footsteps pl.; burn, suffering: mark; fig. sign; **tracé** [tra'se] m tracing, sketching; town etc.: layout; road: lie; ⚓ graph; △ etc. outline, drawing, plan; **tracer** [~] (1k) v/t. trace; mark out; ⚓ plot (a curve, a graph); draw (a line, a plan); sketch (an outline, a plan); fig. open up (a route etc.); fig. show (the way); v/i. sl. get a move on; **traceret** ⊕ [tras'rɛ] m scriber, tracing-awl; **traceur, -euse** [tra'sœ:r, ~'sø:z] su., a. adj. ⊕, ✖, etc. tracer.

trachée [tra'ʃe] f ✤, zo. trachea; ✿ duct; F anat. ~-artère, pl. **~s-artères** anat. [~ʃear'tɛ:r] f trachea, windpipe; **trachéite** ✷ [~ke'it] f tracheitis; **trachéotomie** ✷ [~keᴐtᴐ'mi] f tracheotomy; **trachome** ✷ [~'kᴐːm] m trachoma.

traçoir ⊕ [tra'swa:r] m see traceret.

tract [trakt] m tract; leaflet.

tractations pej. [trakta'sjõ] m f/pl. dealings.

tracté, e [trak'te] tractor-drawn; **tracteur** [~'tœ:r] *m* tractor; **traction** [~'sjɔ̃] *f* traction; pulling; draught, *Am.* draft; *sp.* pull-up; *sp.* press-up, push-up; 🚂 rolling-stock department; *mot.* (*a.* ~ *avant*) car with front-wheel drive; ⊕ *etc. essai m de* ~ tension test; **tractoriste** [~tɔ'rist] *su.* tractor driver.

tradition [tradi'sjɔ̃] *f* tradition; ⚖ delivery; folklore; *de* ~ traditional; **traditionaliste** [~sjɔna'list] *su.* traditionalist; **traditionnel, -elle** [~sjɔ'nɛl] traditional; standing (*joke etc.*); habitual.

traducteur *m*, **-trice** *f* [tradyk'tœ:r, ~'tris] translator; **traduction** [~'sjɔ̃] *f* translation; interpretation; **traduire** [tra'dɥi:r] (4h) *v/t.* translate (into, *en*); *fig.* render, convey, express; ⚖ ~ *en justice* summon, sue, prosecute; *se* ~ *par* be translated by; *fig.* find it's expression in, be expressed by; **traduisible** [~dɥi'zibl] translatable; ⚖ ~ *en justice* liable to prosecution *or* to be sued.

trafic [tra'fik] *m* traffic (*a. fig. pej.*); trading; *teleph.* ~ *interurbain* trunk traffic; *faire le* ~ *de* traffic in; **trafficotage** [~fikɔ'ta:ʒ] *m* trafficking, underhand(ed) dealings *pl.*; **trafiquant** [trafi'kɑ̃] *m* trader; trafficker (in *de*, *en*) (*a. pej.*); **trafiquer** [~'ke] (1m) *v/i.* trade, deal (in, *en*); *usu. pej.* traffic; *pej. fig.* ~ *de* make profit out of, sell; *v/t.* F doctor (*s.th.*) (up); **trafiqueur** *pej.* [~'kœ:r] *m* trafficker (in *de*, *en*).

tragédie [traʒe'di] *f* tragedy (*a. fig.*); **tragédien** [~'djɛ̃] *m* tragedian, tragic actor; **tragédienne** [~'djɛn] *f* tragic actress, tragedienne; **tragi-comique** [traʒikɔ'mik] tragi-comic; **tragique** [tra'ʒik] **1.** *adj.* tragic; F *ce n'est pas* (*si*) ~ (*que ça*) that's not so bad; **2.** *su./m* tragic aspect (*of an event*); tragedy (*a.* = *tragic art*); tragic poet; *prendre au* ~ make a tragedy of (*s.th.*).

trahir [tra'i:r] (2a) *v/t.* betray; disclose; deceive (*s.o.*); *fig. strength*: fail (*s.o.*); be false to (*one's oath*); not to come up to (*expectations, hopes*); **trahison** [~i'zɔ̃] *f* treachery, perfidy; betrayal (of, *de*); ⚖ treason; *haute* ~ high treason.

traille [trɑ:j] *f* trail-ferry; ferry-cable.

train [trɛ̃] *m* 🚂 train; *vehicles etc.*: string; *tyres, wheels*: set; *admin. laws, decrees etc.*: set, batch, series; *metall.* rolls *pl.*; ⊕ gear; (*timber-*, *Am. lumber-*)raft, float; *zo. horse*: quarters *pl.*; pace (*a. sp.*), speed; *fig.* mood; 🚂 ~*-auto* car sleeper train; 🚂 ~ *correspondant* connection; 🚂 ~ *de banlieue* (*ceinture*) suburban (circle) train; ~ *de derrière* (*devant*) *horse*: hind- (fore-) quarters *pl.*; ⊕ ~ *de laminoir* rolling-mill; 🚂 ~ *de marchandises* (*plaisir, voyageurs*) goods, *Am.* freight (excursion, passenger) train; ⊕ ~ *d'engrenages* gear train; ⊕ ~ *de roues* wheel train; 🚂 ~ *direct* (*or express*) through *or* express train; 🚂 ~ *omnibus* slow *or Am.* accommodation train; 🚂 ~ *rapide* fast express (train); *fig. à fond de* ~ at top speed; *aller son petit* ~ jog along; *fig. dans le* ~ up to date, F in the swim; *en bon* ~ in a good state, doing *or* going well; *être en* ~ *de* (*inf.*) be (engaged in) (*ger.*); be in a mood for (*ger. or su.*); ⚔ F *le* ♀ (*approx.*) (Royal) Army Service Corps; *mal en* ~ out of sorts; *fig. manquer le* ~ miss the bus; *mener grand* ~ live in great style; *sp. mener le* ~ set the pace; *mettre en* ~ set (*s.th.*) going; *typ.* make ready; *fig. monter dans* (*or prendre*) *le* ~ (*en marche*) jump on the bandwagon.

traînage [trɛ'na:ʒ] *m* hauling; sleighing; sleigh transport; ⁰ haulage; *telev.* streaking; **traînant, e** [~'nɑ̃, ~'nɑ̃:t] dragging; trailing (*robe*); *fig.* sluggish; **traînard, e** [~'na:r, ~'nard] *su.* dawdler, *Am.* F slowpoke; *su./m* ⚔ straggler; ⊕ *lathe*: carriage; **traînasser** [~na'se] (1a) *v/t.* † drag out; spin out; *v/i.* hang about; dawdle; **traîne** [trɛ:n] *f dress*: train; *fishing*: dragnet; *à la* ~ in tow (*a. fig.*); lagging behind; **traîneau** [trɛ'no] *m* sleigh, sledge; **traînée** [~'ne] *f blood, light, smoke, snail*: trail; *gunpowder*: train; *fishing*: ground-line; *sl.* prostitute; **traîner** [~'ne] (1b) *v/t.* draw, drag, pull; tow (*a barge*); drawl out (*words*); drag out (*an affair, an existence, a speech*); ~ *la jambe* limp; *se* ~ crawl; drag o.s. along; *fig.* linger; drag (*time*); *v/i.* trail; *fig.* linger on (*a.* ⚕ *illness*); hang about; dawdle; lag behind; languish; flag; remain unpaid (*account*); lie around, lie about (*things*); ~ *en longueur* drag on;

traîneur, -euse [ʌ'nœːr, ʌ'nøːz] su.: dawdler; ~ de cafés person who is hanging about the cafés; su./m hauler, dragger; ~ de sabre swash-buckler; sabre-rattler.

train-poste, pl. **trains-poste(s** [trɛ̃'post] m mail-train.

train-train F [trɛ̃'trɛ̃] m (daily) round; (humdrum) routine.

traire [trɛːr] (4ff) v/t. milk (a cow); draw (milk); **trait, traite** [trɛ, trɛt] **1.** p.p. of traire; **2.** su./m pull(ing); arrow: shooting; dart: throwing; arrow, dart; pen: stroke; mark, line; liquid: draught, Am. draft; gulp; light: shaft, beam; fig. act; stroke (of genius); characteristic touch; trait (of character); appearance: feature; fig. reference, relation; paint. outline, contour; ~ d'esprit witticism, ~ d'union hyphen; avoir ~ à have reference to, refer to; boire d'un seul ~ drink (s.th.) at one gulp or F go; cheval m de ~ draught-horse, Am. draft-horse, cart-horse; su./f road: stretch; journey: stage; ✝ bank: bill, draft; bill: drawing; trade; milking; ~e des blanches white-slave traffic; ~e des Noirs slave-trade; d'une (seule) ~ at a stretch; in one go.

traitable [trɛ'tabl] treatable; manageable; fig. tractable.

traité [trɛ'te] m treatise (on de, sur); pol. etc. treaty, agreement.

traitement [trɛt'mɑ̃] m treatment (a. 🠖); salary; ✗ etc. pay; ⊕ material: processing; ~ initial starting or initial salary; mauvais ~s pl. illtreatment sg.; ~ des données data processing; **traiter** [trɛ'te] (1a) v/t. treat (🠖, ⊕, s.o., a. fig.); call (s.o. s.th., q. de qch.); entertain (s.o.); deal with; discuss (a subject); negotiate (business, a deal, a marriage, etc.); ~ q. de prince address s.o. as prince; v/i. negotiate, treat (for de, pour; with, avec); ~ de deal with (a subject); **traiteur** [ʌ'tœːr] m banquet: caterer; restaurant keeper.

traître, -esse [trɛːtr, trɛ'trɛs] **1.** adj. treacherous (a. fig.); fig. dangerous; vicious (animal); ne pas dire un ~ mot not to say a (single) word; **2.** su./m traitor; thea. villain; prendre q. en ~ attack s.o. when he is off his guard; su./f traitress; **traîtreusement** [trɛtrøz'mɑ̃] adv. of traître 1; **traîtrise** [ʌ'triːz] f treachery.

trajectoire phys., 🠖, etc. [traʒɛk'twaːr] su./f, a. adj. trajectory.

trajet [tra'ʒɛ] m 🠖, mot. etc. journey; ⊕, anat., tex. passage; channel etc.: crossing; mot. etc. ride; ✈ flight; 🠖, a. phys. artery, nerve, projectile, etc.: course.

tralala [trala'la] m ♪ tra la la; F fig. fuss, ceremony; en grand ~ all dressed up, F dressed up to the nines.

tram F [tram] m tram(car), Am. streetcar, trolley(-car).

trame [tram] f tex. woof, weft; fig. frame(work); fig. texture; phot. ruled screen; telev. frame; fig. plot; **tramer** [tra'me] (1a) v/t. tex. weave (a. fig. a plot); fig. plot; fig. hatch (a plot); fig. il se trame qch. s.th. is brewing.

traminot [trami'no] m tramway employee, Am. streetcar employee.

tramontane [tramɔ̃'tan] f ⊕ north wind; north; astr. North Star; fig. perdre la ~ lose one's bearings.

tramway [tram'wɛ] m tramway; tram(car), Am. streetcar, trolley (-car); remorque f de ~ trailer (of a tramcar).

tranchant, e [trɑ̃'ʃɑ̃, ʌ'ʃɑ̃ːt] **1.** adj. cutting; sharp (tool, edge, a. fig. tone, voice); fig. trenchant (argument etc); glaring (colour, a. fig. contradiction); ⊕ outil m ~ edgetool; **2.** su./m edge; knife: cutting edge; fig. argument m à deux ~s argument that cuts both ways; **tranche** [trɑ̃ːʃ] f bread, meat, etc., a. fig.: slice; book, coin, plank: edge; wheel: face; ⊕ tools: set; ridge; ✝ shares: block; fig. portion; 🠖 section; bacon: rasher; couper en ~s slice; en ~s sliced, in slices; ⊕ par la ~ edgeways; sl. s'en payer une ~ have a lot of fun; **tranché, e** [trɑ̃'ʃe] **1.** adj. distinct, sharp; 🕮 tranché; **2.** su./f trench (a. ✗); 🠖 forest etc.: cutting; 🠖 ~es pl. gripes; colic sg.; **tranche-fil** [trɑ̃'fil] m horse: curbchain; **tranchefile** [ʌ'fil] f book: headband; **tranchelard** cuis. [ʌ'laːr] m cook's knife; **tranchemontagne** [ʌmɔ̃'tan] m blusterer, fire-eater; **tranche-pain** [ʌ'pɛ̃] m/inv. bread-cutter; **trancher** [trɑ̃'ʃe] (1a) v/t. slice, cut; cut off; fig. cut short; settle (a question) once and for all; settle (a difficulty, a problem, a quarrel); ~ le mot speak out, speak plainly; v/i. cut; contrast sharply (with, sur);

fig. take drastic action; † *fig.* ∼ de set up for *or* as; **tranchoir** [∼'ʃwa:r] *m* cutting board.

tranquille [trɑ̃'kil] tranquil; calm, still, quiet; *fig.* easy (*a.* † *market*), untroubled (*mind*); *laissez-moi* ∼ leave me alone; **tranquillisant** ∦ [trɑ̃kili'zɑ̃] *m* tranquil(l)izer; **tranquilliser** [∼'ze] (1a) *v/t.* calm (*s.o.*, *one's mind*, *etc.*); reassure (*s.o.* about, *sur*); se ∼ calm down; *fig.* set one's mind at rest; **tranquillité** [∼'te] *f* tranquil(l)ity, calm, stillness, quiet; peace (*of mind*).

trans... [trɑ̃s, trɑ̃z] trans...; **∼action** [trɑ̃zak'sjɔ̃] *f* † transaction; † deal; ⚖ settlement, arrangement; †, ⚖ composition; compromise (*a. pej.*); ∼s *pl.* dealings; transactions (*of a learned society*); **∼atlantique** [∼zatlɑ̃'tik] **1.** *adj.* transatlantic; **2.** *su./m* Atlantic liner; deck-chair; **∼bahuter** F [∼bay'te] (1a) *v/t.* lug (along); shift (around); **∼bordement** [trɑ̃sbɔrdə'mɑ̃] *m* ⚓ transhipment; *river*: ferrying across; 🚂 *goods*, *passengers*: transfer; *trucks etc.*: traversing; **∼border** [∼'de] *v/t.* ⚓ tranship; ferry across (*a river*); 🚂 transfer (*goods*, *passengers*); traverse; **∼bordeur** [∼'dœ:r] *m* travelling platform; (*a. pont m* ∼) transporter-bridge; **∼** train-ferry; **∼cendance** *phls.* [trɑ̃ssɑ̃'dɑ̃:s] *f* transcendency, transcendence; **∼cendant, e** [∼'dɑ̃, ∼'dɑ̃:t] *phls.*, *a. fig.* transcendent; ♈ transcendental.

transcription [trɑ̃skrip'sjɔ̃] *f* transcription (*a. ♪*); copy, transcript; **transcrire** [∼'kri:r] (4q) *v/t.* transcribe (*notes*, *a. a text*, *a. ♪*); copy (out).

transe [trɑ̃:s] *f* (*hypnotic*) trance; ∼s *pl.* fear *sg.*, fright *sg.*

transept ♈ *eccl.* [trɑ̃'sɛpt] *m* transept.

trans...: **∼férer** [trɑ̃sfe're] (1f) *v/t.* transfer; (re)move from one place to another; relocate; move (*an appointment*, *a date*); *eccl.* translate (*a bishop*); ⚖ convey (*an estate*); **∼fert** [∼'fɛ:r] *m* transference; transfer (*a. phot.*, †); relocation; ⚖ estate: conveyance; **∼figuration** [∼figyra-'sjɔ̃] *f* transfiguration; **∼figurer** [∼figy're] (1a) *v/t.* transfigure; se ∼ be(come) transfigured; **∼formable** [trɑ̃sfɔr'mabl] transformable; *mot.*

convertible; **∼formateur, -trice** [∼ma'tœ:r, ∼'tris] **1.** *adj.* transforming; **2.** *su./m* ∮ transformer; **∼formation** [∼ma'sjɔ̃] *f* transformation (into, en); *phls.* conversion; de ∼ ∮ transformer ...; ⊕ processing ...; **∼former** [∼'me] (1a) *v/t.* transform, convert (into, en), change (*a. foot.*, *a. phls.*), change (into, en); se∼ change, turn (into, en); **∼formisme** *biol. etc.* [∼'mism] *m* transformism; **∼formiste** [∼'mist] *su. phls. etc.* transformist; *thea.* quick-change artist; **∼fuge** [trɑ̃s-'fy:ʒ] *m* renegade; defector; **∼fuser** *usu.* ∦ [∼fy'ze] (1a) *v/t.* transfuse; ⊕ pont m ∼; **∼fusion** [∼fy'zjɔ̃] *f*: (∼ sanguine *or* de sang blood-)transfusion; **∼gresser** [∼grɛ'se] (1a) *v/t.* transgress, infringe, break (*a law etc.*); **∼humer** [trɑ̃zy'me] (1a) *v/t.* move (*flocks*) to *or* from the Alpine pastures; *v/i.* move to *or* from the hills.

transi, e [trɑ̃'zi]: (∼ de froid) chilled to the bone; ∼ de peur paralyzed with fear.

transiger [trɑ̃zi'ʒe] (1l) *v/i.* compromise (*a. fig.*); come to terms (with, avec).

transir [trɑ̃'si:r] (2a) *v/t.* chill; benumb; *fig.* paralyse (with, de); *v/i.* be chilled to the bone; be paralysed with fear.

transistor [trɑ̃zis'tɔr] *m radio:* transistor; **transistoriser** [∼tɔri'ze] (1a) *v/t.* transistorize.

transit [trɑ̃'zit] *m* † transit; 🚂 through traffic; **transitaire** † [trɑ̃zi'tɛ:r] **1.** *adj.* relating to transit of goods; (*country*) across which goods are conveyed in transit; **2.** *su./m* forwarding *or* transport agent; **transiter** † [∼'te] (1a) *v/t.* convey (*goods*) in transit; *v/i.* be in transit; **transitif, -ve** [∼'tif, ∼'ti:v] *gramm.* transitive; **transition** [∼'sjɔ̃] *f* transition; ♪ modulation; *geol.* de ∼ transitional; **transitoire** [∼'twa:r] transitory, transient; temporary; *gramm.* glide (*consonant*, *vowel*).

trans...: **∼lation** [trɑ̃sla'sjɔ̃] *f* transfer; ⊕, *eccl.* translation; ⊕ shifting; *tel.* retransmission; ⚖ conveyance; **∼lucide** [∼ly'sid] semitransparent, translucent; **∼lucidité** [∼lysidi'te] *f* semi-transparency, translucence; **∼metteur** [∼me'tœ:r] *m* transmitter; ⚓ signals (officer) *sg.*; ⚓ ship's telegraph; **~mettre** [~'metr] (4v) *v/t.* transmit (*tel., radio, a. heat, light, a message*); pass on (*a disease, a message*); hand down (*to other generations*); ⚙ convey, transfer; ⚙ assign (*a patent, shares*); **~migration** [~migra'sjɔ̃] *f* people, soul: transmigration; **~migrer** [~mi'gre] (1a) *v/i.* transmigrate; **~missibilité** [~misibili'te] *f* transmissibility; **~** transferability; **~missible** [~mi'sibl] transmissible; ⚙ *etc.* transferable; **~mission** [~mi'sjɔ̃] *f* message, order, *a.* ⊕, *phys., radio, tel.*: transmission; *disease, message, order*: passing on; ⊕ drive, (transmission) gear, shafting; ⚙ transfer, conveyance; ⚙ patent, shares: assignment; *foot.* passing; ✕, ⚓ **~s** *pl.* signals; *mot.* **~** par chaîne chain-drive; **~muable** [~'mɥabl] transmutable (into, *en*); **~muer** [~'mɥe] (1n) *v/t.* transmute (into, *en*); **~mutabilité** [~mytabi-li'te] *f* transmutability (into, *en*); **~mutable** [~my'tabl] transmutable (into, *en*); **~mutation** [~myta'sjɔ̃] *f* transmutation (into, *en*); **~océanique** [trãɔsea'nik] transoceanic; **~paraître** [trãspa'rɛːtr] (4k) *v/i.* show through; **~parence** [~pa'rãːs] *f* transparency; **~parent, e** [~pa'rã, ~'rãːt] **1.** *adj.* transparent (*a. fig.*); **2.** *su./m* transparent screen; *writing-pad*: guide-lines *pl.*; **~percer** [~pɛr-'se] (1k) *v/t.* pierce (through); run (*s.o.*) through; transfix; *fig.* pierce (*s.o. to the heart, le cœur à q.*); *fig. rain*: soak.

transpiration [trãspira'sjɔ̃] *f* ♨ perspiring; perspiration, sweat; ♀, *phys., physiol., a. fig.* transpiration; **en ~** in a sweat; **transpirer** [~'re] (1a) *v/i.* ♨ perspire, sweat; ♀, *physiol., a. fig.* transpire; *fig.* leak (out) (*news, secret*).

trans...: **~plantable** ♀, ♨ [trãsplã-'tabl] transplantable; **~plantation** [~plãta'sjɔ̃] *f* transplanting, transplantation; **~planter** [~plã'te] (1a) *v/t.* transplant; **~port** [~'pɔːr] *m* ✝ transport, carriage; ♣, ⚙ conveyance; ⚙ assignment; ✝ account: transfer, balance brought forward; ⚓ troop-ship, transport; *fig. anger*: (out)burst; *delight, joy*: transport, ecstasy; ♨ **~** au cerveau brain-storm; *light-headedness*;

stroke; **~** d'aviation aircraft transport; ⚙ **~** sur les lieux visit to the scene (of the occurrence); ✝ compagnie *f* de **~** forwarding company; ⊕ courroie *f* de **~** conveyor-belt; de **~** ⊕ conveyor-...; *geol.* alluvial (*deposit*); **~portable** [~pɔr'tabl] transportable; ♨ fit to be moved (*patient*); **~portation** [~pɔrta'sjɔ̃] *f* ✝ goods: conveyance; ✝, ⚙ transportation; **~porter** [~pɔr'te] (1a) *v/t.* transport; carry, convey; bring; *fig.* carry (*s.o.*) away; transporté de joie beside o.s. with joy, enraptured; se **~** betake o.s.; ⚙ se **~** sur les lieux visit the scene (of the occurrence); **~porteur** [~pɔr'tœːr] *m* ✝ carrier; ⊕ conveyor; **~** aérien overhead runway, cableway; **~posable** [~po'zabl] transposable; **~poser** [~po'ze] (1a) *v/t. typ., A*, ♪, *etc.* transpose; **~positeur** ♪ [~pozi'tœːr] *m* (*a.* instrument *m* **~**) transposing instrument; **~position** [~pozi'sjɔ̃] *f* transposition; *cin.* dubbing; **~sibérien, -enne** *geog.* [~sibe'rjɛ̃, ~'rjɛn] trans-Siberian; **~substantiation** *eccl.* [~sypstãsja-'sjɔ̃] *f* transubstantiation; **~suder** [~sy'de] (1a) *vt/i.* transude; *v/i.* ooze through; *fig.* emanate (from, *de*); **~vasement** [~vaz'mã] *m* liquid: decanting; **~vaser** [~va'ze] (1a) *v/t.* decant; se **~** siphon; **~versal, e,** *m/pl.* **-aux** [~vɛr'sal, ~'so] **1.** *adj.* cross (*-section*), transverse (*a.* anat. muscle), transversal; ⚓ athwartship; A coupe *f* **~e** cross-section; **2.** *su./f* A transversal; **~versalement** [~vɛr-sal'mã] *adv.* transversely, crosswise; ⚓ athwartship.

trapèze [tra'pɛːz] *m* A trapezium; *sp.* trapeze; *anat.* (*a.* muscle *m* **~**) trapezius; **trapéziste** *sp.* [~pe'zist] *su.* trapeze-artist; trapezist; **trapézoïde** A [~pezɔ'id] *m* trapezoid.

trappe [trap] *f* trap-door; *thea., a. hunt.* trap; ♨ *etc.* hatch; **trappeur** [tra'pœːr] *m* trapper.

trapu, e [tra'py] thick-set, stocky, squat.

traque *hunt.* [trak] *f* game: beating; **traquenard** [~'naːr] *m* trap (*a. fig.*); pitfall; *fig.* être pris dans son propre **~** fall into one's own trap; **traquer** [tra'ke] (1m) *v/t.* beat (*the wood*) for game; beat up (*game*); track down (*a criminal*); surround, hem (*s.o.*) in; **traqueur** *hunt.* [~'kœːr] *m* beater.

trauma *psych.*, ⚕ [tro'ma] *m* trauma; **traumatique** [troma'tik] traumatic; **traumatiser** [~ti'ze] (1a) *v/t.* traumatize; **traumatisme** [~'tism] *m* traumatism; *psych.* traumatic experience.

travail[1] *vet.* [tra'va:j] *m* frame, sling.

travail[2], *pl.* **-aux** [tra'va:j, ~'vo] *m* work; ⚒, ⚏, *pol.* labo(u)r; ⊕, *physiol.*, *a.* *wine:* working; ⚕ childbirth; employment; piece of work, F job; workmanship; business; ⊕ power; ~ *à la tâche* piece-work; ~ *en série* mass production; ~ *intellectuel* (*manuel*) brain-work (manual work); *accident m du* ~ accident at work; *être sans* ~ be out of work; ⚏ ~*aux pl.* *forcés* hard labo(u)r *sg.*; **travailler** [trava'je] (1a) *v/i.* work (on, *sur*); be at work; strive, endeavo(u)r; practise (*musician etc.*); train; work, ferment (*wine*); warp, shrink (*wood*); fade (*colour*); be active (*mind, volcano*); ⊕ be stressed (*beam*); strain (*cable, ship, etc.*); ✝ produce interest (*capital*); *v/t.* work (*a.* ✎, ⊕); torment (*s.o., s.o.'s mind*); ✎ shape, fashion; knead (*dough*); overwork (*a horse*); work (hard) at, study (*a subject*); *phot.* work up; *fig.* tamper with; **travailleur, -euse** [~'jœ:r, ~'jø:z] **1.** *adj.* hard-working, industrious; **2.** *su.* worker; *su./m* workman, labo(u)rer; ~ *de force* heavy worker; ~ *intellectuel* (*manuel*) brain-worker (manual worker); *su./f* (*lady's*) worktable; *zo.* worker (bee); **travaillisme** *pol.* [~'jism] *m* Labour; **travailliste** *pol.* [~'jist] **1.** *adj.* Labour ...; **2.** *su./m* member of the Labour party; *parl.* Labour member.

travée △ [tra've] *f* bay (*a. of a bridge*); span; row (of seats).

travers [tra'vɛ:r] **1.** *su./m* ✝ breadth; *fig.* fault, failing; ✝ ~ *de doigt* finger's breadth; **2.** *adv.:* *de* ~ askew, awry; (*look*) askance; *fig.* wrong; *en* ~ across (*s.th.*); **3.** *prp.:* *à* ~, *au* ~ *de* through (*s.th.*); *à* ~ *champs* across country; **traversable** [~vɛr'sabl] traversable; fordable (*river*); **traverse** [~'vɛrs] *f* △ traverse beam *or* girder; *ladder:* rung; transom; 🚂 sleeper, *Am.* tie; *mot. etc.* cross-member; ⊕ crosshead; ⚒ groundsill; ⚓ harbour: bar; *fig.* set-back; (*a. chemin m de* ~) crossroad, short cut; cross-street; **traversée** [travɛr'se] *f*

⚓, 🚢 crossing; ⚓ voyage, passage; *mount.* traverse; *fig.* ~ *du désert* time in the wilderness; bad patch; low ebb; **traverser** [~'se] (1a) *v/t.* cross (*a. fig.*); pass *or* go through; △ *bridge:* span (*a river*); **traversier, -ère** [~'sje, ~'sjɛ:r] cross-...; crossing; ferry(-*boat*); ⚓ leading (*wind*); ♪ transverse (*flute*); **traversin** [~'sɛ̃] *m carpentry:* cross-bar, cross-piece; *balance:* beam; *bed:* bolster; **traversine** [~'sin] *f* cross-bar, cross-beam; ⚓ gangplank.

travesti, e [travɛs'ti] **1.** *adj.* disguised; fancy-dress (*ball*); burlesqued; **2.** *su./m* fancy dress; *thea.* man's part (played by a woman) (*or vice versa*), transvestite; **travestir** [~'ti:r] (2a) *v/t.* misrepresent, distort; *se* ~ put on fancy dress; dress up (as, *en*); **travestisme** [~'tism] *m* transvestism; **travestissement** [~tis'mɑ̃] *m* disguise; disguising; *fig.* travesty, misrepresentation (*of a fact*).

trayeur [trɛ'jœ:r] *m* milker; **trayeuse** [~'jø:z] *f* milkmaid; milking-machine; **trayon** [~'jɔ̃] *m cow:* teat, dug.

trébuchant, e [treby'ʃɑ̃, ~'ʃɑ̃:t] stumbling; staggering; of full weight (*coin*); **trébucher** [~'ʃe] (1a) *v/i.* stumble (*a. fig.*), stagger; turn the scale (*coin*); *fig.* trip; *v/t.* test (*a coin*) for weight; **trébuchet** [~'ʃɛ] *m* assay *or* precision balance; trap (*for small birds*).

tréfiler ⊕ [trefi'le] (1a) *v/t.* wiredraw; **tréfilerie** [~fil'ri] *f* wiredrawing (mill); **tréfileur** ⊕ [~fi'lœ:r] *m* wire-drawer.

trèfle [trɛfl] *m* ⚜ clover; △, ⚜ trefoil; *cards:* club(s *pl.*); ⚜ ~ *blanc* shamrock; *mot.* croisement *m en* ~ cloverleaf (crossing); *jouer* ~ play a club, play clubs; **tréflière** ⚜ [trefli'ɛ:r] *f* clover-field.

tréfonds [tre'fɔ̃] *m fig.* (inmost) depths *pl.*

treillage [trɛ'ja:ʒ] *m* trellis; latticework; wire netting; wire fencing; **treillager** [~ja'ʒe] (1l) *v/t.* trellis; lattice (*a wall, a window*); enclose with wire netting.

treille [trɛ:j] *f* vine-arbo(u)r; ⚜ climbing vine, grape-vine; F *jus m de la* ~ juice of the grape, wine.

treillis [trɛ'ji] *m* trellis(-work), lat-

tressaillir

tice; grid (*for maps etc.*); *tex.* glazed calico; *tex.* coarse canvas, sackcloth; ✂ fatigue-dress, fatigues *pl.*; **treillisser** [\~ji'se] (1a) *v/t.* see treillager.

treize [trɛːz] **1.** *adj./num.* thirteen; *date, title:* thirteenth; \~ à la douzaine baker's dozen; **2.** *su./m/inv.* thirteen; **treizième** [trɛ'zjɛm] *adj./num., a. su.* thirteenth.

tremblaie ♀ [trɑ̃'blɛ] *f* aspen grove; **tremblant, e** [trɑ̃'blɑ̃, \~'blɑ̃ːt] **1.** *adj.* trembling (with, *de*); quaking, shaking (*ground, voice*); quavering (*voice*); flickering (*light*); shaky (*bridge, a. fig. person*); quivering (*face*); **2.** *su./m* ♩ organ: tremolo (*stop*); **tremble** ♀ [trɑ̃:bl] *m* aspen; **tremblement** [trɑ̃blə'mɑ̃] *m* trembling, shaking, quivering; *voice:* quaver(ing); *fig.* horror: shudder(ing); ♩ tremolo; ✂, *a. fig.* emotion: tremor; \~ de terre earthquake, earth tremor; F tout le \~ the whole shoot *or* caboodle; **trembler** [\~'ble] (1a) *v/i.* tremble, shake, quiver (with, *de*); quaver (♩, *a. voice*); flicker (*light*); flutter (*bird's wings*); *fig.* tremble, be afraid; \~ que (*sbj.*) be terrified lest (*cond.*); **trembleur, -euse** [\~'blœːr, \~'blœːz] *su.* trembler; *fig.* timid *or* anxious person; *su./m* ⚡ make-and-break; *tel., teleph.* buzzer; **trembloter** F [\~blɔ'te] (1a) *v/i.* quiver; quaver (*voice*); flicker (*light*); flutter (*wings*); shiver (with, *de*).

trémière ♀ [tre'mjɛːr] *adj./f:* rose *f* \~ hollyhock.

tremolo [tremɔ'lo] *m* ♩ tremolo; *fig.* quaver.

trémousser [tremu'se] (1a) *v/t.: se* \~ wiggle; fidget (*child etc.*); jig about.

trempage [trɑ̃'paːʒ] *m* ⊕ soaking, steeping; *typ. paper:* damping; **trempe** [trɑ̃:p] *f* ⊕ soaking, steeping; *metall.* tempering, hardening; *steel:* temper; *fig.* calibre, stamp; F thrashing, hiding; ⊕ *surface* casehardening; **trempée** [trɑ̃'pe] soaked, drenched, wet (*through*); *metall.* tempered; *fig.* sturdy, energetic; **tremper** [\~'pe] (1a) *v/t.* soak; drench; dip (*the pen in ink*); dip, *Am.* dunk (*bread, biscuit in a liquid*); ⊕ *etc.* quench; *typ.* damp (*paper*); dilute (*wine*) with water; *v/i.* soak; *fig.* be a party to (, *dans*); **trem-**

pette [\~'pɛt] *f: faire* \~ dunk a biscuit *etc.* in one's wine *or* coffee *etc.*; F have a dip.

tremplin [trɑ̃'plɛ̃] *m sp. etc.* springboard; diving-board; *ski:* platform; *fig.* stepping-stone (to, *pour*).

trémulation [tremyla'sjɔ̃] *f* vibration, trepidation; ✂ tremor.

trentaine [trɑ̃'tɛn] *f* (about) thirty; *la* \~ the age of thirty, the thirties *pl.*; **trente** [trɑ̃:t] *adj./num., a. su./m/inv.* thirty; *date, title:* thirtieth; \~-*trois tours m* long-playing record, album; **trentième** [trɑ̃'tjɛm] *adj./num., a. su.* thirtieth.

trépan [tre'pɑ̃] *m* ✂, ⊕ trepan; ⊕ rock-drill; *a.* = **trépanation** ✂ [\~pana'sjɔ̃] *f* trepanning; **trépaner** [\~pa'ne] (1a) *v/t.* ✂ trepan; ⊕ drill *or* bore into (*rock*).

trépas *poet.* [tre'pɑ] *m* death, decease; **trépassé, e** [trepa'se] *adj., a. su.* dead, departed, deceased; **trépasser** [\~] (1a) *v/i.* die, pass away.

trépidation [trepida'sjɔ̃] *f* ✂, *a. fig.* trembling; *fig.* flurry, agitation; trepidation, vibration.

trépied [tre'pje] *m* tripod; *cuis.* trivet.

trépigner [trepi'ne] (1a) stamp one's feet; jump (*for joy, de joie*); dance (with, *de*); *v/t.* trample (*the earth*).

trépointe [tre'pwɛ̃ːt] *f shoe:* welt.

très [trɛ] *adv.* very, most; very much.

trésaille [tre'zaːj] *f* ⊕ crosspiece.

Très-Haut [trɛ'o] *m/inv.:* le \~ the Almighty, God.

trésor [tre'zɔːr] *m* treasure (*a. fig.*); treasure-house; *eccl.* relics *pl.* and ornaments *pl.*; 🔀 treasure-trove; *pol.* ♀ Treasury; \~s *pl.* wealth *sg.*; F dépenser des \~s pour spend a fortune on; **trésorerie** [\~zɔr'ri] *f* treasury; treasurer's office; treasurership; *pol.* ♀ Treasury; *Britain:* Exchequer; **trésorier, -ère** [\~zɔ'rje, \~'rjɛːr] *su.* treasurer; *su./m ad-min., a.* ✂ paymaster; *su./f admin.* paymistress.

tressage [trɛ'saːʒ] *m* plaiting, braiding.

tressaillement [trɛsaj'mɑ̃] *m* surprise: start; *fear:* shudder; *pleasure, joy:* thrill; *pain:* wince; **tressaillir** [\~sa'jiːr] (2s) *v/i.* quiver, flutter (*heart*); \~ de start (*etc.*) with; shudder with (*fear*); thrill with (*joy*); wince with (*pain*).

tressauter [trɛso'te] (1a) *v/i.* jump (with fear, surprise, *etc.*); jolt, jump about (*things*).

tresse [trɛs] *f hair, straw:* tress, plait; *yarn, a.* ✿: braid; **tresser** [trɛ'se] (1a) *v/t.* plait (*hair, straw*); braid (*yarn, a.* ✿); weave (*a basket, flowers, a garland*); **tresseur** *m,* **-euse** *f* [∿'sœːr, ∿'søːz] braider, plaiter.

tréteau [tre'to] *m* trestle, support; *thea.* ∼x *pl.* stage *sg.*

treuil ⊕ [trœːj] *m* winch, windlass.

trêve [trɛːv] *f* truce; *fig.* respite; *sans* ∼ unremittingly, relentlessly; ∼ *de ...* enough of ..., no more ...; ∼ *de plaisanteries!* no more joking!

tri [tri] *m* sorting.

triade [tri'ad] *f* triad.

triage [tri'aːʒ] *m* sorting; selecting; ⚒ grading; 🚂 *gare f de* ∼ marshalling yard.

triangle [tri'ɑ̃ːgl] *m* ♠, ♪, *astr.* triangle; ⚓ triangular flag; ✦ three-phase mesh; set square, *Am.* triangle; **triangulaire** [triɑ̃gy'lɛːr] *adj.* triangular; *pol.* three-cornered (*contest*); **triangulation** *surv.* [∿la'sjɔ̃] *f* triangulation.

trias *geol.* [tri'aːs] *m* trias; **triasique** *geol.* [∿a'zik] triassic.

tribal, e [tri'bal] tribal.

tribord ⚓ [tri'bɔːr] *m* starboard; *à (or par)* ∼ to starboard. [ily.)

tribu [tri'by] *f* tribe; *zo.* sub-fam-ʃ

tribulation [tribyla'sjɔ̃] *f* tribulation; *fig.* trial; F worry, trouble.

tribun [tri'bœ̃] *m hist.* tribune; *fig.* popular orator; demagogue.

tribunal [triby'nal] *m* ⚖, ✕, *a. admin.* tribunal; ⚖ (law-)court; *judges:* bench; ∼ *arbitral (de commerce)* arbitration (commercial) court; ∼ *de première instance* court of first instance; (*approx.*) County Court; ∼ *de simple police* magistrate's court, F police-court; ∼ *pour enfants* juvenile court; **tribune** [∿'byn] *f* rostrum, (*speaker's*) platform; ⚠ (*organ*) loft; ♪, *eccl., etc.* gallery; *turf:* grand stand; *fig.* forum; ∼ *de la presse* press gallery; *parl. monter à la* ∼ address the House.

tribut [tri'by] *m* tribute (*a. fig.*); *fig.* reward; **tributaire** [∿by'tɛːr] tributary (*a. geog.*).

tricar *mot.* [tri'kaːr] *m* motor-tricycle; three-wheeler.

tricher [tri'ʃe] (1a) *vt/i.* cheat; **tricherie** [triʃ'ri] *f cards etc.:* cheating; trickery; **tricheur** *m,* **-euse** *f* [tri'ʃœːr, ∿'ʃøːz] cheat, trickster; *cards:* sharper.

trichine 🐛 [tri'ʃin, ∿'kin] *f* trichina; thread-worm; **trichinose** 🐛 [∿ki-'noːz] *f* trichinosis.

trichromie *phot., typ.* [trikrɔ'mi] *f* three-colo(u)r process.

tricolore [trikɔ'lɔːr] tricolo(u)r(ed); *drapeau m* ∼ tricolo(u)r, French (national) flag.

tricorne [tri'kɔrn] **1.** *adj. zo.* three-horned; *cost.* tricorn (*hat*); **2.** *su./m* tricorn, three-cornered hat.

tricot [tri'ko] *m* knitting; *tex.* stockinet; 👕 knitwear; jersey, sweater, pullover; (*a. ∼ de corps*) vest, *Am.* undershirt; **tricotage** [trikɔ'taːʒ] *m* knitting; **tricoter** [∿'te] (1a) *v/t.* knit; F *se* ∼ make off; *v/i.* F *fig.* move *or* walk fast; F dance; **tricoteur, -euse** [∿'tœːr, ∿'tøːz] *su.* knitter; *su./f* knitting-machine; ⊕ knitting-loom.

trictrac [trik'trak] *m* backgammon (-board); *dice:* rattle.

tricycle [tri'sikl] *m* tricycle; three-wheeled vehicle.

trident [tri'dɑ̃] *m myth. etc.* trident; ✦ three-pronged pitch-fork; ♠ trident curve; fish-spear.

tridimensionnel, -elle [tridimɑ̃sjɔ-'nɛl] threedimensional.

trièdre ♠ [tri'edr] **1.** *adj.* trihedral; **2.** *su./m* trihedral, trihedron.

triennal, e *m/pl.* **-aux** [trien'nal, ∿'no] triennial; **triennat** [∿'na] *m* triennium; three-year term of office.

trier [tri'e] (1a) *v/t.* sort (out); *tex.* pick; 🚂 marshal (*trucks*); *fig.* choose, select; **trieur, -euse** [∿-'œːr, ∿'øːz] *su.* person: sorter; *tex.* (*wool*-)picker; *su./m* ⊕ screening-machine; separator, sorter; *su./f* wool-picking machine; *computer:* sorter.

trifolié, e 🌿 [trifɔ'lje] three-leaved, trifoliate.

trigone ♠ [tri'gɔn] trigonal, three-cornered; **trigonométrie** ♠ [∿gɔ-nɔme'tri] *f* trigonometry.

trilatéral, e *m/pl.* **-aux** [trilate'ral, ∿'ro] trilateral, three-sided.

trilingue [tri'lɛ̃ːg] trilingual.

trille ♪ [tri'j] *m* trill; **triller** ♪ [tri'je] (1a) *vt/i.* trill.

trillion [tri'ljõ] *m* a million of billions, trillion, *Am.* a billion of billions, quintillion.

trilogie [trilɔ'ʒi] *f* trilogy.

trimard † *sl.* [tri'ma:r] *m* high road; **trimarder** *sl.* [trimar'de] (1a) *v/i.* be on the tramp; *v/t.* carry, F lug; **trimardeur** *sl.* [~'dœ:r] *m* tramp, *Am.* hobo.

trimbaler F [trɛ̃ba'le] (1a) *v/t.* carry about, F tote about; trail (*s.o.*) along; have (*s.o.*) in tow; F lug (*s.th.*) about.

trimer F [tri'me] (1a) *v/i.* drudge, toil.

trimestre [tri'mɛstr] *m* quarter, three month; quarter's rent *or* salary; *univ.*, *school*: term, *Am.* session; term's fees *pl.*, *Am.* sessional fees *pl.*; **trimestriel, -elle** [~mestri'ɛl] quarterly; trimestrial.

trimoteur ✈ [trimɔ'tœ:r] **1.** *adj.* three-engined; **2.** *su./m* three-engined aeroplane.

tringle [trɛ̃:gl] *f* rod; 🚆 bar; ⚓ etc. (*wooden*) batten; △ square mo(u)lding, tringle.

trinité [trini'te] *f* trinity (*a.* ♀ *eccl.*).

trinôme ♀ [tri'no:m] *adj., a. su./m* trinomial.

trinquart ⚓ [trɛ̃'ka:r] *m* herring-boat.

trinquer [trɛ̃'ke] (1m) *v/i.* clink *or* touch glasses (with, *avec*); (have a) drink (with, *avec*); F fig. hobnob (with, *avec*); *sl.* get the worst of it, suffer.

trio [tri'o] *m* ♪ etc. trio.

triode [tri'ɔd] *f* (*a. lampe f* ~) radio: three-electrode lamp, triode.

triolet [triɔ'lɛ] *m* ♪ triplet; *prosody*: triolet.

triomphal, e, *m/pl.* **-aux** [triɔ̃'fal, ~'fo] triumphal; **triomphalement** [~fal'mɑ̃] *adv.* triumphantly; **triomphant, e** [~'fɑ̃, ~'fɑ̃:t] triumphant; **triomphateur, -trice** [~fa'tœ:r, ~'tris] **1.** *adj.* triumphing; **2.** *su./m* (triumphant) victor; winner; **triomphe** [tri'ɔ̃:f] *m* triumph; *arc m de* ~ triumphal arch; **triompher** [~ɔ̃'fe] (1a) *v/i.* triumph (over, *de*); *fig.* rejoice, exult (over, *de*); ~ dans excel in *or* at; ~ de a. overcome, get over (*s.th.*).

tripaille F [tri'pɑ:j] *f* garbage, (*butcher's*) offal.

triparti, e [tripar'ti], **tripartite** [~'tit] tripartite; *pol.* three-party

(*government*), three-power; **tripartition** [~ti'sjɔ̃] *f* tripartition.

tripe [trip] *f cuis.* (*usu.* ~s *pl.*) tripe; *cigar*: core; F ~s *pl.* guts; *tex.* ~ de velours velveteen; **triperie** [tri'pri] *f* tripe.-shop, tripe trade; **tripette** F [~'pɛt] *f*: *ça ne vaut pas* ~ it's not worth a cent.

triphasé, e ⚡ [trifa'ze] three-phase, triphase.

tripier [tri'pje] *m* tripe-dealer, tripe-seller.

triple [tripl] **1.** *adj.* threefold, treble, triple (*a.* ♀, ⚌, astr.); F *fig.* out-and-out (*fool*); **2.** *su./m* treble; **triplé m, e f** [tri'ple] *children:* triplet; **tripler** [~] (1a) *vt/i.* treble; increase threefold.

triporteur [tripɔr'tœ:r] *m* carrier-tricycle; (*commercial*) tri-car.

tripot [tri'po] *m* gambling house, dive; **tripotage** [tripɔ'ta:ʒ] *m* messing about *or* round; *fig.* intrigue; tampering (*with accounts, the cash, etc.*); **tripotée** *sl.* [~'te] *f* hiding, beating; *sens pl.* (*of people, things*); **tripoter** [~'te] (1a) *v/i.* mess about *or* around; rummage about; *v/t.* finger, fiddle with, play with; meddle with (*s.th.*); paw (*s.o.*); *fig.* be up to; **tripoteur** [~'tœ:r] *m* intriguer; mischief-maker; shady speculator.

triptyque [trip'tik] *m art:* triptych; *admin.* triptyque; *fig.* three-part plan *etc.*

trique F [trik] *f* cudgel, big stick; *maigre* (*or sec*) *comme un coup de* ~ as thin as a rake.

triqueballe † [trik'bal] *m* timber-cart; logging-wheels *pl.*

triquer [tri'ke] (1m) *v/t.* sort (*timber*); beat, thrash (*s.o.*).

trisaïeul [triza'jœl] *m* great-great grandfather; **trisaïeule** [~] *f* great-great grandmother.

trisannuel, -elle [triza'nɥɛl] triennial.

trisection [trisɛk'sjɔ̃] *f* trisection.

trisser[1] *sl.* [tri'se] (1a) *v/t.*: *se* ~ clear off.

trisser[2] [~] (1a) *v/i.* call for a second encore; *v/t.* encore twice.

triste [trist] sad; sorrowful, melancholy (*face, news, person*); downcast (*expression, face, person*); dull (*life, weather*); gloomy, dreary (*life, room, scene, weather*); painful (*duty,* *news*); *fig.* sorry, poor; **tristesse** [tris'tɛs] *f* sadness; gloom; *life, room, scene, weather*: gloominess, dreariness; *scenery*: bleakness.

triton¹ *zo.* [tri'tɔ̃] *m* water-salamander, newt; *mollusc*: trumpetshell.

triton² ♪ [~] *m* tritone.

trituration ⊕ [trityra'sjɔ̃] *f* trituration, grinding; **triturer** ⊕ [~'re] (1a) *v/t.* grind (up); knead, pommel, manipulate; F se ~ *la cervelle* rack one's brains.

trivalence ⚛ [triva'lɑ̃:s] *f* trivalence; **trivalent, e** ⚛ [~'lɑ̃, ~'lɑ̃:t] trivalent.

trivial, e, *m/pl.* **-aux** [tri'vjal, ~'vjo] trite, hackneyed; vulgar, coarse; **trivialité** [~vjali'te] *f* triteness, vulgarity, coarseness, vulgarism.

troc [trɔk] *m* barter, exchange; F swop(ping), *Am.* swap(ping).

trochée ♪ [trɔ'ʃe] *m prosody:* trochee.

troène ♀ [trɔ'ɛn] *m* privet.

troglodyte [trɔglɔ'dit] *m zo., orn.* troglodyte; *person:* caveman, cavedweller.

trogne [trɔɲ] *f* bloated face.

trognon [trɔ'ɲɔ̃] *m fruit:* core; *cabbage:* stump, stalk; *sl.* darling; F *fig. jusqu'au ~* completely, utterly.

trois [trwa] **1.** *adj./num.* three; *date, title:* third; **2.** *su./m/inv.* three; ♀ *règle f de ~* rule of three; **~-étoiles** [trwaze'twal] *adj.* (*a. su./inv.*) three-star (*restaurant or hotel, etc.*); **troisième** ♪ [~'zjɛm] **1.** *adj./num., a. su.* third; **2.** *su./m fraction:* third; third (*Am.* fourth) floor; *su./f secondary school:* (*approx.*) fourth form; **trois-mâts** ♏ [trwa'mɑ] *m/inv.* three-master; **trois-pièces** *cost.* [~'pjɛs] *m/inv.* three-piece suit; **trois-quarts** ♪ [~'ka:r] *m/inv.* ♪ three-quarter violin; three-quarter length coat; *rugby:* three-quarter; **trois-six** ♱ [~'sis] *m* proof spirit.

trolley [trɔ'lɛ] *m* ⊕ trolley, runner; ♀ trolley(-pole and wheel); **~bus** [~lɛ'bys] *m* trolley-bus.

trombe [trɔ:b] *f meteor.* waterspout; *fig.* stream, torrent; ~ *d'eau* cloudburst; *fig. en ~* like a whirlwind; *entrer* (*passer*) *en ~* burst in (dash by).

trombine *sl.* [trɔ̃'bin] *f* face; head.

trombone [trɔ̃'bɔn] *m* ♪ trombone; (wire) paper-clip; **tromboniste** ♪ [~bɔ'nist] *m* trombonist.

trommel ⊕, ⚒ [trɔ'mɛl] *m* revolving screen; drum.

trompe [trɔ̃:p] *f* ♪ horn (*a. mot.*); *zo.* proboscis, *elephant:* trunk; *anat.* tube; *~s pl. utérines* Fallopian tubes. **trompe-la-mort** F [trɔ̃pla'mɔ:r] *su./inv.* death-dodger; **trompe-l'œil** [~'plœ:j] *m/inv. art:* trompe-l'œil; *fig.* eyewash, window dressing; **tromper** [~'pe] (1a) *v/t.* deceive; cheat; mislead; delude (about, *sur*); be unfaithful to (*one's husband or wife*); outwit, elude (*the law, a watch*); *fig.* beguile (*one's grief, one's hunger, the time*); *fig.* run counter to (*hopes, intentions*); se ~ be wrong; make a mistake; se ~ *de chemin* take the wrong road; **tromperie** [~'pri] *f* deceit, deception; illusion; piece of deceit.

trompeter [trɔ̃pe'te] (1c) *v/t.* trumpet abroad (*a. fig.*); *fig.* divulge; *v/i.* sound the trumpet; scream (*eagle*). **trompette** [trɔ̃'pɛt] *su./f* trumpet; en ~ turned-up (*nose*); *su./m* = **trompettiste** [~pe'tist] *m* trumpeter.

trompeur, -euse [trɔ̃'pœ:r, ~'pø:z] **1.** *adj.* deceitful (*person*); lying (*tongue, words*); *fig.* deceptive (*appearance etc.*); **2.** *su.* deceiver; cheat; betrayer.

tronc [trɔ̃] *m* ♀, △, *anat.* trunk; ♀ *tree:* bole; △ *column:* drum; *eccl.* collection-box; alms-box; ♀ *frustum*; ♀ ~ *de cône* truncated cone; **tronche** *sl.* [trɔ̃ʃ] *f* head; **tronçon** [~'sɔ̃] *m stump;* piece; length; offcut; ⚙, *tel., etc.* section; **tronconique** ♀ [~kɔ'nik] in the shape of a truncated cone; **tronçonner** [~sɔ'ne] (1a) *v/t.* cut up; cut into lengths *or* sections.

trône [tro:n] *m* throne; *monter sur le* ~ ascend the throne; **trôner** [tro'ne] (1a) *v/i.* sit enthroned; F *fig.* sit in state, lord it.

tronquer [trɔ̃'ke] (1m) *v/t.* △, ♀ truncate; *fig.* shorten; *fig.* cut down.

trop [tro] *adv.* too much *or* many; too, over-...; unduly; too long *or* far; too often; too well; de ~ too many; *être de* ~ be unwelcome, be in the way; *ne ... que* ~ far too ..., only too ...; *par* ~ altogether *or* really too ...

trophée [trɔ'fe] *m* trophy.

trophique *physiol.* [trɔ'fik] trophic; digestive (*trouble*).

tropical, e, *m/pl.* **-aux** [trɔpi'kal,

~'ko] tropical (*climate, heat, plant*);
tropique *astr.*, *geog.* [~'pik] *m*
tropic.

trop-plein [trɔ'plɛ̃] *m* overflow;
waste-pipe; overflow-pipe; *fig.* superabundance.

troquer [trɔ'ke] (1m) *v/t.* exchange,
barter, F swop, *Am.* swap (for,
contre).

troquet F [trɔ'kɛ] *m* (*small*) café.

trot [tro] *m* trot; *aller au* ~ trot; F
au ~ quickly; *prendre le* ~ break
into a trot; **trotte** F [trɔt] *f* (*a good*)
distance; **trotte-menu** † [~t'mny]
adj./inv. scampering; *poet.* *la gent* ~
mice *pl.*; **trotter** [trɔ'te] (1a) *v/i.*
trot; scamper (about); *F fig.* be on the
move or go; ~ *par* (*or dans*) *la tête de q.*
haunt s.o. (*tune*); *v/t.* F *se* ~ be off;
trotteur, -euse [~'tœ:r, ~'tø:z] 1.
adj. walking(-*costume etc.*); 2. *su./f*
horse: trotter; *fig.* quick walker; *su./f*
clock, watch: second hand; **trottiner** [~ti'ne] (1a) *v/i.* trot short
(*horse*); jog along (*on a horse*);
toddle (*child*); *fig.* trot about; **trottinette** [~ti'nɛt] *f* scooter; **trottoir**
[~'twa:r] *m* pavement, footpath, *Am.*
sidewalk; ~ *cyclable* cycle path; F *pej.*
faire le ~ walk the streets.

trou [tru] *m* hole; *needle*: eye; gap (*a.
fig.*); *anat.* foramen; *fig.* (*prompter's*) box; ✈ *d'air* air pocket; ⊕ ~ *de
graissage* oil-hole; *fig.* *boucher un* ~
pay off a debt; *faire* (*or créer*) *le* ~ *sp.*
break clear; *fig.* outdistance one's
rivals; F *faire un* ~ *à la lune* do a
moonlight flit; abscond.

troublant, e [tru'blɑ̃, ~'blɑ̃:t] disturbing; disquieting; unsettling;
trouble [trubl] 1. *adj.* blurred,
hazy; cloudy (*liquid etc.*); confused;
murky (*light, sky, etc.*); dim (*eyes,
light*); 2. *su./m* confusion, disorder;
agitation, distress; discord, dissension; *fig.* uneasiness, turmoil; ~*s pl.*
pol. unrest *sg.*, disturbances; *fig.*
trouble *sg.*, disorders; **trouble-fête**
[trublə'fɛ:t] *su./inv.* spoilsport; wet
blanket; **troubler** [~'ble] (1a) *v/t.*
disturb; cloud (*a liquid*); *fig.* interrupt; *fig.* perplex, disconcert; make
(*s.o.*) uneasy; ruffle (*s.o.*); *se* ~
become cloudy or overcast (*sky*);
falter (*voice*); show concern.

trouée [tru'e] *f* gap, break; ✕ breach,
break-through; **trouer** [~] (1a) *v/t.*

make a hole or holes in; *fig.* pit (with,
de); *fig.* make gaps in; *se* ~ wear into
holes, develop holes; *être troué* have a
hole or holes (in it).

trouille *sl.* [tru:j] *f* fear, jitters *pl.*;
avoir la ~ have the wind up, be in a
blue funk.

troupe [trup] *f people*: troop (*a.* ✕),
band; *pej.* gang; *thea.* company,
troupe; ✕ regiment; ✕ men *pl.*;
cattle, deer, etc.: herd; *geese, sheep*:
flock; *flies*: swarm; *birds*: flight; ✕ ~*s
pl.* forces, troops; **troupeau** [tru-
'po] *m cattle etc.*: herd; *geese, sheep, a.
fig.*, *eccl.*: flock; *fig.* set, pack; **troupier** † F [~'pje] *m* soldier; *jurer
comme un* ~ swear like a trooper.

trousse [trus] *f* † bundle; *hay*: truss;
⊕, ✎ *instruments, tools*: case, kit; ~ *à
pharmacie* first-aid box or kit; ~ *de
maquillage* vanity case or bag; ~ *à
outils* toolkit; ~ *de réparation* repair
kit; ~ *de toilette* toilet bag, sponge
bag; ~ *de voyage* travelling case; *aux
~s de on (*s.o.'s*) heels, after (*s.o.*);
trousseau [tru'so] *m keys etc.*:
bunch; outfit; *bride*: trousseau;
metall. sweep; **trousse-queue**
[trus'kø] *m/inv.* horse: tail-cover;
trousser [tru'se] (1a) *v/t.* tuck up;
turn up (*one's trousers*); *cuis.* truss
(*fowl*); *metall.* sweep (*a mould*); F *fig.*
dash (*s.th.*) off.

trouvable [tru'vabl] that can be
found, findable; **trouvaille** [~'va:j]
f (*lucky*) find, godsend; **trouver**
[~'ve] (1a) *v/t.* find; discover; hit
or come upon; meet (with); *fig.*
consider, think; ~ *bon* (*mauvais*)
(dis)approve; ~ *bon de* (*inf.*) think
fit to (*inf.*); ~ *la mort* meet one's
death; *aller* (*venir*) *q. go* (come)
and see s.o.; *comment trouvez-vous
...?* what do you think of ...?;
enfant m trouvé foundling; *objets
m/pl. trouvés* lost property *sg.*;
vous trouvez? do you think so?; *se* ~
be (present, situated); feel (*better
etc.*); happen; *il se trouve que ...*
it happens that; **trouvère** [~'vɛ:r]
m minstrel; **trouveur m, -euse** *f*
[~'vœ:r, ~'vø:z] discoverer; finder.

truand [try'ɑ̃] *m* crook, villain; †
begger; **truander** F [~ɑ̃'de] *v/t.* (1a)
swindle, do.   [shovel-net.)

truble [trybl] *f fishing*: hoop-net,)
truc F [tryk] *m* knack, hang; dodge,
trick; thingummy, thing, gadget.

trucage [try'ka:ʒ] *m* faking; cheating; fake; F *accounts*: cooking; *cin.* trick picture; ✗ dummy work; *pol. elections*: gerrymandering.

truchement [tryʃ'mã] *m* † interpreter; *fig.* go-between; *fig.* means of expression; *par le* ∼ *de* through.

trucider F [trysi'de] (1a) *v/t.* massacre, kill.

truc(k) 👑 [tryk] *m* truck.

truculent, e [tryky'lã, ∼'lã:t] colo(u)rful.

truelle [try'ɛl] *f* ♠, ⊕, *etc.* trowel; *cuis.* (*fish-*)slice; **truellée** [∼ɛ'le] *f* trowelful.

truffe [tryf] *f* ♀, *cuis.* truffle; *dog*: nose; F idiot; **truffer** [try'fe] (1a) *v/t. cuis.* stuff with truffles; *fig. truffé* de full of, bristling with; **trufficulteur** [∼fikyl'tœ:r] *m* truffle-grower; **truffier, -ère** [∼'fje, ∼'fjɛ:r] 1. *adj.* truffle-...; 2. *su./m* truffle-grower; *su./f* truffle-bed.

truie [trɥi] *f* sow.

truisme [try'ism] *m* truism.

truite *icht.* [trɥit] *f* trout; ∼ *saumonée* salmon trout; **truité, e** [trɥi'te] spotted; speckled; crackled (*china*).

trumeau [try'mo] *m* ♠ pier; pierglass; *cuis.* leg of beef.

truquage [try'ka:ʒ] *m see* trucage; **truquer** [∼'ke] (1m) *v/t.* fake; F fiddle with, fix; cook (*accounts*); *pol.* gerrymander (*elections*); *v/i.* cheat; sham; **truqueur** *m*, **-euse** *f* [∼'kœ:r, ∼'kø:z] *person:* fraud, humbug; faker (*of antiques etc.*).

trust † [trœst] *m* trust; **truster** [trœs'te] (1a) *v/i.* trust; *v/t.* monopolize (*a. fig.*).

tsar [tsa:r] *m* tsar, czar; **tsarine** [tsa'rin] *f* tsarina, czarina; **tsariste** [∼'rist] *adj., a. su.* tsarist, czarist.

tsé-tsé *zo.* [tse'tse] *f* tsetse-fly.

tu¹ [ty] *pron./pers.* you.

tu², e [∼] *p.p. of* taire.

tuable [tɥabl] fit for slaughter (*animal*); **tuant, tuante** F [tɥã, tɥã:t] killing (*work*); splitting (*headache*); *fig.* exasperating; boring (*person*).

tub [tœb] *m* tub, bath.

tuba [ty'ba] *m* ♪ tuba; *sp.* snorkel.

tubage [ty'ba:ʒ] *m* ⊕, ♠, ♉, *vet.* tubing; *shaft, well:* casing; **tube** [tyb] *m* ♀, 🝆, ⊕ *boiler,* ⚓ torpedo, *anat., paint., phys., telev.,* † toothpaste, *etc.*: tube; ⊕, ♠ pipe; *radio:*

valve; *anat.* duct; *sl.* hit (song); *sl.* (tele)phone; 🝆ₘ ∼ *à essai* test-tube; *telev.* ∼ *de prise de vue* camera tube; *sl. coup de* ∼ phone call; F buzz.

tuber [ty'be] (1a) *v/t.* ⊕, ♉, *vet.* tube (*boiler, bore-hole, larynx, well*); ⊕ case (*a shaft*).

tubercule [tybɛr'kyl] *m* ♀ tuber; ♉ tubercle; **tuberculé, e** *biol.* [∼ky'le] tubercled, tuberculate(d); **tuberculeux, -euse** [∼ky'lø, ∼'lø:z] 1. *adj.* ♀ tubercular; ♉ tuberculous; 2. *su.* ♉ tubercular patient; consumptive; **tuberculose** ♉ [∼ky'lo:z] *f* tuberculosis.

tubéreux, -euse *f* [tybe'rø, ∼'rø:z] tuberose; **tubérosité** [∼rozi'te] *f* tuberosity.

tubulaire ♀, ♠, ⊕, 👑 [tyby'lɛ:r] tubular.

tubulure [tyby'ly:r] *f* pump etc.: pipe; nozzle; *bottle:* neck; *mot.* manifold.

tue-chien ♀ [ty'ʃjɛ̃] *m/inv.* meadow-saffron; **tue-mouches** [∼'muʃ] *m/inv.* ♀ fly agaric; fly-swatter; (*a. papier m* ∼) fly-paper; **tuer** [tɥe] (1n) *v/t.* kill (*a. fig. time*); *butcher:* slaughter; F bore (*s.o.*) to death; *fig.* while away (*one's time*); ✗ *tué à l'ennemi* killed in action; *se* ∼ kill o.s.; commit suicide; be killed; *fig.* wear o.s. out (in, with *à*); **tuerie** [ty'ri] *f fig.* slaughter, massacre, slaughter-house; **tue-tête** [∼'tet] *adv.: à* ∼ at the top of one's voice; **tueur** *m*, **tueuse** *f* [tɥœ:r, tɥø:z] killer, slayer, slaughterer (*a. fig.*).

tuf [tyf] *m geol.* tufa; *fig.* foundation, bed-rock; *geol.* ∼ *volcanique* tuff.

tuile [tɥil] *f* tile; F *fig.* (piece of) bad luck, blow; **tuileau** [tɥi'lo] *m* broken tile; piece of tile; **tuilerie** ⊕ [tɥil'ri] *f* tileworks *usu. sg.*, tilery; **tuilier** ⊕ [tɥi'lje] *m* tiler, tile maker.

tulipe [ty'lip] *f* ♀ tulip; ⊕ (tulip-shaped) lamp-shade; **tuilipier** ♀ [∼li'pje] *m* tulip-tree.

tulle *tex.* [tyl] *m* tulle; net.

tuméfaction ♉ [tymefak'sjõ] *f* swelling, tumefaction; **tuméfié, e** ♉ [∼'fje] (1o) swollen.

tumeur ♉ [ty'mœ:r] *f* tumo(u)r, F growth; swelling.

tumulaire [tymy'lɛ:r] tomb-..., grave-...; tumular(y).

tumulte [ty'mylt] *m* tumult, uproar; *passions, politics:* turmoil; *business:* rush, bustle, riot; **tumultueux,**

-euse [∼myl'tɥø, ∼'tɥø:z] tumultuous, riotous; *fig.* noisy, rowdy.

tumulus [tymy'lys] *m* tumulus, barrow.

tungstène 🝆 *metall.* [tœks'tɛn] *m* tungsten, wolfram; *acier m au* ∼ tungsten steel.

tunique [ty'nik] *f* 🝆, ✂, *cost.* tunic; *eccl.* tunicle.

tunnel [ty'nɛl] *m* tunnel (*a. fig.*); ∼ *aérodynamique* wind tunnel.

turban *cost.* [tyr'bɑ̃] *m* turban.

turbin F [tyr'bɛ̃] *m* work, job, F grind.

turbine ⊕ [tyr'bin] *f* turbine; *vacuum cleaner:* rotary fan.

turbiner F [tyrbi'ne] (1a) *v/i.* work, toil; *school:* swot, grind; **turbineur** F [∼'nœːr] *m* hard worker.

turbocompresseur ⊕, ✈ [tyrbɔ-kɔ̃prɛ'sœːr] *m* turbo-compressor, turbo-supercharger; **turbopropulseur** ✈ [∼prɔpyl'sœːr] *m* propeller turbine; *avion m à* ∼ turboprop aircraft; **turboréacteur** ✈ [∼reak-'tœːr] *m* turbo-jet engine.

turbot *icht.* [tyr'bo] *m* turbot.

turbulence [tyrby'lɑ̃ːs] *f* turbulence (*a. phys.*); *child:* boisterousness; *fig.* unruliness; **turbulent, e** [∼lɑ̃, ∼'lɑ̃ːt] turbulent; boisterous (*child, wind*); wild (*sea*); stormy (*life*); *fig.* unruly (*people*).

turc, turque [tyrk] **1.** *adj.* Turkish; † *fig.* hard-hearted, harsh; **2.** *su./m* *ling.* Turkish; *su.* ♀ Turk; *tête f de ♀* scapegoat; try-your-strength machine (*at a fair*).

turf [tyrf] *m* racecourse; turf, racing; **turfiste** [tyr'fist] *su.* racegoer.

turgide [tyr'ʒid] turgid, swollen.

turion 🝆 [ty'rjɔ̃] *m* turion.

turlupin † [tyrly'pɛ̃] *m* buffoon, clown; **turlupinade** † [∼pi'nad] *f* piece of low buffoonery; low pun; **turlupiner** [∼pi'ne] (1a) *v/t.* F worry; bother; *v/i.* † play the clown, act the buffoon.

turlututu F [tyrlyty'ty] **1.** *su./m* ♪ (*sort of*) toy flute; **2.** *int.* fiddlesticks!; hoity-toity!

turne F [tyrn] *f* digs *pl.*; den, room; dilapidated house; *quelle ∼!* what a hole!; what a dump!

turnep 🝆 [tyr'nɛp(s)] *m* kohlrabi.

turpitude [tyrpi'tyd] *f* turpitude, depravity; smut(ty talk *or* story); foul deed.

turquin [tyr'kɛ̃] *adj./m:* bleu ∼ bluish-grey, slate-blue.

turquoise [tyr'kwaːz] **1.** *su./f stone:* turquoise; **2.** *adj./inv.* turquoise (*colour*).

tus [ty] *1st p. sg. p.s.* of *taire.*

tussilage 🝆 [tysi'laːʒ] *m* coltsfoot.

tutélaire [tyte'lɛːr] tutelary; guardian ...; **tutelle** [∼'tɛl] *f* 🝇 guardianship, tutelage; *pol.* trusteeship; *fig.* protection.

tuteur, -trice [ty'tœːr, ∼'tris] *su.* 🝇 guradian; *fig.* protector; *su./m* 🝆 prop, stake; **tuteurage** ♪ [∼tœ'raːʒ] *m* staking.

tutoiement [tytwa'mɑ̃] *m* use of *tu* and *toi* (*as a sign of familiarity*); **tutoyer** [∼'je] (1h) *v/t.* address (*s.o.*) as *tu*; be on familiar terms with (*s.o.*).

tutu [ty'ty] *m* ballet-skirt.

tuyau [tɥi'jo] *m* pipe, tube; *cost.* fluting, goffer; 🝆 stalk; *pipe:* stem; *chimney:* flue; F *fig.* tip, wrinkle, hint; ♪ ∼ *d'arrosage* garden-hose; *mot.* ∼ *d'échappement* exhaust (pipe), tailpipe; ∼ *d'écoulement* drain pipe; ∼ *de jonction* (*or* connexion) connecting pipe; ∼ *de poêle* stovepipe; *sl.* top-hat; ∼ *d'incendie* firehose; *fig.* *dire qch. à q. dans le* ∼ *de l'oreille* whisper s.th. in s.o.'s ear; **tuyautage** [tɥijo'taːʒ] *m* ⊕ piping, tubing, pipes *pl.*; pipe-line; *cost.* fluting, goffering, F *fig.* tipping (*off*); **tuyauter** [∼'te] (1a) *v/t.* flute (*linen*), F give (*s.o.*) a tip; *fer m à* ∼ goffering iron *or* tongs *pl.*; **tuyauterie** [∼'tri] *f* pipe and tube works *usu. sg. or* factory *or* trade; *cost.* fluting, goffering.

tuyère [tɥi'jɛːr] *f* ⊕ nozzle; ✈ ∼ *d'éjection* outlet jet, Am. jet outlet.

tympan [tɛ̃'pɑ̃] *m* 🝇, *anat.* tympanum; *anat.* (ear-)drum; ⊕ tambour; *hydraulics:* scoop-wheel; treadmill; *typ.* tympan; *fig. crever le* ∼ *à q.* split s.o.'s ears; **tympanisme** ✒ [tɛ̃pa-'nism] *m* tympanites; **tympanon** ♪ [∼'nɔ̃] *m* dulcimer.

type [tip] **1.** *su./m* type (*a. typ., fig.*); standard model *or* pattern; † sample; F fellow, chap, guy; **2.** *adj.* typical; standard ...; **typesse** *sl.* [ti-'pɛs] *f* female.

typhique ✒ [ti'fik] typhous; **typhoïde** ✒ [∼fɔ'id] **1.** *adj.* typhoid; **2.** *su./f* typhoid (fever).

typhon *meteor.* [ti'fɔ̃] *m* typhoon.

typhus ⚕ [ti'fys] *m* typhus.

typique [ti'pik] typical (of, **de**); symbolical.

typographe [tipɔ'graf] *m* typographer, printer; **typographie** [~gra'fi] *f* typography; letterpress printing; printing-works *usu. sg.*; **typographique** [~gra'fik] typographical; *erreur f* ~ misprint.

tyran [ti'rã] *m* tyrant (*a. fig.*); *orn.* king-bird; **tyrannicide** [tirani'sid] *su. person:* tyrannicide; *su./m act:* tyrannicide; **tyrannie** [~'ni] *f* tyranny (*a. fig.*); **tyrannique** [~'nik] tyrannical (*a. fig.*); **tyranniser** [~ni'ze] (1a) *v/t.* tyrannize (*s.o.*); oppress (*s.o.*); rule (*s.o.*) with a rod of iron; *fig.* bully (*s.o.*).

tyrolien, -enne [tirɔ'ljɛ̃, ~'ljɛn] **1.** *adj.* Tyrolese; **2.** *su.* ♀ Tyrolese; *les* ♂s *m/pl.* the Tyrolese; *su./f* ♪ yodelled melody; ♪ Tyrolienne.

tzar [tsaːr] *etc. see tsar etc.*

tzigane [tsi'gan] *su.* Hungarian gipsy, Tzigane.

U

U, u [y] *m* U, u; ⊕ *fer m en U* U-girder.

ubiquité [ybiku̯i'te] *f* ubiquity; *avoir le don d'~* be everywhere at the same time.

ubuesque [yby'ɛsk] grotesque.

ukase *pol.*, *a. fig.* [y'ka:z] *m* ukase, edict.

ulcération 🌶 [ylsera'sjɔ̃] *f* ulceration; **ulcère** 🌶 [~'sɛ:r] *m* ulcer; sore; *~ à l'estomac* stomach ulcer; **ulcérer** [ylse're] (1f) *v/t.* 🌶 ulcerate; *fig.* embitter; **ulcéreux, -euse** [~'rø, ~'rø:z] ulcerated; ulcerous.

ultérieur, e [ylte'rjœ:r] ulterior; further; subsequent (to, *à*), later (*time*).

ultimatum [yltima'tɔm] *m* ultimatum; **ultime** [~'tim] ultimate, final; **ultimo** [~ti'mo] *adv.* lastly, finally.

ultra *pol.* [yl'tra] *m* extremist, ultra.

ultra... [yltra] ultra...; *~court, e* *phys.* [~'ku:r, ~'kurt] ultra-short (*wave*); *~montain, e* [~mɔ̃'tɛ̃, ~'tɛn] 1. *adj. geog., pol., eccl.* ultramontane; 2. *su. eccl., pol.* ultramontanist, Vaticanist; *~sensible* [~sɑ̃'sibl] high-speed (*film*); *~(-)son* *phys.* [~'sɔ̃] *m* ultra-sound; *~sonore* *phys.* [~sɔ'nɔ:r] ultrasonic; supersonic; *~violet, -ette* *opt.* [~vjɔ'lɛ, ~'lɛt] ultraviolet.

ululer [yly'le] (1a) *v/i.* hoot (*owl*).

un, une *y* 1. *art./indef.* a, *before vowel:* an; *fig.* someone like; such a (*in int. as intensive*); *not translated before certain nouns qualified by an adj.:* avec une grande joie with great joy; *~ de ces jours* one of these days; *~ jour ou l'autre* some day or other; 2. *adj./num./inv.* one; *une fois* once; *une heure* one o'clock; *~ jour sur deux* every other day; *c'est tout ~* it makes no difference; *de deux choses l'une* (it's) one thing or the other; 3. *su.* one; *~ à ~* one by one; *ne faire qu'~* be as one; be hand in glove; *su./f: journ. la une* page one; *su./m:* le un (number) one; *thea.* first act; 4. *pron./indef.* one; *les ~s les autres* one

another, each other; *les ~s ..., les autres ...* some ..., others ...; *l'~ l'autre* one another, each other.

unanime [yna'nim] unanimous (in s.th., *dans qch.*; in *ger. à*, *pour inf.*); **unanimité** [~nimi'te] *f* unanimity; *à l'~* unanimously, with one voice.

uni, e [y'ni] 1. *p.p.* of *unir*; 2. *adj.* smooth; level, even (*ground*); regular; plain (*colour, a. tex.*); *fig., a. pol.* united; close(-knit) (*family etc.*); 3. *su./m* plain *or* simple material.

unicellulaire 🐚, *a. zo.* [ynisɛly'lɛ:r] unicellular.

unicité [ynisi'te] *f* uniqueness; *phls.* oneness.

unicolore [ynikɔ'lɔ:r] unicolo(u)red; one-colo(u)red.

unicorne [yni'kɔrn] 1. *adj.* single-horned; 2. *su./m* ∭, *zo., myth.* unicorn.

unidirectionnel, -elle [ynidirɛksjɔ'nɛl] unidirectional.

unième [y'njɛm] *adj./num., a. su. in compounds:* first; *vingt et ~* twenty-first.

unification [ynifika'sjɔ̃] *f* unification; ⊕, ✝ *companies:* amalgamation, merger; ✝ standardization; **unifier** [~'fje] (1o) *v/t.* unify; ⊕, ✝ amalgamate, merge (*companies*); ✝ standardize.

uniforme [yni'fɔrm] 1. *adj.* uniform, unvarying; flat (*rate*); *fig.* monotonous; 2. *su./m* ✕, ♣, school, *etc.:* uniform; **uniformément** [yniformé'mɑ̃] *adv. of uniforme* 1; **uniformiser** [~mi'ze] (1a) *v/t.* standardize; make (*s.th.*) uniform; **uniformité** [~mi'te] *f* uniformity; *fig.* consistency; evenness.

unijambiste [yniʒɑ̃'bist] *su.* one-legged person.

unilatéral, e, m/pl. -aux 🐚, 🪴, *pol., etc.* [ynilate'ral, ~'ro] unilateral.

union [y'njɔ̃] *f* union; combination; *admin.* association; marriage; ⊕ coupling, union-joint; *fig.* agreement.

unipare *biol.* [yni'pa:r] uniparous.

uniphasé, e ⚡ [ynifa'ze] monophase; single-phase.

unipolaire ⚡ [ynipɔ'lɛ:r] unipolar, single-pole ...

unique [y'nik] unique; single, alone; only; ✂, *pol.* united; *fig.* unrivalled; *fig. pej.* impossible; *seul et* ~ one and only; **uniquement** [ynik'mɑ̃] *adv.* solely; simply, merely.

unir [y'ni:r] (2a) *v/t.* unite (with, *à*); combine (with, à); join in marriage; *s'*~ (*à, avec*) unite (with); combine (with); be joined in marriage.

unisson [yni'sɔ̃] *m* ♪ unison; *à l'*~ in unison (with, *de*); *fig.* in harmony *or* keeping (with, *de*).

unitaire [yni'tɛ:r] unitary; unitarian (*a. eccl.*); ✈, ♱ unit-...; **unitarisme** *eccl.* [ˌyta'rism] *m* Unitarianism; **unité** [ˌ'te] *f* ✂, ♱ unit; ♱ one; *phls., fig., thea.* unity; *fig.* consistency, uniformity; ♱ *prix m de l'*~ price of one.

univalent, e ♱ [yniva'lɑ̃, ˌ'lɑ̃:t] univalent, monovalent.

univers [yni'vɛ:r] *m* universe; **universaliser** [yniversali'ze] (1a) *v/t.* universalize; **universalité** [ˌsali'te] *f* universality; whole (*a.* ♱); entirety; **universel, -elle** [ˌ'sɛl] universal (*a. phls.*, ⊕); ⊕ *etc. a.* all-purpose, general-purpose; world(-wide); ♱ residuary (*legatee*); *fig.* homme m ~ all-rounder; ♱ remède m ~ panacea.

universitaire [yniversi'tɛ:r] 1. *adj.* university ...; academic; 2. *su.* academic; **université** [ˌ'te] *f* university.

univoque [yni'vɔk] univocal; *fig.* unequivocal (*language, proof, words*); *fig.* uniform.

Untel [ɛ̃'tɛl] *m*: Monsieur (Madame) ~ Mr (Mrs) so-and-so.

uppercut *box.* [ypɛr'kyt] *m* uppercut.

uranate ♱ [yra'nat] *m* uranate; **urane** ♱ [y'ran] *m* uranium oxide; **uranite** *min.* [yra'nit] *f* uranite; **uranium** ♱ [ˌ'njɔm] *m* uranium.

urbain, e [yr'bɛ̃, ˌ'bɛn] urban; town ...; city ...; urbane; **urbaniser** [ˌni'ze] (1a) *v/t.* urbanize; **urbanisme** [ˌ'nism] *m* urbanism; town planning, *Am.* city planning; **urbaniste** [ˌ'nist] *m* urbanist; town planner, *Am.* city planner; **urbanis-**

tique [ˌni'stik] urbanistic, town-planning ...; **urbanité** [ˌni'te] *f* urbanity.

urée ♱ [y're] *f* urea; **urémie** ♱ [yre'mi] *f* ur(a)emia; **urétérite** ♱ [ˌte'rit] *f* ureteritis; **urètre** *anat.* [y're:tr] *m* urethra.

urgence [yr'ʒɑ̃:s] *f* urgency; ♱ *etc.* emergency; *affairs*: pressure; *d'*~ immediately; emergency...; *en cas d'*~ in case of *or* in an emergency; *il y a (grande)* ~ it is (very) urgent; **urgent, e** [ˌ'ʒɑ̃, ˌ'ʒɑ̃:t] urgent, pressing; ♱ *cas m* ~ emergency; **urger** ♱ [ˌ'ʒe] (11) *v/i.* be urgent; *rien n'urge* there's no hurry.

urinaire *anat.* [yri'nɛ:r] urinary; **urinal** ♱ [ˌ'nal] *m* (*day-, bed-*) urinal; **urine** *physiol.* [y'rin] *f* urine; **uriner** [yri'ne] (1a) *v/i.* urinate, make water; **urinoir** [ˌ'nwa:r] *m* (public) urinal.

urique ♱ [y'rik] uric.

urne [yrn] *f* urn; (~ *électorale*) ballot box; ~ *funéraire* cinerary urn; *aller (or se rendre) aux* ~s go to the polls.

urologie ♱ [yrɔlɔ'ʒi] *f* urology; **urologiste** ♱ [ˌ'ʒist] *m* urologist.

urticacées ♣ [yrtika'se] *f/pl.* urticaceae; **urticaire** ♱ [ˌ'kɛ:r] *f* urticaria, nettle-rash.

us [ys] *m/pl.*: ~ *et coutumes* *f/pl.* ways and customs.

usage [y'za:ʒ] *m* use (*a.* ♱), employment; *cost., carpet, etc.*: service, wear; *fig.* custom; usage; *fig.* practice; ~ *du monde* good breeding; ♱ ~ *externe* for external use; *à* ~*s multiples* multi-purpose; *à l'*~ *de* intended for; *faire* ~ *de use*; *faire bon* ~ *de* put to good use; *hors d'*~ disused; *il est d'*~ *de* (*inf.*) it is usual to (*inf.*); **usagé, e** [yza'ʒe] second-hand; used (*clothes*); **usager, -ère** [ˌ'ʒe, ˌ'ʒɛ:r] 1. *su.* user; ♱ *pasturage*: commoner; 2. *adj.* in everyday use; *customs*: for personal use; **usant, e** [y'zɑ̃, y'zɑ̃:t] wearing; exhausting; tiresome (*person*); **usé, e** [y'ze] worn (out); *cost.* threadbare, shabby; frayed (*rope*); *fig.* hackneyed, commonplace; worn-out (*horse*); exhausted (*soil*); **user** [y'ze] 1. (1a) *v/t.* use up; consume (*fuel*); wear out; spoil (*one's eyes etc.*); waste (*one's youth*); *s'*~ wear away *or* out; *fig.* be spent; *v/i.*: ~ *de* use; make use of; resort to (*tricks, violence*).

usinage ⊕ [yzi'na:ʒ] *m* machining, tooling; **usine** [y'zin] *f* works *usu. sg.*, factory, plant; *tex.*, *metall.*, *paper*: mill; ~ atomique atomic plant; ~ électrique power station, power-house; ~ hydraulique waterworks *usu. sg.*; **usiner** [yzi'ne] (1a) *v/t.* ⊕ machine, tool; process.

usité, e [yzi'te] in use, current.

ustensile [ystɑ̃'sil] *m* utensil, implement; tool.

usuel, -elle [y'zɥɛl] usual, customary; common; *langue f* ~*elle* everyday language.

usufruit 🏛 [yzy'frɥi] *m* usufruct; life interest; **usufruitier, -ère** 🏛 [~frɥi'tje, ~'tjɛːr] **1.** *adj.* usufructuary; **2.** *su.* tenant for life; usufructuary. [orbitant.)

usuraire [yzy'rɛːr] usurious; ex-}

usure[1] [y'zyːr] *f* ⊕, *cost.*, *furnishings*, *etc.*: wear (and tear); *geol.*, *gramm.* erosion; ⚔ *guerre f d'*~ war of attrition; F *avoir q. à l'*~ wear s.o. down (in the end).

usure[2] [y'zyːr] *f* usury; *fig.* rendre avec ~ repay (*s.th.*) with interest; **usurier** *m*, **-ère** *f* [yzy'rje, ~'rjɛːr] usurer.

usurpateur, -trice [yzyrpa'tœːr, ~'tris] **1.** *adj.* usurping; *fig.* encroaching; **2.** *su.* usurper; **usurpation** [~'sjɔ̃] *f* usurpation (of, de); *fig.* encroachment (upon, de); **usur-**

patoire [~'twaːr] usurpatory; **usurper** [yzyr'pe] (1a) *v/t.* usurp (*the throne*, *a title*) (from, sur); *v/i. fig.* encroach (upon, sur).

ut ♪ [yt] *m/inv.* ut; *note*: C; *clef f d'*~ C-clef.

utérin, e [yte'rɛ̃, ~'rin] 🏛, ⚕ uterine; 🏛 half(-*brother*, -*sister*) on the mother's side.

utile [y'til] **1.** *adj.* useful; of service; *fig.* convenient; en temps ~ in (good) time; in due course; **2.** *su.*/*m* the useful; joindre l'~ à l'agréable combine business with pleasure; **utilisable** [ytili'zabl] usable; utilizable; available (*ticket*); **utilisateur** [~za-'tœːr] *m* user; **utilisation** [~za'sjɔ̃] *f* utilization; turning (*of s.th.*) to account; use; **utiliser** [~'ze] (1a) *v/t.* make use of; use; utilize; **utilitaire** [~'tɛːr] *adj.*, *a. su.* utilitarian; **utilitarisme** [~ta'rism] *m* utilitarianism; **utilité** [~'te] *f* utility, usefulness; use; service, useful purpose; *thea.* small *or* minor part; *actor*: utility man.

utopie [yto'pi] *f* utopia; d'~ utopian; **utopique** [~'pik] *adj.*, *a. su.* utopian; **utopiste** [~'pist] *su.* utopian, utopist.

utricule *anat.* [ytri'kyl] *m* utricle.

uval, e, *m/pl.* **-aux** [y'val, ~'vo] grape-...

uvulaire *anat.* [yvy'lɛːr] uvular.

V

V, v [ve] *m* V, v; *double v* W, w.

va! [va] *int.* to be sure!; believe me!; well!; good!; ~ *pour cette somme!* done (at that price)!; agreed (at that figure)!

vacance [va'kã:s] *f* vacancy; vacant post; ~*s pl.* holidays, vacation *sg.* (*Am. a. univ.*), *parl.* recess *sg.*; *grandes* ~*s* long holidays *etc.*; **vacancier** *m*, **-ière** *f* [~kã'sje, ~'sjɛ:r] holiday-maker, *Am.* vacationist; **vacant, e** [~'kã, ~'kã:t] vacant, unoccupied (*house, post, seat, etc.*); *tᵗᵗ* in abeyance (*estate*).

vacarme [va'karm] *m* uproar, din, racket, row.

vacation *tᵗᵗ* [vaka'sjõ] *f* attendance, sitting; *rights etc.*: abeyance; ~*s pl.* fees; *law-courts:* vacation *sg.*

vaccin *⚕* [vak'sɛ̃] *m* vaccine; **vaccinal, e,** *m/pl.* **-aux** *⚕* [vaksi'nal, ~'no] vaccinal; **vaccination** *⚕* [~na'sjõ] *f* vaccination; inoculation; **vaccine** *⚕* [vak'sin] *f* cowpox; **vacciner** *⚕* [~si'ne] (1a) *v/t.* vaccinate; inoculate.

vache [vaʃ] 1. *su./f* cow; *✝* cowhide; *sl.* fat woman, V cow; *woman:* bitch; *sl. man etc.:* swine; F *le plancher m des* ~*s* terra firma, dry land; F *fig. manger de la* ~ *enragée* have a hard time of it; F *parler français comme une* ~ *espagnole* murder the French language; 2. *adj. sl.* harsh; bad; mean, foul; **vachement** *sl.* [vaʃ'mã] terribly, real, damned; (*rain etc.*) damned hard; **vacher** *m*, **-ère** *f* [va'ʃe, ~'ʃɛ:r] cowherd; **vacherie** [vaʃ'ri] *f* cowshed, cowhouse; *sl.* dirty trick; nasty remark; **vachette** *✝* [va'ʃɛt] *f* leather: calfskin.

vacillant, e [vasi'jã,~'jã:t] unsteady; swaying; staggering; flickering (*flame*); shaky (*hand, ladder*); *fig.* undecided; uncertain (*health*); **vacillation** [~ja'sjõ] *f* unsteadiness; *flame:* flickering; shakiness; *fig.* wavering, vacillation; **vacillatoire** [~ja'twa:r] vacillatory; **vaciller** [~'je] (1a) *v/i.* be unsteady; sway (to and fro); stagger; be shaky; flicker

(*light*); twinkle (*star*); *fig.* vacillate, waver.

vacuité [vakɥi'te] *f* emptiness, vacuity; **vacuum** [~'kɥɔm] *m* vacuum.

vade-mecum [vademe'kɔm] *m/inv.* vade-mecum; companion (= *book*).

vadrouille [va'dru:j] *f* ⚓ swab; F stroll; **vadrouiller** F [vadru'je] (1a) *v/i.* stroll or roam (about or around); **vadrouilleur, -euse** [~'jœ:r,~'jø:z] 1. *adj.* strolling; roaming (the streets); 2. *su.* stroller; roamer.

va-et-vient [vae'vjɛ̃] *m/inv.* comings and goings *pl.*; movement to and fro; backward and forward motion, *Am.* back and forth motion; ⚓ shuttle-service; ⊕ reciprocating gear; ⚡ two-way switch; *faire le* ~ *entre 🚌*, *bus, etc.* ply between.

vagabond, e [vaga'bõ,~'bõ:d] 1. *adj.* vagabond; wandering; roving (*a. fig.*); 2. *su.* vagabond; vagrant, tramp; **vagabondage** [~bõ'da:ʒ] *m* wandering; vagrancy; **vagabonder** [~bõ'de] (1a) *v/i.* be a vagabond; wander, roam (*a. fig.*).

vagin *anat.* [va'ʒɛ̃] *m* vagina.

vagir [va'ʒi:r] (2a) *v/i.* wail (*newborn infant*); squeak (*hare*); **vagissement** [~ʒis'mã] *m* new-born infant: vagitus, wail; *hare:* squeak(ing).

vague¹ [vag] *f* ⚓ wave (*a. fig., a.* ✗); billow; ⚡ current, *fig.* anger: surge; *fig. la nouvelle* ~ the new wave; F *fig. faire des* ~*s* cause a stir; F *fig. pas de* ~*s!* no fuss!

vague² [~] 1. *adj.* vague, hazy; indeterminate; dim (*memory*); loose (-fitting) (*garment*); 2. *su./m* vagueness.

vague³ [~] 1. *adj.* vacant, empty (*look, stare*); 2. *su./m* empty space; *fig.* vacancy.

vaguemestre [vag'mɛstr] *m* ✗ postorderly; ⚓ postman.

vaguer [va'ge] (1m) *v/i.* roam, wander.

vaillamment [vaja'mã] *adv. of vaillant;* **vaillance** [~'jã:s] *f* valo(u)r, courage, gallantry; **vaillant,**

e [ʌˈjɑ̃, ʌˈjɑ̃:t] valiant, brave, courageous; ✠ gallant; stout (*heart*); F *fig.* in good health.

vaille [vaj] *1st p. sg. pres. sbj. of* valoir.

vain, vaine [vɛ̃, vɛn] **1.** *adj.* vain; empty (*promise, title, words, etc.*); useless (*effort*); conceited (*person*); **2.** *vain adv.*: en ~ vainly, in vain.

vainc [vɛ̃] *3rd p. sg. pres. of* vaincre; **vaincre** [vɛ̃:kr] (4gg) *v/t.* conquer (*a. fig. an emotion, hardship, etc.*); defeat, beat (*s.o.*) (*a. sp.*); *fig.* outdo; **vaincu, e** [vɛ̃ˈky] **1.** *p.p. of* vaincre; **2.** *su.* defeated person *or* party; *sp.* loser; **vainqueur** [ʌˈkœ:r] **1.** *su./m* victor, conqueror; *sp. etc.* winner; **2.** *adj.* victorious; **vainquis** [ʌˈki] *1st p. sg. p.s. of* vaincre; **vainquons** [ʌˈkɔ̃] *1st p. pl. pres. of* vaincre.

vairon [vɛˈrɔ̃] **1.** *adj./m*: ☙, *vet.* wall-eyed; *yeux m/pl.* ~s eyes of different colo(u)rs; **2.** *su./m icht.* minnow.

vais [vɛ] *1st p. sg. pres. of* aller **1**.

vaisseau [vɛˈso] *m* 🝆, ♀, *anat.*, *cuis.* vessel; ⚓ ship; ♀, *anat.* duct, canal; 🏛 *building:* body; *church:* nave; *anat.* ~ sanguin blood-vessel; *fig.* brûler ses ~x burn one's boats; ~-école, *pl.* ~x-écoles [ʌsoeˈkɔl] *m* training ship.

vaisselier [vɛsəˈlje] *m furniture:* dresser; **vaisselle** [ʌˈsɛl] *f dishes pl.*; tableware; crockery; china; eau f de ~ dishwater; faire la ~ do the washing-up, wash up, *Am.* wash the dishes.

val, *pl.* vals, *a.* vaux [val, vo] *m* vale, dale; *par monts et par vaux* up hill and down dale.

valable [vaˈlablˌ] valid (*a. fig.*).

valdinguer *sl.* [valdɛ̃ˈge] *v/i. see* dinguer.

valence [vaˈlɑ̃:s] *f* valency.

valenciennes [valɑ̃ˈsjɛn] *f* Valenciennes (*lace*).

valériane ☙, ♀ [valeˈrjan] *f* valerian; **valérianelle** ♀ [ʌrjaˈnɛl] *f* lamb's-lettuce.

valet [vaˈlɛ] *m* (m̃an-)servant; *cards:* knave, jack; ⊕ door-counterweight; ⊕ clamp, dog; *mirror, etc.*, *a.* 🝆: stand; *fig.* toady; ~ de chambre valet, man-servant; ⚸ ~ de ferme farm-hand.

valétudinaire [valetydiˈnɛ:r] *adj.*, *a. su.* valetudinarian.

valeur [vaˈlœ:r] *f* value (*a. ♪, ✝, phls., fig.*), worth; asset (*a. fig.*); ♪

note: length; ✠ valo(u)r, gallantry; ✝ ~s *pl.* shares, securities; ✝ ~s *pl.* actives assets; ✠ ~ militaire fighting qualities *pl.*; ⚓ ~ nautique seaworthiness; ✝ ~ nominale face value; de ~ valuable; *fig.* of value; able (*person*); mettre en ~ enhance the value of; develop (*the soil*); reclaim (*a marsh*); *fig.* emphasize, bring out; *objets m/pl. de* ~ valuables; **valeureux, -euse** ✠ [ʌlœˈrø, ʌˈrø:z] brave, gallant, valiant.

validation [validaˈsjɔ̃] *f* validation; *law:* ratifying; **valide** [ʌˈlid] valid; healthy; *fig.* sound; fit (*for service*); F *fig.* peu ~ off colo(u)r; **valider** [valiˈde] *v/t.* validate; authenticate (*a document*); ratify (*a contract*); **validité** [ʌdiˈte] *f* validity.

valise [vaˈli:z] *f* suitcase; (*diplomatic*) bag; faire sa ~ (*or* ses ~s) pack one's suitcase(s) *or* one's bags (*a. fig.*).

vallée [vaˈle] *f* valley; **valleuse** [ʌˈlø:z] *f* small dry valley; **vallon** [ʌˈlɔ̃] *m* small valley; dale, vale; **vallonné, e** [ʌbˈne] undulating; **vallonnement** [ʌlɔnˈmɑ̃] *m* undulation.

valoir [vaˈlwa:r] (3l) *v/i.* be worth; be profitable; be as good as; be equal to; apply, hold, be valid; ✝ à ~ on account (of, sur); ça vaut la peine (*de inf.*) it's worth while (*ger.*); ça vaut le coup it's worth trying; faire ~ make the most of (*s.th.*); ✝ invest profitably; ✝ exploit, make productive; *fig.* emphasize, bring out; *v/t.*: ~ qch. à q. earn *or* win s.o. s.th.; se faire ~ make the most of o.s.; *v/impers.*: il vaut mieux (*inf.*) it's better to (*inf.*); mieux vaut tard que jamais better late than never.

valorisation [valɔrizaˈsjɔ̃] *f* ✝, *fig.* increase in value *or* importance; **valoriser** [ʌˈze] (1a) *v/t.* increase the value *or* importance of; upgrade.

valse [vals] *f* waltz; F *aller* ~ go flying *or* crash (against, contre); F *envoyer* ~ send (*s.th.*) flying; send (*s.o.*) packing; F *faire* ~ juggle around; faire ~ l'argent spend money like water; **valseur, -euse** [valˈsœ:r, ʌˈsø:z] **1.** *adj.* waltzing; **2.** *su.* waltzer.

valu, e [vaˈly] **1.** *p.p. of* valoir; **2.** *su./f* moins-value; plus-value; **valus** [ʌ] *1st p. sg. p.s. of* valoir.

valvaire ♀ *etc.* [valˈvɛ:r] valvar, valvate; **valve** [valv] f anat., mot., metall., radio, ♨, ✈: valve; **valvé, e** [val've] valvate; **valvule** [∼'vyl] f valvule; anat. valve.

vamp [vã:mp] f vamp; **vamper** [∼'pe] (1a) v/t. vamp, seduce (by coquetry).

vampire [vã'pi:r] m zo., a. fig. vampire; fig. blood-sucker; **vampirique** [∼pi'rik] vampiric; blood-sucking.

va-nu-pieds [vany'pje] m/inv. tramp, hobo; beggar.

van [vã] m ✔ winnowing-basket, fan; winnowing-machine; ⚒ van (-ning-shovel); ✔ passer au ∼ winnow.

vandalisme [vãda'lism] m vandalism.

vanesse [va'nɛs] f vanessa.

vanille ♧, cuis. [va'ni:j] f vanilla; à la ∼ vanilla ...; **vanillé, e** cuis. [∼ni'je] vanilla(-flavo[u]red); **vanillerie** ✔ [∼nij'ri] f vanilla-plantation; **vanillier** [vani'je] m vanilla plant; **vanilline** ♧, ⊕ [∼'jin] f vanillin.

vanité [vani'te] f vanity; fig. futility; pej. tirer ∼ de pride o.s. on; **vaniteux, -euse** [∼'tø, ∼'tø:z] **1.** adj. vain, conceited; **2.** su. conceited person.

vannage¹ [va'na:ʒ] m ✔ winnowing, sifting; ⚒ ore: vanning; F fig. exhaustion.

vannage² ⊕ [∼] m water-gate: sluice-gates pl.; turbine: gating; **vanne** [van] f sluice(-gate), water-gate; turbine: gate; (overflow) weir; mot. etc. valve; fan, ventilator: shutter.

vanneau orn. [va'no] m lapwing, (green) plover.

vanner¹ [va'ne] (1a) v/t. ✔ winnow, sift; ⚒ van; fig. exhaust, wear out, tire out.

vanner² ⊕ [∼] (1a) v/t. fit sluices in; gate (a turbine).

vannerie [van'ri] f basket-making; ✝ wicker-work, basket-work.

vanneur [va'nœ:r] m ✔ winnower; ⚒ vanner (a. machine); **vanneuse** ✔ [∼'nø:z] f winnowing-machine.

vannier [va nje] m basket-maker.

vannure ✔ [va'ny:r] f chaff, husks pl.

vantail, pl. -aux [vã'ta:j, ∼'to] m door, shutter, etc.: leaf.

vantard, e [vã'ta:r, ∼'tard] **1.** adj. boastful, bragging; **2.** su. bragger, braggart; Am. sl. blow-hard, Am.

sl. wind-jammer; **vantardise** [∼tar'di:z] f bragging; boasting; piece of bluff; **vanter** [∼'te] (1a) v/t. vaunt, extol; F boost, crack up; se ∼ (de) boast (of); **vanterie** [vã'tri] f bragging; boast(ing).

vap(e)(s) sl. [vap] f/(pl.): etre dans la vap(e) (or les vap[e]s) be in a daze.

vapeur [va'pœ:r] su./f steam; vapo(u)r; fumes pl.; ⊕ machine f à ∼ steam engine; su./m ♧ steamer, steamship; **vaporeux, -euse** [vapo-'rø, ∼'rø:z] vaporous, misty; steamy; fig. hazy; fig. nebulous; **vaporisateur** [∼riza'tœ:r] m vaporizer; atomizer; scent-spray; ⊕ evaporator; **vaporiser** [∼ri'ze] (1a) v/t. vaporize; atomize, spray (a liquid); F spray (s.th.) with scent; tex. steam (cloth); se ∼ vaporize; spray o.s.

vaquer [va'ke] (1m) v/i. ✝ be vacant; ⚖, parl. not to be sitting; ∼ à attend to; be occupied with; see to; ∼ à ses affaires a. go about one's business.

varan zo. [va'rã] m varan, monitor.

varappe mount. [va'rap] f rock climbing; rock climb.

varech ♧ [va'rɛk] m seaweed, wrack.

vareuse [va'rø:z] f (pea or sports) jacket; ⚔ tunic.

variabilité [varjabili'te] f variability; weather, a. fig. mood: changeableness; **variable** [∼'rjabl] **1.** adj. ♈, astr., gramm., biol. variable; changeable (weather, a. mood); fig. fickle; ⚡ unequal (pulse); **2.** su./f ♈ variable; **variant, e** [∼'rjã, ∼-'rjã:t] **1.** adj. variable, inconstant; **2.** su./f text: variant, different reading; **variation** [∼rja'sjõ] f variation (a. ♩).

varice ⚕ [va'ris] f varix; varicose vein.   [varicella.)

varicelle ⚕ [vari'sɛl] f chicken-pox,)

varié, e [va'rje] varied; various; variegated (colours etc.); miscellaneous (news, items, objects); ⊕ variable (motion); **varier** [∼'rje] (1o) v/t. vary; variegate (colours); ♩ make variations on (an air); v/i. vary; ✝ fluctuate (market); fig. ∼ sur be at variance on, disagree over; **variété** [∼rje'te] f variety; scenery: varied nature; opinions: diversity; ✝ range; thea. ∼s pl. variety theatre sg.

variole [va'rjɔl] f 🎗 smallpox, variola; *vet.* (cow-, sheep-)pox; **variolé, e** [varjɔ'le] pock-marked; **varioleux, -euse** [~'lø, ~'lø:z] 1. *adj.* variolous; 2. *su.* smallpox patient; sufferer from smallpox; **variolique** 🎗 [~'lik] variolous.

variomètre ⚡ [varjɔ'mɛtr] m variometer.

variqueux, -euse 🖤 [vari'kø, ~'kø:z] varicose.

varlope ⊕ [var'lɔp] f trying-plane; **varloper** ⊕ [~lɔ'pe] (1a) v/t. try up (a plank).

vasculaire 🖤, anat. [vasky'lɛ:r], **vasculeux, -euse** 🖤, anat. [~'lø, ~'lø:z] vascular; 🎗 pression f vasculaire blood-pressure.

vase[1] [vɑ:z] m vase; vessel, receptacle; ~ de nuit chamber; *fig.* en ~ clos in seclusion.

vase[2] [~] f mud, silt.

vaseline 🖤 [vaz'lin] f vaseline, petroleum jelly, Am. petrolatum; enduire de ~ vaseline.

vaseux, -euse [va'zø, ~'zø:z] muddy, silty; F *fig.* woolly (*ideas*); *sl. fig.* seedy, ill.

vasistas [vazis'tas] m fanlight (*over door*), Am. transom.

vaso-moteur, -trice anat. [vazɔmɔ'tœ:r, ~'tris] vaso-motor.

vasque [vask] f fountain: basin.

vassal, e, m/pl. **-aux** [va'sal, ~'so] 1. *adj.* vassal; ~ de (a region) under the suzerainty of; 2. *su.* vassal; **vassalité** [~sali'te] f, **vasselage** [vas'la:ʒ] m vassalage; *fig.* bondage.

vaste [vast] 1. *adj.* vast, immense; comprehensive; anat. vastus; 2. *su.* m anat. vastus; **vastitude** [~i'tyd] f vastness; vastity.

va-t-en-guerre [vatã'gɛr] 1. *su./inv.* sabre-rattler; 2. *adj.* sabre-rattling.

vaticinateur, -trice [vatisina'tœ:r, ~'tris] 1. *adj.* prophetic; 2. *su./m* prophet; *su./f* prophetess; **vaticination** [~na'sjõ] f prophecy; pompous predictions *pl.*; **vaticiner** [~'ne] (1a) v/i. prophesy; make pompous predictions.

va-tout [va'tu] m/inv. the whole of one's stakes; *jouer son* ~ stake one's all.

vaudeville [vod'vil] m light comedy.

vaudois, e [vo'dwa, ~'dwa:z] adj., a. su. ♀ Vaudois; *eccl. hist.* Waldensian.

vaudrai [vo'dre] 1st p. sg. fut. of valoir.

vau-l'eau [vo'lo] adv.: † à ~ down-

stream; *fig. aller à* ~ go to rack and ruin.

vaurien, -enne [vo'rjɛ̃, ~'rjɛn] su. bad lot; F *child:* rascal; *su./m* waster, ne'er-do-well; *su./f* worthless woman.

vautour orn. [vo'tu:r] m vulture (a. *fig.*).

vautrer [vo'tre] (1a) v/t.: se ~ wallow (in, *dans*) (*pig, a. fig. person*); F *fig.* sprawl (*on a sofa, etc.*); revel (in, *dans*).

vau-vent hunt. [vo'vã] adv.: à ~ down (the) wind; (*fly*) before the wind.

vaux [vo] 1st p. sg. pres. of valoir.

va-vite [va'vit]: à la ~ in a hurry, hurriedly; carelessly.

veau [vo] m calf; *meat:* veal; 👕 calf(-leather); F *person:* clod, lout; F *fig.* gutless person or car; ~ marin sea-calf, seal; *fig.* adorer le ~ d'or worship the golden calf; F *pleurer comme un* ~ blubber; *cuis.* tête f de ~ calf's-head.

vecteur 𝒜 [vɛk'tœ:r] adj., a. su./m vector.

vécu, e [ve'ky] p.p. of vivre 1.

vécus [~] 1st p. sg. p. s. of vivre 1.

vedettariat thea. etc. [vədɛta'rja] m stardom; the stars (*pl.*); **vedette** [və'dɛt] f thea., etc. star; ⚓ patrol boat, scout; motor boat; en ~ F *fig.* in the forefront; in the limelight; typ., *journ.* in bold type; attraction f ~ highlight.

végétal, e, m/pl. **-aux** [veʒe'tal, ~'to] 1. *adj.* plant(-life); vegetable (*butter, kingdom*); 2. *su./m* plant; **végétarien, -enne** [~ta'rjɛ̃, ~'rjɛn] adj., a. su. vegetarian; **végétarisme** [~ta-'rism] m vegetarianism.

végétatif, -ve [veʒeta'tif, ~'ti:v] vegetative; **végétation** [~ta'sjõ] f vegetation; growth; 🎗 ~s pl. adénoïdes adenoids; **végéter** [~'te] (1d) v/i. † 🖤 grow; *a. fig.* vegetate.

véhémence [vee'mã:s] f vehemence; avec ~ vehemently; **véhément, e** [~'mã, ~'mã:t] vehement; *fig.* violent.

véhiculaire [veiky'lɛ:r] vehicular (*language*); **véhicule** [~'kyl] m vehicle (a. fig.); *fig. a.* medium; **véhiculer** [~ky'le] (1a) v/t. convey, carry; cart.

veille [vɛ:j] f staying up (at night); wakefulness, waking; *eccl.* vigil; eve (of, *de*), day before; *fig.* verge, brink; (night) watch; *fig. à la* ~ de on the brink *or* eve *or* point of; *la* ~ *de Noël* Christmas Eve; **veillée** [vɛ'je] *f* evening (spent in company); watch; *fig.* ~ *d'armes* night before combat; **veiller** [~'je] (1a) *v/i.* stay *or* sit up (late); remain *or* lie awake; *eccl.* keep vigil; ✠ watch, be on the lookout; stand by; ~ *à* see to; attend to; ~ *à ce que* (*sbj.*) see to it *or* make sure that (*ind.*); ~ *sur* look after, watch over; *v/t.* watch over, attend to (*a patient etc.*); sit up with (*a patient, a corpse*); *Am.* wake (*a corpse*); **veilleur** [~'jœːr] *m*: (~ *de nuit* night) watchman; **veilleuse** [~'jøːz] *f* watcher; night light; *mot.* sidelight; *gas*: pilot light; *mettre en* ~ turn down (*the gas etc.*); dim (*a light*); *fig.* put (*a project etc.*) on ice.

veinard, e [vɛ'naːr, ~'nard] **1.** *adj.* lucky; **2.** *su.* lucky person; **veine** [vɛn] *f* ⚕, *anat., geol., a. fig.* vein (*a.* = *marking in marble, wood, etc.*); ✗ *ore*: lode; *coal*: seam; *fig.* inspiration; *fig.* mood; *F* (*good*) luck; *avoir de la* ~ be lucky; *être en* ~ *de* ... be in a ... mood, be in the mood for ...; **veiné, e** [vɛ'ne] veined; grained (*door*); **veiner** ⊕ [~'ne] (1a) *v/t.* grain, vein (*paintwork*); **veineux, -euse** [~'nø, ~'nøːz] ⊕ veiny (*wood etc.*); *anat., physiol.* venous; ⚕ venose, veiny; **veinule** [~'nyl] *f* *anat. etc.* veinlet; venule; ✗ thread (*of ore*).

vélaire *gramm.* [ve'lɛːr] **1.** *adj.* velar; uvular (*R*); **2.** *su./f* velar (*consonant*).

vêler [vɛ'le] (1b) *v/i.* calve (*cow*).

vélin [ve'lɛ̃] *m* vellum (paper).

velléité [vɛlei'te] *f* stray impulse; slight inclination; vague desire; *fig.* hint (*of a smile etc.*).

vélo F [ve'lo] *m* (push-)bike, wheel; *aller à* ~ cycle, F bike, wheel.

vélocité [velɔsi'te] *f* speed, velocity; **vélodrome** [~'drɔːm] *m* cycle-racing track, velodrome; **vélomoteur** [~mɔ'tœːr] *m* light motor-cycle; motor-assisted bicycle.

velours [və'luːr] *m* velvet; *gramm.* faulty liaison; *tex.* ~ *à côtes* corduroy; ~ *de coton* velveteen; ~ *de soie* silk velvet; **velouté, e** [vəlu'te] **1.** *adj.* velvety; mellow (*wine*); downy (*cheek, peach*); *phot.* velvet-surface (*paper*); **2.** *su./m* softness, velvetiness; *fruit*: bloom; *tex.* velvet braid; *cuis.* rich thick gravy soup; *tex.* (*a.* ~

de laine) velours; **velouter** [~'te] (1a) *v/t.* give a soft *or* velvety appearance to (*s.th.*); *fig.* soften (*an outline*); *se* ~ soften, mellow; **velouteux, -euse** [~'tø, ~'tøːz] soft, velvety; **veloutier** [~'tje] *m* velvet-maker.

velu, e [və'ly] hairy; ⚕ uncut, rough; ♣ pubescent, villous.

vélum [ve'lɔm] *m* awning.

venaison *cuis.* [vənɛ'zɔ̃] *f* venison.

vénal, e, *m/pl.* **-aux** [ve'nal, ~'no] venal (*a. pej.*); *pej.* mercenary, corrupt(ible); ✝ *valeur f* ~*e* market value; **vénalité** [~nali'te] *f* venality, *pej.* corruptibility.

venant, e [və'nɑ̃, ~'nɑ̃ːt] **1.** *adj.* thriving; **2.** *su./m*: *à tout* ~ to all and sundry, to anyone.

vendable [vɑ̃'dabl] saleable, marketable.

vendange [vɑ̃'dɑ̃ːʒ] *f* grape-gathering; wine-harvest; (*a.* ~*s pl.*) *season*: vintage; **vendangeoir** [vɑ̃dɑ̃'ʒwaːr] *m* grape-basket; **vendanger** [~'ʒe] (1l) *v/t.* vintage; *v/t.* gather the grapes of; *v/i.* harvest grapes; gather the grapes; **vendangeur** *m*, **-euse** *f* [~'ʒœːr, ~'ʒøːz] vintager; wine-harvester.

venderesse 🏛 [vɑ̃'drɛs] *f* vendor.

vendetta [vɛ̃dɛt'ta] *f* vendetta.

vendeur [vɑ̃'dœːr] *m* ✝ vendor (*a.* 🏛), seller; shop assistant, *Am.* sales clerk; salesman; **vendeuse** ✝ [~'døːz] *f* seller, shop assistant, *Am.* sales clerk; saleswoman; **vendre** [vɑ̃ːdr] (4a) *v/t.* sell (for, *à*); *à* ~ for sale; *se* ~ sell, be sold (at, for *à*).

vendredi [vɑ̃drə'di] *m* Friday; *le* ~ *saint* Good Friday.

vendu, e [vɑ̃'dy] **1.** *su./m* traitor; **2.** *p.p. of* vendre.

venelle [və'nɛl] *f* alley.

vénéneux, -euse [vene'nø, ~'nøːz] poisonous (*a.* 🦟 ♣).

vénérable [vene'rabl] **1.** *adj.* venerable; **2.** *su./m* *freemasonry*: Worshipful Master; **vénération** [~ra'sjɔ̃] *f* veneration; **vénérer** [~'re] (1f) *v/t.* venerate; revere.

vénerie [ven'ri] *f* hunting; venery.

vénérien, -enne [vene'rjɛ̃, ~'rjɛn] venereal.

venette ✝ *sl.* [və'nɛt] *f* funk.

veneur [və'nœːr] *m* huntsman.

vengeance [vɑ̃'ʒɑ̃ːs] *f* revenge; vengeance; *tirer* ~ *de* be revenged for (*s.th.*); take vengeance on (*s.o.*);

venger [~'ʒe] (11) v/t. avenge
(for, de); se ~ take (one's) revenge
(for, de); be revenged (on s.o., de
q.); **vengeur, -eresse** [vã'ʒœːr,
vãʒ'res] **1.** su. avenger; **2.** adj.
avenging.

véniel, -elle eccl. [ve'njɛl] venial
(sin).

venimeux, -euse [vəni'mø, ~'møːz]
zo., a. fig. venomous; zo. poisonous
(serpent, bite); fig. malicious; **veni-
mosité** [~mozi'te] f sting, a. fig.:
venomousness; **venin** zo., fig. [və-
'nɛ̃] m venom.

venir [və'niːr] (2h) v/i. come, be
coming; arrive; grow (a. ⚕, child,
tooth); issue, be descended
(from, de); occur, happen (to inf.,
à inf.); ~ à reach (maturity); ~ à
bien be successful; ~ au monde be
born; ~ de ce que (ind.) result from
(ger.); ~ de dire have just said; ~
prendre come and fetch (s.o.); à ~
future (event, state), (years) to
come; bien ~ thrive; d'où cela
vient-il? what's the reason for
that?; en ~ aux coups come to
blows; en ~ aux faits get down to
business; être bien (mal) venu be
(un)welcome; typ. be well (badly)
produced (book); be (un)success-
ful; être mal venu à (inf.) be inap-
propriate or unseemly to (inf.);
faire ~ send for; grow (wheat); où
voulez-vous en ~? what are you
getting or driving at?; se faire bien
~ de q. ingratiate o.s. with s.o.;
s'en ~ come or go along; v/impers.
come; happen; occur; d'où vient-il
que (ind.)? how is it that (ind.)?; est-il
venu q.? has anyone called?; il est
venu quatre hommes four men have
come.

vénitien, -enne [veni'sjɛ̃, ~'sjɛn] **1.**
adj. Venetian; blond m ~ Titian red;
2. su. ♀ Venetian.

vent [vã] m wind; ~ arrière tailwind; ~
debout headwind; ~ de travers cross-
wind; aller comme le ~ go like the
wind; ⚓ au ~ de to windward of; fig.
avoir ~ de get wind of; coup m de ~
gust of wind, squall; fig. en coup de ~
very fast; fig. dans le ~ trendy, hip,
hep, with(-it); ♪ instrument m à ~
wind instrument; prendre le ~ see
how the land lies.

vente [vãt] f ♀ sale; ♀ fig. business;
timber; timber: felling; ~ forcée com-

pulsory sale; ~ publique public sale;
auction; de ~ difficile hard to sell; en ~
on sale; typ. out (book); en ~ chez sold
by; en ~ libre off the ration; un-
rationed; être de bonne ~ sell well;
mettre en ~ offer (s.th.) for sale;
publish, issue (a book).

venter [vã'te] (1a) v/impers.: il vente
it is windy, it is blowing; qu'il pleuve
ou qu'il vente (come) rain or shine, in
all weathers; **venteux, -euse** [~'tø,
~'tøːz] windy; windswept (region).

ventilateur [vãtila'tœːr] m ventilator; ✈ etc. fan; ~ soufflant blower;
ventilation [~la'sjɔ̃] f ventilation; ✝
apportionment; ⚖ separate valuation; **ventiler** [~'le] (1a) v/t. ventilate, air (a. fig.); ✝ apportion; ⚖
value separately; mal ventilé stuffy
(room).

ventis [vã'ti] m/pl. wind-fallen trees.

ventosité ⚕, vet. [vãtozi'te] f flatulence.

ventouse ⚕ [vã'tuːz] f ⚕ cupping glass;
⊕ etc. suction pad; zo. leech, octopus:
sucker; **ventouser** ⚕ [~tu'ze] (1a)
v/t. cup (a patient).

ventral, e, m/pl. **-aux** [vã'tral, ~'tro]
ventral; **ventre** [vã:tr] m abdomen,
belly; stomach, paunch; pregnant
woman: womb; ⊕, furnace, ⚓ sail,
ship: belly; ⚓, fig. bulge; ⚡, phys.
antinode; ~ à terre at full speed;
à plat ~ flat on one's face or one's
stomach; avoir (prendre) du ~ be
(grow) stout; faire ~ bulge (out) (⊕
vessel, ⚒ wall); F fig. taper sur le ~ à q.
be overfamiliar or chummy with
s.o.; **ventrebleu!** [vãtrə'blø] int.
zounds!; **ventrée** [~'tre] f lambs:
fall; animals: litter; F bellyful.

ventricule anat. [vãtri'kyl] m ven-
tricle.

ventrière [vãtri'ɛːr] f ⚒ binder, abdominal belt; ⚒ cross-tie, purlin;
⚓ bilge-block.

ventriloque [vãtri'lɔk] **1.** adj. ven-
triloqual, ventriloquous; **2.** su.
ventriloquist; **ventriloquie** [~lɔ'ki]
f ventriloquism.

ventripotent, e F [vãtripɔ'tã, ~'tã:t]
big-bellied; corpulent.

ventru, e [vã'try] corpulent; big-
bellied (a. bottle); ⊕ dished (out-
wards).

venu, e [və'ny] **1.** p.p. of venir; **2.** adj.:
bien (mal) ~ well- (poorly) devel-
oped; (un)timely (remark etc.); être

mal ~ *de* (*or à*) (*inf.*) be in no position to (*inf.*); *su.* (first, last, new-)comer; *le premier* ~ *a.* anybody; *su./f* arrival; coming; *water:* inflow; *tree etc.:* growth; ~ *au monde* birth; *✶ d'une belle* ~ well-grown; *fig. tout d'une* ~ straight.

vêpres *eccl.* [vɛːpr] *f/pl.* vespers; *evensong sg.*

ver [vɛːr] *m* worm (*a. fig. person*); maggot, grub; ~ *à soie* silk-worm; ~ *blanc* grub; ~ *de terre* earthworm; ~ *luisant* glow-worm; *✶* ~ *solitaire* tapeworm; *tirer les* ~*s du nez à q.* worm secrets out of s.o.

vérace [ve'ras] veracious; **véracité** [~rasi'te] *f* veracity, truth(fulness).

véranda △ [vera'da] *f* veranda(h), *Am.* porch.

verbal, e, *m/pl.* **-aux** [vɛr'bal, ~'bo] verbal; *ⅹ↗* oral (*contract*); *see* **procès-verbal**; **verbalisation** *ⅹ↗* [vɛrbaliza-'sjɔ̃] *f* official entry of an offence; F taking of (*s.o.'s*) name and address (*by police*); **verbaliser** [~'ze] (1a) *v/i. admin.* draw up an official report (*of an offence etc.*); ~ *contre police:* take (*s.o.'s*) name and address; *vt/i.* verbalize; **verbe** [vɛrb] *m gramm.* verb; *eccl.* ♀ *the* Word; F *avoir le* ~ *haut* be loud of speech; *fig.* be over-bearing; **verbeux, -euse** [vɛr'bø, ~'bøːz] verbose, long-winded; **verbiage** [~'bjaːʒ] *m* verbosity; verbiage, wordiness; **verbosité** [~bozi-'te] *f* verbosity, wordiness.

verdâtre [vɛr'daːtr] greenish; **verdelet, -ette** [~də'lɛ, ~'lɛt] greenish; slightly acid (*wine*); **verdet** *🜍* [~'dɛ] *m* verdigris; **verdeur** *🜍* [~'dœːr] *f* greenness (*a. of wood*); *wine etc.,* *a. fig.* remarks: acidity; *old person:* vigo(u)r.

verdict *ⅹ↗* [vɛr'dikt] *m* verdict (*against, contre; for, en faveur de*).

verdier *orn.* [vɛr'dje] *m* greenfinch; **verdir** [~'diːr] (2a) *v/t.* make or paint (*s.th.*) green; *v/i.* ♀ become green; *🜍* become covered with verdigris; **verdoyant, e** [vɛrdwa'jɑ̃, ~'jɑ̃ːt] verdant, green; greenish (*colour*); **verdoyer** [~'je] (1h) *v/i.* become green; take on a green colo(u)r.

verdunisation [vɛrdyniza'sjɔ̃] *f water:* chlorination; **verduniser** [~'ze] (1a) *v/t.* chlorinate (*water*).

verdure [vɛr'dyːr] *f* greenness; ♀

greenery, verdure; *cuis.* greenstuff; pot-herbs *pl.*; **verdurier** [~dy'rje] *m* greengrocer.

véreux, -euse [ve'rø, ~'røːz] wormy (*fruit*); *fig.* bad (*debts*), shady (*company, firm, person*); shaky (*case*).

verge [vɛrʒ] *f* ✝ rod; *anat.* penis.

vergé, e [vɛr'ʒe] **1.** *adj. tex.* streaky, unevenly dyed; *tex.* corded; laid (*paper*); **2.** *su./m* ~ *blanc* cream-laid paper.

verger [vɛr'ʒe] *m* orchard.

vergeté, e [vɛrʒə'te] streaky; *⊘* paly; **vergette** [~'ʒɛt] *f* switch, cane; *drum:* hoop; *feathers, twigs:* whisk; *⊘* pallet.

verglacé, e [vɛrgla'se] iced-over, icy (*road*); **verglas** [~'gla] *m* black ice; thin coating of ice.

vergogne [vɛr'gɔɲ] *f* shame; *sans* ~ shameless(ly *adv.*).

vergue ⚓ [vɛrg] *f* yard; ~ *de misaine* foreyard; *bout m de* ~ yard-arm; *grande* ~ main yard.

véridique [veri'dik] veracious, truthful (*account, person*); **vérifiable** [~'fjabl] verifiable; **vérificateur, -trice** [verifika'tœːr, ~'tris] **1.** *su./m weights etc.:* inspector, examiner; ⊕ ga(u)ge,calipers *pl.*;*mot.*~ *de pression tyres:* pressure-ga(u)ge; *✝* ~ *comptable* auditor; **2.** *adj.* ⊕testing; verifying; **vérificatif, -ve** [~'tif, ~'tiːv] verificatory; verifying-...; **vérification** [~'sjɔ̃] *f* checking, verification; check, confirming, confirmation; **vérifier** [veri'fje] (1o) *v/t.* check, verify; confirm, bear out; *✝* audit (*accounts*).

vérin ⊕, *mot.* [ve'rɛ̃] *m* jack.

véritable [veri'tabl] true, real, genuine (*a. fig.*); *fig. usu. pej.* downright.

vérité [veri'te] *f* truth; fact; *fig.* truthfulness, sincerity; *à la* ~ *as a matter of fact;* F *c'est la* ~ *vraie* it's the honest truth; *dire la* ~ tell the truth; *en* ~ really, truly.

verjus [vɛr'ʒy] *m* verjuice (*grape*); **verjuté, e** [~ʒy'te] acid, sour (*a. fig.*).

vermeil, -eille [vɛr'mɛːj] **1.** *adj.* ruby (*lips*), bright red; rosy (*cheek*); **2.** *su./m* silver-gilt, vermeil; vermeil varnish.

vermicelle *cuis.* [vɛrmi'sɛl] *m* vermicelli *pl.*

vermiculaire [vɛrmiky'lɛːr] vermicular (*a. physiol.*); *anat.* vermiform (*appendix*); **vermiculé, e** [∼ky'le] ♙ vermiculate(d); *zo. etc.* vermiculate; **vermiculure** ♙ *etc.* [∼ky'ly:r] *f* vermiculation; **vermifuge** ⚕ [∼'fy:ʒ] *adj., a. su./m* vermifuge.

vermillon [vɛrmi'jɔ̃] **1.** *su./m* vermilion (*a. colour*); bright red; **2.** *adj./inv.* bright red; **vermillonner** [∼jɔ'ne] (1a) *v/t.* paint (*s.th.*) bright red; rouge (*one's cheeks*).

vermine [vɛr'min] *f* vermin (*usu.* = *lice, fleas*); F *fig.* rabble; **vermineux, -euse** ⚕ [vɛrmi'nø, ∼'nø:z] caused by worms, verminous (*disease*); **vermisseau** *zo.* [∼'so] *m* small earthworm; **vermivore** *zo.* [∼'vɔ:r] vermivorous; **vermouler** [vɛrmu'le] (1a) *v/t.*: se ∼ become worm-eaten (*wood*); **vermoulu, e** [∼'ly] worm-eaten (*wood*); *fig.* decrepit; out-of-date; **vermoulure** [∼'ly:r] *f* worm-holes *pl.*; *wood*: worm-eaten state; wood dust (*from wormhole*); *fig.* decrepitude.

vermouth [vɛr'mut] *m* vermouth.

vernaculaire [vernaky'lɛːr] *adj., a. su./m* vernacular.

vernal, e, *m/pl.* **-aux** ⚘, *astr., etc.* [vɛr'nal, ∼'no] vernal.

verni, e [vɛr'ni] varnished; patent (*leather*); F lucky.

vernier ⚭, *astr., surv.* [vɛr'nje] *m* vernier; sliding-ga(u)ge.

vernir [vɛr'niːr] (2a) *v/t.* varnish; japan (*iron, leather*); polish (*furniture*); glaze (*pottery*); *fig.* gloss over; **vernis** [∼'ni] *m* varnish; polish; gloss (*a. fig.*); glaze; ∼ à ongles nail varnish; ∼ *au tampon* French polish; **vernis-émail,** *pl.* **vernis-émaux** [vɛrni'maːj, ∼'mo] *m* Japan enamel; **vernissage** [∼'saːʒ] *m* ⊕ varnish (-ing); glaze; glazing; *exhibition*: varnishing-day; ∼ *au tampon* French-polishing; **vernisser** ⊕ [∼'se] (1a) *v/t.* glaze (*pottery*).

vérole ⚕ [ve'rɔl] *f* ∨ pox (= *syphilis*); petite ∼ see variole; **vérolé, e** ⚕ ∨ [∼rɔ'le] poxed (= *syphilitic*).

véronal ⚗ [verɔ'nal] *m* veronal; barbitone.

véronique [verɔ'nik] *f* ♀ speedwell; *eccl.* veronica, vernicle.

verrai [vɛ're] *1st p. sg. fut. of* voir.

verrat *zo.* [vɛ'ra] *m* boar.

verre [vɛːr] *m* glass; glassful; *opt.* lens; ∼ armé wired *or* reinforced glass; ∼ à vin wine glass; ⚕ ∼ de contact contact lens; *mot.* ∼ de sûreté safety glass; ∼ de vin glass of wine; ∼ soluble water-glass; boire (*or* prendre) un ∼ have a drink; se noyer dans un ∼ d'eau make a mountain out of a molehill; **verré, e** [vɛ're] *adj.*: papier *m* ∼ glass-paper, sand-paper; **verrerie** [vɛr'ri] *f* ⊕ glass-works *usu. sg.*; ⊕ glass-making; ✝ glassware; ∼ allant au four flame-proof glassware; **verrier** [vɛr'rje] **1.** *su./m* glassmaker; glass-blower; glass-rack; **2.** *adj./m*: peintre *m* ∼ artist in stained glass; **verrière** [∼'rjɛːr] *f* glass (*casing*); *eccl. etc.* stained glass window; 🚂 *station*: glass-roof; **verrine** [∼'rin] *f* glass (*casing*); *barometer*: glass; ♆ lantern; **verroterie** [∼rɔ'tri] *f* glass trinkets *pl.*; small glassware; glass beads *pl.*

verrou [vɛ'ru] *m* bolt; shot-gun: breech-bolt; 🚂 ∼ de blocage switch-lock; 🏛 sous les ∼s under lock and key; **verrouiller** [∼ru'je] (1a) *v/t.* bolt (*a door etc.*); ⊕ lock; lock (*s.o.*) in *or* up; se ∼ bolt o.s. in.

verrue ⚕ [vɛ'ry] *f* wart; **verruqueux, -euse** [∼ry'kø, ∼'kø:z] ⚕ warty; ♀ warted; ⚕, ♀ verrucose.

vers¹ [vɛːr] *m* poetry: line; verse; ∼ *pl.* blancs blank verse *sg.*

vers² [∼] *prp.* direction: to, towards (*a place*); *time*: towards; about (*3 o'clock*), around (*noon, Easter*); ∼ l'époque about the time; ∼ l'est eastwards, towards the east.

versant [vɛr'sã] *m* slope; hill etc.: side; canal etc.: bank.

versatile *fig.* [vɛrsa'til] changeable, fickle; **versatilité** [∼tili'te] *f* changeableness, fickleness, inconstancy.

verse [vɛrs] *adv.*: à ∼ in torrents; il pleut à ∼ it is pouring; **versé, e** [vɛr'se] versed, practised (in, dans); **Verseau** *astr.* [vɛr'so] *m*: le ∼ Aquarius, the Water-bearer.

versement [vɛrsə'mã] *m* liquid: pouring (out); ✝ paying in, deposit, payment; instalment; carnet *m* de ∼s paying-in book; en (*or* par) ∼s (*échelonnés*) in *or* by instalments; **verser** [∼'se] (1a) *v/t.* pour (out); overturn (*a vehicle etc.*); tip (*a truck*); shed (*blood, light, tears*); ✝ pay (in), de-

posit (*money*); ✗ assign (*men*); *v/i.*
turn over; upset; *fig.* ~ *dans* lapse
into.

verset [vɛr'sɛ] *m bibl. etc.* verse; *typ.*
versicle.

verseur, -euse [vɛr'sœːr, ~'søːz] 1.
adj. ⊕ *etc.* pouring, pour-through; 2.
su. pourer; *su./f* coffee-pot.

versicolore [vɛrsikɔ'lɔːr] variegated,
versicolo(u)r(ed); chameleon-like.

versificateur *m*, **-trice** *f* [versifika-
'tœːr, ~'tris] versifier; **versification**
[~fika'sjɔ̃] *f* versification; **versifier**
[~'fje] (1o) *v/t.* write in verse; put
(*prose*) into verse; *v/i.* versify; write
poetry.

version [vɛr'sjɔ̃] *f* version; *school:*
translation into one's own language.

verso [vɛr'so] *m* verso, back (*of a sheet
of paper*); *au* ~ overleaf, on the back.

vert, verte [vɛːr, vɛrt] 1. *adj.* green;
unripe (*fruit*); sharp, young (*wine*);
raw (*hide*); callow (*youth*); hale and
hearty (*old man*); *fig.* severe (*reprimand, punishment*); sharp (*reply*);
smutty, spicy (*story*); haricots *m/pl.*
~s French beans; *langue f* ~e slang; *en
dire* (*or raconter*) *des* ~*es* (*et de pas
mûres*) tell some spicy things; 2.
su./m colour, ◔ *a. min.:* green;
(green) grass; *golf:* putting-green;
wine: sharpness; *inv.* when used
adjectivally in compounds: *une robe* ~
foncé a dark green dress; *des rideaux* ~
olive olive-green curtains; ~**-de-gris**
[vɛrdə'gri] *m* verdigris; ~**-de-grisé,
e** [~gri'ze] coated *or* covered with
verdigris.

vertébral, e, *m/pl.* **-aux** [vɛr-
te'bral, ~'bro] vertebral; *colonne f*
~*e* spine, backbone, spinal column;
vertèbre *anat.* [~'tɛːbr] *f* vertebra;
vertébré, e *zo.* [~te'bre] *adj., s.
su./m* vertebrate.

vertement [vɛrtə'mɑ̃] *adv.* sharply,
sternly.

vertical, e, *m/pl.* **-aux** [vɛrti'kal,
~'ko] 1. *adj.* vertical; perpendicular;
upright; 2. *su./f* ⚕ vertical; **verti-
calité** [~kali'te] *f* perpendicularity,
uprightness.

verticille ⚘ [vɛrti'sil] *m* verticil,
whorl; **verticillé, e** ⚘ [~si'le] ver-
ticillate, whorled.

vertige [vɛr'tiːʒ] *m* giddiness, dizziness, vertigo; fear of heights; *avoir
le* ~ feel dizzy; *cela me donne le* ~
it makes me (feel) dizzy; **vertigi-**

neux, -euse [~tiʒi'nø, ~'nøːz] dizzy,
giddy (*hight, speed*); breathtaking;
vertigo *vet.* [~ti'go] *m* (blind) staggers *pl.*

vertu [vɛr'ty] *f* virtue; chastity;
virtuous woman; *substance:* property; *en* ~ *de* by virtue of; because
of; in accordance with; thanks to;
faire de nécessité ~ make a virtue of
necessity; **vertueux, -euse** [~'tyø,
~'tyøːz] virtuous; chaste (*woman*).

verve [vɛrv] *f* (witty) eloquence; †
zest, verve, spirits *pl.*, F go; *être en* ~
have got going, be in brilliant form.

verveine ⚘ [vɛr'vɛn] *f* verbena,
vervain.

vésanie † [veza'ni] *f* insanity; madness.

vesce ⚘ [vɛs] *f* vetch, tare.

vésicant, e ☀ [vezi'kɑ̃, ~'kɑ̃ːt] *see*
vésicatoire 1; **vésicatoire** ☀ [~ka-
'twaːr] 1. *adj.* vesicatory, blistering;
2. *su./m* blister, vesicatory; **vésicu-
laire** ⚘, *zo.* [~ky'lɛːr] vesicular (*a.
☀*); bladder-like; **vésicule** [~'kyl] *f
anat. etc.* vesicle, bladder (*a. icht.*);
metall. blister; *anat.* ~ *biliaire* gall
bladder.

vespasienne [vɛspa'zjɛn] *f* street
urinal.

vespéral, e, *m/pl.* **-aux** [vɛspe'ral,
~'ro] 1. *adj.* evening-...; 2. *su./m eccl.*
vesperal.

vesse *sl.* [vɛs] *f* silent fart; ~**-de-loup,**
pl. ~**s-de-loup** ⚘ [~də'lu] *f* puffball.

vessie [vɛ'si] *f anat., a. foot.* bladder;
F blister (*filled with serum*); ☀ ~ *à
glace* ice-bag; *icht.:* ~ *natatoire* air-
bladder, swim(ming)-bladder; *fig.
prendre des* ~*s pour des lanternes*
believe that the moon is made of
green cheese, not to know chalk
from cheese.

vestale [vɛs'tal] *f* vestal (virgin).

veste *cost.* [vɛst] *f* short jacket; *fig.
remporter une* ~ fail; *fig., pol. etc.
retourner sa* ~ turn one's coat,
change sides *or* one's party; **vestiaire** [vɛs'tjɛːr] *m thea. etc.* cloak-
room, *Am.* check-room; hat-and-
coat rack; 🚇 robing-room; 🎭, *sp.
etc.* changing-room.

vestibule [vɛsti'byl] *m* (entrance-)
hall; vestibule (*a. anat.*).

vestige [vɛs'tiːʒ] *m* relic, remnant,
vestige.

veston [vɛs'tɔ̃] *m cost.* (man's) jacket;
⚓ monkey-jacket; *complet m* ~

vicieux

lounge suit; **être en** ~ wear a lounge suit.

vêtement [vɛt'mɑ̃] m garment; ~s pl. clothes; dress sg.; eccl. vestments; ~s pl. de dehors outdoor things; ~s pl. de dessous underwear; ~s pl. de deuil mourning suit; window's weeds.

vétéran [vete'rɑ̃] m ✕ etc. veteran; school etc.: pupil repeating a course.

vétérinaire [veteri'nɛːr] **1.** adj. veterinary; **2.** su./m veterinary surgeon, F vet, Am. veterinarian.

vétillard m, e f † [veti'jaːr, ~'jaːrd] see vétilleur, -euse; **vétille** [~'tiːj] f trifle; **vétilleur** m, **-euse** f [~'jœːr, ~'jøːz] quibbler; niggler; **vétilleux, -euse** [~'jø, ~'jøːz] punctilious, particular (person).

vêtir [vɛ'tiːr] (2g) v/t. clothe, dress (in, de); se ~ dress o.s. (in, de); put on one's clothes.

veto [ve'to] m/inv. veto; **droit m de** ~ power of veto; **mettre son** ~ **à** veto (s.th.).

vêts [vɛ] 1st p. sg. pres. of vêtir; **vêtu, e** [ve'ty] p.p. of vêtir; **vêture** [~'tyːr] f † clothing; † clothes pl.; eccl. taking of the habit (monk) or of the veil (nun).

vétuste [ve'tyst] timeworn; decrepit; **vétusté** [~tys'te] f decrepitude.

veuf, veuve [vœf, vœːv] **1.** adj. widowed; être (or rester) ~ de q. be left s.o.'s widow(er); bereft of; **2.** su./m widower; su./f widow; orn. widowbird, whidah-bird.

veuille [vœj] 1st p. sg. pres. sbj. of vouloir 1.

veule [vøːl] feeble, flabby (person etc.); drab (life); toneless, flat (voice); ⚘ sickly (plant).

veulent [vøːl] 3rd p. pl. pres. of vouloir 1.

veulerie [vøl'ri] f person etc.: listlessness, flabbiness; life: drabness; dullness; voice: flatness.

veuvage [vœ'vaːʒ] m woman: widowhood; man: widowerhood.

veux [vø] 1st p. sg. pres. of vouloir 1.

vexant, e [vɛk'sɑ̃, ~'sɑ̃ːt] annoying, upsetting; **vexateur, -trice** [vɛksa-'tœːr, ~'tris] **1.** adj. vexatious; **2.** su. vexer; **vexation** [~'sjɔ̃] f humiliation; harassing, harassment; **vexatoire** [~'twaːr] humiliating; harassing; **vexer** [vɛk'se] (1a) v/t. upset, annoy; se ~ get upset or annoyed; se ~ become vexed or annoyed or chagrined (at, de).

via [vi'a] prp. before place-name: via, by way of.

viabilité [vjabili'te] f viability; road: practicability; **viable** [vjabl] viable.

viaduc [vja'dyk] m viaduct.

viager, -ère [vja'ʒe, ~'ʒɛːr] **1.** adj. for life; life ...; rente f ~ère life annuity; rentier m ~ annuitant; **2.** su./m life income; en ~ as life income.

viande [vjɑ̃ːd] f meat; F substance; ~ fraîche (frigoriffiée) fresh (frozen or chilled) meat; ~s pl. froides restaurant: cold buffet; conserve f de ~ preserved meat. [(deer).⟩
viander hunt. [vjɑ̃'de] (1a) v/i. graze⟩
viatique [vja'tik] m eccl. viaticum, last sacrament; fig. money or provisions pl. for a journey; fig. resource.

vibrant, e [vi'brɑ̃, ~'brɑ̃ːt] vibrating; fig. ringing, resonant (voice, tone); fig. rousing (speech); **vibrateur** ⚡ [vibra'tœːr] m buzzer, vibrator; **vibration** [~'sjɔ̃] f vibration; ⚡ flutter(ing); voice: resonance; **vibrer** [vi'bre] (1a) v/i. vibrate; ⚡ appel m vibré buzzer call; faire ~ make (s.th.) vibrate; fig. thrill; **vibreur** ⚡ [~'brœːr] m vibrator, make-and-break; buzzer.

vibromasseur ⚡ [vibrɔma'sœːr] m massage: vibrator.

vicaire [vi'kɛːr] m parish: curate, assistant priest; † deputy; ~ de Jésus-Christ the Vicar of Christ, the Pope; ~ général, grand ~ vicar-general; **vicariat** eccl. [~ka'rja] m curacy; vicariate.

vice [vis] m vice; defect, fault; ~ de conformation defect in build; malformation; ⚖ ~ de forme legal flaw; ~ propre inherent defect.

vice-... [vis] vice-...; ~**consul** [~kɔ̃-'syl] m vice-consul; ~**président** [~prezi'dɑ̃] m vice-president; ~**roi** [~'rwa] m viceroy.

vichy [vi'ʃi] m vichy water.

viciateur, -trice [visja'tœːr, ~'tris] vitiating; fig. contaminating; **viciation** [~'sjɔ̃] f vitiation (a. ⚖); air: contamination; fig. morals etc.: corruption; **vicier** [vi'sje] (1o) v/t. vitiate (a. ⚖); corrupt, taint, spoil; air m vicié stale or foul air; se ~ become tainted; **vicieux, -euse** [~'sjø, ~'sjøːz] vicious (a. fig. circle); depraved (person); defective; faulty (expression, reasoning); restive, bad-tempered (horse).

vicinal, e, *m/pl.* **-aux** [visi'nal, ~'no] local, by(-*road*).

vicissitude [visisi'tyd] *f* vicissitude; ~**s** *pl.* ups and downs.

vicomte [vi'kõ:t] *m* viscount; **vi-comté** [vikõ'te] *f* viscountcy; viscounty; **vicomtesse** [~'tɛs] *f* viscountess.

victime [vik'tim] *f* victim (*a. fig.*); *disaster:* casualty; **être** ~ **de** be a or the victim of; be down with (*bronchitis*); *fig.* labo(u)r under (*a delusion etc.*).

victoire [vik'twa:r] *f* victory; **remporter la** ~ gain a or the victory (over, *sur*); win the day; **victoria** [~tɔ'rja] *su./f carriage:* Victoria; *su./m:* ♀ *regia* victoria regia, watermaize; **victorieux, -euse** [~tɔ'rjø, ~'rjø:z] victorious (over, *de*); triumphant (over, *de*); *fig.* decisive (*proof*).

victuailles F [vik'tɥɑ:j] *f/pl.* eatables, victuals.

vidage [vi'da:ʒ] *m* emptying; F *fig.* dismissal; **vidange** [~'dɑ̃:ʒ] *f* emptying; draining; *mot.* oil change; ~**s** *pl.* sewage *sg.*; **en** ~ broached (*cask*), opened (*bottle*); *mot.* **faire la** ~ change the oil; **vidanger** [vidɑ̃'ʒe] (1l) *v/t.* empty; drain; clean out; **vidangeur** [~'ʒœ:r] *m* nightman; **vide** [vid] 1. *adj.* empty; blank (*space*); *fig.* vain; ~ **de sens** (*de*)void of meaning; **avoir le cerveau** ~ feel light-headed (*from lack of food*); 2. *su./m* (empty) space; blank (*in document*); gap (*between objects, a. fig.*); *phys.* vacuum; space; *fig.* vacancy, emptiness; *fig.* nothingness; **à** ~ empty; ∉ no-load; ✝ **emballé sous** ~ vacuum-packed; **frapper à** ~ miss (the mark, the nail, *etc.*); ⊕ **marcher à** ~ run light; *mot.* **tourner à** ~ tick over, idle; **vide-bouteille** [~bu'tɛ:j] *m* siphon; ✝ country-lodge; **vide-citron** [~si'trõ] *m* lemon-squeezer.

vidéo [vide'o] 1. *adj.* video(-)...; 2. *su./f* video; videofrequency; **vidéophone** [~'fɔn] *m* videophone.

vide-ordures [vidɔr'dy:r] *m/inv.* rubbish shoot; **vide-poches** [~'pɔʃ] *m/inv.* tidy; *mot.* glove compartment; **vide-pomme** [~'pɔm] *m/inv.* apple corer; **vider** [vi'de] (1a) *v/t.* empty; drain; clear out; clear (*a forest*); *fig.* exhaust; F *fig.* dismiss, sack (*s.o.*); F chuck (*s.o.*) out; gut, clean (*fish*); draw (*poultry*); stone (*fruit*), core (*an apple*); bail out (*a*

boat); *fig.* settle (*an argument, a question*); ✝ make up (*accounts*); ~ **les arçons** be thrown (*from a horse*); **videur** [~'dœ:r] *m* F bouncer.

vidimer [vidi'me] (1a) *v/t.* attest (*a copy*); **vidimus** [~'mys] *m* vidimus, attested copy.

viduité [vidɥi'te] *f* widowhood.

vidure [vi'dy:r] *f poultry:* entrails *pl.*, *fish:* guts *pl.*; ~**s** *pl.* rubbish *sg.*

vie [vi] *f* life; lifetime; way of life; livelihood, living; biography; *fig.* animation, spirit; ~ **moyenne** expectation of life; ⊕ ~ **utile** *machine:* life; **à** ~ **for life;** **de ma** ~ in all my life; **donner la** ~ **à** give birth to (*a child, fig. a project*); **être en** ~ be alive; **F jamais de la** ~**!** never!; **F not on your life!**; **sans** ~ lifeless.

vieil [vjɛ:j] *see* **vieux** 1; **vieillard** [vjɛ'ja:r] *m* old man; ~**s** *pl.* old people; **vieille** [vjɛ:j] *see* **vieux**; **fille** *f* old maid, spinster; **vieillerie** [vjɛj'ri] *f* old clothes *pl.*; old stuff (= *furniture etc., a. fig.*); *fig.* outdated ideas; **vieillesse** [vjɛ'jɛs] *f* old age; *coll.* old people *pl.*; *fig.* custom, wine, *etc.*: age; **vieillir** [~'ji:r] (2a) *v/t.* age; *v/i.* grow old; age; *fig.* go out of fashion; **vieillissement** [~jis'mɑ̃] *m* ageing; *fig.* obsolescence; **vieillot, -otte** [~'jo, ~'jɔt] oldish; wizened (*face*); *fig.* old-fashioned.

vielle ♪ ✝ [vjɛl] *f* hurdy-gurdy.

viendrai [vjɛ̃'drɛ] *1st p. sg. fut. of* **venir**; **viennent** [vjɛn] *3rd p. pl. pres. of* **venir**; **viens** [vjɛ̃] *1st p. sg. pres. of* **venir**.

vierge [vjɛrʒ] 1. *su./f* virgin, maiden; *astr.* **la** ♀ Virgo, the Virgin; 2. *adj.* virgin (*forest, gold, soil*); *fig.* clean, spotless, pure; blank (*page*); *phot.* unexposed (*film*); ~ **de** clear of.

vieux (*adj.* **before vowel or h mute vieil**) *m*, **vieille** *f*, *m/pl.* **vieux** [vjø, vjɛ:j, vjø] 1. *adj.* old; aged; ~ **jeu** old-fashioned; 2. *su./m* old man; old things *pl.*; **mon** ~**!** old boy!; **prendre un coup de** ~ grow old overnight; *su./f* old woman.

vif, vive [vif, vi:v] 1. *adj.* alive, living; *fig.* lively (*imagination*); brisk (*action, discussion, fire, game, pace*); sharp (*wind*); bright (*colour*); quick (*temper, wit*); **de vive force** by main force; **eau** *f* **vive** running water; **vive arête** sharp edge; **vives**

eaux pl. spring tide sg.; **2.** su./m
ɪ̃ɬ̃ living person; living flesh; paint.
life; fig. fight: thick, heart; blesser
au ~ wound to the quick; entrer dans
le ~ du sujet get to the heart of the
matter; pris sur le ~ taken from (real)
life; lifelike; **vifargent** [vifar'ʒɑ̃] m
quicksilver, mercury.

vigie [vi'ʒi] f look-out (post).

vigilamment [viʒila'mɑ̃] adv. of vigilant; **vigilance** [~'lɑ̃:s] f vigilance;
caution; **vigilant, e** [~'lɑ̃, ~'lɑ̃:t]
vigilant, watchful, alert; **vigile** [vi-
'ʒil] su./f eccl. vigil; su./m watchman.

vigne [viɲ] f ♀ vine; ♂ vineyard; ♀ ~
blanche clematis; ♀ ~ de Judée woody
nightshade; ♀ ~ vierge Virginia
creeper; cep m de ~ vinestock; fig.
dans les ~s du Seigneur in one's cups
(= drunk); **vigneron** [viɲə'rɔ̃] m
wine-grower; vine-dresser; **vignette** [~'nɛt] f vignette; ♱ manufacturer's label; typ. engraving; admin.
packet of cigarettes etc.: revenue band
or seal; mot. (a. ~ de l'impôt) approx.
road tax disc; **vignettiste** [viɲe'tist]
m vignettist; **vigneture** [viɲə'ty:r] f
ornamental border of vine-leaves
(round miniatures); **vignoble** [vi-
'ɲɔbl] **1.** su./m ♂ vineyard; vineyards
pl. (of a region); **2.** adj. wine ...

vigogne zo., a. tex. [vi'gɔɲ] f vicuña.

vigoureux, -euse [vigu'rø, ~'rø:z]
vigorous, strong; powerful (blow);
fig. energetic; **vigueur** [~'gœ:r] f
vigo(u)r, strength; fig. force; en ~ in
force; entrer (mettre) en ~ come (put)
into force.

vil, vile [vil] base (a. metal), vile; à ~
prix at a low price, F dirt cheap.

vilain, e [vi'lɛ̃, ~'lɛn] **1.** adj. ugly;
nasty, unpleasant; dirty (trick); fig.
mean (person, deed); **2.** su. blackguard, villain; † villein; F naughty
child; su./m F fig. trouble.

vilebrequin [vilbrə'kɛ̃] m ⊕ brace
(and bit); wimble; ⊕, mot. crank-
shaft.

vilenie [vil'ni] f meanness; fig.
abuse; vile story; dirty trick; mean
action.   [ify: run (s.o.) down.⟨
vilipender [vilipɑ̃'de] (1a) v/t. vili-⟩

villa [vi'la] f villa; country-house;
cottage; **village** [~'la:ʒ] m village;
villageois, e [~la'ʒwa, ~'ʒwa:z]
1. adj. rustic, country-...; **2.** su. villager; su./m countryman; su./f countrywoman.

ville [vil] f town, city; ~ maritime
town on the sea, seaside town; ~
natale hometown; à la ~ in town (=
not in the country); aller à la ~ go (in)to
town; dîner en ~ dine out; en ~ post:
Local.

villégiature [vileʒja'ty:r] f stay in
the country; holiday (away from
town); en ~ on holiday.

vin [vɛ̃] m wine; ~ chaud mulled wine;
~ de marque vintage wine; ~ de pays
local wine; ~ ordinaire table or dinner
wine; grand ~ wine from a famous
vineyard; vintage wine; gros (petit) ~
full-bodied or heavy (light) wine;
offrir un ~ d'honneur à give an official
reception in hono(u)r of; entre deux
~s slightly tipsy; **vinage** [vi'na:ʒ] m
wine etc.: fortifying; **vinaigre**
[~'nɛ:gr] m vinegar; tourner au ~ turn
sour (a. fig.); **vinaigrer** [vinɛ'gre]
(1a) v/t. season with vinegar; fig. give
an acid edge to; **vinaigrerie** [~grə-
'ri] f vinegar factory or trade;
vinegar-making; **vinaigrette** cuis.
[~'grɛt] f vinegar sauce; French
dressing, oil and vinegar dressing;
vinaigrier [~gri'e] m vinegar-
maker; vinegar-merchant; vinegar-
cruet; **vinasse** [~'nas] f poor, thin
wine, F plonk; 🜹 residuary liquor.

vindicatif, -ve [vɛ̃dika'tif, ~'ti:v]
vindictive; spiteful; ɪ̃ɬ̃ punitive;
vindicte [~'dikt] f ɪ̃ɬ̃ prosecution;
F fig. obloquy.

vinée [vi'ne] f wine-crop, vintage;
♀ fruit-branch of a vine; **viner** ⊕
[~'ne] (1a) v/t. fortify (wine etc.);
vineux, -euse [~'nø, ~'nø:z] vinous;
wine-flavo(u)red; wine-colo(u)red;
full-bodied (wine); vintage (year).

vingt [vɛ̃; before vowel and h mute,
and when followed by another numeral vɛ̃:t] adj./num., a. su./m/inv.
twenty; date, title: twentieth;
~ et un twenty-one; ~-deux
twenty-two; **vingtaine** [vɛ̃'tɛn] f
(about) twenty; score; **vingtième**
[~'tjɛm] adj./num., a. su./m fraction: twentieth.

vinicole [vini'kɔl] wine-growing;
viniculture [~kyl'ty:r] f viniculture, wine-growing; **vinification**
⊕ [~fika'sjɔ̃] f vinification; **vinique**
[vi'nik] vinic (alcohol etc.); **vino-
sité** [~nozi'te] f wine: flavo(u)r and
strength, vinosity.

vins [vɛ̃] 1st p. sg. p.s. of venir.

viol 🗲 [vjɔl] *m* rape; violation.

violacé, e [vjɔla'se] 1. *adj.* purplish-blue; blue (*person*); 2. *su./f:* ♀ ~s *pl.* violaceae; **violacer** [~] (1k) *v/i.* become covered with purplish spots; become purplish.

violateur, -trice [vjɔla'tœːr, ~'tris] *su.* violator (*a. fig.*); *fig.* breaker (*of law, Sabbath, etc.*); *su./m* † 🗲🗲 ravisher; **violation** [~'sjɔ̃] *f* violation (*a. fig.*); *fig.* breach; *Sabbath:* breaking; ~ de domicile violation of privacy (*of one's home*).

violâtre [vjɔ'lɑːtr] purplish.

viole ♪ [vjɔl] *f* † viol; ~ d'amour viola d'amore.

violemment [vjɔla'mɑ̃] *adv.* of violent; **violence** [~'lɑ̃ːs] *f* violence, force; 🗲🗲 duress; *faire ~ à* do violence to (*a. fig.*); violate (*a woman*); **violent, e** [~'lɑ̃, ~'lɑ̃ːt] violent (*a. death*); fierce; *fig.* intense; *F ça c'est un peu ~!* that's a bit thick!; **violenter** [~lɑ̃'te] (1a) *v/t.* do violence to; 🗲🗲 rape, ravish (*a woman*); **violer** [~'le] (1a) *v/t.* violate; *fig.* break; 🗲🗲 rape, ravish (*a woman*).

violet, -ette [vjɔ'lɛ, ~'lɛt] 1. *adj.* violet, purple; *inv. in compounds:* ~ évêque bishop's-purple; ~ de colour: violet; *su./f* ♀ violet; *sl. faire sa* ~ play the shrinking violet.

violon [vjɔ'lɔ̃] *m* ♪ instrument, *a.* player: violin; *F* fiddle; ⊕ fiddle-block; *F* jail, *sl.* quod, clink; *fig.* ~ d'Ingres (*artistic*) hobby; *fig. aller plus vite que les* ~s jump the gun; **violoncelle** ♪ [~lɔ̃'sɛl] *m* (violon)cello; cellist; **violoncelliste** ♪ [~lɔ̃se'list] *su.* (violon)cellist; **violoniste** ♪ [~lɔ'nist] *su.* violinist.

viorne ♀ [vjɔrn] *f* viburnum.

vipère [vi'pɛːr] *f* zo. viper, adder; *fig. langue f de* ~ venomous tongue; **vipéridés** zo. [viperi'de] *m/pl.* viperidae, viper family *sg.*; **vipérin, e** [~'rɛ̃, ~'rin] 1. *adj.* viperine; *fig.* venomous (*tongue*); 2. *su./f* zo. viperine snake; ♀ viper's bugloss.

virage [vi'raːʒ] *m* turning; *road etc.:* turn, bend, corner; 🖎, *mot., etc.* sweeping round; 🖎 bank(ing); *sp. racing-track:* bank(ed corner); *mot.* turning space; ⚓ going about; *phot.* toning; *tex.* changing of colo(u)r; 🕂 reversal; *fig.* change (*of direction or policy*); ~ à droite right turn; right-hand bend; ~ à

visibilité réduite blind corner; *prendre un* ~ take a corner; ~**-fixage, pl.** ~**s-fixages** *phot.* [~raʒfik'saːʒ] *m* combined toning and fixing.

viral, e *m/pl.* -**aux** [vi'ral, ~'ro] viral; virus (*disease*); infectious.

vire [viːr] *f* winding mountain track.

virée [vi're] *f* trip, tour; joyride; **virement** [vir'mɑ̃] *m* ⚓ turn, *a. fig.:* turn; 🕂 transfer; *banque f de* ~ clearing bank; **virer** [vi're] (1a) *v/i.* turn; *mot.* (take a) corner; 🖎 bank; ⚓ heave; *phot.* tone; change colo(u)r; ~ au bleu turn blue; *v/t.* 🕂 transfer (*money*); *phot.* tone; *F* chuck (*s.o.*) (out).

vireux, -euse [vi'rø, ~'røːz] noxious, poisonous; malodorous, *F* stinking.

virevolte [vir'vɔlt] *f* half turn; spinning round; *fig.* sudden change, about-turn; **virevolter** [~vɔl'te] (1a) *v/i.* spin round.

virginal, e, *m/p.* -**aux** [virʒi'nal, ~'no] 1. *adj.* virginal, maidenly; 2. *su./m* ♪ virginal; **virginité** [~ni'te] *f* virginity; maidenhood.

virgule [vir'gyl] *f* gramm. comma; 𝔸 (decimal) point.

viril, e [vi'ril] *m* male (*clothing, sex*); *fig.* manly; virile; *âge m* ~ manhood; *anat.* membre *m* ~ penis; **viriliser** [virili'ze] (1a) *v/t.* make (*s.o.*) look like a man; make a man of (*s.o.*); **virilité** [~'te] *f* virility; manliness, manhood.

viro-fixateur *phot.* [virɔfiksa'tœːr] 1. *adj./m* toning and fixing; 2. *su./m* toning and fixing bath.

virole [vi'rɔl] *f* ⊕ handle, stick, tube: ferrule; ⊕ machine: collar; *pipes:* thimble-joint; **viroler** [~rɔ'le] (1a) *v/t.* ferrule.

virtualité [virtɥali'te] *f* potentiality; virtuality; **virtuel, -elle** [~tɥ'ɛl] potential; virtual; **virtuellement** [~tɥɛl'mɑ̃] *adv.* potentially; virtually, practically.

virtuose [vir'tɥoːz] *su.* virtuoso; **virtuosité** [~tɥozi'te] *f* virtuosity.

virulence 🞰, *a. fig.* [viry'lɑ̃ːs] *f* virulence; **virulent, e** 🞰, *a. fig.* [~'lɑ̃, ~'lɑ̃ːt] virulent; **virus** 🞰 [vi'rys] *m* virus (*a. fig.*); *fig.* plague; *fig.* mania; ~ filtrant filterable virus; *maladie f à* ~ virus disease.

vis¹ [vis] *f* screw; ~ de rappel adjusting screw; ~ sans fin endless screw; *pas m*

de~ thread of screw; F *fig.* serrer la~ *à q.* put the screw on s.o.

vis² [vi] *1st p. sg. pres. of* vivre 1.

vis³ [~] *1st p. sg. p.s. of* voir.

visa [vi'za] *m passport:* visa; *document:* signature; *supervisor etc.:* initials *pl.*; *cheque:* certification; *bill:* sighting; ~ *d'entrée* entry visa; ~ *de sortie* exit visa; ~ *de transit* transit visa.

visage [vi'za:ʒ] *m* face; countenance; *à* ~ *découvert* openly; *fig. à* ~ *humain* humane, fit for human beings; *faire bon (mauvais)* ~ *à* be friendly (unfriendly) towards, smile (frown) on (*s.o.*); F *trouver* ~ *de bois* find nobody at home; meet with a closed door; **visagiste** [viza'ʒist] *su.* beautician.

vis-à-vis [viza'vi] **1.** *adv.* opposite; **2.** *prp.:* ~ *de* opposite, facing; *fig.* in relation to, with respect to; **3.** *su./m* person opposite; partner (*at cards etc.*); S-shaped couch.

viscéral, e, *m/pl.* **-aux** *anat.* [vise'ral, ~'ro] visceral; **viscère** *anat.* [~'sɛ:r] *m* internal organ; ~s *pl.* viscera.

viscose ⚗, ⊕, ⚕ [vis'ko:z] *f* viscose; **viscosité** [~kozi'te] *f* viscosity; stickiness.

visée [vi'ze] *f* aim (*a. fig.*); ✕, *surv.* aim(ing); sight(ing); ~s *pl.* aims, designs.

viser¹ [vi'ze] (1a) *v/i.* aim (at, *à*) (*a. fig.*); *v/t.* aim at (*a. fig.*); *surv.* sight; *fig.* relate to, have (*s.th.*) in view; *fig.* refer to (*s.o.*), allude to (*s.o.*); *sl.* (take a) look at; ~ *q. à la tête* aim at s.o.'s head.

viser² [~] (1a) *v/t.* visa (*a passport*); initial, sign (*a document*); certify (*a cheque*); 🚂 stamp (*the ticket when a journey is broken*).

viseur [vi'zœ:r] *m gun:* sights *pl.*; *phot.* view-finder.

visibilité [vizibili'te] *f* visibility; conspicuousness (*of s.th.*); **visible** [~'zibl] visible; *fig.* evident, obvious; *fig.* able to receive (company), at home (to visitors) (*person*).

visière [vi'zjɛ:r] *f helmet:* visor; *cap:* peak; eyeshade; ⊕ inspection-hole; *fig. rompre en* ~ *avec q.* contradict s.o. flatly; quarrel openly with s.o.

vision [vi'zjɔ̃] *f* vision (*a. eccl.*); sight; *fig.* fantasy; phantom; imagination; *trouble m de la* ~ eyesight trouble; **visionnaire** [~zjɔ'nɛ:r] *adj., a. su.* visionary.

visitation *eccl.* [vizita'sjɔ̃] *f: la* ♀ (the Feast of the) Visitation; **visite** [~'zit] *f* visit (*a. ⚕*); (*social or ceremonial*) call; *admin.* inspection; *customs:* examination; ⚕ medical examination; ⚖️ search; ⚖️ ~ *domiciliaire* domiciliary visit; *heures f/pl. de* ~ calling hours; *hospital:* visiting hours; *rendre* ~ *à q. (s.o.)* pay a visit; **visiter** [vizi'te] (1a) *v/t.* visit; *admin.* inspect, examine; ⚖️ search; *customs:* examine; ⊕, *admin., etc.* inspector; *customs:* searcher; ⚕ representative; *su./f:* ~*euse de santé* health visitor.

vison [vi'zɔ̃] *m zo.* (American) mink; ✝ mink.

visqueux, -euse [vis'kø, ~'kø:z] viscous; sticky; gooey, slimy (*a. fig.*).

vissage ⊕ [vi'sa:ʒ] *m* screwing (on or down); **visser** [~'se] (1a) *v/t.* screw (on, down, in, *etc.*); F clamp down on.

visualiser [vizɥali'ze] (1a) *v/t.* visualize; make visible; **visuel, -elle** [vi'zɥɛl] visual; *champ m* ~ field of vision.

vital, e, *m/pl.* **-aux** [vi'tal, ~'to] vital (*a. fig. question*); **vitaliser** [vitali'ze] (1a) *v/t.* vitalize; **vitalité** [~'te] *f* vitality.

vitamine [vita'min] *f* vitamin.

vite [vit] **1.** *adv.* quickly, rapidly, fast; soon; **2.** *adj.* fast, swift.

vitellus [vitel'lys] *m* ♀, *biol.* vitellus; *biol.* yolk.

vitesse [vi'tes] *f* speed; quickness; rapidity, swiftness; *phys. bullet, light, sound:* velocity; speed; *mot.* gear; ~ *imposée* prescribed speed; *mot.* ~ *limitée* traffic sign: speed limit, no speeding; *mot. boîte f de* ~s gear-box, *Am.* transmission; *grande (petite)* ~ high (low) speed; *mot. indicateur m de* ~ speedometer; *mot. première (quatrième)* ~ first (fourth) gear; *bottom (top) gear; à toute* ~ at top speed; *en* ~ quickly; in a hurry; *prendre q. de* ~ outrun s.o.

viticole [viti'kɔl] vine-...; viticultural; **viticulteur** [~kyl'tœ:r] *m* vine-grower, viticulturist; **viticulture** [~kyl'ty:r] *f* vine-growing, viticulture.

vitrage [vi'tra:ʒ] *m* windows *pl.*; glass work; glass door; glass partition; glass roof; ⊕ glazing; net curtain; **vitrail**, *pl.* **-aux** [~'tra:j, ~'tro] *m* leaded glass window; *eccl.* stained glass window; **vitre** [vitr] *f* pane (of glass); window-pane; *F* casser les ~s kick up a fuss; **vitré, e** [vi'tre] ⊕ glazed; *♪, anat., etc.* vitreous; **vitrer** [~'tre] (1a) *v/t.* ⊕ glaze (*a door, a window, etc.*); **vitrerie** [~tra'ri] *f* glazing, glaziery; **vitreux, -euse** [~'trø, ~'trø:z] vitreous (*a. ♪*); glassy; **vitrier** [vitri'e] *m* glass maker; ⊕ glazier; **vitrière** [~'ɛ:r] *f* metal window framing; **vitrifiable** [~'fjabl] vitrifiable; **vitrification** [~fika'sjõ] *f* vitrification; **vitrifier** [~'fje] (1o) *v/t.* vitrify; *se ~* vitrify; **vitrine** [vi'trin] *f* shop-window; glass case, showcase, display case.

vitriol 🜍 [vitri'ɔl] *m* vitriol (*a. fig.*); *fig.* au ~ biting, caustic (*remark*); **vitriolé, e** 🜍 [~'le] vitriolized; **vitrioler** [~'le] (1a) *v/t.* vitriolize; throw vitriol at (*s.o.*); *tex.* sour (*fabric*); **vitrioleur** *m*, **-euse** *f* [~'lœ:r, ~'lø:z] vitriol-thrower.

vitupération [vitypera'sjõ] *f* vituperation, abuse; **vitupérer** [~'re] (1f) *v/t.* abuse; ~ *contre* rail against.

vivace [vi'vas] long-lived; ♀ perennial; ♀ hardy; *fig.* enduring; *fig.* inveterate; **vivacité** [~vasi'te] *f* promptness; alertness; *fig.* combat, discussion: heat; *fig.* hastiness; colour, feelings, etc.: vividness; *fig.* liveliness; *horse:* mettle; *avec ~* vivaciously.

vivandier, -ère † [vivã'dje, ~'djɛ:r] *su.* canteen-keeper; *su./f* vivandière.

vivant, e [vi'vã, ~'vã:t] **1.** *adj.* living (*a. fig.*), alive; modern (*language*); *fig.* lively (*scene etc.*); vivid (*account, picture, etc.*); **2.** *su./m*: les ~s the living; *bon ~* man who enjoys life; easy-going fellow; *de son ~* in his lifetime.

vivat [va'vat] **1.** *int.* hurrah!; **2.** *su./m* hurrah; ~s *pl.* cheers.

vive *icht.* [vi:v] *f* weever, sting-fish.

viveur [vi'vœ:r] *m* pleasure-seeker; fast liver.

vivier [vi'vje] *m* fishpond, fish tank.

vivificateur, -trice [vivifika'tœ:r, ~'tris] vivifying; invigorating; **vivi-**

fication [~'sjõ] *f* reviving; **vivifier** [vivi'fje] (1o) *v/t.* vitalize; enliven; give life to; invigorate; **vivipare** [~'pa:r] **1.** *adj.* ♀, *zo.* viviparous; **2.** *su. zo.* viviparous animal; **vivisection** [~sɛk'sjõ] *f* vivisection.

vivoter [vivo'te] (1a) *v/i.* live from hand to mouth; rub *or* struggle along; **vivre** [vi:vr] **1.** (4hh) *v/i.* live (on, de; at, in *à*); be alive; subsist, exist; *fig.* survive, last (*memory etc.*); *F* apprendre à ~ à teach (*s.o.*) manners; *avoir beaucoup vécu* have seen life; *difficile à ~* difficult to get along with; ⚔ qui vive? who goes there?; *qui vivra verra* time will show; *se laisser ~* take life as it comes, take life or things easy; *vive ...!* long live ...!; hurrah for (*s.th.*)!; *v/t.* live (*one's life*); live through (*experiences*); **2.** *su./m* † living; food; ~s *pl.* provisions; ⚔ rations; *le ~ et le couvert* board and bed; *le ~ et le logement* board and lodging.

vizir [vi'zi:r] *m* vizi(e)r.

vlan!, v'lan! [vlã] *int.* slap-bang!

vocable [vo'kabl] *m* word, term; *eccl.* sous le ~ de dedicated to; **vocabulaire** [~kaby'lɛ:r] *m* vocabulary; word-list.

vocal, e, *m/pl.* **-aux** [vɔ'kal, ~'ko] vocal (*a. anat., a. ♪*); **vocalique** *gramm.* [vɔka'lik] vocalic, vowel-...; **vocalisation** *gramm., a. ♪* [~liza'sjõ] *f* vocalization; **vocalise** ♪ *f* [~'li:z] *f* exercise in vocalization; *faire des ~s* vocalize; **vocaliser** *gramm., a. ♪* [~li'ze] (1a) *vt/i.* vocalize; **vocalisme** *gramm., a. ♪* [~'lism] *m* vocalism; **vocation** [~'sjõ] *f* vocation.

vociférations [vɔsifera'sjõ] *f/pl.* shouts, yells; outcries; **vociférer** [~'re] (1f) *v/i.* shout, yell, scream (at, *contre*); vociferate (against, *contre*).

vodka [vɔd'ka] *f* vodka.

vœu [vø] *m* vow; *fig.* wish, desire.

vogue [vɔg] *f* fashion, *F* rage, craze; *dial. eccl.* patronal festival); *être en ~* be popular, be in fashion, *F* be in; *entrer (mettre) en ~* come (bring) into fashion.

voguer [vɔ'ge] (1m) *v/i.* sail (*boat, cloud*); float, drift; *fig.* vogue la galère! let's risk *or* chance it!

voici [vwa'si] *prp.* here is, here are; *F* ~*!* look!; ~ *un an que je suis ici* I

have been here for a year; me ~!
here I am!

voie [vwa] *f* way (*a. fig.*), road;
path; *anat.* duct, tract; *fig.* means
pl., course; ⚙ railway, *Am.* railroad;
⚡ circuit; ⚙ (dry, wet, etc.) process; ~ aérienne air-route, airway;
~ de communication road, thoroughfare; line of communication;
⚔ ~ de départ runway; ~s *pl.* de
droit legal channels; ⚖ ~s *pl.* de
fait assault *sg.* and battery *sg.*; *fig.*
~s et moyens ways and means;
⚕ ~s respiratoires respiratory
tract *sg.*; ⚓ ~ d'eau leak; ⚙ à deux
~s double-track (*line*); ⚙ à ~ normale standard-ga(u)ge
(narrow-ga[u]ge) (*line*); ⚙ à ~
unique single-track (*line*); en ~ de
in process of; under (*repair*); par
~ de *fig.* by (means of); ⚙ via;
par ~ ferrée by rail(way).

voilà [vwaˈla] *prp.* there is, there are;
that is, those are; ~! here you are!;
ce que je dis that's what I say; ~ qui est
drôle that's funny; ~ tout that's all; ~
un an que je suis ici I have been here
for a year; en ~ assez! that's enough!;
me ~! here I am!

voilage [vwaˈla:ʒ] *m* net curtain(s
pl.); *tex.* veiling, net; **voile** [vwal]
su./m veil (*a. fig.*, *a. eccl.*); *fig.* cloak;
fig. blur; *tex.* voile; *phot.* fog; ⚙
buckle, warping; *anat.* ~ du palais
soft palate; *sous le* ~ de under the
cloak of; *su./f* ⚓ sail; *fig.* ship; bateau
m à ~s sailing boat; faire ~ set sail (for,
pour); grand-~ mainsail; *F* mettre les
~s clear out; **voiler** [vwaˈle] (1a) *v/t.*
veil (*a. fig.*; *one's voice*); shade, dim (*the
light*); *fig.* cloak, hide; *phot.* fog; ⚙
buckle, warp; ⚓ rig (*a ship*) with
sails; *fig.* voix *f* voilée husky voice; *fig.*
se ~ become overcast (*sky*); *v/i. a.* se ~
⚙ go out of true; warp (*wood*); **voi-
lerie** ⚓ [vwalˈri] *f* sail-making; sail-
loft; **voilette** *cost.* [vwaˈlɛt] *f* (hat-)
veil; **voilier** [~ˈlje] *m* ⚓ sailing ship,
sailing boat; sail-maker; *bâtiment m*
bon-~ good sailer; **voilure** [~ˈly:r] *f* ⚓
sails *pl.*; ⚡ wings *pl.*, wing surface;
⊕ rod, wheel: buckling; *wood*:
warping.

voir [vwa:r] (3m) *v/t.* see; perceive;
watch; observe; remark; witness (*an
incident*); visit; inspect; examine; ⚕
attend (*a patient*); ⚕ consult (*a physician*); *fig.* consider, take a view of

(*s.th.*); *fig.* understand; *fig.* experience, go through (*misfortunes*); *F*
tolerate, stand; ~ à (*inf.*) see to it that
(*ind.*); ~ le jour be born; ~ venir q. see
s.o. coming; *fig.* see what s.o. is up
to; à ce que je vois from what I see;
aller ~ (go and) see (*s.o.*), look (*s.o.*)
up; visit; cela se voit that's obvious;
c'est à ~ that remains to be seen; *F*
écoutez ~ just listen; être bien (mal) vu
de be in s.o.'s good (bad) books; faire
~ show; laisser ~ betray, reveal;
n'avoir rien à ~ avec (or à) have
nothing to do with; ⚕ se faire ~ par le
médecin get examined; venir ~ call on
(*s.o.*).

voire [vwa:r] *adv.* † truly; (*a. ~
même*) (and) even, indeed.

voirie [vwaˈri] *f* highway system;
system of roads; *admin.* Roads
Department, *Am.* Highway Divi-
sion; highway maintenance; refuse
(*Am.* garbage) collection; refuse
(*Am.* garbage) dump.

voisin, e [vwaˈzɛ̃, ~ˈzin] **1.** *adj.* neigh-
bo(u)ring; adjacent; next (*building,
house, room, etc.*); ~ de in the vicinity
of; *fig.* similar to, akin to, approximating to; **2.** *su.* neighbo(u)r; **voisinage** [~ziˈna:ʒ] *m* neighbo(u)rhood;
vicinity; surroundings *pl.*; bon ~
neighbo(u)rliness; **voisiner** [~ziˈne]
(1a) *v/i.* be adjacent, be side by side;
be neighbo(u)rly, be on friendly
terms (with, *avec*).

voiturage † [vwatyˈra:ʒ] *m* carriage,
conveyance; cost of conveyance;
voiture [~ˈty:r] *f* carriage, conveyance, vehicle; *mot.* car, *Am. a.* automobile; † van; † cart; ⚙ coach,
Am. car; † goods *pl.*, *Am.* freight; ⚙
~ à marchandises goods truck, *Am.*
freight car; ~ carénée streamlined car
or *Am.* automobile; ~ de livraison
delivery van; ~ d'enfant perambulator, *F* pram, *Am.* baby carriage; ~ de
place taxi; ~ de remise hired carriage;
~ des quatre saisons costermonger's
barrow; ⚙ ~ directe through carriage; *F* ~-pie radio patrol car; ~
publique public conveyance; ⚙
~-restaurant dining car, diner; en ~!
all aboard!; take your seats!; **voitu-
rée** [~tyˈre] *f* people: carriageful;
goods: cart-load, van-load; **voiturier**
[~tyˈrje] (1a) *v/t.* convey, carry
(*goods*); *fig.* drive; **voiturette** [~ty-
ˈrɛt] *f mot.* baby car; light car; trap;

voiturier, -ère [ˌvɔtyˈrje, ˌˈrjɛːr] **1.** adj. carriageable; carrying; carriage (-drive); **2.** su./m ✝ carrier.

voix [vwa] f voice (a. gramm.; a. ♪); ♪ part; speech; tone; fig. opinion; parl., pol. vote; à haute ~ aloud; à ~ basse softly, in a low voice; pol. aller aux ~ vote; de vive ~ by word of mouth; fig. demeurer sans ~ remain speechless; donner de la ~ give tongue, bark (hounds); mettre qch. aux ~ put s.th. to the vote.

vol¹ [vɔl] m theft, larceny, robbery; ~ à l'américaine confidence trick; ~ à l'étalage shop-lifting; ~ avec effraction housebreaking and larceny.

vol² [vɔl] m orn., ⚔ flying; flight (a. distance, a. fig., a. birds); locusts: swarm; ~ à voile gliding; ~ d'acrobatie stunt flying; ~ de nuit nightflight; ~ habité manned spaceflight; ~ plané ⚔ glide; orn. soaring flight; à ~ d'oiseau as the crow flies; bird's-eye (view); au ~ on the wing; prendre son ⚔ take off; orn. take wing, fly off; **volage** [vɔˈlaːʒ] frivolous, fickle, inconstant.

volaille [vɔˈlaːj] f poultry; cuis. fowl; **volailler** [ˌvɔlɑˈje] m poulterer; poultry-yard.

volant, e [vɔˈlɑ̃, ˌˈlɑ̃ːt] **1.** adj. flying; fig. loose, floating (dress); portable; ⚙ wander(-plug); **2.** su./m game: shuttlecock; ⊕ fly-wheel; ⊕ lathe etc.: hand-wheel; mot. steering-wheel, F wheel; cost. flounce; ✝ ~ de sécurité reserve fund; mot. prendre le ~ drive, take the wheel.

volatil, e [vɔlaˈtil] volatile.

volatile [~] m, a. f fowl; ✝, co. bird, winged creature.

volatiliser [vɔlatiliˈze] (1a) v/t. a. se ~ volatilize.

vol-au-vent cuis. [vɔloˈvɑ̃] m/inv. vol-au-vent (small filled puff-pie).

volcan [vɔlˈkɑ̃] m volcano; **volcanique** [ˌka·ˈnik] volcanic; fig. fiery; **volcanisme** geol. [ˌka·ˈnism] m volcanism. [a slam or vole.]

vole [vɔl] f: faire la ~ cards: make]

volée [vɔˈle] f bird, bullet, stairs: flight; birds: flight, flock; ✗ volley, ♣ broadside; bells: peal; blows etc.: shower; thrashing, hiding; ✗ basse tennis: low volley; ✗ haute tennis: smash; à la ~ in the air; catch etc. in mid air; fig. at random; a. à toute ~ with full force; entre bond et ~ tennis:

on the half-volley; fig. at a lucky moment; ✝ fig. la haute ~ the upper ten pl.; fig. de haute ~ top-flight, topnotch (people).

voler¹ ⚔ [vɔˈle] (1a) vt/i. steal; v/i. rob (s.o.); swindle, cheat (s.o.).

voler² [~] (1a) v/i. ⚔, orn. fly (a. fig.); fig. rush; ~ à voile glide; v/t. hunt. fly (a hawk); fly at (the quarry).

volerie¹ ✝ [vɔlˈri] f robbery; larceny.

volerie² hunt. [~] f hawking.

volet [vɔˈle] m window, a. phot., mot., etc.: shutter; mot. flap; mot. butterfly-valve; ⚡ etc. indicator: disk; sorting-board; fig. trier sur le ~ select (persons) carefully; screen (candidates).

voleter [vɔlˈte] (1c) v/i. orn. flit (a. fig. person); flutter.

voleur, -euse [vɔˈlœːr, ~ˈløːz] **1.** adj. thieving; pilfering; fig. rapacious; **2.** su. thief; (sheep- etc.)stealer; fig. robber; su./m: au ~! stop thief!

volière [vɔˈljɛːr] f aviary; large bird-cage; pigeon-run.

volige △ [vɔˈliːʒ] f batten; lath; roofing-strip; **voliger** △ [ˌliˈʒe] (11) v/t. batten; lath.

volitif, -ve [vɔliˈtif, ~ˈtiːv] volitional; **volition** [~ˈsjɔ̃] f volition.

volontaire [vɔlɔ̃ˈtɛːr] **1.** adj. voluntary; spontaneous; fig. self-willed, obstinate; **2.** su./m ✗ volunteer; **volonté** [~ˈte] f will; will-power; fig. pleasure, desire; ~s pl. (last) will sg. and testament sg.; fig. whims; à ~ at pleasure, at will; en faire à sa ~ have one's own way; montrer de la bonne (mauvaise) ~ show (un)willingness; **volontiers** [~ˈtje] adv. willingly, with pleasure; fig. readily, easily.

volt ⚡ [vɔlt] m volt; **voltage** ⚡ [vɔlˈtaːʒ] m voltage; **voltaïque** ⚡ [~taˈik] voltaic.

voltaire [vɔlˈtɛːr] m Voltaire chair (= high-backed armchair).

volte [vɔlt] f horsemanship, a. fencing: volt; sp. vaulting; ~-face [~ˈfas] f/inv. volte-face; about-face; right-about turn.

voltige [vɔlˈtiːʒ] f horsemanship: trick-riding; sp. exercises pl. on the flying trapeze; leaping-rope; **voltiger** [ˌtiˈʒe] (11) v/i. orn. flit (a. fig.); fly about; flutter; sp. perform on the flying trapeze; horsemanship: do trick-riding; **voltigeur** [ˌti-

'ʒœːr] *m sp.* performer on the flying trapeze (*etc.*); ✗ light infantryman.
volubile [vɔly'bil] ♀ voluble (*a. person*), turning; *fig.* glib; fluent;
volubilis ♀ [~bi'lis] *m* morning glory; **volubilité** [~bili'te] *f* volubility; *fig.* glibness.
volume [vɔ'lym] *m* volume; tome; 𝄢, *phys., etc.*: volume, mass; ♥, ♣ bulk; **volumineux, -euse** [~lymi-'nø, ~'nøːz] voluminous (*a. fig.*); bulky, large.
volupté [vɔlyp'te] *f* (sensual) pleasure; **voluptueux, -euse** [~'tɥø, ~'tɥøːz] **1.** *adj.* voluptuous; **2.** *su.* sensualist.
volute [vɔ'lyt] *f* shell, 𝄢: volute; 𝄢, *a.* 𝄢: violin: scroll; *fig.* smoke *etc.*: curl.
vomique ♀, ✚ [vɔ'mik] *adj.*: noix *f* ~ nux vomica; **vomir** [~'miːr] (2a) *v/t.* vomit; *fig.* belch forth; *v/i.* be sick; ✚ vomit; **vomissement** ✚ [~mis'mɑ̃] *m action:* vomiting; vomit; **vomitif, -ve** ✚ [~mi'tif, ~'tiːv] *adj., a. su./m* emetic.
vont [vɔ̃] *3rd. p. pl. pres. of* aller 1.
vorace [vɔ'ras] voracious; **voracité** [~rasi'te] *f* voracity; avec ~ voraciously.   [(-ring).⟩
vortex [vɔr'tɛks] *m* whorl; vortex⟩
vos [vo] *pl. of* votre.
vosgien, -enne [voz'ʒjɛ̃, ~'ʒjɛn] *of* the Vosges.
votant, e [vɔ'tɑ̃, ~'tɑ̃:t] **1.** *adj.* voting; **2.** *su.* voter; *su./m:* liste *f* des ~s electoral roll; **votation** [~ta'sjɔ̃] *f* voting; **vote** [vɔt] *m* vote; voting; poll, ballot; *parl. bill:* division; passing of a bill, d'une *loi*): result (of the voting *or* ballot); **voter** [vɔ-'te] (1a) *v/i.* vote; *v/t.* vote (*money*); pass (*a bill*); ~ des remerciements à pass a vote of thanks to.
votif, -ve *eccl. etc.* [vɔ'tif, ~'tiːv] votive.
votre, *pl.* **vos** [vɔtr, vo] *adj./poss.* your.
vôtre [voːtr] **1.** *pron./poss.*: le (la) ~, les ~s *pl.* yours; F à la ~ cheerio!; your health! je suis des ~s I am on your side; **2.** *su./m* yours, your own; les ~s *pl.* your (own) people.
voudrai [vu'dre] *1st p. sg. fut. of* vouloir 1.
vouer [vwe] (1p) *v/t.* dedicate, vow, pledge; *fig.* devote (*one's life, one's time*).

vouloir [vu'lwaːr] **1.** (3n) *v/t.* want; need; require; claim; ~ bien be willing; ~ dire mean (to say); se ~ ... want *or* claim to be ...; be meant to be ...; je voudrais ... I would like ...; Dieu veuille que God grant that; je le veux bien I am quite willing; je veux que cela soit I insist that it shall be so; je veux ce soit fait I want this to be done; le moteur ne voulut pas marcher the engine refused to work; sans le ~ unintentionally; veuillez me dire please tell me; *v/i.*: en ~ à bear (*s.o.*) a grudge; have designs on (*s.th.*); **2.** *su./m* will; bon (mauvais) ~ good (ill) will; de son bon ~ of one's own accord; **voulu, e** [~'ly] *p.p. of* vouloir 1;
voulus [~'ly] *1st p. sg. p.s. of* vouloir 1.
vous [vu] **1.** *pron./pers. subject:* you; *object:* you; (to) you; à ~ to you; yours; **2.** *pron./rfl.* yourself, yourselves; **3.** *pron./recip.* each other, one another; **~-même** [~'mɛːm] *pron./rfl.* yourself; ~s *pl.* yourselves.
vousseau 𝄢 [vu'so] *m*, **voussoir** 𝄢 [~'swaːr] *m* arch-stone, voussoir; **voussure** 𝄢 [~'syːr] *f arch:* curve; ceiling *etc.*: arching; **voûte** [vut] *f* 𝄢 arch, vault (*a. fig.*); archway; *anat.* mouth: roof, skull: dome; *fig.* ~ céleste canopy of heaven; ~ en berceau barrel vault(ing); ~ en ogive ogive ogival vault; **voûté, e** [vu'te] 𝄢 vaulted; arched; *anat.* round (*shoulders*); round-shouldered, bent (*person*); **voûter** [~] (1a) *v/t. fig.* bend; *v/t. a. se* ~ vault; arch.
vouvoyer [vuvwa'je] (1h) *v/t.* address (*s.o.*) as vous.
voyage [vwa'ja:ʒ] *m* journey; tour, trip; run (*in a car*); ♣ voyage; ✈ flight; ~ à pied walk; ~ circulaire circular trip; ~ d'affaires business trip; ~ d'agrément pleasure trip; ~ de retour return journey; ~ surprise mystery tour; ~ touristique conducted tour; ... de ~ travelling-...; il est en ~ he is travelling; partir en ~ go on a journey, F go away; **voyager** [~ja'ʒe] (1l) *v/i.* travel (*a.* ✠); (make a) journey; *fig.* get about; *orn.* migrate; il a beaucoup voyagé he has travelled widely;
voyageur, -euse [~ja'ʒœːr, ~'ʒø:z] **1.** *su.* traveller; ♣, ☺, *etc.* passenger; fare (*in a taxi*); ✠ (*a. commis*

m ~) commercial traveller; **2.** *adj.* travelling; migratory (*bird*); **pigeon** *m* ~ homing pigeon, carrier-pigeon.

voyant, e [vwa'jã, ~'jãːt] **1.** *adj.* who can see (*person*); *fig.* loud, gaudy (*colour etc.*); conspicuous (*building, landmark, etc.*); **2.** *su.* sighted person, person who can see; clairvoyant; † seer; *su./m* mark; ⊕ sighting-slit; *surv.* sighting-board.

voyelle *gramm.* [vwa'jɛl] *f* vowel.

voyons [vwa'jɔ̃] *1st p. pl. pres. of* voir.

voyou [vwa'ju] *m* street-arab; hooligan, loafer, *Am.* hoodlum.

vrac [vrak] *m*: ✝ *en* ~ in bulk; loose; *fig.* higgledy-piggledy, in a jumble.

vrai, vraie [vrɛ] **1.** *adj.* true; truthful; sta(u)nch, loyal (*friend*); *fig.* real, genuine; *fig. usu. pej.* downright, regular; F (*pour*) *de* ~ really; in earnest; **2.** *vrai adv.* truly; really; *à* ~ *dire* as a matter of fact; strictly speaking; *dire* ~ tell the truth; ~ *de* ~! F honestly!; *sl.* cross my heart!; **3.** *su./m* truth; *au* ~ really; *être dans le* ~ be right; **vraiment** [~'mã] *adv.* really, truly; indeed;

vraisemblable [~sã'blabl] **1.** *adj.* likely, probable; **2.** *su./m* probability; what is probable; **vraisemblance** [~sã'blãːs] *f* probability, likelihood; *thea.*: verisimilitude; *selon toute* ~ in all probability.

vrille [vriːj] *f* ⊕ gimlet, borer; ♀ tendril; *✈* spin; *✈ tomber en* ~ go into a spin; **vrillé, e** [vri'je] **1.** *adj.* ⊕ bored; ♀ tendrilled, with tendrils; *tex.* twisted, kinked; curled; **2.** *su./f* ♀ bindweed; **vriller** [~'je] (1a) *v/t.* ⊕ bore; *v/i. tex.* twist, kink; snarl; ascend in a spiral (*rocket etc.*); **vrillette** *zo.* [~'jɛt] *f* death-watch beetle.

vrombir [vrɔ̃'biːr] (2a) *v/i.* buzz (*insect, engine*); ⊕, *✈* hum (*a. top*); throb; **vrombissement** [~bis'mã] *m insect, engine*: buzz(ing); ⊕, *✈*, *top*: hum(ming); ⊕ throb(bing); *mot.* purr(ing).

vu, vue [vy] **1.** *p.p. of* voir; **2.** *vu*

prp. considering, seeing (that, *que*); *~ que a.* since; *➚* whereas; **3.** *su./m* sight; *au* ~ *de tous* openly; *au* ~ *et au su de tous* to everybody's knowledge.

vue [~] *f* sight; eyesight; appearance, look; view; purpose, intention; idea, notion; *cin.* (lantern)slide; *à* ~ *✍*, *✝* at sight; free-hand (*drawing*); *à* ~ *de* within sight of; *à* ~ *d'œil* visibly; *fig.* roughly, at a rough estimate; *à la* ~ *de* in the or at the sight of; *à première* ~ at first sight; *✝ à trois jours de* ~ three days after sight; *fig. avoir des* ~*s sur* have one's eye(s) on; *avoir en* ~ have in mind; have it in mind (*to do*); *avoir la* ~ *courte* be shortsighted; *avoir* ~ *sur* look out on, face; *connaître q. de* ~ know s.o. by sight; *en* ~ in sight; *fig.* conspicuous; *fig.* prominent (*person*); *en* ~ *de* with a view to; for the purpose of; in order to; *garder q. à* ~ keep a close watch on s.o.; *perdre de* ~ lose sight of; *point m de* ~ point of view; *prise f de* ~*s* photography; *cin.* film-shooting.

Vulcain [vyl'kɛ̃] *m astr., myth.* Vulcan; *zo.* ♀ red admiral; **vulcaniser** ⊕ [~kani'ze] (1a) *v/t.* vulcanize, cure.

vulgaire [vyl'gɛːr] **1.** *adj.* vulgar (*a. pej.*); common; general; *pej.* low, coarse; *langue f* ~ vernacular; **2.** *su./m* common people *pl.*; *fig. pej.* vulgarity; **vulgariser** [vylgari'ze] (1a) *v/t.* popularize; *pej.* coarsen; *se* ~ become common; grow vulgar; **vulgarité** [~'te] *f* vulgarity.

vulnérabilité [vylnerabili'te] *f* vulnerability; **vulnérable** [~'rabl] vulnerable; **vulnéraire** [~'rɛːr] **1.** *adj.* *⚕* vulnerary, healing; **2.** *su./f* ♀ kidney-vetch; **vulnérant, e** [~'rã, ~'rãːt] wounding.

vultueux, -euse *⚕* [vyl'tɥø, ~'tɥøːz] bloated, red and puffy (*face*); **vultuosité** *⚕* [~tɥozi'te] *f face*: puffiness.

vulve *anat.* [vylv] *f* vulva.

W

W, w [dublə've] *m* W, w.

wagon 🚂 [va'gɔ̃] *m* carriage, coach,
surt. Am. car; *goods:* waggon,
truck; ~ **de** *marchandises* goods-
van, *Am.* freight-car; ~ *frigorifique*
refrigerator van *or* car; *monter en* ~
get into *or* board the train; ~-**bar,**
pl. ~**s-bars** [vagɔ̃'baːr] *m* refresh-
ment-car; ~**citerne,** *pl.* ~**s-citer-**
nes [ˌsi'tɛrn] *m* tank-car, tank-
waggon; ~**lit,** *pl.* ~**s-lits** [ˌ'li] *m*
sleeping-car, F sleeper, *Am.* pullman.

wagonnet [vagɔ'ne] *m* tip-truck,
tip-waggon, *Am.* dump-truck.

wagon...: ~**poste,** *pl.* ~**s-poste** [va-
gɔ̃'pɔst] *m* mail-van, *Am.* mail-car;
~-**restaurant,** *pl.* ~**s-restaurants**
[ˌrɛstɔ'rɑ̃] *m* dining-car; restau-
rant-car; ~**salon,** *pl.* ~**s-salons**
[ˌsa'lɔ̃] *m* saloon(-car), *Am.* obser-

vation-car, parlor-car; ~**tombe-**
reau, *pl.* ~**s-tombereaux** [ˌtɔ̃'bro]
m tipping-car.

wallon, -onne [va'lɔ̃, ~'lɔn] **1.** *adj.*
Walloon; **2.** *su./m ling.* Walloon;
su. ♀ Walloon.

waters F [wa'tɛːr] *m/pl.* water-
closet *sg.*, W.C. *sg.*, toilet *sg.*

watt ⚡ [wat] *m* watt; ~-**heure,** *pl.*
~**s-heures** ⚡ [wa'tœːr] *m* watt-
hour; ~**man,** *pl.* ~**men** [wat'man,
~'mɛn] *m electric tram or train:*
driver, *Am.* motorman.

week-end [wi'kɛnd] *m* week-end;
weekendard *m,* **e** *f* F [ˌkɛn'daːr,
~'dard] week-ender.

western *cin.* [wɛs'tœrn] *m* western
(film).

wigwam [wig'wam] *m* wigwam.

wisigoth, e [vizi'go, ~'gɔt] **1.** *adj.*
Visigothic; **2.** *su.* ♀ Visigoth.

X

X, x [iks] *m* X, x; *l'X sl.* the *École polytechnique*; *phys. rayons m/pl.* X X-rays; *⚕ passer aux rayons X* X-ray.

xénophobe [ksenɔ'fɔb] *adj., a. su.* xenophobe; **xénophobie** [ˌfɔ'bi] *f* xenophobia.

xérès [ke'rɛs] *m* sherry.

xylo... [ksilɔ] xylo...; **ˌgraphe** [ˌ'graf] *m* xylographer, wood-engraver; **ˌgraphie** [ˌgra'fi] *f* wood-engraving; wood-cut; **ˌphage** *zo.* [ˌ'fa:ʒ] **1.** *su./m* xylophagan, xylophage; **2.** *adj.* xylophagous; **ˌphone** ♪ [ˌ'fɔn] *m* xylophone.

Y

Y, y [i'grɛk] *m* Y, y.

y [i] **1.** *adv.* there, here; *fig.* in, at home; *il y a* there is, there are; *il y a deux ans* two years ago; *je l'y ai rencontré* I met him there; *on y va!* come on!; **2.** *pron.* to *or* by *or* at *or* in it (him, her, them); *ça y est* that's it; *il n'y gagna rien* he gained nothing by it; *il n'y peut rien* there's nothing he can do about it; *il y va de* it is a matter of; *je n'y suis pour rien* I had nothing to do with it; *pendant que j'y pense* by the way; *vous y êtes?* do you follow?; F do you get it?

yacht ⚓ [jak] *m* yacht.

ya(c)k *zo.* [jak] *m* yak.

yaourt *cuis.* [ja'ur(t)] *m* yog(h)urt, yaourt. [ilex.]

yeuse ♀ [jø:z] *f* holm-oak, holly-oak,

yeux [jø] *pl. of* œil. [Yiddish.]

yiddish [(j)i'diʃ] *adj.*, *a.* *su./m*

yodler ♪ [jɔd'le] (1a) *v/i.* yodel.

yoga [jɔ'ga] *m* yoga.

yogourt *cuis.* [jɔ'gurt] *m see yaourt.*

yole ⚓ [jɔl] *f* yawl, gig.

yougoslave [jugɔ'sla:v] *adj.*, *a. su.* ♀ Jugoslav, Yugoslav.

youpin, e F *pej.* [ju'pɛ̃, ~'pin] **1.** *su.* Yid (= *Jew*); **2.** *adj.* Jewish.

youyou ⚓ [ju'ju] *m* dinghy.

ypérite ♀ₘ [ipe'rit] *f* yperite, mustard-gas; **ypréau** ♀ [ipre'o] *m* wych-elm; white poplar.

Z

Z, z [zɛd] *m* Z, z.

zanzibar [zɑ̃ziˈbaːr] *m* dice-throwing (*for drinks*).

zazou F [zaˈzu] *m* hepcat.

zèbre [zɛbr] *m* zo. zebra; F chap, Am. guy; **zébrer** [zeˈbre] (1f) *v/t.* streak; mark (*s.th.*) with stripes; **zébrure** [ˌˈbryːr] *f* stripe; zebra markings *pl.*, stripes *pl.*

zébu zo. [zeˈby] *m* zebu.

zélateur, -trice [zelaˈtœːr, ˌˈtris] **1.** *su.* zealot, zealous worker (for, de); **2.** *adj.* zealous; **zèle** [zɛːl] *m* zeal, enthusiasm (for, *pour*); F *faire du ~* make a show of zeal; go beyond one's orders; **zélé, e** [zeˈle] **1.** *adj.* zealous; **2.** *su.* zealot; **zélote** *bibl.* [ˌˈlɔt] *m* zealot; **zélotisme** [ˌˈlɔˈtism] *m* zealotry.

zénith [zeˈnit] *m* zenith (*a. fig.*).

zéphire *tex.* [zeˈfiːr] *adj.:* *laine f ~* zephyr; **zéphyr** [ˌˈfiːr] *m* zephyr; soft breeze; **zéphyrien, -enne** [ˌˈfiˈrjɛ̃, ˌˈrjɛn] zephyr-like.

zéro [zeˈro] **1.** *su./m* nought, cipher; scale: zero; *sp.* tennis: love, cricket: duck; F nobody, nonentity; *✗* off (*on cooker etc.*); *fig. partir de ~* start from scratch; **2.** *adj./inv.:* *à ~ heure* at midnight; **zérotage** *phys.* [ˌˈrɔˈtaːʒ] *m* determination of the zero point; *thermometer etc.:* calibration.

zeste [zɛst] *m* lemon *etc.*: peel, twist; F *fig. cela ne vaut pas un ~* it's not worth a straw; **zester** [zɛsˈte] (1a) *v/t.* peel (*a lemon etc.*).

zézaiement [zezeˈmɑ̃] *m* lisp(ing); **zézayer** [ˌzeˈje] (1i) *v/t/i.* lisp.

zibeline zo., *✝* [ziˈblin] *f* sable.

zigouiller *sl.* [ziguˈje] (1a) *v/t.* knife, kill; *✗* bayonet; cut to pieces.

zig(ue) *sl.* [zig] *m* chap, Am. guy.

zigzag [zigˈzag] *m* zigzag (*a. ✗, ⚓*); *⊕* lazy-tongs *pl.*; *⊕* *disposé en ~* staggered; *en ~* zigzag...; forked (*lightning*); **zigzaguer** [ˌzaˈge] (1m) *v/i.* zigzag; flit about (*bat*); *mot.* drive erratically.

zinc [zɛ̃ːg] *m* zinc; *✝* spelter; F counter, bar; *✗ sl.* (heavy) aeroplane.

zinguer [zɛ̃ˈge] (1m) *v/t.* metall. coat with zinc; galvanize (*iron*); *△ etc.* cover (*s.th.*) with zinc; **zingueur** [ˌˈgœːr] *m* *⊕* zinc-worker; *△* zinc-roofer.

zinzin *sl.* [zɛ̃ˈzɛ̃] **1.** *su./m* thingummy, thingamajig, contraption; dance hall; **2.** *adj.* cracked, nuts.

zippé, e [ziˈpe] with a zip(per).

zizanie [zizaˈni] *f* *✿* zizania, Indian rice; *fig.* discord; *fig. semer* (*or mettre*) *la ~* stir up ill-feeling.

zodiacal, e, *m/pl.* ***aux** astr. [zɔdjaˈkal, ˌˈko] zodiacal; **zodiaque** astr. [ˌˈdjak] *m* zodiac.

zona *✿* [zoˈna] *m* shingles *pl.*; **zone** [zoːn] *f* *A*, *✗*, *geog.* zone; *✗*, *geog.* belt; *admin.* area; F outskirts *pl.* of Paris; *fig. ~ sombre* grey zone; *~ de silence radio:* skip zone, silent zone.

zoo F [zoˈo] *m* zoo.

zoo... [zɔɔ] *zoo...*; **~logie** [ˌˈlɔˈʒi] *f* zoology; **~logique** [ˌˈlɔˈʒik] zoological; **~phytes** *biol.* [ˌˈfit] *m/pl.* zoophytes; phytozoa; Am. eel-slope. **~tomie** [ˌˈtɔˈmi] *f* zootomy, comparative anatomy.

zostère *✿* [zɔsˈtɛːr] *f* sea-wrack, grass-wrack, Am. eel-grass.

zouave *✗ hist.* [zwaːv] *m* zouave (= *French colonial infantryman*).

zozoter F [zɔzɔˈte] (1a) *v/i.* lisp.

zut! *sl.* [zyt] *int.* anger, disappointment: hang it!; dash it!; darn it!

Proper names with pronunciation and explanation

Noms propres avec leur prononciation et notes explicatives

A

Abyssinie [abisi¹ni] f: l'~ Abyssinia (former name of Ethiopia).

Académie [akade¹mi] f: ~ française the French Academy.

Achille [a¹ʃil] m Achilles.

Adam [a¹dɑ̃] m Adam.

Adélaïde [adela¹id] f Adelaide.

Adolphe [a¹dɔlf] m Adolf, Adolphus.

Adour [a¹duːr] French river.

Adriatique [adria¹tik] f: l'~ (or la mer ~) the Adriatic (Sea).

Afghanistan [afganis¹tɑ̃] m: l'~ Afghanistan.

Afrique [a¹frik] f: l'~ Africa; l'~ du Sud South Africa.

Agathe [a¹gat] f Agatha.

Agen [a¹ʒɛ̃] capital of the department of Lot-et-Garonne.

Agnès [a¹nɛs] f Agnes.

Aimée [ɛ¹me] f Amy.

Ain [ɛ̃] French river; department of eastern France.

Aisne [ɛn] French river; department of northern France.

Aix-en-Provence [ɛksɑ̃prɔ¹vɑ̃ːs] former capital of the province of Provence.

Ajaccio [aʒak¹sjo] capital of the department of Corse.

Alain [a¹lɛ̃] m Allen.

Alain-Fournier [alɛ̃fur¹nje] French writer.

Albanie [alba¹ni] f: l'~ Albania.

Albert [al¹bɛːr] m Albert.

Albi [al¹bi] capital of the department of Tarn.

Albion poet. [al¹bjɔ̃] f Albion, Britain.

Alembert, d' [dalɑ̃¹bɛːr] French philosopher and mathematician.

Alençon [alɑ̃¹sɔ̃] capital of the department of Orne.

Alexandre [alɛk¹sɑ̃:dr] m Alexander.

Alger [al¹ʒe] Algiers (capital and port of Algeria); Algier (department of Algeria).

Algérie [alʒe¹ri] f: l'~ Algeria.

Allemagne [al¹maɲ] f: l'~ Germany; l'~ de l'Est East Germany; l'~ de l'Ouest West Germany; l'~ fédérale the Federal Republic of Germany.

Allier [a¹lje] French river; department of central France.

Alpes [alp] f/pl. Alps; ~-de-Haute-Provence [alpdəotprɔ¹vɑ̃:s] f/pl. department of southeastern France; Hautes-~ [ot¹salp] f/pl. department of southeastern France; ~-Maritimes [~mari¹tim] f/pl. department of southeastern France.

Alphonse [al¹fɔ:s] m Alphonso; Alfonso.

Alsace [al¹zas] f: l'~ Alsace, Alsatia (old province of France).

Amboise [ɑ̃¹bwa:z] French town in the Loire valley with a famous castle.

Amélie [ame¹li] f Amelia.

Amérique [ame¹rik] f: l'~ America; l'~ centrale Central America; l'~ du Nord North America; l'~ du Sud South America.

Amiens [a¹mjɛ̃] capital of the department of Somme; former capital of the province of Picardie.

Ampère [ɑ̃¹pɛːr] French physicist.

Anatole [ana¹tɔl] m Christian name.

Andorre [ɑ̃'dɔːr] *f* Andorra.

André [ɑ̃'dre] *m* Andrew.

Andrée [ɑ̃'dre] *f Christian name.*

Aneto [ane'to]: *pic m d'∼ highest peak of the Pyrénées.*

Angers [ɑ̃'ʒe] *capital of the department of Maine-et-Loire; former capital of the province of Anjou.*

Angleterre [ɑ̃glə'tɛːr] *f:* l'∼ England.

Anglo-Normandes [ɑ̃glɔnɔr'mɑ̃ːd]: *les îles f/pl.* ∼ the Channel Islands.

Angoulême [ɑ̃gu'lɛm] *capital of the department of Charente; former capital of the province of Angoumois.*

Anjou [ɑ̃'ʒu] *m old province of France.*

Anne [ɑːn] *f* Ann(e).

Annecy [an'si] *capital of the department of Haute-Savoie; lac m d'∼ French lake.*

Annette [a'nɛt] *f* Annie, Nancy, Nanny, Nan.

Anouilh [a'nuːj] *French writer.*

Antarctique [ɑ̃tar(k)'tik] *m:* l'∼ the Antarctic.

Antibes [ɑ̃'tib] *French health resort on the Mediterranean.*

Antoine [ɑ̃'twan] *m* Ant(h)ony.

Anvers [ɑ̃'vɛːr] *Belgian:* ∼'vɛrs] Antwerp.

Apennins [apɛn'nɛ̃] *m/pl.* Apennines.

Aquitaine [aki'tɛn] *f old province of France.*

Arabe [a'rab]: *République f ⚥ unie United Arab Republic.*

Arabie [ara'bi] *f:* l'∼ Arabia; l'∼ Saoudite Saudi Arabia.

Aragon [ara'gɔ̃] *French poet.*

Archimède [arʃi'mɛd] *m* Archimedes *(Greek scientist).*

Arctique [ark'tik] *m:* l'∼ the Arctic.

Ardèche [ar'dɛʃ] *French river; department of southern France.*

Ardennes [ar'dɛn] *f/pl.* department of northeastern France.

Argentine [arʒɑ̃'tin] *f:* l'∼ Argentina, the Argentine.

Ariège [a'rjɛːʒ] *French river; department of southern France.*

Aristide [aris'tid] *m* Aristides.

Aristote [aris'tɔt] *m* Aristotle *(Greek philosopher).*

Arnaud [ar'no] *m Christian name.*

Arras [a'rɑːs] *capital of the department of Pas-de-Calais; former capital of the county of Artois.*

Artus [ar'tys] *m:* le roi ∼ King Arthur.

Artois [ar'twa] *m former French county.*

Asie [a'zi] *f:* l'∼ Asia; l'∼ Mineure Asia Minor.

Athènes [a'tɛn] *f* Athens.

Atlantique [atlɑ̃'tik] *m:* l'∼ *(or l'océan m* ∼) the Atlantic (Ocean).

Aube [oːb] *French river; department of east-central France.*

Auch [oːʃ] *capital of the department of Gers; former capital of the duchy of Gascogne.*

Aude [oːd] *French river; department of southern France.*

Auguste [ɔ'gyst] *m* Augustus.

Aurigny [ɔri'ɲi] Alderney *(one of the Channel Islands).*

Aurillac [ɔri'jak] *capital of the department of Cantal.*

Australie [ɔstra'li] *f:* l'∼ Australia.

Autriche [o'triʃ] *f:* l'∼ Austria.

Auvergne [ɔ'vɛrɲ] *f old province of France.*

Auxerre [ɔ'sɛːr] *capital of the department of Yonne.*

Aveyron [avɛ'rɔ̃] *French river; department of southern France.*

Avignon [avi'ɲɔ̃] *capital of the department of Vaucluse.*

Azay-le-Rideau [azɛlri'do] *famous French castle.*

B

Bahamas [baa'mas] *f/pl.:* les *(îles f/pl.)* ∼ the Bahamas, the Bahama Islands.

Bâle [bal] Basle, Basel.

Balkans [bal'kɑ̃] *m/pl.:* les ∼ the Balkan Peninsula *sg.*

Baltique [bal'tik]: *la mer* ∼ the Baltic Sea.

Balzac [bal'zak] *French writer.*

Barbe [barb] *f* Barbara.

Bar-le-Duc [barlə'dyk] *capital of the department of Meuse.*

Barrès [ba'rɛs] *French writer.*

Barthélemy [bartelə'mi] *m* Bartholomew.

Basque [bask]: *le pays* ∼ the Basque Provinces *pl. (in Spain);* the Basque Region *(in France).*

Basse-Terre [bas'tɛːr] *capital of the overseas department of Guadeloupe.*

Bastille [bas'tiːj] *f state prison destroyed in 1789.*

Baudelaire [bod'lɛːr] *French poet.*

Baudouin [bo'dwɛ̃] *m* Baldwin.

Bavière [ba'vjɛːr] *f:* la ∼ Bavaria.

Bayeux [ba'jø] *French town.*

Béarn [be'arn] *m old province of France.*

Beaumarchais [bomar'ʃɛ] *French writer.*

Beauvais [bo'vɛ] *capital of the department of Oise.*

Belfort [bɛl'fɔ:r] *capital of the Territoire de ~; Territoire m de ~* [tɛritwardəbɛl'fɔ:r] *department of eastern France.*

Belgique [bɛl'ʒik] *f: la ~ Belgium.*

Belgrade [bɛl'grad] *capital of Yugoslavia.*

Benjamin [bɛʒa'mɛ̃] *m Benjamin.*

Benoît [bə'nwa] *m Benedict.*

Bergson [bɛrk'sɔn] *French philosopher.*

Berlin [bɛr'lɛ̃] *Berlin.*

Berlioz [bɛr'ljo:z] *French composer.*

Bernadotte [bɛrna'dɔt] *French Marshal.*

Bernanos [bɛrna'no:s] *French Catholic writer.*

Bernard [bɛr'na:r] *m Bernard.*

Berne [bɛrn] *Bern(e).*

Berry [bɛ'ri] *m old province of France.*

Berthe [bɛrt] *f Bertha.*

Bertrand [bɛr'trã] *m Bertram, Bertrand.*

Besançon [bəzãsɔ̃] *capital of the department of Doubs; former capital of the province of Franche-Comté.*

Beyrouth [bɛ'rut] *Beirut.*

Birmanie [birma'ni] *f: la ~ Burma.*

Bizet [bi'zɛ] *French composer.*

Blanc [blã] *mont m ~ highest peak of the Alpes.*

Blanche [blã:ʃ] *f Blanche.*

Blois [blwa] *capital of the department of Loir-et-Cher with a famous castle.*

Blum [blum] *French socialist.*

Bohême [bɔ'ɛm] *f: la ~ Bohemia.*

Bolivie [bɔli'vi] *f: la ~ Bolivia.*

Bonaparte [bɔna'part] *French (Corsican) family; see Napoléon.*

Bonn [bɔn] *capital of the Federal Republic of Germany.*

Bordeaux [bɔr'do] *capital of the department of Gironde.*

Bossuet [bɔ'sɥɛ] *French prelate, orator and writer.*

Bouches-du-Rhône [buʃdy'ro:n] *f/pl. department of southeastern France.*

Bouddha [bu'da] *m Buddha.*

Boulogne-sur-Mer [bulɔɲsyr'mɛ:r] *French port and town.*

Bourbons *hist.* [bur'bɔ̃] *m/pl. Bourbons (French royal house).*

Bourbonnais [burbɔ'nɛ] *m old province of France.*

Bourg [burk] *capital of the department of Ain.*

Bourges [burʒ] *capital of the department of Cher; former capital of the province of Berry.*

Bourget [bur'ʒɛ] *lac m du ~ French lake; Le ~* [ləbur'ʒɛ] *airport of Paris.*

Bourgogne [bur'gɔɲ] *f: la ~ Burgundy (old province of France).*

Braille [brɑ:j] *Frenchman who invented the alphabet named after him.*

Braque [brak] *French painter.*

Brésil [bre'zil] *m: le ~ Brazil.*

Brest [brɛst] *French port and town.*

Bretagne [brə'taɲ] *f: la ~ Brittany (old province of France).*

Briand [bri'ã] *French state man.*

Brigitte [bri'ʒit] *f Bridget.*

Broglie, de [də'brɔːi] *name of two French physicists.*

Bruges [bry:ʒ] *Belgian port and town.*

Bruxelles [bry'sɛl] *Brussels.*

Bucarest [byka'rɛst] *Bucharest.*

Budapest [byda'pɛst] *capital of Hungary.*

Bulgarie [bylga'ri] *f: la ~ Bulgaria.*

C

Caen [kã] *capital of the department of Calvados.*

Cahors [ka'ɔ:r] *capital of the department of Lot.*

Caire, Le [lə'kɛ:r] *Cairo.*

Calais [ka'lɛ] *French port and town; le Pas de ~ the Straits pl. of Dover.*

Californie [kalifɔr'ni] *f: la ~ California.*

Calvados [kalva'do:s] *m department of northern France.*

Calvin [kal'vɛ̃] *famous French Protestant reformer.*

Camargue [ka'marg] *f region in the delta of the Rhône.*

Cambodge [kã'bɔdʒ] *m: le ~ Cambodia.*

Cambrai [kã'brɛ] *French town.*

Cameroun [kam'run] *m: le ~ Cameroon.*

Camus [ka'my] *French writer.*

Canada [kana'da] *m: le ~ Canada.*

Canaries [kana'ri] *f/pl.: les (îles f/pl.) ~ the Canary Islands.*

Cannes [kan] *French health resort on the Mediterranean.*

Cantal [kɑ̃'tal] *m department of central France.*

Cap [kap] *m: le ∼ Cape Town.*

Capétiens *hist.* [kape'sjɛ̃] *m/pl.* Capetians (*French royal house*).

Caroline [karɔ'lin] *f* Caroline.

Carolingiens *hist.* [karɔlɛ̃'ʒjɛ̃] *m/pl.* Carolingians (*French royal house*).

Carpates [kar'pat] *f/pl.* Carpathians.

Catherine [ka'trin] *f* Catherine, Katharine, Katherine, Kathleen.

Caucase [ko'kɑːz] *m* Caucasus.

Cayenne [ka'jɛn] *capital of the overseas department of Guyane française.*

Cécile [se'sil] *f* Cecilia, Cecily.

Centre ['sɑtr(ə)] *m: le ∼ Central France.*

Cervin [sɛr'vɛ̃]: *le mont m ∼ the Matterhorn.*

César [se'zaːr] *m: (Jules) ∼ Julius Caesar.*

Cévennes [se'vɛn] *f/pl. mountain range of France.*

Cézanne [se'zan] *French painter.*

Chagall [ʃa'gal] *French painter.*

Châlons-sur-Marne [ʃalɔ̃syr'marn] *capital of the department of Marne.*

Chambéry [ʃɑ̃be'ri] *capital of the department of Savoie; former capital of the province of Savoie.*

Chambord [ʃɑ̃'bɔːr] *famous French castle.*

Champagne [ʃɑ̃'paɲ] *f old province of France.*

Champ-de-Mars [ʃɑ̃d'mars] *m area of Paris between the École militaire and the Seine.*

Champs-Elysées [ʃɑ̃zeli'ze] *m/pl. famous Paris avenue.*

Chantilly [ʃɑ̃ti'ji] *French town with famous castle; a. famous race course.*

Charente [ʃa'rɑ̃t] *f French river; department of western France;* ∼**-Maritime** [ʃarɑ̃tmari'tim] *f department of western France.*

Charles [ʃarl] *m* Charles.

Charlot [ʃar'lo] *m* Charlie, Charley; F *cin.* Charlie Chaplin.

Charlotte [ʃar'lɔt] *f* Charlotte.

Chartres [ʃartr] *capital of the department of Eure-et-Loir.*

Chartreuse [ʃar'trøːz] *f: la Grande-∼ famous monastery near Grenoble.*

Chateaubriand [ʃatobri'ɑ̃] *French writer.*

Châteauroux [ʃato'ru] *capital of the department of Indre.*

Chaumont [ʃo'mɔ̃] *capital of the department of Haute-Marne.*

Chenonceaux [ʃənɔ̃'so] *famous French castle.*

Cher [ʃɛːr] *m French river; department of central France.*

Cherbourg [ʃɛr'buːr] *French port and town.*

Chili [ʃi'li] *m: le ∼ Chile, Chili.*

Chine [ʃin] *f: la ∼ China.*

Chirac [ʃi'rak] *French politician.*

Christine [kris'tin] *f* Christina, Christine.

Christophe [kris'tɔf] *m* Christopher.

Citroën [sitrɔ'ɛn] *French industrialist.*

Claire [klɛːr] *f* Clara, Clare.

Claudel [klo'dɛl] *French Catholic writer.*

Clemenceau [klemɑ̃'so] *French statesman.*

Clermont-Ferrand [klɛrmɔ̃fe'rɑ̃] *capital of the department of Puy-de-Dôme; former capital of the province of Auvergne.*

Cocteau [kɔk'to] *French writer.*

Cognac [kɔ'ɲak] *French town.*

Colbert [kɔl'bɛːr] *French statesman.*

Colette [kɔ'lɛt] *French authoress.*

Collège de France [kɔlɛʒdə'frɑːs] *famous institution of higher education in Paris.*

Colmar [kɔl'maːr] *capital of the department of Haut-Rhin.*

Colombie [kɔlɔ̃'bi] *f: la ∼ Colombia.*

Comédie-Française [kɔmedifrɑ̃-'sɛːz] *f National Theatre of France.*

Concorde [kɔ̃'kɔrd]: *place f de la ∼ one of the most famous squares in Paris.*

Congo [kɔ̃'go] *m African river.*

Constance [kɔ̃s'tɑ̃s] *m/f* Constance; *le lac m de ∼ the lake of Constance.*

Copenhague [kɔpɛ'nag] Copenhagen.

Corée [kɔ're] *f: la ∼ Korea.*

Corneille [kɔr'nɛːj] *French classical dramatist.*

Cornouailles [kɔr'nwaːj] *f/pl.: les ∼ Cornwall sg.*

Corot [kɔ'ro] *French painter.*

Corrèze [kɔ'rɛːz] *f French river; department of central France.*

Corse [kɔrs] *f: la ∼ Corsica (French island; department of France).*

Costa Rica [kɔstari'ka] *m* Costa Rica.

Côte d'Argent [kotdar'ʒɑ̃] *f part of French Atlantic coast.*

Côte d'Azur [kotda'zy:r] *f part of French Mediterranean coast.*

Côte d'Emeraude [kotdem'ro:d] *f part of French Channel coast.*

Côte-d'Ivoire [kotdi'vwa:r] *f: la ~ the Ivory Coast.*

Côte-d'Or [kot'dɔ:r] *f department of east-central France.*

Côtes-du-Nord [kotdy'nɔ:r] *f/pl. department of northwestern France.*

Coulomb, de [dəku'lɔ̃] *French physicist.*

Couperin [ku'prɛ̃] *family of French musicians.*

Courbet [kur'bɛ] *French painter.*

Couve de Murville [kuvdəmyr'vil] *French politician.*

Crète [krɛt] *f: la ~ Crete.*

Creuse [krø:z] *f French river; department of central France.*

Crimée [kri'me] *f: la ~ the Crimea.*

Cuba [ky'ba] *f: Cuba.*

Cupidon [kypi'dɔ̃] *m Cupid (Roman god of Love).*

Curie [ky'ri] *name of two eminent French physicists, discoverers of radium.*

D

Daguerre [da'gɛ:r] *French inventor of the earliest photographic process.*

Dalmatie [dalma'si] *f Dalmatia.*

Danemark [dan'mark] *m: le ~ Denmark.*

Daniel [da'njɛl] *m Daniel.*

Danton [dã'tɔ̃] *m French revolutionary.*

Danube [da'nyb] *m Danube.*

Dardanelles [darda'nɛl] *f/pl.: les ~ the Dardanelles.*

Daudet [do'dɛ] *French writer.*

Daumier [do'mje] *French lithographer.*

Dauphiné [dofi'ne] *m old province of France.*

David [da'vid] *m David (a. French painter).*

Deauville [do'vil] *French health resort on the Channel.*

Debré [də'bre] *French politician.*

Debussy [dəby'si] *French composer.*

Degas [də'ga] *French painter.*

Delacroix [dəla'krwa] *French painter.*

Denis [də'ni] *m Den(n)is.*

Descartes [de'kart] *French philosopher.*

Deux-Sèvres [dø'sɛ:vr] *department of western France.*

Diane [djan] *f Diana.*

Diderot [did'ro] *French philosopher.*

Dieppe [djɛp] *French port and town.*

Digne [diɲ] *capital of the department of Alpes-de-Haute-Provence.*

Dijon [di'ʒɔ̃] *capital of the department of the Côte-d'Or; former capital of the province of Bourgogne.*

Dinard [di'na:r] *French health resort on the Channel.*

Dominicaine [dɔmini'kɛn]: *la République f ~ the Dominican Republic.*

Dominique [dɔmi'nik] *m Dominic.*

Don Quichotte [dɔ̃ki'ʃɔt] *m Don Quixote.*

Dordogne [dɔr'dɔɲ] *f French river; department of southwestern France.*

Dorothée [dɔrɔ'te] *f Dorothea, Dorothy.*

Doubs [du] *m French river; department of eastern France.*

Douvres [du:vr] *Dover.*

Draguignan [dragi'ɲã] *capital of the department of Var.*

Dresde [drɛsd] *Dresden.*

Dreyfus [drɛ'fys] *French army officer convicted of treason and imprisoned, but cleared in 1906.*

Drôme [dro:m] *f French river; department of southeastern France.*

Dublin [du'blɛ̃] *capital of the Republic of Ireland.*

Duhamel [dya'mɛl] *French writer.*

Dumas [dy'ma] *name of two French writers.*

Dunant [dy'nã] *Swiss merchant, founder of the Red Cross.*

Dunkerque [dœ̃'kɛrk] *Dunkirk (French port and town).*

Durance [dy'rã:s] *f French river.*

E

Écosse [e'kɔs] *f Scotland.*

Édimbourg [edɛ̃'bu:r] *Edinburgh.*

Edmond [ɛd'mɔ̃] *m Edmund.*

Édouard [e'dwa:r] *m Edward.*

Égée [e'ʒe] *f: la mer ~ the Aegaean Sea.*

Égypte [e'ʒipt] *f: l'~ Egypt.*

Eiffel [ɛ'fɛl] *French engineer.*

Elbe [ɛlb] *f: l'île d'~ Elba (scene of Napoleon's exile).*

Éléonore [eleɔ'nɔ:r] *f Eleanor, Elinor.*

Élisabeth [eliza'bɛt] f Elizabeth.

Elysée [eli'ze] m *palace in Paris, official residence of the President of the Republic.*

Émile [e'mil] m *Christian name.*

Émilie [emi'li] f Emily.

Épinal [epi'nal] *capital of the department of Vosges.*

Équateur [ekwa'tœːr] m: l'~ Ecuador.

Escaut [ɛs'ko] m *the* Scheldt.

Ésope [e'zɔp] m Aesop (*Greek fabulist*).

Espagne [ɛs'paɲ] f Spain.

État français [etafrɑ̃'sɛ] m *name of the Pétain regime.*

États-Unis d'Amérique [etazynidame'rik] m/pl. *the* United States (of America), *the* U.S.A.

Éthiopie [etjɔ'pi] f: l'~ Ethiopia.

Étienne [e'tjɛn] m Stephen.

Euclide [ø'klid] Euclid (*Greek mathematician*).

Eugène [ø'ʒɛn] m Eugene.

Eugénie [øʒe'ni] f Eugenia.

Euphrate [ø'frat] m *the* Euphrates.

Eure [œːr] *French river; department of northern France;* ~-et-Loir [œre-'lwaːr] *department of northern France.*

Europe [ø'rɔp] f: l'~ Europe.

Eustache [øs'taʃ] m Eustace.

Ève [ɛːv] f Eve, Eva.

Évreux [e'vrø] *capital of the department of Eure.*

Extrême-Orient [ɛkstrɛmɔr'jɑ̃] m: l'~ the Far East.

F

Fauré [fɔ're] *French composer.*

Félix [fe'liks] m Felix.

Fénelon [fenə'lɔ̃] *French prelate and writer.*

Ferdinand [fɛrdi'nɑ̃] m Ferdinand.

Finistère [finis'tɛːr] m *department of northwestern France.*

Finlande [fɛ̃'lɑ̃d] f: la ~ Finland.

Flandre [flɑ̃ːdr] f: la ~ (*or* les ~s) Flanders *sg.* (*old province of France*).

Flaubert [flo'bɛːr] *French writer.*

Flessingue [fle'sɛ̃ːg] Flushing.

Florence [flɔ'rɑ̃s] f Florence.

Foch [fɔʃ] *French Marshal.*

Foix [fwa] *capital of the department of Ariège; former county and its capital; old province of France.*

Fontainebleau [fɔ̃tɛn'blo] *famous French castle.*

Fort-de-France [fɔrdə'frɑ̃ːs] *capital of the overseas department of Martinique.*

Fragonard [fragɔ'naːr] *French painter.*

France¹ [frɑ̃ːs] f: la ~ France.

France² [frɑ̃ːs] *French writer.*

Franche-Comté [frɑ̃ʃkɔ̃'te] f *old province of France.*

Franck [frɑ̃k] *French composer.*

François [frɑ̃'swa] m Francis.

Françoise [frɑ̃'swaːz] f Frances.

Frédéric [frede'rik] m Frederick.

G

Gabon [gabɔ̃] m: le ~ Gabon.

Gabriel [gabri'ɛl] m Gabriel.

Galles [gal] f: le pays de ~ Wales.

Gambetta [gɑ̃be'ta] *French politician.*

Gand [gɑ̃] Ghent.

Gange [gɑ̃ːʒ] m *the* Ganges.

Gap [gap] *capital of the department of Hautes-Alpes.*

Gard [gaːr] m *French river; department of southern France.*

Garonne [ga'rɔn] f *French river;* **Haute-~** [otga'rɔn] f *department of southwestern France.*

Gascogne [gas'kɔɲ] f: la ~ Gascony; le golfe de ~ the Bay of Biscay.

Gauguin [go'gɛ̃] *French painter.*

Gaule [goːl] f: la ~ Gaul.

Gaulle, de [də'goːl] *French general and president.*

Gautier [go'tje] *French poet.*

Gay-Lussac [gɛly'sak] *French scientist.*

Gênes [ʒɛn] f Genoa.

Genève [ʒə'nɛːv] f Geneva.

Geneviève [ʒən'vjɛːv] f Genevieve, Winifred.

Geoffroi [ʒɔ'frwa] m Geoffrey, Jeffery, Godfrey.

Georges [ʒɔrʒ] m George.

Gérard [ʒe'raːr] m Gerald.

Germaine [ʒɛr'mɛn] f *Christian name.*

Gers [ʒɛːr] m *French river; department of southwestern France.*

Gertrude [ʒɛr'tryd] f Gertrude.

Gévaudan [ʒevo'dɑ̃] m *former French county.*

Ghana [ga'na] m: le ~ Ghana.

Gide [ʒid] *French writer.*

Gilbert [ʒil'bɛːr] m Gilbert.

Gilles [ʒil] *m* Giles.
Giraudoux [ʒiro'du] *French writer.*
Gironde [ʒi'rɔ̃:d] *f French river; department of southwestern France.*
Giscard d'Estaing [ʒiskardɛs'tɛ̃] *French president.*
Gobelins, les [lego'blɛ̃] *m/pl. famous tapestry factory in Paris.*
Goncourt [gɔ̃'ku:r] *name of two French writers.*
Gounod [gu'no] *French composer.*
Grande-Bretagne [grɑ̃dbrə'taɲ] *f: la ~ Great Britain.*
Grandlieu [grɑ̃'ljø] *lac m de ~ French lake.*
Grèce [grɛs] *f: la ~ Greece.*
Grégoire [gre'gwa:r] *m Gregory.*
Grenoble [grə'nɔbl] *capital of the department of Isère; former capital of the province of Dauphiné.*
Greuze [grø:z] *French painter.*
Grisons [gri'zɔ̃] *m/pl.: les ~ (the Canton of) Grisons.*
Groenland [grɔɛn'lɑ̃:d] *m: le ~ Greenland.*
Groningue [grɔ'nɛ̃:g] *Groningen.*
Guadeloupe [gwad'lup] *f French overseas department.*
Guatemala [gwatema'la] *m: le ~ Guatemala.*
Guebwiller [gɛbvi'lɛ:r] *: ballon m de ~ highest peak of the Vosges.*
Guéret [ge'rɛ] *capital of the department of Creuse; former capital of the province of Marche.*
Guernesey [gɛrnə'zɛ] *Guernsey (one of the Channel Islands).*
Gui [gi] *m Guy.*
Guillaume [gi'jo:m] *m William, Will.*
Guillotin [gijɔ'tɛ̃] *French physician who first proposed the use of the guillotine.*
Guinée [gi'ne] *f: la ~ Guinea.*
Guise, de [də'gi:z] *French noble family.*
Guitry [gi'tri] *French actor and playwright.*
Guizot [gi'zo] *French statesman and historian.*
Guy [gi] *m Guy.*
Guyane [gui'jan] *f: la ~ Guiana; ~ française* [guijanfrɑ̃'sɛ:z] *f French overseas department.*
Guyenne [gui'jɛn] *f: la ~ Guienne; ~ et Gascogne* [guijɛnegas'kɔɲ] *old province of France.*

H

Hainaut [*ɛ'no] *m province of southern Belgium.*
Haïti [ai'ti] *f Haiti.*
Halles [*al] *f/pl.: les ~ quarter of Paris, formerly with the principal market.*
Hambourg [ɑ̃'bu:r] *f Hamburg.*
Haussmann [os'man] *French administrator.*
Havane [*a'van] *f: la ~ Havana.*
Havre, Le [lə'*a:vr] *m French port and town.*
Haye, La [la'*ɛ] *the Hague.*
Hélène [e'lɛn] *f Helen.*
Helsinki [ɛlsin'ki] *capital of Finland.*
Henri [ɑ̃'ri] *m Henry.*
Henriette [ɑ̃'rjɛt] *f Harriet.*
Hérault [e'ro] *m French river; department of southern France.*
Hercule [ɛr'kyl] *m Hercules.*
Hilaire [i'lɛ:r] *m Hilary.*
Hildegarde [ildə'gard] *f Hildegard.*
Hippolyte [ipɔ'lit] *m Christian name.*
Hoche [*ɔʃ] *French revolutionary general.*
Hollande [*ɔ'lɑ̃:d] *f: la ~ Holland.*
Homère [ɔ'mɛ:r] *m Homer (Greek poet).*
Honduras [*ɔ̃dy'ra:s] *m: le ~ Honduras.*
Hongrie [*ɔ̃'gri] *f: la ~ Hungary.*
Hortense [ɔr'tɑ̃:s] *f Hortense.*
Hôtel-Dieu [otɛl'djø] *m name of the oldest hospital in Paris.*
Hugo [*y'go] *French writer.*
Hugues [yg] *m Hugh.*

I

Ibert [i'bɛ:r] *French composer.*
If [if] *m small island near Marseilles, former state prison.*
Île-de-France [ildə'frɑ̃:s] *f old province of France.*
Ille-et-Vilaine [ilevi'lɛn] *department of northwestern France.*
Inde [ɛ̃:d] *f: l'~ India.*
Indien [ɛ̃'djɛ̃]: *océan m ~ Indian Ocean.*
Indochine [ɛ̃dɔ'ʃin] *f: l'~ Indo-China.*
Indonésie [ɛ̃dɔne'zi] *f: l'~ Indonesia.*
Indre [ɛ̃:dr] *French river; department*

* Before the so-called aspirate h, marked *, there is neither elision nor liaison.

of central France; **~-et-Loire** [ɛ̃dre-ˈlwaːr] *department of central France.*

Indus [ɛ̃ˈdys] *m the Indus.*

Ingres [ɛ̃ːgr] *French painter.*

Invalides, Les [lezɛ̃vaˈlid] *m/pl. army pensioners' hospital in Paris; its church contains the tomb of Napoleon.*

Iphigénie [ifiʒeˈni] *f Iphigenia.*

Irak, Iraq [iˈrak] *m: l'~ Irak, Iraq.*

Iran [iˈrɑ̃] *m: l'~ Iran.*

Irène [iˈrɛn] *f Irene.*

Irlande [irˈlɑ̃ːd] *f: l'~ Ireland; l'~ du Nord Northern Ireland.*

Isabelle [izaˈbɛl] *f Isabel.*

Isère [iˈzɛːr] *French river; department of southeastern France.*

Islande [isˈlɑ̃ːd] *f: l'~ Iceland.*

Israël [israˈɛl] *m Israel.*

Italie [itaˈli] *f: l'~ Italy.*

J

Jacquard [ʒaˈkaːr] *inventor of the loom named after him.*

Jacqueline [ʒaˈklin] *f Jacqueline.*

Jacques [ʒɑːk] *m James.*

Jamaïque [ʒamaˈik] *f: la ~ Jamaica.*

Japon [ʒaˈpɔ̃] *m: le ~ Japan.*

Jaurès [ʒɔˈrɛs] *French politician and orator.*

Jean [ʒɑ̃] *m John;* **~-Jacques** [~ˈʒɑːk] *m Christian name;* **~-Paul** [~ˈpɔl] *m Christian name;* **~ sans Terre** [~sɑ̃-ˈtɛːr] *m John Lackland (English king).*

Jeanne [ʒaːn] *f Jean, Joan; ~ d'Arc* [ʒɑ̃ˈdark] *f Joan of Arc.*

Jeanneton [ʒanˈtɔ̃] *f Jenny.*

Jeannette [ʒaˈnɛt] *f Jenny, Janet.*

Jeannot [ʒaˈno] *m Jack, Johnny.*

Jérôme [ʒeˈroːm] *m Jerome.*

Jersey [ʒɛrˈzɛ] *one of the Channel Islands.*

Jérusalem [ʒeryzaˈlɛm] *Jerusalem.*

Jésus [ʒeˈzy], **Jésus-Christ** [ʒezy-ˈkri] *m Jesus (Christ).*

Joliot-Curie [ʒɔljokyˈri] *name of two French physicists.*

Jordanie [ʒɔrdaˈni] *f: la ~ Jordan.*

Joseph [ʒɔˈzɛf] *m Joseph.*

Joséphine [ʒozeˈfin] *f Josephine (first wife of Napoleon I).*

Jourdain [ʒurˈdɛ̃] *m: le ~ the Jordan.*

Juin [ʒɥɛ̃] *French Marshal.*

Jules [ʒyl] *m Julius.*

Julie [ʒyˈli] *f Julia, Juliet, Gill, Jill.*

Julien [ʒyˈljɛ̃] *m Julian.*

Julienne [ʒyˈljɛn] *f Juliana; Gillian.*

Juliette [ʒyˈljɛt] *f Juliet.*

Jura [ʒyˈra] *m mountain department of eastern France.*

K

Karpates [karˈpat] *f/pl. Carpathians.*

Kenya [keˈnja] *m: le ~ Kenya.*

Kléber [kleˈbeːr] *French general.*

Koweït [kɔˈwejt] *Kuweit.*

Kremlin [krɛmˈlɛ̃] *m the Kremlin.*

L

La Boétie [labɔeˈsi] *French writer.*

La Bruyère [labryˈjɛːr] *French moralist.*

La Chaise [laˈʃɛːz] *French Jesuit.*

Laclos [laˈklo] *French writer.*

La Fayette, de [dəlafaˈjɛt] *French general and statesman; French woman writer.*

Laffitte [laˈfit] *French financier.*

La Fontaine [lafɔ̃ˈtɛn] *French fabulist.*

Lamarck [laˈmark] *French naturalist.*

Lamartine [lamarˈtin] *French poet.*

Lamennais [lamˈnɛ] *French philosopher.*

La Motte-Picquet [lamɔtpiˈkɛ] *French naval commander.*

Landes [lɑ̃ːd] *f/pl. department of southwestern France.*

Languedoc [lɑ̃gˈdɔk] *m old province of France.*

Laon [lɑ̃] *capital of the department of Aisne.*

Laos [laˈoːs] *m: le ~ Laos.*

Laplace [laˈplas] *French physicist.*

Laponie [lapɔˈni] *f: la ~ Lapland.*

La Rochefoucauld [larɔʃfuˈko] *French moralist.*

Larousse [laˈrus] *French lexicographer.*

Laure [lɔːr] *f Laura.*

Laurent [lɔˈrɑ̃] *m Laurence.*

Lausanne [loˈzan] *Swiss town.*

Laval [laˈval] *capital of the department of Mayenne; French politician.*

Lavoisier [lavwaˈzje] *French chemist.*

Law [lo; Fr. laːs] *Scottish financier, controller-general of the French finances.*

Lazare [laˈzaːr] *m Lazarus.*

Leconte de Lisle [ləkɔ̃tdəˈlil] *French poet.*

Le Corbusier [ləkɔrbyˈzje] *French architect.*

Léman [le'mɑ̃] *m: le lac m* ~ the lake of Geneva, Lake Leman.

Leningrad [lenin'grad] *town of the U.S.S.R.*

Léon [le'ɔ̃] *m* Leo.

Léonard [leɔ'na:r] *m* Leonard.

Léopold [leɔ'pɔl] *m* Leopold.

Lesage [lə'sa:3] *French writer.*

Lesseps [le'sɛps] *French diplomat who conceived the idea of the Suez Canal.*

Leyde [lɛd] *Leyden.*

Liban [li'bɑ̃] *m: le* ~ Lebanon.

Libéria [libe'rja] *m: le* ~ Liberia.

Libye [li'bi] *f: la* ~ Libya.

Liège [ljɛ:3] *Belgian town.*

Lille [lil] *capital of the department of Nord.*

Limoges [li'mɔ:3] *capital of the department of Haute-Vienne; former capital of the province of Limousin; renowned for its porcelain.*

Limousin [limu'zɛ̃] *m old province of France.*

Lisbonne [liz'bɔn] *f* Lisbon.

Lise [li:z], **Lisette** [li'zɛt] *f* Betty; Lizzie.

Lisieux [li'zjø] *French town, place of pilgrimage.*

Littré [li'tre] *French lexicographer.*

Livourne [li'vurn] *Leghorn.*

Loire [lwa:r] *f French river; department of central France;* **Haute-~** [ot'lwa:r] *f department of central France;* **~-Atlantique** [lwaratlɑ̃'tik] *f department of northwestern France.*

Loiret [lwa'rɛ] *m French river; department of central France.*

Loir-et-Cher [lware'[ɛ:r] *department of central France.*

Londres [lɔ̃:dr] *London.*

Lons-le-Saunier [lɔ̃ləso'nje] *capital of the department of Jura.*

Lorrain [lɔ'rɛ̃] *French painter.*

Lorraine [lɔ'rɛn] *f old province of France.*

Lot [lɔt] *m French river; department of southern France;* **~-et-Garonne** [~ega'rɔn] *department of southwestern France.*

Loti [lɔ'ti] *French writer.*

Louis [lwi] *m* Lewis.

Louise [lwi:z] *f* Louisa, Louise.

Lourdes [lurd] *French town, place of pilgrimage.*

Louvre [lu:vr] *m former royal palace in Paris, now famous museum.*

Lozère [lo'zɛ:r] *f department of southeastern France.*

Luc [lyk] *m* Luke.

Lucette [ly'sɛt] *f diminutive of Lucie.*

Lucie [ly'si] *f* Lucy; Lucia.

Lucien [ly'sjɛ̃] *m* Lucian.

Lucienne [ly'sjɛn] *f Christian name.*

Lully [lyl'li] *French composer.*

Lumière [ly'mjɛ:r] *name of two French chemists, inventors of the cinematograph.*

Luxembourg [lyksɑ̃'bu:r] *m* Luxemb(o)urg; *palace and gardens in Paris.*

Lydie [li'di] *f* Lydia.

Lyon [ljɔ̃] *Lyons (capital of the department of Rhône; former capital of the province of Lyonnais).*

Lyonnais [ljɔ'nɛ] *m old province of France.*

M

Mac-Mahon [makma'ɔ̃] *French Marshal.*

Mâcon [mɑ'kɔ̃] *capital of the department of Saône-et-Loire.*

Madagascar [madagas'ka:r] *f* Madagascar.

Madeleine [mad'lɛn] *f* Madeleine; *bibl.* Magdalen.

Madelon [mad'lɔ̃] *f diminutive of Madeleine.*

Madère [ma'dɛ:r] *f* Madeira.

Madrid [ma'drid] *capital of Spain.*

Maeterlinck [metɛr'lɛ̃:k] *Belgian writer.*

Maginot [maʒi'no] *French politician.*

Mahomet [maɔ'mɛ] *m* Mahomet.

Maillol [ma'jɔl] *French sculptor.*

Maine [mɛn] *f French river; m old province of France;* **~-et-Loire** [~e-'lwa:r] *department of western France.*

Mainfroi [mɛ̃'frwa] *m* Manfred.

Maintenon, de [dəmɛt'nɔ̃] *French marquise, secret wife of Louis XIV.*

Majorque [ma'ʒɔrk] *f* Majorca.

Malaisie [male'zi] *f: la* ~ Malaysia.

Malaysia [male'zja] *f: la* ~ Malaysia.

Malebranche [mal'brɑ̃:ʃ] *French metaphysician.*

Malherbe [ma'lɛrb] *French poet.*

Mallarmé [malar'me] *French poet.*

Malmaison [malmɛ'zɔ̃] *residence of Joséphine after her divorce from Napoleon I.*

Malraux [mal'ro] *French writer.*

Malte [malt] *f* Malta.

Manche [mɑ̃:ʃ] *f: la* ~ the English

552

Channel; *department of northwestern France*.

Manet [ma'nɛ] *French painter*.

Manon [ma'nɔ̃] f Moll.

Mans, Le [lə'mɑ̃] *capital of the department of Sarthe; former capital of the province of Maine*.

Marat [ma'ra] *French revolutionary*.

Marc [mark] *m* Mark.

Marcel [mar'sɛl] *m Christian name*.

Marche [marʃ] f *old province of France*.

Margot [mar'go] f Maggie, Margot, Peg(gy).

Marguerite [margə'rit] f Margaret.

Marie [ma'ri] f Mary.

Maritain [mari'tɛ̃] *French philosopher*.

Marivaux [mari'vo] *French playwright*.

Marne [marn] f *French river; department of northeastern France*; **Haute-~** [ot'marn] f *department of northeastern France*.

Maroc [ma'rɔk] *m*: le ~ Morocco.

Marseille [mar'sɛ:j] Marseilles (*capital of the department of Bouches-du-Rhône*).

Marthe [mart] f Martha.

Martin du Gard [martɛ̃dy'ga:r] *French writer*.

Martinique [marti'nik] f *French overseas department*.

Massif central [masifsɑ̃'tral] *m upland area of France*.

Mathilde [ma'tild] f Mathilda, Maud.

Matignon [mati'ɲɔ̃]: *l'hôtel m ~ residence of the French Prime Minister*.

Matisse [ma'tis] *French painter*.

Mat(t)hieu [ma'tjø] *m* Mat(t)hew.

Maupassant [mopa'sɑ̃] *French writer*.

Mauriac [mɔ'rjak] *French writer*.

Maurice [mɔ'ris]: *l'île f ~* Mauritius.

Mauritanie [mɔrita'ni] f: la ~ Mauritania.

Maurois [mɔ'rwa] *French writer*.

Maurras [mɔ'ras] *French writer*.

Maxime [mak'sim] *m Christian name*.

Maximilien [maksimi'ljɛ̃] *m* Maximilian.

Mayenne [ma'jɛn] f *French river; department of northwestern France*.

Mecque [mɛk] f: la ~ Mecca.

Médicis [medi'sis] Medici (*Florentine noble family*).

Méditerranée [meditɛra'ne] f: la ~ the Mediterranean.

Melun [mə'lœ̃] *capital of the department of Seine-et-Marne*.

Mende [mɑ̃:d] *capital of the department of Lozère*.

Menton [mɑ̃'tɔ̃] *French tourist centre on the Mediterranean*.

Mérimée [meri'me] *French writer*.

Mérovingiens *hist.* [merɔvɛ̃'ʒjɛ̃] *m/pl.* Merovingians (*French royal family*).

Metz [mɛs] *capital of the department of Moselle*.

Meurthe [mœrt] f *French river; former department of northeastern France*; **~-et-Moselle** [~emɔ'zɛl] *department of northeastern France*.

Meuse [mø:z] f *French river; department of northeastern France*.

Mexico [mɛksi'ko] Mexico City.

Mexique [mɛk'sik] *m*: le ~ Mexico.

Mézières [me'zjɛ:r] *capital of the department of Ardennes*.

Michel [mi'ʃɛl] *m* Michael.

Michelet [miʃ'lɛ] *French historian*.

Milan [mi'lɑ̃] *m* Milan.

Millet [mi'lɛ; mi'jɛ] *French painter*.

Minorque [mi'nɔrk] f Minorca.

Mirabeau [mira'bo] *revolutionary orator*.

Mistral [mis'tral] *Provençal poet*.

Mitterand [mitɛ'rɑ̃] *French president*.

Mohammed [mɔa'mɛd] *see* Mahomet.

Molière [mɔ'ljɛ:r] *French writer of comedies*.

Mollet [mɔ'lɛ] *French politician*.

Monaco [mɔna'ko] *m* Monaco.

Monet [mɔ'nɛ] *French painter*.

Mongolie [mɔ̃gɔ'li] f: la ~ Mongolia.

Monique [mɔ'nik] f Monica.

Montaigne [mɔ̃'tɛɲ] *French moralist*.

Montalembert [mɔ̃talɑ̃'bɛ:r] *French politician and writer*.

Montauban [mɔ̃to'bɑ̃] *capital of the department of Tarn-et-Garonne*.

Montcalm, de [dəmɔ̃'kalm] *French general in Canada*.

Mont-de-Marsan [mɔ̃dmar'sɑ̃] *capital of the department of Landes*.

Montespan [mɔ̃tɛs'pɑ̃] *mistress of Louis XIV*.

Montesquieu [mɔ̃tɛs'kjø] *French writer and constitutionalist*.

Montherlant [mɔ̃tɛr'lɑ̃] *French writer*.

Montmartre [mõ'martr] *part of Paris famous for its night life.*

Montparnasse [mõpar'na:s] *famous artistic quarter of Paris.*

Montpellier [mõpə'lje] *capital of the department of Hérault.*

Montréal [mõre'al] *Montreal.*

Moravie [mɔra'vi] *f: la ~ Moravia.*

Morbihan [mɔrbi'ã] *m department of western France.*

Morvan [mɔr'vã] *m mountain range of France.*

Moscou [mɔs'ku] *Moscow.*

Moselle [mɔ'zɛl] *f French river; department of northeastern France.*

Moulins [mu'lɛ̃] *capital of the department of Allier; former capital of the province of Bourbonnais.*

Moyen-Orient [mwaɛnɔr'jã] *m: le ~ the Middle East.*

Mozambique [mɔzã'bik] *m: le ~ Mozambique.*

Munich [my'nik] *m Munich.*

Musset [my'sɛ] *French writer.*

N

Nancy [nã'si] *capital of the department of Meurthe-et-Moselle.*

Nanette [na'nɛt] *f Nancy.*

Nantes [nã:t] *French port; capital of the department of Loire-Atlantique.*

Naples ['naplə] *m, f Naples.*

Napoléon [napɔle'õ]: *~ Ier Napoleon I (emperor of the French).*

Navarre [na'va:r] *f former kingdom.*

Necker [nɛ'kɛ:r] *French financier.*

Neige [nɛ:ʒ]: *crêt m de la ~ highest peak of the Jura.*

Népal [ne'pal] *m: le ~ Nepal.*

Nerval [nɛr'val] *French writer.*

Nevers [nə'vɛ:r] *capital of the department of Nièvre; former capital of the province of Nivernais.*

Nicaragua [nikara'gwa] *m: le ~ Nicaragua.*

Nice [nis] *capital of the department of Alpes-Maritimes.*

Nicolas [nikɔ'la] *m Nicholas.*

Nicolette [nikɔ'lɛt] *f Christian name.*

Nièvre [njɛ:vr] *f French river; department of central France.*

Niger [ni'ʒɛ:r] *m Niger.*

Nigeria [niʒɛr'ja] *m, f: le (or la) ~ Nigeria.*

Nil [nil] *m Nile.*

Nîmes [nim] *capital of the department of Gard.*

Ninon [ni'nõ] *f Nina.*

Niort [njɔ:r] *capital of the department of Deux-Sèvres.*

Nivernais [nivɛr'nɛ] *m old province of France.*

Nord [nɔ:r] *m department of northern France; la mer du ~ the North Sea.*

Normandie [nɔrmã'di] *f: la ~ Normandy (old province of France).*

Norvège [nɔr'vɛ:ʒ] *f: la ~ Norway.*

Notre-Dame [nɔtrə'dam] *metropolitan church of Paris.*

Nouvelle-Calédonie [nuvɛlkaledɔ'ni] *f: la ~ New Caledonia.*

Nouvelle-Zélande [nuvɛlze'lãd] *f: la ~ New Zealand.*

O

Océanie [ɔsea'ni] *f: l'~ Oceania.*

Oise [wa:z] *French river; department of northern France.*

Olivier [ɔli'vje] *m Oliver.*

Oran [ɔ'rã] *town and department of Algeria.*

Orléanais [ɔrlea'nɛ] *m old province of France.*

Orléans [ɔrle'ã] *capital of the department of Loiret; former capital of the province of Orléanais; hist. branch of the French royal house of Bourbon.*

Orly [ɔr'li] *airport of Paris.*

Orne [ɔrn] *French river; department of northern France.*

Orphée [ɔr'fe] *m Orpheus.*

Oslo [ɔs'lo] *capital of Norway.*

Ottawa [ɔta'wa] *capital of Canada.*

Ouganda [ugã'da] *m: l'~ Uganda.*

Oural [u'ral] *Ural.*

P

Pacifique [pasi'fik] *m: le (or l'océan) ~ the Pacific (Ocean).*

Pagnol [pa'ɲɔl] *French writer.*

Pakistan [pakis'tã] *m: le ~ Pakistan.*

Palestine [palɛs'tin] *f: la ~ Palestine.*

Panamá [pana'ma] *m: le ~ Panama.*

Panthéon [pãte'õ] *m Pantheon (building in Paris in the crypt of which are buried some of France's greatest men).*

Paraguay [para'gɛ] *m: le ~ Paraguay.*

Paris [pa'ri] *m capital of France; capital of the department of Seine; former capital of the province of Ile-de-France.*

Parmentier [parmãˈtje] *French economist and agronomist.*

Pascal [pasˈkal] *French mathematician, physicist, and philosopher.*

Pas-de-Calais [pɑdkaˈlɛ] *m department of northern France.*

Pasteur [pasˈtœːr] *French chemist and biologist.*

Patrice [paˈtris], **Patrick** [paˈtrik] *m Patrick.*

Pau [po] *capital of the department of Basses-Pyrénées; former capital of the province of Béarn.*

Paul [pɔl] *m Paul.*

Pays-Bays [peiˈba] *m/pl.:* les ~ the Netherlands.

Pékin [peˈkɛ̃] Pekin(g).

Père-Lachaise [pɛrlaˈʃɛːz] *m main cemetery of Paris, named after La Chaise.*

Périgord [periˈgɔr] *m former county of France.*

Périgueux [periˈgø] *capital of the department of Dordogne; former capital of the county of Périgord.*

Pérou [peˈru] *m:* le ~ Peru.

Perpignan [pɛrpiˈɲɑ̃] *capital of the department of Pyrénées-Orientales; former capital of the province of Roussillon.*

Perrault [pɛˈro] *French writer of fairy tales.*

Perrier [pɛˈrje] *French naturalist.*

Perse *hist.* [pɛrs] *f:* la ~ Persia.

Persique [pɛrˈsik]: *le golfe* ~ Persian Gulf.

Pétain [peˈtɛ̃] *French Marshal and politician.*

Peugeot [pøˈʒo] *French industrialist.*

Phèdre [fɛdr] *f* Phaedra.

Philippe [fiˈlip] *m* Philip.

Philippines [filiˈpin] *f/pl.:* les ~ the Philippines.

Picardie [pikarˈdi] *f old province of France.*

Picasso [pikaˈso] *Spanish painter.*

Piccard [piˈkaːr] *Swiss physicist.*

Pierre [pjɛːr] *m* Peter.

Pissarro [pisaˈro] *French painter.*

Platon [plaˈtɔ̃] *m* Plato (*Greek philosopher*).

Pleyel [plɛˈjɛl] *family of musicians.*

Poincaré [pwɛ̃kaˈre] *French statesman.*

Poitiers [pwaˈtje] *capital of the department of Vienne; former capital of the province of Poitou.*

Poitou [pwaˈtu] *m old province of France.*

Pologne [pɔˈlɔɲ] *f:* la ~ Poland.

Polynésie [pɔlineˈzi] *f:* la ~ Polynesia.

Pompadour [põpaˈduːr] *mistress of Louis XV.*

Pompidou [põpiˈdu] *French president.*

Port-Royal [pɔrrwaˈjal] *French abbey, centre of jansenism.*

Portugal [portyˈgal] *m:* le ~ Portugal.

Poussin [puˈsɛ̃] *French painter.*

Prague [prag] *capital of Czechoslovakia.*

Prévost [preˈvo] *French writer.*

Privas [priˈva] *capital of the department of Ardèche.*

Proche-Orient [prɔʃɔrˈjɑ̃] *m:* le ~ the Near East.

Proudhon [pruˈdõ] *French philosopher.*

Proust [prust] *French writer.*

Provence [prɔˈvɑ̃ːs] *f old province of France.*

Prud'hon [pryˈdõ] *French painter.*

Prusse [prys] *f:* la ~ Prussia.

Puy [pɥi]: *Le* ~ *capital of the department of* Haute-Loire; ~**-de-Dôme** [~dˈdoːm] *m department of central France.*

Pyrénées [pireˈne] *f/pl.* Pyrenees. **Basses-**~ [baspireˈne] *f/pl. department of southwestern France;* **Hautes-**~ [otpireˈne] *f/pl. department of southwestern France;* ~**Orientales** [pirenezɔrjɑ̃ˈtal] *f/pl. department of southwestern France.*

Q

Quai d'Orsay [kedɔrˈsɛ] *m French Ministry of Defence.*

Quartier latin [kartjelaˈtɛ̃] *m the student quarter of Paris.*

Quatre-Cantons [katrəkɑ̃ˈtõ]: *le lac m des* ~ the Lake of Lucerne.

Québec [keˈbɛk] Quebec.

Queneau [kəˈno] *French writer.*

Quesnay [keˈnɛ] *French physiocrat.*

Quimper [kɛ̃ˈpɛːr] *capital of the department of* Finistère; *former capital of the county of* Cornouaille.

R

Rabelais [raˈblɛ] *French writer.*

Rachel [raˈʃɛl] *f* Rachel.

Racine [ra'sin] *French classical dramatist.*

Rambouillet [rãbu'jɛ] *French town with a famous castle.*

Rameau [ra'mo] *French composer.*

Raoul [ra'ul] *m* Ralph; Rudolph.

Ravel [ra'vɛl] *French composer.*

Raymond [rɛ'mɔ̃] *m* Raymond.

Réaumur [reo'my:r] *French naturalist and physicist.*

Récamier [reka'mje] *French woman whose salon under the Restoration was famous.*

Reims [rɛ̃:s] Rheims *(French town).*

Renan [rə'nɑ̃] *French writer.*

Renaud [rə'no] *m* Reginald.

Renault [rə'no] *French industrialist.*

René [rə'ne] *m Christian name.*

Renée [rə'ne] *f Christian name.*

Rennes [rɛn] *capital of the department of Ille-et-Vilaine; former capital of the province of Bretagne.*

Renoir [rə'nwa:r] *French painter.*

Réunion [rey'njɔ̃] *f French overseas department.*

Reykjavik [rɛkja'vik] *capital of Iceland.*

Rhénanie [rena'ni] *f: la ~ the Rhineland.*

Rhin [rɛ̃] *m* Rhine; **Bas-~** [bɑ'rɛ̃] *m department of eastern France;* **Haut-~** [o'rɛ̃] *m department of eastern France.*

Rhodésie [rode'zi] *f: la ~ Rhodesia.*

Rhône [ro:n] *m French river; department of southeastern France.*

Richard [ri'ʃa:r] *m* Richard; **~ Cœur de Lion** [riʃarkœrdə'ljɔ̃] *m* Richard the Lionhearted.

Richelieu [riʃə'ljø] *French cardinal and statesman.*

Rimbaud [rɛ̃'bo] *French poet.*

Rivarol [riva'rɔl] *French writer.*

Robert [rɔ'bɛ:r] *m* Robert.

Robespierre [rɔbɛs'pjɛ:r] *French revolutionary.*

Rochelle, La [larɔ'ʃɛl] *capital of the department of Charente-Maritime; former capital of the province of Aunis.*

Roche-sur-Yon, La [larɔʃsy'rjɔ̃] *capital of the department of Vendée.*

Rodez [rɔ'dɛ:z] *capital of the department of Aveyron; former capital of the province of Rouergue.*

Rodin [rɔ'dɛ̃] *French sculptor.*

Rodolphe [rɔ'dɔlf] *m* Ralph, Rudolph.

Roger [rɔ'ʒe] *m* Roger.

Rohan [rɔ'ɑ̃] *French general and Calvinist leader; French cardinal.*

Roland [rɔ'lɑ̃] *French woman and republican whose salon had considerable influence in the 18th century.*

Rolland [rɔ'lɑ̃] *French writer.*

Romains [rɔ'mɛ̃] *French writer.*

Rome [rɔm] *f* Rome.

Ronsard [rɔ̃'sa:r] *French poet.*

Rostand [rɔs'tɑ̃] *French dramatist.*

Rouault [rwo] *French painter.*

Roubaix [ru'bɛ] *French town.*

Rouen [rwɑ̃] *French port; capital of the department of Seine-Maritime; former capital of the province of Normandie.*

Rouergue [rwɛrg] *m old province of France.*

Rouget de Lisle [ruʒɛd'lil] *author of the Marseillaise.*

Roumanie [ruma'ni] *f: la ~ Rumania.*

Rousseau [ru'so] *Swiss-born French philosopher.*

Roussillon [rusi'jɔ̃] *old province of France.*

Ruanda [rwɑ̃'da, rwan'da] *m: le ~ Rwanda.*

Rude [ryd] *French sculptor.*

Russie [ry'si] *f: la ~ Russia.*

S

Sade [sad] *French writer.*

Sahara [saa'ra] *m: le ~ the Sahara.*

Saint-Barthélemy, la [lasɛ̃bartelə-mi] *f Massacre of St. Bartholomew.*

Saint-Brieuc [sɛ̃bri'ø] *capital of the department of Côtes-du-Nord.*

Saint-Cloud [sɛ̃'klu] *French town with famous race-course.*

Saint-Denis-de-la-Réunion [sɛ̃-dnidəlarey'njɔ̃] *capital of the overseas department of Réunion.*

Sainte-Beuve [sɛ̃t'bœ:v] *French writer.*

Sainte-Hélène [sɛ̃te'lɛn] *f Saint Helena.*

Saintes [sɛ̃:t] *former capital of the province of Saintonge.*

Saint-Etienne [sɛ̃te'tjɛn] *capital of the department of Loire.*

Saint-Exupéry [sɛ̃tɛksype'ri] *French writer.*

Saint-Germain-des-Prés [sɛ̃-ʒɛrmɛ̃de'pre] *very old church and* *popular quarter of Paris*; **Saint-Germain-en-Laye** [ʌ̃ˈle] *French town with a famous castle.*

Saint-Just [sɛ̃ˈʒyst] *French revolutionary.*

Saint-Laurent [sɛ̃lɔˈrɑ̃] *m the* St. Lawrence.

Saint-Lô [sɛ̃ˈlo] *capital of the department of* Manche.

Saint-Malo [sɛ̃maˈlo] *French port and town.*

Saint-Marin [sɛ̃maˈrɛ̃] *m* San Marino.

Saintonge [sɛ̃ˈtɔ̃ːʒ] *old province of France.*

Saint-Pétersbourg [sɛ̃petɛrˈsbuːr] St. Petersburg (*former name of Leningrad*).

Saint-Saëns [sɛ̃ˈsɑ̃ːs] *French composer.*

Saint-Simon [sɛ̃siˈmɔ̃] *French economist and philosopher.*

Salvador, El [ɛlsalvaˈdɔːr] *m* El Salvador.

Salzbourg [salzˈbuːr] *f* Salzburg.

Sancy [sɑ̃ˈsi]: *puy m de ~ highest peak of the* Massif central.

Sand [sɑ̃, sɑ̃ːd] *French woman writer.*

Saône [soːn] *f French river*; **Haute-~** [otˈsoːn] *f department of eastern France*; **~-et-Loire** [soneˈlwaːr] *department of east-central France.*

Sardaigne [sarˈdɛɲ] *f: la ~* Sardinia.

Sarre [sar] *f: la ~ the* Saar.

Sarthe [sart] *f French river*; *department of northwestern France.*

Sartre [sartr] *French philosopher.*

Savoie [saˈvwa] *f: la ~* Savoy (*department of southeastern France*; *old province of France*); **Haute-~** [otsaˈvwa] *f department of eastern France.*

Saxe [saks] *f: la ~* Saxony.

Scandinavie [skɑ̃dinaˈvi] *f: la ~* Scandinavia.

Scudéry [skydeˈri] *French woman writer.*

Ségur [seˈgyːr] *French woman writer.*

Seine [sɛn] *f French river*; *department of northern France*; **~-et-Marne** [~eˈmarn] *department of northern France*; **~-et-Oise** [~eˈwaːz] *department of northern France*; **~-Maritime** [~mariˈtim] *department of northern France.*

Serbie [sɛrˈbi] *f: la ~* Serbia.

Seurat [søˈra] *French painter.*

Sévigné [seviˈɲe] *French woman writer.*

Sèvres [sɛːvr] *French town renowned for its porcelain.*

Sibérie [sibeˈri] *f: la ~* Siberia.

Sicile [siˈsil] *f: la ~* Sicily.

Sieyès [sjeˈjɛs] *French politician.*

Silésie [sileˈzi] *f: la ~* Silesia.

Sisley [sisˈlɛ] *French painter.*

Slovaquie [slɔvaˈki] *f: la ~* Slovakia.

Sluter [slyˈtɛːr] *Burgundian sculptor.*

Sofia [sɔˈfja] *capital of* Bulgaria.

Somme [sɔm] *f French river*; *department of northern France.*

Sophie [sɔˈfi] *f* Sophia, Sophy.

Sorbonne [sɔrˈbɔn] *f seat of the faculties of letters and science of the University of Paris.*

Soubise [suˈbiːz]: *hôtel m de ~ the* National Archives *in Paris.*

Soudan [suˈdɑ̃] *m: le ~ the* Sudan.

Staël [stal] *French woman writer.*

Stendhal [stɛ̃ˈdal] *French writer.*

Stockholm [stɔˈkɔlm] *capital of* Sweden.

Strasbourg [strazˈbuːr] Strasb(o)urg (*capital of the department of* Bas-Rhin; *former capital of the province of* Alsace).

Suède [sɥɛd] *f: la ~* Sweden.

Suez [sɥeːz] *m* Suez.

Suisse [sɥis] *f: la ~* Switzerland.

Sully [sylˈli] *French politician.*

Sully Prudhomme [sylliprydˈɔm] *French poet.*

Suzanne [syˈzan] *f* Susan, F Sue.

Sylvestre [silˈvɛstr] *m* Sylvester.

Syrie [siˈri] *f: la ~* Syria.

T

Taine [tɛn] *French philosopher and historian.*

Talleyrand-Périgord [talɛrɑ̃periˈgɔːr] *French statesman.*

Tamise [taˈmiːz] *f: la ~ the* Thames.

Tanger [tɑ̃ˈʒe] Tangier.

Tarbes [tarb] *capital of the department of* Hautes-Pyrénées.

Tarn [tarn] *m French river*; *department of southern France*; **~-et-Garonne** [~egaˈrɔn] *department of southwestern France.*

Tchad [tʃad] *m: le ~ the* Republic of Chad.

Tchécoslovaquie [tʃekɔslɔvaˈki] *f: la ~* Czechoslovakia.

Téhéran [tee'rã] *m* Teheran.

Teilhard de Chardin [tɛjardəʃar-'dɛ̃] *French Jesuit and philosopher.*

Tel-Aviv [tɛla'vif] *city in West Israel.*

Terre de Feu [tɛrde'fø] *f:* la ~ Tierra del Fuego.

Terre-Neuve [tɛr'nœ:v] Newfoundland.

Texas [tɛk'sas] *m:* le ~ Texas.

Thaïlande [taj'lã:d] *f:* la ~ Thailand.

Théophile [teɔ'fil] *m* Theophilus.

Thérèse [te'rɛ:z] *f* Theresa.

Thibau(l)t [ti'bo] *m* Theobald.

Thierry [tjɛ'ri] *m* Theodoric (*Christian name*); *French historian.*

Thomas [tɔ'ma] *m* Thomas.

Tibet [ti'bɛ] *m:* le ~ Tibet.

Tigre [tigr] *m* the Tigris.

Tirana [tira'na] *capital of Albania.*

Tocqueville [tɔk'vil] *French politician and writer.*

Tokyo [tɔ'kjo] *m* Tokyo.

Toulon [tu'lɔ̃] *French port and town.*

Toulouse [tu'lu:z] *capital of the department of Haute-Garonne; former capital of the province of Languedoc;* **~-Lautrec** [tuluzlo'trɛk] *French painter.*

Touraine [tu'rɛn] *f old province of France.*

Tours [tu:r] *capital of the department of Indre-et-Loire; former capital of the province of Touraine.*

Trocadéro [trɔkade'ro] *m formerly building on the heights of Passy, Paris, replaced by the Palais de Chaillot.*

Trouville [tru'vil] *French health resort on the Channel.*

Troyes [trwa] *capital of the department of Aube; former capital of the province of Champagne.*

Tuileries [tɥil'ri] *f/pl.:* les ~ gardens *and former royal palace in Paris.*

Tulle [tyl] *capital of the department of Corrèze.*

Tunisie [tyni'zi] *f:* la ~ Tunisia.

Turquie [tyr'ki] *f:* la ~ Turkey.

U

Union soviétique [ynjɔ̃sɔvje'tik] *f:* l'~ the Soviet Union.

Uruguay [yry'gɛ] *m:* l'~ Uruguay.

Utrillo [ytri'jo] *French painter.*

V

Valadon [vala'dɔ̃] *French woman painter.*

Valence [va'lã:s] *m capital of the department of Drôme;* *f* Valencia (*Spain*).

Valéry [vale'ri] *French writer.*

Valois *hist.* [va'lwa] *m/pl. French royal house.*

Van Gogh [van'gɔg] *Dutch painter.*

Vanne [van] *f French river.*

Vannes [van] *f capital of the department of Morbihan.*

Var [va:r] *m French river; department of southeastern France.*

Varsovie [varsɔ'vi] Warsaw.

Vatican [vati'kã] *m:* le ~ the Vatican.

Vaucluse [vo'kly:z] *department of southeastern France.*

Vaud [vo] *m:* le canton de ~ Vaud.

Vaugelas [voʒ'la] *French grammarian.*

Vauvenargues [vov'narg] *French moralist.*

Vendée [vã'de] *f French river; department of western France.*

Venezuela [venezɥe'la] *m:* le ~ Venezuela.

Venise [vɔ'niz] *f* Venice.

Verdun [vɛr'dœ̃] *French town.*

Verhaeren [vɛ'rarɔ̃] *Belgian poet.*

Verlaine [vɛr'lɛn] *French poet.*

Véronique [verɔ'nik] *f* Veronica.

Versailles [vɛr'sa:j] *capital of the department of Seine-et-Oise with famous royal palace.*

Vesoul [vɔ'zul] *capital of the department of Haute-Saône.*

Vichy [vi'ʃi] *French health resort; seat of Pétain government.*

Victor [vik'tɔ:r] *m* Victor.

Vienne [vjɛn] *f.* Vienna (*capital of Austria*); *French river; department of west-central France;* *m town of Isère, near Grenoble;* **Haute-~** [ot'vjɛn] *f department of central France.*

Viêt-nam [vjɛt'nam] *m:* le ~ Vietnam.

Vigny [vi'ɲi] *French writer.*

Vilaine [vi'lɛn] *f French river.*

Villon [vi'lɔ̃, vi'jɔ̃] *French poet.*

Vincennes [vɛ̃'sɛn] *suburb of Paris; famous castle and wood.*

Vlaminck [vla'mɛ̃:k] *French painter.*

Voltaire [vɔl'tɛ:r] *French philosopher.*

Vosges [vo:ʒ] *f/pl. mountain range; department of eastern France.*

W

Wallonie [walɔ'ni] *f French speaking part of Belgium.*

Waterloo [vatɛr'lo] *Belgian village, scene of famous defeat of Napoleon.*

Watteau [va'to] *French painter.*

Weygand [ve'gã] *Belgian-born French general.*

Y

Yémen [je'mɛn] *m: le ~ Yemen.*

Yonne [jɔn] *f French river; department of central France.*

Yougoslavie [jugɔsla'vi] *f: la ~ Yugoslavia, Jugoslavia.*

Ypres [ipr] *Belgian town.*

Yves [i:v] *m Christian name.*

Z

Zaïre [za'i:r] *m: le ~ Zaïre.*

Zambèze [zã'bɛ:z] *m the Zambezi.*

Zambie [zã'bi] *f: la ~ Zambia.*

Zola [zɔ'la] *French writer.*

Zurich [zy'rik] *m Zurich.*

Common French Abbreviations
Abréviations françaises usuelles

A

A *ampère* ampere.

A 2 *Antenne deux* channel two (*on French television*).

A.A. *antiaérien* A.A., anti-aircraft.

ac., à cte. *acompte* payment on account.

a.c. *argent comptant* ready money.

A.C.F. *Automobile Club de France* Automobile Association of France.

act. *action* share.

A.D.A.V. *avion à décollage et atterrissage vertical* V.T.O.(L.), vertical take-off (and landing) (aircraft).

à dr. *à droite* on *or* to the right.

A.d.S. *Académie des Sciences* Academy of Science.

AELE *Association européenne de libre échange* EFTA, European Free Trade Association.

AF *Air France* (*French airline*); *anciens francs* old francs.

A.F. *Allocations familiales* family allowance.

A.F.P. *Agence France-Presse* French press agency.

A.G. *Assemblée générale* general meeting; G.A., General Assembly.

à g. *à gauche* on *or* to the left.

AIH *Association internationale de l'hôtellerie* IHA, International Hotel Association.

A.J. *auberge de la jeunesse* youth hostel.

AME *Accord monétaire européen* EMA, European Monetary Agreement.

A.N.P.E. *Agence nationale pour l'emploi* national employment bureau.

A.O.C. *appellation d'origine contrôlée* guaranteed vintage.

A.P. *à protester* to be protested; *Assistance publique* Public Assistance.

ap. J.-C. *après Jésus-Christ* A.D., anno Domini.

arr. *arrondissement* district.

A.S. *Assurances sociales* social insurance; *association sportive* sports club.

a/s. *aux soins de* c/o., care of.

av. *avenue* avenue; *avoir* credit.

av. J.-C. *avant Jésus-Christ* B.C., before Jesus Christ.

B

B *bougie* candle-power.

B. *balle* bale; *billet* bill.

B.C.G. *vaccin bilié Calmette-Guérin* (*antitubercular vaccine*).

B.D. *bande dessinée* cartoon; comic.

Bd. *boulevard* boulevard.

BENELUX *Belgique-Nederland-Luxembourg* BENELUX, Belgium, Netherlands, Luxemb(o)urg.

B. ès L. (*or* **Sc.**) *Bachelier ès Lettres* (*or Sciences*) (*approx.*) Advanced Level of the General Certificate of Education in Arts (*or* Science).

B.F. *Banque de France* Bank of France.

B.O. *Bulletin officiel* Official Bulletin.

B.P. *boîte postale* POB, Post Office Box.

B.P.F. *bon pour francs* value in francs.

B.R.I. *Banque de règlements internationaux* B.I.S., Bank for International Settlements.

B.S.G.D.G. *breveté sans garantie du gouvernement* patent.

C

C *cent* hundred; °**C** *degré Celsius* degree centigrade.

c. *centime* (*hundredth part of a franc*).

C.A. *courant alternatif* A.C., alternating current; *chiffre d'affaires* turnover.

c.-à-d. *c'est-à-dire* i.e., that is to say.

C.A.F. *coût, assurance, fret* c.i.f., cost, insurance, freight.

cal *calorie* calory.

C.A.P. *Certificat d'aptitude professionnelle* (*certificate granted to a qualified apprentice*).

C.C. *corps consulaire* consular corps; *compte courant* a/c, current account.

CCI *Chambre de Commerce Internationale* ICC, International Chamber of Commerce.

C.C.P. *compte chèques postaux* postal cheque account.

C.D. *corps diplomatique* diplomatic corps.

CE *Conseil de l'Europe* Council of Europe.

CECA *Communauté européenne du charbon et de l'acier* E.C.S.C., European Coal and Steel Community.

CED *Communauté européenne de défense* E.D.C., European Defence Community.

CEE *Communauté économique européenne* E.E.C., European Economic Community.

CEEA *Commission européenne de l'énergie atomique* EURATOM, European Atomic Energy Commission.

C.E.G. *collège d'enseignement général* (*Secondary Modern School*).

CERN *Organisation européenne pour la recherche nucléaire* European Organisation for Nuclear Research.

C.E.S. *collège d'enseignement secondaire* (*Secondary School*).

C.E.T. *collège d'enseignement technique* (*a technical college*).

Cf. *conférez* cf., compare.

C.F.D.T. *Confédération française (et) démocratique du travail* (*a major association of French trade unions*).

C.F.T.C. *Confédération française des travailleurs chrétiens* French Confederation of Christian Workers.

C.G.A. *Confédération générale de l'agriculture* General Confederation of Agriculture.

C.G.C. *Confédération générale des cadres* General confederation of higher administrative staffs.

C.G.T. *Confédération générale du travail* General confederation of Labour, (*approx.*) T.U.C., Trade Union(s) Congress.

ch *cheval(-vapeur)* H.P., h.p., horse-power.

ch.d.f. *chemin de fer* Ry., railway.

ch.-l. *chef-lieu* capital.

CICR *Comité international de la Croix-Rouge* ICRC., International Committee of the Red Cross.

Cie., Cie. *Compagnie* Co., Company.

CIO *Comité international olympique* IOC., International Olympic Committee.

CISL *Confédération internationale des syndicats libres* ICFTU, International Confederation of Free Trade Unions.

cl *centilitre* centilitre, *Am.* centiliter.

cm *centimètre* centimetre, *Am.* centimeter.

C.N.P.F. *Conseil national du patronat français* (*employers' association*).

C.N.R. *Conseil national de la Resistance* National Resistance Council.

C.N.R.S. *Centre national de la recherche scientifique* (*approx.*) S.R.C., Scientific Research Centre.

COE *Conseil œcuménique des églises* WCC, World Council of Churches.

cour. *courant* inst., instant.

C.Q.F.D. *ce qu'il fallait démontrer* Q.E.D., quod erat demonstrandum which was to be proved.

C.-R.F. *Croix-Rouge française* French Red Cross.

CRI *Croix-Rouge internationale* IRC, International Red Cross.

C.R.S. *Compagnies républicaines de sécurité* (*state security police; member of the C.R.S.*).

ct. *courant* inst., instant.

C.V. *cheval-vapeur* H.P., h.p., horse-power; *cette ville* this town.

D

D.A.T. *Défense aérienne du territoire* Air Space Defence.

D.C.A. *défense contre avions* A.A., anti-aircraft (defence).

D.D.T. *Dichlorodiphényltrichloroéthane* DDT, dichlorodiphenyltrichloroethane.

dép. *départ* departure; *député(e)* member of Parliament, *Am.* representative.

dépt. *département* administrative department.

der. *dernier* ult., ultimo.

dest. *destinataire* addressee, consignee.

D.E.U.G. [døg] *diplôme d'études universitaires générales* certificate of general studies at university level.

D.G.S.E. *Direction générale de la sécurité extérieure (counterintelligence agency).*

D.I.T. *défense intérieure du territoire (internal defence).*

div. *dividende* dividend.

D.M. *Docteur Médecin* Doctor of Medicine.

dᵒ *dito* ditto.

D.O.M. *départements d'outre-mer* overseas administrative departments.

D.O.M.-T.O.M., Dom-Tom [dɔm-ˈtɔm] *départements, territoires d'outre-mer* overseas administrative departments and territories.

D.P.L.G. *Diplômé par le gouvernement* state certificated.

Dr *Docteur* Dr., Doctor (*university degree*).

dr. *droit* right.

D.S.T. *Direction de la surveillance du territoire (counterintelligence service).*

dt *doit* debit.

dz *douzaine* doz., dozen.

E

E. *est* E., east.

E.-M. *État-major* H.Q., Headquarters.

E.N.A. *École nationale d'administration* national administrative school.

E.N.S. *École normale supérieure* Training College for secondary school teachers.

E.N.S.I. *Écoles nationales supérieures d'ingénieurs* state colleges of advanced engineering.

env. *environ* about.

e.o.o.e. *erreur ou omission exceptée* E. & O.E., errors and omissions excepted.

etc. *et cætera* etc., etcetera.

Ets *établissements* establishments.

É.-U. *États-Unis* U.S.A., United States.

E.V. *en ville* Local (*on envelopes*).

ex. *exemple* example; *exercice* year's trading.

ex. att. *exercice attaché* cum dividend.

Exc. *Excellence* Excellency (*title*).

exD. *ex-dividende* ex div., ex dividend.

exp. *expéditeur* consigner.

ext. *externe* external; *extérieur* exterior.

F

F *franc* franc; **°F** *degré Fahrenheit* degree Fahrenheit.

F.A.B. *franco à bord* f.o.b., free on board.

FB *franc(s) belge(s)* Belgian franc(s).

f.c(t). *fin courant* at the end of this month.

Fᶜᵒ *franco* free, carriage paid.

F.E.N. *Fédération de l'éducation nationale* National Education Federation (*autonomous professional union*).

FF *franc(s) français* French franc(s).

F.F.I. *Forces françaises de l'intérieur* French Forces of the Interior.

F.F.L. *Forces françaises libres* Free French Forces.

F.I.A.A. *Fédération internationale d'athlétisme amateur* I.A.A.F., International Amateur Athletic Federation.

FIFA *Fédération internationale de football association (federation controlling international football competitions).*

fig. *figure* figure.

FISE *Fonds des Nations Unies pour l'enfance* UNICEF, United Nations Children's Fund.

FIT *Fédération internationale des traducteurs* IFT, International Federation of Translators.

F.M. *fréquence modulée, modulation de fréquence* F.M., frequency modulation.

FMI *Fond monétaire international* IMF, International Monetary Fund.

FMPA *Fédération mondiale pour la protection des animaux* WFPA, World Federation for the Protection of Animals.

F.N.A.C. *Fédération nationale d'achats des cadres (department store [chain] for high-quality goods).*

F.O. *Force Ouvrière (a Socialist trade union).*

fᵒ *franco* free, carriage paid.

F.O.Q. *franco à quai* f.a.s., free alongside ship.

F.O.R. *franco sur rail* f.o.r., free on rail.

F.O.T. *franco en wagon* f.o.t., free on truck.

f.p. *fin prochain* at the end of next month.

fque *fabrique* make.

FR 3 *France trois* channel three (*on French television*).

fro *franco* free, carriage paid.

Frs *Frères* Bros., Brothers.

FS *franc(s) suisse(s)* Swiss franc(s).

F.S. *faire suivre* please forward (*on letters*).

F.S.M. *Fédération syndicale mondiale* WFTU, World Federation of Trade Unions.

I.N.P.I. [in'pi] *Institut national de la propriété industrielle* French Patent office.

I.N.S.E.E. [in'se] *Institut national des statistiques et des études économiques* national institute for statistics and economic research.

int. *interne* internal; *intérieur* interior.

I.U.T. *Institut universitaire de technologie* (*a technical college*).

I.V.G. *interruption volontaire de grossesse* voluntary termination of pregnancy.

G

g *gramme* gramme, *Am.* gram; *gravité* gravity.

g. *gauche* left.

G.C. (*route de*) *grande communication* (*approx.*) B-road.

G(r.)C. *Grand'Croix* Grand Cross (*of the Legion of Honour*).

G.D.F. *Gaz de France* (*French Gas Board*).

G.O. *grandes ondes* L.W., long wave(s).

G.V. *grande vitesse* per passenger train.

H

h *heure* hour, o'clock.

ha *hectare* hectare.

H.B.M. *habitations à bon marché* property to let at low rents.

H.C. *hors concours* not competing.

H.E.C. (*École des*) *Hautes Études commerciales* School of Advanced Commercial and Management Studies, Paris; *heure de l'Europe Centrale* CET, Central European Time.

H.F. *haute fréquence* high frequency.

H.L.M. *habitations à loyer modéré* property to let at moderate rents.

H.T. *haute tension* high tension.

I

Ibid. *ibidem* ibid., in the same place, ibidem.

Id. *idem* id., same, idem.

I.D.S. *Initiative de défense stratégique* S.D.I., Strategic Defense Initiative.

I.F.O.P. [i'fɔp] *Institut français d'opinion publique* (*state institute monitoring public opinion*).

ing(én.). *ingénieur* engineer.

J

j *jour* day.

J.A.C. *Jeunesse agricole chrétienne* Christian Agricultural Youth.

J.-B. *Jean-Baptiste* John the Baptist.

J.-C. *Jésus-Christ* J.C., Jesus (Christ).

Je *Jeune* Jun., Junior.

J.E.C. *Jeunesse étudiante chrétienne* Y.C.S., Young Christian Students.

J.-J. *Jean-Jacques* John James.

J.O. *Journal officiel* Official Gazette.

J.O.C. *Jeunesse ouvrière chrétienne* YCW, Young Christian Workers.

K

kg *kilogramme* kilogramme, *Am.* kilogram.

km *kilomètre* kilometre, *Am.* kilometer.

km:h *kilomètres par heure* kilometres (*Am.* -meters) per hour.

kV *kilovolt* k.v., kilovolt.

kW *kilowatt* k.w., kilowatt.

kWh *kilowatt-heure* kilowatt-hour.

L

l *litre* litre, *Am.* liter.

lat. *latitude* latitude.

L. ès L. *licencié ès lettres* (*approx.*) B.A., Bachelor of Arts.

L. ès Sc. *licencié ès sciences* (*approx.*) B.Sc., Bachelor of Science.

Lieut. *lieutenant* Lieut., Lieutenant.

ll. *lignes* ll., lines.

loc. cit. *loco citato* at the place cited.

long. *longitude* longitude.

Lt *lieutenant* Lt., Lieutenant.

Lt-Col. *lieutenant-colonel* Lt.-Col., Lieutenant-Colonel.

M

M. *Monsieur* Mr., Mister.

m *mètre* metre, *Am.* meter.

m. *mort* died.

mb *millibar* millibar.

md(e) *marchand(e)* merchant.

Me *Maître* (*barrister's title of address*).

mg *milligramme* milligramme, *Am.* milligram.

Mgr *Monseigneur* Monsignor.

M.L.F. *Mouvement de libération des femmes* Women's Liberation Movement.

Mlle *Mademoiselle* Miss.

Mlles *Mesdemoiselles* the Misses.

MM. *Messieurs* Messrs.

mm *millimètre* millimetre, *Am.* millimeter.

Mme *Madame* Mrs., Mistress.

Mmes *Mesdames* Mesdames.

mn *minute* minute.

Mon *maison* firm.

M.R.P. *Mouvement Républicain Populaire* Popular Republican Movement.

M/S *navire à moteur Diesel* M.S., motorship.

ms *manuscrit* MS., manuscript.

mss *manuscrits* MSS., manuscripts.

M.T.S. *mètre-tonne-seconde* metre (*Am.* meter)-ton-second.

MV *maladie vénérienne* V.D., venereal disease.

mV *millivolt* millivolt.

N

N. *nord* N., North; *nom* name.

n/... *notre, nos* our.

n. *notre* our.

N.B. *notez bien* N.B., note well.

N.-D. *Notre-Dame* Our Lady.

N.D.L.R. *note de la rédaction* editor's note.

N.E. *nord-est* N.E., north-east.

NF *nouveaux francs* new francs.

N.F. *norme française* French Standard.

No., no *numéro* number.

N.O., N.W. *nord-ouest* N.W., Northwest.

n/sr. *notre sieur ...* our Mr. ...

N.U. *Nations Unies* U.N., United Nations.

n/v. *notre ville* our town.

O

O. *ouest* W., west; *officier* Officer (*of an Order*).

OAA *Organisation pour l'alimentation et l'agriculture* F.A.O., Food and Agriculture Organization.

OACI *Organisation de l'aviation civile internationale* ICAO, International Civil Aviation Organization.

OAS *Organisation de l'Armée Secrète* Secret Army Organization.

O.C. *ondes courtes* s.w., short wave(s).

OCDE *Organisation de coopération et de développement économiques* O.E.C.D., Organization for Economic Co-operation and Development.

OECE *Organisation européenne de coopération économique* O.E.E.C., Organization for European Economic Co-operation.

OIC *Organisation internationale du commerce* ITO, International Trade Organization.

OIN *Organisation internationale de normalisation* ISO, International Organization for Standardization.

OIPC *Organisation internationale de police criminelle* ICPO, INTERPOL, International Criminal Police Organization.

OIR *Organisation internationale pour les réfugiés* IRO, International Refugee Organization.

OIT *Organisation internationale du travail* ILO, International Labour Organization.

O.L.P. *Organisation de libération de la Palestine* PLO, Palestine Liberation Organization.

OMS *Organisation mondiale de la santé* WHO, World Health Organization.

O.N.M. *Office national météorologique* Meteorological Office.

ONU *Organisation des Nations Unies* UNO, United Nations Organization.

op. cit. *opere citato* in the work quoted.

O.P.E.P. [ɔ'pep] *Organisation des pays exportateurs de pétrole* OPEC, Organization of Petroleum Exporting Countries.

O.S *ouvrier spécialisé* semi-skilled worker.

OTAN *Organisation du Traité de l'Atlantique Nord* NATO, North Atlantic Treaty Organization.

OTASE *Organisation du Traité de défense collective pour l'Asie du Sud-Est*

SEATO, Southeast Asia Treaty Organization.

OTC *onde très courte* VHF, very high frequency.

P

P. *Père* Fr., Father.

p. *pour* per; *par* per; *page* page.

P.C. *Parti Communiste* Communist Party; *poste de commandement* Headquarters.

p.c. *pour cent* $^0/_0$, per cent.

p/c. *pour compte* on account.

P.C.B. *physique, chimie, biologie* physics, chemistry, biology.

P.C.C., p.c.c. *pour copie conforme* true copy.

P.C.V. [pese¹ve] *paiement contre vérification (a. communication f en ~)* reverse charge call.

p.d. *port dû* carriage forward.

P.(-)D.G. *président-directeur général* chairman (of the board).

P. et T. *postes et télécommunications (approx.)* The Post Office.

p.ex. *par exemple* e.g., for example.

P.G. *Prisonnier de guerre* P.O.W., Prisoner of War.

P.J. *Police judiciaire (approx.)* C.I.D., Criminal Investigation Department.

pl. *planche* plate, full-page illustration.

P.M. *police militaire* MP, M.P., Military Police.

p.m. *poids mort* dead weight.

P.M.E. *petites et moyennes entreprises* small businesses.

PMI *Protection maternelle et infantile* MCH, Maternal and Child Health; *petites et moyennes industries* small industries.

P.M.U. *Pari mutuel urbain* local tote.

P.N.B. *produit national brut* gross national product.

P.O. *par ordre* by order.

pp. *pages* pages.

p.p. *port payé* carriage paid.

P.p.c. *pour prendre congé* to take leave.

prov. *province* province.

P.-S. *post-scriptum* P.S., postscript.

P.S.V. *pilotage sans visibilité* instrument flying, blind flying.

P.T.T. *Postes, Télégraphes, Téléphones (French)* G.P.O., General Post Office.

P.V. *petite vitesse* per goods train.

P.-V. *procès-verbal (see main dictionary)*.

Q

q. *carré* square; *quintal* quintal.

Q.G. *Quartier général* H.Q., Headquarters.

Q.I. *quotient intellectuel* I.Q., intelligence quotient.

qq. *quelque* some; *quelqu'un* someone.

qqf. *quelquefois* sometimes.

Q.S. *quantité suffisante* sufficient quantity.

R

R, r. *rue* Rd., road, street.

R.A.T.P. *régie autonome des transports parisiens (Paris Public Transport Board)*.

R.A.U. *République arabe unie* United Arab Republic.

RB *(envoi) contre remboursement* C.O.D., cash on delivery.

R.C. *registre du commerce* register of trade.

r.d. *rive droite* right bank.

R.D.A. *République démocratique allemande* G.D.R., German Democratic Republic.

Rem. *remarque* annotation.

R.E.R. *Réseau express régional (commuter-train network)*.

R.F. *République française* French Republic.

R.F.A. *République fédérale d'Allemagne* G.F.R., German Federal Republic.

r.g. *rive gauche* left bank.

R.N. *route nationale (approx.)* National Highway.

R.P. *réponse payée* R.P., reply paid; *Révérend Père* Rev. Fr., Reverend Father; *Représentation proportionnelle* P.R., proportional representation.

R.P.F. *Rassemblement du Peuple Français* Rally of the French People (*de Gaull's party*).

R.P.R. *Rassemblement pour la Republique* Rally for the Republic (Gaullist *party*).

R.S.V.P. *répondez, s'il vous plaît* the favour of an answer is requested.

Rte *route* road.

R.T.F. *Radiodiffusion-télévision française* French Radio and Television.

S

S. *sud* S., south; *Saint* St., Saint.

s. *seconde* s., second.

S.A. *Société anonyme* Co Ltd., limited company; *Am.* Inc., Incorporated.

S.A.R.L. *société à responsabilité limitée* limited liability company.

s.b.f. *sauf bonne fin* under usual reserve.

S.C.E. *service contre-espionnage* C.I.C., Counter Intelligence Corps.

s.d. *sans date* n.d., no date.

SDN *Société des Nations* L of N, League of Nations.

S.-E. *sud-est* S.E., southeast.

s.e. ou o. *sauf erreur ou omission* E. & O.E., errors and omissions excepted.

S.E. *Son Excellence* His Excellency (*Minister's title of address*).

S.F. *sans frais* no expenses; *sience-fiction* science fiction.

S.F.I.O. *Section française de l'internationale ouvrière* French section of the Workers' International (*unified Socialist Party*).

SG *Secrétaire général* SG, Secretary General.

S.G.D.G. *sans garantie du gouvernement* (*patent*) without government guarantee.

S.I. *Syndicat d'initiative* Travel and Tourist Bureau *or* Association.

S.I.D.A. [si'da] *syndrome immunodéficitaire acquis* AIDS, Acquired Immunity Deficiency Syndrome.

S.J. *Société de Jésus* SJ, Society of Jesus.

s.l.n.d. *sans lieu ni date* n. p. or d., no place or date.

S.M. *Sa Majesté* H.M., His (Her) Majesty.

S.M.E. *Système monétaire européen* European Monetary System.

S.M.I.G. *salaire minimum interprofessionnel garanti* guaranteed minimum wage.

S.N.C.F. *Société nationale des chemins de fer français* French National Railways.

S.-O. *sud-ouest* S.W., southwest.

S.O.F.R.E.S. [sɔ¹frɛs] *Société française d'enquêtes par sondage* (*a French institute for opinion-polling and market research*).

S.P.A. *Société protectrice des animaux* (*French*) Society for the Prevention of Cruelty to Animals.

S.R. *service de renseignement* Intelligence (Service *or* Department).

SS. *Saints* Saints.

S.S. *Sa Sainteté* His Holiness; *sécurité sociale* Social Security.

S/S *navire à vapeur* S.S., steamship.

st *stère* cubic metre, *Am.* meter.

St(e) *Saint*(e) St., Saint.

Sté *société* company.

S.V.P., s.v.p. *s'il vous plaît* please.

T

t *tonne* ton.

t. *tour* revolution; *tome* volume.

TB *tuberculose* TB, tuberculosis.

T.C.F. *Touring Club de France* Touring Club of France.

tél. *téléphone* telephone.

TF 1 *Télévision française un* channel one (*on French television*).

T.G.V. *train à grande vitesse* high-speed train.

T.N.P. *Théâtre National Populaire* (*one of the Paris theatres subsidized by the State*).

T.N.T. *trinitrotoluène* TNT, trinitro-toluene.

t.p.m. *tours par minute* r.p.m., revolutions per minute.

tr/s *tours par seconde* revolutions per second.

T.S.F. *Télégraphie sans fil* wireless telegraphy; wireless (set).

T.S.V.P. *tournez, s'il vous plaît* P.T.O., please turn over.

T.T.C. *toutes taxes comprises* all taxes included.

T.U. *temps universel* G.M.T., Greenwich mean time.

T.V. *télévision* TV, television.

T.V.A. *taxe à la valeur ajoutée* V.A.T., value-added tax.

U

UEO *Union européenne occidentale* WEU, Western European Union.

UEP *Union européenne de paiements* EPU, European Payments Union.

U.E.R. *unité d'enseignement et de recherche* area of study.

U.H.T. *ultra-haute température* ultra-high temperature.

UIE *Union internationale des étudiants* IUS, International Union of Students.

UIJS *Union internationale de la jeunesse socialiste* IUSY, International Union of Socialist Youth.

UIP *Union interparlementaire* IPU, Inter-parliamentary Union.

UIT *Union internationale des télécommunications* ITU, International Telecommunication Union.

U.N.E.D.I.C. *Union nationale pour l'emploi dans l'industrie et le commerce* (*unemployment insurance scheme*).

U.N.E.F. *Union nationale des étudiants de France* French National Union of Students.

UNESCO *Organisation des Nations Unies pour l'éducation, la science et la culture* UNESCO, United Nations Educational, Scientific, and Cultural Organization.

U.R.S.S. [yrs] *Union des républiques socialistes soviétiques* U.S.S.R., Union of Soviet Socialist Republics.

V

V *volt* V, volt.

v. *votre, vos* your; *voir, voyez* see; *vers* verse; *verset* versicle.

v/ *votre, vos* your.

Var. *variante* variant.

V.D.Q.S. *vin délimité de qualité supérieure* (*medium-quality wine*).

vo *verso* verso, back of the page.

vol. *volume* volume.

V/Réf. *votre référence* your reference.

vv. *vers* ll., lines.

Vve *veuve* widow.

W

W *watt* watt.

W. *ouest* W., west.

Wh *watt-heure* watt-hour.

W.L. *Wagons-lits* sleeping cars.

W.R. *Wagons-restaurants* dining cars.

X

X. *anonym* anonymous.

X.P. *exprès payé* express paid.

Z

Z.I. *zone industrielle* industrial area.

Z.U.P. *zone à urbaniser en priorité* priority development area *or* zone.

Numerals

Nombres

Cardinal Numbers — Nombres cardinaux

0 zéro *nought, zero, cipher*
1 un, une *one*
2 deux *two*
3 trois *three*
4 quatre *four*
5 cinq *five*
6 six *six*
7 sept *seven*
8 huit *eight*
9 neuf *nine*
10 dix *ten*
11 onze *eleven*
12 douze *twelve*
13 treize *thirteen*
14 quatorze *fourteen*
15 quinze *fifteen*
16 seize *sixteen*
17 dix-sept *seventeen*
18 dix-huit *eighteen*
19 dix-neuf *nineteen*
20 vingt *twenty*
21 vingt et un *twenty-one*
22 vingt-deux *twenty-two*
30 trente *thirty*
40 quarante *forty*
50 cinquante *fifty*

60 soixante *sixty*
70 soixante-dix *seventy*
71 soixante et onze *seventy-one*
72 soixante-douze *seventy-two*
80 quatre-vingts *eighty*
81 quatre-vingt-un *eighty-one*
90 quatre-vingt-dix *ninety*
91 quatre-vingt-onze *ninety-one*
100 cent *a or one hundred*
101 cent un *one hundred and one*
200 deux cents *two hundred*
211 deux cent onze *two hundred and eleven*
1000 mille *a or one thousand*
1001 mille un *one thousand and one*
1100 onze cents *eleven hundred*
1967 dix-neuf cent soixante-sept *nineteen hundred and sixty-seven*
2000 deux mille *two thousand*
1 000 000 un million *a or one million* [million}
2 000 000 deux millions *two*}
1 000 000 000 un milliard *one thousand millions, Am. one billion*

Ordinal Numbers — Nombres ordinaux

1er le premier, 1re la première *the first*
2e le deuxième, la deuxième *the second*
3e le *or* la troisième *the third*
4e quatrième *fourth*
5e cinquième *fifth*
6e sixième *sixth*
7e septième *seventh*
8e huitième *eighth*
9e neuvième *ninth*
10e dixième *tenth*
11e onzième *eleventh*
12e douzième *twelfth*
13e treizième *thirteenth*
14e quatorzième *fourteenth*

15e quinzième *fifteenth*
16e seizième *sixteenth*
17e dix-septième *seventeenth*
18e dix-huitième *eighteenth*
19e dix-neuvième *ninteenth*
20e vingtième *twentieth*
21e vingt et unième *twenty-first*
22e vingt-deuxième *twenty-second*
30e trentième *thirtieth*
31e trente et unième *thirty-first*
40e quarantième *fortieth*
41e quarante et unième *forty-first*
50e cinquantième *fiftieth*
51e cinquante et unième *fifty-first*
60e soixantième *sixtieth*

61ᵉ soixante et unième *sixty-first*	**90ᵉ** quatre-vingt-dixième *nine-tieth*
70ᵉ soixante-dixième *seventieth*	**91ᵉ** quatre-vingt-onzième *ninety-first*
71ᵉ soixante et onzième *seventy-first*	**100ᵉ** centième *hundredth*
72ᵉ soixante-douzième *seventy-second*	**101ᵉ** cent unième *hundred and first*
80ᵉ quatre-vingtième *eightieth*	**200ᵉ** deux centième *two hundredth*
81ᵉ quatre-vingt-unième *eighty-first*	**1000ᵉ** millième *thousandth*

Fractions — Fractions

½ (un) demi *one half;* la moitié (*the*) *half*	⅕ un cinquième *one fifth*
1½ un et demi *one and a half*	⅝ (les) cinq huitièmes *five eighths*
⅓ un tiers *one third*	⁹⁄₁₀ (les) neuf dixièmes *nine tenths*
⅔ (les) deux tiers *two thirds*	0,45 zéro, virgule, quarante-cinq *point four five*
¼ un quart *one quarter*	17,38 dix-sept, virgule, trente-huit *seventeen point three eight*
¾ (les) trois quarts *three quarters*	

French weights and measures
Mesures françaises

Linear Measures — Mesures de longueur

km	*kilomètre*	=	1000 m	= 0.6214 mi.
hm	*hectomètre*	=	100 m	= 109 yd. 1 ft. 1 in.
dam	*décamètre*	=	10 m	= 32.808 ft.
m	*mètre*	=	1 m	= 3.281 ft.
dm	*décimètre*	=	$^1/_{10}$ m	= 3.937 in.
cm	*centimètre*	=	$^1/_{100}$ m	= 0.394 in.
mm	*millimètre*	=	$^1/_{1000}$ m	= 0.039 in.
μm } or **μ** }	*micron*	=	$^1/_{1\,000\,000}$ m	= 0.000039 in.
	mille marin	=	1852 m	= 6080 ft.

Square Measures — Mesures de surface

km²	*kilomètre carré*	=	1 000 000 m²	= 0.3861 sq. mi.
hm²	*hectomètre carré*	=	10 000 m²	= 2.471 acres
dam²	*décamètre carré*	=	100 m²	= 119.599 sq. yd.
m²	*mètre carré*	=	1 m²	= 1.196 sq. yd.
dm²	*décimètre carré*	=	$^1/_{100}$ m²	= 15.5 sq. in.
cm²	*centimètre carré*	=	$^1/_{10\,000}$ m²	= 0.155 sq. in.
mm²	*millimètre carré*	=	$^1/_{1\,000\,000}$ m²	= 0.002 sq. in.

Land Measures — Mesures de surfaces agraires

ha	*hectare*	= 100 a *or* 10 000 m²	=	2.471 acres
a	*are*	= dam² *or* 100 m²	=	119.599 sq. yd.
ca	*centiare*	= $^1/_{100}$ a *or* 1 m²	=	1.196 sq. yd.

Cubic Measures — Mesures de volume

m³	*mètre cube*	=	1 m³	= 35.32 cu. ft.
dm³	*décimètre cube*	=	$^1/_{1000}$ m²	= 61.023 cu. in.
cm³	*centimètre cube*	=	$^1/_{1\,000\,000}$ m²	= 0.061 cu. in.
mm³	*millimètre cube*	=	$^1/_{1\,000\,000\,000}$ m²	= 0.00006 cu. in.

Measures of Capacity — Mesures de capacité

hl	*hectolitre*	=	100 l	= 22.01 gals.
dal	*décalitre*	=	10 l	= 2.2 gals.
l	*litre*	=	1 l	= 1.76 pt.
dl	*décilitre*	=	$^1/_{10}$ l	= 0.176 pt.
cl	*centilitre*	=	$^1/_{100}$ l	= 0.018 pt.
ml	*millilitre*	=	$^1/_{1000}$ l	= 0.002 pt.
st	*stère*	=	1 m³	= 35.32 cu. ft. (*of wood*)

Weights — Poids

t	*tonne*	=	1 t *or* 1000 kg	=	19.68 cwt.
q	*quintal*	=	¹/₁₀ t *or* 100 kg	=	1.968 cwt.
kg	*kilogramme*	=	1000 g	=	2.205 lb.
hg	*hectogramme*	=	100 g	=	3.527 oz.
dag	*décagramme*	=	10 g	=	5.644 dr.
g	*gramme*	=	1 g	=	15.432 gr.
dg	*décigramme*	=	¹/₁₀ g	=	1.543 gr.
cg	*centigramme*	=	¹/₁₀₀ g	=	0.154 gr.
mg	*milligramme*	=	¹/₁₀₀₀ g	=	0.015 gr.

Former Measures — Anciennes mesures

aune f	=	1,188 m	ell★
pied m	=	0,3248 m	foot
pouce m	=	¹/₁₂ pied *or* 27,07 mm	inch
ligne f	=	¹/₁₂ pouce *or* 2,258 mm	line
livre f	=	489,50 g; F 500 g	pound
lieue f	=	4 km	league
arpent m	=	42,21 a	acre

Conjugation of French verbs

Conjugaison des verbes français

In this section specimen verb-tables are set out. Within the body of the Dictionary every infinitive is followed by a number in brackets, *e.g.* (1a), (2b), (3c), *etc.* This number refers to the appropriate model or type in the following pages. (1a), (2a), (3a), (4a) are the **regular** verbs of their conjugation. Others have some irregularity or other special feature.

How to Form the Tenses

Impératif. Take the 2nd person singular and the 1st and 2nd persons plural of the *Indicatif présent*. In verbs of the 1st Conjugation the singular imperative has no final **s** unless followed by *en* or *y*.

Imparfait. From the 1st person plural of the *Indicatif présent*: replace **-ons** by **-ais** etc.

Participe présent. From the 1st person plural of the *Indicatif présent*: replace **-ons** by **-ant.**

Subjonctif présent. From the 3rd person plural of the *Indicatif présent*: replace **-ent** by **-e** etc.

Subjonctif imparfait. To the 2nd person singular of the *Passé simple* add **-se** etc.

Future simple. To the *Infinitif présent* add **-ai** etc.

Conditionnel présent. To the *Infinitif présent* add **-ais** etc.

★The English 'translation' given does not mean that the English measure of that name is exactly the same length, etc., as the French, e.g. the French *pouce* is 27,07 mm and the English *inch* is 25,4 mm.

Auxiliary Verbs

(1) être

A. Indicatif

I. Simple Tenses

Présent

sg. je suis
tu es
il est

pl. nous sommes
vous êtes
ils sont

Imparfait

sg. j'étais
tu étais
il était

pl. nous étions
vous étiez
ils étaient

Passé simple

sg. je fus
tu fus
il fut

pl. nous fûmes
vous fûtes
ils furent

Futur simple

sg. je serai
tu seras
il sera

pl. nous serons
vous serez
ils seront

Conditionnel présent

sg. je serais
tu serais
il serait

pl. nous serions
vous seriez
ils seraient

Participe présent

etant

Participe passé

été

II. Compound Tenses

Passé composé

j'ai été

Plus-que-parfait

j'avais été

Passé antérieur

j'eus été

Futur antérieur

j'aurai été

Conditionnel passé

j'aurais été

Participe composé

ayant été

Infinitif passé

avoir été

B. Subjonctif

I. Simple Tenses

Présent

sg. que je sois
que tu sois
qu'il soit

pl. que nous soyons
que vous soyez
qu'ils soient

Imparfait

sg. que je fusse
que tu fusses
qu'il fût

pl. que nous fussions
que vous fussiez
qu'ils fussent

Impératif

sois — soyons — soyez

II. Compound Tenses

Passé

que j'aie été

Plus-que-parfait

que j'eusse été

572

Auxiliary Verbs

(1) avoir

A. Indicatif

I. Simple Tenses

Présent
sg. j'ai / tu as / il a[1]
pl. nous avons / vous avez / ils ont

Imparfait
sg. j'avais / tu avais / il avait
pl. nous avions / vous aviez / ils avaient

Passé simple
sg. j'eus / tu eus / il eut
pl. nous eûmes / vous eûtes / ils eurent

Futur simple
sg. j'aurai / tu auras / il aura
pl. nous aurons / vous aurez / ils auront

Conditionnel présent
sg. j'aurais / tu aurais / il aurait
pl. nous aurions / vous auriez / ils auraient

Participe présent
ayant

Participe passé
eu (f eue)

II. Compound Tenses

Passé composé
j'ai eu

Plus-que-parfait
j'avais eu

Passé antérieur
j'eus eu

Futur antérieur
j'aurai eu

Conditionnel passé
j'aurais eu

Participe composé
ayant eu

Infinitif passé
avoir eu

B. Subjonctif

I. Simple Tenses

Présent
sg. que j'aie / que tu aies / qu'il ait
pl. que nous ayons / que vous ayez / qu'ils aient

Imparfait
sg. que j'eusse / que tu eusses / qu'il eût
pl. que nous eussions / que vous eussiez / qu'ils eussent

Impératif
aie — ayons — ayez

II. Compound Tenses

Passé
que j'aie eu

Plus-que-parfait
que j'eusse eu,

[1] a-t-il?

(1a) blâmer

First Conjugation

I. Simple Tenses

Présent
sg. je blâme
tu blâmes
il blâme¹
pl. nous blâmons
vous blâmez
ils blâment

Imparfait
sg. je blâmais
tu blâmais
il blâmait
pl. nous blâmions
vous blâmiez
ils blâmaient

Passé simple
sg. je blâmai
tu blâmas
il blâma
pl. nous blâmâmes
vous blâmâtes
ils blâmèrent

Participe passé
blâmé, e

Infinitif présent
blâmer

Impératif
blâme²
blâmons
blâmez

Conditionnel présent
sg. je blâmerais
tu blâmerais
il blâmerait
pl. nous blâmerions
vous blâmeriez
ils blâmeraient

Futur simple
sg. je blâmerai
tu blâmeras
il blâmera
pl. nous blâmerons
vous blâmerez
ils blâmeront

Participe présent
blâmant

Subjonctif présent
sg. que je blâme
que tu blâmes
qu'il blâme
pl. que nous blâmions
que vous blâmiez
qu'ils blâment

Subjonctif imparfait
sg. que je blâmasse
que tu blâmasses
qu'il blâmât
pl. que nous blâmassions
que vous blâmassiez
qu'ils blâmassent

¹ blâme-t-il?
² blâmes-en
blâmes-y

II. Compound Tenses
(Participe passé with the help of avoir and être)

1. Actif
Passé composé: j'ai blâmé
Plus-que-parfait: j'avais blâmé
Passé antérieur: j'eus blâmé
Futur antérieur: j'aurai blâmé
Conditionnel passé: j'aurais blâmé

2. Passif
Présent: je suis blâmé
Imparfait: j'étais blâmé
Passé simple: je fus blâmé
Passé composé: j'ai été blâmé
Plus-que-parf.: j'avais été blâmé
Passé antérieur: j'eus été blâmé
Futur simple: je serai blâmé
Futur antérieur: j'aurai été blâmé
Conditionnel présent: je serais blâmé
Conditionnel passé: j'aurais été blâmé
Impératif: sois blâmé
Participe présent: étant blâmé
Participe composé: ayant été blâmé
Infinitif présent: être blâmé
Infinitif passe: avoir été blâmé

	Infinitif	Remarks	Présent de l'indicatif	Présent du subjonctif	Passé simple	Futur simple	Impératif	Participe passé
(1 b)	aimer	Unstressed *ai-* may be pronounced [ɛ] or [e]	aime aimes aime aimons aimez aiment	aime aimes aime aimions aimiez aiment	aimai aimas aima aimâmes aimâtes aimèrent	aimerai aimeras aimera aimerons aimerez aimeront	aime aimons aimez	aimé, e
(1 c)	appeler	The final consonant of the stem is doubled and [ə] becomes [ɛ] before a mute syllable (including the *fut.* and *cond.*)	apelle appelles appelle appelons appelez appellent	appelle appelles appelle appelions appeliez appellent	appelai appelas appela appelâmes appelâtes appelèrent	appellerai appelleras appellera appellerons appellerez appelleront	appelle appelons appelez	appelé, e
(1 d)	amener	The e [ə] of the stem becomes **è** when stressed and also in the *fut.* and *cond.*	amène amènes amène amenons amenez amènent	amène amènes amène amenions ameniez amènent	amenai amenas amena amenâmes amenâtes amenèrent	amènerai amèneras amènera amènerons amènerez amèneront	amène amenons amenez	amené, e
(1 e)	arguer	In this particular verb a mute **e** after the **u** is written **ë** and an **i** after the **u** is written **ï**	arguë arguës arguë arguons arguez arguënt	arguë arguës arguë arguions arguiez arguënt	arguai arguas argua arguâmes arguâtes arguèrent	arguërai arguëras arguëra arguërons arguërez arguëront	arguë arguons arguez	argué, e

Infinitif	Remarks	Présent de l'indicatif	Présent du subjonctif	Passé simple	Futur simple	Impératif	Participe passé
(1f) céder	The é of the stem becomes è when stressed, i.e. **not** in the *fut.* or *cond.*	cède cèdes cède cédons cédez cèdent	cède cèdes cède cédions cédiez cèdent	cédas cédas céda cédâmes cédâtes cédèrent	céderai céderas cédera céderons céderez céderont	cède cédons cédez	cédé, e
(1g) abreger	The é of the stem becomes è when stressed, i.e. **not** in the *fut.* or *cond.* In addition, between the **g** and **a** or **o**, an **e** is inserted in the spelling but is not pronounced	abrège abrèges abrège abrégeons abrégez abrègent	abrège abrèges abrège abrégions abrégiez abrègent	abrégeas abrégeas abrégea abrégeâmes abrégeâtes abrégèrent	abrégerai abrégeras abrégera abrégerons abrégerez abrégeront	abrège abrégeons abrégez	abrégé, e
(1h) employer	The **y** of the stem becomes **i** when followed by **a** mute **e** (including the *fut.* and *cond.*)	emploie emploies emploie employons employez emploient	emploie emploies emploie employions employiez emploient	employai employas employa employâmes employâtes employèrent	emploierai emploieras emploiera emploierons emploierez emploieront	emploie employons employez	employé, e

	Infinitif	Remarks	Présent de l'indicatif	Présent du subjonctif	Passé simple	Futur simple	Impératif	Participe passé
(1i)	payer	The y of the stem may be written y or i when followed by a mute e (including the *fut.* and *cond.*)	paie, paye paies, payes paie, paye payons payez paient, -yent	paie, paye paies, payes paie, paye payions payiez paient, -yent	payai payas paya payâmes payâtes payèrent	paierai, payerai.. paieras paiera paierons paierez paieront	paie, paye payons payez	payé, *e*
(1k)	menacer	c takes a cedilla (ç) before **a** and **o** to preserve the [s] sound	menace menaces menace menaçons menacez menacent	menace menaces menace menacions menaciez menacent	menaçai menaças menaça menaçâmes menaçâtes menacèrent	menacerai menaceras menacera menacerons menacerez menaceront	menace menaçons menacez	menacé, *e*
(1l)	manger	Between the **g** of the stem and an ending beginning **a** or **o**, a mute **e** is inserted to preserve the [ʒ] sound	mange manges mange mangeons mangez mangent	mange manges mange mangions mangiez mangent	mangeai mangeas mangea mangeâmes mangeâtes mangèrent	mangerai mangeras mangera mangerons mangerez mangeront	mange mangeons mangez	mangé, *e*
(1m)	conjuguer	The mute **u** at the end of the stem remains throughout, even before **a** and **o**.	conjugue conjugues conjugue conjuguons conjuguez conjuguent	conjugue conjugues conjugue conjuguions conjuguiez conjuguent	conjuguai conjuguas conjugua conjuguâmes conjuguâtes conjuguèrent	conjuguerai conjugueras conjuguera conjuguerons conjuguerez conjugueront	conjugue conjuguons conjuguez	conjugué, *e*

	Infinitif	Remarks	Présent de l'indicatif	Présent du subjonctif	Passé simple	Futur simple	Impératif	Participe passé
(1 n)	saluer	The **u** of the stem, pronounced [ü], becomes [y] when stressed and in the *fut.* and *cond.*	salue salues salue saluons saluez saluent	salue salues salue saluions saluiez saluent	saluai saluas salua saluâmes saluâtes saluèrent	saluerai salueras saluera saluerons saluerez salueront	salue saluons saluez	salué, e
(1 o)	châtier	The **i** of the stem, pronounced [j], becomes [i] when stressed and in the *fut.* and *cond.* The 1st and 2nd persons pl. of the *pres. sbj.* and of the *impf. ind.* are **-iions, -iiez.**	châtie châties châtie châtions châtiez châtient	châtie châties châtie châtiions châtiiez châtient	châtiai châtias châtia châtiâmes châtiâtes châtièrent	châtierai châtieras châtiera châtierons châtierez châtieront	châtie châtions châtiez	châtié, e
(1 p)	allouer	The **ou** of the stem, pronounced [w], becomes [u] when stressed and in the *fut.* and *cond.*	alloue alloues alloue allouons allouez allouent	alloue alloues alloue allouions allouiez allouent	allouai allouas alloua allouâmes allouâtes allouèrent	allouerai alloueras allouera allouerons allouerez alloueront	alloue allouons allouez	alloué, e
(1 q)	aller		vais vas va allons allez vont	aille ailles aille allions alliez aillent	allai allas alla allâmes allâtes allèrent	irai iras ira irons irez iront	va (vas-y) allons allez	allé, e

	Infinitif	Remarks	Présent de l'indicatif	Présent du subjonctif	Passé simple	Futur simple	Impératif	Participe passé
(1 r)	envoyer	Like (1 h) but with an irregular *fut.* and *cond.*	envoie envoies envoie envoyons envoyez envoient	envoie envoies envoie envoyions envoyiez envoient	envoyai envoyas envoya envoyâmes envoyâtes envoyèrent	enverrai enverras enverra enverrons enverrez enverront	envoie envoyons envoyez	envoyé, e
(1 s)	léguer	The **é** of the stem becomes **è** when stressed, i.e. **not** in the *fut.* or *cond.* In addition, the mute **u** at the end of the stem remains throughout, even before **a** and **o.**	lègue lègues lègue léguons léguez lèguent	lègue lègues lègue léguions léguiez lèguent	léguai léguas légua léguâmes léguâtes léguèrent	léguerai légueras léguera léguerons léguerez légueront	lègue léguons léguez	légué, e

Second Conjugation

(2a) **punir**[1],

Note the cases in which the verb stem is lengthened by ...**iss**...

I. Simple Tenses

	Présent	Impératif	Imparfait	Futur simple	Conditionnel présent	Subjonctif présent	Subjonctif imparfait
sg.	je punis tu punis il punit		je punissais tu punissais il punissait	je punirai tu puniras il punira	je punirais tu punirais il punirait	que je punisse que tu punisses qu'il punisse	que je punisse que tu punisses qu'il punît
pl.	nous punissons vous punissez ils punissent	punis punissons punissez	nous punissions vous punissiez ils punissaient	nous punirons vous punirez ils puniront	nous punirions vous puniriez ils puniraient	que nous punissions que vous punissiez qu'ils punissent	que nous punissions que vous punissiez qu'ils punissent

Passé simple

sg. je punis / tu punis / il punit
pl. nous punîmes / vous punîtes / ils punirent

Participe passé

puni, e

Infinitif présent

punir

Participe présent

punissant

II. Compound Tenses

Participe passé with the help of **avoir** and **être**; *see* (1a).

---

[1] **saillir** is used only in the 3rd persons of the simple tenses. *P.pr.* **saillant**

	Infinitif	Remarks	Présent de l'indicatif	Présent du subjonctif	Passé simple	Futur simple	Impératif	Participe passé
(2 b)	sentir	No stem lengthening by **..iss..** The last consonant of the stem is lost in the 1st and 2nd persons sg. of the *pres. ind.* and the *sg. imper.*	sens sens sent sentons sentez sentent	sente sentes sente sentions sentiez sentent	sentis sentis sentit sentîmes sentîtes sentirent	sentirai sentiras sentira sentirons sentirez sentiront	sens sentons sentez	senti, *e*
(2 c)	cueillir	*Pres., fut.* and derivatives like (1 a)	cueille cueilles cueille cueillons cueillez cueillent	cueille cueilles cueille cueillions cueilliez cueillent	cueillis cueillis cueillit cueillîmes cueillîtes cueillirent	cueillerai cueilleras cueillera cueillerons cueillerez cueilleront	cueille cueillons cueillez	cueilli, *e*
(2 d)	fuir	No stem lengthening by **..iss..** Note the alternation between the **y** and **i**: **y** appears in 1st and 2nd persons pl. of *pres. ind.*, *pres. sbj.*, and *imper.*, in the *p.-pr.* and throughout the *impf. ind.*	fuis fuis fuit fuyons fuyez fuient	fuie fuies fuie fuyions fuyiez fuient	fuis fuis fuit fuîmes fuîtes fuirent	fuirai fuiras fuira fuirons fuirez fuiront	fuis fuyons fuyez	fui, *e*

	Infinitif	Remarks	Présent de l'indicatif	Présent du subjonctif	Passé simple	Futur simple	Impératif	Participe passé
(2e)	bouillir	Pres. *ind.* and derivatives like (4a).	bous bous bout bouillons bouillez bouillent	bouille bouilles bouille bouillions bouilliez bouillent	bouillis bouillis bouillit bouillîmes bouillîtes bouillirent	bouillirai bouilliras bouillira bouillirons bouillirez bouilliront	bous bouillons bouillez	bouilli, *e*
(2f)	couvrir	Pres. and derivatives like (1a); *p.p.* in **-ert**.	couvre couvres couvre couvrons couvrez couvrent	couvre couvres couvre couvrions couvriez couvrent	couvris couvris couvrit couvrîmes couvrîtes couvrirent	couvrirai couvriras couvrira couvrirons couvrirez couvriront	couvre couvrons couvrez	couvert, *e*
(2g)	vêtir	As (2b) but keeps the final consonant of the stem throughout the *pres. ind.* and the *imper.* and *p.p.* in **-u**.	vêts vêts vêt vêtons vêtez vêtent	vête vêtes vête vêtions vêtiez vêtent	vêtis vêtis vêtit vêtîmes vêtîtes vêtirent	vêtirai vêtiras vêtira vêtirons vêtirez vêtiront	vêts vêtons vêtez	vêtu, *e*
(2h)	venir	Note that the **...en...** of the *inf.* becomes **...ien...** in the *fut.* and *cond.*, and when stressed except in the *p.s.* where it becomes **...in...** [ɛ̃]. Note too the **...d...** inserted in the *fut.* and *cond.*	viens viens vient venons venez viennent	vienne viennes vienne venions veniez viennent	vins vins vint vînmes vîntes vinrent	viendrai viendras viendra viendrons viendrez viendront	viens venons venez	venu, *e*

	Infinitif	Remarks	Présent de l'indicatif	Présent du subjonctif	Passé simple	Futur simple	Impératif	Participe passé
(2i)	courir	Pres., p.p. future and derivatives as in (4a); p.s. like (3a); ...**rr**... in fut. and cond.	cours cours court courons courez courent	coure coures coure courions couriez courent	courus courus courut courûmes courûtes coururent	courrai courras courra courrons courrez courront	cours courons courez	couru, *e*
(2k)	mourir	Pres., fut. and derivatives as in (4a) with change of ...**ou**... to ...**eu**... in the sg. and the 3rd person pl. of the pres.; p.s. like (3a); ...**rr**... in fut. and cond.	meurs meurs meurt mourons mourez meurent	meure meures meure mourions mouriez meurent	mourus mourus mourut mourûmes mourûtes moururent	mourrai mourras mourra mourrons mourrez mourront	meurs mourons mourez	mort, *e*
(2l)	acquérir	Pres. and derivatives as in (4a) with change of ...**ér**... to ...**ier**... (*ind.*) and ...**ièr**... (*sbj.*) [jɛːr] when stressed; p.p in ...**is**; fut. and cond. in ...**err**..., not ...**érir**...	acquiers acquiers acquiert acquérons acquérez acquièrent	acquière acquières acquière acquérions acquériez acquièrent	acquis acquis acquit acquîmes acquîtes acquirent	acquerrai acquerras acquerra acquerrons acquerrez acquerront	acquiers acquérons acquérez	acquis, *e*

	Infinitif	Remarks	Présent de l'indicatif	Présent du subjonctif	Passé simple	Futur simple	Impératif	Participe passé
(2m)	haïr	Regular except that it loses trema from the i in the sg. of the pres. ind. and of the imper. with a corresponding change of pronunciation	hais [ɛ] hais hait haïssons haïssez haïssent	haïsse haïsses haïsse haïssions haïssiez haïssent	haïs [aⁱ] haïs haït haïmes haïtes haïrent	haïrai haïras haïra haïrons haïrez haïrent	hais [ɛ] haïssons haïssez	haï, e
(2n)	faillir	Defective verb			faillis faillis faillit faillîmes faillîtes faillirent	faillirai failliras faillira faillirons faillirez failliront		failli
(2o)	fleurir	Regular (like 2a) but in the sense of prosper has p.pr. florissant and impf. ind. florissais, etc.	fleuris fleuris fleurit fleurissons fleurissez fleurissent	fleurisse fleurisses fleurisse fleurissions fleurissiez fleurissent	fleuris fleuris fleurit fleurîmes fleurîtes fleurirent	fleurirai fleuriras fleurira fleurirons fleurirez fleuriront	fleuris fleurissons fleurissez	fleuri, e
(2p)	saillir	Defective verb. P.pr. saillant	saille saillent	saille saillent		saillera sailleront		sailli, e

	Infinitif	Remarks	Présent de l'indicatif	Présent du subjonctif	Passé simple	Futur simple	Impératif	Participe passé
(2q)	gésir	Defective verb. Used only in pres. and impf. ind. P.pr. **gisant**	— / — / gît / gisons / gisez / gisent					
(2r)	ouïr	Defective verb						ouï, e
(2s)	assaillir	Pres. and occasionally fut. and their derivatives like (1a)	assaille / assailles / assaille / assaillons / assaillez / assaillent	assaille / assailles / assaille / assaillions / assailliez / assaillent	assaillis / assaillis / assaillit / assaillîmes / assaillîtes / assaillirent	assaillirai / assailliras / assaillira / assaillirons / assaillirez / assailliront	assaille / assaillons / assaillez	assailli, e
(2t)	défaillir	Like (2s). But there is an old 3rd person sg. pres. ind. **défaut** in addition	défaille / défailles / défaille / défaillons / défaillez / défaillent	défaille / défailles / défaille / défaillions / défailliez / défaillent	défaillis / défaillis / défaillit / défaillîmes / défaillîtes / défaillirent	défaillirai / défailliras / défaillira / défaillirons / défaillirez / défailliront	défaille / défaillons / défaillez	défailli, e
(2u)	férir	Defective verb						féru, e
(2v)	querir	Defective verb						

Third Conjugation

(3a) receptoir

I. Simple Tenses

	Présent		*Futur simple*		*Subjonctif présent*
sg.	je reçois	*sg.*	je recevrai	*sg.*	que je reçoive
	tu reçois		tu recevras		que tu reçoives
	il reçoit		il recevra		qu'il reçoive
pl.	nous recevons	*pl.*	nous recevrons	*pl.*	que nous recevions
	vous recevez		vous recevrez		que vous receviez
	ils reçoivent		ils recevront		qu'ils reçoivent

	Passé simple		*Conditionnel présent*		*Subjonctif imparfait*
sg.	je reçus	*sg.*	je recevrais	*sg.*	que je reçusse
	tu reçus		tu recevrais		que tu reçusses
	il reçut		il recevrait		qu'il reçût
pl.	nous reçûmes	*pl.*	nous recevrions	*pl.*	que nous reçussions
	vous reçûtes		vous recevriez		que vous reçussiez
	ils reçurent		ils recevraient		qu'ils reçussent

	Impératif
	reçois
	recevons
	recevez

	Imparfait
sg.	je recevais
	tu recevais
	il recevait
pl.	nous recevions
	vous receviez
	ils recevaient

Participe passé[1]
reçu, e

Participe présent
recevant

Infinitif présent
recevoir

II. Compound Tenses

Participe passé with the help of **avoir** and **être**; *see* (1 a)

---

[1] **devoir** and its derivative **redevoir** have **dû, due**, *m/pl.* **dus** and **redû, redue**, *m/pl.* **redus**

	Infinitif	Remarks	Présent de l'indicatif	Présent du subjonctif	Passé simple	Futur simple	Impératif	Participe passé
(3b)	apparoir	Defective verb	il appert					
(3c)	asseoir	There are alternative forms; *pres. ind.* **as-sois** etc.; *pres. sbj.* **as-soie** etc.; *fut.* **assoirai** etc.; *imper.* **assois, assoyons, assoyez;** *p.pr.* **assoyant;** *impf. ind.* **assoyais**	assieds assieds assied asseyons asseyez asseyent	asseye asseyes asseye asseyiez asseyent	assis assis assit assîmes assîtes assirent	assiérai assiéras assiéra assiérons assiérez assiéront	assieds asseyons asseyez	assis, *e*
	surseoir		sursois sursois sursoit sursoyons sursoyez sursoient	sursoie sursoies sursoie sursoyions sursoyiez sursoient	sursis sursis sursit sursîmes sursîtes sursirent	surseoirai surseoiras surseoira surseoirons surseoirez surseoiront	sursois sursoyons sursoyez	sursis, *e*
(3d)	choir	Defective verb. No *p.pr.* There are alternative forms: *fut.* **cherrai** etc.	chois chois choit		chus chus chut chûmes chûtes churent	choirai choiras choira choirons choirez choiront		chu, *e*

	Infinitif	Remarks	Présent de l'indicatif	du subjonctif	Passé simple	Futur simple	Impératif	Participe passé
	déchoir	Defective verb. No *impf. ind.* and no *p.pr.*	déchois déchois déchoit déchoyons déchoyez déchoient	déchoie déchoies déchoie déchoyions déchoyiez déchoient	déchus déchus déchut déchûmes déchûtes déchurent	déchoirai déchoiras déchoira déchoirons déchoirez déchoiront		déchu, e
	échoir	Defective verb *P.pr.* **échéant.** *Impf. ind.* **il échoyait** or **échéait.** There are alternative forms: *fut.* **il écherra, ils écherront**	il échoit ils échoient	qu'il échoie	il échut ils échurent	il échoira ils échoiront		échu, e
(3 e)	falloir	Impersonal verb	il faut	qu'il faille	il fallut	il faudra		fallu *inv.*
(3 f)	mouvoir	The **...ou...** of the stem becomes **...eu...** when stressed. **Promouvoir** is used chiefly in the *inf.*, *p.p.* (**promu, e**) and compound tenses; **émouvoir** has *p.p.* **ému, e**	meus meus meut mouvons mouvez meuvent	meuve meuves meuve mouvions mouviez meuvent	mus mus mut mûmes mûtes murent	mouvrai mouvras mouvra mouvrons mouvrez mouvront	meus mouvons mouvez	mû, mue

	Infinitif	Remarks	Présent de l'indicatif	Présent du subjonctif	Passé simple	Futur simple	Impératif	Participe passé
(3g)	pleuvoir	Impersonal verb	il pleut	qu'il pleuve	il plut	il pleuvra		plu *inv.*
(3h)	pouvoir	In the *pres. ind.* the 1st person can also be **je puis** and the interrogative is **puis-je**. No *imper.* In the sg. and 3rd person pl. the **..ou...** of the stem becomes **..eu...** when stressed	peux peux peut pouvons pouvez peuvent	puisse puisses puisse puissions puissiez puissent	pus pus put pûmes pûtes purent	pourrai pourras pourra pourrons pourrez pourront		pu *inv.*
(3i)	savoir	*P.pr.* **sachant**	sais sais sait savons savez savent	sache saches sache sachions sachiez sachent	sus sus sut sûmes sûtes surent	saurai sauras saura saurons saurez sauront	sache sachons sachez	su, e
(3k)	seoir	Defective verb. *P.pr.* **seyant** or **séant**. *Impf. ind.* is **il seyait, ils seyaient**	il sied ils siéent	il siée ils siéent		il siéra ils siéront		sis, e

	Infinitif	Remarks	Présent de l'indicatif	Présent du subjonctif	Passé simple	Futur simple	Impératif	Participe passé
(31)	valoir	**Prévaloir** forms its pres. sbj. regularly: **que je prévale,** etc. Note the *fut.* and *cond.* with **...d...**	vaux vaux vaut valons valez valent	vaille vailles vaille valions valiez vaillent	valus valus valut valûmes valûtes valurent	vaudrai vaudras vaudra vaudrons vaudrez vaudront		valu, e
(3 m)	voir	Alternation between **i** and **y** as in (2 d). **Pourvoir** and **prévoir** have *fut.* and *cond.* in **...oir...;** **pourvoir** *p.s.* has **...d... pourvus**	vois vois voit voyons voyez voient	voie voies voie voyions voyiez voient	vis vis vit vîmes vîtes virent	verrai verras verra verrons verrez verront	vois voyons voyez	vu, e
(3 n)	vouloir	The **...ou...** of the stem becomes **...eu...** when stressed. Note the *fut.* and *cond.* with **...d...**	veux veux veut voulons voulez veulent	veuille veuilles veuille voulions vouliez veuillent	voulus voulus voulut voulûmes voulûtes voulurent	voudrai voudras voudra voudrons voudrez voudront	veuille veuillons veuillez	voulu, e

Fourth Conjugation

In the regular 4th Conjugation verbs, the stem does not change

I. Simple Tenses

(4 a) vendre[1]

Présent[1]

sg. je vends
tu vends
il vend[2]

pl. nous vendons
vous vendez
ils vendent

Passé simple

sg. je vendis
tu vendis
il vendit

pl. nous vendîmes
vous vendîtes
ils vendirent

Participe passé

vendu, e

Infinitif présent

vendre

Impératif

vends
vendons
vendez

Imparfait

sg. je vendais
tu vendais
il vendait

pl. nous vendions
vous vendiez
ils vendaient

Participe présent

vendent

Futur simple

sg. je vendrai
tu vendras
il vendra

pl. nous vendrons
vous vendrez
ils vendront

Conditionnel présent

sg. je vendrais
tu vendrais
il vendrait

pl. nous vendrions
vous vendriez
ils vendraient

Subjonctif présent

sg. que je vende
que tu vendes
qu'il vende

pl. que nous vendions
que vous vendiez
qu'ils vendent

Subjonctif imparfait

sg. que je vendisse
que tu vendisses
qu'il vendît

pl. que nous vendissions
que vous vendissiez
qu'ils vendissent

II. Compound Tenses

Participe passé with the help of **avoir** and **être**; *see* (1 a)

---

[1] **battre** and its derivatives have **bats, bats, bat** in the *sg.*; the *pl.* is regular: **battons**, etc.

[2] **rompre** and its derivatives have **il rompt.**

Infinitif	Remarks	Présent de l'indicatif	Présent du subjonctif	Passé simple	Futur simple	Impératif	Participe passé
(4b) boire	Note the ...**v**... in some forms and the ...**u**... [y] which appears instead of ...**oi**.... The *p.s.* endings are as in (3a). *P.pr.* **buvant**	bois bois boit buvons buvez boivent	boive boives boive buvions buviez boivent	bus bus but bûmes bûtes burent	boirai boiras boira boirons boirez boiront	bois buvons buvez	bu, *e*
(4c) braire	Defective verb. *Impf. ind.* is **il brayait**	il brait ils braient			il braira ils brairont		brait
(4d) bruire	Defective verb. *Impf. ind.* is **bruissait** or **bruyait**	il bruit ils bruissent			il bruira		
(4e) circoncire	Goes like (4i) except for *p.p.* **circoncis, e**	circoncis circoncis circoncit circoncisons circoncisez circoncisent	circoncise circoncises circoncise circoncisions circoncisiez circoncisent	circoncis circoncis circoncit circoncîmes circoncîtes circoncirent	circoncirai circonciras circoncira circoncirons circoncirez circonciront	circoncis circoncisons circoncisez	circoncis, *e*
(4f) clore	Defective verb. Note the circumflex in the 3rd person sg. *pres. ind.* **clôt**. **Enclore** is conjugated like **clore**, but has all forms of the *pres. ind.*	je clos tu clos il clôt	close closes close closions closiez closent		clorai cloras clora clorons clorez cloront	clos	clos, *e*

	Infinitif	Remarks	Présent de l'indicatif	Présent du subjonctif	Passé simple	Futur simple	Impératif	Participe passé
	éclore	Defective verb	il éclôt ils éclosent	qu'il éclose qu'ils éclosent		il éclora ils écloront		éclos, e
(4g)	conclure	*P.s.* as in (3a). **Reclure** is used only in the *inf.*, the *p.p.* (**reclus, e**) and the *compound tenses*	conclus conclus conclut concluons concluez concluent	conclue conclues conclue concluions concluiez concluent	conclus conclus conclut conclûmes conclûtes conclurent	conclurai concluras conclura conclurons conclurez concluront	conclus concluons concluez	conclu, e
(4h)	conduire	**Luire, reluire, nuire** have not **t** in the *p.p.*	conduis conduis conduit conduisons conduisez conduisent	conduise conduises conduise conduisions conduisiez conduisent	conduisis conduisis conduisit conduisîmes conduisîtes conduisirent	conduirai conduiras conduira conduirons conduirez conduiront	conduis conduisons conduisez	conduit, e
(4i)	suffire	**Confire** has *p.p.* **confit, e**	suffis suffis suffit suffisons suffisez suffisent	suffise suffises suffise suffisions suffisiez suffisent	suffis suffis suffit suffîmes suffîtes suffirent	suffirai suffiras suffira suffirons suffirez suffiront	suffis suffisons suffisez	suffi *inv.*

	Infinitif	Remarks	Présent de l'indicatif	Présent du subjonctif	Passé simple	Futur simple	Impératif	Participe passé
(4k)	connaître	The **î** keeps its circumflex only in the 3rd person sg. pres. ind. and in the fut. and cond.; p.s. ends as in (3a). **Repaître** goes like **connaître, paître** has no p.s. and no p.p.	connais connais connaît connaissons connaissez connaissent	connaisse connaisses connaisse connaissions connaissiez connaissent	connus connus connut connûmes connûtes connurent	connaîtrai connaîtras connaîtra connaîtrons connaîtrez connaîtront	connais connaissons connaissez	connu, e
(4l)	coudre	Note that **...s...** replaces **...d...** before a vowel	couds couds coud cousons cousez cousent	couse couses couse cousions cousiez cousent	cousis cousis cousit cousîmes cousîtes cousirent	coudrai coudras coudra coudrons coudrez coudront	couds cousons cousez	cousu, e
(4m)	craindre	Note alternation of nasal **n** and **n mouillé** (**gn**); also **...d...** before the **...r...** only in the inf., fut. and cond. **Oindre** has only inf. and p.p.; **poindre** has only inf., 3rd person sg. pres. ind., fut. and cond., and the compound tenses	crains crains craint craignons craignez craignent	craigne craignes craigne craignions craigniez craignent	craignis craignis craignit craignîmes craignîtes craignirent	craindrai craindras craindra craindrons craindrez craindront	crains craignons craignez	craint, e

	Infinitif	Remarks	Présent — de l'indicatif	Présent — du subjonctif	Passé simple	Futur simple	Impératif	Participe passé
(4n)	croire	P.s. ends as in (3a). Accroire occurs only in the inf.	crois crois croit croyons croyez croient	croie croies croie croyions croyiez croient	crus crus crut crûmes crûtes crurent	croirai croiras croira croirons croirez croiront	crois croyons croyez	cru, e
(4o)	croître	The î keeps its circumflex only in the pres. ind. sg., imper. sg., and the fut. and cond. Décroître and accroître have no circumflex in p.s. or p.p.	croîs croîs croît croissons croissez croissent	croisse croisses croisse croissions croissiez croissent	crûs crûs crût crûmes crûtes crûrent	croîtrai croîtras croîtra croîtrons croîtrez croîtront	croîs croissons croissez	crû, crue m./pl. crus
(4p)	dire	Redire is conjugated like dire. The other derivatives of dire have ...disez in the 2nd person pl. pres. ind. and imper., except maudire which is conjugated like (2a) but has p.p. maudit, e	dis dis dit disons dites disent	dise dises dise disions disiez disent	dis dis dit dîmes dîtes dirent	dirai diras dira dirons direz diront	dis disons dites	dit, e

	Infinitif	Remarks	Présent de l'indicatif	Présent du subjonctif	Passé simple	Futur simple	Impératif	Participe passé
(4q)	écrire	Note the ...v... which appears when the verb-ending begins with a vowel	écris écris écrit écrivons écrivez écrivent	écrive écrives écrive écrivions écriviez écrivent	écrivis écrivis écrivit écrivîmes écrivîtes écrivirent	écrirai écriras écrira écrirons écrirez écriront	écris écrivons écrivez	écrit, e
(4r)	faire	Malfaire is used only in the inf. and forfaire and parfaire only in the inf., p.p. and compound tenses	fais fais fait faisons faites font	fasse fasses fasse fassions fassiez fassent	fis fis fit fîmes fîtes firent	ferai feras fera ferons ferez feront	fais faisons faites	fait, e
(4s)	frire	Defective verb	fris fris frit			frirai friras frira frirons frirez friront	fris	frit, e
(4t)	lire	P.s. ends as in (3a)	lis lis lit lisons lisez lisent	lise lises lise lisions lisiez lisent	lus lus lut lûmes lûtes lurent	lirai liras lira lirons lirez liront	lis lisons lisez	lu, e

	Infinitif	Remarks	Présent de l'indicatif	Présent du subjonctif	Passé simple	Futur simple	Impératif	Participe passé
(4u)	luire	See (4h). *P.s.* and *impf. sbj.* are rarely used						
(4v)	mettre	Note that one **t** drops in the *pres. ind. sg.* and *imper. sg.*	mets mets met mettons mettez mettent	mette mettes mette mettions mettiez mettent	mis mis mit mîmes mîtes mirent	mettrai mettras mettra mettrons mettrez mettront	mets mettons mettez	mis, *e*
(4w)	moudre	Note that **...l...** replaces **...d...** before a vowel	mouds mouds moud moulons moulez moulent	moule moules moule moulions mouliez moulent	moulus moulus moulut moulûmes moulûtes moulurent	moudrai moudras moudra moudrons moudrez moudront	mouds moulons moulez	moulu, *e*
(4x)	naître	Note that **...ss...** replaces **...t...** in the *pres. ind.* pl. and its derivatives; note the circumflex in **il naît** and in the *fut.* and *cond.* and the *p.p.* **né**. In **renaître** the *p.p.* and the *compound tenses* are not used	nais nais naît naissons naissez naissent	naisse naisses naisse naissions naissiez naissent	naquis naquis naquit naquîmes naquîtes naquirent	naîtrai naîtras naîtra naîtrons naîtrez naîtront	nais naissons naissez	né, *e*

	Infinitif	Remarks	Présent de l'indicatif	Présent du subjonctif	Passé simple	Futur simple	Impératif	Participe passé
(4y)	occire	Defective verb						occis, *e*
(4z)	plaire	*P.s.* ends as in (3a). **Taire** has no circumflex in **il tait**; *p.p.* **tu, e**	plais plais plaît plaisons plaisez plaisent	plaise plaises plaise plaisions plaisiez plaisent	plus plus plut plûmes plûtes plurent	plairai plairas plaira plairons plairez plairont	plais plaisons plaisez	plu *inv.*
(4aa)	prendre		prends prends prend prenons prenez prennent	prenne prennes prenne prenions preniez prennent	pris pris prit prîmes prîtes prirent	prendrai prendras prendra prendrons prendrez prendront	prends prenons prenez	pris, *e*
(4bb)	résoudre	**Absoudre** has *p.p.* **absous, absoute**, but no *p.s.* or *impf. sbj.* **Dissoudre** goes like **absoudre**	résous résous résout résolvons résolvez résolvent	résolve résolves résolve résolvions résolviez résolvent	résolus résolus résolut résolûmes résolûtes résolurent	résoudrai résoudras résoudra résoudrons résoudrez résoudront	résous résolvons résolvez	résolu, *e* In 🖝 résous
(4cc)	rire	*P.p.* as in (2a)	ris ris rit rions riez rient	rie ries rie riions riiez rient	ris ris rit rîmes rîtes rirent	rirai riras rira rirons rirez riront	ris rions riez	ri *inv.*

Infinitif	Remarks	Présent de l'indicatif	Présent du subjonctif	Passé simple	Futur simple	Impératif	Participe passé
(4dd) sourdre	Defective verb. The past tenses are rare	il sourd / ils sourdent	qu'il sourde / qu'ils sourdent	il sourdit / ils sourdirent	il sourdra / ils sourdront		
(4ee) suivre	Note the p.p. suivi, e. S'ensuivre occurs only in the 3rd person of each tense	suis / suis / suit / suivons / suivez / suivent	suive / suives / suive / suivions / suiviez / suivent	suivis / suivis / suivit / suivîmes / suivîtes / suivirent	suivrai / suivras / suivra / suivrons / suivrez / suivront	suis / suivons / suivez	suivi, e
(4ff) traire	Defective verb. No impf. sbj.; raire goes like traire; p.p. rait is inv.	trais / trais / trait / trayons / trayez / traient	traie / traies / traie / trayions / trayiez / traient		trairai / trairas / traira / trairons / trairez / trairont	trais / trayons / trayez	trait, e
(4gg) vaincre	No t in the 3rd person sg. pres. ind. Note c is replaced by qu before a vowel except in the p.p. vaincu, e	vaincs / vaincs / vainc / vainquons / vainquez / vainquent	vainque / vainques / vainque / vainquions / vainquiez / vainquent	vainquis / vainquis / vainquit / vainquîmes / vainquîtes / vainquirent	vaincrai / vaincras / vaincra / vaincrons / vaincrez / vaincront	vaincs / vainquons / vainquez	vaincu, e
(4hh) vivre	Note omission of the final v of the stem in the pres. ind. sg., the p.s., and the p.p.	vis / vis / vit / vivons / vivez / vivent	vive / vives / vive / vivions / viviez / vivent	vécus / vécus / vécut / vécûmes / vécûtes / vécurent	vivrai / vivras / vivra / vivrons / vivrez / vivront	vis / vivons / vivez	vécu, e

English-French

Contents

Table des matières

Preface

Language has two faces: one looking back, one looking forward. "Langenscheidt's Compact French Dictionary" has tried to take both of these aspects into account: In retaining some of yesterday's speech, it will help the user to grapple with the great 19th century authors, whether for school or for pleasure. At the same time, he will find language's path into the future staked out by such words as: *acceleration lane, acid rain, antipollution device, cassette recorder, chat show, deejay, ecocide, typing pool, etc., etc.*

Needless to say, a great deal of the material old and new is made up of phrases and phraselike expressions covering all registers of speech from everyday language down to slang. Irregular forms of verbs and nouns have been put in their proper alphabetic position to help the beginner.

After each entry word the phonetic transcription has been given, using the system of the International Phonetic Association. For English entry words syllabification has been indicated by centred dots. American English, both spelling and usage, has been the object of particular attention.

We recommend the user to read carefully pages 603–604 – instructions on how to use the dictionary, which should increase its practical value. On page 605 ff. there is the explanation of the devices used to save space without sacrificing clarity.

A series of appendices to the dictionary proper gives lists – of proper names, of common abbreviations, of numerals, weights and measures – as well as a list of irregular verbs and an introduction to the conjugations of English verbs.

LANGENSCHEIDT

Préface

La langue a deux visages: l'un est tourné vers le passé, l'autre vers le futur. «Langenscheidt's Compact French Dictionary» s'efforce de tenir compte de ces deux aspects: En gardant une certaine partie du vocabulaire d'hier, il aidera l'utilisateur dans la lecture des auteurs classiques, que ce soit à l'école ou pour son plaisir personnel; mais d'autre part, pour rendre son dû à l'aspect «futuriste» de la langue, de nombreux «mots nouveaux» ont été introduits, comme par ex.: *acceleration lane, acid rain, antipollution device, cassette recorder, chat show, deejay, ecocide, typing pool, etc., etc.*

Il va sans dire qu'une bonne partie de ce dictionnaire consiste en phrases et expressions idiomatiques appartenant à tous les niveaux de langue. Les formes irrégulières des verbes et des substantifs sont mises à leur place alphabétique pour aider les débutants.

À la suite de chaque mot-souche la prononciation est indiquée entre crochets selon le système de l'Association Phonétique Internationale. En outre, pour les mots-souches anglais la division en syllabes est marquée par des points à l'intérieur des mots. L'américain, tant dans son orthographe que dans ses idiotismes, a été l'objet d'une attention spéciale et détaillée.

Nous recommandons la lecture attentive des pages 603/604 – indications pour l'emploi du dictionnaire qui en releveront la valeur pratique. A la page 605 ss. on trouvera l'explication des expédients auxquels on a eu recours pour gagner de la place sans nuire à la clarté.

En complément du dictionnaire proprement dit on trouvera des listes – de noms propres, d'abréviations usuelles, de nombres, de poids, de mesures, – ainsi qu'une liste des verbes irréguliers et une introduction aux conjugaisons des verbes anglais.

LANGENSCHEIDT

Directions for the use of this dictionary

Indications pour l'emploi de ce dictionnaire

1. **Arrangement.** The alphabetic order of the entry words has been observed throughout. Hence you will find, in their proper alphabetic order:

a) the irregular forms of verbs, nouns, comparatives and superlatives;

b) the various forms of the pronouns;

c) compounds.

2. **Homonyms** of different etymologies have been subdivided by exponents;

e.g. *March*¹ mars ...
*march*² marche ...
*march*³ marche ...

3. **Vocabulary.** Some of the numerous nouns ending in ...*er*, ...*ing*, ...*ism*, ...*ist* or ...*ness* and adjectives formed with *in*... or *un*... have not been listed in this dictionary. In order to find out their meanings, look up the radical.

4. **Differences in meaning.** The different senses of English words have been distinguished by:

a) explanatory additions given in italics after a translation;

e.g. **a·bate** ...(ra)baisser (*le prix*);
... tomber (*vent*); ...
an·cient 2. *the* ~*s pl.* les anciens *m/pl.* (*grecs et romains*);

b) symbols and abbreviations before the particular meaning (see list on pages 605–607). If, however, the symbol or abbreviation applies to all translations alike, it is placed

1. **Classement.** L'ordre alphabétique des mots-souches a été rigoureusement observé. Ainsi on trouvera dans leur ordre alphabétique:

a) les formes irrégulières des verbes, des noms, des comparatifs et des superlatifs;

b) les formes diverses des pronoms;

c) les mots composés.

2. Les **homonymes** d'étymologie différente font l'objet d'articles différents distingués par un chiffre placé en haut derrière le mot en question:

p.ex. *March*¹ mars ...
*march*² marche ...
*march*³ marche ...

3. **Vocabulaire.** De nombreux noms à terminaison en ...*er*, ...*ing*, ...*ism*, ...*ist* ou ...*ness*, ainsi que beaucoup d'adjectifs formés à l'aide des préfixes *in*... ou *un*... n'ont pas été inclus dans ce dictionnaire. Pour trouver leurs sens il faut chercher les radicaux appropriés.

4. **Distinction de sens.** Les différents sens des mots anglais se reconnaissent grâce à:

a) des additions explicatives, en italique, placées à la suite des versions proposées;

p.ex. **a·bate** ...(ra)baisser (*le prix*);
... tomber (*vent*); ...
an·cient 2. *the* ~*s pl.* les anciens *m/pl.* (*grecs et romains*);

b) des symboles ou des définitions en abrégé qui les précèdent (voir liste pages 605–607). Si, cependant, les symboles ou abréviations se rapportent à l'ensemble des tra-

between the entry word and its phonetic transcription.

A semicolon separates a given meaning from another one which is essentially different.

5. **Letters in brackets** within an entry word indicate that in most cases in British English the word is spelt with the letter bracketed, in American English without.

6. The **indication of the parts of speech** has been omitted when it is obvious.

7. **Syllabification** has been indicated by centred dots in all entry words of more than one syllable. If, however, a syllabification dot coincides with a stress mark the former is left out.

8. In order to save space we have omitted:

a) *to* before English infinitives;

b) the phonetic transcriptions of compounds whose component parts are separate entry words with transcriptions;

c) the phonetic transcriptions of entry words having one of the endings listed on page 611. In this case the entry word itself takes the stress mark.

9. **Preterite and past participle** of irregular verbs have been given as separate entries. [*irr.*] given after the infinitive of each irregular verb refers to the list of the strong and irregular weak verbs at the end of this volume (pages 1257–1260). Irregular forms of compound verbs, however, have not been listed; instead, their infinitive has been supplemented by [*irr.*] and the respective radical in round brackets;

e.g. **un·der·stand** [*irr.* (*stand*)].

ductions, ils sont intercalés entre le mot-souche et la transcription phonétique.

Le point-virgule sépare une acception d'une autre essentiellement différente.

5. Les **lettres entre parenthèses** dans les mots-souches indiquent que dans la plupart des cas en anglais britannique le mot s'écrit avec cette lettre, pendant qu'en anglais américain sans cette lettre.

6. L'**indication des différentes fonctions des mots** est omise lorsqu'elle est évidente.

7. Les **points de séparation de syllabes** à l'intérieur des mots-souches de plus d'une syllabe indiquent après quelles syllabes le mot peut se diviser. Si, cependant, le point de séparation coïncide avec l'apostrophe d'accentuation, on laisse de côté le point.

8. Afin de gagner de la place, nous avons omis:

a) *to* devant les infinitifs anglais;

b) la transcription phonétique des mots composés dont les parties composantes sont données en tant que mots-souches individuels avec leurs transcriptions;

c) les transcriptions phonétiques de mots-souches possédant l'une des terminaisons mentionnées page 611. L'apostrophe d'accentuation de ces mots se trouve à l'intérieur même du mot-souche;

9. Le **prétérite et le participe passé** des verbes irréguliers se trouvent dans le vocabulaire sous forme de mots-souches individuels. [*irr.*] après l'infinitif de chaque verbe irrégulier renvoie à la liste des verbes forts et des verbes faibles irréguliers à la fin de ce dictionnaire (pages 1257–1260). Les formes irrégulières des verbes composés sont supprimées; au lieu de quoi leurs infinitifs sont supplementés par [*irr.*] et leurs radicaux;

p.ex. **un·der·stand** [*irr.* (*stand*)].

Key to the symbols and abbreviations

Explication des symboles et des abréviations

1. Symbols

The tilde (~, ~) serves as a mark of repetition. To save space, compound entry words are often given with a tilde replacing one part.

The tilde in bold type (~) replaces the entry word at the beginning of the entry;

e.g. **day** ...; '~·**book** = daybook.

The simple tilde (~) replaces:

a) the entry word immediately preceding (which itself may contain a tilde in bold type);

 e.g. **half** ...; ~ *a crown* = half a crown;
 day ...; '~·**light** ...; ~·*saving time* = daylight-saving time;

b) within the phonetic transcription, the whole of the pronunciation of the preceding entry word, or of some part of it which remains unchanged;

 e.g. **bill**¹ [bil] ...; **bill**² [~] ...; **pil·lar** ['pilə] ...; **pil·lared** ['~·ləd] = ['piləd].

The tilde with a circle (2, 2).

When the first letter changes from small to capital or vice-versa, the usual tilde is replaced by a tilde with circle (2, 2);

e.g. **grand** ...; 2 *Duchess* = Grand Duchess; **can·dle** ...; '2·**mas** = Candlemas.

☐ after an adjective indicates that the adjective takes the regular adverbial form;

e.g. **bit·ter** ☐ = bitterly; **a·ble** ☐ = ably; **hap·py** ☐ = happily.

1. Symboles

Le tilde (~, ~) est le signe de la répétition. Afin de gagner de la place, souvent le mot-souche ou un de ses éléments a été remplacé par le tilde.

Le tilde en caractère gras (~) remplace le mot-souche qui se trouve au début de l'article;

p.ex. **day** ...; '~·**book** = daybook.

Le tilde simple (~) remplace:

a) le mot-souche qui précède (qui d'ailleurs peut également être formé à l'aide du tilde en caractère gras);

 p.ex. **half** ...; ~ *a crown* = half a crown;
 day ...; '~·**light** ...; ~·*saving time* = daylight-saving time;

b) dans la transcription phonétique, la prononciation entière ou la partie qui demeure inchangée;

 p.ex. **bill**¹ [bil] ...; **bill**² [~] ...; **pil·lar** ['pilə] ...; **pil·lared** ['~·ləd] = ['piləd].

Le tilde avec cercle (2, 2).

Quand la première lettre se transforme de minuscule en majuscule ou vice versa, le tilde normal est remplacé par le tilde avec cercle (2, 2);

p.ex. **grand** ...; 2 *Duchess* = Grand Duchess; **can·dle** ...; '2·**mas** = Candlemas.

☐ placé après un adjectif signifie qu'à partir de lui un adverbe régulier peut se former;

p.ex. **bit·ter** ☐ = bitterly; **a·ble** ☐ = ably; **hap·py** ☐ = happily.

(*~ally*) after an adjective indicates that an adverb is formed by affixing -ally to the entry word;

e.g. **ar·o·mat·ic** (*~ally*) = aromatically.

When there is but one adverbial form for adjectives ending in both *-ic* and *-ical*, this is indicated in the following way:

his·tor·ic, his·tor·i·cal □,

i.e. historically is the adverb of both adjectives.

The other symbols used in this dictionary are:

(*~ally*) placé après un adjectif signifie qu'à partir de lui un adverbe peut se former en ajoutant -ally au mot-souche;

p.ex. **ar·o·mat·ic** (*~ally*) = aromatically.

Quand il n'y a qu'un seul adverbe pour des adjectifs à terminaison en *-ic* et *-ical*, c'est indiqué de manière suivante:

his·tor·ic, his·tor·i·cal □,

c.-à-d. historically est l'adverbe des deux adjectifs.

Les autres symboles employés dans ce dictionnaire sont:

F *familier*, colloquial.
V *vulgaire*, vulgar.
† *vieilli*, obsolete.
⚘ *botanique*, botany.
⊕ *technologie*, technology; *mécanique*, mechanics.
⚒ *mines*, mining.
⚔ *militaire*, military.
⚓ *nautique*, nautical; *marine*, navy.
☩ *commerce*, commercial; *finances*, finance.
🚂 *chemin de fer*, railway, *Am.* railroad.
✈ *aviation*, aviation.
♪ *musique*, music.
△ *architecture*, architecture.
⚡ *électricité*, electricity.
⚖ *droit*, law.
A *mathématique*, mathematics.
⚒ *agriculture*, agriculture.
⚗ *chimie*, chemistry.
⚕ *médecine*, medicine.
▨ *blason*, heraldry.

2. Abbreviations – Abréviations

a.	*aussi*, also.
abr., *abbr.*	*abréviation*, abbreviation.
adj.	*adjectif*, adjective.
admin.	*administration*, administration.
adv.	*adverbe*, adverb.
alp.	*alpinisme*, mountaineering.
Am.	Americanism, *américanisme*.
anat.	*anatomie*, anatomy.
Angl.	*Angleterre*, England.
approx.	*approximativement*, approximately.
art.	*article*, article.
astr.	*astronomie*, astronomy.
attr.	*attribut*, attributively.
bibl.	*biblique*, biblical.
biol.	*biologie*, biology.
box.	*boxe*, boxing.
Brit.	British, *britannique*.
cin.	*cinéma*, cinema.
cj.	*conjonction*, conjunction.
co.	*comique*, comical.
coll.	*collectif*, collective.
comp.	*comparatif*, comparative.
cond.	*conditionnel*, conditional.
cons.	*consonne*, consonant.
cost.	*costume*, costume.
cuis.	*cuisine*, culinary art.
cycl.	*cyclisme*, cycling.
dém.	*démonstratif*, demonstrative.
dial.	*dialectal*, dialectal.
eccl.	*ecclésiastique*, ecclesiastical.
écoss.	*écossais*, Scottish.
enf.	*enfantin*, childish speech.
èquit.	*èquitation*, horsemanship.
etc.	*et caetera*, and so on.
É.-U.	*États-Unis*, U.S.A.
f	*féminin*, feminine.
fig.	figuratively, *sens figuré*.
foot.	*football*, football.
Fr.	French, *français*.
fut.	*futur*, future.

géog.	*géographie,* geography.	*p.pr.*	*participe présent,* present participle.
géol.	*géologie,* geology.		
gér.	*gérondif,* gerund.	*préf.*	*préfixe,* prefix.
gramm.	*grammaire,* grammar.	*prét.*	*prétérit,* preterite.
gymn.	*gymnastique,* gymnastics.	*pron.*	*pronom,* pronoun.
hist.	*histoire,* history.	*prov.*	*provincialisme,* provincialism.
icht.	*ichtyologie,* ichthyology.		
impér.	*impératif,* imperative.	*prp.*	*préposition,* preposition.
impf.	*imparfait,* imperfect.	*p.s.*	*passé simple,* past tense.
ind.	*indicatif,* indicative.	*psych.*	*psychologie,* psychology.
indéf.	*indéfini,* indefinite.	*q., q.*	*quelqu'un,* someone.
inf.	*infinitif,* infinitive.	*qch.,*	*quelque chose,* something.
int.	*interjection,* interjection.	*qch.*	
interr.	*interrogatif,* interrogative.	*qqfois*	*quelquefois,* sometimes.
inv.	*invariable,* invariable.	*rel.*	*relatif,* relative.
Ir.	*Irish, irlandais.*	*sbj.*	*subjonctif,* subjunctive.
iro.	*ironiquement,* ironically.	*sc.*	*scilicet,* namely, *c'est-à-dire.*
irr.	*irrégulier,* irregular; *see page 604.*	*sg.*	*singulier,* singular.
		sl.	*slang, argot.*
journ.	*journalisme,* journalism.	*s.o.*	*someone, quelqu'un.*
ling.	*linguistique,* linguistics.	*souv.*	*souvent,* often.
m	*masculin,* masculine.	*sp.*	*sport,* sports.
mes.	*mesure,* measure.	*s.th.*	*something, quelque chose.*
métall.	*métallurgie,* metallurgy.	*str.*	*strictly taken, au sens étroit.*
météor.	*météorologie,* meteorology.		
min.	*minéralogie,* mineralogy.	*su.*	*substantif,* substantive; *nom,* noun.
mot.	*motoring, automobilisme.*		
myth.	*mythologie,* mythology.	*sup.*	*superlatif,* superlative.
n	*neutre,* neuter.	*surt.*	*surtout,* especially.
nég.	*négatif,* negative.	*surv.*	*surveying, arpentage.*
npr.	*nom propre,* proper name.	*tél.*	*télégraphie,* telegraphy.
opt.	*optique,* optics.	*téléph.*	*téléphonie,* telephony.
orn.	*ornithologie,* ornithology.	*télév.*	*télévision,* television.
o.s.	*oneself, soi-même.*	*tex.*	*industries textiles,* textiles.
parl.	*parlement,* parliament.	*théâ.*	*théâtre,* theatre.
peint.	*peinture,* painting.	*(TM)*	*trademark,* marque déposée.
péj.	*sens péjoratif,* pejoratively.	*typ.*	*typographie,* typography.
pers.	*personnel,* personal.	*univ.*	*université,* university.
p.ex.	*par exemple,* for example.	*usu.*	*usually, d'ordinaire.*
p.ext.	*par extension,* more widely taken.	*v/aux.*	*verbe auxiliaire,* auxiliary verb.
		vét.	*vétérinaire,* veterinary.
pharm.	*pharmacie,* pharmacy.	*v/i.*	*verbe intransitif,* intransitive verb.
phls.	*philosophie,* philosophy.		
phot.	*photographie,* photography.	*v/impers.*	*verbe impersonnel,* impersonal verb.
phys.	*physique,* physics.		
physiol.	*physiologie,* physiology.	*v/rfl.*	*verbe réfléchi,* reflexive verb.
pl.	*pluriel,* plural.	*v/t.*	*verbe transitif,* transitive verb.
poét.	*poétique,* poetic.		
pol.	*politique,* politics.	*vt/i.*	*verbe transitif et intransitif,* transitive and intransitive verb.
poss.	*possessif,* possessive.		
p.p.	*participe passé,* past participle.		
		zo.	*zoologie,* zoology.

The phonetic symbols
of the International Phonetic Association

Signes phonétiques
de l'Association Phonétique Internationale

A. Voyelles et Diphtongues

[ɑː] a long, clair, postérieur, comme dans pâte, âme, pâle: *far* [fɑː], *father* ['fɑːðə].

[ʌ] n'existe pas en français. A bref, obscur, sans que les lèvres ne s'arrondissent. Se forme à l'avant de la bouche, ouvertement: *butter* ['bʌtə], *come* [kʌm], *colour* ['kʌlə], *blood* [blʌd], *flourish* ['flʌriʃ], *twopence* ['tʌpəns].

[æ] clair, plutôt ouvert, pas trop bref. On relève la langue vers la partie antérieure du palais dur, en appliquant les lèvres contre les dents: *fat* [fæt], *man* [mæn].

[ɛə] e ouvert, semi-long, pas trop ouvert; ne se trouve en anglais que devant le r qui apparaît en tant que [ə] après l'e ouvert: *bare* [bɛə], *pair* [pɛə], *there* [ðɛə].

[ai] a clair entre le [ɑː] et le [æ], et un i° plus faible, ouvert. La langue s'élève à demi comme pour prononcer l'i: *I* [ai], *lie* [lai], *dry* [drai].

[au] a clair entre le [ɑː] et le [æ], et un [u] plus faible, ouvert: *house* [haus], *now* [nau].

[e] e court à demi ouvert, un peu moins pur que l'e dans paix: *bed* [bed], *less* [les].

[ei] e à demi ouvert, tendant à finir en i; la langue se soulève à demi comme pour prononcer l'i: *date* [deit], *play* [plei], *obey* [o'bei].

[ə] son glissant, semblable à l'e muet du français debout, mais plus rapide: *about* [ə'baut], *butter* ['bʌtə], *connect* [kə'nekt].

[iː] i long, comme dans vie, bible, mais un peu plus ouvert qu'en français; se prononce avec redoublement dans le sud de l'Angleterre, la langue se soulevant lentement pour prononcer l'i: *scene* [siːn], *sea* [siː], *feet* [fiːt], *ceiling* ['siːliŋ].

[i] i court, ouvert, qui n'existe pas en français; s'articule avec les lèvres lâches: *big* [big], *city* ['siti].

[iə] i à demi ouvert, semi-long, finissant en ə: *here* [hiə], *hear* [hiə], *inferior* [in'fiəriə].

[ɔː] son ouvert, long, entre l'a et l'o: *fall* [fɔːl], *nought* [nɔːt], *or* [ɔː], *before* [bi'fɔː].

[ɔ] son ouvert, court, entre l'a et l'o, un peu comme [ɑː] très bref, les muscles peu tendus: *god* [gɔd], *not* [nɔt], *wash* [wɔʃ], *hobby* ['hɔbi].

[ɔi] o ouvert et i ouvert plus faible. La langue se soulève à demi comme pour prononcer l'i: *voice* [vɔis], *boy* [bɔi], *annoy* [ə'nɔi].

[o] o fermé rapide: *obey* [o'bei], *molest* [mo'lest].

[ou] o long, à demi ouvert, finissant en [u] faible; lèvres non arrondies, langue non soulevée: *note*

[nout], *boat* [bout], *below* [bi'lou].

[ə:] n'existe pas en français; un peu comme l'[œ:] dans peur, mais les lèvres ne s'avancent ni s'arrondissent: *word* [wə:d], *girl* [gə:l], *learn* [lə:n], *murmur* ['mə:mə].

[u:] [u] long comme dans poule, mais sans que les lèvres s'arrondissent; se prononce souvent comme [u] long, à demi ouvert, se terminant en [u] fermé: *fool* [fu:l], *shoe* [ʃu:], *you* ['mɔːiz].

[ju:], *rule* [ru:l], *canoe* [kə'nu:].

[u] [u] rapide: *put* [put], *look* [luk], *careful* ['kɛəful].

[uə] [u] à demi ouvert et à demi long, se terminant en [ə]: *poor* [puə], *sure* [ʃuə], *allure* [ə'ljuə].

Parfois on emploie les nasales françaises suivantes: [ã] comme dans *détente*, [ɔ̃] comme dans *bonbon*, et [ɛ̃] comme dans *vin*.

La **longueur d'une voyelle** se traduit par [:], p.ex. *ask* [ɑ:sk], *astir* [əs'tə:].

B. Consonnes

[r] ne se prononce que devant les voyelles. Tout à fait différent du r vélaire français. Le bout de la langue forme avec la partie antérieure du palais un passage étroit, par lequel le souffle, voisé, passe, sans pourtant que le son soit roulé. A la fin d'un mot, r ne se prononce qu'en liaison avec la voyelle initiale du mot suivant: *rose* [rouz], *pride* [praid], *there is* [ðɛər'iz].

[ʒ] ch sonore, comme g dans génie, j dans journal: *gentle* ['dʒentl], *jazz* [dʒæz], *large* [lɑːdʒ], *azure* ['æʒə].

[ʃ] ch sourd, comme dans champ, cher: *shake* [ʃeik], *fetch* [fetʃ], *chivalrous* ['ʃivlrəs].

[θ] n'existe pas en français; résulte de l'application de la langue contre les incisives supérieures: *thin* [θin], *path* [pɑ:θ], *method* ['meθəd].

[ð] le même son sonorisé: *there* [ðɛə], *breathe* [bri:ð], *father* ['fɑ:ðə].

[s] sifflante sourde, comme dans sourd, sot: *see* [si:], *hats* [hæts], *decide* [di'said].

[z] sifflante sonore, comme dans chose, zèle: *zeal* [zi:l], *rise* [raiz], *horizon* [hə'raizn].

[ŋ] n'existe pas en français (sauf dans quelques mots empruntes à l'anglais comme *meeting*); se prononce comme pour une voyelle nasale mais en abaissant le voile du palais vers la fin, de sorte à produire une espèce de n guttural: *ring* [riŋ], *singer* ['siŋə], *finger* ['fiŋgə], *ink* [iŋk].

[w] [u] rapide, prononcé lèvre contre lèvre; se forme avec la bouche dans la même position que u elle allait prononcer [u:]: *will* [wil], *swear* [swɛə], *queen* [kwi:n].

[f] labiale sourde: *fat* [fæt], *tough* [tʌf], *effort* ['efət].

[v] labiale sonore: *vein* [vein], *velvet* ['velvit].

[j] son rapide comme l'i dans diable ou l'y dans yeux: *onion* ['ʌnjən], *yes* [jes], *filial* ['filjəl].

La prononciation des autres consonnes correspond à peu près à celle du français, mais en anglais les occlusives sont plus plosives.

C. Apostrophes d'accentuation

L'accentuation des mots anglais est indiquée par le signe ['] devant la syllabe à accentuer, p.ex. **on·ion** ['ʌnjən]. Si deux des syllabes d'un mot donné se trouvent pourvues d'une apostrophe d'accentuation, il faut les accentuer également tous les deux; p.ex. **up·stairs** ['ʌp'stɛəz], cependant, souvent on n'accentue que l'une des deux syllabes, selon la position du mot dans l'ensemble de la phrase, ou en langue emphatique; p.ex. *upstairs* dans "*the upstairs rooms*" [ði ˈʌpstɛəz ˈrumz] et "*on going upstairs*" [ɔn ˈgouiŋ ʌpˈstɛəz].

Dans les mots-souches composés, dont les éléments sont donnés dans le dictionnaire en tant que mots-souches indépendants avec leurs transcriptions phonétiques, et dans les mots-souches qui possèdent l'une des terminaisons mentionnées sous D, l'apostrophe d'accentuation est donnée dans le mot-souche lui-même. L'accentuation est indiquée également dans le mot-souche, si on ne donne qu'une partie de la transcription phonétique et que l'accent ne porte pas sur la première syllabe de la partie phonétique remplacée par un tilde; p.ex. **ad′min·is·tra·tor** [~tə]. Si, cependant, l'accent porte sur la première syllabe ou sur une partie phonétique transcrite, l'apostrophe d'accentuation n'est pas donnée dans le mot-souche, mais se trouve dans la partie entre crochets; p.ex. **ac·cu·rate** [′~rit], **ad·a·man·tine** [~′mæntain].

D. Syllabes finales sans symboles phonétiques

Afin de gagner de la place, nous donnerons ici les terminaisons les plus fréquentes des mots-souches avec leur transcription phonétique; par conséquent, ils figurent, sauf exception, dans le dictionnaire sans transcription phonétique. Ces terminaisons ne se trouvent pas transcrites non plus, quand elles sont précédées d'une consonne qui n'a pas été donnée dans les symboles phonétiques du mot précédent, mais qui en français, comme en anglais, demande le même signe phonétique; p.ex. -tation, -ring.

-ability [-əbiliti]	-ent [-e(ə)nt]	-ize [-aiz]
-able [-əbl]	-er [-ə]	-izing [-aiziŋ]
-age [-idʒ]	-ery [-əri]	-less [-lis]
-al [-(ə)l]	-ess [-is]	-ly [-li]
-ally [-(ə)li]	-fication [-fikeiʃ(ə)n]	-ment(s) [-mənt(s)]
-an [-(ə)n]	-ial [-(ə)l]	-ness [-nis]
-ance [-(ə)ns]	-ible [-əbl]	-oid [-ɔid]
-ancy [-ənsi]	-ian [-(jə)n]	-oidic [-ɔidik]
-ant [-ənt]	-ic(s) [-ik(s)]	-or [-ə]
-ar [-ə]	-ical [-ik(ə)l]	-ous [-əs]
-ary [-(ə)ri]	-ily [-ili]	-ry [-ri]
-ation [-eiʃ(ə)n]	-iness [-inis]	-ship [-ʃip]
-cious [-ʃəs]	-ing [-iŋ]	-(s)sion [-ʃ(ə)n]
-cy [-si]	-ish [-iʃ]	-sive [-siv]
-dom [-dəm]	-ism [-iz(ə)m]	-ties [-tiz]
-ed [-d; -t; -id]*	-ist [-ist]	-tion [-ʃ(ə)n]
-edness [-dnis;	-istic [-istik]	-tious [-ʃəs]
-tnis; -idnis]	-ite [-ait]	-trous [-trəs]
-ee [-i:]	-ity [-iti]	-try [-tri]
-en [-n]	-ive [-iv]	-y [-i]
-ence [-(ə)ns]	-ization [-aizeiʃ(ə)n]	

Pour la prononciation de l'américain, voir à la page 613.

---

* [-d] après voyelles et consonnes sonores; [-t] après consonnes sourdes; [-id] après d et t finals.

The spelling of American English
L'orthographe de l'américain

L'orthographe de l'anglais de l'Amérique (AA) se distingue de l'anglais britannique (AB) par les particularités suivantes:

1. L'**u** tombe dans la terminaison -**our**; p.ex. col*o*r, hum*o*r, hon*o*rable, fav*o*r.

2. -**er** au lieu de l'AB -**re** dans les syllabes finales; p.ex. cent*er*, fib*er*, theat*er*, mais pas dans massacre.

3. Le redoublement de la consonne finale **l** ne se produit que quand l'accent principal porte sur la syllabe finale; d'où p.ex. AA counci*l*or, jewe*l*ry, quarre*l*ed, trave*l*ed, woo*l*en au lieu de l'AB councillor, jewellery, quarrelled, travelled, woollen; d'autre part on trouve en AA enroll(s), fulfill(s), skillful, installment au lieu de l'AB enrol(s), fulfil(s), skilful, instalment.

4. En AA **s** au lieu du **c** en AB, surtout dans la syllabe finale -ence; p.ex. defen*s*e, offen*s*e, licen*s*e, mais aussi en AA practice et practise en tant que verbe.

5. On simplifie et on abandonne couramment les terminaisons d'origine étrangère; p.ex. dialog(*ue*), prolog(*ue*), catalog(*ue*), progra*m*(*me*), envelop(*e*).

6. La simplification d'**ae** et d'**œ** ou **oe** en **e** est également courante; p.ex. an(*a*)emia, an(*a*)esthesia, man*e*uvers = AB man*œ*uvers, subp(*o*)ena.

7. On préfère la terminaison -**ction** à -**xion**; p.ex. conne*ction*, infle*ction*.

8. On trouve fréquemment une simplification des consonnes; p.ex. wa*g*on, kidna*p*er, worshi*p*er, benefi*t*ed pour l'AB waggon, kidnapper, worshipper, benefitted.

9. L'AA préfère **o** à **ou**; p.ex. m*o*(*u*)ld, sm*o*(*u*)lder, plow au lieu de l'AB plough.

10. L'**e** muet disparaît dans des mots comme abridg(*e*)ment, judg(*e*)ment, acknowledg(*e*)ment.

11. L'AA utilise le préfixe **in**- au lieu de **en**- plus souvent que l'AB; p.ex. *in*close, *in*case.

12. L'AA préfère l'orthographe suivante dans des cas particuliers: *check* = AB cheque, *hello* = AB hallo, *cozy* = AB cosy, *mustache* = AB moustache, *skeptic* = AB sceptic, *peddler* = AB pedlar, *gray* = AB grey, *tire* = AB tyre.

13. A côté de although, through, on trouve les formules familières *altho*, *thru*.

The pronunciation of American English

La prononciation de l'américain

L'anglais de l'Amérique (AA), en ce qui concerne l'intonation, le rythme et le son, se distingue de l'anglais britannique (AB) par les particularités suivantes:

1. **Intonation:** L'AA est plus monotone que l'AB.

2. **Rythme:** Des mots à une ou plusieurs syllabes après la syllabe principale accentuée ['] ont en AA un accent secondaire très marqué [,], que les mots en AB n'ont pas ou n'ont que dans une faible mesure; p.ex. dictionary [AA ˈdikʃəˌnɛri = AB ˈdikʃənri], secretary [AA ˈsekrəˌtɛri = AB ˈsekrətri]; en AA, les voyelles courtes accentuées s'allongent (*American drawl*); p.ex. food [AA fuːd = AB fud], capital [AA ˈkæːpətəl = AB ˈkæpitl]; en AA, la syllabe inaccentuée (après une syllabe accentuée) subit un affaiblissement qui adoucit p, t, k en b, d, g; p.ex. property [AA ˈprabərti = AB ˈprɔpəti], united [AA juˈnaidid = AB juːˈnaitid].

3. Une autre particularité courante dans la façon de parler américaine, par opposition à l'AB, c'est la **nasalisation** avant et après une consonne nasale [m, n, ŋ] (*nasal twang*), ainsi que la prononciation plus fermée de [e] et de [o] en tant que premier élément d'une diphtongue; p.ex. home [AA hoːm], take [AA teːk].

4. Le **r** écrit à la finale après une voyelle, ou entre une voyelle et une consonne, se prononce clairement (r rétrofléchi); p.ex. car [AA kɑːr = AB kɑː], care [AA kɛr = AB kɛə], border [AA ˈbɔːrdər = AB ˈbɔːdə].

5. L'**o** [AB ɔ] se prononce en AA un peu comme l'**a** voilé [AA ɑ]; p.ex. dollar [AA ˈdɑlər = AB ˈdɔlə], college [AA ˈkɑlidʒ = AB ˈkɔlidʒ], lot [AA lɑt = AB lɔt], problem [AA ˈprɑbləm = AB ˈprɔbləm]; dans de nombreux cas [ɑ] et [ɔ] peuvent exister simultanément.

6. L'**a** [AB ɑː] donne [æ] ou [æː] en AA dans des mots du genre pass [AA pæ(ː)s = AB pɑːs], answer [AA ˈæ(ː)nsər = AB ˈɑːnsə], dance [AA dæ(ː)ns = AB dɑːns], half [AA hæ(ː)f = AB hɑːf], laugh [AA læ(ː)f = AB lɑːf].

7. L'**u** [AB juː] après consonne dans les syllabes qui portent l'accent principal donne en AA [uː]; p.ex. Tuesday [AA ˈtuːzdi = AB ˈtjuːzdi], student [AA ˈstuːdənt = AB ˈstjuːdənt], mais pas dans music [AA, AB = ˈmjuːzik], fuel [AA, AB = ˈfjuːəl].

8. Le suffixe **-ile** (en AB de préférence [-ail]) s'abrège en AA très souvent en [-əl] ou [-il]; p.ex. futile [AA ˈfjuːtəl = AB ˈfjuːtail], textile [AA ˈtekstil = AB ˈtekstail]; quant à [-əl] ou [-il] il n'y a pas de prononciation obligatoire.

9. La terminaison **-ization** (AB le plus souvent [-aiˈzeiʃən]) se prononce en AA de préférence [-əˈzeiʃən]. Cette différence de sons correspond au rapport des prononciations AA (préférée) [ə] et AB (standard) [i]; p.ex. editor [AA ˈedətər = AB ˈeditə], basket [AA ˈbæ(ː)skət = AB ˈbɑːskit].

A

A, a [ei] A *m*, a *m*.

a *gramm.* [ei; ə] *article:* un(e *f*); **20 miles a day** 20 milles par jour; **2 shillings a pound** 2 shillings la livre.

A 1 [ˈeiˈwʌn] F de première qualité.

a·back [əˈbæk] masqué (*voile*); F **taken ~** déconcerté, interdit, étonné.

ab·a·cus [ˈæbəkəs], *pl.* **-ci** [ˈ‿sai] boulier *m* compteur; △ abaque *m*.

a·baft ⚓ [əˈbɑːft] **1.** *adv.* sur l'arrière; **2.** *prp.* en arrière de.

a·ban·don [əˈbændən] abandonner (*a. sp.*), délaisser (*q.*), renoncer à (*un projet*); **~ o.s.** to se livrer à; **a'ban·doned** *adj.* dévergondé; abandonné; **a'ban·don·ment** abandon (-nement) *m*.

a·base [əˈbeis] abaisser; F ravaler (*q.*); **a'base·ment** abaissement *m*; humilité *f*.

a·bash [əˈbæʃ] confondre, déconcerter, interdire; **~ed at** confus de; **a'bash·ment** confusion *f*, embarras *m*.

a·bate [əˈbeit] *v/t.* diminuer; faire cesser (*la douleur*); (r)abattre (*l'orgueil*); (ra)baisser (*le prix*); ⅓ annuler; mettre fin à (*un abus*); *v/i.* diminuer, s'affaiblir, s'apaiser, se modérer; tomber (*vent*); baisser (*prix*); **a'bate·ment** diminution *f*, affaiblissement *m*; prix, *eaux:* baisse *f*; *tempête:* apaisement *m*.

ab·a(t)·tis ✕ [əˈbætis] abattis *m*.

ab·at·toir [ˈæbətwɑ:] abattoir *m*.

ab·ba·cy [ˈæbəsi] dignité *f* d'abbé; **'ab·bess** abbesse *f*; **ab·bey** [ˈæbi] abbaye *f*; **ab·bot** [ˈæbət] abbé *m*, supérieur *m*.

ab·bre·vi·ate [əˈbriːvieit] abréger (*a.* △); **ab·bre·vi'a·tion** abréviation *f*.

ABC [ˈeiˈbiːˈsiː] ABC *m*; 🖪 indicateur *m* alphabétique; abécédaire *f*; **~ warfare** guerre *f* atomique, bactériologique (*ou* microbienne) et chimique.

ab·di·cate [ˈæbdikeit] *v/t.* abdiquer (*le trône*); renoncer à (*un droit*); ré-

signer (*une fonction*); *v/i.* abdiquer; **ab·di'ca·tion** abdication *f*, démission *f*.

ab·do·men *anat.* [ˈæbdəmen; 🐾 æbˈdoumen] abdomen *m*; ventre *m*; **ab·dom·i·nal** [æbˈdɔminl] abdominal (-aux *m/pl.*).

ab·duct [æbˈdʌkt] enlever; **ab'duc·tion** enlèvement *m*; **ab'duc·tor** ravisseur *m*.

a·be·ce·dar·i·an [eibiːsiːˈdɛəriən] **1.** abécédaire; ignorant; **2.** élève *mf* d'une classe élémentaire.

a·bed [əˈbed] au lit, couché.

ab·er·ra·tion [æbəˈreiʃn] aberration *f*.

a·bet [əˈbet] encourager; prêter assistance à; (*usu.* aid and **~**) être le complice de; **a'bet·ment** encouragement *m*; complicité *f* (dans, in); **a'bet·tor** complice *mf*; fauteur (-trice *f*) *m* (de, in).

a·bey·ance [əˈbeiəns] suspension *f*; ⅓ **in ~** en suspens, pendant; vacant (*estate*).

ab·hor [əbˈhɔː] abhorrer; **ab·hor·rence** [əbˈhɔrns] horreur *f*, aversion *f* (pour, of); **hold in ~** avoir en horreur; **ab'hor·rent** □ répugnant (à, to); incompatible (avec, to); contraire (à, to).

a·bide [əˈbaid] [*irr.*] *v/i.* demeurer; **~ by** rester fidèle à (*une promesse*), maintenir; *v/t.* attendre; **I cannot ~ him** je ne peux pas le sentir *ou* supporter; **a'bid·ing** □ permanent.

a·bil·i·ty [əˈbiliti] capacité *f*; **to the best of one's ~** de son mieux; **a'bil·i·ties** *pl.* intelligence *f*; aptitude *f*.

ab·ject □ [ˈæbdʒekt] misérable; servile; **ab'jec·tion**, **ab'ject·ness** abjection *f*, misère *f*.

ab·jure [əbˈdʒuə] abjurer; renoncer à.

a·blaze [əˈbleiz] en flammes; *a. fig.* enflammé (de, with).

a·ble □ [ˈeibl] capable; habile; compétent; ⅓ apte; **be ~ to** (*inf.*) être à même de (*inf.*); pouvoir (*inf.*); **~ to**

pay en mesure de payer; **~·bod·ied** ['~·bɔdid] robuste; ✕ bon pour le service; ⚓ ~ *seaman* matelot *m* de deuxième classe.

ab·lu·tion [ə'bluːʃn] ablution *f*.

ab·ne·gate ['æbnigeit] renoncer à; faire abnégation de (*droits etc.*); **ab·ne'ga·tion** renoncement *m*; désaveu *m*; (*a. self-~*) abnégation *f* de soi.

ab·nor·mal □ [æb'nɔːml] anormal (-aux *m/pl.*); **ab·nor'ma·li·ty** caractère *m* anormal; difformité *f*.

a·board ⚓ [ə'bɔːd] à bord (de); *Am.* 🚂, ✕, *bus, tram: all~!* en voiture!; ⚓ embarquez!

a·bode [ə'boud] **1.** *prét.* et *p.p. de abide*; **2.** demeure *f*; résidence *f*; séjour *m*.

a·bol·ish [ə'bɔliʃ] abolir, supprimer; **a'bol·ish·ment**, **ab·o·li·tion** [æbə'liʃn] abolissement *m*, suppression *f*; **ab·o'li·tion·ist** abolitionniste *mf*.

A-bomb ['eibɔm] see *atomic bomb*.

a·bom·i·na·ble □ [ə'bɔminəbl] abominable; **a·bom·i'na·tion** abomination *f*, horreur *f*.

ab·o·rig·i·nal [æbə'ridʒənl] □ aborigène, indigène, primitif (-ive *f*); **ab·o'rig·i·nes** [~niːz] *pl.* aborigènes *m/pl.*

a·bort *biol.* [ə'bɔːt] avorter; ✕, *espace:* ~ *a mission* interrompre *ou* abandonner une mission; **a'bor·tion** avortement *m*; *fig.* œuvre *f* manquée; monstre *m*; *procure* ~ faire avorter; **a'bor·tive** □ abortif (-ive *f*); avorté (*projet*); mort-né (*projet*).

a·bound [ə'baund] abonder (en *with, in*); foisonner (de *with, in*).

a·bout [ə'baut] **1.** *prp.* autour de; environ, presque; au sujet de; ~ *the house* quelque part dans la maison; ~ *the streets* dans les rues; *I had no money* ~ *me* je n'avais pas d'argent sur moi; ~ *ten o'clock* vers 10 heures; *he is* ~ *my height* il a à peu près la même taille que moi; *talk* ~ *business* parler affaires; *what are you* ~? qu'est-ce que vous faites là?; *send s.o.* ~ *his business* envoyer promener q.; **2.** *adv.* tout autour; à l'entour; çà et là; de ci, de là; *be* ~ *to do* être sur le point de faire; *a long way* ~ un long détour; *bring* ~ accomplir; faire naître; *come* ~ arriver; *right* ~! demi-tour!; ~ *turn!* demi-tour à droite!

a·bove [ə'bʌv] **1.** *prp.* au-dessus de, par-dessus; au delà de; *fig.* supérieur à; ~ *300* plus de 300; ~ *all* (*things*) surtout; *be* ~ *s.o.* surpasser q. par (*l'intelligence etc.*); *fig. it is* ~ *me* cela me dépasse; **2.** *adv.* en haut; là-haut; au-dessus; *over and* ~ en outre; **3.** *adj.* précédent; *the* ~ *points* ce qui a été mentionné plus haut, les remarques précédentes; **4.** *su.: the* ~ le susdit; **a'bove-'board** loyal (-aux *m/pl.*), franc(he *f*); **a'bove-'ground** au-dessus de terre; vivant; **a'bove-'men·tioned** susmentionné, (cité) ci-dessus.

ab·ra·ca·dab·ra [æbrəkə'dæbrə] baragouin *m*.

ab·rade [ə'breid] user par le frottement; écorcher (*la peau*).

ab·ra·sion [ə'breiʒn] frottement *m*; attrition *f*; 🩺 écorchure *f*, excoriation *f*; *monnaies:* frai *m*; **ab'ra·sive** ⊕ abrasif *m*.

a·breast [ə'brest] de front; côte à côte; ~ *of* (*ou* with) à la hauteur de; *keep* ~ *of* marcher de pair avec.

a·bridge [ə'bridʒ] abréger; *fig.* restreindre; **a'bridg(e)·ment** raccourcissement *m*; abrégé *m*, résumé *m*; restriction *f*.

a·broad [ə'brɔːd] à l'étranger, en voyage; sorti (*de la maison*); *there is a report* ~ le bruit court que; *the thing has got* ~ la nouvelle s'est répandue; F *he is all* ~ il est tout désorienté.

ab·ro·gate ['æbrogeit] abroger; **ab·ro'ga·tion** abrogation *f*.

ab·rupt □ [ə'brʌpt] brusque, précipité; saccadé, abrupt (*style*); à pic (*montagne*); **ab'rupt·ness** brusquerie *f*; *chemin:* raideur *f*.

ab·scess ['æbsis] abcès *m*.

ab·scond [əb'skɔnd] s'évader (de, *from*), s'enfuir; se soustraire à la justice; F décamper, filer.

ab·sence ['æbsns] absence *f*, éloignement *m* (de, *from*); ~ *of mind* distraction *f*; *leave of* ~ permission *f*, congé *m*.

ab·sent 1. □ ['æbsnt] absent, manquant; *fig.* = **'~-'mind·ed** □ distrait; **2.** [æb'sent]: ~ *o.s.* s'absenter (de, *from*); **ab·sen·tee** [æbsn'tiː] absent(e *f*) *m*; ~ *ballot* vote *m* par correspondance; ~ *voter* électeur (-trice *f*) *m* par correspondance; **ab'sen'tee·ism** absence *f* de l'atelier; absentéisme m; F carottage m.

ab·sinth ['æbsinθ] absinthe f.

ab·so·lute □ ['æbsəlu:t] absolu; autoritaire; ⚡ irrévocable; F achevé (*coquin etc.*); '**ab·so·lute·ness** caractère m absolu; **ab·so'lu·tion** absolution f; '**ab·so·lut·ism** hist. absolutisme m.

ab·solve [əb'zɔlv] absoudre (de, from), remettre (*un péché*); dispenser, affranchir (de, from).

ab·sorb [əb'sɔ:b] absorber; amortir (*un choc*); résorber (*un excédent*); fig. engloutir; ~ed in absorbé dans; tout entier à; **ab'sorb·ent** absorbant (*a. su./m*).

ab·sorp·tion [əb'sɔ:pʃn] absorption f; choc: amortissement m; fig. engloutissement m; esprit: absorbement m.

ab·stain [əb'stein] s'abstenir (de, from); ~ from meat faire maigre; parl. ~ (from voting) s'abstenir (de voter); **ab'stain·er** (souv. total ~) abstème mf.

ab·ste·mi·ous □ [əb'sti:miəs] sobre, tempérant.

ab·sten·tion [æb'stenʃn] abstinence f (de, from); parl. abstention f.

ab·ster·gent [əb'stə:dʒnt] **1.** abstergent (*a. su./m*); **2.** ✴ détersif m.

ab·sti·nence ['æbstinəns] abstinence f (de, from); total ~ abstinence f complète; '**ab·sti·nent** □ abstinent, sobre.

ab·stract 1. ['æbstrækt] □ abstrait; F abstrus; **2.** [~] abstrait m; résumé m, abrégé m; gramm. ~ (noun) nom m abstrait; in the ~ du point de vue abstrait, en théorie; **3.** [æb'strækt] v/t. soustraire (à, from); détourner (*l'attention*); dérober (à, from); résumer (*un livre*); ∼ extraire; **ab'stract·ed** □ fig. distrait, rêveur (-euse f); **ab'strac·tion** papiers etc.: soustraction f; vol m; phls. abstraction f; distraction f (*d'esprit*); ∼ extraction f.

ab·struse □ [æb'stru:s] fig. abstrus, obscur; caché; **ab'struse·ness** obscurité f, caractère m abstrus etc.

ab·surd □ [əb'sə:d] absurde, déraisonnable; F idiot; **ab'surd·i·ty** absurdité f; absurde m.

a·bun·dance [ə'bʌndəns] abondance f, affluence f; épanchement m (*du cœur*); **a'bun·dant** □ abondant, copieux (-euse f); ~ in abondant

en; **a'bun·dant·ly** abondamment.

a·buse 1. [ə'bju:s] abus m; insultes f/pl.; **2.** [~z] abuser de, mésuser de, faire abus de; maltraiter (q.); dénigrer (q.); injurier; **a'bu·sive** □ abusif (-ive f); injurieux (-euse f) (*propos*); be ~ dire des injures (à, to).

a·but [ə'bʌt] aboutir (à, upon), confiner (à, upon); ⚡ s'appuyer (contre on, against); '**a'but·ment** ⚡ arc-boutant (*pl.* arcs-boutants) m; pont: butée f; voûte: pied-droit (*pl.* pieds-droits) m; **a'but·ter** propriétaire m limitrophe.

a·bysm [ə'bizm] see abyss; **a·bys·mal** □ insondable; **a·byss** [ə'bis] abîme m, gouffre m.

a·ca·cia ♀ [ə'keiʃə] acacia m.

ac·a·dem·ic, ac·a·dem·i·cal □ [ækə'demik(l)] académique; academic freedom liberté f de l'enseignement; academic year année f universitaire; **a·cad·e'mi·cian** [əkædə-'miʃn] académicien m; **ac·a'dem·ics** pl. discussion f abstraite.

a·cad·e·my [ə'kædəmi] académie f.

a·can·thus [ə'kænθəs] ♀ acanthe f; ⚡ (feuille f d')acanthe f.

ac·cede [æk'si:d]: ~ to accueillir (une demande); entrer en possession de (une charge); monter sur (le trône).

ac·cel·er·ate [æk'seləreit] (s')accélérer; v/t. fig. activer; **ac·cel·er'a·tion** accélération f; mot. ~ lane rampe f d'accès; **ac'cel·er·a·tor** mot. accélérateur m.

ac·cent 1. ['æksnt] accent m; ♪ temps m fort; temps m marqué; ton m; voix f; **2.** [æk'sent] accentuer (a. fig.) appuyer sur, souligner.

ac·cen·tu·ate [æk'sentjueit] accentuer; faire ressortir; **ac·cen·tu'a·tion** accentuation f.

ac·cept [ək'sept] accepter; agréer (des vœux); (ou ~ of) ♦ accepter, prendre en recette; admettre; **ac·cept·a·ble** □ [ək'septəbl] acceptable, agréable (à, to); **ac'cept·a·ble·ness** acceptabilité f; **ac'cept·ance** acceptation f; accueil m favorable; réception f; ♦ article: réception f; traite: acceptation f; **ac·cep·ta·tion** [æksep'teiʃn] acception f, signification f (*d'un mot*); **ac'cept·ed** □ reconnu, admis; **ac'cept·er, ac'cept·or** acceptant(e f) m; ♦ tiré m; accepteur m.

ac·cess ['ækses] **1.** accès *m* (*a.* ♣, *a. ordinateur*), abord *m* (à, to); entrée *f*; *easy of* ∼ abordable; ∼ *to power* accession *f* au pouvoir; **2.** *ordinateur:* accéder à; **ac'ces·sa·ry** complice *m*, fauteur *m* (de, to); *see accessory* 2; **ac·ces·si·bil·i·ty** [∼i'biliti] accessibilité *f*; **ac'ces·si·ble** □ [∼əbl] accessible (à, to); **ac'ces·sion** admission *f* (*d'air*); entrée *f* en fonctions; arrivée *f* (*à un âge*); accroissement *m*; ∼ *to the throne* avènement *m* au trône.

ac·ces·so·ry [æk'sesəri] **1.** □ accessoire, subsidiaire (à, to); **2.** accessoire *m*; *accesories pl.* objets *m/pl.* de toilette; accessoires *m/pl.* (*a. théâ.*); *see accessary*.

ac·ci·dence *gramm.* ['æksidəns] morphologie *f*.

ac·ci·dent ['æksidənt] accident *m*; *terrain:* inégalité *f*; *machine:* avarie *f*; ∼ *insurance* assurance *f* contre les accidents; *by* ∼ accidentellement; *par hasard*; *be killed in an* ∼ perdre la vie dans un accident; **ac·ci·den·tal** [æksi'dentl] **1.** □ accidentel(le *f*), fortuit; accessoire; ∼ *death* mort *f* accidentelle; **2.** accessoire *m*; ♪ signe *m* accidentel, accident *m*.

ac·claim [ə'kleim] acclamer.

ac·cla·ma·tion [æklə'meiʃn] acclamation *f*; *by* ∼ par acclamation.

ac·cli·mate *surt. Am.* [ə'klaimit] *see acclimatize*.

ac·cli·ma·ti·za·tion [əklaimətai-'zeiʃn] acclimatation *f*; **ac'cli·ma·tize** acclimater; habituer.

ac·cliv·i·ty [ə'kliviti] montée *f*; côte *f*; rampe *f*; pente *f*.

ac·com·mo·date [ə'kɔmədeit] accommoder, conformer; adapter; arranger (*une querelle*); prêter (qch. à q., *s.o. with s.th.*); recevoir, loger; ∼ *o.s. to* s'accommoder à; **ac'com·mo·dat·ing** □ complaisant; peu difficile (sur, *about*); **ac·com·mo'da·tion** adaptation *f*; arrangement *m*; *dispute:* ajustement *m*; compromis *m*; logement *m*; prêt *m* (*d'argent*); *Am.* ∼s *pl.* hébergement *m*, hôtels *m/pl.*; ♣ ∼ *bill* billet *m* de complaisance; *seating* ∼ nombre de places assises; *Am.* ∼ *train* train *m* omnibus.

ac·com·pa·ni·ment [ə'kʌmpəni-mənt] accompagnement *m*; accessoires *m/pl.*; **ac'com·pa·nist** ♪ accompagnateur (-trice *f*) *m*; **ac'com·pa·ny** accompagner; ac-companied *with* accompagné de, par.

ac·com·plice [ə'kɔmplis] complice *mf* (de, in), fauteur (-trice *f*) *m* (de, in).

ac·com·plish [ə'kɔmpliʃ] accomplir; venir à bout de; mener à bonne fin (*une tâche etc.*); réaliser (*un projet*); doué; **ac'com·plished** achevé; doué; **ac'com·plish·ment** accomplissement *m*; réalisation *f*; *usu.* ∼s *pl.* talents *m/pl.*, arts *m/pl.* d'agrément.

ac·cord [ə'kɔ:d] **1.** accord *m*, consentement *m*; ♣♣ consentement *m* mutuel; *with one* ∼ d'un commun accord; *of one's own* ∼ de sa propre volonté; **2.** *v/i.* concorder (avec, with); *v/t.* concéder; **ac'cord·ance** conformité *f*, accord *m*; *in* ∼ *with* conformément à, suivant; **ac'cord·ant** □ (with, to) conforme (à), d'accord (avec); **ac'cord·ing:** ∼ *to* selon, suivant, d'après; ∼ *as* selon que; **ac'cord·ing·ly** en conséquence; donc.

ac·cor·di·on ♪ [ə'kɔ:djən] accordéon *m*.

ac·cost [ə'kɔst] aborder, accoster.

ac·cou·cheur [æku:'ʃɔ:], *f* **ac·cou-'cheuse** [∼z] accoucheur (-euse *f*) *m*.

ac·count [ə'kaunt] **1.** calcul *m*, compte *m*, note *f*; récit *m*, relation *f*; valeur *f*; *blocked* ∼ compte *m* bloqué; *current* ∼ compte *m* courant; ∼ *agreed upon* compte *m* arrêté; *payment on* ∼ acompte *m*, versement *m* à compte; *sale for the* ∼ vente *f* à terme; *statement of* ∼ relevé *m* de compte; *of no* ∼ de peu d'importance; *on no* ∼ dans aucun cas; *on his* ∼ à cause de lui, pour lui; *on* ∼ *of* à cause de; *sl. be no* ∼ ne pas compter; *find one's* ∼ *in* trouver son compte à; *have* (*ou hold*) *an* ∼ *with* avoir un compte chez; *have a bank* ∼ avoir un compte en banque; *lay one's* ∼ *with* compter sur; *place to s.o.'s* ∼ verser au compte de q.; *take into* ∼, *take* ∼ *of* tenir compte de; *leave out of* ∼ négliger; *turn to* ∼ tirer parti de; *keep* ∼s tenir les livres; *call to* ∼ demander compte (à q. de qch.); *give* (*ou render*) *an* ∼ *of* rendre raison de; faire un rapport sur; expliquer (*qch.*); *F give a good* ∼ *of o.s.* s'acquitter bien; *make* (*little*) ∼ *of* faire (peu de) cas de; **2.** *v/i.*

~ for expliquer (*qch.*); rendre raison de; justifier (de); *sp.* avoir à son actif; *v/t.* estimer, tenir pour; *be much* (*little*) ~ *ed* of être beaucoup (peu) estimé; **ac·count·a·bil·i·ty** responsabilité *f*; **ac'count·a·ble** □ responsable; redevable (de, *for*);

ac'count·ant comptable *m*; *chartered* ~, *Am.* certified public ~ expert *m* comptable diplômé; **ac'count-book** livre *m* de comptes.

ac·cou·tred [ə'ku:təd] accoutré; équipé; **ac·cou·tre·ments** [ə'ku:tə-mənts] *pl.* équipement *m*.

ac·cred·it [ə'kredit] accréditer (*q.*, *qch.*, *a.* un ambassadeur auprès d'un gouvernement); ~ *s.th.* to *s.o.*, ~ *s.o.* with *s.th.* mettre qch. sur le compte de *q.*   [ment *m.*]

ac·cre·tion [æ'kri:ʃn] accroisse-⌡

ac·crue [ə'kru:] provenir, dériver (de, *from*); ✝ s'accumuler (*intérêts*).

ac·cu·mu·late [ə'kju:mjuleit] (s')accumuler; (s')amonceler; *v/t.* amasser (de l'argent); **ac·cu·mu'la·tion** accumulation *f*, amoncellement *m*; amas *m*; **ac·cu·mu·la·tive** [ə'kju:mjulətiv] qui s'accumule; **ac'cu·mu·la·tor** accumulateur (-trice *f*) *m*; *phys.* accumulateur *m*.

ac·cu·ra·cy [ˈækjurəsi] exactitude *f*; fidélité *f*; **ac·cu·rate** □ [ˈ~rit] exact, juste; fidèle.

ac·cursed [ə'kə:sid], **ac·curst** [ə'kə:st] *usu.* F *fig.* maudit; exécrable.

ac·cu·sa·tion [ækju:'zeiʃn] accusation *f*; ⚖ incrimination *f*; **ac·cu·sa·tive** *gramm.* [ə'kju:zətiv] (*a.* ~ *case*) accusatif *m*; **ac·cu·sa·to·ry** [ə'kju:-zətəri] accusateur (-trice *f*); **ac·cuse** [ə'kju:z] accuser (*q.* de qch., *s.o.* of *s.th.*), ⚖ incriminer (*q.*) (auprès de *before*, to); *the* ~ *d* le (la) prévenu(e *f*) *m*; **ac'cus·er** accusateur (-trice *f*) *m*.

ac·cus·tom [ə'kʌstəm] accoutumer (à, to); **ac'cus·tomed** habitué, coutumier (à, to); *be* ~ to do(*ing*) *a.* avoir coutume *ou* avoir l'habitude de faire; *get ou become* ~ to (*doing*) *s.th.* s'habituer *ou* s'accoutumer à (faire) qch.

ace [eis] as *m* (*a. sl. fig.*, *usu. un aviateur*); *Am.* F ~ *in the hole fig.* encore une ressource; *within an* ~ *of* à deux doigts de.

a·cer·bi·ty [ə'sə:biti] aigreur *f*; *ton:* âpreté *f*.

ac·e·tate [ˈæsiteit] acétate *m*; **a·cetic** [ə'si:tik] acétique; ~ *acid* acide *m* acétique; **a·cet·i·fy** [ə'seti-fai] (s')acétifier; **ac·e·tone** [ˈæsi-toun] acétone *f*; **ac·e·tous** [ˈ~təs] acéteux (-euse *f*); *fig.* aigre; **a·cet·y·lene** [ə'setili:n] acétylène *m*.

ache [eik] **1.** faire mal à; **2.** douleur *f*.

a·chieve [ə'tʃi:v] atteindre à, parvenir à; réaliser (*un but*); accomplir (*un exploit*); acquérir (*de l'estime*); **a'chieve·ment** accomplissement *m*; projet: exécution *f*; réussite *f*.

ach·ing [ˈeikiŋ] **1.** □ douloureux (-euse *f*); **2.** douleur *f*, mal *m*.

ach·ro·mat·ic [ækroˈmætik] (~*ally*) achromatique.

ac·id [ˈæsid] **1.** aigre; ~ *rain* pluies *f/pl.* acides; **2.** acide *m* (*a.* = LSD); **'ac·id·head** *sl.* acidomane *mf*; **a·cid·i·fy** [ə'sidifai] (s')acidifier; **a'cid·i·ty** acidité *f*; *fig.* aigreur *f*; **ac·i·do·sis** [æsi'dousis] acidose *f*; **a·cid·u·late** [ə'sidjuleit] aciduler; ~*d drops* bonbons *m/pl.* acidulés *ou* anglais; **a·cid·u·lous** [ə'sidjuləs] acidulé.

ac·knowl·edge [əkˈnɔlidʒ] reconnaître (pour, *as*); répondre à (*un salut*); accuser réception de (*une lettre*); s'avouer; **ac'knowl·edg(e)-ment** reconnaissance *f*; aveu *m*; ~ *pl.* remercîments *m/pl.*; *usu.* ✝ accusé *m* de réception; reçu *m*, quittance *f*.

ac·me [ˈækmi] comble *m*; apogée *m*.

ac·ne [ˈækni] acné *f*.

a·cock [ə'kɔk] d'un air de défi.

ac·o·nite ♀ [ˈækonait] aconit *m*.

a·corn ♀ [ˈeikɔ:n] gland *m*.

a·cous·tic, **a·cous·ti·cal** [ə'ku:s-tik(l)] acoustique; sonore; **a'cous·tics** *usu. sg.* acoustique *f*.

ac·quaint [ə'kweint] informer; ~ *s.o. with s.th.* apprendre qch. à q.; *be* ~*ed with* connaître; *become* ~*ed with* faire *ou* lier connaissance avec; **ac'quaint·ance** connaissance *f*; ~ *with* connaissance de.

ac·qui·esce [ækwi'es] (*in*) acquiescer (à); accepter (*qch.*); **ac·qui'es·cence** (*in*) acquiescement *m* (à); assentiment *m* (à); soumission *f* (à); **ac·qui'es·cent** □ consentant; résigné.

ac·quire [ə'kwaiə] acquérir (*a. fig.*); ~*d taste* goût *m* acquis; **ac'quire·ment** acquisition *f* (de, of); talent *m; usu.* ~*s pl.* connaissances *f/pl.*

ac·qui·si·tion [ækwɪˈzɪʃn] acquisition *f;* **ac·quis·i·tive** □ [əˈkwɪzɪtɪv] apte *ou* âpre au gain.

ac·quit [əˈkwɪt] acquitter, absoudre (de, *of*); ~ *o.s.* of s'acquitter de, *o.s. well (ill)* se bien (mal) acquitter; **ac′quit·tal** ⚖ décharge *f; devoir:* exécution *f;* **ac′quit·tance** ✝, ⚖ acquit *m,* acquittement *m.*

a·cre [ˈeɪkə] acre *f; (approx.)* arpent *m;* † champ *m.*

ac·rid □ [ˈækrɪd] âcre; mordant *(style).*

ac·ri·mo·ni·ous □ [ækrɪˈmoʊnjəs] acrimonieux (-euse *f*), atrabilaire; **ac·ri·mo·ny** [ˈækrɪmənɪ] acrimonie *f,* aigreur *f.*

ac·ro·bat [ˈækrəbæt] acrobate *mf;* **ac·ro′bat·ic** (~*ally*) acrobatique; **ac·ro′bat·ics** *pl.* acrobatie *f;* ✈ acrobaties *f/pl.* aériennes.

a·cross [əˈkrɔs] **1.** *adv.* à travers, en travers; de l'autre côté; en croix; **2.** *prp.* à travers, sur; en travers de; come ~, run ~ rencontrer; tomber sur.

act [ækt] **1.** *v/i.* agir (en, *as;* sur, on); prendre des mesures; se comporter; fonctionner; opérer; *théá.* jouer; ~ (*up*)on exercer une action sur, agir sur; *Am.* F ~ *up* devenir insoumis; *v/t.* représenter, jouer (*un rôle, une pièce*); **2.** acte *m;* action *f; théá.* acte *m;* loi *f,* décret *m;* ~*s pl.* actes *m/pl.;* ♀ of God force *f* majeure; ♀*s pl.* of the Apostles les Actes *m/pl.* des Apôtres; **′act·a·ble** jouable; **′act·ing 1.** action *f; théá.* acteur: jeu *m;* pièce: exécution *f;* **2.** suppléant, intérimaire; provisoire; gérant.

ac·tion [ˈækʃn] action *f (a. théá.);* acte *m; cheval:* allure *f;* procès *m;* combat *m,* bataille *f;* mécanisme *m; couleurs:* jeu *m;* gestes *m/pl.;* ~ *radius* rayon *m* d'action; *bring an* ~ *against* intenter une action *ou* un procès à *ou* contre; *take* ~ prendre des mesures; **′ac·tion·a·ble** actionnable, sujet(te *f*) à procès.

ac·tiv·ate [ˈæktɪveɪt] activer; *phys.* rendre radioactif (-ive *f*).

ac·tive □ [ˈæktɪv] actif (-ive *f*); alerte; agile; vif (vive *f*); ✝ ~ *partner* commandité *m;* **ac′tiv·i·ty** *(souv. pl.)* activité *f;* occupation *f; surt.* ✝ mouvement *m; in full* ~ en pleine activité; *intense* ~ activité *f* intense.

ac·tor [ˈæktə] acteur *m;* **ac·tress** [ˈæktrɪs] actrice *f.*

ac·tu·al □ [ˈæktjuəl] réel(le *f*), véritable; actuel(le *f*), présent; **ac·tu·al·i·ty** [æktjuˈælɪtɪ] réalité *f;* actualité *f;* **ac·tu·al·ize** [ˈæktjuəlaɪz] réaliser; **ac·tu·al·ly** [ˈækjuəlɪ] en fait; réellement; en réalité; à vrai dire.

ac·tu·ar·y [ˈæktjuərɪ] actuaire *m.*

ac·tu·ate [ˈæktjueɪt] mettre en action; animer (q. à, *s.o.* to).

a·cu·men [əˈkjuːmen] finesse *f* (d'esprit).

ac·u·punc·ture [ˈækjupʌŋtʃə] acu-[puncture *f*].

a·cute □ [əˈkjuːt] aigu (-uë *f*) (*a.* 𝄪, *a.* angle, pointe, accent, son); vif (vive *f*) (*douleur*); fin (ouïe, esprit); qui sévit (*crise*); **a′cute·ness** *angle:* aiguïté *f; son:* acuité *f; douleur etc.:* intensité *f; ouïe:* finesse *f; esprit:* pénétration *f.*

ad F [æd] *see advertisement.*

ad·age [ˈædɪdʒ] maxime *f.*

ad·a·mant [ˈædəmənt] *fig.* inflexible; insensible (à, to); **ad·a·man·tine** [~ˈmæntaɪn] adamantin; *fig. see adamant.*

a·dapt [əˈdæpt] adapter (à to, for); accommoder; adapter (*un texte*) (de, from); **a·dapt·a·bil·i·ty** souplesse *f;* **a′dapt·a·ble** adaptable; commode; **ad·ap′ta·tion** adaptation *f* (à, to); appropriation *f;* **a′dap·ter** *radio:* (bouchon *m* de) raccord *m; télév.* adaptateur *m.*

add [æd] *v/t.* ajouter; joindre; ~ *in* inclure; ~ *up* additionner; *v/i.* ~ to augmenter; accentuer; ~ *up* se totaliser.

ad·den·dum [əˈdendəm], *pl.* -da [~də] addenda *m;* supplément *m.*

ad·der [ˈædə] vipère *f.*

ad·dict 1. [əˈdɪkt]: ~ *o.s.* s'adonner (à, to), se livrer (à, to); **2.** [ˈædɪkt] *(opium etc.* ~) -mane *mf;* **ad′dict·ed** adonné (à, to); *become* ~ *to* s'adonner à (*la boisson etc.*), s'abandonner à (*un vice*).

add·ing [ˈædɪŋ] (d')arithmétique.

ad·di·tion [əˈdɪʃn] addition *f;* adjonction *f; bâtiment:* rajout *m; ville:* extension *f; Am. terrain:* agrandissement *m;* ~ *to* addition à; *he had* an ~ *to his family* sa famille vient d'augmenter; *in* ~ en outre; *in* ~ *to* en plus de; **ad′di·tion·al** additionnel(le *f*), supplémentaire; nouveau

(-el *devant une voyelle ou un h muet*; -elle *f*; -aux *m/pl.*); de plus.

ad·dle ['ædl] **1.** (se) pourrir (*œufs*); *v/t.* fig. troubler (*le cerveau, la tête etc.*); **2.** pourri (*œuf*); trouble, brouillé (*cerveau*).

ad·dress [ə'dres] **1.** adresser; haranguer (*une foule*); (*a.* ~ *o.s. to*) adresser la parole à (*q.*); ~ *o.s. to s.th.* entreprendre qch.; se mettre à qch.; **2.** adresse *f*; habileté *f*; *parl.* profession *f* de foi; supplique *f*; abord *m*; discours *m*; *give an* ~ faire une allocution; *pay one's* ~*es* faire la cour à (*une femme*); **ad·dress·ee** [ædre'si:] destinataire *mf*; **ad·dress tag** étiquette *f* d'adresse.

ad·e·noids ✽ ['ædinɔidz] *pl.* végétations *f/pl.* adénoïdes.

ad·ept ['ædept] **1.** expert (à *at, in*); versé (dans *at, in*); **2.** adepte *mf*; initié(e *f*) *m*; expert *m* (en, *in*); F *be an* ~ *at* être expert à.

ad·e·qua·cy ['ædikwəsi] suffisance *f*; **ad·e·quate** □ ['~kwit] suffisant; juste; raisonnable.

ad·here [əd'hiə] (*to*) adhérer (à), se coller (à); *fig.* persister (dans), s'en tenir (à); observer (*une règle etc.*); donner son adhésion (à) (*un parti etc.*); **ad·her·ence** (*to*) adhérence *f*, adhésion *f* (à); fidélité *f* (à) (*un parti*); observance *f* (de) (*une règle*); **ad·her·ent 1.** adhérent; **2.** adhérent(e *f*) *m*; partisan *m*.

ad·he·sion [əd'hi:ʒn] *see adherence*; *fig.* adhésion *f*; *phys.* adhérence *f*; *give one's* ~ donner son adhésion (à, *to*).

ad·he·sive [əd'hi:siv] adhésif (-ive *f*) collant; tenace; ~ *plaster*, ~ *tape* sparadrap *m*, emplâtre *m* adhésif.

a·dieu [ə'dju:] **1.** adieu!; **2.** adieu *m*.

ad·i·pose ['ædipous] adipeux (-euse *f*); gras(se *f*).

ad·it ['ædit] accès *m*; ⚒ galerie *f*.

ad·ja·cen·cy [ə'dʒeisənsi] contiguïté *f*; adjacencies *pl.* voisinage *m* immédiat; **ad·ja·cent** □ (*to*) contigu (-uë *f*) (à), attenant (à); limitrophe (de).

ad·jec·ti·val □ [ædʒek'taivl] adjectif (-ive *f*); **ad·jec·tive** ['ædʒiktiv] adjectif *m*.

ad·join [ə'dʒɔin] avoisiner (*qch.*), toucher (à); **ad·join·ing** contigu (-uë *f*); avoisinant.

ad·journ [ə'dʒə:n] (s') ajourner; *v/t.* remettre, différer; lever (*une séance*) (jusque, *to*); **ad·journ·ment** ajournement *m*; remise *f*.

ad·judge [ə'dʒʌdʒ] juger; ⚖ décider, déclarer (*coupable etc.*); condamner (à, *to*); **ad·judge·ment** décision *f*.

ad·ju·di·cate [ə'dʒu:dikeit] *see adjudge*; **ad·ju·di·ca·tion** jugement *m*; décision *f*; arrêt *m*.

ad·junct ['ædʒʌŋkt] accessoire *m*; adjoint(e *f*) *m*; *gramm.* complément *m*.

ad·ju·ra·tion [ædʒuə'reiʃn] adjuration *f*; **ad·jure** [ə'dʒuə] conjurer (de, *to*).

ad·just [ə'dʒʌst] ajuster; arranger; arrêter (*un compte*); régler (*un différend*); agencer (*une machine*); ajuster (*une balance*); *fig.* ~ *to* adapter à; ~*ing screw vis f* de serrage; **ad·just·a·ble** □ réglable, ajustable; **ad·just·ment** ajustement *m*; arrangement *m*; règlement *m*; réglage *m*; correction *f*; accommodement *m*.

ad·ju·tan·cy ✕ ['ædʒutənsi] fonctions *f/pl.* de capitaine adjudant major; **ad·ju·tant** capitaine *m* adjudant major.

ad-lib *Am.*ꜰ [æd'lib] improviser.

ad·meas·ure·ment [əd'meʒəmənt] mensuration *f*; mesurage *m*.

ad·min·is·ter [əd'ministə] *v/t.* administrer (*pays, affaires, sacrement, médicament*); assermenter; appliquer (*la loi*); ~ *justice*, ~ *the law* dispenser *ou* rendre la justice; *v/i.* pourvoir aux besoins (de *q.*, *to s.o.*); **ad·min·is·tra·tion** administration *f*; gestion *f*; prestation *f* (*d'un serment*); *surt. Am.* Administration *f*, Gouvernement *m*; ~ *of justice* administration *f* de la justice; **ad·min·is·tra·tive** [~trətiv] administratif (-ive *f*); d'administration; **ad·min·is·tra·tor** [~treitə] administrateur *m*; gérant *m*; ⚖ curateur *m*.

ad·mi·ra·ble □ ['ædmərəbl] admirable, excellent.

ad·mi·ral ['ædmərəl] amiral *m*; ♀ *of the Fleet* amiral *m* commandant en chef; '**ad·mi·ral·ty** amirauté *f*; *First Lord of the* ♀ ministre *m* britannique de la marine.

ad·mi·ra·tion [ædmi'reiʃn] admiration *f*.

ad·mire [əd'maiə] admirer; s'extasier devant; **ad'mir·er** admirateur (-trice *f*) *m*; adorateur (-trice *f*) *m*.

ad·mis·si·bil·i·ty [ədmisə'biliti] admissibilité *f*; **ad'mis·si·ble** □ admissible; recevable; **ad'mis·sion** admission *f*, accès *m* (à, to); entrée *f*; confession *f*, aveu *m*; F prix *m* d'entrée.

ad·mit [əd'mit] *v/t.* admettre (à, dans *to, into*); laisser entrer; avoir de la place pour; reconnaître (*une faute etc.*); ᵗᵗ surt. *Am.* ~ to the bar inscrire au tableau des avocats; *v/i.*: ~ of permettre, comporter; it ~s of no excuse il est sans excuse; **ad'mit·tance** entrée *f*; accès *m*; no ~! entrée interdite!; **ad'mit·ted·ly** de l'aveu de tous; de son propre aveu.

ad·mix·ture [əd'mikstʃə] mélange *m*, dosage *m*; *pharm.* mixtion *f*.

ad·mon·ish [əd'mɔniʃ] admonester; exhorter (à, to); prévenir (de, of); **ad·mo·ni·tion** [ædmo'niʃn] remontrance *f*; avertissement *m*; **ad·mon·i·to·ry** □ [əd'mɔnitəri] de remontrances; d'avertissement.

a·do [ə'duː] agitation *f*, activité *f*, embarras *m*, bruit *m*; difficulté *f*; without much ~ sans difficulté; sans embarras.

a·do·be [ə'doubi] adobe *m*.

ad·o·les·cence [ædo'lesns] adolescence *f*; **ad·o·les·cent** *adj., a. su./mf* adolescent(e *f*) *m*.

a·dopt [ə'dɔpt] adopter; *fig.* choisir, adopter, embrasser; *fig.* F chiper; ~ed country pays *m ou* patrie *f* d'adoption; **a'dop·tion** adoption *f*; choix *m*; **a'dop·tive** adoptif (-ive *f*); ~ country pays *m ou* patrie *f* d'adoption.

a·dor·a·ble [ə'dɔːrəbl] adorable; **ad·o·ra·tion** [ædo'reiʃn] adoration *f*; F amour *m*; **a·dore** [ə'dɔː] adorer; **a'dor·er** adorateur (-trice *f*) *m*.

a·dorn [ə'dɔːn] orner, parer; **a'dorn·ment** ornement *m*, parure *f*; ornementation *f*.

a·drift [ə'drift] ⚓ à la dérive; *fig.* loin du compte; turn s.o. ~ abandonner q., mettre q. sur le pavé.

a·droit [ə'drɔit] adroit; **a'droit·ness** adresse *f*.

ad·u·late ['ædjuleit] aduler, flatter (*q.*); **ad·u·la·tion** adulation *f*; **'ad·u·la·tor** adulateur (-trice *f*) *m*;

'ad·u·la·to·ry adulateur (-trice *f*).

a·dult ['ædʌlt] *adj., a. su./mf* adulte *mf*.

a·dul·ter·ant [ə'dʌltərənt] adultérant *m*; **a'dul·ter·ate 1.** [~reit] adultérer; *fig.* altérer; **2.** [~it] adultéré; falsifié; altéré; **a·dul·ter·a·tion** [ədʌltə'reiʃn] adultération *f*; altération *f*; **a'dul·ter·a·tor** falsificateur (-trice *f*) *m*; **a'dul·ter·er** adultère *m*; **a'dul·ter·ess** adultère *f*; **a'dul·ter·ous** □ adultère; **a'dul·ter·y** adultère *m*.

ad·um·brate ['ædʌmbreit] ébaucher, esquisser; laisser entrevoir; † voiler; **ad·um·bra·tion** ébauche *f*, esquisse *f*; pressentiment *m*.

ad·vance [əd'vɑːns] **1.** *v/i.* s'avancer; avancer (*en âge, in grade*); hausser (*prix*); *biol.* évoluer; *v/t.* avancer; mettre en avant (*des opinions*); augmenter, hausser (*le prix*); élever (*en grade*); faire avancer; **2.** marche *f* en avant; ✗ avance *f*; progrès *m*; avancement *m* (*en grade*); *prix*: hausse *f*; in ~ d'avance, en avance; en avant; be in ~ of s.o. devancer q.; **3.** avant-; **ad'vanced** *adj.* avancé; supérieur (*cours, école, etc.*); ~ English anglais *m* supérieur; **ad'vance·ment** avancement *m*; progrès *m*.

ad·van·tage [əd'vɑːntidʒ] avantage *m* (*a. au tennis*); dessus *m*; profit *m*; gain an ~ over se procurer un avantage sur; gain the ~ over l'emporter sur; take ~ of profiter de (*qch.*); abuser de (la crédulité de) (*q.*); to ~ avantageusement; **ad·van·ta·geous** □ [ædvən'teidʒəs] avantageux (-euse *f*) (pour, to); utile.

ad·vent ['ædvənt] arrivée *f*; ⚹ eccl. Avent *m*; **ad·ven·ti·tious** □ [ædven'tiʃəs] adventice; accidentel(le *f*); accessoire.

ad·ven·ture [əd'ventʃə] **1.** aventure *f*, entreprise *f*; ✶ spéculation *f* hasardée; **2.** (se) hasarder; **ad'ven·tur·er** aventurier *m*; spéculateur *m*; **ad'ven·tur·ess** [~əris] intrigante *f*; **ad'ven·tur·ous** □ aventureux (-euse *f*); audacieux (-euse *f*); entreprenant (*personne*).

ad·verb ['ædvəːb] adverbe *m*; **ad'ver·bi·al** □ [~'vəːbjəl] adverbial (-aux *m/pl.*).

ad·ver·sar·y ['ædvəsəri] adversaire *m*; ennemi(e *f*) *m*; **ad·verse**

['ˌvɔːs] adverse; contraire; ennemi (de, to), hostile (à, to); opposé; défavorable; ~ **balance** déficit m; **ad·ver·si·ty** [ədˈvɔːsiti] adversité f, infortune f.

ad·vert [ədˈvɔːt]: ~ **to** faire allusion à; parler de.

ad·ver·tise [ˈædvətaiz] faire de la réclame (pour); v/t. annoncer, faire savoir, faire connaître; v/i. insérer une annonce; ~ **for** chercher par voie d'annonce; **ad·ver·tise·ment** [ədˈvɔːtismənt] publicité f; journal: annonce f; affiche f (sur un mur): réclame f; **ad·ver·tis·er** [ˈædvətaizə] auteur m d'une annonce; faiseur m de réclame; '**ad·ver·tis·ing**: ~ **agency** agence f de publicité; ~ **campaign** campagne f publicitaire; ~ **designer** dessinateur m publicitaire; ~ **film** film m publicitaire; ~ **manager** chef m de la publicité; ~ **media** supports m/pl. publicitaires; ~ **medium** organe m de publicité.

ad·vice [ədˈvais] conseil m, -s m/pl.; avis m; † lettre f ou note f d'avis, usu. ~s pl. nouvelles f/pl.; **on the** ~ **of** sur le conseil de, suivant les conseils de; **take medical** ~ consulter un médecin; **ad'vice-boat** ⚓ aviso m.

ad·vis·a·ble [ədˈvaizəbl] recommandable; **ad·vise** v/t. recommander; conseiller; conseiller (qch.); conseiller (à q. de inf., s.o. to inf.); prévenir (de, of; que, that); † aviser de; v/i. se consulter; ~ **with** consulter (q.), se consulter avec (q.); ~ **on** renseigner (q.) sur; **ad'vised** □ réfléchi (acte); **ad'vis·ed·ly** [ˌidli] à dessein; **ad'vis·er** conseiller (-ère f) m; **ad'vi·so·ry** [ˌəri] consultatif (-ive f); ♀ **Board** conseil m consultatif.

ad·vo·ca·cy [ˈædvəkəsi] fonction f d'avocat; appui m (donné à une cause); **ad·vo·cate 1.** [ˈˌkit] avocat m; fig. défenseur m, partisan m; **2.** [ˈˌkeit] plaider en faveur de (qch.); appuyer (une cause); préconiser.

adze ⊕ [ædz] (h)erminette f.

ae·gis [ˈiːdʒis] fig. égide f.

ae·on [ˈiːən] éon m; fig. éternité f.

a·er·at·ed [ˈeiəreitid] aéré (pain); gazeux (-euse f) (eau).

a·e·ri·al [ˈɛəriəl] **1.** □ aérien(ne f); ~ **camera** aérophoto m; ~ **survey** prise f

de vue aérienne; ~ **view** vue f aérienne; **2.** radio, télév.: antenne f; **high** ~ **antenne** f haute; **mains** ~ **antenne** f secteur; **outdoor** ~ **antenne** f d'extérieur; ~ **mast** mât m d'antenne.

a·er·ie [ˈɛəri] aire f.

aero... [ɛərə] aéro-; **a·er·o·bat·ics** [ˌˈbætiks] pl. acrobaties f/pl. (aériennes); **a·er·o·drome** [ˈɛərədroum] aérodrome m; **a·er·o·gram** [ˈˌɡræm] radiogramme m; **a·er·o·lite** [ˈˌlait] aérolithe m; **a·er·o·naut** [ˈˌnɔːt] aéronaute m; **a·er·o·nau·tic, a·er·o'nau·ti·cal** □ aéronautique; **a·er·o'nau·tics** sg. aéronautique f; **a·er·o·plane** [ˈˌplein] aéroplane m, avion m; **a·er·o·sol (can)** [ˈˌsɔl] aérosol m, atomiseur m; **a·er·o·space in·du·stry** industrie f aérospatiale; **a·er·o·stat** [ˈˌoustæt] aérostat m; **a·er·o'stat·ic** aérostatique.

aes·thete [ˈiːsθiːt] esthète mf; **aes·thet·ic, aes·thet·i·cal** □ [iːsˈθetik(l)] esthétique; **aes'thet·ics** sg. esthétique f.

a·far [əˈfɑː] (surt. ~ **off**) au loin, éloigné; **from** ~ de loin.

af·fa·bil·i·ty [æfəˈbiliti] affabilité f; **af·fa·ble** □ [ˈæfəbl] affable, courtois.

af·fair [əˈfɛə] affaire f; **love** ~ **affaire** f de cœur; F affaire f, chose f; ~ **of honour** affaire f d'honneur; duel m.

af·fect [əˈfekt] atteindre, attaquer, toucher; influer sur (qch.); affliger; concerner; altérer (la santé); 🩺 intéresser (un organe); affecter (une manière); **he** ~**s the** freethinker il pose au libre penseur; **he** ~**s to** sleep il affecte de dormir; **af·fec·ta·tion** [æfekˈteiʃn] affectation f, simulation f (de, of); langage: afféterie f; style: mièvrerie f; **af·fect·ed** □ [əˈfektid] atteint (santé); disposé (pour q., towards s.o.); 🩺 ému; touché, affecté, maniéré (style, maintien, etc.); minauder (-ère f) (personne); simulé; **af'fec·tion** affection f (a. 🩺) (pour for, towards); tendresse f (pour, for); impression f; **af'fec·tion·ate** □ [ˌkʃənit] affectueux (-euse f), aimant; **af'fec·tive** affectif (-ive f).

af·fi·ance [əˈfaiəns] **1.** confiance f (en, in); **2.** fiancer (avec, to).

af·fi·da·vit [æfiˈdeivit] attestation f

par écrit; *make an* ~ faire une déclaration sous serment.

af·fil·i·ate [əˈfilieit] affilier (*un membre*) (*à une société to, with a society*); ⚖, *a. fig.* attribuer la paternité de (*q., a. qch.*) (*à, on*); ~ *o.s. with* s'affilier à; *Am.* fraterniser avec; ~*d company* filiale *f*; **af·fil·i·a·tion** affiliation *f* (*à une société etc.*); ⚖ légitimation *f*; *Am. usu.* ~*s pl.* attaches *f/pl.* (*politiques*).

af·fin·i·ty [əˈfiniti] parenté *f*; affinité *f* (*a.* ⚗, *a. fig.*).

af·firm [əˈfəːm] affirmer, soutenir; ⚖ confirmer; **af·fir·ma·tion** [æfəːˈmeiʃn] affirmation *f*; assertion *f*; ⚖ confirmation *f*; **af·firm·a·tive** □ [əˈfəːmətiv] **1.** affirmatif (-ive *f*); **2.** affirmative *f*; *answer in the* ~ répondre affirmativement *ou* que oui.

af·fix 1. [ˈæfiks] addition *f*; **2.** [əˈfiks] attacher (*à, to*); apposer (*un sceau, un timbre*) (*sur, à*).

af·flict [əˈflikt] affliger, tourmenter; ~*ed with* affligé de; **af·flic·tion** affliction *f*; calamité *f*; infirmité *f*.

af·flu·ence [ˈæfluəns] affluence *f*; abondance *f*; **af·flu·ent** □ **1.** abondant, riche (*en, in*); opulent, riche; **2.** affluent *m*.

af·flux [ˈæflʌks] afflux *m*; concours *m* (*de gens*).

af·ford [əˈfɔːd] avoir les moyens de; être en mesure de; disposer de (*le temps*); offrir; *I can* ~ *it* mes moyens me le permettent.

af·for·est [æˈfɔrist] (re)boiser; **af·for·est·a·tion** (re)boisement *m*.

af·fran·chise [əˈfræntʃaiz] affranchir.

af·fray [əˈfrei] bagarre *f*; rixe *f*.

af·front [əˈfrʌnt] **1.** offenser; faire rougir (*q.*); **2.** affront *m*, offense *f*; *put an* ~ *upon, offer an* ~ *to* faire (un) affront *ou* une avanie à (*q.*).

a·fi·cio·na·do [əfisjəˈnɑːdou] aficionado *m*, amateur *m*, fana *m*.

a·field [əˈfiːld] aux champs; à la campagne; *far* ~ très loin.

a·fire [əˈfaiə] en feu, embrasé; *set* ~ mettre le feu à.

a·flame [əˈfleim] en flammes, embrasé; *set* ~ mettre en flammes, faire brûler.

a·float ⚓ *a. fig.* [əˈflout] à flot (*a. fig. = quitte de dettes*); sur l'eau, à la mer; à bord; en circulation (*idée, bruit*); ⚓ en cours; *keep* ~ se maintenir à flot; *set* ~ lancer (*un navire, un journal, etc.*).

a·foot [əˈfut] à pied; en mouvement, sur pied; *be* ~ être en route *ou* marche *ou* train.

a·fore ⚓ [əˈfɔː] *see before*; **a·fore·men·tioned** [~menʃnd], **a·fore·named** [~neimd], **a·fore·said** susdit, précité; **a·fore·thought** prémédité; *with malice* ~ avec préméditation.

a·fraid [əˈfreid] pris de peur, effrayé; *be* ~ *of* avoir peur de, craindre (*q., qch.*); F *I am* ~ *I have to go* je crains bien que je doive partir.

a·fresh [əˈfreʃ] de *ou* à nouveau.

Af·ri·caans [æfriˈkɑːns] africaans *m* (= *patois hollandais parlé au Cap*) **Af·ri·can** [ˈ~kən] **1.** africain; **2.** Africain(e *f*) *m*; *surt. Am.* nègre; **Af·ri·can·der** [~ˈkændə] Afrikander *m*.

Af·ro [ˈæfrou] **1.** afro; **2.** coiffure *f* afro.

aft ⚓ [ɑːft] à *ou* sur l'arrière.

aft·er [ˈɑːftə] **1.** *adv.* après; plus tard; ensuite; **2.** *prp. temps:* après; *lieu:* après; à la suite de; *manière:* suivant, selon, d'après; ~ *all* après tout, enfin; *I'll go* ~ *him* j'irai le chercher; ~ *time* ~ *time* à maintes reprises; ~ *having seen him* après l'avoir vu; **3.** *cj.* après que; **4.** *adj.* subséquent; futur; ⚓ arrière; '~·**birth** arrière-faix *m/inv.*; '~·**crop** regain *m*; seconde récolte *f*; '~·**dinner** d'après dîner; '~·**ef·fect** répercussion *f*; '~·**glow** dernières lueurs *f/pl.* du couchant; '~·**grass**, '~·**math** 🖋 regain *m*; *fig.* suites *f/pl.*; '~·**hours** le temps *m* après la fermeture (*des magasins, cafés, etc.*); '~·**noon** après-midi *m/inv.*; *fig.* ~ (*of life*) déclin *m* de la vie; *this* ~ cet après-midi.

aft·ers F [ˈɑːftəz] *pl.* dessert *m*.

after...: '~·**sales serv·ice** service *m* après-vente; '~·**sea·son** arrière-saison *f*; '~·**shave (lo·tion)** lotion *f* après-rasage, after-shave *m*; '~·**taste** arrière-goût *m*; '~·**thought** réflexion *f* après coup; '~·**wards** [ˈ~wədz] après, plus tard, ensuite; par la suite.

a·gain [əˈgen] encore; encore une fois, de nouveau; en outre, d'autre part; ~ *and* ~, *time and* ~ maintes et maintes fois; *as much* (*ou many*) ~ deux fois autant; *twice as much* ~

trois fois autant; *now and* ~ de
temps en temps; de temps à autre.

a·gainst [əˈgenst] *prp.* contre; à l'encontre de; *fig.* en prévision de; *as* ~
comparé à; ~ *the wall* contre le
mur; ~ *a background* sur un fond;
over ~ vis-à-vis de; F *run* ~ rencontrer (*q.*) par hasard.

a·gape [əˈgeip] bouche *f* bée.

ag·ate *min.* [ˈægət] agate *f*; *Am.*
marbre *m*; *Am. typ. see ruby.*

a·ga·ve ♀ [əˈgeivi] agave *m*.

age [eidʒ] **1.** âge *m*; époque *f*, siècle
m; génération *f*; F éternité *f*; (*old*) ~
vieillesse *f*; *at the* ~ *of* à l'âge de;
in the ~ *of Queen Anne* à l'époque
de *ou* du temps de la reine Anne;
of ~ majeur; *over* ~ trop âgé; *under* ~
mineur; *what is your* ~? quel âge
avez-vous?; *when I was your* ~ quand
j'avais ton âge, à ton âge; *act ou be
your* ~! tu n'es plus un(e) enfant!; F
wait for ~s attendre des éternités;
come of ~ atteindre sa majorité; **2.**
vieillir; **age brack·et** groupe *m ou*
catégorie *f ou* tranche *f* d'âge; **a·ged**
[ˈ~id] âgé, vieux (vieil *devant une
voyelle ou un h muet*); vieille *f*; vieux
m/pl.); (*de*) ~ *twenty* âgé de vingt
ans; **age group** → *age bracket*;
ˈ**age·less** toujours jeune; ˈ**age-old**
séculaire.

a·gen·cy [ˈeidʒənsi] action *f*, opération *f*; entremise *f*, intermédiaire
m; agent *m* (*naturel*); agence *f*,
bureau *m*.   [du jour.\

a·gen·da [əˈdʒendə] *sg.* ordre *m*\

a·gent [ˈeidʒənt] agent *m*, représen-
tant(e *f*) *m*; régisseur *m* (*d'une propriété*); mandataire *mf*; commis
m voyageur; ♛ *Am.* chef *m* de gare;
♟ agent *m*.

ag·glom·er·ate [əˈgləməreit] (s')ag-
glomérer; **ag·glom·er'a·tion** agglomération *f*.

ag·glu·ti·nate 1. [əˈglu:tineit] (s'ag-)
glutiner (*a. ♛, gramm.*); **2.** [~nit]
aggluutiné; **ag·glu·ti·na·tion** [~
ˈneiʃn] agglutination *f* (*a. ♛,
gramm.*).

ag·gran·dize [əˈgrændaiz] agrandir;
exagérer; **ag·gran·dize·ment** [~
dizmənt] agrandissement *m*.

ag·gra·vate [ˈægrəveit] aggraver;
empirer; envenimer (*une querelle*);
F agacer (*q.*); **ag·gra'va·tion** aggravation *f*; envenimement *m*; F
agacement *m*.

ag·gre·gate 1. [ˈægrigeit] (s')agréger
(*à, to*); *v/i.* s'élever à *ou* au total de;
2. □ [ˈ~git] collectif (-ive *f*); global (-aux *m/pl.*), total (-aux *m/pl.*) ♛,
géol., etc. agrégé; **3.** [~] ensemble *m*,
total *m*; masse *f*; *in the* ~ dans
l'ensemble; **ag·gre·ga·tion**[~ˈgeiʃn]
agrégation *f*; assemblage *m*.

ag·gres·sion [əˈgreʃn] agression *f*;
ag'gres·sive □ [əˈgresiv] agressif
(-ive *f*); militant; casseur (*air*); ~
war guerre *f* offensive; *take* (*ou
assume*) *the* ~ prendre l'offensive;
ag'gres·sive·ness agressivité *f*; **ag-
'gres·sor** agresseur *m*.

ag·grieve [əˈgri:v] chagriner, blesser.

ag·gro *Brit. sl.* [ˈægrou] agressivité *f*;
violences *f/pl.*

a·ghast [əˈgɑ:st] consterné; stupéfait (*de, at*).

ag·ile □ [ˈædʒail] agile, leste.

a·gil·i·ty [əˈdʒiliti] agilité *f*

ag·i·o ♣ [ˈædʒiou] agio *m*; **ag·i·o-
tage** [ˈædʒətidʒ] agiotage *m*.

ag·i·tate [ˈædʒiteit] *v/t.* agiter,
remuer; agiter (*une question*); *fig.*
émouvoir, troubler; *v/i.* faire de
l'agitation (en faveur de, *for*); **ag·i-
'ta·tion** agitation *f*; mouvement *m*;
émotion *f*, trouble *m*; discussion *f*;
insidious ~ menées *f/pl.* insidieuses;
ˈ**ag·i·ta·tor** agitateur *m*; meneur *m*;
fauteur *m* de troubles.

ag·let [ˈæglit] ferret *m*.

a·glow [əˈglou] enflammé; *fig.* resplendissant.

ag·nail ♣ [ˈægneil] envie *f*.

ag·nate [ˈægneit] **1.** agnat(e *f*) *m*;
2. agnat.

a·go [əˈgou]: *a year* ~ il y a un an;
it is a year ~ il y a un an (que,
since); *long* ~ il y a longtemps.

a·gog [əˈgɔg] en émoi; dans l'expectative (de, *for*).

ag·o·nize [ˈægənaiz] *v/t.* torturer,
mettre au supplice; *v/i.* être au
supplice *ou* au martyre; ˈ**ag·o-
niz·ing** □ atroce; navrant.

ag·o·ny [ˈægəni] angoisse *f*; paroxysme *m* (*de joie*); (~ *of death,
mortal* ~) agonie *f*; *journ.* F ~ *column*
annonces *f/pl.* personnelles.

a·grar·i·an [əˈgrɛəriən] **1.** agra-
rien(ne *f*) *m*; **2.** agraire.

a·gree [əˈgri:] *v/i.* consentir; tomber
d'accord; s'accorder; (*upon, on*)
convenir (de), accepter (*qch.*);

tomber d'accord (sur); admettre (que, *that*); être du même avis (que q., *with s.o.*); ~ to consentir à, accepter (*qch.*); ~ to differ différer à l'amiable; *v/t.* ✝ faire accorder (*les livres*), faire cadrer (*un compte*); be ~d être d'accord (sur, *on*; que, *that*); ~d! d'accord!, soit!; a'gree-a-ble □ agréable (à, *to*); aimable (envers, *to*); F consentant (à, *to*); a'gree-a-ble-ness amabilité *f*; *en-droit*: agrément *m*; a'gree-ment accord *m*; conformité *f*, concordance *f*; convention *f*, contrat *m*; traité *m*; come to an ~ arriver à une entente (avec q., *with s.o.*); make an ~ passer un contrat (avec q., *with s.o.*).

a-gri-cul-tur-al [ægri'kʌltʃərəl] agricole (*produit, nation*); agriculteur (*peuple*); ag-ri-cul-ture ['ægri̇-kʌltʃə] agriculture *f*; ag-ri-cul-tur-ist [ˌægri'kʌltʃərist] agriculteur *m*, agronome *m*.

a-ground ⚓ [ə'graund] échoué; *run* ~ échouer; mettre (*un navire*) à la côte.

a-gue ['eigju:] fièvre *f* (intermittente); 'a-gu-ish fiévreux (-euse *f*); impaludé (*personne*); *fig.* frissonnant.

ah [ɑː] ah!, ha!, heu!

a-head [ə'hed] en avant, sur l'avant; *straight* ~ droit devant; ~ of s.o. en avant de q.; go ~ aller de l'avant; avancer; go ~! marchez!; allez-y!; continuez!

a-hoy ⚓ [ə'hɔi] ho *ou* ohé, du canot!

aid [eid] 1. aider, secourir; venir en aide à; 2. aide *f*, secours *m*; by (ou with) the ~ of avec l'aide de (q.); à l'aide de (*qch.*); ~s and appliances moyens *m/pl.*

aide-de-camp ✕ ['eiddə'kɑ̃ːŋ], *pl.* aides-de-camp ['eidzdə'kɑ̃ːŋ] officier *m* d'ordonnance.

ai-grette ['eigret] aigrette *f*.

ai-guil-lette ✕ [eigwi'let] aiguillette *f*.

ail [eil] *v/i.* être souffrant; *v/t.* faire souffrir (q.); *what* ~s *him* qu'est-ce qu'il a?; 'ail-ing souffrant, indisposé; 'ail-ment mal *m*, maladie *f*.

aim [eim] 1. *v/i.* viser (*qch.*); *fig.* ~ at viser (à *inf.*; *qch.*, *s.th.*); *surt. Am.* ~ to (*inf.*) aspirer à (*inf.*); *v/t.*: ~ a gun (*ou* blow) at viser (*q.*); ~ remarks at parler à l'adresse de; 2. action *f* de viser; but *m*; *fig.*

dessein *m*, visées *f/pl.*, but *m*; *take* ~ viser; 'aim-less □ sans but.

ain't F [eint] = are not, am not, is not, have not, has not.

air¹ [ɛə] 1. air *m*; souffle *m*; brise *f*; by ~ en avion, par la voie des airs; *in the open* ~ au grand air; *castles in the* ~ châteaux *m/pl.* en Espagne; *be in the* ~ être en l'état; *fig.* se préparer; *war in the* ~ guerre *f* aérienne; *on the* ~ radiodiffusé; à la radio; *be on (off) the* ~ (ne pas) radiodiffuser; *go on (off) the* ~ commencer (terminer) une émission; *put on the* ~ mettre en ondes, émettre; ~ supply entrée *f* d'air; *take the* ~ prendre l'air; ✈ décoller; 2. aérer (*une chambre, le linge*); mettre à l'air; bassiner (*un lit*); ventiler (*une question*); faire parade de (*son savoir, ses opinions*); ~ o.s. prendre l'air.

air² [~] air *m*, mine *f*, apparence *f*; *give o.s.* ~s se donner des airs; *with an* ~ d'un grand geste; ~s *and graces* minauderies *f/pl.*

air³ ♩ [~] air *m*, mélodie *f*.

air... [~] '~-base base *f* d'aviation; '~-bath bain *m* d'air; '~-bed matelas *m* pneumatique; '~-blad-der vésicule *f* (aérienne); vessie *f* natatoire; '~-borne ✕ en vol; ✕ aéroporté; '~-brake frein *m* à air comprimé; '~-bus aérobus *m*, airbus *m*; ~ car-go fret *m* aérien; '~-cham-ber *biol.* chambre *f* à air; ⊕ cloche *f* d'air; '~-con-di-tioned climatisé; '~-con-di-tion-er climatiseur *m*; '~-cooled (*moteur*) à refroidissement par l'air; '~-craft avion *m*, -s *m/pl.*; ~ carrier porte-avions *m/inv.*; '~-cush-ion coussin *m* à air; '~-drop 1. parachuter; 2. parachutage *m*; '~-field champ *m* d'aviation; '~-force aviation *f*; ♀ Force armée *f* de l'air; '~-freight fret *m* aérien; transport *m* par air; *by* ~ par voie aérienne, par avion; '~-gun fusil *m* à vent; ~ host-ess *see* stewardess.

air-i-ness ['ɛərinis] situation *f* aérée; bonne ventilation *f*; *fig.* légèreté *f* d'esprit, gaieté *f*.

air-ing ['ɛəriŋ] ventilation *f*; aérage *m*; *vêtements*: éventage *m*; *give s.th.* an ~ aérer qch.; *that room needs an* ~ il faut aérer cette pièce; *take an* ~ faire un (petit) tour, prendre l'air.

air... '~-jack-et gilet *m* de sauvetage; ⊕ chemise *f* d'air; ~ **let·ter** lettre *f* par avion, aérogramme *m*; '~**lift** pont *m* aérien; '~**line** ligne *f* aérienne; service *m* de transports aériens; trajet *m* à vol d'oiseau; ~ **lin·er** avion *m* de ligne; ~ **mail** poste *f* aérienne; '~**man** aviateur *m*; '~**me'chan·ic** mécanicien *m* d'avion; '~**mind·ed** ayant le sens de l'air; '~**pas·sen·ger** passager *m* (-ère *f*) *m*; '~**pipe** ⊕ tuyau *m* d'air; '~**plane** *surt. Am.* avion *m*; ~ **pilot** pilote *m* (d'avion); '~**pock·et** 🛪 trou *m* d'air; '~**port** aéroport *m*; '~**pump** pompe *f* à air; '~**raid** 🛪 raid *m* aérien; ~ **precautions** défense *f* anti-aérienne; ~ **shelter** abri *m* *f*; '~**ship** dirigeable *m*; '~**sick** avoir la nausée; '~**strip** piste *f* d'atterrissage; ~ **ter·mi·nal** 🛪 aérogare *f*; '~**tight** (à clôture) hermétique; *sl.* ~ **case** thèse *f* inébranlable; '~**traf·fic con·trol·ler** contrôleur *m* de la navigation aérienne, aiguilleur *m* du ciel; '~**tube** tuyau *m* à air; '~**way** voie *f* aérienne; '~**wom·an** aviatrice *f*; '~**wor·thy** navigable.

air·y □ [ˈɛəri] bien aéré; léger (-ère *f*); désinvolte; *fig.* en l'air.

aisle △ [ail] nef *f* latérale; bas-côté *m*; passage *m* (*entre bancs*).

aitch [eitʃ] h *m*.

aitch·bone [ˈeitʃboun] culotte *f* (de bœuf).

a·jar [əˈdʒɑː] entrouvert, entre-bâillé; *fig.* en désaccord (avec, *with*).

a·kim·bo [əˈkimbou] (les poings) sur les hanches.

a·kin [əˈkin] apparenté (à, avec *to*).

al·a·bas·ter [ˈæləbɑːstə] **1.** albâtre *m*; **2.** d'albâtre.

a·lack † [əˈlæk] hélas!; *~·a·day!* ô jour malheureux!

a·lac·ri·ty [əˈlækriti] empressement *m*, alacrité *f*; promptitude *f*.

a·larm [əˈlɑːm] **1.** alarme *f*, alerte *f*; avertisseur *m*, signal *m*; fig. agitation *f*; réveille-matin *m*/inv.; *~·gun* canon *m* d'alarme; give the ~, raise *dn* ~ donner l'alarme, alerter; **2.** alarmer (*a. fig.*); alerter; a'**larm·bell** tocsin *m*; timbre *m* avertisseur; a'**larm-clock** réveille-matin *m*/inv.; réveil *m*; a'**larm-cord** cordon *m* de la sonnette d'alarme; a'**larm·ist** alarmiste *mf* (*a. adj.*).

a·lar·um [əˈlɛərəm] alerte *f*; réveille-matin *m*/inv.; timbre *m*.

a·las [əˈlɑːs] hélas!, las!

alb *eccl.* [ælb] aube *f*.

Al·ba·ni·an [ælˈbeinjən] **1.** albanais; **2.** Albanais(e *f*) *m*.

al·be·it [ɔːlˈbiːit] quoique, bien que.

al·bi·no *biol.* [ælˈbiːnou] **1.** albinos *mf*; **2.** blanc(he *f*) (*animal*).

al·bum [ˈælbəm] album *m* (*a. = disque*).

al·bu·men, al·bu·min 🝛 [ˈælbju-min] albumen *m*; blanc *m* d'œuf; **al'bu·mi·nous** albumineux (-euse *f*).

al·che·mic, al·chem·i·cal □ [ælˈkemik(l)] alchimique; **al·che·mist** [ˈælkimist] alchimiste *m*; '**al·che·my** alchimie *f*.

al·co·hol [ˈælkəhɔl] alcool *m*; **al·co·hol·ic** alcoolique (*adj., mf*); '**al·co·hol·ism** alcoolisme *m*; **al·co·hol·ize** [ˈ~laiz] alcooliser.

al·cove [ˈælkouv] alcôve *f*; niche *f*; tonnelle *f* (de jardin).

al·der ♀ [ˈɔːldə] aune *m*.

al·der·man [ˈɔːldəmən] alderman *m*, magistrat *m* municipal; **al·der·man·ship** [ˈ~mənʃip] fonctions *f*/*pl.* d'alderman; magistrature *f*.

ale [eil] ale *f*; bière *f* anglaise.

a·lee ⚓ [əˈliː] sous le vent.

a·lem·bic 🝛 [əˈlembik] alambic *m*.

a·lert [əˈləːt] **1.** □ alerte, éveillé; actif (-ive *f*); **2.** alerte *f*; on the ~ sur le qui-vive; éveillé; **a'lert·ness** vigilance *f*; promptitude *f*.

al·fal·fa ♀ [ælˈfælfə] luzerne *f*.

al·ga ♀ [ˈælgə], *pl.* -**gae** [ˌ~dʒiː] algue *f*.

al·ge·bra ⅄ [ˈældʒibrə] algèbre *f*; **al·ge·bra·ic** [ˌ~ˈbreiik] algébrique.

a·li·as [ˈeiliæs] **1.** autrement nommé; **2.** nom *m* d'emprunt.   [excuse *f.*\

al·i·bi [ˈælibai] alibi *m*; *Am.* F)

al·ien [ˈeiljən] **1.** étranger (-ère *f*); fig. ~ *to* contraire à; qui répugne à; **2.** étranger (-ère *f*) *m*; **al·ien·a·ble** [ˈ~əbl] aliénable, mutable; **al·ien·ate** [ˈ~eit] aliéner (*des biens*); fig. détacher, éloigner (de, *from*), (s')aliéner (*q.*); **al·ien·a·tion** biens, cœur: aliénation *f*; désaffection *f*; ~ *of mind* égarement *m* d'esprit; '**al·ien·ist** 🝚 aliéniste *m*.

a·light¹ [əˈlait] allumé; en feu.

a·light² [ˌ~] descendre; mettre pied à terre; se poser (*oiseau*); 🛪 atterrir; amerrir.

a·lign [əˈlain] *v/t.* aligner (*a. surv.*);

mettre en ligne; ~ *o.s.* *with* se ranger du côté de; *v/i.* s'aligner; **a·lign·ment** alignement *m* (*a. surv.*).

a·like [əˈlaik] **1.** *adj.* semblable, pareil(le *f*); **2.** *adv.* semblablement; de la même manière; de même.

al·i·ment [ˈælimənt] aliment *m*; **al·i·men·ta·ry** [ˌæliˈmentəri] alimentaire; ~ *canal* tube *m* ou canal *m* alimentaire; **al·i·men·ta·tion** alimentation *f*.

al·i·mo·ny [ˈæliməni] pension *f* alimentaire; aliments *m/pl.*

a·line(·ment) [əˈlain(mənt)] *see* align(ment).

al·i·quot ⚹ [ˈælikwɔt] (partie *f*) aliquote *f*.

a·live [əˈlaiv] vivant, en vie; sensible (à, *to*), conscient (de, *to*); *fig.* éveillé; ⚡ sous tension; *no man ~* personne au monde; F *look ~!* dépêchez-vous!; F *man ~!* par exemple!; grand Dieu!; *be ~ to* avoir conscience de; *be ~ with* grouiller de.

al·ka·li ⚗ [ˈælkəlai] alcali *m*; **al·ka·line** [ˈⱽlain] alcalin; *make ~* alcaliser.

all [ɔːl] **1.** *adj.* tout; sans exception; entier (-ère *f*); ~ *day* (*long*) (pendant) toute la journée; ~ *kind(s) of books* toutes sortes de livres; *for ~ that* toutefois, cependant; *see above*; *after*; **2.** *su.* tout *m*; toute *f*; *my* ~ mon tout; ~ *of them* eux tous; *at* ~ quoi que ce soit; aucunement; *not at* ~ (pas) du tout; *for* ~ (*that*) I care pour ce que cela me fait; *for* ~ I know autant que je le sache; **3.** *adv.* tout, entièrement; ~ *at once* tout à coup; tout d'un coup; ~ *the better* tant mieux; ~ *but* à peu près, presque; ~ *right* en règle; en bon état; entendu!; bon!; c'est ça!

all-A·mer·i·can [ɔːləˈmerikən] **1.** relevant entièrement des É.-U.; **2.** *sp.* champion *m* américain.

al·lay [əˈlei] apaiser, calmer; modérer; dissiper (*des soupçons*); apaiser (*la faim, la soif*).

al·le·ga·tion [æleˈgeiʃn] allégation *f*; **al·lege** [əˈledʒ] alléguer; prétendre; **al·leged** allégué; prétendu; présumé.

al·le·giance [əˈliːdʒəns] fidélité *f* (à, *to*), obéissance *f* (à, *to*); *oath of ~* serment *m* d'allégeance.

al·le·gor·ic, al·le·gor·i·cal □ [æle-'gɔrik(l)] allégorique; **al·le·go·rize** [ˈæligəraiz] allégoriser; **al·le·go·ry** allégorie *f*.

al·le·lu·ia [æliˈluːjə] alléluia *m*.

al·ler·gic [əˈlɜːdʒik] *a. fig.* allergique (à to); **al·ler·gy** [ˈælədʒi] allergie *f*.

al·le·vi·ate [əˈliːvieit] alléger, soulager; apaiser (*la soif*); **al·le·vi·a·tion** allégement *m*, soulagement *m*; adoucissement *m*.

al·ley [ˈæli] *jardin*: allée *f*; ruelle *f*, *ville*: passage *m*; *Am.* ruelle *f* latérale; *see back ~*; *see blind*; *a. skittle-~*; F *that is right down his ~* c'est son rayon; ˈ~·way *Am.* ruelle *f*.

All Fools' Day [ˈɔːlˈfuːlzdei] le premier avril.

al·li·ance [əˈlaiəns] alliance *f*; apparentage *m*; *form an ~* s'allier (avec, *with*).

al·li·ga·tor *zo.* [ˈæligeitə] alligator *m*.

all-in [ˈɔːlˈin] mixte; … tous risques; tout compris; *Am.* F fini, *sl.* fichu.

al·lit·er·ate [əˈlitəreit] allitérer; **al·lit·er·a·tion** allitération *f*.

all-met·al ⊕ [ˈɔːlˈmetl] tout métal.

al·lo·cate [ˈæləkeit] allouer, assigner; distribuer; **al·lo·ca·tion** allocation *f*; répartition *f* (*des dépenses*); part *f* assignée.

al·lo·cu·tion [æloˈkjuːʃn] allocu-*f*

al·lo·di·al □ [əˈloudjəl] allodial (-aux *m/pl.*).

al·lop·a·thist ⚹ [əˈlɔpəθist] allopathe *mf*; **al·lop·a·thy** allopathie *f*.

al·lot [əˈlɔt] assigner, attribuer; affecter (*qch.*)(à, *for*); répartir; **al·lot·ment** attribution *f*; *somme*: affectation *f*; ⚔ délégation *f* de solde; partage *m*; distribution *f*; portion *f*; *terre*: lopin *m*.

all-out [ˈɔːlˈaut] avec toute son énergie, de toutes ses forces.

al·low [əˈlau] permettre; admettre; tolérer; laisser; *Am.* F opiner; ~*ed to be* on lui reconnaît (*su.*); ~ *for* tenir compte de; avoir égard à; F *it ~s of no excuse* c'est impardonnable; **al·low·a·ble** □ admissible, admis, légitime; **al·low·ance 1.** tolérance *f*, pension *f* alimentaire; rente *f*; *argent m de poche*; *nourriture*: indemnité *f*; frais *m/pl.*; rabais *m*, remise *f*; marge *f*; ⊕ tolérance *f*; *make ~ for s.o.* se montrer indulgent envers q.; *make ~ for s.th.* faire la part de qch.; **2.** faire une rente à; rationner (*le pain etc.*).

al·loy [əˈlɔi] **1.** alliage *m*; *fig.* mélange *m*; **2.** (s')allier; *v/t. fig.* altérer, diminuer, porter atteinte à.

all...: '~-'**pur·pose** universel(le *f*), à tout faire; '~-'**red** entièrement britannique; '~-'**round** universel(le *f*), complet (-ète *f*); à tout usage; ✝ global (-aux *m/pl.*).

All Saints' Day [ˈɔːlˈseintsdei] la Toussaint *f*.

All Souls' Day [ˈɔːlˈsoulzdei] la fête *f* des morts.

all-star *sp. Am.* [ˈɔːlˈstɑː] composé de joueurs d'premier ordre.

al·lude [əˈluːd] faire allusion (à, to).

al·lure [əˈljuə] attirer; séduire; **'lure·ment** attrait *m*; appât *m*; séduction *f*; **al'lur·ing** □ attrayant, séduisant.

al·lu·sion [əˈluːʒn] allusion *f* (à, to); **al'lu·sive** □ allusif (-ive *f*); faisant allusion (à, to).

al·lu·vi·al □ [əˈluːvjəl] alluvial (-aux *m/pl.*) (*terrain*); alluvien(ne *f*) (*gîte*); **al'lu·vi·on** [~ən] alluvion *f*; **al·lu·vi·um** [~əm], *pl.* **-ums**, **-vi·a** [~vjə] alluvion *f*; lais *m*.

all-weath·er [ˈɔːlˈweðə] tous-temps; *sp.* ~ **court** (terrain *m* en) quick *m* (*TM*).

al·ly¹ [əˈlai] (s')allier (à, avec to, with); *v/t.* apparenter (*des familles*); allied to *fig.* allié à *ou* avec; de la même nature que; **2.** [ˈælai] allié *m*, coallié *m*.

al·ly² [ˈæli] grosse bille *f*; calot *m*.

al·ma·nac [ˈɔːlmənæk] almanach *m*.

al·might·i·ness [ɔːlˈmaitinis] toute-puissance *f*; **al'might·y 1.** □ tout-puissant (toute-puissante *f*); **2.** ✝ rudement; **3.** ♀ *le* Tout-Puissant.

al·mond [ˈɑːmənd] amande *f*.

al·mon·er [ˈɑːmənə] aumônier (-ère *f*) *m*.

al·most [ˈɔːlmoust] presque, à peu près.

alms [ɑːmz] *usu. sg.* aumône *f*; '~-**bag** aumônière *f*; '~-**house** asile *m* de vieillards *ou* d'indigents.

al·oe ♀, *a. pharm.* [ˈælou] aloès *m*.

a·loft [əˈlɔft] ♣ en haut (*dans la mâture*); *fig.* en l'air; ✈ en vol.

a·lone [əˈloun] seul; *let* (*ou* leave) ~ laisser (*q.*) tranquille; *let it* ~*l* n'y touchez pas!; *let* ~ sans compter; sans parler de.

a·long [əˈlɔŋ] **1.** *adv.*: *move* ~ avancer; *come* ~*l* venez donc; *stride* ~ avan-

cer à grandes enjambées; *all* ~ depuis longtemps; tout le temps; ~ *with* avec; F *get* ~ *with* you! filez!; allons donc!; **2.** *prp.* le long de; **a'long'shore** le long de la côte; **a'long'side 1.** ♣ *adv.* bord à bord, contre à contre; **2.** *prp.* ♣ accosté le long de; *fig.* tout près de.

a·loof [əˈluːf] à l'écart; distant; ♣ au large; *keep* ~ se tenir éloigné (de, from); *stand* ~ s'abstenir; **a'loof·ness** réserve *f* (à l'égard de, from).

a·loud [əˈlaud] à haute voix; tout haut.

alp [ælp] **1.** alpe *f*; **2.** *the* ♀*s pl.* les Alpes *f/pl.*; **al·pen·stock** [ˈælpinstɔk] alpenstock *m*; bâton *m* ferré.

al·pha·bet [ˈælfəbit] alphabet *m*; **al·pha·bet·ic**, **al·pha·bet·i·cal** □ [~ˈbetik(l)] alphabétique.

Al·pine [ˈælpain] alpin; alpestre (*climat etc.*); ⚕ ~ **sun** rayons *m/pl.* ultraviolets; **al·pin·ist** [ˈ~pinist] alpiniste *mf*.

al·read·y [ɔːlˈredi] déjà; dès à présent.

Al·sa·tian [ælˈseiʃjən] **1.** alsacien (-ne *f*); **2.** Alsacien(ne *f*) *m*; (*a.* ~ *wolf-hound*) chien-loup (*pl.* chiens-loups) *m*.

al·so [ˈɔːlsou] aussi; encore; également; *équit.* ~ *ran* non classé.

al·tar [ˈɔːltə] autel *m*; '~-**piece** retable *m*; tableau *m* d'autel.

al·ter [ˈɔːltə] changer; *v/t.* modifier; remanier (*un texte*); *Am.* F châtrer (*un animal*); '**al·ter·a·ble** variable; modifiable; **al·ter·a·tion** [~əˈreiʃn] changement *m*, modification *f* (à, to); remaniement *m*.

al·ter·cate [ˈɔːltəkeit] se quereller; **al·ter·ca·tion** dispute *f*, querelle *f*.

al·ter·nate 1. [ˈɔːltəneit] (faire) alterner; ⚡ *alternating current* courant *m* alternatif; **2.** □ [ɔːlˈtəːnit] alternatif (-ive *f*), alterné; *on* ~ *days* tous les deux jours; **3.** [~] *Am.* suppléant(e *f*) *m*; remplaçant(e *f*) *m*; **al·ter·na·tion** [~ˈneiʃn] alternation *f*; alternance *f*; **al'ter·na·tive** [~nətiv] **1.** □ alternatif (-ive *f*); second, autre; ⊕ d'emprunt (*route*); **2.** alternative *f*; autre parti *m* (*entre deux*); *I have no* ~ je n'ai pas le choix; **al·ter·na·tor** ⚡ [ˈ~neitə] alternateur *m*.

al·though [ɔːlˈðou] quoique, bien que.

al·tim·e·ter [æl'timitə] altimètre m.

al·ti·tude ['æltitju:d] altitude f; élévation f; hauteur f; ~ recorder altitraceur m. [contralto m.)

al·to ♪ ['æltou] alto m; femme:♪

al·to·geth·er [ɔ:ltə'geðə] 1. tout à fait, entièrement; en tout; somme toute; F tous ensemble; 2. F in the ~ tout nu, F à poil.

al·tru·ism ['æltruizm] altruisme m; **'al·tru·ist** altruiste mf; **al·tru·is·tic** (~ally) altruiste.

al·um 🜂 ['æləm] alun m; **a·lu·mi·na** [ə'lju:minə] alumine f; **a·lu·min·i·um** [ælju'minjəm], Am. **a·lu·mi·num** [ə'lu:minəm] aluminium m; ~ acetate acétate m d'aluminium; **a·lu·mi·nous** [ə'lju:minəs] alumineux (-euse f).

a·lum·nus [ə'lʌmnəs], pl. **-ni** [~nai] m; **a'lum·na** [~nə], pl. **-nae** [~ni:] f élève mf (d'un collège); étudiant(e f) m (à une université); gradué(e f) m; Am. sp. ancien équipier m.

al·ve·o·lar [æl'viələ] alvéolaire.

al·ways ['ɔ:lwəz] toujours; tout le temps; as ~ comme toujours, F comme d'habitude.

a·mal·gam [ə'mælgəm] amalgame m; **a'mal·gam·ate** [~meit] (s')amalgamer; fusionner; **a·mal·gam·'a·tion** amalgamation; mélange m; 🜂 fusion f.

a·man·u·en·sis [əmænju'ensis], pl. **-ses** [~si:z] secrétaire mf.

am·a·ranth 🜨 ['æmərænθ] amarante f.

a·mass [ə'mæs] amasser, accumuler.

am·a·teur ['æmətə:] amateur m; dilettante m; **am·a·'teur·ish** d'amateur.

am·a·tive ['æmətiv], **am·a·to·ry** ['~təri] amoureux (-euse f); érotique; d'amour.

a·maze [ə'meiz] stupéfier, confondre; **a'maze·ment** stupéfaction f; stupeur f; **a'maz·ing** ☐ stupéfiant, étonnant.

Am·a·zon ['æməzn] Amazone f; fig. ♀ femme f hommasse; **Am·a·zo·ni·an** [~'zounjən] d'Amazone; géog. de l'Amazone.

am·bas·sa·dor [æm'bæsədə] ambassadeur m; **am·bas·sa·do·ri·al** [~'dɔ:riəl] ambassadorial (-aux m/pl.), d'ambassadeur; **am'bas·sa·dress** [~dris] ambassadrice f.

am·ber ['æmbə] 1. ambre m; 2. ambré; jaune; d'ambre; **am·ber·gris** ['~gri:s] ambre m gris.

am·bi·dex·trous ☐ ['æmbi'dekstrəs] ambidextre; fig. fourbe.

am·bi·ent ['æmbiənt] ambiant.

am·bi·gu·i·ty [æmbi'gjuiti] ambiguïté f; équivoque f; **am'big·u·ous** ☐ ambigu(ë f), équivoque; incertain; obscur.

am·bi·tion [æm'biʃn] ambition f (de, to); ~s pl. ambitions f/pl.; visées f/pl.; **am'bi·tious** ☐ ambitieux (-euse f) (de of, to); prétentieux (-euse f) (style).

am·ble ['æmbl] 1. amble m, entrepas m; 2. aller (à) l'amble; traquenarder; fig. marcher d'un pas tranquille; ~ up s'approcher d'un pas tranquille; **'am·bler** flâneur (-euse f) m; cheval m ambleur.

am·bro·si·a [æm'brouziə] ambroisie f; **am'bro·si·al** ☐ ambrosiaque; fig. délicieux (-euse f).

am·bu·lance ['æmbjuləns] ambulance f; hôpital m ambulant; attr. sanitaire; ~ box infirmerie f portative; Am. F ~ chaser avoué qui guette les accidents pour faire poursuivre le responsable en dommages-intérêts; ~ man ambulancier m; ~ station poste m d'ambulance; poste m de secours; **'am·bu·lant** ambulant.

am·bu·la·to·ry ['æmbjulətəri] 1. ambulant, mobile; 🜨 ambulatoire; 2. promenoir m, préau m; eccl. déambulatoire m.

am·bus·cade [æmbəs'keid], **am·bush** ['æmbuʃ] 1. guet-apens (pl. guets-apens) m; embuscade f; lay (ou make) an ~ dresser une embuscade (à q., for s.o.); 2. v/t. attirer (q.) dans un piège; v/i. s'embusquer.

a·mel·io·rate [ə'mi:liəreit] (s')améliorer; **a·mel·io·'ra·tion** amélioration f.

a·men ['ɑ:'men] amen; ainsi soit-il.

a·me·na·ble [ə'mi:nəbl] soumis, docile (à, to); 🜎 justiciable.

a·mend [ə'mend] v/t. amender; réformer; 🜎 corriger; parl. modifier, amender; v/i. s'amender; **a'mend·ment** modification f; 🜎 rectification f; parl. amendement m (Am. article ajouté à la Constitution des É.-U.); **a'mends** [~dz] sg. répara-

tion f; **make ~ for** réparer (*un tort*); compenser (*un défaut*).

a·men·i·ty [ə'mi:niti] *lieu:* aménité f; charme m; amabilité f; *amenities pl.* commodités f/pl. (*de l'existence*); civilités f/pl.

a·merce † [ə'mə:s] confisquer (*des terres*); mettre à l'amende.

A·mer·i·can [ə'merikən] **1.** américain; ~ *cloth* toile f cirée; ~ *leather* molesquine f; *Am.* ~ *Legion* association f des anciens combattants des deux guerres mondiales; *tourisme:* ~ *plan* pension f complète; **2.** Américain(e f) m; **a'mer·i·can·ism** américanisme m; **a'mer·i·can·ize** (s')américaniser.

Am·er·in·di·an[æmər'indjən],**Am·er·ind** ['æmərind] Indien m indigène de l'Amérique.

am·e·thyst *min.* ['æmiθist] améthyste f.

a·mi·a·bil·i·ty [eimjə'biliti] amabilité f (*envers, to*); **'a·mi·a·ble** □ aimable (*envers, to*).

am·i·ca·ble □ ['æmikəbl] amical (-aux m/pl.); bien disposé; **'am·i·ca·ble·ness** disposition f amicale.

a·mid(st) [ə'mid(st)] *prp.* au milieu de; parmi.

a·mid·ships ⚓ [ə'midʃips] par le travers, au milieu du navire.

a·miss [ə'mis] mal; de travers, mal à propos; *take* ~ prendre (*qch.*) en mauvaise part; *it would not be* ~ *(for him)* to il ne (lui) ferait pas mal de; *what is* ~ *with him?* qu'est-ce qu'il a?

am·i·ty ['æmiti] amitié f; concorde f.

am·me·ter ⚡ ['æmitə] ampèremètre m.

am·mo·ni·a [ə'mounjə] ammoniaque f; *liquid* ~ (solution f aqueuse d')ammoniaque f; F alcali m volatil; **am'mo·ni·ac** [~æk], **am·mo·ni·a·cal** [æmo'naiəkl] ammoniac (-aque f); *see sal*.

am·mu·ni·tion ✗ [æmju'niʃn] **1.** munitions f/pl. de guerre; **2.** d'ordonnance; ~ *boots* chaussures f/pl. de munition; ~ *bread* pain m de guerre.

am·nes·ty ['æmnesti] **1.** amnistie f; **2.** amnistier.

a·moe·ba *zo.* [ə'mi:bə] amibe f.

a·mong(st) [ə'mʌŋ(st)] *prp.* parmi, entre; *from* ~ d'entre; *be* ~ être du nombre de; *they have it* ~ *them* ils l'ont en commun.

a·mor·al [æ'mɔrəl] amoral (-aux m/pl.).

am·o·rous □ ['æmərəs] amoureux (-euse f) (*de, of*); érotique (*poésie*).

a·mor·phous [ə'mɔ:fəs] *min.* amorphe; *fig.* sans forme; vague.

am·or·ti·za·tion [əmɔ:ti'zeiʃn] amortissement m; **am'or·tize** [~taiz] amortir.

a·mount [ə'maunt] **1.**: ~ *to* s'élever à, monter à; revenir à, se réduire à; **2.** somme f, montant m, total m; quantité f; valeur f; *to the* ~ *of* à la valeur de; jusqu'à concurrence de.

a·mour [ə'muə] intrigue f galante.

am·pere ⚡ ['æmpɛə] ampère m.

am·phet·a·mine [æm'fetəmi:n] amphétamine f.

am·phib·i·an ✗, *zo.* [æm'fibiən] **1.** amphibie m; **2.** = **am'phib·i·ous** □ amphibie.

am·phi·the·a·tre ['æmfiθiətə] amphithéâtre m.

am·ple □ ['æmpl] ample, large; vaste; gros(se f); grand; abondant; **'am·ple·ness** ampleur f; abondance f.

am·pli·fi·ca·tion [æmplifi'keiʃn] amplification f (*a. poét., a. phys.*); *gramm.* attribut: extension f; **am·pli·fi·er** [~faiə] *radio:* amplificateur m; haut-parleur m; **am·pli·fy** ['~fai] *v/t.* amplifier (*a. radio*) développer; exagérer; *v/i.* discourir; *radio:* ~*ing valve* lampe f amplificatrice; **am·pli·tude** ['~tju:d] amplitude f (*a. phys.*); ampleur f.

am·poule ['æmpu:l] ampoule f.

am·pu·tate ⚕ ['æmpjuteit] amputer, faire l'amputation de; **am·pu·ta·tion** amputation f.

a·muck [ə'mʌk]: *run* ~ tomber dans la folie meurtrière de l'amok; *fig.* faire les cent coups; *run* ~ *at (ou on ou against) fig.* s'emballer contre.

am·u·let ['æmjulit] amulette f.

a·muse [ə'mju:z] amuser, divertir, faire rire, égayer; distraire; **a'muse·ment** amusement m; divertissement m; distraction f; ~ *arcade* lunapark m; ~ *park* parc m d'attraction; fête f foraine; *for* ~ pour se distraire; pour (faire) rire; **a'mus·ing** □ amusant, divertissant (*pour, to*).

am·y·la·ceous [æmi'leiʃəs] amylacé.

an *gramm.* [æn; ən] *article:* un(e f).

an·a·bap·tist [ænə'bæptist] anabaptiste mf.

a·nach·ro·nism [əˈnækrənizm] ana-chronisme *m*.

a·n(a)e·mi·a [əˈniːmjə] anémie *f*; **aˈn(a)e·mic** anémique.

an·(a)es·the·si·a [ænəsˈθiːzjə] anes-thésie *f*; **an·(a)es·thet·ic** [ˌ~ˈθetik] (~*ally*) anesthésique (*a. su./m*); **a·n(a)es·the·tist** [æˈniːsθitist] anes-thésiste *mf*; **a·n(a)es·the·tize** [æˈniːsθitaiz] anesthésier, insensibi-liser.

an·a·log·ic, an·a·log·i·cal □ [ænə-ˈlɔdʒik(l)] analogique; **a·nal·o·gous** [əˈnæləgəs] analogue (à *with, to*); **aˈnal·o·gy** analogie *f* (avec *with, to*, entre *between*).

an·a·lyse [ˈænəlaiz] analyser; faire l'analyse de (*a. gramm.*); **a·nal·y·sis** [əˈnæləsis], *pl.* -ses [ˌ~siːz] analyse *f*; *compte*: dépouillement *m*; *gramm.* analyse *f* logique; **an·a·lyst** [ˈænə-list] analyste *mf*; *public* ~ analyste *m* officiel.

an·a·lyt·ic, an·a·lyt·i·cal □ [ænə-ˈlitik(l)] analytique.

an·ar·chic, an·ar·chi·cal □ [æ-ˈnɑːkik(l)] anarchique; **an·ar·chism** [ˈænəkizm] anarchisme *m*; **an·arch·ist** [ˈænəkist] anarchiste *mf*; **ˈan·arch·y** anarchie *f*; désordre *m*.

a·nath·e·ma [əˈnæθimə] anathème *m*; malédiction *f*; **aˈnath·e·ma·tize** anathématiser, frapper d'ana-thème; F maudire.

an·a·tom·i·cal □ [ænəˈtɔmikl] ana-tomique; **a·nat·o·mist** [əˈnætə-mist] anatomiste *mf*; **aˈnat·o·mize** anatomiser; disséquer; **aˈnat·o·my** anatomie *f*; dissection *f*; F *fig.* squelette *m*.

an·ces·tor [ˈænsistə] ancêtre *m*; aïeul (*pl.* -eux) *m*; **an·ces·tral** [ˌ~ˈsestrəl] *biol.* ancestral (-aux *m/pl.*); héredi-taire, de famille; **an·ces·tress** [ˈæn-sistris] ancêtre *f*; aïeule *f*; **ˈan·ces·try** race *f*; lignage *m*; aïeux *m/pl.*

an·chor [ˈæŋkə] ⚓, *a. fig.* **1.** ancre *f*; *at* ~ à l'ancre; mouillé; **2.** *v/t.* ancrer, mettre à l'ancre; *v/i.* jeter l'ancre, mouiller; **ˈan·chor·age** an-crage *m*, mouillage *m*.

an·cho·ret [ˈæŋkəret], **an·cho·rite** [ˈ~rait] anachorète *m*.

an·chor·man [ˈæŋkəˈmæn] *radio, télév.*: présentateur-réalisateur *m* (*pl.* présentateurs-réalisateurs).

an·cho·vy [ænˈtʃouvi] anchois *m*.

an·cient [ˈeinʃənt] **1.** ancien(ne *f*); antique; **2.** *the* ~*s pl.* les anciens *m/pl.* (*grecs et romains*); **ˈan·cient·ly** anciennement; jadis.

an·cil·lar·y [ænˈsiləri] *fig.* subor-donné, ancillaire (à, *to*); accessoire (à, *to*).

and [ænd; ənd] et; *thousands* ~ *thousands* des milliers et des mil-liers; *there are flowers* ~ *flowers* il y a des fleurs et encore des fleurs; *try* ~ *take* it tâchez de le prendre.

and·i·ron [ˈændaiən] landier *m*.

an·ec·do·tal [ænekˈdoutl], **an·ec·dot·i·cal** [ˌ~ˈdɔtikl] □ anecdotique; **an·ec·dote** [ˈænikdout] anecdote *f*.

an·e·lec·tric *phys.* [æniˈlektrik] ané-lectrique.

an·e·mom·e·ter [æniˈmɔmitə] ané-momètre *m*.

a·nem·o·ne [əˈneməni] anémone *f*.

an·er·oid [ˈænərɔid] (baromètre *m*) anéroïde *m*.

a·new [əˈnjuː] de nouveau; à nouveau.

an·gel [ˈeindʒl] ange *m*; **an·gel·ic, an·gel·i·cal** □ [ænˈdʒelik(l)] an-gélique.

an·ger [ˈæŋgə] **1.** colère *f*; emporte-ment *m* (contre, *at*); **2.** irriter, mettre (*q.*) en colère.

an·gi·na ⚕ [ænˈdʒainə] angine *f*; ~ *pectoris* angine *f* de poitrine.

an·gle [ˈæŋgl] **1.** angle *m*; *fig.* point *m* de vue; **2.** pêcher à la ligne; ~ *for* F quêter; **ˈan·gler** pêcheur (-euse *f*) *m* à la ligne.

An·gles [ˈæŋglz] *pl.* Angles *m/pl.*

An·gli·can [ˈæŋglikən] **1.** anglican; *Am. a.* anglais; **2.** anglican(e *f*) *m*.

An·gli·cism [ˈæŋglisizm] angli-cisme *m*; idiotisme *m* anglais.

an·gling [ˈæŋgliŋ] pêche *f* à la ligne.

An·glo-Sax·on [ˈæŋglouˈsæksn] **1.** Anglo-Saxon(ne *f*) *m*; **2.** anglo-saxon(ne *f*).

an·go·ra [ænˈgɔːrə] (laine *f*) angora *m*; (*a.* ~ *cat*) (chat *m*) angora *m*.

an·gry [ˈæŋgri] fâché, irrité, cour-roucé (contre q., *with s.o.*; de qch. *about s.th.*); *fig.* enflammé.

an·guish [ˈæŋgwiʃ] angoisse *f*; douleur *f*; *fig.* supplice *m*.

an·gu·lar [ˈæŋgjulə] angulaire; an-guleux (-euse *f*) (*visage*); *fig.* mai-gre, décharné; ~ *point* ⚓ sommet *m*; **an·gu·lar·i·ty** [ˌ~ˈlæriti] angularité *f*; *fig.* caractère *m* anguleux.

an·hy·drous ⚗ [æn'haidrəs] anhydre; sec (*sèche f*), tapé (*fruits*).

an·ile ['einail] de vieille femme.

an·i·line ⚗ ['ænili:n] aniline *f*; ~ **dyes** *pl.* colorants *m/pl.* d'aniline.

an·i·mad·ver·sion [ænimæd'və:ʃn] censure *f*, blâme *m*; **an·i·mad·vert** [~'və:t] critiquer, censurer, blâmer (*qch.*, *on s.th.*).

an·i·mal ['ænimal] **1.** animal *m*; bête *f*; **2.** animal (-aux *m/pl.*); *Brit.* ~ **home** asyle *m* pour animaux; *zo.* ~ **kingdom** règne *m* animal; ~ **lover** ami(e *f*) *m* des animaux; *Am.* ~ **shelter** asyle *m* pour animaux; ~ **spirits** *pl.* verve *f*, entrain *m*; **an·i·mal·cule** [~'mælkju:l] animalcule *m*; **an·i·mal·ism** ['~məlizm] animalité *f*; *biol.* animalisme *m*; **an·i·mal·i·ty** [~'mæliti] animalité *f*.

an·i·mate 1. ['ænimeit] animer; stimuler; mouvementer; **2.** ['~mit], *usu.* **an·i·mat·ed** ['~meitid] animé (*a. fig.*); doué de vie; ~ **cartoon** dessins *m/pl.* animés.

an·i·ma·tion [æni'meiʃn] animation *f*; vivacité *f*; chaleur *f*; entrain *m*; stimulation *f*.

an·i·mos·i·ty [æni'mɔsiti], *a.* **an·i·mus** ['ænimɔs] animosité *f*.

an·ise ♀ ['ænis] anis *m*; **an·i·seed** ['~si:d] (graine *f* d')anis *m*; *attr.* à l'anis. [astragale *m.*]

an·kle ['æŋkl] cheville *f*; ~ **bone**]

an·klet ['æŋklit] bracelet *m* de jambe; manille *f* (*de forçat*); *F* socquette *f*.

an·nals ['ænlz] *pl.* annales *f/pl.*; *fig.* archives *f/pl.*

an·neal ⊕ [ə'ni:l] recuire, adoucir (*un métal etc.*); *fig.* tempérer.

an·nex 1. [ə'neks] annexer (à, to); ajouter; joindre; ~ **to** poser (*des conditions*) à; **2.** ['æneks] annexe *f*; dépendance *f*; adjonction *f*; **an·nex·a·tion** annexion *f* (*de*, of); mainmise *f* (sur, of).

an·ni·hi·late [ə'naiəleit] anéantir; annihiler; *see* annul; **an·ni·hi·la·tion** anéantissement *m*; annihilation *f*; *see* annulment.

an·ni·ver·sa·ry [æni'və:səri] anniversaire *m*.

an·no·tate ['ænouteit] annoter; commenter; accompagner de remarques; **an·no·ta·tion** annotation *f*; commentaire *m*; note *f*.

an·nounce [ə'nauns] annoncer; faire connaître; **an·nounce·ment** annonce *f*; avis *m*; faire-part *m/inv.*; **an·nounc·er** *radio:* speaker *m*.

an·noy [ə'nɔi] contrarier; gêner; molester; vexer; **an·noy·ance** contrariété *f*; chagrin *m*; ennui *m*; **an·noyed** contrarié, ennuyé, vexé; **an·noy·ing** contrariant, ennuyeux (-euse *f*), ennuyant.

an·nu·al ['ænjuəl] **1.** □ annuel(le *f*) (*a.* ♀); ~ **ring** ♀ couche *f* annuelle; **2.** ♀ plante *f* annuelle; *livre:* annuaire *m*.

an·nu·i·tant [ə'njuitənt] rentier (-ère *f*); **an·nu·i·ty** rente *f* (annuelle); ♀ (*a.* ~ **bond**) obligation *f*; *see* life.

an·nul [ə'nʌl] annuler, résilier; dissoudre (*un mariage*); abroger (*une loi*).

an·nu·lar □ ['ænjulə] annulaire.

an·nul·ment [ə'nʌlmənt] annulation *f*, résiliation *f*; dissolution *f*; abrogation *f*.

an·nun·ci·a·tion [ənʌnsi'eiʃn] proclamation *f*, annonce *f*; *eccl.* Annonciation *f*; **an·nun·ci·a·tor** [~ʃieitə] annonciateur *m*; *Am.* bouton *m* (*de sonnerie*).

an·ode ⚡ ['ænoud] **1.** anode *f*; **2.** de plaque; ~ **potential** tension *f* de plaque.

an·o·dyne 🌿 ['ænodain] anodin (*a. su./m*); calmant (*a. su./m*).

a·noint [ə'nɔint] *surt. eccl.* oindre; sacrer; *fig.* graisser.

a·nom·a·lous □ [ə'nɔmələs] anomal (-aux *m/pl.*); *F* exceptionnel(le *f*), anormal (-aux *m/pl.*), irrégulier (-ère *f*); **a·nom·a·ly** anomalie *f*.

a·non [ə'nɔn] bientôt, tout à l'heure; *ever and* ~, de temps en temps.

an·o·nym·i·ty [ænə'nimiti] anonymat *m*, anonyme *m*; **a·non·y·mous** □ [ə'nɔniməs] anonyme; inconnu.

an·oth·er [ə'nʌðə] encore un(e); un(e) autre; un(e) second(e); *just such* ~ un autre du même genre; *F tell me ou us* ~! à d'autres!, tu ne le crois pas toi-même!

an·swer ['ɑ:nsə] **1.** *v/t.* répondre (*qch.*) (à q., s.o.); faire réponse à; remplir (*un but*); obéir (*à la barre*); répondre à (*une accusation*); ~ *the bell* (*ou door*) aller *ou* venir ouvrir; *v/i.* répondre (à q., to s.o.; à qch., to s.th.;

à une question, *to a question*); ne pas réussir; F ~ *back* répliquer, répondre avec impertinence; *don't* ~ *back!* ne réponds pas!; ~ *for* être responsable de; répondre de (*q.*), se porter garant de (*q.*, *qch.*); ~ *to the name of* s'appeler; 2. réponse *f* (à, *to*); ⅋ solution *f*; **⁊ʒ** réplique *f*, réfutation *f*; **'an·swer·a·ble** □ responsable; comptable.

ant [ænt] fourmi *f*.

an't [ɑːnt] F = *are not, am not; sl. ou prov.* = *is not.*

an·tag·o·nism [ænˈtægənizm] antagonisme *m* (entre, *of between*); opposition *f* (à, *to*; avec, *with*); **an·tag·o·nist** adversaire *m*, antagoniste *m*; **an·tag·o·nis·tic** (~*ally*) opposé, contraire (à, *to*); adverse; **an·tag·o·nize** éveiller l'hostilité de (*q.*); s'opposer à; contrarier (*une force*).

ant·arc·tic [æntˈɑːktik] antarctique; ♀ *Circle* cercle *m* polaire antarctique.

an·te *Am.* [ˈænti] *poker:* **1.** première mise *f*; **2.** F (*usu.* ~ *up*) *v/t., a. v/i.* ouvrir (le jeu); *v/i. fig.* donner son obole.

an·te·ced·ence [æntiˈsiːdəns] priorité *f*; antériorité *f*; *astr.* antécédence *f*; **an·te·ced·ent 1.** □ antécédent; antérieur (à, *to*); **2.** antécédent *m* (*a. gramm.*); thème *m*; *his* ~*s pl.* ses ancêtres *m/pl.*; son passé *m.*

an·te·cham·ber [ˈæntitʃeimbə] antichambre *f.*

an·te·date [ˈænti'deit] antidater (*un document*); précéder, venir avant.

an·te·di·lu·vi·an [ˈæntidiˈluːvjən] antédiluvien(ne *f*) (*a. su./m*).

an·te·lope *zo.* [ˈæntiloup] antilope *f.*

an·te·na·tal [ænti'neitl] prénatal.

an·ten·na [ænˈtenə], *pl.* **-nae** [~niː] *zo., radio, télév.:* antenne *f*; *limaçon:* corne *f.*

an·te·ri·or [ænˈtiəriə] antérieur (à, *to*).

an·te·room [ˈæntirum] antichambre *f*, vestibule *m.*

an·them [ˈænθəm] *eccl.* antienne *f*, motet *m*; hymne *m.*

ant·hill [ˈænthil] fourmilière *f.*

an·thol·o·gy [ænˈθɔlədʒi] *fig.* anthologie *f*, florilège *m.*

an·thra·cite *min.* [ˈænθrəsait] anthracite *m*; F houille *f* sèche; **an·thrax** [ˈænθræks] *vét.* charbon *m.*

an·thro·poid [ˈænθrəpɔid] anthropoïde (*a. su./m*); **an·thro·po·log·i-**

·cal □ [ænθrəpəˈlɔdʒikəl] anthropologique; **an·thro·pol·o·gist** [~ˈpɔlədʒist] anthropologiste *mf*, -logue *mf*; **an·thro·pol·o·gy** [~dʒi] anthropologie *f*; **an·thro·poph·a·gy** [ænθrəˈpɔfədʒi] anthropophagie *f.*

anti... [ænti] *préf.* anti-; anté-; contre-.

an·ti-air·craft [ˈænti'eəkrɑːft]: ~ *alarm* alerte *f* (aux avions); ~ *defence* défense *f* contre avions; D.C.A.; ~ *gun* canon *m* antiaérien.

an·ti·bi·ot·ic ⚕ [ˈæntibaiˈɔtik] antibiotique (*a. su./m*).

an·tic [ˈæntik] **1.** □ † grotesque; **2.** bouffonnerie *f*, singerie *f*; ~*s pl.* gambades *f/pl.*

An·ti·christ [ˈæntikraist] Antéchrist *m.*

an·tic·i·pate [ænˈtisipeit] anticiper (*un paiement; sur les événements*); devancer; prévoir; s'attendre à; promettre; escompter (*un résultat*); **an·tic·i·pa·tion** anticipation *f*; prévision *f*; attente *f*; expectative *f*; *payment by* ~ paiement *m* par anticipation; *in* ~ d'avance; *Thanking you in* ~ Avec mes *ou* nos remerciements; **an·tic·i·pa·to·ry** [~ˈpeitəri] anticipé, anticipatif (-ive *f*); par anticipation.

an·ti·cler·i·cal [ˈæntiˈklerikəl] anticlérical.

an·ti·cli·max [ˈæntiˈklaimæks] anticlimax *m.*

an·ti·cor·ro·sive a·gent [ˈæntikəˈrousivˈeidʒənt] antirouille *m.*

an·ti·cy·clone *météor.* [ˈæntiˈsaiklou̇n] anticyclone *m.*

an·ti·daz·zle *mot.* [ˈæntiˈdæzl] antiaveuglant; ~ *headlights pl.* pharescode *m/pl.*

an·ti·dote [ˈæntidout] antidote *m*, contrepoison *m* (de, contre *against*, for, *to*).

an·ti·freeze *mot.* [ˈæntiˈfriːz] antigel *m.*

an·ti·fric·tion [ˈæntiˈfrikʃn] antifriction *f*; *attr.* ⊕ antifriction.

an·ti·ha·lo *phot.* [ˈæntiˈheilou] antihalo *m* (*a. su./m*).

an·ti·ic·er ⊕, 🛩 [ˈæntiˈaisə] antigivreur *m.*

an·ti·knock *mot.* [ˈæntiˈnɔk] (produit *m*) antidétonant.

an·ti·mo·ny *min.* [ˈæntiməni] antimoine *m.*

an·tip·a·thy [ænˈtipəθi] antipathie *f*

(pour, contre *against*, to); aversion *f* (pour q., *against s.th.*).

an·ti·p·o·dal [æn'tipədl] situé aux antipodes; **an·ti·pode** ['‿poud], *pl.* **an·tip·o·des** [‿'tipədi:z] chose *f* diamétralement opposée; rebours *m*; ~s *pl.* géog. antipodes *m/pl.*

an·ti·pol·lu·tion de·vice ['æntipə-'lu‿ʒndi'vais] équipement *m* antipollution.

An·ti·py·rin [ænti'paiərin] antipyrine *f*, analgésine *f*.

an·ti·quar·i·an [ænti'kweəriən] archéologique, de l'antique; **an·ti·quar·y** ['‿kwəri] archéologue *m*; amateur *m* d'antiquités; antiquaire *m*; **an·ti·quat·ed** ['‿kweitid] vieilli; désuet (-ète *f*); suranné, démodé. **an·tique** [æn'ti:k] **1.** □ antique; ancien(ne *f*); suranné; **2.** □ objet *m* antique; **an·tiq·ui·ty** [‿'tikwiti] antiquité *f* (*romaine etc.*); ancienneté *f*; antiquities *pl.* antiquités *f/pl.*

an·ti·rust ['ænti'rʌst] antirouille *m*. **an·ti·sem·ite** [ænti'si:mait] antisémite (*a. su./mf*); **an·ti·Se·mit·ic** ['‿si'mitik] antisémite; **an·ti·sem·i·tism** [‿'semitizm] antisémitisme *m*.

an·ti·sep·tic [ænti'septik] antiseptique (*a. su./m*).

an·ti·skid *mot.* ['ænti'skid] antidérapant.

an·tith·e·sis [æn'tiθisis], *pl.* -ses [‿si:z] antithèse *f*; contraire *m*; **an·ti·thet·ic, an·ti·thet·i·cal** □ [‿-'θetik(l)] antithétique.

ant·ler ['æntlə] cerf *etc.*: andouiller *m*; ~s *pl.* bois *m* (*pl.*).

an·to·nym *gramm.* ['æntənim] antonyme *m*.

A **num·ber 1** *Am.* F *see* A 1.

a·nus *anat.* ['einəs] anus *m*.

an·vil ['ænvil] enclume *f*; *fig.* chantier *m*, métier *m*.

anx·i·e·ty [æŋ'zaiəti] inquiétude *f*; soucis *m/pl.*; *fig.* désir *m* (de *inf.*, to *inf.*); *fig.* sollicitude *f* (pour, for); ♣ anxiété *f*; ~ **dream** rêve *m* anxieux. **anx·ious** □ ['æŋkʃəs] inquiet (-ète *f*), soucieux (-euse *f*) (sur, de, au sujet de *about*); désireux (-euse *f*) (de *inf.*, to *inf.*); impatient (de *inf.*, to *inf.*).

an·y ['eni] **1.** *adj.*, *a. pron.* un(e *f*); tout(e *f*); n'importe quel(le *f*);

n'importe lequel (laquelle *f*); *are there ~ nails?* y a-t-il des clous?; *not ~* aucun, nul; **2.** *adv. ne se traduit pas d'ordinaire*; '**~·bod·y**, '**~·one** quelqu'un(e *f*); n'importe qui; tout le monde; quiconque; (*avec négation*) personne; *not ~* personne; '**~·how 1.** *cj.* en tout cas; **2.** *adv.* n'importe comment; '**~·thing** quelque chose; (*avec négation*) rien; ~ *but* rien moins que; '**~·way** *see* anyhow; '**~·where** n'importe où.

a·pace [ə'peis] vite; à grands pas.

a·part [ə'pɑ:t] à part; de côté; écarté; ~ *from* en dehors de; hormis que; joking ~ plaisanterie à part; set ~ *for* mettre de côté pour; réserver à; **a'part·ment** salle *f*, chambre *f*; pièce *f*; *Am.* appartement *m*; ~s *pl.* logement *m*; *Am.* ~ *hotel* hôtel *m* meublé avec *ou* sans service; *Am.* ~ *house* maison *f* de rapport.

ap·a·thet·ic [æpə'θetik] (~*ally*) indifférent; '**ap·a·thy** apathie *f*, indifférence *f*; nonchalance *f*.

ape [eip] **1.** (grand) singe *m*; *Am.* F *go* ~ devenir fou (folle *f*); **2.** imiter, singer.

a·peak ♣ [ə'pi:k] à pic, dérapé (*ancre*).

a·pe·ri·ent [ə'piəriənt] **1.** laxatif (-ive *f*); relâchant; **2.** laxatif *m*; relâchant *m*.

ap·er·ture ['æpətjuə] ouverture *f*.

a·pex ['eipeks], *pl.* '**a·pex·es, a·pi·ces** ['eipisi:z] sommet *m*; *fig.* apogée *m*.

aph·o·rism ['æfərizm] aphorisme *m*; **aph·o·ris·tic** (~*ally*) aphoristique.

a·pi·ar·y ['eipiəri] rucher *m*; **a·pi·cul·ture** ['‿kʌltʃə] apiculture *f*.

a·piece [ə'pi:s] chacun(e *f*); la pièce.

ap·ish □ ['eipiʃ] simiesque; imitateur (-trice *f*).

A·poc·ry·pha *bibl.* [ə'pɔkrifə] *pl.* les Apocryphes *m/pl.*; **a'poc·ry·phal** apocryphe.

ap·o·gee *astr.* ['æpodʒi] apogée *m*.

a·pol·o·get·ic [əpɔlə'dʒetik] **1.** (~*ally*) d'excuse; *eccl.* apologétique (*livre*); **2.** *eccl. usu.* ~s *pl.* apologétique *f*; **a'pol·o·gist** apologiste *m*, défenseur *m*; **a'pol·o·gize** s'excuser (de, for; auprès de, to); **a'pol·o·gy** excuses *f/pl.*; apologie *f*, justification *f* (de, for); *fig.* semblant *m* (de, for); F (mauvais) substitut *m* (de, for); **make an ~** présenter des excuses.

ap·o·plec·tic, ap·o·plec·ti·cal □ [æpə'plektik(l)] apoplectique (*personne*); d'apoplexie; **'ap·o·plex·y** apoplexie *f*; congestion *f* cérébrale.

a·pos·ta·sy [ə'postəsi] apostasie *f*; **a'pos·tate** [~stit] apostat (*a. su./m*); relaps(e) *m*; **a'pos·ta·tize** [~stətaiz] apostasier (*uch., from s.th.*).

a·pos·tle [ə'posl] apôtre *m*; **ap·os·tol·ic, ap·os·tol·i·cal** □ [æpə-'stolik(l)] apostolique.

a·pos·tro·phe *gramm.*, *a.* rhétorique: [ə'postrəfi] apostrophe *f*; **a'pos·tro·phize** apostropher; *gramm.* mettre une apostrophe à.

a·poth·e·car·y † [ə'poθikəri] apothicaire *m*, pharmacien *m*.

a·poth·e·o·sis [əpoθi'ousis] apothéose *f*.

ap·pal [ə'po:l] épouvanter; consterner; **ap'pal·ling** épouvantable, effroyable.

ap·pa·ra·tus [æpə'reitəs], *pl.* **-tus·es** [~təsiz] appareil *m*, dispositif *m*; attirail *m*; **~ exercises** *pl.* gymnastique *f* aux agrès.

ap·par·el [ə'pærəl]: **wearing ~** vêtements *m/pl.*, habits *m/pl.*

ap·par·ent □ [ə'pærənt] apparent, évident, manifeste; *see* heir; **ap·pa·ri·tion** [æpə'riʃn] apparition *f*; fantôme *m*, revenant *m*.

ap·peal [ə'pi:l] **1.** faire appel (à, to); demander (qch.; à, to); interjeter appel; se pourvoir en cassation; **~** to attirer, séduire; **z̄t** invoquer l'aide de (*la loi*); appeler de (*un jugement*); *see* country; **2.** appel *m*; recours *m*; *fig.* prière *f*, supplication *f*; attrait *m*; **z̄t** court of ~ cour *f* d'appel; **lodge** *ou* **file an ~** interjeter appel, se pourvoir en appel; **notice of ~** intimation *f*; **right of ~** droit *m* d'appel; **~ for mercy** demande *f* de grâce; **ap'peal·ing** □ suppliant; émouvant; sympathique.

ap·pear [ə'piə] paraître (*a. livres*); se montrer; se présenter; apparaître; sembler; **z̄t** comparaître; **~ for** plaider pour (*q.*); **ap'pear·ance** apparition *f*; entrée *f*; *livre*: parution *f*; apparence *f*; **z̄t** comparution *f*; **~s** *pl.* dehors *m/pl.*; **keep up** (*ou* **save**) **~s** sauver *ou* garder les apparences; **make one's ~** débuter;

paraître; **put in an ~** faire acte de présence; **to all ~s** selon toute apparence.

ap·pease [ə'pi:z] apaiser, calmer (*l'agitation, une douleur*); assouvir (*la faim*); **ap'pease·ment** apaisement *m*; assouvissement *m*; **~ policy** politique *f* d'apaisement.

ap·pel·lant [ə'pelənt] appelant(e *f*) (*a. su./mf*); **ap'pel·late** [~lit] d'appel; **ap·pel·la·tion** [æpe'leiʃn] appellation *f*, nom *m*, désignation *f*, titre *m*; **ap·pel·la·tive** *gramm.* [ə'pelətiv] (*a. ~ name*) nom *m* commun *ou* générique.

ap·pend [ə'pend] attacher, joindre; apposer (*une signature, un sceau*); annexer (*un document*); **ap'pend·age** accessoire *m*, apanage *m* (de, to); annexe *f*; *anat.* appendice *m*; **ap·pen·dec·to·my** *Am.* [~-'dektəmi] appendicectomie *f*; **ap·pen·di·ci·tis** [~di'saitis] appendicite *f*; **ap'pen·dix** [~diks], *pl.* **-dix·es, -di·ces** [~disi:z] appendice *m*; **3̊** appendice *m* (vermiculaire).

ap·per·tain [æpə'tein]: **~ to** appartenir à; incomber à; convenir à.

ap·pe·tence, ap·pe·ten·cy [æpi-təns(i)] (for, after, of) appétence *f*; désir *m* (de); convoitise *f* (pour).

ap·pe·tite ['æpitait] (for) appétit *m* (de); *fig.* désir *m*, soif *f* (de); **~ suppressant** coupe-faim *m/inv.*, anorexigène *m*.

ap·pe·tiz·er ['æpitaizə] apéritif *m*; **'ap·pe·tiz·ing** alléchant, appétissant.

ap·plaud [ə'plo:d] *v/i.* applaudir, battre des mains; *v/t.* applaudir (*q.*; **aux efforts de** *q.*).

ap·plause [ə'plo:z] applaudissements *m/pl.*; approbation *f*.

ap·ple ['æpl] pomme *f*; **'~-cart** voiture *f* à bras; F **upset s.o.'s ~** bouleverser les plans de *q.*; **~ pie** tourte *f* aux pommes; **'~-pie:** F **in ~ order** rangé en ordre parfait; **'~-pol·ish** *sl.* flatter, flagorner (*q.*); **'~-sauce** compote *f* de pommes; *Am. sl.* flagornerie *f*; *int.* chansons!; **'~-tree** pommier *m*.

ap·pli·ance [ə'plaiəns] appareil *m*; instrument *m*; dispositif *m*; **~s** *pl.* attirail *m*.

ap·pli·ca·bil·i·ty [æplikə'biliti] applicabilité *f*; **'ap·pli·ca·ble** (à, to) applicable; approprié; **'ap·pli·cant**

candidat(e *f* **)** *m* (à, *for*); **postu-**
lant(e *f* **)** *m* (de, *for*); **ap·pli'ca·tion**
(to) application *f* (à, sur); apposi-
tion *f* (à); *frein:* serrage *m*; assiduité
f; demande *f* (de, *for*); sollicitation
f (de, *for*); ~ *form* bulletin *m* de
demande; ⚓ *for external* ~ pour
l'usage externe; (*letter of*) ~ (lettre *f*
de) demande *f* d'emploi; *make an* ~
formuler *ou* faire une demande.

ap·ply [ə'plai] *v/t.* (to) appliquer
(*qch. sur qch.*); faire l'application de
(*qch. à qch.*); coller (sur); serrer
(*le frein*); mettre en pratique; affecter (*un paiement*) (à); ~ *o.s. to*
s'attacher à; *v/i.* (to) s'appliquer
(à); s'adresser à; avoir recours à;
~ *for* poser sa candidature à, solliciter (*qch.*); *applied science* science
f appliquée *ou* expérimentale.

ap·point [ə'point] nommer (q.
gouverneur, *s.o. governor*); dési-
gner(pour *inf.*, to *inf.*); fixer, assigner
(*l'heure, un endroit*); arrêter (*un
jour*); prescrire (que, *that*); *well* ~*ed*
bien installé, bien équipé; **ap'point-**
ment rendez-vous *m*; entrevue *f*;
nomination *f*; désignation *f*; charge
f, emploi *m*; ~*s pl.* aménagement *m*,
installation *f*; équipement *m*; †
émoluments *m/pl.*; ~ *book* agenda *m*,
calepin *m*; *by special* ~ *to* (*fournisseur*)
breveté *ou* attitré de.

ap·por·tion [ə'pɔ:ʃn] répartir; assigner (à, to); **ap'por·tion·ment**
partage *m*, répartition *f*; allocation *f*.

ap·po·site □ ['æpəzit] approprié
(à, to); juste; *be* ~ *to* convenir à;
'ap·po·site·ness justesse *f*; à-
propos *m*.   [tion *f.*⟩

ap·po·si·tion [æpə'ziʃn] apposi-⟨

ap·prais·al [ə'preizl] évaluation *f*;
ap'praise [~'preiz] priser, estimer;
ap'praise·ment évaluation *f*, estimation *f*; **ap'prais·er** estimateur
m, priseur *m*.

ap·pre·ci·a·ble □ [ə'pri:ʃəbl] appréciable; sensible; **ap'pre·ci·ate**
[~ʃieit] *v/t.* apprécier, faire cas de;
estimer; évaluer; hausser la valeur
de; *v/i.* augmenter de valeur; **ap-**
pre·ci·a'tion appréciation *f* (de,
of); estimation *f* (de, *of*); évaluation
f; amélioration *f*; hausse *f*, plus-
value *f*; **ap'pre·ci·a·tive** □ [~ətiv],
ap'pre·ci·a·to·ry [~ətəri] apprécia-
teur (-trice *f*); sensible (à, *of*); *be* ~
of apprécier; être sensible à.

ap·pre·hend [æpri'hend] arrêter;
saisir; *poét.* comprendre; *poét.* redouter; **ap·pre'hen·si·ble** □ [~-
'hensəbl] appréhensible; perceptible; **ap·pre'hen·sion** arrestation
f; prise *f* de corps; perception *f*;
compréhension *f*; appréhension *f*,
crainte *f*; **ap·pre'hen·sive** □ perceptif (-ive *f*); timide, craintif
(-ive *f*); *be* ~ redouter (*qch., of sth.*);
craindre (*qch., of s.th.*; *pour*
q., *for s.o.*; *que, that*).

ap·pren·tice [ə'prentis] **1.** appren-
ti(e *f*) *m*; **2.** placer en apprentissage
(chez, to); ~*d to* en apprentissage
chez; **ap'pren·tice·ship** [~tiʃip]
apprentissage *m*.

ap·prise [ə'praiz] ~ *s.o. of s.th.* apprendre qch. à q.; prévenir q. de
qch.   [condition.⟩

ap·pro ✝ ['æprou]: *on* ~ à l'essai. ⟨

ap·proach [ə'prouʧ] **1.** *v/i.* (s')ap-
procher; *fig.* approcher (de, to); ♁
atterrir; *v/t.* (s')approcher de; aborder (*q.*); entrer en communication
avec (*q.*); *fig.* faire une démarche
auprès de (*q.*) (au sujet de, *about*);
fig. s'attaquer à, aborder (*un problème*); **2.** approche *f*; approches
f/pl.; venue *f*; voie *f* d'accès; accès
m; abord *m*; *fig.* rapprochement *f*;
ap'proach·a·ble accessible, abordable.

ap·pro·ba·tion [æprə'beiʃn] approbation *f*; consentement *m*.

ap·pro·pri·ate 1. [ə'prouprieit]
(s')approprier; s'emparer de; *parl.*
affecter, consacrer (*a to, for*); **2.** □
[~iit] (to) approprié (à); convenable,
propre (à); à propos; **ap·pro·pri'a-**
tion appropriation *f*; crédit *m*,
budget *m*; affectation *f* de fonds;
parl. ♀ *Committee* commission *f* du
budget.

ap·prov·a·ble [ə'pru:vəbl] louable;
ap'prov·al approbation *f*; ratification *f*; *on* ~ à l'essai, à l'examen;
ap'prove approuver; ratifier;
(*a.* ~ *of*) agréer; ~ *o.s.* † faire ses
preuves; **ap'proved** □ autorisé;
approuvé; **ap'prov·er** ⚏ complice
m qui dénonce ses camarades.

ap·prox·i·mate 1. [ə'prɔksimeit]
(se) rapprocher (de, to); **2.** □ [~mit]
rapproché, proche, voisin (de, to);
approximatif (-ive *f*); **ap'prox·i-**
mate·ly [~mitli] environ, à peu
près; **ap·prox·i·ma'tion** [~'meiʃn]

rapprochement *m*; approximation *f*;
ap'prox·i·ma·tive □ [~mətiv] approximatif (-ive *f*).

ap·pur·te·nance [ə'pə:tinəns] *usu.*
~s *pl.* accessoires *m/pl.*, attirail *m.*

a·pri·cot ♀ ['eiprikɔt] abricot *m*;
arbre: abricotier *m.*

A·pril ['eiprəl] avril *m*; *make an*
~*-fool of s.o.* faire un poisson
d'avril à q.

a·pron ['eiprən] tablier *m* (*a. mot.*);
théâ. avant-scène *f*; '~-string cordon *m* de tablier; *fig.* *be tied to her*
~*s* être pendu à ses jupes; être tenu
en laisse.

a·pro·pos ['æprəpou] **1.** à propos
(de, *of*), opportun; **2.** à-propos *m.*

apt □ [æpt] juste, fin; heureux
(-euse *f*) (*expression etc.*); enclin (à,
to); susceptible (de, *to*); habile (à,
at); intelligent; apte, propre (à, *to*);
~ *to take fire* sujet à prendre feu;
qui prend feu facilement; **ap·ti·tude** ['~titju:d], **'apt·ness** justesse
f, à-propos *m*; penchant *m*, tendance *f* (à, *to*); talent *m* (pour, *for*);
aptitude test test *m* d'aptitude.

aq·ua for·tis ⚗ ['ækwə'fɔ:tis] eauforte (*pl.* eaux-fortes) *f.*

aq·ua·lung ['ækwəlʌŋ] scaphandre
m autonome.

aq·ua·ma·rine min. [ækwəmə'ri:n]
aigue-marine (*pl.* aigues-marines) *f.*

aq·ua·plane ['ækwəplein] **1.** aquaplane *m*; **2.** faire de l'aquaplane; *mot.*
faire de l'aquaplaning; **aq·ua·plan·ing** *mot.* [~'pleiniŋ] aquaplaning
m.

aq·ua·relle [ækwə'rel] aquarelle *f.*

a·quar·i·um [ə'kwɛəriəm], *pl.*
-**ums**, -**i·a** [~iə] aquarium *m.*

A·quar·i·us *astr.* [ə'kwɛəriəs] le
Verseau.

a·quat·ic [ə'kwætik] **1.** aquatique;
~ *sports* see aquatics; **2.** plante *f*
ou animal *m* aquatique; **a'quat·ics**
pl. sports *m/pl.* nautiques.

aq·ua·tint ['ækwətint] aquatinte *f.*

aq·ue·duct ['ækwidʌkt] aqueduc *m.*

a·que·ous ['eikwiəs] □ aqueux
(-euse *f*); *géol.* sédimentaire.

aq·ui·line nose ['ækwilain'nouz]
nez *m* aquilin *ou* busqué.

Ar·ab ['ærəb] Arabe *mf*; (cheval *m*)
arabe *m*; *sl. street* ♀ gamin *m* des
rues; gavroche *m*; **ar·a·besque**
[~'besk] **1.** *usu. pl.* arabesque *f*, -s
f/pl.; **2.** arabesque, dans le style ara-

be; **A·ra·bi·an** [ə'reibjən] **1.** arabe;
The ~ Nights les Mille et Une Nuits;
2. Arabe *mf*; **Ar·a·bic** ['ærəbik]
2. arabe *m/f*; **Ar·a·bic** ['ærəbik]
1. arabe; *gum ♀* gomme *f* arabique;
2. *ling.* arabe *m.*

ar·a·ble ['ærəbl] **1.** labourable;
2. (*ou ~ land*) terre *f* arable *ou* labourable.

a·rach·nid [ə'ræknid] arachnide *m.*

ar·bi·ter ['ɑ:bitə] arbitre *m* (*a. fig.*).

ar·bi·trage ✝ ['ɑ:bitrɑ:ʒ] arbitrage *m*; **'ar·bi·tral tri'bu·nal**
tribunal *m* arbitral; **ar'bit·ra·ment**
[~trəmənt] arbitrage *m*; **'ar·bi·trar·i·ness** arbitraire *m*; **'ar·bi·trar·y** □ arbitraire; **ar·bi·trate**
['~treit] arbitrer (*a. v/i.*); juger;
trancher (*un différend*); **ar·bi·tra·tion** arbitrage *m*; procédure *f*
arbitrale; ~ *court* tribunal *m* arbitral; ✝ ~ *of exchange* arbitrage *m* du
change; **'ar·bi·tra·tor** ['~ treitə] 🏛
arbitre *m*; arbitre-juge *m*; **ar·bi·tress** ['~tris] *femme:* arbitre *m.*

ar·bor ['ɑ:bə] ⊕, *roue, meule:* arbre
m; *tour:* mandrin *m*; ♀ *Day Am.*
jour *m* où on est tenu de planter un
arbre; **ar·bo·re·al** [ɑ:'bɔ:riəl], **ar'bo·re·ous** d'arbre(s); arboricole
(*animal*); **ar·bo·res·cent** [ɑ:bɔ'resnt] arborescent; **ar·bo·ri·cul·ture** ['ɑ:bɔrikʌltʃə] arboriculture *f.*

ar·bour ['ɑ:bə] tonnelle *f*, charmille *f*; *vine* ~ treille *f.*

arc ⚡, *astr., etc.* [ɑ:k] arc *m* (⚡ électrique); **ar·cade** [ɑ:'keid] arcade *f*,
-s *f/pl.*; galerie *f*, -s *f/pl.*; passage *m.*

ar·ca·num [ɑ:'keinəm], *pl.* -**na** [~nə]
arcane *m*, secret *m.*

arch¹ [ɑ:tʃ] **1.** *surt.* 🏛 voûte *f*, arc
m; cintre *m*; *pont:* arche *f*; ~*-support* cambrure *f*; **2.** (*se*) voûter;
v/t. bomber (*a. v/i.*); arquer, cintrer; cambrer.

arch² [~] □ espiègle; malin (-igne
f); malicieux (-euse *f*).

arch³ [~] insigne, grand; archi-.

ar·ch(a)e·o·log·i·cal □ [ɑ:kiə'lɔdʒikəl] archéologique; **ar·ch(a)e·ol·o·gist** [ɑ:ki'ɔlədʒist] archéologue
su./mf; **ar·ch(a)e·ol·o·gy** archéologie *f.*

ar·cha·ic [ɑ:'keiik] (~*ally*) archaïque;
'ar·cha·ism archaïsme *m.*

arch·an·gel [ɑ:'keindʒl] archange *m.*

arch·bish·op ['ɑ:tʃ'biʃəp] archevêque *m*; **arch'bish·op·ric** [~rik] archevêché *m*; archiépiscopat *m.*

arch·dea·con [ˈɑːtʃˈdiːkən] archidiacre *m*.

arch·duch·ess [ˈɑːtʃˈdʌtʃis] archiduchesse *f*; **ˈarchˈduch·y** archiduché *m*.

arch·duke [ˈɑːtʃˈdjuːk] archiduc *m*.

arch·er [ˈɑːtʃə] archer *m*; **ˈarch·er·y** tir *m* à l'arc.

ar·chi·di·ac·o·nal [ɑːkidaiˈækənl] d'archidiacre.

ar·chi·e·pis·co·pal [ɑːkiiˈpiskəpl] archiépiscopal (-aux *m/pl.*); métropolitain.

ar·chi·pel·a·go [ɑːkiˈpeligou] *géog.* archipel *m*.

ar·chi·tect [ˈɑːkitekt] architecte *m*; *fig.* auteur *m*, artisan *m*; **ar·chi·tec·ton·ic** [ˌ~ˈtɔnik] (ˌ~ally) architectonique; architectural (-aux *m/pl.*); directeur (-trice *f*); **ar·chi·tec·ture** [ˈ~tʃə] architecture *f*.

ar·chives [ˈɑːkaivz] *pl.* archives *f/pl.* □; **ˈarch·ness** [ˈɑːtʃnis] espièglerie *f*; malice *f*.

arch·way [ˈɑːtʃwei] passage *m* voûté; porte *f* cintrée; portail *m*.

arc·lamp *≠* [ˈɑːklæmp] lampe *f* à arc.

arc·tic [ˈɑːktik] **1.** arctique; *fig.* glacial (-als *m/pl.*); ♀ *Circle* cercle *m* polaire; ♀ *Ocean* (océan *m*) Arctique *m*; **2.** ~s *pl.* snowboots *m/pl.*

ar·den·cy [ˈɑːdənsi] ardeur *f*; **ˈar·dent** □ *usu. fig.* ardent; *fig.* fort; ~ *spirits pl.* alcool *m*, spiritueux *m/pl.*

ar·do(u)r [ˈɑːdə] *fig.* ardeur *f*; chaleur *f*.

ar·du·ous [ˈɑːdjuəs] ardu (*sentier, travail*); rude (*travail*); escarpé (*chemin*); pénible; laborieux (-euse *f*).

a·re·a [ˈɛəriə] aire *f*, superficie *f*; surface *f*; région *f*, territoire *m*; terrain *m* vide; *cinéma etc.*: parterre *m*; cour *f* d'entrée en sous-sol; zone *f*; *Am. téléph.* ~ *code* numéro *m* de présélection; *danger* ~ *zone f* dangereuse; *foot. goal* ~ surface *f* de but; ⚖ *judicial* ~ ressort *m* judiciaire; *foot. penalty* ~ surface *f* de réparation; *prohibited* ~ zone *f* interdite; *bell* sonnette *f* de la porte de service.

a·re·na [əˈriːnə] arène *f*; champ *m* (*a. fig.*); *fig.* théâtre *m*.

aren't F [ɑːnt] = *are not*.

a·rête *alp.* [æˈreit] arête *f*.

ar·gent [ˈɑːdʒənt] argenté; ⬛ (d')argent.

Ar·gen·tine [ˈɑːdʒəntain] argentin; Argentin(e *f*) *m*.

ar·gil [ˈɑːdʒil] argile *f*; **ar·gil·la·ceous** [ˌ~ˈleiʃəs] argileux (-euse *f*), argillacé.

Ar·go·naut [ˈɑːgənɔːt] argonaute *m*; *Am.* chercheur *m* d'or en Californie.

ar·gu·a·ble [ˈɑːgjuəbl] discutable; soutenable; **ar·gue** [ˈ~gjuː] *v/t.* discuter, débattre; raisonner sur; prouver, démontrer; ~ *s.o. into doing s.th.* persuader à q. de faire qch.; ~ *s.o. out of doing s.th.* dissuader q. de faire qch.; *v/i.* argumenter (sur, *about*); discuter; raisonner; (se) disputer; plaider; ~ *from* tirer argument de.

ar·gu·ment [ˈɑːgjumənt] argument *m*; raisonnement *m*; débat *m*, discussion *f*, dispute *f*; **ar·gu·men·ta·tion** [ˌ~menˈteiʃn] argumentation *f*; **ar·gu·men·ta·tive** □ [ˌ~ˈtətiv] disposé à argumenter; critique.

a·ri·a ♪ [ˈɑːriə] aria *f*.

ar·id [ˈærid] aride (*a. fig.*); **aˈrid·i·ty** aridité *f*.

Ar·ies *astr.* [ˈɛəriəs] le Bélier.

a·right [əˈrait] bien, correctement.

a·rise [əˈraiz] [*irr.*] *fig.* s'élever, surgir (de, *from*); se produire; *bibl.* ressusciter; **aˈris·en** *p.p. de arise*.

ar·is·toc·ra·cy [ˌærisˈtɔkrəsi] aristocratie *f*; *fig.* élite *f*; **a·ris·to·crat** [ˈ~təkræt] aristocrate *mf*; **a·ris·to·crat·ic, a·ris·to·crat·i·cal** □ aristocratique.

a·rith·me·tic [əˈriθmətik] arithmétique *f*, calcul *m*; **ar·ith·met·i·cal** □ [ˌ~ˈmetikl] arithmétique; **a·rith·me·ti·cian** [ˌ~məˈtiʃən] arithméticien(ne *f*) *m*.

ark [ɑːk] arche *f*; *bibl.* ♀ *of the Covenant* Arche *f* d'alliance.

arm¹ [ɑːm] bras *m*; *fauteuil*: accoudoir *m*; *within* ~'s *reach* à portée de la main; *keep s.o. at* ~'s *length* tenir q. à distance; *infant in* ~s bébé *m*; F poupon *m*; *take s.o. to* (*ou in*) *one's* ~s prendre q. dans ses bras.

arm² [ˌ~] **1.** arme *f*; ~s *pl.* armes *f/pl.*; ⊘ armes *f/pl.*, armoiries *f/pl.*; *see coat 1*; ~s *race* course *f* aux armements; ~s *reduction* désarmement *m*; ~s (*reduction*) *talks* pourparlers *m/pl. ou* négotiations *f/pl.* sur le désarmement; *be* (*all*) *up in* ~s être en révolte; se gendarmer *ou* s'élever (*contre, against*); *take up* ~s prendre les armes; **2.** (s')armer; *fig.* (se) nantir de; *v/t.* ⊕ armer; renforcer; ⚓ ~ed spinifère.

ar·ma·da [ɑːˈmɑːdə] flotte *f* de guerre; *hist.* the (Invincible) ⁀ l'(Invincible) Armada *f*.

ar·ma·ment [ˈɑːməmənt] armement *m*; munitions *f/pl.* de guerre; ⚓ artillerie *f*; (*a. naval* ~) armements *m/pl.* navals; flotte *f* navale; ~s industry industrie *f* d'armements; **ar·ma·ture** [ˈ~tjuə] armure *f* (*a.* ⚓, zo.); △, *phys.* armature *f*; *phys.* induit *m*.

arm·chair [ˈɑːmˈtʃɛə] fauteuil *m*; ~ strategist, ~ politician stratège *m* du café du commerce.

armed [ɑːmd] à *ou* aux bras …

Ar·me·ni·an [ɑːˈmiːnjən] **1.** arménien(ne *f*); **2.** Arménien(ne *f*) *m*.

arm·ful [ˈɑːmful] brassée *f*.

ar·mi·stice [ˈɑːmistis] armistice *m* (*a. fig.*).

arm·let [ˈɑːmlit] bracelet *m*; brassard *m* (*de parti politique etc.*).

ar·mo·ri·al [ɑːˈmɔːriəl] armorial (-aux *m/pl.*), héraldique.

ar·mo(u)r [ˈɑːmə] **1.** ✗ armure *f*, blindés *m/pl.*; cuirasse *f* (*a. fig.*, zo.); scaphandre *m*; **2.** cuirasser; blinder; ~ed car automitrailleuse *f*, char *m* blindé; ~ed train train *m* blindé; ~ed turret tourelle *f* blindée; '~-clad, '~-plat·ed blindé, cuirassé; '**ar·mo(u)r·er** armurier *m* (*a.* ✗, ⚓); '**ar·mo(u)r·y** magasin *m* d'armes; caserne: armurerie *f*; *fig.* arsenal *m*; *Am.* fabrique *f* d'armes; *Am.* salle *f* d'exercice.

arm·pit [ˈɑːmpit] aisselle *f*; '**arm·rest** accoudoir *m*, accotoir *m*.

ar·my [ˈɑːmi] armée *f*; *fig.* foule *f*; ~ chaplain aumônier *m* militaire; ~ command staff état-major (*pl.* états-majors) *m*; Salvation ⁀ Armée *f* du Salut; see service; '~-a·gent, '~-bro·ker, '~-con·trac·tor fournisseur *m* de l'armée; '~-corps corps *m* d'armée; '~'list ✗ Annuaire *m* militaire.

a·ro·ma [əˈroumə] arôme *m*; bouquet *m*; **ar·o·mat·ic** [ærəˈmætik] (~ally) aromatique; balsamique.

a·rose [əˈrouz] *prét. de* arise.

a·round [əˈraund] **1.** *adv.* autour, à l'entour; d'alentour; *Am.* F par ici, dans ces parages; *Am.* sur pied;

2. *prp.* autour de; *surt. Am.* F environ, presque.

a·rouse [əˈrauz] *usu. fig.* éveiller; stimuler (*q.*); soulever (*une passion*).

ar·rack [ˈærək] arac(k) *m*.

ar·raign [əˈrein] accuser, inculper; traduire en justice; *fig.* s'en prendre à; **ar'raign·ment** mise *f* en accusation; interpellation *f* de l'accusé.

ar·range [əˈreindʒ] *v/t.* arranger; ranger; régler (*des affaires*); ♩ adapter, arranger; fixer (*un jour*); ménager (*des effets*); ♫ ordonner; *v/i.* prendre ses dispositions (pour *for*, to); convenir (de, to); s'arranger (pour *for*, to); ~ *for s.th.* to be prendre des mesures pour que qch. soit là; **ar'range·ment** arrangement *m*, disposition *f*, aménagement *m*; ♩ arrangement *m*, adaptation *f*; accord *m*; ♫ compromis *m*; make one's ~s prendre ses dispositions.

ar·rant □ [ˈærənt] insigne, achevé; ~ *knave* franc coquin *m*.

ar·ray [əˈrei] **1.** rangs *m/pl.*; *fig.* étalage *m*, rangée *f*; *poét.* atours *m/pl.*; parure *f*; **2.** ranger, mettre en ordre; déployer (*des troupes etc.*); *poét.* revêtir, parer (de, *in*).

ar·rear [əˈriə] arrérages *m/pl.*; arriéré *m*; ~s of rent arriéré *m* de loyer; be in ~s s'arriérer; **ar'rear·age** retard *m*; *Am.* ~s *pl.* arrérages *m/pl.*, dettes *f/pl.*

ar·rest [əˈrest] **1.** arrestation *f*; prise *f* de corps; ⚓ arrêts *m/pl.*; suspension *f*, *mouvement:* arrêt *m*; under ~ aux arrêts; **2.** arrêter (*criminel, mouvement, regard, attention, etc.*); appréhender (*q.*) au corps; fixer (*l'attention, le regard*); surseoir à (*un jugement*).

ar·ri·val [əˈraivl] arrivée *f*; ♱ arrivage *m*; ⚓ entrée *f* (*du vaisseau*); ~s *pl.* nouveaux venus *m/pl. ou* arrivés *m/pl.*; ~ platform quai *m* de débarquement; on ~ à l'arrivée; To await ~ ne pas faire suivre; **ar'rive** arriver; parvenir; ~ *at* arriver à; atteindre (*a. un âge*); parvenir à.

ar·ro·gance [ˈærəgəns] arrogance *f*; morgue *f*; '**ar·ro·gant** □ arrogant; **ar·ro·gate** [ˈærəgeit] (s')attribuer (*qch.*) (à tort); (*usu.* ~ *to o.s.*) s'arroger, usurper (*qch.*).

ar·row [ˈærou] flèche *f*; *surv.* flèche *f* d'arpenteur; '~-head pointe *f* de la flèche; broad ~ marque f de l'État (britannique); ~**root** ['ærɔruːt] ♀ marante f; cuis. arrow-root m; **ar·row·y** ['æroui] en forme de flèche.

arse sl. [ɑːs] derrière m; sl. cul m.

ar·se·nal ['ɑːsinl] arsenal m.

ar·se·nic ['ɑːsnik] arsenic m; **ar·sen·ic** [ɑːˈsenik] arsénique; **ar·sen·i·cal** arsenical (-aux m/pl.).

ar·son ['ɑːsn] crime m d'incendie.

art¹ [ɑːt] art m; adresse f, habileté f; fig. artifice m; finesse f; péj. astuce f; ~ critic critique mf d'art; ~ dealer marchand m d'objets d'art; Master of ~s (abbr. M.A.) maître m ès arts, agrégé m de lettres; applied ~s arts m/pl. industriels; fine ~s les beaux-arts m/pl.; liberal ~s arts m/pl. libéraux, ~s and crafts arts m/pl. et métiers m/pl.; Faculty of ~s Faculté f des Lettres; journal: ~s page page f littéraire.

art² † [~] tu es.

ar·te·ri·al [ɑːˈtiəriəl] artériel(le f); ~ road artère f, grande voie f de communication; **ar·te·ri·o·scle·ro·sis** [ɑːˈtiəriousklɨˈrousis] artériosclérose f; **ar·ter·y** [ɑːˈtəri] artère f (a. fig.); traffic ~ artère f de circulation.

ar·te·sian well [ɑːˈtiːzjənˈwel] puits m artésien.

art·ful ['ɑːtful] adroit, habile, ingénieux (-euse f); rusé.

ar·thrit·ic ✻ [ɑːˈθritik] arthritique; **ar·thri·tis** [ɑːˈθraitis] arthrite f.

ar·ti·choke ['ɑːtitʃouk] artichaut m; Jerusalem ~ topinambour m.

ar·ti·cle ['ɑːtikl] 1. ♀, ✝, eccl., gramm., etc. article m; ✗, ♣ code m; objet m; ~ of clothing vêtement m, article m ou pièce f d'habillement; ~s pl. of apprenticeship contrat m d'apprentissage; ~s pl. of association acte m de société; contrat m de société; 2. placer comme apprenti (chez, to); accuser (de, for); be ~ed faire son apprentissage (chez to, with).

ar·tic·u·late 1. [ɑːˈtikjuleit] v/t. articuler (anat., a. mots); énoncer (des mots); v/i. s'articuler (os); 2. □ [~lit], a. **ar·tic·u·lat·ed** [~leitid] net(te f), distinct; surt. zo. articulé (a. langage); Brit. mot. ~ lorry semi-remorque m; **ar·tic·u·la·tion** articulation f; netteté f d'énonciation.

ar·ti·fice ['ɑːtifis] artifice m, ruse f;

adresse f, habileté f; **ar·tif·i·cer** artisan m, ouvrier m; ✗ artificier m; ♣ mécanicien m; **ar·ti·fi·cial** □ [~ˈfiʃəl] artificiel(le f); simili-; factice (larmes); ~ manure engrais m/pl. chimiques; ⚖ ~ person personne f juridique ou morale; ~ respiration respiration f artificielle; ~ silk soie f artificielle; ~ stone simili m.

ar·til·ler·y [ɑːˈtiləri] artillerie f; **ar·til·ler·y·man** artilleur m.

ar·ti·san [ɑːˈtizæn] artisan m, ouvrier m.

art·ist ['ɑːtist] artiste mf, surt. (artiste-)peintre [pl. (artistes-)peintres] m; **ar·tiste** [ɑːˈtiːst]artiste mf; **ar·tis·tic, ar·tis·ti·cal** □ [~ˈtistik(l)] artistique; artiste (tempérament).

art·less □ ['ɑːtlis] sans art; naturel (-le f), sans artifice; naïf (-ïve f), candide; **'art·less·ness** naturel m, simplicité f; naïveté f, candeur f, péj. pseudo-artistique.

art·y ['ɑːti] prétentieux (-euse f); péj. pseudo-artistique.

Ar·y·an ['ɛəriən] 1. aryen(ne f), japhétique; 2. Aryen(ne f) m.

as [æz, əz] 1. adv., a. cj. aussi, si; comme; puisque, étant donné que; tout ... que; au moment où; (au-)tant que; ~ good ~ aussi bon que; ~ far ~ aussi loin que; autant que; ~ if, ~ though comme si; as if (de gér.) comme pour (inf.); ~ it were pour ainsi dire; ~ well aussi, également; opportun; ~ well ~ de même que; comme; ~ yet jusqu'ici, jusqu'à présent; (~) cold ~ ice glacé, glacial (-als m/pl.); fair ~ she is si belle qu'elle soit; so kind ~ to do assez aimable pour faire; such ~ to (inf.) de sorte à (inf.), de façon que; such ~ tel que, tel; par exemple; 2. prp. ~ for, ~ to quant à ; ~ from à partir de (telle date), depuis; ✝ ~ per conformément à, suivant; ✝ (amiante m.)

as·bes·tos [æzˈbestɔs] asbeste m, **as·cend** [əˈsend] v/i. monter, s'élever (à, jusqu'à to); remonter (généalogie); v/t. monter (un escalier); gravir (une colline etc.); monter sur (le trône); remonter (un fleuve); **as·'cend·an·cy, as·'cend·en·cy** ascendant m, pouvoir m, influence f (sur, over); suprématie f; **as·'cend·ant, as·'cend·ent** 1. ascendant; 2. see ascendancy; astr. ascendant m; F position f prééminente; be in the ~ être à l'ascendant; prédominer.

as·cen·sion [ə'senʃn] *surt. astr.*, *Am. a.* montagne, ballon, etc.: ascension *f*; ♀ (Day) jour *m* de l'Ascension.

as·cent [ə'sent] montagne, ballon: ascension *f*; montée *f*; pente *f*, rampe *f*.

as·cer·tain [æsə'tein] constater; s'informer de; **as·cer'tain·a·ble** □ vérifiable; dont on peut s'assurer; **as·cer'tain·ment** constatation *f*; vérification *f*.

as·cet·ic [ə'setik] **1.** (~ally) ascétique; **2.** ascète *mf*; **as'cet·i·cism** [~tisizəm] ascétisme *m*.

as·crib·a·ble [əs'kraibəbl] imputable, attribuable; **as'cribe** imputer, attribuer.

a·sep·tic ⚕ [æ'septik] aseptique (*a. su./m*).

ash[1] [æʃ] ♀ frêne *m*; mountain ~ sorbier *m* sauvage.

ash[2] [~] *usu.* ~es *pl.* cendre *f*, -s *f/pl.*; Ash Wednesday mercredi *m* des Cendres.

a·shamed [ə'ʃeimd] honteux (-euse *f*), confus (-e *f*); be (*ou* feel) ~ of avoir honte de; être honteux (-euse *f*) de; be ~ of o.s. avoir honte.

ash-can *Am.* [æʃkæn] boîte *f* à ordures, poubelle *f*.

ash·en[1] ['æʃn] de frêne, en frêne.

ash·en[2] [~] de cendres; cendré; gris; terreux (-euse *f*) (*visage*); blême.

ash·lar ['æʃlə] pierre *f* de taille; moellon *m* d'appareil.

a·shore [ə'ʃɔː] à terre; échoué; run ~, be driven ~ s'échouer; faire côte.

ash-tray ['æʃtrei] cendrier *m*.

ash·y ['æʃi] cendreux (-euse *f*); couvert de cendres; gris; blême.

A·si·at·ic [eiʃi'ætik] **1.** asiatique, d'Asie; **2.** Asiatique *mf*.

a·side [ə'said] **1.** de côté, à part; à l'écart; *théâ.* en aparté; ~ from *Am.* à part, en plus de; **2.** à-côté *m*; *théâ.* aparté *m*.

as·i·nine ['æsinain] asine *f*; F stupide.

ask [ɑːsk] *v/t.* demander (qch., s.th.; qch. à q., s.o. s.th.; que that); a. inviter (à, to); solliciter (qch. de q., s.o. for s.th.); prier (qch. de inf., s.o. to inf.); ~ (s.o.) a question poser une question (à q.); *v/i.*: ~ about se renseigner sur; ~ after s'informer de, demander des nouvelles de; ~ for demander (qch.); demander à voir (q.); *sl.* he ~s for it il ne l'a pas volé;

it is to be had for the ~ing il n'y a qu'à le demander.

a·skance [ə'skæns], **a'skant**, **as·kew** [əs'kjuː] de côté, de travers, obliquement; *fig.* de guingois.

a·slant [ə'slɑːnt] de biais, de travers.

a·sleep [ə'sliːp] endormi, plongé dans le sommeil; engourdi (*pied etc.*); be ~ être endormi, dormir; *see* fall.

a·slope [ə'sloup] en pente, en talus.

asp[1] *zo.* [æsp] aspic *m*.

asp[2] [~] *see* aspen.

as·par·a·gus ♀ [əs'pærəgəs] asperge *f*, *cuis.* -s *f/pl.*

as·pect ['æspekt] exposition *f*, vue *f*; aspect *m*, air *m*; point *m* de vue; the house has a southern ~ la maison est exposée au sud *ou* à une exposition sud.

as·pen ['æspən] tremble *m*; *attr.* de tremble.

as·per·gill ['æspədʒil], **as·per·gil·lum** *eccl.* [~'dʒiləm] goupillon *m*.

as·per·i·ty [æs'periti] âpreté *f*; sévérité *f*; rudesse *f*; aspérité *f* (*du style, a. fig.*).

as·perse [əs'pəːs] asperger; *fig.* calomnier, dénigrer; salir (*la réputation*); **as·per·sion** [əs'pəːʃn] aspersion *f*; *fig.* calomnie *f*.

as·phalt ['æsfælt] **1.** asphalte *m*; F bitume *m*; **2.** d'asphalte; bitumé.

as·phyx·i·a ⚕ [æs'fiksiə] asphyxie *f*; **as'phyx·i·ate** [~ieit] asphyxier, **as·phyx·i·a·tion** asphyxie *f*.

as·pic ['æspik] aspic *m*; ♀ grande lavande *f*.

as·pir·ant [əs'paiərənt] aspirant(e *f*) *m* (à to, after, for); candidat(e *f*) *m*; ~ officer candidat *m* au rang d'officier.

as·pi·rate ['æspirit] **1.** *gramm.* aspiré; **2.** *gramm.* aspirée (*f*); **3.** [~reit] aspirer (*a.* ⊕, ⚗); **as·pi·ra·tion** aspiration *f* (*a.* ⊕, ⚗); ambition *f*; visée *f*; **as'pire** [əs'paiə] aspirer, viser (à to, after, at); ambitionner (*qch.*).

as·pi·rin *pharm.* ['æspərin] aspirine *f*; F comprimé *m* d'aspirine.

as'pir·ing □ [əs'paiəriŋ] ambitieux (-euse *f*).

ass[1] [æs] âne(sse *f*) *m*; make an ~ of o.s. faire des âneries; se donner en spectacle.

ass[2] *Am. sl.* [æs] derrière *m*, *sl.* cul *m*.

as·sail [ə'seil] assaillir, attaquer; *fig.* s'attaquer à; accabler de; *crainte,* *doute, etc.*: saisir, envahir (q.); frapper (*l'œil etc.*); ~ *s.o. with questions* assaillir *ou* harceler q. de questions; **as'sail·a·ble** attaquable; *mal* défendable; **as'sail·ant, as'sail·er** assaillant(e f) m; agresseur m.

as·sas·sin [ə'sæsin] assassin m; **as·'sas·si·nate** [‿neit] assassiner; **as·sas·si'na·tion** assassinat m.

as·sault [ə'sɔ:lt] **1.** assaut m (a. ✕); ✕ attaque f; 🏛 tentative f de voie de fait; agression f; *see battery*; *indecent*; **2.** attaquer, assaillir; 🏛 se livrer à des voies de fait sur (q.); ✕ livrer l'assaut à.

as·say [ə'sei] **1.** *métal etc.*: essai m; **2.** *v/t.* essayer, titrer; *v/i. Am.* titrer; **as'say·er** essayeur m.

as·sem·blage [ə'semblidʒ] réunion f; rassemblement m; ⊕ montage m, assemblage m; **as'sem·ble** (s')assembler; (se) rassembler (*troupes*); (se) réunir; *v/t.* ⊕ assembler, monter; *s'*ajuster (*-euse f*) m; **as'sem·bly** assemblée f; assemblement m, réunion f; ✕ (sonnerie f du) rassemblement m; ⊕ montage m, assemblage m; (*a. ~ shop*) salle f *ou* atelier m de montage; *moving ~ belt* chaîne f de montage; *Am.* ~ *line* banc m de montage; *Am. pol.* ~ *man* député m.

as·sent [ə'sent] **1.** assentiment m, consentement m; **2.** : ~ *to* acquiescer, accéder à; admettre (*qch.*).

as·sert [ə'sɔ:t] affirmer (que, *that*); (*surt. ~ o.s.*) soutenir ses droits; (~ *o.s. s'*) imposer; **as'ser·tion** assertion f, affirmation f; revendication f (*de droits*); **as'ser·tive** □ péremptoire; *gramm.* assertif (*-ive f*); impérieux (*-euse f*); **as'ser·tor** celui (celle f) qui affirme; défenseur m.

as·sess [ə'ses] estimer, évaluer; répartir (*un impôt*); fixer (*une somme*); coter, taxer (à in, *at*); **as'sess·a·ble** □ évaluable (*dommage*); imposable (*propriété*); **as'sess·ment** répartition f; évaluation f; cotisation f, côte f; **as'ses·sor** assesseur m; contrôleur m (*des contributions*).

as·set [ˈæset] 🕆 avoir m, actif m; *fig.* atout m, avantage m, valeur f; ~*s pl.* biens m/pl.; 🕆 actifs m/pl.; ~*s pl. and liabilities pl.* actif et passif m.

as·sev·er·ate [ə'sevəreit] affirmer; **as·sev·er'a·tion** affirmation f.

as·si·du·i·ty [æsi'djuiti] assiduité f, diligence f (à, *in*); *assiduities pl.* petits soins m/pl.; **as·sid·u·ous** assidu; diligent.

as·sign [ə'sain] **1.** assigner; consacrer; attribuer; donner (*la raison de qch.*); 🏛 transférer, céder; **2.** 🏛 ayant droit (*pl.* ayants droit) m; **as·'sign·a·ble** □ assignable, attribuable; cessible; **as·sig·na·tion** [æsig'neiʃn] attribution f; rendez-vous m; *see assignment*; **as·sign·ee** [æsi'ni:] *see assign 2*; délégué(e f) m; 🏛 syndic m; 🏛 séquestre m; **as·sign·ment** [ə'sainmənt] allocation f; citation f; *surt. Am.* désignation f, nomination f; *univ.* tâche f assignée, devoir m; 🏛 transfert m, cession f; **as·sign·or** [æsi'nɔ:] 🏛 cédant(e f) m.

as·sim·i·late [ə'simileit] (*to*, *with*) (s')assimiler (à) (*a. physiol.*); *v/t.* comparer (à); **as·sim·i'la·tion** assimilation f (*a. physiol.*); comparaison f.

as·sist [ə'sist] *v/t.* aider; prêter assistance à; secourir; *v/i.* ~ *at* prendre part à; assister à; **as'sist·ance** aide f, secours m, assistance f; **as'sist·ant 1.** qui aide; adjoint (à, *to*); sous-; **2.** adjoint(e f) m, auxiliaire m/f; 🕆 commis m, employé(e f) m.

as·size [ə'saiz] 🏛 assises f/pl.; ~*s pl.* (cour f d')assises f/pl.

as·so·ci·a·ble [ə'souʃjəbl] associable (à, *with*); **as·so·ci·ate** [‿ʃieit] (s')associer (avec, *with*); *v/i.* s'affilier (à, *with*); ~ *in* s'associer pour (*qch.*); fréquenter (*q.*); **2.** [‿ʃiit] associé; adjoint; **3.** [‿] associé m (*a.* 🕆); adjoint m; compagnon m, camarade m/f; membre m correspondant (*d'une académie*); professeur m adjoint; **as·so·ci·a·tion** [‿si'eiʃən] association f (*a. d'idées*); fréquentation f; société f, amicale f (*d'étudiants etc.*); ~ *football* football m association.

as·so·nance [ˈæsənəns] assonance f.

as·sort [ə'sɔ:t] *v/t.* assortir; classer, ranger; 🕆 assortir; *v/i.* (*with*) (s')assortir (avec); aller ensemble; **as'sort·ment** assortiment m; classement m; 🕆 assortiment m, choix m.

as·suage [ə'sweidʒ] apaiser (*la faim, un désir, etc.*); calmer; sou-

lager; assoupir (*la souffrance*); as-
'suage·ment apaisement *m*, soulagement *m*, adoucissement *m*.

as·sume [ə'sju:m] prendre; affecter; revêtir; assumer (*une charge
etc.*); simuler; présumer, supposer;
as'sum·ing ◻ présomptueux
(-euse *f*); **as·sump·tion** [ə'sʌmpʃn]
action *f* de prendre; entrée *f* en
fonctions; affectation *f*; arrogance
f; hypothèse *f*; *eccl.* ♀ Assomption
f; *on the* ~ *that* en supposant que;
as'sump·tive ◻ hypothétique;
admis; arrogant.

as·sur·ance [ə'ʃuərəns] affirmation
f; promesse *f*; assurance *f* (*a.* =
sûreté; *aplomb*); *péj.* hardiesse *f*;
Brit. life ~ assurance-vie *f* (*pl.* assurances-vie); **as'sure** assurer; assu-
rer la vie de qch. à qqn.; s'assurer sur la vie; ~ *s.o.
of s.th.* assurer q. de qch., assurer
qch. à q.; **as'sured 1.** assuré (*a.* =
certain; *a.* = *sûr de soi*); *péj.* affronté;
2. assuré(e *f*) *m*; **as'sur·ed·ly** [~ridli]
assurément, sans aucun doute; avec
assurance, d'un ton assuré; **as'sur-
er** [~rə] assuré(e *f*) *m*.

As·syr·i·an [ə'siriən] **1.** assyrien(ne
f); **2.** Assyrien(ne *f*) *m*.

as·ter ♀ [ˈæstə] aster *m*; **as·ter·isk**
[ˈ~ərisk] *typ.* astérisque *m*.

a·stern ⚓ [ə'stə:n] à *ou* sur
l'arrière.

asth·ma [ˈæsmə] asthme *m*; **asth-
mat·ic** [~ˈmætik] **1.** *a.* **asth'mat·i-
cal** ◻ asthmatique; **2.** asthmatique *mf*.

as·tig·mat·ic [æstig'mætik] (~ally)
opt. astigmate; **a'stig·ma·tism**
[~mətizm] astigmatisme *m*.

a·stir [ə'stə:] animé; debout; agité.

as·ton·ish [ə'tɔniʃ] étonner, surprendre; *be* ~*ed* être étonné,
s'étonner (*de at, to*); **as'ton·ish-
ing** ◻ étonnant, surprenant; **as-
'ton·ish·ment** étonnement *m*, surprise *f*. [stupéfier.]

as·tound [ə'taund] confondre;

as·tra·gal ⚓ [ˈæstrəgəl] astragale *m*,
chapelet *m*.

as·tra·khan [æstrə'kæn] *fourrure*;
astrakan *m*.

as·tral [ˈæstrəl] astral (-aux *m/pl.*).

a·stray [ə'strei] égaré; *péj.* dévoyé;
go ~ s'égarer; *péj.* se dévoyer.

a·stride [ə'straid] à califourchon
(*sur, of*); *ride* ~ aller jambe deçà,
jambe delà (*sur un cheval etc.*).

as·trin·gent ◻, ⚕ [əs'trindʒənt] astringent (*a. su./m*); styptique (*a.
su./m*).

as·trol·o·ger [əs'trɔlədʒə] astro-
logue *m*; **as·trol·o·gy** [əs'trɔlədʒi]
astrologie *f*; **as·tro·naut** [ˈæstrə-
nɔ:t] astronaute *mf*; **as·tro·nau·tics**
[æstrə'nɔ:tiks] *sg.* astronautique *f*;
as·tron·o·mer [əs'trɔnəmə] astro-
nome *m*; **as·tro·nom·i·cal** ◻
[æstrə'nɔmikl] astronomique; **as-
tron·o·my** [əs'trɔnəmi] astronomie
f.

as·tute ◻ [əs'tju:t] avisé, fin; *péj.*
rusé, astucieux (-euse *f*); **as'tute-
ness** finesse *f*, pénétration *f*; *péj.*
astuce *f*.

a·sun·der [ə'sʌndə] éloignés l'un de
l'autre; en deux.

a·sy·lum [ə'sailəm] asile *m*, refuge
m; hospice *m*; F maison *f* d'aliénés.

a·sym·me·try [æ'simitri] asymétrie
f, dissymétrie *f*.

at [æt; ət] *prp.* à; en (*guerre, mer*);
(au)près de; sur (*demande*); *après
certains verbes comme vire, se réjouir,
s'étonner de*: de; ~ *the door* à la porte;
sur le seuil; ~ *my expense* à mes frais;
~ *my aunt's* chez ma tante; *run* ~ *s.o.*
se jeter sur q.; ~ *day-break* au jour
levant; ~ *night* la nuit; ~ *table* à
table; ~ *a low price* à un bas prix;
~ *all events* en tout cas; ~ *school* à
l'école; 2 ~ *a time* 2 par 2; ~ *peace*
en paix; ~ *the age of* à l'âge de; ~
one blow d'un seul coup; ~ *five
o'clock* à cinq heures; ~ *Christmas*
à Noël. [visme *m*.)

at·a·vism *biol.* [ˈætəvizm] ata-

a·tax·y ⚕ [ə'tæksi] ataxie *f*, incoordi-
nation *f*.

ate [et] *prét. de eat 1.*

a·the·ism [ˈeiθiizm] athéisme *m*;
'a·the·ist athée *mf*; **a·the·is·tic**,
a·the·is·ti·cal ◻ athéistique; athée.

ath·lete [ˈæθli:t] athlète *m*; ⚕ ~'s
foot pied m de l'athlète; ~'s *heart*
cardiectasie *f*; **ath·let·ic** [~'letik]
athlétique; F sportif(-ive *f*); ~ *heave*
effort m vigoureux; ~ *sports* ⚕
sports *m/pl.* athlétiques; **ath'let·ics**
pl., **ath'let·i·cism** [~tisizm] athlétisme *m*.

at-home [ət'houm] réception *f*;
soirée *f*.

a·thwart [ə'θwɔ:t] **1.** *prp.* en travers
de; **2.** *adv.* en travers (*a.* ⚓); ⚓ par
le travers.

a·tilt [ə'tilt] incliné, penché; sur l'oreille (*chapeau*).

At·lan·tic [ət'læntik] **1.** atlantique; **2.** (*a.* ~ *Ocean*) (océan *m*) Atlantique *m*.

at·las ['ætləs] atlas *m*; △ atlante *m*.

at·mos·phere ['ætməsfiə] atmosphère *f* (*a. fig.*); **at·mos·pher·ic, at·mos·pher·i·cal** □ [~'ferik] atmosphérique; **at·mos·pher·ics** *pl. radio:* parasites *m/pl.*, perturbations *f/pl.* atmosphériques.

at·oll *géog.* [ə'tɔl] atoll *m*; île *f* de corail.

at·om ⚛, *phys.* ['ætəm] atome *m* (*a. fig.*); **a·tom·ic** [ə'tɔmik] atomique; ~ *age* (bomb, energy, number, warfare, weight) âge *m* (bombe *f*, énergie *f*, nombre *m*, guerre *f*, poids *m*) atomique; ~ *fission* fission *f* de l'atome; ~*-powered* actionné par l'énergie atomique; ~ *pile* (*ou* reactor) pile *f* atomique, réacteur *m* nucléaire; ~ *research* recherche *f* atomique, recherches *f/pl.* nucléaires; ~ *waste* déchets *m/pl.* nucléaires; **at·om·ism** ['ætəmizm] atomisme *m*; **at·om·is·tic** (~*ally*) atomistique; **'at·om·ize** pulvériser (*un liquide*); vaporiser; **'at·om·iz·er** pulvérisateur *m*, atomiseur *m*; **'at·o·my** *surt. fig.* squelette *m*.

a·tone [ə'toun]: ~ *for* expier (*qch.*), racheter (*qch.*); **a'tone·ment** expiation *f*, réparation *f*.

a·ton·ic [æ'tɔnik] ℱ atonique; *gramm.* atone; **at·o·ny** ['ætəni] atonie *f* ℱ aveulissement *m*.

a·top F [ə'tɔp] en haut; au sommet; ~ *of* en haut de.

a·tro·cious □ [ə'trouʃəs] atroce; affreux (-euse *f*); **a·troc·i·ty** [ə'trɔsiti] atrocité *f* (*a. fig.*).

at·ro·phy ℱ ['ætrəfi] **1.** atrophie *f*; contabescence *f*; **2.** (s')atrophier.

at·tach [ə'tætʃ] *v/t.* (*to*) attacher (*chose, valeur, sens, etc.*) (à); lier, fixer (à); annexer (*un document*) (à); imputer (*une responsabilité*) (à); ajouter (*de la foi*) (à); prêter (*de l'importance*) (à); 🏛 arrêter (*q.*); saisir (*qch.*); ~ *o.s.* s'attacher à; ~ *value to* attacher du prix à; *v/i.* s'attacher (à, to); **at'tach·a·ble** peut être attaché (à, to); 🏛 saisissable; **at·ta·ché** [ə'tæʃei] attaché *m*; ~ *case* mallette *f* (*pour documents*); **at·tached** [ə'tætʃt]: *be* ~ *to* être atta-

ché à, tenir à; faire parti de, être adjoint à; ~ *house* maison *f* individuelle standard; **at'tach·ment** action *f* d'attacher; attachement *m* (*pour, for*); attache *f*, lien *m*; affection *f* (*pour, for*); ⊕, *machine:* accessoire *m*; attelage *m*; 🏛 saisie-arrêt (*pl.* saisies-arrêts) *f*; contrainte *f* par corps.

at·tack [ə'tæk] **1.** attaquer (*a. fig.*); s'attaquer à (*un travail, un repas, etc.*); *maladie:* s'attaquer à (*q.*); **2.** assaut *m*, attaque *f* (*a.* ℱ); attentat *m* (*à la vie*); ℱ crise *f*; accès *m*; *heart* ~ crise *f* cardiaque; **at'tack·er** agresseur *m*; attaquant(e *f*) *m*.

at·tain [ə'tein] *v/t.* atteindre, arriver à (*a. fig.*); acquérir (*des connaissances*); *v/i.:* ~ *to* atteindre à; atteindre (*un âge*); **at'tain·a·ble** accessible; **at'tain·der** 🏛 confiscation *f* de biens et mort *f* civile; **at'tain·ment** arrivée *f*; *fig.* réalisation *f*; ~*s pl.* connaissance *f*, -s *f/pl.*, savoir *m*.

at·taint 🏛 [ə'teint] frapper (*q.*) de mort civile; *fig.* attaquer; souiller; **at·tar** ['ætə] essence *f* de roses.

at·tem·per [ə'tempə] tremper; adoucir; modérer; accorder (avec, to).

at·tempt [ə'tempt] **1.** essayer (de, to), tâcher (de, to); ~ *the life of* attenter à la vie de; **2.** tentative *f*, essai *m*, effort *m* (de, to); attentat *m* (contre la vie de q., [up]on *s.o.'s life*).

at·tend [ə'tend] *v/t.* assister à; aller à; servir; visiter; soigner (*un malade*); accompagner; suivre (*un cours*); *v/i.* faire attention; assister; se charger (de, to); s'appliquer (à, to); ~ *on* visiter, soigner (*un malade*); ~ *to* s'occuper de (*affaires etc.*); **at'tend·ance** *hôtel, magasin, etc.:* service *m*; présence *f*; assistance *f* (à, at); ℱ soins *m/pl.* (pour, on), visites *f/pl.* (à, on); assiduité *f* (*aux cours, à l'école*); *hours pl.* of ~ heures *f/pl.* de présence; *be in* ~ être de service (auprès de, on); F *dance* ~ faire les trente-six volontés (de, on); **at'tend·ant 1.** qui accompagne, qui sert, qui suit (q., [up]on *s.o.*); qui assiste; concomitant; **2.** serviteur *m*, domestique *mf*; surveillant(e *f*) *m*; *théâ.* ouvreuse *f*; gardien(ne *f*) *m*; appariteur *m*; ⊕ surveillant *m*, soigneur *m*; ∼s *pl.* personnel *m*.

at·ten·tion [ə'tenʃn] attention *f* (*a. fig.* = civilité); ✗ ∼! garde à vous!; *see call*; *give*; *pay*; **at'ten·tive** □ attentif (-ive *f*) (à, to); soucieux (-euse *f*) (de, to); *fig.* empressé (auprès de, to).

at·ten·u·ate [ə'tenjueit] atténuer (*a. fig.*); amincir; raréfier (*un gaz etc.*); **at'ten·u·at·ed** atténué; amaigri; ténu; **at·ten·u'a·tion** atténuation *f*; amaigrissement *m*.

at·test [ə'test] attester, certifier (*a. fig.*); (*a. v/i.* ∼ to) témoigner de; affirmer sous serment; ᵗ⁄ᵢ assermenter (*q.*); *surt.* ✗ faire prêter serment à (*q.*); **at·tes·ta·tion** [ætes'teiʃn] attestation *f*; témoignage *m*; prestation *f* de serment; *surt.* ✗ assermentation *f*; **at'test·er**, **at·test·or** [ə'testə] témoin *m* (ᵗ⁄ᵢ instrumentaire); ᵗ⁄ᵢ certificateur *m*.

At·tic ['ætik] **1.** attique *f*; **2.** ⌂ mansarde *f*, F grenier *m*; ∼s *pl.* combles *m/pl.*; étage *m* mansardé.

at·tire *poét.* [ə'taiə] **1.** vêtir; parer; **2.** costume *m*, vêtements *m/pl.*

at·ti·tude ['ætitjuːd] attitude *f* (envers, to[wards]); pose *f*; position *f* (*d'un avion en vol*); strike an ∼ poser, prendre une attitude dramatique; ∼ of mind disposition *f* d'esprit; manière *f* de penser; **at·ti'tu·di·nize** poser; faire des grâces.

at·tor·ney [ə'tɔːni] mandataire *m/f*; *Am.* avoué *m*; ᵗ⁄ᵢ *Am.* circuit ∼, district ∼ procureur *m* de la République; *letter* (*ou warrant*) *of* ∼ procuration *f*; *power of* ∼ pouvoirs *m/pl.*; ♀ *General* avocat *m* du Gouvernement; procureur *m* général; *Am.* chef *m* du Ministère de Justice.

at·tract [ə'trækt] attirer (*a. l'attention*); *fig.* séduire; avoir de l'attrait pour; **at'trac·tion** [∼kʃn] attraction *f*; *fig.* attrait *m*; *théâ.* attraction *f*; clou *m* (*du spectacle*); **at'trac·tive** [∼tiv] □ *usu. fig.* attrayant, attirant; *théâ.* alléchant; **at'trac·tive·ness** attrait *m*, charme *m*.

at·trib·ut·a·ble [ə'tribjutəbl] imputable; **at·tri·bute 1.** [ə'tribjuːt] imputer, attribuer; prêter (*une qualité, des vertus*); **2.** ['ætribjuːt] attribut *m*, qualité *f*; apanage *m*; symbole *m*; *gramm.* épithète *f*; **at·tri·bu·tion** [ætri'bjuːʃn] attribution

f, imputation *f* (à, to); affectation *f* (à un but); compétence *f*; **at·trib·u·tive** *gramm.* [ə'tribjutiv] **1.** □ qualificatif (-ive *f*); **2.** épithète *f*.

at·tri·tion [ə'triʃn] attrition *f*; usure *f* par le frottement; ⊕ usure *f*, *machine*: fatigue *f*; war of ∼ guerre *f* d'usure.

at·tune [ə'tjuːn] ♩ accorder, *fig.* harmoniser (avec, to).

au·burn ['ɔːbən] châtain roux, blond ardent; acajou.

auc·tion ['ɔːkʃn] **1.** (*a. sale by* ∼) vente *f* aux enchères; vente *f* à l'encan; *sell by* (*Am. at*) ∼, *put up for* ∼ vendre aux enchères; vendre à la criée (*du poisson etc.*); **2.** (*usu.* ∼ *off*) vendre aux enchères; **auc·tion·eer** [∼ʃə'niə] commissaire-priseur *m* (*pl.* commissaires-priseurs) *m*.

au·da·cious [ɔː'deiʃəs] □ audacieux (-euse *f*), hardi; *péj.* effronté, cynique; **au·dac·i·ty** [ɔː'dæsiti] audace *f*; hardiesse *f* (*a. péj.*); *péj.* effronterie *f*, cynisme *m*.

au·di·bil·i·ty [ɔːdi'biliti] perceptibilité *f*; **au·di·ble** ['ɔːdəbl] perceptible; intelligible (*voix etc.*).

au·di·ence ['ɔːdjəns] audience *f* (avec *of*, with); assistance *f*, assistants *m/pl.* (*à une réunion*); public *m*, spectateurs *m/pl.* (*au théâtre*); auditeurs *m/pl.* (*au concert*).

au·di·o... ['ɔːdiou] audio-; **au·di·o·fre·quen·cy** [∼'friːkwənsi] *radio:* audiofréquence *f*; **au·di·o·phile** ['∼fail] amateur *m* de hi-fi; **au·di·o·vis·u·al aids** [∼'vizjuəl eidz] support *m* audio-visuel.

au·dit ['ɔːdit] **1.** *comptes:* vérification *f*; **2.** vérifier, apurer (*des comptes*); *univ.* † assister à (*un cours*); **au·di·tion** audition *f*; 'au·di·tor commissaire *m* aux comptes; expert *m* comptable; auditeur *m* (*surt. univ.*); **au·di·to·ri·um** [∼'tɔːriəm] salle *f*; *eccl.* parloir *m*; *Am.* salle *f* (de concert, de conférence, etc.); **au·di·to·ry** ['∼təri] **1.** auditif (-ive *f*); de l'ouïe; **2.** auditoire *m*; auditeurs *m/pl.*; *see auditorium*.

au·ger ⊕ ['ɔːgə] perçoir *m*; tarière *f*.

aught [ɔːt] quelque chose *m*; *for* ∼ *I care* pour ce qui m'importe; *for* ∼ *I know* autant que je sache.

aug·ment [ɔːg'ment] *v/t.* augmenter, accroître; *v/i.* augmenter, s'accroître; **aug·men'ta·tion** augmentation *f*, accroissement *m*; **aug·'ment·a·tive** □ [ˌ~tətiv] augmentatif (-ive *f*).

au·gur [ˈɔːgə] 1. augure *m*; 2. augurer; prédire; *v/i.* être de bon *ou* de mauvais augure; **au·gu·ry** [ˈɔːgjuri] augure *m*; F présage *m*; science *f* des augures.

Au·gust 1. [ˈɔːgəst] août *m*; 2. ♀ □ [ɔːˈgʌst] auguste, imposant; **Augus·tan** [ɔːˈgʌstən] d'Auguste; *littérature anglaise:* de la reine Anne.

auk *orn.* [ɔːk] pingouin *m*.

aunt [ɑːnt] tante *f*; ♀ *Sally* jeu *m* de massacre; **aunt·ie, aunt·y** F [ˈˌti] tata *f*; ma tante.

au pair [əuˈpɛə] (*a. ~ girl*) jeune fille *f* au pair.

au·ral [ˈɔːrəl] de l'oreille.

au·re·ole [ˈɔːrioul] *eccl., astr.* auréole *f*; *saint:* gloire *f*.

au·ri·cle *anat.* [ˈɔːrikl] auricule *f*; **au·ric·u·la** ♀ [əˈrikjulə] auricule *f*; **au·ric·u·lar** □ [ɔːˈrikjulə] auriculaire; de l'oreille, des oreillettes du cœur; *witness* témoin *m* auriculaire.

au·rif·er·ous [ɔːˈrifərəs] aurifère.

au·rist *ℱ* [ˈɔːrist] auriste *m*.

au·rochs *zo.* [ˈɔːrɔks] bœuf *m* urus.

au·ro·ra [ɔːˈrɔːrə] Aurore *f* (*fig.* ♀); *~ borealis* aurore *f* boréale; **au·'ro·ral** auroral (-aux *m/pl.*); de l'aurore.

aus·cul·ta·tion *ℱ* [ɔːskəlˈteiʃn] auscultation *f*.

aus·pice [ˈɔːspis] augure *m*; *~s pl.* auspices *m/pl.*; **aus·pi·cious** □ [ˌ~ˈpiʃəs] propice, prospère, heureux (-euse *f*).

Aus·sie F [ˈɔsi] 1. Australien(ne *f*) *m*; 2. australien(ne *f*).

aus·tere □ [ɔsˈtiə] austère; frugal (-aux *m/pl.*) (*repas*); sans luxe (*chambre etc.*); cénobitique (*vie*); **aus·ter·i·ty** [ˈteriti] austérité *f*; sévérité *f* de goût; absence *f* de luxe; *~ budget* budget *m* d'austérité.

aus·tral [ˈɔːstrəl] austral (-als *ou* -aux *m/pl.*).

Aus·tra·lian [ɔsˈtreiljən] 1. australien(ne *f*) *m*; 2. Australien(ne *f*) *m*.

Aus·tri·an [ˈɔstriən] 1. autrichien (-ne *f*) *m*; 2. Autrichien(ne *f*) *m*.

au·tarch·y [ˈɔːtɑːki] autarchie *f* (= *souveraineté*); *Am. see autarky*.

au·tark·y [ˈɔːtɑːki] autarcie *f*.

au·then·tic [ɔːˈθentik] (ˌ~əlly) authentique; digne de foi; **au·then·ti·cate** [ˌ~keit] certifier, légaliser,

valider, viser (*un acte etc.*); établir l'authenticité de; **au·then·ti·'ca·tion** certification *f*; validation *f*; **au·then·tic·i·ty** [ˌ~ˈtisiti] authenticité *f*; crédibilité *f*.

au·thor [ˈɔːθə] auteur *m* (*a. fig.*); écrivain *m*; **au·thor·ess** [ˈɔːθəris] femme *f* auteur; femme *f* écrivain; **au·thor·i·tar·i·an** [ɔːθɔriˈtɛəriən] autoritaire (*a. su./m*); **au·'thor·i·ta·tive** □ [ˌ~tətiv] autoritaire; péremptoire; qui fait autorité (*document*); de bonne source; **au·'thor·i·ta·tive·ness** autorité *f*; ton *m* autoritaire; **au·'thor·i·ty** autorité *f* (sur, over); ascendant *m* (sur, over); domination *f*; autorisation *f*, mandat *m* (de *inf.*, to *inf.*); qualité *f* (pour *inf.*, to *inf.*); expert *m* (dans qch., on *s.th.*); source *f* (de renseignements); *surt. ~s pl.* l'administration *f*; *on good ~* de bonne source; *on the ~* sur la foi de (*q.*); *I have it on the ~ of Mr. X* je le tiens de Monsieur X; **au·thor·i·za·tion** [ɔːθəraiˈzeiʃn] autorisation *f*; pouvoir *m*; mandat *m*; **'au·thor·ize** autoriser, sanctionner; donner mandat à; **'au·thor·ship** profession *f* ou qualité *f* d'auteur; *livre:* paternité *f*.

au·tism [ˈɔːtizm] autisme *m*; **au·tis·tic** [ɔːˈtistik] autistique.

au·to [ˈɔːtou] auto(mobile) *f*.

au·to... [ɔːto] auto-...

au·to·bi·og·ra·pher [ɔːtobaiˈɔgrəfə] autobiographe *m*; **au·to·bi·o·'graph·ic, au·to·bi·o·'graph·i·cal** □ [ˌ~oˈgræfik(l)] autobiographique; **au·to·bi·og·ra·phy** [ˌ~ˈɔgrəfi] autobiographie *f*. [*torcade*.\

au·to·cade *Am.* [ˈɔːtoukeid] *see mo-*\

au·to·car [ˈɔːtoukɑː] autocar *m*.

au·toch·thon [ɔːˈtɔkθən] autochthone *m* (= *aborigène*); **au·'toch·tho·nous** autochthone.

au·toc·ra·cy [ɔːˈtɔkrəsi] autocratie *f*; **au·to·crat** [ˈɔːtɔkræt] autocrate *m*; **au·to·'crat·ic, au·to·'crat·i·cal** □ autocratique; autocrate (*personne*); absolu (*caractère*).

au·tog·e·nous weld·ing ⊕ [ɔːˈtɔdʒənəsˈweldiŋ] soudure *f* (à l')autogène.

au·to·gi·ro ≶ [ˈɔːtouˈdʒaiərou] autogyre *m*.

au·to·graph [ˈɔːtəgrɑːf] 1. autographe *m*; *~ album* keepsake *m*; 2. signer, dédicacer; ⊕ autographier; **au·to·graph·ic** [ˌ·'græfik] (*ally*) autographe; ⊕ autographique; **au·tog·ra·phy** [ɔː'tɔgrəfi] autographe *m*; ⊕ autographie *f*.

au·to·mat *Am.* ['ɔːtəmæt] restaurant *m* à distributeurs automatiques; **aut·o·mate** ['ˌ·meit] automatiser; **au·to·mat·ic** [ˌ·'mætik] (ˌally) 1. automatique; inconscient; ~ machine distributeur *m*; ~ telephone (téléphone *m*) automatique *m*; mot. ~ transmission transmission *f* automatique; 2. *Am.* automatique *m*; **au·tom·ation** ⊕ automatisation *f*; **au·toma·ton** [ɔː'tɔmətən], *pl.* -tons, -ta [ˌtə] automate *m* (*a. fig.*).

au·to·mo·bile *surt. Am.* ['ɔːtəməbiːl] automobile *f*; F voiture *f*.

au·ton·o·mous [ɔː'tɔnəməs] autonome; **au'ton·o·my** autonomie *f*.

au·top·sy ['ɔːtəpsi] autopsie *f*.

au·to·type ⊕ ['ɔːtətaip] fac-similé *m*.

au·tumn ['ɔːtəm] automne *m*; **autum·nal** [ɔː'tʌmnəl] automnal (-aux *m/pl.*); d'automne.

aux·il·ia·ry [ɔːg'ziljəri] 1. auxiliaire, subsidiaire (à, to); 2. (*a. ~ verb*) *gramm.* verbe *m* auxiliaire; auxiliaries *pl.* (troupes *f/pl.*) auxiliaires *m/pl.*

a·vail [ə'veil] 1. servir (à), être utile (à) (*q.*); ~ *o.s.* of profiter de (*qch.*); user de (*qch.*); saisir (*une opportunité*); 2. avantage *m*, utilité *f*; of no ~ inutile; *of what* ~ *is it?* à quoi bon?; à quoi sert de (*inf.*, to *inf.*)?; **a·vaila'bil·i·ty** disponibilité *f*; billet: durée *f*, validité *f*; **a'vail·a·ble** □ disponible; libre; accessible; valable, bon(ne *f*), valide; **a'vailments** *pl.* disponibilités *f/pl.*

av·a·lanche ['ævəlɑːnʃ] avalanche *f*.

av·a·rice ['ævəris] avarice *f*; mesquinerie *f*; **av·a'ri·cious** □ avare, avaricieux (-euse *f*).

a·venge [ə'vendʒ] venger; prendre la vengeance de (*q.*); ~ *o.s.* (*ou* be ~d) (up)on se venger de *ou* sur; *avenging angel* divinité *f* vengeresse; **a'veng·er** vengeur (-eresse *f*) *m*.

av·e·nue ['ævinjuː] avenue *f*; chemin *m* d'accès; promenade *f* plantée d'arbres; *Am.* boulevard *m*.

a·ver [ə'vəː] avérer, affirmer, déclarer; 🏛 prouver; alléguer.

av·er·age ['ævəridʒ] 1. moyenne *f*; ⚓ avarie *f*; ⚓ *general* ~ avaries *f/pl.* communes; ⚓ *particular* ~ avarie *f*

particulière; *on an* ~ en moyenne; 2. □ moyen(ne *f*); *fig.* ordinaire, normal (-aux *m/pl.*); 3. prendre *ou* faire *ou* établir la moyenne (de, of); donner une moyenne (de, at).

a·ver·ment [ə'vəːmənt] affirmation *f*; 🏛 allégation *f*; preuve *f*.

a·verse □ [ə'vəːs] opposé (à to, from); ennemi (de); **a'verse·ness**, **a'ver·sion** aversion *f* (pour to, from); répugnance *f* (à); *he is my aversion* il est mon cauchemar.

a·vert [ə'vəːt] détourner (*a. fig.*); écarter.

a·vi·ar·y ['eivjəri] volière *f*.

a·vi·ate ✈ ['eivieit] voler; **a·vi'ation** aviation *f*; vol *m*; ~ *ground* aérodrome *m*; **'a·vi·a·tor** aviateur (-trice *f*) *m*.

av·id □ ['ævid] avide (de of, for); **a·vid·i·ty** [ə'viditi] avidité *f* (de, pour for).

av·o·ca·do ♦ [ævou'kɑːdou] (*a.* ~ *pear*) avocat *m*.

av·o·ca·tion [ævo'keiʃn] occupation *f*; vocation *f*; profession *f*; métier *m*.

a·void [ə'void] éviter; se soustraire à; se dérober à; 🏛 résoudre, annuler, résilier (*un contrat etc.*); **a'voida·ble** évitable; **a'void·ance** action *f* d'éviter; *usu. eccl.* vacance *f*; 🏛 contrat *etc.*: résolution *f*, annulation *f*, résiliation *f*.

av·oir·du·pois ✝ [ævədə'poiz] poids *m* du commerce; *Am. sl.* poids *m*, pesanteur *f*.

a·vouch [ə'vautʃ] garantir; reconnaître; *see avow*.

a·vow [ə'vau] reconnaître; s'avérer; déclarer; **a'vow·al** aveu *m*; **a'vowed·ly** [ˌidli] franchement, ouvertement.

a·wait [ə'weit] attendre (*a. fig.*).

a·wake [ə'weik] 1. éveillé; attentif (-ive *f*); be ~ *to* avoir conscience de; *wide* ~ bien *ou* tout éveillé; *fig.* averti, avisé; 2. [*irr.*] *v/t.* (*usu.* **a'wak·en**) éveiller; réveiller; ~ *s.o. to* ouvrir les yeux à *q.* sur; *v/i.* se réveiller, s'éveiller; prendre conscience (de *qch.*, to *s.th.*).

a·ward [ə'wɔːd] 1. adjudication *f*, sentence *f* arbitrale; récompense *f*; *Am.* bourse *f*; 🏛 dommages-intérêts *m/pl.*; 2. adjuger, décerner; accorder; conférer (*un titre etc.*).

a·ware [ə'wɛə]: be ~ avoir connaissance (de, of); avoir conscience (de, *of*); ne pas ignorer (qch., *of s.th.*; que, *that*); become ~ of prendre connaissance *ou* conscience de; **a'ware·ness** conscience *f*.

a·wash ⚓ [ə'wɔʃ] à fleur d'eau; ras (*écueil*); *fig.* inondé.

a·way [ə'wei] (au) loin; dans le lointain; absent; à une distance de; *do* ~ *with* supprimer; ~ *with it!* emportez-le!; ~ *with you!* allez-vouz-en!; *Am.* F ~ *back* il y a (déjà) longtemps; dès (*une date*); *I cannot* ~ *with it* je ne peux pas sentir cela.

awe [ɔ:] crainte *f*, terreur *f* (de, *of*); *qqfois* respect *m* (pour, *of*); terreur *f* religieuse; effroi *m* religieux; **awe·some** ['~səm] *see awful*; **'awe·struck** frappé d'une terreur profonde religieuse *ou* mystérieuse; intimidé.

aw·ful □ ['ɔ:ful] redoutable, effroyable; F fameux (-euse *f*); fier (-ère *f*), affreux (-euse *f*); caractère *m* terrible; solennité *f*; **'aw·ful·ness** caractère *m* terrible; solennité *f*.

a·while [ə'wail] un moment; pendant quelque temps.

awk·ward □ ['ɔ:kwəd] gauche, maladroit; gêné; fâcheux (-euse *f*), gênant; incommode, peu commode; **'awk·ward·ness** gaucherie *f*; maladresse *f*; manque *m* de grâce; embarras *m*; inconvénient *m*.

awl [ɔ:l] alêne *f*, poinçon *m*.

awn ♣ [ɔ:n] barbe *f*, barbelure *f*.

awn·ing ['ɔ:niŋ] ⚓, *a. voiture*: tente *f*; *boutique*: banne *f*; *théâtre, hôtel*: marquise *f*; ⚓ tendelet *m*.

a·woke [ə'wouk] *prét. et p.p. de awake 2.*

a·wry [ə'rai] de travers; de guingois; *go* ~, *turn* ~ aller de travers.

axe [æks] **1.** hache *f*; F *the* ~ coupe *f*; *traitement, personnel, etc.*: réductions *f/pl.*; *have an* ~ *to grind* avoir un intérêt personnel à servir; **2.** *v/t.* F faire des coupes dans; mettre à pied (*des fonctionnaires*).

ax·i·om ['æksiəm] *principe*: axiome *m*; **ax·i·o'mat·ic** (~*ally*) axiomatique; F évident.

ax·is ['æksis], *pl.* **ax·es** ['~si:z] axe *m*.

ax·le ⊕ ['æksl] tourillon *m*; arbre *m*; (*a.* ~*-tree*) essieu *m*.

ay(e) [ai] **1.** *parl.* oui; ⚓ ~, ~*l* bien (monsieur)!; **2.** oui *m*; *parl.* voix *f* pour; *the* ~*s have it* le vote est pour.

a·za·lea ♣ [ə'zeiljə] azalée *f*.

az·i·muth *astr.* ['æzimɔθ] azimut *m*; ~ *instrument* compas *m* de relèvement; **az·i·muth·al** [~'mju:θl] azimutal (-aux *m/pl.*).

a·zo·ic *géol.* [ə'zouik] azoïque.

az·ure ['æʒə] **1.** d'azur, azuré; **2.** azur *m*.

B

B, b [biː] B *m*, b *m*.

baa [baː] **1.** bêler; **2.** bêlement *m*.

Bab·bitt *Am.* [ˈbæbit] philistin *m*; affreux bourgeois *m*; ⊕ ♀ metal métal *m* blanc antifriction.

bab·ble [ˈbæbl] **1.** babiller; jaser; murmurer; gazouiller; raconter (*qch.*) en babillant; **2.** babil(lage) *m*, babillement *m*; bavardage *m*, jaserie *f*; murmure *m*; ˈ**bab·bler** bavard(e *f*) *m*; jaseur (-euse *f*) *m*.

babe [beib] *poét.* petit(e) enfant *m(f)*.

Ba·bel [ˈbeibl] *bibl.* Tour *f* de Babel; *fig.* brouhaha *m*, vacarme *m*.

ba·boon *zo.* [bəˈbuːn] babouin *m*.

ba·by [ˈbeibi] **1.** bébé *m*; poupon(ne *f*) *m*; poupard *m*; F it's your ~ c'est votre affaire; F be left holding the ~ rester avec l'affaire sur les bras; **2.** d'enfant, de bébé, petit; ~ act *usu.* plead (*ou* play) the ~ *Am.* plaider son inexpérience; appuyer sa défense sur sa minorité; ~ **boom** montée *f* en flèche des naissances; ˈ~**car·riage** *Am.* voiture *f* d'enfant; ˈ~**farm·er** personne *f* qui prend des enfants en nourrice; *péj.* faiseuse *f* d'anges; ~ **grand** ♩ piano *m* (à) demi-queue; ˈ**ba·by·hood** [ˈ~hud] première enfance *f*; bas âge *m*; ˈ**ba·by·ish** □ puérile *m* de bébé.

Bab·y·lo·ni·an [bæbiˈlounjən] **1.** babylonien(ne *f*); **2.** Babylonien(ne *f*) *m*.

ba·by…: ˈ~**mind·er** nourrice *f*; ˈ~**sit** [*irr.* (sit)] veiller sur un enfant; faire du baby-sitting; ˈ**ba·by'sit·ter** baby-sitter *m*, garde-bébé *mf* (*pl.* gardes-bébés).

bac·ca·lau·re·ate [bækəˈlɔːriit] baccalauréat *m*; *univ. usu.* licence *f* (ès *lettres*, ès *sciences*, etc.).

Bac·cha·nal [ˈbækənl] *see* Bacchant; ˈ**Bac·cha·nals** *pl.*, **Bac·cha·na·li·a** [ˌ~ˈneiljə] *pl.* bacchanales *f/pl.*; **Bac·cha'na·li·an 1.** bachique; **2.** *fig.* noceur *m*.

Bac·chant [ˈbækənt] adorateur *m* de Bacchus; (*a.* **Bac·chante** [bəˈkænti]) bacchante *f*.

bach·e·lor [ˈbætʃələ] célibataire *m*, garçon *m*; *hist.* bachelier *m*; *univ.* licencié(e *f*) *m*; ~ **girl** garçonne *f*; **bach·e·lor·hood** [ˈ~hud] célibat *m*; vie *f* de garçon.

bac·il·la·ry [bəˈsiləri] bacillaire; **ba·cil·lus** [ˌ~əs], *pl.* **-li** [ˌ~lai] bacille *m*.

back [bæk] **1.** *su. personne, animal:* dos *m*; reins *m/pl.*; *revers m*; *chaise:* dossier *m*; *salle, armoire, scène:* fond *m*; *tête, maison:* derrière *m*; *foot., maison:* arrière *m*; (at the) ~ of au fond de; *put one's* ~ *into it* y aller de tout son cœur; F *put s.o.'s* ~ *up* mettre q. en colère; faire rebiffer q.; **2.** *adj.* arrière, de derrière, de derrière (*pièce*); sur la cour (*chambre d'hôtel*); *gramm.* vélaire; ~ *for·mation* dérivation *f* régressive; ~ *issue* ancien numéro *m*, ancien volume *m*; ~ *pay* (*ou salary*) rappel *m* de traitement; **3.** *adv.* en arrière; de retour; **4.** *v/t.* renforcer (*un mur, une carte*); endosser (*un livre*); parier sur, miser sur (*un cheval*); appuyer, (*a.* ~ *up*) soutenir; servir de fond à; reculer (*une charrette*); faire (re)culer (*un cheval*); refouler (*un train*); mettre en arrière (*une machine*); ✝ endosser (*un effet*); financer (*q.*); ♻ ~ *the sails* masquer les voiles; ~ *water*, ~ *the oars* ramer à rebours; scier; ~ *up* prêter son appui à (*qch.*, *q.*); *v/i.* aller en arrière; marcher à reculons; reculer (*cheval*); faire marche arrière (*voiture*); ravaler (*vent*); F se dégager (de, *out of*); F ~ *down* en rabattre; rabattre (de, *from*); ˈ~**ache** mal *m* aux reins; ~ **al·ley** *Am.* rue *f* misérable (*dans le bas quartier*); ˈ~**bas·ket** hotte *f*; ˈ~**bench·er** membre *m* du Parlement sans portefeuille; ˈ~**bend** *sp.* pont *m*; ˈ~**bite** *irr.* (bite)] médire de (*q.*); ˈ~**board** dossier *m*; ♣ planche *f* à dos; ˈ~**bone** échine *f*; colonne *f* vertébrale; *fig.* caractère *m*, fermeté *f*; *to the* ~ *fig.* à la moelle des os; ˈ~**chat** impertinence *f*, répliques *f/pl.* impertinentes; ˈ~**cloth** *théâ.*

toile f de fond; '~·date antidater; ~d to avec effet rétroactif à, avec rappel à compter de; '~·'door porte f de derrière; fig. petite porte f; '~·'drop théâ. toile f de fond; **backed** à dos, à dossier; phot. ocré (plaque); ~ **entrance** entrée f de derrière; '**back·er** parieur (-euse f) m; partisan m; ✝ donneur m d'aval; commanditaire m.

back...: '~·'fire mot. 1. pétarde f; 2. pétarder; ~'**gam·mon** trictrac m; jacquet m; '~·**ground** fond m, arrière-plan m; '~·'**hand 1.** coup m fourré; tennis: revers m; 2. déloyal (-aux m/pl.); de revers; '~·'**hand·ed** renversé; fig. équivoque; '~·'**hand·er** see back-hand 1; riposte f inattendue; '~·**lash** contre-coup m, répercussion (s pl.) f, fig. a. réaction f brutale; '~·**log** réserve f; arriéré m; '~·**pack** sac m à dos; '~·**pay** rappel m de salaire; '~·**ped·al** contre-pédaler; ~ling brake frein m par contrepédalage; '~·**side** derrière m; '~·**sight** hausse f; surv. coup m arrière; '~·**slap·per** Am. luron m; '~·**slide** [irr. (slide)] retomber dans l'erreur m; rechuter; '~·**slid·er** relaps(e f) m; '~·**slid·ing** récidive f; '~·**stage** derrière la scène, dans les coulisses; '~·**stairs** escalier m de service; '~·**stitch 1.** point m arrière (coul.); 2. coudre à points de piqûre; ~ **street** rue f latérale, petite rue f; '~·**stroke** (ou ~ swimming) nage f sur le dos; ~ **talk** Am. impertinence f; ~ **to back** sp. Am. F l'un après l'autre; ~ **to front** sens devant derrière; '~·**track** Am. F fig. s'en retourner (chez soi etc.).

back·ward ['bækwəd] **1.** adj. attardé, arrière (personne); en arrière, rétrograde; en retard; peu empressé (à inf., in gér.); **2.** adv. (a. '**back·wards**) en arrière; walk backwards and forwards aller et venir; **back·ward·a·tion** ✝ Br. déport m; '**back·ward·ness** retard m; hésitation f, lenteur f (a. d'intelligence); tardiveté f.

back...: '~·**wa·ter** eau f arrêtée; bras m de décharge; remous m; '~·**wheel** roue f arrière; roue f motrice; ~ drive pont m arrière; '~·**woods** pl. forêts f/pl. de l'intérieur (de l'Amérique du Nord); '~·**woodsman** colon m des forêts (de l'Amérique du Nord).

ba·con ['beikən] lard m; F save one's ~ sauver sa peau; se tirer d'affaire; sl. bring home the ~ revenir triumphant; décrocher la timbale.

bac·te·ri·al ☐ [bæk'tiəriəl] bactérien(ne f); **bac·te·ri·o·log·i·cal** ☐ [bæktiəriə'lɔdʒikl] bactériologique; **bac·te·ri·ol·o·gist** [~'ɔlədʒist] bactériologiste m; **bac·te·ri·um** [~iəm], pl. -ri·a [~riə] bactérie f.

bad ☐ [bæd] mauvais; triste (affaire); avarié (viande); piteux (-euse f) (état); méchant (enfant); grave (accident); malade; faux (fausse f) (monnaie); vilain (mot. a. Am.); F not ~ pas mal du tout; not too ~ comme ci comme ça; things are not so ~ ça ne marche pas si mal; he is ~ly off il est mal loti; ~ly wounded gravement blessé; F want ~ly avoir grand besoin de.

bade [beid] prét. de bid 1.

badge [bædʒ] insigne m; fig. symbole m.

badg·er ['bædʒə] **1.** zo. blaireau m; **2.** tracasser, harceler, importuner.

bad·lands Am. ['bæd'lændz] pl. terres f/pl. incultivables.

bad·min·ton sp. ['bædmintən] badminton m.

bad·ness ['bædnis] mauvaise qualité f; mauvais état m; méchanceté f (d'une personne).

bad-tem·pered ['bæd'tempəd] grincheux (-euse f); acariâtre.

baf·fle ['bæfl] dérouter (q., des soupçons); faire échouer (un projet etc.); confondre; dépister; it ~s description il défie toute description; **baf·fling** déconcertant.

bag [bæg] **1.** sac m; sacoche f; bourse f; F poche f (sous l'œil); chasse: tableau m; sl. ~s pl. pantalon m; Am. F it's in the ~ c'est dans le sac; départ ~ and baggage emporter ses cliques et ses claques; **2.** (se) gonfler, bouffer; v/t. mettre en sac; F chiper, voler; chasse: abattre, tuer.

bag·a·telle [bægə'tel] bagatelle f; billard m anglais.

bag·gage ['bægidʒ] Am. bagages m/pl.; ~ **al·low·ance** franchise f de bagages; ~ **car** 🚆 fourgon m aux bagages; '~·**check** bulletin m de bagages; ~ **rack** auto: galerie f; 🚆 porte-bagages m/inv.; ~ **re·claim** (guichet m de) remise f des bagages; ~ **room** consigne f.

bag·ging ['bægiŋ] mise *f* en sac; toile *f* à sac.

bag·gy ['bægi] bouffant; pendant (*joues*); formant poches (*pantalon*).

bag...: '~·**man** F commis *m* voyageur; '~·**pipe** cornemuse *f*; '~·**snatch·er** voleur *m* à la tire.

bail[1] [beil] **1.** garant *m*; caution *f*; 𝔯𝔱 *admit* to ~ accorder la liberté provisoire sous caution à (*q.*); *be* (*ou go ou stand*) ~ *for* fournir caution pour; **2.** cautionner; ~ *out* se porter caution pour (*q.*).

bail[2] ⚓ [~] écoper.

bail[3] [~] *cricket:* ~s *pl.* bâtonnets *m/pl.*, barrettes *f/pl.*

bail[4] [~] *baquet etc.:* poignée *f.*

bail·a·ble 𝔯𝔱 ['beiləbl] admettant l'élargissement *m* sous caution.

bail·ee 𝔯𝔱 [bei'li:] dépositaire *m*; emprunteur (*-euse f*) *m.*

bail·er ⚓ ['beilə] **1.** écope *f*; **2.** écoper.

bail·iff ['beilif] ✿ régisseur *m*, intendant *m*; 𝔯𝔱 agent *m* de poursuites, huissier *m.*

bail·ment 𝔯𝔱 ['beilmənt] dépôt *m* (*de biens*); mise *f* en liberté sous caution.

bail·or ['beilə] déposant *m*; prêteur (*-euse f*) *m*; 𝔯𝔱 caution *f.*

bairn *écoss.* [beən] enfant *mf.*

bait [beit] **1.** amorce *f*; appât *m* (*a. fig.*); *a. fig.* take the ~ mordre à l'hameçon; **2.** *v/t.* amorcer (*un piège, une ligne, etc.*); faire manger (*un cheval pendant une halte*); *fig.* harceler; importuner; *v/i.* se restaurer; s'arrêter pour se refraîchir.

bait·ing ['beitiŋ] harcelage *m*; amorcement *m.*

baize ✝ [beiz] serge *f*; tapis *m* vert.

bake [beik] **1.** (faire) cuire; *v/i.* boulanger; F brûler; ✿ *potatoes pl.* pommes *f/pl.* (de terre) au four; **2.** soirée *f*; '~·**house** fournil *m*, boulangerie *f.*

ba·ke·lite ⊕ ['beikəlait] bakélite *f.*

bak·er ['beikə] boulanger *m*; '**bak·er·y** boulangerie *f*; '**bak·ing** rôtissant, desséchant (*soleil*); F brûlant; ~ *hot* torride; '**bak·ing-pow·der** poudre *f* à lever; '**bak·ing-so·da** bicarbonate *m* de soude.

bak·sheesh ['bækʃiːʃ] bakchich *m.*

bal·a·lai·ka [bælə'laikə] balalaïka *f.*

bal·ance ['bæləns] **1.** balance *f*; *fig.* équilibre *m*, aplomb *m*; *montre:* balancier *m*, *a. horloge:* régulateur *m*;

✝ solde *m*; bilan *m*; *surt. Am.* F reste *m*; ~ *in hand* solde *m* créditeur; ~ *of payments* balance *f* des paiements; *see* strike 2; ~ *of power* balance *f* politique; ~ *of trade* balance *f* commerciale; *see* strike 2; **2.** *v/t.* balancer; équilibrer, stabiliser; compenser; faire contrepoids à; ✝ balancer, solder; dresser le bilan de; *v/i.* se faire équilibre; se balancer; '~-**sheet** ✝ bilan *m.*

bal·co·ny ['bælkəni] balcon *m*; *théâ.* deuxième balcon *m.*

bald [bɔ:ld] chauve; *fig.* nu; dénudé.

bal·da·chin ['bɔ:ldəkin] baldaquin *m.*

bal·der·dash ['bɔ:ldədæʃ] bêtises *f/pl.*, baliverness *f/pl.*

bald...: '~-**head**, '~-**pate** tête *f* chauve; '~-**head·ed** à la tête chauve; *go into* bans (*qch.*) tête baissée; '**bald·ness** calvitie *f*; *fig.* nudité *f*; *surt. style:* sécheresse *f.*

bale[1] ✝ [beil] balle *f*, ballot *m.*

bale[2] ⚓ [~] *v/t.* écoper; *v/i.* ✈ ~ *out* sauter en parachute.

bale·fire ['beilfaiə] ✝ feu *m* d'alarme; *see* bonfire; bûcher *m* funéraire.

bale·ful □ ['beilful] sinistre; funeste.

balk [bɔ:k] **1.** bande *f* de délimitation; billon *m*; *fig.* obstacle *m*; **2.** *v/t.* contrarier; entraver; éviter (*un sujet*); se soustraire à; frustrer; *v/i.* refuser; reculer (*devant, at*); regimber (*contre, at*).

Bal·kan ['bɔ:lkən] balkanique, des Balkans.

ball[1] [bɔ:l] **1.** *cricket, tennis, hockey, fusil, etc.:* balle *f*; *croquet, neige:* boule *f*; *foot., enfant:* ballon *m*; *billard:* bille *f*; *laine, ficelle:* pelote *f*, peloton *m*; *canon:* boulet *m*; *Am. baseball:* coup *m* manqué; *be on the* ~ être à la hauteur (de la situation); connaître son affaire; *keep the* ~ *rolling* soutenir la conversation; *Am.* F *play* ~ coopérer (*avec, with*); **2.** (s')agglomérer.

ball[2] [~] (*pl.* -s) *m*; F *fig.* have a ~ s'amuser bien; *open the* ~ ouvrir le bal (*a. fig.*).

bal·lad ['bæləd] ballade *f*; ♪ romance *f*; '~-**mon·ger** chansonnier *m.*

ball-and-sock·et ⊕ ['bɔːlən'sɔkit]: ~ *joint* joint *m* à rotule.

bal·last ['bæləst] **1.** ⚓ lest *m*; *fig.* esprit *m* rassis; 🚂 ballast *m*, empierrement *m*; *mental* ~ *sens m* rassis; **2.** lester; 🚢 ballaster.

ball...: '**~·bear·ing(s** *pl.*) ⊕ roulement *m* à billes; '**~·boy** *tennis*: ramasseur *m* de balles.

bal·let ['bælei] ballet *m*.

bal·lis·tics [bə'listiks] *usu. sg.* balistique *f*.

bal·loon [bə'lu:n] **1.** 🎈, *a.* 🔬 ballon *m*; ⚗ pomme *f*; *mot.* ~ *tyre* pneu *m* ballon *ou* confort; **2.** monter en ballon; bouffer, se ballonner; **bal·loon fab·ric** entoilage *m*; **bal·loon·ist** aéronaute *m*, aérostier *m*.

bal·lot ['bælət] **1.** (tour *m* de) scrutin *m*; vote *m*; *parl.* tirage *m* au sort; **2.** voter au scrutin; tirer au sort; ~ *for* tirer (*qch.*) au sort; tirer au sort pour; '**~·box** urne *f*.

ball-point-pen ['bɔ:lpɔint'pen] stylo *m* à bille.

ball-room ['bɔ:lrum] salle *f* de bal; *hôtel*: salle *f* de danse.

bal·ly·hoo *Am.* [bæli'hu:] grosse réclame *f*; battage *m*.   [dêver (*q.*).]

bal·ly·rag *F* ['bæliræg] faire en-ʃ

balm [ba:m] baume *m* (*a. fig.*).

bal·mor·al [bæl'mɔrl] (béret *m*) balmoral *m*; (brodequin *m*) balmoral *m*.

balm·y □ ['ba:mi] balsamique; *fig.* embaumé, doux (douce *f*); *F* toqué.

ba·lo·ney *Am. sl.* ['bə'louni] sottises *f/pl.*; foutaise *f*.

bal·sam ['bɔ:lsəm] baume *m*; **bal·sam·ic** [~'sæmik] (~*ally*) balsamique.

bal·us·ter ['bæləstə] balustre *m*.

bal·us·trade [bæləs'treid] balustrade *f*; *fenêtre etc.*: accoudoir *m*, garde-corps *m/inv.*

bam·boo [bæm'bu:] bambou *m*.

bam·boo·zle *F* [bæm'bu:zl] frauder (de, *out of*); amener par ruse (à, *into*).

ban [bæn] **1.** ban *m*, proscription *f*; *eccl.* interdit *m*; **2.** interdire (qch. à q., ~ *s.o. from s.th.*); mettre (*un livre*) à l'index.

ba·na·na 🌿 [bə'na:nə] banane *f*; *Am.* ~ *split* banane *f* à la glace.

band [bænd] **1.** bande *f*; lien *m*; *chapeau etc.*, *frein*: ruban *m*; raie *f*; *deuil*: brassard *m*; ⊕ *roue*: bandage *m*; *reliure*: nerf *m*, nervure *f*; *radio*: bande *f*; ♪ orchestre *m*, musique *f* (*militaire*); **2.** bander; fretter (*un four etc.*); ~ *o.s.*, *be* ~*ed* se bander; *péj.* s'ameuter.

band·age ['bændidʒ] **1.** bandage *m*; bande *f*; bandeau *m*; pansement *m*; *first aid* ~ bandage *m*; pansement *m*; **2.** bander; mettre un pansement à (*une plaie*).   [sparadrap *m.*]

Band-Aid (*TM*) *Am.* ['bændeid]ʃ

ban·dan·(n)a [bæn'dænə] foulard *m*; *F* mouchoir *m*.

band·box ['bændbɔks] carton *m* à chapeaux; carton *m* de modiste; *look as if one came out of a* ~ être tiré à quatre épingles.

ban·dit ['bændit] bandit *m*, brigand *m*; '**ban·dit·ry** brigandage *m*.

band·mas·ter ['bændma:stə] chef *m* d'orchestre *ou* de musique *etc.*

ban·dog † ['bændɔg] mâtin *m*.

ban·do·leer [bændə'liə] bandoulière *f*; cartouchière *f*.

bands·man ['bændzmən] musicien *m*; fanfariste *m*; '**band·stand** kiosque *m* à musique; '**band·wag·on** *Am.* *F pol.* char *m* des musiciens; *fig.* cause *f* victorieuse; *jet* into (*ou* on) *the* ~ se ranger du bon côté.

ban·dy ['bændi] **1.** *sp.* jeu *m* de crosse; ~*-ball* hockey *m*; **2.** (se) renvoyer (*balle, paroles, reproches, etc.*); échanger (*des coups, des plaisanteries*); (*a.* ~ *about*) faire courir (*des bruits*); '**~·leg·ged** bancal (-als *m/pl.*).

bane [bein] *fig.* tourment *m*, malheur *m*; † poison *m*; **bane·ful** □ ['beinful] *fig.* funeste; pernicieux (-euse *f*).

bang [bæŋ] **1.** boum! pan!; *go* ~ éclater; **2.** exactement, pile; directement, en plein; **3.** coup *m*; détonation *f*; *porte*: claquement *m*; **4.** frapper; (faire) claquer *ou* heurter (*la porte*); *F* faire baisser (*le prix*); *sl.* baiser; '**bang·er** pétard *m*; *F* vieux tacot *m*; *F* saucisse; ~*s and mash* saucisses *f/pl.* à la purée.

ban·gle ['bæŋgl] bracelet *m* de poignet *ou* de cheville.

bang-on *F* ['bæŋ'ɔn] exactement, tout juste; *it's* ~ *a.* c'est au poil; il tombe pile; ~ *time* à l'heure pile.

bangs *Am.* [bæŋz] *pl.* coiffure: franges *f/pl.*

bang-up *F* ['bæŋ'ʌp] première classe; chic *adj./inv. en* genre.

ban·ish ['bæniʃ] bannir; proscrire; '**ban·ish·ment** exil *m*, proscription *f*.

ban·is·ters ['bænistəz] *pl.* balustres *m/pl.*; rampe *f*.

ban·jo ♪ ['bændʒou] banjo *m.*

bank [bæŋk] **1.** talus *m;* terrasse *f; sable, brouillard, huîtres:* banc *m; rivière:* berge *f; nuages:* couche *f;* ✝, *a. jeu:* banque *f; ~ of deposit* banque *f* de dépôt; *~ of issue* banque *f* d'émission; *joint-stock ~* banque *f* sous forme de société par actions; **2.** *v/t.* endiguer; terrasser; ⊕ surhausser *(un virage);* ✝ déposer en banque; ✈ pencher; incliner sur l'aile; *v/i.* s'entasser, s'amonceler; avoir un compte de banque *(chez, with);* ✈ virer; pencher l'avion; *~ on* compter sur; miser sur; *~ up* (s')amonceler; **'bank·a·ble** bancable, négociable en banque; **'bank-ac·count** compte *m* en banque; **'bank-bill** effet *m; Am. see banknote;* **'bank·er** banquier *m (a. jeu);* jeu: tailleur *m;* **bank hol·i·day** jour *m* férié; **'bank·ing 1.** *(affaires f/pl.* de) banque *f;* ✈ virage *m* incliné; **2.** de banque, en banque; *~ charges pl.* frais *m/pl.* de banque; *~ hours pl.* heures *f/pl.* d'ouverture des banques; *~ house* maison *f* de banque; **'bank·note** billet *m* de banque; **'bank-rate** taux *m* officiel *ou* de la Banque *ou* de l'escompte; **bank-rupt** ['~rəpt] **1.** (commerçant *m*) failli *m; fraudulent ~* banqueroutier (-ère *f*) *m; ~'s estate* masse *f* des biens (de la faillite); *go ~* faire faillite; **2.** failli; banqueroutier (-ère *f*); *fig. ~ in (ou* of) dépourvu de *(une qualité);* **3.** mettre *(q.)* en faillite; **bank·rupt·cy** ['~rəptsi] faillite *f; fraudulent ~* banqueroute *f; declaration of ~* déclaration *f* de faillite.

ban·ner ['bænə] **1.** bannière *f (a. eccl.);* étendard *m;* **2.** *Am.* excellent, de première classe; principal (-aux *m/pl.*).

banns [bænz] *pl.* bans *m/pl. (de mariage); put up the ~* (faire) publier les bans; *call the ~ of* annoncer le mariage de *(q.).*

ban·quet ['bæŋkwit] **1.** banquet *m;* dîner *m* de gala; **2.** *v/t.* offrir un banquet *etc.* à *(q.); v/i.* F faire festin; *~ing hall* salle *f* de banquet; **'ban·quet·er** banqueteur (-euse *f*) *m.*

ban·shee *écoss., Ir.* [bæn'ʃiː] fée *f* de mauvais augure.

ban·tam ['bæntəm] coq *m* (poule *f*)

Bantam; *fig.* nain *m; sp. ~ weight* poids *m* coq.

ban·ter ['bæntə] **1.** badinage *m;* raillerie *f;* **2.** badiner; railler; **'ban·ter·er** railleur (-euse *f*) *m.*

bap·tism ['bæptizm] baptême *m; ~ of fire* baptême *f* du feu; **bap·tis·mal** [bæp'tizməl] de baptême; baptistaire *(registre).*

bap·tist ['bæptist] *(ana)*baptiste *mf;* **bap·tis·ter·y** ['~tistəri] baptistère *m;* **bap·tize** [~'taiz] baptiser *(a. fig.).*

bar [bɑː] **1.** barre *f (a. métal, a. sable, port);* traverse *f;* bar *m,* estaminet *m; savon:* brique *f; or:* lingot *m;* ♪ barre *f;* mesure *f;* ♯ lame *f;* ⚖ barre *f (des accusés),* barreau *m (des avocats); théa. etc.:* buvette *f; fig.* empêchement *m; sp.* horizontal *~* barre *f* fixe; ⚖ *be called to the ~* être reçu avocat; *prisoner at the ~* accusé(e *f*) *m; stand at the ~* paraître à la barre; **2.** barrer; griller *(une fenêtre);* bâcler *(une porte);* interdire, exclure (de, *from*); rayer *(de lignes);* empêcher (q. de *inf., s.o. from gér.*); *~ out* barrer la porte à; **3.** excepté, sauf, à l'exception de; *~ none* sans exception; *~ one* sauf un(e).

barb [bɑːb] *hameçon:* barbillon *m; flèche:* barbelure *f; plume:* barbe *f; fig.* trait *m* acéré; ⚕ ~ *pl.* arêtes *f/pl.*

bar·bar·i·an [bɑː'bɛəriən] barbare *(a. su./mf);* **bar·bar·ic** [~'bærik] *(~ally)* barbare; rude; **bar·ba·rism** ['~bərizm] barbarie *f,* rudesse *f,* grossièreté *f; ling.* barbarisme *m;* **bar·bar·i·ty** [~'bæriti] barbarie *f,* cruauté *f;* **bar·ba·rize** ['~bəraiz] barbariser; **bar·ba·rous** □ barbare; cruel(le *f*), inhumain.

bar·be·cue ['bɑːbikjuː] **1.** grand châssis *m* pour le rôtissage; animal *m* rôti tout entier; *Am.* grande fête *f (en plein air)* où on rôtit des animaux tout entiers; **2.** griller au charbon de bois *(de la viande);* rôtir tout entier *(un animal).*

barbed barbelé; ⚕ aristé, hameçonné; *~ wire* fil *m* de fer barbelé; *~-wire fence* haie *f* barbelée, haie *f* de barbelés.

bar·bel *icht.* ['bɑːbl] barbeau *m.*

bar·bell *sp.* ['bɑːbel] barre *f* à sphères *ou* à boules.

bar·ber ['bɑːbə] coiffeur *m;* barbier

m; surt. Am. ~ shop salon m de coiffure.

bar·bi·tu·rate [baːˈbitjuərət] barbiturique m.

bard [baːd] barde m; F poète m.

bare [beə] **1.** nu; dénudé; vide; dégarni; sec (sèche f) (as, valet, etc.); the ~ idea la seule pensée; '~·back(ed) □ F à nu, à poil; '~·faced □ F éhonté, cynique; '~·fac·ed·ness effronterie f, cynisme m; '~·foot·ed aux pieds nus; nu-pieds; '~·head·ed nu-tête, (la) tête nue; 'bare·ly à peine, tout juste; 'bare·ness nudité f, dénuement m; style: pauvreté f.

bar·gain ['baːgin] **1.** marché m, affaire f emplette f; occasion f; une véritable occasion; a good (bad) ~ une bonne (mauvaise) affaire; a ~ is a ~ marché conclu reste conclu; F it's a ~! entendu!, convenu!; into the ~ en plus, pardessus le marché; make (ou strike) a ~ conclure un marché (avec, with); ~ basement coin m ou sous-sol m des bonnes affaires; ~ price prix m de solde; ~ sale soldes m/pl.; **2.** négocier; traiter (de, for); marchander (qch., about s.th.); ~ for s'attendre à.

barge [baːdʒ] **1.** chaland m, péniche f; gabare f (à voiles); barge f de parade; ⚓ deuxième canot m; **2.** F se heurter (contre, into); bousculer (q.); ~ in faire irruption; ~ into the conversation se mêler à la conversation; 'bar·gee, 'barge·man chalandier m; gabarier m; F batelier m.

bar·i·ron ['baːaiən] fer m en barres.

bar·i·tone ♪ ['bæritoun] baryton m.

bar·i·um 🜍 ['beəriəm] baryum m.

bark¹ [~] **1.** écorce f; inner ~ liber m; ⊕ tan m; **2.** écorcer, décortiquer; F écorcher (la peau).

bark² [~] **1.** aboyer (après, contre at); glapir (renard); F tousser; F be ~ing up the wrong tree faire fausse route; **2.** aboiement m, aboi m; glapissement m; F toux f.

bark³ [~] ⚓ see barque; poét. barque f.

bar·keep(·er) ['baːkiːp(ə)] cabaretier m; tenancier m d'un bar.

bark·er ['baːkə] aboyeur (-euse f) m (a. fig.); F revolver m.

bar·ley ['baːli] orge f.

barm [baːm] levure f, levain f de bière.

bar·maid ['baːmeid] barmaid f.

bar·man ['baːmən] see bartender.

barm·y ['baːmi] en fermentation; sl. toqué.

barn [baːn] grange f; Am. étable f, écurie f.

bar·na·cle¹ ['baːnəkl] orn. bernacle f; oie f marine; zo. bernache f; anatife m; fig. individu m cramponnant.

bar·na·cle² [~] vét. usu. ~s pl. morailles f/pl.; fig. ~s pl. besicles f/pl.

barn·storm Am. pol. ['baːnstɔːm] faire une tournée de discours électoraux.

ba·rom·e·ter [bəˈrɔmitə] baromètre m; **bar·o·met·ric, bar·o·met·ri·cal** □ [bærə'metrik(l)] barométrique.

bar·on ['bærən] baron m; ~ of beef selle f de bœuf; coal etc. ~ (haut) baron m du charbon etc.; 'bar·on·age baronnage m; barons m/pl.; annuaire m de la noblesse; 'bar·on·ess baronne f; bar·on·et ['~it] baronnet m; bar·on·et·cy ['~si] dignité f de baronnet; ba·ro·ni·al [bə'rouniəl] de baron; F seigneurial (-aux m/pl.); bar·o·ny ['bærəni] baronnie f.

ba·roque [bə'rouk] baroque (a. su./ m), rococo (a. su./m).

barque ⚓ [baːk] trois-mâts barque m.

bar·rack ['bærək] **1.** usu. ~s pl. caserne f; ~ room chambrée f; **2.** v/t. sl. conspuer (q.); v/i. chahuter; '~·square place f d'armes; '~·yard cour f du quartier.

bar·rage ['bærɑːʒ] barrage m; ⚔ tir m de barrage ou sur zone; creeping ~ barrage m rampant.

bar·rel ['bærl] **1.** tonneau m, futaille f, vin etc.: fût m; fusil etc.: canon m; serrure: cylindre m; montre: barillet m; ♪ cylindre m noté; anat. caisse f (du tympan); harengs: caque f; **2.** mettre (qch.) en fûtailler; (souv. ~ off, ~up) encaquer; 'bar·relled en tonneau(x); en caque (harengs); bombé; 'bar·rel·or·gan ♪ orgue m mécanique ou de Barbarie; piano m mécanique.

bar·ren □ ['bærən] stérile; aride (a. fig.); peu fertile (a. fig.); 🜊 improductif (-ive f) (argent); 'bar·ren·ness stérilité f; fig. aridité f.

bar·ri·cade [bæri'keid] **1.** barricade f; **2.** barricader.

bar·ri·er ['bæriə] barrière *f*; obstacle *m* (*a. fig.*); muraille *f* (*de glace*); 🚇 portillon *m* d'accès.

bar·ring ['bɑ:riŋ] *prp.* excepté, sauf; à part.

bar·ris·ter ['bæristə] (*a.* ~*-at-law*) avocat *m*.

bar·row¹ ['bærou] tumulus *m*; tertre *m* funéraire.

bar·row² [~] *see* hand-~, wheel-~; ~**man** marchand *m* des quatre saisons.

bar·tend·er ['bɑ:tendə] buvetier *m*; garçon *m* de comptoir, barman *m*.

bar·ter ['bɑ:tə] **1.** échange *m*; troc *m*; ~ *shop* boutique *f* pour l'échange de marchandises; **2.** échanger, troquer (contre, *for*); *péj.* faire trafic de; *a. fig.* ~ *away* vendre.

bar·y·tone ♩ ['bæritoun] baryton *m*.

ba·salt ['bæsɔ:lt] basalte *m*.

base¹ □ [beis] bas(se *f*), vil; indigne, ignoble; faux (fausse *f*) (*monnaie*).

base² [~] **1.** base *f* (*a.* 🔧, 🔬); fondement *m*; ▲ soubassement *m*; ⊕ socle *m*; *phot.* support *m*; *lampe*, *cartouche*: culot *m*; **2.** *fig.* baser, fonder (sur, [up]on); 🔬 baser; ~ *o.s. on* se baser *ou* fonder sur; ~*d* (*up*)on dépendre de; être fondé sur.

base...: '~**ball** *Am.* base-ball *m*; '~**less** sans base *ou* fondement; '~**line** × base *f* d'approvisionnement; *sp.* ligne *f* de fond; *surv.* base *f*; '**base·ment** soubassement *m*; sous-sol *m*. [*fig.*).]

base·ness ['beisnis] bassesse *f* (*a.*

bash·ful □ ['bæ∫ful] timide; modeste.

bash F [bæ∫] **1.** frapper *ou* cogner dur *ou* fort; **2.** coup *m* violent; *have a* ~ *at* s.th. essayer *qch.*, s'essayer à *qch.*; *have a* ~ *at it* essayer le coup.

bas·ic ['beisik] (~*ally*) fondamental (-aux *m/pl.*); *de* base; 🔬 basique; 🄮 *English* (= *British, American, Scientific, International, Commercial English*) l'anglais *m* basique, le basic *m*; ~ *iron* fer *m* basique; **bas·ics** *pl.*: *the* ~ l'essentiel *m*, les éléments *m/pl.*

ba·sil·i·ca ▲ [bə'zilikə] basilique *f*.

bas·i·lisk ['bæzilisk] **1.** basilic *m*; **2.** de basilic.

ba·sin ['beisn] bassin *m*; *soupe:* écuelle *f*, bol *m*; *lait:* jatte *f*; cuvette *f*; lavabo *m*; ⚓, *géog.* bassin *m*.

ba·sis ['beisis], *pl.* **-ses** ['~si:z] base *f*; fondement *m*; *impôt:* assiette *f*; base *f*; ⚓ station *f*; *take as* ~ se baser sur.

bask [bɑ:sk] se chauffer au soleil, prendre un bain de soleil; F jouir (de, *in*).

bas·ket ['bɑ:skit] corbeille *f*; panier *m*; '~**ball** basket-ball *m*; ~**din·ner**, ~ **sup·per** *Am.* souper *m* en pique-nique; '**bas·ket·ful** plein panier *m*; '**bas·ket-work** vannerie *f*.

bass¹ ♩ [beis] basse *f*.

bass² [bæs] liber *m*; tille *f*, filasse *f*; '~**broom** balai *m*.

bas·si·net [bæsi'net] berceau *m*; voiture *f* d'enfant.

bas·so ♩ ['bæsou] basse *f*.

bas·soon ♩ [bə'su:n] basson *m*.

bast [bæst] liber *m*; tille *f*.

bas·tard ['bæstəd] **1.** □ bâtard; faux (fausse *f*), corrompu; **2.** bâtard(e *f*) *m*; enfant naturel(le *f*); '**bas·tar·dy** bâtardise *f*.

baste¹ [beist] arroser (de graisse) (*un rôti*); F bâtonner (*q.*).

baste² [~] bâtir, baguer.

bas·ti·na·do [bæsti'neidou] **1.** bastonnade *f*; **2.** donner la bastonnade à (*q.*).

bas·tion × ['bæstiən] bastion *m*.

bat¹ [bæt] chauve-souris (*pl.* chauves-souris) *f*; *be blind as a* ~ ne pas y voir plus clair qu'une taupe.

bat² [~] **1.** *cricket:* batte *f*; *ping-pong:* raquette *f*; *baseball:* at ~ (être) à la batte; *Am.* F *come (go) to* ~ *for* porter secours à; *off one's own* ~ *fig.* de sa propre initiative; **2.** manier la batte; être au guichet.

batch [bæt∫] *pain, a. fig.:* fournée *f*; *papiers:* paquet *m*; lot *m*.

bate [beit] diminuer; rabattre (*le prix*); baisser (*la voix*); *with* ~*d breath* en retenant son souffle.

Bath¹ [bɑ:θ]: ~ *brick* brique *f* anglaise; ~ *chair* fauteuil *m* roulant.

bath² [~] **1.** (*pl.* **baths** [bɑ:ðz]) bain *m* (*de boue, de pieds, de soleil, de trempe, de vapeur*; ~ *douche*); ~ *foam* mousse *f* de bain; ~ *house* cabines *f/pl.* de bains; **2.** (se) baigner.

bathe [beið] **1.** (se) baigner; **2.** bain *m* (*de mer etc.*); baignade *f*.

bath·ing ['beiðiŋ] bains *m/pl.* (*de mer etc.*); baignades *f/pl.*; *attr.* de bain(s); ~ **beau·ty** belle baigneuse *f*; '~**cap** bonnet *m* de bain; '~**cos-**

be

'**tume** maillot *m* de bain; '**~-hut** cabine *f* de bains (de plage); **~ re'sort** station *f* balnéaire, plage *f*; '**~-suit** maillot *m* de bain; '**~-trunks** *pl.* caleçon *m* de bain.

ba·thos ['beiθɔs] ampoulé *m*; enflure *f*; anticlimax *m*.

bath...: '**~-robe** *Am.* peignoir *m* de bain; '**~-tow·el** serviette *f* de bain; '**~-tub** baignoire *f*; '**~-wa·ter** eau *f* de bain.

ba·tiste † [bæ'ti:st] batiste *f*.

bat·man ['bætmən] brosseur *m*; ordonnance *mf*.

ba·ton ['bætən] *maréchal, chef d'orchestre, police:* bâton *m*; *police:* matraque *f*.

ba·tra·chi·an [bə'treikjən] batracien *m*.

bats·man ['bætsmən] *cricket etc.:* batteur *m*.

bat·tal·ion [bə'tæljən] bataillon *m*.

bat·ten ['bætn] 1. latte *f* (*a.* ⏚), latte *f* (*a.* ⏚); 2. *v/t.* latter; (⏚ **~down**) assujettir; *v/i.* repaître (de, [up]on).

bat·ter ['bætə] 1. *cricket:* batteur *m*; *cuis.* pâte *f* frite; 2. battre; (*a.* ~ *a.*) frapper avec violence; bossuer (*un chapeau etc.*); rouer (*q.*) de coups; ✗ battre en brèche; fig. critique: démolir (*q.*); '**bat·ter·ed** délabré, bossué; maltraité; **~ babies** enfants *m/pl.* martyrs; '**bat·ter·ing-ram** bélier *m*; '**bat·ter·y** batterie *f*; *Am. baseball:* the ~ le lanceur et le batteur; ✗ *a.* ⊕ batterie *f*; ⚡ pile *f*; accumulateur *m*; ⚖ voie *f* de fait; rixe *f*; *assault and* ~ (menaces *f/pl.* et) voies *f/pl.* de fait; '**bat·ter·y-charg·ing 'sta·tion** ⚡ station *f* de charge; '**bat·ter·y-'op·er·at·ed** ⚡ à piles.

bat·tle ['bætl] 1. bataille *f*, combat *m*; ~ *royal* bataille *f* en règle; mêlée *f* générale; 2. se battre, lutter (pour, *for*; avec, *with*; contre, *against*); '**~-axe** hache *f* d'armes; *Am. fig.* mégère *f*.

bat·tle·dore ['bætldɔ:] *lessive:* battoir *m*; raquette *f*.

bat·tle-field ['bætlfi:ld], **bat·tle-ground** ['~graund] champ *m* de bataille.

bat·tle·ments ['bætlmənts] *pl.* créneaux *m/pl.*; parapet *m*.

bat·tle...: '**~-plane** ✗ avion *m* de combat; '**~-ship** ✗ cuirasse *m* (de ligne).

bat·tue [bæ'tu:] battue *f*; F carnage *m*.

bau·ble ['bɔ:bl] babiole *f*; fanfreluche *f*.

baulk [bɔ:k] *see* balk.

baux·ite *min.* ['bɔ:ksait] bauxite *f*.

baw·bee *écoss.* [bɔ:'bi:] *see* halfpenny.

bawd [bɔ:d] procureuse *f*; '**bawd·y** obscène; ordurier (-ère *f*) (*propos*).

bawl [bɔ:l] brailler; hurler; crier à tue-tête; F beugler; **~out** brailler *etc.*; gueuler; *Am. sl.* injurier; F engueuler (*q.*).

bay¹ [bei] 1. bai (*cheval*); isabelle; 2. cheval *m* bai; isabelle *m*.

bay² [~] baie *f*; golfe *m*; anse *f*; échancrure *f*; ~ *salt* sel *m* de mer; *cuis.* gros sel *m*.

bay³ △ [~] travée *f*; claire-voie (*pl.* claires-voies) *f*; enfoncement *m*; 🚇 quai *m* subsidiaire.

bay⁴ [~] laurier *m*.

bay⁵ [~] 1. aboyer; hurler (*chien*); ~ *at* hurler *etc.* à; 2. *stand at* ~ s'acculer à *ou* contre (*qch.*); être aux abois; *bring to* ~ keep (*ou* hold) *at* ~ acculer (*un cerf*).

bay·o·net ✗ ['beiənit] 1. baïonnette *f*; 2. percer d'un coup de baïonnette; passer (*des gens*) à la baïonnette; '**~-catch** ⊕ encliquetage *m*.

bay·ou *géog.* ['baiu:] bras *m* marécageux (*de rivière*).

bay win·dow ['bei'windou] fenêtre *f* en saillie; *Am. sl.* bedaine *f*.

ba·zaar [bə'zɑ:] bazar *m*; vente *f* de charité.

be [bi:; bi] (*irr.*) 1. être; se trouver; *there is, there are* il y a; *here's to you(r health)!* à votre santé!; *here you are again!* vous revoilà!; ~ *about* (*gér.*) être occupé à (*inf.*), de (*qch.*); ~ *after* venir après (*q.*); F être en quête de (*q.*); ~ *at* s'occuper de (*qch.*); ~ *off* s'en aller; partir; finir; couper (*courant*); ~ *off with you!* allez-vous-en!; filez!; ~ *on* at s.o. harceler *q.*; ~ *on* to être en contact avec; être sur la piste de; être aux trousses de (*q.*); ~ *ing* avec inf. *pour exprimer la durée ou une action incomplète:* ~ *reading* (être en train de) lire (*etc.*); 2. *v/aux. et inf. pour exprimer le devoir, l'intention ou la possibilité:* I *am to inform you* je suis chargé de vous faire savoir; *it is (not) to* ~ *seen* on (ne) peut (pas) le voir *ou* visiter; *if* *he were to die* s'il mourait; **4.** *v/aux. et p.p. à la voix passive:* se rend ordinairement *par* on et la voix active, ou par la voix passive, ou par un verbe réfléchi; *I am asked on* me demande.

beach [biːtʃ] **1.** plage *f*, grève *f*; **2.** ⚓ échouer; tirer à sec; '**~-ball** ballon *m* de plage; '**~-comb·er** ⚓ rôdeur *m* de grève; *sl.* propre *m* à rien; '**~-head** ╳ tête *f* de pont.

bea·con ['biːkn] **1.** † feu *m* d'alarme; feu *m* de joie; ⚓ phare *m*, fanal *m*; balise *f*; **2.** baliser; éclairer.

bead [biːd] **1.** perle *f* (*d'émail etc.*); goutte *f* (*de sueur etc.*); *pneu:* talon *m*; *chapelet:* grain *m*; *fusil:* guidon *m*; ~s *pl.* a. chapelet *m*; **2.** *v/t.* couvrir *ou* orner de perles; ⊕ appliquer une baguette sur; *v/i.* perler; '**bead·ing** ⊕, △ baguette *f*.

bea·dle ['biːdl] bedeau *m*; *univ.* appariteur *m*.

bead·y ['biːdi] qui perle; percé en vrille (*yeux*).

beak [biːk] bec *m*; F nez *m* crochu; '**beaked** à bec; crochu (*nez*).

beak·er ['biːkə] gobelet *m*; coupe *f*.

beam [biːm] **1.** *bois:* poutre *f*; solive *f*; *charrue:* flèche *f*; *fig.* rayon *m*; éclat *m*; ⊕ balancier *m*; ⚓ bau *m*, barrot *m* de pont; *chasse:* merrain *m* (*bois de cerf*); *radio:* (wireless ~) faisceau *m* hertzien; *phare:* faisceau *m*; F *fig.* be off (the) ~ faire fausse route, faire erreur; F *fig.* be on (the) ~ être sur la bonne voie; **2.** *v/i. a. fig.* rayonner (*fig.* with); *v/t.* émettre (*des ondes etc.*); transmettre (*par ondes dirigées*); '**~·ends** *pl.:* the ship is on her ~ le navire est engagé; F *fig.* be on one's ~ F être à la côte.

bean [biːn] fève *f*; grain *m* (*de café*); *Am. sl.* tête *f*, caboche *f*; F full of ~s plein d'entrain; *sl.* give s.o. ~s laver la tête à q.; '**~-feast**, bean·o *sl.* ['biːnou] régal *m*; *sl.* bombe *f*.

bear[1] [bɛə] **1.** ours(e *f*) *m*; *fig.* homme *m* maussade; † *sl.* baissier *m*; **2.** † spéculer à la baisse; prendre position à la baisse.

bear[2] [~] (*irr.*) **1.** *v/t.* porter (*qch., épée, nom, date, amour etc.*); jouir de (*une réputation*); supporter (*poids, frais, conséquences*); soutenir (*un poids*); souffrir (*une douleur etc.*); tolérer, supporter, souffrir; ~ away (r)emporter, enlever; ~ down vaincre; accabler; ~ out emporter;

confirmer (*une assertion*); ~ up soutenir; résister à; **2.** *v/i.* endurer; avoir rapport (à, *upon*); porter; ⚓ (*avec adv.*) faire route; ⚓ ~ down upon courir sur (*qch.*); ~ to the right prendre à droite; ~ up tenir bon; ~ up! courage!; ~ (up)on porter sur; peser sur; ~ with se montrer indulgent pour; supporter; bring to ~ mettre (*qch.*) en action; braquer (*une lunette*) (sur, [*up*]on); **bear·a·ble** ['bɛərəbl] supportable.

beard [biəd] **1.** barbe *f*; ♀ arête *f*; **2.** *v/t.* braver, défier, narguer (*q.*); '**beard·ed** barbu; '**beard·less** imberbe; sans barbe.

bear·er ['bɛərə] porteur (-euse *f*) *m*; *passeport:* titulaire *mf*; † *chèque:* porteur *m*; ⊕ support *m*.

bear·ing ['bɛəriŋ] port *m* (*d'armes, de nouvelles*; *a.* = maintien); allure *f*, maintien *m*; capacité *f* de supporter; appui *m*; ⚓ relèvement *m*; ⊕ *souv.* ~s *pl.* palier *m*; coussinet *m*, -s *m/pl.*; ~s *pl.* ⃟ armoiries *f/pl.*; blason *m*; lose one's ~s perdre le nord, être désorienté; take one's ~s s'orienter, se repérer.

bear·ish ['bɛəriʃ] d'ours; bourru (*personne*); à la baisse (*tendance*).

beast [biːst] bête *f*; *fig. a.* animal *m*, brute *f*; ~s *pl.* bétail *m*; '**beast·li·ness** bestialité *f*, brutalité *f*; F saleté *f*; '**beast·ly** brutal (-aux *m/pl.*), brutal (-aux *m/pl.*); F sale, dégoûtant; *fig. adv.* terriblement.

beat [biːt] **1.** (*irr.*) *v/t.* battre (*a. chasse:* un bois; *a.* ♩ la mesure); donner des coups de bâton à; cogner à (*une porte*); *oiseau:* battre de (*l'aile*); dépasser (*q.*); (*a.* ~ out) aplatir, marteler (*un métal*); frayer, battre (*un chemin*); F assommer; F devancer (*q.*); *Am.* F rouler, refaire (*q.*); *Am. sl.* ~ it! filez!; ~ the air F taper dans le vide; *Am.* F ~ s the band ça c'est le comble; ~ one's brains se creuser la cervelle; ╳ ~ a retreat battre en retraite; *Am.* F ~ one's way to gagner (*un endroit, souv. sans payer*); ~ down (r)abattre; donner à plomb (sur, [*up*]on); † faire baisser le prix à (*q.*); marchander (*avec*) ~ up fouetter (*œufs, crème etc.*); recruter (*des partisans*); *Am.* F rosser (*q.*); *v/i.* battre; ~ about the bush tourner autour du pot; **2.** battement *m* (*a. phys.*); pulsation *f*; *tambour:* batte-

beefy

rie *f*; ♪ mesure *f*, temps *m*; *police*: ronde *f*; *chasse*: battue *f*; *radio*: battement *m*; *Am.* reportage *m* sensationnel que l'on est le premier à publier; *fig.* domaine *m*; **3.** F battu, confondu; F ~ out épuisé; **'beat·en** *p.p.* de beat **1**; *adj.* battu (*chemin*, *métal*); **'beat·er** batteur (-euse *f*) *m*; battoir *m* (de laveuse); *chasse*: rabatteur *m*, traqueur *m*.

be·a·tif·ic [biə'tifik] béatifique; *wear a* ~ *smile* rire aux anges; **be·at·i·fi·ca·tion** *eccl.* [bi:ætifi'keiʃn] béatification *f*; **be'at·i·fy** *eccl.* béatifier; **be'at·i·tude** [~tju:d] béatitude *f*.

beau [bou], *pl.* **beaux** [bouz] galant *m*, prétendant *m*; dandy *m*, élégant *m*; ~ *ideal* idéal *m*.

beau·ti·cian [bju:'tiʃən] esthéticien(ne *f*)*m*, visagiste *mf*.

beau·ti·ful □ ['bju:təful] beau (bel *devant une voyelle ou un h muet*; belle *f*; beaux *m/pl.*); *the* ~ *people* les gens chic; *the* ~ *people of Paris a.* le Tout-Paris.

beau·ti·fy ['bju:tifai] embellir.

beau·ty ['bju:ti] beauté *f* (*a.* = *belle femme*); F drôle *m* de type; *Sleeping* ♀ *Belle f au bois dormant*; ~ *par-lo(u)r*, ~ *shop* institut *m* de beauté; ~ *spot* mouche *f* (*collée sur le visage*); *lieu*: coin *m* pittoresque.

bea·ver ['bi:və] *zo.* castor *m*; † chapeau *m* de castor; F barbu *m*; *casque*: visière *f*.

be·calm [bi'kɑ:m] abriter, déventer (*un navire*); *poét.* calmer; ♎ ~ed accalminé.

be·came [bi'keim] *prét.* de become.

be·cause [bi'kɔz] parce que; ~ *of* à cause de.

beck [bek] signe *m* (*de tête etc.*).

beck·on ['bekn] faire signe (à *q.*).

be·cloud [bi'klaud] ennuager, voiler.

be·come [bi'kʌm] [*irr.* (come)] *v/i.* devenir; se faire; advenir (de *q.*, *of s.o.*); *v/t.* convenir à, aller (bien) à; **be'com·ing** □ convenable, bienséant; seyant (*costume etc.*).

bed [bed] **1.** lit *m* (*a. d'un fleuve etc.*); banc *m* (*d'huîtres*); tanière *f* (*d'un animal*); ♪ fleurs: parterre *m*; *légumes*: planche *f*; ⊕ sommier *m*; assise *f*; *chaussée etc.*: assiette *f*; ~ *and breakfast* chambre(*s pl.*)*f* (*avec petit déjeuner*); **2.** mettre au lit; faire la litière à (*un cheval etc.*); ♪ ~ (out) dépoter.

be·daub [bi'dɔ:b] barbouiller (de peinture).

be·daz·zle [bi'dæzl] aveugler, éblouir.

bed-clothes ['bedkloudz] *pl.* draps *m/pl.* de lit.

bed·ding ['bedin] literie *f*; litière *f*; ~(-out) *plantes*: dépotage *m*.

be·deck [bi'dek] parer, orner.

be·dev·il [bi'devl] ensorceler; *fig.* tourmenter, lutiner; **be'dev·il·ment** ensorcellement *m*; vexation *f*.

be·dew [bi'dju:] humecter de rosée; *poét.* baigner.

bed·fel·low ['bedfelou] compagnon *m* de lit.

be·dim [bi'dim] obscurcir.

be·diz·en [bi'daizn] attifer; chamarrer (*a. fig.*).

bed·lam ['bedləm] F maison *f* de fous; **bed·lam·ite** ['~mait] F fou *m*, folle *f*.

bed·lin·en ['bedlinin] draps *m/pl.* de lit et taies *f/pl.*

bed·ou·in ['beduin] **1.** bédouin(e *f*); **2.** Bédouin(e *f*) *m*.

bed·pan ['bedpæn] bassin *m* de lit.

be·drag·gle [bi'drægl] tacher de boue; crotter.

bed...: '~**·rid**(**·den**) cloué au lit; '~**·rock** *géol.* roche *f* de fond; tuf *m*; *fig.* fondement *m*, fond *m*; '~**·room** chambre *f* (à coucher); ~ *suite:* at the ~ au chevet (*de q.*); ♣ *good* ~ *manner* bonne manière *f* professionnelle; ~ *lamp* lampe *f* de chevet; ~ *rug* descente *f* de lit; '~**·sit·ting-room** pièce *f* unique avec lit *ou* divan; '~**·sore** escarre *f*; '~**·space** *hôtel etc.*: lits *m/pl.*; '~**·spread** dessus *m* de lit; '~**·stead** châlit *m*; '~**·straw** ♀ gaillet *m*; '~**·tick** toile *f* à matelas; '~**·time** heure *f* du coucher.

bee [bi:] abeille *f*; *Am.* réunion *f* pour travaux en commun; F *have a* ~ *in one's bonnet* avoir une araignée au plafond.

beech ♀ [bi:tʃ] hêtre *m*; '~**·nut** faîne *f*.

beef [bi:f] **1.** bœuf *m*; F muscle *m*; **2.** *Am.* F grommeler, se plaindre; '~**·eat·er** hallebardier *m* (*à la Tour de Londres*); ~ *steak* ['bi:fsteik] bifteck *m*; ~ *tea* *cuis.* jus *m* de viande de bœuf; consommé *m*; '**beef·y** F musculeux (-euse *f*).

bee...: '~·hive ruche f; '~·keep·er apiculteur m; '~·keep·ing apiculture f; '~·line ligne f à vol d'oiseau; Am. make a ~ for aller droit vers (qch.); '~·mas·ter apiculteur m.

been [bi:n, bin] p.p. de be.

beer [biə] bière f; ~ on tap bière f à la pression; small ~ petite bière f; F détail m, petite affaire f; ~ can boîte f de bière; ~·en·gine pompe f à bière; '**beer·y** F un peu gris.

bees·wax ['bi:zwæks] cire f d'abeilles.

beet ♀ [bi:t] betterave f; white ~ bette f, poirée f; betterave f à sucre; red ~ betterave f rouge.

bee·tle¹ ['bi:tl] **1.** mailloche f; maillet m; **2.** damer.

bee·tle² [~] **1.** coléoptère m.

bee·tle³ [~] **1.** bombé (front); touffu (sourcils); **2.** v/i. surplomber.

beet·root ['bi:tru:t] Brit. betterave f.

beet·sug·ar ['bi:tʃugə] sucre m de betterave.

be·fall [bi'fɔ:l] [irr. (fall)] arriver ou survenir à (q.).

be·fit [bi'fit] convenir ou seoir à (q., qch.).

be·fog [bi'fɔg] envelopper de brouillard; fig. obscurcir.

be·fool [bi'fu:l] duper, mystifier.

be·fore [bi'fɔ:] **1.** adv. lieu: en avant; devant; temps: auparavant; avant; **2.** cj. avant que; **3.** prp. lieu: devant; temps: avant; be ~ one's time être en avance; be ~ s.o. être en présence de q.; fig. attendre q.; devancer q.; ~ long avant longtemps; ~ now déjà; be·'fore·hand préalablement; d'avance.

be·foul [bi'faul] souiller, salir.

be·friend [bi'frend] venir en aide à (q.); secourir (q.).

beg [beg] v/t. mendier; solliciter; prier; supplier (q. de faire qch.); I ~ your pardon je vous demande pardon; plaît-il?; ~ the question supposer vrai ce qui est en question; v/i. mendier (qch. à q., for s.th. of s.o.); demander, prier; faire le beau (chien); † I ~ to inform you j'ai l'honneur de vous faire savoir.

be·gan [bi'gæn] prét. de begin.

be·get [bi'get] [irr. (get)] engendrer; **be·'get·ter** père m; F auteur m (de, of).

beg·gar ['begə] **1.** mendiant(e f) m; F individu m; diable m; **2.** de men-

diant; **3.** réduire (q.) à la mendicité; it ~s all description cela ne peut pas se décrire, cela défie toute description; '**beg·gar·ly** chétif (-ive f); mesquin; '**beg·gar·y** mendicité f, misère f; reduce to ~ réduire à la mendicité.

be·gin [bi'gin] [irr.] v/i. commencer (à, de to; par, à at); se mettre (à inf., to inf.); ~ (up)on s.th. entamer qch.; to ~ with pour commencer; (tout) d'abord; to ~ by (gér.) commencer par (inf.); v/t. commencer; **be·'gin·ner** commençant(e f) m; **be·'gin·ning** commencement m; début m; from the ~ dès le commencement.

be·gird [bi'gə:d] [irr. (gird)] ceindre, entourer (de, with).

be·gone [bi'gɔn] partez!, hors d'ici!

be·go·ni·a ♀ [bi'gounjə] bégonia m.

be·got, be·got·ten [bi'gɔt(n)] prét. et p.p. de beget.

be·grime [bi'graim] noircir, salir.

be·grudge [bi'grʌdʒ] envier, mesurer (qch. à q., s.o. s.th.).

be·guile [bi'gail] enjôler, tromper; distraire; soutirer (qch. à q., s.o. out of s.th.); faire passer (le temps); ~ s.o. into (gér.) induire q. à (inf.).

be·gun [bi'gʌn] p.p. de begin.

be·half [bi'ha:f]: on (ou in) ~ of au nom de; de la part de; en faveur de; † au compte de.

be·have [bi'heiv] se conduire, se comporter (bien, mal, etc.); ~ yourself (yourselves)! sois (soyez) sage(s)!; **be·'hav·io(u)r** [~jə] conduite f (avec, envers to[wards]); tenue f (a. d'une voiture); machine: allure f, fonctionnement m; be on one's best ~ se surveiller; **be·'hav·io(u)r·al** [~jərəl] de comportement; behavioriste; ~ pattern type m de comportement; ~ psychology psychologie f du comportement.

be·head [bi'hed] décapiter; **be·'head·ing** décapitation f.

be·hest poét. [bi'hest] ordre m.

be·hind [bi'haind] **1.** adv. (par) derrière; en arrière; en retard; be ~ with s.th. être en retard dans qch.; **2.** prp. derrière; en arrière ou en retard sur; see time; **3.** F derrière m, postérieur m.

be·hold [bi'hould] [irr. (hold)] voir, apercevoir; ~! voyez!; **be·'hold·en** redevable (à, to); **be·'hold·er** témoin m; spectateur (-trice f) m.

bend

be·hoof [bi'hu:f]: *to* (*for, on*) (*the*) ~ *of* au profit de, à l'avantage de.

be·hove [bi'houv]: *it ~s* s.o. *to* (*inf.*) il appartient à q. de (*inf.*).

beige [beiʒ] **1.** *tex.* beige *f*; **2.** beige; blond.

be·ing [bi:iŋ] être *m*; existence *f*; *in* ~ vivant; existant; *come into* ~ prendre naissance; se produire.

be·la·bo(u)r F [bi'leibə] rouer (*q.*) de coups.

be·laid [bi'leid] *prét. et p.p. de* belay.

be·lat·ed [bi'leitid] attardé (*personne*); tardif (-ive *f*) (*regret, heure, etc.*).

be·laud [bi'lɔ:d] combler (*q.*) de louanges.

be·lay [bi'lei] [*irr.*] ⚓ tourner, amarrer; *alp.* assurer; **be'lay·ing** tournage *m*.

belch [beltʃ] éructer; *sl.* roter; ~ *forth* (*ou* out) vomir (*des flammes etc.*).

bel·dam [beldəm] mégère *f*; vieille sorcière *f*.

be·lea·guer [bi'li:gə] assiéger.

bel·fry [belfri] beffroi *m*, clocher *m*.

Bel·gian [beldʒən] **1.** belge, de Belgique; **2.** Belge *mf*.

be·lie [bi'lai] démentir; donner un démenti à; faire mentir.

be·lief [bi'li:f] croyance *f* (à, *in*; en Dieu, *in God*); *fig.* confiance *f*; *past all* ~ incroyable; *to the best of my* ~ autant que je sache.

be·liev·a·ble [bi'li:vəbl] croyable.

be·lieve [bi'li:v] *v/i.* croire (à, en *in*); F (*not*) ~ *in* (ne pas) être partisan de (*qch.*); (ne pas) avoir confiance dans (*qch.*); *v/t.* croire; **be'liev·er** croyant(e *f*) *m*.

Be·li·sha bea·con [bə'li:ʃə'bi:kən] globe *m* orange (*indiquant un passage clouté*).

be·lit·tle [bi'litl] *fig.* décrier, amoindrir.

bell¹ [bel] **1.** cloche *f*; sonnette *f*; timbre *m*; sonnerie *f* (*électrique*); ♻ clochette *f*; △ campane *f*; vase *m*; ⚓ coup *m*; ♪ trompette: pavillon *m*; **2.** *v/t.* ~ *the cat* attacher le grelot.

bell² *chasse:* [~] **1.** bramer; **2.** brament *m*.

bell-boy *Am.* [belbɔi] *see* bellhop.

belle [bel] beauté *f*.

bell···: '~**flow·er** campanule *f*; '~**found·er** fondeur *m* de cloches; '~**hop** *Am. sl.* chasseur *m*.

bel·li·cose [belikous] belliqueux

(-euse *f*); **bel·li·cos·i·ty** [~'kɔsiti] bellicosité *f*; humeur *f* belliqueuse.

bel·lied [belid] ventru.

bel·lig·er·ent [bi'lidʒərənt] belligérant(e *f*) (*a. su./mf*).

bel·low [belou] **1.** beugler; mugir (*a.* F); **2.** beuglement *m*; F hurlement *m*.

bel·lows [belouz] *pl.:* (*a pair of*) ~ (un) soufflet *m*; *sg. phot.* soufflet *m*.

bell···: '~**pull** cordon *m* de sonnette; '~**push** poussoir: bouton *m*; '~**weth·er** sonnailler *m*; '~**wire** fil *m* à sonnerie.

bel·ly [beli] **1.** ventre *m*; ~ *button* F nombril *m*; ~ *flop* plat-ventre *m/inv.*; ⚚ *~ landing* atterrissage *m* sur le ventre; ~ *laugh* gros rire *m*; **2.** (s')enfler, (se) gonfler.

be·long [bi'lɔŋ] appartenir (à, *to*); faire partie (de, *to*); être (à, de *to a place*); *Am.* ~ *with* aller avec; **be·'long·ings** [~iŋz] *pl.* affaires *f/pl.*; effets *m/pl.*

be·lov·ed [bi'lʌvd] **1.** aimé; **2.** chéri (-e *f*); bien-aimé(e *f*) *m*.

be·low [bi'lou] **1.** *adv.* en bas, (au-)dessous; *poét.* ici-bas; **2.** *prp.* au-dessous de; *fig.* ~ *me* indigne de moi (*de inf.*, *to inf.*).

belt [belt] **1.** ceinture *f*; porte-jarretelles *m*; *fig.* zone *f*, bande *f*; ✂ ceinturon *m*; ⊕ courroie *f*; ⚓ ceinture *f* cuirassée; *box. below the* ~ déloyal (-aux *m/pl.*) (*coup*); *green* ~ ceinture *f* verte; *mot. seat ~* ceinture *f* de sécurité; **2.** ceindre; entourer (*qch.*) d'une ceinture; *Am.* F ~ *out* faire retentir *ou* éclater.

bel·ve·dere [belvidiə] △ belvédère *m*; mirador *m*; pavillon *m*.

be·moan [bi'moun] pleurer, déplorer (*qch.*).

be·mused ☐ [bi'mju:zd] confus, embrouillé; rêveur(-euse *f*).

bench [bentʃ] banc *m*; banquette *f*; siège *m* (*du juge*); magistrature *f*; menuiserie: établi *m*; *see* treasury; **'bench·er** membre *m* du conseil d'une École de droit.

bend [bend] **1.** tournant *m*; *chemin:* coude *m*; courbure *f*; courbe *f*; *fleuve:* sinuosité *f*; ⚓ bande *f*; ⚓ nœud *m*; **2.** [*irr.*] (se) courber; *v/i.* tourner (*route*); *v/t.* plier; fléchir; baisser (*la tête*); tendre (*un arc*); fixer (*les regards*); porter (*les pas* *vers qch.*); appliquer (*l'esprit*); ⚓ enverguer.

be·neath [bi'ni:θ] *see below.*

ben·e·dick ['benidik] nouveau marié *m* (*surt. vieux garçon*).

Ben·e·dic·tine [beni'diktin] *eccl.* Bénédictin(e *f*) *m*; [ˌtin] *liqueur:* Bénédictine *f*.

ben·e·dic·tion *eccl.* [beni'dikʃn] bénédiction *f*; bénédicité *m* (*avant les repas*).

ben·e·fac·tion [beni'fækʃn] bienfait *m*; donation *f*; œuvre *f* de charité; **'ben·e·fac·tor** bienfaiteur *m*; **ben·e·fac·tress** ['ˌtris] bienfaitrice *f*.

ben·e·fice ['benifis] bénéfice *m*; **be·nef·i·cence** [bi'nefisəns] bienfaisance *f*; **be'nef·i·cent** □ bienfaisant; salutaire.

ben·e·fi·cial □ [beni'fiʃl] avantageux (-euse *f*), salutaire, utile; ~ *interest* usufruit *m*; ⚖ ~ *owner* usufruitier (-ère *f*) *m*; **ben·e'fi·ci·ar·y** ⚖, *eccl.* bénéficier (-ère *f*) *m*; bénéficiaire *mf*; ayant droit (*pl.* ayants droit).

ben·e·fit ['benifit] **1.** avantage *m*, profit *m*; *théa.* représentation *f* au bénéfice (*de q.*); indemnité *f* (*de chômage*); ~ *of the doubt* bénéfice *m* du doute; *for the* ~ *of* à l'intention de; au bénéfice de; **2.** *v/t.* profiter à; être avantageux (-euse *f*) à; faire du bien à; *v/i.* profiter (*de by, from*).

be·nev·o·lence [bi'nevələns] bienveillance *f*, bonté *f*; **be'nev·o·lent** □ (*envers, to*) bienveillant; charitable; ~ *society* association *f* de bienfaisance.

Ben·gal [beŋ'gɔ:l] du Bengale; **Ben·gal·i** [ˌli] **1.** bengali; **2.** *ling.* bengali *m*; Bengali *mf*.

be·night·ed [bi'naitid] anuité *m*; surpris par la nuit; *fig.* aveugle; plongé dans l'ignorance.

be·nign □ [bi'nain] bénin (-igne *f*) (*a.* ⚕); doux (douce *f*); favorable; **be·nig·nant** □ [bi'nignənt] bénin (-igne *f*); bienveillant; **be'nig·ni·ty** bienveillance *f*, bonté *f*; ⚕, *a.* climat: bénignité *f*.

bent¹ [bent] **1.** *prét. et p.p. de* *bend* **2.**; ~ *on* acharné à; **2.** penchant *m*, disposition *f* (*pour, for*); *to the top of one's* ~ tant qu'on peut.

bent² ♧ [~] jonc *m*; agrostide *f*; prairie *f*.

be·numb [bi'nʌm] engourdir (*a.* F); transir.

ben·zine ⚗ ['benzi:n] benzine *f*.

ben·zol(e) ⚗ ['benzɔl] benzol *m*.

be·queath [bi'kwi:ð] léguer.

be·quest [bi'kwest] legs *m*.

be·rate [bi'reit] réprimander.

be·reave [bi'ri:v] [*irr.*] priver; *be* ~*d of* perdre (*q. par la mort*); ~*d* affligé; **be'reave·ment** perte *f* (*d'un père etc.*); deuil *m*.

be·reft [bi'reft] *prét. et p.p. de* *bereave.*

be·ret ['berei] béret *m*.

Ber·lin [bə:'lin] **1.** de Berlin; ~ *black* vernis *m*; **2.** *voiture:* berline *f*; (*usu.* ~ *glove*) gant *m* de laine de Berlin; (*usu.* ~ *wool*) laine *f* de Berlin.

ber·ry ['beri] ♧ baie *f*.

berth [bə:θ] **1.** ⚓ évitée *f*; couchette *f*; *fig.* place *f*; emploi *m*; *give s.o. a wide* ~ éviter q.; **2.** *v/t.* accoster (*un navire*) le long du quai; *v/i.* mouiller; aborder à quai.

ber·yl *min.* ['beril] béryl *m*.

be·seech [bi'si:tʃ] [*irr.*] supplier (*q. de inf., s.o. to inf.*); implorer; **be'seech·ing** □ suppliant.

be·seem [bi'si:m]: *it* ~*s* il sied (à q. *de inf., s.o. to inf.*).

be·set [bi'set] [*irr.* (set)] assaillir; serrer de près; assiéger; ~*ting sin* péché *m* d'habitude.

be·side [bi'said] **1.** *adv. see besides*; **2.** *prp.* à côté de (*a. fig.*); auprès de; ~ *o.s.* transporté (*de joie etc., with*); *be* ~ *the purpose* ne pas entrer dans les intentions (*de q.*); ~ *the question* en dehors du sujet; **be'sides** [ˌdz] **1.** *adv.* en plus, en outre; d'ailleurs; **2.** *prp. fig.* sans compter; en plus de; excepté.

be·siege [bi'si:dʒ] assiéger (*a. fig.*); faire le siège de; *fig.* entourer; **be'sieg·er** assiégeant *m*.

be·slav·er [bi'slævə] baver sur; *fig.* flagorner.

be·slob·ber [bi'slɔbə] prodiguer des baisers à (*q.*).

be·smear [bi'smiə] barbouiller.

be·smirch [bi'smə:tʃ] salir.

be·som ['bi:zm] balai *m*.

be·sot·ted [bi'sɔtid] assoté; abruti (*par, with*) (*a. fig.*).

be·sought [bi'sɔ:t] *prét. et p.p. de* ʃ

be·spat·ter [bi'spætə] éclabousser; *fig.* salir le nom de; accabler (*de, with*).

be·speak [bi'spi:k] *irr. (speak)* commander; retenir; *fig.* annoncer; *usu. poét.* s'adresser à, parler à.

be·spoke [bi'spouk] **1.** *prét. de* bespeak; **2.** *adj.*: ~ tailor tailleur m à façon; ~ work travail m sur commande; **be'spoken** *p.p. de* bespeak.

be·sprin·kle [bi'spriŋkl] arroser.

best [best] **1.** *adj.* meilleur; F *la* crème de; ~ man garçon m d'honneur; *at* ~ au mieux; *see seller*; **2.** *adv.* le mieux; **3.** *su.* meilleur m; mieux m; all the ~! bonne chance!; *Sunday* ~ habits m/pl. du dimanche; *for the* ~ pour le mieux; *to the* ~ *of my knowledge* autant que je sache; *make the* ~ *of* s'accommoder de; *make the* ~ *of a bad job* faire bonne mine à mauvais jeu; ~ *of the way* la plus grande partie du chemin; *at* ~ pour dire le mieux; **4.** *v/t.* F l'emporter sur *(q.)*.

be·stead [bi'sted] *[irr.]* aider.

be·ste(a)d [~]: *hard* ~ serré de près; *ill* ~ F en mauvaise passe.

bes·tial □ ['bestjəl] bestial (-aux m/pl.); **bes·ti·al·i·ty** [besti'æliti] bestialité f.

be·stir [bi'stə:]: ~ *o.s.* se remuer.

be·stow [bi'stou] accorder, octroyer (à, *[up]on*); † déposer; **be'stow·al**, **be'stow·ment** don m, octroi m.

be·strew [bi'stru:] *[irr.]* joncher, parsemer (de, *with*).

be·strid·den [bi'stridn] *p.p. de* bestride.

be·stride [bi'straid] *[irr.]* être à cheval sur; enjamber *(un endroit)*; enfourcher *(un cheval)*.

be·strode [bi'stroud] *prét. de* bestride.

bet [bet] **1.** pari m; **2.** *[irr.]* parier; F *you* ~ pour sûr!; *I* ~ *you a shilling* F je vous parie 50 francs.

be·take [bi'teik] *[irr. (take)]*: ~ *o.s. to* se rendre à; *fig.* se livrer à.

be·think [bi'θiŋk] *[irr. (think)]*: ~ *o.s.* se rappeler *(qch. of s.th.)*; ~ *o.s. to (inf.)* s'aviser de *(inf.)*.

be·tide [bi'taid]: *what*e'er ~ advienne que pourra; *woe* ~ *him!* gare à lui!

be·times [bi'taimz] de bonne heure.

be·to·ken [bi'toukn] être signe de, révéler; présager.

be·tray [bi'trei] trahir *(a. fig. = laisser voir)*; séduire *(une femme)*; **be'tray·al** trahison f; ~ *of trust* abus

m de confiance; **be'tray·er** traître(sse f) m; trompeur (-euse f) m.

be·troth [bi'trouð] fiancer (à, avec *to*); *the* ~ed le fiancé m; la fiancée f; *pl.* les fiancés m/pl.; **be'troth·al** fiançailles f/pl.

bet·ter¹ ['betə] **1.** *adj.* meilleur; mieux; *he is* ~ il va mieux; *get* ~ s'améliorer; se remettre; *for* ~ *or (for) worse* pour le meilleur ou pour le pire; **2.** *su.* meilleur m; mieux m; ~s *pl.* supérieurs m/pl.; *get the* ~ *of* l'emporter sur *(q.)*; rouler *(q.)* (= *duper)*; surmonter *(un obstacle)*; maîtriser *(une émotion)*; *he is my* ~ il est plus fort que moi; **3.** *adv.* mieux; *be* ~ *off* être plus à son aise *(matériellement)*; *so much the* ~ tant mieux; *you had* ~ *go* vous feriez mieux de vous en aller *ou* de partir; *I know* ~ j'en sais plus long; *think* ~ *of it* se raviser; revenir de; **4.** *v/t.* améliorer; surpasser; ~ *o.s.* améliorer sa position *(etc.)*; *v/i.* s'améliorer.

bet·ter² [~] parieur (-euse f) m.

bet·ter·ment ['betəmənt] amélioration f.

bet·ting ['betiŋ] paris m/pl.; cote f; mise f; ~-*debt* dette f d'honneur.

be·tween [bi'twi:n] *(poét. et prov. a.* **be·twixt** [bi'twikst]) **1.** *adv.* entre les deux; *betwixt and between* entre les deux; **2.** *prp.* entre; ~ *ourselves* entre nous, de vous à moi; *they bought it* ~ *them* ils l'ont acheté à eux deux (trois *etc.)*; **be'tween-decks** ⚓ entrepont m; *adv.* sous barrots; **be'tween-maid** aide f de maison.

bev·el ['bevl] **1.** oblique; **2.** ⊕ biseau m, biais m; conicité f; **3.** *v/t.* biseauter; *v/i.* biaiser; aller de biais; aller en biseau; '~-**wheel** ⊕ roue f dentée conique; pignon m conique.

bev·er·age ['bevəridʒ] boisson f.

bev·y ['bevi] bande f, troupe f.

be·wail [bi'weil] *v/t.* pleurer *(qch.)*; *v/i.* se lamenter.

be·ware [bi'wɛə] se méfier (de *q., of s.o.)*; se garder (de *qch., of s.th.)*; ~ *of the dog!* chien méchant!

be·wil·der [bi'wildə] égarer, désorienter; F ahurir; abasourdir; **be'wil·der·ment** trouble m, confusion f; ahurissement m; abasourdissement m.

be·witch F [bi'witʃ] ensorceler; F

enchanter; **be'witch·ment** ensorcellement *m*; charme *m*.

be·yond [bi'jɔnd] **1.** *adv.* au-delà, par-delà, plus loin; **2.** *prp.* au-delà de; par-delà; au-dessus de; excepté; en dehors de; autre ... que; ~ *endurance* intolérable; ~ *measure* outre mesure; ~ *dispute* incontestable; ~ *words* au-delà de toute expression; *get* ~ *s.o.* dépasser q.; *go* ~ *one's depth* ne pas avoir pied; *it is* ~ *me* cela me dépasse; je n'y comprends rien.

bi... [bai] bi(s)-; di(s)-; semi-.

bi·an·nu·al □ [bai'ænjuəl] semestriel; biennal (*-aux m/pl.*).

bi·as [bai'əs] **1.** *adj.* et *adv.* oblique (-ment); en biais; de biais; *couture:* coupé de biais, en biais; **2.** *couture:* biais *m*; *boules:* décentrement *m*; déviation *f*; *radio:* polarisation *f*, *fig.* parti *m* pris; penchant *m*; **3.** décentrer (*une boule*); *fig.* rendre partial; prévenir (*contre, against*; *en faveur de, towards*); ~*sed* partial (*-aux m/pl.*).

bib [bib] bavette *f* (*d'enfant*); *tablier:* baverette *f*.

bib·cock [bib'kɔk] robinet *m* coudé.

Bi·ble ['baibl] Bible *f*.

bib·li·cal □ ['biblik] biblique.

bib·li·og·ra·pher [bibli'ɔgrəfə] bibliographe *m*; **bib·li·o·graph·ic,** **bib·li·o·graph·i·cal** [ˌoˈgræfik(l)] bibliographique; **bib·li·og·ra·phy** [ˌoˈgrəfi] bibliographie *f*; **bib·li·oma·ni·a** [ˌoˈmeinjə] bibliomanie *f*; **bib·li·o'ma·ni·ac** [ˌoniæk] bibliomane *m*; **bib·li·o·phile** ['ˌofail] bibliophile *m*.

bib·u·lous □ ['bibjuləs] adonné à la boisson; absorbant (*chose*).

bi·car·bon·ate ⚗ [bai'kaːbənit] bicarbonate *m*.

bi·ceps *anat.* ['baiseps] biceps *m*.

bick·er ['bikə] se quereller; être toujours en zizanie; trembloter (*lumière*); murmurer (*ruisseau etc.*); **'bick·er·ing(s** *pl.*) querelles *f/pl.*; bisbille *f*.

bi·cy·cle ['baisikl] **1.** bicyclette *f*, F vélo *m*; *folding* ~ bicyclette *f* pliante; ~ *bell* timbre *m ou* sonnette *f* de bicyclette; ~ *rack* porte-vélos *m/inv.*, râtelier *m* à bicyclettes; ~ *track* piste *f* cyclable; **2.** faire de la bicyclette *ou* du vélo; aller à bicyclette; **'bi·cy·clist** (bi)cycliste *mf*.

bid [bid] **1.** [*irr.*] *v/t.* commander, ordonner; inviter (*à dîner*); *cartes:* appeler; *fig.* ~ *fair* promettre de; s'annoncer; ~ *farewell* faire ses adieux; ~ *up* surenchérir; ~ *welcome* souhaiter la bienvenue; *v/i.* (*prét. et p.p.* bid) faire une offre (pour, for); **2.** offre *f*, mise *f*, enchère *f*; *cartes:* appel *m*; *a* ~ *to* (*inf.*) un effort pour (*inf.*); *cartes:* no ~ Parole!; **'bid·den** *p.p. de* bid 1; **'bid·der** enchérisseur *m*; *cartes:* demandeur (-euse *f*) *m*; *see* high 1, low 1; **'bid·ding** ordre *m*; invitation *f*; enchères *f/pl.*; *cartes:* enchère *f*.

bide [baid] attendre (*le moment*).

bi·en·ni·al [bai'enjəl] **1.** biennal (*-aux m/pl.*); **2.** ♀ plante *f* bisannuelle.

bier [biə] civière *f* (*pour un cercueil*).

bi·fo·cals [bai'foukəlz] *pl.* lunettes *f/pl.* bifocales.

bi·fur·cate ['baifəːkeit] (se) bifurquer; **bi·fur·ca·tion** bifurcation *f*.

big [big] grand; gros(se *f*); *fig.* lourd, gros(se *f*) (de, with); enceinte *f* (*grosse d'enfant*); *fig.* hautain, fanfaron (-ne *f*); ♀ Apple surnom de *New York City*; F ♀ Ben grosse cloche du *Palais du Parlement à Londres*; ~ *business* grosses affaires *f/pl.*; F *fig.* ~ *shot* chef *m* de file; personnage *m* important, *sl.* grosse légume *f*; *Am.* ~ *stick fig.* F trique *f*; *hit ou make the* ~ *time* réussir, arriver; *Am.* ~ *top cirque:* chapiteau *m*, *a. fig.* cirque *m*; *talk* ~ faire l'important; fanfaronner.

big·a·mous ['bigəməs] bigame; **'big·a·my** bigamie *f*.

bight ♏ [bait] crique *f*; golfe *m*.

big·mouth F ['bigmauθ] gueulard(e *f*) *m*.

big·ness ['bignis] grandeur *f*; grosseur *f*.

big·ot ['bigət] bigot(e *f*) *m*; *fig.* fanatique *mf*; sectaire *mf*; **'big·ot·ed** fanatique; *fig.* à l'esprit sectaire; **'big·ot·ry** fanatisme *m*; zèle *m* outré.

big-time ['bigtaim] de première catégorie, important; de grande envergure; extraordinaire; magnifique.

big·wig F ['bigwig] gros bonnet *m*; *sl.* grosse légume *f*.

bike F [baik] vélo *m*.

bi·lat·er·al □ [bai'lætərl] bilatéral (*-aux m/pl.*).

bird-nest

bil·ber·ry ♣ ['bilbəri] airelle *f*, myrtille *f*.

bile [bail] bile *f* (*fig.* = *colère*).

bilge [bildʒ] bouge *m* (*de barrique*); ♣ fond *m* de cale; bouchain *m*; *sl.* bêtises *f/pl.*

bi·lin·gual [bai'liŋgwəl] bilingue.

bil·ious □ ['biljəs] bilieux (-euse *f*); *fig.* colérique.

bilk [bilk] F tromper, escroquer.

bill[1] [bil] **1.** oiseau, ancre, *géog.*: bec *m*; serpette *f* (*pour tailler*); **2.** (*a. fig.* ~ *and* coo) se becqueter.

bill[2] [~] **1.** note *f*, facture *f*; *restaurant*: addition *f*; † effet *m*; † (*a.* ~ *of exchange*) traite *f*; *Am.* billet *m* (*de banque*); *théâ. etc.* affiche *f*; *parl.* projet *m* de loi; ~ *of expenses* compte *m* de frais; ~ *of fare* carte *f* du jour; ♣ ~ *of health* patente *f* de santé; ~ *of lading* connaissement *m*, police *f* de chargement; 𝄐 ~ *of sale* acte *m* de vente; † ~ *of sight* déclaration *f* d'entrée; ♀ *of Rights Brit.* Déclaration *f* des Droits du citoyen (1689); *Am. les* amendements *m/pl.* (1791) à la constitution des É.-U.; **2.** facturer (*des marchandises*); afficher.

bill·board *Am.* ['bilbɔːd] panneau *m* d'affichage.

bil·let ['bilit] **1.** ✕ (billet *m* de) logement *m*; bûche *f*; billette *f* (*a. métall.*); **2.** ✕ loger (*des troupes*) (chez *on*, with).

bill·fold ['bilfould] porte-billets *m/inv.*

bil·liard ['biljəd] *attr.* de billard; '~-cue queue *f* de billard; '**bil·liards** *sg. ou pl.* (jeu *m* de) billard *m*.

bil·lion ['biljən] billion *m*; *Am.* milliard *m*.

bil·low ['bilou] **1.** lame *f* (de mer), grande vague *f*; **2.** se soulever en vagues; ondoyer (*foule etc.*); '**bil·low·y** houleux (-euse *f*).

bill-stick·er ['bilstikə] afficheur *m*; placardeur *m*.

bil·ly *Am.* ['bili] bâton *m* (*de police*); '~-cock chapeau *m* melon; '~-goat F bouc *m*.

bi·mo·tored ✈ ['baimoutəd] bimoteur.

bin [bin] coffre *m*; casier *m*; F poubelle *f*.

bi·na·ry ['bainəri] binaire; *biol.* ~ fission division *f* binaire *ou* cellulaire.

bin·au·ral [bain'ɔːrəl] binauriculaire; stéréophonique.

bind [baind] [*irr.*] *v/t.* lier, attacher; (res)serrer; garrotter; rendre constipé; ratifier, confirmer (*un marché*); border (*une étoffe*); relier (*des livres*); fixer (*un ski*); bander (*une blessure*); lier, agglutiner (*le sable*); ~ *over* sommer (*q.*) d'observer une bonne conduite; *fig.* be bound with être engagé (à to, with); ~ *s.o. apprentice to* mettre q. en apprentissage chez; *I'll be bound* je m'engagerai (à, to); F j'en suis sûr!; *v/i.* se lier; durcir; '**bind·er** lieur (-euse *f*) *m*; lien *m*; ceinture *f*; ⊕ liant *m*; relieur *m* (*de livres*); '**bind·ing 1.** obligatoire (pour, on); agglomératif (-ive *f*); **2.** agglutination *f*; serrage *m*; lien *m*; *étoffe*: bordure *f*; *livres*: reliure *f*; '**bind·weed** ♣ liseron *m*.

binge *sl.* [bindʒ] bombe *f*, ribote *f*.

bin·na·cle ♣ ['binəkl] habitacle *m*.

bin·o·cle ['binɔkl] binoculaire *m*; **bin·oc·u·lar 1.** [bi'nɔkjulə] binoculaire; **2.** [bi'nɔkjulə] jumelle *f*, -s *f/pl.*

bi·o·chem·i·cal ['baio'kemikl] biochimique; '**bi·o'chem·is·try** biochimie *f*.

bi·og·ra·pher [bai'ɔgrəfə] biographe *m*; **bi·o·graph·ic, bi·o·graph·i·cal** □ [ˌɔ'græfik(l)] biographique; **bi·og·ra·phy** [ˌ'ɔgrəfi] biographie *f*.

bi·o·log·ic, bi·o·log·i·cal □ [baiə'lɔdʒik(l)] biologique; **bi·ol·o·gist** [ˌ'ɔlədʒist] biologiste *mf*; **bi·ol·o·gy** biologie *f*.

bi·par·tite [bai'pɑːtait] biparti(te *f*); 𝄐 rédigé en double. [su./m).]

bi·ped *zo.* ['baiped] bipède (*a.*]

bi·plane ✈ ['baiplein] biplan *m*.

birch [bəːtʃ] **1.** ♣ (*ou* ~*tree*) bouleau *m*; (*a.* ~*-rod*) verge *f*; **2.** de bouleau; '**birch·en** de bouleau.

bird [bəːd] oiseau *m*; ~ *of passage* oiseau *m* de passage; ~ *of prey* oiseau *m* de proie; F *that's for the* ~*s* ça ne vaut rien; *tell a child about the* ~*s and the bees* expliquer à un enfant comment font les petits oiseaux; *kill two* ~*s with one stone* faire d'une pierre deux coups; '~-cage cage *f* à oiseaux; '~-fan·ci·er oiselier *m*; marchand(e *f*) *m* d'oiseaux; connaisseur (-euse *f*) *m* en oiseaux; '~-lime glu *f*; '~-nest **1.** *see* bird's nest; **2.**

dénicher des oiseaux; **'bird's-eye view** perspective f à vol d'oiseau; **'bird's nest** nid m d'oiseaux; ~ **soup** soupe f aux nids d'hirondelles; ~ **sanc·tu·ar·y** refuge m d'oiseaux.

bi·ro (TM) ['baɪərou] stylo m (à bille).

birth [bəːθ] naissance f; accouchement; animaux: mise f bas; **bring to** ~ faire naître, engendrer; **come to** ~ naître, prendre naissance; **'~·con·trol** limitation f des naissances; **'~·day** anniversaire m; jour m natal; ~ **cake** gâteau m d'anniversaire; Brit. ~ **honours** pl. distinctions f/pl. honorifiques accordées à l'occasion de l'anniversaire du monarque; ~ **present** cadeau m d'anniversaire; **'~·place** lieu m de naissance; **'~·rate** natalité f; **'~·right** droit m de naissance; droit m d'aînesse.

bis·cuit ['biskit] biscuit m (a. poterie).

bi·sect ⚕ [bai'sekt] bissecter (un angle); couper en deux parties égales (une ligne, un angle); **bi'sec·tion** bissection f.

bish·op ['biʃəp] évêque m; échecs: fou m; **'bish·op·ric** évêché m.

bis·muth 🜾 ['bizməθ] bismuth m.

bi·son zo. ['baisn] bison m.

bis·sex·tile [bi'sekstail] **1.** bissextil; ~ **year** = **2.** année f bissextile.

bit [bit] **1.** morceau m; bout m (de papier etc.); monnaie: pièce f; cheval, tenaille: mors m; ⊕ mèche f; perçoir m; ordinateur: bit m; ~ **by** ~ peu à peu; F **be a** ~ **of a coward** être plutôt lâche; **2.** mettre le mors à, brider; **3.** prét. de bite 2.

bitch [bitʃ] **1.** chienne f; sl. garce f; renarde f; louve f; **2.** F gâcher.

bite [bait] **1.** coup m de dent; morsure f; sauce: piquant m; poisson: touche f; ⊕ mordant m; **2.** [irr.] mordre (a. poisson, ancre, outil, acide, etc.); piquer (insecte, poivre); ronger (rouille); F fig. ~ **the dust** mordre la poussière (= mourir); ~ **one's nails** se ronger les ongles; v/i. adhérer (roues); ⚓ crocher (ancre); ~ **at** rembarrer (q.); **'bit·er** animal etc. qui mord; **the** ~ **bit** le trompeur trompé.

bit·ing □ ['baitiŋ] mordant; perçant (froid); cinglant (vent).

bit·ten ['bitn] p.p. de bite 2; **be** ~ fig. se faire attraper; F **be** ~ **with** s'en-

ticher de; **once** ~ **twice shy** chat échaudé craint l'eau froide.

bit·ter ['bitə] **1.** □ amer (-ère f); aigre; glacial (-als m/pl.) (vent); ~ **sweet** aigre-doux (-douce f); **2.** bière f amère.

bit·tern orn. ['bitəːn] butor m.

bit·ter·ness ['bitənis] amertume f; âpreté f; rancune f.

bit·ters ['bitəz] pl. bitter m, -s m/pl., amer m, -s m/pl.

bitts ⚓ [bits] pl. bittes f/pl.

bi·tu·men ['bitjumin] bitume m; **bi·tu·mi·nous** [~'tjuːminəs] bitumineux (-euse f); gras(se f) (houille).

biv·ouac ['bivuæk] **1.** bivouac m; **2.** bivouaquer.

biz F [biz] affaire f, -s f/pl.

bi·zarre [bi'zɑː] bizarre.

blab F [blæb] **1.** (a. **'blab·ber**) jaseur (-euse f) m; indiscret (-ète f) m; **2.** v/i. jaser, bavarder; v/t. divulguer (un secret).

black [blæk] **1.** □ noir; fig. sombre, triste; ~ **cattle** bœufs m/pl. de race écossaise ou galloise; ~ **eye** œil m poché; see frost; ~ **ice** verglas m; ~ **market** marché m noir; ~ **marketeer** profiteur (-euse f) m; ~ **marketing** vente f ou achats m/pl. au marché noir; ~ **sheep** fig. brebis f galeuse; **2.** noircir; v/t. cirer (des bottes); F pocher (l'œil); ~ **out** v/t. obscurcir; v/i. couper la lumière; **3.** noir m (a. vêtements); noir(e f) m (= nègre); flocon m de suie.

black...: ~ **a·moor** † ['~əmuə] nègre m, négresse f; **'~·ball** blackbouler; **'~·ber·ry** ♣ mûre f (sauvage); **'~·bird** merle m; **'~·board** tableau m noir; **'~·coat·ed** vêtu de noir; **'~·cock** orn. tétras m; **'black·en** v/t. noircir (a. fig.); fig. calomnier; v/i. (se) noircir; s'assombrir.

black...: ~ **guard** ['blægɑːd] **1.** vaurien m; ignoble personnage m; **2.** (a. **'~·guard·ly**) □ ignoble, canaille; **3.** adjectiver (q.); **~·head** ⚕ ['blækhed] comédon m; **'black·ing** cirage m; **'black·ish** □ noirâtre, tirant sur le noir.

black...: **'~·jack 1.** surt. Am. assommoir m; **2.** assener un coup d'assommoir à (q.); **'~·lead 1.** plombagine f; crayon m (de mine de plomb); **2.** passer à la mine de plomb; **'~·leg** renard m; jaune m; **'~·let·ter** typ. caractères m/pl. gothiques; '**~·list 1.** liste *f* noire; **2.** mettre sur la liste noire; '**~·mail 1.** extorsion *f* sous menace; chantage *m*; **2.** faire chanter (*q.*); '**~·mail·er** maître *m* chanteur; '**black·ness** noirceur *f*; obscurité *f*.

black...: '**~·out** black-out *m*; *fig.* syncope *f*, amnésie *f* passagère; '**~·smith** forgeron *m*; '**~·thorn** ♀ épine *f* noire; '**black·y** F nègre *m*; moricaud *m*.

blad·der ['blædə] *anat.*, *a. foot.* vessie *f*; *anat.*, ♀ vésicule *f*.

blade [bleid] *herbe*: brin *m*; *couteau, rasoir, scie, épée*: lame *f*; *langue*: plat *m*; *aviron*: pale *f*; *hélice*: aile *f*; *ventilateur*: vanne *f*; F gaillard *m*; (*a. ~·bone*) *anat.* omoplate *f*.

blain [blein] pustule *f*.

blam·a·ble □ ['bleiməbl] blâmable; répréhensible; '**blam·a·ble·ness** caractère *m* répréhensible.

blame [bleim] **1.** reproches *m/pl.*; blâme *m*; faute *f*; **2.** blâmer; *he is not to ~ for* il n'y a pas de faute de sa part; *he is to ~ for* il y a de sa faute; *il est responsable de*; *~ s.th. on s.o.* imputer (la faute de) qch. à q.

blame·ful ['bleimful] blâmable; répréhensible; '**blame·less** □ innocent; irréprochable; '**blame·less·ness** innocence *f*; irréprochabilité *f*; '**blame·wor·thi·ness** caractère *m* blâmable ou répréhensible; '**blame·wor·thy** blâmable; répréhensible.

blanch [blɑːntʃ] blanchir; pâlir; *~ over* pallier; F blanchir.

blanc·mange *cuis.* [blə'mɔnʒ] blanc-manger (*pl.* blancs-mangers) *m*.

bland □ [blænd] doux (douce *f*); débonnaire; narquois (*sourire*); '**blan·dish** cajoler, flatter; '**blan·dish·ment** flatterie *f*.

blank [blæŋk] **1.** □ blanc(he *f*); vierge (*page*); sans expression; étonné (*regard*); ✗ *~ cartridge* cartouche *f* à blanc; ✝ *~ cheque* (*Am.* check) chèque *m* en blanc; *fig. give s.o. a ~ cheque* donner carte blanche à q. (*pour faire, to do*); ✗ *fire ~* tirer à blanc; **2.** blanc *m*; vide *m*; lacune *f*; *mémoire*: trou *m*; *loterie*: billet *m* blanc; ⊕ flan *m*; F *fig. draw a ~* échouer.

blan·ket ['blæŋkit] **1.** *lit, cheval*: couverture *f*; F *neige, fumée*: manteau *m*; *typ.* blanchet *m*; *fig. wet ~* trouble-fête *m/inv.*; *rabat-joie*

m/inv.; **2.** mettre une couverture à; ⚓ déventer; F étouffer, supprimer; *Am.* éclipser; **3.** *Am.* général (*-aux m/pl.*), d'une portée générale.

blank·ness ['blæŋknis] vide *m*; air *m* confus.

blare [blɛə] *v/i.* sonner, cuivrer (*trompette*); *v/t.* faire retentir.

blar·ney ['blɑːni] **1.** patelinage *n*; **2.** cajoler, enjôler.

blas·pheme [blæs'fiːm] blasphémer; *~ against* outrager; **blas·'phem·er** blasphémateur (-trice *f*) *m*; **blas·phe·mous** □ ['blæsfiməs] blasphémateur (-trice *f*) (*personne*); blasphématoire (*propos*); '**blas·phe·my** blasphème *m*.

blast [blɑːst] **1.** *vent*: rafale *f*; *vent, explosion*: souffle *m*; *trompette*: sonnerie *f*; *sifflet, sirène, mot.* coup *m*; *explosion f*; ⊕ soufflerie *f*; ♀ cloque *f*; *at full ~* en pleine activité; **2.** *v/t.* faire sauter, pétarder; flétrir; *fig.* ruiner, briser; *v/i.* cuivrer; ~ (*it*)! sacrebleu!; '**~·fur·nace** ⊕ haut fourneau *m*; '**blast·ing** abattage *m* à la poudre; travail *m* aux explosifs; '**blast-off** *espace*: lancement *m*, mise *f* à feu (*d'une fusée*).

bla·tan·cy ['bleitənsi] vulgarité *f* criarde; '**bla·tant** □ d'une vulgarité criarde; criant (*tort etc.*).

blath·er *Am.* ['blæðə] **1.** bêtises *f/pl.*; **2.** débiter des inepties.

blaze [bleiz] **1.** flamme *f*; feu *m*; conflagration *f*; éclat *m*; étoile *f* (*au front d'un cheval*); *arbre*: griffe *f*; *pl.* F enfer *m*; **2.** *v/i.* flamber; flamboyer (*soleil, couleurs*); étinceler; F *~ away* tirer sans désemparer (*sur, at*); *chasse*: *blazing scent* piste *f* toute fraîche; *v/t.* (*usu. ~ abroad*) répandre, publier; griffer (*un arbre*); '**blaz·er** blazer *m*.

bla·zon ['bleizn] **1.** blason *m*; armoiries *f/pl.*; **2.** ▨ blasonner; marquer (*qch.*) aux armoires (*de q.*); *fig.* célébrer, exalter; F publier; '**bla·zon·ry** blasonnement *m*; science *f* héraldique; *fig.* ornementation *f*.

bleach [bliːtʃ] **1.** blanchir; *v/i.* blondir (*cheveux*); **2.** décolorant *m*; *Am. ~s pl.* places *f/pl.* découvertes d'un terrain de baseball; '**bleach·ing** blanchiment *m*; '**bleach·ing-pow·der** poudre *f* à blanchir.

bleak □ [bliːk] sans abri, exposé au

vent; *fig.* froid; triste, morne; '**bleak·ness** froidure *f*; aspect *m* morne.

blear [bliə] **1.** chassieux (-euse *f*) (*surt. des yeux*); **2.** rendre trouble; estomper (*des couleurs*); **~-eyed** ['bliəraid], '**blear·y** aux yeux chassieux.

bleat [bli:t] **1.** bêlement *m*; **2.** bêler.

bleb [bleb] bouton *m*, (petite) ampoule *f*.

bled [bled] *prét. et p.p. de bleed.*

bleed [bli:d] [*irr.*] *v/i.* saigner, perdre du sang; *v/t.* saigner; ~ *white* saigner (q.) à blanc; '**bleed·ing** écoulement *m* de sang; ❀ saignée *f*.

blem·ish ['blemiʃ] **1.** défaut *m*, imperfection *f*; tache *f*; **2.** tacher, souiller; abîmer.

blench [blentʃ] blêmir, pâlir.

blend [blend] **1.** (se) mêler (à, avec *with*); (se) mélanger (*thé, café*); *v/t.* couper (*le vin*); *fig. v/i.* s'allier; se marier (*voix, couleurs*); **2.** mélange *m*.

blende *min.* [blend] blende *f*.

bless [bles] bénir; consacrer; ~ *s.o. with* accorder à q. le bonheur de; F ~ *me!*, ~ *my soul!* tiens, tiens!; ~ *you!* à vos souhaits! '**bless·ed** □ [*p.p.*] blest; *adj.* 'blesid] bienheureux (-euse *f*); saint; *sl.* fichu; *be* ~ *with* jouir de; ~ *event* heureux événement *m* (= *naissance*); **bless·ed·ness** ['~sidnis] félicité *f*, béatitude *f*; *live in single* ~ vivre dans le bonheur du célibat; '**bless·ing** bénédiction *f*; bienfait *m*; *aux repas*: bénédicité *m*.

blest *poét.* [blest] *see* blessed.

bleth·er ['bleðə] *see* blather.

blew [blu:] *prét. de blow*[2] *et blow*[3] **1.**

blight [blait] **1.** ♣ nielle *f* (*des céréales*); cloque *f* (*du fruit*); *fig.* influence *f* néfaste; **2.** nieller; brouir; *fig.* flétrir; '**blight·er** *sl.* bon *m* à rien; individu *m*; *poor* ~ pauvre hère *m*; *lucky* ~ veinard *m*.

Blight·y ✕ *sl.* ['blaiti] la patrie (*usu. l'Angleterre*); *a* ~ (*one*) la bonne blessure.

blind □ [blaind] **1.** aveugle; sans issue (*chemin*); faux (fausse *f*) (*porte*); *be* ~ *to* ne pas voir (*qch.*); *the* ~ *pl.* les aveugles *m/pl.*; ~ *alley* impasse *f* (*a. fig.*); ~ *corner* tournant *m* encaissé; virage *m* masqué; ✈ *flying* vol *m* sans visibilité, vol *m* en P.S.V.; *anat.* ~ *gut* cæcum *m*; ⚓,

✕ ~ *shell* obus *m* qui a raté; ~ *spot ~anat.* point *m* aveugle, papille *f* optique; *radar etc.*: angle *m* mort; *fig.* côté *m* faible (*d'une personne*); *that's your* ~ *spot* c'est là où vous n'y voyez pas clair; c'est là où vous refusez de voir clair; ~ *story* conte *m* en l'air; ~ *ly fig.* aveuglément; à l'aveuglette; **2.** store *m*; jalousie *f*; abat-jour *m/inv.*; banne *f*; ✕ blinde *f*; *Am. cheval*: œillère *f*; masque *m*, prétexte *m*; **3.** aveugler (*sur*, *to*); *fig.* éblouir; *min.* blinder.

blind·...: '**~-fold 1.** aveuglément; **2.** bander les yeux (à *ou* de q., *s.o.*); '**~-man's-buff** colin-maillard *m*; '**blind·ness** cécité *f*.

blink [bliŋk] **1.** clignotement *m* des paupières; lueur *f* momentanée; signal *m* optique; F *fig. on the* ~ abîmé, détraqué; **2.** *v/i.* ⚓ battre *ou* cligner des paupières; papilloter (*lumière*); *v/t. fig.* fermer les yeux sur; dissimuler; '**blink·er** clignotant *m*; *cheval*: œillère *f*; '**blink·ing** F sacré.

bliss [blis] félicité *f*, béatitude *f*. '**bliss·ful** □ ['blisful] bienheureux (-euse *f*); serein; '**bliss·ful·ness** félicité *f*, béatitude *f*; bonheur *m*.

blis·ter ['blistə] **1.** ampoule *f*; *peint.*, *peau*: cloque *f*; ❀ vésicatoire *m*; **2.** (se) couvrir d'ampoules; (se) cloquer (*peinture*).

blithe □ [blaið], **~some** ['blaiðsəm] *surt. poét.* joyeux (-euse *f*), gai.

blith·er *sl.* ['bliðə] dire des bêtises; ~*ing* F sacré.

blitz [blits] **1.** F bombardement *m* aérien; **2.** détruire par un bombardement.

bliz·zard ['blizəd] tempête *f* de neige.

bloat [blout] gonfler; boursoufler; bouffir (*a. fig.*), saurer (*des harengs*); ~*ed* boursouflé, gonflé; bouffi (*a. fig.*); '**bloat·er** hareng *m* bouffi.

blob [blɔb] tache *f*; pâté *m*; goutte *f* d'eau.

block [blɔk] **1.** *marbre, fer, papier, etc.*: bloc *m*; *bois*: tronçon *m*; *roche*: quartier *m*; *mot.* tin *m*; sabot *m* (*de frein*); (*a.* ~ *of flats*) pâté *m* (*de maisons*) embouteillage *m*; blocus *m*; ~ *letter typ.* caractère *m* gras; majuscule *f*; **2.** bloquer; entraver; fermer (*une voie, un jeu*); ~ *in* esquisser à grands traits; (*usu.* ~ *up*) bloquer, obstruer; murer (une porte); ⚓ bâcler (un port); ~ out caviarder (une censure).

block·ade [blɔˈkeid] **1.** blocus m; **2.** bloquer; faire le blocus de; **block'ade-run·ner** forceur m de blocus.

block...: '~·bust·er F ⚒ bombe f de très gros calibre; fig. succès m fou; fig. personne f ou chose f d'une efficacité à tout casser; '~·head sot m; tête f de bois; '~·house blockhaus m.

bloke F [blouk] type m, individu m.

blond(e f) [blɔnd] **1.** blond; **2.** blondin(e f) m; ✝ (a. blonde lace) blonde f.

blood [blʌd] sang m (a. = descendance); race f; ✝ dandy m; in cold ~ de sang-froid; see run.

blood...: '~·bank banque f du sang; '~·bath fig. bain f de sang; ~ clot caillot m de sang; '~·cur·dling à (vous) figer le sang (histoire etc.); '~·do·nor donneur (-euse f) m sang; ~ group groupe m sanguin; ⚕ empoisonnement ~·guilt·i·ness culpabilité f d'avoir versé le sang; '~·heat température f du sang; '~·horse cheval m de race, pur-sang m/inv.; '~·hound limier m; 'blood·i·ness état m sanglant; disposition f sanguinaire; 'blood·less ☐ exsangue, anémié; sans effusion de sang; fig. sans énergie; sans courage.

blood...: '~·let·ting saignée f; '~·poi·son·ing ⚕ empoisonnement m du sang; '~·pres·sure pression f vasculaire; ~ sam·ple prélèvement m de sang; '~·shed carnage m; '~·shot éraillé (œil); ~ sports pl. sports m/pl. sanguinaires; '~·stanch·ing styptique; ~ test analyse f de sang; '~·thirst·y avide de sang; ~ trans·fu·sion transfusion f de sang; '~·ves·sel vaisseau m sanguin; 'blood·y·1 ☐ ensanglanté; sanguinaire; sl. sacré; 2. sl. vachement; 'blood·y·mind·ed sl. mauvais coucheur (-euse f); she'd just being ~ elle le fait rien que pour nous emmerder.

bloom¹ [bluːm] **1.** fleur f (a. fig.); épanouissement m; duvet m (d'un fruit); fig. incarnat m; **2.** fleurir.

bloom² métall. [~] loupe f.

bloom·er sl. ['bluːmə] gaffe f, bévue f; usu. ~s pl. culotte f bouffante.

bloom·ing ☐ ['bluːmiŋ] fleurissant,

en fleur; florissant, prospère; sl. sacré; souv. ne se traduit pas.

blos·som ['blɔsəm] **1.** fleur f (surt. des arbres); **2.** fleurir; ~ into devenir.

blot [blɔt] **1.** tache f (a. fig.); pâté m (d'encre); **2.** v/t. tacher; ternir (a. fig.); sécher, passer le buvard sur (l'encre); (usu. ~ out) effacer, fig. masquer; v/i. faire des pâtés (plume); boire l'encre (buvard).

blotch [blɔtʃ] tache f; pustule f; peau: tache f rouge.

blot·ter ['blɔtə] buvard m; Am. registre m d'arrestations etc.

blot·ting...: '~·book bloc m buvard; '~·pad bloc m buvard, sous-main m/inv.; '~·pa·per papier m buvard.

blot·to sl. ['blɔtou] soûl perdu.

blouse [blauz] blouse f; ⚔, a. Am. vareuse f.

blow¹ [blou] coup m (de poing, de bâton, etc.); at one ~ d'un (seul) coup; come to ~s en venir aux coups.

blow² [~] irr.] s'épanouir.

blow³ [~] **1.** irr.] v/i. souffler; faire du vent; claquer (ampoule); sauter (plomb); ~ in entrer; ~ over se calmer; ~ up éclater, sauter; Am. F entrer en colère; v/t. souffler (a. un verre); vent: pousser, vider (un œuf); sonner (un instrument); mouches: gâter (la viande); évacuer (une chaudière); ⚡ faire sauter (les plombs); sl. manger (son argent); F louper (une chance); sl. ~me!, I'm ~ed! zut alors!; F ~ s.o. a kiss envoyer un baiser à q.; ~ one's nose se moucher; ~ one's top sortir de ses gonds; ~ up faire sauter; gonfler (un pneu); sl. semoncer, tancer; phot. agrandir; **2.** coup m de vent, souffle m; '~·dry sécher (au sèche-cheveux); 'blow·er souffleur (-euse f) m; rideau m (de cheminée); ⊕ machine f à vent; sl. téléphone m.

blow...: '~·fly mouche f à viande; '~·hole évent m (de baleine); a. ⊕); ventilateur m.

blown [bloun] p.p. de blow³ 1.

'blow·lamp lampe f à souder, chalumeau m; **blow·out** mot. éclatement m (de pneu); sl. gueuleton m; 'blow·pipe sarbacane f; métall. chalumeau m; 'blow·torch see blowlamp; 'blow·up explosion f; phot. agrandissement m; F accès m de colère; sl. engueulade m; 'blow·y venteux (-euse f); tempétueux (-euse f).

blowz·y ['blauzi] rougeaud; ébouriffé.

blub·ber ['blʌbə] **1.** graisse f de baleine; **2.** v/i. pleurnicher; v/t. dire en pleurant; barbouiller de larmes.

bludg·eon ['blʌdʒn] **1.** matraque f; **2.** assener un coup de matraque à.

blue [blu:] **1.** □ bleu; F triste, sombre; **2.** bleu (pl. -s) m; azur m; pol. conservateur (-trice f) m; out of the ~ à l'improviste, sans crier gare; **3.** bleuir; azurer (le linge); **~ ba·by** ♀ enfant mf bleu(e); '**~·ber·ry** myrtille f, airelle f; '**~·book** Am. registre m des employés de l'État; '**~·bot·tle** ♀ bl(e)uet m; zo. mouche f à viande; **~ dev·ils** F pl. cafard m; '**~·jack·et** col-bleu (pl. cols-bleus) m (= matelot); **~ jeans** sg. ou pl. blue-jean(s) m(pl.); **~ laws** Am. lois f/pl. inspirées par le puritanisme; '**blue·ness** couleur f bleue; '**blue·print** dessin m négatif; fig. dessin m; **blues** pl., a. sg. humeur f noire, cafard m; ♪ Am. blues m; '**blue·stock·ing** fig. basbleu m.

bluff [blʌf] **1.** □ escarpé (falaise etc.); brusque (personne); **2.** bluff m; menaces f/pl. exagérées; géog. cap m à pic; **3.** bluffer; v/i. faire du bluff.

blu·ish ['blu:iʃ] bleuâtre; bleuté.

blun·der ['blʌndə] **1.** bévue f; erreur f; faux pas m; **2.** faire une bévue ou une gaffe; ~ into heurter (q.), se heurter contre (q.); F ~ out laisser échapper (un secret) par maladresse; '**blun·der·er**, '**blun·der·head** maladroit(e f) m; lourdaud (-e f) m.

blunt [blʌnt] **1.** □ émoussé; épointé; obtus (angle); fig. brusque, carré; **2.** émousser (un couteau); épointer (un crayon); '**blunt·ness** état m épointé; manque m de tranchant; fig. franchise f.

blur [blə:] **1.** tache f; fig. brouillard m; apparence f confuse; **2.** v/t. barbouiller; brouiller; troubler; estomper (les lignes); **~red** surt. phot. mal réussi, flou.

blurb [blə:b] livre: bande f de publicité.

blurt [blə:t]: ~ out trahir (qch.) par maladresse.

blush [blʌʃ] **1.** rougeur f; incarnat m (d'une rose); prémices f/pl. (de la jeunesse); at the first ~ à l'abord; **2.** rougir (de for, with, at); ~ to (inf.) avoir honte de (inf.); '**blush·ing** □ rougissant.

blus·ter ['blʌstə] **1.** fureur f, fracas m; rodomontades f/pl.; **2.** souffler en rafales (vent); faire du fracas; faire le rodomont; '**blus·ter·er** rodomont m, bravache m.

bo·a zo., ♀ ['bouə] boa m.

boar [bɔ:] verrat m; sanglier m.

board [bɔ:d] **1.** planche f; madrier m; tableau m (d'annonces etc.); carton m; reliure: emboîtage m; table f; pension f; admin. commission f; ✝ conseil m; pol. ministère m; ♣ bord m; **~s** pl. box. canevas m; théâ. scène f, tréteaux m/pl.; see director; ♀ of Trade Ministère m du Commerce; on ~ a ship (a train etc.) à bord d'un navire (dans un train, en wagon, etc.); above ~ dans les règles; across the ~ général; **2.** v/t. planchéier; cartonner (un livre); nourrir (des élèves); (a. ~ out) mettre en pension; ♣ aller à bord de (un navire); ♣ accoster; surt. Am. monter (en, dans); ~ up boucher (une fenêtre); couvrir ou entourer de planches; v/i. être en pension (chez, with); '**board·er** pensionnaire f.

board·ing ['bɔ:diŋ] planchéiage m; cartonnage m; planches f/pl.; pension f; ♣ accostage m; '**~·house** pension f de famille; '**~·school** pensionnat m, internat m.

board...: '**~·wag·es** pl. indemnité f de logement ou de nourriture; '**~·walk** surt. Am. trottoir m (en planches), caillebotis m.

boast [boust] **1.** vanterie f; fig. orgueil m; **2.** v/i. (of, about de) se vanter, se faire gloire; v/t. fig. (se glorifier de) posséder (qch.); '**boast·er** vantard(e f) m, fanfaron(ne f) m; '**boast·ful** □ ['~ful] vantard.

boat [bout] **1.** bateau m; embarcation f; navire m (marchand); be in the same ~ être logé(s) à la même enseigne; **2.** aller en bateau; faire du canotage; '**boat-hook** gaffe f; '**boat-house** hangar m à bateaux; '**boat·ing** canotage m; '**boat-race** régate f; '**~s** f/pl.; '**boat·swain** ['bousn] maître m d'équipage.

bob [bɔb] **1.** pendule: lentille f; plomb m; pêche: bouchon m; cheval: queue f écourtée; sl. shilling m; Am. traineau: patin m; chignon m; petite révérence f; see ~bed hair; pl.

v/t. écourter; couper (*les cheveux*); ∼bed hair cheveux *m/pl.* à la Jeanne d'Arc; *v/i.* s'agiter, danser; faire une petite révérence; *fig.* ∼ for chercher à saisir avec les dents.

bob·bin ['bɔbin] bobine *f*; ⚡ corps *m* de bobine; fuseau *m* pour dentelles; '∼-**lace** dentelle *f* aux fuseaux.

bob·ble *Am.* ['bɔbl] gaffe *f*.

bob·by *Brit. sl.* ['bɔbi] agent *m* de police; '∼-**pin** pince *f* à cheveux; '∼-**socks** *pl.* socquettes *f/pl.*; '∼**sox·er** *Am. sl.* adolescente *f*.

bob·sled ['bɔbsled], **bob·sleigh** ['bɔbslei] bobsleigh *m*.

bob·tail ['bɔbteil] queue *f* écourtée; cheval *m ou* chien *m* à queue écourtée; F canaille *f*.

bode [boud] présager; ∼ well (ill) être de bon (mauvais) augure.

bod·ice ['bɔdis] corsage *m*; brassière *f* (*d'enfant*).

bod·i·less ['bɔdilis] sans corps.

bod·i·ly ['bɔdili] corporel(le *f*), physique; ✝ ∼ harm lésion *f* corporelle.

bod·kin ['bɔdkin] passe-lacet *m*; poinçon *m*; grande épingle *f*; F sit ∼ être en lapin.

bod·y ['bɔdi] **1.** corps *m*; consistance *f*; *vin*: sève *f*; foule *f*; *église*: vaisseau *m*; fond *m* (*de chapeau*); (*a. dead* ∼) cadavre *m*; ⊕ bâti *m*, corps *m*; *mot.* (*a.* ∼-work) carrosserie *f*; ✕ troupe *f*, bande *f*; *astr.* astre *m*; F personne *f*, type *m*; ∼ *odo(u)r* odeur *f* corporelle; *in a* ∼ en masse, en corps; **2.** ∼ *forth* donner une forme à; '∼-**guard** garde *f* du corps.

Boer [buə] **1.** Boer *mf*; **2.** boer.

bog [bɔg] **1.** marécage *m*; **2.** embourber; *be* ∼*ged* s'embourber.

bog·gle ['bɔgl] rechigner (*devant qc, over*; *à inf. at, about gér.*).

bog·gy ['bɔgi] marécageux (-euse *f*).

bo·gie ['bougi] 🚂 bog(g)ie *m*; *a. see bogy*.

bo·gus ['bougəs] faux (fausse *f*), feint.

bo·gy ['bougi] épouvantail *m*; croque-mitaine *m*.

bo(h) [bou].

Bo·he·mi·an [bou'hi:mjən] **1.** bohémien(ne *f*); **2.** Bohémien(ne *f m*); *fig.* bohème *m*.

boil [bɔil] **1.** *v/i.* bouillir (*a. fig.*); *v/t.* faire bouillir; cuire à l'eau; ∼*ed egg* œuf *m* à la coque; **2.** ébullition *f*;

furoncle *m*, F clou *m*; '**boil·er** chaudière *f*; bain-marie (*pl.* bains-marie) *m*; ∼ *suit* bleu(s) *m(pl.)* (de travail); '**boil·ing** ébullition *f*; *sl.* the whole ∼ tout le bazar.

bois·ter·ous □ ['bɔistərəs] bruyant; violent; tumultueux (-euse *f*); tempétueux (-euse *f*); '**bois·ter·ous·ness** violence *f*; turbulence *f*.

bold □ [bould] hardi, courageux (-euse *f*); assuré; à pic, escarpé (*côte etc.*); *péj.* effronté; *typ.* en vedette; *make* (*so*) ∼ (*as*) *to* (*inf.*) s'enhardir jusqu'à (*inf.*); '**bold·face** *typ.* charactères *m/pl.* gras; '**bold·ness** hardiesse *f etc.*; *péj.* effronterie *f*.

bole [boul] fût *m*, tronc *m* (*d'arbre*).

boll ⚘ [boul] capsule *f*.

bol·lard ⚓ ['bɔləd] pieu *m* d'amarrage; *à bord*: bitte *f*.

bo·lo·ney [bə'louni] *see* baloney.

Bol·she·vism ['bɔlʃivizm] bolchevisme; '**Bol·she·vist** bolchevik (*a. su./mf*), bolcheviste (*a. su./mf*).

bol·ster ['boulstə] **1.** traversin *m*; ⊕ matrice *f*; coussinet *m*; **2.** (*usu.* ∼ *up*) soutenir; F appuyer.

bolt[1] [boult] **1.** arbalète: carreau *m*; *porte*: verrou *m*; *serrure*: pêne *m*; *fig., a. poét.* coup *m* de foudre; *fig.* élan *m* soudain, fuite *f*; ∼ *upright* tout droit; **2.** *v/t.* verrouiller; bâcler; F gober; *Am. pol.* abandonner (*son parti, q.*); *v/i.* partir au plus vite; F s'emballer (*cheval*); filer, décamper (*personne*).

bolt[2] [∼] tamiser.

bolt·er[1] ['boultə] cheval *m* porté à s'emballer; déserteur *m*.

bolt·er[2] [∼] blutoir *m*.

bolt·hole ['boulthoul] *animal*: trou *m* de refuge; *fig.* échappée *f*.

bomb [bɔm] **1.** *surt.* ✕ bombe *f*; F grenade *f* à main; *hydrogen* ∼ bombe *f* H; *incendiary* ∼ bombe *f* incendiaire; **2.** lancer des bombes sur; ∼*ed out* sinistré par suite des bombardements.

bom·bard [bɔm'bɑ:d] bombarder (*a. fig.*); **bom'bard·ment** bombardement *m*.

bom·bast ['bɔmbæst] emphase *f*, enflure *f*; **bom'bas·tic**, **bom'bas·ti·cal** □ enflé, ampoulé (*style*).

bomb·er ✈ ['bɔmə] bombardier *m* (*a. personne*).

bomb-proof ['bɔmpru:f] à l'épreuve des bombes; blindé (*abri*).

bo·na fi·de [ˈbəunəˈfaidi] **1.** de bonne foi; sérieux (-euse f) (offre etc.); **2.** de bonne foi.

bo·nan·za F [boˈnænzə] **1.** fig. vraie mine f d'or; **2.** prospère, favorable.

bon-bon [ˈbɔnbɔn] bonbon m.

bond [bɔnd] **1.** lien m (a. fig.); attache f (a. fig.); contrat m; ⊕ joint m; ♀ bon m; † in ∼ entreposé; **2.** liaisonner; appareiller (un mur); † entreposer, mettre en dépôt; ∼ed warehouse entrepôt m de la douane; **'bond·age** esclavage m, servitude f, asservissement m; † servage m; fig. in ∼ to s.o. sous la férule de q.; **'bond(s)·man** hist. serf m; F esclave m; **'bond(s)·wom·an** hist. serve f; F esclave f.

bone [bəun] **1.** os m; arête f (de poisson); ∼s pl. a. ossements m/pl. (des morts); ∼ of contention pomme f de discorde; feel in one's ∼s en avoir le pressentiment; frozen to the ∼ glacé jusqu'à la moelle, transi de froid; F have a ∼ to pick with avoir maille à partir avec (q.); F make no ∼s about (gér.) ne pas se gêner pour (inf.); **2.** désosser; ôter les arêtes; garnir de baleines (un corset); Am. F (a. ∼ up) potasser; **3.** d'os; boned à (aux) os ...; désossé etc.; **'∼-'i·dle**, **'∼-'la·zy** paresseux (-euse f) comme une couleuvre; **'bone-meal** engrais m d'os; **'bon·er** Am. sl. bourde f; **'bone·set·ter** rebouteur m; F renoueur m.

bon·fire [ˈbɔnfaiə] feu m de joie; feu m (de jardin); F conflagration f.

bon·kers Brit. sl. [ˈbɔnkəz] cinglé, dingue.

bon·net [ˈbɔnit] **1.** bonnet m; béret m; chapeau m à brides (de femme); béguin m (d'enfant); capote f de cheminée; ⊕ capot m; fig. compère m, complice mf; ♀ bonnette f maillée; **2.** mettre un béret ou chapeau à; F enfoncer le chapeau sur la tête à (q.).

bon·ny surt. écoss. [ˈbɔni] joli, gentil(le f).

bo·nus † [ˈbəunəs] prime f; boni m; actions: bonus m.

bon·y [ˈbəuni] osseux (-euse f); anguleux (-euse f), décharné (personne); plein d'os ou d'arêtes.

boo [bu:] huer, conspuer (q.).

boob Am. [bu:b] rigaud(e f) m, benêt m.

boo·by [ˈbu:bi] orn. fou m; a. see boob; ∼ prize prix m décerné à celui qui vient en dernier; ∼ trap attrape-niais m/inv.; ✗ mine-piège f.

boo·hoo F [bu'hu:] pleurnicher.

book [buk] **1.** livre m; volume m; tome m; registre m; carnet m (de billets etc.); cahier m (d'écolier); † stand in the ∼s at ... être porté pour ... dans les livres; fig. be in s.o.'s good (bad) ∼s être bien (mal) dans les papiers de q.; **2.** v/t. inscrire (une commande, un voyageur à l'hôtel); délivrer un billet à (q.); prendre (un billet); retenir (une chambre, une place); louer (une place); enregistrer; v/i. s'inscrire; prendre un billet; ∼ through prendre un billet direct (pour, to); **'∼-bind·er** relieur (-euse f) m; **'∼-burn·er** Am. F fanatique mf; zélateur (-trice f) m; **'∼-case** bibliothèque f; **'∼-end** serre-livres m/inv.; **book·ie** F sp. [ˈbuki] bookmaker m; **'book·ing-clerk** employé(e f) m du guichet; **'book·ing-of·fice** ☎, théâ. guichet m; guichets m/pl.; **'book·ish** □ studieux (-euse f); livresque (style); **'book-keep·er** comptable m, teneur m de livres; **'book-keep·ing** tenue f des livres; comptabilité f; **book·let** [ˈbuklit] livret m; opuscule m.

book...: **'∼-mak·er** faiseur m de livres; sp. bookmaker m; **'∼-mark** signet m; **'∼-plate** ex-libris m; **'∼-sell·er** libraire m; wholesale ∼ libraire-éditeur (pl. libraires-éditeurs) m; **'∼-worm** zo. gerce f, teigne f; fig. rat m de bibliothèque.

boom¹ ⚓ [bu:m] bout-dehors (pl. bouts-dehors) m; gui m; port: barrage m.

boom² [∼] **1.** † hausse f rapide; boom m; vogue f; ∼ and bust prospérité f économique suivie d'une crise sévère; **2.** v/i. être en hausse; fig. aller très fort; v/t. faire du battage autour de (q., qch.).

boom³ [∼] gronder, mugir; bourdonner (insectes).

boon¹ [bu:n] faveur f; bienfait m.

boon² [∼] gai, joyeux (-euse f); ∼ companion bon vivant m.

boor fig. [buə] rustre m, rustaud m; butor m.

boor·ish □ [ˈbuəriʃ] rustre, rustaud, grossier (-ère f); malappris; **'boor-**

ish·ness grossièreté *f*; manque *m* de savoir-vivre.

boost [buːst] faire de la réclame pour; F chauffer; ⚡ survolter; ~ *business* augmenter les affaires; **'boost·er** ⚡ survolteur *m*; *radio*: amplificateur *m*; ⊕ (*a.* ~ *rocket*) fusée *f* de lancement; ✻~ *shot* injection *f* ou piqûre *f* de rappel, rappel *m* (de vaccination).

boot[1] [buːt]: *to* ~ en sus, de plus.

boot[2] [~] chaussure *f*; *mot.* caisson *m*; F *get the* ~ se faire flanquer à la porte; *give s.o. the* ~ flanquer q. à la porte; **'~·black** *Am.* see shoeblack; **'boot·ed** chaussé; **boot·ee** ['buːtiː] bottine *f* (d'intérieur) (*de dame*); bottine *f* d'enfant.

booth [buːð] baraque *f*, tente *f* (*de marché etc.*).

boot...: **'~·jack** tire-botte *m*; **'~·lace** lacet *m*; **'~·leg** *surt. Am.* 1. de contrebande (*alcool*); 2. faire la contrebande de l'alcool; **'~·leg·ger** contrebandier *m* de boissons alcooliques; *p.ext.* profiteur *m*.

boots [buːts] *sg. hôtel*: garçon *m* d'étage.

boot-tree ['buːtriː] tendeur *m*.

boo·ty ['buːti] butin *m*.

booze *sl.* [buːz] 1. faire ribote; 2. boisson *f* alcoolique; **'booz·y** *sl.* soûlard; pompette.

bo·rax ♒ ['bɔːræks] borax *m*.

bor·der ['bɔːdə] 1. bord *m*; *bois*: lisière *f*; *chemin*: marge *f*; *région*: frontière *f*, confins *m/pl.*; *tableau*: bordure *f*; platebande *f* (*de gazon*); ~ *state* état *m* limitrophe; 2. *v/t.* border; encadrer; *v/i.* confiner (à, [*up*] on); **'bor·der·er** frontalier (-ère *f*) *m*; **'bor·der·land** *usu. fig.* pays *m* limitrophe *ou* frontière.

bore[1] [bɔː] 1. *tuyau*, canon *m*: calibre *m*; *min.* trou *m* de sonde *ou* de mine; 2. creuser.

bore[2] [~] 1. importun(e *f*) *m*; ennui *m*; 2. ennuyer, F raser, assommer.

bore[3] [~] mascaret *m*; raz *m* de marée.

bore[4] [~] *prét. de bear*[2]. [*m/pl.*)\

bo·re·al ['bɔːriəl] boréal (-aux)

bore·dom ['bɔːdəm] ennui *m*.

bor·er ['bɔːrə] perceur *m*; outil *m* de perforation.

bo·ric ♒ ['bɔːrik] borique.

bor·ing ['bɔːriŋ] d'alésage; de perçage; à aléser.

born [bɔːn] *p.p. de bear*[2] naître.

borne [bɔːn] *p.p. de bear*[2] porter.

bo·ron ♒ ['bɔːrɒn] bore *m*.

bor·ough ['bʌrə] bourg *m*; commune *f*; *Am. a.* quartier *m* de *New York City*; *municipal* ~ ville *f* (avec municipalité).

bor·row ['bɔrou] emprunter (à, from); **'bor·row·er** emprunteur (-euse *f*) *m*; **'bor·row·ing** emprunts *m/pl.*; *ling.*: emprunt *m*.

Bor·stal in·sti·tu·tion ['bɔːstl insti'tjuːʃn] maison *f* de redressement, école *f* de réforme.

bos·cage ['bɔskidʒ] *poét.* bocage *m*.

bosh F [bɔʃ] bêtises *f/pl.*; blague *f*.

bos·om ['buzəm] sein *m*, giron *m*; poitrine *f*; *fig.* cœur *m*; ~*friend* ami(e *f*) *m* de cœur; intime *mf*.

boss[1] [bɔs] 1. protubérance *f*; ⌂ bosse *f*; ⊕ mamelon *m*; moyeu *m* de l'hélice; 2. relever en bosse.

boss[2] [~] 1. F patron *m*, chef *m*; *pol. Am.* grand manitou *m* (*d'un parti*); 2. mener; *sl.* commander, régenter.

boss·y ['bɔsi] F autoritaire, tyrannique.

Bos·ton ['bɔstən] *cartes, danse*: boston *m*.

bo·tan·ic, bo·tan·i·cal □ [bo'tænik(l)] botanique; **bot·a·nist** ['bɔtənist] botaniste *mf*; **bot·a·nize** ['~naiz] botaniser, herboriser; **'bot·a·ny** botanique *f*.

botch [bɔtʃ] 1. F travail *m* mal fait; travail *m* bousillé; 2. bousiller, saboter; rafistoler (*des souliers*); **'botch·er** bousilleur (-euse *f*) *m*; *fig.* savetier *m*.

both [bouθ] tous (toutes *f*) (les) deux; l'un(e) et l'autre; ~ ... *and* ... et ... et ...; ~ *of them* tous (toutes) (les) deux.

both·er F ['bɔðə] 1. ennui *m*; tracas *m*; 2. *v/t.* gêner, tracasser; *v/i.* s'inquiéter (de, *about*); ~ *it!* zut!; quelle scie!; **both·er'a·tion** F ennui *m*, vexation *f*; ~*! bon!*

bot·tle ['bɔtl] 1. bouteille *f*; flacon *m*; botte *f* (*de foin*); 2. mettre en bouteille(s); *fig.* ~ *up* embouteiller (*une flotte etc.*); F étouffer (*des sentiments*); ~*d beer* bière *f* en canette; **'~·neck** *fig. circulation*: embouteillage *m*; 🚄 col *m* de bouteille; **'~·o·pen·er** ouvre-bouteilles *m/inv.*

bot·tom ['bɔtəm] 1. colline, escalier,

page: bas *m*; *boîte, mer, cœur, navire, jardin*: fond *m*; *chaussée*: assiette *f*; *verre, assiette*: dessous *m*; *classe*: queue *f*; *chaise*: siège *m*; *terrain*: creux *m*; F derrière *m*, postérieur *m*; *at the* ~ (*of*) au fond (de); au bas bout (de); *fig.* (*a. at* ~) au fond; *get to the* ~ *of a matter* aller au fond d'une chose; examiner une chose à fond; *jealousy is at the* ~ *of it* c'est la jalousie qui en est la cause; 2. inférieur; en bas; du bas; dernier (-ère *f*); ~ *drawer* trousseau *m* (de mariage), F trésor *m*, cache *f*; 3. (re)mettre un fond à; fonder (sur, upon); ⚓ toucher le fond; '**bottomed** à fond ...; à siège (de)...; '**bot·tom·less** sans fond; *fig.* insondable; '**bot·tom·ry** ⚓ (emprunt *m* à la) grosse aventure *f*.

bough [bau] branche *f*, rameau *m*.

bought [bɔːt] *prét. et p.p.* de buy.

bou·gie ['buːʒiː] bougie *f* (*a.* ⚕).

boul·der ['bouldə] bloc *m* de pierre roulé; *géol.* bloc *m* erratique.

bounce [bauns] 1. rebond *m*; bond *m*; rebondissement *m*; F jactance *f*, vantardise *f*; bluff *m*; 2. *v/i.* rebondir; F faire de l'épate; *v/t.* faire rebondir; ~ *in* (*out*) entrer (sortir) en coup de vent; ~ *s.o. out of s.th.* obtenir qch. de q. à force de bluff *ou* d'intimidation; 3. boum!, v(')lan!; '**bounc·er** F vantard *m*, épateur *m*; mensonge *m* effronté; *sl.* chèque *m* sans provision; *Am. sl.* agent *m* du service d'ordre; *Am. sl.* videur *m*; '**bounc·ing** F plein de vie, plein de santé.

bound[1] [baund] 1. *prét. et p.p.* de bind; 2. *adj.* obligé; *be* ~ *to* do être obligé de faire, devoir faire; *I will be* ~ je vous le promets.

bound[2] [~] en partance, en route (pour, for).

bound[3] [~] 1. limite *f*, borne *f*; *in* ~s accès permis (à, to); out *of* ~s accès interdit (à, to), *sp.* hors du jeu; 2. borner, limiter.

bound[4] [~] 1. bond *m*, saut *m*; 2. bondir, sauter; *fig.* sursauter.

bound·a·ry ['baundəri] limite *f*; frontière *f*; ~ *line* ligne *f* frontière.

bound·less □ ['baundlis] sans bornes; illimité.

boun·te·ous □ ['bauntiəs], **boun·ti·ful** □ ['~tiful] généreux (-euse *f*); libéral (-aux *m/pl.*).

boun·ty ['baunti] générosité *f*; libéralité *f*; don *m*; ✝ indemnité *f*; prime *f* (*a.* ✕, ⚓).

bou·quet ['bukei] *fleurs etc., vin*: bouquet *m*.

bour·geois[1] *péj.* ['buəʒwaː] bourgeois(e *f*) (*a. su./mf*).

bour·geois[2] *typ.* [bəˈdʒɔis] petit romain *m*. [geoisie *f.*]

bour·geoi·sie [buəʒwaːˈziː] bour-]

bout [baut] tour *m*, *jeux*: reprise *f*, *lutte*: assaut *m*; *maladie*: accès *m*, attaque *f*, crise *f*.

bo·vine ['bouvain] 1. bovin; F lourd; 2. ~s *pl.* bovidés *m/pl.*

bov·ver *sl.* ['bɔvə] bagarre *f*, *sl.* rififi *m*.

bow[1] [bau] 1. révérence *f*; salut *m*; inclination *f* de tête; 2. *v/i.* s'incliner (devant, to); saluer (q., to s.o.); *fig.* se plier (à, to); *have a* ~*ing acquaintance* connaître (q.) pour lui dire bonjour; *v/t.* incliner, baisser (*la tête*); fléchir (*le genou*); voûter (*le dos*).

bow[2] [~] ⚓ avant *m*; *poét.* proue *f*; dirigeable: nez *m*.

bow[3] [bou] arc *m*; *ruban*: nœud *m*; ♪ archet *m*; 2. ♪ gouverner l'archet; faire des coups d'archet.

bowd·ler·ize ['baudləraiz] expurger (*un texte*).

bow·els ['bauəlz] *pl.* intestins *m/pl.*; entrailles *f/pl.* (*a. fig.*); *fig.* sein *m*.

bow·er ['bauə] tonnelle *f*; *poét.* boudoir *m*; ⚓ ancre *f* de bossoir.

bow·ie-knife ['bouinaif] couteau *m* de chasse.

bow·ing ♪ ['bauiŋ] manière *f* de gouverner l'archet *ou* de.

bowl[1] [boul] bol *m*, jatte *f*; sébile *f* (*de mendiant*); coupe *f*; *pipe*: fourneau *m*; *lampe*: culot *m*.

bowl[2] [~] 1. boule *f*; ~s *pl.* (jeu *m* de) boules *f/pl.*; *Am.* (jeu *m* de) quilles *f/pl.*; 2. *v/t.* rouler; *cricket*: bôler; ~ *out* renverser (q., *le guichet de q.*); *v/i.* rouler rapidement; servir la balle; rouler la boule.

bow-legged ['bouleɡd] bancal (-als *m/pl.*), aux jambes arquées.

'**bowl·er** *cricket*: bôleur *m*; joueur *m* de boules; (*chapeau m*) melon *m*.

bowl·ing ['bouliŋ] bowling *m*; jeu *m* de boules; ~ **al·ley** bowling *m*.

bow-wow ['bau'wau] ouâ-ouâ!

box[1] [bɔks] 1. boîte *f* (*a. d'essieu*); coffret *m*; caisse *f*; *voyage*: malle *f*;

chapeaux: carton *m*; siège *m* (*de cocher*); 🚃 cabine *f* (*de signaleur*), wagon *m* à chevaux; ⊕ moyeu *m* de roue; *mot.* carter *m*; *théâ.* loge *f*; ⚖ banc *m* (*du jury*), barre *f* (*des témoins*); *écurie:* stalle *f*; **2.** emboîter, encaisser; mettre en boîte; *fig.* (*a. ⳑup*) serrer, renfermer.

box² [ⳑ] **1.** *sp.* boxer; ⳑ *s.o.'s ear* gifler q.; **2.** ⳑ *on the ear* gifle *f*, claque *f*; 'ⳑ**calf** ⊕, ⳓ veau *m* chromé; '**box·er** boxeur *m*, pugiliste *m*.

box·ing ['bɔksiŋ] boxe *f*; ⳑ *gloves* gants *m/pl.* de boxe; ⳑ *match* match *m* de boxe; ⳑ *ring* ring *m*.

Box·ing-day ['bɔksiŋdei] lendemain *m* de Noël.

box...: 'ⳑ**keep·er** ouvreuse *f* de loges; 'ⳑ**-of·fice** bureau *m* de location; caisse *f*; ⳑ *hit* (spectacle *m etc.* à) succès *m*; *be a* ⳑ *hit a.* faire recette; ⳑ **room** *Brit.* (cabinet *m* de) débarras *m.* ⳑ [de) buis *m.Ⳓ* **box·wood** ['bɔkswud] (bois *mⳒ*

boy [bɔi] **1.** garçon *m*; *école:* élève *m*; domestique *m*; **2.** garçon ...; *jeune*; ⳑ *scout* boy-scout *m*.

boy·cott ['bɔikət] **1.** boycotter; **2.** mise *f* en interdit; boycottage *m*.

boy·hood ['bɔihud] enfance *f*, (première) jeunesse *f*.

boy·ish □ ['bɔiiʃ] puéril, enfantin, d'enfant, de garçon.

bra F [braː] *see* **brassière**.

brace [breis] **1.** ⊕ vilebrequin *m*; armature *f*; *mur:* bracon *m*; ancre *f*; ♪, *typ.* accolade *f*; *chasse:* couple *f* (*de perdrix etc.*); *laisse f* (*de lévriers*); paire *f* (*de pistolets*); ⚓ bras *m* (*de vergue*); ⳑ*s pl.* pantalon: bretelles *f/pl.*; *tambour:* corde *f*; **2.** ancrer; accolader; tendre (*les jarrets*); ⚓ brasser; *fig.* fortifier.

brace·let ['breislit] bracelet *m*.

brack·en ⚘ ['brækn] fougère *f* arborescente.

brack·et ['brækit] **1.** 🏛 corbeau *m*; console *f*; support *m*; *typ.* [ ] crochet *m*; ( ) parenthèse *f*; *applique f* (*électrique, à gaz, etc.*); ⚓ courbaton *m*; support *m*; **2.** mettre entre crochets *etc.*; *fig.* placer ex aequo.

brack·ish ['brækiʃ] saumâtre.

bract ⚘ [brækt] bractée *f*.

brad [bræd] pointe *f*, clou *m* étêté.

brag [bræg] **1.** vanterie *f*; **2.** se vanter (*de of, about*).

brag·gart ['brægət] fanfaron (*a. su./m*); vantard (*a. su./m*).

Brah·man ['braːmən], *usu.* **Brah·min** ['ⳑmin] brahmane *m*, brame *m*.

braid [breid] **1.** *cheveux:* tresse *f*; galon *m* (*a.* ✕), ganse *f*; **2.** tresser; galonner; passementer.

brail ⚓ [breil] cargue *f*.

braille [breil] alphabet *m* des aveugles; système *m* Braille.

brain [brein] **1.** *anat.* cerveau *m*; F cervelle *f* (*a. cuis.*); *p.ext. usu.* ⳑ*s pl.* tête *f*, intelligence *f*, esprit *m*; *have s.th. on the* ⳑ être hanté par qch.; *avoir l'obsession de* qch.; F *pick* (*ou suck*) *s.o.'s* ⳑ exploiter les connaissances de q.; **2.** défoncer le crâne à (*q.*); 'ⳑ**child** F idée *f*; invention *f*; ⳑ **drain** exode *m* des cerveaux; **brained:** *dull-*ⳑ à l'esprit lourd.

brain...: 'ⳑ**-fag** épuisement *m* cérébral; ⳑ **fe·ver** fièvre *f* cérébrale; 'ⳑ**-less** sans cervelle, stupide; *fig.* irréfléchi; 'ⳑ**-pan** (boîte *f* du) crâne *m*; 'ⳑ**-storm** transport *m* au cerveau; **brain(s) trust** brain-trust *m*.

brain...: 'ⳑ**-twist·er** problème *m* à faire casser la tête à q.; 'ⳑ**-wash** faire (subir) un lavage de cerveau à (*q.*); 'ⳑ**-wash·ing** lavage *m* de cerveau; *media etc.:* bourrage *m* de crâne; 'ⳑ**-wave** F idée *f* lumineuse; 'ⳑ**-work** travail *m* cérébral; '**brain·y** intelligent.

braise [breiz] *cuis.* braiser; **braised** *cuis.* en daube, en casserole.

brake¹ [breik] fougère *f* arborescente *ou* impériale; fourré *m*.

brake² [ⳑ] **1.** *lin. etc.:* brisoir *m*; ⊕ frein *m* (*a. fig.*); ⳑ *fluid* liquide *m* pour freins; ⳑ *lining* garniture *f* de frein; ⳑ *pedal* pédale *f* de frein; **2.** briser, broyer (*le lin etc.*); *mot.* serrer le frein; '**brake(s)·man** ⚓ serrefreins *m/inv.*; *Am.* chef *m* de train; '**brak·ing:** ⳑ *distance* distance *f* de freinage; ⳑ *power* puissance *f* de freinage.

bram·ble ⚘ ['bræmbl] ronce *f* sauvage; mûrier *m* sauvage.

bran [bræn] son *m*.

branch [braːntʃ] **1.** *arbre, famille, fleuve:* branche *f*; *arbre, montagnes:* rameau *m*; *fleuve:* bras *m*; 🚃, *route:* embranchement *m*; (*ou local* ⳑ) succursale *f*, filiale *f*; *chief of* ⳑ chef *m* de service; **2.** (*a.* ⳑ *out*) se ramifier; (*a.* ~ *off*) (se) bifurquer (sur, *from*), se partager (à, *at*); **'branch-line** embranchement *m*; **branch of·fice** agence *f*; bureau *m* de quartier; **'branch·y** branchu, rameux (-euse *f*).

brand [brænd] **1.** brandon *m*, tison *m*; fer *m* chaud; marque *f*; stigmate *m*; ⚕ rouille *f*; *poét.* flambeau *m*; *poét.* glaive *m*; ~ *name* marque *f* (de fabrique); **2.** marquer au fer chaud; *fig.* flétrir, stigmatiser (*q.*).

bran·dish ['brændiʃ] brandir.

bran(d)-new ['bræn(d)'nju:] tout (battant) neuf (neuve *f*).

bran·dy ['brændi] cognac *m*, eau-de-vie (*pl.* eaux-de-vie) *f*.

brash □ ['bræʃ] impertinent, éffronté; présomptueux (-euse *f*); impétueux (-euse *f*); indiscret (-ète *f*).

brass [braːs] cuivre *m* jaune; laiton *m*; *fig.* impertinence *f*, *sl.* toupet *m*; F argent *m*, galette *f*; ♪ *les* cuivres *m/pl.*; ♪ *band* fanfare *f*; ~ *hat* ✕ *sl.* officier *m* d'état-major; *Am.* ~ *knuckles pl.* coup-de-poing (*pl.* coups-de-poing) *m* américain; *sl.* ~ *tacks pl.* les faits *m/pl.*; *get down to* ~ *tacks* en venir au fait.

bras·sière ['bræsiə] soutien-gorge (*pl.* soutiens-gorge) *m*.

bras·sy ['braːsi] qui ressemble au cuivre; *usu. fig.* cuivré; *sl.* effronté.

brat F [bræt] marmot *m*, mioche *mf*.

bra·va·do [brə'vaːdou], *pl.* **-dos, -does** [⸗douz] bravade *f*.

brave [breiv] **1.** courageux (-euse *f*), brave; **2.** braver; défier (*q.*); **'brav·er·y** courage *m*, bravoure *f*; vaillance *f*.

bra·vo ['braː'vou] **1.** (*pl.* **-vos, -voes** ['⸗vouz]) bravo *m*; spadassin *m*; **2.** bravo!

brawl [brɔ:l] **1.** rixe *f*, bagarre *f*, querelle *f*; **2.** brailler; se chamailler; **'brawl·er** braillard(e *f*) *m*; tapageur (-euse *f*) *m*.

brawn [brɔ:n] *cuis.* fromage *m* de cochon; muscles *m/pl.*; *fig.* force *f* corporelle; **'brawn·i·ness** carrure *f* musclée; force *f*; **'brawn·y** musculeux (-euse *f*); musclé (*personne*).

bray[1] [brei] **1.** âne: braiment *m*; fanfare *f*, *trompette*: son *m* strident; **2.** braire (*âne*); émettre un son strident.

bray[2] [⸗] broyer, piler.

braze ⊕ [breiz] souder au laiton.

bra·zen □ ['breizn] d'airain; *fig.* (*a.* ~-*faced*) effronté.

bra·zier ['breiziə] *personne*: chaudronnier *m*; brasero *m* (*à charbon de bois*).

Bra·zil·ian [brə'ziljən] **1.** brésilien (-ne *f*); **2.** Brésilien(ne *f*) *m*.

Bra·zil-nut [brə'zil'nʌt] noix *f* du Brésil.

breach [bri:tʃ] **1.** rupture *f*; *fig.* infraction *f* (à, *of*); ✕ brèche *f*; ~ *of contract* rupture *f* de contrat; ~ *of duty* violation *f* des devoirs; ~ *of peace* attentat *m* contre l'ordre public; **2.** *v/t.* ouvrir une brèche dans; *v/i.* se rompre.

bread [bred] pain *m* (*a.* = *subsistance*); *sl.* fric *m*; ~ *and butter* pain *m* beurré; *take the* ~ *out of s.o.'s mouth* ôter le pain à q.; *know which side one's* ~ *is buttered* savoir d'où vient le vent; **'~-bas·ket** corbeille *f* à pain; *sl.* estomac *m*; **'~-bin, '~-box** boîte *f* à pain; **'~-crumb** *cuis.* **1.** paner (*une escalope etc.*), gratiner (*une sole etc.*); **2.** miette *f*; **'~-knife** couteau *m* à pain.

breadth [bredθ] largeur *f* (*a.* de *pensées, d'esprit*); *style*: ampleur *f*; *étoffe*: lé *m*.

bread-win·ner ['bredwinə] gagne-pain *m/inv.*; chef *m* de famille.

break [breik] **1.** rupture *f*; fracture *f*; percée *f*, brèche *f*; éclaircie *f* (à *travers les nuages*); lacune *f*; ✝ *Am.* baisse *f* (*de prix*); *voitures*: break *m*; voiture *f* de dressage (*des chevaux*); *billard*: série *f* de carambolages; ⚡ rupture *f* (*du circuit*); *école*: récréation *f*; *voix*: mue *f* (*dans la puberté*), *émotion*: altération *f*; *temps*: changement *m*; répit *m*; ~ *of day* point *m* du jour; *see* brake²[1]; F *a bad* ~ une sottise *f*; F *give s.o. a* ~ agir loyalement avec q.; mettre q. à l'essai; **2.** [*irr.*] *v/t.* briser, casser, enfoncer (*une porte*); rompre (*chose, pain, rangs, cheval*); entamer (*la peau*); résilier (*un contrat*); faire sauter (*la banque*); s'évader de (*la prison*); ⚡ interrompre (*le courant*), rompre (*un circuit*); ⚔ défricher; ✕ casser (*un officier*); violer (*une loi, une trêve*); ⚓ down abattre, démolir; ⚑ décomposer; ~ *in* enfoncer; défoncer (*un tonneau*); dresser (*un cheval*); rompre (à, *to*); ~ *up* mettre (qch.) en morceaux; disperser (*une foule*); rompre; démolir; **3.** [*irr.*] *v*/*i.* (se) casser, se briser, se rompre; déferler (*vagues*); crever (*abcès*); se dissiper (*nuages*); se briser, se fendre (*cœur*); changer (*temps*); s'altérer (*voix*); ~ *away* se détacher (de, *from*); s'évader (*de prison*); ~ *down* échouer (*projet*); fondre en larmes; *mot.* avoir une panne; ~ *up* entrer en vacances; *see a.* broken; **'break·a·ble** fragile; **'break·age** rupture *f*; *verre:* fracture *f*; ✝ *a.* ~*s pl.* casse *f*; **'break-down** rupture *f*; *service:* arrêt *m* complet; insuccès *m*; débâcle *f* de la santé; *mot.* panne *f*; ~ *lorry* dépanneuse *f*; ~ *service* service *m* de dépannage; ~ *truck* dépanneuse *f*; **'break·er** casseur (-euse *f*) *m*; ⚓ brisant *m*.

break...: ~**fast** ['brekfəst] **1.** petit déjeuner *m*; **2.** déjeuner; ~**neck** ['brekniek] à se casser le cou; **'~-out** évasion *f*; **'~-through** ✗, *a. fig.* percée *f*; *fig. a.* bond *m* en avant; découverte *f*; solution *f*; réussite *f*; **'~-up** dissolution *f*, fin *f*; affaissement *m*; *école:* entrée *f* en vacances; *temps:* changement *m*; **'~-wa·ter** brise-lames *m*/*inv.*; môle *m*.

bream *icht.* [bri:m] brème *f*.

breast [brest] **1.** sein *m*; mamelle *f*; poitrine *f*; *make a clean ~ of it* dire ce qu'on a sur la conscience; **2.** affronter; lutter contre, faire ~ front à; **'breast·ed** à poitrine ...

breast...: **'~-feed** donner le sein à (*un bébé*); élever au sein; **'~-pin** épingle *f* de cravate; **'~-stroke** brasse *f* sur le ventre; **'~work** ✗ parapet *m*.

breath [breθ] haleine *f*, souffle *m*, respiration *f*; *bad* ~ mauvaise haleine *f*; *under* (*ou below*) *one's* ~ à voix basse, à mi-voix; **'breath·a·lyse** *mot.* [~əlaiz] faire subir l'alcootest à (*q.*); **breath·a·lys·er** ['~əlaizə] alcootest *m*; **breathe** [bri:ð] *v*/*i.* respirer, souffler; *fig.* vivre; *v*/*t.* respirer, exhaler (*un soupir*); murmurer (*une prière*); aspirer (*l'air*, *un son*); **'breath·er** F moment *m* de repos; brin *m* d'air; répit *m*.

breath·ing ['bri:ðiŋ] **1.** vivant (*portrait*); **2.** respiration *f*; souffle *m*; **'~-space**, **'~-time** répit *m*; intervalle *m* de repos.

breath·less □ ['breθlis] essoufflé;

fig. fiévreux (-euse *f*); **'breath·less·ness** essoufflement *m*.

breath-tak·ing ['breðteikiŋ] F ahurissant.

bred [bred] *prét. et p.p. de* breed 2.

breech ⊕ [bri:tʃ] *fusil, canon:* culasse *f*, tonnerre *m*; **breech·es** ['~iz] *pl.:* (*a pair of*) ~ (une) culotte *f*; F (*un*) pantalon *m*; **'breech-load·er** ⊕ fusil *m* se chargeant par la culasse.

breed [bri:d] **1.** race *f*; *péj.* espèce *f*; *Am.* métis(se *f*) *m*; **2.** [*irr.*] *v*/*t.* produire, engendrer; élever (*du bétail*); *v*/*i.* se reproduire; multiplier; **'breed·er** reproducteur (-trice *f*) *m*; éleveur *m* (*d'animaux*); **'breed·ing** reproduction *f*; élevage *m* (*d'animaux*); bonnes manières *f*/*pl.*

breeze[1] [bri:z] **1.** brise *f*; F querelle *f*; altercation *f*; **2.** *Am.* F s'en aller (*à la hâte*).

breeze[2] *zo.* [~] œstre *m*.

breeze[3] ⊕ [~] braise *f* de houille; fraisil *m*.

breez·y ['bri:zi] venteux (-euse *f*); jovial (-als, -aux *m*/*pl.*) (*personne*).

breth·ren *eccl.* ['breðrin] *pl.* frères *m*/*pl.*; *my* ~ mes très chers frères.

breve [bri:v] *syllabe:* brève *f*.

bre·vet ✗ ['brevit] brevet *m* (*avancement d'un officier sans augmentation de solde*); ~ *rank* grade *m* honoraire; ~ *colonel* lieutenant-colonel *m* faisant fonction de colonel.

bre·vi·ar·y *eccl.* ['bri:vjəri] bréviaire *m*.

brev·i·ty ['breviti] brièveté *f*.

brew [bru:] **1.** *v*/*t.*/*i.* brasser; *fig.* (se) tramer; *v*/*i.* s'infuser; couver (*orage, tempête*); **2.** brassage *m*; brassin *m*; infusion *f*; **'brew·age** *poét. see* brew 2; **'brew·er** brasseur *m*; **'brew·er·y** brasserie *f*.

bri·ar ['braiə] *see* brier[1] *et* brier[2].

bribe [braib] **1.** paiement *m* illicite; **2.** corrompre, acheter (pour que, *to*); **'brib·er** corrupteur (-trice *f*) *m*; **'brib·er·y** corruption *f*; 🕿 subornation *f* (*d'un témoin*); 🕿 ~ *and corruption* corruption *f*; *be open to* ~ être corruptible.

bric-a-brac ['brikəbræk] bric-à-brac *m*.

brick [brik] **1.** brique *f*; F *a regular* ~ un chic type; *sl.* *drop a* ~ faire une gaffe; **2.** briqueter; ~ *up* murer (*une fenêtre etc.*); **'~·bat** briqueton *m*; **'~-kiln** four *m* à briques; **'~-lay·er**

maçon *m*; '~-works *usu. sg.* briqueterie *f*; '**brick·y** de *ou* en brique; comme une brique.

brid·al ['braidl] **1.** ☐ nuptial (-aux *m/pl.*), de noce(s); **2.** *usu. poét.* noce *f*, -s *f/pl.*

bride [braid] future *f* (*sur le point de se marier*); (nouvelle) mariée *f*; '~**groom** futur *m* (*sur le point de se marier*); (nouveau) marié *m*; '**brides·maid** demoiselle *f* d'honneur; '**brides·man** garçon *m* d'honneur; **bride-to·'be** future fiancée *f ou* épouse *f*.

bride·well *Brit.* ['braidwǝl] maison *f* de correction.

bridge[1] [bridʒ] **1.** pont *m*; ⚓ passerelle *f*; **2.** jeter un pont sur; *fig.* relier, combler.

bridge[2] [.] *cartes:* bridge *m*.

bridge...: '~**head** tête *f* de pont; '~**work** bridge-work *m* (*dentaire*).

bri·dle ['braidl] **1.** bride *f*; *fig.* frein *m*; **2.** *v/t.* brider (*a. fig.*); *v/i.* (*a. ~ up*) redresser la tête; se rebiffer; '~**path** piste *f* cavalière.

bri·doon [bri'du:n] bridon *m*.

brief [bri:f] **1.** ☐ bref (brève *f*); court; passager (-ère *f*); **2.** dossier *m* (*d'avocat*); abrégé *m*; *p.ext.* ordres *m/pl.*; *eccl.* bref *m*; hold a ~ for défendre; prendre le parti de; ⚖ take a ~ for accepter de représenter (*q.*) en justice; **3.** ⚖ confier une cause à (*un avocat*); ✕ munir d'instructions; fournir des directives à; '~**bag**, '~**case** serviette *f*; '**brief·ing** instructions *f/pl.*; séance *f* d'information; '**brief·ness** brièveté *f*.

bri·er[1] ♀ ['braiǝ] bruyère *f* arborescente; églantier *m*.

bri·er[2] [.] (*a. ~ pipe*) pipe *f* en bruyère.

brig ⚓ [brig] brick *m*.

bri·gade ✕ [bri'geid] **1.** brigade *f*; **2.** embrigader; **brig·a·dier** [brigǝ-'diǝ] général *m* de brigade.

brig·and ['brigǝnd] brigand *m*, bandit *m*; '**brig·and·age** brigandage *m*; briganderie *f*.

bright ☐ [brait] brillant; éclatant; vif (vive *f*); clair; animé; F intelligent; '**bright·en** *v/t.* faire briller; fourbir (*un métal*); *fig.* égayer; *v/i.* s'éclaircir; *yeux*: s'allumer; '**bright·ness** éclat *m*; clarté *f*; vivacité *f*; intensité *f*; intelligence *f*; *télév.* ~

control (dispositif *m* de) réglage *m* de la luminosité.

brill *icht.* [bril] barbue *f*.

bril·lian·cy ['briljǝnsi] brillant *m*; éclat *m*; '**bril·liant 1.** ☐ brillant, éclatant; lumineux (-euse *f*) (*idée*); **2.** brillant *m*.

brim [brim] **1.** bord *m*; **2.** *v/t.* remplir jusqu'au bord; *v/i.* déborder (de, *with*); '~**ful**, '~**full** plein jusqu'aux bords; débordant (de, of).

brim·stone ['brimstǝn] ⚗ soufre *m* (brut); *zo.* (*ou ~ butterfly*) papillon *m* citrin.

brin·dle(d) ['brindl(d)] tacheté, tavelé.

brine [brain] **1.** saumure *f*; eau *f* salée; *poét.* mer *f*, océan *m*; **2.** saumurer.

bring [briŋ] [*irr.*] amener; apporter; intenter (*un procès*); avancer (*des arguments*); ~ about amener, occasionner; (*a. ~ to pass*) entraîner; ~ along amener (*q.*), apporter (*qch.*); ~ down faire baisser (*le prix*); avilir (*les prix*); *théâ.* ~ down the house faire crouler la salle; ~ forth produire; mettre au monde; mettre bas (*des petits*); ~ forward (faire) avancer; produire; 🕆 reporter; ~ s.th. home to s.o. faire sentir qch. à q.; prouver qch. contre q.; ~ in introduire; rapporter (*une somme*); ~ in guilty déclarer coupable; ~ off ramener à terre *ou* à bord; réussir; ~ on occasionner; faire pousser (*une plante*); ~ out apporter dehors; publier; mettre en relief; faire valoir; lancer (*une actrice etc.*); ~ round ramener à la vie; convertir (*q.*); ~ s.o. to (*inf.*) amener q. à (*inf.*); ⚓ ~ to mettre en panne; ~ s.o. to himself faire reprendre connaissance à q.; ranimer q.; ~ under assujettir; ~ up approcher; élever (*un enfant*); citer en justice; vomir; (faire) monter; ⚓ mouiller.

bring·er ['briŋǝ] porteur (-euse *f*) *m*.

brink [briŋk] bord *m*; '~**man·ship** politique *f* du bord du gouffre.

brin·y ['braini] **1.** saumâtre, salé; **2.** F mer *f*.

bri·quette [bri'ket], **bri·quet** ['bri-kit] briquette *f*; aggloméré *m*.

brisk [brisk] **1.** ☐ vif (vive *f*), alerte, plein d'entrain, animé; *feu*: vif (vive *f*), ✕ nourri; *air*: vivifiant; **2.** (*usu. ~ up*) (s')animer.

bris·ket ['briskit] poitrine *f* (*de bœuf*).

brisk·ness ['brisknis] vivacité *f*, entrain *m*; *air*: fraîcheur *f*.

bris·tle ['brisl] **1.** soie *f*; *barbe*: poil *m* raide; **2.** (*souv.* ~ *up*) se hérisser; F se rebiffer (*personne*); *fig.* ~ *with* être hérissé de; **'bris·tled**, **'bris·tly** hérissé; poilu; garni de soies.

Bri·tan·nic [bri'tænik] britannique.

Brit·ish ['britiʃ] **1.** anglais; britannique; **2.** *the* ~ *pl.* les Britanniques *m/pl.*; **'Brit·ish·er** *surt. Am.* natif (-ive *f*) *m* de la Grande-Bretagne.

Brit·on *hist., poét.* ['britən] Anglais(e *f*) *m*.

brit·tle ['britl] fragile, cassant; cendreux (-euse *f*) (*acier*); **'brit·tle·ness** fragilité *f* etc.

broach [broutʃ] **1.** broche *f*; △ flèche *f*, aiguille *f*; **2.** percer, entamer (*un fût*); aborder (*un sujet*); entrer en (*matière*).

broad □ [brɔ:d] large; plein, grand (*jour*); peu voilé (*avis, allusion*); hardi, risqué (*histoire*); épanoui (*sourire*); prononcé (*accent*); **'~·ly** *speaking* généralement parlant; **'~·axe** ⊕ doloire *f*; **'~·cast 1.** ↗ semé à la volée; *fig.* (radio)diffusé; répandu; **2.** (*irr.* [*cast*]) *v/t.* ↗ semer à la volée; *fig.* répandre; radiodiffuser; transmettre; *v/i.* parler etc. à la radio; **~·(ing)** *station* poste *m* émetteur; *station f* de radiodiffusion; **3.** émission *f*; **'~·cloth** drap *m* noir fin; *Am.* popeline *f*; **'broad·en** (s')élargir; **'broad·mind·ed** tolérant; à l'esprit large; **'broad·ness** largeur *f*; grossièreté *f*; ~ *of speech* accent *m* prononcé.

broad...: **'~·sheet** placard *m*; *hist.* canard *m*; **'~·side** ⚓ flanc *m*, travers *m*; bordée *f*, feu *m* de travers; *a. see* broadsheet; **'~·sword** latte *f*; sabre *m*.

bro·cade † [bro'keid] brocart *m*; **bro'cad·ed** broché; de brocart.

broc·co·li ♀ ['brɔkəli] brocoli *m*.

bro·chure [brɔ'ʃjuə] brochure *f*.

brock *zo.* [brɔk] blaireau *m*.

brogue [broug] soulier *m* de golf; accent *m* (*surt.* irlandais).

broil [brɔil] **1.** querelle *f*, bagarre *f*; **2.** griller (*a. fig.*); (faire) cuire sur le gril; **~·ing** brûlant; torride; **'broil·er** gril *m*; poulet *m* à rôtir.

broke [brouk] *prét. de* break 2.

bro·ken ['broukn] *p.p. de* break 2; ~ *health* santé *f* délabrée *ou* ruinée; ~ *stones pl.* pierraille *f*, cailloutis *m*; ~ *weather* temps *m* variable; *speak* ~ *English* écorcher l'anglais; **'~·heart·ed** navré de douleur; au cœur brisé; **'bro·ken·ly** par saccades; sans suite; à mots entrecoupés; **'bro·ken-'wind·ed** *vét.* poussif (-ive *f*).

bro·ker ['broukə] † courtier *m*; agent *m* de change; **'bro·ker·age** † courtage *m*; frais *m/pl.* de courtage.

bro·mide ↗ ['broumaid] bromure *m*; *sl.* banalité *f*; **bro·mine** ↗ ['broumi:n] brome *m*.

bron·chi·al *anat.* ['brɔŋkjəl] bronchial (-aux *m/pl.*); des bronches.

bron·chi·tis ♂ [brɔŋ'kaitis] bronchite *f*.

Bronx cheer *Am. sl.* ['brɔŋks'tʃiə] sifflement *m* (*de mépris*).

bronze [brɔnz] **1.** bronze *m*; **2.** de *ou* en bronze; **3.** (se) bronzer; (se) brunir.

brooch [broutʃ] broche *f*, épingle *f*.

brood [bru:d] **1.** couvée *f*; volée *f*; F enfants *m/pl.*; **~·hen** couveuse *f*; **~·mare** poulinière *f*; **2.** couver; *v/i.* F broyer du noir; *v/t.* F ruminer (*une idée*); *fig.* planer sur; **'brood·er** couveuse *f* (*Am.* artificielle).

brook¹ [bruk] ruisseau *m*.

brook² [~] *usu. au nég.* souffrir.

brook·let ['bruklit] ruisselet *m*.

broom ♀ [bru:m] genêt *m*; [brum] balai *m*; **~·stick** ['brumstik] manche *m* à balai.

broth [brɔθ] bouillon *m*.

broth·el ['brɔθl] bordel *m*, maison *f* de tolérance.

broth·er ['brʌðə] frère *m*; *younger* ~ cadet *m*; **~·hood** ['~hud] fraternité *f*; confraternité *f*; *eccl.* confrérie *f*; **'~-in-law** beau-frère (*pl.* beaux-frères) *m*; **'broth·er·ly** fraternel(le *f*).

brougham ['bru:əm] coupé *m*; *mot.* coupé *m* (de ville).

brought [brɔ:t] *prét. et p.p. de* bring; **~-in** *capital* capital *m* d'apport.

brow [brau] sourcil *m*; arcade *f* sourcilière; *front m*; *précipice*: bord *m*; *colline*: croupe *f*; **'~·beat** [*irr* (*beat*)] rabrouer; rudoyer.

brown [braun] **1.** brun, marron(ne

f); châtain (*cheveux*); jaune (*chaussures*); ~ **bread** pain *m* bis; ~ **paper** papier *m* gris; *be in a* ~ *study* être plongé dans ses réflexions; **2.** brun *m*, marron *m*; **3.** (se) brunir; **brown·ie** ['ⁿi] farfadet *m*; **'brown·ish** brunâtre; **'brown·ness** couleur *f* brune; **'brown·stone** *Am.* **1.** grès *m* de construction; **2.** ... des gens prospères.

browse [brauz] **1.** jeunes pousses *f*/*pl.*; **2.** (*a.* ~ *on*) brouter, paître, *fig.* feuilleter (*des livres*).

bruise [bru:z] **1.** bleu *m*, meurtrissure *f*; *fruit*: talure *f*; **2.** (se) meurtrir; *v/t.* broyer (*une substance*); **'bruis·er** *sl.* boxeur *m* (brutal).

Brum·ma·gem ['brʌmədʒəm] de camelote, en toc.

bru·nette [bru:'net] brunette *f*.

brunt [brʌnt] choc *m*; attaque *f*; violence *f*; *the* ~ *of* le plus fort de.

brush [brʌʃ] **1.** brosse *f*; pinceau *m*; *renard*: queue *f*; coup *m* de brosse (*aux vêtements*); échauffourée *f* (*avec un ennemi*); ⚡ faisceau *m* de rayons; *commutateur*: balai *m*; *Am. see* ~**wood**; *see* **backwoods**; *give s.o. a* ~ brosser q.; *have a* ~ *with s.o.* froisser les opinions de q.; **2.** *v/t.* brosser; balayer (*un tapis etc.*); frôler, toucher légèrement; ~ *away* (*ou off*) enlever (*qch.*) d'un coup de brosse *ou* de balai; essuyer (*des larmes*); écarter (*un avis, une pensée*); ~ *down* donner un coup de brosse à (*q.*); ~ *up* donner un coup de brosse à (*qch.*); *fig.* se remettre à, dérouiller; *v/i.* ~ *against* frôler *ou* froisser (*q.*) en passant; ~ *by* (*ou past*) passer rapidement auprès de (*q.*); frôler (*q.*) en passant; **'~-off** *sl.*: *give s.o. the* ~ envoyer promener q.; **'~wood** broussailles *f*/*pl.*; bois *m* taillis; menu bois *m*.

brusque □ [brusk] brusque; *ton*: bourru.

Brus·sels ['brʌslz] ⚘ ~ *sprouts* *pl.* choux *m*/*pl.* de Bruxelles.

bru·tal □ ['bru:tl] brutal (-aux *m*/*pl.*); de brute; animal (-aux *m*/*pl.*); **bru·tal·i·ty** [bru:'tæliti] brutalité *f*; **bru·tal·ize** ['bru:tɔlaiz] abrutir; animaliser; **brute** [bru:t] **1.** brut, vif (vive *f*), brutal (-aux *m*/*pl.*) (*force*); **2.** bête *m* brute; brute *f* (*a. fig.* = *homme brutal*); F animal *m*; *a* ~ *of a* ... un(e) ... de chien; **'brut-**

ish □ *see* **brute** *1*; **'brut·ish·ness** bestialité *f*; abrutissement *m*.

bub·ble ['bʌbl] **1.** bulle *f*; *fig.* projet *m* chimérique; tromperie *f*; **2.** bouillonner; glouglouter (*en versant*).

buc·ca·neer [bʌkə'niə] **1.** F pirate *m*; flibustier *m* (*a. hist*); **2.** faire le boucanier; flibuster.

buck [bʌk] **1.** *zo.* daim *m*; chevreuil *m*; mâle (*du lapin etc.*); *Am. sl.* dollar *m*; *Am.* F *pass the* ~ passer la décision (à, *to*); se débrouiller sur le voisin; **2.** *Am.* F résister, opposer; *Am.* F chercher à prendre le dessus de; *Am.* ~ *for* viser; essayer d'obtenir (*qch.*); F ~ *up* (se) ragaillardir.

buck·et ['bʌkit] seau *m*; *a mere drop in the* ~ une goutte d'eau dans la mer; *sl.* *kick the* ~ casser sa pipe (= *mourir*); **2.** surmener (*un cheval*); **'~-ful** plein seau *m*; **'~-shop** bureau *m* d'un courtier marron.

buck·le ['bʌkl] **1.** boucle *f*, agrafe *f*; **2.** *v/t.* boucler; attacher; ceindre (*l'épée*); *v/i.* ⊕ se gondoler, arquer; se voiler (*tôle*); ~ *to v/t.* s'appliquer à (*un travail*); *v/i.* s'y atteler; **'buck·ler** bouclier *m*.

buck·ram ['bʌkrəm] bougran *m*; *fig.* raideur *f*.

buck...: '~**skin** (peau *f* de) daim *m*; '~**wheat** ⚘ blé *m* noir.

bud [bʌd] **1.** ⚘ bourgeon *m*; œil (*pl.* yeux) *m*; bouton *m*; *fig.* germe *m*; *Am.* débutante *f*; *sl.* jeune fille *f*; *in* ~ qui bourgeonne; *fig. in the* ~ en germe, en herbe; **2.** *v/t.* écussonner; *v/i.* bourgeonner; boutonner (*fleur*); ~*ding lawyer* juriste *m* en herbe.

bud·dy *Am.* F ['bʌdi] ami *m*; copain *m*.

budge [bʌdʒ] *v/i.* bouger, céder; reculer; *v/t.* bouger. [che *f.*]

bud·ger·i·gar ['bʌdʒəriga:] perru-

budg·et ['bʌdʒit] collection *f*; recueil *m*; budget *m*; *usu. fig.* plein sac *m*; *draft* ~ budget *m* du ménage; *open the* ~ présenter le budget; **'budg·et·ar·y** budgétaire.

buff [bʌf] **1.** (peau *f* de) buffle *m*; cuir *m* épais; couleur *f* chamois; *in* (*one's*) ~ tout nu; **2.** jaune clair; **3.** polir (au buffle).

buff F [~] enthousiaste *m*/*f*, mordu (*f*) *m*.

buf·fa·lo *zo.* ['bʌfəlou], *pl.* **-loes** ['~louz] buffle *m*; *Am.* F bison *m*.

buff·er ['bʌfə] ⊕ tampon m; (a. ~ stop) butoir m; tampon m d'arrêt; sl. vieux bonze m; ~ state état m tampon.

buf·fet¹ ['bʌfit] **1.** coup m (de poing); poét. soufflet m; **2.** flanquer une torgn(i)ole à (q.); bourrer (q.) de coups.

buf·fet² [meuble: 'bʌfit; autres sens: 'bufei] buffet m.

buf·foon [bʌ'fu:n] bouffon m, paillasse m; **buf'foon·er·y** bouffonneries f/pl.

bug [bʌg] punaise f; Am. insecte m; bacille m; loup m (de fabrication); Am. sl. fou m, folle f; maboul(e f) m; F appareil m d'écoute; microphone m clandestin; **bug·a·boo** ['~əbu:] épouvantail m; **'bug·bear** objet m d'épouvante; F cauchemar m; F bête f noire; **'bug·ger** sl. pédéraste m; con m, salaud m; bougre m; poor ~! pauvre bougre!; a ~ of a job un boulot infernal; little ~ petit bonhomme; **'bug·ging de·vice** appareil m d'écoute (clandestine); **bug·gy** ['bʌgi] boghei m. [m.]

bu·gle¹ ['bju:gl] (a. ~-horn) clairon]
bu·gle² [~] verroterie f noire.
bu·gler ⚔ ['bju:glə] (sonneur m de) clairon m.

buhl [bu:l] meubles: boul(l)e m.

build [bild] **1.** [irr.] bâtir; édifier; construire; fig. fonder (sur, [up]on); faire construire; ~ in murer, boucher; ~ up affermir (la santé); bâtir; be ~ing être en construction; **2.** construction f; taille f; **'build·er** entrepreneur m en bâtiments; constructeur m; **'build·ing** construction f; bâtiment m; maison f; édifice m; attr. de construction; ~ con·tractor entrepreneur m en ou de bâtiment(s); ~ site chantier m; ~ (p)lot terrain m à bâtir; ~-society construction; ~ trade industrie f du bâtiment; **'build-up** construction f; échafaudage m.

built [bilt] **1.** prét. et p.p. de build 1; **2.** adj. ... bâti; de construction ...; **'built-'up** 'a·re·a agglomération f urbaine.

bulb [bʌlb] ♀ bulbe m, oignon m; thermomètre, a. ⚡ ampoule f; **'bulb·ous** ♀ bulbeux (-euse f).

Bul·gar ['bʌlgɑː] Bulgare mf; **Bulgar·i·an** [bʌl'gεəriən] **1.** bulgare; **2.** ling. bulgare m; Bulgare mf.

bulge [bʌldʒ] **1.** bombement m; saillie f; ⚓, a. fig. hausse f; **2.** bomber; faire saillie; se déjeter (mur etc.).

bulk [bʌlk] masse f, grosseur f, volume m; fig. gros m (a. ⚓); ⚓ charge f; chargement m arrimé; in ~ en bloc, en vrac; in the ~ en bloc, en gros; ~ goods marchandise f ou marchandises f/pl. en masse; **'~head** ⚓ cloison f; **'bulk·i·ness** grosseur f; volume m (excessif); **'bulk·y** gros(se f); volumineux (-euse f), encombrant.

bull¹ [bul] **1.** taureau m; ⚓ sl. haussier m; F ~ session réunion f d'hommes; **2.** ⚓ sl. spéculer à la hausse; chercher à faire hausser (les cours).

bull² eccl. [~] bulle f.

bull³ [~] bévue f; F, a. Am. bêtises f/pl.; Irish ~ inconséquence f.

bull·dog ['buldɔg] bouledogue m; chienne f de bouledogue; F univ. appariteur m.

bull·doze Am. F ['buldouz] intimider; **'bull·doz·er** ⊕ machine f à cintrer; bulldozer m.

bul·let ['bulit] fusil, revolver: balle f.

bul·le·tin ['bulitin] bulletin m, communiqué m; radio: informations f/pl.; Am. ~ board tableau m d'affichage (des nouvelles du jour).

bul·let-proof ['bulitpru:f] blindé, pare-balles inv.

bull...: **'~fight** course f de taureaux; **'~finch** orn. bouvreuil m; haie f (avec fossé); **'~frog** zo. grenouille f mugissante; **'~head·ed** F entêté.

bul·lion ['buljən] m en barres; or m ou argent m en lingot; ✂ franges f/pl.

bull·ock ['bulək] bœuf m.

bull·pen Am. ['bul'pen] F salle f de détention.

bull's-eye ['bulzai] ⚓ (verre m de) hublot m; cible: noir m, centre m, blanc m; ~ pane carreau m à boudine.

bull·shit V ['bulʃit] merde f.

bul·ly¹ ['buli] **1.** brute f, brutal m, tyran m; école: brimeur m; bravache m; **2.** bravache; surt. Am. F fameux (-euse f); a. int. bravo; **3.** brutaliser, rudoyer, intimider.

bul·ly² [~] (a. ~ beef) bœuf m en conserve; F singe m.

bul·rush ♀ ['bulrʌʃ] jonc m.

bul·wark ['bulwək] *usu. fig.* rempart *m*; *~s pl.* ⚓ pavois *m*.

bum¹ *sl.* [bʌm] derrière *m*, cul *m*.

bum² *Am.* F [~] **1.** fainéant *m*; chemineau *m*; (be) go on the ~ fainéanter; vagabonder; **2.** *v/t.* mendier; resquiller (*le trajet*); **3.** misérable.

bum·ble-bee ['bʌmblbiː] bourdon *m*.

bum·boat ['bʌmbout] bateau *m* à provisions.

bump [bʌmp] **1.** choc *m*; coup *m*, heurt *m*; *fig.* bosse *f* (de, of); **2.** (se) cogner; (se) heurter; *v/t.* entrer en collision avec (*qch.*); *Am. sl. ~ off* assassiner, supprimer (*q.*); ~ *against* buter contre; F ~ *into s.o.* rencontrer q. par hasard.

bump·er ['bʌmpə] **1.** verre *m* plein; rasade *f*, *mot.* pare-chocs *m/inv.*; *théâ.* (a. *~ house*) salle *f* comble *ou* bondée; ~ *sticker* autocollant *m*; **2.** plein ...; magnifique; F exceptionnel(le *f*) (*récolte*).

bump·kin ['bʌmpkin] rustre *m*.

bump·tious □ F ['bʌmpʃəs] arrogant, présomptueux (-euse *f*); suffisant.

bump·y ['bʌmpi] cahoteux (-euse *f*); couvert de bosses; ⚡ chahuté.

bun [bʌn] petit pain *m* au lait; *cheveux:* chignon *m*.

bunch [bʌntʃ] **1.** botte *f*; *fleurs:* bouquet *m*; *personnes:* groupe *m*; ~ *of grapes* grappe *f* de raisin; **2.** (se) grouper; *v/t.* lier.

bun·combe *Am.* ['bʌnkəm] blague *f*; *paroles f/pl.* vides.

bun·dle ['bʌndl] **1.** paquet *m*; ballot *m*; *bois:* fagot *m*; **2.** *v/t.* (a. ~ *up*) empaqueter; F ~ *away ou off* se débarrasser de (*q.*); *v/i.* ~ *off* s'en aller sans cérémonie.

bung [bʌŋ] **1.** *fût:* bondon *m*; **2.** bondonner (*un fût*); boucher (*un trou*); F ~*ed up* poché (*œil*).

bun·ga·low ['bʌŋɡəlou] bungalow *m*.

bung-hole ['bʌŋhoul] bonde *f*.

bun·gle ['bʌŋɡl] **1.** gâchis *m*; maladresse *f*; **2.** bousiller; *sl.* rater; '**bun·gler** bousilleur (-euse *f*) *m*; maladroit(e *f*) *m*; '**bun·gling 1.** □ maladroit; **2.** *see* bungle 1.

bun·ion 🦶 ['bʌnjən] oignon *m* (*callosité au gros orteil*).

bunk¹ *surt. Am. sl.* [bʌŋk] blague *f*; baliverness *f/pl.*

bunk² [~] ⚓, 🚂 couchette *f*.

bunk·er ⚓ ['bʌŋkə] **1.** soute *f* (à *charbon*); **2.** mettre en soute; *fig.* be ~*ed* se trouver dans une impasse.

bun·kum ['bʌŋkəm] *see* buncombe.

bun·ny ['bʌni] F Jeannot lapin *m*.

bunt *Am.* [bʌnt] *baseball:* coup *m* qui arrête la balle.

bun·ting¹ *orn.* ['bʌntiŋ] bruant *m*.

bun·ting² [~] *tex.* étamine *f*; *p.ext.* pavillons *m/pl.*

buoy ⚓ [bɔi] **1.** bouée *f*; **2.** baliser (*le chenal*); (*usu. ~ up*) faire flotter; *fig.* soutenir, appuyer.

buoy·an·cy ['bɔiənsi] flottabilité *f*; *fig.* élasticité *f* de caractère; *fig.* entrain *m*; '**buoy·ant** □ flottable; léger (-ère *f*); *fig.* allègre, optimiste; *fig.* élastique (*pas*); 🕇 soutenu.

bur 🌿 [bəː] capsule *f* épineuse; teigne *f* (*de bardane*); *personne:* crampon *m*.

Bur·ber·ry ['bəːbəri] imperméable *m* (*marque Burberry*).

bur·bot *icht.* ['bəːbət] lotte *f*, barbot *m*.

bur·den¹ ['bəːdn] refrain *m*.

bur·den² ['bəːdn] **1.** fardeau *m*, charge *f* (a. ⚖); ⚓ charge *f*, contenance *f*; *discours:* substance *f*; **2.** charger; *fig.* accabler; '**bur·den·some** onéreux (-euse *f*); fâcheux (-euse *f*).

bur·dock 🌿 ['bəːdɔk] bardane *f*.

bu·reau [bjuə'rou], *pl.* -**reaux** [~'rouz] *surt. Am.* bureau *m*; service *m* (*du gouvernement*); *meuble:* secrétaire *m*, bureau *m*; *Am.* commode *f*; **bu·reauc·ra·cy** [~'rɔkrəsi] bureaucratie *f*; **bu·reau·crat** ['bjuərokræt] bureaucrate *m/f*; **bu·reau·crat·ic** (*~ally*) bureaucratique; **bu·reauc·ra·tize** [bjuə'rɔkrətaiz] bureaucratiser.

bur·gee ⚓ [bəː'dʒiː] guidon *m*.

bur·geon *poét.* ['bəːdʒən] **1.** bourgeon *m*; bouton *m*; **2.** bourgeonner; commencer à éclore.

bur·gess ['bəːdʒis] bourgeois *m*, citoyen *m*; *hist.* représentant *m* d'un bourg (*au Parlement*).

burgh *écoss.* ['bʌrə] bourg *m*.

bur·glar ['bəːɡlə] cambrioleur *m* (*nocturne*); ~ *alarm* sonnerie *f* d'alarme *ou* antivol; **bur·glar·i·ous** [bəː'ɡlɛəriəs] de cambriolage; '**bur·glar-proof** à l'épreuve de l'infraction; incrochetable (*serrure*); **bur-**

gla·ry ['ʌ-əri] vol *m* nocturne avec effraction; **bur·gle** ['bə:gl] cambrioler.

bur·gun·dy ['bə:gəndi] (vin *m* de) bourgogne *m*.

bur·i·al ['beriəl] enterrement *m*; '~**ground** cimetière *m*.

bu·rin ⊕ ['bjuərin] burin *m*.

burke [bə:k] étouffer (*un scandale*); escamoter (*une question*).

burl *tex.* [bə:l] nope *f*.

bur·lap ['bə:ləp] toile *f* d'emballage.

bur·lesque [bə:'lesk] **1.** burlesque; **2.** burlesque; parodie *f*; **3.** travestir, parodier; tourner (*qch.*) en ridicule. [demeent bâti.\

bur·ly ['bə:li] de forte carrure; soli-\
Bur·mese [bə:'mi:z] **1.** birman; **2.** Birman(e *f*) *m*.

burn [bə:n] **1.** brûlure *f*; **2.** [*irr.*] brûler; cuire; '**burn·er** brûleur (-euse *f*) *m*; bec *m* de gaz; '**burn·ing** □ brûlant, ardent.

bur·nish ['bə:niʃ] brunir, (se) polir; '**bur·nish·er** *personne*: brunisseur (-euse *f*) *m*; ⊕ brunissoir *m*.

burnt [bə:nt] *prét. et p.p. de burn* 2; ~ *almond* amande *f* grillée; praline *f*; *mot.* ~ *gas gaz m d'échappement*; ~ *offering* holocauste *m*.

burr [bə:] **1.** r *m* de la gorge; **2.** prononcer l'r de la gorge.

bur·row ['bʌrou] **1.** terrier *m* (*de lapin, de renard*); **2.** *v/t.* creuser; *v/i.* se terrer; *fig.* fouiller.

bur·sa·ry ['bə:səri] bourse *f* (*d'études*).

burst [bə:st] **1.** éclat(ement) *m*; jaillissement *m*; coup *m*; *fig.* poussée *f*; rafale *f*; emballage *m* (*de vitesse*); **2.** [*irr.*] *v/i.* éclater, exploser; crever (*abcès, pneu, rive, boîte, etc.*); *fig.* déborder (*de, with*); ⚘ éclore (*bouton*); s'épanouir (*fleur*); ~ *from* s'affranchir de; ~ *forth* (*ou out*) jaillir; s'exclamer; apparaître (*soleil*); ~ *into a gallop* prendre le galop; ~ *into flame* s'enflammer brusquement; ~ *into leaf* (se) feuiller; ~ *into tears* fondre en larmes; ~ *out laughing* éclater de rire; *v/t.* faire éclater; enfoncer (*une porte*). [tenance *f*.\

bur·then ⚓ ['bə:ðn] charge *f*, con-\
bur·y ['beri] enterrer, ensevelir; inhumer; ⚓ immerger; *fig.* plonger.

bus F [bʌs] **1.** autobus *m*; *sl.* bagnole *f*; *sl. fig. miss the* ~ laisser échapper l'occasion; *Am.* ~ *boy*

garçon *m* de restaurant qui débarrasse la table après le repas; ~ *driver* conducteur *m* d'autobus; **2.** ~ *it* aller *ou* venir *ou* voyager en autobus.

bus·by ⚔ ['bʌzbi] colback *m*.

bush [buʃ] buisson *m*; fourré *m*; ⊕ fourrure *f* métallique; **bush·el** ['buʃl] boisseau *m* (*a. mesure*); F (grande) quantité *f*; **bush league** *Am. baseball*: ligue *f* de second ordre; '**bush-rang·er** broussard *m*.

bush·y ['buʃi] touffu; broussailleux (-euse *f*); buissonnant (*arbrisseau*).

busi·ness ['biznis] affaire *f*, besogne *f*; occupation *f*; devoir *m*; affaires *f/pl.* (a. ✝); ✝ entreprise *f*; maison *f* (de commerce); fonds *m* de commerce; ~ *address* adresse *f* du bureau (de *q.*); ~ *of the day* ordre *m* du jour; agenda *m*; ~ *end* côté *m* opérant (*d'un outil etc.*), tranchant *m* (*d'un couteau etc.*); ~ *hours pl.* heures *f/pl.* d'ouverture; ~*man* homme *m* d'affaires; ~ *quarter* quartier *m* commerçant; ~ *research* étude *f* du mouvement des prix ou des cycles économiques; *surt. Am.* ~ *suit see lounge suit*; ~ *tour*, ~ *trip* voyage *m* d'affaires; *on* ~ pour affaires; *have no*~ *to* (*inf.*) ne pas avoir le droit de (*inf.*); *get down to* ~ en venir au fait; *mind one's own* ~ s'occuper de ses affaires; *send s.o. about his* ~ F envoyer promener *q.*; *that's none of your* ~ cela ne vous regarde pas; '~-**like** pratique; sérieux (-euse *f*) (*manière*); capable.

bus·kin ['bʌskin] *antiquité, théâ.*: cothurne *m*; *fig.* tragédie *f*.

bus·man ['bʌsmən] conducteur *m ou* receveur *m* d'autobus; ~*'s holiday* congé *m* passé à exercer son métier. [trine *f*.\

bust[1] [bʌst] buste *m*, gorge *f*, poi-\
bust[2] *sl.* [bʌst] **1.** fiasco *m*, four *m* (noir); faillite *f*; coup *m* (violent); bringue *f*, bombe *f*; *go on the* ~, *have a* ~ faire la bombe; **2.** casser; (faire) crever; abîmer; arrêter, choper (*un criminel etc.*); **3.** foutu; fauché; abîmé; *go* ~ faire faillite; s'abîmer.

bus·tard *orn.* ['bʌstəd] outarde *f*.

bus·tle ['bʌsl] **1.** mouvement *m*, confusion *f*, remue-ménage *m/inv.*; va-et-vient *m/inv.*; *cost.* tournure *f*; **2.** *v/i.* s'affairer; s'activer; faire l'empressé; se dépêcher; *v/t.* faire dépêcher (*q.*); bousculer; '**bus·tler** personne *f* très active; homme *m* expéditif; **'bus·tling** □ affairé; empressé.

bust-up *sl.* [ˈbʌstˈʌp] grabuge *f*; engueulade *f*; débâcle *f*; faillite *f*; *surt. Am.* rupture *f* (*d'un mariage etc.*).

bus·y □ [ˈbizi] **1.** occupé (à, de *at, with*); affairé; actif (-ive *f*); mouvementé (*rue*); diligent; ~ *packing* occupé à faire ses malles; ~*-body* officieux (-euse *f*) *m*; **2.** (*usu.* ~ *o.s.*) s'occuper (à *with, in, about*; à, de *inf. with gér.*); **'bus·y·ness** affairement *m*; activité *f*.

but [bʌt] **1.** *cj.* mais; or; sauf que; (*a.* ~ *that*) sans que; et cependant, toutefois; **2.** *prp.* sans; *the last* ~ *one* l'avant-dernier (-ère *f*); *the next* ~ *one* le (la deuxième) ~ *for* sans; ne fût-ce pour; **3.** *après négation:* que (*sbj.*); qui (*sbj.*); *there is no one* ~ *knows it* il n'y a personne qui ne sache (*qch.*); **4.** *adv.* ne ... que; seulement; ~ *just* tout à l'heure; tout récemment; ~ *now* à l'instant; il n'y a qu'un instant que; *all* ~ presque; *nothing* ~ rien que; *I cannot* ~ (*inf.*) il m'est impossible de ne pas (*inf.*); je ne peux m'empêcher de (*inf.*).

bu·tane [ˈbjuːteɪn] butane *m*.

butch·er [ˈbutʃə] **1.** boucher *m* (*a. fig.*); *fig.* massacreur *m*; ⚔ *Am. F* vendeur de fruits *etc.*; **2.** égorger; massacrer (*a. fig.*); ~*('s) shop* boucherie *f*; **'butch·er·y** (*a.* ~ *business*) boucherie *f* (*a. fig.*); F massacre *m*; abattoir *m*.

but·ler [ˈbʌtlə] maître *m* d'hôtel; † sommelier *m*.

butt¹ [bʌt] **1.** coup *m* de corne (*d'un bélier*); (*a.* ~*-end*) gros bout *m*; *arbre, chèque:* souche *f*; *fusil:* couche *f*, crosse *f*; ✗ butte *f*; *fig.* souffre-douleur *m/inv.*; F mégot *m*; ⊕ bout *m*; *about m*; ~*s pl.* butte *f*; *fig.* but *m*; *fig.* objectif *m*; **2.** *v/t.* donner un coup de corne *ou* de tête à; *v/i.* F ~ *in* intervenir sans façon.

butt² [~] futaille *f*; (*gros*) tonneau *m*.

but·ter [ˈbʌtə] **1.** beurre *m*; *fig.* flatterie *f*, F pommade *f*; F *he looks as if* ~ *would not melt in his mouth* il fait la sainte nitouche; **2.** beurrer; (*a.* ~ *up*) F flatter; **'~-cup** bouton-d'or (*pl.* boutons-d'or) *m*; **'~-dish** beurrier *m*; **'~-fin·gered** maladroit, empoté; **'~-fly** papillon *m* (*a. fig.*); F *have butterflies in one's stomach* avoir le trac; avoir l'estomac serré; **'but·ter·y 1.** de beurre; butyreux (-euse *f*); graisseux (-euse *f*); **2.** *univ.* dépense *f*.

but·tock [ˈbʌtək] fesse *f*; *usu.* ~*s pl.* fesses *f/pl.*, derrière *m*.

but·ton [ˈbʌtn] **1.** bouton *m* (*a.* ♣); **2.** (se) boutonner; (*usu.* ~ *up*) *fig.* renfermer; mettre les boutons à; **'~-hole 1.** boutonnière *f*; (*fleur f portée à la*) boutonnière *f*; **2.** festonner; F accrocher (*q.*) au passage; **'~-hook** tire-bouton *m*.

but·tress [ˈbʌtris] contrefort *m*; butoir *m* (*d'une chaîne de montagnes*); *fig.* pilier *m*.

bux·om [ˈbʌksəm] dodu; rondelet(te *f*) (*femme*); grassouillet(te *f*).

buy [baɪ] *irr.] v/t.* acheter (à, *from*); prendre (*un billet*); *fig.* payer, F suborner; ~ *back* racheter; *v/i.* (*a.* ~ *and sell*) brocanter; *order to* ~ ordre *m* d'achat; **'buy·er** acheteur (-euse *f*) *m*; acquéreur *m*; † acquisiteur *m*, acheteur *m*, chef *m* de rayon.

buzz [bʌz] **1.** bourdonnement *m*; *conversation:* brouhaha *m*; ⚙ ronflement *m*; *Am.* ~ *saw* scie *f* circulaire; F *give s.o. a* ~ donner un coup de fil à q. (*téléphoner*); **2.** *v/i.* bourdonner, vrombir; *v/t.* lancer, jeter.

buz·zard *orn.* [ˈbʌzəd] buse *f*, busard *m*.

buz·zer ⚡ [ˈbʌzə] appel *m*; sonnerie *f*.

by [baɪ] **1.** *prp. lieu:* (au)près de, à côté de; au bord de (*la mer*); *direction:* par; *temps:* avant, pour; *moyen:* par, de; à (*la main, la machine, bicyclette, cheval, etc.*); en (*auto, tramway*); *auteur:* de; *serment:* au nom de (*qch.*); *mesures:* sur; selon; *North* ~ *East* nord quart nord-est; *side* ~ *side* côte à côte; ~ *day* de jour, le jour; ~ *name* de nom; (*connu*) sous le nom de; ~ *now* déjà, à l'heure qu'il est; ~ *the time* (*that*) quand; avant que (*sbj.*); *a play* ~ *Shaw* une pièce de Shaw; ~ *lamplight* à (la lumière de) la lampe; ~ *the dozen* à la douzaine; ~ *far* de beaucoup; *50 feet* ~ *20* cinquante pieds sur vingt; ~ *half* de moitié; F beaucoup; ~ *o.s.* seul; à l'écart; ~ *land* par terre; ~ *rail* par le chemin de fer; *day* ~ *day* de jour en jour; ~ *twos* deux par deux; **2.** *adv.* près;

de côté; ~ *and* ~ tout à l'heure, tantôt, bientôt, par la suite; ~ *the* ~ à propos ...; *close* ~ tout près; *go* ~ passer; ~ *and large* à tout prendre; **3.** *adj.* latéral (-aux *m/pl.*); écarté; supplémentaire.

bye [bai] *cricket:* balle *f* passée; *tennis:* exemption *f* (*d'un match dans un tournoi, accordée à un joueur qui ne tire pas d'adversaire*); *be a* ~ se trouver exempt d'un match.

bye-bye F ['bai'bai] au revoir!, adieu!; *go to* ~ F aller faire dodo.

by...: '~·e·**lec·tion** élection *f* partielle; '~·**gone 1.** écoulé, d'autrefois; **2.** ~*s pl.* passé *m*; *let* ~*s be* ~*s* oublions le passé!; sans rancune!; '~·**law** arrêté *m* municipal; '~·**line** *Am.* rubrique *f* d'un article qui en

nomme l'auteur; '~·**name** sobriquet *m*; '~·**pass 1.** *gaz:* veilleuse *f*; route *f* de contournement; **2.** F éviter; dévier (*la circulation*); '~·**path** sentier *m* écarté; '~·**play** *théâ.* jeu *m* accessoire; aparté *m* mimé; '~·**prod·uct** dérivé *m*; '~·**road** chemin *m* détourné; chemin *m* vicinal.

By·ron·ic [bai'rɔnik] (~*ally*) byronien.

by...: '~·**stand·er** assistant *m*; spectateur (-trice *f*) *m*; '~·**street** ruelle *f*; '~·**way** chemin *m* détourné; détour *m* (*a. péj.*); *fig.* à-côté *m*; '~·**word** proverbe *m*; *be a* ~ *for* être passé en proverbe pour; *be the* ~ *of* être la fable de.

By·zan·tine [bi'zæntain] **1.** byzantin; **2.** Byzantin(e *f*) *m*.

C

C, c [si:] C *m*, c *m*.

cab [kæb] **1.** taxi *m*; fiacre *m*; camion, grue, etc.: guérite *f*; 🚋 poste *m* de conduite; **2.** de fiacres, de taxis; **3.** F ~ *it* aller *ou* venir en taxi.

ca·bal [kə'bæl] **1.** cabale *f*, brigue *f*; **2.** cabaler; comploter.

cab·a·ret ['kæbərei] cabaret *m*; concert *m* genre music-hall.

cab·bage ['kæbidʒ] chou *m*; ~ *butterfly* piéride *f* du chou; ~ *lettuce* laitue *f* pommée.

cab·by F ['kæbi] cocher *m*.

cab·in ['kæbin] **1.** cabane *f*; ⚓ cabine *f*; 🚋 guérite *f*; **2.** enfermer; '~**boy** mousse *m*.

cab·i·net ['kæbinit] meuble *m* à tiroirs; étalage etc.: vitrine *f*; radio: coffret *m*; phot. format *m* album; pol. cabinet *m*, ministère *m*; ♀ *Council* conseil *m* des ministres; '~**mak·er** ébéniste *m*.

ca·ble ['keibl] **1.** ⚓, a. tél. câble *m*; ⚓ chaîne *f*; câble-chaîne (pl. câbles-chaînes) *m*; buried ~ câble *m* souterrain; **2.** tél. câbler; '~**car** téléphérique *m*; sur rail: funiculaire *m*; '~**gram** câblogramme *m*; ~ **rail·way** funiculaire *m*; ~ **tel·e·vi·sion** télédistribution *f*, télévision *f* par câble(s).

cab·man ['kæbmən] cocher *m* de fiacre.

ca·boo·dle sl. [kə'bu:dl]: the whole ~ tout le bazar.

ca·boose [kə'bu:s] ⚓ cuisine *f*; 🚋 Am. fourgon *m*.

cab·ri·o·let surt. mot. [kæbrio'lei] cabriolet *m*.

cab·stand ['kæbstænd] station *f* de voitures. [perlée.]

ca'can·ny [kɔ:'kæni] faire la grève∫

ca·ca·o [kə'kɑ:ou] cacao *m*; arbre: cacaotier *m*.

cache [kæʃ] cache *f*, cachette *f*.

cack·le ['kækl] **1.** caquet *m* (a. fig.); ricanement *m*; **2.** caqueter (a. fig.); ricaner; cacarder (oie); '**cack·ler** poule *f* qui caquette; fig. caqueteur (-euse *f*) *m*; ricaneur (-euse *f*) *m*.

cac·tus ♀ ['kæktəs] cactus *m*.

cad F [kæd] goujat *m*; canaille *f*.

ca·das·tre [kə'dæstə] cadastre *m*.

ca·dav·er·ous [kə'dævərəs] cadavéreux (-euse *f*); fig. exsangue.

cad·die ['kædi] golf: cadet *m*.

cad·dish F □ ['kædiʃ] voyou; digne d'un goujat.

cad·dy ['kædi] boîte *f* à thé.

ca·dence ['keidəns] ♩ cadence *f*; intonation *f*; rythme *m*.

ca·det [kə'det] cadet *m*; ~ *corps* bataillon *m* scolaire.

cadge [kædʒ] colporter; mendier; chiner (qch.); '**cadg·er** colporteur *m*; mendiant(e *f*) *m*; chineur (-euse *f*) *m*.

ca·du·cous ♀, a. zo. [kə'dju:kəs] caduc (-uque *f*).

cae·cum anat. ['si:kəm] cæcum *m*.

Cae·sar ['si:zə] César *m*; C(a)e·**sar·i·an** (**sec·tion**) ♐ [si:'zɛəriən ('sek·ʃən)] césarienne *f*.

cae·su·ra [si'zjuərə] césure *f*.

ca·fé ['kæfei] café(-restaurant) *m*.

caf·e·te·ri·a Am. [kæfi'tiəriə] cafeteria *f*, restaurant *m* de libre service.

caf·e·to·ri·um Am. [kæfi'tɔ:riəm] salle *f* des festins, restaurant *m*.

caf·feine ♐ ['kæfi:n] caféine *f*.

cage [keidʒ] **1.** cage *f*; oiseau: cage *f*, volière *f*; ⚒ cage *f* (de puits); **2.** encager (a. fig.); mettre en cage.

cage·y □ F ['keidʒi] peu communicatif (-ive *f*); prudent; be ~ about a. ne pas vouloir parler de, cacher.

cairn [kɛən] cairn *m*.

cais·son [kə'su:n] ✖ caisson *m* (à munitions); hydraulique: caisson *m*, batardeau *m*.

ca·jole [kə'dʒoul] enjôler; cajoler; persuader (à q. de inf., s.o. into gér.); **ca'jol·er** cajoleur (-euse *f*) *m*; **ca·'jol·er·y** cajolerie *f*, -s *f*/pl.; enjôlement *m*.

cake [keik] **1.** gâteau *m*; pâtisserie *f*; chocolat: tablette *f*; savon: pain *m*; **2.** faire croûte; se coller; se cailler (sang).

cal·a·bash ['kæləbæʃ] calebasse f.

cal·a·mine min. ['kæləmain] calamine f.

ca·lam·i·tous □ [kə'læmitəs] calamiteux (-euse f), désastreux (-euse f); **ca'lam·i·ty** calamité f, infortune f; désastre m; catastrophe f; **ca'lam·i·ty-howl·er** surt. Am. pessimiste mf; prophète m de malheur; **ca'lam·i·ty-howl·ing** surt. Am. défaitisme m; prophéties f/pl. de malheur.

ca·lash [kə'læʃ] calèche f.

cal·car·e·ous min. [kæl'kɛəriəs] calcaire.

cal·ci·fi·ca·tion [kælsifi'keiʃn] calcification f; **cal·ci·fy** ['⁀fai] (se) calcifier; **cal·ci·na·tion** 🜊 [kælsi'neiʃn] calcination f; cuisson f; **cal·cine** ['kælsain] v/t. 🜊 calciner; cuire; v/i. se calciner; **'cal·cite** min. calcite f; **cal·ci·um** 🜊 ['⁀siəm] calcium m.

cal·cu·la·ble ['kælkjuləbl] calculable; **cal·cu·late** ['⁀leit] v/t. calculer; estimer; faire le compte de; **⁀d** propre (à, to), fait (pour, for); v/i. compter (sur, on); Am. F supposer; **calculating-machine** machine f à calculer; **cal·cu·la·tion** calcul m; **'cal·cu·la·tor** calculateur (-trice f) m; machine f à calculer, calculatrice f; **'cal·cu·lus** 🜊, 🜊 [⁀ləs] calcul m.

cal·dron ['kɔːldrən] see cauldron.

cal·en·dar ['kælində] **1.** calendrier m; 🜊 rôle m des assises; univ. annuaire m; **2.** inscrire sur un calendrier ou sur une liste.

cal·en·der ⊕ [⁀] **1.** calandre f; laminoir m; **2.** calandrer; laminer.

calf [kɑːf], pl. **calves** [kɑːvz] veau m; fig. petit(e f) m; (a. ~-leather) veau m, vachette f; ⊕ reliure f en veau; anat. mollet m; in ~, with ~ pleine (vache); F ~-love amours f/pl. enfantines; '~·skin (cuir m de) veau m.

cal·i·brate ['kælibreit] étalonner; calibrer (un tube); **cal·i·bre** ['⁀bə] calibre m (a. fig.); alésage m.

cal·i·co † ['kælikou] calicot m; surt. Am. indienne f.

Cal·i·for·nian [kæli'fɔːnjən] **1.** californien(ne f); de Californie; **2.** Californien(ne f) m.

ca·liph ['kælif] calife m; **cal·iph·ate** ['⁀eit] califat m.

calk[1] [kɔːk] peint. décalquer.

calk[2] [⁀] see caulk.

calk[3] [⁀] **1.** a. **calk·in** ['kælkin] crampon m, clou m à glace; **2.** ferrer (un cheval) à glace.

call [kɔːl] **1.** appel m (a. téléph., bridge, etc.); cri m (a. oiseau); téléph., clairon, etc.: coup m; théâ. rappel m; bridge: annonce f; visite f; demande f (de, for); vocation f; invitation f, nomination f (à un poste, à une chaire, etc.); Bourse: appel m de fonds; option f; ~ ~-money prêts m/pl. au jour le jour; port of ~ port m d'escale; 🜊 on ~ sur demande; au jour le jour; give s.o. a ~ donner un coup de fil à q.; **2.** v/t. appeler (a. 🜊), crier; convoquer (une réunion); héler (un taxi); faire venir (un médecin); appeler, attirer (l'attention) (sur, to); théâ. rappeler; réveiller; cartes: déclarer; décréter (une grève); qualifier (à, to); be ~ed s'appeler; ~ s.o. names injurier q.; Am. F ~ down injurier; reprendre (q.); ~ forth produire, évoquer; faire appel à (le courage); ~ in retirer (une monnaie) de la circulation; faire (r)entrer (q.); ~ over faire l'appel de (les noms); ~ up évoquer; 🜊 mobiliser, appeler sous les drapeaux; appeler au téléphone; **3.** v/i. téléphoner; faire une visite, passer (chez at, on); ~ at a port faire escale; ~ for faire venir (q.) ou apporter (qch.); commander; théâ. rappeler, réclamer; venir chercher (q., qch.); to be (left till) ~ed for à remettre au messager; poste restante; ~ on invoquer; réclamer (qch. à q., s.o. for s.th.) requérir (q.; to inf.); ~ to crier à (q.); ~ upon see ~ on; **'call·a·ble** 🜊 au jour le jour (prêt); **'call·box** cabine f téléphonique; **'call·er** personne f qui appelle; visiteur (-euse f) m; téléph. demandeur (-euse f) m.

cal·li·graph·ic [kæli'græfik] (~ally) calligraphique; **cal·lig·ra·phy** [kə'ligrəfi] calligraphie f, belle écriture f.

call-in ['kɔːlin] radio, télév. programme m ou émission f avec participation des assistants, programme m à ligne ouverte.

call·ing ['kɔːliŋ] appel m; convocation f; métier m; visite f (à, on); Am. ~ card carte f de visite.

cal·(l)i·pers pl. ['kælipəz] compas m d'épaisseur.

cal·lis·then·ics [kælis'θeniks] *usu. sg.* callisthénie *f.*

call-of·fice ['kɔːlɔfis] bureau *m* téléphonique.

cal·los·i·ty [kæ'lɔsiti] callosité *f*; cal (*pl.* -s) *m*; *fig.* dureté *f*; **'cal·lous** □ calleux (-euse *f*); *fig.* insensible, dur.

cal·low ['kælou] sans plumes; *fig.* imberbe, sans expérience.

call-up [kɔl'ʌp] appel *m* (⚔ sous les drapeaux).

cal·lus ['kæləs] callosité *f.*

calm [kɑːm] **1.** □ calme, tranquille (*a. fig.*); **2.** tranquillité *f*; calme *m* (*a. fig.*, *a.* ♻); sérénité *f*; **3.** (~ *down* se) calmer; apaiser; adoucir; **'calm·ness** tranquillité *f*; calme *m*; sérénité *f.*

ca·lor·ic *phys.* [kə'lɔrik] calorique *m*; **cal·o·rie** *phys.* ['kæləri] calorie *f*; **cal·o·rif·ic** [kælə'rifik] calorifique, calorifiant.

cal·trop ['kæltrəp] ♣ chardon *m* étoilé; ⚔ *hist.* chausse-trape *f.*

ca·lum·ni·ate [kə'lʌmnieit] calomnier; **ca·lum·ni·a·tion** calomnie *f*; **ca·lum·ni·a·tor** calomniateur (-trice *f*) *m*; **ca·lum·ni·ous** □ calomnieux (-euse *f*); **cal·um·ny** ['kæləmni] calomnie *f.*

Cal·va·ry ['kælvəri] le Calvaire *m.*

calve [kɑːv] vêler (*a. géol.*); **calves** [kɑːvz] *see* calf. [nisme *m.*]

Cal·vin·ism ['kælvinizm] calvi-⟩

ca·lyx ['keiliks] *pl. a.* **ca·ly·ces** ['~lisiːz] ♣, *a.* zo. calice *m.*

cam ⊕ [kæm] came *f*; excentrique *m*; ~ *gear* distribution *f* à came(s).

cam·ber ⊕ ['kæmbə] **1.** poutre; cambrure *f*; *chaussée:* bombement *m*; **2.** (se) cambrer; bomber.

cam·bric † ['keimbrik] batiste *f.*

came [keim] *prét. de* come.

cam·el zo., *a.* ♻ ['kæml] chameau *m.*

ca·mel·li·a ♣ [kə'miːljə] camélia *m.*

cam·e·o ['kæmiou] camée *m.*

cam·er·a ['kæmərə] *phot.* appareil *m*; ⚖ *in* ~ à huis clos; **'~·man** caméraman *m*; preneur *m* de vues.

cam·i·knick·ers [kæmi'nikəz] *pl.* chemise-culotte (*pl.* chemises-culottes) *f.*

cam·o·mile ♣ ['kæməmail] camomille *f*; ~ *tea* (tisane *f* de) camomille *f.*

cam·ou·flage ⚔ ['kæmufluːʒ] **1.** camouflage *m*; **2.** camoufler.

camp [kæmp] **1.** camp *m*; campement *m*; ~*-bed* lit *m* de camp; ~*-chair*, ~*-stool* chaise *f* pliante; pliant *m*; **2.** camper; ~ *out* camper, faire du camping.

cam·paign [kæm'pein] **1.** campagne *f* (*a. pol., a. fig.*); *election* ~ campagne *f* électorale; **2.** faire une campagne(s); **cam'paign·er:** F *old* ~ vieux routier *m*; vétéran *m.*

camp·er ['kæmpə] campeur (-euse *f*) *m*; *Am. a.* caravane *f.*

cam·phor ['kæmfə] camphre *m*; **cam·phor·at·ed** ['~reitid] camphré.

camp·ing ['kæmpiŋ] camping *m*; ⚔ campement *m.*

camp·site ['kæmpsait] (terrain *m* de) camping *m.*

cam·pus *Am.* ['kæmpəs] terrains *m/pl.* d'une université).

cam·shaft ⊕ ['kæmʃɑːft] arbre *m* à cames.

can¹ [kæn] [*irr.*] *v/aux.* (*défectif*) je peux *etc.*, je suis *etc.* capable de (*inf.*).

can² [~] **1.** bidon *m*, broc *m*, pot *m*; *Am. conserves:* boîte *f*; canette *f* en métal; ~ *opener* ouvre-boîtes *m/inv.*; F *carry the* ~ rester avec l'affaire sur les bras; **2.** *Am.* conserver (*qch.*) en boîte; *Am. sl.* ~ *it!* la ferme!

Ca·na·di·an [kə'neidjən] **1.** canadien(ne *f*); **2.** Canadien(ne *f*) *m.*

ca·nal [kə'næl] canal *m* (*a.* ⚒); **ca·nal·i·za·tion** [kænəlai'zeiʃn] canalisation *f*; **'ca·nal·ize** (se) canaliser.

ca·nard [kæ'nɑːd] canard *m*, fausse nouvelle *f.*

ca·nar·y [kə'nɛəri] (*a.* ~ *bird*) serin *m.*

can·cel ['kænsl] biffer; annuler; *fig.* (*a.* ~ *out*) éliminer; **can·cel·la·tion** [kænse'leiʃn] annulation *f*; résiliation *f*; révocation *f.*

can·cer ['kænsə] *astr. le* Cancer *m*; ❊ cancer *m*; *attr.* cancéreux (-euse *f*); **'can·cer·ous** cancéreux (-euse *f*).

can·did □ ['kændid] franc(he *f*); sincère, impartial (-aux *m/pl.*).

can·di·date ['kændidit] candidat *m*, aspirant *m* (à, for); **can·di·da·ture** ['~ʃə] candidature *f.*

can·died ['kændid] candi; confit.

can·dle ['kændl] bougie *f*; chandelle *f*; cierge *m*; ~*-power* bougie *f*, -s *f/pl.*; ♀*mas eccl.* ['~məs] la Chandeleur *f*; **'~·stick** chandelier *m*; bougeoir *m.*

can·do(u)r ['kændə] franchise *f*, sincérité *f*; impartialité *f*.

can·dy ['kændi] **1.** sucre *m* candi; *Am.* bonbons *m/pl.*; confiseries *f/pl.*; ~ floss barbe *f* à papa; **2.** *v/t.* faire candir (*du sucre*); glacer (*des fruits*); *v/i.* se cristalliser.

cane [kein] **1.** ♀ jonc *m*; canne *f*; *pour sièges*: rotin *m*; **2.** battre à coups de canne; canner (*une chaise*).

ca·nine ['keinain] **1.** de chien, canin; **2.** ['kænain] *a.* ~ *tooth* canine *f*.

can·is·ter ['kænistə] boîte *f* (*en fer blanc*).

can·ker ['kæŋkə] **1.** ♣, *a.* ♀ chancre *m* (*a. fig.* = *influence corruptrice*); **2.** ronger; *fig.* corrompre; '**can·kered** *fig.* plein d'amertume; '**can·ker·ous** chancreux (-euse *f*).

can·na·bis ['kænəbis] chanvre *m*; cannabis *m*.

canned *Am.* [kænd] (conservé) en boîte; ~ *music* musique *f* enregistrée *ou* en conserve.

can·ner·y *Am.* ['kænəri] conserverie *f*.

can·ni·bal ['kænibl] cannibale (*a. su./mf*).

can·non ['kænən] **1.** ✗ canon *m*; pièce *f* d'artillerie; *billard*: carambolage *m*; **2.** caramboler; *fig.* ~ *against* (*ou with*) se heurter contre; '**can·non·ade** [~'neid] canonnade *f*; '**can·non·ball** boulet *m* de canon.

can·not ['kænɔt] *je ne peux pas etc.*

can·ny □ *écoss.* ['kæni] prudent, finaud.

ca·noe [kə'nu:] **1.** canoë *m*; pirogue *f*; périssoire *f*; *paddle one's own* ~ se débrouiller tout seul, diriger seul sa barque; **2.** faire du canoë *ou* de la périssoire; aller en canoë.

can·on ['kænən] *eccl.*, *a.* ♪ canon *m*; F règle *f*, critère *m*; canon *m*; *eccl. personne*: chanoine *m*; *typ.* gros canon *m*; 𝚊𝚝𝚊 ~ *law* droit *m* canon; **can·on·i·za·tion** [~nai'zeiʃn] canonisation *f*; '**can·on·ize** canoniser (*q.*); sanctionner (*un usage*); '**can·on·ry** canonicat *m*.

can·o·py ['kænəpi] **1.** dais *m*; baldaquin *m*; marquise *f*; *fig.* voûte *f*; ♲ gable *m*; **2.** couvrir d'un dais *etc.*

cant¹ [kænt] **1.** inclinaison *f*, dévers *m*; ♲ pan *m* coupé; **2.** (s')incliner; pencher; *v/i.* ♺ éviter; ~ *over* se renverser.

cant² [~] **1.** jargon *m*, argot *m* (*des* mendiants, criminels, *etc.*); langage *m* hypocrite; boniments *m/pl.*; **2.** faire le cafard; parler avec hypocrisie (*de*, about).

can't F [kɑ:nt] *see* cannot.

can·ta·loup ♀ ['kæntəlu:p] cantaloup *m*.

can·tan·ker·ous F □ [kən'tæŋkərəs] revêche, acariâtre.

can·teen [kæn'ti:n] cantine *f*; *coutellerie*: service *m* de table en coffre; ✗ bidon *m*; ✗ gamelle *f*.

can·ter ['kæntə] **1.** petit galop *m*; **2.** aller au petit galop.

can·ter·bur·y ['kæntəbəri] casier *m* à musique; ♪ bell ♀ campanule *f*.

can·tha·ris *zo.* ['kænθəris], *pl.* **-thar·i·des** [~'θæridi:z] cantharide *f*.

can·ti·cle ['kæntikl] cantique *m*; *bibl.* ♀s *pl.* le Cantique des Cantiques.

can·ti·le·ver ♲ ['kæntiliːvə] encorbellement *m*; cantilever *m*.

can·to ['kæntou] chant *m* (*d'un poème*).

can·ton 1. ['kæntən] canton *m*; **2.** ✗ [kən'tu:n] cantonner; '**can·ton·ment** ✗ cantonnement *m*.

can·vas ['kænvəs] (grosse) toile *f*; toile *f* de tente; *navire*: voiles *f/pl.*; *peint.* toile *f*; *p.ext.* tableau *m*.

can·vass [~] **1.** sollicitation *f* de suffrages; tournée *f* électorale; *Am. a.* dépouillement *m* (*des voix*); **2.** *v/t.* discuter; solliciter (*des suffrages,* ♣ *des commandes*); *v/i. pol.* faire une tournée électorale; ♦ faire la place; '**can·vass·er** solliciteur (-euse *f*) *m*; ♦ placier *m*; *pol.* courtier *m* électoral; *Am. a.* scrutateur *m* (*du scrutin*).

caou·tchouc ['kautʃuk] caoutchouc *m*.

cap [kæp] **1.** casquette *f*; béret *m*; *univ.* toque *f*, mortier *m*; ⊕ *etc.* chapeau *m*, capuchon *m*; ⊕ *pompe*: calotte *f*; ~ *and gown* toque *f* et toge *f*, costume *m* académique; ~ *in hand* le bonnet à la main; *set one's* ~ *at s.o.* entreprendre la conquête de q.; **2.** *v/t.* coiffer; choisir comme membre de la première équipe; capsuler (*une bouteille etc.*); *fig.* couronner; F surpasser; *sp.* *be* ~*ped* être admis *ou* jouer dans l'équipe nationale; *v/i.* F se découvrir (*devant* q., [*to*] *s.o.*).

ca·pa·bil·i·ty [keipə'biliti] capacité f (pour *inf.*, of *gér.*); faculté f (de *inf.*, of *gér.*); '**ca·pa·ble** capable, susceptible (de, *of*).

ca·pa·cious □ [kə'peiʃəs] vaste; ample; **ca·pac·i·tate** [˷'pæsiteit] rendre capable (de, *for*); **ca'pac·i·ty** capacité f (pour *inf.* for *gér.*); volume m, contenance f; *locomotive*: rendement m; *rivière*: débit m; qualité f (*professionelle*); *disposing (ou legal)* ˷ capacité f juridique; in my ˷ as en ma qualité de.

cap-à-pie [kæpə'pi:] de pied en cap.

ca·par·i·son [kə'pærisn] caparaçon m; *fig.* parure f somptueuse.

cape² [keip] cap m, promontoire m.

cape² [˷] pèlerine f, cape f.

ca·per¹ [˷' [keipə] câpre f; *plante*: câprier m.

ca·per² [˷] **1.** cabriole f, entrechat m (*a. fig.*); cut ˷s = **2.** faire des entrechats *ou* des cabrioles; gambader; **ca·pi·as** [˷ ['keipiæs]: *writ of* ˷ mandat m d'arrêt.

cap·il·lar·i·ty [kæpi'læriti] capillarité f; **cap·il·lar·y** [kə'piləri] **1.** capillaire; **2.** *anat.* (*vaisseau* m) capillaire m.

cap·i·tal ['kæpitl] **1.** □ capital (-aux m/pl.) (*lettre*, *peine*, *crime*, *ville*); le plus haut; ✝ excellent, fameux (-euse f); **2.** capitale f; ✝ capital m, fonds m/pl.; *typ.* (*ou* ˷ *letter*) majuscule f, capitale f; ✝ ˷ *assets pl.* actif m immobilisé; ✝ ˷ *gains (tax)* (*impôt* m sur les) plus-values f/pl. (en capital); **3.** △ chapiteau m; '**cap·i·tal·ism** capitalisme m; '**cap·i·tal·ist** capitaliste mf; **cap·i·tal·is·tic** capitaliste; **cap·i·tal·i·za·tion** [kəpitəlai'zeiʃn] capitalisation f; '**cap·i·tal·ize** capitaliser; écrire avec une majuscule.

cap·i·ta·tion [kæpi'teiʃn] capitation f (*a.* ˷): *attr.* par tête.

Cap·i·tol ['kæpitl] Capitole m.

ca·pit·u·late [kə'pitjuleit] capituler; **ca·pit·u·la·tion** capitulation f, reddition f.

ca·pon ['keipən] chapon m, poulet m.

ca·price [kə'pri:s] caprice m (*a.* ♪), lubie f; **ca·pri·cious** [kə'priʃəs] capricieux (-euse f); **ca'pri·cious·ness** humeur f capricieuse.

Cap·ri·corn *astr.* ['kæprikɔ:n] le Capricorne m.

cap·ri·ole ['kæprioul] cabriole f.

cap·size ♪ [kæp'saiz] *v/i.* chavirer; *fig.* se renverser; *v/t.* faire chavirer.

cap·stan ♪ ['kæpstən] cabestan m.

cap·su·lar ['kæpsjulə] capsulaire;

cap·sule ♀, ✚ [˷'sju:l] capsule f.

cap·tain ['kæptin] capitaine m, chef m; *sp.* chef m d'équipe; ✕, ♪ capitaine m; ✕ *group* ˷ colonel m; ˷ *of horse* capitaine m de cavalerie; ˷ *of industry* chef m de l'industrie; '**cap·tain·cy**, '**cap·tain·ship** grade m de capitaine; *sp.* commandement m de l'équipe; *entreprise*: conduite f.

cap·tion ['kæpʃn] **1.** en-tête m; légende f; *journal*: rubrique f; *cin.* sous-titre m; **2.** *v/t. Am.* fournir d'en-têtes *etc.*

cap·tious □ ['kæpʃəs] captieux (-euse f); pointilleux (-euse f) (*personne*).

cap·ti·vate ['kæptiveit] *fig.* captiver, charmer; **cap·ti·va·tion** séduction f; '**cap·tive 1.** captif (-ive f); ˷ *balloon* ballon m captif; **2.** captif (-ive f) m; prisonnier (-ère f) m; **cap·tiv·i·ty** [˷'tiviti] captivité f.

cap·tor ['kæptə] preneur m; ♪ capteur m; **cap·ture** ['˷tʃə] **1.** capture f; prise f (*a.* ♪); **2.** capturer, s'emparer de (*un malfaiteur*); prendre (*une ville*); ♪ capturer.

Cap·u·chin *eccl.* ['kæpjuʃin] capucin m.

car [kɑ:] *mot.* automobile f, voiture f; ✝ *Am.* voiture f, wagon m; *Am.* ascenseur: cabine f; *poét.* char m; *ballon*: nacelle f; ˷ *park* parking m, parc m de stationnement; ˷ *port* auvent m ou abri m pour voitures; ˷ *wash* lave-auto m, tunnel m de lavage.

car·a·cole ['kærəkoul] *équit.* **1.** caracole f; **2.** caracoler.

ca·rafe [kə'rɑ:f] carafe f.

car·a·mel ['kærəmel] caramel m; bonbon m au caramel.

car·at ['kærət] *mesure*: carat m.

car·a·van ['kærə'væn] caravane f (*a. mot.*); roulotte f; ˷ *site* camping m pour caravanes; **car·a'van·se·rai** [˷serai] caravansérail m.

car·a·way ♀ ['kærəwei] carvi m.

car·bide 🜍 ['kɑ:baid] carbure m.

car·bine ['kɑ:bain] carabine f.

car·bo·hy·drate 🜍 ['kɑ:bou'haidreit] hydrate m de carbone.

car·bol·ic ac·id 🜍 [kɑ:'bɔlik'æsid] phénol m.

carnivore

car·bon ['kɑ:bən] 🜍 carbone *m*; ⚡ charbon *m*; ~ **copy** copie *f* ou double *m* au carbone; (ou ~ **paper**) papier *m* carbone; **car·bo·na·ceous** [~-'neiʃəs] *géol.* charbonneux (-euse *f*); **car·bon·ate** ['~bənit] carbonate *m*; **car·bon·ic** [~'bɔnik] carbonique; ~ **acid** anhydride *m* carbonique; **car·bon·i·zation** [~bənai'zeiʃn] carbonisation *f*; **'car·bon·ize** carboniser.

car·boy ['kɑ:bɔi] bonbonne *f*.

car·bun·cle ['kɑ:bʌŋkl] *min.* escarboucle *f*; 𝔰 anthrax *m*.

car·bu·ret 🜍 ['kɑ:bjuret] carburer; **'car·bu·ret·ter**, *usu.* **'car·bu·ret·tor** *mot.* carburateur *m*.

car·case, car·cass ['kɑ:kəs] *homme, animal:* cadavre *m*; *animal, maison:* carcasse *f*; *fig.* squelette *m*, carcasse *f*.

car·ci·no·ma 𝔰 [kɑ:sinoumə] carcinome *m*; **car·cin·o·gen·ic** [~nə-'dʒenik] cancérigène.

card¹ ⊕ [kɑ:d] **1.** carde *f*, peigne *m*; **2.** carder, peigner (*la laine*).

card² [~] carte *f*; ~ **catalogue** fichier *m*; F **house of** ~**s** château *m* de cartes; *sl.* **queer** ~ drôle *m* de type ou de numéro.

car·dan ⊕ ['kɑ:dən]: ~ **joint** joint *m* de cardan, joint *m* universel; ~ **shaft** arbre *m* à cardan.

card…: '~**board** carton *m*; cartonnage *m*; ~ **box** carton *m*; '~**case** porte-cartes *m/inv.*

car·di·ac 𝔰 ['kɑ:diæk] **1.** cardiaque, cardiaire; ~ **arrest** arrêt *m* du coeur; ~ **stimulant** stimulant *m* cardiaque; **2.** cordial *m*.

car·di·gan ['kɑ:digən] cardigan *m*.

car·di·nal □ ['kɑ:dinl] **1.** cardinal (-aux *m/pl.*); principal (-aux *m/pl.*); ~ **number** nombre *m* cardinal; **2.** *eccl.* cardinal *m* (*a. orn.*); **car·di·nal·ate** ['~eit] cardinalat *m*.

card…: '~**in·dex** fichier *m*, classeur *m*; '~**sharp·er** tricheur *m*, escroc *m*.

care [kɛə] **1.** souci *m*; soin *m*, attention *f*; charge *f*; tenue *f*; *medical* ~ **s** soins *m/pl.* médicaux; ~ **of the mouth** hygiène *f* orale; ~ **of the nails** soin *m* des ongles; ~ **of** (*abbr.* c/o) aux bons soins de; chez; **take** ~ faire attention; **take** ~ (**of** *yourself*)! fais bien attention (à toi); **take** ~ **to do** faire attention ou prendre soin de faire; **take** ~ **of** s'occuper de;

garder; **with** ~! fragile!; **2.** se soucier; s'inquiéter; ~ **for** soigner; aimer; se soucier de; *usu. au nég.:* tenir à (*q.*); F **I don't** ~ (*if I do*)! ça m'est égal; **I don't** ~ **what he said** peu m'importe ce qu'il a dit.

ca·reen ⚓ [kə'ri:n] *v/t.* caréner; *v/i.* donner de la bande.

ca·reer [kə'riə] **1.** carrière *f*; *fig.* course *f* précipitée; ~ **diplomat** diplomate *m* de carrière; **2.** *fig.* courir rapidement; **ca·reer·ist** [kə'riərist] arriviste *mf*.

care·free ['kɛəfri:] insouciant; exempt de soucis.

care·ful □ ['kɛəful] soigneux (-euse *f*) (de *of, for*); attentif (-ive *f*) (à, *of*); prudent; soigné; **be** ~ **to** (*inf.*) avoir soin de (*inf.*); **be** ~ **not to fall!** prenez garde de tomber; **'care·ful·ness** soin *m*, attention *f*; prudence *f*.

care·less □ ['kɛəlis] sans soin; négligent; inconsidéré; nonchalant; insouciant (de *of, about*); **'care·less·ness** inattention *f*; insouciance *f*; manque *m* de soin.

ca·ress [kə'res] **1.** caresse *f*; **2.** caresser; *fig.* mignoter.

care·tak·er ['kɛəteikə] concierge *mf*; gardien(ne *f*) *m*; *école:* dépensier (-ère *f*) *m*.

care·worn ['kɛəwɔ:n] usé par le chagrin.

car·fare *Am.* ['kɑ:fɛə] prix *m* du voyage.

car·go ⚓ ['kɑ:gou] cargaison *f*; **mixed** (*ou general*) ~ cargaison *f* mixte; **shifting** ~ cargaison *f* volante.

car·i·ca·ture [kærikə'tjuə] **1.** caricature *f*; **2.** caricaturer; **car·i·ca·tur·ist** [kærikə'tjuərist] caricaturiste *m*.

car·i·es 𝔰 ['kɛəri:z] carie *f*; **'car·i·ous** carié; gâté (*dent etc.*).

car·man ['kɑ:mən] charretier *m*.

car·mine ['kɑ:main] **1.** carmin *m*; **2.** carmin *adj./inv.*, carminé.

car·nage ['kɑ:nidʒ] carnage *m*; **'car·nal** □ charnel(le *f*); de la chair; sensuel(le *f*); sexuel(le *f*); mondain; **car·nal·i·ty** [~'næliti] sensualité *f*; **car·na·tion** [~'neiʃn] **1.** incarnat *m*; ♣ œillet *m*; **2.** incarnat.

car·ni·val ['kɑ:nivl] carnaval (*pl.* -s) *m*; *fig.* réjouissances *f/pl.*

car·ni·vore ['kɑ:nivɔ:] carnassier *m*;

car·niv·o·rous [⸍nivərəs] carnassier (-ère f) (animal); carnivore (plante, personne).

car·ol ['kærl] **1.** chant m, chanson f; noël m; **2.** chanter joyeusement.

ca·rot·id anat. [kə'rɔtid] (a. ~ artery) carotide f.

ca·rouse [kə'rauz] **1.** a. **ca'rous·al** buverie f; F bombe f; **2.** faire la fête.

carp[1] [⸍] carpe f.

carp[2] [⸍] gloser, épiloguer; ~ at trouver à redire à.

car·pen·ter ['ka:pintə] **1.** charpentier m; menuisier m; **2.** v/i. faire de la charpenterie; v/t. charpenter; **'car·pen·try** charpente(rie) f.

car·pet ['ka:pit] **1.** tapis m (a. fig.); bring on the ~ soulever (une question); F ~-dance sauterie f; **2.** recouvrir d'un tapis; F mettre (q.) sur la sellette; ~-bag·ger parl. candidat m étranger à la circonscription; '~-beat·er tapette f.

car·pet·ing ['ka:pitiŋ] tapis m/pl. en pièce; pose f de tapis.

car·pet-sweep·er ['ka:pitswi:pə] balai m mécanique.

car·riage ['kærid3] **1.** transport m; (a. ⊕) voiture f, wagon m; ✗ affût m; personne: allure f; machine à écrire: chariot m; voiture: train m; **'car·riage·a·ble** charriable (objet); praticable (chemin).

car·riage...: '~-and-'pair voiture f à deux chevaux; '~-door porte f cochère; '~-drive allée f; avenue f pour voitures; '~-free, ~-'paid franc(he f) ou franco de port, envoi franco; '~-road, '~-way chaussée f; route f carrossable.

car·ri·er ['kæriə] porteur (-euse f) m (a. ✗); ✗ ravitailleur m; ✝ camionneur m, voiturier m; bicyclette: porte-bagages m/inv.; '~-bag sac m (en plastique); '~-pi·geon pigeon m voyageur.

car·ri·on ['kæriən] **1.** charogne f; **2.** pourri.

car·rot ['kærət] carotte f; **'carrot·y** F roux (rousse f).

car·ry ['kæri] **1.** v/t. porter; transporter; conduire (q.); mener (q.); mener à bonne fin (une entreprise); (rap)porter (intérêt); remporter (un prix); élever (un mur); (sup)porter (une poutre); faire adopter (une proposition); ♪ retenir (un chiffre); bien supporter (du vin); avoir en ma-

gasin (des marchandises); ✗ enlever (une forteresse); be carried être voté; être adopté; univ. ~ a course suivre un cours; ~ away emmener (q.); emporter (a. fig.); ~ everything before one triompher sur toute la ligne; ✝ ~ forward (ou over) reporter (une somme); transporter (un solde); ~ on continuer; entretenir; exercer (un métier); poursuivre (un procès); ~ out porter dehors; exécuter; mener à bonne fin; ~ through exécuter, réaliser; **2.** v/i. porter (son, fusil); faire une trajectoire (balle); ~ on persister; F faire des scènes; F se comporter; F ~ on with flirter avec (q.); ~ing capacity charge f utile; **3.** fusil: portée f; trajet m.

cart [ka:t] **1.** charrette f; ✗ fourgon m; ~ grease cambouis m; fig. put the ~ before the horse mettre la charrue devant les bœufs; sl. in the ~ dans le pétrin; **2.** charrier, charroyer; **'cart·age** charroi m; (prix m du) charriage m.

car·tel [ka:'tel] cartel m; ✝ syndicat m de producteurs; ✗ convention f pour l'échange de prisonniers.

cart·er ['ka:tə] charretier m, camionneur m.

car·ti·lage ['ka:tilid3] cartilage m; **car·ti·lag·i·nous** [⸍'lædʒinəs] cartilagineux (-euse f).

cart-load ['ka:tloud] charretée f; charbon: tombereau m.

car·tog·ra·pher [ka:'tɔgrəfə] cartographe m; **car'tog·ra·phy** cartographie f.

car·ton ['ka:tən] carton m; a ~ of cigarettes une cartouche de cigarettes.

car·toon [ka:'tu:n] **1.** peint. carton m; ⊕ dessin m (sur page entière), surt. portrait m caricaturé; cin. dessin m animé; **2.** faire la caricature de.

car·touche [ka:'tuʃ] cartouche m.

car·tridge ['ka:trid3] cartouche f; '~-belt ceinture: cartouchière f.

cart·wheel ['ka:twi:l] roue f de charrette; gymn. roue f; co. Am. dollar m d'argent.

cart·wright ['ka:trait] charron m.

carve [ka:v] v/t. découper (de la viande); tailler; se frayer (un chemin); vt./i. sculpter (dans, in); graver (sur, in); **'carv·er** couteau m à découper; personne: découpeur m;

serveur *m*; ciseleur *m*; ~s *pl.* service *m* à découper.

carv·ing ['kɑ:viŋ] **1.** sculpture *f*, gravure *f*; découpage *m* de la viande; **2.** à découper; à sculpter.

cas·cade [kæs'keid] chute *f* d'eau; cascade *f*.

case[1] [keis] **1.** caisse *f*; colis *m*; (*a. cartridge-~*) étui *m*; *instruments*: trousse *f*; *violon*: boîte *f*; *montre*: boîtier *m*; *magasin*: vitrine *f*; *livre*: couverture *f*; *typ.* casse *f*; **2.** encaisser; cartonner (*un livre*); ⊕ chemiser (*une chaudière*); envelopper (de, with).

case[2] [~] cas *m* (*a.* ⚕, 🕮, *gramm.*); 🕮 *a.* malade *mf*; *Am.* F original *m*; 🕮 *a.* cause *f*, affaire *f*; procès *m* des faits; réclamation *f*; *a* ~ *for* (*gér.*) des raisons de (*inf.*); *have a strong* ~ être dans son droit; avoir des raisons sérieuses (pour, for); *as the* ~ *may be* selon le cas; *in* ~ au cas où; *à tout hasard*; *in any* ~ en tout cas; '~-**book** dossier *m* médical; rapports *m/pl.* de cas sociaux.

case-hard·en ⊕ ['keishɑːdn] aciérer; *fig.* ~ed endurci.

ca·se·in 🜔 ['keisiːin] caséine *f*.

case-knife ['keisnaif] couteau *m* à gaine.

case·mate ⚔ ['keismeit] casemate *f*.

case·ment ['keismənt] fenêtre *f* à deux battants; croisée *f*; ~ *cloth* tissu *m* de rideaux.

case-shot ['keisʃɔt] mitraille *f*.

cash [kæʃ] **1.** espèces *f/pl.*; argent *m* comptant; ~ *down, for* ~ argent comptant; *in* ~ en espèces; *be in* (*out of*) ~ (ne pas) être en fonds; ~ *payment* paiement *m* (au) comptant; ~ *on delivery* livraison *f* contre remboursement; ~ *dispenser* changeur *m* de monnaie; *price prix m au* comptant; ~ *register* caisse *f* enregistreuse; (*un coupon*); toucher (*un chèque*); '~-**book** livre *m* de caisse; sommier *m*; '~-**cheque** chèque *m* ouvert; '~-**desk** caisse *f*; *théâ. etc.* guichet; **cash·ier** [kæ'ʃiə] **1.** caissier (-ère *f*) *m*; **2.** ⚔ casser (*un officier*); '**cash·less** sans argent (*m.*)

cash·mere [kæʃ'miə] *tex.* cachemire *m*.

cas·ing ['keisiŋ] encaissement *m*; enveloppe *f*; *livre*: cartonnage *m*; *cylindre*: chemise *f*; *turbine*: bâche *f*; 🜔 revêtement *m*.

ca·si·no [kə'siːnou] casino *m*.

cask [kɑːsk] fût *m*, tonneau *m*.

cas·ket ['kɑːskit] cassette *f*, coffret *m*; *Am.* cercueil *m* (de luxe).

cas·sa·tion [kæ'seiʃn] cassation *f*.

cas·se·role ['kæsəroul] *cuis.* daubière *f*; 🜔 casserole *f*; ~ *of chicken* poulet *m* en cocotte.

cas·sette [kə'set] cassette *f*; ~ *deck* platine *f* à cassettes; ~ *play·er* lecteur *m* de cassettes; ~ *re·cord·er* magnétophone *m* à cassettes.

cas·si·a 🜔 ['kæsiə] casse *f* (*a. pharm.*); *arbre*: cassier *m*.

cas·sock ['kæsək] soutane *f*.

cas·so·war·y *orn.* ['kæsəwɛəri] casoar *m*; *New Holland* ~ émeu *m*.

cast [kɑːst] **1.** jet *m*; coup *m*; 🜔 *metall.* coulée *f*; moulage *m*; ⚓ coup *m* (*de sonde*); bas *m* de ligne; *théâ.* troupe *f*; distribution *f* des rôles; 🕈 additon *f*; *fig.* trempe *f*, tournure *f* (*d'esprit*); **2.** [*irr.*] *v/t.* jeter (*a.* ⚓ *l'ancre*), lancer; donner (*son suffrage*); *zo.* jeter (*sa dépouille*); *orn.* (*usu.* ~ *its feathers*) muer; perdre (*les dents*); jeter (*un regard*); projeter (*une lumière, une ombre, etc.*); *métall.* couler; *typ.* clicher (*une page*); *théâ.* distribuer les rôles de (*une pièce*), assigner (*un rôle* à q., *s.o. for a part*); 🕈, 𝔸 (*a.* ~ *up*) additionner, faire le total; ~ *iron* fonte *f* (de fer); ~ *steel* fonte *f* d'acier; 🕮 *be in costs* être condamné aux frais; 🕮 *be* ~ *in a lawsuit* perdre un procès, être débouté; ~ *lots* tirer au sort (pour, for); ~ *one's skin* se dépouiller; ~ *s.th. in s.o.'s teeth* reprocher qch. à q.; ~ *away* rejeter; ⚓ *be* ~ *away* faire naufrage; ~ *down* jeter bas; baisser (*les yeux*); *be* ~ *down* être découragé; ~ *up* lever au ciel; 🕈 rejeter; 🕈 ~ *up* (*accounts*) additionner, faire le total; **3.** *v/i.* se voiler; ⊕ se couler; ~ *about for* chercher; briguer; ⚓ ~ *off* abattre sous le vent; démarrer.

cas·ta·net ['kæstə'net] castagnette *f*.

cast·a·way ['kɑːstəwei] **1.** rejeté; ⚓ naufragé; **2.** naufragé(e *f*) *m*; *fig.* proscrit(e *f*) *m*; exilé(e *f*) *m*.

caste [kɑːst] caste *f*; *fig.* rang *m*, classe *f*; ~ *feeling* esprit *m* de caste.

cas·tel·lan ['kæstələn] châtelain *m*; **cas·tel·lat·ed** ['kæsteleitid] crénelé; bâti dans le style féodal.

cas·ter ['kɑːstə] *see* castor[2].

cas·ti·gate ['kæstigeit] châtier; *fig.* critiquer sévèrement; **cas·ti·ga·tion** châtiment *m*, correction *f*; *fig.* critique *f* sévère.

cast·ing ['kɑːstiŋ] **1.** ~ *vote* voix *f* prépondérante; **2.** jet *m*; moulage*m*, fonte *f*; *théa.* distribution *f* des rôles; ✝ addition *f*; ~*s pl.* pièces *f/pl.*

cast-i·ron ['kɑːst'aiən] en fonte; *fig.* de fer, rigide; ~ *alibi* alibi *m* de fer.

cas·tle ['kɑːsl] **1.** château *m* (fort); *échecs:* tour *f*; **2.** *échecs:* roquer.

cas·tor[1] ['kɑːstə] *pharm.* castoréum *m*; F chapeau *m* castor; ~ *oil* huile *f* de ricin.

cas·tor[2] [~] roulette *f* (*de meuble*); *sucre etc.*: saupoudroir *m*; ~*s pl.* huilier *m*; ✝ ~ *sugar* sucre *m* en poudre.

cas·trate [kæs'treit] châtrer; **cas·tra·tion** castration *f*; éviration *f*; *fig.* émasculation *f*.

cas·u·al ['kæʒjuəl] **1.** □ fortuit, accidentel(le *f*); F insouciant; ~ *labo(u)rer* homme *m* à l'heure, manœuvre *m* d'emploi intermittent; ~ *pauper* = **2.** indigent(e *f*) *m* de passage; **'cas·u·al·ty** accident *m*; ⚔ *casualties pl.* pertes *f/pl.*

cas·u·ist ['kæzjuist] casuiste *m* (*a. péj.*); **'cas·u·ist·ry** casuistique *f* (*a. péj.*).

cat [kæt] **1.** chat(te *f*) *m*; *Am. sl.* fanatique *mf* du jazz; **2.** *sl.* renarder.

cat·a·clysm ['kætəklizm] cataclysme *m*.

cat·a·comb ['kætəkoum] catacombe *f*.

cat·a·logue, *Am. a.* **cat·a·log** ['kætələg] **1.** catalogue *m*, répertoire *m*; *univ. Am.* annuaire *m*; prospectus *m*; **2.** cataloguer.

ca·tal·y·sis [kə'tælisis], *pl.* **ca·tal·y·ses** [~si:z] catalyse *f*; **cat·a·lyst** ['kætəlist] catalyseur *m*.

cat·a·pult ['kætəpʌlt] catapulte *f* (*a.* ✠); ~ *launching* catapultage *m*.

cat·a·ract ['kætərækt] cataracte *f* (*a. fig., a.* ✠).

ca·tarrh [kə'tɑː] catarrhe *m*; F *surt.* rhume *m* de cerveau; **ca·tarrh·al** [kə'tɑːrəl] catarrhal (-aux *m/pl.*).

ca·tas·tro·phe [kə'tæstrəfi] catastrophe *f*, désastre *m*; **cat·a·stroph·ic** [kætə'strɔfik] (~*ally*) désastreux (-euse *f*).

cat...: '~*bur·glar* cambrioleur *m*

par escalade; '~*call* **1.** *théa. etc.* sifflet *m*; **2.** siffler; chahuter.

catch [kætʃ] **1.** prise *f*; *porte, fenêtre:* loqueteau *m*; attrape *f*, tromperie *f*; *fig.* aubaine *f*; F bon parti *m* (*à épouser*); ♪ chant *m* à reprises, canon *m*; ⊕ crochet *m* d'arrêt; cliquet *m*; *cricket:* prise *f* au vol; *see* ~*word*; **2.** [*irr.*] *v/t.* attraper, prendre; saisir; F obtenir, gagner; rencontrer (*un regard*); *son:* frapper (*l'oreille*); recueillir (*de l'eau*); prendre; ne pas manquer (*le train etc.*); attraper, être atteint de (*une maladie*); flanquer (*un coup*) à (*q.*); prendre (*un poisson*); accrocher (*sa robe*); attirer (*l'attention*); contracter (*une habitude*); *orage etc.:* surprendre (*q.*); *fig.* entendre, comprendre; F ~ *it* se faire attraper (*par, from*); ~ *in the act* prendre (*q.*) en flagrant délit; prendre (*q.*) sur le fait; ~ *me!* F pas si bête!; ~ *cold* prendre froid; s'enrhumer; ~ *one's breath* avoir un sursaut; ~ *s.o.'s eye* attirer l'attention de *q.*; *parl.* ~ *the Speaker's eye* obtenir la parole; ~ *up* ramasser vivement; F couper la parole à (*q.*), interrompre; rattraper (*q.*); **3.** [*irr.*] *v/i.* prendre; ⊕ mordre; s'engager (*verrou etc.*); *cuis.* attacher; ~ *at* s'accrocher à; saisir; F ~ *on* avoir du succès, prendre; *Am.* F comprendre; ~ *up with* rattraper (*q.*) '~*all* *Am.* fourre-tout *m/inv.*; '~*as-catchcan* *sp.* catch *m*; '*catch·er* *baseball:* rattrapeur *m*; '*catch·ing* ♪ entraînant; ☞ contagieux (-euse *f*); infectieux (-euse *f*); '*catchment ba·sin* bassin *m* de réception.

catch...: '~*pen·ny* ✝ **1.** d'attrape; **2.** camelote *f* de réclame; attrapenigaud *m*; '~*phrase* F scie *f*, rengaine *f*; devise *f*; '~*pole* huissier*m*; '~*word* *pol.* mot *m* de ralliement; F scie *f*; *théa.* réplique *f*; *typ.* souche (*pl.* mots-souches) *m*; '*catch·y* *fig.* F entraînant; insidieux (-euse *f*) (*question etc.*).

cat·e·chism ['kætikizm] catéchisme *m*; **cat·e·chize** ['~kaiz] catéchiser; **cat·e·chu·men** [~'kju:mən] catéchumène *m*.

cat·e·gor·i·cal □ [kæti'gɔrikl] catégorique; **cat·e·go·ry** ['~gəri] catégorie *f*.

cat·e·nar·y [kə'ti:nəri] **1.** caténaire;

A, ~ *curve* funiculaire *f*; **2.** caténaire *f*; chaînette *f*.

ca·ter ['keitə]: ~ *for* approvisionner; *fig.* pourvoir à; '**ca·ter·er** approvisionneur (-euse *f*) *m*; fournisseur *m*; *banquet*: traiteur *m*; '**ca·ter·ing** approvisionnement *m*.

cat·er·pil·lar ['kætəpilə] chenille *f*; ~ *wheel* roue *f* à chenille.

cat·er·waul ['kætəwɔːl] miauler.

cat·gut ['kætgʌt] corde *f* à boyau.

ca·the·dral [kə'θiːdrəl] **1.** *su.* cathédrale *f*; **2.** *adj.* cathédral (-aux *m*/*pl*.).

Cath·er·ine-wheel △ ['kæθərinwiːl] rosace *f* rayonnante; *pièce d'artifice*: soleil *m*; roue *f* à feu.

cath·e·ter ['kæθitə] sonde *f* creuse, cathéter *m*.

cath·ode ⚡ ['kæθoud] **1.** cathode *f*; **2.** cathodique.

cath·o·lic ['kæθəlik] **1.** (~[*al*]*ly*) universel(le *f*); catholique; **2.** catholique *mf*; **ca·thol·i·cism** [kə'θɔlisizm] catholicisme *m*.

cat·kin ♀ ['kætkin] chaton *m*.

cat·nap ['kætnæp] **1.** petit somme *m*; **2.** faire un petit somme.

cat's...: ~ *eye* cataphote *m*; '~**-paw** ['kætspɔː] *fig.* dupe *f*; *be s.o.'s* ~ tirer les marrons du feu pour q.

cat·sup ['kætsəp] *Am. see* ketchup.

cat·tle ['kætl] bétail *m*; bestiaux *m*/*pl*.; '~**-plague** peste *f* bovine; '~**-rus·tler** *Am.* voleur *m* de bétail; '~**-show** comice *m* agricole; concours *m* d'élevage.

cat·walk ['kætwɔːk] passerelle *f*.

Cau·ca·sian [kɔː'keiziən] **1.** caucasien(ne *f*); du Caucase; **2.** Caucasien(ne *f*) *m*.

cau·cus ['kɔːkəs] comité *m* électoral; *usu. péj.* clique *f* politique; *pol. Am.* réunion *f* préliminaire (*d'un comité électoral*).

cau·dal *zo.* ['kɔːdl] caudal (-aux *m*/*pl*.); **cau·date** ['~deit] caudifère.

cau·dle ['kɔːdl] chaudeau *m*.

caught [kɔːt] *prét. et p.p. de catch* **2, 3.**

ca(u)l·dron ['kɔːldrən] chaudron *m*; ⊕ chaudière *f*.

cau·li·flow·er ♀ ['kɔliflauə] choufleur (*pl.* choux-fleurs) *m*.

caulk ⚓ ['kɔːk] calfater; '**caulk·er** calfat *m*.

caus·al □ ['kɔːzl] causal (*sg. seulement*); causatif (-ive *f*); **cau·sal·i·ty** ['~'zæliti] causalité *f*; '**caus·a·tive**

causatif (-ive *f*); **cause** [kɔːz] **1.** cause *f*; raison *f*, motif *m*; ⚖ cause *f*; procès *m*; *fig.* querelle *f*; *with good* ~ pour cause; **2.** occasionner, causer; faire (faire qch. à q., *s.o. to do s.th.*); '**cause·less** □ sans cause, sans motif.

cause·way ['kɔːzwei], **a.** '**cau·sey** ['~zei] chaussée *f*, digue *f* (*à travers des marécages*).

caus·tic ['kɔːstik] **1.** caustique *m*; *phys.* caustique *f*; **2.** (~*ally*) caustique; *fig. a.* mordant.

cau·ter·i·za·tion ✶ [kɔːtərai'zeiʃn] cautérisation *f*; '**cau·ter·ize** cautériser; '**cau·ter·y** cautère *m*.

cau·tion ['kɔːʃn] **1.** précaution *f*; prudence *f*; avertissement *m*; réprimande *f*; *F* drôle *m* de pistolet; ⚖ caution *f*, garant *m*; ~ *money* cautionnement *m*; **2.** avertir (contre, *against*); '**cau·tion·ar·y** d'avertissement, avertisseur (-euse *f*).

cau·tious □ ['kɔːʃəs] prudent, circonspect; '**cau·tious·ness** prudence *f*, circonspection *f*.

cav·al·cade [kævl'keid] cavalcade *f*.

cav·a·lier [kævə'liə] **1.** cavalier *m*; *F* galant *m*; **2.** □ désinvolte, cavalier (-ère *f*).

cav·al·ry ✕ ['kævlri] cavalerie *f*.

cave [keiv] **1.** caverne *f*, antre *m*; grotte *f*; **2.** des cavernes; **3.**: ~ *in* *v*/*i.* s'effondrer; *F* céder (*personne*); *v*/*t.* *F* aplatir.

ca·ve·at ⚖ ['keiviæt] opposition *f*.

cave-man ['keivmæn] troglodyte *m*; *F* homme *m* à la manière forte.

cav·en·dish ['kævəndiʃ] tabac *m* foncé édulcoré.

cav·ern ['kævən] caverne *f* (*a.* ✶); souterrain *m*; '**cav·ern·ous** caverneux (-euse *f*) (*a. fig.*).

cav·i·ar(e) ['kæviɑː] caviar *m*.

cav·il ['kævil] **1.** argutie *f*; **2.** pointiller (sur *at, about*); '**cav·il·ler** chicaneur (-euse *f*) *m*.

cav·i·ty ['kæviti] cavité *f*; creux *m*; trou *m*.

ca·vort *Am.* *F* [kə'vɔːt] cabrioler; faire des galopades.

ca·vy *zo.* ['keivi] cobaye *m*, cochon *m* d'Inde. [ment *m*.]

caw [kɔː] **1.** croasser; **2.** croasse-

cay·enne [kei'en], **cay·enne pep·per** ['keien] poivre *m* de Cayenne.

cay·man *zo.* ['keimən], *pl.* -**mans** caïman *m*.

cay·use *Am.* ['kaiju:s] petit cheval *m* (indien).

cease [si:s] *v/i.* cesser (de, *from*); *v/t.* cesser (*a.* ✕ *le feu*); arrêter; **'~·fire** ✕ cessez-le-feu *m/inv.*; **'cease·less** □ incessant; sans arrêt.

ce·dar ♀ ['si:də] cèdre *m*.

cede [si:d] céder.

ceil [si:l] plafonner (*une pièce*); † lambrisser; **'ceil·ing** plafond *m* (*a. fig.*); ♨ vairage *m*; ~ **illumination** *f* de plafond; ~ **price** prix *m* maximum.

cel·an·dine ♀ ['seləndain] éclaire *f*.

cel·e·brate ['selibreit] célébrer (*a. eccl., a. fig.* = *glorifier*); **'cel·e·brat·ed** célèbre (par, *for*); renommé (pour, *for*); **cel·e·bra·tion** célébration *f* (*a. eccl.*); *in* ~ *of* pour commémorer *ou* fêter (*qch.*); ~ *of May-day* fête *f* du premier mai; **'cel·e·bra·tor** célébrateur *m*.

ce·leb·ri·ty [si'lebriti] célébrité *f* (*a. personne*).

ce·ler·i·ty [si'leriti] célérité *f*.

cel·er·y ♀ ['seləri] céleri *m*.

ce·les·tial □ [si'lestjəl] céleste.

cel·i·ba·cy ['selibəsi] célibat *m*; **cel·i·bate** ['~bit] **1.** célibataire, de célibataire; **2.** célibataire *mf*.

cell [sel] cellule *f*; ∮ élément *m* de pile.

cel·lar ['selə] **1.** cave *f*; **2.** mettre en cave *ou* en chai; ~ **illumination**; **'cel·lar·age** emmagasinage *m*; caves *f/pl.*; **'cel·lar·et** cave *f* à liqueurs.

celled [seld] à cellule(s); ∮ à pile(s).

cel·list ♩ ['tʃelist] violoncelliste *mf*; **cel·lo** ['tʃelou] violoncelle *m*.

cel·lo·phane ['selofein] cellophane *f*.

cel·lu·lar ['seljulə] cellulaire; **cel·lule** ['~ju:l] cellule *f*; **cel·lu·loid** ['~julɔid] celluloïd *m*; **cel·lu·lose** ['~lous] cellulose *f*.

Celt [kelt] Celte *mf*; **'Celt·ic** celte; celtique.

ce·ment [si'ment] **1.** ciment *m*; *anat., a. métall.* cément *m*; **2.** cimenter (*a. fig.*); coller; *métall.* cémenter; ~ **mixer** bétonnière *f*; **ce·men·ta·tion** [si:men'teiʃn] cimentage *m*; collage *m*; *métall.* cémentation *f*.

cem·e·ter·y ['semitri] cimetière *m*.

cen·o·taph ['senətɑ:f] cénotaphe *m*.

cense [sens] encenser; **'cen·ser** encensoir *m*.

cen·sor ['sensə] **1.** censeur *m*; **2.** interdire; expurger; **cen·so·ri·ous** □ [sen'sɔ:riəs] porté à censurer; sévère; **cen·sor·ship** ['~səʃip] censure *f*; contrôle *m*.

cen·sur·a·ble □ ['senʃərəbl] censurable, blâmable; **cen·sure** ['senʃə] **1.** censure *f*, blâme *m*; réprimande *f*; **2.** censurer; blâmer publiquement.

cen·sus ['sensəs] recensement *m*.

cent [sent] *Am.* cent *m* (= $^1/_{100}$ *dollar*); F sou *m*; *per* ~ pour cent.

cen·taur *myth.* ['sentɔ:] centaure *m*.

cen·tau·ry ♀ ['sentɔ:ri] centaurée *f*.

cen·te·nar·i·an [senti'nɛəriən] centenaire (*a. su./mf*); **cen·te·nar·y** [sen'ti:nəri] centenaire *m*.

cen·ten·ni·al [sen'tenjəl] centennal (-aux *m/pl.*); *Am. see* centenary.

cen·tes·i·mal □ [sen'tesiml] centésimal (-aux *m/pl.*).

centi... ['senti]: **'~·grade** centigrade; **'~·gramme** centigramme *m*; **'~·me·tre** centimètre *m*; **~·pede** *zo.* ['~pi:d] centipède *m*; F mille-pattes *m/inv.*

cen·tral ['sentrəl] □ central (-aux *m/pl.*); ~ *heating* chauffage *m* central; ~ *office*, ∮ ~ *station* centrale *f*; *téléph. Am.* central *m*; **cen·tral·i·za·tion** [~lai'zeiʃn] centralisation *f*; **'cen·tral·ize** (se) centraliser.

cen·tre, *Am.* **cen·ter** ['sentə] **1.** centre *m* (*a.* ✕, *pol.*), milieu *m*; *foot.* ~ *forward* avant-centre *m*; *foot.* ~ *half* demi-centre *m*; **2.** central (-aux *m/pl.*), du centre; **3.** *v/t.* placer au centre; centrer (*a. foot.*); concentrer; *v/i.* se concentrer (dans, *in*; sur, *on*; autour du, *round*); **'~·bit** ⊕ mèche *f* anglaise.

cen·tric, cen·tri·cal □ ['sentrik(l)] central (-aux *m/pl.*), du centre; **cen·trif·u·gal** □ [sen'trifjugl] centrifuge; **cen'trip·e·tal** □ [~pitl] centripète.

cen·tu·ple ['sentjupl] **1.** □ centuple (*a. su./m*); **2.** centupler.

cen·tu·ry ['sentʃuri] siècle *m*; *cricket:* centaine *f*.

ce·ram·ic [si'ræmik] céramique; **ce'ram·ics** *pl.* céramique *f*.

ce·re·al [si'siəriəl] **1.** céréale; **2.** céréale *f*; *usu.* ~*s pl.* céréales *f/pl.* en flocons.

cer·e·bel·lum *anat.* [seri'beləm] cervelet *m*; **cer·e·bral** □ ['seribrəl] céré-

bral (-aux *m/pl.*); **ce·re·brum** [ˈse-
ribrəm] cerveau *m*.

cere·cloth [ˈsiəklɔθ] toile *f* d'em-
baumement.

cer·e·mo·ni·al [seriˈmounjəl] **1.**
(*a.* **cer·e·mo·ni·ous** □) cérémonieux (-euse *f*), de cérémonie; **2.** cérémonial *f* (-s) *m*; **cer·e·mo·ny**
[ˈseriməni] cérémonie *f*; formalité *f*;
Master of Ceremonies maître *m* des
cérémonies; *without* ~ sans cérémonie, sans façon; *stand on* ~ faire
des façons.

cer·tain □ [ˈsəːtn] certain, sûr; infaillible; *see some* 2; **ˈcer·tain·ty**
certitude *f*; chose *f* certaine, conviction *f*.

cer·tif·i·cate 1. [səˈtifikit] certificat
m, attestation *f*; diplôme *m*; brevet
m; ~ *of birth* (*death, marriage*) acte
m de naissance (de décès, de mariage); ~ *of employment* certificat *m*
de travail; *medical* ~ certificat *m*
médical; **2.** [ˌkeit] diplômer, breveter; délivrer un certificat *etc.* à
(*q.*); ~ed diplômé; **cer·ti·fi·a·ble**
[ˈsəːtifaiəbl] qu'on peut certifier;
bon(ne *f*) à enfermer, fou (folle *f*);
cer·ti·fi·ca·tion certification *f*;
cer·ti·fy [ˈ~fai] certifier, attester;
diplômer; authentiquer; *this is to*
certify je soussigné certifie; **cer·ti·tude**
[ˈ~tjuːd] certitude *f*. [*m/pl.*).|
cer·vi·cal [ˈsəːvikl] cervical (-aux *f*
ces·sa·tion [seˈseiʃn] cessation *f*,
arrêt *m*.

ces·sion [ˈseʃn] cession *f*; abandon *m*.

cess·pool [ˈsespuːl] fosse *f* d'aisance.

ce·ta·cean *zo.* [siˈteiʃiən] **1.** cétacé
m; **2.** (*a.* **ce·ta·ceous**) cétacé.

chafe [tʃeif] *v/t.* frictionner; user
par le frottement; écorcher (*la*
peau); irriter; *v/i.* s'user par le
frottement; s'écorcher, s'irriter
(*contre, against*); s'érailler (*corde*);
chafing dish réchaud *m* (*de table*).

chaff [tʃɑːf] **1.** balle *f* (*de grain*);
menue paille *f*; paille *f* hachée; *fig.*
vétilles *f/pl.*; F raillerie *f*; **2.** hacher
(*de la paille*); F railler, plaisanter
(*q.*); ˈ~cut·ter hache-paille *m/inv.*

chaf·fer [ˈtʃæfə] marchander (*q.,*
with s.o.).

chaf·finch *zo.* [ˈtʃæfintʃ] pinson *m*.

cha·grin [ˈʃægrin] **1.** chagrin *m*;
2. chagriner.

chain [tʃein] **1.** chaîne *f* (*a. fig.*);

suite *f* (*des événements*); chaînette *f*;
surt. Am. ~**store** succursale *f* de
grand magasin; *mot.* ~ *drive* transmission *f* par chaînes; **2.** attacher
par des chaînes; enchaîner; ~ **re·**
ac·tion *phys.* réaction *f* en chaîne;
ˈ~**smoke** fumer une cigarette après
l'autre; ˈ~**smok·er** fumeur (-euse
f) *m* invétéré(e) (qui fume sans
arrêt).

chair [tʃɛə] **1.** chaise *f*, siège *m*;
fauteuil *m*; (*a. professorial* ~) chaire
f; 🚂 coussinet *m*; ⚡ *Am.* fauteuil *m*
électrique; *see chair(wo)man*; ~! ~!
à l'ordre! à l'ordre!; *be in the* ~ présider; 🚂 *v/t.* prendre la présidence;
v/t. porter (*q.*) en triomphe; ˈ~**man**
président *m*; ˈ~**wom·an** pré-
sidente *f*.

chaise [ʃeiz] cabriolet *m*, chaise *f*.

chal·dron [ˈtʃɔːldrən] *mesure à*
charbon de 36 boisseaux (*72 à New-*
castle) *anglais*.

chal·ice [ˈtʃælis] calice *m*.

chalk [tʃɔːk] **1.** craie *f*; *billard:* blanc
m; *red* ~ sanguine *f*; F *by a long* ~
de beaucoup; **2.** marquer à la craie;
talquer; (*usu.* ~ *up*) écrire à la craie;
~ *out* tracer (*un plan*); **ˈchalk·y**
crayeux (-euse *f*), crétacé; terreux
(-euse *f*) (*teint*).

chal·lenge [ˈtʃælindʒ] **1.** défi *m*;
provocation *f* (*en duel, to a duel*);
🚂 interpellation *f*; récusation *f*
f; 🚂 *Am.* interpeller; récuser;
2. défier, provoquer (*q.*); *sp.* porter
un défi à; 🚂 interpeller; récuser;
disputer; mettre en doute; **ˈchal·**
leng·er provocateur (-trice *f*) *m*;
sp. lanceur *m* d'un challenge.

cha·lyb·e·ate ⚕ [kəˈlibiit] ferrugineux (-euse *f*).

cham·ber [ˈtʃeimbə] ⚕, ⊕, *poét.,*
parl., zo., Am. chambre *f*; ~*s pl.*
appartement *m* de garçon; cabinet
m, étude *f*; *see* ~*pot*; **cham·ber·**
lain [ˈ~lin] chambellan *m*; **ˈcham·**
ber·maid *hôtel:* femme *f* de chambre; **ˈcham·ber·pot** vase *m* de nuit.

cha·me·le·on *zo.* [kəˈmiːljən] caméléon *m*.

cham·fer △ [ˈtʃæmfə] **1.** biseau *m*;
2. biseauter; canneler (*une colonne*).

cham·ois [ˈʃæmwɑː; *pl.* -wɑːz] *zo.*
chamois *m*; ⊕ (*ou* ~ *leather*) [*souv.*
ˈʃæmi] (peau *f* de) chamois *m*.

champ¹ [tʃæmp] (*at*) mâcher bruyamment; ronger (*le mors*).

champ² *Am. sl.* [~] *see champion* 1.

cham·pagne [ʃæmˈpein] champagne *m*.

cham·paign [ˈtʃæmpein] campagne *f* ouverte.

cham·pi·on [ˈtʃæmpjən] **1.** champion *m* (*a. sp.*); *sp.* recordman (*pl.* recordmen) *m*; **2.** soutenir, défendre; **ˈcham·pi·on·ship** défense *f*; *sp.* championnat *m*.

chance [tʃɑːns] **1.** chance *f*, hasard *m*; occasion *f* (de, of); *surt. Am.* risque *m*; by ~ par hasard; take a (ou one's) ~ encourir un risque; **2.** fortuit, accidentel(le *f*); de rencontre; **3.** *v/i.*: ~ to see voir par hasard; avoir l'occasion de voir; ~ upon rencontrer par hasard; *v/t.* F risquer.

chan·cel [ˈtʃɑːnsəl] chœur *m*; sanctuaire *m*; **ˈchan·cel·ler·y** chancellerie *f*; **ˈchan·cel·lor** chancelier *m*; *see* exchequer; **ˈchan·cel·lor·ship** dignité *f* de chancelier.

chan·cer·y 🏛 [ˈtʃɑːnsəri] cour *f* de la chancellerie; *fig.* in ~ en danger; dans une situation difficile.

chanc·y F [ˈtʃɑːnsi] risqué.

chan·de·lier [ʃændiˈliə] lustre *m*.

chan·dler [ˈtʃɑːndlə] marchand *m* (de couleurs), droguiste *m*; **ˈchan·dler·y** épicerie-droguerie *f*.

change [tʃeindʒ] **1.** changement *m*; revirement *m* (*d'opinion etc.*); monnaie *f*; *Bourse:* change *m*; **2.** *v/t.* changer (de) (*qch.*); échanger; modifier; relever (*la garde*); échanger (contre, for); ~one's mind changer d'avis; *v/i.* (se) changer (en, into); varier; changer de vêtements; 🚂 (ou ~ trains) changer de; **ˈChange** [ ] Bourse *f*. [train.]

change·a·bil·i·ty [tʃeindʒəˈbiliti] *temps:* variabilité *f*; versatilité *f*; *caractère:* mobilité *f*; **ˈchange·a·ble** □ changeant; variable; mobile; **ˈchange·less** □ immuable; fixe; **ˈchange·ling** enfant *m* changé en nourrice; **ˈchange-ˈo·ver** changement *m*; *pol.* renversement *m*.

chan·nel [ˈtʃænl] **1.** *géog.* canal *m*; conduit *m*; *rivière:* lit *m*; *port:* passe *f*; *irrigation:* rigole *f*; *télév.* chaîne *f*; *fig.* voie *f* (*diplomatique*); artère *f*; by the official ~s par (la) voie hiérarchique; **2.** creuser des rigoles dans; canneler.

chant *eccl.* [tʃɑːnt] **1.** plain-chant (*pl.* plains-chants) *m*; psalmodie *f*;

chant *m* monotone; **2.** psalmodier; *fig.* chanter (*des louanges*); **ˈchan·try** *eccl.* chapelle *f*, chantrerie *f*.

cha·os [ˈkeiɔs] chaos *m*; **cha·ot·ic** [~ (~ally) chaotique, sans ordre.

chap[1] [tʃæp] **1.** gerçure *f*, crevasse *f*; **2.** gercer, crevasser.

chap[2] [~] bajoue *f* (*d'un animal*, F *d'une personne*).

chap[3] F [~] garçon *m*, type *m*, individu *m*.

chap-book [ˈtʃæpbuk] livre *m* de colportage.

chap·el [ˈtʃæpl] chapelle *f*; oratoire *m*; *typ.* atelier *m* (syndiqué).

chap·er·on [ˈʃæpəroun] **1.** chaperon *m*; **2.** chaperonner.

chap-fall·en [ˈtʃæpfɔːlən] abattu.

chap·lain [ˈtʃæplin] aumônier *m*; **ˈchap·lain·cy** aumônerie *f*.

chap·let [ˈtʃæplit] guirlande *f*; *eccl.* chapelet *m*.

chap·ter [ˈtʃæptə] chapitre *m* (*a. eccl.*); *Am.* filiale *f* (*d'une société*); régionale *f*; *Brit.* ~ of accidents suite *f* de malheurs, série *f* noire; give (*ou* quote) ~ and verse citer ses autorités; fournir des preuves.

char[1] *icht.* [tʃɑː] ombre *m*.

char[2] [~] (se) carboniser.

char-à-banc [ˈʃærəbæŋ] autocar *m*; F car *m*.

char·ac·ter [ˈkæriktə] caractère *m* (*a. typ.*); marque *f* distinctive; réputation *f*; genre *m*; *domestique:* certificat *m* de moralité; *métier:* qualité *f*; *typ. a.* lettre *f*; *théâ.*, *roman:* personnage *m*; *théâ. a.* rôle *m*; F personnalité *f*; F type *m*, original *m*; F mauvais sujet *m*; ~ assassination assassinat *m* moral; that's in (out of) ~ for him cela n'(ne) lui ressemble (pas); **char·ac·ter·is·tic 1.** (~ally) caractéristique (de, of); particulier(-ère *f*) (signe); 🔬 diacritique; ♪ de genre; **2.** trait *m* caractéristique ou de caractère; propre *m*; **char·ac·ter·i·za·tion** [~raiˈzeiʃn] caractérisation *f*; **ˈchar·ac·ter·ize** caractériser; être caractéristique de.

cha·rade [ʃəˈrɑːd] charade *f*.

char·coal [ˈtʃɑːkoul] charbon *m* (de bois); *peint.* fusain *m*; **ˈ~-burn·er** charbonnier *m*.

chare [tʃɛə] **1.** faire des ménages en ville; travailler à la journée; **2.** *usu.* ~s *pl.* travaux *m/pl.* domestiques.

charge [tʃɑːdʒ] **1.** ✕, 🏛, ⚔, ♪, foot.,

wagon, cartouche: charge *f* (*a. fig.*) (*de, of*); emploi *m*, fonction *f*; *eccl.* cure *f*; devoir *m*; soin *m*, garde *f*; recommandation *f*; *arme à feu*: décharge *f*; ✗ *a.* attaque *f*; *foot. a.* choc *m*; ⚖ plainte *f*, chef *m* d'accusation, réquisitoire *f*; *fig.* privilège *m* (sur, *on*); prix *m*; *admin.* droits *m/pl.*; ✝ ~s *pl.* frais *m/pl.*; tarif *m*; ✝ ~ *account* compte *m* crédit d'achats; *be in* ~ *of* être préposé à la garde de (*qch.*); *take* ~ *of* se charger de; *free of* ~ exempt de frais; franco; à titre gratuit; **2.** *v/t.* charger (*a.* ✗); passer (à, *to*) (*dépense*); débiter (*des marchandises à un client*, *goods to a customer*); accuser, inculper (q. de qch., *s.o. with s.th.*); ⚖ ~ *the jury* faire le résumé des débats; ~ *on, upon* foncer sur (*q.*); porter sur (*la note*); ~ *s.o. a price* demander un prix à q. (pour *qch.*, *for s.th.*); **'charge·a·ble** □ inculpable (de, *with*); imputable (à, *to*); à la charge (de, *to, on*).

char·gé d'af·faires *pol.* ['ʃɑːʒei dæ'fɛə] chargé *m* d'affaires.

charg·er ✗, *poét.* ['tʃɑːdʒə] cheval *m* de bataille, cheval *m* d'armes.

char·i·ot *poét.*, *hist.* ['tʃæriət] char *m*; **char·i·ot·eer** [~'tiə] conducteur *m* de char.

char·i·ta·ble □ ['tʃæritəbl] charitable; indulgent (*personne*); de charité (*œuvre*); ~ *society* société *f* de bienfaisance.

char·i·ty ['tʃæriti] charité *f*; bienfaisance *f*, aumônes *f/pl.*; œuvre *f* de bienfaisance; fondation *f* pieuse; *sister of* ~ fille *f* de la Charité, sœur *f* de charité; ~ *begins at home* charité bien ordonnée commence par soi-même; **'~-'child** enfant *mf* élevé(e) dans un orphelinat; **'~-'school** orphelinat *m*.

char·la·tan ['ʃɑːlətən] charlatan *m*; **'char·la·tan·ry** charlatanerie *f*.

char·lotte *cuis.* ['ʃɑːlət] charlotte *f*.

charm [tʃɑːm] **1.** charme *m* (*a. fig.*); porte-bonheur *m/inv.*; sortilège *m*; **2.** jeter un sort sur; *fig.* charmer; ~ *away etc.* charmer (*les ennuis etc.*); *bear a* ~*ed life* F être verni; **charm·er** *fig.* charmeur (-euse *f*) *m*; F jolie femme *f*; **'charm·ing** □ charmant, ravissant.

char·nel-house ['tʃɑːnlhaus] charnier *m*, ossuaire *m*.

chart [tʃɑːt] **1.** ♱ carte *f* marine; ⊕

graphique *m*; tableau *m*; **2.** dresser la carte de; porter sur une carte.

char·ter ['tʃɑːtə] **1.** charte *f*, privilège *m* (*a. fig.*); ♱ affrètement *m*; (*usu.* ~-*party*) charte-partie (*pl.* chartes-parties); *Am.* ~ *member* membre *m* fondateur; **2.** instituer (*une compagnie*) par charte; ~*ed accountant* expert *m* comptable.

char·wom·an ['tʃɑːwumən] femme *f* de journée ou de ménage.

char·y □ ['tʃɛəri] (*of*) circonspect; chiche (de); sobre (de).

chase[1] [tʃeis] **1.** chasse *f* (*a.* = *proie*), poursuite *f* (*a. fig.*); *beasts of* ~ bêtes *f/pl.* fauves; **2.** chasser; poursuivre (*a. fig.*); *fig.* donner la chasse à (*q.*); *v/i.* (*usu.* ~ *off*) partir à la hâte.

chase[2] [~] ciseler; sertir (*un bijou*).

chase[3] *typ.* [~] châssis *m*.

chas·er[1] ['tʃeisə] chasseur (-euse *f*) *m* (*a.* ✈); ♱ (*navire m*) chasseur *m*.

chas·er[2] [~] ciseleur *m*.

chasm ['kæzm] gouffre *m* béant; gorge *f*; fissure *f*; abîme *m* (*a. fig.*); *fig.* immense lacune *f*.

chas·sis ['ʃæsi], *pl.* -**sis** [-siz] châssis *m*.

chaste □ [tʃeist] chaste, pudique; pur (*a. style*).

chas·ten ['tʃeisn] châtier (*q.*, *son style, ses passions*); assagir (*q.*).

chas·tise [tʃæs'taiz] corriger; **chas·tise·ment** [~'tizmənt] châtiment *m*.

chas·ti·ty ['tʃæstiti] chasteté *f*; *fig.* pureté *f*.

chas·u·ble *eccl.* ['tʃæzjubl] chasuble *f*.

chat [tʃæt] **1.** causerie *f*; *télév.* ~ *show* causerie *f* télévisée; **2.** causer, bavarder.

chat·tels ['tʃætlz] *pl.* (*usu.* *goods and* ~) biens *m/pl.* et effets *m/pl.*; meubles *m/pl.*

chat·ter ['tʃætə] **1.** bavarder; caqueter (*personne*, *a. oiseau*); jaser (*oiseau, a. personne*); claquer (*dents*); **2.** caquet(age) *m*; bavardage *m*; **'~-box** F babillard(e *f*) *m*; **'chat·ter·er** bavard(e *f*) *m*.

chat·ty ['tʃæti] causeur (-euse *f*) (*personne*); sur le ton de la conversation (*article*).

chauf·feur ['ʃoufə] chauffeur *m*; **chauf·feuse** [~'fəːz] chauffeuse *f*.

chau·vin·ism ['ʃouvinizm] chauvinisme *m*; **'chau·vin·ist** chau-

vin(e *f*) *m*; '**chau·vin·is·tic** (~*ally*)
chauvin, chauviniste.

chaw *sl.* [tʃɔ:] mâcher; *Am. sl.* ~ **up**
usu. fig. démolir; massacrer.

cheap □ [tʃi:p] bon marché, pas
cher (chère *f*); à prix réduits; *fig.*
trivial (-aux *m/pl.*), vulgaire; F feel ~
ne pas être dans son assiette; *hold* ~
faire peu de cas de; F on the ~ à peu
de frais; ⚲ *jack* camelot *m*; ✝ ~ *money
policy* politique *f* de facilités d'escompte; '**cheap·en** *v/t.* baisser le
prix de; *v/i.* diminuer de prix;
'**cheap·skate** *Am. sl.* radin *m*.

cheat ['tʃi:t] **1.** trompeur (-euse *f*)
m; escroc *m*; *jeux:* tricheur (-euse *f*)
m; **2.** tromper; frauder; frustrer (q.
de qch., *s.o.* [out] of *s.th.*); *fig.* échapper à; '**cheat·ing** tromperie *f*; *jeux:*
tricherie *f*.

check [tʃek] **1.** échec *m* (*a. jeu*, ⚔);
revers *m* (*a.* ⚔); arrêt *m*; frein *m*;
contrôle *m*; billet *m*, ticket *m*; *Am.*
bulletin *m* (de bagages); ✝ ~ *see
cheque*; *Am. restaurant:* addition *f*;
tex. étoffe *m* en damier; carreau *m*;
~ *pattern* damier *m*; *Am.* F *pass
(ou hand) in one's* ~s mourir, avaler
sa chique; *keep s.o. in* ~ tenir q. en
échec; **2.** faire échec à (*a. jeu*); contenir; arrêter; retenir; refréner;
vérifier (*un compte*); pointer (*des
noms*); (*souv.* ~ *up on*) contrôler,
vérifier; (*faire*) enregistrer (*ses bagages*); *Am.* déposer (*son chapeau au
vestiaire*); *v/i.* s'arrêter (devant, *at*);
refuser (*cheval*); ~ *in* arriver; descendre à un hôtel; s'inscrire sur le
registre d'un hôtel; *aéroport:* se présenter à l'enregistrement; ~ *off*
cocher, pointer; ~ *out v/i.* partir;
régler son compte *ou* la note en
quittant un hôtel; *v/t.* retirer (*ses
bagages etc.*); *surt. Am.* vérifier, contrôler; ~ *up v/t.* contrôler (*des renseignements*); *v/i.* faire la vérification;
~ **ac·count** *Am.* compte *m* courant;
'~·**book** *Am.* carnet *m* de chèques;
chéquier *m*; '**check·er** contrôleur
m; ~s *pl. Am.* jeu *m* de dames; *see
chequer*; '**check·er·board** *Am.* damier *m*; équiquier *m*; '**check·er-
ed** *Am. see chequered*; **check·'in**
aéroport: enregistrement *m*; ~ *counter* (guichet *m* d')enregistrement *m*; ~
desk hôtel: réception *f*; *your* ~ *time is
at* ... présentez-vous à l'enregistrement à ...; '**check·ing** répression *f*;

contrôle *m*; enregistrement *m*;
'**check·(ing)·room** vestiaire *m*; 🚬
Am. consigne *f*; '**check·list** liste *f* de
contrôle, checklist *f*; '**check·mate**
1. échec et mat *m*; **2.** mater; faire
échec et mat à (*a. fig.*); '**check·out**
(*a.* ~ *counter*) caisse *f* (*à la sortie d'un
self-service etc.*); '**check·up** vérification *f*; F visite *f* médicale.

cheek [tʃi:k] **1.** joue *f*; F toupet *m*;
⊕ *poulie:* joue *f*; *manivelle:* bras *m*;
étau: mâchoire *f*; *see jowl*; **2.** F
faire l'insolent avec; '**cheek·y** F
insolent, effronté.

cheep [tʃi:p] piauler.

cheer [tʃiə] **1.** (bonne) disposition *f*;
encouragement *m*; bonne chère *f*;
hourra *m*; bravos *m/pl.*; applaudissements *m/pl.*; *be of good* ~
prendre courage; *three* ~s! un ban
(pour, *for*)!; vive (q.)!; **2.** *v/t.*
applaudir (q.); (*a.* ~ *up*) égayer,
relever le moral de; (*a.* ~ *on*) encourager; *v/i.* applaudir; pousser des
vivats; (*a.* ~ *up*) reprendre sa gaieté;
'**cheer·ful** □ [~ful] gai; allègre;
riant; '**cheer·ful·ness**, '**cheer·i-
ness** gaieté *f*; **cheer·i·o** ['~ri'ou] F
à bientôt!; à la vôtre!; □ '**cheer·less**
triste, sombre; '**cheer·y** □ gai,
joyeux (-euse *f*).

cheese [tʃi:z] fromage *m*; *hard* ~ *sl.*
ça, c'est de la déveine; '~·**cake**
talmouse *f*; '~·**mon·ger** marchand (e
f) *m* de fromage; '~·**par·ing**
pelure *f* de fromage; *fig.* lésine *f*;
chees·y ['tʃi:zi] caséeux (-euse *f*);
de fromage.

chef [ʃef] chef *m* de cuisine.

chem·i·cal ['kemikl] **1.** □ chimique;
2. ~s *pl.* produits *m/pl.* chimiques.

che·mise [ʃi'mi:z] chemise *f* (*de
femme*).

chem·ist ['kemist] chimiste *mf*;
(*ou pharmaceutical* ~) pharmacien
(-ne *f*) *m*; '**chem·is·try** chimie *f*.

chem·o·ther·a·py ☢ [kemo'θerəpi]
chimiothérapie *f*.

cheque ✝ [tʃek] chèque *m*; *not
negotiable (ou crossed)* ~ chèque *m*
barré; ~ **ac·count** compte *m* courant; '~·**book** carnet *m* de chèques,
chéquier *m*.

chequ·er ['tʃekə] **1.** *usu.* ~s *pl.* quadrillage *m*; **2.** quadriller; '**chequ-
uered** à carreaux, en échiquier;
diapré; *fig.* accidenté (*vie*).

cher·ish ['tʃeriʃ] chérir; *fig.* caresser.

che·root [ʃəˈruːt] manille *m*.

cher·ry [ˈtʃeri] **1.** cerise *f*; *arbre:* cerisier *m*; **2.** cerise *adj./inv.*; vermeil(le *f*) (*lèvres*).

cher·ub [ˈtʃerəb], *pl.* -ubs, -u·bim [ˈᷓᴗbim] chérubin *m*; **che·ru·bic** [tʃəˈruːbik] chérubique; de chérubin.

cher·vil ♀ [ˈtʃəːvil] cerfeuil *m*.

chess [tʃes] (jeu *m* d'échecs *m/pl.*; '**~·board** échiquier *m*; '**~·man** *jeu d'échecs:* pièce *f*.

chest [tʃest] caisse *f*, coffre *m*; *anat.* poitrine *f*; ~ *of drawers* commode *f*; ♪ ~ *note* note *f* de poitrine; *get it off one's* ~ dire ce qu'on a sur le cœur.

chest·nut [ˈtʃesnʌt] **1.** châtaigne *f*; marron *m*; *arbre:* châtaignier *m* (commun); marronnier *m*; *fig.* vieille histoire *f*; **2.** châtain (-aine *f*).

chest·y F [ˈtʃesti] de poitrine (*toux etc.*); qui a la poitrine bien développée.

che·val-glass [ʃəˈvælglɑːs] psyché *f*.

chev·a·lier [ʃevəˈliə] chevalier *m*.

chev·i·ot *tex.* [ˈtʃeviət] cheviotte *f*.

chev·ron ✗ [ˈʃevrən] chevron *m* (*d'ancienneté de service*); galon *m* (*de grade*).

chev·y F [ˈtʃevi] **1.** poursuite *f*; *sp.* (jeu *m* de) barres *f/pl.*; **2.** poursuivre; relancer (*q.*).

chew [tʃuː] *v/t.* mâcher; F ~ *the fat* bavarder; F ~ *the rag* Brit. ronchonner, Am. bavarder; *v/i. fig.* méditer (sur [uʃ]on, over); '**chew·ing-gum** chewing-gum *m*.

chi·cane [ʃiˈkein] **1.** chicane *f*; **2.** chicaner; **chi'can·er·y** chicanerie *f*; *fig.* arguties *f/pl.*

chick, chick·en [tʃik(in] **1.** poussin *m*, poulet *m*; **2.** *sl.* chicken out se dégonfler, flancher, caner.

chicken...: '**~·feed** Am. mangeaille *f*; *sl.* petite monnaie *f*; '**~·heart·ed**, '**~·liv·ered** F froussard; '**~·pox** ♀ varicelle *f*; ~ *run*, Am. ~ *yard* poulailler *m*.

chick...: '**~·pea** ♀ pois *m* chiche; '**~·weed** ♀ mouron *m* des oiseaux.

chic·o·ry [ˈtʃikəri] chicorée *f*.

chid [tʃid] *prét. et p.p.*, '**chid·den** *p.p.* de chide.

chide *poét.* [tʃaid] [*irr.*] gronder.

chief [tʃiːf] **1.** □ principal (-aux *m/pl.*); premier (-ère *f*); en chef; ~ *clerk* chef *m* de bureau; premier

clerc *m*; **2.** chef *m*; F patron *m*; ...-in-~ ... en chef; **chief·tain** [ˈᷓtən] chef *m* de clan.

chil·blain [ˈtʃilblein] engelure *f*.

child [tʃaild] enfant *mf*; *be a good* ~ être sage; *from a* ~ dès mon *etc.* enfance; *with* ~ enceinte; '**~·bed** couches *f/pl.*; '**~·birth** accouchement *m*; '**child·hood** enfance *f*; '**child·ish** □ enfantin; *péj.* puéril; '**child·ish·ness** *péj.* enfantillage *m*; puérilité *f*; '**child·less** sans enfant(s); '**child·like** enfantin; *fig.* naïf (-ïve *f*); **chil·dren** [ˈtʃildrən] *pl.* de child; **child's play** *fig.* jeu *m* d'enfant.

chill [tʃil] **1.** froid, glacé; **2.** froideur *f*; froid *m* (*a. fig.*); ♣ coup *m* de froid; *take the* ~ *off* dégourdir (*un liquide*), chambrer (*le vin*); **3.** *v/t.* refroidir, glacer; *fig.* donner le frisson à (*q.*); *métall.* tremper en coquille; ~ *ed meat* viande *f* frigorifiée; *v/i.* se refroidir, se glacer; '**chill·ness**, '**chill·i·ness** froid *m*, fraîcheur *f*; (*a. fig.*) froideur *f*; '**chill·y** froid; frais (fraîche *f*).

chime [tʃaim] **1.** carillon *m*; *fig.* harmonie *f*; **2.** carillonner; *v/i. fig.* s'accorder, s'harmoniser (avec, with); ~ *in* intervenir.

chi·me·ra [kaiˈmiərə] chimère *f*; **chi·mer·i·cal** □ [ᷓˈmerikl] chimérique, imaginaire.

chim·ney [ˈtʃimni] cheminée *f* (*a. alp.*); *lampe:* verre *m*; '**~·piece** (chambranle *m* de) cheminée *f*; '**~·pot** mitre *f* ou pot *m* de cheminée; F *fig. chapeau:* tuyau *m* de poêle; '**~·stack**, '**~·stalk** souche *f*; (corps *m* de) cheminée *f*; cheminée *f* d'usine; '**~·sweep(·er)** ramoneur *m*.

chim·pan·zee *zo.* [tʃimpənˈziː] chimpanzé *m*.

chin [tʃin] **1.** menton *m*; **2.** *gymn.* Am. (*usu.* ~ *o.s.*) faire une traction à la barre fixe.

chin² *sl.* [᷉] discourir, jaboter.

chi·na [ˈtʃainə] porcelaine *f*; ♀**·man** Chinois *m*.

chine [tʃain] *anat.* échine *f*; *cuis.* échinée *f*; *géog.* arête *f*.

Chi·nese [tʃaiˈniːz] **1.** chinois; **2.** *ling.* chinois *m*; Chinois(e *f*) *m*.

chink¹ [tʃiŋk] fente *f*; *mur:* lézarde *f*; *porte:* entrebâillement *m*.

chink² [᷉] **1.** *métal, verre:* tintement *m*; **2.** (faire) sonner (*son argent*); (faire) tinter.

chink³ *sl.* [ˌ] Chinois *m.*

chintz *tex.* [tʃints] perse *f.*, indienne *f.*

chin·wag *sl.* ['tʃinwæg] causerie *f.*

chip [tʃip] **1.** éclat *m*; *bois*: copeau *m*; *jeu*: jeton *m*; *ordinateur*: chip *m*; *cuis.* (potato) ~**s** *pl. Brit.* (pommes *f/pl.* de terre) frites *f/pl.*, *Am.* chips *m/pl.*; **I** have a ~ on one's shoulder chercher noise à tout le monde; **2.** *v/t.* tailler par éclats; doler (*du bois*); ébrécher (*un couteau*); enlever un morceau à (*qch.*); *v/i.* s'écailler, s'ébrécher; F ~ in(to) intervenir dans; se mêler à; **'chip·muck** ['tʃipmʌk], **'chip·munk** ['tʃipmʌŋk] tamias *m*; **'chip·pan** friteuse *f*; **'chip·py** sec (sèche *f*); sans saveur.

chi·rop·o·dist [ki'rɔpədist] pédicure *mf*; **chi·rop·o·dy** chirurgie *f* pédicure.

chirp [tʃə:p] **1.** gazouiller, pépier, ramager; grésiller (*grillon*); **2.** gazouillement *m*; *grillon*: grésillement *m*; **'chirp·y** F d'humeur gaie.

chirr [tʃə:] grésiller.

chir·rup ['tʃirəp] **1.** gazouillement *m etc.*; **2.** gazouiller *etc.*

chis·el ['tʃizl] **1.** ciseau *m*; burin *m*; **2.** ciseler; buriner (*du métal*); *sl.* filouter; **'chis·el·er** ciseleur *m*; *sl.* escroc *m.*

chit [tʃit] mioche *mf*; a ~ of a girl une simple gosse *f.*

chit-chat ['tʃittʃæt] bavardages *m/pl.*

chiv·al·rous □ ['ʃivlrəs] chevaleresque; courtois; **'chiv·al·ry** chevalerie *f*; courtoisie *f.*

chive ♀ [tʃaiv] ciboulette *f.*

chiv·y F ['tʃivi] *see* chevy.

chlo·ral ⚗ ['klɔːrl] chloral *m*; **chlo·ride** ['ˌaid] chlorure *m*; **chlo·rine** ['ˌiːn] chlore *m*; **chlo·ro·form** ['ˌɔfɔːm] **1.** chloroforme *m*; **2.** chloroformer.

chock ⊕ [tʃɔk] **1.** cale *f*; **2.** caler; '~-a-'block F bondé (de, with); '~-'full comble.

choc·o·late ['tʃɔkəlit] chocolat *m*; ~ cream chocolat *m* fourré à la crème.

choice [tʃɔis] **1.** choix *m*; for ~ de préférence; leave s.o. no ~ ôter à q. toute alternative; make (*ou* take) one's ~ faire son choix; **2.** □ (bien) choisi; d'élite, de choix; surfin; † surchoix; ✝ ~ quality première qualité *f.*

choir △, ♪ ['kwaiə] chœur *m*; '~-

mas·ter chef *m* de chœur; ~ **stalls** *pl.* stalles *f/pl.* (de chœur).

choke [tʃouk] **1.** *v/t.* étouffer; suffoquer (*a. fig.*); étrangler; ⊕ engorger; (*usu.* ~ up) obstruer, boucher; (*usu.* ~ down) étouffer, taire; fermer (*le gaz*); ~ off se débarrasser de; décourager; *v/i.* étouffer, suffoquer; **2.** étranglement *m*; ⊕ étrangleur *m*; starter *m*; ⚡ ~ coil bobine *f* de réactance; self *f*; '~-**bore** ⊕ fusil *m* de chasse à) choke-bore *m*; '~-**damp** ⚒ mofette *f*; **'chok·er** F *co.* foulard *m* (*d'ouvrier*); cravate *f* de fourrure; col *m* montant; *perles*: collier *m.*

chol·er·a ⚕ ['kɔlərə] choléra *m*; **'chol·er·ic** colérique; irascible.

cho·les·te·rol [kə'lestərɔl] cholestérol *m.*

choose [tʃuːz] [*irr.*] choisir; *v/t.* opter pour; *v/i.* ~ to (*inf.*) vouloir que (*sbj.*), aimer mieux (*inf.*); **'choos·y** F difficile.

chop¹ [tʃɔp] **1.** coup *m* de hache; *cuis.* côtelette *f*; ~**s** *pl.* bajoues *f/pl.*, babines *f/pl.*; ⊕ mâchoires *f/pl.*; ~**s** and changes vicissitudes *f/pl.*; girouetteries *f/pl.*; **2.** *v/t.* couper, fendre, hacher; (*souv.* ~ up) couper en morceaux; ~ down abattre; *v/i.* clapoter (*mer*); ~ about changer; ~ and change girouetter; tergiverser; '~ping sea mer *f* clapoteuse.

chop² ✝ [ˌ] marque *f*; first ~ (de) première qualité *f.*

chop-house ['tʃɔphaus] restaurant *m* populaire; **'chop·per** couperet *m*; *sl.* moulin *m*, banane *f* (*hélicoptère*); **'chop·ping-block** hachoir *m*; **'chop·py** variable; clapoteux (-euse *f*) (*mer*); **'chop·stick** baguette *f*, bâtonnet *m* (*des Chinois*).

cho·ral □ ['kɔːrl] choral (-als *ou* -aux *m/pl.*); chanté en chœur; **cho·ral(e)** ♪ [kɔ'rɑːl] choral (*pl.* -als) *m.*

chord [kɔːd] ♪, *poét.*, *fig.* corde *f*; ♪ accord *m*; *anat.* corde *f* (vocale), cordon *m.*

chore *surt. Am.* [tʃɔː] *see* chare.

cho·re·og·ra·phy [kɔri'ɔgrəfi] chorégraphie *f.*

chor·is·ter ['kɔristə] choriste *mf*; *eccl.* enfant *m* de chœur; *Am. a.* chef *m* de chœur.

cho·rus ['kɔːrəs] **1.** chœur *m*; refrain *m*; **2.** répéter en chœur; ~ **girl** girl *f.*

chose [tʃouz] *prét.*, **'cho·sen** *p.p. de*
choose.

chough *orn.* [tʃʌf] crave *m.*

chouse F [tʃaus] **1.** filouterie *f*;
2. filouter.

chow *Am. sl.* [tʃau] mangeaille *f.*

chrism ['krizm] chrême *m.*

Christ [kraist] le Christ *m*, Jésus-
Christ *m*; *for* ~*'s sake* pour l'amour de
Dieu; *for* ~*'s sake*!, ~! Bon Dieu de
Bon Dieu!

chris·ten ['krisn] baptiser; **Chris-
ten·dom** ['~dəm] chrétienté *f*;
'chris·ten·ing 1. de baptême;
2. baptême *m.*

Chris·tian ['kristjən] **1.** □ chré-
tien(ne *f*); ~ *name* prénom *m*, nom
m de baptême; **2.** chrétien (ne *f*) *m*;
Chris·ti·an·i·ty [~ti'æniti] christianisme *m*; **Chris·tian·ize** ['~
tjənaiz] convertir au christianisme;
christianiser.

Christ·mas ['krisməs] **1.** Noël *m*,
(fête *f* de) Noël *f*; *2.* de Noël; ~ *box*
étrennes *f/pl.*; gratification *f*; ~ **Day**
le jour de Noël; ~ **Eve** la veille de
Noël; ~ **pres·ent** cadeau *m* de Noël;
~ **tide**, ~ **time** (saison *f* de) Noël;
~ **tree** arbre *m* de Noël.

chro·mat·ic ♪, *phys.* [krə'mætik]
1. (~*ally*) chromatique; ~ *s sg.*
chromatique *f.*

chrome ♫ [kroum] *teinture:* bi-
chromate *m* de potasse; **chro·mi-
um** ['~jəm] chrome *m*; **'chro·mi-
um-plat·ed** chromé; **chro·mo-
lith·o·graph** ['kroumou'liθəgrɑ:f]
chromolithographie *f.*

chron·ic ['krɔnik] (~*ally*) (*usu.* ♫)
chronique, constant; *sl.* insupportable; **chron·i·cle** ['~kl] **1.** chronique
f; **2.** enregistrer, faire la chronique
de; **'chron·i·cler** chroniqueur *m.*

chron·o·log·i·cal □ [krɔnə'lɔdʒikl]
chronologique; ~*ly* par ordre de
dates; **chro·nol·o·gy** [krə'nɔlədʒi]
chronologie *f.* [nomètre *m.*]

chro·nom·e·ter [krə'nɔmitə] chro-)

chrys·a·lis *zo.* ['krisəlis], *pl. a.* **chry-
sal·i·des** [~'sælidi:z] chrysalide *f.*

chrys·an·the·mum ♀ [kri'sænθə-
məm] chrysanthème *m.*

chub *icht.* [tʃʌb] chabot *m* de
rivière; **'chub·by** F potelé, jouffu
(*visage*); rebondi (*joues*).

chuck[1] [tʃʌk] **1.** gloussement *m*;
my ~! mon petit chou!; **2.** glousser;
3. petit!, petit! (*appel aux poules*).

chuck[2] F [~] **1.** lancer; ~ *out* flanquer
(*q.*) à la porte; ~ *under the chin* donner une tape sous le menton; **2.** congé *m*; lancement *m.*

chuck[3] ⊕ [~] mandrin *m.*

chuck·le ['tʃʌkl] rire tout bas.

chum F [tʃʌm] **1.** camarade *mf*;
copain *m*, copine *f*; *be great* ~*s* être
(amis) intimes; **2.** se lier d'amitié
(avec, *with*).

chump [tʃʌmp] tronçon *m* de
bois; tête *f*; nigaud(e *f*) *m*; *Brit. sl.*
off one's ~ timbré; fou (*fol devant
une voyelle ou un h muet*; *folle f*);
déboussolé.

chunk F [tʃʌŋk] gros morceau *m*;
pain a. quignon *m.*

church [tʃə:tʃ] **1.** église *f*; *protestantisme:* temple *m*; *attr.* d'église; de
l'Église; ♀ *of England* Église *f* anglicane; ~ *rate* dîme *f*; ~ *service* office *m*; **2.** *be* ~*ed* faire ses relevailles (*femme après ses couches*); *a.*
go·er pratiquant(e *f*) *m*; **'church-
ing** relevailles *f/pl.* (*d'une femme
après ses couches*); **'church'ward-
en** marguillier *m*; pipe *f* hollandaise; **'church·y** F bigot; **'church-
'yard** cimetière *m.*

churl [tʃə:l] manant *m*; *fig.* rustre *m*;
F grincheux (-euse *f*) *m*; **'churl·ish**
□ mal élevé; grincheux (-euse *f*),
hargneux (-euse *f*).

churn [tʃə:n] **1.** baratte *f*; **2.** *v/t.* baratter; *fig.* agiter (*qch.*); *v/i.* faire du
beurre.

chute [ʃu:t] chute *f* d'eau; *sp.* glissière *f*; ✈ couloir *m.*

chut·ney ['tʃʌtni] chutney *m.*

chyle *physiol.* [kail] chyle *m.*

chyme ♫ [kaim] chyme *m.*

ci·ca·da *zo.* [si'kɑ:də] cigale *f.*

ci·ca·trice ['sikətris] cicatrice *f*;
'ci·ca·trize (se) cicatriser.

ci·ce·ro·ne [tʃitʃə'rouni], *pl.* **-ni**
[~ni:] cicerone *m.*

ci·der ['saidə] cidre *m.*

ci·gar [si'gɑ:] cigare *m*; **ci'gar-case**
étui *m* à cigares; **ci'gar-cut·ter**
coupe-cigares *m/inv.*

cig·a·rette [sigə'ret] cigarette *f*;
cig·a'rette-case étui *m* à cigarettes; **cig·a'rette-end** mégot *m*; **cig-
a'rette-hold·er** fume-cigarette
m/inv.; **cig·a'rette-pa·per** papier
m à cigarettes.

ci·gar-hold·er [si'gɑ:houldə] fume-
cigare *m/inv.*

cil·i·ar·y ['siliəri] ciliaire.

cinch *Am. sl.* [sintʃ] certitude *f*; chose *f* certaine.

cinc·ture ['siŋktʃə] ceinture *f*.

cin·der ['sində] cendre *f*; ~s *pl. a.* escarbilles *f/pl.*; **Cin·der·el·la** [~ə-'relə] Cendrillon *f* (*a. fig.*); **'cin·der-track** *sp.* piste *f* cendrée.

cin·e·cam·er·a ['sini'kæmərə] ca-méra *f*; **cin·e·film** ['sinifilm] film *m* de format réduit.

cin·e·ma ['sinimə] cinéma *m*; F ciné *m*; **'~-go·er** amateur *m* de cinéma, cinéphile *mf*; **cin·e·mat·o·graph** [~'mætəgraːf] 1. cinématographe *m*, F cinéma *m*; 2. filmer; **cin·e·mat·o·graph·ic** [~mætə'græfik] (~ally) cinématographique.

cin·er·ar·y ['sinərəri] cinéraire.

cin·na·bar ['sinəbaː] cinabre *m*; vermillon *m*.

cin·na·mon ['sinəmən] 1. cannelle *f*; *arbre:* cannelier *m*; 2. cannelle *adj./inv.* (*couleur*).

cinque [siŋk] *dés:* cinq *m*.

ci·pher ['saifə] 1. zéro *m* (*a. fig.*); *fig.* nullité *f*; *code secret:* chiffre *m*; message *m* chiffré; 2. chiffrer.

cir·cle ['səːkl] 1. cercle *m* (*a. fig.*); *fig.* milieu *m*, monde *m*, coterie *f*; *théât.* galerie *f*; ⚓ ceinture *f*; 2. *v/t.* ceindre; *v/i.* tournoyer, circuler; **cir·clet** ['~klit] petit cercle *m*; anneau *m*.

circs F [səːks] *see* circumstances.

cir·cuit ['səːkit] ⚡, *sp.* circuit *m*; ⚖️ tournée *f*, circonscription *f*; *soleil:* révolution *f*; *ville:* pourtour *m*; ⚡ parcours *m*; ⚡ ~ integrated ~ circuit *m* intégré; *radio:* ⚡ short ~ courtcircuit (*pl.* courts-circuits) *m*; ⚡ ~ breaker coupe-circuit *m/inv.*; **cir·cu·i·tous** □ [sə'kjuitəs] détourné, sinueux (-euse *f*).

cir·cu·lar ['səːkjulə] 1. □ circulaire; de cercle; ~ letter (lettre *f*) circulaire *f*; ✝ ~ note lettre *f* de crédit circulaire; ~ railway chemin *m* de fer de ceinture; ~ saw scie *f* circulaire; 2. (lettre *f*) circulaire *f*. **cir·cu·late** ['səːkjuleit] *v/i.* circuler; *v/t.* faire circuler (*un bruit, l'air, le vin*); mettre en circulation; ✝ transmettre par voie d'endossement; **'cir·cu·lat·ing:** ~ decimal fraction *f* périodique; ~ library bibliothèque *f* circulante; **cir·cu·la·tion** circula-tion *f*; *fonds:* roulement *m*; *journal:*

tirage *m*; **'cir·cu·la·to·ry** circula-toire; 🫀 ~ system appareil *m* circula-toire; ~ troubles *pl.* troubles *m/pl.* de la circulation.

circum... [səːkəm] circon..., cir-cum...; **cir·cum·cise** ['~saiz] circon-cire (*le prépuce*); **cir·cum·ci·sion** [~'siʒn] circoncision *f*; **cir·cum·fer·ence** [sə'kʌmfərəns] cir-conférence *f*; périphérie *f*; **cir·cum·flex** *gramm.* ['sə:kəmfleks] accent *m* circonflexe; **cir·cum·ja·cent** [~'dʒeisnt] circonjacent; **cir·cum·lo·cu·tion** [~ləˈkjuːʃn] circon-locution *f*; ambages *f/pl.*; **cir·cum·nav·i·gate** [~'nævigeit] faire le tour de; **cir·cum·nav·i·ga·tor** circum-navigateur *m*; **cir·cum·scribe** ⚖️ [~'skraib] circonscrire; *fig.* limiter; **cir·cum·scrip·tion** [~'skripʃn] circonscription *f*; *fig.* restriction *f*; **cir·cum·spect** □ ['~spekt] circon-spect; prudent; **cir·cum·spec·tion** [~'spekʃn] circonspection *f*; prudence *f*; **cir·cum·stance** ['~stəns] circonstance *f*; détail *m*; *in* (*ou under*) *the* ~s puisqu'il en est ainsi, ~d dans une ... situation; **cir·cum·stan·tial** [~'stænʃl] circon-stanciel(le *f*); détaillé; ⚖️ ~ *evi-dence* preuves *f/pl.* indirectes; **cir·cum·stan·ti·al·i·ty** [~stænʃi'æliti] abondance *f* de détails; détail *m*; **cir·cum·val·la·tion** [~v'leiʃn] re-tranchements *m/pl.*; **cir·cum·vent** [~'vent] circonvenir.

cir·cus ['sə:kəs] cirque *m*; *place:* rond-point (*pl.* ronds-points) *m*.

cir·rho·sis 🩺 [si'rousis] cirrhose *f*.

cir·rous ['sirəs] cirreux (-euse *f*); **cir·rus** ['~rəs], *pl.* **-ri** [~rai] *nuages:* cirrus *m*; 🌿 vrille *f*.

cis·tern ['sistən] réservoir *m* à eau; citerne *f* (*souterraine*).

cit·a·del ['sitədl] citadelle *f*.

ci·ta·tion [sai'teiʃn] citation *f* (*a.* ⚖️); *Am. souv.* citation *f* à l'ordre du jour; **cite** [sait] citer; assigner (*un témoin*).

cit·i·zen ['sitizn] citoyen(ne *f*) *m*; bourgeois(e *f*) *m*; *a. Am.* civil *m*; *attr.* civique; **'cit·i·zen·ship** droit *m* de cité; nationalité *f*.

cit·ric ac·id ['sitrik'æsid] acide *m* citrique; **cit·ron** ['~rən] cédrat *m*; *arbre:* cédratier *m*; **cit·rus** ['~rəs] agrumes *m/pl.*

cit·y ['siti] 1. ville *f*; *Londres:* the 2

la Cité; *fig.* les affaires *f/pl.*; **2.** urbain, municipal (*-aux m/pl.*); *Am.* ~ editor rédacteur *m* chargé des nouvelles locales; *Am.* ~ father conseiller *m* municipal; ~ hall hôtel *m* de ville; *Am.* ~ manager chef *m* des services municipaux.

civ·ic ['sivik] **1.** civique; municipal (*-aux m/pl.*); ~ rights *pl.* droits *m/pl.* de citoyen, droits *m/pl.* civiques; **2.** ~s *pl.* instruction *f* civique.

civ·il □ ['sivl] civil (*a.* 🏛); poli, courtois; civique (*droits*); ~ engineering travaux *m/pl.* publics; ~ rights movement mouvement *m* de défense des droits du citoyen; ♀ Servant fonctionnaire *mf*; ♀ Service Administration *f*; **ci·vil·ian** ✕ [si'viljən] civil *m*; ~ population civils *m/pl.*; **ci·vil·i·ty** civilité *f*; politesse *f*; **civ·i·li·za·tion** [√lai'zeiʃn] civilisation *f*; *fig.* culture *f*; **'civ·i·lize** civiliser.

clack [klæk] **1.** claquement *m*; *fig.* caquet *m*; ⊕ (soupape *f* à) clapet *m*; **2.** claquer; *fig.* caqueter.

clad [klæd] *prét. et p.p. de* clothe.

claim [kleim] **1.** demande *f*; revendication *f*; droit *m*, titre *m* (à, to); 🏛 réclamation *f*; *dette*: créance *f*; ✕ concession *f*; *surt. Am.* terrain *m* revendiqué par un chercheur d'or *etc.*; lay ~ to prétendre à; **2.** réclamer; revendiquer; prétendre à; ~ to be se prétendre (*qch.*); **'claim·a·ble** revendicable, exigible; **'claim·ant** prétendant(e *f*) *m*; réclamant(e *f*) *m*.

clair·voy·ance [klɛə'vɔiəns] voyance *f*; *fig.* clairvoyance *f*; **clair'voy·ant** voyant(e *f*) *m*.

clam *zo.* [klæm] peigne *m*.

cla·mant *poét.* ['kleimənt] criant; urgent.

clam·ber ['klæmbə] grimper.

clam·mi·ness ['klæminis] moiteur *f* froide; **'clam·my** □ moite; froid et humide; collant.

clam·or·ous □ ['klæmərəs] bruyant; vociférant (*foule etc.*); **'clam·o·(u)r 1.** clameur *f*; cris *m/pl.*; **2.** vociférer; réclamer à grands cris (*qch.*, for *s.th.*).

clamp ⊕ [klæmp] **1.** crampon *m*; *étau*: mordache *f*; **2.** agrafer; cramponner; *fig.* fixer.

clan [klæn] clan *m*; *p.ext.* tribu *f*; *fig.* coterie *f*.

clan·des·tine □ [klæn'destin] clandestin.

clang [klæŋ] **1.** bruit *m* métallique *ou* retentissant; **2.** (faire) retentir; (faire) résonner; **clang·or·ous** ['klæŋgərəs] retentissant, strident; **'clang·o·(u)r** *see* clang 1.

clank [klæŋk] **1.** bruit *m* sec; cliquetis *m*; **2.** *v/i.* rendre un bruit métallique; *v/t.* faire sonner.

clan·nish *péj.* ['klæniʃ] imbu de l'esprit de coterie; exclusif (*-ive f*).

clap [klæp] **1.** battement *m* de mains; applaudissements *m/pl.*; ❡ *sl.* chaude-pisse *f*; **2.** *vt./i.* applaudir; *v/t.* donner à (*q.*) une tape (dans le dos, on the back); ~ one's hands battre des mains; **'~·board** *Am.* bardeau *m*; **'~·net** *chasse:* tirasse *f*; **'clap·per** claquet *m*; *cloche:* battant *m*; **'clap·trap 1.** boniment *m*; phrases *f/pl.* à effet; **2.** sans sincérité; creux (creuse *f*).

clar·et ['klærət] bordeaux *m* (rouge); *sl.* sang *m* (*usu. du nez*).

clar·i·fi·ca·tion [klærifi'keiʃn] clarification *f*; *fig.* mise *f* au point; **clar·i·fy** ['√fai] *v/t.* clarifier; *fig.* éclaircir; *v/i.* s'éclaircir.

clar·i·(o·)net [klæri(o)'net] clarinette *f*.

clar·i·ty ['klæriti] clarté *f*.

clash [klæʃ] **1.** choc *m*; fracas *m*; *couleurs:* disparate *f*; **2.** (faire) résonner; (se) heurter; (s')entrechoquer; *v/i.* faire disparate (*couleurs*).

clasp [klɑːsp] **1.** *médaille*, broche: agrafe *f*; *livre*, bourse: fermoir *m*; *collier:* fermeture *f*; *fig.* étreinte *f*; serrement *m* de mains; **2.** *v/t.* agrafer; *fig.* étreindre; serrer (*les mains*); ~ s.o.'s hand serrer la main à q.; *v/i.* s'agrafer; **'~·knife** couteau *m* pliant; F eustache *m*.

class [klɑːs] **1.** classe *f*; cours *m*; genre *m*, sorte *f.* catégorie *f*; cours *m*; *Am.* année *f*; **2.** classer; ranger par classes; ~ with assimiler à; **'~·con·scious** conscient de sa classe; imbu de l'esprit de caste.

clas·sic ['klæsik] **1.** classique *m*; humaniste *mf*; ~s *pl.* études *f/pl.* classiques, humanités *f/pl.*; **2.** = **'clas·si·cal** □ classique.

clas·si·fi·ca·tion [klæsifi'keiʃn] *plantes etc.:* classification *f*; codification *f*; *navire:* cote *f*; *papiers:*

classement *m*; **clas·si·fied** ['ʌfaid] classifié; secret (-ète *f*); ~ **ads** *pl.* petites annonces *f/pl.*; **clas·si·fy** ['ʌfai] classifier; classer; ranger par classes.

class...: '~**mate** camarade *mf* de classe; '~**room** salle *f* de classe; ~ **strug·gle**, ~ **war(fare)** lutte *f* des classes.

clas·sy F ['klæsi] chic *inv.*

clat·ter ['klætə] 1. vacarme *m*; bruit *m* (*de tasses etc.*); *fig.* brouhaha *m*; 2. *v/i.* faire du bruit; retentir; *fig.* bavarder; *v/t.* faire retentir.

clause [klɔːz] clause *f*, article *m*; *gramm.* membre *m* de phrase; proposition *f*.

claus·tral ['klɔːstrəl] claustral (-aux *m/pl.*).

claus·tro·pho·bi·a *psych.* [klɔːstrə-'foubiə] claustrophobie *f*.

clav·i·cle *anat.* ['klævikl] clavicule *f*.

claw [klɔː] 1. griffe *f*; aigle etc.: serre *f*; écrevisse: pince *f*; ⊕ étau: mordache *f*; coup *m* de griffe etc.; 2. griffer; s'accrocher à (*qch.*); **clawed** [~d] armé de griffes etc.

clay [klei] argile *f*; glaise *f*; *sp.* ~ pigeon pigeon *m* artificiel; **clay·ey** ['kleii] argileux (-euse *f*), glaiseux (-euse *f*).

clean [kliːn] 1. *adj.* □ propre; net (-te *f*) (*assiette, cassure, a. fig.*); 2. *adv.* tout à fait, absolument; 3. *v/t.* nettoyer; balayer; faire (*une chambre*); cirer (*les souliers*); ~ up nettoyer; *v/i.* faire le nettoyage; F se débarbouiller; '~-'**cut** net(te *f*), bien défini; **clean·er** nettoyeur *m* (-euse *f*); femme *f* de ménage; ~'s (*shop*) ~s *pl.* teinturerie *f*; take to the ~s donner (*qch.*) à la teinturerie; F nettoyer (*q.*), mettre (*q.*) à sec; '**clean·ing** nettoyage *m*; dégraissage *m*; ~ **woman** femme *f* de ménage; **clean·li·ness** ['klenlinis] propreté *f*; netteté *f*; **clean·ly** 1. *adv.* ['kliːnli] proprement, nettement; 2. *adj.* ['klenli] propre; **clean·ness** ['kliːnnis] propreté *f*; netteté *f*; **cleanse** [klenz] nettoyer (*a.* ✋); assainir; purifier; **cleans·er** ['klenzə] détergent *m*; démaquillant *m*; **clean-shav·en** ['kliːn'eivən] rasé de près; **clean-up** ['kliːn'ʌp] nettoyage *m*; *pol.* épuration *f* (*de personnel etc.*).

clear [kliə] 1. □ *usu.* clair; net(te *f*) (*idée, vision, conscience*); évident;

dégagé; lucide; certain (de, *about*); *fig.* libre (de, *of*); débarrassé (de, *of*); disculpé (de, *of*) (*un soupçon*); † net(te *f*); ~ *of* libre de; exempt de; as ~ as day clair comme le jour; get ~ of quitter, sortir de; se dégager de; steer ~ of éviter, s'écarter de; 2. ♙ in the ~ en terrain découvert; 3. *v/t.* éclaircir (*a. fig.*); nettoyer; *fig.* dépeupler; déblayer (*le terrain*) (*a. fig.*); rafraîchir (*l'air*); écarter (*un obstacle*); désencombrer (*une salle*); défricher (*un terrain*); dégager (*une route, une voie*); acquitter (*une dette*); clarifier (*un liquide*); (*a.* ~ *away*) enlever, ôter; disculper (de *of*, from); † see ~ off; faire (*un bénéfice net*); arrêter (*un compte*); ⚖ innocenter (de *of*, from); † ~ off solder (*des marchandises*); ~ *a port* sortir d'un port; ~ *a ship for action* faire le branle-bas de combat; ~ *one's throat* s'éclaircir la voix; se racler la gorge; *v/i.* (*a.* ~ up) s'éclaircir; (*a.* ~ off) se dissiper (*nuages, brouillard*); '**clear·ance** dégagement *m*; déblaiement *m*; *boîte à lettres:* levée *f*; † compensation *f* (*d'un chèque*); ⚓, † dédouanement *m*; ⚓ départ *m*; † solde *m*; ⊕ jeu *m*, espace *m* libre; ~ *sale* vente *f* de soldes; '**clear-'cut** net(te *f*); '**clear·ing** éclaircissement *m* etc. (*see clear* 3); clairière *f*; † *see clearance*; ~ *procedure* voie *f* de compensation; ~ *bank* banque *f* de virement; ♀ *House* chambre *f* de compensation.

cleat ⚓ [kliːt] agrafe *f*; taquet *m*.

cleav·age ['kliːvidʒ] fendage *m*; *fig.* scission *f*; *min.* clivage *m*.

cleave¹ [kliːv] [*irr.*] (se) fendre (*a. eau, air*).

cleave² *fig.* [~] adhérer, être fidèle (à, to); ~ *together* rester fidèles l'un à l'autre. [ret *m* (*de viande*)]

cleav·er ['kliːvə] fendoir *m*; coupe-]

cleek *sp.* [kliːk] cleek *m*.

clef ♪ [klef] clef *f*, clé *f*.

cleft [kleft] 1. fente *f*, fissure *f*, crevasse *f*; 2. *prét. et p.p.* de *cleave¹*.

clem·en·cy ['klemənsi] clémence *f*; '**clem·ent** □ clément.

clench [klentʃ] (se) serrer (*lèvres, dents, poings*); (se) crisper (*mains*).

cler·gy ['klɔːdʒi] (membres *m/pl.* du) clergé *m*; '~**man** ecclésiastique *m*; *protestantisme:* pasteur *m*.

close

cler·i·cal ['klerikl] **1.** □ *eccl.* clérical (-aux *m/pl.*); de bureau; ~ **error** faute *f* de copiste; **2.** *pol.* clérical *m*.

clerk [klɑ:k] employé(e *f*) *m* de bureau; ✝ commis *m*, employé(e *f*) *m* de magasin; *surt. Am.* vendeur (-euse *f*) *m* (*de magasin*); *eccl.* clerc *m*.

clev·er □ ['klevə] habile, adroit; intelligent; ~ **dick** *Brit. sl.* gros malin *m*, je-sais-tout *m*; '**clev·er·ness** habileté *f*, adresse *f*; intelligence *f*.

clew [klu:] *see* **clue**.

cli·ché ['kli:ʃei] cliché *m*.

click [klik] **1.** cliquetis *m*, bruit *m* sec; ⊕ cliquet *m*; déclic *m*; **2.** *v/i.* cliqueter; faire tic tac; se plaire du premier coup; *v/t.* (faire) claquer (*les talons*).

cli·ent ['klaiənt] client(e *f*) *m*; **cli·en·tele** [kli:ɑ:n'teil] clientè-; *f*.

cliff [klif] falaise *f*; escarpement *m*.

cli·mac·ter·ic [klai'mæktərik] **1.** climatérique; **2.** ménopause *f*, retour d'âge *m*; *fig.* tournant *m*.

cli·mate ['klaimit] climat *m*; **cli·mat·ic** [klai'mætik] (~ally) climat(ér)ique.

cli·max ['klaimæks] gradation *f*; *fig.* apogée *m*, plus haut point *m*.

climb [klaim] monter; gravir, grimper à; escalader; '**climb·er** ascensionniste *mf*; *fig.* arriviste *mf*; ♣ plante *f* grimpante; '**climb·ing** montée *f*, escalade *f*; '**climb·ing·i·ron** crampon *m*.

clinch [klintʃ] **1.** ⊕ rivet *m*, accrochage *m*; *fig.* étreinte *f*; *box.* corps-à-corps *m*; **2.** *v/t.* river; confirmer (*un argument etc.*); conclure (*un marché*); *see* **clench**; *v/i.* s'accrocher; '**clinch·er** ⊕ crampon *m*; *fig.* argument *m* sans réplique.

cling [kliŋ] [*irr.*] (à, to) s'accrocher, se cramponner, s'attacher; adhérer; coller (*robe*); '**cling·ing** qui s'accroche *etc.*; collant (*robe*).

clin·ic ['klinik] **1.** clinique *f*; **2.** = '**clin·i·cal** □ clinique; ~ **thermometer** thermomètre *m* médical.

clink [kliŋk] **1.** tintement *m*, choc *m*; épées: cliquetis *m*; **2.** *v/i.* tinter (*verres*); *v/t.* faire tinter, faire résonner; ~ **glasses** with trinquer avec; '**clink·er** escarbilles *f/pl.*; *sl.* personne *f* ou chose *f* épatante; '**clink·ing** *Brit. sl.* **1.** *adj.* épatant; **2.** *adv. sl.* très.

clip¹ [klip] **1.** tonte; *Am.* F **at one ~** d'un seul coup; **2.** tondre; rogner; tailler; écourter (*un mot*).

clip² [~] attache *f*, pince *f*; paper-~ agrafe *f* de bureau; trombone *m*.

clip·per ['klipə] tondeur (-euse *f*) *m*; (*a pair of*) ~**s** *pl.* (une) tondeuse *f*; F cheval *m* qui va comme le vent; ⚓ fin voilier *m*; ✈ (*flying* ~) clipper *m*; *sl.* type *m* épatant; '**clip·pings** *pl.* tonte *f*; ongles *etc.*: rognures *f/pl.*; *Am.* presse: coupures *f/pl.*

clique [kli:k] coterie *f*; F clan *m*.

cloak [klouk] **1.** manteau *m* (*a. fig.*); *fig.* voile *m*; **2.** revêtir d'un manteau; *fig.* masquer, voiler; '~**room** vestiaire *m*; 🚋 consigne *f*.

clob·ber ['klɔbə] **1.** battre; rosser; **2.** *Brit.* frusques *f/pl.*, barda *m*.

clock [klɔk] **1.** horloge *f*; *moins grand*: pendule *f*; *bas*: coin *m*; *sp. sl.* chronomètre *m* à déclic; **2.** *v/t. sp. sl.* chronométrer; *v/i.*: ~ **in** (*out*) pointer à l'arrivée (au départ) (*ouvrier etc.*); '~**face** cadran *m*; ~ **ra·di·o** radio-réveil *m* (*pl.* radios-réveils); '~**wise** à droite; dans le sens des aiguilles d'une montre.

clod [klɔd] motte *f* (de terre); *fig.* terre *f*; (*a.* ~**-hopper**) lourdaud *m*.

clog [klɔg] **1.** entrave *f*; *fig.* empêchement *m*; galoche *f*; sabot *m*; **2.** entrave(r); *fig.*: se) boucher, (s')obstruer; '**clog·gy** collant.

clois·ter ['klɔistə] **1.** cloître *m*; **2.** cloîtrer.

close 1. [klouz] fin *f*, conclusion *f*; clôture *f*; [klous] clos *m*, enclos *m*; *cathédrale*: enceinte *f*; **2.** [klouz] *v/t.* fermer; barrer; terminer; arrêter (*un compte*); ~**d shop** atelier *etc.* qui n'admet pas de travailleurs non syndiqués; ~ **down** fermer (*une usine etc.*); ~ **one's eyes to** fermer les yeux sur; *v/i.* (se) fermer; se terminer, finir; se prendre corps à corps (avec, **with**); ✝ ~ **with** conclure le marché avec; ~ **in** cerner de près; tomber (*nuit*); ~ **on** (*prp.*) se (re)fermer sur; **3.** □ [klous] bien fermé; clos; avare; peu communicatif (-ive *f*); étroit (*vêtement etc.*); exclusif (-ive *f*) (*société*); serré (*style, rangs, lutte*); *sp.* compact; soutenu (*attention*); minutieux (-euse *f*) (*étude*); vivement contesté (*lutte*); lourd (*temps*); impénétrable (*secret*); intime (*ami*); fidèle (*traduction*); ~ **by**

(*ou to*) tout près (de); ~ **fight** (*ou combat ou quarters*) combat *m* corps à corps; **have a** ~ **call** (*ou shave*) l'échapper belle, y échapper de justesse; *that was a* ~ *call* (*ou shave ou thing*) il était moins une; *at* ~ **quarters** de près; ~(*d*) **season** (*ou time*) chasse: chasse *f* fermée; chasse ~**ly** (*se*) raser de près; '~**knit** étroitement lié, très uni; '~**meshed** à petites mailles; '**close·ness** proximité *f*; exactitude *f*; *temps*: lourdeur *f*; manque *m* d'air; réserve *f*.

clos·et ['klɔzit] **1.** cabinet *m*; armoire *f*, placard *m*; *see* water-~; **2. be** ~**ed with** être enfermé avec (*q.*), être en tête avec (*q.*).

close-up *cin.* ['klousʌp] premier plan *m*; gros plan *m*.

clos·ing ['klouziŋ] **1.** fermeture *f*, clôture *f*; **2.** dernier (-ère *f*), final; *de* fermeture; *the* ~ *days* les derniers jours *m/pl.*; ~ *time* heure *f* de fermeture; ~ *time!* on ferme!

clo·sure ['klouʒə] **1.** fermeture *f*, clôture *f*; *parl.* **move the** ~ voter la clôture; **apply the** ~ clôturer le débat; **2.** clôturer (*un débat etc.*).

clot [klɔt] **1.** *sang*: caillot *m*; *encre*: bourbillon *m*; **2.** figer (*le sang*); cailler (*le lait*).

cloth [klɔθ], *pl.* **cloths** [klɔθs] étoffe *f* de laine; drap *m*; toile *f*; linge *m*; tapis *m*; (*a.* table-~) nappe *f*; habit *m* (*surt.* ecclésiastique); F *the* ~ le clergé; lay *the* ~ mettre la nappe *ou* le couvert; **bound in** ~ relié toile; ~**binding** reliure *f* en toile.

clothe [klouð] [*irr.*] vêtir, habiller (de *in*, *with*); revêtir (de, *with*) (*a. fig.*).

clothes [klouðz] *pl.* vêtements *m/pl.*, habits *m/pl.*; (*a suit of* ~) complet *m*; linge *m* (*propre*, *sale*, *etc.*); '~**bas·ket** panier *m* à linge; '~**brush** brosse *f* à habits; ~ **hang·er** cintre *m*; ~ **horse** séchoir *m* (à linge); '~**line** corde *f* à linge; '~**peg** pince *f*; fichoir *m*; '~**pin** *surt. Am.* pince *f*; '~**press** armoire *f* à linge.

cloth·ier ['klouðiə] drapier *m*; marchand *m* de confections.

cloth·ing ['klouðiŋ] vêtements *m/pl.*

cloud [klaud] **1.** nuage *m* (*a. fig.*); *fig.* voile *m*; *liquide*: turbidité *f*; *poét.*, *a. sauterelle*: nuée *f*; **be under** *a* ~ être l'objet de soupçons; **2.** (se)

couvrir, (se) voiler; *fig.* s'assombrir; ⊕ ~**ed** nuageux (-euse *f*) (*joyau*); nuagé (*poil*); tacheté (*marbre*); '~**burst** rafale *f* de pluie; trombe *f*; '~**cuck·oo-land** pays *m* utopique *ou* imaginaire; **live in** ~ être *ou* planer dans les nuages; '**cloud·less** □ sans nuages; '**cloud·let** ['~lit] petit nuage *m*; '**cloud·y** □ nuageux (-euse *f*), assombri; couvert (*temps*); trouble (*liquide*); *fig.* fumeur (-euse *f*).

clout [klaut] **1.** rapiécer; F flanquer une taloche à (*q.*); **2.** chiffon *m*, torchon *m*; F taloche *f*, claque *f*.

clove¹ [klouv] clou *m* de girofle; gousse *f* (*d'ail*).

clove² [~] *prét. de* cleave¹; '**clo·ven 1.** *p.p. de* cleave¹; **2.** *adj.* fendu, fourchu.

clo·ver ♣ ['klouvə] trèfle *m*; '~**leaf** ♣ feuille *f* de trèfle; *mot.* (*a.* ~ crossing) croisement *m* en trèfle.

clown [klaun] *théâ.* bouffon *m*; *cirque*: clown *m*; rustre *m*; *poét.* paysan *m*; '**clown·ish** □ de bouffon; de clown; gauche, grossier (-ère *f*).

cloy [klɔi] rassasier (de, *with*) (*a. fig.*); affadir.

club [klʌb] **1.** massue *f*, assommoir *m*; *sp.* crosse *f*; cercle *m*, club *m*; ~*s pl. cartes*: trèfle *m*; **2.** *v/t.* frapper avec une massue; ~ **together** mettre en commun; *v/i.* (*usu.* ~ *together*) s'associer (*pour faire qch.*); '**club·ba·ble** sociable; '**club-'foot** ♣ pied-bot *m* (*pl.* pieds-bots) *m*; '**club-'law** la loi du plus fort.

cluck [klʌk] glousser (*poule*).

clue [klu:] *fig.* indication *f*, indice *m*; *mots croisés*: définition *f*.

clump [klʌmp] **1.** bloc *m*; *arbres*: groupe *m*; *fleurs*: massif *m*; F taloche *f*; (*a.* ~**sole**) semelle *f* supplémentaire; **2.** marcher lourdement; ajouter des patins à (*des chaussures*).

clum·si·ness ['klʌmzinis] gaucherie *f*, maladresse *f*; '**clum·sy** □ gauche, maladroit; informe.

clung [klʌŋ] *prét. et p.p. de* cling.

clus·ter ['klʌstə] **1.** ♣ *fleurs*: massif *m*, bouquet *m*; *arbres*: groupe *m*; *raisins*: grappe *f*; **2.** (se) grouper; (se) rassembler.

clutch [klʌtʃ] **1.** griffe *f*; *aigle etc.*: serre *f*; ⊕ embrayage *m*; in his ~**es** dans ses griffes, sous sa patte; *mot.* ~ *pedal* pédale *f* d'embrayage; **2.** *v/t.*

s.o. tomber sur q.; ~ *along* se dépêcher; arriver; ~ *at* se jeter sur; parvenir à (*la vérité*); ~ *by* passer par; obtenir; ~ *down* descendre; *fig.* s'abaisser; déchoir; ~ *down upon s.o.* blâmer q. sévèrement; ~ *down with* F se fendre de (*une somme*); *Am.* F être frappé par (*une maladie*); ~ *for* venir chercher; ~ *in* entrer; ⚓ arriver; être de saison; devenir à la mode; ~ *in!* entrez!; ~ *off* tomber (de); se détacher (*bouton*); s'enlever (*tache*); avoir lieu; réussir; tomber (*cheveux*); ~ *on* s'avancer; survenir; ~ *on!* allons-y!; ~ *out* sortir (de, of); se développer; débuter; ~ *out right* donner la solution juste; ~ *round* *fig.* reprendre connaissance; ~ *to* *adv. see* ~ *to o.s.*; ⚓ venir sur bâbord *ou* tribord; *prp.* arriver à; ~ *to o.s.* (*ou to one's senses*) revenir à soi; reprendre ses sens; ~ *to anchor* s'ancrer, mouiller; ~ *to know* en venir à connaître *ou* savoir; ~ *up* monter; surgir; pousser (*plante*); paraître; ~ *up to* répondre à (*une attente*); s'élever jusqu'à; s'approcher de (q.); égaler; ~ *up with* rattraper, rejoindre (q.); ~ *upon* tomber sur (q.); rencontrer par hasard; venir à l'esprit de (q.); ~**·'at·a·ble** F accessible; '~**-back** rentrée f; retour *m* en vogue *ou* au pouvoir; *Am.* revanche f; *Am. sl.* réplique f.

co·me·di·an [kə'miːdjən] comédien(ne f) m; *music-hall:* comique m.

com·e·dy ['kɔmidi] comédie f.

come·li·ness ['kʌmlinis] mine f avenante; '**come·ly** avenant.

come-off F ['kʌmɔːf] résultat m; issue f.

com·er ['kʌmə] arrivant(e f) m; venant(e f) m.

co·mes·ti·ble [kə'mestibl] *usu.* ~s *pl.* comestible m, -s m/pl.

com·et ['kɔmit] comète f.

com·fort ['kʌmfət] **1.** soulagement m; consolation f; bien-être m; confort m; aisance f; agrément m; *fig.* réconfort m; **2.** soulager; consoler; réconforter; '**com·fort·a·ble** □ confortable; à son aise (*personne*); tranquille; *I am* ~ je suis à mon aise; je suis bien; '**com·fort·er** consolateur (-trice f) m; *fig.* cachenez m/inv.; *Am.* couvre-pied m

piqué; *Brit.* sucette f; '**com·fort-less** □ incommode; dépourvu de confort.

com·frey ♣ ['kʌmfri] consoude f.

com·fy □ F ['kʌmfi] *see* comfortable.

com·ic ['kɔmik] (~ally) comique; *fig.* (*usu.* '**com·i·cal** □) ~ *journal* (*ou paper*) journal m pour rire; *journ. Am.* comic strip bande f dessinée; '**com·ics** *pl. journ. Am.* bandes f/pl. dessinées (*souvent humoristiques*).

com·ing ['kʌmiŋ] **1.** futur, qui vient; ~ , *Sir!* tout de suite, monsieur!; **2.** venue f; approche f.

com·i·ty ['kɔmiti] ~ *of nations* bon accord m entre les nations; courtoisie f internationale.

com·ma ['kɔmə] virgule f; *inverted* ~s *pl.* guillemets m/pl.

com·mand [kə'mɑːnd] **1.** ordre m; maîtrise f (*d'une langue*); ✕ commandement m (*souv.* ⚙, *p.ex.* Southern ⚙); *at* (*ou by*) ~ *of* d'après les ordres de, suivant l'ordre de; *have* ~ *of* commander; dominer; *be* (*have*) *at* ~ être à la (avoir à sa) disposition; ✕ *be in* ~ *of* commander; **2.** ordonner; commander, commander; inspirer (*un sentiment*); forcer (*l'attention*); dominer (*une vallée*); commander; *fig.* être maître de, maîtriser; disposer de; **com·man·dant** ✕ [kɔmən'dænt] commandant m; **com·man·deer** [~'diə] ✕ réquisitionner; **com·man·der** ✕ [kə'mɑːndə] commandant m; chef m de corps; ⚓ capitaine m de frégate; *ordres:* commandeur m; **com'mand·er-in-chief** commandant m en chef; **com'mand·ing** commandant; en chef; *fig.* d'autorité; imposant; éminent (*lieu*); ~ *point* point m stratégique; **com'mand·ment** commandement m.

com·mem·o·rate [kə'meməreit] commémorer; célébrer le souvenir de; **com·mem·o·'ra·tion** commémoration f; **com'mem·o·ra·tive** [~rətiv] □ commémoratif (-ive f) (de, of).

com·mence [kə'mens] commencer; initier; entamer; ⚖ intenter (*un procès*); **com'mence·ment** commencement m, début m.

com·mend [kə'mend] recommander; confier; louer; F ~ *me to* ...

saluez ... de ma part; com'mend·a·ble □ louable; digne d'éloges; com·men·da·tion [kɔmen'deiʃn] éloge m, louange f; com'men·da·to·ry [ˌ.ətəri] élogieux (-euse f).

com·men·su·ra·ble □ [kə'menʃə-rəbl] commensurable (avec with, to); see commensurate; com'men·su·rate □ [ˌ.rit] proportionné (à with, to); coétendu (à, with).

com·ment ['kɔmənt] 1. commentaire m; critique f, glose f, observation f (sur, on); 2. (upon) commenter, critiquer (qch.); faire le commentaire (de); com·men·tar·y ['ˌ.təri] commentaire m, glose f; radioreportage m; com·men·ta·tor ['ˌ.teitə] commentateur (-trice f) m; radioreporter m.

com·merce ['kɔmə:s] commerce m; affaires f/pl.; Chamber of ♀ Chambre f de Commerce; com·mer·cial □ [kə'mə:ʃəl] 1. commercial (-aux m/pl.); mercantile; marchand; de (du) commerce; ~ traveller commis m voyageur; représentant(e f) m; 2. Brit. F see ~ traveller; surt. Am. radio: réclame f; com'mer·cial·ism esprit m commercial; com'mer·cial·ize commercialiser.

com·mis·er·ate [kə'mizəreit] s'apitoyer sur le sort de (q.); com·mis·er·a·tion compassion f (pour, with).

com·mis·sar·i·at [kɔmi'sɛəriət] ⋇ intendance f; com·mis·sar·y ['ˌ.səri] commissaire m; ⋇ intendant m général d'armée.

com·mis·sion [kə'miʃn] 1. commission f; ordre m, mandat m; délégation f (d'autorité, de devoirs); crime: perpétration f; ⋇ brevet m (d'officier), grade m d'officier; ♆ navire: armement m, commission f; pourcentage m; on ~ à la commission; 2. commissionner; déléguer; charger; ⋇ nommer (un officier); ♆ armer; com·mis·sion·aire [kəmiʃə'nɛə] commissionnaire m; hôtel: chasseur m; com'mis·sion·er [ˌ.ʃnə] commissaire m; délégué m d'une commission.

com·mit [kə'mit] commettre (a. un crime, une erreur); confier; engager (sa parole); coucher (par écrit); pol. renvoyer à une commission; ~ (o.s. s')engager (à, to); se compromettre; ~ (to prison) envoyer en prison,

écrouer (q.); ~ for trial renvoyer aux assises; com'mit·ment délégation f; pol. renvoi m à une commission; mise f en prison; renvoi m aux assises; engagement m financier; com'mit·tal see commitment; mise f en terre (d'un cadavre); crime: perpétration f; ~ order mandat m de dépôt; com'mit·tee comité m, commission f.

com·mode [kə'moud] commode f; chaise f percée; com'mo·di·ous □ [ˌ.djəs] spacieux (-euse f); com·mod·i·ty [kə'mɔditi] (usu. ~s pl.) marchandise f, -s f/pl.; denrée f, -s f/pl.; ~ value valeur f vénale.

com·mo·dore ♆ ['kɔmədɔ:] chef m de division; commodore m.

com·mon ['kɔmən] 1. □ commun; public (-ique f); courant; ordinaire; vulgaire; trivial (-aux m/pl.); gramm. ~ noun nom m commun; ♀ Council conseil m municipal; Book of ♀ Prayer rituel m de l'Église anglicane; ~ law droit m commun ou coutumier; ~ room salle f commune; salle f des professeurs; ~ sense sens m commun, bon sens m; ♱ ~ stock actions f/pl. ordinaires; ~ weal bien m public; in ~ en commun (avec, with); 2. pâtis m; terrain m communal; com·mon·al·ty ['ˌ.nlti] le commun des hommes; 'com·mon·er bourgeois m; homme m du peuple; qqfois membre m de la Chambre des Communes; univ. étudiant m ordinaire; 'com·mon·place 1. lieu m commun; 2. banal (-aux m/pl.); terre à terre; médiocre; com·mons ['ˌ.z] pl. le peuple m; le tiers état m; ordinaire m (de la table); short ~ maigre chère f; (usu. House of) ♀ Chambre f des Communes; 'com·mon·sense sensé, raisonnable; 'com·mon·wealth État m; souv. république f; chose f publique; the British ♀ l'Empire m Britannique; the ♀ of Australia le Commonwealth m d'Australie.

com·mo·tion [kə'mouʃn] agitation f; troubles m/pl.; brouhaha m.

com·mu·nal □ ['kɔmjunl] communal (-aux m/pl.); ~ estate 𝕿 communauté f de biens; com·mu·nal·ize ['ˌ.nəlaiz] mettre en commun.

com·mu·ni·ca·bil·i·ty [kəmju:nikə-'biliti] communicabilité f; com-

'**mu·ni·ca·ble** □ communicable; ✗ contagieux (-euse *f*); com'**mu·ni·cant** *eccl.* communiant(e *f*) *m*; **com'mu·ni·cate** [␣keit] *v/t.* communiquer (à, to); *v/i.* communiquer (avec, with; par, by); *eccl.* recevoir la communion; **com·mu·ni·ca·tion** communication *f* (*a.* ✗, *téléph., voie*); voie *f* d'accès; 📞 ␣ cord signal *m* d'alarme; *be in* ␣ *with* être en relation avec; com'**mu·ni·ca·tive** □ communicatif (-ive *f*); expansif (-ive *f*); com'**mu·ni·ca·tor** débiteur (-euse *f*) *m* (*de nouvelles*); ⊕ communicateur *m*.

com·mun·ion [kəm'ju:njən] rapport *m*; relations *f/pl.*; *eccl.* communion *f*.

com·mu·ni·qué [kəm'ju:nikei] communiqué *m*.

com·mu·nism ['kɔmjunizm] communisme *m*; '**com·mu·nist 1.** communiste *mf*; **2.** = **com·mu·nis·tic** (␣ally) communiste.

com·mu·ni·ty [kəm'ju:niti] communauté *f* (*a. eccl.*); solidarité *f*; *the* ␣ l'État *m*; *le public m*; ␣ *ownership* collectivité *f*; ␣ *service* service *m* public; ␣ *spirit* sens *m* du groupe; ␣ *work* travail *m* en commun.

com·mu·nize ['kɔmjunaiz] collectiviser; rendre communiste.

com·mut·a·ble [kəm'ju:təbl] permutable; commuable (*peine*); **com·mu·ta·tion** [kɔmju:'teiʃn] commutation *f* (en into, for); *Am.* ␣ *ticket* carte *f* d'abonnement; **com·mu·ta·tive** [kə'mju:tətiv] commutatif (-ive *f*); com'**mu·ta·tor** ⚡ ['kɔmju:teitə] commutateur *m*; com'**mute** [kə'mju:t] *v/t.* échanger (pour, contre for, into); commuer (*une peine*) (en, into); racheter (*qch.*) (par, into) (*une rente, une servitude*); *v/i. Am.* prendre un abonnement; com'**mut·er** *Am.* abonné(e *f*) *m*.

com·pact 1. ['kɔmpækt] convention *f*; poudrier *m*; **2.** [kəm'pækt] compact; serré; formé (de, of); **3.** [␣] *v/t.* rendre compact; com'**pact·ness** compacité *f*; *style*: concision *f*.

com·pan·ion [kəm'pænjən] compagnon *m*, compagne *f*; manuel *m*; pendant *m*; *ordre*: compagnon *m*; ⚓ capot *m* (d'échelle); ␣ *in arms* compagnon *m* d'armes; com'**pan·ion·a·ble** □ sociable; com'**pan-**

ion·ship camaraderie *f*; compagnie *f*.

com·pa·ny ['kʌmpəni] compagnie *f* (*a.* ✠, *a.* ✗); assemblée *f*; bande *f*; *invités*: monde *m*; ✠ *a.* société *f*; ⚓ équipage *m*; *théâ.* troupe *f*; *good (bad)* ␣ bonne (mauvaise) compagnie *f*; *bear s.o.* ␣ tenir compagnie à q.; *have* ␣ avoir du monde; *keep* ␣ *with* sortir avec.

com·pa·ra·ble □ ['kɔmpərəbl] comparable (avec, à with, to); **com·par·a·tive** [kəm'pærətiv] **1.** □ comparatif (-ive *f*); comparé; relatif (-ive *f*); ␣ *degree* = **2.** *gramm.* comparatif *m*; **com·pare** [␣'pɛə] **1.:** *beyond (ou without ou past)* ␣ sans pareil(le *f*) *m*; **2.** *v/t.* comparer (avec, à with, to); confronter (avec, with); *gramm.* former les degrés de comparaison de; (*as*) ␣*d with* en comparaison de; *v/i.* être comparable (à, with); **com·par·i·son** [␣'pærisn] comparaison *f* (*a. gramm.*); confrontation *f*; *in* ␣ *with* en comparaison de; auprès de.

com·part·ment [kəm'pɑ:tmənt] compartiment *m* (*a.* △, *a.* 🚗); *tiroir*: case *f*; *bagages*: soute *f*.

com·pass ['kʌmpəs] **1.** boussole *f*; limite *f*, -s *f/pl.*; ♪ registre *m*; (*a pair of*) ␣*es pl.* (un) compas *m*; **2.** faire le tour de; entourer; comploter (*la mort, la ruine*); atteindre (*un but*).

com·pas·sion [kəm'pæʃn] compassion *f*; *have* ␣ *on* avoir compassion de; com'**pas·sion·ate** □ [␣ʃənit] compatissant (à, pour to[wards]).

com·pat·i·bil·i·ty [kəmpætə'biliti] compatibilité *f*; com'**pat·i·ble** □ compatible (avec, with).

com·pa·tri·ot [kəm'pætriət] compatriote *mf*.

com·peer [kɔm'piə] égal *m*, pair *m*; compagnon *m*.

com·pel [kəm'pel] contraindre, forcer, obliger (q. à *inf.*, s.o. to *inf.*).

com·pen·di·ous □ [kəm'pendiəs] abrégé, concis; com'**pen·di·ous·ness** concision *f*; forme *f* succincte.

com·pen·di·um [kəm'pendiəm] abrégé *m*; recueil *m*.

com·pen·sate ['kɔmpenseit] *v/t.* dédommager (de, for); compenser (*a.* ⊕) (avec with, by); *v/i.* ␣ *for* racheter (*qch.*); compenser (*qch.*); **com·pen·sa·tion** compensation *f*; dédommagement *m*; indemnité *f*;

réparation f; Am. appointements m/pl.; ⊕ compensation f, rattrapage m; 'com·pen·sa·tive, 'compen·sa·to·ry compensatoire, -teur (-trice f).

com·pete [kəm'pi:t] concourir (pour qch., for s.th.); disputer (qch. à q., with s.o. for s.th.); rivaliser (avec q. de qch., with s.o. in s.th.); faire concurrence (à q., with s.o.).

com·pe·tence, com·pe·ten·cy ['kɔmpitəns(i)] compétence f (en in, at) (a. ⅟₂); moyens m/pl. (d'existence); attributions f/pl.; 'com·pe·tent □ capable; suffisant (a. ⅟₂); suffisant (connaissances).

com·pe·ti·tion [kɔmpi'tiʃn] rivalité f; concurrence f (a. ✝); concours m; échecs: tournoi m; sp. meeting m; rifle ~ concours m de tir; **com·pet·i·tive** □ [kəm'petitiv] de concurrence; de concours; **com'pet·i·tor** concurrent(e f) m; rival(e f) m; compétiteur (-trice f) m.

com·pi·la·tion [kɔmpi'leiʃn] compilation f; recueil m; **com·pile** [kəm'pail] compiler; composer, établir (de, from); recueillir.

com·pla·cence, com·pla·cen·cy [kəm'pleisns(i)] satisfaction f; contentement m de soi-même; **com'pla·cent** □ content de soi-même; suffisant.

com·plain [kəm'plein] se plaindre (de of, about; à to; que, that); porter plainte (contre against, about); poét. se lamenter; **com'plain·ant** plaignant(e f) m; **com'plain·er** réclamant(e f) m; mécontent(e f) m; **com'plaint** grief m; plainte f; doléances f/pl.; maladie f, mal m.

com·plai·sance [kəm'pleizns] complaisance f, obligeance f; **com'plai·sant** □ complaisant, obligeant.

com·ple·ment 1. ['kɔmplimənt] effectif m (complet); plein m; gramm. attribut m; livre, a. ℞ complément m; **2.** ['.ment] compléter; **com·ple'men·tal, com·ple'men·ta·ry** complémentaire; be ~ (to) completer.

com·plete [kəm'pli:t] **1.** □ complet (-ète f); entier (-ère f); total (-aux m/pl.); achevé, parfait; **2.** compléter; achever; remplir (un bulletin); **com'ple·tion** achèvement m; réalisation f; accomplissement m.

com·plex ['kɔmpleks] **1.** □ complexe; fig. compliqué; **2.** tout m, ensemble m; psych. complexe m; **com·plex·ion** [kəm'plekʃn] teint m; aspect m, caractère m, jour m; **com'plex·i·ty** complexité f.

com·pli·ance [kəm'plaiəns] acquiescement m (à, with); obéissance f; péj. basse complaisance f; in ~ with en conformité de; suivant; **com'pli·ant** □ accommodant, obligeant.

com·pli·cate ['kɔmplikeit] compliquer; **com·pli'ca·tion** complication f (a. ℞).

com·plic·i·ty [kəm'plisiti] complicité f (à, in).

com·pli·ment 1. ['kɔmplimənt] compliment m; honneur m; ~s pl. a. hommages m/pl., amitiés f/pl.; galanteries f/pl.; **2.** ['.ment] v/t. féliciter, complimenter (de, on); **com·pli'men·ta·ry** flatteur (-euse f); ✝ à titre gracieux, en hommage; ~ copy livre m offert en hommage; give s.o. a ~ dinner donner un dîner m en l'honneur de q.; ~ ticket billet m de faveur.

com·ply [kəm'plai] v/i. ~ with se conformer à; se soumettre à; accéder à; accomplir (une condition); observer (une règle).

com·po·nent [kəm'pounənt] **1.** partie f constituante; composant m; **2.** constituant; composant; ~ part see ~ 1.

com·port [kəm'pɔ:t] v/i. convenir (à, with); v/t.: ~ o.s. se comporter.

com·pose [kəm'pouz] composer (a. typ.); arranger; disposer; régler (un différend); calmer (l'esprit); rasseoir; **com'posed,** adv. **com'pos·ed·ly** [⌣zidli] calme, tranquille; composé (visage); **com'pos·er** auteur m; ♪ compositeur (-trice f) m; **com'pos·ing 1.** calmant; **2.** composition f; ~-machine composeuse f; ~-room atelier m de composition; **com·pos·ite** ['kɔmpəzit] **1.** composé (m) mixte; ⌂ composite; **2.** (corps m) composé; ♣ composée f; **com·po'si·tion** composition f (a. ♪, peint., ⅞); mélange m; exercice: dissertation f, rédaction f; thème m; fig. caractère m; ✝ arrangement m; **com·pos·i·tor** [kəm'pɔzitə] compositeur m, typographe m; **com·post** ['kɔmpɔst] compost *m*; **com·po·sure** [kəm'pouʒə] sang-froid *m*, calme *m*.

com·pote ['kɔmpout] compote *f*.

com·pound[1] 1. ['kɔmpaund] composé; 2. *♫* fracture fracture *f* compliquée; ~ interest intérêts *m/pl.* composés; 2. composé *m* (*a.* *♫*); ♁ mastic *m*; *gramm.* (*a.* ~ word) mot *m* composé; 3. [kəm'paund] *v/t.* mélanger; arranger (*un différend*); *v/i.* s'arranger; transiger (*avec q.*, *avec sa conscience*); *♱* se rédimer (de, for); s'accommoder.

com·pound[2] ['kɔmpaund] enceinte *f*; *♜* camp *m* de concentration.

com·pre·hend [kɔmpri'hend] comprendre; se rendre compte de.

com·pre·hen·si·ble □ [kɔmpri-'hensəbl] compréhensible; **com·pre·hen·sion** compréhension *f*; entendement *m*; **com·pre·hen·sive** □ compréhensif (-ive *f*); ~ insurance assurance *f* tous risques; **com·pre·hen·sive·ness** étendue *f*.

com·press 1. [kəm'pres] comprimer; condenser (*un discours*); 2. ['kɔmpres] *♫* compresse *f*; **com·press·i·bil·i·ty** [kəmpresi'biliti] compressibilité *f*; **com·press·i·ble** [~'presəbl] compressible; **com·pres·sion** [~'preʃn] compression *f* (*a. phys.*); **com·pres·sor** [~'presə] ♁ compresseur *m*.

com·prise [kəm'praiz] comprendre.

com·pro·mise ['kɔmprəmaiz] 1. compromis *m*; *fig.* accommodement *m*; 2. *v/t.* compromettre; arranger (*un différend*); *v/i.* aboutir à un compromis; transiger (sur, on); s'accommoder.

com·pul·sion [kəm'pʌlʃn] contrainte *f*; **com·pul·sive** [~siv] compulsif (-ive *f*); **com·pul·so·ry** [~səri] obligatoire; forcé; par contrainte.

com·punc·tion [kəm'pʌŋkʃn] remords *m*; componction *f*.

com·put·a·ble [kəm'pju:təbl] calculable; **com·pu·ta·tion** [kɔmpju-'teiʃn] calcul *m*, estimation *f*; **com·pute** [kəm'pju:t] calculer, computer, estimer (à, *at*); **com·put·er** ♁ [kəm'pju:tə] ordinateur *m*, ordinateur *ou* de l'informatique; ~-controlled commandé par ordinateur; ~ language langage *m* machine; ~ science informatique *f*; ~ scientist informaticien(ne *f*) *m*.

com·rade ['kɔmrid] camarade *m*, compagnon *m*. (leçon).\

con[1] [kɔn] étudier; répéter (*une*

con[2] *♺* [~] gouverner (*un navire*); diriger la manœuvre.

con[3] [~] *abr. de* contra; pro and ~ pour et contre; *the pros and* ~s le pour et le contre.

con[4] *Am. sl.* [~] 1. *mots composés*: *abr. de* confidence; 2. duper, tromper.

con·cat·e·nate [kɔn'kætineit] *usu. fig.* enchaîner; **con·cat·e·na·tion** enchaînement *m*; *circonstances*: concours *m*.

con·cave □ ['kɔn'keiv] concave, incurvé; **con·cav·i·ty** [~'kæviti] concavité *f*; *qqfois* creux *m*.

con·ceal [kən'si:l] cacher (*a. fig.*); celer; taire (à, from); masquer; voiler; **con·ceal·ment** dissimulation *f*; action *f* de (se) cacher; (*a. place of* ~) cachette *f*, retraite *f*.

con·cede [kən'si:d] concéder; admettre; **con·ced·ed·ly** [~idly] *Am.* reconnu (pour, comme).

con·ceit [kən'si:t] vanité *f*, suffisance *f*; (*ou self*-~) amour-propre (*pl.* amours-propres) *m*, infatuation *f*; out of ~ with dégoûté de; **con·ceit·ed** □ vaniteux (-euse *f*), prétentieux (-euse *f*); **con·ceit·ed·ness** vanité *f*, suffisance *f*.

con·ceiv·a·ble □ [kən'si:vəbl] imaginable, concevable; **con·ceive** *v/i.* devenir enceinte; ~ of s.th. (s')imaginer qch.; *v/t.* concevoir (*un enfant, un projet, de l'amour*); rédiger.

con·cen·trate 1. ['kɔnsentreit] *v/t.* concentrer (*a. fig.*); *♜* faire converger (*les feux*); *v/i.* se concentrer; 2. [~trit] concentré *m*; **con·cen·tra·tion** concentration *f* (*a. ♫*); *♜* convergence *f*; **con·cen·tre, con·cen·ter** [~tə] (se) réunir; (se) concentrer; **con·cen·tric** (~ally) concentrique.

con·cep·tion [kən'sepʃn] *biol.* enfant, idée: conception *f*; idée *f*, imagination *f*; **con·cep·tu·al** □ [kən'septjuəl] conceptuel(le *f*).

con·cern [kən'sə:n] 1. rapport *m*; affaire *f*; intérêt *m* (dans, *in*); souci *m*, inquiétude *f* (à l'égard de, about); *♱* entreprise *f*; maison *f* de commerce; *F* appareil *m*; 2. concerner, regarder, intéresser (*q.*, qch.); ~ o.s. with s'occuper de; ~

o.s. *about* (*ou* for) s'intéresser à, s'inquiéter de; **con'cerned** ☐ inquiet (-ète *f*) (de *at, about*; au sujet de *about, for*); soucieux (-euse *f*); impliqué (dans, *in*); *those* ~ les intéressés; *be* ~ être en cause; *be* ~ *that* s'inquiéter de (*sbj.*); *be* ~ *to* (*inf.*) tâcher de (*inf.*), chercher à (*inf.*); *be* ~ *with* s'occuper de; s'intéresser à; **con'cern·ing** *prp.* au sujet de, concernant, touchant, en ce qui concerne.

con·cert 1. [ˈkɔnsət] concert *m* (*a.* ♪); accord *m*; **2.** [kənˈsəːt] *v/t.* concerter; *fig.* arranger; *v/i.* se concerter (avec, *with*); ♪ ~ed concertant, d'ensemble; **con·cer·ti·na** ♪ [kɔnsəˈtiːnə] accordéon *m* hexagonal, concertina *f*; **'con·cert-pitch** ♪ diapason *m* de concert.

con·ces·sion [kənˈseʃn] *opinion, terrain*: concession *f*; *make* ~s to sacrifier à; **con·ces·sion·aire** [kənseʃəˈnɛə] concessionnaire *m*.

con·ces·sive ☐ [kənˈsesiv] concessif*♪*

conch [kɔŋk] conque *f*.   [(-ive *f*).]

con·cil·i·ate [kənˈsilieit] (ré)concilier; gagner (*q.*) à son parti; se concilier (*la faveur de q.*); **con·cil·i·a·tion** conciliation *f*; arbitrage *m*; **con·cil·i·a·tor** conciliateur (-trice *f*) *m*; **con·cil·i·a·to·ry** [~ətəri] conciliant, conciliatoire; ~ *proposal* offre *f* de conciliation.

con·cin·ni·ty [kənˈsiniti] élégance *f* (*de style*).

con·cise ☐ [kənˈsais] concis; bref (brève *f*); serré (*style*); **con'cise·ness** concision *f*.

con·clave [ˈkɔŋkleiv] *eccl.* conclave *m*; *fig.* conseil *m*; assemblée *f*.

con·clude [kənˈkluːd] *v/t.* conclure; terminer, achever; arranger, régler (*une affaire*); *to be* ~*d in our next* la fin au prochain numéro; *v/i.* conclure, estimer; *Am.* ~ *to* (*inf.*) décider de (*inf.*); **con'clud·ing** final (*-als m/pl.*).

con·clu·sion [kənˈkluːʒn] conclusion *f*, fin *f*; *séance*: clôture *f*; conclusion *f*, décision *f*; *try* ~*s with* se mesurer contre *ou* avec; **con·clu·sive** ☐ concluant, décisif (-ive *f*).

con·coct [kənˈkɔkt] confectionner; *fig.* imaginer; tramer; **con'coc·tion** confection *f*; mixtion *f*; *fig. plan etc.*: élaboration *f*.

con·com·i·tance, con·com·i·tan·cy [kənˈkɔmitəns(i)] concomitance *f* (*a. eccl.*); **con'com·i·tant 1.** ☐ concomitant (de, *with*); **2.** accessoire *m*, accompagnement *m*.

con·cord 1. [ˈkɔŋkɔːd] concorde *f*; harmonie *f* (*a.* ♪); *gramm.* concordance *f*; *fig.* accord *m*; **2.** [kənˈkɔːd] concorder, s'accorder; être d'accord; **con'cord·ance** accord *m* (avec, *with*); concordance *f* (*a. eccl.*); **con'cord·ant** ☐ concordant (avec, *with*); qui s'accorde (avec, *with*); ♪ consonant; **con'cor·dat** *eccl.* [~dæt] concordat *m*.

con·course [ˈkɔŋkɔːs] foule *f*; rassemblement *m*; carrefour *m*; concours *m*; *Am.* hall *m* (*de gare*).

con·crete [ˈkɔŋkriːt] **1.** ☐ concret (-ète *f*); de *ou* en béton; **2.** △ béton *m*, ciment *m*; *phls., gramm.* concret *m*; *in the* ~ sous forme concrète; **3.** [kənˈkriːt] (se) concréter; (se) solidifier; [ˈkɔŋkriːt] *v/t.* bétonner; **con·cre·tion** [kɔnˈkriːʃn] concrétion *f*.

con·cu·bi·nage [kɔnˈkjuːbinidʒ] concubinage *m*; **con·cu·bine** [ˈkɔŋkjubain] concubine *f*.

con·cu·pis·cence [kənˈkjuːpisns] concupiscence *f*; **con'cu·pis·cent** libidineux (-euse *f*), lascif (-ive *f*).

con·cur [kənˈkəː] coïncider; être d'accord (avec, *with*); concourir (à, *in*); contribuer (à, *to*); **con·cur·rence** [~ˈkʌrəns] concours *m*; coopération *f*; simultanéité *f*; accord *m*; approbation *f*; *in* ~ *with* en commun avec; d'accord avec; **con'cur·rent** ☐ concourant; simultané; unanime.

con·cus·sion [kənˈkʌʃn] secousse *f*; commotion *f* (*cérébrale*).

con·demn [kənˈdem] condamner (*a. fig.*); condamner à mort; déclarer coupable; *fig.* blâmer; ~*ed cell* cellule *f* des condamnés; **con'demn·a·ble** condamnable, blâmable; **con·dem·na·tion** [kɔndemˈneiʃn] condamnation *f*; censure *f*; blâme *m*; **con·dem·na·to·ry** ☐ [kənˈdemnətəri] condamnatoire.

con·den·sa·ble [kənˈdensəbl] condensable; **con·den·sa·tion** [kɔnden'seiʃn] condensation *f*; *liquide m* condensé; **con·dense** [kənˈdens] (se) condenser; *v/t.* concentrer; **con-

'**dens·er** condenseur *m* (*a.* ⊕); ⊕, *a.* ⚡ condensateur *m*.

con·de·scend [kɔndi'send] s'abaisser; condescendre; **con·de'scend·ing** □ condescendant (envers, *to*); **con·de'scen·sion** condescendance *f*; complaisance *f*.

con·dign □ [kən'dain] mérité; exemplaire.

con·di·ment ['kɔndimənt] condiment *m*.

con·di·tion [kən'diʃn] **1.** condition *f*; stipulation *f*; état *m*, situation *f*; on ~ *that* à condition que; **2.** soumettre à une condition; stipuler; conditionner (*l'air, la laine; a. psych.*); **con'di·tion·al** [~ʃənl] **1.** □ conditionnel(le *f*); dépendant (*de,* [up]*on*); ~ *mood* = **2.** *gramm.* conditionnel *m*; *in the* ~ au conditionnel; **con·di·tion·al·i·ty** [~'æliti] état *m* conditionnel; **con'di·tion·al·ly** [~ʃnəli] sous certaines conditions; **con'di·tioned** conditionné; *en ...* état.

con·dole [kən'doul] (*with s.o.*) partager la douleur (de *q.*); exprimer ses condoléances (à *q.*); **con'do·lence** condoléance *f*.

con·do·min·i·um [kɔndə'miniəm] condominium *m*; *Am.* immeuble *m* en copropriété.

con·do·na·tion [kɔndou'neiʃn] pardon *m*; indulgence *f* (pour, *of*); **con'done** [kən'doun] pardonner; *action:* racheter (*une offense*).

con·duce [kən'djuːs] contribuer (à, *to*); favoriser (*qch., to s.th.*); **con'du·cive** (*to*) favorable (à); qui contribue (à).

con·duct 1. ['kɔndʌkt] conduite *f*; *affaire:* gestion *f*; manière *f* de se conduire; **2.** [kən'dʌkt] conduire; (a)mener (*q.*); accompagner (*une excursion*); diriger (♪, *une opération*); mener, gérer (*une affaire*); *phys.* être conducteur (-trice *f*) de; ~ *o.s.* se comporter (*bien, mal, etc.*); **con·duct·i·bil·i·ty** [kɔndʌkti'biliti] *phys.* conductibilité *f*; **con'duct·i·ble** [~təbl] *phys.* conductible; **con'duct·ing** conducteur (-trice *f*); **con'duc·tion** conduction *f*; **con'duc·tive** □ *phys.* conducteur (-trice *f*); **con·duc·tiv·i·ty** [kɔndʌk'tiviti] *phys.* conductivité *f*; conductibilité *f*; **con·duc·tor** [kən'dʌktə] conducteur *m* (*a. phys.*);

accompagnateur *m*; *tramway etc.:* receveur; *Am.* 🚋 chef *m* de train; ♪ chef *m* d'orchestre; ⚡ (conducteur *m* de) paratonnerre *m*; **con'duc·tress** conductrice *f*; *tramway etc.:* receveuse *f*.

con·duit ['kɔndit] conduit *m*; tuyau *m* conducteur.

cone [koun] cône *m*; ⊕ cloche *f*; ♀ pomme *f*, cône *m*; *glace:* cornet *m*.

co·ney ['kouni] (peau *f* de) lapin *m*.

con·fab F ['kɔnfæb] **1.** (= **con·fab·u·late** [kən'fæbjuleit]) causer (*entre intimes*); **2.** (= **con·fab·u'la·tion**) causerie *f* intime.

con·fec·tion [kən'fekʃn] confection *f* (*de qch., a. pharm.*); *cost.* (*vêtement m de*) confection *f*; friandise *f*; **con'fec·tion·er** confiseur (-euse *f*) *m*; **con'fec·tion·er·y** confiserie *f*; bonbons *m/pl.*

con·fed·er·a·cy [kən'fedərəsi] confédération *f*; *fig.* entente *f*; *surt. Am. the ⌀* les Confédérés *m/pl.* (= *les sudistes pendant la guerre de Sécession 1860—65*); ⚖ conspiration *f*; **con'fed·er·ate** [~rit] **1.** confédéré; **2.** confédéré *m*; complice *m*; **3.** [~reit] (se) confédérer; **confed·er'a·tion** confédération *f*; *surt. Am. the ⌀* la Confédération *f* des 11 États sécessionnistes.

con·fer [kən'fə:] *v/t.* (à, *on*) conférer; accorder (*une faveur*); décerner (*un honneur*); *v/i.* conférer; entrer en consultation (avec, *with*; sur *about, on*); **con·fer·ence** ['kɔnfərəns] conférence *f*; consultation *f*; entretien *m*; congrès *m*.

con·fess [kən'fes] *v/t.* confesser; avouer (*qch.; que, that; inf., to gér.*); *v/i. eccl.* se confesser; **con'fess·ed·ly** [~idli] de l'aveu général; franchement; **con·fes·sion** [~'feʃn] confession *f* (*a. eccl.*); aveu *m*; *go to* ~ aller à confesse; **con'fes·sion·al 1.** confessionnel(le *f*); **2.** confessionnal *m*; **con'fes·sor** [~sə] celui (celle) qui avoue; confesseur *m*.

con·fi·dant [kɔnfi'dænt] confident *m*; **con·fi'dante** [~] confidente *f*.

con·fide [kən'faid] confier; se (con)fier (à *q., in s.o.*); avouer (*qch.*) en confidence (à *q., to s.o.*); **con·fi·dence** ['kɔnfidəns] confiance *f* (en, *in*); assurance *f*, hardiesse *f*; confidence *f*; ~ *man* escroc *m*; ~ *trick* vol *m* à l'américaine; *man of* ~

homme *m* de confiance; ˈconˈfiˈdent □ assuré, sûr (de, of); *péj.* effronté; conˈfiˈdenˈtial [ˌˈdenʃl] □ confidentiel(le *f*); ~ *clerk* clerc *m* de confiance; ~ *agent* homme *m* de confiance.

conˈfigˈuˈraˈtion [kənfigjuˈreiʃn] configuration *f*.

conˈfine 1. [ˈkɔnfain] *usu.* ~s *pl.* confins *m/pl.*; 2. [kənˈfain] (r)enfermer (dans, to); borner, limiter (à, to); be ~d to bed être alité, garder le lit; be ~d faire ses couches; accoucher (*d'un fils etc.*); conˈfineˈment emprisonnement *m*, réclusion *f*; alitement *m*; restriction *f*; *femme:* couches *f/pl.*, accouchement *m*.

conˈfirm [kənˈfɔːm] confirmer (*a. eccl.*); affermir (*un pouvoir*); ✝ entériner; conˈfirˈmaˈtion [kɔnfɔˈmeiʃn] confirmation *f*; affermissement *m*; conˈfirmˈaˈtive □ [ˌˈfɔːmətiv], conˈfirmˈaˈtoˈry [ˌˈtɔri] confirmatif (-ive *f*); confirmatoire; conˈfirmed invétéré; endurci; incorrigible; (*surt.* ✒) chronique.

conˈfisˈcate [ˈkɔnfiskeit] confisquer; F voler; conˈfisˈcaˈtion confiscation *f*; F *fig.* vol *m*; conˈfisˈcaˈtoˈry [ˌˈkətəri] de confiscation.

conˈflaˈgraˈtion [kɔnfləˈgreiʃn] conflagration *f*; incendie *m*.

conˈflict 1. [ˈkɔnflikt] conflit *m*, lutte *f*; *intérêts:* antagonisme *m*; 2. [kənˈflikt] (*with*) être en conflit *ou* désaccord *ou* contradiction (avec); se heurter (à).

conˈfluˈence [ˈkɔnfluəns], conˈflux [ˈkɔnflʌks] *voies, rivières, etc.:* confluent *m*; *concours m* (*d'hommes etc.*); conˈfluˈent [ˈkɔnfluənt] 1. qui confluent; qui se confondent; 2. *fleuve:* affluent *m*.

conˈform [kənˈfɔːm] *v/t.* conformer; *v/i.:* ~ *to* se conformer à; obéir à; s'adapter à; ~ *with* se soumettre à; conˈformˈaˈble □ (*to*) conforme (à); docile, soumis (à); conˈforˈmaˈtion [kɔnfɔˈmeiʃn] conformation *f*, structure *f*; conˈformˈist [kənˈfɔːmist] conformiste *m*; adhérent *m* de l'Église anglicane; conˈformˈiˈty conformité *f* (à *with*, to); *in* ~ *with* conformément à.

conˈfound [kənˈfaund] confondre (*q., un plan*); déconcerter; bouleverser; F ~ *it!* zut!; conˈfoundˈed □ F maudit, sacré.

conˈfraˈterˈniˈty [kɔnfrəˈtɔːniti] confrérie *f*; confraternité *f*.

conˈfront [kənˈfrʌnt] être en face de; faire face à; confronter (avec, with); *find o.s.* ~*ed with* se trouver en présence de; conˈfronˈtaˈtion [kɔnfrʌnˈteiʃn] confrontation *f*.

conˈfuse [kənˈfjuːz] confondre (*a. fig.*); mêler, brouiller; embarrasser; troubler; conˈfusˈed □ embrouillé, bouleversé; confus; interdit; conˈfuˈsion confusion *f*; désordre *m*; *poét.* déconfiture *f*.

conˈfutˈaˈble [kənˈfjuːtəbl] réfutable; conˈfuˈtaˈtion [kɔnfjuˈteiʃn] réfutation *f*; conˈfute [kənˈfjuːt] réfuter; convaincre (*q.*) d'erreur.

congé [ˈkɔ̃ːnʒei] congé *m*.

conˈgeal [kənˈdʒiːl] (se) congeler; (se) cailler; (se) figer; geler; conˈgealˈaˈble congelable.

conˈgeˈlaˈtion [kɔndʒiˈleiʃn] congélation *f*.

conˈgeˈner [ˈkɔndʒinə] congénère (*a. su./m/f*) (de, to).

conˈgeˈnial □ [kənˈdʒiːnjəl] sympathique (*esprit*); agréable; convenable (à, to); ~ *with* du même caractère que; conˈgeˈniˈalˈiˈty [ˌniˈæliti] communauté *f* de goûts; accord *m* d'humeur *etc.*

conˈgenˈiˈtal □ [kənˈdʒenitl] congénital (-aux *m/pl.*), de naissance; conˈgenˈiˈtalˈly de naissance.

conˈgeˈries [kɔnˈdʒiəriːz] *sg. et pl.* amas *m*, accumulation *f*.

conˈgest [kənˈdʒest] ✒ (se) congestionner; *v/t.* encombrer; conˈgesˈtion encombrement *m*; ✒ congestion *f*; ~ *of population* surpeuplement *m*; ~ *of traffic* encombrement *m* de circulation.

conˈgloˈbate [ˈkɔnglobeit] 1. (se) conglober; 2. conglobé.

conˈglomˈerˈate [kɔnˈglɔmərit] 1. congloméré; 2. conglomérat *m*; aggloméré *m*; 3. [ˌreit] (se) conglomérer; conˈglomˈerˈaˈtion conglomération *f*; *roches:* agrégation *f*.

conˈgratˈuˈlate [kənˈgrætjuleit] féliciter (*q. de qch., s.o.* [*up*]*on s.th.*); conˈgratˈuˈlaˈtion félicitation *f*; conˈgratˈuˈlaˈtor congratulateur (-trice *f*) *m*; conˈgratˈuˈlaˈtoˈry [ˌˈlətəri] de félicitation(s).

conˈgreˈgate [ˈkɔngrigeit] (se) rassembler; conˈgreˈgaˈtion *eccl.* assistance *f*, paroissiens *m/pl.*; congre'ga·tion·al en assemblée; *eccl.* congrégationaliste.

con·gress ['koŋgres] réunion *f*; congrès *m*; ♀ Congrès *m* (*assemblée des représentants aux É.-U.*); con·gres·sion·al [ˌˈgreʃənl] du congrès; congressionnel(le *f*); 'Con·gress·man, 'Con·gress·wo·man *Am.* membre *m* du Congrès.

con·gru·ence, con·gru·en·cy ['koŋgruəns(i)] see *congruity*; ♊ congruence *f*; 'con·gru·ent see *congruous*; ♊ congruent; con'gru·i·ty conformité *f*, convenance *f*; con·gru·ous □ conforme (à *to, usu. with*).

con·ic ['konik] conique; ♊ ~ section section *f* conique; 'con·i·cal □ see *conic*.

co·ni·fer ['kounifə] conifère *m*; co'nif·er·ous conifère.

con·jec·tur·al □ [kən'dʒektʃərəl] conjectural (-aux *m/pl.*); con'jec·ture 1. hypothèse *f*, supposition *f*; conjecture *f*; 2. conjecturer; supposer.

con·join [kən'dʒɔin] *v/t.* conjoindre; *v/i.* s'unir; con'joint conjoint, associé; con'joint·ly conjointement, ensemble.

con·ju·gal □ ['kondʒugl] conjugal (-aux *m/pl.*); con·ju·gate 1. ['ˌgeit] *v/t.* conjuguer; *v/i.* biol. se conjuguer; 2. [ˌˈgit] ♀ conjugué; con·ju·ga·tion [ˌˈgeiʃn] conjugaison *f*.

con·junct ['kondʒʌŋkt] conjoint, associé; con'junc·tion conjonction *f* (*a. astr., a. gramm.*); con·junc·ti·va *anat.* [kondʒʌŋk'taivə] conjonctive *f*; con·junc·tive [kən'dʒʌŋk·tiv] conjonctif (-ive *f*); ~ *mood gramm.* (mode *m*) conjonctif *m*; con'junc·tive·ly conjointement, ensemble; con·junc·ti·vi·tis [ˌˈvai·tis] conjonctivite *f*; con'junc·ture [ˌˈtʃə] conjoncture *f*, circonstance *f*, occasion *f*, rencontre *f*.

con·ju·ra·tion [kondʒuə'reiʃn] conjuration *f*; con·jure [kən'dʒuə] *v/t.* conjurer (q. de *inf.*, s.o. to *inf.*); ['kʌndʒə] *v/t.* conjurer (*un démon*); ~ *up* évoquer (*a. fig.*); *v/i.* faire les tours de passe-passe; 'con·jur·er, 'con·jur·or † conjurateur *m*; prestidigitateur *m*, illusionniste *mf*; con'jur·ing trick tour *m* de passe-passe.

conk F [koŋk] avoir des ratés; flancher (*moteur*); ~ *out* (se) caler.

con·ker F *Brit.* ['koŋkə] marron *m*.

con man F ['konmæn] escroc *m*.

con·nate ['koneit] ♣ inné; ♀, *a. anat.* conné, coadné; con·nat·u·ral [kə'nætʃrl] de la même nature (que, to).

con·nect [kə'nekt] (se) (re)lier, (se) joindre; *v/t.* ♀ (inter)connecter; brancher (*une lampe*); con'nect·ed □ connexe; apparenté (*personne*); suivi (*discours*); be ~ *with* être allié à *ou* avec; se rattacher à; avoir des rapports avec; be well ~ être de bonne famille; con'nect·ing de connexion (*fil*); de communication; qui relie; ~ *rod* bielle *f* (motrice); con'nec·tion see *connexion*; con·'nec·tive □ connectif (-ive *f*); *anat.* ~ *tissue* tissu *m* cellulaire connectif.

con·nex·ion [kə'nekʃn] rapport *m*, liaison *f*; idées: suite *f*; ♀ connexion *f*; ♀ contact *m*; prise *f* de courant; ⊕ raccord *m*; ♬ correspondance *f*; *eccl.* secte *f*; *famille:* parenté *f*, parent(e *f*) *m*; allié(e *f*) *m*; *personne:* relations *f/pl.*; ~ *clientèle *f*; relation *f* (entre, between); ~s *pl.* belles relations *f/pl.*; amis *m/pl.* influents.

conn·ing-tow·er ⚓ ['koniŋtauə] *sous-marin:* capot *m*; *cuirassé:* tourelle *f* de commandement.

con·niv·ance [kə'naivəns] complicité *f* (dans *at*, in), connivence *f* (avec, with); con'nive: ~ *at* fermer les yeux sur; être fauteur de (*un crime*).

con·nois·seur [koni'sə:] connaisseur (-euse *f*) *m* (en of, in).

con·no·ta·tion [konou'teiʃn] signification *f*; *phls.* compréhension *f*; 'con·not·a·tive □ compréhensif (-ive *f*); con'note *phls.* comporter; F signifier.

con·nu·bi·al □ [kə'nju:bjəl] conjugal (-aux *m/pl.*).

con·quer ['koŋkə] vaincre; *v/t.* conquérir; *fig.* subjuguer; 'con·quer·a·ble qui peut être vaincu *ou* conquis; 'con·quer·or conquérant (-e *f*) *m*; vainqueur *m*; *cartes:* la belle *f*.

con·quest ['koŋkwest] conquête *f*.

con·san·guin·e·ous [konsæŋ'gwiniəs] consanguin; F parent; con·san·'guin·i·ty consanguinité *f*; parenté *f* (du côté du père).

con·science ['konʃns] conscience *f*;

F *in all* ~ certes, en vérité; *have the* ~ *to* (*inf.*) avoir l'audace de (*inf.*); ~ *money* restitution f anonyme au fisc; '**con·science·less** sans conscience.

con·sci·en·tious □ [kɔnʃi'enʃəs] consciencieux (-euse f); de conscience; ~ *objector* objecteur m de conscience; **con·sci·en·tious·ness** conscience f; droiture f.

con·scious □ ['kɔnʃəs] conscient; *be* ~ *of* avoir conscience de; *be* ~ *that* sentir que; '**con·scious·ness** conscience f; ❦ connaissance f.

con·script 1. ✗ [kən'skript] (*ou* **con·scribe** [~'skraib]) enrôler par la conscription; **2.** ['kɔnskript] conscrit (*a.* ✗ *su./m*); **con·scrip·tion** ✗ [kən'skripʃn] conscription f; *industrial* ~ conscription f industrielle.

con·se·crate ['kɔnsikreit] consacrer (*a. fig.*); bénir; sacrer (*un évêque, un roi*); **con·se·cra·tion** consécration f; *fig.* dévouement m; *roi:* sacre m; '**con·se·cra·tor** consacrant m.

con·sec·u·tive [kən'sekjutiv] consécutif (-ive f) (*a.* ♪, *a.* gramm.); de suite; qui se suivent; **con·sec·u·tive·ly** de suite consécutivement.

con·sen·sus [kən'sensəs] consensus m; unanimité f.

con·sent [kən'sent] **1.** consentement m, assentiment m (à, *to*); accord m; *with one* ~ d'un commun accord; **2.** consentir (à, *to*); accepter (qch. *to, in* s.th.); **con·sen·ta·ne·ous** □ [kɔnsen'teiniəs] (*to*) d'accord (avec); en harmonie (avec); **con·sen·tient** [kən'senʃnt] unanime (sur, *in*); consentant (à, *to*).

con·se·quence ['kɔnsikwəns] (*to*) conséquence f; suites f/pl.; importance f (pour q., à qch.); *in* ~ *of* par suite de; *in consequence* de; '**con·se·quent 1.** résultant; logique; *be* ~ *on* résulter de; **2.** ∱ conséquent m; *phls.* conclusion f; **con·se·quen·tial** □ [~'kwenʃl] conséquent (à *to*, [up]on); consécutif (-ive f) (à, *to*); *personne:* suffisant; **con·se·quent·ly** ['~kwəntli] par conséquent; donc.

con·ser·va·tion [kɔnsə'veiʃn] conservation f; **con·ser·va·tion·ist** partisan(e f) m de la défense de l'environnement; **con·serv·a·tism** [kən'sə:vətizm] conservatisme m;

con·serv·a·tive □ **1.** conservateur (-trice f) (*a. pol.*) (de, *of*); préservateur (-trice f) (de, *from*); prudent (*évaluation*); **2.** conservateur (-trice f) m; **con·ser·va·toire** [~'twa:] ♪ conservatoire m; **con·ser·va·tor** conservateur (-trice f); **con·serv·a·to·ry** [~tri] serre f; conservatoire m; **con·serve** conserver; préserver.

con·sid·er [kən'sidə] v/t. considérer (*une question*); envisager (*une possibilité*); étudier, examiner (*une proposition*); estimer, regarder (= *penser*); prendre en considération; avoir égard à; v/i. réfléchir; **con·sid·er·a·ble** □ considérable, important; **con·sid·er·ate** [~rit] □ plein d'égards (pour, envers *to*[*wards*]); **con·sid·er·a·tion** [~'reiʃn] considération f; égard m, -s m/pl.; compensation f, rémunération f; pourboire m; *fig.* importance f; prix m; cause f (*d'un billet*); *be under* ~ être en délibération *ou* à l'examen; *take into* ~ prendre en considération; tenir compte de; *money is no* ~ l'argent n'est rien; l'argent n'entre pas en ligne de compte; *on no* ~ sous aucun prétexte; **con·sid·er·ing** □ **1.** *prp.* en égard à, étant donné ...; **2.** F *adv.* somme toute, malgré tout.

con·sign [kən'sain] remettre, livrer; reléguer; déposer (*de l'argent*); **con·sig·na·tion** [kɔnsai'neiʃn], **con·sign·ment** [kən'sainmənt] ❡ expédition f; envoi m; consignation f; **con·sign·ee** [kɔnsai'ni:] destinataire m; **con·sign·er, con·sign·or** [kən'sainə] consignateur m, expéditeur m.

con·sist [kən'sist] consister (en, dans *of*; à *inf.*, *in* ger.); se composer (de, *of*); **con·sist·ence, con·sist·en·cy** [~'sist-] sirop, *esprit:* consistance f; *sol:* compacité f; *conduite:* uniformité f; logique f; **con·sist·ent** □ conséquent; logique; compatible (avec, *with*); ~*ly a.* uniformément; **con·sis·to·ry** [~təri] *eccl.* consistoire m.

con·sol·a·ble [kən'souləbl] consolable; **con·so·la·tion** [kɔnsə'leiʃn] consolation f; *sp.* ~ *goal* but m qui sauve l'honneur; **con·sol·a·to·ry** [kən'sɔlətəri] consolateur (-trice f); consolant; de consolation.

con·sole 1. ['kɔnsoul] console f (*a.*

⚠️); ~**table** (table f) console f; **2.** [kən'soul] consoler; **con'sol·er** consolateur (-trice f) m.

con·sol·i·date [kən'sɔlideit] (se) consolider (a. fig.); (se) tasser (chaussée); v/t. affermir; solidifier; unir (des entreprises, des propriétés, etc.); **con·sol·i'da·tion** consolidation f; affermissement m; tassement m; unification f.

con·sols [kən'sɔlz] pl. fonds m/pl. consolidés; 3 per cent ~ consolidés m/pl. trois pour cent.

con·so·nance ['kɔnsənəns] consonance f; accord m (a. ♪); '**con·so·nant 1.** □ ♪ harmonieux (-euse f); consonant; conforme (à with, to); **2.** consonne f; ~ **shift** mutation f consonantique.

con·sort 1. ['kɔnsɔ:t] époux m, épouse f; reine: consort m; ⚓ conserve f; **2.** [kən'sɔ:t] (with) fréquenter (q.); frayer (avec).

con·spic·u·ous □ [kən'spikjuəs] apparent, bien visible, manifeste; frappant; insigne; be ~ by one's absence briller par son absence.

con·spir·a·cy [kən'spirəsi] conspiration f; **con'spir·a·tor** [ˌtə] conspirateur (-trice f) m; **con'spir·a·tress** [ˌtris] conspiratrice f; **con·spire** [ˌ'spaiə] conspirer (contre, against); comploter (de, to); fig. concourir (à, to).

con·sta·ble ['kʌnstəbl] gardien m de la paix; château: gouverneur m; hist. connétable m; chief ~ commissaire m de police; **con·stab·u·lar·y** [kən'stæbjulari] police f; county ~ gendarmerie f.

con·stan·cy ['kɔnstənsi] constance f, fermeté f; fidélité f; régularité f; '**con·stant 1.** □ constant; ferme; fidèle; invariable; continuel(le f); assidu; **2.** ⚛ constante f.

con·stel·la·tion astr. [kɔnstə'leiʃn] constellation f (a. fig.).

con·ster·na·tion [kɔnstə'neiʃn] consternation f; atterrement m.

con·sti·pate ⚕ ['kɔnstipeit] constiper; **con·sti'pa·tion** ⚕ constipation f.

con·stit·u·en·cy [kən'stitjuənsi] circonscription f électorale; électeurs m/pl.; **con'stit·u·ent 1.** constituant, constitutif (-ive f); composant; ~ body see constituency; **2.** élément m (constitutif) m; ⚖ constituant m; pol.

électeur (-trice f) m; ~s pl. commettants m/pl., électeurs m/pl.

con·sti·tute ['kɔnstitjuːt] constituer; faire (le bonheur de q.); constituer, nommer (a. arbitre, s.o. judge); **con·sti'tu·tion** constitution f (de qch., a. = santé, a. pol.); chose: composition f; ⚖s m hist. arrêts m/pl.; **con·sti'tu·tion·al 1.** □ constitutionnel(le f) (a. ♯); fig. hygiénique; naturel(le f); ~ **law** droit m constitutionnel; **2.** F promenade f hygiénique ou quotidienne; **con·sti'tu·tion·al·ist** historien m des constitutions politiques; pol. constitutionnel m; **con·sti·tu·tive** □ [kən'stitjutiv] constitutif (-ive f).

con·strain [kən'strein] contraindre (à, de inf. to inf.); retenir de force; **con'straint** contrainte f (a. ⚖); retenue f.

con·strict [kən'strikt] (res)serrer; rétrécir; gêner; **con'stric·tion** resserrement m; ♯ artères: strangulation f; **con'stric·tor** anat. constricteur m; zo. (a. boa ~) boa m constricteur.

con·strin·gent [kən'strindʒnt] constringent; ♯ astringent.

con·struct [kən'strʌkt] construire; bâtir; établir (un chemin de fer); fig. confectionner; **con'struc·tion** construction f; machine: établissement m; édifice m, bâtiment m; fig. interprétation f; ~ **site** chantier m; under ~ en construction; **con'struc·tive** □ constructif (-ive f); esprit: créateur; de construction; ⚖ implicite; par interprétation; **con'struc·tor** constructeur m; constructions navales: ingénieur m.

con·strue [kən'struː] gramm. analyser; décomposer (une phrase); faire le mot à mot de (un texte); interpréter (une conduite, des paroles, etc.).

con·sue·tu·di·nar·y [kɔnswi'tjuːdinəri] coutumier (-ère f).

con·sul ['kɔnsl] consul m; ~ **general** consul m général; **con·su·lar** ['kɔnsjulə] consulaire; de ou du consul; **con·su·late** ['ˌlit] consulat m (a. bâtiment); ~ **general** consulat m général; **con·sul·ship** ['kɔnslʃip] consulat m.

con·sult [kən'sʌlt] v/t. consulter (a. fig.); avoir égard à (la sensibilité); ~**ing engineer** ingénieur-conseil (pl. ingénieurs-conseils) m; v/i. consulter (avec q., s.o.); (a. ~ together) délibérer; **con'sult·ant** médecin m etc. consultant; ⊕ expert-conseil (pl. experts-conseils) m; **con·sul·ta·tion** [kɔnsəl'teiʃn] ⚕️, ⚖️, livre: consultation f; délibération f; **con·sult·a·tive** [kən'sʌltətiv] consultatif (-ive f); **con'sult·ing** consultant; ~-hours heures f/pl. de consultation; ~ physician médecin m consultant; ~ room cabinet m de consultation.

con·sum·a·ble [kən'sjuːməbl] consumable; consommable; **con'sume** v/t. consumer (a. feu), dévorer; consommer (des vivres); fig. absorber, brûler; dévorer; v/i. se consumer; **con'sum·er** consommateur (-trice f); ~ abonné(e f) m (au gaz etc.); ~ association association f des consommateurs; ~ demand demande f; ~ durables pl. biens m/pl. de consommation durables; ~(s') goods pl. biens m/pl. de consommation; ~ resistance résistance f du consommateur; ~ society société f de consommation.

con·sum·mate 1. □ [kən'sʌmit] achevé; **2.** ['kɔnsʌmeit] consommer (un sacrifice, le mariage); **con·sum·ma·tion** [~'meiʃn] mariage, crime: consommation f; achèvement m, fin f; fig. but m, comble m.

con·sump·tion [kən'sʌmpʃn] vivres, charbon: consommation f; charbon, chaleur: dépense f; ⚕️ phtisie f; tuberculose f; **con'sump·tive** □ poitrinaire (a. su./mf); tuberculeux (-euse f); phtisique (a. su./mf).

con·tact 1. ['kɔntækt] contact m (a. ⚡); ⚡ ~ breaker interrupteur m; opt. ~ lenses pl. lentilles f/pl. cornéennes, verres m/pl. de contact; phot. ~ print négatif m contact; ⚡ ~ make (break) ~ établir (rompre) le contact; **2.** [kən'tækt] contacter (q.).

con·ta·gion ⚕️ [kən'teidʒn] contagion f; maladie f contagieuse; **con'ta·gious** □ contagieux (-euse f).

con·tain [kən'tein] contenir; renfermer; ✕ maintenir, contenir (l'ennemi); fig. retenir, maîtriser; ~ o.s. se contenir; **con'tain·er** récipient m, boîte f; ✝ conteneur m; **con'tain·er·ize** conteneuriser; **con'tain·ment** conduite: retenue f; ✕ échec m.

con·tam·i·nate [kən'tæmineit] contaminer; fig. corrompre; vicier;

con·tam·i'na·tion textes, a. ling.: contamination f; souillure f.

con·tan·go ✝ [kən'tæŋgou] intérêt m de report.

con·tem·plate ['kɔntempleit] v/t. contempler, considérer; v/i. méditer; **con·tem'pla·tion** contemplation f; méditation f; have in ~ projeter; **con·tem·pla·tive** □ [kən'templətiv] contemplatif (-ive f); recueilli; songeur (-euse f).

con·tem·po·ra·ne·ous □ [kəntempə'reinjəs] contemporain; ⚖️ ~ performance exécution f simultanée; **con'tem·po·rar·y 1.** contemporain (de, with); **2.** contemporain(e f) m; confrère m.

con·tempt [kən'tempt] mépris m, dédain m; ~ of court contumace f, outrage m à la Cour; hold in ~ mépriser; in ~ of au ou en mépris de; **con'tempt·i·ble** □ méprisable; bas(se f); indigne; **con'temp·tu·ous** □ [~juəs] dédaigneux (-euse f) (de, of); méprisant, de mépris.

con·tend [kən'tend] v/i. lutter; contester (qch., for s.th.; à q., with s.o.); v/t. soutenir (que, that).

con·tent¹ ['kɔntent] vase etc: contenance f; min. teneur f; ~s pl. contenu m.

con·tent² [kən'tent] **1.** satisfait (de, with); parl. pour; oui; not ~ contre; non; **2.** contenter, satisfaire; ~ o.s. se contenter (de, with); se borner à; **3.** contentement m; to one's heart's ~ à souhait; **con'tent·ed** □ content, satisfait (de, with); be ~ to (inf.) se contenter de (inf.).

con·ten·tion [kən'tenʃn] dispute f, débat m; affirmation f, prétention f; **con'ten·tious** □ contentieux (-euse f); disputeur (-euse f) (personne).

con·tent·ment [kən'tentmənt] contentement m (de son sort).

con·ter·mi·nous [kən'təːminəs] limitrophe (de to, with); de même étendue ou durée (que, with).

con·test 1. ['kɔntest] lutte f; concours m; sp. match (pl. matchs, matches) m; **2.** [kən'test] (se) disputer; contester, débattre; pol. ~ a seat se poser candidat pour un siège; **con'test·a·ble** contestable; débattable; **con'test·ant** contestant(e f) m; concurrent(e f) m; **con'test·ed** disputé.

con·text ['kɔntekst] texte: contexte

725 **contribute**

m; **con·tex·tu·al** ☐ [kɔn'tekstjuəl] d'après le contexte; **con'tex·ture** [ˌtʃə] *os, tissu:* texture *f*; *poème, discours:* facture *f*.

con·ti·gu·i·ty [kɔnti'gjuiti] contiguïté *f*; **con·tig·u·ous** ☐ [kən'tigjuəs] contigu(ë *f*), attenant (à, to).

con·ti·nence ['kɔntinəns] continence *f*, chasteté *f*; **'con·ti·nent 1.** ☐ continent, chaste; **2.** continent *m*; the ♀ l'Europe *f* (continentale); **con·ti·nen·tal** ☐ [ˌ'nentl] continental (-aux *m/pl.*); F de l'Europe; ~ quilt duvet *m*; **con·ti·nen·tal·ize** continentaliser.

con·tin·gen·cy [kən'tindʒənsi] éventualité *f*; cas *m* imprévu; **con·tin·gen·cies** *pl.* imprévu *m*; ♰ faux frais *m/pl.*; **con'tin·gent 1.** ☐ éventuel(le *f*); accidentel(le *f*); aléatoire; conditionnel(le *f*); be ~ on dépendre de; **2.** ✕ contingent *m*.

con·tin·u·al ☐ [kən'tinjuəl] continuel(le *f*), incessant; **con'tin·u·ance** continuation *f*; durée *f*; **con·tin·u'a·tion** continuation *f*; suite *f*; prolongement *m*; ♰ report *m*; *sl.* ~s *pl.* pantalon *m*; guêtres *f/pl.*; ~ school école *f* du soir, cours *m* complémentaire; **con'tin·ue** *v/t.* continuer; prolonger; reprendre; maintenir; ~ reading continuer à *ou* de lire; to be ~d à suivre; *v/i.* (se) continuer; se prolonger; persévérer; se poursuivre; ~ (in) a business continuer dans une affaire; **con·ti·nu·i·ty** [kɔnti'nju:iti] continuité *f*; ~ girl script-girl *f*; **con·tin·u·ous** ☐ [kən'tinjuəs] continu; suivi; ♫ ~ current courant *m* continu.

con·tort [kən'tɔ:t] tordre; contourner; **con'tor·tion** contorsion *f*; **con'tor·tion·ist** contorsionniste *m*.

con·tour ['kɔntuə] contour *m*, profil *m*; *plan:* tracé *m*; ~ line courbe *f* de niveau.

con·tra ['kɔntrə] contre; ♰ per ~ par contre.

con·tra·band ['kɔntrəbænd] **1.** de contrebande; **2.** contrebande *f*.

con·tract 1. [kən'trækt] *v/t.* contracter (habitudes, maladie, dettes, mariage, muscles); prendre (des habitudes, un goût); *v/i.* se resserrer, se contracter (a. ling.); traiter (pour, for); entreprendre (de, to); ~ing party con-

tractant(e *f*) *m*; **2.** ['kɔntrækt] pacte *m*, contrat *m*; entreprise *f*; by ~ par contrat; under ~ engagé par contrat; ~ work travail *m* à forfait; **con'tract·ed** ☐ [kən'træktid] contracté; *fig.* rétréci; **con'tract·i·bil·i·ty** contractilité *f*; **con'tract·i·ble** contractile; **con'trac·tile** ☐ [ˌtail] contractile; de contraction; **con'trac·tion** contraction *f* (a. gramm.), rétrécissement *m*; *crédit:* amoindrissement *m*; *habitudes:* prise *f*; **con'trac·tor** *bâtiments:* entrepreneur *m*; *armée, gouvernement:* fournisseur *m*; *anat.* (muscle *m*) fléchisseur *m*; **con'trac·tu·al** ☐ [ˌtjuəl] contractuel(le *f*).

con·tra·dict [kɔntrə'dikt] contredire (*q., qch.*); **con·tra'dic·tion** contradiction *f*; **con·tra'dic·tious** contredisant; ergoteur (-euse *f*); **con·tra'dic·to·ri·ness** [ˌtərinis] nature *f* contradictoire; esprit *m* de contradiction; **con·tra'dic·to·ry** ☐ contradictoire; opposé (à, to).

con·tral·to ♪ [kən'træltəu] **1.** contralto *m*; **2.** (de) contralto.

con·tra·dis·tinc·tion [kɔntrədis'tiŋkʃn] opposition *f*, contraste *m*.

con·trap·tion *sl.* [kən'træpʃn] dispositif *m*, machin *m*; invention *f* baroque.

con·tra·ri·e·ty [kɔntrə'raiəti] contrariété *f*; **con·tra·ri·ly** ['ˌrili] contrairement; **'con·tra·ri·ness** esprit *m* contrariant *ou* de contradiction; contrariété *f*; **con·tra·ri·wise** ['ˌwaiz] au contraire; d'autre part; en sens opposé; **'con·tra·ry 1.** contraire, opposé; F [a. kən'trɛəri] indocile, revêche; ~ to contraire à, contre, à l'encontre de; **2.** contraire *m*; on (*ou* to) the ~ au contraire; to the ~ *a.* à l'encontre.

con·trast 1. ['kɔntræst] contraste *m* (avec to, with); in ~ to par contraste avec; by ~ en opposition; comme contraste; **2.** [kən'træst] *v/t.* faire contraster (avec, with), opposer; mettre en contraste (avec, with); *v/i.* contraster, faire contraste (avec, with).

con·tra·vene [kɔntrə'vi:n] enfreindre, transgresser; contrevenir à; aller à l'encontre de; **con·tra'ven·tion** [ˌvenʃn] contravention *f*, infraction *f* (à, of); violation *f* (de, of).

con·trib·ute [kən'tribju:t] *v/t.* contribuer pour (*une somme*); payer; écrire (*des articles*); v/i. contribuer, aider (à, to); collaborer (à *un journal*);**con·tri·bu·tion**[kɔntriˈbjuːʃn] contribution f; cotisation f; ✝ apport m (*de capitaux*), versement m; *journal*: article m; ✕ contribution f, réquisition f; **con'trib·u·tor** [kənˈtribjutə] contribuant(e f) m; collaborateur (-trice f) m (d'un journal, to a *newspaper*); **con'trib·u·to·ry** contribuant.

con·trite □ [ˈkɔntrait] contrit, pénitent; **con·tri·tion** [kənˈtriʃn] contrition f, pénitence f.

con·triv·ance [kənˈtraivəns] invention f; combinaison f; artifice m; appareil m, dispositif m; F truc m; **con'trive** v/t. inventer, imaginer, combiner; pratiquer; v/i. se débrouiller; se tirer d'affaire; s'arranger; trouver moyen (de *inf.*, to *inf.*); **con'triv·er** inventeur (-trice f) m; péj. machinateur (-trice f) m.

con·trol [kənˈtroul] **1.** autorité f; maîtrise f, contrainte f; empire m; contrôle m; *train, navire*: manœuvre f; *mot.* (a. ~ lever) manette f de commande; surveillance f; ⊕ commande f; contrôleur (-euse f) m (*d'un médium*); exchange ~ contrôle m des changes; attr. de commande, de contrôle; ✈ surfaces pl. empennage m; remote (*ou* distant) ~ commande f à distance f; ~ board commutateur m; ✈ ~ column levier m de commande; ⊕ ~ desk pupitre m de commande; ⊕ ~ knob bouton m de réglage; ✈ ~ panel tableau m de bord; ✈ ~ tower tour f de contrôle; be in ~ commander (qch., of s.th.); avoir de l'autorité (sur, of); put s.o. in ~ charger qu du contrôle ou de la direction (de, of); **2.** diriger; régler; tenir (*ses élèves*); maîtriser; gouverner (a. fig.); dompter (*ses passions*); réglementer (la *circulation*); retenir (*ses larmes*); ⊕ commander (a. ✈); ✝ ~ling interest participation majoritaire; **con'trol·la·ble** contrôlable; maniable, manœuvrable; maîtrisable; **con'trol·ler** contrôleur (-euse f) m; appareil, a. ✈ contrôleur m; affaire: gérant m.

con·tro·ver·sial □ [kɔntrəˈvəːʃl] controversable; polémique; *personne*: disputailleur (-euse f) m; **con·tro·ver·sy** [ˈ~si] controverse f;

polémique f; **con·tro·vert** [ˈ~vəːt] controverser (*une question*); disputer (qch.); **con·tro'vert·i·ble** □ controversable.

con·tu·ma·cious □ [kɔntjuːˈmeiʃəs] rebelle, récalcitrant; 🕮 contumace; **con·tu·ma·cy** [ˈkɔntjuməsi] obstination f, entêtement m; 🕮 contumace f.

con·tu·me·li·ous [kɔntjuˈmiːliəs] insolent, dédaigneux (-euse f); **con·tu·me·ly** [ˈkɔntjumli] insolence f; mépris m; honte f.

con·tuse 🩹 [kənˈtjuːz] contusionner; **con'tu·sion** contusion f.

co·nun·drum [kəˈnʌndrəm] devinette f; fig. énigme f.

con·va·lesce [kɔnvəˈles] être en convalescence; **con·va'les·cence** convalescence f; **con·va'les·cent** □ convalescent(e f) m (a. su./mf.).

con·vec·tion [kənˈvekʃn] phys. convection f.

con·vene [kənˈviːn] (s')assembler, (se) réunir; v/t. convoquer (*une assemblée*); 🕮 citer (devant, before).

con·ven·ience [kənˈviːnjəns] commodité f, convenance f; plaisir m; (a. public ~) cabinets m/pl. d'aisance, commodités f/pl.; at your earliest ~ au premier moment favorable; make a ~ of s.o. abuser de la bonté de q.; marriage of ~ mariage m de convenance; **con'ven·ient** □ commode; à proximité (de, to, for).

con·vent [ˈkɔnvənt] couvent m (surt. *de femmes*); **con·ven·ti·cle** [kənˈventikl] conciliabule m; conventicule m (surt. *de dissidents*); **con'ven·tion** convention f; accord m; usu. ~s pl. bienséances f/pl.; **con'ven·tion·al** conventionnel(le f); de convention; courant (a. ✕ *armes*); **con'ven·tion·al·ism** respect m des convenances; art: formalisme m; **con·ven·tion·al·i·ty** [ˌ~ˈnæliti] convention f; conventions f/pl. sociales; **con'ven·tu·al** [ˌ~tjuəl] □ conventuel(le f) (a. su./mf.).

con·verge [kənˈvəːdʒ] v/i. converger (sur, on); v/t. faire converger; **con'ver·gence, con'ver·gen·cy** convergence f; **con'ver·gent, con'verg·ing** convergent.

con·vers·a·ble [kənˈvəːsəbl] sociable; de commerce agréable; **con'ver·sant** familier (-ère f) (avec q., *with s.o.*); versé (dans *with, in*); compétent (en *with, in*); **con·ver·sa·tion** [ˌvəˈseiʃn] conversation *f*, entretien *m*; **con'ver·sa·tion·al** de (la) conversation; **con·verse** [ˈkɔnvəːs] **1.** contraire; **2.** conversation *f*; relations *f/pl.*, commerce *m*; Å proposition *f* réciproque; *phls.* proposition *f* converse; **3.** [kənˈvəːs] causer; s'entretenir (avec, *with*); **con'ver·sion** ⊕, *phls., eccl., pol.*, ✝ *rentes:* conversion *f* (à, *to*; en *into*); transformation *f* (*a. ✗*); ⚏ détournement *m* (*de fonds*); ✝ accommodation *f* (*d'une usine aux usages de qch.*).

con·vert 1. [ˈkɔnvəːt] converti(e *f*) *m*; **2.** [kənˈvəːt] transformer (*a. ✗*); changer; convertir (*a.* ⊕, *eccl., pol., phls.*); *sp.* transformer (*un essai*); ✝ affecter (*des fonds*); ⚏ détourner (*des fonds*); ✝ accommoder (*une usine etc.*); **con'vert·er** convertisseur (-euse *f*) *m*; ⊕, *a. ✗* convertisseur *m*; *radio:* adapteur *m*; **con·vert·i·bil·i·ty** [ˌvəˈbiliti] convertibilité *f*; **con'vert·i·ble** □ convertissable (*personne*); convertible (en, *into*) (*chose*); interchangeable (*termes*), réciproque; *mot.* décapotable, transformable.

con·vex □ [ˈkɔnˈveks] convexe; **con'vex·i·ty** convexité *f*.

con·vey [kənˈvei] (trans)porter; conduire; (a)mener (*q.*); communiquer (*une pensée, une nouvelle, etc.*); transmettre (*phys., a. odeur, son, ordre, remerciements, etc.*); ⚏ faire cession de; dresser l'acte translatif de propriété de; **con'vey·ance** transport *m*; moyen(s) *m(pl.)* de transport; transmission *f* (*a.* ⚏, *a. phys.*); communication *f*; voiture *f*; véhicule *m*; ⚏ transfert *m*, cession *f*; ⚏ acte *m* translatif de propriété; ✗ transmission *f*; transport *m* (*d'énergie*); *public* ~ voiture *f* publique; **con'vey·anc·er** notaire *m* (*qui dresse des actes translatifs de propriété*); **con'vey·or** ⊕ (*a.* ~ *belt*) bande *f* transporteuse.

con·vict 1. [ˈkɔnvikt] forçat *m*; **2.** [kənˈvikt] convaincre (*the, of*); **con'vic·tion** conviction *f*; ⚏ condamnation *f*; *previous* ~s dossier *m* du prévenu.

con·vince [kənˈvins] persuader,

convaincre (*q. de qch., s.o. of s.th.*).

con·viv·i·al [kənˈviviəl] joyeux (-euse *f*), jovial (-als *ou* -aux *m/pl.*), bon vivant; franche gaieté *f*; sociabilité *f*.

con·vo·ca·tion [kɔnvəˈkeiʃn] convocation *f*; *eccl.* assemblée *f*.

con·voke [kənˈvouk] convoquer.

con·vo·lu·tion [kɔnvəˈluːʃn] ⚘ circonvolution *f*; *fig.* repli *m*, sinuosité *f* [volubilis *m*.]

con·vol·vu·lus ⚘ [kənˈvɔlvjuləs]]

con·voy 1. [ˈkɔnvɔi] convoi *m*; escorte *f*; **2.** [kənˈvɔi] convoyer, escorter.

con·vulse [kənˈvʌls] *fig.* bouleverser; *be* ~*d with laughter* se tordre de rire; **con'vul·sion** *usu.* ~*s pl.* convulsion *f*, -s *f/pl.*; *fig.* bouleversement *m*; *go off in* ~*s of laughter* se tordre de rire; **con'vul·sive** □ convulsif (-ive *f*).

coo [kuː] **1.** roucouler; **2.** roucoulement *m*.

cook [kuk] **1.** cuisinier (-ère *f*) *m*; (*a. head* ~) chef *m*; **2.** *v/t.* (faire) cuire; F cuisiner (*les comptes etc.*); *v/i.* faire la cuisine; '~·**book** *Am.* livre *m* de cuisine; **'cook·er** cuisinière *f*; pomme *f ou* fruit *m* à cuire; F falsificateur (-trice *f*) *m* des comptes; *pressure*-~ marmite *f* express; **'cook·er·y** cuisine *f*; **cook·ie** [ˈki] *Am.* galette *f*; **'cook·ing** cuisson *f*; cuisine *f*; *attr.* de cuisine.

cool [kuːl] **1.** □ frais (fraîche *f*); froid, tiède (*sentiments*); *fig.* calme, de sang-froid; *péj.* sans gêne, peu gêné; F *a* ~ *thousand pounds* mille livres bien comptées; **2.** frais *m*; **3.** (se) rafraîchir; **'cool·er** rafraîchisseur *m*; *vin:* glacière *f*; *sl.* prison *f*; **'cool-'head·ed** à l'esprit calme; de sang-froid, imperturbable.

coo·lie [ˈkuːli] coolie *m*.

cool·ing ⊕ [ˈkuːliŋ] refroidissement *m*; *attr.* de réfrigération; **'cool·ness** fraîcheur *f*; *fig. personne:* froideur *f*; sang-froid *m*; flegme *m*; **coolth** F *ou* co. *Brit.* [kuːlθ] frais *m*.

coomb(e) [kuːm] *géog.* combe *f*.

coon *Am.* F [kuːn] *zo. abr. de* rac(c)oon; nègre *m*; type *m*; *he is a gone* ~ c'en est fait de lui; ~ *song* chanson *f* nègre.

coop [kuːp] **1.** cage *f* à poules;

poussinière *f*; 2. ~ *up* (*ou in*) enfermer; tenir enfermé.

co-op F [kou'ɔp] *see* co(-)operative store; co(-)operative society.

coop·er ['ku:pə] tonnelier *m*; *dry* ~ boisselier *m*; *vins*: embouteilleur *m*; '**coop·er·age** tonnellerie *f*.

co(-)op·er·ate [kou'ɔpəreit] coopérer (*avec, with*); concourir (à, *in*); *ready to* ~ prêt à aider; **co(-)op·er·'a·tion** coopération *f*, concours *m* (à, *in*); **co(-)op·er·a·tive** [~pərətiv] **1.** coopératif (-ive *f*); ~ *society* société *f* coopérative; ~ *store* société *f* coopérative de consommation; F coopérative *f*; **2.** *see* ~ *store*; **co-'op·er·a·tor** [~reitə] coopérateur (-trice *f*) *m*.

co-opt [kou'ɔpt] coopter; **co-op'ta·tion** cooptation *f*.

co·or·di·nate [kou'ɔ:dinit] **1.** □ coordonné; **2.** A coordonnée *f*; **3.** [~neit] coordonner (à, *with*); **co·or·di·'na·tion** coordination *f*.

coot [ku:t] *orn.* foulque *f* noire; F niais(e *f*) *m*; **coot·ie** ['~i] *sl.* pou (*pl.* poux) *m*.

cop *sl.* [kɔp] **1.** pincer (=*attraper*); ~ *it* (se faire) attiger; recevoir un savon; **2.** sergot *m*, flic *m*.

co·par·ce·nar·y ['kou'pɑ:sinəri] copartage *m*; copropriété *f*; '**co'par·ce·ner** indivisaire *mf*.

co·part·ner ['kou'pɑ:tnə] coassocié(e *f*) *m*; '**co'part·ner·ship** coassociation *f*; coparticipation *f*; actionnariat *m* ouvrier.

cope[1] [koup] **1.** *eccl.* chape *f*; *fig.* voile *m*, manteau *m*; voûte *f* (*céleste*); **2.** recouvrir d'une voûte; chaperonner (*un mur*).

cope[2] [~] se débrouiller, s'en tirer; ~ *with* tenir tête à, faire face à; s'occuper de; venir à bout de.

cop·i·er ['kɔpiə] machine *f* à photocopier.

cope·stone ['koupstoun] *usu. fig.* couronnement *m*.

cop·ing A ['koupiŋ] chaperon *m* (*d'un mur*).

co·pi·ous □ ['koupjəs] copieux (-euse *f*), abondant; '**co·pi·ous·ness** profusion *f*, abondance *f*.

cop·per[1] ['kɔpə] **1.** cuivre *m* (rouge); pièce *f* de deux sous; lessiveuse *f*; ~*s pl.* petite monnaie *f*; **2.** de *ou* en cuivre; **3.** cuivrer; doubler (*un navire*).

cop·per[2] [~] *Brit. sl. see* cop 2.

cop·per·as ▲ ['kɔpərəs] couperose *f* verte.

cop·per...: '~**plate** plaque *f* de cuivre; ~ *writing* écriture *f* moulée; '~**works** *usu. sg.* fonderie *f* de cuivre; '**cop·per·y** cuivreux (-euse *f*).

cop·pice ['kɔpis], **copse** [kɔps] taillis *m*, hallier *m*.

cop·u·late ['kɔpjuleit] s'accoupler; **cop·u·la·tion** coït *m*; *zo.* accouplement *m*; **cop·u·la·tive** ['~lətiv] **1.** *anat., physiol.* copulateur (-trice *f*); *gramm.* copulatif (-ive *f*); **2.** copulative *f*.

cop·y ['kɔpi] **1.** copie *f*; reproduction *f*; transcription *f*; *livre*: exemplaire *m*; *journal*: numéro *m*; *écriture*: modèle *m*; *imprimerie*: manuscrit *m*; *journ.* matière *f* à reportage; (*a. carbon* ~) double *m*; *fair* (*ou clean*) ~ copie *f* au net; *fig.* corrigé *m*; *rough* (*ou foul*) ~ brouillon *m*; **2.** copier; reproduire; transcrire; ~ *fair* mettre au net; *phot.* ~*ing stand* porte-copie *m*/*inv.*; '~**book** cahier *m* d'écriture; '~**cat** F imitateur *m* (-trice *f*); ~ **ed·i·tor** secrétaire *mf* de rédaction; '~**hold** ☆ tenure *f* censitaire; '**cop·y·ing·ink** encre *f* à copier; '**cop·y·ing·press** presse *f* à copier; '**cop·y·ist** copiste *mf*; scribe *m*; '**cop·y·right** propriété *f* littéraire; droit *m* d'auteur; *attr.* protégé par des droits d'auteur; qui n'est pas dans le domaine public (*livre*); **cop·y writ·er** rédacteur (-trice *f*) *m* publicitaire.

co·quet [kou'ket] faire la coquette; **co·quet·ry** ['~kitri] coquetterie *f*; **co·quette** [~'ket] coquette *f*; **co·'quet·tish** □ provocant; coquet(te *f*) (*chapeau etc.*); flirteur (-euse *f*) (*femme*).

cor·al ['kɔrəl] **1.** corail (*pl.* -aux) *m*; anneau *m* de corail (*pour bébé*); **2.** (*a.* **cor·al·line** ['~lain*) corallien (-ne *f*); corallin (*couleur*).

cor·bel A ['kɔ:bl] corbeau *m*, console *f*.

cord [kɔ:d] **1.** corde *f*; cordon *m* (*a.* ♪); ficelle *f*; *bois de chauffage*: corde *f*; *fig.* lien *m*; *anat.* corde *f* (*vocale*); cordon *m* (*médullaire, ombilical*); *see* corduroy; **2.** corder; attacher *ou* lier avec une corde; '**cord·ed** *tex.* côtelé; '**cord·age** cordages *m*/*pl.*

cor·dial ['kɔːdjəl] **1.** □ cordial (-aux *m/pl.*); chaleureux (-euse *f*); **2.** cordial *m*; **cor·dial·i·ty** [ˌdiːˈæliti] cordialité *f*.

cord-mak·er ['kɔːdmeikə] cordier *m*.

cor·don ['kɔːdən] **1.** ⚕, ✕, *etc.* cordon *m*; **2.** ~ *off* isoler par un cordon (*de police etc.*).

cor·do·van ['kɔːdəvən] (cuir *m*) de Cordoue.

cor·du·roy ['kɔːdərɔi] *tex.* velours *m* côtelé; ~ *pl.* pantalon *m ou* culotte *f* de velours à côtes; ~ *road Am.* chemin *m* de rondins.

core [kɔː] **1.** ~ *pomme:* trognon *m*; *bois:* cœur *m*; *fig.* cœur *m*; intérieur *m*; *abcès:* bourbillon *m*; ⚕ carotte *f*; ⊕ noyau *m*; ~ *time* temps *m* de présence obligatoire; **2.** enlever le cœur de (*une pomme*); **'cor·er** (*a. apple-*~) vide-pomme *m/inv.*

co·re·li·gion·ist ['kɔuriˈlidʒənist] coreligionnaire *mf*.

Co·rin·thi·an [kəˈrinθiən] **1.** corinthien(ne *f*); **2.** Corinthien(ne *f*) *m*.

cork [kɔːk] **1.** liège *m*; *bouteille:* bouchon *m*; **2.** boucher; *fig.* (*a.* ~ *up*) étouffer; **'cork·age** bouchage *m*; débouchage *m*; *restaurant:* droit *m* de débouchage; **'corked** qui sent le bouchon (*vin*); **'cork·er** *sl.* dernier cri *m*; type *m etc.* épatant; mensonge *m* un peu fort; **'cork·ing** *Am.* F fameux (-euse *f*); *bath.*

cork...: ~ **jack·et** gilet *m* de sauvetage; **'~screw** **1.** tire-bouchon *m*; ~ *curl cheveux:* tire-bouchon *m*; **2.** *v/i.* vriller (*fil*); tourner en vrille (*escalier*); **'~tree** ~ chêne-liège (*pl.* chênes-lièges *m*); **'cork·y** semblable au liège; *fig.* enjoué.

cor·mo·rant *orn.* ['kɔːmərənt] cormoran *m*, F corbeau *m* de mer.

corn[1] [kɔːn] **1.** grain *m*; blé *m*; *Am.* (*a. Indian* ~) maïs *m*; *Am.* ~ *bread* pain *m* de maïs; *Am.* ~*flakes* paillettes *f/pl.* de maïs; **2.** saler; ~*ed beef* bœuf *m* de conserve.

corn[2] ⚕ [~] *orteil:* cor *m*; *pied:* oignon *m*.

corn...: **'~chan·dler** *Brit.* marchand *m* de grains; **'~cob** *Am.* épi *m* de maïs.

cor·ne·a *anat.* ['kɔːniə] œil: cornée *f*.

cor·nel ⚕ ['kɔːnl] cornouille *f*; *arbre:* cornouiller *m*.

cor·nel·ian *min.* [kɔːˈniːljən] cornaline *f*.

cor·ne·ous ['kɔːniəs] corné.

cor·ner ['kɔːnə] **1.** coin *m*, angle *m*; tournant *m*; *mot.* virage *m*; *fig.* dilemme *m*, impasse *f*; ✝ monopole *m*; ✝ trust *m* d'accapareurs; *foot.* (*a.*~ *kick*) corner *m*; **2.** mettre dans un coin (*fig.* une impasse); acculer (*q.*); mettre (*un animal*) à l'accul; ✝ accaparer; **'cor·nered** à angles, à coins.

corner...: '~**house** maison *f* du coin; '~**stone** pierre *f* angulaire (*a. fig.*).

cor·net ['kɔːnit] ♪ cornet *m* à pistons; *papier:* cornet *m*; *glaces:* plaisir *m*.

corn...: '~**ex·change** bourse *f* des céréales; halle *f* aux blés; '~**flow·er** bl(e)uet *m*; ~ *blue* bleu barbeau.

cor·nice ['kɔːnis] ⚕, *alp.* corniche *f*; chapiteau *m* d'armoire.

Cor·nish ['kɔːniʃ] cornouaillais, de Cornouailles.

corn...: ~ *meal* *Am.* farine *f* de maïs; '~**pop·py** ⚕ coquelicot *m*; pavot *m* rouge.

cor·nu·co·pi·a [kɔːnjuˈkoupjə] corne *f* d'abondance.

corn·y ['kɔːni] abondant en blé; *sl.* suranné, rebattu; *surt. Am.* ♪ sentimental (-aux *m/pl.*); gnangnan (*inv.*)

co·rol·la ⚕ [kəˈrɔlə] corolle *f*; **cor·ol·la·ry** corollaire *m*; *fig.* conséquence *f*.

co·ro·na [kəˈrounə], *pl.* **-nae** [ˌniː] *astr.* couronne *f*; ⚕ larmier *m*; **co·ro·nal** ['kɔrənl] *anat.* coronal (-aux *m/pl.*); **cor·o·nar·y** ['kɔrənəri] **1.** coronaire; ~ *thrombosis* infarctus *m* du myocarde; **2.** infarctus *m*; **cor·o·na·tion** couronnement *m*, sacre *m*; **'cor·o·ner** ⚕ coroner *m*; **cor·o·net** ['ˌnit] cercle *m*, couronne *f*; *dame:* diadème *m*.

cor·po·ral ['kɔːpərəl] **1.** □ corporel (-le *f*); **2.** ✕ *infanterie:* caporal *m*; *artillerie, cavalerie:* brigadier *m*; **cor·po·rate** ['ˌrit] □ constitué; ~ *body* corps *m*; personne *f* civile; **cor·po·ra·tion** corporation *f*, corps *m* constitué; personne *f* civile; municipalité *f*; *Am.* société *f* par actions; F gros ventre *m*; **cor·po·ra·tive** ['ˌrətiv] corporatif (-ive *f*); **cor·po·re·al** □ [~

'pɔːriəl] corporel(le f); matériel(le f) (a. ⚡); **cor·po·re·i·ty** [ˌpəˈriːiti] corporéité f.

corps [kɔː], pl. **corps** [kɔːz] corps m.

corpse [kɔːps] cadavre m; corps m.

cor·pu·lence, **cor·pu·len·cy** ['kɔːpjuləns(i)] corpulence f; **'cor·pu·lent** corpulent.

cor·pus ['kɔːpəs], pl. **-po·ra** ['ˌpərə] corpus m, recueil m; ♀ **Chris·ti** ['kɔːpəsˈkristi] la Fête-Dieu f; **cor·pus·cle** ['kɔːpʌsl] corpuscule m; sanguin: globule m; fig. atome m.

cor·ral surt. Am. [kɔˈrɑːl] **1.** corral (pl. -als) m; **2.** renfermer dans un corral; fig. s'emparer de; parquer (des chariots) en rond.

cor·rect [kəˈrekt] **1.** adj. ☐ correct; juste; bienséant; be ~ avoir raison; fig. être en règle; **2.** v/t. corriger; rectifier (une erreur); v/i. corriger (une influence); reprendre (un enfant); **cor·rec·tion** correction f; rectification f; châtiment m, punition f; house of ~ maison f de correction; I speak under ~ je le dis sous toutes réserves, sauf correction; **cor·rec·ti·tude** [ˌtjuːd] correction f; cor-**'rec·tive 1.** correctif (-ive f), rectificatif (-ive f); punitif (-ive f); **2.** correctif m; **cor·rec·tor** correcteur (-trice f) m; typ. correcteur (-euse f) m; ⊕ appareil m etc. correcteur.

cor·re·late ['kɔrileit] **1.** v/t. mettre en corrélation (avec, with); v/i. correspondre (à with, to); **2.** corrélatif m; **cor·re·la·tion** corrélation f; **cor·rel·a·tive** ☐ ['ˌrelətiv] corrélatif (-ive f); en corrélation (avec, with).

cor·re·spond [kɔrisˈpɔnd] (with, to) correspondre (avec, à); être conforme (à); (s')écrire (à); **cor·re·'spond·ence** correspondance f; courrier m; **cor·re·'spond·ent 1.** ☐ conforme; **2.** correspondant(e f) m (a. ♥); journ. envoyé(e f) m.

cor·ri·dor ['kɔridɔː] couloir m, corridor m; 🚂 ~ train train m à intercirculation.

cor·ri·gi·ble ☐ ['kɔridʒəbl] corrigible.

cor·rob·o·rant [kəˈrɔbərənt] **1.** corroborant; corroboratif (-ive f); **2.** corroborant m; fortifiant m; **cor·'rob·o·rate** [ˌreit] corroborer, confirmer; **cor·rob·o·'ra·tion** corrobo-

ration f, confirmation f; **cor·'rob·o·ra·tive** [ˌrətiv] corroboratif (-ive f); corroborant.

cor·rode [kəˈroud] corroder, ronger (un métal, a. fig.); **cor·'ro·dent** corrodant (a. su./m); **cor·'ro·sion** corrosion f; qqfois rouille f; ⚡ sulfatage m (des bornes); **cor·'ro·sive** [ˌsiv] **1.** ☐ corrosif (-ive f) (a. fig.); corrodant; **2.** corrosif m, corrodant m; **cor·'ro·sive·ness** corrosivité f; mordant m.

cor·ru·gate ['kɔrugeit] ⊕ strier de nervures; ~d cardboard carton m ondulé; ~d iron tôle f ondulée.

cor·rupt [kəˈrʌpt] **1.** ☐ corrompu, altéré (a. texte); fig. dépravé; vénal (-aux m/pl.) (presse); pol. ~ practices brigues f/pl.; abus m; trafic m d'influence; **2.** v/t. corrompre, altérer (a. texte); fig. dépraver, dévoyer; v/i. se corrompre; s'altérer; **cor·'rupt·er** corrupteur (-trice f) m; démoralisateur (-trice f) m; **cor·rupt·i·bil·i·ty** [ˌˈbiliti] corruptibilité f; vénalité f; **cor·'rupt·i·ble** ☐ corruptible; vénal (-aux m/pl.); **cor·'rup·tion** corruption f (a. fig.); dépravation f; subornation f (d'un témoin); **cor·'rup·tive** ☐ corruptif (-ive f).

cor·sage [kɔːˈsɑːʒ] corsage m; Am. bouquet m.

cor·sair ['kɔːsɛə] homme, vaisseau: corsaire m; pirate m.

cors⟨e⟩**·let** ['kɔːslit] corselet m.

cor·set ['kɔːsit] corset m; **'cor·set·ed** corseté.

cor·ti·cal ['kɔːtikl] cortical (-aux m/pl.); fig. extérieur.

cor·ti·sone ['kɔːtizoun] cortisone f.

co·run·dum min. [kəˈrʌndəm] corindon m.

cor·us·cate ['kɔrəskeit] scintiller; briller; **cor·us·'ca·tion** vif éclat m; fig. ~s of wit paillettes f/pl. d'esprit.

cor·vette ⚓ [kɔːˈvet] corvette f.

cor·vine ['kɔːvain] orn. corvin.

cor·y·phae·us [kɔriˈfiːəs], pl.-**phae·i** [ˌˈfiːai] coryphée m (a. fig.); fig. chef m de secte etc.; **co·ry·phée** [ˌˈfei] ballet: première danseuse f.

cosh·er ['kɔʃə] dorloter, gâter.

co·sig·na·to·ry ['kouˈsignətəri] cosignataire (a. su.).

co·sine ♉ ['kousain] cosinus m.

co·si·ness ['kouzinis] confortable m; chaleur f agréable.

cos·met·ic [kɔz'metik] (*∼ally*) cosmétique (*a. su./m*).

cos·mic, cos·mi·cal □ ['kɔzmik(l)] cosmique.

cos·mo·naut ['kɔzmənɔ:t] cosmonaute *m*.

cos·mo·pol·i·tan [kɔzmə'pɔlitən], **cos·mop·o·lite** [ˌ'mɔpəlait]cosmopolite (*a. su./mf*).

Cos·sack ['kɔsæk] cosaque (*a. su.*).

cos·set ['kɔsit] **1.** (agneau *m*) favori *m*; **2.** dorloter, gâter.

cost [kɔst] **1.** coût *m*; frais *m/pl.*; dépens *m/pl.*; prix *m*; ⚖ *∼s pl.* frais *m/pl.* d'instance; les frais *m/pl.* et dépens *m/pl.*; *first* (*ou prime*) *∼* prix *m* coûtant; prix *m* de revient; *∼ of living* coût *m* de la vie; *to my ∼* à mes dépens; *as I know to my ∼* (comme) je l'ai appris pour mon malheur; **2.** [*irr.*] coûter; *⚖* établir le prix de revient de (*un article*); *∼ dear* coûter cher (à q., s.o.).

co-star *cin.* ['kou'stɑ:] **1.** partenaire *mf*, acteur *m* (actrice *f*) qui partage la vedette; **2.** partager la vedette.

cos·ter F ['kɔstə], **'∼·mon·ger** marchand *m* des quatre-saisons.

cost·ing ['kɔstiŋ] établissement *m* du prix de revient.

cos·tive ['kɔstiv] constipé.

cost·li·ness ['kɔstlinis] prix *m* élevé; *meubles*: somptuosité *f*; **'cost·ly** de grand prix; riche (*meubles*); coûteux (-euse *f*).

cost-price ⚓ ['kɔstprais] prix *m* coûtant, prix *m* de revient, prix *m* de fabrique.

cos·tume ['kɔstju:m] **1.** costume *m* (*pour dames*: tailleur); *∼ play* pièce *f* historique; **2.** costumer; **cos'tum·i·er** [ˌ∼miə] costumier *m*.

co·sy ['kouzi] **1.** □ chaud, commode, confortable; **2.** cosy *m* (*pour œufs à la coque*); couvre-théière *m*; molleton *m*.

cot [kɔt] lit *m* d'enfants; lit *m* de camp; ⚓ hamac *m* à cadre.

co·te·rie ['koutəri] coterie *f*; cénacle *m* (*littéraire etc.*).

cot·tage ['kɔtidʒ] chaumière *f*; petite maison *f* de campagne; *Am.* résidence *f* d'été; *Am. ∼ cheese* fromage *m* blanc; *∼ industry* industrie *f* à domicile; *∼ piano* petit piano *m* droit; **'cot·tag·er** paysan(ne *f*) *m*; habitant(e *f*) *m* d'une chaumière; *Am.* estivant(e *f*) *m*.

cot·ter ⊕ ['kɔtə] clavette *f*, goupille *f*.

cot·ton ['kɔtn] **1.** coton *m*; *arbre*: cotonnier *m*; toile *f ou* fil *m* de coton; fil *m* à coudre; **2.** de coton; *Am. ∼ candy* barbe *f* à papa; *∼ wool* ouate *f*; **3.** F s'accorder, faire bon ménage (avec, *with*); se sentir attiré (par, *to*); *F ∼ on* (*to s.th.*) piger (qch.); *∼ to s.th.* s'accommoder à qch.; *∼ up* faire des avances (à *to*, *with*); **'∼-grass** linaigrette *f*; **'cot·ton·y** cotonneux (-euse *f*).

couch [kautʃ] **1.** canapé *m*, divan *m*; chaise *f* longue; *poét.* lit *m*; **2.** *v/t.* coucher; *mettre* (*sa lance*) en arrêt; envelopper (*sa pensée*); rédiger (*une lettre, une réclamation*); abaisser (*une cataracte*); *v/i.* se coucher; se tapir; **'∼-grass** ♣ chiendent *m*.

cou·gar *zo.* ['ku:gɑ:] couguar *m*, puma *m*.

cough [kɔf] **1.** toux *f*; *∼ drop* pastille *f* pour la toux; *∼ mixture* sirop *m* pour la toux; **2.** *v/i.* tousser; *v/t. ∼ down* réduire (*q.*) au silence à force de tousser; *∼ up* cracher (*a. sl. = payer*).

could [kud] *prét.* de *can¹*.

couldn't ['kudnt] = *could not.*

coul·ter ['koultə] coutre *m* (*de charrue*).

coun·cil ['kaunsl] conseil *m*; *eccl.* concile *m*; **coun·ci(l)·lor** ['∼ilə] conseiller *m*; membre *m* du conseil.

coun·sel ['kaunsəl] **1.** consultation *f*; conseil *m*; dessein *m*; ⚖ avocat *m*; conseil *m*; *∼ for the defence* défenseur *m*; avocat *m* du défendeur; *∼ for the prosecution* avocat *m* de la partie publique; *keep o.'s* (*own*) *∼* observer le silence; *take ∼ with* consulter avec; **2.** conseiller, recommander (à q. de *inf.*, *s.o. to inf.*); **coun·se(l)·lor** ['∼lə] conseiller *m*.

count¹ [kaunt] **1.** compte *m*, calcul *m*; *votes*: dépouillement *m*; dénombrement *m*; ⚖ chef *m* d'accusation); *box.* compte *m*; *parl.* (*a. ∼-out*) ajournement *m*; *lose ∼* perdre le compte (de, *of*); **2.** *v/t.* compter; dénombrer; *fig.* tenir (*q.*) pour; *box. be ∼ed out* rester sur le plancher pour le compte; *F* être compté dehors; *v/i.* compter (sur, *on*; pour *as*, *for*; au nombre de, *among*); avoir de l'importance; *∼ for little* compter pour peu, ne compter guère.

count² [∼] *titre étranger*: comte *m*.

count·down ['kauntdaun] *fusée*: compte *m* à rebours.

coun·te·nance ['kauntinəns] **1.** visage *m*, figure *f*, mine *f*; expression*f* (du visage); faveur *f*; **2.** approuver; encourager, appuyer.

count·er¹ ['kauntə] compteur (-euse *f*) *m*; ⊕ compteur *m*; *jeux*: fiche *f* (*carrée*), jeton *m* (*rond*); *boutique*: comptoir *m*; *banque etc.*: guichets *m/pl.*; caisse *f*; *phys.* Geiger ∼ compteur *m* Geiger.

count·er² [∼] **1.** *adj.* contraire, opposé (à, *to*); **2.** *adv.* à contresens; contrairement; **3.** *su.* contre *m*; *box.* coup *m* d'arrêt; **4.** *v/t.* aller à l'encontre de; contrecarrer (*des desseins*); *box.* parer.

coun·ter·act [kauntə'rækt] neutraliser; parer à; **coun·ter'ac·tion** action *f* contraire; neutralisation *f*; contre-mesure *f*.

coun·ter-at·tack ['kauntərətæk] contre-attaque *f*.

coun·ter·bal·ance 1. ['kauntəbæləns] contrepoids *m*; **2.** [∼'bæləns] contrebalancer; compenser; ✝ équilibrer.

coun·ter·blast ['kauntəbla:st] riposte *f*.

coun·ter·change [kauntə'tʃeindʒ] échanger (pour, contre *for*).

coun·ter·charge ['kauntətʃa:dʒ] contre-accusation *f*.

coun·ter·check ['kauntətʃek] force *f* opposée *ou* antagoniste; riposte *f*.

coun·ter·clock·wise ['kauntə'klɔkwaiz] en sens inverse des aiguilles d'une montre.

coun·ter·cur·rent ['kauntə'kʌrənt] contre-courant *m*.

coun·ter·es·pi·o·nage ['kauntərespiə'na:ʒ] contre-espionnage *m*.

coun·ter·feit ['kauntəfit] **1.** ☐ contrefait; faux (fausse *f*); simulé; ∼ *money* fausse monnaie (*f*); contrefaçon *f*; *document*: faux *m*; F fausse monnaie *f*; **2.** contrefaire; simuler, feindre (*une émotion*); '**coun·ter·feit·er** contrefacteur; faux-monnayeur *m*; falsificateur (-trice *f*) *m*.

coun·ter·foil ['kauntəfɔil] souche *f*, *chèque*: talon *m*.

coun·ter·fort ⚠ ['kauntəfɔ:t] contrefort *m*.

coun·ter-in·tel·li·gence ['kauntərintelidʒəns]*see* counter-espionage.

coun·ter·jump·er F ['kauntədʒʌmpə] commis *m*; calicot *m*.

coun·ter·mand [kauntə'ma:nd] **1.** contrordre *m*, contremandement *m*; **2.** contremander; révoquer; ✝ décommander.

coun·ter·march ['kauntəma:tʃ] **1.** contremarche *f*; **2.** (faire) contremarcher.

coun·ter·mark ['kauntəma:k] contremarque *f*.

coun·ter·meas·ure ['kauntəmeʒə] contre-mesure *f*.

coun·ter·mine ['kauntəmain] **1.** contre-mine *f*; **2.** contre-miner (*a. fig.*).

coun·ter·or·der ['kauntərɔ:də] contrordre *m*.

coun·ter·pane ['kauntəpein] couvre-lit *m*; courtepointe *f*.

coun·ter·part ['kauntəpa:t] contrepartie *f*; double *m*.

coun·ter·point ♩ ['kauntəpoint] contrepoint *m*.

coun·ter·poise ['kauntəpɔiz] **1.** contrepoids *m*; équilibre *m*; **2.** contrebalancer; faire contrepoids à (*a. fig.*).

coun·ter·pro·duc·tive ['kauntəprə'dʌktiv] improductif (-ive *f*); inutile; absurde; *be* ∼ *a.* n'aboutir à rien.

coun·ter·scarp ⚔ ['kauntəska:p] contrescarpe *f*.

coun·ter·sign ['kauntəsain] **1.** contreseing *m*; mot *m* d'ordre; **2.** contresigner.

coun·ter·sink ⊕ [kauntə'siŋk] [*irr.*] fraiser; noyer (*la tête d'une vis*); encastrer (*la tête d'un rivet*).

coun·ter·stroke ['kauntəstrouk] retour *m* offensif.

coun·ter·ten·or ♩ ['kauntə'tenə] haute-contre (*pl.* hautes-contre) *f*; alto *m*.

coun·ter·vail ['kauntəveil] *v/t.* compenser; *v/t.* prévaloir (contre, *against*).

coun·ter·weight ['kauntəweit] contrepoids *m* (à, *to*).

coun·ter·work ['kauntəwə:k] contrarier; contrecarrer.

count·ess ['kauntis] comtesse *f*.

count·ing-house ['kauntiŋhaus] (bureau *m* de la) comptabilité *f*.

count·less ['kauntlis] innombrable.

coun·tri·fied ['kʌntrifaid] aux allures agrestes; province *inv.* (*personne*).

coun·try ['kʌntri] 1. pays *m*; région *f*; patrie *f*; campagne *f*; province *f*; appeal (*ou* go) to the ~ en appeler au pays; 2. campagnard; de *ou* à la campagne; ~ *policeman* garde *m* champêtre; ~ **dance** dance *f* rustique; '~**man** campagnard *m*, paysan *m*; compatriote *m*; '~**side** campagnes *f/pl.*; (population *f* de la) région *f*; '~**wom·an** campagnarde *f*, paysanne *f*; compatriote *f*.

coun·ty ['kaunti] comté *m*; ~ *town*, *Am.* ~ *seat* chef-lieu (*pl.* chefs-lieux) *m* de comté.

coup [ku:] coup *m* (audacieux).

cou·ple ['kʌpl] 1. couple *m*, deux ...; couple *f* (*a.* d'œufs, de pigeons); 2. *v/t.* coupler; associer; ⊕ engrener; 🚂 atteler, accrocher; 🔌 brancher (sur, to), interconnecter; *v/i.* s'accoupler (*personne*); ~ *back* coupler à réaction; '**cou·pler** *radio:* accoupleur *m*; **cou·plet** ['~lit] distique *m*.

cou·pling ⊕ ['kʌpliŋ] accouplement *m*; 🚂 accrochage *m*; 🔌 couplage *m*; *radio:* accouplement *m*; *attr.* d'accouplement.

cou·pon ['ku:pɔn] coupon *m* (*a.* ✈); ticket *m* (*de carte alimentaire*).

cour·age ['kʌridʒ] courage *m*; **cou·ra·geous** □ [kə'reidʒəs] courageux (-euse *f*).

cour·gette [kuə'ʒet] courgette *f*.

cou·ri·er ['kuriə] courrier *m*, messager *m*.

course [kɔ:s] 1. *événements, fleuve, temps, univ.:* cours *m*; *événements:* marche *f*; direction *f*, route *f* (*a.* ⚓); affaires: courant *m*; *balle:* trajet *m*; *repas:* plat *m*, service *m*; *fig.* chemin *m*; *fig.* parti *m*; *sp.* piste *f*; *sp.* champ *m* de course(s); *golf:* parcours *m*; ⚓ cap *m*; ⚓ basse voile *f*; ♦ cote *f* (*des changes*); 🖋 traitement *m*; ⊕ piston: course *f*; △ assise *f*; *cours d'eau:* lit *m*; ~ *of action* ligne *f* de conduite; *in due* ~ en temps utile; *of* (*bien*) *entendu*, naturellement; *be a matter of* ~ aller de soi; ~ *of exchange* cote *f* des changes; 2. *v/t.* chasse: (faire) courir; *v/i.* courir, couler (*liquide, surt. sang*).

cours·ing ['kɔ:siŋ] chasse *f* (à courre) au lièvre.

court [kɔ:t] 1. cour *f* (*royale, a.* 🖋); 🖋 tribunal *m*; ruelle *f*; ⚔, ♦ commission *f* (*d'enquête*); *sp.* court *m* (*de tennis*), terrain *m*; *Am.* General ♀ Parlement *m* (*des États de Vermont et New Hampshire*); *at* ~ à la cour; *pay* (*one's*) ~ faire la cour (à, to); 2. courtiser; faire la cour à (*une femme*), solliciter (*qch.*); rechercher (*qch.*); aller au-devant de (*un échec, un danger*); '~**card** cartes: figure *f*, carte *f* peinte; '~**day** jour *m* d'audience; **cour·te·ous** □ ['kɔ:tiəs] courtois, poli (envers, to); **cour·te·san, a. cour·te·zan** [kɔ:ti'zæn] courtisane *f*; **cour·te·sy** ['kɔ:tisi] courtoisie *f*, politesse *f*; ~ *call* visite *f* de politesse; *mot.* ~ *light* plafonnier *m*; **court-house** ['kɔ:thaus] palais *m* de justice; *Am.* ~ administration *f* (*d'un département*); **cour·ti·er** ['~jə] courtisan *m*; '**court·li·ness** courtoisie *f*; élégance *f*; '**court·ly** courtois; élégant.

court...: ~ *mar·tial, pl.* ~ **s mar·tial** ⚔ conseil *m* de guerre; '~**mar·tial** faire passer en conseil de guerre; '~**plas·ter** taffetas *m* gommé; '~**ship** cour *f* (*faite à une femme*); '~**yard** cour *f* (*d'une maison*).

cous·in ['kʌzn] cousin *e f*) *m*; *first* ~, ~ *german* cousin(e *f*) *m* germain(e *f*); '**cous·in·ly** de bon cousinage; **cous·in·hood** ['~hud], '**cous·in·ship** cousinage *m*; parenté *f*.

cove[1] [kouv] 1. anse *f*; petite baie *f*; △ grande gorge *f*; voûte *f* (*de plafond*); 2. voûter.

cove[2] *sl.* [~] type *m*, individu *m*.

cov·e·nant ['kʌvinənt] 1. 🖋 convention *f*, contrat *m*; *bibl.* alliance *f*; *pol.* pacte *m*; 2. *v/t.* accorder par contrat; stipuler (*de l'argent*); *v/i.* convenir (*de qch. avec q., with s.o. for s.th.*).

Cov·en·try ['kɔvəntri]: *send s.o. to* ~ mettre q. en quarantaine.

cov·er ['kʌvə] 1. couverture *f*; *table:* tapis *m*; *buffet:* dessus *m*; couvercle *m*; *abri m*; *poste:* enveloppe *f*; *fig.* masque *m*, voile *m*; *mot.*, bicyclette, etc.: bâche *f*; ⚔ provision *f*, marge *f*; *repas:* couvert *m*; (*ou* ~ *address*) adresse *f* de convenance; *Am.* ~ *charge* couvert *m*; *journ.* ~ *story* article *m* principal; 2. recouvrir; couvrir (de, with) (*q., qch.*, ⚔ risque,

⚔ retraite, *dépenses*); envelopper; revêtir; dominer (*une vue, un terrain*); parcourir (*une distance*); tapisser (*un mur*); combler (*un déficit*); ⚓ guiper (*un fil*); assurer le compte-rendu de (*un journal*); F couvrir, dissimuler; *fig.* tenir compte de, comprendre; ⮡ed button bouton *m* d'étoffe; ⮡ed court *tennis*: court *m* couvert; ⮡ed wire fil *m* guipé; '**cov·er·ing** recouvrement *m*; couverture *f* (*a. de lit*); enveloppe *f*; ⚓ fil *etc.*: guipage *m*; *meubles*: housse *f*; ⚓ bâche *f*; floor ⮡ linoléum *m*; **cov·er·let** ['⮡lit] couvre-lit *m*; dessus *m* de lit.

cov·ert ['kʌvət] **1.** □ voilé, caché, secret (-ète *f*); ♓ en puissance de mari; **2.** *chasse*: abri *m*, couvert *m*, fourré *m*; retraite *f*; **cov·er·ture** ['⮡tjuə] abri *m*; ♓ condition *f* de la femme mariée.

cov·er-up ['kʌvərʌp] dissimulation *f*; tentatives *f/pl.* pour étouffer *ou* dissimuler un scandale.

cov·et ['kʌvit] convoiter; aspirer à; '**cov·et·ous** □ avide (de, *of*); avare; cupide; '**cov·et·ous·ness** convoitise *f*; cupidité *f*.

cov·ey ['kʌvi] vol *m ou* couvée *f* (*de perdrix etc.*).

cov·ing △ ['kouviŋ] *plafond etc.*: voussure *f*; saillie *f*.

cow[1] [kau] vache *f*.

cow[2] [⮡] intimider, dompter.

cow·ard ['kauəd] **1.** □ lâche; **2.** lâche *mf*; '**cow·ard·ice**, '**cow·ard·li·ness** lâcheté *f*; '**cow·ard·ly 1.** lâche; **2.** lâchement.

cow·boy ['kaubɔi] jeune vacher *m*; *Am.* cow-boy *m*; '**cow-catch·er** 🚂 *Am.* chasse-pierres *m/inv.*

cow·er ['kauə] se blottir, se tapir; *fig.* trembler (devant, *before*).

cow·herd ['kauhə:d] vacher *m*; bouvier *m*; '**cow·hide 1.** (peau *f* de) vache *f*; **2.** *Am.* donner le fouet à (*q.*).

cowl [kaul] moine, cheminée: capuchon *m*; *cheminée*: mitre *f*; ⚔, ⚓ capot *m*.

cow···: '⮡-**man** *Am.* éleveur *m* de bétail; '⮡-'**pars·ley** □ cerfeuil *m* sauvage; '⮡-'**pars·nip** ⚘ berce *f*; '⮡-**pox** variole *f* des vaches; '⮡-**punch·er** *Am.* F cow-boy *m*.

cow·rie ['kauri] porcelaine *f*; *argent*: cauris *m*.

cow···: '⮡-**shed** étable *f*; '⮡-**slip** ⚘ (fleur *f* de) coucou *m*.

cox F [kɔks] **1.** *see* coxswain; **2.** diriger, gouverner.

cox·comb ['kɔkskoum] petit-maître (*pl.* petits-maîtres) *m*; fat *m*; **cox·'comb·i·cal** □ fat.

cox·swain ['kɔkswein; 'kɔksn] barreur *m*; ⚓ patron *m* (*d'une chaloupe*).

coy [kɔi] □ modeste, farouche, réservé; '**coy·ness** modestie *f*, réserve *f*.

coz·en ['kʌzn] tromper; '**coz·en·age** tromperie *f*.

co·zy ['kouzi] *see* cosy.

crab[1] [kræb] crabe *m*, cancre *m*; *astr.* le Cancer *m*; ⊕ treuil *m*; chèvre *f*; *sl. see* crab-louse; *catch a* ⮡ faire fausse rame; F *turn out* ⮡s échouer.

crab[2] [⮡] **1.** pomme *f* sauvage; F personne *f* revêche; critique *f*; grognon(ne *f*) *m*; **2.** *v/t.* dénigrer; *v/i.* trouver à redire (à, *about*); '**crab·bed** □ maussade, grognon(ne *f*); pénible (*style*); illisible (*écriture*); **crab-louse** ['kræblaus] pou *m* du pubis.

crack [kræk] **1.** craquement *m*; fente *f*; fissure *f*; lézarde *f*; *cloche, verre, porcelaine, etc.*: fêlure *f*; F coup *m* sec; *écoss.* F cousette *f*; *sp. sl.* crack *m*, as *m*; *sl.* cambriolage *m*; *sl.* toqué(e *f*) *m*; *surt. Am. sl.* remarque *f* mordante, observation *f* satirique; plaisanterie *f*; *in a* ⮡ en un clin d'œil; **2.** F fameux (-euse *f*), de premier ordre; **3.** clac!; pan!; **4.** *v/t.* faire claquer (*un fouet*); fêler; crevasser; fendre; casser (*une noisette*); ♫ fractionner (*une huile lourde*); ⮡ *a bottle* déboucher *ou* entamer *ou* boire une bouteille; ⮡ *a joke* faire une plaisanterie; F ⮡ *up* vanter (*q., qch.*); *v/i.* craquer; claquer; se fêler; se crevasser; se lézarder; se gercer (*peau*); se casser (*voix etc.*); *Am. sl.* ⮡ *down* on *s.o.* F laver la tête à q.; prendre des mesures sévères contre q.; '⮡-**brained** (au cerveau) timbré; '⮡-**down** *Am. sl.* razzia *f*; '**cracked** fêlé, fendu *etc.*; F timbré, toqué; '**crack·er** papillote *f* à pétard; pétard *m*; F mensonge *m*; *Am.* craquelin *m*, croquet *m*; biscuit *m* dur; '**crack·er·jack** *Am.*

F as *m*, expert *m*; '**crack-jaw** F (mot *m*) à vous décrocher la mâchoire; '**crack-le** craqueter; crépiter; pétiller (*feu*); (se) fendiller; '**crack-ling** *porc rôti:* peau *f* croquante; couenne *f*; **crack-nel** ['᾿͜nl] craquelin *m*; '**crack-pot** 1. type *m* cinglé; 2. cinglé; '**crack-up** collision *f*; ☰ crash *m*; '**crack-y** *see* cracked.

cra-dle ['kreidl] 1. berceau *m* (*a. fig.*); *fig.* première enfance *f*; ⚓ ber *m* (de lancement); chantier *m*; *téléph.* étrier *m* du récepteur; 2. mettre dans un berceau *etc.*

craft [krɑːft] habileté *f*; ruse *f*, artifice *m*; métier *m* manuel; profession *f*; corps *m* de métier; *coll. pl.* embarcations *f/pl.*; *the gentle ~* la pêche à la ligne, *fig. co.* le noble art; '**craft-i-ness** ruse *f*, astuce *f*; '**crafts-man** artisan *m*, ouvrier *m*; artiste *m* dans son métier; '**crafts-man-ship** exécution *f* merveilleuse; dextérité *f* manuelle; '**craft-y** □ astucieux (-euse *f*), rusé.

crag [kræg] rocher *m* à pic; *alp.* varappe *f*; '**crag-gy** rocailleux (-euse *f*); escarpé; '**crags-man** varappeur *m*.

crake *orn.* [kreik] (cri *m* du) râle *m*.

cram [kræm] 1. fourrer; bourrer; empâter (de la volaille); *fig.* empiffrer; F bûcher (un sujet), bourrer; *v/i.* s'entasser; se gorger de nourriture; préparer un examen; 2. F chauffage *m* (pour un examen); F mensonge *m*; '**᾿͜full** regorgeant (de, *of*), bondé; '**cram-mer** chauffeur *m*; F mensonge *m*.

cramp [kræmp] 1. 𝄞 crampe *f*; ⊕ crampon *m*; presse *f* à vis; *fig.* contrainte *f*; 2. ⊕ cramponner, agrafer; serrer à (l'étau); *fig.* gêner; '**cramped** gêné; à l'étroit; '**cramp-frame** ⊕ serre-joint *m*; presse *f* à main; '**cramp-i-ron** crampon *m*, agrafe *f*.

cram-pon ['kræmpən] crampon *m* à glace.

cran-ber-ry ♣ ['krænbəri] airelle *f*; canneberge *f*.

crane [krein] 1. grue *f* (*a. ⊕*); 2. tendre *ou* allonger (le cou); ⊕ hisser *ou* descendre au moyen d'une grue; *~ at* refuser *ou* reculer devant; '**crane-fly** *zo.* ['᾿͜flai] tipule *f*;

'**crane's-bill** ♣ bec-de-grue (*pl.* becs-de-grue) *m*.

cra-ni-um *anat.* ['kreiniəm] crâne *m*.

crank [kræŋk] 1. ⊕ détraqué, délabré; ⚓ instable, mal équilibré; 2. manivelle *f*; *meule à aiguiser:* cigogne *f*; coude *m*; *cloche:* bascule *f*; *starting ~ mot.* (manivelle *f* de) mise *f* en marche; 3. *v/t. ~ off* bobiner (un film); *mot. ~ up* lancer (une auto, un moteur); '**᾿͜case** carter *m* (du moteur); '**crank-i-ness** humeur *f* difficile; excentricité *f*; '**crank-shaft** ⊕ vilebrequin *m*; '**crank-y** d'humeur difficile, excentrique; capricieux (-euse *f*).

cran-nied ['krænid] lézardé, crevassé; '**cran-ny** fente *f*, crevasse *f*; niche *f*.

crape [kreip] 1. crêpe *m* noir; 2. draper de crêpe.

craps *Am.* [kræps] *pl.* dés *m/pl.*

crap-u-lence ['kræpjuləns] crapule *f*; F débauche *f*.

crash¹ [kræʃ] 1. fracas *m*; catastrophe *f*; ✝ krach *m*; ☰ crash *m*; *~-helmet* casque *m* protecteur; *~-landing* atterrissage *m* brutal, crash *m*; 2. *v/i.* retentir; éclater avec fracas; ☰ s'écraser, atterrir brutalement; *v/t.* jeter avec fracas; 3. F à exécuter rapidement; *~ course* cours *m* intensif; *~ diet* régime *m* radical (pour maigrir).

crash² [᾿͜] toile *f* à serviettes.

crass [kræs] grossier (-ère *f*); stupide.

crate [kreit] caisse *f* à claire-voie.

cra-ter ['kreitə] volcan, *a.* ⚔ cratère *m*; ✕ entonnoir *m*.

cra-vat [krə'væt] foulard *m*; ✝ cravate *f*.

crave [kreiv] *v/t.* implorer avec instance (de, *from*), solliciter; *v/i.* (*for*) désirer avidement (*qch.*).

cra-ven ['kreivn] 1. poltron(ne *f*), lâche; 2. poltron(ne *f*) *m*, lâche *mf*.

crav-ing ['kreiviŋ] désir *m* ardent, besoin *m*, passion *f*, appétit *m* insatiable (de, *for*).

craw [krɔː] jabot *m* (d'oiseau).

craw-fish ['krɔːfiʃ] 1. *eau douce:* écrevisse *f*; *mer:* langouste *f*; 2. *Am.* F se dérober; *sl.* caner.

crawl [krɔːl] 1. rampement *m*; *personne:* mouvement *m* traînant; *nage:* crawl *m*; 2. ramper; se traîner; grouiller (de, *with*); marauder; '**crawl-er** reptile *m*; *personne:*

traînard(e f) m; fig. plat valet m; taxi m en maraude; nage: crawleur m; vêtement pour enfants: barboteuse f.

cray·fish ['kreifiʃ] eau douce: écrevisse f; mer: langouste f.

cray·on ['kreiən] 1. craie f à dessiner; surt. (crayon m de) pastel m; fusain m; blue (red) ~ crayon m bleu (rouge); 2. dessiner au pastel; crayonner.

craze [kreiz] manie f (de, for); fig. fureur f (de); be the ~ faire fureur; **'crazed** affolé (de, with); **'cra·zi·ness** folie f, démence f; maison: délabrement m; **'cra·zy** □ fou (fol devant une voyelle ou un h muet; folle f) (de with, about, for); affolé (de, with); branlant; délabré (maison); irrégulier (-ère f); en pièces rapportées.

creak [kri:k] 1. grincement m; 2. grincer, crier; **'creak·y** □ qui crie, qui grince.

cream [kri:m] 1. crème f (a. fig.); fig. le plus beau (de l'histoire); cold ~ crème f, cold-cream m; ~ of tartar crème f de tartre; 2. (souv. ~-colo(u)red) crème inv.; 3. v/t. écrémer; ajouter de la crème à; battre (du beurre) en crème; v/i. se couvrir de crème; mousser; **'cream·er·y** crémerie f; **'cream·y** □ crémeux (-euse f); fig. velouté.

crease [kri:s] 1. (faux) pli m; tex. ancrure f; papier: fronce f; cricket: ligne f de limite; 2. (se) plisser; (se) froisser.

cre·ate [kri:'eit] v/t. créer (qch., q. chevalier, théâ. rôle, difficulté, mode); faire; produire; faire naître; v/i. sl. faire une scène (à propos de, about); **cre·a·tion** création f (a. mode); **cre·a·tive** créatif (-trice f); **cre·a·tor** créateur (-trice f) m; **cre·a·tress** créatrice f; **crea·ture** ['kri:tʃə] créature f (a. péj.); être m (vivant); animal m, bête f; ~ comforts pl. l'aisance f matérielle.

cre·dence ['kri:dəns] foi f, croyance f; give ~ to ajouter foi à; letter of ~ lettre f de créance; **cre·den·tials** [kri'denʃlz] pl. lettres f/pl. de créance; domestique: certificat m; papiers m/pl. d'identité.

cred·i·bil·i·ty [kredi'biliti] crédibilité f; **cred·i·ble** □ ['kredəbl] croyable; digne de foi.

cred·it ['kredit] 1. foi f, croyance f; créance f; réputation f, crédit m (a. ✝); mérite m; honneur m; banque: crédit m, actif m; Am. école: unité f de valeur, U.V. f; ✝ on ~ à crédit, à terme; ✝ ~ balance solde m créditeur; ✝ ~ card carte f de crédit; ✝ ~ note f ou facture f d'avoir; ✝ ~ rate degré m de solvabilité; ✝ ~ rating limite f de crédit; do s.o. ~ honorer q.; faire honneur à q.; get ~ for à; se voir attribuer le mérite de qch.; give s.o. ~ for s.th. attribuer (le mérite de) qch. à q.; put (ou place ou pass) to s.o.'s ~ porter (qch.) au crédit de q.; 2. ajouter foi à; attribuer, prêter (une qualité à q., s.o. with a quality); ✝ créditer (q. d'une somme s.o. with a sum, a sum to s.o.); porter (une somme) au crédit; ~ s.o. with s.th. prêter qch. à q.; **'cred·it·a·ble** □ honorable, estimable; be ~ to faire honneur à; **'cred·i·tor** 1. créancier (-ère f) m; 2. créditeur (-trice f).

cre·du·li·ty [kri'dju:liti] crédulité f; **cred·u·lous** □ ['kredjuləs] crédule.

creed [kri:d] crédo m (a. pol.); croyance f. [m; petite vallée f.]

creek [kri:k] crique f; Am. ruisseau|

creel [kri:l] panier m de pêche; casier m à homards; ⊕ râtelier m (à bobines).

creep [kri:p] 1. [irr.] ramper; se traîner; se glisser (in, into), fig. entrer doucement; ⊕ glisser; 2. glissement m; ~s pl. chair f de poule; **'creep·er** F homme m rampant; femme f rampante; ♀ plante f rampante ou grimpante; **'creep·y** rampant; qui donne la chair de poule.

creese [kri:s] criss m (= poignard malais).

cre·mate [kri'meit] incinérer (un mort); **cre·ma·tion** incinération f; crémation f; **crem·a·to·ri·um** [krema'tɔ:riəm], pl. ~ums, -ri·a [~riə], **cre·ma·to·ry** ['~təri] crématorium m; four m crématoire.

cren·el·(l)at·ed ['krenileitid] crénelé.

cre·ole ['kri:oul] créole (a. su.).

cre·o·sote 🔥 ['kriəsout] créosote f.

crep·i·tate ['krepiteit] crépiter; **crep·i·ta·tion** crépitation f.

crept [krept] prét. et p.p. de creep 1.

cre·pus·cu·lar [kri'pʌskjulə] crépusculaire, du crépuscule.

cres·cent ['kresnt] **1.** (en forme de) croissant; **2.** croissant *m* (*a. pâtisserie*); rue *f* en arc de cercle; ♀ *City* la Nouvelle-Orléans *f*.

cress ♀ [kres] cresson *m*.

cres·set ['kresit] *tour*, *phare*: fanal *m*.

crest [krest] △, *casque*, *coq*, *montagne*, *vague*: crête *f*; arête *f*, *colline*: sommet *m*; *alouette*: huppe *f*; *paon*: aigrette *f*; *blason*: timbre *m*; *sceau*: armoiries *f/pl*.; *casque*: cimier *m*; '**crest·ed** à crête *etc*.; *casque*: orné d'un cimier; ~ *lark* cochevis *m*; '**crest·fall·en** abattu, découragé; penaud (*air*).

cre·ta·ceous [kri'teiʃəs] crétacé, crayeux (*craie f*).

cre·tin ['kretin] crétin(e *f*) *m*.

cre·vasse [kri'væs] crevasse *f* (*glaciaire*); *Am.* fissure *f*.

crev·ice ['krevis] fente *f*; lézarde *f*; fissure *f*.

crew[1] [kru:] ♣ équipage *m*; *ouvriers*: équipe *f*; *péj.* bande *f*; ~ *cut* cheveux *m/pl.* en brosse.

crew[2] [~] *prét. de* crow 2.

crew·el ✝ ['kru:il] laine *f* à broder *ou* à tapisserie.

crib [krib] **1.** mangeoire *f*; lit *m* d'enfant; *eccl.* crèche *f*; *F* *école*: clef *f*; *F* plagiat *m*; *sl.* emploi *m*; *surt. Am.* huche *f* (*pour le mais etc.*); *sl. crack a* ~ cambrioler une maison; **2.** ✝ enfermer; *F* plagier (*qch.*); *F* copier; *F* tuyauter; '**crib·bage** cribbage *m*; '**crib·ble** crible *m*; **crib·bit·er** ['~baitə] tiqueur (-euse *f*) *m*.

crick [krik] **1.** crampe *f*; ~ *in the neck* torticolis *m*; **2.** se donner un torticolis *ou* un tour de reins.

crick·et[1] *zo.* ['krikit] grillon *m*.

crick·et[2] [~] **1.** *sp.* cricket *m*; *F not* ~ déloyal (-aux *m/pl*.); ne pas (*être*) de jeu; **2.** jouer au cricket; '**crick·et·er** joueur *m* de cricket, cricketeur *m*.

cri·er ['kraiə] crieur *m* (*public*).

crime [kraim] crime *m*, délit *m*.

Cri·me·an War [krai'miən wɔ:] guerre *f* de Crimée.

crim·i·nal ['kriminl] criminel(le *f*) (*a. su./mf*); **crim·i·nal·i·ty** [~'næliti] criminalité *f*; **crim·i·nate** ['~neit] incriminer, accuser; convaincre d'un crime; **crim·i·na·tion** incrimination *f*.

crimp[1] ♣, ✂ [krimp] **1.** racoleur *m*,

embaucheur *m*; **2.** racoler, embaucher.

crimp[2] [~] gaufrer, friser.

crim·son ['krimzn] **1.** cramoisi (*a. su./m*); **2.** *v/t.* teindre en cramoisi; *v/i.* s'empourprer.

cringe [krindʒ] **1.** se faire tout petit, se blottir; *fig.* s'humilier, ramper (*devant to*, *before*); **2.** *fig.* courbette *f* servile.

crin·kle ['kriŋkl] **1.** pli *m*, ride *f*; **2.** (se) froisser; onduler (*a. cheveux*).

crin·o·line ['krinəli:n] crinoline *f*.

crip·ple ['kripl] **1.** boiteux (-euse *f*) *m*, estropié(e *f*) *m*; **2.** estropier; *fig.* disloquer.

cri·sis ['kraisis], *pl.* -ses ['~si:z] crise *f*.

crisp [krisp] **1.** crêpé, frisé (*cheveux etc.*); croquant (*biscuit*); vif (vive *f*), froid (*air*, *vent*); net(te *f*) (*profil*); tranchant (*ton*); nerveux (-euse *f*) (*style*); **2.** (se) crêper (*cheveux*); (se) froncer; *v/t.* donner du croustillant à.

criss-cross ['kriskrɔs] **1.** entre-croisement *m*; enchevêtrement *m*; **2.** entrecroisé; **3.** (s')entrecroiser.

cri·te·ri·on [krai'tiəriən], *pl.* -ri·a [~riə] critérium *m*, critère *m*.

crit·ic ['kritik] critique (*littéraire etc.*) *m*; censeur *m* (*de conduite*); critiqueur *m*; '**crit·i·cal** □ critique; ⚕ dangereux (-euse *f*); be ~ of critiquer; regarder d'un œil sévère; ⚕ ~ *condition* dans un état critique; '**crit·i·cism** ['~sizm], **cri·tique** [kri'ti:k] critique *f* (de, sur *of*); '**crit·i·cize** ['~saiz] critiquer, faire la critique de; censurer.

croak [krouk] *v/i.* coasser (*grenouille*), croasser (*corbeau*); *fig.* grogner; *sl.* casser sa pipe (= *mourir*); *v/t. sl.* descendre (= *tuer*); **2.** c(r)oassement *m*; '**croak·er** *fig.* prophète *m* de malheur; '**croak·y** □ rauque, enroué (*voix*).

Cro·at ['krouət] **1.** croate; **2.** Croate *mf*.

cro·chet ['krouʃei] **1.** crochet *m*; **2.** *v/t.* faire (*qch.*) au crochet; *v/i.* faire du crochet.

crock [krɔk] **1.** pot *m* de terre; cruche *f*; *F* cheval *m* claqué; *F auto*: tacot *m*; *F* bonhomme *m* fini; *F* patraque *f* (= *personne maladive*); **2.** *sl.* (*usu.* ~ *up*) tomber malade,

se faire abîmer; '**crock·er·y** faïence
f, poterie f.

croc·o·dile zo. ['krɔkədail] crocodile m; fig. ~ tears pl larmes f/pl.
de crocodile.

cro·cus ⚕ ['kroukəs] crocus m.

croft·er Brit. ['krɔftə] petit fermier
m.

crom·lech ['krɔmlek] dolmen m.

crone F [kroun] commère f,
vieille f.

cro·ny F ['krouni] copain m; ami(e
f) m intime.

crook [kruk] **1.** croc m, crochet m;
berger: houlette f; eccl. crosse f; fig.
angle m; chemin etc.: détour m,
coude m; sl. escroc m; sl. fraude f;
on the ~ malhonnête(ment). **2.** (se)
recourber; **crooked** ['∼kt] (re-)
courbé; à béquille (canne); ['∼kid]
□ fig. tordu; tortueux (-euse f)
(chemin); contourné (jambe, arbre);
F déshonnête; oblique (moyen).

croon [kru:n] fredonner, chanter à
demi-voix; '**croon·er** chanteur
(-euse f) m de charme.

crop [krɔp] **1.** oiseau: jabot m;
fouet: manche m; stick m (de
chasse); récolte f; moisson f;
fruits: cueillette f; fig. tas m;
cheveux: coupe f; ~ failure mauvaise
récolte f; F ~ of hair chevelure f; **2.**
v/t. tondre, tailler, couper; brouter,
paître (l'herbe); v/i. donner
une récolte; ~ up géol. affleurer; F surgir;
'∼-eared essorillé (chien); hist. aux
cheveux coupés ras; '**crop·per**
tondeur m etc. (see crop 2); (pigeon m)
boulant m; F planté f qui donne bien
ou mal; F culbute f; Am. sl. métayer
m.

cro·quet ['kroukei] **1.** (jeu m de)
croquet m; **2.** (a. tight-) croquer;
(a. loose-) roquer.

cro·sier eccl. ['krouʒə] crosse f.

cross [krɔs] **1.** croix f (a. médaille,
a. fig.); croisement m (de races);
métis(se f) m; sl. escroquerie f).
2. □ (entre)croisé; mis en travers;
oblique; contraire; maussade (personne); fâché (de qch., at s.th.;
contre q., with s.o.); de mauvaise
humeur; sl. illicite, déshonnête;
be at ~ purposes y avoir malentendu; **3.** v/t. croiser (deux choses,
~aces, q. dans la rue); traverser;
passer (la mer); franchir (le seuil);
barrer (un chèque); mettre les

barres à (ses t); fig. contrarier, con-
trebarrer (q., un projet); ~ o.s. se
signer, faire le signe de la croix;
~ out biffer, rayer (un mot etc.); v/i.
se croiser; passer; faire la traversée;
'∼-bar foot. barre f; '∼-beam △
sommier m; '∼-bench parl. Centre
m; '∼-bow arbalète f; '∼-breed
race f croisée; F métis(se f) m;
'∼-check **1.** contre-épreuve f; **2.** vérifier par contre-épreuve; '∼'coun-
try à travers champs; ~ running
cross-country m; ~ runner crossman
(pl. -men) m; ~ skiing ski m de
randonnée; '∼-cut saw scie f de
travers; '∼-ex·am·i·na·tion interrogatoire m contradictoire; '∼-ex-
am·ine ['krɔsig'zæmin] contre-
interroger; '∼-fer·ti·li·za·tion ⚕
fécondation f croisée; fig. fécondation f mutuelle; '∼-grained tortillard (bois); fig. revêche; bourru;
'**cross·ing** passage m (pour piétons);
intersection f (de voies); 🚉 passage m
à niveau; croisement m (de lignes);
traversée f; '**cross·legged** les jambes croisées; '**cross·ness** mauvaise
humeur f.

cross...: '∼-patch F grincheux (-euse
f) m; grognon mf; ~ ref·er·ence
renvoi m, référence f; '∼-'road
chemin m de traverse; ∼s pl. ou sg.
carrefour m (a. fig.); croisement m
de routes; '∼-sec·tion coupe f en
travers; ~ talk répliques f/pl.,
échange m de propos; radio etc.:
interférence f; '∼-walk Am. passage
m clouté; '∼-wind vent m de travers;
'∼-wise en croix, en travers; '∼-word
puz·zle mots m/pl. croisés.

crotch [krɔtʃ] fourche f; **crotch·et**
['∼it] crochet m; ♪ noire f; F lubie f;
'**crotch·et·y** F capricieux (-euse f);
(à l'humeur) difficile.

crouch [krautʃ] se blottir, s'accroupir (devant, to).

croup[1] [kru:p] croupe f (de cheval).

croup[2] 🐎 ['∼] croup m.

crou·pi·er ['kru:piə] croupier m.

crow [krou] **1.** corneille f; chant m
du coq; Am. F eat ~ avaler des
couleuvres; have a ~ to pick with
avoir maille à partir avec; as the ~
flies à vol d'oiseau; **2.** [irr.] chanter;
fig. chanter victoire (sur, over);
gazouiller (enfant); '∼-bar levier m,
pied-de-biche (pl. pieds-de-biche)
m.

crowd [kraud] **1.** foule *f*, rassemblement *m*, affluence *f*; F tas *m*; F bande *f*; *péj.* monde *m*; **2.** *v/t.* serrer; remplir (de, with); *v/i.* se presser (en foule); s'attrouper; ~ *out* fig. ne pas laisser de place à; *v/i.* sortir en foule; ⚓ ~ *sail* (on) faire force de voiles; ~*ed hours pl.* heures *f/pl.* de pointe.

crow·foot ♣ ['kroufut] renoncule *f*.

crown [kraun] **1.** *roi, dent, fleurs, monnaie, etc.:* couronne *f*; *bonheur etc.:* comble *m*; *carrière:* couronnement *m*; *chapeau:* forme *f*; *tête:* sommet *m*; *arbre:* cime *f*; *mot. axe m* (de la chaussée); **2.** couronner; sacrer (*roi*); F mettre le comble à; '**crown·ing** *fig.* suprême; final (-als *m/pl.*).

crow's... [krouz]: '~**-foot** patte *f* d'oie (*au coin de l'œil*); '~**-nest** ⚓ nid *m* de pie.

cru·cial □ ['kru:ʃjəl] décisif (-ive *f*); critique; **cru·ci·ble** ['kru:sibl] creuset *m* (*a. fig.*); **cru·ci·fix** ['~fiks] crucifix *m*; **cru·ci·fix·ion** [~'fikʃn] crucifixion *f*; mise *f* en croix; '**cru·ci·form** cruciforme; **cru·ci·fy** ['~fai] crucifier (*a. fig.*).

crude □ [kru:d] (à l'état) brut (*métal, matériel, huile, etc.*); cru (*a. lumière, couleur*); vert, aigre (*fruit*); brutal (-aux *m/pl.*); grossier (-ère *f*) (*style*); fruste (*manières*); ⚓ non encore développé (*maladie*); non assimilé (*aliment*); '**crude·ness, cru·di·ty** ['~iti] crudité *f* (*a. fig.*).

cru·el □ ['kruəl] cruel(le *f*) (*a. fig.*); '**cru·el·ty** cruauté *f*.

cru·et ['kru:it] burette *f*; '~**-stand** ménagère *f*.

cruise ♣ [kru:z] **1.** croisière *f*; voyage *m* d'agrément; ✗ ~ *missile* engin *m* atmosphérique; **2.** ♣ croiser; *cruising speed* vitesse *f* économique; '**cruis·er** ♣ croiseur *m*; *light* ~ contre-torpilleur *m*; *Am.* voiture *f* cellulaire; *box.* ~ *weight* poids *m* mi-lourd.

crul·ler *Am.* ['krʌlə] *cuis.* roussette *f*.

crumb [krʌm] **1.** *pain:* miette *f*; *fig.* brin *m*; **2.** *cuis.* paner (*la viande etc.*); *a.* = **crum·ble** ['~bl] (s')émietter (*pain*); *v/t. fig.* réduire en miettes; *v/i.* s'écrouler (*maison etc.*); s'ébouler (*sol*); '**crum·bling**, '**crum·bly** friable, ébouleux (-euse

f); **crumb·y** ['krʌmi] qui s'émiette; couvert de miettes.

crum·my *sl.* ['krʌmi] minable, moche.

crump *sl.* [krʌmp] chute *f*; coup *m* violent; ✗ obus *m* qui éclate.

crum·pet ['krʌmpit] *sorte de brioche grillée* (*plate et poreuse*); *sl.* caboche *f* (= *tête*); *be off one's* ~ être maboul (= *fou*).

crum·ple ['krʌmpl] *v/t.* froisser, friper; *v/i.* se froisser; se recroqueviller (*parchemin, feuilles*); *fig.* s'effondrer.

crunch [krʌntʃ] *v/t.* croquer, broyer (*avec les dents*); écraser; *v/i.* craquer; s'écraser.

cru·ral ['kruərəl] *anat.* crural (-aux *m/pl.*).

cru·sade [kru:'seid] **1.** croisade *f*; (*a. fig.*); **2.** aller *ou* être en croisade; *fig.* mener une campagne (*contre qch.*); **cru'sad·er** croisé *m*.

crush [krʌʃ] **1.** écrasement *m*; F presse *f*, foule *f*; *sl. have a* ~ avoir un béguin (*pour, on*); ~ *hot* claque *m*; *Am.* chapeau *m* mou; **2.** *v/t.* écraser, aplatir; froisser (*une robe*); † vider (*une bouteille*); ~ *out fig.* étouffer; *v/i.* se presser en foule; *Am. sl.* flirter; '**crush·er** broyeur *m*; F malheur *m* etc. accablant; coup *m* d'assommoir; '**crush-room** *théâ.* foyer *m*.

crust [krʌst] **1.** croûte *f*; *Am. sl.* toupet *m*; **2.** (se) couvrir d'une croûte; '**crust·ed** qui a du dépôt (*vin*); *fig.* invétéré; '**crust·y** □ qui a une forte croûte; *fig.* bourru.

crutch [krʌtʃ] béquille *f*; '**crutched** à béquille; à poignée à croisillon.

crux [krʌks] *fig.* nœud *m*; point *m* capital.

cry [krai] **1.** cri *m*; plainte *f*; pleurs *m/pl.*; *it is a far* ~ *from ... to* il y a loin de ... à (*a. fig.*); *within* ~ à portée de voix; **2.** crier; *v/i.* s'écrier, pousser un cri *ou* des cris; pleurer; ~ *for* demander en pleurant; crier à (*le secours*); réclamer; ~ *off* se dédire; s'excuser; annuler (*une affaire*); ~ *out v/t.* crier; *v/i.* s'écrier, pousser des cris; se récrier (*contre, against*); ~ *up* prôner, vanter; '~**-ba·by** pleurard(e *f*) *m*; '**cry·ing** *fig.* criant, urgent; scandaleux (-euse *f*).

crypt [kript] crypte *f*; **'cryp·tic** occulte, secret (-ète *f*); énigmatique.

crys·tal ['kristl] 1. cristal *m*; *surt. Am.* verre *m* de montre; 2. cristallin, limpide; **'~-clear** clair comme le jour *ou* comme de l'eau de roche; **crys·tal·line** ['~təlain] cristallin, de cristal; **crys·tal·li'za·tion** cristallisation *f*; **'crys·tal·lize** cristalliser; **~d candi** (*fruits*).

cub [kʌb] 1. petit *m* (*d'un animal*); *ours:* ourson *m*; lionceau *m*, louveteau *m*, renardeau *m*, *etc.*; 2. *v/t.* mettre bas (*des petits*); *v/i.* faire des petits.

cu·bage ['kju:bidʒ] cubage *m*.

cub·by-hole ['kʌbihoul] retraite *f*; placard *m*.

cube ♣ ['kju:b] 1. cube *m*; **~ root** racine *f* cubique; 2. cuber.

cub·hood ['kʌbhud] adolescence *f*.

cu·bic, cu·bi·cal □ ['kju:bik(l)] cubique.

cu·bi·cle ['kju:bikl] *dortoir:* alcôve *f*; *piscine etc.:* cabine *f*.

cuck·old ['kʌkəld] 1. cocu *m*; 2. cocufier (*son mari*).

cuck·oo ['kuku:] 1. coucou *m*; 2. *sl.* maboul, loufoque (= *fou*).

cu·cum·ber ['kju:kəmbə] concombre *m*.

cu·cur·bit [kju:'kə:bit] ♣ courge *f*; *alambic:* cucurbite *f*.

cud [kʌd] bol *m* alimentaire; **chew the ~** ruminer (*a. fig.*).

cud·dle ['kʌdl] 1. F embrassade *f*; 2. *v/t.* serrer doucement dans ses bras; *v/i.* se peloter.

cudg·el ['kʌdʒl] 1. gourdin *m*; **take up the ~s for** prendre fait et cause pour; 2. bâtonner; **~ one's brains** se creuser la cervelle (pour *inf.*, for *gér.*; pour, about).

cue [kju:] *billard:* queue *f*; *surt. théâ.* réplique *f*; avis *m*, mot *m*; **take the ~ from** s.o. prendre exemple sur q.

cuff[1] [kʌf] 1. calotte *f*, taloche *f*; 2. calotter, flanquer une taloche à (*q.*).

cuff[2] [~] *chemise:* poignet *m*; manchette *f* (*empesée*); *jaquette etc.:* parement *m*; *Am. pantalon:* bord *m* relevé.

cui·rass [kwi'ræs] cuirasse *f*.

cui·sine [kwi'zi:n] cuisine *f*.

cu·li·nar·y ['kʌlinəri] culinaire.

cull [kʌl] (re)cueillir; choisir (dans, from).

cul·ly *sl.* ['kʌli] copain *m*, camaro *m*.

culm [kʌlm] ♣ chaume *m*, tige *f*.

cul·mi·nate ['kʌlmineit] *astr.* culminer; *fig.* atteindre son apogée; *fig.* terminer (par, in); **cul·mi'na·tion** *astr.* culmination *f*; *fig.* point *m* culminant.

cu·lottes [kju:'lɒts] *pl.* (*a pair of ~* une) jupe-culotte *f* (*pl.* jupes-culottes).

cul·pa·bil·i·ty [kʌlpə'biliti] culpabilité *f*; **'cul·pa·ble** □ coupable; digne de blâme.

cul·prit ['kʌlprit] coupable *mf*; prévenu(e *f*) *m*.

cult [kʌlt] culte *m*.

cul·ti·va·ble ['kʌltivəbl] cultivable.

cul·ti·vate ['kʌltiveit] *usu.* cultiver; *biol.* faire une culture de (*un bacille*); **cul·ti'va·tion** culture *f*; **'cul·ti·va·tor** *personne:* cultivateur (-trice *f*) *m*; *machine:* cultivateur *m*, extirpateur *m*; *fig.* ami *m*.

cul·tur·al □ ['kʌltʃərəl] culturel (-le *f*); **♪** cultural (-aux *m/pl.*).

cul·ture ['kʌltʃə] culture *f*; **'cul·tured** cultivé, lettré; **culture me·di·um,** *pl.* **-di·a** *biol.* bouillon *m* de culture; **'cul·ture-pearl** perle *f* japonaise.

cul·vert ['kʌlvət] ponceau *m*, canal *m*; ⚡ conduit *m* souterrain.

cum·ber ['kʌmbə] encombrer, gêner (de, with); **~some** ['~səm], **cum·brous** □ ['~brəs] encombrant, gênant; difficile à remuer; lourd; entravant.

cum·in ♣ ['kʌmin] cumin *m*.

cu·mu·la·tive □ ['kju:mjulətiv] cumulatif (-ive *f*); **cu·mu·lus** ['~ləs], *pl.* **-li** ['~lai] cumulus *m*.

cu·ne·i·form ['kju:niifɔ:m] cunéiforme.

cun·ning ['kʌniŋ] 1. □ rusé; astucieux (-euse *f*); malin (-igne *f*); *Am.* mignon(ne *f*); 2. ruse *f*; *péj.* astuce *f*.

cup [kʌp] 1. tasse *f*; *métal:* gobelet *m*; *soutien-gorge:* bonnet *m*; *Am. cuis.* demi-pinte *f*; calice *m* (*a.* ♣, *a. fig.*); *sp.* coupe *f*; *sp.* **~ final** finale *f* de la coupe; *sp.* **~ tie** match *m* de coupe; 2. ✚ ventouser; mettre (*la main*) en cornet *ou* en porte-voix; **~board** ['kʌbəd] armoire *f*; *mur:* placard *m*; F **~ love** amour *m* intéressé.

Cu·pid [ˈkjuːpid] Cupidon *m*,
Amour *m*.

cu·pid·i·ty [kjuːˈpiditi] cupidité *f*.

cu·po·la [ˈkjuːpələ] coupole *f* (*a.* ✕,
♣); dôme *m*.

cup·ping-glass ✂ [ˈkʌpiŋglaːs] ventouse *f*.

cu·pre·ous [ˈkjuːpriəs] cuivreux
(-euse *f*).

cur [kəː] roquet *m*; chien *m* sans
race; F cuistre *m*.

cur·a·bil·i·ty [kjuərəˈbiliti] curabilité *f*; ˈ**cur·a·ble** guérissable.

cu·ra·cy [ˈkjuərəsi] vicariat *m*; **cu·
rate** [ˈ⁓rit] vicaire *m*; **cu·ra·tor**
[⁓ˈreitə] *musée:* conservateur *m*.

curb [kəːb] **1.** gourmette *f*, frein
m; (*a.* ⁓stone) bordure *f* (*de trottoir*); margelle *f* (*de puits*); **2.** gourmer (*un cheval*); *fig.* contenir, refréner; ⁓ **mar·ket** *Am. Bourse:* coulisse *f*; ⁓ **roof** toit *m* en mansarde.

curd [kəːd] **1.** (lait *m*) caillé *m*;
2. (*usu.* **cur·dle** [ˈ⁓dl]) se cailler
(*lait*); F se figer (*sang*).

cure [kjuə] **1.** guérison *f*; cure *f* (*de
raisins, de lait, etc.*); remède *m*; ⁓ *of
souls* cure *f* d'âmes; **2.** guérir; saurer (*des harengs*); saler (*les peaux,
la viande*); fumer (*la viande*); ˈ⁓**all**
panacée *f*.

cur·few [ˈkəːfjuː] couvre-feu *m* (*a.
pol.*); *ring the* ⁓(*-bell*) sonner le
couvre-feu.

cu·ri·o [ˈkjuəriou] curiosité *f*; bibelot *m*; **cu·ri·os·i·ty** [⁓ˈɒsiti] curiosité *f*; F excentrique *m*; ˈ**cu·ri·ous**
□ curieux (-euse *f*); singulier
(-ère *f*); *péj.* indiscret (-ète *f*).

curl [kəːl] **1.** *cheveux:* boucle *f*;
fumée, vague: spirale *f*; **2.** boucler;
v/t. friser; ⁓ *one's lip* faire la moue;
v/i. s'élever en spirales (*fumée*); ⁓ *up*
(*ou* ⁓ *o.s. up*) se mettre en boule
(*chat etc.*); ˈ**curl·er** bigoudi *m*,
rouleau *m*.

curl·ing [ˈkəːliŋ] *sp.* curling *m*; ˈ⁓
i·ron, ˈ⁓**tongs** *pl.* fer *m* à friser,
frisoir *m*; ˈ**curl·y** bouclé, frisé; en
spirale.

cur·mudg·eon [kəːˈmʌdʒən] bourru
m; grippe-sou (*pl.* grippe-sou[s]) *m*.

cur·rant [ˈkʌrənt] groseille *f* (*a.
dried* ⁓) raisin *m* de Corinthe.

cur·ren·cy [ˈkʌrənsi] circulation *f*,
cours *m*; ✝ (terme *m* d')échéance *f*;
✝ espèces *f/pl.* de cours; monnaie *f*;
fig. vogue *f*, idées; crédit *m*; ˈ**cur**

rent 1. □ en cours, courant (*argent,
compte, mois, prix, opinion, etc.*);
reçu (*opinion*); qui court (*bruit*); ⁓
events pl. actualités *f/pl.*; ⁓ *hand*
(*-writing*) (écriture *f*) courante *f*;
pass ⁓ avoir cours, être accepté *ou*
en vogue; ⁓ *issue* dernier numéro
m (*d'une publication*); ⁓ *problem*
question *f* d'actualité; **2.** courant
m (*a.* ⚡, *a. d'air*); fil *m* de l'eau;
fig. cours *m*, marche *f*; ⊕ jet
m (*d'air*); ⚡ *impulse* impulsion *f*
de courant; ⁓ *junction* prise *f* de
courant.

cur·ric·u·lum [kəˈrikjuləm], *pl.*
-la [⁓lə] programme *m ou* plan *m*
d'études.

cur·ri·er [ˈkʌriə] corroyeur *m*.

cur·rish [ˈkəːriʃ] *fig.* chien *m* de;
qui ne vaut pas mieux qu'un roquet.

cur·ry¹ [ˈkʌri] **1.** *poudre, plat:* cari
m, curry *m*; **2.** apprêter au cari; *curried eggs pl.* œufs *m/pl.* à l'indienne.

cur·ry² [ˈkʌri] corroyer (*le cuir*); étriller
(*un cheval*); ⁓ *favo(u)r with* s'insinuer
dans les bonnes grâces de (*q.*); ˈ⁓
comb étrille *f*.

curse [kəːs] **1.** malédiction *f*, anathème *m*; juron *m*; *fig.* fléau *m*;
2. *v/i.* blasphémer, jurer; *v/t.* maudire; **curs·ed** □ [ˈkəːsid] maudit; F
sacré.

cur·sive [ˈkəːsiv] cursif (-ive *f*); ⁓
handwriting cursive *f*.

cur·so·ry □ [ˈkəːsəri] rapide; superficiel(le *f*).

curt □ [kəːt] brusque; sec (sèche *f*);
cassant.

cur·tail [kəːˈteil] raccourcir; tronquer; *fig.* restreindre, *fig.* enlever
(de, *of*); **cur·tail·ment** raccourcissement *m*; restriction *f*.

cur·tain [ˈkəːtn] **1.** rideau *m* (*a. fig.*);
fig. voile *m*; ✕ courtine *f*; rideau *m*
(*de feu*); **2.** garnir de rideaux; ⁓ *off*
séparer *ou* dissimuler par des rideaux; ˈ⁓**fire** ✕ (tir *m* de) barrage
m; ˈ⁓**lec·ture** F semonce *f* conjugale; ˈ⁓**rais·er** *théâ., a. fig.* lever *m*
de rideau.

curt·s(e)y [ˈkəːtsi] **1.** révérence *f*;
drop a ⁓ = **2.** faire une révérence
(à, *to*).

cur·va·ture [ˈkəːvətʃə] courbure *f*;
⁓ *of the spine* déviation *f* de la colonne vertébrale.

curve [kəːv] **1.** courbe *f*; *rue:* tournant *m*; *mot.* virage *m*; *Am.* base *ball*: balle *f* qui a de l'effet; **2.** (se) courber; *v/i.* décrire une courbe.

cush·ion ['kuʃn] **1.** coussin *m*; bourrelet *m*; *billard*: bande *f*; *mot.* ~ tyre bandage *m* plein avec canal à air; **2.** garnir de coussins; rembourrer; *fig.* amortir (*des coups*); ⊕ matelasser.

cush·y *sl.* ['kuʃi] facile; F pépère.

cusp [kʌsp] pointe *f*; *lune*: corne *f*; ♀ cuspide *f*; ♈ point *m* de rebroussement, sommet *m*.

cuss *Am.* F [kʌs] **1.** juron *m*; *co.* type *m*; *it's not worth a ~* ça ne vaut pas chipette; **2.** jurer; **'cuss·ed** ['kʌsid] sacré; têtu.

cus·tard ['kʌstəd] crème *f*; œufs *m/pl.* au lait.

cus·to·di·an [kʌs'toudjən] gardien (-ne *f*) *m*; *musée*: conservateur *m*; **cus·to·dy** ['kʌstədi] garde *f*; emprisonnement *m*, détention *f*.

cus·tom ['kʌstəm] coutume *f*, usage *m*, habitude *f*; ⚖ droit *m* coutumier; ♈ clientèle *f*; patronage *m* (*du client*); **cus·tom·ar·y** ['~əri] □ habituel(le *f*); d'usage; coutumier (-ère *f*) (*droit*); **'cus·tom·er** client(e *f*) *m*; *boutique*: chaland(e *f*) *m*; F type *m*; **'cus·tom-house** (bureau *m* de la) douane *f*; ~ *officer* douanier *m*; **'cus·tom-made** *Am.* fait sur commande; **'cus·toms** *pl.* douane *f*; ~ *clearance* dédouanement *m*, expédition *f* douanière; ~ *duty* droits *m/pl.* de douane; ~ *inspection* visite *f* douanière; ~ *officer* douanier *m*.

cut [kʌt] **1.** coupe *f* (*a. vêtements*); coupure *f* (*théâ., a. blessure*); *sp.*, *épée*, *fouet*: coup *m*; *pierre*, ⊕ *lime*: taille *f*; réduction *f* (*de salaire*); gravure *f* (*sur bois*); *cuis.* morceau *m*; *unkindest ~ of all* coup *m* de pied de l'âne; (*a. short-~*) raccourci *m*; *cheveux*: taille *f*, coupe *f*; ⚡ coupure *f* (*de courant*); 🚇 tranchée *f*; 🏹 havage *m*; ♣ incision *f*; ⚓ enture *f*; *cartes*: tirage *m* (*pour les places*) F revers *m*; F absence *f* sans permission; *iro.* sarcasme *m* blessant; *fig.* refus *m* de saluer; *cuis. cold ~s pl.* tranches *f/pl.* de viande froide; F *give s.o. the ~* (*direct*) passer près de q.; tourner le dos à q.; **2.** [*irr.*] *v/t.* couper (*a. cartes*), tailler; (*a. in slices*) trancher; hacher (*le tabac*); ♣ filer (*le câble*); réduire (*le prix*); *mot.* prendre (*un virage*); F

manquer exprès à; F sécher (*une classe*); F abandonner; ~ *s.o. dead* passer q. sans le saluer, tourner le dos à q.; ~ *one's finger* se couper le ou au doigt; *he is ~ting his teeth* ses dents percent; F ~ *a figure* faire figure; ~ *short* couper la parole à (*q.*); *to ~ a long story short* pour abréger, en fin de compte; *v/i.* (se) couper; percer (*dent*); ~ *and come again* revenir au plat; F ~ *and run* déguerpir, filer; ~ *back* rabattre (*un arbre*); F rebrousser chemin; ~ *down* abattre; couper (*un arbre, le blé*); réduire (*une distance, le prix*); (*ra*)baisser (*le prix*); restreindre (*la production*); raccourcir (*une jupe*); abréger (*un livre*); ~ *in v/i.* intervenir; *mot.* couper; ~ *off* couper (*a. fig., a. téléph.*) (*de, from*); trancher; *fig.* priver; *fig.* déshériter; ~ *out* couper; découper (*des images*); tailler (*une robe, une statue*); *Am.* détacher (*des bêtes*) d'un troupeau; *fig.* supplanter (*q.*); évincer (*auprès de, with*); *fig.* cesser; supprimer; abandonner; ⚡ mettre hors circuit; faire taire (*la radio*), supprimer; 🏥 exciser; *be ~ out for* être taillé pour (*qch.*); *have one's work ~ out* avoir de quoi faire; *he had his work ~ out for him* on lui avait taillé de la besogne; *sl. ~ it out!* pas de ça!; ça suffit!; ~ *up* (dé)couper; tailler (*par morceaux, en pièces*); *fig.* affliger; critiquer sévèrement; ~ *up rough* se fâcher; **3.** coupé *etc.*; *sl. ivre*; ~ *flowers pl.* fleurs *f/pl.* coupées; ~ *glass* cristal *m* taillé; ~ *and dry* (*ou dried*) tout fait; tout taillé (*travail*).

cu·ta·ne·ous [kju'teinjəs] cutané.

cut·a·way ['kʌtəwei] (*a. ~ coat*) jaquette *f*.

cut·back ['kʌtbæk] *cin.* retour *m* en arrière.

cute □ F [kju:t] malin (-igne *f*); *Am.* F gentil(le *f*), coquet(te *f*).

cu·ti·cle ['kju:tikl] *anat.* épiderme *m*; ♀ cuticule *f*; ~ *scissors pl.* ciseaux *m/pl.* de manucure.

cut-in ['kʌt'in] *cin.* scène *f* raccord; ⚡ conjoncteur *m*.

cut·lass ['kʌtləs] ⚓ sabre *m* d'abordage; *Am.* couteau *m* de chasse.

cut·ler ['kʌtlə] coutelier *m*; **'cut·ler·y** coutellerie *f* (♈ et argenterie *f* de table); *canteen of ~* ménagère *f*.

cut·let ['kʌtlit] *mouton, agneau*: côtelette *f*; *veau*: escalope *f*.

cut...: '⁓-off *Am.* raccourci *m*; *attr.* ⊕ de détente; *cin.* de sûreté; d'obscuration; '⁓-out *mot.* clapet *m* d'échappement libre; ∮ coupe-circuit *m/inv.*; *cin.* déchet *m* de film; *Am.* décor *m etc.* découpé; '⁓-price, '⁓-rate ♰ à prix réduit; '**cut·ter** coupeur *m* (*a.* de *vêtements*); pierre *etc.*: tailleur *m*; *cin.* monteur (-euse *f*) *m*; ⚒ *personne*: abatteur *m* (*de charbon*); haveur *m*; *machine*: haveuse *f*; ⊕ coupoir *m*, couteau *m*; ⚓ canot *m*; patache *f* (*de la douane*); *Am.* traîneau *m*; '**cut-throat** 1. coupe-jarret *m*; F rasoir *m* à manche; 2. de coupe-jarret; *fig.* acharné; ⁓ **bridge** bridge *m* à trois; '**cut·ting** 1. □ tranchant; cinglant (*vent*); ⊕ *a.* de coupe, à couper; ⁓ **edge** coupant *m*; *outil*: fil *m*; ⁓ **nippers** *pl.* pinces *f/pl.* coupantes; 2. coupe *f*; ⊕ cisaillage *m*; *bijou, vêtement*: taille *f*; ⚒ déblai *m*; tranchée *f*; ♀ bouture *f*; *journal*: coupure *f*; ⁓s *pl.* bouts *m/pl.*; ⊕ copeaux *m/pl.*; rognures *f/pl.*

cut·tle zo. ['kʌtl] (*usu.* ⁓-*fish*) seiche *f*, sépia *f*; '⁓-**bone** os *m* de seiche; biscuit *m* de mer.

cy·a·nide ⚗ ['saiənaid] cyanure *m*; ⁓ of *potassium* prussiate *m* de potasse.

cyc·la·men ['sikləmən] cyclamen *m*.

cy·cle ['saikl] 1. cycle *m*; période *f*; ⊕ cycle *m* (d'opérations); ♱ *a.* ⁓s *pl.* (période *f* de) vogue *f*; bicyclette *f*; *mot.* four-⁓ *engine* moteur *m* à quatre temps; 2. faire de la *ou* aller à bicyclette; **cy·clic, cy·cli·cal** □ ['siklik(l)] cyclique; **cy·cling** ['saikliŋ] 1. cycliste; de cyclisme; 2. cyclisme *m*; '**cy·clist** cycliste *mf*.

cy·clone ['saikloun] cyclone *m*.

cy·clo·p(a)e·di·a [saiklə'pi:djə] encyclopédie *f*.

cyg·net ['signit] jeune cygne *m*.

cyl·in·der ['silində] cylindre *m*; *revolver*: barillet *m*; *machine à écrire*: rouleau *m* porte-papier; **cy·lindric, cy·lin·dri·cal** □ cylindrique.

cym·bal ♪ ['simbl] cymbale *f*.

cyn·ic ['sinik] 1. (*a.* '**cyn·i·cal** □) cynique; sceptique; 2. *phls.* cynique *m*; sceptique *m*; '**cyn·i·cism** ['⁓sizm] *phls.* cynisme *m*; scepticisme *m* railleur.

cy·no·sure *fig.* ['sinəsjuə] point *m* de mire.

cy·press ♀ ['saipris] cyprès *m*.

cyst [sist] sac *m*; ⚕, *a.* ♀ kyste *m*; '**cyst·ic** kystique, cystique; **cys·titis** [sis'taitis] cystite *f*.

Czar [zaː] tsar *m*.

Czech [tʃek] 1. tchèque; 2. *ling.* tchèque *m*; Tchèque *mf*.

Czech·o·Slo·vak ['tʃekou'slouvæk] 1. tchécoslovaque; 2. Tchécoslovaque *mf*.

D

D, d [di:] D *m*, d *m*.

'd F *see* had; would.

dab [dæb] **1.** coup *m* léger; tape *f*;
tache *f*; petit morceau *m* (*de beurre*);
icht. limande *f*; F expert *m*; *sl.* ~s *pl.*
empreintes *f/pl.* digitales; be *a* ~
(*hand*) *at* être passé maître en (*qch.*);
2. lancer une tape à; tapoter; appliquer légèrement (*des couleurs*); *typ.*
clicher.

dab·ble ['dæbl] *v/t.* humecter,
mouiller; *v/i.* ~ in barboter dans;
fig. s'occuper un peu de; '**dab·bler**
dilettante *mf*.

dac·ty·lo·gram [dæk'tilogræm]
dactylogramme *m*.

dad(·dy) F ['dæd(i)] papa *m*.

dad·dy-long-legs *zo.* F ['dædi'lɔŋ-
legz] tipule *f*.

daf·fo·dil ♀ ['dæfədil] narcisse *m*
sauvage *ou* des bois.

dag·ger ['dægə] poignard *m*; be *at*
~s drawn être à couteaux tirés; *look* ~s
at s.o. foudroyer q. du regard.

dag·gle ['dægl] (se) mouiller.

da·go *Am. sl. péj.* ['deigou] Espagnol
m, Portugais *m*, *surt.* Italien *m*.

dahl·ia ♀ ['deiljə] dahlia *m*.

Dail Eir·eann ['dail'ɛərən] *Chambre
des députés de l'État libre d'Irlande*.

dai·ly ['deili] **1.** quotidien(ne *f*);
F ~ *dozen* gymnastique *f* quotidienne; **2.** quotidien *m*, journal *m*;
domestique *f* à la journée.

dain·ti·ness ['deintinis] délicatesse
f, raffinement *m*; *taille:* mignon-
nesse *f*; '**dain·ty** □ **1.** délicat (*personne, a. chose*); friand (*mets*); exquis (*personne*); F mignon(ne *f*);
2. friandise *f*; morceau *m* de choix.

dair·y ['dɛəri] laiterie *f* (*a. boutique*);
crèmerie *f*; '~-**farm** vacherie *f*; '~-
maid fille *f* de laiterie; '~-**man**
nourrisseur *m*; ✝ laitier *m*, crémier
m.

da·is ['deiis] estrade *f*; dais *m*.

dai·sy ['deizi] ♀ marguerite *f*; F
pâquerette *f*; F personne *f ou*
chose *f* épatante; (*as*) fresh as a ~ frais
(fraîche *f*) comme une rose; F push up

the daisies manger les pissenlits par la
racine (= être mort).

dale [deil] vallée *f*, vallon *m*.

dal·li·ance ['dæliəns] échange *m* de
tendresses; flirtage *m*; badinage *m*;
dal·ly ['~li] flirter (avec, with); caresser (qch., with s.th.); badiner; *fig.*
tarder.

dam[1] [dæm] mère *f* (*d'animaux*).

dam[2] [~] **1.** barrage *m* de retenue;
digue *f*; ✗ serrement *m*; *rivière:*
décharge *f*; **2.** (*a.* ~ *up*) contenir,
endiguer; obstruer.

dam·age ['dæmidʒ] **1.** dégâts *m/pl.*;
gts ~s *pl.* dommages-intérêts *m/pl.*;
2. endommager; abîmer; *fig.* nuire à
(*q.*); '**dam·age·a·ble** avariable.

dam·a·scene ['dæməsi:n] damasquiner; **dam·ask** ['dæməsk] **1.** damas *m*; *couleur:* incarnat *m*; ver-
meil(le *f*); **2.** rose
foncé *adj./inv.*; vermeil(le *f*); **3.** damasquiner (*l'acier*); damasser (*une
étoffe*).

dame [deim] dame *f* (*a. titre*); *sl.*
femme *f*; madame *f*.

damn [dæm] **1.** condamner; ruiner;
eccl. damner; *théâ.* éreinter (*une
pièce*); ~ *it!* zut!, sapristi!; **2.** juron
m, gros mot *m*; *I don't care a* ~*I* je
m'en moque pas mal!, je m'en
fiche!; **dam·na·ble** □ ['~nəbl]
damnable, F maudit; **dam·na·tion**
[~'neiʃn] damnation *f*; *théâ.* éreintement *m*; ~*I* sacrebleu!; **dam·na·to-
ry** ['~nətəri] □ qui condamne;
damned ['dæmd] *adj. et adv.*
damné, F sacré (*a.* = très, bigrement); **damn·ing** ['dæmiŋ] accablant (*fait*).

damp [dæmp] **1.** humide; moite;
2. humidité *f*; *peau:* moiteur *f*;
fig. froid *m*; nuage *m* de tristesse;
✗ (*a.* choke-~) mofette *f*; ♠, ⊕ ~
course couche *f* isolante; **3.** (*a.*
'**damp·en**) mouiller; humecter;
assourdir (*un son*); étouffer (*le feu*);
refroidir (*le courage etc.*); décourager; '**damp·er** rabat-joie *m/inv.*; *fig.*
froid *m*; *mot.* amortisseur *m*; ♪ étouffoir *m*; *foyer:* registre *m*; '**damp·ish**

un peu humide *ou* moite; '**damp-proof** imperméable.

dam·son ♀ ['dæmzn] prune *f* de Damas.

dance [dɑ:ns] **1.** danse *f*; bal (*pl.* -s) *m*; F sauterie *f*; *lead s.o. a* ~ donner du fil à retordre à q.; faire danser q.; **2.** danser; '**danc·er** danseur (-euse *f*) *m*.

danc·ing ['dɑ:nsiŋ] danse *f*; *attr.* de danse; '~**girl** bayadère *f*; '~**les-son** leçon *f* de danse; '~**room** dancing *m*.

dan·de·li·on ♀ ['dændilaiən] pissenlit *m*.

dan·der *sl.* ['dændə]: *get s.o.'s* ~ *up* mettre q. en colère; *get one's* ~ *up* prendre la mouche.

dan·dle ['dændl] dodeliner (*un enfant*); faire sauter (*un enfant sur ses genoux*).

dan·druff ['dændrif], **dan·druff** ['dændrəf] pellicules *f/pl.*

dan·dy ['dændi] **1.** dandy *m*, gommeux *m*; **2.** *int. surt. Am.* F chic *inv. en genre*, chouette, *sl.* bath; **dan·dy·ish** ['~diiʃ] élégant, gommeux (-euse *f*); '**dan·dy·ism** dandysme *m*.

Dane [dein] Danois(e *f*) *m*; *chien*:

dan·ger ['deindʒə] danger *m*, péril *m*; ~ *list*: F *be on the* ~ *list* être en état grave; '**dan·ger·ous** ☐ dangereux (-euse *f*); **dan·ger sig·nal** ☒ (signal *m* à l')arrêt *m*.

dan·gle ['dæŋgl] (faire) pendiller, pendre; balancer; ~ *about* (*ou after ou round*) tourner autour de (q.); '**dan·gler** (*ou* ~ *after women*) soupirant *m*.

Dan·ish ['deiniʃ] **1.** danois; **2.** *ling.* danois *m*; *the* ~ *pl.* les Danois *m/pl.*

dank [dæŋk] humide.

dap·per ☐ F ['dæpə] pimpant, coquet (-ette *f*), correct; sémillant.

dap·ple ['dæpl] **1.** (se) tacheter; *v/i.* se pommeler (*ciel*); **2.** tache(ture) *f*; '**dap·pled** tacheté, pommelé; '**dap·ple-'grey** (*cheval m*) gris pommelé.

dare [dɛə] *v/i.* oser; *I* ~ *say* je (le) crois bien; sans doute; peut-être bien; *v/t.* oser faire; braver, risquer (*la mort*); défier (q.); '~**dev·il** casse-cou *m/inv.*; '**dar·ing** ☐ **1.** audacieux (-euse *f*); **2.** audace *f*, hardiesse *f*.

dark [dɑ:k] **1.** ☐ *usu.* sombre; obscur; triste, foncé (*couleur*); basané

(*teint*); ténébreux (-euse *f*); *the* ~ *ages* l'âge *m* des ténèbres; ~ *horse fig.* concurrent *m* dont on ne sait rien; *fig.* pas dangereux; ~ *lantern* lanterne *f* sourde; ~ *room* chambre *f* noire; **2.** obscurité *f*, ténèbres *f/pl.*; *fig.* ignorance *f*; *leap in the* ~ saut *m* dans l'inconnu; '**dark·en** (s')obscurcir; (s')assombrir; *v/t.* attrister; embrumer; *never* ~ *s.o.'s door* ne plus remettre les pieds chez q.;

'**dark·ish** un peu sombre; '**dark·ness** obscurité *f*, ténèbres *f/pl.*;

dark·some *poét.* ['~səm] *see dark* 1; '**dark·y** F moricaud(e *f*) *m*.

dar·ling ['dɑ:liŋ] **1.** bien-aimé(e *f*) *m*; chéri(e *f*) *m*; **2.** bien-aimé; favori(te *f*).

darn¹ *sl.* [dɑ:n] *see damn* 1; *a. int.* sacré.

darn² [~] **1.** reprise *f*; **2.** repriser, raccommoder; (*a. fine-*~) stopper; '**darn·er** repriseur (-euse *f*) *m* etc.;

darn·ing ['dɑ:niŋ] reprise *f*; '~**nee-dle** aiguille *f* à repriser; '~**wool** laine *f* à repriser.

dart [dɑ:t] **1.** dard *m*, trait *m* (*a. fig.*); *couture*: pince *f*, suçon *m*; élan *m*, mouvement *m* soudain en avant; **2.** *v/t.* darder; lancer; *v/i. fig.* se précipiter, foncer (*sur at*, *up*]on).

Dar·win·ism ['dɑ:winizm] darwinisme *m*.

dash [dæʃ] **1.** coup *m*, heurt *m*; attaque *f* soudaine; trait *m* (*de plume*, *a. tél.*); ♪ brio *m*; *typ.* tiret *m*; ♫ prime; *couleur*: touche *f*, tache *f*; *fig.* brillante figure *f*; *fig.* entrain *m*, fougue *f*; élan *m* (*vers* for, *to*); *fig. sel etc.*: soupçon *m*, *liquide*: goutte *f*; *cut a* ~ faire de l'effet; *at first* ~ du premier coup; **2.** *v/t.* lancer violemment; éclabousser (de boue, *with mud*); (*usu.* ~ *to pieces*) fracasser; anéantir (*une espérance*); jeter, flaquer; déconcerter, confondre; abattre (*le courage*, *l'entrain*); ~ *down* (*ou off*) enlever, exécuter à la vavite (*une lettre etc.*); *sl.* ~ *it!* zut!; *v/i.* se précipiter, s'élancer (*sur*, *at*); courir; se jeter (*contre*, *against*); ~ *off* partir en vitesse; ~ *through* traverser (*une pièce etc.*) en toute hâte; ~ *up* monter à toute vitesse; '~**board** garde-boue *m/inv.*; ♫ *mot.* tableau *m* de bord; '**dash·er** F élégant *m*, *péj.* épateur m; '**dash·ing** □ plein d'élan; fougueux (-euse f) (cheval); fig. brillant, beau (bel devant une voyelle ou un h muet; belle f; beaux m/pl.).

das·tard ['dæstəd] **1.** □ (a. '**dastard·ly**); **2.** lâche m; personnage m ignoble.

da·ta ['deitə] pl., Am. a. sg. donnée f, -s f/pl.; éléments m/pl. d'information; ~ **bank** banque f de données; ~ **file** fichier m de données; personal ~ détails m/pl. personnels.

date¹ [deit] ♀ datte f; arbre: dattier m.

date² [~] **1.** date f; jour m, temps m; ✝ terme m, échéance f; surt. Am. F rendez-vous m; celui m ou celle f avec qui on a rendez-vous; make a ~ fixer un rendez-vous; out of ~ démodé; to ~ à ce jour; up to ~ au courant, à jour; F à la page; **2.** dater; assigner une date à; surt. Am. F fixer un rendez-vous avec; ~ **back** antidater; v/i. dater, être démodé; ~d démodé; ~ **from**, ~ **back** to remonter à; '~**block** calendrier m à effeuiller; '~**less** sans date; '~**line** ligne f de changement de date; '~**stamp** (timbre m) dateur m.

da·tive gramm. ['deitiv] (ou ~ case) datif m.

da·tum ['deitəm], pl. **-ta** ['~tə] donnée f; ~**point** point m de repère.

daub [dɔːb] **1.** enduit m; peint. croûte f; **2.** barbouiller (de, with) (a. peint.); '**daub·(st)er** barbouilleur (-euse f) m.

daugh·ter ['dɔːtə] fille f; ✝ ~ company société f filiale; '~**in-law** ['dɔːtərinlɔː] belle-fille (pl. belles-filles) f; '**daugh·ter·ly** filial (-aux m/pl.).

daunt [dɔːnt] intimider, décourager; '~**less** intrépide.

dav·it ⚓ ['dævit] bossoir m, davier m.

da·vy¹ ⚒ ['deivi] (a. ~-lamp) lampe f Davy (= lampe de sûreté).

da·vy² sl. [~] see affidavit; take one's ~ donner sa parole ou son billet.

daw orn. [dɔː] choucas m.

daw·dle F ['dɔːdl] v/i. flâner; v/t. gaspiller (son temps); '**daw·dler** F flâneur (-euse f) m; fig. lambin(e f) m.

dawn [dɔːn] **1.** aube f (a. fig.), aurore f; point m du jour; **2.** poindre; se lever (jour); fig. venir à l'esprit (de, upon).

day [dei] jour m (a. = aube); journée f; souv. ~s pl. temps m; vivant m; âge m; ~ **off** jour m de congé; carry (ou win) the ~ remporter la victoire; this ~ aujourd'hui; the other ~ l'autre jour; this ~ week (d'au)jourd'hui en huit; the next ~ le lendemain; the ~ **before** la veille (de qch., s.th.); '~**book** ✝ journal m; '~**break** point m du jour; aube f; '~**care cen·ter** Am. crèche f; '~**dream** rêverie f; '~**fly** éphémère m; '~**la·bo(u)r·er** journalier m; '~**light** (lumière f du) jour m; ~**saving time** heure f d'été; sl. beat the living ~s out of tabasser, rosser; '~**nur·se·ry** garderie f, crèche f; '~**star** étoile f du matin; soleil m; '~**time** jour m, journée f; '~**times** de jour.

daze [deiz] **1.** étourdir (coup); stupéfier (narcotique); **2.** étourdissement m, stupéfaction f.

daz·zle ['dæzl] éblouir, aveugler.

dea·con ['diːkn] diacre m; **dea·con·ess** ['diːkənis] diaconesse f; '**dea·con·ry** diaconat m.

dead [ded] **1.** adj. usu. mort; de mort (silence, sommeil); sourd (douleur, son); engourdi (par le froid); subit (halte); profond (secret); perdu (puits); terne (couleur); mat (or); aveugle (fenêtre); sans éclat (yeux); éventé (boissons); éteint (charbon); sl. vide (bouteille); ⊕ fixe (essieu); sourd (à, to), mort (à, to); ⚡ hors courant; sans courant; épuisé (pile etc.); ~ **bargain** véritable occasion f; at a ~ **bargain** à un prix risible; ~ **calm** calme m plat; fig. silence m de mort; ⊕ ~ **centre** (ou **point**) point m mort; centre m fixe; ~ **heat** manche f nulle; course f à égalité; ~ **letter** lettre f de rebut; fig. lettre morte (loi etc.); '~**letter of·fice** bureau m des rebuts; ~ **level** niveau m parfait; ~ **lift** effort m extrême; ~ **load** poids m mort; charge f constante; ~ **loss** perte f sèche; sl. un bon à rien m; ~ **man** mort m; sl. bouteille f vide; ~ **march** marche f funèbre; play ~ faire le mort; ~ **set** fig. attaque f furieuse; F make a ~ set at se jeter à la tête de (q.); a ~ **shot** tireur m sûr de son coup, tireur m qui ne rate jamais son coup; ✝ ~ **stock** fonds m/pl. de boutique; ~ **wall** mur m orbe; ~ **water** remous m de sillage; ~ **weight** poids *m* mort; *fig.* poids *m* inutile; *cut out the* ～ *wood* élaguer le personnel; **2.** *adv.* absolument; complètement; ～ *against* absolument opposé à; ～ *asleep* profondément endormi; ～ *broke* fauché; ～ *drunk* ivre mort; ～ *sure* absolument certain; ～ *tired* mort de fatigue; **3.** *su.* the ～ *pl.* les morts *m/pl.*; les trépassés *m/pl.*; *in the* ～ *of winter* au cœur de l'hiver; *in the* ～ *of night* au plus profond de la nuit; '～**a'live** (à moitié) mort; sans animation; '～**-beat 1.** épuisé; ⚡ apériodique (*instrument*); **2.** *Am. sl.* chemineau *m*; quémandeur *m*; filou *m*; chevalier *m* d'industrie; '**dead·en** amortir (*un coup*); assourdir (*un son*); *fig.* feutrer (*le pas*); émousser (*les sens*); ⊕ hourder (*le plancher etc.*); de rigueur); '～**-lock** impasse *f* (*a. fig.*); situation *f* insoluble; '**dead·ly** mortel(le *f*); ～ *pale* d'une pâleur mortelle; '**dead·ness** torpeur *f*; membres: engourdissement *m*; indifférence *f* (*envers, to*); ✝ stagnation *f*.

dead...: '～**-net·tle** ortie *f* blanche; ～ **pan** *Am. sl.* acteur *m* etc. sans expression.

deaf □ [def] sourd (à, to); *turn a* ～ *ear* faire la sourde oreille (à, to); ～ **aid** appareil *m* acoustique, audiophone *m*; '**deaf·en** rendre sourd; assourdir; '**deaf·'mute** sourd(e *f*)-muet(te *f*) *m*.

deal¹ [di:l] madrier *m*; planche *f*; (bois *m* de) sapin *m*.

deal² [～] **1.** *cartes*: donne *f*, main *f*; *fig.* marché *m*, affaire *f*, ✝ coup *m* (*de Bourse*); *Am. usu. péj.* tractation *f*; *a good* ～ quantité *f*, beaucoup; *a great* ～ (grande) quantité *f*, beaucoup; *give a square* ～ *to* agir loyalement envers; **2.** [*irr.*] *v/t.* distribuer, répartir, partager (entre *to, among*); *cartes*: donner, distribuer; porter, donner (*un coup*) (à, to); *v/i.* faire le commerce (de,

in); *cartes*: donner; en user (*bien ou mal*) (avec q., *by s.o.*); ～ *with* avoir affaire à *ou* avec (*q.*); s'occuper de; conclure (*une affaire*); faire justice à, négocier avec; *have* ～ *t with* avoir pris des mesures à l'égard de (*q.*); '**deal·er** *cartes*: donneur *m*; ✝ négociant(e *f*) *m* (en, *in*); marchand(e *f*) *m* (de, *in*); *plain* ～ homme *m* franc et loyal; *sharp* ～ un fin matois; '**deal·ing** *usu.* ～*s pl.* distribution *f*; commerce *m*; conduite *f*; relations *f/pl.*; *péj.* tractations *f/pl.*

dealt [delt] *prét.* et *p.p.* de *deal²* 2.

dean [di:n] doyen *m*; '**dean·er·y** doyenné *m*; résidence *f* du doyen.

dear [diə] **1.** ～ cher (chère *f*); coûteux (-euse *f*); **2.** F *o(h)* ～*!* oh là là! hélas; ～ *me!* mon Dieu!; vraiment?; '**dear·ness** cherté *f*; tendresse *f*; **dearth** [də:θ] disette *f*; *fig.* dénuement *m*; **dear·y** ['diəri] F mon chéri *m*, ma chérie *f*.

death [deθ] mort *f*; décès *m*; *journ.* ～*s pl.* nécrologie *f*; ～ *penalty* peine *f* capitale; *tired to* ～ mort de fatigue; épuisé; '～**-bed** lit *m* de mort; '～**-blow** coup *m* fatal *ou* mortel; '～**-du·ty** droit *m* de succession; '～**-less** □ immortel(le *f*); '～**-like** de mort; semblable à la mort; '**death·ly 1.** *adj. see* deathlike; **2.** *adv.* comme la mort; **death-rate** (taux *m* de la) mortalité *f*; **death-roll** liste *f* des morts; '**death's-head** tête *f* de mort; '**death-war·rant** ⚖ ordre *m* d'exécution.

dé·bâ·cle [dei'ba:kl] débâcle *f*.

de·bar [di'ba:] exclure, priver (q. de qch., *s.o. from s.th.*); défendre (à q. de *inf.*, *s.o. from ger.*).

de·bar·ka·tion [di:ba:'keiʃn] débarquement *m*.

de·base [di'beis] avilir; rabaisser (*son style*); altérer (*la monnaie*); de-'**base·ment** avilissement *m*, dégradation *f*; *monnaie*: altération *f*.

de·bat·a·ble □ [di'beitəbl] discutable; contestable; **de'bate 1.** débat *m*, discussion *f*; **2.** discuter, disputer (sur qch., [on] *s.th.*; avec q., *with s.o.*); **de'bat·er** orateur *m*.

de·bauch [di'bɔ:tʃ] **1.** débauche *f*; **2.** débaucher; *fig.* corrompre; **deb·au'chee** débauché(e *f*) *m*; de-'**bauch·er·y** débauche *f*.

de·ben·ture [di'bentʃə] obligation *f*; certificat *m* de drawback.

de·bil·i·tate [di'biliteit] débiliter; **de·bil·i·ta·tion** débilitation f; **de·'bil·i·ty** débilité f.

deb·it † ['debit] 1. débit m, doit m; ~ balance solde m débiteur; 2. débiter; porter (une somme) au débit (de q. to, against s.o.).

de·bouch [di'bautʃ] déboucher (dans, into).

de·bris ['debri:] débris m/pl.; géol. détritus m/pl.

debt [det] dette f; créance f; ~ collector agent m de recouvrement; active ~ dette f active; pay the ~ of nature payer le tribut à l'humanité (= mourir); **'debt·or** débiteur (-trice f) m.

de·bug F [di:'bʌg] remettre en ordre, réparer.

de·bunk F surt. Am. [di:'bʌŋk] débronzer; déboulonner.

de·bus [di:'bʌs] (faire) débarquer d'un autobus; (faire) descendre.

dé·but ['deibu:] début m; entrée f dans le monde.

dec·ade ['dekəd] décade f; (période f de) dix ans m/pl., dix jours m/pl.

dec·a·dence ['dekədəns] décadence f; **'dec·a·dent** décadent; en décadence.

de·caf·fei·nat·ed [di:'kæfineitid] décaféiné.

dec·a·log(ue) ['dekələg] décalogue m; les dix commandements m/pl.

de·camp [di'kæmp] ✗ lever le camp; F décamper, filer.

de·cant [di'kænt] décanter, transvaser; tirer au clair; **de'cant·er** carafe f; carafon m. [obus.]

de·cap [di:'kæp] désamorcer (un)

de·cap·i·tate [di'kæpiteit] décapiter; Am. congédier, F liquider; **de·cap·i'ta·tion** décapitation f.

de·cath·lon sp. [di'kæθlɔn] décathlon m.

de·cay [di'kei] 1. décadence f; délabrement m; déclin m; pourriture f; dents: carie f; 2. tomber en décadence; pourrir; se carier (dents); fig. décliner, se perdre; ~ed with age rongé le temps.

de·cease surt. ✝✝ [di'si:s] 1. décès m; 2. décéder; the ~d le défunt m, la défunte f; pl. les défunts m/pl.

de·ceit [di'si:t] tromperie f; fourberie f; **de'ceit·ful** □ trompeur (-euse f); faux (fausse f); mensonger (-ère f) (regard etc.); de-'ceit·ful·ness fausseté f; nature f trompeuse.

de·ceiv·a·ble [di'si:vəbl] facile à tromper; **de·ceive** [di'si:v] tromper; en imposer à (q.); amener (q.) par supercherie (à inf., into gér.); be ~d se tromper; **de'ceiv·er** trompeur (-euse f) m; fourbe m.

de·cel·er·ate [di:'seləreit] ralentir; **de·cel·er·a·tion** ralentissement m; mot. a. décélération f.

De·cem·ber [di'sembə] décembre m.

de·cen·cy ['di:snsi] bienséance f; pudeur f; decencies pl. les convenances f/pl.

de·cen·ni·al [di'senjəl] décennal (-aux m/pl.); **de'cen·ni·um** [~jəm] décennie f, période f de dix ans.

de·cent □ ['di:snt] convenable; honnête; assez bon(ne f) (m); sl. très bon(ne f), brave.

de·cen·tral·i·za·tion [di:sentrəlai-'zeiʃn] décentralisation f; **de'cen·tral·ize** décentraliser.

de·cep·tion [di'sepʃn] tromperie f; fraude f; supercherie f; **de'cep·tive** □ trompeur (-euse f); mensonger (-ère f).

de·cide [di'said] v/i. décider (de, to); se décider (pour in favour of, for; à inf., on gér.); prendre son parti; v/t. trancher (une question); (a. ~ on) déterminer (qch.); **de'cid·ed** □ décidé; arrêté (opinion); résolu; **de'cid·er** sp. course f ou match m de décision; la belle f.

de·cid·u·ous ♀, zo. □ [di'sidjuəs] caduc (-uque f); ~ tree arbre m à feuilles caduques.

dec·i·mal ['desiml] 1. décimal (-aux m/pl.); ♀ ~ point virgule f; 2. décimale f; **dec·i·mate** ['~meit] décimer; **dec·i·ma·tion** décimation f.

de·ci·pher [di'saifə] déchiffrer; transcrire en clair; **de'ci·pher·a·ble** [~rəbl] déchiffrable; **de'ci·pher·ment** déchiffrement m.

de·ci·sion [di'siʒn] décision f (a. ✝✝); ✝✝ jugement m, arrêt m; fig. caractère: fermeté f, résolution f; take a ~ prendre une décision ou un parti; **de·ci·sive** [di'saisiv] □ décisif (-ive f); tranchant (ton).

deck [dek] 1. ♣ pont m; tillac m; top ~ impériale f; surt. Am. paquet m de cartes; Am. F on ~ prêt; 2. parer, orner; ♣ ponter; '~-'chair chaise *f* longue; F transat(lantique) *m*; '**deck·er**: double- (single-)~ autobus *m etc.* à (sans) impériale.

de·claim [di'kleim] déclamer (contre, *against*).

dec·la·ma·tion [deklə'meiʃn] déclamation *f*; **de·clam·a·to·ry** [di-'klæmətəri] déclamatoire.

de·clar·a·ble [di'klɛərəbl] déclarable; à déclarer; **dec·la·ra·tion** [deklə'reiʃn] déclaration *f* (en douane); *make a* ~ déclarer, proclamer; émettre une déclaration; **de·clar·a·tive** [di'klærətiv] qui déclare, qui annonce (*qch.*); **de·clar·a·to·ry** [.təri] déclaratoire; **de·clare** [di'klɛə] *v/t.* déclarer (*qch.* à *q.*, *la guerre*, *qch. en douane*, *q. coupable, etc.*); annoncer; ~ *o.s.* prendre parti; faire sa déclaration (*amant*); ~ *off* rompre (*un marché*); *v/i.* se déclarer; se prononcer (pour, *for*; contre, *against*); F *well, I* ~*l* par exemple!; eh bien, alors!; **de-'clared** □ ouvert, avoué, déclaré.

de·clen·sion [di'klenʃn] déclin *m*, décadence *f*; *caractère m.*: altération *f*; *gramm.* déclinaison *f*.

de·clin·a·ble [di'klainəbl] déclinable; **dec·li·na·tion** [dekli'neiʃn] † pente *f*, déclin *m*; *Am.* refus *m*; *astr., phys.* déclinaison *f*; **de·cline** [di'klain] **1.** déclin *m* (*a. fig.*); *prix*: baisse *f*; ⯑ consomption *f*; **2.** *v/t.* refuser (courtoisement); *gramm.* décliner; *v/i.* décliner (*santé, soleil*); baisser; s'incliner (*terrain*); tomber en décadence; s'excuser.

de·cliv·i·ty [di'kliviti] pente *f*, déclivité *f*; **de·cliv·i·tous** [.təs] escarpé.

de·clutch ['di:'klʌtʃ] *mot.* débrayer.

de·coct [di'kɔkt] faire bouillir; **de-'coc·tion** décoction *f*; *pharm.* décocté *m*.

de·code ['di:'koud] déchiffrer.

dé·col·le·té [dei'kɔltei] **1.** décolletage *m*; **2.** décolleté.

de·col·o·u·r·ize [di:'kʌləraiz] décolorer.

de·com·pose [di:kəm'pouz] (se) décomposer; *v/t.* analyser; *fig.* pourrir; **de·com·po·si·tion** [di:kɔmpə-'ziʃn] décomposition *f*; désintégration *f*; putréfaction *f*.

de·com·pres·sor *mot.* [di:kəm'pre-sə] décompresseur *m*.

de·con·tam·i·nate [di:kən'tæmi-

neit] désinfecter; **de·con·tam·i-'na·tion** désinfection *f*.

de·con·trol ['di:kən'troul] libérer (*qch.*) des contraintes du gouvernement; ~ *the price of* détaxer (*qch.*).

dec·o·rate ['dekəreit] décorer (*a. d'une médaille*); orner; pavoiser (*une rue*); remettre une décoration à (*q.*); **dec·o·ra·tion** décoration *f*; remise *f* d'une décoration (*à q.*); *appartement etc.*: décor *m*; *Am.* ⯑ *Day* le 30 mai; **dec·o·ra·tive** ['dekərətiv] décoratif (-ive *f*); **dec·o·ra·tor** ['.reitə] décorateur (-trice *f*) *m*; (*a. house* ~) peintre *m* décorateur.

dec·o·rous □ ['dekərəs] bienséant; **de·co·rum** [di'kɔ:rəm] bienséance *f*.

de·cor·ti·cate [di'kɔ:tikeit] décortiquer.

de·coy [di'kɔi] **1.** leurre *m*, appât *m*; (*a. ~-duck*) oiseau *m* de leurre; moquette *f*; canard *m* privé; *fig.* compère *m* (*d'un escroc*); **2.** piper; leurrer (*a. fig.*).

de·crease 1. ['di:kri:s] diminution *f*; **2.** [di:'kri:s] diminuer; (s')amoindrir.

de·cree [di'kri:] **1.** *admin., a. eccl.*: décret *m*; arrêté *m*; ordonnance *f* (*royale*); ⯑ jugement *m*; **2.** décréter, ordonner.

de·cre·ment ['dekrimənt] décroissement *m*, perte *f*.

de·crep·it [di'krepit] décrépit (*personne*); qui tombe en ruine (*chose*); **de·crep·i·tude** [.tju:d] décrépitude *f*; vermoulure *f*.

de·cres·cent [di'kresnt] en décroissance.

de·cry [di'krai] dénigrer, décrier.

de·cu·ple ['dekjupl] **1.** décuple (*a. su./m*); **2.** (se) décupler.

ded·i·cate ['dedikeit] dédier (*a. fig.*); **ded·i·ca·tion** dédicace *f*; **ded·i·ca·tor** dédicateur (-trice *f*) *m*; **ded·i·ca·to·ry** dédicatoire.

de·duce [di'dju:s] déduire, conclure (de, *from*); **de·duc·i·ble** que l'on peut déduire.

de·duct [di'dʌkt] retrancher (de, *from*); **de·duc·tion** déduction *f*; *salaire*: retenue *f*; imputation *f* (sur, *from*); **de·duc·tive** déductif (-ive *f*).

deed [di:d] **1.** action *f*, acte *m*; fait *m*; ⯑ acte *m* (notarié); **2.** *Am.* transférer par un acte.

dee-jay F ['di:'dʒei] disc-jockey *m*; animateur *m*.

deem [di:m] *v/t.* juger, considérer, estimer.

deep [di:p] **1.** □ profond (*a. fig.*), foncé, sombre (*couleur*); *fig.* vif (vive *f*); difficile à pénétrer; malin (-igne *f*) (*personne*); plongé (dans, in); *box.* ~ hit coup *m* bas; **2.** abîme *m*; *poét.* océan *m*; '~**breath·ing** respiration *f* à pleins poumons; '**deep·en** (s')approfondir; rendre *ou* devenir plus profond; rendre *ou* devenir plus intense (*sentiment*); *v/t.* foncer; *v/i.* devenir plus foncé (*couleur*); '~**freeze 1.** surgeler; **2.** *a.* '~**freez·er** congélateur *m*; '~**fro·zen** surgelé; '~**fry** faire frire *ou* cuire dans la friture; ~*ing pan* friteuse *f*; '**deep·ness** profondeur *f*; '**deep**·'**root·ed** profondément enraciné; '**deep·seat·ed** enraciné.

deer [diə] cerf *m*; *coll.* cervidés *m/pl.*; '~**lick** *Am.* roches *f/pl.* couvertes de sel; '~**skin** cuir; daim *m*; '~**stalk·er** chasseur *m* à l'affût.

de-es·ca·late [di:'eskəleit] réduire, limiter; **de-es·ca'la·tion** reduction *f*; limitation *f*; désescalade *f*.

de-face [di'feis] défigurer; mutiler, oblitérer (*un timbre*); **de'face·ment** défiguration *f etc.*

de-fal·cate [di:'fælkeit] détourner des fonds; **de-fal'ca·tion** détournement *m* de fonds; fonds *m/pl.* manquants; '**de-fal·ca·tor** détourneur *m* de fonds.

def·a·ma·tion [defə'meiʃn] diffamation *f*; **de·fam·a·to·ry** [di-'fæmətəri] diffamatoire; diffamant; **de-fame** [di'feim] diffamer; **de-fam·er** diffamateur (-trice *f*) *m*.

de-fault [di'fɔ:lt] **1.** manquement *m*; †, ⚖ défaut *m*; *droit criminel:* contumace *f*; *sp.* forfait *m*; ⚖ *judgement by* ~ jugement *m* par défaut; *in* ~ *of which* faute de quoi; *au défaut duquel etc.*; *make* ~ faire défaut; être en état de contumace; **2.** *v/i.* manquer à ses engagements; ⚖ faire défaut; être en état de contumace; *v/t.* condamner (*q.*) par défaut; **de'fault·er** délinquant(e *f*) *m*; † défaillant(e *f*) *m*; auteur *m* de détournements de fonds; ⚖ contumace *mf*; ⚔ retardataire *m*; consigné *m*.

de-fea·sance [di'fi:zns] annulation *f*.

de-feat [di'fi:t] **1.** défaite *f*; insuccès *m*; *suffer a* ~ essuyer une défaite; **2.** ⚔ battre, vaincre; faire échouer; *parl. qqfois* renverser; mettre en minorité; **de'feat·ist** défaitiste *mf*.

def·e·cate ['defikeit] déféquer, aller à la selle; **def·e'ca·tion** défécation *f*.

de-fect [di'fekt] défaut *m*; manque *m*; imperfection *f*; **de'fec·tion** défection *f*; *eccl.* apostasie *f*; **de'fec·tive** □ défectueux (-euse *f*); imparfait; anormal (-aux *m/pl.*); en mauvais état; *gramm.* défectif (-ive *f*); *be* ~ *in* manquer de; **de'fec·tor** transfuge *m*.

de-fence [di'fens] défense *f*; protection *f*; ~ *mechanism physiol.* mécanisme *m* de défense; *psych.* défenses *f/pl.*; ⚔ ~ *spending* dépenses *f/pl.* pour la défense; *witness for the* ~ témoin *m* à décharge; **de'fence·less** sans défense; désarmé.

de-fend [di'fend] défendre, protéger (*contre against, from*); justifier (*une opinion*); **de'fend·ant** défendeur (-eresse *f*); accusé(e *f*) *m*; **de'fend·er** défenseur *m*.

de-fense·less [di'fens(lis)] *Am. see* defence(less).

de-fen·si·ble [di'fensəbl] défendable; soutenable (*opinion*); **de'fen·sive 1.** □ défensif (-ive *f*); de défense; **2.** défensive *f*; *be* (*ou stand*) *on the* ~ se tenir sur la défensive.

de-fer[1] [di'fə:] différer; *v/t. a.* remettre; ajourner; ⚔ mettre en sursis; ~*red annuity* rente *f* à paiement différé; ~*red payment* paiement *m* par versements échelonnés.

de-fer[2] [~] (*to*) déférer (à); se soumettre (à); s'incliner (devant); **de'fer·ence** ['defərəns] déférence *f*; respect *m*; *in* ~ *to, out of* ~ *to* par déférence pour; **def·er·en·tial** □ [~'renʃl] de déférence.

de-fer·ment [di'fə:mənt] ajournement *m* (*a.* ⚔); remise *f*; ⚔ *be on* ~ être en sursis.

de-fi·ance [di'faiəns] défi *m*; *bid* ~ to porter un défi à; *in* ~ *of* en dépit de (*q.*); **de'fi·ant** □ provocant; intraitable; *be* ~ *of* braver (*qch.*).

de-fi·cien·cy [di'fiʃənsi] manque *m*, défaut *m*; insuffisance *f*; *a. see* deficit; **de'fi·cient** défectueux

(-euse *f*); insuffisant; à petite mentalité (*personne*); be ~ in manquer de; être au-dessous de.

def·i·cit ['defisit] déficit *m*.

de·fi·er [di'faiə] provocateur (-trice *f*) *m*.

de·file¹ 1. ['difail] défilé *m*; gorge *f*; 2. [di'fail] défiler (*troupes etc.*).

de·file² [di'fail] souiller, salir; polluer (*une église, les mœurs*); **de'file·ment** souillure *f*; pollution *f*.

de·fin·a·ble [di'fainəbl] définissable; **de'fine** définir; délimiter (*un territoire*); **def·i·nite** ['definit] □ défini; bien déterminé; **def·i'ni·tion** définition *f*; † délimitation *f*; *opt.* netteté *f*; by ~ par définition; **de·fin·i·tive** □ [di'finitiv] définitif (-ive *f*).

de·flate [di'fleit] dégonfler (*un ballon, fig. une personne*); † amener la déflation de (*la monnaie*); **de'fla·tion** dégonflement *m*; † déflation *f*; **de'fla·tion·a·ry** de déflation.

de·flect [di'flekt] dévier, défléchir; **de'flec·tion**, *souv.* **de·flexion** [di'flekʃn] *lumière*: déflexion *f*; *compas*: déviation *f*, déformation *f*; ⊕ flèche *f*.

de·flow·er [di:'flauə] défleurir (*une plante*); *fig.* déflorer (*un paysage, un sujet, une jeune fille*).

de·fo·li·ate [di:'foulieit] (se) défeuiller.

de·form [di'fɔ:m] déformer; ~ed contrefait, difforme; **de·for·ma·tion** [di:fɔː'meiʃn] déformation *f*; **de·form·i·ty** [di'fɔ:miti] difformité *f*; † caractère *etc.*: laideur *f*.

de·fraud [di'frɔːd] frustrer (q. de qch., *s.o. of s.th.*); ⚖, † frauder.

de·fray [di'frei] couvrir (*les frais de q.*); défrayer (*q.*).   [givreur *m.*]

de·freez·er *mot.*   [di'fri:zə] dé-

de·frost ['di:'frɔst] dégivrer; décongeler; **de'frost·er** dégivreur *m*.

deft □ [deft] adroit, habile.

de·funct [di'fʌŋkt] 1. défunt; décédé; *fig.* désuet (-ète *f*); 2. défunt(e *f*) *m*.

de·fy [di'fai] défier; mettre (*q.*) au défi.

de·gen·er·a·cy [di'dʒenərəsi] dégénération *f*; **de'gen·er·ate** 1. [~reit] dégénérer (en, *into*); 2. □ [~rit] dégénéré; **de·gen·er·a·tion** [~'reiʃn] dégénération *f*; dégénérescence *f*.

deg·ra·da·tion [degrə'deiʃn] dégradation *f*; avilissement *m*; ⚔ cassation *f*; **de·grade** [di'greid] *v/t.* dégrader (*a. fig.*, ⚔); ⚔ casser (*un officier*); *géol.* effriter; *fig.* avilir; *v/i.* dégénérer; *géol.* se dégrader.

de·gree [di'gri:] degré *m* (*a.* ♈, *géog., gramm., phys.*); ♩ gamme: échelon *m*; *autel*: marche *f*; *univ.* grade *m*; *fig.* rang *m*, condition *f*; by ~s petit à petit; par degrés; in no ~ pas le moins du monde; in some ~ dans une certaine mesure; F to a ~ éminemment; take one's ~ prendre ses grades.

de·hy·drat·ed [di:'haidreitid] déshydraté (*pommes de terre, légumes, etc.*); en poudre (*œufs*).

de-ice ⚹ ['di:'ais] dégivrer; **de-'ic·er** dégivreur *m*.

de·i·fi·ca·tion [di:ifi'keiʃn] déification *f*; **de·i·fy** ['di:ifai] déifier.

deign [dein] daigner (à, *to*).

de·ism ['di:izm] déisme *m*; **'de·ist** déiste *mf*; **de·is·tic, de·is·ti·cal** □ déiste.

de·i·ty ['di:iti] divinité *f*; dieu *m*, déesse *f*.

de·ject [di'dʒekt] décourager; **de'ject·ed** □ abattu, déprimé; **de'ject·ed·ness**, **de'jec·tion** découragement *m*, tristesse *f*.

dek·ko *Brit. sl.* ['dekou] (petit) coup d'œil; have a ~ jeter un (coup d')œil.

de·la·tion [di'leiʃn] dénonciation *f*.

de·lay [di'lei] 1. délai *m*, retard *m*; arrêt *m*; sursis *m*; 2. *v/t.* retarder, différer; retenir; arrêter; ~ing tactics *pl.* moyens *m/pl.* dilatoires; ~ed-action... ... à retardement; *v/i.* tarder (à inf., in gér.); s'attarder.

de·lec·ta·ble □ [di'lektəbl] délicieux (-euse *f*); **de·lec·ta·tion** [di:lek'teiʃn] délectation *f*.

del·e·ga·cy ['deligəsi] délégation *f*; **del·e·gate** 1. ['~geit] déléguer; 2. ['~git] délégué(e *f*) *m*; **del·e·ga·tion** [~'geiʃn] délégation *f* (*a. parl. Am.*); députation *f*.

de·lete [di'li:t] rayer, supprimer; **del·e·te·ri·ous** □ [deli'tiəriəs] nuisible (à la santé); **de·le·tion** [di-'li:ʃn] suppression *f*; passage *m* supprimé.

delf(t) † [delf(t)] faïence *f* de Delft.

de·lib·er·ate 1. [di'libəreit] *v/i.* délibérer (de, sur *on*); *v/t.* délibérer

au sujet de; □ [⌐rit] prémédité, voulu; réfléchi, avisé (*personne*); lent, mesuré (*pas etc.*);
de·lib·er·ate·ness intention *f* marquée; mesure *f*; **de·lib·er·a·tion**
[⌐'reiʃn] délibération *f*; circonspection *f*; lenteur *f* réfléchie; **de-
'lib·er·a·tive** □ [⌐rətiv] de réflexion; délibératif (-ive *f*); délibé-
rant.

del·i·ca·cy ['delikəsi] délicatesse *f*
(*a. fig.*); sensibilité *f*; santé:
faiblesse *f*; friandise *f*; *fig.* scrupule
m; touche: légèreté *f*; **del·i·cate**
['⌐kit] □ délicat (*a. fig.*); fin (*esprit*);
raffiné (*sentiment*); léger (-ère *f*)
(*touche*); épineux (-euse *f*) (*question*); faible (*santé*); **del·i·ca·tes-
sen** *Am.* [delikə'tesn] *pl.* charcuterie
f.   [(-euse *f*).\
de·li·cious [di'liʃəs] délicieux/
de·light [di'lait] **1.** délices *f/pl.*,
délice *m*; joie *f*; **2.** *v/t.* enchanter,
ravir; *v/i.* se délecter (à, in); se
complaire (à *inf.*, in *gér.*); se to
(*inf.*) mettre son bonheur à (*inf.*);
de'light·ful □ [⌐ful] ravissant;
charmant; délicieux (-euse *f*); **de-
'light·ful·ness** délices *f/pl.*; charme
m.

de·lim·it [di:'limit], **de'lim·i·tate**
[⌐teit] délimiter; **de·lim·i·ta·tion**
délimitation *f.*

de·lin·e·ate [di'linieit] tracer; dessiner; délinéer; **de·lin·e·a·tion**
tracé *m*; délinéation *f*; **de'lin·e·a·
tor** dessinateur *m*; instrument *m*
traceur.

de·lin·quen·cy [di'liŋkwənsi] culpabilité *f*; délit *m*; délinquance *f*; **de-
'lin·quent 1.** délinquant; coupable; **2.** délinquant(e *f*) *m.*

del·i·quesce [deli'kwes] fondre; ⌐
se liquéfier; *fig.* tomber en dé-
liquescence.

de·lir·i·ous □ [di'liriəs] en délire;
délirant; F fou (fol *devant une
voyelle ou un h muet*); folle (*de,
with*); **de'lir·i·ous·ness** délire *m*;
de'lir·i·um [⌐əm] délire *m*; fièvre *f*
délirante; se **tremens** [⌐'tri:menz]
delirium *m* tremens.

de·liv·er [di'livə] délivrer (de,
from); (*a. ~ up*) restituer, rendre,
livrer; faire (*une commission, une
conférence*); exprimer (*une opinion*);
prononcer (*un discours*); livrer (*un
assaut, des marchandises*); ☞ (faire)

accoucher (de, of); distribuer (*des
lettres*), remettre (*un paquet*); porter, donner (*un coup*); lancer (*une
attaque, une balle*); ☞ be to ed of accoucher de; **de'liv·er·a·ble** [⌐rəbl]
livrable; **de'liv·er·ance** délivrance
f; libération *f*; expression *f*; **de-
'liv·er·er** libérateur (-trice *f*) *m*;
☞ livreur (-euse *f*) *m*; **de'liv·er·y**
remise *f*; *discours:* prononciation *f*;
orateur: diction *f*; ☞ accouchement
m; *lettres:* distribution *f*; *colis, a.* ☞
livraison *f*; *cricket:* envoi *m* (*de la balle*);
✗ *ville, prisonnier:* reddition *f*; ☞ ~
charge frais *m/pl.* de livraison; ~ man
livreur *m*; ☞ ~ room salle *f* d'accouchement; ~ truck, ~ van voiture *f*
de livraison; *special* ~ envoi *m* par
exprès; on ~ of au reçu de; **de'liv·
er·y-note** bulletin *m* de livraison;
**de'liv·er·y-truck,   de'liv·er·y-
van** voiture *f* de livraison.

dell [del] vallon *m*, combe *f.*

de·louse [di:'laus] épouiller.

del·ta ['deltə] delta *m.*

de·lude [di'lu:d] abuser (au point
de *inf., into gér.*); tromper; duper.

de·luge ['delju:dʒ] **1.** déluge *m* (*a.
fig.*); ≳ *le* Déluge *m*; **2.** inonder (de,
with) (*a. fig.*).

de·lu·sion [di'lu:ʒn] illusion *f*, erreur *f*; action *f* de duper; **de'lu·
sive** [⌐siv] □, **de'lu·so·ry** [⌐səri]
illusoire; trompeur (-euse *f*).

dem·a·gog·ic,   dem·a·gog·i·cal
[demə'gɔgik(l)] démagogique;
dem·a·gogue ['demagɔg] démagogue
m; **'dem·a·gog·y** démagogie *f.*

de·mand [di'mɑ:nd] **1.** demande *f*,
réclamation *f*; ☆☆ requête *f* (à on, to);
☞ in ~ très demandé; on ~ à vue,
sur demande; *make* ~s faire des
demandes (à q., on s.o.); ~ note
avertissement *m*; **2.** demander
(formellement); exiger (de, from);
insister (*pour inf., to inf.*); ☆☆ réclamer (à, from).

de·mar·cate ['di:mɑ:keit] délimiter; **de·mar·ca·tion** démarcation *f*;
(*usu. line of ~*) ligne *f* de démarcation;
délimitation *f.*   [baisser.]

de·mean¹ [di'mi:n] (*usu. ~ o.s.* s')a-/

de·mean² [⌐]: ~ *o.s.* se comporter;

de'mean·o(u)r [⌐] air *m*, tenue *f.*

de·ment·ed [di'mentid] fou (fol
devant une voyelle ou un h muet;
folle *f*).

de·mer·it [di:'merit] démérite *m.*

de·mesne [di'mein] possession *f*; domaine *m* (*a. fig.*).

demi… [demi] demi-.

dem·i·john ['demidʒɔn] dame-jeanne (*pl.* dames-jeannes) *f*; bouteille *f* clissée; bac *m* à acide.

de·mil·i·ta·ri·za·tion ['di:militərai-'zeiʃn] démilitarisation *f*; **de'mil·i·ta·rize** démilitariser.

de·mise [di'maiz] **1.** F décès *m*; ᵗₜ cession *f*; transfert *m*; *terrain:* affermage *m*; **2.** céder, transmettre.

de·mob *sl.* [di:'mɔb] *see* demobilize; **de·mo·bil·i·za·tion** ['di:moubilai-'zeiʃn] démobilisation *f*; **de'mo·bi·lize** démobiliser.

de·moc·ra·cy [di'mɔkrəsi] démocratie *f*; **dem·o·crat** ['deməkræt] démocrate *m/f*; **dem·o'crat·ic**, **dem·o'crat·i·cal** □ démocratique; **de·moc·ra·tize** [di'mɔkrətaiz] (se) démocratiser.

de·mol·ish *sl.* [di'mɔliʃ] démolir (*a. fig.*); F dévorer, avaler; **dem·o·li·tion** [demo'liʃn] démolition *f*.

de·mon [di:mən] démon *m*; diable *m*; **de·mo·ni·ac** [di'mouniæk] **1.** (*a.* **de·mo·ni·a·cal** □ [di:mə'naiəkl]) démoniaque; diabolique; *su.* démoniaque *m/f*; **de·mon·ic** [di:-'mɔnik] diabolique; du Démon.

de·mon·stra·ble □ ['demənstrəbl] démontrable; **dem·on·strate** ['ˌ streit] *v/t.* démontrer; expliquer; décrire (*un système*); *v/i.* manifester; ⚔ faire une démonstration; **dem·on'stra·tion** démonstration *f* (*a.* ⚔); *sentiments:* témoignage *m*, démonstration *f*, effusion *f*; *pol.* manifestation *f*; ✝ *mot.* ~ *car* voiture *f* de démonstration; **de·mon·stra·tive** [di'mɔnstrətiv] **1.** □ démonstratif (*-ive f*) (*a. gramm.*); *a.* expansif (*-ive f*) (*personne*); démontrable (*vérité etc.*); **2.** *gramm.* pronom *m etc.* démonstratif; **dem·on·stra·tor** ['demənstreitə] démonstrateur *m* (*a. anat.*); *univ.* préparateur *m*; *pol.* manifestant *m.*

de·mor·al·i·za·tion [dimɔrəlai-'zeiʃn] démoralisation *f*; **de'mor·al·ize** corrompre; démoraliser.

de·mote *Am.* [di:'mout] réduire à un grade inférieur *ou* à une classe inférieure; *école:* faire descendre d'une classe; **de'mo·tion** réduction *f* à un grade inférieur *etc.*

de·mur [di'mə:] **1.** hésitation *f*; objection *f*; **2.** hésiter; soulever des objections (contre *to*, *at*).

de·mure [di'mjuə] grave; réservé; d'une modestie affectée; F (*air*) de sainte nitouche; **de'mure·ness** gravité *f*; modestie *f* (affectée); air *m* de sainte nitouche.

de·mur·rage [di'mʌridʒ] ⚓ surestarie *f*, -s *f/pl.*; 🚆 magasinage *m*; **de'mur·rer** ᵗₜ fin *f* de non-recevoir.

de·my ✝ [di'mai] *papier:* coquille *f.*

den [den] tanière *f*, antre *m*; *fig.* retraite *f*; F cabinet *m* de travail; F bouge *m*. [dénationaliser.)

de·na·tion·al·ize [di:'næʃnəlaiz]〉

de·na·ture 🜚 [di:'neitʃə] dénaturer.

de·ni·a·ble [di'naiəbl] niable; **de·ni·al** déni *m*, refus *m*; dénégation *f*, démenti *m*; **de'ni·er** dénégateur (*-trice f*) *m.*

den·i·grate ['denigreit] diffamer (*q.*); noircir (*la réputation*); dénigrer (*q.*, *un projet*).

den·im ['denim] *tex.* étoffe *f* croisée de coton (*pour salopette*); F ~s *pl.* bleus *m/pl.*

den·i·zen [di'denizn] habitant(e *f*) *m.*

de·nom·i·nate [di'nɔmineit] dénommer; **de·nom·i·na·tion** dénomination *f*; catégorie *f*; *eccl.* secte *f*, culte *m*; **de·nom·i·na·tion·al** confessionnel(le *f*), sectaire; **de·nom·i·na·tive** [⸌nətiv] dénominatif (*-ive f*); **de·nom·i·na·tor** 🜚 [⸌neitə] dénominateur *m*; *common* ~ dénominateur *m* commun.

de·no·ta·tion [di:nou'teiʃn] désignation *f*; signification *f*; *fig.* indication *f*; **de·no·ta·tive** [di'noutətiv] indicatif (*-ive f*) (de, of); **de'note** dénoter; signifier; indiquer.

de·nounce [di'nauns] dénoncer (*q.*, *un traité, etc.*); démasquer (*un imposteur*); s'élever contre (*un abus*); ✝ prononcer (*un jugement*); **de'nounce·ment** dénonciation *f.*

dense □ [dens] épais(se *f*); profond (*obscurité etc.*); lourd (*esprit*); *fig.* stupide; *phot.* opaque; **'dense·ness** épaisseur *f*; *population:* densité *f*; *fig.* stupidité *f*; **'den·si·ty** *phys.* densité *f*; *a. see* denseness.

dent [dent] **1.** bosselure *f*; *lame:* brèche *f*; **2.** bosseler, bossuer; ébrécher (*une lame*).

den·tal ['dentl] **1.** dentaire; *gramm.* dental (-aux *m/pl.*); ~ *science* chirurgie *f* dentaire; **2.** *gramm.* dentale *f*; **den·tate** ['_teit] ⚕ denté; dentelé; **den·ti·frice** ['_tifris] dentifrice *m*; **'den·tist** dentiste *m*; **'den·tist·ry** art *m* dentaire; **den·ti·tion** dentition *f*; **den·ture** ['_tʃə] dentier *m*; *zo.* denture *f*.

den·u·da·tion [di:nju:'deiʃn] dénudation *f*; *géol.* érosion *f*; **de·nude** (*of*) dénuder; dépouiller (de); *fig.* dégarnir (de).

de·nun·ci·a·tion [dinʌnsi'eiʃn] dénonciation *f*; condamnation *f*; accusation *f* publique; **de'nun·ci·a·tor** dénonciateur (-trice *f*) *m*.

de·ny [di'nai] nier; dénier (*un crime*); repousser (*une accusation*); démentir (*une nouvelle*); renier (*sa foi*); refuser (qch. à q.; s.o. s.th., s.th. to s.o.); ~ *o.s. s.th.* se refuser qch.; ~ *o.s.* fermer sa porte (à q., *to s.o.*).

de·o·dor·ant [di:'oudərant] désodorisant *m*; **de·o·dor·ize** [di:'oudəraiz] désodoriser; **de'o·dor·iz·er** désodorisateur *m*.

de·part [di'pɑ:t] *v/i.* partir (pour, *for*), s'en aller (à, *for*); quitter (un lieu, *from a place*); F sortir (de, *from*); s'écarter (de, *from*); démordre (de, *from*); mourir; *the ~ed* le défunt *m*, la défunte *f*; *pl.* les morts *m/pl.*; *v/t.* ~ *this life* quitter ce monde; **de'part·ment** département *m* (*a. géog.*); service *m*; ✝ rayon *m*, comptoir *m*; *Am.* ministère *m*, ♀ *of Education* (*and Science*) Ministère *m* de l'Éducation nationale *ou* de l'Instruction publique; ♀ *of the Environment* Ministère *m* de l'Environnement; *State* ♀ Ministère *m* des Affaires étrangères; ~ *store* grand magasin *m*; **de·part·men·tal** [~'mentl] départemental (-aux *m/pl.*); **de'par·ture** [~tʃə] départ *m* (*a.* ♐, ♣); déviation (de, *from*); *a new ~* une nouvelle tendance; une nouveauté *f*; une nouvelle orientation *f*; *aéroport:* ~ *lounge* salle *f* de départ; ~ *platform* (quai *m* de) départ *m*; embarcadère *m*.

de·pend [di'pend] † pendre (à, *from*); ✝✝ être pendant; ~ (*up*)*on* dépendre de; se trouver à la charge de; compter sur; se fier à (*qch.*); F *it ~s* cela dépend, F c'est selon; **de'pend·a·ble** bien fondé; digne

de confiance (*personne*); **de'pend·ant** protégé(e *f*) *m*; pensionnaire *mf*; ~*s pl.* charges *f/pl.* de famille; **de'pend·ence** dépendance *f* (de, [*up*]*on*); confiance *f* (en, on); **de'pend·en·cy,** *souv.* dependencies *pl.* dépendance *f*; **de'pend·ent 1.** □ (on) dépendant (de); à la charge (de); *be* ~ *on charity* subsister d'aumônes; **2.** *see* dependant; **de'pend·ing** ✝✝ *be* ~ être pendant.

de·pict [di'pikt] (dé)peindre.

de·pil·a·to·ry [de'pilətəri] **1.** (d)épilatoire; **2.** dépilatoire *m*.

de·plane [di'plein] descendre d'avion.

de·plete [di'pli:t] épuiser (*a. fig.*); ♐ dégarnir (*une garnison*); **de'ple·tion** épuisement *m*; ♐ dégarnissement *m*; **de'ple·tive** épuisant, qui épuise.

de·plor·a·ble □ [di'plɔ:rəbl] déplorable; lamentable; **de·plore** [di'plɔ:] déplorer; regretter vivement.

de·ploy ♐ [di'plɔi] (se) déployer; **de'ploy·ment** ♐ déploiement *m*.

de·plume [di'plu:m] déplumer.

de·po·nent [di'pounənt] ✝✝ déposant *m*; *gramm.* (verbe *m*) déponent *m*.

de·pop·u·late [di:'pɔpjuleit] (se) dépeupler; **'de·pop·u'la·tion** *pays:* dépopulation *f*; *forêt:* dépeuplement *m*.

de·port [di'pɔ:t] expulser (*un étranger*); ~ *o.s.* se conduire; **de·por'ta·tion** expulsion *f*; **de·por·tee** [di:pɔ:'ti:] détenu(e *f*) *m*; **de'port·ment** tenue *f*; conduite *f*.

de·pos·a·ble [di'pouzəbl] capable d'être déposé; **de'pose** déposer; ✝✝ témoigner (que, *that*; de qch., *to s.th.*).

de·pos·it [di'pɔzit] **1.** *géol.* gisement *m*, couche *f*; ♐ encroûtement *m*; 🜊 précipité *m*, sédiment *m*; ✝ acompte *m*, somme *f* en gage, arrhes *f/pl.*; dépôt *m* (en banque); ✝ ~ *account* compte *m* d'épargne (à terme); **2.** de dépôts; **3.** déposer (qch. sur *qch.*, des œufs, de l'argent, *a.* 🜊); consigner (de l'argent); mettre (*des droits de douane*); **de'pos·i·ta·ry** dépositaire *m*; **dep·o·si·tion** [depə-'ziʃn] déposition *f*; témoignage *m*; ✝ dépôt *m*; *eccl.* Descente *f* de Croix; **de'pos·i·tor** [di'pɔzitə] déposant *m*; **de'pos·i·to·ry** dépôt *m*, entrepôt *m*;

garde-meuble (*pl.* garde-meuble[s]) *m*; *fig.* mine *f*, trésor *m*.

de·pot [ˈdepou] ⚔, ⚓, ☤ dépôt *m*; ☤ entrepôt *m*; *Am.* gare *f*.

dep·ra·va·tion [deprəˈveiʃn] dépravation *f*; *see depravity*; **de·prave** [diˈpreiv] dépraver; **deˈpraved** dépravé (*a. goût*); **de·prav·i·ty** [diˈpræviti] perversité *f*; dépravation *f*.

dep·re·cate [ˈdeprikeit] désapprouver, désavouer, déconseiller (*une action*); **dep·reˈca·tion** désapprobation *f*; désaveu *m*; *eccl.* † déprécation *f*; **dep·re·ca·to·ry** [ˈ~kətəri] déprécatif (-ive *f*).

de·pre·ci·ate [diˈpriːʃieit] *v/t.* déprécier (*a. fig.*); avilir; *fig.* dénigrer; *v/i.* se déprécier; diminuer de valeur; **de·pre·ciˈa·tion** dépréciation *f* (*a.* ☤); dénigrement *m*; ☤ amortissement *m*; **deˈpre·ci·a·to·ry** [~ətəri] dépréciateur (-trice *f*).

dep·re·da·tion [depriˈdeiʃn] déprédation *f*; pillage *m*; **ˈdep·re·da·tor** déprédateur (-trice *f*) *m*; **dep·re·da·to·ry** [diˈpredətəri] de déprédation.

de·press [diˈpres] abaisser (*a.* A); baisser; abattre (*les forces*); faire languir (*le commerce*); faire baisser (*le prix*); baisser le ton de (*la voix*); appuyer sur (*la pédale*); *fig.* attrister, décourager; **deˈpress·ing** *fig.* déprimant; **deˈpressed** *fig.* triste; abattu; **de·pres·sion** [diˈpreʃn] abaissement *m* (*a. phys.*); ☤, *astr.*, *géog.*, *météor.* dépression *f*; ⚕ abattement *m*; ⚕ affaissement *m* (*a.* ☤); ⊕ trou *m*, godet *m*; *géog.* creux *m*; *météor.* baisse *f*; *tir*: pointage *m* négatif; *fig.* découragement *m*.

dep·ri·va·tion [depriˈveiʃn] privation *f*; ⚔, *admin.* retrait *m* (*d'emploi*); *eccl.* révocation *f*, destitution *f*; **de·prive** [diˈpraiv] priver (q. de qch., *s.o. of s.th.*); déposséder (*q.*) d'une charge; *eccl.* destituer; **de·prived** déshérité.

depth [depθ] profondeur *f*; *forêt*, *eau*: fond *m*; *couche*: épaisseur *f*; *couleur*: intensité *f*; *son*: gravité *f*; *intelligence*: portée *f*; ~ *bomb* (*ou charge*) grenade *f* sous-marine; *phot.* ~ *of field*, ~ *of focus* profondeur *f* de foyer; *go beyond one's* ~ perdre fond; *a. be out of one's* ~ avoir perdu pied; *fig.* sortir de sa compétence; *fig. in* ~ profond, en profondeur.

dep·u·ta·tion [depjuˈteiʃn] délégation *f*, députation *f*; **de·pute** [diˈpjuːt] déléguer, députer; **dep·u·tize** [ˈdepjutaiz] remplacer (*q.*); ~ *for* faire l'intérim de; **ˈdep·u·ty** **1.** remplaçant(e *f*) *m*; ⚖ fondé *m* de pouvoir; substitut *m* (*d'un juge*); suppléant(e *f*) *m*; délégué(e *f*) *m*; **2.** sous-; suppléant.

de·rac·i·nate [diˈræsineit] déraciner.

de·rail 🚂 [diˈreil] (faire) dérailler; **deˈrail·ment** déraillement *m*.

de·range [diˈreindʒ] déranger; désorganiser; ⊕ fausser (*une machine*); aliéner (*l'esprit*); **deˈranged** détraqué (*cerveau*); dérangé (*estomac*); **deˈrange·ment** dérèglement *m* (*de l'esprit*); dérangement *m*; troubles *m/pl.* (*de digestion*).

de·rate [diːˈreit] dégrever.

Der·by *sp.* [ˈdɑːbi] le Derby *m*; **ˈder·by** *Am.* chapeau *m* melon.

der·e·lict [ˈderilikt] **1.** abandonné, délaissé; *surt. Am.* négligent; **2.** objet *m* abandonné; épave *f*; **der·e·lic·tion** [deriˈlikʃn] abandon *m*, délaissement *m*; ~ *of duty* manquement *m* au devoir.

de·ride [diˈraid] tourner en dérision; se moquer de; railler.

de·ri·sion [diˈriʒn] dérision *f*; ridicule *m*; **de·ri·sive** [diˈraisiv] □, **deˈri·so·ry** [~səri] moqueur (-euse *f*); *fig.* dérisoire (*offre*).

de·riv·a·ble □ [diˈraivəbl] dérivable; que l'on peut tirer (de, *from*); **der·i·va·tion** [deriˈveiʃn] dérivation *f* (*a.* A, ⚕); **de·riv·a·tive** [diˈrivətiv] **1.** □ dérivé; **2.** dérivé *m*; A dérivée *f*; **de·rive** [diˈraiv] (*from*) tirer (de); prendre (*du plaisir etc.*) (à); devoir (*qch.*) (à); *be* ~*ed from* dériver de.

der·ma·ti·tis [dəːməˈtaitis] dermatite *f*.

der·ma·tol·o·gy [dəːməˈtɔlədʒi] dermatologie *f*.

der·o·gate [ˈderəgeit] déroger (à sa dignité, *from one's dignity*); diminuer (qch., *from s.th.*); **der·oˈga·tion** dérogation *f* (à une loi, *of a law*); atteinte *f* (portée à qch., *from s.th.*); **de·rog·a·to·ry** □ [diˈrɔgətəri] (*to*) dérogatoire (à); attentatoire (à); qui déroge (à).

der·rick [ˈderik] ⊕ chevalement *m*; ⚓ mât *m* de charge; ⚒ chevalement *m* de sondage.

de·sal·i·nate ['diː'sælineit] dessaler; **de·sal·i·na·tion** dessalage *m*.

des·cant [dis'kænt] discourir, s'étendre (sur, [up]on).

de·scend [di'send] descendre; *v/i.* tomber (*pluie*) s'abaisser; tirer son origine (de, *from*); ~ (up)on s'abattre sur, tomber sur, descendre sur; ~ to pass to a (*q. par héritage*); descendre jusqu'à (*bassesse etc.*); ~ (a. be ~ed) *from* descendre de; **de·'scend·ant** descendant(e *f*) *m*.

de·scent [di'sent] *usu.* descente *f*; pente *f*; chute *f*; abaissement *m*; déchéance *f*; descendance *f*; ⚓ transmission *f* par héritage; atterrissage *m* (*p.ex. forcé, d'un avion*).

de·scrib·a·ble [dis'kraibəbl] descriptible; **de·'scribe** décrire, dépeindre.

de·scrip·tion [dis'kripʃn] description *f*; *police etc.:* signalement *m*; ✝ désignation *f*; espèce *f*, sorte *f*; **de·'scrip·tive** □ descriptif (-ive *f*); raisonné (*catalogue*).

de·scry [dis'krai] apercevoir, aviser.

des·e·crate ['desikreit] profaner; **des·e·'cra·tion** profanation *f*.

de·seg·re·gate *Am.* [di'segrigeit] abolir les distinctions légales *ou* sociales entre les blancs et les races de couleur dans (*une école etc.*); **'de·seg·re·'ga·tion** déségrégation *f*.

de·sen·si·tize ['diː'sensitaiz] désensibiliser.

des·ert¹ ['dezət] **1.** désert; désertique (*flore*); aride (*sujet*); **2.** désert *m*; **3.** [di'zəːt] *v/t.* déserter; *fig.* abandonner, délaisser (*q.*); *v/i.* faire défection; ✗ déserter.

de·sert² [di'zəːt], *a.* ~s *pl.* mérite *m*, -s *m/pl.*; dû *m*; ce qu'un mérite.

de·sert·er [di'zəːtə] déserteur *m*; *pol.* F saxon *m*; **de·'ser·tion** abandon *m*; ⚓ abandon *m* criminel; ✗ désertion *f*; *pol.* défection *f*.

de·serve [di'zəːv] mériter (de, *of*); être digne de; **de·'serv·ed·ly** [~vidli] à juste titre; **de·'serv·ing** méritant (*qch., of s.th.*); méritoire (*action*).

des·ic·cate ['desikeit] dessécher; **des·ic·ca·tion** dessèchement *m*; **'des·ic·ca·tor** dessiccateur *m*.

de·sid·er·ate [di'zidəreit] soupirer après; sentir le besoin de; **de·sid·er·a·tum** [~'reitəm], *pl.* **-ta** [~tə] desiderata *m/pl.*

de·sign [di'zain] **1.** dessein *m* (*péj. a.* ~s *pl.*); projet *m*; intention *f*; dessin *m* d'ornement; plan *m*; modèle *m* (*a. mot.*, ⊕); ⊕ dessin *m*, étude *f*; by ~ à dessein; with the ~ dans le dessein (de *inf., of gér.*); **2.** préparer; construire; étudier (*une machine*); destiner (à, *for*); projeter (de *inf.*, to *inf.*); créer (*des modes*); ~ed to (*inf.*) conçu pour, fait pour (*inf.*).

des·ig·nate 1. ['dezigneit] nommer; désigner (pour, comme as, *for*); qualifier (de, *as*); indiquer (*qch.*); **2.** ['~nit] *après le su.* (*p.ex. bishop* ~): désigné; **des·ig·'na·tion** désignation *f*; nomination *f*; nom *m*.

de·sign·ed·ly [di'zainidli] à dessein; **de·'sign·er** dessinateur (-trice *f*) *m*; inventeur (-trice *f*) *m*; concepteur-projeteur *m* (*pl.* concepteurs-projeteurs); *théa.* décorateur *m*; *fig.* manigant(e *f*) *m*; **de·'sign·ing** □ artificieux (-euse *f*).

de·sir·a·ble □ [di'zaiərəbl] désirable; avantageux (-euse *f*); attrayant; **de·sire** [di'zaiə] **1.** désir *m* (de, *for*; de *inf.*, to *inf.*); souhait *m*; envie *f* (de *inf.*, to *inf.*); at s.o.'s ~ selon le désir de q.; **2.** désirer; avoir envie de; vouloir (que *q. sbj.*, *s.o.* to *inf.*); ~ to (*inf.*) désirer (*inf.*); **de·'sir·ous** [di'zaiərəs] désireux (-euse *f*) (de *inf. of gér.*, to *inf.*).

de·sist [di'zist] cesser (de *inf.*, *from gér.*); renoncer (à qch., *from s.th.*).

desk [desk] pupitre *m*; bureau *m*; ✝ caisse *f*; ~ *pad* sous-main *m* (*pl.* sous-mains); bloc-notes *m* (*pl.* blocs-notes).

des·o·late 1. ['desəleit] ravager; affliger (*q.*); **2.** □ ['~lit] désert, morne; affligé (*personne*); **des·o·la·tor** ['~leitə] dévastateur (-trice *f*) *m*; **des·o·'la·tion** désolation *f* (*a. fig.*).

de·spair [dis'pɛə] **1.** désespoir *m*; **2.** désespérer (de, *of*); **de·'spair·ing** □ [dis'pɛəriŋ] désespéré.

des·patch *see* dispatch.

des·per·a·do [despə'rɑːdou] risquetout *m/inv.*; tête *f* brûlée; bandit *m*.

des·per·ate □ ['despərit] *adj.* désespéré; *fig.* acharné; *fig.* épouvantable; **des·per·a·tion** [despə'reiʃn] désespoir *m*.

des·pi·ca·ble □ ['despikəbl] méprisable.

de·spise [dis'paiz] mépriser; dédaigner.

de·spite [dis'pait] **1.** *poét.* dépit *m*; *in* ~ *of* en dépit de; **2.** *prp.* (*a.* ~ *of*) en dépit de; **de'spite·ful** □ [~ful] *poét.* dédaigneux (-euse *f*).

de·spoil [dis'poil] dépouiller (de, of); **de'spoil·ment** spoliation *f*.

de·spond [dis'pond] perdre courage; ~ *of* envisager (*qch.*) sans espoir; **de'spond·en·cy** [~dənsi] découragement *m*, abattement *m*; **de'spond·ent** □, **de'spond·ing** □ découragé, abattu.

des·pot ['despot] despote *m*, tyran *m*; **des'pot·ic** (~ally) despotique; **des·pot·ism** ['~pɔtizm] despotisme *m*.

des·qua·ma·tion [deskwə'meiʃn] exfoliation *f*. [entremets *m*.]

des·sert [di'zə:t] dessert *m*; *Am.*]

des·ti·na·tion [desti'neiʃn] destination *f*; **des·tine** ['~tin] destiner (à for, to); *be* ~*d to* (*inf.*) être destiné à (*inf.*); **'des·ti·ny** destin *m*, destinée *f*, sort *m*.

des·ti·tute □ ['destitjuːt] dépourvu, dénué (de, of); sans ressources; **des·ti·tu·tion** dénuement *m*; misère *f*.

de·stroy [dis'troi] détruire; anéantir; tuer; **de'stroy·er** destructeur (-trice *f*) *m*; ♣ torpilleur *m*.

de·struc·ti·bil·i·ty [distrʌkti'biliti] destructibilité *f*; **de'struc·ti·ble** [~bl] destructible; **de'struc·tion** destruction *f*; anéantissement *m*; *feu, tempête*: ravages *m/pl.*; *fig.* perte *f*; **de'struc·tive** □ destructeur (-trice *f*); destructif (-ive *f*); fatal (à, *of*); **de'struc·tive·ness** effet *m* destructeur; penchant *m* à tout briser; **de'struc·tor** incinérateur *m* (*d'ordures*).

des·ue·tude [di'sjuːitjuːd] désuétude *f*.

des·ul·to·ri·ness ['desəltərinis] manque *m* de méthode *ou* de suite; décousu *m*; **'des·ul·to·ry** □ décousu, sans suite.

de·tach [di'tætʃ] détacher (*a.* ✕); séparer; dételer (*des wagons*); **de'tach·a·ble** détachable; amovible; mobile; **de'tached** détaché (*a. maison*); à part; séparé; désintéressé (*personne*); désinvolte (*manière*); ✕ isolé (*poste*); **de'tach·ment** séparation *f* (de, from); indifférence *f* (envers, from); détachement *m* (*d'esprit*; *a.* ✕).

de·tail ['diːteil] **1.** détail *m*; particularité *f*; ⊕ organe *m*; ✕ détachement *m* (*de corvée*); ~*s pl.* détails *m/pl.*; accessoires *m/pl.*; *in* ~ de point en point, en détail; *go into* ~ entrer dans tous les détails; **2.** détailler; raconter en détail; ✕ affecter (à un service, *for a duty*); **'de·tailed** détaillé.

de·tain [di'tein] retenir; arrêter; empêcher de partir; consigner (*un élève*); 🕮 détenir; **de·tain·ee** [~'niː] détenu(e *f*) *m*; **de'tain·er** détention *f*; 🕮 ordre *m* d'incarcération.

de·tect [di'tekt] découvrir; apercevoir; détecter (*radio*); **de'tect·a·ble** discernable; **de'tec·tion** découverte *f*; *radio*: détection *f*; **de'tec·tive 1.** révélateur (-trice *f*) de détective; policier (-ère *f*) (*roman etc.*); **2.** agent *m* de la sûreté; policier *m*; **de'tec·tor** découvreur (-euse *f*) *m*; signal *m* d'alarme; ⊕, *a. radio*: détecteur *m*.

de·tent ⊕ [di'tent] détente *f*, arrêt *m*.

dé·tente [dei'tãːnt] *pol.* détente *f*.

de·ten·tion [di'tenʃn] détention *f*; arrêt *m*; retenue *f* (*d'un élève*); retard *m*; ~ *camp* camp *m* d'internement; *house of* ~ maison *f* d'arrêt.

de·ter [di'tə:] détourner (de, from).

de·ter·gent [di'tə:dʒənt] **1.** détersif (-ive *f*), détergent; **2.** détersif *m*, détergent *m*.

de·te·ri·o·rate [di'tiəriəreit] (se) détériorer; *v/i.* diminuer de valeur; dégénérer (*race*); **de·te·ri·o'ra·tion** détérioration *f*; diminution *f* de valeur; *race*: dégénération *f*.

de·ter·ment [di'tə:mənt] action *f* de détourner.

de·ter·mi·na·ble □ [di'tə:minəbl] déterminable; 🕮 résoluble; **de'ter·mi·nant** déterminant (*a. su./m*); **de'ter·mi·nate** □ [~nit] déterminé; défini; définitif (-ive *f*); **de·ter·mi·na·tion** détermination *f*, résolution *f* (*a. d'un contrat etc.*); décision *f*; délimitation *f*; **de'ter·mi·na·tive** [~nətiv] **1.** déterminant; *gramm.* déterminatif (-ive *f*); **2.** *gramm.* déterminatif *m*; **de'ter·mine** [~min] *v/t.* déterminer, fixer; décider (de, to); *surt.* 🕮 décider (*une question*), résoudre (*un contrat*); *v/i.* décider (de *inf.* on *gér.*, to *inf.*); se décider (à *inf.* on *gér.*, to *inf.*);

de·ter·mined déterminé; résolu (*personne*); **de'ter·min·er** gramm. déterminant *m*.

de·ter·rent [di'terənt] **1.** préventif (-ive *f*); ✗ ~*weapon* arme *f* de dissuasion; **2.** préventif *m*.

de·test [di'test] détester; **de'test·a·ble** □ détestable; **de·tes'ta·tion** détestation *f* (de, of); *he is my* ~ c'est ma bête noire.

de·throne [di'θroun] détrôner; **de'throne·ment** détrônement *m*.

det·o·nate ['detouneit] (faire) détoner; **'det·o·nat·ing** détonant, explosif (-ive *f*); **det·o'na·tion** détonation *f*; explosion *f*; **'det·o·na·tor** ['~tə] 🎇 pétard *m*; ✗ détonateur *m*; amorce *f*.

de·tour [di'tuə], **dé·tour** ['deituə] détour *m*; *Am.* déviation *f* (*d'itinéraire*).

de·tract [di'trækt] diminuer, amoindrir (*qch.*, *from s.th.*); **de'trac·tion** détraction *f*, dénigrement *m*; **de'trac·tive** détracteur (-trice *f*); **de'trac·tor** détracteur (-trice *f*) *m*.

de·train [di:'trein] débarquer.

det·ri·ment ['detrimənt] détriment *m*, dommage *m*; préjudice *m* (de, to); **det·ri·men·tal** □ [detri'mentl] nuisible (à, to). [*m*.]

de·tri·tus géol. [di'traitəs] détritus

deuce [dju:s] *jeu*: deux *m*; *tennis*: égalité *f*; *F* diable *m*; *the* ~*!* diable! (*the*) ~ *a one* personne, pas un; **'deuced** *F* satané, fichu.

de·val·u·ate [di:'væljueit] dévaluer; **de·val·u·a·tion** [di:vælju'eiʃn] dévaluation *f*; **de'val·ue** [~ju:] dévaluer.

dev·as·tate ['devəsteit] dévaster, ravager; **'dev·as·tat·ing** dévastateur (-trice *f*), écrasant (*critique etc.*), irrésistible (*charme etc.*); **dev·as'ta·tion** dévastation *f*.

de·vel·op [di'veləp] (se) développer; *v/t.* manifester; exploiter (*une région*); contracter (*une habitude, une maladie*); *Am.* mettre à jour; *v/i.* prendre une nouvelle tournure; apprendre (que, *that*); **de'vel·op·er** *phot.* révélateur *m*; **de'vel·op·ing** *phot.* développement *m*; *attr.* de ou à développement; **de'vel·op·ment** développement *m*; exploitation *f*; événement *m*, fait *m* nouveau; déroulement *m* (*des événements*).

de·vi·ate ['di:vieit] (*from*) s'écarter (de); dévier (de); **de·vi'a·tion** déviation *f* (*a. boussole*); écart *m*.

de·vice [di'vais] expédient *m*, moyen *m*; ruse *f*, stratagème *m*; plan *m*; appareil *m*; emblème *m*, devise *f*; *leave s.o. to his own* ~*s* livrer q. à lui-même.

dev·il ['devl] **1.** diable *m* (*a. fig.*); démon *m*; *F* mauvaise passion *f*, élan *m*; bruit *m* infernal; *fig.* nègre *m*; ⊕ dispositif *m* à dents *ou* à pointes; *cuis.* plat *m* grillé et poivré; *the* ~*!* diable!; *play the* ~ *with* ruiner; **2.** *v/t.* faire griller et poivrer fortement; ⊕ effilocher; *Am.* harceler (de, with); *v/i.* servir de nègre (for, for); **'dev·il·ish** □ diabolique; *F* maudit; **'dev·il·may-'care** *F* insouciant; téméraire (*a. su./m.*); tête *f* brûlée; **'dev·il·(t)ry** diablerie *f*; magie *f* (noire); *fig.* mauvais coup *m*.

de·vi·ous □ ['di:viəs] tortueux (-euse *f*); détourné (*a. fig.*); ~ *path* détour *m*; chemin *m* tortueux.

de·vis·a·ble [di'vaizəbl] imaginable; **de'vise 1.** ♀♂ legs *m* (immobilier); dispositions *f/pl.* testamentaires de biens immobiliers; **2.** imaginer; combiner; ♀♂ disposer par testament de (*biens immobiliers*); **de'vis·er** [di'vaizə] inventeur (-trice *f*) *m*; **de'vi·sor** ♀♂ [devi'zɔː] testateur (-trice *f*) *m*. [ser.)

de·vi·tal·ize [di:'vaitəlaiz] dévitali-

de·void [di'void] dénué, dépourvu, exempt (de, of).

dev·o·lu·tion [di:və'lu:ʃn] ♀♂ dévolution *f*; transmission *f*; *parl.* délégation *f*; décentralisation *f* administrative; *biol.* dégénération *f*; **de'volve** [di'volv] (upon, to) *v/t.* déléguer, transmettre (*qch.* à *q.*); *v/i.* incomber (à); ♀♂ être dévolu (à).

de·vote [di'vout] consacrer, vouer; **de'vot·ed** □ dévoué, attaché; **de·vo·tee** [devou'ti:] fervent(e *f*) *m*; fanatique *m* (de, of); **de'vo·tion** [di'vouʃn] dévouement *m* (à, pour *q.*, to s.o.); dévotion *f* (à Dieu); assiduité *f* (*au travail*); ~*s pl.* dévotions *f/pl.*, prières *f/pl.*; **de'vo·tion·al** □ de dévotion, de prière.

de·vour [di'vauə] dévorer (*a. fig.*); ~*ed with* dévoré de, rongé de; **de'vour·ing** □ dévorateur (-trice *f*).

de·vout □ [di'vaut] dévot, pieux (-euse *f*); fervent; **de'vout·ness** dévotion *f*, piété *f*.

dew [dju:] 1. rosée *f*; 2. humecter de rosée; *fig.* mouiller (de, *with*); '**~-drop** goutte *f* de rosée; '**~-lap** fanon *m* (*de la vache*); '**dew·y** humecté *ou* couvert de rosée.

dex·ter·i·ty [deks'teriti] dextérité *f*; **dex·ter·ous** □ ['~tərəs] adroit, habile (à *inf.*, *in gér.*).

di·a·be·tes ♣ [daiə'bi:ti:z] diabète *m*; glycosurie *f*; **di·a·bet·ic** [~'betik] diabétique (*adj.*, *mf*).

di·a·bol·ic, di·a·bol·i·cal □ [daiə-'bolik(l)] diabolique; infernal (-aux *m/pl.*).

di·a·dem ['daiədem] diadème *m*.

di·ag·nose ♣ ['daiəgnouz] diagnostiquer; **di·ag'no·sis** [~sis], *pl.* **-ses** [~si:z] diagnostic *m*.

di·ag·o·nal [dai'ægənl] 1. □ diagonal (-aux *m/pl.*); 2. diagonale *f* (*a. tex.*).

di·a·gram ['daiəgræm] diagramme *m*, tracé *m*, schéma *m*; graphique *m*; **di·a·gram·mat·ic** [daiəgrə'mætik] (*~ally*) schématique.

di·al ['daiəl] 1. *usu.* cadran *m*; *téléph.* tabulateur *m*; *sl.* visage *m*; ⚓ rose *f* (*des vents*); **~ light** lampe *f* de cadran; 2. *téléph.* *v/i.* composer un numéro; *v/t.* appeler.

di·a·lect ['daiəlekt] dialecte *m*, parler *m*, idiome *m*; **di·a'lec·tic, di·a·'lec·ti·cal** □ de dialecte, dialectal (-aux *m/pl.*); **di·a'lec·tics** *usu. sg.* dialectique *f*.

di·a·logue, *Am. a.* **di·a·log** ['daiəlog] dialogue *m*.

di·al...: '**~-plate** *téléph.* tabulateur *m*; *montre:* cadran *m*; '**~-sys·tem** téléphone *m* automatique; '**~-tone** *téléph.* signal *m* de numérotage.

di·am·e·ter [dai'æmitə] diamètre *m*; **di·a·met·ri·cal** □ [daiə'metrikl] diamétral (-aux *m/pl.*).

di·a·mond ['daiəmənd] 1. diamant *m*; losange *m*; *Am. baseball:* terrain *m* (*de baseball*); *cartes:* carreau *m*; **~ cut ~** à malin malin et demi; 2. de diamant; à diamants; en losange; '**~-cut·ter** tailleur *m* de diamants.

di·a·pa·son ♪ [daiə'peisn] voix, *ton:* diapason *m*; *orgue:* principaux jeux *m/pl.* de fond; *poét.* harmonie *f*.

di·a·per ['daiəpə] 1. toile *f* gaufrée; serviette *f* ouvrée; couche *f*, maillot

m (*des bébés*); 2. ouvrer (*le linge*); gaufrer (*la toile*); emmailloter (*un bébé*).

di·aph·a·nous [dai'æfənəs] diaphane.

di·a·phragm ['daiəfræm] diaphragme *m* (*a.* ⊕, *a. opt.*); *téléph.* membrane *f*.

di·a·rist ['daiərist] personne *f* qui tient un journal; **di·a·rize** *v/i.* tenir son journal; *v/t.* noter (*qch.*) dans son journal.

di·ar·rhoe·a ♣ [daiə'riə] diarrhée *f*.

di·a·ry ['daiəri] journal *m* intime; agenda *m*.

di·a·ther·my ♣ ['daiəθə:mi] diathermie *f*.

di·a·tribe ['daiətraib] diatribe *f*.

dib·ble ['dibl] 1. plantoir *m*; 2. repiquer au plantoir.

dibs *sl.* [dibz] *pl.* argent *m*; *sl.* pépette *f*.

dice [dais] 1. *pl.* de die²; F no **~** rien à faire; 2. *v/i.* jouer aux dés; *v/t. cuis.* couper en cubes; **dic·ey** F ['daisi] risqué.

dick *Am. sl.* [dik] agent *m* de la sûreté; policier *m*; take one's **~** jurer.

dick·ens F ['dikinz] diable *m*.

dick·er *Am.* ['dikə] marchander.

dick·(e)y ['diki] âne *m*; (*a.* **~-bird**) F petit oiseau *m*; siège *m* de derrière; *mot.* spider *m*; *chemise:* faux plastron *m*.

dic·ta·phone ['diktəfoun] dictaphone *m* (*marque*); machine *f* à dicter.

dic·tate 1. ['dikteit] commandement *m*, ordre *m*; dictamen *m*; 2. [dik'teit] dicter; *fig.* prescrire; **dic'ta·tion** dictée *f*; ordres *m/pl.*; **dic'ta·tor** celui *m* *ou* celle *f* qui dicte; *pol.* dictateur *m*; **dic·ta·to·ri·al** □ [diktə'tɔ:riəl] dictatorial (-aux *m/pl.*); impérieux (-euse *f*) (*ton etc.*); **dic·ta·tor·ship** [dik'teitəʃip] dictature *f*.

dic·tion ['dikʃn] style *m*; diction *f*; **dic·tion·ar·y** ['dikʃənri] dictionnaire *m*; glossaire *m*.

dic·tum ['diktəm], *pl.* **-ta** ['~tə] affirmation *f*; maxime *f*, dicton *m*.

did [did] *prét.* de do 1, 2, 3.

di·dac·tic [di'dæktik] (*~ally*) didactique.

did·dle ['didl] duper; rouler (q. de qch , s.o. out of s.th.).

didn't ['didnt] = did not.

die¹ [dai] (p.pr. dying) mourir (de of, from); périr; crever (animal); brûler (de inf., to inf.); tomber, languir (de, of); ~ away s'éteindre (voix); s'affaiblir (son); s'effacer (couleur); disparaître (lumière); ~ down s'é-teindre; se calmer; baisser; ~ out s'éteindre, disparaître; F ~ hard vendre chèrement sa vie; être dur à tuer (abus); F never say ~! il ne faut pas jeter le manche après la cognée.

die² [~] (pl. dice) dé m.

die³ [~], pl. dies [daiz] matrice f; étampe f; monnaie: coin m; lower ~ matrice f; as straight as a ~ d'une droiture absolue.

die...: '~a·way langoureux (-euse f); '~-cast·ing ⊕ moulage m sous pression; '~-hard conservateur m à outrance; jusqu'au-boutiste m.

di·e·lec·tric [daii'lektrik] diélectri-que (a. su./m).

Die·sel en·gine ['di:zl'endʒin] moteur m Diesel.   [d'étampes.]

die-sink·er ['daisiŋkə] graveur m

di·et¹ ['daiət] 1. nourriture f; régime m; be on a ~ être au régime; put on a ~ mettre (q.) au régime; 2. v/t. mettre (q.) au régime; v/i. être au régime.

diet² [~] diète f.

di·e·tar·y ['daiətəri] 1. régime m; 2. diététique; alimentaire.

dif·fer ['difə] différer (de in, from); être différent (de); ne pas s'accorder (sur, about); dif·fer·ence ['difrəns] différence f (a. Å), écart m (entre, between); dispute f; différend m (a. ✝); ⧗, théâ., etc. supplément m; split the ~ partager le différend; 'dif·fer·ent □ différent (de from, to); divers; autre (que, from); dif·fer·en·ti·a [~fə'renʃiə],pl.-ti·ae [~fii:] attribut m distinctif; dif·fer-'en·tial [~ʃl] 1. différentiel(le f); distinctif (-ive f); ~ calculus calcul m différentiel; 2. mot. différentiel m; Å différentielle f; dif·fer·en·ti·ate [~ʃieit] (se) différencier; Å différentier.

dif·fi·cult □ ['difikəlt] difficile (a. caractère etc.); malaisé; dif·fi·cul-ty difficulté f; obstacle m; ennui m; embarras m.

dif·fi·dence ['difidəns] manque m d'assurance; 'dif·fi·dent □ qui manque d'assurance.

dif·fract phys. [di'frækt] diffracter; **dif·frac·tion** diffraction f.

dif·fuse 1. [di'fju:z] fig. (se) répandre; (se) diffuser; 2. □ [~s] diffus (lumière, style, etc.); prolixe (style); **dif·fu·sion** [~ʒn] diffusion f (a. 🔬); phys. dispersion f; **dif·fu·sive** □ [~siv] diffusif (-ive f); diffus (style).

dig [dig] 1. [irr.] vt/i. creuser; v/t. bêcher, retourner (la terre); enfoncer; F cogner; F loger en garni; ~ in enterrer; ~ into creuser (qch.); mordre dans; ~ up déraciner, arracher; (fig. a. ~ out) mettre à jour; v/i. travailler la terre; ~ for fouiller pour trouver (qch.); ~ in ⚔ se terrer; fig. s'assurer; 2. F coup m (de coude etc.); sarcasme m.

di·gest 1. [di'dʒest] v/t. mettre en ordre; faire un résumé de; digérer, élaborer (un projet); ✻ digérer (a. une insulte); v/i. se digérer; 2. ['dai-dʒest] abrégé m, résumé m, sommaire m; ⚖ recueil m de lois, digeste m; **di·gest·er** [di'dʒestə] rédacteur m d'un résumé etc.; marmite f (de Papin); **di·gest·i·bil·i·ty** [~ə'biliti] digestibilité f; **di-'gest·i·ble** digestible; **di·ges·tion** digestion f; **di·ges·tive** digestif m.

dig·ger ['digə] bêcheur m; Am. sl. exploiteuse f d'hommes riches; **dig·gings** F ['~iŋz] pl. logement m, garni m; Am. placer m.

dig·it [di'dʒit] doigt m (a. de pied); Å chiffre m; **dig·it·al** digital (-aux m/pl.); numérique (ordinateur, montre etc.).

dig·ni·fied ['dignifaid] digne; plein de dignité; **dig·ni·fy** ['~fai] revêtir d'un air de majesté; donner de la dignité à; fig. décorer (d'un titre).

dig·ni·tar·y usu. eccl. ['dignitəri] dignitaire m; **'dig·ni·ty** dignité f.

di·gress [dai'gres] faire une digression (de, from); **di·gres·sion** [~ʃn] digression f, écart m; **di·gres·sive** □ digressif (-ive f).

dike¹ [daik] 1. digue f, levée f; chaussée f surélevée; 2. protéger par des digues.

dike² sl. [~] gouine f.

di·lap·i·date [di'læpideit] (se) délabrer; **di'lap·i·dat·ed** délabré, décrépit; **di·lap·i·da·tion** délabrement m; ~s pl. ⚖ détériorations f/pl.

di·lat·a·bil·i·ty *phys.* [daileitə'biliti] dilatabilité *f*; **di'lat·a·ble** dilatable; **dil·a'ta·tion** dilatation *f*; **di'late** (se) dilater; ~ *upon* s'étendre sur (*qch.*); **di'la·tion** *see dilatation*; **dil·a·to·ri·ness** ['dilətərinis] lenteur *f* (à agir); **'dil·a·to·ry** □ lent (à agir); tardif (-ive *f*) (*action*).
di·lem·ma *phls.* [di'lemə] dilemme *m*; *fig.* embarras *m*.
dil·et·tan·te [dili'tænti], *pl.* **-ti** [~ti:] dilettante *mf*.
dil·i·gence ['dilidʒəns] assiduité *f*; **'dil·i·gent** □ assidu, diligent, appliqué.
dill ⚘ [dil] aneth *m*.
dil·ly-dal·ly F ['dilidæli] traînasser.
dil·u·ent ['diljuənt] délayant (*a. su./m*); **di·lute** [dai'lju:t] **1.** diluer; arroser; délayer; *fig.* atténuer; couper avec de l'eau; **2.** dilué; délayé; *fig.* atténué; **di'lu·tion** dilution *f*; délayage *m*; *fig.* atténuation *f*; mouillage *m*.
di·lu·vi·al [dai'lu:vjəl], **di'lu·vi·an** *géol.* diluvien(ne *f*); diluvial (-aux *m/pl.*).
dim [dim] **1.** □ faible; effacé (*couleur*); vague (*mémoire*); **2.** *v/t.* obscurcir; réduire (*la lumière*); ternir (*un miroir, a. fig.*); *mot.* baisser (*les phares*); *Am. mot.* ~ *the headlights a.* se mettre en code; *v/i.* s'obscurcir; baisser.
dime *Am.* [daim] dime *f*; ~ *novel* roman *m* à quatre sous; ~ *store* magasin *m* uniprix.
di·men·sion [di'menʃn] dimension *f*; ⊕ cote *f*; ~*s pl. a.* encombrement *m* hors tout.
di·min·ish [di'miniʃ] (se) réduire; *vt/i.* diminuer; **dim·i·nu·tion** [dimi'nju:ʃn] diminution *f*; amoindrissement *m* (de, *in*); **di'min·u·tive** [~jutiv] **1.** □ *gramm.* diminutif (-ive *f*); *fig.* minuscule; **2.** *gramm.* diminutif *m*.
dim·mer ['dimə] ⚡ rhéostat *m*, interrupteur *m* à gradation de lumière; *Am. mot.* ~*s pl.* phares *m/pl.* code; feux *m/pl.* de position.
dim·ple ['dimpl] **1.** fossette *f*; ride *f* (*dans l'eau*); **2.** *v/t.* former des fossettes dans; *v/i.* se former en fossettes; onduler (*eau*); **'dim·pled** à fossette(s).
din [din] **1.** fracas *m*, vacarme *m*; **2.** *v/i.* retentir; *v/t.* ~ *s.th. into s.o.* (*'s ears*) corner qch. aux oreilles à q.
dine [dain] dîner; ~ *out* dîner en ville; **'din·er** dîneur (-euse *f*) *m*; 🚃 *surt. Am.* wagon-restaurant (*pl.* wagons-restaurants) *m*; **di·nette** [dai'net] aire *f* de repas.
ding [diŋ] retentir, résonner; **~-dong** ['~'dɔŋ] **1.** digue-don; **2.** digue-don *m/inv.*; **3.** *sp.* durement disputé.
din·gey, din·ghy ['diŋgi] canot *m*, youyou *m*; *rubber* ~ berthon *m*.
din·gle ['diŋgl] vallon *m* (boisé).
din·gus *Am. sl.* ['diŋgəs] machin *m*, truc *m*.
din·gy □ ['dindʒi] qui manque d'éclat; terne; sale; défraîchi (*meubles*).
din·ing... ['dainiŋ]: **'~-car** 🚃 wagon-restaurant (*pl.* wagons-restaurants) *m*; **'~-room** salle *f* à manger.
dink·ey *Am.* ['diŋki] locomotive *f* de manœuvres.
dink·y ['diŋki] F coquet(te *f*), mignon(ne *f*).
din·ner ['dinə] dîner *m*; banquet *m*; F déjeuner *m*; **'~-jack·et** smoking *m*; **'~-pail** *Am.* potager *m* (*d'ouvrier*); **'~-par·ty** dîner *m* (par invitations); **'~-set** service *m* de table; **'~-suit** smoking *m*; ~ **ta·ble** table *f* de salle à manger; **'~-wag·(g)on** *fourniture*: servante *f*.
dint [dint] **1.** marque *f* de coup; creux *m*; *by* ~ *of* à force de; **2.** bosseler; ébrécher (*une lame*).
di·o·ce·san *eccl.* [dai'ɔsisn] diocésain (*a. su./m*); **di·o·cese** ['daiəsis] diocèse *m*.
di·ode ⚡ ['daioud] diode *f*; *light-emitting* ~ diode *f* lumineuse.
di·op·tric *opt.* [dai'ɔptrik] **1.** dioptrique; **2.** dioptrie *f*; ~*s pl.* dioptrique *f*.
di·o·ra·ma [daiə'ra:mə] diorama *m*.
dip [dip] **1.** *v/t.* plonger; tremper; immerger; baisser subitement; écoper (dans *from, out of*); teindre (*une étoffe*); baigner (*les moutons*); ⚓ saluer avec (*son pavillon*); *mot.* baisser (*les phares*); *mot.* ~ *the headlights a.* se mettre en code; *v/i.* plonger; baisser (*soleil*); incliner; s'abaisser (*terrain*); *géol.* s'incliner; ~ *into* puiser dans (*une bourse*); effleurer (*un sujet*); feuilleter (*un livre*); **2.** plongement *m*, immersion *f*; pente *f*, déclivité *f*; chandelle *f* plongée; ⚓ salut *m*; *géol.* pendage *m*; dépression

f (*de l'horizon*); **bain** *m* **parasiticide** (*pour moutons*); *aiguille aimantée:* **inclinaison** *f;* F **coup** *m* **d'œil;** F **baignade** *f;* F **have** *ou* **take** *a* ~ prendre un bain rapide, faire trempette; ♆ *at the* ~ à mi-drisse.

diph·the·ri·a [dif'θiəriə] diphtérie *f.*

diph·thong ['difθɔŋ] diphtongue *f.*

di·plo·ma [di'ploumə] diplôme *m;* **di·plo·ma·cy** diplomatie *f;* **di·plo·maed** [~məd] diplômé; **dip·lo·mat** ['dipləmæt] diplomate *m;* **dip·lo·mat·ic, dip·lo·mat·i·cal** □ diplomatique; **dip·lo·mat·ics** *pl.* diplomatique *f;* **di·plo·ma·tist** [di'ploumətist] diplomate *m.*

dip·per ['dipə] plongeur (-euse *f*) *m; orn.* merle *m* d'eau; *mot.* basculeur *m; Am.* cuiller *f* à pot; *Am.* Great (*ou* Big) ♀ *astr.* la Grande Ourse; **'dip·py** *sl.* maboul.

dip·so·ma·ni·a ⚕ [dipsou'meinjə] dipsomanie *f;* **dip·so'ma·ni·ac** [~niæk] dipsomane *mf.*

dip...: '~**rod** *Am.,* '~**stick** *mot.* jauge *f* (*de niveau d'huile*); '~**switch** *mot.* alternateur *m* phares-code.

dire ['daiə] néfaste; affreux (-euse *f*).

di·rect [di'rekt] 1. □ direct; absolu; franc(he *f*) (*personne*); catégorique (*réponse*); ✗ de plein fouet (*tir*); ⚡ ~ **current** courant *m* continu; *téléph.* ~ **dial(l)ing** (numéro *m* interurbain) automatique *m; gramm.* ~ **speech** discours *m ou* style *m* direct; ~ **train** train *m* direct; *see* ~**ly** 1; 3. diriger (*vers at, to[wards]*); conduire (*les affaires, un orchestre*); gérer, régir, administrer; adresser (*une lettre à q., to s.o.*); ordonner (*à q. de inf., s.o. to inf.*); indiquer (*qch. à q., s.th. to s.o.*); **di·rec·tion** direction *f;* administration *f;* sens *m;* adresse *f;* instruction *f;* **di·rec·tion·al** dirigeable (*radio*); radiogoniométrique; **di·rec·tion-find·er** *radio:* radiogoniomètre *m;* **di·rec·tion-find·ing** *radio:* radiogoniométrie *f; attr.* radiogoniométrique; ~ **set** radiogoniomètre *m;* **di·rec·tion-in·di·ca·tor** *mot.* clignotant *m;* flèche *f* lumineuse; signalisateur *m* de direction; ✗ indicateur *m* de direction; **di·rec·tive** [~tiv] directif (-ive *f*); **di·rect·ly** 1. *adv.* directement, tout droit; tout de suite; tout à fait; 2. *cj.* aussitôt que;

di·rect·ness direction *f ou* mouvement *m* en droite ligne; *fig.* franchise *f.*

di·rec·tor [di'rektə] directeur *m,* administrateur *m;* membre *m* d'un conseil d'administration; *théâ., cin.* metteur *m* en scène; *cin.* réalisateur *m;* **di·rec·to·rate** [~rit] conseil *m* d')administration *f;* (*a.* **di·rec·tor·ship**) directorat *m;* **di·rec·to·ry** répertoire *m* d'adresses; *téléph.* annuaire *m* (*des téléphones*); *en France:* le Bottin *m; téléph. Am.* ~ **assistance,** *Brit.* ~ **enquiries** (service *m* des) renseignements *m/pl.*

di·rec·tress [di'rektris] directrice *f.*

dire·ful □ ['daiəful] néfaste.

dirge [də:dʒ] hymne *m* funèbre.

dir·i·gi·ble [di'dridʒəbl] dirigeable *m* (*a. adj.*).

dirk [də:k] 1. poignard *m;* 2. poignarder.

dirt [də:t] saleté *f;* boue *f* (*surt. fig. péj.*); langage *m* ordurier; terre *f,* sol *m; Am. sl.* do (one) ~ jouer un vilain tour (à q.); '~**cheap** F à vil prix; donné; ~ **road** *Am.* chemin *m ou* route *f* non macadamisé(e); '~**track** *sp.* (piste *f* en)cendrée *f;* '**dirt·y** 1. □ sale (*a. fig.*); 2. (se) salir.

dis·a·bil·i·ty [disə'biliti] incapacité *f;* infirmité *f;* ♊ inhabileté *f; admin.* invalidité *f.*

dis·a·ble [dis'eibl] mettre hors de service *ou* de combat; mettre (*q.*) hors d'état (*de inf. from, for gér.*); **dis·a·bled** estropié, mutilé; hors de service *ou* de combat *ou* d'état; **dis·a·ble·ment** mise *f* hors de combat; incapacité *f;* invalidité *f.*

dis·a·buse [disə'bju:z] désabuser (*de, of*).

dis·ac·cord [disə'kɔ:d] être en désaccord (*avec, with*).

dis·ac·cus·tom ['disə'kʌstəm] déshabituer (q. *de qch., s.o. to s.th.*).

dis·ad·van·tage [disəd'vɑ:ntidʒ] désavantage *m,* inconvénient *m; sell to* ~ vendre à perte; **dis·ad·van·ta·geous** □ [disædvɑːn'teidʒəs] défavorable.

dis·af·fect·ed □ [disə'fektid] désaffectionné, mal disposé (à l'égard de, envers to, *towards*); **dis·af·fec·tion** désaffection *f.*

dis·af·firm ♊ [disə'fə:m] annuler.

dis·a·gree [disə'gri:] (*with*) ne pas être d'accord, être en désaccord (avec); donner tort (à); ne pas convenir (à q.); se brouiller (avec); **dis·a'gree·a·ble** □ désagréable (a. fig.); **dis·a'gree·ment** différence f; désaccord m (avec q. sur qch., with s.o. in s.th.); querelle f, différend m; mésentente f.

dis·al·low ['disə'lau] ne pas admettre; ne pas permettre/interdire.

dis·ap·pear [disə'piə] disparaître; **dis·ap·pear·ance** [~'piərəns] disparition f.

dis·ap·point [disə'point] décevoir; désappointer; manquer de parole à; **dis·ap'point·ment** déception f; mécompte m.

dis·ap·pro·ba·tion [disæpro'beiʃn], **dis·ap·prov·al** [disə'pru:vl] désapprobation f; **dis·ap'prove** désapprouver (qch., of s.th.).

dis·arm [dis'ɑ:m] vt/i. désarmer (a. fig.); **dis·ar·ma·ment** [~məmənt] désarmement m.

dis·ar·range ['disə'reindʒ] mettre en désordre; déranger; **dis·ar·'range·ment** désordre m; dérangement m.

dis·as·sem·bly ⊕ [disə'sembli] démontage m.

dis·as·ter [di'zɑ:stə] désastre m; sinistre m; catastrophe f; **dis·as·trous** □ désastreux (-euse ~).

dis·a·vow ['disə'vau] désavouer; renier; **dis·a'vow·al** désaveu m; reniement m.

dis·band [dis'bænd] ✕ vt/t. licencier; vt/i. se débander; être licencié; **dis'band·ment** licenciement m.

dis·bar [dis'bɑ:] rayer (un avocat) du tableau de l'ordre.

dis·be·lief ['disbi'li:f] incrédulité f (à l'égard de, in); refus m de croire (à, in); **dis·be·lieve** ['disbi'li:v] vt/i. ne pas croire (à, in); vt/t. refuser créance à (q.); **'dis·be'liev·er** incrédule mf.

dis·bur·den [dis'bə:dn] décharger (d'un fardeau, of a burden); déposer (un fardeau); ouvrir (son cœur); fig. décharger.

dis·burse [dis'bə:s] débourser; **dis·'burse·ment** déboursement m; ~s pl. débours m/pl.

disc [disk] see **disk**.

dis·card [dis'kɑ:d] **1.** se défaire de; abandonner (une théorie etc.); laisser de côté, mettre au rebut (des vêtements); bridge: se défausser (de

qch., s.th.); **2.** bridge: défausse f; surt. Am. (pièce f de) rebut m.

dis·cern [di'sə:n] discerner; distinguer; apercevoir; **dis'cern·i·ble** □ perceptible; **dis'cern·ing 1.** □ pénétrant; judicieux (-euse f) (personne); **2.** discernement m; pénétration f; **dis'cern·ment** discernement m; jugement m.

dis·charge [dis'tʃɑ:dʒ] **1.** vt/t. décharger (a. ⚓ un navire, ⚡, 🔌 un fusil); ⚓ débarquer (un équipage); lancer (un projectile); jeter (du pus); renvoyer (un malade); congédier (un employé), débaucher (un ouvrier); s'acquitter de (un devoir); verser (du chagrin); déverser (du mépris); acquitter (un accusé, une dette, etc.); libérer (q. d'une obligation); payer, apurer (un compte); vt/i. se dégorger; suppurer; se décharger; partir (fusil); **2.** décharge f (a. ⚡); ⚓ déchargement m; cargaison: débardage m; employé: renvoi m; 🔨 libération f; prisonnier: élargissement m; accusé: acquittement m; dette: paiement m; devoir: accomplissement m; fonctions: exercice m; 🎵 écoulement m; **dis'charg·er** ⚡ excitateur m.

dis·ci·ple [di'saipl] disciple mf; élève mf; **dis'ci·ple·ship** qualité f de disciple.

dis·ci·pli·na·ble ['disiplinəbl] disciplinable; docile; **'dis·ci·pli·nal** disciplinaire; **dis·ci·pli·nar·i·an** [~'neəriən] **1.** (a. **dis·ci·pli·nar·y** ['~əri]) disciplinaire; de discipline; **2.** disciplinaire mf; **dis·ci·pline** ['~plin] **1.** discipline f (a. = sujet d'étude); **2.** discipliner; former, élever; dresser (un animal).

dis·claim [dis'kleim] renoncer à; renier; désavouer; **dis'claim·er** renonciation f; déni m; désaveu m.

dis·close [dis'klouz] révéler, découvrir; divulguer; **dis'clo·sure** [~ʒə] révélation f; divulgation f.

dis·col·o(u)r·a·tion [diskʌlə'reiʃn] décoloration f; **dis'col·o(u)r** (se) décolorer; (se) ternir.

dis·com·fit [dis'kʌmfit] déconfire; F déconcerter; **dis'com·fi·ture** [~tʃə] déconfiture f (d'une armée); personne: déconvenue f.

dis·com·fort [dis'kʌmfət] **1.** inconfort m; malaise m, gêne f; **2.** incommoder.

dis·com·pose [diskəmˈpouz] troubler; **dis·com·po·sure** [~ʒə] trouble *m*; perturbation *f*.

dis·con·cert [diskənˈsəːt] déconcerter; troubler.

dis·con·nect [ˈdiskəˈnekt] disjoindre (de *from*, *with*); ⊕ débrayer; ⚡ déconnecter; couper; **'dis·con'nected** □ détaché; décousu (*style etc.*); **'dis·con'nec·tion** séparation *f*; ⊕ débrayage *m*.

dis·con·so·late □ [disˈkɔnsəlit] désolé; triste.

dis·con·tent [ˈdiskənˈtent] **1.** † *see* ~ed; **2.** mécontentement *m*; **'discon'tent·ed** □ mécontent (de, *with*); peu satisfait.

dis·con·tin·u·ance [ˈdiskənˈtinjuəns] discontinuation *f*; abandon *m*; **'dis·con'tin·ue** [~nju:] discontinuer; cesser (*a. v/i.*); se désabonner à (*un journal*); **'dis·con'tin·u·ous** □ discontinu; ⅍ discret (-ète *f*).

dis·cord [ˈdiskɔːd], **dis'cord·ance** discorde *f*, ♪ dissonance *f*, accord *m* dissonant; **dis'cord·ant** □ discordant; en désaccord (avec to, *from*, *with*); ♪ dissonant.

dis·co·theque [ˈdiskoutek] discothèque *f*.

dis·count [ˈdiskaunt] **1.** ✝ remise *f*, rabais *m*; *banque etc.*: escompte *m*; ~ *rate* taux *m* de l'escompte; ~ *store* magasin *m* à demi-tarif; *at a* ~ en perte; *fig.* en défaveur, peu estimé; **2.** ✝ escompter; faire l'escompte de; *fig.* ne pas tenir compte de; faire peu de cas de; envisager (*un événement*); **dis'count·a·ble** escomptable; à négliger.

dis·coun·te·nance [disˈkauntinəns] déconcerter; désapprouver; **dis'coun·te·nanced** décontenancé.

dis·cour·age [disˈkʌridʒ] décourager (de, *from*); abattre; détourner (de, *from*); **dis'cour·age·ment** découragement *m*; désapprobation *f*.

dis·course [disˈkɔːs] **1.** allocution *f*; discours *m*; dissertation *f*; **2.** (*on*, *upon*, *about*) discourir (sur); s'entretenir (de).

dis·cour·te·ous □ [disˈkəːtiəs] impoli; **dis'cour·te·sy** [~tisi] impolitesse *f*.

dis·cov·er [disˈkʌvə] trouver, découvrir; *poét.* révéler; **dis'cov·era·ble** □ que l'on peut découvrir; **dis'cov·er·er** découvreur (-euse *f*)

m; **dis'cov·er·y** découverte *f*; *poét.* révélation *f*.

dis·cred·it [disˈkredit] **1.** discrédit *m*; doute *m*; **2.** mettre en doute; ne pas croire; discréditer; **dis'credit·a·ble** □ (*to*) indigne, peu digne (de); qui ne fait pas honneur (à).

dis·creet □ [disˈkriːt] discret (~ète *f*); avisé.

dis·crep·an·cy [disˈkrepənsi] divergence *f*; désaccord *m*; écart *m*.

dis·crete □ † [disˈkriːt] discret (-ète *f*); distinct; *phls.* abstrait.

dis·cre·tion [disˈkreʃn] discrétion *f*; sagesse *f*, jugement *m*, prudence *f*; silence *m* judicieux; *at s.o.'s* ~ à la discrétion de q.; *age* (*ou years*) *of* ~ âge *m* de raison; *surrender at* ~ se rendre à discrétion; **dis'cre·tion·al** □, **dis'cre·tion·ar·y** discrétionnaire.

dis·crim·i·nate [disˈkrimineit] distinguer; ~ *against* faire des distinctions contre (*q.*); **dis'crim·i·nating** □ avisé; plein de discernement; différentiel(le *f*) (*tarif*); **dis·crimi'na·tion** discernement *m*; jugement *m*; distinction *f*; **dis'crim·i·na·tive** [~nətiv] □ avisé; plein de discernement; différentiel(le *f*); **dis·crimi·na·to·ry** ₴ᵗᵃ, † [disˈkriminətəri] qui fait la distinction des personnes.

dis·cur·sive □ [disˈkəːsiv] décousu, sans suite; *phls.* discursif (-ive *f*).

dis·cus [ˈdiskəs] *sp.* disque *m*.

dis·cuss [disˈkʌs] discuter; *co.* expédier (*un plat*), vider (*une bouteille*); **dis'cuss·i·ble** [~əbl] discutable; **dis'cus·sion** discussion *f*; débat *m*.

dis·dain [disˈdein] **1·** dédain *m* (de, *of*); mépris *m*; **2.** dédaigner; **dis'dain·ful** □ [~ful] dédaigneux (-euse *f*) (de, *of*).

dis·ease [diˈziːz] maladie *f*; mal *m*; **dis'eased** malade; morbide.

dis·em·bark [ˈdisimˈbɑːk] débarquer; **dis·em·bar·ka·tion** [disembɑːˈkeiʃn] débarquement *m*.

dis·em·bar·rass [ˈdisimˈbærəs] débarrasser (de, *of*); dégager (de, *from*).

dis·em·bod·y [ˈdisimˈbɔdi] désincorporer; ⚔ licencier (*des troupes*).

dis·em·bogue [disimˈboug] *v/t.* verser; *v/i.* déboucher (*rivière*); débouquer (*navire*). [cérer.)

dis·em·bow·el [disimˈbauəl] évis-⌐

disjunctive

dis·en·chant ['disin't∫ɑ:nt] désenchanter; désabuser.

dis·en·cum·ber ['disin'kʌmbə] débarrasser (de *of, from*); désencombrer (*q.*).

dis·en·gage [disin'geidʒ] (se) dégager; ⊕ (se) déclencher; *v/t.* débrayer; **'dis·en'gaged** libre; **disen'gage·ment** dégagement *m*; rupture *f* de fiançailles.

dis·en·tan·gle ['disin'tæŋgl] (se) démêler; *fig.* dépêtrer (de, *from*); **disen'tan·gle·ment** débrouillement *m*.

dis·en·tomb [disin'tu:m] exhumer.

dis·es·tab·lish ['disis'tæbli∫] séparer (*l'Église*) de l'État; **dis·es'tablish·ment** séparation *f* de l'Église et de l'État.

dis·fa·vo·u(r) ['dis'feivə] 1. défaveur *f*; disgrâce *f*; désapprobation *f*; 2. voir avec défaveur; désapprouver.

dis·fig·ure [dis'figə] défigurer; gâter; **dis'fig·ure·ment** défiguration *f*.

dis·fran·chise ['dis'frænt∫aiz] priver (*q.*) du droit électoral; priver (*un bourg*) de ses droits de représentation; **dis'fran·chise·ment** [dis'frænt∫izmənt] privation *f* du droit de vote *ou* des droits civiques.

dis·gorge [dis'gɔ:dʒ] rendre (= *vomir*); (*a. ~ o.s.*) dégorger; décharger (*rivière*).

dis·grace [dis'greis] 1. disgrâce *f*; honte *f*; déshonneur *m*; 2. déshonorer; disgracier (*q.*); *be ~ed* être disgracié; **dis'grace·ful** □ [~ful] honteux (-euse *f*); scandaleux (-euse *f*).

dis·grun·tled [dis'grʌntld] maussade; mécontent (de, *at*).

dis·guise [dis'gaiz] 1. déguiser; masquer (*une odeur*); dissimuler (*une émotion*); 2. déguisement *m*; fausse apparence *f*; feinte *f*; *blessing in ~* bienfait *m* insoupçonné.

dis·gust [dis'gʌst] 1. (*at, for*) dégoût *m* (pour); répugnance *f* (pour); *fig.* in ~ dégoûté; 2. dégoûter, écœurer; *~ed with* profondément mécontent de; **dis'gust·ing** □ dégoûtant.

dish [di∫] 1. plat *m*; récipient *m*; *cuis.* plat *m* (*de viande etc.*), mets *m*; *fig.* standing ~ plat *m* de tous les jours; 2. (*usu. ~ up*) servir (*a. fig.*), dresser; *sl.* enfoncer, rouler (*q.*).

dis·ha·bille [disæ'bi:l] négligé *m*,

déshabillé *m*; *in ~* en déshabillé.

dis·har·mo·ny [dis'hɑ:məni] dissonance *f*; désaccord *m*.

dish-cloth ['di∫klɔθ] torchon *m*; lavette *f*.

dis·heart·en [dis'hɑ:tn] décourager.

di·shev·el·(l)ed [di'∫evld] échevelé; ébouriffé; en désordre.

dis·hon·est [dis'ɔnist] malhonnête; déloyal (-aux *m/pl.*); **dis'hones·ty** malhonnêteté *f*.

dis·hon·o·u(r) [dis'ɔnə] 1. déshonneur *m*; honte *f*; 2. déshonorer; manquer à (*sa parole*); † ne pas honorer; **dis'hon·o·u(r)·a·ble** □ déshonorant, honteux (-euse *f*); sans honneur (*personne*).

dish...: **'~-pan** *Am.* cuvette *f*; **'~rag** *Am. see* dish-cloth; **'~-wa·ter** eau *f* de vaisselle; *sl.* lavasse *f*.

dish·y F ['di∫i] appétissant.

dis·il·lu·sion [disi'lu:ʒn] 1. désillusion *f*, désabusement *m*; 2. *a.* disil'lu·sion·ize désillusionner, désabuser; **dis·il'lu·sion·ment** *see* disillusion 1.

dis·in·cli·na·tion [disinkli'nei∫n] répugnance *f* (pour *for, to*); manque *m* d'empressement (à, *to*); **dis·incline** ['~'klain] détourner (de *for, to*); **'dis·in'clined** peu disposé (à *to*).

dis·in·fect ['disin'fekt] désinfecter; **dis·in'fect·ant** désinfectant (*a. su./m*); **dis·in'fec·tion** désinfection *f*.

dis·in·gen·u·ous □ [disin'dʒenjuəs] sans franchise; faux (fausse *f*).

dis·in·her·it ['disin'herit] déshériter; **dis·in'her·it·ance** déshéritement *m*; ⚄ exhérédation *f*.

dis·in·te·grate [dis'intigreit] (se) désagréger; (se) désintégrer (*minerai*); **dis·in·te'gra·tion** désagrégation *f*; effritement *m*.

dis·in·ter ['disin'tə:] déterrer, exhumer.

dis·in·ter·est·ed □ [dis'intristid] désintéressé.

dis·join [dis'dʒɔin] disjoindre; **dis'joint** [~t] démembrer, disjoindre; désassembler; ⚕ désarticuler; **dis'joint·ed** disjoint, disloqué; *fig.* décousu.

dis·junc·tion [dis'dʒʌŋk∫n] disjonction *f*; **dis'junc·tive** □ 1. disjonctif (-ive *f*) (*a. gramm.*); 2. *gramm.* disjonctive *f*.

disk [disk] disque *m*; plaque *f* (*d'identité*); *mot.* ~ *brakes* freins *m/pl.* à disque; *mot.* ~ *clutch* embrayage *m* par disque unique; *&* *slipped* ~ hernie *f* discale; *Am. sl.* ~ *jockey* radio: présenteur *m ou* présentatrice *f* du disque des auditeurs.

dis·like [dis'laik] **1.** aversion *f*, répugnance *f* (pour for, of, to); **2.** ne pas aimer; détester; trouver mauvais; ~*d* mal vu.

dis·lo·cate ['disloukeit] disloquer; déboîter (*un membre*); *fig.* désorganiser; **dis·lo·ca·tion** dislocation *f* (*a. géol., a. anat.*); *fig.* désorganisation *f.* [tacher.)

dis·lodge [dis'lɔdʒ] déloger; dé-)

dis·loy·al □ ['dis'lɔiəl] infidèle; déloyal (-aux *m/pl.*); **'dis·loy·al·ty** infidélité *f*; déloyauté *f.*

dis·mal □ ['dizməl] **1.** *fig.* sombre, triste; morne; lugubre; **2.**: *the* ~*s pl.* le cafard *m.*

dis·man·tle [dis'mæntl] dégarnir, dépouiller (de, of); démanteler (*une forteresse,* ⚓ *un vaisseau de guerre*); ⚓ dégréer (*un navire*); ⊕ démonter (*une machine*), déséquiper (*un grue etc.*); **dis'man·tling** dégarnissement *m etc.*; ⊕ démontage *m.*

dis·mast ⚓ [dis'mɑ:st] démâter.

dis·may [dis'mei] **1.** consternation *f*; épouvante *f*; **2.** consterner; épouvanter.

dis·mem·ber [dis'membə] démembrer; écarteler (*un corps*); **dis'mem·ber·ment** démembrement *m.*

dis·miss [dis'mis] *v/t.* congédier; renvoyer; éconduire (*un importun etc.*); relever (*l de*) ses fonctions; quitter (*un sujet*); *cricket:* mettre hors jeu; ✠ acquitter (*un accusé*), rejeter (*une demande*); *be* ~*ed* du service être renvoyé du service; *v/i.* ✗ ~*!* rompez (les rangs)!; **dis'miss·al** congédiement *m*; renvoi *m*; ✠ acquittement *m* (*d'un accusé*); fin *f* de non-recevoir.

dis·mount [dis'maunt] *v/t.* faire descendre (*q.*) de cheval; ⊕ démonter (*a. un canon*); *v/i.* descendre (de cheval, de voiture).

dis·o·be·di·ence [disə'bi:djəns] désobéissance *f* (à to, of); **dis·o·be·di·ent** □ désobéissant; **'dis·o'bey** désobéir à; enfreindre; *I will not be* ~*ed* je ne veux pas qu'on me désobéisse.

dis·o·blige ['disə'blaidʒ] désobliger (*q.*); **'dis·o'blig·ing** □ désobligeant, peu complaisant (envers, to); **'dis·o'blig·ing·ness** désobligeance *f.*

dis·or·der [dis'ɔ:də] **1.** désordre *m* (*a. &*); confusion *f*; tumulte *m*; *&* affection *f*; *mental* ~ dérangement *m* d'esprit; **2.** déranger (*a. &*); mettre le désordre dans; **dis'or·dered** □ en désordre; dérangé; **dis'or·der·ly** en désordre; désordonné (*a. personne*); qui manque d'ordre; turbulent (*foule etc.*).

dis·or·gan·i·za·tion [disɔ:gənai-'zeiʃn] désorganisation *f*; **dis'or·gan·ize** désorganiser.

dis·own [dis'oun] désavouer; renier.

dis·par·age [dis'pæridʒ] déprécier, dénigrer; discréditer; **dis'par·age·ment** dénigrement *m*, dépréciation *f*; déshonneur *m*; **dis'par·ag·ing** □ dépréciateur (-trice *f*); peu flatteur (-euse *f*).

dis·pa·rate □ ['dispərit] **1.** disparate; **2.** ~*s pl.* disparates *f/pl.*; **dis·par·i·ty** [dis'pæriti] inégalité *f*; différence *f.*

dis·part [dis'pɑ:t] *poét. ou* † (se) fendre; (se) séparer; *v/t.* ⊕ distribuer.

dis·pas·sion·ate □ [dis'pæʃnit] impartial (-aux *m/pl.*); calme; sans passion.

dis·patch [dis'pætʃ] **1.** expédition *f*; envoi *m*; promptitude *f*, diligence *f*; dépêche *f*; mise *f* à mort; *bearer of* ~*es* messager *m*; mentioned in ~*es* cité à l'ordre du jour; *by* ~ par exprès; **2.** expédier (*a. = mettre à mort*); envoyer; dépêcher (*un courrier*); ~**·box** valise *f* diplomatique; ~ **note** bulletin *m ou* bordereau *m* d'expédition; ~**·rid·er** ✗ estafette *f.*

dis·pel [dis'pel] dissiper, chasser (*a. fig.*).

dis·pen·sa·ble [dis'pensəbl] dont on peut se passer; *eccl.* dispensable; **dis'pen·sa·ry** pharmacie *f*; policlinique *f*; *hôpital:* dépense *f*; **dis·pen·sa·tion** [~'seiʃn] distribution *f*; décret *m*; *eccl.* dispense *f*; fait *m* d'être dispensé de, from).

dis·pense [dis'pens] *v/t.* dispenser, distribuer; administrer (*la loi*); préparer (*un médicament*); exécuter (*une ordonnance*); ~ *from* dispenser de; *v/i.* ~ **with** se passer de; supprimer (*une main-d'œuvre*); ne pas exiger; **dis·pens·er** dispensateur (*-trice f*) *m*; pharmacien(ne *f*) *m*. **dis·perse** [dis'pɔːs] (se) disperser; *v/t.* dissiper; répandre; ♣ résoudre. **dis·per·sion** [dis'pɜːʃal] dispersion *f* (*a. opt.*); **dis·per·sive** □ dispersif (*-ive f*) (*a. opt.*). **dis·pir·it** [dis'pirit] décourager; **dis·pir·it·ed** □ découragé, abattu. **dis·place** [dis'pleis] déplacer; évincer (*q.*); supplanter, remplacer; ~**d person** (*abr.* D.P.) personne *f* déplacée; **dis·place·ment** déplacement *m* (*a.* ♣); changement *m* de place; remplacement *m*; *géol.* dislocation *f*. **dis·play** [dis'plei] 1. étalage *m* (*a.* ♣); manifestation *f*; exposition *f*; parade *f*, apparat *m*; 2. étaler, exposer; afficher; montrer; faire preuve de; révéler; ~ **case** vitrine *f* (d'exposition); ~ **stand** présentoir *m*.

dis·please [dis'pliːz] déplaire (à *q., s.o.*); *fig.* contrarier; **dis·pleased** □ mécontent (de *at, with*); **dis·pleas·ing** □ désagréable, déplaisant (à, *to*); **dis·pleas·ure** [~'pleʒə] mécontentement *m* (de *at, over*); déplaisir *m*. [*tir*; s'ébattre.] **dis·port** [dis'pɔːt]: ~ *o.s.* se diver-} **dis·pos·a·ble** [dis'pouzəbl] disponible; **dis·pos·al** disposition *f*; action *f* de disposer (de, *of*); expédition *f* (*d'une affaire*); résolution *f* (*d'une question*); ♣ délivrance *f*; *at s.o.'s* ~ à la disposition de *q.*; **dis·pose** *v/t.* disposer (*a. q. à, s.o. to*); arranger; incliner (*q.* à, *s.o. to*; *q.* à *qch., s.o. for s.th.*); *v/i.* ~ *of* disposer de; se défaire de; vaincre; expédier; ♣ vendre, écouler; trancher (*une question*); résoudre (*un problème*); **dis·posed** □ porté, enclin (à *to, for*); disposé (à, *to*); (*bien, mal*) intentionné (envers, pour, à l'égard de *towards*); **dis·pos·er** dispensateur (*-trice f*) *m*; ordonnateur (*-trice f*) *m*; vendeur (*-euse f*) *m*; **dis·po·si·tion** [~pə'ziʃn] disposition *f* (*a. testamentaire*); arrangement *m*; humeur *f*, naturel *m*, caractère *m*; tendance *f* (à, *to*); *at my* ~ à ma disposition, à mon service; *make* ~*s* prendre des dispositions (pour, *to*).

dis·pos·sess [dispə'zes] (*of*) déposséder (de); exproprier; † délivrer (de); ⚖ dessaisir (de); **dis·pos·ses·sion** [~'zeʃn] dépossession *f*; expropriation *f*; ⚖ dessaisissement *m*. **dis·praise** [dis'preiz] 1. blâme *m*; dépréciation *f*; 2. blâmer; dénigrer. **dis·proof** [dis'pruːf] réfutation *f*. **dis·pro·por·tion** [dispro'pɔːʃn] disproportion *f*; **dis·pro·por·tion·ate** □ [~it] disproportionné (à, *to*); hors de proportion (avec, *to*); **dis·pro·por·tion·ate·ness** disproportion *f*. **dis·prove** [dis'pruːv] réfuter. **dis·pu·ta·ble** [dis'pjuːtəbl] contestable; **dis·pu·tant** discuteur (*-euse f*) *m*; *écoles:* disputant *m*; **dis·pu·ta·tion** [~'teiʃn] dispute *f*; discussion *f*; **dis·pu·ta·tious** □ chicanier (*-ère f*); **dis·pute** 1. contestation *f*, controverse *f*; querelle *f*; *beyond* ~ incontestable; *in* ~ contesté; 2. *v/t.* contester; débattre; disputer (*qch.* à *q., s.th. with s.o.*); *v/i.* se disputer (sur, au sujet de *about*). **dis·qual·i·fi·ca·tion** [diskwolifi'keiʃn] incapacité *f*; mise *f* en état *ou* cause *f* d'incapacité; *sp.* disqualification *f*; ⚖ inhabilité *f*; **dis·qual·i·fy** [~fai] rendre incapable (de *inf., for gér.*); *sp.* disqualifier. **dis·qui·et** [dis'kwaiət] 1. inquiétude *f*; agitation *f*; 2. inquiéter; troubler; ~*ing* alarmant; **dis·qui·e·tude** [~'kwaiitjuːd] inquiétude *f*; agitation *f*. [*tation f (sur, on*).] **dis·qui·si·tion** [diskwi'ziʃn] disser-} **dis·re·gard** [disri'gɑːd] 1. indifférence *f* (à l'égard de *of, for*); inobservation *f* (*de la loi*); 2. ne tenir aucun compte de; négliger. **dis·rel·ish** [dis'reliʃ] 1. dégoût *m*, aversion *f* (pour, *for*); 2. éprouver du dégoût pour; trouver mauvais. **dis·re·pair** [disri'peə] délabrement *m*; *fall into* ~ tomber en ruines; *in* ~ en mauvais état. **dis·rep·u·ta·ble** □ [dis'repjutəbl] honteux (*-euse f*); minable; de mauvaise réputation (*personne*); **dis·re·pute** [~ri'pjuːt] discrédit *m*, mépris *m*. **dis·re·spect** [disris'pekt] manque *m* de respect *ou* d'égards (envers, *for*); **dis·re·spect·ful** [~'pektful] □ irrespectueux (*-euse f*), irrévérencieux (*-euse f*).

dis·robe ['dis'roub] (aider à) se dévêtir de sa robe; (se) déshabiller.

dis·root [dis'ru:t] déraciner.

dis·rupt [dis'rʌpt] rompre, disloquer; démembrer; **dis·rup·tion**
rupture f; dislocation f; démembrement m; **dis·rup·tive** perturbateur
(-trice f).

dis·sat·is·fac·tion ['dissætis'fækʃn]
mécontentement m (de with, at);
dissatisfaction f; **dis·sat·is·fac-
to·ry** [ˌⁿtəri] peu satisfaisant; **dis-
'sat·is·fy** [ˌfai] mécontenter; ne
pas satisfaire (q.).

dis·sect [di'sekt] disséquer (a. anat.);
découper; ♫ exciser (une tumeur
etc.); **dis·sec·tion** [di'sekʃn] dissection f; découpage m.

dis·sem·ble [di'sembl] v/t. dissimuler; passer sous silence; feindre;
v/i. déguiser sa pensée; user de
dissimulation.

dis·sem·i·nate [di'semineit] disséminer; **dis·sem·i·na·tion** dissémination f. [désaccord m.)

dis·sen·sion [di'senʃn] dissension f.)

dis·sent [di'sent] 1. dissentiment m;
avis m contraire; eccl. dissidence f;
2. différer (de, from); eccl. être
dissident; **dis·sent·er** dissident(e f)
m; **dis·sen·tient** [di'senʃiənt] dissi-
dent(e f) m (a. adj.).

dis·ser·ta·tion [disəˈteiʃn] dissertation f (sur, on).

dis·serv·ice [ˈdis'sə:vis] mauvais
service m (rendu à, to).

dis·sev·er [dis'sevə] (se) séparer,
(se) désunir; **dis·sev·er·ance** [ˌⁿ
ərəns] séparation f.

dis·si·dence ['disidəns] dissidence f;
dis·si·dent 1. dissident; **2.** membre m dissident; dissident(e f) m.

dis·sim·i·lar [ˈdi'similə] (to)
différent (de); dissemblable (à);
dis·sim·i·lar·i·ty [ˌⁿlæriti] dissemblance f, dissimilitude f (de, to).

dis·sim·u·late [di'simjuleit] dis-
sembler; **dis·sim·u·la·tion** dissimulation f.

dis·si·pate ['disipeit] (se) dissiper;
v/i. F mener une vie dissipée; **dis·si-
pat·ed** dissipé; **dis·si·pa·tion** dissipation f; gaspillage m; divertissement m; F vie f désordonnée.

dis·so·ci·ate [di'souʃieit] désasso-
cier; ♫ dissocier; ~ o.s. se désintéresser (de, from); **dis·so·ci·a·tion**
désassociation f; ♫ dissociation f;

psych. dédoublement m de la
personnalité.

dis·sol·u·bil·i·ty [disɔljuˈbiliti] dis-
solubilité f; **dis·sol·u·ble** [di-
'sɔljubl] dissoluble (dans, in).

dis·so·lute □ ['disəlu:t] dissolu, débauché; **dis·so·lu·tion** dissolution
f; fonte f; mort f.

dis·solv·a·ble [di'zɔlvəbl] dissoluble; **dis·solve 1.** v/t. (faire) dissoudre (a. fig.); v/i. se dissoudre;
fondre (a. fig.); se dissiper; **2.** Am.
cin. fondu m; **dis'solv·ent 1.** † dissolvant; **2.** dissolvant m.

dis·so·nance ['disənəns] ♪ dissonance f; désaccord m; **dis·so·nant**
♪ dissonant; en désaccord (avec,
from, to).

dis·suade [di'sweid] dissuader, détourner (de, from); **dis·sua·sion**
[di'sweiʒn] dissuasion f; **dis·sua-
sive** [di'sweisiv] □ dissuasif (-ive f).

dis·taff ['dista:f] quenouille f; attr.
fig. du côté féminin.

dis·tance ['distəns] **1.** lieu, temps:
distance f; éloignement m; lointain
m; intervalle m; fig. réserve f; at a ~
de loin; à une distance (de, of);
dans le lointain; in the ~ au loin,
dans le lointain; de loin; a great ~
away très loin, à une grande distance; striking ~ portée f (de la
main); **2.** éloigner; fig. reculer;
'~-con·trolled commandé à distance; **'dis·tant** □ éloigné; lointain; à distance; réservé, distant
(personne); two miles ~ à deux
milles de distance; ~ control commande f à distance; ~ relative cousin
m (cousine f) éloigné(e).

dis·taste ['dis'teist] dégoût m (de,
for); aversion f (pour, for); **dis-
'taste·ful** □ [ˌⁿful] désagréable,
antipathique (à, to).

dis·tem·per¹ [dis'tempə] **1.** détrempe f; badigeon m; **2.** peindre
(un tableau, un mur) en détrempe;
badigeonner (un mur) en couleur.

dis·tem·per² [ˌⁿ] † maladie f; vét.
maladie f des chiens; pol. † désordre m; **dis'tem·pered** troublé,
dérangé (esprit).

dis·tend [dis'tend] (se) dilater; (se)
distendre; v/t. gonfler; v/i. enfler;
dis'ten·sion dilatation f.

dis·tich ['distik] distique m.

dis·til(l) [dis'til] usu. (se) distiller;
(laisser) tomber goutte à goutte;

v/t. raffiner (*le pétrole*); *fig.* faire couler; **dis·til·late** [ˈ‿it] distillat *m*; **dis·til·la·tion** [‿ˈleiʃn] distillation *f*; **dis·till·er** distillateur *m*; **dis'till·er·y** distillerie *f*.

dis·tinct □ [disˈtiŋkt] distinct (de, *from*); net(te *f*); clair; marqué; **dis'tinc·tion** distinction *f*; *draw a* ~ *between* faire une distinction entre; *have the* ~ *of* (*gér.*) avoir l'honneur de (*inf.*); **dis'tinc·tive** □ distinctif (-ive *f*); d'identification; **dis'tinct·ness** clarté *f*, netteté *f*; différence *f* totale.

dis·tin·guish [disˈtiŋgwiʃ] *v/t.* distinguer; différencier (de, *from*); *v/i.* faire une ou la distinction (entre, *between*); **dis'tin·guish·a·ble** que l'on peut distinguer; perceptible; **dis'tin·guished** distingué; de distinction *ou* marque; remarquable (par, *for*); ~ *by* connu pour; reconnu à (*sa marche etc.*).

dis·tort [disˈtɔ:t] tordre; déformer; *fig.* fausser, défigurer; *‿ing mirror* miroir *m* déformant; **dis'tor·tion** distorsion *f*; déformation *f* (*a. opt.*, *a. tél.*).

dis·tract [disˈtrækt] distraire, détourner; affoler (*q.*); brouiller (*l'esprit*); **dis'tract·ed** □ affolé, éperdu (de, *with*); **dis'tract·ing** □ affolant; tourmentant; **dis'trac·tion** distraction *f*; confusion *f*; affolement *m*, folie *f*.

dis·train [disˈtrein]: ~ *upon* saisir; exécuter (*q.*); **dis'train·a·ble** saisissable; **dis'traint** saisie *f*.

dis·tress [disˈtres] **1.** détresse *f*, angoisse *f*; embarras *m*; gêne *f*; *see distraint*; ⚓ ~ *rocket* signal *m* de détresse; **2.** affliger, chagriner; épuiser; **dis'tressed** affligé, désolé; épuisé; *fig.* ruiné, réduit à la misère; **dis'tress·ing** □, *poét.* **dis'tress·ful** □ [‿ful] angoissant, affligeant.

dis·trib·ut·a·ble [disˈtribjutəbl] répartissable, partageable; **dis'trib·ute** [‿ju:t] distribuer (*a. typ.*); répartir; **dis·tri·bu·tion** (mise *f* en) distribution *f*; répartition *f* (*a. des dettes*); *typ.* mise *f* en casse; **dis·trib·u·tive 1.** □ distributif (-ive *f*) (*a. gramm.*); **2.** *gramm.* distributif *m*; **dis·trib·u·tor** distributeur *m* (*a.* ⊕); ✝ concessionnaire *m*.

dis·trict [ˈdistrikt] région *f*, contrée *f*; district *m* (*a. admin.*); quartier *m*

(*de ville*); circonscription *f* (*électorale*); ~ *council* conseil *m* départemental; *Am.* ⚖ ~ *court* cour *f* fédérale; ✝ ~ *manager* directeur (-trice *f*) *m* régional(e).

dis·trust [disˈtrʌst] **1.** méfiance *f*, défiance *f* (de, *of*); **2.** se méfier *ou* défier de; **dis'trust·ful** □ [‿ful] méfiant, défiant; soupçonneux (-euse *f*); ~ *of o.s.* timide.

dis·turb [disˈtə:b] déranger; troubler; agiter; inquiéter; **dis'turb·ance** trouble *m*; agitation *f*; tapage *m*; émeute *f*; ⚖ trouble *m* de jouissance; **dis'turbed** *psych.* inadapté.

dis·un·ion [ˈdisˈju:njən] désunion *f*; séparation *f*; **dis·u·nite** [ˈdisju:-ˈnait] (se) désunir; (se) séparer; **dis·u·ni·ty** [disˈju:niti] désunion *f*.

dis·use 1. [ˈdisˈju:s] désuétude *f*; *fall into* ~ tomber en désuétude; *be* être mis au rancart; **2.** [ˈdisˈju:z] cesser d'employer; abandonner.

di·syl·lab·ic [ˈdisiˈlæbik] (‿*ally*) dissyllabe (*mot*); dissyllabique (*vers*); **di·syl·la·ble** [diˈsiləbl] dissyllabe *m*.

ditch [ditʃ] **1.** fossé *m*; *Am.* Canal *m* de Panama; *die in the last* ~ résister jusqu'à la dernière extrémité; **2.** *v/t.* entourer de fossés; *sl.* se débarrasser de, plaquer; *mot.* verser dans le fossé; *v/i.* curer les fossés; *sl.* faire un amerrissage forcé; **'ditch·er** cureur *m* de fossés.

dith·er F [ˈdiðə] trembloter; s'agiter sans but.

dith·y·ramb [ˈdiθiræmb] dithyrambe *m*.

dit·to [ˈditou] **1.** idem; de même; **2.** ✝ dito *m*/*inv.*; (*suit of*) ~*s pl.* complet *m*.

dit·ty [ˈditi] chanson(nette *f*) *f*.

di·ur·nal □ [daiˈə:nl] diurne.

di·va·gate [ˈdaivəgeit] diverger, divaguer, s'éloigner du sujet; **di·va·ga·tion** [daivəˈgeiʃn] divagation *f*.

di·van [diˈvæn] divan *m*.

di·var·i·cate [daiˈværikeit] diverger; bifurquer.

dive [daiv] **1.** plonger (dans, *into*); ⚔, *a. fig.* piquer (du nez); F ~ *into* s'enfoncer dans, entrer précipitamment dans; plonger (la main) dans (*la poche*); **2.** plongeon *m*; *sous-marin:* plongée *f*; ⚔ (vol *m*) piqué *m*; *Am.* F cabaret *m* borgne;

gargote *f*; boîte *f*; **'div·er** plongeur *m*; scaphandrier *m*; *orn.* plongeon *m*.

di·verge [dai'vɔːdʒ] diverger, s'écarter; **di'ver·gence, di'ver·gen·cy** divergence *f*; écart *m*; *biol.* variation *f*; **di'ver·gent** □ divergent.

di·verse [dai'vɔːs] divers, différent; varié; **di·ver·si·fi·ca·tion** [ˌsifiˈkeiʃn] variation *f*; **di'ver·si·fy** [ˌfai] diversifier, varier; **di'ver·sion** [ˌʃn] détournement *m*; ⚔ diversion *f* (*a. de l'esprit*); *fig.* divertissement *m*, distraction *f*; **di'ver·si·ty** [ˌsiti] diversité *f*.

di·vert [dai'vɔːt] détourner; écarter; divertir; distraire.

di·vest [dai'vest] dévêtir; *fig.* dépouiller, priver; ~ *o.s. of* renoncer à; **di'vest·ment** dévêtement *m*; *fig.* privation *f*.

di·vide [di'vaid] **1.** *v/t.* diviser (*a.* Ⓐ); (*souv.* ~ *up*) démembrer; partager, répartir (entre, *among*); séparer (de, *from*); *parl.* ~ *the house* aller aux voix; *v/i.* se diviser, se partager (en, *into*); se séparer; Ⓐ être divisible (par, *by*); fourcher (*chemin*); *parl.* aller aux voix; **2.** *Am.* ligne *f* de partage des eaux; **div·i·dend** ['dividend] ✝, *a.* Ⓐ dividende *m*; **di·vi·der** [di'vaidə] *Am. mot.* bande *f* médiane; Ⓐ ~*s pl.* compas *m* à pointes sèches; **di·vid·ing** [di'vaidiŋ] de démarcation; mitoyen(ne *f*) (*mur*).

div·i·na·tion [divi'neiʃn] divination *f*; **di·vine** [di'vain] **1.** □ divin (*a. fig.*); ~ *service* office *m* divin; **2.** théologien *m*; **3.** deviner, prédire (*l'avenir*); **di'vin·er** devin(eresse *f*) *m*; divinateur (-trice *f*).

div·ing ['daiviŋ] action *f* de plonger; *attr.* de plongeur; à plongeur; **'~-bell** cloche *f* à *ou* de plongeur.

di·vin·ing-rod [di'vainiŋrɔd] baguette *f* divinatoire.

di·vin·i·ty [di'viniti] divinité *f* (*a. = dieu*); théologie *f*.

di·vis·i·bil·i·ty [divizi'biliti] divisibilité *f*; **di'vis·i·ble** □ [ˌzəbl] divisible; **di·vi·sion** [ˌʒn] division *f* (*a. = désunion, a.* ⚔, Ⓐ); partage *m* (en, *into*); *biol.* classe *f*; *parl.* vote *m*; *parl.* circonscription *f* (*électorale*); **di'vi·sion·al** □ *etc.* divisionnaire; **di'vi·sive** [di'vaisiv] qui désunit; qui sème la discorde; **di'vi·sor** Ⓐ [ˌzə] diviseur *m*.

di·vorce [di'vɔːs] **1.** divorce *m* (*a. fig.*); **2.** divorcer d'avec (*sa femme, son mari*); F *a. fig.* séparer (de, *from*), détacher (de, *from*); **di·vor·cee** divorcé(e *f*) *m*.

di·vulge [dai'vʌldʒ] divulguer; révéler.

dix·ie ⚔ *sl.* ['diksi] gamelle *f*; *Am.* ⚥ États *m/pl.* du Sud; ⚥crat *Am. pol.* démocrate *m* dissident des États du Sud.

diz·zi·ness ['dizinis] vertige *m*; **'diz·zy 1.** □ pris de vertige (*personne*); *sl.* étourdi, écervelé; vertigineux (-euse *f*) (*chose*); ~ *spell* étourdissement *m*; **2.** étourdir.

do [duː] (*see a.* done) **1.** *v/t.* [*irr.*] *usu.* faire; (faire) cuire; s'acquitter de; finir; jouer (*une pièce*); F duper, refaire (*q.*); *sl.* ~ *London* visiter Londres; *sl.* ~ *s.o.* traiter, soigner *q.*; fêter *q.*; *what is to be done?* que faire?; ~ *the polite etc.* faire l'aimable *etc.*; *have done reading* avoir fini de lire; ~ (*over*) *again* refaire; F ~ *down* rouler, enfoncer (*q.*); ~ *in* tuer; ~ *into* traduire en (*une langue*); ~ *out* nettoyer; ~ *over* couvrir (*de peinture etc.*); ~ *up* envelopper, ficeler; emballer; boutonner, décorer, réparer; F éreinter (*q.*); ~ *o.s. up* faire toilette; **2.** *v/i.* [*irr.*] faire l'affaire; aller; suffire; convenir; *that will* ~ c'est bien; cela va; cela suffira; *that won't* ~ cela ne va *ou* n'ira pas; *how* you ~? comment allez-vous?; comment vous portez-vous?; F ça va?; ~ *well* aller bien; réussir; ~ *badly* aller mal; ne pas réussir; *have done!* finissez donc!; cela suffit!; ~ *away with* abolir; détruire; F tuer; ~ *for* faire le ménage de (*q.*); tuer (*q.*); ~ *with* s'accommoder de; *I could* ~ *with some coffee* je prendrais volontiers du café; *I have done with him* j'ai rompu avec lui; ~ *without* se passer de; **3.** *v/aux.* [*irr.*] *interr.*: ~ *you know him?* le connaissez-vous?; *avec not: I* ~ *not know him* je ne le connais pas; *accentué: I* ~ *feel better* je me sens vraiment mieux; ~ *come and see me* venez me voir, je vous en prie; ~ *be quick* dépêchez-vous donc; *remplaçant un verbe déjà exprimé: do you like London? — I* ~ aimez-vous Londres?

— Oui; *you write better than I* ~
vous écrivez mieux que moi; *I take
a bath every day.* — So~ *I* je prends
un bain tous les jours. — Moi aussi;
4. F *su.* attrape *f*; réception *f*, dîner
m; *make* ~ *with* s'accommoder de.

doc F [dɔk] *abr. de* doctor 1.

doc·ile ['dousail] docile; **do·cil·i·ty**
[dou'siliti] docilité *f*.

dock[1] [dɔk] écourter; *fig.* diminuer;
retrancher (qch. à q., *s.o. of s.th.*).

dock[2] [~] **1.** ⚓ bassin *m*; *surt. Am.*
quai *m*; ⚖ banc *m* des prévenus;
⚓ ~ *pl.* docks *m/pl.*; *dry* ~ cale *f*
sèche; *floating* ~ dock *m* flottant;
wet ~ bassin *m* à flot; **2.** ⚓ (faire)
entrer au bassin; *espace:* (s')amarrer;
~ *hand*, **'dock·er** travailleur *m* aux
docks.

dock·et ['dɔkit] **1.** fiche *f*; étiquette
f; ⚖ registre *m* des jugements
rendus, *Am.* rôle *m* des causes; ⊕
bordereau *m*; **2.** étiqueter; classer.

dock·yard ['dɔkjɑːd] chantier *m* de
construction de navires; arsenal *m*
maritime.

doc·tor ['dɔktə] **1.** docteur *m*; médecin *m*; ~'s *certificate* certificat *m*
médical; **2.** F soigner; F droguer; (*a.* ~
up) réparer; fausser; frelater (*du vin*);
doc·tor·ate ['~rit] doctorat *m*.

doc·tri·naire [dɔktri'nɛə] **1.** idé-
ologue *m*; **2.** pédant; de théoricien;
doc·tri·nal □ [~'train] doctrinal
(-aux *m/pl.*); **doc·trine** ['~trin]
doctrine *f*; dogme *m*.

doc·u·ment 1. ['dɔkjumənt] document *m*; pièce *f*; **2.** ['~ment] documenter; **doc·u·men·tal** *see* documentary 1; **doc·u'men·ta·ry 1.** □
documentaire; **2.** (*a.* ~ *film*) documentaire *m*; **doc·u·men'ta·tion**
documentation *f*.

dod·der ['dɔdə] **1.** ♣ cuscute *f*;
2. trembloter; branler.

dodge [dɔdʒ] **1.** mouvement *m* de
côté; *sp.* esquive *f*; ruse *f*, F truc *m*;
2. *v/t.* esquiver; éviter; éluder (*une
question*); *v/i.* se jeter de côté; *sp.*
éviter; *fig.* user d'artifices; **'dodg·er**
malin *m*; *Am.* prospectus *m*; *Am.*
(*sorte de*) biscuit *m* dur; **dodg·y** F
['dɔdʒi] épineux (-euse *f*); délicat;
difficile; risqué; louche.

doe [dou] daine *f*; lapine *f*; hase *f*.
do·er ['duːə] faiseur (-euse *f*) *m*;
auteur *m*.

does [dʌz] (*il, elle*) fait.

doe·skin ['douskin] (peau *f* de)
daim *m*.

dog [dɔg] **1.** chien *m* (*qqfois a.
chienne f*); renard *m etc.* mâle; ⊕
cliquet *m*; agrafe *f*, serre *f*; (*a.
fire-*~) chenet *m*; ✈ (*landing-*~) ta-
quets *m/pl.*; (*safety* ~) chambrière *f*,
F type *m*; *Am.* F épate *f*; *Am.* F ✝
billet *m* à ordre; ~ *show* exposition *f*
canine; *go to the* ~*s* marcher à la
ruine; se débaucher; ✝ *aller à vau-
l'eau; lead a* ~'*s life* mener une vie de
chien; *lead s.o. a* ~'*s life* faire une vie
de chien à q.; **2.** filer (*q.*); suivre (*q.*) à
la piste; '~**·cart** charrette *f* anglaise;
'~**·cheap** à vil prix; '~**·col·lar**
collier *m* de chien; F col *m* de
pasteur; '~**·days** *pl.* canicule *f*.

doge [doudʒ] doge *m*.

dog·ged □ ['dɔgid] tenace.

dog·ger·el ['dɔgərəl] **1.** (*a.* ~ *rhymes
pl.*) vers *m/pl.* de mirliton; **2.** de
mirliton.

dog·gie ['dɔgi] *see* doggy.

dog·gish ['dɔgiʃ] qui ressemble à un
chien; qui a un air de chien;
dog·go *sl.* ['dɔgou]: *lie* ~ se tenir
coi; '**dog·gy 1.** toutou *m*; **2.** de
chien; canin; *Am.* F affichant; à
effet; **dog latin** latin *m* de
cuisine.

dog·ma ['dɔgmə] dogme *m*; **dog·
mat·ic**, **dog·mat·i·cal** □ [dɔg-
'mætik(l)] dogmatique; *fig.* autoritaire, tranchant; **dog·mat·ics** *sg.*
dogmatique *f*; **dog·ma·tism** ['~mə-
tizm] dogmatisme *m*; *fig.* ton
m ou esprit *m* autoritaire; '**dog·
ma·tist** dogmatiste *m*; *fig.* individu
m positif; **dog·ma·tize** ['~taiz]
dogmatiser.

dog('s)·ear F ['dɔg(z)iə] corne *f*
(*dans un livre*).

dog-tired ['dɔg'taiəd] éreinté.

doi·ly ['dɔili] dessus *m* d'assiette;
petit napperon *m*.

do·ing ['duːiŋ] **1.** *p.pr. de* do 1, **2.**
nothing ~ rien à faire; ✝ le marché
est mort; **2.** action *f* de faire; fait
m; ~*s pl.* faits *m/pl.*; événements
m/pl.; conduite *f*, *péj.* agissements
m/pl.; *sl.* machin *m*, truc *m*.

doit [dɔit] F sou *m*, liard *m*; bagatelle *f*.

dol·drums ['dɔldrəmz] *pl.* cafard *m*;
✝ marasme *m*; ⚓ zone *f* des calmes.

dole [doul] **1.** aumône *f*; † portion *f*;
F allocation *f* de chômage; *be* (*ou*

go) *on the* ~ ne vivre que des allocations de chômage; **2.** (*usu.* ~ *out*) distribuer avec parcimonie.

dole·ful □ ['doulful] lugubre; douloureux (-euse *f*); triste; **'dole·ful·ness** tristesse *f*, chagrin *m*; caractère *m* contristant.

doll [dol] **1.** poupée *f*; *Am.* jeune fille *f*; **2.** F ~*ed up* en grand tralala.

dol·lar ['dolə] dollar *m*; *Am.* F ~*s to doughnuts* très probable.

dol·lop F ['doləp] morceau *m* informe.

doll·y ['doli] poupée *f*.

dol·o·mite *min.* ['doləmait] dolomi(t)e *f*.

dol·o·rous □ ['dolərəs] *usu. poét., co.* douloureux (-euse *f*); plaintif (-ive *f*); triste.

dol·phin *icht.* ['dolfin] dauphin *m*.

dolt [doult] benêt *m*; *sl.* cruche *f*; **'dolt·ish** □ lourdaud, sot(te *f*).

do·main [də'mein] domaine *m* (*a. fig.*); propriété *f*; terres *f/pl.*

dome [doum] dôme *m* (*a. fig.*); ⊕ couronne *f*, dôme *m*.

do·mes·tic [də'mestik] **1.** (~*ally*) domestique; de ménage; de famille; intérieur (*commerce etc.*); casanier (-ère *f*); ~ *appliance* appareil *m* ménager; ~ *bliss* bonheur *m* familial *ou* de ménage; ~ *coal* houille *f* de ménage; ⚙ ~ *flight* vol *m* intérieur; ~ *science* enseignement *m* ménager; **2.** domestique *mf*; **do·mes·ti·cate** [~keit] apprivoiser, domestiquer (*un animal*); ⚙ *zo.* acclimater; rendre (*q.*) casanier (-ère *f*); **do·mes·ti·ca·tion** domestication *f*; acclimatation *f*; **do·mes·tic·i·ty** [doumes'tisiti] vie *f* de famille; goûts *m/pl.* domestiques.

dom·i·cile ['domisail] **1.** *surt.* ✠ domicile *m*; **2.** ✝ domicilier (*un effet*); F résider, s'établir (*dans*); **'dom·i·ciled** domicilié (à, at); **dom·i·cil·i·ar·y** [~'siljəri] domiciliaire (*visite etc.*).

dom·i·nance ['dominəns] (pré-) dominance *f*; **'dom·i·nant 1.** dominant; **2.** ♪ dominante *f*.

dom·i·nate ['domineit] dominer; **dom·i·na·tion** domination *f*; **'dom·i·na·tor** dominateur (-trice *f*) *m*; **dom·i·neer** [~'niə] se montrer autoritaire; ~ *over* tyranniser; **dom·i·neer·ing** □ autoritaire; tyrannique.

do·min·i·cal [də'minikl] dominical (-aux *m/pl.*) (*oraison*).

Do·min·i·can [də'minikən] dominicain(e *f*) *m* (*a. adj.*).

do·min·ion [də'minjən] domination *f*, maîtrise *f*; *souv.* ~*s pl.* dominion *m*, -s *pl.*; possessions *f/pl.*; colonie *f*, -s *f/pl.*; ♀ Dominion *m*.

dom·i·no ['dominou], *pl.* **-noes** [~'nouz] domino *m*; ~*s sg.* jeu: dominos *m/pl.*

don [don] professeur *m* d'université.

do·nate *Am.* [dou'neit] donner; faire un don à; **do·na·tion, don·a·tive** ['dounətiv] don *m*, donation *f*.

done [dʌn] **1.** *p.p.* de *do* 1, 2; *be* ~ *souv.* se faire; **2.** *adj.* fait; cuit; (*ou* ~ *up*) éreinté, fourbu; *well* ~ bien cuit; *he is* ~ *for* c'est un homme coulé; **3.** *int.* d'accord!

do·nee ✠ [dou'ni:] donataire *mf*.

don·jon ['dondʒən] cachot *m*.

don·key ['donki] âne(sse *f*) *m*; *attr.* qqfois auxiliaire; **'~·work** F le gros (du) travail.

do·nor ['dounə] donateur (-trice *f*) *m*; ⚙ donneur (-euse *f*) *m* de sang.

do·noth·ing F ['du:nʌθiŋ] fainéant(e *f*) (*a. su./mf*).

don't [dount] **1.** = *do not*; *impér.* ne fai(te)s pas ça!; **2.** défense *f*.

doo·dle ['du:dl] **1.** griffonnage *m*; griffonner.

doom [du:m] **1.** *surt. péj.* sort *m*, destin *m*; mort *f*; ruine *f*; **2.** condamner; **dooms·day** ['du:mzdei] (jour *m* du) jugement *m* dernier.

door [do:] porte *f*; *auto*, wagon, *etc.*: portière *f*; *next* ~ (*to*) à côté (de); *fig.* approchant (de); *two* ~*s off* deux portes plus loin; (*with*)*in* ~*s* chez soi; *out of* ~*s* dehors; en plein air; *turn s.o. out of* ~*s* mettre q. à la porte; *lay s.th. to* (*ou at*) *s.o.'s* ~ imputer qch. à q.; **'~·bell** sonnette *f*; **'~·han·dle** poignée *f* de port(ièr)e; **'~·keep·er** concierge *mf*; portier *m*; ~ *knob* poignée *f* *ou* bouton *m* de porte; **'~·man** concierge *m*; portier *m*; **'~·way** porte *f*; portail *m*.

dope [doup] **1.** liquide *m* visqueux; ⚙ enduit *m*; *mot.* laque *f*; F stupéfiant *m*; narcotique *m*; *Am. sl.* tuyau *m*; renseignement *m*; imbécile *mf*; idiot(e *f*) *m*; type *m*; ~ *fiend* toxicomane *mf*, drogué(e *f*) *m*; ~ *peddler*, ~ *pusher* revendeur (-euse *f*) *m* de stupéfiants; **2.** *v/t.*

enduire; administrer un narcotique à; *sp.* doper (*a. un combustible*); narcotiser (*une cigarette*); *v/i.* F prendre des stupéfiants; **'dope·y** *Am. sl.* stupide; hébété.

dor·mant ['dɔːmənt] *usu. fig.* endormi, assoupi; en repos; tombé en désuétude; ♥, ⬚ dormant; † ~ *partner* commanditaire *m.*

dor·mer ['dɔːmə] (*a.* ~-*window*) lucarne *f*; (fenêtre *f* en) mansarde *f.*

dor·mi·to·ry ['dɔːmitri] dortoir *m*; *surt. Am.* maison *f* d'étudiants.

dor·mouse ['dɔːmaus], *pl.* -**mice** [~mais] loir *m*; lérot *m.*

dor·sal □ ['dɔːsl] dorsal (-aux *m/pl.*); **'dor·ser** hotte *f.*

dose [dous] **1.** dose *f*; **2.** médicamenter (q. avec qch., s.o. with s.th.); doser (*le vin etc.*).

doss *Brit. sl.* [dɔs] **1.** pieu *m* (*lit*); roupillon *m* (*sommeil*); somme *m*; **2.** ~ *down* se pieuter (*se coucher*); crécher (*coucher, loger*); **'~·house** asile *m* de nuit.

dos·si·er ['dɔsiei] dossier *m*, documents *m/pl.*

dot [dɔt] **1.** point *m*; mioche *mf*; *on the* ~ F à l'heure tapante; argent comptant; **2.** mettre un point sur; pointiller; (*a.* ~ *about*) *fig.* (par-)semer (de, with); ♪ pointer; marquer (*une surface*) avec des points.

dot·age ['doutidʒ] seconde enfance *f*; radotage *m*; **do·tard** ['~təd] radoteur (-euse *f*) *m*; gâteux (-euse *f*) *m*; **dote** [dout] radoter; tomber dans la sénilité; ~ (*[up]on*) aimer (q.) à la folie; **'dot·ing** sénile; qui aime follement (q., *on s.o.*).

dot·ty *sl.* ['dɔti] toqué, maboul.

dou·ble □ ['dʌbl] **1.** double; à deux personnes *ou* lits (*chambre*); deux (*lettres*); ~ *tooth* grosse dent *f*; **2.** double *m* (*a. tennis*); deux fois autant; *fleuve, lièvre:* détour *m*; ⚔ pas *m* de course; *v/t.* doubler (*a.* ⚓); serrer (*le poing*); *bridge:* contrer; plier en deux (*un papier*); *théâ.* jouer deux (*rôles*); ~ *up* replier; faire plier (q.) en deux; ~*d up* ployé; *v/i.* (se) doubler; ⚔ prendre le pas de course; (*a.* ~ *back*) faire un brusque crochet (*animal*); *cartes:* contrer; **'~·bar·relled** à deux coups (*fusil*); *fig.* (*nom*) à charnière; ~ **bass** ♪ contrebasse *f*; ~ **bend** virage *m* en S;

'~·breast·ed croisé (*gilet etc.*); **'~·check** revérifier; **'~·cross** *Am. sl.* tromper, duper; **'~·deal·er** homme *m* à deux visages; fourbe *m*; **'~·deal·ing** duplicité *f*, fourberie *f*; **'~·deck·er** autobus *m* à impériale; *cuis.* sandwich *m* double; **'~·edged** à deux tranchants; ~ **en·try** † comptabilité *f* en partie double; **'~·fea·ture** *cin. Am.* programme *m* double; **'~·glaz·ing** doubles fenêtres *f/pl.*; double vitrage *m*; **'~·head·er** *Am. baseball:* deux parties *f/pl.* de suite; ~ **line** ⚙ ligne *f* à voie double; **'dou·ble·ness** état *m* double; duplicité *f* (*a. fig.*); fige. mauvaise foi *f*, fausseté *f*; **'dou·ble·park** *Am.* stationner contrairement à la loi; **'dou·ble·quick** ⚔ (au) pas *m* gymnastique.

dou·blet ['dʌblit] pourpoint *m*; doublet *m* (*a. gramm.*); ~*s pl.* doublet *m* (*aux dés*).

dou·ble...: **'~·talk** paroles *f/pl.* trompeuses *ou* ambiguës; ~ **take** F do a ~ y regarder à deux fois; ~ **time** ⚔ pas *m* gymnastique; **'~·track** à voie double.

doub·ling ['dʌbliŋ] doublement *m*; doublage *m*; détour *m*, crochet *m.*

doubt [daut] **1.** *v/i.* hésiter; douter; *v/t.* douter de (q., qch.); révoquer (qch.) en doute; **2.** doute *m*; incertitude *f*; *no* ~ sans (aucun) doute; **'doubt·er** sceptique *mf*, douteur (-euse *f*) *m*; **doubt·ful** □ ['~ful] douteux (-euse *f*); incertain; équivoque; suspect; **'doubt·ful·ness** incertitude *f*; ambiguïté *f*; irrésolution *f*; **'doubt·less** sans doute.

douche [duːʃ] **1.** douche *f* (*a.* ⚕); **2.** (se) doucher.

dough [dou] pâte *f* (*à pain*); *Am. sl.* argent *m*; **'~·boy** *Am.* F simple soldat *m*; **'~·nut** pet *m* de nonne; **'dough·y** pâteux (-euse *f*); *fig.* terreux (-euse *f*).

dour *écoss.* [duə] austère; obstiné.

douse [daus] tremper; arroser; doucher.

dove [dʌv] colombe *f* (*a. fig.*); **'~·cot** colombier *m*; **'~·tail** ⊕ **1.** queue-d'aronde (*pl.* queues-d'aronde) *f*; **2.** *v/t.* adenter; *fig.* opérer le raccord entre; *v/i.* se raccorder.

dow·a·ger ['dauədʒə] douairière *f.*

dow·dy F ['daudi] **1.** sans élégance; **2.** femme *f* mal habillée.

dow·el ⊕ ['dauəl] goujon *m*; cheville *f* (en bois).

dow·er ['dauə] **1.** douaire *m*; *fig.* don *m*, apanage *m*; **2.** assigner un douaire à (*une veuve*); doter (*une jeune fille*).

dow·las ['dauləs] toile *f* commune.

down¹ [daun] duvet *m*; *oreiller*: plume *f*.

down² [~] *see* dune; ⌂s *pl.* hautes plaines *f/pl.* du Sussex *etc.*

down³ [~] **1.** *adv.* vers le bas; en bas; (*vu*) d'en haut; par terre; ~ *and out fig.* ruiné, à bout de ressources; be ~ être en baisse (*prix*); être de chute (*cartes*); F be ~ *upon* in vouloir à (*q.*); être toujours sur le dos de (*q.*); ~ *in the country* à la campagne; **2.** *prp.* vers le bas de; en bas de; au fond de; en descendant; le long de; ~ *the river* en aval; ~ *the wind* à vau-vent; **3.** *int.* à bas!; **4.** *adj.* ✝ *payment* acompte *m*, arrhes *f/pl.*; ~ *platform* quai *m* montant; ~ *train* train *m* montant; **5.** F *v/t.* abattre; terrasser; ~ *tools* se mettre en grève; **6.** *su. see up* 5; '~**-and-'out** clochard *m*; sans-le-sou *m/inv.*; '~**·cast** abattu; baissé (*regard*); ⌂**·East·er** *Am.* habitant(e *f*) *m* de la Nouvelle-Angleterre, *surt.* du Maine; '~**·fall** chute *f* (*a. fig.*); *fig.* ruine *f*; écroulement *m*; '~**·grade** *Am.* déprécier; dégrader; '~**·heart·ed** déprimé, découragé; '~**·hill 1.** en descendant; **2.** incliné; en pente; '~**·pour** grosse averse *f*; déluge *m*; '~**·right** □ **1.** *adv.* tout à fait; carrément; nettement; **2.** *adj.* franc(he *f*); direct; carré; éclatant (*mensonge*); pur (*bêtises*); véritable; '~**·right·ness** franchise *f*; droiture *f*; '~**·stairs 1.** en bas, du rez-de-chaussée (*pièce*); **2.** en bas (de l'escalier); '~**·stream** en aval, à l'aval; '~**·stroke** *écriture*: jambage *m*; ⊕ mouvement *m* de descente; '~**·to-'earth** terre-à-terre; '~**·town** *surt. Am.* centre *m* des affaires municipales; '~**·ward 1.** de haut en bas; descendant; *fig.* fatal, vers la ruine; dirigé en bas (*regard*); **2.** (*a.* '~**·wards**) de haut en bas; '~**·wash** ✈ *etc.* remous *m* d'air descendant.

down·y ['dauni] duveteux (-euse *f*); velouté (*fruit*); *sl.* rusé.

dow·ry ['dauəri] dot *f* (*a. fig.*).

dowse ['daus] **1.** *see* douse; **2.** faire de l'hydroscopie; '**dows·er** hydroscope *m*; homme *m* à baguette; radiesthésiste *mf*; '**dows·ing-rod** baguette *f* divinatoire.

doze [douz] **1.** sommeiller; ~ *away* passer (*le temps*) à sommeiller; **2.** petit somme *m*.

doz·en [dʌzn] douzaine *f*.

doz·y ['douzi] somnolent; F gourde.

drab [dræb] **1.** gris brunâtre; beige; *fig.* terne; **2.** drap *m* beige; toile *f* bise; *couleur*: gris *m* brunâtre, *fig.* monotone *f*.

drachm [dræm] (*poids*), **drach·ma** ['drækmə] (*monnaie*) drachme *f*.

draff [dræf] ✝ lie *f* de vin; ✝ lavure *f*; drêche *f*.

draft [dra:ft] **1.** *see* draught; ✝ traite *f*; lettre *f* de change; ✕ détachement *m*; *Am.* conscription *f*; ~ *agreement* projet *m* de contract; *Am.* ✕ *dodger* insoumis *m*; **2.** rédiger; faire le brouillon de; désigner (à, pour to); ✕ détacher; envoyer (*des troupes*) en détachement; *Am.* appeler sous les armes; **draft·ee** [dra:f'ti:] *Am.* conscrit *m*; '**drafts·man** dessinateur *m*, traceur *m*.

drag [dræg] **1.** filet *m* à la trôle, drague *f*; traîneau *m*; herse *f*; sabot *m*; drag *m*; résistance *f*; *fig.* obstacle *m*, entrave *f*; *fig.* corvée *f*; F casse-pieds *m*; *sl.* travesti *m* (*vêtements de femme*); **2.** *v/t.* traîner, tirer; ♣ chasser sur (*ses ancres*); draguer; ✗ herser; enrayer (*une roue*); *see* dredge¹ 2; ~ *along* (en)traîner; ~ *out one's life* traîner sa vie (jusqu'à sa fin); *v/i.* traîner; draguer (à la recherche de, for); pêcher à la drague; ✝ languir.

drag·gle ['drægl] traîner dans la boue; '~**·tail** F souillon *f*.

drag·on ['drægən] dragon *m*; '~**·fly** libellule *f*.

dra·goon [drə'guːn] **1.** dragon *m*; **2.** dragonner; *fig.* tyranniser.

drain [drein] **1.** tranchée *f*; caniveau *m*; égout *m*; F saignée *f*, fuite *f*; **2.** *v/t.* assécher, dessécher; vider (*un étang, un verre, etc.*); égoutter (*des légumes*); *fig.* épuiser (*a.* ~ *off*) faire écouler; évacuer (*de, of*); *v/i.* s'écouler; '**drain·age** écoulement *m*; ✗ drainage *m*; '**drain·ing**

drencher

1. d'écoulement; **2.** *see* drainage; ~s *pl.* égoutture *f*; '**drain·pipe** tuyau *m* d'écoulement; gouttière *f*; ~ *trousers* pantalon-cigarette *m* (*pl.* pantalons-cigarette).

drake [dreik] canard *m*, malard *m*.

dram [dræm] *poids*: drachme *f*; goutte *f*; petit verre *m*.

dra·ma ['drɑːmə] drame *m*; **dra·mat·ic** [drə'mætik] (~ally) dramatique; **dram·a·tist** ['dræmətist] auteur *m* dramatique; '**dram·a·tize** dramatiser; adapter (*qch.*) à la scène; **dram·a·tur·gy** ['~tə:dʒi] dramaturgie *f*.

drank [dræŋk] *prét.* de drink 2.

drape [dreip] *v/t.* draper, tendre (de *with*, *in*); *v/i.* se draper; '**drap·er** marchand *m* d'étoffes; '**dra·per·y** draperie *f*; nouveautés *f/pl*.

dras·tic ['dræstik] (~ally) énergique.

draught [drɑːft] tirage *m*; pêche *f*; courant *m* d'air; plan *m*, tracé *m*, ébauche *f*; *boisson*: coup *m*, trait *m*; 𝕲 potion *f*; ⚓ tirant *m* d'eau; ~s *pl.* dames *f/pl*.; *see* draft; ~ *beer* bière *f* au tonneau; *at a* ~ d'un seul trait; '**~-board** damier *m*; '**~-horse** cheval *m* de trait; '**draughts·man** dessinateur *m*, traceur *m*; '**draught·y** exposé; plein de courants d'air.

draw [drɔ:] **1.** [*irr.*] *v/t. souv.* tirer; attirer (*une foule*); tracer; dessiner; établir (*une distinction*); faire infuser (*le thé*); *chasse*: battre (*le couvert*); vider (*un poulet*); toucher (*de l'argent*); dresser, rédiger (*un contrat*, *un acte*); aspirer (*l'air*); arracher (*des larmes*) (à, *from*); *sp.* faire partie nulle; *v/i.* s'approcher de; ⚓ tirer; *the battle was* ~*n* la bataille resta indécise; ~ *away* entraîner; détourner; ~ *down* baisser; faire descendre; ~ *forth* faire paraître; susciter; ~ *near* s'approcher (de); ~ *on* mettre; *fig.* attirer; ~ *out* tirer; allonger; prolonger; ~ *up* tirer en haut; faire monter; ⚔ ranger; 𝕲 dresser, rédiger; ~ (*up*)*on* fournir (*une traite*) sur (*q.*); tirer (*un chèque*); *fig.* faire appel à; **2.** tirage *m*; loterie *f*, tombola *f*; *sp.* partie *f* nulle; F attraction *f*; '**~-back** désavantage *m*, inconvénient *m*; ✝ drawback *m*; *Am.* remboursement *m*; '**~-bridge** pont-levis (*pl.* ponts-levis) *m*; **draw'ee** ✝ tiré *m*; payeur *m*; '**draw·er** dessinateur *m*; tireur *m* (*a.* ✝); tiroir *m*; (*a pair of*) ~s *pl.* (un) pantalon *m* (*de femme*); (un) caleçon *m* (*d'homme*); (*usu. chest of* ~s) commode *f*.

draw·ing ['drɔ:iŋ] tirage *m*; puisement *m*; attraction *f*; tirage *m* au sort, loterie *f*; dessin *m*; ✝ *effets*: traite *f*; *chèque*: tirage *m*; *out of* ~ mal dessiné; ~ *instruments pl.* instruments *m/pl.* de dessin; '**~-ac'count** compte *m* en banque; '**~-board** planche *f* à dessin; ébauche *f*; '**~-pen** tire-ligne *m*; '**~-pin** punaise *f*; '**~-room** salon *m*; réception *f*.

drawl [drɔ:l] **1.** *v/t.* (*souv.* ~ *out*) dire (*qch.*) avec une nonchalance affectée; *v/i.* parler d'une voix traînante; **2.** voix *f* traînante; débit *m* traînant.

drawn [drɔ:n] **1.** *p.p.* de draw 1; **2.** *adj.* tiré; ⊕ étiré; *sp.* égal; *cuis. Am.* ~ *butter* beurre *m* fondu (aux fines herbes).

draw·well ['drɔ:wel] puits *m* à poulie.

dray [drei] (*a.* ~-*cart*) camion *m* (*surt.* de brasseur); '**~·man** livreur *m* de brasserie.

dread [dred] **1.** terreur *f*, épouvante *f*; **2.** redouter; **dread·ful** □ ['~ful] **1.** redoutable; terrible; atroce; **2.** *penny* ~ roman *m* à sensation; **dread·nought** ['~nɔ:t] *tex.* frise *f*; ⚓ dreadnought *m*.

dream [dri:m] **1.** rêve *m*; songe *m*; **2.** [*irr.*] rêver (de, *of*); ~ *away* passer à rêver; '**dream·er** rêveur (-euse *f*) *m*; '**dream-read·er** interprète *m* des rêves; **dreamt** [dremt] *prét.* et *p.p.* de dream 2; '**dream·y** ['dri:mi] □ rêveur (-euse *f*); langoureux (-euse *f*).

drear·i·ness ['driərinis] tristesse *f*; aspect *m* morne; '**drear·y** □ triste; morne.

dredge[1] [dredʒ] **1.** (filet *m* de) drague *f*; **2.** draguer (*fig.* à la recherche de); (*a.* ~ *up*, ~ *out*) dévaser.

dredge[2] [~] *cuis.* saupoudrer.

dredg·er[1] ['dredʒə] drague *f*; *personne*: dragueur *m*.

dredg·er[2] [~] saupoudroir *m*.

dregs [dregz] *pl.* lie *f*.

drench [drentʃ] **1.** *vét.* breuvage *m*, purge *f*; F see drencher; **2.** tremper, mouiller (de, *with*); *vét.* donner un breuvage à; '**drench·er** F pluie *f* battante.

dress [dres] **1.** robe f, toilette f, costume m; fig. habillement m, habits m/pl.; théâ. ~ rehearsal répétition f générale; full ~ grande tenue f; **2.** (s')habiller, (se) vêtir; ✕ (s')aligner; v/t. orner; panser (une blessure); tailler (une vigne); ⊕ dresser, parer (des pierres); cuis. apprêter; ↙ donner une façon à (un champ); théâ. costumer; v/i. faire sa toilette; ~ **circle** théâ. (premier) balcon m; '~-'**coat** frac m; '**dress·er** ⊕, cuis. apprêteur (-euse f) m; buffet m de cuisine; panseur (-euse f) m; théâ. habilleur (-euse f) m; Am. dressoir m.

dress·ing ['dresiŋ] habillement m, toilette f; pansement m (d'une blessure); ✕ alignement m; cuis. sauce f mayonnaise; ⊕ apprêt m; dressage m (de pierres); ↙ façon f; fumages m/pl.; ~s pl. △ moulures f/pl.; ✿ pansements m/pl.; ~ down F semonce f; '~-**case** mallette f garnie; sac m de toilette; ✿ trousse f de pansement; '~-**down** F réprimande f; F engueulade f; get a ~ se faire passer un savon; give s.o. a (good) ~ passer un savon à q.; '~-**glass** miroir m de toilette; psyché f; '~-**gown** robe f de chambre; '~-**jack·et** camisole f; '~-**ta·ble** (table f de) toilette f.

dress...: '~-**mak·er** couturier (-ère f) m; '~-**mak·ing** couture f; '~-**shield** dessous-de-bras m/inv.; '~-'**suit** habit m (de soirée); '**dress·y** F élégant; chic inv. en genre; coquet(te f) (femme).

drew [dru:] prét. de draw 1.

drib·ble ['dribl] dégoutter; baver (enfant etc.); foot. dribbler.

drib·(b)let ['driblit] chiquet m; in ~s petit à petit.

dribs and drabs F ['dribzən'dræbz] pl.: in ~ petit à petit, peu à peu.

dried [draid] (des)séché; ~ fruit fruits m/pl. secs; ~ vegetables pl. légumes m/pl. déshydratés.

drift [drift] **1.** mouvement m; direction f, sens m; ⚓ dérive f; fig. cours m; fig. portée f, tendance f; neige: amoncellement m; pluie: rafale f; ⊕ poinçon m; géol. apport m, ~s m/pl.; ⚒ galerie f (chassante); ~ from the land dépeuplement m des campagnes; **2.** v/t. flotter; entasser;

v/i. flotter; être entraîné; ⚓ dériver; se laisser aller (a. fig.); '**drift·er** ⚓ chalutier m; fig. vagabond(e f) m; '**drift-ice** glaces f/pl. flottantes.

drill[1] [dril] **1.** foret m; perçoir m; vilebrequin m; ↙ rayon m; semeuse f; ✕ manœuvre f, ~s f/pl.; exercice m, ~s m/pl. (a. fig.); ~ **ground** terrain m d'exercice; **2.** ✕ (faire) faire l'exercice (a. fig.); v/t. forer; percer; buriner (une dent); ↙ semer en rayons.

drill[2] [~], **drill·ing** ['~iŋ] tex. coutil m, treillis m.

drink [driŋk] **1.** boire m; boisson f; consommation f; in ~ ivre; **2.** [irr.] vt/i. boire; v/i. être adonné à la boisson; ~ s.o.'s health boire à la santé de q.; ~ away boire; ~ in absorber; ~ to boire à; ~ off, ~ out, ~ up vider; achever de boire; avaler; '**drink·a·ble** buvable; potable (eau).

drink·ing ['driŋkiŋ] boire m; fig. boisson f; ivrognerie f; '~-**bout** ribote f; '~-**foun·tain** borne-fontaine (pl. bornes-fontaines f); poste m d'eau potable; '~-**song** chanson f à boire; '~-**wa·ter** eau f potable.

drip [drip] **1.** (d')égouttement m; goutte f; F nouille f (personne); ✿ (be on the ~ avoir le) goutte-à-goutte m/inv.; **2.** (laisser) tomber goutte à goutte; v/i. dégoutter; ~ping wet trempé; '**drip·ping** (d')égouttement m; cuis. ~s pl. graisse f (de rôti).

drive [draiv] **1.** promenade f en voiture; course f; avenue f; tennis: drive m; cartes: tournoi m; sp. coup m droit; mot. prise f; traction f; ⊕ attaque f; commande f; propulsion f; chasse: battue f; fig. énergie f; urgence f; Am. campagne f de propagande; **2.** [irr.] v/t. chasser, passer; conduire; faire marcher; surmener; exercer (un métier); contraindre (à, [in]to); (a. ~ away) éloigner; v/i. chasser; ⚓ dériver; chasse: battre un bois; mot. rouler; ~ at viser (qch.); travailler à (qch.) sans relâche; v/t. pousser; v/i. continuer sa route; ~ up to s'approcher de (qch.) en voiture.

drive-in Am. ['draiv'in] usu. attr. (restaurant m ou cinéma m) où l'on accède en voiture.

driv·el ['drivl] **1.** baver; **2.** bave f; F balivernes f/pl.

driv·en ['drivn] p.p. de drive 2.

drunk

driv·er ['draivə] conducteur (-trice f) m (a. mot.); 🚂 mécanicien m; tramway: wattman (pl. -men) m; ⊕ poinçon m; heurtoir m (d'une soupape); Am. ~'s license permis m de conduire.

drive·way ['draivwei] allée f; entrée f (pour voitures).

driv·ing ['draiviŋ] conduite f etc.; attr. de transmission; conducteur (-trice f); a. fig. ~ force force f motrice ou agissante; fig. a. moteur m; ~ instructor moniteur m de conduite; ~ licence permis m de conduite; ~ mirror rétroviseur m; ~ school auto-école f; '~·belt courroie f de commande; '~·gear transmission f; '~·wheel roue f motrice.

driz·zle ['drizl] **1.** bruine f; **2.** bruiner.

droll [droul] (adv. drolly) drôle; 'droll·er·y drôlerie f.

drom·e·dar·y zo. ['drʌmədəri] dromadaire m.

drone[1] [droun] **1.** zo. faux bourdon m; fig. fainéant m; **2.** fainéanter.

drone[2] [~] **1.** bourdonnement m; ♪ bourdon m; **2.** bourdonner; parler d'un ton monotone.

drool [dru:l] **1.** baver, F radoter; **2.** Am. F radotage m.

droop [dru:p] v/t. baisser; laisser pendre; v/i. pendre; languir; s'affaisser; (se) pencher; 'droop·ing □ (re)tombant; (a)baissé; languissant.

drop [drɔp] **1.** goutte f; bonbon m: pastille f; chute f; pendant m; échafaud: trappe f; théâ. rideau m d'entracte; ~ baisse f; Am. F get (ou have) the ~ on prendre (q.) au dépourvu; ~ lamp f lampe f suspendue; **2.** v/t. lâcher; laisser tomber (qch., une question, la voix); mouiller (l'ancre); lancer (une bombe); jeter à la poste (une lettre); verser (des larmes); laisser (un sujet); glisser (un mot à q.); laisser échapper (une remarque); déposer (un passager); baisser (la voix, les yeux, le rideau); supprimer (une lettre, une syllabe); abattre (le gibier); tirer (une révérence); perdre (de l'argent); ~ s.o. a line écrire un mot à q.; F ~ it! assez!; v/i. tomber; dégoutter; s'abaisser (terrain); se laisser tomber (dans un fauteuil); baisser (prix, température); se calmer; ~ in entrer

en passant (à, chez at, [up]on); attraper (q., [up]on s.o.); ~ off tomber, se détacher; F s'endormir; ~ out v/t. omettre; v/i. tomber dehors; renoncer; rester en arrière; 'drop·let ['drɔplit] gouttelette f; 'drop·ping dégouttement m; abandon m; ~s pl. fiente f (d'animaux); 'drop-scene théâ. toile f de fond; rideau m d'entracte; fig. dernier acte m.

drop·si·cal □ ['drɔpsikl] hydropique; 'drop·sy hydropisie f.

dross [drɔs] scories f/pl.; déchet m; fig. rebut m.

drought [draut] sécheresse f; 'drought·y aride, sec (sèche f).

drove [drouv] **1.** troupeau m (de bœufs) (en marche); fig. bande f, foule f; **2.** prét. de drive 2; 'dro·ver conducteur m ou marchand m de bestiaux.

drown [draun] v/t. noyer (a. fig.); submerger; étouffer, couvrir (un son); v/i. (ou be ~ed) se noyer; être noyé.

drowse [drauz] v/i. somnoler, s'assoupir; v/t. assoupir; 'drow·si·ness somnolence f; 'drow·sy somnolent, assoupi; soporifique.

drub [drʌb] battre, rosser; 'drub·bing volée f de coups; F tripotée f.

drudge [drʌdʒ] **1.** fig. cheval m de bât; esclave mf; **2.** peiner; mener une vie d'esclave; 'drudg·er·y travail m ingrat; fig. esclavage m.

drug [drʌg] **1.** drogue f; stupéfiant m; be a ~ in the market être invendable; ~ abuse abus m des drogues; ~ pusher (ou peddler) revendeur (-euse f) m de stupéfiants; ~ traffic(king) trafic m des stupéfiants; **2.** v/t. donner ou administrer des stupéfiants à (q.); v/i. s'adonner aux stupéfiants; **drug·gist** ['drʌgist] Am. a. écoss. pharmacien m; **drug·gist's shop**, Am. **'drug·store** pharmacie f; Am. p.ext. débit m de boissons non alcoolisés et de casse-croûte.

drum [drʌm] **1.** tambour m (a. ⊕); tonneau m; anat. tympan m; **2.** battre du tambour; tambouriner (a. fig.); '~·fire ✗ tir m de barrage; '~·head peau f de tambour; 'drum·mer tambour m; Am. F commis m voyageur; 'drum·stick baguette f de tambour; cuis. pilon m.

drunk [drʌŋk] **1.** p.p. de drink 2;

2. ivre, soûl (de, *with*); get ~ s'enivrer, se soûler; **drunk·ard** ['ʌd]
ivrogne(sse *f*) *m*; '**drunk·en** ivre; ~
driving conduite *f* en état d'ivresse;
'**drunk·en·ness** ivresse *f*; ivrognerie *f*.

drupe ♀ [dru:p] drupe *m*.

dry [drai] **1.** □ *usu.* sec (sèche *f*)
(F *a.* = *prohibitionniste*); aride (*sujet,
terrain*); tari; à sec (*maçonnerie,
puits, etc.*); mordant, caustique
(*esprit*); be ~ F avoir le gosier sec;
~ *cell* pile *f* sèche; ~ *goods pl.* F *Am.*
tissus *m/pl.*; *articles m/pl.* de nouveauté; **2.** *Am.* F prohibitionniste*m*;
3. *vt/i.* sécher; *vt.* faire sécher; essuyer (*les yeux*); *v/i.* (*a.* ~ *up*) tarir,
se dessécher; F ~ *up!* taisez-vous!

dry·ad ['draiæd] dryade *f*.

dry-clean ['drai'kli:n] nettoyer à
sec; '**dry-'clean·ing** nettoyage *m*
à sec.

dry...: '~-**nurse 1.** nourrice *f* sèche;
2. élever au biberon; '~-**rot** carie
f sèche; *fig.* désintégration *f*; '~-
'**shod** à pied sec.

du·al □ ['dju:əl] **1.** double; jumelé
(*pneus*); **2.** *gramm.* duel *m*; '**du·al-
ism** dualité *f*; *phls.* dualisme *m*.

dub [dʌb] adouber (*q.*) chevalier;
donner l'accolade à; F qualifier (*q.*)
de (*qch.*); préparer (*le cuir*) avec le
dégras; *cin.* doubler; **dub·bing**
['ʌin] *hist.* adoubement *m*; (*a.* **dub·
bin** ['ʌin]) dégras *m*.

du·bi·ous □ ['dju:bjəs] douteux
(-euse *f*); incertain (de *of, about,
over*); '**du·bi·ous·ness** incertitude *f*.

du·cal □ ['dju:kl] de duc; ducal (-aux
m/pl.).

duc·at ['dʌkət] ducat *m*.

duch·ess ['dʌtʃis] duchesse *f*.

duch·y ['dʌtʃi] duché *m*.

duck¹ [dʌk] canard *m*; cane *f*; *Am.
sl.* type *m*, individu *m*; *cricket*: zéro
m; ✕ camion *m* amphibie.

duck² [~] **1.** plongeon *m*; courbette*f*;
box. esquive *f*; **2.** plonger dans
l'eau; faire (faire) une courbette;
v/t. Am. éviter; *v/i.* F partir, quitter.

duck³ [~] (mon) petit chou *m*;
poulet(te *f*) *m*; chat(te *f*) *m*.

duck⁴ [~] toile *f* fine (*pour voiles*).

duck·ling ['dʌkliŋ] caneton *m*.

duck·y F ['dʌki] **1.** *see* duck³;
2. mignon(ne *f*); chic *inv.* en genre.

duct [dʌkt] conduit *m*; ♀, *anat.*
canal *m*.

duc·tile □ ['dʌktail] malléable; *fig.
a.* docile; **duc·til·i·ty** [~'tiliti] malléabilité *f*; *fig.* souplesse *f*.

dud *sl.* [dʌd] ✕ obus *m* non éclaté;
type *m* nul; raté *m*; chèque *m* sans
provision; fausse monnaie *f*; crétin
m; ~s *pl.* frusques *f/pl.*; **2.** faux
(fausse *f*); *sl.* moche.

dude [dju:d] gommeux *m*; *Am.*
~ *ranch* ranch *m* d'opérette.

dudg·eon ['dʌdʒn] colère *f*.

due [dju:] **1.** échu; exigible; mérité;
in ~ *time* en temps utile; *the train is*
~ *at* le train arrive *ou* doit arriver à; *in* ~ *course* en temps et
lieu; *be* ~ *to* être dû (due *f*) à, être
causé par; *be* ~ *to* (*inf.*) devoir
(*inf.*); *Am.* être sur le point de (*inf.*);
✝ *fall* ~ échoir, venir à échéance; ~
date échéance *f*; **2.** *adv.* ♻ droit;
~ *east* est franc, droit vers l'est;
3. dû *m*; droit *m*; *usu.* ~s *pl.* droits
m/pl.; frais *m/pl.*; cotisation *f*.

du·el ['dju:əl] **1.** duel *m*; **2.** se battre
en duel; '**du·el·list** duelliste *m*.

du·et(t) [dju'et] duo *m*.

duf·fel ['dʌfəl]: ~ *bag* sac *m* marin; ~
coat duffel-coat *m*.

duff·er F ['dʌfə] cancre *m*; *sp.* mala-
droit(e *f*) *m*.

dug [dʌg] **1.** *prét. et p.p.* de dig 1;
2. mamelle *f*; '~-**out** ✕ abri *m*
(blindé); *canot:* pirogue *f*; *Am.
baseball:* (sorte de) fosse *f* où se tiennent les joueurs en attendant leur
tour.   [duché *m*; titre *m* de duc.]

duke [dju:k] duc *m*; '**duke·dom**]

dull [dʌl] **1.** □ terne (*a. style*), mat
(*couleur*); sans éclat (*œil*); atone
(*regard*); dur (*oreille*); peu sensible
(*ouïe*); sourd (*bruit, douleur*); lourd
(*esprit, temps*); sombre (*temps*);
émoussé (*ciseau*); ✝ inactif (-ive *f*)
(*marché*); triste, ennuyeux (-euse*f*);
♻ calme; **2.** *v/t.* émousser; assourdir; ternir; amortir (*une douleur*);
engourdir (*l'esprit*); hébéter (*q.*);
v/i. se ternir; s'engourdir; **dull·ard**
['ʌəd] lourdaud(e *f*) *m*; '**dull·ness**
manque *m* d'éclat *ou* de tranchant;
lenteur *f* de l'esprit; dureté *f* (*d'o-
reille*); tristesse *f*, ennui *m*; bruit *m*
sourd; ✝ marasme *m*, inactivité *f*.

du·ly ['dju:li] *see* due 1; dûment;
convenablement; en temps voulu.

dumb □ [dʌm] muet(te *f*); interdit;
Am. F sot(te *f*); bête; *deaf and* ~
sourd(e *f*)-muet(te *f*); *see* show 2;

strike ~ rendre muet; *~-waiter* meu*ble*: servante *f*; *Am.* monte-plats *m/inv.*; '*~-bell* haltère *m*; *Am. sl.* imbécile *m/f*; *~*'**found** F interdire; abasourdir; '**dumb·ness** mutisme *m*; silence *m*.

dum·my ['dʌmi] chose *f* factice; mannequin *m*; *fig.* muet(te *f*) *m*; *fig.* homme *m* de paille; *fig.* sot(te *f*) *m*; *cartes*: mort *m*; sucette *f* (*de bébé*) *attr.* faux (fausse *f*); factice; ~ *whist* whist *m* avec un mort.

dump [dʌmp] **1.** déposer (*a. fig.*); jeter (*des ordures*); décharger, vider; ✝ écouler à perte, faire du dumping; *fig.* laisser lourdement; **2.** coup *m* sourd; tas *m*; ⚔ *etc.*: halde *f*; chantier *m*; décharge *f*; dépôt *m* (*de vivres, a.* ✕ *de munitions*); (*a. refuse* ~) voirie *f*; *see* ~*ing*; *fig.* ~*s pl.* cafard *m*; '**dump·ing** basculage *m*; dépôt *m*; ~ dumping *des ordures*); '**dump·ing-ground** (lieu *m* de) décharge *f*; dépotoir *m* (*a. fig.*); '**dump·ling** boulette *f*; '**dump·y** trapu, replet (-ète *f*).

dun[1] [dʌn] **1.** brun foncé; **2.** (cheval *m*) gris louvet *m*.

dun[2] [~] **1.** demande *f* pressante; créancier *m* importun; **2.** importuner, harceler (*un débiteur*); ~*ning letter* demande *f* pressante.

dunce [dʌns], **dun·der·head** ['dʌn-dəhed] F crétin(e *f*) *m*; lourdaud(e *f*) *m*.

dune [dju:n] dune *f*; ~ *buggy* buggy *m*.

dung [dʌŋ] **1.** fiente *f*; ✔ engrais *m*; **2.** fumer (*un champ*).

dun·geon ['dʌndʒən] cachot *m*.

dung·hill ['dʌŋhil] fumier *m*.

dunk *Am.* F [dʌŋk] *v/t.* tremper (dans son café *etc.*); *v/i.* faire la trempette.

du·o ['dju:ou] duo *m*.

du·o·dec·i·mal [dju:ou'desiml] duodécimal (-aux *m/pl.*); **du·o'dec·i·mo** [~mou] *typ.* in-douze *m/inv.*

dupe [dju:p] **1.** dupe *f*; **2.** duper, tromper; '**dup·er·y** duperie *f*.

du·plex ⊕ ['dju:pleks] double; *tél.* duplex; *Am.* maison *f* comprenant deux appartements indépendants.

du·pli·cate 1. ['dju:plikit] double; en double; **2.** double *m*; *cin., phot.* contretype *m*; **3.** ['~keit] reproduire; copier; **du·pli·ca·tion** [~-'keifn] reproduction *f*; dédoublement *m*; '**du·pli·ca·tor** duplicateur

m; **du·plic·i·ty** [dju:'plisiti] duplicité *f*; mauvaise foi *f*.

du·ra·bil·i·ty [djuərə'biliti] durabilité *f*; stabilité *f*; ⊕ résistance *f*; '**du·ra·ble** ☐ durable; résistant; '**dur·ance** *poét.* captivité *f*; **du·ra·tion** [~'reifn] durée *f*.

du·ress(e) ⚖⚖ [djuə'res] contrainte *f*, violence *f*; captivité *f*.

dur·ing ['djuəriŋ] *prp.* pendant.

durst [də:st] *prét.* de *dare*.

dusk [dʌsk] demi-jour *m/inv.*; crépuscule *m*; (*a.* '**dusk·i·ness**) obscurité *f*; '**dusk·y** ☐ obscur, sombre; noirâtre; brun foncé (*teint*); moricaud.

dust [dʌst] **1.** poussière *f*; **2.** épousseter (*la table, une pièce*); saupoudrer (de, with); '*~-bin* boîte *f* à ordures; poubelle *f*; ~ *liner* sac *m* à poussière; '*~-bowl* *Am.* étendue *f* désertique et inculte (*États de la Prairie*); '~*-cart* tombereau *m* aux ordures; '~*-cloak*, '~*-coat* cache-poussière *m/inv.*; '**dust·er** torchon *m*; chiffon *m*; ♣ F pavillon *m*; *Am.* cache-poussière *m/inv.*; '**dust·i·ness** état *m* poudreux *ou* poussiéreux; '**dust·ing** *sl.* raclée *f*, frottée *f*; '**dust-jack·et** *Am. livre*: jaquette *f*; '**dust·man** boueur *m*; F marchand *m* de sable; '**dust·pan** pelle *f* à ordures *ou* à poussière; '**dust·up** F querelle *f*; scène *f*; '**dust·y** ☐ poussiéreux (-euse *f*), poudreux (-euse *f*).

Dutch [dʌtʃ] **1.** hollandais, de Hollande ~ *courage* courage *m* puisé dans la bouteille; *Am.* F ~ *treat* repas *m* où chacun paie sa part; *go* ~ (with *s.o.*) partager les frais (avec q.); *Am.* F *in* ~ (with *s.o.*) en défaveur (auprès de q.); **2.** *ling.* hollandais *m*; *the* ~ *pl.* les Hollandais *m/pl.*; *double* ~ baragouin *m*; F hébreu *m*; '**Dutch·man** Hollandais *m*; '**Dutch·wom·an** Hollandaise *f*.

du·ti·a·ble ['dju:tjəbl] taxable; F déclarable; **du·ti·ful** ['~tiful] respectueux (-euse *f*); soumis; obéissant; '**du·ti·ful·ness** soumission *f*, obéissance *f*.

du·ty ['dju:ti] devoir *m* (envers, to); respect *m*; captivité *f*; fonction *f*, ~*-s f/pl.*; *douane etc.*: droit *m*, -*s m/pl.*; service *m*; *on* ~ de service; *off* ~ libre; ~ *call* visite *f* obligée *ou* de politesse; *in* ~ *bound* de (mon) devoir; *do* ~ *for* remplacer; *fig.* servir de; '~*-free* exempt de droits.

du·vet [ˈdjuːvei] édredon *m*.

dwarf [dwɔːf] **1.** nain(e *f*) *m*; **2.** rabougrir; *fig.* rapetisser; **'dwarf·ish** □ (de) nain; chétif (-ive *f*); **'dwarf·ish·ness** nanisme *m*; petite taille *f*.

dwell [dwel] [*irr.*] habiter; demeurer (dans, à); se fixer; ~ (*up*)*on* s'étendre sur, insister sur; **'dwell·ing** demeure *f*; **'dwell·ing-house** maison *f* d'habitation.

dwelt [dwelt] *prét. et p.p de* dwell.

dwin·dle [ˈdwindl] diminuer; dépérir; se réduire (à, [*in*]to); **'dwin·dling** diminution *f*.

dye [dai] **1.** teint(ure *f*) *m*; *fig. of* deepest ~ fieffé; endurci; **2.** teindre; **'dy·er** teinturier *m*; **'dye-stuff** matière *f* colorante; **'dye-works** *usu. sg.* teinturerie *f*.

dy·ing [ˈdaiiŋ] (*see* die[1]) **1.** mourant, moribond; **2.** mort *f*.

dy·nam·ic [daiˈnæmik] **1.** (*a.* **dy·'nam·i·cal** □) dynamique; **2.** force *f* dynamique; **dy·'nam·ics** *usu. sg.* dynamique *f*; **dy·na·mite** [ˈdainəmait] **1.** dynamite *f*; **2.** faire sauter à la dynamite; **'dy·na·mit·er** dynamiteur *m*; **dy·na·mo** [ˈdainəmou] dynamo *f*.

dy·nas·tic [diˈnæstik] (~*ally*) dynastique; **dy·nas·ty** [ˈdinəsti] dynastie *f*.

dyne *phys.* [dain] dyne *f*.

dys·en·ter·y ⚕ [ˈdisntri] dysenterie *f*.

dys·lex·i·a [disˈleksiə] dyslexie *f*.

dys·pep·sia ⚕ [disˈpepsiə] dyspepsie *f*; **dys·pep·tic** (~*ally*) dyspepsique, dyspeptique (*a. su./mf*).

E

E, e [i:] E *m*, e *m*.

each [i:tʃ] *adj.* chaque; *pron.* chacun (-e *f*); ~ *other* l'un(e) l'autre, les un(e)s les autres; *devant verbe:* se; *they cost a shilling* ~ ils coûtent un shilling chacun.

ea·ger □ ['i:gə] passionné; avide (*of after, for*); *fig.* vif (vive *f*); acharné; **'ea·ger·ness** ardeur *f*; vif désir *m*; empressement *m*.

ea·gle ['i:gl] aigle *mf*; pièce *f* de 10 dollars; **ea·glet** ['i:glit] aiglon *m*.

ea·gre ['eigə] mascaret *m*.

ear¹ [iə] blé *m*.

ear² [~] oreille *f*; *sens:* ouïe *f*; ⊕ anse *f*; *du* ~s être tout oreilles; *surt. Am.* keep an ~ *to the ground* se tenir aux écoutes; *play by* ~ ♩ jouer à l'oreille; *fig.* décider quoi faire le moment venu; *turn a deaf* ~ *to* faire la sourde oreille à; ~**ache** [~eik] mal *m ou* maux *m/pl.* d'oreille; ~**deaf·en·ing** ['~defnjŋ] assourdissant; **'~drum** *anat.* tympan *m*.

earl [ə:l] comte *m* (*d'Angleterre*); ♀ *Marshal* grand maréchal *m*; **earl·dom** ['~dəm] comté *m*.

ear·li·ness ['ə:linis] heure *f* peu avancée; précocité *f*.

ear·lobe ['iəloub] lobe *m*.

ear·ly ['ə:li] **1.** *adj.* matinal (-aux *m/pl.*); premier (-ère *f*); précoce; *be an* ~ *bird* être matinal, se lever de bonne heure; *Brit.* it's ~ *closing* (*day*) *today* aujourd'hui les magasins sont fermés l'après-midi; ~ *life* jeunesse *f*; ⚔ ~ *warning system* système *m* de pré-alerte; **2.** *adv.* de bonne heure; tôt; *as* ~ *as* dès; *pas plus tard que*.

ear...: '~**mark 1.** *bétail:* marque *f* à l'oreille; *fig.* marque *f* distinctive; **2.** marquer (*les bestiaux*) à l'oreille; *fig.* faire une marque distinctive à; affecter (*qch. à une entreprise*); réserver (*une somme*); '~**muffs** *pl.* protège-oreilles *m/inv.*, cache-oreilles *m/inv.*

earn [ə:n] gagner; acquérir (de, *for*); ~**ed** *income* revenu *m* du travail.

ear·nest¹ ['ə:nist] (*a.* ~*-money*) arrhes *f/pl.*; garantie *f*, gage *m*.

ear·nest² [~] **1.** sérieux (-euse *f*); sincère; délibéré; **2.** sérieux *m*; *be in* ~ être sérieux; **'ear·nest·ness** (*caractère m*) sérieux *m*; ardeur *f*.

earn·ings ['ə:nJŋz] *pl.* gages *m/pl.*, salaire *m*; gain *m*; profits *m/pl.*

ear...: '~**phones** *pl.* radio: casques *m/pl.* (d'écoute); '~**pick** cure-oreille *m*; '~**piece** *téléph.* écouteur *m*; '~**pierc·ing** qui vous perce les oreilles; '~**plugs** *pl.* boules *f/pl.* Quiès (*TM*); '~**ring** boucle *f* d'oreille; '~**shot** portée *f* de la voix; *within* ~ à portée de voix; '~**split·ting** assourdissant, à vous fendre les oreilles.

earth [ə:θ] **1.** terre *f* (*a.* ⚡); sol *m*; monde *m*; *renard etc.:* terrier *m*; *radio:* (*a.* earth-connection) contact *m* à la terre; **2.** *v/t.* ⚡ relier à la terre *ou* mot. à la masse; ~ *up* butter, terrer; *v/i.* se terrer; **'earth·en** de *ou* en terre; **'earth·en·ware** poterie *f*; **'earth·i·ness** nature *f* terreuse; **'earth·ing** ⚡ mise *f* à la terre (*mot.* à la masse); **'earth·i·ness** nature *f* terrestre; mondanité *f*; **'earth·ly** terrestre; F imaginable; *no* ~ pas le *ou* la moindre; **'earth·quake** tremblement *m* de terre; **'earth·worm** lombric *m*; *fig.* piètre personnage *m*; **'earth·y** terreux (-euse *f*); de terre; *fig.* grossier (-ère *f*); terre à terre *inv.*

ear...: '~**trum·pet** cornet *m* acoustique; '~**wax** cérumen *m*.

ease [i:z] **1.** repos *m*, bien-être *m*, aise *f*; tranquillité *f* (*d'esprit*); soulagement *m*; loisir *m*; oisiveté *f*; *manières:* aisance *f*; facilité *f*; simplicité *f*; *at* ~ tranquille; *à son etc.* aise; *ill at* ~ mal à l'aise; ⚔ *stand at* ~! repos!; *take one's* ~ prendre ses aises; *with* ~ facilement; *live at* ~ vivre à l'aise; **2.** adoucir, soulager (*la douleur*); calmer; ♣ larguer (*une amarre*), mollir (*une barre*); débarrasser (de, *of*); *it* ~d *the situation* la situation se détendit; ~ *nature* faire ses besoins; **ease·ful** ☐ ['i:zful] tranquille; calmant; doux (douce *f*).

ea·sel ['i:zl] chevalet *m*.

ease·ment ⚖ ['i:zmənt] *charges*: servitude *f*.

eas·i·ness ['i:zinis] commodité *f*, bien-être *m*; aisance *f*; facilité *f*; douceur *f*; complaisance *f*; ~ *of belief* facilité *f* à croire.

east [i:st] **1.** *su.* est *m*, orient *m*; *the* ♀ *Am.* les États *m/pl.* de l'Est (*des É.-U.*); **2.** *adj.* d'est, de l'est; oriental (-aux *m/pl.*); **3.** *adv.* à *ou* vers l'est; '~·bound (allant) en direction de l'est.

East·er ['i:stə] Pâques *m/pl.*; *attr.* de Pâques; ~ *egg* œuf *m* de Pâques.

east·er·ly ['i:stəli] de *ou* à l'est; **east·ern** ['~tən] de l'est; oriental (-aux *m/pl.*); '**east·ern·er** oriental(e *f*) *m*; habitant(e *f*) de l'est; '**east·ern·most** ['i:stənmoust] *le* plus à l'est.

east·ing ⚓ ['i:stiŋ] chemin *m* est; route *f* vers l'est.

east·ward ['i:stwəd] **1.** *adj.* à *ou* de l'est; **2.** *adv. a.* **east·wards** ['~dz] vers l'est.

eas·y ☐ ['i:zi] **1.** à l'aise; tranquille; aisé (*air, style, tâche*); libre; facile (*personne, style, tâche*); doux (douce *f*); ample (*vêtement*); ⴕ calme; *in ~ circumstances* dans l'aisance; *Am.* on ~ *street* très à l'aise, F bien renté; ⴕ on ~ *terms* avec facilités de paiement; *make o.s.* ~ se rassurer (sur, *about*); *take it* ~! F se la couler douce; *take it* ~! doucement!; ✗ *Brit.* stand ~ repos!; **2.** halte *f*; ~·chair fauteuil *m*; bergère *f*; '~·go·ing *fig.* accommodant; insouciant; d'humeur facile.

eat [i:t] **1.** [*irr.*] *v/t.* manger; déjeuner, dîner, souper; prendre (*un plat*); ~ *up* manger jusqu'à la dernière miette; consumer; dévorer (*a. fig.*); *v/i.* manger; déjeuner *etc.*; ~ *out* manger au restaurant; **2.** *Am. sl.* ~*s pl.* manger *m*, mangeaille *f*; '**eat·a·ble** **1.** mangeable; **2.** ~*s pl.* comestibles *m/pl.*; '**eat·en** *p.p.* de *eat* **1.**; '**eat·er** mangeur (-euse *f*) *m*; *be a great (poor)* ~ être gros (petit) mangeur; '**eat·ing** manger *m*; '**eat·ing·house** restaurant *m*.

eaves [i:vz] *pl.* avance *f*; gouttières *f/pl.*; '~·drop écouter à la porte;

être aux écoutes; '~·drop·per écouteur (-euse *f*) *m* aux portes.

ebb [eb] **1.** (*a.* ~*-tide*) reflux *m*; *fig.* déclin *m*; *at a low* ~ très bas; **2.** baisser (*a. fig.*); refluer; *fig.* décroître; être sur le déclin.

eb·on·ite ['ebənait] ébonite *f*; '**eb·on·y** (bois *m* d')ébène *f*.

e·bri·e·ty [i'braiəti] ivresse *f*.

e·bul·li·ent [i'bʌljənt] bouillonnant; *fig.* débordant (de, *with*); **eb·ul·li·tion** [ebə'liʃn] ébullition *f*; *surt. fig.* débordement *m*; insurrection *f*.

ec·cen·tric [ik'sentrik] **1.** (*a.* **ec·cen·tri·cal** ☐) excentrique (*a. fig.*); original (-aux *m/pl.*); **2.** ⊕ excentrique *m*; original(e *f*) *m*; **ec·cen·tric·i·ty** [eksen'trisiti] excentricité *f*.

ec·cle·si·as·tic [ikli:zi'æstik] **1.** †, *usu.* **ec·cle·si·as·ti·cal** ☐ ecclésiastique; **2.** ecclésiastique *m*.

ech·e·lon ✗ ['eʃələn] **1.** échelon *m*; **2.** échelonner.

e·chi·nus *zo.* [e'kainəs] oursin *m*.

ech·o ['ekou] **1.** écho *m*; **2.** *v/t.* répéter; *fig.* se faire l'écho de; *v/i.* faire écho; retentir; ~·**sound·er** ['~saundə] sondeur *m* acoustique.

é·clat ['eikla:] éclat *m*, gloire *f*.

ec·lec·tic [ek'lektik] éclectique (*a. su./mf*); **ec'lec·ti·cism** [~tisizm] éclectisme *m*.

e·clipse [i'klips] **1.** éclipse *f* (*a. fig.*); *fig.* ombre *f*; *in* ~ éclipsé; *orn.* son plumage *m* d'hiver; **2.** *v/t.* éclipser; *v/i.* être éclipsé; **e'clip·tic** *astr.* écliptique (*a. su./f*).

ec·logue ['eklɔg] églogue *f*.

e·co·cid·al ['i:kou'saidl] nuisible à l'environnement; **e·co·cide** ['~said] destruction *f* de l'environnement.

e·co·log·i·cal [i:kə'lɔdʒikl] écologique; **e·col·o·gist** [i:'kɔlədʒist] écologiste *mf*; **e·col·o·gy** écologie *f*; ~ *movement* mouvement *m* écologique; écologisme *m*.

e·co·nom·ic, e·co·nom·i·cal ☐ [i:kə'nɔmik(l)] économique; économe (*personne*); *economic aid* aide *f* économique; ~ *growth* croissance *f* économique; ~ *summit* sommet *m* économique; **e·co'nom·ics** *sg.* économie *f* politique; **e·con·o·mist** [i'kɔnəmist] économiste *m*; personne *f* économe (de, *of*); **e'con·o·mize** économiser (qch. *in, on, with* s.th.); **e'con·o·my** économie *f*; *economies* *pl.* économies *f|pl.*; épargnes *f|pl.*; *political* ~ économie *f* politique; ~ *class* classe *f* touriste; ~ *drive* (mesures *f|pl. ou* campagne *f* de) restrictions *f|pl.*; ~ *pack* paquet *m* économique.

e·co·sys·tem ['i:kousistəm] écosystème *m.*

ec·sta·size ['ekstəsaiz] *v/t.* ravir; *v/i.* s'extasier (devant, *over*); **'ec·sta·sy** transport *m*; extase *f* (*religieuse etc.*); *go into ecstasies* s'extasier (devant, *over*); **ec·stat·ic** [eks'tætik] (~*ally*) extatique.

e·cu·men·i·cal [i:kju:'menikl] œcuménique.

ec·ze·ma ✻ ['eksimə] eczéma *m.*

e·da·cious [i'deiʃəs] vorace.

ed·dy ['edi] **1.** remous *m*; tourbillon *m*; **2.** faire des remous; tourbillonner.

e·den·tate *zo.* [i:'denteit] édenté (*a. su./m*).

edge [edʒ] **1.** tranchant *m*; angle *m*; crête *f*; *livre*, *shilling*: tranche *f*; *forêt*: lisière *f*, orée *f*; *étoffe*, *table*, *lac*, *etc.*: bord *m*; *be on* ~ être nerveux (-euse *f*); *surt. Am.* F *have the* ~ *on* être avantagé par rapport à; *put an* ~ *on* aiguiser; *lay on* ~ mettre de champ; *set s.o.'s teeth on* ~ faire grincer les dents à q.; énerver q.; *stand on* ~ mettre de champ; **2.** *v/t.* aiguiser; border; *v/i.* (se) faufiler; ~ *in* (se) glisser dans; ~ *forward* avancer tout doucement; ~ *off v/t.* amincir; *v/i. fig.* s'écarter tout doucement; **edged** [edʒd] tranchant, acéré; à ... tranchant(s).

edge ...: '~·less** dépourvu de bords; émoussé; '~·tool** outil *m* tranchant; '~·ways**, '~·wise** de côté; de *ou* sur champ.

edg·ing ['edʒiŋ] bordure *f*; *robe*: liséré *m*, ganse *f*; **edg·y** ['edʒi] anguleux (-euse *f*); F énervé, agacé.

ed·i·ble ['edibl] **1.** bon(ne *f*) à manger; **2.** ~*s pl.* comestibles *m/pl.*

e·dict ['i:dikt] édit *m.*

ed·i·fi·ca·tion [edifi'keiʃn] édification *f*; **ed·i·fice** ['edifis] édifice *m*; **ed·i·fy** ['ʌfai] édifier; **'ed·i·fy·ing** □ édifiant.

ed·it ['edit] éditer (*un livre*); diriger (*un journal*, *une série*); **e·di·tion** [i'diʃn] édition *f*; *fig.* double *m*; **ed·i·tor** ['editə] éditeur *m*; direc-

teur *m*; rédacteur *m* en chef; *letters pl. to the* ~ courrier *m* des lecteurs; **ed·i·to·ri·al** [ʌ'tɔ:riəl] **1.** éditorial (-aux *m/pl.*) (*a. su./m*); ~ *office* (bureau *m* de) rédaction *f*; ~ *staff* la rédaction; **2.** article *m* de fond; **ed·i·tor·ship** ['ʌtəʃip] direction *f*; travail *m* d'éditeur.

ed·u·cate ['edjukeit] instruire; pourvoir à l'instruction de; former; éduquer (*un animal*); **ed·u·ca·tion** éducation *f*; enseignement *m*; instruction *f*; *elementary* ~ enseignement *m* primaire; *secondary* ~ enseignement *m* secondaire; *Ministry of* ~ Ministère *m* de l'Éducation nationale; **ed·u·ca·tion·al** □ d'enseignement; pédagogique; ~ *film* film *m* éducatif; ~ *policy* politique *f* d'enseignement; **ed·u·ca·tion(·al)·ist** [ʌ'keiʃn(ʌ)ist] pédagogue *mf*; spécialiste *mf* de pédagogie; **ed·u·ca·tive** ['ʌkətiv] *see educational*; **ed·u·ca·tor** ['ʌkeitə] éducateur (-trice *f*) *m.*

e·duce [i'dju:s] dégager (*a.* ✻); déduire; évoquer.

e·duc·tion [i'dʌkʃn] extraction *f*; déduction *f*; ⊕ échappement *m.*

eel [i:l] anguille *f.*

e'en [i:n] *see even*[1] 2.

e'er [ɛə] *see ever.*

ee·rie, ee·ry ['iəri] mystérieux (-euse *f*); étrange; qui donne le frisson.

ef·face [i'feis] effacer (*a. fig.*); *fig.* éclipser; **ef'face·a·ble** effaçable; **ef'face·ment** effacement *m.*

ef·fect [i'fekt] **1.** effet *m*; action *f* (*a.* ⊕); conséquence *f*; vigueur *f* (⚖ *d'une loi*); réalisation *f*; sens *m*, teneur *f*; ~*s pl.* effets *m/pl.* (*théâ., a. d'un mort*); ✝ provision *f*; *bring to* ~ exécuter; *take* ~, *be of* ~ produire un effet; entrer en vigueur; *deprive of* ~ rendre ineffectif (-ive *f*); *of no* ~ sans effet, inefficace; *in* ~ en effet; en réalité; *to the* ~ portant (que, *that*); *to this* ~ dans ce sens; **2.** réaliser, effectuer; *be* ~*ed* s'opérer, intervenir; **ef'fec·tive** **1.** □ efficace; utile; effectif (-ive *f*) (*a.* ⊕); ⚖ en vigueur; *fig.* frappant; ✕, ⚓ valide; ⊕ ~ *capacity* rendement *m*; ~ *date* date *f* d'entrée en vigueur; ~ *range* portée *f* utile; **2.** ✕ *usu.* ~*s pl.* effectifs *m/pl.*; **ef'fec·tu·al** [ʌ'juəl] efficace; valide;

en vigueur; **ef·fec·tu·ate** [~jueit] effectuer; réaliser.

ef·fem·i·na·cy [i'feminəsi] caractère *m* efféminé; **ef·fem·i·nate** [~nit] efféminé.

ef·fer·vesce [efə'ves] entrer en effervescence, mousser; **ef·fer·ves·cence** effervescence *f*; **ef·fer·ves·cent** effervescent; ~ **drink** boisson *f* gazeuse.

ef·fete [e'fi:t] caduc (-uque *f*); épuisé.

ef·fi·ca·cious □ [efi'keiʃəs] efficace; **ef·fi·ca·cy** ['ˌkəsi] efficacité *f*.

ef·fi·cien·cy [e'fiʃnsi] efficacité *f*; capacité *f*; valeur *f*; ⊕ rendement *m*; bon fonctionnement *m*; *Am.* ~ expert expert *m* de l'organisation rationnelle (*de l'industrie*); **ef·fi·cient** [ˌnt] □ efficace; effectif (-ive *f*); à bon rendement.

ef·fi·gy ['efidʒi] effigie *f*.

ef·flo·resce [eflo:'res] ♀ fleurir (*a. fig.*); 🜍 (s')effleurir; **ef·flo·res·cence** efflorescence *f* (*a.* 🜍); fleuraison *f*; **ef·flo·res·cent** efflorescent; ♀ en fleur.

ef·flu·ence ['efluəns] émanation *f*, effluence *f*; **ef·flu·ent 1.** effluent (*a. su./m.*); **2.** cours *m* d'eau dérivé; **ef·flu·vi·um** [e'flu:vjəm], *pl.* **-vi·a** [ˌvjə] effluve *m*; exhalaison *f*; **ef·flux** ['eflʌks] flux *m*, écoulement *m*.

ef·fort ['efət] effort *m* (*pour inf.*, *at* gér.); *fig.* œuvre *f*; **ef·fort·less** □ sans effort; facile.

ef·fron·ter·y [e'frʌntəri] effronterie *f*; *fig.* toupet *m*.

ef·ful·gence [e'fʌldʒəns] splendeur *f*; éclat *m*; **ef·ful·gent** □ resplendissant.

ef·fuse [e'fju:z] (se) répandre; **ef·fu·sion** [i'fju:ʒn] effusion *f*, épanchement *m* (*a. fig.*); **ef·fu·sive** □ [ˌsiv] expansif (-ive *f*); **ef·fu·sive·ness** effusion *f*; volubilité *f*.

eft [eft] *see* newt.

egg¹ [eg] (*usu.* ~ *on*) pousser, inciter.

egg² [ˌ] œuf *m*; *buttered* (*ou scrambled*) ~s *pl.* œufs *m/pl.* brouillés; *boiled* ~s *pl.* œufs *m/pl.* à la coque; *fried* ~s *pl.* œufs *m/pl.* sur le plat; *sl. bad* ~ vaurien *m*, bon *m* à rien; *as sure as* ~s aussi sûr que deux et deux font quatre; '~**beat·er** batteur *m* à œufs; '~**cup** coquetier *m*; '~**flip**, '~**nog** flip *m*; '~**head** *Am. sl.* intellectuel *m*; '~**plant**

aubergine *f*; '~**shell** coquille *f*; '~**whisk** fouet *m* (à œufs).

eg·lan·tine ♀ ['egləntain] églantine *f*; *buisson*: églantier *m*.

e·go ['egou] *le* moi; **e·go·cen·tric** [ˌ'sentrik] égocentrique; **e·go·ism** égotisme *m*; culte *m* du moi; *phls.* égoïsme *m*; **e·go·ist** égotiste *mf*; égoïste *mf*; **e·go·is·tic, e·go·is·ti·cal** □ égotiste; *fig.* vaniteux (-euse *f*); **e·go·tism** ['egoutizm] égotisme *m*; **e·go·tist** égotiste *m*; **e·go·tis·tic, e·go·tis·ti·cal** □ égotiste.

e·gre·gious *iro.* □ [i'gri:dʒəs] insigne; fameux (-euse *f*).

e·gress ['i:gres] sortie *f*, issue *f*; ⊕ échappement *m*.

e·gret ['i:gret] *orn.* aigrette *f* (*a.* ♀); héron *m* argenté.

E·gyp·tian [i'dʒipʃn] **1.** égyptien(ne *f*); **2.** Égyptien(ne *f*) *m*.

eh [ei] eh!; hé!; hein?

ei·der ['aidə] (*a.* ~-duck) eider *m*; '~**down** duvet *m* d'eider; (*a.* ~ *quilt*) édredon *m* piqué.

eight [eit] **1.** huit; **2.** huit *m*; ⚓ équipe *f* de huit rameurs; huit *m* de pointe; *Am. fig. behind the* ~ *ball* dans une position précaire; **eight·een** ['ei'ti:n] dix-huit; **eight·eenth** [ˌθ] dix-huitième; **eight·fold** octuple; *adv.* huit fois autant; **eighth** [eitθ] huitième (*a. su./m*); **eighth·ly** en huitième lieu; **eight-hour day** ['ˌauədei] journée *f* de huit heures; **eight·i·eth** ['ˌiiθ] quatre-vingtième; **eight·y** quatre-vingt(s); ~-**two** quatre-vingt-deux; ~-*first* quatre-vingt-unième.

ei·ther ['aiðə, 'i:ðə] **1.** *adj.* chaque; l'un(e *f*) et l'autre de; l'un(e *f*) ou l'autre de; chacun(e *f*); **2.** *pron.* chacun(e *f*); l'un(e) et *ou* ou l'autre; **3.** *cj.* ~ ... *or* ... ou ... ou ...; soit ... soit ...; *not* (...) ~ ne ... non plus.

e·jac·u·late [i'dʒækjuleit] éjaculer; lancer; proférer; **e·jac·u·la·tion** 💥 *eccl.* éjaculation *f*; exclamation *f*.

e·ject [i'dʒekt] émettre; expulser (*un agitateur, un locataire*); **e·jec·tion** *flammes:* jet *m*; expulsion *f*; éviction *f*; **e·ject·ment** 🏛 réintégrande *f*; expulsion *f*; **e·jec·tor** ⊕ éjecteur *m*.

eke [i:k]: ~ *out* suppléer à l'insuffisance de (en y ajoutant, *with*); allonger (*un liquide*); faire du remplissage (avec, *with*); ~ *out a* *miserable existence* gagner une maigre pitance.

el *Am.* F [el] *abr. de* elevated 2.

e·lab·o·rate 1. [i'læbərit] □ compliqué; travaillé (*style*); recherché; soigné; **2.** [⁓reit] élaborer (*a. physiol.*) (en, into); travailler (*son style*); **e'lab·o·rate·ness** [⁓ritnis] soin *m*, minutie *f*; **e·lab·o·ra·tion** [⁓'reiʃn] élaboration *f*.

e·lapse [i'læps] (se) passer; s'écouler.

e·las·tic [i'læstik] **1.** (⁓ally) élastique (*a. fig.*); flexible; he is ⁓ il a du ressort; **2.** élastique *m*; **e·las·tic·i·ty** [⁓'tisiti] élasticité *f*; souplesse *f*; *fig.* ressort *m*.

e·late [i'leit] **1.** □ élevé; (*usu.* ⁓ed) transporté (de, with); **2.** exalter, transporter; **e'la·tion** exaltation *f*; gaieté *f*.

el·bow ['elbou] **1.** coude *m* (*a.* ⊕); *route*: tournant *m*; ⊕ genou *m*, jarret *m*; *at one's* ⁓ tout à côté; tout près; *out at* ⁓s troué aux coudes; *fig.* déguenillé; **2.** coudoyer, pousser du coude; ⁓ *one's way through* se frayer un passage à travers; ⁓ *out* évincer (*de, of*); **'⁓·chair** fauteuil *m*; **'⁓-grease** F huile *f* de bras (= *travail, énergie*); **'⁓-room:** *have* ⁓ avoir du champ.

el·der¹ ['eldə] **1.** plus âgé, aîné; *cartes:* ⁓ *hand* première en main; ⁓ *statesman* vétéran *m* de la politique, homme *m* d'État chevronné; **2.** plus âgé(e) (*f m*); aîné(e) (*f m*); *eccl.* ancien *m*; *my* ⁓s *pl.* mes aînés *m/pl.*

el·der² ♀ [⁓] sureau *m*; **'⁓·ber·ry** baie *f* de sureau.

el·der·ly ['eldəli] assez âgé.

el·dest ['eldist] aîné.

e·lect [i'lekt] **1.** élu (*a. eccl.*); futur; *bride* ⁓ la future (*f*); **2.** élire; *eccl.* mettre parmi les élus; choisir (de *inf.*, *to inf.*); **e'lec·tion** élection *f*; ⁓ *address ou speech* discours *m* électoral; **e·lec·tion·eer** [⁓ʃə'niə] solliciter des voix; **e·lec·tion·eer·ing** propagande *f* électorale; **e'lec·tive 1.** □ électif (-ive *f*); électoral (-aux *m/pl.*); *Am. univ. etc.* facultatif (-ive *f*); **2.** *Am.* cours *m* ou sujet *m* facultatif; **e'lec·tive·ly** par choix; **e'lec·tor** électeur *m*; *Am.* membre *m* du Collège électoral; **e'lec·tor·al** électoral (-aux *m/pl.*); ⁓ *address ou speech* discours *m* électoral; ⁓ *campaign*

campagne *f* électorale; ⁓ *district ou division* circonscription *f* électorale; ⁓ *roll* liste *f* électorale; **e'lec·tor·ate** [⁓rit] corps *m* électoral; votants *m/pl.*; **e'lec·tress** électrice *f*.

e·lec·tric [i'lektrik] électrique; *fig.* électrisant; ⁴ ⁓ *arc* arc *m* voltaïque; ⁓ *blue* bleu électrique; ⁓ *circuit* circuit *m*; *zo.* ⁓ *eel* anguille *f* électrique; ⁓ *eye* cellule *f* photoélectrique; **e'lec·tri·cal** □ électrique; *fig.* électrisant; ⁓ *engineer* ingénieur *m* électricien; ⁓ *engineering* technique *f* électrique; **e·lec·tri·cian** [⁓'triʃn] (monteur-)électricien *m*; **e·lec·tric·i·ty** [⁓'siti] électricité *f*; ⁓ *works* centrale *f* électrique; **e·lec·tri·fi·ca·tion** [⁓fi-'keiʃn] électrisation *f*; ⚙ électrification *f*; **e'lec·tri·fy** [⁓fai], **e'lec·trize** électriser (*a. fig.*); ⚙ électrifier.

electro... [ilektrou] électro-; **e'lec·tro·cute** [⁓trəkju:t] électrocuter; **e·lec·tro·cu·tion** électrocution *f*; **e'lec·trode** [⁓troud] électrode *f*; **e·lec·tro·dy·nam·ics** *usu. sg.* électrodynamique *f*; **e·lec·tro·lier** [⁓'liə] lustre *m* électrique; **e'lec·tro·lyse** [⁓trəlaiz] électrolyser; **e·lec·trol·y·sis** [⁓'trɔlisis] électrolyse *f*; **e'lec·tro·mag·net** électro-aimant *m*; **e·lec·tro·met·al·lur·gy** électrométallurgie *f*; **e'lec·tro·mo·tor** électromoteur *m*.

e·lec·tron [i'lektrɔn] électron *m*; *attr.* à électrons, électronique; ⁓ *ray tube* oscillographe *m* cathodique; **e·lec·tron·ic 1.** électronique; ⁓ *data processing* traitement électronique(de(s) données; **2.** ⁓s *sg.* électronique *f*.

e·lec·tro·plate [i'lektroupleit] **1.** plaquer; argenter; **2.** articles *m/pl.* argentés *ou* plaqués; **e·lec·tro·type** [i'lektrotaip] électrotype *m*; (cliché *m*) galvano *m*.

e·lec·tu·a·ry ⚕ [i'lektjuəri] électuaire *m*.

el·e·gance ['eligəns] élégance *f*; **'el·e·gant** □ élégant; *Am.* excellent.

el·e·gi·ac [eli'dʒaiək] élégiaque.

el·e·gy ['elidʒi] élégie *f*.

el·e·ment ['elimənt] élément *m* (*a.* ⁴, *eccl., temps, fig.*); partie *f*; ⁿ corps *m* simple; ⁓s *pl.* rudiments *m/pl.*, éléments *m/pl.*; **el·e·men·tal** [⁓'mentl] □ élémentaire; des éléments; *fig.* premier (-ère *f*); **el·e-**

¹men·ta·ry [ˌ⁓təri] □ élémentaire; simple; ⁓ *school* école *f* primaire.

el·e·phant ['elifənt] éléphant *m* (*mâle, femelle*); *white* ⁓ objet *m* inutile qui occupe trop de place; **el·e·phan·tine** [ˌ⁓'fæntain] éléphantin; éléphantesque; *fig.* lourd.

el·e·vate ['eliveit] élever; lever; relever; **'el·e·vat·ed 1.** élevé, haut; F un peu ivre; **2.** (*a.* ⁓ *railroad ou train*) *Am.* F chemin *m* de fer aérien; **el·e·'va·tion** élévation *f* (*a.* ⊕, △, *astr., eccl.,* colline); altitude *f*, hauteur *f*; *fig.* noblesse *f*; **'el·e·va·tor** ⊕ élévateur *m*; *Am.* ascenseur *m*; ⚓ gouvernail *m* d'altitude; *Am.* (*grain*) ⁓ silo *m* à élévateur pneumatique; *Am.* ⁓ *shaft* cage *f* d'ascenseur.

e·lev·en [i'levn] onze (*a. su./m*); **e'lev·en·ses** *Brit.* F [ˌ⁓ziz] pausecafé *f*, (*pl.* pauses-café), casse-croûte *m/inv.* dans la matinée; **e'lev·enth** [⁓θ] onzième.

elf [elf], *pl.* **elves** [elvz] elfe *m*; lutin(e *f m*); **elf·in** [ˈ⁓in] d'elfe, de lutin; **'elf·ish** des elfes, de lutin; espiègle (*enfant*); [tir; obtenir.]

e·lic·it [i'lisit] faire jaillir, faire sor-

e·lide *gramm.* [i'laid] élider.

el·i·gi·bil·i·ty [elidʒə'biliti] acceptabilité *f*; éligibilité *f*; **'el·i·gi·ble** □ admissible; éligible; F bon(ne *f*) (*parti*), acceptable; *be* ⁓ *for a.* avoir droit à (*qch.*).

e·lim·i·nate [i'limineit] éliminer (*surt.* ⚗, ♑, ♈); supprimer; **e·lim·i'na·tion** élimination *f*.

e·li·sion [i'liʒn] *gramm.* élision *f*.

é·lite [ei'li:t] élite *f*, (fine) fleur *f*, choix *m*; **élit·ist** [⁓ist] élitiste, élitaire.

e·lix·ir [i'liksə] élixir *m*.

E·liz·a·be·than [ilizə'bi:θn] élisabéthain.

elk *zo.* [elk] élan *m*.

ell *hist.* [el] aune *f*; aunée *f* (*de drap*).

el·lipse ♈ [i'lips] ellipse *f*; *gramm.* **el·lip·sis** [⁓sis], *pl.* **-ses** [⁓si:z] ellipse *f*; **el'lip·tic, el'lip·ti·cal** □ elliptique.

elm ♀ [elm] orme *m*.

el·o·cu·tion [elə'kju:ʃn] élocution *f*, diction *f*; **el·o'cu·tion·ar·y** de diction; oratoire; **el·o'cu·tion·ist** déclamateur *m*; professeur *m* d'élocution.

e·lon·gate ['i:lɔŋgeit] (s')allonger; **e·lon'ga·tion** allongement *m*; prolongement *m*; *astr.* élongation *f*.

e·lope [i'loup] s'enfuir (avec un amant); ⁓ *with* se faire enlever par; **e'lope·ment** fuite *f* amoureuse; enlèvement *m* (consenti).

el·o·quence ['eləkwəns] éloquence *f*; **'el·o·quent** □ éloquent.

else [els] **1.** *adv.* autrement; ou bien; **2.** *adj.* autre; encore; *all* ⁓ tout le reste; *anyone* ⁓ quelqu'un d'autre; *what* ⁓? quoi encore?; *or* ⁓ ou bien; **'else'where** ailleurs.

e·lu·ci·date [i'lu:sideit] éclaircir, élucider; **e·lu·ci'da·tion** éclaircissement *m*, élucidation *f*; **e'lu·ci·da·to·ry** [ˌ⁓təri] éclaircissant.

e·lude [i'lu:d] éviter; échapper à; éluder (*une question*).

e·lu·sion [i'lu:ʒn] esquive *f*; évasion *f*; **e'lu·sive** [⁓siv] insaississable; évasif (-ive *f*) (*réponse*); **e'lu·sive·ness** nature *f* insaississable; caractère *m* évasif; **e'lu·so·ry** [ˌ⁓səri] évasif (-ive *f*).

elves [elvz] *pl.* de elf.

E·ly·si·um [i'liziəm] l'Élysée *m*.

em *typ.* [em] cadratin *m*.

e·ma·ci·ate [i'meiʃieit] amaigrir, émacier; **e·ma·ci·a·tion** [imeisi'eiʃn] amaigrissement *m*, émaciation *f*.

em·a·nate ['eməneit] émaner (de, *from*); **em·a'na·tion** émanation *f* (*a. phys., a. fig.*); effluve *m*.

e·man·ci·pate [i'mænsipeit] émanciper; affranchir; **e·man·ci'pa·tion** émancipation *f*; affranchissement *m*; **e'man·ci·pa·tor** émancipateur (-trice *f*) *m*; affranchisseur *m*.

e·mas·cu·late 1. [i'mæskjuleit] émasculer, châtrer (*a. un texte*); efféminer (*le style*); **2.** [⁓lit] émasculé, châtré; énervé; **e·mas·cu·la·tion** [ˌ⁓'leiʃn] émasculation *f*.

em·balm [im'ba:m] embaumer (*a. fig.*); *fig.* parfumer; *be* ⁓*ed* in *fig.* être perpétué par *ou* dans.

em·bank [im'bæŋk] endiguer; remblayer (*une route*); **em'bank·ment** endiguement *m*; remblayage *m*; digue *f*; talus *m*; remblai *m*; quai *m*.

em·bar·go [em'ba:gou] **1.** *pl.* **-goes** [ˌ⁓gouz] embargo *m*, séquestre *m*, arrêt *m*; *put an* ⁓ *on fig.* interdire; **2.** mettre l'embargo sur, séquestrer (*un navire etc.*); réquisitionner.

eminent

em·bark [im'bɑːk] (s')embarquer (a. fig. dans, [up]on); v/t. prendre (qch.) à bord; v/i.: ~ (up)on s.th. entreprendre qch.; **em·bar·ka·tion** [embɑ:'keiʃn] embarquement m.

em·bar·rass [im'bærəs] embarrasser, gêner; déconcerter; ~ed embarrassé, gêné; dans l'embarras; **em·'bar·rass·ing** □ embarrassant; gênant; **em·'bar·rass·ment** embarras m, gêne f.

em·bas·sy ['embəsi] ambassade f.

em·bat·tle ✕ [im'bætl] ranger en bataille; ~d crénelé. [chasser.\]

em·bed [im'bed] enfoncer; en-\]

em·bel·lish [im'beliʃ] embellir, orner; enjoliver (un conte); **em·'bel·lish·ment** embellissement m, ornement m; enjolivure f.

em·ber-days ['embədeiz] pl. les Quatre-Temps m/pl.

em·bers ['embəz] pl. cendres f/pl. ardentes; fig. cendres f/pl.

em·bez·zle [im'bezl] détourner, s'approprier; **em·'bez·zle·ment** détournement m de fonds; **em·'bez·zler** détourneur m de fonds.

em·bit·ter [im'bitə] remplir d'amertume; envenimer (une querelle etc.).

em·bla·zon(·ry) [im'bleizn(ri)] see blazon(ry).

em·blem ['embləm] emblème m; sp. insigne m; ▨ devise f; **em·blem·at·ic**, **em·blem·at·i·cal** □ [embli'mætik(l)] emblématique.

em·bod·i·ment [im'bɔdimənt] incorporation f; personnification f; incarnation f; **em·'bod·y** incarner; personnifier; incorporer (dans, in); réaliser; ✕ rassembler. [in).\]

em·bog [im'bɔg] embourber (dans,\]

em·bold·en [im'bouldn] enhardir.

em·bo·lism ♒ ['embəlizm] embolie f.

em·bos·om [im'buzəm] cacher dans son sein; serrer contre son sein.

em·boss [im'bɔs] graver en relief; repousser (du métal, du cuir); **em·'bossed** gravé en relief; repoussé, estampé.

em·bow·el [im'bauəl] éventrer.

em·brace [im'breis] **1.** v/t. embrasser (a. une carrière); saisir, profiter de (une occasion); adopter (une cause, une philosophie); contenir (dans, in); comprendre; envisager tous les aspects de; v/i. s'embrasser; **2.** étreinte f.

em·bra·sure [im'breiʒə] embrasure f.

em·bro·cate ['embroukeit] frictionner (à, with); **em·bro'ca·tion** embrocation f.

em·broi·der [im'brɔidə] broder (a. fig.); **em·'broi·der·y** broderie f (a. fig.).

em·broil [im'brɔil] brouiller; embrouiller; **em·'broil·ment** brouillement m; embrouillement m; brouille f (entre personnes).

em·bry·o ['embriou] **1.** embryon m; in ~ embryonnaire; F en herbe; **2.** (ou **em·bry·on·ic** [~'ɔnik]) fig. F en germe.

em·bus [im'bʌs] v/t. embarquer en autobus; v/i. s'embarquer dans un autobus.

em·cee F [em'siː] animateur (-trice f) m, présentateur (-trice f) m.

e·men·da·tion [iːmen'deiʃn] émendation f; correction f; **'e·men·da·tor** correcteur m; **e·'mend·a·to·ry** [~dətəri] rectificatif (-ive f).

em·er·ald ['emərəld] **1.** émeraude f; **2.** vert d'émeraude.

e·merge [i'mɔːdʒ] émerger, surgir, déboucher (de, from); fig. apparaître, surgir; **e·'mer·gence** émergence f; **e·'mer·gen·cy** urgence f; cas m imprévu; circonstance f critique; ~ brake frein m de secours; *téléph.* ~ call appel m urgent; ~ exit sortie f de secours; ~ fund masse f de secours; ~ house habitation f provisoire; ✈ ~ landing atterrissage m forcé; ~ man ouvrier m supplémentaire; remplaçant m; ~ measure mesure f extraordinaire; ~ number police-secours f; ~ service service m des urgences; **e·'mer·gent 1.** émergent; surgissant; **2.** résultat m.

e·mer·sion [i'mɔːʃn] émersion f.

em·er·y ['eməri] émeri m; ~ board lime f émeri; **'~-pa·per** papier m d'émeri.

e·met·ic [i'metik] émétique (a. su./m).

em·i·grant ['emigrənt] émigrant(e f) (a. su./mf); **em·i·grate** [~greit] (faire) émigrer; **em·i·gra·tion** émigration f; **em·i·gra·to·ry** ['~grətəri] émigrant.

em·i·nence ['eminəns] éminence f (titre: ♱); grandeur f; élévation f; monticule m; saillie f; **'em·i·nent**

□ *fig.* éminent, célèbre (pour *in, for*); **'em·i·nent·ly** par excellence.

em·is·sary ['emisəri] émissaire *m*;

e·mis·sion [i'miʃn] émission *f* (*a. phys., ✝*); lancement *m*.

e·mit [i'mit] dégager; lancer; laisser échapper; émettre (*une opinion, a. ✝*). [(a. su./m).]

e·mol·li·ent [i'mɔliənt] émollient⌋

e·mol·u·ment [i'mɔljumənt] émolument *m*; ∾ *pl.* appointements *m*/*pl.*

e·mo·tion [i'mouʃn] émotion *f*; émoi *m*; **e'mo·tion·al** □ émotionnable; facile à émouvoir; ✦ émotif (-ive *f*); **e·mo·tion·al·i·ty** [⌣'næliti] émotivité *f*; **e'mo·tive** émotif (-ive *f*); émouvant.

em·pan·el [im'pænl] inscrire (*q.*) sur la liste du jury.

em·per·or ['empərə] empereur *m*.

em·pha·sis ['emfəsis], *pl.* **-ses** [⌣si:z] force *f*; accentuation *f*; insistance *f*; accent *m* (*a. gramm.*);

em·pha·size ['⌣saiz] accentuer; appuyer sur; souligner; faire ressortir; **em·phat·ic** [im'fætik] (⌣*ally*) énergique; positif (-ive *f*); autoritaire; *be* ∾ *that* faire valoir que.

em·pire ['empaiə] empire *m*.

em·pir·ic [em'pirik] **1.** empirique *m*, empiriste *m*; *péj.* charlatan *m*; **2.** (*usu.* **em'pir·i·cal** □) empirique.

em·place·ment ⚔ [im'pleismənt] emplacement *m*. [en avion.]

em·plane [im'plein] (faire) monter⌋

em·ploy [im'plɔi] **1.** employer; faire usage de; ∾ *oneself* s'occuper (à *in, on, for*); **2.** emploi *m*; *in the* ∾ *of* au service de; **em·ploy·é** [ɔm'plɔiei] employé *m*; **em·ploy·ée** [⌣] employée *m*; **em·ploy·ee** [emplɔi'i:] employé(e *f*) *m*; ∾*s* spokesman porte-parole *m* des employés; **em·ploy·er** [im'plɔiə] patron(ne *f*) *m*; maître(sse *f*) *m*; employeur *m*; **em'ploy·ment** emploi *m*; occupation *f*; situation *f*, place *f*; travail *m*; ∾ *agency* bureau *m* de placement; *full* ∾ plein(-)emploi *m*; *place of* ∾ emploi *m*; bureau *m*, atelier *m etc.*; ♀ *Exchange* Bourse *f* du Travail.

em·po·ri·um [em'pɔ:riəm] entrepôt *m*; marché *m*; F grand magasin *m*.

em·pow·er [im'pauə] autoriser; donner (plein) pouvoir à (*q.*) (pour *inf., to inf.*); rendre capable (de *inf., to inf.*).

em·press ['empris] impératrice *f*.

emp·ti·er ['emptiə] videur *m*; **'emp·ti·ness** vide *m*; *fig.* néant *m*, vanité *f*; **'emp·ty** □ **1.** vide; *fig.* vain; creux (creuse *f*), affamé; **2.** (se) vider; (se) décharger; **3.** bouteille *f ou* caisse *f ou* ✝ emballage *m* vide; **'emp·ty-hand·ed** les mains vides; *return* ∾ *a.* revenir bredouille.

em·pur·ple [im'pə:pl] empourprer.

e·mu orn. ['i:mju:] émeu *m*.

em·u·late ['emjuleit] imiter; rivaliser avec; **em·u·la·tion** émulation *f*; **em·u·la·tive** ['⌣lətiv] qui tente de rivaliser (avec, *of*); **em·u·la·tor** ['⌣leitə] émule *m*/*f*; **em·u·lous** □ ['emjuləs] jaloux (-ouse *f*) (de, *of*).

e·mul·sion 🜊 [i'mʌlʃn] émulsion *f*.

en·a·ble [i'neibl] rendre capable, mettre à même (de, to); donner pouvoir à (*q.*) (de *inf., to inf.*).

en·act [i'nækt] décréter (*une loi, une mesure*); *théâ.* jouer, représenter; *be* ∾*ed* se dérouler; **en'ac·tive** décrétant; représentant; **en'act·ment** promulgation *f*; loi *f*; décret *m*.

en·am·el [i'næml] **1.** émail (*pl. -aux*) *m*; (peinture *f au*) vernis *m*; F ripolin *m*; **2.** émailler; peindre au ripolin; *poét.* embellir, orner.

en·am·o·u(r) [i'næmə] rendre amoureux (-euse *f*); ∾*d* épris, amoureux (-euse *f*) (de, *of*).

en·cage [in'keidʒ] mettre en cage.

en·camp ⚔ [in'kæmp] camper; **en'camp·ment** camp(ement) *m*.

en·case [in'keis] enfermer (dans, *in*); F revêtir (de, *with*); **en'case·ment** revêtement *m*; enveloppe *f*.

en·cash·ment ✝ [in'kæʃmənt] recette *f*; encaissement *m*.

en·caus·tic [en'kɔ:stik] encaustique (*a. su./f*).

en·chain [in'tʃein] enchaîner.

en·chant [in'tʃɑ:nt] ensorceler; *fig.* enchanter, ravir; **en'chant·er** enchanteur *m*; **en'chant·ing** ravissant; **en'chant·ment** enchantement *m*; **en'chant·ress** enchanteresse *f*.

en·chase [in'tʃeis] enchâsser (*a. fig.*); sertir (*une pierre précieuse*); graver; incruster.

en·ci·pher [in'saifə] chiffrer.

en·cir·cle [in'sə:kl] ceindre, entourer; *surt.* ⚔ envelopper; **en'cir·cle·ment** *pol.* encerclement *m*.

en·close [in'klouz] enclore; entourer; renfermer; joindre (à une lettre, *in a letter*); *eccl.* cloîtrer; *~d herewith* sous ce pli, ci-joint;

en·clo·sure [~ʒə] clôture *f* (*a. eccl.*); (en)clos *m*; † pièce *f* annexée *ou* jointe.

en·code [in'koud] chiffrer.

en·co·mi·ast [en'koumiæst] panégyriste *m*; **en'co·mi·um** [~mjən] panégyrique *m*, éloge *m*.

en·com·pass [in'kʌmpəs] entourer; renfermer.

en·core [ɔŋ'kɔ:] 1. bis!; 2. bisser; crier bis; 3. bis *m*.

en·coun·ter [in'kauntə] 1. rencontre *f*; duel *m*; combat *m*; *fig.* assaut *m* (*d'esprit*); 2. rencontrer; éprouver (*des difficultés*); affronter.

en·cour·age [in'kʌridʒ] encourager; inciter; aider, soutenir; favoriser; **en'cour·age·ment** encouragement *m*; **en'cour·ag·er** celui (celle *f*) qui encourage.

en·croach [in'kroutʃ] empiéter (sur, [*up*]*on*); léser (les droits de *q.*); *~ upon s.o.'s kindness* abuser de la bonté de *q.*; **en'croach·ment** ([*up*]*on*) empiétement *m* (sur); anticipation *f* (sur), usurpation *f* (de).

en·crust [in'krʌst] (s')incruster.

en·cum·ber [in'kʌmbə] encombrer (*de, with*); gêner; grever (*une propriété*); **en'cum·brance** embarras *m*; charge *f* (*a. g_r.ff_*); servitude *f*; *without ~* sans charges de famille.

en·cy·clo·p(a)e·di·a [ensaiklo'pi:djə] encyclopédie *f*; **en·cy·clo·'p(a)e·dic** encyclopédique.

end [end] 1. bout *m*, extrémité *f*; fin *f*; limite *f*; but *m*, dessein *m*; *be at an ~* être au bout (de qch., *of s.th.*); être fini; *no ~ of* une infinité de, infiniment de, ... sans nombre; *have s.th. at one's fingers' ~s* savoir qch. sur le bout du doigt; *in the ~* à la fin, enfin; *à la longue; on ~* de suite; debout; *stand on ~* se dresser (sur la tête); *to the ~ that* afin que (*sbj.*), afin de (*inf.*); *to no ~* en vain; *to this ~* dans ce but; *make an ~ of*, *put an ~ to* mettre fin à, achever; *make both ~s meet* joindre les deux bouts; s'en tirer; 2. finir, (se) terminer, (s')achever.

en·dan·ger [in'deindʒə] mettre en danger.

en·dear [in'diə] rendre cher; **en-**

'**dear·ing** qui rend sympathique; attirant; **en'dear·ment** (*ou term of ~*) mot *m* tendre; attrait *m*.

en·deav·o(u)r [in'devə] 1. effort *m*, tentative *f*; 2. (*to inf.*) essayer (de *inf.*); chercher (à *inf.*); s'efforcer (de *inf.*).

en·dem·ic *♫* [en'demik] 1. (*a.* **en'dem·i·cal** □) endémique; 2. maladie *f* endémique.

end·ing ['endiŋ] fin *f*; achèvement *m*; *gramm.* terminaison *f*.

en·dive ♀ ['endiv] chicorée *f*; *a.* endive *f*.

end·less □ ['endlis] sans fin (*a.* ⊕); infini; continuel(le *f*).

end-of-term [endəv'tə:m] *école:* fin de semestre.

en·dorse † [in'dɔ:s] endosser (*un document*); mentionner (*qch.*) au verso de; avaliser (*un effet*); viser (*un passeport*); *fig.* appuyer; *endorsing ink* encre *f* à tampon; **en·dor'see** † [endɔ:'si:] endossataire *mf*; **en·dorse·ment** [in'dɔ:smənt] † endos(sement) *m*; *fig.* approbation *f*; adhésion *f*; **en'dors·er** † endosseur *m*.

en·dow [in'dau] doter (*une église etc.*); fonder; *fig.* douer; **en'dow·ment** dotation *f*; fondation *f*; *fig.* don *m* (= qualité); *~ assurance* assurance *f* à terme fixe.

en·due [in'dju:] revêtir (*un vêtement*; *q. with, with*); *usu. fig.* investir; douer.

en·dur·a·ble [in'djuərəbl] supportable; **en'dur·ance** endurance *f*, résistance *f*; patience *f*; *past ~* insupportable; *~ flight* vol *m* d'endurance; *~ run* course *f* d'endurance; **en·dure** [in'djuə] *v/t.* supporter, souffrir (*qch.*); *v/i.* durer, rester, persister.

end·way(s) ['endwei(z)], **end·wise** ['~waiz] debout; bout à bout.

en·e·ma *♫* ['enimə] lavement *m*; irrigateur *m*.

en·e·my ['enimi] 1. ennemi(e *f*) *m*; *the* ♀ *the diable m*; *sl. how goes the ~?* quelle heure est-il?; 2. ennemi(e *f*).

en·er·get·ic [enə'dʒetik] (*~ally*) énergique; '**en·er·gize** stimuler; *✗* aimanter; amorcer (*un dynamo*); '**en·er·gy** énergie *f* (*a. phys.*); force *f*; vigueur *f*; *~ crisis* crise *f* de l'énergie; '**en·er·gy-sav·ing** qui économise de l'énergie, à faible consommation d'énergie.

en·er·vate ['enə:veit] énerver, affaiblir; **en·er'va·tion** affaiblissement *m*; mollesse *f*.

en·fee·ble [in'fi:bl] affaiblir; **en·'fee·ble·ment** affaiblissement *m*.

en·feoff [in'fef] investir d'un fief; inféoder (*une terre*); **en'feoff·ment** inféodation *f*.

en·fi·lade ⚔ [enfi'leid] 1. enfilade *f*; 2. battre d'enfilade.

en·fold [in'fould] envelopper.

en·force [in'fɔ:s] faire valoir (*un argument*); exécuter (*une loi*); rendre effectif (-ive *f*); faire observer; imposer (à q., *upon* s.o.); **en'force·ment** application *f*; exécution *f*; contrainte *f*; mise *f* en force.

en·fran·chise [in'fræntʃaiz] donner le droit de vote à (*q.*) *ou* de cité à (*une ville*); affranchir (*un esclave*); **en'fran·chise·ment** [~tʃizmənt] admission *f* au suffrage; affranchissement *m*.

en·gage [in'geidʒ] *v/t.* engager (*l'honneur, la parole, un domestique*); embaucher (*un ouvrier*); retenir, réserver, louer (*une place*); mettre en prise (*un engrenage*); fixer (*l'attention*); attaquer (*l'ennemi*); attirer (*l'affection*); be ~d être fiancé; être pris; être occupé (*a. téléph.*); be ~d en être occupé à; prendre part à; lier (*une conversation*); *v/i.* s'engager; s'obliger (à, to); s'embarquer (dans, in); ⚔ livrer combat, en venir aux mains; **en'gaged sig·nal** *ou* **tone** *téléph.* signal *m* d'occupé *ou* pas libre; **en·gage·ment** engagement *m*; promesse *f*; poste *m*, situation *f*; rendez-vous *m*; invitation *f*; fiançailles *f/pl.*; ⊕ mise *f* en prise; ⚔ action *f*, combat *m*.

en·gag·ing □ [in'geidʒiŋ] *fig.* attrayant, séduisant.

en·gen·der [in'dʒendə] *fig.* faire naître; engendrer; produire.

en·gine ['endʒin] machine *f*, appareil *m*; 🚂 locomotive *f*; ⊕ moteur *m*; *fig.* engin *m*, instrument *m*; **'en·gined** 🚂 à ... moteurs.

en·gine...: **'~-driv·er** 🚂 mécanicien *m*; **'~-fit·ter** ajusteur *m* mécanicien.

en·gi·neer [endʒi'niə] 1. ingénieur *m*; *fig.* agenceur (-euse *f*) *m*, *péj.* machinateur (-trice *f*) *m*; ⚔ soldat *m* du génie, ~s *pl.* le génie *m*; ⚓ ingénieur *m* maritime; 🚂 *Am.* mécanicien *m*; 2. construire; F machiner, manigancer; **en·gi'neer·ing** art *m* de l'ingénieur; génie *m*; technique *f*; construction *f* mécanique; F manœuvres *f/pl.*; *attr.* du génie; ~ college école *f* des arts et métiers.

en·gine-man ['endʒinmən] machiniste *m*; 🚂 mécanicien *m*; **en·gine-ry** ['~nəri] machines *f/pl.*; *fig.* machinations *f/pl.*

en·gird [in'gə:d] [*irr.* (*gird*)] ceindre (de, *with*).

Eng·lish ['ingliʃ] 1. anglais; *the* ~ Channel la Manche; 2. *ling.* anglais *m*; *the* ~ *pl.* les Anglais *m/pl.*; **~-speaking** anglophone (*pays etc.*); qui parle anglais (*personne*); **'Eng·lish·man** Anglais *m*; **'Eng·lish·wom·an** Anglaise *f*.

en·gorge [in'gɔ:dʒ] dévorer, engloutir.

en·graft 🌱 [in'grɑ:ft] greffer (sur in[to], up[on]); *fig.* inculquer (à, in).

en·grain [in'grein] teindre grand teint; *fig.* enraciner; **en'grained** encrassé; enraciné.

en·grave [in'greiv] graver (*a. fig.*); **en'grav·er** personne: graveur *m*; *outil:* burin *m*; ~ on copper chalcographe *m*; **en'grav·ing** gravure *f* (*sur bois, acier*); estampe *f*.

en·gross [in'grous] écrire en grosse; rédiger; absorber (*l'attention, q.*); s'emparer de; ~ing hand écriture *f* en grosse; **en'gross·ment** (rédaction *f* de la) grosse *f*; absorption *f* (dans, in).

en·gulf [in'gʌlf] *fig.* engloutir, engouffrer; be ~ed *a.* être sombré.

en·hance [in'hɑ:ns] rehausser; augmenter; relever; **en'hance·ment** rehaussement *m*; augmentation *f*; † *prix:* hausse *f*.

e·nig·ma [i'nigmə] énigme *f*; **e·nig·mat·ic, e·nig·mat·i·cal** □ [enig'mætik(l)] énigmatique.

en·join [in'dʒɔin] enjoindre, imposer; recommander (*qch.* à, upon s.o.); ~ s.o. from (*gér.*) interdire à *q.* de (*inf.*).

en·joy [in'dʒɔi] prendre plaisir à; goûter; jouir de; ~ o.s. s'amuser; se divertir; I my dinner je trouve le dîner bon; **en'joy·a·ble** agréable; excellent; **en'joy·ment** plaisir *m*; 🏛 jouissance *f*.

en·kin·dle [in'kindl] allumer; *fig.* enflammer.

en·lace [in'leis] enlacer.

en·large [in'lɑ:dʒ] *v/t.* agrandir (*a. phot.*); élargir; augmenter; *v/i.* s'agrandir, s'élargir, s'étendre (sur, [up]on); **en'large·ment** agrandissement *m* (*a. phot.*); élargissement *m*; accroissement *m*; **en'larg·er** *phot.* agrandisseur *m*.

en·light·en [in'laitn] éclairer (*q.* sur qch., *s.o.* on *s.th.*); **en'light·en·ment** éclaircissements *m/pl.*

en·list [in'list] *v/t.* enrôler (*un soldat*); engager, rattacher (à, in); ✗ ∼ed man (simple) soldat *m*; *v/i.* s'enrôler; s'engager (dans in).

en·liv·en [in'laivn] animer; *fig.* égayer, stimuler (*surt.* ✝).

en·mesh [in'meʃ] prendre dans un piège; empêtrer.

en·mi·ty [enmiti] inimitié *f.*

en·no·ble [i'noubl] anoblir; *fig.* ennoblir.

e·nor·mi·ty [i'nɔ:miti] énormité *f*; **e'nor·mous** □ énorme.

e·nough [i'nʌf] assez; sure ∼! assurément!; c'est bien vrai!; well ∼ passablement; très bien; be kind ∼ to (*inf.*) avoir la bonté de (*inf.*).

e·nounce [i'nauns] *see* enunciate.

en·quire [in'kwaiə] *see* inquire.

en·rage [in'reidʒ] enrager, rendre furieux (-euse *f*); **en'raged** furieux (-euse *f*) (contre, at).

en·rap·ture [in'ræptʃə] ravir.

en·rich [in'ritʃ] enrichir; ⚲ fertiliser (*le sol*); **en'rich·ment** enrichissement *m.*

en·rol(l) [in'roul] *v/t.* immatriculer (*un étudiant*); inscrire (*dans une liste*); engager (*des ouvriers*); ✗ enrôler, encadrer; *v/i.* (*ou* ∼ *o.s.*) ✗ s'engager; s'inscrire (à une société, *in a society*); se faire inscrire; **en'rol(l)·ment** enrôlement *m*; engagement *m.*

en route [ã:n'ru:t] en route.

en·sconce [in'skɔns] cacher; ∼ *o.s.* se camper, se blottir (dans, in).

en·shrine [in'ʃrain] enchâsser (*a. fig.*) (dans, in); [ensevelir.]

en·shroud [in'ʃraud] envelopper,]

en·sign ['ensain] étendard *m*, drapeau *m*; ♻ ['ensn] pavillon *m*; *Am.* enseigne *m.*

en·si·lage ['ensilidʒ] **1.** ensil(ot)age *m*; **2.** (*a.* **en·sile** [in'sail]) ensil(ot)er.

en·slave [in'sleiv] réduire à l'esclavage; asservir; **en'slave·ment** asservissement *m*; **en'slav·er** *surt. fig.* ensorceleuse *f.*

en·snare [in'snɛə] prendre au piège (*a. fig.*); *fig.* séduire (*une femme*).

en·sue [in'sju:] s'ensuivre (de from, on).

en·sure [in'ʃuə] (*against, from*) garantir (de), assurer (contre).

en·tab·la·ture △ [en'tæblətʃə] entablement *m.*

en·tail [in'teil] **1.** substitution *f*; bien *m* substitué; **2.** (*on*) substituer (*un bien*) (au profit de); entraîner (*des conséquences*) (pour); comporter (*des difficultés*) (pour).

en·tan·gle [in'tæŋgl] emmêler; enchevêtrer (*a. fig.*); *fig.* empêtrer; **en'tan·gle·ment** embrouillement *m*, enchevêtrement *m*; embarras *m*; ✗ barbelé *m*, -s *m/pl.*

en·ter ['entə] *v/t.* entrer dans, pénétrer dans; monter dans (*un taxi etc.*); inscrire, porter (*un nom*) dans une liste; entrer à (*l'armée, une école*); s'inscrire à (*une université etc.*); prendre part à (*une discussion, une querelle*); ✝ déclarer en douane, ♻ inscrire (*au grand livre*); faire des protestations); dresser (*un animal*); ✝ ∼ *up* *v/t.* inscrire (à un compte); *v/i.* entrer, s'inscrire, *sp.* s'engager (pour, for); entrer (à, at *school etc.*); ∼ *into* entrer dans (*les affaires, les détails*); entrer en (*conversation*); prendre part à; partager (*des idées, des sentiments*); *fig.* contracter (*un mariage*), conclure (*un marché*), fournir (*des explications*); ∼ (up)on entrer en (*fonctions*); entreprendre; embrasser (*une carrière*); entrer dans (*une année*); entamer (*un sujet*); s'engager dans (*qch.*); ♻♻ entrer en possession de (*qch.*); *théâ.* ∼ *Macbeth* entre Macbeth; **'en·ter·a·ble** ✝ importable; **'en·ter·ing** entrée *f*; inscription *f*; *attr.* d'entrée, d'attaque, de pénétration.

en·ter·ic 🩺 [en'terik] entérique; **en·ter·i·tis** [ˌtə'raitis] entérite *f.*

en·ter·prise ['entəpraiz] entreprise *f*; *fig.* initiative *f*; ✝ private ∼ entreprise *f* privée; le secteur privé; **'en·ter·pris·ing** □ entreprenant.

en·ter·tain [entə'tein] *v/t.* amuser, divertir; recevoir (*des invités*); fêter; accepter, accueillir (*une proposition* *etc.*); entretenir (*la correspondance*); avoir (*des doutes, une opinion*); être animé de (*un sentiment*); *v/i.* recevoir, donner une réception; **en·ter·tain·er** hôte(sse *f*) *m*; comique *m*; diseur (-euse *f*) *m*; **en·ter·tain·ing** □ amusant, divertissant; **en·ter·tain·ment** hospitalité *f*; soirée *f*; spectacle *m*; divertissement *m*, *a.* accueil *m*; ~ tax taxe *f* sur les spectacles.

en·thral(l) [in'θrɔːl] asservir; *fig.* captiver, charmer.

en·throne [in'θroun] mettre sur le trône; introniser (*un roi, un évêque*); **en·throne·ment**, **en·thron·i·za·tion** [enθronai'zeiʃn] intronisation *f*.

en·thuse F [in'θjuːz] s'enthousiasmer (*de, pour about, over*).

en·thu·si·asm [in'θjuːziæzm] enthousiasme *m*; **en·thu·si·ast** [~æst] enthousiaste *mf* (*de, for*); **en·thu·si·as·tic** (~*ally*) enthousiaste (*de at, about*); passionné.

en·tice [in'tais] séduire, attirer; **en·tice·ment** séduction *f*; attrait *m*; **en·tic·er** séducteur (-trice *f*) *m*; **en·tic·ing** □ séduisant, attrayant.

en·tire [in'taiə] **1.** □ entier (-ère *f*) (*a. cheval*), complet (-ète *f*), tout; intact; **2.** entier *m*; totalité *f*.; **en·tire·ly** entièrement, tout entier; du tout au tout; **en·tire·ness** intégralité *f*; **en·tire·ty** intégr(al)ité *f*.

en·ti·tle [in'taitl] intituler; donner le (*q.*) le droit (à, to).

en·ti·ty *phls.* ['entiti] entité *f*; *legal* ~ personne *f* juridique.

en·tomb [in'tuːm] ensevelir; **en·tomb·ment** ensevelissement *m*.

en·to·mol·o·gy *zo.* [entə'mɔlədʒi] entomologie *f*.

en·trails ['entreilz] *pl.* entrailles *f/pl.*

en·train ✕ [in'trein] (s')embarquer en chemin de fer.

en·trance¹ ['entrəns] entrée *f* (dans, *into*); *a.* en fonctions, *into* [*ou upon*] office); *a.* en fonctions, *into* [*ou upon*] office); accès *m*; pénétration *f*; (*a.* ~ fee) prix *m* d'entrée; *théâ.* entrée *f* en scène; ~ *examination* examen *m* d'entrée.

en·trance² [in'trɑːns] ravir, extasier.

en·trant ['entrənt] débutant(e *f*) *m*; *sp.* inscrit(e *f*) *m*.

en·trap [in'træp] prendre au piège;

amener (*q.*) par ruse (à *inf., into gér.*).

en·treat [in'triːt] supplier, prier; demander instamment (à, of); **en·treat·y** prière *f*, supplication *f*.

en·trench ✕ [in'trentʃ] retrancher; ~ *upon* empiéter sur; **en·trench·ment** retranchement *m*.

en·tre·pre·neur [ɔntrəprə'nəː] entrepreneur (-euse *f*) *m*; **en·tre·pre·neur·i·al** [~'nəːriəl] des entrepreneurs.

en·trust [in'trʌst] confier (qch. à q., *s.th. to s.o.*); charger (q. de qch., *s.o. with s.th.*).

en·try ['entri] entrée *f*; inscription *f*; ⟂ prise *f* de possession, entrée *f* en jouissance (de, [*up*]*on*); † *comptabilité*: partie *f*, *compte*: article *m*; *sp.* liste *f* des inscrits; *sp.* inscription *f*; ⚓ élément *m* (*du journal*); *Am.* commencement *m*; *no* ~ entrée interdite; *rue*: sens interdit; ~ *permit* permis *m* d'entrée; ~ *visa* visa *m* d'entrée; *make an* ~ *of s.th.* passer qch. en écriture; *bookkeeping by double (single)* ~ tenue *f* des livres *ou* comptabilité *f* en partie double (simple).

en·twine [in'twain], **en·twist** [in'twist] (s')entrelacer.

e·nu·mer·ate [i'njuːməreit] énumérer; **e·nu·mer·a·tion** énumération *f*.

e·nun·ci·ate [i'nʌnsieit] prononcer, articuler; énoncer, exprimer (*une opinion*); **e·nun·ci·a·tion** prononciation *f*, articulation *f*; *opinion*: énonciation *f*; *problème*: énoncé *m*.

en·vel·op [in'veləp] envelopper (*a.* ✕); *fig.* voiler; **en·ve·lope** ['enviloup], *Am. a.* **en·vel·op** [in'veləp] enveloppe *f*; ♀, *biol.* tunique *f*; *in* an ~ sous enveloppe; **en·vel·op·ment** [in'veləpmənt] enveloppement *m*; *biol.* enveloppe *f*.

en·ven·om [in'venəm] empoisonner; *fig.* envenimer.

en·vi·a·ble □ ['enviəbl] enviable, digne d'envie; **en·vi·er** envieux (-euse *f*) *m*; **en·vi·ous** envieux (-euse *f*) (de, of).

en·vi·ron [in'vaiərən] entourer, environner (de with); **en·vi·ron·ment** environnement *m*; milieu *m*; ambiance *f*; **en·vi·ron·men·tal** [~'mentl] du milieu; de l'environnement; écologiste; **en·vi·ron'men-**

tal·ist environnementaliste *mf*; **en·vi·rons** ['environz] *pl.* environs *m/pl.*, alentours *m/pl.*; voisinage *m*.

en·vis·age [in'vizidʒ] envisager (*un danger*); faire face à; se proposer (*un but*).

en·vi·sion [in'viʒən] prévoir.

en·voy ['envɔi] envoyé *m*.

en·vy ['envi] **1.** envie *f* (au sujet de qch. *of*, *at* s.th.; de q., *of* s.o.); **2.** envier (qch. à q., s.o. s.th.); porter envie à (*q.*).

en·wrap [in'ræp] envelopper, en-rouler.

en·zyme *biol.* ['enzaim] enzyme *m*.

e·pergne [i'pə:n] surtout *m* (*de table*).

e·phem·er·a zo. [i'femərə], **e'phem·er·on** [⌐rɔn], *pl. a.* **-er·a** [⌐ərə] éphémère *m*; *fig.* chose *f* éphémère; **e'phem·er·al** éphémère; passager (-ère *f*).

ep·ic ['epik] **1.** (*a.* '**ep·i·cal** □) épique; **2.** épopée *f*.

ep·i·cure ['epikjuə] gourmet *m*, gastronome *m*; **ep·i·cu·re·an** [⌐'riən] épicurien(ne *f*) (*a.* su./mf.).

ep·i·dem·ic ☞ [epi'demik] **1.** (⌐ally) épidémique; ∼ *disease* = **2.** épidémie *f*.   [derme *m*.]

ep·i·der·mis *anat.* [epi'də:mis] épi-

ep·i·gram ['epigræm] épigramme *f*; **ep·i·gram·mat·ic**, **ep·i·gram·mat·i·cal** □ [⌐grə'mætik(l)] épigrammatique.

ep·i·lep·sy ☞ ['epilepsi] épilepsie *f*; **ep·i·lep·tic** épileptique (*a.* su./mf.).

ep·i·logue ['epilɔg] épilogue *m*.

E·piph·a·ny [i'pifəni] Épiphanie *f*, F jour *m* des Rois.

e·pis·co·pa·cy [i'piskəpəsi] épiscopat *m*; gouvernement *m* par les évêques; **e'pis·co·pal** épiscopal (-aux *m/pl.*); **e·pis·co·pa·li·an** [⌐'peiljən] membre *m* de l'Église épiscopale; **e'pis·co·pate** [⌐pit] épiscopat *m*; évêques *m/pl.*; évêché *m*.

ep·i·sode ['episoud] épisode *m*; **ep·i·sod·ic**, **ep·i·sod·i·cal** □ [⌐'sodik(l)] épisodique.

e·pis·tle [i'pisl] épître *f*; *fig.* lettre *f*; **e'pis·to·lar·y** [⌐'tələri] épistolaire.

ep·i·taph ['epitɑ:f] épitaphe *f*.

ep·i·thet ['epiθet] épithète *f*.

ep·it·o·me [i'pitəmi] abrégé *m*, résumé *m*; **e'pit·o·mize** abréger, résumer.

ep·och ['i:pɔk] époque *f*.

Ep·som salts ['epsəm'sɔ:lts] *pl.* sulfate *m* de magnésie; sels *m/pl.* anglais.

e·qua·bil·i·ty [ekwə'biliti] uniformité *f*, égalité *f*; **e·qua·ble** □ uniforme; égal (-aux *m/pl.*) (*a. fig.*).

e·qual ['i:kwl] □ **1.** □ égal (-aux *m/pl.*); ∼ *to* à la hauteur de; égal à; ∼ *opportunities* pl. égalité *f* des chances, chances *f/pl.* égales; ∼ *rights* pl. égalité *f* des droits; **2.** égal (-e *f*) *m*; *my* ∼*s pl.* mes pareil(le)s; **3.** égaler; *not to be* ∼*led* sans égal; **e·qual·i·ty** [i:'kwɔliti] égalité *f*; **e·qual·i·za·tion** [i:kwəlai'zeiʃn] égalisation *f*; compensation *f*; '**e·qual·ize** *v/t.* égaliser (*avec to*, *with*); *v/i.* sp. marquer égalité de points; '**e·qual·i·zer** sp. but *m* égalisateur.

e·qua·nim·i·ty [i:kwə'nimiti] sérénité *f*; tranquillité *f* d'esprit.

e·quate [i'kweit] égaler (à *to*, *with*); Ӂ mettre en équation; **e'qua·tion** égalisation *f*; Ӂ, astr. équation *f*; **e'qua·tor** équateur *m*; *at the* ∼ sous l'équateur; **e·qua·to·ri·al** □ [ekwə'tɔ:riəl] équatorial (-aux *m/pl.*).

e·quer·ry [i'kweri] écuyer *m*.

e·ques·tri·an [i'kwestriən] **1.** équestre; d'équitation; **2.** cavalier (-ère *f*) *m*.   [équilatéral (-aux *m/pl.*).]

e·qui·lat·er·al □ ['i:kwi'lætərəl]

e·qui·li·brate [i:kwi'laibreit] *v/t.* mettre en équilibre; contrebalancer; *v/i.* être en équilibre; **e·quil·i·brist** [i:'kwilibrist] équilibriste *mf*; danseur (-euse *f*) *m* de corde; **e·quil·lib·ri·um** [⌐əm] équilibre *m*.

e·quine ['i:kwain] équin; du cheval; chevalin (*race*).

e·qui·noc·tial [i:kwi'nɔkʃl] équinoxial (-aux *m/pl.*); **e·qui·nox** ['∼nɔks] équinoxe *m*.

e·quip [i'kwip] équiper; monter (*une maison*, *une usine*); **e·qui·page** ['ekwipidʒ] équipement *m*; *véhicule*: équipage *m*; † suite *f*; **e·quip·ment** [i'kwipmənt] équipement *m*; *maison*: aménagement *m*; ⊕ outillage *m*.

e·qui·poise ['ekwipɔiz] **1.** équilibre *m*; poids *m* égal; **2.** équilibrer.

eq·ui·ta·ble □ ['ekwitəbl] équitable; '**eq·ui·ty** justice *f*; ☆☆ équité *f*, droit *m* équitable.

e·quiv·a·lence [i'kwivələns] équivalence *f*; **e'quiv·a·lent** équivalent (à, *to*) (*a. su./m*).

e·quiv·o·cal □ [i'kwivəkl] équivoque; ambigu(ë f); **e·quiv·o·cal·i·ty** [ˌkæliti] caractère m ou expression f équivoque; **e'quiv·o·cate** [ˌkeit] équivoquer; tergiverser; **e·quiv·o'ca·tion** équivocation f, tergiversation f.

e·qui·voque, eq·ui·voke ['ekwivouk] équivoque f; jeu m de mots.

e·ra ['iərə] ère f; époque f; âge m.

e·rad·i·cate [i'rædikeit] déraciner; **e·rad·i'ca·tion** déracinement m; fig. extirpation f.

e·rase [i'reiz] effacer (a. fig.), gratter, raturer; fig. oblitérer; **e'ras·er** grattoir m; gomme f; **e'ra·sure** [ˌʒə] rature f; suppression f.

ere † [ɛə] 1. cj. avant que (sbj.); 2. prp. avant; ~ this déjà; ~ long sous peu; ~ now déjà, auparavant.

e·rect [i'rekt] 1. □ droit; debout; 2. dresser; ériger; élever (une statue); édifier (une théorie etc.); **e'rec·tion** dressage m; construction f; érection f; édifice m; **e'rect·ness** attitude f droite; position f perpendiculaire; **e'rec·tor** constructeur m; ⊕ monteur m; anat. érecteur m.

er·e·mite ['erimait] ermite m; **er·e·mit·ic** [ˌ'mitik] érémitique.

erg phys. [ə:g] mesure: erg m.

er·go·nom·ics [ə:gou'nɔmiks] sg. ergonomie f.

er·got ♥ ['ə:gət] ergot m.

er·mine zo. ['ə:min] hermine f (a. fourrure); fig. (dignité f de) juge m.

e·rode [i'roud] éroder; ronger.

e·rog·e·nous [i'rɔdʒinəs] érogène.

e·ro·sion [i'rouʒn] érosion f; mer etc.: affouillement m; chaudière: usure f; **e'ro·sive** [ˌsiv] érosif (-ive f).

e·rot·ic [i'rɔtik] (poème m) érotique; **e'rot·i·cism** [ˌsizm] érotisme m.

err [ə:] errer, se tromper; s'égarer (de, from).

er·rand ['erənd] commission f, course f, message m; go (on) ~s faire des commissions; '~-boy garçon m de courses; hôtel: chasseur m.

er·rant ['erənt] errant; see knight-~; **'er·rant·ry** vie f errante (des chevaliers).

er·rat·ic [i'rætik] (ˌally) capricieux (-euse f); irrégulier (-ère f); géol., ♈ erratique; ~ fever fièvre f inter-

mittente; **er·ra·tum** [i'reitəm], pl. -ta [ˌtə] erratum m (pl. -ta).

er·ro·ne·ous □ [i'rounjəs] erroné.

er·ror ['erə] erreur f, faute f; ~ of judgement erreur f de jugement; ~ rate pourcentage m de fautes; ~s and omissions excepted sauf erreur ou omission.

e·ruc·ta·tion [i:rʌk'teiʃn] éructation f, renvoi m.

er·u·dite ['erudait] érudit, savant; **er·u·di·tion** [ˌ'diʃn] érudition f.

e·rupt [i'rʌpt] entrer en éruption (volcan etc.); percer (dent); **e'rup·tion** volcan, a. fig., a. ♈ éruption f; fig. éclat m, accès m; **e'rup·tive** éruptif (-ive f).

er·y·sip·e·las ♈ [eri'sipiləs] érysipèle m, érésipèle m.

es·ca·lade ⚔ [eskə'leid] escalade f.

es·ca·late ['eskəleit] (s')intensifier; monter (en flèche); **es·ca'la·tion** intensification f; montée f (en flèche).

es·ca·la·tor ['eskəleitə] escalier m roulant, escalator m.

es·ca·pade [eskə'peid] escapade f; **es·cape** [is'keip] 1. v/t. échapper à, éviter; faillir (inf., gér.); v/i. s'échapper, s'évader (de, from); se dégager (gaz etc.); 2. évasion f, fuite f; vapeur: échappement m; attr. d'échappement; ~ hatch trappe f de secours; have a narrow ~ l'échapper belle; **es'cape·ment** ⊕ pendule etc.: échappement m.

es·carp [is'ka:p] 1. (a. **es'carp·ment**) talus m; escarpement m; 2. escarper; taluter.

es·cheat ⚖ [is'tʃi:t] 1. déshérence f; dévolution f d'héritage à l'État; 2. v/i. tomber en déshérence; v/t. confisquer.

es·chew [is'tʃu:] éviter, renoncer à.

es·cort 1. ['eskɔ:t] escorte f; bal: cavalier m; 2. [is'kɔ:t] escorter; accompagner.

es·cri·toire [eskri'twa:] secrétaire m.

es·cu·lent ['eskjulənt] comestible (a. su./m). [(a. ⊕, ⚓).)

es·cutch·eon [is'kʌtʃn] écusson m.)

Es·ki·mo ['eskimou] Esquimau (pl. -aux) m, Esquimaude f.

es·pal·ier ↙ [is'pæljə] espalier m.

es·pe·cial [is'peʃl] spécial (-aux m/pl.); particulier (-ère f); **es'pe·cial·ly** particulièrement, surtout; spécialement.

give ~ témoigner (de, *of*; en faveur de, *for*; contre, *against*); 2. *v/t.* manifester, prouver (*qch.*); *v/i.* porter témoignage; **'ev·i·dent** □ évident, clair; patent; **ev·i·den·tial** □ [~'den∫l] indicateur (-trice *f*) (de, *of*).

e·vil ['i:vl] 1. □ mauvais; méchant; sinistre; malfaisant; *the* ~ *eye* le mauvais œil *m*; *the* ♀ *One* le Malin *m*, le Mauvais *m*, le diable *m*; 2. *mal m*; mauvais *m*; *the* ~ le mal *m*; malfaiteur (-trice *f*) *m*. [moigner.\]

e·vince ['i'vins] manifester, té-\

e·vis·cer·ate [i'visəreit] éviscérer.

ev·o·ca·tion [evo'kei∫n] évocation *f*; **e·voc·a·tive** [i'vɔkətiv] évocateur (-trice *f*).

e·voke [i'vouk] évoquer.

ev·o·lu·tion [i:və'lu:∫n] développement *m*; évolution *f* (*a.* ✕); ⚓ extraction *f* (*d'une racine*).

e·volve [i'vɔlv] (se) développer; (se) dérouler; (se) dégager (*gaz*).

ewe [ju:] brebis *f*.

ew·er ['ju:ə] pot *m* à eau; broc *m*.

ex [eks] 1. ♀ dégagé (e hors de; ~ *store* en magasin; *bourse:* ex-; ~ *officio* de droit, (à titre) d'office; 2. *devant su.:* ancien(ne *f*); ex-*minister* ex-ministre *m*.

ex·ac·er·bate [eks'æsəbeit] exaspérer, irriter; aggraver.

ex·act [ig'zækt] 1. □ exact; précis; juste; 2. exiger (*un impôt*), extorquer; réclamer; **ex'act·ing** exigeant; astreignant (*travail*); **ex'ac·tion** exaction *f*; **ex'act·i·tude** [~tju:d] exactitude *f*; **ex'act·ly** exactement; à vrai dire; ~! précisément!; *not* ~ *ne* ... pas à proprement parler; **ex'act·ness** see *exactitude*.

ex·ag·ger·ate [ig'zædʒəreit] exagérer; **ex·ag·ger·a·tion** exagération*f*; **ex'ag·ger·a·tive** [~ɔtiv] exagératif (-ive *f*); exagéré (*personne*).

ex·alt [ig'zɔ:lt] élever; louer; **ex·al·ta·tion** [egzɔ:l'tei∫n] élévation *f*; exaltation *f*; émotion *f* passionnée; **ex·alt·ed** [ig'zɔ:ltid] élevé; haut; exalté.

ex·am F [ig'zæm] *école:* examen *m*.

ex·am·i·na·tion [igzæmi'nei∫n] examen *m*; *douane:* visite *f*; interrogatoire *m*; inspection *f*; épreuve *f* (*écrite, orale*); *competitive* ~ concours *m*; **ex'am·ine** [~min] examiner (*q., qch.*); faire une enquête sur (*qch.*); visiter; contrôler; inter-

roger; **ex·am·i'nee** candidat(e *f*) *m*; **ex'am·in·er** examinateur (-trice *f*) *m*; **ex'am·in·ing 'bod·y** jury *m* d'examen.

ex·am·ple [ig'zɑ:mpl] exemple *m*; précédent *m*; *beyond* ~ sans précédent; *for* ~ par exemple; *make an* ~ *of* faire un exemple de (*q.*).

ex·as·per·ate [ig'zɑ:spəreit] exaspérer; irriter; aggraver (*la douleur etc.*); **ex·as·per'a·tion** exaspération *f*; aggravation *f* (de, *of*).

ex·ca·vate ['ekskəveit] *v/t.* creuser; approfondir; *v/i.* faire des fouilles; **ex·ca'va·tion** excavation *f*; fouille *f*; **'ex·ca·va·tor** excavateur *m*; fouilleuse *f*.

ex·ceed [ik'si:d] *v/t.* excéder, dépasser, outrepasser; surpasser (en, *in*), *v/i.* prédominer; **ex'ceed·ing** excessif (-ive *f*); **ex'ceed·ing·ly** extrêmement, excessivement.

ex·cel [ik'sel] *v/t.* surpasser; *v/i.* exceller (à *in, at*); **ex·cel·lence** ['eksələns] excellence *f*; perfection *f*; mérite *m*; **'Ex·cel·len·cy** Excellence *f*; **'ex·cel·lent** □ excellent, parfait.

ex·cept [ik'sept] 1. *v/t.* excepter, exclure; *v/i.* faire des objections; 2. *cj.* à moins que; excepté que; 3. *prp.* excepté, à l'exception de, sauf; ~ *for* à part; **ex'cept·ing** *prp.* à l'exception de; **ex'cep·tion** exception *f*; objection *f* (à, *to*); *take* ~ *to* s'offenser de; objecter (*qch.*) (à *q., in s.o.*); **ex'cep·tion·a·ble** récusable; blâmable; **ex'cep·tion·al** □ exceptionnel(le *f*); ~*ly* par exception.

ex·cerpt 1. [ek'sə:pt] extraire (*un passage*) (de, *from*); 2. ['eksə:pt] extrait *m* (de, *from*); emprunt *m* (à).

ex·cess [ik'ses] excès *m*; excédent *m*; surpoids *m*; *attr.* en surpoids; en excédent; *in* ~ *of* au-dessus de; *carry to* ~ pousser (*qch.*) trop loin; ~ *charge* supplément *m*; ~ *fare* supplément *m*; ~ *luggage* excédent *m* de bagages; ~ *money* argent *m* en surplus; ~ *postage* surtaxe *f* postale; ~ *profit* surplus *m* des bénéfices; **ex'ces·sive** □ excessif (-ive *f*); immodéré; ~*ly* à l'excès.

ex·change [iks't∫eindʒ] 1. échanger (contre, *for*); faire un échange de; 2. échange *m*; ♀ change *m*; (*bill of* ~) traite *f*; (*a.* ♀) Bourse *f*; téléph.

central *m*; *foreign* ~*(s pl.)* devises *f/pl.* étrangères *ou* sur l'étranger; *in* ~ *for* en échange de; ~ *control* contrôle *m* des changes; ~ *list* bulletin *m* des changes; ~ *market* marché *m* des changes; ~ *office* bureau *m* de change; *free* ~ libre-échange *m*; *par of* ~ pair *m* du change; *(rate of)* ~ cours *m ou* taux *m* du change; **ex·'change·able** échangeable (contre, pour *for*); ~ *value* valeur *f* d'échange; ☂ contre-valeur *f*.

ex·cheq·uer [iks'tʃekə] Trésor *m* public; F budget *m*; Ministère *m* des Finances; *Chancellor of the* ♀ Ministre *m* des Finances *(britannique)*; ~ *bill* bon *m* du Trésor.

ex·cise¹ [ek'saiz] **1.** régie *f*; contributions *f/pl.* indirectes; **2.** imposer; frapper d'une imposition.

ex·cise² [~] retrancher; **ex·ci·sion** [ek'siʒn] excision *f*; incision *f*.

ex·cit·a·bil·i·ty [iksaitə'biliti] émotivité *f*; **ex·'cit·a·ble** émotionnable; mobile *(foule)*; **ex·cit·ant** ['eksitənt] stimulant *m*; **ex·ci·ta·tion** [eksi'teiʃn] excitation *f*; **ex·'cite** [ik'sait] provoquer, soulever, exciter; animer; **ex·'cite·ment** agitation *f*; émotion *f*; excitation *f*; **ex·'cit·er** instigateur *-trice f) m*; ⚡ excitant *m*; ⚡ excitateur *m*.

ex·claim [iks'kleim] *v/i.* s'exclamer; s'écrier; ~ *against* se récrier contre; *v/t.* crier.

ex·cla·ma·tion [eksklə'meiʃn] exclamation *f*; *note (ou mark ou point) of* ~, ~ *mark* point *m* d'exclamation; **ex·clam·a·to·ry** [~'klæmətəri] exclamatif (-ive *f*).

ex·clude [iks'klu:d] exclure; *fig.* écarter.

ex·clu·sion [iks'klu:ʒn] exclusion *f*; refus *m* d'admission (à, *from*); **ex·'clu·sive** □ [~siv] exclusif (-ive *f*); en exclusivité *(film)*; seul, unique; très fermé *(cercle)*; ~ *of* non compris; *be mutually* ~ s'exclure mutuellement.

ex·cog·i·tate [eks'kɔdʒiteit] combiner; *péj.* machiner; **ex·cog·i·'ta·tion** excogitation *f*; méditation *f*.

ex·com·mu·ni·cate [ekskə'mju:nikeit] excommunier; **ex·com·mu·ni·'ca·tion** excommunication *f*.

ex·co·ri·ate [eks'kɔ:rieit] excorier, écorcher *(la peau)*.

ex·cre·ment ['ekskrimənt] excrément *m*; **ex·cre·men·tal** [~'mentl], **ex·cre·men·ti·tious** [~'tiʃəs] excrémen(ti)tiel(le *f*).

ex·cres·cence [iks'kresns] excroissance *f*; excrescence *f*; **ex·'crescent** qui forme une excroissance; superflu.

ex·crete [eks'kri:t] excréter; sécréter; **ex·'cre·tion** excrétion *f*; sécrétion *f*; **ex·'cre·tive**, **ex·'cre·to·ry** [~təri] excréteur (-trice *f*); excrétoire.

ex·cru·ci·ate [iks'kru:ʃieit] torturer; **ex·'cru·ci·at·ing** □ atroce; **ex·cru·ci·a·tion** torture *f*, supplice *m*.

ex·cul·pate ['ekskʌlpeit] disculper, exonérer; justifier *(q.)*; **ex·cul·'pa·tion** exonération *f*; justification *f*; **ex·'cul·pa·to·ry** [~pətəri] justificatif (-ive *f*).

ex·cur·sion [iks'kə:ʃn] excursion *f*; partie *f* de plaisir; *mot.* randonnée *f*; ~ *train* train *m* de plaisir; **ex·'cur·sion·ist** excursionniste *mf*.

ex·cur·sive □ [iks'kə:siv] digressif (-ive *f*); vagabond.

ex·cus·a·ble □ [iks'kju:zəbl] excusable; **ex·cuse** [iks'kju:z] **1.** excuser; pardonner *(qch. à q., s.o. s.th.)*; **2.** [~'kju:s] excuse *f*, prétexte *m*.

ex·di·rec·to·ry [eksdi'rektəri] qui n'est pas dans l'annuaire téléphonique.

ex·e·cra·ble □ ['eksikrəbl] exécrable; **ex·e·crate** ['~kreit] exécrer, détester; **ex·e·'cra·tion** exécration *f*; malédiction *f*.

ex·e·cu·tant ♪ [ig'zekjutənt] exécutant(e *f) m*; **ex·e·cute** ['eksikju:t] exécuter *(projet, ordre, testament, ♪, ⚖)*; ☂ effectuer *(un transfert)*; ⚖ souscrire *(un acte)*; **ex·e·'cu·tion** exécution *f (see execute)*; ⚖ souscription *f (d'un acte)*, saisie-exécution *(pl. saisies-exécutions) f*; jeu *m (d'un musicien)*; *fig.* carnage *m*; *a man of* ~ un homme *m* énergique; *take out an* ~ *against* faire une exécution sur; ⚒, *a. fig.* do ~ causer des ravages; **ex·e·cu·tion·er** bourreau *m*; **ex·ec·u·tive** [ig'zekjutiv] **1.** □ exécutif (-ive *f*); ~ *committee* bureau *m (d'une société)*, commission *f* exécutive *(d'un parti)*; ~ *editor* rédacteur *m* en chef; ~ *suite* bureaux *m/pl.* de la direction;

2. (pouvoir *m*) exécutif *m*; bureau *m*; *Am.* président *m*; *pol.* gouverneur *m*; † directeur *m* (*commercial*); **ex'ec·u·tor** [ʌtə] exécuteur *m* testamentaire; **ex'ec·u·to·ry** exécutif (-ive *f*); ₤ exécutoire, en vigueur; non encore exécuté.

ex·em·plar [ig'zemplə] exemplaire *m*; **ex·em'pla·ri·ness** exemplarité *f*; **ex'em·pla·ry** exemplaire; typique.

ex·em·pli·fi·ca·tion [igzemplifi-'keiʃn] démonstration *f*; exemple *m*; ₤ copie *f* authentique; **ex'em·pli·fy** [ʌfai] démontrer, expliquer; servir d'exemple; donner un exemple de; ₤ faire une ampliation de.

ex·empt [ig'zempt] **1.** exempt, franc(he *f*), dispensé (de, *from*); **2.** exempter, dispenser (de, *from*); **ex'emp·tion** exemption *f*, dispense *f* (de, *from*).

ex·e·quies ['eksikwiz] *pl.* convoi *m* funèbre; obsèques *f/pl.*

ex·er·cise ['eksəsaiz] **1.** exercice *m* (*d'une faculté, a. école, ♪, etc.*); ♣ évolution *f*; *école:* devoir *m*, thème *m*; ~ *book école:* cahier *m*; take ~ prendre de l'exercice; *Am.* ~s *pl.* cérémonies *f/pl.*; **2.** *v/t.* exercer (*corps, esprit, influence, métier, faculté*); pratiquer; user de; promener (*un cheval*); tracasser; *v/i.* s'entraîner; ✗ faire l'exercice; **'ex·er·cis·er** exerciseur *m*.

ex·ert [ig'zə:t] exercer (*de l'influence etc.*); employer (*de la force*); ~ *o.s.* s'employer; s'efforcer (de, *to*); **ex'er·tion** effort *m*; emploi *m*.

ex·e·unt *théâ.* ['eksiʌnt] ... sortent.

ex·fo·li·ate [eks'foulieit] (s')exfolier; (se) déliter (*pierre*).

ex·ha·la·tion [ekshə'leiʃn] exhalaison *f*; *souffle:* expiration *f*; **ex·hale** [ʌ'heil] *v/t.* exhaler (*odeur, souffle, prière, rage*); *fig.* respirer; *v/i.* s'exhaler.

ex·haust [ig'zɔ:st] **1.** épuiser (*a. fig.*); vider (de, *of*); aspirer (*l'air, du gaz, etc.*); ~ *the air* faire le vide (dans, *in*); **2.** ⊕ échappement *m*; ~ *box* pot *m* d'échappement; silencieux *m*; ~ *cut-out* (*ou muffler*) soupape *f* d'échappement libre; silencieux *m*; ~ *fumes pl.*, ~ *gas* gaz *m* d'échappement; ~ *pipe* tuyau *m* d'échappement; ~ *steam* vapeur *f* d'échappement; ~ *valve* soupape *f* d'échappement; **ex'haust·ed** *usu.* épuisé (*a. fig.*), usé; vide d'air; **ex'haust·i·ble** épuisable; **ex'haust·ing** □ épuisant; ⊕ d'épuisement; **ex'haus·tion** épuisement *m*; **ex'haus·tive** □ *see* exhausting; approfondi.

ex·hib·it [ig'zibit] **1.** exhiber (*a.* ₤); montrer; offrir; exposer; **2.** objet *m* exposé; exposition *f*; ₤ pièce *f* à l'appui; on ~ exposé; **ex·hi·bi·tion** [eksi'biʃn] exposition *f*; étalage *m*; démonstration *f*; *cin.* présentation *f*; ₤ exhibition *f*; make an ~ of o.s. faire spectacle; on ~ exposé; **ex·hi·'bi·tion·er** boursier (-ère *f*) *m*; **ex·hib·i·tor** [ig'zibitə] exposant(e *f*) *m*; *cin.* exploitant *m* d'un cinéma.

ex·hil·a·rate [ig'ziləreit] égayer; ranimer; **ex·hil·a'ra·tion** gaieté *f*, joie *f* de vivre.

ex·hort [ig'zɔ:t] exhorter; **ex·hor·ta·tion** [egzɔ:'teiʃn] exhortation *f*; **ex·hor·ta·tive** [ig'zɔ:tətiv], **ex·'hor·ta·to·ry** [ʌtəri] exhortatif (-ive *f*), exhortatoire.

ex·hu·ma·tion [ekshju:'meiʃn] exhumation *f*; **ex·hume** [ʌ'hju:m] déterrer.

ex·i·gence, **ex·i·gen·cy** ['eksidʒəns(i)] exigence *f*; nécessité *f*; situation *f* critique; **'ex·i·gent** urgent, pressant; exigeant; be ~ of exiger.

ex·ig·u·ous [eg'zigjuəs] exigu (-üe *f*); modique (*revenu etc.*).

ex·ile ['eksail] **1.** exil *m*; *personne:* exilé(e *f*) *m*; **2.** exiler, bannir.

ex·ist [ig'zist] exister; être; se trouver; vivre; *phls.* être *m*; **ex·'ist·ence** existence *f*; vie *f*; *phls.* être *m*; in ~ = **ex·'ist·ent** existant; actuel(le *f*).

ex·it ['eksit] **1.** sortie *f*; *fig.* fin *f*, mort *f*; ~ *permit* permis *m* de sortie; ~ *visa* visa *m* de sortie; **2.** *théâ.* ... sort. [*fig.* sortie *f.*]

ex·o·dus ['eksədəs] *bibl.* exode *m*;

ex·on·er·ate [ig'zɔnəreit] exonérer, disculper; dispenser (de, *from*); **ex·on·er·a·tion** exonération *f*, décharge *f*.

ex·or·bi·tance, **ex·or·bi·tan·cy** [ig-'zɔ:bitəns(i)] énormité *f*; **ex·'or·bi·tant** □ exorbitant, excessif (-ive *f*).

ex·or·cism ['eksɔ:sizm] exorcisme *m*; **'ex·or·cist** exorciste *m*; **ex·or·cize** ['ʌsaiz] exorciser (*un démon, un possédé*); chasser (de, *from*). [que.]

ex·ot·ic [eg'zɔtik] (*plante f*) exoti-

ex·pand [iks'pænd] (s')étendre; (se) déployer (*ailes*); (se) dilater (*yeux, gaz, solide*); (se) développer (*abrégé, poitrine, formule*); amplifier; (s')élargir; **ex'pand·er** extenseur *m*; ⊕ mécanisme *m* d'expansion; **ex·panse** [‿'pæns] étendue *f*; **ex·pan·si·bil·i·ty** [‿sə'biliti] expansibilité *f*; *phys.* dilatabilité *f*; **ex'pan·si·ble** expansible; *phys.* dilatable; **ex'pan·sion** expansion *f* (*a. pol.*); dilatation *f*; ⊕ détente *f*; **ex'pan·sive** □ expansif (-ive *f*) (*a. fig.*); dilatable; étendu; **ex'pan·sive·ness** expansibilité *f* (*a. d'une personne*); dilatabilité *f*.

ex·pa·ti·ate [eks'peiʃieit] s'étendre (sur, on); **ex·pa·ti'a·tion** long discours *m*; prolixité *f*.

ex·pa·tri·ate [eks'pætrieit] expatrier, bannir; **ex·pa·tri'a·tion** expatriation *f*.

ex·pect [iks'pekt] attendre (de of, from); compter sur; s'attendre à; F penser, croire; **ex'pect·an·cy** attente *f*, espoir *m*; **ex'pect·ant 1.** qui attend; be ~ of attendre (qch.); be ~ attendre un bébé; ~ mother future maman *f*; **2.** aspirant (-e *f*) *m*; **ex·pec'ta·tion** attente *f*; espérance *f*; probabilité *f*; ⊞ expectative *f* d'héritage; beyond ~ au-delà de mes etc. espérances; on (*ou* in) ~ dans l'attente de; **ex'pect·ing** see expectant 1.

ex·pec·to·rate [eks'pektəreit] *v/t.* expectorer; *v/i.* cracher; **ex·pec·to'ra·tion** expectoration *f*; crachat *m*.

ex·pe·di·ence, ex·pe·di·en·cy [iks'pi:djəns(i)] convenance *f*, à-propos *m*; *péj.* opportunisme *m*; **ex'pe·di·ent 1.** □ expédient, avantageux (-euse *f*); pratique; **2.** expédient *m*, moyen *m*, ressource *f*; **ex·pe·dite** ['ekspidait] expédier; accélérer, hâter; **ex·pe·di·tion** [‿'diʃn] promptitude *f*; diligence *f*; ⚔ etc.: expédition *f*; **ex·pe·di·tion·ar·y** expéditionnaire; **ex·pe·di·tious** □ prompt; rapide; expéditif (-ive *f*).

ex·pel [iks'pel] expulser, chasser; renvoyer (q. de l'école, s.o. [from] the school).

ex·pend [iks'pend] dépenser (de l'argent); consacrer (le temps à on s.th., in inf.); épuiser (les forces, les ressources); **ex'pend·a·ble** dépensable; **ex'pend·i·ture** [‿itʃə] dé-

pense *f* (d'argent etc.); consommation *f*; dépense *f*, -s *f/pl.*; **ex·pense** [‿'pens] dépense *f*; frais *m/pl.*; F prix *m*; dépens *m/pl.*; ~s *pl.* dépenses *f/pl.*, frais *m/pl.*; indemnité *f*; at my ~ à mes frais; à mes dépens; at the ~ of aux dépens de; at great ~ à grands frais; **ex'pen·sive** □ coûteux (-euse *f*), cher (chère *f*).

ex·pe·ri·ence [iks'piəriəns] **1.** expérience *f*; aventure *f*; **2.** éprouver; essuyer (des insultes); **ex'pe·ri·enced** éprouvé; averti, expérimenté; exercé (à, in); consommé.

ex·per·i·ment 1. [iks'perimənt] expérience *f*; épreuve *f*; [‿ment] expérimenter (sur, avec on, with); faire des expériences; **ex·per·i·men·tal** □ [eksperi'mentl] expérimental (-aux *m/pl.*); d'expérience; d'essai; d'épreuve; **ex·per·i'men·tal·ist** [‿təlist], **ex·per·i·men·ter** [iks'perimentə] expérimentaliste *mf*; expérimentateur (-trice *f*) *m*.

ex·pert ['ekspə:t] **1.** □ (*préd.* ['‿'pə:t] expert (en at, in), adroit, habile; ~ opinion avis *m* d'expert; expertise *f*; ~ worker ouvrier *m* spécialisé; homme *m* du métier; **2.** expert *m*; spécialiste *m*; **'ex·pert·ness** adresse *f* (à, in); expertise *f*.

ex·pi·a·ble ['ekspiəbl] expiable; **ex·pi·ate** ['‿pieit] expier; **ex·pi'a·tion** expiation *f*; **ex·pi·a·to·ry** ['‿piətəri] expiatoire.

ex·pi·ra·tion [ekspaiə'reiʃn] expiration *f*; cessation *f*; fin *f*; † échéance *f*; **ex·pir·a·to·ry** [iks'paiərətəri] expirateur; **ex'pire** *v/t.* expirer; *v/i.* expirer (a. temps, contrat, etc.); mourir; s'éteindre (feu); fig. s'évanouir.

ex·plain [iks'plein] expliquer; éclaircir; élucider; justifier (une conduite); **ex'plain·a·ble** explicable; justifiable (conduite).

ex·pla·na·tion [eksplə'neiʃn] explication *f*, éclaircissement *m*; **ex·plan·a·to·ry** □ [iks'plænətəri] explicatif (-ive *f*).

ex·ple·tive [eks'pli:tiv] **1.** □ explétif (-ive *f*); **2.** gramm. explétif *m*; fig. juron *m*.

ex·pli·ca·ble ['eksplikəbl] explicable; justifiable (conduite); **ex·pli·cate** ['‿keit] développer; **ex·pli·ca-**

tive ['ˌkətiv], **ex·pli·ca·to·ry** ['ˌ~təri] explicatif (-ive f).

ex·plic·it □ [iks'plisit] explicite; formel(le f), clair; *fig.* franc(he f).

ex·plode [iks'ploud] (faire) sauter; (faire) éclater (de, with); *v/t.* discréditer; **ex'plod·ed** éclaté; discrédité (*théorie*).

ex·ploit 1. [iks'plɔit] exploiter (*a. fig.*); **2.** ['eksplɔit] exploit m; **ex·ploi'ta·tion** exploitation f.

ex·plo·ra·tion [eksplɔ:'reiʃn] exploration f (*a. ⚕*); reconnaissance f (*du terrain*) d'exploration; de découverte; **ex'plor·a·to·ry** [ˌ~rətəri] d'exploration; de découverte; **ex·plore** [iks'plɔ:] explorer; aller à la découverte dans (*un pays*); reconnaître (*un terrain*); **ex'plor·er** explorateur (-trice f).

ex·plo·sion [iks'plouʒn] explosion f (*a. fig.*); détonation f; **ex'plo·sive** [ˌsiv] **1.** □ explosif (-ive f); explosible (*arme etc.*); **2.** explosif m.

ex·po·nent [eks'pounənt] interprète mf; explicateur (-trice f) m; ⅍ exposant m.

ex·port 1. [eks'pɔ:t] exporter; **2.** ['ekspɔ:t] marchandise f exportée; exportation f; ~s pl. articles m/pl. d'exportation; exportation f; **ex'port·a·ble** exportable; **ex·por·ta·tion** [ˌ~'teiʃn] exportation f; **ex'port·er** exportateur (-trice f) m.

ex·pose [iks'pouz] exposer (*a. phot.*); étaler; démasquer; mettre à découvert; dévoiler; **ex·po·si·tion** [ekspə'ziʃn] exposition f; exposé m; **ex·pos·i·tive** [ˌ~'pozitiv] expositoire; **ex'pos·i·tor** interprète mf; commentateur (-trice f) m.

ex·pos·tu·late [iks'pɔstjuleit] reprocher (amicalement) (qch. à q., with s.o. for s.th); sermonner (sur, [up]on); **ex·pos·tu'la·tion** remontrance f, -s f/pl.

ex·po·sure [iks'pouʒə] exposition f (*au danger, au froid, d'un bébé*); étalage m (*d'articles*); *fig.* dévoilement m, mise f à nu; *phot.* pose f; ~ meter photomètre m; ~ time temps m de pose; ~ table tableau m de temps de pose; *death from* ~ mort f de froid.

ex·pound [iks'paund] expliquer; exposer (*une doctrine*).

ex·press [iks'pres] **1.** □ exprès (-esse f); formel(le f); 🚂 rapide; ~ company *Am.* compagnie f de

messageries; *Am.* ~way autostrade f; **2.** exprès m; (a ~ train) rapide m, express m; by ~ = **3.** *adv.* en toute hâte; sans arrêt; send s.th. ~ poste: envoyer qch. exprès; **4.** exprimer (*un sentiment, du jus, etc.*); énoncer (*un principe*); émettre (*une opinion*); not ~ed sous-entendu; **ex'press·i·ble** exprimable; **ex'pres·sion** [ˌ~preʃn] ♪, ⅍, gramm., peint., visage: expression f; **ex'pres·sive** □ [ˌ~siv] expressif (-ive f); be ~ of exprimer (*qch.*); **ex'press·ly** expressément; exprès.

ex·pro·pri·ate [eks'prouprieit] exproprier (q. de qch., s.o. from s.th.); **ex·pro·pri'a·tion** expropriation f.

ex·pul·sion [iks'pʌlʃn] expulsion f; **ex'pul·sive** expulsif (-ive f).

ex·punge [eks'pʌndʒ] effacer, biffer.

ex·pur·gate ['ekspə:geit] expurger (*un livre*); épurer (*un texte*); supprimer (*un passage*); **ex·pur·ga·tion** expurgation f; épuration f.

ex·qui·site ['ekskwizit] **1.** □ exquis; ravissant; délicieux (-euse f); délicat; vif (vive f), atroce (*douleur etc.*); **2.** dandy m; **'ex·qui·site·ness** perfection f; exquisité f; finesse f; *douleur etc.*: acuité f.

ex·serv·ice·man ⚔ ['eks'sə:vismən] ancien combattant m.

ex·tant [eks'tænt] existant, qui existe.

ex·tem·po·ra·ne·ous □ [ekstempə-'reinjəs], **ex·tem·po·rar·y** [iks-'tempərəri], **ex·tem·po·re** [eks-'tempəri] impromptu, improvisé; **ex·tem·po·rize** [iks'tempəraiz] improviser; 🎵 préluder (*une ligne, un billet, une période*); transcrire (*de la sténographie*); ✝ proroger; ⚔ déployer; *in* ~ed order en fourrageurs; *v/i.* s'étendre, se prolonger; continuer.

ex·ten·si·bil·i·ty [ikstensə'biliti] extensibilité f; **ex'ten·si·ble** extensible; **ex'ten·sion** extension f; prolongation f; *table*: (r)allonge f; gramm. complément m; annexe f; *téléph.* poste m; ⚡ ~ cord allonge f de câble; ~ *ladder* échelle f coulissante; *University* ⚑ cours m populaire organisé par une université; **ex·ten·sive** ☐ [~siv] étendu, vaste; **ex·ten·sive·ness** étendue f.

ex·tent [iks'tent] étendue f; importance f; to the ~ of au point de; prêt d'argent etc.: jusqu'à concurrence de; to a certain ~ jusqu'à un certain point; to some ~ dans une certaine mesure; to that ~ à ce point-là; grant ~ for atermoyer.

ex·ten·u·ate [eks'tenjueit] atténuer; † amaigrir; **ex·ten·u·a·tion** atténuation f; affaiblissement m extrême.

ex·te·ri·or [eks'tiəriə] **1.** ☐ extérieur (à, to); en dehors (de, to); ♂ externe; **2.** extérieur m (a. cin.).

ex·ter·mi·nate [eks'tə:mineit] exterminer; **ex·ter·mi·na·tion** extermination f; **ex·ter·mi·na·tor** exterminateur (-trice f) m.

ex·ter·nal [eks'tə:nl] **1.** ☐ extérieur (à, to); du dehors; ♂, ♂ externe; ~ to en dehors de; **2.** ~s pl. dehors m (a. pl.); fig. apparence f; **ex·ter·nal·ize** extérioriser.

ex·tinct [iks'tiŋkt] éteint (a. fig.); **ex·tinc·tion** extinction f (a. fig.).

ex·tin·guish [iks'tiŋgwiʃ] éteindre (a. fig.); abolir (un office, une loi, etc.); exterminer; réduire (q.) au silence; **ex·tin·guish·er** lampe etc.: éteignoir m; personne: éteigneur (-euse f) m; see fire-~; **ex·tin·guish·ment** extinction f.

ex·tir·pate ['ekstə:peit] extirper, déraciner (a. ♂); **ex·tir·pa·tion** extirpation f, éradication f; **ex·tir·pa·tor** extirpateur (-trice f) m.

ex·tol [iks'tol] louer, vanter.

ex·tort [iks'to:t] extorquer, arracher (à, from); **ex·tor·tion** extorsion f; **ex·tor·tion·ate** [~ʃnit] exorbitant; **ex·tor·tion·er** extorqueur (-euse f) m; exacteur m.

ex·tra ['ekstrə] **1.** adj. en plus, à part; supplémentaire; ~ pay salaire m etc. supplémentaire; sp. ~ time prolongation f; **2.** adv. extra-; plus que d'ordinaire; **3.** su. supplément m; numéro m etc. supplémentaire; cin. figurant(e f) m; journ. édition f spéciale; ~s pl. frais m/pl. ou dépenses f/pl. supplémentaires; ~ special deuxième édition f spéciale (d'un journal du soir); ~-special F d'extra; supérieur.

ex·tract 1. ['ekstrækt] extrait m;

concentré m (a. ♏); **2.** [iks'trækt] extraire (a. ♏, ♂, une dent, un passage); tirer (argent, aveu, doctrine, plaisir, sons) (de, from); arracher (argent, aveu, dent) (à, from); **ex·trac·tion** extraction f; origine f; **ex·trac·tive 1.** extractif (-ive f); **2.** extractif m; **ex·trac·tor** arracheur (-euse f) m; ⊕ pince f; extracteur m.

ex·tra·cur·ric·u·lar ['ekstrəkə'rikjulə] hors programme.

ex·tra·dit·a·ble ['ekstrədaitəbl] qui justifie l'extradition; passible d'extradition (personne); **ex·tra·dite** ['~dait] extrader; obtenir l'extradition de; **ex·tra·di·tion** [~'diʃn] extradition f.

extra...: '~·ju'di·cial officieux (-ive f); extra-légal (-aux m/pl.); '~·'mar·i·tal extra-conjugal (-aux m/pl.); '~·'mu·ral en dehors de la ville; univ. hors faculté (professeur, cours, etc.).

ex·tra·ne·ous [eks'treinjəs] étranger (-ère f) (à, to).

ex·tra·or·di·nar·y [iks'tro:dnri] extraordinaire; remarquable; F prodigieux (-euse f) (trapoler.)

ex·tra·po·late [ek'stræpouleit] ex-

ex·tra·ter·res·tri·al ['ekstrəti'restriəl] extraterrestre.

ex·trav·a·gance [iks'trævigəns] extravagance f, exagération f; prodigalité f, gaspillage m (d'argent); **ex·trav·a·gant** ☐ extravagant, exagéré; prodigue (personne); exorbitant (prix); **ex·trav·a·gan·za** théâ. [ekstrævə'gænzə] œuvre f (musicale) fantaisiste.

ex·treme [iks'tri:m] **1.** ☐ extrême; très grand ou haut; dernier (-ère f) (point, supplice); eccl. ~ unction extrême onction f; **2.** extrême m; in the ~ au dernier degré; **ex·trem·ist** extrémiste mf, ultra m; **ex·trem·i·ty** [~'tremiti] extrémité f, bout m, point m extrême; gêne f; extremities pl. extrémités f/pl. (du corps); be reduced to extremities être dans la plus grande gêne.

ex·tri·cate ['ekstrikeit] dégager, tirer; ♏ libérer; **ex·tri·ca·tion** dégagement m, délivrance f; ♏ libération f.

ex·trin·sic [eks'trinsik] (~ally) extrinsèque; ~ to en dehors de.

ex·tro·vert ['ekstrouvə:t] extroverti(e f) m.

ex·trude [eks'tru:d] v/t. expulser; ⊕ refouler; v/i. géol. s'épancher.

ex·u·ber·ance [ig'zju:bərəns] exubérance f; richesse f; surabondance f (en idées); **ex'u·ber·ant** exubérant; débordant, surabondant; riche.

ex·u·da·tion [eksju:'deiʃn] exsudation f; écoulement m; **ex·ude** [ig'zju:d] exsuder; s'écouler (sève).

ex·ult [ig'zʌlt] exulter, se réjouir (de qch. at, in s.th.); triompher (de qch., at s.th.; sur q., over s.o.); **ex'ult·ant** exultant; triomphant; **ex·ul·ta·tion** [egzʌl'teiʃn] exultation f; triomphe m.

ex·u·vi·ate [ig'zju:vieit] (se) dépouiller (peau etc.).

eye [ai] **1.** œil (pl. yeux) m (a. ⚘, outil); regard m; aiguille: trou m; have an ~ for s'y connaître en; sl. my ~(s)! mince alors!; sl. it's all my ~! c'est de la blague!; mind your ~! gare à vous!; with an ~ to en vue de; **2.** observer, regarder; suivre des yeux; mesurer (q.) des yeux; '~·ball prunelle f; globe m de l'œil; '~·brow sourcil m; '~·catch·er F attraction f; **eyed** [aid] aux yeux...; ocellé (plume, aile).

eye ...: '~·drops pl. gouttes f/pl. pour les yeux; '~·ful F coup m d'œil; be (quite) an ~ a. valoir le coup d'œil; get an ~ se rincer l'œil; get an ~ of viser (= regarder); '~·glass monocle m; (a pair of) ~es pl. (un) pince-nez m/inv., (un) binocle m, (un) lorgnon m; '~·hole œillet m; △ judas m; ✠ cavité f de l'œil; '~·lash cil m; **eye·let** ['ailit] œillet m; petit trou m; aile: ocelle m.

eye ...: '~·lid paupière f; '~·o·pen·er révélation f; surprise f; '~·piece opt. oculaire m; ~ shad·ow fard m à paupières; '~·shot portée f de (la) vue; '~·sight vue f; portée f de la vue; '~·sore fig. chose f qui offense le regard; horreur f; '~·tooth dent f œillère; '~·wash **1.** collyre m; sl. boniment m, bourrage m de crâne; **2.** sl. jeter de la poudre aux yeux de (q.); '~·wit·ness témoin m oculaire.

ey·ot [eit] îlot m.

eyre hist. [ɛə]: justices in ~ juges m/pl. en tournée.

ey·rie, ey·ry ['aiəri] see aerie.

F

F, f [ef] F *m*, f *m*.

fa·ble ['feibl] **1.** fable *m*, conte *m*; *fig.* mythe *m*, invention *f*.

fab·ric ['fæbrik] édifice *m*, bâtiment *m*; *eccl.* fabrique *f*; étoffe *f*, tissu *m*; **fab·ri·cate** ['⌣keit] fabriquer (*usu. fig.*); inventer; **fab·ri·ca·tion** fabrication *f*; *fig.* invention *f*; contrefaçon *f*; '**fab·ri·ca·tor** inventeur *m*; *mensonge*: forgeur *m*; *document*: contrefacteur *m*.

fab·u·list ['fæbjulist] fabuliste *m*; *fig.* menteur (-euse *f*) *m*; '**fab·u·lous** □ légendaire.

fa·cade △ [fa'sɑːd] façade *f*.

face [feis] **1.** face *f*; visage *m*, figure *f*; air *m*, mine *f*; *horloge*: cadran *m*; *étoffe*: endroit *m*; aspect *m*; *fig.* impudence *f*, front *m*; *in* (the) ~ *of* devant; en présence de; ~ *to* ~ *with* vis-à-vis de; *save one's* ~ sauver la face; *on the* ~ *of it* à première vue; *set one's* ~ *against* s'opposer à, s'élever contre; ✝ ~ *value* valeur *f* nominale; **2.** *v/t.* affronter, braver; donner sur (*la cour etc.*); parer (*un habit*); envisager (*les faits*); revêtir (*un mur*); faire face à (*q.*); *be* ~*d with* être menacé de, se heurter à; *v/i.* être exposé *ou* tourné *ou* orienté; ~ *about* faire demi-tour; ✕ *left* ~! à gauche, gauche!; *about* ~! volteface!; ~ *up* to affronter (*un danger etc.*); **face card** *cartes*: figure *f*; **faced** (*with*) à revers (de *qch.*); contre-plaqué (de *bois*); '**face·down** épreuve *f* de force; '**face·less** *fig.* anonyme; '**face-lift·ing** remontée *f* du visage; lifting *m*; '**fac·er** gifle *f*, F tuile *f*.

fac·et ⊕ ['fæsit] facette *f*; '**fac·et·ed** à facettes.

fa·ce·tious □ [fə'siːʃəs] facétieux (-euse *f*), plaisant. (*visage.*)

fa·cial ['feiʃl] facial (-aux *m/pl.*); du⌋

fac·ile ['fæsail] facile; complaisant (*personne*); **fa·cil·i·tate** [fə'siliteit] faciliter; **fa·cil·i·ta·tion** action *f* de faciliter; **fa·cil·i·ty** facilité *f*; souplesse *f* de caractère.

fac·ing ['feisiŋ] ⊕ revêtement *m*; *moule*: poncif *m*; ✕ conversion *f* (à droite *etc.*); ~ *pl.* ✕ parement *m*.

fac·sim·i·le [fæk'simili] fac-similé *m*; ✝✝ copie *f* figurée; ~ *broadcast* (-*ing*) téléphotographie *f*.

fact [fækt] fait *m*, action *f*; réalité *f*; ~ *pl.* (*of the case*) faits *m/pl.* (de la cause), vérité *f*; *after the* ~ par assistance; *before the* ~ par instigation; *in* (point of) ~ au fait, en vérité; *tell s.o. about the* ~*s of life* apprendre à q. les choses de la vie; '~*-find·ing* pour établir les faits.

fac·tion ['fækʃn] *péj.* cabale *f*, faction *f*; dissension *f*; '**fac·tion·ist** factieux (-euse *f*) *m*, partisan *m*.

fac·tious □ ['fækʃəs] factieux (-euse *f*); '**fac·tious·ness** esprit *m* factieux.

fac·ti·tious □ [fæk'tiʃəs] factice, contrefait; faux (fausse *f*).

fac·tor ['fæktə] À, *fig.* facteur *m*; ✝ agent *m*, commissionnaire *m* en gros; '**fac·to·ry** fabrique *f*, usine *f*.

fac·to·tum [fæk'toutəm] factotum *m*, homme *m* à tout faire.

fac·tu·al ['fæktjuəl] effectif (-ive *f*), positif (-ive *f*), réel(le *f*); ~ *knowledge* connaissance *f* des faits.

fac·ul·ty ['fækəlti] pouvoir *m*; faculté *f* (*a. univ.*); *fig.* talent *m*; *eccl.* autorisation *f*; ✝✝ droit *m*; *Am.* corps *m* enseignant.

fad F [fæd] lubie *f*, marotte *f*, dada *m*; '**fad·dish**, '**fad·dy** maniaque; capricieux (-euse *f*); '**fad·dist** maniaque *mf*.

fade [feid] (*se*) faner, flétrir; (*se*) décolorer (*tissu*); s'affaiblir; (*a.* ~ *out*) s'évanouir, s'éteindre; ~ *down* (*ou out*) *cin.* (faire) partir dans un fondu; *radio*: faire fondre dans le lointain; ~ *in* (faire) arriver dans un fondu; '**fade·less** ineffaçable *f*; *tex.* bon teint; '**fad·ing 1.** □ qui se fane *etc.*; **2.** *radio*: fading *m*, évanouissement *m*; *cin.* fondu *m*.

fae·ces *pl.* ['fiːsiːz] fèces *f/pl.*; matières *f/pl.* fécales.

fall

fag F [fæg] **1.** corvée f, travail m pénible; *école:* petit m (*élève*) qui fait les corvées d'un grand; *sl.* sèche f, cigarette f; **2.** v/i. travailler dur; faire les corvées d'un grand élève; v/t. éreinter, fatiguer; '~-'end F bout m; queue f; sl. mégot m.

fag·ot, fag·got ['fægət] fagot m; ⊕ faisceau m, paquet m; Am. F pédé m.

Fahr·en·heit ['færənhait]: ~ thermo·meter thermomètre m Fahrenheit.

fail [feil] **1.** v/i. faire défaut, faillir; manquer (*cœur, force, pluie, voix, etc.*); diminuer; être refusé, échouer (*à un examen*); faire faillite; *mot.* rester en panne; baisser (*jour, lumière, santé*); he ~ed to do (*a. in doing*) manquer de faire; omettre de faire; he cannot ~ to il ne peut manquer de; v/t. (à); abandonner; manquer à ses engagements envers (*q.*); refuser (*un candidat*); his heart ~ed him le cœur lui manqua; **2.** without ~ sans faute; à coup sûr; '**fail·ing 1.** su. défaut m; faiblesse f; **2.** prp. faute de, à défaut de; ~ which faute de quoi; '**fail·ure** ['feiljə] manque m; défaut m; insuccès m; mot. panne f; affaiblissement m; fiasco m; faillite f; *personne:* raté(e f) m.

fain [fein] **1.** adj. bien disposé; trop heureux (-euse f) (de, to); **2.** adv. avec plaisir.

faint [feint] **1.** □ faible; léger (-ère f); feel ~ se sentir mal; **2.** s'évanouir; *fig.* mourir (de, with); **3.** évanouissement m; '~-'heart·ed [' ~'ha:tid] timide; lâche; '~-'heart·ed·ness pusillanimité f; '**faint·ness** faiblesse f.

fair¹ [fɛə] **1.** adj. beau (bel *devant une voyelle ou un h muet;* belle f; beaux m/pl.); juste; blond; ✝ loyal; assez bon(ne f); **2.** adj., a. adv. poli(ment); doux (douce f), adv. doucement; favorable(ment); loyal(ement); *école:* passable, assez bien (*mention*); passablement; ~ copy copie f au net; corrigé m; ~ dealing probité f, loyauté f; ~ play jeu m loyal, franc jeu m; traitement m juste; our ~ readers nos aimables lectrices f/pl.; the ~ pl. (a. the ~ sex) le beau sexe; ~ and softly tout doucement; ✝ ~ trade système m réciproque de libre échange; bid ~ to promettre de; speak

s.o. ~ parler poliment à q.; strike ~ frapper carrément.

fair² [~] foire f; grand marché m; '~-ground champ m de foire; '**fair·ing** † cadeau m acheté à la foire; ⚓ entoilage m; profilage m.

fair·ly ['fɛəli] adv. de fair¹; honnête·ment, loyalement; avec impartialité; passablement, assez; '**fair·ness** beauté f; cheveux: couleur f blonde; teint m blond; blancheur f; loyauté f; probité f; sp. franc jeu m; '**fair·spo·ken** à la parole courtoise; '**fair·way** ⚓ passage m, chenal m; '**fair·weath·er friend** ami m jusqu'à la bourse.

fair·y ['fɛəri] **1.** féerique; des fées; ~ lamp, ~ light lampion m; **2.** fée f; '**fair·y·land** pays m ou royaume m des fées; *fig.* pays m enchanté; '**fair·y·like** féerique; de fée; '**fair·y·tale** conte m de fées; *fig.* conte m bleu.

faith [feiθ] foi f (à qch., en Dieu); confiance f (en, in); croyance f; religion f; parole f; in good ~ de bonne foi; '~-cure guérison f par (auto)suggestion; **faith·ful** □ [' ~·ful] fidèle; loyal (-aux m/pl.); exact; the ~ pl. les fidèles m/pl.; yours ~ly Agréez l'expression de mes senti·ments distingués; '**faith·ful·ness** loyauté f (envers, to), fidélité f; exactitude f; '**faith·less** □ infidèle; perfide; incrédule; '**faith·less·ness** infidélité f; déloyauté f; perfidie f.

fake sl. [feik] **1.** chose f truquée; article m faux; (Am. a. '**fak·er** personne: simulateur (-trice f) m; **2.** (a. ~ up) truquer.

fal·con ['fɔːlkən] faucon m; '**fal·con·er** fauconnier m; '**fal·con·ry** fauconnerie f.

fald·stool ['fɔːldstuːl] prie-dieu m/inv.; siège m d'évêque; pliant m.

fall [fɔːl] **1.** chute f (a. d'eau, du jour, d'une ville); baromètre, eaux, théâ., rideau, température: baisse f; nuit: tombée f; pente f; descente f; arbres: abattis m; surt. Am. automne m; pluie, neige, etc.: quantité f; usu. ~s pl. chute f d'eau, cascade f; voix: cadence f; perte f, ruine f; ⚓ usu. ~s pl. garants m/pl.; the ♀ (of Man) la chute de l'homme; have a ~ tomber; **2.** [irr.] tomber (a. gou·vernement, nuit, vent); baisser (jour, prix, etc.); arriver; capituler (ville);

(*avec adj.*) devenir, tomber; naître (*animal*); (se) calmer (*mer*); retomber (*blâme, responsabilité, etc.*); s'effondrer (*bâtiment*); aller en pente, descendre; se projeter (*ombre*); *his countenance fell* sa figure s'allongea; *his spirits fell* il perdit courage; ~ *asleep* s'endormir; ~ *away* s'abaisser; déserter; ~ *back* tomber en arrière; reculer; se rabattre (sur, *upon*); ~ *behind* rester en arrière; se laisser devancer; ~ *between two stools* demeurer entre deux selles; ~ *down* tomber (par terre); s'écrouler; F échouer; ~ *due* venir à échéance; *surt. Am.* F ~ *for* tomber amoureux de; adopter (*qch.*) avec enthousiasme; ~ *from* (re)tomber de; ~ *ill* (*ou* ~ *sick*) tomber malade; ~ *in* s'effondrer; ✕ former les rangs; ⚖ expirer (*bail*); arriver à échéance (*dette*); ~ *in with* se prêter à (*un projet*); rencontrer (*q.*); s'accorder avec; ~ *in love with* tomber amoureux de; ~ *into* tomber dans (*l'eau*); contracter (*une habitude*); être induit en (*erreur*); dégénérer en; ~ *into line* se mettre en rangs; rentrer dans les rangs; ~ *off* tomber; faire défection; *fig.* décliner, diminuer; ~ *on* ✕ attaquer; fondre sur; se jeter sur; tomber sur (*q.*); ~ *out* se brouiller (avec, *with*); se passer, arriver; ✕ quitter les rangs; ~ *short* tomber en deçà (de, *of*); ~ *short of* ne pas atteindre, être audessous de; ~ *to see* voir; *a. se* mettre au travail; commencer; ~ *under* entrer dans (*une catégorie*).

fal·la·cious □ [fə'leiʃəs] illusoire; trompeur (-euse *f*); **fal·la·cious·ness** fausseté *f*.

fal·la·cy ['fæləsi] sophisme *m*; erreur *f*; faux raisonnement *m*.

fall·en ['fɔːlən] *p.p. de* fall 2.

fall guy *Am. sl.* ['fɔːl'gai] bouc *m* émissaire.

fal·li·bil·i·ty [fæli'biliti] faillibilité *f*; **fal·li·ble** [ˈfæləbl] faillible.

fall·ing ['fɔːliŋ] baisse *f*; chute *f etc.*; '~-**off** chute *f*; défection *f*; décroissement *m*; déclin *m*; '~ **star** étoile *f* filante. [radioactives.〕

fall·out ['fɔːlaut] retombées *f/pl.*〕

fal·low ['fæləu] 1. *zo.* fauve; en friche; 2. ✓ jachère *f*, friche *f*; 3. ✓ jachérer, défricher; '~-**deer** *zo.* daim *m*.

false □ [fɔːls] 1. *adj.* faux (fausse *f*); artificiel(le *f*); erroné; infidèle (à, to); *be* ~ *to* trahir; tromper; ~ *key* crochet *m*, rossignol *m*; ~ *teeth pl.* dentier *m*; 2. *adv.* play s.o. ~ trahir q.; **false·hood** ['~hud] mensonge *m*; fausseté *f*; faux *m*; '**false·ness** fausseté *f*; *femme etc.*: infidélité *f*.

fal·set·to ♪ [fɔːl'setou] fausset *m*.

fal·si·fi·ca·tion [fɔːlsifiˈkeiʃn] falsification *f*; altération *f*; **fal·si·fi·er** [ˈ~faiə] falsificateur (-trice *f*) *m*; **fal·si·fy** [ˈ~fai] falsifier; altérer; rendre vain; tromper; **fal·si·ty** [ˈ~ti] fausseté *f*.

fal·ter ['fɔːltə] *v/i.* chanceler; *fig.* hésiter, trembler (*voix*); *v/t.* balbutier.

fame [feim] renom(mée *f*) *m*; **famed** célèbre, renommé (*pour, for*).

fa·mil·iar [fəˈmiljə] 1. □ familier (-ère *f*) (à, to); intime; bien connu (de, to); au courant (de, with); 2. ami(e *f*) *m* intime; (*a. ~ spirit*) démon *m* familier; **fa·mil·i·ar·i·ty** [~liˈæriti] familiarité *f*; connaissance *f* (de, with); **fa·mil·i·ar·i·za·tion** [~ljəraiˈzeiʃn] accoutumance *f* (à, with), habitude *f* (de, with); **fa·mil·iar·ize** rendre familier.

fam·i·ly ['fæmili] 1. famille *f*; 2. de famille, familial (-aux *m/pl.*); in ~ *way* enceinte (*f*); ~ *allowance* allocation *f* familiale; ~ *doctor* médecin *m* de famille; ~ *man* père *m* de famille; ~ *tree* arbre *m* généalogique.

fam·ine ['fæmin] famine *f*; disette *f*.

fam·ish ['fæmiʃ] *v/t.* affamer; réduire à la famine; *v/i.* être affamé.

fa·mous □ ['feiməs] célèbre (pour, for); F fameux (-euse *f*), parfait.

fan¹ [fæn] 1. éventail *m* (*a. ⚓*); ventilateur *m*; ✈ van *m*; *mot.* ~ *belt* courroie *f* de ventilateur; 2. éventer; ⚒ vanner; souffler (*le feu*); *fig.* exciter.

fan² [~] *sp. etc.* fervent(e *f*) *m*; *cin.* fanatique *mf*; *radio:* sans-filiste *m*; *mots composés:* ~-*ophile m*.

fa·nat·ic [fəˈnætik] 1. (*a. fa·nat·i·cal* □ [~kl]) fanatique; 2. fanatique *mf*; **fa·nat·i·cism** [~isizm] fanatisme *m*.

fan·ci·er ['fænsiə] amateur (-trice *f*) *m* (d'oiseaux *etc.*).

fan·ci·ful □ ['fænsiful] fantastique; fantasque, imaginaire (*personne*).

fan·cy ['fænsi] **1.** fantaisie *f*, imagination *f*; idée *f*; caprice *m*, goût *m*; lubie *f*; the ~ les amateurs *m/pl.* de boxe; take a ~ to prendre goût à (*qch.*); s'éprendre de (*q.*); **2.** de fantaisie; de luxe; de pure imagination; ~ *apron* tablier *m* de fantaisie; ~ *ball* bal *m* travesti; ~ *dress* travesti *m*, costume *m*; ~ *fair* vente *f* de charité; ~ *goods pl.* nouveautés *f/pl.*, articles *m/pl.* de fantaisie; *sl.* ~ *man* souteneur *m*; ~ *price* prix *m* exagéré *ou* de fantaisie; **3.** s'imaginer, se figurer; croire, penser; avoir envie de (*qch.*); se sentir attiré vers (*q.*); *just* ~! figurez-vous (ça)!; '~-**free** libre comme l'air; '~-**work** broderie *f*; ouvrages *m/pl.* de dames.

fan·fare ['fænfɛə] fanfare *f*; sonnerie *f*; **fan·fa·ron·ade** [ˌfænfærə'nɑːd] fanfaronnade *f*, vanterie *f*.

fang [fæŋ] *chien*: croc *m*; *vipère*: crochet *m*; ⊕ soie *f*.

fan·ner ['fænə] ✈ van *m* mécanique; ⊕ ventilateur *m*.

fan·ta·sia ♪ [fæn'teizjə] fantaisie *f*; **fan·tas·tic** [ˌ'tæstik] (~*ally*) fantastique, bizarre; **fan·tas·ti·cal·ness** [ˌ'klnis] bizarrerie *f*; **fan·ta·sy** ['ˌtəsi] fantaisie *f*, caprice *m*.

far [fɑː] *adj.* lointain, éloigné; *adv.* loin, au loin; beaucoup, fort, bien; ~ *better* beaucoup mieux; *the best* de beaucoup le meilleur; *as* ~ *as* jusqu'à; *by* ~ de beaucoup; ~ *from* (*gér.*) loin de (*inf.*); *in so* ~ *as* dans la mesure où; '~-**a·way** ['fɑːrəwei] lointain; *fig.* vague.

farce *théâ.* [fɑːs] farce *f* (*a. cuis.*); **far·ci·cal** □ ['ˌikl] burlesque; *fig.* grotesque.

fare [fɛə] **1.** prix *m* (du voyage, de la place, *etc.*); chère *f*, manger *m*; *personne*: client(e *f*) *m*; **2.** voyager; aller (*bien ou mal*); ~ *well!* adieu!; '~-**in·di·ca·tor** tarif *m*; '~-**well 1.** adieu!; **2.** adieu *m*, -x *m/pl.*; **3.** d'adieu; ~ *party* soirée *f* d'adieu.

far... [fɑː]: '~-**fetched** *fig.* tiré par les cheveux, recherché, forcé; '~-**flung** *fig.* vaste, très étendu; ~ **gone** F (dans un état) avancé.

far·i·na·ceous [færi'neifəs] farinacé; ~ *food* (aliment *m*) farineux *m*.

farm [fɑːm] **1.** ferme *f*; *see* ~ *house*; élevage *m* de volaille en grand; **2.**

v/t. cultiver; (*a.* ~ *out*) donner à ferme, affermer; exploiter (*un terrain*); mettre en nourrice (*des enfants*); *v/i.* être fermier, cultiver la terre; '**farm·er** fermier *m*; '**farm-hand** ouvrier (-ère *f*) *m* agricole; '**farm·house** (maison *f* de) ferme *f*; '**farm·ing 1.** cultivateur (-trice *f*); à ferme; aratoire; **2.** agriculture *f*; exploitation *f*; culture *f*; '**farm-stead** ['ˌsted] ferme *f*; '**farm·yard** basse-cour (*pl.* basses-cours) *f*; cour *f* de ferme.

far·o ['fɛərou] *cartes*: pharaon *m*.

far...: ~-**off** ['fɑːr'ɔːf] lointain, éloigné; ~-**out** F ['fɑːr'aut] insolite; extravagant; super.

far·ra·go [fə'reigou] méli-mélo (*pl.* mélis-mélos) *m*; fatras *m*.

far·ri·er ['færiə] vétérinaire *m*; ✗ maréchal-ferrant (*pl.* maréchaux-ferrants) *m*; '**far·ri·er·y** art *m* vétérinaire; ✗ maréchalerie *f*.

far·row ['færou] **1.** cochonnée *f*; **2.** *vt/i.* mettre bas; *v/i.* cochonner.

far-sight·ed ['fɑː'saitid] ✄ presbyte; *fig.* prévoyant.

fart V [fɑːt] **1.** pet *m*; **2.** péter.

far·ther ['fɑːðə], **far·thest** ['ˌðist] *comp.* a. *sup.* de *far*.

far·thing ['fɑːðiŋ] F sou *m* (¹/₄ *penny*).

fas·ci·a ['fæsiə], *pl.* **fas·ci·ae** ['ˌii] *anat.* fascia *m*; △ fasce *f*, bande (-lette) *f*.

fas·ci·nate ['fæsineit] fasciner, charmer; **fas·ci·na·tion** fascination *f*; charme *m*, attrait *m*.

fas·cine [fæ'siːn] fascine *f*.

Fas·cism *pol.* ['fæʃizm] fascisme *m*; '**Fas·cist** fasciste (*a. su./mf*).

fash·ion ['fæʃn] **1.** mode *f*; vogue *f*; façon *f*, manière *f*; forme *f*; habitude *f*; *sl. rank and* ~ le gratin *m*; *in* ~ à la mode; *out of* ~ démodé; *set the* ~ mener la mode; *donner le* ton; **2.** façonner, former; confectionner (*une robe*); '**fash·ion·a·ble** □ à la mode, de bon ton; élégant; '**fash·ion·a·ble·ness** vogue *f*; élégance *f*; '**fash·ion·pa·rade** présentation *f* de collections; '**fash-ion-plate** gravure *f* de modes.

fast¹ [fɑːst] **1.** *adj.* rapide; résistant, bon teint (*drap etc.*); en avance (*montre etc.*); fidèle, constant (*ami*); dissolu (*vie*); ~ *to light* résistant; *phys.* ~ *breeder* surrégénérateur *m*

rapide; 🚂 ~ train rapide *m*, train *m*
express; 2. *adv.* ferme; vite.

fast² [~] 1. jeûne *m*; 2. jeûner;
'~**day** jour *m* maigre.

fas·ten ['fɑ:sn] *v*/*t.* attacher (à, to);
amarrer (*un bateau*); fermer (*la
porte*); assurer; fixer (*a.* les yeux
sur, one's eyes [up]on); *v*/*i.* s'attacher; se fixer; se fermer; ~ upon
fig. saisir (*qch.*); s'arrêter sur; '**fas·
ten·er** (*a.* '**fas·ten·ing**) attache *f*;
robe: agrafe *f*; *bourse, livre:* fermoir
m; *fenêtre etc.:* fermeture *f*; *patent ~*
bouton-pression (*pl.* boutons-pression) *m*.

fas·tid·i·ous □ [fæs'tidiəs] difficile;
délicat; exigeant; blasé; **fas'tid·ious·ness** délicatesse *f*; goût *m*
difficile.

fast·ness ['fɑ:stnis] fermeté *f*;
couleurs: solidité *f*; vitesse *f*; légèreté *f* de conduite; ✕ forteresse *f*.

fat [fæt] 1. □ gras(se *f*); gros(se *f*);
2. graisse *f*; *viande:* gras *m*;
3. (s')engraisser.

fa·tal □ ['feitl] fatal (-als *m/pl.*);
mortel(le *f*); funeste (à, to); **fa·talism** ['~əlizm] fatalisme *m*; '**fa·talist** fataliste *mf*; **fa·tal·i·ty** [fə'tæliti]
fatalité *f*; mort *f*; destin *m*; accident
m mortel, sinistre *m*.

fate [feit] destin *m*; sort *m*; fatalité *f*;
the ~s les Parques *f/pl.*; **fat·ed**
['~id] destiné; fatal (-als *m/pl.*);
infortuné; **fate·ful** □ ['~ful] décisif (-ive *f*).

fat·head *sl.* ['fæthed] idiot(e *f*) *m*.

fa·ther ['fɑ:ðə] 1. père *m*; 2. engendrer; adopter; avouer la paternité de; servir de père à; ~ *s.th.
upon s.o.* imputer qch. à q.; '**fa·
ther·hood** ['~hud] paternité *f*;
'**fa·ther-in-law** beau-père (*pl.*
beaux-pères) *m*; '**fa·ther·land** patrie *f*; '**fa·ther·less** sans père;
'**fa·ther·ly** paternel(le *f*).

fath·om ['fæðəm] 1. *mes.* toise *f*; ⚓
brasse *f*; † 216 pieds *m/pl.* cubes;
2. ⚓ (*a. fig.*) sonder; *fig.* approfondir;
'**fath·om·less** sans fond.

fa·tigue [fə'ti:g] 1. fatigue *f*; ✕
corvée *f*; ~s *pl.* ✕ tenue *f* de
corvée; 2. fatiguer, lasser; **fa'tigue-
par·ty** ✕ (détachement *m* de)
corvée *f*.

fat·ling ['fætliŋ] jeune bête *f* engraissée; '**fat·ness** graisse *f*; *personne:* embonpoint *m*; *sol:* fertilité *f*;

'**fat·ten** (s')engraisser; devenir *ou*
rendre gras; *v*/*t.* fertiliser (*le sol*).
'**fat·ty** 1. graisseux (-euse *f*);
gras(se *f*) (*sol*); ~ *degeneration*
stéatose *f*; 2. F gros (bonhomme) *m*.

fa·tu·i·ty [fə'tjuiti] sottise *f*; imbécillité *f*; **fat·u·ous** □ ['fætjuəs]
sot(te *f*), imbécile.

fau·cet ⊕ *surt. Am.* ['fɔ:sit] robinet
m.

faugh [fɔ:] pouah!

fault [fɔ:lt] faute *f* (*a.* tennis); imperfection *f*; défaut *m* (*a.* ♪, ⊕);
⊕ *métal:* paille *f*; *géol.* faille *f*; *to
a* ~ à l'excès; *find* ~ *with* trouver à redire à; *be at* ~ être en défaut; *be
his* ~ être (de) sa faute; '**~·find·er**
épilogueur (-euse *f*); censeur
(-euse *f*); '**~·find·ing** 1. sermonneur (-euse *f*); grondeur (-euse *f*);
2. censure *f*, critique *f*; disposition
f à critiquer; '**fault·i·ness** imperfection *f*; '**fault·less** □ sans défaut; sans faute; parfait; '**faults·
man** *tel.*, *téléph.* surveillant *m* de
ligne (*qui recherche les dérangements*);
'**fault·y** □ défectueux (-euse *f*)
imparfait.

fa·vo(u)r ['feivə] 1. faveur *f*; permission *f*; bonté *f*; nœud *m* de
rubans, couleurs *f/pl.*; † *your* ~
votre honorée *f ou* estimée *f*; †
in great ~ très recherché; *in* ~ *of* en
faveur de; *I am* (*not*) *in* ~ *of* it moi
je suis pour (contre); *under* ~ *of
night* à la faveur de la nuit; 2. être
en faveur de; approuver; honorer
(de, *with*); **fa·vo(u)r·a·ble** □
['~vərəbl] (*to*) favorable (à); propice
(à); bon(ne *f*); '**fa·vo(u)r·a·ble·
ness** caractère *m* favorable; **fa·
vo(u)red** ['~vəd] favorisé; *well-*~
beau (bel *devant une voyelle ou un
h muet*; belle *f*; beaux *m/pl.*); **fa·
vo(u)r·ite** ['~rit] 1. favori(te *f*),
préféré *f*; 2. favori(te *f*) *m*; *sp.* favori
m; **fa·vo(u)r·it·ism** favoritisme *m*;
sl. piston *m*.

fawn¹ [fɔ:n] 1. *zo.* faon *m*; (couleur
f) fauve *m*; 2. mettre bas (un faon).

fawn² [~] *chien:* caresser (q.,
[up]on *s.o.*); *personne:* aduler (q.);
'**fawn·er** adulateur (-trice *f*) *m*;
'**fawn·ing** caressant; servile.

faze *surt. Am.* F [feiz] bouleverser.

fe·al·ty ['fi:əlti] féauté *f*; fidélité *f*.

fear [fiə] 1. peur *f*, crainte *f*; *through
(ou from)* ~ *of* de peur de; *for* ~ *of*

(*gér.*) de crainte de (*inf.*); go in ~ of one's life craindre pour sa vie; **2.** craindre; *v/t.* redouter, avoir peur de; *v/i.* avoir peur; **fear·ful** ☐ ['~ful] craintif (-ive *f*); timide; affreux (-euse *f*); '**fear·ful·ness** caractère *m* épouvantable; timidité *f*; '**fear·less** ☐ intrépide; sans peur (de, of); '**fear·less·ness** intrépidité *f*, courage *m*.

fea·si·bil·i·ty [fi:zə'biliti] possibilité *f*; '**fea·si·ble** possible, faisable.

feast [fi:st] **1.** fête *f* (*a. eccl.*); festin *m*; *fig.* régal *m*; **2.** *v/t.* fêter; ~ one's eyes on assouvir ses yeux de; *v/i.* faire bonne chère; se régaler (de, [up]on).

feat [fi:t] exploit *m*, haut fait *m*.

feath·er ['feðə] **1.** plume *f*; *aile*, *queue*: penne *f*; *chasse*: gibier *m* à plumes; ✕ plumet *m*; ⊦ show the white ~ caner, manquer de courage; that is a ~ in his cap c'est une perle à sa couronne; in high ~ d'excellente humeur; **2.** *v/t.* emplumer; empenner (*une flèche*); ⚓ ramener à plat (*l'aviron*); *v/i.* nager plat; ~ one's nest faire sa pelote; '~·brained, '~·head·ed étourdi, écervelé; '**feath·ered** emplumé; empenné (*flèche*); ⊦ show the ~ edge ⊕ biseau *m*; morfil *m* (*d'un outil*); '**feath·er·ing** plumage *m*; empennage *m*; biseautage *m*; nage *f* plate; '**feath·er·stitch** point *m* d'arêtes; '**feath·er·weight** *box.* poids *m* plume; '**feath·er·y** plumeux (-euse *f*); léger (-ère *f*).

fea·ture ['fi:tʃə] **1.** trait *m* (*a. du visage*); caractéristique *f*; spécialité *f*; *cin.* film *m*; *journ. Am.* article *m*; ~s *pl.* physionomie *f*; *pays*: topographie *f*; *œuvre*: caractère *m*; **2.** marquer, caractériser; dépeindre; *journ.* mettre en manchette; *cin.* tourner (*un rôle*), représenter (*q.*); mettre en vedette; *a film featuring N.N.* un film avec N.N. en vedette; ~ film grand film *m* du programme; '**fea·ture·less** sans traits bien marqués; peu intéressant.

feb·ri·fuge ['febrifju:dʒ] fébrifuge *m*.

fe·brile ['fi:brail] fiévreux (-euse *f*).

Feb·ru·ar·y ['februəri] février *m*.

feck·less ['feklis] propre à rien, incapable.

fec·u·lence ['fekjuləns] féculence

f; saleté *f*; '**fec·u·lent** féculent; sale.

fe·cun·date ['fi:kʌndeit] féconder; **fe·cun'da·tion** fécondation *f*; **fe·cun·di·ty** [fi'kʌnditi] fécondité *f*.

fed [fed] *prét. et p.p. de* feed; be ~ up with en avoir assez de; well ~ bien nourri.

fed·er·al ['fedərəl] fédéral (-aux *m/pl.*); '**fed·er·al·ism** fédéralisme *m*; '**fed·er·al·ist** fédéraliste *mf*; '**fed·er·al·ize** (se) fédérer; **fed·er·ate 1.** ['~reit] (se) fédérer; **2.** ['~rit] fédéré; allié; **fed·er'a·tion** fédération *f*; *ouvriers etc.*: syndicat *m*; **fed·er·a·tive** ['~rətiv] fédératif (-ive *f*).

fee [fi:] **1.** honoraires *m/pl.*; *école*: frais *m/pl.*; droit *m*; taxe *f*; *hist.* fief *m*; pourboire *m*; ~ simple propriété *f* libre; **2.** payer des honoraires (à q., s.o.); donner un pourboire à (*q.*).

fee·ble ☐ ['fi:bl] faible; '~·'mind·ed à l'esprit faible; '**fee·ble·ness** faiblesse *f*.

feed [fi:d] **1.** alimentation *f* (*a.* ⊕); pâturage *m*; *cheval*: fourrage *m*; *avoine etc.*: picotin *m*; nourriture *f*; ⊦ repas *m*; ⊕ entraînement *m*; *attr.* d'alimentation *etc.*; auxiliaire; **2.** [*irr.*] *v/t.* nourrir (*q., l'esprit*); alimenter (⊕, *sp., machine, chaudière, feu, famille*); faire paître (*les vaches etc.*); manger (*a. q. des yeux, one's eyes on s.o.*); introduire (*des matières premières dans une machine*); *théâ.* donner la réplique à; ~ off (*ou* down) pâturer (*un pré*); ~ up engraisser; *see* fed; *v/i.* manger, paître, se nourrir (de, [up]on); '~·back **1.** ⚡ réaction *f*; **2.** ⊕ alimenter en retour; '**feed·er** mangeur (-euse *f*) *m*; *surt. Am.* nourrisseur *m* de bestiaux; *enfant*: bavette *f*; *bébé*: biberon *m*; canal *m* d'alimentation; ⊕ alimentateur *m*; ⚡ artère *f* *ou* conducteur *m* alimentaire; **feed·er line** 🛲 embranchement *m*; '**feed·ing** alimentation *f*; pâture *f*; ⊕, ⚡ avance *f*; *attr.* du repas; alimentateur (-trice *f*); high ~ vie *f* de luxe; '**feed·ing-bottle** biberon *m*; '**feed·ing-stuff** fourrage *m*.

fee-faw-fum ['fi:'fɔ:'fʌm] pouah!

feel [fi:l] **1.** [*irr.*] *v/t.* sentir; tâter (*a.* ✕); ressentir (*une douleur, une émotion*); éprouver; penser; être sensible

à; avoir conscience de; *v/i.* être ...
au toucher (*chose*); sembler, paraître; se sentir (*personne*); se
trouver; ~ *cold* avoir froid (*personne*), être froid (au toucher)
(*chose*); *I* ~ *like* (*gér.*) j'ai envie de
(*inf.*); je me sens d'humeur à (*inf.*);
~ *for* avoir de la sympathie pour;
2. toucher *m*; sensation *f*; **'feel·er**
fig. ballon *m* d'essai; *zo.* antenne *f*;
escargot: corne *f*; *mollusque etc.*:
tentacule *m*; *chat*: moustache *f*;
éclaireur *m*; **'feel·ing 1.** □ sensible;
ému; **2.** toucher *m*; émotion *f*;
sentiment *m*; sensibilité *f*; *good* ~
bonne entente *f*; sympathie *f*.

feet [fiːt] *pl. de* foot 1.

feign [fein] feindre, faire semblant
(de *inf.*, *to* inf.)); ~ *mad* faire
semblant d'être fou; **'feigned**
feint, simulé; contrefait; déguisé;
feign·ed·ly ['~idli] avec feinte.

feint [feint] **1.** feinte *f*; ✕ fausse
attaque *f*; **2.** feinter; ✕ faire une
fausse attaque.

fe·lic·i·tate [fi'lisiteit] féliciter (*sb.
on* on); **fe·lic·i'ta·tion** félicitation
f; **fe'lic·i·tous** □ heureux (-euse *f*);
à propos; **fe'lic·i·ty** félicité *f*,
bonheur *m*; à-propos *m*.

fe·line ['fiːlain] félin, de chat.

fell[1] [fel] **1.** *prét. de* fall 2; **2.** abattre; assommer.

fell[2] *poét.* [~] cruel(le *f*); funeste.

fell[3] [~] peau *f*; toison *f*.

fell[4] [~] colline *f* rocheuse.

fel·loe ['felou] jante *f*.

fel·low ['felou] personne *f*; camarade *m*; compagnon *m*, compagne*f*;
collègue *m*; semblable *m*, pareil *m*;
univ. agrégé(e *f*) *m*; *société*: membre
m; F homme *m*, type *m*; *péj.* individu *m*; *attr.* compagnon de;
co(n)~; F *a* ~ on; F *old* ~ mon vieux
m; *the* ~ *of a glove* l'autre gant *m*;
he has not his ~ il n'a pas son
pareil *ou* de rival; '~·**be·ings** *pl.*
semblables *m/pl.*; '~·'**cit·i·zen** conci-
toyen(ne *f*) *m*; '~·'**coun·try·man**
compatriote *mf*; '~·'**crea·ture** semblable *m*; prochain *m*; '~·'**feel·ing**
sympathie *f*; **~·ship** ['~ʃip] communauté *f*; association *f*; (*a. good* ~)
camaraderie *f*, solidarité *f*; association *f*, société *f*; fraternité *f*; *univ.*
dignité *f* d'agrégé (*d'un collège
universitaire*); titre *m* de membre
(*d'une société savante*); ~ **sol·dier**

compagnon *m* d'armes; '~·'**student** camarade *mf* d'études; '~·
'**trav·el·ler** compagnon *m* (compagne *f*) de voyage; *pol.* communi-
sant(e *f*) *m*.

fel·ly ['feli] jante *f*.

fel·on ['felən] ❏ criminel(le *f*) *m*; ❖
panaris *m*; **fe·lo·ni·ous** □ [fi-
'lounjəs] criminel(le *f*); délictueux
(-euse *f*); **fel·o·ny** ❏ ['feləni]
crime *m*.

felt[1] [felt] *prét. et p.p. de* feel 1.

felt[2] [~] **1.** feutre *m*; **2.** (se) feutrer;
~-**tip(ped) pen** ['~tip(t) pen] crayon
m feutre.

fe·male ['fiːmeil] **1.** féminin (*personne*); femelle (*animal*); ~ *child*
enfant *m* du sexe féminin; ~ *screw*
vis *f* femelle; **2.** femme *f*; *animal*:
femelle *f*.

fem·i·nine □ ['feminin] féminin;
gramm. du féminin; *souv. péj. de*
femme; **fem·i'nin·i·ty** féminité *f*;
péj. caractère *m* féminin; **'fem·i-
nism** féminisme *m*; **'fem·i·nist**
féministe (*a. su. mf*); **fem·i·nize**
['~naiz] (se) féminiser.

fen [fen] marais *m*, marécage *m*.

fence [fens] **1.** clôture *f*; palissade *f*;
⊕ guide *m*; garde *f*; *sp.* haie *f*; *Am.*
mur *m* de clôture; *sl.* receleur (-euse
f) *m*; *sit on the* ~ attendre d'où
vient le vent; **2.** *v/t.* (*a.* ~ *in*) enclore, entourer; protéger (contre,
from); *sl.* receler; *v/i.* faire de
l'escrime; *fig.* parer (qch., *with
s.th.*); *sp.* sauter les haies; *sl.* faire
le recel; **'fence·less** ouvert, sans
clôture.

fenc·ing ['fensiŋ] clôture *f*, palissade
f; escrime *f*; ⊕ garde *f*; *attr.*
d'armes; '~·**foil** fleuret *m*; '~·
mas·ter maître *m* d'armes.

fend [fend]: ~ *off* détourner; F ~ *for*
pourvoir à; ~ *for o.s.* se débrouiller;
'fend·er △ bouteroue *f*; garde-feu
m/inv.; *mot. Am.* aile *f*; *mot.*
pare-chocs *m/inv.*; ♠ défense *f*.

Fe·ni·an ['fiːniən] **1.** fénian; **2.** fénian *m* (*membre d'une association
d'Irlandais aux É.-U. partisans de
l'Indépendance de l'Irlande*).

fen·nel ♀ ['fenl] fenouil *m*.

fen·ny ['feni] marécageux (-euse *f*).

feoff [fef] fief *m*; **feoff·ee** [fe'fiː]
fieffataire *mf*; **'feoff·ment** inféodation *f*; don *m* en fief; **feof·for**
[fe'fɔː] fieffant(e *f*) *m*.

fer·ment 1. ['fə:ment] ferment *m*; *fig.* agitation *f*; **2.** [fə'ment] (faire) fermenter; *fig.* (s')échauffer; **fer'ment·a·ble** fermentable *f*; **fer·men·ta·tion** [fə:men'teiʃn] fermentation *f*; *fig.* effervescence *f*; **fer'ment·a·tive** [ˌtətiv] fermentatif (-ive *f*).

fern ♣ [fə:n] fougère *f*.

fe·ro·cious □ [fə'rouʃəs] féroce; **fe·roc·i·ty** [fə'rɔsiti] férocité *f*.

fer·ret ['ferit] **1.** *zo.* furet *m* (*a. fig.*); **2.** *v/t.* fureter (*un terrier*); prendre au furet; ~ out découvrir, dénicher; *fig.* déterrer; *v/i.* chasser au furet.

fer·ric ⚗ ['ferik] ferrique; **fer·rif·er·ous** [fe'rifərəs] ferrifère.

Fer·ris wheel ['feriswi:l] foire: grande roue *f*.

fer·ru·gi·nous [fe'ru:dʒinəs] ferrifère; **fer·ro·con·crete** ⊕ ['ferou-'kɔŋkri:t] béton armé; **fer·rous** ⚗ ['ferəs] ferreux (-euse *f*).

fer·rule ['feru:l] bout *m* ferré; ⊕ virole *f*.

fer·ry ['feri] **1.** passage *m*; bac *m*; **2.** passer la rivière en bac; '~**boat** bac *m*; '**fer·ry·man** passeur *m*.

fer·tile □ ['fə:tail] (*a. fig.*) fertile, fécond (en *of*, *in*); **fer·til·i·ty** [fə:'tiliti] fertilité *f* (*a. fig.*); **fer·ti·li·za·tion** [ˌtilai'zeiʃn] fertilisation *f*; ♣ pollinisation *f*; '**fer·ti·lize** [ˌ♣] fertiliser, féconder; amender (*la terre*); '**fer·ti·liz·er** engrais *m*.

fer·ule † ['feru:l] férule *f* (*a. ♣*).

fer·ven·cy ['fə:vənsi] (*usu. fig.*) ferveur *f*; ardeur *f*; '**fer·vent** □ ardent (*a. fig.*); *fig.* fervent, vif (vive *f*).

fer·vid □ ['fə:vid] *see* fervent.

fer·vo(u)r ['fə:və] *see* fervency.

fes·tal □ ['festl] de fête; joyeux (-euse *f*).

fes·ter ['festə] **1.** (faire) suppurer; (s')ulcérer; *fig.* couver; **2.** inflammation *f* avec suppuration.

fes·ti·val ['festəvl] fête *f*; ♪, *théâ.* festival *m*; **fes·tive** □ ['ˌiv] de fête, joyeux (-euse *f*); **fes·tiv·i·ty** fête *f*, réjouissance *f*, festivité *f*.

fes·toon [fes'tu:n] **1.** feston *m*; **2.** festonner.

fetch [fetʃ] *v/t.* apporter (*qch.*); amener (*q.*); aller chercher; rapporter(*un prix*); F captiver; F flanquer (*un coup*); pousser (*un soupir*); tirer (*des larmes*); ~ up faire monter;

vomir; *v/i.*: ~ and carry for s.o. être aux ordres (de *q.*, for s.o.); ~ up s'arrêter; *usu. Am.* aboutir (à, *at*); '**fetch·ing** □ ravissant, séduisant.

fête [feit] **1.** fête *f* (*a. eccl.*); **2.** fêter.

fet·id □ ['fetid] fétide, puant.

fe·tish ['fi:tiʃ] fétiche *m*.

fet·lock ['fetlɔk] fanon *m*.

fet·ter ['fetə] **1.** chaîne *f*; **2.** enchaîner.   [dition *f*.\
fet·tle ['fetl] forme *f*; bonne con-\}

fe·tus ['fi:təs] *see* foetus.

feud [fju:d] inimitié *f*; fief *m*; **feu·dal** □ ['fju:dl] féodal (-aux *m/pl.*); **feu·dal·ism** ['ˌdəlizm] féodalité *f*; **feu·dal·i·ty** [ˌ'dæliti] féodalité *f*; fief *m*; **feu·da·to·ry** [ˌ'dətəri] feudataire (*a. su./m*), vassal (-aux *m/pl.*).

fe·ver ['fi:və] fièvre *f*; **fe·vered** ['fi:vəd] *surt. fig.* fiévreux (-euse *f*); '**fe·ver·ish** □ fiévreux (-euse *f*) (*a. fig.*).

few [fju:] **1.** *adj.* peu de; quelques; **2.** *pron.*: ~ a quelques-uns (-unes *f*); *a good* ~ pas mal (de); **3.** *su.* petit nombre *m*; *the* ~ la minorité *f*.

fi·at ['faiæt] décret *m*; consentement *m*; *Am.*: ~ *money* monnaie *f* fiduciaire (*billets de banque*).

fib [fib] **1.** petit mensonge *m*; blague *f*; **2.** mentir; blaguer; '**fib·ber** menteur (-euse *f*) *m*; blagueur (-euse *f*) *m*.

fi·bre, *Am.* **fi·ber** ['faibə] fibre *f* (*a. ⊕*); ♣ radicelle *f*; *fig.* nature *f*, trempe *f*; **fi·brin** ['ˌbrin] ⚗, *physiol.* fibrine *f*; **fi·bro·si·tis** ['ˌbrou'saitis] cellulite *f*; '**fi·brous** □ fibreux (-euse *f*).

fib·u·la *anat.* ['fibjulə], *pl.* **-lae** [ˌli:], **-las** péroné *m*.

fick·le ['fikl] inconstant, volage; changeant; '**fick·le·ness** inconstance *f*; humeur *f* volage.

fic·tile ['fiktail] plastique, céramique (*argile*).

fic·tion ['fikʃn] fiction *f* (*a. ♣♣*); (*a. works of* ~) romans *m/pl.*, littérature *f* d'imagination; '**fic·tion·al** □ de romans; d'imagination.

fic·ti·tious □ [fik'tiʃəs] fictif (-ive *f*); imaginaire; inventé; feint; '**fic·tive** fictif (-ive *f*), imaginaire.

fid·dle ['fidl] **1.** violon *m*; **2.** *v/i.* jouer du violon; tripoter; *v/t.* jouer (*un air*) sur le violon; *souv. Am.* truquer; ~ *away* perdre (*son temps*);

fid·dle·de·dee ['~di'di:] quelle blague!; **fid·dle·fad·dle** F ['~'fædl] **1.** fadaises f/pl.; ~! quelle blague!; **2.** musard; **3.** baguenauder; '**fid·dler** joueur m du violon; '**fid·dle·stick** archet m; ~s! quelle bêtise!

fi·del·i·ty [fi'deliti] fidélité f, loyauté f (à, envers to, towards).

fidg·et F ['fidʒit] **1.** usu. ~s pl. agitation f, énervement m; personne: énervé(e f) m; have the ~s ne pas tenir en place; **2.** (s')énerver; (se) tourmenter; v/i. s'agiter; '**fidg·et·y** agité, nerveux (-euse f), impatient.

fi·du·ci·ar·y [fi'dju:ʃiəri] **1.** fiduciaire; **2.** héritier (-ère f) m fiduciaire; dépositaire mf.

fie [fai] fi (donc)!

fief [fi:f] fief m.

field [fi:ld] **1.** champ m; pré m; sp. terrain m; course: champ m; fig. domaine m; ✝ marché m; ✗ champ m de bataille; glace: banc m; hold the ~ ✗ se maintenir sur ses positions; fig. être toujours en faveur; **2.** cricket: v/i. tenir le champ; v/t. arrêter et relancer (la balle); '~**day** ✗ jour m de grandes manœuvres ou de revue; fig. grande occasion f, grand jour m; Am. réunion f athlétique; Am. journée f d'expédition en pleine campagne; '**field·er** cricket: chasseur m.

field ...: '~**fare** litorne f; '~**glass** jumelle f; '~**jack·et** anorak m; '2-Mar·shal feld-maréchal m; '~**sports** pl. chasse f et pêche f; '~**work** travaux m/pl. ou recherches f/pl. sur le terrain ou sur les lieux; ✝ démarchage m auprès de la clientèle; sociologie: travail m avec des cas sociaux.

fiend [fi:nd] démon m, esprit m malin; diable m; fig. monstre m; fig. fanatique mf (de); '**fiend·ish** □ diabolique; infernal (-aux m/pl.).

fierce □ [fiəs] féroce; violent; furieux (-euse f); '**fierce·ness** férocité f; violence f; fureur f.

fi·er·i·ness ['faiərinis] ardeur f (a. fig.); '**fi·er·y** □ de feu; enflammé; ardent; emporté (personne).

fife [faif] **1.** fifre m; **2.** v/t. fifrer; v/i. jouer du fifre; '**fif·er** (joueur m de) fifre m.

fif·teen ['fif'ti:n] quinze; '**fif'teenth**

[~θ] quinzième (a. su./m); **fifth** [fifθ] cinquième (a. su./m); '**fifth·ly** en cinquième lieu; **fif·ti·eth** ['~tiiθ] cinquantième (a. su./m); '**fif·ty·'fif·ty** chacun(e f) la moitié; go ~ être de moitié.

fig[1] [fig] figue f; arbre: figuier m; a ~ for ...! zut pour ...!; I don't care a ~ for him je m'en fiche (de lui).

fig[2] F [~] **1.** forme f; gala f; in full ~ en grande toilette ou tenue; in good ~ en bonne forme; **2.** ~ out attifer.

fight [fait] **1.** combat m, bataille f; box. assaut m; (a. free ~) bagarre f; fig. lutte f; make a ~ for lutter pour; put up a good ~ se bien acquitter; show ~ offrir de la résistance; **2.** [irr.] v/t. se battre avec ou contre; combattre; lutter contre; ~ off repousser, résister à; v/i. se battre; combattre; lutter; ~ against combattre (q., qch.); ~ back résister à, repousser; ~ for se battre pour; ~ shy of éviter; ~ing fit frais et dispos; en parfaite santé; '**fight·er** combattant m, guerroyer m; ~ plane avion m de chasse, chasseur m; '**fight·ing** combat m; attr. de combat; (vention f.)

fig·ment ['figmənt] fiction f, in-

fig-tree ['figtri:] figuier m.

fig·u·rant ['figjurənt] figurant m.

fig·u·ra·tion [figju'reiʃn] (con-)figuration f; ♪ embellissement m; **fig·ur·a·tive** □ ['~rətiv] figuratif (-ive f); figuré; en images.

fig·ure ['figə] **1.** figure f (a. ♪, danse, géométrie, livre); taille f, forme f; 𝔸 chiffre m; image f; tissu: dessin m; F what's the ~? ça coûte combien?; at a high ~ à un prix élevé; **2.** v/t. écrire en chiffres; ♪ chiffrer; brocher (un tissu); (a. ~ to o.s., se) figurer, représenter; Am. estimer; ~ up (ou out) calculer; ~ out résoudre (un problème); v/i. chiffrer, calculer; ~ as représenter; ~ on se trouver sur; Am. compter sur; ~ out at (se) monter à; '~**head** ♣ figure f de proue; fig. personnage m purement décoratif; prête-nom m; '~**skat·ing** tracé m des figures sur la glace.

fig·u·rine ['figjuri:n] figurine f.

fil·a·ment ['filəmənt] filament m (a. ⚡); ♀, zo., phys. filet m; attr. ⚡, radio: de chauffage.

fine

fil·bert ♃ ['filbəːt] aveline f; *arbre:* avelinier m.

filch [filtʃ] chiper (à, from).

file¹ [fail] **1.** dossier m (a. ⚖); *lettres:* classeur m; *papiers:* liasse f; crochet m à papiers; fichier m; ⚒ file f; *in single* ~ en file indienne; *Am.* ~ *case* classeur m; fichier m; *Am.* ~ *clerk* documentaliste mf; ~*leader* chef m de file; **2.** ⚔ (faire) marcher en ligne de file; ~ *off* (faire) défiler; *v/t.* enfiler; classer; ranger; joindre au dossier; enregistrer (*une enquête*); *Am.* déposer (*une plainte*); *filing cabinet* fichier m; classeur m; *filing clerk* documentaliste mf.

file² [~] **1.** lime f; *sl.* deep ~ fin matois m; **2.** limer; '~**cut·ter** tailleur m de limes.

fil·i·al □ ['filjəl] filial (-aux m/pl.).

fil·i·a·tion [fili'eiʃn] filiation f.

fil·i·bus·ter ['filibʌstə] **1.** (*ou* **fil·i·'bus·ter·er**) flibustier m; *Am.* obstructionniste m; **2.** flibuster; *Am.* faire de l'obstruction.

fil·i·gree ['filigriː] filigrane m.

fil·ings pl. ['failiŋz] limaille f.

fill [fil] **1.** (se) remplir (de, with); (se) combler, ⚒ plomber (*une dent*); occuper (*un poste*); charger, satisfaire (*un besoin, un désir*); *Am.* ♱, *pharm.* exécuter; *Am.* redonner à; ~ s.o.'s glass verser à boire à q.; ~ *in* combler (*un trou etc.*); remplir (*un bulletin, une formule*); libeller (*un chèque*); ~ *out* (s')enfler; grossir; ~ *up* (se) remplir, (se) combler; libeller (*un chèque*); **2.** suffisance f; soûl m; plein m de pipe; plumée f; eat (*drink*) one's ~ manger à sa faim (boire à sa soif).

fill·er ['filə] remplisseur (-euse f) m; remplissage m.

fil·let ['filit] **1.** △, *cheveux:* filet m; *cuis.* filet m (*de bœuf etc.*); ⚔ bandelette f; ruban m; *veau:* rouelle f; △ fasce f; **2.** orner d'un filet; *cuis.* détacher les filets de.

fill·ing ['filiŋ] remplissage m; charge f; *dent:* plombage m; *mot.* ~ *station* poste m d'essence.

fil·lip ['filip] **1.** *doigt:* chiquenaude f; encouragement m, stimulant m; **2.** donner une chiquenaude à; stimuler.

fil·ly ['fili] pouliche f; F jeune fille f.

film [film] **1.** pellicule f (a. *phot.*); voile m; peau f (*du lait chaud*) *cin.*

film m, bande f; œil: taie f; ~ *cartoon* dessin m animé; ~ *cartridge phot.* (pellicule f en) bobine f; *take a* ~ tourner un film; **2.** (se) couvrir d'une pellicule *ou* d'un voile; *v/t. phot., cin.* filmer; *v/i. fig.* se voiler; '**film·y** □ *fig.* voilé; transparent.

fil·ter ['filtə] **1.** filtre m; ~ *tip* bout m filtre; cigarette f à bout filtre; **2.** *v/t.* filtrer; *v/i. fig.* s'infiltrer; ~ *in* changer de file; '**fil·ter·ing** filtrage m; **fil·ter-tipped** ['filtətipt] à bout filtre.

filth [filθ] saleté f; '**filth·y** □ sale, dégoûtant; crapuleux (-euse f).

fil·trate ['filtreit] **1.** (s'in)filtrer; **2.** ♱ filtrat m; '**fil·tra·tion** filtration f; *pharm.* colature f.

fin [fin] nageoire f; *sl.* main f; ⚓ plan m fixe; *mot.* ailette f.

fi·nal ['fainl] **1.** □ final (-als m/pl.) (a. *gramm.*); dernier (-ère f); définitif (-ive f); sans appel; *sp.* ~ *whistle* coup m de sifflet final; **2.** a. ~*s* pl. examen m final; *sp.* finale f; **fi·nal·ist** ['~nəlist] *sp.* finaliste mf; **fi·nal·i·ty** [~'næliti] caractère m définitif; décision f; **fi·nal·ize** ['~nəlaiz] terminer, mener (*qch.*) à bonne fin; mettre la dernière main à; rendre (*qch.*) définitif (-ive f).

fi·nance [fi'næns] **1.** finance f; **2.** *v/t.* financer; *v/i.* être dans la finance; **fi·nan·cial** □ [~ʃl] financier (-ère f); ~ *year* année f budgétaire; **fin·an·cier** [~siə] financier m; *fig.* bailleur m de fonds.

finch *orn.* [fintʃ] pinson m.

find [faind] **1.** [*irr.*] trouver; découvrir; constater; retrouver; croire; fournir, procurer; ⚖ déclarer, prononcer (*coupable etc.*); ~ *o.s.* se trouver; se pourvoir soi-même; *all found* tout fourni; ~ *out* découvrir; se renseigner (sur, *about*); informer; *I cannot* ~ *it in my heart* je n'ai pas le cœur (*de inf.*, *to inf.*); **2.** trouvaille f, découverte f; '**find·er** trouveur (-euse f) m; *phot.* viseur m; *opt.* chercheur m; '**find·ing** découverte f; a. ~*s* pl. trouvaille f; ⚖ conclusion f; verdict m.

fine¹ [fain] **1.** fin, pur; raffiné; subtil; bon(ne f); excellent; petit; beau (*devant une voyelle ou un h muet*) belle f; beaux m/pl.) (a. *temps*); joli; élégant; *you are a* ~ *fellow!* iro. vous êtes joli, vous!; ~

arts *pl.* beaux arts *m/pl.*; **2.** *adv.* finement; admirablement; *cut* ~ tout juste (*temps*); au plus bas (*prix*); **3.** *météor.* beau temps *m*; **4.** (se) clarifier (*bière*); ~ *away* (*ou down ou off*) (s')amincir; rendre *ou* devenir effilé.

fine² [~] **1.** amende *f*; *in* ~ bref; enfin; **2.** mettre (*q.*) à l'amende; frapper (*q.*) d'une amende (*d'une livre, a pound*).

fine-draw ['fain'drɔ:] rentraire; ~*n fig.* amaigri; subtil.

fine-ness ['fainnis] finesse *f*; pureté *f*; subtilité *f*; beauté *f*; élégance *f*.

fin-er-y ['fainəri] parure *f*; atours *m/pl.*; ⊕ (af)finerie *f*.

fi-nesse [fi'nes] finesse *f*; ruse *f*; *cartes*: impasse *f*.

fine-tooth(ed) comb ['fain'tu:θ(t) koum] peigne *m* fin; *go through ou over s.th. with a* ~ passer qch. au peigne fin.

fin-ger ['fingə] **1.** doigt *m*; *have a* ~ *in the* pie être mêlé à *ou* se mêler de l'affaire; *see end 1*; **2.** manier, toucher; tâter; ♪ doigter; tapoter sur (*un piano*); '~**board** ♪ *piano etc.*: clavier *m*; *violon etc.*: touche *f*; '~**bowl** rince-doigts *m*; '**fin·gered** aux doigts ...; '**fin·ger·ing** maniement *m*; ♪ doigté *m*; grosse laine *f* à tricoter.

fin·ger...: '~**lan·guage** langage *m* mimique; '~**nail** ongle *m*; '~**pol·ish** vernis *m* à ongles; '~**post** poteau *m* indicateur; '~**print 1.** empreinte *f* digitale; **2.** prendre les empreintes digitales de (*q.*); '~**stall** doigtier *m*.

fin·i·cal □ ['finikl], **fin·ick·ing** ['~kiŋ], **fin·ick·y** ['~ki], **fin·i·kin** ['~kin] difficile; méticuleux (-euse *f*) (*personne*).

fin·ish ['finiʃ] **1.** *v/t.* finir; terminer; casser (*a.* ~ *off*, *up*) achever, mener à terme (*a.*) usiner; *tex.* apprêter; ~*ed goods pl.* articles *m/pl.* apprêtés; *sp.* ~*ing line* ligne *f* d'arrivée; ~*ing touch* dernière main *f*; *v/i.* finir; se terminer; prendre fin; **2.** achèvement *m*; ⊕ apprêtage *m*; ⊕ finissage *m*; ✝ fini *m*, apprêt *m*; '**fin·ish·er** ⊕ finisseur (-euse *f*) *m*; apprêteur (-euse *f*) *m*; F coup *m* de grâce.

fi·nite □ ['fainait] borné, limité; fini (*a.* Ⱥ); *gramm.* ~ *verb* verbe *m* à un mode fini; '**fi·nite·ness** nature *f* limitée.

fink *Am. sl.* [fiŋk] jaune *m*.

Fin·land·er ['finləndə], **Finn** [fin] Finlandais(e *f*) *m*; Finnois(e *f*) *m*.

Finn·ish ['finiʃ] finlandais; *ling.* finnois *m*.

fin·ny ['fini] à nageoires.

fir [fə:] sapin *m*; *Scotch* ~ *pin m* rouge; '~**cone** pomme *f* de sapin.

fire ['faiə] **1.** feu *m*; incendie *m*; ✗ tir *m*; *fig.* ardeur *f*; radiateur *m* (à gaz, électrique); ~*!* au feu!; *come under* ~ (*from*) ✗ essuyer le feu (de l'ennemi etc.); *fig.* être vivement attaqué (*par q.*); *on* ~ en flammes, en feu; **2.** *v/t.* mettre le feu à; (*a.* ~ *off*) ✗ tirer; cuire (*des briques etc.*); *fig.* enflammer; F renvoyer, renvoyer; ⊕ chauffer (*le four etc.*); ~ *up* allumer; chauffer; *v/i.* prendre feu; s'enflammer (*a. fig.*); partir; tirer (*sur at*, [*up*]*on*); F ~ *away!* allez-y!; ~ *up* s'emporter (contre, *at*); '~**a·larm** signal *m* d'incendie; '~**arms** *pl.* armes *f/pl.* à feu; '~**ball** *météor.* aérolithe *m*; éclair *m* en boule; ✗ balle *f* à feu; '~**box** ⊕ boîte *f* à feu; '~**brand** F brandon *m* (de discorde); '~**bri·gade** sapeurs-pompiers *m/pl.*; '~**bug** *Am.* F incendiaire *m*; '~**crack·er** pétard *m*; '~**cur·tain** *théâ.* rideau *m* métallique; '~**damp** ✗ grisou *m*; '~**de·part·ment** *Am.* sapeurs-pompiers *m/pl.*; '~**dog** chenet *m*; landier *m*; '~**door** porte *f* anti-incendie *ou* coupe-feu; '~**drill** exercice *f* anti-incendie; '~**en·gine** ⊕ pompe *f* à incendie; '~**es·cape** échelle *f* *ou* escalier *m* de sauvetage; '~**ex·tin·guish·er** extincteur *m* (d'incendie); '~**fight·er** pompier *m* (volontaire); lutteur (-euse *f*) *m* contre l'incendie; '~**fly** luciole *f*; F mouche *f* à feu; '~**gre·nade** grenade *f* extinctrice; '~**in·sur·ance** assurance *f* contre l'incendie; '~**i·rons** *pl.* garniture *f* de foyer; '~**light·er** allume-feu *m/inv.*; '~**man** (sapeur-)pompier *m*; ⊕ chauffeur *m*; '~**of·fice** bureau *m* d'assurance contre l'incendie; '~**place** cheminée *f*; foyer *m*; '~**plug** bouche *f* d'incendie; '~**proof** ignifuge; '~**rais·ing** incendie *f* volontaire; pyromanie *f*; '~**screen** devant *m* de cheminée; '~**side 1.** cheminée *f*, foyer *m*; coin *m* du feu; **2.** de *ou* au coin du feu; '~**sta·tion** poste *m* de pompiers; '~**wall**

fitting

cloison *m* pare-feu; '~**war·den** responsable *mf* de la lutte anti-incendie; guetteur *m* d'incendies; '~**wood** bois *m* à brûler; '~**work(s** *pl. fig.*) feu *m* d'artifice; '~**work** pièce *f* d'artifice.

fir·ing ['faiəriŋ] chauffage *m*; chauffe *f*; *brisques etc.*: cuite *f*; ✕ tir *m*; ~ **squad** peloton *m* d'exécution.

fir·kin ['fɔ:kin] *mesure*: quartaut *m* (45,5 *litres*); tonnelet *m*.

firm [fə:m] **1.** □ ferme; solide; inébranlable; **2.** maison *f* (de commerce); raison *f* sociale.

fir·ma·ment ['fə:məmənt] firmament *m*. [solidité *f.*]

firm·ness ['fə:mnis] fermeté *f;*

first [fə:st] **1.** *adj.* premier (-ère *f*); ~ **aid** premiers secours *m/pl. ou* soins *m/pl.*, soins *m/pl.* d'urgence; ✝ ~ **cost** prix *m* coûtant *ou* initial *ou* de revient; *Am.* ~ **floor** *see* ground floor; ~ **name** prénom *m*; ~ **night** *théâ.* première *f*; *Am.* ~ **papers** *pl.* déclaration *f* de naturalisation; **2.** *adv.* premièrement, d'abord; pour la première fois; plutôt; *at* ~, *of all* pour commencer; tout d'abord; *and last* en tout et pour tout; **3.** *su.* premier (-ère *f*) *m*; ✝ ~ *of exchange* première *f* de change; *from the* ~ dès le premier jour; *go* ~ passer devant; prendre le devant; 🚗 voyager en première; '~**·aid box** *ou* **kit** trousse *f* de premiers secours *ou* à pharmacie; '~**·aid post** poste *m* de secours; '~**·born** premier-né (première-née *ou* première-née *f*); '~**·class** de première classe; de première qualité; '~**·fruits** *pl.*,

first·lings *pl.* ['~liŋz] prémices *f/pl.*; **'first·ly** premièrement; d'abord; '**first·rate** de premier ordre; *see* first-class.

firth [fə:θ] estuaire *m*, golfe *m*.

fis·cal ['fiskl] fiscal (-aux *m/pl.*); financier (-ère *f*).

fish [fiʃ] **1.** poisson *m*; *coll.* poissons *m/pl.*; 🚗 éclisse *f*; F type *m*; *odd* ~ drôle *m* de type; *have other* ~ *to fry* avoir d'autres chats à fouetter; **2.** *v/i.* pêcher (qch., *for* s.th.); aller à la pêche (de, *for*); *v/t.* pêcher; 🚗 éclisser; ~ *out* tirer; sortir; '~**·bone** arête *f*; '~**·cake** *cuis.* croquette *f* de poisson.

fish·er·man ['fiʃəmən] pêcheur *m*; '**fish·er·y** pêche *f*; lieu *m* pêcherie *f*.

fish...: ~ **fin·gers** *pl. cuis.* bâtonnets *m/pl.* de poisson; ~ **hook** hameçon *m*.

fish·ing ['fiʃiŋ] pêche *f*; '~**·line** ligne *f* de pêche; '~**·rod** canne *f* à pêche; '~**·tack·le** attirail *m* de pêche.

fish...: ~ **line** *Am.* ligne *f* de pêche; '~**·mon·ger** marchand(e *f*) *m* de poisson; ~ **·pole** *Am.* canne *f* à pêche; ~ **pond** étang *m* à poissons; ~ **sticks** *pl. Am. see* fish fingers; '~**·sto·ry** *Am.* F histoire *f* incroyable; '~**·wife** marchande *f* de poisson; '**fish·y** de poisson; vitreux (-euse *f*) (*œil*); F louche; véreux (-euse *f*).

fis·sion ['fiʃn] fission *f; see* atomic;

fis·sion·a·ble *phys.* ['~əbl] fissile *f.*

fis·sure ['fiʃə] **1.** fissure *f*, fente *f*; **2.** fendre.

fist [fist] poing *m*; F main *f*; F écriture *f*; **fist·i·cuffs** ['~ikʌfs] *pl.* coups *m/pl.* de poing.

fis·tu·la 🩺 ['fistjulə] fistule *f.*

fit[1] [fit] **1.** □ bon, propre, convenable (à, *for*); digne (de); en bonne santé; capable; F prêt (à, *for*); *sp.* en forme, en bonne santé; *it is not* ~ il ne convient pas; F ~ *as a fiddle* en parfaite santé; **2.** *v/t.* adapter, ajuster, accommoder (à to, *for*); préparer; s'accorder avec; aller à (*q.*), (*p.*); ~ *together* assembler (*des pièces*); ⊕ (*a.* ~ *in*) emboîter; pourvoir (de, *with*); ~ *out* équiper (de, *with*); ~ *up* monter; établir; appareiller; *v/i.* s'ajuster; aller (*robe etc.*); convenir; **3.** coupe *f*, *costume etc.*: ajustement *m*; *it is a bad* ~ il est mal ajusté.

fit[2] [~] 🩺 attaque *f*, crise *f*, *colère*: accès *m*; *by* ~*s and starts* par boutades, à bâtons rompus; *give s.o. a* ~ F donner un coup de sang à q.

fitch·ew *zo.* ['fitʃu:] putois *m*.

fit·ful □ ['fitful] irrégulier (-ère *f*); capricieux (-euse *f*); d'humeur changeante; '**fit·ment** meuble *m*; ⊕ montage *m*; '**fit·ness** convenance *f*; aptitude *f*; justesse *f*; santé *f*; '**fit·out** équipement *m*; '**fit·ted**: ~ *carpet* tapis *m* ajusté, moquette *f*; ~ *sheet* drap-housse *m*; '**fit·ter** monteur *m*; appareilleur *m*; *cost. etc.* essayeur (-euse *f*) *m*; '**fit·ting 1.** □ convenable; propre; **2.** montage *m*; *cost. etc.* essayage *m*; ~*s pl. chambre*: garniture *f*; installations *f/pl.*; gaz, électri-

cité: appareillage *m*; **'fit-up** F scène *f* démontable; accessoires *m/pl.*

five [faiv] **1.** cinq (*a. su./m*); **2.** ~s *sg.* (jeu *m* de) balle *f* au mur; **'five-fold** quintuple.

fix [fiks] **1.** *v/t.* fixer (*a. phot., a. les yeux sur q.*); attacher (*a. un regard sur q.*); nommer (*un jour*); régler; déterminer; *surt. Am.* F arranger, faire (*le lit etc.*); réduire à quia; graisser la patte à; ~ *o.s.* s'établir; ~ *up* arranger; installer; *Am.* réparer; *v/i.* s'installer; se fixer; se décider (pour, *on*); **2.** F embarras *m*, difficulté *f*; **fix·a·tion** fixation *f*; *phot.* fixage *m*; **fix·a·tive** ['~ətiv], **fix·a·ture** ['~ətfə] fixatif *m*; **fixed** ['~t] (*adv.* **fix·ed·ly** ['~idli]) fixe; arrêté; permanent; invariable; figé (*sourire*); ~ *quota* contingent *m* (déterminé); ~ *star* étoile *f* fixe; **fixed·in·ter·est** † à intérêt fixe; **fix·ed·ness** ['~idnis] fixité *f*; constance *f*; **'fix·er** *phot.* fixateur *m*; bain *m* de fixage; **'fix·ing** fixage *m*; *tex.* bousage *m*; *Am.* ~s *pl.* équipement *m*; garniture *f*; **'fix·i·ty** fixité *f*; fermeté *f*; **fix·ture** ['~tfə] meuble *m* fixe; appareil *m* fixe; *sp.* arrangement *m*; ~s *pl.* meubles *m/pl.* fixes; appareil *m* (*à gaz etc.*).

fizz [fiz] **1.** pétiller; cracher (*vapeur*); **2.** pétillement *m*; F champagne *m*; mousseux *m*; **'fiz·zle 1.** pétiller; siffler; (*usu.* ~ *out*) faire fiasco, avorter; **2.** pétillement *m*; fiasco *m*; **'fiz·zy** □ pétillant; gazeux (*-euse f*).

flab·ber·gast F ['flæbəgɑːst] abasourdir; *be* ~ed (en) rester interdit.

flab·by □ ['flæbi] flasque, mou (mol *devant une voyelle ou un h muet*; molle *f*).

flac·cid □ ['flæksid] flasque, mou (mol *devant une voyelle ou un h muet*; molle *f*).

flag[1] [flæg] **1.** drapeau *m*; ⚓ pavillon *m*; ~ *of truce* drapeau *m* parlementaire; *black* ~ pavillon *m* noir; **2.** pavoiser; transmettre par signaux; *sp.* ~ *out* jalonner.

flag[2] [~] carreau *m*; dalle *f*.

flag[3] ♣ [~] iris *m*.

flag[4] [~] languir; traîner.

flag-day ['flægdei] jour *m* de quête; *Am. Flag Day* le quatorze juin (*anniversaire de l'adoption du drapeau national*).

flag·el·late ['flædʒeleit] flageller; **flag·el·la·tion** flagellation *f*.

fla·gi·tious □ [flə'dʒiʃəs] infâme, abominable.

flag·on ['flægən] flacon *m*; † *vin*: pot *m* à anse; *bière*: grosse bouteille *f*.

flag·pole ['flægpoul] *see* flagstaff.

fla·grant ['fleigrənt] infâme; flagrant, énorme.

flag...: '~**ship** vaisseau *m* amiral; '~**staff** mât *m* ou hampe *f* de drapeau; ⚓ mât *m* de pavillon; '~**stone** pierre *f* à paver; dalle *f*; '~**wag·ging** ⚔, ⚓ signalisation *f*; *sl.* chauvinisme *m*.

flail ✗ [fleil] fléau *m*. [for.]

flair [flɛə] flair *m*; F aptitude *f* (à,

flake [fleik] **1.** flocon *m*; paillette *f*; *métal*: écaille *f*; **2.** (s')écailler; (s')épaufrer (*pierre*); **'flak·y** floconneux (*-euse f*); écailleux (*-euse f*); feuilleté (*pâte*).

flam F [flæm] blague *f*; charlatanerie *f*.

flam·boy·ant [flæm'bɔiənt] flamboyant; éclatant; voyant.

flame [fleim] **1.** flamme *f*; feu *m*; *fig.* passion *f*; F béguin *m*; **2.** flamber (*a. fig.*); s'enflammer; ~ *out* (*ou up*) jeter des flammes; s'enflammer.

flam·ma·ble *surt. Am.* ['flæməbl] inflammable.

flan *Brit.* [flæn] tarte *f*.

flange ⊕ [flændʒ] *roue*: boudin *m*; *pneu*: talon *m*; *poutre*: semelle *f*.

flank [flæŋk] **1.** flanc *m* (*a.* ✗, *a. fig.*); **2.** flanquer (de *by*, with); ✗ prendre de flanc.

flan·nel ['flænl] *tex.* flanelle *f*; *attr.* de flanelle; ~s *pl.* flanelles *f/pl.*; pantalon *m* de flanelle; *face*-~ gant *m* de toilette.

flap [flæp] **1.** patte *f*; pan *m*; *table*: battant *m*; *chaussure*: oreille *f*; *savon*: coup *m*; clapotement *m*; F affolement *m*, panique *f*; F *be ou get in a* ~ s'affoler, paniquer; **2.** *v/t.* frapper légèrement; battre de (*les ailes, les bras, etc.*); *v/i.* battre; claquer; ballotter; **'flap·per** battoir *m*; claquette *f*; *sl.* jeune fille *f*; *see flap* 1.

flare [flɛə] **1.** flamboyer; brûler avec une lumière inégale; s'évaser (*jupe, tube, etc.*); ~ *up* s'enflammer; s'emporter (*personne*); **2.** flamme *f* vacillante; ✗ fusée *f* éclairante; ✗ feu *m*; *jupe*: godet *m*.

flick

flash [flæʃ] **1.** voyant; contrefait, faux (fausse f); **2.** éclair m; éclat m; fig. saillie f; rayon m; surt. Am. dernière nouvelle f; nouvelle f brève; in a ~ en un clin d'œil; ~ of wit boutade f; ~ in the pan feu m de paille; **3.** v/i. lancer des étincelles; briller; étinceler; v/t. faire étinceler; faire parade de; diriger, projeter (un rayon de lumière); darder (un regard); télégraphier; riposter; it ~ed on me l'idée me vint tout d'un coup; '~-**back** cin. scène f de rappel; '~-**bulb** phot. ampoule f (de) flash; '~-**cube** phot. cube-flash m (pl. cubes-flash); '~-**gun** phot. flash m; '~-**light** phot. lumière-éclair f; Am. lampe f de poche; '~-**point** point m d'inflammabilité; '**flash·y** □ voyant; superficiel(le f); tapageur (-euse f).

flask [flɑ:sk] flacon m; poire f à poudre; vacuum ~ thermos m.

flat [flæt] **1.** □ plat, uni; étendu; insipide; catégorique; ♮ net(te f); languissant; mat (peinture); ♩ faux (fausse f); ♩ bémol inv.; calme (bourse); ~ price prix m unique; fall ~ rater, manquer; sing ~ chanter faux; **2.** pays m plat; plaine f; théâ. ferme f; paroi f; appartement m; ♣ bas-fond m; ♩ bémol m; F benêt m, niais(e f) m; mot. sl. pneu m à plat; '~-**foot** pied m plat; souv. Am. agent m, flic m; '~-**foot·ed** à pieds plats; Am. F formel(le f); franc(he f); '~-**i·ron** fer m à repasser; **flat·let** ['~lit] studio m; '**flat·ness** nature f plate; égalité f; fig. monotonie f; franchise f; ♮ langueur f, marasme m; **flat out** F **1.** à toute allure; work ~ travailler d'arrache-pied; **2.** épuisé, à plat, vidé; '**flat·ten** (s')aplatir; ✈ ~ out se redresser; allonger le vol.

flat·ter ['flætə] flatter; '**flat·ter·er** flatteur (-euse f) m; '**flat·ter·y** flatterie f.

flat·u·lence, flat·u·len·cy ['flætjuləns(i)] flatuosité f, flatulence f; '**flat·u·lent** □ flatulent.

flaunt [flɔ:nt] faire étalage (de).

flau·tist ['flɔ:tist] flûtiste mf.

fla·vo(u)r ['fleivə] **1.** saveur f; goût m; arome m; vin: bouquet m; fig. atmosphère f; **2.** assaisonner (de, with); parfumer; '**fla·vo(u)red**: vanilla-~ (parfumé) à la vanille; '**fla·vo(u)r·less** insipide, fade.

flaw [flɔ:] **1.** défaut m, défectuosité f; imperfection f; ⊕ paille f; ⚙ vice m de forme; fig. tache f; ♣ grain m; **2.** (se) fêler; fig. (s')endommager; '**flaw·less** □ sans défaut; parfait.

flax ♣ [flæks] lin m (a. tex.); '**flax·en, 'flax·y** de lin; F blond.

flay [flei] écorcher; fig. rosser; '**flay·er** écorcheur m.

flea [fli:] puce f; '~-**bane** ♣ érigéron m; '~-**bite** morsure f de puce; '~-**pit** F ciné(ma) m de quartier.

fleck [flek] **1.** petite tache f; **2.** tacheter (de, with).

flec·tion ['flekʃn] see flexion.

fled [fled] prét. et p.p. de flee.

fledge [fledʒ] v/i. s'emplumer; v/t. pourvoir de plumes; **fledg(e)·ling** ['~liŋ] oisillon m; fig. novice mf.

flee [fli:] [irr.] v/i. s'enfuir (de, from); v/t. (a. ~ from) fuir.

fleece [fli:s] **1.** toison f; tex. nappe f; ♣ molleton m; **2.** tondre; écorcher; '**fleec·y** floconneux (-euse f); moutonné (nuage, vagues).

fleer [fliə] **1.** † ricanement m; **2.** se moquer (de, at), railler (q., a. s.o.).

fleet [fli:t] **1.** □ poét. rapide; léger (-ère f); **2.** flotte f; fig. série f; ♀ Street la presse f (à Londres); **3.** passer rapidement; '**fleet·ing** □ fugitif (-ive f); passager (-ère f).

Flem·ing ['flemiŋ] Flamand(e f) m; '**Flem·ish 1.** flamand; **2.** ling. flamand m; Flamand(e f) m.

flesh [fleʃ] **1.** chair f (a. eccl., a. des fruits); viande f; make s.o.'s ~ creep donner la chair de poule à q.; **2.** donner le goût (fig. le baptême) du sang à; '~-**brush** brosse f à friction; **flesh·ings** ['~iŋz] pl. théâ. maillot chair m/inv.; '**flesh·ly** charnel(le f); sensuel(le f); '**flesh·y** charnu; gras(se f).

flew [flu:] prét. de fly 2.

flex ⚡ [fleks] flexible m, cordon m souple; **flex·i·bil·i·ty** [~ə'biliti] souplesse f (a. fig.); '**flex·i·ble** □ flexible; souple; pliant; ~ working hours pl. horaire m souple; **flex·ion** ['flekʃn] flexion f; courb(ur)e f; gramm. (in)flexion f; **flex·or** ['~ksə] anat. (muscle m) fléchisseur m; **flex·u·ous** ['fleksjuəs] flexueux (-euse f); **flex·ure** ['flekʃə] flexion f; géol. pli m.

flick [flik] **1.** effleurer (un cheval etc.); (a. ~ at) donner une chique-

naude à; **2.** petit coup *m*; chiquenaude *f*; ~s *pl. sl.* ciné *m*.
flick·er ['flikə] **1.** trembler, vaciller;
clignoter; **2.** tremblement *m*, battement *m*; *Am.* évanouissement *m*.
fli·er ['flaiə] *see* flyer.
flight [flait] vol *m* (*a.* ✈); essor *m*
(*a. fig.*); *abeilles:* essaim *m*; *oiseaux:*
volée *f*; fuite *f* (*a.* ⚔); ✈ ligne *f*;
put to ~ mettre (*q.*) en déroute; *take
(to)* ~ prendre la fuite; '~**com-
'mand·er** commandant *m* de
groupe; '~**lieu'ten·ant** capitaine
m aviateur; '~**re'cord·er** enregistreur *m* de vol; '**flight·y** □ frivole,
étourdi; volage; inconstant.
flim·flam *Am.* F ['flimflæm] **1.** boniments *m/pl.*, baratin *m*; **2.** tromper,
duper, F rouler.
flim·sy ['flimzi] **1.** tenu; fragile;
léger (-ère *f*); frivole; **2.** papier *m*
pelure; F fafiot *m* (=*billet de banque*); télégramme *m*; *journ.* copie *f*.
flinch [flintʃ] broncher; reculer (devant, *from*); tressaillir.
fling [fliŋ] **1.** coup *m*, jet *m*; *cheval:*
ruade *f*; *fig.* essai *m*; *have one's* ~
jeter sa gourme; **2.** [*irr.*] *v/i.*
s'élancer, se précipiter (*a.* ~ *out*)
ruer (*cheval*); étendre; *v/t.* jeter, lancer; ~ *o.s.* se précipiter; ~ *away* jeter
de côté; gaspiller (*l'argent*); ~ *forth*
jeter dehors; F flanquer à la porte;
~ *open* ouvrir tout grand; ~ *out* étendre (*les bras*).
flint [flint] caillou (*pl.* -x) *m*; *géol.*
silex *m*; pierre *f* à briquet; '**flint·y**
cailouteux (-euse *f*); *fig.* insensible.
flip [flip] **1.** chiquenaude *f*; petite
secousse *f* vive; ✈ *sl.* petit tour *m*
de vol; *boisson:* flip *m*; *the* ~ *side (of a
record)* l'autre face *ou* le revers (d'un
disque); **2.** donner une chiquenaude
à; donner une petite secousse à;
claquer (*le fouet*).
flip-flap ['flipflæp] **1.** *su.* saut *m*
périlleux; **2.** *adv.* flic flac.
flip-flops ['flipflɔps] *pl.* tongs *f/pl.*
(TM).
flip·pan·cy ['flipənsi] légèreté *f*;
'**flip·pant** □ léger (-ère *f*); irrévérencieux (-euse *f*).   [main *f*.]
flip·per ['flipə] *zo.* nageoire *f*; *sl.*]
flirt [flə:t] **1.** coquette *f*; flirteur *m*;
2. *v/i.* flirter; faire la coquette; *v/t.*
see flip 2; **flir'ta·tion** flirt *m*; coquetterie *f*.

flit [flit] voltiger; s'en aller; passer
rapidement; déménager.
flitch [flitʃ] flèche *f* de lard.
flit·ter ['flitə] voltiger.
fliv·ver *Am.* F ['flivə] **1.** voiture *f*
bon marché, F tacot *m*; **2.** subir un
échec.
float [flout] **1.** ⊕, *pêche:* flotteur *m*;
filet: galet *m*; masse *f* flottante; *théa.*
paroi *f* mobile; *théa.* rampe *f*;
radeau *m*; wagon *m* en plate-
forme; char *m* de cortège; **2.** *v/t.*
flotter; transporter dans les airs;
inonder (*un terrain*); *fig.* émettre,
faire circuler; ✝ lancer, fonder,
monter; *v/i.* flotter, nager; ⚓ être
à flot; *nage:* faire la planche; '**float-
a·ble** flottable; '**float·age** flotte-
ment *m*; '**float'a·tion** *see* flotation;
'**float·ing** flottant; à flot; sur mer;
✝ courant (*dette*); ~ *bridge* pont
flottant; ✝ ~ *capital* capital disponible; ~ *ice* glace *f* flottante; ~ *kidney*
rein *m* mobile; ~ *light* phare-feu
(*pl.* bateaux-feux) *m*; ✝ ~ *rate* taux *m*
de change flottant; *pol.* ~ *voter* électeur *m* (-trice *f*) non engagé(e).
flock¹ [flɔk] **1.** bande *f* (*a. fig.*);
troupeau *m*; *oiseaux:* volée *f*; *bœuf.*
ouailles *f/pl.*; *fig.* foule *f*; **2.** s'attrouper; aller (entrer *etc.*) en foule.
flock² [~] flocon *m*; *coussin etc.:*
bourre *f* de laine.
floe [flou] glaçon *m* (flottant).
flog [flɔg] fouetter; battre à coups
de verge; '**flog·ging** (coups *m/pl.*
de) fouet *m*; F bastonnade *f*.
flood [flʌd] **1.** (*a.* ~*tide*) marée *f*
montante; flux *m*; déluge *m*; inondation *f*; *rivière:* débordement *m*;
the ♀ le Déluge; **2.** *v/t.* inonder (de,
with); noyer (*a. mot.*); *v/i.* déborder;
'~**dis·as·ter** inondation *f*; '~**gate**
écluse *f*; vanne *f*; '~**light 1.** lumière *f* à grands flots; illumination
f par projecteurs; **2.** [*irr.* (*light*)]
illuminer par projecteurs.
floor [flɔ:] **1.** plancher *m*; parquet *m*
(*a. parl., a. sl.* Bourse); 🌾 *blé:* airée *f*;
maison: étage *m*; ~ *lamp* lampadaire
m; *Am.* ~ *leader* chef *m* de parti (*qui
dirige les votes dans l'hémicycle*); ~
manager ✝ chef *m* de rayon; *télév.*
régisseur *m*; ~ *price* prix *m* minimum; *restaurant etc.:* ~ *show* attractions *f/pl.*; *hold the* ~ *parl.* avoir la
parole; F accaparer la conversation;
take the ~ prendre la parole; se

flutist

joindre aux danseurs; 2. planchéier; terrasser; F réduire à quia; '~-**cloth** linoléum m; torchon m à laver; '**floor·er** F coup m qui (vous etc.) terrasse; '**floor·ing** planchéiage m; plancher m; dallage m; renversement m; '**floor-walk·er** Am. see shopwalker; '**floor-wax** cire f (à parquet), encaustique f.

floo·zy sl. ['flu:zi] poule f, pouffiasse f.

flop F [flɔp] 1. faire floc; se laisser tomber; pendre (bords d'un chapeau); sl. échouer; Am. pol. tourner casaque; 2. bruit m sourd; coup m mat; fiasco m; Am. sl. lit m; Am. sl. ~ house see doss-house; hôtel m borgne; 3. patapouf!; '**flop·py** pendant, flasque; lâche; F veule.

flo·ral ['flɔ:rəl] floral (-aux m/pl.).

flo·res·cence [flɔ:'resns] floraison f.

flor·id □ ['flɔrid] fleuri; flamboyant; rubicond (visage); '**flor·id·ness** style m fleuri; flamboyant m; teint: rougeur f. [deux shillings.]

flor·in ['flɔrin] florin m; pièce f de]

flo·rist ['flɔrist] fleuriste mf.

floss [flɔs] (a. ~ silk) bourre f de soie; soie f floche; '**floss·y** soyeux (-euse f).

flo·ta·tion [flou'teiʃn] ♱ flottaison f; flottage m; ♱ lancement m.

flot·sam ♱♱ ['flɔtsəm] épave(s) f(pl.) flottante(s).

flounce¹ [flauns] 1. cost. etc. volant m; 2. garnir de volants.

flounce² [~] s'élancer; se débattre; ~ in (out) entrer (sortir) brusquement.

floun·der¹ icht. ['flaundə] flet m.

floun·der² [~] patauger (a. fig.).

flour ['flauə] 1. farine f; 2. saupoudrer de farine.

flour·ish ['flʌriʃ] 1. geste m; discours: fleurs f/pl.; brandissement m; trait m de plume; ♪ fanfare f; ornement m; 2. v/i. fleurir; prospérer; v/t. brandir; agiter; fig. faire parade de.

flout [flaut] v/t. narguer; se moquer de; v/i. se railler (de, at).

flow [flou] 1. (é)coulement m; courant m, cours m; passage m; flux m; ~ chart organigramme m; ~ of spirits fonds m de gaieté; 2. couler; s'écouler; monter (marée); circuler; flotter (cheveux); découler (de, with); ~ from dériver de.

flow·er ['flauə] 1. fleur f; élite f; plantes: fleuraison f; ~ girl marchande f de fleurs, bouquetière f; ~ shop (boutique f de) fleuriste m; say it with ~s exprimez vos sentiments avec des fleurs; 2. fleurir; '**flow·er·i·ness** style m fleuri; fleurs f/pl. de rhétorique; '**flow·er·pot** pot m à fleurs; '**flow·er·y** fleuri, de fleurs.

flown [floun] p.p. de fly 2.

flu F [flu:] see influenza.

flub·dub Am. ['flʌbdʌb] 1. radotage m; 2. ridicule.

fluc·tu·ate ['flʌktjueit] varier; **fluc·tu·a·tion** fluctuation f.

flue¹ [flu:] conduite f; tuyau m; cheminée f; ♪ tuyau d'orgue: bouche f.

flue² [~] duvet m, peluches f/pl.

flu·en·cy ['fluənsi] parole etc.: facilité f; '**flu·ent** □ courant, facile.

fluff [flʌf] peluche f; duvet m; '**fluff·y** pelucheux (-euse f); duveteux (-euse f); sl. pompette (= ivre); ~ hair cheveux m/pl. flous.

flu·id ['flu:id] 1. fluide; liquide; 2. liquide m, fluide m; **flu·id·i·ty** fluidité f.

fluke¹ [flu:k] ancre: patte f.

fluke² F [~] coup m de veine.

flum·mer·y ['flʌməri] cuis. crème f aux œufs; F flagornerie f.

flung [flʌŋ] prét. et p.p. de fling 2.

flunk Am. [flʌŋk] v/i. échouer (à un examen); v/t. recaler (q.).

flunk·(e)y ['flʌŋki] laquais m; '**flunk·ey·ism** servilité f; flagornerie f.

flu·o·res·cence phys. [fluə'resns] fluorescence f.

flur·ry ['flʌri] 1. agitation f; ♱ brise f folle; Am. rafale f (de neige); averse f; 2. agiter; bouleverser.

flush [flʌʃ] 1. ⊕ de niveau, affleuré; très plein; abondant; F en fonds; 2. rougeur f; abondance f; W.-C.: chasse f d'eau; fig. fraîcheur f; transport m; cartes: flush m; 3. v/t. inonder; laver à grande eau; lever (le gibier); donner une chasse à; rincer; v/i. rougir; jaillir.

flus·ter ['flʌstə] 1. confusion f; 2. v/t. agiter, ahurir; † griser; v/i. s'agiter; s'énerver.

flute [flu:t] 1. ♪ flûte f; △ cannelure f; linge: tuyau m; 2. jouer de la flûte; flûter; jouer (qch.) sur la flûte; parler d'une voix flûtée; '**flut·ist** flûtiste mf.

flut·ter ['flʌtə] **1.** *ailes:* battement *m;* palpitation *f;* agitation *f;* F petit pari *m;* spéculation *f;* **2.** *v/t.* agiter; *v/i.* battre des ailes; s'agiter; palpiter.

flux [flʌks] *fig.* flux *m* (*a.* ⚛); *fig.* changement *m* continuel; ~ *and reflux* flux *m* et reflux *m.*

fly [flai] **1.** mouche *f;* voiture *f* de place; *pantalon:* braguette *f; Am. mot.* volant *m; Am. baseball:* balle *f* lancée en chandelle; *théâ.* flies *pl.* cintres *m/pl.;* **2.** [*irr.*] *v/i.* voler; voyager en avion; flotter (*pavillon*); passer rapidement (*temps*); courir; ~ *at* s'élancer sur; ~ *in s.o.'s face* défier q.; ~ *into a passion* se mettre en colère; ~ *off* s'envoler; ~ *on instruments* piloter sans visibilité; ~ *out at* s'emporter contre; ~ *open* s'ouvrir subitement; *v/t.* battre (*un pavillon*); *see* flee; ~ *the Atlantic* survoler l'Atlantique.

fly-blow ['flaiblou] **1.** *fig.* souillures *f/pl.;* œufs *m/pl.* de mouche; **2.** couvrir d'œufs de mouche; *fig.* souiller.

fly·er ['flaiə] *surt.* 🦅 aviateur (-trice *f*) *m;* bon coureur *m;* oiseau *m* qui vole; *Am.* express *m; take a* ~ être projeté; *Am. sl.* s'engager dans une opération risquée à la Bourse.

fly-flap ['flaiflæp] tue-mouches *m/inv.*

fly·ing ['flaiiŋ] volant; d'aviation; rapide; ~ *boat* hydravion *m* (à coque); △ ~ *buttress* arc-boutant (*pl.* arcs-boutants) *m;* ~ *deck* pont *m* d'atterrissage; ~ *field* champ *m* d'aviation; ~ *jump* saut *m* avec élan; ~ *machine* avion *m;* ~ *school* école *f* de pilotage; *police:* ~ *squad* brigade *f* mobile; ~ *start* départ *m* lancé; ~ *visit* courte visite *f; come off with* ~ *colo(u)rs* s'en tirer brillamment; remporter une victoire magnifique; ♀ **Offi·cer** lieutenant *m* aviateur.

fly...: '~**-leaf** *typ.* feuille *f* de garde; '~**-sheet** feuille *f* volante; *camping:* double toit *m;* '~**-weight** box. poids *m* mouche; '~**-wheel** volant *m* (de commande).

foal [foul] **1.** poulain *m,* pouliche *f;* **2.** *v/t.* mettre bas (*un poulain*); *v/i.* pouliner.

foam [foum] **1.** écume *f;* mousse *f;* **2.** écumer; mousser; ~ **bath** bain *m* moussant; ~ **rub·ber** caoutchouc *m*

mousse; '**foam·y** écumeux (-euse *f*); mousseux (-euse *f*).

fob[1] [fɔb] *pantalon:* gousset *m;* (*ou* ~*-seal*) breloque *f;* (*ou* ~*-chain*) régence *f.* [s.th. on s.o.).]

fob[2] [~]: ~ *off fig.* refiler (qch. à q.)

fo·cal ['foukl] focal (-aux *m/pl.*); *phot.* ~ *distance* distance *f* focale; *phot.* ~ *plane shutter* obturateur *m* à rideau.

fo·cus ['foukəs] **1.** foyer *m; fig. a.* siège *m;* **2.** (faire) converger; *v/t.* concentrer (*des rayons, a. l'attention*); *opt.* mettre au point.

fod·der ['fɔdə] **1.** fourrage *m;* **2.** donner le fourrage à.

foe *poét.* [fou] ennemi(e *f*) *m,* adversaire *m.*

foe·tus *biol.* ['fiːtəs] fœtus *m.*

fog [fɔg] **1.** brouillard *m* (*a. fig.*); ⚓ brume *f; phot.* voile *m;* **2.** *v/t.* embrumer; *fig.* embrouiller; *phot.* voiler; *v/i.* se voiler.

fo·g(e)y F ['fougi] *old* ~ ganache *f;* vieille baderne *f.*

fog·gy □ ['fɔgi] brumeux (-euse *f*); *phot.* voilé; *fig.* confus; '**fog-horn** corne *f* de brume. [marotte *f.*]

foi·ble ['fɔibl] *fig.* faible *m;* F]

foil[1] [fɔil] feuille *f;* lame *f; glace:* tain *m; escrime:* fleuret *m; fig.* repoussoir *m.*

foil[2] [~] faire échouer; déjouer.

foist [fɔist] imposer (à, on); refiler (qch. à q., s.th. on s.o.).

fold[1] [fould] **1.** enclos *m; fig.* sein *m;* (*a. sheep-*~) parc *m* à moutons; **2.** (em)parquer.

fold[2] [~] **1.** pli *m,* repli *m; porte:* battant *m;* **2.** -uple; **3.** *v/t.* plier; plisser; croiser (*les bras*); serrer (dans, in); ~ *in three* plier en trois doubles; ~ *down* retourner; plier; ~ *up* plier; fermer; *v/i.* se (re)plier; *Am.* F fermer boutique; '**fold·er** plieur (-euse *f*) *m;* plioir *m;* dépliant *m;* chemise *f;* (*a pair of*) ~*s pl.* (un) pince-nez *m/inv.* pliant.

fold·ing ['fouldiŋ] pliant; repliable; '~**-bed** lit *m* pliant; '~**-boat** canot *m* pliable; '~**-cam·er·a** *phot.* appareil *m* pliant; '~**-chair** pliant *m;* '~**-cot** lit *m* pliant; '~**-door**(*s pl.*) porte *f* à deux battants; '~**-hat** (chapeau *m*) claque *m;* '~**-screen** paravent *m;* '~**-seat** pliant *m; théâ. etc.* strapontin *m;* '~**-ta·ble** table *f* pliante.

fo·li·age ['fouliidʒ] feuillage *m*; **fo·li·at·ed** ['‿eitid] feuilleté, folié; lamellaire, lamelleux (-euse *f*); **fo·li·a·tion** *plante*: frondaison *f*; *miroir*: étamage *m*; *métal*: laminage *m*.

fo·li·o ['fouliou] folio *m*; feuille *f*; *volume*: in-folio *m/inv.*

folk [fouk] peuple *m*; gens *mf/pl.*; F ‿s *pl.* famille *f*.

folk·lore ['fouklɔ:] folklore *m*; légendes *f/pl.* populaires; **'folk·song** chanson *f* populaire.

fol·low ['folou] *v/t.* suivre; poursuivre (*a. les plaisirs*); succéder à; exercer (*un métier*); être partisan de; comprendre; it ‿s that il s'ensuit que; ‿ out poursuivre (*qch.*) jusqu'à sa conclusion; *cartes*: ‿ suit jouer dans la couleur; *fig.* en faire autant; ‿ up (pour)suivre; *v/i.* (s'en)suivre; to ‿ à suivre; **'fol·low·er** serviteur *m*; disciple *m*; sectateur (-trice *f*) *m*; ⊕ suiveur *m*; F amoureux (-euse *f*) *m*; **'fol·low·ing** suite *f*; partisans *m/pl.*; the ‿ *pl.* les suivant(e)s *mf/pl.*; ‿ wind vent *m* arrière; **'fol·low-up** poursuite *f*; rappel *m*, contrôle *m*; 🏥 soins *m/pl.* post-hospitaliers.

fol·ly ['foli] folie *f*, sottise *f*.

fo·ment [fou'ment] 🏥 fomenter (*a. une discorde*); *fig.* exciter; **fo·men·ta·tion** fomentation *f*; stimulation *f*; **fo'ment·er** *fig.* fauteur (-trice *f*) *m*.

fond □ [fond] affectueux (-euse *f*); amateur (de, *of*); *be* ‿ *of* aimer; *be* ‿ *of dancing* aimer danser.

fon·dle ['fondl] caresser, câliner.

fond·ness ['fondnis] (*pour, for*) tendresse *f*; penchant *m*; goût *m*.

font *eccl.* [font] fonts *m/pl.* baptismaux.

food [fu:d] nourriture *f* (*a. fig.*); vivres *m/pl.*; aliment(s *m/pl.*); manger *m*; *fig.* matière *f*; ‿ hall magasin *m* d'alimentation; **'~-stuffs** *pl.* produits *m/pl.* alimentaires; **'~-val·ue** valeur *f* nutritive.

fool[1] [fu:l] **1.** fou (folle *f*) *m*; sot(te *f*) *m*; imbécile *mf*; idiot(e *f*) *m*; *make a* ‿ *of s.o.* se moquer de q.; duper q.; *make a* ‿ *of o.s.* se rendre ridicule; *live in a ~'s paradise* se bercer d'un bonheur illusoire; *on a ~'s errand* pour des prunes; **2.** *Am.* F stupide; imbécile de; **3.** *v/t.* duper, berner; escamoter (qch. à q., *s.o. out of s.th.*); F ‿ *away* gaspiller; *v/i.* faire la bête; ‿ *about*, *surt. Am.* ‿ *(a)round* baguenauder; gâcher son temps.

fool[2] [‿] marmelade *f* à la crème.

fool·er·y ['fu:ləri] bêtise *f*; **'fool·hard·y** □ téméraire; **'fool·ish** □ insensé, étourdi; **'fool·ish·ness** folie *f*, sottise *f*; **'fool·proof** ⊕ indétraquable; à toute épreuve; **'fool's-cap** ['‿zkæp] bonnet *m* de fou; **fools·cap** ['‿skæp] papier *m* ministre.

foot [fut] **1.** (*pl. feet*) homme, bas, échelle, lit, arbre: pied *m* (*a. mesure 30,48 cm*); chat, chien, insecte, oiseau: patte *f*; marche *f*; ✕ infanterie *f*; *page*: bas *m*; *on* ‿ à pied; *sur* pied, *en* train (*affaire*); *put one's* ‿ *down* faire acte d'autorité; opposer son veto (à, *upon*); F *I have put my* ‿ *into it* j'ai mis le pied dans le plat; j'ai dit *ou* fait une sottise; *set on* ‿ mettre en train; *set* ‿ *on* mettre pied sur; **2.** *v/t.* mettre un pied à; (*usu.* ‿ *up*) additionner (*le compte*); F ‿ *the bill* payer la note; *v/i.* ‿ *it* danser; marcher; **'foot·age** longueur *f* en pieds; métrage *m*; **'foot-and-'mouth dis·ease** fièvre *f* aphteuse; **'foot·ball** ballon *m*; football *m*; *Am.* rugby *m*; **'foot·board** *mot.* marchepied *m*; **'foot·boy** *hôtel*: chasseur *m*; **'foot·brake** frein *m* à pied; **'foot·bridge** passerelle *f*; **'foot·ed:** *swift-*‿ aux pieds légers; **'foot·fall** (bruit *m* de) pas *m*; **'foot·gear** chaussures *f/pl.*; **'foot·guards** ✕ *pl.* gardes *m/pl.* à pied; **'foot-hills** *pl.* collines *f/pl.* avancées; **'foot-hold** prise *f* pour le pied; *fig.* pied *m*.

foot·ing ['futiŋ] place *f* pour le pied; point *m* d'appui; situation *f* sûre; condition *f*; △ base *f*; *fig.* entrée *f*; ✝ addition *f*; *upon the same* ‿*as* sur un pied d'égalité avec; *get a* ‿ prendre pied; *lose one's* ‿ perdre pied; *pay* (*for*) *one's* ‿ payer sa bienvenue.

foo·tle F ['fu:tl] **1.** *v/t.* gâcher (*le temps*); *v/i.* s'occuper à des futilités; **2.** bêtise *f*, niaiserie *f*.

foot ...: **'~-lights** *pl. théâ.* rampe *f*; **'~-loose** (*and fancy-free*) libre comme l'air; **'~-man** laquais *m*; **'~-note** note *f* au bas d'une page; **'~-pace** pas *m*; **'~-pas·sen·ger** piéton *m*; **'~-**

path sentier m; ville: trottoir m; '**~-print** empreinte f de pas; pas m; '**~-race** course f à pied; '**~-rule** règle f.

foot·sie F ['futsi]: play ~ (with) faire du pied (à, avec); fig. s'entendre.

foot...: '**~-slog** sl. marcher; '**~-sore** aux pieds endoloris; '**~-stalk** ♀ pétiole m; pédoncule m; '**~-step** pas m; trace f; ⊕ butée f; '**~-stool** tabouret m; '**~-wear** see foot-gear; '**~-work** sp. jeu m de pieds ou de jambes.

fop [fɔp] fat m, dandy m; '**fop·per·y** dandysme m; '**fop·pish** □ fat; affecté.

for [fɔ:; fə] **1.** prp. usu. pour (a. destination); comme; à cause de; de (peur, joie, etc.); par (exemple, charité, etc.); avant (3 jours), d'ici (à) (2 mois); pendant (une semaine); depuis, il y a (un an); distance: jusqu'à), pendant (10 km); en échange de; en, dans; malgré, en dépit de; destination: à (Londres); vers, envers, ⚓ allant à; he is ~ London il va à Londres; ~ example (ou instance) par exemple; were it not ~ that sans cela; he is a fool ~ doing that il est sot de faire cela; I walked ~ a mile j'ai fait un mille; ~ 3 days pour ou pendant 3 jours; ~ all that en dépit de ou malgré tout; come ~ dinner venir dîner; I ~ one moi entre autres; go ~ aller chercher (q.); it is good ~ us to (inf.) il est bon que nous (sbj.); the snow was too deep ~ them to come la neige était trop profonde pour qu'ils viennent; it is ~ you to decide c'est à vous à décider; ~ sure! bien sûr! pour for après verbe voir le verbe simple; **2.** cj. car.

for·age ['fɔrid3] **1.** fourrage m; **2.** fourrager (pour, for).

for·as·much [fɔrəz'mʌtʃ]: ~ as puisque, vu que, d'autant que.

for·ay ['fɔrei] incursion f, raid m.

for·bade [fɔ'beid] prét. de forbid.

for·bear¹ ['fɔ:bɛə] ancêtre m.

for·bear² [fɔ:'bɛə] [irr.] v/t. s'abstenir de; v/i. s'abstenir (de, from); montrer de la patience; **for'bear·ance** patience f, indulgence f; abstention f.

for·bid [fɔ'bid] [irr.] défendre (qch. à q., s.o. s.th.); interdire (qch. à q., s.o. s.th.); God ~! à Dieu ne plaise!; **for'bid·den** p.p. de forbid; **for'bid·ding** □ sinistre; menaçant.

for·bore, **for·borne** [fɔ:'bɔ:(n)] prét. et p.p. de forbear².

force [fɔ:s] **1.** force f, violence f; puissance f, autorité f; intensité f; effort m; énergie f; the ~ la police; armed ~s pl. forces f/pl. armées; by ~ de vive force; come (put) in ~ entrer (mettre) en vigueur; **2.** usu. forcer; contraindre, obliger; prendre par force; violer (une femme); faire avancer; pousser (a. F un élève); imposer (qch. à q., s.th. [up]on s.o.); ~ one's way se frayer un chemin; ~ back repousser; ~ down forcer à atterrir; ~ on forcer à avancer; ~ open enfoncer; ouvrir de force; '**forced** (adv. **forc·ed·ly** ['~idli]) forcé; obligatoire; contraint; ~ loan emprunt m forcé; ~ landing atterrissage m forcé; ~ march marche f forcée; ~ sale vente f forcée; '**force-feed** alimenter (q.) de force; '**force-ful** □ ['~ful] énergique; plein de force; vigoureux (-euse f); violent; '**force·meat** ['fɔ:smi:t] cuis. farce f.

for·ceps ⚕, zo. ['fɔ:seps] sg. ou pl. pince f; dentiste: davier m.

force-pump ['fɔ:spʌmp] pompe f foulante.

forc·er ⊕ ['fɔ:sə] plongeur m.

for·ci·ble □ ['fɔ:səbl] de force, forcé; vigoureux (-euse f); énergique.

forc·ing-house ['fɔ:siŋhaus] forcerie f.

ford [fɔ:d] **1.** gué m; **2.** passer à gué; '**ford·a·ble** guéable.

fore [fɔ:] **1.** adv. ⚓ ~ and aft de l'avant à l'arrière; to the ~ en évidence; présent; bring (come) to the ~ (se) mettre en évidence; **2.** adj. de devant; antérieur; pré-; '**~-arm** avant-bras m; **~'bode** présager; pressentir (personne); **~'bod·ing** présage m; pressentiment m; '**~-cast 1.** prévision f; weather ~ prévisions f/pl. météorologiques; **2.** [irr. (cast)] prédire; prévoir; '**~-cas·tle** ⚓ ['fouksl] gaillard m d'avant; poste m de l'équipage; **~'close** exclure (de, from), empêcher (de from, to); saisir (un immeuble hypothéqué); **~'date** antidater; **~'doom** condamner d'avance; présager; '**~-fa·ther** aïeul (pl. -eux) m; '**~-fin·ger** index m; '**~-foot** pied m antérieur; '**~-front** F premier rang m; **~'go** [irr. (go)] aller devant; **~'ing** précédent; **~'gone** passé; ~

conclusion chose f prévue; '~ground premier plan m; '~hand avant-main f; ~head ['fɔrid] front m.

for·eign ['fɔrin] étranger (-ère f) (a. fig.); ~ affairs pl. Affaires f/pl. étrangères; ~ exchange devises f/pl. étrangères; the ♀ Office le Ministère des Affaires étrangères; ~ policy politique f extérieure; ♀ Secretary Ministre m des Affaires étrangères; ~ trade commerce m extérieur; 'for·eign·er étranger (-ère f) m; 'for·eign·ness caractère m ou air m étranger.

fore...: ~judge préjuger; ~know [irr. (know)] prévoir; savoir d'avance; '~land promontoire m; '~leg patte f ou jambe f de devant; '~lock mèche f sur le front; take time by the ~ saisir l'occasion aux cheveux; '~man ɪ́ɪ̃ chef m du jury; ⊕ chef m d'équipe; contremaître m; '~mast ⚓ mât m de misaine; '~most 1. adj. premier (-ère f), le plus avancé; 2. adv. tout d'abord; '~noon matinée f.

fo·ren·sic [fɔ'rensik] judiciaire; légal (-aux m/pl.); ~ medicine médecine f légale.

fore...: '~run·ner avant-courrier (-ère f) m, ~coureur m, précurseur m; ~sail ['~seil, ⚓ '~sl] (voile f de) misaine f; ~see [irr. (see)] prévoir; ~see·a·ble qu'on peut prévoir, prévisible; ~shad·ow présager, laisser prévoir; '~shore plage f; ~short·en dessiner en raccourci; ~show [irr. (show)] préfigurer; '~sight prévoyance f; prévision f; arme à feu: guidon m; '~skin prépuce m.

for·est ['fɔrist] 1. forêt f; 2. boiser. fore·stall [fɔ'stɔːl] anticiper, prévenir.

for·est·er ['fɔristə] (garde-)forestier m; habitant(e) f m d'une forêt; 'for·est·ry sylviculture f.

fore...: '~taste avant-goût m; ~tell [irr. (tell)] prédire, présager; '~thought prévoyance f; préméditation f; '~top ⚓ hune f de misaine; ~warn avertir, prévenir; '~wom·an première ouvrière f; contremaîtresse f; '~word avant-propos m|inv.; préf₂ce f.

for·feit ['fɔːfit] 1. confisqué 2. confiscation f; amende f; gage m;

punition f; ✝ dédit m; sp. forfait m; jeu: ~s pl. gages m/pl.; 3. confisquer, perdre; forfaire à (l'honneur); 'for·feit·a·ble confiscable; for·fei·ture ['~tʃə] confiscation f, perte f.

for·gath·er [fɔ'gæðə] s'assembler.

for·gave [fə'geiv] prét. de forgive.

forge¹ [fɔːdʒ] (usu. ~ ahead) avancer à toute vitesse ou à travers les obstacles.

forge² [fɔːdʒ] 1. forge f; 2. forger (a. fig. une excuse etc.); contrefaire (une signature etc.); inventer; 'forg·er forgeron m; faussaire m/f; faux-monnayeur m; 'for·ger·y falsification f; contrefaçon f; faux m.

for·get [fə'get] [irr.] oublier; F I ~ j'ai oublié, ça m'échappe; for'get·ful □ [~ful] oublieux (-euse f); for'get·ful·ness oubli m; négligence f; for'get-me-not ♀ myosotis m, F ne-m'oubliez-pas m.

for·give [fə'giv] [irr.] pardonner (à q., s.o.); faire remise de (une dette); for'giv·en p.p. de forgive; for'give·ness pardon m; clémence f; for'giv·ing □ clément; peu rancunier (-ère f).

for·go [fɔ'gou] [irr. (go)] renoncer à; s'abstenir de.

for·got [fə'gɔt], for'got·ten [~n] prét. et p.p. de forget.

fork [fɔːk] 1. table: fourchette f; ✔, routes: fourche f; tuning ~ diapason m; 2. fourcher; F ~ out v/t. allonger (de l'argent); v/i. casquer, cracher; 'forked fourchu; en fourche.

for·lorn [fə'lɔːn] abandonné, perdu, désespéré; ~ hope ⚔ enfants m/pl. perdus; troupe f sacrifiée; fig. tentative f désespérée.

form [fɔːm] 1. forme f; taille f; formule f, bulletin m, feuille f (d'impôts); école: classe f; banc m; lièvre: gîte m; sp. in ~ en forme; in good ~ en haleine; that is bad ~ c'est de mauvais ton; cela ne se fait pas; 2. v/t. former, faire; organiser; établir; contracter (une alliance, une habitude); arrêter (un plan); ⚔ se mettre en; v/i. se former; prendre forme; ⚔ se ranger; ~ up se former en rangs.

for·mal □ ['fɔːml] cérémonieux (-euse f); formel(le f); en règle; régulier (-ère f) (jardin); 'for·mal·ist formaliste m/f; for·mal·i·ty [fɔːˈmæliti] formalité f; maintien: raideur f; cérémonie f; **for·mal·ize** [ˈfɔːməlaiz] donner une forme (conventionnelle) à.

for·ma·tion [fɔːˈmeiʃn] formation f (a. ✕, a. géol.); disposition f, ordre m; ✕ vol m de groupe; **form·a·tive** [ˈfɔːmətiv] formateur (-trice f).

form·er¹ [ˌˈ] façonneur (-euse f) m; ⊕ gabarit m.

form·er² [ˌˈ] précédent; ancien(ne f); antérieur; premier (-ère f); ˈform·er·ly autrefois, jadis.

for·mic [ˈfɔːmik]: ~ acid acide m formique.

for·mi·da·ble □ [ˈfɔːmidəbl] formidable (a. fig.), redoutable.

form·less □ [ˈfɔːmlis] informe.

for·mu·la [ˈfɔːmjulə], pl. **-lae** [ˌˈliː], **-las** formule f; **for·mu·lar·y** [ˌˈləri] 1. rituel(le f); prescrit; 2. formulaire m; **for·mu·late** [ˌˈleit] formuler; **for·mu·la·tion** formulation f.

for·ni·cate [ˈfɔːnikeit] forniquer; **for·ni·ca·tion** fornication f.

for·sake [fəˈseik] [irr.] abandonner, délaisser; renoncer à; **for·sak·en** p.p. de forsake.

for·sook [fəˈsuk] prét. de forsake.

for·sooth iro. [fəˈsuːθ] ma foi!

for·swear [fɔːˈswɛə] [irr. (swear)] renier, répudier; ~ o.s. se parjurer; **for·sworn** parjure.

fort [fɔːt] ✕ fort m; forteresse f.

forte [ˌˈ] fig. fort m.

forth [fɔːθ] lieu: en avant; temps: désormais; and so ~ et ainsi de suite; from this day ~ à partir de ce jour; dès maintenant; ˈ~ˈcom·ing qui arrive; futur; prochain; prêt à paraître; be ~ paraître; ne pas se faire attendre; ˈ~ˈright 1. adj. franc(he f); 2. adv. carrément; ˈ~ˈwith tout de suite.

for·ti·eth [ˈfɔːtiiθ] quarantième (a. su./m).

for·ti·fi·ca·tion [fɔːtifiˈkeiʃn] fortification f (a. ✕); **for·ti·fi·er** [ˈfɔːifaiə] fortificateur m; boisson etc.: fortifiant m; **for·ti·fy** [ˌˈfai] ✕ fortifier (a. fig.); **for·ti·tude** [ˌˈtjuːd] courage m, fortitude f.

fort·night [ˈfɔːtnait] quinze jours m/pl.; quinzaine f; this day ~ d'aujourd'hui en quinze; ˈfortˈnight·ly 1. adj. bimensuel(le f); 2. adv. tous les quinze jours.

for·tress [ˈfɔːtris] forteresse f.

for·tu·i·tous □ [fɔːˈtjuitəs] fortuit; **for·tu·i·tous·ness**, **for·tu·i·ty** fortuité f; casualité f.

for·tu·nate [ˈfɔːtʃnit] heureux (-euse f); ~ly usu. par bonheur, heureusement.

for·tune [ˈfɔːtʃn] fortune f; sort m, destinée f; chance f; richesses f/pl.; ♀ [ˈfɔːtjuːn] Fortune f, Destin m; good ~ bonheur m; bad ~, ill ~ malheur m, mauvaise chance f; marry a ~ faire un riche mariage; ˈ~ˈhunt·er coureur m de dots; ˈ~ˈtel·ler diseur (-euse f) m de bonne aventure.

for·ty [ˈfɔːti] quarante (a. su./m); Am. ~niner chercheur m d'or en 1849; F ~ winks pl. petit somme m.

fo·rum [ˈfɔːrəm] forum m; F tribunal m.

for·ward [ˈfɔːwəd] 1. adj. de devant, d'avant; avancé; précoce; effronté; impatient; ✈ à terme; 2. adv. en avant; sur l'avant; ✈ carried ~ à reporter; from this time ~ désormais, à l'avenir; 3. su. foot. avant m; 4. v/t. avancer, favoriser; expédier; faire suivre; poste: please ~ prière de faire suivre; ˈfor·ward·er expéditeur (-trice f) m.

for·ward·ing [ˈfɔːwədiŋ] expédition f, avancement m; ~ address adresse f (pour faire suivre le courrier); ~ agent expéditeur m; entrepreneur m de transports.

for·ward·ness [ˈfɔːwədnis] empressement m; précocité f; hardiesse f; présomption f; **for·wards** [ˈfɔːwədz] en avant.

fosse [fɔs] ✕ fossé m; anat. fosse f.

fos·sil [ˈfɔsl] fossile (a. su./m.).

fos·ter [ˈfɔstə] 1. fig. nourrir, encourager; ~ up élever; 2. adoptif (-ive f) (p.ex. ~-brother); ~ home famille f adoptive ou nourricière; ˈfos·ter·age mise f en nourrice; fonctions f/pl. de nourrice; ˈfos·ter·er parent m adoptif; fig. promoteur (-trice f) m; ˈfos·ter·ling nourrison(ne f) m.

fought [fɔːt] prét. et p.p. de fight.

foul [faul] 1. □ infect (a. haleine); sale (a. temps, a. ♿ carène); fig. dégoûtant; ♿ engagé (ancre etc.); ♿ gros(se f) (temps); ♿ contraire (vent); box. bas(se f) (coup); encrassé (fusil); déloyal (-aux m/pl.);

(jeu); bourbeux (-euse *f*) *(eau)*; atroce, infâme *(action)*; impur *(pensée)*; grossier (-ère *f*) *(mot. etc.)*; ~ *tongue* langage *m* ordurier; *fall (ou run)* ~ *of* ⚓ entrer en collision avec; *fig.* se brouiller avec; **2.** ⚓ collision *f*; *sp.* faute *f*; *box.* coup *m* bas; *foot.* poussée *f* irrégulière; **3.** (s')engager; (s')encrasser; *v/t.* salir; souiller; *sp.* commettre une faute contre; ⚓ entrer en collision avec; **~mouthed** ['~'mauðd] mal embouché; au langage ordurier.

found[1] [faund] *prét. et p.p. de* **find** 1.

found[2] [~] fonder *(a. fig.)*; établir.

found[3] [~] fondre; mouler *(la fonte)*.

foun·da·tion [faun'deiʃn] fondation *f*; △, *a. fig.* fondement *m*; base *f*; établissement *m*; **foun'da·tion-school** école *f* dotée; **foun'da-tion-stone** première pierre *f*.

found·er[1] ['faundə] fondateur *m*; auteur *m*; fondeur *m*; ~ *member* membre *m* fondateur.

found·er[2] [~] *v/i.* ⚓ sombrer, couler à fond; *fig.* échouer; s'effondrer *(cheval, maison, etc.)*; s'enfoncer; *v/t.* ⚓ couler; outrer *(un cheval)*.

found·ling ['faundliŋ] enfant *mf* trouvé(e).

found·ress ['faundris] fondatrice *f*.

found·ry ⊕ ['faundri] fonderie *f*.

fount [faunt] *poét.* source *f*; *typ.* [*usu.* font] fonte *f*.

foun·tain ['fauntin] fontaine *f*; jet *m* d'eau; *fig.* source *f*; ⊕ distributeur *m*; '**~·head** source *f* (*a. fig.*); '**~·pen** stylographe *m*, F stylo *m*.

four [fɔ:] quatre *(a. su./m)*; '**four-eyes** *sg.* F binoclard(e *f*) *m*; '**four-flush·er** *Am. sl.* bluffeur *m*, vantard *m*; '**four-fold** quadruple; '**four-in-hand** attelage *f* à quatre chevaux; '**four-'let·ter word** mot *m* obscène, obscénité *f*; '**four-'square** carré (-ment *adv.*); *fig.* inébranlable *(devant, to)*; '**four-'stroke** *mot.* à quatre temps; **four·teen** ['~'ti:n] quatorze *(a. su./m)*; **four·teenth** ['~'ti:nθ] quatorzième *(a. su./m)*; **fourth** [fɔ:θ] quatrième *(a. f.)*; ♩ quart *m*; '**fourth·ly** en quatrième lieu; '**four·wheel·er** fiacre *m*.

fowl [faul] **1.** poule *f*; volaille *f* *(a. cuis.)*; **2.** faire la chasse au

gibier; oiseler *(au filet)*; '**fowl·er** oiseleur *m*.

fowl·ing ['fauliŋ] chasse *f* aux oiseaux; '**~-piece** fusil *m* de chasse.

fox [fɔks] **1.** renard *m*; **2.** *sl.* tromper; '**~-brush** queue *f* de renard; '**~-earth** terrier *m*; **foxed** ['~t] piqué *(papier, bière, etc.)*.

fox...: '**~-glove** ♣ digitale *f*; F gantelée *f*; '**~-hole** ✕ nid *m* d'embusqués; '**~-hound** chien *m* courant; fox-hound *m*; '**~-hunt** chasse *f* au renard; '**~-trot** fox-trot *m/inv.*; '**fox·y** rusé; astucieux (-euse *f*); roux (rousse *f*); piqué.

fra·cas ['fræka:] fracas *m*; *sl.* bagarre *f*.

frac·tion ♣ ['frækʃn] fraction *f*; *fig.* fragment *m*; '**frac·tion·al** □ fractionnaire; ♓ fractionné.

frac·tious □ ['frækʃəs] revêche; difficile; maussade.

frac·ture ['fræktʃə] **1.** fracture *f* *(souv.* ✚*)*; **2.** briser; ✚ fracturer.

frag·ile □ ['frædʒail] fragile; *fig.* faible; **fra·gil·i·ty** [frə'dʒiliti] fragilité *f*; faiblesse *f*.

frag·ment ['frægmənt] fragment *m*; morceau *f*; '**frag·men·tar·y** □ fragmentaire; *géol.* clastique.

fra·grance ['freigrəns] parfum *m*; bonne odeur *f*; '**fra·grant** □ parfumé, odoriférant.

frail[1] □ [freil] peu solide; fragile; frêle *(personne)*, délicat; '**frail·ty** *fig.* faiblesse *f* morale; défaut *m*.

frail[2] [~] cabas *m*.

frame [freim] **1.** construction *f*, forme *f*; cadre *m* *(a.* ⚙ *de l'hélice)*; ⊕ charpente *f*; métier *m*; ✈ fuselage *m*; ⚓ carcasse *f* *(d'un navire)*; ⚓ couple *m*; *fenêtre*: chambranle *m*; ♪ châssis *m*; *télév.* trame *f*; ~ *aerial* antenne *f* en cadre; ~ *house* maison *f* à charpente de bois; ~ *of mind* état *m* d'esprit; **2.** former; construire; encadrer *(a. fig.)*; ⊕ faire la charpente de *(un toit)*; *fig.* imaginer; fabriquer; *surt. Am. sl.* ~ *up* monter une accusation contre *(q.)*; truquer *(qch.)*; '**fram·er** encadreur *m*; '**frame-up** *surt. Am.* F coup *m* monté; '**frame·work** ⊕ squelette *m*; △ bâti *m*; charpente *f*; *fig.* cadre *m*.

fran·chise ⚏ ['fræntʃaiz] franchise *f*, privilège *m*; *pol.* droit *m* de vote; *admin.* droit *m* de cité.

Fran·cis·can *eccl.* [fræn'siskən] franciscain(e *f*) *m* (*a. adj.*).

fran·gi·ble ['frændʒibl] frangible, fragile.

Frank[1] [fræŋk] Franc (Franque *f*) *m*; *npr.* François *m*.

frank[2] □ [~] franc(he *f*); sincère; ouvert.

frank·furt·er *Am.* ['fræŋkfətə] saucisse *f* de Francfort.

frank·in·cense ['fræŋkinsens] encens *m*. [sincérité *f*.]

frank·ness ['fræŋknis] franchise *f*.]

fran·tic ['fræntik] (~*ally*) frénétique; fou (fol *devant une voyelle ou un h muet*; folle *f*) (de, with).

fra·ter·nal □ [frə'tə:nl] fraternel(le *f*); **fra·ter·ni·ty** fraternité *f*; confrérie *f*; *Am. univ.* association *f* estudiantine; **frat·er·ni·za·tion** [frætənai'zeiʃn] fraternisation *f*; **frat·er·nize** fraterniser (avec, with).

frat·ri·cide ['freitrisaid] fratricide *m*; *personne:* fratricide *mf*.

fraud [frɔ:d] fraude *f*; F déception *f*, duperie *f*; imposteur *m*; **fraud·u·lence** ['~juləns] caractère *m* frauduleux; **fraud·u·lent** □ frauduleux (-euse *f*).

fraught *poét.* [frɔ:t]: ~ with plein de; gros(se *f*) de; fertile en.

fray[1] [frei] (s')érailler; (s')effiler; s'effranger (*faux col*).

fray[2] [~] bagarre *f*.

fraz·zle *surt. Am.* F ['fræzl] **1.** état *m* usé; *beat to a ~* battre (*q.*) à plates coutures; **2.** (s')érailler.

freak [fri:k] caprice *m*; tour *m*; F excentrique *mf*, un drôle de type; F mordu *m*, fana *mf*; *a film ~* un mordu du film; ~ *of nature* monstre *m*; phénomène *m*; **freak·ish** □ capricieux (-euse *f*); fantasque; **freak out** *sl.* se défoncer.

freck·le ['frekl] **1.** tache *f* de rousseur; *fig.* point *m*; **2.** marquer *ou* se couvrir de taches de rousseur.

free [fri:] **1.** □ libre; en liberté; franc(he *f*); gratuit; exempt, débarrassé, affranchi (de *from, of*); prodigue (de, with); ✝ franco; ~ *of debt etc.* exempt ou quitte de dettes *etc.*; *he is ~ to* (*inf.*) il lui est permis de (*inf.*); ~ *and easy* sans gêne; ~ *enterprise* libre entreprise *f*; ~ *fight* mêlée *f* générale; bagarre *f*; ~ *port* port *m* franc; ~ *trade* libre échange *m*; ~ *wheel* roue *f* libre; *make* ~ prendre

des libertés (avec q., with s.o.); *make* ~ *to* (*inf.*) se permettre de (*inf.*); *make* ~ *with s.th.* se servir de qch. sans se gêner; *make s.o.* ~ *of a city* créer q. citoyen d'honneur; ⊕ *run* ~ marcher à vide; *set* ~ libérer; **2.** (*from, of*) libérer (de); dégager (de); débarrasser (de); exempter (de), affranchir (*un esclave*); '~**boot·er** flibustier; F maraudeur *m*; '**free·dom** liberté *f*; indépendance *f*; franchise *f*; facilité *f*; familiarité *f*; ~ *of a city* citoyenneté *f* d'honneur d'une ville; ~ *of a company* maîtrise *f* d'une corporation; ~ *of the press* liberté *f* de la presse; ~ *of speech* franc-parler *m*; ~ *of worship* liberté *f* religieuse.

free...: '~**hold** 𝔱𝔥 propriété *f* foncière (perpétuelle et libre); '~**hold·er** propriétaire *m* foncier; '~**kick** *foot.* coup *m* franc; '~**man** homme *m* libre; citoyen *m* (d'honneur); '~**ma·son** franc-maçon (*pl.* francs-maçons) *m*; '~**ma·son·ry** franc-maçonnerie *f*; '~**stone** grès *m*; '~**style** nage *f* libre; '~**think·er** libre penseur (-euse *f*) *m*; '~'**think·ing**, '~**thought** libre pensée *f*; '~**way** *Am. mot.* autoroute *f*.

freeze [fri:z] [*irr.*] **1.** *v/i.* (se) geler; se figer; ~ *to death* mourir de froid; *v/t.* (con)geler; glacer; bloquer (*les prix, les fonds*); geler (*des capitaux*); *sl.* ~ *out* évincer; **2.** gel *m* (*a. fig.*, *a.* ✝ *des crédits*); gelée *f*; ✝ *etc. a.* blocage *m*; *price* (*wage*)~ blocage *m* des prix (des salaires); '~**dry** lyophiliser; '**freez·er** congélateur *m*; sorbetière *f*; '**freez·ing** □ réfrigérant; glacial (-als *m/pl.*); ~ *of prices* blocage *m* des prix, ~ *compartment* congélateur *m*, compartiment *m* de congélation; ~-*mixture phys.* mélange *m* réfrigérant; ~-*point* point *m* de congélation.

freight [freit] **1.** fret *m* (*a. prix*); cargaison *f*; *attr. Am.* de marchandises; ~ *out* (*home*) fret *m* de sortie (de retour); ~ *plane* avion-cargo *m* (*pl.* avions-cargo); *Am.* ~ *train* train *m* de marchandises; ~ *yard* dépôt des marchandises; **2.** (af)fréter; '**freight·age** see freight 1; '**freight·car** *Am.* 🚋 wagon *m* de marchandises; '**freight·er** affréteur *m*; navire *m* de charge; *Am.* consignataire (-trice *f*) *m*; *Am.* convoi *m*; *Am. see freight-car.*

French [frentʃ] **1.** français; ~ *beans*

haricots *m/pl.* verts; *cuis.* ~ dressing vinaigrette *f*; *cuis.* ~ fried potatoes, *Am. a.* ~ fries (pommes *f/pl.* [de terre]) frites *f/pl.*; *take* ~ *leave* filer à l'anglaise; ~ window portefenêtre (*pl.* portes-fenêtres) *f*; **2.** *ling.* français *m*, langue *f* française; *the* ~ *pl.* les Français *m/pl.*; '**~·man** Français *m*; '**~·wom·an** Française *f*.

fren·zied ['frenzid] forcené; fou (fol *devant une voyelle ou un h muet*; folle *f*); '**fren·zy** frénésie *f*; *fig.* transport *m*; ℊ délire *m*.

fre·quen·cy ['fri:kwənsi] fréquence *f* (*a.* ℰ); **fre·quent 1.** □ [~kwənt] fréquent; très répandu; **2.** [~'kwent] fréquenter; hanter; **fre·quen·ta·tion** fréquentation *f* (de, of); **fre·quent·er** habitué(e *f*) *m*; familier (-ère *f*) *m*.

fres·co ['freskou], *pl.* **-co(e)s** ['~kouz] (peinture *f* à) fresque *f*.

fresh [freʃ] **1.** □ frais (fraîche *f*); récent; nouveau (-el *devant une voyelle ou un h muet*; -elle *f*; -eaux *m/pl.*); éveillé; *Am. sl.* effronté; ~ *water* eau *f* fraîche; eau *f* douce (= *non salée*); **2.** fraîcheur *f* (*du matin etc.*); crue *f*; '**fresh·en** *vt/i.* rafraîchir; '**fresh·er** *Brit. sl. pour* freshman; '**fresh·et** ['~it] courant *m* d'eau douce; inondation *f*; '**fresh-fro·zen** frais (fraîche *f*) frigorifié; '**fresh·man** *univ.* étudiant(e *f*) *m* de première année; '**fresh·ness** fraîcheur *f*; nouveauté *f*; '**fresh-wa·ter** d'eau douce; *Am.* ~ *college* petit collège *m* de province.

fret[1] [fret] **1.** agitation *f*; irritation *f*; **2.** (se) ronger; (se) frotter; (s')irriter; (s')inquiéter; *v/i.* s'agiter (*eau*); *v/t.* érailler (*un cordage*); ~ *away*, ~ *out* éroder.

fret[2] [~] **1.** 𝔸 frette *f*; **2.** sculpter; *fig.* bigarrer.

fret[3] [~] ♪ touche(tte) *f*; ~ted *instrument* instrument *m* à touchettes.

fret·ful □ [~fretful] chagrin.

fret-saw ['fretsɔ:] scie *f* à découper.

fret·work ['fretwɔ:k] ouvrage *m* à claire-voie; découpage *m*.

Freud·i·an ['frɔidjən] freudien(ne *f*); ~ *slip* lapsus *m*.

fri·a·bil·i·ty [fraiə'biliti] friabilité *f*; '**fri·a·ble** friable.

fri·ar ['fraiə] moine *m*, frère *m*; '**fri·ar·y** monastère *m*; couvent *m*.

frib·ble ['fribl] **1.** baguenauder; gaspiller (*de l'argent*); **2.** frivolité *f*; *personne:* baguenaudier *m*.

fric·as·see [frikə'si:] **1.** fricassée *f*; **2.** fricasser.

fric·tion ['frikʃn] friction *f* (ℊ, *a. fig.*); frottement *m*; *Am.* ~ *tape* chatterton *m*, ruban *m* isolant; '**fric·tion·al** à ou de frottement ou friction; '**fric·tion·less** □ sans frottement.

Fri·day ['fraidi] vendredi *m*.

fridge *Brit.* F [fridʒ] frigo *m*.

friend [frend] ami(e *f*) *m*; connaissance *f*; ♀ Quaker(esse *f*) *m*; *his* ~s *pl. souv.* ses connaissances *f/pl.*; *make* ~s *with* se lier d'amitié avec; '**friend·less** sans ami(s); abandonné; '**friend·ly** amical (-aux *m/pl.*); ami; bienveillant; *fig.* intime; ♀ *Society Brit.* société *f* de secours mutuel; '**friend·ship** amitié *f*.

frieze [fri:z] frise *f* (*tex.*, *a.* 𝔸).

frig·ate ⚓ ['frigit] frégate *f*.

fright [frait] peur *f*, effroi *m*, épouvante *f*; F épouvantail *m*; '**fright·en** effrayer, faire peur à; *be* ~ed *at* (ou *of*) avoir peur de; '**fright·ful** □ ['~ful] affreux (-euse *f*); '**fright·ful·ness** horreur *f*.

frig·id □ ['fridʒid] glacial (-als *m/pl.*); froid (*a. fig.*); **fri·gid·i·ty** frigidité *f*; (grande) froideur *f*.

frill [fril] **1.** ruche *f*; jabot *m*; F *put on* ~s faire des façons; **2.** plisser, rucher.

fringe [frindʒ] **1.** frange *f*; bord (-ure *f*) *m*; *forêt:* lisière *f*; *a.* ~s *pl.* cheveux *m/pl.* à la chien; ~ *benefits pl.* avantages *m/pl.* supplémentaires; ~ *group* groupe *m* marginal; **2.** franger; border.

frip·per·y ['fripəri] **1.** camelote *f*; faste *m*; **2.** sans valeur; de camelote.

frisk [frisk] **1.** gambade *f*, cabriole *f*; **2.** gambader; '**frisk·i·ness** vivacité *f*; '**frisk·y** □ vif (vive *f*); fringant (*cheval*); animé.

frith [friθ] *see* firth.

frit·ter ['fritə] **1.** beignet *m*; **2.** ~ *away* gaspiller.

fri·vol·i·ty [fri'vɔliti] frivolité *f*; légèreté *f* d'esprit; **friv·o·lous** □ ['frivələs] frivole; léger (-ère *f*); futile, vain; évaporé (*personne*).

frizz [friz] frisotter; *cuis.* faire frire; *a. see* frizzle 2; **friz·zle** ['~l] **1.** cheveux *m/pl.* crêpelés; **2.** (*a.* ~ *up*)

frizz(l)y

frisotter; *v/t. cuis.* griller (*qch.*); *v/i.*
grésiller; **'friz·z(l)y** crêpelé, frisotté.
fro [frou]: *to and* ~ çà et là, de long
en large.
frock [frɔk] *moine:* froc *m;* (*usu.*
~*-coat*) *femme, enfant:* robe *f;*
redingote *f;* ✕ tunique *f* de petite
tenue.
frog [frɔg] grenouille *f; cost.* soutache *f;* 🚂 (cœur *m* de) croisement
m; ✕ porte-épée *m/inv.;* **'~man**
homme-grenouille (*pl.* hommes-
grenouilles) *m.*
frol·ic ['frɔlik] **1.** gambades *f/pl.;*
ébats *m/pl.;* jeu *m;* escapade *f;* divertissement *m;* **2.** folâtrer, gambader; **frol·ic·some** □ ['~səm] folâtre, gai, joyeux (a.).
from [frɔm; frəm] *prp.* de; depuis; à
partir de; par suite de; de la part de;
par; *defend* ~ protéger contre; *draw*
~ *nature* dessiner d'après nature;
drink ~ boire dans; *hide* ~ cacher à;
remove ~ enlever à; ~ *above* d'en
haut; ~ *amidst* d'entre; ~ *before* dès
avant.
front [frʌnt] **1.** devant *m;* premier
rang *m;* façade *f; boutique:* devanture *f;* promenade *f* (*au bord de la
mer*); ✕ chemise *f; plastron
m;* F prête-nom *m* (*pl.* prête-noms),
façade *f; in* ~ *of* devant, en face de;
two-pair ~ chambre *f* sur le devant au
deuxième; *fig. come to the* ~ se faire
connaître; arriver au premier rang;
2. antérieur, de devant, *a. u. fig.* ~
line front *m,* première ligne *f,* ligne *f*
de contact; *mot.* ~ *wheel drive* traction
f avant; ~ *yard Am.* jardin *m* de
devant; **3.** *v/t.* (a. ~ *on, towards*) faire
face à; donner sur; braver; *Am.* F
prêter son nom à, agir en homme de
paille pour; *v/i.* faire front; **'frontage Δ** façade *f;* **'fron·tal 1.** frontal
(-aux *m/pl.*); de face; de front; **2. Δ**
façade *f; eccl.* devant m d'autel;
fron·tier ['~jə] frontière *f; surt.*
Am. hist. frontière *f* des États occi-
dentaux; **'fron·tier·run·ner** passeur *m* de frontière; **fron·tiers-
man** ['~jezmən] frontalier *m; hist.*
Am. broussard *m;* **fron·tis·piece**
['~ispi:s] **Δ,** *a. typ.* frontispice *m;*
front·let ['~lit] *cost.* bandeau *m;*
front page *journ.* première page *f;*
'front-page en première page.
frost [frɔst] **1.** (a. *hoar* ~, *white* ~)

gelée *f* blanche, givre *m;* F fiasco *m,*
déception *f; black* ~ froid *m* noir;
2. geler; saupoudrer; givrer; dépolir (*un verre*); ⊕ glacer (*le métal*);
~*ed glass* verre *m* dépoli; **'~bite**
gelure *f;* **'frost-bit·ten** gelé; ♪
brûlé par le froid; **'frost·i·ness**
froid *m* glacial; *fig.* froideur *f;*
'frost·y □ gelé; glacial (-als *m/pl.*)
(*a. fig.*); couvert de givre.
froth [frɔθ] **1.** écume *f;* mousse *f;*
fig. paroles *f/pl.* creuses; **2.** écumer,
mousser; moutonner (*mer*); **'froth-
i·ness** état *m* écumeux *etc.;* *fig.*
manque *m* de substance; **'froth·y**
□ écumeux (-euse *f*); moutonnant
(-euse *f*) (*mer*); vide, creux
(creuse *f*).
frown [fraun] **1.** froncement *m* de
sourcils; air *m* désapprobateur;
2. ~ *down* imposer le silence à
(*q.*) d'un regard sévère; *v/i.* froncer
les sourcils; se renfrogner; avoir
l'air menaçant (*montagne etc.*); ~ *at,*
~ (*up*)*on* regarder en fronçant les
sourcils; *fig.* désapprouver.
frowst F [fraust] odeur *f* de renfermé; atmosphère *f* qui sent le
renfermé; **'frowst·y** □, **frowz·y**
['frauzi] qui sent le renfermé; mal
tenu, sale.
froze [frouz] *prét.* de *freeze;* **'frozen 1.** *p.p.* de *freeze;* **2.** *a. adj.* gelé;
frigorifié; bloqué (*capital*); ~ *locker*
Am. chambre *f* frigorifique; ~ *meat*
viande *f* frigorifiée.
fruc·ti·fi·ca·tion [frʌktifi'keiʃn]
fructification *f;* **fruc·ti·fy** ['~fai]
v/t. féconder; *v/i.* fructifier (*a.
fig.*).
fru·gal □ ['fru:gəl] frugal (-aux
m/pl.); économe; simple; **fru·gal·i-
ty** [fru'gæliti] frugalité *f;* sobriété
f.
fruit [fru:t] **1.** fruit *m* (a. *fig. = résultat*); *coll.* fruits *m/pl.;* ~ *cocktail*
macédoine *f* de fruits; ~ *cup* coupe *f*
de fruits rafraîchis; ~ *knife* couteau *m*
à fruits; **2.** porter des fruits; **'fruit-
age** fructification *f; coll.* fruits *m/pl.;*
frui·ta·ri·an [fru:'tɛərjən] fruita-
rien(ne *f*) *m;* **'fruit·cake** cake *m,*
gâteau *m* de fruits confits; **'fruit·er**
arbre *m* fruitier; **'fruit·er·er** fruitier
(-ère *f*) *m;* **fruit·ful** □ ['~ful] fructueux (-euse *f*); (*a. fig. = profitable*);
fécond, fertile (en *of, in*); **fru·i·tion**
[fru'iʃn] projet *etc.:* réalisation *f;*

come to ~ porter fruit; '**fruit·less** □ stérile; *fig.* vain; '**fruit·y** de fruit; fruité; *fig.* corsé.

frump [frʌmp] *fig.* femme *f* fagotée; '**frump·ish**, '**frump·y** mal attifée (*femme*).

frus·trate [frʌs'treit] frustrer; déjouer; **frus'tra·tion** frustration *f*; anéantissement *m*.

fry [frai] **1.** *cuis.* friture *f*; **2.** frai *m*, fretin *m*; F *small* ~ petites gens *f/pl.*; gosses *m/pl.*; **3.** (faire) frire; *see* egg; *fried potatoes* (pommes *f/pl.* de terre) frites *f/pl.*; '**fry·ing-pan** poêle *f*; *get out of the* ~ *into the fire* sauter de la poêle sur la braise.

fuch·sia ♀ ['fju:ʃə] fuchsia *m*.

fuck ∨ [fʌk] **1.** baiser; **2.** merde (de la merde)!; putain!

fud·dle ['fʌdl] **1.** *v/t.* griser; hébéter; *v/i.* riboter; F se pocharder; **2.** ribote *f*.

fudge F [fʌdʒ] **1.** bousiller; cuisiner (*les comptes*); **2.** bousillage *m*; *bonbon*: fondant *m*; ~! quelle blague!

fu·el ['fjuəl] **1.** combustible *m*; carburant *m*; *mot.* essence *f*; *mot.* ~ *ga(u)ge* jauge *f* d'essence; ~ *oil* fueloil *m*; mazout *m*; ~ *tank* réservoir *m* d'essence; **2.** *v/t.* pourvoir de combustibles; *v/i.* obtenir du combustible; *mot.* s'approvisionner en essence.

fug [fʌg] **1.** touffeur *f*; forte odeur *f* de renfermé; **2.** rester enfermé.

fu·ga·cious [fju:'geiʃəs] fugace; éphémère.

fu·gi·tive ['fju:dʒitiv] **1.** fugitif (-ive *f*) (*a. fig.*); **2.** fugitif (-ive *f*) *m*; exilé(e *f*) *m*.

fu·gle·man ⚔ ['fju:glmæn] chef *m* de file; *fig.* chef *m*; porte-parole *m/inv.*

fugue ♩ [fju:g] fugue *f*.

ful·crum ['fʌlkrəm], *pl.* **-cra** ['~krə] ⊕ pivot *m*; *fig.* point *m* d'appui.

ful·fil [ful'fil] remplir; accomplir; s'acquitter de; réaliser; **ful'fil·ler** celui (celle *f*) *m* qui remplit *etc.*; **ful'fil·ment** accomplissement *m*.

ful·gent *poét.* ['fʌldʒənt] resplendissant.

full¹ [ful] **1.** *adj.* □ plein; rempli; entier-(ère *f*); complet(-ète *f*); comble; *cost.* large, ample; *at* ~ *length* tout au long; ~ *employment* plein-emploi *m*; *of* ~*age* majeur; ~ *stop*

gramm. point *m*; **2.** *adv.* tout à fait; en plein; précisément; parfaitement; bien; ~ *nigh* tout près; F ~ *up* au complet, comble; **3.** *su.* plein *m*; cœur *m*, fort *m*; apogée *f*; *in* ~ intégralement; in extenso; en toutes lettres; *pay in* ~ payer intégralement; *to the* ~ complètement, tout à fait.

full² ⊕ [~] (re)fouler.

full...: ~*blown* épanoui; '~'**bodied** corsé (*vin*); ~ **dress** grande tenue *f*; '~-**dress** de cérémonie; solennel(le *f*); ~ *rehearsal* répétition *f* générale *ou* des couturières.

full·er ⊕ ['fulə] fouleur (-euse *f*) *m*.

full-fledged ['ful'fledʒd] qui a toutes ses plumes (*oiseau*); *fig.* qualifié, achevé.

full·ing-mill ['fuliŋmil] foulon *m*.

full-length ['ful'leŋθ] (portrait *m*) en pied; ~ *film* film *m* principal.

ful(l)·ness ['ful(l)nis] plénitude *f*.

full...: '~-**orbed** dans son plein (*lune*); '~-**time** de toute la journée; à pleines journées; à temps plein.

ful·mi·nate ['fʌlmineit] fulminer (*a. fig.* contre, *against*); faire explosion; **ful·mi'na·tion** fulmination *f* (*a. fig.*); **ful·mi·na·to·ry** ['~ətəri] fulminatoire.

ful·some □ ['fulsəm] excessif (-ive *f*); répugnant (*flatterie*).

fum·ble ['fʌmbl] fouiller, tâtonner; '**fum·bler** maladroit(e *f*) *m*.

fume [fju:m] **1.** fumée *f*, vapeur *f*; *in a* ~ en rage, furieux (-euse *f*); **2.** *v/i.* fumer (*a. fig.*); s'exhaler; *v/t.* exposer à la fumée.

fu·mi·gate ['fju:migeit] fumiger; désinfecter; **fu·mi'ga·tion** fumigation *f*.

fum·ing □ ['fju:miŋ] *fig.* enragé, bouillonnant de colère.

fun [fʌn] amusement *m*, gaieté *f*; *have* ~ s'amuser; *make* ~ *of* se moquer de; *for* ~, *in* ~ pour rire, par plaisanterie, pour s'amuser.

func·tion ['fʌŋkʃn] **1.** fonction *f* (*a. physiol., a. A*); réception *f*, soirée *f*; cérémonie *f*; **2.** fonctionner; '**func·tion·al** □ fonctionnel(le *f*); '**func·tion·ar·y** fonctionnaire *m*.

fund [fʌnd] **1.** fonds *m*; *fig.* trésors *m/pl.*; ~*s pl.* fonds *m(pl.)*; capital *m*; ressources *f/pl.* pécuniaires; *banque:* provision *f*; **2.** consolider (*une dette*);

placer (*de l'argent*) dans les fonds publics.

fun·da·ment [ˈfʌndəmənt] fondement *m*; **fun·da·men·tal 1.** □ [~ˈmentl] fondamental (-aux *m/pl.*); essentiel(le *f*); **2.** ~s *pl.* principe *m*; premiers principes *m/pl.*

fu·ner·al [ˈfjuːnərəl] **1.** funérailles *f/pl.*, obsèques *f/pl.*; **2.** funèbre; des morts; ~ pile bûcher *m* funéraire; **fu·ne·re·al** [~ˈnɪərɪəl] funéraire; *fig.* lugubre, funèbre.

fun-fair [ˈfʌnfɛə] foire *f* aux plaisirs; parc *m* d'attractions.

fun·gous [ˈfʌŋgəs] fongueux (-euse *f*); **fun·gus** [~], *pl.* **-gi** [ˈfʌngai] ℙ champignon *m* mycète; 🐾 fongus *m*.

fu·nic·u·lar [fjuːˈnikjulə] **1.** funiculaire; ~ *railway* = **2.** funiculaire *m*.

funk *sl.* [fʌŋk] **1.** frousse *f*, trac *m*; *personne*: caneur (-euse *f*) *m*; *blue* ~ peur *f* bleue; **2.** caner; avoir peur de (*qch.*); **funk·y** *sl.* funky *m*.

fun·nel [ˈfʌnl] entonnoir *m*; ⊕ trémie *f*; ⚓, 🚂 cheminée *f*.

fun·ny □ [ˈfʌni] **1.** drôle, comique; curieux (-euse *f*); **2.** *funnies pl. see comics*; '~**-bone** 🐾 F petit juif *m*.

fur [fəː] **1.** fourrure *f*; *lapin*: pelage *m*; *bouilloire*: dépôt *m*; *langue*: enduit *m*; ~s *pl.* peaux *f/pl.*; ~ *coat* manteau *m* de fourrure; **2.** à *ou* en *ou* de fourrure; **3.** ⊕ (s')incruster; *v/t.* fourrer, garnir de fourrure; ~*red tongue* langue *f* chargée.

fur·be·low [ˈfəːbilou] falbala *m*; *usu.* ~s *pl. iro.* fanfreluches *f/pl.*

fur·bish [ˈfəːbiʃ] polir, nettoyer; mettre à neuf.

fur·ca·tion [fəːˈkeiʃn] bifurcation *f*.

fu·ri·ous □ [ˈfjuəriəs] furieux (-euse *f*).

furl [fəːl] *v/t.* ferler (*une voile*); rouler (*un parapluie*); replier (*les ailes*); *v/i.* se rouler.

fur·long [ˈfəːlɔŋ] *mesure*: furlong *m* (201 *mètres*).

fur·lough [ˈfəːlou] **1.** permission *f*, congé *m*; **2.** ✕ envoyer (*q.*) en permission; *Am.* accorder un congé à.

fur·nace [ˈfəːnis] four(neau) *m*; *chaudière*: foyer *m*; *fig.* brasier *m*.

fur·nish [ˈfəːniʃ] fournir, munir, pourvoir (*de, with*); meubler, garnir (*une maison*); ~*ed rooms* meublé *m*; '**fur·nish·er** fournisseur *m*; marchand *m* d'ameublement; '**fur·**

nish·ing fourniture *f*; provision *f*; ~s *pl.* ameublement *m*.

fur·ni·ture [ˈfəːnitʃə] meubles *m/pl.*; ameublement *m*; mobilier *m*; *typ.* garniture *f*; ⚓ matériel *m*.

fur·ri·er [ˈfʌriə] pelletier *m*; '**fur·ri·er·y** pelleterie *f*.

fur·row [ˈfʌrou] **1.** sillon *m* (a. *fig.*); ⊕ cannelure *f*; **2.** labourer; sillonner; ⊕ canneler; rider profondément.

fur·ry [ˈfəːri] qui ressemble à (de) la fourrure.

fur·ther [ˈfəːðə] **1.** *adj. et adv.* plus éloigné; *see furthermore*; **2.** avancer; servir; '**fur·ther·ance** avancement *m*; appui *m*; '**fur·ther·er** celui (celle *f*) *m* qui aide à l'avancement (*de qch.*); '**fur·ther·more** en outre, de plus, d'autre part; '**fur·ther·most** le plus lointain, le plus éloigné.

fur·thest [ˈfəːðist] *see furthermost*; *at* (*the*) ~ au plus tard.

fur·tive □ [ˈfəːtiv] furtif (-ive *f*).

fu·ry [ˈfjuəri] furie *f*, fureur *f*; acharnement *m*.

furze ℙ [fəːz] ajonc *m*, genêt *m* épineux.

fuse [fjuːz] **1.** (se) fondre; (se) réunir par fusion; *v/t.* pourvoir d'une fusée; *v/i.* ⚡ sauter (*plombs*); **2.** ⚡ plomb *m*; fusible *m*; ✕ fusée *f*.

fu·see [fjuːˈziː] *montre etc.*: fusée *f*; tison *m*.

fu·se·lage [ˈfjuːzilaːʒ] ✈ fuselage *m*.

fu·si·bil·i·ty [fjuːzəˈbiliti] fusibilité *f*; **fu·si·ble** [ˈfjuːzəbl] fusible.

fu·sil·ier ✕ [fjuːziˈliə] fusilier *m*.

fu·sil·lade [fjuːziˈleid] fusillade *f*.

fu·sion [ˈfjuːʒn] fusion *f*; fonte *f*.

fuss F [fʌs] **1.** agitation *f*, F potin *m*; façons *f/pl.*; *kick up a* ~ faire un tas d'histoires; **2.** *v/t.* tracasser, agiter; *v/i.* se tracasser (*de, over*); faire des histoires; faire l'empressé; '~**-pot** F enquiquineur (-euse *f*) *m*; coupeur (-euse *f*) *m* de cheveux en quatre; '**fuss·y** □ F tracassier (-ère *f*) tatillon(ne *f*).

fus·tian [ˈfʌstiən] ⚘ futaine *f*; *fig.* emphase *f*.

fust·i·ness [ˈfʌstinis] odeur *f* de renfermé; *fig.* caractère *m* démodé; '**fust·y** □ qui sent le renfermé *ou* moisi; *fig.* démodé.

fu·tile □ [ˈfjuːtail] futile; vain; puéril; **fu·til·i·ty** [fjuˈtiliti] futilité *f*; vanité *f*; puérilité *f*.

fu·ture [ˈfjuːtʃə] **1.** futur; à venir; **2.** avenir *m*; *in the* ~ à l'avenir; ✝ ~s *pl.* livraisons *f/pl.* à terme; ˈ**fu·tur·ism** *peint.* futurisme *m*;

fu·tu·ri·ty [fjuˈtjuəriti] avenir *m*.

fuzz [fʌz] **1.** duvet *m*; *a* ~ *of hair* des cheveux bouffants; *sl. the* ~ les flics *m/pl.*, la flicaille; **2.** (faire) bouffer; (faire) frisotter; ˈ**fuzz·y** □ bouffant; frisotté; flou (*a. phot.*).

G

G, g [dʒiː] G *m, g m.*

gab F [gæb] faconde *f; the gift of the ~* la langue bien pendue.

gab·ble ['gæbl] **1.** bredouillement *m;* caquet *m;* **2.** bredouiller; caqueter; **'gab·bler** bredouilleur (-euse *f*) *m;* caquetage *m.*

gab·by ['gæbi] bavard.

gab·er·dine ['gæbədiːn] *tex.* gabardine *f.*

ga·ble ['geibl] (*a. ~-end*) pignon *m.*

ga·by ['geibi] nigaud *m,* benêt *m.*

gad [gæd]: *~ about* courir (le monde *etc.*); ⚓ *poét.* errer; **'gad·a·bout** F coureur (-euse *f*) *m.*

gad·fly *zo.* ['gædflai] taon *m;* œstre *m.*

gadg·et F ['gædʒit] dispositif *m;* machin *m,* truc *m.*

Gael·ic ['geilik] gaélique (*a. ling. su./m*).

gaff [gæf] gaffe *f;* ⚓ corne *f; sl.* théâtre *m* de bas étage; *blow the ~ sl.* vendre la mèche.

gaffe F [gæf] bêtise *f;* faux pas *m.*

gaf·fer F [gæf] † ancien *m;* contremaître *m;* patron *m.*

gag [gæg] **1.** bâillon *m* (*a. fig.*); *parl.* clôture *f; théâ.* improvisation *f;* plaisanterie *f;* F blague *f; sl. what's the ~?* à quoi vise tout cela?; **2.** *v/t.* bâillonner (*a. fig. la presse*); *pol.* clôturer (*un débat*); *v/i. théâ.* improviser; plaisanter.

gage [geidʒ] gage *m,* garantie *f;* F défi *m.*

gai·e·ty ['geiəti] gaieté *f;* réjouissances *f/pl.*

gai·ly ['geili] *adv.* de *gay.*

gain [gein] **1.** gain *m;* surt. ⚓ *~s pl.* profit *m;* **2.** gagner, profiter; *~ on* gagner sur; *~ s.o. over* gagner q. à sa cause; **'gain·er** gagnant(e *f*) *m;* gagneur (-euse *f*) *m* (*d'argent*); **gain·ful** □ ['~ful] profitable; *~ employment* travail *m* rémunéré; *be ~ly occupied* avoir un travail rémunéré; **gain·ings** ['~iŋz] *pl.* gain *m,* -s *m/pl.;* profit *m.* [nier (*qch.*).)

gain·say † [gein'sei] contredire;⌡

gait [geit] allure *f; cheval:* train *m.*

gai·ter ['geitə] guêtre *f.*

gal *Am. sl.* [gæl] jeune fille *f.*

ga·la ['gɑːlə] fête *f,* gala *m.*

gal·ax·y ['gæləksi] *astr.* voie *f* lactée; *fig.* essaim *m;* constellation *f.*

gale [geil] grand vent *m;* tempête *f.*

gall¹ [gɔːl] fiel *m* (*a. fig.*); *surt. Am. sl.* audace *f;* toupet *m;* **~ bladder** vésicule *f* biliaire; *~ stone* calcul *m* biliaire.

gall² ⚓ [~] galle *f.*

gall³ [~] **1.** écorchure *f; fig.* blessure *f;* **2.** écorcher; *fig.* froisser, blesser; irriter.

gal·lant ['gælənt] **1.** □ vaillant; superbe; galant; **2.** galant *m; péj.* coureur *m* de femmes; **3.** faire le galant; **'gal·lant·ry** vaillance *f;* galanterie *f* (auprès des femmes).

gal·ler·y ['gæləri] galerie *f* (*a.* ⚒).

gal·ley ['gæli] ⚓ galère *f;* cuisine *f; typ.* galée *f;* **'~-proof** *typ.* placard *m.*

Gal·lic ['gælik] gaulois; **Gal·li·can** ['~kən] *eccl.* gallican.

gal·li·vant [gæli'vænt] courailler.

gall·nut ⚓ ['gɔːlnʌt] noix *f* de galle.

gal·lon ['gælən] gallon *m* (*4,54 litres, Am. 3,78 litres*).

gal·loon [gə'luːn] galon *m.*

gal·lop ['gæləp] **1.** galop *m;* **2.** (faire) aller au galop.

gal·lows ['gælouz] *usu. sg.* potence *f.*

ga·lore [gə'lɔː] à foison.

ga·losh [gə'lɔʃ] galoche *f; ~s* caoutchoucs *m/pl.*

gal·van·ic [gæl'vænik] (*~ally*) galvanique; **gal·va·nism** ['gælvənizm] galvanisme *m;* **'gal·va·nize** galvaniser (*a. fig.*); **gal·va·no·plas·tic** [gælvəno'plæstik] galvanoplastique.

gam·ble ['gæmbl] **1.** *v/i.* jouer de l'argent; *v/t. ~ away* perdre (*qch.*) au jeu; **2.** F jeu *m* de hasard; *fig.* affaire *f* de chance; **'gam·bler** joueur (-euse *f*) *m;* ⚓ spéculateur (-trice *f*) *m;* **'gam·bling-house** maison *f* de jeu. [gutte (*pl.* gommes-guttes) *f.*)

gam·boge ⚓ [gæm'buːʒ] gomme-⌡

gam·bol ['gæmbl] 1. cabriole *f*; 2. cabrioler; s'ébattre.

game [geim] 1. jeu *m*; amusement *m*; *cartes*: partie *f*; *péj*. manège *m*; *cuis. etc.* gibier *m*; *play the* ~ jouer franc jeu; *fig.* agir loyalement; 2. F courageux (-euse *f*); *die* ~ mourir crânement; 3. jouer; '~**cock** coq *m* de combat; '~**keep·er** garde-chasse (*pl.* gardes-chasse[s]) *m*; '~**li·cence** permis *m* de chasse; **game·ster** ['~stə] joueur (-euse *f*) *m*.

gam·mer ['gæmə] vieille *f*.

gam·mon¹ ['gæmən] 1. quartier *m* de lard fumé; jambon *m* fumé; 2. saler et fumer.

gam·mon² [~] 1. bredouille *f* (*au jeu*); blague *f*; *sl.* ~! quelle bêtise!; 2. blaguer.

gam·my F ['gæmi] estropié; boiteux (-euse *f*).

gam·ut ♪ ['gæmət] gamme *f* (*a. fig.*).

gam·y ['geimi] giboyeux (-euse *f*); *cuis.* faisandé.

gan·der ['gændə] jars *m*; *Am. sl.* coup *m* d'œil.

gang [gæŋ] 1. groupe *m*; troupe *f*; bande *f*; équipe *f*; clique *f*; *péj*. ~ *up* se liguer (contre *against*, on); '~**board** ⚓ planche *f* à débarquer; **gang·er** ['gæŋə] chef *m* d'équipe.

gan·grene ✠ ['gæŋgri:n] gangrène *f*, mortification *f*.

gang·ster *Am.* ['gæŋstə] bandit *m*, gangster *m*.

gang·way ['gæŋwei] passage *m*, couloir *m*; ⚓ passerelle *f* de service; ⚓ coupée *f*.

gaol [dʒeil] *see* jail.

gap [gæp] trou *m* (*a. fig.*); ouverture *f*; brèche *f*; interstice *m*.

gape [geip] rester bouche bée (devant, *at*); s'ouvrir tout grand (*abîme*); [rage *m*; 2. *mot.* garer.]

ga·rage ['gæra:ʒ; 'gærid3] 1. ga-

garb [ga:b] costume *m*, vêtement *m*.

gar·bage *surt. Am.* ['ga:bid3] ordures *f/pl.*; immondices *f/pl.*; ~ *can* boîte *f* aux ordures; ~ *collector* (é)boueur *m*, boueux *m*; ~ *pail* poubelle *f*.

gar·ble ['ga:bl] fausser; tronquer.

gar·den ['ga:dn] 1. jardin *m*; 2. *v/i.* jardiner, faire du jardinage; *v/t.* entretenir; '**gar·den·er** jardinier *m*; '**gar·den·ing** jardinage *m*; horticulture *f*.

gar·gan·tu·an [ga:'gæntjuən] gargantuesque.

gar·gle ['ga:gl] 1. se gargariser; 2. gargarisme *m*.

gar·goyle △ ['ga:gɔil] gargouille *f*.

gar·ish □ ['gɛəriʃ] voyant; cru (*lumière*).

gar·land ['ga:lənd] 1. guirlande *f*, couronne *f*; 2. (en)guirlander.

gar·lic ♀ ['ga:lik] ail (*pl.* aulx, ails) *m*.

gar·ment ['ga:mənt] vêtement *m*.

gar·ner ['ga:nə] 1. grenier *m*; *fig.* recueil *m*; 2. mettre en grenier.

gar·net *min.* ['ga:nit] grenat *m*.

gar·nish ['ga:niʃ] garnir, orner, embellir (de, *with*); '**gar·nish·ing** garnissage *m*; *cuis.* garniture *f*.

gar·ni·ture ['ga:nitʃə] garniture *f*.

gar·ret ['gærit] mansarde *f*.

gar·ri·son ✕ ['gærisn] 1. garnison *f*; 2. mettre une garnison dans; mettre (*des troupes*) en garnison; garnir; *be* ~*ed* être en garnison.

gar·ru·li·ty [gæ'ru:liti] loquacité *f*; *style*: verbosité *f*; **gar·ru·lous** □ ['gærələs] loquace; verbeux (-euse *f*).

gar·ter ['ga:tə] jarretière *f*; *Am.* jarretelles *f/pl.*; *Order of the* ♀ Ordre *m* de la jarretière.

gas [gæs] 1. gaz *m*; F bavardage *m*; *Am. see* gasoline; *mot.* step on the ~ appuyer sur le champignon; *fig.* se dépêcher; 2. asphyxier; ✕ gazer; F jaser; '~**bag** ✈ enveloppe *f* à gaz; F grand parleur *m*; phraseur *m*; ~ **brack·et** applique *f* à gaz; '~**burn·er** bec *m* de gaz; '~**cook·er** cuisinière *f* à gaz; **gas·e·lier** [~ə'liə] lustre *m* à gaz; '**gas·en·gine** moteur *m* à gaz; **gas·e·ous** ['geiziəs] gazeux (-euse *f*); '**gas·fit·ter** gazier *m*; poseur *m* d'appareils à gaz; '**gas·fit·tings** *pl.* appareillage *m* pour le gaz.

gash [gæʃ] 1. entaille *f* (*dans la chair*); taillade *f*; balafre *f* (*dans la figure*); coup *m* de couteau *etc.*; 2. entailler.

gas·ket ['gæskit] ⚓ garcette *f*; ⊕ joint *m* en étoupe *etc.*

gas...: '~**light** lumière *f* du gaz; '~**light·er** allume-gaz *m/inv.*; '~**man·tle** manchon *m*; '~**mask** masque *m* à gaz; '~**me·ter** compteur *m* (à gaz); **gas·o·line** *Am. mot.* ['gæsəli:n] essence *f*; **gas·om·e·ter** [gæ'sɔmitə] gazomètre *m*, réservoir

m à gaz; '**gas-ov·en** four *m* à gaz.
gasp [gɑ:sp] **1.** sursaut *m*; *fig.* souffle *m*; **2.** sursauter; (*ou* ~ *for breath*) suffoquer.
gas-proof ['gæs'pru:f] à l'épreuve du *ou* des gaz; '**gas-range** cuisinière *f* à gaz; '**gassed** [gæst] asphyxié; ⚔ gazé; '**gas-sta·tion** *Am.* poste *m* d'essence, station *f* service; '**gas-stove** four *m ou* réchaud *m* à gaz; F radiateur *m* à gaz; '**gas·sy** gazeux (-euse *f*); mousseux (-euse *f*) (*vin*); *fig.* bavard.
gas·tric ♊ ['gæstrik] gastrique; **gas·tri·tis** [gæs'traitis] gastrite *f*.
gas·tron·o·mist [gæs'trɔnəmist] gastronome *m*; **gas'tron·o·my** gastronomie *f*.
gas-works ['gæswɔ:ks] *usu. sg.* usine *f* à gaz.
gate [geit] **1.** porte *f* (*a. fig.*); barrière *f*; grille *f*; *sp.* public *m*; *see* ~*-money*; '~**crash·er** *sl.* intrus(e *f*) *m*; '~**keep·er** portier *m* (-ière *f*); '~**leg(ged) ta·ble** table *f* à abattants; '~**man** 🚂 garde-barrière (*pl.* gardes-barrière[s]) *m*; '~**mon·ey** *sp.* recette *f*; '~**way** entrée *f*, porte *f*.
gath·er ['gæðə] **1.** *v/t.* (r)assembler; ramasser; (re)cueillir; retrousser (*ses jupes*); percevoir (*des impôts*); conclure; *cost.* froncer; *see* *information*; ~ **speed** prendre de la vitesse; *v/i.* se rassembler; se réunir; s'accumuler; se préparer (*orage*); ♊ abcéder; (♊ *a.* ~ *to a head*) mûrir (*a. fig.*); **2.** ~*s pl.* fronces *f/pl.*; '**gath·er·ing** rassemblement *m*; cueillette *f*; accumulation *f*; froncement *m*; assemblée *f*.
gaud·y ['gɔ:di] **1.** □ voyant, criard; fastueux (-euse *f*); **2.** *univ.* banquet *m* anniversaire.
gauge [geidʒ] **1.** calibre *m*; jauge *f*; vérificateur *m*; indicateur *m*; 🚂 largeur *f* de la voie; ⚓ tirant *m* d'eau; **2.** calibrer; mesurer; *fig.* estimer; '**gaug·er** jaugeur *m*, mesureur *m*.
Gaul [gɔ:l] Gaulois(e *f*) *m*; *pays*: la Gaule *f*.
gaunt [gɔ:nt] décharné; désolé.
gaunt·let ['gɔ:ntlit] gant *m* à crispins; *fig.* gant *m*; *run the* ~ ⚔ passer par les bretelles; *fig.* soutenir un feu roulant (de, *of*).
gauze [gɔ:z] gaze *f*; *wire* ~ tissu *m* métallique; '**gauz·y** diaphane.
gave [geiv] *prét. de* **give** *1, 2*.

gav·el *Am.* ['gævl] marteau *m* (*du commissaire-priseur*).
gawk F [gɔ:k] godiche *mf*; personne *f* gauche; '**gawk·y** gauche; godiche.
gay □ [gei] gai, allègre; brillant; F homo; *Am. sl.* effronté.
gaze [geiz] **1.** regard *m* (fixe); **2.** regarder fixement; ~ *at* (*ou* *on*) contempler, considérer.
ga·zelle *zo.* [gə'zel] gazelle *f*.
gaz·er ['geizə] contemplateur (-trice *f*) *m*; curieux (-euse *f*) *m*.
ga·zette [gə'zet] **1.** journal *m* officiel; **2.** publier dans un journal officiel; *be* ~*d* être publié à l'Officiel; '**gaz·et·teer** [gæzi'tiə] répertoire *m* géographique.
gear [giə] **1.** accoutrement *m*; effets *m/pl.* personnels; ustensiles *m/pl.*; attirail *m*, appareil *m*; harnais *m*; ⊕ transmission *f*, commande *f*; *mot.* (low première, high grande) vitesse *f*; *top* ~ prise *f* directe; *in* ~ en jeu; *mot.* engrené; *out of* ~ *mot.* débrayé, désengrené; **2.** *v/t.* gréer; engrener; ⊕ ~ *up* (down) multiplier (démultiplier); ~ *into* engrener (*qch.*) dans; *v/i.* s'engrener; ~ *with* (s')engrener dans; '~**box**, '~**case** ⊕ carter *m*; *mot.* boîte *f* de vitesses; '**gear·ing** ⊕ engrenage *m*; transmission *f*; *cycl.* développement *m*; '**gear-le·ver**, *surt. Am.* '**gear-shift** levier *m* de(s) vitesse(s).
gee [dʒi:] hue!, huhau!; *Am.* sapristi!; sans blague!
geese [gi:s] *pl.* de **goose.**
gee·zer *sl.* ['gi:zə] bonhomme *m*; vieille taupe *f*.
gei·sha ['geiʃə] geisha *f*.
gel·a·tin(e ['dʒeləti:n] gélatine *f*; **ge·lat·i·nize** [dʒi'lætinaiz] (se) gélatiniser; **ge'lat·i·nous** gélatineux (-euse *f*).
geld [geld] [*irr.*] hongrer (*un cheval*); châtrer; '**geld·ing** (cheval *m*) hongre *m*.
gel·id ['dʒelid] glacial (-als *m/pl.*).
gelt [gelt] *prét. et p.p. de* **geld.**
gem [dʒem] **1.** pierre *f* précieuse; gemme *f*; joyau *m* (*a. fig.*); **2.** orner de pierres précieuses.
Gem·i·ni *astr.* ['dʒeminai] *pl.* les Gémaux *m/pl.*
gen *Brit. sl.* [dʒen] **1.** informations *f/pl.*, renseignements *m/pl.*; **2.** ~ *up* renseigner, F rancarder.

gen·der *gramm.* ['dʒendə] genre *m*; F sexe *m*.

gen·e·a·log·i·cal □ [dʒi:niə'lɔdʒikl] généalogique; **gen·e·al·o·gy** [dʒi:ni'ælədʒi] généalogie *f*.

gen·er·a ['dʒenərə] *pl. de* genus.

gen·er·al ['dʒenərəl] **1.** □ général (-aux *m/pl.*); commun; grand (*public etc.*); en chef; ✗ ~ *an(a)esthetic* anesthésie *f* générale; ~ *election* élections *f/pl.* générales; ~ *practitioner* médecin *m* de médecine générale, (médecin *m*) généraliste; médecin *m* de famille; ✗ ~ *staff* état-major *m* (*pl.* états-majors); *Am.* ~ *store* magasin *m* qui vend de tout; **2.** ✗ général *m*; **gen·er·al·i·ty** [ˌ~'ræliti] généralité *f*; *la* plupart; **gen·er·al·i·za·tion** [ˌrɔlai'zeiʃn] généralisation *f*; **gen·er·al·ize** généraliser; populariser; **'gen·er·al·ly** généralement; universellement; F pour la plupart; **'gen·er·al·'pur·pose** universel(le *f*); **'gen·er·al·ship** ✗ généralat *m*; stratégie *f*.

gen·er·ate ['dʒenəreit] engendrer; produire; *generating station* station *f* génératrice; **gen·er·a·tion** génération *f*; ♂ engendrement *m*; **'gen·er·a·tive** [ˌ~ətiv] générateur (-trice *f*); producteur (-trice *f*); **'gen·er·a·tor** [ˌ~eitə] générateur (-trice *f*) *m*; ⊕ générateur *m*; *surt. mot. Am.* dynamo *f* d'éclairage.

ge·ner·ic [dʒi'nerik] générique.

gen·er·os·i·ty [dʒenə'rɔsiti] générosité *f*; libéralité *f*; **'gen·er·ous** □ généreux (-euse *f*) (*a. vin*); libéral (-aux *m/pl.*); magnanime; riche.

gen·e·sis ['dʒenisis] genèse *f*; origine *f*; *bibl.* ♀ (la) Genèse; **ge·net·ic** [dʒi'netik] **1.** (ˌ~ally) génétique; génésique (*instinct*); F *see* generative; **2.** ~s *sg.* génétique *f*.

gen·ial □ ['dʒi:njəl] doux (douce *f*) (*climat*); propice; génial (-aux *m/pl.*) (*talent*); jovial (-als *ou* -aux *m/pl.*) (*personne*); **ge·ni·al·i·ty** [ˌ~ni-'æliti] douceur *f*; bienveillance *f*.

gen·i·tals *anat.* ['dʒenitlz] *pl.* organes *m/pl.* génitaux. [*case*] génitif *m.*]

gen·i·tive *gramm.* ['dʒenitiv] (*ou* ~∫

gen·ius ['dʒi:njəs] génie *m*; *pl.* ~ius·es ['ˌ~siz] génie *m*; F don *m*, aptitudes *f/pl.* naturelles.

gen·o·cide ['dʒenousaid] extermination *f* d'une race.

gent F [dʒent] homme *m*, monsieur *m*.

gen·teel □ *sl. ou iro.* [dʒen'ti:l] comme il faut; maniéré.

gen·tian ♀ ['dʒenʃiən] gentiane *f*.

gen·tile ['dʒentail] **1.** gentil *m*; **2.** païen(ne *f*); *Am.* non mormon.

gen·til·i·ty *souv. iro.* [dʒen'tiliti] prétention *f* au bon ton; haute bourgeoisie *f*.

gen·tle ['dʒentl] *usu.* doux (douce *f*); modéré; léger (-ère *f*); cher (chère *f*) (*lecteur*); *co.* noble; † bien né; bon(ne *f*) (*naissance*); **'~·folk(s)** personnes *f/pl.* de bonne famille; **'~·man** monsieur (*pl.* messieurs) *m*; homme *m* comme il faut; † rentier *m*; *sp.* amateur *m*; *bal:* cavalier *m*; † gentilhomme (*pl.* gentilshommes) *m*; *gentlemen!* messieurs!; ~'*s agreement* convention *f* verbale (*qui n'engage que la parole d'honneur des partis*); **'~·man·like**, **'~·man·ly** comme il faut; bien élevé; **'gen·tle·ness** douceur *f*; **'gen·tle·wom·an** dame *f ou* demoiselle *f* bien née.

gen·try ['dʒentri] petite noblesse *f*; *péj.* individus *m/pl.*

gen·u·flec·tion, **gen·u·flex·ion** [dʒenju'flekʃn] génuflexion *f*.

gen·u·ine □ ['dʒenjuin] authentique; véritable; franc(he *f*); sincère.

ge·nus ['dʒi:nəs] (*pl.* genera) genre *m* (*a. fig.*).

ge·od·e·sy [dʒi'ɔdisi] géodésie *f*.

ge·og·ra·pher [dʒi'ɔgrəfə] géographe *m*; **ge·o·graph·i·cal** □ [dʒiə-'græfikl] géographique; **ge·og·ra·phy** [ˌ~'ɔgrəfi] géographie *f*.

ge·o·log·ic, **ge·o·log·i·cal** □ [dʒiə-'lɔdʒik(l)] géologique; **ge·ol·o·gist** [dʒi'ɔlədʒist] géologue *mf*; **ge'ol·o·gy** géologie *f*.

ge·om·e·ter [dʒi'ɔmitə] géomètre *m*; **ge·o·met·ric**, **ge·o·met·ri·cal** □ [dʒiə'metrik(l)] géométrique; **ge·om·e·try** [ˌ~'ɔmitri] géométrie *f*.

ge·o·phys·ics [dʒiə'fiziks] *usu. sg.* géophysique *f*.

ge·ra·ni·um ♀ [dʒi'reinjəm] géranium *m*.

germ [dʒə:m] **1.** germe *m*; **2.** germer.

Ger·man[1] ['dʒə:mən] **1.** allemand; ✗ ~ *measles* rubéole *f*; ~ *Ocean* mer *f* du Nord; ⊕ ~ *silver* argentan *m*, maillechort *m*; ~ *steel* acier *m* brut; ~ *text* caractères *m/pl.* gothiques; ~ *toys pl.* jouets *m/pl.* de Nuremberg; **2.** *ling.* allemand *m*; Allemand(e *f*) *m*.

ger·man² [~] *brother etc.* ~ frère *m etc.* germain; **ger·mane** [dʒə:'mein] (to) approprié (à); se rapportant (à).

Ger·man·ic [dʒə:'mænik] allemand; *hist.* germanique.

germ-car·ri·er ['dʒə:mkæriə] porteur *m* de bacilles.

ger·mi·nal ['dʒə:minl] germinal (-aux *m/pl.*); *fig.* en germe; **ger·mi·nate** ['~neit] (faire) germer; **ger·mi·na·tion** germination *f*.

germ-proof ['dʒə:mpru:f] aseptique.

ger·ry·man·der *pol.* ['dʒerimændə] truquage *m* électoral.

ger·und *gramm.* ['dʒerənd] gérondif *m*.

ges·ta·tion ♂, *vet.* [dʒes'teiʃn] gestation *f*.

ges·tic·u·late [dʒes'tikjuleit] *v/i.* gesticuler; *v/t.* exprimer par des gestes; **ges·tic·u·la·tion** gesticulation *f*.

ges·ture ['dʒestʃə] geste *m*; signe *m*.

get [get] [*irr.*] **1.** *v/t.* obtenir, procurer; gagner; prendre; se faire (*une réputation etc.*); recevoir; aller chercher; attraper (*un coup, une maladie*); faire parvenir; faire (*inf., p.p.*); *Am.* F saisir; ~ *a wife* prendre femme; *have got* avoir; F *you have got to obey* il faut que vous obéissiez; ~ *one's hair cut* se faire couper les cheveux; ~ *me the book!* allez me chercher le livre!; ~ *by heart* apprendre par cœur; ~ *with child* faire un enfant à; ~ *away* arracher; éloigner; ~ *down* descendre (*qch.*); avaler (*une pilule etc.*); mettre (*qch.*) par écrit; ~ *in* rentrer; placer (*un mot*); donner (*un coup*); ~ *off* ôter (*un vêtement*); expédier (*une lettre*); ~ *on* mettre (*qch.*); ~ *out* arracher, tirer; faire sortir; ~ *over* faire passer (*qch.*) par-dessus; en finir avec (*qch.*); ~ *through* terminer; assurer le succès de; *parl.* faire adopter; ~ *up* faire monter; organiser; préparer; F (*se*) faire beau (belle); ~ *up steam* faire monter la pression; chauffer; **2.** *v/i.* devenir, se faire; aller, se rendre (à, to); en arriver (à *inf.*, to *inf.*); se mettre; ~ *ready* se préparer; ~ *about* circuler; être sur pied; ~ *abroad* se répandre; ~ *ahead* prendre de l'avance; ~ *along* s'avancer; faire du chemin; ~ *along with* s'accorder avec, s'entendre bien avec; ~ *around* to en venir à, trouver le temps de; ~ *at* atteindre; parvenir à; ~ *away* partir; s'échapper; ~ *away with it* réussir; faire accepter la chose; ~ *down to* descendre jusqu'à; F se mettre à; ~ *in* rentrer; placer (*un coup*); ~ *into* entrer ou monter dans; mettre (*une robe etc.*); ~ *off* descendre (*de qch.*); se tirer d'affaire; F attraper un mari; ⚓ décoller; ~ *off with* faire la conquête de; ~ *on* monter sur; s'avancer (vers *qch.*); s'approcher (de, to); prendre de l'âge; s'entendre (bien), s'accommoder (avec, with); ~ *out of (of, from*) sortir (de); s'échapper (de); se soustraire (à); ~ *over* franchir; passer par-dessus; *fig.* guérir de (*une maladie*); ~ *it over with* en finir avec; ~ *through* passer; *téléph.* obtenir la communication; ~ *to hear (ou know ou learn)* apprendre; ~ *up* se lever; grossir (*mer*); monter; s'élever (*prix etc.*); **get-at-a-ble** [get'ætəbl] accessible; d'accès facile; **get-a-way** ['getəwei] *sp.* départ *m*; démarrage *m*; *Am.* fuite *f*; *make one's* ~ s'échapper; **'get·ter** acquéreur *m*; *zo.* reproducteur *m*; **'get·ting** acquisition *f*; mise *f*; ⚒ extraction *f*; **'get-to·geth·er** F réunion *f*; **get-'up** tenue *f*; ♱ habillage *m*; *Am.* F entrain *m*; esprit *m* entreprenant.

gew·gaw ['gju:gɔ:] babiole *f*, bagatelle *f*, ~s *pl.* afféteries *m/pl.*

gey·ser ['gaizə] *géog.* geyser *m*; ['gi:zə] chauffe-bain *m*; chauffe-eau *m/inv.* à gaz.

ghast·li·ness ['gɑ:stlinis] horreur *f*; pâleur *f* mortelle; **'ghast·ly** horrible; affreux (-euse *f*); blême.

gher·kin ['gə:kin] cornichon *m*.

ghost [goust] fantôme *m*, spectre *m*, revenant *m*; F nègre *m* (*d'un auteur*); *Holy* ♀ Saint-Esprit *m*; **'ghost·like**, **'ghost·ly** spectral (-aux *m/pl.*); **'ghost·write** *Am.* écrire un article *etc.* qui paraîtra sous la signature d'autrui.

gi·ant ['dʒaiənt] géant (*a. su./m*).

gib·ber ['dʒibə] baragouiner; **'gib·ber·ish** baragouin *m*, charabia *m*.

gib·bet ['dʒibit] **1.** gibet *m*; ⊕

give

flèche *f* de grue; **2.** pendre; *fig.* clouer au pilori.

gib·bos·i·ty [gi'bɔsiti] gibbosité *f*, bosse *f*; **gib·bous** ['gibəs] gibbeux (-euse *f*); bossu (*personne*).

gibe [dʒaib] **1.** railler (q., *at* s.o.); se moquer (de q., *at* s.o.); **2.** raillerie *f*; moquerie *f*; brocard *m*.

gib·lets ['dʒiblits] *pl.* abatis *m/pl.*

gid·di·ness ['gidinis] vertige *m*; *fig.* étourderie *f*; frivolité *f*; **'gid·dy** □ pris de vertige (*personne*); étourdi (*a. fig.*); *fig.* frivole; vertigineux (-euse *f*), qui donne le vertige.

gift [gift] **1.** don *m*; cadeau *m*, présent *m*; ✝ prime *f* (*à un acheteur*); *deed of* ~ (*acte m de*) donation *f* entre vifs; ~ *shop surt. Am.* magasin *m* de nouveautés; *never look a* ~ *horse in the mouth* à cheval donné on ne regarde pas la bride; **2.** douer (de, *with*); donner en présent; **'gift·ed** bien doué; de talent.

gig [gig] cabriolet *m*; ⚓ petit canot *m*.

gi·gan·tic [dʒai'gæntik] (~ally) géant, gigantesque.

gig·gle ['gigl] **1.** rire nerveusement; **2.** petit rire *m* nerveux.

gild [gild] [*irr.*] dorer; **'gild·er** doreur (-euse *f*) *m*; **'gild·ing** dorure *f*.

gill¹ [dʒil] (*approx.*) huitième *m* de litre.

gill² [gil] *icht.* ouie *f*; *fig. usu.* ~*s pl.* bajoue *f*, -s *f/pl.*; champignon: lame *f*; *tex.* peigne *m*; ⊕ ailette *f*.

gill³ [dʒil] jeune fille *f*; bonne amie *f*.

gilt [gilt] **1.** *prét. et p.p. de* gild; **2.** dorure *f*; doré *m*; **'~-edged** doré sur tranche; ✝ de premier ordre; ✝ ~ *securities* (*ou shares ou stock*) valeurs *f/pl.* de tout repos.

gim·crack ['dʒimkræk] **1.** article *m* de pacotille *ou* en toc; **2.** de pacotille (*meuble*); en toc (*bijou*); de carton (*maison*).

gim·let ⊕ ['gimlit] vrille *f*.

gim·mick *Am. sl.* ['gimik] truc *m*; tour *m*.

gin¹ [dʒin] genièvre *m*.

gin² [~] **1.** piège *m*, trébuchet *m*; ⊕ chèvre *f*; **2.** ⊕ égrener.

gin·ger ['dʒindʒə] **1.** gingembre *m*; F entrain *m*, énergie *f*; **2.** F (*souv.* ~ *up*) secouer; mettre du cœur au ventre de; **3.** roux (rousse *f*) (*cheveux*); ~ *ale*, ~ *beer* boisson *f*

gazeuse au gingembre; **'~·bread** pain *m* d'épice; ~ *group pol.* groupe *m* de pression; **'gin·ger·ly 1.** *adj.* délicat; **2.** *adv.* délicatement; **'gin·ger-nut** biscuit *m* au gingembre.

gip·sy ['dʒipsi] bohémien(ne *f*) *m*.

gi·raffe *zo.* [dʒi'rɑ:f] girafe *f*.

gir·an·dole ['dʒirəndoul] girandole *f*.

gird¹ [gə:d] **1.** raillerie *f*; brocard *m*; **2.** railler (q., *at* s.o.); se moquer (de, *at*).

gird² [~] [*irr.*] ceindre (de, *with*); encercler (de, *with*).

gird·er ⊕ ['gə:də] poutre *f*.

gir·dle ['gə:dl] **1.** ceinture *f*; gaine *f*; **2.** entourer; ceindre.

girl [gə:l] jeune fille *f*; F employée *f*; domestique *f*; ~ *Friday* aide *f* de bureau; *Brit.* ~ *guide*, *Am.* ~ *scout* éclaireuse *f*; **girl·hood** ['~hud] jeunesse *f*; adolescence *f*; **'girl·ish** □ de jeune *ou* petite fille; **'girl·ish·ness** air *m* de petite fille; **'girl·y** *Am.* F magazine *m* (*de beautés légèrement vêtues*).

girt [gə:t] **1.** *prét. et p.p. de* gird²; **2.** ⊕ circonférence *f*.

girth [gə:θ] **1.** sangle *f* (de selle); circonférence *f*; **2.** sangler (*un cheval*).

gist [dʒist] ⚖ principal motif *m*; F essence *f*; point *m* essentiel; fond *m*.

give [giv] **1.** [*irr.*] *v/t. usu.* donner; remettre; causer; faire (*attention, aumône, peine, plaisir, saut, etc.*); pousser (*un soupir etc.*); présenter (*des compliments*) porter (*un coup*); prononcer (*un arrêt*); céder (*une place*); ~ *attention to* faire attention à; ~ *battle* donner bataille; ~ *birth to* donner le jour à; donner naissance à (*a. fig.*); ~ *chase to* donner la chasse à; ~ *credit to* ajouter foi à; ~ *ear to* prêter l'oreille à; ~ *one's mind to* s'appliquer à; ~ *it to* s.o. rosser q.; semoncer vertement q.; ~ *away* donner; F trahir; ~ *away the bride* conduire la mariée à l'autel; ~ *back* rendre; ~ *forth* émettre; dégager; ~ *in* donner; remettre; ~ *out* distribuer; annoncer; exhaler (*une odeur etc.*); émettre; ~ *over* abandonner; remettre; ~ *up* rendre (*une proie*); abandonner (*affaire, malade, prétention*); ~ *o.s. up* se livrer (à, *to*); se constituer prisonnier; **2.** [*irr.*] *v/i.* ~ (*in*) céder;

se rendre; ~ into, ~ (up)on donner sur (la rue etc.); ~ out manquer; faire défaut; être à bout; s'épuiser; ~ over finir; **3.** su. élasticité f; **give-and-take** ['givən'teik] concessions f/pl. mutuelles; **give-a-way** ['givə-'wei] F trahison f; radio, télév., surt. Am. ~ show (ou program) audition f où on décerne des prix à des concurrents; '**giv·en** p.p. de give; ~ name Am. nom m de baptême; ~ to adonné à; ~ (that) étant donné (que); '**giv·er** donneur (-euse f) m; † lettre de change: tireur m.

giz·zard ['gizəd] gésier m.

gla·cé ['glæsei] glacé.

gla·ci·al □ ['gleisiəl] glacial (-als m/pl.); géol. glaciaire; ⚗ cristallisé; **gla·cier** ['glæsjə] glacier m; **gla·cis** ✕ ['glæsis] glacis m.

glad □ [glæd] heureux (-euse f), content, bien aise (de of, at, to); joyeux (-euse f); ~ly volontiers, avec plaisir; F give s.o. the ~ eye lancer des œillades à q.; **glad·den** ['~dn] réjouir.

glade [gleid] clairière f; Am. région f marécageuse.

glad·i·a·tor ['glædieitə] gladiateur m.

glad·ness ['glædnis] joie f; **glad·some** ['~səm] heureux (-euse f), joyeux (-euse f).

Glad·stone ['glædstən] (a. ~ bag) sac m américain.

glair [glɛə] **1.** glaire f; **2.** glairer.

glam·or·ize ['glæməraiz] faire apparaître sous de belles couleurs; glorifier, magnifier; embellir; **glam·or·ous** ['~əs] magnifique, brillant; enchanteur (-eresse f); fig. éblouissant; **glam·o(u)r** ['~ə] **1.** charme m, enchantement m; ~ girl jeune beauté f fascinante; **2.** fasciner.

glance [glɑːns] **1.** ricochet m; regard m; coup m d'œil; **2.** jeter un regard (sur, at); lancer un coup d'œil (à, at); refléter; ~ aside (ou off) ricocher, dévier; ~ over parcourir, examiner rapidement.

gland anat., ⚘ [glænd] glande f; **glan·dered** vét. ['~əd] morveux (-euse f); **glan·ders** vét. ['~əz] sg. morve f; **glan·du·lar** ['~julə] glandulaire.

glare [glɛə] **1.** éclat m, clarté f; éblouissement m; regard m fixe et furieux; **2.** briller d'un éclat

éblouissant; lancer un regard furieux (à, at); **glar·ing** □ ['~riŋ] éblouissant, aveuglant; fig. manifeste; flagrant.

glass [glɑːs] **1.** verre m; miroir m, glace f; (a. reading-~) loupe f; baromètre m; coll. verrerie f; (a pair of) ~es pl. (des) lunettes f/pl.; **2.** de ou en verre; **3.** vitrer; '~-blow·er souffleur m de verre; verrier m; **glass·ful** ['~ful] (plein) verre m; **glass·i·ness** aspect m vitreux.

glass...: '~-roofed court cour f vitrée; '~-shade cloche f; '~-works ⊕ usu. sg. verrerie f; '**glass·y** □ vitreux (-euse f).

glaze [gleiz] **1.** vernis m; cuis. glace f; peint. glacis m; **2.** (se) glacer; v/t. vitrer; vernir; lisser; v/i. devenir vitreux (œil); ~d paper papier m brillant; ~d veranda véranda f vitrée; **gla·zier** ['~iə] vitrier m; '**glaz·ing** pose f des vitres; vernissage m; vitrerie f; '**glaz·y** glacé.

gleam [gliːm] **1.** lueur f (a. fig.), reflet m; **2.** (re)luire; miroiter (eau).

glean [gliːn] v/t. glaner; v/i. faire la glane; '**glean·er** glaneur (-euse f) m; '**glean·ings** ['~iŋz] pl. glanure f, -s f/pl.

glebe [gliːb] terre f assignée à un bénéfice; poét. terrain m, glèbe f.

glee [gliː] joie f, allégresse f; ♪ petit chant m (à 3 ou 4 parties) sans accompagnement; (male) ~ club chorale f; **glee·ful** □ ['~ful] allègre, joyeux (-euse f).

glen [glen] vallon m.

glib □ [glib] † glissant; péj. spécieux (-euse f); beau parleur (personne); '**glib·ness** spéciosité f; faconde f.

glide [glaid] **1.** glissement m; danse: glissade f; ✈ vol m plané; gramm. son m transitoire; **2.** (faire) glisser, couler; v/i. ✈ faire du vol plané; '**glid·er** planeur m, glisseur m; ~ pilot pilote m de planeur; '**glid·ing** glissement m; vol m plané.

glim·mer ['glimə] **1.** faible lueur f; miroitement m; min. mica m; **2.** entreluire, jeter une faible lueur; miroiter (eau).

glimpse [glimps] **1.** vision f momentanée; **2.** entrevoir; ~ at avoir la vision fugitive de; jeter un rapide coup d'œil sur.

glint [glint] **1.** étinceler, entreluire; **2.** éclair *m*, reflet *m*.

glis·sade *alp.* [gli'sɑːd] **1.** faire une descente en glissade; **2.** glissade *f*.

glis·ten ['glisn], **glit·ter** ['glitə] étinceler, (re)luire; scintiller; *fig.* briller.

gloam·ing ['gloumiŋ] crépuscule *m*.

gloat [glout] (*[up]on, over*) savourer (*qch.*); se réjouir (de); triompher (de).

glob·al ['gloubl] global (-aux *m/pl.*); mondial (-aux *m/pl.*); universel(le *f*); **globe** [gloub] globe *m* (*a. anat.*); sphère *f*; terre *f*; **'globe-trot·ter** globe-trotter *m*; **glo·bose** ['ᵕous] ⚭ globeux (-euse *f*); **glo-bos·i·ty** [ˌᵕ'bɒsiti] caractère *m* globuleux *etc.*; **glob·u·lar** □ ['glɒb-julə] globuleux (-euse *f*); globu-laire; **glob·ule** ['ᵕjuːl] globule *m*.

gloom [gluːm] **1.** obscurité *f*, ténèbres *f/pl.*; mélancolie *f*; **2.** *v/i.* se renfrogner; s'assombrir; *v/t.* obscurcir; assombrir; **'gloom·i-ness** obscurité *f*; mélancolie *f*, tristesse *f*; **'gloom·y** □ sombre, obscur, ténébreux (-euse *f*); morne.

glo·ri·fi·ca·tion [glɔːrifi'keiʃn] glorification *f*; **glo·ri·fy** ['ᵕfai] glorifier; **'glo·ri·ous** □ glorieux (-euse *f*); resplendissant; *fig.* magnifique.

glo·ry ['glɔːri] **1.** gloire *f*; renommée *f*; splendeur *f*, éclat *m*; *Am.* F *Old* ⚭ drapeau *m* des É.-U.; **2.** (*in*) se glorifier (de); être fier (-ère *f*) (de); F se réjouir (de).

gloss[1] [glɒs] **1.** glose *f*; commentaire *m*; **2.** gloser sur; F expliquer.

gloss[2] [ᵕ] **1.** vernis, lustre *m*; *high* ~ *painting* ripolin *m*; **2.** lustrer, glacer; ~ *over* glisser sur, farder.

glos·sa·ry ['glɒsəri] glossaire *m*, lexique *m*.

gloss·i·ness ['glɒsinis] vernis *m*, lustre *m*; **'gloss·y** □ lustré, brillant, glacé.

glot·tis *anat.* ['glɒtis] glotte *f*.

glove [glʌv] gant *m*; *see hand* 1; *mot.* ~ *compartment* boîte *f* à gants; **'glov·er** gantier (-ère *f*) *m*.

glow [glou] **1.** lueur *f*; chaleur *f*; **2.** rayonner; rougir; **'~-worm** ver *m* luisant; luciole *f*.

gloze [glouz] (*usu.* ~ *over*) glisser sur, pallier.

glu·cose 🜊 ['gluːkous] glucose *m*.

glue [gluː] **1.** colle *f*; **2.** coller (*a. fig.*); ~ *one's eyes* ne pas quitter (*qch.*) des yeux; **'glu·ey** gluant, poisseux (-euse *f*).

glum □ [glʌm] renfrogné, maussade, morne.

glut [glʌt] **1.** excès *m*; surabondance *f*; ✝ encombrement *m* (du marché); **2.** inonder, encombrer; ~ *o.s.* se rassasier.

glu·ten ⚭ ['gluːtən] gluten *m*; **glu-ti·nous** □ ['gluːtinəs] glutineux (-euse *f*).

glut·ton ['glʌtn] gourmand(e *f*) *m*; glouton(ne *f*) *m*, goulu(e *f*) *m*; *zo.* glouton *m*; ~ *for work* bourreau *m* de travail; **'glut·ton·ous** □ glouton(ne *f*); **'glut·ton·y** gourmandise *f*.

G-man *Am.* ['dʒiːmæn] agent *m* armé du F.B.I.

gnarl [nɑːl] nœud *m*, loupe *f*; **gnarled**, *a.* **'gnarl·y** noueux (-euse *f*); tordu.

gnash [næʃ] grincer (*les dents*).

gnat [næt] moustique *m*, moucheron *m*. 　　　　　[geur *m*.)

gnaw [nɔː] ronger; **'gnaw·er** ron-)

gnome[1] ['noumiː] maxime *f*, aphorisme *m*.

gnome[2] [noum] gnome *m*; gobelin *m*; **'gnom·ish** de gnome.

go [gou] **1.** [*irr.*] aller; se rendre; faire une promenade *ou* un voyage; marcher (*machine*, *cœur*, *affaire*); visiter (*qch.*, *to s.th.*); sonner (*cloche*); passer (*temps*); aboutir (*affaire*, *guerre*); partir (de, *from*); s'en aller; disparaître; se casser; s'épuiser; *avec adj.*: devenir; se rendre; s'étendre (jusqu'à, *to*); adjuger (à, *for*) (*lot*); ~ *bad* se gâter; *see mad, sick*; (*this dog etc.*) *must* ~ il faut absolument qu'on se débarrasse de (*ce chien etc.*); *the story* ~*es that* on dit que; *sl.* here ~*es*! allons-y!; *sl.* ~ *it*! vas-y!; allez-y!; *as men etc.* ~ étant donné les hommes *etc.*; *let* ~ lâcher; laisser aller; ~ *shares* partager; ~ *to* (*ou and*) *see* aller voir; *just* ~ *and try*! essayez toujours!; ~ *about* circuler, aller çà et là; se mettre à (*une tâche*); ~ *abroad* voyager à l'étranger; émigrer; paraître; ~ *ahead* avancer; faire des progrès; persister; ~ *at* s'attaquer à; ~ *back* rentrer; retourner; ~ *back from* (*ou* F *on*) revenir sur (*une promesse*); ~ *before* fig. devancer; F *behind* revenir sur (*qch.*); ~ *between* servir de médiateur entre (*... et ...*); passer entre; ~ *by* (*adv.*) passer; (*prp.*) se régler sur; ~ *by the name of* être connu sous le nom de; ~ *down* descendre; F prendre (*avec, with*), être (*bien ou mal*) reçu (*de, with*); ~ *for* aller chercher; F tomber sur; F s'en prendre à (*q.*); ~ *for* (*aller*) faire (*une promenade, un voyage, etc.*); ~ *in* entrer, rentrer; se cacher (*soleil*); ~ *in for* se mêler de, s'adonner à; ~ *in for an examination* se présenter à *ou* passer un examen; ~ *into* entrer dans; examiner (*une question*); ⚔ diviser; ~ *off* partir (*a. fusil etc.*), s'en aller; s'écarter; se passer; se détériorer; passer (*beauté*); tourner (*lait*); ~ *on* continuer sa route; continuer (*de inf., gér.*); marcher; passer (*à, to*); F se passer; F se conduire; ~ *on!* avancez!; *iro.* allons donc!; ~ *out* sortir; disparaître; baisser (*marée*); s'éteindre (*feu*); *pol.* quitter le pouvoir; ~ *over* passer (*à, to*) (*un parti etc.*); traverser; examiner; ~ *through* passer par; traverser; remplir; subir (*une épreuve*); examiner; ~ *through with* aller jusqu'au bout (*de*); ~ *to* aller à; ~ *to expense* se mettre en dépense; ~ *up* monter; sauter; ✝ subir une hausse; ~ *up to town* aller à la ville; ~ *with* accompagner; s'accorder avec; ~ *without* se passer de; **2.** F aller *m*; entrain *m*, coup *m*, essai *m*; F accès *m*; *sl.* dernier cri *m*; *sl.* affaire *f*; *univ. sl.* little ~ premier examen *m*; great ~ examen final; *on the* ~ à courir, remuant; *it is no* ~ ça ne prend pas; *is it a* ~? entendu?; *in one* ~ d'un seul coup; *have a* ~ essayer (*de inf., at gér.*).

goad [goud] **1.** aiguillon *m* (*a. fig.*); **2.** aiguillonner, piquer (*a. fig.*).

go-a-head F ['gouəhed] **1.** entreprenant; actif (*-ive f*); **2.** *surt. Am.* F esprit *m* entreprenant; *Am. sl.* voie *f* libre.

goal [goul] but *m* (*a. sp., a. foot.*); '~-ar-e-a *foot.* surface *f*; **goal-ie** F ['gouli] = '~-keep-er *foot.* gardien *m* de but; F goal *m*; ~ *kick foot.* coup *m* de pied de but.

goat [gout] *zo.* chèvre *f*; he-~ bouc *m*; *fig.* imbécile *m*; *sl. get s.o.'s* ~ irriter q.; **goat'ee** barbiche *f*; bouc *m*; '**goat·ish** de bouc; lascif.

gob [gɔb] *sl.* crachat *m*; ⚔ remblai *m*; *Am.* F marin *m*; **gob·bet** ['~it] grosse bouchée *f*.

gob·ble ['gɔbl] dévorer; glouglouter (*dindon*); **gob·ble·dy·gook** *Am.* ['gɔbldiguk] style *m* ampoulé; jargon *m* (*des fonctionnaires*); '**gob·bler** avaleur (*-euse f*) *m*; dindon *m*.

go-be·tween ['goubitwi:n] intermédiaire *mf*.

gob·lin ['gɔblin] gobelin *m*, lutin *m*.

go-by ['goubai]: *give s.o. the* ~ éviter q.; se dérober à q.

go-cart ['gouka:t] poussette *f*, charrette *f* (*pour bébés*).

god [gɔd] *eccl.* ♀ dieu *m*; *fig.* idole *f*; '**god·child** filleul(e f) *m*; '**god·dess** déesse *f*; '**god·fa·ther** parrain *m*; '**god·for·sak·en** perdu (*endroit*); '**god·head** divinité *f*; '**god·less** impie; athée; '**god·like** de dieu; divin; '**god·li·ness** piété *f*; '**god·ly** saint; pieux (*-euse f*); dévot; '**god·moth·er** marraine *f*; '**god·send** aubaine *f*; bienfait *m* du ciel; '**god·speed** bon voyage *m*, adieu *m*.

go·er ['gouə] passant *m*; play~ habitué(e f) *m* du cinéma *ou* théâtre; *cheval*: marcheur *m*; F homme *m* énergique.

gof·fer ['goufə] gaufrer; tuyauter.

go-get·ter *Am. sl.* ['gou'getə] arriviste *mf*; homme *m* d'affaires *etc.* énergique.

gog·gle ['gɔgl] **1.** (*a.* ~ *one's eyes*) rouler de gros yeux; **2.** (*a pair of*) ~*s pl.* lunettes *f/pl.*; '~-box *sl.* télé *f*.

go·ing ['gouiŋ] **1.** qui marche; qui va (*sur*); qui soit; F actuel(le f); *be* ~ *to* (*inf.*) être sur le point de (*inf.*); aller (*inf.*); avoir l'intention de (*inf.*); *keep* ~ aller toujours; *set* (*a-*)~ mettre en train; *a* ~ *concern* une affaire *etc.* en pleine activité; ~, ~, *gone!* une fois, deux fois, adjugé!; **2.** allée *f*; parcours *m*; *sp.* état *m* du sol; *be heavy* ~ être difficile; '**go·ings-on** *pl.* F conduite *f*.

goi·tre 𝒮 ['gɔitə] goitre *m*; **goi·trous** ['gɔitrəs] goitreux (*-euse f*).

gold [gould] **1.** or *m*; **2.** d'or; *sl.* ~ *brick* escroquerie *f*; attrape-nigaud *m*; *Am. sl.* ~*brick* se défiler, tirer au flanc; '~**dig·ger** *Am.* chercheur *m* d'or; *sl.* maîtresse *f* coûteuse; '**gold·en** † d'or; *fig.* précieux (-euse *f*); '**gold·finch** *orn.* chardonneret *m*; '**gold·plat·ed** plaqué or; '**gold·smith** orfèvre *m*.

golf [gɔlf] *sp.* golf *m*; '~**ball** balle *f* de golf; '~**club** club *m* de golf; crosse *f* de golf; '**golf·er** golfeur (-euse *f*) *m*; joueur (-euse *f*) *m* de golf; '**golf·links** *pl.* terrain *m* de golf.

gol·li·wog(g) ['gɔliwɔg] poupée *f* grotesque; *fig.* objet *m* d'épouvante.

go·losh [gə'lɔʃ] caoutchouc *m*.

gon·do·la ⚓, ✈ ['gɔndələ] gondole *f*.

gone [gɔn] **1.** *p.p. de go 1*; **2.** *adj.* absent; mort; F épris, amoureux (-euse *f*) (de, *on*); F désespéré; *be~!* allez-vous-en!; *sl.* filez!; *sl. ~ on* épris de (*q.*), emballé sur (*q.*); '**gon·er** *sl.* homme *m* fichu *ou* mort.

gong [gɔŋ] gong *m*.

good [gud] **1.** *usu.* bon(ne *f*); valable (*excuse*); excellent; avantageux (-euse *f*) (*mariage, prix, etc.*); *~ and Am.* très, tout à fait; ⚥ *Friday* (le) Vendredi *m* saint; *the ~ Samaritan* le bon Samaritain; *~ at* bon *ou* fort en; *in ~ earnest* tout (tout) de bon; *~ afternoon* bonjour!; *plus tard:* bonsoir!; *~ evening* bonsoir!; *~ morning* bonjour!; *~ night* bonne nuit!; **2.** bien *m*; *~s pl.* articles *m/pl.*; marchandises *f/pl.*; ⚒ biens *m/pl.*; *Am.* F avantage *m* (sur, *on*); *that's no ~* cela ne vaut rien; *it is no ~ talking* inutile de parler; *for ~* pour de bon; *~s station* (*train*) gare *f* (train *m*) de marchandises; *~s in process* produits *m/pl.* semi-fabriqués; *~s in short supply* marchandises *f/pl.* qui manquent; *~bye* **1.** [gud'bai] adieu *m*; **2.** ['gud'bai] au revoir!, adieu!; '~**for-noth·ing 1.** bon(ne *f*) à rien; sans valeur; **2.** bon(ne *f*) à rien; vaurien(ne *f*) *m*; '**good·hu·mo(u)red** de bonne humeur; jovial, bonhomme; '**good·li·ness** beauté *f*; '**good·look·ing** joli; '**good·ly** beau (bel *devant une voyelle ou un h muet*; belle *f*; beaux *m/pl.*); ample, considérable; '**good·na·tured** bon(ne *f*); au bon naturel; '**good·ness** bonté *f*; bonne qualité *f*; *int.* dieu *m*!; *see gracious*; '**good·sized** assez grand; '**good·wife** maîtresse *f* de la

maison; '~**will** bonne volonté *f*; bienveillance *f* (envers, pour *towards*); † clientèle *f*; † achalandage *m*.

good·y[1] ['gudi] bonbon *m*. **good·y**[2] [~] **1.** *adj.* édifiant; d'une piété affectée; **2.** *int. Am.* F chouette! **goo·ey** F ['gu:i] gluant; sentimental.

goof F [gu:f] **1.** idiot(e *f*) *m*; gaffe *f*; **2.** *a. ~ up* saloper, gâcher, bousiller; '**goof·y** F idiot, toqué.

goon *Am. sl.* [gu:n] voyou *m*.

goose [gu:s] (*pl. geese*) oie *f*; *fig.* sot(te *f*) *m*; (*pl. gooses*) carreau *m* (*à repasser*).

goose·ber·ry ['guzbəri] groseille *f* verte; *buisson:* groseillier *m*; F *play ~* se trouver en tiers; *sl.* faire sandwich.

goose...: '~**flesh**, *surt. Am.* '~**pim·ples** *pl. fig.* chair *f* de poule; '~**step** pas *m* de l'oie; '**goos·ey**, '**goos·ie** F oison *m*.

go·pher *surt. Am.* ['goufə] saccophore *m*; chien *m* de prairie.

Gor·di·an ['gɔ:djən] gordien; *fig.* difficile, compliqué.

gore[1] [gɔ:] sang *m* coagulé. **gore**[2] [~] **1.** *cost.* godet *m*; soufflet *m*; ⚓ pointe *f*; **2.** blesser avec les cornes; découdre; *cost.* faire goder.

gorge [gɔ:dʒ] **1.** gorge *f* (*a. géog.*); gosier *m*; *my ~ rises at it* j'en ai des nausées; **2.** (se) rassasier; (se) gorger.

gor·geous □ ['gɔ:dʒəs] magnifique; superbe; '**gor·geous·ness** splendeur *f*.

gor·get ✕ ['gɔ:dʒit] hausse-col *m*.

gor·mand·ize ['gɔ:məndaiz] *vt/i.* bâfrer; *v/i.* goinfrer.

gorm·less *Brit.* F ['gɔ:mlis] bête; lourdaud; bouché.

gorse ♦ [gɔ:s] genêt *m* épineux.

gor·y □ ['gɔ:ri] ensanglanté.

gosh F [gɔʃ] sapristi!

gos·hawk *orn.* ['gɔshɔ:k] autour *m*.

gos·ling ['gɔzliŋ] oison *m*.

gos·pel ['gɔspl] évangile *m*.

go·slow [gou'slou] grève *f* perlée; travail *m* au ralenti.

gos·sa·mer ['gɔsəmə] filandres *f/pl.*; † gaze *f* légère.

gos·sip ['gɔsip] **1.** causerie *f*; *péj.* cancans *m/pl.*; *personne:* bavard(e *f*) *m*; *journ. ~ column* échos *m/pl.*; **2.**

bavarder; faire des cancans (sur, *about*).

got [gɔt] *prét. et p.p. de* get.

Goth [gɔθ] *hist.* Goth *m* (*a. fig.*); *fig.* vandale *m*; '**Goth·ic** gothique.

got·ten † *ou Am.* ['gɔtn] *p.p. de* get.

gouge [gaudʒ] **1.** ⊕ gouge *f*; **2.** (*usu.* ~ *out*) creuser à la gouge; *fig.* faire sauter (un œil à *q.*); *Am.* F duper, refaire.

gourd ♀ ['guəd] courge *f*; gourde *f* (*a. bouteille*).

gout ⚕ [gaut] goutte *f*; podagre *f*; '**gout·y** □ goutteux (-euse *f*); podagre.

gov·ern ['gʌvən] *v/t.* gouverner, régir (*a. gramm.*); *fig.* maîtriser; *v/i.* gouverner; ~*ing body* conseil *m* d'administration; '**gov·ern·a·ble** □ gouvernable; '**gov·ern·ess** gouvernante *f*; institutrice *f*; '**gov·ern·ment** gouvernement *m*; régime *m*; ministère *m*; *Am.* conseil *m* municipal; *attr.* public, d'État, gouvernemental (-aux *m/pl.*); **gov·ern·men·tal** [~'mentl] gouvernemental(-aux *m/pl.*); '**gov·er·nor** gouverneur *m* (*Am.* d'un État des É.-U.); F patron *m*; F vieux *m*; ⊕ régulateur *m*.

gown [gaun] **1.** robe *f*; *univ.*, 🏛 toge *f*; **2.** *v/t.* revêtir d'une robe; *v/i.* revêtir sa robe; '**gowns·man** ['~zmən] étudiant *m*; civil *m*.

grab F [græb] **1.** *v/t.* saisir, empoigner; *v/i.* ~ *at* s'agripper à; **2.** mouvement *m* vif de la main (*pour saisir q. etc.*); ⊕ benne *f* preneuse; *surt. Am.* ~*bag* sac *m* à surprise; '**grab·ber** accapareur (-euse *f*) *m*.

grace [greis] **1.** grâce *f*; bénédicité *m*; † délai *m*; *style:* aménité *f*; ~ *pl.* † agréments *m/pl.*; ♪ ~*note* note *f* d'agrément; *myth.* the ♀s *pl.* les Grâces *f/pl.*; ~ *of* faveur *f*; with (*a*) *good* (*bad*) ~ avec bonne (mauvaise) grâce; *Your* ♀ votre Grandeur *f*; *good* ~*s pl.* bonnes grâces *f/pl.*; **2.** embellir, orner; honorer (de, *with*); '**grace·ful** □ ['~ful] gracieux (-euse *f*); '**grace·ful·ness** élégance *f*, grâce *f*; '**grace·less** □ impie; F effronté; inélégant.

gra·cious □ ['greiʃəs] gracieux (-euse *f*); bienveillant; miséricordieux (-euse *f*); *good*(*ness*) ~*!* bonté

divine!; mon Dieu!; '**gra·cious·ness** grâce *f*; bienveillance *f*.

gra·da·tion [grə'deiʃn] gradation *f*.

grade [greid] **1.** grade *m*, rang *m*, degré *m*; qualité *f*; *surt. Am. see* gradient; *Am.* classe *f*; *Am.* make the ~ arriver; surmonter les difficultés; *surt. Am.* ~ *crossing* passage *m* à niveau; *surt. Am.* ~(*d*) *school* école *f* primaire; **2.** classer; graduer; 🐂 ménager la pente de; améliorer (*le bétail*) par le métissage.

gra·di·ent ['greidiənt] 🚄 *etc.* rampe *f*, pente *f*.

grad·u·al □ ['grædjuəl] progressif (-ive *f*); graduel(le *f*); doux (douce *f*); **grad·u·ate 1.** ['~eit] *v/t.* graduer; *v/i. Am.* recevoir son diplôme; *univ.* passer sa licence; prendre ses grades; **2.** ['~it] *univ.* gradué(e *f*) *m*; **grad·u·a·tion** [~'eiʃn] gradation *f*, 🖋, ⚕ graduation *f*; *Am.* remise *f* d'un diplôme; *univ.* réception *f* d'un grade.

graft[1] [gra:ft] **1.** 🪚 greffe *f*; **2.** 🪚 greffer (*a.* 🖋), enter (*a. fig.*) (sur *in*, *upon*).

graft[2] *Am.* [~] **1.** corruption *f*, gratte *f*; rabiot *m*; **2.** F rabioter, gratter; '**graft·er** F *surt. pol.* rapineur *m*, F tripoteur *m*.

grail, *a.* ♀ [greil] (Saint-)Graal *m*.

grain [grein] grain *m* (*a. fig.*, *a. mesure*, *a. bois*); *coll.* grains *m/pl.*, céréales *f/pl.*; *fig.* brin *m*; *in* ~ invétéré, fieffé; *dyed in the* ~ (teint) grand teint; *against the* ~ contre le fil; *fig.* à contrecœur.

gram·i·na·ceous ♀ [greimi'neiʃəs] graminé.

gram·ma·logue ['græməlɔg] sténogramme *m*.

gram·mar ['græmə] grammaire *f* (*a. livre*); ~*-school* école *f* secondaire, collège *m*, lycée *m*; *Am.* école *f* primaire; **gram·mar·i·an** [grə'mɛəriən] grammairien *m*; **gram·mat·i·cal** □ [grə'mætikl] grammatical (-aux *m/pl.*).

gram(**me**) [græm] gramme *m*.

gram·o·phone ['græməfoun] phonographe *m*; ~ *pick-up* pick-up *m/inv.*; ~ *record* disque *m*.

gran·a·ry ['grænəri] grenier *m*.

grand [grænd] **1.** *fig.* grand; grandiose, magnifique; principal (-aux *m/pl.*); F excellent; ♀ *Duchess* grande-duchesse (*pl.* grandes-duchesses) f; ♀ Duke grand-duc (pl. grands-ducs) m; Am. ♀ Old Party parti m républicain; sp. ~ stand grande f tribune; 2. ♪ (a. ~ piano) piano m à queue; Am. sl. mille dollars m/pl.; miniature ~ piano m demi-queue; **gran·dam(e)** ['~dæm] † grand-mère (pl. grand[s]-mères) f; **'grand·child** petit-fils (pl. petitsfils) m; petite-fille (pl. petites-filles) f; ~ren pl. petits-enfants m/pl.; **gran(d)·dad** F ['grændæd] bonpapa (pl. bons-papas) m, grandpapa (pl. grands-papas) m; **'granddaugh·ter** petite-fille (pl. petitesfilles) f; **gran·dee** [græn'di:] grand m (d'Espagne); fig. grand personnage m.

gran·deur ['grændʒə] grandeur f; noblesse f; splendeur f; **'grandfa·ther** grand-père (pl. grandspères) m; **~'s clock** horloge f de parquet.

gran·dil·o·quence [græn'dilǝkwǝns] emphase f; **gran'dil·o·quent** □ grandiloquent; emphatique.

gran·di·ose □ ['grændiǝus] grandiose, magnifique; pompeux (-euse f); **gran·di·os·i·ty** ['~'ɔsiti] grandiose m; caractère m pompeux.

grand·moth·er ['grænmʌðǝ] grandmère (pl. grand[s]-mères) f; **'grandness** see grandeur.

grand...: **'~-par·ents** grandparents m/pl.; **~·sire** ['~saiǝ] † ou animal: grand-père (pl. grands-pères) m; aïeul (pl. -eux) m; **'~son** petit-fils (pl. petits-fils) m; **'~stand** tribune f.

grange [greindʒ] manoir m, château m; Am. fédération f agricole.

gran·ite ['grænit] granit m; **gra·nit·ic** [græ'nitik] granitique, graniteux (-euse f).

gran·ny F ['græni] bonne-maman (pl. bonnes-mamans) f.

gran·u·lar ['grænjulǝ] granuleux (-euse f); **gran·u·late** ['~leit] (se) cristalliser; (se) grenailler; **gran·u·la·tion** granulation f; **gran·ule** ['~ju:l] granule m; **gran·u·lous** ['~julǝs] granuleux (-euse f), granulaire.

grape [greip] (grain m de) raisin m; unfermented ~ juice jus m de raisin (infermenté); **'~·fruit** ⚘ pamplemousse m ou f; † grape-fruit m; **'~-sug·ar** sucre m de raisin; **'~·vine** vigne f; rumeur f publique; hear s.th. through ou on the ~ apprendre qch. par le téléphone arabe.

graph [græf] graphique m, courbe f; **'graph·ic, 'graph·i·cal** □ graphique; fig. pittoresque, vivant; ~ arts pl. graphique f; **'~·ite** graphite m. ['~fait] graphite m; **graph·ol·o·gy** [~'fɔlǝdʒi] graphologie f.

grap·nel ['græpnǝl] ♣ grappin m; ⚓ ancre f.

grap·ple ['græpl] 1. ♣ grappin m; ⊕ araignée f; 2. v/t. accrocher; v/i. fig. en venir aux prises (avec, with), s'attaquer (à, with).

grasp [grɑːsp] 1. poigne f; prise f; étreinte f; fig. compréhension f; 2. v/t. saisir; empoigner; fig. comprendre; v/i.: ~ at chercher à saisir (qch.); saisir avidement (une offre etc.); **'grasp·ing** □ tenace; F avare.

grass [grɑːs] herbe f; pâture f; gazon m; sl. herbe f (marijuana); at ~ au vert (a. fig. = en congé); send to ~ F étendre (q.) par terre; **'~·hop·per** sauterelle f; **'~·plot** pelouse f; **'~·roots** 1. émanant du peuple, populaire; 2. pol. etc. base f; fig. les faits m/pl. fondamentaux; **'~-wid·ow** F veuve f temporaire; femme f séparée (de son mari); **'~-'wid·ow·er** F veuf m temporaire; homme m séparé (de sa femme); **'grass·y** herbeux (-euse f), herbu.

grant [grɑːnt] 1. concession f; subvention f (pécuniaire); ⚖ don m, cession f; 2. accorder; céder; admettre; ⚖ faire cession de; take for ~ed prendre pour avéré, présupposer; **~·ing** this (to) be so admettant qu'il en soit ainsi; ceci posé; God ~ ...! Dieu veuille ...!; **gran'tee** ⚖ cessionnaire m f; donataire m f; **grant-in-aid** ['grɑːntin'eid] subvention f de l'État; **grant·or** ⚖ [~'tɔ:] donateur (-trice f) m.

grate¹ [greit] grille f (du foyer, a.⊕); âtre m; fig. foyer m.

grate² [~] v/t. râper; grincer de (ses dents); v/i. grincer, crier; ~ (up)on fig. choquer (les oreilles), agacer (les nerfs).

grate·ful □ ['greitful] reconnaissant; agréable (chose); bienfaisant.

grat·er ['greitǝ] râpe f.

grat·i·fi·ca·tion [grætifi'keiʃn] satisfaction f, plaisir m; **grat·i·fy** ['~fai] satisfaire; faire plaisir à;

'grat·i·fy·ing flatteur (-euse *f*), agréable.

grat·ing ['greitiŋ] **1.** □ grinçant, discordant; **2.** treillis *m*; grillage *m*; grincement *m*.

gra·tis ['greitis] gratuit, gratis.

grat·i·tude ['grætitju:d] reconnaissance *f*, gratitude *f* (envers, to).

gra·tu·i·tous □ [grə'tju:itəs] gratuit; sans motif; bénévole; injustifié; **gra·tu·i·ty** gratification *f*; F pourboire *m*.   [*m*, fondement *m*.]

gra·va·men ʦ̣ [grə'veimen] fond∫

grave[1] □ [greiv] grave; sérieux (-euse *f*); *gramm.* ~ accent accent *m* grave.

grave[2] [~] **1.** tombe(au *m*) *f*; **2.** [*irr.*] *usu. fig.* graver; **'~·dig·ger** fossoyeur *m*.

grav·el ['grævl] **1.** gravier *m*; ⚕ gravelle *f*; **2.** graveler; sabler; F réduire (*q.*) à quia; **'grav·el·ly** graveleux (-euse *f*).

grav·en ['greivən] *p.p. de grave*[2] *f*.

grav·er ⊕ ['greivə] échoppe *f*.

grave...: **'~·side**: *at his* ~ au bord de son tombeau; **'~·stone** pierre *f* tombale; **'~·yard** cimetière *m*.

grav·ing dock ⚓ ['greiviŋ'dɔk] cale *f* sèche; bassin *m* de radoub.

grav·i·tate ['græviteit] graviter (vers, to[wards]); **grav·i·'ta·tion** gravitation *f*; **grav·i·'ta·tion·al** [~ʃənl] de gravitation (*force etc.*); *phys.* ~ *pull* gravitation *f*.

grav·i·ty ['græviti] gravité *f* (*phys., a. fig.*); *fig.* sérieux *m*; *centre of* ~ *centre m* de gravité; *phys. specific* ~ *poids m* spécifique.

gra·vy ['greivi] jus *m*; sauce *f* au jus; **'~·boat** saucière *f*.

gray [grei] gris; blême (*teint*); *Am.* F moyen(ne *f*); *see a.* **grey**.

graze[1] [greiz] **1.** *vt./i.* paître; *v/t.* vaches: pâturer (*un champ*).

graze[2] [~] **1.** écorcher; *fig.* raser; **2.** écorchure *f*.

gra·zier ['greiziə] éleveur *m*.

grease 1. [gri:z] graisser; **2.** [gri:s] graisse *f*; *fig.* wool ~ suint *m*; **'~·cup** *mot.* graisseur *m*; **'~·gun** *mot.* pompe *f* à graisse; **'~·pa·per** papier *m* parcheminé; papier *m* jambon; **~-proof** parcheminé; **greas·er** *Am. sl.* ['gri:zə] Mexicain *m*, Américain *m* du Sud; **greas·y** □ ['gri:zi] graisseux (-euse *f*); taché de graisse; gras(se *f*).

great □ [greit] **1.** *usu.* grand; *qqfois* magnifique; important; F fameux (-euse *f*); ~ *grandchild* arrière-petit-fils *m*, arrière-petite-fille *f* (*pl.* ~*grandchildren* arrière-petits-enfants *m/pl.*) ~ *grandfather* arrière-grand-père (*pl.* arrière-grands-pères) *m*; *see deal, many*; **2.** *the* ~ *pl.* les grands (hommes) *m/pl.*; les célébrités *f/pl.*; *Am.* no ~ nullement; **'~·coat** pardessus *m*; **'great·ly** beaucoup, fortement; **'great·ness** grandeur *f*; importance *f*.

greave [gri:v] jambière *f*.   [*m/pl.*∫

greaves [gri:vz] *pl. cuis.* cretons∫

Gre·cian ['gri:ʃn] grec(que *f*).

greed [gri:d], **'greed·i·ness** cupidité *f*; gourmandise *f*; **'greed·y** □ avide (de of, for); gourmand.

Greek [gri:k] **1.** grec(que *f*); **2.** *ling.* grec *m*; Grec(que *f*) *m*; *that is* ~ *to me* c'est de l'hébreu pour moi.

green [gri:n] **1.** □ vert (*a.* ⊕); inexpérimenté, jeune; naïf (-ïve *f*); frais (fraîche *f*); blême (*teint*) **2.** vert *m*; gazon *m*, pelouse *f*; *fig.* première jeunesse *f*; ~*s pl.* légumes *m/pl.* verts; **'~·back** *Am.* billet *m* d'un dollar *m*; **'~·baize ta·ble** tapis *m* vert, table *f* de jeu; **'green·er·y** verdure *f*, feuillage *m*.

green...: **'~·gage** ⚘ reine-claude (*pl.* reines-claudes) *f*; **'~·gro·cer** marchand(e *f*) *m* de légumes; fruitier (-ère *f*) *m*; **'~·gro·cer·y** commerce *m* de légumes; légumes *m/pl.* et fruits *m/pl.*; **'~·horn** F blanc-bec (*pl.* blancs-becs) *m*, bleu *m*; **'~·house** serre *f* (chaude); **'green·ish** verdâtre.

Green·land·er ['gri:nləndə] Groenlandais(e *f*) *m*; **Green·land·man** ⚓ ['~ləndmən] baleinière *f* (*des pêcheries du Groenland*).

green light F voie *f* libre; *fig.* permission *f*; **'green·ness** verdeur *f*; verdure *f*; immaturité *f*; naïveté *f*.

green...: **'~·room** *théâ.* foyer *m* des artistes; **'~·sick·ness** ⚕ chlorose *f*; **'~·sward** gazon *m*.

greet [gri:t] saluer; accueillir; **'greet·ing** salut(ation *f*) *m*; accueil *m*; ~*s card* carte *f* de vœux.

gre·gar·i·ous □ [gre'gɛəriəs] grégaire.

gre·nade ⚔ [gri'neid] grenade *f* (à main, extinctrice); **gren·a·dier** [grenə'diə] grenadier *m*.

grew [gru:] *prét. de* grow.

grey □ [grei] **1.** gris *m; fig.* ~ *area* zone *f* sombre; ♀ *Friar* frère *m* mineur; Franciscain *m;* ~ *matter anat.* substance *f* grise (du cerveau); *fig.* intelligence *f;* **2.** gris *m;* cheval *m* gris; **3.** grisailler; *v/i.* grisonner (*cheveux*); '~**haired** aux cheveux gris, grisonnant; '~**hound** lévrier *m,* levrette *f;* '**grey·ish** grisâtre; grisonnant (*cheveux*).

grid [grid] grille *f,* grillage *m;* réseau *m;* treillis *m; national* ~ caisse *f* nationale de l'énergie; *foot. Am. (a.* ~ *iron)* terrain *m* de rugby; *see a.* gridiron; '**grid·i·ron** *cuis.* gril *m; cycl.* F bicyclette *f.*

grief [gri:f] douleur *f,* chagrin *m; fig.* accident *m.*

griev·ance ['gri:vəns] grief *m;* injustice *f;* **grieve** [gri:v] (s')affliger; (se) chagriner; '**griev·ous** □ pénible; cruel(le *f*); grave; '**griev·ous·ness** gravité *f.*

grif·fin ['grifin] *myth.* griffon *m (a. chien).*

grig [grig] petite anguille *f;* grillon *m.*

grill [gril] **1.** griller; *v/t. sl.* cuisiner (*q.*); **2.** gril *m; cuis.* grillade *f;* '~**room** grill-room *m.*

grim □ [grim] sinistre; sévère; farouche; ~ *facts* faits *m/pl.* brutaux; ~ *humo(u)r* humour *m* macabre.

gri·mace [gri'meis] **1.** grimace *f;* **2.** grimacer.

gri·mal·kin [gri'mælkin] mistigri *m; femme:* mégère *f.*

grime [graim] **1.** saleté *f;* poussière *f* de charbon *etc.;* **2.** noircir, salir; '**grim·y** □ noirci, sale; barbouillé.

grin [grin] **1.** large sourire *m;* **2.** sourire d'une oreille à l'autre; ~ *at* adresser un large sourire à (*q.*).

grind [graind] **1.** [*irr.*] *v/t.* moudre; broyer; dépolir (*un verre*); ⊕ meuler; aiguiser (*un tool*); *fig.* opprimer; *Am. sl.* faire enrager; *sl.* faire travailler; ~ *one's teeth* grincer des dents; ~ *out* tourner (*un air*); *dire entre les dents; v/i.* grincer, crisser; *sl.* potasser; bûcher; **2.** grincement *m; sl.* turbin *m;* '**grind·er** pileur (-euse *f*) *m;* (*dent f*) molaire *f;* moulin *m* (à café); ⊕ rectifieuse *f; sl.* joueur *m* d'orgue de Barbarie; '**grind·ing** *fig.* déchirant, rongeur (-euse *f*); ⊕ à roder; '**grind·stone** meule *f* à

aiguiser; *keep s.o.'s nose to the* ~ faire travailler q. sans relâche.

grip [grip] **1.** empoigner; saisir (*a. fig.*); *fig.* ~*ping* passionnant; **2.** prise *f,* serrement *m;* poignée *f (a. cycl.); Am. see* gripsack; *get to* ~*s with* en venir aux prises avec.

gripe [graip] **1.** saisissement *m;* étreinte *f;* poignée *f;* ~*s pl.* colique *f; surt. Am.* plaintes *f/pl.;* **2.** *v/t.* saisir, empoigner; donner la colique à; *v/i. surt. Am.* F rouspéter, se plaindre.

grip·sack *Am.* ['gripsæk] petite valise *f* à main.   [frayant.}

gris·ly ['grizli] affreux (-euse *f*); ef-}

grist [grist] blé *m* moulu *ou* à moudre; *fig. bring* ~ *to the mill* faire venir l'eau au moulin.

gris·tle ['grisl] cartilage *m;* '**gris·tly** cartilagineux (-euse *f*).

grit [grit] **1.** grès *m;* sable *m; pierre:* grain *m;* ⊕ impuretés *f/pl.;* F courage *m;* **2.** ~ *one's teeth* grincer des dents; '**grit·ty** sablonneux (-euse *f*); graveleux (-euse *f*) (*a. poire*); *Am. sl.* qui a du cran.

griz·zle F ['grizl] grognonner; pleurnicher; '**griz·zled** *see* grizzly 1; '**griz·zly 1.** grisonnant (*cheveux etc.*); ~ *bear* = **2.** ours *m* grizzlé.

groan [groun] **1.** gémissement *m,* plainte *f;* **2.** gémir; pousser des gémissements; † ~ *for* languir après.

groat [grout]: *not worth a* ~ qui ne vaut pas un liard.

groats [grouts] *pl.* gruau *m* d'avoine *ou* de froment.

gro·cer ['grousə] épicier (-ère *f*) *m;* '**gro·cer·y** épicerie *f; Am.* boutique *f* d'épicier; *Am.* débit *m* de boissons; *groceries pl.* (articles *m/pl.* d')épicerie *f.*   [celant; soûl.}

grog [grɔg] grog *m;* '**grog·gy** chan-}

groin [grɔin] **1.** *anat.* aine *f;* ∆ arête *f;* nervure *f;* **2.** ∆ fournir d'arêtes; tailler les nervures sur.

groom [grum] **1.** valet *m (du roi etc);* valet *m* d'écurie; laquais *m; see* bridegroom; **2.** panser (*un cheval*); *Am. pol.* dresser (*un candidat*); *well* ~*ed* bien entretenu; élégant, bien soigné (*personne*); **grooms·man** ['~zmən] garçon *m* d'honneur.

groove [gru:v] **1.** rainure *f;* cannelure *f; vis:* creux *m; disque:* sillon *m; fig.* routine *f;* ~*s pl.* canon *etc.:* rayures *f/pl.; fig. in the* ~ rangé;

dans la bonne voie; **2.** rainer, canneler; rayer.

grope [group] tâtonner.

gross [grous] **1.** □ gros(se _f_); gras (-se _f_); grossier (-ère _f_); global (-aux _m/pl._); ✝ brut; ✝ _~ national product_ revenu _m_ national brut; **2.** grosse _f_ (_12 douzaines_); _Am._ recette _f_ brute; _in the ~_ à la grosse; '**gross·ness** grossièreté _f_; énormité _f_.

gro·tesque □ [grou'tesk] grotesque.

grot·to ['grɔtou] grotte _f_.

grouch _Am._ F [grautʃ] **1.** rouspéter; ronchonner; **2.** maussaderie _f_; plainte _f_; _personne_: grogneur (-euse _f_) _m_; '**grouch·y** grognon(ne _f_).

ground¹ [graund] _prét. et p.p. de_ grind¹; _~ glass_ verre _m_ dépoli; _phot._ (châssis _m_ à) glace _f_ dépolie.

ground² [~] **1.** fond _m_; terre _f_; terrain _m_ (_a. sp._); raison _f_, cause _f_; base _f_; sol _m_; _✝_ terre _f_, masse _f_; _~s pl._ parc _m_, terrains _m/pl._; motifs _m/pl._; raisons _f/pl._; marc _m_ de café; _on the ~(s) of_ pour _ou_ en raison de; _fall to the ~_ tomber par _ou_ à terre; _fig._ ne pas aboutir; _give ~_ lâcher pied; _stand one's ~_ tenir bon; **2.** _v/t._ fonder, baser; enseigner à fond; ⊕ donner la première couche de peinture à, préparer; _✝_ mettre à la terre _ou_ masse; ⚓ jeter à la côte; _v/i._ ⚓ (s')échouer; _well ~ed_ bien fondé; '**ground·age** ⚓ droits _m/pl._ de mouillage _ou_ d'ancrage.

ground...: '~**con·nex·ion** _✝_ prise _f_ de terre; _mot._ mise _f_ à la masse; '~**floor** rez-de-chaussée _m/inv._; '~**hog** _surt. Am._ marmotte _f_ d'Amérique; '~**less** □ sans fondement; '~**nut** arachide _f_; '~**plan** plan _m_ de fondation.

ground-sel ['graunsl] séneçon _m_.

ground...: '~**sheet** tapis _m_ de sol; '~**s·man** gardien _m_ de stade; _~_ **staff** ✶ personnel _m_ rampant _ou_ non-navigant; _~_ **swell** houle _f_ de fond; _~_ **wire** _✝_ fil _m_ de terre _ou_ masse; '~**work** fond(ement) _m_; _poét._ canevas _m_.

group [group] **1.** groupe _m_; peloton _m_; _psych._ _~ therapy_ thérapie _f_ de groupe¹; **2.** (se) grouper.

grouse¹ _orn._ [graus] tétras _m_; lagopède _m_ rouge.

grouse² F [~] ronchonner, grogner (_contre at, about_).

grout [graut] **1.** △ coulis _m_; **2.** jointoyer (avec du mortier liquide).

grove [grouv] bosquet _m_, bocage _m_.

grov·el ['grɔvl] _usu. fig._ ramper; '**grov·el·(l)er** _usu. fig._ flagorneur (-euse _f_) _m_; '**grov·el·(l)ing 1.** rampant (_usu. fig._); _fig._ abject; **2.** rampement _m_; _fig._ aplatissement _m_.

grow [grou] [_irr._] _v/i._ croître, pousser; devenir; grandir (_personne_); _~ in s'incarner_ (_ongle_); _~ into_ fashion devenir de mode; _~ out of_ passer à _s.o._ plaire à q. de plus en plus; _~ up_ grandir; _fig._ naître, se répandre; _v/t._ cultiver; faire venir; laisser pousser; '**grow·er** cultivateur (-trice _f_) _m_; planteur _m_.

growl [graul] **1.** grondement _m_, grognement _m_; **2.** gronder, grogner.

growl·er ['graulə] _fig._ grognon(ne _f_) _m_; _Am. sl._ cruche _f_ à bière.

grown [groun] **1.** _p.p. de_ grow; **2.** _adj._ (_a. ~-up_) grand, fait; (_a. ~-over_) (re)couvert; **growth** [grouθ] croissance _f_; accroissement _m_; augmentation _f_; extension _f_; poussée _f_; _✚_ tumeur _f_; _of one's own ~_ indigène; _qu'on a cultivé soi-même_.

grub [grʌb] **1.** larve _f_; ver _m_; _péj._ gratte-papier _m/inv._; _sl._ mangeaille _f_; **2.** _v/i._ (_a. ~ away_) fouiller (pour trouver _qch.,_ _for s.th._); _sl._ bouffer (= _manger_); _v/t._ _~ up_ essarter; déraciner; (_usu. ~ out_) arracher; '**grub·by** malpropre; '**grub·stake** _Am._ avances _f/pl._; équipement _m_ (_que fournit un commanditaire à un prospecteur_); fonds _m/pl._ (_fournis à un entrepreneur_).

grudge [grʌdʒ] **1.** rancune _f_; _bear s.o. a ~_ garder rancune à q.; avoir une dent contre q.; **2.** accorder à contrecœur; voir d'un mauvais œil; _pains_ ne pas marchander sa peine; '**grudg·er** envieux (-euse _f_) _m_; '**grudg·ing·ly** ['~iŋli] à contrecœur, en rechignant.

gru·el ['gruəl] gruau _m_ (d'avoine); _sl. get_ (_ou_ _have_) _one's ~_ avaler sa médecine; '**gru·el·(l)ing** éreintant.

grue·some □ ['gru:səm] macabre.

gruff □ [grʌf] bourru, revêche, rude.

grum·ble ['grʌmbl] grommeler; grogner; gronder (_tonnerre_); '**grumbler** _fig._ mécontent(e _f_) _m_.

grump·y □ F ['grʌmpi] maussade; grincheux (-euse f).

grunt [grʌnt] **1.** grognement m; **2.** grogner; '**grunt·er** porc m.

guar·an·tee [gærən'ti:] **1.** garant(e f) m, caution f; garanti(e f) m; see guaranty; **2.** garantir; se porter caution pour; **guar·an·tor** [‿'tɔ:] garant(e f) m; '**guar·an·ty** garantie f; caution f, gage m.

guard [gɑ:d] **1.** garde f (a. ✕); ⊕ protecteur m (d'une machine), carter m (d'engrenages); 🚂 chef m de train; ✕ ⚥s pl. Garde f; be off ~ être pris au dépourvu; ~ of honour haie f d'honneur; ~ mount ~ monter la garde; ✕ relieve ~ relever la garde; **2.** v/t. protéger (a. ⊕); garder (de from, against); v/i. se garder (de, against); '**guard·ed** □ prudent, réservé, mesuré; '**guard·i·an** gardien(ne f) m; ⚖ tuteur (-trice f) m; attr. tutélaire; ~ of the poor administrateur (-trice f) m de l'Assistance publique; '**guard·i·an·ship** garde f; tutelle f; '**guard·rail** barrière f de sécurité; **guards·man** ✕ ['gɑ:dzmən] officier m ou soldat m de la Garde.

gudg·eon ['gʌdʒən] icht., ⊕ goujon m; fig. benêt m.

guer·don poét. ['gə:dən] **1.** récompense f; **2.** récompenser.

gue(r)·ril·la [gə'rilə] (souv. ~ war) guerre f d'embuscades ou de partisans.

guess [ges] **1.** conjecture f; **2.** v/t. deviner; surt. Am. croire, supposer; v/i. deviner; estimer (qch., at s.th.); '**guess·work** conjecture f, estime f.

guest [gest] invité(e f) m; pensionnaire m/f; '~**house** pension f de famille; '~**room** chambre f d'amis.

guf·faw [gʌ'fɔ:] **1.** gros rire m; **2.** pouffer de rire.

guid·a·ble ['gaidəbl] dirigeable; '**guid·ance** ['gaidəns] conduite f; gouverne f; direction f; orientation f.

guide [gaid] **1.** guide m (a. ⊕); see ~book; attr. directeur (-trice f); **2.** guider; conduire; diriger; guiding principle principe m directeur, gouverne f; '~**book** guide m; '~ **dog** chien m d'aveugle; '~**lines** pl. directives f/pl.; '~**post** poteau m indicateur; '~**rope** ⚓ guiderope m.

gui·don ✕ ['gaidən] guidon m.

guild [gild] association f; corps m (de métier); hist. corporation f; '**Guild'hall** hôtel m de ville.

guile [gail] ruse f, astuce f; '**guile·ful** □ ['‿ful] rusé; '**guile·less** □ candide; franc(he f) m; '**guile·less·ness** candeur f; franchise f.

guil·lo·tine [gilə'ti:n] guillotine f; ⊕ presse f à rogner.

guilt [gilt], a. '**guilt·i·ness** culpabilité f; '**guilt·less** □ innocent (de, of); fig. vierge (de, of); '**guilt·y** □ coupable; plead ~ s'avouer coupable.

guin·ea ['gini] guinée f (21 shillings); '~**fowl** pintade f; '~**pig** cobaye m, cochon m d'Inde.

guise [gaiz] † costume m; forme f; apparence f (a. fig.).

gui·tar ♩ [gi'tɑ:] guitare f.

gulch Am. [gʌltʃ] ravin m étroit.

gulf [gʌlf] géog. golfe m; abysse m (de la mer); abîme m, gouffre m.

gull¹ orn. [gʌl] mouette f, goéland m.

gull² [‿] **1.** jobard m, dupe f; **2.** jobarder, duper; amener (q.) par ruse à (a inf., into gér.).

gul·let ['gʌlit] œsophage m; F gosier m; † ravin m.

gul·li·bil·i·ty [gʌli'biliti] crédulité f; **gul·li·ble** □ ['‿əbl] crédule; facile à duper.

gul·ly ['gʌli] ravine f, ruisseau: ru m; ⊕ caniveau m; (a. ~hole) bouche f d'égout.

gulp [gʌlp] **1.** coup m (de gosier); **2.** avaler (à pleine gorge).

gum¹ [gʌm] anat. ~s pl. gencive f.

gum² [‿] **1.** gomme f; colle f; Am. gomme f à mâcher; ~s pl. Am. caoutchoucs m/pl., bottes f/pl. de caoutchouc; **2.** gommer; coller.

gum·boil ['gʌmbɔil] abcès m à la gencive, 🦷 parulie f.

gum·my ['gʌmi] gommeux (-euse f); gluant; chassieux (-euse f) (yeux).

gump·tion ['gʌmpʃn] jugeotte f; sens m pratique.

gun [gʌn] **1.** canon m; fusil m (de chasse); ⊕ injecteur m (à graisse); peint. pistolet m; surt. Am. revolver m, pistolet m; Am. mot. sl. accélérateur m; F big (ou great) ~ grand personnage m; **2.** Am. chasser au tir; fig. pourchasser; '~**boat** (chaloupe f) canonnière f; '~**car·riage** ✕ affût m; '~**cot·ton** coton m azotique; ~**li·cence** Am. permis m de port d'armes; '~**man** surt. Am.

bandit *m*, gangster *m*, terroriste *m*;
'gun·ner ⚔, ⚓ canonnier *m*.

gun…: '∼·**pow·der** poudre *f* (*à
canon*); '∼·**run·ning** contrebande *f*
d'armes; '∼·**shot** coup *m* de fusil *ou*
de feu; portée *f* de fusil; '∼·**shy** qui
a peur du coup de fusil; '∼·**smith**
armurier *m*; *Am. sl.* professeur *m* de
vol à la tire; piller; '∼·**stock** fût *m* (*de
fusil*); '∼·**tur·ret** tourelle *f*.

gur·gle ['gə:gl] glouglouter.

gush [gʌʃ] **1.** jaillissement *m*; jet *m*;
débordement *m* (sentimental); **2.**
jaillir (de, from); bouillonner; *fig.*
sortir à flots; *fig.* faire de la sensiblerie; **'gush·er** *fig.* personne *f*
expansive; puits *m* jaillissant;
'gush·ing, gush·y □ exubérant,
expansif (-ive *f*).

gus·set ['gʌsit] *cost.* soufflet *m*;
gousset *m*.

gust [gʌst] rafale *f*, bourrasque *f*,
coup *m* de vent; bouffée *f* (*de colère*).

gus·ta·to·ry ['gʌstətəri] gustatif
(-ive *f*).

gus·to ['gʌstou] délectation *f*;
entrain *m*.

gus·ty ['gʌsti] à rafales; venteux
(-euse *f*).

gut [gʌt] **1.** boyau *m*, intestin *m*; ♪
corde *f* de boyau; *fig.* passage *m*
étroit; ∼s *pl. sl.* cran *m* (= *courage*);
2. vider (*un poisson*); *fig.* résumer;
incendie: ne laisser que les murs de
(*une maison*); piller; **'gut·less** F mou
(molle *f*), lâche, qui manque de cran;
'guts·y F qui a du cran; qui a du
punch.

gut·ter ['gʌtə] **1.** gouttière *f* (*d'un
toit*); rue: ruisseau *m*; chaussee:
caniveau *m*; **2.** *v/t.* sillonner, raviner; rainer (*une tôle etc.*); *v/i.*
couler (*bougie*); ∼ **press** bas-fonds

m/pl. du journalisme; '∼·**snipe**
gavroche *m*; gamin(e *f*) *m* des rues.

gut·tur·al *anat., a. gramm.* ['gʌtərəl]
1. □ guttural (-aux *m/pl.*); **2.** gut-
turale *f*.

guy[1] [gai] **1.** F épouvantail *m*; *surt.
Am.* F type *m*, individu *m*; **2.** se
moquer de; travestir.

guy[2] [∼] retenue *f*; ⚓ étai *m*,
hauban *m*.

guz·zle ['gʌzl] boire avidement;
v/t. bouffer; *v/i.* goinfrer.

gym *sl.* [dʒim] *abr. de gymnasium, gymnastics.*

gym·kha·na [dʒim'kɑ:nə] gymkhana
m.

gym·na·si·um [dʒim'neizjəm] gymnase *m*; **gym·nast** ['dʒimnæst]
gymnaste *m*; **gym·nas·tic 1.** (∼ally)
gymnastique; ∼ *competition* concours *m* de gymnastique; **2.** ∼s *pl.*
gymnastique *f*; éducation *f* physique; *heavy* ∼s *pl.* gymnastique *f*
aux agrès; *light* ∼s callisthénie *f*.

gyn·ae·col·o·gist ⚕ [gaini'kɔlədʒist]
gynécologiste *m*; **gyn·ae'col·o·gy**
gynécologie *f*.

gyp *sl.* [dʒip] *Am.* voler; tromper.

gyp·se·ous ['dʒipsiəs] gypseux (-euse
f).

gyp·sum *min.* ['dʒipsəm] gypse *m*.

gy·rate [dʒaiə'reit] tourn(oy)er;
gy·ra·tion [dʒaiə'reiʃən] giration *f*, révolution *f*;
gy·ra·to·ry ['dʒaiərətəri] giratoire.

gy·ro·com·pass *phys.* ['gaiəro-
'kʌmpəs] gyrocompas *m*; **gy·ro-
scope** ['gaiərəskoup] gyroscope *m*;
gy·ro·scop·ic sta·bi·liz·er [gaiə-
rəs'kɔpik'steibilaizə] gyrostat *m* (*de
bateau*); toupie *f* gyroscopique.

gyve *poét.* [dʒaiv] **1.:** ∼s *pl.* fers
m/pl., chaînes *f/pl.*; **2.** enchaîner,
mettre les fers à.

H

H, h [eitʃ] H *m*, h *m*; *drop one's hs* ne pas aspirer les h.

ha [hɑː] ha!; ah!

ha·be·as cor·pus 🕮 ['heibjəs-'kɔːpəs] (*a. writ of ~*) habeas corpus *m*.

hab·er·dash·er ['hæbədæʃə] mercier (-ère *f*) *m*; *surt. Am.* chemisier *m*; **'hab·er·dash·er·y** mercerie *f*; *surt. Am.* chemiserie *f*.

ha·bil·i·ments [hə'bilimənts] *pl.* vêtements *m/pl.* de cérémonie.

hab·it ['hæbit] **1.** habitude *f*; disposition *f* (*d'esprit*); habit *m* (*de moine*); *be in the ~ of* (*gér.*) avoir l'habitude de (*inf.*); *see riding-~*; **2.** vêtir; **'hab·it·a·ble** habitable; **hab·i·tat** ♣, *zo.* ['~tæt] habitat *m*; aire *f* d'habitation; **hab·i·ta·tion** habitation *f*; demeure *f*.

ha·bit·u·al □ [hə'bitjuəl] habituel(le *f*); invétéré; **ha'bit·u·ate** [~eit] habituer (à, to); **hab·i·tude** ['hæbitjuːd] habitude *f*.

hack¹ [hæk] **1.** ⊕ pic *m*, pioche *f*; taillade *f*; *foot.* coup *m* de pied; **2.** hacher; couper; *foot.* (*ou v/i. ~ at*) donner à (*q.*) un coup de pied sur le tibia; *~ing cough* toux *f* sèche.

hack² [~] **1.** cheval *m* de louage ou de selle à tous fins; *fig.* homme *m* de peine; (*souv. ~ writer*) nègre *m*; **2.** à la tâche; *fig.* banal (-als *m/pl.*); **3.** banaliser.

hack·le ['hækl] **1.** ⊕ peigne *m*; *orn.* plume *f* de cou *ou* de dos; **2.** (se) tailler(*souv. ~ at*); *v/t.* peigner.

hack·ney ['hækni] *see hack²*; *~ coach* voiture *f* de louage; **'hack·neyed** banal (-als *m/pl.*).

hack·saw ['hæksɔː] scie *f* à métaux.

had [hæd, həd] *prét. et p.p. de* have 1, 2.

had·dock *icht.* ['hædək] aiglefin *m*; *finnan ~* haddock *m*.

hae·mal 🔬 ['hiːml] hémal (-aux *m/pl.*); **haemo...** [hiːmo] hémo... hém(o)-.

haem·or·rhage ['heməridʒ] hémorragie *f*; **haem·or·rhoids** ['~-rɔidz] *pl.* hémorroïdes *f/pl.*

haft [hɑːft] manche *m*, poignée *f*.

hag [hæg] sorcière *f*; *fig. sl.* vieille taupe *f*.

hag·gard □ ['hægəd] hagard; hâve,

hag·gle ['hægl] marchander; chicaner (sur, over).

hag·rid·den ['hægridn] tourmenté par les cauchemars.

hail¹ [heil] **1.** grêle *f*; **2.** *v/impers.* grêler; *v/t. fig.* faire pleuvoir.

hail² [~] **1.** *v/t.* saluer; héler; *v/i.* *~ from* venir de; être originaire de; **2.** appel *m*; *~!* salut!; *within ~* à portée de (la) voix.

hail-fel·low ['heilfelou] très gentil pour *ou* avec tous.

hail·stone ['heilstoun] grêlon *m*; **'hail·storm** abat *m* de grêle.

hair [hɛə] cheveu *m*, -x *m/pl.* (*sur la tête*); poil *m*; *sl.* keep your ~ on! calmez-vous!; *~'s breadth* = **'~-breadth** épaisseur *f* d'un cheveu; *by* (*ou within*) *a ~* à un cheveu (de), d'un doigt (de); *~-cream* crème *f* à coiffer; **'~-cut** taille *f* (de cheveux); *have a ~* se faire couper les cheveux; **'~-do** F coiffure *f*; **'~-dress·er** coiffeur (-euse *f*) *m*; **'~-dry·er** sèche-cheveux *m/inv.*; séchoir *m*; **'~-dye** teinture *f* pour les cheveux; **'haired** aux cheveux ...; à pelage ...; **'hair·i·ness** aspect *m* hirsute.

hair...: **'~-less** sans cheveux, chauve; **'~-line** naissance *f* des cheveux; *écriture:* délié *m*; *~ crack* fissure *f* fine; **'~-piece** postiche *m*; **'~-pin** épingle *f* à cheveux; *~ bend* lacet *m*; **'~-rais·ing** horripilant, horrifique; **'~-re·mov·er** dépilatoire *m*; **'~-re·stor·er** régénérateur *m* des cheveux; **'~-split·ting** ergotage *m*; **'~-spray** laque *f* (en aérosol); **'~-style** coiffure *f*; *~ styl·ist* coiffeur *m* (-euse *f*); **'hair·y** chevelu; poilu, velu. [colin *m*.]

hake [heik] *icht.* merluche *f*; F

ha·la·tion *phot.* [hə'leiʃn] halo *m*.

hal·berd ✠ *hist.* ['hælbəd] hallebarde *f*.

hal·cy·on ['hælsiən] **1.** *orn.* alcyon *m*; martin-pêcheur (*pl.* martins-pêcheurs) *m*; **2.** *fig.* calme, serein.

hale [heil] vigoureux (-euse *f*); robuste; ~ *and hearty* frais et gaillard.

half [hɑːf] **1.** demi; *adv.* à moitié; ~ *a crown* une demi-couronne *f*; *a pound and a* ~ une livre et demie; *F not* ~ *bad* ce n'est pas mauvais du tout; **2.** moitié *f*; ⚛ demi *m*; *see* ~*-year*; ✠ parti *m*; *too clever by* ~ beaucoup trop malin; *by halves* à demi; *go halves* se mettre de moitié (avec q., *with* s.o.), partager; ~*-***back** ['~'bæk] *foot.* demi(-arrière) *m*; ~*-***baked** ['~'beikt] *fig.* inexpérimenté; niais; incomplet (-ète *f*); '~*-***bind·ing** demi-reliure *f* à petits coins; '~*-***blood** parenté *f* d'un seul côté; '~*-***bound** en demi-reliure à petits coins; '~*-***breed** demi-sang *m/inv.*; '~*-***breed** métis(se *f*) *m*; '~*-***broth·er** demi-frère *m*; '~*-***caste** métis(se *f*) *m*; '~*-***court line** *tennis:* ligne *f* médiane; '~*-***crown** demi-couronne *f*; '~*-***fare** ½ demi-tarif *m*; **2.** à demi-tarif; '~*-***heart·ed** □ tiède; hésitant; '~*-***length** (*a.* ~ *portrait*) portrait *m* en buste; '~*-***mast:** (*at*) ~ à mimât; en berne (*pavillon*); '~*-***moon** demi-lune *f*; '~*-***mourn·ing** demi-deuil *m/inv.*; ~ *note* ♪ blanche *f*; '~*-***pay** demi-solde *f*; '~*-***pen·ny** ['heipni] **1.** demi-penny *m*; F sou *m*; **2.** à un sou; '~*-***price:** *at* ~ à moitié prix; ~*-***seas·o·ver** F ['hɑːfsiːz'ouvə] à moitié ivre; '~*-***time** *sp.* mi-temps *f*; '~*-***tone proc·ess** ⊕ simili(gravure) *f* (tramée); '~*-***truth** demi-vérité *f*; '~*-***way** à mi-chemin, ~ *house* maison *f* à demi-étape; *fig.* compromis *m*; '~*-***wit** simple *mf*, faible *m* d'esprit; '~*-***wit·ted** simple; niais; '~*-***year** semestre *m*.

hal·i·but *icht.* ['hælibət] flétan *m*.

hal·i·to·sis [hæli'tousis] mauvaise haleine *f*.

hall [hɔːl] grande salle *f*; vestibule *m*; hall *m* (*hôtel*); château *m*; *univ.* maison *f* estudiantine, foyer *m*; réfectoire *m*; *see* guild-~, music-~.

hal·le·lu·jah [hæli'luːjə] alléluia *m*.

hall...: '~*-***mark 1.** contrôle *m*; *fig.* cachet *m*, empreinte *f*; **2.** contrôler; '~*-***stand** porte-parapluies *m/inv.*

hal·loo [hə'luː] **1.** holà!; **2.** ohé *m*;

chasse: huée *f*; **3.** *v/i.* crier (taïaut); *v/t.* encourager.

hal·low ['hælou] sanctifier, consacrer; **Hal·low·mas** ['~mæs] la Toussaint *f*.

hal·lu·ci·na·tion [həluːsi'neiʃn] hallucination *f*, illusion *f*.

halm [hɑːm] *see* haulm.

ha·lo ['heilou] *astr., anat.* halo *m*; auréole *f* (*a. eccl., a. fig.*).

halt [hɔːlt] **1.** halte *f* (*a.* 🚉), arrêt *m*; **2.** faire halte; s'arrêter; *fig.* hésiter, balancer; **3.** boiteux (-euse *f*).

hal·ter ['hɔːltə] *cheval:* licou *m*, corde *f* (*au cou*).

halve [hɑːv] diviser en deux; **halves** [~z] *pl.* de half.

hal·yard ⚓ ['hæljəd] drisse *f*.

ham [hæm] jambon *m*; *Am. sl.* (*a.* ~ *actor ou fatter*) cabotin *m*; (*souv. radio*) amateur *m*.

ham·burg·er ['hæmbəːgə] hamburger *m*, bifteck *m* haché; viande *f* de bœuf hachée.

ham-fist·ed ['hæmfistid], **ham-hand·ed** ['~hændid] gauche, maladroit.

ham·let ['hæmlit] hameau *m*.

ham·mer ['hæmə] **1.** marteau *m*; *armes à feu:* chien *m*; F ~ *and tongs* tant qu'on peut; **2.** *v/t.* marteler, battre au marteau; *bourse:* exécuter (*un agent*); F critiquer; ~ *out* gironner; F forger; *v/i.* ~ *at* heurter à; s'acharner à.

ham·mock ['hæmək] hamac *m*; ~ *chair* transatlantique *m*.

ham·per ['hæmpə] **1.** panier *m*, banne *f*; **2.** embarrasser, gêner; entraver.

ham·string ['hæmstriŋ] **1.** *anat.* tendon *m* du jarret; **2.** couper le jarret à; *fig.* couper les moyens à.

hand [hænd] **1.** main *f* (*a.* zo., *a. fig.* = aide, autorité, possession, protection*); montre:* aiguille *f*; ouvrier (-ère *f*) *m*; ⚓ matelot *m*; côté *m*; *cartes:* joueur (-euse *f*) *m*; *cartes:* jeu *m*; *mesure:* paume *f*; écriture *f*; signature *f*; *typ.* index *m*; baromètre etc.: indicateur *m*; ♀ régime *m* (*de fruits*); *at* ~ sous la main; à portée de la main; tout près; *at first* ~ de première main; *a good* (*poor*) ~ *at* bon (piètre) joueur de; fort à (faible en); *be* ~ *and glove* être d'intelligence (avec, *with*); être comme les deux doigts de la main;

by ~ à la main; *change* ~s changer de propriétaire *ou* de mains; *get out of* ~ s'indiscipliner, devenir impossible; *have a* ~ *in* prendre part à; *in* ~ en main; au poing; à la main; en question; en préparation; *sp.* de retard; ✝ en caisse; en magasin; *lay* ~s on faire violence à; s'emparer de; mettre les mains sur; *lend a* ~ aider; donner un coup de main (à); *off* ~ brusque; tout de suite; ~s *off!* n'y touchez pas!; *on* ~ en main; ✝ en magasin; *surt. Am.* tout près; prêt; *on one's* ~s à sa charge; *on all* ~s de tous les côtés; de toutes parts; *on the one* ~ d'une part; *on the other* ~ d'autre part; par contre; *have one's* ~ *out* avoir perdu l'habitude; *out of* ~ sur-le-champ; indiscipliné; ~ *over* first main sur main; rapidement; ~ *take a* ~ *at* faire une partie de (*bridge etc.*); to (one's) ~ sous la main; ~ *to* ~ corps à corps; *come to* ~ parvenir, arriver; *put one's* ~ *to* entreprendre; *he can turn his* ~ *to anything* c'est un homme à toute main; ~s *up!* haut les mains!; *see high 1*; **2.** passer; ~ *about* faire circuler; ~ *down* descendre (*qch.*); transmettre; ~ *in* remettre; présenter (*une demande*); ~ *out* distribuer; tendre; ~ *over* remettre; céder; '~·**bag** sac *m* à main; '~·**bar·row** brancard *m*, civière *f*; '~·**bell** sonnette *f*; '~·**bill** affiche *f* à main; ✝ prospectus *m*; '~·**brake** ⊕ frein *m* à main; '~·**cuff 1.**: ~s *pl.* menottes *f/pl.*; **2.** mettre les menottes à (*q.*); '**hand·ed** à … mains; aux mains …; '**hand·ful** ['~ful] poignée *f*; F enfant *m/f* terrible; '**hand-glass** loupe *f* à main; miroir *m* à main.

hand·i·cap ['hændikæp] **1.** *sp.* handicap *m*; *fig.* désavantage *m*; **2.** *sp.* handicaper; *fig.* gêner; désavantager; '**hand·i·capped 1.** handicapé; **2.**: *the (mentally ou physically)* ~ les handicapés (mentaux *ou* physiques); '**hand·i·cap·per** *sp.* handicapeur *m*.

hand·i·craft ['hændikrɑ:ft] travail *m* manuel; métier *m* manuel; '**hand·i·crafts·man** artisan *m*, ouvrier *m*; '**hand·i·ness** commodité *f*; adresse *f*, dextérité *f*; '**hand·i·work** travail *m* manuel; ouvrage *m* (*a. fig.*).

hand·ker·chief ['hæŋkətʃif] mouchoir *m*; foulard *m* (*pour le cou*).

han·dle ['hændl] **1.** *épée, porte*: poignée *f*; *outil*: manche *m*; *seau, cruche*: anse *f*; *pompe*: balancier *m*; *Am.* F *fly off the* ~ s'emporter; *sl.* sortir de ses gonds; **2.** manier; manœuvrer (*un navire*); traiter; prendre en main; '~·**bar** *cycl.* guidon *m*; *dropped* ~ guidon *m* course.

hand...: '~·made pa·per papier *m* à la cuve; '~·**maid** *fig.* servante *f*; '~·**me-downs** *Am.* F *pl.* costume *m* de confection; décrochez-moi-ça *m/inv.*; '~·**out** *Am.* F aumône *f*; '~·**rail** main *f* courante; garde-fou *m*; '~·**saw** scie *f* à main; égoïne *f*; **hand·sel** ['hænsl] **1.** étrenne *f*; ✝ première vente *f*; *arrhes f/pl.*; **2.** donner des étrennes à; ✝ donner des arrhes à; inaugurer; '**hand·shake** poignée *f* de main; '**hand·some** □ ['hænsəm] beau (bel *devant une voyelle ou un h muet*); belle *f*; beaux *m/pl.*); élégant; noble; riche.

hand...: '~·spike ⊕ levier *m* de manœuvre; '~·**work** travail *m* à la main; '~·**writ·ing** écriture *f*; '**hand·y** □ adroit; habile; commode (*chose*); maniable; '~**man** homme *m* à tout faire; factotum *m*, bricoleur *m*; F débrouillard *m*.

hang [hæŋ] **1.** [*irr.*] *v/t.* (sus)pendre (à *from, on*); tapisser (de, *with*); accrocher (à *from, on*); coller (*un papier à tapisser*); (*usu. prét. et p.p.* ~ed) pendre; F *I'll be* ~ed *if …* que le diable m'emporte si …; F ~ *it!* zut alors!; F ~ *fire* traîner; ~ *out vt/i.* pendre au dehors; ~ *up* accrocher, pendre; *téléph.* raccrocher (*le récepteur*); *fig.* ajourner; *v/i.* pendre, être suspendu (à, *on*); *fig.* planer (sur, *over*); ~ *about* flâner; rôder; ~ *back* rester en arrière; *fig.* hésiter; ~ *on* s'accrocher, se cramponner (à, *to*); *fig.* tenir bon; *téléph.* ~ *up* raccrocher; **2.** pente *f*; *cost.* ajustement *m*; F façon *f*; F *get the* ~ *of* comprendre, saisir le truc de (*qch.*); *sl. I don't care a* ~ je m'en moque pas mal.

hang·ar ['hæŋə] hangar *m*.

hang-dog ['hæŋdɔg] **1.** F gibier *m* de potence; **2.** patibulaire (*mine*).

hang·er ['hæŋə] *personne*: tendeur *m*; crochet *m*; porte-vêtements *m/inv.*; ⊕ suspenseur *m*; *Am.*

pancarte f; ~**on** [ˈ⁔rˈɔn], pl. ˈ~s-ˈon fig. parasite m; dépendant m.

hang-glid·ing [ˈhæŋglaidiŋ] vol m libre.

hang·ing [ˈhæŋiŋ] 1. suspendu; tombant; peint. ~ committee jury m d'admission (des tableaux); 2.: ~s pl. tenture f, tapisserie f; rideaux m/pl.

hang·man [ˈhæŋmən] bourreau m.

hang·nail [ˈhæŋneil] envie f.

hang·out Am. sl. [ˈhæŋˈaut] repaire m, nid m (de gangsters etc.).

hang·over sl. [ˈhæŋouvə] gueule f de bois.

hang·up sl. [ˈhæŋʌp] problème m; complexe m. [neau m.]

hank [hæŋk] écheveau m; ♣ an-]

han·ker [ˈhæŋkə] ~ after soupirer après, désirer vivement; être assoiffé de; '**han·ker·ing** vif désir m, soif f.

Han·o·ve·ri·an [hænoˈviəriən] 1. hanovrien(ne f); 2. Hanovrien(ne f) m.

Han·sard [ˈhænsəd] compte m rendu officiel des débats parlementaires.

han·som [ˈhænsəm], (a. ~-cab) cab m; hansom m.

hap † [hæp] hasard m (malencontreux); destin m; '**hap·haz·ard** 1. hasard m; at ~ au petit bonheur; 2. fortuit; ~ chaos tohu-bohu m; '**hap·less** ☐ infortuné, malheureux (-euse f).

ha'p'orth F [ˈheipəθ] (valeur f d')un sou m; a ~ of ... ... pour un sou.

hap·pen [ˈhæpən] arriver, se passer; he ~ed to be at home il se trouvait chez lui; ~ (up)on tomber sur; rencontrer par hasard; Am. F ~, ~ in(to) entrer en passant; '**hap·pen·ing** événement m.

hap·pi·ness [ˈhæpinis] bonheur m; félicité f (a. d'expression).

hap·py ☐ [ˈhæpi] usu. heureux (-euse f); content; joyeux (-euse f); F un peu parti ou gris; '**hap·py-go-luck·y** F insouciant.

ha·rangue [həˈræŋ] 1. harangue f; 2. v/t. haranguer; v/i. prononcer une harangue.

har·ass [ˈhærəs] harceler; tourmenter (de, with); tracasser; accabler (de dettes, with debt); '**har·ass·ment** harcèlement m; tracassement m.

har·bin·ger [ˈhɑːbindʒə] 1. fig. avant-coureur m; 2. annoncer.

har·bo(u)r [ˈhɑːbə] 1. port m; fig. asile m; 2. v/t. héberger; receler (un criminel); entretenir (un soupçon); garder (une rancune etc.); v/i. se réfugier; '**har·bo(u)r·age** abri m, asile m; ♣ mouillage m.

hard [hɑːd] 1. adj. usu. dur; sévère; fort (gelée); rigoureux (-euse f) (temps); pénible; cruel(le f); rude; difficile; surt. Am. incorrigible; surt. Am. riche (en alcool); ferme (rendez-vous); ~ cash espèces f/pl. sonnantes; ~ coal anthracite m; ~ core noyau m dur; tennis: ~ courts pl. terrains m/pl. de tennis; ~ currency devises f/pl. fortes; ~ drink (ou liquor) alcool m fort; the ~ facts les faits brutaux; ~ hat casque m; pol. ~ line ligne f dure; F ~ luck déveine f, malchance f; ~ sell promotion f de vente agressive; mot. ~ shoulder accotement m stabilisé; ~ of hearing dur d'oreille; ~ to deal with peu commode; intraitable; be ~ (up)on s.o. être sévère envers q.; traiter q. sévèrement; give s.o. a ~ time donner du mal à q.; faire passer un mauvais quart d'heure à q.; faire la vie dure à q.; 2. adv. fort; dur; durement; avec peine; ~ by tout près; ~ up sans moyens; dans la gêne; à court (de, for); be ~ put to it avoir beaucoup de mal (à to); ride ~ chevaucher à toute vitesse; 3. F travaux m/pl. forcés; ~s pl. gêne f; '**~-ˈbit·ten** F tenace; dur à cuire; '**~-ˈboiled** dur (œuf); tenace; surt. Am. expérimenté, dur à cuire; '**hard·en** (se) durcir; (s')endurcir; rendre ou devenir dur; v/i. ♣, bourse: se raffermir; v/t. ⊕ tremper (l'acier); '**hard·en·ing** durcissement m.

hard...: '**~-ˈfea·tured** aux traits durs ou sévères; '**~-ˈfist·ed** dur à la détente; '**~-ˈhead·ed** pratique; positif (-ive f); '**~-ˈheart·ed** ☐ au cœur dur; **har·di·hood** [ˈ⁔ihud] hardiesse f; '**har·di·ness** vigueur f, robustesse f; '**hard·lin·er** partisan m d'une ligne dure; '**hard-ˈluck·stor·y** F récit m de misères; '**hard·ly** durement; avec difficulté; à peine; ne ... guère; '**hard-ˈmouthed** dur de bouche; '**hard·ness** dureté f, difficulté f (a. fig.); rudesse f; temps: rigueur f; acier: trempe f.

hard...: '**~-pan** Am. sol m résistant;

'~-'**set** fort gêné; affamé; durci; '~-**shell** à carapace dure; à coque dure; *fig.* dur à cuire; '**hard-ship** privation *f*; gêne *f*; épreuve *f*, tribulation *f*; '**hard-ware** quincaillerie *f*; *ordinateur:* hardware *m*, matériel *m*; '**har-dy** □ robuste, endurci; hardi; ♀ de pleine terre.

hare [heə] lièvre *m*; '~-**bell** jacinthe *f* des prés; clochette *f*; '~-**brained** étourdi, écervelé; '~-**lip** *anat.* bec-de-lièvre (*pl.* becs-de-lièvre) *m*.

ha-rem ['heərem] harem *m*.

har-i-cot ['hærikou] *cuis.* haricot *m* (*de mouton*); ♀ (*a.* ~ **bean**) haricot *m*.

hark [haːk] (*to*) écouter; prêter l'oreille (à); ~! écoutez!; ~ **back** *chasse:* prendre le contre-pied; *fig.* en revenir (à, sur *to*).

har-lot ['haːlət] prostituée *f*; '**har-lot-ry** prostitution *f*.

harm [haːm] **1.** mal *m*; tort *m*; danger *m*; **2.** faire du mal *ou* tort à; nuire à; '**harm-ful** □ ['~ful] nuisible; '**harm-less** □ inoffensif (-ive *f*); innocent.

har-mon-ic [haː'mɔnik] (~*ally*) harmonique; **har'mon-i-ca** [~ikə] harmonica *m*; **har-mo-ni-ous** □ [haː'mounjəs] harmonieux (-euse *f*) (*a. fig.*); **har-mo-nize** [haː'mənaiz] *v/t.* harmoniser (*a.* ♪); faire accorder; *v/i.* s'harmoniser; s'assortir; '**har-mo-ny** harmonie *f*.

har-ness ['haːnis] **1.** harnais *m*; attelage *m*; *die in* ~ mourir à la besogne; **2.** harnacher; atteler; *fig.* aménager; '~-**mak-er** sellier *m*, bourrelier *m*.

harp ♪ [haːp] **1.** harpe *f*; **2.** jouer de la harpe; ~ (*up*)*on* rabâcher (*qch.*); *be always* ~*ing on the same string* réciter toujours la même litanie; '**harp-er**, '**harp-ist** harpiste *mf*.

har-poon [haː'puːn] **1.** harpon *m*; **2.** harponner.

har-py ['haːpi] *myth.* harpie *f* (*a. fig. = vieille mégère*); *fig.* personne *f* rapace.

har-ri-dan ['hæridən] vieille mégère *f*.

har-ri-er ['hæriə] *chasse:* braque *m*; *sp.* coureur *m*.

har-row ⚬ ['hærou] **1.** herse *f*; **2.** herser; *fig.* ravager, piller.

har-ry ['hæri] ravager, piller, mettre à sac; *fig.* harceler, tourmenter.

harsh □ [haːʃ] rude; âpre (*goût*); rauque; discordant (*son*); rigoureux (-euse *f*); dur; '**harsh-ness** rudesse *f*; âpreté *f*; rigueur *f*; sévérité *f*.

hart *zo.* [haːt] cerf *m*.

har-um-scar-um F ['heərəm'skeərəm] **1.** étourdi, écervelé (*a. su.*/*mf*); **2.** étourneau *m*; hurluberlu *m*.

har-vest ['haːvist] **1.** moisson *f* (*a. fig.*); récolte *f*; ~ *festival* actions *f*/*pl.* de grâces pour la récolte; **2.** *v/t.* moissonner; récolter; *v/i.* rentrer la moisson; '**har-vest-er** moissonneur (-euse *f*, *a. machine*) *m*; **har-vest-home** ['~'houm] fête *f* de la moisson.

has [hæz, həz] (*il, elle*) a; '~-**been** F vieux ramollot *m*; homme *m etc.* fini.

hash[1] [hæʃ] **1.** hachis *m*; *Am.* F mangeaille *f*, boulot *m*; ♀ gâchis *m*; *fig.* réchauffé *m*; F *make a* ~ *of* faire un joli gâchis de; **2.** hacher (*de la viande*).

hash[2] *sl.* [~] hachich *m*, hash *m*.

hash-ish ['hæʃiːʃ] hachich *m*.

hasp [haːsp] **1.** moraillon *m*; loquet *m*; fermoir *m*; **2.** cadenasser.

has-sle F ['hæsl] chamaillerie *f*; affaire *f*, histoire *f*.   [*eccl.* coussin *m*.]

has-sock ['hæsək] touffe *f* d'herbe;]

hast † [hæst] (*tu*) as.

haste [heist] hâte *f*; diligence *f*; *make* ~ se dépêcher, se hâter; *more* ~ *less speed, make* ~ *slowly* hâtez-vous lentement; **has-ten** ['heisn] (se) hâter, (se) presser; *v/t.* avancer (*qch.*); '**hast-i-ness** ['heistinis] précipitation *f*, hâte *f*; emportement *m* (*de colère etc.*); '**hast-y** □ précipité; fait à la hâte; irréfléchi; emporté; rapide.

hat [hæt] chapeau *m*; *sl. my* ~! pigez-moi ça!; F *hang up one's* ~ *with s.o.* s'introniser chez q.; *talk through one's* ~ extravaguer; exagérer.

hatch[1] [hætʃ] **1.** *poussins:* couvée *f*; demi-porte *f*; ♫, ⚓ panneau *m*, écoutille *f*; ~ *serving* passe-plats *m*; *under* ~*es* dans la cale; *fig.* mort et enterré; **2.** (*faire*) éclore; *v/t. fig.* tramer, ourdir.

hatch[2] ['~] hach(ur)er.

hatch-back *mot.* ['hætʃbæk] (*voiture f* à) hayon *m* arrière.

hat-check girl *Am.* ['hætʃek'gəːl] dame *f* du vestiaire.

hatch·et ['hætʃit] hachette f; bury the ~ enterrer la hache de guerre; '~-face visage m en lame de couteau.

hatch·way ⚓ ['hætʃwei] écoutille f.

hate [heit] **1.** poét. haine f (de, contre to[wards]); **2.** détester, haïr; **hate·ful** □ ['~ful] odieux (-euse f), détestable; 'hat·er haïsseur (-euse f) m; **ha·tred** ['heitrid] haine f (de, contre of).

hat·ter ['hætə] chapelier (-ère f) m.

haugh·ti·ness ['hɔ:tinis] arrogance f, morgue f; 'haugh·ty □ arrogant, hautain.

haul [hɔ:l] **1.** amenée f; effort m; pêche: coup m de filet; prise f; Am. trajet m; a. fig. long ~ long voyage m, longue route f; **2.** v/t. tirer (sur, at); traîner; ⚓ haler sur; transporter par camion(s); ✗ hercher; ⚓ repiquer dans (le vent); v/i. haler (vent); 'haul·age traction f; (frais m/pl. de) roulage m, (frais m/pl. de) transport m; ✗ herchage m; ~ contractor entrepreneur m de transports.

haulm [hɔ:m] fane f (de légume); coll. chaume m.

haunch [hɔ:nʃ] hanche f; cuis. cuissot m, quartier m; △ voûte: rein m.

haunt [hɔ:nt] **1.** lieu m fréquenté, repaire m; **2.** fréquenter; hanter (a. revenants); fig. obséder, troubler; the house is ~ed il y a des revenants dans la maison; ~ed house maison f hantée; 'haunt·er fig. habitué(e f) m.

haut·boy ♪ ['ouboi] hautbois m.

Ha·van·a [hə'vænə] (ou ~ cigar) havane m.

have [hæv; həv] **1.** [irr.] v/t. avoir, posséder; tenir; prendre (un bain, un repas); faire (une promenade etc.); obtenir; affirmer; F rouler; ~ to (inf.) être obligé de (inf.); I ~ my hair cut je me fais couper les cheveux; he had his leg broken il s'est cassé la jambe; I would you know that ... sachez que ...; he will ~ it that ... il soutient que ...; I had as well (inf.) j'aurais pu aussi bien (inf.); I had better (best) (inf.) je ferai(s) mieux de (inf.); I had rather (inf.) j'aime(rais) mieux (inf.); let s.o. ~ s.th. céder qch. à q.; ~ about one avoir sur soi; ~ on porter; ~ it out with s'expliquer avec; F

~ s.o. up citer q. en justice (pour, for); v/i. ~ at him! à l'attaque; **2.** [irr.] v/aux. avoir; qqfois être; ~ come être venu; **3.** riche m.

ha·ven ['heivn] havre m, port m; fig. asile m, abri m.

have-not ['hævnɔt] pauvre m.

haven't ['hævnt] = have not.

hav·er·sack ['hævəsæk] ✗ musette f; touriste etc.: havresac m.

hav·ing ['hæviŋ] (souv. ~s pl.) possession f; pl. a. biens m/pl.

hav·oc ['hævək] dévastation f, dégâts m/pl., ravage m; make ~ of, play ~ with (ou among) faire de grands dégâts dans; massacrer.

haw¹ ♀ [hɔ:] cenelle f.

haw² [~] **1.** tousoter, bredouiller; **2.** hem a. (a. int.).

haw-haw ['hɔ:'hɔ:] rire bruyamment.

hawk¹ [hɔ:k] **1.** orn. faucon m; fig. vautour m; attr. fig. d'aigle (yeux); **2.** chasser au faucon; ~ at fondre sur.

hawk² [~] graillonner.

hawk³ [~] colporter, cameloter; **hawk·er** ['hɔ:kə] colporteur m; marchand(e f) m ambulant(e f).

hawk·ing ['hɔ:kiŋ] chasse f au faucon.

hawse ⚓ [hɔ:z] (a.~-hole) écubier m.

haw·ser ⚓ ['hɔ:zə] (h)aussière f; amarre f.

haw·thorn ♀ ['hɔ:θɔ:n] aubépine f.

hay [hei] **1.** foin m; ~ fever rhume m des foins; make ~ of faire un gâchis de; démolir; **2.** faire les foins; '~-box (ou ~ cooker) marmite f norvégienne; '~-cock meulon m ou meule f de foin; '~-fe·ver rhume m des foins; '~-loft grenier m à foin; '~-mak·er faneur (-euse f); '~-mak·ing fenaison f; '~-rick see ~cock; '~-seed graine f de foin; fig. Am. paysan m; '~-stack see ~cock; '~-wire Am. sl.: go ~ se tourner plus rond; avorter (projet).

haz·ard ['hæzəd] **1.** hasard m; risque m; golf: accident m de terrain; tennis: trou m gagnant; jeu m de hasard; run a ~ courir un risque; **2.** hasarder; risquer; 'haz·ard·ous □ risqué; hasardeux (-euse f). [obscurité f.]

haze¹ [heiz] brume f légère; fig.]

haze² [~] ⚓ harasser (q.) de corvées; Am. brimer.

ha·zel ['heizl] **1.** ♀ noisetier *m*; **2.** couleur noisette; '**~·nut** noisette *f*.

ha·zy □ ['heizi] brumeux (-euse *f*), embrumé; estompé (*contour etc.*); *fig.* vague, nébuleux (-euse *f*).

H-bomb ['eitʃbɔm] bombe *f* H.

he [hi:] **1.** il, *accentué*: lui; ~ (*who*) celui qui; **2.** *attr.* mâle.

head [hed] **1.** *anat., cuis., sp., arbre, chasse, cortège, fleur, furoncle, humérus, intelligence, légume, liste, sculpture, violon, volcan, etc.*: tête *f*; *chasse*: bois *m*; ♎ *voile*: envergure *f*; *torpille*: cône *m*; nez *m*, avant *m*, *navire*: cap *m*; ✗, *mine*: carreau *m*; *puits de mine*: gueule *f*; *mot.* capote *f*; ⊕ *eau*: charge *f*, *vapeur*: volant *m*; ⊕ *culasse f*; *asperge*: pointe *f*; *céleri*: pied *m*; *blé*: épi *m*; *chou*: pomme *f*; *escalier, page*: haut *m*; *lit*: chevet *m*; *table*: haut bout *m*; *bière*: mousse *f*; *rivière*: source *f*; *tambour*: peau *f*; *géog.* cap *m*; *personne*: chef *m*; ✝, *école*: directeur (-trice *f*) *m*; patron(ne *f*) *m*; *fig.* cervelle *f*, esprit *m*, entendement *m*, mémoire *f*; *fig.* crise *f*; *fig.* point *m*, rubrique *f*; ~ *restraint* mot. appui-tête *m* (*pl.* appuis-tête); ~ *and shoulders above the rest* dépassant les autres *a.* la tête; *bring to a* ~ faire aboutir (*a. fig.*); *come to a* ~ aboutir (*abcès*); mûrir; *gather* ~ monter en pression; augmenter; *prendre de l'importance*; *get it into one's* ~ *that* se mettre dans la *ou* en tête que; ~(*s*) *or tail*(*s*)? pile ou face?; ~ *over heels* à la renverse; *over* ~ *and ears* surchargé, débordé; *make* ~ *against* faire tête à; *I can't make* ~ *or tail of it* je n'y comprends rien, je m'y perds; *take the* ~ prendre la tête; **2.** premier (-ère *f*); principal (-aux *m/pl.*); ... *en chef*; ~ *office* bureau *m ou* siège *m* central; ~ *start sp.* avance *f*; ~ *waiter* maître *m* d'hôtel; **3.** *v/t.* mener, être en tête de; être à la tête de; conduire; mettre une tête à; mettre *ou* porter une tête (de); *foot.* jouer de la tête; *be* ~*ed* se diriger (vers, for); ~ *off* intercepter; *v/i.* ♎ avoir le cap (sur, for); *Am.* prendre sa source (à, at); *fig.* ~ *for* se diriger vers; '**head·ache** mal *m ou* maux *m/pl.* de tête; '**head·ach·y** sujet(te *f*) aux maux de tête, migraineux (-euse *f*); '**head-dress** coiffure *f*; garniture *f* de tête; '**head·ed** à

... tête(s); aux cheveux; '**head·er** ♎ boutisse *f*; F plongeon *m*; *foot.* coup *m* de tête; '**head-gear** garniture *f* de tête; coiffure *f*; chapeau *m*; '**head-hunt·er** chasseur *m* de têtes; '**head·i·ness** emportement *m*, impétuosité *f*; *vin*: qualité *f* capiteuse; '**head·ing** entête *m*, manchette *f*; titre *m*; ✗ (galerie *f* d')avancement *m*; *sp.* (jeu *m* de) tête *f*; '**head·land** cap *m*, promontoire *m*; '**head·less** sans tête; *fig.* sans chef.

head...: '**~·light** 🜄 feu *m* d'avant; *mot.* phare *m*; '**~·line** titre *m*; manchette *f*; *typ.* titre *m* courant, en-tête *m*; F *he hits the* ~ il est en vedette; il défraye la chronique; '**~·long** *adj.* précipité; impétueux (-euse *f*); *adv.* la tête la première; '**~·man** chef *m*; '**~'mas·ter** directeur *m*; *lycée*: proviseur *m*; '**~'mis·tress** directrice *f*; '**~·most** au premier rang; '**~·on** de front; frontal (-aux *m/pl.*); '**~·phone** *radio*: écouteur *m*; casque *m*; '**~·piece** casque *m* (*a. radio*); *typ.* fleuron *m* de tête; en-tête *m*; '**~·quar·ters** *pl.* ✗ quartier *m* général; ✝ *etc.* siège *m* (social); '**~·rest** appui-tête *m* (*pl.* appuis-tête); '**~·set** *radio*: casque *m*; '**head·ship** première place *f*; direction *f*; '**head-shrink·er** F psy(chiatre) *m*; '**heads·man** bourreau *m*; ♎ patron *m*.

head...: '**~·strong** entêté; obstiné; '**~·wa·ters** *pl.* cours *m* supérieur d'une rivière; '**~·way** progrès *m*; *make* ~ avancer, faire des progrès; '**~·wind** vent *m* contraire; '**~·work** travail *m* intellectuel; *foot.* jeu *m* de tête; '**head·y** □ capiteux (-euse *f*) (*vin etc.*); emporté (*personne*).

heal [hi:l] guérir (de, of); ~ *up* (se) guérir, se cicatriser; '**~-all** panacée *f*; '**heal·ing 1.** □ curatif (-ive *f*); cicatrisant; *fig.* calmant; **2.** guérison *f*; cicatrisation *f*.

health [helθ] santé *f* (*a. toast*); *Board of* ♀ Ministère *m* de la santé publique; ~ *certificate* certificat *m* médical; ~ *food*(*s pl.*) aliments *m/pl.* naturels; ~ *food shop ou store* magasin *m* diététique; ~ *hazard* risque *m* pour la santé; ~ *service* (Service *m* de Santé de la) Sécurité *f* Sociale; '**health·ful** □ [**~·ful**] salubre; salutaire; '**health·i·ness** salubrité *f*; '**health-re·sort** station *f* estivale *ou* thermale;

'**health·y** □ en bonne santé; *see healthful*.

heap [hi:p] **1.** tas *m* (*a. fig.*), monceau *m*; F ∼s *pl.* beaucoup (de, *of*); *sl.* F struck all of a ∼ stupéfait; **2.** (*a. ∼ up*) entasser, mettre en tas; accabler (de, *with*); ∼ed spoon cuiller *f* à dos d'âne.

hear [hiə] [*irr.*] entendre; écouter; recevoir des nouvelles (de, *from*); apprendre; faire répéter (*une leçon etc.*); ∼ of entendre parler de; ∼ that entendre dire que; heard [hə:d] *prét. et p.p. de hear*; **hear·er** ['hiərə] auditeur (-trice *f*) *m*; '**hear·ing** *sens:* ouïe *f*; audition *f* (*a.* ♩, ♪); ⚖ audience *f*; ∼ aid appareil *m* acoustique, audiophone *m*; **heark·en** ['hɑ:kən] écouter (qch., *to s.th.*); **hear·say** ['hiəsei] ouï-dire *m*/*inv.*

hearse [hə:s] corbillard *m*.

heart [hɑ:t] cœur *m* (*fig.* = *courage, enthousiasme, etc.*); fond *m*; *cartes:* ∼s *pl.* cœur *m*; (*a. dear* ∼) *see sweetheart*; ∼ and soul corps et âme, de tout son cœur; I have a matter at ∼ j'ai qch. à cœur; by ∼ par cœur; in good ∼ bien entretenu (*sol*); en train (*personne*); in his ∼ (*of* ∼s) au plus profond de son cœur; out of ∼ effrité (*sol*); découragé (*personne*); with all my ∼ de tout mon cœur; lose ∼ perdre courage; take ∼ prendre courage; take (*ou lay*) to ∼ prendre (*qch.*) à cœur; '∼-ache chagrin *m*; '∼-beat battement *m* du cœur; '∼-break déchirement *m* du cœur; '∼-break·ing □ navrant; ∼-bro·ken le cœur brisé, navré; '∼-burn ♨ aigreurs *f*/*pl.*; '∼-burn·ing rancune *f*; jalousie *f*; '∼-com·plaint, '∼-dis·ease maladie *f* de cœur; ... '**heart·ed** au cœur ...; '**heart·en** *v*/*t.* encourager; *v*/*i.* reprendre courage; '**heart-fail·ure** arrêt *m* du cœur; '**heart·felt** sincère; profond.

hearth [hɑ:θ] foyer *m*, âtre *m*; '∼-rug tapis *m* de foyer; '∼-stone foyer *m*; pierre *f* de la cheminée.

heart·i·ness ['hɑ:tinis] cordialité *f*; chaleur *f*; vigueur *f*; '**heart·less** □ insensible; cruel(le *f*); '**heart-rend·ing** navrant.

heart...: '∼-sick *fig.* découragé; désolé; '∼-strings *pl. fig.* sensibilité *f*, cœur *m*; '∼-throb F idole *f*; ∼ **trans·plant** ♣ greffe *f* du cœur; ∼ **trou·ble** troubles *m*/*pl.* cardiaques;

have ∼ *a.* être cardiaque, souffrir du cœur; '∼-whole au cœur libre; *fig.* sincère; *fig.* aucunement ébranlé; '**heart·y 1.** □ cordial (-aux *m*/*pl.*); sincère; vigoureux (-euse *f*), robuste; gaillard; ∼ eater gros mangeur *m*, belle fourchette *f*; **2.** ♣ brave *m*; *univ.* sportif *m*.

heat [hi:t] **1.** chaleur *f*; *phys. a.* calorique *m*; ardeur *f*; *fig.* colère *f*; *animal:* rut *m*; *sp.* épreuve *f*, manche *f*; dead ∼ manche *f* nulle; course *f* à égalité; **2.** (s')échauffer (*a. fig.*); *v*/*t.* chauffer (*de l'eau etc.*); '**heat·ed** □ chauffé; chaud (*a. fig.*); '**heat·er** ⊕ bouilleur *m*; four *m*; radiateur *m*; *Am. sl.* revolver *m*.

heath [hi:θ] bruyère *f*, brande *f* (*a.* ♥); '∼-cock petit coq *m* de bruyère.

hea·then ['hi:ðən] païen(ne *f*) (*a. su.*/*mf*); '**hea·then·dom** paganisme *m*; '**hea·then·ish** □ *usu. fig.* barbare, grossier (-ère *f*); '**hea·then·ism** paganisme *m*; barbarie *f*.

heath·er ♥ ['heðə] bruyère *f*, brande *f*; '∼-bell ⚘ cloche *f* de bruyère.

heat·ing ['hi:tiŋ] chauffage *m*; *attr.* de chauffage; ∼ battery batterie *f* de four *etc.*; ∼ cushion, ∼ pad coussin *m* chauffant *ou* électrique.

heat...: ∼ **light·ning** *Am.* éclairs *m*/*pl.* de chaleur; '∼-re·sist·ant résistant à la chaleur; '∼-stroke ♣ coup *m* de chaleur; '∼-treat·ment ♣ thermothérapie *f*; '∼-val·ue pouvoir *m* calorifique; *météor.* vague *f* de calorifique; '∼-wave *phys.* onde *f* calorifique; *météor.* vague *f* de chaleur.

heave [hi:v] **1.** soulèvement *m*; effort *m*; palpitation *f* (*du sein*); ♣ houle *f*; **2.** [*irr.*] *v*/*t.* (sou)lever; lancer, jeter; pousser (*un soupir*); ∼ the anchor déraper; ♣ ∼ down caréner; ♣ ∼ out déferler; *v*/*i.* se soulever (*a. vagues, poitrine*); haleter; s'agiter (*mer*); palpiter (*sein*); avoir des haut-le-cœur; ∼ for breath panteler; ♣ ∼ at haler sur; ♣ ∼ in sight paraître; ♣ ∼ to se mettre à la cape.

heav·en ['hevn] ciel *m*, cieux *m*/*pl.*; ∼s *pl.* ciel *m*; ∼! juste ciel!; '**heav·en·ly** céleste; divin; **heav·en·ward(s)** ['∼wəd(z)] vers le ciel.

heav·er ['hi:və] (dé)chargeur *m*; ⊕ levier *m* de manœuvre.

heav·i·ness ['hevinis] pesanteur *f*, lourdeur *f*; *fig.* 'tristesse *f*, abatte-

her·e·dit·a·ment ⅃⅂ [heri'ditəmənt] bien *m* transmissible par héritage; *fig.* patrimoine *m*; **he·red·i·tar·y** [hi'reditəri] héréditaire; **he'red·i·ty** hérédité *f*.

here·in ['hiər'in] ici; en ceci; **here·in·be'fore** ci-dessus; **here·of** [hiər-'ɔv] de ceci.

her·e·sy ['herəsi] hérésie *f*.

her·e·tic ['herətik] 1. (*usu.* **he·ret·i·cal** □ [hi'retikl]) hérétique; 2. hérétique *mf*.

here·to·fore ['hiətu'fɔː] jusqu'ici; **here·up·on** ['hiərə'pɔn] là-dessus; sur ce; **'here·with** avec ceci; ci-joint.

her·it·a·ble ['heritəbl] héréditaire; héritable (*propriété*); **'her·it·age** héritage *m*, patrimoine *m*.

her·maph·ro·dite ♀, *zo.* [hə:'mæfrədait] hermaphrodite (*a. su./m*).

her·met·ic, her·met·i·cal □ [hə:'metik(l)] hermétique.

her·mit ['hə:mit] ermite *m*; **'her·mit·age** ermitage *m*.

her·ni·a ♀ ['hə:njə] hernie *f*; **'her·ni·al** herniaire.

he·ro ['hiərou], *pl.* **-roes** ['‿z] héros *m*; **he·ro·ic** [hi'rouik] (*‿ally*) héroïque; épique; **her·o·ine** ['herouin] héroïne *f*; **'her·o·ism** héroïsme *m*.

her·on *orn.* ['herən] héron *m*.

her·ring ['heriŋ] hareng *m*; **'her·ring-bone** arête *f* de hareng; point *m* de chausson.

hers [hə:z] le sien, la sienne, les siens, les siennes; à elle.

her·self [hə:'self] elle-même; *réfléchi:* se, accentué: soi.

hes·i·tance, hes·i·tan·cy ['hezitəns(i)] hésitation *f*, irrésolution *f*; **hes·i·tate** ['‿teit] hésiter (à, *to*; sur *about, over*; entre, *between*); **hes·i·ta·tion** hésitation *f*.

het·er·o·dox ['hetərədɔks] hétérodoxe; **'het·er·o·dox·y** hétérodoxie *f*; **het·er·o·dyne** ['‿dain] *radio:* hétérodyne (*a. su./m*); **het·er·o·ge·ne·i·ty** ['‿rɔdʒi'ni:iti] hétérogénéité *f*; **het·er·o·ge·ne·ous** □ ['‿rɔ'dʒi:njəs] hétérogène; F disparate.

het up F [het'ʌp] excité, agité, nerveux (*-euse f*).

hew [hju:] [*irr.*] couper; tailler (*a.* ⊕); ⊕ abattre; ⊕ dresser; **'hew·er** tailleur *m*; abatteur *m* (*d'arbres*); ✕

piqueur *m*; **hewn** [hju:n] *p.p. de* hew.

hexa... [heksə] hex(a)-; **hex·a·gon** ['‿gən] hexagone *m*; **hex·ag·o·nal** □ [hek'sægənl] hexagonal (*-aux m/pl.*); **hex·am·e·ter** [hek'sæmitə] hexamètre *m*.

hey [hei] hé!; holà!; hein?

hey-day ['heidei] 1. tiens!; 2. *fig.* apogée *m*; fleur *f* de l'âge; beaux jours *m/pl*.

hi [hai] hé!; holà!; ohé!

hi·a·tus [hai'eitəs] ♀, *gramm.* hiatus *m*; lacune *f*.

hi·ber·nate ['haibə:neit] hiberner; hiverner (*a. personne*); **hi·ber'na·tion** hibernation *f*.

hic·cup, a. hic·cough ['hikʌp] 1. hoquet *m*; 2. avoir le hoquet; hoqueter.

hick [hik] paysan *m*, rustaud *m*; *attr.* de province.

hick·o·ry ['hikəri] noyer *m* d'Amérique.

hid [hid] *prét. et p.p. de* hide[2]; **hid·den** ['hidn] *p.p. de* hide[2].

hide[1] [haid] 1. peau *f*; ✝ cuir *m*; 2. F tanner le cuir à (*q.*).

hide[2] [‿] [*irr.*] (se) cacher (à, *from*); (se) dérober (à, *from*); **'hide-and-'seek** cache-cache *m*; *play* (*at*) ~ jouer au cache-cache; **'hide·a·way** F cachette *f*, F planque *f*.

hide·bound *fig.* ['haidbaund] aux vues étroites; rigide.

hid·e·ous □ ['hidiəs] affreux (*-euse f*); horrible; **'hid·e·ous·ness** laideur *f*, horreur *f*.

hide·out ['haidaut] cachette *f*.

hid·ing[1] F ['haidiŋ] rossée *f*; tripotée *f*.

hid·ing[2] [‿]: *go into* ~ se cacher; *in* ~ caché; **'‿-place** cachette *f*.

hie *poét.* [hai] (*p.pr. hying*) se rendre (à la hâte).

hi·er·arch·y ['haiərɑːki] *admin., eccl., etc.* hiérarchie *f*.

hi·er·o·glyph ['haiərouglif] hiéroglyphe *m*; **hi·er·o'glyph·ic** (*a.* **hi·er·o'glyph·i·cal** □) hiéroglyphique; **hi·er·o'glyph·ics** *pl.* hiéroglyphes *m/pl*.

hi-fi *Am.* ['hai'fai] (*abr. de high fidelity*) de haute fidélité (*reproduction*).

hig·gle ['higl] marchander.

hig·gle·dy-pig·gle·dy F ['higldi-'pigldi] en pagaïe, sans ordre.

high [hai] **1.** adj. □ (see a. ~ly) usu. haut; élevé; fort, violent (vent); grand (vitesse); faisandé (gibier); avancé (viande); fort (beurre); attr. de fête; solennel(le f); F ivre: parti, par la drogue: drogué, camé; F get ~ se défoncer; ~est bidder le plus offrant m; with a ~ hand arbitrairement; tyranniquement; de façon cavalière; ~ spirits pl. gaieté f, entrain m; ⑨ Church haute Église f (anglicane); ~ colo(u)r vivacité f de teint (d'une personne); couleur f vive; ~ dive plongeon m de haut vol; ♪ frequency haute fréquence f; surt. Am. sl. ~-hat gommeux m; v/t. traiter d'une manière hautaine; v/i. se donner de grands airs; ~ life la vie f mondaine; ~ noon plein midi m; ~ street grand-rue f, rue f principale; see tea; ♪ tension haute tension f; it is ~ time il est grand temps; ~ treason lèse-majesté f; haute trahison f; ~ water marée f haute; ~ wind gros vent m; ~ words paroles f/pl. dures; **2.** su. météor. aire f anticyclonique; surt. Am. ⑨ see High School; ~ and low les grands et les petits; on ~ en haut; **3.** adv. haut; en haut; fort(ement); '~-backed à grand dossier; '~-ball Am. whisky m et soda m; '~-born de haute naissance; '~-boy Am. commode f; '~-bred de race; '~-brow F **1.** intellectuel(le f); **2.** iro. prétendu intellectuel(le f); '~-class de première classe ou qualité; '~-day jour m de fête; '~-ex'plo-sive brisant; à haut explosif; '~-fa-lu-tin(g) ['~fə'lu:tin, -iŋ] F prétentieux (-euse f); **2.** discours m pompeux; '~-flown ampoulé; ambitieux (-euse f); '~-grade de qualité supérieure; '~-hand-ed arbitraire; ~ jump saut m en hauteur; '~-land-er montagnard m écossais; soldat m d'un régiment écossais; '~-lands hautes terres f/pl.; '~-lev-el adj.: alp. ~ climb ascension f à haute altitude; '~-light **1.** peinture: rehaut; reflet m; fig. point m marquant, F clou m; **2.** mettre en lumière, mettre en vedette; souligner; '~-'liv-ing bonne chère f; 'high-ly fort(ement); très; bien; extrêmement; speak ~ of parler en termes très flatteurs de; vanter; ~ descended de haute naissance; 'high-'mind-ed magnanime; généreux (-euse f); 'high-ness élévation

f; fig. grandeur f; ⑨ titre: Altesse f. **high-...**: '~-oc-tane pet-rol essence f à haut indice d'octane; '~-'pitched aigu(ë f) (ton etc.); à forte inclinaison (toit etc.); '~-'pow-er; ~ station station f génératrice de haute puissance; ~ radio station poste m de grande portée; '~-priced coûteux (-euse f), cher; '~-'rank-ing haut, de haut rang; '~-rise tour f d'habitation; '~-'road grand-route f; grand chemin m; '~-speed à grande vitesse; ⊕ à marche rapide; '~-'spir-it-ed plein d'ardeur; fougueux (-euse f); '~-'step-ping qui trousse (cheval); Am. sl. noceur (-euse f); '~-'strung (au tempérament) nerveux; '~-'toned surt. Am. F chic, élégant; ~-'way marée f haute; '~-way grand-route f; grand chemin m; fig. bonne voie f; chemin m; '~-way-man voleur m de grand chemin.

hi-jack ['haidʒæk] **1.** détourner (un avion); **2.** détournement (d'un avion); 'hi-jack-er pirate m (de l'air).

hike F [haik] **1.** faire du footing; **2.** excursion f à pied; surt. Am. F hausse f (des prix); 'hik-er excursionniste mf à pied.

hi-lar-i-ous □ [hi'lɛəriəs] joyeux (-euse f).

hi-lar-i-ty [hi'læriti] hilarité f.

Hil-a-ry ['hiləri] ☲; a. univ. ~ Term session f de la Saint-Hilaire (janvier à mars).

hill [hil] colline f, coteau m; côte f; '~-bil-ly Am. F ['~bili] montagnard m; '~-climb-ing mot. montée f des côtes; ~ contest course f de côte; 'hill-i-ness nature f accidentée (d'une région); 'hill-ock ['~ək] petite colline f; 'hill-y montueux (-euse f); accidenté (terrain).

hilt [hilt] épée: poignée f; up to the ~ jusqu'à la garde; fig. complètement, sans réserve.

him [him] accusatif: le; datif: lui; se, soi; celui.

him-self [him'self] lui-même; réfléchi: se, accentué: soi; of ~ de lui-même; de son propre choix; by ~ tout seul.

hind[1] zo. [haind] biche f.

hind[2] [~] valet m de ferme; paysan m.

hind[3] [~]: ~ leg jambe f ou patte f derrière; = 'hind-er de derrière; postérieur; arrière-...

hin·der ['hində] v/t. empêcher (q.) (de, from); gêner; retarder.

hind·most ['haindmoust] dernier (-ère f); **hind·quar·ters** ['haindkwɔːtəz] pl. arrière-train m (pl. arrière-trains).

hin·drance ['hindrəns] empêchement m; obstacle m.

hind·sight ['haindsait] sagesse f (d')après coup; with ~ (en réfléchissant) après coup.

Hin·du, a. **Hin·doo** ['hin'duː] **1.** hindou; **2.** Hindou(e f) m.

Hin·du·sta·ni ling. [hindu'stæni] hindoustani m.

hinge [hindʒ] **1.** gond m; charnière f; fig. pivot m; off the ~s hors de ses gonds; **2.** ~ upon fig. dépendre de; ~d lid couvercle m à charnière(s).

hin·ny zo. ['hini] bardot m.

hint [hint] **1.** avis m; allusion f; signe m; **2.** suggérer, insinuer; faire allusion (à, at).

hip¹ [hip] **1.** hanche f; ~ bath bain m de siège; ~ flask flacon m plat; **2.** coxal (-aux m/pl.); de la hanche; sur les hanches.

hip² ♣ [~] cynorrhodon m; F gratte-cul m/inv.

hip³ [~] **1.** mélancolie f; **2.** attrister; F donner le cafard à.

hip⁴ [~]: int. ~, ~, hurra(h)! hip! hip! hourra!

hipped F [hipt] mélancolique; Am. sl. obsédé.

hip·po F ['hipou] = **hip·po·pot·a·mus** [hipə'pɔtəməs], pl. a. **~mi** [~mai] hippopotame m.

hip-roof △ ['hipruːf] toit m en croupe.

hip-shot ['hipʃɔt] (d)éhanché.

hire ['haiə] **1.** louage m; maison: location f; gages m/pl.; ~ charge prix m de (la) location; on ~ en location; à louer; à louage; for ~ libre (taxi); **2.** louer; arrêter; engager (un domestique); ~ out louer; Am. entrer en service; **hire·ling** péj. ['~lin] mercenaire (a. su./m); **'hire-'pur·chase** vente f à tempérament; on the ~ system à tempérament.

hir·sute ['həːsjuːt] hirsute, velu; fig. grossier (-ère f).

his [hiz] **1.** son, sa, ses; **2.** le sien, la sienne, les siens, les siennes; à lui.

hiss [his] **1.** sifflement m; **2.** v/i. siffler; chuinter (vapeur etc.); v/t. sif-

fler; ~ off chasser à coups de sifflets.

hist [s:t] chut; pour attirer l'attention: pst!

his·to·ri·an [his'tɔːriən] historien m; **his·tor·ic, his·tor·i·cal** □ [~'tɔːrik(l)] historique; de l'histoire; **his·to·ri·og·ra·pher** [~tɔːri'ɔgrəfə] historiographe m; **his·to·ry** ['~təri] histoire f; manuel m d'histoire; théâ. drame m historique.

his·tri·on·ic [histri'ɔnik] théâtral (-aux m/pl.); péj. histrionique.

hit [hit] **1.** coup m; touche f; trait m satirique, coup m de patte; théâ. (pièce f à) succès m; ♪ succès m; **2.** [irr.] frapper; heurter; atteindre (un but); porter (un coup); trouver (le mot juste); Am. F arriver à; ~ it off with s'accorder avec; ~ off imiter exactement; ~ one's head against se cogner la tête contre; s.o. a blow porter un coup à q.; v/i. ~ at décocher un coup à; ~ or miss à tout hasard; ~ out détacher des coups (à, at); ~ (up)on découvrir; trouver; tomber sur; '~-and-'run driv·er mot. chauffard m.

hitch [hitʃ] **1.** saccade f; ♣ nœud m, clef f; fig. empêchement m soudain; accroc m; radio etc.: technical ~ incident m technique; **2.** remuer par saccades; accrocher; nouer; attacher (un cheval etc.); ♣ amarrer; ~ up remonter (le pantalon); Am. atteler (des chevaux); Am. sl. get ~ed se marier; '~-hike Am. F faire de l'auto-stop; '~-hik·ing Am. F auto-stop m.

hith·er poét. ['hiðə] ici; le plus rapproché; **hith·er·to** ['~'tuː] jusqu'ici.

hive [haiv] **1.** ruche f (a. fig.); essaim m; fig. fourmilière f; ♣ ~s pl. urticaire f; varicelle f pustuleuse; croup m; **2.** v/t. mettre dans une ruche; ~ up accumuler; v/i. entrer dans la ruche; fig. vivre ensemble.

ho [hou] ho! hé!; ♣ en vue!

hoar [hɔː] **1.** see hoarfrost; **2.** chenu (personne).

hoard [hɔːd] **1.** amas m; accumulation f secrète; F argent: magot m; **2.** (a. ~ up) amasser; accumuler; thésauriser (de l'argent).

hoard·ing¹ ['hɔːdin] resserre f; accumulation f; thésaurisation f.

hoard·ing² [~] clôture f de bois; panneau m d'affichage.

hoar·frost [ˈhɔːˈfrɔst] gelée *f* blanche, givre *m*.

hoar·i·ness [ˈhɔːrinis] blancheur *f*; vieillesse *f*.

hoarse □ [hɔːs] rauque, enroué; **ˈhoarse·ness** enrouement *m*.

hoar·y [ˈhɔːri] blanchi (*cheveux*); chenu (*personne*); *fig.* séculaire.

hoax [houks] **1.** tour *m*, mystification *f*, farce *f*; supercherie *f*; *journ.* canard *m*; **2.** attraper, jouer un tour à, mystifier.

hob[1] [hɔb] *cheminée:* plaque *f* de côté; fiche *f* de but (*au jeu de palets*).

hob[2] [ˌ] *see* hobgoblin; *surt. Am.* F **raise** ~ faire du raffut; rouspéter fort.

hob·ble [ˈhɔbl] **1.** clochement *m*, boitillement *m*; F embarras *m*; **2.** *v/i.* clocher, boitiller, clopiner; *v/t.* entraver; F embarrasser.

hob·ble·de·hoy F [ˈhɔbldiˈhɔi] jeune homme *m* gauche; F grand dadais *m*.

hob·by [ˈhɔbi] *fig.* marotte *f*, dada *m*; ˈ~·horse † petit cheval *m* de selle; cheval *m* de bois; dada *m*.

hob·gob·lin [ˈhɔbgɔblin] lutin *m*.

hob·nail [ˈhɔbneil] clou *m* à ferrer; caboche *f*.

hob·nob [ˈhɔbnɔb]: ~ **with** être à tu et à toi avec (*q.*); fréquenter (*q.*).

ho·bo *Am.* [ˈhoubou] ouvrier *m* ambulant; F chemineau *m*.

hock[1] [hɔk] **1.** *zo.* jarret *m*; **2.** couper le jarret à.

hock[2] [ˌ] vin *m* du Rhin.

hock[3] *sl.* [ˌ] **1.** gage *f*; prison *f*; **2.** engager.

hock·ey *sp.* [ˈhɔki] hockey *m*.

hock-shop [ˈhɔkʃɔp] mont *m* de piété; F ma tante *f*.

ho·cus [ˈhoukəs] duper; droguer (*q.*, *qch.*); narcotiser (*une boisson*); ~**po·cus** [ˈˌˈpoukəs] **1.** (tour *m* de) passe-passe *m/inv.*; tromperie *f*; **2.** *v/i.* faire des tours de passe-passe; *v/t.* mystifier; escamoter (*qch.*).

hod [hɔd] oiseau *m* (*de maçon*); seau *m* à charbon.

hodge-podge [ˈhɔdʒpɔdʒ] *see* hotchpotch.

hod·man [ˈhɔdmən] aide-maçon (*pl.* aides-maçons) *m*.

hoe ✒ **1.** houe *f*; **2.** houer.

hog [hɔg] **1.** porc *m* (*châtré*); *fig.* goinfre *m*; *sl.* **go the whole** ~ aller jusqu'au bout; **2.** F accaparer, monopoliser; *mot.* ~ **the road** tenir toute la

route; **hogged** [hɔgd] fortement bombé; en brosse; **hog·get** [ˈhɔgit] agneau *m* antenais; **hog·gish** □ [ˈˌiʃ] de cochon; grossier (*-ère f*); **ˈhog·gish·ness** grossièreté *f*; gloutonnerie *f*; **hogs·head** [ˈˌzhed] tonneau *m*; *mesure:* fût *m* (*240 litres*); *Am.* grosse balle *f* de tabac (*de 750 à 1200 livres*); **hog·skin** peau *f* de porc; **hog·wash** eaux *f/pl.* grasses; F lavasse *f*.

hoi(c)k [hɔik] ✈ (faire) monter en chandelle; F lever d'un coup sec.

hoist [hɔist] **1.** (coup *m* de) treuil *m*; **2.** hisser; guinder.

hoi·ty-toi·ty [ˈhɔitiˈtɔiti] **1.** susceptible; qui fait l'important; **2.** ta-ratata!

ho·kum *Am. sl.* [ˈhoukəm] balivernes *f/pl.*; absurdité *f*, fumisterie *f*.

hold [hould] **1.** *su.* prise *f*; appui *m*; empire *m*, pouvoir *m*; influence *f*; *box.* tenu *m*; tanière *f* (*d'une bête fauve*); ⚓ cale *f*; *catch* (*ou get ou lay ou take*) ~ **of** saisir, s'emparer de; *have a* ~ *of* (*ou on*) tenir; keep ~ **of** ne pas lâcher (*qch.*); **2.** [*irr.*] *v/t. usu.* tenir; retenir (*l'attention, l'haleine, dans la mémoire*); contenir; maintenir; détenir; tenir pour; professer (*une opinion*); avoir (*une idée*); arrêter; célébrer (*une fête*); tenir (*une séance*); tenir (*une enquête*); ⚖ décider (*que, that*); *surt. Am.* ~ *down a job* occuper un emploi; se montrer à la hauteur d'un emploi; ~ *one's own* tenir bon; défendre sa position; *téléph.* ~ *the line* ne pas quitter; ~ *water* être étanche; *fig.* tenir debout; ~ *off* tenir à distance; ~ *on* maintenir; tenir (*qch.*) en place; ~ *out* tendre; offrir; ~ *over* remettre à plus tard; ~ *up* lever en l'air; soutenir; relever (*la tête*); offrir (*comme modèle*); arrêter; entraver; tourner (*en ridicule*); exposer; **3.** [*irr.*] *v/i.* tenir (bon); se maintenir; persister; être vrai; ~ *forth* pérorer; disserter (*sur, on*); ~ *good* (*ou true*) être valable; ne pas se démentir; F ~ *hard!* arrêtez!; halte là!; ⚓ baste!; ~ *in* se maîtriser; ~ *off* se tenir à distance; ⚓ tenir le large; ~ *on* se cramponner (à, *to*); ne pas lâcher; F ~ *on!* tenez ferme!; attendez

homily

un instant!; *téléph.* ne quittez pas!; ~ to s'en tenir à; ~ up se maintenir; se soutenir; '**hold-all** fourre-tout*|inv.*, '**hold-er** *maison:* possesseur *m;* locataire *mf; médaille, poste:* titulaire *mf; sp.,* ⊕ détenteur (-trice *f*) *m;* ~ of shares actionnaire *mf;* '**hold-fast** crampon *m* (a. ⚓); serre-joint *m;* '**hold-ing** tenue *f;* possession *f;* ⊕ serrage *m;* ✝ portefeuille *m* effets, dossier *m; small* ~ petite propriété *f;* ~ company société *f* de portefeuille; '**hold-o-ver** *Am.* survivance *f,* restant *m;* '**hold-up** *Am.* F coup *m* à main armée; hold-up *m; mot.* emboûteillage *m,* bouchon *m.*

hole [houl] **1.** trou *m* (a. *fig.*); ouverture *f;* F *fig.* embarras *m,* difficulté *f;* pick ~s in critiquer; **2.** trouer, percer, faire un trou dans; *golf:* poter; *billard:* blouser; '~-**and-'cor-ner** clandestin, secret (-ète *f*); obscur.

hol-i-day ['hɔlədi] jour *m* de fête; congé *m;* ~s *pl.* vacances *f|pl.;* on ~ vacances; '~-**mak-er** vacancier (-ère *f*) *m.*

ho-li-ness ['houlinis] sainteté *f.*

hol-la ['hɔlə], **hol-lo(a)** ['hɔlou] **1.** holà!; tiens!; *souv.* bonjour!; **2.** crier holà.

hol-land ['hɔlənd] (*a.* brown ~) toile *f* de Hollande, toile *f* écrue.

hol-ler *Am.* F ['hɔlə] **1.** crier (à tue-tête); **2.** grand cri *m.*

hol-low ['hɔlou] **1.** *adj.* □ creux (creuse *f*); vide; faux (fausse *f*); sourd (*bruit*); **2.** F *adv.* (*a.* all ~) complètement; (*sonner*) creux; **3.** *su.* creux *m,* cavité *f; terrain:* dénivellation *f,* enfoncement *m;* ⊕ évidure *f;* **4.** *v/t.* creuser, évider; '**hol-low-ness** creux *m; fig.* fausseté *f.*

hol-ly ⚘ ['hɔli] houx *m.*

hol-ly-hock ⚘ ['hɔlihɔk] rose *f* trémière.

holm [houm] îlot *m;* rive *f* plate; ⚘ yeuse *f.*

hol-o-caust ['hɔləkɔːst] holocauste *m; fig.* massacre *m.* [vol*er.*]

hol-ster ['houlstə] étui *m* de re-]

ho-ly ['houli] saint; pieux (-euse *f*); ♀ *of Holies* le saint *m* des saints; ♀ *Thursday* le jeudi *m* saint; ~ *water* eau *f* bénite; ♀ *Week* la semaine *f* sainte.

hom-age ['hɔmidʒ] hommage *m;* do (*ou* pay *ou* render) ~ rendre hommage (à, to).

home [houm] **1.** *su.* foyer *m;* maison *f,* demeure *f;* asile *m;* patrie *f;* at ~ chez moi (lui, elle, *etc.*); **2.** *adj.* domestique, de famille, qui porte (*coup*); bien senti (*vérité*); ~ affairs *pl.* affaires *f|pl.* intérieures; ~ help aide *f* ménagère; ♀ Office Ministère *m* de l'Intérieur; ~ rule autonomie *f;* ♀ Secretary Ministre *m* de l'Intérieur; ~ straight, ~ stretch *sp.* dernière ligne droite *f; fig.* phase *f* finale; ~ trade commerce *m* intérieur; F tell s.o. a few ~ truths dire ses quatre verités à q.; **3.** *adv.* à la maison, chez moi *etc.;* à son pays; à la patrie; à fond; ~ delivery livraison *f* à domicile; be ~ être chez soi; être de retour; bring (*ou* press) s.th. ~ to s.o. faire sentir qch. à q.; convaincre q. de qch.; come ~ retourner au pays; rentrer; it came ~ to her *fig.* elle s'en rendit compte; hit (*ou* strike) ~ frapper juste; **4.** *v/i.* revenir au foyer (*pigeon:* au colombier); '~-**baked** de ménage; fait à la maison; '~-**bred** indigène; *fig.* naturel(le *f*); '~-**com-ing** retour *m* (au foyer *ou* au pays); rentrée *f;* '~-**croft** petite ferme *f;* ~ e-co'nom-ics *sg. Am.* économie *f* domestique; '~-**felt** dans son for intérieur; profond; '~-**grown** indigène, du cru (*vin*); '**home-less** sans foyer, sans asile; '**home-like** qui rappelle le foyer; intime; '**home-li-ness** simplicité *f; Am.* manque *m* de beauté; '**home-ly** □ *fig.* simple, modeste, ordinaire; *Am.* sans beauté.

home...: '~-**made** fait à la maison; du pays; '~-**mak-er** mère *f* de famille; ménagère *f;* '~-**sick** nostalgique; '~-**sick-ness** nostalgie *f;* '~-**spun 1.** filé à la maison; *fig.* simple, rude; **2.** gros drap *m;* '~-**stead** ferme *f* avec dépendances; *Am.* bien *m* de famille; '~-**town** ville *f* natale; '~-**ward 1.** *adv.* (*ou* '~-**wards**) vers la maison; vers son pays; **2.** *adj.* de retour; '~-**work** travail *m* fait à la maison; *école:* devoirs *m|pl.;* do one's ~ faire ses devoirs; *fig.* se bien préparer.

hom-i-cide ['hɔmisaid] homicide *m;* meurtre *m; personne:* homicide *mf.*

hom-i-ly ['hɔmili] homélie *f.*

hom·ing ['houmiŋ] retour *m* à la maison; ⚡ retour *m* par radioguidage; ~ instinct instinct *m* qui ramène au foyer; ~ **pigeon** pigeon *m* voyageur. [mais.\

hom·i·ny ['hɔmini] semoule *f* de ∫

ho·mo F ['houmou] homo *m*, pédé *m*.

ho·mo·o·path ['houmioupæθ] homéopathe *mf*; **ho·mo·e·o'path·ic** (~ally) homéopathique; homéopathe (*médecin*); **ho·mo·op·a·thist** [~'ɔpəθist] homéopathe *m*; **ho·moe'op·a·thy** homéopathie *f*.

ho·mo·ge·ne·i·ty [hɔmodʒe'ni:iti] homogénéité *f*; **ho·mo·ge·ne·ous** □ [~'dʒi:njəs] homogène; **ho·mog·en·ized** [hɔ'mɔdʒənaizd] homogénéisé; **ho·mol·o·gous** [hɔ'mɔləgəs] homologue; **ho·mol·o·gy** [~dʒi] homologie *f*; **hom·o·nym** ['hɔmənim] homonyme *m*; **ho·mo·sex·u·al** ['houmou'seksjuəl] homosexuel(le *f*).

hom·y F ['houmi] *see* homelike.

hone ⊕ [houn] **1.** pierre *f* à aiguiser; **2.** aiguiser; repasser (*un rasoir*).

hon·est □ ['ɔnist] honnête, sincère, loyal (-aux *m/pl.*); intègre; ~ **truth** exacte vérité *f*; **'hon·es·ty** honnêteté *f*, probité *f*, loyauté *f*.

hon·ey ['hʌni] miel *m*; my ~! chéri(e *f*)!; '~·**comb** rayon *m* de miel; '~·**combed** alvéolé; criblé; **hon·eyed** ['hʌnid] emmiellé; fig. mielleux (-euse *f*); **'hon·ey·moon 1.** lune *f* de miel; **2.** passer la lune de miel; **hon·ey·suck·le** ♀ ['~sʌkl] chèvrefeuille *m*.

honk *mot.* [hɔŋk] **1.** cornement *m*; **2.** corner, klaxonner.

honk·y-tonk *Am. sl.* ['hɔŋkitɔŋk] beuglant *m*.

hon·o·rar·i·um [ɔnə'rɛəriəm] honoraires *m/pl.*; **hon·or·ar·y** ['ɔnərəri] honoraire, d'honneur.

hon·o(u)r ['ɔnə] **1.** honneur *m*; distinction *f* honorifique; *fig.* gloire *f*; ~s *pl.* honneurs *m/pl.*; distinctions *f/pl.*; your ♀ Monsieur le juge; in ~ of s.o. en honneur de q., à la gloire de q.; do the ~s of the house faire les honneurs de la (*etc.*) maison; **2.** honorer; faire honneur à (*a. ♀*).

hon·o(u)r·a·ble □ ['ɔnərəbl] honorable; Right ♀ (le) très honorable; **'hon·o(u)r·a·ble·ness** honorabilité *f*; caractère *m* honorable.

hooch *Am. sl.* [hu:tʃ] gnôle *f*.

hood [hud] capuchon *m*; ✄ cloche *f*; ⊕ *forge etc.*: hotte *f*; *univ.* chaperon *m*; *mot.* capote *f*; *Am. mot.* capot *m* (*du moteur*); **'hood·ed** encapuchonné (*personne*), ♀ capuchonné; *cost.* à capuchon; *fig.* couvert.

hood·lum *Am.* F ['hu:dləm] voyou *m*; gangster *m*; galapiat *m*.

hoo·doo *surt. Am.* ['hu:du:] **1.** déveine *f*, guigne *f*; porte-malheur *m/inv.*; **2.** porter la guigne à; jeter un sort sur.

hood·wink ['hudwiŋk] † bander les yeux à; *fig.* tromper.

hoo·ey *Am. sl.* ['hu:i] bêtise *f*.

hoof [hu:f] sabot *m*; F pied *m*; **hoofed** [hu:ft] à sabots.

hook [huk] **1.** croc(het) *m*; *robe:* agrafe *f*; *vestiaire:* patère *f*; *pêche:* hameçon *m*; ~s and eyes agrafes et œillets; by ~ or by crook coûte que coûte; *Am.* F ~, line and sinker sans exception, totalement; sans réserve; **2.** *v/t.* accrocher; agrafer (*une robe*); prendre (*un poisson*); courber (*le doigt*); *fig.* crocher (*le bras*); *sl.* voler à la tire; attraper; *sl.* ~ it attraper; ficher le camp; ~ up agrafer (*une robe*); suspendre; *v/i.* (*a.* ~ on) s'accrocher; **hooked** [~t] crochu (*a.* nez); muni de crochets *etc.*; *sl.* toxicomane; **'hook·er** ♣ hourque *f*; *Am. sl.* pouffiasse *f* (= prostituée); **'hook-up** combinaison *f*, alliance *f*; *radio:* relais *m* radiophonique; postes *m/pl.* conjugués; **'hook·y:** *Am.* play ~ faire l'école buissonnière.

hoo·li·gan ['hu:ligən] gouape *f*, voyou *m*.

hoop [hu:p] **1.** *tonneau:* cercle *m*; ⊕ *roue:* jante *f*; *cost.* panier *m*; cerceau *m* (*d'enfant*); *Am. sl.* bague *f*; **2.** cercler; garnir de jantes; **'hoop·er** tonnelier *m*, cerclier *m*.

hoop·ing-cough ['hu:piŋkɔf] coqueluche *f*.

hoo·poe *orn.* ['hu:pu:] huppe *f*.

hoose·gow *Am. sl.* ['hu:sgau] prison *f*; cabinets *m/pl.*

hoot [hu:t] **1.** *su. hibou:* ululement *m*; *personne:* huée *f*; *mot.* cornement *m*; coup *m* de sifflet; **2.** *v/i.* ululer; huer; *mot.* klaxonner; *théâ.* siffler; *v/t.* huer; (*a.* ~ at, ~ out, ~ away) chasser (*q.*) par des huées; **'hoot·er**

sirène *f*; avertisseur *m*; *mot.*
klaxon *m*.

hop[1] [hɔp] **1.** *su.* ♀ houblon *m*; ~*s pl.*
houblon *m*; **2.** *v/t.* houblonner (*la
bière*); *v/i.* cueillir le houblon.

hop[2] [~] **1.** saut *m*; gambade *f*; ✈
étape *f*; *sl.* sauterie *f* (= bal);
2. sauter; *v/t. sl.* ~ it ficher le camp,
filer; se débiner; *v/i.* sautiller; ✈
~ **off** décoller, partir.

hope [houp] **1.** espoir *m* (de, of);
espérance *f*; of great ~s qui promet;
2. espérer (qch., for s.th.); ~ in
mettre son espoir en; **hope·ful** □
['~ful] plein d'espoir; qui promet;
be ~ that avoir bon espoir que;
'**hope·ful·ly** surt. Am. on espère
(que); '**hope·less** □ désespéré; sans
espoir; incorrigible; inutile.

hop-o'-my-thumb ['hɔpəmi'θʌm]
le Petit Poucet; *fig.* petit bout *m*
d'homme.

hop·per ['hɔpə] ⊕ *moulin*: trémie *f*,
huche *f*; ✈ semoir *m*; ♣ marie-
salope (*pl.* maries-salopes) *f*.

horde [hɔːd] horde *f*.

ho·ri·zon [hə'raizn] horizon *m*; on
the ~ à l'horizon; **hor·i·zon·tal** □
[hɔri'zɔntl] horizontal (-aux *m/pl.*).

hor·mone *biol.* ['hɔːmoun] hormone *f*.

horn [hɔːn] *usu.* corne *f*; *zo.* antenne
f; hibou: aigrette *f*; ♪ cor *m*; ♪ F
instrument *m* à vent; *radio etc.*: pavillon *m*; † corne *f* à boire; *mot.*
klaxon *m*; trompe *f*; (stag's) ~*s pl.*
bois *m*; ~ of plenty corne *f* d'abondance; **horned** ['~id; hɔːnd] à ...
cornes, cornu.

hor·net *zo.* ['hɔːnit] frelon *m*.

horn·less ['hɔːnlis] sans cornes;
'**horn·pipe** (*a. sailor's ~*) *danse*:
matelote *f*; **horn·swog·gle** Am. sl.
['~swɔgl] escroquer, tromper (*q.*);
'**horn·y** □ corné; de ou en corne;
calleux (-euse *f*) (*main*); ∨ excité, en
chaleur.

hor·o·loge ['hɔrələdʒ] horloge *f*;
hor·o·scope ['~skoup] horoscope
m; cast s.o.'s ~ dresser l'horoscope
de *q.*

hor·ren·dous [hə'rendəs] terrible,
horrible.

hor·ri·ble □ ['hɔrəbl] horrible,
affreux (-euse *f*); **hor·rid** □
['hɔrid] horrible, affreux (-euse *f*);

scandaliser; **hor·ror** ['hɔrə] horreur *f* (de, of); chose *f* horrible; F
the ~*s pl.* delirium *m* tremens.

horse [hɔːs] **1.** *su.* cheval *m*; *coll.*
cavalerie *f*; séchoir *m*; take ~
monter à cheval; ~ artillery artillerie
f montée; **2.** *v/t.* fournir des
chevaux à; mettre des chevaux à;
v/i. chevaucher; '**~·back**: on ~ à
cheval; sur un cheval; be (*ou* go)
on ~ aller à cheval; get on ~ monter
à cheval; '**~·bean** féverole *f*; '**~·box**
🚃 wagon *m* à chevaux; fourgon *m*
pour le transport des chevaux;
'**~·break·er** dresseur *m* de chevaux;
'**~·deal·er** marchand *m* de chevaux; ♀ **Guards** *pl. la* cavalerie
de la Garde; '**~·hair** crin *m* (de
cheval); '**~·laugh** F gros rire *m*
bruyant; '**~·man** cavalier *m*;
'**~·man·ship** manège *m*, équitation
f; '**~·op·er·a** Am. Western *m*; '**~·play**
jeu *m* de main(s), jeu *m* brutal;
'**~·pond** abreuvoir *m*; '**~·pow·er**
mesure: cheval-vapeur (*pl.* chevaux-
vapeur) *m*; '**~·race** course *f* de
chevaux; '**~·rad·ish** ♀ raifort *m*;
'**~·sense** gros bon sens *m*; '**~·shoe**
fer *m* à cheval; '**~·whip** cravache *f*;
'**~·wom·an** amazone *f*, cavalière *f*.

hors·y ['hɔːsi] chevalin; hippomane
(*personne*).

hor·ta·tive □ ['hɔːtətiv], **hor·ta·**
to·ry ['~təri] exhortatif (-ive *f*).

hor·ti·cul·tur·al □ [hɔːti'kʌltʃərəl]
d'horticulture; '**hor·ti·cul·ture**
horticulture *f*; **hor·ti'cul·tur·ist**
horticulteur *m*.

hose [houz] **1.** ✝ bas *m/pl.*; *jardin*:
tuyau *m*; manche *f* à eau; **2.** *v/t.*
arroser au tuyau.

ho·sier ['houʒə] bonnetier (-ère *f*)
m; '**ho·sier·y** ✝ bonneterie *f*.

hos·pice ['hɔspis] hospice *m*.

hos·pi·ta·ble □ ['hɔspitəbl] hospitalier (-ère *f*).

hos·pi·tal ['hɔspitl] hôpital *m*; hospice *m*; ♀ Sunday dimanche *m* de
quête pour les hôpitaux; **hos·pi·**
tal·i·ty [~'tæliti] hospitalité *f*; **hos·**
pi·tal·ize ['~təlaiz] hospitaliser;
envoyer à l'hôpital; **hos·pi·tal·(l)er**
['~tlə] hospitalier *m*; *qqfois* aumônier
m; '**hos·pi·tal-train** ✈ train *m* sanitaire.

host[1] [houst] □ hôte *m* (*a. zo.*, ♀);
hôtelier *m*, aubergiste *m*; *radio, télév.*
présentateur (-trice *f*) *m*.

host 866

host² [~] *fig.* foule *f*, multitude *f*; *bibl.* Lord of ~s le Dieu des armées.

host³ *eccl.* [~] hostie *f*.

hos·tage ['hɔstidʒ] otage *m*.

hos·tel ['hɔstəl] † hôtellerie *f*; *univ.* foyer *m*; *youth* ~ auberge *f* de la jeunesse.

host·ess ['houstis] hôtesse *f*.

hos·tile ['hɔstail] hostile, ennemi; **hos·til·i·ty** [hɔs'tiliti] hostilité *f* (contre, *to*); animosité *f*.

host·ler ['ɔslə] valet *m* d'écurie.

hot [hɔt]. **1.** chaud; brûlant, cuisant; violent (*colère*); piquant (*sauce*); *sl.* volé; *Am.* remarquable; *Am. sl.* radio-actif (-ive *f*); F ~ *air* discours *m/pl.* vides; *Am.* F ~ *dog* petit pain *m* fourré d'une saucisse chaude; *go (ou sell) like* ~ *cakes* se vendre comme des petits pains; *pol.* ~ *line* téléphone *m* rouge; ~ *spot* point *m* névralgique; boîte *f* de nuit; *sl.* ~ *stuff* as *m*; viveur *m*; marchandise *f* récemment volée; **2.** F chauffer; '**hot·bed** couche *f* à *ou* de fumier; *fig.* foyer *m*.

hotch·potch ['hɔtʃpɔtʃ] salmigondis *m*; hochepot *m*; *fig.* méli-mélo (*pl.* mélis-mélos) *m*.

ho·tel [hou'tel] hôtel *m*.

hot...: '~**foot** 1. à toute vitesse; **2.** F se dépêcher; '~**head** tête *f* chaude, impétueux (-euse *f*) *m*; '~**house** serre *f* chaude; '**hot·ness** chaleur *f*; violence *f*; *moutarde etc.*: force *f*.

hot...: '~**plate** chauffe-assiettes *m/inv.*, réchaud *m*; '~**pot** hochepot *m*; (*sorte de*) ragoût *m*; '~**press** satiner (*le papier*), *tex.* calandrer; '~**rod** *mot. Am. sl.* bolide *m*; '~**spur** cerveau *m* brûlé; tête *f* chaude; '~'**wa·ter:** ~ *bottle* bouillotte *f*.

hough [hɔk] *see* hock¹.

hound [haund] **1.** chien *m* (*usu.* de chasse); *fig.* (sale) type *m*; **2.** chasser; *fig.* s'acharner après; exciter (contre *at*, on *s.th.*).

hour ['auə] heure *f*; *fig. a.* moment *m*; ~*s pl.* heures *f/pl.* de bureau *etc.*; *eccl.* heures *f/pl.*; '~**glass** sablier *m*; '~**hand** petite aiguille *f*; '**hour·ly** (*adj.*) de toutes les heures; d'heure en heure.

house 1. *su.* [haus], *pl.* **hous·es** ['hauziz] maison *f*, habitation *f*, demeure *f*; † maison *f* (de commerce); *parl.* Chambre *f*; *théâ.* salle *f*; *fig.* ~ *of cards* château *m* de cartes; *fig. put ones* ~ *in order* mettre de l'ordre dans ses affaires; **2.** [hauz] *v/t.* loger; mettre à l'abri; *v/i.* habiter, loger; ~**a·gent** ['haus...] agent *m* de location; ~ *ar·rest* assignation *f* à domicile; *put s.o. under* ~ assigner q. à domicile; '~**boat** barge *f* de parade; '~**break·er** voleur *m* avec effraction, cambrioleur *m*; démolisseur *m*; '~**bro·ken** *Am.* propre (*animal*); docile, obéissant (*personne*); '~**check** perquisition *f* à domicile; '~**fly** mouche *f* commune; '~**hold** ménage *m*, famille *f*; domestiques *m/pl.*; *attr.* domestique, de *ou* du ménage; *King's* ~ Maison *f* du roi; ~ *troops pl.* la Garde *f*; ~ *word* mot *m* d'usage courant; '~**hold·er** propriétaire *m*, locataire *m*; chef *m* de famille; '~**hunt·ing** recherche *f* d'un appartement *ou* d'une maison; '~**keep·er** ménagère *f*; gouvernante *f*; '~**keep·ing** 1. ménage *m*; **2.** du ménage; '~**less** sans domicile *ou* abri; '~**maid** bonne *f*; fille *f* de service; '~**mas·ter** *école:* professeur *m* directeur (*d'une pension officielle*); '~**paint·er** peintre *m* décorateur; '~**proud:** *be* ~ être (une) ménagère très méticuleuse; '~**room** logement *m*, place *f*; *give s.o.* ~ loger q.; '~**to'house:** ~ *collection etc.* quête *f etc.* à domicile; '~**trained** *Brit. see* housebroken; '~**warm·ing** (*ou* ~*party*) pendaison *f* de la crémaillère; '~**wife** ['waif] ménagère *f*, maîtresse *f* de maison; ['hʌzif] trousse *f* de couture; ~**wife·ly** ['waifli] ménager (-ère *f*); de *ou* du ménage; ~**wif·er·y** [~'wifəri] économie *f* domestique; travaux *m/pl.* domestiques; '~**wreck·er** démolisseur *m*.

hous·ing¹ ['hauziŋ] logement *m*; *récolte, moutons, etc.:* rentrée *f*; † emmagasinage *m*; ~ *conditions pl.* état *m* du logement; ~ *estate (ou project ou scheme)* cité *f*, grand ensemble *m*; ~ *shortage* crise *f* du logement.

hous·ing² [~] caparaçon *m*.

hove [houv] *prét. et p.p. de* heave 2.

hov·el ['hɔvl] taudis *m*, masure *f*.

hov·er ['hɔvə] planer, se balancer; *fig.* hésiter.

how [hau] comment; ~ *much (ou many)* combien (de); ~ *large a room!* que la pièce est grande!; ~ *about ...?* et ...?; *si on ...?*; ~**-d'ye-do** *sl.* ['~djə'du:] affaire *f*;

pétrin *m*; ~-'**ev·er 1.** *adv.* de quelque manière que (*sbj.*); *devant adj. ou adv.*: quelque ... que (*sbj.*), tout ... que (*ind.*); F comment diable?; **2.** *conj.* cependant, toutefois, pourtant.

how·itz·er ✕ ['hauitsə] obusier *m*.

howl [haul] **1.** hurler; **2.** hurlement *m*; mugissement *m*, huée *f*; *radio:* réaction *f* dans l'antenne; '**howl·er** hurleur (-euse *f*) *m*; *sl.* gaffe *f*, perle *f*; '**howl·ing 1.** hurlant; F énorme; **2.** hurlement *m*.

hoy [hɔi] **1.** hé!; holà!; **2.** ⚓ bugalet *m* (= *petit vaisseau côtier*).

hoy·den ['hɔidn] jeune fille *f* garçonnière.

hub [hʌb] moyeu *m*; *fig.* centre *m*.

hub·ble-bub·ble ['hʌblbʌbl] glouglou *m*; bruit *m* confus de voix, brouhaha *m*.

hub·bub ['hʌbʌb] brouhaha *m*, vacarme *m*, tohu-bohu *m*.

hub·(·by) F ['hʌb(i)] mari *m*.

huck·a·back ✝ ['hʌkəbæk] toile *f* grain d'orge; toile *f* ouvrée.

huck·le ['hʌkl] hanche *f*; '~·**ber·ry** ♀ airelle *f* myrtille; '~-**bone** os *m* de la hanche; jointure *f* du doigt.

huck·ster ['hʌkstə] **1.** *su.* regrattier (-ère *f*) *m*; **2.** *v/t.* colporter; *v/i.* marchander; trafiquer; regratter.

hud·dle ['hʌdl] **1.** *v/t.* entasser (pêle-mêle); *v/i.* (*a.* ~ *together*, ~ *up*) s'entasser, s'empiler; ~ *on* mettre à la hâte; **2.** *su.* tas *m* confus; mélimélo (*pl.* mélis-mélos) *m*; *Am.* conclave *m*, conférence *f* confidentielle.

hue[1] [hju:] teinte *f*, couleur *f*.

hue[2] [~]: ~ *and cry* clameur *f* de haro; clameur *f* publique.

huff [hʌf] **1.** *su.:* *take (the)* ~ se froisser; **2.** *v/t.* froisser; *dames:* souffler (*un pion*); *v/i.* † haleter; se fâcher; *dames:* souffler; '**huff·ish** ☐ irascible; susceptible; '**huff·i·ness**, '**huff·ish·ness** mauvaise humeur *f*; susceptibilité *f*; '**huff·y** ☐ irascible; susceptible; fâché.

hug [hʌg] **1.** étreinte *f*; **2.** étreindre, embrasser; serrer dans ses bras; tenir à, ne pas démordre de; chérir; serrer (*le trottoir*, *un mur*); ~ *o.s.* se féliciter (*de inf.*, *on gér.*).

huge ☐ [hju:dʒ] immense, énorme, vaste; '**huge·ness** immensité *f*.

hug·ger-mug·ger F ['hʌgəmʌgə] **1.** *adj.* sans ordre; en désordre (*a.*

adv.); **2.** *v/t.* (*a.* ~ *up*) étouffer, supprimer; *v/i.* patauger; agir sans méthode; vivre sans ordre; **3.** *su.* confusion *f*, pagaïe *f*.

Hu·gue·not *hist.* ['hju:gənɔt] huguenot(e *f*) *m* (*a. adj.*).

hulk ⚓ [hʌlk] ponton *m* (*carcasse de navire*); *fig.* lourdaud *m*, gros pataud *m*; '**hulk·ing** lourd, gros(se *f*).

hull [hʌl] **1.** ♀ cosse *f*; *fig.* enveloppe *f*; ⚓, ✈ coque *f*; **2.** écosser (*des pois*), décortiquer (*de l'orge*, *du riz*); monder (*de l'orge*); ⚓ percer la coque de.

hul·la·ba·loo [hʌləbə'lu:] vacarme *m*, brouhaha *m*.

hul·lo ['hʌ'lou] ohé!; tiens!; *téléph.* allô!

hum [hʌm] **1.** bourdonnement *m* (*des abeilles ou fig.*); ronflement *m*; murmure *m*; F supercherie *f*; **2.** hmm!; **3.** *v/i.* bourdonner; ronfler; fredonner; ~ *and ha* bredouiller; tourner autour du pot; F *make things* ~ faire ronfler les choses; *v/t.* fredonner (*un air*).

hu·man ['hju:mən] **1.** ☐ humain; ~*ly* en être humain; ~*ly possible* possible à l'homme; ~*ly speaking* humainement parlant; ~ *rights pl.* droits *m/pl.* de l'homme; **2.** F être *m* humain; **hu·mane** ☐ [hju:'mein] humain, compatissant; humanitaire; ~ *learning* humanités *f/pl.*; '**hu·man·ism** ['hju:mənizm] humanisme *m*; '**hu·man·ist** humaniste (*a. su./m*); **hu·man·i·tar·i·an** [hju:mæni'teəriən] humanitaire (*a. su./mf*); **hu·man·i·ty** humanité *f*; nature *f* humaine; genre *m* humain, hommes *m/pl.*; *humanities pl.* humanités *f/pl.*, lettres *f/pl.*; **hu·man·i·za·tion** [hju:mənai'zeiʃn] humanisation *f*; '**hu·man·ize** (*s*')humaniser; **hu·man·kind** ['hju:mən'kaind] le genre *m* humain, les hommes *m/pl.*

hum·ble ['hʌmbl] **1.** ☐ humble; modeste; *in my* ~ *opinion* à mon humble avis; *your* ~ *servant* votre humble serviteur; ~ *eat* ~ *pie* s'humilier, se rétracter; **2.** humilier; rabaisser.

hum·ble-bee ['hʌmblbi:] bourdon *m*.

hum·ble·ness ['hʌmblnis] humilité *f*.

hum·bug ['hʌmbʌg] **1.** charlatan

(-isme) *m*; blagues *f/pl.*; *personne*: blagueur (-euse *f*) *m*; bonbon *m* glacé à la menthe; **2.** mystifier; conter des blagues à; enjôler (*q.*).

hum·drum ['hʌmdrʌm] **1.** monotone; banal (-aux *m/pl.*); ennuyeux (-euse *f*); **2.** monotonie *f*.

hu·mer·al *anat.* ['hju:mərəl] huméral (-aux *m/pl.*).

hu·mid ['hju:mid] humide; moite (*peau, chaleur*); **hu'mid·i·ty** humidité *f*.

hu·mil·i·ate [hju'milieit] humilier; mortifier; **hu·mil'i·a·tion** humiliation *f*; affront *m*.

hu·mil·i·ty [hju'militi] humilité *f*.

hum·mer ['hʌmə] *surt. téléph.* appel *m* vibré; sonnerie *f*; *sl.* brasseur *m* d'affaires; personne *f* très active.

hum·ming F ['hʌmiŋ] bourdonnant; vrombissant; '**~·bird** *orn.* colibri *m*, oiseau-mouche (*pl.* oiseaux-mouches) *m*; '**~·top** toupie *f* d'Allemagne.

hum·mock ['hʌmək] mamelon *m*, coteau *m*; *glace:* monticule *m*.

hu·mor·ist ['hju:mərist] humoriste *m*; comique *m*; farceur (-euse *f*) *m*.

hu·mor·ous □ ['hju:mərəs] comique, drôle; facétieux (-euse *f*); '**hu·mor·ous·ness** drôlerie *f*; humeur *f* facétieuse.

hu·mo(u)r ['hju:mə] **1.** *usu.* humeur *f*; plaisanterie *f*; caractère *m*; out of ~ mécontent (de, *with*); **2.** complaire à (*q.*); laisser faire (*q.*); flatter les caprices de; '**hu·mo(u)r·less** froid, austère; '**hu·mo(u)r·some** [~·səm] capricieux (-euse *f*).

hump [hʌmp] **1.** bosse *f*; *sl.* cafard *m*; give s.o. the ~ embêter *q.*; **2.** courber, arquer; F embêter (*q.*); *Am. sl.* ~ o.s. se fouler; '**hump·back(ed)** *see* hunchback(ed).

humph [mm] hmm!

Hum·phrey ['hʌmfri]: dine with Duke ~ dîner par cœur.

hump·ty-dump·ty F ['hʌmpti·'dʌmpti] petite personne *f* boulotte.

hump·y ['hʌmpi] couvert de protubérances.

hunch [hʌntʃ] **1.** *see* hump; gros morceau *m*; *pain:* quignon *m*; *Am.* F pressentiment *m*; **2.** (*a.* ~ out, ~ up) voûter; '**hunch·back** bossu(e *f*) *m*; '**hunch·backed** bossu.

hun·dred ['hʌndrəd] **1.** cent; **2.** cent *m*; centaine *f* (de); *admin.* canton *m*; '**hun·dred·fold** centuple; **hun·dredth** ['~θ] centième (*a. su./m*); '**hun·dred·weight** quintal *m* (50,802 kg, *Am.* 45,359 kg).

hung [hʌŋ] **1.** *prét. et p.p. de* hang 1; **2.** *adj.* faisandé (*gibier, viande*).

Hun·gar·i·an [hʌŋ'gɛəriən] **1.** hongrois; **2.** Hongrois(e *f*) *m*; *ling.* hongrois *m*.

hun·ger ['hʌŋgə] **1.** *su.* faim *f*; *fig.* ardent désir *m* (de, *for*); **2.** *v/i.* avoir faim; *fig.* avoir soif (de *for*, *after*); *v/t.* affamer; contraindre par la faim (à *inf.*, *into gér.*); ~ **strike** grève *f* de la faim; go on (*a*) ~ faire la grève de la faim.

hun·gry □ ['hʌŋgri] affamé (de *for*, *after*); avide (*œil*); maigre (*sol*).

hunk F [hʌŋk] gros morceau *m*; *pain:* quignon *m*; '**hun·kers** *pl.:* on one's ~ à croupetons.

hunks F [hʌŋks] grippe-sou *m*, avare *m*.

hunk·y(-do·ry) *Am. sl.* ['hʌŋki(-'dɔ:ri)] parfait; d'accord.

hunt [hʌnt] **1.** *su.* chasse *f*; terrain *m* de chasse; recherche *f* (de, *for*); vénerie *f*; **2.** *v/t.* chasser; poursuivre; ~ out, ~ up déterrer; découvrir; *v/i.* chasser (au chien courant *ou* à courre); aller à la recherche (de *for*, *after*); '**hunt·er** chasseur *m*; tueur *m* (*de lions etc.*); chien *m* de chasse; '**hunt·ing 1.** chasse *f*; poursuite *f*; vénerie *f*; **2.** de chasse; '**hunt·ing-box** pavillon *m* de chasse; muette *f*; '**hunt·ing-ground** terrain *m* de chasse; '**hunt·ress** chasseuse *f*; '**hunts·man** chasseur *m* (à courre).

hur·dle ['hə:dl] claie *f*, clôture *f*; *sp.* haie *f*; '**hur·dler** *sp.* sauteur *m* de haies; '**hur·dle-race** *sp. turf:* course *f* de haies; steeplechase *m*.

hur·dy-gur·dy ['hə:digə:di] † vielle *f*.

hurl [hə:l] **1.** lancement *m*; **2.** lancer (*a. fig.*), jeter.

hurl·y-burl·y ['hə:libə:li] brouhaha *m*, tintamarre *m*.

hur·ra(h) *int.* [hu'rɑ:] hourra! (*a. su./m*).

[♣ tempête *f.*]

hur·ri·cane ['hʌrikən] ouragan *m*;

hur·ried □ ['hʌrid] pressé, précipité.

hur·ry ['hʌri] **1.** hâte *f*; précipitation *f*; empressement *m*; in a ~ à la hâte; be in a ~ être pressé; is there any ~? est-ce que cela presse?; F not ... in a ~ ne ... pas de sitôt; **2.** *v/t.* hâter, presser; ~ on, ~ up faire hâter le pas à; pousser; *v/i.* (a. ~ up) se hâter, se dépêcher; presser le pas; ~ over s.th. expédier qch.; faire qch. à la hâte; '~**scur·ry 1.** désordre *m*; débandade *f*; **2.** à la débandade; pêle-mêle.

hurt [hə:t] **1.** *su.* mal *m*; blessure *f*; tort *m*; **2.** [*irr.*] *v/t.* faire du mal à; *fig.* nuire à; blesser (*a. les sentiments*); faire de la peine à; gâter, abîmer; *v/i.* faire mal; offenser; F s'abîmer; **'hurt·ful** □ ['~ful] (*to*) nuisible (à); préjudiciable (à).

hur·tle ['hə:tl] *v/t.* heurter; *v/i.* se précipiter.

hus·band ['hʌzbənd] **1.** mari *m*, époux *m*; **2.** ménager; ♪ cultiver; **'hus·band·man** cultivateur *m*; laboureur *m*; **'hus·band·ry** agronomie *f*; industrie *f* agricole; good ~ bonne gestion *f*; bad ~ gaspillage *m*.

hush [hʌʃ] **1.** *int.* silence!; chut!; **2.** *su.* silence *m*; **3.** *v/t.* calmer; faire taire; étouffer (*un bruit*); ~ up étouffer; *v/i.* se taire; '~**mon·ey** prix *m* du silence (*de q.*).

husk [hʌsk] **1.** ♀ cosse *f*, gousse *f*; brou *m*; *fig.* carcasse *f*; **2.** écosser (*des pois*); décortiquer; **'husk·i·ness** enrouement *m*, raucité *f*.

husk·y[1] □ ['hʌski] cossu (*pois*); enroué (*voix*); altéré par l'émotion (*voix*); F fort, costaud.

hus·ky[2] [~] Esquimau *mf*; chien *m* esquimau.

hus·sar ⚔ [hu'za:] hussard *m*.

hus·sy ['hʌsi] coquine *f*; garce *f*.

hus·tings *hist.* ['hʌstiŋz] *pl.* estrade *f*, tribune *f*; élection *f*.

hus·tle ['hʌsl] **1.** *v/t.* bousculer; pousser; *v/i.* se dépêcher, se presser; **2.** *su.* bousculade *f*; hâte *f*; activité *f* énergique; ~ and bustle animation *f*; remue-ménage *m*[*inv.*]; **'hus·tler** homme *m* d'expédition.

hut [hʌt] **1.** hutte *f*, cabane *f*; ⚔ baraquement *m*; **2.** (se) baraquer; loger.

hutch [hʌtʃ] coffre *m*, huche *f*; cage *f* (*à lapins*); *fig.* logis *m* étroit; pétrin *m*.

hut·ment ⚔ ['hʌtmənt] (camp *m* de)

baraques *f*[*pl.*]; baraquements *m*[*pl.*].

huz·za *int.* [hu'za:] hourra!; vivat! (*a. su.*[*m*]).

hy·a·cinth ⚘ ['haiəsinθ] jacinthe *f*.

hy·a(e)·na *zo.* [hai'i:nə] hyène *f*.

hy·brid ['haibrid] **1.** *biol.* hybride *m*; *personne:* métis(se *f*) *m*; **2.** hybride; hétérogène; **'hy·brid·ism** hybridité *f*; **'hy·brid·ize** (s')hybrider.

hy·drant ['haidrənt] prise *f* d'eau;

hy·drate 🜍 ['haidreit] hydrate *m*.

hy·drau·lic [hai'drɔ:lik] **1.** (~ally) hydraulique; **2.** ~s *pl.* hydraulique *f*, hydromécanique *f*.

hydro... [haidro] hydr(o)-; '~**'a·er·o·plane** hydravion *m*; '~**'car·bon** 🜍 hydrocarbure *m*; '~**'chlo·ric ac·id** acide *m* chlorhydrique; '~**dy·nam·ics** *pl.* hydrodynamique *f*; '~**e'lec·tric** hydroélectrique, ~ generating station centrale *f* hydroélectrique; '~**foil** hydrofoil *m*; **hy·dro·gen** 🜍 ['haidridʒən] hydrogène *m*; **hy·dro·gen·at·ed** [hai'drɔdʒineitid] hydrogéné; **hy'drog·e·nous** hydrogénique; **hy'drog·ra·phy** [~grəfi] hydrographie *f*; **hy·dro·path·ic** ['haidro'pæθik] **1.** hydrothérapique; hydropathe (*personne*); **2.** (*a.* ~ establishment) établissement *m* hydrothérapique; **hy·drop·a·thy** [hai'drɔpəθi] hydropathie *f*.

hydro...: ~**'pho·bi·a** hydrophobie *f*; ~**'plane** hydravion *m*; bateau *m* glisseur; ~**'stat·ic 1.** hydrostatique; ~ press presse *f* hydraulique; **2.** ~s *pl.* hydrostatique *f*.

hy·giene ['haidʒi:n] hygiène *f*; **hy'gien·ic 1.** (~ally) hygiénique; **2.** ~s *pl. see* hygiene.

hy·grom·e·ter *phys.* [hai'grɔmitə] hygromètre *m*.

Hy·men ['haimen] *myth.* Hymen *m*.

hymn [him] **1.** *eccl.* hymne *f*, cantique *m*; hymne *m* (*national, de guerre, etc.*); **2.** glorifier; louer; **hym·nal** ['~nəl] **1.** qui se rapporte à un cantique; **2.** (*ou* '**hymn-book**) recueil *m* d'hymnes.

hy·per·bo·la 🜨 [hai'pə:bələ] hyperbole *f* (*de courbe*); **hy·per·bo·le** [~li] *rhétorique:* hyperbole *f*; **hy·per·bol·ic** 🜨 ['~'bɔlik] hyperbolique; **hy·per·bol·i·cal** □ hyperbolique; **hy·per·crit·i·cal** □ ['~'kritikl] hypercritique; difficile; **hy'per·tro·phy** [~trəfi] hypertrophie *f*.

hy·phen ['haifən] **1.** trait *m* d'union;

typ. division *f*; **2.** écrire avec un trait d'union; **hy·phen·ate** [´‿eit] mettre un trait d'union à; ‿d *Americans pl.* étrangers *m/pl.* naturalisés (*qui conservent leur sympathie pour leur pays d'origine*).

hyp·no·sis [hip´nousis], *pl.* **-ses** [‿si:z] hypnose *f.*

hyp·not·ic [hip´nɔtik] **1.** (‿*ally*) hypnotique; **2.** narcotique *m*; **hyp·no·tism** [´‿nətizm] hypnotisme *m*; ´**hyp·no·tist** hypnotiste *mf*; **hyp·no·tize** [´‿taiz] hypnotiser.

hy·po·chon·dri·a [haipo´kɔndriə] hypocondrie *f*; F spleen *m*; **hy·po·´chon·dri·ac** [‿driæk] **1.** hypocondriaque; **2.** hypocondre *mf*; **hy·poc·ri·sy** [hi´pɔkrəsi] hypocrisie *f*; **hyp·o·crite** [´hipokrit]

hypocrite *mf*; F *homme:* tartufe *m, femme:* sainte nitouche *f*; **hyp·o·´crit·i·cal** □ hypocrite; **hy·po·der·mic** [haipo´də:mik] **1.** sous-cutané (*injection*); ‿ *needle* canule *f*; **2.** seringue *f* hypodermique; **hyp·ot·e·nuse** ⅄ [hai´pɔtinju:z] hypoténuse *f*; **hy´poth·e·car·y** [‿θikəri] ⚖ hypothécaire; **hy´poth·e·cate** [‿θikeit] hypothéquer; **hy·´poth·e·sis** [‿θisis], *pl.* **-ses** [‿si:z] hypothèse *f*; **hy·po·thet·ic, hy·po·thet·i·cal** □ [‿po´θetik(l)] hypothétique, supposé.

hys·te·ri·a ⚕ [his´tiəriə] hystérie *f*; F crise *f* de nerfs; **hys·ter·ic,** *usu.* **hys·ter·i·cal** □ [his´terik(l)] hystérique; **hys·ter·ics** *pl.* crise *f* ou attaque *f* de nerfs; *go into* ‿ avoir une crise de nerfs.

I

I, i [ai] I *m*, i *m*.

I [ai] je; *accentué:* moi.

i·am·bic [ai'æmbik] **1.** iambique; **2.** (*ou* **'i·amb, i'am·bus** [~bəs]) iambe *m*.

i·bex *zo.* ['aibeks] bouquetin *m*.

ice [ais] **1.** glace *f (a. cuis.);* F *cut no ~* ne faire aucune impression (sur, with); F ne pas compter; *fig. skate on thin ~* être *ou* s'engager dans une situation dangereuse; **2.** (con)geler; *v/i.* être pris dans les glaces; *v/t.* ⚔ *(a. ~ up)* givrer; *cuis.* glacer *(un gâteau);* frapper *(le vin);* '*~-age* période *f* glaciaire; '*~-axe* piolet *m*; **ice·berg** ['~bə:g] iceberg *m*.

ice...: '*~-bound* fermé *ou* retenu par les glaces; '*~-box, surt. Am.* '*~-chest* glacière *f*; sorbetière *f*; '*~-cream* (crème *f* à la) glace *f*; '*~-cube* glaçon *m*, cube *n* de glace; '*~-hock·ey* hockey *m* sur glace.

Ice·land·er ['aisləndə] Islandais(e *f*) *m*.

ice...: '*~-pack* embâcle *m* (de glaçons); '*~-rink* patinoire *f*; '*~-show* spectacle *m* sur glace; '*~-skate* **1.** patinage *m* (sur glace); **2.** patiner, faire du patinage (sur glace).

ich·thy·ol·o·gy [ikθi'ɔlədʒi] ichtyologie *f*.

i·ci·cle ['aisikl] glaçon *m*.

i·ci·ness ['aisinis] froid *m* glacial; *fig.* froideur *f* glaciale.

ic·ing ['aisiŋ] glaçage *m*; glacé *m (de sucre)*; ⚔ givrage *m*; *~ sugar* sucre *m* glace.

i·con·o·clast [ai'kɔnəklæst] iconoclaste *mf*.

i·cy □ ['aisi] glacial (-als *m/pl.*).

i·de·a [ai'diə] idée *f*; notion *f*; intention *f*; *form an ~ of* se faire une idée de; **i·de·al 1.** □ idéal (-als, -aux *m/pl.*); optimum; *le* meilleur; F parfait; **2.** idéal *m*; **i·de·al·ism** idéalisme *m*; **i·de·al·ist** idéaliste *mf*; **i·de·al·is·tic** (*~ally*) idéaliste; **i·de·al·ize** [~aiz] idéaliser.

i·den·ti·cal □ [ai'dentikl] identique (à, with), même; **i·den·ti·cal·ness** *see* identity; **i·den·ti·fi·ca·tion** [~fi'keiʃn] identification *f*; *~ card* carte *f* d'identité; *~ mark* ✝ estampille *f*; **i·den·ti·fy** [~fai] identifier; établir *ou* constater l'identité de; reconnaître (pour, as); F découvrir; **i·den·ti·kit** [~kit] portrait-robot *m (pl.* portraits-robots); **i·den·ti·ty** identité *f*; *~ card* carte *f* d'identité; ✗ *~ disk* plaque *f* d'identité.

id·e·o·log·i·cal □ [aidiə'lɔdʒikl] idéologique; **id·e·ol·o·gy** [~'ɔlədʒi] idéologie *f*.

id·i·o·cy ['idiəsi] idiotie *f*; idiotisme *m*; *fig.* bêtise *f*.

id·i·om ['idiəm] idiotisme *m*; *région:* idiome *m*; locution *f*; style *m*; ♪, *peint.* manière *f* de s'exprimer; **id·i·o·mat·ic** [idiə'mætik] (*~ally*) idiomatique.

id·i·o·syn·cra·sy [idiə'siŋkrəsi] ⚕ idiosyncrasie *f*, *fig.* petite manie *f*.

id·i·ot ['idiət] idiot(e *f*) *m*, imbécile *mf* (a. F); **id·i·ot·ic** [idi'ɔtik] (*~ally*) idiot; inepte; stupide, bête.

i·dle ['aidl] **1.** □ paresseux (-euse *f*); inoccupé; en chômage; *fig.* inutile, vain, sans fondement; dormant *(capital, fonds);* ⊕ arrêté *(machine),* parasite *(roue); ~ hours pl.* heures *f/pl.* perdues; *~ motion* mot. mouvement *m* perdu; ⊕ *run ~* marcher à vide; **2.** *v/t. (usu. ~ away)* perdre; *v/i.* fainéanter; muser; '**i·dle·ness** paresse *f*; oisiveté *f*; chômage *m*; *fig.* inutilité *f*; '**i·dler** fainéant(e *f*) *m*; flâneur (-euse *f*) *m*.

i·dol ['aidl] idole *f* (a. *fig.*); **i·dol·a·ter** [ai'dɔlətə] idolâtre(e *f*) *m*, imbécile; **i·dol·a·tress** idolâtre *f*; **i·dol·a·trous** □ idolâtre; **i·dol·a·try** idolâtrie *f*; **i·dol·ize** ['aidəlaiz] idolâtrer.

i·dyl(l) ['idil] idylle *f*; **i·dyl·lic** (*~ally*) idyllique.

if [if] **1.** si; even *~* quand même; *~ not* sinon; *as* s'il en est ainsi; *as ~ to say* comme pour dire; **2.** si *m/inv.*; '**if·fy** *Am.* F plein de si, douteux (-euse *f*).

ig·ne·ous ['igniəs] igné.

ig·nis fat·u·us ['ignis'fætjuəs] feu *m* follet.

ig·nit·a·ble [ig'naitəbl] inflammable; **ig'nite** *v/t.* mettre le feu à, allumer; 🔧 enflammer; *v/i.* prendre feu; **ig·ni·tion** [√'niʃn] ignition *f*; ⚡, *mot.* allumage *m*; *attr.* d'allumage; *mot.* ~ **key** clef *f* de contact.

ig·no·ble □ [ig'noubl] ignoble; vil, infâme; de basse naissance.

ig·no·min·i·ous □ [ignə'miniəs] ignominieux (-euse *f*); méprisable; **'ig·no·min·y** ignominie *f*, honte *f*; infamie *f*.

ig·no·ra·mus F [ignə'reiməs] ignorant(e *f*) *m*; F bourrique *f*; **ig·no·rance** ['ignərəns] ignorance *f*; **'ig·no·rant** ignorant (de, of); étranger (à, of); **ig'nore** [ig'nɔː] ne tenir aucun compte de; feindre de ne pas voir; ⚖️ rejeter (*une plainte*).

Il·i·ad ['iliəd] Iliade *f* (*a. fig.*).

ill [il] **1.** *adj.* mauvais; malade, souffrant; *see* ease; **2.** *adv.* mal; **3.** *su.* mal (*pl.* maux) *m*; malheur *m*; dommage *m*; tort *m*.

I'll [ail] = I will, shall.

ill...: '~-ad'vised impolitique; malavisé (*personne*); '~-bred mal élevé; '~-con'di·tioned en mauvais état; de mauvaise mine (*personne*); méchant; '~-dis'posed malintentionné; mal disposé (envers, to).

il·le·gal □ ['i'liːgəl] illégal (-aux *m/pl.*); **il·le·gal·i·ty** [ili'gæliti] illégalité *f*.

il·leg·i·ble □ [i'ledʒəbl] illisible.

il·le·git·i·ma·cy ['ili'dʒitiməsi] illégitimité *f*; **il·le'git·i·mate** □ [√mit] illégitime (*a. enfant*); non autorisé; bâtard (*enfant*).

ill...: '~-'fat·ed malheureux (-euse *f*); infortuné; '~-'fa·vo(u)red laid; '~-'feel·ing ressentiment *m*, rancune *f*; '~-'got·ten mal acquis; '~-'hu·mo(u)red de mauvaise humeur; maussade.

il·lib·er·al □ [i'libərəl] grossier (-ère *f*); illibéral (-aux *m/pl.*); borné (*esprit*); **il·lib·er·al·i·ty** [iliba'ræliti] illibéralité *f*; petitesse *f*; manque *m* de générosité.

il·lic·it □ [i'lisit] illicite; clandestin.

il·lim·it·a·ble □ [i'limitəbl] illimité; illimitable.

il·lit·er·ate □ [i'litərit] **1.** illettré; ignorant; **2.** analphabète *mf*.

ill...: '~-'judged malavisé; peu sage; '~-'man·nered malappris, mal élevé; '~-'na·tured □ méchant; désagréable.

ill·ness ['ilnis] maladie *f*.

il·log·i·cal □ [i'lɔdʒikl] illogique.

ill...: '~-o·mened ['il'oumend] de mauvais augure; '~-'starred malheureux (-euse *f*); '~-'tem·pered de mauvaise humeur; de méchant caractère (*a. animal*); '~-'timed mal à propos; '~-'treat maltraiter.

il·lu·mi·nant [i'ljuːminənt] illuminant, éclairant (*a. su./m*); **il'lu·mi·nate** [√neit] éclairer (*a. fig.*); illuminer (*de dehors*); enluminer (*un manuscrit etc.*); *fig.* embellir (*une action*); ~d advertising enseigne *f* lumineuse, enseignes *f/pl.* lumineuses; **il'lu·mi·nat·ing** lumineux (-euse *f*); qui éclaire (*a. fig.*); **il·lu·mi'na·tion** éclairage *m*; illumination *f* (*de dehors*); *manuscrit:* enluminure *f*; **il'lu·mi·na·tive** [√nətiv] éclairant; d'éclairage; **il'lu·mi·na·tor** [√neitə] illuminateur (-trice *f*) *m*; enlumineur (-euse *f*) *m*; dispositif *m* d'éclairage; **il'lu·mine** [√min] *see* illuminate.

ill-use [i'ljuːz] maltraiter.

il·lu·sion [i'luːʒn] illusion *f*, tromperie *f* (*a. fig.*); **il'lu·sive** □ [√siv], **il'lu·so·ry** □ [√səri] illusoire, trompeur (-euse *f*).

il·lus·trate ['iləstreit] expliquer; éclairer; illustrer; **il·lus'tra·tion** exemple *m*; explication *f*; **'il·lus·tra·tive** □ qui sert d'exemple; be ~ of expliquer; éclaircir; **'il·lus·tra·tor** illustrateur *m*.

il·lus·tri·ous □ [i'lʌstriəs] illustre; célèbre.

ill will [il'wil] rancune *f*, malveillance *f*.

I'm [aim] = I am.

im·age ['imidʒ] **1.** *tous les sens* image *f*; idole *f*; portrait *m*; idée *f*; **2.** représenter par une image tracer le portrait de; be ~d se refléter; **'im·age·ry** idoles *f/pl.*; images *f/pl.*; langage *m* figuré.

im·ag·i·na·ble □ [i'mædʒinəbl] imaginable; **im'ag·i·nar·y** imaginaire, de pure fantaisie; **im·ag·i·na·tion** [√'neiʃn] imagination *f*; **im·ag·i·na·tive** □ [√nətiv] d'ima-

gination; **imaginatif** (-ive *f*) (*personne*); **im·ag·ine** [ɪˈdʒin] imaginer; concevoir; se figurer.

im·be·cile □ [ˈimbisi:l] imbécile (*a. su./mf*); **im·be·cil·i·ty** [ˌ-ˈsiliti] imbécillité *f*; faiblesse *f* (d'esprit).

im·bibe [imˈbaib] boire; absorber (*a. fig.*); *fig.* s'imprégner de.

im·bro·glio [imˈbrouliou] imbroglio *m*. [*in*, *with*).]

im·brue [imˈbru:] tremper (dans)

im·bue [imˈbju:] imbiber; imprégner; *fig.* pénétrer (de, *with*).

im·i·ta·ble [ˈimitəbl] imitable; **im·i·tate** [ˈˌteit] imiter; copier (*a.* ⊕); singer (*q.*); **im·i·ta·tion** imitation *f*, copie *f*; ⊕ contrefaçon *f*; *attr.* simili~, factice; artificiel(le *f*); ~ *leather* similicuir *m*; **im·i·ta·tive** □ [ˈˌtətiv] imitatif (-ive *f*); imitateur (-trice *f*) (*personne*); ~ *of* qui imite; **im·i·ta·tor** [ˈˌteitə] imitateur (-trice *f*); ✝ contrefacteur *m*.

im·mac·u·late □ [iˈmækjulit] immaculé; impeccable.

im·ma·nent [ˈimənənt] immanent.

im·ma·te·ri·al □ [iməˈtiəriəl] immatériel(le *f*); peu important; sans conséquence; indifférent (à, *to*).

im·ma·ture [iməˈtjuə] pas mûr(*e*); **im·ma·tu·ri·ty** immaturité *f*.

im·meas·ur·a·ble □ [iˈmeʒərəbl] immesurable; infini.

im·me·di·ate □ [iˈmi:djət] immédiat; sans intermédiaire; instantané; urgent; **im·me·di·ate·ly 1.** *adv.* tout de suite, immédiatement; **2.** *cj.* dès que.

im·me·mo·ri·al □ [imiˈmɔːriəl] immémorial (-aux *m/pl.*).

im·mense □ [iˈmens] immense; vaste; *sl.* magnifique; **im·men·si·ty** immensité *f*.

im·merse [iˈmə:s] immerger, plonger; *fig.* ~ *o.s. in* se plonger dans; ~*d in* plongé dans (*un livre*); accablé de (*dettes*); **im·mer·sion** immersion *f*; submersion *f*; *fig.* absorption *f*; ~ *heater* thermo-plongeur *m*.

im·mi·grant [ˈimigrənt] immigrant(*e f*) *m*, -gré(*e f*) *m*; **im·mi·grate** [ˈˌgreit] *v/t.* immigrer; *v/i.* introduire des étrangers (dans, [*in*]*to*); **im·mi·gra·tion** immigration *f*.

im·mi·nence [ˈiminəns] imminence *f*, proximité *f*; **im·mi·nent** □ imminent, proche.

im·mit·i·ga·ble □ [iˈmitigəbl] que l'on ne saurait adoucir; implacable.

im·mo·bile [iˈmoubail] immobile; fixe; **im·mo·bil·i·ty** [imoˈbiliti] immobilité *f*; fixité *f*; **im·mo·bi·lize** [iˈmoubilaiz] immobiliser (*a. des espèces monnayées*); rendre indisponible (*un capital*).

im·mod·er·ate □ [iˈmɔdərit] immodéré, excessif (-ive *f*).

im·mod·est □ [iˈmɔdist] immodeste; ✝ impudent; **im·mod·es·ty** immodestie *f*; ✝ impudence *f*.

im·mo·late [ˈimoleit] immoler; **im·mo·la·tion** immolation *f*; **im·mo·la·tor** immolateur *m*.

im·mor·al □ [iˈmɔrəl] immoral (-aux *m/pl.*); **im·mo·ral·i·ty** [imoˈræliti] immoralité *f*.

im·mor·tal □ [iˈmɔːtl] immortel(le *f*); **im·mor·tal·i·ty** [ˌ-ˈtæliti] immortalité *f*; **im·mor·tal·ize** [ˌ-təlaiz] immortaliser; perpétuer.

im·mov·a·ble [iˈmu:vəbl] **1.** □ immobile; inébranlable; **2.** ~*s pl.* biens *m/pl.* immeubles.

im·mune [iˈmju:n] à l'abri (de) (*a.* 🐍); inaccessible (à, *from*); 🐍 immunisé (contre *from*, *against*); **im·mu·ni·ty** exemption *f* (de, *from*); 🐍 immunité *f* (contre); **im·mu·nize** [ˈˌaiz] 🐍 immuniser.

im·mure [iˈmjuə] enfermer.

im·mu·ta·bil·i·ty [imjuːtəˈbiliti] immu(t)abilité *f*; **im·mu·ta·ble** □ [iˈmju:təbl] immuable; inaltérable.

imp [imp] diablotin *m*; petit démon *m*; lutin *m*; petit(*e f*) espiègle *m*(*f*).

im·pact [ˈimpækt] choc *m*; impact *m*; collision *f*.

im·pair [imˈpɛə] altérer; endommager; diminuer; affaiblir (*la santé*).

im·pale [imˈpeil] empaler (*un criminel*); enclore d'une palissade; *fig.* fixer.

im·pal·pa·ble □ [imˈpælpəbl] impalpable; *fig.* insaisissable; subtil.

im·pan·(n)el [imˈpænl] *see* empanel.

im·part [imˈpɑːt] communiquer; annoncer; donner.

im·par·tial □ [imˈpɑːʃl] impartial (-aux *m/pl.*); **im·par·ti·al·i·ty** [ˌ-ʃiˈæliti] impartialité *f* (envers, *to*).

im·pass·a·ble □ [imˈpɑːsəbl] infranchissable (*rivière*); impraticable (*chemin*).

im·passe [æmˈpɑːs] impasse *f*.

im·pas·si·ble □ [im'pæsibl] impassible; insensible (à, to).

im·pas·sion [im'pæʃn] passionner; exalter; enivrer (de passion).

im·pas·sive □ [im'pæsiv] impassible; insensible (aux émotions); **im'pas·sive·ness** impassibilité f; insensibilité f.

im·pa·tience [im'peiʃns] impatience f; intolérance f (de of, with); **im'pa·tient** □ impatient; intolérant (de at, of, with); avide (de, for); be ~ of (inf.) être impatient de (inf.); F brûler de (inf.).

im·peach [im'piːtʃ] accuser (de of, with); attaquer; dénoncer; mettre (qch.) en doute; **im'peach·a·ble** accusable; blâmable; récusable (témoin); **im'peach·ment** accusation f; dénigrement m; ṭ́ṭ́ mise f en accusation.

im·pec·ca·bil·i·ty [impekə'biliti] impeccabilité f; **im'pec·ca·ble** □ impeccable, irréprochable.

im·pe·cu·ni·ous [impi'kjuːnjəs] impécunieux (-euse f), besogneux (-euse f).

im·pede [im'piːd] empêcher, entraver.

im·ped·i·ment [im'pedimənt] empêchement m (à, to); ~ in one's speech empêchement m de la langue; **im·ped·i·men·ta** ✕ [~'mentə] pl. impedimenta m/pl.; attirail m; F bagages m/pl.

im·pel [im'pel] pousser (à, to); **im'pel·lent 1.** moteur (-trice f); impulsif (-ive f); **2.** moteur m; force f motrice.

im·pend [im'pend] être suspendu (sur, over); fig. menacer (q., over s.o.); être imminent; **im'pend·ence** imminence f; proximité f; **im'pend·ent** imminent; menaçant.

im·pen·e·tra·bil·i·ty [impenitrə-'biliti] impénétrabilité f (a. fig.); **im'pen·e·tra·ble** □ impénétrable (à to, by); fig. insondable.

im·pen·i·tence [im'penitəns] impénitence f; **im'pen·i·tent** □ impénitent.

im·per·a·tive [im'perətiv] **1.** □ péremptoire; impérieux (-euse f); urgent; impératif (-ive f); ~ mood = **2.** gramm. (mode m) impératif m.

im·per·cep·ti·ble □ [impə'septəbl] imperceptible; fig. insensible.

im·per·fect [im'pəːfikt] **1.** □ imparfait, défectueux (-euse f); ⚠ surbaissé; ~ tense = **2.** gramm. (temps m) imparfait m; in the ~ à l'imparfait; **im·per·fec·tion** [ˌpə'fekʃn] imperfection f; fig. a. faiblesse f.

im·pe·ri·al [im'piəriəl] **1.** □ impérial (-aux m/pl.); fig. majestueux (-euse f); **2.** impériale f; papier: grand jésus m; **im'pe·ri·al·ism** impérialisme m; césarisme m; pol. colonialisme m; **im'pe·ri·al·ist** impérialiste m; césariste m; pol. colonialiste m; **im·pe·ri·al'is·tic** impérialiste.

im·per·il [im'peril] mettre en péril.

im·pe·ri·ous □ [im'piəriəs] impérieux (-euse f); arrogant; péremptoire.

im·per·ish·a·ble □ [im'periʃabl] impérissable.

im·per·me·a·ble □ [im'pəː·mjəbl] imperméable.

im·per·son·al □ [im'pəːsnl] impersonnel(le f); **im·per·son·al·i·ty** [ˌsə'næliti] impersonnalité f.

im·per·son·ate [im'pəːsəneit] personnifier; se faire passer pour; théâ. représenter; **im·per·son·a'tion** personnification f; théâ. interprétation f; ṭ́ṭ́ supposition f de personne.

im·per·ti·nence [im'pəːtinəns] impertinence f; insolence f; **im'per·ti·nent** □ impertinent (a. ṭ́ṭ́); insolent.

im·per·turb·a·bil·i·ty ['impətəːbə-'biliti] imperturbabilité f; flegme m; **im·per'turb·a·ble** □ imperturbable, flegmatique.

im·per·vi·ous □ [im'pəːvjəs] inaccessible (à, to) (a. fig.); imperméable (à).

im·pet·u·os·i·ty [impetju'ɔsiti] impétuosité f; **im'pet·u·ous** □ impétueux (-euse f); emporté; **im·pe·tus** ['ˌpitəs] élan m, poussée f; fig. impulsion f.

im·pi·e·ty [im'paiəti] impiété f.

im·pinge [im'pindʒ] entrer en collision (avec [up]on, against); empiéter (sur, on) (a. ṭ́ṭ́); **im'pinge·ment** heurt m; collision f (avec [up]on, against); empiètement m (sur, on) (a. fig., a. ṭ́ṭ́).

im·pi·ous □ ['impiəs] impie.

imp·ish □ ['impiʃ] de démon; (d')espiègle.

im·pla·ca·bil·i·ty [implækə'biliti]

implacabilité *f*; **im·pla·ca·ble** □ [ˌ'plækəbl] implacable (à, pour *towards*).

im·plant [im'plɑːnt] *usu. fig.* implanter (dans, *in*); inculquer (à, *in*).

im·plau·si·ble [im'plɔːzəbl] peu plausible.

im·ple·ment 1. ['implimənt] instrument *m*, outil *m*; **2.** [ˌ'ment] exécuter (*un contrat, une promesse*); accomplir; suppléer à; **im·ple·men'ta·tion** [ˌ'teiʃn] exécution *f*; mise *f* en œuvre.

im·pli·cate ['implikeit] impliquer, mêler (dans, *in*); compromettre; **im·pli'ca·tion** implication *f*; insinuation *f*; ˌ~s *pl.* portée *f*.

im·plic·it □ [im'plisit] implicite; tacite; *fig.* aveugle, parfait.

im·plied □ [im'plaid] implicite; sous-entendu.

im·plore [im'plɔː] implorer; supplier; **im'plor·ing** [ˌ'riŋ] suppliant.

im·ply [im'plai] impliquer; emporter; signifier, vouloir dire.

im·pol·i·cy [im'polisi] mauvaise politique *f*; *fig.* maladresse *f*.

im·po·lite □ [impə'lait] impoli.

im·pol·i·tic □ [im'politik] impolitique.

im·pon·der·a·ble [im'pondərəbl] **1.** impondérable; **2.** ˌ~s *pl.* impondérables *m/pl.*

im·port 1. ['impɔːt] ✝ importation *f*; signification *f*, sens *m*; portée *f*; importance *f*; ✝ ˌ~s *pl.* marchandises *f/pl. ou* articles *m/pl.* d'importation, importations *f/pl.*; ˌ~ duty droits *m/pl.* d'importation; **2.** [im'pɔːt] importer (*des marchandises*); signifier, indiquer; déclarer; **im'por·tance** importance *f*; F conséquence; **im'por·tant** □ important; **im·por·ta·tion** [ˌ'teiʃn] importation *f*; **im'port·er** importateur (-trice *f*) *m*.

im·por·tu·nate □ [im'pɔːtjunit] importun; ennuyeux (-euse *f*); **im·por·tune** [ˌ'pɔːtjuːn] importuner; presser; **im·por'tu·ni·ty** importunité *f*.

im·pose [im'pouz] *v/t.* imposer (à, [*up*]*on*); *v/i.* ˌ~ upon en imposer à; tromper; abuser de; **im'pos·ing** □ imposant; grandiose; **im·po·si·tion** [ˌpə'ziʃn] *eccl., typ.* imposition *f*; impôt *m*; tromperie *f*, imposture *f*; *école:* pensum *m*.

im·pos·si·bil·i·ty [imposə'biliti] im-

possibilité *f*; **im'pos·si·ble** □ impossible.

im·post ['impoust] impôt *m*; taxe *f*; tribut *m*; **im·pos·tor** [im'postə] imposteur *m*; **im'pos·ture** [ˌtʃə] imposture *f*, supercherie *f*.

im·po·tence ['impətəns] impuissance *f* (*a. physiol.*); faiblesse *f*; '**im·po·tent** impuissant; faible.

im·pound [im'paund] confisquer; enfermer; mettre en fourrière (*une auto, un animal*).

im·pov·er·ish [im'povəriʃ] appauvrir; dégraisser (*le sol*).

im·prac·ti·ca·bil·i·ty [impræktikə'biliti] impraticabilité *f*, impossibilité *f*; **im'prac·ti·ca·ble** □ impraticable; infaisable; intraitable (*personne*).

im·pre·cate ['imprikeit] lancer des imprécations (contre, *upon*); **im·pre'ca·tion** imprécation *f*, malédiction *f*; **im·pre·ca·to·ry** ['ˌkeitəri] imprécatoire.

im·preg·na·bil·i·ty [impregnə'biliti] caractère *m* imprenable *ou* ✝ invincible; **im'preg·na·ble** □ imprenable; invincible; **im·preg·nate** ['ˌneit] **1.** ⚥, ⚘, *biol.* imprégner; imbiber, saturer; pénétrer (*a. fig.*); **2.** [im'pregnit] imprégné, fécondé; **im·preg'na·tion** fécondation *f*; imprégnation *f*; ⊕ injection *f*.

im·pre·sa·ri·o [impre'sɑːriou] imprésario *m*.

im·pre·scrip·ti·ble [impris'kriptəbl] imprescriptible.

im·press 1. ['impres] impression *f*; empreinte *f*; *fig.* marque *f*, cachet *m*; **2.** [im'pres] imprimer (à, on); graver (dans la mémoire, *on the memory*); inculquer (*une idée*) (à, on); faire bien comprendre (qch. à q. *s.th. on s.o., s.o. with s.th.*); ⊕ empreindre (qch. sur qch. *s.th. on s.th., s.th. with s.th.*); *fig.* impressionner, en imposer à; ⚓ ✝ presser (*les marins*); *fig.* réquisitionner; **im'press·i·ble** susceptible de recevoir une empreinte; *a. see* impressionable; **im'pres·sion** [ˌʃn] impression *f* (*a. fig.*); ⊕, *a. typ.* caractères: empreinte *f*; *livre:* impression *f*; *be under the* ˌ~ *that* avoir l'impression que; **im'pres·sion·a·ble** impressionnable, susceptible, sensible; **im'pres·sive** □

impressionnant; **im'press·ment** ⚓
† *marines*: presse *f*.

im·print 1. [im'print] imprimer (*sur*, *on*); *fig.* graver (*dans on*, *in*);
2. ['imprint] empreinte *f* (*a. fig.*); *typ.* nom *m* (*de l'imprimeur*); rubrique *f* (*de l'éditeur*).

im·pris·on [im'prizn] emprisonner; mettre en prison; enfermer; **im-'pris·on·ment** emprisonnement *m*.

im·prob·a·bil·i·ty [improbə'biliti] improbabilité *f*; invraisemblance *f*; **im'prob·a·ble** □ improbable; invraisemblable.

im·pro·bi·ty [im'proubiti] improbité *f*; manque *m* d'honnêteté.

im·promp·tu [im'promptjuː] **1.** *adv.* (à l')impromptu; **2.** *adj.* impromptu; **3.** *su.* (discours *m etc.*) impromptu *m*.

im·prop·er □ [im'propə] incorrect; malséant, malhonnête, indécent; déplacé; ᴀ ~ *fraction* expression *f* fractionnaire; **im·pro·pri·e·ty** [imprə'praiəti] impropriété *f*; inexactitude *f*; inconvenance *f*, indécence *f*.

im·prov·a·ble □ [im'pruːvəbl] améliorable; bonifiable (*sol*).

im·prove [im'pruːv] *v/t.* améliorer; perfectionner; cultiver (*l'esprit*); bonifier (*le sol*); *v/i.* s'améliorer; faire des progrès; ~ *upon* surpasser; enchérir sur; **im'prove·ment** amélioration *f*; perfectionnement *m*; culture *f* (*de l'esprit*); progrès *m* (*pl.*); supériorité *f* (à, [up]on); **im-'prov·er** réformateur (-trice *f*) *m*; ⊕ apprenti(e *f*) *m*; *cost.* petite main *f*.

im·pro·vi·dence [im'providəns] imprévoyance *f*; **im'prov·i·dent** □ imprévoyant; prodigue.

im·pro·vi·sa·tion [improvai'zeiʃn] improvisation *f*; **im·pro·vise** ['~vaiz] improviser; **'im·pro·vised** improvisé; impromptu *inv.*

im·pru·dence [im'pruːdəns] imprudence *f*; **im'pru·dent** □ imprudent.

im·pu·dence ['impjudəns] impudence *f*, insolence *f*; **'im·pu·dent** □ effronté, insolent.

im·pugn [im'pjuːn] attaquer, contester; **im'pugn·a·ble** contestable.

im·pulse ['impʌls], **im'pul·sion** impulsion *f*; choc *m* propulsif; *fig.* mouvement *m* (spontané); im-

---

'**pul·sive** □ impulsif (-ive *f*); *fig.* irréfléchi, spontané, involontaire.

im·pu·ni·ty [im'pjuːniti] impunité *f*; *with* ~ impunément.

im·pure □ [im'pjuə] impur (*a. fig.*); **im'pu·ri·ty** [~riti] impureté *f*.

im·put·a·ble [im'pjuːtəbl] imputable, attribuable (à, *to*); **im·pu·ta·tion** [~'teiʃn] imputation *f*; **im-'pute** [~'pjuːt] imputer, attribuer.

in [in] **1.** *prp.* dans (*les circonstances, la foule, la maison, la rue, l'eau*); en (*un mot, soie, anglais, Europe, juin, été, réponse*); à (*l'église, la main de q., la campagne, le crayon*); au (*lit, Canada, désespoir, soleil, printemps*); de (*cette manière*); par (*groupes, soi-même, ce temps, écrit*); sur (*un ton*); sous (*le règne de*); chez (*les Anglais, Corneille*); pendant (*l'hiver de 1812, la journée*); comme; ~ *a few words* en peu de mots; ~ *all probability* selon toutes probabilités; ~ *crossing the road* en traversant la rue; *the thing* ~ *itself* la chose en elle-même *ou phls.* en soi; *trust* ~ *s.o.* avoir confiance en q., se fier à q.; *professor* ~ *the university* professeur à l'université; *wound* ~ *the head* blessure à la tête; *engaged* ~ (*gér.*) occupé à (*inf.*); ~ *a ... voice* d'une voix ...; *blind* ~ *one eye* borgne; ~ *length* de long; ~ *our time* de nos jours; *at two* (*o'clock*) ~ *the morning* à deux heures du matin; ~ *the rain* à *ou* sous la pluie; ~ *the paper* dans le journal; *one* ~ *ten* un sur dix; ~ *the firm of* sous firme de; ~ *the press* sous presse; ~ *excuse of* comme excuse de; ~ *1966* en 1966; *two days* ~ *three* deux jours sur trois; *there is nothing* ~ *it* il est sans fondement; F cela n'a pas d'importance; *l'un vaut l'autre*; *it is not* ~ *her to* (*inf.*) il n'est pas de sa nature de (*inf.*); *he hasn't it* ~ *him* il n'en est pas capable; ~ *that* puisque, vu que; **2.** *adv.* dedans; au dedans; rentré; au pouvoir; *be* ~ être chez soi, être à la maison, y être; être élu; être au pouvoir; *sport*, *train*: être arrivé; brûler encore (*feu*); *be* ~ *for* en avoir pour (*qch.*); être inscrit pour (*un examen etc.*); F *be* ~ *with* avoir de belles relations avec, être en bons termes avec; **3.** *adj.* intérieur; F en vogue, à la mode, dans le vent; **4.** *su. parl. the*

~s pl. le parti au pouvoir; ~s and outs méandres m/pl., coins m/pl. et recoins m/pl.; tous les détails m/pl.

in·a·bil·i·ty [inə'biliti] impuissance f (à, to), incapacité f (de, to).

in·ac·ces·si·bil·i·ty ['inæksesə'biliti] inaccessibilité f; **in·ac'ces·si·ble** □ inaccessible.

in·ac·cu·ra·cy [in'ækjurəsi] inexactitude f; **in'ac·cu·rate** □ [~rit] inexact; incorrect.

in·ac·tion [in'ækʃn] inaction f.

in·ac·tive □ [in'æktiv] inactif (-ive f); ✝ en chômage; ⚗ inerte; **in·ac'tiv·i·ty** inactivité f; inertie f.

in·ad·e·qua·cy [in'ædikwəsi] insuffisance f; imperfection f; **in'ad·e·quate** □ [~kwit] insuffisant; incomplet (-ète f).

in·ad·mis·si·bil·i·ty ['inədmisə'biliti] inadmissibilité f; **in·ad'mis·si·ble** □ inadmissible; ⚖ irrecevable.

in·ad·vert·ence, in·ad·vert·en·cy [inəd'və:təns(i)] inadvertance f; étourderie f; mégarde f; **in·ad'vert·ent** inattentif (-ive f); négligent; involontaire; ~ly par inadvertance. [inaliénable; indisponible.]

in·al·ien·a·ble □ [in'eiljənəbl]

in·al·ter·a·ble □ [in'ɔ:ltərəbl] immuable; inaltérable (couleur).

in·am·o·ra·ta [inæmə'rɑ:tə] amante f; amoureuse f; **in·a·mo'ra·to** [~tou] amant m, amoureux m.

in·ane □ [i'nein] usu. fig. stupide, inepte, bête, niais.

in·an·i·mate □ [in'ænimit] inanimé, sans vie (a. fig.).

in·a·ni·tion [inə'niʃn] ⚕ inanition f.

in·an·i·ty [i'næniti] inanité f, niaiserie f.

in·ap·pli·ca·bil·i·ty ['inæplikə'biliti] inapplicabilité f; **in'ap·pli·ca·ble** inapplicable (à, to); étranger (-ère f) (à).

in·ap·po·site □ [in'æpəsit] sans rapport (avec, to); hors de propos; inapplicable (à, to).

in·ap·pre·ci·a·ble □ [inə'pri:ʃəbl] inappréciable.

in·ap·pre·hen·si·ble □ [inæpri'hensəbl] insaisissable, incompréhensible.

in·ap·proach·a·ble [inə'proutʃəbl] inabordable; incomparable.

in·apt □ [in'æpt] inapte; incapable; inhabile; peu approprié; **in'apt·i·tude** [~itju:d], **in'apt·ness** inaptitude f (à, for); incapacité f.

in·ar·tic·u·late □ [inɑ:'tikjulit] muet(te f); bégayant (de, with); zo. inarticulé; **in·ar'tic·u·late·ness** mutisme m; défaut m d'articulation.

in·as·much [inəz'mʌtʃ] adv.: ~ as vu que, puisque; ✝ dans la mesure que.

in·at·ten·tion [inə'tenʃn] inattention f; **in·at'ten·tive** □ inattentif (-ive f) (à, to); négligent (de); peu attentionné (pour, to[wards]).

in·au·di·ble □ [in'ɔ:dəbl] imperceptible; faible (voix).

in·au·gu·ral [i'nɔ:gjurəl] inaugural (-aux m/pl.); **in'au·gu·rate** [~reit] inaugurer; commencer; mettre en vigueur; **in·au·gu'ra·tion** inauguration f; commencement m; ♀ Day Am. entrée f en fonction du nouveau président des É.-U.

in·aus·pi·cious □ [inɔ:s'piʃəs] peu propice; fâcheux (-euse f).

in·board ⚓ ['inbɔ:d] **1.** adj. intérieur; **2.** adv. en abord; **3.** prp. en abord de.

in·born ['in'bɔ:n] inné.

in·breathe ['in'bri:ð] inspirer (à, into).

in·bred ['in'bred] inné; consanguin (chevaux etc.).

in·breed·ing ['in'bri:diŋ] consanguinité f.

in·cal·cu·la·ble □ [in'kælkjuləbl] incalculable.

in·can·des·cence [inkæn'desns] incandescence f; métall. chaleur f blanche; **in·can'des·cent** incandescent; ~ light lumière f à incandescence; ~ mantle manchon m (à incandescence).

in·can·ta·tion [inkæn'teiʃn] incantation f; charme m.

in·ca·pa·bil·i·ty [inkeipə'biliti] incapacité f; ⚖ inéligibilité f; **in'ca·pa·ble** □ incapable (de, of); non susceptible (de, of); ⚖ inéligible; en état d'ivresse manifeste; **in·ca·pac·i·tate** [inkə'pæsiteit] rendre incapable (de for, from); ⚖ frapper d'incapacité; **in·ca'pac·i·ty** incapacité f (de for, to).

in·car·cer·ate [in'kɑ:səreit] incarcérer; **in·car·cer'a·tion** incarcération f.

in·car·nate 1. [in'kɑ:nit] fait chair; incarné (*a. fig.*); **2.** ['inkɑ:neit] incarner; **in·car'na·tion** incarnation *f* (*a. fig.*).

in·case [in'keis] *see* encase.

in·cau·tious □ [in'kɔ:ʃəs] imprudent; inconsidéré.

in·cen·di·ar·y [in'sendjəri] **1.** incendiaire (*a. fig.*); ～ *bomb* bombe *f* incendiaire; **2.** incendiaire *m*; auteur *m* d'un incendie; F *see* ～ *bomb*.

in·cense[1] ['insens] **1.** encens *m*; **2.** encenser; *fig.* embaumer.

in·cense[2] [in'sens] exaspérer, courroucer, irriter (contre, *with*).

in·cen·tive [in'sentiv] **1.** provocant; stimulant; **2.** stimulant *m*, encouragement *m*.

in·cep·tion [in'sepʃn] commencement *m*; **in'cep·tive** initial (-aux *m/pl.*); *gramm.* inchoatif (-ive *f*) (*a. su./m*). [titude *f*.)

in·cer·ti·tude [in'sə:titju:d] incer-)

in·ces·sant □ [in'sesnt] incessant, continuel(le *f*).

in·cest ['insest] inceste *m*; **in·ces·tu·ous** □ [in'sestjuəs] incestueux (-euse *f*).

inch [intʃ] pouce *m* (*2,54 cm*); *fig.* pas *m*; ～*es pl. a.* taille *f*; *by* ～*es* peu à peu, petit à petit; **inched** [～t] de … pouces.

in·cho·a·tive [in'koueitiv] initial (-aux *m/pl.*); *gramm.* inchoatif (-ive *f*).

in·ci·dence ['insidəns] incidence *f*; *angle of* ～ angle *m* d'incidence; **'in·ci·dent 1.** (à, *to*) qui arrive; qui appartient; qui tient; **2.** incident *m*; événement *m*; *pièce, roman:* épisode *m*; ♏ servitude *f ou* privilège *m* attachés à une tenure; **in·ci·den·tal** □ [～'dentl] accidentel(le *f*), fortuit; inséparable (de, *to*); *be* ～ *to* résulter de, appartenir à; ～*ly* incidemment.

in·cin·er·ate [in'sinəreit] incinérer (*a. Am. un mort*); réduire en cendres; **in·cin·er'a·tion** incinération *f*; **in'cin·er·a·tor** incinérateur *m*; *Am.* four incinérateur.

in·cip·i·ence [in'sipiəns] commencement *m*; **in'cip·i·ent** naissant, qui commence.

in·cise [in'saiz] inciser (*a.* ✀), faire une incision dans; **in·ci·sion** [～'siʒn] incision *f* (*a.* ✀); ✍ enture *f*; **in·ci·sive** □ [～'saisiv] incisif (-ive

f); mordant; pénétrant; **in'ci·sor** [～zə] (*dent f*) incisive *f*.

in·ci·ta·tion [insai'teiʃn] *see* incitement; **in'cite** inciter; pousser; animer (à, *to*); **in'cite·ment** incitation *f*, encouragement *m*; stimulant *m*, aiguillon *m*; mobile *m*.

in·ci·vil·i·ty [insi'viliti] incivilité *f*.

in·clem·en·cy [in'klemənsi] inclémence *f*, rigueur *f*; *temps:* intempérie *f*; **in'clem·ent** inclément; rigoureux (-euse *f*).

in·cli·na·tion [inkli'neiʃn] *tête*, *a. fig.:* inclination *f*; inclinaison *f*, pente *f*; *fig.* penchant *m*; **in·cline** [～'klain] **1.** *v/i.* s'incliner, se pencher (*personne*); incliner, pencher (*chose*); *fig.* avoir un penchant (pour qch., *to s.th.*; à *inf.*, *to inf.*); être disposé (à, *to*); incliner (à, *to*); *v/t.* (faire) pencher; *fig.* disposer; ～*d plane* plan *m* incliné; **2.** pente *f*, déclivité *f*; ✗ oblique *f*.

in·close [in'klouz] *see* enclose.

in·clude [in'klu:d] renfermer; comprendre.

in·clu·sion [in'klu:ʒn] inclusion *f*; **in'clu·sive** □ qui renferme; qui comprend; tout compris; *be* ～ *of* comprend, renfermer (*qch.*); ～ *terms* prix tout compris.

in·cog F [in'kɔg], **in'cog·ni·to** [～ni·tou] **1.** incognito, sous un autre nom; **2.** incognito *m*.

in·co·her·ence, in·co·her·en·cy [inkou'hiərəns(i)] incohérence *f*; manque *m* de suite; **in·co'her·ent** □ incohérent; sans suite; décousu.

in·com·bus·ti·ble □ [inkəm'bʌstəbl] incombustible.

in·come ['inkʌm] revenu *m*; **in·com·er** ['inkʌmə] entrant *m*; immigrant(e *f*) *m*; ♏ successeur *m*; **in·come-tax** ['inkʌmtæks] impôt *m* sur le revenu; ～ *form* feuille *f* d'impôts.

in·com·ing ['inkʌmiŋ] **1.** entrée *f*; ～*s pl.* recettes *f/pl.*, revenus *m/pl.*; ♏ rentrées *f/pl.*; **2.** qui entre, qui arrive.

in·com·men·su·ra·bil·i·ty ['inkəmenʃərə'biliti] incommensurabilité *f*; **in·com'men·su·ra·ble** □ ～ incommensurable.

in·com·mode [inkə'moud] incommoder, gêner, déranger; **in·com'mo·di·ous** □ [～jəs] incommode; peu confortable.

in·com·mu·ni·ca·bil·i·ty [ˈinkəmjuːnikəˈbiliti] incommunicabilité f; **in·com·mu·ni·ca·ble** □ incommunicable; **in·com·mu·ni·ca·do** *surt. Am.* [inkəmjuniˈkɑːdou] sans contact avec l'extérieur; **in·com·mu·ni·ca·tive** □ [ˌkətiv] taciturne; peu communicatif (-ive f).

in·com·mut·a·ble □ [inkəˈmjuːtəbl] non-interchangeable; immuable.

in·com·pa·ra·ble □ [inˈkɔmpərəbl] incomparable.

in·com·pat·i·bil·i·ty [ˈinkəmpætəˈbiliti] incompatibilité f; inconciliabilité f; **in·com·pat·i·ble** □ incompatible, inconciliable.

in·com·pe·tence, **in·com·pe·ten·cy** [inˈkɔmpitəns(i)] incompétence f (*a.* ⵊⵝ); insuffisance f; **in·com·pe·tent** □ incompétent (*a.* ⵊⵝ); incapable; ⵊⵝ inhabile.

in·com·plete □ [inkəmˈpliːt] incomplet (-ète f); inachevé; imparfait.

in·com·pre·hen·si·bil·i·ty [inkəmprihensəˈbiliti] incompréhensibilité f; **in·com·pre·hen·si·ble** □ incompréhensible.

in·com·press·i·bil·i·ty [ˈinkəmpresəˈbiliti] incompressibilité f; **in·com·press·i·ble** □ incompressible.

in·con·ceiv·a·ble □ [inkənˈsiːvəbl] inconcevable.

in·con·clu·sive □ [inkənˈkluːsiv] peu *ou* non concluant.

in·con·gru·i·ty [inkɔŋˈgruiti] incongruité f, absurdité f; désaccord m; inconséquence f; inconvenance f; **in·con·gru·ous** □ incongru, absurde; qui ne s'accorde pas (avec, *with*); sans rapport (avec *to*, *with*).

in·con·se·quence [inˈkɔnsikwəns] inconséquence f; manque m de logique; **in·con·se·quen·tial** [ˌˈkwenʃl] sans importance; illogique.

in·con·sid·er·a·ble □ [inkənˈsidərəbl] insignifiant; **in·con·sid·er·ate** □ [ˌrit] irréfléchi, inconsidéré; sans égards (pour, *towards*); **in·con·sid·er·ate·ness** irréflexion f, imprudence f; manque m d'égards.

in·con·sist·en·cy [inkənˈsistənsi] inconséquence f; inconsistance f; incompatibilité f; **in·con·sist·ent** □ incompatible; contradictoire (à,

with); en désaccord (avec, *with*); illogique, inconséquent (*personne*).

in·con·sol·a·ble □ [inkənˈsouləbl] inconsolable (de, *for*).

in·con·so·nant [inˈkɔnsənənt] en désaccord (avec, *with*).

in·con·spic·u·ous □ [inkənˈspikjuəs] discret (-ète f); insignifiant; peu frappant.

in·con·stan·cy [inˈkɔnstənsi] inconstance f; instabilité f; **in·con·stant** □ inconstant, variable.

in·con·test·a·ble □ [inkənˈtestəbl] incontestable; irrécusable.

in·con·ti·nence [inˈkɔntinəns] incontinence f; ⵊⵝ ~ *of urine* incontinence f d'urine; **in·con·ti·nent** □ incontinent; ⵊⵝ qui ne peut retenir son urine; ⵊⵝ *of speech* bavard; ~*ly* sur-le-champ, incontinent; incontinemment.

in·con·tro·vert·i·ble □ [ˈinkɔntrəˈvəːtəbl] indisputable.

in·con·ven·ience [inkənˈviːnjəns] **1.** inconvénient m; embarras m; incommodité f; **2.** incommoder, gêner, déranger; **in·con·ven·ient** □ incommode; inopportun; gênant.

in·con·vert·i·bil·i·ty [ˈinkənvəːtəˈbiliti] (*a.* ✝) non-convertibilité f; **in·con·vert·i·ble** □ inconvertible; ✝ *a.* non convertible.

in·con·vin·ci·ble □ [inkənˈvinsəbl] impossible à convaincre.

in·cor·po·rate 1. [inˈkɔːpəreit] *v/t.* incorporer (à *in*[to], with; avec, *with*); mêler, unir (à, avec *with*); ériger (*une ville*) en municipalité; ⵊⵝ constituer en société commerciale; *v/i.* s'incorporer (en, *in*; à, avec *with*); **2.** [ˌrit] incorporé; faisant corps; **in·cor·po·rat·ed** [ˌreitid] *see* incorporate 2; ~ *company* société f constituée, *Am.* société f anonyme (*abbr.* S.A.); **in·cor·po·'ra·tion** incorporation f (à, avec, dans *in*[to], with); incorporation f communale; constitution f en société commerciale.

in·cor·po·re·al □ [inkɔːˈpɔːriəl] incorporel(le f).

in·cor·rect □ [inkəˈrekt] incorrect; inexact; défectueux (-euse f); **in·cor·rect·ness** incorrection f; inexactitude f.

in·cor·ri·gi·bil·i·ty [inkɔridʒəˈbiliti] incorrigibilité f; **in·cor·ri·gi·ble** □ incorrigible.

in·cor·rupt·i·bil·i·ty ['inkərʌptə-'biliti] incorruptibilité f; **in·cor·'rupt·i·ble** □ incorruptible; **in·cor'rupt·ness** incorruption f.

in·crease 1. [in'kri:s] v/i. augmenter (de, in); s'augmenter; grandir; croître, s'accroître; grossir; se multiplier; v/t. augmenter; agrandir; accroître; grossir; **2.** ['inkri:s] augmentation f; accroissement m; effort; redoublement m; multiplication f.

in·cred·i·bil·i·ty [inkredi'biliti] incrédibilité f; **in'cred·i·ble** □ incroyable.

in·cre·du·li·ty [inkri'dju:liti] incrédulité f; **in·cred·u·lous** □ [in-'kredjuləs] incrédule.

in·cre·ment ['inkrimənt] see increase 2; profit m; ∼ value plus-value f.

in·crim·i·nate [in'krimineit] incriminer; impliquer; **in'crim·i·na·to·ry** [∼əri] tendant à incriminer.

in·crust [in'krʌst] see encrust; **in·crus'ta·tion** incrustation f; ⊕ chaudière: entartrage m, tartre m.

in·cu·bate ['inkjubeit] v/t. couver (a. fig.); v/i. être soumis à l'incubation; ♂ couver; **in·cu'ba·tion** incubation f (a. biol., a. ♂); ∼ period période f d'incubation; **'in·cu·ba·tor** incubateur m, couveuse f; **in·cu·bus** ['∼bəs] myth. incube m; F fardeau m; cauchemar m.

in·cul·cate ['inkʌlkeit] inculquer (à q., upon s.o.; dans l'esprit, in the mind); **in·cul'ca·tion** inculcation f.

in·cul·pate ['inkʌlpeit] inculper, incriminer; mêler à une affaire; **in·cul'pa·tion** inculpation f; **in'cul·pa·to·ry** [∼pətəri] tendant à inculper; accusateur (-trice f).

in·cum·ben·cy [in'kʌmbənsi] eccl. charge f; période f d'exercice d'une charge; **in'cum·bent 1.** étendu, appuyé; be ∼ on s.o. incomber à q.; **2.** eccl. titulaire m d'une charge.

in·cu·nab·u·la [inkju'næbjulə] pl. incunables m/pl.

in·cur [in'kə:] encourir, s'attirer; contracter (une dette); courir (un risque); faire (des dépenses).

in·cur·a·bil·i·ty [inkjuərə'biliti] incurabilité f; **in'cur·a·ble 1.** □ inguérissable; **2.** incurable mf.

in·cu·ri·ous □ [in'kjuəriəs] sans curiosité, indifférent.

in·cur·sion [in'kə:ʃn] incursion f; descente f (dans, into).

in·cur·va·tion [inkə:'veiʃn] incurvation f; courbure f; **'in·curve** s'incurver, se courber en dedans.

in·debt·ed [in'detid] endetté; fig. redevable (à q. de qch., to s.o. for s.th.); **in'debt·ed·ness** dette f (a. fig.), dettes f/pl.

in·de·cen·cy [in'di:snsi] indécence f; ‡‡ attentat m aux mœurs; **in'de·cent** □ indécent, peu décent; ∼ assault attentat m à la pudeur.

in·de·ci·pher·a·ble [indi'saifərəbl] indéchiffrable.

in·de·ci·sion [indi'siʒn] indécision f, irrésolution f; **in·de·ci·sive** □ [∼'saisiv] peu concluant; indécis (personne, a. bataille).

in·de·clin·a·ble gramm. [indi'klainəbl] indéclinable.

in·dec·o·rous □ [in'dekərəs] malséant; inconvenant; **in'dec·o·rous·ness,** a. **in·de·co·rum** [indi'kɔ:rəm] inconvenance f; manque m de maintien.

in·deed [in'di:d] **1.** adv. en effet; en vérité; même; à vrai dire; **2.** int. effectivement!; vraiment?

in·de·fat·i·ga·ble □ [indi'fætigəbl] infatigable, inlassable.

in·de·fea·si·ble □ [indi'fi:zəbl] irrévocable; ‡‡ indestructible (intérêt).

in·de·fect·i·ble □ [indi'fektəbl] indéfectible; impeccable.

in·de·fen·si·ble □ [indi'fensəbl] ⚔ indéfendable; fig. insoutenable.

in·de·fin·a·ble □ [indi'fainəbl] indéfinissable; fig. vague.

in·def·i·nite □ [in'definit] indéfini (a. gramm.); imprécis.

in·del·i·ble □ [in'delibl] ineffaçable, indélébile; ∼ ink encre f indélébile; ∼ pencil crayon m à copier.

in·del·i·ca·cy [in'delikəsi] indélicatesse f; manque m de délicatesse; grossièreté f, inconvenance f; **in·del·i·cate** □ [∼kit] peu délicat; indélicat; inconvenant; risqué; qui manque de tact.

in·dem·ni·fi·ca·tion [indemnifi-'keiʃn] indemnisation f; indemnité f; **in'dem·ni·fy** [∼fai] indemniser, dédommager (de, for); garantir (contre against, from); compenser; **in'dem·ni·ty** garantie f, assurance f; indemnité f, dédommagement *m*; *act of* ~ bill *m* d'indemnité.

in·dent [in'dent] **1.** denteler; découper; ⊕ adenter; *typ.* faire un alinéa; ⚖ passer (*un contrat etc.*) en partie double; ✝ passer une commande pour; ~ *upon s.o. for s.th.* réquisitionner qch. de q.; **2.** dentelure *f*; découpure *f*; *littoral:* échancrure *f*; ✝ ordre *m* d'achat; ✂ ordre *m* de réquisition; *see* indenture; **in·den'ta·tion** découpage *m*; impression *f*; dentelure *f*; découpure *f*; *littoral:* échancrure *f*; **in·den'tion** *typ.* renfoncement *m*; **in'den·ture** [~tʃə] **1.** contrat *m* bilatéral; ~*s pl.* contrat *m* d'apprentissage; **2.** lier par contrat; engager par un contrat d'apprentissage.

in·de·pend·ence [indi'pendəns] indépendance *f* (à l'égard de, *of*); *État:* autonomie *f*; *Am.* ♀ Day le 4 juillet; **in·de'pend·ent** □ **1.** indépendant; autonome (*État*); ~ *means* fortune *f* personnelle; rentes *f/pl!*; **2.** indépendant *m*.

in-depth [in'depθ] en profondeur.

in·de·scrib·a·ble □ [indis'kraibəbl] indescriptible; indicible.

in·de·struct·i·ble □ [indis'trʌktəbl] indestructible.

in·de·ter·mi·na·ble □ [indi'tə:minəbl] indéterminable; insurmontable (*dispute*); **in·de'ter·mi·nate** □ [~nit] indéterminé; *fig.* imprécis; **in·de'ter·mi·nate·ness, in·de·ter·mi·na'tion** ['~neiʃn] indétermination *f*; *fig.* irrésolution *f*.

in·dex ['indeks] **1.** (*pl. a.* indices) *eccl., volume:* index *m*; *cadran etc.:* aiguille *f*; indice *m*, signe *m*; ⅋ exposant *m*; *opt.* indice *m*; (*ou* ~ *finger*) index *m*; (*ou* ~ *number*) coefficient *m*; ~ *card* fiche *f*; ~ *figure* indice *m*; **2.** dresser l'index de (*un volume*); classer; répertorier.

In·di·a ['indjə] Inde *f*; ~ *paper* papier *m* indien, papier *m* bible; ~ *rubber* gomme *f* (à effacer); caoutchouc *m*; '**In·di·a·man** ⚓ longcourrier *m* des Indes.

In·di·an ['indjən] **1.** indien(ne *f*); de l'Inde; des Indes; *gymn.* ~ *club* bouteille *f* en bois; ~ *corn* maïs *m*; *in* ~ *file* en file indienne; *Am.* F ~ *giver* personne *f* qui fait un cadeau dans l'intention d'en demander un retour; ~ *ink* encre *f* de Chine; *surt. Am.* ~ *summer* été *m* de la Saint-

Martin; **2.** Indien(ne *f*) *m*; F Hindou(e *f*) *m*; (*usu.* Red ~) *a.* Peau-Rouge (*pl.* Peaux-Rouges) *m*.

in·di·cate ['indikeit] indiquer; signaler; montrer; témoigner; faire savoir; **in·di'ca·tion** indication *f*; indice *m*, signe *m*; **in·dic·a·tive** [in'dikətiv] **1.** □ indicatif (-ive *f*) (de, *of*); be ~ *of* dénoter; ~ *mood* = **2.** *gramm.* indicatif *m*; **in·di·ca·tor** [~keitə] indicateur (-trice *f*) *m* (*a.* ⊕, *tél. su./m*); aiguille *f*; **in'di·ca·to·ry** [~kətəri] indicateur (-trice *f*) (de, *of*).

in·di·ces ['indisi:z] *pl. de* index 1.

in·dict [in'dait] inculper (de, *for, on a charge of*); **in·dict·a·ble** [~] inculpable; ~ *offence* délit *m*; **in'dict·ment** inculpation *f*; *document:* acte *m* d'accusation.

in·dif·fer·ence [in'difrəns] indifférence *f* (pour, à l'égard de *to, towards*); **in'dif·fer·ent** □ indifférent (à, *to*); médiocre, passable; ✝ impartial (-aux *m/pl.*); 🔧 neutre.

in·di·gence ['indidʒəns] indigence *f*; F misère *f*.

in·dig·e·nous [in'didʒinəs] indigène (à, *to*); du pays.

in·di·gent □ ['indidʒənt] indigent; nécessiteux (-euse *f*).

in·di·gest·ed [indi'dʒestid] mal digéré; *fig.* ~ *mass* indigeste (*a. fig.*); **in·di'ges·tion** dyspepsie *f*; indigestion *f*.

in·dig·nant □ [in'dignənt] indigné (de, *at*); d'indignation; **in·dig·na·tion** indignation *f* (contre with, *against*); ~ *meeting* meeting *m* de protestation; **in·dig·ni·ty** [~niti] indignité *f*; affront *m*; honte *f*.

in·di·rect □ [indi'rekt] indirect (*a. gramm.*); détourné (*moyen*).

in·dis·cern·i·ble □ [indi'sə:nəbl] indiscernable; imperceptible.

in·dis·creet □ [indis'kri:t] indiscret (-ète *f*); imprudent, peu judicieux (-euse *f*); inconsidéré; **in·dis·cre·tion** [~'kreʃn] indiscrétion *f*; manque *m* de discrétion; imprudence *f*; F faux pas *m*.

in·dis·crim·i·nate □ [indis'kriminit] au hasard; à tort et à travers; (*a.* **in·dis'crim·i·nat·ing** □ [~nei-tiŋ], **in·dis'crim·i·na·tive** [~nətiv]) sans discernement; *fig.* aveugle;

'**in·dis·crim·i·na·tion** manque *m* de discernement.

in·dis·pen·sa·ble □ [indis'pensəbl] obligatoire; indispensable (à, *to*).

in·dis·pose [indis'pouz] indisposer; prévenir (contre, *towards*); détourner (de, *from*); rendre peu propre (à qch., *for* s.th.); rendre incapable (de *inf.*, *for gér.*); rendre peu disposé (à *inf.*, *to inf.*); **in·dis·po·si·tion** [indispə'ziʃn] indisposition *f* (à l'égard de, *to[wards]*); aversion *f* (pour); malaise *m*, indisposition *f*.

in·dis·pu·ta·ble □ ['indis'pju:təbl] incontestable; hors de controverse.

in·dis·so·lu·bil·i·ty ['indisɔlju'biliti] indissolubilité *f*; 🜪 insolubilité *f*; **in·dis·so·lu·ble** □ [ˌˈsɔljubl] indissoluble.

in·dis·tinct □ [indis'tiŋkt] indistinct, vague, confus; **in·dis'tinct·ness** indistinction *f*, vague *m*.

in·dis·tin·guish·a·ble □ [indis'tiŋgwiʃəbl] indistinguible; imperceptible; insaisissable.

in·dite [in'dait] composer (*un poème*); rédiger (*une lettre*).

in·di·vid·u·al [indi'vidjuəl] **1.** □ individuel(le *f*); particulier (-ère *f*); ~ *drive* commande *f* séparée; **2.** individu *m*; **in·di·vid·u·al·i·ty** [ˌ~'æliti] individualité *f*; personnalité *f*; **in·di·vid·u·al·ize** [ˌ~əlaiz] individualiser.

in·di·vis·i·bil·i·ty ['indivizi'biliti] indivisibilité *f*; **in·di'vis·i·ble** □ indivisible; ⅍ insécable.

Indo... [indou] indo-; Indo-.

in·doc·ile [in'dousail] indocile; **in·do·cil·i·ty** [ˌdo'siliti] indocilité *f*.

in·doc·tri·nate [in'dɔktrineit] instruire; endoctriner; ~ *s.o. with* s.th. inculquer qch. à q.

in·do·lence ['indələns] indolence *f* (*a.* 🝧); paresse *f*; **in·do·lent** □ indolent (*a.* 🝧); paresseux (-euse *f*).

in·dom·i·ta·ble □ [in'dɔmitəbl] indomptable.

in·door ['indɔː] de maison; d'intérieur; intérieur; *sp.* de salle, de salon; ~ *aerial* antenne *f* d'appartement; ~ *game* jeu *m* de salle *ou* de salon *ou* de société; ~ *plant* plante *f* d'appartement; ~ *relief* assistance *f* des pauvres hospitalisés; ~ *swimming-bath* piscine *f*; **in·doors**

['in'dɔːz] à la maison; à l'intérieur.

in·dorse *etc.* [in'dɔːs] *see* **endorse**.

in·du·bi·ta·ble □ [in'dju:bitəbl] indubitable, incontestable.

in·duce [in'dju:s] persuader (à q., s.o.); amener; occasionner, produire; ⚡ amorcer, induire; ⚡ ~*d current* courant *m* induit *ou* d'induction; **in'duce·ment** motif *m*; attrait *m*; raison *f*.

in·duct *eccl.* [in'dʌkt] installer; **in·duct·ance** ⚡ inductance *f*; ~*coil* (bobine *f* de) self *f*; bobine *f* d'inductance; **in'duc·tion** *eccl.*, fonctionnaire: installation *f*; ⅍, *phls.*, *phys.* induction *f*; 🝧 production *f*; **in'duc·tive** □ qui induit (à, *to*); ⅍, *phls.* inductif (-ive *f*) (*a.* ⚡ *charge*); ⚡ inducteur (-trice *f*).

in·dulge [in'dʌldʒ] *v/t.* gâter (*q.*), avoir de l'indulgence pour (*q.*); se livrer à, s'adonner à; donner libre cours à (*ses passions, ses caprices*); F boire; ~ *s.o. with* s.th. accorder qch. à q.; ~ *o.s.* *in* se livrer à, s'adonner à (*qch.*); *v/i.* se permettre (à, *in*); se livrer, s'adonner (à, *in*); **in'dul·gence** indulgence *f* (*a.* eccl.); complaisance *f* (envers, *to*); assouvissement *m* (de *of*, *in*); abandon *m* (à, *in*); † délai *m* de paiement; **in'dul·gent** □ indulgent (envers, à, pour *to*); faible.

in·du·rate ['indjuəreit] (s')endurcir; durcir; 🝧 (s')indurer; **in·du·ra·tion** (*fig.* en)durcissement *m*; 🝧 induration *f*.

in·dus·tri·al [in'dʌstriəl] **1.** □ industriel(le *f*); professionnel(le *f*); de l'industrie; ~ *art* art *m* mécanique; ~ *court* tribunal *m* industriel; ~ *disease* maladie *f* professionnelle; ~ *espionage* espionnage *m* industriel; ~ *school* école *f* des arts et métiers; école *f* professionnelle de rééducation; ~ *tribunal* conseil *m* de prud'hommes; **2.** *see* **industrialist**; ~*s pl.* † valeurs *f/pl.* industrielles; **in'dus·tri·al·ist** industriel *m*, industrialiste *m*; **in'dus·tri·al·ize** [ˌ~aiz] industrialiser; *become* ~*d* s'industrialiser; **in·dus·tri·ous** □ travailleur (-euse *f*), laborieux (-euse *f*), assidu.

in·dus·try ['indəstri] assiduité *f* au travail, diligence *f*; travail *m*; ⊕ industrie *f*; *heavy industries pl.* industries *f/pl.* lourdes.

in·dwell ['in'dwel] [*irr.* (*dwell*)] demeurer dans; habiter (*un lieu*); *fig.* reposer dans.

in·e·bri·ate 1. [i'ni:brieit] enivrer; **2.** [i'ni:briit] ivre, enivré; **3.** ivrogne *mf*; **in·e·bri·a'tion,** **in·e·bri·e·ty** [ini:'braiəti] ivresse *f*; alcoolisme *m*; enivrement *m*.

in·ed·i·ble [in'edibl] immangeable.

in·ed·it·ed [in'editid] inédit; publié sans notes.

in·ef·fa·ble □ [in'efəbl] ineffable, indicible.

in·ef·face·a·ble □ [ini'feisəbl] ineffaçable.

in·ef·fec·tive [ini'fektiv], **in·ef'fec·tu·al** □ [‿tjuəl] inefficace, sans effet, sans résultat; ✗ inapte au service.

in·ef·fi·ca·cious □ [inefi'keiʃəs] inefficace; **in'ef·fi·ca·cy** [‿kəsi] inefficacité *f*.

in·ef·fi·cien·cy [ini'fiʃənsi] incapacité *f*; incompétence *f*; inefficacité *f*; **in·ef'fi·cient** incapable; incompétent; inefficace.

in·el·e·gance [in'eligəns] inélégance *f*; **in'el·e·gant** □ sans élégance (*personne*); inélégant (*style*).

in·el·i·gi·bil·i·ty [inelidʒə'biliti] inéligibilité *f*; caractère *m* peu acceptable; **in'el·i·gi·ble** □ inéligible; indigne d'être choisi; *fig.* peu acceptable; ✗ inapte.

in·ept □ [i'nept] inepte; déplacé; mal à propos; ⚖ de nul effet; **in'ept·i·tude** [‿itju:d], **in'ept·ness** manque *m* d'à-propos *ou* de justesse; inaptitude *f*; sottise *f*.

in·e·qual·i·ty [ini'kwɔliti] inégalité *f*; *sol, bois*: rugosité *f*; irrégularité *f*.

in·eq·ui·ta·ble □ [in'ekwitəbl] inéquitable, injuste; **in'eq·ui·ty** injustice *f*.

in·e·rad·i·ca·ble □ [ini'rædikəbl] indéracinable.

in·ert □ [i'nə:t] inerte; **in·er·tia** [i'nə:ʃjə], **in'ert·ness** inertie *f*.

in·es·cap·a·ble [inis'keipəbl] inévitable, inéluctable.

in·es·sen·tial [ini'senʃl] négligeable; non essentiel(le *f*) (à, *to*).

in·es·ti·ma·ble □ [in'estiməbl] inestimable; incalculable.

in·ev·i·ta·ble □ [in'evitəbl] inévitable, inéluctable; immanquable; fatal (-als *m/pl.*); **in'ev·i·ta·ble·ness** inévitabilité *f*.

in·ex·act □ [inig'zækt] inexact; **in·ex'act·i·tude** [‿itju:d], **in·ex'act·ness** inexactitude *f*.

in·ex·cus·a·ble □ [iniks'kju:zəbl] inexcusable, sans excuse.

in·ex·haust·i·bil·i·ty ['inigzɔ:sti-'biliti] nature *f* inépuisable; **in·ex-'haust·i·ble** □ inépuisable; intarissable (*source*).

in·ex·o·ra·bil·i·ty [ineksərə'biliti] inexorabilité *f*; caractère *m* implacable; **in'ex·o·ra·ble** □ inexorable, implacable.

in·ex·pe·di·en·cy [iniks'pi:diənsi] inopportunité *f*; **in·ex'pe·di·ent** □ inopportun, malavisé.

in·ex·pen·sive □ [iniks'pensiv] bon marché; peu coûteux (-euse *f*); pas cher (chère *f*).

in·ex·pe·ri·ence [iniks'piəriəns] inexpérience *f*; **in·ex'pe·ri·enced** inexpérimenté, sans expérience.

in·ex·pert □ [ineks'pə:t] inexpert; peu habile (à, *in*).

in·ex·pi·a·ble □ [in'ekspiəbl] inexpiable; † impitoyable.

in·ex·pli·ca·ble □ [in'eksplikəbl] inexplicable, inconcevable.

in·ex·press·i·ble [iniks'presəbl] **1.** □ inexprimable; indicible; **2.** *co. ou* † ‿*s pl.* pantalon *m*, culotte *f*.

in·ex·pres·sive □ [iniks'presiv] inexpressif (-ive *f*); sans expression.

in·ex·pug·na·ble □ [iniks'pʌgnəbl] inexpugnable; *fig.* inattaquable.

in·ex·tin·guish·a·ble □ [iniks'tiŋ-gwiʃəbl] inextinguible.

in·ex·tri·ca·ble □ [in'ekstrikəbl] inextricable.

in·fal·li·bil·i·ty [infælə'biliti] infaillibilité *f*; **in'fal·li·ble** □ infaillible; sûr.

in·fa·mous □ [ˈinfəməs] infâme; mal famé; abominable; **in·fa·my** [ˈ‿mi] (note *f* d')infamie *f*.

in·fan·cy [ˈinfənsi] première enfance *f*; ⚖ minorité *f*; **in·fant** [ˈ‿fənt] **1.** enfant *mf*; ⚖ mineur(e *f*) *m*; ‿ **school** école *f* maternelle *ou* enfantine; ‿, **welfare** puériculture *f* sociale; **2.** d'enfance; enfantin.

in·fan·ta [in'fæntə] infante *f*; **in'fan·te** [‿ti] infant *m*.

in·fan·ti·cide [in'fæntisaid] infanticide *m*; *personne*: infanticide *mf*; **in·fan·tile** [ˈinfəntail] d'enfant; ⚕ infantile; *péj.* enfantin; ‿ **paralysis**

poliomyélite *f*; **in·fan·tine** ['ˌ⁓tain]
see infantile.

in·fan·try ✕ ['infəntri] infanterie *f*;
'in·fan·try·man soldat *m* d'infanterie; fantassin *m*.

in·fat·u·ate [in'fætjueit] infatuer,
affoler; enticher; **in·fat·u·a·tion**
infatuation *f*, engouement *m*; béguin *m* (pour, for).

in·fect [in'fekt] infecter; ✗ contaminer; *fig.* inculquer (qch. à q.,
s.o. with s.th.); become ⁓ed se con-
tagionner; **in'fec·tion** ✗, *fig.* infection *f*, contagion *f*; contamination
f; **in'fec·tious** □, **in'fec·tive** ✗ infectieux (-euse *f*); *fig.* contagieux
(-euse *f*).

in·fe·lic·i·tous [infi'lisitəs] malheureux (-euse *f*); mal trouvé; **in·
fe'lic·i·ty** infélicité *f*; manque *m*
de justesse; gaffe *f*.

in·fer [in'fəː] déduire, conclure (de,
from); impliquer; **in'fer·a·ble**
qu'on peut inférer; qu'on peut déduire; **in·fer·ence** ['infərəns] infé-
rence *f*, conclusion *f*; **in·fer·en·tial**
□ [ˌ⁓'renʃl] déductif (-ive *f*); ob-
tenu par déduction; ⁓ly par déduction.

in·fe·ri·or [in'fiəriə] **1.** inférieur (à,
to); ♀ infère; **2.** inférieur *m*;
subordonné(e *f*) *m*; **in·fe·ri·or·i·ty**
[ˌ⁓ri'ɔriti] infériorité *f* (par rapport
à, to); ⁓ *complex* complexe *m*
d'infériorité.

in·fer·nal □ [in'fəːnl] infernal
(-aux *m/pl.*); des enfers; de l'enfer;
F diabolique, infernal (-aux *m/pl.*);
⁓ *machine* machine *f* infernale.

in·fer·tile [in'fəːtail] stérile; **in·fer·
til·i·ty** [ˌ⁓'tiliti] stérilité *f*, infer-
tilité *f*.

in·fest [in'fest] infester (de, with)
(*fig.*); **in·fes'ta·tion** infestation *f*.

in·fi·del ['infidəl] infidèle (*a. su./mf*);
péj. incroyant(e *f*) (*a. su.*); **in·fi·
del·i·ty** [ˌ⁓'deliti] infidélité *f*.

in·fight(·ing) ['infait(iŋ)] *box.* corps
à corps *m*; *fig.* guerre *f* intestine.

in·fil·trate [in'filtreit] *v/t.* infiltrer;
imprégner; pénétrer dans; *v/i.*
s'infiltrer (dans, into; à travers,
through); **in·fil'tra·tion** infiltration *f*.

in·fi·nite □ ['infinit] infini; illimité;
astr. sans nombre; **in·fin·i·tive** (*a.
⁓ mood*) *gramm.* infinitif *m*; **in·
'fin·i·tude** [ˌ⁓tjuːd], **in'fin·i·ty** in-

finité *f*, infinitude *f*; ℞ infini *m*.

in·firm □ [in'fəːm] débile, infirme,
faible; (*a. ⁓ of purpose*) irrésolu,
flottant; **in'fir·ma·ry** infirmerie *f*;
hôpital *m*; **in'fir·mi·ty** [ˌ⁓iti] infirmité *f*; faiblesse *f* (*a. fig.*).

in·fix [in'fiks] implanter; *gramm.*
infixer; *fig.* inculquer.

in·flame [in'fleim] (s')enflammer (*a.
fig., a. ✗*); (s')allumer (*a. fig.*);
mettre le feu à; *v/i.* prendre feu.

in·flam·ma·bil·i·ty [inflæmə'biliti]
inflammabilité *f*; **in'flam·ma·ble
1.** □ inflammable; **2.** ⁓s *pl.* substan-
ces *f/pl.* inflammables; **in·flam·
ma·tion** [inflə'meiʃn] inflammation
f; **in·flam·ma·to·ry** [in'flæmətəri]
incendiaire; ✗ inflammatoire.

in·flate [in'fleit] gonfler (*a. fig.*); ✝
grossir; ✝ hausser (*le prix*); **in·
'flat·ed** gonflé, enflé; ✝ exagéré;
ampoulé (*style*); **in'fla·tion** gonflement *m*; ✗, ✝ inflation *f*; ✝ prix:
hausse *f*; *fig.* enflure *f*; **in'fla·tion·
ar·y** d'inflation, inflationniste.

in·flect [in'flekt] fléchir; moduler
(*la voix*); ♪ altérer; *gramm.* conjuguer (*un verbe*), décliner (*un substantif*); **in'flec·tion** *see* inflexion.

in·flex·i·bil·i·ty [inflekˌ⁓ə'biliti] inflexibilité *f* (*a. fig.*); **in'flex·i·ble** □
inflexible (*a. fig.*); **in'flex·ion** [ˌ⁓ʃn]
inflexion *f*; *voix:* modulation *f*;
gramm. flexion *f*.

in·flict [in'flikt] donner (*un coup*)
(à, on); infliger (*une punition*) (à,
on); ⁓ *o.s.* (*ou one's company*) imposer sa compagnie à; **in'flic·
tion** infliction *f*; châtiment *m*, peine
f; *fig.* vexation *f*.

in·flo·res·cence ♀ [inflo'resns] inflorescence *f*; floraison *f*.

in·flow ['inflou] *see* influx.

in·flu·ence ['influəns] **1.** influence *f*
(sur, [up]on; auprès de, with);
2. influencer; influer sur; **in·flu·
en·tial** □ [ˌ⁓'enʃl] influent.

in·flu·en·za ✗ [influ'enzə] grippe *f*.

in·flux ['inflʌks] affluence *f*, entrée
f; *fig.* invasion *f*, inondation *f*.

in·form [in'fɔːm] *v/t.* informer (de,
of); renseigner (sur, about); avertir; faire part à; mettre au courant;
well ⁓ed tenir q. au courant (de, of);
v/i. dénoncer (q., *against s.o.*).

in·for·mal □ [in'fɔːml] sans cérémonie; officieux (-euse *f*); irrégu-

lier (-ère f); **in·for·mal·i·ty** [ˌ'mæliti] absence f de cérémonie; irrégularité f.

in·form·ant [in'fɔːmənt] informateur (-trice f) m; ꝗ₮ declarant(e f) m; *see* informer; **in·for·ma·tion** [infə'meiʃn] renseignements m/pl., informations f/pl.; instruction f; ꝗ₮ dénonciation f (contre, *against*); ⁓ film documentaire m; ⁓ science informatique f; *gather* ⁓ recueillir des renseignements (sur, *about*); **in·form·a·tive** [in'fɔːmətiv] instructif (-ive f); **in'form·er** dénonciateur (-trice f), F mouchard m.

in·frac·tion [in'frækʃn] infraction f; contravention f.

in·fra...: ⁓ **dig** F au-dessous de la dignité (de q.), déshonorant; 'ⁿ⁓red *phys.* infrarouge; 'ⁿ⁓struc·ture infrastructure f.

in·fre·quen·cy [in'friːkwənsi] rareté f; **in'fre·quent** □ rare, infréquent.

in·fringe [in'frindʒ] v/t. enfreindre, violer (*la loi, un serment*); v/i. empiéter (sur, *upon*) (*un brevet etc.*); **in'fringe·ment** infraction f; contrefaçon f.

in·fu·ri·ate [in'fjuərieit] rendre furieux (-euse f).

in·fuse [in'fjuːz] infuser (*du thé*) (à, *into*); faire infuser (*le thé*); inspirer (qch. à q., *s.o. with s.th.*); *pharm.* macérer; **in'fu·sion** [ˌʒn] infusion f (a. *fig.*); **in·fu·so·ri·a** *zo.* [infjuˈsɔːriə] *pl.* infusoires m/pl.

in·gath·er·ing [in'gæðəriŋ] rentrée f; récolte f.

in·gen·ious □ [in'dʒiːnjəs] ingénieux (-euse f); **in·ge·nu·i·ty** [indʒiˈnjuiti] ingéniosité f; **in·gen·u·ous** □ [in'dʒenjuəs] ingénu, naïf (-ïve f); franc(he f).

in·gle ['iŋgl] foyer m; feu m.

in·glo·ri·ous □ [in'glɔːriəs] honteux (-euse f); ignominieux (-euse f); humble, obscur.

in·go·ing ['ingouiŋ] **1.** entrée f; **2.** qui entre, entrant; nouveau (nouvel *devant une voyelle ou un h muet*; -elle f; -eaux m/pl.) (*locataire*).

in·got ['iŋgət] lingot m; étain: saumon m; 'ⁿ⁓steel acier m en lingots.

in·grain ['in'grein] teindre grand teint; 'in'grained *fig.* imprégné; invétéré (*personne*).

in·gra·ti·ate [in'greiʃieit]: ⁓ o.s.

s'insinuer (dans les bonnes grâces de, *with*); **in·grat·i·tude** [ˌ'grætitjuːd] ingratitude f.

in·gre·di·ent [in'griːdiənt] ingrédient m; ⁓ₘ principe m.

in·gress ['ingres] entrée f; droit m d'accès.

in·gui·nal *anat.* ['ingwinl] inguinal (-aux m/pl.).

in·gur·gi·tate [in'gəːdʒiteit] ingurgiter, avaler.

in·hab·it [in'hæbit] habiter; **in'hab·it·a·ble** habitable; **in'hab·it·an·cy** habitation f; résidence f; **in'hab·it·ant** habitant(e f) m.

in·ha·la·tion [inhə'leiʃn] aspiration f; ⚕ inhalation f; **in·hale** [ˌ'heil] aspirer; respirer; ⚕ inhaler; **in'hal·er** ⚕ inhalateur m.

in·har·mo·ni·ous □ [inhaː'mounjəs] inharmonieux (-euse f).

in·here [in'hiə] (*in*) être inhérent (à); appartenir (à); exister (dans); **in'her·ence**, **in'her·en·cy** [ˌrəns(i)] inhérence f (à, *in*); **in'her·ent** □ inhérent, propre (à, *in*).

in·her·it [in'herit] hériter de (*qch.*); succéder à; tenir (de, *from*); **in'her·it·a·ble** □ dont on peut hériter; transmissible (*a.* ⚕); **in'her·it·ance** succession f; héritage m; *biol.* hérédité f; **in'her·i·tor** héritier m; **in'her·i·tress** héritière f.

in·hib·it [in'hibit] empêcher (q. de, *s.o. from*); défendre (à q. de *inf.*, *s.o. from gér.*); *psych.* inhiber; **in·hi·bi·tion** [ˌ'biʃn] défense f expresse; *eccl.* interdit m; *psych.* inhibition f; **in'hib·i·to·ry** [ˌtəri] prohibitif (-ive f); *physiol.*, *psych.* inhibiteur (-trice f).

in·hos·pi·ta·ble □ [in'hɔspitəbl] inhospitalier (-ère f); **in·hos·pi·tal·i·ty** ['ⁿ⁓'tæliti] inhospitalité f.

in·hu·man □ [in'hjuːmən] inhumain; barbare; **in·hu·mane** □ [ˌ'mein] inhumain, cruel(le f); **in·hu·man·i·ty** [ˌ'mæniti] inhumanité f; cruauté f.

in·hu·ma·tion [inhjuː'meiʃn] inhumation f; enterrement m; **in·hume** [in'hjuːm] inhumer, enterrer.

in·im·i·cal □ [i'nimikl] ennemi, hostile; contraire (à, *to*).

in·im·i·ta·ble □ [i'nimitəbl] inimitable.

in·iq·ui·tous □ [i'nikwitəs] inique; **in'iq·ui·ty** iniquité f.

in·i·tial [i'niʃl] **1.** ☐ initial (-aux
m/pl.); premier (-ère *f*); du début;
~ *payment* acompte *m*; ~ *salary* salaire
m initial *ou* du début; **2.** initiale *f*,
paraphe *m*; **3.** parafer; viser; **in·i·ti·
ate 1.** [i'niʃiit] initié(e *f*) (*a. su.*); **2.**
[i'niʃieit] commencer; lancer (*une
entreprise etc.*); inaugurer; initier (à,
into); **in·i·ti·a·tion** début *m*; commencement *m*; inauguration *f*;
initiation *f*; *surt. Am. société*: ~ *fee*
droits *m/pl.* d'admission; **in·i·ti·a·
tive** [~ətiv] **1.** préliminaire, préparatoire; **2.** initiative *f*; *on one's own* ~ de
sa propre initiative; *take the* ~ prendre l'initiative (pour *inf.*, in *gér.*);
in·i·ti·a·tor [~eitə] initiateur (-trice
f) *m*; lanceur *m* (*d'une mode etc.*);
in·i·ti·a·to·ry [~ətəri] préliminaire,
préparatoire, premier (-ère *f*).

in·ject [in'dʒekt] injecter (dans, *into*,
de, *with*); **in'jec·tion** injection *f*.

in·ju·di·cious ☐ [indʒu'diʃəs] malavisé, peu judicieux (-euse *f*).

in·junc·tion [in'dʒʌŋkʃn] injonction *f*, ordre *m*.

in·jure ['indʒə] nuire à, faire du mal
à, faire du tort à; gâter; endommager; **in·ju·ri·ous** ☐ [in'dʒuəriəs]
nuisible, préjudiciable (à, *to*);
injurieux (-euse *f*) (*language*); **in·
ju·ry** ['indʒəri] tort *m*; mal *m*;
dommage *m*; blessure *f*.

in·jus·tice [in'dʒʌstis] injustice *f*.

ink [iŋk] **1.** encre *f*; (*usu. printer's* ~)
noir *m* d'imprimerie; *attr.* à encre,
d'encre; **2.** noircir d'encre; *typ.*
encrer.

ink·ling ['iŋkliŋ] soupçon *m* (*a. fig.*).

ink...: '~**pot** encrier *m*; '~**stand**
grand encrier *m*; '**ink·y** taché *ou*
barbouillé d'encre.

in·land ['inlənd] **1.** du pays, intérieur (*commerce etc.*); ♀ *Revenue* fisc
m; **2.** intérieur *m*; **3.** [in'lænd] dans
les terres; vers l'intérieur; **in·land·
er** ['inləndə] habitant(e *f*) *m* de
l'intérieur.

in-laws ['inlɔːz] *pl.* parents *m/pl.* par
alliance; beaux-parents *m/pl.*

in·lay ['in'lei] **1.** [*irr.* (*lay*)] incruster
(de, *with*); marqueter (*une table*);
parqueter (*un plancher*) en mosaïque; **2.** incrustation *f*; marqueterie
f; *livre*: encartage *m*.

in·let ['inlet] entrée *f*; bras *m* de
mer; crique *f*; ⊕ arrivée *f*, admission *f*.

in·mate ['inmeit] habitant(e *f*) *m*;
aliéné: pensionnaire *mf*; *hospice
etc.*: hôte *m*.

in·most ['inmoust] le plus profond.

inn [in] auberge *f*; *ville*: hôtellerie *f*;
♀s *pl. of Court* écoles *f/pl.* de droit
(*Londres*).

in·nate ☐ ['i'neit] inné.

in·ner ['inə] intérieur; interne, de
dedans; intime; *cycl., mot.* ~ *tube*
chambre *f* à air, boudin *m* d'air;
'**in·ner·most** le plus profond *ou*
intime.

in·ner·vate ['inəːveit] *physiol.* in-
nerver.

in·nings ['iniŋz] *pl. ou sg. sp.* tour *m*
de batte; tournée *f*; *have one's* ~
être au guichet, *fig.* être au pouvoir,
prendre son tour.

inn·keep·er ['inkiːpə] aubergiste
mf; hôtelier (-ère *f*) *m*.

in·no·cence ['inəsns] innocence *f*;
naïveté *f*, candeur *f*; '**in·no·cent
1.** ☐ innocent (de, *of*); dépourvu
(de); pur, sans péché; F ~ *of* sans;
2. innocent(e *f*) *m*; naïf (-ïve *f*) *m*;
idiot(e *f*) *m*.

in·noc·u·ous ☐ [i'nɔkjuəs] inoffensif (-ive *f*).

in·nom·i·nate [i'nɔminit] *anat.* in-
nominé; ♁ innommé.

in·no·vate ['inoveit] innover; **in·no·
va·tion** innovation *f*; nouveauté *f*;
'**in·no·va·tor** (in)novateur (-trice
f) *m*.

in·nox·ious ☐ [i'nɔkʃəs] inoffensif
(-ive *f*).

in·nu·en·do [inju'endou] insinuation *f*; allusion *f*.

in·nu·mer·a·ble ☐ [i'njuːmərəbl]
innombrable.

in·nu·tri·tious [inju'triʃəs] peu
nourrissant; peu nutritif (-ive *f*).

in·ob·serv·ance [inəb'zəːvəns] (*of*)
inobservance *f* (de); *promesse*:
inobservation *f* (de); inattention *f*
(à).

in·oc·u·late [i'nɔkjuleit] ✍ greffer;
♁ inoculer (qch. à q. *s.o. with s.th.*,
s.th. into s.o.); contre, *against*); **in·
oc·u·la·tion** ✍ greffe *f*; ♁ inoculation *f*; **in·oc·u·la·tor** inoculateur
(-trice *f*) *m*.   [odeur, inodore.)

in·o·dor·ous ☐ [in'oudərəs] sans)

in·of·fen·sive ☐ [inə'fensiv] inoffensif (-ive *f*).

in·of·fi·cial [inə'fiʃl] inofficieux
(-euse *f*).

insignificant

in·op·er·a·tive [in'ɔpərətiv] inopérant.

in·op·por·tune □ [in'ɔpətjuːn] inopportun; hors de saison.

in·or·di·nate □ [i'nɔːdinit] démesuré, immodéré; effréné.

in·or·gan·ic [inɔː'gænik] inorganique.

in·pa·tient ['inpeiʃənt] hospitalisé(e f) m.

in·put ⊕, surt. ⚡ ['input] puissance f; entrée f de courant.

in·quest ⚖ ['inkwest] enquête f (sur, on); coroner's ~ enquête f judiciaire après mort d'homme.

in·qui·e·tude [in'kwaiitjuːd] agitation f, inquiétude f.

in·quire [in'kwaiə] demander (qch., for s.th.); se renseigner (sur about, after); s'informer (de qch.); ~ into faire des recherches ou une enquête sur; **in'quir·er** investigateur (-trice f) m; **in'quir·ing** □ curieux (-euse f); interrogateur (-trice f); **in'quir·y** enquête f, investigation f; demande f (a. ✝); make inquiries prendre des renseignements (sur about, on); s'informer (auprès de, of); **in'quir·y-of·fice** bureau m de renseignements; Service m des renseignements.

in·qui·si·tion [inkwi'ziʃn] investigation f; ⚖ enquête f; hist. ♀ Inquisition f; **in'quis·i·tive** □ questionneur (-euse f); curieux (-euse f); **in'quis·i·tive·ness** curiosité f (indiscrète); **in'quis·i·tor** enquêteur m; hist. Inquisiteur m; **in·quis·i·to·ri·al** □ [~'tɔːriəl] inquisitorial (-aux m/pl.).

in·road ['inroud] ✕ incursion f, irruption f; fig. empiétement m (sur, upon); make ~s upon (ou un) ébrécher, entamer.

in·sa·lu·bri·ous [insə'luːbriəs] malsain; insalubre.

in·sane [in'sein] fou (fol devant une voyelle ou un h muet; folle f); insensé; **in·san·i·tar·y** [~'sænitəri] insalubre; malsain; **in'san·i·ty** folie f, démence f.

in·sa·ti·a·bil·i·ty [inseiʃjə'biliti] insatiabilité f; **in'sa·ti·a·ble** □, **in·'sa·ti·ate** [~ʃiit] inassouvissable; insatiable (de, of).

in·scribe [in'skraib] inscrire (a. ♉, a. ✝ actions); graver (un nom sur qch., s.th. with a name); fig.

inscrire (sur, on); dans, in); dédier.

in·scrip·tion [in'skripʃn] inscription f (✝ au grand livre); fig. dédicace f.

in·scru·ta·bil·i·ty [inskruːtə'biliti] inscrutabilité f; **in'scru·ta·ble** □ inscrutable, impénétrable; fermé (visage).

in·sect ['insekt] insecte m; **in'sec·ti·cide** [~isaid] insecticide (a. su./m); **in·sec·tiv·o·rous** [~'tivərəs] insectivore.

in·se·cure □ [insi'kjuə] peu sûr; incertain; **in·se'cu·ri·ty** [~riti] insécurité f; danger m.

in·sen·sate [in'senseit] insensé; insensible (matière); **in·sen·si·bil·i·ty** [~sə'biliti] défaillance f; insensibilité f (à, to); indifférence f (pour, to); **in'sen·si·ble** □ insensible (à of, to); indifférent (à of, to); évanoui, sans connaissance; **in·'sen·si·tive** insensible (à, to).

in·sen·ti·ent [in'senʃiənt] insensible.

in·sep·a·ra·bil·i·ty [insepərə'biliti] inséparabilité f; **in'sep·a·ra·ble** □ inséparable.

in·sert 1. [in'səːt] usu. insérer (dans, in[to]); introduire; intercaler (une ligne, un mot); **2.** ['insəːt] insertion f; pièce f rapportée; **in'ser·tion** insertion f, introduction f; cost. incrustation f; dentelle: entre-deux m/inv.

in·set ['inset] typ. encart m; feuillet m; hors-texte m/inv.; médaillon m; attr. en médaillon.

in·shore ⚓ ['in'ʃɔː] **1.** adj. côtier (-ère f); **2.** adv. près de terre.

in·side [in'said] **1.** su. dedans m, intérieur m; F entrailles f/pl.; **2.** adj. (d')intérieur; interne; mot. ~ drive conduite f intérieure; sp. ~ lane piste f intérieure; foot. ~ left intérieur m gauche; **3.** adv. en dedans; Am. a. ~ of en moins de (temps); **4.** prp. à l'intérieur de; **'in'sid·er** initié(e f) m. [(-euse f)]

in·sid·i·ous □ [in'sidiəs] insidieux⌋

in·sight ['insait] perspicacité f; fig. aperçu m (de, into).

in·sig·ni·a [in'signiə] pl. insignes m/pl.; signes m/pl. etc. distinctifs.

in·sig·nif·i·cance, a. **in·sig·nif·i·can·cy** [insig'nifikəns(i)] insignifiance f; **in·sig'nif·i·cant** insignifiant; sans importance.

in·sin·cere □ [insin'siə] peu sincère; faux (fausse *f*); **in·sin'cer·i·ty** [~'seriti] manque *m* de sincérité; fausseté *f*.

in·sin·u·ate [in'sinjueit] insinuer; laisser entendre; donner à entendre; glisser (dans, *into*); ~ *o.s. into* s'insinuer dans; **in'sin·u·at·ing** □ insinuant; suggestif (-ive *f*) (*propos etc.*); **in·sin·u'a·tion** insinuation *f* (*a. fig.*); introduction *f*.

in·sip·id □ [in'sipid] insipide, fade; **in·si'pid·i·ty** insipidité *f*; fadeur *f*.

in·sist [in'sist] insister; ~ (*up*)*on* insister sur, appuyer sur; revendiquer (*un droit*); insister pour (*inf.*); vouloir (*qch.*) absolument; ~ *that* insister pour que (*sbj.*), exiger que (*sbj.*); **in'sist·ence** insistance *f*; protestations *f/pl.* (de, *on*); *at his* ~ devant son insistance; puisqu'il insistait; **in'sist·ent** □ qui insiste (sur, [*up*]*on*); instant; importun.

in·so·bri·e·ty [inso'braiəti] intempérance *f*.

in(·)so(·)far as [insə'fɑ:rəz] tant que, dans la mesure où.

in·so·la·tion [inso'leiʃn] insolation *f* (⚕, *a. phot.*); ⚕ coup *m* de soleil.

in·so·lence ['insələns] insolence *f*, effronterie *f* (envers, *to*); **'in·so·lent** □ insolent (envers, *to*).

in·sol·u·bil·i·ty [insɔlju'biliti] insolubilité *f*; faillite *f*; **in·sol·u·ble** □ [~jubl] insoluble (*a. fig.*).

in·sol·ven·cy [in'sɔlvənsi] insolvabilité *f*, faillite *f*; **in·sol·vent 1.** insolvable; en faillite; **2.** débiteur *m* insolvable; failli *m*.

in·som·ni·a [in'sɔmniə] insomnie *f*.

in·so·much [insou'mʌtʃ]: ~ *that* au point que; tellement que.

in·spect [in'spekt] examiner; contrôler; **in'spec·tion** inspection *f*; examen *m*; contrôle *m*; visite *f*; ⚕ *for* ~ à l'essai; **in'spec·tor** inspecteur *m*; surveillant *m*; **in'spec·tor·ate** [~tərit] *office:* inspectorat *m*; corps *m* d'inspecteurs.

in·spi·ra·tion [inspə'reiʃn] inspiration *f*; **in·spire** [~'spaiə] aspirer, inspirer; *fig.* inspirer (qch. à q. *s.th. in*[*to*] *s.o.*, *s.o. with s.th.*); aiguillonner (*q.*); **in·spir·it** [~'spirit] animer, encourager.

in·spis·sate [in'spiseit] (s')épaissir.

in·sta·bil·i·ty [instə'biliti] instabi-

lité *f*; manque *m* de solidité; *fig.* inconstance *f*.

in·stall [in'stɔ:l] installer (dans, *in*) (*a.* ⊕); ⊕ monter (*un atelier, une machine*); **in·stal·la·tion** [instə'leiʃn] installation *f* (*a.* ⚡); ⊕, *radio:* montage *m*; poste *m* (*de T.S.F.*).

in·stal(l)·ment [in'stɔ:lmənt] ⚓ fraction *f*; acompte *m*; versement *m*; *ouvrage:* fascicule *m*; *monthly* ~ mensualité *f*; *by* ~*s* par paiements à termes; *fig.* peu à peu; ~ **plan** ⚓ système *m* de crédit; *buy s.th. on the* ~ acheter qch. à tempérament.

in·stance ['instəns] **1.** instance *f* (*a.* ⚖); exemple *m*, cas *m*; *for* ~ par exemple; *in the first* ~ en premier lieu; *at the* ~ *of* à la demande de; sur l'instance de; **2.** citer (*qch.*) en exemple.

in·stant □ ['instənt] **1.** instant, urgent, pressant; immédiat; *on the 10th* ~ le 10 courant; **2.** instant *m*, moment *m*; *in an* ~, *on the* ~ sur-le-champ, tout de suite; *the* ~ *you come* dès que vous viendrez; **in·stan·ta·ne·ous** □ [~'teinjəs] instantané; **in·stan·ter** [in'stæntə], **in'stant·ly** [in'instəntli] immédiatement, sur-le-champ.

in·state [in'steit] établir (dans, *in*).

in·stead [in'sted] au lieu de cela; ~ *of* (*gér.*) au lieu de (*inf.*).

in·step ['instep] cou-de-pied (*pl.* cous-de-pied) *m*; *soulier:* cambrure *f*.

in·sti·gate ['instigeit] exciter, inciter, provoquer (à, *to*); **in·sti'ga·tion** instigation *f*; **'in·sti·ga·tor** instigateur (-trice *f*) *m*; auteur *m* (*d'une révolte*).

in·stil(l) [in'stil] instiller; *fig.* inculquer (à, *into*), inspirer (à, *into*); **in·stil·la·tion** [insti'leiʃn], **in·'stil(l)·ment** instillation *f*; inspiration *f*; inculcation *f*.

in·stinct 1. ['instiŋkt] instinct *m*; **2.** [in'stiŋkt] plein; ~ *with life* plein *ou* doué de vie; **in'stinc·tive** □ instinctif (-ive *f*).

in·sti·tute 1. ['institju:t] **1.** institut *m*; cercle *m*; † institution *f*; ♀ *of Justinian* Institutes *f/pl.* de Justinien; **2.** instituer, établir (*q.*); fonder; intenter (*un procès*); investir (*q.*) (de, *in*[*to*]), ⚖ instituer (*q.*) (héritier, *as heir*); **in·sti'tu·tion** institution *f*, établissement *m* (*a. édifice*); commencement *m*; association *f* (*d'ingénieurs etc.*); hospice *m* (*de charité*); *eccl.* investiture *f*; ⚁ institution *f*; **in·sti·tu·tion·al·ize** [⁓əlaiz] faire une institution (*of qch.*); **'in·sti·tu·tor** fondateur (-trice *f*) *m*; auteur *m*.

in·struct [in'strʌkt] instruire; enseigner (*qch. à q., s.o. in s.th.*); charger (*de, to*); **in'struc·tion** instruction *f*, enseignement *m*; ordre *m*; **in'struc·tion·al** d'instruction; ✗ ⁓ **school** école *f* d'application; **in'struc·tive** □ instructif (-ive *f*); **in'struc·tor** maître *m*; précepteur *m*; ✗ moniteur *m*; *Am. univ.* chargé *m* de cours; **in'struc·tress** maîtresse *f*, préceptrice *f*.

in·stru·ment ['instrumənt] (♰, ♪, ⚁, *a. fig.*) instrument *m*; appareil *m*; ⚁ *a.* acte *m* juridique; ✗, *mot.* ⁓ **board** *ou* **panel** tablier *m* des instruments; ✗ **fly on** ⁓**s** voler en P.S.V.; **in·stru·men·tal** □ [⁓'mentl] contributif (-ive *f*), qui contribue (à, *in*); *gramm., a.* ♪ instrumental (-aux *m/pl.*); **be** ⁓ **to** contribuer à (*qch. ou inf.*); **in·stru·men·tal·i·ty** [⁓'tæliti] moyen *m*, concours *m*, intermédiaire *m*.

in·sub·or·di·nate [insə'bɔ:dnit] insubordonné; mutin; **'in·sub·or·di·'na·tion** insubordination *f*, insoumission *f*.

in·suf·fer·a·ble □ [in'sʌfərəbl] insupportable, intolérable.

in·suf·fi·cien·cy [insə'fiʃənsi] insuffisance *f*; **in·suf'fi·cient** □ insuffisant.

in·su·lar □ ['insjulə] insulaire; *fig.* borné, étroit; **in·su·lar·i·ty** [⁓'læriti] insularité *f*; *fig.* esprit *m* borné, étroitesse *f* de vues; **in·su·late** ['⁓leit] faire une île de; *ƒ, a. fig.* isoler (contre, *against*); *phys.* calorifuger, protéger (contre, *against*); **'in·su·lat·ing** isolant; ⁓ **tape** chatterton *m*; **in·su·la·tion** isolement *m* (*a. phys.*); *a.* = **in·su·la·tor** *phys.* isolant *m*.

in·sult 1. ['insʌlt] insulte *f*, affront *m*; **2.** [in'sʌlt] insulter, affronter.

in·su·per·a·bil·i·ty [insju:pərə'biliti] caractère *m ou* nature *f* insurmontable; **in'su·per·a·ble** □ insurmontable; infranchissable.

in·sup·port·a·ble □ [insə'pɔ:təbl] insupportable, intolérable.

in·sup·press·i·ble [insə'presəbl] irrépressible.

in·sur·ance [in'ʃuərəns] assurance *f*; *attr.* d'assurance; ⁓ **fraud** escroquerie *f* à l'assurance; **in'sur·ant** assuré(e *f*) *m*; **in·sure** [in'ʃuə] (faire) assurer; *fig. a.* garantir; **in'sured** assuré(e *f*) *m*; **in'sur·er** assureur *m*.

in·sur·gent [in'sə:dʒənt] insurgé, révolté (*a. su./fig.*).

in·sur·mount·a·ble □ [insə'mauntəbl] insurmontable (*a. fig.*).

in·sur·rec·tion [insə'rekʃn] insurrection *f*, soulèvement *m*; **in·sur'rec·tion·al** insurrectionnel(le *f*); **in·sur'rec·tion·ist** [⁓nist] insurgé(e *f*) *m*.

in·sus·cep·ti·ble [insə'septəbl] non susceptible (de, *of*), inaccessible (à, *to*); insensible (à, *to*).

in·tact [in'tækt] intact, indemne.

in·take [in'teik] prise *f* (*d'eau etc.*); ⊕ ⁓ **valve** soupape *f* d'admission.

in·tan·gi·bil·i·ty [intændʒə'biliti] intangibilité *f*; *traité:* inviolabilité *f*; **in'tan·gi·ble** □ [⁓dʒəbl] intangible; immatériel(le *f*); *fig.* impondérable.

in·te·ger ['intidʒə] totalité *f*; ♈ nombre *m* entier; **in·te·gral** □ [⁓grəl] **1.** □ intégrant; total; entier (-ère *f*); ♈ intégral; **2.** ♈ intégrale *f*; **in·te·grant** ['⁓grənt] intégrant; **in·te·grate** ['⁓greit] rendre entier; ♈ intégrer; **be** ⁓**d** into s'intégrer dans; *ƒ* ⁓**d** **circuit** circuit *m* intégré; **in·te·gra·tion** intégration *f*; **in·teg·ri·ty** [⁓'tegriti] intégrité *f*; probité *f*; totalité *f*.

in·teg·u·ment [in'tegjumənt] (in)tégument *m*, enveloppe *f* (*a.* ♀).

in·tel·lect ['intilekt] intelligence *f*, esprit *m*, intellect *m*; **in·tel·lec·tu·al** [⁓'tjuəl] **1.** □ intellectuel(le *f*); **2.** intellectuel(le *f*) *m*; **in·tel·lec·tu·al·i·ty** ['⁓æliti] intellectualité *f*.

in·tel·li·gence [in'telidʒəns] intelligence *f*; esprit *m*; renseignements *m/pl.*, nouvelles *f/pl.*; informations *f/pl.*; ⁓ **department**, ✗, ⚓ *a.* ⁓ **service** service *m* des renseignements; **in'tel·li·genc·er** informateur (-trice *f*) *m*; espion *m*.

in·tel·li·gent □ [in'telidʒənt] intelligent; avisé; † ⁓ **of** au courant de; **in·tel·li·gent·si·a** [⁓'dʒentsiə] la classe *f* des intellectuels *m/pl.*; élite *f* intellectuelle; **in·tel·li·gi·bil·i·ty**

[~dʒə'biliti] intelligibilité f; **in'tel·li·gi·ble** □ intelligible.

in·tem·per·ance [in'tempərəns] intempérance f; alcoolisme m; **in'tem·per·ate** □ [~rit] immodéré, intempérant; adonné à la boisson.

in·tend [in'tend] avoir l'intention de, se proposer de, compter; entendre (par, by); ~ for destiner à; **in'tend·ant** intendant m; **in'tend·ed 1.** projeté; intentionnel(le f); ~ husband fiancé m, prétendu m; **2.** f fiancé(e f) m, prétendu(e f) m, futur(e f) m.

in·tense □ [in'tens] intense; vif (vive f) (a. couleur); fort; **in'tense·ness** intensité f; violence f; force f.

in·ten·si·fi·ca·tion [intensifi'keiʃn] renforcement m (a. phot.); **in'ten·si·fy** [~fai] (s')augmenter; (s')intensifier; v/t. phot. renforcer.

in·ten·sion [in'tenʃn] tension f (d'esprit); phls. compréhension f; **in'ten·si·ty** see intenseness; **in'ten·sive** □ see intense; intensif (-ive f); $ ~ care unit service m de réanimation ou de soins intensifs.

in·tent [in'tent] **1.** □ tout entier (-ère f) (à, on); acharné (à, on); fixe (regard); **2.** intention f, but m, dessein m; to all ~s and purpose à toutes fins utiles; with ~ to kill dans l'intention de tuer; **in'ten·tion** intention f; dessein m; but m; **in'ten·tion·al** □ [~ʃnl] voulu, intentionnel (-le f); fait exprès; **in'ten·tioned** (bien ou mal) intentionné; **in'tent·ness** application f; tension f d'esprit; attention f soutenue (du regard).

in·ter [in'tə:] enterrer, ensevelir.

inter... [intə] entre-; inter-; réciproque.

in·ter·act 1. ['intərækt] théâ. entracte m; intermède m; **2.** [~'rækt] agir l'un sur l'autre; **in·ter'ac·tion** action f réciproque.

in·ter·breed [intə'bri:d][irr.(breed)] (s')entrecroiser; v/t. accoupler (des animaux).

in·ter·ca·lar·y [in'tə:kələri] intercalaire; géol. intercalé (couche); **in'ter·ca·late** [~ʃeit] intercaler; **in·ter·ca'la·tion** intercalation f.

in·ter·cede [intə'si:d] intercéder, plaider (auprès de, with); **in·ter'ced·er** intercesseur m; médiateur (-trice f) m.

in·ter·cept [intə'sept] intercepter (une lettre, un navire, un message); couper (la retraite); ⚤ comprendre (un espace); **in·ter'cep·tion** interception f; téléph. etc. captation f; **inter'cep·tor** celui (celle f) m qui intercepte; ⚔ ~ fighter intercepteur m.

in·ter·ces·sion [intə'seʃn] intercession f; médiation f; **in·ter·ces·sor** [~'sesə] intercesseur m; médiateur (-trice f) m.

in·ter·change 1. [intə'tʃeindʒ] v/t. échanger; mettre (qch.) à la place de (qch. d'autre); v/i. s'interchanger; **2.** ['~'tʃeindʒ] échange m; alternance f; ⚡ interversion f; **in·ter'change·a·ble** interchangeable, permutable.

in·ter·com·mu·ni·cate [intəkə'mju:nikeit] communiquer (entre eux ou elles); **in·ter·com·mu·ni'ca·tion** communication f réciproque; rapports m/pl.; 🚋 intercirculation f; **in·ter·com'mun·ion** [~jən] rapports m/pl. intimes; eccl. intercommunion f.

in·ter·con·nect ['intəkə'nekt] communiquer (réciproquement).

in·ter·con·ti·nen·tal ['intəkɔnti'nentl] intercontinental (-aux m/pl.).

in·ter·course ['intəkɔ:s] commerce m, relations f/pl.

in·ter·de·nom·i·na·tion·al [intədi·nɔmi'neiʃnl] interconfessionnel(le f).

in·ter·de·pend·ent [intədi'pendənt] solidaire (de, with).

in·ter·dict 1. [intə'dikt] interdire (qch. à q., s.th. to s.o.; à q. de inf., s.o. from gér.); prohiber; **2.** ['intədikt], **in·ter'dic·tion** interdiction f, défense f; eccl. interdit m.

in·ter·est ['intrist] **1.** usu. intérêt m; participation f (à, in); fig. groupe m, parti m, monde m; profit m, avantage m; † influence f, crédit m (auprès de, with); ~ intérêt m; revenu m; be of ~ to intéresser (q.); take an ~ in s'intéresser à; **2.** usu. intéresser (dans, in); éveiller l'intérêt de (q.); be ~ed in s'intéresser à; s'occuper de; † être intéressé dans; ~ o.s. s'intéresser (à, in); **in·ter·est·ed** □ intéressé; d'intérêt (regard); **in'ter·est-free** † sans intérêts; **in'ter·est·ing** □ intéressant.

in·ter·fere [intə'fiə] se mêler (de,

with); toucher (à, *with*); intervenir (dans, *in*), gêner, déranger (qch., *with s.th.*); **in·ter'fer·ence** intervention *f*, ingérence *f* (dans, *in*); *phys.* interférence *f*; *radio:* interférences *f/pl.*; ~ *elimination* radiofiltrage *m* à interférences; ~ *suppressor* antiparasite *m*.

in·ter·flow [intə'flou] se mélanger.
in·ter·flu·ent [in'tə:fluənt] se mélangeant; mêlant leurs eaux.
in·ter·fuse [intə'fju:z] (se) mélanger, (se) confondre.
in·ter·im ['intərim] 1. *su.* intérim *m*; *ad* ~ par intérim; *in the* ~ sur ces entrefaites; 2. *adv.* en attendant, entremps; 3. *adj.* intérimaire.
in·te·ri·or [in'tiəriə] 1. □ (de l')intérieur; *fig.* intime; ♃ interne; 2. intérieur *m* (*tous les sens*); ~ *decorator* ensemblier *m*, artiste *mf* décorateur (-trice *f*).
in·ter·ja·cent [intə'dʒeisənt] intermédiaire, interjacent.
in·ter·ject [intə'dʒekt] interrompre; faire (*une remarque*); **in·ter'jec·tion** interjection *f*; **in·ter'jec·tion·al** □ interjectionnel(le *f*).
in·ter·lace [intə'leis] (s')entrelacer, (s')entrecroiser, (s')entremêler.
in·ter·lard [intə'lɑ:d] *fig.* piquer (de, *with*).
in·ter·leave [intə'li:v] interfolier (*un livre*).
in·ter·line [intə'lain] écrire (*qch.*) entre les lignes; *typ.* interligner; **in·ter·lin·e·ar** [intə'liniə] (à traduction) interlinéaire; **in·ter·lin·e·a·tion** ['‿lini'eiʃn] interlinéation *f*, entre-ligne *m*; intercalation *f* de mots *etc.* dans un texte.
in·ter·lock [intə'lɔk] (s')emboîter, ⚙ (s')enclencher; (s')engrener.
in·ter·lo·cu·tion [intəlo'kju:ʃn] interlocution *f*; **in·ter·loc·u·tor** ['‿'lɔkjutə] interlocuteur *m*; **in·ter'loc·u·to·ry** en forme de dialogue; ⚖ interlocutoire.
in·ter·lope [intə'loup] faire intrusion; † vendre sans autorisation; **'in·ter·lop·er** intrus(e *f*) *m*; † commerçant *m* marron.
in·ter·lude ['intəlu:d] intermède *m*.
in·ter·mar·riage [intə'mæridʒ] intermariage *m*; **'in·ter'mar·ry** se marier entre parents *ou* entre membres de races *etc.* différentes.
in·ter·med·dle [intə'medl] s'ingérer

(dans *with*, *in*); **in·ter'med·dler** *fig.* officieux (-euse *f*) *m*.
in·ter·me·di·ar·y [intə'mi:diəri] intermédiaire (*a. su./m*); **in·ter·me·di·ate** □ ['‿'mi:diət] intermédiaire; intermédiat; moyen(ne *f*); ✈ ~ *landing* escale *f*; *Am.* ~ *school* école *f* secondaire; ~ *trade* commerce *m* intermédiaire.   [ment *m*.]
in·ter·ment [in'tə:mənt] enterre-
in·ter·mi·na·ble □ [in'tə:minəbl] sans fin, interminable.
in·ter·min·gle [intə'miŋgl] (s')entremêler.
in·ter·mis·sion [intə'miʃn] interruption *f*, intervalle *m*; pause *f*; *Am. théâ.* entracte *m*.
in·ter·mit [intə'mit] (s')interrompre; *v/t.* suspendre; **in·ter'mit·tent** 1. □ intermittent; ~ *fever* = 2. ♃ fièvre *f* intermittente; **in·ter'mit·ting·ly** par intervalles.
in·ter·mix [intə'miks] (s')entremêler, (se) mélanger; **in·ter'mix·ture** [‿tʃə] mélange *m*; mixtion *f*.
in·tern [in'tə:n] interner.
in·tern(e) ['intə:n] interne *m* (*des hôpitaux*).
in·ter·nal □ [in'tə:nl] interne; intérieur; intime, secret (-ète *f*); *Am.* † ~ *revenue* revenu *m* fiscal; *le* fisc *m*; ~-**com'bus·tion en·gine** moteur *m* à combustion interne.
in·ter·na·tion·al [intə'næʃnəl] 1. □ international (-aux *m/pl.*); ~ *data line* ligne *f* de changement de date; ✈ ~ *departures pl.* départ *m* vols internationaux; ~ *exhibition* exposition *f* internationale; ✈ ~ *flight* vol *m* international; ~ *law* droit *m* international *ou* des gens; 2. *pol.* F Internationale *f*; *sp.* international(e *f*) *m*; **in·ter·na·tion·al·i·ty** ['‿nælliti] internationalité *f*; **in·ter'na·tion·al·ize** [‿əlaiz] internationaliser.
in·ter·ne·cine war [intə'ni:sain'wɔ:] guerre *f* d'extermination réciproque.
in·tern·ee [intə:'ni:] interné(e *f*) *m*; **in'tern·ment** internement *m*; ~ *camp* camp *m* d'internement.
in·ter·pel·late [in'tə:peleit] interpeller; **in·ter·pel·la·tion** interpellation *f*.
in·ter·phone ['intəfoun] téléphone *m* privé; ✈ téléphonie *f* de bord.
in·ter·plan·e·tar·y [intə'plænitəri] interplanétaire.

interplay   892

in·ter·play ['intə'plei] effet *m* réciproque; jeu *m*.

in·ter·po·late [in'tə:poleit] inter-
poler; intercaler; **in·ter·po·la·tion**
interpolation *f*.

in·ter·pose [intə'pouz] *v/t.* interposer; faire (*une observation*); *v/i.*
s'interposer, intervenir; **in·ter·po·
si·tion** [intə:pə'ziʃn] interposition
f; intervention *f*.

in·ter·pret [in'tə:prit] interpréter;
in·ter·pre·ta·tion interprétation *f*;
in·ter·pre·ta·tive [‿tətiv] interpré-
tatif (-ive *f*); qui explique (qch., *of
s.th.*); **in·ter·pret·er** interprète *mf*.

in·ter·ro·gate [in'terogeit] interroger, questionner; **in·ter·ro·ga·tion**
interrogation *f*; *police:* interrogatoire *m*; question *f*; *note* (*ou mark ou
point*) *of* ‿ point *m* d'interrogation;
in·ter·rog·a·tive [‿tə'rɔgətiv] **1.** □
interrogateur (-trice *f*); *gramm.*
interrogatif (-ive *f*); **2.** *gramm.* pronom *m* interrogatif; **in·ter·rog·a·
to·ry** [‿tori] **1.** interrogateur (-trice
f); **2.** ⅱ question *f*; interrogatoire *m*.

in·ter·rupt [intə'rʌpt] interrompre;
in·ter·rupt·ed·ly de façon inter-
rompue; **in·ter·rupt·er** interrupteur (-trice *f*) *m*; ⚡ interrupteur *m*,
a. coupe-circuit *m/inv.*; **in·ter·rup·
tion** interruption *f*.

in·ter·sect [intə'sekt] (s')entrecou-
per, (s')entrecroiser; ⚥ (se) couper;
in·ter·sec·tion intersection *f* (🚲 *de
voies*); *chemins:* carrefour *m*.

in·ter·space ['intə'speis] espacement *m*; *temps:* intervalle *m*.

in·ter·sperse [intə'spə:s] entremêler
(de, *with*); parsemer (de, *with*).

in·ter·state *Am.* ['intə'steit] entre
États.

in·ter·stel·lar [intə'stelə] interstel-
laire.

in·ter·stice [in'tə:stis] interstice *m*;
in·ter·sti·tial □ [intə'stiʃl] inter-
stitiel(le *f*).

in·ter·twine [intə'twain], **in·ter·
twist** [intə'twist] (s')entrelacer.

in·ter·val ['intəvəl] intervalle *m* (*a.
de temps, a.* ♪); distance *f*; *sp.* mi-
temps *f*; *théâ.* entracte *m*; *école:*
récréation *f*.

in·ter·vene [intə'vi:n] intervenir,
s'interposer; s'écouler (*années*); séparer; arriver, survenir; **in·ter·
ven·tion** [‿'venʃn] intervention *f*;
interposition *f*.

in·ter·view ['intəvju:] **1.** entrevue *f*;
journ. interview *f*; **2.** avoir une
entrevue avec; *journ.* interviewer;
in·ter·view·ee [‿i:] personne *f*
interviewée; **in·ter·view·er** inter-
view·er interviewer *m*.

in·ter·weave [intə'wi:v] [*irr.* (*weave*)]
(s')entrelacer; *fig.* (s')entremêler.

in·tes·ta·cy ⅱ [in'testəsi] absence *f*
de testament; **in·tes·tate** ⅱ [‿tit]
intestat (*usu. su./m*); ‿ succession
succession *f* ab intestat.

in·tes·ti·nal *anat.* [in'testinl] intestinal (-aux *m/pl.*); **in·tes·tine** [‿tin]
intestin (*a. su./m*).

in·ti·ma·cy ['intiməsi] intimité *f*;
péj. accointances *f/pl.*; ⅱ relations
f/pl. charnelles; **in·ti·mate 1.** ['‿
meit] signifier; indiquer; suggérer;
intimer (*un ordre*); **2.** ['‿mit] □
intime; *fig.* approfondi; **3.** ['‿mit]
intime *mf*; **in·ti·ma·tion** [‿'meiʃn]
avis *m*; indication *f*; suggestion *f*.

in·tim·i·date [in'timideit] intimider; **in·tim·i·da·tion** intimidation
f; ⅱ menaces *f/pl.*

in·tim·i·ty [in'timiti] intimité *f*.

in·to ['intu; 'intə] *prp.* dans, en; à;
entre (*les mains*).

in·tol·er·a·ble □ [in'tɔlərəbl] intolérable, insupportable; **in·tol·er·
ance** intolérance *f*; **in·tol·er·ant** □
intolérant.

in·to·na·tion [intə'neiʃn] ♪, *voix:*
intonation *f*; *eccl.* psalmodie *f*; cadence *f*, *voix:* ton *m*; **in·to·nate**
['‿neit], **in·tone** [in'toun] psalmodier; entonner.

in·tox·i·cant [in'tɔksikənt] **1.** eni-
vrant; **2.** boisson *f* alcoolique; **in·
'tox·i·cate** [‿keit] enivrer; **in·tox·
i·ca·tion** ivresse *f*; *fig.* enivrement
m; ⚕ poison; intoxication *f*.

in·trac·ta·bil·i·ty [intræktə'biliti]
indocilité *f*; *terrain:* aspect *m* incultivable; **in·trac·ta·ble** □ intraitable, obstiné, difficile; incultivable;
ingrat. [l'intérieur de la ville.)

in·tra·mu·ral ['intrə'mjuərəl] dans)

in·tran·si·gent *pol.* [in'trænsidʒənt]
intransigeant(e *f*) (*a. su.*).

in·tran·si·tive □ [in'trænsitiv] intransitif (-ive *f*).

in·tra·state *Am.* [intrə'steit] intérieur de l'État; qui ne concerne que
l'État.

in·tra·ve·nous ⚕ [intrə'vi:nəs] intraveineux (-euse *f*).

in·trep·id □ [in'trepid] intrépide, courageux (-euse f); **in·tre·pid·i·ty** [intri'piditi] intrépidité f, courage m.

in·tri·ca·cy ['intrikəsi] complication f; complexité f; **in·tri·cate** □ ['ʌkit] compliqué; confus; embrouillé.

in·trigue [in'tri:g] **1.** intrigue f (a. théâ.); liaison f (amoureuse); cabale f; **2.** v/i. intriguer (a. v/t.); mener des intrigues; v/t. fig. piquer la curiosité de (q.); **in·tri·guer** intrigant(e f) m.

in·trin·sic, in·trin·si·cal □ [in-'trinsik(l)] intrinsèque.

in·tro·duce [intrə'dju:s] introduire, faire entrer; présenter (à q., s.o. to s.o.; a. parl. un projet de loi); faire connaître (un livre); initier (q. à qch., s.o. to s.th.); établir; commencer (une phrase); **in·tro·duc·tion** [ˌ˜'dʌkʃn] introduction f; présentation f; avant-propos m/inv.; letter of ˜ lettre f de recommandation; **in·tro·duc·to·ry** [ˌ˜təri] préliminaire; de recommandation (lettre); † ˜ price prix m de lancement.

in·tro·spec·tion [intro'spekʃn] introspection f; **in·tro·spec·tive** □ introspectif (-ive f).

in·tro·vert 1. [intro'vəːt] 🐉 retourner, introvertir (a. psych.); **2.** ['introvəːt] caractère m introverti.

in·trude [in'truːd] v/t. introduire de force (dans, into); imposer (à, [up]on); v/i. faire intrusion (auprès de, [up]on); empiéter (sur, on); être importun; **in·trud·er** intrus(e f) m; importun(e f) m; F resquilleur (-euse f) m (à une soirée).

in·tru·sion [in'truːʒn] intrusion f, empiétement m.

in·tru·sive □ [in'truːsiv] importun (personne); géol. d'intrusion; gramm. intrusif (-ive f).

in·trust [in'trʌst] see entrust.

in·tu·it [in'tjuːit] savoir intuitivement; **in·tu·i·tion** [intju'iʃn] intuition f; **in·tu·i·tive** □ [ˌ˜'tjuitiv] intuitif (-ive f).

in·un·date ['inʌndeit] inonder (de, with); **in·un·da·tion** inondation f.

in·ure [i'njuə] habituer (à, to); **in·ure·ment** habitude f (de, to); endurcissement m (à, to).

in·u·til·i·ty [inju'tiliti] inutilité f.

in·vade [in'veid] envahir; faire une

invasion dans (un pays); fig. violer; empiéter sur (un droit); **in·vad·er** envahisseur m; fig. intrus(e f) m; transgresseur m (d'un droit).

in·val·id[1] [in'vælid] invalide; nul (-le f).

in·val·id[2] ['invəli:d] **1.** malade (a. su./mf); infirme (a. su./mf); **2.** ✕, ⚓ invalide m; **3.** v/t. rendre malade ou infirme; ✕, ⚓ réformer; v/i. être réformé.

in·val·i·date [in'vælideit] rendre nul, invalider; ⚖ casser (un jugement); **in·val·i·da·tion** invalidation f; cassation f.

in·va·lid·i·ty [invə'liditi] invalidité f.

in·val·u·a·ble □ [in'væljuəbl] inestimable.

in·var·i·a·ble □ [in'vɛəriəbl] invariable.

in·va·sion [in'veiʒn] invasion f (a. ✕), envahissement m; fig. violation f (a. ⚖) (de, of); ⚖ empiétement m (sur, of); **in·va·sive** [ˌ˜siv] envahissant; d'invasion.

in·vec·tive [in'vektiv] invective f, injures f/pl.

in·veigh [in'vei]: ˜ against déclamer ou fulminer contre, maudire (qch.).

in·vei·gle [in'viːgl] séduire; attirer (dans, into); **in·vei·gle·ment** séduction f; leurre m.

in·vent [in'vent] inventer; **in·ven·tion** invention f (a. fig.); fig. mensonge m; **in·ven·tive** □ inventif (-ive f); **in·ven·tive·ness** fécondité f d'invention; imagination f; **in·ven·tor** inventeur (-trice f) m; **in·ven·to·ry** ['invəntri] **1.** inventaire m; **2.** inventorier; dresser l'inventaire de.

in·verse □ ['in'vəːs] inverse; **in·ver·sion** [in'vəːʃn] renversement m; gramm., ♪, ♫, etc. inversion f.

in·vert 1. [in'vəːt] renverser; intervertir; ♫ intervertir; ˜ed commas pl. guillemets m/pl.; ☟ ˜ed flight vol m renversé ou sur le dos; **2.** ['invəːt] inverti(e f) m.

in·ver·te·brate [in'vəːtibrit] **1.** invertébré; fig. flasque, faible; **2.** zo. invertébré m; fig. personne f qui manque de caractère.

in·vest [in'vest] v/t. revêtir (de with, in); fig. investir (q. de qch., s.o. with s.th.; a. de l'argent); prêter (qch. à q., s.o. with s.th.); ✕ investir, cerner; ✝ investir, placer (*des fonds*) (dans, *in*); *v*/*i*. ✝ placer de l'argent (dans, *in*); F ~ *in s.th.* acheter qch., se payer qch.

in·ves·ti·gate [in'vestigeit] examiner, étudier, rechercher; *investigating committee* commission *f* d'enquête; **in·ves·ti·ga·tion** investigation *f*, recherches *f*/*pl.*; **in·ves·ti·ga·tor** [~tə] investigateur (-trice *f*) *m*.

in·ves·ti·ture [in'vestitʃə] remise *f* de décorations; *eccl.* investiture *f*; *poét.* (re)vêtement *m*; **in·vest·ment** placement *m* (*de fonds*); ⚔ investissement *m*; **in·vest·or** capitaliste *mf*; spéculateur *m*; *small* ~ petit rentier *m*.

in·vet·er·a·cy [in'vetərəsi] caractère *m* invétéré; **in·vet·er·ate** □ [~rit] invétéré, enraciné (*chose*); acharné (*personne*).

in·vid·i·ous □ [in'vidiəs] odieux (-euse *f*), haïssable; qui excite la haine *ou* l'envie *ou* la jalousie.

in·vig·or·ate [in'vigəreit] *v*/*t*. fortifier, donner de la vigueur à; **in·vig·or·a·tion** invigoration *f*.

in·vin·ci·bil·i·ty [invinsi'biliti] invincibilité *f*; **in·vin·ci·ble** □ invincible.

in·vi·o·la·bil·i·ty [invaiələ'biliti] violabilité *f*; **in·vi·o·la·ble** □ inviolable; **in·vi·o·late** [~lit] inviolé.

in·vis·i·bil·i·ty [invizə'biliti] invisibilité *f*; **in·vis·i·ble** □ invisible.

in·vi·ta·tion [invi'teiʃn] invitation *f*; **in·vite** [in'vait] 1. inviter (q. à *inf.*, *s.o. to inf.*); convier (*a. à dîner*); solliciter (*qch.*); provoquer (*une critique, un danger*, etc.); 2. F invitation *f*.

in·vo·ca·tion [invo'keiʃn] invocation *f*; **in·voc·a·to·ry** [in'vɔkətəri] invocatoire.

in·voice ✝ ['invɔis] 1. facture *f*; 2. facturer.

in·voke [in'vouk] invoquer (*Dieu, la mémoire, un esprit*); appeler.

in·vol·un·tar·y □ [in'vɔləntəri] involontaire.

in·vo·lute ['invəlu:t] 1. ⚕ involuté; ⚘ *ou* à développante; 2. ⚕ développante *f*; **in·vo'lu·tion** complication *f*; enchevêtrement *m*; ⚕, ⚘, *biol.* involution *f*.

in·volve [in'vɔlv] envelopper (dans, *in*); embarrasser, impliquer (dans, *in*); engager (dans, *in*); entraîner; comprendre; **in'volve·ment** impli-

cation *f*; confusion *f*; embarras *m*/*pl.* pécuniaires.

in·vul·ner·a·bil·i·ty [invʌlnərə'biliti] invulnérabilité *f*; **in'vul·ner·a·ble** □ invulnérable.

in·ward ['inwəd] 1. *adj.* intérieur (*a. fig.*); interne; vers l'intérieur; 2. *adv.* (*usu.* **in·wards** ['~z]) vers l'intérieur; ✝ pour l'importation; *fig.* dans l'âme; 3. *su. fig.* ~*s pl.* entrailles *f*/*pl.*, ventre *m*; **'in·ward·ly** intérieurement (*a. fig.*); dans *ou* vers l'intérieur; **'in·ward·ness** essence *f*, signification *f* intime; spiritualité *f*.

in·weave ['in'wi:v] [*irr.* (*weave*)] brocher (de, *with*); tisser (dans, *into*).

in·wrought ['in'rɔ:t] broché, ouvragé (de, *with*); tissé (dans, *into*).

i·o·dic 🜍 [ai'ɔdik] iodique; **i·o·dide** ['aiədaid] iodure *m*; **i·o·dine** ['~di:n] iode *m*; pour l'importation; **i·o·do·form** 🜍 [ai-'ɔdəfɔ:m] iodoforme *m*.

i·on *phys.* ['aiən] ion *m*.

I·o·ni·an [ai'ounjən] 1. ionien(ne *f*); 2. Ionien(ne *f*) *m*.

I·on·ic[1] [ai'ɔnik] ⚖ ionique; ♪, *ling.* ionien(ne *f*).

i·on·ic[2] *phys.* [~] ionique; **i·on·ize** *phys.* ['aiənaiz] (s')ioniser.

I O U ['aiou'ju:] (*abr. de I owe you*) reconnaissance *f* de dette.

ip·e·cac·u·an·ha ♧ [ipikækju'ænə] ipécacuana *m*, *abr.* ipéca *m*.

I·ra·ni·an [ai'reinjən] 1. iranien(ne *f*); 2. Iranien(ne *f*) *m*.

i·ras·ci·bil·i·ty [iræsi'biliti] irascibilité *f*; tempérament *m* colérique; **i'ras·ci·ble** □ [~sibl] irascible; colérique (*tempérament*).

i·rate [ai'reit] en colère, furieux (-euse *f*).

ire *poét.* ['aiə] colère *f*; courroux *m*. **ire·ful** □ ['aiəful] plein de colère.

ir·i·des·cence [iri'desns] irisation *f*; *plumage* etc.: chatoiement *m*; **ir·i·'des·cent** irisé; chatoyant.

I·ris ['aiəris] *myth.* Iris *f*; ☿ ♀, *anat.*, *cin.*, *opt.* iris *m*; *phot.* ~ *diaphragm* diaphragme *m* iris.

I·rish ['aiəriʃ] 1. irlandais; d'Irlande; 2. *ling.* irlandais *m*; *the* ~ les Irlandais *m*/*pl.*; **'I·rish·ism** locution *f* irlandaise; **'I·rish·man** Irlandais *m*; **'I·rish·wom·an** Irlandaise *f*.

irk ✝ [ə:k] ennuyer; en coûter à (*q.*).

irk·some □ ['əːksəm] ennuyeux (-euse *f*); ingrat; '**irk·some·ness** caractère *m* ingrat; ennui *m*.

i·ron ['aiən] **1.** fer *m* (*a. fig.*); *fig. souv.* airain *m*; *cast* ~ fonte *f*; (*qqfois flat-*~) fer *m* à repasser; ~s *pl.* fers *m/pl.*; **2.** ⊕ de fer (*a. fig.*); en fer; ⊕ de fonte; **3.** repasser; donner un coup de fer à; garnir de fer; mettre (*q.*) aux fers; '**~-bound** cerclé de fer; *fig.* sévère, inflexible; à pic (*côte*); '**~-clad** cuirassé (*a. su./m*); '**i·ron·er** repasseur (-euse *f*); '**i·ron-found·ry** fonderie *f* de fonte; '**i·ron-heart·ed** *fig.* dur, sans pitié.

i·ron·ic, i·ron·i·cal □ [ai'rɔnik(l)] ironique.

i·ron·ing ['aiəniŋ] **1.** repassage *m*; **2.** à repasser.

i·ron...: ~ *lung* ⚕ poumon *m* d'acier; '**~-mas·ter** maître *m* de forges; '**~-mon·ger** quincaillier (-ère*f*) *m*; '**~-mon·ger·y** quincaillerie *f*; '**~-mould** tache *f* de rouille; '**~-willed** à la volonté de fer; '**~-work** construction*f* en fer; serrurerie*f*; ~s *usu. sg.* ⊕ fonderie *f* (de fonte).

i·ro·ny¹ ['aiəni] de *ou* en fer; qui ressemble au fer.

i·ro·ny² ['aiərəni] ironie *f*.

ir·ra·di·ance, ir·ra·di·an·cy [i'reidiəns(i)] rayonnement *m*; éclat *m* (*a. fig.*); **ir'ra·di·ant** rayonnant (de, with).

ir·ra·di·ate [i'reidieit] irradier; *v/i.* rayonner (de, with); *v/t.* rayonner sur; *a.* éclairer; illuminer; faire rayonner; **ir·ra·di'a·tion** rayonnement *m*, éclat *m* (*a. fig.*); *phys.* irradiation *f*; *fig.* illumination *f*.

ir·ra·tion·al □ [i'ræʃənəl] déraisonnable; dépourvu de raison; Å irrationnel(le *f*); **ir·ra·tion·al·i·ty** [~ʃə'næliti] déraison *f*; absurdité *f*.

ir·re·claim·a·ble □ [iri'kleiməbl] incorrigible; ✍ incultivable.

ir·rec·og·niz·a·ble □ [i'rekəgnaizəbl] méconnaissable.

ir·rec·on·cil·a·ble □ [i'rekənsailəbl] incompatible (avec, with); implacable (*haine etc.*).

ir·re·cov·er·a·ble □ [iri'kʌvərəbl] irrécouvrable; irréparable (*perte*).

ir·re·deem·a·ble □ [iri'diːməbl] irrachetable (*faute, fonds*); irrémédiable (*désastre etc.*); ✝ non amortissable; incorrigible (*coquin*).

ir·re·duc·i·ble [iri'djuːsəbl] irréductible.

ir·re·fra·ga·bil·i·ty [irefrəgə'biliti] caractère *m* irréfragable *etc.*; **ir'ref·ra·ga·ble** □ irréfragable; irréfutable.

ir·ref·u·ta·ble □ [i'refjutəbl] irréfutable; irrécusable.

ir·reg·u·lar □ [i'regjulə] **1.** □ irrégulier (-ère *f*); anormal (-aux *m/pl.*); inégal (-aux *m/pl.*); saccadé (*mouvement etc.*); **2.** ~s *pl.* troupes *f/pl.* irrégulières, irréguliers *m/pl.*; **ir·reg·u·lar·i·ty** [~'læriti] irrégularité *f*.

ir·rel·a·tive [i'relətiv] sans rapport (avec, with), étranger (-ère *f*) (à, to).

ir·rel·e·vance, ir·rel·e·van·cy [i'relivəns(i)] inconséquence *f*; inapplicabilité *f*; **ir'rel·e·vant** □ hors de propos; étranger (-ère *f*) (à, to).

ir·re·li·gion [iri'lidʒən] irréligion *f*, indévotion *f*; **ir·re·li·gious** □ [~dʒəs] irréligieux (-euse *f*).

ir·re·me·di·a·ble □ [iri'miːdjəbl] irrémédiable; sans remède.

ir·re·mis·si·ble □ [iri'misəbl] impardonnable; irrémissible.

ir·re·mov·a·ble □ [iri'muːvəbl] inébranlable; bien ancré; inamovible (*juge etc.*).

ir·rep·a·ra·ble □ [i'repərəbl] irréparable; irrémédiable.

ir·re·press·i·ble □ [iri'presəbl] irrésistible; irrépressible.

ir·re·proach·a·ble □ [iri'prəutʃəbl] irréprochable; **ir·re'proach·a·ble·ness** caractère *m* irréprochable.

ir·re·sist·i·bil·i·ty ['irizistə'biliti] irrésistibilité *f*; **ir·re'sist·i·ble** □ irrésistible.

ir·res·o·lute □ [i'rezəluːt] irrésolu; indécis; hésitant; **ir'res·o·lute·ness, ir·res·o'lu·tion** irrésolution *f*; indécision *f*.

ir·re·solv·a·ble [iri'zɔlvəbl] insoluble; indécomposable.

ir·re·spec·tive □ [iris'pektiv] (*of*) indépendant (de); *adv.* sans tenir compte (de).

ir·re·spon·si·bil·i·ty ['irispɔnsə'biliti] étourderie *f*; ✞ irresponsabilité *f*; **ir·re'spon·si·ble** □ étourdi, irréfléchi; ✞ irresponsable.

ir·re·triev·a·ble □ [iris'triːvəbl] irréparable, irrémédiable.

ir·rev·er·ence [i'revərəns] irrévérence *f*; manque *m* de respect (pour,

envers *towards*); **ir'rev·er·ent** □ irrévérent; irrévérencieux (-euse *f*).
ir·re·vers·i·ble □ [iri'və:səbl] irrévocable; *mot.* irréversible.
ir·rev·o·ca·bil·i·ty [irevəkə'biliti]irrévocabilité *f*; **ir'rev·o·ca·ble** □ irrévocable.
ir·ri·gate ['irigeit] arroser; ✍, ♣ irriguer; **ir·ri'ga·tion** arrosage *m*; ✍, ♣ irrigation *f*.
ir·ri·ta·bil·i·ty [iritə'biliti] irritabilité *f*; **ir'ri·ta·ble** □ irritable; **'ir·ri·tant** irritant (*a. su./m*); **ir·ri·tate** ['⁀teit] irriter; agacer; **'ir·ri·tat·ing** □ irritant; agaçant; **ir·ri'ta·tion** irritation *f*; *biol.* stimulation *f*.
ir·rup·tion [i'rʌpʃn] irruption *f*.
is [iz] *il, elle, etc.* est.
i·sin·glass ['aiziŋglɑ:s] ichtyocolle *f*; gélatine *f*.
Is·lam ['izlɑ:m] Islam *m*.
is·land ['ailənd] île *f*; îlot *m* (*a. fig.*); (*a. traffic-~*) refuge *m*; **'is·land·er** insulaire *mf*.
isle [ail] *poét. ou géogr. devant npr.* île *f*; **is·let** ['ailit] îlot *m*.
ism *usu. péj.* [izm] théorie *f*, doctrine *f*.
isn't ['iznt] = *is not*.
iso... [aiso] *préf.* is(o)-.
i·so·late ['aisəleit] isoler; ⚕, ⚗ dégager; **i·so'la·tion** isolement *m*; ~ *hospital* hôpital *m* de contagieux; **i·so·la·tion·ist** *Am. pol.* isolationniste (*a. su./mf*).
i·so·met·rics [aisou'metriks] *pl.* exercices *f/pl.* isométriques.
i·so·tope ⚗ ['aisotoup] isotope *m*.
Is·ra·el·ite ['izriəlait] Israélite *mf*; **'Is·ra·el·it·ish** israélite.
is·sue ['isju:; 'iʃu:] **1.** sortie *f*; *fleuve:* embouchure *f*; résultat *m*, dénouement *m*, fin *f*; perte *f*, *sang:* épanchement *m*; ⚕ progéniture *f*, postérité *f*; ⚕ cause *f*; question *f*; distribution *f* (*de vivres etc.*); ✝ émission *f* (*des billets de banque etc.*); publication *f* (*d'un livre*; *a. ~, à ⊕ d'ordres*); numéro *m*, *journal:* édition *f*; *prospectus:* lancement *m*; *passeport etc.:* délivrance *f*; *~ of fact* question *f* de fait; *~ of law* question *f* de droit; *force an ~* forcer une décision; *amener une crise; join (the) ~* différer d'opinion; F relever le gant; *join ~ with s.o.* contredire q., discuter l'opinion de q.; *be at ~* être en débat (sur, *on*); être en question;

2. *v/i.* sortir, jaillir (de, *from*); provenir (de, *from*); se terminer (par, *in*); *v/t.* publier (*a. des livres*); distribuer (qch. à q., *s.o. with s.th.*); lancer (*un mandat d'arrêt*); donner (*un ordre*); ✝ émettre (*des billets de banque*); **'~·de·part·ment** section *f* émettrice (*de la Banque d'Angleterre*); **'is·sue·less** sans enfants.
isth·mus ['ismɔs] isthme *m*.
it [it] **1.** *pron.* il, *accentué:* lui; elle (*a. accentué*); ce, *accentué:* cela; *accusatif:* le, la; *datif:* lui; *of (ou from*) ~ *en; to (ou at*) ~ *y; how is ~ with?* comment va *etc.?; see lord* 2, *foot* 2; F *go ~* aller grand train; *sl. go ~!* vas-y!; allez-y!; *we had a very good time of* ~ nous nous sommes bien amusés; **2.** *adj. préd.* F épatant; **3.** *su.* F quelque chose; F *abr. de Italian* vermouth.
I·tal·ian [i'tæljən] **1.** italien(ne *f*); ~ *warehouse* magasin *m* de comestibles, épicerie *f*; **2.** *ling.* italien *m*; Italien(ne *f*) *m*.
i·tal·ics *typ.* [i'tæliks] italiques *m/pl.*
itch [itʃ] **1.** ♣ gale *f*; démangeaison *f* (*a. fig.*, de *inf. for, to inf.*); **2.** démanger; *personne:* éprouver des démangeaisons; *fig.* avoir une démangeaison (de *inf. for, to inf.*); *be ~ing to* (*inf.*) brûler de (*inf.*); **'itch·ing** ♣ prurit *m*; démangeaison *f* (*a. fig.*); *fig.* grande envie *f*; **'itch·y** ♣ galeux (-euse *f*).
i·tem ['aitem] **1.** item; de plus; **2.** article *m*, détail *m*; question *f*; *journ.* fait *m* divers; ✝ poste *m*; **3.** noter; **i·tem·ize** ['aitəmaiz] *surt. Am.* détailler, donner les détails de.
it·er·ate ['itəreit] réitérer; **it·er'a·tion** réitération *f*, répétition *f*; **it·er·a·tive** □ ['itərətiv] itératif (-ive *f*).
i·tin·er·ant □ [i'tinərənt] ambulant; **i·tin·er·ar·y** [ai'tinərəri] itinéraire (*a. su./m*); **i·tin·er·ate** [i'tinəreit] voyager (de lieu en lieu).
its [its] son, sa; ses.
it's F [its] = *it is; it has.*
it·self [it'self] lui-même, elle-même; *réfléchi:* se, *accentué:* soi; *of* ~ tout seul; de lui-même, d'elle-même; *in* ~ en soi, de soi; *by* ~ à part; tout seul.
I've F [aiv] = *I have.*

ivy

i·vied ['aivid] couvert de lierre.

i·vo·ry ['aivəri] **1.** ivoire *m*; F *ivories pl.* touches *f*/*pl.* de piano; ♪ *tickle the ivories* jouer du piano; **2.** en ivoire; d'ivoire; *fig.* ~ *tower* tour *f* d'ivoire.

i·vy ♣ ['aivi] lierre *m*.

J

J, j [dʒei] J *m*, j *m*.

jab F [dʒæb] **1.** piquer (*q.*, *qch.*) du bout (de qch., *with s.th.*); *box.* lancer un coup sec à; **2.** coup *m* de pointe; *box.* coup *m* sec.

jab·ber [ˈdʒæbə] **1.** *vt/i.* baragouiner; *v/i.* jacasser; **2.** baragouinage *m*; jacasserie *f*.

Jack [dʒæk] Jean *m*; ~ *Frost* bonhomme *m* Hiver; ~ *and Jill* Jeannot et Colette; ~ *Ketch* le bourreau; ~ *Pudding* bouffon *m*; ~ *Rake* noceur *m*, roué *m*; ~ *Sprat* nabot *m*; ♣ *Tar* matelot *m*; F mathurin *m*.

jack [dʒæk] **1.** *cartes:* valet *m*; ♣ pavillon *m* de beaupré; *mot.* cric *m*; tournebroche *m*; *icht.* brocheton *m*; *boules:* cochonnet *m*; *horloge:* jaquemart *m*; tire-botte *m*; *Am. sl.* argent *m*, *sl.* fric *m*; *zo.* ~ *rabbit* gros lièvre *m*; **2.** soulever (avec un cric); *sl.* ~ *up* abandonner; *surt. Am.* F augmenter rapidement (*les prix*).

jack·al [ˈdʒækɔːl] *zo.* chacal (*pl.* -als) *m* (*a. fig.*).

jack·a·napes [ˈdʒækəneips] petit(e *f*) vaurien(ne *f*) *m*; impertinent *m*; **ˈjack·ass** baudet *m*; *fig.* imbécile *m*; **ˈjack·boots** bottes *f/pl.* de cavalier; **ˈjack·daw** *orn.* choucas *m*.

jack·et [ˈdʒækit] veston *m* (*d'homme*); jaquette *f* (*de femme*); veste *f* (*d'un garçon de café*); ⊕ chemise *f* (*a. de documents*); *livre:* couverture *f*; *potatoes in their* ~ pommes *f/pl.* de terre en robe de chambre.

jack...: ~-**in-of·fice** bureaucrate *m*; **ˈ~-in-the-box** diable *m* à ressort; **ˈ~-knife** couteau *m* pliant; **ˈ~-of-'all-trades** maître Jacques *m*; **ˈ~-of-'all-work** factotum *m*; **ˈ~-o'-'lan·tern** feu *m* follet; **ˈ~-pot** *poker:* pot *m*; *Am.* F *hit the* ~ décrocher la timbale; **ˈ~-'tow·el** essuie-mains *m/inv.* à rouleau.

Jac·o·bin *hist.* [ˈdʒækɔbin] jacobin(e *f*) *m*; **Jac·o·bite** *hist.* [ˈ~bait] jacobite *m*.

jade¹ [dʒeid] **1.** rosse *f*, haridelle *f*; *péj.* drôlesse *f*; *fickle* ~ oiseau *m* volage; **2.** *v/t.* éreinter; fatiguer; *v/i.* languir.

jade² *min.* [~] jade *m*.

jag [dʒæg] **1.** pointe *f*, saillie *f*; *sl.* bombe *f*, noce *f*, ivresse *f*; **2.** déchiqueter; **jag·ged** □ [ˈ~id] *surt. Am. sl.* soûl, gris; **ˈjag·gy** déchiqueté, ébréché.

jail [dʒeil] **1.** prison *f*; **2.** mettre en prison; **ˈ~-bird** F gibier *m* de potence; **ˈ~-break** évasion *f* de prison; **jail·er** [ˈdʒeilə] gardien *m* de prison.

ja·lop·(p)y *mot. surt. Am.* F [dʒəˈlɒpi] bagnole *f*; ✈ avion *m* de transport.

jam¹ [dʒæm] confiture *f*.

jam² [~] **1.** presse *f*, foule *f*; ⊕ arrêt *m* (de fonctionnement); *radio:* brouillage *m*; *traffic* ~ embouteillage *m*; *sl.* be in a ~ être en difficulté; ~ *session* séance *f* de jazz improvisé; **2.** *v/t.* serrer, presser; enfoncer de force; obstruer (*un passage*); *radio:* brouiller; ⊕ coincer; ~ *the brakes* freiner brusquement; *v/i.* s'enrayer (*fusil*); se caler (*roue*); ⊕ se coincer.

Ja·mai·ca [dʒəˈmeikə] (*a.* ~ *rum*) rhum *m* de la Jamaïque.

jamb [dʒæm] chambranle *m*.

jam·bo·ree [dʒæmbəˈri] *sl.* bombance *f*; congrès *m* bruyant; *boy-scouts:* jamboree *m*.

jam·my *Brt. sl.* [ˈdʒæmi] facile comme tout; veinard, verni; ~ *fellow* veinard *m*.

jam-packed F [ˈdʒæmpækt] plein à craquer, bondé.

jan·gle [ˈdʒæŋgl] **1.** (faire) rendre des sons discordants (à qch.); *v/i.* s'entrechoquer; *v/t.* (faire) entrechoquer; (*a.* ~ *upon*) agacer; **2.** sons *m/pl.* discordants; cliquetis *m*; **ˈjan·gling** cacophonique, discordant.

Jan·u·ar·y [ˈdʒænjuari] janvier *m*.

Jap F *péj.* [dʒæp] Japonais(e *f*) *m*.

ja·pan [dʒəˈpæn] **1.** laque *m*; vernis *m* japonais; **2.** du Japon; **3.** laquer; vernir (*du cuir*).

Jap·a·nese [dʒæpə'niːz] **1.** japonais; **2.** *ling.* japonais *m*; Japonais(e *f*) *m*; the ~ *pl.* les Japonais *m*/*pl.*

ja·pan·ner [dʒə'pænə] vernisseur *m*.

jar¹ [dʒɑː] pot *m* (*pour la moutarde etc.*); bocal *m*; récipient *m*; ⚡ verre *m*; *phys.* Leyden ~ bouteille *f* de Leyde.

jar² [~] **1.** choc *m*; secousse *f*; discorde *f*; **2.** heurter, cogner; vibrer; être en désaccord; ♪ détonner (*note*); ~ upon choquer, agacer; taper sur (*les nerfs*); ~ with jurer avec.

jar³ F [~]: on the ~ *see* ajar.

jar·gon [dʒɑː'gən] jargon *m*; *péj.* charabia *m*.

jas·mine ♀ [dʒæsmɪn] jasmin *m*.

jas·per *min.* [dʒæspə] jaspe *m*.

jaun·dice [dʒɔːndɪs] jaunisse *f*; *fig.* prévention *f*; **jaun·diced** ictérique; *fig.* prévenu; *fig.* ~ eye regard *m* envieux.

jaunt [dʒɔːnt] **1.** balade *f*, randonnée *f*, sortie *f*; **2.** faire une petite excursion; **jaun·ti·ness** désinvolture *f*; air *m* effronté; **jaun·ty** ⬜ désinvolte, insouciant; vif (vive *f*); effronté.

jave·lin [dʒævlɪn] javeline *f*; javelot *m* (*a. sp.*); *throwing the* ~ lancement *m* du javelot.

jaw [dʒɔː] **1.** mâchoire *f*; F caquet *m*; F sermon *m*; ~s *pl.* mâchoire *f*, -s *f*/*pl.*; *fig.* bras *m*/*pl.* (*de la mort*); ⊕ étau: mors *m*; (*de l'anglaise*: bec *m*; **2.** *v*/*i.* F caqueter; *v*/*t.* F chapitrer (*q.*); **'~-bone** os *m* maxillaire; mâchoire *f*; **'~-break·er** F mot *m* à vous décrocher la mâchoire.

jay [dʒeɪ] *orn.* geai *m*; F jobard *m*; gogo *m*; **'~-walk** traverser (la rue) sans regarder; **'~-walk·er** badaud *m*; piéton *m* imprudent.

jazz [dʒæz] **1.** ♪ jazz *m*; **2.** F bariolé; discordant; tapageur (-euse *f*); **3.** jouer ou danser le jazz; F ~ up animer, égayer, mettre de l'animation dans (*qch.*); rajeunir (*une robe etc.*); **'~-'band** jazz-band *m*.

jeal·ous ⬜ [dʒeləs] jaloux (-ouse *f*) (de, *of*); **'jeal·ous·y** jalousie *f*.

jeep ✕, *mot.* *Am.* [dʒiːp] jeep *f*.

jeer [dʒɪə] **1.** huée *f*; raillerie *f*; **2.** se moquer (de, *at*), se railler (de qch., *at s.th.*); railler (q., *at s.o.*); huer; **'jeer·er** railleur (-euse *f*) *m*, mo-

queur (-euse *f*) *m*; **'jeer·ing** ⬜ railleur (-euse*f*),moqueur (-euse *f*).

je·june ⬜ [dʒɪ'dʒuːn] stérile, aride; *a.* maigre (*sol*).

jell [dʒel] *cuis.* épaissir, prendre; *fig.* prendre forme, se réaliser, réussir.

jel·ly [dʒeli] **1.** gelée *f*; **2.** *v*/*t.* faire prendre en gelée; *v*/*i.* se prendre en gelée; **'~-fish** *zo.* méduse *f*.

jem·my [dʒemi] pince-monseigneur (*pl.* pinces-monseigneur) *f* (*du cambrioleur*), rossignol *m*.

jen·ny ⊕ [dʒeni] machine *f* à filer; chariot *m* de roulement.

jeop·ard·ize [dʒepədaɪz] mettre en péril, exposer au danger; **'jeop·ard·y** danger *m*, péril *m*.

jer·e·mi·ad [dʒeri'maɪəd] jérémiade *f*.

jerk [dʒəːk] **1.** *su.* saccade *f*, secousse *f*; ✂ réflexe *m* tendineux; tic *m*; *Am.* *sl.* nigaud *m*; *by* ~s par à-coups; *sl.* *put a* ~ *in it*! mets-y-en!; dépêchez-vous!; **2.** *v*/*t.* donner une secousse ou une saccade à; tirer d'un coup sec; *v*/*i.* se mouvoir brusquement; *avec adv. ou prp.*: lever, arracher; **'~-wa·ter** *Am.* **1.** petit train *m*, tortillard *m*; **2.** petit, de province, sans importance; **'jerk·y** **1.** ⬜ saccadé; **2.** *Am.* viande *f* conservée; charqui *f*; *sl.* singe *m*.

jer·ry-build·ing [dʒeribɪldɪŋ]construction *f* de maisons de pacotille; **'jer·ry-built** de pacotille, de boue et de crachat (*maison*).

jer·sey [dʒəːzi] jersey *m*; chandail *m*; *foot.* maillot *m*.

jes·sa·mine ♀ [dʒesəmɪn] jasmin *m*.

jest [dʒest] **1.** plaisanterie *f*, badinage *m*; **2.** plaisanter (sur, *about*); badiner; **'jest·er** railleur (-euse *f*) *m*; *hist.* bouffon *m*.

Jes·u·it [dʒezjuɪt] jésuite *m*; **Jes·u·it·ic**, **Jes·u·it·i·cal** ⬜ *péj.* jésuitique.

jet¹ *min.* [dʒet] jais *m*.

jet² [~] **1.** jet *m* (*d'eau etc.*); bec *m* (*de gaz*); ⊕ gicleur *m*; ⊕ brûleur *m*; ~ *age* époque *f* des avions à réaction; ✕ ~ *fighter* chasseur *m* à réaction; ~ *lag* (troubles *m*/*pl.* dus au) décalage *m* horaire; ~ *propulsion* propulsion *f* par réaction; *see* jet-set *m*; **2.** (faire) s'élancer en jet.

jet-black [dʒet'blæk] noir comme du jais.

jet...: '**~-plane** avion *m* à réaction, jet *m*; '**~-pro·pelled** à réaction.

jet·sam ['dʒetsəm] épaves *f/pl.* jetées à la côte; marchandise *f* jetée à la mer.

jet·ti·son ['dʒetisn] **1.** jet *m* (de marchandises) à la mer; **2.** jeter à la mer; se délester de (*a. fig.*).

jet·ty ⚓ ['dʒeti] jetée *f*, digue *f*; estacade *f*.

Jew [dʒu:] juif *m*; *attr.* juif (-ive *f*), des juifs; **~'s harp** guimbarde *f*.

jew·el ['dʒu:əl] **1.** bijou (*pl.* **-x**) *m*, joyau (*pl.* **-x**) *m*; *horloge:* rubis *m*; *fig. personne:* perle *f*; **2.** orner de bijoux; monter (*un horloge*) sur rubis; '**jew·el·(l)er** bijoutier *m*; '**jew·el·ry**, '**jew·el·ler·y** bijouterie *f*.

Jew·ess ['dʒu:is] juive *f*; '**Jew·ish** juif (-ive *f*); '**Jew·ry** ['dʒuəri] Juiverie *f*.

jib [dʒib] **1.** ⚓ foc *m* (de grue); **~ door** porte *f* dérobée; **2.** *vt/i.* gambier, coiffer (*voile*); regimber (*devant, at*); '**jib·ber** cheval *m* rétif; *fig.* récalcitrant(*e f*) *m*; '**jib-'boom** *m* bout-dehors (*pl.* bouts-dehors) *m* de foc.

jibe *Am.* F [dʒaib] s'accorder, F coller.

jif·fy F ['dʒifi] instant *m*, clin *m* d'œil; *in a* **~** en un clin d'œil; **~** *in cinq sec.*

jig [dʒig] **1.** ♪ gigue *f*; **2.** danser la gigue; *fig.* se trémousser.

jig·ger *Am.* F ['dʒigə] **1.** machin *m*, truc *m*; petite mesure *f* (*pour spiritueux*); **2.** *sl.* sautiller (= *danser*).

jig·gered F ['dʒigəd]: *I'm* **~** *if* ... du diable si ...

jig·gle F ['dʒigl] *v/t.* secouer légèrement; *v/i.* sautiller.

jig-saw ['dʒigsɔ:] scie *f* à chantourner; **~** *puzzle* puzzle *m*.

jilt [dʒilt] **1.** coquette *f*; **2.** laisser là (*un amoureux*).

Jim Crow [dʒim'krou] *Am. sl.* nègre *m* (*a. attr.*); discrimination *f* (*entre races blanche et noire*).

jim·my ['dʒimi] *see* **jemmy**.

jimp *sl.* [dʒimp] diable *m*.

jin·gle ['dʒiŋgl] **1.** cliquetis *m*; grelot: tintement *m*; **2.** (faire) tinter *ou* cliqueter.

jin·go ['dʒiŋgou], *pl.* **-goes** ['~z] chauvin(*e f*) *m*; patriotard *m*; F *by* **~***l* nom de nom!; '**jin·go·ism** chauvinisme *m*.

jinks [dʒiŋks] *pl.:* F *high* **~** ébats *m/pl.* bruyants.

jinx *Am. sl.* [~] porte-malheur *m/inv.*

jit·ney *Am. sl.* ['dʒitni] pièce *f* de 5 cents; tacot *m*.

jit·ter F ['dʒitə] **1.** frétiller (de nervosité), être nerveux (-euse *f*); **2.** *sl.* **~s** *pl.* nervosité *f*, crise *f* nerveuse; '**~-bug** ['~bʌg] **1.** fanatique *m* du swing; *danse:* swing *m*; paniquard *m*; **2.** faire du *jitterbug*; '**jit·ter·y** *sl.* nerveux (-euse *f*) à l'excès.

jiu-jit·su [dʒuː'dʒitsu:] jiu-jitsu *m*.

jive *Am. sl.* [dʒaiv] hot jazz *m*; jargon *m* des musiciens swing.

Job [dʒoub]: **~'s comforter** consolateur *m* pessimiste, ami *m* de Job; **~'s news** nouvelle *f* fatale.

job² [dʒɔb] **1.** tâche *f*, travail (*pl.* **-aux**) *m*, besogne *f*; F emploi *m*; *sl.* chose *f*, article *m*; ✝ soldes *m/pl.*, marchandise *f* d'occasion; *péj.* intrigue *f*; *typ.* travail (*pl.* **-aux**) *m* de ville; **~** *analysis* analyse *f* des tâches *ou* des postes de travail; *by the* **~** à la pièce, à forfait; *make a* (*good*) **~** *of s.th.* bien faire qch.; *a bad* **~** une mauvaise *ou* triste affaire, un malheur; *odd* **~s** *pl.* petits travaux *m/pl.*; métiers *m/pl.* à part; **~** *horse* cheval *m* loué; **~** *lot* soldes *m/pl.*; *on the* **~** *training* apprentissage *m ou* formation *f* sur le tas; **~** *printer* imprimeur *m* à façon, imprimeur *m* de travaux de ville; **~** *work* travail (*pl.* **-aux**) *m* à la pièce *ou* tâche; **2.** *v/t.* louer (*un cheval etc.*); ✝ marchander; donner *ou* prendre à forfait (*un travail*); *v/i.* faire des petits travaux, bricoler; travailler à la tâche; ✝ agioter.

job·ber ['dʒɔbə] ouvrier (-ère *f*) *m* à la tâche; intermédiaire *m* revendeur; *péj.* tripoteur (-euse *f*) *m*; ✝ marchand *m* de titres; '**job·ber·y** tripotages *m/pl.*; ✝ *a.* agiotage *m*; *a piece of* **~** une affaire maquignonnée; '**job·bing** ouvrage *m* à la tâche; ✝ courtage *m*; ✝ vente *f* en demi-gros; *see* **jobbery**; '**job-hunt·ing** chasse *f* à l'emploi; '**job·less** sans emploi, en chômage, chômeur (-euse *f*).

jock·ey ['dʒɔki] **1.** *su.* jockey *m*; **2.** *v/t.* tromper, duper; *v/i.* manœuvrer; intriguer.

jock·strap ['dʒɔkstræp] suspensoir *m*.

jo·cose □ [dʒə'kous] facétieux (-euse *f*); jovial (-aux *m/pl.*); **jo'cose·ness** jocosité *f*; humeur *f* joviale.

joc·u·lar ['dʒɔkjulə], **joc·u·lar·i·ty** [‿'læriti] see jocose(ness).

jo·cund □ ['dʒɔkənd] gai; jovial (-als *ou* -aux *m/pl.*).

Joe [dʒou]: ‿ Miller vieille plaisanterie *f*; plaisanterie *f* usée.

jog [dʒɔg] **1.** *su.* secousse *f*, cahot *m*; coup *m* de coude; petit trot *m*; **2.** *v/t.* pousser le coude à; donner un coup de coude à; *fig.* rafraîchir (*la mémoire à q.*); secouer; *v/i.* usu. ‿ along, ‿ on) aller son petit train; aller au petit trot; *be* ‿ging se (re)mettre en route.

jog·gle ['dʒɔgl] **1.** secouer (*qch.*); branler; ⊕ goujonner; **2.** petite secousse *f*; ⊕ (joint *m* à) goujon *m*.

jog-trot ['dʒɔg'trɔt] **1.** petit trot *m*; *fig.* train-train *m*; **2.** routinier (-ère *f*); monotone.

John [dʒɔn]: ‿ Bull *l'Anglais*; *Am.* ‿ Hancock signature *f* (*de q.*); ⚥ *Am.* F cabinets *m/pl.*, toilette *f*.

john·ny F ['dʒɔni] type *m*, individu *m*; *surt. Am.* ‿ cake galette *f* de farine de maïs.

join [dʒɔin] **1.** *v/t.* joindre (*a.* ⊕), (ré)unir; (re)nouer; se joindre à, rejoindre; ajouter; ⊕ raboutir; ✕, ♣ rallier; s'affilier à; s'enrôler dans; *v/i.* s'unir, se (re)joindre (*a.*, with); (*a.* ‿ together) se réunir; ‿ battle livrer bataille (à, with); ‿ company se joindre (à, with); ‿ hands se donner la main; *fig.* se joindre (à, with); ‿ a ship rallier le bord; ‿ in prendre part à; se mettre de la partie; s'associer à; ‿ up s'engager dans l'armée; *l* ‿ with you je me joins avec *ou* à vous (pour *inf.*, in *gér.*); **2.** *su.* joint *m*, jointure *f*; ligne *f* de jonction.

join·er ['dʒɔinə] menuisier *m*; **'join·er·y** menuiserie *f* (*travail, a. endroit*).

joint [dʒɔint] **1.** joint *m* (*a.* du genou), jointure *f*; ⊕ assemblage *m*; *livre:* mors *m*; *anat.* articulation *f*; *doigt:* phalange *f*; *cuis.* quartier *m*, rôti *m*; ♣ nœud *m*; *Am. sl.* boîte *f*, bistrot *m*; *put out of* ‿ disloquer; *fig. out of* ‿ détraqué;

2. □ (en) commun; combiné; collectif (-ive *f*); co-; ‿ *heir* cohéritier *m*; ‿ *ownership* copropriété *f*; ‿ *production* coproduction *f*; ‿ *venture* entreprise *f* commune; **3.** joindre, assembler (*a.* ⊕); *cuis.* découper; *anat.* (s')articuler; '**joint·ed** articulé (*a. zo., a.* ♥); ‿ *doll* poupée *f* articulée; **joint-stock:** ‿ *company* société *f* par actions; **join·ture** ⚖ ['‿tʃe] douaire *m*.

joist [dʒɔist] **1.** solive *f*, poutre *f*; **2.** poser le solivage de; assujettir (*les ais*) sur le solivage.

joke [dʒouk] **1.** *su.* plaisanterie *f*; farce *f*; **2.** *v/i.* plaisanter, badiner; *v/t.* railler; '**jok·er** farceur (-euse *f*) *m*; *cartes:* joker *m*; F type *m*; *Am. sl.* clause *f* ambiguë; '**jok·y** □ facétieux (-euse *f*).

jol·li·fi·ca·tion F [dʒɔlifi'keiʃn] partie *f* de plaisir; '**jol·li·ness**, '**jol·li·ty** gaieté *f*.

jol·ly ['dʒɔli] **1.** □ gai, joyeux (-euse *f*); F fameux (-euse *f*); **2.** F *adv.* rudement; **3.** F railler; flatter.

jol·ly-boat ♣ ['dʒɔlibout] canot *m*.

jolt [dʒoult] **1.** cahoter; *v/t.* secouer. **2.** cahot *m*, secousse *f*; '**jolt·y** cahotant; cahoteux (-euse *f*) (*chemin*).

Jon·a·than ['dʒɔnəθən]: *Brother* ‿ *l'Américain*.

jon·quil ♥ ['dʒɔŋkwil] jonquille *f*.

jo·rum ['dʒɔːrəm] bol(ée *f*) *m*.

josh *Am. sl.* [dʒɔʃ] **1.** blague *f*; **2.** blaguer; taquiner.

joss [dʒɔs] idole *f* chinoise; ‿ *stick* bâton *m* d'encens.

jos·tle ['dʒɔsl] **1.** *v/t.* coudoyer; *v/i.* jouer des coudes; **2.** *su.* bousculade *f*; coudoiement *m*.

jot [dʒɔt] **1.** iota *m*; atome *m*; **2.** ‿ *down* prendre note de; '**jot·ting** note *f*.

jour·nal ['dʒɔːnl] journal *m*; revue *f*; † (livre *m*) journal *m*; ♣ journal *m* de bord; ⊕ tourillon *m*; ⊕ fusée *f*; **jour·nal·ese** F ['‿nə'liːz] style *m* de journaliste; '**jour·nal·ism** journalisme *m*; '**jour·nal·ist** journaliste *m/f*; **jour·nal·is·tic** (‿ally) journalistique; '**jour·nal·ize** tenir un journal de; † porter au journal.

jour·ney ['dʒɔːni] **1.** voyage *m*; trajet *m* (*d'autobus etc.*); parcours *m*; **2.** voyager; '‿**·man** compagnon *m*; ouvrier *m*; '**~-work** travail (*pl. -aux*) *m* à la journée; *fig.* dure besogne *f.*

joust [dʒaust] **1.** joute *f*; **2.** jouter.
Jove [dʒouv]: *by* ~! parbleu!
jo·vi·al □ ['dʒouviəl] jovial (*-als ou -aux m/pl.*); enjoué; **jo·vi·al·i·ty** [ˌ~'æliti] jovialité *f*; bonne humeur *f.*
jowl [dʒaul] mâchoire *f*; joue *f*; *cheek by* ~ côte à côte.
joy [dʒɔi] joie *f*, allégresse *f*; **joy·ful** □ ['~ful] joyeux (*-euse f*); enjoué (*-euse f*); '**joy·ful·ness** joie *f*; **joy·less** □ triste, sans joie; '**joy·ous** □ joyeux (*-euse f*), heureux (*-euse f*); '**joy·ride** *mot.* F balade *f* en auto (*souv.* à l'insu du propriétaire); '**joy·rid·er** baladeur (*-euse f*) *m*; '**joy·stick** ✈ *sl.* manche *m* à balai.

ju·bi·lant ['dʒuːbilənt] joyeux (*-euse f*); réjoui, exultant (*personne*); **ju·bi·late** ['~leit] se réjouir, exulter; **ju·bi·la·tion** allégresse *f*; **ju·bi·lee** ['~liː] jubilé *m*; cinquantenaire *m.*

Ju·da·ism ['dʒuːdeiizm] judaïsme *m.*
Ju·das ['dʒuːdəs] *fig.* Judas *m*; traître *m*; '**2(-hole)** judas *m.*

judge [dʒʌdʒ] **1.** *su.* juge *m* (*a. fig., a. sp.*); président *m* du tribunal; *fig.* connaisseur (*-euse f*) *m*; *Am.* magistrat *m*; *sp.* arbitre *m*; *commercial* ~ juge *m* préposé au tribunal commercial; **2.** *v/i.* juger (*d'après, par from, by*; *de, of*); estimer; *v/t.* juger (*par, by*); estimer; arbitrer (à *qch., s.th.*).
judg(e)·ment ['dʒʌdʒmənt] jugement *m*; arrêt *m*; décision *f* judiciaire; *fig.* avis *m*; *fig.* discernement *m*; *in my* ~ à mon avis; *pronounce* ~ rendre un arrêt; *sit in* ~ juger; *eccl.* ~*-day* jugement *m* dernier.
judge·ship ['dʒʌdʒʃip] fonctions *f/pl.* de juge.
ju·di·ca·ture ['dʒuːdikətʃə] judicature *f*; (*cour f de*) justice *f*; *coll.* magistrature *f.*
ju·di·cial □ [dʒuːˈdiʃl] judiciaire; de juge; de bonne justice; légal (*-aux m/pl.*); *fig.* impartial (*-aux m/pl.*); ~ *murder* assassinat *m* judiciaire; ~ *system* système *m* judiciaire.
ju·di·cious □ [dʒuːˈdiʃəs] judicieux (*-euse f*), sensé; **ju·di·cious·ness** discernement *m.*

jug [dʒʌg] **1.** cruche *f*; pot *m*; *sl.* prison *f*; **2.** étuver; ~*ged hare* civet *m* de lièvre.
Jug·ger·naut ['dʒʌgənɔːt] *fig.* poids *m* écrasant; roues *f/pl.* meurtrières.
jug·gins F ['dʒʌginz] niais *m.*
jug·gle ['dʒʌgl] **1.** jonglerie *f*; tour *m* de passe-passe; *fig.* supercherie *f*; **2.** jongler; faire des tours de passe-passe; escamoter (à *q., out of s.o.*); '**jug·gler** jongleur (*-euse f*) *m*; prestidigitateur *m*; escamoteur (*-euse f*) *m*; '**jug·gler·y** jonglerie *f*; prestidigitation *f*; *fig.* supercherie *f.*
Ju·go·slav ['juːgouˈslɑːv] **1.** Yougoslave *mf*; **2.** yougoslave.
jug·u·lar *anat.* ['dʒʌgjulə] jugulaire; ~ *vein* (veine *f*) jugulaire *f*; **ju·gu·late** ['~leit] *fig.* étrangler; supprimer.
juice [dʒuːs] jus *m* (*a. mot. sl., a.* ✠); F *mot. sl.* essence *f*; ⚡ courant *m*; **juic·i·ness** ['~inis] succulence *f*; '**juic·y** □ succulent; *fig.* savoureux (*-euse f*).
ju·jube [ˈdʒuːdʒuːb] ♀ jujube *f*; *pharm.* boule *f* de gomme.
juke-box *Am.* F ['dʒuːkbɒks] pick-up *m/inv.* à sous.
ju·lep [ˈdʒuːlep] ✠ julep *m*; *surt. Am.* boisson *f* alcoolique glacée.
Ju·ly [dʒuːˈlai] juillet *m.*
jum·ble ['dʒʌmbl] **1.** *su.* méli-mélo (*pl.* mélis-mélos) *m*; fatras *m*; **2.** *v/t.* (*a.* ~ *up*) brouiller, mêler; *v/i.* se brouiller; ~ *along* avancer en cahotant; '~*-sale* vente *f* d'objets usagés.
jum·bo ['dʒʌmbou] *fig.* éléphant *m*; *attr.* (*a.* ~*-sized*) géant.
jump [dʒʌmp] **1.** *su.* saut *m* (*a. sp.*); bond *m*; sursaut *m*; *sp.* obstacle *m*; *surt. Am.* F *get* (*ou have*) *the* ~ *on* devancer; *give a* ~ sursauter (*q.*); *faire* un saut; **2.** *v/i.* sauter, bondir; sursauter; *poét.* être d'accord; ~ *at fig.* saisir, sauter sur; ~ *to conclusions* conclure à la légère, juger trop vite; *v/t.* franchir, sauter; faire sauter (*un cheval etc.*); saisir à l'improviste; 🚂 quitter (*les rails*); *Am.* F usurper; voler; ~ *the gun sp.* partir avant le départ; F *fig.* (ré)agir prématurément; *mot.* ~ *the lights* brûler le feu (rouge), passer au rouge; ~ *the queue* (*Am. line*) passer avant son tour; ~ *a train* sauter dans un train en marche;

ˈjump·er sauteur (-euse *f*) *m* (*a.* = *cheval, insecte*); ⊕ chemise *f*; (*a. knitted ∼*) casaque *f*, jumper *m* (*de femme*); barre *f* à mine; **ˈjumpˈing-board** tremplin *m*; **ˈjumpˈing-ˈoff** *fig.* départ *m*; **ˈjumpˈseat** strapontin *m*; **ˈjump·y** nerveux (-euse *f*), agité.

junc·tion [ˈdʒʌŋkʃn] jonction *f*; bifurcation *f*; *rivières*: confluent *m*; ⛆ gare *f* d'embranchement; ⚡ ∼ *box* boîte *f* de dérivation; **juncˈture** [ˈ∼tʃə] jointure *f*; jonction *f* (*de rivières*); conjoncture *f* (*de circonstances*); *at this ∼ of things* à ce moment critique.

June [dʒuːn] juin *m*.

jun·gle [ˈdʒʌŋgl] jungle *f*; *fig.* confusion *f*.

jun·ior [ˈdʒuːnjə] **1.** cadet(te *f*); plus jeune (que, *to*); second; *univ. Am.* de troisième année (*étudiant*); *Am.* ∼ *high school* (*sorte d'*)école *f* secondaire (*moyennes classes*); ∼ *partner* second associé *m*, associé *m* en second; **2.** cadet(te *f*) *m*; *rang*: subalterne *m*, second associé *m*; *Am.* élève *mf* de troisième année dans un *collège*; F le jeune *m*; *he is my ∼ by four years, he is four years my ∼* il est plus jeune que moi de quatre ans; **jun·ior·i·ty** [dʒuːniˈɔriti] infériorité *f* d'âge; position *f* moins élevée.

ju·ni·per ♀ [ˈdʒuːnipə] genièvre *m*; *arbuste*: genévrier *m*.

junk¹ ⚓ [dʒʌŋk] jonque *f*.

junk² [dʒʌŋk] ⚓ vieux cordages *m/pl.*; ⊕ bœuf *m* salé; ☂ rossignol *m*, camelote *f*; *déchets m/pl.*; *fig.* bêtises *f/pl.*; *pej.* pacotille *f*; *sl.* came *f*, drogue *f*; ∼ *heap* dépotoir *m*.

junk·et [ˈdʒʌŋkit] **1.** lait *m* caillé; festin *m*, banquet *m*; *Am.* partie *f* de plaisir; voyage *m* d'agrément aux frais de l'État *ou* du gouvernement; **2.** faire bombance; festoyer; F ∼*ing* partie-pique-nique *m*.

junk·ie *sl.* [ˈdʒʌŋki] camé(e *f*) *m*, drogué(e *f*) *m*.

junk·yard [ˈdʒʌŋkjɑːd] dépotoir *m*.

jun·ta [ˈdʒʌntə] junte *f*; (*a.* **jun·to** [ˈ∼tou]) cabale *f*.

ju·rid·i·cal □ [dʒuəˈridikl] juridique, judiciaire.

ju·ris·dic·tion [dʒuərisˈdikʃn] juridiction *f*; compétence *f*, ressort *m*;

ju·ris·pru·dence [ˈ∼pruːdəns] jurisprudence *f*; **ˈju·ris·pru·dent** légiste *m*.

ju·rist [ˈdʒuərist] juriste *m*; *Am.* avocat *m*.

ju·ror ⚖ [ˈdʒuərə] membre *m* du jury.

ju·ry ⚖ [ˈdʒuəri] jury *m*; jurés *m/pl.*; **ˈ∼-box** banc *m* du jury; **ˈ∼-man** membre *m* du jury.

ju·ry-mast ⚓ [ˈdʒuərimɑːst] mât *m* de fortune.

just □ [dʒʌst] **1.** *adj.* juste, équitable; légitime; impartial (-aux *m/pl.*); exact; **2.** *adv.* juste; précisément, justement; tout près (de, *by*); tout juste; seulement; ∼ *as* au moment où; ∼ *as ... so ... de* même que ... de même ...; *be ∼* (*p.pr.*) être en train de (*inf.*); *have ∼* (*p.p.*) venir de (*inf.*); ∼ *now* actuellement; tout à l'heure; ∼ *over* (*below*) juste au-dessus (au-dessous) (de *qch., s.th.*); ∼ *let me see!* faites(-moi) voir!; *it's ∼ splendid!* c'est vraiment magnifique!

jus·tice [ˈdʒʌstis] justice *f*; *personne*: juge *m*; magistrat *m*; ♀ *of the Peace* juge *m* de paix; *court of ∼* tribunal *m*, cour *f* de justice; *do ∼ to* rendre justice à (*q.*); **ˈjus·tice·ship** fonctions *f/pl.* de juge; magistrature *f*.

jus·ti·fi·a·bil·i·ty [dʒʌstifaiəˈbiliti] caractère *m* justifiable; justice *f*; **ˈjus·ti·fi·a·ble** □ justifiable; légitime.

jus·ti·fi·ca·tion [dʒʌstifiˈkeiʃn] justification *f*; **jus·ti·fi·ca·to·ry** [ˈ∼təri] justificatif (-ive *f*); justificateur (-trice *f*).

jus·ti·fi·er *typ.* [ˈdʒʌstifaiə] justificateur *m*; **jus·ti·fy** [ˈ∼fai] justifier (*a. typ. une ligne*); *typ.* parangonner (*les caractères*).

just·ly [ˈdʒʌstli] avec justice *ou* justesse.

just·ness [ˈdʒʌstnis] justice *f* (*d'une cause*); justesse *f* (*d'une observation*).

jut [dʒʌt] **1.** (*a. ∼out*) être en *ou* faire saillie; **2.** saillie *f*.

Jute¹ [dʒuːt] Jute *mf*.

jute² ♀, ☂ [∼] jute *m*.

ju·ve·nes·cence [dʒuːviˈnesns] adolescence *f*; jeunesse *f*; **ju·ve·nes·cent** adolescent; **ju·ve·nile** [ˈ∼nail] **1.** juvénile; de (la) jeunesse; pour enfants; ♀ *Court* tribunal *m* pour enfants; ⁓ *delinquent* mineur(e *f*) *m* délinquant(e); *théâ.* ⁓ *lead* jeune premier *m*; **2.** jeune *mf*; ⁓*s pl.* livres *m/pl.* pour enfants *ou* pour la jeunesse; **ju·ve·nil·i·ty** [⁓'niliti] jeunesse *f*, juvénilité *f*.

jux·ta·pose [dʒʌkstə'pouz] juxtaposer; **jux·ta·po·si·tion** [⁓pə'ziʃən] juxtaposition *f*.

K

K, k [kei] K *m*, k *m*.

Kaf·(f)ir ['kæfə] Cafre *mf*.

kale [keil] chou (*pl.* -x) *m* (frisé); *Am. sl.* argent *m*, pognon *m*; *Scotch* ~ chou *m* rouge.

ka·lei·do·scope *opt.* [kə'leidəskoup] kaléidoscope *m*.

kan·ga·roo *zo.* [kæŋgə'ru:] kangourou *m*.

ka·o·lin *min.* ['keiəlin] kaolin *m*.

ka·put *sl.* [kə'pu:t] fichu, foutu.

keck [kek] avoir des haut-le-cœur; ~ **at** F rejeter avec dégoût.

kedge ⚓ [kedʒ] **1.** ancre *f* de touée; ancre *f* à jet; **2.** haler sur une ancre à jet.

keel ⚓ [ki:l] **1.** quille *f*; **on an even** ~ sans différence de calaison; *fig.* symétrique(ment); **2.** ~ **over** chavirer; F s'évanouir; '**keel·age** ⚓ droits *m/pl.* de mouillage; '**keeled** ⚓ caréné; **keel·haul** ⚓ ['~hɔ:l] † donner la grande cale à; **keel·son** ⚓ ['kelsn] carlingue *f*.

keen □ [ki:n] aiguisé; perçant (*froid, œil, vent, etc.*); vif (*vive f*) (*froid, plaisir, vent, etc.*); mordant (*satire*); zélé, ardent; vorace (*appétit*); **be** ~ **on hunting** être chasseur enthousiaste, avoir la passion de la chasse; **~-edged** ['~edʒd] tranchant, bien affilé; '**keen·ness** acuité *f*, finesse *f*; *froid:* âpreté *f*; *fig.* zèle *m*, ardeur *f*.

keep [ki:p] **1.** *su.* frais *m/pl.* de subsistance; nourriture *f*; *hist.* donjon *m*, réduit *m*; F **surt.** *Am.* **for** ~**s** pour de bon; **2.** [*irr.*] *v/t. usu.* tenir (*p.ex. boutique, comptes, école, journal, promesse, scène, a. devant adj.*); garder (*sp. but, lit, provisions, qch. pour q.*); avoir (*une auto*); (*a.* ~ **up**) maintenir (*la discipline, l'ordre*); contenir; conserver (*sa sveltesse etc.*); préserver (*de, from*); retenir (*q. à dîner, en prison; l'attention*); suivre (*une règle*); célébrer, observer (*une fête*); subvenir aux besoins de; cacher (*qch. à q., s.th. from s.o.*); ~ **s.o. company** tenir compagnie à q.; ~ **company with** sortir avec; ~ **silence**

garder le silence; ~ **one's temper se** contenir; ~ **time** être exact (*montre*); ♪ suivre la mesure; ✗ être au pas; ~ **watch** monter la garde, veiller; ~ **s.o. waiting** faire attendre q.; ~ **away** tenir éloigné; ~ **down** empêcher de monter; réprimer; maintenir (*les prix*) bas; ~ **s.o. from** (*gér.*) empêcher q. de (*inf.*); préserver q. de; ~ **in** retenir; contenir (*la colère*); consigner, mettre en retenue (*un élève*); entretenir (*un feu*); ~ **s.o. in money** fournir de l'argent à q.; ~ **off** éloigner; ~ **on** garder; ~ **out** empêcher d'entrer; ~ **out** garantir de (*le froid, la pluie*); ~ **up** soutenir; tenir haut; maintenir (*un prix etc.*); entretenir (*la correspondance*); sauver (*les apparences*); **3.** [*irr.*] *v/i.* rester, se tenir; se conserver (*fruit etc.*); continuer (F ne rien perdre (*pour attendre*); ~ **clear of** éviter, rester à distance de; ~ **doing** ne pas cesser de faire, continuer de faire; ~ **away** se tenir éloigné ou à l'écart; ~ **from** s'abstenir de; ~ **in with** rester bien avec, cultiver; ~ **off** se tenir éloigné; ~ **on** (*gér.*) continuer de (*inf.*), s'obstiner à (*inf.*); ~ **to** s'en tenir à; observer; suivre; ~ **up** se maintenir; ~ **up with** aller de pair avec; *fig.* se maintenir au niveau de.

keep·er ['ki:pə] garde *m*, gardien (-ne *f*) *m*, surveillant(e *f*) *m*; *musée:* conservateur *m*; *troupeaux:* gardeur (-euse *f*) *m*; '**keep·ing** observation *f*; célébration *f*; garde *f*; **be in** (**out of**) ~ **with** (ne pas) être en accord avec; **keep·sake** ['~seik] souvenir *m* (*cadeau etc.*).

keg [keg] *harengs:* caque *f*; *alcool:* barillet *m*.

kel·son ⚓ ['kelsn] *see* keelson.

ken [ken] connaissance *f*, -s *f/pl.*

ken·nel¹ ['kenl] ruisseau *m* (*de rue*).

ken·nel² [~] **1.** niche *f* (*de chien*); *chien de chasse:* chenil *m*; *chasse: la* meute *f*; **2.** *fig.* enfermer.

kept [kept] *prét. et p.p.* de *keep* 2.

kerb(·**stone**) ['kɔːb(stoun)] *see* **curb** (-stone).

ker·chief ['kɔːtʃif] fanchon *f*, mouchoir *m* de tête; fichu *m*.

kerf [kɔːf] trait *m ou* voie *f* de scie; bout *m* coupé (*d'un arbre abattu*).

ker·nel ['kɔːnl] *noisette etc.*: amande *f*; *céréales*: grain *m*; *fig.* fond *m*, essentiel *m*.

ker·o·sene ['kerəsiːn] kérosène *m*, pétrole *m* lampant.

kes·trel *orn.* ['kestrəl] émouchet *m*.

ketch·up ['ketʃəp] sauce *f* tomate très relevée.

ket·tle ['ketl] bouilloire *f*; '~**-drum** ♪ timbale *f*; *Am.* F thé *m ou* réception *f* sans cérémonie.

key [kiː] **1.** clé *f*, clef *f* (*a. fig.*); ⊕ clavette *f*, coin *m*, cale *f*; *machine à écrire*: touche *f*; *flûte etc.*: clef *f*; ♪ fiche *f*; ♪ ton *m* (*a. fig.*); *école*: corrigé *m*; *banque etc.*: remontoir *m*; ♪~*s pl.* instruments *m/pl.* à clavier *ou* à touches; ~ **industry** industrie *f* clef; ~ **money** pas *m* de porte; ~ **punch** poinçonneuse *f*; ♪ ~ **signature** armature *f*; ⊕ ~ **saw** scie *f* à guichet; **2.** claveter; coincer; adenter (*une planche*); ♪ accorder; ~ **up** ↑ hausser; *fig.* stimuler; *be ~ed up* être tendu; '~-**bit** panneton *m* de clef; '~-**board** clavier *m*; porte-clefs *m/inv.*; '~-**bu·gle** ♪ bugle *m*; '~-**hole** trou *m* de serrure; '~-**less** sans clef; ~ *watch* montre *f* à remontoir; '~-**man** pivot *m*; '~-**note** tonique *f*; *fig.* note *f* dominante; '~-**stone** clef *f* de voûte.

khak·i ['kɑːki] *tex., a. couleur:* kaki *m* (*a. adj./inv.*).

kib·butz [ki'buts], *pl.* -**but·zim** [~'butsim] kibboutz (*pl.* kibboutzim) *m*.

kibe [kaib] gerçure *f*.

kib·itz·er *Am.* F ['kibitsə] je sais tout *m* (*qui donne des conseils à des joueurs aux cartes sans qu'on les lui demande*).

ki·bosh *sl.* ['kaibɔʃ] bêtises *f/pl.*; *put the ~ on* faire son affaire à (*q.*); bousiller (*qch.*).

kick [kik] **1.** coup *m* de pied; *arme à feu*: recul *m*, réaction *f*; F vigueur *f*, énergie *f*; résistance *f*; *surt.* Am. F plaintes *f/pl.*, protestation *f*; *foot. see* ~*er*; F *do s.th. for* a ~ faire qch. pour le plaisir *ou* pour s'amuser; F *get a* ~ *out of* éprouver du plaisir à; *sl. it's got a* ~ *to it* ça vous remonte; **2.** *v/t.*

donner des coups *ou* un coup de pied à; F congédier (*q.*); F ~ *s.o. around* maltraiter q.; ~ *the bucket* casser sa pipe (= *mourir*); ~ *s.o. downstairs* faire dégringoler l'escalier à q.; ~ *one's heels* faire le pied de grue (= *attendre*); F ~ *out* ficher à la porte; *sl.* ~ *up a row* faire du chahut; *fig.* faire un scandale; *v/i.* donner un coup de pied; reculer (*arme à feu*); ruer (*animal*); rechigner (*against, at*); *sl.* rouspéter; F ~ *around ou about* traîner (*quelque part*); *Am. sl.* ~ *in* with contribuer (*de l'argent*); '**kick-back** *surt.* Am. F réaction *f* violente; Am. *sl.* ristourne *f*; '**kick·er** cheval *m* qui rue; *sp.* joueur *m*; Am. *sl.* rouspéteur (-euse *f*) *m*; '**kick-'off** *foot.* coup *m* d'envoi; commencement *m*; '**kick-shaw** ['kikʃɔː] bagatelle *f*; *cuis.* friandise *f*; '**kick-'up** *sl.* boucan *m*.

kid [kid] **1.** chevreau (-ette *f*) *m*; (*peau f de*) chevreau *m*; *sl.* gosse *mf*; ~ *glove* gant *m* de chevreau; gant *m* glacé; **2.** mettre bas (*v/t. un chevreau*); *v/i. sl.* plaisanter, taquiner; *v/t.* en conter à; tromper; '**kid·dy** F gosse *mf*, petit(e) *f*.

kid·nap ['kidnæp] kidnapper, enlever (*surt. un enfant*); ✂, ⚓ prendre par la presse; enlever; '**kid·nap·(p)er** ravisseur (-euse *f*) *m* (*d'enfant*), kidnappeur *m*.

kid·ney ['kidni] *anat.* rein *m*; *cuis.* rognon *m*; F genre *m*; ~ *bean* ✿ haricot *m* nain; ☀ ~ *machine* rein *m* artificiel.

kike *Am. sl. péj.* [kaik] juif *m*.

kill [kil] tuer, faire mourir; abattre (*une bête*); amortir (*un son*); *fig.* supprimer; *parl.* couler (*un projet de loi*); ~ *off* exterminer; ~ *time* tuer le temps; '**kill·er** tueur (-euse *f*) *m*; meurtrier (-ère *f*) *m*; '**kill·ing 1.** meurtrier (-ère *f*); écrasant (*travail etc.*); F tordant; **2.** *Am.* F opération *f* lucrative; succès *m* (*financier*); '**kill-joy** rabat-joie *m/inv.*

kiln [kiln] four *m*; séchoir *m*, étuve *f*; meule *f* (*de charbon de bois*); '~-**dry** sécher (*qch.*) au four *etc.*

kil·o·cy·cle *phys.* ['kilosaik] kilocycle *m*; **kil·o·gram(me)** ['~əɡræm] kilogramme *m*; F kilo *m*; **kil·o·me·ter**, **kil·o·me·tre** ['~miːtə] kilomètre *m*.

kilt [kilt] **1.** *écoss.* kilt *m* (*jupe courte*

et plissée); **2.** plisser; retrousser (*ses jupes*).

kin [kin] **1.** parents *m/pl.*; *the next of* ~ le parent le plus proche; F la famille; **2.** apparenté (*avec, to*).

kind [kaind] **1.** □ bon(ne *f*) (*pour, to*); aimable (à, *of*); **2.** espèce *f*; sorte *f*; genre *m*; nature *f*; *people of all* ~s monde *m* de tous les genres; des gens de toutes sortes; *different in* ~ qui diffère(nt) en nature; *pay in* ~ payer en nature; *fig.* payer de la même monnaie; F *I* ~ *of expected it* je m'en doutais presque.

kin·der·gar·ten [ˈkindəgɑːtn] jardin *m* d'enfants; école *f* maternelle; ~ *teacher* jardinière *f* d'enfants; institutrice *f* d'école maternelle.

kind-heart·ed [ˈkaindˈhɑːtid] bienveillant, bon(ne *f*).

kin·dle [ˈkindl] (s')allumer; (s')enflammer; *fig.* susciter.

kind·li·ness [ˈkaindlinis] bonté *f*, bienveillance *f*.

kin·dling [ˈkindliŋ], *a.* ~s *pl.* petit bois *m*; bois *m* d'allumage.

kind·ly [ˈkaindli] **1.** *adj.* bienveillant, bon(ne *f*); doux (douce *f*) (*climat*); **2.** *adv.* avec bonté; ~ *do s.th.* avoir la bonté de faire qch.

kind·ness [ˈkaindnis] bonté *f* (*pour, to*); bienveillance *f*; amabilité *f* (*envers, to*).

kin·dred [ˈkindrid] **1.** analogue *f*; de la même nature; **2.** parenté *f*; *coll.* parents *m/pl.*; affinité *f* (*avec, with*).

ki·net·ic *phys.* [kaiˈnetik] **1.** cinétique; **2.** ~s *pl.* cinétique *f*.

king [kiŋ] roi *m*; *jeu de dames:* dame *f*; ♀s *English* anglais *m* correct; ♂ ~'s *evil* scrofule *f/pl.*; écrouelles *f/pl.*; ˈking·craft art *m* de régner; ˈking·cup ♀ bouton *m* d'or; ˈking·dom royaume *m*; *surt.* ♀, *zo.* règne *m*; ˈking·fish·er martin-pêcheur (*pl.* martins-pêcheurs) *m*; ˈking·let [ˈ~lit] roitelet *m*; ˈking·like royal (-aux *m/pl.*), de roi; ˈking·li·ness prestance *f* royale; noblesse *f*; ˈking·ly royal (-aux *m/pl.*), de roi; ˈking·post △ poinçon *m*, aiguille *f*; ˈking·ship royauté *f*; ˈking-size F de taille *etc.* exceptionnelle.

kink [kiŋk] **1.** *corde etc.:* tortillement *m*, nœud *m*; *fil de fer:* faux pli *m*; *tex.* boucle *f*; *fig.* lubie *f*, point *m* faible; F *have a* ~ être un peu toqué;

2. (se) nouer, tortiller; ˈkink·y crépu (*cheveux*); F bizarre, excentrique.

kins·folk [ˈkinzfouk] *pl.* parenté *f*, famille *f*; ˈkin·ship parenté *f*; ˈkins·man [ˈ~zmən] parent *m*; allié *m*; ˈkins·wom·an parente *f*; alliée *f*.

ki·osk [kiˈɔsk] kiosque *m*.

kip *Brit. sl.* [kip] **1.** roupillon *m* (= *sommeil*); pieu *m* (= *lit*); *have a* ~ piquer un roupillon; **2.** coucher; roupiller (*dormir*); ~ *down* se pieuter (= *se coucher*).

kip·per [ˈkipə] **1.** hareng *m* fumé *ou* doux; *sl.* jeune personne *f*; **2.** saurer, saler et fumer (*des harengs*).

kirk [kəːk] *écoss.* église *f*.

kiss [kis] **1.** baiser *m*; *fig.* frôlement *m*; **2.** (s')embrasser; ˈ~-proof indélébile.

kit [kit] seau *m*; ✗, ⚓ petit équipement *m*; ✗ bagage *m*; ⚓ sac *m*; ⊕ trousse(au *m*) *f*; F effets *m/pl.*; ˈ~-bag ✗ musette *f*; sac *m* (de voyage); ⊕ trousse *f* d'outils.

kitch·en [ˈkitʃin] cuisine *f*; ˈkitch·en·er cuisinière *f*; **kitch·en·ette** [ˈ~net] cuisine *f* miniature.

kitch·en...: ~ *gar·den* (jardin *m*) potager *m*; ˈ~-maid fille *f* de cuisine; ˈ~-range cuisinière *f* anglaise; ˈ~-sink évier *m*.

kite [kait] *orn.* milan *m*; *fig.* vautour *m*; cerf-volant (*pl.* cerfs-volants) *m*; *fig.* ballon m d'essai; ✝ *sl.* traite *f* de complaisance; ✗ ~ *balloon* ballon *m* captif. [*rents.*]

kith [kiθ]: ~ *and kin* amis *m* et pa-]

kit·ten [ˈkitn] **1.** chaton *m*, petit(e *f*) chat(te *f*) *m*; **2.** chatte: mettre bas (*v/t. des petits*); ˈkit·ten·ish coquet(te *f*); enjoué.

kit·tle [ˈkitl] *fig.* difficile (à manier); ~ *cattle* gens *m/pl.* difficiles à manier.

Klans·man *Am.* [ˈklænzmən] membre *m* du Ku-Klux-Klan.

klax·on *mot.* [ˈklæksn] klaxon *m*.

klep·to·ma·ni·a [kleptoˈmeinjə] kleptomanie *f*; **klep·to·ma·ni·ac** [~niæk] kleptomane (*a. su./mf.*).

knack [næk] tour *m* de main; F truc *m*; *get the* ~ *of* (*gér.*) attraper le chic pour (*inf.*).

knack·er [ˈnækə] *Brit.* équarrisseur *m*; entrepreneur *m* de démolitions; ˈknack·ered *Brit. sl.* éreinté; ˈknack·er·y *Brit.* abattoir *m* de chevaux.

knack·y ['næki] adroit, habile.

knag [næg] nœud *m*; **'knag·gy** noueux (-euse *f*).

knap·sack ['næpsæk] (havre)sac *m*; ✕ sac *m* d'ordonnance.

knar [nɑ:] nœud *m* saillant.

knave [neiv] fripon *m*; *cartes:* valet *m*; **knav·er·y** ['_əri] friponnerie *f*, fourberie *f*; **'knav·ish** □ fourbe; **'knav·ish·ness** fourberie *f*.

knead [ni:d] pétrir (*a.* ✿ˢ); travailler (*la pâte etc.*).

knee [ni:] **1.** genou (*pl.* -x) *m* (*a.* ⊕); **2.** pousser du genou; F fatiguer (*un pantalon*) aux genoux; **'_-cap**, **'_-pan** rotule *f*; **'_-joint** articulation *f* du genou; ⊕ rotule *f*; **'_knee** [ni:l] [*irr.*] s'agenouiller, se mettre à genoux (devant, to); **'kneel·er** personne *f* à genoux.

knell [nel] glas *m*.

knelt [nelt] *prét. et p.p.* de kneel.

knew [nju:] *prét.* de know 1.

knick·er·bock·ers ['nikəbɔkəz] *pl.* culotte *f* (bouffante); **'knick·ers** F *pl.* culotte *f*, pantalon *m* (*de femme*); *see* knickerbockers.

knick·knack ['niknæk] babiole *f*, bibelot *m*; **_s** *pl.* afféteries *f/pl.*

knife [naif] **1.** (*pl.* knives) couteau *m*; **2.** poignarder; **'_-bat·tle** rixe *f* entre gens armés de poignards; **'_-grind·er** repasseur *m* de couteaux.

knight [nait] **1.** chevalier *m*; *échecs:* cavalier *m*; **2.** créer chevalier; **'knight·age** corps *m* des chevaliers; **knight er·rant** ['nait'erənt], *pl.* **knights er·rant** chevalier *m* errant; **knight·hood** ['_hud] chevalerie *f*; titre *m* de chevalier; **'knight·li·ness** caractère *m* chevaleresque; air *m* de chevalier; **'knight·ly** chevaleresque, de chevalier.

knit [nit] [*irr.*] *v/t.* tricoter; joindre; *v/i.* se nouer; **_** *the brows* froncer les sourcils; **'knit·ter** tricoteur (-euse *f*) *m*; **'knit·ting 1.** tricot *m*; *action:* tricotage *m*; soudure *f* (*d'os*); **2.** à tricoter; **_-needle** aiguille *f* à tricoter; **'knit·wear** tricot *m*.

knives [naivz] *pl.* de knife 1.

knob [nɔb] bosse *f*; *tiroir, porte:* bouton *m*; *canne:* pomme *f*; *charbon, sucre, etc.:* morceau *m*; **'knob·by** plein de bosses; loupeux (-euse *f*) (*arbre*); **'knob·stick** canne *f* à pommeau; gourdin *m*; ✝ F jaune *m*.

knock [nɔk] **1.** coup *m*, heurt *m*, choc *m*; **2.** *v/i.* frapper; taper (sur, at); *mot.* cogner, taper; F se heurter (à, against); F **_** *about sl.* se balader, flâner; **_** *off sl.* cesser le travail; **_** *under* se rendre; *v/t.* frapper, cogner, heurter; *Am. sl.* critiquer; **_** *down* renverser, abattre; *vente aux enchères:* adjuger; ⊕ démonter; *be* **_***ed down* être renversé par une auto; **_** *off* faire tomber de; rabattre (*qch. du prix*); F voler, chiper; *box.* **_** *out* knockouter, F endormir; **_** *up* faire sauter (en l'air); construire à la hâte; réveiller; *fig.* éreinter, épuiser; **'_-a·bout 1.** violent; vagabond; de tous les jours (*habits*); *théâ.* de bateleur, de clown; **2.** *Am.* rixe *m*; **'_-'down** de réclame, minimum (*prix*); **'knock·er** frappeur (-euse *f*) *m*; marteau *m* (*de porte*); *Am. sl.* critique *m* impitoyable; *Brit. sl.* **_s** *pl.* nénés *f/pl.* (= seins); **'knock-kneed** cagneux (-euse *f*); panard (*cheval*); **'knock-'out** *box.* (*a.* **_** *blow*) knock-out *m*; *sl.* chose *f* ou personne *f* épatante.

knoll[1] [noul] tertre *m*, butte *f*.

knoll[2] [_] ✝ sonner; tinter.

knot [nɔt] **1.** nœud *m* (*a. fig., a.* ⚓, ♣); *gens:* groupe *m*; *cheveux:* chignon *m*; *sailor's* **_** nœud *m* régate; F *be tied up in* **_s** ne savoir plus que faire *ou* dire; **2.** (se) nouer; *v/t.* froncer (*les sourcils*); **'_-hole** trou *m* (*provenant d'un nœud d'arbre*); **'knot·ti·ness** nodosité *f*; *bois:* caractère *m* noueux; *fig.* complexité *f*; **'knot·ty** plein de nœuds; noueux (-euse *f*) (*bois*); *fig.* épineux (-euse *f*); **'knot·work** *couture:* macramé *m*.

knout [naut] **1.** knout *m*; **2.** knouter.

know [nou] **1.** [*irr.*] savoir (*un fait*); connaître (*q., un endroit*); reconnaître; distinguer (de, d'avec from); **_** *French* connaître *ou* parler le français; *come to* **_** apprendre; **2.** F *be in the* **_** être au courant (de l'affaire); être dans le secret; **know·a·ble** ['nouəbl] (re)connaissable; **'know-all 1.** omniscient; **2.** je sais tout *m*; **'know-how** savoir-faire *m/inv.*; connaissances *f/pl.* techniques; **'know·ing 1.** □ instruit; intelligent; habile; rusé, malin (-igne *f*); F chic *inv. en genre*); **2.** connaissance *f*, compréhension *f*; **knowl·edge**

['nɔlidʒ] connaissance *f*; savoir *m*,
connaissances *f*/*pl.*; *to my* ~ autant
que je sache; à mon vu et su; **known**
[noun] *p.p. de know 1*; *come to be* ~
se répandre (*bruit*); se faire connaître; se savoir; *make* ~ faire connaître; signaler.
knuck·le ['nʌkl] **1.** (*a.* ~-*bone*) articulation *f* du doigt; *veau*: jarret *m*;
2. ~ *down* (*ou under*) se soumettre;
céder; '~-**dust·er** coup-de-poing
(*pl.* coups-de-poing) *m* américain.
knur [nɔ:] nœud *m*.
knut F [(k)nʌt] gommeux *m*.

ko·dak *phot.* ['koudæk] **1.** kodak *m*;
2. photographier avec un kodak.
Ko·ran [kɔ'rɑːn] Koran *m*, Coran
m.
ko·tow ['kou'tau] **1.** prosternation *f*
(à la chinoise); **2.** saluer à la chinoise; *fig.* faire des courbettes (devant, *to*).
krem·lin ['kremlin] Kremlin *m*.
ku·dos *co.* ['kjuːdɔs] gloriole *f*.
Ku-Klux-Klan *Am.* ['kjuː'klʌks-
'klæn] *association secrète de
l'Amérique du Nord, hostile aux
Noirs.*

L

L, l [el] L *m*, l *m*.

lab F [læb] laboratoire *m*.

la·bel ['leibl] **1.** étiquette *f*; *fig.* désignation *f*, titre *m*; ✻ queue *f*; ⚠ larmier *m*; **2.** étiqueter; adresser; attacher une étiquette à; ✝ marquer le prix de; *fig.* qualifier (du nom de, *as*). [*m/pl.*); **2.** labiale *f.*]

la·bi·al ['leibjəl] **1.** labial (-aux)

lab·o·ra·to·ry [lə'bɔrətəri] laboratoire *m*; ~ *assistant* préparateur (-trice *f*) *m*.

la·bo·ri·ous □ [lə'bɔːriəs] laborieux (-euse *f*); pénible; travailleur (-euse *f*).

la·bo(u)r ['leibə] **1.** travail (*pl.* -aux) *m*, peine *f*, labeur *m*; maind'œuvre (*pl.* mains-d'œuvre) *f*, travailleurs *m/pl.*; *pol.* les travaillistes *m/pl.*; ✻ couches *f/pl.*; *Ministry of* ♀ Ministère *m* du Travail; *hard* ~ travail *m* forcé; travaux *m/pl.* forcés; **2.** travailliste (*parti*); du travail; ♀ *Day* fête *f* du travail; ~ *dispute* conflit *m* social *ou* du travail; ~ *Exchange* Bourse *f* du travail; ~ *force* les employés *m/pl.*, le personnel *m*; ♀ *Office* bureau *m* de placement; *surt. Am.* ~ *union* syndicat *m* ouvrier; **3.** *v/i.* travailler; peiner (*a. fig.*); ~ *under* être courbé sous; avoir à lutter contre; ~ *under a delusion* être victime d'une illusion; *v/t.* travailler; **'la·bo(u)r·age** paie *f*; **'la·bo(u)r-cre·a·tion** création *f* des emplois; **'la·bo(u)red** travaillé (*style*); pénible (*respiration*); **'la·bo(u)r·er** travailleur *m*; manœuvre *m*; *heavy manual* ~ travailleur *m* de force; **'la·bo(u)r·ing** ouvrier (-ère *f*); haletant (*poitrine*); palpitant (*cœur*); ~ *force* effectif *m* de la main-d'œuvre; **la·bo(u)r·ist** ['rist], **la·bo(u)r·ite** ['rait] membre *m* du parti travailliste.

la·bur·num ✿ [lə'bəːnəm] cytise *m*.

lab·y·rinth ['læbərinθ] labyrinthe *m*, dédale *m*; **lab·y·rin·thi·an** ['rin-θiən], *usu.* **lab·y·rin·thine** ['rin-θain] labyrinthique.

lac [læk] (gomme *f*) laque *f*; (*souv.* ~ *of rupees*) lack *m*; 100 000 de roupies.

lace [leis] **1.** lacet *m*; cordon *m*; *tex.* dentelle *f*; **2.** lacer (*un soulier*); entrelacer (de, avec *with*); arroser (*une boisson*) (à, *with*); garnir de dentelle(s); *fig.* (*a.* ~ *into s.o.*) rosser, battre; **'~-pil·low** coussin(et) *m* à dentelle.

lac·er·ate 1. ['læsəreit] lacérer; *fig.* déchirer; **2.** ['rit] lacéré; **lac·er'a·tion** lacération *f*; déchirement *m* (*a. fig.*); ✻ déchirure *f*.

lach·ry·mal *anat.* ['lækriml] lacrymal (-aux *m/pl.*); **lach·ry·ma·to·ry** ['mətəri] lacrymatoire; lacrymogène (*gaz*); **lach·ry·mose** ['mous] larmoyant.

lack [læk] **1.** *su.* manque *m*, défaut *m*, absence *f*; **2.** *v/t.* manquer de; ne pas avoir; *he* ~*s money* il n'a pas d'argent, l'argent lui fait défaut; *v/i. be* ~*ing* manquer, faire défaut; *be* ~*ing in ...* manquer de ...

lack·a·dai·si·cal □ [lækə'deizikl] apathique; affecté.

lack·ey ['læki] **1.** laquais *m*; **2.** *fig.* faire le plat valet auprès de (*q.*).

lack...: '~**land** sans terre (*a. su./m inv.*); '~**lus·ter**, '~**lus·tre** terne.

la·con·ic [lə'kɔnik] (~*ally*) laconique, bref (brève *f*).

lac·quer ['lækə] **1.** vernis *m* du Japon; laque *f*; **2.** laquer; F vernir.

lac·ta·tion [læk'teiʃn] lactation *f*.

lac·te·al ['læktiəl] lacté; laiteux (-euse *f*) (*suc*).

la·cu·na [lə'kjuːnə] lacune *f*, hiatus *m*.

lac·y ['leisi] de dentelle; fin comme de la dentelle.

lad [læd] garçon *m*; jeune homme *m*.

lad·der ['lædə] **1.** échelle *f* (*a. fig., a.* ⚓); *bas:* maille *f* qui file, éraillure *f*; **2.** se démailler; '~-proof indémaillable (*bas etc.*).

lade [leid] [*irr.*] charger (de, *with*); puiser de l'eau (à, *from*); **'lad·en** chargé.

lad·ing ['leidiŋ] chargement *m*; embarquement *m*.

la·dle ['leidl] **1.** cuiller *f* à pot; poche *f* (*a.* métall.); ⊕ puisoir *m*; **2.** servir (avec une louche); métall. couler; ⊕ (*a.* ~ out) pucher.

la·dy ['leidi] dame *f*; titre: Lady, F milady, madame *f* ...; *my* ~ madame; *ladies!* mesdames!; *young* ~ demoiselle *f*; jeune dame *f* (*mariée*); ♀ *Day* (fête *f* de) l'Annonciation *f* (*le 25 mars*); ~ *doctor* femme *f* docteur, doctoresse *f*; ~'s *maid* femme *f* de chambre; ~'s (*ou ladies*') *man* galant *m*; '~**bird** coccinelle *f*, F bête *f* à bon Dieu; '~**kill·er** bourreau *m* des cœurs; *don Juan m*; '~**like** distingué; *péj.* efféminé; '~**love** bienaimée *f*; '~**ship:** *her* ~, *Your* ♀ madame (la comtesse *etc.*).

lag[1] [læg] **1.** traîner; (*a.* ~ *behind*) rester en arrière; **2.** retard *m*.

lag[2] *sl.* [~] **1.** forçat *m*; **2.** condamner aux travaux forcés.

lag[3] [~] garnir d'un calorifuge.

la·ger (beer) ['lɑːgə (biə)] bière *f* blonde.

lag·gard ['lægəd] **1.** lent, paresseux (-euse *f*); **2.** traînard *m*.

la·goon [lə'guːn] *atoll:* lagon *m*; *Adriatique:* lagune *f*.

la·ic ['leiik] **1.** *a.* '**la·i·cal** □ laïque; **2.** laïque *mf*; **la·i·cize** ['laiəsaiz] laïciser.

laid [leid] *prét. et p.p. de* lay[4] **2.** ~ *up* alité, au lit; ~ *paper* papier *m* vergé.

lain [lein] *p.p. de* lie[2]

lair [leə] tanière *f*, repaire *m* (*d'une bête fauve*).

laird *écoss.* [leəd] propriétaire *m* foncier; F châtelain *m*.

la·i·ty ['leiiti] laïques *m/pl.*

lake[1] [leik] lac *m*; *ornamental* ~ bassin *m*.

lake[2] [~] *peint.* laque *f*.

lake-dwel·lings ['leikdweliŋz] *pl.* habitations *f* lacustres.

lam *sl.* [læm] *v/t.* (*a.* ~ *into*) rosser, étriller; *v/i.* s'évader, s'enfuir.

lamb [læm] **1.** agneau *m*; ~ *chop* côtelette *f* d'agneau; **2.** agneler.

lam·baste *sl.* ['læm'beist] donner une râclée à.

lam·bent ['læmbənt] blafard (*yeux, étoile*); chatoyant (*style, esprit*).

lamb·kin ['læmkin] agnelet *m*; '**lamb·like** doux (douce *f*) comme un agneau; '**lamb·skin** peau *f* d'a-

gneau; *fourrure:* agnelin *m*; '**lambs-wool** laine *f* d'agneau.

lame [leim] **1.** □ boiteux (-euse *f*); estropié; *fig.* faible, piètre (*excuse etc.*); ~ *duck fig.* faible *mf*; ✝ failli *m*; *Am.* député *m* non réélu; **2.** rendre boiteux (-euse *f*); estropier; '**lame-ness** boitement *m*; *cheval:* boiterie *f*; *fig.* faiblesse *f*.

la·ment [lə'mənt] **1.** lamentation *f*; **2.** se lamenter (sur, *for*), pleurer (*qn, for s.o.*); **lam·en·ta·ble** □ ['læməntəbl] lamentable, déplorable; **lam·en·ta·tion** lamentation *f*.

lam·i·na ['læminə], *pl.* **-nae** ['~niː] lam(elle *f*); ♀ feuillet *m*; ♀ limbe *m*; '**lam·i·nar** laminaire; **lam·i·nate** ['~nit], **lam·i·nat·ed** ['~neitid] à feuilles; contre-plaqué (*bois*).

lamp [læmp] lampe *f*; *mot.* lanterne *f*; *head* ~ phare *m*; '~**chim·ney** verre *m* de lampe; '~**light** lumière *f* de la (*ou* d'une) lampe; '~**light·er** allumeur *m* de réverbères, lampiste *m*.

lam·poon [læm'puːn] **1.** satire *f*, libelle *m*, brocard *m*; **2.** lancer des libelles *etc.* contre; chansonner (*q.*); **lam·poon·er**, **lam·poon·ist** libelliste *m*, satiriste *m*.

lamp-post ['læmppoust] (poteau *m* de) réverbère *m*.

lam·prey *icht.* ['læmpri] lamproie *f*.

lamp·shade ['læmpʃeid] abat-jour *m/inv.*

lance [lɑːns] **1.** lance *f*; ✚ bistouri *m*; *free* ~ soldat *m* mercenaire; *parl.* politique *m* indépendant; *journ.* journaliste *m* indépendant; *couch a* ~ mettre une lance en arrêt; **2.** percer (*a.* ✚); '~'**cor·po·ral** ✕ caporal *m*; **lan·ce·o·late** *surt.* ♀ ['lænsialit] lancéolé; **lanc·er** ['lɑːnsə] ✕ lancier *m*; ~*s pl.* danse *anglaise:* lanciers *m/pl.*

lan·cet ['lɑːnsit] bistouri *m*, lancette *f*; ~ *arch* △ arc *m* à lancette.

land [lænd] **1.** terre *f*; sol *m*; terrain *m*; pays *m*; propriété *f* foncière; ~*s pl.* terres *f/pl.*, terrains *m/pl.*; ~ *reclamation* mise *f* en valeur (*des marais*); défrichement *m* (*d'un terrain*); ~ *reform* réforme *f* agraire; ~ *register* cadastre *m*; *fig.* see how the ~ *lies* prendre le vent, tâter le terrain; **2.** *v/t.* mettre à terre; ⚓ débarquer (*a. v/t.*); ✈ atterrir (*a. v/i.*); F porter (*un coup*); F remporter (*un* *prix*); amener à terre (*un poisson*); '~**a·gent** intendant *m* (*d'un domaine*); courtier *m* en immeubles; '**land·ed** foncier (-ère *f*) (*propriété*); terrien(ne *f*) (*personne*).

land...: '~**fall** ♏ atterrissage *m*; '~**forc·es** *pl*. armée *f* de terre; '~**grab·ber** accapareur *m* de terre; '~**grave** landgrave *m*; '~**hold·er** propriétaire *m* foncier.

land·ing ['lændiŋ] débarquement *m* ✕, ♏ descente *f*; ≫ atterrissage *m*, amerrissage *m*; ≫ ~ **gear train** *m* d'atterrissage; ~ **ground** terrain *m* d'atterrissage; ≫ ~ **run distance** *f* d'atterrissage; '~**net** épuisette *f*; '~**stage** débarcadère *m*, embarcadère *m*.

land...: '~**la·dy** propriétaire *f*; *pension etc.*: logeuse *f*; aubergiste *f*, F patronne *f*; '~**locked** entouré de terre; intérieur (*lac etc.*); '~**lop·er** vagabond *m*; '~**lord** propriétaire*m*; *pension etc.*: logeur *m*; aubergiste *m*, F patron *m*; '~**lord·ism** landlordisme *m*; '~**lub·ber** F *péj*. marin *m* d'eau douce; terrien*m*; '~**mark** *surt*. ♏ indice *m*; point *m* coté (*sur une carte*); borne *f* limite; *fig*. point *m* de repère; *fig*. événement *m* marquant; '~**own·er** propriétaire *mf* foncier (-ère *f*); ~**scape** ['lænskeip] paysage *m*; ~ *architecture ou* **design** architecture *f* de paysage; ~ **gardener** jardinier *m* paysagiste; ~ **gardening** jardinage *m* paysagiste; '~**slide** éboulement *m* (de terrain); *fig*. catastrophe*f*; *pol*. débâcle *f*, Am. victoire *f* écrasante; '~**slip** éboulement *m* (de terrain); ~**s·man** ♏ ['~zmən] terrien *m*; '~**sur·vey·or** arpenteur *m*; '~**tax** impôt *m* foncier; ~**ward** ['~wəd] vers la terre; du côté de la terre.

lane [lein] chemin *m* (vicinal); *ville*: ruelle *f*, passage *m*; ♏ route *f* de navigation; *mot*. voie *f*.

lang syne *écoss*. ['læŋ'sain] **1.** jadis; **2.** le temps *m* jadis; les jours *m/pl*. d'autrefois.

lan·guage ['læŋgwidʒ] langue *f*; langage *m*; ~ **laboratory** laboratoire *m* de langues; *bad* ~ langage *m* grossier; *strong* ~ langage *m* violent; injures *f/pl*.

lan·guid □ ['læŋgwid] languissant, langoureux (-euse *f*); mou (mol *devant une voyelle ou un h muet*; molle

f); faible; '**lan·guid·ness** langueur *f*, faiblesse *f*.

lan·guish ['læŋgwiʃ] languir (après, *pour* for); dépérir; ♀ s'étioler; ✝ traîner (*affaires*); '**lan·guish·ing** □ languissant, langoureux (-euse*f*); ✝ faible.

lan·guor ['læŋgə] langueur *f*; '**lan·guor·ous** langoureux (-euse *f*).

lank □ [læŋk] maigre; sec (sèche *f*); efflanqué (*personne, a. bête*); plat (*cheveux*); '**lank·y** □ grand et maigre.

lans·que·net ✕ ['lænskinet] lansquenet *m* (*a. cartes*).

lan·tern ['læntən] lanterne *f*; ♏ fanal *m*; △ lanterne(au *m*) *f*; *dark* ~ lanterne *f* sourde; '~**jawed** aux joues creuses; '~**slide** (diapositive *f* de) projection *f*; ~ **lecture** conférence *f* avec projections.

lan·yard ♏ ['lænjəd] aiguillette *f*.

lap[1] [læp] **1.** *su*. *cost*. pan *m*; genoux *m/pl*.; ⊕ recouvrement *m*; *corde etc*.: tour *m*; *sp*. tour *m*, circuit *m*; ⚡ guipage *m*; *sp*. ~ *of hono(u)r* tour *m* d'honneur; **2.** *v/t*. enrouler; entourer, envelopper (q. de qch. *s.o. about with s.th., s.th. round s.o.*); ⊕ enchevaucher (*des planches*); ⚡ guiper; *v/i*. (*usu*. ~ *over*) dépasser, chevaucher.

lap[2] [~] **1.** gorgée *f*; coup *m* de langue; *vagues*: clapotis *m*; **2.** laper; *fig*. avaler; clapoter (*vagues*).

lap-dog ['læpdɔg] chien *m* de manchon.

la·pel *cost*. [lə'pel] revers *m*.

lap·i·dar·y ['læpidəri] lapidaire (*a. su./m*).

lap·pet ['læpit] *cost*. pan *m*; revers *m*; *oreille*: lobe *m*.

lapse [læps] **1.** erreur *f*; faux pas *m*; laps *m* (de temps); délai *m* (*de temps*); défaillance *f* (*de la mémoire*); ⚖ déchéance *f*; *eccl*. apostasie *f*; chute *f*; **2.** déchoir; *au sens moral*: tomber (dans, *into*); manquer à ses devoirs; ✝ cesser d'être en vigueur; *fig*. rentrer (dans le silence, *into silence*); ⚖ tomber en désuétude; s'abroger (*loi*).

lap·wing *orn*. ['læpwiŋ] vanneau *m*.

lar·ce·ny ⚖ ['lɑːsni] larcin *m*, vol *m* insignifiant; *grand* ~ vol *m*; *petty* ~ vol *m* simple.

larch ♀ [lɑːtʃ] mélèze *m*.

lard [lɑːd] **1.** saindoux *m*, graisse *f* de porc; **2.** larder (de, *with*) (*a*.

fig.); '**lard·er** garde-manger *m/inv.*; '**lard·ing-nee·dle**, '**lard·ing-pin** lardoire *f*; '**lard·y** lardeux (-euse *f*).

large □ [lɑ:dʒ] grand; gros(se *f*); fort; nombreux (-euse *f*); large; ~ *farmer* gros fermier *m*; *at* ~ *en* liberté, libre; en général; en détail; *talk at* ~ parler au hasard; parler longuement (sur qch.); *in* ~ en grand; '**large·ly** en grande partie; pour la plupart; pour une grande part; '**large·ness** grandeur *f*, grosseur *f*; *fig.* largeur *f*; '**large-mind·ed** à l'esprit large; tolérant; '**large-'scale** de grande envergure; '**large-'sized** de grandes dimensions.

lar·gess(e) *poét.* ['lɑ:dʒes] largesse *f*.
lark[1] *orn.* [lɑ:k] alouette *f*.
lark[2] [~] **1.** farce *f*, blague *f*; **2.** rigoler, faire des farces; **lark·some** ['~səm] *see* larky.
lark·spur ♀ ['lɑ:kspə:] pied *m* d'alouette.
lark·y F ['lɑ:ki] espiègle; folichon(ne *f*).
lar·va *zo.* ['lɑ:və], *pl.* -**vae** ['~vi:] larve *f*; **lar·val** ['~vl] larvaire; ⚕ latent.
lar·ynx ['læriŋks] larynx *m*.
las·civ·i·ous □ [lə'siviəs] lascif (-ive *f*).
la·ser ['leizə] laser *m*; ~ *beam* rayon *m* laser.

lash [læʃ] **1.** coup *m* de fouet; lanière *f*; *fig.* supplice *m* du fouet; œil: cil *m*; **2.** fouailler; cingler (*a. pluie*); fouetter; *fig.* flageller, cingler; attacher, lier (à, *to*); ⚓ amarrer; ~ *out* ruer (*cheval*); *fig.* se livrer (à, *into*); ~ *out at* lâcher un coup à.
lass [læs] jeune fille *f*; **las·sie** ['~i] fillette *f*.
las·si·tude ['læsitjuːd] lassitude *f*.
last[1] [lɑ:st] **1.** *adj.* dernier (-ère *f*); ~ *but one* avant-dernier (-ère *f*); ~ *night* hier soir; la nuit dernière; *the* ~ *two* les deux derniers (-ères *f*); **2.** *su.* dernier (-ère *f*) *m*; bout *m*; fin *f* (= *mort*); *my* ~ ma dernière lettre; mon dernier *m*, ma dernière *f* (*enfant*); *at* ~ enfin; à la fin; *at long* ~ enfin; à la fin (des fins); *breathe one's* ~ rendre le dernier soupir; **3.** *adv.* enfin; la fois; le (la) dernier (-ère *f*) fois; ~, *but not least* le mieux encore ..., le dernier, mais non le moindre.

last[2] [~] durer, se maintenir; (*a.* ~ *out*) aller (*comestibles etc.*); faire (*robe etc.*); soutenir (*une allure*).
last[3] [~] forme *f* (*à chaussures*).
last[4] ✦ [~] *mesure:* last(e) *m*.
last-ditch [lɑ:st'ditʃ] ultime, désespéré (*efforts etc.*); **last-ditch·er** jusqu'auboutiste *m*.
last·ing ['lɑ:stiŋ] **1.** □ durable; résistant; **2.** *tex.* lasting *m*; '**last·ing-ness** durabilité *f*, permanence *f*.
last·ly ['lɑ:stli] en dernier lieu; pour finir.
last-min·ute [lɑ:st'minit] de dernière minute *ou* heure.
latch [lætʃ] **1.** loquet *m*; serrure *f* de sûreté; *on the* ~ au loquet; fermé à demi-tour; **2.** fermer au loquet *ou* à demi-tour; '**~-key** clef *f* de maison; passe-partout *m/inv.*
late [leit] tard; retardé; tard; tardif (-ive *f*) (*fruit etc.*); ancien(ne *f*), ex-; feu (= *mort*); récent; *at (the)* ~*st* au plus tard; tout au plus; *as* ~ *as* pas plus tard que; *of* ~ récemment; *of* ~ *years* ces dernières années; depuis quelques nières années; ~*r on* plus tard; *be* ~ être en retard; ~ avoir du retard ou un retard de ...; *keep* ~ *hours* se coucher tard; rentrer tard; '**~-com·er** retardataire *mf*; tard-venu(e *f*) *m*; '**late·ly** dernièrement, récemment; depuis peu.
la·ten·cy ['leitənsi] état *m* latent.
late·ness ['leitnis] arrivée *f* tardive; date *f* récente; heure *f* avancée; *fruit etc.*: tardiveté *f*.
la·tent □ ['leitənt] caché; latent.
lat·er·al □ ['lætərəl] latéral (-aux *m/pl.*).
lath [lɑ:θ] **1.** latte *f*; *toit:* volige *f*; *jalousie:* lame *f*; **2.** latter; voliger (*un toit*).
lathe [leið] ⊕ tour *m*; *tex.*, *métier:* battant *m*.
lath·er ['lɑ:ðə] **1.** *su.* mousse *f* de savon; écume *f*; **2.** *v/t.* savonner; F rosser (*q.*), fouailler (*un cheval*); *v/i.* mousser (*savon*); jeter de l'écume (*cheval*).
lath·y ['lɑ:θi] latté *f*; *fig.* long et mince.
Lat·in ['lætin] **1.** latin; **2.** Latin(e *f*) *m*; *ling.* latin *m*; ~ **A·mer·i·ca** Amérique *f* latine; '**Lat·in·ism** latinisme *m*, tournure *f* latine.
lat·i·tude ['lætitjuːd] latitude *f* (*a.*

fig., géog., astr.); fig. a. étendue *f;* liberté *f* d'action; ~s *pl.* latitudes *f/pl.,* F parages *m;* **lat·i·tu·di·nal** [~inl] latitudinal (-aux *m/pl.);* **lat·i·tu·di·nar·i·an** [~'neəriən] **1.** latitudinaire (*a. su./mf);* **2.** partisan(e *f) m* du tolérantisme.

lat·ter ['lætə]: the ~ le dernier *m,* la dernière *f;* celui-ci *m* (celle-ci *f,* ceux-ci *m/pl.,* celles-ci *f/pl.);* ~ end fin *f;* '~**day** récent, moderne; '**lat·ter·ly** dans les derniers temps; dans la suite; récemment.

lat·tice ['lætis] **1.** (*a.* ~**work**) treillage *m,* treillis *m;* **2.** treillager, treillisser.

Lat·vi·an ['lætviən] **1.** lettonien(ne *f);* **2.** Lettonien(ne *f) m.*

laud [lɔːd] louer, chanter les louanges de; **laud·a·bil·i·ty** caractère *m* louable; '**laud·a·ble** ☐ louable, digne d'éloges; **lau·da·tion** louange *f;* **laud·a·to·ry** ☐ ['~ətəri] élogieux (-euse *f).*

laugh [lɑːf] **1.** rire *m;* **2.** (*at*) rire (de); se moquer (de); ~ off traiter (*qch.*) en plaisanterie; ~ out of faire renoncer à force de plaisanteries; *see* sleeve; '**laugh·a·ble** ☐ risible, ridicule; '**laugh·er** rieur (-euse *f) m;* '**laugh·ing 1.** rires *m/pl.;* **2.** ~ riant; rieur (-euse *f);* '**laugh·ing·stock** objet *m* de risée; '**laugh·ter** rire *m,* -s *m/pl.*

launch [lɔːntʃ] **1.** ⚓ lancement *m;* chaloupe *f; motor* ~ vedette *f;* **2.** *v/t.* lancer (*a.* un navire, une fusée); débarquer (*un canot*); ⚔ déclencher; *fig.* mettre en train, lancer; *v/i.* ~ out lancer un coup (à *at,* *against*); ⚓ mettre à la mer; ~ (out) *into* se lancer dans; '**launch·ing 1.** lancement *m;* **2.** ~ pad (site *etc.*) rampe *f* (aire *f etc.*) de lancement.

laun·dress ['lɔːndris] blanchisseuse *f;* '**laun·dry** blanchisserie *f;* lessive *f.*

lau·re·ate ['lɔːriit] **1.** lauréat; poet ~ = **2.** poète *m* lauréat.

lau·rel ☘ ['lɔrl] laurier *m; fig.* win ~s cueillir des lauriers; '**lau·relled** couronné (de lauriers).

la·va ['lɑːvə] lave *f.*

lav·a·to·ry ['lævətəri] lavabo *m;* cabinet *m* de toilette; *public* ~ cabinets *m/pl.*

lave [leiv] *usu. poét.* laver; ⚕ bassiner.

lav·en·der ☘ ['lævində] lavande *f.*

lav·ish ['læviʃ] **1.** ☐ prodigue (de *of*); abondant; **2.** prodiguer; '**lav·ish·ness** prodigalité *f.*

law [lɔː] loi *f;* droit *m;* code *m;* législation *f;* justice *f;* règle *f; at* ~ en justice, en procès; *go to* ~ avoir recours à la justice; *have the* ~ of *s.o.* faire un procès à q., poursuivre q. en justice; *necessity knows no* ~ nécessité n'a point de loi; *lay down the* ~ expliquer la loi; F dogmatiser; *practise* ~ exercer le droit; '~**a·bid·ing** ⚖ ami de l'ordre; '~**court** cour *f* de justice; tribunal *m;* '**law·ful** ☐ légal (-aux *m/pl.*); licite, permis; légitime; juste; valide (*contrat etc.*); '**law·giv·er** législateur *m;* '**law·less** ☐ sans loi; désordonné.

lawn[1] [lɔːn] *tex.* batiste *f;* linon *m.*

lawn[2] [~] pelouse *f;* gazon *m;* '~**mow·er** tondeuse *f;* '~**sprin·kler** arrosoir *m* de pelouse; ~ **ten·nis** (lawn-)tennis *m.*

law·suit ['lɔːsjuːt] procès *m;* **law·yer** ['~jə] homme *m* de loi; juriste *m;* jurisconsulte *m; see a.* solicitor, barrister.

lax ☐ [læks] mou (mol *devant une voyelle ou un h muet;* molle *f*); flasque; relâché; négligent; facile (*morale*); **lax·a·tive** ['~ətiv] **1.** laxatif (-ive *f*); **2.** laxatif *m;* '**lax·i·ty,** '**lax·ness** mollesse *f;* relâchement *m;* inexactitude *f.*

lay[1] [lei] *prét. de* lie[2] **2.**

lay[2] [~] lai *m,* chanson *f; poét.* poème *m.*

lay[3] [~] laïque, lai.

lay[4] [lei] **1.** *su. cordage:* commettage *m; terrain:* configuration *f; sl.* spécialité *f;* **2.** [*irr.*] *v/t.* coucher; abattre (*q., la poussière*); exorciser (*un fantôme*); mettre (*couvert, qch. sur qch., enjeu, impôt, nappe*); parier (*une somme, fig.* que, *that*); faire (*un pari*); pondre (*un œuf*); porter (*une plainte*); poser (*des fondements, un tapis, qch. sur qch.*); ~ *bare* mettre à nu; dévoiler; découvrir; ~ *before* exposer, présenter à (*q.*); ~ *by* mettre de côté; ~ *down* déposer; rendre (*les armes*); résigner (*un office*); donner (*la vie*); étaler (*les cartes*); poser (*qch., voie, câble, principe*); imposer (*une condition*); formuler (*un principe*); ~ *in* s'approvisionner de; ✝ emmagasiner; ~

in stock s'approvisionner; ~ *low* étendre, abattre; ~ *off* congédier; *peint.* lisser avec la brisse; faire la contre-partie de (*un pari*); *Am. sl.* en finir avec (*q., qch.*), laisser (*tranquille*); ~ on imposer; étendre (*un enduit*); ne pas ménager (*des couleurs*); appliquer; porter (*des coups*); amener (*de l'eau*); installer (*le gaz etc.*); *fig.* ~ *it on* (*thick*) flatter (*grossièrement*); ~ open exposer; ~ (*o.s.*) *open to* (s')exposer à (*qch.*); ~ *out* arranger, étaler (*devant les yeux*); disposer (*le jardin*); dépenser (*l'argent*); F aplatir (*q.*); ~ *o.s. out* faire de son mieux (*pour for, to*); ~ *up* accumuler, amasser (*de l'argent, des provisions*); amasser (*des connaissances*); mettre (*qch.*) en réserve; mettre (*la terre*) en jachère; ⚓ mettre en rade; ⚓ désarmer; ~ *with* coucher avec; **3.** [*irr.*] *v/i.* pondre (*des œufs*); (*a.* ~ *a wager*) parier; ⚓ être (à l'ancre); mettre la table (pour, *for*); ~ *about one* frapper de tous côtés; *sl.* ~ *into* rosser (*q.*); F ~ (*it*) *on* porter des coups.

lay...: '~·**a·bout** *Brit.* F fainéant(e *f*) *m*, paresseux (-euse *f*) *m*; '~·**by** *Brit. mot.* petite aire *f* de stationnement.

lay·er 1. *su.* ['leiə] poseur *m*; parieur *m*; *poule*: pondeuse *f*; *peint. etc.* couche *f*; *géol.* assise *f*, strate *f*; **2.** *v/t.* ✍ ['leə] marcotter; *v/i.* se coucher (*blé*).

lay·ette [lei'et] layette *f*.

lay fig·ure mannequin *m*.

lay·ing ['leiiŋ] *câble, rail, tuyau, etc.*: pose *f*; *fondements*: assise *f*; *œufs*: ponte *f*.   [laïque *m*.\

lay·man ['leimən] profane *m* (*a. fig.*).\

lay...: '~·**off** *Am.* période *f* de chômage; vacances *f/pl.* (*un ouvrier*); '~·**out** disposition *f*; tracé *m*.

laz·a·ret, *usu.* **laz·a·ret·to** [læzə-'ret(ou)] léproserie *f*; ⚓ lazaret *m*.

laze F [leiz] fainéanter; baguenauder; '**la·zy 1.** paresseux (-euse *f*), fainéant; **2.** = '**la·zy-bones** fainéant(e *f*) *m*, F flémard(e *f*) *m*.

lea *poét.* [li:] prairie *f*.

leach [li:tʃ] *v/i.* filtrer.

lead¹ [led] **1.** plomb *m*; ⚓ (plomb *m* de) sonde *f*; *typ.* interligne *f*; *crayon*: mine *f*; ~*s pl.* plombs *m/pl.*; ~ *pencil* crayon *m* (à la mine de

plomb); **2.** plomber; garnir de plomb; *typ.* interligner.

lead² [li:d] **1.** *su.* conduite *f*, exemple *m*; tête *f*; *théâ.* premier rôle *m*, vedette *f*; *cartes*: main *f*, couleur *f*; ⚡ câble *m*, connexion *f*; *chien*: laisse *f*; *journ.* ~ *story* article *m* de tête; *cartes*: it's my ~ à moi de jouer; *take the* ~ prendre la tête; *fig.* gagner les devants (sur *of*, over); **2.** [*irr.*] *v/t.* mener, conduire (à, to); amener; induire (en, into); guider; entamer de (*cartes*) on entraîner; *fig.* encourager (à parler) *v/i.* mener, conduire; ~ *to* produire; ~ *off* commencer (par, with); *sp.* jouer le premier; ~ *up to* donner accès à; *fig.* introduire, amener.

lead·en ['ledn] de plomb (*a. fig.*).

lead·er ['li:də] chef *m* (*a.* ✕); conducteur (-trice *f*) *m*; guide *m*; ⚓ chef *m* d'attaque; *journ.* article *m* de fond; *cin.* bande *f* amorce; **lead·er·ette** [~'ret] article *m* de fond succinct; '**lead·er·ship** conduite *f*; ✕ commandement *m*; direction *f*.

lead·ing ['li:diŋ] **1.** premier (-ère *f*), principal (-aux *m/pl.*); de tête; ~ *article* article *f* de fond; ~ *speciality* spécialité *f* de réclame; ⚡ ~ *case* cas *m* d'espèce qui fait autorité; *théâ.* ~ *man* (*lady*) vedette *f*, premier rôle *m*; ⚡ ~ *question* question *f* tendancieuse; **2.** conduite *f*, direction *f*; ✕ commandement *m*; '~·**strings** *pl.* lisière *f*.

leaf [li:f] (*pl.* **leaves**) ⚘ feuille *f* (*a. or etc., papier*); *fleur*: F pétale *m*; *livre*: feuillet *m*; *porte, table*: battant *m*; *table*: rallonge *f*; '**leaf·age** feuillage *m*; '**leaf·less** sans ou dépourvu de feuilles; **leaf·let** ['~·lit] feuillet *m*; feuille *f* volante; papillon *m* (*de publicité*); ⚘ foliole *f*; '**leaf·y** feuillu; couvert de feuilles, de feuillage.

league¹ [li:g] lieue *f* (marine) (= *4,8 km.*).

league² [~] **1.** ligue *f*; *sp.* ♀ *match* match *m* de championnat; ♀ *of Nations* Société *f* des Nations; **2.** se liguer; '**lea·guer** ligueur (-euse *f*) *m*.

leak [li:k] **1.** écoulement *m*, ⚓ voie *f* d'eau; **2.** couler, fuir; se perdre; ⚓ faire eau; ~ *out* couler; *fig.* s'ébruiter; transpirer; '**leak·age** fuite *f*, perte *f*; ⚓ coulage *m*; *fig.* secrets:

fuite *f*; 'leak·y qui coule; qui prend l'eau; *fig.* peu fidèle, peu discret (-ète *f*).

lean¹ [li:n] maigre (*a. su./m*).

lean² [~] **1.** [*irr.*] *v/t.* appuyer (contre, *against*); *v/i.* s'appuyer (sur, *on*); contre, *against*); s'adosser (à, contre *against*); s'accouder; se pencher (sur, *over*; vers, *towards*); pencher (*mur etc.*), incliner (*a. fig.*); **2.** inclinaison *f*; *fig.* (*a.* '**lean·ing** penchant *m* (pour, *to* [*wards*]); tendance *f* (à, *to*[*wards*]).

lean·ness ['li:nnis] maigreur *f*.

leant [lent] *prét. et p.p. de* lean² 1.

lean-to ['li:n'tu:] appentis *m*.

leap [li:p] **1.** *su.* saut *m*, bond *m*; *by* ~*s and bounds* par bonds et par sauts; **2.** [*irr.*] *v/i.* sauter (*a. fig.*); jaillir (*flamme etc.*); *v/t.* franchir d'un saut; sauter; '~**-frog** **1.** saute-mouton *m*; **2.** sauter comme à saute-mouton; **leapt** [lept] *prét. et p.p. de* leap 2; '**leap-year** année *f* bissextile.

learn [lə:n] [*irr.*] apprendre; ~ *from* mettre (*qch.*) à profit; **learn·ed** □ ['~id] instruit, savant; '**learn·er-driv·er** conducteur *m* novice; '**learn·ing** étude *f*; action *f* d'apprendre; érudition *f*; **learnt** [lə:nt] *prét. et p.p. de* learn.

lease [li:s] **1.** bail (*pl.* baux) *m*; *terre:* bail *m* à ferme; *fig.* concession *f*; *let* (*out*) *on* ~ louer à bail; *a new* ~ *of life* un renouveau de vie; **2.** donner *ou* prendre à bail; louer; affermer (*une terre*); '~**hold** tenure *f ou* propriété *f* à bail; *attr.* tenu à bail; '~**hold·er** bailleur *m*.

leash [li:ʃ] **1.** laisse *f*, attache *f*; *chasse:* harde *f* (= *3 chiens*); **2.** mettre à l'attache.

least [li:st] **1.** *adj.* le (*la*) moindre; *le* (*la*) plus petit(e); **2.** *adv.* (*le*) moins; *not* ~ pas le moindre; **3.** *su.: at* (*the*) ~ au moins; du moins; *at the very* ~ tout au moins; *not in the* ~ pas du tout; *to say the* ~ pour ne pas dire plus.

leath·er ['leðə] **1.** cuir *m*; F *foot-ball* ~*s pl.* culotte *f ou* guêtres *f/pl.* de cuir; **2.** de *ou* en cuir; **3.** garnir de cuir; F tanner le cuir à, rosser; **leath·er·ette** [~'ret] simili-cuir *m*; **leath·ern** ['leðən] de cuir, en cuir; '**leath·er·y** qui ressemble au cuir; coriace (*viande*).

leave [li:v] **1.** permission *f*, autorisation *f*; (*a.* ~ *of absence*) *mois:* congé *m*, *jours:* permission *f*; *by your* ~ si vous le voulez bien; **2.** [*irr.*] *v/t.* laisser; abandonner; déposer (à la consigne); léguer (*une fortune etc.*); quitter (*un endroit*); sortir de; F ~ *it at that* en demeurer là; *see* call; ~ *behind* laisser (*a. des traces*), oublier; devancer, distancer; ~ *off* cesser; renoncer à (*une habitude*); cesser de porter (*un vêtement*); *v/i.* partir (pour, *for*).

leaved [li:vd] aux feuilles...; feuillu; à ... battants (*porte*); à ... rallonges (*table*).

leav·en ['levn] **1.** levain *m*; **2.** faire lever; *fig.* modifier (par, *with*); '**leav·en·ing** ferment *m*; *fig.* addition *f*, nombre *m*.

leaves [li:vz] *pl. de* leaf.

leav·ings ['li:viŋz] *pl.* restes *m/pl.*

lec·tern *eccl.* ['lektən] lutrin *m*.

lec·ture ['lektʃə] **1.** conférence *f*(sur, *on*); leçon *f* (de, *on*); *give a* ~ faire une conférence; *attend* ~*s* suivre un cours; *see* curtain; *read s.o. a* ~ faire une semonce à q.; **2.** *v/i.* faire une conférence (sur, *on*); faire un cours (de, *on*); *v/t.* F semoncer, sermonner; '**lec·tur·er** conférencier (-ère *f*) *m*; *univ.* maître *m* de conférences; chargé *m* de cours; professeur *m*; '**lec·ture·ship** poste *m* de conférencier (-ère *f*); *univ.* maîtrise *f* de conférences.

led [led] *prét. et p.p. de* lead² 2.

ledge [ledʒ] rebord *m*; saillie *f*; corniche *f*; banc *m* de récifs.

ledg·er ['ledʒə] † grand livre *m*; *Am.* registre *m*; ⊕ échafaudage; filière *f*.

lee ⚓ [li:] côté *m* sous le vent.

leech [li:tʃ] *zo.* sangsue *f* (*a. fig.*); *fig.* crampon *m*.

leek ♣ [li:k] poireau *m*.

leer [liə] **1.** œillade *f* en dessous; regard *m* paillard; **2.** ~ *at* lorgner d'un air méchant; lancer des œillades à; '**leer·y** □ *sl.* malin(-igne*f*), rusé; soupçonneux·(-euse *f*).

lees [li:z] *pl.* lie *f* (*a. fig.*). [vent.]

lee·ward ⚓ ['li:wəd] sous le

lee·way ⚓ [li:'wei] dérive *f*; make ~ dériver; *fig.* traîner; *fig. make up* ~ rattraper le temps perdu.

left¹ [left] *prét. et p.p. de* leave 2; *be* ~ rester.

lens

left² [~] adj. gauche; 2. adv. à gauche; 3. su. gauche f; '~-**hand** de ou à gauche; mot. ~ drive conduite f à gauche; '~-**hand·ed** □ gaucher (-ère f) (personne); fig. gauche; douteux (-euse f) (compliment); ⊕ à gauche. [mf).\
left·ist pol. ['leftist] gauchiste (adj.,).\
left...: '~-'**lug·gage lock·er** casier m à consigne automatique; '~-'**luggage of·fice** consigne f; '~-**o·vers** pl. restes m/pl.

Left-Wing par·ty ['left'win] de gauche.

leg [leg] jambe f; chien, oiseau, etc.: patte f; table: pied m; ♣ branche f; course: étape f; ~ of mutton gigot m; give s.o. a ~ up faire la courte échelle à q.; F donner un coup d'épaule à q.; F be on one's last ~s être à bout de ses ressources; pull s.o.'s ~ se payer la tête de q., faire marcher q.

leg·a·cy ['legǝsi] legs m; '~-'**hunt·er** coureur (-euse f) m d'héritages.

le·gal □ ['li:gǝl] légal (-aux m/pl.); juridique; judiciaire; de droit; de loi; ~ adviser conseiller m juridique; ~ aid assistance f judiciaire; ~ capacity capacité f de contracter; ~ costs pl. dépens m/pl., frais m/pl. de justice; ✝ ~ department service m du contentieux; ~ dispute litige m, procès m; ~ entity personne f morale; ~ remedy voie f de recours; ~ status capacité f juridique; see tender² 1; **le·gal·i·ty** [li'gæliti] légalité f; **le·gal·i·za·tion** [li:gǝlai'zeiʃn] légalisation f; **le·gal·ize** rendre légal; autoriser; authentiquer (un document).

leg·ate ['legit] légat m (du pape).

leg·a·tee ♣♣ [legǝ'ti:] légataire mf.

le·ga·tion [li'geiʃn] légation f.

leg-bail ['leg'beil] give ~ F s'évader; filer à l'anglaise.

leg·end ['ledʒǝnd] légende f (a. = inscription); explication f; '**leg·end·ar·y** légendaire.

leg·er·de·main ['ledʒǝdǝ'mein] passe-passe m/inv.; prestidigitation f.

legged [legd] à ou aux jambes; short-~ aux jambes courtes; **leggings** ['~z] pl. guêtres f/pl.; '**leg·gy** aux longues jambes.

leg·horn ['leg'gɔːn] chapeau m de paille d'Italie; poule: leghorn f.

leg·i·bil·i·ty [ledʒi'biliti] lisibilité f; **leg·i·ble** ['ledʒǝbl] □ lisible.

le·gion ['li:dʒǝn] légion f (a. fig.); '**le·gion·ar·y** légionnaire (a. su./m).

leg·is·late ['ledʒisleit] faire des lois; **leg·is·la·tion** législation f; '**leg·is·la·tive** □ législatif (-ive f); '**leg·is·la·tor** législateur m; **leg·is·la·ture** ['~tʃǝ] législature f; corps m législatif.

le·git·i·ma·cy [li'dʒitimǝsi] enfant, opinion, etc.: légitimité f; **le·git·i·mate** 1. [~mit] □ légitime; F vrai; 2. [~meit] (a. **le·git·i·mize**) légitimer; **le·git·i·ma·tion** légitimation f; légalisation f.

leg·room ['legrum] place f pour les jambes.

leg·ume ['legju:m] fruit m d'une légumineuse; **le·gu·mi·nous** légumineux (-euse f).

lei·sure ['leʒǝ] loisir m, -s m/pl.; ~ activities pl. loisirs m/pl.; ~ time temps m libre, loisir m; ~ wear tenue f de détente; be at ~ être de loisir; at your ~ à (votre) loisir; '**lei·sured** de loisir; désœuvré; '**lei·sure·ly** 1. adj. posé, tranquille; qui n'est pas pressé; 2. adv. posément; à loisir.

lem·on ['lemǝn] 1. citron m; sl. saloperie f; 2. jaune citron adj./inv.; **lem·on·ade** [~'neid] limonade f; **lem·on squash** citron m pressé; citronnade f; '**lem·on-squeez·er** presse-citron m/inv.

lend [lend] [irr.] prêter (a. secours); ~ out louer; ~ o.s. to se prêter à; ~ing library bibliothèque f de prêt; '~-'Lease Act loi f prêt-bail (américaine); '**lend·er** prêteur (-euse f) m.

length [leŋθ] longueur f; morceau m; pièce f; temps: durée f; at ~ enfin, à la fin; at (great) ~ d'un bout à l'autre; go all ~s aller jusqu'au bout; go (to) great ~s se donner bien de la peine (pour, to); he goes the ~ of saying il va jusqu'à dire; '**length·en** (s')allonger; (se) prolonger; v/i. augmenter; '**length·ways**, '**length·wise** □ en longueur, en long; '**length·y** assez long; plein de longueurs (discours etc.).

le·ni·ence, **le·ni·en·cy** ['li:njǝns(i)], **len·i·ty** ['leniti] clémence f; douceur f; **le·ni·ent** □ ['li:njǝnt] clément, indulgent (pour, envers to [-wards]); '**len·i·tive** ✗ 1. lénitif (-ive f); 2. lénitif m.

lens [lenz] loupe f; opt. lentille f,

verre *m*; *phot.* objectif *m*; *phot.* ~ *system* objectif *m*.

lent¹ [lent] *prét. et p.p. de* lend.

Lent² [~] carême *m*.

Lent·en ['lentən] de carême (*a. fig.*).

len·tic·u·lar □ [len'tikjulə] lenti-forme, lenticulaire.

len·til ♀ ['lentil] lentille *f*.

Leo *astr.* ['liːou] le Lion.

leop·ard ['lepəd] léopard *m*.

le·o·tard ['liːətɑːd] collant *m*, maillot *m*.

lep·er ['lepə] lépreux (-euse *f*) *m*.

lep·ro·sy ♣ ['leprəsi] lèpre *f*; **'lep·rous** lépreux (-euse *f*).

les·bi·an ['lezbiən] 1. lesbien; 2. les-bienne *f*; **'les·bi·an·ism** lesbianis-me *m*.

lese-maj·es·ty ♊ ['liːz'mædʒisti] lèse-majesté *f*.

le·sion ♊ ['liːʒən] lésion *f*.

less [les] 1. *adj.* moindre; plus petit; moins de; inférieur; † moins im-portant, mineur; *no* ~ *a person than* ne ... rien moins que; 2. *adv.* moins; 3. *prp.* ⅍ moins; † sans; 4. *su.* moins *m*; *no* ~ *than* ne ... rien moins que; autant que.

les·see [le'siː] locataire *mf*; conces-sionnaire *mf*.

less·en ['lesn] *v/t.* amoindrir, di-minuer; ralentir; raccourcir; *fig.* atténuer; *v/i.* diminuer, s'amoin-drir; *fig.* s'atténuer.

less·er ['lesə] petit; moindre.

les·son ['lesn] 1. leçon *f* (*a. eccl.*, *a. fig.*); *exemple m*; ~s *pl.* leçons *f/pl.*; cours *m*; 2. faire la leçon à, ensei-gner.

les·sor ♊ [le'sɔː] bailleur (-eresse *f*) *m*.

lest [lest] de peur *ou* de crainte que ... ne (*sbj.*) *ou* de (*inf.*).

let¹ [let] [*irr.*] *v/t.* permettre, laisser; faire (*inf.*); louer (*une maison etc.*); ~ *alone* laisser tranquille *ou* en paix; laisser (*q.*) faire; ne pas se mêler de (*qch.*); *adv.* sans parler de ...; ~ *down* baisser; ⅍ laisser (*q.*) en panne; ~ *s.o. down gently* refuser qch. à q. *ou* corriger q. avec tact; ~ *fly* lancer; lâcher; ~ *go* lâcher; ⚓ mouiller (*l'ancre*); ~ *into* laisser entrer; *cost.* incruster; mettre (dans un secret, *into a secret*); ~ *loose* lâcher; ~ *off* tirer; décocher (*a. fig. une épigramme*); *fig.* dispenser (de *inf.*, *from gér.*); *see* steam; ~ *out*

laisser sortir; laisser échapper; *cost.* rélargir; (*a.* ~ *on hire*) louer; *v/i.* se louer (à *at*, for); ~ *on* rapporter, trahir; ~ *up* diminuer; cesser.

let² [~] *tennis*: (*a.* ~ *ball*) balle *f* de filet; *without* ~ *or hindrance* sans entrave, en toute liberté.

let-down F ['letdaun] déception *f*.

le·thal □ ['liːθl] mortel(le *f*).

le·thar·gic, le·thar·gi·cal □ [le-'θɑːdʒik(l)] léthargique (*a. fig.*).

leth·ar·gy ['leθədʒi] léthargie *f*; *fig.* inaction *f*, inertie *f*.

let·ter ['letə] 1. lettre *f*; caractère *m*; missive *f*; ~s *pl.* (belles-)lettres *f/pl.*; littérature *f*; *by* ~ par lettre, par correspondance; *man of* ~s homme *m* de lettres, littérateur *m*; *to the* ~ au pied de la lettre; 2. marquer avec des lettres; ♊, ♊ coter; mettre le titre à (*un livre*); '~·bal·ance pèse-lettre *m*; '~·box boîte *f* aux lettres; '~·car·ri·er *Am.* facteur *m*; '~·case portefeuille *m*; '~·cov·er enveloppe *f*; '**let·tered** marqué avec des lettres; *fig.* lettré; '**let·ter·file** classeur *m* de lettres; relieur *m*; '**let·ter·found·er** fondeur *m* typographe; **let·ter·gram** *Am.* ['~græm] télégramme *m* à tarif réduit; '**let·ter·head** en-tête *m* (*pl.* en-têtes); '**let·ter·ing** lettrage *m*; inscription *f*.

let·ter...: '~·'o·pen·er ouvre-lettres *m/inv.*; '~·pa·per papier *m* à let-tres; '~·'per·fect *théâ.:* be ~ savoir son rôle par cœur; '~·press *typ.* impression *f* typographique; texte *m*; ~ *printing* typographie *f*; '~·press presse *f* à copier; '~·weight presse-papiers *m/inv.*

let·tuce ♀ ['letis] laitue *f*.

let-up F ['letʌp] relâchement *m*, di-minution *f*; arrêt *m*; *without* (*a*) ~ *a.* sans s'arrêter; d'affilé.

leuco... [ljuːko] leuco-; **leu·co·cyte** ['~sait] leucocyte *m*.

le·vant [li'vænt] F décamper sans payer.

lev·ee¹ ['levi] réception *f* royale; *hist.* lever *m*.

lev·ee² *Am.* [~] digue *f*, endigue-ment *m*, levée *f* (*d'une rivière*).

lev·el ['levl] 1. *adj.* égal (-aux *m/pl.*); à *ou* de niveau; *fig.* équilibré; ~ *with* à fleur de; *my* ~ *best* tout mon pos-sible; ₪ ~ *crossing* passage *m* à niveau; *cuis. a* ~ *spoonful* une cuillerée rase; **2.** _su._ niveau _m_ (_a._ ⊕, _a. fig._); terrain _m ou_ surface _f_ de niveau; hauteur _f_; ✚, _mot._ palier _m_; ✗ galerie _f_ (de niveau); ~ _of the sea_ niveau _m_ de la mer; _on a_ ~ _with_ de niveau avec, à la hauteur de; _fig._ au niveau de (_q._); _dead_ ~ franc niveau _m_, 🜚 palier _m_ absolu; _fig._ uniformité _f_; _on the_ ~ loyal (-aux _m/pl._); tout à fait sincère; **3.** _v/t._ niveler, aplatir, égaliser; _surv._ déniveler, pointer (_un fusil_); braquer (_un canon_); _fig._ raser (_une ville_); _fig._ lancer (contre, _at_); ~ _with_ (_ou_ to) _the ground_ raser (_qch._); ~ _down_ araser; _fig._ abaisser à son niveau; ~ _up_ élever (_qch._) au niveau de qch., _to s.th._); _v/i._ ~ _at_ (_ou against_) viser; ~ _off_ cesser de monter, se raffermir (_prix_); '~-'**head·ed** à la tête bien équilibrée; (à l'esprit) rassis; '**lev·el·(l)er** _surv._ niveleur _m_ de route; _personne:_ niveleur (-euse _f_) _m_; _pol._ égalitaire _mf_; '**lev·el·(l)ing** _m_ nivellement.

le·ver ['li:və] **1.** _su._ levier _m_; **2.** _v/t._ soulever au moyen d'un levier; _v/i._ manœuvrer un levier; '**le·ver·age** force _f_ de levier; _fig._ prise _f_.

lev·er·et ['levərit] levraut _m_.

le·vi·a·than [li'vaiəθən] _bibl._ Léviathan _m_; _fig._ navire _m_ monstre.

lev·i·gate _pharm._ ['levigeit] réduire en poudre; délayer (avec, _with_).

lev·i·tate ['leviteit] _spiritisme:_ (se) soulever (par lévitation).

lev·i·ty ['leviti] légèreté _f_, manque _m_ de sérieux.

lev·y ['levi] _impôt_, _a._ ✗ _troupes:_ levée _f_; ✗ _chevaux:_ réquisition _f_; impôt _m_, contribution _f_; _capital_ ~ prélèvement _m_ sur le capital; **2.** lever, percevoir (_un impôt_); imposer (_une amende_); ✗ lever (_des troupes_); réquisitionner; faire (_la guerre, du chantage_).

lewd [lju:d] lascif (-ive _f_); impudique; '**lewd·ness** impudicité _f_; débauche _f_.

lex·i·cal □ ['leksikl] lexicologique.

lex·i·cog·ra·pher [leksi'kɔgrəfə] lexicographe _mf_; **lex·i·co·graph·i·cal** □ [ˌksiko'græfikl] lexicographique; **lex·i·cog·ra·phy** [ˌ'kɔgrəfi] lexicographie _f_.

li·a·bil·i·ty [laiə'biliti] responsabilité _f_ (_a._ ⚖); risque _m_ (de, _to_); _fig._ disposition _f_, tendance _f_ (à, _to_);

liabilities pl. engagements _m/pl._; ♱ ensemble _m_ des dettes; passif _m_.

li·a·ble □ ['laiəbl] ⚖ responsable (de, _for_); passible (de, _for_) (_une amende, un impôt_); sujet(te _f_), apte (à, _to_); susceptible (de _inf._, _to inf._); _Am._ probable; _be_ ~ _to_ avoir une disposition à; être sujet(te _f_) à; ~ _to duty_ assujetti à un impôt; ~ _to punishment_ punissable.

li·aise F [li'eiz] entrer _ou_ rester en liaison; **li·ai·son** [li'eizɔ̃:ŋ] liaison _f_ (_a._ ✗); _attr._ de liaison.

li·ar ['laiə] menteur (-euse _f_) _m_.

li·bel ['laibl] **1.** diffamation _f_, calomnie _f_ (contre, on); ⚖ écrit _m_ diffamatoire; **2.** calomnier; ⚖ diffamer (par écrit); '**li·bel·(l)ous** □ diffamatoire; _fig._ peu flatteur (-euse _f_).

lib·er·al ['libərəl] **1.** □ libéral (-aux _m/pl._) (_a. pol._); généreux (-euse _f_); prodigue (de, _of_); abondant; **2.** _pol._ libéral (-aux _pl._) _m_; '**lib·er·al·ism** libéralisme _m_; **lib·er·al·i·ty** [ˌ~ 'ræliti] libéralité _f_; générosité _f_.

lib·er·ate ['libəreit] libérer (_a._ 🜨); mettre en liberté; délivrer (de, _from_); affranchir (_un esclave_); **lib·er·a·tion** libération _f_; '**lib·er·a·tor** libérateur (-trice _f_) _m_; '**lib·er·a·to·ry** libératoire.

lib·er·tar·i·an [libə'tɛəriən] libertaire _mf_.

lib·er·tine ['libətain] **1.** libertin, débauché (_a. pol._); **2.** libre penseur _m_; **lib·er·tin·ism** [ˌ'~tinizm] libertinage _m_, débauche _f_.

lib·er·ty ['libəti] liberté _f_; permission _f_; _take liberties_ prendre des libertés (avec, _with_); _be at_ ~ être libre (de, _to_).

li·bid·i·nous □ [li'bidinəs] libidineux (-euse _f_), lascif (-ive _f_); **li·bi·do** [li'bi:dou] libido _f_.

li·brar·i·an [lai'brɛəriən] bibliothécaire _m_; **li·brar·y** ['laibrəri] bibliothèque _f_; ~ _science_ bibliothéconomie _f_.

lice [lais] _pl._ de louse 1.

li·cence ['laisəns] _admin._ permis _m_, autorisation _f_, patente _f_; permission _f_; _fig._ licence _f_ (_a. morale, a. univ._); _driving_ ~ permis _m_ de conduire; _mot._ ~ _number_ numéro _m_ d'immatriculation; _mot._ ~ _plate_ plaque _f_ d'immatriculation _ou_ minéralogique.

li·cense [~] 1. *see* licence; 2. accorder un permis à; † patenter (*q.v.*); autoriser la parution de (*un livre, une pièce de théâtre, etc.*); Brit. (fully) ~d autorisé à vendre des boissons alcooliques; **li·cen·see** [~'si:] patenté(e *f*) *m*; concessionnaire *mf*; '**li·cens·er** concesseur *m*; *théâ. etc.*: censeur *m*.

li·cen·ti·ate [lai'senʃiit] licence *f*; *personne*: licencié(e *f*) *m*.

li·cen·tious □ [lai'senʃəs] licencieux (-euse *f*); dévergondé.

li·chen ♀, *a.* ♨ ['laiken] lichen *m*.

lich-gate ['litʃgeit] porche *m* (couvert) de cimetière.

lick [lik] 1. coup *m* de langue; Am. terrain *m* salifère; *sl.* † coup *m*; F vitesse *f*; 2. lécher; F battre, rosser; ~ *the dust* mordre la poussière; ~ *into shape* façonner; mettre au point; '**lick·er** celui *m* (celle *f*) qui lèche; ⊕ lécheur *m*; '**lick·er·ish** friand; gourmand, avide (de, *after*); '**lick·ing** lèchement *m*; F raclée *f*; F défaite *f*; '**lick·spit·tle** flagorneur *m*.

lic·o·rice ♀ *Am.* ['likəris] réglisse *f*.

lid [lid] couvercle *m*; *sl.* chapeau *m*; paupière *f*.

lie¹ [lai] 1. mensonge *m*; *give s.o. the* ~ donner un démenti à *q.*; *tell a* ~ mentir; *white* ~ mensonge *m* innocent; 2. mentir.

lie² [~] 1. (dis)position *f*; ⊕, *géol.* gisement *m*; 2. [*irr.*] être couché; se tenir, rester; se trouver; ⚖ être recevable; ~ *by* rester inactif (-ive *f*); être en réserve; se tenir à l'écart; ~ *down* se coucher; *take it lying down* se laisser faire, ne pas dire mot; ~ *in* (*adv.*) être en couches; (*prp.*) être situé dans; ~ *in wait for* se tenir à l'affût de (*q.*); ♥ ~ *over* différer l'échéance de; ⚓ ~ *to* être à la cape; ~ *under* être dominé par; encourir (*un déplaisir*); être sous le coup de (*une accusation*); ~ *up* rentrer dans l'inactivité; garder le lit; *it* ~*s with you* il vous incombe (de *inf.*, *to inf.*).

lie-a·bed ['laiəbed] grand(e *f*) dormeur (-euse *f*) *m*; paresseux (-euse *f*) *m*.

liege [li:dʒ] *hist.* 1. lige (*a.*); 2. (*a.* ~*lord*) suzerain *m*; (*a.* ~*man*) vassal *m*.

li·en ⚖ ['li:ən] privilège *m*.

lieu [lju:]: *in* ~ *of* au lieu de.

lieu·ten·an·cy [lef'tenənsi; ⚓ le't~; *Am.* lu:'tenənsi] grade *m* de lieutenant (⚓ de vaisseau); *hist.* lieutenance *f*.

lieu·ten·ant [lef'tenənt; ⚓ le't~; *Am.* lu:'tenənt] lieutenant *m* (⚓ de vaisseau); *fig.* délégué *m*, premier adjoint *m*; '~·**colo·nel** lieutenant-colonel (*pl.* lieutenants-colonels) *m*; '~·**com'mand·er** capitaine *m* de corvette; lieutenant *m* de vaisseau; '~·**gen·er·al** général *m* de division; *Am.* † commandant *m* en chef; '~·**gov·er·nor** sous-gouverneur *m*; vice-gouverneur *m* (*d'un État des É.-U.*).

life [laif] (*pl.* lives) vie *f*; vivant *m*; biographie *f*; ~ *and limb* corps et âme; *for* ~ à vie, à perpétuité; *for one's* (*ou for dear*) ~ de toutes ses (*etc.*) forces; *to the* ~ naturel(le *f*); ~ **an·nu·i·ty** rente *f* viagère; '~·**as·sur·ance** assurance *f* sur la vie, assurance-vie (*pl.* assurances-vie) *f*; '~·**belt** ceinture *f* de sauvetage; '~·**blood** sang *m*; *fig.* âme *f*; '~·**boat** canot *m* de sauvetage; '~·**buoy** bouée *f* de sauvetage; ~ **ex·pect·an·cy** espérance *f* de vie; '~·**guard** garde *f* du corps; '~·**guard** *Am.* sauveteur *m* (*à la plage*); ~ **in·sur·ance** *see* life assurance; ~ **in·ter·est** usufruit *m* (de, in); '~·**jack·et** brassière *f* de sauvetage; '~·**less** □ sans vie; mort; *fig.* sans vigueur, inanimé; '~·**less·ness** absence *f* de vie; manque *m* d'animation; '~·**like** vivant; '~·**line** ligne *f* de sauvetage; *à bord*: sauvegarde *f*; '~·**long** de toute la vie; '~·**pre·serv·er** ⚓ appareil *m* de sauvetage; canne *f* plombée; casse-tête *m*/*inv.*; ~ **raft** radeau *m* de sauvetage; '~·**sen·tence** † condamnation *f* à vie; '~·**size** de grandeur naturelle; *fig.* (de) vie(f); '~·**span** (durée *f* de) vie *f*; '~·**strings** *pl.* ce qui est nécessaire à l'existence; '~·**time** vie *f*, vivant *m*.

lift [lift] 1. *su.* haussement *m*; levée *f* (*a.* ⊕); ⊕ hauteur *f* de levage; ♨ poussée *f*; *fig.* élévation *f*; ascenseur *m*; *give s.o. a* ~ donner un coup de main à *q.*; *mot.* conduire *q.* un bout; 2. *v*/*t*. (*souv.* ~ *up*) *usu.* lever; soulever; redresser; relever; élever (*la voix*); *sl.* plagier; *sl.* voler; *v*/*i.* s'élever; ✈ décoller; '~·**at·tend·ant** liftier (-ère *f*) *m*; '**lift·er**

souleveur *m*; ⊕ came *f*; **'lift·ing** ⊕ de levée; de levage; de suspension; **'lift-off** décollage *m*.

lig·a·ment *anat.* ['ligəmənt] ligament *m*.

lig·a·ture ['ligətʃuə] **1.** ✠, *typ.* ligature *f*; ♩ liaison *f*; **2.** ✠ ligaturer; lier.

light¹ [lait] **1.** *su.* lumière *f*; jour *m* (*a. fig.*); lampe *f*; feu *m*, phare *m*; fenêtre *f*; éclairage *m*; *fig.* ~s *pl.* lumières *f/pl.*; *phot.* ~ meter photomètre *m*; ~ wave onde *f* lumineuse; ~ year année-lumière *f* (*pl.* années-lumière); *in the* ~ of à la lumière de (*a. fig.*); *bring to* ~ mettre à jour; *come to* ~ se révéler; *will you give me a* ~ voudriez-vous bien me donner du feu?; *put a* ~ *to* allumer; *see the* ~ voir le jour (= *naître*); *fig.* comprendre, *Am.* être convaincu; **2.** *adj.* clair; éclairé; blond; ~ *blue* bleu clair *inv.*; **3.** [*irr.*] *v/t.* (*souv.* ~ *up*) allumer; éclairer; illuminer (*la rue, un visage, etc.*); ~ *up* éclairer (*q.*) jusqu'à (*en*); *v/i.* (*usu.* ~ *up*) s'allumer; s'éclairer; *Am. sl.* ~ *out* débiter, ficher le camp.

light² [~] **1.** □ *usu.* léger (-ère *f*); frivole; amusant; facile; ~ *car* voiturette *f*; ~ *reading* lecture *f* distrayante; *make* ~ *of* faire peu de cas de; *prendre à la légère*; **2.** *see lights*; **3.** ~ *on* s'abattre sur (*a. oiseau*); tomber sur (*a. fig.*); rencontrer; trouver par hasard.   [faire des éclairs.]

light·en¹ ['laitn] (s')éclairer; *v/i.*⌉
light·en² [~] *v/t.* alléger (*a. fig.*); réduire le poids (*de*); *v/i.* être soulagé.

light·er¹ ['laitə] *personne:* allumeur (-euse *f*) *m*; (*a. petrol-*~) briquet *m*.
light·er² ⚓ ['~] péniche *f*, chaland *m*.

light...: '~-**fin·gered** aux doigts agiles; '~-**fit·ting** plafonnier *m*; *mur:* applique *f*; '~-**foot·ed** au pied léger, leste; '~-**head·ed** étourdi; *feel* ~ avoir le cerveau vide; '~-**heart·ed** □ allègre; au cœur léger; ~-**heav·y·weight** *sp.* (poids *m*) mi-lourd *m*; '~-**house** phare *m*.

light·ing ['laitiŋ] *mot.* (*a.* ~-*up*), *a.* bâtiment: éclairage *m*; ⚡ ~ *point* prise *f* de courant (d'éclairage).

light·less ['laitlis] sans lumière.

light·ly ['laitli] *adv.* légèrement; à la légère; à bon marché; '**light-'mind·ed** frivole, étourdi; '**light-ness** légèreté *f*.

light·ning ['laitniŋ] **1.** éclairs *m/pl.*, foudre *f*; **2.** de paratonnerre; *fig.* foudroyant, rapide; '~-**ar'rest·er** parafoudre *m*; '~-**con·duc·tor**, '~-**rod** (tige *f* de) paratonnerre *m*; '~-**strike** grève *f* surprise.

lights [laits] *pl.* mou *m* (*de veau etc.*).

light·ship ['laitʃip] bateau-feu (*pl.* bateaux-feux) *m*; '**light-'treat-ment** ✠ photothérapie *f*.

light weight *sp.* ['lait'weit] poids *m* léger; '**light-weight** *sp.* léger (-ère *f*).

lig·ne·ous ['ligniəs] ligneux (-euse *f*); **lig·nite** ['lignait] lignite *m*.

like [laik] **1.** *adj.*, *adv.* pareil(le *f*), semblable, tel(le *f*); ~ *a man* digne de l'homme; *qui ressemble à un homme*; F *he is* ~ *to die* il est en cas de mourir; *such* ~ similaire, de la sorte; F *feel* ~ (*gér.*) se sentir d'humeur à (*inf.*); avoir envie de (*inf.*); *s.th.* ~ qch. d'approchant à; environ (*2 mois, 100 francs*); ~ *that* de la sorte; *what is he* ~? comment est-il?; *that's more* ~ *it* à la bonne heure!; *cela en approche plus*; *cela laisse moins à désirer*; **2.** *su.* semblable *mf*, pareil(le *f*) *m*; ~s *pl.* préférences *f/pl.*; sympathies *f/pl.*; *his* ~ ses congénères; *the* ~ chose *f* pareille; F *the* ~(*s*) *of* des personnes *ou* choses comme; **3.** *v/t.* aimer; avoir de la sympathie pour; souhaiter, vouloir; *how do you* ~ *London*? comment trouvez-vous Londres?, vous vous plaisez à Londres?; *I should* ~ *time* il me faut du temps; *I should* ~ *to know* je voudrais bien savoir.

lik(e)·a·ble ['laikəbl] sympathique, agréable.

like·li·hood ['laiklihud] probabilité *f*; '**like·ly** probable; susceptible (de, to); *be* ~ *to* (*inf.*) être en cas de (*inf.*).

like...: '~-**mind·ed** du même avis; '**lik·en** comparer (à, avec to); '**like·ness** ressemblance *f*; apparence *f*; image *f*, portrait *m*; *have one's* ~ *taken* se faire peindre *ou* photographier; '**like·wise** de plus, aussi.

lik·ing ['laikiŋ] (for) goût *m* (de), penchant *m* (pour); *to one's* ~ à souhait; à son gré.

li·lac ['lailək] **1.** lilas *adj./inv.*; **2.** ⚘ lilas *m*.

lilt [lilt] **1.** chanter gaiement; **2.** rythme *m*, cadence *f*; chant *m* gai.

lil·y ♀ ['lili] lis *m*; ~ *of the valley* muguet *m*; *gild the* ~ orner la beauté même.

limb¹ [lim] membre *m* (*du corps*); ♀ branche *f*; F suppôt *m*.

limb² *astr.*, ♀ [~] limbe *m*, bord *m*; *fig.* go out on a ~ aller jusqu'au bout.

limbed [limd] aux membres ...

lim·ber¹ ['limbə] souple, agile.

lim·ber² ✕ [~] **1.** avant-train *m*; **2.** atteler à l'avant-train; ~ *up* mettre l'avant-train.

lim·bo ['limbou] limbes *m/pl.*; *sl.* prison *f*; *fig.* oubli *m*.

lime¹ [laim] **1.** chaux *f*; (*a. bird~*) glu *f*; **2.** ✗ chauler; gluer (*des ramilles*).

lime² ♀ [~] lime *f*; (*a. ~-tree*) tilleul *m*. [*m de limon.*]

lime³ ♀ [~] limon *m*; '~-**juice** jus⌟

lime...: '~-**kiln** four *m* à chaux; '~-**light** lumière *f* oxhydrique; *théâ.* rampe *f*; *fig. in the* ~ très en vue.

lim·er·ick ['limərik] (*sorte de*) petit poème *m* comique (*en 5 vers*).

lime·stone *géol.* ['laimstoun] calcaire *m*.

lim·it ['limit] **1.** limite *f*, borne *f*; *in* (*off*) ~*s* accès *m* permis (interdit); F *that is the* ~*!* ça, c'est le comble!; ça, c'est trop fort!; *Am.* F *go the* ~ aller jusqu'au bout; risquer le tout; **2.** limiter, borner (à, to); '**lim·i·tar·y** qui sert de limite (à, of); **lim·i'ta·tion** restriction *f*, limitation *f*; entrave *f*; ✝️ prescription *f*; '**lim·it·ed** limité, restreint (à, to); ~ (*liability*) *company* (*abbr.* Co.Ltd.) société *f* à responsabilité limitée; société *f* anonyme; ~ *in time* à terme; de durée restreinte; *surt. Am.* ~ (*express train*) rapide *m*; train *m* de luxe; '**lim·it·less** □ illimité, sans bornes.

limn [lim] dessiner, peindre.

lim·ou·sine ['limu(:)zi:n] limousine *f*.

limp¹ [limp] **1.** boiter (*a. fig.*); **2.** boitement *m*, clochement *m*.

limp² [~] flasque; mou (mol *devant une voyelle ou un h muet*; molle *f*); *fig.* sans énergie.

lim·pet ['limpit] *zo.* patelle *f*; *fig.* crampon *m*; fonctionnaire *m* ancré dans son poste.

lim·pid □ ['limpid] limpide, clair; **lim'pid·i·ty**, '**lim·pid·ness** limpidité *f*, clarté *f*.

lim·y ['laimi] gluant; 🪨 calcaire.

lin·age *journ.* ['lainidʒ] nombre *m* de lignes; paiement *m* à la ligne.

linch·pin ['lintʃpin] esse *f*; cheville *f* d'essieu.

lin·den ♀ ['lindən] (*a. ~-tree*) tilleul *m*.

line¹ [lain] **1.** *su.* ♂, ↗, 📦, armes, démarcation, dessin, pêche, personne, téléph., télév., tennis, typ., phys. (*de force*): ligne *f*; △ alignement *m*; ✝️ articles *m/pl.*; ✕, ♣ ligne *f* de bataille; 📦 voie *f*; *téléph.* fil *m*; *peint.* cimaise *f*; *surv.* cordeau *m*; *dessin, phys.* (*du spectre*): raie *f*; *dessin, visage*: trait *m*; *front*: ride *f*; *véhicules*: file *f*, colonne *f*; *objets, personnes*: rangée *f*; *fig.* emploi *m*; *fig.* mot *m*; *Am. fig.* tuyaux *m/pl.*; F mesure *f*; ~*s pl.* modèle *m*; (*bonne, mauvaise*) voie *f*; formes *f/pl.*; F acte *m* de mariage; ✕ rangs *m/pl.*; ~ *of battle* ligne *f* de bataille; ~ *of business* genre *m* d'affaires; ~ *of conduct* ligne *f* de conduite; ~ *of danger* zone *f* dangereuse; *ship of the* ~ vaisseau *m* de ligne; *hard* ~*s pl.* mauvaise chance *f*; *all down the* ~ sur toute la ligne; *in* ~ *with* d'accord avec; *position*: de pair avec; *that is not in my* ~ ce n'est pas mon métier; *stand in* ~ se tenir en ligne; *fall into* ~ s'aligner; *fig.* se conformer (à, with); **2.** *v/t.* ligner, régler; rayer; border (*allée, chemin, rive, etc.*); ~ *the streets* faire la haie; ~ *out* ✗ repiquer; tracer; ~ *through* biffer, rayer; *v/i. sp.* ~ *out* se mettre en lignes parallèles pour la touche; ~ *up* s'aligner; faire la queue.

line² [~] *cost. etc.* doubler; *fig.* ~ *one's pocket* faire sa pelote.

lin·e·age ['liniidʒ] lignée *f*; F famille *f*; **lin·e·al** □ ['liniəl] linéal (-aux *m/pl.*); direct; **lin·e·a·ment** ['~iəmənt] trait *m*, linéament *m*; **lin·e·ar** ['~iə] linéaire.

lin·en ['linin] **1.** toile *f* (*de lin*); linge *m*; **2.** de *ou* en toile; de lin (*fil*); '~-**bas·ket** panier *m* à linge; '~-**clos·et**, '~-**cup·board** lingerie *f*; armoire *f* à linge; '~-**drap·er** marchand(e *f*) *m* de toiles.

lin·er ['lainə] paquebot *m* (de ligne); grand avion *m* de transport; *personne*: traceur *m* de filets; *cost.* doubleur (-euse *f*) *m*; **lines·man** ['lainzmən] ✕ soldat *m* de la ligne; 📦

garde-ligne *m*; *sp.* arbitre *m* de ligne; '**line·'up** mise *f* en rang; *sp.* rassemblement *m*; *sp. Am.* composition *f* d'une équipe.

ling[1] *icht.* [liŋ] morue *f* longue.

ling[2] ♀ [⌐] bruyère *f* commune.

lin·ger ['liŋgə] tarder; s'attarder (sur, over [up]on); traîner (*a. malade*); flâner (*dans la rue*); subsister (*doute*); ∼ at (*ou* about) s'attarder sur *ou* à (*qch.*) *ou* dans (*un endroit*).

lin·ge·rie ✝ ['lɛ̃:nʒəri] lingerie *f* (de dame).

lin·ger·ing ⬚ ['liŋgəriŋ] prolongé; persistent (*espoir*); qui traîne (*a. maladie*).

lin·go ['liŋgou] jargon *m*. [*m*/*pl*.).\

lin·gual ['liŋgwəl] lingual (-aux)⟩

lin·guist ['liŋgwist] linguiste *mf*; **lin'guis·tic** (⌐ally) linguistique;

lin'guis·tics *usu. sg.* linguistique *f*.

lin·i·ment ['linimənt] liniment *m*.

lin·ing ['lainiŋ] *vêtement*: doublage *m*; *robe*: doublure *f*; *mur*: incrustation *f*; ⊕ *fourneau, cylindre*: chemise *f*.

link [liŋk] **1.** *su* chaînon *m*; *chaîne*: anneau *m*; *fig.* ⌐ien *m*; *cuff*-⌐ bouton *m* de manchette; **2.** (se) joindre; *v*/*t. a.* relier, enchaîner.

links [liŋks] *pl.* dunes *f*/*pl.*; lande *f* sablonneuse; (*a.* golf-⌐) terrain *m* de golf.

link·up ['liŋkʌp] connexion *f*; lien *m*, rapport *m*; jonction *f*.

lin·net *orn.* ['linit] linot(te *f*) *m*.

lin·o·type *typ.* ['lainoutaip] linotype *f*.

lin·seed ['linsi:d] graine *f* de lin; ∼ oil huile *f* de lin.

lin·sey-wool·sey ✝ ['linzi'wulzi] tiretaine *f*.

lint ⚕ [lint] charpie *f* anglaise; lint *m*.

lin·tel △ ['lintl] linteau *m*.

lin·y ['laini] strié de lignes; ridé.

li·on ['laiən] lion *m* (*zo., astr. a. fig.*); F ∼s *pl.* of a place curiosités *f*/*pl.* d'un endroit; '**li·on·ess** lionne *f*; '**li·on·ize** visiter les curiosités de (*un endroit*); faire une célébrité de (*q.*).

lip [lip] lèvre *f* (*a.* ♀, *a. plaie*); *animal*: babine *f*; *tasse*: (re)bord *m*, saillie *f*; F insolence *f*; '**∼-read** lire sur les lèvres; '**∼-serv·ice** hommages *m*/*pl.* peu sincères; '**∼-stick** rouge *m* à lèvres, bâton *m* de rouge.

liq·ue·fac·tion [likwi'fækʃn] liquéfaction *f*; **liq·ue·fi·a·ble** [⌐'faiəbl]

liquéfiable; **liq·ue·fy** ['⌐fai] (se) liquéfier.

li·queur [li'kjuə] liqueur *f*; '**∼-choc·o·late** chocolat *m* aux liqueurs.

liq·uid ['likwid] **1.** ⬚ liquide (*a. gramm.*); doux (douce *f*) (*son*); ✝ disponible; limpide (*œil etc.*); **2.** liquide *m*; *gramm.* liquide *f*.

liq·ui·date ['likwideit] ✝ liquider (*une dette*); mobiliser (*des capitaux*); **liq·ui·da·tion** liquidation *f*; '**liq·ui·da·tor** liquidateur *m*; '**liq·uid·iz·er** *cuis.* centrifugeuse *f*.

liq·uor ['likə] **1.** 🔥, *pharm.* solution *f*; boisson *f* alcoolique; in ∼ ivre; **2.** *sl. v*/*i.* chopiner; *v*/*t.* (*a.* ∼ up) enivrer.

liq·uo·rice ♀ ['likəris] réglisse *f*.

lisp [lisp] **1.** zézayement *m*; **2.** zézayer.

lis·som(e) ['lisəm] souple, agile.

list[1] [list] **1.** *su.* △ lisière *f* (*a. tex.*); liste *f*, répertoire *m*; carte *f* (*des vins*); **2.** enregistrer; inscrire (*des noms*); dresser la liste de; cataloguer; ∼ed *a.* classé, historique (*édifice*).

list[2] ⚓ [∼] **1.** bande *f*, gîte *f*; **2.** donner de la bande; prendre de la gîte.

lis·ten ['lisn] (to) écouter; prêter l'oreille (à); faire attention (à); ∼ in *radio*: se mettre à l'écoute; écouter (*qch.*, to *s.th.*); '**lis·ten·er** auditeur (-trice *f*) *m*; ✕ *a. péj.* écouteur *m*; *radio*: ∼s' requests disques *m*/*pl.* des auditeurs; '**lis·ten·er·'in** (*pl.* '**lis·ten·ers·'in**) *radio*: auditeur (-trice *f*) *m*.

lis·ten·ing ['lisniŋ] d'écoute; ∼ apparatus appareil *m* d'écoute; '**∼-'in** *radio*: écoute *f*; '**∼-post** poste *m* d'écoute.

list·less ⬚ ['listlis] apathique, sans énergie; indifférent; '**list·less·ness** apathie *f*, manque *m* d'énergie; indifférence *f*.

lists [lists] *pl.* lice *f*.

lit [lit] *prét. et p.p. de* light[1] 3; ∼ up *sl.* ivre, soûl.

lit·a·ny *eccl.* ['litəni] litanie *f*.

lit·er·al ['litərəl] littéral (-aux *m*/*pl.*) (*a.* ℞); propre (*sens*); sans imagination (*personne*); '**lit·er·al·ism**, '**lit·er·al·ness** littéralité *f*.

lit·er·ar·y ⬚ ['litərəri] littéraire; de lettres; '**lit·er·ate** [⌐it] **1.** qui sait lire et écrire; lettré; **2.** lettré *m*; *eccl.* prêtre *m* sans grade universitaire; **lit·e·ra·ti** [litə'rɑ:ti:] *pl.* hommes *m/pl.* de lettres, littérateurs *m/pl.*; **lit·er·a·tim** [ˌ·ˈrɑːtim] mot à mot; **lit·er·a·ture** [ˈlitəritʃə] littérature *f*; écrits *m/pl.*; † prospectus *m/pl.*

lithe(·some) [ˈlaið(səm)] souple, agile, leste.

lith·o·graph [ˈliθəɡrɑːf] **1.** lithographie *f*; **2.** lithographier; **li·thog·ra·pher** [liˈθɔɡrəfə] lithographe *m*; **lith·o·graph·ic** [liθəˈɡræfik] (~ally) lithographique; **li·thog·ra·phy** [liˈθɔɡrəfi] lithographie *f*, procédés *m/pl.* lithographiques.

Lith·u·a·ni·an [liθjuˈeinjən] **1.** lituanien(ne *f*); **2.** Lituanien(ne *f*) *m*.

lit·i·gant ⚖ [ˈlitiɡənt] **1.** plaidant; **2.** plaideur (-euse *f*) *m*; **lit·i·gate** [ˈ·ɡeit] *v/i.* plaider; être en procès; *v/t.* contester; **lit·i·ga·tion** litige *m*, procès *m*; **li·ti·gious** ⚖ [liˈtidʒəs] litigieux (-euse *f*) (*cas, a. personne*).

lit·mus ⚗ [ˈlitməs] tournesol *m*.

lit·ter [ˈlitə] **1.** litière *f* (*véhicule, a. de paille*); civière *f*; désordre *m*; ordures *f/pl.*; *zo.* portée *f*; **2.** mettre en désordre; joncher (*de, with*); *zo.* mettre bas; (*a. ~ down*) faire la litière à; joncher (*qch.*) de paille; '~·bag *Am.*; '~·bas·ket, '~·bin boîte *f* à ordures.

lit·tle [ˈlitl] **1.** *adj.* petit; peu de ...; mesquin (*esprit*); *a* ~ one un(e *f*) petit(e *f*) (*enfant*); F *my* ~ *Mary* mon estomac *m*; *his* ~ *ways* ses petites manies *f/pl.*; ~ *people* les fées *f/pl.*; **2.** *adv.* peu; *a* ~ *red* un *ou* quelque peu rouge; **3.** *su.* peu *m* (de chose); ~ *by* ~, *by* ~ *and* ~ peu à peu; petit à petit; *for a* ~ pendant un certain temps; *not a* ~ beaucoup; '**lit·tle·ness** petitesse *f*.

lit·to·ral [ˈlitərəl] **1.** du littoral; **2.** littoral *m*.

lit·ur·gy *eccl.* [ˈlitə(ː)dʒi] liturgie *f*.

liv·a·ble [ˈlivəbl] F habitable (*maison etc.*); supportable (*vie*); F (*usu. ~ with*) accommodant, sociable (*personne*).

live 1. [liv] vivre (*de, on*); se nourrir (*de*, [*up*]*on*); demeurer, habiter; durer; *v/t.* mener (*une vie*); ~ *to see* vivre assez longtemps pour voir (*qch.*); ~ *down* faire oublier; surmonter; ~ *off one's capital* manger son capital; ~ *out* passer; durer (*jusqu'à la fin de*); ~ *up to one's promise* remplir sa promesse; ~ *up*

to a standard atteindre un niveau *etc.*; **2.** [laiv] vivant, en vie; ardent (*charbon*); *fig.* actuel(le *f*); utile (*poids*); ⚡ chargé (*cartouche etc.*); ⚡ sous tension; *télév., radio:* en direct; *fig.* ~ *wire* homme *m* très entreprenant; '**live·a·ble** *see* livable; **lived** [livd]: *short-*~ éphémère; **live·li·hood** [ˈlaivlihud] vie *f*; gagne-pain *m/inv.*; **live·li·ness** [ˈ·linis] vivacité *f*, entrain *m*; **live·long** *poét.* [ˈlivlɔŋ]: ~ *day* toute la (sainte) journée; **live·ly** [ˈlaivli] vif (vive *f*); animé; vivant.

liv·en [ˈlaivn] *souv.* ~ *up v/t.* animer, égayer; *v/i.* s'animer; s'activer.

liv·er[1] [ˈlivə] vivant *m*; celui *m* (celle *f*) qui vit; *fast*~ viveur (-euse *f*) *m*; débauché(e *f*) *m*; *good*~ amateur *m* de bonne chère.

liv·er[2] [ˌ·] foie *m*.

liv·er·y [ˈlivəri] ⚖ mise *f* en possession; (*a. ~ company*) corporation *f* d'un corps de métier; *cost.* livrée *f*; *at* ~ en pension (*cheval*); '~·**man** membre *m* d'une corporation (*see livery company*); ~ **sta·ble** écuries *f/pl.* de louage.

lives [laivz] *pl. de* life; '**live·stock** bétail *m*, bestiaux *m/pl.*; '**live·weight** poids *m* utile.

liv·id [ˈlivid] blême, livide; plombé (*ciel*); **li·vid·i·ty** lividité *f*.

liv·ing [ˈliviŋ] **1.** ☐ vivant; vif (vive *f*); ardent (*charbon*); *within* ~ *memory* de mémoire d'homme; **2.** vie *f*; séjour *m*; train *m ou* niveau *m* de vie; *eccl.* bénéfice *m*, cure *f*; '~·**room** salle *f* de séjour; ~ **space** espace *m* vital; ~ **stan·dard** niveau *m* de vie.

Li·vo·ni·an [liˈvounjən] **1.** livonien (-ne *f*); **2.** Livonien(ne *f*) *m*.

liz·ard [ˈlizəd] lézard *m*.

Liz·zie *Am. co.* [ˈlizi] (*a. tin* ~) vieille Ford *f*.

lla·ma *zo.* [ˈlɑːmə] lama *m*.

Lloyd's [lɔidz] la Société *f* Lloyd; *approx.* le Véritas *m*.

load [loud] **1.** *su.* fardeau *m* (*a. fig.*); ⊕, *a. armes:* charge *f*; *test* ~ charge *f* d'essai; **2.** *v/t.* charger (*de, with*); *fig.* combler (*de, with*); *v/i.* (*a. ~ up*) prendre charge; '**load·ed** plombé (*canne etc.*); ~ *dice pl.* dés *m/pl.* pipés; *fig.* ~ *question* question-piège *f* (*pl.* questions-piège); '**load·er** chargeuse *f*; *personne:* chargeur *m*; '**load·ing**

1. de chargement; **2.** chargement *m*;
'**load-line** ⚓ ligne *f* de charge;
'**load·star** étoile *f* polaire; *fig.* point
m de mire; '**load·stone** pierre *f*
d'aimant; aimant *m* naturel.

loaf[1] [louf] (*pl.* **loaves**) pain *m* (*a. de
sucre*); miche *f* (*de pain*).

loaf[2] [~] fainéanter, flâner.

loaf·er ['loufə] flâneur *m*; voyou *m*.

loaf·sug·ar ['louf∫ugə] sucre *m* en
pain.

loam [loum] 🖉 terre *f* grasse;
métall. glaise *f*; '**loam·y** 🖉 gras(se
f); *métall.* argileux (-euse *f*).

loan [loun] **1.** prêt *m*; avance *f*; emprunt *m*; on ~ à titre d'emprunt;
détaché (*personne, to*); *ask s.o. for the ~ of s.th.* demander à
emprunter qch. à q.; *put out to* ~
prêter; **2.** *surt. Am.* prêter; '**~·word**
mot *m* d'emprunt.

loath □ [louθ] peu disposé; *be* ~ *for
s.o. to do s.th.* ne pas vouloir que q.
fasse qch.; *nothing* ~ très volontiers;
loathe [louð] détester; abhorrer;
loath·ing ['louðiŋ] aversion *f*, répugnance *f* (*pour for, of*); **loathsome** ['~səm] dégoûtant; '**loath-
some·ness** caractère *m ou* nature *f*
dégoûtant(e).

loaves [louvz] *pl.* de **loaf**[1].

lob [lɔb] *tennis:* **1.** lob *m*; **2.** lober (*la
balle*).

lob·by ['lɔbi] **1.** vestibule *m* (*a.
parl.*); *parl.* salle *f* des pas perdus;
théâ. foyer *m*, entrée *f*; *parl. Am.*
groupe *m* d'intrigants; **2.** *surt. Am.
parl.* faire les couloirs; influencer
certains députés *etc.*; '**lob·by·ist**
parl. surt. Am. faiseur *m* des couloirs.

lobe *anat.*, ♀ [loub] lobe *m*; ⊕ nez
m; F oreille *f*.

lob·ster ['lɔbstə] homard *m*.

lo·cal □ ['loukəl] **1.** local (-aux
m/pl.), régional (-aux *m/pl.*); de la
localité, du pays; *see branch*; 🖉 ~
an(a)esthetic anesthésique *m* local;
téléph. ~ *call* communication *f* interurbaine *ou* locale; ~ *colour* couleur *f*
locale; ~ *elections* (élections *f/pl.*)
municipales *f/pl.*; ~ *government* administration *f* décentralisée; **2.** *journ.*
nouvelles *f/pl.* de la région; 🚃 (*a. ~
train*) train *m* d'intérêt local; F tortillard *m*; ~*s pl.* habitants *m/pl.* de
l'endroit; **lo·cale** [lou'kɑ:l] scène *f*
(*des événements*); **lo·cal·i·ty** [~'kæli-

ti] localité *f*; région *f*; **lo·cal·ize**
['~kəlaiz] localiser.

lo·cate [lou'keit] *v/t.* localiser; déterminer la situation de; établir; repérer (*une épave etc.*); *Am.* fixer l'emplacement de; *be* ~*d* être situé; *it
was* ~*d* on le trouva; *v/i. Am.* s'établir; **lo·ca·tion** situation *f*, emplacement *m*; établissement *m*; 🎬
location *f*; *Am.* concession *f* minière; *cin.* extérieurs *m/pl.*

loch *écoss.* [lɔx] lac *m*; bras *m* de mer.

lock[1] [lɔk] **1.** *su.* porte *etc.*: serrure *f*,
fermeture *f*; *fusil.*: platine *f*; écluse
f; ⊕ *roue*: enrayure *f*; verrou *m* (*a.
fig.*); *sp. lutte*: clef *f*; *mot.* (*a. steering* ~) angle *m* de braquage; **2.** *v/t.*
fermer à clef; (*a.* ~ *up*) enfermer; ⊕
enrayer (*une roue*); écluser (*un
bateau*); verrouiller (*des armes*); *fig.*
serrer; ~ *the door against* fermer sa
porte à (*q.*); ~ *in* enfermer à clef;
mettre sous clef; ~ *out* fermer la
porte à *ou* sur (*q.*); lock-outer; ~ *up*
bloquer, immobiliser (*des capitaux*);
v/i. se fermer à clef; s'enrayer
(*roues*); s'enclencher (*pièces d'un
mécanisme*).

lock[2] [~] *cheveux:* boucle *f*; *laine:*
flocon *m*.

lock·age ['lɔkidʒ] éclusage *m*; droit
m d'écluse; '**lock·er** armoire *f*,
coffre *m* (*fermant à clef*); ⚓ caisson
m; ⚓ soute *f*; **lock·et** ['~it] médaillon *m*.

lock...: '~·'**gate** porte *f* d'écluse;
'~·**jaw** 🖉 trisme *m*; F tétanos *m*;
'~·**keep·er** gardien *m* d'écluse,
éclusier *m*; '~·**nut** ⊕ contre-écrou
m; '~·**out** lock-out *m/inv.*; '~·
smith serrurier *m*; '~·**stitch** point
m de navette; '~·**up** **1.** *su. surt. école:*
fermeture *f* des portes; hangar *m*
ou magasin *m etc.* fermant à clef;
F poste *m* de police; 🛑 immobilisa-
tion *f* (*de capital*); **2.** *adj.* fermant à
clef.

lo·co *Am. sl.* ['loukou] toqué, fou
(*fol devant une voyelle ou un h muet*);
folle *f*).

lo·co·mo·tion [loukə'mou∫n] locomotion *f*; **lo·co·mo·tive** ['~tiv]
1. locomotif (-ive *f*); *co.* voyageur
(-euse *f*); **2.** 🚂 (*ou* ~ *engine*) locomotive *f*.

lo·cum-ten·ens ['loukəm'ti:nenz]
remplaçant(e *f*) *m*; **lo·cus** ['loukəs],
pl. **-ci** [~'sai] 🅰 lieu *m* géométrique.

lo·cust ['loukəst] zo. grande sauterelle f; ♀ caroube f; ~tree caroubier m; faux acacia m.

lo·cu·tion [lo'kju:ʃn] locution f.

lode ⚒ [loud] veine f.

lodge [lɔdʒ] **1.** su. pavillon (de chasse, d'entrée); concierge, francs-maçons: loge f; maison f (de garde-chasse); **2.** v/t. loger (q., une balle); avoir (q.) comme locataire; v/i. (usu. se.) loger; demeurer (chez, with); être en pension (chez, with); '**lodge·ment** see lodgment; '**lodg·er** locataire mf; pensionnaire mf; '**lodg·ing** hébergement m; argent etc.: dépôt m; ~s pl. logement m, logis m, appartement m meublé; souv. chambre f; '**lodg·ing-house** hôtel m garni; pension f; '**lodg·ment** prise f; ✕ logement m; ⚖ dépôt m, remise f.

loft [lɔft] grenier m; église etc.: galerie f; ⊕ atelier m; '**loft·i·ness** ['~inis] hauteur f (a. fig.); élévation f (a. du style, des sentiments, etc.); '**loft·y** □ haut, élevé; hautain (personne, a. air).

log [lɔg] (grosse) bûche f; ⚓ loch m; see a. log-book. [rithme m.\
log·a·rithm ⅍ ['lɔgəriθm] loga-\
log···: '~-book ⚓ livre m de loch; journal m de bord; mot. carnet m de route; ✕ livre m de vol; ~ **cab·in** cabane f de bois; **logged** [lɔgd] imbibé (d'eau); '**log·ger** ['lɔgə] bûcheron m; '**log·ger·head** ['lɔgəhed]: be at ~s être en bisbille (avec, with); '**log·house, 'log·hut** cabane f de bois.

log·ic ['lɔdʒik] logique f; '**log·i·cal** □ logique; **lo·gi·cian** [lo'dʒiʃən] logicien(ne f) m.

lo·gom·a·chy [lɔ'gɔməki] logomachie f, dispute f de mots.

log·roll pol. surt. Am. ['lɔgroul] échanger des faveurs, se prêter une entraide intéressée; '**log·roll·ing** échange m de faveurs mutuelles.

log·wood ['lɔgwud] bois m de campêche.

loin [lɔin] cuis. filet m (de mouton ou de veau), aloyau m (de bœuf), longe f (de veau); ~s pl. reins m/pl.; anat. lombes m/pl.

loi·ter ['lɔitə] traîner, flâner; ⚖ rôder; ~ away one's time perdre son temps à flâner; '**loi·ter·er** flâneur (-euse f) m; ⚖ rôdeur m.

loll [lɔl] v/t. pencher; laisser pendre;

v/i. pendre; être étendu (personne); se renverser nonchalamment; ~ about fainéanter, flâner; ~ out (v/t. laisser) pendre (langue).

lol·li·pop F ['lɔlipɔp] sucette f; usu. ~s pl. bonbons m/pl.; sucreries f/pl.

lol·lop F ['lɔləp] se traîner; marcher lourdement. [(= argent).\
lol·ly Brit. F see lollipop; sl. fric m)

Lom·bard ['lɔmbəd] Lombard(e f) m; ~ Street centre des opérations de banque à Londres.

Lon·don ['lʌndən] de Londres; '**Lon·don·er** Londonien(ne f) m, habitant(e f) m de Londres.

lone poét. [loun] solitaire, seul; ~ solitaire mf; '**lone·li·ness** solitude f, isolement m; '**lone·ly** □ see lonesome; '**lon·er** solitaire mf; **lone·some** □ ['~səm] solitaire, isolé.

long¹ [lɔŋ] **1.** su. longueur f; F ~s pl. les grandes vacances f/pl.; before ~ sous peu; avant peu; for ~ pendant longtemps; take ~ = be ~ (see ~ 2); the ~ and the short of it le fort et la fin de l'affaire; en un mot comme en mille; **2.** adj. long(ue f); F see tall; ♀ ~ figure gros chiffre m; ✝ firm bande f noire; F ~ johns caleçon m long; sp. ~ jump saut m en longueur; ~ price prix m élevé; radio: ~ waves grandes ondes f/pl.; ✝ at ~ date à longue échéance; in the ~ run à la longue; avec le temps; en fin de compte; be ~ prendre du temps (chose); tarder (à inf., to inf.; [in] gér.) (personne); **3.** adv. longtemps; depuis longtemps; as ~ ago as 1900 dès 1900; I have ~ sought je cherche depuis longtemps, voilà longtemps que je cherche; ~er plus longtemps; no ~er ne ... plus; no ~er ago than ... pas plus tard que ...

long² [~] désirer ardemment (qch., for s.th.); brûler (de, to).

long···: '~-chair chaise f longue; '~-dat·ed à longue échéance; '~-dis·tance à longue distance; sp. de fond (coureur, course); ~ flight raid m; radio: ~ reception réception f à longue distance; **long·ev·i·ty** [lɔn'dʒeviti] longévité f; '**long·hair** Am. F amateur m de la musique classique; adversaire m du jazz etc.; intellectuel(le f) m; '**long·hand** écriture f courante.

long·ing ['lɔŋiŋ] **1.** □ impatient, avide; **2.** désir m ardent, grande envie f (de, for).

long·ish ['lɔŋiʃ] assez *ou* plutôt long.

lon·gi·tude *géog.* longitude *f*; **lon·gi·tu·di·nal** □ [⁓inl] en long; longitudinal (-aux *m/pl.*).

long...: '⁓**range** à longue *ou* grande portée (*a.* ✗); ✈ à grand rayon d'action; '⁓**shore·man** débardeur *m*; docker *m*; ⁓ **shot** *cin.* plan *m* lointain; '⁓**sight·ed** presbyte; *fig.* prévoyant; '⁓**suf·fer·ing 1.** patient; longanime; **2.** patience *f*; longanimité *f*; '⁓**term** à long terme; ⁓ *memory* mémoire *f* à long terme; '⁓**ways** en long(ueur); '⁓**wind·ed** □ interminable; diffus, intarissable (*personne*).

loo [lu:] *cartes:* mouche *f*.

loo·by ['lu:bi] nigaud *m*.

look [luk] **1.** *su.* regard *m*; air *m*, aspect *m*; (*usu.* ⁓*s pl.*) mine *f*; new ⁓ nouvelle mode *f*; *have a* ⁓ *at s.th.* jeter un coup d'œil sur qch., regarder qch.; *I like the* ⁓ *of him* sa figure me revient; **2.** *v/i.* regarder (qch., *at s.th.*); par, *out of*); avoir l'air (*malade etc.*); sembler (*que ...*); paraître; porter la mine (de qch., [*like*] *s.th.*); *it* ⁓*s like rain* on dirait qu'il va pleuvoir; *he* ⁓*s like winning* on dirait qu'il va gagner; ⁓ *about* chercher (q., *for s.o.*) des yeux; re-garder autour de soi; ⁓ *after* soi-gner; s'occuper de; ⁓ *at* regarder; examiner; ⁓ *for* chercher; ⁓ *forward to* s'attendre à, attendre; ⁓ *in* faire une petite visite (à, on), entrer en passant (chez, on); *télév.* recevoir une émission, regarder; ⁓ *into* examiner, étudier; ⁓ *out!* attention! ⁓ *out for* être à la recherche de; guetter; ⁓ *over* jeter un coup d'œil sur (*qch.*); ⁓ *to* voir à, s'occuper de; compter sur; ⁓ *to s.o. to* (*inf.*) compter sur q. pour (*inf.*); ⁓ *up* regarder en haut, lever les yeux; s'améliorer (*affaires, prix, etc.*); F ⁓ *up to* respecter; *fig.* ⁓ (*up*)*on* regarder, envisager (comme, *as*); **3.** *v/t.:* ⁓ *s.o. in the face* regarder q. en face; ⁓ *one's age* pa-raître *ou* accuser son âge; ⁓ *disdain* lancer un regard dédaigneux; ⁓ *over* revoir (*qch.*); jeter un coup d'œil sur; parcourir; ⁓ *up* (re)cher-cher; consulter; F aller voir (*q.*).

look-a·like ['lukəlaik] double *m*.

look·er-on ['lukər'ɔn] spectateur (-trice *f*) *m* (de, *at*); assistant *m* (à, *at*).

look·ing-glass ['lukiŋglɑ:s] miroir *m*, glace *f*.

look...: '⁓**out** guet *m*, surveillance *f*; ✗ guetteur *m*; ♣ vigie *f*; *fig.* vue-vive *m*/*inv.*; ♣ *keep a* ⁓ être en vigie; *be on the* ⁓ ♣ être de veille; *fig.* être sur ses gardes; *that is my* ⁓ ça c'est mon affaire; '⁓**o·ver** F examen *m* super-ficiel; coup *m* d'œil; *give s.th. a* ⁓ examiner qch. rapidement; jeter un coup d'œil à qch.

loom[¹] [lu:m] métier *m* (à tisser).

loom[²] [⁓] se dessiner, s'estomper; se dresser; surgir (*du brouillard*).

loon[¹] *écoss.* [⁓] garçon *m*; vaurien *m*; lourdaud *m*.

loon[²] *orn.* [⁓] grand plongeon *m*.

loon·y *sl.* ['lu:ni] dingue (= *fou*) (*adj.*, *mf*); ⁓ *bin* maison *f* de fous.

loop [lu:p] **1.** *su.* boucle *f*; œil *m*, ganse *f*; *rideau:* embrasse *f*; sinuosité *f*; 🚂 boucle *f* d'évite-ment; *radio:* ⁓ *aerial* antenne *f* en cadre; **2.** *v/t.* boucler; enrouler; ⁓ *up* retrousser, relever (*les cheveux, la robe*); retenir (*un rideau*) avec une embrasse; ✈ ⁓ *the* ⁓ boucler la boucle; *v/i.* faire la boucle, bou-cler; '⁓**hole** trou *m*, ouverture *f*; *fig.* échappatoire *f* (à, *for*); ✗ meurtrière *f*; '⁓**line** ⁓ voie *f* de dérivation; *tél.* ligne *f* dérivée.

loose [lu:s] **1.** □ branlant; détaché; défait; échappé; libre; mobile; ♱ en vrac; mou (mol *devant une voyelle ou un h muet*; molle *f*); ⁓ lâche; meuble (*terre*); vague (*terme etc.*); débauché; dissolu; ⚡ ⁓ *connection* contact *m* intermittent; *at a* ⁓ *end* désœuvré; **2.** *v/t.* défaire (*un nœud etc.*); dénouer (*les cheveux, une fi-celle, etc.*); détacher; ♣ larguer; (*a.* ⁓ *off*) décocher, tirer; lâcher (*une prise*); ⁓ *one's hold on* lâcher (*qch.*); *v/i.* tirer (sur q., *at s.o.*); **3.** *su.:* *give* (*a.*) *to* donner libre cours à; '⁓**leaf:** ⁓ *book* album *m* à feuilles mobiles; **loos·en** ['lu:sn] (se) défaire, délier; (se) relâcher; (se) desserrer; '**loose-ness** relâchement *m* (*a.* 💊); *sol:* inconstance *f*; imprécision *f*; *morale:* licence *f*.

loot [lu:t] **1.** piller; voler; **2.** pillage *m*; butin *m*.

lop[¹] [lɔp] tailler, émonder (*un arbre*); (*usu.* ⁓ *away ou off*) élaguer, couper.

lop[²] [⁓] pendre flasque; retomber.

lope [loup]: ~ along courir à petits bonds.

lop...: '~**ears** pl. oreilles f/pl. pendantes; '~-**sid·ed** de guingois; déjeté; qui manque de symétrie.

lo·qua·cious [lo'kweiʃəs] loquace; **lo·quac·i·ty** [lo'kwæsiti] loquacité f.

lord [lɔːd] **1.** seigneur m, maître m; titre: lord m; the ♀ le Seigneur (= Dieu); my ~ monsieur le baron etc.; parl. the (House of) ♀s la Chambre des Lords; ♀ Mayor maire m; the ♀'s Prayer l'oraison f dominicale, le Pater m; the ♀'s Supper la Cène f; **2.** ~ it faire l'important; ~ it over en imposer à (q.); '**lord·li·ness** dignité f; péj. orgueil m; '**lord·ling** petit seigneur m; '**lord·ly** de grand seigneur; magnifique; majestueux (-euse f); péj. hautain; '**lord·ship** suzeraineté f (de, over); titre: seigneurie f.

lore [lɔː] science f, savoir m.

lor·ry ['lɔri] 🚚 lorry m; motor ~ camion m.

lose [luːz] [irr.] v/t. usu. perdre; égarer; gaspiller (le temps); montre: retarder (cinq minutes); manquer (le train); coûter; ~ o.s. s'égarer, se perdre; fig. s'absorber; ~ sight of s.th. perdre qch. de vue; v/i. subir une perte, perdre; retarder (montre); Am. ~ out échouer; perdre; '**los·er** battu(e f) m, vaincu(e f) m; celui m (celle f) qui perd; sp. perdant(e f) m; come off a ~ échouer; '**los·ing** perdant; de vaincu.

loss [lɔs] prét. et p. de lose; be ~ être perdu (a. fig.); être désorienté; sl. get~! fiche le camp!; this won't be ~ on me j'en prendrai bonne note; je comprends; be ~ upon s.o. être en pure perte ce qui concerne q.; '~-**prop·er·ty of·fice** (service m des) objets m/pl. trouvés.

lot [lɔt] **1.** sort m (a. fig.); fig. destin m, destinée f, fortune f; † lot m; partie f; F quantité f; monde m; beaucoup; Am. terrain m; cin. Am. terrain m de studio; F a ~ (ou ~s pl.) of beaucoup de; bien des; draw ~s for s.th. tirer qch. au sort; fall to

s.o.'s ~ revenir à q. (de, to); tomber en partage à q.; throw in one's ~ with unir sa destinée à celle de; s'attacher à la fortune de; **2.** (usu. ~ out) lotir; Am. ~ upon compter sur.

lo·tion ['louʃn] lotion f.

lot·ter·y ['lɔtəri] loterie f.

loud □ [laud] bruyant; retentissant; criard (couleur); haut (a. adv.); '~-**mouth** gueulard(e f) m, grande gueule f; '**loud·ness** caractère m bruyant; grand bruit m; radio: volume m; '**loud·speak·er** radio: haut-parleur m (pl. haut-parleurs).

lounge [laundʒ] **1.** flâner; s'étendre à son aise; s'étaler; **2.** flânerie f; maison: salon m; hôtel: hall m; théâ. foyer m; promenoir m; (~ chair) chaise f longue; sl. ~-lizard gigolo m, greluchon m; ~ suit complet m veston; ~ coat veston m; '**loung·er** flâneur (-euse f) m.

lour ['lauə] se renfrogner (personne); menacer (orage); s'assombrir (ciel); '**lour·ing** □ renfrogné; menaçant.

louse 1. [laus] (pl. lice) pou(-x)m; **2.** [lauz] † épouiller; **lous·y** ['lauzi] pouilleux (-euse f); plein de poux; F sale.

lout [laut] rustre m, lourdaud m; '**lout·ish** rustre, lourdaud.

lou·vre, Am. **lou·ver** ['luːvə] persienne f.

lov·a·ble □ ['lʌvəbl] aimable; digne d'être aimé.

love [lʌv] **1.** amour m (de, pour; vers of, for, to[wards]); tendresse f; personne: ami(e f) m; Amour m, Cupidon m; sp. rien m, zéro m; attr. d'amour; F a ~ of a dress un amour de robe; for the ~ of God pour l'amour de Dieu; play for ~ jouer pour l'honneur; sp. four (to) ~ quatre à zéro; give (ou send) one's ~ to envoyer son affectueux souvenir ou ses meilleures amitiés à (q.); in ~ with amoureux (-euse f) de; make ~ to faire la cour à; neither for ~ nor money à aucun prix; **2.** aimer (d'amour), affectionner; ~ to do aimer à faire; '~-**af·fair** affaire f de cœur; intrigue f galante; '~-**bird** psittacole m, inséparable m; '~-**child** enfant m naturel; ~ **game** sp. jeu m blanc; '**love·less** sans amour; '**love·let·ter** billet m doux; '**love·li·ness** beauté f; '**love·lock** accroche-cœur m; '**love·ly** beau

(bel *devant une voyelle ou un h muet*;
belle *f*; beaux *m/pl.*); ravissant; F
charmant; '**love-mak·ing** cour *f*
(amoureuse); '**love-match** mariage
m d'amour; '**love-po·tion** philtre *m*;
'**lov·er** amoureux *m*; fiancé *m*;
amant *m*; *fig.* ami(e *f*) *m*; *pair of*
~s deux amoureux *m/pl.*; '**love·set**
sp. six jeux *m/pl.* à zéro; '**love·sick**
féru d'amour; qui languit d'amour;
'**love·to·ken** gage *m* d'amour.

lov·ing □ ['lʌviŋ] affectueux (-eu-
se *f*).

low[1] (□ †) [lou] **1.** bas(se *f*), peu
élevé; petit (*classe, vitesse, etc.*);
lent (*fièvre*); grave (*son*); décolleté
(*robe*); (*a. in* ~ *spirits*) abattu; *fig.*
bas(se *f*), vil; *adv.* bas; ~*est bidder*
le moins disant m; *in a* ~ *voice* à voix
basse, doucement; *bring* ~ abattre;
humilier; *lie* ~ *se tapir*; *se tenir coi*; **2.**
météor. aire *f* de basses pressions;
surt. Am. niveau *m* le plus bas.

low[2] [~] **1.** meugler (*vache*); **2.** meuglement *m*.

low...: '~**-brow 1.** peu intellectuel
(-le *f*), terre à terre; **2.** homme
m etc. terre à terre; *péj.* philis-
tin(e *f*) *m*; '~**-cost** (à) bon marché;
'~**-'down** *sl.* **1.** bas(se *f*); ignoble; **2.**
['\.] tuyau *m*, renseignement *m*; substance *f*, fond *m*.

low·er[1] ['louə] **1.** *adj.* plus bas(se *f*)
etc. (*see low*[1] **1**); inférieur; d'en bas
inv.; **2.** *v/t.* baisser; abaisser (*chapeau, paupières, voile, etc.*); rabaisser
(*le prix, q.*); diminuer; (faire) descendre; *v/i.* descendre, s'abaisser;
baisser (*prix etc.*).

low·er[2] ['lauə] *see* lour.

low·er·most ['louəmoust] le (la) plus
bas(se *f*); '**low-in·come** à revenus
modérés; '**low-key(ed)** discret (-ète
f), retenu, modéré; '**low·land** plaine *f* basse; pays *m* plat; '**low·li·ness**
humilité *f*; '**low·ly** *adj.*, † *adv.*
humble, sans prétention, modeste;
'**low-'necked** décolleté (*robe*);
'**low·ness** manque *m* de hauteur;
petitesse *f*; *son*: gravité *f*; *conduite*:
bassesse *f*; ~ *of spirits* abattement *m*,
découragement *m*; '**low-'pres·sure**
basse pression *f*; '**low-shoe** soulier
m; '**low-'spir·it·ed** abattu, découragé; '**low-'wa·ter** basse mer *f* ou
marée *f*.

loy·al □ ['lɔiəl] (*to*) loyal (-aux
m/pl.) (envers); fidèle (à); '**loy·al·**

ist loyaliste *mf*; '**loy·al·ty** fidélité *f*;
loyauté *f*.

loz·enge ['lɔzindʒ] losange *m*;
pharm. pastille *f*, tablette *f*.

lub·ber ['lʌbə] lourdaud *m*; ⚓ maladroit *m*; '**lub·ber·ly** lourdaud;
gauche.

lu·bri·cant ['lu:brikənt] lubrifiant
(*a. su./m*); **lu·bri·cate** ['~keit]
graisser; **lu·bri·ca·tion** lubrification *f*, ⊕ graissage *m*; '**lu·bri·ca-
tor** ⊕ graisseur *m*; **lu·bric·i·ty**
[lu:'brisiti] onctuosité *f*; *fig.* lubricité *f*.

lu·cid □ ['lu:sid] lucide, clair, 💡 luisant; *poét.* brillant; *poét.* transparent; 🔭 ~ *interval* intervalle *m* de
lucidité; **lu'cid·i·ty**, '**lu·cid·ness**
lucidité *f*.

Lu·ci·fer ['lu:sifə] Lucifer *m* (*a.
bibl.*); *astr. a.* Vénus *f*; ♀ allumette *f*.

luck [lʌk] hasard *m*, fortune *f*,
chance *f*; *good* ~ bonne chance *f*;
bad (*ou hard ou ill*) ~ mauvaise fortune *f*, malheur *m*; *be down on one's*
~ avoir de la déveine; '**luck·i·ly** par
bonheur; '**luck·i·ness** bonheur *m*;
chance *f*; '**luck·less** infortuné;
malencontreux (-euse *f*) (*jour etc.*);
'**luck·y** □ fortuné; heureux (-euse
f); ~ *hit* (*ou break*) coup *m* de bonheur; '**luck·y-bag**, '**luck·y-dip**
boîte *f* à surprises.

lu·cra·tive □ ['lu:krətiv] lucratif
(-ive *f*); **lu·cre** ['lu:kə] lucre *m*.

lu·cu·bra·tion [lu:kju'breiʃn] *usu.* ~*s*
pl. élucubration *f*, ~*s f/pl.*

lu·di·crous □ ['lu:dikrəs] grotesque,
risible.

lu·do ['lu:dou] jeu *m* des petits chevaux.

luff ⚓ [lʌf] **1.** *su.* lof *m*; ralingue *f*
du vent; **2.** *v/i.* lofer; *v/t.* (*a.* ~ *up*)
faire lofer.

lug [lʌg] **1.** traîner, tirer; *fig.* ~ *in*
amener (*qch.*) à toute force; **2.** ⊕
a. F oreille *f*; *casquette:* oreillette *f*.

luge [lu:ʒ] **1.** luge *f*; **2.** luger; faire de
la luge.

lug·gage ['lʌgidʒ] bagage *m*, ~*s*
m/pl.; '~**-car·ri·er** *cycl., mot.* porte-
bagages *m/inv.*; '~**-grid** *mot.* porte-
bagages *m/inv.*; '~**-of·fice** 🚂 consigne *f*; '~**-rack** filet *m* (à bagages);
'~**-van** 🚂 fourgon *m* aux bagages.

lug·ger ⚓ ['lʌgə] lougre *m*.

lu·gu·bri·ous □ [lu:'gju:briəs] lugubre.

luke·warm ['luːkwɔːm] tiède (*a. fig.*); '**luke·warm·ness** tiédeur *f*.

lull [lʌl] **1.** *v/t.* endormir (*a. fig.*); calmer; bercer; *v/i.* se calmer; s'apaiser; tomber (*vent etc.*); **2.** *su.* moment de calme; ♪ accalmie *f*.

lull·a·by ['lʌləbai] berceuse *f*.

lum·ba·go ♪ [lʌm'beigou] lumbago *m*.

lum·ber ['lʌmbə] **1.** *su.* fatras *m*; vieux meubles *m/pl.*; *surt. Am.* bois *m* de charpente; **2.** *v/t.* (*usu.* ~ *up*) encombrer; *v/i.* aller lourdement *ou* à pas pesants; *Am.* débiter (le bois); '**lum·ber·er**, *Am.* '**lum·ber·man** bûcheron *m*; '**lum·ber·ing** lourd; '**lum·ber·jack** bûcheron *m*; '**lumber·room** fourre-tout *m/inv.*

lu·mi·nar·y ['luːminəri] corps *m* lumineux; astre *m*; *fig.* lumière *f*; '**lu·mi·nous** □ lumineux (-euse *f*) (*a. fig.*); *fig.* illuminant; ~· *clock* horloge *f* à cadran lumineux; ~ *dial* cadran *m* lumineux; ~ *paint* peinture *f* lumineuse.

lump [lʌmp] **1.** *su. pierre, sucre, etc.*: morceau *m*; bloc *m*; masse *f*; bosse *f* (*au front etc.*); *fig. personne*: lourdaud *m*, empoté *m*; *in the* ~ en bloc; *en gros*; ~ *sugar* sucre *m* en morceaux; ~ *sum* somme *f* globale; **2.** *v/t.* mettre en bloc *ou* en tas; *fig.* réunir; ~ *together* réunir, considérer en bloc; *v/i.* former des mottes; *sl.* ~ *it* s'arranger; '**lump·er** ♪ déchargeur *m*, débardeur *m*; '**lump·ing** F énorme; *gros(se f)*; '**lump·ish** (ba)lourd; à l'esprit lent; '**lump·y** □ rempli de mottes; couvert de bosses; grumeleux (-euse *f*) (*sauce*); houleux (-euse *f*) (*mer*).

lu·na·cy ['luːnəsi] folie *f*; ✝✝ démence *f*.

lu·nar ['luːnə] de (la) lune; lunaire; ♪ ~ *caustic* caustique *m* lunaire; ~ *landing* alunissage *m*; ~ *module* module *m* lunaire.

lu·na·tic ['luːnətik] **1.** de fou(s); fou (fol *devant une voyelle ou un h muet*; folle *f*); ~ *asylum* maison *f* d'aliénés; F *pol.* ~ *fringe* les outranciers *m/pl.*, les ultras *m/pl.*; **2.** fou (folle *f*) *m*; aliéné(e *f*) *m*.

lunch [lʌntʃ] **1.** (*abr. de* **lunch·eon** ['~ən]) *su.* déjeuner *m*; *Am. a.* cassecroûte *m/inv.*; ~ *basket*, *packed* ~ panier-repas *m* (*pl.* paniers-repas); **2.** *v/i.* déjeuner; *Am.* prendre un

petit repas; *v/t.* offrir un déjeuner à (*q.*); ~ *hour*, '~·*time* heure *f* du déjeuner.

lung [lʌŋ] poumon *m*; *animal tué*: mou *m*; ♪ *iron* ~ poumon *m* d'acier.

lunge [lʌndʒ] **1.** *su. escrime*: botte *f*; *fig.* mouvement *m* en avant; **2.** *v/i.* lancer un coup (à, *at*); *escrime*: porter une botte (à, *at*), se fendre; *fig.* se précipiter; *v/t.* darder, lancer.

lung·er *sl.* ['lʌŋə] tuberculeux (-euse *f*) *m*.

lu·pin(e) ♀ ['luːpin] lupin *m*.

lurch[1] [lɔːtʃ] **1.** ♪ embardée *f*; *fig.* pas *m* titubant; **2.** ♪ embarder (*a. F*); *fig.* marcher en titubant.

lurch[2] [~]: *leave in the* ~ laisser (*q.*) dans l'embarras; planter là (*q.*).

lurch·er ['lɔːtʃə] chien *m* croisé d'un lévrier avec un chien de berger.

lure [ljuə] **1.** leurre *m*; *fig.* piège *m*; *fig.* attrait *m*; **2.** leurrer; *fig.* séduire.

lu·rid ['ljuərid] blafard; *fig.* corsé; haut en couleur (*langage*).

lurk [lɔːk] se cacher; rester tapi; '**lurk·ing-place** cachette *f*.

lus·cious □ ['lʌʃəs] succulent; *péj.* trop sucré *ou* fleuri; '**lus·cious·ness** succulence *f*; douceur *f* extrême.

lush [lʌʃ] plein de sève; luxuriant.

lust *poét.* [lʌst] **1.** appétit *m*; luxure *f*; *fig.* soif *f*; **2.** ~ *after* convoiter; avoir soif de; '**lust·ful** □ lubrique, lascif (-ive *f*); plein de convoitise.

lust·i·ness ['lʌstinis] vigueur *f*.

lus·tra·tion *eccl.* [lʌs'treiʃn] lustration *f*.

lus·tre, *Am.* **lus·ter** ['lʌstə] éclat *m*, brillant *m*; lustre *m* (*a. fig.*); '**lus·tre·less** terne (*a. fig.*); *fig.* sans éclat.

lus·trine ['lʌstrin] lustrine *f*.

lus·trous □ ['lʌstrəs] brillant; *tex.* lustré.

lust·y □ ['lʌsti] vigoureux (-euse *f*), robuste; *fig.* puissant.

lu·ta·nist, **lut·ist** ['luːt(ə)nist] joueur (-euse *f*) *m* de luth, luthiste *mf*.

lute[1] ♪ [luːt] luth *m*.

lute[2] [~] **1.** lut *m*, mastic *m*; **2.** luter, mastiquer; *métall.* brasquer.

lute·string ['luːtstriŋ] *see* lustrine.

Lu·ther·an ['luːθərən] luthérien(ne *f*) (*a. su./mf*); '**Lu·ther·an·ism** luthéranisme *m*.

lux·ate ♪ ['lʌkseit] luxer; déboîter

lux·u·ri·ance [lʌgˈzjuəriəns] exubérance *f*; **lux'u·ri·ant** □ exubérant; **lux'u·ri·ate** [‿rieit] croître avec exubérance; *fig.* jouir avec délices (de, *in*); vivre (dans, *in*); **lux'u·ri·ous** □ [‿riəs] luxueux (-euse *f*); F voluptueux (-euse *f*); **lux'u·ri·ous·ness** somptuosité *f*; luxe *m*; **lux·u·ry** [ˈlʌkʃəri] luxe *m*; objet *m* de luxe.

ly·ce·um [laiˈsiəm] Lycée *m*.

lye [lai] lessive *f*.

ly·ing [ˈlaiiŋ] 1. *p.pr. de* lie[1] *et* lie[2]; 2. *adj.* menteur (-euse *f*); '‿-'in couches *f/pl.*, accouche-ment *m*; ‿ *hospital* maternité *f*.

lymph [limf] vaccin *m*; lymphe *f*; **lym·phat·ic** [‿ˈfætik] 1. (‿*ally*) lymphatique; 2. ‿*s pl.* (vaisseaux *m/pl.*) lymphatiques *m/pl.*

lynch [lintʃ] lyncher; ‿ *law* loi *f* de Lynch; lynchage *m*.

lynx *zo.* [liŋks] lynx *m*; loup-cervier (*pl.* loups-cerviers) *m*.

lyre [laiə] lyre *f*; *orn.*‿-*bird* ménure *m*.

lyr·ic [ˈlirik] 1. lyrique; 2. poème *m* lyrique; chanson *f*; ‿*s pl.* lyrisme *m*; 'lyr·i·cal □ lyrique.

ly·sol *pharm.* [ˈlaisɔl] lysol *m*.

M

M, m [em] M *m*, m *m*.

ma F [mɑ:] maman *f*.

ma'am [mæm; *sl.* məm] *see* madam.

mac·ad·am [mə'kædəm] macadam *m*; **mac'ad·am·ize** macadamiser.

mac·a·ro·ni [mækə'rouni] macaroni *m/inv.*

mac·a·roon [mækə'ru:n] macaron *m*.

mace¹ [meis] *hist.* masse *f* d'armes; masse *f* (*portée devant un fonctionnaire*).

mace² [⌣] † fleur *f* de muscade.

mac·er·ate ['mæsəreit] (faire) macérer; **mac·er'a·tion** macération *f*.

mach·i·na·tion [mæki'neiʃn] complot *m*, intrigue *f*; ⌒*s pl.* agissements *m/pl.*, intrigues *f/pl.*; **mach·i·na·tor** ['⌣tə] machinateur (-trice *f*) *m*; intrigant(e *f*) *m*; **ma·chine** [mə-'ʃi:n] **1.** machine *f*; appareil *m* (*a.* = *avion*); bicyclette *f*; *fig.* automate *m*; *pol.* organisation *f*; *attr.* des machines, à la machine; ⌒ *fitter* assembleur *m*, ajusteur *m*; ✕ ⌒*gun* mitrailleuse *f*; ⌒ *translation* traduction *f* automatique; **2.** façonner; usiner; coudre à la machine; **ma'chine-made** fait à la machine; **ma'chin·er·y** mécanisme *m*; machines *f/pl.*; appareil *m*, -s *m/pl.*; **ma'chine-shop** atelier *m* de construction mécanique; atelier *m* d'usinage; **ma'chine-tool** machine-outil *f* (*pl.* machines-outils) *f*; **ma'chine-wash·a·ble** lavable en machine; **ma'chin·ist** machiniste *m*; mécanicien(ne *f*) *m*.

mack·er·el *icht.* ['mækrəl] maquereau *m*; ⌒ *sky* ciel *m* pommelé.

mack·i·naw *Am.* ['mækinɔ:] couverture *f* épaisse.

mack·in·tosh ['mækintɔʃ] imperméable *m*; caoutchouc *m*.

macro... [mækro] macro-; ⌒*bi·ot·ic* [⌣bai'ɔtik] macrobiotique; ⌒*bi'ot·ics* *sg.* macrobiotisme *m*; ⌒*cosm* ['⌣kɔzəm] macrocosme *m*.

mac·u·lat·ed ['mækjuleitid] maculé.

mad ▢ [mæd] fou (fol *devant une*

voyelle *ou un* h *muet*); folle *f*) (*a. fig.*), aliéné; enragé (*a.* chiens *etc.*); *fig.* éperdu, affolé, ivre (de *about, with, on*); *Am.* fâché (contre, *with*); F furieux (-euse *f*), furibond; go ⌒ devenir fou; drive ⌒ rendre fou; affoler (*a. fig.*).

mad·am ['mædəm] madame *f*; mademoiselle *f*.

mad·cap ['mædkæp] écervelé (*a. su./mf*); **mad·den** ['mædn] rendre fou, exaspérer; it is ⌒*ing* c'est exaspérant.

mad·der ♀, ⊕ ['mædə] garance *f*.

made [meid] *prét. et p.p. de* make 1, 2.

made-to-meas·ure ['meidtə'meʒə] fait sur mesure; **made-to-ord·er** ['⌣'ɔ:də] fait sur commande.

made-up ['meid'ʌp] assemblé; artificiel(le *f*); fait fait (*vêtement*); maquillé (*femme*); faux (fausse *f*), inventé (*histoire etc.*).

mad·house ['mædhaus] maison *f* de fous; asile *m* d'aliénés; '**mad·man** fou *m*, aliéné *m*, insensé *m*; '**mad·ness** folie *f*; démence *f*; *vét.* rage *f*; hydrophobie *f*; *Am.* colère *f*; rage *f*; '**mad·wom·an** folle *f*, aliénée *f*, insensée *f*.

mael·strom ['meilstroum] *géog.* le Malstrom *m*; *fig.* tourbillon *m*.

mag·a·zine [mægə'zi:n] *fusil:* magasin *m*; ✕ magasin *m* d'armes, de vivres, *etc.*; ✕ dépôt *m* de munitions; (*revue f*) périodique *m*; magazine *m* (*illustré*).

mag·da·len ['mægdəlin] fille *f* repentie.

mag·got ['mægət] asticot *m*; *fig.* lubie *f*; F ver *m*; '**mag·got·y** plein de vers; *fig.* capricieux (-euse *f*).

Ma·gi ['meidʒai] *pl.:* the ⌒ les Rois *m/pl.* Mages.

mag·ic ['mædʒik] **1.** (*a.* '**mag·i·cal** ▢) magique, enchanté; **2.** magie *f*, enchantement *m*; **mag·i·cian** [mə-'dʒiʃn] magicien(ne *f*) *m*.

mag·is·te·ri·al ▢ [mædʒis'tiəriəl] magistral (-aux *m/pl.*); *a. péj.* de maître; de magistrat; **mag·is·tra·cy** ['ˌstrəsi] magistrature *f*; les magistrats *m/pl.*; **mag·is·trate** ['ˌtrit] magistrat *m*, juge *m*; *usu.* juge *m* de paix.

mag·na·nim·i·ty [mægnə'nimiti] magnanimité *f*; **mag·nan·i·mous** □ [ˌ'næniməs] magnanime.

mag·nate ['mægneit] magnat *m*.

mag·ne·sia 🜍 [mæg'ni:ʃə] magnésie *f*.

mag·net ['mægnit] aimant *m*; **mag·net·ic** [ˌ'netik] (ˌally) magnétique; aimanté; ˷ *field* (*pole*) champ *m* (pôle *m*) magnétique; **mag·net·ism** ['ˌnitizm] magnétisme *m*; **mag·net·i·za·tion** [ˌtai'zeiʃn] aimantation *f*; **'mag·net·ize** aimanter; F magnétiser; **'mag·net·iz·er** *phys.* dispositif *m* d'aimantation; *personne:* magnétiseur *m*; **mag·ne·to** [mæg'ni:tou] ⊕ *etc.* magnéto *m*.

mag·nif·i·cence [mæg'nifisns] magnificence *f*; **mag'nif·i·cent** □ magnifique; somptueux (-euse *f*); **mag·ni·fi·er** ['mægnifaiə] loupe *f*, verre *m* grossissant; **mag·ni·fy** ['ˌfai] *v/t.* grossir (*a. fig.*); ˷*ing glass* loupe *f*, verre *m* grossissant; **mag·nil·o·quence** [mæg'niləkwəns] emphase *f*, grandiloquence *f*; **mag·nil·o·quent** □ emphatique, grandiloquent; **mag·ni·tude** ['ˌtju:d] grandeur *f*; *star of the first* ˷ étoile *f* de première magnitude.

mag·pie *orn.* ['mægpai] pie *f*; *a. fig.* bavard(e *f*) *m*.

mahl·stick *peint.* ['mɔ:lstik] appui(e)-main (*pl.* appuis-main, appuie-main) *m*.

ma·hog·a·ny [mə'hɔgəni] acajou *m*; *attr.* en acajou.

maid [meid] †, *co.* pucelle *f*; † demoiselle *f*; † jeune fille *f*; (*ou* ˷*servant*) bonne *f*, domestique *f*, servante *f*; *old* ˷ vieille fille *f*; ˷ *of all work* bonne *f* à tout faire; ˷ *of hono(u)r* fille *f* d'honneur; *Am.* première demoiselle *f* d'honneur.

maid·en ['meidn] **1.** *prov.*, *co. see maid*; **2.** de jeune fille; non mariée; *fig.* premier, de début; ˷ *name* nom *m* de jeune fille; ˷ *speech* discours *m* de début; ˷ *voyage* 🜚 premier voyage *m*; 🜚 premier vol *m*; '˷**hair** 🌿 capillaire *m*; '˷**head**, '˷**hood** virginité *f*; célibat *m* (*de fille*); '˷**like**,

'maid·en·ly virginal (-aux *m/pl.*); modeste.

mail¹ [meil] mailles *f/pl.*

mail² [ˌ] **1.** *poste:* courrier *m*; poste *f*; départ *m* du courrier; **2.** envoyer par la poste; expédier; ˷*ing list* liste *f* d'adresses; **'mail·a·ble** *Am.* transmissible par la poste.

mail...: '˷**bag** sac *m* de dépêches *ou* de poste; '˷**boat** courrier *m* postal; paquebot *m*; '˷**box** *surt. Am.* boîte *f* aux lettres; '˷**car·ri·er** *Am.* facteur *m*; '˷**clad** revêtu de mailles; '˷**coach**, *Brit.* '˷**cart** wagon-poste (*pl.* wagons-poste) *m*; '˷**man** *Am.* facteur *m*; '˷**or·der firm**, *surt. Am.* '˷**or·der house** maison *f* qui vend par correspondance; '˷**train** train-poste (*pl.* trains-poste[s]) *m*.   [(*a. fig.*).]

maim [meim] estropier, mutiler

main [mein] **1.** principal (-aux *m/pl.*); premier (-ère *f*), essentiel(le *f*); grand (*route*); ˷ *chance* son propre intérêt; *téléph.* ˷ *station* table *f* (principale); *by* ˷ *force* de vive force; 🗲 ˷ *plane* voilure *f*; **2.** vigueur *f*; ⊕ canalisation *f* maîtresse; 🗲 conducteur *m* principal; *poét.* océan *m*; ˷*s pl.* 🗲 secteur *m*; 🗲 *rising* ˷ conducteur *m* principal montant; ˷*s aerial* antenne *f* secteur; ˷*s receiving set* poste *m* secteur; *in the* ˷ en général, à tout prendre; '˷**land** terre *f* ferme; continent *m*; **'main·ly** surtout.

main...: '˷**mast** [ˌ'mɑ:st; ⚓ '˷məst] grand mât *m*; '˷**sail** [ˌ'seil; ⚓ '˷sl] grand-voile *f*; '˷**spring** ressort *m* moteur; *fig.* mobile *m* essentiel; *fig.* âme *f*; '˷**stay** ⚓ étai *m* de grand mât; *fig.* soutien *m* principal; '˷**stream** *fig.* tendance *f* principale; 2-**Street** *Am.* grand-rue *f*; habitants *m/pl.* d'une petite ville.

main·tain [men'tein] maintenir; soutenir (*opinion, famille, conversation, cause, guerre*); entretenir (*famille, correspondance, route, relations*); défendre (*ses droits, une cause*); conserver (*l'allure, la santé*); garder (*l'attitude, l'avantage*); ˷ *that* affirmer *ou* maintenir que; **main'tain·a·ble** (sou)tenable.

main·te·nance ['meintinəns] maintien *m*; entretien *m*; défense *f*; appui *m*; subsistance *f*; ˷ *costs pl.* frais *m/pl.* d'entretien.

main·top ⚓ ['meintɔp] grand-hune f.

maize ♗ [meiz] maïs m.

ma·jes·tic [mə'dʒestik] (~ally) majestueux (-euse f); **ma·jes·ty** ['mædʒisti] majesté f.

ma·jor ['meidʒə] **1.** majeur(e f); le plus grand; mot. de priorité (route); principal(-aux m/pl.) (a. couleurs aux cartes); ♪ A ~ la m majeur; ♪ ~ third tierce f majeure; ♪ ~ key ton m majeur; Am. baseball: ~ league ligue f majeure; **2.** ✕ commandant m; ✕ chef m de bataillon (infanterie) ou d'escadron (cavalerie); personne: majeur(e f) m; phls. majeure f; Am. univ. sujet m principal; **3.** Am. (in) se spécialiser (en) (un sujet); être reçu à l'examen supérieur (de); '~·gen·er·al général m de brigade; **ma·jor·i·ty** [mə'dʒɔriti] majorité f (a. âge); le plus grand nombre; la plus grande partie; ✕ (a. **ma·jor·ship** ['meidʒəʃip]) grade m de commandant; ~ decision décision f prise à la majorité; pol. ~ rule gouvernement m majoritaire ou de la majorité; join the ~ mourir, s'en aller ad patres.

make [meik] **1.** [irr.] v/t. faire (qch., distinction, amis, paix, guerre, discours, testament, thé, bruit, faute, fortune, etc.); construire; fabriquer; confectionner (des vêtements); conclure (un marché); fixer (les conditions); établir (une règle); subir (une perte); conclure (la paix, un traité); battre (les cartes); ⚡ fermer (le circuit); nommer (un juge, un professeur, etc.); ~ the best of it en prendre son parti; ~ capital out of tirer parti de; ~ good réparer (un tort), tenir (sa parole), établir (son droit à qch.); Am. F ~ it réussir (à qch.); arriver à temps; ⚓ ~ the land atterrir; ~ or mar s.o. faire la fortune ou la ruine de q.; ~ one joindre, unir; do you ~ one of us? êtes-vous des nôtres?; ⚓ ~ a port arriver à un port; ~ shift s'accommoder (de qch.); ~ sure of s'assurer de (un fait); s'assurer (une place etc.); ~ sure that s'assurer que; F être persuadé que; ~ way faire du chemin; ~ way for faire place à (q.) (a. fig.); ~ into transformer en; ~ out dresser (une liste, un compte); faire (un chèque); prouver; discerner;

démêler (les raisons de q.); déchiffrer (une écriture); F feindre; ~ over céder; transférer; ~ up compléter; combler (un déficit); faire (un paquet); préparer; façonner (une robe etc.); dresser (une liste, un compte); établir (un compte); inventer (une excuse, une histoire); composer (un ensemble); accommoder (un différend); made up of composé de; see ~ up for (ci-dessus); ~ up one's mind se décider (à, to; pour for, in favo[u]r of); prendre son parti; **2.** [irr.] v/i. ⚡ se fermer (circuit); monter (marée); ~ as if faire mine de; faire semblant de; ~ after s'élancer sur ou après; ~ against s'opposer à; ~ at se ruer sur (q.); ~ away s'éloigner; ~ away with enlever; détruire; dérober (de l'argent); ~ for se diriger vers; s'élancer sur; ⚓, ✗ mettre le cap sur; favoriser; ~ off se sauver; décamper; ~ up compenser; se réconcilier; se maquiller; ~ up for réparer; se rattraper de (une perte); suppléer à (un manque); compenser; ~ up to s'approcher de; F faire la cour à; **3.** fabrication f; façon f; taille f (de q.); ♜ marque f; ⚡ circuit: fermeture f; our own ~ de notre marque; of poor ~ de qualité inférieure; '~·be·lieve **1.** semblant m; feinte f; trompe-l'œil m/inv.; **2.** fictif (-ive f), imaginaire, feint; '**mak·er** faiseur (-euse f) m; fabricant m; constructeur m; the ⚌ le Créateur m (= Dieu).

make...: '~·shift **1.** pis-aller m/inv.; **2.** de fortune; '~·up see make 3; composition f; maquillage m; invention f; ~ charge façon f; '~·weight complément m de poids; fig. supplément m.

mak·ing ['meikiŋ] fabrication f; création f; F ~s pl. recettes f/pl.; petits profits m/pl.; in the ~ en train de se faire; have the ~s of avoir ce qu'il faut pour.

mal·a·chite min. ['mæləkait] malachite f; cendre f verte.

mal·ad·just·ment ['mælə'dʒʌstmənt] ajustement m défectueux; déréglement m.

mal·ad·min·is·tra·tion ['mælədminis'treiʃn] mauvaise administration f ou gestion f.

mal·a·droit ['mælə'drɔit] maladroit.

mal·a·dy ['mælədi] maladie f.

mal·ap·ro·pos ['mæl'æprəpou] **1.**

adv. mal à propos; **2.** adj. inopportun.

ma·lar·i·a [məˈlɛəriə] malaria f, paludisme m; **maˈlar·i·al** paludéen(ne f).

ma·lar·key Am. F [məˈlɑːki] baliverne(s) f/(pl.), blague(s) f/(pl.), baratin m.

mal·con·tent [ˈmælkəntent] mécontent (a. su./mf).

male [meil] **1.** mâle; ~ child enfant m mâle; ~ screw vis f mâle ou pleine; **2.** mâle m; homme m.

mal·e·dic·tion [mæliˈdikʃn] malédiction f; anathème m.

mal·e·fac·tor [ˈmælifæktə] malfaiteur (-trice f).

ma·lef·i·cence [məˈlefisns] malfaisance f; **maˈlef·i·cent** malfaisant (envers, to); criminel(le f).

ma·lev·o·lence [məˈlevələns] malveillance f (envers, to[wards]); **maˈlev·o·lent** □ malveillant (envers, to[wards]).

mal·for·ma·tion [ˈmælfɔːˈmeiʃn] malformation f; défaut m de conformation.

mal·func·tion [mælˈfʌŋkʃən] **1.** fonctionnement m défectueux, dérèglement m; **2.** fonctionner mal.

mal·ice [ˈmælis] malice f; malveillance f; méchanceté f; intention f criminelle; bear s.o. ~ vouloir du mal à q., en vouloir à q.; with ~ aforethought avec intention criminelle.

ma·li·cious □ [məˈliʃəs] méchant; malveillant, avec intention criminelle; **maˈli·cious·ness** malice f etc.

ma·lign [məˈlain] **1.** □ pernicieux (-euse f), nuisible; malin (-igne f); **2.** calomnier, diffamer; **ma·lig·nan·cy** [məˈlignənsi] malignité f (a.); virulence f; **maˈlig·nant** □ **1.** malin (-igne f) (a.); méchant; **2.** hist. ~s pl. dissidents m/pl.; **maˈlig·ni·ty** malignité f; méchanceté f; souv. malignité f.

ma·lin·ger [məˈliŋgə] faire le malade; **maˈlin·ger·er** faux malade m, fausse malade f.

mall Am. [mɔːl] centre m commercial.

mal·lard orn. [ˈmæləd] malard m; canard m sauvage.

mal·le·a·bil·i·ty [mæliəˈbiliti] malléabilité f; fig. souplesse f; **mal·**

le·a·ble malléable; fig. complaisant.

mal·let [ˈmælit] maillet m.

mal·low ♀ [ˈmælou] mauve f.

malm·sey [ˈmɑːmzi] Malvoisie f.

mal·nu·tri·tion [ˈmælnjuːˈtriʃn] sous-alimentation f; alimentation f défectueuse.

mal·o·dor·ous □ [mæˈloudərəs] malodorant.

mal·prac·tice [ˈmælˈpræktis] méfait m; négligence f; malversation f.

malt [mɔːlt] **1.** malt m; ~ liquor bière f; **2.** (se) convertir en malt; v/t. malter.

Mal·tese [ˈmɔːlˈtiːz] **1.** maltais; **2.** Maltais(e f) m.

malt·ing [ˈmɔːltiŋ] maltage m.

mal·treat [mælˈtriːt] maltraiter, malmener; **malˈtreat·ment** mauvais traitement m.

malt·ster [ˈmɔːltstə] malteur m.

mal·ver·sa·tion [mælvəˈseiʃn] malversation f; mauvaise administration f.

ma(m)·ma [məˈmɑː] maman f.

mam·mal [ˈmæməl] mammifère m; **mam·ma·li·an** [məˈmeiljən] mammifère (a. su./m).

mam·mon [ˈmæmən] Mammon m.

mam·moth [ˈmæməθ] **1.** zo. mammouth m; **2.** géant, monstre.

mam·my F [ˈmæmi] maman f; Am. nourrice f noire.

man [mæn] mots composés: -mən] **1.** (pl. men) homme m (a.); domestique m, valet m; ouvrier m; F mari m; échecs: pièce f; dames: pion m; attr. d'homme(s); to a ~ jusqu'au dernier; ~ on leave permission m; **2.** , garnir d'hommes; armer, équiper; ~ o.s. faire appel à tout son courage.

man·a·cle [ˈmænəkl] **1.** menotte f; **2.** mettre les menottes à (q.).

man·age [ˈmænidʒ] v/t. manier (un outil); conduire (une auto, une entreprise); régir (une propriété); gérer (une banque, une affaire); manœuvrer (un navire); gouverner (une banque); maîtriser (un animal); venir à bout de (qch.); v/i. s'arranger; se débrouiller; ~ to (inf.) venir à bout de (inf.); réussir à (inf.); ~ without s.th. se passer de qch.; **ˈman·age·a·ble** □ maniable; traitable (personne); **ˈman·age·ment** maniement m; direction *f*; conduite *f*; gestion *f*; savoir-faire *m/inv.*; administrateurs *m/pl.*; '**man·ag·er** directeur *m*; régisseur *m*; gérant *m*; chef *m* (*du service etc.*); *journal*: administrateur *m*; *théâ.* imprésario *m*; *departmental* ~ chef *m* de rayon; chef *m* de service; *sales*~ directeur *m* commercial; *she is a good* (*bad*) ~ elle est bonne (mauvaise) ménagère *f*; '**man·ag·er·ess** directrice *f*, gérante *f*; **man·a·ge·ri·al** □ [~ə'dʒiəriəl] directorial (-aux *m/pl.*).

man·ag·ing ['mænidʒiŋ] **1.** directeur (-trice *f*); gérant; *fig.* entreprenant; F autoritaire; ~ *clerk* chef *m* de bureau; ⚖ premier clerc *m*; **2.** direction *f*; conduite *f*; gestion *f*.

man·da·mus ⚖ [mæn'deiməs] commandement *m* (*à une cour inférieure*).

man·da·rin ['mændərin] mandarin *m*; ⚘ (*ou* '**man·da·rine** [~]) mandarine *f*.

man·da·tar·y ⚖ ['mændətəri] mandataire *mf*; **man·date** ['~deit] **1.** *pol.* mandat *m*; *poét.* commandement *m*, ordre *m*; **2.** attribuer sous mandat; **man·da·tor** mandant *m*; **man·da·to·ry** ['~dətəri] **1.** mandataire; **2.** état *m* mandataire.

man·di·ble ['mændibl] mandibule *f*; *anat.* mâchoire *f* inférieure.

man·do·lin(e) ♪ ['mændəlin] mandoline *f*. [dragore *f*.)

man·drake ⚘ ['mændreik] man-) **man·drel** ['mændril] mandrin *m*.

man·drill *zo.* ['mændril] mandrill *m*.

mane [mein] crinière *f*.

man·eat·er ['mæni:tə] mangeur *m* d'hommes; *personne*: cannibale *m*.

ma·nes ['meini:z] *pl. antiquité romaine*: mânes *m/pl.*

ma·neu·ver [mə'nu:və] *Am. see* manœuvre.

man·ful □ ['mænful] viril; hardi; '**man·ful·ness** virilité *f*; vaillance *f*.

man·ga·nese ⚛ [mæŋgə'ni:z] manganèse *m*; **man·gan·ic** [~'gænik] manganique. [rogne *f*.)

mange *vét.* [meindʒ] gale *f*; F) **man·ger** ['meindʒə] crèche *f*; F *dog in the* ~ chien *m* du jardinier.

man·gle¹ ['mæŋgl] **1.** calandre *f*; **2.** calandrer; cylindrer.

man·gle² [~] déchirer; mutiler (*a. fig.*); *fig.* massacrer.

man·gler ['mæŋglə] machine *f* à calandrer.

man·gy ['meindʒi] galeux (-euse *f*); *fig.* minable.

man...: '~**han·dle** manutentionner, transporter à force de bras; *sl.* malmener; bousculer; '~**hat·er** misanthrope *m*; '~**hole** ⊕ trou *m* de regard; bouche *f* d'accès; '~**hood** humanité *f*; âge *m* viril, âge *m* d'homme; '~'**hours** *pl.* heures *f/pl.* de travail (*par homme*).

ma·ni·a ['meinjə] manie *f*; folie *f*, F passion *f*; *suffixe*: -manie *f*; **ma·ni·ac** ['~iæk] **1.** fou (folle *f*) *m* enragé(e *f*) *m*; **2.** (*a.* **ma·ni·a·cal** □ [mə'naiəkl]) de fou (folle *f*); furieux (-euse *f*).

man·i·cure ['mænikjuə] **1.** soin *m* des mains; toilette *f* des ongles; **2.** soigner les mains; '~**case** trousse *f* de manucure.

man·i·cur·ist ['mænikjuərist] *personne*: manucure *mf*.

man·i·fest ['mænifest] **1.** □ manifeste, évident, clair; **2.** ♣ manifeste *m* (*de sortie*); **3.** *v/t.* manifester, témoigner; ♣ déclarer (*qch.*) en douane; *v/i.* manifester; **man·i·fes'ta·tion** manifestation *f*; **man·i·fes·to** [~'festou] *pol. etc.* manifeste *m*.

man·i·fold □ ['mænifould] **1.** divers, varié; nombreux (-euse *f*); **2.** *mot. intake ou inlet* (*exhaust*) ~ collecteur *m* d'admission (*d'échappement*); **3.** polycopier; ~ *writ·er* appareil *m* à polycopier.

man·i·kin ['mænikin] petit homme *m*; homoncule *m*.

ma·nip·u·late [mə'nipjuleit] manipuler (*qch.*); ⊕ manœuvrer; agir sur (*une pédale*, ♥ *le marché*); **ma·nip·u'la·tion** manipulation *f*; ⊕ manœuvre *f*; tripotages *m/pl.*; en Bourse; ✗ exploration *f*; **ma·nip·u·la·tive** de manipulation; **ma'nip·u·la·tor** manipulateur *m*; ♥ agioteur *m*.

man·kind [mæn'kaind] le genre *m* humain; ['mænkaind] les hommes *m/pl.*; '**man·like** *see* manly; mannish; '**man·li·ness** caractère *m* viril, virilité *f*; '**man·ly** viril, d'homme; '**man-made** artificiel(le *f*); ~ *fibre* fibre *f* synthétique.

man·ne·quin ['mænikin] mannequin *m*; ~ *parade* défilé *m* de mannequins.

man·ner ['mænə] manière *f* (*a. art,*

a. littérature) ; façon *f* ; *peinture*: style *m* ; ~s *pl.* mœurs *f/pl.*, usages *m/pl.* ; manières *f/pl.* ; tenue *f* ; no ~ *of doubt* aucune espèce de doute; *in a* ~ d'une façon; *in such a* ~ that de manière que, de sorte que; '**man-nered** aux manières ...; *littérature, art*: maniéré; recherché; '**man-ner-ism** maniérisme *m* ; particularité *f* ; '**man-ner-li-ness** courtoisie *f* , politesse *f* ; '**man-ner-ly** courtois, poli.   [masse (*femme*).)

man-nish ['mæniʃ] d'homme; hom-)

ma-nœu-vra-ble, *Am. a.* **ma-neu-ver-a-ble** [mə'nu:vrəbl] manœuvrable, maniable; **ma'nœu-vre**, *Am. a.* **ma'neu-ver** [~və] **1.** manœuvre *f* (*a. fig.*); *fig.* ~s *pl.* F intrigues *f/pl.* ; **2.** (faire) manœuvrer.

man-of-war ['mænəv'wɔ:] vaisseau *m* de guerre *ou* de ligne.

ma-nom-e-ter ⊕, *phys.* [mə-'nɔmitə] manomètre *m* .

man-or ['mænə] seigneurie *f* ; *see* ~*-house; lord of the* ~ seigneur *m* ; châtelain *m* ; '~*-house* château *m* seigneurial; manoir *m* ; **ma-no-ri-al** [mə'nɔ:riəl] seigneurial (-aux *m/pl.*); de seigneur.

man-pow-er ['mænpauə] ⊕ force *f* des bras; main-d'œuvre (*ou* mains-d'œuvre) *f* ; ✕ effectifs *m/pl.*

manse *écoss.* [mæns] presbytère *m* .

man-serv-ant ['mænsə:vənt] domestique *m* , valet *m* .

man-sion ['mænʃn] château *m* ; hôtel *m* particulier (*en ville*); ~s *pl.* maison *f* de rapport.

man-slaugh-ter ['mænslɔ:tə] homicide *m* par imprudence.

man-tel ['mæntl] manteau *m* de cheminée; ~*piece*, ~*shelf* dessus *m* de cheminée; F cheminée *f* .

man-tel-et ['mæntlit] mantelet *m* , ✕ pare-balles *m/inv.*

man-til-la [mæn'tilə] mantille *f* .

man-tle ['mæntl] **1.** manteau *m* (*a.* ⚕, *anat.*, *zo.*); ⚕ parement *m* (*d'un mur*); *fig.* voile *m* , manteau *m* ; (*a. incandescent* ~) manchon *m* ; **2.** *v/t.* vêtir d'un manteau; *fig.* couvrir; revêtir; ~ *on* recouvrir; *v/i.* rougir (*joues*); se couvrir (de, *with*).

man-tlet ['mæntlit] *see* mantelet.

man-trap ['mæntræp] piège *m* à hommes *ou* à loups.

man-u-al ['mænjuəl] **1.** □ manuel

(*-le f*); fait à la main; ✕ ~ *exercise* maniement *m* des armes; *sign* ~ seing *m* ; **2.** manuel *m* ; aide-mémoire *m/inv.* ; *orgue*: clavier *m* ; *instruction* ~ manuel *m* d'entretien.

man-u-fac-to-ry [mænju'fæktəri] fabrique *f* , usine *f* .

man-u-fac-ture [mænju'fæktʃə] **1.** fabrication *f* ; confection *f* ; *p.ext.* industrie *f* ; **2.** fabriquer; confectionner; ~*d article* produit *m* industriel; ~*d goods pl.* produits *m/pl.* fabriqués; **man-u'fac-tur-er** fabricant *m* ; industriel *m* ; **man-u'fac-tur-ing** manufacturier (-ère *f*); industriel(le *f*).

ma-nure [mə'njuə] **1.** engrais *m* ; **2.** fumer, engraisser.

man-u-script ['mænjuskript] **1.** manuscrit *m* ; **2.** manuscrit, écrit à la main.

Manx [mæŋks] **1.** manxois, mannois; **2.** *ling.* mannois *m* ; Mannois(e *f*) *m* ; *the Manx pl.* les Mannois *m/pl.*

man-y ['meni] **1.** beaucoup de; bien des; plusieurs; ~ *a* maint(e *f*); bien des; ~ *a one* bien des gens; *one too* ~ un(e) de trop; **2.** beaucoup (de gens); un grand nombre; *a good* ~ pas mal de; un assez grand nombre (de gens); *a great* ~ un grand nombre (*de personnes*); '~'**sid-ed** *fig.* complexe, divers.

map [mæp] **1.** *géog.* carte *f* ; *ville*: plan *m* ; F *off the* ~ ne plus de saison; *on the* ~ d'actualité; **2.** dresser une carte *etc.* (de qch., *s.th.*); ~ *out* dresser.

ma-ple ⚘ ['meipl] érable *m* .

map-per ['mæpə] cartographe *m* .

mar [mɑ:] gâter; déparer; troubler (*la joie*); ruiner.

mar-a-bou *orn.* ['mærəbu:] marabout *m* .

Mar-a-thon ['mærəθən] *sp.* (*a.* ~ *race*) marathon *m* .

ma-raud [mə'rɔ:d] marauder; **ma'raud-er** maraudeur *m* .

mar-ble ['mɑ:bl] **1.** marbre *m* ; *jeu*: bille *f* ; **2.** de marbre; *fig.* dur; **3.** marbrer.

March¹ [mɑ:tʃ] mars *m* .

march² [~] **1.** marche *f* (*a.* ♩, *événements*); civilisation, *événements*: progrès *m* ; ✕ *past* défilé *m* ; **2.** *v/i.* marcher; *fig.* avancer; faire des progrès; *v/t.* faire marcher; ✕ ~ *off* *v/t.* emmener (*un prisonnier*); *v/i.* se mettre en marche; ~ *past* défiler.

march³ [~] **1.** *hist.* marche *f*; *usu.* ~*es pl.* pays *m* limitrophe; **2.** confiner (à, *with*).

march·ing [ˈmɑːtʃiŋ] **1.** marche *f*; ~ *order* tenue *f* de route; ~ *orders pl.* feuille *f* de route; *fig.* congé *m*; *in heavy* ~ *order* en tenue de campagne; **2.** ~ *past* défilé *m*.

mar·chion·ess [ˈmɑːʃənis] marquise *f*.

march·pane [ˈmɑːtʃpein] massepain *m*.

mare [mɛə] jument *f*; *fig.* ~*'s nest* canard *m*, découverte *f* illusoire.

mar·ga·rine [mɑːdʒəˈriːn] margarine *f*.

mar·gin [ˈmɑːdʒin] marge *f*; *bois*: lisière *f*; *rivière*: rive *f*; écart *m*; ~ *of error* tolérance *f*; ~ *of profit* bénéfice *m*, marge *f*; *safety* ~, ~ *of safety* marge *f* de sécurité; ˈ**mar·gin·al** □ marginal (-aux *m/pl.*); en marge.

mar·grave [ˈmɑːgreiv] margrave *m*; **mar·gra·vine** [ˈ~grəviːn] margrave *f*, margravine *f*.

Ma·ri·a [məˈraiə]: F *Black* ~ panier *m* à salade (= *voiture cellulaire*).

mar·i·gold ⚘ [ˈmærigould] souci *m*.

mar·i·jua·na [mɑːriˈhwɑːnə] marihuana *f*.

ma·ri·nade [mæriˈneid] **1.** marinade *f*; **2.** mariner.

ma·rine [məˈriːn] **1.** marin; de mer; de (la) marine; **2.** soldat *m* de l'infanterie de marine; marine *f* (*a. peint.*); *tell that to the* ~*s!* allez conter ça ailleurs!; **mar·i·ner** *usu.* ⚓ [ˈmærinə] marin *m*.

mar·i·o·nette [mæriəˈnet] marionnette *f*.

mar·i·tal □ [məˈraitl] marital (-aux *m/pl.*); matrimonial (-aux *m/pl.*); ~ *status* état *m* familial.

mar·i·time [ˈmæritaim] maritime; naval (-als *m/pl.*); ~ *affairs pl.* affaires *f/pl.* maritimes.

mar·jo·ram ⚘ [ˈmɑːdʒərəm] origan *m*, marjolaine *f*.

mark¹ [mɑːk] *monnaie*: mark *m*.

mark² [~] **1.** marque *f*; but *m*; signe *m*; *école*: note *f*; *école*: point *m* (*a. ponctuation*); *sp.* ligne *f* de départ; croix *f* (*au lieu de signature*); ☤ cote *f* (*d'une valeur*); marque *f* (*d'un produit*); *vét.* marque *f*; *a man of* ~ un homme *m* marquant; *fig. up to the* ~ à la hauteur; dans son assiette (*santé*); *hit the* ~ frapper juste; *make one's* ~ se faire une réputation; *miss the* ~ manquer le but; *we are not far from the* ~ *in saying that* nous ne sommes pas loin de compte en disant que; **2.** *v/t.* (*a.* ~ *out*) tracer; estampiller (*des marchandises*); marquer ([*les points de*] *un jeu*); ☤ marquer; chiffrer; mettre le prix à; piquer (*les cartes*); coter (*un devoir*); indiquer; témoigner (*son approbation etc.*); guetter; observer; ~ *down* baisser de prix; repérer (*le gibier, un point*); ~ *off* séparer; mesurer (*une distance*); ~ *out* délimiter, tracer; borner (*un champ*); jalonner; ⚔ ~ *time* marquer le pas; **marked** [mɑːkt], **mark·ed·ly** *adv.* [ˈmɑːkidli] marqué; *fig.* sensible; accusé (*accent*); ˈ**mark·er** *billard*: marqueur *m*; pointeur *m*.

mar·ket [ˈmɑːkit] **1.** marché *m*; place *f* du marché; halle *f*, -s *f/pl.*; débouché *m* (pour, *for*); *Bourse*: cours *m/pl.*; *be in the* ~ être au marché; être acheteur; *come into the* ~ être mis en vente; *condition of the* ~ le marché; ~ *gardener* maraîcher (-ère *f*) *m*; *Am. sl. play the* ~ spéculer (*à la Bourse*); **2.** *v/t.* lancer (*qch.*) sur le marché; trouver des débouchés pour (*qch.*); *v/i.* faire son marché *ou* ses emplettes; ˈ**mar·ket·a·ble** □ vendable; marchand (*valeur etc.*); **mar·ket·eer** [~ˈtiə] *see black 1*; ˈ**mar·ket·ing** achat *m ou* vente *f* au marché; ˈ**mar·ket-val·ue** valeur *f* marchande; cours *m*.

mark·ing [ˈmɑːkiŋ] marquage *m*; *usu.* -*s pl.* marque *f*, tache *f*; rayure *f*; ˈ**~-ink** encre *f* à marquer.

marks·man [ˈmɑːksmən] bon tireur *m*; ˈ**marks·man·ship** adresse *f* au tir.

marl [mɑːl] **1.** *géol.* caillasse *f*; ⚒ marne *f*; **2.** ⚒ marner.

mar·ma·lade [ˈmɑːməleid] confiture *f* d'oranges.

mar·mo·re·al □ *poét.* [mɑːˈmɔːriəl] marmoréen(ne *f*).

mar·mot *zo.* [ˈmɑːmət] marmotte *f*.

ma·roon¹ [məˈruːn] marron pourpré *inv.*; châtain.

ma·roon² [~] **1.** nègre *m* marron, négresse *f* marronne; **2.** abandonner (*q.*) sur une île déserte.

mar·plot ['mɑːplɔt] brouille-tout *m*/*inv.* [quise *f.*]

mar·quee [mɑːˈkiː] (tente-)mar-

mar·quess ♀ ['mɑːkwis], *usu.* **marquis** ['mɑːkwis] marquis *m*.

mar·que·try ['mɑːkitri] marqueterie *f*.

mar·riage ['mæridʒ] mariage *m*; *fig.* union *f*; *civil* ~ mariage *m* civil; *by* ~ par alliance; *related by* ~ allié de près; *take in* ~ épouser (*q.*); *prendre* (*q.*) *en mariage*; ~*guidance* guidance *f* de mariage; ~ *counsellor* raccommodeur *m* de ménages; '**marriage·a·ble** nubile; à marier; *d'âge à se marier*; ~ *person* parti *m*.

mar·riage...: '~**-lines** *pl.* acte *m* de mariage; '~**-market**: *in the* ~ mariable; '~**-por·tion** dot *f* (*de la femme*).

mar·ried ['mærid] marié (*personne*); conjugal (-aux *m*/*pl.*) (*vie*); ~ *couple* ménage *m*.

mar·row ['mærou] moelle *f* (*a. fig.*); *fig.* essence *f*; ♀ *vegetable* ~ courge *f* à la moelle; '~**-bone** os *m* à moelle; ~ *s pl. co.* genoux *m*/*pl.*; '**mar·row·y** plein de moelle (*a. fig.*).

mar·ry ['mæri] *v/t.* marier (*q.* à *q.*, *s.o. to s.o.*); se marier avec, épouser (*q.*); *v/i.* se marier (à, *to*).

marsh [mɑːʃ] 1. marais *m*, marécage *m*; 2. *des marais*; ~*fever* paludisme *m*, fièvre *f* paludéenne; ~ *gas* gaz *m* des marais.

mar·shal ['mɑːʃəl] 1. maréchal *m*; ✕ général *m*; maître *m* des cérémonies; *Am.* chef *m* de (la) police (*d'un comté*). 2. placer en ordre; ranger (*les troupes*); ⚓ classer, trier (*des wagons*); '**mar·shal·ship** maréchalat *m*.

marsh·i·ness ['mɑːʃinis] état *m* marécageux (*du terrain*); **marsh mal·low** ♀ guimauve *f*, althée *f*; bonbon *m* à la guimauve; **marsh mar·i·gold** souci *m* d'eau; '**marsh·y** marécageux (-euse *f*).

mar·su·pi·al *zo.* [mɑːˈsjuːpiəl] marsupial (-aux *m*/*pl.*) (*a. su.*/*m*).

mart [mɑːt] marché *m*; salle *f* de vente; centre *m* de commerce.

mar·ten *zo.* ['mɑːtin] mart(r)e *f*.

mar·tial □ ['mɑːʃəl] martial (-aux *m*/*pl.*); guerrier (-ère *f*); ~ *law* loi *f* martiale; *state of* ~ *law* état *m* de siège; ~ *music* musique *f* militaire.

mar·tin¹ *zo.* ['mɑːtin] martinet *m*.

Mar·tin² [~]: *St.* ~'*s summer* été *m* de la Saint-Martin.

mar·ti·net [mɑːtiˈnet] F exploiteur *m*; F gendarme *m*; garde-chiourme (*pl.* gardes-chiourme) *m*.

Mar·tin·mas [ˈmɑːtinməs] la Saint-Martin *f* (*le 11 novembre*).

mar·tyr ['mɑːtə] 1. martyr(e *f*) *m*; 2. martyriser; '**mar·tyr·dom** martyre *m*; '**mar·tyr·ize** martyriser.

mar·vel ['mɑːvəl] 1. merveille *f*; 2. ~ *at* s'émerveiller de; s'étonner de.

mar·vel·(l)ous □ ['mɑːviləs] merveilleux (-euse *f*), étonnant; '**mar·vel·(l)ous·ness** merveilleux *m*.

Marx·ism ['mɑːksizm] marxisme *m*; **Marx·ist** marxiste (*adj.*, *fm*).

mas·cot ['mæskət] mascotte *f*; porte-bonheur *m*/*inv.*

mas·cu·line ['mɑːskjulin] 1. □ masculin; mâle; 2. *gramm.* masculin *m*.

mash [mæʃ] 1. mélange *m*; pâte *f*; *brassage*: fardeau *m*; ✗ *chevaux*: mâche *f*; *chiens*, *volaille*: pâtée *f*; 2. écraser; brasser; démêler (*le moût*); F faire infuser (*le thé*); ~*ed potatoes pl.* purée *f* de pommes de terre); *sl.* be ~*ed on* avoir un béguin pour (*q.*); '**mash·er** broyeur *m*; *pommes de terre*: presse-purée *m*/*inv.*; *sl.* dandy *m*; gommeux *m*; '**mash·(ing)-tub** cuve-matière (*pl.* cuves-matière) *f*; ✗ barbotière *f*.

mask [mɑːsk] 1. masque *m*; *renard*: face *f*; *see* masque; 2. masquer; *fig.* cacher, déguiser; **masked** masqué; ~ *ball* bal *m* masqué; '**mask·er** *personne*: masque *m*.

ma·son ['meisn] maçon *m*; *franc-maçon* (*pl.* francs-maçons) *m*; **ma·son·ic** [məˈsɔnik] *des francs-maçons*; '**ma·son·ry** maçonnerie *f*.

masque [mɑːsk] † masque *m*; **mas·quer·ade** [mæskəˈreid] 1. mascarade *f*; bal *m* masqué; F déguisement *m*; 2. *fig.* se déguiser (en, *as*).

mass¹ *eccl.* [mæs] messe *f*; *High* ♀ grand-messe *f*; *Low* ♀ messe *f* basse.

mass² [~] 1. masse *f*, amas *m*; ~ *meeting* réunion *f* en masse; ~ *production* fabrication *f* en série; 2. (se) masser. [*m*; 2. massacrer.]

mas·sa·cre ['mæsəkə] 1. massacre}

mas·sage ['mæsɑːʒ] 1. massage *m*; 2. masser (*le corps*); malaxer (*les muscles*).

mas·seur [mæˈsəː] masseur *m*; **mas·seuse** [~ˈsəːz] masseuse *f*.

mas·sive □ ['mæsiv] massif (-ive f); énorme; solide; 'mas·sive·ness massiveté f; aspect m massif.

mass...: ~ **me·di·a** pl. media m/pl.; ~ **psy·chol·o·gy** psychologie f des foules; ~ **so·ci·e·ty** société f de masse.

mas·sy ['mæsi] massif (-ive f); solide; lourd.

mast[1] ♫ [mɑ:st] **1.** mât m; radio: pylône m; **2.** mâter.

mast[2] [~] faines f/pl.; glands m/pl.

mas·ter[1] ['mɑ:stə] **1.** maître m (a. art, propriété, navire de commerce, a. peint., a. fig.); patron m (d'employés, d'un navire de commerce); école: instituteur m; lycée: professeur m; univ. (di)recteur m; titre: monsieur m; ♀ of Arts maître m ès arts, agrégé m des lettres; ♀ of Ceremonies maître m des cérémonies; ~ copy original m; be one's own ~ ne dépendre que de soi; **2.** maître; de maître; fig. magistral (-aux m/pl.), supérieur, dominant; **3.** dompter, maîtriser; régir (une maison etc.).

mas·ter[2] ♫ [~] à mât(s); three-~ trois-mâts m/inv.

mas·ter-at-arms ♫ ['mɑ:stərət'ɑ:mz] capitaine m d'armes; 'mas·ter-'build·er entrepreneur m de bâtiments; **mas·ter·ful** □ ['~ful] impérieux (-euse f); autoritaire; 'mas·ter-key passe-partout m/inv.; 'mas·ter·less sans maître; indiscipliné; 'mas·ter·li·ness domination f, autorité f; caractère m magistral; 'mas·ter·ly magistral (-aux m/pl.), de maître; '~-mind **1.** fig. cerveau m (d'une entreprise etc.); **2.** organiser, diriger.

mas·ter...: '~-piece chef-d'œuvre (pl. chefs-d'œuvre) m; '~-ship maîtrise f (de over, of); autorité f (sur, over); poste m de professeur ou de maître; '~-stroke coup m de maître; 'mas·ter·y maîtrise f (de over, of); domination f (sur over, of); dessus m; connaissance f approfondie (d'une langue etc.).

mas·tic ['mæstik] mastic m; ♣ lentisque m.

mas·ti·cate ['mæstikeit] mastiquer; **mas·ti·ca·tion** mastication f; **mas·ti·ca·to·ry** ['~təri] masticateur (-trice f).

mas·tiff ['mæstif] mâtin m; dogue m anglais.

mat[1] [mæt] **1.** paille: natte f; laine etc.: tapis m; **2.** (s')emmêler (cheveux); v/t. natter.

mat[2] □ [~] mat; mati.

mat[3] □ sl. [~] matrice f.

match[1] [mætʃ] allumette f; min. canette f; mèche f.

match[2] [~] **1.** égal(e f) m, pareil(le f) m; couleurs: assortiment m; mariage m, alliance f; sp. partie f, match (pl. matchs, matches) m; personne: parti m; be a ~ for pouvoir le disputer à (q.); meet one's ~ trouver à qui parler; trouver son homme; **2.** v/t. égaler (q.); rivaliser avec (q.); assortir (des couleurs); apparier (des gants); unir (à) (à, with); sp. matcher (des adversaires); ⊕ bouveter (des planches); ~ s.o. against opposer q. à (q.); well ~ed bien assorti; v/i. s'assortir, s'harmoniser; ~ with aller ~ to à l'avenant; assorti.

match-box ['mætʃbɔks] boîte f à ou d'allumettes.

match·less □ ['mætʃlis] incomparable; sans pareil; 'match-mak·er marieur (-euse f) m.

match·wood ['mætʃwud] bois m d'allumettes; fig. miettes f/pl.

mate[1] [meit] faire échec et mat (échecs); mater.

mate[2] [~] **1.** camarade mf; compagnon m, compagne f; oiseau: mâle m, femelle f; personne: époux m, épouse f; école: condisciple m, camarade mf; ♫ second maître m; marine marchande: officier m; **2.** (s')accoupler; (s')unir (personne).

mate·less seul, sans compagnon.

ma·te·ri·al □ [mə'tiəriəl] **1.** matériel(le f), grossier (-ère f); essentiel(le f) (pour, to); pertinent (fait); sensible (service); **2.** matière f, étoffe f, tissu m; matériaux m/pl. (a. fig.); ⚔ matériel m; ~ pl. fournitures f/pl.; working ~ matière f première de base; writing ~ pl. de quoi écrire; **ma·te·ri·al·ism** matérialisme m; **ma·te·ri·al·ist** matérialiste m/f; **ma·te·ri·al·is·tic** (~ally) matérialiste; matériel(le f) (plaisirs); **ma·te·ri·al·i·ty** [~ri'æliti] matérialité f; ⚖ pertinence f; **ma·te·ri·al·i·za·tion** [~riəlai'zeiʃn] matérialisation f; projet etc.: aboutissement m; **ma·te·ri·al·ize** (se) matérialiser; v/i. F se réaliser; aboutir (projet etc.).

ma·ter·nal □ [mə'tə:nl] maternel

(-le *f*); de mère; d'une mère; **ma·'ter·ni·ty** [ˌ~niti] maternité *f*; (*a.* ~ *hospital*) maternité *f*; ~ *benefit* allocation *f* de maternité; ~ *dress* robe *f* pour futures mamans; ~ *ward* salle *f* des accouchées.

math·e·mat·i·cal □ [mæθiˈmætikl] mathématique; **math·e·ma·ti·cian** [ˌ~məˈtiʃn] mathématicien(ne *f*) *m*; **math·e·mat·ics** [ˌ~ˈmætiks] *usu. sg.* mathématiques *f/pl.*

mat·in [ˈmætin] **1.** *poét.* matinal (-aux *m/pl.*), de grand matin; **2.** *eccl.* ~s *pl.* matines *f/pl.*; *poét. a.* ~s *pl.* chant *m* des oiseaux au point du jour.

mat·i·née [ˈmætinei] matinée *f*.

mat·ing *biol.* [ˈmeitiŋ] accouplement *m*; ~ *season* saison *f* des amours.

ma·tri·cide [ˈmeitrisaid] matricide *m*; *personne*: matricide *mf*.

ma·tric·u·late [məˈtrikjuleit] *v/t.* immatriculer; *v/i.* prendre ses inscriptions; **ma·tric·u'la·tion** inscription *f*.

mat·ri·mo·ni·al □ [mætriˈmounjəl] matrimonial (-aux *m/pl.*); conjugal (-aux *m/pl.*); **mat·ri·mo·ny** [ˈmætrimoni] mariage *m*; vie *f* conjugale.

ma·trix [ˈmeitriks] *anat., géol.* matrice *f*; ⊕ (*a.* [ˈmætriks]) matrice *f*, moule *m*.

ma·tron [ˈmeitrən] matrone *f*; mère *f* de famille; *institution*: intendante *f*; *hôpital*: infirmière *f* en chef; **'ma·tron·ly** matronal (-aux *m/pl.*); de matrone; domestique; *fig.* brave; **ma·tron-of-hon·o(u)r** dame *f* d'honneur.

mat·ter [ˈmætə] **1.** matière *f*; substance *f*; sujet *m*; chose *f*, affaire *f*; ⚕ matière *f* purulente; *typ.* copie *f*; *printed* ~ imprimés *m/pl.*; *in the* ~ *of* quant à; *what's the* ~? qu'est-ce qu'il y a?; *what's the* ~ *with you?* qu'est-ce que vous avez?; *no* ~ n'importe; cela ne fait rien; *no* ~ *who* qui que ce soit; *as a* ~ *of course* comme de raison; *for that* ~ quant à cela; *d'ailleurs*; ~ *of fact* question *f* de(s) fait(s); *as a* ~ *of fact* en effet; à vrai dire; ~ *in hand* chose *f* en question; **2.** avoir de l'importance; importer (à, *to*); *it does not* ~ n'importe; cela ne fait rien; **'~-of-'course** de raison, naturel(le *f*); **'~-of-'fact** pratique; prosaïque.

mat·ting [ˈmætiŋ] natte *f*, -s *f/pl.*; paillassons *m/pl.*

mat·tock [ˈmætək] hoyau *m*; pioche *f*.

mat·tress [ˈmætris] matelas *m*.

ma·ture [məˈtjuə] **1.** mûr; d'âge mûr; ✝ échu (*traite etc.*); **2.** mûrir; affiner (*vin, fromage*); ✝ échoir; **ma'tu·ri·ty** maturité *f*; ✝ échéance *f*.

ma·tu·ti·nal □ [mætjuˈtainl] ma(tu)tinal (-aux *m/pl.*); du matin.

maud·lin □ [ˈmɔːdlin] larmoyant, pleurard (*souv. état d'ivresse*).

maul [mɔːl] meurtrir, malmener; *usu.* ~ *about* tirer de ci de là.

maul·stick [ˈmɔːlstik] *see* mahlstick.

maun·der [ˈmɔːndə] radoter, divaguer; bélâcher; se trimbaler.

Maun·dy Thurs·day [ˈmɔːndiˈθəːzdi] jeudi *m* saint.

mau·so·le·um [mɔːsəˈliːəm] mausolée *m*.

mauve [mouv] **1.** mauve *m*; **2.** mauve.

mav·er·ick *Am.* [ˈmævərik] bouvillon *m* errant sans marque de propriétaire; *pol.* indépendant(e *f*) *m*.

maw [mɔː] caillette *f* (*de ruminant*); jabot *m* (*d'oiseau*); gueule *f* (*de lion*); *co.* panse *f*.

mawk·ish □ [ˈmɔːkiʃ] insipide; sentimental (-aux *m/pl.*); **'mawk·ish·ness** fadeur *f*; fausse sentimentalité *f*.

maw·worm [ˈmɔːwəːm] ver *m* intestinal, ascaride *m*.

max·il·lar·y [mækˈsiləri] maxillaire.

max·im [ˈmæksim] maxime *f*, dicton *m*; **'max·i·mal** □ [ˈ~əl] maximal; **'max·i·mize** [ˈ~aiz] maxim(al)iser, porter (*qch.*) ou maximum; **max·i·mum** [ˈ~əm] **1.** *pl. usu.* -ma [ˌ~mə] maximum (*pl. a.* -ma) *m*; **2.** maximum; limite; ~ *wages* salaire *m* maximum.

May¹ [mei] **1.** mai *m*; ♀ ⚘ aubépine *f*; **2.** *go* ~*ing* fêter le premier mai.

may² [ˌ~] (*irr.*) *v/aux.* (*défectif*) je peux *etc.*; il se peut que.

may·be [ˈmeibiː] peut-être.

May·day [ˈmeidei] le premier mai; ♀ mayday *m*, S.O.S. *m*.

may·hem [ˈmeihem] *Am.* ⚖ mutilation *f*; F chaos *m*, tohu-bohu *m*, grabuge *m*.

may·or [mɛə] maire *m*; **'may·or·al** de maire, du maire; **'may·or·al·ty** mairie *f*; (*temps m d'*)exercice *m* des fonctions de maire; **'may·or·ess** femme *f* du maire; mairesse *f*.

may·pole ['meipoul] mai m.

maze [meiz] **1.** labyrinthe m, dédale m; fig. enchevêtrement m; be in a ~ ne savoir où donner de la tête; **2.** embarrasser, désorienter; be ~d être désorienté; **'ma·zy** labyrinthique; sinueux (-euse f); fig. compliqué.

Mc Coy Am. sl. [mə'kɔi]: the real ~ authentique. [moi.]

me [mi:; mi] accusatif: me; datif:)

mead¹ [mi:d] hydromel m.

mead² [~] poét. see meadow.

mead·ow ['medou] pré m, prairie f; '~·'saf·fron ♀ safran m des prés; **'mead·ow·y** de prairie; herbu; herbeux (-euse f).

mea·ger, mea·gre □ ['mi:gə] maigre (a. fig.); peu copieux (-euse f); fig. pauvre; **'mea·ger·ness,** 'mea·gre·ness** maigreur f; pauvreté f.

meal¹ [mi:l] repas m; ~s pl. on wheels repas m/pl. livrés à domicile.

meal² [~] farine f d'avoine, d'orge etc.; **meal·ies** ['~iz] usu. pl. maïs m.

meal-time ['mi:ltaim] heure f du repas.

meal·y ['mi:li] farineux (-euse f), ~-**mouthed** doucereux (-euse f), patelin.

mean¹ □ [mi:n] misérable; mesquin, bas(se f), méprisable; méchant; avare; pauvre.

mean² [~] **1.** moyen(ne f); in the ~ time see ~time; **2.** milieu m; moyen terme m; ♀ moyenne f; ~s pl. moyens m/pl., ressources f/pl.; ~s sg. voie f, moyen m, ~s m/pl. (de faire qch.); a ~s of (gér.) ou to (inf.) un moyen (de inf.); by all (manner of) ~s par tous les moyens; mais certainement!; by no (manner of) ~s en aucune façon; by this ~s sg. par ce moyen; ainsi; by ~s of au moyen de.

mean³ □ [~] [irr.] avoir l'intention (de inf., to inf.); se proposer (de inf., to inf.); vouloir; vouloir dire; entendre (par, by); destiner (pour, for); ~ well (ill) vouloir du bien (mal) (à, by).

me·an·der [mi'ændə] **1.** méandre m, repli m; sinuosité f; **2.** serpenter.

mean·ing ['mi:niŋ] **1.** □ significatif (-ive f); d'intelligence (sourire); well-~ bien intentionné; **2.** sens m, acception f; astr. signification f; **'mean·ing·less** dénué de sens; qui ne signifie rien.

mean·ness ['mi:nnis] médiocrité f, pauvreté f, bassesse f; avarice f; see mean¹.

meant [ment] prét. et p.p. de mean³.

mean·time ['mi:ntaim], **mean·while** ['min:wail] en attendant, dans l'intervalle.

mea·sle F ['mi:zl] être atteint de rougeole; **'mea·sled** vét. ladre; **'mea·sles** pl. ﬡ rougeole f; vét. ladrerie f; German ♀ rubéole f; **'mea·sly** rougeoleux (-euse f); vét. ladre; sl. misérable.

meas·ur·a·ble □ ['meʒərəbl] me(n)-surable.

meas·ure ['meʒə] **1.** mesure f (a. ♪, a. fig.); fig. limite f; ~ of capacity mesure f de capacité; beyond ~ outre mesure; in some ~ jusqu'à un certain point; in a great ~ en grande partie; made to ~ fait sur mesure; take s.o.'s ~ prendre les mesures de q.; fig. prendre la mesure de q. **2.** mesurer (une, for); métrer (un mur); faire l'arpentage de (un terrain); Am. ~ up to s.th. se montrer à la hauteur de qch.; **'mea·sure·less** □ infini, illimité; **'meas·ure·ment** mesurage m; mesure f; tour m (de tête, de hanches); ♣ tonnage m.

meas·ur·ing ['meʒəriŋ] de mesure; d'arpentage.

meat [mi:t] viande f; †, prov. nourriture f; fig. moelle f; butcher's ~ grosse viande f; cold ~ rôti m froid; fresh-killed ~ viande f fraîche; preserved ~ viande f de conserve; green ~ fourrages m/pl. verts; roast ~ viande f rôtie; rôti m; ~ tea thé m de viande; bouillon m; '~-**ball** boulette f de viande; '~-**fly** mouche f à viande; '~-**head** Am. sl. idiot(e f) m; '~-**safe** garde-manger m/inv.; **'meat·y** charnu; fig. étoffé.

mec·ca·no [me'ka:nou] jeu m mécanique (pour enfants).

me·chan·ic [mi'kænik] artisan m, ouvrier m; ⊕ mécanicien m; **me·chan·i·cal** □ mécanique; fig. machinal (-aux m/pl.), automatique; ~ engineering construction f mécanique; **me·chan·i·cal·ness** caractère m machinal; **mech·a·ni·cian** [mekə-'niʃn] mécanicien m; **me·chan·ics** [mi'kæniks] usu. sg. mécanique f.

mech·a·nism ['mekənizm] mécanisme m; biol., pol. machinisme m;

mech·a·nize ['ˌnaiz] mécaniser (a. ✗); ✗ motoriser.

med·al ['medl] médaille f; décoration f; '**med·al**(**l**)**ed** medaillé; décoré; **me·dal·lion** [mi'dæljən] médaillon m; **med·al·**(**l**)**ist** ['medlist] médailliste mf; graveur: médailleur m; médaillé(e f) m.

med·dle ['medl] (with, in) se mêler (de); s'immiscer (dans); toucher (à); '**med·dler** officieux (-euse f) m; intrigant(e f) m; touche-à-tout m/inv.; '**med·dle·some** ['ˌsəm] □ officieux (-euse f), intrigant; qui touche à tout; '**med·dle·some·ness** tendance f à se mêler des affaires d'autrui.

me·di·a ['mi:djə] pl. les media m/pl.

me·di·ae·val [medi'i:vəl] see medieval.

me·di·al □ ['mi:djəl], '**me·di·an** 1. médial (-als, -aux m/pl.); médian; 2. médiale f; médiane f.

me·di·an strip Am. mot. ['mi:djən-'strip] bande f médiane.

me·di·ate □ ['mi:diit] intermédiaire; 2. ['ˌeit] s'interposer; agir en médiateur; **me·di·a·tion** médiation f; intervention f; **me·di·a·tor** ['ˌtə] médiateur (-trice f) m (a. école); **me·di·a·to·ri·al** □ [ˌˌˈtɔːriəl], **me·di·a·to·ry** ['ˌtəri] médiateur (-trice f); **me·di·a·trix** ['ˌeitriks] médiatrice f.

med·ic F ['medik] étudiant: carabin m; médecin: toubib m.

Med·ic·aid Am. ['medikeid] assistance f médicale aux économiquement faibles.

med·i·cal □ ['medikl] médical (-aux m/pl.); de médecine; ~ board conseil m de santé; ~ certificate attestation f de médicin; ~ evidence témoignage m des médecins; ~ jurisprudence médecine f légale; ~ man médecin m; ~ officer médecin m militaire; ~ specialist spécialiste mf; ~ student étudiant m en médecine; ♀ Superintendent médecin m en chef; **me'dic·a·ment** médicament m.

Med·i·care Am. ['medikɛə] assistance f médicale aux personnes âgées.

med·i·cate ['medikeit] médicamenter; traiter; rendre médicamenteux (du vin); **med·i'ca·tion** médication f; emploi m de medicaments; **med·i·ca·tive** ['medikətiv] médicateur (-trice f).

me·dic·i·nal □ [me'disinl] médicinal (-aux m/pl.) (bains etc.); médicamenteux (-euse f) (vin etc.); **med·i·cine** ['medsin] art, profession, médicament: médecine f; médicament m, remède m; F drogue f; ~chest (coffret m de) pharmacie f.

me·di·e·val □ [medi'i:vəl] médiéval (-aux m/pl.); du Moyen Âge; **me·di'e·val·ism** médiévisme m; culture f médiévale; **me·di·e·val·ist** médiéviste mf.

me·di·o·cre ['mi:dioukə] médiocre; **me·di·oc·ri·ty** [ˌˈɔkriti] médiocrité f.

med·i·tate ['mediteit] v/i. méditer (sur, [up]on); se recueillir; v/t. méditer (qch.; de faire qch., doing s.th.); projeter; avoir l'intention (de faire qch., doing s.th.); **med·i'ta·tion** méditation f; recueillement m; (profondes) pensées f/pl.; **med·i·ta·tive** □ ['ˌtətiv] méditatif (-ive f).

me·di·um ['mi:diəm] 1. pl. **-di·a** [ˌdjə], **-di·ums** milieu m; ambiance f (sociale); intermédiaire m; moyen m; phys. milieu m, véhicule m; ⚕ agent m; biol. bouillon m; spiritisme: médium m; élément: milieu m; 2. moyen(ne f); radio: ~ wave onde f moyenne; '~-sized de grandeur ou de taille moyenne.

med·lar ♀ ['medlə] nèfle f; arbre: néflier m.

med·ley ['medli] mélange m; couleurs etc.: bigarrure f; péj. idées etc.: bariolage m; ♪ pot-pourri (pl. pots-pourris) m.

me·dul·la [me'dʌlə] épinière: moelle f; **med·ul·lar·y** médullaire f.

meed poét. [mi:d] récompense f.

meek □ [mi:k] doux (douce f); humble; soumis; '**meek·ness** humilité f; soumission f.

meer·schaum ['miəʃəm] (pipe f en) écume f de mer.

meet[1] [mi:t] † convenable; séant.

meet[2] [ˌ] 1. [irr.] v/t. rencontrer, aller à la rencontre de; faire la connaissance de; fréquenter; croiser (dans la rue); aller chercher (q. à la gare); se conformer à (des opinions); satisfaire à, répondre à (des désirs, des besoins); faire face à (des demandes, des besoins, du danger); trouver (la mort); faire honneur à (ses engagements); prévenir (une objection); subvenir à (des frais);

rivières: confluer avec; *fig.* ~ *s.o.* half-way faire la moitié des avances; come (go, run) to ~ *s.o.* venir (aller, courir) à la rencontre de q.; *they are well met* ils sont bien assortis; ils font la paire; *v/i.* se rencontrer; se voir; se réunir (*société, gens*); se joindre; confluer (*rivières*); ~ *with* rencontrer, éprouver (*des difficultés*); essuyer (*un refus*); faire (*des pertes*); trouver (*un accueil*); être victime de (*un accident*); *make both ends* ~ joindre les deux bouts, arriver à boucler son budget; **2.** *sp.* réunion *f*; assemblée *f* de chasseurs.

meet·ing ['miːtiŋ] rencontre *f*; réunion *f*; assemblée *f*; *rivières:* confluent *m*; *pol., gens:* meeting *m*; '~·place rendez-vous *m*; lieu *m* de réunion.

meg·a·fog ['megəfɔg] très fort signal *m* de brume; **meg·a·lo·ma·ni·a** [ˌ~lou'meinjə] *&* mégalomanie *f*; **meg·a·lop·o·lis** [~'lɔpəlis] conurbation *f*; **meg·a·phone** ['~foun] portevoix *m/inv.*; *sp.* mégaphone *m*; **meg·a·ton** ['~tʌn] mégatonne *f*.

me·grim ['miːgrim] migraine *f*; ~s *pl.* vapeurs *f/pl.*; spleen *m*.

mel·an·chol·ic [melən'kɔlik] mélancolique; **mel·an·chol·y** ['~kɔli] **1.** mélancolie *f*; tristesse *f*; **2.** mélancolique; triste.

mê·lée ['melei] mêlée *f*; bagarre *f*.

mel·io·rate ['miːljəreit] (s')améliorer.

mel·lif·lu·ent [me'lifluənt], *usu.* **mel·lif·lu·ous** mielleux (-euse *f*); melliflu (*éloquence*).

mel·low ['melou] **1.** □ mûr (*a. esprit, caractère*); moelleux (-euse *f*); doux (douce *f*) (*ton, lumière, vin*); velouté (*vin*); *fig.* doux (douce *f*), tendre (*couleur*); débonnaire (*personne*); *sl.* un peu gris *ou* ivre; **2.** (faire) mûrir; (s')adoucir (*personne*); *v/i.* prendre de la patine; '**mel·low·ness** *fruit, sol:* maturité *f*; *vin, voix:* moelleux *m*; *caractère:* douceur *f*.

me·lo·di·ous □ [mi'loudjəs] mélodieux (-euse *f*), harmonieux (-euse *f*); **me·lo·di·ous·ness** mélodie *f*; **mel·o·dist** ['melədist] mélodiste *m*; '**mel·o·dize** rendre mélodieux (-euse *f*); mettre en musique; *v/i.* chanter; faire des mélo-

dies; **mel·o·dra·ma** ['~drɑːmə] mélodrame *m*; '**mel·o·dy** mélodie *f*, chant *m*, air *m*.

mel·on ♀ ['melən] melon *m*; *water-*~ melon *m* d'eau; pastèque *f*.

melt [melt] fondre; *fig.* (se) fondre; *fig.* attendrir (*le cœur*); *v/i.:* ~ *away* fondre complètement; *fig.* se dissiper; ~ *down* fondre; ~ *into tears* fondre en larmes.

melt·ing □ ['meltiŋ] fondant; *fig.* attendri (*voix*); ~ *point* point *m* de fusion; '~·pot creuset *m*; *be in the* ~ tout remettre en question.

mem·ber ['membə] membre *m* (*a. gramm.*); organe *m*; ⊕ pièce *f*; député *m*; membre *m* de la Chambre des Communes; *make s.o. a* ~ élire q. membre (de, *of*); '**mem·ber·ship** qualité *f* de membre; nombre *m* des membres; ~ *card* carte *f* de membre; ~ *fee* cotisation *f*.

mem·brane ['membrein] membrane *f*; enveloppe *f* (*d'un organe*); **mem·bra·nous**, **mem·bra·ne·ous** [~'jəs] membraneux (-euse *f*).

me·men·to [mi'mentou] souvenir *m*, mémento *m*.

mem·oir ['memwɑː] mémoire *m*; notice *f* biographique; ~s *pl.* mémoires *m/pl.*; mémorial *m*; autobiographie *f*.

mem·o·ra·ble □ ['memərəbl] mémorable.

mem·o·ran·dum [memə'rændəm] mémorandum *m* (*a. pol.*); acte *m* (*de société*); *pol.* note *f* (diplomatique).

me·mo·ri·al [mi'mɔːriəl] **1.** mémoratif (-ive *f*), commémoratif (-ive *f*) (*monument*); *Am.* ♀ *Day* jour *m* des morts au champ d'honneur; **2.** monument *m* (*commémoratif*); pétition *f*; **me·mo·ri·al·ist** pétitionnaire *m*; auteur *m* de mémoires; **me·mo·ri·al·ize** commémorer; pétitionner.

mem·o·rize ['memoraiz] apprendre par cœur.

mem·o·ry ['meməri] mémoire *f* (*a. ordinateur*); souvenir *m*; *commit to* ~ apprendre par cœur; se mettre dans la mémoire; *beyond the* ~ *of man* de temps immémorial; *within the* ~ *of man* de mémoire d'homme; *in* ~ *of* à la mémoire de; en souvenir de.

men [men] (*pl. de man*) hommes *m/pl.*; l'homme *m*, le genre *m* humain, l'humanité f; sp. ~'s doubles pl. double m messieurs.

men·ace ['menəs] **1.** menacer; **2.** poét. menace f.

me·nag·er·ie [mi'nædʒəri] ménagerie f.

mend [mend] **1.** v/t. raccommoder (un vêtement); réparer (un outil, une machine); rectifier, corriger; hâter (le pas); ~ the fire arranger le feu; ~ one's ways changer de conduite, se corriger; v/i. se corriger; s'améliorer; **2.** raccommodage m; amélioration f; on the ~ en voie de guérison, en train de se remettre.

men·da·cious □ [men'deiʃəs] menteur (-euse f), mensonger (-ère f); **men·dac·i·ty** [~'dæsiti] penchant m au mensonge; fausseté f.

mend·er ['mendə] raccommodeur (-euse f) m; invisible ~ stoppeur (-euse f) m.

men·di·can·cy ['mendikənsi] mendicité f; **men·di·cant** mendiant (a. su./m); **men·dic·i·ty** [~'siti] mendicité f.

men·folk F ['menfouk] hommes m/pl. (de la famille).

men·hir ['menhiə] menhir m.

me·ni·al usu. péj. ['mi:njəl] **1.** □ servile, bas(se f); **2.** domestique m/f; laquais m.

men·in·gi·tis ✗ [menin'dʒaitis] méningite f.

men·o·pause ['menoupɔ:z] ménopause f.

men·ses ['mensi:z] pl. menstrues f/pl., époques f/pl.; see menstruation.

men·stru·al ['~struəl] menstruel(le f); **men·stru·ate** ['~strueit] avoir ses règles; **men·stru'a·tion** menstruation f; règles f/pl., époques f/pl.

men·su·ra·tion [mensjuə'reiʃn] mesurage m; ✠ mensuration f.

men·tal □ ['mentl] mental (-aux m/pl.); de l'esprit; ~ arithmetic calcul m de tête; ~ home (ou hospital ou institution) hôpital m ou clinique f psychiatrique; maison f de santé; ~ly ill aliéné; **men·tal·i·ty** [~'tæliti] mentalité f; esprit m.

men·thol pharm. ['menθɔl] menthol m.

men·tion ['menʃn] **1.** mention f; allusion f; **2.** mentionner, faire allusion à, citer; don't ~ it! je vous en prie!; il n'y a pas de quoi!; not to ~ sans parler de; sans compter;

'**men·tion·a·ble** digne de mention; dont on peut parler.

men·tor ['mentɔ:] mentor m, guide m.

men·u ['menju:] menu m; carte f.

me·phit·ic [me'fitik] méphitique; **me·phi·tis** [~'faitis] méphitisme m.

mer·can·tile ['mə:kəntail] mercantile, marchand; commercial (-aux m/pl.), de commerce; commerçant.

mer·ce·nar·y ['mə:sinəri] **1.** □ mercenaire, intéressé; **2.** ✗ mercenaire m.

mer·cer ['mə:sə] marchand(e f) m de soieries; † mercier (-ère f) m; '**mer·cer·ize** merceriser; '**mer·cer·y** (commerce m des) soieries f/pl.; † mercerie f.

mer·chan·dise ['mə:tʃəndaiz] **1.** marchandise f, denrée f/pl.; **2.** Am. commercer.

mer·chant ['mə:tʃənt] **1.** négociant m; commerçant m; Am. marchand(e f) m; boutiquier (-ère f) m; **2.** marchand; de ou du commerce; ~ bank banque f de commerce; law ~ droit m commercial; Am. ~ marine, Brit. ~ navy marine f marchande; '**mer·chant·a·ble** vendable; négociable; '**mer·chant·man** navire m marchand ou de commerce.

mer·ci·ful □ ['mə:siful] miséricordieux (-euse f) (pour, to); clément (envers, to); '**mer·ci·ful·ness** miséricorde f; clémence f; pitié f.

mer·ci·less □ ['mə:silis] impitoyable, sans pitié; '**mer·ci·less·ness** caractère m impitoyable; manque m de pitié.

mer·cu·ri·al [mə:'kjuəriəl] astr. de Mercure; ♍ mercuriel(le f); fig. vif (vive f); inconstant, changeant.

Mer·cu·ry ['mə:kjuri] astr. Mercure; fig. messager m; ♍ ☿ mercure m.

mer·cy ['mə:si] miséricorde f; clémence f; pitié f; be at s.o.'s ~ à la merci de q.; at the ~ of the waves au gré des flots; it is a ~ that c'est un bonheur que; for ~'s sake par pitié; poét., co. have ~ (up)on avoir pitié de; ~ killing euthanasie f.

mere □ [miə] simple, seul, pur; ~(st) nonsense extravagance f pure et simple; ~ words vaines paroles f/pl.; rien que des mots; ~ly simplement; tout bonnement.

mer·e·tri·cious □ [meri'triʃəs] de courtisane; *fig.* factice; d'un éclat criard.

merge [məːdʒ] (*in*) *v/t.* fondre (dans); amalgamer (avec); *v/i.* se fondre, se perdre (dans); s'amalgamer; *mot.* s'enfiler; **'merg·er** fusion *f*.

me·rid·i·an [mə'ridiən] **1.** méridien(ne *f*); *fig.* culminant, le plus haut; **2.** *géog.* méridien *m*; *fig.* point *m* culminant, apogée *m*; **me'rid·i·o·nal** □ [∼iənl] méridional(-aux *m/pl.*); du midi.

me·ringue [mə'ræŋ] meringue *f*.

mer·it ['merit] **1.** mérite *m*; valeur *f*; *usu.* 🕂 ∼s *pl.* bien-fondé *m*; le pour et le contre (*de qch.*); **on the** ∼s **of the case** (*juger qch.*) au fond; **on its** (**own**) ∼s selon ses mérites; **make a** ∼ **of** se faire un mérite de; **2.** *fig.* mériter; **mer·i·to·ri·ous** □ [∼'tɔːriəs] méritoire; méritant (*personne*).

mer·maid ['məːmeid] sirène *f*.

mer·ri·ment ['merimənt] gaieté *f*, réjouissance *f*.

mer·ry □ ['meri] joyeux (-euse *f*), gai, jovial (-als, -aux *m/pl.*); **make** ∼ se réjouir; se divertir; ∼ **an·drew** paillasse *m*, bouffon *m*; **'∼-go-round** carrousel *m*; chevaux *m/pl.* de bois; **'∼-mak·ing** réjouissances *f/pl.*, fête *f/pl.*; **'∼-thought** lunette *f* (*d'une volaille*).

mes·en·ter·y *anat.* ['mesəntəri] mésentère *m*.

mesh [meʃ] **1.** maille *f*; *fig. usu.* ∼es *pl.* réseau *m*; ⊕ **be in** ∼ être en prise (avec, with); **2.** *fig.* (s')engrener; **meshed** [∼t] à ... mailles; **'mesh-work** réseau *m*; treillis *m*.

mes·mer·ism ['mezmərizm] mesmérisme *m*, hypnotisme *m*; **'mes·mer·ize** hypnotiser; magnétiser.

mess[1] [mes] **1.** désordre *m*; gâchis *m*, fouillis *m*; saleté *f*; F *a fine* ∼ *of things* du joli, une belle équipée, un chef-d'œuvre; F *look a* ∼ être dans un état épouvantable; *make a* ∼ *of* gâcher, bousiller; **2.** *v/t. a.* ∼ *up* gâcher, galvauder, abîmer; salir; *v/i.* F ∼ *about* patauger (*dans la boue*); gaspiller son temps.

mess[2] [∼] **1.** † plat *m*, mets *m*; ✗, ⚓ officiers: mess *m*, table *f*; ✗ *hommes:* ordinaire *m*, ⚓ plat *m*; **2.** manger à la même table.

mes·sage ['mesidʒ] message *m*;

commission *f*; F *get the* ∼ comprendre, F piger; *give s.o. the* ∼ faire la commission à q.; *take a* ∼ faire la commission.

mes·sen·ger ['mesindʒə] messager (-ère *f*) *m*; ∼ *boy hôtel*: chasseur *m*, *télégraphes:* facteur *m*.

Mes·si·ah [mi'saiə] Messie *m*.

Mes·sieurs, *usu.* **Messrs.** ['mesəz] 🕂 Messieurs *m/pl.*; maison *f*.

mess-room ['mesrum] ✗ salle *f* de mess; ⚓ carré *m* (des officiers); **'mess-tin** ✗ gamelle *f*, ⚓ quart *m*.

mess-up F ['mesʌp] gâchis *m*; pagaille; embrouillement *m*, embrouillamini *m*; malentendu *m*; **mess·y** ['mesi] embrouillé *m*, en désordre; sale, malpropre.

met [met] *prét. et p.p. de* meet[2] 1.

me·tab·ol·ic [metə'bɔlik] métabolique; **me·tab·o·lism** *physiol.* [me-'tæbəlizm] métabolisme *m*.

met·age ['miːtidʒ] mesurage *m*.

met·al ['metl] **1.** métal *m*; ⊕ empierrement *m*; *route:* cailloutis *m*, pierraille *f*; 🚂 F ∼s *pl.* rails *m/pl.*; **2.** empierrer, caillouter; **me·tal·lic** [mi'tælik] (∼*ally*) métallique; métallin; de métal; **met·al·lif·er·ous** [metə'lifərəs] métallifère; **met·al·line** ['metəlain] métallin; **'met·al·lize** métalliser; vulcaniser (*le caoutchouc*); **met·al·log·ra·phy** [∼'lɔgrəfi] métallographie *f*; **met·al·lur·gic, met·al·lur·gi·cal** □ [∼'ləːdʒik(l)] métallurgique; **'met·al·lur·gy** métallurgie *f*.

met·a·mor·phose [metə'mɔːfouz] métamorphoser, transformer (en, [in]to); **met·a·mor·pho·sis** [∼fə-sis], *pl.* **-ses** [∼siːz] métamorphose *f*.

met·a·phor ['metəfə] métaphore *f*; image *f*; **met·a·phor·ic,** *usu.* **met·a·phor·i·cal** □ [∼'fɔrik(l)] métaphorique.

met·a·phys·ic [metə'fizik] **1.** (*usu.* **met·a·phys·i·cal** □) métaphysique; **2.** ∼s *souv. sg.* métaphysique *f*; ontologie *f*.

mete [miːt] *litt.* mesurer; (*usu.* ∼ *out*) assigner; décerner, distribuer.

me·te·or ['miːtjə] météore *m* (*a. fig.*); **me·te·or·ic** [miːti'ɔrik] météorique; *fig.* rapide; **me·te·or·ite** ['miːtjərait] météorite *mf*; aérolithe *m*; **me·te·or·o·log·i·cal** □ [miːtjərə'lɔdʒikl] météorologique, aérologique; **me·te·or·ol·o·gist** [∼'rɔləˈdʒist] météorologiste *mf*, -logue *mf*; **me·te·or·ol·o·gy** météorologie *f*, aérologie *f*.

me·ter [ˈmiːtə] (*a.* gas ~) compteur *m*; jaugeur *m*; '~·**maid** *Am.* F contractuelle *f*.

me·thinks [miˈθiŋks] (*prét.* **me·thought**) il me semble.

meth·od [ˈmeθəd] méthode *f*; système *m*; manière *f*; procédé *m* (pour *for, of*); **me·thod·ic, me·thod·i·cal** □ [miˈθɔdik(l)] méthodique; **Meth·od·ism** *eccl.* [ˈmeθədizm] méthodisme *m*; '**meth·od·ist** *péj.* qui a le souci exagéré de la méthode; *eccl.* ♀ méthodiste *mf*; '**meth·od·ize** ordonner, régler.

meth·yl ↗ [ˈmeθil] méthyle *m*; **meth·yl·at·ed spir·it** [ˈmeθileitid ˈspirit] alcool *m* à brûler.

me·tic·u·lous □ [miˈtikjuləs] méticuleux (-euse *f*).

me·tre [ˈmiːtə] mètre *m*, mesure *f*; mètre *m* (39,37 inches).

met·ric [ˈmetrik] (~ally) métrique; '**met·ri·cal** □ métrique; en vers; '**met·rics** *sg.* métrique *f*.

me·trop·o·lis [miˈtrɔpəlis] métropole *f*; **met·ro·pol·i·tan** [metrəˈpɔlitən] 1. métropolitain; ♀ *Railway* chemin *m* de fer métropolitain; 2. métropolitain, *m* archevêque *m*.

met·tle [ˈmetl] *personne*: ardeur *f*, courage *m*, feu *m*; tempérament *m*, caractère *m*; *cheval*: fougue *f*; be on one's ~ se piquer d'honneur; faire de son mieux; *put s.o. on his* ~ piquer q. d'honneur; stimuler le zèle de q.; *horse of* ~ cheval *m* fougueux; '**met·tled**, **met·tle·some** [ˈ~səm] fougueux (-euse *f*) (*cheval*); ardent (*personne*).

mew[1] *poét.* [mjuː] mouette *f*.

mew[2] [~] 1. miaulement *m*; 2. miauler.

mew[3] [~] 1. mue *f*, cage *f* (*pour les faucons*); 2. *v/i.* se cloîtrer; *v/t.* (*usu.* ~ up) renfermer. [miauler.\

mewl [mjuːl] vagir, piailler; F\

mews [mjuːz] *sg.*, † *pl.* écuries *f/pl.*; *Londres*: impasse *f*, ruelle *f*.

Mex·i·can [ˈmeksikən] 1. mexicain; 2. Mexicain(e *f*).

mi·aow [miˈau] 1. miaulement *m*, miaou *m*; 2. miauler.

mi·as·ma [miˈæzmə], *pl.* **-ma·ta** [~mətə], **-mas** miasme *m*; **mi·as·mal** □ miasmatique.

mi·aul [miˈɔːl] miauler.

mi·ca *min.* [ˈmaikə] mica *m*; **mi·ca·ce·ous** [~ˈkeiʃəs] micacé.

mice [mais] *pl. de* mouse 1.

Mich·ael·mas [ˈmiklməs] la Saint-Michel *f* (le 29 septembre).

mick·ey *sl.* [ˈmiki] (*a.* ~ finn) boisson *f* droguée; *take the ~ out of s.o.* se payer la tête de q.

micro... [maikro] micro-.

mi·crobe [ˈmaikroub] microbe *m*; **mi·cro·bi·al** [~iəl] microbien(ne *f*).

mi·cro·cosm [ˈmaikrəkɔzəm] microcosme *m*; **mi·crom·e·ter** [maiˈkrɔmitə] micromètre *m*; **mi·cro·phone** [ˈmaikrəfoun] microphone *m*; F micro *m*; **mi·cro·pro·ces·sor** [ˈ~prəˈsesə] microprocesseur *m*, chip *m*; **mi·cro·scope** [ˈ~skoup] microscope *m*; **mi·cro·scop·ic, mi·cro·scop·i·cal** □ [~sˈkɔpik(l)] microscopique; au microscope (*examen*); F minuscule, très petit; **mi·cro·wave** ⚡ [ˈmaikrəweiv] micro-onde *f*.

mid [mid] *see* middle 2; mi-; *poét. see* amid; ~-'**air**: in ~ entre ciel et terre; '~-**course**: in ~ en pleine carrière; '~**day** 1. midi *m*; 2. de midi, méridien(ne *f*).

mid·den [ˈmidn] (tas *m* de) fumier *m*.

mid·dle [ˈmidl] 1. milieu *m*, centre *m*; *fig.* taille *f*, ceinture *f*; † ~s *pl.* qualité *f* moyenne; 2. ordinaire; bon(ne *f*); du milieu, central (-aux *m/pl.*); moyen(ne *f*), intermédiaire; ♀ *Ages pl.* Moyen Âge *m*; ♀ *class* (es *pl.*) classe *f* moyenne; bourgeoisie *f*; '~-'**aged** F entre deux âges; '~-'**class** bourgeois; '~**man** F entremetteur *m*; † intermédiaire *m*; '~-**most** central (-aux *m/pl.*); le plus au milieu; '~-**sized** de grandeur *ou* taille moyenne; '~**weight** box. poids *m* moyen.

mid·dling [ˈmidliŋ] 1. *adj.* médiocre; passable, assez bon(ne *f*); moyen(ne *f*); † de qualité moyenne; 2. *adv.* (*a.* ~ly) passablement, assez bien; 3. *su.* † ~s *pl.* marchandises *f/pl.* de qualité moyenne.

mid·dy F [ˈmidi] *see* midshipman.

midge [midʒ] moucheron *m*; **midg·et** [ˈ~it] nain(e *f*) *m*; nabot(e *f*) *m*.

mid·land [ˈmidlənd] 1. entouré de terre; intérieur (*mer*); 2. the ♀s *pl.*

les Midlands *m/pl.*; '**mid·most** central (-aux *m/pl.*); le plus près du milieu; '**mid·night 1.** minuit *m*; **2.** de minuit; **mid·riff** ['ɹrif] diaphragme *m*; '**mid·ship·man** ⚓ aspirant *m*; *Am.* enseigne *m*; '**mid·ships** ⚓ par le travers; **midst** [midst] **1.** *su.* milieu *m*; *in the ~ of* au milieu de; parmi; *in our ~* au milieu de nous, parmi nous; **2.** *prp. poét.* see *amidst*; '**mid·sum·mer** milieu *m* de l'été; solstice *m* d'été; ♀ *Day* la Saint-Jean *f*; *~ holidays pl.* vacances *f/pl.* d'été; '**mid·way 1.** *su. Am.* allée *f* centrale (*d'une exposition*); **2.** *adj.* du milieu, central (-aux *m/pl.*), intermédiaire; **3.** *adv.* à michemin; '**mid·wife** sage-femme (*pl.* sages-femmes) *f*; **mid·wif·er·y** ['midwifri] obstétrique *f*; '**mid·win·ter** milieu *m* de l'hiver; solstice *m* d'hiver.

mien *poét.* [mi:n] mine *f*, air *m*.

miff [mif] boutade *f*; accès *m* d'humeur.

might [mait] **1.** puissance *f*, force *f*, *-s f/pl.*; *with ~ and main* de toutes mes (*etc.*) forces; **2.** *prét. de* may²; '**might·i·ness** ['ɹinis] puissance *f*, force *f*, grandeur *f*; '**might·y** (☐ †) **1.** *adj.* puissant, fort; vaste; F considérable; **2.** F *adv.* très, extrêmement.

mi·grant ['maigrənt] **1.** *see* migratory; **2.** (*ou ~ bird*) migrateur (-trice *f*) *m*.

mi·grate [mai'greit] émigrer; passer; **mi·gra·tion** migration *f*, émigration *f*; **mi·gra·to·ry** ['ɹɡrətəri] migrateur (-trice *f*) (*personne, a. oiseau*); nomade (*personne*); de passage (*oiseau*).

mike *sl.* [maik] microphone *m*, F micro *m*.

Mil·an·ese [milə'ni:z] **1.** milanais; **2.** Milanais(e *f*) *m*.

milch [miltʃ] à lait, laitière (*vache*).

mild ☐ [maild] doux (douce *f*); tempéré (*climat*); peu sévère; peu rigoureux (-euse *f*); bénin (-igne *f*); *to put it ~ly* pour n'exprimer avec modération.

mil·dew ['mildju:] **1.** *pain etc.*: chancissure *f*; *froment etc.*: rouille *f*; *vignes etc.*: mildiou *m*; moisissure *f*; **2.** chancir (*le pain*); rouiller, moisir (*la plante etc.*); piquer (*le papier etc.*).

mild·ness ['maildnis] douceur *f*; *maladie:* bénignité *f*.

mile [mail] mille *m* (anglais) (*1609,33 m*).

mil(e)·age ['mailidʒ] distance *f ou* vitesse *f* en milles; *fig.* parcours *m*.

mile·stone ['mailstoun] borne *f* milliaire *ou* kilométrique.

mil·foil ⚘ ['milfɔil] mille-feuille *f*.

mil·i·tan·cy ['militənsi] esprit *m* militant; *pol.* activisme *m*; '**mil·i·tant** ☐ militant; activiste; **mil·i·tar·i·ness** ['militərinis] caractère *m* militaire; **mil·i·ta·rism** ['ɹrizəm] militarisme *m*; '**mil·i·tar·y 1.** ☐ militaire; de guerre; de soldat; *~ college* école *f* militaire; ♀ *Government* gouvernement *m* militaire; *~ map* carte *f* d'état-major; *~ service* service *m* militaire; *of ~ age* en âge de servir; **2.** *les* militaires *m/pl.*; l'armée *f*; **mil·i·tate** ['ɹteit]: *~ in favo(u)r of* (*against*) militer en faveur de (contre); **mi·li·tia** [mi'liʃə] milice *f*; garde *f* nationale.

milk [milk] **1.** lait *m*; *powdered* (*whole*) ~ lait *m* en poudre (non écrémé; *Brit.* ~ *float* voiture *f* de laitier; *~ tooth* dent *f* de lait; **2.** traire; *fig.* dépouiller, ⚡, *a. tél.* capter; '**milk-and-wa·ter** F insipide, fade; '**milk·er** *personne:* trayeur (-euse *f*) *m*; *vache:* laitière *f*; *machine:* trayeuse *f*; **milk·i·ness** ['ɹinis] lactescence *f*; couleur *f* laiteuse; *fig.* douceur *f*.

milk...: '*~·maid* laitière *f*, crémière *f*; *~* trayeuse *f*; '*~·man* laitier *m*, crémier *m*; '*~·shake* shake *m* (*mélange de lait, crème glacée et sirop battus ensemble*); '*~·sop* F poule *f* mouillée; peureux (-euse *f*) *m*; '**milk·y** laiteux (-euse *f*), lactescent; *fig.* blanchâtre; *astr.* ♀ *Way* Voie *f* lactée.

mill¹ [mil] **1.** moulin *m*; usine *f*; fabrique *f*; filature *f*; *sl.* combat *m* à coups de poings; **2.** *v/t.* moudre; ⊕ fraiser; créneler (*la monnaie*); fouler (*un drap*); mousser (*une crème*); broyer (*le minerai*); *sl.* rouer de coups; F *v/i.* fourmiller.

mill² *Am.* [~] millième *m* (*de dollar*).

mill·board ['milbɔ:d] carton-pâte (*pl.* cartons-pâtes) *m*; carton *m* épais; '**mill·dam** barrage *m* de moulin.

mil·le·nar·i·an [mili'nɛəriən], **mil-**

len·ni·al [mi'leniəl] millénaire; **mil·le·nar·y** [ˈ˷əri] millénaire (a. su./m); **mil'len·ni·um** [˷iəm] eccl. millénium m; mille ans m/pl.

mil·le·pede zo. ['milipi:d] mille-pieds m/inv.; mille-pattes m/inv.

mill·er ['milə] meunier m; ⊕ fraiseur m; machine: fraiseuse f.

mil·les·i·mal [mi'lesiməl] millième (a. su./mf).

mil·let ♀ ['milit] millet m.

mill-hand ['milhænd] ouvrier (-ère f) m d'usine.

mil·li·ard ['miljɑ:d] milliard m.

mil·li·gram ['miligræm] milligramme m.

mil·li·me·tre ['milimi:tə] millimètre m.

mil·li·ner ['milinə] modiste f; **mil·li·ner·y** [articles m/pl. de) modes f/pl.

mill·ing ['miliŋ] meunerie f; moulage m; broyage m; foulage m; ⊕ ˷ cutter fraise f, fraiseuse f; ˷ plant moulin m; laminerie f; ˷ machine machine f à fraiser; ˷ product produit m de moulin.

mil·lion ['miljən] million m; **mil·lion·aire** [˷ˈnɛə] millionnaire mf; **mil·lionth** ['miljənθ] millionième (a. su./m).

mill...: '˷-pond réservoir m de moulin; '˷-race bief m de moulin; '˷-stone meule f; F see through a ˷ voir à travers les murs; '˷-wright constructeur m de moulins.

milt[1] [milt] laitance f (des poissons).
milt[2] [˷] rate f. [laité.]
milt·er icht. ['miltə] poisson m]

mime [maim] **1.** mime m; **2.** mimer.

mim·e·o·graph ['mimiəgrɑ:f] **1.** autocopiste m, machine f à polycopier; **2.** polycopier.

mim·ic ['mimik] **1.** mimique; imitateur (-trice f); **2.** mime m; imitateur (-trice f) m; **3.** imiter; contrefaire; F singer (q.); **'mim·ic·ry** mimique f, imitation f; zo. mimétisme m.

min·a·to·ry ['minətəri] menaçant.

mince [mins] **1.** v/t. hacher; he does not ˷ matters il ne mâche pas ses mots; ˷ one's words minauder, parler du bout des lèvres; ˷d meat hachis m; v/i. marcher d'un air affecté; **2.** hachis m; '˷-meat compôte f de raisins secs, de pommes, d'amandes etc.; make ˷ of F rédu-

ire (q.) en chair à pâté; ˷ pie petite tarte f au mincemeat; '**minc·er** hachoir m.

minc·ing □ ['minsiŋ] affecté, minaudier (-ère f); '˷-ma·chine hachoir m.

mind [maind] **1.** esprit m, âme f; pensée f, idée f, avis m; mémoire f, souvenir m; raison f; to my ˷ à mon avis, selon moi, à ce que je pense; ˷'s eye idée f, imagination f; out of one's ˷ hors de son bon sens; insensé; time out of ˷ de temps immémorial; change one's ˷ changer d'avis; se raviser; bear s.th. in ˷ se rappeler qch.; tenir compte de qch.; F blow s.o.'s ˷ bouleverser q., renverser q.; have (half) a ˷ to avoir (bonne) envie de; have s.th. on one's ˷ avoir qch. sur sa conscience; have in ˷ avoir (qch.) en vue; (not) know one's own ˷ (ne pas) savoir ce qu'on veut; make up one's ˷ se décider, prender son parti; put s.o. in ˷ of rappeler (qch. ou q.) à q.; **2.** faire attention à; s'occuper de; ne pas manquer de (inf.); prendre garde à (qch.); soigner (un enfant), garder (un chien etc.); ˷! attention!; never ˷! n'importe!; ne vous inquiétez pas!; ˷ the step! attention à la marche!; I don't ˷ (it) cela m'est égal; peu m'importe; do you ˷ smoking? la fumée ne vous gêne pas?; would you ˷ taking off your hat? voudriez-vous bien ôter votre chapeau?; ˷ your own business! mêlez-vous de ce qui vous regarde!; '˷-bend·ing F hallucinant; '˷-blow·ing F renversant, bouleversant; hallucinant; '˷-bog·gling F inimaginable, inconcevable; '**mind·ed** disposé, enclin; à l'esprit...; sensibilité à ou sur ...; '**mind·er** surveillant(e f) m; gardeur (-euse f) m (d'animaux); '**mind·ful** □ (of) attentif (-ive f) (à); soigneux (-euse f) (de); '**mind·ful·ness** attention f (à); soin m (de, of); '**mind·less** □ sans esprit; insouciant (de, of); indifférent (à, of); oublieux (-euse f) (de, of); '**mind-read·er** liseur (-euse f) m de pensées.

mine[1] [main] **1.** le mien, la mienne, les miens, les miennes; à moi; **2.** les miens m/pl.

mine[2] [˷] **1.** ✕, a. ✕ mine f; fig. trésor m, bureau m; **2.** v/i. fouiller (sous) la terre; v/t. miner, saper; ✗ exploiter (le charbon); creuser; ✗ miner, saper; ⚓ miner, semer des mines dans; '**~∙lay∙er** ⚓, ✗ poseur m ou mouilleur m de mines; '**min∙er** mineur m (a. ✗).

min∙er∙al ['minərəl] **1.** minerai m; **~s** pl. eaux f/pl. minérales; F boissons f/pl. gazeuses; **2.** minéral (-aux m/pl.); ♪ jelly vaseline f; '**min∙er∙al∙ize** minéraliser; **min∙er∙al∙o∙gist** [ˌ'rælədʒist] minéralogiste m; **min∙er'al∙o∙gy** minéralogie f.

mine∙sweep∙er ⚓ ['mainswiːpə] dragueur m de mines.

min∙gle ['miŋgl] (se) mêler (avec, à with); (se) mélanger (avec, with).

min∙i... [mini] mini-.

min∙i∙a∙ture ['minjətʃə] **1.** miniature f; **2.** en miniature, en raccourci; petit modèle; minuscule; **~** camera appareil m de petit format; **~** grand piano m à queue écourtée; **~** rifle shooting tir m au fusil de petit calibre.

min∙i∙bus ['minibʌs] minibus m.

min∙i∙kin ['minikin] **1.** mignon(ne f); affecté; **2.** homuncule m.

min∙im ['minim] ♪ blanche f; mesure: goutte f; F bout m d'homme; '**min∙i∙mize** réduire au minimum; fig. mettre au minimum l'importance de (qch.); '**min∙i∙mum** ['ˌməm] **1.** pl. **-ma** [ˌmə] minimum (pl. -s, -ma) m; **2.** minimum (qqfois -ma f).

min∙ing ['mainiŋ] **1.** minier (-ère f); de mine(s); ♱ de mine; ✗, ⚓ de mouilleur de mines; **2.** exploitation f des mines, travaux m/pl. de mines; ✗ sape f; ⚓ pose f de mines.

min∙ion ['minjən] favori(te f) m; typ. mignonne f; F **~** of the law sbire m.

mini-skirt ['miniskəːt] mini-jupe f.

min∙is∙ter ['ministə] **1.** ministre m (a. pol., a. eccl.); eccl. pasteur m (protestant); **2.** v/t. † fournir; v/i. **~** to soigner (q.); subvenir aux besoins de (q.); aider à (qch.); **min∙is∙te∙ri∙al** □ [ˌ'tiəriəl] accessoire; pol. ministériel(le f); exécutif (-ive f); gouvernemental (-aux m/pl.); eccl. sacerdotal (-aux m/pl.); **min∙is'te∙ri∙al∙ist** ministériel m.

min∙is∙trant ['ministrənt] **1.** qui subvient à (q.); **2.** eccl. officiant m; **min∙is'tra∙tion** service m; ministère m; eccl. saint ministère m, sa-

cerdoce m; '**min∙is∙try** ministère m; pol. a. gouvernement m.

min∙i∙ver ['minivə] petit-gris (pl. petits-gris) m (a. fourrure).

mink zo. [miŋk] vison m.

min∙now icht. ['minou] vairon m.

mi∙nor ['mainə] **1.** petit, mineur; peu important; d'importance secondaire; ♪ mineur; A **~** la m mineur; **~** third tierce f mineure; **~** key mineur m; **2.** mineur(e f) m; le plus jeune (de deux frères); phls. mineure f, petit terme m; Am. univ. sujet m (d'étude) secondaire; **mi∙nor∙i∙ty** [mai'nɔriti] minorité f (a. ⚖); **~** government gouvernement m minoritaire.

min∙ster ['minstə] cathédrale f; église f abbatiale.

min∙strel ['minstrəl] ménestrel m; F musicien m; **~s** pl. (troupe f de) chanteurs m/pl. déguisés en nègres; '**min∙strel∙sy** [ˌ'si] chants m/pl. ou art m des ménestrels.

mint[1] ♀ [mint] menthe f; **~** sauce vinaigrette f à la menthe.

mint[2] [˲] **1.** Hôtel m de la Monnaie; source f; a **~** of money une somme f fabuleuse; **2.** (à l'état) neuf (neuve f) (volume etc.); intrinsèque; **3.** monnayer; battre monnaie; '**mint∙age** monnayage m; fabrication f; espèces f/pl. monnayées; empreinte f.

min∙u∙et ♪ [minju'et] menuet m.

mi∙nus ['mainəs] **1.** prp. moins; F sans; **2.** adj. négatif (-ive f).

min∙ute[1] ['minit] **1.** minute f; fig. moment m; instant m; projet m; note f; **~s** pl. procès-verbal (pl. procès-verbaux) m; **~-hand** grande aiguille f; just a **~**! minute!; **2.** faire la minute de (un contrat); prendre note de; dresser le procès-verbal de.

mi∙nute[2] □ [mai'njuːt] tout petit; minuscule; détaillé; **~ly** dans ses moindres détails; **mi'nute∙ness** petitesse f; exactitude f minutieuse.

mi∙nu∙ti∙a [mai'njuːʃiə], pl. **-ti∙ae** [ˌʃiː] petits détails m/pl.

minx [miŋks] fripponne f, coquine f.

mir∙a∙cle ['mirəkl] miracle m; F prodige m; to a **~** à merveille; **mi∙rac∙u∙lous** □ [mi'rækjuləs] miraculeux (-euse f); F merveilleux (-euse f); **mi'rac∙u∙lous∙ness** miraculeux m.

mi∙rage ['miraːʒ] mirage m.

mire ['maiə] **1.** boue *f*, fange *f*; bourbier *m*; vase *f* (*de fleuve*); **2.** be ⁓d s'embourber; F s'avilir.

mir·ror ['mirə] **1.** miroir *m*, glace *f*; **2.** refléter (*a. fig.*).

mirth [mə:θ] gaieté *f*; hilarité *f*; **'mirth·ful** □ ['⁓ful] gai, joyeux (-euse *f*); **'mirth·less** □ triste.

mir·y ['maiəri] bourbeux (-euse *f*), fangeux (-euse *f*); vaseux (-euse *f*).

mis... [mis] mé-, més-, mal-, mauvais ...; faux (fausse *f*).

mis·ad·ven·ture ['misəd'ventʃə] mésaventure *f*, contretemps *m*; accident *m*.   [liance *f*.\

mis·al·li·ance [misə'laiəns] mésal-\

mis·an·thrope ['mizənθroup] misanthrope *m*; **mis·an·throp·ic, mis·an·throp·i·cal** □ [⁓'θropik(l)] misanthrope (*personne*), misanthropique (*humeur*); **mis·an·thro·pist** [mi'zænθrəpist] misanthrope *m*; **mis'an·thro·py** misanthropie *f*.

mis·ap·pli·ca·tion ['misæpli'keiʃn] mauvaise application *f*; mauvais usage *m*; détournement *m* (*de fonds*); **mis·ap·ply** ['⁓ə'plai] mal appliquer; détourner (*des fonds*).

mis·ap·pre·hend ['misæpri'hend] mal comprendre; **'mis·ap·pre·'hen·sion** malentendu *m*, méprise *f*.

mis·ap·pro·pri·ate ['misə'prouprieit] détourner, distraire (*des fonds*); **'mis·ap·pro·pri·'a·tion** détournement *m*, distraction *f* (*de fonds*).

mis·be·come ['misbi'kʌm] messeoir à (*q.*), mal convenir à (*q.*); **'mis·be'com·ing** malséant.

mis·be·got(·ten) ['misbi'gɔt(n)] illégitime, bâtard; F misérable.

mis·be·have ['misbi'heiv] se conduire mal; **'mis·be'hav·io(u)r** [⁓jə] mauvaise conduite *f*, inconduite *f*.

mis·be·lief ['misbi'li:f] fausse croyance *f*; opinion *f* erronée; **mis·be·lieve** ['⁓'li:v] être infidèle; **'mis·be'liev·er** infidèle *mf*.

mis·cal·cu·late ['mis'kælkjuleit] *v/t.* mal calculer; *v/i.* se tromper (sur, *about*); **'mis·cal·cu'la·tion** faux calcul *m*; mécompte *m*.

mis·car·riage [mis'kæridʒ] *lettre:* perte *f*; avortement *m*; ⁓ couche *f*; ⁓ *of justice* erreur *f* judiciaire; **mis'car·ry** avorter; échouer; s'égarer (*lettre*); ⁓ faire une fausse couche.

mis·cel·la·ne·ous □ [misi'leinjəs] mélangé, varié, divers; **mis·cel·la·ne·ous·ness** variété *f*, diversité *f*.

mis·cel·la·ny [mi'seləni] mélange *m*; collection *f* d'objets variés; *miscellanies pl.* mélanges *m/pl.*

mis·chance [mis'tʃɑːns] malchance *f*; malheur *m*, accident *m*.

mis·chief ['mistʃif] mal *m*, dommage *m*, dégât *m*; F discorde *f*, trouble *m*; malice *f*; bêtises *f/pl.* (*d'un enfant*); *personne:* fripon(ne *f*) *m* what *etc.* the ⁓ ...? que *etc.* diantre ...?; **'⁓-mak·er** brandon *m* de discorde.

mis·chie·vous □ ['mistʃivəs] méchant, espiègle, malin (-igne *f*) (*personne*); mauvais, nuisible; **'mis·chie·vous·ness** méchanceté *f*; espièglerie *f*, malice *f*; caractère *m* nuisible (*de qch.*).

mis·con·ceive ['miskən'si:v] mal concevoir; mal comprendre; **mis·con·cep·tion** ['⁓kən'sepʃn] idée *f* fausse; malentendu *m*.

mis·con·duct 1. ['mis'kɔndəkt] mauvaise conduite *f* (*d'une personne*); mauvaise gestion *f* *ou* administration *f* (*d'une affaire*); **2.** ['⁓kən'dʌkt] mal diriger *ou* gérer; ⁓ o.s. se conduire mal.

mis·con·struc·tion ['miskən'strʌkʃn] fausse interprétation *f*; **mis·con·strue** ['⁓'stru:] mal interpréter.

mis·count ['mis'kaunt] **1.** mal compter; se tromper; **2.** faux calcul *m*; erreur *f* d'addition.

mis·cre·ant ['miskriənt] scélérat (*a. su./m*); misérable (*a. su./mf*).

mis·date ['mis'deit] **1.** erreur *f* de date; **2.** mal dater.

mis·deal ['mis'di:l] *cartes* **1.** [*irr.* (deal)] faire maldonne *f*; **2.** maldonne *f*.

mis·deed ['mis'di:d] méfait *m*.

mis·de·mean·ant [misdi'mi:nənt] délinquant(e *f*) *m*; **mis·de·'mean·o(u)r** [⁓nə] délit *m* correctionnel.

mis·di·rect ['misdi'rekt] mal diriger; mal adresser (*une lettre*); **'mis·di'rec·tion** renseignement *m* erronné; fausse adresse *f*.

mis·do·ing ['mis'du:iŋ] méfait *m*.

mis·doubt ['mis'daut] se douter de (*qch., q.*); soupçonner.

mi·ser ['maizə] avare *mf*.

mis·er·a·ble □ ['mizərəbl] malheureux (-euse f); triste; misérable; déplorable; **'mis·er·a·ble·ness** état m malheureux ou misérable.

mi·ser·ly ['maizəli] avare; sordide.

mis·er·y ['mizəri] souffrance f; misère f, détresse f.

mis·fea·sance ₤⅓ ['mis'fi:zəns] infraction f à la loi; abus m d'autorité.

mis·fire ['mis'faiə] 1. fusil: raté m; mot. raté m d'allumage; 2. rater (a. mot.).

mis·fit ['mis'fit] vêtement m ou soulier m manqué; F inapte mf.

mis·for·tune [mis'fɔ:tʃn] malheur m, infortune f, calamité f.

mis·give [mis'giv] [irr. (give)] avoir des inquiétudes; my heart misgave me j'avais de mauvais pressentiments; **mis·giv·ing** pressentiment m, doute m, crainte f.

mis·gov·ern ['mis'gʌvən] mal gouverner; **'mis·gov·ern·ment** mauvais gouvernement m; mauvaise administration f.

mis·guide ['mis'gaid] mal guider ou conseiller.

mis·han·dle ['mis'hændl] malmener, maltraiter (q.); traiter mal (un sujet).

mis·hap ['mishæp] mésaventure f; mot. panne f.

mis·hear [mis'hiə] [irr. (hear)] mal entendre; mal comprendre.

mish·mash ['miʃmæʃ] fatras m.

mis·in·form ['misin'fɔ:m] mal renseigner; **'mis·in·for·ma·tion** faux renseignement m, -s m/pl.

mis·in·ter·pret ['misin'tə:prit] mal interpréter; mal comprendre; **'mis·in·ter·pre'ta·tion** fausse interprétation f.

mis·judge ['mis'dʒʌdʒ] mal juger; se tromper sur; **'mis'judg(e)·ment** jugement m erroné.

mis·lay [mis'lei] [irr. (lay)] égarer.

mis·lead [mis'li:d] [irr. (lead)] tromper, induire en erreur; fourvoyer.

mis·man·age ['mis'mænidʒ] mal administrer; mal conduire; **'mis·man·age·ment** mauvaise administration f ou gestion f.

mis·no·mer ['mis'noumə] faux nom m; erreur f de nom.

mi·sog·y·nist [mai'sɔdʒinist] misogyne m; **mi'sog·y·ny** misogynie f.

mis·place ['mis'pleis] déplacer (qch.); mal placer (sa confiance); **'mis'place·ment** déplacement m.

mis·print 1. [mis'print] imprimer incorrectement; 2. ['mis'print] faute f d'impression.

mis·pri·sion ₤⅓ [mis'priʒn] non-révélation f (d'un crime); négligence f (coupable).

mis·pro·nounce ['misprə'nauns] mal prononcer; **mis·pro·nun·ci·a·tion** ['‿prənʌnsi'eiʃn] mauvaise prononciation f.

mis·quo·ta·tion ['miskwou'teiʃn] citation f inexacte; fausse citation f; **'mis'quote** citer inexactement.

mis·read ['mis'ri:d] [irr. (read)] mal lire ou interpréter.

mis·rep·re·sent ['misrepri'zent] mal représenter; dénaturer (les faits); **'mis·rep·re·sen'ta·tion** faux rapport m; ₤⅓ fausse déclaration f; ₤⅓ réticence f.

mis·rule ['mis'ru:l] 1. confusion f, désordre m; mauvaise administration f; 2. mal gouverner.

miss[1] [mis] mademoiselle (pl. mesdemoiselles) f; co. demoiselle f; adolescente f.

miss[2] [‿] 1. coup m manqué, perdu ou raté; 2. v/t. manquer; F rater (le but, une occasion, le train); ne pas trouver; ne pas saisir; se tromper de (chemin); ne pas avoir; sauter; remarquer ou regretter l'absence de; (gér.) faillir (inf.); ~ one's footing poser le pied à faux; ~ one's hold lâcher prise; ne pas saisir; v/i. manquer le coup; frapper à vide; ~ out on s.th. louper qch., rater qch.

mis·sal eccl. ['misəl] missel m.

mis·shap·en ['mis'ʃeipən] difforme, contrefait; déformé (chapeau etc.).

mis·sile ['misail] projectil m; ~ site base f de lancement; ballistic ~ engin m balistique.

miss·ing ['misiŋ] absent, perdu; surt. ✗ disparu; be ~ manquer; être égaré ou perdu.

mis·sion ['miʃn] mission f (a. eccl., a. fig.); **'mis·sion·ar·y** 1. missionaire m; 2. missionnaire; de missionnaires; des missions.

mis·sis F ['misiz] femme f, dame f.

mis·sive ['misiv] lettre f, missive f.

mis·spell ['mis'spel] [irr. (spell)] mal épeler ou écrire (un mot).

mis·spend ['mis'spend] [irr. (spend)]

mal employer (*son temps, son argent*).

mis·state ['mis'steit] exposer incorrectement; altérer (*des faits*); '**mis-'state·ment** exposé *m* inexact; erreur *f* de fait.

mis·sus F ['misəz] femme *f*, dame *f*.

miss·y F ['misi] mademoiselle (*pl.* mesdemoiselles) *f*.

mist [mist] **1.** brume *f*; buée *f* (*sur une glace*); *fig.* in a ~ désorienté, perdu; **2.** (se) couvrir de buée (*glace*); *v/i.* disparaître sous la brume.

mis·tak·a·ble [mis'teikəbl] sujet(te *f*) à méprise; facile à confondre; **mis-take** [~'teik] **1.** [*irr.* (take)] *v/t.* se tromper de; se méprendre sur; mal comprendre; confondre (avec, for); be ~n se tromper; *v/i.* se tromper; **2.** erreur *f*, méprise *f*, faute *f*; by ~ par méprise; *and no* ~ décidément; **mis'tak·en** □ erroné; mal compris; ~ *identity* erreur *f* sur la personne.

mis·ter ['mistə] (*abr.* **Mr.**) monsieur (*pl.* messieurs) *m*.

mis·time ['mis'taim] mal calculer; faire (*qch.*) mal à propos; '**mis-'timed** inopportun.

mist·i·ness ['mistinis] état *m* brumeux; brouillard *m*; obscurité *f* (*a. fig.*).

mis·tle·toe ♣ ['misltou] gui *m*.

mis·trans·late ['mistræns'leit] mal traduire; '**mis·trans'la·tion** traduction *f* inexacte; contresens *m*.

mis·tress ['mistris] maîtresse *f*; patronne *f*; *lycée*: professeur *m*; *école primaire*: institutrice *f*; (*abr.* **Mrs.** ['misiz]) madame (*pl.* mesdames) *f*.

mis·trust ['mis'trʌst] **1.** se méfier de; **2.** méfiance *f*, défiance *f* (de *in*, of); '**mis'trust·ful** □ [~ful] méfiant, soupçonneux (-euse *f*) (à l'endroit de, of).

mist·y □ ['misti] brumeux (-euse *f*); *fig.* vague, confus.

mis·un·der·stand ['misʌndə'stænd] [*irr.* (stand)] mal comprendre *ou* interpréter; '**mis·un·der'stand-ing** malentendu *m*; mésentente *f*.

mis·use 1. [~'ju:z] faire mauvais emploi *ou* usage de; maltraiter; **2.** [~'ju:s] abus *m*; mauvais emploi *m ou* usage *m*.

mite¹ *zo.* [mait] mite *f*; acarien *m*.

mite² [~] denier *m*, obole *f*; *personne*: mioche *mf*; petit(e *f*) *m*; a ~

of a child un(e *f*) enfant haut(e *f*) comme ma botte.

mit·i·gate ['mitigeit] adoucir, atténuer (*a. fig.*); **mit·i'ga·tion** adoucissement *m*, atténuation *f*.

mi·tre, mi·ter ['maitə] **1.** *eccl.* mitre *f*; ⊕ onglet *m*; **2.** *eccl.* mitrer; ⊕ tailler *ou* assembler à onglet; '~-wheel ⊕ roue *f* dentée conique.

mitt [mit] mitaine *f*; *baseball*: gant *m*; *sl.* patte *f* (= main).

mit·ten ['mitn] mitaine *f*; F get the ~ recevoir son congé.

mix [miks] (se) mêler (à, avec with); (se) mélanger; (s')allier (*couleurs*); *v/i.*: ~ in society fréquenter la société; ~ed mêlé, mélangé, mixte; confus (*a. fig.*); ~ed bathing bains *m/pl.* mixtes; ~ed marriage mariage *m* mixte; ~ed mathematics mathématiques *f/pl.* appliquées; ~ed pickles *pl.* variantes *f/pl.*; pickles *m/pl.* assortis; ~ up mêler; confondre; embrouiller; ~ed up with mêlé à, engagé dans (*une affaire*); ~ed with accointé avec; impliqué dans; '**mix·er** ⊕ brasseur *m*; garçon *m* de bar (*qui prépare des cocktails*), F barman *m*; *cuis.* mixe(u)r *m*; *radio*: opérateur *m* des sons, *machine*: mélangeur *m* des sons; be a good (bad) ~ (ne pas) savoir s'adapter à son entourage; '**mix·ture** [~tʃə] mélange *m* (*a. fig.*), *pharm.* mixtion *f*, mixture *f*; '**mix-'up** confusion *f*; embrouillement *m*.

miz·(z)en ⚓ ['mizn] artimon *m*; *attr.* d'artimon; de fougue (*perroquet*).

miz·zle ['mizl] bruiner, crachiner.

mne·mon·ic [ni(:)'mɔnik] **1.** (~ally) mnémonique; **2.** ~s *pl.* mnémonique *f*, mnémotechnie *f*.

moan [moun] **1.** gémissement *m*; **2.** gémir; se lamenter.

moat [mout] fossé *m*; douve *f*; '**moat·ed** entouré d'un fossé.

mob [mɔb] **1.** foule *f*, ameutement *m*; populace *f*; **2.** *v/t.* assiéger; *v/i.* s'attrouper; '**mob·bish** de la populace; canaille; tumultueux (-euse *f*).

mob·cap ['mɔbkæp] petite coiffe *f*; cornette *f*; F charlotte *f*.

mo·bile ['moubail] mobile (*a.* ⚔); changeant; ~ *police* (policiers *m/pl.* de la) brigade *f* mobile; *télév.* ~ *unit* motard *m*; **mo·bil·i·ty** [mo'biliti] mobilité *f*; **mo·bi·li·za·tion** [moubilai'zeiʃn] mobilisation *f*; **'mo·bi·lize** ✕ mobiliser.

mob-law ['mɔblɔː] loi *f* de la populace; loi *f* de Lynch.

mob·oc·ra·cy [mɔ'bɔkrəsi] F voyoucratie *f*.

moc·ca·sin ['mɔkəsin] mocassin *m*.

mock [mɔk] **1.** dérision *f*; (sujet *m* de) moquerie *f*; **2.** faux (fausse *f*); contrefait; d'imitation; **~** fight simulacre *m* de combat; **3.** *v/t.* imiter, singer; tromper; *v/i.* se moquer (de, at); **'mock·er** moqueur (-euse *f*) *m*; **'mock·er·y** raillerie *f*; (sujet *m* de) moquerie *f*; objet *m* de risée; simulacre *m*; **'mock-he'ro·ic** héroï-comique; burlesque.

mock·ing ['mɔkiŋ] **1.** raillerie *f*, moquerie *f*; **2.** □ moqueur (-euse *f*); **'~-bird** *orn.* moqueur *m*.

mock...: **'~-king** roi *m* pour rire; **'~-'tur·tle soup** potage *m* (à la) fausse tortue; **'~-up** ⊕ maquette *f*.

mod·al □ ['moudl] modal (-aux *m/pl.*); 🏛 conditionnel(le *f*); **mo·dal·i·ty** [mou'dæliti] modalité *f*.

mode [moud] méthode *f*, manière *f*, façon *f*, mode *m* (*a.* ♪, *gramm.*, *phls.*); mode *f* (= coutume).

mod·el ['mɔdl] **1.** modèle *m* (*a. fig.*); maquette *f*; figurine *f* (*de cire*); *personne:* mannequin *m*, modèle *m*; *attr.* modèle; *act as a* **~** servir de modèle; **2.** modeler (sur *after*, [up]on) (*a. fig.*); **mod·el·(l)er** ['mɔdlə] modeleur (-euse *f*) *m*.

mod·er·ate 1. □ ['mɔdərit] modéré; raisonnable; moyen(ne *f*); médiocre; **2.** ['~reit] (se) modérer; *v/t.* tempérer; **mod·er·ate·ness** ['~ritnis] modération *f*; *prix:* modicité *f*; médiocrité *f*; **mod·er·a·tion** [~'reiʃn] modération *f*, mesure *f*; *langage:* sobriété *f*; in **~** modérément; frugalement; *univ.* ♀s *pl.* premier examen *m* pour le B.A. (*Oxford*); **'mod·er·a·tor** assemblée, *jury*, *etc.*: président *m*; *univ.* examinateur *m* (*Oxford*); *phys.* modérateur *m*.

mod·ern ['mɔdən] **1.** moderne; **2.** the **~s** *pl.* les modernes *m/pl.*; **'mod·ern·ism** modernité *f*; goût *m* du moderne; *eccl.* modernisme *m*; *gramm.* néologisme *m*; **mo·der·ni·ty** [mɔ'dəːniti] modernité *f*; **'mod·ern·ize** moderniser.

mod·est □ ['mɔdist] modeste; sans prétentions; honnête, chaste;

'mod·es·ty modestie *f*; modération *f*; simplicité *f*; honnêteté *f*.

mod·i·cum ['mɔdikəm] faible quantité *f*.

mod·i·fi·a·ble ['mɔdifaiəbl] modifiable; **mod·i·fi·ca·tion** [~fi'keiʃn] modification *f*; atténuation *f*; **mod·i·fy** [~'fai] modifier (*a. gramm.*); apporter des modifications à; atténuer.

mod·u·late ['mɔdjuleit] moduler (*v/i. a.* ♪); ajuster; **modu·la·tion** modulation *f*; **'mod·u·la·tor** modulateur (-trice *f*) *m*; **~** of tonality *cin.* modulateur *m* de tonalité.

Mo·gul [mo'gʌl]: the Great (*ou* Grand*) **~** le Grand Mogol *m*.

mo·hair ['mouhɛə] mohair *m*.

Mo·ham·med·an [mo'hæmidən] **1.** Mahométan(e *f*) *m*; **2.** mahométan.

moi·e·ty ['mɔiəti] moitié *f*; part *f*.

moil [mɔil] peiner.

moire [mwɑː] moire *f*; **~** crêpe crêpe *m* ondé.

moi·ré ['mwɑːrei] moiré (*a. su./m*).

moist [mɔist] humide; moite; **mois·ten** ['mɔisn] (se) mouiller, (s')humecter; **'moist·ness, mois·ture** ['~tʃə] humidité *f*; *peau:* moiteur *f*; **mois·tur·ize** [~tʃəraiz] humidifier (*air*); hydrater (*peau*); **mois·tur·iz·ing cream** crème *f* hydratante.

moke *sl.* [mouk] âne *m*; bourrique *f*.

mo·lar ['moulə] (*ou* **~** tooth) molaire *f*.

mold [mould] *see* mould *etc.*

mo·las·ses [mə'læsiz] mélasse *f*.

mole¹ zo. [moul] taupe *f*.

mole² [~] grain *m* de beauté; nævus *m* (*pl.* -vi) *m*.

mole³ [~] môle *m*; brise-lames *m/inv.*

mo·lec·u·lar [mo'lekjulə] moléculaire; **mol·e·cule** *phys.* ['mɔlikjuːl] molécule *f*.

mole·hill ['moulhil] taupinière *f*; **'mole·skin** (peau *f* de) taupe *f*; ✝ velours *m* de coton.

mo·lest [mo'lest] rudoyer; 🏛 molester; **mo·les·ta·tion** [moules'teiʃn] molestation *f*; voies *f/pl.* de fait.

moll F [mɔl] catin *f*.

mol·li·fy ['mɔlifai] adoucir; apaiser.

mol·lusc zo. ['mɔləsk] mollusque *m*; **mol·lus·cous** [mɔ'lʌskəs] de(s) mollusque(s); *fig.* mollasse.

mol·ly·cod·dle ['mɔlikɔdl] **1.** douillet *m*; petit chéri *m* à sa maman; **2.** dorloter.

mol·ten ['moultən] en fusion; fondu.

mom *Am.* F [mom] maman *f*; ~*-and-pop store* épicerie *f* du coin.

mo·ment ['moumənt] moment *m*; instant *m*; see *momentum*; *at* (*ou for*) *the* ~ pour le moment; *en ce moment*; *of* ~ important; '**mo·men·tar·y** □ momentané, passager (-ère *f*); '**mo·ment·ly** *adv.* d'un moment à l'autre; momentanément; **mo·men·tous** □ [~'mentəs] important; grave; **mo·men·tum** *phys.* [~təm] force *f* vive; vitesse *f* acquise.   [chisme *m*.]

mon·a·chism ['mɔnəkizm] mona-⌐

mon·arch ['mɔnək] monarque *m*; **mo·nar·chic, mo·nar·chi·cal** □ [mɔ'nɑːkik(l)] monarchique; **mon·arch·y** ['mɔnəki] monarchie *f*.

mon·as·ter·y ['mɔnəstri] monastère *m*; **mo·nas·tic, mo·nas·ti·cal** □ [mɔ'næstik(l)] monastique; monacal (-aux *m/pl.*).

Mon·day ['mʌndi] lundi *m*.

mon·e·tar·y ['mʌnitəri] monétaire.

mon·ey ['mʌni] argent *m*; monnaie *f*; ~ *matters pl.* affaires *f/pl.* financières; *ready* ~ argent *m* comptant; F *out of* ~ à sec; *keep s.o. out of his* ~ frustrer q. de son argent; *make* ~ faire de l'argent; '~**box** caisse *f*, cassette *f*; '~**-chang·er** changeur *m*, cambiste *m*; **mon·eyed** ['mʌnid] riche; qui a de l'argent.

mon·ey...: '~**-grub·ber** gripp-sou (*pl.* grippe-sou[s]) *m*; '~**-of·fice** caisse *f*; '~**-or·der** mandat-poste (*pl.* mandats-poste) *m*; '~**'s-worth**: *get one's* ~ en avoir pour son argent.

mon·ger ['mʌŋgə] marchand(e *f*) *m* (de).

Mon·gol ['mɔŋgɔl], **Mon·go·lian** [~'gouljən] **1.** mongol; mongolique; ⚕ *idiot*; **2.** Mongol(e *f*) *m*.

mon·grel ['mʌŋgrəl] **1.** métis(se *f*) *m*; bâtard(e *f*) *m*; **2.** métis(se *f*).

mo·ni·tion [mo'niʃn] avertissement *m*; **mon·i·tor** ['mɔnitə] moniteur (-trice *f*) *m*; ⚓ monitor *m*; *radio*: contrôleur *m* d'enregistrement; *télév.* moniteur *m*, écran *m* de contrôle; '**mon·i·tor·ing** monitoring *m*; service *m* d'écoute; '**mon·i·to·ry** d'avertissement, d'admonition; monitoire.

monk [mʌŋk] moine *m*, religieux *m*; '**monk·er·y** *usu. péj.* moinerie *f*.

mon·key ['mʌŋki] **1.** singe *m*; *fig.* polisson *m*, espiègle *mf*; ⊕ mouton *m*; *sl.* monnaie: cinq cents livres *f/pl.* ou *Am.* dollars *m/pl.*; *sl.* ~*'s allowance* plus de coups que de pain; F *put s.o.'s* ~ *up* mettre q. en colère; F ~ *business*, ~ *tricks pl.* affaire *f* peu loyale; procédé *m* irrégulier; fumisterie *f*; **2.** Faire des tours de singe; *about with* tripoter (*qch.*); '~**-en·gine** ⊕ (*sorte de*) sonnette *f* (à mouton); '~**-puz·zle** araucaria *m*; '~**-wrench** ⊕ clé *f* anglaise; *Am. sl.* *throw a* ~ *in s.th.* saboter une affaire.

monk·hood ['mʌŋkhud] monachisme *m*; moinerie *f*; '**monk·ish** *usu. péj.* de moine, monacal (-aux *m/pl.*).

mon·o † ['mounou] **1.** mono(phonique); **2.** (*in* ~ *en*) monophonie *f*; F disque *m* mono.

mono- [mono] mon(o)-; **mon·o·cle** ['mɔnəkl] monocle *m*; **mo·noc·u·lar** [~'kjulə] monoculaire; **mo·nog·a·my** [~'gəmi] monogamie *f*; **mon·o·gram** ['mɔnəgræm] monogramme *m*; **mon·o·graph** ['~grɑːf] monographie *f*; **mon·o·lith** ['mɔnoliθ] monolithe *m*; **mon·o·lith·ic** monolithique; *a. fig.* monolithique; gigantesque; **mon·o·logue** ['mɔnəlɔg] monologue *m*; **mon·o·ma·ni·a** ['mɔnə'meinjə] monomanie *f*; **mon·o·ma·ni·ac** [~'niæk] monomane *mf*; **mon·o·plane** ⊁ ['mɔnəplein] monoplan *m*; **mon·o·nop·o·list** [~'nɔpə-list] accapareur (-euse *f*)*m*; **mo·nop·o·lize** [~laiz] monopoliser; *fig.* s'emparer de; **mo·nop·o·ly** monopole *m* (de, *of*); **mon·o·syl·lab·ic** ['mɔnəsi'læbik] (~*ally*) monosyllabe, monosyllabique; **mon·o·syl·la·ble** ['~ləbl] monosyllabe *m*; **mon·o·the·ism** ['mɔnɔθi:izm] monothéisme *m*; **mon·o·tone** ['mɔnətoun] **1.** débit *m* monotone; *in* ~ d'une voix uniforme *ou* monotone; **2.** chanter sur le même ton; **mo·not·o·nous** □ [mə'nɔtənəs] monotone; *fig.* fastidieux (-euse *f*); **mo·not·o·ny** [~təni] monotonie *f*; **mon·o·type** *typ.* ['mɔnətaip] monotype *f*.

mon·soon [mɔn'su:n] mousson *f*.

mon·ster ['mɔnstə] **1.** monstre *m* (*a. fig.*); monstruosité *f*; avorton *m*; F

mon·strance *eccl.* ['mɔnstrəns] ostensoir *m*.

mon·stros·i·ty [mɔns'trɔsiti] monstruosité *f*; **'mon·strous** □ monstrueux (-euse *f*); colossal (-aux *m/pl.*).

mon·tage *cin.*, *phot.* [mɔn'tɑːʒ] montage *m*.

month [mʌnθ] mois *m*; **'month·ly 1.** mensuel(le *f*); ~ *season ticket* (carte *f* d')abonnement *m* (*valable pour un mois*); **2.** revue *f* mensuelle.

mon·u·ment ['mɔnjumənt] monument *m*; pierre *f* tombale; **mon·u·men·tal** □ [~'mentl] monumental (-aux *m/pl.*); F colossal (-aux *m/pl.*), prodigieux (-euse *f*).

moo [muː] **1.** meuglement *m*, beuglement *m*; **2.** meugler, beugler.

mooch F [muːtʃ]: *v/i.* ~ *about* flâner; ~ *along* traîner.

mood[1] *gramm.*, *a.* ♪ [muːd] mode *m*.

mood[2] [~] humeur *f*, disposition *f*. **mood·i·ness** ['muːdinis] morosité *f*; humeur *f* changeante; **'mood·y** □ maussade; mal luné.

moon [muːn] **1.** lune *f*; *poét.* mois *m*; F *once in a blue* ~ tous les trente-six du mois; F *be over the* ~ être aux anges; *cry for the* ~ demander la lune; *promise s.o. the* ~ promettre la lune *ou* monts et merveilles à q.; **2.** (*usu.* ~ *about*) F muser; **'moon·less** sans lune; **'moon·light** clair *m* de lune; clarté *f* de la lune; **'moon·light·ing** travail *m* noir; **'moon·lit** éclairé par la lune.

moon...: '~·shine clair *m* de lune; F balivernes *f/pl.*; alcool *m* de contrebande; '~·shin·er *Am.* F contrebandier *m* de boissons alcooliques; bouilleur *m* de contrebande; '~·struck halluciné; F hébété; **moon·y** □ de *ou* dans la lune; F rêveur (-euse *f*); vague.

Moor[1] [muə] Maure *m*, Mauresque *f*.

moor[2] [~] lande *f*, bruyère *f*; † *ou prov.* terrain *m* marécageux.

moor[3] ♣ [~] (s')amarrer; **moor·age** ['muərɪdʒ] amarrage *m*, mouillage *m*.

moor-game ['muəgeim] lagopède *m* rouge d'Écosse.

moor·ing-mast ['muərɪŋmɑːst] mât *m* d'amarrage.

moor·ings ♣ ['muərɪŋz] *pl.* amarres *f/pl.*; corps-morts *m/pl.*

Moor·ish ['muərɪʃ] mauresque.

moose *zo.* [muːs] (*a.* ~-*deer*) élan *m*, orignal *m*.

moot [muːt] **1.** *hist.* assemblée *f* du peuple; **2.** ~ *case* (*ou point*) point *m* litigieux; **3.** soulever (*une question*).

mop [mɔp] **1.** balai *m* à franges; *cheveux*: tignasse *f*; **2.** essuyer, (*a.* ~*up*) éponger (*de l'eau*); engloutir (*les bénéfices*); ✕ F nettoyer; *sl.* aplatir (*q.*).

mope [moup] **1.** *fig.* cafardeux (-euse *f*) *m*; ~*s pl.* idées *f/pl.* noires; F cafard *m*; **2.** *v/i.* voir tout en noir, s'ennuyer; *v/t.* ~ *o.s.*, *be* ~*d* languir.

mo·ped ['mouped] cyclomoteur *m*, mobylette *f* (*TM*).

mop·ing □ ['moupiŋ], **'mop·ish** □ morose, mélancolique, triste.

mo·raine *géol.* [mɔ'rein] moraine *f*.

mor·al ['mɔrəl] **1.** □ moral (-aux *m/pl.*); conforme aux bonnes mœurs; **2.** morale *f*; moralité *f* (*d'un conte*); ~*s pl.* mœurs *f/pl.*; conduite *f*; **mo·rale** [mɔ'rɑːl] *usu.* ✕ moral *m*; **mor·al·ist** ['mɔrəlist] moraliste *mf*; **mo·ral·i·ty** [mə'ræliti] moralité *f*; sens *m* moral; probité *f*; bonnes mœurs *f/pl.*; *péj.* sermon *m*; *théâ.* hist. moralité *f*; **mor·al·ize** ['mɔrəlaiz] *v/i.* faire de la morale (sur, [up]on); *v/t.* moraliser (*q.*); indiquer la morale de.

mo·rass [mə'ræs] marais *m*, marécage *m*; *fig.* bourbier *m*.

mor·bid □ ['mɔːbid] morbide; malsain; **mor·bid·i·ty**, **'mor·bid·ness** morbidité *f*; état *m* maladif.

mor·dant ['mɔːdənt] **1.** mordant; **2.** mordant *m*.

more [mɔː] **1.** *adj.* plus (de); **2.** *adv.* plus, davantage; *once* ~ encore une fois; *de nouveau*; *two* ~ deux de plus; *so much* (*ou all*) *the* ~ d'autant plus; à plus forte raison; *no* ~, *ne* ... plus; ~ *and* ~ de plus en plus; **3.** *su.* plus *m*.

mo·rel ♣ [mɔ'rel] morelle *f*.

more·o·ver [mɔː'ouvə] d'ailleurs, du reste.

Mo·resque [mɔ'resk] **1.** mauresque; **2.** Mauresque *f*; arabesque *f*.

mor·ga·nat·ic [mɔːgə'nætik] (~*ally*) morganatique.

morgue [mɔːg] morgue *f*; dépôt *m* mortuaire.

mor·i·bund ['mɔribʌnd] moribond.
Mor·mon ['mɔːmən] mormon(e *f*) *m*.
morn *poét.* [mɔːn] matin *m*.
morn·ing ['mɔːniŋ] **1.** matin *m*; matinée *f*; *in the* ~ le matin; du matin; *tomorrow* ~ demain matin; **2.** du matin; matinal (-aux *m/pl.*); ~ *coat* jaquette *f*; ~ *dress* tenue *f* de ville; *femmes:* négligé *m*; ~ *performance* matinée *f*.
Mo·roc·can [mə'rɔkən] marocain.
mo·roc·co [mə'rɔkou] (*ou* ~ *leather*) maroquin *m*.
mo·ron ['mɔːrɔn] faible *mf* d'esprit; F idiot(e *f*) *m*.
mo·rose □ [mə'rous] morose, chagrin; **mo'rose·ness** morosité *f*.
mor·phi·a ['mɔːfjə], **mor·phine** ['mɔːfiːn] morphine *f*.
mor·pho·log·i·cal [mɔːfə'lɔdʒikl] morphologique.
mor·row ['mɔrou] *usu. poét.* lendemain *m*; good ~*!* bonjour !
mor·sel ['mɔːsəl] (petit) morceau *m*; *terre:* lopin *m*.
mor·tal ['mɔːtl] **1.** *adj.* □ mortel(le *f*); *fig.* funeste, fatal (-s *m/pl.*); à outrance (*combat*); **2.** *adv.* F très; **3.** *su.* mortel(le *f*) *m*, être *m* humain; **mor·tal·i·ty** [mɔː'tæliti] mortalité *f*; les mortels *m/pl.*
mor·tar ['mɔːtə] mortier *m* (*a.* ✕); enduit *m*.
mort·gage ['mɔːgidʒ] **1.** hypothèque *f*; (*a.* ~*-deed*) contrat *m* hypothécaire; **2.** hypothéquer; **mort·ga·gee** [ˌ.gə'dʒiː] créancier *m* hypothécaire; **mort·ga·gor** [ˌ.'dʒɔː] débiteur *m* hypothécaire.
mor·tice ['mɔːtis] *see* mortise.
mor·ti·cian *Am.* [mɔː'tiʃn] entrepreneur *m* de pompes funèbres.
mor·ti·fi·ca·tion [mɔːtifi'keiʃn] mortification *f*; gangrène *f*; déconvenue *f*, mortification *f*; humiliation *f*; **mor·ti·fy** ['ˌ.fai] *v/t.* mortifier; humilier; ✕ gangrener; *v/i.* se gangrener.
mor·tise ['mɔːtis] **1.** mortaise *f*; serrure *f* encastrée; **2.** mortaiser.
mort·main ✝ ['mɔːtmein] mainmorte *f*.
mor·tu·ar·y ['mɔːtjuəri] **1.** mortuaire; **2.** dépôt *m* mortuaire; morgue *f*.
mo·sa·ic¹ [mə'zeiik] mosaïque *f*.
Mo·sa·ic² [ˌ.] mosaïque, de Moïse.

mo·selle [mə'zel] vin *m* de Moselle, moselle *m*.
Mos·lem ['mɔzlem] musulman (*a. su.*); mahométan (*a. su.*).
mosque [mɔsk] mosquée *f*.
mos·qui·to *zo.* [məs'kiːtou], *pl.* **-toes** [ˌ.touz] moustique *m*.
moss [mɔs] ♀ mousse *f*; tourbière *f*; **'moss·y** moussu.
most [moust] **1.** *adj.* □ le plus de; la plupart de; *for the* ~ *part* pour la plupart; **2.** *adv.* le plus; surtout; très, fort, bien; **3.** *su.* le plus; la plupart d'entre eux (elles); *at* (*the*) ~ tout au plus; *make the* ~ *of* tirer le meilleur parti possible de; faire valoir.
most·ly ['moustli] pour la plupart; le plus souvent.
mote [mout] atome *m* de poussière; *bibl.* paille *f*.
mo·tel ['moutel] motel *m*.
mo·tet ♪ [mou'tet] motet *m*.
moth [mɔθ] mite *f*, teigne *f* des draps; papillon *m* de nuit; '~*-eat·en* rongé des mites.
moth·er ['mʌðə] **1.** mère *f*; ♀*'s Day* la fête des Mères; **2.** servir de mère à; *fig.* dorloter; **moth·er·hood** ['ˌ.hud] maternité *f*; '**moth·er-in-law** belle-mère (*pl.* belles-mères) *f*; '**moth·er·less** sans mère; '**moth·er·li·ness** affection *f* maternelle; '**moth·er·ly** maternel(le *f*).
moth·er...: ~ *of pearl* nacre *f*; '~*-of-pearl* en *ou* de nacre; '~*-ship* *Brit.* ravitailleur *m*; navire-atelier (*pl.* navires-ateliers) *m*; '~*-tongue* langue *f* maternelle.
moth·y ['mɔθi] mité.
mo·tif [mou'tiːf] motif *m*.
mo·tion ['mouʃn] **1.** mouvement *m*, marche *f* (*a.* ⊕); signe *m*; *parl.* proposition *f*, motion *f*; ✽ selle *f*; *parl. bring forward* (*agree upon*) *a* ~ présenter (adopter) une motion; *set in* ~ mettre en train; **2.** *v/t.* faire signe à (*q.*) (*de inf.*, *to inf.*); *v/i.* faire un signe *ou* geste; '**mo·tion·less** immobile; '**mo·tion-pic·ture** *Am.* film *m*; ~*s pl.* films *m/pl.*; projection *f* animée; *attr.* ciné...
mo·ti·vate ['moutiveit] motiver; **mo·ti'va·tion** motivation *f*.
mo·tive ['moutiv] **1.** moteur (-trice *f*); **2.** motif *m*; mobile *m*; **3.** motiver; '**mo·tive·less** immotivé.

mo·tiv·i·ty [mo'tiviti] motilité *f*.

mot·ley ['mɔtli] bariolé; bigarré.

mo·tor ['moutə] 1. moteur *m*; mécanisme *m*; see ~car; 2. moteur (-trice *f*); à *ou* par moteur; d'automobile; ~ ambulance autoambulance *f*; *Am.* ~ court see ~ park; ~ goggles *pl.* lunettes *f/pl.* d'automobiliste; ~ mechanic (*ou* fitter) mécanicien *m* automobiliste; ~ park *Am. usu.* stationnement *m*; garage *m* pour autos; ~ school autoécole *f*; 3. *v/i.* voyager *ou* aller en auto; *v/t.* conduire (*q.*) en auto; ~ bi·cy·cle motocyclette *f*; '~'boat canot *m* automobile; vedette *f* à moteur; '~'bus autobus *m*; ~ cab autotaxi *m*; '~'cade *Am.* ['̣keid] défilé *m* d'automobiles; ~car auto(mobile) *f*; voiture *f*; ~ cy·cle motocyclette *f*; ~ cy·clist motocycliste *mf*; **mo·to·ri·al** [mo-'tɔːriəl] moteur (-trice *f*); **mo·tor·ing** ['moutəriŋ] automobilisme *m*; tourisme *m* en auto; 'mo·tor·ist automobiliste *mf*; **mo·tor·i·za·tion** [̣rai'zeiʃn] motorisation *f*; 'mo·tor·ize motoriser; 'mo·tor·launch vedette *f*; bateau *m* automobile; 'mo·tor·less sans moteur. **mo·tor...**: '~'lor·ry ['~]camion *m*; '~'man *Am.* wattman (*pl.* -men) *m*; '~'plough charrue *f* automobile; '~'pool autos *f/pl.* communes; '~'road autostrade *f*; ~

scoot·er scooter *m*; '~'truck *Am.* (auto-)camion *m*; '~'way autoroute *f*.

mot·tled ['mɔtld] marbré; pommelé; madré (*bois, savon*).

mot·to ['mɔtou], *pl.* -toes ['̣touz] devise *f*; ⊘ mot *m*.

mo(u)ld¹ [mould] terre *f* végétale; terreau *m*.

mo(u)ld² [~] 1. moule *m* (*a. fig.*); *typ.* matrice *f*; *cuis.* crème *f* renversée; △ moulure (*f*.); 2. mouler, façonner (sur, [up]on); pétrir (*le pain*).

mo(u)ld·er¹ ['mouldə] mouleur *m*; façonneur *m*.

mo(u)ld·er² [~] s'effriter; (*a.* ~ away) tomber en poussière.

mo(u)ld·i·ness ['mouldinis] (état *m*) moisi *m*.

mo(u)ld·ing ['mouldiŋ] moulage *m*; moulure *f*; F formation *f*; △ square ~ baguette *f*; plain ~ bandeau *m*;

grooved ~ moulure *f* à gorge; *attr.* de mouleur; à moulurer *etc.*

mo(u)ld·y ['mouldi] moisi; chanci (*pain, confiture*).

moult [moult] 1.mue *f*; 2. *v/i.* muer; *vt/i. fig.* perdre (ses cheveux).

mound [maund] tertre *m*; monceau *m*, tas *m*.

mount [maunt] 1. montagne *f*; *poét., a. géog.* mont *m*; (carton *m* de) montage *m*; monture *f* (= *cheval*); ⊕ *machine*: armement *m*; 2. *v/i.* monter; monter à cheval, se mettre en selle; s'élever (à, to); (*usu.* ~ up) augmenter; *v/t.* monter sur (*un banc, un cheval*); monter, gravir (*une colline etc.*); ✕ affûter (*une pièce*); ⊕ installer; entoiler, coller (*un tableau*); monter (*un bijou*); *théâ.* mettre à la scène; see guard 1.

moun·tain ['mauntin] 1. montagne *f*; *make a ~ out of a molehill* (se) faire d'une mouche un éléphant; 2. des montagnes; montagneux (-euse *f*); **moun·tain·eer** [~'niə] montagnard(e *f*) *m*; alpiniste *mf*; **moun·tain·eer·ing** 1. alpinisme *m*; 2. alpin; 'moun·tain·ous montagneux (-euse *f*); **moun·tain rail·way** chemin *m* de fer de montagne; **moun·tain range** chaîne *f* de montagnes; **moun·tain sick·ness** mal *m* des montagnes.

moun·te·bank ['mauntibæŋk] saltimbanque *m*; *fig.* charlatan *m*.

mount·ing ⊕ ['mauntiŋ] montage *m*; entoilage *m*.

mourn [mɔːn] (se) lamenter; *v/i.* porter le deuil; *v/t.* (*ou* ~ for, over) pleurer (*q.*), déplorer (*qch.*); **mourn·er** affligé(e *f*) *m*; **mourn·ful** □ ['~ful] lugubre; mélancolique; 'mourn·ful·ness aspect *m* lugubre; air *m* désolé; tristesse *f*.

mourn·ing ['mɔːniŋ] 1. □ de deuil; en deuil; qui pleure; 2. deuil *m*, affliction *f*; '~'bor·der, '~'edge bordure *f* noire; '~'pa·per papier *m* deuil.

mouse 1. [maus] (*pl.* mice) souris *f*; 2. [mauz] chasser les souris.

mous·tache [məs'taːʃ] moustache *f*, -s *f/pl.*

mous·y ['mausi] gris souris; de souris; effacé, timide (*personne*); *péj.* peu distingué.

mouth [mauθ] 1. *pl.* **mouths** [mauðz] bouche *f*; chien, four, sac:

gueule *f*; *fleuve, clarinette*: embouchure *f*; *bouteille*: goulot *m*; *port, tunnel, trou*: entrée *f*; *entonnoir*: pavillon *m*; *fig.* grimace *f*; by word of ~ de vive voix; down in the ~ déprimé; keep one's ~ shut ne pas souffler mot, rester bouche cousue; *shut your ~!*, keep your ~ shut! ferme ta bouche!, F la ferme!; *stop s.o.'s* ~ faire taire q.; fermer la bouche à q.; 2. [mauð] *vt/i.* déclamer (des phrases); *v/i.* faire des grimaces; **mouthed** [mauðd] embouché (*cheval*); clean-~ au langage honnête; **mouth·ful** ['ˌful] bouchée *f*; F mot *m* long d'une aune.

mouth...: '~**or·gan** harmonica *m*; '~**piece** ♩ bec *m*, embouchure *f*; *porte-voix*: embout *m*; *fig.* porte-parole *m/inv.*; '~**wash** (eau *f*) dentifrice *m*; '~**wa·ter·ing** qui fait venir l'eau à la bouche, appétissant.

move [muːv] 1. *v/t.* déplacer (*qch.*); bouger (*qch.*); remuer (*la tête etc.*); émouvoir (*q.*); toucher (*q.*); exciter (*la pitié*); faire changer d'avis à (*q.*); proposer (*une motion*); mouvoir; ~ on faire circuler; *v/i.* se déplacer, se mouvoir; circuler; faire un mouvement, bouger; s'avancer; déménager; marcher (*échecs*); ~ for s.th. demander qch.; ~ in entrer; emménager; ~ on avancer, continuer son chemin; 2. mouvement *m*; déménagement *m*; *échecs*: coup *m*; *fig.* démarche *f*, pas *m*; on the ~ en marche; F get a ~ on se dépêcher, se presser; *make a* ~ faire un mouvement (*vers qch.*); F partir, prendre congé; **mov(e)·a·ble** ['muːvəbl] 1. mobile; 2. ~s *pl.* mobilier *m*; biens *m/pl.* mobiliers; '**mov(e)·a·ble·ness** mobilité *f*; '**move·ment** mouvement *m* (a. ♩); geste *m*; ⊕ mécanisme *m*; ♣ selle *f*; '**mov·er** moteur *m*; mobile *m*; inspirateur (-trice *f*) *m*; auteur *m*.

mov·ie F ['muːvi] 1. de ciné(ma); de vues; 2. ~s *pl.* ciné(ma) *m*; films *m/pl.*; '~**go·er** amateur *m* de cinéma, cinéphile *mf*.

mov·ing □ ['muːviŋ] en mouvement; en marche; mobile; moteur (-trice *f*); *fig.* émouvant; '~**band production** travail *m* à la chaîne; ~ *pictures pl. see motion-pictures*; ~ staircase escalier *m* roulant.

mow¹ [mau] meule *f* (*de foin*); tas *m* (*de blé*) (*en grange*).

mow² [mou] [*irr.*] faucher; '**mow·er** faucheur (-euse *f*) *m*; tondeuse *f* (*de gazon*); '**mow·ing** fauchage *m*; *gazon*: tondaison *f*; fauchée *f*; '**mow·ing-ma·chine** faucheuse *f*; *gazon*: tondeuse *f*; **mown** *p.p.* de **mow**².

much [mʌtʃ] 1. *adj.* beaucoup de, bien du (*etc.*); 2. *adv.* beaucoup, bien, fort; as ~ more (*ou* again) encore autant; as ~ as autant que; *not so* ~ as ne ... pas (au)tant que; ne ... pas même; *nothing* ~ peu de chose; F pas fameux; ~ *less* moins encore; bien moins; ~ as I would like pour autant que je désire *ou* veuille; *I thought as* ~ je m'y attendais; *make* ~ *of* faire grand cas de; *I am not* ~ *of a dancer* F je ne suis pas fameux comme danseur; '**much·ness** F grandeur *f*; *much of a* ~ c'est bonnet blanc et blanc bonnet.

mu·ci·lage ['mjuːsilidʒ] mucilage *m*; *surt. Am.* colle *f*, gomme *f*; **mu·ci·lag·i·nous** [ˌˈlædʒinəs] mucilagineux (-euse *f*).

muck *sl.* [mʌk] 1. fange *f*; fumier *m*; saletés *f/pl.* (a. *fig.*); 2. souiller (*usu.* ~ up) F gâcher; '**muck·er** *sl.* culbute *f*; come (*ou* go) *a* ~ faire la culbute; **muck-rake** ['ˌreik] râteau *m* à fumier; racloir *m* à boue; '**muck·rake** *Am.* déterrer des scandales; '**muck·rak·er** *Am.* déterreur *m* de scandales; '**muck·y** sale, crotté.

mu·cous ♣ ['mjuːkəs] muqueux (-euse *f*); ~ membrane ♣ muqueuse *f*.

mu·cus [ˌ] mucus *m*, glaire *f*.

mud [mʌd] boue *f*, bourbe *f*; *fleuve*: vase *f*; '**mud·di·ness** saleté *f*; *liquide*: turbidité *f*; **mud·dle** ['mʌdl] 1. *v/t.* brouiller; emmêler; (a. ~ up, together) embrouiller; *v/i.* s'embrouiller; F lambiner; 2. confusion *f*, embrouillement *m*; F pagaille *f*; *get into a* ~ s'embrouiller; '**mud·dle-head·ed** F l'esprit confus; brouillon(ne *f*); '**mud·dy** 1. □ boueux (-euse *f*); fangeux (-euse *f*); vaseux (-euse *f*) (*fleuve*); trouble (*liquide*); brouillé (*teint*); 2. crotter; troubler; (em)brouiller (*l'esprit*).

mud...: '**~-guard** garde-boue *m/inv.*; pare-boue *m/inv.*; '**~-lark** F gamin *m* des rues; '**~-sling·er** F médisant(e *f*) *m*, calomniateur (-trice *f*) *m*; '**~-sling·ing** F médisance *f*; calomnies *f/pl.*

muff[1] [mʌf] **1.** F empoté *m*; *sl.* andouille *f*; *sp.* coup *m* raté; **2.** F rater, manquer.

muff[2] [~] manchon *m*; **muf·fe·tee** [mʌfi'ti:] miton *m*.

muf·fin ['mʌfin] *petit pain mollet qui se mange beurré à l'heure du thé*; **muf·fin·eer** [~'niə] saupoudroir *m*.

muf·fle ['mʌfl] **1.** ⊕ moufle *m*; **2.** (*souv. ~ up*) (s')emmitoufler; amortir (*un son*); assourdir (*les avirons, un tambour*); *tapis*: étouffer (*le bruit*); '**muf·fler** cache-nez *m/inv.*; F moufle *f*; ♩ étouffoir *m*; *mot.* pot *m* d'échappement, silencieux *m*.

muf·ti ['mʌfti] costume *m* de ville; *in ~* en civil.

mug [mʌg] **1.** chope *f*, pot *m*; *sl.* binette *f* (= *visage*); *sl.* nigaud *m*, dupe *f*; **2.** agresser; '**mug·ger** agresseur *m*; '**mug·ging** (vol *m* avec) agression *f*.

mug·gy ['mʌgi] chaud et humide, lourd.

mug·wump *Am. iro.* ['mʌgwʌmp] personnage *m* important, gros bonnet *m*; *pol.* indépendant *m*; *sl.* rouspéteur *m*.

mu·lat·to [mju'lætou] mulâtre(sse*f*) *m*.

mul·ber·ry ['mʌlbəri] mûre *f*; *arbre*: mûrier *m*.

mulct [mʌlkt] **1.** amende *f*; **2.** frapper d'une amende; imposer une amende (de, *in*); priver (de, *of*).

mule [mju:l] mulet *m*, mule *f*; métis(se *f*) *m* (*a.* ~-jenny) mulejenny *f*; **mu·le·teer** [~li'tiə] muletier *m*; '**mule-track** piste *f* muletière.

mul·ish □ ['mju:liʃ] de mulet; *fig.*) têtu, entêté.

mull[1] † [mʌl] mousseline *f*.

mull[2] F [~] **1.** F bousiller; rater; *Am.* ~ *over* ruminer; **2.** gâchis *m*; *make a* ~ *of* gâcher, F bousiller.

mulled [mʌld] chaud (et) épicé (*bière, vin*).

mul·le(i)n ♀ ['mʌlin] molène *f*.

mul·let *icht.* ['mʌlit] muge *m*; *grey* ~ mulet *m*; *red* ~ rouget *m*.

mul·li·gan *Am.* F ['mʌligən] rata-touille *f*; **mul·li·ga·taw·ny** [mʌligə'tɔ:ni] potage *m* au curry.

mul·li·grubs *sl.* ['mʌligrʌbz] *pl.* cafard *m*; colique *f*.

mul·lion △ ['mʌljən] meneau *m*; '**mul·lioned** à meneau(x).

mul·ti·far·i·ous □ [mʌlti'fɛəriəs] varié; multiple; **mul·ti·form** [~fɔ:m] multiforme; **mul·ti·lat·er·al** □ [~'lætərəl] multilatéral (-aux *m/pl.*); complexe; **mul·ti·mil·lion·aire** [~'miljə'nɛə] milliardaire *m*f; **mul·ti·na·tion·al** ['~'næʃnəl] multinationale *f*; **mul·ti·ple** ['mʌltipl] **1.** multiple; ~ *firm* maison *f* à succursales multiples; ~ *shop* succursale *f*; ⚡ *switchboard* commutateur *m* (multiple); **2.** multiple *m*; **mul·ti·plex** ['~pleks] multiplex; **mul·ti·pli·cand** A [~'kænd] multiplicande *m*; **mul·ti·pli·ca·tion** multiplication *f*; *compound (simple)* ~ multiplication *f* de nombres complexes (de chiffres); ~ *table* table *f* de multiplication; **mul·ti·plic·i·ty** [~'plisiti] multiplicité *f*; **mul·ti·pli·er** ['~plaiə] multiplicateur *m*; **mul·ti·pur·pose** ['~'pə:pəs] universel(le *f*), à usages multiples, multi-usages *inv.*; **mul·ti·ply** ['~plai] (se) multiplier; **mul·ti·ra·cial** ['~'reiʃəl] multiracial; **mul·ti·tude** ['~tju:d] multitude *f*; foule *f*; multiplicité *f*; **mul·ti·tu·di·nous** [~'dinəs] □ innombrable; de toutes sortes.

mum[1] [mʌm] **1.** silencieux (-euse *f*); **2.** chut!; **3.** mimer.

mum[2] F [~] maman *f*.

mum·ble ['mʌmbl] *v/t.* marmotter; *v/i.* manger ses mots.

mum·mer *péj.* ['mʌmə] cabotin(e *f*) *m*; '**mum·mer·y** *péj.* momerie *f*; † pantomime *f*.

mum·mied ['mʌmid] momifié.

mum·mi·fi·ca·tion [mʌmifi'keiʃn] momification *f*; **mum·mi·fy** ['~fai] momifier.

mum·my[1] ['mʌmi] momie *f*; F *beat to a* ~ battre (*q.*) comme plâtre.

mum·my[2] F [~] maman *f*.

mump [mʌmp] mendier; '**mump·ish** maussade; **mumps** [mʌmps] *sg.* ☞ oreillons *m/pl.*; parotidite *f* épidémique.

munch [mʌntʃ] mâcher, mâchonner.

mun·dane □ ['mʌndein] mondain; terrestre.

mustiness

mu·nic·i·pal □ [mju:'nisipl] municipal (-aux *m/pl.*); de (la) ville; interne (*droit*); **mu·nic·i·pal·i·ty** [~'pæliti] municipalité *f*; administration *f* municipale; **mu·nic·i·pal·ize** [~pəlaiz] municipaliser.

mu·nif·i·cence [mju:'nifisns] munificence *f*; **mu·nif·i·cent** □ munificent, généreux (-euse *f*).

mu·ni·ments ['mju:nimənts] *pl.* titres *m/pl.*; chartes *f/pl.*

mu·ni·tion [mju:'niʃn] **1.** de munitions de guerre; **2.** ~s *pl.* munitions *f/pl.*; armements *m/pl.*

mu·ral ['mjuərəl] **1.** mural (-aux *m/pl.*); **2.** peinture *f* murale.

mur·der ['mə:də] **1.** assassinat *m*, meurtre *m*; F *fig.* get away with (blue) ~ pouvoir faire n'importe quoi impunément; **2.** assassiner; *fig.* massacrer; écorcher; **'mur·der·er** assassin *m*, meurtrier *m*; **'mur·der·ess** assassine *f*, meurtrière *f*; **'mur·der·ous** meurtrier (-ère *f*); *fig.* sanguinaire.

mure [mjuə] (*usu.* ~ *up*) murer.

mu·ri·at·ic ac·id ♫ [mjuəri'ætik-'æsid] acide *m* chlorhydrique.

murk·y □ ['mə:ki] ténébreux (-euse *f*); obscur.

mur·mur ['mə:mə] **1.** murmure *m* (*a.* ♪); bruissement *m*; **2.** murmurer (contre *at*, *against*); bruire (*ruisseau*); **'mur·mur·ous** □ murmurant. [épizootie *f*.]

mur·rain ['mʌrin] † peste *f*; *vét.*]

mus·ca·dine ['mʌskədin], **mus·cat** ['~kət], **mus·ca·tel** [~'tel] muscat *m*.

mus·cle ['mʌsl] **1.** muscle *m*; **2.** *Am. sl.* ~ *in* s'immiscer dans (*usu. dans la spécialité d'un escroc*); **mus·cu·lar** ['mʌskjulə] musculaire; musculeux (-euse *f*), musclé (*personne*).

Muse[1] [mju:z] Muse *f*.

muse[2] [~] méditer (sur, [*up*]on); **'mus·er** rêveur (-euse *f*); rêvasseur (-euse *f*) *m*.

mu·se·um [mju:'ziəm] musée *m*.

mush *surt. Am.* [mʌʃ] bouillie *f* de farine de maïs; *fig.* sottises *f/pl.*

mush·room ['mʌʃrum] **1.** champignon *m*; *fig.* parvenu(e *f*) *m*; **2.** de champignons, à champignon, à tête de champignon; *fig.* parvenu; champignon *inv.* (*ville*); F (s')aplatir (*balle de fusil, cigarette, etc.*); *v/i.* faire champignon; se répandre (*flammes etc.*).

mu·sic ['mju:zik] musique *f*, harmonie *f* (*a. fig.*); set to ~ mettre en musique; F face the ~ affronter la tempête; **'mu·si·cal 1.** □ musical (-aux *m/pl.*); musicien(ne *f*) (*personne*); *fig.* harmonieux (-euse *f*); ~ *box* boîte *f* à musique; ~ *clock* horloge *f* etc. à carillon; ~ *instrument* instrument *m* de musique; **2.** (*ou* ~ *comedy*) comédie *f* musicale.

mu·sic...: '~**-book** cahier *m* de musique; '~**-box** boîte *f* à musique; '~**-hall** music-hall *m*.

mu·si·cian [mju:'ziʃn] musicien(ne *f*) *m*; ~**ship** sens *m* de la musique.

mu·si·col·o·gy [mju:zi'kɔlədʒi] musicologie *f*.

mu·sic...: '~**-pa·per** papier *m* à ou de musique; '~**-stand** pupitre *m* à musique; '~**-stool** tabouret *m* de piano.

musk [mʌsk] musc *m* (*a.* ♀); (*a.* ~*-deer*) *zo.* porte-musc *m/inv.*

mus·ket ['mʌskit] mousquet *m*; **mus·ket·eer** *hist.* [~'tiə] mousquetaire *m*; **'mus·ket·ry** ✗ mousqueterie *f*; tir *m*; mousquets *m/pl.*

musk·y ['mʌski] musqué, de musc.

Mus·lim ['mʌzlim] *see* Moslem.

mus·lin † ['mʌzlin] mousseline *f*.

mus·quash ['mʌskwɔʃ] *zo.* rat *m* musqué; † castor *m* du Canada.

muss *surt. Am.* F [mʌs] **1.** désordre *m*; **2.** déranger; *fig.* confondre.

mus·sel ['mʌsl] moule *f*.

Mus·sul·man ['mʌslmən] musulman (*a. su.*).

must[1] [mʌst], [məst] **1.** *v/aux.* (*défectif*): I ~ (*inf.*) je dois *etc.*, il faut que je (*sbj.*); it is nécessaire que je (*sbj.*); I ~ not (*inf.*) il ne faut pas que je (*sbj.*); **2.** impératif *m*; nécessité *f* absolue.

must[2] [~] moût *m*, vin *m* doux.

must[3] [~] moisi *m*; moisissure *f*.

mus·tache *Am.* [məs'tæʃ] *see* moustache.

mus·tard ['mʌstəd] moutarde *f*.

mus·ter ['mʌstə] **1.** ✗ revue *f*; ♣ appel *m*; rassemblement *m*; inspection *f*; ✗ (*usu.* ~*-roll*) contrôles *m/pl.*; *fig.* assemblée *f*, réunion *f*; pass ~ être passable, passer; **2.** *v/t.* ✗ passer en revue; ♣ faire l'appel de; (*fig. usu.* ~ *up*) rassembler; ~ *in* compter; *v/i.* se rassembler.

mus·ti·ness ['mʌstinis] goût *m ou* odeur *f* de moisi; moisi *m*; relent *m*;

'**mus·ty** de moisi; *be* ~ sentir le renfermé.

mu·ta·bil·i·ty [mjuːtəˈbiliti] mutabilité *f*; inconstance *f*; '**mu·ta·ble** □ muable, variable; **mu·ta·tion** mutation *f* (*a. gramm.*).

mute [mjuːt] **1.** □ muet(te *f*); **2.** muet(te *f*) *m*; *théâ.* personnage *m* muet; *♪* sourdine *f*; *gramm.* consonne *f* sourde; **3.** *surt.* *♪* assourdir.

mu·ti·late [ˈmjuːtileit] mutiler (*a. fig.*); **mu·ti'la·tion** mutilation *f*.

mu·ti·neer [mjuːtiˈniə] révolté; '**mu·ti·nous** □ rebelle, mutin; '**mu·ti·ny 1.** révolte *f*; **2.** se révolter.

mutt *sl.* [mʌt] nigaud *m*.

mut·ter [ˈmʌtə] **1.** murmure *m*; **2.** marmotter; murmurer (contre, *against*).

mut·ton [ˈmʌtn] mouton *m*; *leg of* ~ gigot *m*; '~-'**chop** côtelette *f* de mouton; ~*s pl.*, ~ *whiskers pl.* favoris *m/pl.* en côtelette.

mu·tu·al □ [ˈmjuːtjuəl] mutuel(le *f*), réciproque; commun; ~ *insurance company* (compagnie *f* d'assurance) mutuelle *f*; *Am.* ~ *fund* société *f* d'investissement; *by* ~ *consent* par consentement mutuel; **mu·tu·al·i·ty** [~ˈæliti] mutualité *f*, réciprocité *f*.

muz·zle [ˈmʌzl] **1.** *animal:* museau *m*; *chien:* muselière *f*; *arme à feu:* bouche *f*; **2.** museler (*a. fig.*); '~-**load·er** ✕ pièce *f* se chargeant par la bouche.

muz·zy □ [ˈmʌzi] estompé; confus

(*idées*); brumeux (-euse *f*) (*temps*).

my [mai; *a.* mi] mon, ma, mes.

my·ope 𝕤 [ˈmaioup] myope *mf*; **my·op·ic** [~ˈɔpik] (~*ally*) (de) myope; **my·o·pi·a** [~ˈoupjə], **my·o·py** [ˈ~əpi] myopie *f*.

myr·i·ad [ˈmiriəd] **1.** myriade *f*; **2.** innombrable.

myr·mi·don [ˈməːmidən] myrmidon *m*; F assassin *m* à gages; ~*s pl. of the law* sbires *m/pl.*

myrrh 𝔮 [məː] myrrhe *f*.

myr·tle 𝔮 [ˈməːtl] myrte *m*.

my·self [maiˈself] moi-même; *réfléchi:* me, *accentué:* moi.

mys·te·ri·ous □ [misˈtiəriəs] mystérieux (-euse *f*); *fig. a.* incompréhensible; **mys'te·ri·ous·ness** mystère *m*; caractère *m* mystérieux.

mys·ter·y [ˈmistəri] mystère *m* (*a. eccl.*); *hist.* (*a.* ~*-play*) mystère *m*; *Am.* (*ou* ~ *story*) roman *m* policier; *mysteries pl.* arcanes *m/pl.*; '~-**ship** piège *m* à sous-marin(s).

mys·tic [ˈmistik] **1.** (*a.* '**mys·ti·cal** □) mystique; ésotérique (*rite*); occulte; **2.** *eccl.* mystique *mf*; initié(e *f*) *m*; **mys·ti·cism** [ˈ~sizm] mysticisme *m*; **mys·ti·fi·ca·tion** [~fiˈkeiʃn] mystification *f*; embrouillement *m*; **mys·ti·fy** [ˈ~fai] mystifier; désorienter; *fig.* intriguer.

myth [miθ] mythe *m*; **myth·ic**, **myth·i·cal** □ [ˈ~ik(l)] mythique.

myth·o·log·ic, **myth·o·log·i·cal** □ [miθəˈlɔdʒik(l)] mythologique; **my·thol·o·gy** [~ˈθɔlədʒi] mythologie *f*.

N

N, n [en] N *m*, n *m*.

nab *sl.* [næb] saisir, arrêter.

na·bob ['neibɔb] nabab *m*; *fig.* richard *m*.

na·celle ⚓ [nə'sel] nacelle *f*.

na·cre ['neikə] nacre *f*; **na·cre·ous** ['kriəs] nacré.

na·dir ['neidiə] *astr.* nadir *m*; *fig.* stade *m* le plus bas.

nag¹ F [næg] petit cheval *m*, bidet *m*.

nag² [ˏ] *v/i.* chamailler; criailler (contre, *at*); *v/t.* harceler (*q.*); '**ˏ-ging** criailleries *f/pl.*; harcèlement *m*.

nail [neil] **1.** *doigt, orteil:* ongle *m*; ⊕ clou *m*; ˏ **clippers** *pl.* pince *f* à ongles; ˏ **file** lime *f* à ongles; *Am.* ˏ **polish** vernis *m* à ongles; ˏ **scissors** *pl.* ciseaux *m/pl.* à ongles; ˏ **varnish** vernis *m* à ongles; *fig.* hit the ˏ on the head frapper juste; **2.** clouer (*a. les yeux sur q.*); clouter (*la porte, les chaussures*); *fig.* ˏ attraper; ˏ **down** clouer; *fig.* ˏ *s.o.* down to ne pas laisser à q. le moyen d'échapper à (*qch.*); ˏ **to the counter** démontrer la fausseté de; '**nail·er** cloutier *m*; *sl.* bon type *m*; passé maître *m* (en, *at*); '**nail·er·y** clouterie *f*; '**nail·ing 1.** clou(t)age *m*; **2.** *sl.* (*souv.* ˏ good) épatant.

na·ive □ [nɑː'iːv], **na·ive** □ [neiv] naïf (-ïve *f*); ingénu; **na·ive·té** [nɑː'iːvtei], **na·ive·ty** ['neivti] naïveté *f*.

na·ked □ ['neikid] nu; sans vêtements; dénudé (*pays etc.*); dépouillé (*arbre*); *fig.* découvert; *poét.* sans protection; ˏ **facts** *pl.* faits *m/pl.* bruts; with the ˏ eye à l'œil nu; '**na·ked·ness** nudité *f*; F pauvreté *f*.

nam·by-pam·by ['næmbi'pæmbi] **1.** maniéré; fade; **2.** F pouille *f* mouillée.

name [neim] **1.** nom *m*; *navire:* devise *f*; *fig.* réputation *f*; of (*ou* F by) the ˏ of du nom de, nommé; Christian ˏ prénom *m*; call *s.o.* ˏ s injurier q.; know *s.o.* by ˏ connaître

q. de nom; **2.** nommer; désigner par son nom; dénommer; citer; fixer (*un jour*); '**name-day** fête *m*; '**name-less** □ sans nom; inconnu; anonyme; *fig.* indicible; '**name-ly** (*abr. viz.*) c'est-à-dire; '**name-plate** plaque *f*; écusson *m*; '**name-sake** homonyme *m*.

nan·keen [næŋ'kiːn] nankin *m*; ˏ s *pl.* pantalon *m* de nankin.

nan·ny ['næni] nounou *f*; bonne *f* (d'enfant); '**ˏ-goat** chèvre *f*, bique *f*.

nap¹ [næp] velours *etc.*: poil *m*.

nap² [ˏ] **1.** petit somme *m*; **2.** sommeiller; *catch s.o.* ˏ ping surprendre la vigilance de q.; surprendre q. en faute.

nap³ [ˏ] *cartes:* go ˏ jouer son va-tout.

nape [neip] (*usu.* ˏ of the neck) nuque *f*.

naph·tha 🜄 ['næfθə] naphte *m*.

nap·kin ['næpkin] (*souv. table-*ˏ) serviette *f*; (*a. baby's* ˏ) couche *f*; '**ˏ-ring** rond *m* de serviette.

na·poo(h) *sl.* [nɑː'puː] épuisé; inutile; mort; fini; *sl.* fichu.

nar·co·sis 🜨 [nɑː'kousis] narcose *f*.

nar·cot·ic [nɑː'kɔtik] **1.** (ˏally) narcotique; **2.** stupéfiant *m*; narcotique *m*; **nar·co·tize** ['nɑːkətaiz] narcotiser.

nard [nɑːd] nard *m*.

nar·rate [næ'reit] raconter; **nar·ra·tion** narration *f*; récit *m*; **nar·ra·tive** ['ˏrətiv] **1.** □ narratif (-ive *f*); **2.** récit *m*; **nar·ra·tor** ['ˏreitə] narrateur (-trice *f*) *m*.

nar·row ['nærou] **1.** □ étroit; encaissé (*vallon*); borné (*esprit*); faible (*majorité*); see escape; **2.** ˏ s *pl.* passe *f* étroite; *port:* goulet *m*; **3.** *v/t.* resserrer; rétrécir; restreindre; limiter; *v/i.* devenir plus étroit; se resserrer; se rétrécir; '**ˏ-'chest-ed** à poitrine étroite; '**ˏ-gauge** 🚊 à voie étroite; '**ˏ-'mind·ed** □ borné; '**nar·row·ness** étroitesse *f* (*a. fig.*); petitesse *f*; limitation *f*.

nar·whal zo. ['nɑːwəl] narwal(pl. -s) m.

na·sal ['neizl] **1.** □ nasal (-aux m/pl.); nasillard (accent); **2.** gramm. nasale f; **na·sal·i·ty** [ˌˈzæliti] nasalité f; **na·sal·ize** ['ˈzəlaiz] nasaliser; v/i. parler du nez; nasiller.

nas·cent ['næsnt] naissant.

nas·ti·ness ['nɑːstinis] goût m ou odeur f désagréable; méchanceté f (d'une personne); fig. saleté f; **nas·ty** □ désagréable; dégoûtant; sale; méchant, désagréable (personne); fig. malpropre.

na·tal ['neitl] natal (-als m/pl.); **na·tal·i·ty** [nə'tæliti] natalité f.

na·ta·tion [nei'teiʃn] natation f.

na·tion ['neiʃn] nation f, peuple m; member → État m membre.

na·tion·al ['næʃənl] **1.** □ national (-aux m/pl.); de l'État; ~ grid caisse f nationale de l'énergie; **2.** national (-e f) m; **'na·tion·al·ism** nationalisme m; **'na·tion·al·ist** nationaliste mf; **na·tion·al·i·ty** [næʃəˈnæliti] nationalité f; caractère m ou esprit m national; **na·tion·al·ize** ['næʃnəlaiz] nationaliser; naturaliser; ~d undertakings entreprises f/pl. nationalisées.

na·tion·wide ['neiʃnwaid] répandu par tout le pays; souv. général (-aux m/pl.).

na·tive ['neitiv] **1.** □ indigène, originaire (de, to) (personne, plante); naturel(le f), inné (qualité); de naissance, natal (-als m/pl.) (lieu); à l'état natif (métaux); ~ language langue f maternelle; **♩**~ note note f naturelle; ~ indigène mf; a ~ of Ireland Irlandais m de naissance.

na·tiv·i·ty [nə'tiviti] nativité f; horoscope m.

na·tron 🜔 ['neitrən] natron m.

nat·ty □ ['næti] coquet(te f); pimpant; bien ménagé.

nat·u·ral ['nætʃrəl] **1.** □ naturel(le f); de la nature; inné, natif (-ive f); illégitime, naturel(le f) (enfant); ~ disaster catastrophe f naturelle; ~ gas gaz m naturel; ~ history histoire f naturelle; **♩**~ note note f naturelle; ~ philosopher physicien m; ~ philosophy physique f; ~ reserve réserve f naturelle; ~ science sciences f/pl. naturelles; **2.** idiot(e f) m; **♩** bécarre m; **'nat·u·ral·ism** naturalisme m; arts: naturisme m; **'nat·u·ral·ist** natura-

liste mf; naturiste mf; **nat·u·ral·i·za·tion** [ˌnæilaiˈzeiʃn] naturalisation f; **'nat·u·ral·ize** naturaliser; 🜔, zo. acclimater; **'nat·u·ral·ness** naturel m.

na·ture ['neitʃə] nature f; caractère m, essence f; naturel m, tempérament m; espèce f, genre m; by ~ de ou par nature; **'na·tured** au cœur ...; de caractère ...

na·tur·ism ['neitʃərizəm] naturisme m; **'na·tur·ist** naturiste mf.

naught [nɔːt] rien m, néant m; bring to ~ faire échouer; come to ~ échouer, n'aboutir à rien; set at ~ ne tenir aucun compte de; **naugh·ti·ness** ['ˌˈtinis] mauvaise tenue f; désobéissance f; **'naugh·ty** □ méchant, vilain.

nau·se·a ['nɔːsiə] nausée f; mal m de mer; fig. dégoût m; **nau·se·ate** ['ˈsieit] v/i. avoir la nausée (de, at); v/t. dégoûter; donner des nausées à (q.); **nau·se·ous** □ ['ˈsiəs] dégoûtant.

nau·ti·cal □ ['nɔːtikl] nautique, marin; de marine; ~ mile mille m marin.

na·val ['neivəl] naval (-als m/pl.); de marine; ~ architect ingénieur m des constructions navales; ~ base port m de guerre; base f navale; ~ staff officiers m/pl. de l'état-major; **'na·val·ly** au point de vue naval.

nave¹ 🜨 [neiv] nef f, vaisseau m.

nave² [~] roue: moyeu m.

na·vel ['neivəl] nombril m; fig. centre m; ~ orange (orange f) navel f; anat. ~ string cordon m ombilical.

nav·i·ga·ble □ ['nævigəbl] navigable; ~ balloon ballon m dirigeable; **nav·i·gate** ['ˈgeit] v/i. naviguer; v/t. naviguer sur (la mer); gouverner (un navire); **nav·i·ga·tion** navigation f; ballon, navire: conduite f; **'nav·i·ga·tor** navigateur m.

nav·vy ['nævi] terrassier m; (a. steam-~) piocheuse f.

na·vy ['neivi] marine f de guerre; marine f de l'État; **'~-'blue** bleu m marine inv.

nay [nei] **1.** † ou prov. non; pour mieux dire; non; **2.** non; refus m.

Naz·a·rene [næzə'riːn] Nazaréen (-e f) m. [m.)

naze [neiz] cap m, promontoire f.

neap [niːp] (a. ~-tide) marée f de morte-eau; **'neaped** ⚓: be ~ être amorti.

Ne·a·pol·i·tan [niəˈpɔlitən] **1.** napo-
litain; **2.** Napolitain(e *f*) *m*.

near [niə] **1.** *adj.* proche; voisin; à
peu près juste; intime (*ami*); (le
plus) court (*chemin*); chiche (*personne*); serré (*traduction*); *mot.*
gauche (*côté*); montoir (*cheval*);
have (*ou* be) *a* ~ *escape* l'échapper
belle; ~ *at hand* tout près; ~ *beer*
bière *f* faible; ~ *horse* cheval *m* de
gauche (*Am.* de droite); *it was a* ~
miss (*ou thing*) il s'en est fallu de peu,
le coup est passé très près; **2.** *adv.*
près, proche; **3.** *prp.* (*a.* ~ *to*) (au)près
(de); **4.** *v/t.* (s')approcher de; **near·by**
[ˈ~bai] tout près, tout proche
(de); **near·ly** (de) près; presque; à
peu près; près de; **near·ness** proximité *f*, fidélité *f*; parcimonie *f*;
near-ˈsight·ed myope.

neat¹ □ [niːt] bien rangé *ou* tenu;
soigné; élégant; pur, sans eau, (sèche *f*) (*boisson*); net(te *f*) (*écriture*).

neat² † [~] bête *f* bovine; **ˈ~-foot**
de pied de bœuf; **ˈ~s-leath·er** cuir
m de vache; **ˈ~s-tongue** langue *f*
de bœuf.

neat·ness [ˈniːtnis] bon ordre *m*;
simplicité *f*; bon goût *m*; adresse *f*.

neb·u·la *astr.* [ˈnebjulə], *pl.* **-lae**
[ˈ~liː] nébuleuse *f*; **neb·u·lar** né-
bulaire; **neb·u·los·i·ty** [~ˈlɔsiti]
nébulosité *f*; **neb·u·lous** nébuleux
(-euse) (*a. fig.*).

nec·es·sar·y □ [ˈnesisəri] **1.** nécessaire, indispensable (*a,* for); inévitable (*résultat*); **2.** nécessaire *m*;
usu. necessaries *pl.* nécessités *f/pl.*;
ne·ces·si·tate [niˈsesiteit] nécessiter (*qch.*); rendre (*qch.*) nécessaire;
ne·ces·si·tous nécessiteux (-euse
f); **ne·ces·si·ty** nécessité *f*; obligation *f*; besoin *m*; *usu.* necessities *pl.*
nécessaire *m*; nécessités *f/pl.*; *the
bare necessities pl.* (*of life*) les choses
f/pl. essentielles à la vie; *of* ~ de toute
nécessité.

neck [nek] **1.** cou *m*; *cuis.* collier *m*
(*de bœuf*), collet *m* (*de mouton*);
bouteille: goulot *m*; *robe:* encolure *f*;
~ *of land* langue *f* de terre; ~ *and* ~
à égalité; F ~ *and crop* tout entier;
à corps perdu; F ~ *or nothing* à corps
perdu; (*jouer*) le tout pour le tout;
F *be up to one's* ~ *in s.th.* être dans qch.
jusqu'au cou; *be up to one's* ~ *in work*
a. avoir du travail par-dessus la tête;
sl. get it in the ~ en prendre pour son
compte; F *stick one's* ~ *out* prendre
des risques, s'avancer; se compromettre; **2.** *Am. sl.* (se) caresser; *v/t.*
peloter; **ˈ~·band** col *m*; encolure *f*;
neck·er·chief [ˈnekətʃif] foulard *m*;
neck·lace [ˈ~lis] collier *m*; **neck·let**
[ˈ~lit] see necklace; tour *m* de cou (*en
fourrure*); **ˈneck·line** encolure *f*;
ˈneck·tie cravate *f*.

ne·crol·o·gy [neˈkrɔlədʒi] nécrologe
m (*d'une église etc.*); nécrologie *f*;
nec·ro·man·cy [ˈnekrəmænsi] né-
cromancie *f*.

nec·tar [ˈnektə] nectar *m*.

née [nei]: *Mrs. X,* ~ *Y* Mme X,
née Y.

need [niːd] **1.** besoin *m*, nécessité *f*
(*de of, for*); adversité *f*; indigence *f*;
one's own ~s *pl.* son (propre) compte
m; *if* ~ *be* au besoin; le cas échéant;
be (*ou stand*) *in* ~ *of* avoir besoin de;
2. avoir besoin de; réclamer, demander (*qch.*); être obligé de;
need·ful [ˈ~ful] **1.** □ nécessaire;
2. F nécessaire *m*, *souv.* argent *m*
nécessaire; **ˈneed·i·ness** indigence
f, nécessité *f*.

nee·dle [ˈniːdl] **1.** aiguille *f*; **2.** *surt.*
Am. irriter, agacer; F ajouter de
l'alcool à, renforcer (*une consommation*); **ˈ~-case** étui *m* à aiguilles; **ˈ~-
craft** couture *f*; **ˈ~-gun** fusil *m* à
aiguille; **ˈ~-mak·ing** aiguillerie *f*.

need·less □ [ˈniːdlis] inutile; ~*ly*
inutilement, sans raison; **ˈneed·
less·ness** inutilité *f*.

nee·dle...: **ˈ~-tel·e·graph** télégraphe
m à cadran; **ˈ~-wom·an** couturière
f; **ˈ~-work** travail (*pl.* -aux) *m* à
l'aiguille.

needs [niːdz] *adv.* de nécessité; *I
must* ~ (*inf.*) force m'est de (*inf.*);
ˈneed·y □ nécessiteux (-euse *f*).

ne'er [nɛə] = *never*; **~-do-well**
[ˈ~duːwel] propre-à-rien *mf* (*pl.* pro-
pres-à-rien), vaurien(ne *f*) *m*.

ne·far·i·ous □ [niˈfɛəriəs] infâme,
scélérat.

ne·gate [niˈgeit] nier; **ne·ga·tion**
négation *f*; **neg·a·tive** [ˈnegətiv]
1. □ négatif (-ive *f*); **2.** négative *f*;
gramm. négation *f*; *phot.* négatif *m*,
cliché *m*; *answer in the* ~ répondre
par la négative; **3.** rejeter, s'opposer
à; nier; annuler; neutraliser.

neg·lect [niˈglekt] **1.** manque *m* de
soin; mauvais entretien *m*; négli-

gence *f*; **2.** négliger; manquer de soins pour; laisser échapper (*une occasion*); **neg'lect·ful** □ [*.ful*] négligent; insoucieux (-euse *f*) (de, of).

neg·li·gence ['neglidʒəns] incurie *f*; négligence *f*; **'neg·li·gent** □ négligent; ~ of insoucieux (-euse *f*) de; ~ *attire* tenue *f* négligée.

neg·li·gi·ble ['neglidʒəbl] négligeable.

ne·go·ti·a·bil·i·ty [nigouʃiə'biliti] négociabilité *f*, commercialité *f*; **ne'go·ti·a·ble** □ négociable, commercial; franchissable (*montagne*); praticable (*chemin*); not ~ cheque chèque *m* barré; **ne'go·ti·ate** [~eit] *v/t*. négocier (*affaire, effet, traité*); prendre (*un virage*); franchir (*une montagne*); *fig.* surmonter; *v/i.* traiter (avec q. de *ou* pour, with s.o. for); **ne'go·ti·at·ing ta·ble** table *f* de conférence; at the ~ par des négociations, par voie de négociations; **ne·go·ti·a·tion** effets, traite: négociation *f*; pourparlers *m/pl.*; *fig.* franchissement *m*; under ~ en négociation; **ne'go·ti·a·tor** négociateur (-trice *f*) *m*.

ne·gress ['ni:gris] négresse *f*; **ne·gro** ['ni:grou], *pl.* -groes [~z] nègre *m*; **ne·groid** ['ni:grɔid] négroïde.

ne·gus ['ni:gəs] vin *m* chaud et épicé.

neigh [nei] **1.** hennissement *m*; **2.** hennir.

neigh·bo(u)r ['neibə] **1.** voisin(e *f*) *m*; *bibl.* prochain *m*; **2.** être le voisin de (*personne*); avoisiner (*terrain*); **'neigh·bo(u)r·hood** voisinage *m*; **'neigh·bo(u)r·ing** avoisinant, voisin, proche; **'neigh·bo(u)r·ly** de bon voisinage; obligeant.

nei·ther ['naiðə] **1.** *adj. ou pron.* ni l'un(e) ni l'autre; aucun(e *f*); **2.** *adv.* ~ ... *nor* ... ni ... ni ...; *not* ... ~ (ne ... pas) ... ne ... pas non plus. [gisme *m*.]

ne·ol·o·gism [ni:'ɔlədʒism] néolo-

ne·on ⚗ ['ni:ɔn] néon *m*; ~ *lamp* lampe *f* au néon; ~ *light(ing)* éclairage *m* au néon; ~ *sign* enseigne *m* au néon.

ne·o·phyte ['ni:(:)oufait] néophyte *mf*; *fig.* débutant(e *f*) *m*.

neph·ew ['nevju(:)] neveu *m*.

nep·o·tism ['nepətizm] népotisme *m*.

nerve [nə:v] **1.** nerf *m*; ❦, ⚕ nervure *f*; *fig.* courage *m*, sang-froid *m*; *fig.* vigueur *f*; F audace *f*, aplomb *m*; F *be all* ~*s* être un paquet de nerfs; F *have the* ~ *do to s.th.* avoir le toupet de faire (*qch.*); *lose one's* ~*s* perdre son sang-froid *ou* son calme; **2.** fortifier; donner du courage à (*q.*); ~ *o.s.* s'armer de courage (pour, to); **'nerved** ❦ nervé; **'nerve·less** □ inerte, sans force; **'nerve'rack·ing** énervant.

nerv·ine ⚕ ['nə:vain] nervin (*a. su./m.*).

nerv·ous □ ['nə:vəs] timide, peureux (-euse *f*); inquiet (-ète *f*); excitable; *anat.* nerveux (-euse *f*), des nerfs; ⚕ ~ *breakdown* dépression *f* nerveuse; ~ *system* système *m* nerveux; **'nerv·ous·ness** timidité *f*; état *m* nerveux.

nerv·y *sl.* ['nə:vi] irritable; énervé; nerveux (-euse *f*), saccadé (*mouvement*).

nes·ci·ence ['nesiəns] ignorance *f*; **'nes·ci·ent** ignorant.

ness [nes] promontoire *m*, cap *m*.

nest [nest] **1.** nid *m* (*a. fig.*); nichée *f* (*d'oiseaux*); *fig.* série *f*; **2.** (se) nicher; **'nest·led** niché; emboîté (*caisses etc.*); **'nest-egg** nichet *m*, argent *m* mis de côté; gentille petite somme *f*; **nes·tle** ['nesl] *v/i.* se nicher; *fig.* se blottir; se serrer (contre, [*up*] to); *v/t.* serrer; **'nest·ling** ['neslin] oisillon *m*.

net¹ [net] **1.** filet *m* (*a. fig.*); *tex.* tulle *m*; mousseline *f*; ~ *courtains pl.* voilage *m*; **2.** prendre (*qch.*) au filet.

net² [~] **1.** net(te *f*); sans déduction; **2.** rapporter *ou* toucher net.

neth·er ['neðə] inférieur; '~·**most** le plus profond, le plus bas.

net·ting ['netin] pêche *f* au filet; pose *f* de filets; *tex.* tulle *m*; *fig.* réseau *m*.

net·tle ['netl] **1.** ❦ ortie *f*; **2.** † fustiger avec des orties; *fig.* fâcher, irriter; '~·**rash** ⚕ urticaire *f*.

net·work ['netwə:k] réseau *m* (*a. fig.*); ouvrage *m* en filet; *national* ~ réseau *m* national.

neu·ral·gia ⚕ [njuə'rældʒə] névralgie *f*; *facial* ~ *tic m* douloureux; **neu·ras·the·ni·a** [njuərəs'θi:njə] neurasthénie *f*; **neu·ras·then·ic** [~'θenik] neurasthénique (*a. su/mf*); **neu·ri·tis** ⚕ [njuə'raitis] névrite (*f*).

neu·rol·o·gy *✠* [⹁'rɔlədʒi] neurologie *f*, névrologie *f*; **neu·ron** ['njuə-rɔn] neurone *m*; **neu·ro·path·ic** [njuərɔ'pæθik] **1.** névropathique; **2.** névropathe *mf*; **neu·ro·sis** [⹁'rousis] névrose *f*; **neu·rot·ic** [⹁'rɔtik] névrosé (*a. su.*/*mf.*).

neu·ter ['nju:tə] **1.** neutre; **2.** animal *m* châtré; abeille *f etc.* asexuée; *gramm.* neutre *m*.

neu·tral ['nju:trəl] **1.** □ neutre (*a.* *⚘m.*); indéterminé, moyen(ne *f*); **2.** neutre *m*; **neu·tral·i·ty** [nju(:)-'træliti] neutralité *f*; **neu·tral·i·za·tion** [nju:trəlai'zeiʃn] neutralisation *f* (*a.* *⚘m.*); **'neu·tral·ize** neutraliser (*a.* *⚘m.*); rendre inutile *ou* inoffensif (-ive *f*).

neu·tron *phys.* ['nju:trɔn] neutron *m*; *⚔ ⚘ bomb* bombe *f* à neutrons.

né·vé *géol.* ['neivei] névé *m*.

nev·er ['nevə] ne … jamais; jamais (de la vie); *⁓ so* quelque (*adj.*) que (*sbj.*); *'⁓'more* (ne …) plus jamais; (ne …) jamais plus; *'⁓·the·less* [⹁ðə'les] néanmoins, quand même, pourtant.

new [nju:] nouveau (-el *devant une voyelle ou un h muet*; -elle *f*; -eaux *m*/*pl.*); neuf (neuve *f*); frais (fraîche *f*); **'new'com·er** nouveau venu *m*; nouvel arrivé *m*; **new·fan·gled** [⹁'fæŋgld] *péj.* d'une modernité outrée; **'new·ly** récemment, nouvellement; **'new·ness** nouveauté *f*; état *m* neuf; inexpérience *f*.

news *pl. ou sg.* [nju:z] nouvelle *f*, -s *f*/*pl.*; *what's the ⁓?* quelles nouvelles?; F quoi de neuf?; *break the* (*bad*) *⁓ to s.o.* annoncer les nouvelles à q. (avec ménagement); F *he is much in the ⁓* il défraye la chronique; **'⁓-a·gen·cy** agence *f* d'informations; **'⁓-a·gent** marchand *m* de journaux; **'⁓-boy** vendeur *m* de journaux; **'⁓-butch·er** *☛ Am.* vendeur *m* ambulant de journaux; **'⁓-cast** (bulletin *m* d')informations *f*/*pl.*; **'⁓-cast·er** speaker(ine *f*) *m*; **'⁓-flash** radio: flash *m*; **'⁓-let·ter** bulletin *m*, circulaire *f*; *⁓ mag·a·zine* revue *f*; **'⁓-mon·ger** débiteur (-euse *f*) de nouvelles; **'⁓-pa·per** journal *m*; *attr.* de journaux; **'⁓-print** papier *m* de journal; *Brit. ⁓ read·er* speaker(ine *f*) *m*; **'⁓-reel** film *m* d'actualité; actualités *f*/*pl.*; **'⁓-room** salle *f* des journaux; *journ.*

Am. salle *f* de rédaction; **'⁓-stall**, *Am.* **'⁓-stand** étalage *m* de marchand de journaux; *France:* kiosque *m* (à journaux); **'⁓-ven·dor** vendeur *m* de journaux; **news·y** ['nju:zi] F plein de nouvelles.

newt *zo.* [nju:t] triton *m*, F lézard *m* d'eau.

new-year, *usu.* **New year** ['nju:'jə:] nouvel an *m*; nouvelle année *f*; *⁓'s day* le jour de l'an; *⁓'s eve* la Saint-Sylvestre *f*; *⁓'s gift* étrennes *f*/*pl.*

next [nekst] **1.** *adj.* prochain; voisin; le plus proche; suivant; *⁓ but one* le deuxième; *'⁓-door* voisin; *⁓ door* maison *f* d'à côté; *fig. ⁓ door to* approchant de; *the ⁓ of kin* la famille; *🕀* le(s) parent(s) le(s) plus proche(s); *⁓ to* contigu(ë *f*) à *ou* avec; à côté de; *⁓ to nothing* ne … presque rien; *what ⁓?* et ensuite?; F par exemple!; **2.** *adv.* ensuite, après.

nex·us ['neksəs] lien *m*, rapport *m*.

nib [nib] **1.** bec *m* (de plume); **2.** mettre une plume à (*un porte-plume*).

nib·ble ['nibl] *v/t.* grignoter (*qch.*); mordiller; *mouton:* brouter; *v/i. ⁓ at* grignoter (*qch.*); mordre à (*a. fig.*); *fig.* être attiré par.

nice □ [nais] aimable, gentil(le *f*), sympathique (*naturel*); délicat (*question, oreille*); juste, sensible (*oreille, œil*); fin, subtil (*distinction*); joli (*repas, montre, etc.*); difficile (*pour, about*); scrupuleux (-euse *f*) (*quant à, about*); *⁓ and warm* bien (au) chaud; **'nice·ness** gentillesse *f*, amabilité *f*; délicatesse *f*; finesse *f*; justesse *f*; **nice·ty** ['⹁iti] exactitude *f*; subtilité *f*; délicatesse *f* exagérée; méticulosité *f*; *to a ⁓ à* merveille; exactement; *stand on niceties* faire des façons.

niche [nitʃ] niche *f*.

Nick¹ [nik]: F *Old ⁓* le diable *m*.

nick² [⹁] **1.** entaille *f*; fente *f*; *in the* (*very*) *⁓ of time* juste à temps; à pic; **2.** entailler; *sl.* chiper.

nick·el ['nikl] **1.** *min.* nickel *m* (*Am. a. pièce f de 5 cents*); *Am. ⁓-in-the-slot machine* distributeur *m* automatique; **2.** nickeler.

nick·el·o·de·on *Am.* [nikl'oudiən] pick-up *m*/*inv.* à sous.

nick-nack ['niknæk] *see* knickknack.

nick·name ['nikneim] **1.** surnom *m*;

sobriquet *m*; 2. surnommer; donner un sobriquet à.

nic·o·tine ['nikəti:n] nicotine *f*.

nid-nod ['nidnɔd] dodeliner (de) la tête.

niece [ni:s] nièce *f*.

niffed F [nift] offensé.

nif·ty *Am*. ['nifti] 1. élégant; pimpant; 2. remarque *f* bien à propos.

nig·gard ['nigəd] 1. grippe-sou *m*; pingre *m*, avare *mf*; 2. avare, parcimonieux (-euse *f*); '**nig·gard·li·ness** pingrerie *f*; parcimonie *f*; '**nig·gard·ly** *adj. (a. adv.)* chiche (-ment); mesquin(ement).

nig·ger F *usu. péj.* ['nigə] nègre *m*, négresse *f*; *Am. sl.* that's the ~ in the woodpile il y a anguille sous roche!

nig·gle ['nigl] vétiller; '**nig·gling** insignifiant; fignolé (*travail*); tatillon(ne *f*) (*personne*).

nigh † *ou prov.* [nai] *see* near 1, 2, 3.

night [nait] nuit *f*, soir *m*; obscurité *f*; by ~ de nuit; in the ~ (pendant) la nuit; at ~ la nuit; ~ out soir *m* de sortie; make a ~ of it faire la noce toute la nuit; '**~·cap** bonnet *m* de nuit; *fig.* grog *m* (avant de se coucher); '**~·club** boîte *f* de nuit; '**~·dress** chemise *f* de nuit (*de femme*); '**~·fall** tombée *f* de la nuit; '**~·gown** *see* night-dress; **night·in·gale** *orn.* ['naitiŋgeil] rossignol *m*; '**night·ly** de nuit, nocturne; (de) tous les soirs.

night...: '**~·mare** cauchemar *m*; '**~·school** classe *f* du soir; '**~·shade** ♀ morelle *f* noire; deadly ~ belladone *f*; ~ **shift** équipe *f* de nuit; poste *m* de nuit; be on ~ être (au poste) de nuit; '**~·shirt** chemise *f* de nuit (*d'homme*); '**~·spot** *Am*. F boîte *f* de nuit; '**~·time** nuit *f*; ~ **watch·man** gardien *m* de nuit.

ni·hil·ism ['naiilizm] nihilisme *m*; '**ni·hil·ist** nihiliste *mf*.

nil [nil] rien *m*; *sp.* zéro *m*; ~ return état *m* néant.

nim·ble □ ['nimbl] agile, leste; délié (*esprit*); vif; vivacité *f* (d'esprit); '**nim·ble-wit·ted** à l'esprit vif; qui a la réplique facile, qui a de la repartie.

nim·bus ['nimbəs], *pl.* -**bi** [~bai], -**bus·es** nimbe *m*, auréole *f*; *météor.* nimbus *m*.

nim·i·ny-pim·i·ny ['nimini'pimini] maniéré; mignard.

nin·com·poop F ['ninkəmpu:p] nigaud *m*, benêt *m*, niais *m*.

nine [nain] 1. neuf; ~ days' wonder merveille *f* d'un jour; 2. neuf *m*; '**~·fold** nonuple, neuf fois; '**~·pins** *pl.* quilles *f/pl.*; **nine·teen** ['~'ti:n] dix-neuf (*a. su./m*); '**nine'teenth** [~θ] dix-neuvième; **nine·tieth** ['~tiiθ] quatre-vingt-dixième (*a.su./m*); '**nine·ty** quatre-vingt-dix.

nin·ny F ['nini] niais(e *f*) *m*.

ninth [nainθ] 1. neuvième; 2. neuvième *m*; ♪ neuvième *f*; '**ninth·ly** en neuvième lieu.

nip¹ [nip] 1. pincement *m*; morsure *f*; ♀ coup *m* de gelée; 2. pincer, piquer, mordre (*froid*); brûler (*gelée*); ~ in the bud tuer dans l'œuf; faire avorter (*un complot*).

nip² [~] 1. goutte *f*, doigt *m* (d'alcool); 2. boire la *ou* une goutte.

nip³ [~] chiper, choper, refaire.

nip·per ['nipə] F gamin *m*, gosse *m*; *homard etc.*: pince *f*; (a pair of) ~s *pl.* (une) pince *f*; (des) tenailles *f/pl.*

nip·ple ['nipl] mamelon *m*; bout *m* de sein; ⊕ raccord *m*.

nip·py F ['nipi] vif (vive *f*); âpre, piquant.

Ni·sei *Am*. ['ni'sei] (*a. pl.*) japonais *m* (*né aux É.-U.*).

nit [nit] œuf *m* de pou; '**~·pick·ing** F qui coupe les cheveux en quatre.

ni·tre, ni·ter ['naitə] nitre *m*, salpêtre *m*.

ni·tric ac·id ['naitrik'æsid] acide *m* nitrique *ou* azotique.

ni·tro·gen ['naitrədʒən] azote *m*; **ni·trog·e·nous** [~'trɔdʒinəs] azoté, nitreux.

ni·tro·glyc·e·rin(e) ['naitrouglisə'ri:n] nitroglycérine *f*.

ni·trous ['naitrəs] azoteux (-euse *f*).

nit·ty-grit·ty *sl.* ['nitigriti]: the ~ l'essentiel *m*; come (*ou* get down) to the ~ en venir au fait; en venir au fond.

nit·wit F [nitwit] imbécile *mf*.

nix *sl.* [niks] 1. rien *m* (du tout), F peau *f* de balle; 2. non!; rien à faire!; 3. dire non à (*qch.*).

no [nou] 1. *adj.* aucun, pas de; *in* ~ *time* en un clin d'œil; ~ *man's land* zone *f* neutre; ~ *one* personne (...ne); 2. *adv.* non; avec *comp.*: pas (plus); 3. non *m/inv.*; **noes** [nouz] *pl.* les non *m/pl.*; voix *f/pl.* contre.

nob[1] *sl.* [nɔb] caboche *f* (= *tête*); ⊕ bouton *m*.   [rupins *m/pl.*]
nob[2] *sl.* [⸾] aristo *m*; the ⸾s *pl.* les]
nob·ble *sl.* ['nɔbl] écloper (*un cheval*); soudoyer (*q.*); pincer (*un criminel*); filouter (*de l'argent*).
nob·by *sl.* ['nɔbi] élégant, chic.
No·bel prize [nou'bel'praiz] Prix *m* Nobel; *Nobel peace prize* Prix *m* Nobel de la paix; ⸾ *winner* (lauréat *m* du) Prix Nobel *m*.
no·bil·i·ar·y [nou'biliəri] nobiliaire.
no·bil·i·ty [nou'biliti] noblesse *f* (*a. fig.*).
no·ble ['noubl] **1.** □ noble (*a. sentiment, métal, joyau*); sublime; grand (*vin, âme, etc.*); admirable; **2.** noble *mf*, aristocrate *mf*; '⸾·man noble *m*, gentilhomme (*pl.* gentilshommes) *m*; '⸾·mind·ed à l'âme noble; généreux (-euse *f*); 'no·ble·ness noblesse *f* (*a. fig.*); 'no·ble·wom·an noble *f*, aristocrate *f*.
no·bod·y ['noubədi] **1.** personne, aucun (... ne); **2.** zéro *m*, nullité *f*.
nock [nɔk] (en)coche *f*.
no-claims bo·nus ['nou'kleimz bounəs] assurance: bonification *f* pour non-sinistre.
noc·tur·nal [nɔk'tə:nl] nocturne.
nod [nɔd] **1.** *v/i.* faire signe que oui; incliner la tête; dodeliner de la tête; somnoler; *fig.* danser; *have a ⸾ding acquaintance* se connaître vaguement; ⸾ *off* somnoler; *v/t.* incliner (*la tête*); ⸾ *s.o. out* fai re sortir q. d'un signe de la tête; **2.** signe *m* de (la) tête; penchement *m* de tête (*au sommeil*).
nod·dle F ['nɔdl] caboche *f* (= *tête*).
nod·dy F ['nɔdi] niais(e *f*) *m*.
node [noud] nœud *m* (*a.* ♀, *a. astr.*); ⚕ nodosité *f*.
nod·u·lar ['nɔdjulə] nodulaire.
nod·ule ['nɔdju:l] nodule *m*.
nog [nɔg] cheville *f* de bois; **nog·gin** ['⸾in] (petit) pot *m* (*en étain etc.*); **nog·ging** △ ['⸾in] hourdage *m*.
no·how F ['nouhau] en aucune façon.
noil [nɔil] *tex.* blousse *f*.
noise [nɔiz] **1.** bruit *m*, tapage *m*, fracas *m*, vacarme *m*; son *m*; ⸾ *abatement* lutte *f* anti-bruit *ou* contre le bruit; ⸾ *level* niveau *m* des bruits; *surt. Am.* F *big* ⸾ gros bonnet *m*; **2.** ⸾ *about*, ⸾ *abroad* ébruiter; crier sur les toits.

noise·less □ ['⸾lis] sans bruit; silencieux (-euse *f*); 'noise·less·ness silence *m*, absence *f* de bruit.
nois·i·ness ['nɔizinis] caractère *m* bruyant; tintamarre *m*.
noi·some ['nɔisəm] fétide, infect; *fig.* désagréable; 'noi·some·ness fétidité *f*, puanteur *f*.
nois·y □ ['nɔizi] bruyant, tapageur (-euse *f*); turbulent (*enfant*).
no·mad ['nɔmæd] nomade *mf*; **no·mad·ic** [no'mædik] (⸾*ally*) nomade.
no·mad·ize ['nɔmədaiz] *v/t.* nomadiser; *v/i.* vivre en nomade(s).
no·men·cla·ture [nou'menklətʃə] nomenclature *f*; recueil *m* de noms propres.
nom·i·nal □ ['nɔminl] nominal (-aux *m/pl.*); fictif (-ive *f*) (*prix, valeur*); ⚔ nominatif (-ive *f*); ⸾ *value* valeur *f* fictive *ou* nominale; **nom·i·nate** ['⸾neit] nommer, désigner; proposer; **nom·i·na·tion** nomination *f*; présentation *f* (*d'un candidat*); *in* ⸾ nommé; proposé; **nom·i·na·tive** *gramm.* ['⸾nətiv] (*a.* ⸾ *case*) nominatif *m*, cas *m* sujet; **nom·i·na·tor** ['⸾neitə] présentateur *m*; **nom·i·nee** [⸾'ni:] candidat *m* désigné *ou* choisi.
non... [nɔn] non-; in-; sans...
non-ac·cept·ance ['nɔnək'septəns] non-acceptation *f*.
non-age ['nounidʒ] minorité *f*.
non-a·ge·nar·i·an [nounədʒi'nɛəriən] nonagénaire (*a. su./mf*).
non-ag·gres·sion ['nɔnə'greʃn]: ⸾ *pact* pacte *m* de non-agression.
non-al·co·hol·ic ['nɔnælkə'hɔlik] sans alcool; non alcoolique.
non-a·ligned ['nɔnə'laind] neutraliste, non aligné; 'non-a'lign·ment neutralisme *m*, non-alignement *m*.
non-ap·pear·ance ⚖ ['nɔnə'piərəns] non-comparution *f*; *souv.* défaut *m*.
non-at·tend·ance ⚖ ['nɔnə'tendəns] absence *f*.
nonce [nɔns]: *for the* ⸾ pour l'occasion; ⸾ *word* mot *m* de circonstance.
non-cha·lance ['nɔnʃələns] nonchalance *f*, indifférence *f*; 'non-cha·lant' □ nonchalant, indifférent.
non-com·mis·sioned ['nɔnkə'miʃənd] sans brevet; ✕ ⸾ *officer* sous-officier *m* gradé.
non-com·mit·tal ['nɔnkə'mitl] diplomatique; qui n'engage à rien.

non·com·pli·ance [ˈnɔnkəmˈplaɪəns] refus *m* d'obéissance (à, with).

non com·pos men·tis ṛ̃ṭ̃ [nɔnˈkɔmpɔs ˈmentis] aliéné, fou (fol *devant une voyelle ou un h muet;* folle *f*).

non·con·duc·tor ⚡ [ˈnɔnkənˈdʌktə] inconducteur *m; phys.* non-conducteur *m.*

non·con·form·ist [ˈnɔnkənˈfɔ:mist] non-conformiste *mf;* dissident (*a f*) *m;* **non·con'form·i·ty** non-conformisme *m* (*a. eccl.*). [sable.]

non-creas·ing [ˈnɔnˈkri:siŋ] infrois-

non-de·nom·i·na·tion·al [ˈnɔndinɔmiˈneiʃnl] laïque (*école*).

non·de·script [ˈnɔndiskript] **1.** inclassable; **2.** *fig.* personne *f ou* chose *f* indéfinissable.

none [nʌn] **1.** aucun; pas de; **2.** aucunement; ~ *the less* cependant, pourtant, quand même.

non-en·ti·ty [nɔˈnentiti] personne *f* insignifiante; *fig.* non-valeur *f;* nullité *f.*

non-es·sen·tial [ˈnɔniˈsenʃəl] **1.** non essentiel(le *f*); **2.** accessoire *m.*

non-ex·ist·ence [ˈnɔnigˈzistəns] non-être *m.*

non-fic·tion [ˈnɔnˈfikʃn] ouvrages *m/pl.* autres que les romans.

non-in·ter·ven·tion [ˈnɔnintə(:)ˈvenʃn] non-intervention *f.*

non-i·ron [ˈnɔnˈaiən] ne pas repasser.

non-lad·der·ing [ˈnɔnˈlædəriŋ] indémaillable.

non-ob·serv·ance [ˈnɔnəbˈzə:vəns] inobservance *f.*

non·pa·reil [ˈnɔnpərel] **1.** nonpareil(le *f*); **2.** personne *f ou* chose *f* sans pareille; *typ.* nonpareille *f.*

non-par·ti·san [nɔnˈpɑ:tizæn] impartial.

non-par·ty *pol.* [ˈnɔnˈpɑ:ti] non partisan; impartial (-aux *m/pl.*).

non-pay·ment [ˈnɔnˈpeimənt] non-paiement *m;* défaut *m* de paiement.

non-per·form·ance ṛ̃ṭ̃ [ˈnɔnpəˈfɔ:məns] non-exécution *f.*

non·plus [ˈnɔnˈplʌs] **1.** embarras *m,* perplexité *f; at a* ~ à quia; **2.** confondre, réduire à quia; ~*sed* désemparé; interdit.

non-prof·it-mak·ing [ˈnɔnˈprɔfitmeikiŋ] sans but lucratif.

non-pro·lif·er·a·tion [ˈnɔnprouliˈfəˈreiʃn] non-prolifération *f* (des armes nucléaires); ~ *treaty* traité *m* de non-prolifération.

non-res·i·dent [ˈnɔnˈrezidənt] externe; forain; non-résident (*a. su./mf*).

non·sense [ˈnɔnsəns] absurdité *f;* bêtise *f,* -s *f/pl.;* **non·sen·si·cal** □ [ˌ̩ˈsensikl] absurde; bête.

non-skid [ˈnɔnˈskid] antidérapant.

non-smok·er [ˈnɔnˈsmoukə] nonfumeur *m.*

non·start·er [ˈnɔnˈstɑ:tə] nonvaleur *f;* projet *m* fichu d'avance.

non-stick [ˈnɔnˈstik] qui n'attache pas (*casserole etc.*).

non-stop [ˈnɔnˈstɔp] 🚌, 🚄 direct; sans arrêt; 🚄 sans escale.

non·such [ˈnʌnsʌtʃ] personne *f ou* chose *f* sans pareille.

non·suit ṛ̃ṭ̃ [ˈnɔnˈsju:t] débouté *m,* rejet *m* de la demande.

non-un·ion [nɔnˈju:njən] non-syndiqué (*ouvrier*).

noo·dle¹ [ˈnu:dl] F niais(e *f*) *m.*

noo·dle² [ˌ̩] *usu.* ~*s pl.* nouilles *f/pl.*

nook [nuk] (re)coin *m.*

noon [nu:n] **1.** (*a.* ~**-day,** ~**-tide**) midi *m;* **2.** de midi.

noose [nu:s] **1.** nœud *m* coulant; corde *f* (de potence); *fig.* piège *m;* **2.** prendre au lacet; attraper au

nope *Am.* F [noup] non! [lasso.*

nor [nɔ:] *précédé de neither:* ni; *début de la phrase:* ne … pas non plus; ~ *do I* (ni) moi non plus.

norm [nɔ:m] norme *f;* règle *f;* '**nor·mal** □ **1.** normal (-aux *m/pl.*) (*a.* 📐); 📐 perpendiculaire; ~ *school* école *f* normale; **2.** condition *f* normale; 📐 normale *f,* perpendiculaire *f;* '**nor·mal·ize** rendre normal, régulariser. [2. Normand(e *f*) *m.*]

Nor·man [ˈnɔ:mən] **1.** normand;

north [nɔ:θ] **1.** *su.* nord *m;* **2.** *adj.* du nord; septentrional (-aux *m/pl.*); ~**·bound** en direction du nord, allant vers le nord; ~**-east** **1.** nord-est *m;* **2.** (*a.* ~**·east·ern**) du nord-est; **north·er·ly** [ˈ̩ðəli] du *ou* au nord; **north·ern** [ˈ̩ən] du nord; septentrional (-aux *m/pl.*); '**north·ern·er** habitant(e *f*) *m* du nord; *Am.* ♀ nordiste *mf;* '**north·ern·most** le plus au nord; **north·ing** ⚓ [ˈ̩θiŋ] chemin *m* nord; *astr.* mouvement *m* vers le nord; **north·ward** [ˈ̩wəd] **1.** *adj.* au *ou* du nord; **2.** *adv.* (*a.* **north·wards** [ˈ̩dz]) vers le nord.

north...: '∼**-west 1.** nord-ouest *m*; ⚓ *a.* norois *m*; **2.** (*a.* '∼**-**'**west·ern**, '∼**-**'**west·er·ly**)(du) nord-ouest *inv.*

Nor·we·gian [nɔːˈwiːdʒən] **1.** norvégien(ne *f*); **2.** Norvégien(ne *f*) *m.*

nose [nouz] **1.** nez *m* (*a.* = *flair*); odorat *m*; *outil:* bec *m*; *tuyau:* ajutage *m*; ✕ *balle:* pointe *f*; ⚓ *torpille:* cône *m* de choc; **2.** *v/t.* (*a.* ∼ *out*) sentir, flairer; ∼ *out* découvrir; ∼ *one's way* s'avancer avec précautions; *v/i.* chercher (qch., *after* [*ou for*] *s.th.*); ∼ *ahead of* aller un peu en avant de (*qch.*); '∼**·bag** musette *f*; '∼**·band** muserolle *f*; **nosed** au nez ...

nose...: '∼**·dive** 🛩 (vol *m*) piqué *m*; '∼**·gay** bouquet *m* de fleurs; '∼**·heav·y** 🛩 lourd de l'avant.

no-show F [ˈnouˈʃou] personne qui ne se présente pas à l'heure convenue.

nos·ing △ [ˈnouziŋ] arête *f* (de moulure); *marche d'escalier:* nez *m.*

nos·tal·gi·a [nɔsˈtældʒiə] nostalgie *f*; **nos·tal·gic** [‿dʒik] nostalgique.

nos·tril [ˈnɔstril] narine *f*; *cheval, bœuf:* naseau *m.*

nos·trum [ˈnɔstrəm] panacée *f*; remède *m* de charlatan.

nos·y [ˈnouzi] parfumé; *péj.* curieux (-euse *f*); F fouinard, indiscret (-ète *f*); ♀ *Parker* indiscret *m*; F fouinard *m.*

not [nɔt] (ne) pas, (ne) point.

no·ta·bil·i·ty [noutəˈbiliti] notabilité *f*; caractère *m* notable (*d'un événement*); *see* notable 2; **no·ta·ble** [ˈnoutəbl] **1.** □ notable, insigne, considérable, sensible; perceptible (*quantité*); éminent (*personne*); **2.** *personne:* notable *m*, notabilité *f*; '**no·ta·bly 1.** remarquablement; **2.** notamment.

no·tar·i·al □ [nouˈtɛəriəl] de notaire; notarié (*document*); notarial (-aux *m/pl.*) (*sceau*); **no·ta·ry** [ˈnoutəri] (*a.* ∼ *public*) notaire *m.*

no·ta·tion [noˈteiʃn] *surt.* 🅰, *a.* ♪ notation *f.*

notch [nɔtʃ] **1.** encoche *f*; ⊕ cran*m*; *Am.* défilé *m*, gorge *f*; **2.** entailler, encocher; denteler (*une roue*).

note [nout] **1.** note *f* (*a.* 🎵, ♪, *pol.*); F ton *m* (*de la voix*); ♪ son *m*; ♪ *piano:* touche *f*; marque *f*, signe *m*; *pol.* mémorandum *m*; 🏦 billet *m*, lettre *f*; *banque:* billet *m*; *texte:*

annotation *f*; renom *m*; *take* ∼*s of* prendre des notes de; **2.** noter; constater, remarquer; relever (*une erreur*); faire attention à; (*a.* ∼ *down*) inscrire, prendre note de; '∼**·book** carnet *m*; *sténographie:* bloc-notes (*pl.* blocs-notes) *m*; '**not·ed** distingué, éminent (*personne*); célèbre (par, for), connu (pour, for) (*chose*); ∼*ly* surtout; nettement; '**note·pa·per** papier *m* à lettres; '**note·wor·thy** remarquable; digne d'attention.

noth·ing [ˈnʌθiŋ] **1.** rien (de *adj.*) (*su./m*); 🅰 zéro *m*; néant *m*; *fig.* bagatelle *f*; *for* ∼ gratis; *good for* ∼ bon à rien, inutile; *bring to* ∼ faire échouer; *come to* ∼ ne pas aboutir; *make* ∼ *of* ne faire aucun cas de; *I can make* ∼ *of it* je n'y comprends rien; **2.** *adv.* aucunement; pas du tout; '**noth·ing·ness** néant *m*; *fig.* nullité *f.*

no·tice [ˈnoutis] **1.** avis *m*; avertissement *m*; convocation *f* (*d'une réunion*); ✝ délai *m*; *bourse:* terme *m*; affiche *f*; écriteau *m*; annonce *f*, *journ.* notice *f*; revue *f* (*d'un ouvrage*); *fig.* attention *f*; congé *m*; *at short* ∼ à bref délai; *give* ∼ *of departure* annoncer son départ; *give* ∼ *that* prévenir que; *give s.o. a week's* ∼ donner ses huit jours à q.; *take* ∼ *of* faire attention à; *until further* ∼ jusqu'à nouvel ordre; *without* ∼ sans avis préalable; **2.** remarquer, observer; s'apercevoir de *ou* que; prendre garde à; faire le compte rendu de (*un ouvrage*); faire attention à; '**no·tice·a·ble** □ sensible, perceptible; digne d'attention; '**no·tice-board** écriteau *m*; porte-affiches *m/inv.*; panneau *m* indicateur.

no·ti·fi·a·ble 🩺 [ˈnoutifaiəbl] dont la déclaration est obligatoire (*maladie*); **no·ti·fi·ca·tion** [‿fiˈkeiʃn] avis *m*; avertissement *m*; annonce *f*; déclaration *f*; notification *f.*

no·ti·fy [ˈnoutifai] annoncer; avertir; déclarer; aviser, notifier.

no·tion [ˈnouʃn] notion *f*, idée *f*; pensée *f*; *fig.* caprice *m*; *Am.* ∼*s pl.* petites inventions *f/pl.* bon marché; (*petits*) articles *m/pl.* ingénieux; '**no·tion·al** □ spéculatif (-ive *f*) (*connaissances etc.*); imaginaire; *surt. Am.* F capricieux (-euse *f*); fantasque.

no·to·ri·e·ty [noutə'raiəti] notoriété f; *personne*: notabilité f; **no·to·ri·ous** □ [nou'tɔːriəs] notoire, (re-)connu(e); *péj.* d'une triste notoriété; fameux (-euse f).

not·with·stand·ing [nɔtwiθ'stændiŋ] **1.** *prp.* malgré, en dépit de; **2.** *adv.* pourtant; tout de même; **3.** *cj.* ~ *that* quoique (*sbj.*), bien que (*sbj.*).

nought *surt.* ⅍ [nɔːt] zéro m; F rien m; *come to* ~ échouer, tomber à l'eau.

noun *gramm.* [naun] nom m, substantif m.

nour·ish ['nʌriʃ] nourrir (*a. fig.*); alimenter; **'nour·ish·ing** nourrissant, nutritif (-ive f); **'nour·ish·ment** nourriture f; alimentation f.

nov·el ['nɔvl] **1.** nouveau (-el *devant une voyelle ou un h muet*; -elle f), original (-aux m/pl.); **2.** roman m; *short* ~ = **nov·el·ette** [nɔvə'let] nouvelle f; **'nov·el·ist** romancier (-ère f) m; **nov·el·ty** ['nɔvlti] nouveauté f (*a.* ⅍).

No·vem·ber [no'vembə] novembre m.

nov·ice ['nɔvis] novice mf (*a. eccl.*); débutant(e f) m.

no·vi·ci·ate, no·vi·ti·ate [no'viʃiit] noviciat m (*a. eccl.*); apprentissage m.

now [nau] **1.** *adv.* maintenant; en ce moment; tout de suite; *avec vbe. passé*: alors, à ce moment-là; *just* ~ tout à l'heure; *before* ~ déjà; jusqu'ici; ~ *and again* de temps à autre; ~ *and then* de temps en temps; **2.** *cj.* (*a.* ~ *that*) maintenant que; or; **3.** *su.* présent m.

now·a·day ['nauədei] d'aujourd'hui; **now·a·days** ['⌣z] de nos jours.

no·way(s) F ['nouwei(z)] en aucune façon.

no·where ['nouweə] nulle part.

no·wise ['nouwaiz] *see* noway(s).

nox·ious □ ['nɔkʃəs] nuisible.

noz·zle ['nɔzl] ⊕ ajutage m; jet m.

nub [nʌb] (petit) morceau m; *Am.* F essentiel m (*d'une affaire*).

nu·cle·ar ['njuːkliə] nucléaire; ~ *deterrent* force f de dissuasion nucléaire; ~ *disintegration* désintégration f nucléaire; ~ *energy* énergie f nucléaire; ~ *physics* physique f nucléaire; ~ *pile* pile f nucléaire; ~ *power*

énergie f nucléaire; ~ *power plant* centrale f (électro-)nucléaire; ~ *reactor* bouilleur m atomique; ~ *research* recherches f/pl. nucléaires; ~ *submarine* sous-marin m atomique; ~ *warfare* guerre f nucléaire *ou* atomique; ~ *warhead* ogive f nucléaire; **nu·cle·on** *phys.* ['⌣kliən] nucléon m; **nu·cle·us** ['⌣kliəs], *pl.* **-i** [⌣ai] noyau m.

nude [njuːd] **1.** nu; **2.** figure f nue; *peint.* nu m; nudité f; *study from the* ~ nu m.

nudge [nʌdʒ] **1.** pousser (*q.*) du coude; **2.** coup m de coude.

nud·ism ['njuːdizm] nudisme m; **'nud·ist** nudiste mf; **'nu·di·ty** nudité f; figure f nue.

nu·ga·to·ry ['njuːgətəri] futile, sans valeur; inefficace.

nug·get ['nʌgit] pépite f (d'or).

nui·sance ['njuːsns] dommage m; *fig. personne*: peste f, gêneur (-euse f) m; *chose*: ennui m; *what a* ~! quel ennui!; F quelle scie!; *commit no* ~! défense de déposer des immondices!; défense d'uriner; *make o.s.* (*ou be*) *a* ~ être assommant.

nuke *Am. sl.* [njuːk] **1.** arme f nucléaire; **2.** attaquer avec les armes nucléaires.

null [nʌl] ⅍, *a. fig.* nul(le f); *fig.* inefficace, insignifiant; ~ *and void* nul et sans effet; **nul·li·fi·ca·tion** annulation f, infirmation f; **nul·li·fy** ['⌣ifai] annuler; nullifier; infirmer; **'nul·li·ty** nullité f, invalidité f; *fig.* homme m nul, non-valeur f.

numb [nʌm] **1.** engourdi (par, *with*); transi; **2.** engourdir (*a. fig.*).

num·ber ['nʌmbə] **1.** ⅍, *gramm. personnes*: nombre m; chiffre m (*écrit*); numéro m (*de maison, auto, journal, programme, etc.*); *poét.* ~s *pl.* vers m/pl.; ♪ accords m/pl.; **2.** compter; numéroter; ~ *among*, ~ *in*, ~ *with* (se) compter parmi; **'num·ber·less** sans nombre; innombrable; **'num·ber-plate** *mot.* plaque f matricule.

numb·ness ['nʌmnis] engourdissement m; *fig.* torpeur f.

nu·mer·a·ble ['njuːmərəbl] (dé-)nombrable; **nu·mer·al 1.** numéral (-aux m/pl.); **2.** nombre m, chiffre m; nom m de nombre; ~s *pl.* numéraux m/pl.; **nu·mer·a·tion** numé-

ration *f*; **'nu·mer·a·tor** F numérateur *m* (*d'une fraction*).

num·er·i·cal □ [nju'merikl] numérique.

num·er·ous □ ['nju:mərəs] nombreux (-euse *f*); *vers*: cadencé; **'nu·mer·ous·ness** (grand) nombre *m*; abondance *f*.

nu·mis·mat·ic [nju:miz'mætik] (~ally) numismatique; **nu·mis'mat·ics** *usu. sg.* numismatique *f*; **nu·mis·ma·tist** [nju(:)'mizmətist] numismat(ist)e *m*.

num·skull F ['nʌmskʌl] nigaud(e *f*) *m*; idiot(e *f*) *m*.

nun [nʌn] religieuse *f*; *orn.* mésange *f* bleue, *a.* pigeon *m* nonnain.

nun·ci·a·ture *eccl.* ['nʌnʃiətʃə] nonciature *f*; **nun·ci·o** *eccl.* ['~ʃiou] nonce *m*.

nun·ner·y ['nʌnəri] couvent *m* (de religieuses).

nup·tial ['nʌpʃəl] **1.** nuptial (-aux *m/pl.*); **2.** ~*s pl.* noces *f/pl.*

nurse [nəːs] **1.** (*souv. wet-~*) nourrice *f*; bonne *f* d'enfants; gardemalade (*pl.* gardes-malades) *f*; *hôpital*: infirmière *f*; *at* ~ en nourrice; *put s.o. out to* ~ mettre q. en nourrice; **2.** allaiter (*un bébé*); soigner (*malade, plante, popularité, rhume*); entretenir (*un espoir, un sentiment*); mijoter (*un projet*); cultiver (*des électeurs, une relation, etc.*); '~**maid** bonne *f* d'enfants.

nurs·er·y ['nəːsri] chambre *f* des enfants; garderie *f*; ✔ pépinière *f* (*a. fig.*); ~ *school* maternelle *f*; ~ **gov·ern·ess** gouvernante *f* (pour jeunes enfants); '~**man** pépiniériste *m*; ~ **rhyme** chanson *f* de nourrice; poésie *f* enfantine.

nurs·ing ['nəːsiŋ] allaitement *m*; soins *m/pl.*; profession *f* de gardemalade; ~ *home* maison *f* de santé *ou* de convalescence *ou* de repos *ou* de retraite; *Brit. a.* clinique *f* privée; ~ *bottle* biberon *m*.

nurs·ling ['nəːsliŋ] nourrisson *m*.

nur·ture ['nəːtʃə] **1.** nourriture *f*; aliments *m/pl.*; soins *m/pl.*, éducation *f*; **2.** nourrir (de, *on*) (*a. fig.*); élever; instruire.

nut [nʌt] **1.** noix *f*; ⊕ écrou *m*; *sl.* problème *m ou* personne *f* difficile; *sl.* boule *f* (= *tête*); ♪ *violon*: sillet *m*, *archet*: hausse *f*; *sl.* insensé(e *f*) *m*; ~*s pl. charbon:* gailletin *m*; **2.** *sl.* ~*s* toqué; *sl. that is* ~*s to* (*ou for*) *him* c'est un plaisir pour lui; *be* ~*s on* raffoler de; *sl. drive s.o.* ~*s* affoler q.; *go* ~*s* être toqué, déménager; **3.**: *go* ~*ting* aller aux noisettes.

nu·ta·tion [nju:'teiʃn] nutation *f*.

nut·crack·er ['nʌtkrækə] *usu.* (*a pair of*)~*s pl.* (des) casse-noisettes *m/inv.*; '**nut-gall** noix *f* de galle; **nut·meg** ['~meg] (noix *f* de) muscade *f*.

nu·tri·ent ['nju:triənt] **1.** nourrissant, nutritif (-ive *f*); **2.** substance *f* nutritive; '**nu·tri·ment** nourriture *f*; aliments *m/pl.* nourrissants.

nu·tri·tion [nju:'triʃn] nutrition *f*; **nu'tri·tion·al** □ [~ʃl] alimentaire; nutritif (-ive *f*); ~ *value see nutritiousness*; **nu'tri·tious** □ nourrissant, nutritif (-ive *f*); **nu'tri·tious·ness** nutritivité *f*, valeur *f* nutritive.

nu·tri·tive □ ['nju:tritiv] *see nutritious.*

nut·shell ['nʌtʃel] coquille *f* de noix; *in a* ~ en peu de mots; **nut·ty** ['nʌti] abondant en noix *ou* en noisettes; ayant un goût de noisette; plein de saveur (*conte*); *sl.* entiché (de, *on*), timbré, un peu fou (fol *devant une voyelle ou un h muet*; folle *f*).

nuz·zle ['nʌzl] (contre, *against*) fouiller avec le groin (*cochon etc.*); fourrer son nez; *personne*: se blottir, se serrer.

ny·lon ['nailɔn] *tex.* nylon *m*; ~*s pl.* bas *m/pl.* nylon.

nymph [nimf] nymphe *f*.

O

O, o [ou] O *m*, o *m*.

o [ou] **1.** ♀ (= *nought*) zéro *m*; **2.** *int.* O, ô, oh; ~ *for ...!* que ne donnerais-je pas pour ...!

oaf [ouf] idiot(e *f*) *m*; lourdaud(e *f*) *m*; **'oaf·ish** lourdaud.

oak [ouk] **1.** ♀ chêne *m*; *univ.* F porte *f* extérieure; *see* **sport** 2; **2.** de *ou* en chêne; **'~-ap·ple**, **'~-gall** noix *f* de galle; **'oak·en** † de *ou* en chêne; **oak·let** ['~lit], **'oak·ling** chêneau *m*.

oa·kum ['oukəm] étoupe *f*.

oar [ɔː] **1.** aviron *m*, rame *f*; *fig.* rameur (-euse *f*) *m*; *fig.* *put one's ~ in* intervenir, s'en mêler; F *rest on one's ~s* dormir sur ses lauriers; **2.** *v/i.* ramer; *v/t.* faire avancer à la rame; **oared** [ɔːd] à rames; **oars·man** ['ɔːzmən] rameur *m*; **'oars·wom·an** rameuse *f*.

o·a·sis [o'eisis], *pl.* **-ses** [~siːz] oasis *f* (*a. fig.*).

oast [oust] séchoir *m* (à houblon).

oat [out] *usu.* ~s *pl.* avoine *f*; F *fig. feel one's ~s* se sentir gaillard; *Am. a.* se donner des airs; *sow one's wild* ~s faire des fredaines.

oath [ouθ], *pl.* **oaths** [ouðz] serment *m*; *péj.* juron *m*, gros mot *m*; *administer (ou tender) an ~ to* faire prêter serment à, assermenter (*q.*); *bind s.o. by ~* lier par serment; *on ~* sous (la foi du) serment; *put s.o. on his ~* assermenter q.; *take an ~* prêter serment (sur, on); jurer (sur, on; de *inf.*, to *inf.*).

oat·meal ['outmiːl] farine *f* d'avoine.

ob·du·ra·cy ['ɔbdjurəsi] opiniâtreté *f*; inflexibilité *f*; **ob·du·rate** □ ['~rit] obstiné; inflexible.

o·be·di·ence [o'biːdjəns] obéissance *f*; *eccl.* obédience *f*; ♱ *in ~ to* conformément à; **o'be·di·ent** □ obéissant.

o·bei·sance [o'beisns] hommage *m*; † révérence *f*; *do (ou make ou pay) ~* (à, to) rendre hommage; prêter obéissance (*au roi etc.*).

ob·e·lisk ['ɔbilisk] obélisque *m*; *typ.* croix *f*, obèle *m*.

o·bese □ [o'biːs] obèse; **o'bese·ness**, **o'bes·i·ty** obésité *f*.

o·bey [o'bei] *v/t.* obéir à (*q.*, *un ordre*); *v/i.* obéir.

ob·fus·cate ['ɔbfʌskeit] *fig.* obscurcir; F griser.

o·bit·u·a·ry [o'bitjuəri] **1.** registre *m* des morts; nécrologe *m*; **2.** nécrologique; *journ.* ~ *column* nécrologie *f*.

ob·ject 1. ['ɔbdʒikt] objet *m* (*a. fig.*); chose *f*; *fig.* but *m*; *gramm.* complément *m*, régime *m*; *salary no* ~ les appointements importent peu; **2.** [əb'dʒekt] *v/t.* objecter (qch. à q., *s.th. to s.o.*); *v/i.* protester (contre, to); ~ *to* (*gér.*) s'opposer à (*inf.*); se refuser à (*inf.*); désapprouver (*inf.*); **~-glass** *opt.* ['ɔbdʒikt-glɑːs] objectif *m*.

ob·jec·tion [əb'dʒekʃn] objection *f*; *fig.* aversion *f*; *there is no* ~ (*to it*) il n'y a aucun inconvénient; **ob'jec·tion·a·ble** □ répréhensible; désagréable; choquant.

ob·jec·tive [əb'dʒektiv] **1.** □ objectif (-ive *f*); **2.** objectif *m* (*a.* ✕, *opt.*); but *m*; *gramm.* régime *m*; **ob'jec·tive·ness**, **ob'jec'tiv·i·ty** objectivité *f*.

ob·ject...: '~**-lens** *opt.* objectif *m*; '~**-less** □ sans but, sans objet; '~**-les·son** leçon *f* de choses; *fig.* exemple *m*.

ob·jec·tor [əb'dʒektə] réclameur *m*; contradicteur *m*; *see* **conscientious**.

ob·jur·gate ['ɔbdʒəːgeit] accabler (*q.*) de reproches; **ob·jur·ga·tion** réprimande *f*; **ob'jur·ga·to·ry** [~gətəri] objurgatoire.

ob·late □ ['ɔbleit] **1.** ♀ aplati (aux pôles); **2.** *eccl.* oblat(e *f*) *m*; **'ob·late·ness** ♀ aplatissement *m*.

ob·la·tion *eccl.* [o'bleiʃn] oblation *f*.

ob·li·ga·tion [ɔbli'geiʃn] obligation *f* (*a.* ♱); devoir *m*; † engagement *m*; dette *f* de reconnaissance; *be under (an)* ~ *to s.o.* avoir des obligations envers q.; devoir de la reconnaissance à q.; *be under ~ to* (*inf.*) être dans l'obligation de (*inf.*), être tenu de (*inf.*); **ob·lig·a·to·ry** [ɔˈlɪɡətəri] obligatoire (à q., *on s.o.*); de rigueur. **o·blige** [əˈblaɪdʒ] *v/t.* obliger (à q.); astreindre; rendre service à (q.); *~ the company with a song* avoir l'amabilité de chanter; *much ~d* bien reconnaissant; *v/i.* F *~ with a song etc.* avoir l'amabilité de chanter *etc.*; *please ~ with an early reply* prière de bien vouloir répondre sous peu; **ob·li·gee** [ɔbliˈdʒiː] 🏛 obligataire *m*, créancier *m*; F obligé(e *f*) *m*; **o·blig·ing** □ [əˈblaɪdʒɪŋ] obligeant, serviable, complaisant; **o·blig·ing·ness** obligeance *f*, complaisance *f*; **ob·li·gor** [ɔbliˈɡɔː] obligé(e *f*) *m*.

ob·lique □ [əˈbliːk] 🔔, ⚓, ♪, ♃, ⚓, *anat.*, *astr.*, *gramm.* oblique; indirect (*discours*, *a. fig.*); de biais (*regard*); **ob·lique·ness**, **ob·liq·ui·ty** [ˈkwɪti] obliquité *f*.

ob·lit·er·ate [ɔˈblɪtəreit] effacer, faire disparaître; *fig.* passer l'éponge sur; 🏥, *anat.*, *poste:* oblitérer; **ob·lit·er·a·tion** effaçage *m*; rature *f*; 🏥, *anat.*, *timbre:* oblitération *f*.

ob·liv·i·on [ɔˈblɪviən] oubli *m*; *pol.* amnistie *f*; *fall* (*ou sink*) *into ~* tomber dans l'oubli; **ob·liv·i·ous** □ oublieux (-euse *f*); *be ~ of* oublier complètement; F ignorer tout à fait.

ob·long [ˈɔblɔŋ] **1.** oblong(ue *f*); **2.** rectangle *m*.

ob·lo·quy [ˈɔbləkwi] blâme *m*, calomnie *f*; opprobre *m*, honte *f*.

ob·nox·ious □ [əbˈnɔkʃəs] odieux (-euse *f*); désagréable; détesté (par, *to*); **ob·nox·ious·ness** caractère *m* odieux.

o·boe ♪ [ˈoubou] hautbois *m*; *personne:* hautboïste *mf*.

ob·scene □ [ɔbˈsiːn] obscène; *fig.* répugnant; **ob·scen·i·ty** [ˈiti] obscénité *f*; *langage:* grossièreté *f*.

ob·scur·ant [ɔbˈskjuərənt] obscurantiste *mf*; **ob·scu·ra·tion** [ˌskjuˈreiʃn] obscurcissement *m*; *astr.* obscuration *f*, éclipse *f*; **ob·scure** [əbˈskjuə] **1.** □ obscur (*a. fig.*); sombre; **2.** *v/t.* obscurcir (*a. fig.*); masquer (*la lumière*); *fig.* éclipser; **ob·scu·ri·ty** obscurité *f* (*a. fig.*).

ob·se·quies [ˈɔbsikwiz] *pl.* obsèques *f/pl.*, funérailles *f/pl.*

ob·se·qui·ous □ [əbˈsiːkwiəs] obsé-

quieux (-euse *f*); **ob·se·qui·ous·ness** obséquiosité *f*, servilité *f*.

ob·serv·a·ble □ [əbˈzɜːvəbl] visible; sensible; remarquable; **ob·serv·ance** *eccl.*, *dimanche*, *loi*, *ordre:* observance *f*; pratique *f*; **ob·serv·ant** □ observateur (-trice *f*) (de, *of*); attentif (-ive *f*) (à, *of*); **ob·ser·va·tion** [ɔbzɜːˈveiʃn] observation *f*; surveillance *f*; remarque *f*; *attr.* d'observation; 🚂 *~ car* wagon *m* d'observation; 🏥 *~ ward* salle *f* des malades en observation; **ob·serv·a·to·ry** [əbˈzɜːvətri] observatoire *m*; **ob·serve** *v/t.* observer (*a. fig.*); regarder; remarquer, apercevoir; dire; *v/i. ~ on* commenter (qch.); **ob·serv·er** observateur (-trice *f*) *m*.

ob·sess [əbˈses] obséder; *~ed by* (*ou with*) obsédé par, hanté par; *en proie à;* **ob·ses·sion** obsession *f*.

ob·so·les·cence [ɔbsəˈlesns] vieillissement *m*; *biol.* atrophie *f*; **ob·so·les·cent** qui tombe en désuétude; *biol.* atrophié.

ob·so·lete [ˈɔbsəliːt] désuet (-ète *f*); hors d'usage; démodé; *zo.* obsolète.

ob·sta·cle [ˈɔbstəkl] obstacle *m*.

ob·ste·tri·cian [ɔbsteˈtriʃn] accoucheur *m*; **ob·stet·rics** [ˈtriks] *usu. sg.* obstétrique *f*.

ob·sti·na·cy [ˈɔbstinəsi] obstination *f*, opiniâtreté *f*; persistance *f*; **ob·sti·nate** □ [ˈnit] obstiné (*a.* 🏥), opiniâtre; acharné; rebelle (*fièvre*).

ob·strep·er·ous □ [əbˈstrepərəs] bruyant; rebelle; indiscipliné.

ob·struct [əbˈstrʌkt] *v/t.* obstruer (*a.* 🏥); encombrer; gêner; empêcher; **ob·struc·tion** ⚙ engorgement *m*; 🏥, *parl.* obstruction *f*; obstacle *m*; *fig.* empêchement *m*; encombrement *m*; **ob·struc·tive** □ 🏥 obstructif (-ive *f*); d'obstruction; *be ~ of* gêner.

ob·tain [əbˈtein] *v/t.* obtenir, se procurer; gagner; *v/i.* régner, exister; **ob·tain·a·ble** procurable; trouvable; **ob·tain·ment** obtention *f*.

ob·trude [əbˈtruːd] (s')imposer (on, à); **ob·tru·sion** importunité *f*, intrusion *f*; **ob·tru·sive** □ [ˈsiv] importun; indiscret (-ète *f*).

ob·tu·rate [ˈɔbtjuəreit] boucher, obturer; **ob·tu·ra·tor** obturateur *m*.

ob·tuse □ [əbˈtjuːs] 🔔, *angle*, *esprit*, *pointe:* obtus; *fig.* émoussé, sourd;

fig. stupide; **ob·tuse·ness** manque *m* de pointe; *fig.* stupidité *f*.

ob·verse ['ɔbvəːs] obvers *m*; *médaille*, *monnaie*: face *f*; *fig.* opposé *m*.

ob·vi·ate ['ɔbvieit] *fig.* obvier à, éviter; prévenir.

ob·vi·ous □ ['ɔbviəs] évident, manifeste, clair; *fig.* voyant; **'ob·vi·ous·ness** évidence *f*.

oc·ca·sion [ə'keiʒn] **1.** occasion *f*, cause *f*; sujet *m*; besoin *m*; fois *f*; ~s *pl.* affaires *f/pl.*; on ~ de temps à autre; on several ~s à plusieurs reprises; on all ~s en toute occasion; on the ~ of à l'occasion de; have no ~ for n'avoir aucun sujet de; rise to the ~ être *ou* se montrer à la hauteur de la situation; **2.** occasionner, donner lieu à; **oc'ca·sion·al** □ ... de temps en temps; épars; ~ furniture meuble *m* volant.

oc·ci·dent *poét.* ['ɔksidənt] occident *m*, ouest *m*; **oc·ci·den·tal** □ [~'dentl] occidental (-aux *m/pl.*); de l'ouest.

oc·cult □ [ɔ'kʌlt] occulte, secret (-ète *f*); **oc·cul'ta·tion** *astr.* occultation *f*; **oc·cult·ism** ['ɔkəltizm] occultisme *m*; **'oc·cult·ist** occultiste *mf*; **oc·cult·ness** [ɔ'kʌltnis] caractère *m* occulte.

oc·cu·pan·cy ['ɔkjupənsi] occupation *f*, habitation *f* (de, of); *emploi*: possession *f*; **'oc·cu·pant** *terre*: occupant(e *f*) *m*; *maison*: locataire *mf*; *emploi*: titulaire *mf*; **oc·cu'pa·tion** occupation *f* (a. ✕); emploi *m*, métier *m*, profession *f*; be in ~ of occuper; employed in an ~ employé; **oc·cu·pa·tion·al** de métier; professionnel(le *f*); ~ disease maladie *f* professionnelle; ~ hazard risque *m* du métier; ~ therapy thérapeutique *f* occupationnelle; **oc·cu·pi·er** ['~paiə] see occupant; **oc·cu·py** ['~pai] occuper (*q.*, *qch.*, *a.* ✕ *une ville*); habiter (*une maison*); remplir (*l'espace*, *le temps*, *un emploi*); occuper (*la place*, *le temps*); passer (*le temps*); ✕ s'emparer de (*un point stratégique*), garnir (*une place de guerre*); donner du travail à; ~ o.s. (*ou* be occupied) with (*ou* in) être occupé à, s'occuper à.

oc·cur [ə'kəː] avoir lieu; arriver; se produire; se trouver; venir à l'esprit (à *q.*, to *s.o.*); **oc·cur·rence**

[ə'kʌrəns] événement *m*; occurrence *f*; *min.* venue *f*.

o·cean ['ouʃn] océan *m*; mer *f*; F ~s *pl.* of un tas me de; '~-**go·ing** ⚓ de haute mer (*bateau*); **o·ce·an·ic** [ouʃi'ænik] océanique (*a. fig.*).

o·chre *min.* ['oukə] ocre *f*.

o'clock [ə'klɔk]: five ~ cinq heures.

oc·ta·gon ['ɔktəgən] octogone *m*; **oc·tag·o·nal** [ɔk'tægənl] octogonal (-aux *m/pl.*).

oc·tane ♧ ['ɔktein] octane *m*.

oc·tave ♪ ['ɔktiv] octave *f*; **oc·ta·vo** [~'teivou] in-octavo *inv.* (*a. su./m*).

Oc·to·ber [ɔk'toubə] octobre *m*.

oc·to·ge·nar·i·an ['ɔktoudʒi'nɛəriən] octogénaire (*a. su./mf*).

oc·to·pus *zo.* ['ɔktəpəs] poulpe *m*; *surt.* pieuvre *f* (*a. fig.*).

oc·u·lar □ ['ɔkjulə] oculaire, des yeux, de l'œil; ~ demonstration démonstration *f* oculaire; ~*ly* oculairement, des yeux; **'oc·u·list** oculiste *m*.

odd □ [ɔd] impair (*nombre*); dépareillé, déparié (*de deux*); qui ne vont pas ensemble; *fig.* quelconque; 40 ~ une quarantaine; quelque quarante ...; 12 pounds ~ 12 livres et quelques shillings; there is still some ~ money il reste encore quelque argent (de surplus); at ~ times par-ci par-là; be a ~ man rester en surnombre; ~*ly* enough curieusement, chose curieuse; see a. odds; '~-**ball** *Am.* F drôle de type *m*; **Odd·fel·lows** ['ɔdfelouz] *pl.* une société de secours mutuels; **'odd·i·ty** singularité *f*, bizarrerie *f*; F original(e *f*) *m*; **'odd·ments** *pl.* restes *m/pl.*; † fins *f/pl.* de série; fonds *m/pl.* de boutique; **odds** [ɔdz] *pl.*, *a. sg.* chances *f/pl.*; avantage *m*; différence *f*; *courses*: cote *f*; *Am. a.* faveurs *f/pl.*; at ~ brouillé, en désaccord; ~ and ends bribes *f/pl.* et morceaux *m/pl.*; petits bouts *m/pl.*; *nourriture*: restes *m/pl.*; *sp.* give s.o. ~ concéder des points à *q.*; what's the ~? qu'est-ce que ça fait?; it makes no ~ ça ne fait rien; cela n'a pas d'importance; the ~ are for (*against*) him les chances sont pour (contre) lui.

ode [oud] ode *f*.

o·di·ous □ ['oudiəs] odieux (-euse *f*); détestable; répugnant; **o·di·um** ['oudiəm] détestation *f*; réprobation *f*; haine *f*.

o·dom·e·ter mot. [ɔ'dɔmitə] odomètre m; compteur m enregistreur.

o·don·to·lo·gy 🐾 [ɔdɔn'tɔlədʒi] odontologie f.

o·dor·if·er·ous □ [oudə'rifərəs], **'o·dor·ous** □ odorant; parfumé; péj. puant.

o·do(u)r ['oudə] parfum m; odeur f (a. fig.); fig. faveur f; **'o·do(u)r·less** sans odeur, inodore.

œconom... see econom...

œc·u·men·i·cal eccl. □ [i:kju:-'menikl] œcuménique; F universel(le f).

œe·de·ma 🐾 [i:'di:mə] œdème m.

o'er [oə] see over. [œsophage m.)

œ·soph·a·gus anat. [i:'sɔfəgəs]ʃ

of [ɔv; əv] prp. possession, dépendance: de (mon père); origine: de (bonne famille); cause: de (joie, faim, etc.); qualité, quantité, action, distance: de; lieu de bataille, etc.: de; titre de nobilité: de; matière: de, en (soie, or, etc.); titre universitaire: en (philosophie, droit, etc.), ès (lettres, sciences); parmi, (d')entre (un groupe); après certains verbes comme priver, ôter, etc.: de; génitif de déscription: a man ~ honour un homme d'honneur; the city ~ London la cité de Londres; génitif subjectif: the love ~ a mother l'amour d'une mère; génitif objectif: the love ~ God l'amour de Dieu; a hatred ~ cruelty une haine de la cruauté; article partitif: a glass ~ wine un verre de vin; pour d'après verbe ou adjectif voir le verbe simple ou l'adjectif; die ~ cancer mourir de cancer; enough ~ assez de; loved ~ all aimé de tous; north ~ Paris au nord de Paris; Duke ~ Kent Duc de Kent; get rid ~ se débarrasser de; cheat s.o. ~ s.th. frustrer q. de qch.; rob s.o. ~ s.th. voler qch. à q.; think ~ penser à; fig. juger de; be afraid (ashamed) ~ avoir peur (honte) de; desirous (proud) ~ désireux (fier) de; it is very kind ~ you c'est très aimable à vous; the best ~ my friends le meilleur de mes amis; ~ late récemment; ~ old de jadis; the 2nd ~ May le 2 mai; it smells ~ roses cela sent les roses; the remedy ~ remedies le remède par excellence; this world ~ ours ce monde terrestre; he ~ all men lui entre tous; F ~ an evening le soir.

off [ɔ:f; ɔf] **1.** adv. usu. avec verbe, voir le verbe simple; ⚓ au large; 3 miles ~ à 3 milles de distance; 5 months ~ à 5 mois d'ici ou de là; ~ and on par intervalles; be ~ partir, s'en aller; fig. être fermé (gaz etc.); être coupé (allumage etc.); être épuisé (plat); être abandonné (jeu); être avancé (viande etc.); ne plus pondre (poule); be ~ with en avoir fini avec (q. etc.); have one's shoes ~ avoir ôté ses souliers; be well (badly) ~ être dans l'aisance (dans la gêne ou misère, mal loti); **2.** prp. usu. de; après certains verbes comme prendre, ôter, emprunter, etc.: à; distance: éloigné de, écarté de; dégoûté de (la nourriture); ⚓ au large de; a street ~ the Strand une rue aboutissant au Strand; **3.** adj. de dehors; extérieur; droit (Am. gauche); cheval: de sous-verge; côté hors montoir (cheval); latéral (-aux m/pl.) (rue); subsidiaire (importance); ~ chance chance f douteuse; possibilité f; on the ~ chance au cas où; à tout hasard; dans le vague espoir (à that, of gér.); be (ou feel) ~ colo(u)r ne pas être en forme ou dans son assiette; ~ day jour m où l'on n'est pas en train; **4.** su. cricket: to the ~ en avant à droite; **5.** int. filez!; allez-vous-en!

of·fal ['ɔfəl] déchets m/pl., rebut m; ~s pl. boucherie: déchets m/pl. de abattage; abats m/pl.

off...: '~·beat F excentrique; '~·cast **1.** rebut m; **2.** de rebut; '~·cen·tre, Am. '~·cen·ter décentré, désaxé, en porte-à-faux; ~'col·o(u)r scabreux (-euse f) (histoire).

off-du·ty hours ['ɔ:fdju:ti'auəz] pl. loisirs m/pl., (heures f/pl. de) liberté f, congé m.

of·fence [ə'fens] offense f, faute f; sujet m de déplaisir; 🏛 crime m, délit m; minor ~ contravention f; no ~! pardonnez-moi!; je ne veux offenser personne!; give ~ offenser, froisser, blesser (q., to s.o.); take ~ se froisser (de, at).

of·fend [ə'fend] v/t. offenser, froisser, blesser; v/i. pécher (contre, against); violer (la loi, against the law); déplaire; **of'fend·er** délinquant(e f) m; coupable mf; offenseur m; pécheur (-eresse f) m; first ~ délinquant(e f) m primaire.

of·fense [ə'fens] Am. see offence.

of·fen·sive [ə'fensiv] **1.** □ offensif
(-ive f); choquant, offensant; désagréable; **2.** offensive f.

of·fer ['ɔfə] **1.** offre f; demande f
(en mariage); on ~ en vente; **2.** v/t.
offrir (qch., prix, ✝, occasion, etc.);
présenter (spectacle, difficulté, excuses); inviter (un combat); faire
(opposition, résistance, insulte); avancer (une opinion); adresser (des
prières); essayer (de, to); ~ violence
faire violence (à, to); v/i. s'offrir,
se présenter; 'of·fer·ing action,
chose: offre f; eccl. offrande f.

of·fer·to·ry eccl. ['ɔfətəri] oblation
f; argent: (montant m de la) quête f.

off·hand F ['ɔf'hænd] sans préparation; à première vue; cavalièrement; brusque(ment); improvisé;
sans gêne.

of·fice ['ɔfis] service m; office m (a.
eccl.); emploi m, charge f, fonctions
f/pl.; dignité f; bureau m; ministère m; portefeuille m; good ~s pl. bons
offices m/pl.; in ~ au pouvoir (gouvernement, parti); Insurance 2 compagnie f d'assurance(s); sl. give s.o. the ~
avertir q.; F passer la consigne à q.; ~
appliances pl. articles m/pl. de bureau; ~ bearer fonctionnaire m; ✝
membre m du comité m directeur; ~
boy garçon m de bureau; ~ holder
employé(e f) m de l'État; ~ hours pl.
heures f/pl. de bureau.

of·fi·cer ['ɔfisə] fonctionnaire m; officier m (a. ✕); 'of·fi·cered (by)
commandé (par); sous le commandement (de).

of·fi·cial □ [ə'fiʃl] **1.** officiel(le f);
titulaire; de service; see officinal;
~ agency agence f; poste: ~ business
en franchise; service m de l'État; ~
channel filière f, voie f hiérarchique;
~ clerk employé m; fonctionnaire m;
~ hours pl. heures f/pl. de bureau; **2.**
fonctionnaire m; employé m;
'of·fi·cial·dom, of·fi·cial·ism [~
ʃəlizm] bureaucratie f, fonctionna-
risme m.

of·fi·ci·ate [ə'fiʃieit] officier; fig. a.
exercer les fonctions d'hôte.

of·fic·i·nal ☞ [ɔfi'sainl] officinal
(-aux m/pl.).

of·fi·cious □ [ə'fiʃəs] trop zélé; officieux (-euse f); empressé.

off·ing ⚓ ['ɔfiŋ] large m, pleine mer
f; in the ~ au large, fig. en perspective; 'off·ish F distant, réservé.

off...: '~key ♪ faux (fausse f); '~
peak: ~charges pl. tarif m réduit (aux
heures creuses); ~ hours pl. heures
f/pl. creuses; '~print tirage m à
part; '~put·ting peu engageant, rebutant, répugnant; '~scour·ings
pl., '~scum rebut m; fig. lie f; '~
sea·son 1. morte-saison f; **2.** hors-
saison (tarif etc.); '~set 1. compensation f; △ saillie f; △ retrait m (d'un
mur); ⊕ tuyau: double coude m;
piston: rebord m; typ. maculage m;
phot. offset m; see off-shoot: set-off; **2.**
compenser; '~shoot rejeton m; ₣
ramification f; '~shore côtier, littoral; '~side sp. hors jeu; '~spring
descendants m/pl.; progéniture f;
fig. produit m; '~stage théâ. dans la
coulisse; fig. dans la vie privée; '~
the-cuff impromptu, au pied levé;
'~the-peg cost. de confection, prêt
à porter; '~the-rec·ord confiden-
tiel(le f); '~time temps m (de) libre;
loisirs m/pl.; ~white blanc cassé
inv.

of·ten ['ɔ:fn], †, poét. ou mots composés **oft** [ɔ:ft] souvent, fréquemment. [maise f.]

o·gee △ ['oudʒi:] doucine f, ci-

o·gi·val [ou'dʒaivəl] ogival (-aux
m/pl.); en ogive; **o·give** ['oudʒaiv]
△ ogive f.

o·gle ['ougl] lancer des œillades (à).

o·gre ['ougə] ogre m; 'o·gress
ogresse f.

oil [ɔil] **1.** huile f; sens restreint: pétrole m; ₣ souv. ~s pl. see ~colo(u)r;
~ dash-pot frein m à huile; ~ (level)
gauge jauge f de niveau d'huile;
~ slick nappe f de pétrole; **2.** graisser
(a. fig.); ~ up (s')encrasser; '~
change mot. vidange m; '~cloth
toile f cirée; linoléum m imprimé; '~
col·o(u)r couleur f à l'huile; 'oil·er
personne: graisseur m; chose: burette
f de graissage; 'oil·field gisement m
ou champ m pétrolifère; 'oil·i·ness
état m ou aspect m graisseux; onctuosité f (a. fig.); 'oil-paint·ing peinture f à l'huile; 'oil-pro·duc·ing
coun·tries pl. pays m/pl. producteurs de pétrole; 'oil-rig plate-forme
f pétrolière; 'oil·skin toile f cirée ou
huilée; ~s pl. ciré m; cirage m; 'oil·y
□ huileux (-euse f); graisseux (-euse
f); gras(se f) (a. voix); fig. onctueux
(-euse f), mielleux (-euse f).

oint·ment ['ɔintmənt] onguent *m*, pommade *f*.

O.K., o·**kay**, o·**keh** ['ou'kei] **1.** parfait!; d'accord!; *écrit:* vu et approuvé; **2.** approuver; contresigner (*un ordre*).

old [ould] vieux (vieil *devant une voyelle ou un h muet*; vieille *f*; vieux *m/pl.*) (a. = *expérimenté, rebattu, du temps ancien*); ancien(ne *f*) (*devant su. = qui n'est plus en fonctions*); du temps ancien, de jadis; F ce cher …, ce bon vieux …; of ~ d'autrefois, de jadis; depuis longtemps; *in times of* ~ jadis, autrefois; *a friend of* ~ un vieux camarade; ~ *age* vieillesse *f*; *an* ~ *boy* un ancien élève; *surt. Am.* ♀ *Glory* la bannière étoilée; F *my* ~ *man* mon homme; F *my* ~ *woman* ma femme; '~-**age**: ~ *pension* retraite *f*, pension *f* vieillesse; ~ *pensioner* retraité(e *f*) *m*; '**old·en** *ou poét.* (de) jadis; vieux (vieil *devant une voyelle ou un h muet*; vieille *f*; vieux *m/pl.*); '**old-'fash·ioned** démodé; à l'ancienne mode; '**old·ish** vieillot(te *f*); '**old-'maid·ish** de vieille fille; '**old·ster** ['~stə] F vieillard(e *f*) *m*; '**old wives' tale** conte *m* de bonne femme.

o·le·ag·i·nous [ouli'ædʒinəs] oléagineux (-euse *f*), huileux (-euse *f*).

ol·fac·to·ry *anat.* [ɔl'fæktəri] olfactif (-ive *f*).

ol·i·garch·y ['ɔligɑːki] oligarchie *f*.

o·li·o ['ouliou] F pot-pourri (*pl.* pots-pourris) *m*.

ol·ive ['ɔliv] **1.** ♀ olive *f*; *a. see* ~-*tree*; **2.** *adjinv.:* ~-**branch** (rameau *m* d')olivier *m* (a. *fig.*); '~-**tree** olivier *m*.

O·lym·pi·ad [o'limpiæd] olympiade *f*.

O·lym·pi·an [o'limpiən] olympien (-ne *f*); de l'Olympe; **O·lym·pic games** *pl.* jeux *m/pl.* Olympiques.

om·buds·man ['ɔmbudzmən] médiateur *m*, protecteur *m* du citoyen.

om·e·let(te) ['ɔmlit] omelette *f*.

o·men ['oumen] présage *m*, augure *m*; **om·i·nous** □ ['ɔminəs] de mauvais augure.

o·mis·si·ble [o'misibl] négligeable; **o'mis·sion** omission *f*; négligence *f*; *fig.* oubli *m*; *eccl.* ~ *péché m ou* faute *f* d'omission.

o·mit [o'mit] omettre (*qch.*; de, *to*); oublier (de, *to*); passer sous silence.

om·ni·bus ['ɔmnibəs] **1.** autobus *m*; **2.** embrassant (*des choses*) diverses; ☒ ~ *train* train *m* omnibus.

om·nip·o·tence [ɔm'nipətəns] toute-puissance *f*; **om'nip·o·tent** tout-puissant (toute-puissante *f*).

om·ni·pres·ence ['ɔmni'prezəns] omniprésence *f*; '**om·ni·pres·ent** □ omniprésent.

om·nis·cience [ɔm'nisiəns] *eccl.* omniscience *f*; **om'nis·cient** □ omniscient.

om·niv·o·rous [ɔm'nivərəs] omnivore; *fig.* insatiable.

on [ɔn] **1.** *prp. usu.* sur; à (*la Bourse, cheval, l'arrivée, de, pied, l'occasion de*); en (*vacances, route, perce, vente*); après; avec (*une pension, un salaire de*); de (*ce côté-ci*); pour; dans (*le train*); sous (*peine de*); *direction:* vers; ~ *the shore* sur le rivage; ~ *shore* à terre; ~ *the death of* à la mort de; ~ *examination* après considération; ~ *both sides* des deux côtés; ~ *all sides* de tous côtés; ~ *business* pour affaires; *be* ~ *a committee* faire partie d'un comité; ~ *Friday* vendredi; ~ *Fridays* le(s) vendredi(s); ~ *the 5th of April* le 5 avril; ~ *the left* (*right*) à gauche (droite); *surt. Am. get* ~ *a train* monter en voiture; *turn one's back* ~ montrer le dos à (*q.*); ~ *these conditions* dans ces conditions; ~ *the model of* à l'imitation de; ~ *hearing it* lorsque je (*etc.*) l'entendis; *pour* ~ *après verbe, voir le verbe simple*; **2.** *adv.* (en) avant; *souv. ne se traduit pas* (*p.ex.* put ~ mettre) *ou s'exprime tout autrement* (*p.ex. théâ.* be ~ être en scène; *have one's shoes* ~ être chaussé *etc.*) *ou se traduit par l'idée verbale de* continuer (*qch.*; à *inf.*); *and so* ~ et ainsi de suite; ~ *and* ~ sans fin; ~ *to* sur, à; *from that day* ~ dès ce jour, à partir de ce jour; *be* ~ se trouver sur (*qch.*); faire partie de; se passer; être ouvert (*robinet, électricité*); *théâ.* être en scène; *sl. be a bit* ~ être quelque peu pompette (= *ivre*); F *what's* ~? qu'est-ce qu'on arrive?; *théâ.* qu'est-ce qu'on joue?; **3.** *int.* en avant!, allez(-y)!

once [wʌns] **1.** *adv.* une (seule) fois; autrefois; jadis; *at* ~ tout de suite; sur-le-champ; à l'instant; *all at* ~ tout d'un coup, soudain; ~ *again* encore une fois, une fois de plus; ~

for *all* une fois pour toutes; *for ~* pour une fois; *~ in a while* (une fois) de temps en temps; *this ~* cette foisci; *~ more* une fois de plus, encore une fois; *contes etc.*: *~ upon a time there was ...* il était une fois; 2. *cj.* (*a. ~ that*) dès que; pour peu que.

once-o·ver *Am.* F [ˈwʌnsouvə]: *give s.o. a ~* jeter un coup *m* d'œil rapide sur q.

on·com·ing [ˈɔnkʌmiŋ] 1. imminent; qui approche; *~ traffic* circulation *f* en sens inverse; 2. arrivée *f*; approche *f*.

one [wʌn] 1. un(e *f*); unique, seul; seul et même; celui *m* (celle *f*, ceux *m/pl.*); *pron. sujet indéfini*: on; *his ~ care* son seul souci; *~ day* un jour; *~ of these days* un de ces jours; *~ Mr. Miller* un certain M. Miller, un nommé M. Miller; *see any~, every~, no* 1; *give ~'s view* donner son avis; *a large dog and a little ~* un grand chien et un petit; *for ~ thing* entre autres raisons, en premier lieu; 2. un(e *f*) *m*; *~* (*o'clock*) une heure; *the little ~s* les petit(e)s; *~ another* l'un(e) l'autre, les un(e)s les autres; *at ~* d'accord; *~ by ~*, *~ after another* un(e) à un(e), l'un(e) après l'autre; *it is all ~* (*to me*) cela m'est égal; *I for ~ ...* quant à moi, je ...; pour ma part, je ...; '*~-'horse* à un cheval; *fig. sl.* insignifiant; '**one·ness** unité *f*; identité *f*; accord *m*; '**one-night stand** *théâ.* soirée unique.

on·er·ous □ [ˈɔnərəs] onéreux (-euse *f*); pénible.

one...: *~'self* soi-même; *réfléchi*: se, *accentué*: soi; *by ~* tout seul; '*~-'sid·ed* □ inégal (-aux *m/pl.*), injuste; asymétrique (*forme*); '*~-time* ancien(ne *f*); '*~-'up·man·ship* art *m* de faire mieux que les autres; '*~-way*: *~ street* (rue *f* à) sens *m* unique; *~ fare* (prix *m* du) billet *m* simple.

on·fall [ˈɔnfɔːl] assaut *m*.

on-go·ings [ˈɔngouiŋz] *pl.* F manège *m*.

on·ion [ˈʌnjən] oignon *m*.

on·look·er [ˈɔnlukə] spectateur (-trice *f*) *m*.

on·ly [ˈounli] 1. *adj.* seul, unique; 2. *adv.* seulement, ne ... que; rien que; *~ yesterday* pas plus tard qu'hier; *~ just* à peine; tout juste; *~ think!* imaginez un peu!; 3. *cj.* mais; *~ that* si ce n'est *ou* était que.

on·rush [ˈɔnrʌʃ] ruée *f*.

on·set [ˈɔnset], **on·slaught** [ˈɔnslɔːt] assaut *m*; attaque *f* (*a. fig.*); *fig. at the onset* de prime abord.

on·shore [ˈɔnˈʃɔː] à terre; du large (*vent*).

o·nus [ˈounəs] (*pas de pl.*) *fig.* responsabilité *f*, charge *f*.

on·ward [ˈɔnwəd] 1. *adj.* en avant, progressif (-ive *f*); 2. *adv.* (*a.* **onwards** [ˈ~z]) en avant; plus loin.

oo·dles F [ˈuːdlz] *pl.* un tas *m* (de, of).

oof *sl.* [uːf] galette *f* (= argent).

oomph *sl.* [uːmf] énergie *f*, allant *m*, entrain *m*.

ooze [uːz] 1. vase *f*; boue *f*; ⊕ jus(ée *f*) *m*; 2. suinter; (*a. ~ out*) dégoutter; *~ away* s'écouler, disparaître; *Am. sl. ~ out* (se dé)filer.

oo·zy □ [ˈuːzi] vaseux (-euse *f*); suintant.

o·pac·i·ty [oˈpæsiti] opacité *f*; *fig.* intelligence: lourdeur *f*.

o·pal *min.* [ˈoupəl] opale *f*; **o·pal·escent** [ˌ~ˈlesnt] opalescent.

o·paque □ [ouˈpeik] opaque; *fig.* obtus, peu intelligent.

o·pen [ˈoupən] 1. *adj.* □ *usu.* ouvert; plein (*air, campagne, mer*); grand (*air*); débouché (*bouteille*); courant (*compte*); non barré (*chèque*); nu (*feu*); public (-ique *f*) (*jugement*); haut (*mer*); défait (*paquet*); béant (*plaie*); discutable (*question*); déclaré (*rival*); manifeste (*sentiment*); franc(he *f*); doux (douce *f*) (*temps*); découvert (*voiture*); *~ to* accessible à; exposé à; *~ to conviction* accessible à la conviction; *in the ~ air* en plein air, au grand air; ⚒ *~-cast*, *~-cut* à ciel ouvert (*exploitation*); *in ~ court* en tribunal ouvert; *sp. ~ race* omnium *m*; *Am. ~ shop* atelier *m etc.* qui admet les ouvriers non-syndiqués; ♀ *University* (Centre *m* de) Téléenseignement *m* universitaire; *leave o.s. ~ to* s'exposer à; 2. *su.* *bring into the ~* exposer au grand jour; 3. *v/t. usu.* ouvrir; inaugurer; écarter; révéler, exposer; commencer, entamer; *~ up* ouvrir; *v/i.* s'ouvrir; s'épanouir; s'étendre (*vue*); commencer; *~ into* donner dans, communiquer avec; *~ on to* donner sur, ouvrir sur; '*~-'air* en *ou* de plein air; '*~-'end·ed* sans limite de durée; illimité; ✝ flexible (*offre*); '**o·pen·er**

['oupnə] *personne*: ouvreur (-euse *f*) *m*; **'o·pen'hand·ed** libéral (-aux *m*/*pl*.); **'o·pen·ing 1.** ouverture *f*; inauguration *f*; commencement *m*, début *m*; trou *m*; éclaircie *f* (*dans les nuages*); *mur*, *forêt*: percée *f*; clairière *f* (*dans un bois*); **2.** d'ouverture, inaugural (-aux *m*/*pl*.); *théâ*. ~ night première *f*; ~ time heure *f* d'ouverture; **'o·pen'mind·ed** *fig.* impartial (-aux *m*/*pl*.); qui a l'esprit large; **'o·pen'mouthed** bouche *f* bée; **o·pen·ness** ['oupnis] aspect *m* découvert, situation *f* exposée; *fig.* franchise *f*; **'o·pen-plan** sans cloisons, à aire ouverte (*bureau etc.*); **'o·pen·work 1.** ouvrage *m* ajouré; (a)jours *m*/*pl*.; **2.** ajouré; à claire-voie.

op·er·a ['ɔpərə] opéra *m*.

op·er·a·ble ['ɔpərəbl] *🗲* opérable; praticable.

op·er·a...: **'~-'danc·er** danseur (-euse *f*) *m* d'opéra; ballerine *f*; **'~-glass(es** *pl*.) jumelle *f*, -s *f*/*pl*.; **'~-hat** (chapeau *m*) claque *m*; **'~-house** opéra *m*.

op·er·ate ['ɔpəreit] *v/t.* opérer, effectuer (*a.* 🜨, 🜨, 🜨, ✕); † exploiter; *Am.* actionner; faire manœuvrer (*une machine*); gérer, diriger (*une entreprise*); *v/i.* 🗲 opérer (q., on s.o.); *Am.* fonctionner; † faire des opérations, spéculer; entrer en vigueur, jouer; be *operating* fonctionner; **op·er·at·ic** [ˌ~'rætik] d'opéra; ~ *singer* chanteur (-euse *f*) *m* dramatique d'opéra; **op·er·at·ing** ['ɔpəreitiŋ] qui opère; 🗲 opérateur (*chirurgien*); d'exploitation; d'opération; ~ *expenses* *pl*. dépenses *f*/*pl*. courantes; ~ *instructions* *pl*. indications *f*/*pl*. du mode d'emploi; 🗲 ~ *room* (*ou theatre, theater*) salle *f* d'opération; **op·er·a·tion** fonctionnement *m*, action *f*; 🗲, ✕, † opération *f*; be in ~ fonctionner, jouer; être en vigueur; *come into* ~ entrer en vigueur; **op·er·a·tion·al** d'opération; d'exploitation; **op·er·a·tive** ['ɔpərətiv] **1.** □ actif (-ive *f*), opératif (-ive *f*); pratique; *fig.* essentiel(le *f*); 🗲 opératoire; **2.** ouvrier (-ère *f*) *m*; **op·er·a·tor** ['ɔpəreitə] opérateur (-trice *f*) *m* (*a.* ⊕); 🗲 opérateur *m* (*a. cin.*, *a.* †); téléphoniste *mf*; † joueur *m*; ouvrier (-ère *f*) *m*; *Am. mot.* conducteur *m*.

op·er·et·ta [ɔpə'retə] opérette *f*.

oph·thal·mi·a *🗲* [ɔf'θælmiə] ophtalmie *f*; **oph'thal·mic** ophtalmique; ~ *hospital* hôpital *m* ophtalmologique.

o·pi·ate *pharm.* **1.** ['oupiit] opiat *m*, opiacé *m*, narcotique *m*; **2.** [ˌ~ieit] opiacer (*un médicament*).

o·pine [o'pain] *v/t.* être d'avis (que); *v/i.* opiner; **o·pin·ion** [ə'pinjən] opinion *f*, avis *m*; 🗲 consultation *f*; ~ *poll* sondage *m* (d'opinion); *counsel's* ~ avis *m* motivé; *be of* ~ estimer, être d'avis (que, *that*); *in my* ~ à mon avis; **o'pin·ion·at·ed** [ˌ~ieitid] opiniâtre; imbu de ses opinions.

o·pi·um *pharm.* ['oupjəm] opium *m*; ~ *addict* opiomane *mf*; ~ *den* fumerie *f* d'opium.

o·pos·sum *surt. Am.* [ə'pɔsəm] opossum *m*; sarigue *f*, *a. m.*

op·po·nent [ə'pounənt] **1.** adversaire *mf*; **2.** opposé; *anat.* opposant.

op·por·tune □ ['ɔpətjuːn] opportun, commode; à propos; **'op·por·tun·ism** opportunisme *m*; **'op·por·tun·ist** opportuniste *mf*; **op·por·tu·ni·ty** occasion *f* (favorable) (*pour inf. of gér.*, *to inf.*); facilités *f*/*pl*. (de, *for*).

op·pose [ə'pouz] opposer (*deux choses*); s'opposer à (q., *qch.*); résister à (q., *qch.*); parler contre (*une proposition*); **op'posed** opposé, contraire, hostile; *be* ~ *to* être le rebours de; aller au contraire de; **op·po·site** ['ɔpəzit] **1.** *adj.* □ (*to*) opposé (à); en face (de); vis-à-vis (de); contraire (à); ~ *number* correspondant *m* en grade, 🗲 similaire *m*; **2.** *prp.* en face de, vis-à-vis de; **3.** *adv.* en face, vis-à-vis; **4.** *su.* opposé *m*; contre-pied *m*; **op·po'si·tion** opposition *f* (*a. parl.*, *a. astr.*); résistance *f*; camp *m* adverse; † concurrence *f*.

op·press [ə'pres] opprimer; *fig. a.* accabler, oppresser; **op·pres·sion** [ə'preʃn] oppression *f*; *fig.* accablement *m*; 🗲 abus *m* d'autorité; **op·pres·sive** □ [ˌ~siv] oppressif (-ive *f*), tyrannique; *fig.* lourd (*temps*); **op'pres·sive·ness** caractère *m* oppressif; *fig. temps*: lourdeur *f*; **op'pres·sor** oppresseur *m*.

op·pro·bri·ous □ [ə'proubriəs] outrageant, injurieux (-euse *f*); **op'pro·bri·um** [ˌ~briəm] opprobre *m*.

opt [ɔpt] opter (pour, *for*; entre, *between*).

op·tic [ˈɔptik] optique, de l'œil; de vision; (*ou* **ˈop·ti·cal** □) optique; **op·ti·cian** [ɔpˈtiʃn] opticien *m*; **ˈop·tics** *sg.* optique *f.*

op·ti·mism [ˈɔptimizm] optimisme *m*; **ˈop·ti·mist** optimiste *mf*; **op·ti·misˈtic** (␣ally) optimiste; ␣ally avec optimisme; **op·ti·mize** [ˈ␣maiz] optimiser *f.*

op·tion [ˈɔpʃn] choix *m*, option *f*; faculté *f*; ✝ (marché *m* à) prime *f*; ␣ *right* option *f*; **ˈop·tion·al** □ facultatif (-ive *f*).

op·u·lence [ˈɔpjuləns] opulence *f*, richesse *f*; **ˈop·u·lent** □ opulent, très riche.

o·pus [ˈoupəs] opus *m*; *magnum* ␣ œuvre *f* maîtresse.

or [ɔ:] ou; *either* ... ␣ ou ... ou; *soit* ... soit; ␣ *else* ou bien; sinon.

or·a·cle [ˈɔrəkl] oracle *m*; F *work the* ␣ arriver à ses fins; faire agir certaines influences; **o·rac·u·lar** [ɔˈrækjulə] (en style) d'oracle; *fig.* équivoque, obscur.

o·ral □ [ˈɔ:rəl] oral (-aux *m/pl.*); buccal (-aux *m/pl.*).

or·ange [ˈɔrindʒ] 1. orange *f*; *arbre:* oranger *m*; *couleur:* orange *m*; orangé *m*; 2. orangé; orange *adj./ inv.;* **or·ange·ade** [ˈ␣ˈeid] orangeade *f*; **or·ange·ry** [ˈ␣əri] orangerie *f.*

o·rate *co.* [ɔ:ˈreit] pérorer; **o·ra·tion** allocution *f*, discours *m*; *co.*, *péj.* harangue *f*; **or·a·tor** [ˈɔrətə] orateur *m*; **or·a·tor·i·cal** □ [ɔrəˈtɔrikl] oratoire; ampoulé (*discours*); phraseur (-euse *f*) (*personne*); **or·a·to·ri·o** ♪ [␣ˈtɔ:riou] oratorio *m*; **or·a·to·ry** [ˈɔrətəri] éloquence *f*; art *m* oratoire.

orb [ɔ:b] orbe *m*; globe *m*; *poét.* astre *m*; **orbed** [ɔ:bd] *usu. poét.* ˈɔ:bid] rond, sphérique; **or·bic·u·lar** □ [ɔ:ˈbikjulə] orbiculaire, sphérique; **or·bit** [ˈɔ:bit] *anat., a. astr.* orbite *f*; *put* (*go*) *into* ␣ (se) placer sur son orbite.

or·chard [ˈɔ:tʃəd] verger *m*; **ˈor·chard·ing** fructiculture *f*; *Am.* terrains *m/pl.* aménagés en vergers.

or·ches·tra ♪ [ˈɔ:kistrə] orchestre *m*; ␣ *pit théâ.* fosse *f* d'orchestre; **or·ches·tral** [ɔ:ˈkestrl] orchestral (-aux *m/pl.*); **or·ches·trate** ♪ [ˈɔ:kistreit] orchestrer, instrumenter.

or·chid ♀ [ˈɔ:kid] orchidée *f.*

or·dain [ɔ:ˈdein] ordonner (*a. un diacre*); conférer les ordres à (*un prêtre*); fixer, destiner; prescrire.

or·deal [ɔ:ˈdi:l] épreuve *f*; *hist.* jugement *m* de Dieu, ordalie *f.*

or·der [ˈɔ:də] 1. ordre *m* (*a. moines, chevalerie, fig.,* ✝, △, ✗ *[de bataille],* ⚓ *[tactique]*); ✝ commande*f*; ordonnance *f* (*de paiement*); *parl.* rappel *m* à l'ordre; *admin.* arrêt(é) *m*; ✗, ⚓ consigne *f*; *poste:* mandat *m*; ⊕ état *m* de fonctionnement; instruction *f*; suite *f*, succession *f*; classe *f* (*sociale*); ✝ ␣ *blank* (*ou form*) billet *m* de commande; ✝ ␣ *book* carnet *m* de commandes; *by* ␣ par ordre; ␣ *of the day* ordre *m* du jour (*a. fig.*); *take* (*holy*) ␣s prendre les ordres; *in* ␣ dans les règles; *put in* ␣ mettre en règle; *in* ␣ *to* (*inf.*), afin de (*inf.*); *in* ␣ *that* pour que (*sbj.*), afin que (*sbj.*); *a. see in* ␣ *to*; *on the* ␣*s of* sur les ordres de; ✝ *be on* ␣ être commandé; *make to* ␣ faire sur commande; faire sur mesure (*un habit*); *parl. rise to* ␣ se lever pour demander le rappel à l'ordre; *parl. standing* ␣*s* ordres *m/pl.* permanents; ✝, *pol.* règlement *m*, -s *m/pl.; to* (*the*) ␣ *of* ✝ à l'ordre de (*q.*); 2. (ar)ranger; ordonner; régler; ✗ prescrire; ✝ commander; ✗ ␣ *arms!* reposez armes!; ␣ *about* faire marcher (*q.*); ␣ *s.o. down* (*up*) ordonner à q. de descendre (monter); **ˈor·der·er** ordonnateur (-trice *f*) *m*; **ˈor·der·li·ness** bon ordre *m*; discipline *f*; bonne conduite *f*; **ˈor·der·ly** 1. méthodique; réglé (*vie etc.*); discipliné (*foule etc.*); ✗ ␣ *officer* officier *m* de service *ou* de semaine; ␣ *room* salle *f* de rapport; 2. ✗ planton *m* (*medical*) ␣ infirmier *m*.

or·di·nal [ˈɔ:dinl] ordinal (-aux *m/pl.*) (*a. su./m*).

or·di·nance [ˈɔ:dinəns] ordonnance *f*, décret *m*, règlement *m*; *eccl.* rite *m.*

or·di·nar·y [ˈɔ:dnri] 1. □ ordinaire; coutumier (-ère *f*); *péj.* quelconque; ✝ ␣ *debts pl.* dettes *f/pl.* compte; ⚓ *seaman* matelot *m* de troisième classe; *see share* 1; 2. *eccl.* ordinaire *m*; table *f* d'hôte; *Am.* auberge *f*; commun *m*; *in* ␣ ordinaire; ⚓ en réserve (*navire*).

or·di·nate ⚕ [ˈɔ:dnit] ordonnée *f.*

or·di·na·tion [ɔːdiˈneiʃn] *eccl.* ordination *f*; arrangement *m*.

ord·nance ⚔, ⚓ [ˈɔːdnəns] artillerie *f*; ⚔ service *m* du matériel; ~ *map* carte *f* d'état-major; ~ *survey* service *m* cartographique.

or·dure [ˈɔːdjuə] ordure *f*; immondice *f*.

or·e [ɔː] minerai *m*; *poét.* métal *m*.

or·gan [ˈɔːgən] ♪ orgue *m* (*f*/*pl.* -s); organe *m* (*ouïe*, *vue*, *etc.*, *admin.*, a. = *journal*); bulletin *m*, porteparole *m*/*inv.*; '~**grind·er** joueur *m* d'orgue de Barbarie; **or·gan·ic** [ɔːˈgænik] (~*ally*) organique; organisé (*êtres*, *croissance*) organique; **or·gan·ism** [ˈɔːgənizm] organisme *m*; '**or·gan·ist** organiste *mf*; **or·gan·i·za·tion** [ˌnaiˈzeiʃn] organisation *f*; *pol.* organisme *m*; œuvre *f* (*de charité*); '**or·gan·ize** organiser; arranger; ~*d* constitué; *biol.*, *pol.* organisé; '**or·gan·iz·er** organisateur (-trice *f*) *m*.

or·gasm [ˈɔːgæzəm] orgasme *m*.

or·gy [ˈɔːdʒi] orgie *f* (*a. fig.*); *fig.* profusion *f*.

o·ri·el △ [ˈɔːriəl] fenêtre *f* en saillie.

o·ri·ent [ˈɔːriənt] **1.** oriental (-aux *m*/*pl.*); de l'orient; **2.** orient *m* (*a.* = *éclat d'une perle*); *Am.* Asie *f*; **3.** [~ent] orienter; **o·ri·en·tal** [ˌˈentl] **1.** □ oriental (-aux *m*/*pl.*); d'Orient; **2.** Oriental(e *f*) *m*; indigène *mf* de l'Orient; **o·ri·en·tate** [ˈɔːrienteit] orienter; **o·ri·en·ta·tion** orientation *f*.   [ture *f*.

or·i·fice [ˈɔrifis] orifice *m*, ouverture]

or·i·gin [ˈɔridʒin] origine *f*, genèse *f*; provenance *f*.

o·rig·i·nal [əˈridʒənl] **1.** □ originaire; premier; (-ère *f*); original (-aux *m*/*pl.*) (*livre*, *style*, *idée*, *etc.*); inédit; *see share*; ~ *capital* capital *m* d'apport; ~ *sin* péché *m* original; **2.** original *m*; *personne*: original(e *f*) *m*; **o·rig·i·nal·i·ty** [ˈnæliti] originalité *f*.

o·rig·i·nate [əˈridʒineit] *v*/*t.* faire naître, donner naissance à, être l'auteur de; *v*/*i.* (*from*, *in*) tirer son origine, dériver (de); avoir son origine (dans); **o·rig·i·na·tion** source *f*, origine *f*; naissance *f*; invention *f*, création *f*; **o·rig·i·na·tive** □ créateur (-trice *f*); **o·rig·i·na·tor** auteur *m*; initiateur (-trice *f*) *m*.

o·ri·ole *orn.* [ˈɔːrioul] loriot *m*.

or·mo·lu [ˈɔːmolu:] or *m* moulu; similor *m*.

or·na·ment 1. [ˈɔːnəmənt] ornement *m* (*a. fig.*); parure *f*; **2.** [ˈ~ment] orner, parer; agrémenter (*une robe*); **or·na·men·tal** ornemental (-aux *m*/*pl.*); d'ornement; d'agrément.

or·nate □ [ɔːˈneit] orné; *fig.* fleuri.

or·ni·tho·log·i·cal □ [ˌɔːniθəˈlɔdʒikl] ornithologique; **or·ni·thol·o·gist** [ˌˈθɔlədʒist] ornithologue *mf*, -logiste *mf*; **or·ni·thol·o·gy** ornithologie *f*.

o·rog·ra·phy [ɔˈrɔgrəfi] orographie *f*.

o·ro·tund [ˈɔrotʌnd] sonore.

or·phan [ˈɔːfən] **1.** orphelin(e *f*) *m*; **2.** (*a.* '**or·phaned**) orphelin(e *f*); **or·phan·age** [ˈ~idʒ], '**or·phan·a'sy·lum** orphelinat *m*.

or·rer·y [ˈɔrəri] planétaire *m*.

or·tho·dox [ˈɔːθədɔks] orthodoxe; *fig.* classique; bien pensant (*personne*); '**or·tho·dox·y** orthodoxie *f*.

or·tho·graph·ic, **or·tho·graph·i·cal** □ [ɔːθəˈgræfik(l)] orthographique, d'orthographe; **or·thog·ra·phy** [ɔːˈθɔgrəfi] orthographe *f*; 𝔸 coupe *f* perpendiculaire.

or·tho·pae·dic [ɔːθəˈpiːdik] (~*ally*) orthopédique; **or·tho'pae·dist** orthopédiste *mf*; '**or·tho·pae·dy** orthopédie *f*.

Os·car [ˈɔskə] *surt. cin. Am.* oscar *m*; *p.ext.* récompense *f*.

os·cil·late [ˈɔsileit] osciller (*a. fig.*); *fig.* hésiter, balancer; *mot.* oscillating *axle* essieu *m* orientable; **os·cil·la·tion** oscillation *f*; **os·cil·la·to·ry** [ˈˌlətəri] oscillatoire; **os·cil·lo·graph** [ɔˈsilougraːf] oscillographe *m*.

os·cu·late *co.* [ˈɔskjuleit] s'embrasser.

o·sier 🌿 [ˈouʒjə] osier *m*.

os·prey [ˈɔspri] *orn.* orfraie *f*; 🌿 aigrette *f*.

os·se·ous [ˈɔsiəs] osseux (-euse *f*); **os·si·fi·ca·tion** [ɔsifiˈkeiʃn] ossification *f*; **os·si·fy** [ˈˌfai] (s')ossifier; **os·su·ar·y** [ˈɔsjuəri] ossuaire *m*.

os·ten·si·ble □ [ɔsˈtensəbl] prétendu.

os·ten·ta·tion [ɔstenˈteiʃn] ostentation *f*; faste *m*; parade *f*; **os·ten-**

'**ta·tious** □ fastueux (-euse f); plein d'ostentation.

os·te·ol·o·gy anat. [ɔstiˈɔlədʒi] ostéologie f.

ost·ler [ˈɔslə] valet m d'écurie.

os·tra·cism [ˈɔstrəsizm] ostracisme m; **os·tra·cize** [ˈ⁓saiz] bannir; ostraciser (a. fig.).

os·trich orn. [ˈɔstritʃ] autruche f.

oth·er [ˈʌðə] autre (than, from que); the ⁓ day l'autre jour, récemment; the ⁓ morning l'autre matin; every ⁓ day tous les deux jours; each ⁓ l'un(e) l'autre, les un(e)s les autres; somebody or ⁓ je ne sais qui; péj. quelque individu; '**⁓·wise** autrement.

o·ti·ose □ [ˈouʃious] superflu; oiseux (-euse f); **o·ti·os·i·ty** [ouʃiˈɔsiti] superfluité f.

ot·ter zo. [ˈɔtə] loutre f (a. peau).

Ot·to·man [ˈɔtəmən] **1.** ottoman, turc (turque f); **2.** Ottoman(e f) m; ♀ divan m, ottomane f.

ought¹ [ɔːt] see aught.

ought² [⁓] v/aux. (défectif): I ⁓ to (inf.) je dois ou devrais (inf.); you ⁓ to have done it vous auriez dû le faire.

ounce¹ [auns] once f (28,35 g); by the ⁓ à l'once; au poids.

ounce² zo. [⁓] once f; léopard m des neiges.

our [ˈauə] notre, nos; **ours** [ˈauə] le (la) nôtre, les nôtres; à nous; a ... of ⁓ un(e) de nos ...; **our'self** nous-même; réfléchi: nous (a. accentué); **our'selves** nous-mêmes; réfléchi: nous (a. accentué).

oust [aust] évincer; supplanter; déloger (d'un poste).

out [aut] **1.** adv. (au, en) dehors; au clair, découvert; sorti; éteint; au bout, à la fin; be ⁓ être sorti; sortir; se tromper; être bas(se f) (marée); être démodé (vêtement); faire la grève, être en grève (ouvrier); être épanoui ou en fleur; être paru (livre); être éventé (secret); avoir fait son entrée dans le monde (jeune fille); être luxé (épaule etc.); être sur pied (troupes); être achevé ou à bout (patience, mois, etc.); pol. n'être plus au pouvoir; être connu ou publié (nouvelle etc.); sp. être hors jeu ou éliminé ou knock-out; avoir perdu connaissance; sl. be ⁓ for s.th. être à la recherche de qch.;

be ⁓ to (inf.) avoir entrepris de (inf.); avoir pour but de (inf.); be ⁓ with être fâché avec; hear s.th. ⁓ entendre qch. jusqu'au bout; and⁓ complètement; ⁓-and-⁓ achevé, convaincu; ⁓ about (de nouveau) sur pied; levé; ⁓ and away de beaucoup; see elbow; come ⁓ théâ. débuter; débuter, faire son entrée dans le monde (jeune fille); have it ⁓ with vider une querelle avec (q.), s'expliquer avec (q.); voyage ⁓ aller m; way ⁓ sortie f; her Sunday ⁓ son dimanche de sortie; upon him! fi de lui!; ⁓ with him! à la porte!; **2.** su. typ. bourdon m; Am. F excuse f; parl. the ⁓s pl. l'opposition f; **3.** adj. aller (match); exceptionnel(le f) (taille); hors série; **4.** prp. ⁓ of hors de, au ou en dehors de; par (la fenêtre); choix: parmi, d'entre; démuni de; drink ⁓ of boire dans (un verre), à (la bouteille); 3 ⁓ of 10 3 sur 10; ⁓ of respect par respect; see date² 1; laugh 2; money; **5.** v/t. F remettre ivre mort; box. mettre knock-out.

out...: ⁓-and-'**out·er** sl. outrancier (-ère f) m; intransigeant(e f) m; chef-d'œuvre (pl. chefs-d'œuvre) m; ⁓'**bal·ance** l'emporter sur; ⁓'**bid** [irr. (bid)] renchérir sur; ⁓'**board** hors bord; extérieur; ⁓'**brave** braver; surpasser (q.) en bravoure; ⁓'**break** éruption f; début m; '⁓-**build·ing** bâtiment m extérieur; ⁓'**burst** explosion f, éruption f; ⁓'**cast** expulsé(e f) (a. su.); fig. réprouvé(e f) (a. su.); '⁓'**class** déclasser; surclasser; '⁓-**col·lege** externe (étudiant[e]); '⁓-**come** issue f, conséquence f; '⁓-**crop** ♉, géol. affleurement m; fig. épidémie f; '⁓-**cry** cri m; clameur f; ⁓-'**dat·ed** vieilli, démodé; '⁓'**dis·tance** dépasser, distancer; ⁓'**do** [irr. (do)] surpasser; '⁓-**door** adj., '⁓-**doors** adv. au-dehors; en plein air; au grand air.

out·er [ˈautə] extérieur; externe; '⁓-**most** le plus en dehors; extrême.

out...: ⁓'**face** dévisager (q.); faire baisser les yeux à (q.); ⁓'**fall** égout: déversoir m; rivière: embouchure f; '⁓-**fit** équipement m; trousse f; ♁ armement m; habits: trousseau m; Am. équipe f d'ouvriers; ⚔ F compagnie f, bataillon m; '⁓-**fit·ter** fournisseur (-euse f) m; marchand *m* de confections; ~'**flank** ╳ déborder; ~'**flow** *gaz, eau, etc.*: dépense *f*; *égout*: décharge *f*; ~'**go** 1. [*irr.* (go)] surpasser; dépasser; 2. ['~] dépenses *f/pl.*; ~'**go·ing** 1. sortant; 2. sortie *f*; dépenses *f/pl.*; ~'**grow** [*irr.* (grow)] devenir plus grand (*q.*); devenir trop grand pour (*qch.*); *fig.* se défaire de; ~'**growth** excroissance *f*; conséquence *f* naturelle; appentis *m; Am.* water *m* extérieur.

out·ing ['autiŋ] promenade *f*; partie *f* de plaisir; excursion *f*, sortie *f*.

out...: ~'**land·ish** baroque, bizarre; barbare (*langue*); retiré (*endroit*); ~'**last** survivre à; '~**law** 1. horsla-loi *m/inv.*; proscrit(e *f*) *m*; 2. proscrire; '~**law·ry** proscription *f*; ~'**lay** dépenses *f/pl.*; frais *m/pl.*; ~'**let** sortie *f*, départ *m*; issue *f; tuyau, a.* ♀ débouché *m; fig.* issue *f*, déversoir *m*; '~**line** 1. silhouette *f*; profil *m*; tracé *m; roman, pièce de théâ.*: canevas *m*; 2. silhouetter; ébaucher; esquisser; ~d dessiné, profilé (sur, *against*); ~'**live** survivre à; '~**look** guet *m*; vue *f*; perspective *f* (*a. fig.*); *pol.* horizon *m*; '~**ly·ing** éloigné, écarté; ♀ qui déborde (*appareil*); ~**ma'nœu·vre** l'emporter sur (*q.*) en tactique; F déjouer; ~'**march** devancer; ~'**mod·ed** démodé; '~**most** le plus en dehors; extrême; '~**num·ber** surpasser en nombre; ~-**of**-**door**(s) *see* outdoor(s); ~-**of**-**the**-'**way** écarté (*lieu*); *fig.* insolite; '~-**of**-'**work pay** indemnité *f* de chômage; ~'**pace** distancer; gagner de vitesse; '~-**pa·tient** malade *m* qui va consulter à la clinique; '~-**post** poste *m* avancé; ~'**pour·ing** épanchement *m* (*a. fig.*); '~**put** rendement *m; mine*: production *f*; ⊕ débit *m; ordinateur*: sortie *f*.

out·rage ['autreidʒ] 1. atteinte *f*, outrage *m* (à *on, against*); attentat *m* (à, *on*); *fig.* indignité *f*; 2. outrager, faire outrage à; violenter (*une femme*); *fig.* aller à l'encontre de; **out'ra·geous** □ immodéré; outrageux (*-euse f*); atroce.

out...: ~'**reach** tendre la main plus loin que; *fig.* prendre de l'avance sur; '~-**re·lief** secours *m/pl.* à domi-

cile; ~'**ride** [*irr.* (ride)] dépasser *ou* devancer à cheval; ♉ étaler (*une tempête*); '~**rid·er** piqueur *m*; F avant-coureur *m*; '~**rig·ger** ♉ *prao*: balancier *m*; outrigger *m*; espar *m* en saillie; ~'**right** 1. *adj.* ['autrait] à forfait; franc(he *f*); 2. *adv.* [aut'rait] complètement; à forfait; sur le coup; carrément; ~'**ri·val** surpasser; l'emporter sur (*q.*); ~'**run** [*irr.* (run)] dépasser (*le but etc.*); distancer (*un concurrent*); *fig.* l'emporter sur; '~**run·ner** *see* outrider; ~'**sail** ♉ dépasser (*un navire*); '~**set** commencement *m*, début *m*; ~'**shine** [*irr.* (shine)] éclipser; surpasser en éclat; '~**side** 1. *su.* extérieur *m*, dehors *m; autobus*: impériale *f; fig.* maximum *m; at the* ~ tout au plus; 2. *adj.* extérieur; du dehors; de l'impériale (*d'un autobus*); du bout (*d'une place ou chaise*); maximum (*prix*); *foot.*: ~ right (*left*) ailier *m* droit (*gauche*); 3. *adv.* (en) dehors; à l'extérieur; ~ *of* = 4. *prp.* en dehors de; à l'extérieur de; hors de; '~**sid·er** F étranger (*-ère f*) *m*; profane *mf*; ~'**sit** [*irr.* (sit)] rester plus longtemps que; '~**size** ♀ taille *f* exceptionnelle; '~**skirts** *pl.* ville: faubourgs *m/pl.*, banlieue *f*; forêt: lisière *f*; abords *m/pl.*; ~'**smart** *Am.* F surpasser en finesse; déjouer; ~'**spo·ken** □ carré; franc(he *f*); ~'**stand·ing** saillant; marquant, *fig.* éminent; en suspens (*affaire*); ♉ dû (due *f*); échu (*intérêt*); ~'**stay** rester plus longtemps que; ~ *one's welcome* lasser l'amabilité de ses hôtes; ~'**step** *fig.* outrepasser; ~'**stretch** étendre, déployer; ~'**strip** dépasser, gagner de vitesse; *fig.* surpasser; ~'**turn** rendement *m* net; ~'**val·ue** surpasser en valeur; ~'**vote** obtenir une majorité sur; mettre (*q.*) en minorité; '~**vot·er** électeur (*-trice f*) *m* qui ne réside pas dans la circonscription.

out·ward ['autwəd] 1. *adj.* en dehors; extérieur, de dehors; d'aller (*billet*); ♉ pour l'étranger; 2. *adv.* (*usu.* **out·wards** ['~dz]) au dehors; vers l'extérieur; '**out·ward·ness** extériorité *f; fig.* objectivité *f*.

out...: ~'**wear** [*irr.* (wear)] user complètement; durer plus longtemps que; se défaire de (*une habitude etc.*); **~'weigh** dépasser en poids; *fig.* l'emporter sur; **~'wit** déjouer les menées de; **'~·work** ouvrage *m* avancé; ⊕ travail (*pl. -aux*) *m* fait à domicile; **'~·work·er** ouvrier (-ère *f*) *m* à domicile.

ou·zel *orn.* [ˈuːzl] merle *m*.

o·val [ˈouvl] **1.** (en) ovale; **2.** ovale *m*.

o·va·ry [ˈouvəri] *anat.*, *a.* ♀ ovaire *m*.

o·va·tion [ouˈveiʃn] ovation *f*.

ov·en [ˈʌvn] four *m*; ⊕ étuve *f*; **~ cloth** poignée *f*; **'~·proof** allant au four; **'~·read·y** prêt à rôtir.

o·ver [ˈouvə] **1.** *adv.* par-dessus (*qch.*); en plus; fini, achevé; à la renverse; *avec adj. ou adv.*: trop; *avec verbe*: sur-, trop; *avec su.*: excès *m* de; **~ and above** en outre; (*all*) **~ again** d'un bout à l'autre; de nouveau; **~ against** vis-à-vis de; **all ~** partout; **~ and (again)** maintes et maintes fois; à plusieurs reprises; **fifty times ~** cinquante fois de suite; F **get s.th. ~ (and done)** with venir à bout de qch.; en finir avec qch.; **make ~** transférer; *Am.* refaçonner; **read ~** lire (*qch.*) en entier; parcourir; **2.** *prp.* sur, (par-)dessus; au-dessus de; au-delà de; **all ~ the town** partout dans la ville, dans toute la ville; **~ night** pendant la nuit; **~ a glass of wine** en prenant un verre de vin; **~ the way** en face.

over...: '~·act exagérer; **'~·all** tablier *m* blouse; *école:* blouse *f*; sarrau (*pl. -s, -x*) *m*; **~s** *pl.* salopette *f* (*a. d'enfant*); F bleus *m/pl.*; **'~·arch** former un arc au-dessus de (*qch.*); **~·awe** intimider; **~·bal·ance 1.** excédent *m*; **2.** (se) renverser; *v/t.* peser plus que; *v/i.* perdre l'équilibre (*personne*); **~·bear** [*irr.* (*bear*)] l'emporter sur; **~·bear·ing 1.** arrogant; **~·bid** [*irr.* (*bid*)] enchérir sur; **'~·blown** trop épanoui; **'~·board** ⚓ par-dessus bord; à la mer (*homme*); **'~·brim** déborder; **'~·build** [*irr.* (*build*)] trop construire dans (*une localité*); **~·bur·den** surcharger (de, with); **'~·cast 1.** [*irr.* (*cast*)] obscurcir; **~ a seam** faire un surjet; **2.** obscurci, couvert; **~ seam** surjet *m*; **~·charge 1.** [ˈouvəˈtʃɑːdʒ] surcharger; survendre (*des marchandises*); faire payer (*qch.*) trop cher à (*q.*);

2. [ˈouvətʃɑːdʒ] surcharge *f*; prix *m* surfait; **~·cloud** (se) couvrir de nuages; (s')assombrir; **'~·coat** pardessus *m*; **~·come** (come) vaincre; maîtriser; **'~·con·fi·dent** □ trop confiant; suffisant; **~·crowd** trop remplir; **~·do** [*irr.* (*do*)] outrer; charger (*un rôle*); *fig.* exagérer; *cuis.* trop cuire; **~·done** [ouvəˈdʌn] outré, excessif (*-ive f*); F éreinté; exagéré; [ˈouvədʌn] trop cuit; **~·dose** dose *f* trop forte *ou* excessive; **'~·draft** ✝ découvert *m*; **~·draw** [*irr.* (*draw*)] charger, exagérer; ✝ mettre à découvert; **~·dress** faire trop de toilette; (s')habiller avec trop de recherche; **'~·drink** [*irr.* (*drink*)]: **~ o.s.** se soûler; **'~·drive** *mot.* surmultiplication *f*; **'~·due** en retard (*a.* 🚂); ✝ arriéré, échu; **~·eat** [*irr.* (*eat*)]: **~ o.s.** trop manger; **'~·es·ti·mate** surestimer; **'~·ex·pose** *phot.* surexposer; **'~·ex'po·sure** *phot.* surexposition *f*; **'~·fa'tigue 1.** surmener; **2.** surmenage *m*; **'~·feed** [*irr.* (*feed*)] *v/t.* suralimenter; *v/i.* trop manger; **'~·flow 1.** [ouvəˈflou] [*irr.* (*flow*)] *v/t.* déborder de; inonder; *v/i.* déborder; **2.** [ˈouvəflou] débordement *m*; inondation *f*; trop-plein *m*; **'~·freight** surcharge *f*; **'~·ground** (qui voyage) par voie de terre); **'~·grow** (grow) (re)couvrir; envahir; **'~·growth** surcroissance *f*; couverture *f* (*de ronces etc.*); **~·hang 1.** [ˈouvəˈhæŋ] [*irr.* (*hang*)] surplomber; faire saillie (au-dessus de qch., s.th.); **2.** [ˈouvəhæŋ] saillie *f*; **~·haul** examiner en détail; réparer; **~·head 1.** [ouvəˈhed] *adv.* en haut; **works ~!** attention, travaux (en haut)!; **2.** [ˈouvəhed] *adj.* ✝ général (*-aux m/pl.*) (*frais, dépenses, etc.*); **~ railway** ⊕ pont roulant; 🚂 chemin *m* de fer aérien; ⊕ **~ wire** câble *m* aérien; **3.** *su.* ✝ **~s** *pl.* frais *m/pl.* généraux; **'~·hear** [*irr.* (*hear*)] surprendre (*q., une conversation*); **'~·heat** ⊕ surchauffer; ⊕ **~ o.s.** s'échauffer; **'~·house** *radio:* d'extérieur (*antenne*); **'~·in'dulge** montrer trop d'indulgence envers (*q.*), gâter (*q.*); céder trop facilement à (*un vice*); **~ in** faire abus de (*qch.*); **'~·in'dul·gence** indulgence *f* excessive; **'~·is·sue** faire une surémission de (*billets de banque*); **'~·joy** ravir; **be ~ed** *a.* être aux anges, être au comble (de la joie); '~·**kill** ✕ (capacité f de) surextermination f; ~·**land 1.** ['ouvəlænd] adj. qui voyage par voie de terre; **2.** [ouvə'lænd] adv. par voie de terre; ~·**lap** v/t. recouvrir (partiellement); dépasser; faire double emploi avec; v/i. (se) chevaucher; ~·**lay 1.** [ouvə'lei] [irr. (lay)] (re)couvrir (de, with); ⊕ mettre des hausses sur; **2.** ['ouvəlei]: ~ mattress matelas m; couvre-lit m; ~·**leaf** au verso; ~·**load 1.** ['ouvəloud] surcharge f; **2.** [ouvə'loud] surcharger; ~·**look** avoir vue sur; dominer; surveiller (un travail); fig. oublier; négliger; fermer les yeux sur; laisser passer; '~·**lord** suzerain m.

o·ver·ly ['ouvəli] trop, excessivement, à l'excès.

o·ver...: ~·**manned** ayant trop de personnel; '~·**man·tel** étagère f de cheminée; ~·**mas·ter** subjuguer; '~·**much** (par) trop; '~·**night 1.** (pendant) la nuit; jusqu'au lendemain; du jour au lendemain; **2.** d'une nuit; de nuit; fig. soudain; ~ bag sac m de voyage; ~ stay séjour m d'une nuit; ~ stop arrêt m pour la nuit; '~·**pay** [irr. (pay)] trop payer; surpayer; ~·**peo·pled** surpeuplé; '~·**play** exagérer; fig. ~ one's hand essayer de faire qch. au-dessus de ses moyens; '~·**plus** surplus m; ~·**pow·er** maîtriser; fig. accabler; ~·**pres·sure** surpression f; surmenage m (de l'esprit); '~·**print** phot. trop pousser; '~·**rate** surestimer; ~·**reach** dépasser; ~ o.s. être victime de sa propre fourberie; '~·**re'act** réagir excessivement ou trop vivement (à, to); ~·**ride** [irr. (ride)] outrepasser (un ordre); fouler aux pieds (des droits); surmener (un cheval); avoir plus d'importance que; ~·**riding** primordial (-aux m/pl.); ~·**rule** décider contre; ⚖ annuler; rejeter; ~·**run** [irr. (run)] envahir; dépasser (les bornes); surmener (une machine); typ. reporter à la ligne ou page suivante; '~·**seas** d'outre-mer; à l'étranger; adj. a. étranger (-ère f); ~ aid aide f aux pays étrangers; ~ trade commerce m extérieur; '~·**see** [irr. (see)] surveiller; ~·**se·er** surveillant(e f) m; ⊕ chef m d'atelier; ~ of the poor directeur m du Bureau de bienfaisance; ~·**set** [irr. (set)] v/t. renverser; fig. bouleverser; v/i. se

renverser; '~·**sew** [irr. (sew)] surjeter; ~·**shad·ow** ombrager; éclipser (q.); '~·**shoe** galoche f; '~·**shot** [irr. (shoot)] dépasser; dépeupler (une chasse); ~ o.s. aller trop loin; '~·**shot** à augets (roue); '~·**sight** oubli m; surveillance f; '~·**sim·pli·fi·ca·tion** simplisme m; '~·**sleep** [irr. (sleep)] (a. ~ o.s.) dormir trop longtemps; '~·**sleeve** fausse manche f; ~·**spill** excédent m (surt. de la population); '~·**spread** [irr. (spread)] couvrir (de, with); inonder (qch.); s'étendre sur; ~·**staffed** avec trop de personnel; '~·**state** exagérer; ~·**step** outrepasser; '~·**stock** constituer un cheptel trop important pour (une ferme); ✝ encombrer (le marché); ~·**strain 1.** ['ouvəstrein] surtendre; fig. surmener; **2.** [ouvə'strein] tension f excessive; fig. surmenage m; surexcité ['ouvəstraʃ] surexcité [ouvəstraʃ] oblique (piano); '~·**sub'scribe** ✝ surpasser (une émission); '~·**sup'ply** provision f excessive; excès m.

o·vert ['ouvə:t] patent, évident.

over...: ~·**take** [irr. (take)] dépasser (qch.); doubler (une auto); rattraper (q.); fig. arriver à, surprendre; '~·**tax** pressurer (le peuple); fig. trop exiger de (q.); surmener; ~·**throw 1.** [ouvə'θrou] [irr. (throw)] renverser (a. fig.); vaincre; **2.** ['ouvəθrou] renversement m; défaite f (a. fig., a. ✕); ~·**time** heures f/pl. supplémentaires; '~·**tire** surmener; '~·**tone** ♪ harmonique m; fig. sous-entendu m, note f, nuance f, accent m; '~·**top** dépasser en hauteur; ~·**train** (s')épuiser par un entraînement trop sévère; ~·**trump** surcouper.

o·ver·ture ['ouvətjuə] ouverture f (a. ♪); offre f.

over...: ~·**turn 1.** ['ouvətə:n] renversement m; **2.** [ouvə'tə:n] (se) renverser; mot. (faire) capoter; ⚓ (faire) chavirer; '~·**val·ue** faire trop de cas de; ✝ surestimer; ~·**ween·ing** outrecuidant; ~·**weight 1.** ['ouvəweit] poids, bagages, etc.: excédent m; **2.** ['ouvə'weit] surcharger (de, with); ~·**whelm** accabler (a. fig.); submerger; combler; ~·**whelm·ing** □ accablant; écrasant; '~·**wise** □ prétentieux (-euse f); ~·**work 1.** ['ouvəwə:k] travail (pl. -aux) m en plus; ['ouvə'wə:k] fig. surmenage *m*; **2.** [~] [*irr.* (*work*)] (se) surmener; '~**wrought** surmené; excédé de fatigue *etc.*; surexcité.

o·vi·form ['ouvifɔːm] ovoïde, oviforme; **o·vip·a·rous** biol. [ou'vipərəs] ovipare.

owe [ou] devoir (*de l'argent, de l'obéissance, etc.*); *sp.* rendre (*des points*); ~ *s.o. a grudge* en vouloir à q.

ow·ing ['ouiŋ] dû (due *f*); ~ *to* par suite de; à cause de; *be* ~ *to* (pro-)venir de.

owl orn. [aul] hibou (*pl.* -x) *m*; chouette *f*; **owl·et** ['aulit] jeune hibou *m*; '**owl·ish** □ de hibou.

own [oun] **1.** propre; à moi (toi *etc.*); le mien (tien *etc.*); *my* ~ *self* moi-même; *a* ~ *brother to* frère germain de (*q.*); **2.** *my* ~ le mien (la mienne *etc.*); *a house of one's* ~ une maison à soi; *come into one's* ~ entrer en possession de son bien; F *get one's* ~ *back* se venger, prendre sa revanche (sur, *on*); *hold one's* ~ tenir ferme; maintenir sa position; F *on one's* ~ (tout) seul; **3.** posséder; avoir; (*a.* ~ *to*) reconnaître; avouer; convenir de; F ~ *up* (*to*) faire l'aveu (de); avouer (*avoir fait qch.*).

own·er ['ounə] propriétaire *mf*; '~-'**driv·er** conducteur *m* propriétaire; '~-**less** sans propriétaire; '**own·er·ship** (droit *m* de) propriété *f*; possession *f*.

ox [ɔks], *pl.* **ox·en** ['~ən] bœuf *m*.

ox·al·ic ac·id 🜍 [ɔk'sælik'æsid] acide *m* oxalique.

Ox·ford shoes ['ɔksfəd'ʃuːz] *pl.* souliers *m/pl.* de ville.

ox·i·da·tion [ɔksi'deiʃən] 🜍 oxydation *f*; métall. calcination *f*; **ox·ide** 🜍 ['ɔksaid] oxyde *m*; **ox·i·dize** ['ɔksidaiz] (s')oxyder; *v/t.* métall. calciner.

Ox·o·ni·an [ɔk'sounjən] **1.** oxonien (-ne *f*); **2.** membre *m* de l'Université d'Oxford.   [la queue de bœuf.\

ox·tail soup ['ɔksteil'suːp] soupe *f* à]

ox·y·a·cet·y·lene [ɔksiə'setiliːn]: ~ *burner* (*ou lamp ou torch*) chalumeau *m* oxycétylénique, oxycoupeur *m*.

ox·y·gen 🜍 ['ɔksidʒən] oxygène *m*; **ox·y·gen·ate** [ɔk'sidʒineit] oxygéner, oxyder.

oys·ter ['ɔistə] huître *f*; *attr.* à huîtres, d'huître(s); '~-**bed** huîtrière *f*.

o·zone 🜍 ['ouzoun] ozone *m*.

O·yer 🜃 ['ɔiə] audition *f*.

P

P, p [piː] P *m*, p *m*; **mind one's Ps and Qs** se surveiller; faire bien attention.

pa F [pɑː] papa *m*.

pab·u·lum ['pæbjuləm] nourriture *f*.

pace [peis] **1.** pas *m* (*a. mesure*); vitesse *f*; allure *f*; *équitation*: amble *m*; **keep ~ with** marcher de pair avec; **put** s.o. **through his ~s** mettre q. à l'épreuve; *sp.* **set the ~** donner l'allure; **2.** *v/t.* mesurer (*qch.*) au pas; arpenter; *sp.* entraîner (*q.*); *v/i.* marcher à pas mesurés; aller au pas; aller à l'amble (*cheval*); **'pace-mak·er** *sp.* entraîneur *m*; meneur *m* de train; ✍ stimulateur *m* cardiaque; **'pac·er** cheval *m* ambleur; *see pace-maker.*

pach·y·derm *zo.* ['pækidəːm] pachyderme *m*.

pa·cif·ic [pə'sifik] (*~ally*) pacifique; paisible; ♀ *Ocean* l'océan *m* Pacifique, le Pacifique *m*; **pac·i·fi·ca·tion** [pæsifi'keiʃn] apaisement *m*; pacification *f*.

pac·i·fi·er ['pæsifaiə] pacificateur (*-trice* *f*) *m*; *Am.* sucette *f*; **'pac·i·fism** pacifisme *m*; **'pac·i·fist** pacifiste *mf*.

pac·i·fy ['pæsifai] pacifier (*la foule, un pays*); calmer, apaiser.

pack [pæk] **1.** paquet *m*; ballot *m*; bande *f*; ✗ paquetage *m*; *cartes*: jeu *m*; paquet *m*; ✗ enveloppement *m*; *sp.* rugby: pack *m*; **a ~ of non-sense** un tas *m* de sottises; **~ animal** bête *f* de somme; *Am.* **~ train** convoi *m* de bêtes de somme; **2.** *v/t.* tasser; remplir, bourrer (*souv. ~ up*) emballer, empaqueter, envelopper (*a.* ✍); (*a. ~ off*) envoyer (au lit, promener, *etc.*); F faire (*une malle*); conserver en boîtes (*la viande etc.*); *fig.* serrer, combler; ⊕ garnir (*le piston, le gland*); *v/i.* (*usu. ~ up*) faire sa malle; plier bagage; s'attrouper (*personne*); se tasser; **~** s.o. **off, send** s.o. **~ing** envoyer q. à la balançoire; **'pack·age** empaquetage *m*, emballage *m*;

surt. *Am.* paquet *m*, colis *m*; ✝ **~ deal** marché *m* *ou* contrat *m* global; achat *m* forfaitaire; panier *m*; **~ holiday** vacances *f/pl.* organisées; **~ tour** voyage *m* organisé à prix forfaitaire; **'pack·er** emballeur *m*; *Am.* fabricant *m* de conserves en boîtes; **pack·et** ['~it] paquet *m*; colis *m*; (*a.* **~-boat**) paquebot *m*; **'pack·horse** cheval *m* de bât (*a. fig.*), sommier *m*.

pack·ing ['pækiŋ] emballage *m*; *viande etc.*: conservation *f*; tassement *m*; matière *f* pour emballage; ⊕ garniture *f*; *attr.* d'emballage; **'~-box** ☙ presse-étoupe *m/inv.*; **~ house** *Am.* *usu.* fabrique *f* de conserves. [d'emballage; ficelle *f*.\]

pack·thread ['pækθred] fil *m*\]

pact [pækt] pacte *m*, contrat *m*.

pad¹ *sl.* [pæd] (*a. ~ it*) aller à pied, trimarder.

pad² [~] **1.** bourrelet *m*, coussinet *m*; ouate, encreur, *etc.*: tampon *m*; bloc *m*; bloc-notes (*pl.* blocs-notes) *m*; *lapin etc.*: patte *f*; *doigt etc.*: pulpe *f*; *sp.* jambière *f*; **2.** rembourrer; ouater; *fig.* **~ out** délayer; ajouter du remplissage à; **~ded cell** cellule *f* matelassée; **'pad·ding** remplissage *m* (*a. fig.*); rembourrage *m*; ouate *f*; bourre *f*.

pad·dle ['pædl] **1.** aube *f*, palette *f*; tortue etc.: nageoire *f*; pagaie *f*; ♺ roue *f* à aubes; **2.** pagayer; *fig.* barboter; patauger; *Am.* F fesser; **'~-box** ♺ caisse *f* de roue; **'~-steam·er** ♺ vapeur *m* à aubes; **'~-wheel** roue *f* à aubes.

pad·dock ['pædək] enclos *m* (*pour chevaux*); *sp.* paddock *m*, pesage *m*.

pad·dy¹ ['pædi] paddy *m* (= *riz non décortiqué*).

pad·dy² F [~] colère *f*.

pad·dy·wag·on *Am. sl.* ['pædiwægən] panier *m* à salade.

pad·lock ['pædlɔk] cadenas *m*.

pa·gan ['peigən] païen(ne *f*) (*a. su.*); **'pa·gan·ism** paganisme *m*.

page¹ [peidʒ] **1.** page *m* (*d'un roi etc.*); (*a.* **~-boy**) hôtel: chasseur *m*, groom *m*; *Am.* huissier *m*; **2.** *Am.* envoyer chercher (*q.*) par un chasseur.

page² [⌐] **1.** livre: page *f*; **2.** numéroter; paginer; *typ.* mettre en pages.

pag·eant ['pædʒənt] spectacle *m* historique; fête *f*; (*a.* '**pag·eant·ry**) pompe *f*; spectacle *m* pompeux.

pag·i·nate ['pædʒineit] *see* page² **2**; **pag·i·na·tion** pagination *f*; numérotage *m* (*des pages*).

paid [peid] *prét. et p.p. de* pay **2**.

pail [peil] seau *m*.

pail·lasse [pæl'jæs] paillasse *f*.

pain [pein] **1.** douleur *f*, souffrance *f*, peine *f* (*morale*); douleur *f* (*physique*); ~s *pl.* douleurs *f/pl.*; *fig.* peine *f*; soins *m/pl.*; (up)on ~ of sous peine de; *F* be a ~ in the neck être casse-pieds; be in ~ souffrir; be at ~s (of *gér.*, to *inf.*), take ~s (to *inf.*) prendre *ou* se donner la peine (pour *inf.*); **2.** faire souffrir (*q.*); faire de la peine à (*q.*); **pain·ful** ['~ful] douloureux (-euse *f*); *fig.* pénible; '**pain·kill·er** anodin *m*; '**pain·less** □ sans douleur; '**pains·tak·ing** □ assidu; appliqué (*élève*); soigné (*travail*); **2.** application *f*; assiduité *f*.

paint [peint] **1.** peinture *f*; couleur *f*; visage: fard *m*; *wet* ~! attention à la peinture!; **2.** peindre; (se) farder; *v/t.* peinturer; *,* *co.* badigeonner; † *fig.* dépeindre; ~ out effacer (au moyen d'une couche de peinture); *v/i.* faire de la peinture; '~-**brush** pinceau *m*.

paint·er¹ ['peintə] (artiste-)peintre *m*; *a.* peintre *m* en bâtiments.

paint·er² ⚓ ['peintə] amarre *f*.

paint·ing ['peintiɳ] peinture *f*; tableau *m*; **paintress** femme *f* peintre; '**paint·y** de peinture.

pair [pɛə] **1.** paire *f*; *a* ~ of scissors une paire *f* de ciseaux; *a carriage and* ~ une voiture *f* à deux chevaux; go up three ~ of stairs monter trois étages; three ~ front au troisième sur la rue; **2.** (s')apparier; *v/i.* faire la paire (avec, with); (*a.* ~ off) s'en aller deux par deux.

pa·ja·mas *pl. usu. Am.* [pə'dʒɑ:məz] *see* pyjamas.

pal *sl.* [pæl] **1.** camarade *mf*; *sl.* copain *m*, copine *f*; **2.** ~ up se lier d'amitié (avec, with).

pal·ace ['pælis] palais *m*.

pal·at·a·ble □ ['pælətəbl] agréable

(au palais); '**pal·at·a·ble·ness** goût *m* agréable; caractère *m* agréable.

pal·a·tal 𝄞 ['pælətl] **1.** palatal (-aux *m/pl.*); **2.** *gramm.* palatale *f*.

pal·ate ['pælit] palais *m* (*a. fig.*); soft ~ voile *m* du palais.

pa·la·tial □ [pə'leiʃəl] grandiose.

pa·lat·i·nate [pə'lætinit] palatinat *m*; the ♀ le Palatinat *m*.

pal·a·tine ['pælətain] palatin; Count ♀ comte *m* palatin.

pa·la·ver [pə'lɑ:və] **1.** palabre *f*, conférence *f*; *sl.* flagornerie *f*, *sl.* chichis *m/pl.*; **2.** palabrer.

pale¹ [peil] **1.** □ pâle (*a. couleur*); blême; ~ blue bleu pâle; ~ ale bière *f* blonde, pale-ale *m*; **2.** *v/t.* (faire) pâlir; *v/i.* pâlir, blêmir.

pale² [⌐] pieu *m*; *fig.* limites *f/pl.*

pale·face ['peilfeis] visage pâle *mf*.

pale·ness ['peilnis] pâleur *f*.

Pal·es·tin·i·an [pæles'tiniən] palestinien(ne *f*).

pal·ette *peint.* ['pælit] palette *f*; '~-**knife** couteau *m* à palette.

pal·frey ['pɔ:lfri] palefroi *m*.

pal·ing ['peiliɳ] clôture *f* à clairevoie; palissade *f*.

pal·i·sade [pæli'seid] **1.** palissade *f*; **2.** palissader.

pall¹ [pɔ:l] **1.** *eccl.* poêle *m*; *fig.* manteau *m*, voile *m*; **2.** couvrir d'un poêle.

pall² [⌐] s'affadir; devenir insipide (pour *q.*), (up)on *s.o.*).

pal·la·di·um 🜨, *myth.* [pə'leidiəm] palladium *m*.

pal·let¹ ['pælit] paillasse *f*; grabat *m*.

pal·let² ⊕ [⌐] cliquet *m*; *horloge etc.*: palette *f*.

pal·liasse [pæl'jæs] paillasse *f*.

pal·li·ate ['pælieit] pallier; atténuer; **pal·li·a·tion** *f*; atténuation *f*; **pal·li·a·tive** ['pæliətiv] **1.** palliatif (-ive *f*); lénitif (-ive *f*); **2.** palliatif *m*; lénitif *m*; anodin *m*.

pal·lid □ ['pælid] décoloré; blafard (*lumière*); blême (*visage*); '**pal·lid·ness**, **pal·lor** ['pælə] pâleur *f*.

pal·ly *F* ['pæli]: be ~ with *s.o.* être copain (copine *f*) avec *q.*

palm [pɑ:m] **1.** main: paume *f*; *ancre*: oreille *f*; *bois de cerf*: empaumure *f*; ♀ *arbre*: palmier *m*; *branche*: palme *f*; *eccl.* rameau *m*; **2.** empalmer; cacher dans la main; ~ off *s.o.* F refiler (*qch.*) à *q.*; **pal·mar** ['pælmə] palmaire *f*; **pal·mate**

pantry

['pælmit], **pal·mat·ed** ['⌣meitid] palmé; **pal·mer** ['pɑːmə] pèlerin *m*; **palm·is·try** ['⌣istri] chiromancie *f*; **'palm-oil** huile *f* de palme; *co.* use ~ on s.o. graisser la patte à q.; **Palm Sun·day** (dimanche *m* des) Rameaux *m/pl.*; **'palm-tree** palmier *m*; **'palm·y** F heureux (-euse *f*), florissant.

pal·pa·bil·i·ty [pælpə'biliti] palpabilité *f*; *fig.* évidence *f*; **'pal·pa·ble** □ palpable; *fig.* évident, manifeste; **'pal·pa·ble·ness** *see* palpability.

pal·pi·tate ['pælpiteit] palpiter; **pal·pi'ta·tion** palpitation *f*.

pal·sied ['pɔːlzid] paralysé, paralytique.

pal·sy ['pɔːlzi] 1. paralysie *f*; *fig.* évanouissement *m*; 2. paralyser.

pal·ter ['pɔːltə] (*with*) biaiser (avec); transiger (avec, sur).

pal·tri·ness ['pɔːltrinis] mesquinerie *f*; **'pal·try** □ mesquin, misérable.

pam·per ['pæmpə] choyer, dorloter.

pam·phlet ['pæmflit] brochure *f*; opuscule *m*; *péj.* pamphlet *m*; **pam·phlet·eer** [⌣'tiə] auteur *m* de brochures; *péj.* pamphlétaire *m*.

pan [pæn] 1. casserole *f*; *balance:* plateau *m*; 2. *Am.* F *v/t.* décrier, rabaisser; ~ *out* laver (*le gravier*); *v/i.* ~ *out* réussir.

pan... [⌣] pan-.

pan·a·ce·a [pænə'siə] panacée *f*; remède *m* universel.

pan·cake ['pænkeik] crêpe *f*; ✈ ~ *landing* descente *f* à plat.

pan·da ['pændə] panda *m*; *Brit.* ~ *car* voiture *f* pie (de la police); *Brit.* ~ *crossing* passage *m* pour piétons.

pan·de·mo·ni·um [pændi-'mouniəm] bruit *m* infernal.

pan·der ['pændə] 1. se prêter à (*un vice*); servir de proxénète à (*q.*); 2. entremetteur (-euse *f*) *m*.

pane [pein] vitre *f*, carreau *m*; ⊕ pan *m*.

pan·e·gyr·ic [pæni'dʒirik] panégyrique *m*; **pan·e'gyr·ist** panégyriste *m*.

pan·el ['pænl] 1. ⚙ entre-deux *m/inv.*; panneau *m*; *porte:* placard *m*; *plafond:* caisson *m*; panneau *m* (*de lambris, de robe*); tableau *m* (⚖ *du jury, a. mot. de manœuvre*); ⚖ *le jury m*; *peint.* panneau *m*; vantail

(*pl.* -aux) *m*; ~ *discussion* réunion-débat *f* (*pl.* réunions-débats); ~ *doctor* médecin *m* conventionné; 2. diviser en *ou* recouvrir de panneaux; lambrisser (*un paroi*); **'pan·el·ist** membre *m* d'un jury; **'pan·el·(l)ing**, *a.* **'pan·el-work** lambris(sage *m*) *m/pl.*

pang [pæŋ] angoisse *f* subite; douleur *f*; *fig.* blessure *f*, tournements *m/pl.*; ~ *of hunger* tiraillement *m* d'estomac.

pan·han·dle ['pænhændl] 1. *Am.* langue de terre d'un État, encaissée entre deux autres États; 2. *Am.* F mendigoter; **'pan·han·dler** *Am.* F mendigoteur.

pan·ic ['pænik] 1. de panique; 2. panique *f*; affolement *m*; 3. (s')affoler; remplir *ou* être pris de panique; **'pan·ick·y** F sujet à *ou* dicté par la panique; alarmiste; **'pan·ic-mon·ger** semeur (-euse *f*) *m* de panique.

pan·nier ['pæniə] panier *m*.

pan·ni·kin ['pænikin] écuelle *f* *ou* gobelet *m* en fer blanc.

pan·o·ply ['pænəpli] *fig.* panoplie *f*.

pan·o·ra·ma [pænə'rɑːmə] panorama *m*; **pan·o·ram·ic** [⌣'ræmik] (⌣ally) panoramique.

pan·sy ['pænzi] ♀ pensée *f*; *sl.* homme *m* efféminé.

pant [pænt] haleter; panteler; chercher à reprendre haleine; palpiter (*cœur*); *fig.* ~ *for* (*ou after*) soupirer après; ~ *out* dire (*qch.*) en haletant.

Pan·ta·loon [pæntə'luːn] Pantalon *m*; 2s *pl.* pantalon *m* (*see* pants).

pan·tech·ni·con [pæn'teknikən] garde-meuble *m*; (*a.* ~ *van*) voiture *f* de déménagement.

pan·the·ism ['pænθiizm] panthéisme *m*; **pan·the'is·tic** (⌣ally) panthéiste.

pan·ther *zo.* ['pænθə] panthère *f*.

pant·ies *Am.* ['pæntiz] *pl.*: (*a pair of*) ~ (une) culotte *f* collante (*de femme*). [panne *f*.\]

pan·tile ['pæntail] tuile *f* flamande;/

pan·to·mime ['pæntəmaim] pantomime *f*; spectacle *m* traditionnel de Noël, fondé sur un conte de fée; **pan·to·mim·ic** [⌣'mimik] (⌣ally) pantomimique; de féerie.

pan·try ['pæntri] garde-manger *m/inv.*; dépense *f*; (*souv. butler's ou housemaid's* ~) office *f*.

pants *surt. Am.* F [pænts] *pl.*: (*a pair of*) ~ (un) pantalon *m*; ~ *suit* tailleur-pantalon *m* (*pl.* tailleurs-pantalons).

pan·ty hose *Am.* ['pænti'həus] collant *m*.

pap [pæp] bouillie *f*.

pa·pa [pə'pɑ:] papa *m*.

pa·pa·cy ['peipəsi] papauté *f*.

pa·pal □ ['peipəl] papal (-aux *m/pl.*); du Pape.

pa·per ['peipə] **1.** papier *m*; (*ou news.~*) journal *m*; carte *f* (*d'épingles etc.*); document *m*; (*ou wall-~*) tenture *f*, papier *m* peint; étude *f*, mémoire *m*; *école:* composition *f*, épreuve *f*; † papier *m* négociable; billets *m/pl.* de banque; papiers-valeurs *m/pl.*; ~*s pl.* papiers *m/pl.*; journaux *m/pl.*; *pol.*, *a.* ⚖ documents *m/pl.*; communiqués *m/pl.*; *read a* ~ on faire une conférence sur; **2.** de papier; en carton; papetier (-ère *f*); à papier; ~ *war* guerre *f* de plume; **3.** tapisser; *sl. théâ.* remplir de billets de faveur; '~**back** livre *m* broché; '~**bag** sac *m* de *ou* en papier; '~**chase** rallye-paper *m*; '~**clip** agrafe *f*, pince *f*; '~**cred·it** † dettes *f/pl.* compte; '~**fast·en·er** attache *f* métallique; '~**hang·er** colleur *m* de papiers peints; '~**hang·ings** *pl.* papier *m* peint, papiers *m/pl.* peints; '~**mill** papeterie *f*; '~**stain·er** imprimeur *m* de papiers peints; '~**thin** extrêmement fin; '~**weight** presse-papiers *m/inv.*; '~**work** écriture(s) *f(pl.)*; paperasserie *f*; **pa·per·y** ['~ri] semblable au papier; tout mince.

pa·pier mâ·ché ['pæpjei'mɑ:ʃei] carton-pâte *m* (*pl.* cartons-pâtes) *m*.

pa·pil·la *anat.* [pə'pilə], *pl.* **-lae** [~li:] papille *f*.

pa·pist ['peipist] papiste *mf*; **pa·pis·tic, pa·pis·ti·cal** □ [pə'pistik(l)] *péj.* papiste; **pa·pis·try** ['peipistri] *péj.* papisme *m*.

pap·py ['pæpi] pâteux (-euse *f*); *fig.* flasque.   [papyrus *m.*)

pa·py·rus [pə'paiərəs], *pl.* **-ri** [~rai]*)*

par [pɑ:] égalité *f*; pair *m* (*a.* †); *above, (below)* ~ au-dessus (*au-dessous*) du pair; *at* ~ au pair, à (la) parité; *be on a* ~ *with* être l'égal *ou* au niveau de; *put on a* ~ *with* mettre au même niveau que; *ne faire aucune distinction entre.*

par·a·ble ['pærəbl] parabole *f*.

pa·rab·o·la Å [pə'ræbələ] parabole *f*; **par·a·bol·ic, par·a·bol·i·cal** □ [pærə'bɔlik(l)] parabolique (*a.* Å).

par·a·chute ['pærəʃu:t] parachute *m*; ~ *jump* saut *m* en parachute; parachutage *m*; '**par·a·chut·ist** parachutiste *mf*.

pa·rade [pə'reid] **1.** parade *f*; *fig.* étalage *m*; ✗ défilé *m*; ✗ exercice *m*; ✗ (*ou* ~*ground*) place *f* d'armes; esplanade *f*; défilé *m* (*de mannequins*); *make a* ~ *of* faire parade de; **2.** *v/t.* faire parade de; ✗ faire défiler; faire l'inspection de; *v/i.* défiler; parader (*pour, for*).

par·a·digm *gramm.* ['pærədaim] paradigme *m*.

par·a·dise ['pærədais] paradis *m*.

par·a·dis·i·ac [pærə'disiæk], **par·a·di·si·a·cal** □ [pærədi'saiəkəl] paradisiaque.

par·a·dox ['pærədɔks] paradoxe *m*; **par·a·dox·i·cal** □ paradoxal (-aux *m/pl.*).

par·af·fin 🜍 ['pærəfin] paraffine *f*; F pétrole *m* (lampant).

par·a·gon ['pærəgən] parangon *m*; modèle *m* (*a. fig.*).

par·a·graph ['pærəgrɑ:f] paragraphe *m*; alinéa *m*; *journal:* entrefilet *m*; *typ.* † pied *m* de mouche.

par·a·keet *orn.* ['pærəki:t] perruche *f*.

par·al·lel ['pærəlel] **1.** parallèle (à *to, with*); *fig.* pareil(le *f*), semblable; analogue; ~ *bars pl.* barres *f/pl.* parallèles; **2.** ligne, *a.* tranchée: parallèle *f*; *géog.* parallèle *m*; *fig.* parallèle *m*, comparaison *f*, pareil(le *f*) *m*; *cas m* analogue; ≠ *connect* (*ou join*) *in* ~ coupler en parallèle; *have no* ~ être sans pareil(le *f*); *without* ~, incomparable, sans égal (-aux *m/pl.*); **3.** égaler (*qch.*); être égal (*ou* pareil) à (*qch.*); mettre (*deux choses*) en parallèle; ≠ synchroniser; '**par·al·lel·ism** parallélisme *m*; **par·al·lel·o·gram** Å [~əgræm] parallélogramme *m*.

pa·ral·y·se ['pærəlaiz] paralyser (*a. fig.*); *fig.* transir; **pa·ral·y·sis** ≈ [pə'rælisis] paralysie *f*; **par·a·lyt·ic** [pærə'litik] **1.** (~*ally*) paralytique; **2.** paralytique *mf*.

par·a·mil·i·tar·y ['pærə'militəri] paramilitaire.

par·a·mount ['pærəmaunt] **1.** souverain, éminent; suprême (*impor-*

tance); be ~ *(to)* l'emporter (sur); **2.** suzerain(e *f*) *m*; **'par·a·mount·cy** suzeraineté *f*; primauté *f*.

par·a·mour ['pærəmuə] amant(e *f*) *m*; maîtresse *f*.

par·a·noi·a [pærə'nɔiə] paranoïa *f*; **par·a·noi·ac** [~'nɔiæk] paranoïaque *mf*.

par·a·pet ['pærəpit] ✗ parapet *m*; *pont:* garde-corps *m/inv.*

par·a·pher·na·li·a [pærəfə'neiljə] *pl.* F affaires *f/pl.*, bataclan *m*; attirail *m*, appareil *m*.

par·a·phrase ['pærəfreiz] **1.** paraphrase *f*; **2.** paraphraser, résumer.

par·a·ple·gi·a [pærə'pli:dʒə] paraplégie *f*; **par·a·ple·gic** paraplégique *(adj., mf)*.

par·a·site ['pærəsait] parasite *m*; *fig.* écornifleur (-euse *f*) *m*; **par·a·sit·ic, par·a·sit·i·cal** □ [~'sitik(l)] parasite (de, on).

par·a·sol [pærə'sɔl] ombrelle *f*.

par·a·troop·er ✗ ['pærətru:pə] parachutiste *m*; **par·a·troops** ['~tru:ps] *pl.* les parachutistes *m/pl.*

par·a·ty·phoid ✗ ['pærə'taifɔid] paratyphoïde *f*.

par·boil ['pɑːbɔil] faire bouillir à demi; *fig.* étourdir (*la viande*).

par·buck·le ⚓ ['pɑːbʌkl] **1.** trévire *f*; **2.** trévirer.

par·cel ['pɑːsl] **1.** paquet *m*, colis *m*; ✝ lot *m*, envoi *m*; *péj.* tas *m*; *parcelle f (de terrain)*; **~s office** bureau *m* (de) messageries; **2.** empaqueter; emballer *(usu. ~ out)* parceler, lotir, morceler *(un terrain)*; **~ post** service *m* des colis postaux.

parch [pɑːtʃ] (se des)sécher; *v/t.* rôtir, griller; **~ing heat** chaleur *f* brûlante.

parch·ment ['pɑːtʃmənt] parchemin *m*.

par·don ['pɑːdn] **1.** pardon *m*; ⚖ grâce *f*; *eccl.* indulgence *f*; **2.** pardonner (qch. à q., s.o. s.th.); ⚖ faire grâce à; gracier; **'par·don·a·ble** □ pardonnable; graciable; **'par·don·er** *hist.* vendeur *m* d'indulgences.

pare [pɛə] rogner *(les ongles etc.)*; peler *(une pomme etc.)*; éplucher; *(a. ~ away, ~ down) fig.* rogner.

par·ent ['pɛərənt] père *m*, mère *f*; *fig.* mère *f*, source *f*; **~s** *pl.* parents *m/pl.*, les père et mère *f*; **~-teacher association** association *f* des parents

d'élèves et des professeurs; **'par·ent·age** naissance *f*, parentage *m*; extraction *f*; **pa·ren·tal** □ [pə'rentl] paternel(le *f*).

pa·ren·the·sis [pə'renθisis], *pl.* **-ses** [~si:z] parenthèse *f (a. typ.)*; *fig.* intervalle *m*; **pa'ren·the·size** mettre entre parenthèses *(a. typ.)*; intercaler; **par·en·thet·ic, par·en·thet·i·cal** □ [pærən'θetik(l)] entre parenthèses.

par·ent·less ['pɛərəntlis] orphelin, sans mère ni père.

par·get ['pɑːdʒit] recouvrir *(un mur)* d'une couche de plâtre; crépir.

pa·ri·ah ['pæriə] paria *m*, réprouvé (-e *f*) *m*.

pa·ri·e·tal [pə'raiitl] pariétal (-aux *m/pl.*); *anat.* ~ **bone** pariétal *m*.

par·ing ['pɛəriŋ] rognage *m*; épluchage *m*; **~s** *pl.* rognures *f/pl.*; pelures *f/pl.*; *métal:* cisaille *f*; **~-knife** ⊕ rognoir *m*; *souliers etc.:* tranchet *m*.

par·ish ['pæriʃ] **1.** paroisse *f*; *(a. civil* ~) commune *f*; **go on the** ~ tomber à la charge de la commune; **2.** paroissial (-aux *m/pl.*); municipal (-aux *m/pl.*); ~ **clerk** clerc *m* de paroisse; ~ **council** conseil *m* municipal; ~ **register** registre *m* paroissial; **pa·rish·ion·er** [pə'riʃənə] paroissien(ne *f*) *m*; habitant(e *f*) *m* de la commune.

Pa·ri·sian [pə'rizjən] **1.** parisien (-ne *f*); de Paris; **2.** Parisien(ne *f*) *m*. *(a. Bourse).*

par·i·ty ['pæriti] égalité *f*; parité *f*.

park [pɑːk] **1.** parc *m (a.* ✗); *chasse:* réserve *f*; *château:* dépendances *f/pl.*; *mot.* (parc *m* de) stationnement *m*; ~ **keeper** gardien(ne *f*) *m* de parc; **2.** *v/t.* enfermer dans un parc; ✗ mettre en parc; *mot.* parquer, garer; *v/i. mot.* stationner; **'park·ing** *mot.* parcage *m*; *attr.* de stationnement; ~ **brake** frein *m* à main; ~ **fee** tarif *m ou* droit *m* de stationnement; ~ **light** feu *m* de position; ~ **meter** *Am.* compteur *m* de stationnement; ~ **place** parc *m ou* endroit *m* de stationnement *m*; ~ **space** créneau *m*; ~ **ticket** *Am.* parcage: contravention *f*.

par·ka ['pɑːkə] anorak *m*.

par·lance ['pɑːləns] langage *m*, parler *m*.

par·ley ['pɑːli] **1.** conférence *f*; ✗

pourparlers *m/pl.*; **2.** *v/i.* entrer en pourparlers; parlementer; ✗ entamer des négociations; *v/t.* co. parler.

par·lia·ment [ˈpɑːləmənt] parlement *m*; Chambres *f/pl. (en France)*; **par·lia·men·tar·i·an** [ˌmenˈtɛəriən] parlementaire *(a. su./mf)*; **par·lia·men·ta·ry** □ [ˌmentəri] parlementaire; législatif (-ive *f*); 🚂 ~ train train *m* omnibus.

par·lo(u)r [ˈpɑːlə] petit salon *m*; *couvent:* parloir *m*; *Am.* salon *m (de coiffure etc.)*, cabinet *m (de dentiste etc.)*; *Am.* ~ car 🚂 wagon-salon *m (pl. wagons-salons) m*; '~-maid bonne *f*.

Par·me·san cheese [pɑːmiˈtʃiːz] parmesan *m*.

pa·ro·chi·al □ [pəˈroukjəl] *eccl.* paroissial (-aux *m/pl.*), de la paroisse; communal (-aux *m/pl.*); *fig.* de clocher, borné; ~ *politics pl.* politique *f* de clocher.

par·o·dist [ˈpærədist] parodiste *mf*; pasticheur (-euse *f*) *m*; '**par·o·dy 1.** parodie *f*, pastiche *m*; *fig.* travestissement *m*; **2.** parodier, pasticher; *fig.* travestir.

pa·role [pəˈroul] **1.** ✗ parole *f* (d'honneur); *put on* ~ *see* 3. **2.** 🔤 *adj.* verbal (-aux *m/pl.*); **3.** 🔤 *surt. Am.* libérer sur parole *ou* conditionnellement.

par·ox·ysm [ˈpærəksizm] paroxysme *m*; F crise *f*; accès *m (de fureur)*.

par·quet [ˈpɑːkei] parquet(age) *m*; *Am. théâ.* orchestre *m*; **par·quet·ed** [ˈˌkitid] parqueté, en parquetage; '**par·quet·ry** parquetage *m*, parqueterie *f*.

par·ri·cid·al [pæriˈsaidl] parricide; '**par·ri·cide** parricide *m*; *personne:* parricide *mf*.

par·rot [ˈpærət] **1.** *orn.* perroquet *m*; **2.** répéter *ou* parler comme un perroquet.

par·ry *sp.* [ˈpæri] **1.** parade *f*; **2.** parer *(a. fig.)*.

parse *gramm.* [pɑːz] faire l'analyse de.

par·si·mo·ni·ous □ [pɑːsiˈmounjəs] parcimonieux (-euse *f*); *péj.* pingre; **par·si·mo·ni·ous·ness**, **par·si·mo·ny** [ˈpɑːsiməni] parcimonie *f*; *péj.* pingrerie *f*.

pars·ley ♀ [ˈpɑːsli] persil *m*.

pars·nip ♀ [ˈpɑːsnip] panais *m*.

par·son [ˈpɑːsn] curé *m (catholique)*;

pasteur *m (protestant)*; F ~'s nose croupion *m*; '**par·son·age** presbytère *m*; cure *f*.

part [pɑːt] **1.** *su.* partie *f (a. gramm., a. ♪)* (de, of); part *f (à, in)*; *théâ., fig.* rôle *m*; *fig.* comédie *f*; *publication:* fascicule *m*, livraison *f*; ⊕ pièce *f*, organe *m*, élément *m*; parti *m*; 🜨 ~s *pl.* (usu. *private ou privy* ~s *pl.*) parties *f/pl.*; parages *m/pl.*, pays *m/pl.*, endroit *m*; facultés *f/pl.*; *gramm.* ~s *pl. of speech* parties *f/pl. du discours*; ~ *and parcel of* partie *f* intégrante de; *a man of* ~s homme *m* bien doué; *have neither* ~ *nor lot in* n'avoir aucune part dans; *in foreign* ~s à l'étranger *take s.o.'s* ~ prendre parti pour q.; *take* ~ *in s.th.* participer à qch., prendre part à qch.; *take in good (bad)* ~ prendre en bonne (mauvaise) part; *for my (own)* ~ pour ma part, pour ce qui est de moi, quant à moi; *for the most* ~ pour la plupart; *in* ~ en partie; partiellement; *do one's* ~ faire son devoir; *on the* ~ *of* de la part de; *on my* ~ de ma part; **2.** *adv.* en partie, mi-, moitié ...; **3.** *v/t.* séparer (en deux); fendre; ~ *one's hair* se faire une raie; ~ *company* se séparer (de, with), *fig.* n'être plus d'accord (avec, with); *v/i.* se diviser; se quitter; se rompre; se séparer (de, from); ~ *with* céder (qch.); se départir de; 🔤 aliéner; *fig.* dépenser *(de l'argent)*.

par·take [pɑːˈteik] [*irr.* (take)] participer, prendre part (à *in*, of); ~ *of* prendre (un repas); partager (le repas) (de, with); goûter (un mets); *fig.* tenir de; *eccl.* s'approcher de (les sacrements); **par·tak·er** participant(e *f*) *m* (à, in); partageant(e *f*) *m* (de, in).

par·terre ✔, *théâ.* [pɑːˈtɛə] parterre *m*.

par·tial □ [ˈpɑːʃl] partiel(le *f*), en partie; partial (-aux *m/pl.*) *(personne)*; *be* ~ *to* avoir un faible pour; **par·ti·al·i·ty** [pɑːʃiˈæliti] partialité *f* (pour, envers for, to); prédilection *f* (pour, for); injustice *f*.

par·tic·i·pant [pɑːˈtisipənt] participant(e *f*) *m* (à, in); **par·tic·i·pate** [ˌpeit] participer, prendre part (à, in); **par·tic·i·pa·tion** participation *f* (à, in); **par·tic·i·pi·al** □ *gramm.* [ˌsipiəl] participial (-aux *m/pl.*);

par·ti·ci·ple *gramm.* ['pɑːtsipl] participe *m*.

par·ti·cle ['pɑːtikl] particule *f* (*a. gramm.*); *métal:* paillette *f*; *fig.* ombre *f*, trace *f*, grain *m*; *nobiliary* ~ particule *f* nobiliaire.

par·ti·col·oured ['pɑːtikʌləd] miparti; bigarré.

par·tic·u·lar [pə'tikjulə] **1.** □ particulier (-ère *f*); spécial (-aux *m/pl.*); détaillé; méticuleux (-euse *f*); pointilleux (-euse *f*); exigeant (*sur about, as to*); délicat (*sur on, about*); ~ly en particulier; **2.** détail *m*, particularité *f*; ~s *pl.* détails *m/pl.*; give ample renseignements *m/pl.*; in ~ en particulier; **par·tic·u·lar·i·ty** [~'læriti] particularité *f*; méticulosité *f*; minutie *f*; **par'tic·u·lar·ize** [~ləraiz] particulariser; entrer dans les détails.

part·ing ['pɑːtiŋ] séparation *f*; départ *m*; rupture *f*; *cheveux:* raie *f*; ~ of the ways *surt. fig.* carrefour *m*.

par·ti·san¹ *hist.* ['pɑːtizn] pertuisane *f*.

par·ti·san² [pɑːti'zæn] **1.** partisan (*a.* ✕); **2.** de parti; sectaire; **par·ti'san·ship** esprit *m* de parti; partialité *f*; appartenance *f* à un parti.

par·ti·tion [pɑː'tiʃn] **1.** partage *m*; *terre:* morcellement *m*; cloison (*nage m*) *f*; ~ wall paroi *f*, cloison *f*; mur *m* de refend; **2.** morceler; démembrer; cloisonner (*une pièce*).

par·ti·tive *gramm.* ['pɑːtitiv] □ partitif (-ive *f*) (*a. su./m*).

part·ly ['pɑːtli] en partie, partiellement.

part·ner ['pɑːtnə] **1.** associé(e *f*) *m* (*a.* †); *sp.* partenaire *mf*; danseur (-euse *f*) *m*, cavalier *m*, dame *f*; **2.** s'associer à, être associé à; *sp.* être le partenaire de; *danse:* mener (*une dame*); be ~ed by s.o. avoir q. pour associé *etc.*; **'part·ner·ship** association *f* (*a.* †). ✝ société *f*; limited ~ société *f* en commandite; enter into ~ with s'associer avec.

part...: '~-own·er copropriétaire *mf*; '~-pay·ment versement *m* à compte; acompte *m*.

par·tridge *orn.* ['pɑːtridʒ] perdrix *f*.

part...: '~-song chant *m* à plusieurs voix *ou* parties; '~-time chômage *m* partiel; *attr.* pour une partie de la journée *ou* de la semaine; ~ school école *f* du soir; ~ worker employé(e

f) *m* à l'heure; travailleur (-euse *f*) *m* pour une partie de la journée *etc.*; have a ~ job, work ~ travailler à temps partiel.

par·ty ['pɑːti] partie *f* (*de plaisir, a.* ⚕ ✝); 🏛 personne *f*; *pol.* parti *m*; soirée *f*, réception *f*; bande *f*, groupe *m*; équipe *f*; ✕ détachement *m*; *fig.* complice *mf*; F individu *m*, monsieur *m*, dame *f*; be a ~ to prendre part à; ~ boss chef *m* de parti; ~ line *téléph.* poste *m* groupé; *Am. parl.* directive *f* du parti; follow the ~ line *parl.* observer (à la lettre) les directives de son parti; ~ liner *Am. péj.* politicien *m* qui observe à la lettre les directives de son parti; ~ meeting (*ou* rally) rassemblement *m* politique (*organisé par un parti*); ~ status qualité *f* de membre d'un parti politique; ~ ticket *Am.* liste *f* des candidats (*d'un parti politique*); ~-wall mur *m* mitoyen.

par·ve·nu ['pɑːvənjuː] parvenu *m*; nouveau riche *m*.

pas·chal ['pɑːskəl] pascal (-als, -aux *m/pl.*); de Pâques *ou* Pâque.

pass [pɑːs] **1.** *su. géog.* col *m*, défilé *m*; ⚓, *sp.*, *escrime*, *prestidigitation:* passe *f*; *univ.* mention *f* passable; diplôme *m* sans spécialisation; *théâ.* (*usu. free* ~) billet *m* de faveur; ✇ carte *f* de circulation; coupe-file *m/inv.*; **2.** *v/i.* passer (de ... à *ou* en, *from* ... *to*); s'écouler, passer (*temps*); disparaître; avoir lieu, arriver; avoir cours (*monnaie*); être voté (*loi etc.*); être reçu (*à un examen*); *escrime, a. foot.* faire une passe; *cartes:* passer (parole); être approuvé (*action*); bring to ~ amener, faire arriver; come to ~ avoir lieu, arriver; ~ as passer pour; ~ away disparaître; trépasser (= *mourir*); ~ by passer, défiler (*devant*); ~ by the name of G. être connu sous le nom de G.; ~ for passer pour; ~ into entrer dans; devenir; ~ into law passer en loi, ~ off disparaître; (se) passer; *surt. Am.* passer pour (un) blanc (*nègre à peau blanche*); ~ on continuer sa route; passer (à, to); F trépasser; ~ out sortir; *sl.* s'évanouir; ~ through s.th. passer par qch. (*a. fig.*); *fig.* traverser (*une crise*); ~ under s.o.'s control être soumis au contrôle *ou* à la direction de q.; **3.** *v/t.* passer devant *ou* près de; dépasser; croiser; ne pas s'arrêter à; franchir (*le seuil, la frontière*); outrepasser (*les bornes*); surpasser (*q.*); rattraper (*q.*); *sp.* devancer; refiler (*de la fausse monnaie*); passer (*qch. en revue, le temps, l'été, sa main entre qch., d'un endroit à un autre*); laisser passer (*q.*); transmettre, faire circuler; subir (*une épreuve*) avec succès; réussir à, être reçu à (*un examen*); recevoir (*un candidat*); approuver (*une facture etc.*); voter (*une loi*); prononcer (*un jugement*); ~ one's hand over passer sa main sur; the bill has not yet ~ed the house le projet (de loi) n'a pas encore été adopté *ou* voté; ~ one's opinion upon dire *ou* émettre son opinion sur; † ~ to account porter en compte; ~ water uriner, F faire de l'eau; ~ one's word donner sa parole; ~ by (*ou* over) s.th. franchir qch.; passer sur qch. (*a. fig.*); ~ off as faire passer pour; ~ on transmettre, (faire) passer; ~ round faire circuler; ~ a rope round s.th. passer une corde autour de qch.; ~ s.th. through s.th. passer qch. à travers qch.; ~ s.th. up donner qch., monter qch.; ~ s.o. up négliger q.; surt. Am. ~ up négliger *ou* refuser; '**pass·a·ble** traversable; praticable (*chemin*); passable, assez bon; assez cours (*monnaie*); '**pass·a·bly** passablement, assez; F plutôt.

pas·sage ['pæsidʒ] passage *m* (*a. d'un texte*); ruelle *f*, passage *m*; couloir *m*, corridor *m*; ⊕ conduit *m*; adoption *f* (*d'un projet de loi*); ♪ trait *m*; ~s *pl.* texte: morceaux *m/pl.*; *fig.* relations *f/pl.* intimes; ~ of (*ou* at) arms passe *f* d'armes; échange *m* de mots vifs; bird of ~ oiseau *m* passager; '**~-boat** paquebot *m*; '**~-mon·ey** prix *m* du passage *ou* de la traversée; '**~-way** passage *m*, ruelle *f*; Am. couloir *m*, corridor *m*.

pass...: '**~-book** † carnet *m* de banque; *mot.* carnet *m* de passage en douane; '**~-check** *théâ.* contremarque *f*.

pas·sen·ger ['pæsindʒə] ⚓, ⚔ passager (-ère *f*) *m*; voyageur (-euse *f*) *m*; 🚂 ~ coach wagon *m* à voyageurs; '**~-train** 🚂 train *m* de voyageurs *ou* de grande vitesse.

passe-par·tout ['pæspɑː'tuː] (clef *f*) passe-partout *m/inv.*; *phot.* bande *f* gommée.

pass·er-by ['pɑːsə'bai], *pl.* **pass·ers-by** passant(e *f*) *m*.

pass·ing ['pɑːsiŋ] **1.** passage *m*; oiseaux: passe *f*; mot. doublement *m*; loi: adoption *f*; fig. mort *f*, trépas *m*; in ~ en passant; **2.** passant; passager (-ère *f*); éphémère; '**~-bell** glas *m*, '**pass·ing·ly** en passant; fugitivement.

pas·sion ['pæʃn] passion *f*, amour *m*; colère *f*; crise *f* (*de larmes*); ♀ Passion *f*; be in a ~ être furieux (-euse *f*); ⚕ in a ~ dans la chaleur du moment; ♀ Week semaine *f* de la Passion; semaine *f* sainte; '**pas·sion·ate** □ [‑ʃənit] passionné; véhément; '**pas·sion·ate·ness** passion *f*, ardeur *f*; véhémence *f*; '**pas·sion-flow·er** ♀ fleur *f* de la Passion, passiflore *f*; '**pas·sion·less** □ impassible; sans passion; '**pas·sion-play** mystère *m* de la Passion.

pas·sive ['pæsiv] **1.** passif (-ive *f*); ~ voice = **2.** *gramm.* passif *m*; '**pas·sive·ness**, **pas·siv·i·ty** [‑'siviti] passivité *f*, inertie *f*.

pass-key ['pɑːskiː] (clef *f*) passe-partout *m/inv.*; [♀ agneau *m* pascal].

Pass·o·ver [pɑːsouvə] Pâque *f*;

pass·port ['pɑːspɔːt] passeport *m*.

pass·word ⚔ ['pɑːswəːd] mot *m* de passe.

past [pɑːst] **1.** *adj.* passé (*a. gramm.*); ancien(ne *f*); de jadis; *fig.* ~ master expert *m* (*in*, *at*), maître *m* passé (*en*, *at*; dans l'art de *inf.*, *at* *gér.*); for some time ~ depuis quelque temps; **2.** *adv.* see verbe simple; rush ~ passer en courant; **3.** *prp.* au-delà de; plus de; half ~ two deux heures et demie; be ~ comprehension être hors de toute compréhension; ~ cure inguérissable; ~ endurance insupportable; ~ hope perdu sans retour; I would not put it ~ her je ne l'en crois pas incapable; **4.** *su.* passé *m*.

paste [peist] **1.** pâte *f* (*a. cuis.*); colle *f*; faux brillants *m/pl.*; **2.** coller; *sl.* battre; '**~-board** planche *f* à pâte; carton *m*: *sl.* carte *f*; *attr.* de *ou* en carton.

pas·tel ['pæstəl] ♀ pastel *m*, guède *f*; *peint.* (crayon *m*) pastel *m*; '**pas·tel·(l)ist** pastelliste *mf.*

pas·tern *vét.* ['pæstə:n] paturon *m*; '~·**joint** boulet *m*.

pas·teur·ize ['pæstəraiz] pasteuriser; stériliser.

pas·tille [pæs'ti:l] pastille *f*.

pas·time ['pɑ:staim] passe-temps *m/inv.*; distraction *f*.

pas·tor ['pɑ:stə] pasteur *m*, ministre *m*; *Am.* prêtre *m*; '**pas·to·ral 1.** □ pastoral (-aux *m/pl.*); ~ **staff** bâton *m* pastoral; crosse *f*; **2.** poème *m* pastoral; *peint.* scène *f* pastorale; *poésie, a. ♪* pastourelle *f*; *eccl.* lettre *f* pastorale.

pas·try ['peistri] pâtisserie *f*; pâte *f* (*non cuite*); '~·**cook** pâtissier (-ère *f*) *m*.

pas·tur·age ['pɑ:stjuridʒ] pâturage *m*, pacage *m*.

pas·ture ['pɑ:stʃə] **1.** (lieu *m* de) pâture *f*; pré *m*; pâturage *m*; ~ **ground** lieu *m* de pâturage; **2.** *v/t.* (faire) paître; *v/i.* paître.

past·y 1. ['peisti] pâteux (-euse *f*); *fig.* terreux (-euse *f*) (*visage*); **2.** ['pæsti] pâté *m* (*sans terrine*).

pat [pæt] **1.** coup *m* léger; petite tape *f*; caresse *f*; *beurre*: rondelle *f*; **2.** tap(ot)er; caresser; **3.** apte; à propos (*a. adv.*); prêt; ~ **answer** réponse *f* toute prête; **answer** (*ou* **respond·re sur-le-champ**; **have** (*ou* **know**) *s.th.* (**off**) ~ savoir qch. sur le bout du doigt.

patch [pætʃ] **1.** pièce *f*; *mot. boudin d'air*: pastille *f*, *pneu*: guêtre *f*; *couleur*: tache *f*; *fig.* pâté *m*; *légumes*: carré *m*; *terre*: parcelle *f*; ~ **pocket** *cost.* poche *f* appliquée; **2.** rapiécer, raccommoder; poser une pastille à; mettre une pièce à (*un pneu*); ~ **up** rapetasser; ⊕ rafistoler; *fig.* arranger, ajuster; '**patch·er** raccommodeur (-euse *f*) *m*; *fig.* rapetasseur (-euse *f*) *m*.

patch·ou·li ['pætʃuli] patchouli *m*.

patch·work ['pætʃwə:k] rapiéçage *m*; '**patch·y** inégal (-aux *m/pl.*) (*a. fig.*).

pate *sl.* [peit] tête *f*, caboche *f*.

pat·en *eccl.* ['pætən] patène *f*.

pat·ent 1. ['peitnt; ⚕, *Am.* 'pætnt] manifeste, patent; *letters* ~ ['pætnt] *pl.* lettres *f/pl.* patentes; ~ **article** article *m* breveté; ~ **fastener** bouton-pression (*pl.* boutons-pression) *m*; attache *f* à fermoir; ~ **fuel** boulets *m/pl.*, briquettes *f/pl.*; ~

leather cuir *m* verni; ~ *leather shoes* souliers *m/pl.* vernis; **2.** ['pætnt] brevet *m* d'invention; *lettres f/pl.* patentes; ⚕ **~ pending** brevet *m* pendant; ~ **agent** agent *m* en brevets; ~ **office** bureau *m* des brevets; **3.** [...] faire breveter; **pat·ent·ee** [peitən'ti:] breveté *m*; concessionnaire *m* du brevet.

pa·ter·nal □ [pə'tə:nl] paternel(le *f*); **pa·ter·ni·ty** paternité *f*; *fig. a.* origine *f*.

path [pɑ:θ], *pl.* **paths** [pɑ:ðz] chemin *m*; sentier *m*; *jardin*: allée *f*; *fig.* route *f*; *sp.* piste *f*.

pa·thet·ic [pə'θetik] (*~ally*) pathétique; attendrissant.

path·less ['pɑ:θlis] sans chemin frayé.

path·o·log·i·cal □ [pæθə'lɔdʒikl] pathologique; **pa·thol·o·gist** [pə'θɔlədʒist] pathologiste *mf*; **pa·thol·o·gy** [pə'θɔlədʒi] pathologie *f*.

pa·thos ['peiθɔs] pathétique *m*.

path·way ['pɑ:θwei] sentier *m*; *rue*: trottoir *m*.

path·y *♣ Am. co., a. péj.* ['pæθi] système *m* de traitement.

pa·tience ['peiʃns] patience *f*; *cartes*: réussite *f*, ~**s** *f/pl.*; *be out of* ~ (*with* have no ~) *with* être à bout de patience avec; '**pa·tient 1.** □ patient, endurant; *be ~ o f* avoir de la patience avec; *fig.* savoir supporter (*qch.*); **2.** malade *mf*.

pa·ti·o *Am.* ['pætiou] patio *m*.

pa·tri·arch ['peitriɑ:k] patriarche *m*; **pa·tri·ar·chal** □ patriarcal (-aux *m/pl.*).

pa·tri·cian [pə'triʃn] patricien(ne *f*) *m* (*a. su.*).

pat·ri·mo·ny ['pætriməni] patrimoine *m*; *eccl.* biens-fonds *m/pl.*

pa·tri·ot ['pætriət] patriote *mf*; **pa·tri·ot·eer** *Am. sl.* [~'tiə] faux patriote *m*; **pa·tri·ot·ic** [~'ɔtik] (*~ally*) patriotique (*discours etc.*); patriote (*personne*); **pa·tri·ot·ism** ['~ɔtizm] patriotisme *m*.

pa·trol ✕ [pə'troul] **1.** patrouille *f*; ronde *f*; *police*: secteur *m*; *Am.*: wagon voiture *f* de police; F panier *m* à salade; **2.** *v/t.* faire la patrouille dans; *v/i.* patrouiller; **~·man** *Am.* ['~mæn] patrouilleur *m*; agent *m* de police.

pa·tron ['peitrən] protecteur *m*; *eccl.* patron(ne *f*) *m*; ✝ client(e *f*) m; *charité*: patron m; **pa·tron·age** ['pætrənidʒ] protection f; patronage m; clientèle f; *eccl.* droit m de présentation; *péj.* air m protecteur; **pa·tron·ess** ['peitrəniş] protectrice f; *charité*: patronnesse f; **pa·tron·ize** ['pætrənaiz] protéger; patronner; ∼ accorder sa clientèle à; *péj.* traiter d'un air protecteur; **'pa·tron·iz·er** protecteur (-trice f) m; client(e f) m.

pat·ten ['pætn] socque m.

pat·ter ['pætə] **1.** *v/i.* sonner par petits coups; crépiter (*pluie etc.*); caqueter; *v/t.* bredouiller; parler tant bien que mal; **2.** petit bruit m; fouettement m; boniment m.

pat·tern ['pætən] **1.** modèle m, exemple m (*a. fig.*); type m; dessin m; patron m (*en papier*); échantillon m; *by ∼ post* échantillon sans valeur; *télév.* test ∼ mire f; **2.** modeler (sur *after*, on); **'∼-mak·er** ⊕ modeleur m (-euse f) m.

pat·ty ['pæti] petit pâté m; bouchée f à la reine.

pau·ci·ty ['pɔ:siti] disette f, manque m.

Paul·ine ['pɔ:lain] paulinien(ne f).

paunch [pɔ:ntʃ] panse f, ventre m; **'paunch·y** pansu.

pau·per ['pɔ:pə] **1.** indigent(e f) m; pauvre(sse f) m; **2.** assisté, pauvre; **'pau·per·ism** paupérisme m; **'pau·per·ize** réduire à l'indigence.

pause [pɔ:z] **1.** pause f, arrêt m; hésitation f; ♩ point m d'orgue; **2.** faire une pause; hésiter; s'arrêter (sur, [up]on).

pave [peiv] paver; *fig.* préparer; **'pave·ment** pavé m; dallage m; trottoir m; ∼ *artist* artiste mf de trottoir.

pa·vil·ion [pə'viljən] pavillon m.

pav·ing-stone ['peiviŋstoun] pavé m; pierre f à paver.

pav·io(u)r ['peivjə] paveur m; dalleur m; carreleur m.

paw [pɔ:] **1.** patte f (*sl. a. = main*); **2.** donner des coups de patte à; piaffer (*cheval*); F tripoter.

pawn[1] [pɔ:n] *échecs:* pion m; *fig.* jouet m.

pawn[2] [∼] **1.** gage m; *in* (*ou at*) ∼ en gage; **2.** mettre en gage, engager; **'∼-bro·ker** prêteur (-euse f) m sur gage(s); **pawn·ee** [∼'ni:] créancier (-ère f) m sur gage; **'pawn-**

er emprunteur (-euse f) m sur gage; **'pawn·shop** maison f de prêt; **'pawn-tick·et** reconnaissance f (de prêt sur gage).

pay [pei] **1.** salaire m; gages m/pl.; traitement m; ✕, ♣ solde f; **2.** [*irr.*] *v/t.* payer; régler (*un compte*); acquitter (*des droits*); présenter (*ses respects à q.*); faire (*honneur à q., une visite à q.*); ∼*-as-you-earn Am.* retenue f des impôts à la source; ∼ *attention* (*ou heed*) to faire attention à; tenir compte de; ∼ *away* dépenser; ♣ laisser filer (*un câble*); ∼ *down* payer comptant; ∼ *in* donner (*qch.*) à l'encaissement; ∼ *off* régler (*qch.*); rembourser (*un créancier*); congédier (*un employé*); ∼ *out* payer, débourser; F se venger sur (*q.*); ♣ (laisser) filer; ∼ *up* se libérer de (*dettes*); rembourser intégralement; *v/i.* payer; rapporter; ∼ *for* payer (*qch.*); rémunérer (*q., qch.*); *fig.* expier; **'pay·a·ble** payable (*a.* †); acquittable; ✕ exploitable; **'pay·day** jour m de paye; **pay-dirt** *Am.* alluvion f exploitable; *fig.* source f d'argent; **pay·ee** † [∼'i:] preneur (-euse f) m; porteur m (*d'un effet*); **pay-en·ve·lope** sachet m de paie; **'pay·er** payant(e f) m; † tiré m, accepteur m; **pay freeze** blocage m des salaires; **'pay·ing** payant; profitable; rémunérateur (-trice f); avantageux (-euse f); **'pay·ing-'in slip** bordereau m de versement; **'pay·load** charge f payante; ✈ poids m utile; **'pay·mas·ter** trésorier m (*a.* ✕); ♣ commissaire m; **'pay·ment** paiement m; versement m; rémunération f; *additional* ∼ supplément m; *on* ∼ moyennant paiement de.

pay...: **'∼-off** règlement m; remboursement m; *Am.* F comble m; F bakchich m; **'∼-of·fice** caisse f, guichet m; **'∼-pack·et** sachet m de paie; **'∼-roll** feuille f de paie; ∼ *sta·tion Am.* téléphone m public.

pea ♦ [pi:] (petit) pois m; *attr.* de pois; aux petits pois.

peace [pi:s] paix f; tranquillité f; ordre m; traité m de paix; ∼ *movement* mouvement m pacifiste; ∼ *offering* cadeau m de réconciliation; ∼ *pipe* calumet m de la paix; ∼ *talks pl.* pourparlers m/pl. de paix; ∼ *treaty* traité m de paix; *the* (*King's*) ∼ l'ordre m public; *at* ∼ en paix, paisible; *break* the ~ troubler l'ordre public; keep the ~ veiller à *ou* ne pas troubler l'ordre public; **'peace·a·ble** □ pacifique; en paix; paisible; **'peace-break·er** violateur (-trice *f*) *m* de l'ordre public; **'peace·ful** □ ['~ful] paisible, tranquille; pacifique; **'peace-keep·ing force** forces *f/pl.* de maintien de la paix; **'peace·mak·er** conciliateur (-trice *f*) *m*; **'peace of·fi·cer** agent *m* de la sûreté.

peach¹ ♀ [pi:tʃ] pêche *f*; *arbre*: pêcher *m*; F vrai bijou *m*.

peach² *sl.* [~]: ~ (up)on moucharder; dénoncer.

pea-chick ['pi:tʃik] paonneau *m*.

peach·y ['pi:tʃi] velouté (*peau etc.*); *couleur*: fleur de pêcher *adj./inv.*; *sl.* épatant; délicieux (-euse *f*).

pea·cock ['pi:kɔk] paon *m*; **'pea-fowl** paon(ne *f*) *m*; **'pea·hen** paonne *f*. [reuse *f*.]

pea-jack·et ♪ ['pi:dʒækit] va-

peak [pi:k] **1.** pic *m*, cime *f*, sommet *m*; *casquette*: visière *f*; *attr.* de pic; de pointe; maximum; ~ *load* charge *f* maximum; ~ *power* débit *m* maximum; ~ *season* pleine saison *f*; **2.** F dépérir; tomber en langueur; **peaked** [pi:kt] en pointe; ~ *cap* casquette *f* à visière; **'peak·y** F pâlot, malingre; hâve.

peal [pi:l] **1.** carillon *m*; *tonnerre*: grondement *m*; retentissement *m*; ~ *of laughter* éclat *m* de rire; **2.** *v/t.* sonner à toute volée; carillonner; *v/i.* carillonner; retentir; gronder (*tonnerre*).

pea·nut ['pi:nʌt] ♀ arachide *f*, ♣ cacahouette *f*; *fig.* gnognote *f*; *Am. sl.* ~ *politics* politicaillerie *f/pl.*

pear ♀ [pɛə] poire *f*; *arbre*: poirier *m*.

pearl [pə:l] **1.** perle *f* (*a. fig.*); *typ.* parisienne *f*; *attr.* de perles; **2.** perler; **'pearl·y** perlé, nacré.

pear-tree ['pɛətri] poirier *m*.

peas·ant ['pezənt] **1.** paysan(ne *f*) *m*; **2.** campagnard; **'peas·ant·ry** paysannerie *f*; paysannat *m*.

pea-shoot·er ['pi:ʃu:tə] petite sarbacane *f* de poche.

pea-soup ['pi:'su:p] potage *m* aux pois, potage *m* St.-Germain; **'pea-'soup·y** jaune et épais (*brouillard*).

peat [pi:t] tourbe *f*; **'~-moss** tourbière *f*.

peb·ble ['pebl] caillou (*pl.* -x) *m*; *plage*: galet *m*; agate *f*; **'peb·bly** cailouteux (-euse *f*); à galets (*plage*).

pec·ca·ble ['pekəbl] peccable; **pec·cant** ♪ ['pekənt] peccant.

peck¹ [pek] (*approx.*) boisseau *m* (9,087 *litres*); *fig.* grande quantité *f*; *a* ~ of beaucoup de.

peck² [~] picoter (qch., *at* s.th.); picorer; ~ *at* chipoter (*un plat*); ~ *at* one's *food* manger son repas du bout des dents; **'peck·er** *sl.* courage *m*; nez *m*; **'peck·ish** F: *be* ~ avoir faim.

pec·to·ral ['pektərəl] pectoral (-aux *m/pl.*/♪ *a. su./m.*).

pec·u·late ['pekjuleit] détourner des fonds; **pec·u·la·tion** détournement *m* de fonds; péculat *m*; **'pec·u·la·tor** dilapidateur *m* des deniers publics.

pe·cu·liar □ [pi'kju:ljə] bizarre, singulier (-ère *f*); étrange; particulier (-ère *f*); **pe·cu·li·ar·i·ty** [~li'æriti] particularité *f*; trait *m* distinctif; singularité *f*.

pe·cu·ni·ar·y [pi'kju:njəri] pécuniaire; d'argent.

ped·a·gog·ic, ped·a·gog·i·cal □ [pedə'gɔdʒik(l)] pédagogique; **ped·a·gog·ics** *usu. sg.* pédagogie *f*; **ped·a·gogue** ['~gɔg] pédagogue *m*; **ped·a·go·gy** ['~gi] pédagogie *f*.

ped·al ['pedl] **1.** pédale *f*; **2.** du pied; **3.** *cycl.* pédaler; ♪ mettre la pédale.

ped·ant ['pedənt] pédant(e *f*) *m*; **pe·dan·tic** [pi'dæntik] (~*ally*) pédant(esque); **ped·ant·ry** ['pedəntri] pédantisme *m*.

ped·dle ['pedl] *v/t.* colporter; *v/i.* faire le colportage; ~ *ling* colportage *m*; **'ped·dler** *Am. see* pedlar.

ped·es·tal ['pedistl] piédestal *m* (*a. fig.*); socle *m*.

pe·des·tri·an [pi'destriən] **1.** pédestre; à pied; prosaïque; **2.** piéton *m*; voyageur (-euse *f*) *m* à pied.

ped·i·cure ['pedikjuə] chirurgie *f* pédicure; *personne*: pédicure *mf*; **ped·i·cur·ist** ['~kjuərist] pédicure *mf*.

ped·i·gree ['pedigri:] **1.** arbre *m* généalogique; généalogie *f*; **2.** (*a.* **ped·i·greed** ['~d]) de race, de bonne souche. [ton *m*.]

ped·i·ment △ ['pedimənt] fron-

ped·lar [ˈpedlə] colporteur m; **ˈped·lar·y** colportage m; marchandise f de balle.

pe·dom·e·ter [piˈdɔmitə] compte-pas m/inv.

pee F [pi:] faire pipi, pisser.

peek [pi:k] **1.** jeter un coup d'œil furtif (sur, at); **2.** coup m d'œil rapide ou furtif; **peek·a·boo** Am. [ˈpi:kəbu:] **1.** en dentelle; **2.** Am. cache-cache m.

peel [pi:l] **1.** pelure f; peau f; citron: zeste m; **2.** (a. ~ off) v/t. peler; se dépouiller de (les vête-ments); v/i. peler; s'écailler; sl. se déshabiller.

peel·er sl. [ˈpi:lə] agent m de police; F flic m.

peel·ing [ˈpi:liŋ] épluchure f; action: épluchage m; (a. ~ off) écaillement m. [2. pépier.]

peep¹ orn. [pi:p] **1.** pépiement m;ʃ

peep² [~] **1.** coup m d'œil rapide ou furtif; point m (du jour); **2.** regarder à la dérobée; jeter un coup m d'œil rapide (sur, at); fig. (a. ~ out) percer; se laisser entrevoir; **ˈpeep·er** curieux (-euse f) m; indiscret (-ète f) m; sl. œil; **ˈpeep-hole** judas m; **ˈpeep·ing Tom** voyeur m; **ˈpeep-show** optique f.

peer¹ [piə] risquer un coup d'œil; ~ at scruter du regard; ~ into s.o.'s face dévisager q.

peer² [~] pair m; **ˈpeer·age** pairie f; pairs m/pl.; **ˈpeer·ess** pairesse f; **ˈpeer·less** □ sans pair; sans pareil(le f).

peeved F [pi:vd] irrité.

pee·vish □ [ˈpi:viʃ] irritable; maussade; **ˈpee·vish·ness** mauvaise humeur f; humeur f maussade.

peg [peg] **1.** cheville f (a. ♪); fiche f; toupie: pointe f; whisky: doigt m; (a. clothes-~) vêtements: patère f; pince f; fig. take s.o. down a ~ or two remettre q. à sa place; be a round ~ in a square hole ne pas être dans son emploi; **2.** cheviller; (a. ~ out) piqueter (une concession); stabiliser, maintenir (le prix, les gages, etc.); ~ away (a. ~ along) travailler ferme (à, at); sl. ~ out sl. casser sa pipe (= mourir).

peg-top [ˈpegtɔp] toupie f.

peign·oir [ˈpeinwɑ:] peignoir m.

pe·jo·ra·tive [ˈpi:dʒərətiv] péjoratif (-ive f).

pe·kin·ese [pi:kiˈni:z] pékinois m.

pelf péj. [pelf] richesses f/pl.

pel·i·can orn. [ˈpelikən] pélican m.

pe·lisse [peˈli:s] pelisse f.

pel·let [ˈpelit] boulette f; pharm. pilule f; grain m de plomb.

pel·li·cle [ˈpelikl] pellicule f; membrane f.

pell-mell [ˈpelˈmel] **1.** pêle-mêle; en désordre; **2.** confusion f.

pel·lu·cid [peˈlju:sid] transparent; clair.

pelt¹ ✝ [pelt] fourrure f, peau f.

pelt² [~] **1.** v/t. (a. ~ at) lancer (une volée de pierres) à; v/i. tomber à verse; F courir à toutes jambes; **2.** grêle f. [terie f.]

pel·try [ˈpeltri] peaux f/pl.; pelle-]

pel·vis anat. [ˈpelvis] bassin m.

pen¹ [pen] **1.** plume f; Brit. ~ friend, Am. ~ pal correspondant(e f) m; ~ pusher gratte-papier m/inv.; **2.** écrire; composer.

pen² [~] **1.** enclos m; **2.** [irr.] parquer; (usu. ~ up, ~ in) renfermer.

pe·nal □ [ˈpi:nl] pénal (-aux m/pl.) (loi, code); qui entraîne une pénalité; ~ servitude travaux m/pl. forcés; **pe·nal·ize** [ˈ~əlaiz] sanctionner (qch.) d'une peine; sp. pénaliser; fig. punir; **pen·al·ty** [ˈpenlti] peine f; pénalité f (a. sp.); foot. ~ area sur-face f de réparation; ~ kick penalty m; under ~ of sous peine de.

pen·ance [ˈpenəns] pénitence f.

pen...: [ˈ~-and-ˈink drawˈing dessin m à la plume; **ˈ~-case** plumier m.

pence [pens] pl. de penny.

pen·cil [ˈpensl] **1.** crayon m; sl. pinceau m; opt. faisceau m; **2.** marquer (ou dessiner) au crayon; crayonner (une lettre); se faire (les sourcils) au crayon; **ˈpen·cil(l)ed** écrit ou tracé au crayon; opt. en faisceau lumineux; **ˈpen·cil-sharp·en·er** taille-crayon m/inv.

pend·ant [ˈpendənt] collier: penden-tif m; lustre: pendeloque f; tableau: pendant m; ⚓ drapeau: flamme f; △ cul-de-lampe (pl. culs-de-lampe) m.

pend·ent [~] pendant; retombant.

pend·ing [ˈpendiŋ] **1.** adj. ⚖ pen-dant; en instance; **2.** prp. pen-dant; en attendant.

pen·du·lous [ˈpendjuləs] pendant; oscillant; **pen·du·lum** [ˈ~ləm] pen-dule m, balancier m.

pen·e·tra·bil·i·ty [penitrə'biliti] pénétrabilité f; **pen·e·tra·ble** ['~trəbl] pénétrable; **pen·e·tra·li·a** F [peni'treiliə] pl. sanctuaire m; **pen·e·trate** ['~treit] v/t. percer; pénétrer (de, with) (a. fig., un secret etc.); v/i. pénétrer (jusqu'à to, as far as); **pen·e'tra·tion** pénétration f (a. fig. = perspicacité); **pen·e·tra·tive** □ pénétrant; perçant (a. fig.); ~ effect effet m marqué.

pen-feath·er ['penfeðə] penne f.

pen·guin orn. ['pengwin] pingouin m; manchot m.

pen·hold·er ['penhouldə] porteplume m/inv.

pen·i·cil·lin pharm. [peni'silin] pénicilline f.

pen·in·su·la [pi'ninsjulə] presqu'île f; péninsule f; **pen'in·su·lar** péninsulaire.

pen·i·tence ['penitəns] pénitence f; contrition f; **'pen·i·tent 1.** □ pénitent, contrit; **2.** pénitent(e f) m; **pen·i·ten·tial** □ [~'tenʃl] pénitentiel(le f); de pénitent; **pen·i·ten·tia·ry** ['~'tenʃəri] maison f de correction; Am. prison f; eccl. (ou = priest) pénitencier m.

pen·man ['penmən] écrivain m; auteur m; **'pen·man·ship** art m d'écrire; calligraphie f.

pen-name ['penneim] nom m de plume; journ. nom m de guerre.

pen·nant ['penənt] ♣ flamme f; surt. Am. fanion m (usu. de championnat, sp.).

pen·ni·less □ ['penilis] sans ressources; sans le sou.

pen·non ['penən] ✕ flamme f, banderole f; sp. fanion m.

pen·ny ['peni], pl. valeur: **pence** [pens], pièces: **pen·nies** penny m ($^1/_{100}$ pound); gros sou m; Am. cent m, F sou m; **'~-a-'lin·er** journaliste m à deux sous la ligne; écrivaillon m; **'~-'dread·ful** roman m à deux sous; feuilleton m à gros effets; **'~-in-the-'slot** automatique; ~ machine distributeur m automatique; **'~-wise** lésineur (-euse f); **~worth** ['penəθ] valeur f de deux sous; fig. miette f; a ~ of tobacco deux sous de tabac.

pen·sion ['penʃn] pension f; retraite f de vieillesse; ✕ (solde f de) retraite f; ~ scheme caisse f de retraite; ['pãːŋsiɔːŋ] pension f de famille;

2. ['penʃn] usu. ~ off mettre (q.) à la retraite; pensionner (q.); **pen·sion·ar·y** ['penʃənəri] **'pen·sion·er** titulaire mf d'une pension; pensionnaire mf (de l'État); ✕ retraité m; invalide m; be s.o.'s ~ péj. être à la solde de q.

pen·sive □ ['pensiv] pensif (-ive f); songeur (-euse f); rêveur (-euse f); **'pen·sive·ness** air m pensif.

pent [pent] prét. et p.p. de pen² 2; ~-up contenu, refoulé (colère etc.).

pen·ta·gon ['pentəgən] pentagone m; Am. the ☲ Ministère m de la Défense Nationale (à Washington); **pen·tag·o·nal** [~'tægənl] pentagonal (-aux m/pl.), pentagone.

pen·tath·lon sp. [pen'tæθlɔn] pentathlon m.

Pen·te·cost ['pentikɔst] la Pentecôte f; **pen·te'cos·tal** de la Pentecôte.

pent·house ['penthaus] appentis m; auvent m; Am. appartement m (construit sur le toit d'un bâtiment élevé).

pent-up ['pent'ʌp] enfermé; refoulé (sentiment etc.), réprimé.

pe·nul·ti·mate [pi'nʌltimit] pénultième, avant-dernier (-ière f).

pe·num·bra [pi'nʌmbrə] pénombre f.

pe·nu·ri·ous □ [pi'njuəriəs] pauvre; mesquin; parcimonieux (-euse f); **pe'nu·ri·ous·ness** avarice f; mesquinerie f.

pen·u·ry ['penjuri] pénurie f; indigence f; manque m (de, of).

pen-wip·er ['penwaipə] essuieplume m.

pe·o·ny ♀ ['piəni] pivoine f.

peo·ple ['piːpl] **1.** sg. peuple m; nation f; pl. coll. peuple m, habitants m/pl.; pol. citoyens m/pl.; gens m/pl.; les gens m/pl., on; ~ pl. say on dit; English ~ pl. des ou les Anglais m/pl.; many ~ pl. beaucoup de monde; F my ~ pl. mes parents m/pl.; ma famille f; the ~ pl. le grand public m, le peuple m; pol. ~'s republic république f populaire; **2.** peupler (de, with).

pep Am. sl. [pep] **1.** vigueur f, vitalité f; entrain m; F ~ pill excitant m; F ~ talk mots m/pl. d'encouragement; **2.** ~ up ragaillardir (q.); donner de l'entrain à (qch.).

pep·per ['pepə] **1.** poivre m; ~ pot poivrière f; **2.** poivrer; F cribler; **'~-**

and-'salt poivre et sel (*cheveux*); *cost.* marengo *inv.*; **'~corn** grain *m* de poivre; **'~mint** ♀ menthe *f* poivrée; (*a. ~ lozenge*) pastille *f* de menthe; **'pep·per·y** ☐ poivré; *fig.* irascible.

pep·tic ['peptik] gastrique, digestif (-ive *f*); **~ ulcer** ulcère *m* de l'estomac.

per [pə:] par; suivant; d'après; par l'entremise de; **~ cent** pour cent (⁰/₀).

per·ad·ven·ture [pərəd'ventʃə] **1.** peut-être; par hasard; **2.** doute *m*; *beyond* (*ou without*) **~** à n'en pas douter.

per·am·bu·late [pə'ræmbjuleit] se promener dans (*qch.*); parcourir (*qch.*); **per·am·bu'la·tion** promenade *f*; inspection *f*; **per·am·bu·la·tor** ['præmbjuleitə] voiture *f* d'enfant.

per·ceive [pə'si:v] (a)percevoir; s'apercevoir de; voir; comprendre.

per·cent·age [pə'sentidʒ] pourcentage *m*; proportion *f*; guelte *f*; tantième *m*, -s *m/pl.*

per·cep·ti·ble ☐ [pə'septəbl] perceptible; sensible; **per'cep·tion** perception *f*; sensibilité *f*; **per'cep·tive** ☐ perceptif (-ive *f*); **per'cep·tive·ness**, **per·cep'tiv·i·ty** perceptivité *f*.

perch¹ *icht.* [pə:tʃ] perche *f*.

perch² [~] **1.** perche *f* (= *5,029 m*); *oiseau*: perchoir *m*; F *fig.* trône *m*; *carrosse*: flèche *f*; **2.** (se) percher, (se) jucher; **~ed** *fig.* perché; **'perch·er** *orn.* percheur *m*.

per·cip·i·ent [pə'sipiənt] **1.** percepteur (-trice *f*); conscient; **2.** sujet *m* télépathique.

per·co·late ['pə:kəleit] *v/t.* passer (*le café*); *v/i.* s'infiltrer; filtrer (*café*); **'per·co·la·tor** filtre *m*.

per·cus·sion [pə:'kʌʃn] choc *m*; percussion *f* (*a.* ♪); **~ cap** capsule *f* de fulminate; **♪ ~ instruments** *pl.* instruments *m/pl.* 'de ou la percussion; **per·cus·sive** [pə:'kʌsiv] percutant.

per·di·tion [pə:'diʃn] perte *f*, ruine *f*.

per·du(e) ✗ [pə:'dju:] caché.

per·e·gri·nate ['perigrineit] voyager, pérégriner; **per·e·gri'na·tion** voyage *m*, pérégrination *f*.

per·emp·to·ri·ness [pə'remtərinis] intransigeance *f*; ton *m* ou caractère *m* absolu; **per'emp·to·ry** ☐

péremptoire; décisif (-ive *f*); absolu; tranchant (*ton*).

per·en·ni·al [pə'renjəl] **1.** ☐ éternel (-le *f*); ♀ vivace, persistant; **2.** ♀ plante *f* vivace.

per·fect ['pə:fikt] **1.** ☐ parfait; achevé (*ouvrage*); complet (-ète *f*); ♪ juste; ♪ **~ pitch** l'oreille *f* absolue; **2.** *gramm.* (*ou* **~ tense**) parfait *m*; **3.** [pə'fekt] (par)achever; rendre parfait, parfaire; **per·fect·i·bil·i·ty** [~i'biliti] perfectibilité *f*; **per'fect·i·ble** [~təbl] perfectible; **per'fec·tion** perfection *f*, *a.* **per·fect·ness** ['pə:fiktnis] achèvement *m*, accomplissement *m*; perfectionnement *m*; *fig.* be the **~** of ... être ... même.

per·fid·i·ous ☐ [pə'fidiəs] perfide; traître(sse *f*); **per'fid·i·ous·ness**, **per·fi·dy** ['pə:fidi] perfidie *f*, traîtrise *f*.

per·fo·rate ['pə:fəreit] *v/t.* perforer, percer; *v/i.* pénétrer (dans, *into*); **per·fo'ra·tion** perforation *f* (*a. coll.*); percement *m*; (*petit*) trou *m*; **'per·fo·ra·tor** perforateur *m*; ✗ perforatrice *f*.

per·force [pə'fɔ:s] forcément.

per·form [pə'fɔ:m] *v/t.* accomplir; célébrer (*un rite*); s'acquitter de (*un devoir*); exécuter (*un mouvement, a.* ♪ *un morceau*); ♪, *théâ.* jouer; représenter; *v/i.* jouer; ♪ **~ on** jouer de; **per'form·ance** exécution *f*; exploit *m*; *théâ.* représentation *f*; *sp.*, *mot.* performance *f*; *cin.* séance *f*; ⊕ fonctionnement *m*, marche *f*; **per'form·er** artiste *mf*; *théâ.* acteur (-trice *f*) *m*; ♪ exécutant(e *f*) *m*; **per'form·ing** savant (*animal*).

per·fume 1. ['pə:fju:m] parfum *m*; odeur *f*; **2.** [pə'fju:m] parfumer; **per'fum·er** parfumeur (-euse *f*) *m*; **per'fum·er·y** parfumerie *f*; parfums *m/pl.*

per·func·to·ry ☐ [pə'fʌŋktəri] superficiel(le *f*); peu zélé; négligent.

per·haps [pə'hæps; præps] peut-être.

per·i·car·di·um *anat.* [peri'kɑ:djəm] péricarde *m*.

per·i·gee *astr.* ['peridʒi:] périgée *m*.

per·il ['peril] **1.** péril *m*; danger *m*; *at my* **~** à mes risques et périls; **2.** mettre en péril; **'per·il·ous** ☐ périlleux (-euse *f*).

pe·ri·od ['piəriəd] période *f*; durée *f*; délai *m*; époque *f*, âge *m*; *école*:

leçon f; *rhétorique:* période f; *gramm.* point m; ♂ ~s *pl.* règles f/pl.; *a girl of the* ~ une jeune fille moderne; ~ *furniture* mobilier m de style; **per·i·od·ic** [ˌ~ˈɔdik] périodique; **per·i·od·i·cal 1.** □ périodique; **2.** (publication f) périodique m.

per·i·pa·tet·ic [peripəˈtetik] (~ally) F ambulant.

per·iph·er·y [pəˈrifəri] pourtour m.

per·iph·ra·sis [pəˈrifrəsis], *pl.* -ses [ˌ~siːz] périphrase f; circonlocution f; **per·i·phras·tic** [periˈfræstik] (~ally) périphrastique.   [riscope m.]

per·i·scope ♪, ✕ [ˈperiskoup] pé-

per·ish [ˈperiʃ] (faire) périr *ou* mourir; (se) détériorer; *be* ~*ed with* mourir de (*froid etc.*); **'per·ish·a·ble 1.** □ périssable; *fig.* éphémère; **2.** ~s *pl.* marchandises f/pl. périssables; **'per·ish·ing** □ transitoire; destructif (-ive f); F sacré.

per·i·style [ˈperistail] péristyle m.

per·i·to·ne·um *anat.* [peritouˈniːəm] péritoine m.

per·i·wig [ˈperiwig] perruque f.

per·i·win·kle [ˈperiwiŋkl] **1.** ♀ pervenche f; **2.** *zo.* bigorneau m.

per·jure [ˈpəːdʒə]: ~ *o.s.* se parjurer; **'per·jured** parjure; **'per·jur·er** parjure mf; **'per·ju·ry** parjure m; *tᵵ* faux témoignage m.

perk F [pəːk] **1.** (*usu.* ~ *up*) *v/i.* se ranimer; redresser la tête; *v/t.* redresser; requinquer (*q.*); **2.** *see* ~y; **perk·i·ness** [ˈ~inis] air m alerte ou éveillé.

perks F [pəːks] *pl. see* perquisites.

perk·y □ [ˈpəːki] alerte, éveillé; désinvolte.

perm F [pəːm] (ondulation f) permanente f, indéfrisable f; *have a* ~ se faire faire une permanente.

per·ma·nence [ˈpəːmənəns] permanence f; stabilité f; **'per·ma·nen·cy** *see* permanence; emploi m permanent; **'per·ma·nent** □ permanent; fixe; inamovible (*place*); ~ *wave* ondulation f permanente; 🚇 ~ *way* voie f ferrée.

per·me·a·bil·i·ty [pəːmiəˈbiliti] perméabilité f; **'per·me·a·ble** □ perméable; **per·me·ate** [ˈ~mieit] *v/t.* filtrer à travers; *v/i.* pénétrer; s'infiltrer (dans *into, among*).

permed F [pəːmd] ondulé; *have one's hair* ~ se faire faire une permanente.

per·mis·si·ble □ [pəˈmisəbl] permis, tolérable; **per·mis·sion** [~ˈmiʃn] permission f; autorisation f; **per·mis·sive** □ [~ˈmisiv] qui permet; facultatif (-ive f); permis.

per·mit 1. [pəˈmit] (*a.* ~ *of*) permettre; souffrir; *weather* ~*ting* si le temps s'y prête; **2.** [ˈpəːmit] autorisation f, permis m; ✝ passavant m.

per·ni·cious □ [pəːˈniʃəs] pernicieux (-euse f); délétère.

per·nick·et·y F [pəˈnikiti] pointilleux (-euse f); difficile.

per·o·ra·tion [perəˈreiʃn] péroraison f.

per·ox·ide ⚗ [pəˈrɔksaid] peroxyde m; ~ *of hydrogen* eau f oxygénée.

per·pen·dic·u·lar [pəːpənˈdikjulə] **1.** □ vertical (-aux m/pl.); perpendiculaire (*a.* △ *style*); **2.** perpendiculaire m; aplomb m; fil m à plomb.

per·pe·trate [ˈpəːpitreit] perpétrer; commettre (F *a. un jeu de mots etc.*); **per·pe·tra·tion** perpétration f; péché m; **'per·pe·tra·tor** auteur m.

per·pet·u·al □ [pəˈpetjuəl] perpétuel(le f), éternel(le f); F sans fin; **per·pet·u·ate** [~eit] perpétuer; **per·pet·u·a·tion** perpétuation f; préservation f; **per·pe·tu·i·ty** [pəːpiˈtjuiti] perpétuité f; rente f perpétuelle; *in* ~ à perpétuité.

per·plex [pəˈpleks] embarrasser; troubler l'esprit de; **per'plexed** □ perplexe, confus; **per'plex·i·ty** perplexité f; embarras m; confusion f.

per·qui·sites [ˈpəːkwizits] *pl.* petits profits m/pl.; *sl.* gratte f.

per·se·cute [ˈpəːsikjuːt] persécuter; *fig.* tourmenter; **per·se·cu·tion** persécution f; ~ *mania* délire m de (la) persécution; **per·se·cu·tor** [ˈ~tə] persécuteur (-trice f) m.

per·se·ver·ance [pəːsiˈviərəns] persévérance f; constance f; **per·se·vere** [ˌ~ˈviə] persévérer (dans *in, with*; à *inf.*, *in gér.*); **per·se'ver·ing** □ assidu (à, *in*), constant (dans, *in*).

Per·sian [ˈpəːʃn] **1.** persan; de Perse; **2.** *ling.* persan m; Persan(e f) m.

per·sist [pəˈsist] persister, s'obstiner (dans, *in*; à *inf.*, *in gér.*); **per·sist·ence, per·sist·en·cy** [pəˈsistəns(i)] persistance f; obstination f; **per'sist·ent** □ persistant; continu.

per·son ['pɜːsn] personne *f*; individu *m*; *théâ.* personnage *m*; *a* ~ quelqu'un(e); *no* ~ personne … ne; *in* ~ en (propre) personne; *téléph.* ~*to*-~ *call* communication *f* (téléphonique) avec préavis; **'per·son·a·ble** bien de sa personne; beau (bel *devant une voyelle ou un h muet*; belle *f*); **'per·son·age** personnage *m* (*a. théâ.*); personnalité *f*; **'per·son·al 1.** □ personnel(le *f*) (*a. gramm.*); individuel(le *f*); particulier (-ère *f*); *be* ~ faire des personnalités; ⚖ ~ *property* (*ou estate*) *see* personalty; **2.** ~*s pl. Am.* F *journ.* chronique *f* mondaine; échos *m/pl.*; **per·son·al·i·ty** [~sə-'næliti] personnalité *f*; caractère *m* propre; **per·son·al·ty** ⚖ ['~sṇlti] biens *m/pl.* meubles; fortune *f* mobilière; **per·son·ate** ['~səneit] se faire passer pour; *théâ.* jouer; **per·son-'a·tion** usurpation *f* de nom *etc.*; *théâ.* représentation *f*; **per·son·i·fi·ca·tion** [~sɔnifi'keiʃn] personnification *f*; **per·son·i·fy** [~'sɔnifai] personnifier; **per·son·nel** [~sə'nel] personnel *m*.

per·spec·tive [pə'spektiv] **1.** □ perspectif (-ive *f*), en perspective; **2.** perspective *f*.

per·spi·ca·cious □ [pɜːspi'keiʃəs] perspicace; **per·spi·cac·i·ty** [~'kæsiti] perspicacité *f*; **per·spi·cu·i·ty** [~'kjuiti] clarté *f*, netteté *f*; **per·spic·u·ous** [pə'spikjuəs] □ clair, lucide.

per·spi·ra·tion [pɜːspə'reiʃn] transpiration *f*; sueur *f*; **per·spire** [pəs'paiə] transpirer; suer.

per·suade [pə'sweid] persuader (de, *of*; *que*, *that*; à q. de *inf. s.o. into gér.*, s.o. *of s.o.*); convaincre; **per'suad·er** *sl.* éperon *m*; arrosage *m* (= *paiement illicite*).

per·sua·sion [pə'sweiʒən] persuasion *f*; religion *f*; F *co.* race *f*, genre *m*; *powers pl. of* ~ force *f* persuasive; art *m* de persuader; **per·sua·sive** [pə'sweisiv] persuasif (-ive *f*); persuadant; **per'sua·sive·ness** (force *f* de) persuasion *f*.

pert □ [pɜːt] effronté; mutin; *Am.* gaillard.

per·tain [pɜː'tein] (*to*) appartenir (à); avoir rapport (à); être le propre (de).

per·ti·na·cious □ [pɜːti'neiʃəs] obstiné, entêté; **per·ti·nac·i·ty** [~'næ-

siti] obstination *f*; opiniâtreté *f* (à, *in*).

per·ti·nence, per·ti·nen·cy ['pɜːti-nəns(i)] pertinence *f*; justesse *f*, à-propos *m*; **'per·ti·nent** □ pertinent, juste, à propos; ~ *to* ayant rapport à.

pert·ness ['pɜːtnis] effronterie *f*.

per·turb [pɜː'tɜːb] troubler; agiter; **per·tur·ba·tion** [pɜːtə'beiʃn] trouble *m*; agitation *f*; inquiétude *f*.

pe·ruke † [pə'ruːk] perruque *f*.

pe·rus·al [pə'ruːzl] lecture *f*; examen *m*; **pe·ruse** [pə'ruːz] lire attentivement; *fig.* examiner.

Pe·ru·vi·an [pə'ruːvjən] **1.** péruvien (-ne *f*); ♀ ~ *bark* quinquina *m*; **2.** Péruvien(ne *f*) *m*.

per·vade [pɜː'veid] s'infiltrer dans; *fig.* animer; **per'va·sion** [~ʒn] infiltration *f*, pénétration *f*; **per'va·sive** [~siv] pénétrant.

per·verse □ [pə'vɜːs] pervers; méchant; revêche; contrariant; entêté dans le mal; ⚖ rebelle; **per'verse·ness** *see* perversity; **per'ver·sion** perversion *f*; *fig.* travestissement *m*; **per'ver·si·ty** perversité *f*; esprit *m* contraire; caractère *m* revêche; ⚖ dépravation *f*; **per'ver·sive** malsain, dépravant.

per·vert 1. [pə'vɜːt] pervertir; dépraver; fausser; détourner; **2.** ['pɜː-vɜːt] apostat *m*; ⚖ perverti(e *f*) *m*; (*a. sexual* ~) inverti(e *f*) *m*; **per'vert·er** pervertisseur (-euse *f*) *m*.

per·vi·ous □ ['pɜːviəs] perméable (à, *to*); *fig.* accessible (à, *to*).

pes·ky □ *surt. Am.* F ['peski] maudit, sacré.

pes·sa·ry ['pesəri] paissaire *m*.

pes·si·mism ['pesimizm] pessimisme *m*; **'pes·si·mist** pessimiste *mf*; **pes·si·mis·tic** (~ally) pessimiste.

pest [pest] animal *m ou* insecte *m* nuisible; *fig.* fléau *m*; peste *f*; ~ *control* lutte *f* antiparasitaire; **'pes·ter** importuner; tourmenter; *fig.* infester.

pest·i·cide ['pestisaid] pesticide *m*; insecticide *m*.

pes·tif·er·ous □ [pes'tifərəs] pestifère; nuisible; **pes·ti·lence** ['pesti-ləns] peste *f*; **pes·ti·lent** *co.* assommant; **pes·ti·len·tial** □ [~'lenʃl] pestilentiel(le *f*); contagieux (-euse *f*); infecte.

pes·tle ['pesl] pilon *m*.

pet[1] [pet] accès *m* de mauvaise humeur; *in a ~* de mauvaise humeur.

pet[2] [~] **1.** animal *m* favori; *fig.* enfant *mf* gâté(e), benjamin(e *f*) *m*, F chouchou(te *f*) *m*; **2.** favori(te *f*); de prédilection; *~ dog* chien *m* favori *ou* de salon; *~ name* diminutif *m*; *~ subject* dada *m*; *co. it is my ~ aversion* il est mon cauchemar; **3.** choyer, F chouchouter; câliner; F (se) peloter; *Am.* F *petting party* réunion *f* intime (*entre jeunes gens des deux sexes*).

pet·al ♀ ['petl] pétale *m*.

pe·tard [pi'ta:d] † pétard *m* (*a. pyrotechnie*).

pe·ter F ['pi:tə]: *~ out* s'épuiser; disparaître; *mot.* s'arrêter.

pe·ti·tion [pi'tiʃn] **1.** pétition *f*; supplique *f*; requête *f*; *eccl.* prière *f*; ⚖ *~ in bankruptcy* demande *f* d'ouverture de la faillite; *~ for divorce* demande *f* en divorce; **2.** adresser une pétition *etc.* à (q., *s.o. for s.th.*); **pe'ti·tion·er** solliciteur (-euse *f*) *m*; ⚖ requérant(e *f*) *m*.

pet·rel *orn.* ['petrəl] pétrel *m*; *stormy ~* oiseau *m* des tempêtes; *fig.* émissaire *m* de discorde.

pet·ri·fac·tion [petri'fækʃn] pétrification *f*.

pet·ri·fy ['petrifai] (se) pétrifier.

pet·rol *mot. Brit.* ['petrəl] essence *f*; *~ engine* moteur *m* à essence; *~ station* poste *m* d'essence; *~ tank* réservoir *m* à essence.

pe·tro·le·um [pi'trouljəm] pétrole *m*, huile *f* minérale *ou* de roche; *~ jelly* vaseline *f*.

pe·trol·o·gy [pe'trɔlədʒi] pétrologie *f*.

pet·ti·coat ['petikout] jupon *m* (*a. fig.*), jupe *f* de dessous; *attr. fig.* de cotillons; *~ government* régime *m* de cotillons.

pet·ti·fog·ger ['petifɔgə] avocassier *m*; chicanier *m*; '**pet·ti·fog·ging** chicanier (-ère *f*).

pet·ti·ness ['petinis] mesquinerie *f*, petitesse *f*.

pet·ting F ['petiŋ] pelotage *m*; *heavy ~* pelotage *m* poussé.

pet·tish ☐ ['petiʃ] irritable; de mauvaise humeur; '**pet·tish·ness** irritabilité *f*; mauvaise humeur *f*.

pet·ty ☐ ['peti] insignifiant, petit; mesquin; *~ bourgeoisie* les petits

bourgeois; ✝ *~ cash* petite caisse *f*; ⚓ *~ officer* contremaître *m*; ⚖ *~ sessions pl.* session *f* de juges de paix.

pet·u·lance ['petjuləns] *see* pettishness; **pet·u·lant** ['~lənt] *see* pettish.

pew [pju:] banc *m* d'église; *sl.* siège *m*, place *f*.

pe·wit *orn.* ['pi:wit] vanneau *m* (huppé).

pew·ter ['pju:tə] **1.** étain *m*, potin *m*; **2.** d'étain; '**pew·ter·er** potier *m* d'étain.

pha·e·ton ['feitn] phaéton *m*; *mot. Am.* torpédo *f*.

pha·lanx ['fælæŋks] phalange *f*.

phan·tasm ['fæntæzm] chimère *f*; ⚕ phantasme *m*; **phan·tas·ma·go·ri·a** [~məʹgɔ:riə] fantasmagorie *f*.

phan·tom ['fæntəm] **1.** fantôme *m*, spectre *m*; **2.** fantôme.

Phar·i·sa·ic, Phar·i·sa·i·cal ☐ [færiʹseiik(l)] pharisaïque.

Phar·i·see ['færisi:] pharisien *m* (*a. fig.*).

phar·ma·ceu·ti·cal ☐ [fɑ:məʹsju:tikl] pharmaceutique; **phar·ma'ceu·tics** *sg.* pharmacie *f*; **phar·ma·cist** ['fɑ:məsist] pharmacien(ne *f*) *m*; **phar·ma·col·o·gy** [~'kɔlədʒi] pharmacologie *f*; '**phar·ma·cy** pharmacie *f*.

phar·ynx *anat.* ['færiŋks] pharynx *m*.

phase [feiz] phase *f*.

pheas·ant *orn.* ['feznt] faisan([d]e *f*) *m*; '**pheas·ant·ry** faisanderie *f*.

phe·nom·e·nal ☐ [fi'nɔminl] phénoménal (-aux *m/pl.*); *fig.* prodigieux (-euse *f*); **phe'nom·e·non** [~nən], *pl.* -na [~nə] phénomène *m* (*a. fig.*); *fig. personne*: prodige *m*.

phew [fju:] pouf!; pouah! (*dégoût*).

phi·al ['faiəl] flacon *m*, fiole *f*.

Phi Be·ta Kap·pa *Am.* ['fai 'bi:tə 'kæpə] *la plus ancienne association d'étudiants universitaires.*

phi·lan·der [fi'lændə] flirter; **phi'lan·der·er** coureur *m* de jupons.

phil·an·throp·ic [filən'θrɔpik] (*~ally*) philanthropique; philanthrope (*personne*); **phi·lan·thro·pist** [fi'lænθrəpist] philanthrope *mf*; **phi'lan·thro·py** philanthropie *f*.

phi·lat·e·list [fi'lætəlist] philatéliste *mf*; **phi'lat·e·ly** philatélie *f*.

phi·lip·pic [fi'lipik] philippique *f*.

Phi·lis·tine ['filistain] philistin *m* (*a. fig.*).

phil·o·log·i·cal □ [filə'lɔdʒikl] philologique; **phi·lol·o·gist** [fi'lɔlədʒist] philologue *mf*; **phi'lol·o·gy** philologie *f*.

phi·los·o·pher [fi'lɔsəfə] philosophe *mf*; ~'*s* stone pierre *f* philosophale; **phil·o·soph·ic, phil·o·soph·i·cal** □ [filə'sɔfik(l)] philosophique; **phi·los·o·phize** [fi'lɔsəfaiz] philosopher; **phi'los·o·phy** philosophie *f*; ~ *of* life conception *f* de la vie.

phil·tre, phil·ter ['filtə] philtre *m*.

phiz *F co.* [fiz] visage *m*, *F* binette *f*.

phle·bi·tis ✦ [fli'baitis] phlébite *f*.

phlegm [flem] flegme *m* (*a.* ✦), calme *m*; **phleg·mat·ic** [fleg'mætik] (~*ally*) flegmatique.

pho·bi·a ['foubiə] phobie *f*.

Phoe·ni·cian [fi'niʃiən] **1.** phénicien(ne *f*) *m*; **2.** *ling.* phénicien *m*; Phénicien(ne *f*) *m*.

ph(o)e·nix ['fi:niks] phénix *m*.

phone *F* [foun] *see* telephone; ~ *call* coup *m* de fil; '~-*in* radio, télév. programme *m* à ligne ouverte.

pho·net·ic [fo'netik] **1.** (~*ally*) phonétique; ~ *spelling* écriture *f* phonétique; **2.** ~*s pl.* phonétique *f*; **pho·ne·ti·cian** [founi'tiʃn] phonéticien *m*.

pho·no·graph ['founəgraːf] phonographe *m*; **pho·no·graph·ic** [~'græfik] (~*ally*) phonographique.

pho·nol·o·gy [fo'nɔlədʒi] phonologie *f*.

phon·(e)y ['founi] **1.** *Am. sl.* escroc *m*; **2.** *Am. F* faux (fausse *f*); factice; en toc; ~ *flash* renseignement *m* inexact; nouvelle *f* inexacte; ~ *war* drôle de guerre.

phos·phate ✦ ['fɔsfeit] phosphate *m*.

phos·pho·resce [fɔsfə'res] être phosphorescent; **phos·pho'res·cent** phosphorescent; **phos·phor·ic** ✦ [~'fɔrik] phosphorique; **phos·pho·rous** ✦ ['~fərəs] phosphoreux (-euse *f*); **phos·pho·rus** ✦ [~rəs] phosphore *m*.

pho·to *F* ['foutou] *see* ~*graph*; '~-*cop·i·er* machine *f* à photocopier, photocopieur *m*; '~-*cop·y* **1.** photocopie *f*; **2.** photocopier; ~*e'lec·tric cell* cellule *f* photoélectrique; ~-*en·grav·ing* [~in'greivin] photogravure *f* industrielle; '~-*fin·ish* décision *f* par photo, photo *f* à l'arrivée; '~-*flash* flash (*pl.* flashes) *m* (à ampoule);

~·**gram·me·try** [~'græmitri] photogrammétrie *f*.

pho·to·graph ['foutəgraːf] **1.** photographie *f*; **2.** photographier; prendre une photographie de; **pho'tog·ra·pher** [fə'tɔgrəfə] photographe *m*; **pho·to·graph·ic** [foutə'græfik] (~*ally*) photographique; ~ *library* archives *f/pl.* photographiques, photothèque *f*; **pho·tog·ra·phy** [fə'tɔgrəfi] photographie *f*; prise *f* de vues.

pho·to·gra·vure [foutəgrə'vjuə] photogravure *f*, héliogravure *f*; **pho·tom·e·ter** [fo'tɔmitə] photomètre *m*; **pho·to·play** ['foutəplei] film *m* dramatique; **pho·to·sen·si·tive** ['foutou'sensitiv] photosensible; **pho·to·stat** ['foutəstæt], **pho·to·stat·ic** [~'stætik] ~ *copy* photocopie *f*; **pho·to·te·leg·ra·phy** [foutəti'legrəfi] téléphotographie *f*; **pho·to·type** ['~taip] phototype *m*.

phrase [freiz] **1.** locution *f*; tour *m* de phrase; expression *f*; *gramm.* membre *m* de phrase; ♪ phrase *f*, période *f*; **2.** exprimer (*une pensée*), rédiger; ♪ phraser; '~·*book* recueil *m* d'expressions; '~-*mon·ger* phraseur (-euse *f*) *m*; **phra·se·ol·o·gy** [~zi'ɔlədʒi] phraséologie *f*.

phre·net·ic [fri'netik] (~*ally*) affolé; frénétique.

phre·nol·o·gy [fri'nɔlədʒi] phrénologie *f*.

phthis·i·cal □ ['θaisikl] phtisique; **phthi·sis** ['~sis] phtisie *f*.

phut *sl.* [fʌt]: *go* ~ claquer.

phys·ic ['fizik] **1.** médecine *f*; *F* drogues *f/pl.*; ~*s sg.* physique *f*; **2.** *sl.* médicamenter (*q.*); '**phys·i·cal** □ physique; corporel(le *f*); matériel(le *f*); ~ *condition* état *m* physique; ~ *culture* culture *f* physique; ~ *test* visite *f* médicale; **phy·si·cian** [fi'ziʃn] médecin *m*; **phys·i·cist** ['~sist] physicien(ne *f*) *m*.

phys·i·og·no·my [fizi'ɔnəmi] physionomie *f*; **phys·i·og·ra·phy** [~'ɔgrəfi] physiographie *f*; géographie *f* physique; **phys·i·ol·o·gy** [~'ɔlədʒi] physiologie *f*.

phys·i·o·ther·a·pist [fiziou'θerəpist] kinésithérapeute *mf*; **phys·i·o·ther·a·py** [~'θerəpi] kinésithérapie *f*.

phy·sique [fi'ziːk] physique *m*.

pi·an·ist ['pjænist, ♪ 'piənist] pianiste *mf*.

pi·a·no¹ ♪ ['pjɑːnou] *adv.* piano.

pi·an·o² ['pjænou; ♪ 'pja:nou] piano *m*; *cottage* ~ petit droit *m*; *grand* ~ piano *m* à queue.

pi·an·o·for·te [pjæno'fɔ:ti] *see pi-ano²*.

pi·az·za [pi'ædzə] place *f*; *Am.* véranda *f*.

pi·broch ['pi:brɔk] pibroch *m* (= *air de cornemuse*).

pic·a·roon [pikə'ru:n] corsaire *m*.

pic·a·yune *Am.* ['piki'ju:n] **1.** *usu. fig.* sou *m*; bagatelle *f*; mesquin.

pic·ca·nin·ny *co.* ['pikənini] **1.** négrillon(ne*f*) *m*; *Am.* F mioche *m/f*; **2.** enfantin.

pick [pik] **1.** pic *m*, pioche *f*; ♻ rivelaine *f*; (*ou tooth~*) cure-dent *m*; élite *f*, choix *m*; **2.** *v/t.* piocher (*la terre*); se curer (*les dents*); ronger (*un os*); plumer (*la volaille*); cueillir (*une fleur, un fruit*); trier (*du minerai*); effilocher (*des chiffons*); éplucher (*de la laine*); *Am.* jouer de (*le banjo*); crocheter (*la serrure*); choisir; F (*a.* ~ *at*) pignocher (*sa nourriture*); ~ *one's way* marcher avec précaution; ~ *pockets* voler à la tire; ~ *a quarrel with* chercher querelle à; *see bone 1*; *crow 1*; ~ *out* choisir; enlever; trouver; reconnaître; *peint.* échampir; *v/i.* picoter, picorer (*oiseau*); F manger du bout des dents; *surt. Am.* F ~ *at* (*ou on*) chercher noise à (*q.*); critiquer; ~ *up v/t.* prendre; ramasser, relever; (re)trouver; apprendre; aller chercher (*q.*); repérer (*un avion*); faire la connaissance de (*q.*); capter (♪ *le courant; un message*); radio: avoir (*un poste*); *v/i.* se rétablir; *mot.* reprendre; ~**·a·back** ['~əbæk] sur le dos; '~**·axe** pioche *f*; **picked** choisi, de choix; '**pick·er** cueilleur (-euse *f*) *m etc.*; ⊕ machine *f* à éplucher.

pick·et ['pikit] **1.** piquet *m* (*a.* ✕, *a. de grève*); **2.** *v/t.* mettre (*un cheval*) au(x) piquet(s); palissader; ✕ détacher en grand-garde; ⊕ installer des piquets de grève; *v/i.* être gréviste en faction.

pick·ing ['pikiŋ] piochage *m etc.* (*see pick*); choix *m*; ~*s pl.* restes *m/pl.*, *fig. sl.* gratte *f*.

pick·le ['pikl] **1.** marinade *f*; saumure *f*; conserve *f* au vinaigre; F enfant *m/f* terrible; F pétrin *m*; *see mix*; **2.** mariner, conserver; ~*d herring* hareng *m* salé.

pick...: '~**·lock** crochet *m*; *personne*: crocheteur *m* de serrures; '~**-me-up** F cordial *m*; remontant *m*; '~**·pock·et** voleur (-euse*f*) *m* à la tire; '~**·up 1.** ramassement *m*; chose *f* ramassée; *phonographe*: pick-up *m/inv.*; ♥ (*ou ~ in prices*) hausse *f*; *Am.* radio, télév. pick-up *m/inv.*; **2.** F hâtivement rassemblé (*équipe, formation, etc.*); improvisé; ~ *dinner* repas *m* fait de restes.

pick·y ['piki] difficile, délicat.

pic·nic ['piknik] **1.** pique-nique *m*; partie *f* de plaisir; dînette *f* sur l'herbe; **2.** faire un pique-nique; dîner sur l'herbe.

pic·to·ri·al [pik'tɔ:riəl] **1.** □ en images; pittoresque; illustré; **2.** périodique *m ou* journal *m* illustré.

pic·ture ['piktʃə] **1.** tableau *m*; image *f*; peinture *f*; gravure *f*; portrait *m*; ~*s pl.* cinéma *m*; films *m/pl.*; *attr.* d'images; du cinéma; ~*palace* cinéma *m*; ~ (*post*)*card* carte *f* postale illustrée; ~ *puzzle* rébus *m*; **2.** dépeindre; représenter; se figurer (*qch.*); s'imaginer (*qch.*); '~**-book** album *m*; livre *m* d'images; '~**-go·er** *Brit.* habitué(e *f*) *m* du cinéma.

pic·tur·esque □ [piktʃə'resk] pittoresque.

pidg·in Eng·lish ['pidʒin'ingliʃ] jargon *m* commercial anglo-chinois; *fig.* F petit nègre *m*.

pie¹ [pai] *viande etc.:* pâté *m*; *fruits:* tarte *f*; *typ.* pâte *f*, pâté *m*; *see finger 1*.   [*fig.* bigarré.]

pie² ['~] pie *f*; '~**·bald** pie;]

piece [pi:s] **1.** pièce *f* (*a. théâ., échecs, monnaie,* ♥); fragment *m*; morceau *m* (*a.* ♪); partie *f*; ~ *of advice* conseil *m*; ~ *of jewellery* bijou (*pl.* -x) *m*; ~ *of news* nouvelle *f*; *by the* ~ à la pièce; *in* ~*s* en morceaux; *of a* ~ uniforme; *all of a* ~ tout d'une pièce; *break* (*ou go*) *to* ~*s* se désagréger; tomber en lambeaux (*robe etc.*); *give s.o. a* ~ *of one's mind* parler carrément à q.; *take to* ~*s* défaire; ⊕ démonter; **2.** raccommoder, rapiécer; ~ *out* rallonger; augmenter; ~ *together* joindre, unir; coordonner; ~ *up* raccommoder; '~**-goods** *pl.* marchandises *f/pl.* à la pièce; '~**-meal** pièce à pièce, peu à peu; '~**-work** travail (*pl.* -aux) *m* à la tâche.

pied [paid] mi-parti; bigarré.
pie-eyed *sl.* ['paiaid] soûl, rond, plein.
pie-plant *Am.* ['paiplɑːnt] rhubarbe *f*.
pier [piə] jetée *f*, digue *f*; quai *m*; **⚓** pilastre *m*; pilier *m*; '**pier-age** ⚓ droits *m/pl.* de jetée.
pierce [piəs] *v/t.* percer (*a. fig.*); transpercer (*le cœur*); *v/i.* percer; *fig.* pénétrer; '**pierc-er** ⊕ perçoir *m*, poinçon *m*; '**pierc-ing** □ pénétrant (*a. fig.*).
pier-glass ['piəglɑːs] trumeau *m*.
pi-e-tism ['paiətizm] piétisme *m*.
pi-e-ty ['paiəti] piété *f*.
pif-fle *sl.* ['pifl] **1.** balivernes *f/pl.*; futilités *f/pl.*; **2.** dire des sottises.
pig [pig] **1.** porc *m*, cochon *m*; *métall.* gueuse *f* (*de fonte*); saumon *m* (*de plomb*); *buy a ~ in a poke* acheter chat en poche; **2.** cochonner; F vivre comme dans une étable.
pi-geon ['pidʒin] *zo.* pigeon *m*; F pigeon *m*, dupe *f*; *sl.* affaire *f*; '**~-hole 1.** case *f*; **2.** caser (*des papiers*); *admin.* classer; F faire rester dans les cartons; '**pi-geon-ry** colombier *m*.
pig-ger-y ['pigəri] porcherie *f*.
pig-gish □ ['pigiʃ] malpropre; entêté.
pig-head-ed ['pig'hedid] obstiné, têtu. [gueuse.\
pig-i-ron ['pigaiən] fonte *f* en\
pig-let ['piglit] petit cochon *m*.
pig-ment ['pigmənt] pigment *m*, colorant *m*.
pig...: *see* **pygmy**. **'~-nut** gland *m* de terre; '**~-skin** peau *f* de porc; *Am. sl.* ballon *m* de football; '**~-sty** ['~stai] porcherie *f*; *fig.* taudis *m*; '**~-tail** queue *f* (*de cheveux*); '**~-wash** pâtée *f* pour les porcs.
pike [paik] ⚔ pique *f*; *géog.* pic *m*; *icht.* brochet *m*; '**pik-er** *Am. sl.* boursicoteur *m*; lâcheur *m*; '**pike-staff**: *as plain as a ~* clair comme le jour.
pil-chard *icht.* ['piltʃəd] sardine *f*.
pile¹ [pail] **1.** tas *m*; ⚔ *armes*: faisceau *m*; **△** masse *f*; édifice *m*; *fig.* fortune *f*; ⚡ pile *f* de Volta; *phys.* (*ou atomic ~*) pile *f* atomique; **2.** *v/i.* (*a. ~ up*) s'entasser, s'amonceler; *v/t.* (*a. ~ up*) entasser, empiler; amasser (*une fortune*); ⚔ ~

arms former les faisceaux; *fig. ~ it on* exagérer.
pile² [\] pieu *m*.
pile³ [\] *tex.* poil *m*.
pile-driv-er ⊕ ['paildraivə] sonnette *f*; '**pile-dwell-ing** habitation *f* lacustre *ou* sur pilotis.
piles ⚕ [pailz] *pl.* hémorroïdes *f/pl.*
pile-up F ['pailʌp] carambolage *m ou* télescopage *m* (en série).
pil-fer ['pilfə] *v/t.* chiper; *v/i.* faire de petits vols.
pil-grim ['pilgrim] pèlerin(e *f*) *m*; ♀ Père *m* pèlerin; '**pil-grim-age** pèlerinage *m*.
pill [pil] pilule *f*; F personne *f* embêtante, casse-pieds *mf inv.*
pil-lage ['pilidʒ] **1.** pillage *m*; **2.** piller, saccager.
pil-lar ['pilə] pilier *m*, colonne *f*; '**~-box** boîte *f* aux lettres; borne *f* postale; **pil-lared** ['\ləd] à piliers, à colonnes; en pilier *etc.*
pil-lion ['piljən] coussinet *m* de cheval; *mot.* siège *m* arrière; *ride ~* monter derrière.
pil-lo-ry ['piləri] **1.** pilori *m*; *in the ~* au pilori; **2.** mettre au pilori; *fig.* exposer au ridicule.
pil-low ['pilou] **1.** oreiller *m*; coussin *m*; ⊕ coussinet *m*; **2.** reposer sa tête (sur, *on*); '**~-case**, ✝ '**~-slip** taie *f* d'oreiller.
pi-lot ['pailət] **1.** pilote *m* (*a.* ⚓, ✈); *fig.* guide *m*; *~ instructor* professeur *m* de pilotage; ♀ *Officer* sous-lieutenant *m* aviateur; '**~ plant** installation *f* d'essai; *~ project* projet *m* d'essai, projet-pilote *m* (*pl.* projets-pilotes); **2.** piloter; conduire; '**pi-lot-age** (*frais m/pl. de*) pilotage *m*; '**pi-lot-bal'loon** ballon *m* d'essai.
pil-ule ['pilju:l] petite pilule *f*.
pi-men-to [pi'mentou] piment *m*.
pimp [pimp] **1.** entremetteur (-euse *f*) *m*; **2.** exercer le métier de proxénète.
pim-ple ['pimpl] bouton *m*, bourgeon *m*; '**pim-pled**, '**pim-ply** boutonneux (-euse *f*); pustuleux (-euse *f*).
pin [pin] **1.** épingle *f*; ⊕ goupille *f*, cheville *f*; *jeu*: quille *f*; clou *m*; *cuis.* rouleau *m* (*à pâte*); *Am.* insigne *m* (*d'une association estudiantine etc.*); *~s sl. pl.* quilles *f/pl.* (= *jambes*); **2.** épingler; attacher avec des épingles; clouer; *sl. fig.*

obliger (q.) à reconnaître les faits; (souv. ~ down) obliger (à, to); ~ one's hopes on mettre toutes ses espérances à.

pin·a·fore ['pinəfɔ:] tablier m.

pin·ball ma·chine ['pinbɔ:lmə'ʃi:n] flipper m.

pin·cers ['pinsəz] pl.: (a pair of) ~ (une) pince f, (des) tenailles f/pl.

pinch [pintʃ] 1. pinçade f; tabac: prise f; sel etc.: pincée f; fig. morsure f; fig. besoin m; 2. v/t. pincer; gêner; sl. chiper (=voler); arrêter (q.); sl. (se res)serrer; faire des petites économies; se priver; **pinched** étroit; gêné; fig. hâve.

pinch·beck ['pintʃbek] 1. ⊕ chrysocale m, similor m; fig. trompe-l'œil m/inv.; 2. d'occasion.

pinch-hit Am. ['pintʃhit] suppléer, remplacer (q., for s.o.).

pin·cush·ion ['pinkuʃin] pelote f à aiguilles. [pin.⟩

pine¹ ⧫ [pain] pin m; bois m de⟩

pine² [⌐] languir (après, pour for); ~ away dépérir; mourir de langueur.

pine...: '~·ap·ple ⧫ ananas m; '~·cone pomme f de pin.

pin·er·y ['painəri] serre f à ananas; (a. 'pine·wood) pineraie f.

pin-feath·er ['pinfeðə] plume f naissante.

pin·fold ['pinfould] parc m (à moutons etc.); fourrière f.

ping [piŋ] cingler, fouetter.

ping-pong ['piŋpɔŋ] ping-pong m.

pin·ion ['pinjən] 1. aileron m; poét. aile f; (a. ~-feather) penne f; ⊕ pignon m; 2. rogner les ailes à; fig. lier les bras à.

pink¹ [piŋk] 1. ⧫ œillet m; couleur: rose m; chasse: rouge m; fig. modèle m; comble m; sl. in the ~ florissant, en parfaite santé; 2. v/t. teindre en rose; v/i. rougir.

pink² [⌐] toucher; denteler les bords de (une robe); fig. orner; ~ing shears pl. ciseaux m/pl. à denteler.

pink³ mot. [⌐] cliqueter.

pink·ish ['piŋkiʃ] rosâtre.

pin·mon·ey ['pinmʌni] argent m de poche (d'une femme ou jeune fille).

pin·nace ⚓ ['pinis] grand canot m, pinasse f.

pin·na·cle ['pinəkl] △ pinacle m; montagne: cime f; fig. faîte m, apogée m.

pin·nate ⧫ ['pinit] penné.

pi·noc(h)·le Am. ['pi:nʌkl] (sorte de) belote f.

pin...: '~·point localiser précisément; bien définir; mettre le doigt sur (un problème); '~·prick piqûre f d'épingle; '~·stripe tex. filet m.

pint [paint] pinte f (0,57, Am. 0,47 litre).

pin·tle ⊕ ['pintl] pivot m central; mot. cheville f ouvrière.

pin·to Am. ['pintou] 1. pl. -tos cheval m pie; 2. pie.

pin-up (girl) ['pinʌp('gə:l)] pin-up f/inv.; beauté f.

pi·o·neer [paiə'niə] 1. ✕, fig. pionnier m; fig. défricheur (-euse f) m; 2. frayer (le chemin).

pi·ous ☐ ['paiəs] pieux (-euse f); pie (œuvre).

pip¹ [pip] vét. pépie f; sl. have the ~ avoir le cafard.

pip² [⌐] fruit: pépin m; carte, dé, etc.: point m; ✕ grades: étoile f.

pip³ sl. [⌐] v/t. refuser (un candidat); vaincre; v/i. ~ out mourir.

pipe [paip] 1. tuyau m (a. gaz); tube m (a. anat.); pipe f (tabac, a. mesure de vin: 572,4 litres); ♪ chalumeau m; oiseau etc.: chant m; 2. canaliser; amener etc. par un pipe-line; jouer (un air) lisérer (une robe etc.); ⚓ siffler, donner un coup de sifflet; F ~ one's eye(s) pleurnicher; piped music musique f de fond enregistrée; '~·clay 1. terre f de pipe; blanc m de terre à pipe; 2. astiquer au blanc de terre à pipe; ~ **dream** fig. château m en Espagne; '~·lay·er poseur m de tuyaux; Am. pol. intrigant m; '~·line pipeline m; '**pip·er** joueur m de chalumeau etc.; F pay the ~ payer les violons.

pip·ing ['paipiŋ] 1. sifflant; heureux (-euse f) (époque); ~ hot tout chaud; 2. canalisation f; tuyauterie f; oiseaux: gazouillement m; robe: lisérage m; cost. passepoil m.

pip·it orn. ['pipit] pipit m.

pip·kin ['pipkin] poêlon m.

pip·pin ⧫ ['pipin] reinette f; sl. it's a ~ il est remarquable.

pip·squeak F ['pipskwi:k] rien du tout mf (pl. riens du tout ou inv.).

pi·quan·cy ['pi:kənsi] (goût m) piquant m.

pi·quant ☐ ['pi:kənt] piquant.

pique [pi:k] 1. pique f, ressentiment

m; 2. piquer; exciter (*la curiosité*)
~ *o.s. upon* se piquer de.

pi·ra·cy ['paiərəsi] piraterie *f*; contrefaçon *f* (*d'un livre*); plagiat *m*; **pi·rate** ['⸱rit] 1. *homme ou navire*: pirate *m*; contrefacteur *m*; plagiaire *m*; *radio* ~, ~ *listener* auditeur (-trice *f*) *m* illicite; ~ *station* radio *f* pirate; 2. pirater; contrefaire; plagier; **pi·rat·i·cal** □ [pai'rætikl] de pirate *etc.*

Pis·ces *astr.* ['paisi:z] les Poissons *m/pl.* [culture *f.*]

pis·ci·cul·ture ['pisikʌltʃə] pisci-

pish [piʃ] bah!; pouah!

piss V [pis] 1. pisse *f*, urine *f*; 2. pisser, uriner; ~ *off!* fous le camp!; ~*ed* soûl, plein; be ~*ed off* en avoir marre, en avoir ras le bol.

pis·ta·chi·o [pi'sta:ʃiou] pistache *f*.

pis·til ♀ ['pistil] pistil *m*.

pis·tol ['pistl] pistolet *m*; '~-**whip** *Am.* F frapper d'un pistolet.

pis·ton ⊕ ['pistən] piston *m*; *pompe*: sabot *m*; ~ *displacement* cylindrée *f*; ~ *ring* segment *m* de piston; ~ *rod* tige *f* de piston; ~ *stroke* coup *m* de ou course *f* du piston.

pit [pit] 1. fosse *f*, trou *m*; *anat.* creux *m*; *théâ.* parterre *m*; *Am.* bourse *f* de commerce, parquet *m*; *mot.* fosse *f*; mine *f* (*de charbon*); *petite vérole*: cicatrice *f*; piège *m* (*à animaux*); 2. piquer, trouer; marquer; ✔ enlever; ~ *against* mettre (*q.*) aux prises avec; ~*ed with smallpox* marqué de la petite vérole.

pit-(a-)pat ['pit(ə)'pæt] tic-tac.

pitch¹ [pitʃ] 1. poix *f*; brai *m*; 2. enduire de brai; ⚓ calfater.

pitch² [~] 1. lancement *m*; ♩ *son*: hauteur *f*; *instrument*: diapason *m*; ⊕ pas *m*; *scie*: angle *m* des dents; ⚓ tangage *m*; ✝ *marché*: place *f*, *camelot*: place *f* habituelle; *cricket*: terrain *m*; *fig.* degré *m*; ~ *and toss* jeu *m* de pile ou face; 2. *v/t.* lancer; mettre; paver (*la chaussée*); charger (*le foin etc.*); dresser (*une tente*); établir (*un camp*); poser (*une échelle*); ♩ ~ *higher* (*lower*) hausser (baisser) (*le ton*); ♩ jouer dans une clef donnée; *fig.* arrêter, déterminer; ~*ed battle* bataille *f* rangée; ~ *one's hope too high* viser trop haut; *v/i.* ⚓ camper; tomber; ⚓ tanguer; ~ *upon* arrêter son choix sur; F ~ *into* taper sur; dire son fait à.

pitch·er¹ ['pitʃə] lanceur *m* (*de la balle*).

pitch·er² [~] cruche *f*; broc *m*.

pitch·fork ['pitʃfɔ:k] 1. fourche *f* à foin *etc.*; ♩ diapason *m*; 2. lancer avec la fourche; *fig.* bombarder (*q. dans un poste, s.o. into a job*).

pitch-pine ♀ ['pitʃpain] faux sapin *m*.

pitch·y ['pitʃi] poisseux (-euse *f*); noir comme poix.

pit-coal ⚒ ['pitkoul] houille *f*.

pit·e·ous □ ['pitiəs] pitoyable, piteux (-euse *f*).

pit·fall ['pitfɔ:l] trappe *f*; piège *m*.

pith [piθ] moelle *f* (*a. fig.*); *orange*: peau *f* blanche; sève *f*, ardeur *f*.

pit-head ⚒ ['pithed] carreau *m*.

pith·i·ness ['piθinis] concision *f*; '**pith·less** □ mou (mol *devant une voyelle ou un h muet*; molle *f*).

pith·y □ ['piθi] moelleux (-euse *f*); concis.

pit·i·a·ble □ ['pitiəbl] pitoyable.

pit·i·ful □ ['pitiful] compatissant; pitoyable; lamentable (*a. péj.*).

pit·i·less □ ['pitilis] impitoyable.

pit·man ['pitmən] mineur *m*; houilleur *m*.

pit-props ⚒ ['pitprops] *pl.* bois *m* de soutènement.

pit·tance ['pitəns] maigre salaire *m*; gages *m/pl.* dérisoires; ✝ aumône *f*.

pi·tu·i·tar·y *anat.* [pi'tju:itəri] pituitaire. [mine.]

pit-wood ⚒ ['pitwud] bois *m* de

pit·y ['piti] 1. pitié *f*, compassion *f* (*de on, for*); *for* ~'s *sake!* par pitié!; *de grâce!*; *it is a* ~ c'est dommage; *it is a thousand pities* c'est mille fois ou bien dommage; 2. plaindre; avoir pitié de; *I* ~ *him* il me fait pitié.

piv·ot ['pivət] 1. ⊕, ✗ pivot *m*; ⊕ tourillon *m*; *fig.* axe *m*, pivot *m*; 2. *v/i.* pivoter (*sur, [up]on*); *v/t.* faire pivoter; '**piv·o·tal** pivotal (-aux *m/pl.*); à pivot.

pix·ie ['piksi] lutin *m*; fée *f*.

pix·i·lat·ed *Am.* ['piksəleitid] loufoque; dingo *inv.*

pix·y ['piksi] *see* pixie.

pla·ca·bil·i·ty [pleikə'biliti] douceur *f*; '**pla·ca·ble** doux (douce *f*); facile à apaiser.

pla·card ['plæka:d] 1. écriteau *m*, affiche *f*; 2. afficher; couvrir (*qch.*) d'affiches.

pla·cate [plə'keit] apaiser, calmer.
place [pleis] **1.** lieu m, endroit m, localité f; station f; place f; rang m; emploi m, poste m, situation f; ~ of delivery destination f; ~ of employment usu. travail (pl. -aux) m, emploi m, bureau m etc.; give ~ to faire place à (qch.); in ~ en place; in ~ of au lieu de; in his ~ à sa place; in the first ~ d'abord; out of ~ déplacé; **2.** placer (a. de l'argent); (re)mettre; ✗ mettre en faction (la sentinelle); † passer (une commande); faire accepter (un article à un éditeur etc.); ~ a child under s.o.'s care mettre un enfant sous la garde de q.; ~ **mat** set m, napperon m individuel; '~-**name** nom m de lieu.
plac·id □ [plæ'sid] calme; serein; **pla'cid·i·ty** calme m, tranquillité f.
plack·et ['plækit] fente f (de jupe).
pla·gia·rism ['pleidʒiərizm] plagiat m; '**pla·gia·rist** plagiaire m; démarqueur m; '**pla·gia·rize** plagier.
plague [pleig] **1.** peste f; fléau m; **2.** tourmenter, harceler; '~-**spot** usu. fig. foyer m d'infection.
pla·guy F ['pleigi] assommant; adv. rudement.
plaice icht. [pleis] plie f.
plaid [plæd] tex. tartan m; plaid m (écossais).
plain [plein] **1.** adj. □ évident, clair; simple; tricot: endroit inv.; lisse; carré, franc(he f); sans beauté; cuis. au naturel, bourgeois; in ~ English en bon anglais; ~ chocolate chocolat m à craquer; ~ fare cuisine f bourgeoise; ~ knitting tricot m à l'endroit; ~ paper papier m non réglé; ~ sewing couture f simple; **2.** adv. clairement; carrément; **3.** su. plaine f; surt. Am. attr. des champs; '~-**clothes man** agent m en civil; agent m de la sûreté; ~ **deal·ing 1.** franchise f, loyauté f; **2.** franc(he f) et loyal(e f); '**plain·ness** simplicité f; franchise f; clarté f; netteté f; manque m de beauté.
plaint ⚖ [pleint] plainte f; **plain·tiff** ⚖ ['~if] demandeur (-eresse f) m; '**plain·tive** □ plaintif (-ive f).
plait [plæt] **1.** chevaux: tresse f, natte f; see pleat 1; **2.** tresser; see pleat 2.
plan [plæn] **1.** plan m; projet m,

dessein m; levé m (d'un terrain); **2.** tracer le plan de; fig. projeter, se proposer (qch., s.th.; de inf., to inf.); méditer; ~ned economy économie f planifiée; ~ning board conseil m de planification.
plane[1] [plein] **1.** uni; plat; égal (-aux m/pl.); **2.** ⚖ plan m, aile f; fig. niveau m; F avion m; ⊕ rabot m; elevating (depressing) ~ ✈ gouvernail m d'altitude (de profondeur); **3.** planer, dresser; aplanir; raboter; ✈ voyager en avion; planer.
plane[2] ♀ [~] (a. ~-tree) platane m.
plan·et astr. ['plænit] planète f.
plane-ta·ble surv. ['pleinteibl] planchette f.
plan·e·tar·i·um [plæni'tɛəriəm] planétaire m; **plan·e·tar·y** ['~təri] planétaire; terrestre; fig. errant.
pla·nim·e·try ♀ [plæ'nimitri] planimétrie f.
plan·ish ⊕ ['plæniʃ] aplanir; polir.
plank [plæŋk] **1.** planche f; madrier m; Am. parl. point m d'un programme électoral; **2.** planchéier; couvrir de planches; sl., Am. F ~ down (out) payer, allonger (l'argent); ~ bed lit m de camp; couchette f en bois; '**plank·ing** planchéiage m; revêtement m.
plant [plɑːnt] **1.** plante f; pose f; installation f; machines f/pl.; sl. coup m monté, escroquerie f; Am. sl. a. cachette f; **2.** planter (a. ⚘, a. fig.); implanter (une idée) (dans l'esprit de q., into s.o.'s mind); loger; poser; enterrer (des légumes); F appliquer (un coup de poing); sl. monter (un coup) (contre, on); ~ o.s. se planter (devant, in front of).
plan·tain[1] ♀ ['plæntin] plantain m.
plan·tain[2] ♀ [~] banane f (des Antilles).
plan·ta·tion [plæn'teiʃn] plantation f; bosquet m; **plant·er** ['plɑːntə] planteur m; '**plant-louse** puceron m, aphis m. [~ plaque f.)
plaque [plɑːk] plaque f; ✚ dental)
plash[1] [plæʃ] **1.** clapotis m; flac m; flaque f d'eau; **2.** flac!; floc!; **3.** v/t. plonger en faisant flac; v/i. clapoter; faire flac.
plash[2] [~] entrelacer (les branches d'une haie).
plash·y ['plæʃi] bourbeux (-euse f); couvert de flaques d'eau.

plasm, plas·ma biol. ['plæzm(ə)] (proto)plasma m.

plas·ter ['plɑːstə] **1.** pharm. emplâtre m; sparadrap m; ⊕ plâtre m; enduit m; (usu. ~ of Paris) plâtre m de moulage; ~ cast moulage m au plâtre; ~ ✗ mettre un emplâtre sur; plâtrer; enduire; fig. recouvrir (de, with); **'plas·ter·er** plâtrier m.

plas·tic ['plæstik] **1.** (~ally) plastique; (synthetic) ~ material = **2.** (matière f) plastique m; **plas·ti·cine** ['ˌtisiːn] plasticine f; **plas·tic·i·ty** [ˌ'tisiti] plasticité f.

plas·tron ['plæstrən] plastron m.

plat [plæt] see plot¹.

plate [pleit] **1.** usu. plaque f (a. mot., photo, radio, a. de porte); métal: lame f; typ. cliché m; livre: planche f, gravure f; assiette f; course: coupe f; (a. ~ iron) tôle f; Am. baseball: point m de départ du batteur; limite f du batteur; (a. dental ~) dentier m; radio: anode f; ⊕ machine: plateau m; **2.** plaquer; métalliser; ✗ blinder; ⚓ border en acier etc.

pla·teau géog. ['plætəu] plateau m.

plate-bas·ket ['pleitbɑːskit] ramasse-couverts m/inv.; **plate·ful** ['ˌful] assiettée f.

plate...: '~-glass glace f de vitrage; '~-hold·er phot. châssis m; '~-lay·er 🚂 poseur m de rails; ouvrier m de la voie.

plat·en ['plætn] typ. platine f; machine à écrire: cylindre m.

plat·er ['pleitə] ⊕ plaqueur m; sp. cheval m à réclamer.

plat·form ['plætfɔːm] terrasse f; estrade f; géog. plate-forme (pl. plates-formes) f; 🚂 quai m, trottoir m; Am. surt. plate-forme (pl. plates-formes) f de wagon; pol. programme m (Am. souv. électoral).

plat·i·num min. ['plætinəm] platine m. [tude f.]

plat·i·tude fig. ['plætitjuːd] plati-

pla·toon ✗ [plə'tuːn] section f.

plat·ter ['plætə] écuelle f.

plau·dit ['plɔːdit] usu. ~s pl. applaudissements m/pl.

plau·si·bil·i·ty [plɔːzə'biliti] plausibilité f; vraisemblance f.

plau·si·ble □ ['plɔːzəbl] plausible; vraisemblable; spécieux (-euse f).

play [plei] **1.** jeu m (a. ⊕, lumière; amusement); théâ. pièce f; spectacle m; ⊕ liberté f; ⊕ fonctionnement m; fair (foul) ~ jeu m loyal (déloyal); ~ on words jeu m de mots; calembour m; bring into ~ mettre en jeu ou en œuvre; make great ~ with attacher beaucoup d'importance à; souligner; **2.** v/i. jouer (a. fig.); s'amuser; folâtrer; ⊕ fonctionner librement, jouer; ~ fast and loose with jouer double jeu avec; ~ at football (at cards) jouer au football (aux cartes); ~ for time temporiser; théâ. ~ to the gallery jouer pour la galerie; F ~ up to flatter; ~ upon abuser de; agir sur; v/t. sp. jouer à; ♩ jouer de (un instrument); théâ. jouer (un rôle); fig. se conduire en; ~ the deuce with ruiner; faire un mal du diable à; ~ down minimiser; ~ off opposer (q. à q., s.o. against); ~ed out à bout de forces; épuisé; F ~ up chahuter (q.); '~·act fig. faire du théâtre, jouer la comédie; ~·act·ing fig. (pure) comédie f, cinéma m; '~·back lecture f sonore; play-back m; '~-bill affiche f de théâtre; '~-book théâ. recueil m de pièces; '~-boy viveur m; playboy m; '~·er joueur (-euse f) m; acteur (-trice f) m; ♩ exécutant(e f) m; sp. équipier m; '~·er-pi·an·o piano m mécanique; '~·fel·low camarade mf de jeu; **play·ful** □ ['ˌful] badin, enjoué; '~·ful·ness badinage m; enjouement m.

play...: '~·go·er amateur (-trice f) m du théâtre; '~·ground terrain m de jeu(x); cour f de récréation; '~·house théâtre m; Am. maison f de poupée.

play·ing...: '~·card carte f (à jouer); '~-field terrain m de jeu(x) ou de sports.

play...: '~·mate see playfellow; '~-off match m décisif (après match nul); '~-pen parc m pour bébés; '~·thing jouet m; '~·wright auteur m dramatique; '~-writ·er auteur m de pièces.

plea [pliː] ⚖ défense f; excuse f, prétexte m; F prière f; make a ~ alléguer; on the ~ of (ou that) sous prétexte de ou que.

plead [pliːd] v/i. plaider (pour, en faveur de for) (q., qch.); ~ for mercy demander grâce; see guilty; v/t. plaider; alléguer, invoquer (une excuse); prétexter (qch.).

'**plead·a·ble** plaidable; invocable; '**plead·er** ⚖ avocat *m*; défenseur *m*; '**plead·ing** ⚖ plaidoirie *f*; *fig.* intercession *f*; *special* ~ *f* argument *m* spécieux; ~s *pl.* dossier *m*; débats *m/pl.*

pleas·ant □ ['pleznt] agréable, charmant, doux (douce *f*); affable; '**pleas·ant·ness** charme *m*; affabilité *f*; '**pleas·ant·ry** plaisanterie *f*; gaieté *f*.

please [pli:z] *v/i.* plaire; être agréable; *if you* ~ s'il vous plaît; je vous en prie; ~ *come in!* veuillez entrer; *v/t.* plaire à, faire plaisir à; ~ *o.s.* agir à sa guise; *be* ~*d to do s.th.* faire qch. avec plaisir; *be* ~*d with* être (très) content de; '**pleased** content, satisfait.

pleas·ing □ ['pli:ziŋ] agréable; doux (douce *f*).

pleas·ur·a·ble □ ['pleʒərəbl] agréable.

pleas·ure ['pleʒə] 1. plaisir *m*; volonté *f*; *attr.* d'agrément; ~ *boat* bateau *m* de plaisance; *at* ~ à volonté *f*; *give s.o.* ~ faire plaisir à q.; *take* (*a*) ~ éprouver du plaisir (à *inf.*, *in gér.*) prendre (du) plaisir (à qch. *in s.th.*); 2. *v/i.* prendre plaisir (à *inf.*, *in gér.*); *v/t.* † faire plaisir à; '~**-ground** jardin *m* ou parc *m* d'agrément.

pleat [pli:t] 1. pli *m*; *unpressed* ~ *pl.* plis *m/pl.* non repassés; 2. plisser.

ple·be·ian [pli'bi:ən] 1. du peuple; plébéien(ne *f*); 2. plébéien(ne *f*) *m*.

pleb·i·scite ['plebisit] plébiscite *m*.

pledge [pledʒ] 1. gage *m*, nantissement *m*; promesse *f*, vœu *m*; toast *m*; *put in* ~ engager; *take out of* ~ dégager; 2. engager, mettre en gage; porter un toast à (*q.*); *he* ~*d himself* il promit, il engagea sa parole; '**pledg·ee** gagiste *m*; '**pledg·er** gageur *m*.

Ple·iad *ou pl.* **Ple·ia·des** ['plaiæd (-i:z)] Pléiade *f*.

ple·na·ry ['pli:nəri] complet (-ète *f*), entier (-ère *f*), plénier (-ère *f*).

plen·i·po·ten·ti·ar·y [plenipə'tenʃəri] plénipotentiaire (*a. su./m*).

plen·i·tude ['plenitju:d] plénitude *f*.

plen·te·ous □ *poét.* ['plentjəs] abondant; riche (en, *in*); '**plen·te·ous·ness** abondance *f*.

plen·ti·ful □ ['plentiful] abondant.

plen·ty ['plenti] 1. abondance *f*; ~ *of* beaucoup de; *in* ~ en abondance; assez de; *horn of* ~ corne *f* d'abondance; 2. F beaucoup de; *Am.* F très.

ple·o·nasm ['pli:ənæzm] pléonasme *m*.

pleth·o·ra ['pleθərə] pléthore *f*; *fig.* surabondance *f*; **ple·thor·ic** [ple-'θɔrik] (~*ally*) pléthorique.

pleu·ri·sy 🜊 ['pluərisi] pleurésie *f*.

pli·a·bil·i·ty [plaiə'biliti] souplesse *f*.

pli·a·ble □ ['plaiəbl] pliant; souple (*a. fig.*); *fig.* docile.

pli·an·cy ['plaiənsi] souplesse *f*.

pli·ant □ ['plaiənt] *see* pliable.

pli·ers ['plaiəz] *pl.*: (*a pair of*) ~ (une) pince *f*, (des) tenailles *f/pl.*

plight[1] [plait] 1. engager (*sa foi, sa parole*); 2. *poét.* engagement *m*.

plight[2] [~] condition *f*, état *m*.

plim·soll ['plimsəl] (chaussure *f* de) tennis *m*.

plinth △ [plinθ] socle *m*.

plod [plɔd] (*a.* ~ *along, on*) marcher lourdement *ou* péniblement; '**plod·ding** □ persévérant; lourd, pesant (*pas*).

plonk F [plɔŋk] vin *m* ordinaire, F pinard *m*.

plop [plɔp] 1. flac (*a. su./m*); 2. faire flac; tomber en faisant flac *ou* houp.

plot[1] [plɔt] (parcelle *f ou* lot *m* de) terrain *m*.

plot[2] [~] 1. complot *m*, conspiration *f*; action *f*, intrigue *f*, roman *etc.*: plan *m*; 2. *v/t.* (*a.* ~ *down*) tracer; relever; dresser le plan de (*un terrain, un diagramme, etc.*); *péj.* combiner, comploter; *v/i.* comploter, conspirer; '**plot·ter** traceur *m*; conspirateur (-trice *f*) *m*.

plough [plau] 1. charrue *f*; ⊕ guimbarde *f*; *astr. the* ♀ le Chariot; *univ. sl.* retoquage *m*; 2. labourer; creuser (*un sillon*); *fig.* sillonner; *univ. sl.* ~ être refusé *ou* collé; '~**·man** laboureur *m*; '~**·share** soc *m* de charrue; '~**·tail** mancheron *m* de charrue.

plov·er ['plʌvə] *orn.* pluvier *m*; *a. cuis.* F vanneau *m*.

plow *surt. Am.* [plau] *see* plough.

ploy F [plɔi] stratagème *m*, truc *m*.

pluck [plʌk] 1. arrachage *m*; *poulet etc.*: plumage *m*; *guitare*: pincement *m*; F courage *m*, cran *m*; 2. arracher; plumer (*un poulet etc.*, *a.*

fig.); épiler (*les sourcils*); détacher (de, *from*); pincer (*la guitare*); *univ. sl.* refuser, recaler; ~ *at* tirer; ~ *up courage* s'armer de courage.

pluck·y □ ['plʌki] courageux (-euse *f*); F crâne.

plug [plʌg] **1.** tampon *m* (☇ d'ouate); bouchon *m*; ✝ fiche *f*; ✝ prise *f*; *tabac:* chique *f*; *W.-C.:* chasse *f* d'eau; *W.-C.:* chaînette *f*; bouche *f* d'incendie; *radio Am.* publicité *f*; réclame *f*; *Am.* vieux cheval *m*; ~ *socket* douille *f*; prise *f*; **2.** *v/t.* boucher; tamponner; plomber (*une dent*); *sl.* flanquer un coup à; *Am.* F faire de la publicité en faveur de; ✝ ~ *in* brancher; *v/i. sl.* ~ *away* turbiner (= *travailler dur*); **'plug·'ug·ly** *Am. sl.* pugiliste *m*; voyou *m*.

plum [plʌm] prune *f*; † raisin *m* sec; *fig.* morceau *m* de choix; *fig. la meilleure situation f*; ✝ £ 100000.

plum·age ['plu:midʒ] plumage *m*.

plumb [plʌm] **1.** d'aplomb; vertical (-aux *m/pl.*); droit; **2.** plomb *m*; ✠ sonde *f*; aplomb *m*; **3.** *v/t.* sonder (*la mer*); plomber (*la canalisation*); vérifier l'aplomb de; *fig.* sonder; F installer les tuyaux dans (*une maison*); *v/i.* F être plombier; **plum·ba·go** [ˌ'beigou] plombagine *f*; **plumb·er** ['ˌmə] plombier *m*; **plum·bic** ['ˌmbik] ⚗ plombique; **plumb·ing** ['ˌmiŋ] plomberie *f*; tuyauterie *f*; **'plumb·line** ⊕ fil *m* à plomb; ✠ ligne *f* de sonde; **'plumb-rule** niveau *m* vertical.

plume [plu:m] **1.** panache *m*; *poét.* plume *f*; **2.** orner (*qch.*) de plumes; ~ *itself* se lisser les plumes (*oiseau*); ~ *o.s.* se glorifier de.

plum·met ['plʌmit] plomb *m*; ✠ sonde *f*.

plum·my F ['plʌmi] délicieux (-euse *f*); excellent.

plu·mose ⚘, *zo.* ['plu:mous] plumeux (-euse *f*).

plump¹ ['plʌmp] **1.** rebondi, dodu, grassouillet(te *f*); **2.** rendre *ou* devenir dodu; engraisser.

plump² [ˌ] **1.** *v/i.* tomber lourdement; *v/t.* flanquer; *parl.* donner tous ses votes (à, *for*); *pl.* rouler *m*; **3.** F *adv.* plouf; avec un floc; carrément; **4.** F *adj.* □ catégorique.

plump·er ['plʌmpə] *sl.* gros men-

songe *m*; *parl.* vote *m* donné à un seul candidat; électeur *m* qui donne tous ses votes à un seul candidat.

plump·ness ['plʌmpnis] rondeur *f* (*a.* F *d'une réponse*), embonpoint *m*.

plum-pud·ding ['plʌm'pudiŋ] plum-pudding *m*.

plum·y ['plu:mi] plumeux (-euse *f*); empanaché (*casque*).

plun·der ['plʌndə] **1.** pillage *m* (*d'une ville*); butin *m*; **2.** piller, dépouiller; **'plun·der·er** pillard *m*; pilleur *m*.

plunge [plʌndʒ] **1.** plongeon *m*; *cheval etc.:* course *f* précipitée; F risque *m*; F *make* (*ou take*) the ~ sauter le pas; **2.** *v/t.* plonger, immerger (dans, *in*[to]); *v/i.* plonger, s'enfoncer (dans, *into*); ruer (*cheval*); ✠ tanguer; risquer de grosses sommes (*à la Bourse*).

plung·er ['plʌndʒə] plongeur *m*; *sl.* risque-tout *m/inv.*

plunk [plʌŋk] *v/t.* pincer (*la guitare etc.*); *v/i.* tomber raide; *Am.* F lancer, tirer (*sur, at*).

plu·per·fect *gramm.* ['plu:'pə:fikt] plus-que-parfait *m*.

plu·ral *gramm.* ['pluərəl] (*λ ~ number*) pluriel *m*; *in the* ~ au pluriel; **plu·ral·i·ty** [ˌ'ræliti] pluralité *f*; cumul *m*; ~ *of wives* polygamie *f*.

plus [plʌs] **1.** *prp.* plus; **2.** *adj.* positif (-ive *f*); **3.** *su.* plus *m*; **~-fours** F ['ˌ'fɔ:z] *pl.* culotte *f* de golf.

plush [plʌʃ] peluche *f*.

plush·y ['plʌʃi] pelucheux (-euse *f*).

plu·toc·ra·cy [plu:'tɔkrəsi] ploutocratie *f*; **plu·to·crat** ['plu:təkræt] ploutocrate *m*. [plutonium *m.*\

plu·to·ni·um ⚛ [plu:'touniəm]|

plu·vi·al ['plu:viəl], **'plu·vi·ous** pluvial (-aux *m/pl.*); **plu·vi·om·e·ter** [ˌ'ɔmitə] pluviomètre *m*.

ply [plai] **1.** pli *m* (*a. fig.*); three-~ *laine f* trois fils; *bois:* contre-plaqué *m* à trois épaisseurs; **2.** *v/t.* manier vigoureusement; exercer (*un métier*); faire courir (*l'aiguille*); presser (*q. de questions*); ~ *with drink* faire boire (*q.*) sans arrêt; *v/i.* faire le service; ~ *for hire* prendre des voyageurs.

ply-wood ['plaiwud] contre-plaqué *m*.

pneu·mat·ic [nju'mætik] **1.** (~*ally*) pneumatique; ~ *hammer* frappeur *m* pneumatique; ~ *post* tube *m* pneumatique; ~ *tire* = **2.** pneu *m*.

pneu·mo·ni·a ✠ [nju'mounjə] pneumonie *f*.

poach¹ [poutʃ] braconner.

poach² [~] (*a.* ~ *up*) labourer (*la terre*).

poach³ [~]: ~*ed eggs* œufs *m/pl.* pochés.

poach·er ['poutʃə] braconnier *m*.

PO Box [pi:'ou'bɔks] boîte *f* postale.

po·chette [pɔ'ʃet] pochette *f*.

pock ✠ [pɔk] pustule *f*.

pock·et ['pɔkit] **1.** poche *f* (*a. géol.*); laine, houblon, *a. géol. minerai:* sac *m*; ⚞ trou *m* d'air; **2.** mettre dans sa poche (*a. orgueil*); *péj.* chiper; refouler (*la colère*), avaler (*un affront*); *Am. pol.* ne pas signer, mettre un veto à (*une loi*); **3.** de poche; ~ *calculator* calculatrice *f* de poche; ~ *edition* édition *f* de poche; ~ *lighter* briquet *m*; ~ *lamp* torche *f*; '~-**book** carnet *m* de poche, calepin *m*; *Am.* sac *m* à main; *Am.* livre de poche; *surt. Am.* porte-billets *m/inv.*

pod [pɔd] **1.** ♀ cosse *f*; *pois:* écale *f*; *sl.* ventre *m*; **2.** *v/t.* écosser, écaler; *v/i.* former des cosses.

po·dag·ra ✠ [pɔ'dægrə] podagre *f*, goutte *f*.

podg·y F ['pɔdʒi] boulot(te *f*); rondelet(te *f*).

po·di·um ['poudiəm] podium *m*.

po·em ['pouim] poème *m*.

po·e·sy ['pouizi] poésie *f*.

po·et ['pouit] poète *m*; **po·et·as·ter** [~'tæstə] rimailleur *m*; '**po·et·ess** femme *f* poète, poétesse *f*; **po·et·ic, po·et·i·cal** ☐ [pou'etik(l)] poétique; **po'et·ics** *sg.* art *m* poétique; **po·et·ize** [~'itaiz] *v/i.* faire des vers; *v/t.* poétiser; '**po·et·ry** poésie *f*; vers *m/pl.*

poign·an·cy ['pɔinənsi] piquant *m*; âpreté *f*; *fig.* violence *f*; acuité *f*; '**poign·ant** ☐ piquant, âpre; *fig.* vif (vive *f*).

point [pɔint] **1.** point *m* (*a.* ♈, *astr., sp., typ., cartes, dés*); détail *m* (*a. fig.*); question *f* (*a. gramm.*); ⊕, *couteau, barbe, géog.* pointe *f*; extrémité *f*; aire *f* (*de vent*); *plume à écrire:* bec *m*; piquant *m* (*d'une plaisanterie*); *gramm.* point *m* (*de ponctuation*); ♈ (*a. decimal* ~) virgule *f*; *phys. thermomètre:* division *f*; *chien:* arrêt *m*; ⚡ contact *m*; ⚡ prise

f de courant; ⚓ quart *m*; *fig.* cas *m* (*de conscience*), point *m* (*d'honneur*); *fig.* caractère *m*; *see* ~ *lace*; ⚞ ~*s pl.* aiguillage *m*; ~*s pl. chasse:* cors *m/pl.* (*cerf*); ~ *of view* point *m* de vue; *the* ~ *is* that ce dont il s'agit c'est que; *there is no* ~ *in* (*gér.*) il est inutile de (*inf.*); *make a* ~ faire ressortir un argument; *make a* ~ *of* ne pas manquer de (*inf.*); tenir à; *make the* ~ *that* faire remarquer que; *stretch a* ~ faire une concession; *in* ~ sous le rapport de; *in* ~ *of fact* au ou en fait; *off* (*ou beyond*) *the* ~ hors de propos; *differ on many* ~*s* ne pas être d'accord sur bien des détails; *be on the* ~ *of* (*gér.*) être sur le point de (*inf.*); *win on* ~*s* gagner aux points; *to the* ~ à propos, bien dit; *stick to the* ~ ne pas s'écarter de la question; **2.** *v/t.* marquer de points, aiguiser; *opt.* braquer (*une jumelle etc.*); △ jointoyer; (*souv.* ~ *out*) indiquer; inculquer (*une morale*); ~ *at* braquer (*une arme*) sur; *v/i. chasse:* tomber en arrêt; ~ *at* montrer du doigt; ~ *to* faire ressortir; marquer (*l'heure*); signaler; '~-'**blank 1.** *adj.* direct; net(te *f*) (*refus*); de but en blanc (*question*); **2.** *adv.* à bout portant; *fig.* carrément; ~ *shot* coup *m* de feu à bout portant; '~-'**du·ty** service *m* à poste fixe; *policeman* ou ~*-agent* agent-vigie (*pl. agents-vigies*) *m*; '**point·ed** ☐ pointu, à pointe; *fig.* mordant, peu voilé; '**point·ed·ness** mordant *m*; caractère *m* peu voilé; '**point·er** aiguille *f*, index *m*; baguette *f*; *chasse:* chien *m* d'arrêt; F tuyau *m*; '**point-'lace** guipure *f*; '**point·less** émoussé; *fig.* sans sel; *fig.* inutile; '**points·man** ⚞ aiguilleur *m*; '**point-to-'point race** course *f* au clocher.

poise [pɔiz] **1.** équilibre *m*, aplomb *m*; port *m* (*du corps etc.*); **2.** *v/t.* équilibrer, balancer; tenir (*la tête etc.*); *v/i.* (*a. be* ~*d*) être en équilibre.

poi·son ['pɔizn] **1.** poison *m*; ~*-pen letter* lettre *f* anonyme venimeuse; **2.** empoisonner; *fig.* corrompre; '**poi·son·er** empoisonneur (-euse *f*) *m*; '**poi·son·ous** ☐ toxique; vénimeux (-euse *f*) (*animal*); vénéneux (-euse *f*) (*plante*); *fig.* pernicieux (-euse *f*) F empoisonnant.

poke [pouk] **1.** poussée *f*; coup *m* de

coude; **2.** v/t. pousser du coude etc.;
(a. ~ up) attiser (le feu); fourrer (a.
fig. son nez); passer, avancer (la
tête); ~ fun at se moquer de; v/i.
(a. ~ about) fouiller; fourrer (dans,
in[to]).

pok·er[1] ['poukə] tisonnier m.

po·ker[2] [~] cartes: poker m; fig. ~-
face visage m impassible.

pok·er-work ['poukəwə:k] pyrogravure f.

pok·y ['pouki] misérable; mesquin.

po·lar ['poulə] polaire; du pôle; ~
bear ours m blanc; **po·lar·i·ty** [~-
[po'læriti] polarité f; **po·lar·i·za·
tion** phys. [poulərai'zeiʃn] polarisation f; phot. ~ filter filtre m de polarisation; **'po·lar·ize** phys. (se) polariser.

Pole[1] [poul] Polonais(e f) m.

pole[2] [~] géog., astr., fig. pôle m; ⚡
électrode f.

pole[3] [~] **1.** perche f (a. sp.); mât m;
hampe f (de drapeau); voiture: ti-
mon m; mesure: perche f (5,029 m);
2. pousser ou conduire à la perche;
'~-ax(e) ⚔ hache f d'armes; ⚓
hache f d'abordage; assommoir m;
'~-cat zo. putois m; Am. putois m
d'Amérique; '~-jump, '~-vault
saut m à la perche.

po·lem·ic [po'lemik] **1.** (a. po'lem-
i·cal □) polémique; **2.** polémique f;
po'lem·ics sg. polémique f.

pole-star ['poulsta:] (étoile f) polaire f; fig. point m de mire.

po·lice [pə'li:s] **1.** police f; two ~
deux agents m/pl. (de police); ~ force
la police, les forces f/pl. de l'ordre; ~
record casier m judiciaire; **2.** policer;
po'lice·man agent m de police; gardien m de la paix; **po'lice-of·fice**
préfecture f de police; **po'lice-sta·
tion** poste m de police; **po'lice-
sur·veil·lance** surveillance f de police; **po'lice-trap** zone f de contrôle
de vitesse.

po·li·cy[1] ['polisi] politique f; diplomatique f.

po·li·cy[2] [~] police f; Am. loterie f
clandestine.

po·li·o(·my·e·li·tis ['pouliou(maiə-
'laitis)] poliomyélite f.

Pol·ish[1] ['pouliʃ] polonais.

pol·ish[2] ['poliʃ] **1.** poli m; brillant m;
fig. vernis m; floor ~ encaustique f;
boot ~ cirage m; **2.** v/t. polir (a. fig.);
brunir (le métal); cirer; F ~ off expé-

dier; ~ up polir; v/i. prendre bien le
poli, la cire etc.; **'pol·ish·ing 1.** po-
lissage m; cirage m; **2.** à polir.

po·lite □ [pə'lait] poli, courtois,
civil; cultivé; **po'lite·ness** politesse f.

po·li·tic □ ['politik] politique;
adroit; body ~ corps m politique;
po·lit·i·cal □ [po'litikl] politique;
~ science sciences f/pl. politiques; ~
scientist politologue mf; **pol·i·ti·
cian** [poli'tiʃn] homme m politique;
péj. politicien m; **pol·i·tics** ['poli-
tiks] pl., souv. sg. politique f.

po·li·ty ['politi] administration f politique; état m; régime m.

pol·ka-dot Am. tex. ['polkə'dot]
pois m.

poll[1] [poul] **1.** prov. ou co. tête f;
sommet m, haut m; vote m (par bul-
letins); scrutin m; go to the ~s prendre part au vote; se rendre aux
urnes; **2.** v/t. † tondre; étêter (un
arbre); réunir (tant de voix); v/i.
voter (pour, for).

poll[2] [pol] perroquet m; npr. Tac-
quot m.

pol·lard ['poləd] arbre m étêté; animal m sans cornes; farine: repasse f.

poll-book ['poulbuk] liste f électorale.

pol·len ♀ ['polin] pollen m.

poll·ing...: '~-booth bureau m de
scrutin; isoloir m; '~-dis·trict section f de vote; '~-place, '~-sta·tion
poste m (de section de vote).

poll·ster ['poulstə] sondeur (-euse
f) m.

poll-tax ['poultæks] capitation f.

pol·lut·ant [pə'lu:tənt] agent m de
pollution; **pol·lute** [pə'lu:t] polluer;
souiller; corrompre (a. fig.); profaner; **pol'lu·tion** pollution f; profanation f.

po·lo sp. ['poulou] polo m; ~ neck
(chandail m à) col m roulé.

po·lo·ny [pə'louni] cervelas m.

pol·troon [pol'tru:n] poltron m;
pol'troon·er·y poltronnerie f.

po·lyg·a·my [po'ligəmi] polygamie
f; **pol·y·glot** ['poliglot] polyglotte
(a. su./mf); **pol·y·gon** ['poligən] poly-
gone m; **po·lyg·o·nal** [po'ligənl] polygonal (-aux m/pl.); **pol·y·phon·ic**
♪ [,poli'fonik] polyphonique; **pol·yp** zo.
♪ ['~ip], **pol·y·pus** ♪ ['~pəs], pl. [~-
[~pai] polype m; **pol·y·sty·rene**
[poli'staiəri:n] polystyrène m; **pol-**

y·syl·lab·ic ['pɔlisi'læbik] polysyllab(ique)e; **pol·y·syl·la·ble** ['ˌsiləbl] polysyllabe m; **pol·y·tech·nic** [ˌ'teknik] 1. polytechnique; 2. école f des arts et métiers; **pol·y·the·ism** ['ˌθiizm] polythéisme m; **pol·y·thene** ['ˌθiːn] polyéthylène m; ~ bag sac m en plastique.

po·made [pə'mɑːd], **po·ma·tum** [pə'meitəm] pommade f.

pome·gran·ate ⚘ ['pɔmgrænit] grenade f; arbre: grenadier m.

Pom·er·a·nian [pɔmə'reinjən] poméranien(ne f); ~ (dog) loulou m de Poméranie.

pom·mel ['pʌml] 1. épée, selle: pommeau m; 2. bourrer (q.) de coups.

pomp [pɔmp] pompe f, apparat m.

pom-pom ['pɔmpɔm] canon-revolver (pl. canons-revolvers) m.

pom·pos·i·ty [pɔm'pɔsiti] emphase f, suffisance f; **'pomp·ous** □ pompeux (-euse f); suffisant (personne).

ponce Brit. sl. [pɔns] souteneur m, maquereau m; pédé m, tapette f.

pond [pɔnd] étang m; mare f; réservoir m; **'pond·age** accumulation f de l'eau; capacité f.

pon·der ['pɔndə] méditer (sur on, over); **pon·der·a·bil·i·ty** [ˌrə'biliti] pondérabilité f; **'pon·der·a·ble** pondérable; **pon·der·os·i·ty** [ˌ'rɔsiti] lourdeur f (a. de style); importance f; **'pon·der·ous** □ lourd; massif (-ive f); laborieux (-euse f); fig. important; **'pon·der·ous·ness** see ponderosity.

pone Am. [poun] pain m de maïs.

pong Brit. sl. [pɔŋ] 1. puanteur f; 2. puer.

pon·iard ['pɔnjəd] 1. poignard m; 2. poignarder.

pon·tiff ['pɔntif] pontife m; prélat m; **pon·tif·i·cal** pontifical (-aux m/pl.); épiscopal (-aux m/pl.); **pon·tif·i·cate** 1. [ˌkit] pontificat m; 2. [ˌkeit] pontifier.

pon·toon ⚔ [pɔn'tuːn] ponton m; **pon'toon-bridge** pont m de bateaux.

po·ny ['pouni] poney m; F fig. baudet m; Am. F traduction f; sl. 25 livres sterling; Am. F petit verre m d'alcool; Am. attr. petit; **'~-en·gine** 🚂 locomotive f de manœuvre.

pooch Am. sl. [puːtʃ] cabot m, chien m.

poo·dle ['puːdl] caniche mf.

poof Brit. sl. [puːf] tapette f, tante f.

pooh [puː] bah!; peuh!

pooh-pooh [puː'puː] ridiculiser; faire peu de cas de (qch.); faire fi de (conseils etc.).

pool[1] [puːl] flaque f d'eau; mare f; fontaine f.

pool[2] [~] 1. cagnotte f; poule f (a. billard); concours m de pronostics; (sorte de) jeu m de billard; ✝ syndicat m; fonds m/pl. communs; Brit. the ~s les pronostics m/pl. (sur les matchs de football); Am. ~ room salle f de billard; Am. ~ table billard m; 2. mettre en commun; ✝ mettre en syndicat.

poop ⚓ [puːp] 1. poupe f; dunette f; 2. balayer la poupe de (navire); embarquer par l'arrière; Am. ~ed exténué.

poor □ [puə] usu. malheureux (-euse f); médiocre; de piètre qualité; maigre (sol); ~ me! pauvre de moi!; make but a ~ shift's accommoder mal de (qch.); a ~ dinner un mauvais dîner; ~ health santé f débile; **'~-box** tronc m pour les pauvres; **'~-house** asile m de pauvres; **'~-law** assistance f judiciaire; **'poor·ly** 1. adj. prédicatif souffrant; 2. adv. pauvrement; **'poor·ness** pauvreté f, insuffisance f; infériorité f; **'poor-rate** taxe f des pauvres; **'poor·'spir·it·ed** pusillanime.

pop[1] [pɔp] 1. bruit m sec; F boisson f pétillante; limonade f gazeuse; 2. v/t. crever; faire sauter; F mettre en gage; Am. faire éclater (le maïs); F fourrer vite; F ~ the question faire la demande en mariage; v/i. éclater, sauter; crever; ~ in entrer pour un instant (chez q.); ~ up se lever vivement; apparaître; 3. inattendu; 4. crac!; pan!

pop[2] F [~] concert m populaire; chanson f populaire.

pop[3] Am. F [~] papa m; pépère m, pépe m.

pop·corn usu. Am. ['pɔpkɔːn] maïs m grillé et éclaté.

pope [poup] pape m; Saint-Père m; **pope·dom** ['ˌdəm] papauté f; **pop·er·y** péj. ['ˌəri] papisme m.

pop-eyed ['pɔpaid] aux yeux en boules de loto.

pop·gun ['pɔpgʌn] pétoire f.

pop·in·jay fig. ['pɔpindʒei] fat m.

pop·ish □ péj. ['poupiʃ] papiste.

pop·lar ⚘ ['pɔplə] peuplier m.

pop·lin *tex.* ['pɔplin] popeline *f.*

pop·per *surt. Brt.* ['pɔpə] bouton-pression *m* (*pl.* boutons-pression).

pop·pet ['pɔpit] ⚓ colombier *m*; ⊕ poupée *f*; *see* **puppet**.

pop·py ♀ ['pɔpi] pavot *m*; '∼**cock** *Am.* F fadaises *f/pl.*, bêtises *f/pl.*

pop·u·lace ['pɔpjuləs] peuple *m*; *péj.* populace *f.*

pop·u·lar □ ['pɔpjulə] populaire; du peuple; goûté du public; ♱ à la portée de tous; **pop·u·lar·i·ty** [∼'læriti] popularité *f*; **pop·u·lar·ize** ['∼ləraiz] populariser, vulgariser; rendre populaire; '**pop·u·lar·ly** populairement; communément.

pop·u·late ['pɔpjuleit] peupler; **pop·u·la·tion** population *f*; ∼ *explo-sion* explosion *f* démographique.

pop·u·lous □ ['pɔpjuləs] très peuplé; '**pop·u·lous·ness** densité *f* de (la) population.

por·ce·lain ['pɔːslin] porcelaine *f.*

porch [pɔːtʃ] porche *m*; portique *m*; *Am.* véranda *f.*

por·cu·pine *zo.* ['pɔːkjupain] porc-épic (*pl.* porcs-épics) *m.*

pore¹ [pɔː] pore *m.*

pore² [∼] être plongé (dans *over, on*), méditer (qch. *over, on s.th.*).

pork [pɔːk] porc *m*; *Am.* F ∼ *barrel* fonds *m/pl.* publics; trésor *m* public; ∼ *butcher* charcutier *m*; ∼ *chop* côtelette *f* de porc; '**pork·er** goret *m*; porc *m*; '**pork·y 1.** F gras(se *f*), obèse; **2.** *Am.* F *see* **porcupine**.

por·nog·ra·phy [pɔː'nɔgrəfi] pornographie *f.*

po·ros·i·ty [pɔː'rɔsiti], **po·rous·ness** ['pɔːrəsnis] porosité *f.*

po·rous □ ['pɔːrəs] poreux (-euse *f*).

por·phy·ry *min.* ['pɔːfiri] porphyre *m.*

por·poise *zo.* ['pɔːpəs] marsouin *m*; phocène *f.*

por·ridge ['pɔridʒ] bouillie *f* d'avoine; **por·rin·ger** ['pɔrindʒə] écuelle *f.*

port¹ [pɔːt] port *m*; ∼ *of call* port d'escale; ∼ *of destination* port *m* de destination; ∼ *of transhipment* port *m* de transbordement.

port² ⚓ [∼] sabord *m.*

port³ [∼] **1.** ⚔ présenter (*les armes*); **2.** maintien *m*, port *m.*

port⁴ ⚓ [∼] **1.** côté *m*: bâbord *m*; **2.** *v/t.* mettre à bâbord; *v/i.* venir sur bâbord.

port⁵ [∼] porto *m.*

port·a·ble ['pɔːtəbl] portatif (-ive *f*, mobile; ∼ *gramophone* (*typewriter, radio*) phonographe *m* (machine *f* à écrire, poste *m*) transportable; *railway* chemin *m* de fer à voie dé montable.

por·tage ['pɔːtidʒ] portage *m*; *see* porterage.

por·tal ['pɔːtl] portail *m*; portique *m*; *fig.* (porte *f* d')entrée *f*; '**por·tal-to-'por·tal pay** paye *f* pour le temps d'aller de la porte (*de l'usin etc.*) à son travail et retour.

port·cul·lis ⚔ *hist.* [pɔːt'kʌlis] herse *f.*

por·tend [pɔː'tend] présager.

por·tent ['pɔːtent] présage *m* du malheur; prodige *m*; **por'ten·tou** □ sinistre; de mauvais augure prodigieux (-euse *f*); *co.* lugubre.

por·ter¹ ['pɔːtə] concierge *m.*

por·ter² [∼] portefaix *m*; *hôtel:* gar çon *m*; 🚂 porteur *m*; bière *f* brune **por·ter·age** ['∼ridʒ] (prix *m* de transport *m*; factage *m*; '**por·ter·house** taverne *f*; *Am.* ∼ *steak* aloyau *m*, châteaubriant *m.*

port·fire ['pɔːtfaiə] boutefeu *m*; étoupille *f.*

port·fo·li·o [pɔːt'fouljou] serviette *f*; chemise *f* (*de carton*); portefeuille *m* (*d'un ministre*).

port·hole ⚓ ['pɔːthoul] sabord *m.*

por·ti·co ⚓ ['pɔːtikou] portique *m.*

por·tion ['pɔːʃn] **1.** part *f*, partie *f*; portion *f*, *viande:* ration *f*; *gâteau:* quartier *m*; *terre:* lot *m*; *mariage:* dot *m*; *fig.* sort *m*; **2.** partager, ré-partir; doter; '**por·tion·less** sans dot.

port·li·ness ['pɔːtlinis] prestance *f*; embonpoint *m*; '**port·ly** majestueux (-euse *f*); corpulent.

port·man·teau [pɔːt'mæntou] valise *f*; *gramm.* ∼ *word* mot *m* fantaisiste (*fait de mots télescopés*).

por·trait ['pɔːtrit] portrait *m*; '**por·trait·ist** portraitiste *mf*; **por·trai·ture** ['∼tʃə] portrait *m*; l'art *m* du portrait; *fig.* description *f.*

por·tray [pɔː'trei] (dé)peindre; décrire; **por'tray·al** peinture *f*, représentation *f.*

Por·tu·guese [pɔːtju'giːz] **1.** portugais; **2.** *ling.* portugais *m*; Portugais (-e *f*) *m.*

pose [pouz] **1.** pose *f*; **2.** *v/i.* se

poser; se faire passer (pour, *as*); *v/t.* poser (*une question*); énoncer; **'pos·er** question *f* embarrassante; F colle *f*.

posh *sl.* [pɔʃ] chic *inv. en genre*, chouette.

po·si·tion [pə'ziʃn] position *f* (*a. fig.* ✗, *posture*); situation *f*; place *f*; emploi *m*; état *m*; *fig.* attitude *f*; *fig.* point *m* de vue; ♣ lieu *m*, point *m*; ♣ poste *m*; ⚓ light feu *m* de position; *be in a* ~ *to do* être à même de faire.

pos·i·tive [ˈpɔzətiv] **1.** □ positif (-ive *f*); formel(le *f*); vrai; sûr, certain, convaincu; Ⓐ, ⚡, *phls.*, *phys.*, *phot.* positif (-ive *f*); **2.** positif *m*; **'pos·i·tive·ness** certitude *f*; ton *m* décisif.

pos·se [ˈpɔsi] troupe *f*, foule *f*; ~ **co·mi·ta·tus** [~ kɔmi'teitəs] détachement *m* de police.

pos·sess [pəˈzes] avoir, posséder (*fig.* de, *with*); *fig.* pénétrer (de, *with*); ~ed possédé; *be* ~ed *of* posséder; ~ *o.s. of* s'emparer de (*qch.*); **pos·ses·sion** [pəˈzeʃn] possession *f* (*a. fig.*); jouissance *f* (de, *of*); colonie *f*; *in* ~ *of* en possession de; **pos·ses·sive** *gramm.* [pəˈzesiv] **1.** □ possessif (-ive *f*); ~ *case* (cas *m*) possessif *m*; **2.** possessif *m*; **pos·ses·sor** possesseur *m*; **pos·ses·so·ry** possessoire.

pos·set [ˈpɔsit] posset *m*.

pos·si·bil·i·ty [pɔsə'biliti] possibilité *f*; **'pos·si·ble 1.** possible *f*; **2.** *sp.* maximum *m*; **'pos·si·bly** peut-être; *if I* ~ *can* s'il y a moyen; *how can I* ~ *do it?* comment pourrais-je le faire?; *I cannot* ~ *do it* il m'est impossible de le faire.

pos·sum F [ˈpɔsəm] *see* opossum.

post¹ [poust] **1.** poteau *m*; pieu *m*; **2.** (*usu.* ~ *up*) afficher, placarder.

post² [~] **1.** ✗ *sentinelle etc.*: poste *m*, garnison *f*; ✝ station *f* (*de commerce*); situation *f*, poste *m*; ✝ malle-poste (*pl.* malles-poste) *f*; *poste*: courrier *m*, poste *f*; papier *m* écu; ✗ *at one's* ~ à son poste; *by* (*the*) ~ par la poste; ✗ *last* ~ sonnerie *f* aux morts; retraite *f*; *Am.* ~ *exchange* magasin *m*, cantine *f*; **2.** *v/t.* ✗ poster, mettre en faction (*une sentinelle*); ♣ nommer (*q. capitaine*); ✝ (*souv.* ~ *up*) mettre au courant (*le grand-livre*); mettre à la

poste; envoyer par la poste; F (*souv.* ~ *up ou keep s.o.* ~ed) mettre (*q.*) au courant, documenter (*q.*); *well* ~ed bien renseigné; ✝ *an entry* passer écriture d'un article; *v/i.* F aller un train de poste.

post·age [ˈpoustidʒ] port *m*, affranchissement *m*; ... ~ ... *pour* frais d'envoi; ~ *due* surtaxe *f* postale; ~ **stamp** timbre-poste (*pl.* timbres-poste) *m*.

post·al □ [ˈpoustəl] postal (-aux *m/pl.*); *Am.* ~ (*card*) carte *f* postale; ~ *cheque* chèque *m* postal; ~ *order* mandat-poste (*pl.* mandats-poste) *m*, mandat *m* postal; ⚘ *Union* Union *f* postale.

post...: **'~·card** carte *f* postale; **'~·code** code *m* postal.

post·date [ˈpoustˈdeit] postdater.

post·er [ˈpoustə] affiche *f*; placard *m*.

pos·te·ri·or F [pɔsˈtiəriə] **1.** □ postérieur (à, *to*); derrière *f*; **2.** (*a.* ~s *pl.*) postérieur *m*, derrière *m*.

pos·ter·i·ty [pɔsˈteriti] postérité *f*.

pos·tern [ˈpoustən] porte *f* de derrière.

post-free [ˈpoustˈfriː] franco *inv.*

post·grad·u·ate [ˈpoustˈgrædjuit] **1.** postscolaire; **2.** candidat *m* à un diplôme supérieur (*doctorat etc.*).

post-haste [ˈpoustˈheist] en toute hâte.

post·hu·mous □ [ˈpɔstjuməs] posthume.

pos·til·(l)ion [pəsˈtiljən] postillon *m*.

post...: **'~·man** facteur *m*; **'~·mark** **1.** cachet *m* de la poste; timbre *m* (*d'oblitération*); **2.** timbrer; **'~·mas·ter** receveur *m* des postes; ⚘ *General* ministre *m* des Postes et Télécommunications.

post·me·rid·i·an [ˈpoustməˈridiən] de l'après-midi, du soir; **post-mor·tem** [ˈ~ˈmɔ:təm] **1.** après décès; **2.** ℞ ~ *examination*) autopsie *f*; **post-o·bit** [~ˈɔbit] exécutoire après le décès d'un tiers.

post...: **'~·of·fice**, *surt.* ~ *of·fice* bureau *m* de la poste; *Am.* (*sorte de*) jeu *m* avec embrassades; *general* ~ bureau *m* central; ~ *box* boîte *f* postale; ~ *clerk* employé(e *f*) *m* des postes; ~ *counter* (*ou window*) guichet *m*; ~ *order* mandat *m* postal; ~ *savings-bank* caisse *f* d'épargne postale; **'~·paid** franco *inv.*, affranchi.

post·pone [poustˈpoun] ajourner,

remettre, renvoyer à plus tard; **post'pone·ment** ajournement *m*; remise *f* à plus tard.

post·pran·di·al □ *co.* [poust'prændiəl] après dîner, après le repas.

post·script ['pousskript] post-scriptum *m*/*inv.* (*abbr.* P.-S.); postface *f* (*d'un livre*).

pos·tu·lant ['pɔstjulənt] postulant (-e *f*) *m*; **pos·tu·late 1.** ['~lit] postulat *m*; **2.** ['~leit] postuler (*a. v*/*i.*); poser (*qch.*) en postulant; **pos·tu·la·tion** sollicitation *f*; *phls.* supposition *f*, postulat *m*.

pos·ture ['pɔstʃə] **1.** posture *f*, corps: attitude *f*; position *f*; **2.** *v*/*t.* poser; *v*/*i.* prendre une pose; se poser en.

post-war ['poust'wɔ:] d'après-guerre.

po·sy[1] ['pouzi] devise *f*.

po·sy[2] [~] bouquet *m* (de fleurs).

pot [pɔt] **1.** pot *m*; marmite *f*; *sp.* coupe *f*; F a ~ of money des tas *m*/*pl.* d'argent; **2.** *v*/*t.* mettre en pot (*cuis. a. des plantes*); blouser (*au billard*); abattre (*du gibier*); *v*/*i.*: ~ at lâcher un coup de fusil à (*q.*); tirer sur.

po·ta·ble ['poutəbl] potable, buvable.

pot·ash ⚗ ['pɔtæʃ] potasse *f*.

po·tas·si·um ⚗ [pə'tæsiəm] potassium *m*.

po·ta·tion [pou'teiʃn] gorgée *f*; (*usu. pl.* ~s) libation *f*.

po·ta·to [pə'teitou], *pl.* **po·ta·toes** [~z] pomme *f* de terre; ~ bug doryphore *m*; *Am.* ~ chips *pl.*, *Brit.* ~ crisps *pl.* pommes *f*/*pl.* chips; ~ masher presse-purée *m*/*inv.*; ~ omelette omelette *f* parmentière; *fig.* hot ~ sujet *m* brûlant, affaire *f* épineuse; *cuis.* mashed ~s purée *f* de pommes de terre; pommes *f*/*pl.* mousseline.

pot...: '~-bel·ly panse *f*; '~-boil·er littérature *f* alimentaire; besognes *f*/*pl.* alimentaires; écrivain *m* etc. qui travaille pour faire bouillir sa marmite; '~-boy garçon *m* de cabaret.

po·ten·cy ['poutənsi] puissance *f*; force *f*; '**po·tent** □ puissant; fort; **po·ten·tate** ['~teit] potentat *m*; **po·ten·tial** [pə'tenʃl] **1.** latent, virtuel (-le *f*) potentiel(le *f*) (*a. phys.*); **2.** *gramm.* (*a.* ~ mood) potentiel *m*; *phys.* (*souv.* ~ function) fonction *f* potentielle; *p.ext.* rendement *m*

maximum; **po·ten·ti·al·i·ty** [~ʃi'æliti] potentialité *f*; potentiel *m* (*militaire etc.*); *fig.* promesse *f*.

poth·er ['pɔðə] **1.** nuage *m* de fumée *etc.*; confusion *f*; tumulte *m*; **2.** (se) tourmenter; *v*/*i.* faire des histoires (à propos de, *about*).

pot...: '~-herb herbe *f* potagère; '~-hole *mot.* nid-de-poule (*pl.* nids-de-poule) *m*; *géol.* marmite *f* torrentielle; '~-hol·er spéléologue *f*; '~-hook crémaillère *f*; ~s *pl.* bâton *m*/*pl.*; '~-house cabaret *m*, taverne *f*.

po·tion ['pouʃn] potion *f*; ✶ dose *f*.

pot-luck ['pɔt'lʌk]: take ~ with s.o. manger chez q. à la fortune du pot

pot·ter[1] ['pɔtə] s'amuser (à, *at*) s'occuper en amateur (de, *at*); flâner.

pot·ter[2] [~] potier *m*; ~'s wheel tour *m* de potier; disque *m*; '**pot·ter·y** poterie *f*.

pot·ty *sl.* ['pɔti] insignifiant; simple, toqué.

pouch [pautʃ] **1.** petit sac *m*; bourse *f*; *yeux*: poche *f*; blague *f*; *zo.* poche *f* ventrale; *singe*: abajoue *f*; **2.** *v*/*t.* empocher; faire bouffer (*une robe*); avaler (*un poisson*); *v*/*i.* bouffer; **pouched** à poche; à abajoue.

poul·ter·er ['poultərə] marchand *m* de volaille.

poul·tice ✶ ['poultis] cataplasme *m*.

poul·try ['poultri] volaille *f*.

pounce[1] [pauns] **1.** (poudre *f* de) sandaraque *f*; ponce *f*; **2.** polir à la ponce; poncer (*a. un dessin*).

pounce[2] [~] **1.** *oiseau*: serre *f*; saut *m*; **2.** *v*/*t.* (*ou* ~ upon) s'abattre sur (*sa proie*); *v*/*i.*: *fig.* ~ [up]on se jeter sur.

pound[1] [paund] livre *f* (*abr.* lb.) (453,6 g); ~ (sterling) livre *f* (sterling) (*abr.* £).

pound[2] [~] **1.** parc *m* (à moutons *etc.*); fourrière *f*; **2.** mettre en fourrière.

pound[3] [~] *v*/*t.* broyer, piler; bourrer de coups de poing; ⚔ pilonner; *sl. Bourse*: faire baisser (*les prix*); *v*/*i.*: ~ along avancer d'un pas lourd; ~ away frapper *ou* cogner dur (sur, *at*).

pound·age ['paundidʒ] remise *f* ou taux *m* de tant par livre.

pound·er ['paundə] de ... livres.

pour [pɔ:] *v*/*t.* (*a.* ~ out) verser; ~ out répandre; décharger (*son cœur*);

tomber à verse (*pluie*); sortir à flots *ou* en foule.

pout [paut] **1.** moue *f*; **2.** (*a. ~ the lips*) faire la moue; bouder.

pov·er·ty ['pɔvəti] pauvreté *f*; pénurie *f*.

pow·der ['paudə] **1.** poudre *f*; **2.** pulvériser; poudrer (*le visage*); saupoudrer (de, with); '~**box** boîte *f* à poudre; ~ **keg** *fig.* poudrière *f*; '~**puff** houppette *f* (à poudre); ~ **room** toilettes *f/pl.* pour dames; '**pow·der·y** poudreux (-euse *f*); friable.

pow·er ['pauə] *m* pouvoir (*a.* ♱♱, *pol. exécutif etc.*); puissance *f* (*a.* ⊕, ♈, *pol.* = *pays, influence*); vigueur *f*; ⚡ énergie *f* (*électrique*); aimant: force *f*; *admin.* autorité *f*; ♱♱ mandat *m*; F quantité *f*, foule *f*; *be in* ~ être au pouvoir; *Western ~s pl. pol.* puissances *f/pl.* occidentales; '~**as·sist·ed** ⊕ assisté; ~ **break** servofrein *m*; '~**cur·rent** courant *m* à haute intensité; ~ **cut** ⚡ coupure *f* de courant; ~ **fail·ure** panne *f* de courant; **pow·er·ful** ['~ful] □ puissant, fort; '**pow·er·house** centrale *f* électrique; '**pow·er·less** impuissant; inefficace; '**pow·er line** ligne *f* à haute tension; '**pow·er·plant** groupe *m* générateur; *Am.* centrale *f* électrique; ~ **point** *Brit.* prise *f* de courant; '~ **saw** scie *f* à moteur; '**pow·er sta·tion** centrale *f* électrique; *long-distance* ~ centrale *f* interurbaine; ~ **steer·ing** servodirection *f*; ~ **strug·gle** *pol. etc.* lutte *f* pour le pouvoir.

pow·wow ['pau'wau] sorcier *m* guérisseur; *Am.* F conférence *f* (politique); palabre *f*.

pox ∨ [pɔks] syphilis *f*.

pra·am ∯ [prɑːm] prame *f*.

prac·ti·ca·bil·i·ty [præktikə'biliti] praticabilité *f*; '**prac·ti·ca·ble** □ praticable; faisable; '**prac·ti·cal** □ pratique; appliqué (*science*); quasi; ~ **joke** mystification *f*; mauvais tour *m*; brimade *f*; attrape *f*; ~ *chemistry* chimie *f* appliquée; **prac·ti·cal·i·ty** [~'kæliti] caractère *m* pratique; esprit *m* pratique; **prac·ti·cal·ly** ['~kli] pratiquement; en pratique; presque.

prac·tice ['præktis] **1.** pratique *f*; exercice *m* (*d'un métier*); habitude *f*, coutume *f*, usage *m*; *sp.* entraîne-

ment *m*; clientèle *f*; *usu.* ~*s pl.* menés *f/pl.*, intrigue *f*; *be out of* ~ avoir perdu l'habitude; *put into* ~ mettre en pratique *ou* en action; **2.** *Am. see* practise.

prac·tise [~] *v/t.* mettre en pratique *ou* en action; pratiquer; exercer (*une profession*); s'exercer (*au piano etc., sur la flûte*); entraîner (*q.*); *v/i.* exercer (*médecin*); *sp.*, ♪ s'exercer; répéter; *~* [*up*]*on* exploiter (*q.*), abuser de (*la faiblesse de q.*); '**prac·tised** expérimenté; versé (dans *at, in*).

prac·ti·tion·er [præk'tiʃnə] praticien *m*; *qqfois* médecin *m*; *general* ~ médecin *m* ordinaire; médecin *m* de médecine générale.

prag·mat·ic [præg'mætik] (~*ally*) pragmatique; (*souv.* **prag'mat·i·cal**) suffisant; dogmatique.

prai·rie *Am.* ['prɛəri] prairie *f*; savane *f*; *Am.* ~ **schooner** voiture *f* couverte (*des pionniers*).

praise [preiz] **1.** éloge *m*; louange *f*; **2.** louer, faire l'éloge de; F vanter. **praise·wor·thi·ness** ['preizwə:ðinis] caractère *m* estimable; mérite *m*; '**praise·wor·thy** □ digne d'éloges; méritoire.

pra·line ['prɑːliːn] praline *f*.

pram F [præm] *see* perambulator.

prance [prɑːns] piaffer (*cheval*); se pavaner (*personne*); *fig.* trépigner (de, with).

pran·di·al ☐ ['prændiəl] *co.* de *ou* du dîner; de table.

prang ✗ *Brit. sl.* [præŋ] raid *m* sévère.

prank [præŋk] **1.** escapade *f*; tour *m*; **2.** (*a. ~ up*) parer (de, with).

prate [preit] **1.** riens *m/pl.*; jaserie *f*; **2.** dire des riens; jaser; '**prat·er** babillard(e *f*) *m*; '**prat·ing 1.** □ babillard, jaseur (-euse *f*); **2.** jaserie *f*.

prat·tle ['prætl] *see* prate.

prawn *zo.* [prɔːn] crevette *f* rouge.

pray [prei] *v/i.* prier (, de qch. de *inf., to inf.*; pour q., *for s.o.*); ~ *for s.th.* prier Dieu qu'il (nous) accorde qch.; ~ je vous en prie, veuillez (*inf.*); ~ *for s.o.'s soul* prier pour l'âme de q.; *v/t.* prier, implorer; demander.

pray·er ['prɛə] prière *f*, oraison *f*; demande *f*; *souv.* ~*s pl.* dévotions *f/pl.*; *Lord's* ♀ oraison *f* dominicale;

pater *m*; *Book of Common* ≈ rituel *m* de l'Église anglicane; '~**-book** livre *m* de prières; **pray·er·ful** □ ['~ful] pieux (-euse *f*).

pre... [pri:; pri] pré-; avant; antérieur à.

preach [pri:tʃ] prêcher; '**preach·er** prédicateur (-trice *f*) *m*; '**preach·ing** prédication *f*, sermon *m*; '**preach·ment** *péj.* sermon *m*.

pre·am·ble [pri:'æmbl] préambule *m*.

preb·end *eccl.* ['prebənd] prébende *f*; '**pre·ben·dar·y** prébendier *m*, chanoine *m*.

pre·car·i·ous □ [pri'kɛəriəs] précaire, incertain; **pre'car·i·ous·ness** incertitude *f*; situation *f* précaire.

pre·cau·tion [pri'kɔ:ʃn] précaution *f*; **pre'cau·tion·ar·y** de précaution; d'avertissement.

pre·cede [pri'si:d] (faire) précéder; préfacer; *fig.* avoir le pas sur; **pre'ced·ence, pre'ced·en·cy** [~dəns(i)] priorité *f*; préséance *f*; **prec·e·dent** ['presidənt] précédent *m* (*a.* ⚖).

pre·cen·tor *eccl.* [pri'sentə] premier chantre *m*; maître *m* de chapelle.

pre·cept ['pri:sept] précepte *m*; règle *f*; ⚖ mandat *m*; **pre·cep·tor** [pri'septə] précepteur *m*; **pre'cep·tress** [~tris] préceptrice *f*.

pre·cinct ['pri:siŋkt] enceinte *f*, enclos *m*; *surt. Am.* circonscription *f* électorale; *Am.* poste *m* de police d'une circonscription; *a.* ~*s pl.* pourtour *m*.

pre·cious ['preʃəs] **1.** *adj.* □ précieux (-euse *f*); F *a. iro.* fameux (-euse *f*); **2.** F *adv.* particulièrement, joliment; '**pre·cious·ness** haute valeur *f*.

prec·i·pice ['presipis] précipice *m*; **pre·cip·i·tance, pre·cip·i·tan·cy** [pri'sipitəns(i)] précipitation *f*; empressement *m*; **pre'cip·i·tate 1.** [~teit] *v/t.* précipiter (*a.* ⚗); accélérer; *météor.* condenser; *v/i.* se précipiter; **2.** [~tit] □ précipité (⚗ *a. su./m*); fait à la hâte; irréfléchi; **pre·cip·i·ta·tion** [~'teiʃn] précipitation *f* (*a.* ⚗); **pre'cip·i·tous** □ à pic; escarpé; abrupt.

pré·cis ['preisi:], *pl.* **-cis** [~si:z] précis *m*, résumé *m*, abrégé *m*.

pre·cise □ [pri'sais] exact; précis; méticuleux (-euse *f*); ~*ly!* précisément!; **pre'cise·ness** précision *f*; méticulosité *f*.

pre·ci·sion [pri'siʒn] précision *f*; *attr.* de précision.

pre·clude [pri'klu:d] prévenir, empêcher; ~ *s.o. from* (*gér.*) mettre q. dans l'impossibilité de (*inf.*).

pre·co·cious □ [pri'kouʃəs] précoce; **pre'co·cious·ness, pre·coc·i·ty** [pri'kɔsiti] précocité *f*.

pre·con·ceive ['pri:kən'si:v] préconcevoir; ~*d* préconçu (*idée*).

pre·con·cep·tion ['pri:kən'sepʃn] préconception *f*; préjugé *m*.

pre·con·cert·ed ['pri:kən'sə:tid] convenu *ou* arrangé d'avance.

pre·con·di·tion ['pri:kən'diʃn] condition *f* préliminaire.

pre-cool ⊕ ['pri:'ku:l] préréfrigérer.

pre·cur·sor [pri:'kə:sə] précurseur *m*, avant-coureur *m*; **pre'cur·so·ry** précurseur; préliminaire.

pre·date ['pri:'deit] antidater; venir avant.

pred·a·to·ry ['predətəri] rapace; de proie (*bête*).

pre·de·cease ['pri:di'si:s] mourir avant (*q.*).

pre·de·ces·sor ['pri:disesə] prédécesseur *m*.

pre·des·ti·nate [pri'destineit] prédestiner; **pre·des·ti'na·tion** *eccl.* prédestination *f*; **pre'des·tined** prédestiné.

pre·de·ter·mine ['pri:di'tə:min] déterminer d'avance; *eccl.* préordonner.

pred·i·ca·ble ['predikəbl] prédicable.

pre·dic·a·ment [pri'dikəmənt] *phls.* catégorie *f*; *fig.* situation *f* difficile.

pred·i·cate 1. ['predikeit] affirmer; **2.** ['~kit] *gramm.* attribut *m*; *phls.* prédicat *m*; **pred·i'ca·tion** assertion *f*; **pred·i·ca·tive** [pri'dikətiv] □ affirmatif (-ive *f*); *gramm.* prédicatif (-ive *f*).

pre·dict [pri'dikt] prédire; **pre·dic·tion** [~'dikʃn] prédiction *f*.

pre·di·lec·tion [pri:di'lekʃn] prédilection *f* (pour, *for*).

pre·dis·pose ['pri:dis'pouz] prédisposer (à, *to*); **pre·dis·po·si·tion** ['~dispə'ziʃn] prédisposition *f* (à, *to*).

pre·dom·i·nance [pri'dɔminəns] prédominance *f*; ascendant *m* (sur, *over*); **pre'dom·i·nant** □ prédominant; **pre'dom·i·nate** [~neit] prédominer; l'emporter par le nombre *etc.* (sur, *over*).

•**re·em·i·nence** [pri:'eminəns] prééminence *f*; primat *m*; **pre-'em·i·nent** □ prééminent; remarquable (par, *in*).

•**re·emp·tion** [pri:'empʃn] (droit *m* de) préemption *f*; **pre-'emp·tive** [.tiv] ✝ de préemption (*droit*); *fig.* préventif (-ive); ✕ ∼ *first strike* attaque *f* préventive.

•**reen** [pri:n] lisser (*les plumes*).

•**re·en·gage** [pri:in'geidʒ] retenir *ou* engager d'avance; **'pre-en-'gage·ment** engagement *m* préalable.

•**re·ex·ist** [pri:ig'zist] préexister; **'pre-ex'ist·ence** préexistence *f*; **'pre-ex'ist·ent** préexistant.

•**re·fab** ['pri:'fæb] **1.** préfabriqué; **2.** maison *f* préfabriquée; **'pre'fab·ri·cate** [.rikeit] préfabriquer.

•**ref·ace** ['prefis] **1.** préface *f*; avant-propos *m/inv.*; **2.** préfacer; préluder à. [liminaire.\

•**ref·a·to·ry** □ ['prefətəri] pré-\
•**re·fect** ['pri:fekt] préfet *m*; *école*: élève *mf* surveillant(e *f*).

•**re·fer** [pri'fə:] préférer (à, *to*), aimer mieux (que *sbj.*, à *inf.*); nommer (*q. à un emploi*); déposer (*une plainte*); intenter (*une action*); émettre (*une prétention*); *see share* 1; **pref·er·a·ble** □ ['prefərəbl] préférable (à, *to*); **'pref·er·a·bly** de préférence (à, *to*); préférablement; **'pref·er·ence** préférence *f* (pour, *for*); (*surt.* ✝) droit *m* de priorité; *douane*: tarif *m* de préférence; *see share* 1; **pref·er·en·tial** □ [.'renʃl] préférentiel(le *f*); de préférence; **pref·er'en·tial·ly** de préférence; **pre·fer·ment** [pri'fə:mənt] avancement *m*; promotion *f*.

•**re·fix 1.** ['pri:fiks] préfixe *m*; titre *m*; **2.** [pri:'fiks] mettre comme introduction; *gramm.* préfixer.

•**reg·nan·cy** ['pregnənsi] grossesse *f*; *animal*: gestation *f*; *fig.* grande portée *f*; fécondité *f*; **'preg·nant** □ 🐾 enceinte (*femme*); gravide (*animal*); *fig.* gros(se *f*), fertile (en, *with*).

•**re·heat** ⊕ ['pri:'hi:t] réchauffer d'avance.

•**re·hen·sile** [pri'hensail] préhensile.

•**re·his·tor·ic** ['pri:his'tɔrik] préhistorique.

•**re·ig·ni·tion** *mot.* ['pri:ig'niʃn] auto-allumage *m*; allumage *m* prématuré.

pre·judge ['pri:'dʒʌdʒ] préjuger.
prej·u·dice ['predʒudis] **1.** préjugé *m*, prévention *f*; préjudice *m*, dommage *m*; *without* ∼ *to* réservation faite de; **2.** prévenir, prédisposer; porter préjudice à; ∼*d* prévenu; à préjugés.
prej·u·di·cial □ [predʒu'diʃl] préjudiciable, nuisible (à, *to*).
prel·a·cy ['preləsi] épiscopat *m*; prélats *m/pl.*
prel·ate ['prelit] prélat *m*.
pre·lec·tion [pri'lekʃn] conférence *f*; **pre'lec·tor** conférencier *m*; *univ.* maître *m* de conférences.
pre·lim·i·nar·y [pri'liminəri] **1.** □ préliminaire; préalable; **2.** prélude *m*; *preliminaries pl.* préliminaires *m/pl.*
prel·ude ['prelju:d] **1.** prélude *m* (*a.* ♪); **2.** *v/i.* ♪ préluder; *v/t.* précéder; préluder à.
pre·mar·i·tal [pri:'mæritl] prématrimonial (-aux *m/pl.*), avant le mariage.
pre·ma·ture [premə'tjuə] *fig.* prématuré; ∼ *delivery* accouchement *m* avant terme; **pre·ma'ture·ness**, **pre·ma'tu·ri·ty** [.riti] *fig.* prématurité *f*.
pre·med·i·tate [pri'mediteit] préméditer; **pre·med·i'ta·tion** préméditation *f*.
pre·mi·er ['premjə] **1.** premier (-ère *f*); **2.** premier ministre *m*; président *m* du conseil; *Am.* ministre *m* des Affaires étrangères; **'pre·mi·er·ship** fonctions *f/pl.* de premier ministre; *Am.* Ministère *m* des Affaires étrangères.
prem·ise 1. ['premis] prémisse *f*; ∼*s pl.* local *m*; immeuble *m*; 🏛 intitulé *m*; *licensed* ∼*s pl.* débit *m* de boissons; *on the* ∼*s* sur les lieux; dans l'établissement; **2.** [pri'maiz] poser en prémisse; faire remarquer.
pre·mi·um ['pri:mjəm] prix *m*; prime *f* (*a.* ✝); indemnité *f*; *au début du bail*: droit *m*; ✝ agio *m*; *at a* ∼ à prime.
pre·mo·ni·tion [pri:mə'niʃn] prémonition *f*; pressentiment *m*; **pre·mon·i·to·ry** □ [pri'mɔnitəri] prémonitoire; précurseur.
pre·na·tal [pri:'neitl] prénatal (-als, -aux *m/pl.*).
pre·oc·cu·pan·cy [pri:'ɔkjupənsi] *fig.* absorption *f* (par, *in*); **pre·oc·**

cu·pa·tion [priːɔkjuˈpeiʃn] préoccupation f; absorption f (par, with); souci m; préjugé m; **preoc·cu·pied** [ˌˈɔkjupaid] préoccupé; absorbé; **pre'oc·cu·py** [ˌpai] préoccuper, absorber; occuper par avance.

pre·or·dain [ˈpriːɔːˈdein] régler d'avance; préordonner.

prep F [prep] see preparation; preparatory school.

prep·a·ra·tion [prepəˈreiʃn] préparation f; préparatifs m/pl.; école: étude f (du soir); **pre·par·a·tive** [priˈpærətiv] usu. ˷s pl. préparatifs m/pl.; **pre'par·a·to·ry** [ˌtəri] **1.** ☐ préparatoire; ˷ school école f préparatoire; **2.** adv. ˷ to préalablement à.

pre·pare [priˈpɛə] v/t. préparer; dresser; confectionner (un mets); v/i. se préparer, s'apprêter (à, for; à inf., to inf.); **pre'pared** ☐ préparé; sur le qui-vive; ˷ for prêt à (qch.) ou pour (inf.).

pre·pay [ˈpriːˈpei] (irr. pay) payer d'avance; affranchir (une lettre); **'pre'pay·ment** paiement m d'avance; lettre: affranchissement m.

pre·pense ☐ [priˈpens] prémédité; with malice ˷ avec intention criminelle.

pre·pon·der·ance [priˈpɔndərəns] prépondérance f; **pre'pon·der·ant** ☐ prépondérant; **pre'pon·der·ate** [ˌreit] peser davantage; fig. l'emporter (sur, over).

prep·o·si·tion gramm. [prepəˈziʃn] préposition f; **prep·o'si·tion·al** ☐ prépositionnel(le f).

pre·pos·sess [priːpəˈzes] imprégner, pénétrer (l'esprit) (de, with); prévenir (q.) (en faveur de, in favour of; contre, against); **pre'pos·sessing** ☐ prévenant; agréable; **prepos'ses·sion** [ˌˈzeʃn] prévention f, préjugé m.

pre·puce anat. [ˈpriːpjuːs] prépuce m.

pre·req·ui·site [ˈpriːˈrekwizit] nécessité f préalable; condition f préalable.

pre·rog·a·tive [priˈrɔgətiv] prérogative f; privilège m.

pres·age [ˈpresidʒ] **1.** présage m;

pressentiment m; **2.** présager, annoncer; prédire.

pres·by·ter [ˈprezbitə] prêtre m ancien m; **Pres·by·te·ri·an** [ˌˈtiəriən] **1.** presbytérien(ne f) **2.** Presbytérien(ne f) m; **pres·byter·y** [ˈˌtəri] △ sanctuaire m; eccl. presbytère m, consistoire m.

pre·sci·ence [ˈpresiəns] prescience f, prévision f; **'pre·sci·ent** prescient, prévoyant.

pre·scribe [prisˈkraib] v/t. prescrire; ordonner (a. ✍); v/i.: ˷ for prescrire à, ordonner à (q.); ✍ indiquer un traitement pour (q.); ⚖ (ou ˷ to) prescrire, acquérir (un droit) par prescription.

pre·script [ˈpriːskript] prescription f, précepte m; **pre·scrip·tion** [prisˈkripʃn] prescription f (a. ⚖); ordre m; ✍ ordonnance f; ⚖ coutume f; droit m consacré par l'usage; Brit. ˷ charge somme f fixe à payer lors de l'exécution d'une ordonnance; **pre'scrip·tive** ☐ consacré par l'usage; ordonnateur (-trice f).

pres·ence [ˈprezns] présence f; mine f, air m, maintien m; in the ˷ of en présence de (q.); ˷ of mind présence f d'esprit; **'˷cham·ber** salle f d'audience.

pres·ent¹ [ˈpreznt] **1.** ☐ présent; actuel(le f); courant (année etc.); ˷ record holder recordman m de l'heure; gramm. ˷ tense (temps m) présent m; ˷ value valeur f actuelle; ˷! présent!; **2.** présent m (a. gramm.); temps m présent; ✝ by the ˷ ⚖ by these ˷s par la présente; at ˷ à présent, actuellement; for the ˷ pour le moment.

pre·sent² [priˈzent] présenter (a. qch. à q., s.o. with s.th.); (donner; offrir; faire cadeau de (qch.); ˷ o.s. se présenter; s'offrir; ˷ one's compliments to s.o. présenter ses compliments à q.

pres·ent³ [ˈpreznt] cadeau m; make s.o. a ˷ of s.th. faire cadeau de qch. à q.

pre·sent·a·ble [priˈzentəbl] présentable; portable (robe etc.).

pres·en·ta·tion [prezenˈteiʃn] présentation f; ✝ remise f; théâ. (re)présentation f; souvenir m; ˷ copy spécimen m gratuit; exemplaire m offert à titre d'hommage.

pres·ent-day ['prezntdei] d'aujourd'hui, actuel(le) f.

pre·sen·ti·ment [pri'zentimənt] pressentiment m.

pres·ent·ly ['prezntli] bientôt; tout à l'heure; F actuellement.

pre·sent·ment [pri'zentmənt] see *presentation*; ↄↄ déclaration f émanant du jury; *théâ.* représentation f.

pres·er·va·tion [prezə'veiʃn] conservation f; préservation f (de, *from*); maintien m; ~ *of natural beauty* préservation f des beautés de la nature; *in good* ~ en bon état de conservation f; **pre·serv·a·tive** [pri'zə:vətiv] **1.** préservateur (-trice f); **2.** préservatif m; antiseptique m.

pre·serve [pri'zə:v] **1.** préserver, garantir (de, *from*); conserver; mettre en conserve; maintenir; garder (*le silence, la chasse*); ♀ naturaliser; élever (*du gibier*) dans une réserve; **2.** chasse f gardée; réserve f; *poisson:* vivier m; confiture f; **pre·serv·er** préservateur (-trice f) m; sauveur m; propriétaire m d'une chasse gardée *ou* d'un vivier; conservateur (-trice f) m; agent m de conservation.

pre·side [pri'zaid] présider (qch., à qch. *over s.th.*); occuper le fauteuil présidentiel; ~ *over an assembly* présider une assemblée.

pres·i·den·cy ['prezidənsi] présidence f; *école:* directorat m, rectorat m; **pres·i·dent** président (e f) m; *école:* (di)recteur m; ✝ *Am.* directeur m général; **pres·i·den·tial** [~'denʃl] présidentiel(le f).

press [pres] **1.** pression f (*sur qch.*); presse f (*hydraulique, à copier, de journaux, fig. des affaires, a. typ.*); *typ.* imprimerie f; **2.** *v/t.* presser; appuyer sur; serrer (*a.* ✕); donner un coup de fer à (*une robe etc.*); *fig.* poursuivre (*un avantage*); forcer à accepter; réclamer (*une dette, une réponse*); imposer (*une opinion*); ~ *the button* appuyer sur le bouton; ~ *the point* that insister sur le fait que; *be* ~ed *for time* être très pressé *ou* à court de temps; *v/i.* se serrer, se presser; ~ *for* insister pour obtenir *ou* pour que (*sbj.*); ~ *on* presser le pas, forcer le pas, se dépêcher; ~ (*up*)*on* peser à (*q.*); ~ **a·gen·cy** agence f d'informa-

tions; ~ **a·gent** agent m de publicité; ~ **bar·on** magnat m de la presse; ~ **but·ton** bouton m à pression; *gant:* bouton m fermoir; ~ **clip·ping** *see press cutting;* ~ **con·fer·ence** conférence f de presse; ~ **cor·rec·tor** *typ.* correcteur m (-trice f); ~ **cut·ting** coupure f de journal; **'press·er** presse f (*à viande*); pressoir m (*aux raisins*); presseur (-euse f) m (*personne*); **'press·gal·ler·y** tribune f de la presse; **'press·gang** F ~ *s.o. into doing s.th.* faire pression sur q. pour qu'il fasse qch.; **'press·ing** ☐ pressant; urgent, pressé; ~ **lord** *see press baron;* **'press·man** presseur m; journaliste m; **'press·mark** *bibliothèque:* numéro m de classement; **press re·lease** communiqué m de presse; **'press-stud** boutonpression m (*pl. boutons-pression*), pression f; **'press-up** *do* ~s faire des tractions *ou* des pompes; **pres·sure** ['preʃə] pression f (*a. fig.*); ♂, ♂ tension f; ~ *group* groupe m de pression; **pres·sure-cook·er** marmite f à pression; **'pres·sure-gauge** ⊕ manomètre m; **pres·sur·ize** ['~raiz] ♂ pressuriser; **'press-work** *typ.* impression f.

pres·ti·dig·i·ta·tion [prestididʒi-'teiʃn] prestidigitation f.

pres·tige [pres'ti:ʒ] prestige m; crédit m; **pres·ti·gious** [~'tidʒəs] prestigieux.

pre·sum·a·ble ☐ [pri'zju:məbl] présumable (de la part de q., *of s.o.*); **pre·sum·a·bly** [~i] probablement; **pre·sume** *v/t.* présumer, supporter; *v/i.* présumer; prendre des libertés; se permettre (de, *to*); prendre la liberté (de, *to*); ~ (*up*)*on* abuser de; se prévaloir de; **pre·sum·ed·ly** [~idli] probablement; **pre·sum·ing** ☐ présomptueux (-euse f); indiscret (-ète f).

pre·sump·tion [pri'zʌmpʃn] présomption f; arrogance f; préjugé m; *qqfois* conclusion f; **pre·sump·tive** ☐ par présomption; *heir* ~ héritier m présomptif; **pre·sump·tu·ous** ☐ [~tjuəs] présomptueux (-euse f), outrecuidant.

pre·sup·pose [pri:sə'pouz] présupposer; **pre·sup·po·si·tion** [pri:-sʌpə'ziʃn] présupposition f.

pre·tence, *Am.* **pre·tense** [pri-'tens] (faux) semblant m; prétexte *m*; prétention *f* (à, *to*); *false* ~ fraude *f*; faux semblant *m*.

pre·tend [pri'tend] feindre, simuler; prétendre (*inf.*, *to inf.*; à qch., *to s.th.*); faire semblant (de *inf.*, *to inf.*); **pre'tend·ed** □ feint, faux (fausse *f*); soi-disant (*personne*); prétendu; **pre'tend·er** simulateur (-trice *f*) *m*; prétendant *m* (*au trône*).

pre·ten·sion [pri'tenʃn] prétention *f*; droit *m*, titre *m*.

pre·ten·tious [pri'tenʃəs] prétentieux (-euse *f*); **pre'ten·tious·ness** prétention *f*.

pret·er·it(e) [gramm. ['pretərit] prétérit *m*, passé *m*.

pret·er·mis·sion [pri:tə'miʃn] omission *f*; interruption *f*.

pret·er·mit [pri:tə'mit] omettre; interrompre; négliger (de *inf.*).

pre·ter·nat·u·ral □ [pri:tə'nætʃrəl] surnaturel(le *f*).

pre·text ['pri:tekst] prétexte *m*, excuse *f*.

pret·ti·ness ['pritinis] gentillesse *f* (*a. style*).

pret·ty ['priti] **1.** *adj.* □ joli, beau (bel *devant une voyelle ou un h muet*; belle *f*); gentil(le *f*); *my* ~! ma mignonne!; **2.** *adv.* assez, passablement; ~ *near* à peu près; ~ *close to perfect* presque parfait; ~ *much the same thing* à peu près la même chose; *a* ~ *large number* un assez grand nombre.

pre·vail [pri'veil] prédominer; régner; prévaloir (sur, *over*); contre, *against*); l'emporter (sur *over*, *against*); ~ (*up*)*on s.o. to* (*inf.*) amener *ou* déterminer q. à (*inf.*); **pre'vail·ing** □ courant; en vogue; dominant.

prev·a·lence ['prevələns] prédominance *f*; généralité *f*; fréquence *f*; **'prev·a·lent** □ (pré)dominant; répandu, général (-aux *m/pl.*).

pre·var·i·cate [pri'værikeit] équivoquer; mentir; **pre·var·i·ca·tion** équivoques *f/pl.*; mensonge *m*; **pre'var·i·ca·tor** barguigneur (-euse *f*) *m*; menteur (-euse *f*) *m*.

pre·vent [pri'vent] empêcher (de, *from*); mettre obstacle à (*qch.*); prévenir (*un malheur etc.*); **pre'vent·a·ble** évitable; **pre'vent·a·tive** [~tətiv] *see* **preventive**; **pre'vent·er** empêcheur (-euse *f*) *m*; ⚓ faux

étai *m*; **pre·ven·tion** empêchement *m*; protection *f* (contre, *of*); **pre·ven·tive 1.** □ préventif (-ive *f*); ~ *custody* détention *f* préventive; ~ *detention* emprisonnement *m* à titre préventif; ~ *medicine* médecine *f* préventive; **2.** ~ empêchement *m*; médicament *m* préventif; mesure *f* préventive (contre, *of*).

pre·view ['pri:vju:] exhibition *f* préalable; *cin.* avant-première *f*.

pre·vi·ous □ ['pri:viəs] antérieur, antécédent (à, *to*); préalable; F trop pressé; ~ *conviction* condamnation *f* antérieure; ~ *to a.* avant; *~ly* auparavant; préalablement.

pre·vi·sion [pri:'viʒn] prévision *f*.

pre·vo·ca·tion·al train·ing [pri:vo'keiʃnl'treiniŋ] enseignement *m* professionnel.

pre·war ['pri:'wɔ:] d'avant-guerre.

prey [prei] **1.** proie *f*; *beast* (*bird*) *of* ~ bête *f* (oiseau *m*) de proie; **2.** ~ (*up*)*on* faire sa proie de; piller, ravager; *fig.* ronger.

price [prais] **1.** prix *m*; *course*: cote *f*; *bourse*: cours *m*; *at any* ~ coûte que coûte; **2.** mettre un prix à; estimer, évaluer; demander le prix de; ~ *s.o. out* chasser q. du marché en demandant des prix plus bas que celui-ci; ~ *o.s. out* (*of the market*) perdre un marché en demandant des prix trop élevés; ~ **brack·et** *ou* **price range**; **price·y** F couteux (-euse *f*,) F cherot; **'price·less** inestimable; *sl.* impayable; **price range** éventeil *m ou* gamme *f* des prix; *within my* ~ dans mes prix; *in the medium* ~ dans les prix moyens; **price tick·et, price tag** étiquette *f* (de prix); *fig.* prix *m*; *have a heavy* ~ coûter cher.

prick [prik] **1.** piqûre *f*; *fig.* picoterie *f*; *conscience*: remords *m*; **2.** *v/t.* piquer; crever (*une ampoule*); ⚓ pointer (*une carte*); (*a.* ~ *out*) tracer un dessin en le piquant; ⚔ ~ *out* repiquer; ~ *up one's ears* dresser l'oreille; *v/i.* picoter; fourmiller (*membre*); ~ *up* se dresser; **'prick·er** poinçon *m*, pointe *f*; **'prick·le** ['~l] piquant *m*, épine *f*; **'prick·ly** épineux (-euse *f*); ⚕ ~ *heat* bouton *m* de chaleur; ⚘ ~ *pear* figuier *m ou* figue *f* de Barbarie.

pride [praid] **1.** orgueil *m*; *péj.* vanité *f*; faste *m*; *saison etc.*: apogée *m*; ~ *of place* priorité *f*;

take ~ in être fier (fière f) de; 2.: ~ o.s. se piquer, se faire gloire, tirer vanité (de, [up]on).

pri·er ['praiə] curieux (-euse f) m.

priest [pri:st] prêtre m; '~·craft péj. cléricalisme m; intrigues f/pl. sacerdotales; '**priest·ess** prêtresse f; **priest·hood** ['~hud] le clergé m; sacerdoce m; '**priest·ly** sacerdotal (-aux m/pl.).

prig [prig] 1. poseur m à la vertu; sl. chipeur (-euse f) m; 2. sl. chiper; '**prig·gish** □ suffisant; collet monté adj./inv.

prim □ [prim] guindé, compassé; collet monté adj./inv. (personne).

pri·ma·cy ['praiməsi] primauté f; eccl. primatie f; **pri·ma·ri·ly** ['~rili] principalement; '**pri·ma·ry** □ principal (-aux m/pl.); primitif (-ive f); premier (-ère f) (a. importance); ♪, ♫, astr., couleur, école: primaire; Am. ~ (meeting) élection f primaire directe; see share; **pri·mate** eccl. ['~mit] primat m.

prime [praim] 1. □ premier (-èref) de premier ordre; principal (-aux m/pl.); de surchoix (viande); ♥ ~ cost prix m coûtant, prix m d'achat; ⚹ Minister président m du Conseil; premier ministre m; ~ number nombre m premier; radio, télév. ~ time heure(s) f(pl.) d'écoute maximum; 2. fig. perfection f; fleur f de l'âge; choix m; premiers jours m/pl.; eccl. prime f; 3. v/t. amorcer (une arme, un obus, une pompe); peint. apprêter; fig. faire la leçon à; abreuver (q. d'alcool); v/i. ⊕ primer.

prim·er¹ ['praimə] premier cours m ou livre m de lecture; premiers éléments m/pl.; typ. ['primə] great ~ gros romain m; corps 16; long ~ philosophie f; corps 10.

prim·er² ['praimə] amorceur m; apprêteur m; peint. couche f d'impression.

pri·me·val [prai'mi:vəl] primordial (-aux m/pl.).

prim·ing ['praimiŋ] peint. apprêtage m; couche f d'impression; ⚔ amorce f; amorçage m.

prim·i·tive ['primitiv] 1. □ primitif (-ive f), primaire, rude, grossier (-ère f); 2. gramm. mot m primitif; peint. primitif m; '**prim·i·tive·ness**

caractère m primitif; peuple: rudesse f.

prim·ness ['primnis] air m collet monté; chambre etc.: ordre m parfait.

pri·mo·gen·i·ture [praimo'dʒenitʃə] primogéniture f; droit m d'aînesse f.

pri·mor·di·al □ [prai'mɔ:diəl] primordial (-aux m/pl.).

prim·rose ♀ ['primrouz] primevère f (à grandes fleurs); fig. ~ path chemin m de velours.

prince [prins] prince m; '**prince-like** princier (-ère f); '**prince·ly** princier (-ère f); royal (-aux m/pl.) (a. fig.); fig. magnifique; **prin·cess** [prin'ses; devant npr. 'prinses] princesse f.

prin·ci·pal ['prinsəpəl] 1. □ principal (-aux m/pl.), en chef; premier (-ère f); gramm. ~ parts pl. temps m/pl. principaux (du verbe.); 2. directeur m; chef m; patron m; ✝ employeur m; ⚖ crime: auteur m; ✝ capital m; univ. recteur m; **prin·ci·pal·i·ty** [prinsi'pæliti] principauté f.

prin·ci·ple ['prinsəpl] principe m (a. 🜍); in ~ en principe; on ~ par principe; on a ~ d'après un principe.

prink F [priŋk] (s')attifer.

print [print] 1. empreinte f (digitale); impression f; moule m; trace f; gravure f, estampe f; typ. matière f imprimée; caractères m/pl.; phot. copie f, épreuve f; ⊕ dessin; usu. Am. journal m; feuille f imprimée; ✝ tex. indienne f, cotonnade f; out of ~ épuisé; in cold ~ à la lecture, par écrit; please ~ écrire en lettres d'imprimerie; 2. v/t. imprimer; marquer d'une empreinte; phot. tirer une épreuve de; fig. ~ o.s. se graver (dans, on); ~ed form imprimé; ~ed matter imprimés m/pl.; v/i. être à l'impression; '**print·er** imprimeur m; ouvrier m typographe; ~'s devil apprenti m imprimeur; ~'s flower fleuron m; ~'s ink encre f d'imprimerie.

print·ing ['printiŋ] impression f; art: imprimerie f; phot. tirage m; attr. à imprimer; d'impression; '~-frame châssis m (positif); '~-ink noir m d'imprimerie; '~-of·fice imprimerie f; '~-pa·per phot.

papier *m* photographique; papier *m* sensible; '**~-press** presse *f* d'imprimerie.

print-out ['printaut] *ordinateur*: listage *m*.

pri·or ['praiə] **1.** *adj.* préalable; antérieur (à, to); **2.** *adv.*: ~ to antérieurement à; **3.** *su. eccl.* prieur *m*; '**pri·or·ess** *eccl.* prieure *f*; **pri·or·i·ty** ['~riti] priorité *f* (sur, *over*); antériorité *f*; *give s.th.* (*top*) ~ donner la priorité (absolue) à qch.; *have* (*ou take*) ~ *over s.th.* avoir la priorité sur qch., primer qch.; *get one's priorities right* décider de ce qui est le plus important pour q.; *see* share; **pri·o·ry** *eccl.* ['~əri] prieuré *m*.

prism ['prizm] prisme *m*; ~ *binoculars pl.* jumelles *f/pl.* à prismes; **pris·mat·ic** [priz'mætik] (~*ally*) prismatique.

pris·on ['prizn] **1.** prison *f*; **2.** *poét.* emprisonner; '**pris·on·er** prisonnier (-ère *f*) *m*; ⚖ accusé(e *f*) *m*; prévenu(e *f*) *m*; détenu(e *f*) *m*; *fig.* be a ~ to être cloué à; *take s.o.* ~ faire q. prisonnier (-ère *f*); ~*'s bars* (*ou base*) (jeu *m* de) barres *f/pl.*

pris·sy *Am.* F ['prisi] chichiteux (-euse *f*).

pris·tine ['pristain] premier (-ère *f*), primitif (-ive *f*).

pri·va·cy ['praivəsi] intimité *f*; secret *m*; *in the* ~, of retiré dans.

pri·vate ['praivit] **1.** □ privé; particulier (-ère *f*); personnel(le *f*); secret (-ète *f*); réservé; retiré (*endroit*); ~ *company* société *f* en nom collectif; ~ *gentleman* rentier *m*; *parl.* ~ *member* simple député *m*; ~ *lessons pl.* leçons *f/pl.* particulières; ~ *theatricals* comédie *f* de salon; ~ *view exposition*: avant-première *f*; ~ *sale* vente *f* à l'amiable; **2.** ✗ (*ou* ~ *soldier*) simple soldat *m*; ~*s pl.* (*usu.* ~ *parts pl.*) parties *f/pl.* sexuelles; *in* ~ en séance privée; sans témoins; dans l'intimité; en famille.

pri·va·teer ⚓ [praivi'tiə] vaisseau, *a. personne*: corsaire *m*; **pri·va'teer·ing** *course f; attr.* de course.

pri·va·tion [prai'veiʃn] privation *f* (*a. fig.*).

pri·va·tive □ ['privətiv] négatif (-ive *f*); *gramm.* privatif (-ive *f*).

priv·et ♧ ['privit] troène *m*.

priv·i·lege ['priviliʤ] **1.** privilège *m*, prérogative *f*; **2.** privilégier (*q.*),

accorder le privilège à (*q.*) (de *inf.*, *to inf.*); ~*d* privilégié.

priv·i·ty ['priviti] obligation *f*; lien *m* de droit.

priv·y ['privi] **1.** □: ~ *to* instruit de; ⚖ intéressé dans, trempé dans; ⚷ *Council* Conseil *m* privé; ⚷ *Councillor* conseiller *m* privé; ~ *parts pl.* parties *f/pl.* sexuelles; ~ *purse* cassette *f* du roi; ⚷ *Seal* petit Sceau *m*; *Lord* ⚷ *Seal* Garde *m* du petit Sceau; **2.** ⚖ partie *f* intéressée; complice *mf*; F lieux *m/pl.* d'aisance.

prize[1] [praiz] **1.** prix *m*; *loterie*: lot *m*; ⚓ prise *f*, capture *f*; *first* ~ *loterie*: le gros lot; **2.** couronné; médaillé; de prix; ⚓ de prise; ~ *competition* concours *m* pour un prix; **3.** estimer, priser; ⚓ capturer.

prize[2] [~] **1.** (*a.* ~ *open*) forcer avec un levier; **2.** force *f* de levier.

prize...: '**~-fight·er** boxeur *m* professionnel; '**~-list** palmarès *m*; '**~-man**, '**~-win·ner** lauréat(e *f*) *m*; gagnant(e *f*) *m* du prix.

pro[1] [prou] pour; *see* con[3].

pro[2] [~] professionnel(le *f*) *m*, F pro *mf*.

prob·a·bil·i·ty [prɔbə'biliti] probabilité *f*; '**prob·a·ble** □ probable.

pro·bate ⚖ ['proubit] homologation *f* (d'un testament).

pro·ba·tion [prə'beiʃn] épreuve *f*, stage *m*; *eccl.* probation *f*; ⚖ liberté *f* surveillée; *on* ~ en stage; ⚖ en liberté sous surveillance; **pro'ba·tion·a·ry**: ⚖ ~ *period* période *f* de liberté surveillée; **pro'ba·tion·er** stagiaire *m/f*; *eccl.* novice *m/f*; ⚖ condamné(e *f*) *m* mis(e *f*) en liberté sous surveillance.

pro·ba·tive ⚖ ['proubətiv] probant, probatoire.

probe ✂ [proub] **1.** sonde *f*, poinçon *m*; *surt. Am. parl.*, *pol.* enquête *f*; **2.** (*a.* ~ *into*) sonder; '**~-scis·sors** *pl.* (*sorte de*) ciseaux *m/pl.* de chirurgie, ciseaux *m/pl.* boutonnés.

prob·i·ty ['prɔbiti] probité *f*.

prob·lem ['prɔbləm] problème *m* (*a.* ✍); question *f*; ~ *child* enfant *mf* difficile; ~ *play* pièce *f* à thèse; **prob·lem·at·ic**, **prob·lem·at·i·cal** □ [~bli'mætik(l)] problématique; *fig.* douteux (-euse *f*).

pro·bos·cis *zo.* [prə'bɔsis] trompe *f*.

pro·ce·dur·al [prəˈsiːdʒərəl] de pro-cédure; **proˈce·dure** [‿dʒə] procé-dure f; procédé m.

pro·ceed [prəˈsiːd] continuer son chemin; aller (a. fig.); marcher (a. fig.); continuer (qch., with s.th.); agir; se mettre (à inf., to inf.); se poursuivre (q., against s.o.); univ. prendre le grade de; ~ from sortir de; ~ on one's journey poursuivre sa route; **proˈceed·ing** procédé m; façon f d'agir; ~s pl. 🏛 procès m, pour-suites f/pl. judiciaires; société: transactions f/pl., débats m/pl.; cérémonie f, séance f; take ~s against intenter un procès à; **proceeds** [ˈprousiːdz] pl. produit m, montant m (de, from); net ~ produit m net.

pro·cess¹ [prəˈses] aller en proces-sion.

proc·ess² [ˈprouses] **1.** processus m (a. anat.); procédé m; progrès m, marche f, cours m; méthode f; 🏛, a. anat. procès m; 🏲 réaction f, mode m (humide, sec); ⚕ proémi-nence f; in ~ en voie; en train; in ~ of construction en voie ou cours de construction; in the ~ of au cours de; **2.** ⊕ faire subir une opération à; apprêter; ~ into transformer qch.; **proˈcess·ing** ⊕ traitement m (d'une matière première).

pro·ces·sion [prəˈseʃn] cortège m; défilé m; procession f.

pro·claim [prəˈkleim] proclamer; déclarer (a. la guerre); publier (les bans); faire annoncer; fig. crier.

proc·la·ma·tion [prɔkləˈmeiʃn] proclamation f; déclaration f; publication f.

pro·cliv·i·ty [prəˈkliviti] penchant (à, to).

pro·cras·ti·nate [prouˈkræstineit] re-mettre (qch.) à plus tard; tempo-riser; **proˈcras·tiˈna·tion** remise f à plus tard; temporisation f.

pro·cre·ate [ˈproukrieit] engendrer; **pro·creˈa·tion** procréation f; **ˈpro·creˈa·tive** procréateur (-trice f).

proc·tor [ˈprɔktə] 🏛 procureur m (devant une cour); univ. censeur m; sl. ~'s (bull)dog appariteur m du censeur; **ˈproc·tor·ize** univ. répri-mander; infliger une amende à.

pro·cum·bent [prouˈkʌmbənt] cou-ché sur le ventre; ⚕ rampant.

pro·cur·a·ble [prəˈkjuərəbl] pro-curable.

proc·u·ra·tion [prɔkjuˈreiʃn] pro-curation f; ✝ commandement m; by ~ en vertu d'un commandement; **ˈproc·u·ra·tor** fondé m de pou-voir; procureur m.

pro·cure [prəˈkjuə] v/t. obtenir; procurer (qch. à q. s.o. s.th., s.th. for s.o.); v/i. faire le métier de proxénète; **proˈcure·ment** ob-tention f; proxénétisme m; **proˈcur·er** acquéreur (-euse f) m; entremetteur m; **proˈcur·ess** en-tremetteuse f, procureuse f.

prod [prɔd] **1.** coup m de coude etc.; fig. aiguillon m; **2.** pousser (du bout d'un bâton etc.); fig. aiguillonner.

prod·i·gal □ [ˈprɔdiɡəl] **1.** prodigue (de, of); the ⚲ Son l'enfant prodigue; **2.** prodigue m; **prod·iˈgal·i·ty** [‿ˈɡæliti] prodigalité f.

pro·di·gious □ [prəˈdidʒəs] pro-digieux (-euse f); **prod·i·gy** [ˈprɔdidʒi] prodige m; fig. merveille f; (souv. infant ~) enfant m prodige.

prod·uce¹ [ˈprɔdjuːs] champ: rende-ment m; produit m; coll. denrées f/pl., produits m/pl.

pro·duce² [prəˈdjuːs] produire; créer; 🏛, théâ. représenter; ⚡ engendrer (du courant); causer, provoquer; ⊕ fabriquer; théâ. mettre en scène; 🗡 prolonger; cin. éditer, diriger; **proˈduc·er** pro-ducteur (-trice f) m; théâ. metteur m en scène; cin. directeur m de productions; surt. Am. tenancier m d'un théâtre; gas-~ gazogène m; **proˈduc·i·ble** productible; **proˈduc·ing** producteur (-trice f); productif (-ive f).

prod·uct [ˈprɔdəkt] produit m (a. 🗡), résultat m; **pro·duc·tion** [prəˈdʌkʃn] production f (a. d'un livre); théâ. mise f en scène; 🏛, théâ. représentation f; ⊕ fabri-cation f, fabrique f; produit m, -s m/pl.; 🗡 prolongement m; be in good ~ être fabriqué en grand nombre; ⊕ flow ~ travail (pl. -aux) m à la chaîne; **proˈduc·tive** [‿tiv] productif (-ive f), générateur (-trice f) (de, of); fécond (sol); en rapport (capital, arbre, usine, etc.); **proˈduc·tive·ness**, **pro·duc·tiv·i·ty** [prɔdʌkˈtiviti] productivité f.   [prof m.]

prof Am. F [prɔf] professeur m, F⟩

prof·a·na·tion [prɔfə'neiʃn] profanation f; **pro·fane** [prə'fein] **1.** □
profane; impie; blasphématoire;
non initié; **2.** profaner; polluer;
fig. violer; **pro·fan·i·ty** [prə-
'fæniti] impiété f; blasphème m,
-s m/pl.

pro·fess [prə'fes] déclarer; professer (*la foi, école: un sujet*); faire
profession de; exercer (*un métier*);
prétendre; ~ to be s.th. passer pour
qch.; **pro'fessed** □ prétendu; soi-
disant; *fig.* déclaré; *eccl.* profès
(-esse f); **pro'fess·ed·ly** [~idli] de
son propre aveu.

pro·fes·sion [prə'feʃn] profession f,
métier m; déclaration f; **pro'fes-
sion·al 1.** □ professionnel(le f);
expert; du *ou* de métier; the ~
classes les membres m/pl. des professions libérales; **2.** expert m; *sp.*
professionnel(le f) m; **pro'fes-
sion·al·ism** [~əlizm] profession-
nalisme m.

pro·fes·sor [prə'fesə] professeur m;
pro'fes·sor·ship professorat m;
chaire f.

prof·fer ['prɔfə] **1.** offrir; **2.** offre f.

pro·fi·cien·cy [prə'fiʃnsi] compétence f, capacité f (en, in); **pro'fi-
cient 1.** □ compétent; versé (dans
in, at); **2.** expert m (en, in).

pro·file ['proufail] profil m (a. △);
silhouette f; △ coupe f perpendiculaire.

prof·it ['prɔfit] **1.** profit m; avantage
m; ✝ souv. ~s pl. bénéfice m; ✝ ~
margin marge f bénéficiaire; excess ~
bénéfices m/pl. extraordinaires; **2.**
v/t. profiter à (q.); v/i.: ~ by profiter
de; mettre (qch.) à profit; **prof·it·a-
'bil·i·ty** rentabilité f; **'prof·it·a-
ble** □ profitable; avantageux (-euse
f); rémunérateur (-trice f), rentable;
'prof·it·a·ble·ness nature f avantageuse; profit m, avantage m; **prof-
it·eer** [~'tiə] **1.** faire des bénéfices
excessifs; **2.** profiteur (-euse f) m,
mercanti m (*surt. de guerre*); **prof·it-
'eer·ing** mercantilisme m; **'prof-
it·less** □ sans profit; **prof·it·shar-
ing** ['~ʃɛəriŋ] participation f aux bénéfices.

prof·li·ga·cy ['prɔfligəsi] débauche
f; prodigalité f; **prof·li·gate** ['~git]
1. □ débauché, libertin; prodigue;
2. débauché(e f) m, libertin(e f) m.

pro·found □ [prə'faund] profond

(a. *fig.*); *fig.* absolu; **pro'found-
ness**, **pro·fun·di·ty** [~'fʌnditi]
profondeur f (a. *fig.*).

pro·fuse □ [prə'fjuːs] prodigue (de
in, of); abondant, excessif (-ive f);
pro'fuse·ness, **pro·fu·sion** [~-
'fjuːʒn] profusion f, abondance f.

prog sl. [prɔg] boustifaille f.

pro·gen·i·tor [prou'dʒenitə] aïeul
m, ancêtre m; **pro'gen·i·tress** aïeule
f; **prog·e·ny** ['prɔdʒini] progéniture f; descendants m/pl.; *fig.* conséquence f.

prog·no·sis [prɔg'nousis], pl.
-ses [~siːz] pronostic m; *science:*
prognose f.

prog·nos·tic [prɔg'nɔstik] **1.** pronostique; be ~ of prédire (qch.);
2. pronostique m; symptôme m;
prog'nos·ti·cate [~keit] pronostiquer; prédire; **prog·nos·ti·ca·tion**
pronostication f.

pro·gram(me) ['prougræm] **1.** programme m (a. *traitement de l'information*); **2.** programmer; **'pro-
gram·mer** *radio:* programmateur
m; *traitement de l'information: personne:* programmeur (-euse f) m,
machine: programmateur m; **'pro-
gram·ming** *radio, traitement de
l'information:* programmation f.

prog·ress¹ ['prougres] progrès m;
avancement m; marche f (a. ✕);
étapes f/pl. successives; in ~ en
cours (d'exécution).

prog·ress² [prə'gres] s'avancer;
faire des progrès; **pro'gres·sion**
[~ʃn] progression f (a. ♪); ♪
marche f; **pro'gress·ist** *pol.* progressiste (a. su./mf); **pro'gres·sive**
□ progressif (-ive f); du progrès;
pol. progressiste (a. su./mf).

pro·hib·it [prə'hibit] défendre, interdire (qch., s.th.; à q. de *inf.*, s.o.
from gér.); empêcher (q. de *inf.*),
s.o. from gér.); **pro·hi·bi·tion**
[proui'biʃn] prohibition f, défense f;
Am. régime m sec; **pro·hi'bi·tion-
ist** prohibitionniste mf; *surt. Am.*
partisan m du régime sec; **pro·hib-
i·tive** □ [prə'hibitiv], **pro·hib·i-
to·ry** □ [~təri] prohibitif (-ive f);
prohibitive duty droits m/pl. prohi-
bitifs.

proj·ect¹ ['prɔdʒekt] projet m.

pro·ject² [prə'dʒekt] v/t. projeter (a.
✕); lancer; avancer; ~ o.s. into se
transporter dans; v/i. faire saillie;

pro·jec·tile [prə'dʒektail] projectile (*a. su./m*); **pro'jec·tion** Δ, *cin.*, lumière, *cartes*: projection *f*; lancement *m*; Δ (partie *f* qui fait) saillie *f*; *fig.* image *f*; prolongement *m*; **pro'jec·tor** projecteur (-euse *f*) *m*; ✝ fondateur (-trice *f*) *m*; *opt.* projecteur *m*, appareil *m* de projection.

pro·le·tar·i·an [proule'tɛəriən] prolétaire (*a. su./mf*); prolétarien(ne *f*); **pro·le'tar·i·at(e)** [~riət] prolétariat *m*.

pro·lif·e·rate [prou'lifəreit] proliférer; se multiplier; **pro·lif·e'ra·tion** prolifération *f*; **pro·lif·ic** [prə'lifik] (~ally) prolifique; fécond (*in* of, *in*).

pro·lix [']prouliks] prolixe, diffus; **pro'lix·i·ty** prolixité *f*.

pro·logue, *Am. a.* **pro·log** ['proulɔg] prologue *m* (de, *to*).

pro·long [prə'lɔŋ] prolonger; ✝ proroger; ♩ allonger (*un coup d'archet*); **pro·lon·ga·tion** [proulɔŋ'geiʃn] prolongation *f*, prolongement *m*.

prom·e·nade [prɔmi'nɑːd] **1.** promenade *f*; esplanade *f*; *théâ.* promenoir *m*; **2.** *v/i.* se promener (dans, *in*); parader; *v/t.* promener (*q.*).

prom·i·nence ['prɔminəns] éminence *f*; importance *f*; protubérance *f*, saillie *f*; relief *m*; **'prom·i·nent** □ éminent; remarquable; saillant, prononcé.

prom·is·cu·i·ty [prɔmis'kju:iti] promiscuité *f*; **pro·mis·cu·ous** □ [prə'miskjuəs] mêlé, confus; mixte; sans distinction de sexe; F dévergondé.

prom·ise ['prɔmis] **1.** promesse *f*; *fig.* espérance *f*; *of great* ~ plein de promesses, d'un grand avenir; **2.** *v/t.* promettre; *fig.* annoncer, laisser prévoir; F *I* ~ *you* je vous le promets; *v/i.* promettre; s'annoncer (*bien*, *mal*); **'prom·is·ing** □ plein de promesses, encourageant; **prom·is·so·ry** ['~səri] promissoire; ✝ ~ *note* billet *m* à ordre.

prom·on·to·ry ⚓, *géog.* ['prɔməntri] promontoire *m*.

pro·mote [prə'mout] promouvoir (*q.*); nommer (*q.*); *surt. Am. école:* faire passer; *parl.* prendre l'initiative de (*un projet de loi*); ✝ fonder, lancer (*une compagnie*); *surt. Am.*

faire de la réclame pour (*un produit*); **pro'mot·er** instigateur (-trice *f*) *m*; ✝ fondateur *m*; monteur *m* (*d'affaires*); **pro'mo·tion** avancement *m*, promotion *f*; ✝ lancement *m* (*d'un article*); ✝ (*a. sales* ~) promotion *f* de la vente; ~ *prospects pl.* possibilités *f/pl.* d'avancement *ou* de développement.

prompt [prɔmpt] **1.** □ prompt; rapide; immédiat; **2.** promptement; **3.** inciter, pousser (à, *to*); suggérer (qch. à q., *s.o. to s.th.*); inspirer (*un sentiment*), donner (*une idée*); *théâ.* souffler; **4.** ✝ délai *m* de paiement; '~·**box** *théâ.* trou *m* du souffleur; '**prompt·er** instigateur (-trice *f*) *m*; *théâ.* souffleur (-euse *f*) *m*; **promp·ti·tude** [']~itju:d], '**prompt·ness** promptitude *f*, empressement *m*.

pro·mul·gate ['prɔmʌlgeit] promulguer (*une loi*); répandre; **pro·mul'ga·tion** *loi:* promulgation *f*; *idée:* dissémination *f*; proclamation *f*.

prone □ [proun] couché sur le ventre; en pente (*terrain*); escarpé; *fig.* ~ *to* porté à; prédisposé à; '**prone·ness** disposition *f* (à, *to*).

prong [prɔŋ] fourchon *m*, *fourche:* dent *f*; pointe *f*; *Am. rivière:* embranchement *m*; **pronged** à fourchons, à dents.

pro·nom·i·nal □ *gramm.* [prə'nɔminl] pronominal (-aux *m/pl.*).

pro·noun *gramm.* ['prounaun] pronom *m*.

pro·nounce [prə'nauns] *v/t.* déclarer; prononcer, articuler; *v/i.* prononcer (*sur*, *on*); se déclarer (pour, *in favour of*); **pro'nounced** □ prononcé; marqué; **pro'nounc·ed·ly** [~idli] de façon prononcée; **pro'nounce·ment** déclaration *f*.

pro·nounc·ing [prə'naunsiŋ] qui indique la prononciation.

pron·to *Am.* F ['prɔntou] sur-le-champ.

pro·nun·ci·a·tion [prənʌnsi'eiʃn] prononciation *f*.

proof [pruːf] **1.** preuve *f* (*a. fig.*, *a.* ⚔ *alcool*); *typ.*, *phot.* épreuve *f*; *a. see test 1*; confirmation *f*; *in* ~ *of* pour *ou* en preuve (de); **2.** résistant (à *against*, *to*); à l'abri (de, *against*); '~-**read** *typ.* corriger les épreuves (de); '~-**read·er** *typ.* correcteur

(-trice f) m; '~-**sheet** typ. épreuve f; '~-**spir·it** ♩ trois-six m.

prop [prɔp] **1.** appui m (a. fig.); théâ. sl. accessoire m; Am. sl. épingle f de cravate; **2.** (ou ~ up) appuyer, soutenir.

prop·a·gan·da [prɔpə'gændə] propagande f; **prop·a'gan·dist** propagandiste mf; **prop·a·gate** ['prɔpəgeit] (se) propager (a. fig.); fig. (se) répandre; **prop·a'ga·tion** propagation f; dissémination f; '**prop·a·ga·tor** propagateur (-trice f) m; semeur (-euse f) m.

pro·pel [prə'pel] pousser en avant; mouvoir (une machine); **pro'pel·lant** propulseur m; **pro'pel·lent** propulseur (a. su./m); propulsif (-ive f) m; ⚓, ✈ hélice f; ~**shaft** ⚓ arbre m porte-hélice; ✈ arbre m à cardan; mot. arbre m de transmission; **pro'pel·ling** moteur (-trice f); ~ **pencil** porte-mine m/inv.

pro·pen·si·ty [prə'pensiti] penchant m, tendance f (à, vers to, for).

prop·er □ ['prɔpə] propre; (souv. après le su.) proprement dit; particulier (-ère f) (à, to); juste, vrai, convenable (à, for); comme il faut; F parfait, dans toute l'acception du mot; ~ **name** nom m propre; '**prop·er·ty** (droit m de) propriété f (a. fig.); biens m/pl.; immeuble m, -s m/pl.; fig. a. qualité f; théâ. accessoire m; théâ. **properties** pl. a. réserve f de décors etc.; '**prop·er·ty tax** impôt m foncier.

proph·e·cy ['prɔfisi] prophétie f; **proph·e·sy** ['~sai] vt/i. prophétiser; vt/i. a. prédire.

proph·et ['prɔfit] prophète m; '**proph·et·ess** prophétesse f; **pro'phet·ic, pro'phet·i·cal** □ [prɔ'fetik(l)] prophétique.

pro·phy·lac·tic [prɔfi'læktik] (~ally) prophylactique (a. su./m).

pro·pin·qui·ty [prə'piŋkwiti] proximité f; voisinage m; parenté f.

pro·pi·ti·ate [prə'pi∫ieit] apaiser; rendre favorable; **pro·pi·ti'a·tion** apaisement m; propitiation f; expiation f; **pro'pi·ti·a·tor** [~tə] propitiateur (-trice f) m; **pro'pi·ti·a·to·ry** □ [~∫iətəri] propitiatoire; expiatoire.

pro·pi·tious □ [prə'pi∫əs] propice, favorable; **pro'pi·tious·ness** nature f propice ou favorable (a. fig.).

pro·po·nent [prə'pounənt] partisan(e f) m, défenseur (-euse f) m.

pro·por·tion [prə'pɔ:∫n] **1.** partie f; part f; portion f; proportion f (a. △, ▲, ♩); ▲ proportionnalité f; ~**s** pl. dimensions f/pl., proportions f/pl.; **2.** proportionner (à, to); ⊕ déterminer les dimensions de; coter (un dessin); **pro'por·tion·al 1.** □ proportionnel(le f); en proportion (de, to); see proportionate; **2.** ▲ proportionnelle f; **pro'por·tion·ate** □ [~it] proportionné (à, to).

pro·pos·al [prə'pouzəl] proposition f, offre f; demande f en mariage; projet m; **pro'pose** v/t. proposer; suggérer; porter (un toast); ~ **s.o.'s health** boire à la santé de q., porter un toast à q.; ~ **to o.s.** se proposer; v/i. faire la demande en mariage; demander sa main (à, to); **pro'pos·er** proposeur (-euse f) m; **pro·po·si·tion** [prɔpə'zi∫n] proposition f (a. phls., △); sl. affaire f.

pro·pound [prə'paund] (pro)poser (une question etc.); exposer (un programme).

pro·pri·e·tar·y [prə'praiətəri] **1.** de propriété; de propriétaire; privé; possédant (classe etc.); ~ **article** spécialité f; **2.** (droit m de) propriété f; **pro'pri·e·tor** propriétaire mf; patron(ne f) m; **pro'pri·e·tress** propriétaire f; patronne f; **pro'pri·e·ty** propriété f, justesse f; bienséance f; **the proprieties** pl. les convenances f/pl., la décence f.

pro·pul·sion ⊕ [prə'pʌl∫n] propulsion f; **pro'pul·sive** [~siv] propulsif (-ive f); de propulsion.

pro·rate Am. [prou'reit] évaluer au pro rata.

pro·ro·ga·tion parl. [prourə'gei∫n] prorogation f; **pro·rogue** parl. [prə'roug] proroger.

pro·sa·ic [prou'zeiik] (~ally) fig. prosaïque (= banal).

pro·scribe [prou'skraib] proscrire.

pro·scrip·tion [prou'skrip∫n] proscription f; interdiction f.

prose [prouz] **1.** prose f; **2.** en prose; **3.** v/t. mettre en prose; v/i. F tenir des discours ennuyeux.

pros·e·cute ['prɔsikju:t] poursuivre (a. en justice); ⚖ intenter (une action); exercer (un métier); effectuer (un voyage); **pros·e'cu·tion** continuation f; exercice m; ⚖ poursuites f/pl. (judiciaires); accusation f; in ~ of conformément à; ⚖ the ♀ le Ministère public; witness for the ~ témoin m à charge; '**pros·e·cu·tor** ⚖ plaignant m; poursuivant m; public ~ Ministère m public; procureur m.

pros·e·lyte eccl. ['prɔsilait] prosélyte mf; **pros·e·lyt·ism** ['~litizm] prosélytisme m; '**pros·e·lyt·ize** v/t. convertir; v/i. faire des prosélytes.

pros·er ['prouzə] conteur m ennuyeux; F raseur m.

pros·o·dy ['prɔsədi] prosodie f, métrique f.

pros·pect 1. ['prɔspekt] vue f; perspective f (a. fig.); paysage m; ~s pl. espérances f/pl., avenir m; ✝ Am. client m possible; ⚒ prélèvement m d'essai; have in ~ avoir (qch.) en vue; hold out a ~ of offrir des espérances (qch.); **2.** [prəs'pekt] ⚒ prospecter; ~ for chercher; **pro'spec·tive** □ à venir; futur; ~ buyer client m éventuel; **pro'spec·tor** ⚒ chercheur m (d'or); **pro'spec·tus** [~təs] prospectus m.

pros·per ['prɔspə] (faire) réussir; v/t. prospérer; **pros·per·i·ty** [prɔs'periti] prospérité f; **pros·per·ous** □ ['~pərəs] prospère, florissant; fig. propice; favorable (vent etc.).

pros·tate anat. ['prɔsteit] (a. ~ gland) prostate f.

pros·ti·tute ['prɔstitjuːt] **1.** prostituée f; sl. poule f; **2.** prostituer (a. fig.); **pros·ti'tu·tion** prostitution f (a. fig.).

pros·trate 1. ['prɔstreit] prosterné, étendu; ⚭ prostré; fig. accablé, abattu; **2.** [prɔs'treit] ⚭ abattre; fig. ~ o.s. se prosterner (devant, before); **pros'tra·tion** prosternation f; ⚭ prostration f; fig. abattement m.

pros·y □ fig. ['prouzi] prosaïque; verbeux (-euse f) (personne); ennuyeux (-euse f).

pro·tag·o·nist théâ., a. fig. [prou'tægənist] protagoniste m.

pro·tect [prə'tekt] protéger (contre, from); abriter (de, from); ✝ faire provision pour; **pro'tec·tion** protection f; défense f; sauvegarde f; patronage m; abri m; **pro'tec·tion·ist** protectionniste (a. su./mf); **pro·'tec·tive** protecteur (-trice f); de

sûreté; ~ custody détention f préventive; ~ duty droit m protecteur; **pro'tec·tor** protecteur m (a. ⊕); fig. patron m; ~ protège-m; **pro·'tec·tor·ate** [~tərit] protectorat m; **pro'tec·to·ry** asile m des enfants abandonnés; **pro'tec·tress** protectrice f; fig. patronne f.

pro·te·in 🧪 ['prouti:n] protéine f.

pro·test 1. ['proutest] protestation f; ✝ protêt m; in ~ against pour protester contre; enter (ou make) a ~ élever des protestations, faire une protestation; **2.** [prə'test] v/t. protester (a. ✝); Am. protester contre; v/i. protester, réclamer (contre, against).

Prot·es·tant ['prɔtistənt] protestant (a. su.); '**Prot·es·tant·ism** protestantisme m.

prot·es·ta·tion [proutes'teiʃn] protestation f; **pro·test·er** [prə'testə] protestateur (-trice f) m; protestataire mf; ✝ débiteur m qui a fait protester un effet.

pro·to·col ['proutəkɔl] **1.** protocole m; **2.** dresser un protocole.

pro·ton phys. ['proutɔn] proton m.

pro·to·plasm biol. ['proutəplæzm] protoplasme m, protoplasma m.

pro·to·type ['proutətaip] prototype m, archétype m.

pro·tract [prə'trækt] prolonger; traîner (qch.) en longueur; surv. relever (un terrain); **pro'trac·tion** prolongation f; surv. relevé m; **pro·'trac·tor** ⚕ rapporteur m.

pro·trude [prə'truːd] v/t. faire sortir; v/i. faire saillie, s'avancer; **pro'tru·sion** [~ʒn] saillie f; protubérance f.

pro·tu·ber·ance [prə'tjuːbərəns] protubérance f; **pro'tu·ber·ant** protubérant.

proud □ [praud] fier (fière f) (de of, to); orgueilleux (-euse f); ⚭ fongueux (-euse f) (chair). |

prov·a·ble □ ['pruːvəbl] démontrable, prouvable; **prove** [pruːv] v/t. prouver, démontrer; vérifier (un calcul); ⊕ éprouver (a. fig.), essayer; v/i. se montrer, faire se trouver; ~ true (false) se révéler comme étant vrai (faux).

prov·e·nance ['prɔvinəns] origine f, provenance f.

prov·en·der ['prɔvində] bêtes: fourrage *m*, provende *f*; F, *a. co.* nourriture *f*.

prov·erb ['prɔvəb] proverbe *m*; *be a* ~ être proverbial (-aux *m/pl.*); *péj.* être d'une triste notoriété; *he is a* ~ *for generosity* sa générosité est passée en proverbe; **pro·ver·bi·al** □ [prə'vəːbiəl] proverbial (-aux *m/pl.*).

pro·vide [prə'vaid] *v/t.* pourvoir, fournir, munir (*q.*) (de, *with*); fournir (qch. à *q.*, *s.o. with s.th.*); stipuler (que, *that*); ~*d school* école *f* communale; *v/i.* venir en aide (à *q.*, *for s.o.*); ~ *against* parer à; se pourvoir contre; ~ *for* pourvoir aux besoins de; prévoir; † faire provision pour; ~*d that* pourvu que (*sbj.*); à condition que (*ind. ou sbj.*).

pro·vi·dence ['prɔvidəns] prévoyance *f*; prudence *f*; providence *f* (*divine*); épargne *f*; **'prov·i·dent** prévoyant; économe; frugal (-aux *m/pl.*); ~ *society* société *f* de prévoyance; **prov·i·den·tial** □ [~'denʃl] providentiel(le *f*); F heureux (-euse *f*).

pro·vid·er [prə'vaidə] pourvoyeur (-euse *f*) *m*; fournisseur (-euse *f*) *m*.

prov·ince ['prɔvins] province *f*; ⟂, *a. fig.* juridiction *f*, ressort *m*, compétence *f*.

pro·vin·cial [prə'vinʃl] **1.** provincial (-aux *m/pl.*); de province; **2.** provincial(e *f*) *m*; *péj.* rustre *m*; **pro'vin·cial·ism** provincialisme *m* (*souv. = locution provinciale*); esprit *m* de clocher.

pro·vi·sion [prə'viʒn] **1.** disposition *f*; fourniture *f*; † réserve *f*, provision *f*; *fig.* stipulation *f*, clause *f*; ~*s pl.* comestibles *m/pl.*, vivres *m/pl.*; *make* ~ *for* pourvoir aux besoins de; prévoir; pourvoir à; ~*merchant* marchand *m* de comestibles; **2.** approvisionner, ravitailler; **pro'vi·sion·al** □ provisoire.

pro·vi·so [prə'vaizou] condition *f*; *with the* ~ *that* à condition que; **pro'vi·so·ry** [~zəri] conditionnel (-le *f*); provisoire (*gouvernement etc.*).

prov·o·ca·tion [prɔvə'keiʃn] provocation *f*; **pro·voc·a·tive** [prə'vɔkətiv] **1.** provocateur (-trice *f*); provocant; **2.** stimulant *m*.

pro·voke [prə'vouk] provoquer, inciter (à, *to*); exaspérer, irriter; faire naître, exciter; **pro'vok·ing** □ exaspérant, irritant, agaçant.

prov·ost ['prɔvəst] prévôt *m*; *écos.* maire *m*; *univ.* principal *m*; ⟂ [prə'vou]: ~ *marshal* grand prévôt *m*.

prow ⟂ [prau] proue *f*.

prow·ess ['prauis] prouesse *f*, vaillance *f*; exploit *m*, -s *m/pl.*

prowl [praul] **1.** *v/i.* rôder (en quête de proie); *v/t.* rôder; **2.** action *f* de rôder; *fig. be on the* ~ rôder; *Am.* ~ *car police:* voiture *f* de patrouille; **'prowl·er** rôdeur (-euse *f*) *m*.

prox·i·mate □ ['prɔksimit] proche, prochain, immédiat; approximatif (-ive *f*); **prox'im·i·ty** [~'imiti] proximité *f*; *in the* ~ *of* à proximité de; **prox·i·mo** † ['~mou] (du mois) prochain.

prox·y ['prɔksi] procuration *f*; mandat *m*, pouvoir *m*; *personne:* mandataire *mf*, fondé *m* de pouvoir(s); délégué(e *f*) *m*; *by* ~ par procuration.

prude [pruːd] prude *f*; F bégueule *f*.

pru·dence ['pruːdəns] prudence *f*, sagesse *f*; **'pru·dent** □ prudent, sage, judicieux (-euse *f*); **pru·den·tial** □ [pruː'denʃl] prudent; dicté par la prudence.

prud·er·y ['pruːdəri] pruderie *f*; F pudibonderie *f*; **'prud·ish** □ prude; F pudibond.

prune¹ [pruːn] pruneau *m*.

prune² [~] émonder (*un arbre*); tailler (*un rosier etc.*); (*a.* ~ *away*, *off*) élaguer (*a. fig.*).

prun·ing...: '~**hook** émondoir *m*; '~**knife** serpette *f*.

pru·ri·ence, **pru·ri·en·cy** ['pruəriəns(i)] lasciveté *f*; curiosité *f* (de, *after*); **'pru·ri·ent** □ lascif (-ive *f*).

Prus·sian ['prʌʃn] **1.** prussien(ne *f*); ~ *blue* bleu *m* de Prusse; **2.** Prussien (-ne *f*) *m*.

prus·sic ac·id ♪ ['prʌsik'æsid] acide *m* prussique.

pry¹ [prai] fureter, fouiller; ~ *into* chercher à pénétrer (*qch.*); F fourrer le nez dans; **'pry·ing** □ curieux (-euse *f*).

pry² [~] **1.:** ~ *open* forcer la serrure de; forcer avec un levier; ~ *up* soulever à l'aide d'un levier; **2.** levier *m*.

psalm [sɑːm] psaume *m*; **'psalm·ist** psalmiste *m*; **psal·mo·dy** ['sælmədi] psalmodie *f*.

Psal·ter ['sɔ:ltə] psautier *m*.

pse·phol·o·gy [pse'fɔlədʒi] étude *f* des élections.

pseudo... [psju:dou] pseud(o)-; faux (fausse *f*); **pseu·do·nym** ['‿dənim] pseudonyme *m*; **pseu·don·y·mous** [‿'dɔniməs] pseudonyme.

pshaw [pʃɔ:] peuh!; allons donc!

pso·ri·a·sis ❧ [psɔ'raiəsis] psoriasis *m*.

psy·chi·a·trist [sai'kaiətrist] psychiatre *m*; **psy'chi·a·try** psychiatrie *f*.

psy·chic ['saikik] **1.** (*ou* **'psy·chi·cal** □ *f*) psychique; **2.** ~*s* sg. métapsychique *f*; métapsychisme *m*.

psy·cho·a·nal·y·sis [saikouə'næləsis] psychanalyse *f*; **psy·cho·an·a·lyst** [‿'ænəlist] psychanalyste *m*.

psy·cho·log·i·cal □ [saikə'lɔdʒikl] psychologique; **psy·chol·o·gist** [sai'kɔlədʒist] psychologue *m*; **psy'chol·o·gy** psychologie *f*.

psy·cho·sis [sai'kousis] psychose *f*.

pto·maine 🜚 ['toumein] ptomaïne *f*.

pub F [pʌb] cabaret *m*; *sl.* bistrot *m*.

pu·ber·ty ['pju:bəti] puberté *f*.

pu·bes·cence [pju:'besns] puberté *f*; ♀ pubescence *f*; **pu'bes·cent** pubère; ♀ pubescent; velu.

pub·lic ['pʌblik] **1.** □ public (-ique *f*); ~ *address system* (batterie *f* de) haut-parleurs *m/pl.*; ~ *enemy* ennemi *m* universel *ou* F public; ♀ *Health* hygiène *f*; santé *f* publique; ~ *holiday* jour *m* férié; ~ *house* cabaret *m*; bistrot *m*; ~ *law* droit *m* public; ~ *library* bibliothèque *f* municipale *ou* communale; ~ *man* homme *m* public *ou* très en vue; ✝ ~ *relations pl.* relations *f/pl.* publiques; ~ *spirit* civisme *m*, patriotisme *m*; *see school*, *utility*, *works*; **2.** *sg.*, *a. pl.* (grand) public *m*; F cabaret *m*; bistrot *m*; *in* ~ en public, publiquement; **pub·li·can** ['‿kən] aubergiste *m*; débitant *m* de boissons; *hist.* publicain *m*; **pub·li'ca·tion** publication *f*; apparition *f* (*d'un livre*); loi; promulgation *f*; ouvrage *m* (publié); *monthly* ~ revue *f* etc. mensuelle; **pub·li·cist** ['‿sist] publiciste *m*; journaliste *m*; **pub'lic·i·ty** [‿siti] publicité *f*; réclame *f*; propagande *f*; service *m* de presse; ~ *agent* agent *m* de publicité; **pub·li·cize** ['‿saiz] faire connaître au public; **pub·lic-'pri·vate** mixte (*éco-*

nomie); **'pub·lic-'spir·it·ed** □ dévoué au bien public, soucieux (-euse *f*) du bien public.

pub·lish ['pʌbliʃ] *usu.* publier; éditer; promulguer (*une loi*); révéler, répandre; **'pub·lish·er** éditeur *m*; libraire-éditeur (*pl.* libraires-éditeurs) *m*; *Am.* propriétaire *m* d'un journal; **'pub·lish·ing** publication *f*; mise *f* en vente; *attr.* d'édition; ~ *house* maison *f* d'édition.

puck [pʌk] puck *m*; lutin *m*; *hockey sur glace*: palet *m* en caoutchouc.

puck·er ['pʌkə] **1.** godet *m*, faux pli *m*; *visage*: ride *f*; F embarras *m*; **2.** *v/t.* froncer; faire goder; rider (*le visage*); *v/i.* (*a.* ~ *up*) se crisper; froncer, goder, grigner; se contracter. (*‿eux* (-euse *f*).}

puck·ish □ ['pʌkiʃ] de lutin; mali-}

pud·ding ['pudiŋ] pudding *m*, pouding *m*; *black* ~ boudin *m*; *white* ~ boudin *m* blanc.

pud·dle ['pʌdl] **1.** flaque *f* (d'eau); ⊕ braye *f* (d'argile); **2.** *v/t.* ⊕ corroyer (*l'argile, le fer*); ⊕ puddler (*le fer*); damer (*la terre*); *v/i.* barboter; **'pud·dler** ⊕ brasseur *m* mécanique; *personne*: puddleur *m*; **'pud·dling-fur·nace** ⊕ four *m* à puddler.

pu·den·cy ['pju:dənsi] pudicité *f*; **pu·den·da** [pju:'dendə] *pl.* parties *f/pl.* génitales; **'pu·dent** pudique.

pudg·y ['pʌdʒi] boulot(te *f*).

pu·er·ile □ ['pjuərail] puéril; *péj. a.* enfantin; **pu·er·il·i·ty** [‿'riliti] puérilité *f*.

puff [pʌf] **1.** *air, respiration*: souffle *m*; *vapeur*: échappement *m* soudain; *fumée, tabac*: bouffée *f*; *robe*: bouillon *m*, manche: bouffant *m*; houppe(tte) *f* (*à poudre*); *fig.* (*gâteau m*) feuilleté *m*; tourtelet *m*; réclame *f*; F haleine *f*; **2.** *v/t.* lancer, émettre (*une bouffée de fumée etc.*); (*a.* ~ *out, up*) gonfler (*les joues etc.*); faire balloner (*une manche*); (*a.* ~ *at*) tirer sur (*une pipe*), fumer; (*a.* ~ *up*) vanter; ~ *up* augmenter (*le prix*); ~*ed eyes* yeux *m/pl.* gonflés; ~*ed sleeve* manche *f* bouffante; *v/i.* souffler, lancer des bouffées; ~ *out* bouffer (*jupe*); **'puff·er** ✝ renchérisseur *m*, allumeur *m*; ✝ fumiste *m*; **'puff·er·y** art *m* du puffisme; réclame *f* tapageuse; **puff·i·ness** ['‿inis] boursouflure *f*; **'puff-**

ing ✝ puffisme *m*; réclame *f* tapageuse; '**puff-'paste** pâte *f* feuilletée; '**puff·y** qui souffle par bouffées (*vent*); à l'haleine courte; gonflé, boursouflé; bouffant (*manche*).

pug¹ [pʌg] (*ou* ~-*dog*) carlin *m*; petit dogue *m*.

pug² ⊕ [~] corroyer (*a. un bassin*); pétrir (*l'argile*).

pu·gil·ism ['pju:dʒilizm] pugilat *m*, boxe *f*; '**pu·gil·ist** pugiliste *m*, boxeur *m*.

pug·na·cious [pʌg'neiʃəs] batailleur (-euse *f*); querelleur (-euse *f*); **pug·nac·i·ty** [~'næsiti] caractère *m* batailleur *ou* querelleur; attitude *f* batailleuse *ou* querelleuse.

pug-nose ['pʌgnouz] nez *m* troussé.

puis·ne ✝⅌ ['pju:ni] subalterne (*juge*).

puke *sl.* [pju:k] dégobiller (= *vomir*).

pule [pju:l] piauler, piailler.

pull [pul] **1.** (effort *m* de) traction *f*; tirage *m*; force *f* d'attraction (*d'un aimant*); *fig.* attrait *m*; *golf:* coup *m* tiré; *rame:* coup *m* d'aviron; *typ.* première épreuve *f*; F gorgée *f* (*de bière etc.*); *sl.* avantage *m*, *sl.* piston *m*; *sl.* ~ at the bottle coup *m* à même la bouteille; ~-*fastener* fermeture *f* éclair; **2.** *v/t.* tirer (*a. typ., a. sp. un cheval*); traîner; cueillir (*un fruit*); *fig.* attirer; ⚓ manier (*un aviron*); ⚓ ramer; ⚓ souquer; ~ the trigger presser la détente; F ~ one's weight y mettre du sien; ~ down faire descendre; baisser; démolir; ~ in retenir (*un cheval*); ~ off arracher; ôter; remporter (*un prix*); ~ through tirer (*q.*) d'affaire; ~ up (re)monter; relever; arracher (*une plante*); arrêter (*un cheval, une voiture, etc.*); *fig.* réprimander; *v/i.* tirer (*sur, at*); *mot.* peiner; ⚓ ramer; ☏ ~ out sortir de la gare; partir; ~ through se tirer d'affaire; ~ up s'arrêter.

pul·let ['pulit] poulette *f*; *fattened* ~ poularde *f*.

pul·ley ⊕ ['puli] poulie *f*; *set of* ~s *pl.* palan *m*, moufle *f*.

Pull·man car ['pulmən'kɑ:] voiture *f* Pullman; *Am.* wagon-salon (*pl.* wagons-salons) *m*.

pull·...: '~-**out 1.** supplément *m* détachable; **2.** détachable; rétractable; '~-**o·ver** pull-over *m*, F pull *m*; '~-**up** arrêt *m*; auberge *f* (*etc. pour automobilistes*).

pul·mo·nar·y ✚ ['pʌlmənəri] pulmonaire *f*, des poumons; poitrinaire (*personne*).

pulp [pʌlp] **1.** dents etc.: pulpe *f*; *fruits:* chair *f*; ⊕ pâte *f* à papier; *Am.* (*a.* ~ *magazine*) revue *f* etc. à bon marché; **2.** réduire en pulpe *ou* pâte; mettre (*des livres*) au pilon.

pul·pit ['pulpit] chaire *f*.

pulp·y □ ['pʌlpi] pulpeux (-euse *f*), charnu; F flasque.

pul·sate [pʌl'seit] palpiter; vibrer; battre (*cœur*); **pul·sa·tile** ♪ ['~sətail] de percussion; **pul·sa·tion** pulsation *f*; battement *m*.

pulse¹ [pʌls] **1.** pouls *m*; battement *m*; **2.** palpiter; vibrer; battre.

pulse² [~] légumineuses *f/pl.*

pul·ver·i·za·tion [pʌlvərai'zeiʃn] pulvérisation *f*; '**pul·ver·ize** *v/t.* pulvériser; réduire en poudre; *fig.* démolir; atomiser; *v/i.* tomber en poussière; se vaporiser; '**pul·ver·iz·er** pulvérisateur *m*; vaporisateur *m*.

pum·ice ['pʌmis] (*a.* ~-*stone*) (pierre *f*) ponce *f*.

pum·mel ['pʌml] bourrer de coups de poings.

pump¹ [pʌmp] **1.** pompe *f*; *attr.* de pompe; **2.** *v/t.* pomper de l'eau; refouler (*dans, into*); F sonder (*q.*), faire parler (*q.*); *sl.* épuiser; *v/i.* pomper.

pump² [~] escarpin *m*; soulier *m* de bal.

pump·kin ⚘ ['pʌmpkin] citrouille *f*; potiron *m*.

pump-room ['pʌmprum] station thermale: buvette *f*; Pavillon *m*.

pun [pʌn] **1.** jeu *m* de mots, calembour *m*; **2.** faire des jeux de mots etc.

Punch¹ [pʌntʃ] polichinelle *m*; guignol *m*; *as pleased as* ~ heureux (-euse *f*) comme un roi; ~ *and* Judy ['dʒu:di] show guignol *m*.

punch² ⊕ [~] **1.** pointeau *m*; chasse-clou *m*; perçoir *m*; poinçon *m* (*a.* ⚙); emporte-pièce *m/inv.*; **2.** percer; poinçonner; découper; estamper; ~*ed card see* punch card.

punch³ F [~] **1.** coup *m* de poing; F force *f*; **2.** donner un coup de poing à; cogner (*q.*); *Am.* conduire *ou* garder (*des bœufs*).

punch⁴ [~] boisson: punch *m*.

punch⁵ F [~] cheval, homme: trapu

m; *sl.* pull no ~es parler carrément; ne faire de quartier à personne.

punch card □ ['pʌntʃkɑːd] carte *f* perforée.

punch-drunk ['pʌntʃdrʌŋk] abruti (par les coups).

punch·er ['pʌntʃə] poinçonneur *m*; perceur *m*; estampeur *m*; *outil*: poinçonneuse *f*; découpeuse *f*; F pugiliste *m*; *Am.* cowboy *m*; **'punch(·ing)·ball** boxe: punching-ball *m*.

punch line ['pʌntʃlain] pointe *f* (*d'une plaisanterie*).

punch-up F ['pʌntʃʌp] bagarre *f*.

punc·til·i·o [pʌŋk'tiliou] point *m* d'étiquette; *see* punctiliousness.

punc·til·i·ous [pʌŋk'tiliəs] méticuleux (-euse *f*), pointilleux (-euse *f*); très soucieux (-euse *f*) du protocole; **punc'til·i·ous·ness** souci *m* du protocole; formalisme *m*; scrupule *m* des détails.

punc·tu·al □ ['pʌŋktjuəl] exact; **punc·tu·al·i·ty** [~'æliti] exactitude *f*, ponctualité *f*.

punc·tu·ate ['pʌŋktjueit] ponctuer (*a. fig.*); **punc·tu'a·tion** ponctuation *f*.

punc·ture ['pʌŋktʃə] **1.** crevaison *f*; ⚕ ponction *f*; *mot. etc.* piqûre *f* de clou, crevaison *f*; **2.** *v/t.* ⚕ ponctionner; *mot.* crever (*a. v/i.*).

pun·dit ['pʌndit] pandit *m*; F pontife *m*.

pun·gen·cy ['pʌndʒənsi] goût *m* piquant; odeur *f* piquante; *fig.* aigreur *f*; mordant *m*; saveur *f*; **'pun·gent** aigu (-uë *f*); poignant (*chagrin*); âcre (*odeur*); mordant (*paroles etc.*).

pu·ni·ness ['pjuːninis] chétiveté *f*.

pun·ish ['pʌniʃ] punir, châtier; F *fig.* taper dur (*q.*); ne pas épargner; **'pun·ish·a·ble** □ punissable; ⚖ délictueux (-euse *f*); **'pun·ish·er** punisseur (-euse *f*) *m*; **'pun·ish·ment** punition *f*; châtiment *m*.

pu·ni·tive ['pjuːnitiv] punitif (-ive *f*), répressif (-ive *f*).

punk *Am.* [pʌŋk] **1.** amadou *m*; *fig.* sottises *f/pl.*; **2.** mauvais, sans valeur. [lembours.]

pun·ster ['pʌnstə] faiseur *m* de ca-⌐

punt¹ ⚓ [pʌnt] **1.** bateau *m* plat (*conduit à la perche*); bachot *m*; **2.** conduire à la perche; transporter dans un bateau plat.

punt² [~] *turf*: parier; *cartes*: ponter.

pu·ny □ ['pjuːni] menu; mesquin; chétif (-ive *f*). [bas (des petits).]

pup [pʌp] **1.** *see* puppy; **2.** zo. mettre⌐

pu·pil ['pjuːpl] *anat.* pupille *f* (*a. mf*); élève *mf*, écolier (-ère *f*) *m*; **pu·pil·(l)age** ['~pilidʒ] état *m* d'élève; ⚖ minorité *f*.

pup·pet ['pʌpit] marionnette *f*; *fig.* pantin *m*; **'~-show** théâtre *m* ou spectacle *m* de marionnettes.

pup·py ['pʌpi] jeune chien(ne *f*) *m*; *fig.* freluquet *m*.

pur·blind ['pəːblaind] presque aveugle; *fig.* obtus.

pur·chase ['pəːtʃəs] **1.** achat *m*; emplette *f*; acquisition *f*; ⊕ force *f* mécanique; ⊕ prise *f*; ⚖ loyer *m*; *fig.* (point *m* d')appui *m*; make ~s faire les emplettes; at twenty years' ~ moyennant vingt années de loyer; his life is not worth an hour's ~ on ne lui donne(rait) pas une heure à vivre; ✝ ~ permit ordre *m* d'achat; **2.** acheter, acquérir (*a. fig.*); ⚓ lever à l'aide du cabestan; **'pur·chas·er** acheteur (-euse *f*) *m*; ✝ preneur (-euse *f*) *m*.

pure □ ['pjuə] pur; **'~-bred** *Am.* de race pure; **'pure·ness** pureté *f*.

pur·ga·tion *usu. fig.* [pəː'geiʃn] purgation *f* (*a. ⚕*); **pur·ga·tive** ['~gətiv] purgatif (-ive *f*) (*a. su./m*); **'pur·ga·to·ry** *eccl.* purgatoire *m* (*a. fig.*).

purge [pəːdʒ] **1.** ⚕ purgatif *m*; purgation *f*; *pol.* épuration *f*; **2.** *fig.* nettoyer; épurer; purger (de *of, from*) (*a. ⚖*); ⚖ faire amende honorable *pour*; *pol.* épurer, purger.

pu·ri·fi·ca·tion [pjuərifi'keiʃn] purification *f*; épuration *f*; **pu·ri·fi·er** ['~faiə] épurateur *m* (*de gaz etc.*); *personne*: purificateur (-trice *f*) *m*; **pu·ri·fy** ['~fai] purifier; ⊕, *a. fig.* épurer.

Pu·ri·tan ['pjuəritən] puritain(e *f*) (*a. su.*); **pu·ri·tan·ic** [~'tænik] (~ally) (de) puritain; **Pu·ri·tan·ism** ['~tənizm] puritanisme *m*.

pu·ri·ty ['pjuəriti] pureté *f* (*a. fig.*).

purl¹ [pəːl] cannetille *f* (*à broder*); picot *m* (*de dentelle*); (*a. ~ stitch*) maille *f* à l'envers.

purl² [~] *ruisseau*: (*doux*) murmure *m*; **2.** murmurer.

purl·er F ['pəːlə] chute *f* la tête la première; *sl.* billet *m* de parterre.

pur·lieus ['pə:lju:z] *pl.* bornes *f/pl.*; alentours *m/pl.*

pur·loin [pə:'lɔin] détourner; voler; **pur'loin·er** détourneur *m*; voleur (-euse *f*) *m*; *fig.* plagiaire *m*.

pur·ple ['pə:pl] **1.** violet(te *f*); **2.** pourpre *f*; violet *m*; **3.** (s')empourprer.

pur·port ['pə:pət] **1.** sens *m*, signification *f*; portée *f* (*d'un mot*); **2.** avoir la prétention (de *inf.*, *to inf.*); † indiquer, vouloir dire.

pur·pose ['pə:pəs] **1.** dessein *m*; but *m*, intention *f*; fin *f*; résolution *f*; for the ~ of pour; dans le but de; on ~ exprès, de propos délibéré; to the ~ à propos; to no ~ en vain, inutilement; *novel with a* ~ roman *m* à thèse; strenght *of* ~ détermination *f*; résolution *f*; **2.** avoir l'intention (de *inf.*, *gér. ou to inf.*), se proposer (qch., s.th.; de *inf.*, *gér. ou to inf.*); '~**built** construit spécialement; fonctionnalisé; **pur·pose·ful** □ ['~ful] réfléchi; tenace, vital (*personne*); '**pur·pose·less** □ inutile, sans but; '**pur·pose·ly** *adv.* à dessein; exprès.

purr [pə:] **1.** ronronner (*chat, moteur*); **2.** ronron *m*.

purse [pə:s] **1.** bourse *f*, porte-monnaie *m/inv.*; *fig.* bourse *f*; sp. prix *m* (*d'argent*); *public* ~ Trésor *m*; finances *f/pl.* de l'État; **2.** (*souv.* ~ up) pincer (*les lèvres*); plisser (*le front*); froncer (*les sourcils*); '~**proud** orgueilleux (-euse *f*) de sa fortune; '**purs·er** ⚓ commissaire *m*; '**purse-strings** *pl.*: hold the ~ tenir les cordons de la bourse.

pur·si·ness ['pə:sinis] peine *f* à respirer; essoufflement *m*.

purs·lane ♀ ['pə:slin] pourpier *m*.

pur·su·ance [pə'sju:əns] poursuite *f*; in ~ of par suite de, en vertu de, conformément à; **pur'su·ant** □: ~ to conformément à, par suite de.

pur·sue [pə'sju:] *v/t.* poursuivre; *fig.* rechercher (*le plaisir*); *fig.* courir après; suivre (*le chemin, une ligne de conduite, une profession, etc.*); *v/i.* suivre, continuer; ~ after poursuivre; **pur'su·er** poursuivant(e *f*) *m*; **pur'suit** ['~'sju:t] poursuite *f*; recherche *f* (de, *of*); occupation *f*; usu. ~s *pl.* travaux *m/pl.*; carrière *f*; qqfois passe-temps *m/inv.*; ~ *plane* chasseur *m*.

pur·sy¹ ['pə:si] à l'haleine courte; gros(se *f*), corpulent.

pur·sy² [~] pincé (*bouche, lèvres*); riche; orgueilleux (-euse *f*) de sa fortune. [lent.]

pu·ru·lent □ ♂ ['pjuərulənt] puru-)

pur·vey [pə:'vei] *v/t.* fournir (*de provisions*); *v/i.* être (le) fournisseur (de, *for*); **pur'vey·ance** fourniture *f* de provisions; approvisionnement *m*; **pur'vey·or** fournisseur (-euse *f*) *m* (*surt. de provisions*).

pur·view ['pə:vju:] portée *f*, limites *f/pl.*; ♂ *statut*: corps *m*. [boue *f*.]

pus ♂ [pʌs] pus *m*; sanie *f*; abcès:)

push [puʃ] **1.** poussée *f*, impulsion *f*; coup *m*; effort *m*; ⚔ attaque *f* en masse; F énergie *f*; F hardiesse *f*; last ~ effort *m* suprême; sl. get the ~ se faire dégommer (= *recevoir son congé*); give s.o. the ~ flanquer q. à la porte; donner son congé à q.; **2.** *v/t.* pousser; bousculer; appuyer sur (*un bouton*); enfoncer (dans, in[to]); pousser la vente de; importuner; (*a.* ~ *through*) faire accepter; faire passer (à travers, *through*); revendiquer (*un droit*); (*a.* ~ *ahead ou forward ou on*) (faire) avancer *ou* pousser (en avant); ~ (*up*)on s.o. imposer qch. à q.; ~ one's way se frayer un chemin (à travers, *through*); ~ed pressé; à court (d'argent, *for money*); fort embarrassé; *v/i.* avancer; pousser; ~ on se presser, se hâter; se remettre en route; ~ off ⚓ pousser au large; F *fig.* se mettre en route; '~**ball** sp. (sorte de) jeu *m* de ballon; '~**bike** bicyclette *f*; '~**but·ton** ∮ bouton *m* à pression; poussoir *m*; '~**cart** charrette *f* à bras; '~**chair** poussette *f*; '**push·er** personne *f* qui pousse; arriviste *mf*; avion *m* à hélice propulsive; ♠ *Am.* locomotive *f* de renfort; **push·ful** □ ['~ful], '**push·ing** □ débrouillard, entreprenant; *péj.* ambitieux (-euse *f*), trop accostant; '**push·off** ⚓ poussée *f* au large; *fig.* impulsion *f*; '**push·o·ver** *surt.* Am. chose *f* facile à obtenir; tâche *f* facile à faire; victoire *f* facile; personne *f* crédule; *a* ~s facilité même; be *a* ~ for ne pas pouvoir résister à; '**push-up**: *do* ~s faire des tractions *ou* des pompes; **push·y** arriviste, qui se met trop en avant.

pu·sil·la·nim·i·ty [pju:silə'nimiti]

pusillanimité *f*; **pu·sil·lan·i·mous** □ [ˌˈlænɪməs] pusillanime.

puss(**·y**) ['pus(i)] minet(te *f*) *m*; *fig.* coquine *f*; *fig.* chipie *f*; *Am. sl.* visage *m*; ♣ *bouleau*: chaton *m*; **'puss·y-foot** *Am.* F **1.** personne *f* furtive; fin Normand *m*; **2.** F aller furtivement; ne pas se compromettre.

pus·tule ♣ ['pʌstjuːl] pustule *f*.

put [put] [*irr.*] **1.** *v/t.* mettre, poser (*a. une question*), placer; présenter (à, *to*); lancer (*un cheval*) (sur, *at*); exposer (*une condition, la situation, etc.*); exprimer; parler; estimer (à, *at*); ~ it s'exprimer; ~ *about* faire circuler, répandre; ♣ virer de bord; F mettre (*q.*) en émoi, inquiéter; déranger; ~ *across* réussir dans (*une entreprise*); ~ *away* serrer; remiser (*son auto*); écarter; mettre de côté; *fig.* tuer; ~ *back* remettre; retarder (*une horloge, l'arrivée, etc.*); ~ *by* mettre de côté; mettre en réserve; ~ *down* (dé)poser; noter; supprimer; mettre fin à; fermer (*le parapluie*); juger; attribuer (à, *to*); inscrire (*q.* pour, *s.o. for*); débarquer (*les voyageurs*); ~ *forth* émettre; avancer; publier (*un livre etc.*); déployer, exercer; pousser (*des feuilles etc.*); ~ *forward* avancer (*l'heure, la montre, une opinion, etc.*); émettre; faire valoir (*une proposition, une théorie, etc.*); ~ *o.s. forward* se mettre en avant; s'imposer; se donner (pour, *as*); ~ *in* introduire dans; mettre, insérer dans (*un journal*); placer (*un mot*); ♪ planter; présenter (*un document, un témoin*; *a. q. à un examen*); ᵗᵗ₈ installer (*un huissier*); F faire (*des heures de travail*), passer (*le temps*); ~ *off* enlever, ôter, retirer (*un vêtement, le chapeau*); remettre (*un rendez-vous, l'heure, une tâche*); ajourner; renvoyer (*q.*). déconcerter, dérouter (*q.*); décourager (*q.*) (de, *from*); ~ *on* mettre (*a. la lumière, la vapeur, des vêtements*); prendre (*un air, du poids, de la vitesse*); gagner (*du poids*); ✝ augmenter (*le prix*); ajouter à; allumer (*le gaz etc.*); avancer (*la pendule*); *théâ.* monter (*une pièce*); confier (*une tâche*) (à *q.*, *to s.o.*); *école:* demander à (*un élève*) (de, *to*); ↺ mettre en service; ajouter (*des voitures à un train*); *mot.* serrer (*le frein*);

sp. miser (*un pari*); *sp.* ~ *on* (a score of) thirty marquer trente points; F ~ *the screw on s.o.* forcer la main à q.; *he is ~ting it on* il fait l'important; il fait du chiqué; *fig.* ~ *it on thick* exagérer; flatter grossièrement; ~ *on airs* se donner des airs; ~ *s.o. on* (*gér.*) mettre q. à (*inf.*); ~ *out* mettre dehors; tendre (*la main*); étendre (*les bras*); tirer (*la langue*); sortir (*la tête*); mettre à l'eau (*un canot*); placer (*de l'argent*) (à intérêt, *to interest*); émettre (*un document etc.*); publier (*une revue etc.*); crever (l'œil à q., *s.o.'s eye*); éteindre (*le feu, le gaz, etc.*); lancer (*une histoire*); *fig.* déconcerter; *fig.* contrarier; *fig.* gêner; ~ *s.o. out* expulser q., chasser q. (de, *of*); ~ *out of action* mettre hors de combat; ⊕ détraquer; ~ *over* faire réussir; ⊕ *s.th. over on s.o.* faire accepter qch. à q.; ~ *through* téléph. mettre en communication (avec, *to*); F mener à bien; ~ *to* attacher; atteler (*un cheval*); ~ *to it* donner du mal à q.; contraindre q. (à, *to*); ~ *to expense* faire faire des dépenses à (*q.*); ~ *to death* mettre (*q.*) à mort; exécuter (*q.*); ~ *to the rack* (*ou torture*) mettre (*q.*) à la question *ou* torture; ~ *up* construire; ériger; installer; lever (*la fenêtre, une glace de wagon*); accrocher (*un tableau*); ouvrir (*le parapluie, a. qqfois la fenêtre*); augmenter, hausser (*le prix*); (faire) lever (*du gibier*); mettre (*en vente, aux enchères*); regainer (*l'épée*); relever (*les cheveux, le col*); afficher (*un avis*), coller (*une affiche*); poser (*le rideau*); fournir (*de l'argent*); faire, offrir (*une prière, une résistance*); proposer (*un candidat*); loger (*q.*), donner à coucher à (*q.*); ✝ présenter (*en, in*); *sp.* F faire courir; *jeu:* se caver de; ~ *s.o. up to* mettre q. au courant de; inciter q. à; ~ *upon* en imposer à; ~ *upon* laisser (à *q.*) le soin de; **2.** *v/i.* ♣ ~ *in* entrer dans; F faire escale dans (*un port*); ♣ ~ *off* (*ou out ou to sea*) démarrer, pousser au large, quitter la côte *etc.*; ~ *at* loger à *ou* chez (*q.*); descendre à *ou* chez (*q.*); ~ *up for* poser sa candidature à; ~ *up with* s'arranger de; tolérer; se résigner à; F ~ *upon* exploiter (*q.*); abuser de (*q.*); *be* ~ *upon* s'en laisser imposer.

pu·ta·tive ['pjuːtətiv] putatif (-ive f).

put·lock, put·log ⊕ ['pʌtlɔk; '‿lɔg] boulin m.

put-on F ['putɔn] **1.** affecté, feint, simulé, faux (fausse f); **2.** manière(s) f(pl.) affectée(s); mystification f, farce f.

pu·tre·fac·tion [pjuːtriˈfækʃn] putréfaction f; **pu·tre'fac·tive** putréfactif (-ive f); putride; de putréfaction.

pu·tre·fy ['pjuːtrifai] v/i. se putréfier; pourrir; ✍ suppurer; v/t. putréfier, pourrir.

pu·tres·cence [pjuːˈtresns] putrescence f; **pu'tres·cent** putrescent; en putréfaction.

pu·trid □ ['pjuːtrid] putride; en putréfaction; infect; sl. moche; **pu'trid·i·ty** pourriture f.

put·tee ['pʌti] bande f molletière.

put·ty ['pʌti] **1.** (a. glaziers' ∼) mastic m (à vitres); (a. plasterers' ∼) pâte f de chaux; (a. jewellers' ∼) potée f (d'étain); **2.** mastiquer.

put-up job ['putʌp'dʒɔb] coup m monté; affaire f machinée à l'avance.

puz·zle ['pʌzl] **1.** énigme m; problème m; devinette f; picture ∼ rébus m; **2.** v/t. intriguer; embarrasser; ∼ out débrouiller; déchiffrer; v/i. (souv. ∼ one's brains) se creuser la tête (pour résoudre qch., over

s.th.); '∼-**head·ed** confus; '∼-**lock** serrure f à combinaisons; cadenas m à secret; **'puz·zler** question f embarrassante; F colle f.

pyg·m(a)e·an [pigˈmiːən] pygméen (-ne f); **pyg·my** ['pigmi] pygmée m; attr. pygméen(ne f). [m.]

py·ja·mas [pəˈdʒaːməz] pl. pyjama

py·lo·rus anat. [paiˈlɔːrəs] pylore m.

py·or·rh(o)e·a [paiəˈriə] pyorrhée f.

pyr·a·mid ['pirəmid] pyramide f; **py·ram·i·dal** □ [piˈræmidl] pyramidal (-aux m/pl.).

pyre ['paiə] bûcher m (funéraire).

py·ret·ic [paiˈretik] pyrétique.

pyro... ['pairou] pyr(o)-; **py·rog·ra·phy** [paiˈrɔgrəfi] pyrogravure f; **'py·ro'scope** pyroscope m; **py·ro·tech·nic, py·ro·tech·ni·cal** [pairouˈteknik(l)] pyrotechnique; **py·ro'tech·nics** pl. pyrotechnique f; **py·ro'tech·nist** pyrotechnicien m; artificier m.

Pyr·rhic vic·to·ry ['pirikˈviktəri] victoire f à la Pyrrhus.

Py·thag·o·re·an [paiθægəˈriːən] **1.** pythagoricien(ne f); de Pythagore; **2.** pythagoricien m.

Pyth·i·an ['piθiən] pythien(ne f).

py·thon ['paiθən] python m.

pyx [piks] **1.** eccl. ciboire m; **2.** boîte f des monnaies destinées au contrôle; trial of the ∼ essai m des monnaies.

Q

Q, q [kju:l] Q *m*, q *m*.

Q-boat ♃ ['kju:bout] piège *m* à sous-marins.

quack[1] [kwæk] **1.** coin-coin *m*; **2.** crier, faire coin-coin.

quack[2] [﹏] **1.** charlatan *m*; † guérisseur *m*; **2.** de charlatan; **3.** F faire le charlatan; ﹏ *up* vanter; rafistoler (*qch. d'usagé*); **quack·er·y** ['﹏əri] charlatanisme *m*; hâblerie *f*.

quad [kwɔd] see **quadrangle**; **quadrat**.

quad·ra·ge·nar·i·an [kwɔdrədʒi-'nɛəriən] quadragénaire (*a. su./mf*).

quad·ran·gle ['kwɔdræŋgl] ♃ quadrilatère *m*; *école etc.*: cour *f*.

quad·rant ['kwɔdrənt] ♃, ⊕ secteur *m*; ♃ quart *m* de cercle.

quad·ra·phon·ic [kwɔdrə'fɔnik] quadriphonique; *in* ﹏ *sound* en quadriphonie.

quad·rat *typ.* ['kwɔdrit] cadrat *m*; **quad·rat·ic** ♃ [kwɔ'drætik] **1.** du second degré; **2.** (*a.* ﹏ *equation*) équation *f* du second degré; **quad·ra·ture** ['kwɔdrətʃə] quadrature *f*.

quad·ren·ni·al □ [kwɔ'drenjəl] quadriennal (-aux *m/pl.*); qui a lieu tous les quatre ans.

quad·ri·lat·er·al ♃ [kwɔdri'lætərəl] **1.** quadrilatéral (-aux *m/pl.*); **2.** quadrilatère *m*.

qua·drille [kwə'dril] quadrille *m*.

quad·ri·par·tite [kwɔdri'pɑ:tait] quadripartite.

quad·ru·ped ['kwɔdruped] **1.** quadrupède *m*; **2.** (*a.* **quad·ru·pe·dal** [kwɔ'dru:pidl]) quadrupède; **quad·ru·ple** ['kwɔdrupl] □ **1.** quadruple; (*a.* ﹏ *to ou of*) au quadruple de; **2.** quadruple *m*; **3.** (se) quadrupler; **quad·ru·plet** ['﹏plit] quadruplé(e *f*) *m*; **quad·ru·pli·cate** [kwɔ'dru:plikit] **1.** quadruplé, quadruple; **2.** quatre exemplaires *m/pl.*; **3.** [﹏keit] quadrupler.

quaff *poét.* [kwɑ:f] boire à plein verre; ﹏ *off* vider d'un trait.

quag [kwæg] see ﹏*mire*; **'quag·gy**

marécageux (-euse *f*); **quag·mire** ['﹏maiə] marécage *m*; fondrière *f*; *fig.* embarras *m*.

quail[1] *orn.* [kweil] caille *f*.

quail[2] [﹏] fléchir, faiblir (devant, *before*).

quaint □ [kweint] bizarre; singulier (-ère *f*); pittoresque; **'quaintness** bizarrerie *f*; pittoresque *m*.

quake [kweik] trembler (de, *with*); pour, *for*); frémir (de, *with*).

Quak·er ['kweikə] quaker *m*; **'Quaker·ism** quakerisme *m*.

qual·i·fi·ca·tion [kwɔlifi'keiʃn] titre *m* (à un emploi, *for a post*); aptitude *f*, capacité *f*; réserve *f*; **qual·i·fied** ['﹏faid] qui a les qualités requises *ou* titres requis; diplômé; compétent; autorisé; restreint, modéré; sous condition; **qual·i·fy** ['﹏fai] *v/t.* qualifier (*a. gramm.*) (de, *as*); rendre apte à; modifier; apporter des réserves à; couper (*une boisson*); *v/i.* se qualifier (pour, *for*), acquérir les titres requis *ou* connaissances requises; être reçu; ﹏*ing examination* examen *m* pour certificat d'aptitude; examen *m* d'entrée; **qual·i·ta·tive** □ ['﹏tətiv] qualitatif (-ive *f*); **'qual·i·ty** *usu.* qualité *f*; valeur *f*; pouvoir *m*; caractère *m*; *son*: timbre *m*.

qualm [kwɔ:m] nausée *f*; scrupule *m*, remords *m*; pressentiment *m* de malheur; hésitation *f*; **'qualm·ish** □ sujet(te *f*) aux nausées; mal à l'aise.

quan·da·ry ['kwɔndəri] embarras *m*; impasse *f*.

quan·ti·ta·tive □ ['kwɔntitətiv] quantitatif (-ive *f*); **'quan·ti·ty** quantité *f* (*a. ♪, ♃, prosodie*); somme *f*; *bill of quantities* devis *m*; ♃ *unknown* ﹏ inconnue *f* (*a. fig.*).

quan·tum ['kwɔntəm], *pl.* **-ta** [﹏tə] quantum *m*; part *f*; *phys.* ﹏ *theory* théorie *f* des quanta.

quar·an·tine ['kwɔrənti:n] **1.** quarantaine *f*; *place in* ﹏ = **2.** mettre en quarantaine.

quar·rel ['kwɔrəl] **1.** querelle *f*,

dispute *f*; **2.** se quereller, se disputer (avec, *with*; à propos de *about*, *over*); *fig.* se plaindre (de, *with*); **quar·rel·some** ['ˌsəm] □ querelleur (-euse *f*), batailleur (-euse *f*).

quar·ry¹ ['kwɔri] **1.** carrière *f*; *fig.* mine *f*; **2.** *v/t.* extraire (*des pierres*) de la carrière; creuser une carrière dans; *v/i.* exploiter une carrière; *fig.* puiser (qch., *for s.th.*).

quar·ry² [ˌ] *chasse:* proie *f*.

quar·ry·man ['kwɔrimən], *a.* **quar·ri·er** ['ˌiə] carrier *m*.

quart [kwɔ:t] quart *m* (*de gallon*, = *approx. 1 litre*); *escrime:* [kɑ:t] quarte *f*.

quar·tan *ℱ* ['kwɔ:tn] (fièvre *f*) quarte.

quar·ter ['kwɔ:tə] **1.** quart *m* (*a. cercle*, *heure*, *pomme*, *siècle*, *etc.*); terme *m* de loyer; région *f*, partie *f*; *ciel:* coin *m*; *Am.* quart *m* de dollar (*25 cents*); ∅, *cuis.*, *lune*, *ville:* quartier *m*; ⚓ hanche *f*; ⚓ quart *m* de brasse; ⚓ (quart *m* d')aire *f* de vent; côté *m*, direction *f*; *orange:* tranche *f*, *mesure:* quart *m* (*de livre*), quarter *m* (*2,909 hl.*); ✕, *a. fig.* cantonnement *m*, quartier *m*; *fig.* milieu *m*; ˌs *pl.* appartements *m/pl.*; résidence *f*; ✕ quartier *m*, -s *m/pl.*; logement *m*; *in this* ˌ ici, de ce côté-ci; *from all* ˌs de toutes parts, de tous côtés; *free* ˌs droit au logement; **2.** diviser en quatre; équarrir (*un bœuf*); *hist.* écarteler (*un condamné*, *a.* ∅); ✕ cantonner; *be* ˌed (*up*)*on* (*ou at*) loger chez; **ˌ-day** jour *m* du terme; **ˌ-deck** ⚓ plage *f* arrière; *coll.* officiers *m/pl.*; **'quar·ter·ly 1.** trimestriel(le *f*); **2.** publication *f* trimestrielle; **'quar·ter·mas·ter** ✕ intendant *m* militaire; ⚓ second maître *m*; **quar·tern** ['ˌən] quart *m* (*de pinte*); (*a.* ˌ *loaf*) pain *m* de quatre livres.

quar·tet(te) *♪* [kwɔ:'tet] quatuor *m*.

quar·to [ˈkwɔ:tou] in-quarto *m/inv.* (*a. adj.*).

quartz *min.* [kwɔ:ts] quartz *m*.

quash [kwɔʃ] *ℒℒ* casser, annuler; *fig.* étouffer.

qua·si ['kwɑ:zi] quasi-, presque.

qua·ter·na·ry *ℛ*, *⌢*, *géol.* [kwə-'tə:nəri] quaternaire.

qua·ver ['kweivə] **1.** tremblement

m; *♪* croche *f*; *♪* trille *m*; **2.** chevroter, (*a.* ˌ *out*) trembloter (*voix*); *♪* faire des trilles; **'qua·ver·y** tremblotant.

quay [ki:] quai *m*; **quay·age** ['ˌidʒ] droit *m*, -s *m/pl.* de quai; quais *m/pl.*

quea·si·ness ['kwi:zinis] malaise *f*; nausées *f/pl.*; scrupules *m/pl.* de conscience; **'quea·sy** □ sujet(te *f*) à des nausées; délicat (*estomac*); scrupuleux (-euse *f*); dégoûtant (*mets*); *I feel* ˌ j'ai mal au cœur; *F* j'ai le cœur fade.

queen [kwi:n] **1.** reine *f*; *cartes:* dame *f*; *échecs:* dame *f*, reine *f*; *sl.* (*homosexuel*) tante *f*, tapette *f*; ˌ *bee* reine *f*, abeille *f* mère; ˌ's *metal* métal *m* blanc; ˌ's-ware faïence *f* crème; **2.** *échecs: v/t.* damer; *v/i.* aller à dame; ˌ *it* faire la reine; **'queen·like**, **'queen·ly** de reine, digne d'une reine; majestueux (-euse *f*).

queer [kwiə] **1.** bizarre; singulier (-ère *f*); étrange; suspect; *F* tout patraque (*malade*); **2.** *Am. sl.* homosexuel *m*; **3.** *vb.*: *sl.* ˌ *the pitch for* contrecarrer (*q.*); faire échouer les projets de (*q.*).

quell *poét.* [kwel] apaiser; étouffer.

quench [kwentʃ] *fig.* apaiser (*la soif etc.*); étouffer, réprimer (*un désir*, *a.* *ℰ*); éteindre; **'quench·er** *F* boisson *f*, consommation *f*; **'quench·less** □ inextinguible; inassouvissable.

que·rist ['kwiərist] questionneur (-euse *f*) *m*.

quern [kwə:n] moulin *m* à bras.

quer·u·lous ['kweruləs] plaintif (-ive *f*); grognon(ne *f*).

que·ry ['kwiəri] **1.** reste à savoir (si, *if*); **2.** question *f*; *typ.* point *m* d'interrogation; **3.** *v/t.* mettre *ou* révoquer en doute; *v/i.* s'informer (si, *whether*).

quest [kwest] **1.** recherche *f*; *chasse:* quête *f*; *in* ˌ *of* à la recherche de; en quête de; **2.** rechercher; *chasse:* quêter.

ques·tion ['kwestʃn] **1.** question *f*; (*mise f en*) doute *m*; affaire *f*; sujet *m*; ˌ *mark* point *m* d'interrogation; *radio*, *télév.* ˌ *master* animateur *m*; *parl.* ˌ *time* heure *f* réservée aux questions orales; *parl.* ˌ! au fait!; *beyond* (*all*) ˌ sans aucun doute; incontestable(ment); *in* ˌ en question, dont il s'agit; en doute; *come into* ~ arriver sur le tapis; *call in* ~ révoquer en doute; *beg the* ~ faire une pétition de principe, supposer vrai ce qui est en question; *the* ~ *is whether* il s'agit de savoir si; *that is out of the* ~ c'est impossible; *there is no* ~ il n'est pas question (de qch., *of s.th.*; que *sbj.*, *of ger.*); 2. interroger; révoquer en doute; '**ques·tion·a·ble** □ contestable, discutable; *péj.* équivoque; '**ques·tion·a·ble·ness** caractère *m* douteux *ou* équivoque (de, of); **ques·tion·naire** [kwestiə'nɛə] questionnaire *m*; '**ques·tion·er** interrogateur (-trice *f*) *m*.

queue [kju:] 1. queue *f* (*de personnes, de voitures, de cheveux, etc.*); 2. (*usu.* ~ *up*) prendre la file (*voitures*); faire la queue; ~ *on* s'attacher à la queue.

quib·ble ['kwibl] 1. chicane *f* (*de mots*); argutie *f*; † calembour *m*; 2. *fig.* chicaner (sur les mots); '**quib·bler** chicaneur (-euse *f*) *m*; ergoteur (-euse *f*) *m*.

quick [kwik] 1. vif (vive *f*) (*a. esprit, haie, œil*); fin (*oreille etc.*); † vivant; rapide, prompt; éveillé (*enfant, esprit, a. ♪*); ~ *to prompt* à; ✕ ~ *march* pas *m* cadencé *ou* accéléré; ~ *step* pas *m* rapide *ou* pressé; *double* ~ *step* pas *m* gymnastique; 2. *vif m*, chair *f* vive; *the* ~ les vivants *m/pl.*; *to the* ~ jusqu'au vif; *fig.* au vif, au cœur; jusqu'à la moelle des os; *cut s.o. to the* ~ piquer q. au vif; 3. *see* ~*ly*; '~**change ac·tor** acteur *m* à transformations rapides; '**quick·en** *v/t.* (r)animer; accélérer (*a. ☇*); presser; *v/i.* s'animer, se ranimer; devenir plus rapide; '**quick·fir·ing** ✕ à tir rapide; '**quick·fro·zen** surgelé; **quick·ie** F ['~i] chose *f* faite à la va-vite; '**quick·lime** chaux *f* vive; '**quick·ly** vite; vivement; rapidement; '**quick·match** mèche *f* d'artilleur; '**quick·mo·tion pic·ture** *cin.* accéléré *m*; '**quick·ness** vitesse *f*, rapidité *f*; vivacité *f*; promptitude *f* (*d'esprit*); finesse *f* (*d'oreille*); acuité *f* (*de vision*).

quick...: '~**sand** sable *m* mouvant; lise *f*; '~**set** ♣ aubépine *etc.*: bouture *f*; (*a.* ~ *hedge*) haie *f* vive; '~-'**sight·ed** aux yeux vifs; perspicace; '~-'**sil·ver** *min.* vif-argent *m*

(*a. fig.*), mercure *m*; '~-**tem·pered** irascible; '~-'**wit·ted** éveillé; à l'esprit prompt; adroit.

quid[1] [kwid] *tabac*: chique *f*.

quid[2] *sl.* [~] livre *f* (*sterling*).

quid·di·ty ['kwiditi] *phls.* quiddité *f*, essence *f*; F chicane *f*.

quid·nunc F ['kwidnʌŋk] nouvelliste *mf*; curieux (-euse *f*) *m*.

quid pro quo ['kwid prou 'kwou] pareille *f*, équivalent *m*, compensation *f*.

qui·es·cence [kwai'esns] repos *m*; tranquillité *f*; **qui·es·cent** □ en repos; tranquille (*a. fig.*).

qui·et ['kwaiət] 1. □ tranquille, calme; silencieux (-euse *f*); paisible; discret (-ète *f*) (*couleur etc.*); simple; voilé; 2. repos *m*; tranquillité *f*; calme *m*; F *on the* ~ en douce; 3. (s')apaiser; '**qui·et·en**: ~ *down* (s')apaiser; '**qui·et·ism** *eccl.* quiétisme *m*; '**qui·et·ist** quiétiste *mf*; '**qui·et·ness**, **qui·e·tude** ['~tju:d] tranquillité *f*, calme *m*; *fig.* sobriété *f*. [grâce.]

qui·e·tus F [kwai'i:təs] coup *m* de]

quill [kwil] 1. *orn.* tuyau *m* (*de plume*); *porc-épic*: piquant *m*; (*a.* ~*-feather*) penne *f*; (*a.* ~ *pen*) plume *f* d'oie; 2. tuyauter, rucher; '~**driv·er** F gratte-papier *m/inv.*; '**quill·ing** tuyautage *m*; ruche *f*; **quill pen** plume *f* d'oie (*pour écrire*).

quilt [kwilt] 1. édredon *m* piqué; 2. piquer; ouater (*une robe*); '**quilt·ing** piquage *m*; piqué *m*.

quince ♣ [kwins] coing *m*; *arbre*: cognassier *m*.

qui·nine *pharm.* [kwi'ni:n; *Am.* 'kwainain] quinine *f*; ~ *wine* quinquina *m*.

quin·qua·ge·nar·i·an [kwiŋkwədʒi'nɛəriən] quinquagénaire (*a. su./mf*).

quin·quen·ni·al □ [kwiŋ'kwenjəl] quinquennal (-aux *m/pl.*).

quins F [kwinz] *pl.* quintuplés *m/pl.*

quin·sy ♣ [kwinzi] esquinancie *f*.

quin·tal ['kwintl] quintal *m* (*métrique*).

quint·es·sence [kwin'tesns] quintessence *f*; F moelle *f* (*d'un livre*).

quin·tu·ple ['kwintjupl] 1. quintuple (*a. su./m*); 2. *vt/i.* quintupler; **quin·tu·plets** ['~plits] *pl.* quintuplés *m/pl.*

quip [kwip] mot *m* piquant; bon mot *m*; sarcasme *m*; raillerie *f*.

quire [ˈkwaiə] main *f* (*de papier*); *in* ⁓s en feuilles.

quirk [kwə:k] sarcasme *m*; bon mot *m*; repartie *f*; équivoque *f*; ◬ gorge *f*.

quis·ling *pol.* F [ˈkwizliŋ] collaborateur *m*.

quit [kwit] **1.** *v/t.* quitter; lâcher (*la prise*); déménager; *Am.* cesser; † récompenser; † *o.s.* se comporter; *v/i. usu. Am.* démissionner; céder; **2.** quitte, libéré; débarrassé (de, *of*).

quite [kwait] tout à fait; entièrement; parfaitement; véritable; bien; ⁓ *a hero* un véritable *ou* vrai héros; F ⁓ *a* pas mal de; ⁓ (*so*)! (*ou that!*) parfaitement!; ⁓ *the go* le dernier cri; le grand chic.

quits [kwits] quitte (*with*, avec); *let's call it* ⁓ restons-en là; *we'll cry* ⁓ nous voilà quittes.

quit·tance [ˈkwitəns] acquit *m*; quittance *f*.

quit·ter *Am.* F [ˈkwitə] lâcheur (-euse *f*) *m*; *he is no* ⁓ *a.* il n'abandonne pas facilement la partie.

quiv·er¹ [ˈkwivə] **1.** tremblement *m*; frémissement *m*; frisson *m*; *paupière:* battement *m*; *cœur:* palpitation *f*; **2.** trembl(ot)er; tressaillir, frémir.

quiv·er² [⁓] carquois *m*.

quix·ot·ic [kwikˈsɔtik] (⁓*ally*) de Don Quichotte; visionnaire; par trop chevaleresque.

quiz [kwiz] **1.** plaisanterie *f*, farce *f*; attrape *f*; *souv. Am.* F colle *f*, examen *m* oral; ⁓ *program*(me), ⁓ *show* quiz *m*; **2.** railler; lorgner; *souv. Am.* examiner; poser des colles à; **ˈquiz·zi·cal** □ railleur (-euse *f*), moqueur (-euse *f*); risible.

quod *sl.* [kwɔd] boîte *f*, bloc *m* (= *prison*).

quoin [kɔin] pierre *f* d'angle; ⊕, *a. typ.* coin *m*.

quoit [kɔit] (*a. jeu:* ⁓*s sg.*) palet *m*.

quon·dam [ˈkwɔndæm] d'autrefois.

quo·rum *parl.* [ˈkwɔːrəm] quorum *m*; nombre *m* suffisant; *be a* ⁓ être en nombre.

quo·ta [ˈkwoutə] quote-part *f*; contingent *m*.

quo·ta·tion [kwouˈteiʃn] citation *f*; *typ.* cadrat *m* creux; ✝ cours *m*, prix *m*; *familiar* ⁓*s pl.* citations *f/pl.* très connues; **quoˈta·tion-marks** *pl.* guillemets *m/pl.*

quote [kwout] *v/t.* citer; *typ.* guillemeter; *à la Bourse:* coter (à, *at*); ✝ faire un prix (pour, *for*; à, *to*); *v/i.* citer; faire un prix (pour, *for*; à, *to*).

quoth † [kwouθ] ⁓ *I* dis-je; ⁓ *he* dit-il.

quo·tid·i·an [kwɔˈtidiən] quotidien(ne *f*); de tous les jours; banal (-als *m/pl.*). [*m.*]

quo·tient ⅍ [ˈkwouʃənt] quotient ∫

R

R, r [ɑ:] R *m*, r *m*.

rab·bet ⊕ ['ræbit] **1.** feuillure *f*, rainure *f*; **2.** faire une feuillure *ou* rainure à.

rab·bi ['ræbai] rabbin *m*; *titre:* rabbi *m*.

rab·bit ['ræbit] lapin *m*; *Welsh* ~ toast *m* au fromage fondu.

rab·ble ['ræbl] cohue *f*; *the* ~ la canaille *f*; **'~-rous·er** agitateur *m*; **'~-rous·ing** qui incite à la violence.

rab·id □ ['ræbid] féroce, acharné; *fig.* à outrance; *vét.* enragé (*chien etc.*); **'rab·id·ness** violence *f*; rage *f*.

ra·bies *vét.* ['reibi:z] rage *f*, hydrophobie *f*.

ra(c)·coon *zo.* [rə'ku:n] raton *m* laveur.

race¹ [reis] race *f*; lignée *f*; sang *m*; ~ **riot** bagarre *f* raciale.

race² [~] course *f* (*a. fig.*); *soleil:* cours *m*; *courant:* ras *m*; *fig.* carrière *f*; ~ **against the clock** course *f* contre la montre; ~*s pl.* course *f*, -s *f/pl.* (*de bateaux, de chevaux*); **2.** lutter de vitesse (avec, *with*); courir à toute vitesse; ⊕ s'emballer; battre la fièvre (*pouls*); *v/t.* ⊕ emballer à vide (*le moteur*); **'~·course** champ *m* de courses; piste *f*; **'~·crew** course à l'aviron: équipe *f* de canot.

race-ha·tred ['reis'heitrid] racisme *m*.

race-horse ['reishɔ:s] cheval *m* de course.

rac·er ['reisə] coureur (-euse *f*) *m*; cheval *m* de course; *mot.* coureur*m*; yacht *m ou* bicyclette *f etc.* de course.

ra·cial ['reiʃl] de (la) race; ~ **discrimination** discrimination *f* raciale; **ra·cial·ism** ['~ʃəlizm] racisme *m*.

rac·i·ness ['reisinis] verve *f*, piquant *m*; *vin etc.:* goût *m* de terroir.

rac·ing ['reisin] courses *f/pl.; attr.* de course(s), de piste; ~ (*bi*)*cyclist* routier *m*; ~ **motorist** coureur *m*, racer *m*; ~ **car** automobile *f* de course.

ra·cism ['reisizəm] racisme *m*; **'ra·cist** raciste (*adj.*, *mf*).

rack¹ [ræk] **1.** *écurie, armes, etc.:* râtelier *m*; portemanteau *m*; ♪ classeur *m* (à musique); ⊕ crémaillère *f*; ⚔ *bomb* ~ lance-bombes *m/inv.*; ᮀ *luggage* ~ porte-bagages *m/inv.*; filet *m* (à bagages); **2.** *hist.* faire subir le supplice du chevalet à; *fig.* tourmenter, torturer; extorquer (*un loyer*); pressurer (*un locataire*); étirer (*les peaux*); épuiser (*le sol*); détraquer (*une machine*); ~ **one's brains** se creuser la cervelle.

rack² [~] **1.** légers nuages *m/pl.* traînants; cumulus *m*; **2.** se traîner (*nuages*).

rack³ [~]: *go to* ~ *and ruin* tomber en ruine; se délabrer (*maison*).

rack⁴ [~] (*a.* ~ *off*) soutirer (*le vin etc.*).

rack·et¹ ['rækit] *tennis etc.:* raquette *f*; *jeu:* ~*s souv. sg.* la raquette *f*.

rack·et² [~] **1.** vacarme *m*, tapage *m*; *fig.* epreuve *f*; *fig.* dépenses *f/pl.*; gaieté *f*; F spécialité *f*; entreprise *f* (*de gangster*); chantage *m*; **2.** faire du tapage; *sl.* faire la noce; **rack·et·eer** *surt. Am. sl.* [~'tiə] gangster *m*; combinard *m*; bandit *m*; **rack·et'eer·ing** *surt. Am.* banditisme *m* au chantage; **'rack·et·y** tapageur (-euse *f*); *fig.* noceur (-euse *f*).

rack-rail·way ['ræk'reilwei] chemin *m* de fer à crémaillère.

rack-rent ['rækrent] **1.** loyer *m* exorbitant; **2.** imposer un loyer exorbitant à (*q.*).

rac·y □ ['reisi] qui sent le terroir (*vin*); vif (vive *f*), piquant (*personne*); plein de verve; *fig.* savoureux (-euse *f*) (*histoire*); *be* ~ *of the soil* sentir le terroir.

rad *pol.* F [ræd] radical *m*.

ra·dar ['reidɑ:] radar *m*; ~ **set** (appareil *m* de) radar *m*.

rad·dle ['rædl] **1.** ocre *f* rouge; **2.** marquer à l'ocre; *fig.* farder.

ra·di·al □ ['reidjəl] ⊕, *a. anat.*

radial (-aux *m/pl.*); centrifuge (*force*); ⚙ du radium; ~ engine moteur *m* en étoile; ~ tyre, *Am.* ~ tire pneu *m* à carcasse radiale.

ra·di·ance, ra·di·an·cy ['reidjəns(i)] rayonnement *m*; splendeur *f*; '**ra·di·ant** □ rayonnant (*a. fig.*); radieux (-euse *f*) (*a. fig.*).

ra·di·ate 1. ['reidieit] *v/i.* rayonner; émettre des rayons; *v/t.* émettre; répandre; **2.** ['~iit] *zo. etc.* radié, rayonné; **ra·di·a·tion** rayonnement *m*; *radium etc.*: radiation *f*; **ra·di·a·tor** ['~eitə] radiateur *m* (*a. mot.*); ~ mascot bouchon *m* enjoliveur.

rad·i·cal ['rædikəl] **1.** □ radical (-aux *m/pl.*) (*a. pol.*); fondamental (-aux *m/pl.*); ⅍ ~ sign (signe *m*) radical *m*; **2.** ∧, ⅍, *gramm.* radical *m*; *pol.* radical(e *f*) *m*; '**rad·i·cal·ism** radicalisme *m*.

ra·di·o ['reidiou] **1.** radio *f*, télégraphie *f* sans fil, T.S.F. *f*; ⚡ radiographie *f*; ⚙ radiologie *f*; (*a. ~·telegram*) radio *m*; ~ *drama* (*ou play*) pièce *f* radiophonique; ~ *engineer* ingénieur *m* radio; ~ *fan* sans-filiste *mf*; ~ *operator* (opérateur *m*) radio *m*; ~ *set* poste *m* (récepteur); ~ *studio* studio *m* d'émission; auditorium *m*; **2.** rayonner (*qch.*) par la radio; radiotélégraphier; ⚡ radiographier; ⚙ traiter au radium; '~·'**ac·tive** radioactif (-ive *f*); rayonnant (*matière*); ~ *waste* déchets *m/pl.* radioactifs; '~·ac·'**tiv·i·ty** radio-activité *f*; **ra·di·o·gram** ['~græm] radiogramme *m*; radiographie *f*; *a. abr. de* '**ra·di·o·'gram·o·phone** radiophono *m*; '**ra·di·o·graph** ⚡ ['~gra:f] **1.** radiographie *f*, radiogramme *m*; **2.** radiographier; '**ra·di·o·lo·'ca·tion** radiorepérage *m*; **ra·di·ol·o·gist** [reidi'ɔlədʒist] radiologue *mf*; **ra·di·ol·o·gy** *phys.* [reidi'ɔlədʒi] radiologie *f*; **ra·di·os·co·py** ['~ɔskəpi] radioscopie *f*; **ra·di·o·tel·e·gram** radiotélégramme *m*; '**ra·di·o·'tel·e·scope** radiotélescope *m*; '**ra·di·o·'ther·a·py** ⚡ radiothérapie *f*.

rad·ish ♧ ['rædiʃ] radis *m*.

ra·di·um ['reidjəm] radium *m*.

ra·di·us ['reidjəs], *pl.* **ra·di·i** ['~diai] ∧, ⚘, *mot.*, *a. anat.* radius *m*; ⊕ *grue*: portée *f*; *fig. a.* circonscription *f*.   [(*air*).]

raff·ish ['ræfiʃ] bravache; canaille⌉

raf·fle ['ræfl] **1.** *v/t.* mettre en tombola; *v/i.* prendre part à une tombola; prendre un billet (pour, *for*); **2.** tombola *f*, loterie *f*.

raft [rɑ:ft] **1.** radeau *m*; **2.** transporter *etc.* sur un radeau; '**raft·er** (*a.* **rafts·man** ['~smən]) flotteur *m*; △ chevron *m*.

rag¹ [ræg] chiffon *m*; lambeau *m*; *journ. péj.* feuille *f* de chou; ~s *pl.* haillons *m/pl.*, guenilles *f/pl.*; F *chew the ~* tailler une bavette.

rag² *min.* [~] calcaire *m* oolithique.

rag³ *sl.* [~] **1.** *v/t.* chahuter; brimer; *v/i.* faire du chahut, chahuter; brimade *f*; chahut *m*.

rag·a·muf·fin ['rægəmʌfin] gueux *m*; gamin *m* des rues; '**rag-and-'bone man** chiffonnier *m*; '**rag-bag** sac *m* aux chiffons; '**rag-book** livre *m* d'images sur toile.

rage [reidʒ] **1.** rage *f*, fureur *f* (*a. du vent*), emportement *m*; manie *f* (de, *for*); *it is all the* ~ cela fait fureur, c'est le grand chic; **2.** être furieux (-euse *f*) (*personne*); faire rage (*vent*); *fig.* tempêter (contre, *against*); sévir (*peste*).

rag-fair ['rægfɛə] marché *m* aux vieux habits; F marché *m* aux puces.

rag·ged □ ['rægid] déguenillé, en haillons (*personne*); en lambeaux, ébréché (*rocher*); désordonné (✕ *feu*); déchiqueté (*contour*).

rag·man ['rægmən] chiffonnier *m*.

ra·gout ['rægu:] ragoût *m*.

rag...: '~·**tag** canaille *f*; '~·**time** ♩ musique *f* de jazz (nègre).

raid [reid] **1.** descente *f* (*inattendue*); ✕, ⚡ raid *m*; *police:* rafle *f*; *bandits:* razzia *f*; **2.** *v/i.* faire une descente *ou* une rafle *etc.*; *v/t. a.* marauder, razzier.

rail¹ [reil] **1.** barre(au *m*) *f*; *chaise:* bâton *m*; *charrette:* ridelle *f*; (*a.* ~s *pl.*) palissade *f* (en bois), grille *f* (en fer); ⚙ rail *m*; F chemin *m* de fer, train *m*; ⚓ lisse *f*; ✝ ~s *pl.* les chemins *m/pl.* de fer; ~s *strike* grève *f* des cheminots; *get* (*ou run*) *off the* ~s dérailler (*a. fig.*); **2.** (*a.* ~ *in ou off*) entourer d'une grille, griller, palissader; envoyer *ou* transporter par (le) chemin de fer.

rail² [~] crier, se répandre en invectives (contre *at*, *against*).

rail³ *orn.* [~] râle *m*.

'rail·er ['reilə] criailleur (-euse f) m; mauvaise langue f.

'rail·ing ['reilin] (a. ~s pl.) palissade f (en bois), grille f (en fer).

'rail·ler·y ['reiləri] raillerie f.

'rail·mo·tor ['reil'moutə] autorail m.

'rail·road ['reilroud] 1. surt. Am., (Brit. = **'rail·way** ['reilwei]) chemin m de fer; ~ carriage voiture f, wagon m; 2. v/t. pol. Am. faire voter avec vitesse; Am. sl. emprisonner après un jugement précipité.

'rail·way·man ['reilweimən] employé m de chemin de fer, cheminot m.

'rai·ment poét. ['reimənt] habillement m, vêtement m s m/pl.

rain [rein] 1. pluie f; 2. pleuvoir; **'~·bow** arc-en-ciel (pl. arcs-en-ciel) m; **'~·coat** imperméable m; **'~·fall** averse f; chute f de pluie; pluviosité f; **'~·gauge** ['~geidʒ] pluviomètre m; **rain·i·ness** ['~inis] pluviosité f; temps m pluvieux; **'rain-lack·ing** dépourvu de pluie, sans pluie; sec (sèche f); **'rain-proof** imperméable a. su./m); **'rain·y** □ pluvieux (-euse f); de pluie.

raise [reiz] (souv. ~ up) dresser, mettre debout; fig. exciter (la foule, le peuple); relever (courage, navire, store, tarif); lever (armée, bras, camp, gibier, impôt, siège, verre, yeux, etc.); (re)hausser (le prix); bâtir; élever (bétail, édifice, famille, prix, q., voix, etc.); ériger (une statue); cultiver (des plantes); produire (un sourire, de la vapeur, etc.); faire naître (une espérance); soulever (objection, peuple, poids, question); mettre sur pied (une armée); se procurer, emprunter (de l'argent); évoquer (un esprit, le souvenir); ressusciter (un mort); pousser (un cri); augmenter (le salaire); revendiquer (des droits); **'rais·er** souleveur m; éleveur m.

rai·sin ['reizn] raisin m sec.

ra·ja(h) ['rɑːdʒə] rajah m.

rake¹ [reik] 1. râteau m; (a. fire-~) fourgon m; 2. v/t. usu. ~ together) râteler, ratisser; gratter (la surface); fig. fouiller; (a. ~ up ou over) revenir sur; ✗, ⊕ enfiler; fig. dominer, embrasser du regard; ~ off (ou away) enlever au râteau; v/i. scruter, fouiller (pour trouver qch., for

s.th.); **'~·off** Am. sl. gratte f, ristourne f.

rake² ♆ [~] 1. inclinaison f; 2. v/i. être incliné; v/t. incliner vers l'arrière.

rake³ [~] roué m, noceur m.

rak·ish¹ ♆ etc. ['reikiʃ] élancé; en pente. [bravache (air).]

rak·ish² □ [~] libertin, dissolu; fig.)

ral·ly¹ ['ræli] 1. ralliement m; réunion f; sp. fig. retour m d'énergie; reprise f des forces ou ✗ en main; † reprise f; tennis: échange m de balles; 2. v/i. se rallier; se reprendre; se grouper; v/t. rassembler, réunir; ranimer.

ral·ly² [~] se gausser de (q.); railler (q.) (de, on).

ram [ræm] 1. ✗, zo., astr. bélier m; ⊕ piston m plongeur; ♆ éperon m; 2. battre, tasser (le sol); heurter; mot. tamponner (une voiture); ♆ éperonner; ~ up boucher (un trou); bourrer.

ram·ble ['ræmbl] 1. promenade f, F balade f; 2. errer à l'aventure; faire une excursion à pied; fig. parler sans suite; **'ram·bler** excursionniste m/f; promeneur m; fig. radoteur m; ♀ rosier m grimpant; **'ram·bling** 1. □ vagabond; fig. décousu, sans suite; ♀ grimpant, rampant; fig. tortueux (-euse f); 2. vagabondage m; excursions f/pl. à pied; fig. radotages m/pl.

ram·i·fi·ca·tion [ræmifi'keiʃn] ramification f; **ram·i·fy** ['~fai] (se) ramifier.

ram·jet ['ræmdʒet] (a. ~ engine) statoréacteur m.

ram·mer ⊕ ['ræmə] pilon m.

ramp¹ sl. ['ræmp] supercherie f.

ramp² [~] 1. rampe f; pont m élévateur; 2. v/t. construire (qch.) en rampe; v/i. △ ramper; fig. rager; **ram·page** co. 1. rager, tempêter; se conduire comme un fou furieux, 2.: be on the ~ en avoir après tout le monde; **'ramp·an·cy** violence f; exubérance f; fig. extension f; **'ramp·ant** □ violent; exubérant; fig. effréné; ∅, a. △ rampant.

ram·part ['ræmpɑːt] rempart m.

ram·rod ['ræmrɔd] fusil: baguette f; straight as a ~ droit comme un i.

ram·shack·le ['ræmʃækl] délabré.

ran [ræn] prét. de run 1, 2.

ranch [rɑːntʃ; surt. Am. ræntʃ]

ferme f ou prairie f d'élevage; ranch m.

ran·cid □ ['rænsid] rance, ranci; **ran'cid·i·ty**, **'ran·cid·ness** rancidité f. [nier (-ère f).]

ran·cor·ous □ ['ræŋkərəs] rancu-|

ran·co(u)r ['ræŋkə] rancune f, ressentiment m.

ran·dom ['rændəm] **1.:** at ~ au hasard; à l'aveuglette; **2.** fait au hasard; de passage; ~ sample échantillon m prélevé au hasard; ~ shot coup m tiré au hasard; coup m perdu.

rand·y sl. ['rændi] excité, aguiché.

rang [ræŋ] prét. de ring² 2.

range [reindʒ] **1.** rangée f; chaîne f (de montagnes); ✝ assortiment m; série f; étendue f, portée f (a. d'une arme à feu); direction f; champ m libre; sp. distance f; Am. prairie f; fourneau m (de cuisine); (a. shooting-~) champ m de tir; fig. libre essor m; fig. variété f; take the ~ estimer ou régler le tir; **2.** v/t. aligner, ranger; disposer; parcourir (une région); braquer (un télescope); ⚓ longer (la côte); v/i. errer, courir; s'étendre (a. fig.); varier; ✕ régler le tir; ~ along longer; ~ over parcourir; canon: avoir une portée (de six milles, over six miles); '~-**find·er** télémètre m; '**rang·er** ✝ vagabond(e f) m; grand maître m des parcs royaux; Indes: garde-général (pl. gardes-généraux) m adjoint; ⚓s pl. gendarmes m/pl. à cheval; ✕ Am. soldats m/pl. de commando spécial.

rank¹ [ræŋk] **1.** rang m (social, ✕, a. fig.); ligne f; classe f; ✕, ⚓ grade m; stationnement m (pour taxis); the ~s pl. (ou and file) les hommes m/pl. de) troupe; fig. le commun des hommes; join the ~s devenir soldat; entrer dans les rangs; rise from the ~s de simple soldat passer officier, sortir du rang; **2.** v/t. ranger, compter; classer (avec, with); v/i. se ranger, être classé (avec, with; parmi, among); compter (parmi, among); occuper un rang (supérieur à, above); ~ next to occuper le premier rang après; ~ as avoir qualité de; compter pour.

rank² [~] luxuriant, exubérant (plante); riche, gras(se f) (sol, terrain); rance, fort, fétide; fig. péj. complet (-ète f), pur, parfait.

rank·er ✕ ['ræŋkə] simple soldat m; officier m sorti des rangs.

ran·kle fig. ['ræŋkl] rester sur l'cœur (de q., with s.o.).

rank·ness ['ræŋknis] luxuriance f; odeur f etc.; fig. grossièreté f

ran·sack ['rænsæk] fouiller (dans) saccager.

ran·som ['rænsəm] **1.** rançon f; rachat m (eccl., a. d'un captif) **2.** mettre à rançon, rançonner; racheter.

rant [rænt] **1.** rodomontades f/pl. **2.** déclamer avec extravagance; tempêter; '**rant·er** déclamateu (-trice f) m; énergumène mf.

ra·nun·cu·lus ⚥ [rə'nʌŋkjuləs], **-lus·es**, **-li** [~lai] renoncule f.

rap¹ [ræp] **1.** petit coup m (sec) **2.** frapper (à, at); fig. ~ s.o.'s finger (ou knuckles) donner sur les doigts à q.; F remettre q. à sa place; ~ ou lâcher; dire (qch.) d'un ton sec.

rap² fig. [~] sou m, liard m; not care a ~ s'en ficher.

ra·pa·cious □ [rə'peiʃəs] rapace **ra·pac·i·ty** [rə'pæsiti] rapacité f.

rape¹ [reip] **1.** rapt m; enlèvement m; ⚖ viol m; **2.** ravir; ⚖ violer.

rape² ⚥ [~] colza m; navette f; '~-oi huile f de colza ou de navette; '~-seed graine f de colza.

rap·id ['ræpid] **1.** □ rapide; ~ fire feu m continu ou accéléré; **2.** ~s pl rapide m; **ra·pid·i·ty** [rə'piditi] rapidité f.

ra·pi·er ['reipjə] escrime: rapière f.

rap·ine poét. ['ræpain] rapine f.

rap·ist ['reipist] violeur m.

rap·proche·ment pol. [ræ'prɔʃmã:ŋ] rapprochement m.

rapt fig. [ræpt] ravi, extasié (par by with); absorbé (dans, in); profond

rap·to·ri·al zo. [ræp'tɔːriəl] de proie

rap·ture ['ræptʃə] (a. ~s pl.) extase m, ravissement m; in ~s ravi, enchanté; go into ~s s'extasier (sur over); '**rap·tur·ous** □ d'extase, de ravissement; enthousiaste.

rare □ [reə] rare (a. phys. etc., a fig.); F fameux (-euse f), riche surt. Am. saignant (bifteck).

rare·bit ['reəbit] Welsh ~ toast m au fromage fondu.

rar·e·fac·tion phys. [reəri'fækʃn] raréfaction f; **rar·e·fy** ['~fai] v/t. raréfier; affiner (le goût); subtiliser (une idée); v/i. se raréfier

rare·ness, **'rar·i·ty** rareté *f*; F excellence *f*.

as·cal ['rɑːskəl] coquin(e *f*) *m* (*a. fig.*); fripon *m*; gredin *m*; **ras·cal·i·ty** [ˌˈkæliti] coquinerie *f*, gredinerie *f*; **ras·cal·ly** *adj. a. adv.* [ˌˈkɑːli] de coquin; méchant; retors; ignoble.

ase † [reiz] raser (*une ville etc.*).

ash¹ □ [ræʃ] irréfléchi, inconsidéré; téméraire; impétueux (-euse *f*).

ash² ⚕ [ˌˈ] éruption *f*.

ash·er ['ræʃə] tranche *f* de lard.

ash·ness ['ræʃnis] témérité *f*; étourderie *f*.

asp [rɑːsp] **1.** râpe *f*; grincement *m*; **2.** *v/t.* râper; racler (*le gosier, une surface, etc.*); *v/i.* grincer, crisser.

asp·ber·ry ⚘ ['rɑːzbəri] framboise *f*; *sl.* get the ∼ se faire rabrouer.

asp·ing ['rɑːspiŋ] râpage *m*; grincement *m*; ∼s *pl.* râpure *f*, -s *f/pl.*

at [ræt] **1.** *zo.* rat *m*; *pol.* renégat *m*; *sl.* jaune *m*, faux frère *m*; *fig.* ∼ race foire *f* d'empoigne; smell a ∼ soupçonner anguille sous roche; **2.** attraper des rats; *pol.* tourner casaque; *sl.* faire le jaune; F ∼ on trahir (*q.*), vendre (*q.*).

at·a·bil·i·ty [reitəˈbiliti] caractère *m* imposable; **'rat·a·ble** □ évaluable; imposable.

atch ⊕ [rætʃ] encliquetage *m* à dents; *horloge*: cliquet *m*.

atch·et ⊕ ['rætʃit] encliquetage *m* à dents; cliquet *m*; **'∼-wheel** roue *f* à cliquet.

ate¹ [reit] **1.** quantité *f* proportionnelle; taux *m*; raison *f*, degré *m*; tarif *m*, cours *m*; droit *m*; prix *m*; impôt *m* local; taxe *f* municipale; *fig.* évaluation *f*; vitesse *f*, allure *f*, train *m*; † classe *f*, rang *m*; at the ∼ of au taux de, à raison de; sur le pied de; *mot.* à la vitesse de; ✈ at a cheap ∼ à un prix *ou* taux réduit; at any ∼ de toute façon, en tout cas; ✈ à n'importe quel prix; ∼ of exchange cours *m* du change; ∼ of interest taux *m* d'intérêt; ∼ of taxation taux *m* de l'imposition; ∼ of wages taux *m* du salaire; **2.** *v/t.* estimer; *Am.* mériter; considérer; classer (*a.* ⚓); taxer (à raison de, at); *v/i.* être classé.

ate² [ˌˈ] *v/t.* semoncer (de for,

about); *v/i.* gronder, crier (contre, at).

rate-pay·er ['reitpeiə] contribuable *mf*.

rath·er ['rɑːðə] plutôt; quelque *ou* un peu; assez; pour mieux dire; F ∼! bien sûr!, pour sûr!; I had (*ou* would) ∼ (*inf.*) j'aime mieux (*inf.*); I ∼ expected it je m'en doutais, je m'y attendais.

rat·i·fi·ca·tion [rætifiˈkeiʃn] ratification *f*; **rat·i·fy** ['ˌfai] ratifier, approuver.

rat·ing¹ ['reitiŋ] évaluation *f*; répartition *f* des impôts locaux; ⚓ classe *f* (*d'un homme*); ⚓ classement *m* (*d'un navire*); ⚓ matelot *m*; *télév.* (*a. popularity*) ∼ indice *m* de popularité, taux *m* d'écoute.

rat·ing² [ˌˈ] semonce *f*.

ra·tio ['reiʃiou] raison *f*, rapport *m*.

ra·tion ['ræʃn] **1.** ration *f*; ∼ card carte *f* alimentaire; (*a.* ∼ ticket) tickets *m/pl.* (*de pain etc.*); off the ∼ see ∼-free; **2.** rationner; mettre (*q.*) à la ration.

ra·tion·al □ ['ræʃnəl] raisonnable; doué de raison; raisonné *f*; ⚛ rationnel(le *f*) (*a. croyance*); **ra·tion·al·ism** [ˌˈnəlizm] rationalisme *m*; **'ra·tion·al·ist** rationaliste (*a. su./mf*); **ra·tion·al·i·ty** [ˌˈnæliti] rationalité *f*; faculté *f* de raisonner; **ra·tion·al·i·za·tion** [ˌˈlaiˈzeiʃn] rationalisation *f* (*a.* ✝); **'ra·tion·al·ize** rationaliser; organiser de façon rationnelle.

ra·tion-free ['ræʃnfriː] sans tickets, en vente libre. [rats *f*.⎫

rats·bane † ['rætsbein] mort-aux-⎬

rat-tat ['ræt'tæt] toc-toc *m*.

rat·ten ⊕ ['rætn] *v/t.* saboter; *v/i.* saboter l'outillage *ou* le matériel; **'rat·ten·ing** sabotage *m*.

rat·tle ['rætl] **1.** bruit *m*; *fusillade*: crépitement *m*; *machine à écrire*: tapotis *m*; crécelle *f*; *enfant*: hochet *m*; *fig.* caquetage *m*; ✈ râle *m*; ∼s *pl. serpent*: sonnettes *f/pl.*; **2.** *v/i.* branler; crépiter; cliqueter; faire du bruit; ✈ râler; *v/t.* faire sonner; faire cliqueter; agiter; F consterner; ∼ off (*ou* out) expédier; réciter rapidement; **'∼-brained**, **'∼-pat·ed** écervelé, étourdi; **'rat·tler** ⚓ klaxon *m* d'alarme; F coup *m* dur; *sl.* personne *f* ou chose *f* épatante; *Am. sl.* tramway *m*; *Am. sl.* tacot *m*; *Am.*

F = 'rat·tle·snake serpent *m* à sonnettes; 'rat·tle-trap **1.** délabré; **2.** guimbarde *f*, tapecul *m*.

rat·tling ['rætliŋ] **1.** □ bruyant; crépitant; F vif (vive *f*); **2.** *adv.* rudement; *at a ~ pace* au grand trot, très rapidement.

rat·ty ['ræti] infesté de rats; en queue de rat (*natte*); *sl.* grincheux (-euse *f*); fâché.

rau·cous □ ['rɔːkəs] rauque.

rav·age ['rævidʒ] **1.** ravage *m*, -s *m/pl.*, dévastation *f*; **2.** *v/t.* ravager, dévaster; *v/i.* faire des ravages.

rave [reiv] être en délire; *fig.* pester (contre, *at*); s'extasier (sur *about*, *of*).

rav·el ['rævl] *v/t.* embrouiller; (*a. ~ out*) effilocher; *v/i.* s'embrouiller, s'enchevêtrer; (*a. ~ out*) s'effilocher.

rav·en¹ ['reivn] (grand) corbeau *m*.

rav·en² ['rævn] **1.** *see* ravin; **2.** faire des ravages; chercher sa proie; être affamé (de, *for*); 'rav·en·ous □ vorace; affamé; 'rav·en·ous·ness voracité *f*; faim *f* de loup.

rav·in ['rævin] rapine *f*; butin *m*.

ra·vine [rə'viːn] ravin *m*.

rav·ings *pl.* ['reiviŋz] délires *m/pl.*; paroles *f/pl.* incohérentes.

rav·ish ['ræviʃ] violer (*une femme*); *fig.* enchanter, ravir; † enlever de force, ravir; 'rav·ish·er ravisseur *m*; 'rav·ish·ing □ ravissant; 'rav·ish·ment rapt *m*; enlèvement *m*; viol *m* (*d'une femme*); *fig.* ravissement *m*.

raw □ [rɔː] **1.** cru (= *pas cuit*; *a.* couleur, peau, histoire); brut, premier (-ère *f*); vert (*cuir*); inexpérimenté (*personne*); âpre (*temps*); vive (vive *f*) (*plaie*); *~ material* matériaux *m/pl.* bruts; matières *f/pl.* premières; F *he got a ~ deal* on le traita avec peu de générosité; **2.** vif *m*; endroit *m* sensible; '~-boned décharné; efflanqué (*cheval*); '~-hide cuir *m* vert; 'raw·ness crudité *f*; écorchure *f*; *temps:* âpreté *f*; *fig.* inexpérience *f*.

ray¹ *icht.* [rei] raie *f*.

ray² [~] **1.** 💡, *phys.*, *zo.*, etc. rayon *m*; *fig.* lueur *f* (*d'espoir*); 💡 *~ treatment* radiothérapie *f*; **2.** (*v/t.* faire) rayonner; '~·less sans rayons.

ray·on *tex.* ['reiɔn] rayonne *f*, soie *f* artificielle.

raze [reiz] (*a. ~ to the ground*) rase △ receper (*un mur*); *fig.* effacer.

ra·zor ['reizə] rasoir *m*; '~-blac lame *f* de rasoir; *be on the ~'s ed* être sur la corde raide; '~-stro cuir *m* à rasoir.

razz *Am. sl.* [ræz] **1.** ridicule *n* **2.** taquiner, se moquer de, se pay la tête de.

raz·zi·a ['ræziə] *police:* razzia *f*.

raz·zle-daz·zle *sl.* ['ræzldæzl] bon be *f*, noce *f*; ivresse *f*; *usu. Am. s* fatras *m*.

re [riː] 🎵 (en l'affaire; † relativ ment à; *en-tête d'une lettre:* objet

re... [~] re-, r-, ré-; de nouveau; nouveau.

reach [riːtʃ] **1.** extension *f* (de main, box. allonge *f*; portée *f*; étem due *f* (*a. fig.*); partie *f* droite (*d' fleuve*) entre deux coudes; *beyond out of ~* hors de portée; *within easy* à proximité (de, *of*); *tout près* peu de distance; **2.** *v/i.* (*a. ~ ou* tendre la main (pour, *for*); s'étend ([jusqu']jà, *to*); (*a. ~ to*) atteindr *v/t.* arriver à, parvenir à ; (*souv. out*) ①tendre; atteindre.

reach-me-down F ['riːtʃmi'daur costume *m* de confection, F décro chez-moi-ça *m/inv.*

re·act [ri'ækt] réagir (sur, *upor* contre, *against*); réactionner (*prix* re·ac·tion [ri'ækʃn] réaction *f* (*a.* 🎵, physiol., pol.); contrecoup *m* re'ac·tion·a·ry *surt. pol.* **1.** réac tionnaire *f*; **2.** *a.* re'ac·tion·is réactionnaire *mf*.

re·ac·tive □ [ri'æktiv] réactif (-iv *f*); de réaction (*a. pol.*); re'ac·to phys. réacteur *m*; 🎵 bobine *f* d réactance.

read **1.** [riːd] [*irr.*] *v/t.* lire (*un livre un thermomètre, etc.*); (*a. ~ up*) étu dier; déchiffrer; *fig.* interpréter ~ *off* lire sans hésiter; ~ *out* lire haute voix; donner lecture (de) ~ *to* faire la lecture à (*q.*); *v/i.* lire être conçu; marquer (*thermomètre* ~ *for* préparer (*un examen*); ~ *like* faire l'effet de; ~ *well* se laisse lire; **2.** [red] *prét. et p.p. de* **1.** **3** [red] *adj.* instruit (en, *in*); vers (dans, *in*).

read·a·ble □ ['riːdəbl] lisible.

read·er ['riːdə] lecteur (-trice *f*) *n* (*a. eccl.*); *typ.* correcteur *m* d'épreu ves; lecteur *m* de manuscrits; *univ* maître *m* de conférences, chargé(e *f*) *m* de cours; livre *m* de lecture; **'read·er·ship** *journal etc.:* (nombre *m* de) lecteurs *m/pl.; univ.* maîtrise *f* de conférences; charge *f* de cours.

ead·i·ly ['redili] *adv.* volontiers, avec empressement; **'read·i·ness** alacrité *f*, empressement *m*; bonne volonté *f*; facilité *f*; ~ *of mind* (*ou wit*) vivacité *f* d'esprit.

ead·ing ['riːdiŋ] **1.** lecture *f* (*a. d'un instrument de précision*); *compteur:* relevé *m*; observation *f*; cote *f*; hauteur *f* (*barométrique*); interprétation *f*; leçon *f*, variante *f*; *parl.* second ~ prise *f* en considération; **2.** de lecture; ~ *matter* lecture(s) *f* (*pl.*), de quoi lire.

e·ad·just ['riːə'dʒʌst] rajuster; remettre à point (*un instrument*); **'re·ad'just·ment** rajustement *m*, rectification *f*; ⚓ régulation *f*.

e·ad·mis·sion ['riːəd'miʃn] réadmission *f*.

e·ad·mit ['riːəd'mit] réadmettre; réintégrer; **'re·ad'mit·tance** réadmission *f*.

ead·y ['redi] **1.** *adj.* □ prêt (à *inf.*, *to inf.*); sous la main; disposé, sur le point (de *inf.*, *to inf.*); facile; prompt (à, *with*); ✝ comptant (*argent*); ⚓ paré; ~ *reckoner* barème *m* (de comptes); ✕ ~ *for action* prêt au combat; ~ *for use* prêt à l'usage; *make* (*ou get*) ~ (se) préparer; (s')apprêter; **2.** *adv.* tout, toute; *readier* plus promptement; *readiest* le plus promptement; **3.** *su.:* at the ~ paré à faire feu; **'~-made** tout fait; de confection (*vêtement*); **'~-to-'wear** prêt à porter.

re·af·firm ['riːə'fəːm] réaffirmer.

re·a·gent ⚗ [ri'eidʒənt] réactif *m*.

re·al □ [riəl] **1.** vrai; véritable; réel (*-le f*); ~ *property* (*ou estate*) propriété *f* immobilière; biens-fonds *m/pl.*; **2.** *surt. Am.* F vraiment; très, F rudement, vachement; **3.** *surt. Am.* F for ~ sérieusement, F pour de vrai; sérieux (*-euse f*); **'re·al·ism** réalisme *m*; **re·al·is·tic** (*~ally*) réaliste; *~ally* avec réalisme; **re·al·i·ty** [ri'æliti] réalité *f*; réel *m*; *fig.* vérité *f*, réalisme *m*; **re·al·iz·a·ble** □ ['riəlaizəbl] réalisable; imaginable; **re·al·i·za·tion** réalisation *f* (*projet, a.* ✝ *placement*); *fig.* perception *f*; idée *f*; ✝ conversion *f* en espèces; **'re·al·ize** réaliser

(*un projet, a.* ✝ *un placement*); concevoir nettement, bien comprendre; se rendre compte de; rapporter (*un prix*); ✝ convertir en espèces; gagner (*une fortune*); **'re·al·ly** vraiment, en effet; à vrai dire; réellement.

realm [relm] royaume *m; fig.* domaine *m; peer of the* ~ pair *m* du Royaume.

re·al·tor *Am.* ['riəltə] agent *m* immobilier; courtier *m* en immeubles; **'re·al·ty** 🏛 biens *m/pl.* immobiliers.

ream¹ [riːm] *papier:* rame *f; papier à lettres:* ramette *f.*

ream² ⊕ [~] ⚙ fraiser (*un trou*); (*usu.* ~ *out*) aléser; **'ream·er** alésoir *m.*

re·an·i·mate [ri'ænimeit] ranimer; **re·an·i·ma·tion** retour *m* à la vie; *fig.* reprise *f* (*des affaires*).

reap [riːp] moissonner (*le blé, un champ*); (re)cueillir (*un fruit, a. fig.*); *fig.* récolter; **'reap·er** moissonneuse *f; personne:* moissonneur (*-euse f*) *m;* **'reap·ing** moisson *f;* **'reap·ing-hook** faucille *f.*

re·ap·pear ['riːə'piə] reparaître; **'re·ap'pear·ance** réapparition *f; théâ.* rentrée *f.*

re·ap·pli·ca·tion ['riːæpli'keiʃn] nouvelle application *f.*

re·ap·point ['riːə'point] réintégrer (*dans ses fonctions*); renommer.

rear¹ [riə] *v/t.* élever; ériger; dresser; ♉ cultiver; *v/i.* se dresser; se cabrer (*cheval*).

rear² [~] **1.** arrière *m* (*a.* ✕), derrière *m;* queue *f;* dernier rang *m;* ✕ arrière-garde *f; bring up the* ~ venir en queue, ✕ fermer la marche; *at the* ~ *of, in* (*the*) ~ *of* derrière, en queue de; **2.** (d')arrière; de derrière; dernier (*-ère f*); ~ *exit* sortie *f* de derrière; *mot.* ~*-vision* (*ou* ~*-view*) *mirror* rétroviseur *m;* ~ *wheel* roue *f* arrière; *mot.* ~*-wheel drive* traction *f* arrière; *mot.* ~ *window* glace *f* arrière; **'~-'ad·mi·ral** ⚓ contre-amiral *m;* **'~-guard** ✕ arrière-garde *f;* **'~-lamp** *mot.* feu *m* arrière.

re·arm ['riː'ɑːm] réarmer; **'re·ar·ma·ment** [~'mɑːmənt] réarmement *m.*   [*f*), de queue.\

rear·most ['riəmoust] dernier (*-ère* |

re·ar·range ['riːə'reindʒ] rarranger; remettre en ordre.

rear·ward ['riəwəd] **1.** *adj.* à l'arrière; en arrière; **2.** *adv.* (*a.* **'rear-**

wards [~z]) à *ou* vers l'arrière;
(par) derrière.

re·as·cend ['riːəˈsend] remonter.

rea·son ['riːzn] **1.** raison *f*, cause *f*;
motif *m*; bon sens *m*; *by* ~ *of* à cause
de, en raison de; *for this* ~ pour
cette raison; *listen to* ~ entendre
raison; *it stands to* ~ *that* il est de
toute évidence que; **2.** *v/i.* raisonner
(*sur, about*); ~ *whether* discuter
pour savoir si; *v/t.* (*a.* ~ *out*) arguer,
déduire; ~ *away* prouver le contraire
de (*qch.*) par le raisonnement; ~ *s.o.*
into (*out of*) *doing s.th.* amener q.
à (dissuader q. de) faire qch.; ~ed
raisonné; logique; **'rea·son·a·ble**
□ raisonnable (*a. fig.*); équitable;
juste; bien fondé; **'rea·son·a·bly**
raisonnablement; **'rea·son·er** raisonneur (-euse *f*) *m*; **'rea·son·ing**
raisonnement *m*; dialectique *f*;
attr. doué de raison.

re·as·sem·ble ['riːəˈsembl] (se) rassembler; remonter (*une machine*).

re·as·sert ['riːəˈsəːt] réaffirmer; insister.

re·as·sur·ance ['riːəˈʃuərəns] action
f de rassurer; nouvelle affirmation *f*;
give s.o. a ~ *about* rassurer q. sur;
✝ réassurer; **re·as·sure** ['~ˈʃuə]
tranquilliser (*sur, about*); ✝ réassurer.

re·bap·tize ['riːbæpˈtaiz] rebaptiser.

re·bate¹ ✝ ['riːbeit] rabais *m*,
escompte *m*; remboursement *m*.

re·bate² ⊕ ['ræbit] **1.** feuillure *f*;
2. faire une feuillure à; assembler
(*deux planches*) à feuillure.

re·bel ['rebl] **1.** rebelle *mf*, insurgé(e
f) *m*, révolté(e *f*) *m*; **2.** insurgé;
fig. (*a.* **re·bel·lious** [riˈbeljəs] rebelle; **3.** [riˈbel] se révolter, se soulever (*contre, against*); **re'bel·lion**
[~jən] rébellion *f*, révolte *f*.

re·birth ['riːˈbəːθ] renaissance *f*.

re·bound [riˈbaund] **1.** rebondir;
2. rebondissement *m*; balle *etc.*: ricochet *m*; *fig.* moment *m* de détente.

re·buff [riˈbʌf] **1.** échec *m*; refus *m*;
2. repousser, rebuter.

re·build ['riːˈbild] [*irr.* (*build*)] rebâtir, reconstruire.

re·buke [riˈbjuːk] **1.** réprimande *f*,
blâme *m*; **2.** réprimander; reprocher
(*qch. à q.*, *s.o. for s.th.*).

re·bus ['riːbəs] rébus *m*.

re·but [riˈbʌt] réfuter; repousser;
re'but·tal réfutation *f*.

re·cal·ci·trant [riˈkælsitrənt] réca[l-]
citrant, rebelle.

re·call [riˈkɔːl] **1.** rappel *m*; révocation *f*; rappel *m* d'un souvenir, évo[-]
cation *f*; *total* ~ capacité *f* de s[e]
souvenir de tout détail; *théâ. give a[n]*
~ rappeler (*un acteur*); *beyond* (*ou pas[t]*
~ irrémédiable; irrévocable; **2.** rap[-]
peler (*un ambassadeur etc.*; *fig.* qch.
q., *s.th. to s.o.*['*s mind*]); se rappele[r]
se souvenir de; revoir; retirer (*un[e]*
parole); rétracter, revenir sur (*un[e]*
promesse); ✝✝ annuler; révoquer (*u[n]*
décret, ✝ *un ordre*); ~ *that* se rappele[r]
que; *until* ~ed jusqu'à nouvel ordre

re·cant [riˈkænt] (se) rétracter; (se[)]
jurer; **re·can·ta·tion** [riːkænˈteiʃ[n]
rétractation *f*, abjuration *f*.

re·cap¹ F ['riːkæp] **1.** récapitule[r]
résumer; **2.** récapitulation *f*; résum[é]
m.

re·cap² [~] **1.** rechaper (*un pneu*); **2[.]**
pneu *m* rechapé.

re·ca·pit·u·late [riːkəˈpitjuleit] r[é]
capituler; résumer; **'re·ca·pit·u·la[·]
tion** récapitulation *f*; résumé *m*.

re·cap·ture ['riːˈkæptʃə] **1.** reprise *[f]*
2. reprendre; *fig.* revivre (*le passé[)]*

re·cast ['riːˈkaːst] **1.** [*irr.* (*cast*)] [(]
refondre; remanier (*un roman etc.*[)]
reconstruire; refaire le calcul d[e]
théâ. faire une nouvelle distributio[n]
des rôles de; **2.** refonte *f*; nouvea[u]
calcul *m etc.*

re·cede [riˈsiːd] s'éloigner, recule[r]
(*de, from*); fuir (*front*); ✗ se retire[r]
(*de, from*); *fig.* ~ *from* abandonne[r]
(*une opinion*).

re·ceipt [riˈsiːt] **1.** réception *f*; reç[u]
m; accusé *m* de réception; ✝ réc[é-]
pissé *m*, quittance *f*; ✝ recette *[f]*
(*a. cuis.*); **2.** acquitter.

re·ceiv·a·ble [riˈsiːvəbl] recevabl[e]
✝ à recevoir; **re'ceive** *v/t. us[u]*
recevoir; accepter; accueillir; es[-]
suyer (*un refus*); subir (*une dé[-]*
faite); toucher (*un salaire*); *radi[o]*
capter; ✝✝ receler (*des objets volés*)[;]
✝✝ être condamné à; *v/i.* recevoir[;]
re'ceived reçu; admis; ✝ *sur fac[-]
ture:* pour acquit; **re'ceiv·er** per[-]
sonne *f* qui reçoit; *lettre:* destina[-]
taire *mf*; *tél., téléph.* récepteur *m*[;]
radio: poste *m* (récepteur); ✝ réce[p-]
tionnaire *m*; (*a.* ~ *of stolen goods[)]*
receleur (-euse *f*) *m*; ✝✝ (*official* ~[,]
administrateur *m* judiciaire, (*e[n]*
France) syndic *m* de faillite; ✝[✝]

phys. récipient *m*, ballon *m*; *téléph.* lift the ~ décrocher; **re·ceiv·ing 1.** réception *f*; **2.** ᵗᵗᵗ recel *m*; **2.** récepteur (-trice *f*); ~ set poste *m* récepteur.

re·cen·cy ['ri:snsi] caractère *m* récent.

re·cen·sion [ri'senʃn] révision *f*; texte *m* révisé.

re·cent □ ['ri:snt] récent; de fraîche date; nouveau (-el *devant une voyelle ou un h muet*; -elle *f*; -eaux *m/pl.*); **'re·cent·ly** récemment, dernièrement; **'re·cent·ness** caractère *m* récent.

re·cep·ta·cle [ri'septəkl] récipient *m*; ♀ (*a. floral* ~) réceptacle *m* (*a. fig.*).

re·cep·tion [ri'sepʃn] réception *f* (*a. radio*); accueil *m*; acceptation *f* (*d'une théorie*); **re·cep·tion·ist** réceptionniste *mf*; **re·cep·tion-room** salle *f* de réception, salon *m*.

re·cep·tive □ [ri'septiv] réceptif (-ive *f*); sensible (à, of); **re·cep·tiv·i·ty** réceptivité *f*.

re·cess [ri'ses] vacances *f/pl.* (*a.* ᵗᵗᵗ, *a. parl.*); *Am.* école: récréation *f*; recoin *m*; enfoncement *m*; niche *f*; embrasure *f*; ~es *pl. fig.* replis *m/pl.* **re·ces·sion** [ri'seʃn] retraite *f*, recul *m*; ✝ récession *f*; **re·ces·sion·al 1.** *eccl.* de sortie; *parl.* pendant les vacances; **2.** *eccl.* (*a.* ~ *hymn*) hymne *m* de sortie du clergé.

re·chris·ten ['ri:'krisn] rebaptiser.

rec·i·pe ['resipi] *cuis.* recette *f* (*a. fig.*); ♣ ordonnance *f*; *pharm.* formule *f*; ~ book livre *m* de cuisine.

re·cip·i·ent [ri'sipiənt] personne *f* qui reçoit; destinataire *mf*; ⚛ récipient *m*.

re·cip·ro·cal [ri'siprəkəl] **1.** □ réciproque (*a. gramm., phls., a.* ♣ *figure*); ♣ inverse (*fonction, raison*); mutuel(le *f*); **2.** ♣ réciproque *f*, inverse *m*; **re·cip·ro·cate** [~keit] *v/i.* retourner le compliment; ⊕ avoir un mouvement alternatif; *v/t.* échanger; répondre à; **re·cip·ro·ca·tion** (action *f* de payer de) retour *m*; ⊕ va-et-vient *m/inv.*; **rec·i·proc·i·ty** [resi'prɔsiti] réciprocité *f*.

re·cit·al [ri'saitl] récit *m*, narration *f*; ᵗᵗᵗ exposé *m* (*des faits*); ♪ récital (*pl. -s*) *m*; audition *f*; **rec·i·ta·tion** [resi'teiʃn] récitation *f*; **rec·i·ta-**

tive ♪ [ˌˌtə'ti:v] récitatif *m*; **re·cite** [ri'sait] réciter (*un poème*); déclamer; énumérer; ᵗᵗᵗ exposer (*les faits*); **re·cit·er** récitateur (-trice *f*) *m*; livre *m* de récitations.

reck·less □ ['reklis] téméraire; ~ of insouciant de; **'reck·less·ness** témérité *f*, imprudence *f*; insouciance *f*.

reck·on ['rekn] *v/t.* compter (parmi among, with); calculer; juger, estimer; considérer (comme for, as); ~ *up* calculer, additionner; *v/i.* compter (sur, [up]on), calculer; ~ *with* faire rendre compte à; compter avec (*q., a. des difficultés etc.*); **'reck·on·er** calculateur (-trice *f*) *m*; barème *m*; **'reck·on·ing** compte *m*, calcul *m*; estimatic. *f*; ✝ règlement *m*; note *f*; addition *f*; *fig.* be out in (*ou of*) one's ~ s'être trompé dans son calcul; être loin de compte.

re·claim [ri'kleim] *fig.* tirer (de, from); corriger (*q.*), réformer (*q.*); civiliser; ramener (à, to); défricher, rendre cultivable, gagner sur l'eau (*du terrain*); assécher (*un marais*); ⊕ récupérer; régénérer(*l'huile etc.*); **re·claim·a·ble** corrigible (*personne*); amendable (*terrain*); asséchable (*marais*); ⊕ récupérable. **rec·la·ma·tion** [reklə'meiʃn] réforme *f*; défrichement *m*, mise *f* en valeur; récupération *f*; réclamation *f*.

re·cline [ri'klain] *v/t.* reposer; coucher; *v/i.* être couché; se reposer; ~ *upon* s'étendre sur; *fig.* être appuyé sur; **re·clin·ing chair** confortable *m*; fauteuil *m*.

re·cluse [ri'klu:s] **1.** retiré du monde; reclus; **2.** reclus(e *f*) *m*; anachorète *m*; solitaire *mf*.

rec·og·ni·tion [rekəg'niʃn] reconnaissance *f*; **rec·og·niz·a·ble** □ ['ˌˌnaizəbl] reconnaissable; **re·cog·ni·zance** ᵗᵗᵗ [ri'kɔgnizəns] caution *f* personnelle; engagement *m*; **rec·og·nize** ['rekəgnaiz] reconnaître (*a. fig.*) (à, by); saluer (*dans la rue*).

re·coil [ri'kɔil] **1.** se détendre; reculer (devant, from) (*personne, arme à feu*); *fig.* rejaillir (sur, on); **2.** rebondissement *m*; détente *f*; ✗ recul *m*; mouvement *m* de dégoût.

re·coin [ri:'kɔin] refrapper.

rec·ol·lect 1. [rekə'lekt] se souvenir de; se rappeler (*qch.*); **2.** ['ri:kə-**

'lekt] réunir de nouveau; **rec·ol·lec·tion** [rekə'lekʃn] souvenir *m*, mémoire *f*; *fig.* recueillement *m* (*de l'âme*).

re·com·mence ['riːkə'mens] recommencer.

rec·om·mend [rekə'mend] recommander; **rec·om'mend·a·ble** recommandable; **rec·om·men'da·tion** recommandation *f*; **rec·om'mend·a·to·ry** [ˌ‿ətəri] de recommandation.

re·com·mis·sion ['riːkə'miʃn] réarmer (*un navire*); réintégrer dans les cadres (*un officier*).

re·com·mit ['riːkə'mit] *parl.* renvoyer à une commission; commettre de nouveau; *‿ to prison* renvoyer en prison.

rec·om·pense ['rekəmpens] **1.** récompense *f* (*de, for*); compensation *f* (*de, pour for*); dédommagement *m* (*de, for*); *‿* (*q. de qch., s.o. for s.th.*); réparer (*un mal*); dédommager (*q. de qch., s.o. for s.th.*).

re·com·pose ['riːkəm'pouz] rarranger; calmer de nouveau; ♪ recomposer; *‿ o.s. to* se disposer de nouveau à.

rec·on·cil·a·ble ['rekənsailəbl] conciliable, accordable (*avec, with*); **'rec·on·cile** réconcilier (*avec with, to*); faire accorder; faire accepter (*qch. à q., s.o. to s.th.*); ajuster (*une querelle*); *‿ o.s. to* se résigner à; **'rec·on·cil·er** réconciliateur (-trice *f*) *m*; **rec·on·cil·i·a·tion** [ˌ‿sili-'eiʃn] réconciliation *f*; conciliation *f* (*d'opinions contraires*).

rec·on·dite □ *fig.* [ri'kɔndait] abstrus; obscur.

re·con·di·tion ['riːkən'diʃn] rénover, remettre à neuf.

re·con·nais·sance ✕ [ri'kɔnisəns] reconnaissance *f*.

rec·on·noi·ter, rec·on·noi·tre ✕ [rekə'nɔitə] *v/t.* reconnaître; *v/i.* faire une reconnaissance.

rec·on·quer ['riːkɔŋkə] reconquérir; **'re·con·quest** ✕ [ˌ‿kwest] reprise *f*.

re·con·sid·er ['riːkən'sidə] examiner de nouveau; revoir; revenir sur (*une décision*); **'re·con·sid·er·a·tion** examen *m* de nouveau; révision *f*.

re·con·sti·tute ['riːkɔnstitjuːt] re-

constituer; **'re·con·sti'tu·tion** reconstitution *f*.

re·con·struct ['riːkəns'trʌkt] reconstruire; reconstituer (*un crime*); **'re·con'struc·tion** reconstruction *f*; *crime:* reconstitution *f*.

re·con·ver·sion † ['riːkən'vəːʃn] reconversion *f* (*en industries de paix*); **'re·con'vert** reconvertir; transformer.

rec·ord 1. ['rekɔːd] mémoire *m*; 🎵 enregistrement *m*; ⚖ feuille *f* d'audience; ⚖ procès-verbal *m* de témoignage; minute *f*; note *f*; dossier *m* (*a. police-‿*) casier *m* judiciaire; registre *m* monument *m*; ♪ disque *m* a. enregistrement *m*; *sp. etc.* record *m*; *‿ breaker* personne *f* ou chose *f* qui bat le record; *‿ holder* recordman (*pl. -men*) *m*, recordwoman (*pl. -men*) *f*; *‿ time* temps *m* record; *it is left* (*or stands*) *on ‿ that* il est rapporté que; *place on ‿* prendre acte de; consigner par écrit; *beat* (*ou break*) *the ‿* battre le record; *set up* (*ou establish*) *a ‿* établir un record; ⚖ *Office les* Archives *f/pl.*; *surt. Am. off the ‿* non officiel(le *f*); confidentiel(le *f*); *on the ‿* authentique; **2.** [ri'kɔːd] enregistrer; consigner par écrit; rapporter; relater; *by ‿ed delivery* en recommandé; *‿ing apparatus* appareil *m* enregistreur; (*a. tape-‿er*) magnétophone *m*; **re'cord·er** personne *f* qui enregistre; ⚖ (*sorte de*) juge *m* municipal (*= avocat chargé de remplir certaines fonctions de juge*); appareil *m* enregistreur; ♪ flûte *f* à bec.

re·count¹ [ri'kaunt] raconter.

re·count² ['riː'kaunt] recompter.

re·coup [ri'kuːp] (*se*) dédommager, indemniser; ⚖ défalquer.

re·course [ri'kɔːs] recours *m*; expédient *m*; *have ‿ to* avoir recours à; recourir à.

re·cov·er¹ [ri'kʌvə] *v/t.* retrouver; recouvrer (*a. la santé*); regagner; rentrer en possession de; reprendre (*haleine*); rattraper (*de l'argent, le temps perdu*); obtenir; ⊕ récupérer; *be ‿ed* être remis (*malade*); *v/i.* guérir; (*a. ‿ o.s.*) se remettre; ⚖ se faire dédommager (*par q.*).

re·cov·er² ['riː'kʌvə] recouvrir; regarnir (*un fauteuil*).

re·cov·er·a·ble [ri'kʌvərəbl] recouvrable, récupérable; guérissable (*personne*); **re'cov·er·y** recouvrement *m*; ⊕ récupération *f*; rétablissement *m* (*a. fig.*), guérison *f*; ✝ reprise *f*; redressement *m* (*économique*); ⚖ obtention *f* (*de dommages-intérêts*); mot. ~ **vehicle** dépanneuse *f*.

ec·re·an·cy ['rekriənsi] lâcheté *f*; apostasie *f*; '**rec·re·ant 1.** □ lâche; infidèle, apostat; **2.** lâche *m*; renégat *m*.

e·cre·ate¹ [ri:kri'eit] recréer.

e·cre·ate² ['rekrieit] *v/t.* divertir; *v/i.* (*a.* ~ o.s.) se divertir; **rec·re-'a·tion** récréation *f*, divertissement *m*; délassement *m*; ~ **centre** (*Am. center*) centre *m* de loisirs; ~ **ground** terrain *m* de jeux; *école*: cour *f* de récréation; '**rec·re·a·tive** divertissant, récréatif (-ive *f*).

e·crim·i·nate [ri'krimineit] récriminer; **re·crim·i·na·tion** récrimination *f*.

e·cru·desce [ri:kru:'des] s'enflammer de nouveau (*plaie*); reprendre (*maladie, a. fig.*); **e·cru-des·cence** recrudescence *f* (*a. fig.*).

e·cruit [ri'kru:t] **1.** recrue *f* (*a. fig.*); **2.** *v/t.* ✕ recruter (*a. pol.*); ✕ *hist.* racoler (*des hommes pour l'armée*); *fig.* apporter *ou* faire des recrues; *fig.* restaurer (*la santé*); *v/i.* faire des recrues; se remettre (*malade*); **re·'cruit·ment** recrutement *m*; racolage *m*; *santé*: rétablissement *m*.

rec·tan·gle ['rektæŋgl] rectangle *m*; **rec·tan·gu·lar** □ [~gjulə] rectangulaire.

rec·ti·fi·a·ble ['rektifaiəbl] rectifiable; **rec·ti·fi·ca·tion** [~fi'keiʃn] rectification *f* (*a.* ⚗, ⚙, ⚡); redressement *m*; **rec·ti·fi·er** [~faiə] rectificateur (-trice *f*) *m*; ⚡ rectificateur *m*; ⚡, *radio*: redresseur *m*; **rec·ti·fy** [~fai] rectifier (*a.* ⚗, ⚙); corriger (*a.* ⚗); ⚡, *radio*: redresser; **rec·ti·lin·e·al** [rekti-'liniəl], **rec·ti·lin·e·ar** □ [~njə] rectiligne; **rec·ti·tude** ['~tju:d] rectitude *f*; *caractère*: droiture *f*.

rec·tor ['rektə] curé *m*; *univ.* recteur *m*; *écoss.* directeur *m* (*d'une école*); **rec·tor·ate** ['~rit], '**rec·tor·ship** rectorat *m*; '**rec·to·ry** presbytère *m*; cure *f*.

rec·tum *anat.* ['rektəm] rectum *m*.

re·cum·bent □ [ri'kʌmbənt] couché, étendu.

re·cu·per·ate [ri'kju:pəreit] *v/i.* se remettre, se rétablir; *v/t.* ⊕ récupérer; **re·cu·per·a·tion** rétablissement *m*; ⊕ récupération *f*; **power of ~** = **re·'cu·per·a·tive power** [~rətiv 'pauə] pouvoir *m* de rétablissement.

re·cur [ri'kə:] revenir (*à la mémoire, sur un sujet*); se renouveler; se reproduire (*a.* ⚗); ~ **to** s.o.'s **mind** venir à la mémoire de q.; ⚗ ~ **ring decimal** fraction *f* décimale périodique; **re·cur·rence** [ri'kʌrəns] renouvellement *m*, réapparition *f*; ⚕ récidive *f*; ~ **to** retour *m* à; **re·'cur·rent** □ périodique (*a.* ⚕ *fièvre*); *anat.* récurrent.

re·curve [ri'kə:v] (se) recourber.

rec·u·sant ['rekjuzənt] **1.** réfractaire (à, *against*); dissident; **2.** réfractaire *m/f*; *eccl.* récusant(e *f*) *m*.

re·cy·cle [ri:'saikl] recycler, retraiter; **re·'cy·cling** recyclage *m*, retraitement *m*.

red [red] **1.** rouge (*a. pol.*); roux (rousse *f*) (*cheveux, feuille*); ♀ **Cross** Croix-Rouge *f*; ♀ ~ **currant** groseille *f* rouge; *zo.* ~ **deer** cerf *m* commun; ⊕ ~ **heat** chaude *f* rouge; ~ **herring** hareng *m* saur; *fig.* **draw** ~ **herrings** brouiller la piste; *min.* ~ **lead** minium *m*; ~ **man see redskin;** *sl.* **paint the town** ~ faire la nouba, faire la bringue; **2.** rouge (*a. pol. m/f*); *billard*: bille *f* rouge; *surt. Am.* F **sou** *m* (de bronze); **see** ~ voir rouge; *Am.* F **be in the** ~ avoir débit en banque; F **in the** ~ en déficit.

re·dact [ri'dækt] rédiger, mettre au point; **re·'dac·tion** rédaction *f*; mise *f* au point; révision *f*.

red·breast ['redbrest] (*souv. robin* ~) **see robin;** '**red·cap** ⚙ *Am.* porteur *m*; *Angl.* soldat *m* de la police militaire; **red·den** ['redn] *v/t/i.* rougir; *v/i.* roussir (*feuille*); rougeoyer (*ciel*); '**red·dish** rougeâtre; roussâtre (*a.* ♀ *feuille*); '**red·dle** ['~l] ocre *f* rouge.

re·dec·o·rate [ri:'dekəreit] peindre (et tapisser) à nouveau (*une chambre etc.*); '**re·dec·o'ra·tion** nouvelle décoration *f*; nouveau décor *m*.

re·deem [ri'di:m] racheter (*eccl., obligation, défaut, esclave, temps, etc.*); amortir (*une dette*); purger (*une hypothèque*); dégager, retirer (*une montre etc.*); honorer (*une traite*); libérer (*un esclave*); tenir (*une* promesse); F réparer (*le temps perdu*); *fig.* arracher (à, *from*); *fig.* ~**ing** feature qualité *f* qui rachète les défauts (*de q.*), le seul bon côté (*de q.*); re'deem·a·ble *F* rachetable, amortissable; Re'deem·er Rédempteur *m*, Sauveur *m*.

re·de·liv·er ['ri:di'livə] remettre de nouveau (*une lettre*); répéter.

re·demp·tion [ri'dempʃn] *eccl.* rédemption *f*; *crime, esclave, etc., a.* ✝: rachat *m*; ✝ amortissement *m*; dégagement *m*; purge *f*; re'demp·tive rédempteur (-trice *f*).

re·de·ploy ['ri:di:plɔi] réorganiser; ⚔ redéployer; re·de'ploy·ment réorganisation *f*; ⚔ redéploiement *m*.

re·de·vel·op ['ri:di:veləp] *urbanisme:* (re)mettre en valeur; re·de'vel·op·ment (re)mise *f* en valeur.

red...: '~**faced** rougeaud, rubicond; rougissant (*de colère, gêne etc.*); '~**haired** roux (rousse *f*), rouquin; '~**hand·ed** *fig.* catch s.o. (be caught) ~ prendre q. (être pris) en flagrant délit *ou* les mains dans le sac; '~**head** F rouquin(e*f*) *m*; '~**head·ed** F rouquin; '~**hot** (chauffé au) rouge; *fig.* ardent, enthousiaste; *fig.* tout chaud, (*de*) dernière heure.

red·in·te·grate [re'dintigreit] rétablir (*qch.*) dans son intégrité; réintégrer (*q.*) dans ses possessions; red·in·te'gra·tion rétablissement *m* intégral; réintégration *f*.

re·di·rect ['ri:di'rekt] faire suivre, adresser de nouveau (*une lettre etc.*).

re·dis·cov·er ['ri:dis'kʌvə] retrouver; redécouvrir.

re·dis·trib·ute ['ri:dis'tribju:t] redistribuer; répartir de nouveau.

red-let·ter day ['redletə'dei] jour *m* de fête; *fig.* jour *m* de bonheur.

red-light dis·trict *Am.* ['redlait-'distrikt] quartier *m* réservé *ou* malfamé.

red·ness ['rednis] rougeur *f*; cheveux, feuille: rousseur *f*.

re·do ['ri:'du:] [*irr.* (do)] refaire.

red·o·lence ['redoləns] odeur *f*; parfum *m*; 'red·o·lent parfumé; qui a une forte odeur (de, *of*); *fig.* be ~ of sentir (*qch.*).

re·dou·ble [ri:'dʌbl] redoubler.

re·doubt ⚔ [ri'daut] réduit *m*, redoute *f*; re'doubt·a·ble *poét.* redoutable.

re·dound [ri'daund]: ~ to contribue à; résulter (*de qch.*) pour; ~ (up)o rejaillir sur.

re·draft ['ri:'drɑ:ft] **1.** nouvelle ré daction *f*; ✝ retraite *f*; **2.** (*o* re·draw ['ri:'drɔ:] [*irr.* (draw) rédiger; ✝ faire retraite (sur, *on*)

re·dress [ri'dres] **1.** redressement *m* remède *m*; réforme *f*; réparation (*a* ⚖️); **2.** redresser; réparer; ré tablir (*l'équilibre*).

red...: '~**skin** Peau-Rouge (*p* Peaux-Rouges) *m*; '~**start** *orn* rouge-queue (*pl.* rouges-queues) *m* ~ **tape** ['~'teip], ~**tap·ism** ['~ 'teipizm] bureaucratie *f*, F paperas serie *f*; '~'**tap·ist** bureaucrate *m* paperassier (-ère *f*) *m*.

re·duce [ri'dju:s] *fig.* réduire (*a.* A, ♐🝏, ♒, ⚔ *une ville*) (en, to); A, a *fig.* ramener (à, to); abaisser (⚕ la tension, la température); (ra)bais ser, diminuer (*le prix*); affaiblir (a phot.; *q.*); ⚔ casser, amincir (*une planche*); ralentir (*la marche*); at ténuer (*un contraste*); *fig.* ~ to érige en; ~ to writing coucher *ou* con signer par écrit; re'duc·i·ble ré ductible (à, to); re·duc·tion [ri 'dʌkʃn] réduction *f* (*a.* ✝, ⚔ *une ville*, ♐, 🝏); diminution *f*; ⚔ rétrogradation *f* (*d'un sous-officier*) cassation *f*; ✝ rabais *m*; ✝ remise (sur, *on*); baisse *f* (*de température*) rapetissement *m* (*d'un dessin etc.*) phot. atténuation *f*; 🜪 relaxation *f*.

re·dun·dance, re·dun·dan·cy [ri 'dʌndəns(i)] surplus *m*; surabon dance *f*; re'dun·dant □ superflu surabondant; *poét.* redondant.

re·du·pli·cate [ri'dju:plikeit] re doubler; répéter; re·du·pli'ca·tion redoublement *m*.

re·dye [ri'dai] (*faire*) reteindre.

re·ech·o [ri:'ekou] *v/t.* répéter; *v/i* résonner.

reed [ri:d] roseau *m*; *poét.* chalumeau *m*; ♪ hautbois etc.: anche *f*.

re·ed·it ['ri:'edit] rééditer.

re·ed·u·ca·tion ['ri:edju'keiʃn] ré éducation *f*.

reed·y ['ri:di] couvert de *ou* abondant en roseaux; grinçant (voix); nasillard (timbre).

reef¹ [ri:f] récif *m* (*de corail etc.*).

reef² ⚓ [~] **1.** ris *m*; ~**knot** nœud *m* plat; **2.** prendre un ris dans (*la voile*); rentrer (*le beaupré etc.*).

reef·er[1] ['ri:fə] veste *f* quartier-maître, caban *m*.
reef·er[2] *Am. sl.* [~] cigarette *f* à marijuana.
reek [ri:k] **1.** odeur *f* forte; atmosphère *f* fétide; *écoss.* vapeur *f*; fumée *f*; **2.** exhaler une mauvaise odeur *ou* des vapeurs; *fig.* puer (qch., *of s.th.*); *écoss.* fumer; '**reek·y** enfumé.
reel [ri:l] **1.** *tex., papier, cin. a. film* ~: bobine *f*; *tél.* moulinet *m* (*a. canne à pêche*); *phot., a.* ⊕ rouleau *m*; *cin.* bande *f*; titubation *f*, chancellement *m*; *danse*: branle *m* écossais; **2.** *v/t.* bobiner; dévider; ~ *in* remonter; ~ *off* dévider; *fig.* réciter d'un trait; *v/i.* tournoyer; chanceler; tituber.
re-e·lect ['ri:i'lekt] réélire.
re-el·i·gi·ble ['ri:'elidʒəbl] rééligible.
re-en·act ['ri:i'nækt] remettre en vigueur; *théâ.* reproduire.
re-en·gage ['ri:in'geidʒ] ⚔ rengager; réintégrer (*un employé*); rengrener (*une roue dentée*); *mot.* ~ *the clutch* rembrayer.
re-en·list ⚔ ['ri:in'list] (se) rengager.
re-en·ter ['ri:'entə] *v/t.* rentrer dans; ✝ inscrire de nouveau; *v/i.* rentrer; se présenter de nouveau (*à un examen*); '**re-'ent·er·ing, re-en·trant** [ri:'entrənt] rentrant; '**re-'en·try** rentrée *f*.
re-es·tab·lish ['ri:is'tæbliʃ] rétablir; '**re-es'tab·lish·ment** rétablissement *m*.
reeve ⚓ [ri:v] [*irr.*] passer (*un cordage dans une poulie*).
re-ex·am·i·na·tion ['ri:igzæmi'neiʃn] nouvel examen *m ou* ⚖ interrogatoire *m*; '**re-ex'am·ine** [~min] examiner *ou* ⚖ interroger de nouveau.
re-ex·change ['ri:iks'tʃeindʒ] nouvel échange *m*; ✝ rechange *m*; ✝ retraite *f*.
re·fec·tion [ri'fekʃn] rafraîchissement *m*; **re'fec·to·ry** [~təri] réfectoire *m*.
re·fer [ri'fə:] *v/t.* rapporter; rattacher (*a. une plante à sa famille*); soumettre (*à un tribunal*); s'en référer (à q. de qch., *s.th. to s.o.*); renvoyer (q. à q., *s.o. to s.o.*); *fig.* attribuer; *école*: ajourner (*un candidat*); ✝ refuser d'honorer (*un chèque*); *v/i.* (*to*) se rapporter (à); se reporter (à) (*un document*); se référer (à) (*une autorité*); faire allusion (à), faire mention (de); reparler (de); **ref'er·a·ble**: ~ *to* attribuable à; qui relève de; **ref·er·ee** [refə'ri:] **1.** répondant *m*; *sp.* arbitre *m*; ⚖ arbitre *m* expert; **2.** *sp.* arbitrer; **ref·er·ence** ['refrəns] renvoi *m*, référence *f* (*à une autorité*); rapport *m*; mention *f*, allusion *f*; ⚖ compétence *f*; *cartographie*: point *m* coté; (*a. foot-note* ~) appel *m* de note; *typ.* (*ou* ~ *mark*) renvoi *m*; *accompagnant une demande d'emploi*: référence *f*; *in* (*ou with*) ~ *to* comme suite à, me (*etc.*) référant à; *terms pl. of* ~ mandat *m*, compétence *f*; *work of* ~, ~ *book* ouvrage *m* à consulter; ~ *library* bibliothèque *f* de consultation sur place; ~ *number* cote *f*; ✝ numéro *m* de commande; ~ *point* point *m* de repère; *make* ~ *to* signaler, faire mention de.
ref·er·en·dum [refə'rendəm] (*a. people's ou national* ~) référendum *m*, plébiscite *m*.
re·fill ['ri:'fil] **1.** objet *m* de remplacement; pile *f ou* feuilles *f/pl. ou* mine *f* de rechange; **2.** *v/t.* remplir (de nouveau); *v/i. mot.* faire le plein.
re·fine [ri'fain] *v/t. fig.* épurer; raffiner; *v/i.* se raffiner (*a.* ⊕, *a. fig.*); ~ (*up*)*on* renchérir sur; **re'fine·ment** (r)affinage *m*; *fig. cruauté, goût, pensée*: raffinement *m*; **re'fin·er** raffineur *m* (*a. fig.*); ⊕ affineur *m*; **re'fin·er·y** ⊕ (r)affinerie *f*; *fer*: finerie *f*.
re·fit ['ri:'fit] **1.** *v/t.* ⚓ radouber; réarmer; ⊕ rajuster; remonter (*une usine*); *v/i.* réparer ses avaries; réarmer; **2.** (*a.* '**re'fit·ment**) ⚓ radoub *m*, réparation *f*; réarmement *m*; ⊕ rajustement *m*; remontage *m*.
re·flect [ri'flekt] *v/t.* réfléchir, refléter; renvoyer; *fig.* être le reflet de; *v/i.* ~ (*up*)*on* réfléchir sur *ou* à; méditer sur; *fig.* faire du tort à; *fig.* critiquer; **re'flec·tion** réflexion *f* (*a. fig.*); reflet *m* (*a. fig.*), image *f*; pensée *f*; blâme *m* (de, *on*); **re'flec·tive** □ réfléchissant; de réflexion; réfléchi (*esprit, personne*); **re'flec·tor** réflecteur *m*; *cycl. rear* ~ catadioptre *m*.
re·flex ['ri:fleks] **1.** reflété; réfléchi (*a.* ⚘); *physiol.* réflexe; *fig.* indirect; *physiol.* ~ *action* (mouvement *m*)

réflexe *m*; *phot.* ~ *camera* (appareil *m*) reflex *m*; 2. reflet *m*; *physiol.* réflexe *m*; **re·flex·ive** □ [ri'fleksiv] réfléchi (*a. gramm.*).

ref·lu·ent ['refluənt] qui reflue.

re·flux ['ri:flʌks] reflux *m*; jusant *m* (*marée*). [boisement *m*.]

re·for·est·a·tion ['ri:fɔris'teiʃn] re-)

re·form[1] [ri'fɔ:m] **1.** réforme *f*; **2.** (se) réformer, corriger; apporter des réformes à.

re·form[2] ['ri:fɔ:m] (se) reformer.

ref·or·ma·tion [refə'meiʃn] réformation *f*; réforme *f* (*a. eccl.* ♀); **re·form·a·to·ry** [ri'fɔ:mətəri] **1.** de réforme; de correction; **2.** maison *f* de correction; **re'formed** réformé (*a. eccl.*); **re'form·er** réformateur (-trice *f*) *m*; **re'form·ist** réformiste.

re·found [ri:'faund] refondre.

re·fract [ri'frækt] réfracter, briser (*un rayon de lumière*); ~*ing telescope* lunette *f* d'approche; **re'frac·tion** réfraction *f*; **re'frac·tive** *opt.* réfractif (-ive *f*); à réfraction; **re·'frac·tor** *opt.* milieu *m* ou dispositif *m* réfringent; **re'frac·to·ri·ness** indocilité *f*; *⚕* *fièvre etc.*: opiniâtreté *f*; ♠ nature *f* réfractaire; **re·'frac·to·ry 1.** □ réfractaire (*a.* ♠, ⊕ à l'épreuve du feu); indocile, récalcitrant; ⊕ rebelle (*minerai*); *⚕* opiniâtre (*fièvre etc.*); **2.** ⊕ substance *f* réfractaire.

re·frain[1] [ri'frein] *v/t.* † refréner (*ses passions*); *v/i.* se retenir, s'abstenir (de, *from*).

re·frain[2] [~] refrain *m*.

re·fran·gi·ble *phys.* [ri'frændʒəbl] réfrangible.

re·fresh [ri'freʃ] (se) rafraîchir; (se) reposer; ranimer; **re'fresh·er** F rafraîchissement *m*; *⚖* honoraires *m/pl.* supplémentaires; **re'fresh·ment** rafraîchissement *m* (*a. cuis.*); délassement *m*; ~ *room* buffet *m*.

re·frig·er·ant [ri'fridʒərənt] *⚕*, ⊕ réfrigérant (*a. su./m*); **re'frig·er·ate** [~reit] (se) réfrigérer; *v/t. a.* frigorifier; **re'frig·er·at·ing** réfrigérant, frigorifique; **re·frig·er·'a·tion** réfrigération *f*, frigorification *f*; **re'frig·er·a·tor** réfrigérateur *m*, glacière *f*; chambre *f* frigorifique; ~ *van* wagon *m* frigorifique.

re·fu·el *✈*, *mot.* [ri:'fjuəl] faire le plein (d'essence).

ref·uge ['refju:dʒ] refuge *m*, abri *m*; (lieu *m* d')asile *m*; *alp.* refuge *m*; *take* ~ *in* se réfugier dans (*a. fig.*); **ref·u·gee** [~dʒi:] réfugié(e *f*) *m*.

re·ful·gence [ri'fʌldʒəns] splendeur *f*; **re'ful·gent** □ resplendissant.

re·fund [ri:'fʌnd] rembourser.

re·fur·bish [ri:'fə:biʃ] remettre à neuf. [neuf.)

re·fur·nish [ri:'fə:niʃ] meubler de)

re·fus·al [ri'fju:zl] refus *m*; droit *m* de refuser.

re·fuse[1] [ri'fju:z] refuser; *sp.* refuser de sauter (*cheval*); repousser, rejeter.

ref·use[2] ['refju:s] **1.** de rebut; à ordures; de décharge; ⊕ ~ *water* eaux *f/pl.* vannes; **2.** rebut *m*; déchets *m/pl.*; ordures *f/pl.* (*a. fig.*).

ref·u·ta·ble □ ['refjutəbl] réfutable; **ref·u·ta·tion** réfutation *f*; **re·fute** [ri'fju:t] réfuter.

re·gain [ri'gein] regagner, reprendre.

re·gal □ ['ri:gəl] royal (-aux *m/pl.*).

re·gale [ri'geil] *v/t.* régaler (de, *with*); *v/i.* se régaler (de *on*, *with*).

re·ga·li·a [ri'geiljə] *pl.* insignes *m/pl.*; joyaux *m/pl.* de la Couronne.

re·gard [ri'gɑ:d] **1.** † regard *m*; égard *m*; attention *f*; estime *f*, respect *m*; *have* ~ *to* tenir compte de; avoir égard à, faire attention à; *with* ~ *to* quant à; pour ce qui concerne; *with kind* ~*s* avec les sincères amitiés (de, *from*); **2.** regarder (comme, *as*); prendre garde à; concerner; *as* ~*s* en ce qui concerne; **re'gard·ful** □ [~ful] plein d'égards (pour q., *of s.o.*); attentif (-ive *f*) (à, *of*), soigneux (-euse *f*) (de, *of*); **re'gard·ing** à l'égard de; quant à, en ce qui concerne; **re'gard·less** □ inattentif (-ive *f*) (à, *of*); peu soigneux (-euse *f*) (de, *of*); ~ *of* sans égard.

re·gat·ta [ri'gætə] régate *f*, -s *f/pl.*

re·ge·late [ri:'dʒəleit] se regeler.

re·gen·cy ['ri:dʒənsi] régence *f*.

re·gen·er·ate 1. [ri'dʒenəreit] (se) régénérer; **2.** [~rit] régénéré (se); **re·gen·er·'a·tion** régénération *f* (*a. fig.*); *fig.* amélioration *f*; ⊕ *huile*: épuration *f*; **re'gen·er·a·tive** [~rətiv] régénérateur (-trice *f*).

re·gent ['ri:dʒənt] **1.** régent *f*; **2.** régent(e *f*) *m*; *Am.* membre *m* du conseil d'administration; '**re·gent·ship** régence f.

reg·i·cide ['redʒisaid] régicide mf; crime: régicide m.

reg·i·men ['redʒimen] *ſ*, gramm., etc. régime m.

reg·i·ment ✕ **1.** ['redʒimənt] régiment m; fig. légion f; **2.** ['‿ment] enrégimenter; organiser; **reg·i·'men·tal** ✕ de ou du régiment; **reg·i·men·tal·ly** [‿təli] par régiment; **reg·i·'men·tals** ✕ [‿tlz] pl. (grand) uniforme m; **reg·i·men·ta·tion** enrégimentation f.

re·gion ['riːdʒən] région f; fig. domaine m; **'re·gion·al** □ régional (-aux m/pl.); radio: (a. ~ station) poste m régional.

reg·is·ter ['redʒistə] **1.** registre m (a. ♉, ♪, ⊕ fourneau); matricule f; liste f (électorale); ⊕ cheminée: rideau m; ♇ lettre f de mer; ♪ voix: étendue f; compteur m (kilométrique); ~ office bureau m d'enregistrement ou de l'état civil ou de placement; ♇ net ~ ton tonne f de jauge nette; **2.** v/t. enregistrer (a. bagages, a. Am. émotion); inscrire; immatriculer (une auto, un étudiant); thermomètre: marquer (les degrés); + déposer (une marque), recommander (une lettre etc.); typ. mettre en registre; v/i. ⊕ coïncider exactement; typ. être en registre; s'inscrire (personne); '**reg·is·tered** enregistré, inscrit, immatriculé; recommandé (lettre etc.); ~ design modèle m déposé; + ~ share (ou Am. stock) action f nominative.

reg·is·trar [redʒis'trɑː] teneur m des registres; officier m de l'état civil; ⚖ greffier m; univ. secrétaire m; get married before the ~ se marier civilement; **reg·is·tra·tion** [‿'treiʃn] enregistrement m, inscription f; auto etc.: immatriculation f; marque: dépôt m; ~ fee droit m d'inscription; lettre etc.: taxe f de recommandation; '**reg·is·try** enregistrement m; admin. greffe m; (a. ~ office) bureau m d'enregistrement ou de l'état civil ou de placement; servants' ~ agence f de placement.

reg·nant ['regnənt] régnant.

re·gress **1.** ['riːgres] retour m en arrière; fig. déclin m; **2.** [ri'gres] retourner en arrière, reculer; biol. etc. rétrograder; **re·gres·sion** [ri-'greʃn] rétrogression f; biol. régression f; ♉ rebroussement m; **re·gres·sive** □ [ri'gresiv] régressif (-ive f).

re·gret [ri'gret] **1.** regret m (de at, for); **2.** regretter (de inf., gér. ou to inf.); **re·'gret·ful** □ [‿ful] plein de regrets; ~ly avec ou à regret; **re·'gret·ta·ble** □ regrettable; à regretter.

re·group ['riː'gruːp] (se) regrouper; **re·'group·ment** regroupement m.

reg·u·lar ['regjulə] **1.** □ régulier (-ère f) (a. ✕, eccl., etc.); habituel (-le f); ordinaire, normal (-aux m/pl.); réglé; réglementaire, dans les règles; Am. ~ gas, Brit. ~ petrol essence f ordinaire; **2.** eccl. régulier m, religieux m; ✕ soldat m de carrière; **reg·u·lar·i·ty** [‿'læriti] régularité f.

reg·u·late ['regjuleit] régler (a. ⊕, a. fig.); diriger; ⊕ ajuster; '**reg·u·lat·ing** ⊕ régulateur (-trice f); réglant; **reg·u·'la·tion 1.** règlement m; ⊕ réglage m; ♂ direction f; **2.** réglementaire; d'ordonnance (revolver); '**reg·u·la·tive** □ régulateur (-trice f); '**reg·u·la·tor** régulateur (-trice f) m; ⊕ régulateur m; ⊕ ~ lever registre m.

re·gur·gi·tate [ri'gəːdʒiteit] v/t. régurgiter, regorger; v/i. refluer, regorger.

re·ha·bil·i·tate [riːə'biliteit] réhabiliter; **re·ha·bil·i·ta·tion** réhabilitation f; finances: assainissement m.

re·hash fig. ['riː'hæʃ] réchauffer.

re·hears·al [ri'həːsl] récit m détaillé; ♪, théâ. répétition f; **re·hearse** [ri'həːs] énumérer; raconter (tout au long); ♪, théâ. répéter.

re·heat ['riː'hiːt] réchauffer.

reign [rein] **1.** règne m (a. fig.); in the ~ of sous le règne de; **2.** régner (sur, over) (a. fig.).

re·im·burse ['riːim'bəːs] rembourser (a. +) (q. de qch., s.o. [for] s.th.); '**re·im'burse·ment** remboursement m.

rein [rein] **1.** rêne f; guide f; fig. give ~ to lâcher la bride à; **2.**: ~ in ou up ou back retenir.

rein·deer zo. ['reindiə] renne m.

re·in·force [riːin'fɔːs] **1.** renforcer; affermir (la santé); ⊕ ~d concrete béton m armé; **2.** armature f; canon: renfort m; '**re·in'force·ments** ✕ pl. renfort m, -s m/pl.

re·in·sert [ˈriːinˈsəːt] réinsérer; remettre en place.

re·in·stall [ˈriːinˈstɔːl] réinstaller; **ˈre·inˈstal(l)·ment** réinstallation f.

re·in·state [ˈriːinˈsteit] réintégrer (*dans ses fonctions*); rétablir; **ˈre·inˈstate·ment** réintégration f; rétablissement m.

re·in·sur·ance [ˈriːinˈʃuərəns] réassurance f; contre-assurance f; **re·inˈsure** [ˈˌˈʃuə] réassurer.

re·in·vest [ˈriːinˈvest] investir *etc.* de nouveau (*see invest*).

re·is·sue [ˈriːˈisjuː; *surt. Am.* ˈriːˈiʃuː] **1.** rééditer (*un livre*); † émettre de nouveau; **2.** nouvelle édition f *ou* † émission f.

re·it·er·ate [riːˈitəreit] réitérer, répéter; **re·it·erˈa·tion** réitération f, répétition f.

re·ject [riˈdʒekt] *v/t.* refuser; repousser; ⊕ mettre au rebut; **reˈjec·tion** rejet m; refus m; repoussement m; ⸰s *pl.* rebuts *m/pl.*, pièces *f/pl.* de rebut; **reˈjec·tor cir·cuit** *radio:* filtre m.

re·joice [riˈdʒɔis] *v/t.* réjouir (*q.*); ⸰d heureux (-euse f) (de *at, by*); *v/i.* se réjouir (de *at, in*); **reˈjoic·ing 1.** ☐ réjouissant; plein de joie (*personne*); **2.** (*souv.* ⸰s *pl.*) réjouissances *f/pl.*, fête f.

re·join[1] [ˈriːˈdʒɔin] (se) rejoindre.

re·join[2] [riˈdʒɔin] répliquer; **reˈjoin·der** ⸰ réplique f; repartie f.

re·ju·ve·nate [riˈdʒuːvineit] *vt/i.* rajeunir; **re·ju·veˈna·tion, re·ju·veˈnes·cence** [ˈˌˈnesns] rajeunissement m.

re·kin·dle [ˈriːˈkindl] (se) rallumer.

re·lapse [riˈlæps] **1.** ⸱ *a. fig.* rechute f; **2.** retomber; ⸱ faire une rechute.

re·late [riˈleit] *v/t.* (ra)conter; rattacher (à *to, with*); *v/i.* se rapporter, avoir rapport (à *to*); **reˈlat·ed** ayant rapport (à *to*); apparenté (à *to*) (*personne*); allié (à *to*); **ˈˈreˈlat·er** conteur (-euse f) m, narrateur (-trice f) m.

re·la·tion [riˈleiʃn] récit m, relation f; rapport m (à *to, with*); parent(e f) m; in ⸰ to par rapport à; **reˈla·tion·ship** rapport m; lien m; relations *f/pl.*, (liens *m/pl.* de) parenté f; have a good ⸰ with s.o. être en bons rapports avec q.; s'entendre bien avec q.

rel·a·tive [ˈrelətiv] **1.** ☐ relatif (-ive f) (*a. gramm.*); qui se rapporte (à, *to*); **2.** *adv.:* ⸰ to au sujet de; **3.** *su. gramm.* pronom m relatif; **rel·aˈtiv·i·ty** relativité f.

re·lax [riˈlæks] *v/t.* relâcher; détendre; desserrer (*une étreinte*); mitiger (*un jugement etc.*); ⸱ enflammer (*la gorge*); ⸱ relâcher (*le ventre*); *v/i.* se relâcher; se détendre, diminuer; se délasser; **re·laxˈa·tion** relâchement m; détente f, repos m, délassement m; mitigation f.

re·lay[1] [riˈlei] **1.** relais m (*a.* ⸱); ⸱ contacteur m; relève f (*d'ouvriers*); radiodiffusion f relayée (*ou*); ⸰*race* course f de *ou* à relais; **2.** *radio:* relayer; ⸰ed by (*ou* from) en relais de.

re·lay[2] [ˈriːˈlei] poser de nouveau; remettre.

re·lease [riˈliːs] **1.** délivrance f; *fig.* libération f; élargissement m; ⸱ mise f en vente; † acquit m; *cin.* (*souv. first* ⸰) mise f en circulation; ⸱ relaxation f (*d'un prisonnier*); ⸱ cession f (*de terres*); ⊕ mise f en marche; ⊕ dégagement m; *phot.* déclencheur m; **2.** relâcher; libérer (*de from*); lâcher; renoncer à (*un droit*); faire la remise de (*une dette*); céder (*des terres*); † mettre en vente; *cin.* mettre en circulation; émettre, dégager (*la fumée etc.*); ⊕, *phot.* déclencher; ⊕ déclinquer; ⊕ mettre en marche.

rel·e·gate [ˈreligeit] reléguer (à, *to*); renvoyer (à, *to*); bannir (*q.*); *sp.* be ⸰d être relégué (à la division inférieure); **rel·eˈga·tion** relégation f; mise f à l'écart; renvoi m (*sp. à la division inférieure*).

re·lent [riˈlent] s'adoucir; se laisser attendrir; **reˈlent·less** ☐ implacable; impitoyable.

rel·e·vance, rel·e·van·cy [ˈrelivəns(i)] pertinence f; applicabilité f (à, *to*); rapport m (avec, *to*); **ˈrel·e·vant** (à, *to*) pertinent; applicable; qui se rapporte.

re·li·a·bil·i·ty [rilaiəˈbiliti] sûreté f; véracité f; **reˈli·a·ble** ☐ sûr; digne de foi (*source*) *ou* de confiance (*personne*).

re·li·ance [riˈlaiəns] confiance f; *place* ⸰ on se fier à; **reˈli·ant:** be ⸰ on compter sur; se fier à.

rel·ic [ˈrelik] relique f (*a. eccl.*); *fig.*

vestige *m*; ~s *pl.* restes *m/pl.*; **rel·ict** † ['ˌʌkt] veuve *f.*

re·lief [ri'li:f] soulagement *m*; décharge *f*; *détresse:* allégement *m*; ✕ *endroit:* délivrance *f*; *garde etc.:* relève *f*; ⚖ *tort:* réparation *f*, redressement *m*; secours *m* (*a.* aux pauvres), aide *f*; ⚠ relief *m*; *fig.* agrément *m*; *fig.* détente *f*; ⊕ dégagement *m*; *be on* ~ être un pauvre assisté; *poor* ~ secours *m* aux pauvres; ~ *work* secours *m* aux sinistrés; ~ *works pl.* travaux *m/pl.* publics organisés pour aider les chômeurs; *in* ~ *against* découpé sur; *qui se* détache sur.

re·lieve [ri'li:v] soulager (*a.* ⚠ *une poutre*); alléger (*la détresse*); secourir, aider (*les pauvres etc.*); ✕ dégager (*un endroit, a.* ⊕); ✕ relever (*les troupes etc.*); *peint. etc.* mettre en relief, donner du relief à; *fig.* faire ressortir; *cost.* agrémenter (*de with, by*); débarrasser (*de, of*); *fig.* tranquilliser (*l'esprit*), dissiper (*l'ennui*); F ~ *nature* faire ses besoins.

re·lie·vo [ri'li:vou] relief *m.*

re·li·gion [ri'lidʒən] religion *f.*

re·li·gious □ [ri'lidʒəs] religieux (-euse *f*) (*a. fig., a. eccl.*); dévot; pieux (-euse *f*); de piété; **re'li·gious·ness** piété *f*; F *fig.* religiosité *f.*

re·lin·quish [ri'liŋkwiʃ] renoncer à (*une idée, un projet, etc.*); abandonner; ⚖ délaisser; lâcher (*qch.*); **re'lin·quish·ment** abandon *m* (*de, of*); renonciation *f* (à, *of*). [*m.*]

rel·i·quary ['relikwəri] reliquaire)

rel·ish ['reliʃ] **1.** goût *m*, saveur *f*; *fig.* attrait *m*; *cuis. piment:* soupçon *m*, pointe *f*; assaisonnement *m*; *with* ~ très volontiers; **2.** *v/t.* relever le goût de; savourer, goûter; *fig.* trouver du plaisir à, avoir le goût de; *did you* ~ *your dinner?* votre dîner vous a-t-il plu?; *v/i.* avoir le goût (*qch., of s.th.*), avoir un léger goût (*de, of*).

re·lo·cate ['ri:lou'keit] transférer, déplacer; **'re·lo'ca·tion** transfert *m*, déplacement *m.*

re·luc·tance [ri'lʌktəns] répugnance *f* (à *inf., to inf.*); *phys.* reluctance *f*.; **re'luc·tant** □ qui résiste; fait ou donné à contrecœur; *be* ~ *to* (*inf.*) être peu disposé à (*inf.*), hésiter à (*inf.*).

re·ly [ri'lai]: ~ (*up*)*on* compter sur, s'en rapporter à.

re·main [ri'mein] **1.** rester; demeurer; persister; **2.** ~s *pl.* restes *m/pl.*; vestiges *m/pl.*; **re'main·der** reste *m*, restant *m*; *livres:* solde *m* d'édition; ⚖ réversion *f* (sur, *to*).

re·make ['ri:'meik] *film:* nouvelle version *f ou* réalisation *f*, remake *m*.

re·mand [ri'mɑːnd] **1.** ⚖ renvoyer (*un prévenu*) à une autre audience; **2.**: *on* ~ renvoyé à une autre audience; *prisoner on* ~ préventionnaire *mf.*

re·mark [ri'mɑːk] **1.** remarque *f*; observation *f*; **2.** *v/t.* remarquer, observer; faire la remarque (*que, that*); *v/i.* (sur, [*up*]*on*) faire des remarques; commenter; **re'mark·a·ble** □ remarquable (par, *for*); frappant; singulier (-ère *f*); **re'mark·a·ble·ness** ce qu'il y a de remarquable (dans, *of*); mérite *m.*

re·mar·ry ['ri:'mæri] *v/t.* se remarier à (*q.*); remarier (*des divorcés*); *v/i.* se remarier.

re·me·di·a·ble □ [ri'mi:djəbl] réparable; remédiable; **re·me·di·al** □ [ri'mi:djəl] réparateur (-trice *f*); ⚕ curatif (-ive *f*); ~ *teaching* cours *m/pl.* de rattrapage.

rem·e·dy ['remidi] **1.** remède *m*; ⚖ réparation *f*; **2.** porter remède à, remédier.

re·mem·ber [ri'membə] se rappeler (*qch.*), se souvenir de (*qch.*); ne pas oublier (*a.* = *donner qch. à* [*q.*]); ~ *me to him!* dites-lui bien des choses de ma part!; rappelez-moi à son bon souvenir!; **re'mem·brance** souvenir *m*, mémoire *f*; *give my kind* ~*s to him!* dites-lui bien des choses de ma part!

re·mind [ri'maind] rappeler (qch. à q., *s.o. of s.th.*); ~ *o.s. that* se rappeler que; **re'mind·er** mémento *m*; ✝ rappel *m* de compte.

rem·i·nisce [remi'nis] remonter dans le passé, parler de *ou* évoquer ses souvenirs; **rem·i·nis·cence** [⟍'nisns] réminiscence *f*; souvenir *m*; **rem·i·nis·cent** □ qui se souvient (de, *of*); *be* ~ *of* rappeler, faire penser à (*qch.*).

re·miss □ [ri'mis] négligent, insouciant; nonchalant; **re'mis·si·ble** [⟍əbl] rémissible; **re·mis·sion** [⟍'miʃn] *dette, peine:* remise *f*; ⚕, *eccl.* rémission *f*; *eccl.* pardon *m*;

relâchement *m*; **re'miss·ness** négligence *f*.

re·mit [ri'mit] *v/t.* remettre (*une dette, une peine,* ✝, *a. eccl.*); *eccl.* pardonner; relâcher; ⚕ renvoyer; *v/i.* diminuer d'intensité; *please* ∼ prière de nous couvrir; **re'mit·tance** ✝ remise *f*; ✝ envoi *m* de fonds; **re·mit'tee** destinataire *mf*; **re'mit·tent** ⚕ rémittent; **re'mit·ter** ✝ remetteur (-euse *f*) *m*; envoyeur (-euse *f*) *m* (de fonds).

rem·nant ['remnənt] reste *m*, restant *m*; ✝ coupon *m* (*d'étoffe*); ∼*s pl.* soldes *m/pl.*

re·mod·el ['ri:'mɔdl] remodeler; remanier; ⊕ transformer.

re·mon·strance [ri'mɔnstrəns] remontrance *f*; **re'mon·strant 1.** de remontrance; qui proteste (*personne*); **2.** remontreur (-euse *f*) *m*; **re'mon·strate** [∼streit] faire des représentations (à q., *with s.o.*; au sujet de, [*up*]*on*); protester (que, *that*).

re·morse [ri'mɔ:s] remords *m* (pour, *for*; de, *at*); **re'morse·ful** □ [∼ful] plein de remords; **re'morse·less** □ sans remords; impitoyable.

re·mote □ [ri'mout] écarté; éloigné; reculé; lointain; *fig.* vague; ∼ **con·trol** ⊕ **1.** commande *f* à distance; **2.** télécommandé; **re'mote·ness** éloignement *m*; degré *m* éloigné; *fig.* faible degré (*de ressemblance*).

re·mount ['ri:'maunt] *v/t.* remonter (*a.* ⚔); *v/i.* remonter (*a.* à cheval); **2.** ⚔ ['ri:maunt] (cheval *m* de) remonte *f*; *army* ∼*s pl.* chevaux *m/pl.* de troupe.

re·mov·a·ble [ri'mu:vəbl] détachable; extirpable (*mal*); transportable; révocable; **re'mov·al** [∼vəl] *tache etc.*: enlèvement *m*; *mot. pneu*: démontage *m*; ⚙ *pansement*: levée *f*; déplacement *m*; transport *m*; *fonctionnaire*: révocation *f*; *abus, mal*: suppression *f*; déménagement *m*; ∼ **expenses** frais *m/pl.* de déplacement; ∼ **service** entreprise *f* de déménagements; ∼ **van** voiture *f* de déménagement; **re'move** [∼'mu:v] **1.** *v/t.* enlever, ôter; écarter; chasser; déplacer; éloigner; révoquer (*un fonctionnaire*); assassiner; supprimer; ∼ **furniture** déménager; *v/i.* se déplacer; déménager; **2.** distance *f*; degré *m*; *école anglaise*: classe *f*

intermédiaire; *école*: passage *m* à une classe supérieure; **re'mov·er** déménageur *m*; ⚗ dissolvant *m*; *pour taches*: détachant *m*; *pour vernis etc.*: décapant *m*.

re·mu·ner·ate [ri'mju:nəreit] rémunérer (de, *for*); **re·mu·ner·a·tion** rémunération *f*; **re'mu·ner·a·tive** □ [∼rətiv] rémunérateur (-trice *f*).

ren·ais·sance [rə'neisəns] Renaissance *f*.

re·nal *anat.* ['ri:nl] des reins, rénal (-aux *m/pl.*).

re·nas·cence [ri'næsns] retour *m* à la vie; Renaissance *f*; **re'nas·cent** renaissant.

rend [rend] [*irr.*] déchirer; *fig. a.* fendre.

ren·der ['rendə] rendre (*a. compte, forteresse, grâce, hommage, service,* ♪ *phrase,* *a.* = *faire devenir*); faire (*honneur*); traduire (en, *into*); ✝ mettre (un compte à q., *s.o. an account*); ⚗ enduire (de, *with*); ♪ interpréter (*un morceau*) *cuis.* clarifier, fondre; **'ren·der·ing** ⚔ reddition *f*; ♪ interprétation *f*; traduction *f*; *cuis.* clarification *f*, fonte *f*; ⚗ enduit *m*.

ren·dez·vous ['rɔndivu:] rendez-vous *m*.

ren·di·tion [ren'diʃn] ⚔ reddition *f*; *Am.* interprétation *f*; traduction *f*.

ren·e·gade ['renigeid] rénégat(e *f*) *m*.

re·new [ri'nju:] renouveler; **re'new·al** [∼əl] renouvellement *m*; remplacement *m*.

ren·net ['renit] présure *f*; *pomme*: reinette *f*.

re·nounce [ri'nauns] *v/t.* renoncer à, abandonner; répudier; *v/i. cartes*: renoncer.

ren·o·vate ['renoveit] renouveler; remettre à neuf; **ren·o·va·tion** renouvellement *m*; rénovation *f*; **'ren·o·va·tor** rénovateur (-trice *f*) *m*.

re·nown [ri'naun] renom(mée *f*) *m*; **re'nowned** (for) renommé (pour), célèbre (par).

rent¹ [rent] **1.** *prét. et p.p. de* rend; **2.** déchirure *f*; *terrain*: fissure *f*.

rent² [∼] **1.** loyer *m*; location *f*; **2.** louer; affermer (*une terre*); **'rent·a·ble** qui peut se louer; affermable (*terre*); **'rent·a·'car** (**serv·ice**) location *f* de voitures; **'rent·al** (montant *m* du) loyer *m*; *Am.* location *f* (*d'une auto etc.*); ~ *value* valeur *f* locative; **'rent-charge** servitude *f* de rente (*à faire à un tiers*); **'rent·er** locataire *mf*; *cin.* distributeur *m*; **'rent'free 1.** *adj.* exempt de loyer; **2.** *adv.* sans payer de loyer.

re·num·ber [riːˈnʌmbə] renuméroter, numéroter de nouveau; **re-'num·ber·ing** renumérotage *m*.

re·nun·ci·a·tion [rinʌnsiˈeiʃn] (*of*) renoncement *m* (à); reniement *m* (de); ⚖ répudiation *f* (de).

re·oc·cu·pa·tion [riɔkjuˈpeiʃn] réoccupation *f* (*d'un pays, d'un territoire, etc.*); **re'oc·cu·py** réoccuper (*un pays, un territoire, etc.*).

re·o·pen [ˈriːˈoupn] *v/t.* rouvrir; recommencer; *v/i.* se rouvrir (*plaie*); rentrer (*école*); *théâ.* rouvrir; **re'o·pen·ing** réouverture *f*.

re·or·gan·i·za·tion [ˈriːɔːgənaiˈzeiʃn] réorganisation *f*; ⚓ assainissement *m*; **re'or·gan·ize** (se) réorganiser; ⚓ assainir.

rep ⚓ [rep] reps *m*. [*se*]; remballer.⟩
re·pack [ˈriːˈpæk] refaire (*une valise*).⟩
re·paint [ˈriːˈpeint] repeindre.

re·pair¹ [riˈpɛə] **1.** réparation *f*; rétablissement *m* (*d'une maison etc.*); ⚓ radoub *m*; ~*s pl.* réparations *f/pl.*; réfection *f* (*d'une route*); ~ *kit* trousse *f* de réparation; ~ *man* réparateur *m*; ~ *shop* atelier *m* de réparations; (*damaged*) *beyond* ~ irréparable; *in* (*good*) ~ en bon état; *out of* ~ en mauvais état; *'road* ~*s'* chantier *m*; *under* ~ en réparation; **2.** réparer (*a. fig.*); raccommoder (*un vêtement*); remettre en état (*une machine*); ⚓ radouber; rétablir (*la santé*).

re·pair² [~] se rendre (à, *to*).
re·pa·ra·ble [ˈrepərəbl] réparable; **rep·a·ra·tion** réparation *f* (*a. pol., a. fig.*); *pol. make* ~*s* réparer.

rep·ar·tee [repaːˈtiː] repartie *f*, réplique *f* spirituelle; *be good at* ~ avoir de la repartie; avoir la repartie facile; savoir répondre du tac au tac.

re·par·ti·tion [riːpaːˈtiʃn] répartition *f*; nouveau partage *m*.

re·pass [ˈriːˈpaːs] *v/i.* passer de nouveau; repasser; *v/i.* repasser (*devant*); *parl.* voter de nouveau.

re·past [riˈpaːst] repas *m*.

re·pa·tri·ate 1. [riːˈpætrieit] rapatrier; **2.** [~iit] rapatrié(e *f*) *m*; **'re·pa·tri·a·tion** rapatriement *m*.

re·pay [riːˈpei] [*irr.* (*pay*)] rembourser; récompenser; rendre (*de l'argent*); *fig.* se venger de; s'acquitter (de qch., *s.th.*; envers q., *s.o.*); *fig.* payer (de, *with*); **re'pay·a·ble** remboursable; **re'pay·ment** remboursement *m*; récompense *f*.

re·peal [riˈpiːl] **1.** abrogation *f*; ⚖ annulation *f*; **2.** abroger; révoquer; annuler.

re·peat [riˈpiːt] **1.** *v/t.* répéter; réitérer; recommencer; ✝ ~ *an order* renouveler une commande (de qch., *for s.th.*); *v/i.* (*a.* ~ *o.s.*) se répéter; revenir (*nourriture*); être à répétition (*montre, fusil*); **2.** ♪ reprise *f*; renvoi *m*; ✝ (*souv.* ~ *order*) commande *f* renouvelée; **re'peat·ed** □ réitéré; **re'peat·er** rediseur (-euse *f*) *m*; ⚔ fraction *f* périodique; *montre f ou fusil m* à répétition; *tél.* répétiteur *m*.

re·pel [riˈpel] repousser (*a. fig.*); rebuter; inspirer de la répugnance à; **re'pel·lent** répulsif (-ive *f*).

re·pent [riˈpent] (*a.* ~ *of*) se repentir de.

re·pent·ance [riˈpentəns] repentir *m*; **re'pent·ant** repenti.

re·peo·ple [ˈriːˈpiːpl] repeupler.

re·per·cus·sion [riːpəːˈkʌʃn] répercussion *f* (*a. fig.*); contrecoup *m*.

rep·er·to·ry ♪, *théâ., a. fig.* [ˈrepətəri] répertoire *m*.

rep·e·ti·tion [repiˈtiʃn] répétition *f*; recommencement *m*; *tél.* collationnement *m*; ♪ reprise *f*; ✝ ~ *order* commande *f* renouvelée.

re·pine [riˈpain] se chagriner, se plaindre (de, *at*); **re'pin·ing** □ mécontent; chagrin.

re·place [riːˈpleis] replacer, remettre en place; remplacer (par, *by*); *téléph.* raccrocher (*le récepteur*); **re-'place·ment** remise *f* en place; remplacement *m*; ⊕ pièce *f* de rechange.

re·plant [ˈriːˈplaːnt] replanter.
re·play *sp.* [ˈriːˈplei] match *m* rejoué.
re·plen·ish [riˈpleniʃ] remplir; se réapprovisionner (de, en *with*); **re-'plen·ish·ment** remplissage *m*; ravitaillement *m*.

re·plete [riˈpliːt] rempli, plein (de, *with*); **re'ple·tion** réplétion *f*; *eat to* ~ manger jusqu'à satiété.

rep·li·ca [ˈreplikə] *peint. etc.* réplique *f*, double *m* (*a. fig.*); *fig.* copie *f*.

rep·li·ca·tion [repli'keiʃn] *tt* réplique *f*; repartie *f*; *fig.* copie *f*; répercussion *f*.

re·ply [ri'plai] **1.** (à, to) répondre; répliquer (*a. tt*); **2.** réponse *f*; *tt* réplique *f*; ~ *postcard* carte *f* postale avec réponse payée.

re·port [ri'pɔːt] **1.** rapport *m* (sur, on); *journ.* reportage *m*; *école, a. météor.* bulletin *m*; *fig.* nouvelle *f*; rumeur *f*; *arme à feu:* détonation *f*; *fusil:* coup *m*; réputation *f*; *école:* ~ *card* bulletin *m* (scolaire); **2.** *v/t.* rapporter (*a. parl.*); faire un rapport sur; faire le compte rendu de; dire; signaler; *v/i. journ.* faire des reportages; faire un rapport (sur, [up]on); (*a.* ~ *o.s.*) se présenter (à, devant to); *gramm.* ~*ed speech* discours *m ou* style *m* indirect; **re'port·er** journaliste *m*, reporter *m*.

re·pose [ri'pouz] **1.** repos *m*; sommeil *m*; calme *f*; **2.** *v/t.* reposer (*q., sa tête, etc.*); ~ *trust etc. in* mettre sa confiance *etc.* en; *v/i.* se reposer; dormir; se délasser; *fig.* reposer (sur, [up]on); **re·pos·i·to·ry** [ri'pozitəri] dépôt *m*, entrepôt *m*; dépositaire *mf* (*personne*); *fig.* répertoire *m*.

re·pos·sess ['riːpə'zes]: ~ *o.s. of* reprendre possession de (*qch.*).

rep·re·hend [repri'hend] blâmer, réprimander; **rep·re'hen·si·ble** □ répréhensible; **rep·re'hen·sion** réprimande *f*.

rep·re·sent [repri'zent] représenter (*a. †, a. théâ. une pièce*); *théâ.* jouer (*un personnage*); symboliser; signaler (qch. à q., *s.th.* to s.o.); **rep·re·sen'ta·tion** représentation *f* (*a. †, pol., fig., théâ. pièce*); *théâ.* interprétation *f* (*d'un rôle*); *coll.* représentants *m/pl.*; *fig.* ~*s pl.* remontrance *f* courtoise; **rep·re·'sent·a·tive** □ [~'tətiv] **1.** représentatif (-ive *f*); *parl. a.* par députés; typique; *be* ~ *of* représenter (*qch.*); ~ *of* représentant (*qch.*); **2.** représentant(e *f*) *m*; *pol.* député *m*; *parl. Am.* House of ~*s* Chambre *f* des Représentants.

re·press [ri'pres] réprimer; retenir; étouffer; *psych.* refouler; **re·pression** [ri'preʃn] (*a. psych. conscious* ~) répression *f*; *psych.* (*a. un-*

conscious ~) refoulement *m*; **re·'pres·sive** □ répressif (-ive *f*), réprimant.

re·prieve [ri'priːv] **1.** surséance *f* (à, from); *tt* commutation *f* de la peine capitale; **2.** accorder un délai à; *tt* accorder une commutation de la peine capitale à (*q.*).

rep·ri·mand ['reprimaːnd] **1.** réprimande *f*; *tt* blâme *m*; **2.** réprimander; *tt* blâmer publiquement.

re·print ['riː'print] **1.** réimprimer; **2.** nouveau tirage *m*; réimpression *f*.

re·pris·als [ri'praizlz] *pl.* représailles *f/pl.*

re·proach [ri'proutʃ] **1.** reproche *m*, blâme *m*; **2.** reprocher (qch. à q., *s.o. with s.th.*); faire des reproches (à q. au sujet de qch., *s.o. with s.th.*); **re'proach·ful** □ [~ful] réprobateur (-trice *f*).

rep·ro·bate ['reprobeit] **1.** vil, bas(se *f*); **2.** *eccl.* réprouvé(e *f*) *m*; F vaurien *m*; **3.** réprouver; **rep·ro·'ba·tion** réprobation *f*.

re·pro·cess ['riː'prouses] retraiter, recycler; ~*ing plant* usine *f* de retraitement *ou* de recyclage.

re·pro·duce [riːprə'djuːs] (se) reproduire; (se) multiplier; **re·pro·duc·tion** [~'dʌkʃn] reproduction *f* (*a. physiol., cin.*, †); copie *f*, imitation *f*; **re·pro'duc·tive** □ reproducteur (-trice *f*).

re·proof [ri'pruːf] reproche *m*, blâme *m*; réprimande *f*.

re·prov·al [ri'pruːvl] reproche *m*, blâme *m*; **re·prove** [~'pruːv] condamner; réprimander, reprendre.

rep·tile ['reptail] **1.** reptile *m* (*a. fig.*); *fig. a.* chien *m* couchant; **2.** rampant.

re·pub·lic [ri'pʌblik] république *f*; **re'pub·li·can** républicain (*a. su./m*); **re'pub·li·can·ism** républicanisme *m*.

re·pub·li·ca·tion ['riːpʌbli'keiʃn] nouvelle publication *f*, *livre:* nouvelle édition *f*. [(*une loi*); rééditer.]

re·pub·lish ['riː'pʌbliʃ] republier]

re·pu·di·ate [ri'pjuːdieit] répudier (*femme, dette, doctrine, etc.*); **re·pu·di·a·tion** répudiation *f*; *dette:* reniement *m*.

re·pug·nance [ri'pʌgnəns] répugnance *f*, antipathie *f* (pour to, against); **re'pug·nant** □ répugnant (à, to); incompatible (avec to, with); contraire (à to, with).

re·pulse [ri'pʌls] **1.** échec m; défaite f; rebuffade f (a. fig.); **2.** repousser (a. fig.); **re'pul·sion** phys., a. fig. répulsion f; fig. a. aversion f; **re'pul·sive** □ phys., a. fig. répulsif (-ive f); fig. froid, distant (personne).

re·pur·chase [ri'pəːtʃəs] **1.** rachat m; ⚖ réméré m; **2.** racheter.

rep·u·ta·ble □ ['repjutəbl] honorable (personne, a. emploi); estimé; **rep·u·ta·tion** [ˌ~'teiʃn] réputation f, renom m; **re·pute** [ri-'pjuːt] **1.** réputation f; by ~ de réputation; **2.** tenir pour; be ~d to be (ou as) passer pour; be well (ill) ~d avoir une belle (mauvaise) réputation; **re'put·ed** réputé, supposé; ⚖ putatif (-ive f); **re'put·ed·ly** suivant l'opinion commune.

re·quest [ri'kwest] **1.** demande f (a. ✝); requête f; recherche f; at s.o.'s ~ à ou sur la demande de q.; on ~ sur demande; facultatif (-ive f) (arrêt); in (great) ~ (très) recherché, demandé; ~ stop arrêt m facultatif; (musical) ~ programme disques m/pl. etc. ou programme m des auditeurs; **2.** demander (qch. à q., s.th. of s.o.; à q. de inf., s.o. to inf.); prier (q. de inf., s.o. to inf.).

re·qui·em ['rekwiem] requiem m/inv., messe f pour les morts.

re·quire [ri'kwaiə] exiger (qch. de q., s.th. of s.o.); réclamer (qch. à q., s.th. of s.o.); avoir besoin de (qch.); ~ (of) s.o. to (inf.) a. vouloir que q. (sbj.); **re'quired** exigé; voulu; **re'quire·ment** demande f; fig. exigence f; condition f requise.

req·ui·site ['rekwizit] **1.** requis (pour, to); nécessaire (à, to); voulu; **2.** condition f requise (pour, for); chose f nécessaire; toilet ~s pl. accessoires m/pl. de toilette; **req·ui·si·tion** [ˌ~'ziʃn] **1.** demande f; ⚔ réquisition f; **2.** avoir recours à; ⚔ réquisitionner; mettre (qch.) en réquisition; faire des réquisitions dans (un endroit).

re·quit·al [ri'kwaitl] récompense f; revanche f; **re'quite** [ˌ~kwait] récompenser; ~ s.o.'s love répondre à l'amour de q.

re-read ['riː'riːd] [irr. (read)] relire.

re-run 1. ['riː'rʌn] repasser, passer

(un film) de nouveau; **2.** ['riːrʌn] reprise f.

re-sale ['riːseil] revente f; ~ price prix m de revente; ~ value valeur f à la revente.

re·scind [ri'sind] abroger (une loi); rétracter (un arrêt); annuler (un contrat, une décision, un vote, etc.); casser (un jugement).

re·scis·sion [ri'siʒn] rescision f, abrogation f etc., see rescind.

re·script ['riːskript] rescrit m; transcription f.

res·cue ['reskjuː] **1.** sauvetage m; secours m; délivrance f; ~ operation opérations f/pl. de sauvetage; ~ party équipe f de sauvetage ou de secours; come (ou go) to s.o.'s ~ venir en aide à q., aller à la rescousse de q.; **2.** sauver; secourir, porter secours à; délivrer; ~ s.o. from danger arracher q. à un danger; **'res·cu·er** sauveteur (-euse f) m; secoureur (-euse f) m; libérateur (-euse f) m.

re·search [ri'səːtʃ] recherche f (de for, after); recherches f/pl. (savantes); ~ establishment institut m de recherches (scientifiques etc.); marketing (motivation) ~ étude f du marché (de motivation); ~ work recherches f/pl.; ~ worker chercheur (-euse f) m; **re'search·er** chercheur (-euse f) m.

re·seat [ri'siːt] (faire) rasseoir; remettre un fond à (une chaise); ⊕ roder le siège de.

re·se·da [ri'siːdə] réséda m.

re·sell ['riː'sel] [irr. (sell)] revendre; **'re'sell·er** revendeur (-euse f) m.

re·sem·blance [ri'zembləns] ressemblance f (à, avec to; entre, between); **re'sem·ble** [ˌ~bl] ressembler à.

re·sent [ri'zent] s'offenser de; être froissé de; **re'sent·ful** □ [ˌ~ful] rancunier (-ère f); plein de ressentiment; froissé, irrité (de, of); **re'sent·ment** ressentiment m; rancune f.

res·er·va·tion [rezə'veiʃn] ⚖ réservation f; Am. terrain m réservé, réserves f/pl. indiennes; fig. a. places: réserve f; Am. place f retenue.

re·serve [ri'zəːv] **1.** usu. réserve f; terrain m réservé; restriction f; ~ price prix m minimum; in ~ en réserve; with certain ~s avec quelques réserves; **2.** réserver; retenir (*une chambre, une place, etc.*); mettre (*qch.*) en réserve; **re'served** □ renfermé, réservé; *fig.* froid; ~ *seat* place *f* réservée.

re·serv·ist ✗ [ri'zɔːvist] réserviste *m*.

res·er·voir ['rezəvwɑː] réservoir *m* (*a. fig.*); (bassin *m* de) retenue *f*.

re·set [ˈriːˈset] [*irr.* (set)] remettre en place; ⚙ raffûter (*un outil*); *typ.* recomposer.

re·set·tle [ˈriːˈsetl] (se) réinstaller; (se) rasseoir; se reposer (*vin*); **'re'set·tle·ment** nouvelle colonisation *f*; *vin etc.*: nouveau dépôt *m*.

re·ship [ˈriːˈʃip] rembarquer; remonter (*l'hélice etc.*).

re·shuf·fle [ˈriːˈʃʌfl] **1.** rebattre (*des cartes*); *fig.* remanier; **2.** nouveau battement *m*; *fig.* remaniement *m*.

re·side [riˈzaid] résider (à, *at*; dans, *in*) (*a. fig.*); demeurer; **res·i·dence** ['rezidəns] résidence *f*; demeure *f*; séjour *m*; maison *f*; habitation *f*; permit permis *m ou* carte *f* de séjour; **res·i·dent 1.** résidant, qui réside; à demeure (*maître d'école etc.*); en résidence; ⚕ ~ *physician* interne *m*; **2.** habitant(e *f*) *m*; (ministre) résident *m*; **res·i·den·tial** [~ˈdenʃl] d'habitation; résidentiel(le *f*).

re·sid·u·al [riˈzidjuəl] résiduel(le *f*); **re·sid·u·ar·y** [~] qui reste; ᵗᵗᵗ ~ *legatee* légataire *m* universel; **res·i·due** ['rezidjuː] ⚗, ⚗ résidu *m*; reste *m*, -s *m/pl.*; ᵗᵗᵗ reliquat *m*; **re·sid·u·um** [riˈzidjuəm] *surt.* ⚗ résidu *m*; reste *m*.

re·sign [riˈzain] *v/t.* résigner; donner sa démission de (*son emploi*); abandonner; ~ *o.s.* se résigner à; s'abandonner à; *v/i.* démissionner; **res·ig·na·tion** [rezigˈneiʃn] démission *f*; abandon *m*; résignation *f* (à, *to*); **re·signed** □ [riˈzaind] résigné.

re·sil·i·ence [riˈziliəns] ⊕ résilience *f*; *personne, a. peau*: élasticité *f*; rebondissement *m*; **re'sil·i·ent** rebondissant, élastique; *fig.* plein de ressort.

res·in ['rezin] **1.** résine *f*; colophane *f*; **2.** résiner; **'res·in·ous** résineux (-euse *f*).

re·sist [riˈzist] *v/t.* résister à (*qch., q.*); s'opposer à; repousser; *v/i.* résister; **re'sist·ance** résistance *f*

(*a. phys.*, ⚡) (à, *to*); **re'sist·ant** résistant; **re'sis·tor** ⚡ résistance *f*, rhéostat *m*.

re·sole [ˈriːˈsoul] ressemeler.

re·sol·u·ble ['riːzɔljubl] qu'on peut résoudre; résoluble (*problème*); ⚗ décomposable.

res·o·lute □ ['rezəluːt] résolu; ferme; **'res·o·lute·ness** résolution *f*.

res·o·lu·tion [rezəˈluːʃn] ⚗, ♣, ♪, *parl., phys., fig.* résolution *f*; détermination *f*; *fig. a.* fermeté *f*.

re·solv·a·ble [riˈzɔlvəbl] résoluble; réductible.

re·solve [riˈzɔlv] **1.** *v/t.* ⚗, ♣, ♫, *admin., fig.* résoudre; ⊕ décomposer; *personne*: se résoudre à (*qch.*); *fig.* dissiper (*un doute*); *parl.* the House ~s itself into a committee la Chambre se constitue en commission; *v/i.* (*a.* ~ *o.s.*) se résoudre; ~ (*up*)*on* se résoudre à; **2.** résolution *f*; **re'solved** □ résolu, décidé.

res·o·nance ['reznəns] résonance *f*; **'res·o·nant** □ résonnant; sonore (*voix*).

re·sorp·tion *physiol.* [riˈsɔːpʃn] résorption *f*.

re·sort [riˈzɔːt] **1.** recours *m*; ressource *f*; affluence *f*; lieu *m* de séjour; *health* ~ station *f* thermale; *seaside* ~ plage *f*, station *f* balnéaire; *summer* ~ station *f* d'été; *in the last* ~ en dernier ressort; *in fin* de compte; **2.**: ~ *to* avoir recours à; fréquenter (*un lieu*); se rendre à (*un endroit*).

re·sound [riˈzaund] (faire) résonner, retentir (de, *with*).

re·source [riˈsɔːs] ressource *f*; expédient *m*; distraction *f*; **re'source·ful** □ [~ful] fertile en ressources; F débrouillard.

re·spect [risˈpekt] **1.** rapport *m* (à, *to*; de, *of*); égard *m*; respect *m* (pour, *for*); considération *f* (pour, envers, *for*); ~s *pl.* hommages *m/pl.*; *with* ~ *to* quant à; en *ou* pour ce qui concerne; *out of* ~ *for* pour respect de; ✝ au compte de; *pay one's* ~s *to* présenter ses hommages à, rendre ses respects à (*q.*); **2.** *v/t.* respecter; honorer; avoir égard à; concerner, avoir rapport à; **re·spect·a·bil·i·ty** respectabilité *f*; ✝ *a.* solidité *f*; **re'spect·a·ble** □ respectable; convenable; honorable; passable; ✝

solide; **re'spect·ful** □ [‿ful] respectueux (-euse *f*) (envers, pour to[wards]); *Yours ‿ly* je vous prie d'agréer mes salutations très respectueuses; **re'spect·ful·ness** respect *m*; **re'spect·ing** en ce qui concerne; touchant; quant à; **re'spec·tive** □ respectif (-ive *f*); *we went to our ‿ places* nous sommes allés chacun à notre place.

res·pi·ra·tion [respə'reiʃn] respiration *f*.

res·pi·ra·tor ['respəreitə] respirateur *m* (a. ✗); ✗ masque *m* à gaz; **re·spir·a·to·ry** [ris'paiərətəri] respiratoire.

re·spire [ris'paiə] respirer.

res·pite ['respait] **1.** ⚖ sursis *m*, délai *m*; répit *m*; **2.** accorder un sursis à; remettre.

re·splend·ence, **re·splend·en·cy** [ris'plendəns(i)] splendeur *f*, éclat *m* (*a. fig.*); **re'splend·ent** □ resplendissant.

re·spond [ris'pɔnd] répondre (*a. fig.*); *eccl.* réciter les répons; ‿ *to* obéir à; être sensible à; **re'spond·ent 1.** ⚖ défendeur (-eresse *f*); ‿ *to* sensible à, qui réagit à; **2.** ⚖ défendeur (-eresse *f*) *m*; *cour de cassation:* intimé(e *f*) *m*.

re·sponse [ris'pɔns] réponse *f* (*a. fig.*), réplique *f*; *eccl.* répons *m*.

re·spon·si·bil·i·ty [rispɔnsə'biliti] responsabilité *f* (de *for, of*); ✝ solidité *f*; **re'spon·si·ble** responsable (de, *for*; envers, *to*); chargé (de, *for*); capable; qui comporte des responsabilités (*poste*); sérieux (-euse *f*) (*personne*); *be ‿* être maître de; être comptable de; être coupable de; **re'spon·sive** □ sensible (à, *to*); impressionnable; *be ‿ to* répondre à, obéir à.

rest¹ [rest] **1.** repos *m* (*a. fig.*); sommeil *m*; *fig.* mort *f*; ♩ silence *m*; abri *m*; support *m*; ✗ ‿ repos *m* de repos; ‿ *home* maison *f* de repos; *Am.* ‿ *room* toilettes *f/pl.*; *at ‿* en repos; *set at ‿* calmer; régler; **2.** *v/i.* se reposer; avoir *ou* prendre du repos; s'appuyer (sur, *on*); *fig.* ‿ (*up*)*on* reposer sur; peser sur (*q.*) (*responsabilité*); ‿ *with s.o. fig.* dépendre de (*q.*); *v/t.* (faire) reposer; appuyer; déposer (*un fardeau*).

rest² [‿] **1.** reste *m*, restant *m*; *les autres m/pl.*; ✝ (fonds *m* de) réserve

f; *for the ‿* quant au reste; **2.** rester, demeurer; ‿ *assured* être assuré (que, *that*).

re·state·ment ['ri:'steitmənt] révision *f* (*d'un texte*); nouvel énoncé *m*.

res·tau·rant ['restərɔ̃:ŋ] restaurant *m*.

rest·ing-place ['restiŋpleis] abri *m*; (lieu *m* de) repos *m*; *last ‿* dernière demeure *f*.

res·ti·tu·tion [resti'tju:ʃn] restitution *f*; réintégration *f* (*du domicile conjugal*); *make ‿ of* restituer qch.

res·tive □ ['restiv] nerveux (-euse *f*); rétif (-ive *f*) (*cheval*, *fig. personne*); **'res·tive·ness** humeur *f* rétive *ou* inquiète; nervosité *f*.

rest·less ['restlis] sans repos; agité; inquiet (-ète *f*); **'rest·less·ness** agitation *f*; turbulence *f*; mouvement *m* incessant; nervosité *f*.

re·stock ['ri:'stɔk] ✝ réapprovisionner (en, *with*); repeupler (*un étang*).

res·to·ra·tion [resto'reiʃn] restitution *f*; restauration *f* (*d'un bâtiment*, *a. pol.*); réintégration *f* (*dans une fonction, to a post*); **re·stor·a·tive** □ [ris'tɔrətiv] fortifiant (*a. su./m*); cordial (-aux *m/pl.*) (*a. su./m*).

re·store [ris'tɔ:] restituer, rendre; restaurer; réintégrer; rétablir; ramener (à la vie, *to life*); ‿ *s.th. to its place* remettre qch. en place; ‿ *s.o. to liberty* rendre q. à la liberté; mettre q. en liberté; ‿ *to health* rétablir la santé de q.; **re'stor·er** restaurateur (-trice *f*) *m*; *meubles:* rénovateur *m*; *hair ‿* régénérateur *m* des cheveux.

re·strain [ris'trein] retenir, empêcher (de, *from*); réfréner; contenir; **re'strained** tempéré; contenu (*colère*); sobre; **re'strain·ed·ly** [‿idli] avec retenue *ou* contrainte; **re'straint** contrainte *f* (*a. fig.*); frein *m*; *fig.* réserve *f*; sobriété *f*; internement *m* (*d'un aliéné*).

re·strict [ris'trikt] restreindre; réduire; **re'stric·tion** restriction *f*; réduction *f* (de *of, on*); **re'stric·tive** □ restrictif (-ive *f*).

re·sult [ri'zʌlt] **1.** résultat *m*; aboutissement *m*; **2.** résulter, provenir (de, *from*); ‿ *in* mener à, produire; avoir pour résultat; **re·'sult·ant 1.** résultant; **2.** A, *phys.* (force *f*) résultante *f*.

ré·su·mé ['rezju:mei] résumé *m.*

re·sume [ri'zju:m] reprendre, regagner; se remettre à; **re·sump·tion** [ri'zʌmpʃn] reprise *f.*

re·sur·gence [ri'sə:dʒəns] résurrection *f*; **re·sur·gent** qui resurgit.

res·ur·rect [rezə'rekt] *vt./i.* ressusciter; **res·ur·rec·tion** résurrection *f*; **res·ur·rec·tion·ist**, *a.* **res·ur·rec·tion man** déterreur *m* de cadavres.

re·sus·ci·tate [ri'sʌsiteit] *vt./i.* ressusciter; *v/t.* rappeler à la vie; *v/i.* revenir à la vie; **re·sus·ci·ta·tion** ressuscitation *f.*

re·tail [ri:teil] **1.** *su.* (vente *f* au) détail *m*; *by* ~ au détail; ~ *bookseller* libraire *m*; ~ *price* prix *m* de détail; **2.** *adj.* au détail; de détail; **3.** *adv.* au détail; **4.** [ri:teil] (se) vendre au détail; (se) détailler; *v/t. fig.* colporter (*des nouvelles*); *be* ~*ed* se vendre au détail (à, *at*); **re·tail·er** marchand(e *f*) *m* au détail; *fig.* colporteur *m.*

re·tain [ri'tein] retenir (*un avocat, qch., fig. a. dans son souvenir*); maintenir (*en position*); conserver (*qch., coutume, faculté, etc.*); engager (*un domestique etc.*); **re·tain·er** *hist.* serviteur *m*, suivant *m*; (*usu. retaining fee*) avance *f*; honoraires *m/pl.* (*versés à un avocat pour retenir ses services*); *old* ~ vieux serviteur *m.*

re·take [ri:'teik] [*irr.* (*take*)] reprendre; *cin.* tourner à nouveau.

re·tal·i·ate [ri'tælieit] *v/t.* user de représailles (envers, *on*); retourner (*une accusation*) (contre, *upon*); *v/i.* rendre la pareille (à, *on*); **re·tal·i·a·tion** représailles *f/pl.*; **re·tal·i·a·to·ry** [~iətəri] de représailles.

re·tard [ri'tɑ:d] *v/t.* retarder; *v/i.* tarder (*personne*); retarder (*chose*); *mot.* ~*ed ignition* retard *m* à l'allumage; ~*ed child* enfant *m* arriéré; **re·tar·da·tion** [ri:tɑ:'deiʃn] retard(ement) *m*; *phys.* retardation *f*; ♪ *mesure:* ralentissement *m.*

retch ♪ [ri:tʃ] avoir des haut-le-cœur.

re·tell ['ri:'tel] [*irr.* (*tell*)] répéter; raconter de nouveau.

re·ten·tion [ri'tenʃn] conservation *f*; maintien *m*; ♪, *a. psych.* rétention *f*; **re·ten·tive** □ gardeur (-euse *f*)

(de, *of*); fidèle, tenace (*mémoire*); *anat.* rétentif (-ive *f*); contentif (-ive *f*) (*bandage*).

re·think ['ri:'θiŋk] [*irr.* (*think*)] réfléchir encore sur; repenser à.

ret·i·cence ['retisəns] réticence *f*; *fig.* réserve *f*; **ret·i·cent** taciturne; réservé; peu communicatif (-ive *f*).

re·tic·u·late □ [ri'tikjulit], **re·tic·u·lat·ed** □ [~leitid] réticulé; rétiforme; **re·tic·ule** ['retikju:l] réticule *m* (*a. opt.*); sac *m* à main.

ret·i·na *anat.* ['retinə] rétine *f.*

ret·i·nue ['retinju:] suite *f* (*d'un noble*).

re·tire [ri'taiə] *v/t.* mettre à la retraite; ✝ retirer (*un effet*); *v/i.* se retirer (dans, *to*); s'éloigner; se coucher; se démettre; prendre sa retraite; ✗ se replier; *sp.* se retirer (de, *from*); **re·tired** □ retiré (*endroit, vie*); retraité; mis à la retraite; **re·tire·ment** retraite *f* (*a.* ✗); ✝ retrait *m* (*d'un effet*); ✗ repliement *m*; *sp.* abandon *m* (de la partie); *early* ~ préretraite *f*; **re·tir·ing** □ sortant; réservé; farouche; ~ *pension* pension *f* de retraite.

re·tort [ri'tɔ:t] **1.** réplique *f*; riposte *f*; ⚗ cornue *f*; **2.** *vt./i.* répliquer, riposter; relancer (à, *upon*).

re·touch ['ri:'tʌtʃ] retoucher (*a. phot.*).

re·trace [ri'treis] retracer (*un dessin*); remonter à l'origine de; *fig.* ~ *one's steps* revenir sur ses pas.

re·tract [ri'trækt] *v/t.* rétracter; *vt./i.* rentrer; ⊕ (se) contracter; ✈ escamoter, rentrer; **re·tract·a·ble** *zo.* rétractile; ✈ rentrant, escamotable; **re·trac·ta·tion** rétractation *f*; **re·trac·tion** retrait *m*; rétraction *f* (*a.* ✈); *gramm.* recul *m.*

re·train ['ri:'trein] (se) recycler.

re·trans·late ['ri:'træns'leit] retraduire; **re·trans·la·tion** nouvelle traduction *f.*

re·trans·mit ['ri:'trænz'mit] *télév., a. radio:* retransmettre.

re·tread ['ri:'tred] **1.** rechaper (*un pneu*); **2.** pneu *m* rechapé.

re·treat [ri'tri:t] **1.** retraite *f* (*a.* ✗, *a. fig.*); *glacier:* décrue *f*; *fig.* asile *m*; repaire *m* (*de brigands*); **2.** *v/t.* ramener; *v/i.* se retirer, s'éloigner; ✗ battre en retraite; *box. etc.* rompre.

re·trench [ri'trentʃ] *v/t.* restreindre; réformer; supprimer (*un mot etc.*); ✗ retrancher; *v/i.* faire des économies; restreindre sa dépense; **re'trench·ment** réduction *f*; économies *f/pl.*; suppression *f*; ✗ retranchement *m*.

re·tri·al ⚖ ['ri:'traiəl] procédure *f* de révision.

ret·ri·bu·tion [retri'bju:ʃn] châtiment *m*; **re·trib·u·tive** □ [ri'tribjutiv] vengeur (-eresse *f*).

re·triev·a·ble [ri'tri:vəbl] recouvrable (*argent*); réparable (*erreur etc.*); récupérable (*matière etc.*); **re'triev·al** recouvrement *m*; réparation *f*; récupération *f*; *beyond* (*ou past*) ~ irréparable, irrémédiable; (definitivement) perdu; **re·trieve** [ri'tri:v] recouvrer; retrouver; rétablir; récupérer; arracher (à, *from*); réparer; *chasse:* rapporter; **re'triev·er** *chasse:* chien *m* rapporteur; *race:* retriever *m*.

retro- [retrou] rétro...; **~'ac·tive** rétroactif (-ive *f*); **~'cede** reculer; **~'ces·sion** recul *m*; mouvement *m* rétrograde; **~·gra'da·tion** *astr.* rétrogradation *f*; *biol.* régression *f*; **'~grade 1.** rétrograde; **2.** rétrograder (*a. fig.*); *fig. a.* décliner.

ret·ro·gres·sion [retrou'greʃn] rétrogression *f*; *fig.* dégénérescence *f*; **ret·ro·spect** ['~spekt] coup *m* d'œil rétrospectif; *consider in* ~ jeter un coup d'œil rétrospectif sur; **ret·ro'spec·tion** examen *m* rétrospectif; **ret·ro·spec·tive** □ rétrospectif (-ive *f*) (*vue etc.*); vers l'arrière; ⚖ à effet rétroactif (*loi*).

re·try ⚖ ['ri:'trai] juger à nouveau (*q., un procès*).

re·turn [ri'tə:n] **1.** retour *m* (*a.* ⚒, ✝, *marchandises*, △ *mur*); recrudescence *f* (*a.* ⚒); ⚡ circuit *m* de retour; *parl.* élection *f*; ✝ (*souv.* ~s *pl.*) recettes *f/pl.*, rendement *m*, profit *m*; remboursement *m* (*d'un capital*); déclaration *f* (*de revenu*); *Banque:* situation *f*; rapport *m*, relevé *m* (*officiel*); *balle, son, etc.:* renvoi *m*; ⊕ rappel *m*; ✝ ~s *pl.* rendus *m/pl.*; restitution *f*; *fig.* récompense *f*; *fig.* échange *m*; ~s *pl.* relevé *m*; statistique *f*; *attr.* de retour; *many happy* ~s *of the day* mes meilleurs vœux pour votre anniversaire, joyeux anniversaire; *in* ~ en retour;

en échange (de, *for*); *by* ~ (*of post*) par retour de courrier; ~ *match* match *m* retour; ~ *ticket* billet *m* d'aller et retour; *pay a* ~ *visit* rendre une visite (à *q.*); **2.** *v/i.* revenir; rentrer; retourner; *fig.* ~ *to* revenir à (*un sujet etc.*); retomber dans (*une habitude*); *v/t.* rendre; renvoyer (*accusation, balle, lumière*); adresser (*des remerciements*); *fig.* répliquer, répondre; ✝ rapporter (*un bénéfice, a. admin.*); faire une déclaration de (*revenu*); ⚖ déclarer (*q. coupable*), rendre, prononcer (*un verdict*); *parl.* élire; *cartes:* rejouer; **re'turn·a·ble** restituable; **re'turn·er** personne *f* qui revient *ou* qui rend; **re·turn·ing of·fi·cer** directeur *m* du scrutin; *deputy* ~ scrutateur *m*.

re·un·ion ['ri:'ju:niən] réunion *f*; assemblée *f*; **re·u·nite** ['ri:ju:'nait] (se) réunir; (se) réconcilier.

rev *mot.* F [rev] **1.** tour *m*; **2.** (*a.* ~ *up*) (faire) s'emballer.

re·val·or·i·za·tion [ri:vælərai'zeiʃn] revalorisation *f*; **re'val·or·ize** [~aiz] revaloriser; **re·val·u·a·tion** [~vælju'eiʃn] réévaluation *f*; réestimation *f*; **re·val·ue** [~'vælju:] réévaluer; réestimer.

re·vamp ⊕ ['ri:'væmp] remplacer l'empeigne de (*un soulier*); *Am.* rafraîchir, renflouer.

re·veal [ri'vi:l] révéler, découvrir; faire connaître *ou* voir; dévoiler (*un mystère*); **re'veal·ing** révélateur (-trice *f*).

re·veil·le ✗ [ri'væli] réveil *m*.

rev·el ['revl] **1.** réjouissances *f/pl.*; divertissement *m*, -s *m/pl.*; *péj.* orgie *f*; **2.** se divertir; faire bombance; se délecter (à, *in*).

rev·e·la·tion [revi'leiʃn] révélation *f*; *bibl.* ♗ l'Apocalypse *f*.

rev·el·(l)er ['revlə] noceur (-euse *f*) *m*; joyeux convive *m*; **'rev·el·ry** divertissements *m/pl.*; *péj.* orgie *f*.

re·venge [ri'vendʒ] **1.** vengeance *f*; *jeux:* revanche *f*; **2.** *v/i.* se venger (de *qch.*, sur *q. on*); *v/t.* venger (*q., qch.*); ~ *o.s.* (*ou be* ~*d*) *on* se venger de (*qch.*) *ou* sur (*q.*); **re'venge·ful** □ [~ful] vindicatif (-ive *f*); vengeur (-eresse *f*); **re'venge·ful·ness** esprit *m* de vengeance; caractère *m* vindicatif; **re'veng·er** vengeur (-eresse *f*) *m*.

rev·e·nue ['revinju:] (a. ~s pl.) revenu m; rapport m; rentes f/pl.; ~ board (ou office) (bureau m de) perception f; ~ cutter cotre m de la douane; ~ officer employé m de la douane; ~ stamp timbre m fiscal.

re·ver·ber·ate [ri'və:bəreit] v/t. renvoyer (un son); réfléchir (la lumière etc.); v/i. résonner (son); réverbérer (chaleur, lumière); **re·ver·ber·a·tion** renvoi m; réverbération f; **re·ver·ber·a·tor** réflecteur m; **re·ver·ber·a·to·ry fur·nace** métall. [.ətəri] four m à réverbère.

re·vere [ri'viə] vénérer; **rev·er·ence** ['revərəns] **1.** vénération f; révérence f; respect m (religieux); F Your ♀ monsieur l'abbé; co. saving your ~ sauf révérence; **2.** révérer; **'rev·er·end 1.** vénérable; eccl. révérend; Right ♀ très révérend; **2.** the Right ~ X le révérend m X.

rev·er·ent □ ['revərənt], **rev·er·en·tial** □ [.'renʃl] révérenciel(le f); plein de vénération.

rev·er·ie ['revəri] rêverie f.

re·ver·sal [ri'və:səl] renversement m (a. ⊕, a. opt.); revirement m (d'une opinion); ⚖ réforme f, annulation f; ⊕ ~ of stroke changement m de course; **re·verse** [ri'və:s] **1.** contraire m, inverse m; ✗, a. fig. revers m; mot. (~ gear) marche f arrière; feuillet: verso m; in ~ en ordre inverse; en marche arrière; ✗ à revers; **2.** □ contraire, inverse; ~ side tissu: envers m; **3.** renverser (a. ✗.); invertir (un ordre, a. phot.); cost. retourner; ⚖ réformer, révoquer; mot. a. v/i. faire (marche arrière); **re'vers·i·ble** réversible (procès); phot. inversible; à deux endroits (tissu); à double face (manteau); **re'vers·ing** ⊕ de renvoi.

re·ver·sion [ri'və:ʃn] ⚖ retour m (a. fig.), réversion f (a. biol.); substitution f; survivance f; phot. inversion f; in ~ grevé d'une réversion; réversible (rente); **re'ver·sion·ar·y** ⚖ de réversion; réversible; **re'ver·sion·ist** ⚖ détenteur (-trice f) m d'un droit de réversion ou substitution.

re·vert [ri'və:t] (to) revenir (à) (a. ⚖, biol., fig.); a. biens: faire retour (à q.).

rev·er·y see reverie.

re·vet·ment ⊕ [ri'vetmənt] revêtement m.

re·view [ri'vju:] **1.** ⚖ révision f; ✗, ♨, périodique, fig.: revue f; examen m; compte rendu m; year under ~ année f de rapport; **2.** v/t. ⚖ réviser; ✗, ♨, fig. passer en revue; fig. revoir, examiner; faire le compte rendu de; v/i. faire de la critique littéraire etc.; **re'view·er** critique m (littéraire); ~'s copy exemplaire m de service de presse.

re·vile [ri'vail] injurier (q.).

re·vis·al [ri'vaizl] révision f.

re·vise [ri'vaiz] **1.** revoir, relire (un livre etc.); corriger (des épreuves); réviser (une loi); **2.** typ. épreuve f de révision; seconde f; **re'vis·er** réviseur m; typ. correcteur m.

re·vi·sion [ri'viʒn] révision f; **re'vi·sion·ism** [.izm] révisionisme m.

re·vis·it [ri'vizit] visiter de nouveau.

re·vi·so·ry [ri'vaizəri] de révision.

re·vi·tal·ize [ri:'vaitəlaiz] revivifier.

re·viv·al [ri'vaivl] ♨ retour m des forces, retour m à la vie; reprise f des sens; théâ., a. ♦ reprise f; fig. renaissance f; renouveau m; **re·vive** [.'vaiv] v/t. ressusciter; rappeler à la vie; ranimer; réveiller; renouveler; v/i. reprendre connaissance; se ranimer; ↓ etc. reprendre; **re'viv·er** ressuciteur m; personne f qui ranime; F verre m (de cognac etc.); **re·viv·i·fy** [.'vivifai] revivifier.

re·vo·ca·ble □ ['revəkəbl] révocable; **rev·o·ca·tion** [.'keiʃn] révocation f; abrogation f.

re·voke [ri'vouk] v/t. révoquer; retirer; v/i. cartes: renoncer à faux.

re·volt [ri'voult] **1.** révolte f; **2.** v/i. se révolter (a. fig.), se soulever (contre against, from); v/t. fig. dégoûter; indigner (q.).

rev·o·lu·tion [revə'lu:ʃn] ⊕, pol., astr., fig. révolution f; ⊕ tour m; rotation f; ~s per minute tours m/pl. à la minute; **rev·o'lu·tion·ar·y 1.** révolutionnaire; **2.** (a. rev·o'lu·tion·ist) révolutionnaire m/f; **rev·o'lu·tion·ize** révolutionner.

re·volve [ri'vɔlv] v/i. tourner (sur, on; autour de, round); revenir (saisons); v/t. faire tourner; fig. ruminer, retourner; **re'volv·er** revolver m; **re'volv·ing** tournant; ~

stage scène f tournante; ~ door porte f tournante ou pivotante; ~ pencil porte-mine m/inv.

re·vue théâ. [ri'vju:] revue f.

re·vul·sion [ri'vʌlʃn] fig. revirement m (des sentiments); nausée f; ✷ révulsion f; **re'vul·sive** □ ✷ révulsif (-ive f) (a. su./m).

re·ward [ri'wɔ:d] **1.** récompense f; **2.** récompenser, rémunérer (de, for); fig. payer (qch., for s.th.).

re·word [ri:'wɔ:d] rédiger à nouveau.

re·write ['ri:'rait] [irr. (write)] récrire; remanier, recomposer.

rhap·so·dist ['ræpsədist] rhapsodiste m; **'rhap·so·dize** s'extasier (sur, over); **'rhap·so·dy** rhapsodie f; fig. transports m/pl.

rhe·o·stat ✂ ['ri:ostæt] rhéostat m.

rhet·o·ric ['retərik] rhétorique f (a. péj.); éloquence f; **rhe·tor·i·cal** □ [ri'tɔrikl] de rhétorique; péj. ampoulé; **rhet·o·ri·cian** [retə'riʃn] rhétoricien m; hist. ⸴a. péj. rhéteur m.

rheu·mat·ic ✷ [ru:'mætik] (⸴ally) rhumatismal (-aux m/pl.); rhumatisant (a. su./m/f) (personne); **rheu'mat·ics** ✷ pl., **rheu·ma·tism** ✷ ['ru:mətizm] rhumatisme m.

rhi·no¹ sl. ['rainou] galette f (= argent).

rhi·no² [⸴], **rhi·noc·er·os** zo. [rai-'nosərəs] rhinocéros m.

rhomb, rhom·bus Ⱥ ['rom(bəs)], pl. **-bus·es, -bi** [⸴bai] losange m, † rhombe m.

rhu·barb ✤ ['ru:bɑ:b] rhubarbe f.

rhumb ⚓ ['rʌm] rhumb m.

rhyme [raim] **1.** rime f (à, to); poésie f, vers m/pl.; without ~ or reason sans rime ni raison; **2.** (faire) rimer (avec, with); **'rhyme·less** □ sans rime; **'rhym·er, rhyme·ster** ['⸴stə] versificateur m; péj. rimailleur m.

rhythm [riðm] rythme m; **'rhyth·mic, 'rhyth·mi·cal** □ rythmique, cadencé.

Ri·al·to Am. [ri'æltou] quartier m des théâtres (de Broadway).

rib [rib] **1.** côte f, ✤, ⚓ nervure f; parapluie: baleine f; ~ cage cage f thoracique; **2.** garnir de côtes ou de nervures; Am. sl. taquiner (q.).

rib·ald ['ribəld] **1.** paillard; licencieux (-euse f); **2.** paillard(e f) m;

homme m éhonté; **'rib·ald·ry** paillardises f/pl.; propos m/pl. grossiers.

rib·and ⊕ ['ribənd] ruban m.

ribbed [ribd] ✤ à nervures (a. plafond); tex. à côtes.

rib·bon ['ribən] ruban m (a. décoration, machine à écrire, ⊕ etc.); ordre: cordon m; bande f; ~s pl. lambeaux m/pl.; sl. guides f/pl.; ~ building ou development alignement m de maisons en bordure de route; ⊕ ~work travail (pl. -aux) m à la chaîne; **'rib·boned** orné de rubans; zo. rubané.

rice [rais] riz m; ~ pudding riz m au lait; ground ~ farine f de riz.

rich □ [ritʃ] riche (en, in) (personne, terre, couleur, style, a. fig.); fertile, gras(se f); somptueux (-euse f); de luxe; superbe; corsé (vin); ample, plein (voix etc.); F impayable, épatant; ~ in meaning significatif (-ive f); gramm. ayant beaucoup d'acceptions; ~ milk lait m non écrémé; **rich·es** ['⸴iz] pl. richesses f/pl.; **'rich·ness** richesse f; abondance f; luxe m; couleur: éclat m; voix: ampleur f.

rick¹ ↗ [rik] **1.** meule f (de foin); **2.** mettre en meule(s).

rick² [⸴] see wrick.

rick·ets ✷ ['rikits] sg. ou pl. rachitisme m; **'rick·et·y** rachitique; F branlant, bancal (m/pl. -als), chancelant.

rid [rid] [irr.] débarrasser (de, of); get ~ of se débarrasser de; ⚓ éliminer; **'rid·dance** débarras m; he is a good ~ bon débarras!

rid·den ['ridn] p.p. de ride 2; gang-~ infesté de gangsters; family-~ tyrannisé par sa famille.

rid·dle¹ ['ridl] **1.** énigme f (a. fig.), devinette f; **2.** v/t. trouver la clef de; v/i. parler par énigmes; ~ me donnez-moi le mot de (cette énigme).

rid·dle² [⸴] **1.** crible m, claie f; **2.** cribler (a. fig.) (de, with); passer au crible.

rid·dling □ ['ridliŋ] énigmatique.

ride [raid] **1.** promenade f; voyage m; (autobus etc.: trajet m; **2.** [irr.] v/i. se promener, aller (à cheval, en auto, à bicyclette); voyager; chevaucher; fig. voguer; remonter; ⚓ ~ at anchor être mouillé; ~ for a fall aller en casse-cou; fig.

courir à un échec, aller au-devant de la défaite; *v/t.* monter (*un cheval etc.*); aller à (*une bicyclette etc.*); parcourir (*le pays*) (à cheval); diriger (*son cheval*); opprimer; voguer sur (*les vagues*); ~ (*on*) *a bicycle* aller à bicyclette; ~ ⚓ *out* étaler (*une tempête*); *fig.* surmonter (*une crise*); **'rid·er** cavalier (-ère *f*) *m*; *course:* jockey *m*; *cirque:* écuyer (-ère *f*) *m*; clause *f* additionnelle; annexe *f*; ⚖ exercice *m* d'application (*d'un théorème*); ⊕ cavalier *m*.

ridge [rid͡ʒ] **1.** *montagne:* arête *f*, crête *f*; faîte *m* (*a.* △); *sable:* ride *f*; *rochers:* banc *m*; *coteaux:* chaîne *f*; 🌱 billon *m*, butte *f*; **2.** *v/t.* △ enfaîter; 🌱 disposer en billons, sillonner; *v/i.* former des crêtes; se rider; **~ way** route *f* des crêtes, chemin *m* de faîte.

rid·i·cule ['ridikju:l] **1.** moquerie *f*, raillerie *f*; dérision *f*; ridicule *m*; **2.** se moquer de; ridiculiser; **ri·'dic·u·lous** □ [~jʊləs] ridicule; **ri·'dic·u·lous·ness** ridicule *m*.

rid·ing ['raidiŋ] **1.** équitation *f*; **2.** d'équitation; de cavalier (-ère *f*); '**~-breech·es** *pl.* culotte *f* de cheval; '**~-hab·it** *cost.* amazone *f*; ~ **mas·ter** professeur *m* d'équitation; ~ **school** manège *m*, école *f* d'équitation; ~ **sta·ble(s** *pl.*) centre *m* d'équitation, manège *m*; écurie *f*; ~ **whip** cravache *f*.

rife □ [raif] abondant (en, with); nombreux (-euse *f*); *be* ~ régner; abonder (en, with).

riff-raff ['rifræf] canaille *f*.

ri·fle¹ ['raifl] piller.

ri·fle² ['raifl] **1.** fusil *m* (*rayé*); rayure *f* (*d'un fusil*); ✕ ~s *pl.* fusiliers *m/pl.*; **2.** rayer (*un fusil*); '**~-man** ✕ fusilier *m*; chasseur *m* à pied; ~ **range** stand *m ou* champ *m* de tir; *within* ~ à portée de fusil; ~ **shot** coup *m* de fusil; *within* ~ à portée de fusil.

ri·fling ⊕ ['raifliŋ] rayage *m*; *coll.* rayure *f*, -s *f/pl.* (fêlure *f*.)

rift [rift] fente *f*, fissure *f*.

rig¹ F [rig] **1.** farce *f*; coup *m* monté; **2.** travailler (*le marché*); tripoter sur; truquer.

rig² [rig] **1.** ⚓ gréement *m*; F *fig.* équipement *m*; F toilette *f*; *Am.* F attelage *m*; **2.** (*a.* ~ *out ou up*) gréer; F *fig.* accoutrer; ~ *up* monter; '**rig·ger** ⚓ gréeur *m*; ⚒ monteur-régleur (*pl.* monteurs-régleurs) *m*;

'rig·ging ⚓ gréage *m*; ⚒ gréement *m*.

right [rait] **1.** □ droit (*a.* = *contraire de gauche*); bon(ne *f*); honnête; correct, exact, juste; bien placé; ⚖ ~ *angle* angle *m* droit; *pol.* ~ *wing* (aile *f*) droite *f*; *be* ~ avoir raison; être à l'heure (*montre*); convenir (à, for); *be* ~ *to* (*inf.*) avoir raison de (*inf.*); bien faire de (*inf.*); être fondé à (*inf.*); *all* ~! entendu!; parfait!; très bien!; allez-y!; c'est bon!; *be on the* ~ *side of 40* avoir moins de 40 ans; *put* (*ou set*) ~ ajuster; réparer; corriger; désabuser (*q.*); réconcilier (avec, with); **2.** *adv.* droit; tout ...; bien; fort, très; correctement; à droite; *dans un titre:* très; F *send to the* ~-*about* envoyer promener (*q.*); ~ *away* tout de suite; ~ *in the middle* au beau milieu; ~ *on* tout droit; **3.** *su.* droit *m*, titre *m*; bien *m*; justice *f*; côté *m* droit, droite *f* (*a. pol.*); *box.* coup *m* du droit; ~ *of way* priorité *f*; *in his* (*ou her*) *own* ~ de son propre chef; en propre; *the* ~*s pl. of a story* la vraie histoire; *by* ~(*s*) en toute justice; *by* ~ *of* par droit de; à titre de; à cause de; *set* (*ou put*) *to* ~*s* mettre en ordre; arranger; on (*ou to*) *the* ~ à droite; **4.** *v/t.* redresser (*qch., un tort*); rendre justice à; corriger; ⚓ (*v/i.* se) redresser; '**~-an·gled** ⚖ [~'æŋgld] à angle droit; rectangle (*triangle*); **right·eous** □ [~ʃəs] juste (*a.* = *justifié*); vertueux (-euse *f*); '**right·eous·ness** droiture *f*, vertu *f*; **right·ful** □ [~ful] légitime; équitable (*conduite*); '**right-hand** à *ou* de droite; *mot.* ~ *drive* conduite *f* à droite; *fig.* ~ *man* le bras droit (*de q.*); '**right-'hand·ed** droitier (-ère *f*) (*personne*); ⊕ pour la main droite; à droite (*vis etc.*); '**right·ist** *pol.* **1.** homme *m* de droite; **2.** de droite; bien pensant; '**right·ness** droiture *f*; décision *etc.*: justesse *f*; '**right-'wing** *pol.* de droite; '**right-'wing·er** *pol.* homme *m* de droite; *sp.* ailier *m* droit.

rig·id □ ['rid͡ʒid] raide, rigide; *fig.* strict, sévère; **ri·'gid·i·ty** raideur *f*, rigidité *f*; *fig.* sévérité *f*; intransigeance *f*.

rig·ma·role ['rigməroul] discours *m* sans suite; F litanie *f*.

rig·or 🩺 ['raigɔ:] frissons *m/pl.*; ~ **mor·tis** [~'mɔ:tis] rigidité *f* cadavérique; **rig·or·ous** □ ['rigərəs] rigoureux (-euse *f*).

rig·o(u)r ['rigə] rigueur *f*, sévérité *f*; *fig.* austérité *f*; *preuve*: exactitude *f*; ~s *pl. a.* âpreté *f* du temps.

rile F [rail] agacer, exaspérer.

rill [ril] petit ruisseau *m*.

rim [rim] bord *m*; *lunettes*: monture *f*; *roue*: jante *f*.

rime¹ [raim] rime *f*.

rime² *poét.* [~] givre *m*, gelée *f* blanche; '**rim·y** couvert de givre; givré.

rind [raind] écorce *f*, peau *f* (*a. d'un fruit*); *fromage*: croûte *f*; *lard*: couenne *f*.

ring¹ [riŋ] **1.** anneau *m*; bague *f*; rond *m* (*de serviette*); ⊕ segment *m*; *personnes*: groupe *m*, cercle *m*; ✝ cartel *m*; *cirque*: arène *f*; *box.* ring *m*; *lune*: auréole *f*; ~ **binder** classeur *m* à anneaux; ~ **road** route *f* de ceinture; (boulevard ~) périphérique *m*; **2.** boucler (*un taureau*); baguer (*un pigeon*); (*usu.* ~ **in** *ou* round *ou* **about**) entourer, encercler.

ring² [~] **1.** son(nerie *f*) *m*; tintement *m*; coup *m* de sonnette; F coup *m* de téléphone; **2.** [*irr.*] *v/i.* sonner; tinter (*a. oreilles*); (*souv.* ~ **out**) résonner, retentir (de, with); ~ **again** sonner de nouveau; *téléph.* ~ **off** raccrocher; *the bell is* ~**ing** on sonne; *v/t.* (faire) sonner; ~ **the bell** agiter la sonnette; sonner; *fig.* réussir le coup; ~ **up** sonner pour faire lever (*qch.*); *téléph.* donner un coup de téléphone à (*q.*); '**ring** sonneur *m*; '**ring·ing** □ qui résonne, retentissant; '**ring·lead·er** □ meneur *m*; chef *m* de bande; **ring·let** ['~lit] *cheveux*: boucle *f*; '**ring·worm** ✚ teigne *f* tonsurante.

rink [riŋk] patinoire *f*; skating *m*.

rinse [rins] **1.** (*souv.* ~ **out**) rincer; **2.** = '**rins·ing** rinçage *m*; ~**s** *pl.* rinçure *f*, ~ *s f/pl.*

ri·ot ['raiət] **1.** émeute *f*, F bagarre *f*; *fig.* orgie *f*; ~ **squad** police *f* secours; **run** ~ pulluler; se déchaîner; **2.** provoquer une émeute; s'ameuter; faire du vacarme; *fig.* se livrer sans frein (à, in); '**ri·ot·er** émeutier *m*; séditieux *m*; *fig.* noceur *m*; '**ri·ot·ous** □ tumultueux (-euse *f*); séditieux (-euse *f*); tapageur (-euse *f*) (*personne*); dissolu (*vie*).

rip¹ [rip] **1.** déchirure *f*; fente *f*; ✂ ~ **cord** corde *f* de déchirure (*d'un ballon*), tirette *f* (*d'un parachute*); **2.** *v/t.* déchirer; fendre; ~ **off** arracher; *sl.* estamper; *sl.* voler, chiper; ~ **up** découdre; déchirer; *v/i.* se déchirer; se fendre; *mot.* F filer.

rip² F [~] mauvais garnement *m*; *personne*: gaillard *m*.

ri·par·i·an [rai'pɛəriən] riverain(e *f*) *m*, *adj*.

ripe □ [raip] mûr; fait (*fromage*); '**rip·en** *vt/i.* mûrir; '**ripe·ness** maturité *f*.

rip-off *sl.* ['ripɔf] estampage *m*; vol *m*.

ri·poste [ri'poust] **1.** *escrime*: riposte *f* (*a. fig.*); **2.** riposter.

rip·per ['ripə] fendoir *m* (*pour ardoises*); burin *m* à défoncer; scie *f* à refendre; *sl.* type *m* épatant; chose *f* épatante; '**rip·ping** □ *sl.* fameux (-euse *f*), épatant.

rip·ple ['ripl] **1.** ride *f*; *cheveux*: ondulation *f*; *ruisseau*: gazouillement *m*; murmure *m*; **2.** (se) rider; *v/i.* onduler; murmurer.

rise [raiz] **1.** *eau, route*: montée *f*; côte *f*; rampe *f*; *terrain*: éminence *f*; ascension *f*; hausse *f* (*a.* ✝, ♪); *soleil, théâ. rideau*: lever *m*; *eaux*: crue *f*; ⚐ flèche *f*; *prix etc.*: augmentation *f*; *emploi, rang*: avancement *m*; *fleuve, a. fig.*: source *f*; **give** ~ **to** engendrer; provoquer; **take** (*one's*) ~ prendre sa source, avoir son origine (dans, in); **2.** [*irr.*] se lever (*gibier, personne, soleil, etc.*); se dresser (*cheval, montagne, monument*); se relever (*personne*); s'élever (*bâtiment, terrain*); monter (*mer, terrain, à la surface, à un rang*); lever (*pain*); se révolter, se soulever (contre, against); ressusciter (*des morts*); *parl.* s'ajourner; ✝ être à la hausse (*a. baromètre*); ✗ sortir (*du rang*); prendre sa source (dans, in; à, at); ~ **to the occasion** se montrer à la hauteur de la situation; ~ **to the bait** mordre à la mouche; mordre; **ris·en** ['rizn] *p.p.* de rise 2; '**ris·er** ⚙ contremarche *f*; *early* ~ personne *f* matinale.

ris·i·bil·i·ty [rizi'biliti] faculté *f* de rire; '**ris·i·ble** □ risible, dérisoire; † rieur (-euse *f*) (*personne*).

ris·ing ['raiziŋ] **1.** lever *m*; *chasse*: envol *m*; *prix, baromètre*: hausse *f*;

eaux: crue *f*; soulèvement *m*, ameutement *m*; résurrection *f*; 2. d'avenir; nouveau (-el *devant une voyelle ou un h muet*; -elle *f*; -eaux *m/pl.*); ~ *ground* élévation *f* de terrain.

risk [risk] 1. risque *m* (*a.* ✝), péril *m*; *at the* ~ *of* (*gér.*) au risque de (*inf.*); *run a* (*ou the*) ~ courir un *ou* le risque; 2. risquer; '**risk·y** □ hasardeux (-euse *f*); scabreux (-euse *f*).

ris·sole *cuis.* ['risoul] rissole *f*.

rite [rait] rite *m*; **rit·u·al** ['ritjuəl] 1. □ rituel(le *f*); 2. rites *m/pl.*; *livre*: rituel *m*.

ri·val ['raivl] 1. rival(e *f*) *m*; émule *mf*; concurrent(e *f*) *m*; 2. rival(e *f*; -aux *m/pl.*); ✝ rivaliser (avec); *v/t.* être l'émule de; '**ri·val·ry** rivalité *f*; concurrence *f*; émulation *f*.

rive [raiv] [*irr.*] (se) fendre.

riv·en ['rivn] *p.p* de rive.

riv·er ['rivə] fleuve *m*; rivière *f*; *fig.* flot *m*; ~ *basin* bassin *m* fluvial; '~**bank** rive *f*; '~**bed** lit *m* de rivière; '~**horse** hippopotame *m*; '~**side** rive *f*; bord *m* de l'eau; *attr.* situé au bord de la rivière.

riv·et ['rivit] 1. ⊕ rivet *m*; 2. river; *fig.* fixer, river (à, *to*; sur, [*up*]*on*); '**riv·et·ing** à river.

riv·u·let ['rivjulit] ruisseau *m*.

roach *icht.* [rout∫] gardon *m*.

road [roud] route *f*; rue *f*; chemin *m* (*a. fig.*); voie *f* (*a. fig.*); *Am. see* **railroad** 1; ~ *map* carte *f* routière; ~ *works* travaux *m/pl.*; *by* ~ par route; *en auto* (*personne*); ⊕ *usu.* ~*s pl.* (*a.* '~**stead**) rade *f*; *on the* ~ en route; F *hit the* ~ se mettre en route; '~**house** relais *m*, hostellerie *f*; ~ *hog mot.* chauffard *m*; '~**man**, '~**mend·er** cantonnier *m*; '~**race** course *f* sur route; '~**sense** *surt. mot.* sens *m* pratique de la conduite sur routes; '**road·ster** ['~stə] cheval *m* de fatigue; *mot. etc.* voiture *f ou* bicyclette *f* de route; '**road·way** chaussée *f*; voie *f*; '**road·wor·thy** en état de marche (*voiture*).

roam [roum] *v/i.* errer, rôder; *v/t.* parcourir; '**roam·er** vagabond *m*; nomade *m*.

roan [roun] 1. rouan(ne *f*); 2. (*cheval m*) rouan *m*; vache *f* rouanne; ⊕ basane *f*.

roar [rɔː] 1. *vt/i.* hurler, vociférer; *v/i.* rugir; mugir (*mer, taureau*);

tonner, gronder; ronfler (*auto, feu*); *v/t.* beugler (*un refrain*); 2. hurlement *m*; rugissement *m*; éclat *m* (*de rires*); mugissement *m*, grondement *m*; '**roar·ing** ['~riŋ] 1. *see* roar 2; 2. □ rugissant; mugissant; grondant; ✝ gros(se *f*); F superbe.

roast [roust] 1. *v/t.* (faire) rôtir; *sl.* passer un savon à (*q.*); *v/i.* rôtir; *vt/i.* griller; 2. rôti; ~ *beef* rôti *m* de bœuf, rosbif *m*; ~ *meat* viande *f* rôtie; *see* rule 2; '**roast·er** *personne*: rôtisseur (-euse *f*) *m*; *cuis.* rôtissoire *f*; *volaille f* à rôtir; '**roast·ing-jack** tournebroche *m*.

rob [rɔb] voler; '**rob·ber** voleur (-euse *f*) *m*; '**rob·ber·y** □ vol *m*.

robe [roub] 1. robe *f* (*d'office, de cérémonie*, ⟨r⟩*b*); vêtement *m*; maillot *m* anglais (*pour bébés*); ~*s pl.* robe *f*, -s *f/pl.*; *gentlemen of the* ~ gens *m/pl.* de robe; 2. *v/t.* revêtir (*q.*) d'une robe (*ou univ.* de sa toge); *fig.* recouvrir; *v/i.* revêtir sa robe *ou* toge.

rob·in *orn.* ['rɔbin] rouge-gorge *m* (*pl.* rouges-gorges) *m*.

ro·bot ['roubɔt] automate *m*; *attr.* automatique.

ro·bust □ [rə'bʌst] robuste; vigoureux (-euse *f*); **ro'bust·ness** nature *f ou* caractère *m* robuste; vigueur *f*.

rock¹ [rɔk] rocher *m*; roc *m*; roche *f*; *Am.* pierre *f*, diamant *m*; *get down to* ~ *bottom* être au plus bas; *toucher* le fin fond; ~*crystal* cristal *m* de roche; ~*salt* sel *m* gemme.

rock² [~] *v/t.* bercer; basculer; *v/i.* osciller; *vt/i.* balancer.

rock-bot·tom F ['rɔk'bɔtəm] le plus bas (*prix*).

rock·er ['rɔkə] *berceau etc.*: bascule *f*; *see* rocking-chair; *sl. be off one's* ~ être un peu toqué.   [rocaille.]

rock·er·y ['rɔkəri] jardin *m* de⌋

rock·et¹ ['rɔkit] 1. fusée *f*; ~ *plane* avion-fusée (*pl.* avions-fusées) *m*; ~ *propulsion* propulsion *f* par fusée; 2. passer en trombe; (*a.* ~ *up*) monter en flèche.

rock·et² ♀ [~] roquette *f*.

rock·et...: '~**launch·ing site** base *f* de lancement (*de fusées*); '~**pow·ered** propulsé par réaction.

rock...: '~**fall** éboulement *m* de rocher; '~**gar·den** jardin *m* de rocaille.

rock·ing... ['rɔkiŋ]: '**~-chair** rocking-chair *m*; '**~-horse** cheval *m* à bascule.

rock·y ['rɔki] rocailleux (-euse *f*); rocheux (-euse *f*); de roche.

ro·co·co [rə'koukou] rococo *inv.* (*a. su./m*).

rod [rɔd] verge *f*; baguette *f*; *rideau, escalier*: tringle *f*; ⊕ tige *f*; *surv.* mire *f*; *mesure*: perche *f* (5¹/₂ *yards*); *Am. sl.* revolver *m*, pistolet *m*; *Black* ♀ Huissier *m* de la Verge noire (*haut fonctionnaire de la Chambre des Lords et de l'Ordre de la Jarretière*).

rode [roud] *prét.* de ride 2.

ro·dent ['roudənt] rongeur *m*.

ro·de·o *Am.* [rou'deiou] rassemblement *m* du bétail; concours *m* d'équitation (*des cowboys*).

rod·o·mon·tade [rɔdəmɔn'teid] rodomontade *f*.

roe¹ [rou] (*a. hard ~*) œufs *m/pl.* (*de poisson*); soft ~ laite *f*, laitance *f*.

roe² [~] chevreuil *m*, chevrette *f*; '**~-buck** chevreuil *m* (*mâle*).

ro·ga·tion *eccl.* [rou'geiʃn] Rogation *f*; ♀ *Sunday* dimanche *m* des Rogations.

rogue [roug] fripon(ne *f*) *m*; coquin (-e *f*) *m*; *éléphant*: solitaire *m*; '**~'s** *gallery* musée *m ou* album *m* de portraits *ou* photos de criminels; '**ro·guer·y** fourberie *f*; coquinerie *f*; '**ro·guish** □ coquin; fripon(ne *f*) (*a. fig.*).

roist·er ['rɔistə] faire du tapage; '**roist·er·er** tapageur (-euse *f*) *m*; fêtard(e *f*) *m*.

role *théá.* [roul] rôle *m* (*a. fig.*).

roll [roul] 1. ⊕, *tex., étoffe, papier, tabac*: rouleau *m*; ⊕ *a.* cylindre *m*; † *étoffe*: pièce *f*; *Am. billets*: liasse*f*; *typ., phot.* bobine *f*; *admin.* contrôle *m*; *beurre*: coquille *f*; petit pain *m*; *tambour, tonnerre*: roulement *m*; ♣ (*coup m de*) roulis *m*; 2. *v/t.* rouler; cylindrer; ⊕ laminer; ~ *out* étendre (au rouleau); ~ *up* (en)rouler; ⊕ ~ed gold doublé *m*; *v/i.* rouler; couler (*larmes*); gronder (*tonnerre*); ♣ rouler, avoir du roulis; ~ *up* s'enrouler; F arriver; '**~-call** appel *m* (nominal) (*a.* ⚔); '**roll·er** rouleau *m*; cylindre *m*; *tex., papier*: calandre *f*; ✶ (*usu. ~ bandage*) bande *f* roulée; ♣ lame *f* de houle; *Am. ~ coaster* montagnes *f/pl.* russes; ~

towel essuie-mains *m/inv.* à rouleau; '**roll·er-skate** 1. patiner sur roulettes; 2. patin *m* à roulettes; '**roll·film** *phot.* pellicule *f* en bobine.

rol·lick ['rɔlik] faire la bombe; rigoler; '**rol·lick·ing** joyeux (-euse *f*); rigoleur (-euse *f*).

roll·ing ['rouliŋ] 1. roulant; ♣ houleux (-euse *f*); ondulé; ⊕ de laminage; 2. roulement *m*; ⊕ laminage *m*; ~ *pin* rouleau *m* (à pâtisserie); ⊕ ~ *mill* usine *f* de laminage; laminoir *m*; *typ.* ~ *press* presse *f* à cylindres; '**~-stock** ✇ matériel *m* roulant.

roll...: '**~-neck** col *m* roulé; '**~-top desk** bureau *m* américain *ou* à cylindre.

ro·ly-po·ly ['rouli'pouli] 1. pouding *m* en rouleau aux confitures; 2. F boulot(te *f*).

Ro·man ['roumən] 1. romain; 2. Romain(e *f*) *m*; *typ.* (*usu.* ♀) (caractère *m*) romain *m*; ~'**Cath·o·lic** catholique *mf*, *adj.*

ro·mance [rə'mæns] 1. † roman *m*; conte *m* bleu; *fig.* fable *f*; ♪ romance *f*; *fig.* affaire *f*, amour *m*; romanesque *m*; *ling.* ♀ roman *m*, langue *f* romane; 2. *fig.* inventer à plaisir; 3. *ling.* ♀ roman; **ro'manc·er** † romancier (-ère *f*) *m*; brodeur (-euse *f*) *m*; menteur (-euse *f*) *m*.

Ro·man·esque [roumə'nesk] roman (*a. su./m*).

Ro·man·ic [rou'mænik] romain; *ling.* roman; *surt.* ~ *peoples pl.* Romains *m/pl.*

ro·man·tic [rə'mæntik] 1. (*~ally*) romantique; 2. (*usu.* **ro'man·ti·cist** [~tisist]) romantique *mf*; **ro'man·ti·cism** [~sizm] romantisme *m*; idées *f/pl.* romanesques.

Ro·ma·ny ['roumæni] 1. romanichel(le *f*) *m*; *ling.* le romanichel; 2. de bohémien.

Rom·ish *usu. péj.* ['roumiʃ] catholique.

romp [rɔmp] 1. gambades *f/pl.*; enfant *mf* turbulent(e *f*); gamine *f*; 2. s'ébattre; F ~ *home* gagner haut la main; '**romp·ers** *pl.* barboteuse *f* (*pour enfants*).

rönt·gen·ize ['rɔntgənaiz] radiographier.

rönt·gen·o·gram [rɔnt'genəgræm] radiogramme *m*; **rönt·gen·og·ra·phy** [~gə'nɔgrəfi] radiographie *f*;

rönt·gen·ol·o·gist [ˌ∼ˈɔlədʒist] radiographe *m*; **rönt·gen·ol·o·gy** [ˌ∼dʒi] radiologie *f*; **rönt·gen·os·co·py** [ˌ∼ˈskəpi] radioscopie *f*.

rood [ruːd] crucifix *m*; *mesure*: quart *m* d'arpent *(10,117 ares)*; '**∼-screen** ⚠ jubé *m*.

roof [ruːf] **1.** toit(ure *f*) *m*; voûte *f*; *mot.* ∼ *rack* galerie *f*; ∼ *of the mouth* (dôme *m* du) palais *m*; **2.** *(souv.* ∼ *in* ou *over)* recouvrir d'un toit; '**roof·ing** toiture *f*; pose *f* de la toiture; *attr.* de toits; ∼ *felt* carton-pierre *(pl.* cartons-pierres) *m*.

rook¹ [ruk] **1.** *orn.* freux *m*; *fig.* escroc *m*; **2.** refaire *(q.)*; filouter (son argent à q., *s.o. of his money).*

rook² [∼] *échecs*: tour *f*.

rook·er·y [ˈrukəri] colonie *f* de freux; *fig.* colonie *f*, rookerie *f*.

rook·ie *sl.* [ˈruki] ✕ recrue *f*, bleu *m*; *fig.* débutant *m*.

room [rum] pièce *f*; salle *f*; *(a.* bed∼) chambre *f*; place *f*, espace *m*; *fig.* lieu *m*; ∼*s pl.* appartement *m*; ∼ *and board* pension *f* (complète); *in my* ∼ à ma place; *make* ∼ faire place (à, for); **-roomed** [rumd] de ... pièces; '**room·er** *surt. Am.* sous-locataire *mf*; '**room·ing-house** *surt. Am.* hôtel *m* garni, maison *f* meublée; '**room-mate** compagnon *m* (compagne *f*) de chambre; '**room·y** □ spacieux (-euse *f*); ample *f*.

roor·back *Am.* [ˈruːrbæk] fausse nouvelle *f* (*répandue pour nuire à un parti politique*).

roost [ruːst] **1.** juchoir *m*, perchoir *m*; *see rule 2*; **2.** se jucher, se percher pour la nuit; '**roost·er** coq *m*.

root¹ [ruːt] **1.** racine *f* (*a.* ℞, *anat.*, *ling.*); *fig.* source *f*; ♪ base *f*; *take* ∼, *strike* ∼ prendre racine; ∼*idea* idée *f* fondamentale; **2.** (s')enraciner; ∼ *out* arracher; *fig.* extirper; '**root·ed** enraciné *(a. fig.)*; *fig. (a.* ∼ *in)* fondé sur.

root² [∼] *v/t.* fouiller; *(a.* ∼ *up)* trouver en fouillant; *fig.* ∼ *out,* ∼ *up* dénicher; *v/i.* fouiller avec le groin; *Am. sl.* ∼ *for* appuyer; encourager par des cris; '**root·er** *Am. sl.* spectateur *m etc.* qui encourage par des cris; fanatique *mf* (de, for).

root·let [ˈruːtlit] petite racine *f*.

rope [roup] **1.** corde *f* (*a.* à pendre un *criminel)*; cordage *m*; câble *m* (*mé-*

tallique); *perles*: grand collier *m*; *sonnette*: cordon *m*; *Am. sl.* cigare *m* bon marché; *alp. on the* ∼ en cordée; *alp.* ∼ *team* cordée *f*; F *be at the end of one's* ∼ être à *ou* au bout de ses ressources; *know the* ∼*s* connaître son affaire; *show s.o. the* ∼*s* mettre q. au courant; **2.** *v/t.* corder; *(usu.* ∼ *in* ou *off* ou *out)* entourer de cordes; *Am.* prendre au lasso; *alp.* encorder; ∼ *down* immobiliser au moyen d'une corde; *v/i.* devenir graisseux (-euse *f*); '**∼-danc·er** funambule *mf*; '**∼-lad·der** échelle *f* de corde; '**∼-mak·er** cordier *m*; '**rop·er·y** corderie *f*; '**rope-walk** corderie *f*.

rop·i·ness [ˈroupinis] viscosité *f*; graisse *f*; '**rop·y** visqueux (-euse *f*); gras(se *f*), graisseux (-euse *f*).

ro·sa·ry [ˈrouzəri] *eccl.* rosaire *f*; chapelet *m*; 🖈 roseraie *f*.

rose¹ [rouz] ♀ rose *f*; *couleur*: rose *m* *(a. adj.)*; rosette *f* *(chapeau etc.)*; ⚠, 🔩, *fenêtre*: rosace *f*; arrosoir: pomme *f*.

rose² [∼] *prét. de rise 2.*

ro·se·ate [ˈrouziit] rosé.

rose ...: '**∼-bud** bouton *m* de rose; '**∼-bush** rosier *m*; '**∼-col·o(u)red** rose, couleur de rose *inv.*; *see things (ou world) through* ∼ *glasses (ou spectacles)* voir tout ou la vie en rose; '**∼-hip** gratte-cul *inv.*; **∼-mar·y** [ˈrouzməri] romarin *m*.

ro·se·ry [ˈrouzəri] roseraie *f*.

ro·sette [rouˈzet] rosette *f*; *ruban*: chou (*pl.* -x) *m*.

ros·in [ˈrɔzin] **1.** colophane *f*; **2.** frotter de colophane.

ros·ter ✕ [ˈrɔstə] tableau *m* de service; liste *f*.

ros·trum [ˈrɔstrəm] tribune *f*.

ros·y □ [ˈrouzi] (de) rose; vermeil (-le *f*) *(teint)*.

rot [rɔt] **1.** pourriture *f*; 🐑 carie *f*; *fig.* démoralisation *f*; *sl.* blague *f*; **2.** *v/t.* (faire) pourrir; *sl.* railler, blaguer *(q.)*; gâcher *(un projet)*; *v/i.* (se) pourrir; se décomposer.

ro·ta·ry [ˈroutəri] rotatoire, rotatif (-ive *f*); de rotation; ⊕ ∼ *press* rotative *f*; ⚡ ∼ *switch* commutateur *m* rotatif; **ro·tate** [rouˈteit] (faire) tourner; (faire) basculer; *v/t.* alterner *(les cultures)*; **ro·ta·tion** rotation *f*; basculage *m*; *fig.* succession *f* tour à tour; *fig.* roulement *m*; ✔ ~ *of crops* assolement *m*; **ro·ta·to·ry** ['ˌɹətərɪ] *see* rotary; ~ **door** (*ou gate*) porte *f* tournante; ~ **stage** plateau *m* tournant.

rote [rout] routine *f*; *by* ~ par cœur, mécaniquement.

ro·tor ['routə] ⊕, ⚡, ✈ hélicoptère: rotor *m*.

rot·ten □ ['rɔtn] pourri (*a. fig.*); gâté; ✚ carié; *sl.* moche, sale, mauvais; **'rot·ten·ness** (état *m* de) pourriture *f*.

rot·ter *sl.* ['rɔtə] sale type *m*.

ro·tund □ [rou'tʌnd] rond, arrondi; ampoulé (*style*); **ro'tun·da** ⌂ [ˌdə] rotonde *f*; **ro'tun·di·ty** rondeur *f*; *style*: grandiloquence *f*.

rou·ble □ ['ru:bl] rouble *m*.

rouge [ru:ʒ] **1.** rouge *m*, fard *m*; **2.** (se) farder; mettre du rouge.

rough [rʌf] **1.** □ rude (*chemin, parler, peau, surface, vin, voix*); rêche, rugueux (-euse *f*) (*peau, surface, voix*); grossier (-ère *f*); dépoli (*verre*); inégal (-aux *m/pl.*) (*terrain*); brutal (-aux *m/pl.*), violent, fruste (*conduite, style*); âpre (*mer*); salé (*vin*); ⊕ brut; approximatif (-ive *f*); ~ **draft** brouillon *m*; ~ **and ready** exécuté grossièrement; *fig.* de fortune; primitif (-ive *f*); sans façon (*personne*); *be* ~ *on s.o.* être malmener; *be* ~ *with s.o., give s.o. a* ~ *time (of it)* être dur ave q.; *cut up* ~ réagir avec violence; **2.** état *m* brut; terrain *m* accidenté; *golf:* herbe *f* longue; *personne:* voyou *m*; **3.** ébourriffer; (faire) aciérer les fers (*d'un cheval*); ~ *it* vivre à la dure; **'rough·age** détritus *m/pl.*; **'rough·cast 1.** ⊕ pièce *f* brute de fonderie; **2.** ⌂ crépi; ⊕ brut de fonte; **3.** ⊕ crépir (*un mur*); *fig.* ébaucher (*un plan*); **'rough·en** rendre *ou* devenir rude *etc.*

rough...: ~**hewn** ['~'hju:n] taillé à coups de hache; dégrossi; *fig.* ébauché; ~**house** *sl.* chahut *m*; **'~house** *v/i.* chahuter; *v/t.* malmener; **'~neck** *Am. sl.* canaille *f*, voyou *m*; **'rough·ness** rudesse *f*, âpreté *f*; grossièreté *f*; **'rough·rid·er** dresseur *m* de chevaux; F casse-cou *m/inv.*; ✖ *hist.* cavalier *m* d'un corps irrégulier; **'rough·shod:** *ride* ~ *over* fouler (*q.*) aux pieds; traiter cavalièrement.

Rou·ma·nia(n) *see* Rumania(n).

round [raund] **1.** □ rond (*a. fig.*); circulaire; plein; gros(se *f*) (*juron etc.*); voûté (*épaules*); ~ **game** jeu *m* en commun; ~ **hand** (écriture *f*) ronde *f*; ~ **trip** aller *m* et retour *m*; **2.** *adv.* (tout) autour; (*souv.* ~ *about*) à l'entour; *all* ~ tout autour; tout à l'entour; *fig.* dans l'ensemble; *sans exception;* *all the year* ~ (pendant) toute l'année; *10 inches* ~ dix pouces de tour; **3.** *prp.* (*souv.* ~ *about*) autour de; vers (*trois heures*): environ; *go* ~ *the shops* faire le tour des magasins; **4.** *su.* cercle *m*, rond *m* (*a.* ⌂); cartes, tennis, voyage, *etc.*: tour *m*; bière, facteur, médecin: tournée *f*; ✖ ronde *f* (*d'un officier*); *sp.* circuit *m*; *box.* round *m*; *fig.* raison *m*; ✖ fusillade, *fig.* applaudissements: salve *f*; ✖ munitions: cartouche *f*; ♣ canon *m*; *100* ~*s* cent cartouches; **5.** (s')arrondir; contourner (*une colline, un obstacle*); ♣ doubler (*un cap*); ~ **off** arrondir; *fig.* achever; F ~ *on* dénoncer (*q.*); ~ *up* rassembler; rafler (*des voleurs*).

round·a·bout ['raundəbaut] **1.** indirect, détourné; ~ **system** (*of traffic*) sens *m* giratoire; **2.** détour *m*; clôture *f* circulaire; carrousel *m*; *mot.* F sens *m* gyro.

roun·del ['raundl] rondeau *m*; ♪ ronde *f*; **round·e·lay** ['~dilei] chanson *f* à refrain; *danse:* ronde *f*.

round·ers ['raundəz] *pl.* balle *f* au camp; **'round·head** *hist.* tête *f* ronde; **'round·ish** presque rond; **'round·ness** rondeur *f*; **rounds·man** ✚ ['~zmən] livreur *m*; **'round·ta·ble con·fer·ence** réunion *f* paritaire; **'round·up** rassemblement *m*, rafle *f* (*de voleurs etc.*).

roup *vét.* [ru:p] diphtérie *f* des poules.

rouse [rauz] *v/t.* (*a.* ~ *up*) (r)éveiller; faire lever (*le gibier*); susciter; mettre en colère; remuer; *v/i.* se réveiller; (*a.* ~ *o.s.*) se secouer; **'rous·ing** qui excite; enlevant (*discours*); chaleureux (-euse *f*) (*applaudissements*).

roust·a·bout *Am.* ['raustə'baut] débardeur *m*; manœuvre *m*.

rout[1] [raut] bande *f*; ✚ attroupement *m*; *a. see* riot 1; † soirée *f*.

rout² [~] **1.** ✗ déroute *f*; débandade *f*; put to ~ = **2.** mettre en déroute.

rout³ [~] *see* root².

route [ruːt; ✗ raut] route *f* (*a.* ✗); itinéraire *m*; '~-**march** marche *f* d'entraînement.

rou·tine [ruːˈtiːn] **1.** routine *f*; ✗, ⚓ emploi *m* du temps; *fig.* train-train *m* (journalier); **2.** courant; ordinaire.

rove [rouv] *v/i.* rôder; vagabonder, errer; *v/t.* parcourir; '**rov·er** coureur *m*, vagabond *m*; éclaireur *m*.

row¹ [rou] rang *m* (*a.* théâ.), rangée *f*; file *f* (*de voitures*); ligne *f* (*de maisons etc.*); *Am.* a hard ~ to hoe une tâche *f* difficile.

row² [~] **1.** ramer; faire du canotage; **2.** promenade *f* en canot.

row³ F [rau] **1.** vacarme *m*, tapage *m*; chahut *m*; dispute *f*, rixe *f*; F réprimande *f*; what's the ~? qu'est-ce qui se passe?; **2.** *v/t.* semoncer (*q.*); *v/i.* se quereller (avec, with).

row·an ♀ ['rauən] sorbier *m* commun; '~**ber·ry** sorbe *f*.

row-boat ['roubout] bateau *m* à rames, canot *m*.

row·dy ['raudi] **1.** chahuteur *m*; voyou *m*; **2.** tapageur (-euse *f*).

row·el ['rauəl] **1.** molette *f* (*d'éperon*); **2.** éperonner.

row·er ['rouə] rameur (-euse *f*) *m*.

row·house *Am.* ['rouhaus] maison *f* attenante aux maisons voisines.

row·ing-boat ['rouiŋbout] *see* row-boat.

row·lock ⚓ ['rɔlək] tolet *m*, dame *f*.

roy·al ['rɔiəl] **1.** ☐ royal (-aux *m/pl.*); *fig.* princier (-ère *f*); **2.** ⚓ cacatois *m*; (*a.* ~ stag) cerf *m* à douze andouillers; F the ~s *pl.* la famille *f* royale; '**roy·al·ism** royalisme *m*; '**roy·al·ist** royaliste (*a. su./mf*); '**roy·al·ty** royauté *f*; personnage *m* royal; *royalties pl.* droits *m/pl.* d'auteur; redevance *f* (*à un inventeur*).

rub [rʌb] **1.** frottement *m*; friction *f*; coup *m* de torchon; F there is the ~ c'est là le diable; **2.** *v/t.* frotter; frictionner; ~ down frictionner; ⊕ adoucir; panser (*un cheval*); ~ in frictionner (*q. à qch.*); F don't ~ it in! n'insiste(z) pas!; ~ off enlever par le frottement; ~ out effacer; ~ up astiquer; faire reluire; rafraîchir sa mémoire; *v/i.* (*personne:* se)

frotter (contre against, on); *fig.* ~ along (*ou* on *ou* through) se débrouiller.

rub-a-dub ['rʌbədʌb] *tambour:* rataplan *m*.

rub·ber ['rʌbə] caoutchouc *m*; gomme *f* à effacer; *personne:* frotteur (-euse *f*) *m*; ⊕ frottoir *m*; torchon *m*; ⊕ (*a.* ~ file) carreau *m*; *cartes:* robre *m*; *Am.* ~s *pl.* caoutchoucs *m/pl.*; *attr.* de *ou* en caoutchouc; à gomme (*arbre*); *Am. sl.* ~ check chèque *m* sans provision; ~ solution dissolution *f* de caoutchouc; '~-**neck** *Am. sl.* **1.** badaud(e *f*) *m*; touriste *mf*; **2.** badauder; ~ **stamp** timbre *m* (en) caoutchouc; tampon *m*; *fig. Am.* F fonctionnaire *m* qui exécute aveuglément les ordres de ses supérieurs.

rub·bish ['rʌbiʃ] *Brit.* ordures *f/pl.*, immondices *f/pl.*, détritus *m/pl.*; ⊕ rebuts *m/pl.*; *fig.* fatras *m*; *fig.* camelote *f*; *fig.* bêtises *f/pl.*; *Brit.* ~ bin poubelle *f*; *Brit.* ~ chute vide-ordures *m/inv.*; *Brit.* ~ dump décharge *f*, dépotoir *m*; *Brit.* ~ heap monceau *m* de détritus, tas *m* d'ordures. '**rub·bish·y** sans valeur; de camelote.

rub·ble ['rʌbl] moellons *m/pl.* (bruts); (*a.* ~-work) moellonage *m*.

rube *Am. sl.* [ruːb] croquant *m*; nigaud *m*.

ru·be·fa·cient ✗ [ruːbiˈfeiʃjənt] rubéfiant (*a. su./m*).

ru·bi·cund ['ruːbikənd] rubicond, rougeaud.

ru·bric *typ., eccl.* ['ruːbrik] rubrique *f*; **ru·bri·cate** ['~keit] rubriquer.

ru·by ['ruːbi] **1.** *min.* rubis *m*; couleur *f* de rubis; *typ.* corps *m* 5½; **2.** rouge, vermeil(le *f*).

ruck [rʌk] *courses:* the ~ les coureurs *m/pl.*; *fig.* le commun *m* (du peuple); *cost.* fronçure *f*.

ruck(·le ['rʌk(l)] (se) froisser; *v/i.* se froisser; goder.

ruck·sack ['ruksæk] sac *m* à dos.

ruc·tion *sl.* ['rʌkʃn] bagarre *f*, scène *f*.

rud·der ⚓, *a.* ✈ ['rʌdə] gouvernail *m*.

rud·di·ness ['rʌdinis] rougeur *f*; coloration *f* du teint; **rud·dle** ['rʌdl] **1.** ocre *f* rouge; **2.** frotter d'ocre rouge; marquer *ou* passer (*qch.*) à l'ocre rouge; '**rud·dy** rouge; rougeâtre; coloré (*teint*); *sl.* sacré.

ʼude □ [ruːd] primitif (-ive *f*) (*dessin, outil, peuple, temps, etc.*); grossier (-ère *f*) (*langage, méthode, outil, personne*); rudimentaire; fruste (*style etc.*); *fig.* violent; mal élevé, impoli (*personne*); ⊕ brut (*minerai*); robuste (*santé*).

ru·di·ment *biol.* [ˈruːdimənt] rudiment *m* (de, of) (*a. fig.*); ~s *pl. a.* éléments *m/pl.*; **ru·di·men·ta·ry** [~ˈmentəri] rudimentaire.

rue[1] ♀ [ruː] rue *f*.

rue[2] [~] se repentir de, regretter amèrement.

rue·ful □ [ˈruːful] triste, lugubre; **ʼrue·ful·ness** tristesse *f*; air *m* triste *ou* lugubre; ton *m* triste.

ruff[1] [rʌf] fraise *f*, collerette *f*; *orn., zo.* collier *m*, cravate *f*; *orn.* pigeon *m* à cravate; *orn.* paon *m* de mer.

ruff[2] [~] *whist:* **1.** coupe *f*; **2.** couper (*avec un atout*).

ruf·fi·an [ˈrʌfjən] bandit *m*, apache *m*; F *enfant:* polisson *m*; **ʼruf·fi·an·ly** de bandit, de brute; brutal (-aux *m/pl.*).

ruf·fle [ˈrʌfl] **1.** manchette *f* en dentelle; rides *f/pl.* (*sur l'eau*); *fig.* ennui *m*; agitation *f*; ~ *collar* fraise *f*; **2.** *v/t.* ébouriffer; agiter; hérisser (*les plumes*); irriter, froisser (*q.*); *cost.* rucher; plisser; froisser (*une robe*); *v/i.* s'ébouriffer; s'agiter; se hérisser (*oiseau*).

rug [rʌg] couverture *f*; (*a. floor* ~) carpette *f*; descente *f* de lit.

Rug·by (**foot·ball**) [ˈrʌgbi (ˈfutbɔːl)] *le* rugby *m*.

rug·ged □ [ˈrʌgid] raboteux (-euse *f*) (*terrain, style*); rugueux (-euse *f*); rude (*traits, tempérament*); **ʼrug·ged·ness** nature *f* raboteuse *ou* rude *f*.

ru·in [ˈruːin] **1.** ruine *f*; *usu.* ~s *pl.* ruine *f*, -s *f/pl.*; *lay in* ~s détruire de fond en comble; **2.** ruiner; abîmer; gâcher; séduire (*une femme*); **ru·in·a·tion** F ruine *f*, perte *f*; **ʼru·in·ous** □ délabré, en ruines; *fig.* ruineux (-euse *f*) (*dépenses etc.*).

rule [ruːl] **1.** règle *f* (*a. eccl.*); règlement *m*; (*a. standing* ~) règle *f* fixe; empire *m*, autorité *f*; ⚖ ordonnance *f*, décision *f*; ⊕ mètre *m*; *typ.* filet *m*; *as a* ~ en règle générale; ⚖ ~(*s*) *of court* directive *f* de procédure; décision *f* du tribunal;

mot. ~ *of the road code m de la route*; ⚓ règles *f/pl.* de route; ⚕ ~ *of three* règle *f* de trois; ~ *of thumb* méthode *f* empirique; procédé *m* mécanique; *make it a* ~ se faire une règle (de *inf.*, to *inf.*); *work to* ~ faire la grève du règlement; **2.** *v/t.* gouverner; (*a.* ~ *over*) régner sur; commander à; ⚖ décider, déclarer, régler (*du papier*); tracer à la règle (*une ligne*); ~ *the roost* (*ou roast*) être le maître; ~ *out* rayer; éliminer; *v/i.* régner; ✝ rester; se pratiquer (*prix*); **ʼrul·er** souverain(e *f*) *m*; règle *f*, mètre *m*; **ʼrul·ing 1.** *surt.* ⚖ ordonnance *f*, décision *f*; **2.** ✝ ~ *price* prix *m* du jour.

rum[1] [rʌm] rhum *m*; *Am.* spiritueux *m*.

rum[2] *sl.* [~] □ bizarre.

Ru·ma·ni·an [ruːˈmeinjən] **1.** roumain; **2.** *ling.* roumain *m*; Roumain(e *f*) *m*.

rum·ble[1] [ˈrʌmbl] **1.** roulement *m*; *tonnerre:* grondement *m*; grouillement *m*; *surt. mot.* siège *m* de derrière; (*Am.* ~*-seat*) spider *m*; *Am.* F bagarre *f* entre deux bandes d'adolescents; **2.** rouler; gronder (*tonnerre*); grouiller (*ventre*).

rum·ble[2] *sl.* [~] pénétrer les intentions de (*q.*) *ou* le secret de (*qch.*).

rum·bus·tious □ F [rʌmˈbʌstiəs] exubérant.

ru·mi·nant [ˈruːminənt] ruminant (*a. su./m*); **ru·mi·nate** [~ˈneit] ruminer (*a. fig.*); *fig. a.* méditer; **ru·mi·na·tion** rumination *f*; méditation *f*.

rum·mage [ˈrʌmidʒ] **1.** fouille *f*, recherches *f/pl.*; ✝ (*usu.* ~ *goods pl.*) choses *f/pl.* de rebut; ~ *sale* vente *f* d'objets usagés; **2.** *v/t.* (*far*)fouiller; *v/i.* fouiller (*pour trouver, for*). [Rhin.]

rum·mer [ˈrʌmə] verre *m* à vin du]

rum·my[1] *sl.* [~] □ l'rami] bizarre.

rum·my[2] [~] sorte *f* de jeu de cartes.

ru·mo(u)r [ˈruːmə] **1.** rumeur *f*, bruit *m*; **2.** répandre (*une nouvelle*); *it is* ~*ed that* le bruit court que; **ʼ~-mon·ger** colporteur *m* de faux bruits.

rump *anat.* [rʌmp] croupe *f*, *orn.* croupion *m* (*a.* F *co. d'un homme*); *cuis.* culotte *f* (*de bœuf*).

rum·ple [ˈrʌmpl] *v/t.* froisser, chiffonner; *fig.* contrarier, vexer.

rump·steak [ˈrʌmpsteik] romsteck *m.*

rum·pus F [ˈrʌmpəs] chahut *m;* fracas *m;* *Am.* ~ **room** salle *f* de jeux.

rum-run·ner *Am.* [ˈrʌmrʌnə] contrebandier *m* de spiritueux.

run [rʌn] **1.** [*irr.*] *v/i.* courir (*personne, animal, bruit, sp.,* ♻, *fig., etc.*); mot. aller, rouler, marcher (*a.* ⊕); ♻ faire route; ♻ faire la traversée; 🚢 faire le service (entre Londres et la côte, *between London and the coast*); ⊕ fonctionner, être en marche; ⊕ tourner (*roue*); remonter les rivières (*saumon*); (s'en)fuir, se sauver; s'écouler (*temps*); couler (*rivière, plume,* ⊕ *pièce, a. couleur au lavage*); s'étendre (*encre, tache*); ♣ suppurer (*ulcère*); *théâ.* tenir l'affiche; se jouer; se démailler (*bas*); *journ. Am.* paraître (*annonce*); ~ **across** s.o. rencontrer q. par hasard; ~ **after** courir après; ~ **away** s'enfuir; *fig.* enlever (q., *with s.o.*); ~ **down** descendre en courant; s'arrêter (*montre etc.*); *fig.* décliner; ~ **dry** se dessécher, s'épuiser; F ~ **for** courir après; *parl.* se porter candidat à *ou* pour; ~ **high** être gros(se *f*) (*mer*); s'échauffer (*sentiments*); *that* ~*s in the blood* (*ou family*) cela tient de famille; ~ **into** tomber dans; entrer en collision avec; rencontrer (q.) par hasard; s'élever à; ~ **low** s'abaisser; ~ **mad** perdre la tête; ~ **off** (s'en)fuir; ~ **on** continuer sa course; s'écouler (*temps*); suivre son cours; continuer à parler; ~ **out** sortir en courant; couler; s'épuiser; *I have* ~ *out of tobacco* je n'ai plus de tabac; ~ **over** parcourir; passer en revue; écraser (q.); ~ **short** of venir à bout de (*qch.*); ~ **through** traverser (en courant); parcourir du regard; dissiper (*une fortune*); ~ **to** se monter à, s'élever à; être de l'ordre de; F durer; F être suffisant pour (*inf.*); ~ **up** monter en courant; accourir; s'élever (*somme*); ~ **up** to s'élever à; ~ **(up)on** se ruer sur; rencontrer par hasard; ~ **with** ruisseler de (q.); **2.** [*irr.*] *v/t.* courir (*une distance, une course*); mettre au galop (*un cheval*); *équit.* faire courir; chasser (*un renard*); diriger (*un navire, un train*) (sur, *to*); assurer le service de (*un navire, un autobus*); ⊕ faire fonc-

tionner; ⊕ couler, jeter (*du métal*); *fig.* entretenir (*une auto*); avoir (*une auto, la fièvre*); diriger (*affaire, ferme, hôtel, magasin, théâtre, etc.*); tenir (*hôtel, magasin, ménage*); éditer (*un journal etc.*); exploiter (*une usine*); (faire) passer; tracer (*une ligne*); ✝ vendre; F appuyer (*un candidat*); ~ *the blockade* forcer le blocus; ~ **down** renverser (q.); *mot.* écraser (q.); ♻ couler; *fig.* dénigrer, éreinter; F attraper, dépister; *be* ~ **down** être à plat; être épuisé; ~ *errands* faire des courses *ou* commissions; ~ s.o. hard presser q.; ~ *in mot. etc.* roder; ~ arrêter (*un criminel*), conduire au poste (*de police*); *mot.* s'emboutir contre; ~ *off* faire écouler (*un liquide*); réciter tout d'une haleine; faire (*qch.*) en moins de rien *ou* à la hâte; ~ **out** chasser; filer (*une corde*); ~ **over** passer sur le corps à, écraser (q.); parcourir (*un texte*); ~ s.o. **through** transpercer q.; ~ **up** hisser (*un pavillon*); faire monter (*le prix*); bâtir à la va-vite (*un bâtiment*); confectionner à la hâte (*une robe*); laisser grossir (*un compte*); laisser monter (*une dette*); **3.** action *f* de courir; course *f;* *mot.* tour *m,* promenade *f;* ♻ traversée *f,* parcours *m;* 🚢 trajet *m;* ⊕ marche *f;* *fig.* cours *m,* marche *f;* suite *f;* *théâ.* durée *f;* ♪ roulade *f;* ✝ ruée *f;* descente *f* (sur, [up]on); *Am.* petit ruisseau *m;* *surt. Am.* bas de dames: échelle *f;* ✝ catégorie *f;* *cartes:* séquence *f; fig.* libre accès *m;* élan *m;* *the common* ~ le commun, l'ordinaire; *théâ. a* ~ *of 50 nights* 50 représentations; ~ (*up)on a bank* descente *f* sur une banque; *be in the* ~(*ning*) avoir des chances (d'arriver); *in the long* ~ à la longue, en fin de compte; *in the short* ~ ne songeant qu'au présent; *on the* ~ sans le temps de s'asseoir; en fuite.

run...: ~·**a·bout** *mot.* [ˈrʌnəbaut] voiturette *f;* (*a.* ~ *car*) petite auto *f;* ~·**a·way** [ˈrʌnəwei] fugitif (-ive *f*) *m;* cheval *m* emballé.

run-down 1. [rʌnˈdaun] épuisé; surmené; ruiné; délabré; **2.** F [ˈrʌndaun] compte *m* rendu minutieux.

rune [ruːn] rune *f.*

rung¹ [rʌŋ] *p.p.* de *ring²* 2.

rye

rung² [ˌ] échelon *m*; *échelle:* traverse *f.*

run·ic [ˈruːnik] runique.

run-in F [ˈrʌnˈin] querelle *f*, altercation *f.*

run·let [ˈrʌnlit], **run·nel** [ˈrʌnl]
ruisseau *m*; rigole *f.*

run·ner [ˈrʌnə] coureur (-euse *f*) *m*;
✕ courrier *m*; *traîneau:* patin *m*;
lit, tiroir, etc.: coulisseau *m*; ⚘
coulant *m*; ⚘ traînée *f* (*du fraisier*);
courses: partant *m*; ⊕ poulie *f* fixe;
⊕ roue *f* mobile; chariot *m* ou
galet *m* de roulement; *métall.* jet *m*
(de coulée); **~-up** *sp.* [ˈˌɔrˈʌp] bon
second *m*; deuxième *m.*

run·ning [ˈrʌniŋ] 1. courant; *two
days* ~ deux jours de suite; ✕ ~
fight combat *m* de retraite; ✕ ~
fire feu *m* roulant ou continu; ~
hand écriture *f* cursive; *sp.* ~ *start*
départ *m* lancé; ~ *stitch* point *m*
devant; 2. course *f*, -s *f/pl.*; '**~-
board** *mot.*, 🚋 marchepied *m*; 🚌
tablier *m.*

run-of-the-mill [rʌnəvðəˈmil] ordinaire; banal (-als *m/pl.*); médiocre.

runt [rʌnt] *zo.* bœuf *m* ou vache *f* de
petite race; *fig.* nain *m.*

run-up [ˈrʌnʌp] période *f* préparatoire.

run·way [ˈrʌnwei] ✈ piste *f*
d'envol; *chasse:* coulée *f*; ⊕ chemin
m de roulement.

ru·pee [ruːˈpiː] roupie *f.*

rup·ture [ˈrʌptʃə] 1. rupture *f*; ✚
a. hernie *f*; 2. (se) rompre; *be ~d*
avoir une hernie.

ru·ral [ˌ] [ˈruərəl] rural (-aux *m/pl.*);
champêtre; des champs; '**ru·ral·
ize** *v/t.* rendre rural; *v/i.* vivre à la
campagne.

rush¹ ⚘ [rʌʃ] jonc *m.*

rush² [ˌ] 1. course *f* précipitée;
élan *m*, bond *m*; hâte *f*; bouffée
f (*d'air*); ✕ bond *m*; ✕, ✚ demande *f* considérable; torrent *m*
(*d'eau*); ~ *hours pl.* heures *f/pl.*
d'affluence; ✚ coup *m* de feu; ✚
~ *order* commande *f* urgente; 2. *v/i.*
se précipiter, s'élancer (sur, *at*); se
jeter; ~ *into extremes* se porter aux
dernières extrémités; ~ *into print*

publier à la légère; F ~ *to conclusions* conclure trop hâtivement; *v/t.*
pousser *etc.* violemment; chasser;
faire faire au galop; ✕ prendre
d'assaut; *fig.* envahir; dépêcher
(*un travail*); exécuter à la hâte ou
d'urgence; *sl.* faire payer (*qch.* à
q.); *parl.* ~ *through* faire passer à la
hâte; '**rush·ing** □ tumultueux
(-euse *f*).

rush·y [ˈrʌʃi] plein de joncs; fait
de jonc.

rusk [rʌsk] biscotte *f.*

rus·set [ˈrʌsit] 1. roussâtre; 2. couleur *f* roussâtre; † drap *m* de bure.

Rus·sia leath·er [ˈrʌʃəˈleðə] cuir *m*
de Russie; '**Rus·sian** 1. russe;
2. *ling.* russe *m*; Russe *mf.*

rust [rʌst] 1. rouille *f*; 2. (se) rouiller (*a. fig.*).

rus·tic [ˈrʌstik] 1. (~ally) rustique;
agreste; paysan(ne *f*); 2. paysan(ne
f) *m*, campagnard(e *f*) *m*; rustaud(e
f) *m*; **rus·ti·cate** [ˈˌkeit] *v/t. univ.*
renvoyer pendant un temps; *v/i.*
habiter la campagne; **rus·ti·ca-
tion** vie *f* à la campagne; *univ.*
renvoi *m* temporaire; **rus·tic·i·ty**
[ˌˈtisiti] rusticité *f.*

rus·tle [ˈrʌsl] 1. (faire) bruire,
froufrouter; *v/t. a.* froisser; *Am.* F
ramasser, réunir; voler (*du bétail*);
2. bruissement *m*; frou-frou *m*;
froissement *m.*

rust…: '**~·less** sans rouille; ✚ inoxydable; '**~·proof**, '**~-re·sist·ant**
antirouille; inoxydable; '**rust·y**
rouillé (*a. fig.*); couleur de rouille,
rouilleux (-euse *f*).

rut¹ *zo.* [rʌt] 1. rut *m*; 2. être en rut.

rut² [ˌ] ornière *f* (*a. fig.*); *fig. a.*
routine *f.*

ruth·less □ [ˈruːθlis] impitoyable;
brutal (-aux *m/pl.*) (*acte, vérité*);
'**ruth·less·ness** nature *f* ou caractère *m* impitoyable.   [(*chemin*).\

rut·ted [ˈrʌtid] coupé d'ornières]

rut·ting *zo.* [ˈrʌtiŋ] du rut; en rut;
~ *season* saison *f* du rut.

rut·ty [ˈrʌti] coupé d'ornières
(*chemin*).

rye [rai] ⚘ seigle *m*; *Am.* sorte de
whisky.

S

S, s [es] S *m*, s *m*.

sab·bath ['sæbəθ] *bibl.* sabbat *m*; *eccl.* dimanche *m*.

sab·bat·ic, sab·bat·i·cal □ [sə-'bætik(l)] sabbatique; *univ.* sab-*batical year* année *f* de congé.

sa·ble ['seibl] **1.** *zo.* zibeline *f* (*a. fourrure*); noir *m*; ∅ sable *m*; **2.** noir; *poét.* de deuil.

sab·o·tage ['sæbətɑːʒ] **1.** sabotage *m*; **2.** saboter (*a. fig.*).

sa·bre ['seibə] **1.** sabre *m*; **2.** sabrer; **sa·bre·tache** ⚔ ['sæbətæʃ] sabretache *f*.

sac·cha·rin(e) ⚗ ['sækərin] saccharine *f*; **sac·cha·rine** ['⌣rain] saccharin.

sac·er·do·tal □ [sæsə'doutl] sacerdotal (-aux *m/pl.*); de prêtre.

sack¹ [sæk] **1.** sac *m*; (*a.* ~ *coat*) vareuse *f* de sport, pardessus *m* sac; F *get the* ~ recevoir son congé; *give s.o. the* ~ donner son congé à q.; F *hit the* ~ se pieuter, aller au pieu (= *se coucher*); **2.** mettre en sac; F congédier (*q.*), mettre (*q.*) à pied.

sack² [⌣] **1.** sac *m*, pillage *m*; **2.** (*a. put to* ⌣) mettre à sac *ou* au pillage.

sack·cloth ['sækklɔθ], **sack·ing** toile *f* à sacs; *sackcloth and ashes* le sac et la cendre; **sack·ful** ['⌣ful] plein sac *m*, sachée *f*.

sac·ra·ment *eccl.* ['sækrəmənt] sacrement *m*; **sac·ra·men·tal** □ [⌣'mentl] sacramentel(le *f*).

sa·cred □ ['seikrid] sacré; saint (*histoire*); religieux (-euse *f*) (*musique etc.*); **'sa·cred·ness** caractère *m* sacré; serment: inviolabilité *f*.

sac·ri·fice ['sækrifais] **1.** sacrifice *m*; † *at a* ⌣ à perte; **2.** sacrifier; † *a. vendre à perte*; **'sac·ri·fic·er** sacrificateur (-trice *f*) *m*.

sac·ri·fi·cial [sækri'fiʃl] sacrificatoire; † à perte (*vente*).

sac·ri·lege ['sækrilidʒ] sacrilège *m*; **sac·ri·le·gious** □ [⌣'lidʒəs] sacrilège.

sa·crist ['seikrist], **sac·ris·tan** *eccl.* ['sækristən] sacristain *m*.

sac·ris·ty *eccl.* ['sækristi] sacristie *f*.

sad □ [sæd] triste; déplorable, malheureux (-euse *f*); cruel(le *f*); fâcheux (-euse *f*); terne (*couleur*); **sad·den** ['sædn] (s')affliger; *v/t.* attrister.

sad·dle ['sædl] **1.** selle *f*; **2.** (*a.* ⌣ *up*) seller; *fig.* charger (q. de qch. *s.o. with s.th.*, *s.th. on s.o.*); F encombrer (de, *with*); '⌣-**backed** ensellé (*cheval*); '⌣-**bag** sacoche *f* de selle; '⌣-**cloth** tapis *m* de selle; housse *f* de cheval; **'sad·dler** sellier *m*; *Am.* cheval *m* de selle; **'sad·dler·y** sellerie *f*.

sad·ism ['sædizm] sadisme *m*; **'sad·ist** sadique *mf*; **sa·dis·tic** [sæ'distik] sadique; ⌣*ally* avec sadisme.

sad·ness ['sædnis] tristesse *f*, mélancolie *f*.

sa·fa·ri [sə'fɑːri] expédition *f* de chasse.

safe [seif] **1.** □ en sûreté (contre, *from*), à l'abri (de, *from*); sûr; sans risque; hors de danger; ⌣ *and sound* sain et sauf; *be on the* ⌣ *side* être du bon côté; **2.** coffre-fort (*pl.* coffres-forts) *m*; ♣ caisse *f* du bord; *cuis.* garde-manger *m/inv.*; ⌣ *deposit* dépôt *m* en coffre-fort; '⌣-**break·er,** '⌣-**crack·er** *Am.* crocheteur *m* de coffres-forts; '⌣-**con·duct** sauf-conduit *m*; '⌣-**guard** **1.** sauvegarde *f*; **2.** sauvegarder, protéger; ⌣*ing duty tarif m* de sauvegarde; **'safe·ness** sûreté *f*; sécurité *f*.

safe·ty ['seifti] **1.** sûreté *f*; sécurité*f*; **2.** de sûreté; ⌣ *belt* ceinture *f* de sécurité; *théâ.* ⌣ *curtain* rideau *m* de fer; ⌣ *glass* verre *m* Sécurit (*TM*); ⌣ *island* refuge *m*; ⌣ *lamp* lampe *f* de mineur; ⌣ *match* allumette de sûreté; ⌣ *lock* serrure *f* de sûreté; ⌣ *pin* épingle *f* de nourrice; ⌣ *razor* rasoir *m* de sûreté.

saf·fron ['sæfrən] **1.** safran *m* (*a. couleur*); **2.** safran *inv.*

sag [sæg] **1.** fléchir (*a.* ✝); s'affaisser; ⊕ pencher d'un côté; se relâcher (*corde*); pendre; **2.** affaissement *m* (*a.* ⊕); ⚓ dérive *f*; ✝ baisse *f*.

sa·ga ['sɑ:gə] saga *f*.

sa·ga·cious □ [sə'geiʃəs] sagace, avisé, rusé.

sa·gac·i·ty [sə'gæsiti] sagacité *f*.

sage¹ [seidʒ] **1.** □ sage, prudent; **2.** sage *m*.

sage² ♀ [~] sauge *f*.

Sa·git·tar·i·us *astr.* [sædʒi'tɛəriəs] le Sagittaire *m*.

sa·go ['seigou] sagou *m*.

said [sed] *prét. et p.p. de* say 1.

sail [seil] **1.** voile *f*; *coll.* toile *f*; promenade *f* à voile; **10** ~ dix navires *m/pl.*; **2.** *v/i.* naviguer; faire route; partir; *fig.* planer, voler; *v/t.* naviguer sur; conduire (*un vaisseau*); '~**boat** canot *m* à voiles; '~**cloth** toile *f* à voile, canevas *m*; '**sail·er** *bateau*: voilier *m*; '**sail·ing-ship**, '**sail·ing-ves·sel** voilier *m*; navire *m* à voiles; '**sail·or** marin *m*; matelot *m*; *cost.* ~ **blouse** marinière *f*; ~'s knot nœud *m* régate; *be a good (bad)* ~ (ne pas) avoir le pied marin; '**sail-plane** planeur *m*.

sain·foin ♀ ['seinfɔin] sainfoin *m*; F éparcette *f*.

saint [seint; *devant npr.* sənt] **1.** saint(e *f*) *m*; *the* ~*s pl.* les fidèles *m/pl.* trépassés; **2.** *v/t.* canoniser; *v/i.* F ~ (*it*) faire le saint; '**saint·ed** saint; '**saint·li·ness** sainteté *f*; '**saint·ly** *adj.* (de) saint.

sake [seik]: *for the* ~ of à cause de; pour l'amour de; dans l'intérêt de; *for my* ~ pour moi, pour me faire plaisir; *for God's* ~ pour l'amour de Dieu.

sal 🜍 [sæl] sel *m*; ~ *ammoniac* sel *m* ammoniac; ~ *volatile* sels *m/pl.* (volatils).

sal·a·ble ['seiləbl] vendable.

sa·la·cious □ [sə'leiʃəs] lubrique.

sal·ad ['sæləd] salade *f*.

sal·a·man·der ['sæləmændə] *zo.* salamandre *f*; *cuis.* couvercle *m* à braiser.

sa·la·me, sa·la·mi [sə'lɑ:mi] salami *m*.

sal·a·ried ['sælərid] rétribué; aux appointements (*personne*); '**sal·a·ry** **1.** traitement *m*, appointements *m/pl.*; **2.** payer des appointements

à; '**sal·a·ry-earn·er** salarié(e *f*) *m*.

sale [seil] vente *f* (✝ de réclame); (*a. public* ~) vente *f* aux enchères; *for (ou on)* ~ en vente; à vendre; *private* ~ vente *f* à l'amiable; '**sale·a·ble** vendable; de vente facile.

sale...: '~**note** bordereau *m* de vente; '~**room** salle *f* de(s) vente(s).

sales... [seilz]: ~ **clerk** *Am.* vendeur (-euse *f*) *m*; ~ **com·mis·sion** commission *f* (pour la vente); '~**man** vendeur *m*; '~**girl**, '~**wom·an** vendeuse *f*; ~ **room** salle *f* des ventes; ~ **talk** *Am.* boniment *m*.

sa·li·ence ['seiliəns] projection *f*; saillie *f*; '**sa·li·ent** □ saillant (*a. fig.*); en saillie; *fig.* frappant.

sa·line 1. ['seilain] salin (*a.* 🜊), salé; **2.** [sə'lain] salin *m*; 🜊 sel *m* purgatif.

sa·li·va [sə'laivə] salive *f*; **sal·i·var·y** ['sælivəri] salivaire; **sal·i·va·tion** salivation *f*.

sal·low¹ ♀ ['sælou] saule *m*.

sal·low² [~] jaunâtre, olivâtre; '**sal·low·ness** *teint*: ton *m* jaunâtre.

sal·ly ['sæli] **1.** ✗ sortie *f*; *effort, esprit, etc.*: saillie *f*; **2.** ✗ (*a.* ~ *out*) faire une sortie; ~ *forth (ou out)* se mettre en route; '~**port** ✗ poterne *f* (de sortie).

sal·ma·gun·di [sælmə'gʌndi] salmigondis *m*; *fig.* méli-mélo (*pl.* mélismélos) *m*.

salm·on ['sæmən] **1.** saumon *m* (*a. couleur*); **2.** saumon *inv.*

sa·loon [sə'lu:n] salon *m* (*a. de paquebot*); salle *f*; première classe *f* (*en bateau*); *Am.* cabaret *m*; **sa'loon-car** 🚋 wagon-salon (*pl.* wagons-salons) *m*; *mot.* (voiture *f* à) conduite *f* intérieure, limousine *f*.

salt [sɔ:lt] sel *m* (*a. fig.*); *fig.* piquant *m*; *old* ~ loup *m* de mer (= *vieux matelot*); *above (below)* the ~ au haut (bas) bout de la table; **2.** salé (*a. fig.*); salin; salifère; **3.** saler; *sl.* ~ *away* mettre de côté, économiser.

sal·ta·tion [sæl'teiʃn] saltation *f*; *biol.* mutation *f*.

salt...: '~**cel·lar** salière *f*; '**salt·ed** *f* immunisé; *fig.* endurci; '**salt·er** saleur (-euse *f*) *m*; saunier *m*; fabricant *m* de sel; '**salt·free** sans sel; '**salt·ness** salure *f*, salinité *f*; **salt·pe·tre** ['~pi:tə] salpêtre *m*, nitre *m*; '**salt·shak·er** *Am.* salière *f*; '**salt·works**

saunerie *f*, saline *f*; **'salt·y** salé (*a. fig.*); de sel.

sa·lu·bri·ous □ [sə'luːbriəs] salubre, sain; **sa'lu·bri·ty** salubrité *f*; **sal·u·tar·i·ness** ['sæljutərinis] caractère *m* salutaire; **'sal·u·tar·y** □ salutaire (à, to).

sal·u·ta·tion [sælju'teiʃn] salutation *f*; **sa·lu·ta·to·ry** [sə'ljuːtətəri] de salutation; de bienvenue; **sa·lute** [sə'luːt] **1.** salut(ation *f*) *m*; *co.* baiser *m*; ✕, ⚓ salut *m*; **2.** saluer (*a.* ✕, ⚓).

sal·vage ['sælvidʒ] **1.** (indemnité *f* de) sauvetage *m*; objets *m/pl.* sauvés; **2.** récupérer; ⚓ effectuer le sauvetage de.

sal·va·tion [sæl'veiʃn] salut *m* (*a. fig.*); ♀ Army Armée *f* du Salut; **sal'va·tion·ist** salutiste *mf*.

salve[1] [sælv] sauver; effectuer le sauvetage de.

salve[2] [sɑːv] **1.** *usu. fig.* baume *m*; **2.** *usu. fig.* adoucir; calmer.

sal·ver ['sælvə] plateau *m*.

sal·vo ['sælvou], *pl.* **-voes** ['ˌvouz] ✕ salve *f* (*a. fig.*); ⚔ release bombardement *m* en traînée); lâchage *m* par salves; **sal·vor** ⚓ ['ˌvɔ] sauveteur *m*.

Sa·mar·i·tan [sə'mæritn] **1.** samaritain; **2.** Samaritain(e *f*) *m*.

sam·ba ['sæmbə] samba *f*.

same [seim]: *the* ~ le (la) même; *les mêmes pl.*; *all the* ~ tout de même; *it is all the* ~ *to me* ça m'est égal; *cela ne me fait rien*; **'same·ness** identité *f* (avec, with); ressemblance *f* (à, with); monotonie *f*. [maïs.)

samp *Am.* [sæmp] gruau *m* de) **sam·ple** ['sɑːmpl] **1.** *surt.* ✱ échantillon *m*; *sang, minerai, etc.*: prélèvement *m*; **2.** échantillonner; *fig.* essayer, goûter; **'sam·pler** modèle *m* de broderie; **'sam·pling** échantillonnage *m*.

san·a·tive ['sænətiv] guérisseur (-euse *f*); **san·a·to·ri·um** [ˌ'tɔːriəm] sanatorium *m*; *école:* infirmerie *f*; **san·a·to·ry** ['ˌtəri] guérisseur (-euse *f*), curatif (-ive *f*).

sanc·ti·fi·ca·tion [sæŋktifi'keiʃn] sanctification *f*; **sanc·ti·fy** ['ˌfai] sanctifier; consacrer; **sanc·ti·mo·ni·ous** □ [ˌ'mounjəs] bigot(te *f*), papelard; **sanc·tion** ['sæŋkʃn] **1.** sanction *f*; autorisation *f*; **2.** sanction-

ner; *fig.* approuver; **sanc·ti·ty** ['ˌtiti] sainteté *f*; caractère *m* sacré; **sanc·tu·ar·y** ['ˌtjuəri] sanctuaire *m*; asile *m*; **sanc·tum** ['ˌtəm] sanctuaire *m*; *fig.* F turne *f*.

sand [sænd] **1.** sable *m*; *Am.* sl. cran *m*, étoffe *f*; *fig.* rope of ~ de vagues liens *m/pl.*; **2.** sabler; répandre du sable sur.

san·dal[1] ['sændl] sandale *f*. [-s] *m.*) **san·dal**[2] [ˌ] (*ou* ~-wood) santal (*pl.* **sand...**: **'~·bag** ✕ sac *m* à terre; *porte, fenêtre:* boudin *m*; **'~·blast** ⊕ jet *m* de sable; *appareil:* sableuse *f*; **'~·glass** sablier *m*; horloge *f* de sable; **'~·pit** tas *m* de sable (*pour enfants*); *carrière:* sablonnière *f*; **'~·shoes** espadrilles *f/pl.*

sand·wich ['sænwidʒ] **1.** sandwich *m*; *Brit.* ~ course cours *m* intercalaire (de promotion professionnelle); **2.** (*a.* ~ *in*) serrer; **'~·man** homme sandwich (*pl.* hommes-sandwichs *m*.

sand·y ['sændi] sabl(onn)eux (-euse *f*); sablé (*allée etc.*); blond roux (*cheveux*) *inv.*

sane [sein] sain d'esprit; sensé; sain (*jugement*).

San·for·ize *Am.* ['sænfəraiz] rendre irrétrécissable.

sang [sæŋ] *prét. de sing.*

san·gui·nar·y □ ['sæŋgwinəri] sanguinaire; altéré de sang; **san·guine** ['ˌgwin] sanguin; confiant, optimiste; d'un rouge sanguin; **san·guin·e·ous** [ˌ'niəs] de sang; see sanguine.

san·i·tar·i·an [sæni'teəriən] hygiéniste (*a. su.*); **san·i·tar·y** □ ['ˌtəri] hygiénique (*a.* ⊕); sanitaire (*a.* ✕, ⚓); ~ *towel*, *Am.* ~ *napkin* serviette *f* hygiénique.

san·i·ta·tion [sæni'teiʃn] hygiène *f*; système *m* sanitaire; salubrité *f* publique; **'san·i·ty** santé *f* d'esprit; jugement *m* sain; bon sens *m*; modération *f*.

sank [sæŋk] *prét. de sink 1.*

San·skrit ['sænskrit] sanscrit *m*.

San·ta Claus ['sæntə'klɔːz] Père *m* ou bonhomme *m* Noël.

sap[1] [sæp] ♀ sève *f* (*a. fig.*); *sl.* niais *m*.

sap[2] [ˌ] **1.** ✕ sape *f*; F piocheur (-euse *f*) *m*; *sl.* boulot *m*; **2.** *v/i.* saper; *sl.* piocher, bûcher; *v/t.* saper, miner (*a. fig.*).

save

sap·id ['sæpid] savoureux (-euse f); **sa·pid·i·ty** [sə'piditi] sapidité f.

sa·pi·ence usu. iro. ['seipjəns] sagesse f; **'sa·pi·ent** usu. iro. □ savant, sage.

sap·less ['sæplis] sans sève; sans vigueur (personne).

sap·ling ['sæpliŋ] jeune arbre m; fig. jeune homme m.

sap·o·na·ceous [sæpo'neiʃəs] saponacé; fig. onctueux (-euse f).

sap·per ⚔ ['sæpə] sapeur m.

sap·phire min. ['sæfaiə] saphir m.

sap·pi·ness ['sæpinis] abondance f de sève.

sap·py ['sæpi] plein de sève (a. fig.); vert (arbre); sl. nigaud.

Sar·a·cen ['særəsn] Sarrasin(e f) m.

sar·casm ['sɑːkæzm] ironie f; sarcasme m; **sar·cas·tic, sar·cas·ti·cal** □ sarcastique, mordant.

sar·coph·a·gus [sɑː'kɔfəgəs], pl. -gi [ˌdʒai] sarcophage m.

sar·dine icht. [sɑː'diːn] sardine f.

Sar·din·i·an [sɑː'dinjən] **1.** sarde; **2.** ling. sarde m; Sarde mf.

sar·don·ic [sɑː'dɔnik] (ˌally) sardonique (rire); ♣ sardonien(ne f).

sar·to·ri·al [sɑː'tɔːriəl] de tailleur; vestimentaire.

sash¹ [sæʃ] châssis m (de fenêtre à guillotine).

sash² [ˌ] ceinture f; ⚔ a. écharpe f.

sa·shay Am. F [sæ'ʃei] marcher d'un pas vif; danser.

sash-win·dow fenêtre f à guillotine.

sas·sy Am. F ['sæsi] see saucy.

sat [sæt] prét. et p.p. de sit.

Sa·tan ['seitən] Satan m.

sa·tan·ic [sə'tænik] (ˌally) satanique, diabolique.

satch·el ['sætʃl] sacoche f; école: carton m.

sate [seit] see satiate.

sa·teen [sæ'tiːn] satinette f.

sat·el·lite ['sætəlait] satellite m (a. fig.); (a. ~ town) ville f satellite; ~ country pays m satellite.

sa·ti·ate ['seiʃieit] rassasier (de, with); **sa·ti·a·tion** rassasiement m; satiété f; **sa·ti·e·ty** [sə'taiəti] satiété f.

sat·in ['sætin] tex. satin m; **sat·i·net** ['sætinet], usu. **sat·i·nette** [ˌˈnet] satinette f; soie: satinade f.

sat·ire ['sætaiə] satire f (contre, [up]on); **sa·tir·ic, sa·tir·i·cal** □

[sə'tirik(l)] satirique; ironique; **sat·i·rist** ['sætərist] satirique m; **'sat·i·rize** satiriser.

sat·is·fac·tion [sætis'fækʃn] satisfaction f, contentement m (de at, with); acquittement m, paiement m; promesse: exécution f; réparation f (d'une offense).

sat·is·fac·to·ri·ness [sætis'fæktərinis] caractère m satisfaisant; **sat·is·'fac·to·ry** □ satisfaisant; eccl. expiatoire.

sat·is·fied □ ['sætisfaid] satisfait, content (de, with; que, that); **sat·is·fy** ['ˌfai] satisfaire; contenter; payer, liquider (une dette); exécuter (une promesse); remplir (une condition); éclaircir (un doute).

sa·trap ['sætrəp] satrape m.

sat·u·rate 🜊, a. fig. ['sætʃəreit] saturer (de, with); **sat·u·ra·tion** saturation f; imprégnation f; ~ point point m de saturation.

Sat·ur·day ['sætədi] samedi m.

sat·ur·nine ['sætənain] taciturne, sombre.

sat·yr ['sætə] satyre m.

sauce [sɔːs] **1.** sauce f; fig. assaisonnement m; F impertinence f; **2.** assaisonner; F dire des impertinences à (q.); **'~-boat** saucière f; **'~-pan** casserole f; **'sauc·er** soucoupe f.

sau·ci·ness F ['sɔːsinis] impertinence f; chic m (d'une toilette).

sau·cy □ F ['sɔːsi] gamin; effronté, impertinent; chic inv. en genre, coquet(te f).

sau·na ['sɔːnə] sauna m ou f.

saun·ter ['sɔːntə] **1.** flânerie f; promenade f (faite à loisir); **2.** flâner; se balader; **'saun·ter·er** flâneur (-euse f) m.

sau·ri·an zo. ['sɔːriən] saurien m.

sau·sage ['sɔsidʒ] saucisse f; saucisson m.

sav·age ['sævidʒ] **1.** □ sauvage; féroce; brutal (-aux m/pl.) (coup); F furieux (-euse f); **2.** sauvage mf; fig. barbare mf; **3.** attaquer, mordre (chien); **'sav·age·ness, 'sav·age·ry** sauvagerie f, barbarie f; férocité f.

sa·van·na(h) [sə'vænə] savane f.

save [seiv] **1.** v/t. sauver; économiser, épargner; gagner (du temps); mettre de côté; garder; éviter; v/i. faire des économies, économiser; **2.** prp. excepté, sauf; **3.** cj. ~ that excepté que, hormis que; ~ for sauf; si ce n'était ...

sav·e·loy ['sævɪlɔɪ] cervelas *m*.

sav·er ['seivə] libérateur (-trice *f*) *m*; sauveteur *m*; ⊕ économiseur *m*; personne *f* économe.

sav·ing ['seiviŋ] **1.** □ économique; économe (*personne*); ⚖ ~ **clause** clause *f* de sauvegarde; réservation *f*; **2.** épargne *f*; *fig.* salut *m*; sauvetage *m*; ~*s pl.* économies *f/pl.*

sav·ings... ['seiviŋz]: ~ **ac·count** compte *m* d'épargne; '~·**bank** caisse *f* d'épargne; '~-**de·pos·it** dépôt *m* à la caisse d'épargne.

sav·io(u)r ['seivjə] sauveur *m*; *eccl.* the ♀ le Sauveur *m*.

sa·vor·y ♀ ['seivəri] sarriette *f*.

sa·vo(u)r ['seivə] **1.** saveur *f*; goût *m* (*a. fig.*); *fig.* trace *f*; **2.** *v/i. fig.* ~ of sentir (*qch.*), tenir de (*qch.*); *v/t. fig.* savourer; **sa·vo(u)r·i·ness** ['~rinis] saveur *f*, succulence *f*; '**sa·vo(u)r·less** fade, insipide; sans saveur; '**sa·vo(u)r·y** □ savoureux (-euse *f*), succulent, appétissant; piquant, salé.

sa·voy [sə'vɔi] chou *m* frisé *ou* de Milan.

sav·vy *sl.* ['sævi] **1.** jugeote *f*; **2.** comprendre.

saw¹ [sɔː] *prét.* de see.

saw² [~] adage *m*; dicton *m*.

saw³ [~] **1.** scie *f*; **2.** [*irr.*] scier; '~·**buck** *Am. sl.* billet *m* de dix dollars; '~·**dust** sciure *f*; '~-**horse** chevalet *m* de scieur; '~-**mill** scierie *f*; **sawn** [sɔːn] *p.p.* de saw³; **saw·yer** ['~jə] scieur *m* (de long).

Sax·on ['sæksn] **1.** saxon(ne *f*); **2.** *ling.* saxon *m*; Saxon(ne *f*) *m*.

sax·o·phone ♪ ['sæksəfoun] saxophone *m*.

say [sei] **1.** [*irr.*] dire; avouer; affirmer; réciter; ~ *no* refuser; ~ *grace* dire le bénédicité; ~ *mass* dire la messe; *that is to* ~ c'est-à-dire; *do you* ~ *so?* vous croyez?, vous trouvez?; *you don't* ~ *so!* pas possible!, vraiment!; *I* ~! dites donc!; pas possible!; *he is said to be rich* on dit qu'il est riche; on le dit riche; *no sooner said than done* sitôt dit, sitôt fait; **2.** dire *m*, mot *m*, parole *f*; *it is my* ~ now maintenant à moi la parole; *let him have his* ~ laissez-le parler; F *have a (no)* ~ *in s.th.* (ne pas) avoir voix au chapitre;

'**say·ing** dicton *m*, proverbe *m*; dit *m*; récitation *f*; *it goes without* ~ cela va sans dire.

scab [skæb] *plaie*: croûte *f*; *vét. etc.*: gale *f*; *sl.* jaune *m*; *sl.* sale type *m*.

scab·bard ['skæbəd] *épée*: fourreau *m*; *poignard*: gaine *f*.

scab·by □ ['skæbi] croûteux (-euse *f*); galeux (-euse *f*); ⊕ dartreux (-euse *f*); *sl.* méprisable.

sca·bi·es ♣ ['skeibiiːz] gale *f*.

sca·bi·ous ♀ ['skeibiəs] scabieuse *f*.

sca·brous ['skeibrəs] rugueux (-euse *f*); scabreux (-euse *f*) (*conte etc.*).

scaf·fold ['skæfəld] ⚖ échafaud *m*; ⚠ échafaudage *m*; '**scaf·fold·ing** échafaudage *m*; ~ *pole* écorperche *f*.

scald [skɔːld] **1.** échaudure *f*; **2.** (*a. ~ out*) échauder; faire chauffer (*le lait*) sans qu'il entre en ébullition.

scale¹ [skeil] **1.** ♣, peau, poisson, reptile: écaille *f*; ⊕, ♣ dartre *f*; ⊕, ♣ dents: tartre *m*; **2.** *v/t.* écailler; ⊕ piquer; ⊕ détarter (*a. dents*); ⊕ entartrer (= *incruster*); *v/i.* s'écailler; s'exfolier (*arbre*); se déplâtrer (*mur etc.*); ♣ se desquamer; ⊕ (*souv.* ~ *off*) s'entartrer.

scale² [~] **1.** plat(eau) *m*; (*a pair of*) ~*s pl.* (une) balance *f*; *astr.* Balance *f*; **2.** peser.

scale³ [~] **1.** échelle *f*; ♪, ♪ gamme *f*; ♪ tarif *m*; *fig.* étendue *f*, envergure *f*; *on a large (small)* ~ en grand (petit); ~ *model* maquette *f*; *on a national* ~ à l'échelon national; **2.** escalader (*un mur etc.*); tracer (*q.*) à l'échelle; ~ *up (down)* augmenter (réduire) (*les gages etc.*) à l'échelle.

scaled [skeild] écaillé; écailleux (-euse *f*).

scale·less ['skeillis] sans écailles.

scal·ing-lad·der ['skeiliŋlædə] ✂ † échelle *f* d'escalade.

scal·lion ♀ ['skæljən] ciboule *f*.

scal·lop ['skɔləp] **1.** *zo.* pétoncle *m*; *cuis.* coquille *f*; *cost.* feston *m*; dentelure *f*; **2.** découper, denteler; festonner; faire cuire en coquille(s).

scalp [skælp] **1.** épicrâne *m*; cuir *m* chevelu; *Peaux-Rouges*: scalpe *m*; **2.** scalper; ♣ ruginer.

scal·pel ♣ ['skælpəl] scalpel *m*.

scal·y [skeili] écailleux (-euse *f*); squameux (-euse *f*); *sl.* mesquin.

scamp [skæmp] **1.** vaurien *m*; *enfant*: coquin *m*; **2.** bâcler; '**scamp·er 1.** courir allégrement; ~ *off* détaler; **2.** *fig.* course *f* folâtre *ou* rapide.

scan [skæn] *v/t.* scander (*des vers*); examiner, scruter; *v/i.* se scander.

scan·dal ['skændl] scandale *m*; honte *f*; médisance *f*; ⚖ diffamation *f*; **'scan·dal·ize** scandaliser; *be* ∼*d at* (*ou by*) être choqué de *ou* scandalisé par; **'scan·dal·mon·ger** médisant(e *f*) *m*; cancanier (-ère *f*) *m*; **'scan·dal·ous** □ scandaleux (-euse *f*), infâme; honteux (-euse *f*); diffamatoire; **'scan·dal·ous·ness** infamie *f*; caractère *m* scandaleux *etc.*

Scan·di·na·vi·an [skændi'neivjən] **1.** scandinave; **2.** Scandinave *mf*.

scant [skænt] rare, insuffisant.

scant·i·ness ['skæntinis] rareté *f*, insuffisance *f*.

scant·ling ['skæntliŋ] volige *f*; bois *m* équarri; échantillon *m* (*de construction*); équarrissage *m*; *fig.* très petite quantité *f*.

scant·y □ ['skænti] rare, insuffisant, peu abondant; maigre.

scape·goat ['skeipgout] souffredouleur *m/inv.*

scape·grace ['skeipgreis] polisson *m*; petit(e) écervelé(e) *m(f).*

scap·u·lar ['skæpjulə] **1.** *anat.* scapulaire; **2.** *eccl.* scapulaire *m*.

scar¹ [skɑ:] **1.** cicatrice *f* (*a.* ♀, *a. fig.*); balafre *f* (*le long de la figure*); **2.** *v/t.* balafrer; *v/i.* se cicatriser.

scar² [∼] rocher *m* escarpé.

scar·ab *zo.* ['skærəb] scarabée *m*.

scarce [skɛəs] rare; peu abondant; *F make o.s.* ∼ s'éclipser, déguerpir; **'scarce·ly** à peine; (ne) guère; **'scar·ci·ty** rareté *f*; manque *m*, disette *f* (de, *of*).

scare [skɛə] **1.** effrayer; faire peur à (*q.*); épouvanter; ∼*d* épouvanté, apeuré; *be* ∼*d* (*of*) avoir peur (de); *be* ∼*d to death* avoir une peur bleue; panique *f*; '∼**crow** épouvantail *m* (*a. fig.*); '∼**head** *journ. Am.* manchette *f* sensationnelle; '∼**mon·ger** alarmiste *mf*; *sl.* paniquard *m*.

scarf¹ [skɑ:f] ✗, *a. femme:* écharpe *f*; *homme:* cache-nez *m/inv.*; *soie:* foulard *m*; *eccl.* étole *f*; † cravate *f*.

scarf² ⊕ [∼] **1.** assemblage *m* à mi-bois; enture *f*; *métal:* chanfrein *m* de soudure; **2.** ⚓ enter; ⊕ amorcer.

scarf...: '∼**pin** épingle *f* de cravate; '∼**skin** épiderme *m*.

scar·i·fi·ca·tion [skɛərifi'keiʃn] ✗ scarification *f*; **scar·i·fy** ['∼fai] scarifier (*a.* ✍); *fig.* éreinter (*un auteur*).

[scarlatine *f*.]

scar·la·ti·na [skɑ:lə'ti:nə] (fièvre *f*)|

scar·let ['skɑ:lit] écarlate (*a. su./f*); ∼ *fever* (fièvre *f*) scarlatine *f*; ♀ ∼ *runner* haricot *m* d'Espagne.

scarp [skɑ:p] **1.** escarper; ∼*ed* à pic; **2.** escarpement *m*; versant *m* abrupt.

scarred [skɑ:d] balafré; portant des cicatrices.

scarves [skɑ:vz] *pl.* de *scarf¹*.

scar·y F ['skɛəri] timide; épouvantable.

scathe [skeið]: *without* ∼ indemne; **'scath·ing** *fig.* mordant, cinglant, caustique.

scat·ter ['skætə] (se) disperser, (s')éparpiller; (se) répandre; *v/t.* dissiper; ∼*ed a.* épars, clairsemé; '∼**brain** écervelé(e *f*) *m*, étourdi(e *f*) *m*.

scav·enge ['skævindʒ] balayer, nettoyer; **'scav·en·ger** éboueur *m*, balayeur *m* (*des rues*); **'scav·eng·ing** balayage *m* (*des rues*); ébouage *m*.

sce·nar·i·o *cin.*, *théâ.* [si'nɑ:riou] scénario *m*; '∼**writ·er**, *a.* **sce·nar·ist** ['si:nərist] scénariste *m*.

scene [si:n] scène *f* (*a. théâ.*); *fig. a.* théâtre *m*, lieu *m*; vue *f*, paysage *m*; spectacle *m*; *see* ∼*ry*; ∼*s pl.* coulisse *f*, ∼*s f/pl.*; '∼**paint·er** peintre *m* de ou en décors; **scen·er·y** ['∼əri] décors *m/pl.*, (mise *f* en) scène *f*; paysage *m*, vue *f*.

sce·nic, sce·ni·cal ['si:nik(l)] scénique; théâtral (-aux *m/pl.*) (*a. fig.*); *scenic railway* montagnes *f/pl.* russes; ∼ *road* route *f* pittoresque.

scent [sent] **1.** parfum *m*; odeur *f* (agréable), *chasse:* vent *m*; voie *f*, piste *f*; *chien:* flair *m*, nez *m*; **2.** parfumer, embaumer; *chasse:* (souv. ∼ *out*) flairer (*a. fig.*), sentir; **'scent·ed** parfumé (de, *with*); odorant; **'scent·less** inodore, sans odeur; *chasse:* sans fumet.

scep·tic ['skeptik] sceptique *mf*; **'scep·ti·cal** □ sceptique; *be* ∼ *about* douter de; **scep·ti·cism** ['∼sizm] scepticisme *m*.

scep·tre ['septə] sceptre *m*.

sched·ule ['ʃedju:l; *Am.* 'skedju:l] **1.** inventaire *m*; cahier *m*; liste *f*

scheme 1088

impôts: cédule *f;* ₮ annexe *f; surt. Am.* horaire *m; surt. Am.* plan *m;* on ~ à l'heure; *fig.* selon les prévisions; **2.** inscrire sur l'inventaire *etc.;* ₮ ajouter comme annexe; *Am.* dresser un plan de; *Am.* marquer sur l'horaire; *be ~d for* devoir arriver *ou* partir *etc.* à; *~d flight* vol *m* de ligne, vol *m* régulier.

scheme [ski:m] **1.** plan *m,* projet *m;* arrangement *m; péj.* intrigue *f;* **2.** *v/t.* projeter; *v/i. péj.* intriguer (pour, to); comploter; combiner (de, to); '**schem·er** faiseur (-euse *f) m* de projets; *péj.* intrigant(e *f) m.*

schism ['sizm] schisme *m; fig.* division *f;* **schis·mat·ic** [siz'mætik] **1.** (*a.* **schis·mat·i·cal** □) schismatique; **2.** schismatique *mf.*

schist *min.* [ʃist] schiste *m.*

schol·ar ['skɔlə] élève *mf;* écolier (-ère *f) m;* érudit(e *f) m; univ.* boursier (-ère *f) m; he is an apt* ~ il apprend vite; '**schol·ar·ly** *adj.* savant; érudit; '**schol·ar·ship** érudition *f,* science *f; souv.* humanisme *m; univ.* bourse *f* (d'études).

scho·las·tic [skə'læstik] (*~ally*) scolaire; *fig.* pédant; *phls.* scolastique (*a. su./m*).

school¹ [sku:l] *see* shoal¹.

school² [~] **1.** école *f* (*a. fig. de pensée etc.*); académie *f; at* ~ à l'école; *grammar* ~ lycée *m,* collège *m; high* ~ *Angl.* lycée *m* (*souv. de jeunes filles*); *Am. et écoss.* collège *m,* école *f* secondaire; *primary* ~ école *f* primaire; *public* ~ *Angl.* grande école *f* d'enseignement secondaire; *Am. et écoss.* école *f* communale; *secondary* ~ *Angl.* collège *m* moderne; *technical* ~ école *f* des arts et métiers; *see a. board-~; put to* ~ envoyer à l'école; **2.** instruire; habituer; discipliner; '**~·boy** écolier *m,* élève *m;* '**~·fel·low,** '**~·mate** camarade *mf* de classe; '**~·girl** élève *f,* écolière *f;* '**school·ing** instruction *f,* éducation *f.*

school...: '**~·leav·er** jeune *mf* qui a terminé ses études scolaires; '**~·man** scolastique *m; Am.* professeur *m;* '**~·mas·ter** école *primaire:* instituteur *m;* lycée, *collège:* professeur *m;* '**~·mis·tress** institutrice *f;* professeur *m;* '**~·room** (salle *f* de) classe *f.*

schoon·er ['sku:nə] schooner *m;*

goélette *f; Am.* chope *f,* verre *m* de bière.

sci·at·i·ca ₷ [sai'ætikə] sciatique *f.*

sci·ence ['saiəns] science *f,* -s *f/pl* (*a.* † = *savoir*); '**~·fic·tion** science-fiction *f.*

sci·en·tif·ic [saiən'tifik] (*~ally*) scientifique; *box.* possède la science du combat; ~ *man* homme *m* de science.

sci·en·tist ['saiəntist] homme *m* de science; scientifique *mf;* ♀ *Am.* Scientiste *m* (chrétien).

scin·til·late ['sintileit] scintiller, étinceler; **scin·til·la·tion** scintillement *m.*

sci·on ['saiən] ✔ scion *m; fig.* rejeton *m,* descendant *m.*

scis·sion ['siʒn] cisaillage *m; fig.* scission *f,* division *f;* **scis·sors** ['sizəz] *pl.:* (*a pair of*) ~ (des) ciseaux *m/pl.;* '**scis·sor-tooth** *zo.* dent *f* carnassière.

scle·ro·sis ₷ [skliə'rousis] sclérose *f.*

scoff [skɔf] **1.** sarcasme *m;* **2.** se moquer; ~ *at s.o.* railler q., se moquer de q.; '**scoff·er** moqueur (-euse *f) m,* gausseur (-euse *f) m.*

scold [skould] **1.** mégère *f;* **2.** gronder, crier (contre, *at*); '**scold·ing** réprimande *f,* semonce *f.*

scol·lop ['skɔləp] *see* scallop.

sconce¹ F [~] tête *f;* jugeote *f.*

sconce² [~] bougeoir *m;* bobèche *f;* applique *f;* flambeau *m* (*de piano*).

sconce³ *univ.* [~] mettre à l'amende.

scon(e) *cuis.* [skɔn] galette *f au* lait.

scoop [sku:p] **1.** pelle *f* à main; ⚓ épuisette *f;* ⊕, ⚕ cuiller *f;* ⚕ curette *f; sl.* rafle *f,* coup *m; sl.* (*primeur f d'une*) nouvelle *f* sensationnelle; **2.** (*usu.* ~ *out*) écoper (*l'eau*); excaver; évider; *sl.* publier une nouvelle à sensation avant (*un autre journal etc.*); *sl.* ~ *a large profit* faire une belle rafle.

scoot·er ['sku:tə] *enfants:* trottinette *f,* patinette *f; mot.* scooter *m;* moto-scooter *m.*

scope [skoup] étendue *f,* portée *f;* liberté *f,* jeu *m;* espace *m;* but *m; have free* ~ avoir toute liberté (pour, to).

scorch [skɔ:tʃ] *v/t.* roussir, brûler; *v/i.* F *mot.* brûler le pavé; '**scorch·er** F journée *f* torride; *mot.* chauffard *m; cycl.* cycliste *m* casse-cou.

score [skɔ:] **1.** (en)coche *f; peau:*

éraflure *f*; (trait *m* de) repère *m*; vingtaine *f*; *sp.* points *m/pl.*, total *m*; *foot.* score *m*; *fig.* sujet *m*, point *m*, raison *f*; ♪ partition *f*; *sl.* aubaine *f*, coup *m* de fortune; *three* ~ soixante; *run up a* ~ contracter une dette; *on the* ~ *of* pour cause de; à titre de; *what's the* ~? où en est le jeu?; *get the* ~ faire le nombre de points voulu; **2.** *v/t.* entailler; (*a.* ~ *up*) inscrire, enregistrer; *sp.* compter, marquer (*les points*); gagner (*une partie, a. fig.*); remporter (*un succès*); ♪ noter (*un air*), orchestrer, arranger; souligner (*une erreur, un passage*); *Am.* F réprimander (*q.*), laver la tête à (*q.*); ~ out rayer; *v/i.* gagner; *sp., a. cartes:* faire *ou* marquer des points; *foot.* enregistrer un but; *sl.* remporter un succès; *sl.* ~ *off s.o.* faire pièce à *q.*; '**scor·er** *sp.* marqueur (-euse *f*) *m* (*foot.* d'un but).

sco·ri·a ['skɔːriə], *pl.* **-ri·ae** ['~riiː] scorie *f*.

scorn [skɔːn] **1.** mépris *m*, dédain *m*; **2.** mépriser, dédaigner; '**scorn·er** contempteur (-trice *f*) *m*; '**scorn·ful** □ ['~ful] méprisant.

Scor·pi·o *astr.* ['skɔːpiou] le Scorpion *m*.

scor·pi·on *zo.* ['skɔːpjən] scorpion *m.*   [Scot *m.*]

Scot[1] [skɔt] Écossais(e *f*) *m*; *hist.*

scot[2] [~] *hist.* écot *m*; compte *m*; ~ *and lot* taxes *f/pl.* communales.

Scotch[1] [skɔtʃ] **1.** écossais; **2.** *ling.* écossais *m*; ♪ whisky *m*; *the* ~ *pl.* les Écossais *m/pl.*

scotch[2] [~] **1.** entaille *f*; *sp.* ligne *f* de limite; **2.** mettre hors de combat *ou* hors d'état de nuire.

scotch[3] [~] **1.** cale *f*; taquet *m* d'arrêt; **2.** caler (*une roue*); *fig.* faire casser.

Scotch·man ['skɔtʃmən] Écossais *m*.

scot-free ['skɔt'friː] indemne.

Scots *ecoss.* [skɔts], '**Scots·man** *see* Scotch(man).

Scot·tish ['skɔtiʃ] écossais.

scoun·drel ['skaundrəl] scélérat *m*; vaurien *m*; '**scoun·drel·ly** *adj.* scélérat, vil.

scour[1] ['skauə] nettoyer; frotter; curer (*un fossé, un port*); décaper (*une surface métallique*).

scour[2] [~] *v/i.* ~ *about* battre la campagne; *v/t.* parcourir; écumer (*les mers*).

scourge [skəːdʒ] **1.** fléau *m* (*a. fig.*); *eccl.* discipline *f*; **2.** fouetter; *fig.* affliger.

scout[1] [skaut] **1.** éclaireur *m*, avant-coureur *m*; ✕ reconnaissance *f*; ⚓ vedette *f*, croiseur *m*, éclaireur *m*; ✈ avion *m* de reconnaissance; *univ.* garçon *m* de service; *Boy* ⚲s *pl.* (boys-)scouts *m/pl.*; ✕ ~ *party* reconnaissance *f*; **2.** aller en reconnaissance.

scout[2] [~] repousser avec mépris.

scow ⚓ [skau] chaland *m*; (*a.* ferry-~) toue *f*.

scowl [skaul] **1.** air *m* renfrogné; **2.** se renfrogner, F regarder noir.

scrab·ble ['skræbl] jouer des pieds et des mains; chercher à quatre pattes (*qch.*, *for s.th.*); gratter çà et là.

scrag [skræg] **1.** *fig.* personne *f ou* bête *f* décharnée; ~(-end) (*of mutton*) collet *m* (de mouton); **2.** *sl.* garrotter; **scrag·gi·ness** ['~inis] maigreur *f*; '**scrag·gy** □ maigre, décharné.   [le camp!)

scram *Am. sl.* [skræm] fiche-moi) **scram·ble** ['skræmbl] **1.** monter *etc.* à quatre pattes; se bousculer (pour avoir qch., *for s.th.*); jouer des pieds et des mains (*a. fig.*); ~*d eggs pl.* œufs *m/pl.* brouillés; **2.** marche *f* difficile; lutte *f*, mêlée *f*.

scrap [skræp] **1.** petit morceau *m*; bout *m*; *terrain:* parcelle *f* (*a. fig.*); *journal:* coupure *f*; *pain, étoffe:* bribe *f*; ⊕ déchets *m/pl.*; *sl.* rixe *f*, querelle *f*; *box.* match (*pl.* match[e]s *m*; ~s *pl.* restes *m/pl.*; débris *m/pl.*; *péj.* ~ *of paper* chiffon *m* de papier; **2.** mettre au rebut; mettre hors service; *fig.* mettre au rancart; '~**book** album *m* (de découpures).

scrape [skreip] **1.** coup *m* de grattoir; grincement *m*; *fig.* mince couche *f*; F embarras *m*, mauvais pas *m*; **2.** *v/t.* gratter, racler; écorcher (*la peau*); décrotter (*les souliers*); ~ *together* (*ou up*) amasser peu à peu; ~ *acquaintance with* faire connaissance casuellement avec (*q.*); *v/i.* gratter; s'érafler; grincer (*violon*); '**scrap·er** grattoir *m*, racloir *m*; *souliers:* décrottoir *m*; *personne:* racleur *m*; '**scrap·ing** raclage *m*; ~s *pl.* raclures *f/pl.*; grattures *f/pl.*; bribes *f/pl.*, restes *m/pl.*; *fig.* sous *m/pl.* amassés un à un.

scrap...: '**~heap** (tas m de) ferraille f; a. fig. throw on the ~ mettre au rancart, jeter au rebut; '**~i·ron** ferraille f; débris m/pl. de fer; '**scrap·py** F □ hétérogène; fig. décousu; Am. a. batailleur (-euse f), querelleur (-euse f); '**scrap·yard** chantier m de ferraille; pour voitures: cimetière m de voitures.

scratch [skræt∫] **1.** coup m d'ongle ou de griffe; égratignure f; grattement m; surface polie: rayure f; sp. zéro m; sp. scratch m; plume etc.: grincement m; come up to the ~ se mettre en ligne; fig. se montrer à la hauteur de l'occasion; **2.** improvisé; sp. mixte, sans homogénéité (équipe); parl. par surprise; **3.** v/t. gratter, égratigner; donner un coup de griffe à; sp. scratcher; sp. décommander; ~ out rayer, biffer; gratter; v/i. gratter; grincer; sp. déclarer forfait; griffer (chat); '**scratch·y** qui gratte; grinçant; inégal (-aux m/pl.), peu assuré; see scratch 2.

scrawl [skrɔːl] **1.** griffonner; **2.** (a. '**scrawl·ing**) griffonnage m.

scraw·ny Am. F ['skrɔːni] décharné.

scream [skriːm] **1.** cri m perçant; F he is a ~ il est tordant; **2.** (souv. ~ out) pousser un cri perçant ou d'angoisse; '**scream·ing** □ perçant; sifflant; criard (personne, a. couleur); F tordant; à mourir de rire; '**scream·y** F aigu(ë f); criard.

scree [skriː] éboulis m, pierraille f.

screech [skriːt∫] see scream; '**~owl** orn. chouette f (des clochers).

screed [skriːd] longue liste f; longue lettre f; jérémiade f.

screen [skriːn] **1.** ⚔, phot., cin., radar, a. meuble: écran m; (a. draught~) paravent m; scrible m; sas m; mot. rideaux m/pl. de côté; fig. rideau m; on the ~ à l'écran; '~ advertising publicité f à l'écran; phot. focussing ~ verre m dépoli; cin. ~ record film m de reportage; cin. ~ test essai m à l'écran; mot. ~ wiper essuie-glace m; **2.** abriter, protéger; ⚔ dérober à (~ from); voier (le soleil etc.); cacher; cin. mettre à l'écran; passer au crible; tamiser; fig. couvrir (q.); '**~play** cin. scénario m.

screw [skruː] **1.** vis f; tour m de vis; tabac, papier, bonbons: cornet m; fig. rigueur f; sl. paie f, salaire m, appointements m/pl.; ⚓ hélice f; F

avare m; F he has a ~ loose il est timbré ou sl. maboul; **2.** v/t. visser; fig. tordre; fig. opprimer; fig. rappeler (tout son courage); v/i. tourner; ~ round tordre (le cou, one's head); ~ up visser; tortiller; plisser (les yeux); pincer (les lèvres); ~ up one's face faire une grimace; '**~ball** Am. sl. type m excentrique ou dingo; '**~driv·er** tournevis m; '**~jack** cric m (menuisier: à vis); viole f; '**~pro·pel·ler** hélice f; '**~steam·er** navire m à hélice.

scrib·ble ['skribl] **1.** griffonnage m; écriture f illisible; **2.** v/t. griffonner; ~ over rendre illisible (au moyen du griffonnage); v/i. F écrivailler; '**scrib·bler** griffonneur (-euse f) m; F écrivailleur (-euse f) m, grattepapier m/inv.

scribe [skraib] bibl. ou co. scribe m; péj. plumitif m; ⊕ pointe f à tracer.

scrim·mage ['skrimidʒ] mêlée f (a. sp.); escarmouche f.

scrimp [skrimp] **1.** v/t. être parcimonieux (-euse f) de, ménager (-ère f) outre mesure; v/i. lésiner sur tout; économiser outre mesure; **2.** chiche (personne); (a. '**scrimp·y**) insuffisant.

scrip † [skrip] titres m/pl.; certificat m ou titre m provisoire.

script [skript] écriture f; manuscrit m; cin. scénario m; ~s sp. école etc.: copies f/pl. d'examen.

Scrip·tur·al ['skript∫ərəl] scriptural (-aux m/pl.); biblique; **Scrip·ture** ['∵t∫ə] Écriture f sainte.

scrof·u·la ⚕ ['skrɔfjulə] scrofule f, strume f; '**scrof·u·lous** □ scrofuleux (-euse f), strumeux (-euse f).

scroll [skroul] papier: rouleau m; banderole f à inscription; écriture: arabesque f; △ spirale f; volute f (a. violon). [m.]

scro·tum anat. ['skroutəm]scrotum|

scrounge [skraundʒ] chiper; écornifler (un repas etc.); ⚔ sl. récupérer.

scrub¹ [skrʌb] broussailles f/pl.; arbuste m rabougri; F personne f rabougrie.

scrub² [∵] **1.** nettoyer; récurer; **2.** sp. Am. équipe f numéro deux.

scrub·bing-brush ['skrʌbiŋbrʌ∫] brosse f en chiendent ou de cuisine.

scrub·by ['skrʌbi] rabougri; insignifiant; couvert de broussailles.

scrub·wom·an *Am.* ['skrʌbwumən] femme *f* de ménage.

scruff of the neck ['skrʌfəvðə'nek] peau *f* de la nuque *ou* du cou.

scrum·mage ['skrʌmidʒ] mêlée *f* (*a. sp.*); escarmouche *f*.

scrump·tious *sl.* ['skrʌmpʃəs] exquis, épatant, délicieux (-euse *f*).

scrunch [skrʌntʃ] *v/t.* croquer; *v/i.* craquer.

scru·ple [skru:pl] **1.** scrupule *m* (*23 grains = 1,296 g*) (*a. = conscience*); make no ~ to (*inf.*) ne pas hésiter à (*inf.*); **2.** avoir des scrupules (à *inf.*, to *inf.*); **scru·pu·lous** □ ['.ju-ləs] scrupuleux (-euse *f*) (sur *about*, *over*); *a.* méticuleux (-euse *f*) (*travail etc.*).

scru·ti·neer [skru:ti'niə] scrutateur *m*; **'scru·ti·nize** scruter; pointer (*des suffrages etc.*); **'scru·ti·ny** examen *m* minutieux *ou* attentif *ou* rigoureux; *suffrages:* vérification *f*.

scu·ba ['skju:bə] scaphandre *m* autonome; ~ *diving* plongée *f* sous-marine autonome.

scud [skʌd] **1.** fuite *f*, course *f* rapide; *nuages:* diablotins *m/pl.*; rafale *f*; embrun *m*; **2.** courir, fuir; ⚓ fuir devant le temps.

scuff [skʌf] *v/t.* effleurer; érafler; user; ~ up soulever; *v/i.* traîner les pieds; s'érafler (*cuir*).

scuf·fle ['skʌfl] **1.** rixe *f*, mêlée *f*; bagarre *f*; **2.** se bousculer; traîner les pieds.

scull ⚓ [skʌl] **1.** aviron *m* de couple; godille *f*; **2.** ramer en couple; godiller.

scul·ler·y ['skʌləri] arrière-cuisine *f*; ~-maid laveuse *f* de vaisselle.

sculp·tor ['skʌlptə] sculpteur *m*.

sculp·ture ['skʌlptʃə] **1.** sculpture *f*; **2.** sculpter; orner de sculptures; **'sculp·tur·ing** sculpture *f*, sculptage *m*.

scum [skʌm] écume *f*; ⊕ scories *f/pl.*; *fig.* lie *f*, rebut *m*.

scup·per ⚓ ['skʌpə] dalot *m*.

scurf [skə:f] pellicules *f/pl.* (*du cuir chevelu*); ⊕ instruction *f*; **'scurf·y** □ pelliculeux (-euse *f*); ✸ ~ affection dartre *f*.

scur·ril·i·ty [skʌ'riliti] goujaterie *f*; grossièreté *f*; *action, personne:* bassesse *f*; **'scur·ril·ous** grossier (-ère *f*); bas(se *f*); ignoble.

scur·ry ['skʌri] **1.** *v/i.* se hâter; aller

à pas précipités; ~ *through s.th.* expédier qch.; **2.** débandade *f*; bousculade *f*.

scur·vy[1] ✸ ['skə:vi] scorbut *m*.

scur·vy[2] [~] vil(ain), bas(se *f*).

scut [skʌt] lapin, lièvre, etc.: couette *f*.

scutch·eon ['skʌtʃn] *see* escutcheon.

scut·tle[1] ['skʌtl] seau *m* à charbon.

scut·tle[2] [~] **1.** écoutillon *m*; hublot *m*; *mot.* bouclier *m* avant; *Am. toit etc.:* trappe *f*; **2.** saborder (*un navire*).

scut·tle[3] [~] **1.** fuite *f*; *pol.* F lâchage *m*; **2.** décamper, filer; débouler; *pol.* F lâcher.

scythe ⚒ [saið] **1.** faux *f*; **2.** faucher.

sea [si:] mer *f*; *fig.* océan *m*; lame *f*, houle *f*; *at* ~ en mer; *fig.* dérouté; *go to* ~ se faire marin; *see* put 2; '~**board** littoral *m*; rivage *m*; '~**cap·tain** capitaine *m* de la marine; '~**far·ing** de mer; ~ *man* marin *m*; '~**food** *Am. a.* ~*s pl.* fruits *m/pl.* de mer (= *coquillages, crustacés et poissons*); '~**front** bord *m* de (la) mer; digue *f*, esplanade *f*; '~**go·ing** de haute mer; de long cours; maritime (*commerce*).

seal[1] *zo.* [si:l] phoque *m*.

seal[2] [~] **1.** *bouteille, distinction, a. lettre:* cachet *m*; *document:* sceau *m*; plomb *m*; ⊕ joint *m* étanche; *great* (*ou broad*) ~ grand sceau *m*; **2.** cacheter; sceller; (*a.* ~ up) fermer; *fig.* décider; *fig.* fixer; *fig.* ~ *off* boucher, fermer; ~ up fermer hermétiquement; ~ (*with lead*) plomber.

seal·er ⊕ ['si:lə] pince *f* à plomber.

sea-lev·el ['si:levl] niveau *m* de la mer.

seal·ing ['si:liŋ] scellage *m*; cachetage *m*; plombage *m*; fermeture *f*.

seal·ing-wax ['si:liŋwæks] cire *f* à cacheter.

seal·skin ['si:lskin] peau *f* de phoque; ✝ phoque *f*.

seam [si:m] **1.** couture *f* (*a. métall.*); ⊕ joint *m*; *géol.* couche *f*, veine *f*; *fig. visage:* ride *f*; *fig. burst at the* ~*s* craquer, crever; **2.** faire une couture à; ⊕ agrafer; couturer (*un visage*).

sea·man ['si:mən] marin *m*, matelot *m*; **'sea·man·ship** manœuvre *f*.

sea-mew ['si:mju:] mouette *f*, goéland *m*.

seam·less □ ['si:mlis] sans couture; ⊕ sans soudure;

seam·stress ['semstris] (ouvrière f) couturière f.

seam·y ['si:mi] qui montre les coutures; fig. ~ side dessous m/pl., mauvais côté m.

sea...: '~**-piece** peint. marine f; '~**plane** hydravion m; '~**port** port m de mer; '~**-pow·er** pol. puissance f navale.

sear [siə] dessécher (a. fig.); faner (les feuilles); ⚕ cautériser; fig. endurcir.

search [sə:tʃ] **1.** recherche f (de, for); admin. visite f; police: perquisition f; fouille f; in ~ of à la recherche de; **2.** v/t. chercher dans (qch.); fouiller dans; visiter; ⚖ faire une perquisition dans; ⚕ sonder; fig. scruter; ~ out dénicher; découvrir; v/i. faire des recherches; ~ for chercher (qch.); ~ into rechercher; '**search·er** (re)chercheur (-euse f) m; douanier m; ⚖ perquisiteur m; ⚕ sonde f; '**search·ing** □ minutieux (-euse f); pénétrant (regard, vent); '**search·light** projection f électrique; ♆ etc. projecteur m, '**search-war·rant** ⚖ ordre m de perquisition.

sea...: ~**scape** ['si:skeip] see seapiece; '~**-ser·pent** serpent m de mer; '~**shore** rivage m; côte f; plage f; '~**sick**: be ~ avoir le mal de mer; '~**sick·ness** mal m de mer; '~**side** bord m de la mer; ~ resort plage f; bains m/pl. de mer; go to the ~ aller au bord de la mer.

sea·son ['si:zn] **1.** saison f; période f, temps m; vét. rut m; F abonnement m; height of the ~ (pleine) saison f; in (good ou due) ~ en temps voulu; cherries are in ~ c'est la saison des cerises; out of ~ hors de saison; ne pas (être) de saison; for a ~ pendant un ou quelque temps; with the compliments of the ~ meilleurs souhaits de nouvel an etc.; **2.** v/t. mûrir; dessécher (le bois); assaisonner (a. fig.), relever (de, with); fig. acclimater; fig. tempérer; v/i. se sécher (bois); mûrir; **sea·son·a·ble** □ de (la) saison; opportun; '**sea·son·a·ble·ness** opportunité f; **sea·son·al** □ ['si:znl] des saisons; ♱, ⚕ saisonnier (-ère f); embauché pour les travaux de saison (ouvrier); '**sea·son·ing** dessèchement m; cuis. assaisonnement m,

condiment m; '**sea·son-'tick·et** carte f d'abonnement.

seat [si:t] **1.** siège m (a. ⚓, ⊕); théâ., autobus: place f; chaise f; banc m; (a. country ~) château m; pantalon: fond m; assiette f (à cheval); (a. pilot's ~) baquet m; ~ of war théâtre m de la guerre; **2.** (faire) asseoir; établir (sur un trône etc.); placer; fournir de chaises; poser; ⚕ caler; ⊕ faire reposer sur son siège; ~ o.s. s'asseoir; be ~ed être assis; avoir son siège (dans, in); '~**-belt** ceinture f de sécurité; '**seat·ed** assis; ~ed surt. mot., ⚙: two-~ voiture f à deux places; appareil m biplace.

sea-ur·chin zo. ['si:'ə:tʃin] oursin m; **sea·ward** ['~wəd] **1.** adj. porte au large; du large (brise); **2.** adv. (a. **sea·wards** ['~z]) vers le large ou la mer.

sea...: '~**weed** ♣ algue f; varech m; '~**wor·thy** navigable; qui tient la mer.

se·ba·ceous ⚕ [si'beiʃəs] sébacé.

se·cant ⅄ ['si:kənt] **1.** sécant; **2.** sécante f.

séc·a·teur ✁ ['sekətə:] usu. (a pair of) ~s pl. (un) sécateur m.

se·cede [si'si:d] se séparer, faire scission (de, from); **se·ced·er** séparatiste mf; eccl. dissident(e f) m.

se·ces·sion [si'seʃn] scission f; séparation f; eccl. dissidence f; **se·ces·sion·ist** sécessioniste mf.

se·clude [si'klu:d] tenir éloigné; **se·clu·sion** [~ʒn] solitude f, isolement m.

sec·ond ['sekənd] **1.** □ second; deuxième; autre; he is ~ to none il ne le cède à personne (pour, in); on ~ thoughts toute réflexion faite; the ~ of May le deux Mai; Charles the ♊ Charles Deux; **2.** temps: seconde f; le (la) second(e f) m ou deuxième mf; box. second m; duel: témoin m; ♱ ~s pl. articles m/pl. de deuxième qualité; ♱ ~ of exchange seconde f de change; **3.** seconder; appuyer (des débats, des troupes); ⚔ [si'kɔnd] mettre (un officier) en disponibilité; détacher; **sec·ond·ar·i·ness** ['sekəndərinis] caractère m secondaire ou peu important; '**sec·ond·ar·y** □ secondaire; auxiliaire; peu ou moins important; see school² 1; '**sec·ond-'best** numéro deux; deuxième; F come off ~ être battu; '**sec·ond·er**

parl. deuxième parrain *m*; *be the ~ of a motion* appuyer une proposition; **sec·ond-hand 1.** ['sekənd'hænd] d'occasion; *~ bookseller* bouquiniste *mf*; *~ bookshop* librairie *f* d'occasion; **2.** ['sekəndhænd] aiguille *f* des secondes; trotteuse *f*; '**sec·ond·ly** en second lieu; deuxièmement; '**sec·ond'rate** inférieur(e *f*); de qualité inférieure; ⊤ *~ quality* seconde qualité *f*.

se·cre·cy ['si:krisi] discrétion *f*; secret *m*; **se·cret** ['~krit] **1.** ☐ secret (-ète *f*); caché, retiré, isolé; discret (-ète *f*); **2.** secret *m*; *in ~* en secret; *be in the ~* être du *ou* dans le secret. [crétariat *m*.]

sec·re·tar·i·at(e) [sekri'teəriət] se-]
sec·re·tar·y ['sekrətri] secrétaire *m*; dactylo *f*; ♀ *of State* ministre *m*; *Am.* ministre *m* des Affaires étrangères; '**sec·re·tar·y·ship** secrétariat *m*; fonction *f* de secrétaire; *pol.* ministère *m*.

se·crete [si'kri:t] cacher; ⚖ recéler; *physiol.* sécréter; **se'cre·tion** *physiol.* sécrétion *f*; ⚖ recel *m*; **se'cre·tive** *fig.* réservé, F cachottier (-ère *f*).

sect [sekt] secte *f*; **sec·tar·i·an** [~'teəriən] sectaire (*a. su./m*).

sec·tion ['sekʃn] section *f* (*a.* ♣, ♣, △, ✕, *typ.*, *zo.*); ✕ groupe *m* de combat; *microscope enc.*: lame *f* mince; △ coupe *f*, profil *m*; *typ.* paragraphe *m*, alinéa *m*; division *f*; tranche *f* (*a.* d'oranges); ♣ secteur *m*, *Am.* compartiment *m*; *Am. ville*: quartier *m*; '**sec·tion·al** ☐ de classe *ou* parti; en profil, en coupe; ⊕ démontable; ⊕ sectionnel(le *f*); '**sec·tion-mark** paragraphe *m*.

sec·tor ['sektə] ✕, ♣, ⊕, *admin.*, *astr.*, *cin.* secteur *m*; ♣ compas *m* de proportion.

sec·u·lar ☐ ['sekjulə] séculier (-ère *f*); laïque; très ancien(ne *f*); **sec·u·lar·i·ty** [~'læriti] mondanité *f*; laïcité *f*; *clergé*: sécularité *f*; '**sec·u·lar·ize** séculariser; laïciser (*une école*); désaffecter (*une église*).

se·cure [si'kjuə] **1.** ☐ sûr; assuré; en sûreté; à l'abri (*de against*, *from*); ferme; **2.** mettre en sûreté *ou* à l'abri (*de from*, *against*); assurer, fixer, retenir; se procurer; s'emparer de; garantir (*une dette*); nantir (*un prêteur*); ✕ fortifier.

se·cu·ri·ty [si'kjuəriti] sécurité *f*; sûreté *f*; solidité *f*; caution *f*, garantie *f*; *securities pl.* titres *m/pl.*, valeurs *f/pl.*; *public securities pl.* fonds *m/pl.* d'État; ♀ *Council* Conseil *m* de sécurité; ♀ *Forces* forces *f/pl.* de sécurité; *be a ~ risk* constituer un risque pour la sécurité, ne pas être sûr.

se·dan [si'dæn] (voiture *f* à) conduite intérieure, limousine *f*; (*a. ~ chair*) chaise *f* à porteur.

se·date ☐ [si'deit] (re)posé; calme; **se'date·ness** calme *m*; manière *f* posée.

se·da·tion ♣ [si'deiʃən] sédation *f*.

sed·a·tive *usu.* ♣ ['sedətiv] calmant (*a. su./m*).

sed·en·tar·i·ness ['sedntərinis] sédentarité *f*; vie *f* sédentaire; '**sed·en·tar·y** ☐ sédentaire (*emploi*, *oiseau*, *troupes*, *vie*); assis.

sedge [sedʒ] ♀ carex *m*; F joncs *m/pl.*

sed·i·ment ['sedimənt] sédiment *m*; *vin:* lie *f*; ♠ résidu *m*; *géol.* atterrissement *m*; **sed·i·men·ta·ry** *géol.* [~'mentəri] sédimentaire.

se·di·tion [si'diʃn] sédition *f*; **se'di·tious** ☐ [~'ʃəs] séditieux (-euse *f*).

se·duce [si'dju:s] séduire; **se'duc·er** séducteur (-trice *f*) *m*; **se·duc·tion** [~'dʌkʃn] séduction *f*; **se'duc·tive** ☐ séduisant.

sed·u·lous ☐ ['sedjuləs] assidu.

see¹ [si:] [*irr.*] *v/i.* voir; *fig.* comprendre; *I ~* je comprends; *~ about* s'occuper de (*qch.*); *~ through* pénétrer les intentions de (*qch.*), pénétrer (*qch.*); *~ to* s'occuper de; veiller à; *v/t.* voir; s'assurer (*que, that*); visiter; accompagner; remarquer; consulter (*le médecin*); comprendre; *~ s.th. done* veiller à ce que qch. soit faite *ou* se fasse; *go to ~ s.o.* aller voir q.; rendre visite à q.; *~ s.o. home* accompagner q. chez lui; *~ off* reconduire, conduire (*un hôte, une visite à la gare etc.*); *~ out* accompagner (*q.*) jusqu'à la porte; mener (*qch.*) à bonne fin; *~ through* assister jusqu'au bout à (*qch.*); soutenir (*q.*) jusqu'au bout; *live to ~* vivre assez longtemps pour voir.

see² [~] évêché *m*; archevêché *m*; *Holy ♀* Saint-Siège *m*.

seed [si:d] **1.** grain(e *f*) *m*; *coll.*, *a. fig.* semence *f*; † lignée *f*; *go* (*ou run*) *to ~* s'affricher (*terrain*); mon-

ter en graine (*plante*); *fig.* se décatir; **2.** *v/t.* semer; enlever la graine
de (*un fruit*); *sp.* trier (*les joueurs*);
~*ed players* têtes *f/pl.* de série; *v/i.*
venir à graine; monter en graine;
s'égrener; '**~·bed** *see* seed-plot;
seed·i·ness ['~inis] état *m* râpé *ou*
misérable; F (état *m* de) malaise *f*;
'**seed·ling** ✿ (jeune) plant *m*;
'**seed-plot** ✿ germoir *m*; **seeds-**
man ['~zmən] grainetier *m*; '**seed·y**
râpé, usé; F indisposé, souffrant.

see·ing ['si:iŋ] **1.** *su.* vue *f*, vision *f*;
worth ~ qui vaut la peine d'être vu;
2. *cj.:* ~ *that* puisque, étant donné
que.

seek [si:k] [*irr.*] (*a.* ~ *after, for*)
(re)chercher; poursuivre; *be to* ~
fig. être peu clair; '**seek·er** chercheur (-euse *f*) *m*.

seem [si:m] sembler; paraître;
'**seem·ing 1.** ☐ apparent; soi-
disant; **2.** apparence *f*; '**seem·li-**
ness bienséance *f*, décence *f*;
beauté *f*; '**seem·ly** convenable;
agréable à voir.

seen [si:n] *p.p. de* see[1].

seep [si:p] (s'in)filtrer; suinter;
'**seep·age** suintement *m*, infiltration *f*.

seer ['si:ə] voyant(e *f*) *m*, prophète
m.

see-saw ['si:'sɔ:] **1.** bascule *f*; balançoire *f*; **2.** basculer; *fig.* balancer
(*personne*).

seethe [si:ð] bouillonner; s'agiter
(*a. fig.*); *fig.* grouiller (de, *with*).

seg·ment ['segmənt] ✝ *etc.* segment
m; *orange:* tranche *f*.

seg·re·gate ['segrigeit] (se) séparer;
seg·re·ga·tion séparation *f*; *pol.*
ségrégation *f*; **seg·re·ga·tion·ist**
ségrégationniste *mf*, *adj.*

seine [sein] *filet:* seine *f*.

sei·sin ⚖ ['si:zin] saisine *f*.

seis·mic ['saizmik] sismique; **seis-**
mo·graph ['saizməgrɑːf] sismo-
graphe *m*; **seis·mol·o·gy** [~'mɔlə-
dʒi] sismologie *f*.

seize [si:z] *v/t.* saisir (*a.* = *com-*
prendre); s'emparer de; ⚓ amarrer
(*des cordages*), velter (*un espar*);
⚖, *admin.* confisquer; *v/i.* ⊕ gripper; (se) caler; ~ *upon* saisir (*a.*
fig.); '**seiz·ing** saisie *f*; empoigne-
ment *m*; ⊕ grippage *m*; ⚓ amar-
rage *m*; **sei·zure** ['~ʒə] saisie *f* (*a.*
⚖); ✚ (attaque *f* d')apoplexie *f*.

sel·dom *adv.* ['seldəm] peu souvent,
rarement.

se·lect [si'lekt] **1.** choisir; sélectionner; trier; **2.** choisi; d'élite; très
fermé (*cercle*); **se'lec·tion** choix *m*;
⚘, *zo.* sélection *f*; ♪ sélection *f* (sur,
from; emprunté à q., *from s.o.*);
morceaux *m/pl.* choisis (de, *from*);
se'lec·tive ☐ de sélection; *radio:*
sélecteur (-trice *f*); sélectif (-ive
f); **se·lec·tiv·i·ty** [~'tiviti] *radio:*
sélectivité *f*; **se'lect·man** *Am.*
membre *m* du conseil municipal
(*Nouvelle-Angleterre*); **se'lec·tor**
radio: sélecteur *m*.

self [self] **1.** *pron.* même; ✝ *ou* F *de*
myself; **2.** *adj.* automatique; de
même; non mélangé; ⚘ de couleur
uniforme; **3.** *su.* (*pl.* **selves** [selvz])
personnalité *f*; moi *m*; *my poor*
~ ma pauvre (petite) personne *f*;
'**~·a'base·ment** humiliation *f* de
soi-même; '**~·'act·ing** automatique; '**~·ad'he·sive** auto-adhésif
(-ive *f*); '**~·as'ser·tion** caractère *m*
impérieux; autoritarisme *m*; '**~·as-**
'ser·tive impérieux (-euse *f*); autoritaire; '**~·as'sur·ance** confiance *f*
en soi; assurance *f*; '**~·as'sured** sûr
de soi; plein d'assurance; '**~·'cen-**
tred, *Am.* '**~·'cen·tered** égocentrique; '**~·com'mand** maîtrise *f* de
soi; sang-froid *m*; '**~·con'ceit** suffisance *f*, vanité *f*; '**~·con'ceit·ed** suffisant, vaniteux (-euse *f*); '**~·con'fi-**
dence confiance *f* en soi; '**~·'con'fi-**
dent sûr de soi, plein de confiance
en soi; '**~·'con·scious** gêné; contraint; **~·con'tained** ['~kən'teind]
indépendant; réservé (*personne*); ~
country pays *m* qui se suffit à lui-
même; ~ *flat* appartement *m* indépendant; '**~·con'trol** maîtrise *f* de
soi; possession *f* de soi-même; '**~·-**
de'fence défense *f* personnelle; *in* ~
en légitime défense; '**~·de'ni·al**
abnégation *f* de soi; '**~·de·ter·mi-**
'na·tion libre disposition *f* de soi-
même; '**~·'ed·u·cat·ed** autodidacte;
'**~·es'teem** respect *m* de soi; '**~·-**
'ev·i·dent évident en soi; '**~·ex-**
'plan·a·to·ry évident (en soi), qui
s'explique de soi-même; '**~·'gov-**
ern·ing autonome; '**~·im'port-**
ance suffisance *f*, présomption *f*; '**~·-**
im'port·ant suffisant, présomp-
tueux (-euse *f*); '**~·'in·ter·est** intérêt *m* personnel; '**self·ish** ☐ égoïste,

intéressé; '**~·less** altruiste, désintéressé; '**~-'made**: ~ *man* fils *m* de ses œuvres; parvenu *m*; '**~-o'pin·ion·at·ed** entêté, opiniâtre; '**~-'pit·y** apitoiement *m* sur soi-même; '**~-'por·trait** autoportrait *m*; '**~-pos·sessed** calme, qui a du sang-froid; '**~-pos·ses·sion** aplomb *m*, sang-froid *m*; '**~-pre·ser'va·tion** conservation *f* de soi-même; '**~-pro'pelled** autopropulsé; '**~-re'gard** respect *m* de soi; '**~-re'li·ance** indépendance *f*; '**~-re'li·ant** indépendant; '**~-re'spect** respect *m* de soi; '**~-re'spect·ing** qui se respecte; '**~-'right·eous** pharisaïque; '**~-'seek·ing** intéressé, égoïste; '**~-'serv·ice res·tau·rant** restaurant *m* libre-service, self-service *m*; '**~-'start·er** mot. (auto-) démarreur *m*; *v/i.* se vendre; '**~-suf'fi·cien·cy** indépendance *f*, suffisance *f*; '**~-'will** obstination *f*, opiniâtreté *f*; '**~-'willed** obstiné, opiniâtre; '**~-'wind·ing** (à remontage) automatique.

sell [sel] [*irr.*] **1.** *v/t.* vendre (*a. fig.*); F tromper; *Am.* F convaincre, persuader; F ~ **(out)** vendre tout son stock de (*qch*); ♥ ~ **off** solder; liquider; ~ **up** vendre (*q.*); *v/i.* se vendre; être en vente; ♥ ~ **off** (*ou out*) liquider; tout vendre; F **2.** déception *f*; *sl.* blague *f*; '**sell·er** vendeur (-euse *f*) *m*; ♥ **good** *etc.* ~ article *m* de bonne *etc.* vente; **best** ~ livre *m* à (gros) succès, best-seller *m*; '**sell-out** F succès *m* énorme, pièce *f etc.* pour laquelle tous les billets sont vendus; trahison *f*; capitulation *f*.

selt·zer ['seltsə] (*a.* ~ *water*) eau *f* de Seltz.

sel·vage, sel·vedge ['selvidʒ] *tex.* lisière *f*; *géol.* salbande *f*.

se·man·tics [si'mæntiks] *sg.* sémantique *f*.

sem·a·phore ['seməfɔ:] **1.** sémaphore *m*; signal *m* à bras; **2.** transmettre par sémaphore *ou* par signaux à bras.

sem·blance ['sembləns] semblant *m*, apparence *f*.

sem·i... [semi] semi-; demi-; à moitié; etc.; '**~·breve** ♩ ronde *f*; '**~-cir·cle** demi-cercle *m*; '**~·co·lon** point-virgule (*pl.* points-virgules) *m*; '**~-con'duc·tor** ⚡ semi-conduc-

teur *m*; '**~-'fi·nal** *sp.* demi-finale *f*; '**~-man·u'fac·tured** semi-ouvré.

sem·i·nal ['si:minl] séminal (-aux *m/pl.*); *fig.* embryonnaire.

sem·i·nar ['seminɑ:] *univ.* séminaire *m*.

sem·i·nar·y ['seminəri] *fig.* pensionnat *m* (*de jeunes filles*); *eccl.* séminaire *m*.

sem·i-of·fi·cial ['semiə'fiʃl] officieux (-euse *f*), semi-officiel(le *f*).

sem·i·prec·ious ['semi'preʃəs]: ~ **stone** pierre *f* fine *ou* semi-précieuse.

sem·i·qua·ver ♩ ['semikweivə] double croche *f*.

Sem·ite ['si:mait] Sémite *mf*; **Sem·it·ic** [si'mitik] sémitique.

sem·i·tone ♩ ['semitoun] demi-ton *m*, semi-ton *m*. [voyelle *f*.]

sem·i·vow·el ['semi'vauəl] semi-

sem·o·li·na [semə'li:nə] semoule *f*.

sem·pi·ter·nal □ *poét.* [sempi'tə:nl] éternel(le *f*).

semp·stress ['sempstris] (ouvrière *f*) couturière *f*.

sen·ate ['senit] sénat *m*; *univ.* conseil *m* de l'université.

sen·a·tor ['senətə] sénateur *m*; **sen·a·to·ri·al** □ [ˌsenə'tɔ:riəl] sénatorial (-aux *m/pl.*).

send [send] [*irr.*] *v/t.* envoyer; expédier; diriger (*un coup, une balle*); remettre (*de l'argent*); rendre (*fou etc.*); ~ *s.o.* (*gér.*) faire q. (*inf.*); see **pack** 2; ~ **forth** envoyer (*dehors*); répandre; émettre; lancer; ⚘ pousser; ~ **in** one's name se faire annoncer; ~ **off** expédier; faire partir; envoyer; ~ **up** faire monter (*a. fig.*); ~ **word to** *s.o.* envoyer un mot à q.; *v/i.*: ~ **for** faire venir, envoyer chercher; '**send·er** envoyeur (-euse *f*) *m*; lettre, télégramme: expéditeur (-trice *f*) *m*; *tél.* transmetteur *m*; '**send-off** fête *f* d'adieu; *sl.* recommandation *f*, début *m*.

se·nile ['si:nail] sénile; **se·nil·i·ty** [si'niliti] sénilité *f*.

sen·ior ['si:njə] **1.** aîné; plus âgé (*que, to*); supérieur (*à, to*); premier (-ère *f*) (*commis etc.*); ~ **citizens** *pl.* personnes *f/pl.* âgées; ♥ ~ **partner** associé *m* principal; **2.** aîné(e *f*) *m*; le (la) plus ancien(ne *f*) *m*; supérieur(e *f*) *m*; *Am. univ.* étudiant(e *f*) *m* de quatrième année; *he is my* ~ **by a year**, *he is a year my* ~ il est mon aîné d'un an;

sen·ior·i·ty [siːniˈɒriti] priorité *f* d'âge; *grade:* ancienneté *f*.

sen·sa·tion [senˈseiʃn] sensation *f (a. fig. = effet sensationnel);* sentiment *m,* impression *f;* **sen'sa·tion·al** □ sensationnel(le *f*); à sensation *(roman etc.);* **sen'sa·tion·al·ism** recherche *f* du sensationnel.

sense [sens] **1.** sens *m;* sentiment *m;* sensation *f;* intelligence *f;* signification *f; ~ of direction* sens *m* de l'orientation; *~ of duty* sentiment *m* du devoir; *~ of humo(u)r* (sens *m* de l'humour *m; ~ of time* notion *f* de l'heure; *common (ou good) ~* sens *m* commun; *bon* sens *m; in one's ~s* sain d'esprit; *be out of one's ~s* avoir perdu le sens *ou* la tête; *bring s.o. to his ~s* remener q. à la raison; *make ~* être compréhensible; *make ~ of* arriver à comprendre; *talk ~* parler raison; **2.** sentir; *Am.* comprendre.

sense·less □ [ˈsenslis] insensé, déraisonnable, stupide; sans connaissance, inanimé; **'sense·less·ness** stupidité *f,* absurdité *f;* insensibilité *f*.

sen·si·bil·i·ty [sensiˈbiliti] sensibilité *f* (à, *to*); conscience *f* (de *to, of*); *~ to light* sensibilité *f* à la lumière.

sen·si·ble □ [ˈsensəbl] sensible, perceptible; appréciable; conscient (de, *of*); raisonnable, sensé; *fig.* pratique; *be ~ of* se rendre compte de (qch.); avoir conscience de (qch.); **'sen·si·ble·ness** bon sens *m;* intelligence *f;* raison *f*.

sen·si·tive □ [ˈsensitiv] sensible (à, *to*); susceptible; ombrageux (-euse *f*) (à l'endroit de, *with regard to*); † instable *(marché); phot.* impressionnable *(papier),* impressionnable *(plaque);* **'sen·si·tive·ness, sen·si·tiv·i·ty** [~'tiviti] sensibilité *f* (à, *to*).

sen·si·tize *phot.* [ˈsensitaiz] rendre sensible.

sen·so·ri·al [senˈsɔːriəl], **sen·so·ry** [ˈ~səri] sensoriel(le *f*); des sens.

sen·su·al □ [ˈsensjuəl] sensuel(le *f*); **'sen·su·al·ism** sensualité *f; phls.* sensualisme *m;* **'sen·su·al·ist** sensualiste *mf;* voluptueux (-euse *f*); **sen·su·al·i·ty** [~ˈæliti] sensualité *f*.

sen·su·ous □ [ˈsensjuəs] qui provient des sens; voluptueux (-euse *f*).

sent [sent] *prét. et p.p. de* send.

sen·tence [ˈsentəns] **1.** ⚖ jugement

m; condamnation *f;* peine *f; gramm.* phrase *f; serve one's ~* subir sa peine; *see life;* **2.** condamner (à, *to*).

sen·ten·tious [senˈtenʃəs] □ sentencieux (-euse *f*); **sen'ten·tious·ness** caractère *m ou* ton *m* sentencieux.

sen·tient [ˈsenʃnt] sensible.

sen·ti·ment [ˈsentimənt] sentiment *m;* opinion *f;* sentimentalité *f;* toast *m; see ~ality;* **sen·ti·men·tal** □ [~ˈmentl] sentimental (-aux *m/pl.*); *~ value* valeur *f* affective; **sen·ti·men·tal·i·ty** [~ˈtæliti] sentimentalité *f;* sensiblerie *f*.

sen·ti·nel [ˈsentinl], **sen·try** [ˈsentri] ✕ sentinelle *f;* factionnaire *m.* **sen·try...:** **'~-box** guérite *f;* **'~-go** faction *f*.

se·pal ♀ [ˈsiːpəl] sépale *m*.

sep·a·ra·bil·i·ty [sepərəˈbiliti] séparabilité *f;* **'sep·a·ra·ble** □ séparable; **sep·a·rate 1.** □ [ˈseprit] séparé, détaché; indépendant; particulier (-ère *f*); *~ property* biens *m/pl.* réservés; **2.** [ˈ~əreit] (se) séparer; (se) détacher; (se) désunir; *v/t.: ~ o.s. from* se séparer de; rompre avec; **sep·a·ra·tion** séparation *f* (d'avec q., *from s.o.*); *opt. etc.* écart *m;* **sep·a·ra·tist** [ˈ~ərətist] *pol., a. eccl.* séparatiste *mf;* **sep·a·ra·tor** [ˈ~reitə] séparateur *m;* classeur *m; (a. cream-~)* écrémeuse *f*.

se·pi·a *icht., a. peint.* [ˈsiːpjə] sépia *f*.

se·poy [ˈsiːpɔi] cipaye *m* (*= soldat de l'Inde anglaise*).

sep·sis ⚕ [ˈsepsis] septicémie *f;* putréfaction *f*.

Sep·tem·ber [sepˈtembə] septembre *m*.

sep·ten·ni·al □ [sepˈtenjəl] septennal (-aux *m/pl.*); *~ly* tous les sept ans.

sep·tic ⚕ [ˈseptik] septique.

sep·tu·a·ge·nar·i·an [ˈseptjuedʒiˈnɛəriən] septuagénaire (*a. su.*).

se·pul·chral [siˈpʌlkrəl] sépulcral (-aux *m/pl.*); **sep·ul·chre** *poét.* [ˈsepəlkə] **1.** sépulcre *m,* tombeau *m;* **2.** ensevelir; servir de tombe(au) à; **sep·ul·ture** [ˈsepəltʃə] sépulture *f*.

se·quel [ˈsiːkwəl] suite *f; fig. a.* conséquence *f; in the ~* par la suite.

se·quence [ˈsiːkwəns] suite *f;* succession f; ordre m; ♪, cartes, cin.: séquence f; cin. F scène f; gramm. ~ of tenses concordance f des temps; **'se·quent** conséquent; consécutif (-ive f) (à [up]on, to); qui suit.

se·ques·ter [si'kwestə] see sequestrate; ~ o.s. se retirer (de, from); ~ed retiré, isolé; ♱♱ en séquestre.

se·ques·trate ♱♱ [si'kwestreit] séquestrer (des biens), mettre en séquestre; confisquer; **se·ques·tra·tion** [si:kwes'treiʃn] retraite f; confiscation f; ♱♱ séquestration f; **'se·ques·tra·tor** ♱♱ séquestre m.

se·quin ['si:kwin] paillette f.

se·quoi·a ♀ [si'kwɔiə] séquoia m.

se·ragl·io [se'rɑːliou] sérail m.

ser·aph ['serəf], pl. a. **-a·phim** ['~fim] séraphin m; **se·raph·ic** [se'ræfik] (~ally) séraphique.

Serb [səːb], **Ser·bi·an** ['~jən] **1.** serbe; **2.** ling. serbe m; Serbe mf.

sere poét. [siə] flétri, desséché.

ser·e·nade [seri'neid] **1.** ♪ sérénade f; **2.** donner une sérénade à.

se·rene □ [si'riːn] serein, calme, paisible; titre: ♀ sérénissime; Your ~ Highness votre Altesse f sérénissime; **se·ren·i·ty** [si'reniti] sérénité f (a. titre); calme m.

serf [səːf] serf (serve f) m; **'serf·age**, **'serf·dom** servage m.

serge [səːdʒ] serge f; cotton ~ sergé m.

ser·geant ✕ ['sɑːdʒnt] sergent m; (a. police ~) brigadier m; **'~-'ma·jor** ✕ adjudant m.

se·ri·al □ ['siəriəl] **1.** de série; en série; de reproduction en feuilleton (droit); ~ly en série, par série; en feuilleton; **2.** roman-feuilleton (pl. romans-feuilletons) m; **se·ri·al·ize** publier ou adapter en feuilleton ou épisodes (un roman etc.).

se·ries ['siəriːz] sg., a. pl. série f, suite f (a. ♠); ⚡ connect (ou join) in ~ grouper en série; ~ connexion montage m en série.

se·ri·ous □ ['siəriəs] sérieux (-euse f) (= grave; réfléchi; sincère; gros, etc.); be ~ ne pas plaisanter; **'se·ri·ous·ness** gravité f; sérieux m.

ser·jeant hist. ['sɑːdʒnt] (a. ~ at law) avocat m (supérieur); Common ♀ magistrat m de la corporation de Londres; parl. ♀-at-arms commandant m militaire du Parlement.

ser·mon ['səːmən] sermon m (a.

fig.); catholique: prône m, protestant: prêche m; **'ser·mon·ize** v/i. prêcher; v/t. chapitrer; faire la morale à.

se·rol·o·gy ✄ [siə'rɔlədʒi] sérologie f.

se·rous ['siərəs] séreux (-euse f).

ser·pent ['səːpənt] serpent m; **ser·pen·tine** ['~ain] **1.** serpentin; serpentant; tortueux (-euse f); **2.** min. serpentine f.

ser·rate ['serit], **ser·rat·ed** [se'reitid] dentelé; denté (en scie); **ser·ra·tion** dent(el)ure f; anat. engrenure f.

ser·ried ['serid] serré.

se·rum ['siərəm] sérum m.

serv·ant ['səːvənt] serviteur m; domestique mf; employé(e f) m; (a. ~-girl ou ~-maid) servante f, bonne f; see civil; ~s pl. domestiques m/pl.; personnel m; ~s' hall office f; salle f commune des domestiques.

serve [səːv] **1.** v/t. servir (a. ✕, ♱, eccl., tennis, [a. ~ up] un mets); être utile à; contenter; ~, compagnie f de gaz, etc.: desservir, traiter (q.) (bien ou mal); subir, purger (une peine); ♱♱ ~ a writ on s.o., ~ s.o. with a writ délivrer une assignation à q.; (it) ~s him right cela lui apprendra; see sentence 1; ~ out distribuer (qch.); F faire payer (qch. à q., s.o. s.th.); v/i. servir (à, for; de, as); ✕ servir dans l'armée; ✕ faire la guerre (sous, under); être favorable (temps); ~ at table servir à table; ~ on a jury être du jury; **2.** tennis: service m; **'server** tennis: serveur (-euse f) m; eccl. acolyte m.

serv·ice ['səːvis] **1.** service m (a. ✕, 🚢, domestique, mets, tennis, a. fig.); eau, électricité, gaz: distribution f, entretien m; mot. entretien m et dépannage m; fonctionnaire: emploi m; disposition f; (a. divine ~) office m, protestantisme: service m, culte m; ♎ cordage: fourrure f; 🚢 etc. délivrance f, signification f; 🚢 etc. parcours m, ligne f; fig. utilité f; garniture f (de toilette); the (army) ~s pl. l'armée f; public ~s pl. services m/pl. publics; ✕ Army ♀ Corps service m de l'Intendance, F le Train m; see civil; be at s.o.'s ~ être à la disposition de q.; **2.** entretenir et réparer (les automobiles etc.); soigner l'entretien de; '**serv·ice·a·ble** □ utile, pratique; durable, avantageux (-euse *f*); en état de fonctionner; utilisable; serviable; '**serv·ice·a·ble·ness** utilité *f*; état *m* satisfaisant; solidité *f*.

serv·ice...: ~ **ar·e·a** *mot.* aire *f* de service; '~**-ball** *tennis:* balle *f* de service; ~ **charge** service *m*; '~**-line** *tennis:* ligne *f* de service *ou* fond; ~ **pipe** ⊕ branchement *m*; ~ **sta·tion** station-service (*pl.* stations-service) *f*; '~**-tree** ♀ cormier *m*.

ser·vile □ ['sɔːvail] servile (*a. fig.*); d'esclave; bas(se *f*) (*personne*); vil; **ser·vil·i·ty** [~'viliti] servilité *f* (*a. d'une personne*); bassesse *f*; *copie:* exactitude *f* trop étroite.

ser·vi·tude ['sɔːvitjuːd] servitude *f* (*a.* 🏛); asservissement *m*, esclavage *m*; *see* penal.

ses·a·me ♀, *a. fig.* ['sesəmi] sésame *m*.

ses·qui·pe·da·li·an ['seskwipi'deiljən] sesquipédale; *fig.* ampoulé, pédant (*personne*).

ses·sion ['seʃn] session *f* (*a.* 🏛); séance *f*; *univ.* année *f* universitaire; *be in* ~ siéger; 🏛 être en session; '**ses·sion·al** de (la) session; annuel(le *f*).

set [set] **1.** [*irr.*] *v/t.* mettre (*a. le couvert*), poser (*a. un problème, une question*), placer; imposer (*une tâche*); régler (*la montre, a.* ⊕); mettre (*le réveille-matin*) (*sur, for*); dresser (*un piège*); donner (*un exemple*); fixer (*un jour, la mode*); ✗ planter; lancer (*un chien*) (*contre at, on*); ajuster; ✗ redresser (*une lime*); affiler (*un outil*); affûter (*une scie*); monter (*une pierre précieuse*); *théâ. le décor*); déployer (*la voile*); mettre en plis (*les cheveux*); ✗ remettre; ~ *s.o. laughing* provoquer les rires de q., faire rire q.; ~ *the fashion* lancer la mode; fixer *ou* mener la mode; ~ *sail* faire voile, prendre la mer; ~ *one's teeth* serrer les dents; ~ *against* animer *ou* prévenir contre; *see* apart; ~ *aside* mettre de côté; *fig.* rejeter, laisser de côté; écarter; 🏛 casser; ~ *at defiance* défier (*q.*); ~ *at ease* mettre à son aise; ~ *at liberty* mettre en liberté; ~ *at rest* calmer; décider (*une question*); ~ *down* (dé)poser; consigner par écrit; attribuer (*à,*

to); prendre (*q.*) (*pour, for*); ~ *forth* énoncer; exposer; formuler; ~ *off* compenser (*par, against*); faire ressortir, rehausser; faire partir (*une fusée*); ~ *on* inciter à attaquer; acharner (*contre, on*); lancer (*contre, on*); mettre (à *inf., to inf.*); ~ *out* arranger, disposer; étaler; équiper (*q.*); orner (*q.*); mettre dehors; ~ *up* monter, dresser; fixer; relever; organiser; fonder; monter (*un magasin*); occasionner; afficher (*des prétentions*); mettre en avant; pousser (*une clameur*); rétablir (*la santé*); *typ.* ~ *up* in type composer; **2.** [*irr.*] *v/i.* se coucher (*soleil etc.*); se prendre; se figer (*gelée etc.*); prendre racine (*plante*); tomber (*robe etc.*); devenir fixe; ✗ se nouer (*a. fruit*); souffler (*vent*); porter (*marée*); *chasse:* tomber en arrêt; ~ *about* se mettre à (*qch.*); attaquer (*q.*); ~ *forth* partir; ~ *forward* se mettre en route; ~ *in* commencer; ~ *off* se mettre en route; partir; ~ *out* se mettre en route; faire voile; partir; commencer à descendre (*marée*); ~ *to* se mettre au travail; F en venir aux coups; ~ *up* se poser (en, *as*); s'établir (qch., *as s.th.*); ~ *up for* poser pour; se donner des airs de; ~ (*up*)*on* attaquer; † se mettre à; **3.** fixe; résolu; pris; noué, immobile, assigné; prescrit; ~ (*up*)*on* déterminé à; résolu à; ~ *with* orné de; ~ *fair* (au) beau (fixe) (*baromètre*); ~ *hard* ~ fort embarrassé; *peint. etc.* ~ *piece* pièce *f* montée; *théâ.* ferme *f*; ~ *speech* discours *m* étudié; **4.** ensemble *m*; collection *f*; série *f* (*a.* ♁); garniture *f* (*de boutons etc.; a. toilette etc.*); porcelaine, linge: service *m*; lingerie, pierres précieuses: parure *f*; casseroles etc.: batterie *f*; échecs, outils, etc.: jeu *m*; coterie *f*, monde *m*, bande *f*; groupe *m* (*a.* ♁); *scie:* voie *f*; *cheveux:* mise *f* en plis; *radio:* poste *m*; ✗ plaçon *m*; *tennis:* set *m*; ⚓ voiles: orientation *f*; *poét. soleil:* coucher *m*; *fig.* attaque *f*; *théâ.* décor *m* (monté) (*a. ~ scene*) mise *f* en scène; ~ *of teeth* denture *f*; ~ *of false teeth* dentier *m*.

set·back ['set'bæk] *fig.* échec *m*; ✝ recul *m*; mur *m* en retrait; '**set·down** humiliation *f*; '**set·off** contraste *m*; ✝ compensation *f*; 🏛 reconvention *f*; ⚠ saillie *f*; *voyage:*

départ m; '**set**-'**square** &A équerre f à dessin.

set·tee [se'ti:] canapé m.

set·ter ['setə] typ. compositeur m; poseur m; monteur m etc.; see set 1; chasse: chien m d'arrêt, setter m.

set·ting ['setiŋ] mise f (a. en musique, à music); a. scie: en voie; cheveux: en plis); arrangement m (a. ♪); ♪ ton m; astr. coucher m; monture f (d'une pierre précieuse); spécimen: montage m; fig. encadrement m; théâ. mise f en scène; typ. composition f; ⊕ calage m; installation f; ⊕ outil: aiguisage m; ciment, gelée: prise f; ⊕ os brisé: recollement m; fracture: réduction f; '~-lo·tion cheveux: fixatif m.

set·tle ['setl] **1.** banc m à dossier; **2.** v/t. fixer; établir; installer; calmer (un enfant); régler (une dispute, ♯tt un procès); résoudre (une question); décider; ♯tt assigner (a, on); clarifier (un liquide); coloniser (un pays); v/i. (souv. ~ down) s'établir (p.ex. à Paris); se calmer (enfant, passion); s'enfoncer (oiseau); se tasser (maison, sol); ♣ s'enfoncer; se remettre au beau (temps); (a. ~ up) s'acquitter (envers, with); se clarifier (liquide); se rasseoir (vin); se décider (pour, on); se ranger (conduite, personne); se mettre (à, to); it is settling for a frost le temps est à la gelée.

set·tled ['setld] sûr (a. temps); ♣ établi (temps, brise); enraciné (idée etc.); rangé (personne); † réglé; † ~! pour acquit.

set·tle·ment ['setlmənt] établissement m; installation f; sol etc.: tassement m; arrangement m; problème: solution f; colonie f; ♯tt constitution f de rente (en faveur de, on); ♯tt contrat m; fig. accord m; † règlement m; liquidation f; † for ~ à terme.

set·tler ['setlə] colon m; F coup m décisif.

set·tling ['setliŋ] établissement m etc.; see settle 2; † règlement m.

set·...: '~-'**to** dispute f; lutte f; prise f de bec; '~-'**up** organisation f; Am. sl. affaire f bricolée (surt. match de boxe).

sev·en ['sevn] sept (a. su./m); '**sev·en·fold 1.** adj. septuple; **2.** adv. sept

fois autant; **sev·en·teen(th)** ['~-'ti:n(θ)] dix-sept(ième) (a. su./m); **sev·enth** ['~θ] **1.** □ septième **2.** septième m, ♪ sept; **sev·en·ti·eth** ['~tiiθ] soixante-dixième (a. su./m); '**sev·en·ty** soixante-dix (a. su./m).

sev·er ['sevə] (se) séparer, rompre; v/t. couper; désunir.

sev·er·al □ ['sevrəl] plusieurs; quelques; divers; séparé, différent; individuel(le f) (surt. ♯tt); ♯tt joint and ~ solidaire; '**sev·er·al·ly** séparément; chacun à soi.

sev·er·ance ['sevərəns] séparation f; disjonction f (a. ♯tt).

se·vere □ [si'viə] sévère (beauté, personne, regard, style, etc.); vif (vive f) (douleur); grave (blessure, maladie); intense, violent; rigoureux (-euse f) (personne, sentence, climat, hiver, temps, etc.); dur; **se·ver·i·ty** [~'veriti] sévérité f; violence f; gravité f; rigueur f.

sew [sou] [irr.] coudre; brocher (un livre); ~ up coudre; faire un point à (une robe etc.).

sew·age ['sju:idʒ] eaux f/pl. d'égouts; ~ farm champs m/pl. d'épandage.

sew·er¹ ['souə] couseur (-euse f) m; livres: brocheur (-euse f) m.

sew·er² ['sjuə] égout m; '**sew·er·age** système m d'égouts.

sew·ing ['souiŋ] couture f; livres: brochage m; ouvrage m à l'aiguille; attr. à coudre.

sewn [soun] p.p. de sew.

sex [seks] sexe m; attr. sexuel(le f); ~ appeal sex-appeal m; attrait m; ~ education enseignement m de la biologie humaine; F have ~ with coucher avec.

sex·a·ge·nar·i·an [seksədʒi'nɛəriən] sexagénaire (a. su.); **sex·en·ni·al** □ [sek'senjəl] sexennal (-aux m/pl.); **sex·tant** ['sekstənt] sextant m.

sex·ton ['sekstən] sacristain m; F fossoyeur m; F sonneur m (du glas).

sex·tu·ple ['sekstjupl] sextuple (a. su./m).

sex·u·al □ ['seksjuəl] sexuel(le f); ~ desire désir m sexuel; ~ intercourse rapports m/pl. sexuels; ~ urge instinct m sexuel, pulsion f sexuelle; **sex·u·al·i·ty** [~'æliti] sexualité f; **sex·y** ['seksi] qui a du sex-appeal, F sexy inv.

shab·bi·ness ['ʃæbinis] état m râpé;

pauvreté *f*; mesquinerie *f*; '**shab-by** □ râpé, usé; pauvre; *fig.* mesquin, vilain; *fig.* parcimonieux (-euse *f*).

shack *surt. Am.* [ʃæk] cabane *f*.

shack·le ['ʃækl] **1.** fer *m* (*fig. usu.* ~s *pl.*), entraves *f/pl.*, contrainte *f*; ⚓ maillon *m* (*de chaîne*); ⊕ maillon *m* de liaison; **2.** entraver (*a. fig.*); ⊕ maniller; ⚓ étalinguer (*une an-*~).

shad *icht.* [ʃæd] alose *f*. [~*f*.]

shade [ʃeid] **1.** ombre *f*; *fig.* obscurité *f*; *lampe:* abat-jour *m/inv.*; *yeux:* garde-vue *m/inv.*; *couleur, opi-nion:* nuance *f*; teinte *f*; *Am. fenêtre:* store *m*; *fig.* soupçon *m*, nuance *f*; **2.** *v/t.* ombrager; obscurcir (*a. fig.*); *fig.* assombrir; voiler, masquer (*la lumière*); abriter (de, from); *tex. etc.* nuancer; *peint.* ombrer; *dessin etc.:* hachurer; ~ one's eyes with mettre (*qch.*) en abat-jour (sur les yeux); ~ away (ou off) estomper; *v/i.* (ou ~ off) se fondre (en, *qqfois* dans *into*); **shades** [ʃeidz] *pl.* F lunettes *f/pl.* de soleil.

shad·i·ness ['ʃeidinis] ombre *f*, ombrage *m*; F aspect *m* louche; réputation *f* louche.

shad·ow ['ʃædou] **1.** ombre *f* (*a. fig.*); *peint., phot.* noir *m*; *see* shade; *police:* filateur (-trice *f*) *m*; *fig.* mauvaise foi *f*; ~ boxing boxe *f* à vide; *pol. Brit.* ~ cabinet cabinet *m* fantôme; **2.** ombrager; *tex.* chiner; *police:* filer (*q.*); (*usu.* ~ forth, out) faire pressentir, symboliser; '**shad·ow·y** ombragé; obscur, ténébreux (-euse *f*); indécis, faible.

shad·y ['ʃeidi] ombragé, à l'ombre; frais (fraîche *f*); F louche; F be on the ~ side of forty avoir dépassé la quarantaine.

shaft [ʃɑːft] flèche *f* (*a. fig.*); manche *m*; *lance:* hampe *f*; *poét. lumière:* trait *m*; ⊕ arbre *m*; *voitures:* brancard *m*; ⚒ puits *m*.

shag [ʃæg] **1.** ✝ peluche *f*; tabac *m* fort coupé fin; broussaille *f*; ✝ poil *m* touffu; **2.** ébouriffer (*les cheveux*).

shag·gy ['ʃægi] ébouriffé (*cheveux*); touffu (*barbe*); en broussailles (*sour-cils*); ⚓ poilu. [chagrin *m*.\]

sha·green [ʃə'griːn] (peau *f* de)\]

Shah [ʃɑː] s(c)hah *m*.

shake [ʃeik] **1.** [*irr.*] *v/t.* secouer; agiter; ébranler; *fig.* bouleverser; *fig.* effrayer; ~ down faire tomber

(*qch.*) en secouant; tasser (*qch.*) en le secouant; *Am. sl.* ~ s.o. down for faire cracher (*une somme*) à q.; ~ hands serrer la main (à, with); secouer (*a.* F *fig.*); agiter; *v/i.* trembler (de, with; devant, *at*); chanceler; branler (*tête*); ♪ faire des trilles; ~ down s'habituer (à, [in]to); s'installer; **2.** secousse *f*; tremblement *m* (*Am.* de terre); ♪ trille *m*; hochement *m* (*de tête*); F rien *m* de temps; ~ of the hand *see* ~hands; F no great ~s bien médiocre, bien peu de chose; '~**down** lit *m* improvisé; *Am. sl.* extorsion *f*; ⚓ *Am.* ~ cruise voyage *m* d'essai; '~**hands** serrement *m* ou poignée *f* de main; '**shak·en 1.** *p.p. de* shake 1; **2.** secoué, ébranlé; '**shak·er** secoueur (-euse *f*) *m*; ⊕ secoueur *m*; shaker *m*; *eccl.* ♀ Trembleur (-euse *f*) *m*.

shake-up *Am.* F ['ʃeik'ʌp] remaniement *m*; chose *f* improvisée.

shak·i·ness ['ʃeikinis] manque *m* de solidité; tremblement *m*; *voix:* chevrotement *m*; '**shak·y** □ peu solide; chancelant; tremblant; *fig.* véreux (-euse *f*) (*cas, compagnie, etc.*).

shall [ʃæl] [*irr.*] *v/aux.* (*défectif*) usité pour former le fut.; *qqfois* je veux *etc.*, je dois *etc.*; *promesse, menace:* se traduit par le fut.

shal·lot ♀ [ʃə'lɔt] échalote *f*.

shal·low ['ʃælou] **1.** peu profond; *fig.* superficiel(le *f*); **2.** bas-fond *m*; **3.** *v/t.* rendre *ou* v/i. devenir moins profond; '**shal·low·ness** peu *m* de profondeur; *fig.* superficialité *f*.

shalt † [ʃælt] 2ᵉ *personne du sg. de* shall.

sham [ʃæm] **1.** faux (fausse *f*), simulé; feint; **2.** feinte *f*, *sl.* chiqué *m*; *personne:* imposteur *m*; **3.** *v/t.* feindre, simuler; faire; *v/i.* faire semblant; jouer une comédie; ~ ill faire le malade.

sham·ble ['ʃæmbl] aller à pas traînants.

sham·bles ['ʃæmblz] *sg.* abattoir *m*; *fig.* scène *f* de carnage.

sham·bling □ ['ʃæmbliŋ] traînant.

shame [ʃeim] **1.** honte *f*; (for) ~! quelle honte!; vous n'avez pas honte!; cry ~ upon se récrier contre; put to ~ faire honte à; **2.** faire honte à; humilier; couvrir de honte.

shame·faced □ ['ʃeimfeist] honteux

(-euse *f*); embarrassé; **'shame-faced·ness** embarras *m*; timidité *f*.

shame·ful □ ['ʃeimful] honteux (-euse *f*); **'shame·ful·ness** honte *f*, indignité *f*.

shame·less □ ['ʃeimlis] sans honte, éhonté; **'shame·less·ness** effronterie *f*, impudeur *f*.

sham·my ['ʃæmi] (peau *f* de) chamois *m*.

sham·poo [ʃæm'pu:] **1.** (se) dégraisser (*les cheveux*); *v/t*. faire un shampooing à (*q.*); frictionner; **2.** *a.* = **sham'poo·ing** shampooing *m*; dry∼ friction ⚡; ∼ and set shampooing *m* (et) mise *f* en plis; have a ∼ and set se faire faire un shampooing (et) mise en plis.

sham·rock ['ʃæmrɔk] ♣ trèfle *m* d'Irlande (*a.* emblème national irlandais).

shan·dy Brit. ['ʃændi] panaché *m*.

shang·hai ⚓ *sl.* [ʃæŋ'hai] embarquer un homme pour l'engager après l'avoir enivré.

shank [ʃæŋk] tige *f*; ⚓ verge *f* (*d'ancre*); queue *f* (*de bouton*); *cuis.* jarret *m* (*de bœuf*), manche *m* (*de gigot de mouton*); jambe *f*; ride ⚓'s mare (*ou* pony) prendre le train onze; **shanked**: short-∼ aux jambes courtes (*personne*).

shan't [ʃɑ:nt] = shall not.

shan·ty ['ʃænti] cabane *f*, hutte *f*.

shape [ʃeip] **1.** forme *f*; *cost.* coupe *f*; façonné *f*; *cuis.* moule *m*; crème *f*; in bad ∼ en mauvais état; **2.** *v/t*. façonner, former; tailler; ajuster (à, to); ∼ one's course ⚓ diriger (une) route; *fig.* se diriger (vers, for); *v/i.* se développer; promettre; **shaped** façonné, en forme de; **'shape·less** informe; difforme; **'shape·li·ness** beauté *f* de forme; **'shape·ly** bien fait; beau (bel *devant une voyelle ou un h muet*; belle *f*; beaux *m/pl.*).

share [ʃɛə] **1.** part *f*, portion *f*; contribution *f*; ✝ action *f*, titre *m*, valeur *f*; *charrue*: soc *m*; ✝ original (*ou* ordinary *ou* primary) ∼ action *f* ordinaire; ✝ preference (*ou* preferred *ou* priority) ∼ action *f* privilégiée; have a ∼ in avoir part à; go ∼s partager (qch. avec q., in s.th. with s.o.); ∼ and ∼ alike en partageant également; **2.** *v/t.* partager (entre, among[st]); avec, with); avoir part à

(*qch.*); *v/i.* prendre part (à, in), participer (à, in); **'∼·crop·per** Am. métayer (-ère *f*) *m*; **'∼·hold·er** ✝ actionnaire *mf*; **'shar·er** participant(e *f*) *m*.

shark [ʃɑ:k] **1.** icht. requin *m*; *fig. a.* escroc *m*; Am. sl. as *m* (= expert); **2.** écornifler.

sharp [ʃɑ:p] **1.** *adj.* □ tranchant (*couteau etc.*); aigu(ë *f*) (*pointe*); vif (vive *f*) (*froid*); *fig.* éveillé; *fig.* rusé; aigre (*fruit*); violent (*douleur*); vert (*vin*, réprimande); perçant (*cri*, œil); pénétrant (*regard*); fin (*oreille*, esprit); net(te *f*) (*profil*); piquant (*goût*, sauce); saillant (*angle*); raide (*pente*); prononcé (*courbe*); fort (*averse*, gelée); F élégant, chic *inv.* (*vêtement*, voiture, personne etc.); *péj.* peu honnête; ♪ dièse; ♪ C∼ do *m* dièse; **2.** *adv.* ♪ trop haut, en diésant; F ponctuellement; look ∼! dépêchez-vous!; faites vite!; **3.** *su.* ♪ dièse *m*; F escroc *m*; Am. sl. as *m*; **'sharp·en** aiguiser (*a. fig.* l'appétit); tailler (*un crayon*); accentuer (*un trait*, *un contraste*); ♪ diéser; **sharp·en·er** fusil *m* (à aiguiser); taille-crayon *m/inv.*; **'sharp·er** escroc *m*; *cartes:* tricheur (-euse *f*) *m*; **'sharp·'eyed** à la vue perçante; à qui n'échappe rien; **'sharp·ness** tranchant *m*; pointe *f*; acuité *f*; violence *f*; acidité *f*; *fig.* rigueur *f*.

sharp...: **'∼·set** en grand appétit, affamé; be ∼ on avoir un vif désir de; **'∼·shoot·er** tirailleur *m*; **'∼·sight·ed** à la vue perçante; *fig.* perspicace; **'∼·wit·ted** éveillé.

shat·ter ['ʃætə] (se) fracasser; (se) briser (en éclats); *v/t.* détraquer (*les nerfs*, la santé); briser (*les espérances*); **'∼·proof**: ∼ glass verre *m* Sécurit (*TM*).

shave [ʃeiv] **1.** [*irr.*] *v/t.* raser; planer (*le bois*); friser, effleurer; *fig.* rogner; *v/i.* se raser; ∼ through se faufiler entre (*les voitures* etc.); **2.** coup *m* à fleur de peau; give s.o. a ∼ faire la barbe à q.; have a ∼ se (faire) raser; by a ∼ d'un iota; tout juste; to have a close (*ou* narrow) ∼ l'échapper belle; **'shav·en** rasé; a ∼ head une tête *f* rasée; **'shav·er** barbier *m*; rasoir *m* électrique; F young ∼ gamin *m*.

Sha·vi·an ['ʃeivjən] de G.B. Shaw; à la G.B. Shaw.

shav·ing ['ʃeiviŋ] **1.** action f de (se) raser; ~s pl. bois: copeaux m/pl.; métal: rognures f/pl.; **2.** à barbe; ~ brush blaireau m; ~ cream crème f à raser; ~ mug plat m à barbe; ~ soap savon m à barbe; ~ stick bâton m de savon à barbe.

shawl [ʃɔːl] châle m; fichu m.

shawm ♩ [ʃɔːm] chalumeau m.

she [ʃiː] **1.** elle (a. accentué); **2.** femelle f; femme f; **she-** femelle f (d'un animal).

sheaf [ʃiːf] (pl. sheaves) blé: gerbe f; papiers: liasse f.

shear [ʃiə] **1.** [irr.] tondre; couper; métall. cisailler (une tôle); fig. dépouiller; **2.** (a pair of) ~s pl. (des) cisailles f/pl.; '**shear·ing** coupage m; moutons: tonte f; drap: tondage m; ~s pl. tontes f/pl. (de laine).

sheath [ʃiːθ] gaine f (a. ♀, a. anat.); épée: fourreau m; phot. châssis m; **sheathe** [ʃiːð] mettre au fourreau; rengainer; ⊕, a. fig. revêtir, recouvrir (de, with); '**sheath·ing** ⊕ revêtement m; enveloppe f; chemise f; câble: gaine f.

sheave ⊕ [ʃiːv] rouet m; plateau m d'excentrique.

sheaves [ʃiːvz] pl. de sheaf.

she-bang Am. sl. [ʃəˈbæŋ] hutte f; cabaret m, bar m; carriole f; the whole ~ tout le bazar.

she-bear [ʃiːˈbɛə] ourse f.

shed[1] [ʃed] [irr.] perdre (ses feuilles, ses dents); verser (des larmes, du sang); répandre (du sang, de la lumière, a. fig.); F ~ light on jeter le jour dans.

shed[2] [~] hangar m; ♣ tente f à marchandises.

shed·der ['ʃedə] personne f qui répand (qch.).

sheen [ʃiːn] étoffe etc.: brillant m; reflet m; chatoiement m; '**sheen·y** luisant, brillant.

sheep [ʃiːp] mouton m; brebis f (a. fig.); coll. moutons m/pl.; fig. ~'s eyes pl. yeux m/pl. doux; '~-cot see sheep-fold; '~-dog chien m de berger; '~-fold parc m à moutons; '**sheep·ish** □ timide; penaud; '**sheep·ish·ness** timidité f; air m penaud.

sheep...: '~-man Am. éleveur m de moutons; '~-run see sheep-walk; '~-skin peau f de mouton; Am. sl. diplôme m; (a. ~ leather) basane f;

'~-walk pâturage m pour moutons.

sheer[1] [ʃiə] **1.** adj. pur, vrai, véritable; à pic (a. adv.), escarpé, abrupt; **2.** adv. tout à fait; abruptement; à plomb.

sheer[2] [~] **1.** ♣ embarder; ~ off ♣ prendre le large; fig. s'écarter, s'éloigner; **2.** ♣ embardée f.

sheet [ʃiːt] **1.** métal, papier, verre, etc.: feuille f; eau etc.: nappe f; neige: couche f; lit: drap m; ♣ écoute f; ~ copper (iron) cuivre m (fer m) en feuilles; ~ glass verre m à vitres; ~ steel tôle f d'acier; **2.** couvrir d'un drap; fig. recouvrir; '~-an·chor ♣ ancre f de veille(fig. de salut); '**sheet·ing** tex. toile f pour draps; ⊕ tôles f/pl.; '**sheet-light·ning** éclairs m/pl. en nappe ou de chaleur.

sheik(h) [ʃeik] cheik m.

shelf [ʃelf] (pl. shelves) rayon m; planche f; four, a. géog.: plateau m; rebord m; écueil m; banc m de sable; ✝ ~ life durée f de conservation avant vente; fig. on the ~ au rancart; en passe de devenir vieille fille; fig. get on the ~ coiffer sainte Catherine (femme).

shell [ʃel] **1.** coquille f (vide); œuf: coque f; huîtres: écaille f; homard etc.: carapace f; pois: cosse f; ⊕ paroi f; métall. manteau m; ✖ obus m; classe f intermédiaire; cercueil m; maison: carcasse f; **2.** écaler; écosser; ✖ bombarder; sl. ~ out débourser; payer (la note etc.).

shel·lac [ʃeˈlæk] gomme f laque.

shell-cra·ter ['ʃelkreitə] cratère m, entonnoir m; **shelled** [ʃeld] à coquille etc.

shell...: '~-fire tir m à obus; '~-fish coquillage m; crustacé m; '~-proof à l'épreuve des obus; blindé; '~-work coquillages m/pl.

shel·ter ['ʃeltə] **1.** abri m; asile m; fig. protection f; in the (ou under) ~ of à l'abri de; **2.** v/t. abriter; donner asile à; v/i. (a. ~ o.s.) s'abriter; '**shel·ter·less** sans abri etc.

shelve[1] [ʃelv] garnir de rayons; mettre sur un rayon; fig. remettre, ajourner; fig. mettre au rancart, remiser (q.); F classer (une question).

shelve[2] [~] aller en pente douce.

shelves [ʃelvz] pl. de shelf.

shelv·ing ['ʃelviŋ] **1.** rayons m/pl.; **2.** en pente.

she·nan·i·gan *Am.* F [ʃi'nænigən] mystification *f.*

shep·herd ['ʃepəd] **1.** berger *m*; **2.** garder (*des moutons*); '**shep·herd·ess** bergère *f.*

sher·bet ['ʃɔːbət] sorbet *m* (= *sorte de boisson à demi glacée*); (*a.* ~*pow-der*) limonade *f* (*sèche*).

sher·iff ['ʃerif] *Angl.* chérif *m* (= *préfet*); *Am.* chef *m* de la police.

sher·ry ['ʃeri] vin *m* de Xérès, cherry *m.*

shew † [ʃou] *see* show **1.**

shib·bo·leth *fig.* ['ʃibələθ] doctrine *f*; mot *m* d'ordre.

shield [ʃiːld] **1.** bouclier *m*; *fig.* défense *f*; 🛡 écu *m*; **2.** protéger (contre *from*, *against*); '**shield·less** sans bouclier; *fig.* sans défense.

shift [ʃift] **1.** changement *m*; moyen *m*; expédient *m*; échappatoire *f*; équipe *f*; ⊕ journée *f* (de travail); † chemise *f* (*de femme*); make ~ s'arranger (pour *inf.*, *to inf.*; avec, *with*); trouver moyen (de, *to*); make ~ *without* se passer de; make ~ *to* live arriver à vivre; **2.** *v/t.* changer (de place *etc.*); ⚓ changer (*une voile*); déplacer (*a.* ⚓ *la cargaison*); *v/i. Am. mot.* changer de vitesse; changer de place; bouger, se déplacer; changer (*scène*); tourner (*vent*); ⚓ se désarrimer (*cargaison*); F (*a.* ~ *for o.s.*) se débrouiller; '**shift·ing** ☐ qui se déplace; mobile; ~ *sands pl.* sables *m/pl.* mouvants; '**shift·less** ☐ sans ressources; peu débrouillard; *fig.* futile; '**shift·y** ☐ sournois, peu franc(he *f*); fuyant (*yeux*); louche; † peu solide.

shil·ling ['ʃiliŋ] shilling *m*; take the King's ~ s'engager; *fig.* cut s.o. off with a ~ déshériter q.

shil·ly-shal·ly ['ʃiliʃæli] **1.** barguignage *m*; **2.** barguigner.

shim·mer ['ʃimə] miroiter, chatoyer.

shim·my¹ ['ʃimi] **1.** danse: shimmy *m*; **2.** osciller, vibrer.

shim·my² F [~] chemise *f* (de femme).

shin [ʃin] **1.** (*ou* ~*bone*) tibia *m*; **2.:** ~ *up* grimper à.

shin·dy F ['ʃindi] chahut *m*, tapage *m.*

shine [ʃain] **1.** éclat *m*; brillant *m*; F take the ~ *out of s.o.* éclipser q.; *Am. sl.* take a ~ *to* s'enticher de; **2.** [*irr.*] *v/i.* briller (*a. fig.*); (re)luire; ~ *on*

éclairer; *v/t.* (*a.* ~ *up*) polir; cirer.

shin·er *sl.* ['ʃainə] pièce *f* d'or; œil *m* poché.

shin·gle¹ ['ʃiŋgl] **1.** 🔺 bardeau *m*; *cheveux*: coupe *f* à la garçonne; *Am.* petite enseigne *f*; **2.** couvrir de bardeaux; couper à la garçonne.

shin·gle² [~] galets *m/pl.*; plage *f* à galets.

shin·gles 𝒮 ['ʃiŋglz] *pl.* zona *m*, F ceinture *f.*

shin·gly ['ʃiŋgli] couvert de galets.

shin·y ☐ ['ʃaini] brillant, luisant.

ship [ʃip] **1.** (*usu. f*) navire *m*; vaisseau *m*; ~'*s company* équipage *m*; **2.** *v/t.* embarquer; ⚓ (*souv.* ~ *off*) mettre à bord, expédier; ⚓ mettre en place, monter; ⚓ rentrer (*les avirons*); recruter (*des marins*); ~ *a sea* embarquer un coup de mer; *v/i.* s'embarquer; armer (*sur*, *on* [*board*]) (*marin*); '~·**board** ⚓ *on* à bord; '~·**build·er** constructeur *m* de navires; '~·**build·ing** construction *f* navale; '~·**ca·nal** canal *m* maritime; '~·'**chan·dler** fournisseur *m* de navires; '~·'**chan·dler·y** fournitures *f/pl.* de navires; '**ship·ment** embarquement *m*, mise *f* à bord; envoi *m* par mer; chargement *m* (= *choses embarquées*); '**ship·own·er** armateur *m*; '**ship·per** affréteur *m*; expéditeur *m*; '**ship·ping 1.** embarquement *m*; navires *m/pl.*; marine *f* marchande; **2.** d'embarquement; maritime; de navigation; d'expédition;

ship...: '~·**shape** bien tenu (*a. fig.*); en bon ordre; '~·**wreck 1.** naufrage *m*; **2.** *v/t.* faire naufrager; *v/i.* (*a. be* ~*ed*) faire naufrage; '~·**wrecked** naufragé; '~·**wright** charpentier *m* de navires; '~·**yard** chantier *m* de constructions navales.

shire ['ʃaiə; *mots composés* ʃiə] comté *m*; ~ *horse* cheval *m* de gros trait.

shirk [ʃəːk] *v/t.* se dérober à; négliger, esquiver; *v/i.* négliger son devoir; '**shirk·er** carotteur (-euse *f*) *m.*

shirt [ʃəːt] chemise *f* (d'*homme*, *a.* ⊕); (*a.* ~*blouse*) chemisier *m*; *Am. sl.* keep one's ~ *on* ne pas se fâcher *ou* s'emballer; '**shirt·ing** † shirting *m* (*toile pour chemises*); '**shirt-sleeve 1.** manche *f* de chemise; **2.** en bras de chemise; *fig.* sans cérémonie; *surt. Am.* ~

diplomacy diplomatie *f* franche et honnête; '**shirt·y** *sl.* irritable.

shit V [ʃit] **1.** merde *f*; **2.** chier.

shiv·er[1] ['ʃivə] **1.** fragment *m*; *break to* ∼*s* = **2.** (se) briser en éclats.

shiv·er[2] [∼] **1.** frisson *m*; F *the* ∼*s pl.* la tremblote *f*; *it gives me the* ∼*s* ça me donne le frisson, ça me fait trembler; **2.** frissonner; grelotter; *have a* ∼*ing fit* être pris de frissons; '**shiv·er·y** tremblant; fiévreux (-euse *f*).

shoal[1] [ʃoul] **1.** *poissons:* banc *m* voyageur; *fig.* multitude *f*; **2.** se réunir en *ou* aller par bancs.

shoal[2] [∼] **1.** haut-fond (*pl.* hauts-fonds) *m*; **2.** diminuer de fond; **3.** (*a.* '**shoal·y**) plein de hauts-fonds.

shock[1] ⚡ [ʃɔk] moyette *f*.

shock[2] [∼] **1.** choc *m* (*a.* ⚡, ⊕, ⚔); ⚔ assaut *m*; secousse *f* (*a.* ⚡); *coup m*; *mot.* road ∼*s pl.* cahots *m/pl.*; **2.** *fig.* choquer, scandaliser; bouleverser; offenser; ∼ed at choqué de; scandalisé par.

shock[3] [∼]: ∼ *of hair* tignasse *f*.

shock-ab·sorb·er *mot.* ['ʃɔkəbsɔ:bə] amortisseur *m* (de chocs); pare-chocs *m/inv.*

shock·er F ['ʃɔkə] (*qqfois shilling* ∼) roman *m* à gros effets.

shock·ing □ ['ʃɔkiŋ] choquant; affreux (-euse *f*); abominable.

shock...: '∼**proof** anti-choc *inv.*; ∼ **ther·a·py** thérapeutique *f* de choc; ∼ **treat·ment** traitement *m* (de choc; *electric* ∼ traitement *m* par électrochocs; ∼ **wave** onde *f* de choc.

shod [ʃɔd] *prét. et p.p.* de shoe 2.

shod·dy ['ʃɔdi] **1.** *tex.* drap *m* de laine d'effilochage; *fig.* camelote *f*; pacotille *f*; **2.** d'effilochage; de camelote; de pacotille; *surt. Am.* ∼ *aristocracy* parvenus *m/pl.*

shoe [ʃuː] **1.** chaussure *f*, soulier *m*; *cheval:* fer *m*; ⊕ sabot *m*; *traîneau, piston:* patin *m*; **2.** [*irr.*] chausser); ferrer; garnir d'un patin *etc.*; '∼**black** cireur *m* (de chaussures); '∼**black·ing** cirage *m ou* crème *f* pour chaussures; '∼**horn** chausse-pied *m*; corne *f*; '∼**lace** lacet *m*; '∼**mak·er** cordonnier *m*; ∼ **pol·ish** cirage *m ou* crème pour chaussures; '∼**shine** cirage *m* (de chaussures); (*a.* ∼ *boy*) cireur *m* (de chaussures);

'∼**string** *Am.* lacet *m*; *surt. Am.* F minces capitaux *m/pl.*

shone [ʃɔn] *prét. et p.p.* de shine 2.

shoo [ʃuː] chasser (*des oiseaux*).

shook [ʃuk] *prét.* de shake 1.

shoot [ʃuːt] **1.** *rivière:* rapide *m*; ⚡ rejeton *m*, pousse *f*; partie *f* de chasse; chasse *f* gardée; ⚔ (concours *m* de) tir *m*; *tex.* duite *f*; ⚡ couloir *m*; *fig.* jaillissement *m*; **2.** [*irr.*] *v/t.* tirer (*une arme à feu, les manchettes*); fusiller; tuer; chasser (*le gibier*); *fig.* passer rapidement sous (*un pont*); darder (*des rayons, fig. un regard*); décharger; (*a.* ∼ *out*) ⚡ pousser; pousser (*le verrou*); *phot.* prendre un instantané de; tourner (*un film*); *sp.* marquer (*un but*); *sp.* shooter; *mot.* brûler (*les feux*); franchir (*un rapide*); *v/i.* tirer (*sur, at*); viser; *fig.* se précipiter, s'élancer; élancer (*douleur*); (*a.* ∼ *forth*) pousser; ∼ *ahead* aller rapidement en avant; ∼ *ahead of* devancer (*q.*) rapidement.

shoot·er ['ʃuːtə] tireur (-euse *f*) *m*; *sp.* marqueur *m* de but.

shoot·ing ['ʃuːtiŋ] **1.** tir *m*; chasse *f*; fusillade *f*; ∼**ground** (*ou* ∼**range**) champ *m* de tir; *go* ∼ aller à la chasse; ∼ *of a film* prise *f* de vue; tournage *m*; **2.** lancinant (*douleur*); ∼ *star* étoile *f* filante; '∼**box** pavillon *m* de chasse; muette *f*; '∼**brake** canadienne *f*.

shoot-out F ['ʃuːtaut] échange *m* de coups de feu.

shop [ʃɔp] **1.** boutique *f*; magasin *m*; bureau *m* (*de tabac*); ⊕ métier *m*; affaires *f/pl.*; ∼ *floor les* ouvriers *m/pl.*; *talk* ∼ parler boutique; **2.** (*usu.* F *go* ∼*ping*) faire des achats; '∼**keep·er** boutiquier (-ère *f*) *m*; marchand(e *f*) *m*; '∼**lift·er** voleur (-euse *f*) *m* à l'étalage; '∼**man** commis *m* de magasin; ⊕ homme *m* d'atelier; '**shop·ping** achats *m/pl.*; emplettes *f/pl.*; ∼ *centre* quartier *m* commerçant; *Christmas* ∼ emplettes *f/pl.* de Noël; '**shop·py** F qui sent la boutique; à l'esprit boutiquier.

shop...: '∼**soiled** ✝ défraîchi; '∼**stew·ard** délégué *m* (syndical) d'atelier; '∼**walk·er** chef *m* de rayon; inspecteur (-trice *f*) *m*; '∼**win·dow** vitrine *f*; devanture *f*.

shore[1] [ʃɔː] rivage *m*, bord *m*; côte *f*; ⚓ terre *f*; *on* ∼ à terre.

shore² [ˈ.] **1.** étai *m*, appui *m*; **2.:** ~ *up* étayer; buter.

shorn [ʃɔːn] *p.p. de* shear 1; *fig.* ~ *of* dépouillé de (*qch.*).

short [ʃɔːt] **1.** *adj.* court; de petite taille; bref (brève *f*); insuffisant; *fig.* brusque, cassant; *cuis.* croquant; aigre (*métal*); revêche (*fer*); *sec circuit*; *Brit.* ~ *list* liste *f* des candidats sélectionnés; ~ *waves pl.* petites ondes *f/pl.*; *radio:* ondes *f/pl.* courtes; *by a* ~ *head turf:* de justesse; *fig.* tout juste; *nothing* ~ *of* ni plus ni moins; *come* (*ou fall*) ~ *of* rester au-dessous de (*qch.*); manquer à; ne pas être à la hauteur de (*q.*); ne pas atteindre; *fall* (*ou run*) ~ manquer; s'épuiser (*provisions*); *go* ~ *of* se priver de (*qch.*); **2.** *adv.* court; brusquement; ~ *of* sauf; à moins de; ~ *of London* à quelque distance de Londres; ~ *of lying* à moins de mentir; *cut* ~ couper la parole à (*q.*); *stop* ~ *of* s'arrêter au seuil de; *ne pas aller jusqu'à* **3.** *su.* gramm. voyelle *f* brève; *cin.* court métrage *m*; *cut-circuit* (*pl.* courts-circuits) *m*; F ~*s pl.* culotte *f* de sport; short *m*; *in* ~ bref, en un mot; **4.** *v/t.* see *~circuit*; **'short·age** manque *m*, insuffisance *f*; disette *f*; *admin.* crise *f*; † déficit *m*.

short...: '~**cake** sablé *m*; '~**change** tromper (*q.*) sur la monnaie; rouler (*q.*); '~**·'cir·cuit** ⚡ court-circuiter; ~**·'com·ing** défaut *m*, imperfection *f*; manque *m*; ~ **cut** chemin *m* de traverse; raccourci *m*; '~**·'dat·ed** † à courte échéance; '**short·en** *v/t.* raccourcir; abréger; *v/i.* (se) raccourcir; se reserrer; diminuer; '**short·en·ing** raccourcissement *m*; abrègement *m*; *cuis.* matière *f* grasse.

short...: '~**·'fall** déficit *m*; '~**·hand** sténographie *f*; ~ *writer* sténographe *mf*; '~**·'hand·ed** à court de personnel; '~**·haul** à courte distance; '~**·list** mettre (*q.*) sur la liste des candidats sélectionnés; '~**·'lived** qui vit peu de temps; passager (-ère *f*), éphémère; '**short·ly** *adv.* brièvement; bientôt; brusquement; '**short·ness** brièveté *f*; *taille:* petitesse *f*; brusquerie *f*; manque *m*.

short...: '~**·range** à courte portée (*fusil etc.*); à court terme (*projet etc.*); à court rayon d'action (*avion etc.*); '~**·run** de courte durée;

'**sight·ed** myope; *fig.* imprévoyant; '~**·'tem·pered** irascible; vif (vive *f*); '~**·term** à court terme; ~ *memory* mémoire *f* immediate; '~**·'time work·ing** chômage *m* partiel; '~**·wave** *radio:* sur ondes courtes; '~**·'wind·ed** à l'haleine courte.

shot¹ [ʃɔt] **1.** *prét. et p.p. de* shoot 2; **2.** chatoyant (*soie*).

shot² [ˈ.] coup *m* (*a. fig.*, *a. sp.*); *revolver:* coup *m* de feu; (*usu.* ~*pl.*) plomb *m*; F tireur (-euse *f*) *m*; chasseur *m*; *sp.* shot *m*; *phot.* prise *f* de vue; *cin.* plan *m*; ⚕ piqûre *f*; *sl.* alcool: goutte *f*; *fig.* essai *m*; *have a* ~ *at* essayer (*qch.*); F *not by a long* ~ tant s'en faut; pas à beaucoup près; *within* (*out of*) ~ à (hors de) portée; F *like a* ~ comme un trait; avec empressement; F *fig.* big ~ grosse légume *f* (= *personnage important*); *make a bad* ~ rater son coup; *fig.* deviner faux; '~**·gun** fusil *m* de chasse; F ~ *marriage* mariage *m* forcé; '~**·proof** à l'épreuve des balles; '~**·put** *sp.* lancer *m* du poids.

shot·ten her·ring [ˈʃɒtnˈheriŋ] hareng *m* guais.

should [ʃud] *prét. de* shall (*a. usité pour former le cond.*).

shoul·der [ˈʃəuldə] **1.** épaule *f*; ⊕ épaulement *m*; *give s.o. the cold* ~ battre froid à *q.*, tourner le dos à *q.*; *put one's* ~ *to the wheel* se mettre à l'œuvre; donner un coup d'épaule; *rub* ~*s with* s'associer avec, côtoyer; ~ *to* ~ côte à côte; **2.** pousser avec *ou* de l'épaule; mettre sur l'épaule; *fig.* endosser; ✕ porter (*l'arme*); '~**·bag** sac *m* à bandoulière; '~**·blade** *anat.* omoplate *f*; '~**·knot** nœud *m* d'épaule (*a.* ✕); '~**·strap** bretelle *f*; *dames, a.* ✕: patte *f* d'épaule; ✕ *uniforme:* attente *f*.

shout [ʃaut] **1.** cri *m*; clameur *f*; *rire:* éclat *m*; *sl.* boisson: tournée *f*; **2.** *v/i.* pousser des cris, crier; hurler (*de douleur*); *v/t.* ~ *down* huer (*q.*).

shove [ʃʌv] **1.** poussée *f*, coup *m* d'épaule; **2.** pousser; bousculer; fourrer (*qch.* dans *qch.*, *s.th. in*[*to*] *s.th.*).

shov·el [ˈʃʌvl] **1.** pelle *f*; **2.** pelleter; '~**·board** jeu *m* de galets.

show [ʃou] **1.** [*irr.*] *v/t.* montrer; faire voir; manifester; faire (*miséricorde à q.*); témoigner (*de*); laisser paraître; indiquer; représenter; *cin.* présenter; prouver; exposer (*des peintures, des raisons, etc.*); ~ forth proclamer; ~ in introduire; faire entrer; ~ off faire valoir *ou* ressortir; faire parade de; ~ out reconduire; ~ up faire monter; révéler; faire ressortir; démasquer; *v/i.* (*a.* ~ up *ou* forth) ressortir, se détacher; se montrer, se laisser voir; ~ off parader; se donner des airs; *sl.* faire de l'épate; 2. spectacle *m*; étalage *m*; exposition *f*; concours *m*; *mot.* salon *m*; parade *f*, ostentation *f*, semblant *m*; *sl.* affaire *f*; ~ of hands vote *m* à mains levées; dumb ~ pantomime *f*; jeu *m* muet; on ~ exposé; *sl.* run the ~ diriger l'affaire; être le manitou de l'affaire; '~·**biz** *F* ['ʃoubiz], ~ **busi·ness** le monde *m ou* l'industrie *f* du spectacle; '~·**card** pancarte *f*, étiquette *f*; '~·**case** montre *f*, vitrine *f*; '~·**down** *cartes:* étalement *m* de son jeu; *fig.* mise *f* au jour de ses projets *etc.*; come to a ~ en venir au fait et au prendre.

show·er ['ʃauə] 1. averse *f*; ondée *f*, grêle, neige: giboulée *f*; *fig.* volée *f*, pluie *f*; 2. *v/t.* verser; *fig.* accabler (de, with), combler (de, with); *v/i.* pleuvoir; '~·**bath** ✕ ['ʃɑ:bɑθ] bain-douche (*pl.* bains-douches) *m*; douche *f*; '**show·er·y** de giboulées; pluvieux (-euse *f*).

show·i·ness ['ʃouinis] prétention *f*; ostentation *f*; '**show·man** montreur *m* de curiosités; forain *m*; *F* passé maître *m* pour la mise en scène; '**show·man·ship** art *m* de la mise *f* en scène; **shown** [ʃoun] *p.p. de* show 1; '**show·piece** pièce *f ou* objet *m* exemplaire, modèle *m* du genre; '**show·room** salon *m* d'exposition; '**show·win·dow** *surt. Am.* vitrine *f*; étalage *m*; devanture *f*; '**show·y** □ fastueux (-euse *f*); prétentieux (-euse *f*); voyant.

shrank [ʃræŋk] *prét. de* shrink.

shrap·nel ✕ ['ʃræpnl] shrapnel *m*.

shred [ʃred] 1. brin *m*; lambeau *m*; petit morceau *m*; *fig.* parcelle *f*, grain *m*; 2. [*irr.*] déchirer en lambeaux *ou* en morceaux.

shrew [ʃru:] *zo.* (*a.* ~-mouse) musaraigne *f*; *personne:* mégère *f*, femme *f* criarde.

shrewd □ [ʃru:d] pénétrant, sagace; fin; have a ~ idea être porté à croire

(que, that); '**shrewd·ness** perspicacité *f*; pénétration *f*.

shrew·ish □ ['ʃru:iʃ] acariâtre.

shriek [ʃri:k] 1. cri *m* perçant; éclat *m* (de rire); 2. pousser un cri aigu.

shriev·al·ty ['ʃri:vəlti] fonctions *f/pl.* de shérif.

shrift [ʃrift]: give short ~ expédier vite.

shrill [ʃril] 1. □ aigu(ë *f*), perçant; 2. *v/i.* pousser un son aigu; *v/t.* (*a.* ~ out) chanter *ou* crier (*qch.*) d'une voix aiguë.

shrimp [ʃrimp] *zo.* crevette *f*; *fig.* petit bout *m* d'homme.

shrine [ʃrain] châsse *f*; reliquaire *m*; tombeau *m* (de saint[e]).

shrink [ʃriŋk] [*irr.*] *v/i.* se contracter; se rétrécir (*tissu*); se rapetisser; (*a.* ~back) reculer (devant qch., from s.th.; à *inf.*, from gér.); *v/t.* contracter (*un métal*); (faire) rétrécir (*un tissu*); ~ with age se tasser; '**shrink·age** rétrécissement *m*; contraction *f* (*a. cin.*); *fig.* diminution *f*.

shriv·el ['ʃrivl] (*a.* ~ up) (se) ratatiner; *fig.* (se) dessécher.

shroud[1] [ʃraud] 1. linceul *m*; *fig.* voile *m*; ⊕ blindage *m*; ⊕ bandage *m*; 2. ensevelir; *fig.* envelopper.

shroud[2] ⚓ [~] hauban *m*.

Shrove·tide ['ʃrouvtaid] jours *m/pl.* gras; **Shrove Tues·day** mardi *m* gras.

shrub [ʃrʌb] arbrisseau *m*; arbuste *m*; **shrub·ber·y** ['~əri] bosquet *m*; plantation *f* d'arbustes; '**shrub·by** ressemblant à un arbuste.

shrug [ʃrʌg] 1. hausser (les épaules); 2. haussement *m* d'épaules.

shrunk [ʃrʌŋk] *p.p. de* shrink; '**shrunk·en** *adj.* contracté; rétréci; ratatiné (*figure etc.*).

shud·der ['ʃʌdə] 1. frissonner, frémir (de, with); 2. frisson *m*, frémissement *m*.

shuf·fle ['ʃʌfl] 1. *v/t.* traîner (*les pieds*); brouiller; battre (*les cartes*); ~ away faire disparaître (*qch.*); ~ off se débarrasser de; rejeter (*qch.*) (sur upon, on, to); ôter (*qch.*) à la hâte; *v/i.* traîner les pieds; avancer en traînant les pieds; *fig.* équivoquer, tergiverser; ~ through faire un travail tant bien que mal; 2. pas *m/pl.* traînants; marche *f* traînante; *cartes:* battement *m*; *fig.* équivocation *f*; faux-fuyant *m*; **'shuf·fler** personne *f* qui bat les cartes; *fig.* tergiversateur (-trice *f*) *m*; **'shuf·fling** □ traînant (*pas*); *fig.* équivoque; *fig.* tergiversateur (-trice *f*).

shun [ʃʌn] fuir, éviter.

shunt [ʃʌnt] **1.** ⚙ garage *m*; ⚙ changement *m* de voie; ⚡ shunt *m*; **2.** ⚙ ⚙ manœuvrer, garer; *fig.* détourner; ⚡ shunter; ~ *with care* défense de tamponner!; *v/i.* ⚙ se garer; *fig.* s'esquiver; **'shunt·er** ⚙ gareur *m*; *sl.* pousseur (-euse *f*) *m*; **'shunt·ing yard** ⚙ chantier *m* de voies de garage et de triage.

shut [ʃʌt] [*irr.*] *v/t.* fermer; ~ *one's eyes to* fermer les yeux sur; se refuser à; ~ *down* fermer (*une usine*); couper (*la vapeur*); arrêter (*le moteur*); ~ *in* enfermer; entourer (de, *by*); se pincer (*le doigt*) dans; ~ *into* enfermer dans; ~ *out* exclure; ~ *up* enfermer; F faire taire (*q.*); ~ *up shop sl.* fermer boutique; ~ *(la)* fermer; F ~ *up!* taisez-vous!, *sl.* la ferme!; **'~·down** fermeture *f*, chômage *m*; **'~·out** *sp. Am.* victoire *f* écrasante; **'shut·ter** volet *m*; *phot.* obturateur *m*; *instantaneous* ~ obturateur *m* instantané; *phot.* ~ *speed* vitesse *f* d'obturation.

shut·tle ['ʃʌtl] **1.** *tex.*, *a.* ⚙ navette *f*; ~ *service* (service *m* de) navette *f*; ~ *train* train *m* qui fait la navette; **2.** faire la navette; **'~·cock** volant *m*.

shy[1] [ʃai] **1.** □ timide; farouche (*animal*); ombrageux (-euse *f*) (*cheval*); *be* (F *fight*) ~ *of* (*ger.*) hésiter à (*inf.*); *sl. I'm* ~ *ten pounds* il me manque dix livres; je suis en perte de dix livres; **2.** prendre ombrage (de, *at*) (*a. fig.*); faire un écart.

shy[2] F [~] **1.** lancer (une pierre); **2.** jet *m*; tentative *f* (pour faire qch., *at s.th.*); *have a* ~ *at* s'essayer à.

shy·ness ['ʃainis] timidité *f*.

shy·ster *sl.*, *surt. Am.* ['ʃaistə] homme *m* d'affaires véreux; avocassier *m*.

Si·a·mese [saiə'miːz] **1.** siamois; **2.** *ling.* siamois *m*; Siamois(e *f*) *m*.

Si·be·ri·an [sai'biəriən] **1.** sibérien(ne *f*), de Sibérie; **2.** Sibérien(ne *f*) *m*.

sib·i·lant ['sibilənt] **1.** □ sifflant; ♪ sibilant; **2.** *gramm.* sifflante *f*.

sib·ling ['sibliŋ] frère *m*; sœur *f*.

sib·yl·line [si'bilain] sybillin.

Si·cil·ian [si'siljən] **1.** sicilien(ne *f*); **2.** Sicilien(ne *f*) *m*.

sick [sik] malade (de *of*, *with*); *fig.* las(se *f*), dégoûté (de, *of*); malsain; macabre; *be* ~ vomir; *fig. be* ~ *(and tired) of* (*en*) avoir assez de, F en avoir marre de; *feel* ~ avoir mal au cœur; *go* ~ se faire porter malade; **'~·bed** lit *m* de malade; **'~·cer·tif·i·cate** attestation *f* de médecin; **'sick·en** *v/i.* tomber malade; languir (*plante*); *fig.* se lasser (de qch., *of s.th.*); ~ *at* être écœuré à la vue de *ou* de voir; *v/t.* rendre malade; dégoûter; **'sick·fund** caisse *f* de maladie; **'~·in·sur·ance** assurance-maladie *f*.

sick·le ['sikl] faucille *f*.

sick-leave ['sikliːv] congé *m* de maladie; **'sick·li·ness** mauvaise santé *f*, état *m* maladif; pâleur *f*; *odeur etc.*: caractère *m* écœurant; *climat*: insalubrité *f*; **'sick·ly** maladif (-ive *f*); étiolé (*plante*); pâle; fade; écœurant (*odeur etc.*); malsain, insalubre (*climat*); **'sick·ness** maladie *f*; mal *m*; nausées *f/pl.*; *Brit.* ~ *benefit* prestations *f/pl.* d'assurance maladie; ~ *pay* indemnité *f* de maladie.

side [said] **1.** *usu.* côté *m*; flanc *m*; pente *f*; bord *m*; *sp.* camp *m*, équipe *f*; *pol. etc.* parti *m*; ~ *by* ~ côte à côte, ⚓ bord à bord; *fig.* en plus (de, *with*); ~ *by* ~ *with* à côté de; *at* (*ou by*) *s.o.'s* ~ à côté de q.; *Am on the* ~ par-dessus le marché; **2.** latéral (-aux *m/pl.*), de côté; secondaire; ~ *effect* effet *m* secondaire; ~ *street* rue *f* transversale; **3.** prendre parti (pour, *with*); se ranger du côté (de, *with*); **'~·arms** *m/pl.* ✗ armes *f/pl.* blanches; **'~·board** buffet *m*; *Brit.* ~*s pl.* = **'~·burns** *pl. Am.* favoris *m/pl.*, pattes *f/pl.*; **'~·car** *mot.* side-car *m*; **'sid·ed** four·~ à quatre faces.

side...: **'~·face** profil *m*; *attr.* de profil; **'~·kick** surt. *Am.* F copain *m*, copine *f*; sous-fifre *m*; **'~·light** fenêtre *f* latérale; *mot.* feu *m* de côté; *fig.* aperçu *m* indirect; **'~·line** ⚙ voie *f* secondaire; *fig.* occupation *f* secondaire; **'~·long 1.** *adv.* de côté; obliquement; **2.** *adj.* de côté, oblique (*a. fig.*); **'~·path** sentier *m* de côté; chemin *m* de traverse.

si·de·re·al *astr.* [sai'diəriəl] sidéral (-aux *m/pl.*).

side...: **'~·sad·dle** selle *f* de dame; **'~·slip** ✈ glisser sur l'aile; *mot.*, *a.*

cycl. déraper; '**~-split·ting** homérique (*rire*), F désopilant; '**~-step 1.** pas *m* de côté; **2.** *v*/*i.* faire un pas de côté; *v*/*t. fig.* éviter; '**~-stroke** nage *f* sur le côté; '**~-track** 🚗 voie *f* secondaire *ou* de service; **2.** garer (*un train*); aiguiller (*un train*) sur une voie de service; *souv. Am. fig.* détourner; '**~·walk** *surt. Am.* trottoir *m*; **side·ward** ['~wəd] **1.** *adj.* latéral (-aux *m*/*pl.*), de côté; **2.** *adv.* = **side·wards** ['~z], '**side·ways** ['~weiz], '**side·wise** *adv.* avenant.

sid·ing 🚗 ['saidiŋ] voie *f* de garage *ou* de service; embranchement *m*.

si·dle ['saidl] s'avancer *etc.* de guingois *ou* de côté.

siege [si:dʒ] siège *m*; *lay* ~ *to* assiéger.

sieve [siv] crible *m*; tamis *m*.

sift [sift] *v*/*t.* passer au crible *ou* au tamis; *fig.* examiner en détail; ~ *out fig.* démêler; *v*/*i. fig.* filtrer; '**sift·er** cribleur (-euse *f*) *m*; tamiseur (-euse *f*) *m*; crible *m*; tamis *m*.

sigh [sai] **1.** soupir *m*; **2.** soupirer (*pour, for*; *après, after*).

sight [sait] **1.** vue *f*; *fig.* spectacle *m*; portée *f* de la vue; visée *f*; bouton *m* de mire, guidon *m* (*d'une arme à feu*); 🔫 vue *f*; F beaucoup; *a* ~ *of* énormément; *a* ~ *too big de* beaucoup trop grand; ~*s pl.* monuments *m*/*pl.*, curiosités *f*/*pl.* (*d'une ville*); beautés *f*/*pl.* naturelles; *second* ~ seconde vue *f*; voyance *f*; *at* (*ou on*) ~ à vue (*a.* 🎵, ♪); *du premier coup; by* ~ de vue; *catch* ~ *of* apercevoir, entrevoir; *lose* ~ *of* perdre de vue; *out of* ~ caché aux regards, hors de vue; *take* ~ viser; *within* ~ en vue, à portée de la vue; **2.** *v*/*t.* apercevoir; viser; pointer (*une arme à feu*); 🔫 voir (*un effet*); *v*/*i.* viser; '**sight·ed** à la vue; qui voit; '**sight·ing-line** ligne *f* de visée; '**sight·less** aveugle; '**sight·li·ness** beauté *f*, grâce *f*, charme *m*; '**sight·ly** charmant, avenant.

sight...: '**~·read** [*irr.* (*read*)] ♪ jouer *ou* chanter à première vue; '**~·see·ing** visite *f* (*de la ville*); tourisme *m*; '**~·se·er** excursionniste *mf*; curieux (-euse *f*) *m*; '**~·sing·ing** ♪ chant *m* à vue.

sign [sain] **1.** signe *m*; réclame *f*; *auberge etc.*: enseigne *f*; *fig.* trace *f*; indice *m*; ~ *manual* signature *f*; *seing*

m; *in* (*ou as a*) ~ *of* en signe de; **2.** *v*/*i.* signer; faire signe; *v*/*t.* signer; ~ *on v*/*t.* embaucher, engager; *v*/*i.* s'embaucher.

sig·nal ['signl] **1.** signal *m*; signe *m*; 🔫 *Brit.* ~*s pl.* sapeurs-télégraphistes *m*/*pl.*; *téléph. busy* ~ signal *m* de ligne occupée; **2.** □ insigne; remarquable; **3.** *vt*/*i.* signaler; *v*/*t.* donner un signal à; '**~·box** 🚗 cabine *f* à signaux *ou* d'aiguillage; **sig·nal·ize** ['~nəlaiz] signaler, marquer; *see signal 3*; '**sig·nal·man** signaleur *m*.

sig·na·to·ry ['signətəri] signataire (*a. su.*/*mf*); ~ *powers pl. to an agreement* pays *m*/*pl. ou* puissances *f*/*pl.* signataires d'une convention *ou* d'un accord.

sig·na·ture ['signitʃə] 🎵, *typ.* signature *f*; *admin.* visa *m*; ♪ armature *f*, armure *f*; ~ *tune radio*: indicatif *m* musical.

sign·board ['sainbɔ:d] *boutique etc.*: enseigne *f*; écriteau *m* indicateur; '**sign·er** signataire *mf*.

sig·net ['signit] sceau *m*, cachet *m*; '**~·ring** chevalière *f*; † anneau *m* à cachet.

sig·nif·i·cance, **sig·nif·i·can·cy** [sig'nifikəns(i)] signification *f*; importance *f*; **sig·nif·i·cant** □ significatif (-ive *f*); *of* qui accuse *ou* trahit; **sig·ni·fi·ca·tion** signification *f*, sens *m*; **sig·nif·i·ca·tive** [~kətiv] significatif (-ive *f*) (*de, of*); **sig·ni·fy** ['signifai] *v*/*t.* signifier; être (le) signe de; faire connaître; vouloir dire; *v*/*i.* importer; *it does not* ~ cela ne fait rien.

sign...: '**~·paint·er** peintre *m* d'enseignes; '**~·post** poteau *m* indicateur.

si·lence ['sailəns] **1.** silence *m*; ~! silence!, taisez-vous!; **2.** faire taire; réduire au silence; '**si·lenc·er** ⊕ amortisseur *m* de son; *mot.* pot *m* d'échappement.

si·lent □ ['sailənt] silencieux (-euse *f*); muet(te *f*) (*a. lettre*); *fig.* taciturne; ~ *film* film *m* muet; *surt. Am.* 🎬 ~ *partner* commanditaire *m*.

sil·hou·ette [silu:'et] **1.** silhouette *f*; **2.:** *be* ~*d against* se silhouetter contre.

sil·i·cate 🜂 ['silikit] silicate *m*; **sil·i·cat·ed** ['~keitid] silicat(is)é; **si·li·ceous** [si'liʃəs] siliceux (-euse *f*); boueux (-euse *f*) (*sources*).

silk [silk] **1.** soie *f*; *p.ext.* fil *m* de soie, rayonne *f*; 🜊 conseiller *m* du roi; **2.** de soie; en soie; à soie; '**silk·en** de *ou* en soie; soyeux (-euse *f*); *fig.* mielleux (-euse *f*); *see* **silky**; '**silk·i·ness** nature *f* soyeuse; *fig. voix:* moelleux *m*; '**silk·'stock·ing** *Am.* distingué; '**silk·worm** ver *m* à soie; '**silk·y** □ soyeux (-euse *f*); *fig. péj.* mielleux (-euse *f*).

sill [sil] seuil *m*; rebord *m* (de fenêtre).

sil·li·ness ['silinis] sottise *f*.

sil·ly □ ['sili] sot(te *f*), niais, stupide; *journ.* ~ *season* l'époque *f* où la politique chôme.

si·lo ['sailou] silo *m*.

silt [silt] **1.** vase *f*, limon *m*; **2.** (*usu.* ~ *up*) *v/t.* envaser, ensabler; *v/i.* s'ensabler.

sil·ver ['silvə] **1.** argent *m*; argenterie *f*; pièce *f* *ou* pièces *f/pl.* d'argent; **2.** d'argent, en argent; *fig.* argenté; **3.** (*ou* ⊕ ~*plate*) argenter (*a. fig.*); étamer (*un miroir*); '**sil·ver·y** argenté (*a. zo., a.* 🜨); d'argent; argentin (*ton, rire, voix*).

sim·i·lar □ ['similə] pareil(le *f*), semblable; 🜊 *qqfois* similaire; **sim·i·lar·i·ty** [~'læriti] ressemblance *f*; similitude *f* (*a.* 🜊).

sim·i·le ['simili] comparaison *f*, image *f*.

si·mil·i·tude [si'militju:d] similitude *f*, ressemblance *f*; allégorie *f*.

sim·mer ['simə] *v/i.* frémir, mijoter (*a. fig.*); *fig.* fermenter, être près d'éclater; *v/t.* faire mijoter.

Si·mon ['saimən] Simon *m*; F *the real* ~ *Pure* l'objet *m* authentique; la véritable personne *f*; F *simple* ~ nicodème *m*.

si·moom [si'mu:m] simoun *m*.

sim·per ['simpə] **1.** sourire *m* minaudier; **2.** minauder; faire des grimaces.

sim·ple □ ['simpl] simple; naïf (-ïve *f*); crédule; '~-**'heart·ed**, '~-**'mind·ed** simple, naïf (-ïve *f*), ingénu; **sim·ple·ton** ['~tən] nigaud(e *f*) *m*.

sim·plic·i·ty [sim'plisiti] candeur *f*; naïveté *f*; simplicité *f*; **sim·pli·fi·ca·tion** [~fi'keiʃn] simplification *f*; **sim·pli·fy** ['~fai] simplifier.

sim·ply ['simpli] *adv.* simplement *etc.*; *see* **simple**; absolument; uniquement.

sim·u·late ['simjuleit] simuler, fein-

dre; se faire passer pour; **sim·u·'la·tion** simulation *f*, feinte *f*.

si·mul·ta·ne·i·ty [siməltə'ni:əti] simultanéité *f*.

si·mul·ta·ne·ous □ [siməl'teinjəs] simultané; qui arrive en même temps (que, *with*); **si·mul·ta·ne·ous·ness** simultanéité *f*.

sin [sin] **1.** péché *m*; **2.** pécher; *fig.* ~ *against* blesser (*qch.*).

since [sins] **1.** *prp.* depuis; **2.** *adv.* depuis; *long* ~ depuis *ou* il y a longtemps; *how long* ~? il y a combien de cela?; *a short time* ~ il y a peu de temps; **3.** *cj.* depuis que; puisque; que.

sin·cere □ [sin'siə] sincère; franc(he *f*); *yours* ~*ly* votre tout(e) dévoué(e *f*); cordialement à vous; **sin·cer·i·ty** [~'seriti] sincérité *f*, bonne foi *f*.

sine 🜊 [sain] sinus *m*.

si·ne·cure ['sainikjuə] sinécure *f*.

sin·ew ['sinju:] tendon *m*; *cuis.* croquant *m*; *fig. usu.* ~*s pl.* nerf *m*, force *f*; '**sin·ew·y** musclé, nerveux (-euse *f*); *cuis.* tendineux (-euse *f*).

sin·ful □ ['sinful] pécheur (-eresse *f*); coupable; F scandaleux (-euse *f*); '**sin·ful·ness** culpabilité *f*; péché *m*.

sing [siŋ] [*irr.*] *v/t.* chanter (*fig.* = *raconter, célébrer*); célébrer; *v/i.* chanter (*bouilloire*); siffler (*vent etc.*); tinter, bourdonner (*oreilles*); *Am. sl.* se mettre à table, moucharder; F ~ *out* crier; F ~ *small* déchanter; se dégonfler, filer doux; ~ *another song* (*ou tune*) chanter une autre chanson, F changer de ton.

singe [sindʒ] brûler légèrement; roussir (*le drap*); *coiffeur:* brûler (*la pointe des cheveux*).

sing·er ['siŋə] chanteur (-euse *f*) *m*; *eccl., a. poét.* chantre *m*; cantatrice *f* (*de profession*).

sing·ing ['siŋiŋ] chant *m*; ~*bird* oiseau *m* chanteur.

sin·gle ['siŋgl] **1.** □ seul; simple; unique; individuel(le *f*); célibataire, pas marié; 🜊 ~ *bill* billet *m* à ordre; ~ *combat* combat *m* singulier; *bookkeeping by* ~ *entry* comptabilité *f* en partie simple; *in* ~ *file* en file indienne; **2.** 🜊 aller *m* (simple); *théâ. etc.* place *f* séparée *ou* isolée; ♩ *disque:* 45 tours *m/inv.*; (*a.* ~ *game*) *tennis:* (partie *f*) simple *m*; **3.**

(usu. ~ out) choisir; distinguer; '~-**breast·ed** droit (veston etc.); '~-**en·gin·ed** ✈ à un moteur; '~-**hand·ed** sans aide, seul; '~-**heart·ed** □, '~-**mind·ed** □ sincère, loyal (-aux m/pl.), honnête; '~-**line** à voie unique; '**sin·gle·ness** sincérité f, honnêteté f; célibat m; unicité f; '**sin·gle·seat·er** ✈, mot. monoplace m; '**sin·gle·stick** canne f; **sin·glet** ✝ ['~lit] gilet m de corps; sp. maillot m fin; **sin·gle·ton** ['~tən] cartes: singleton m; '**sin·gle·track** à une voie, à voie unique.

sing·song ['siŋsɔŋ] chant m monotone; fig. concert m improvisé.

sin·gu·lar ['siŋgjulə] **1.** □ seul; singulier (-ère f) (a. gramm.); remarquable, rare; bizarre; **2.** gramm. (a. ~ number) singulier m; **sin·gu·lar·i·ty** [~'læriti] singularité f.

Sin·ha·lese [sinhə'li:z] **1.** cingalais; **2.** ling. cingalais m; Cingalais(e f) m.

sin·is·ter □ ['sinistə] sinistre; menaçant; 𝄐 sénestre.

sink [siŋk] **1.** [irr.] v/i. ❖ sombrer; couler; descendre; s'enfoncer (dans, into); tomber (dans, into); se tasser (édifice); se renverser (dans un fauteuil); succomber, se plier (sous beneath, under); baisser; se serrer (cœur); v/t. enfoncer; baisser; ❖ couler, faire sombrer; ⚒ mouiller; creuser, foncer (un puits); amortir (une dette); placer (de l'argent); renoncer provisoirement à (un nom); supprimer (une objection); **2.** évier m (de cuisine); ✝, a. fig. cloaque m; '**sink·er** ⚒ fonceur m de puits, puisatier m; ligne f de pêche; plomb m; '**sink·ing** foncement m; ❖ naufrage m, torpillage m; tassement m; fig. défaillance f; ✚ affaiblissement m; ~ fund caisse f d'amortissement.

sin·less ['sinlis] sans péché, pur.

sin·ner ['sinə] pécheur (-eresse f) m.

Sinn Fein ['ʃin'fein] (= nous-mêmes) mouvement nationaliste irlandais.

Sino... ['sino] sino...

sin·u·os·i·ty [sinju'ɔsiti] sinuosité f; route: lacet m; '**sin·u·ous** □ sinueux (-euse f), tortueux (-euse f), onduleux (-euse f) agile (personne).

si·nus anat. ['sainəs] sinus m; **si·nus·i·tis** ✚ [~'saitis] sinusite f.

sip [sip] **1.** petite gorgée f, F goutte f; **2.** boire à petits coups, siroter.

si·phon ['saifən] **1.** siphon m (à eau de seltz); **2.** v/t. siphonner; v/i. se transvaser.

sir [sə:] monsieur (pl. messieurs) m; ♀ titre de chevalerie, suivi du prénom: Sir.

sire ['saiə] **1.** poét. père m; titre donné à un souverain: sire m; zo. père m, souv. étalon m; **2.** zo. engendrer.

si·ren ['saiərin] sirène f (a. = trompe d'alarme).

sir·loin ['sə:lɔin] aloyau m.

sis·kin orn. ['siskin] tarin m.

sis·sy Am. ['sisi] mollasson m.

sis·ter ['sistə] sœur f (a. eccl.); religieuse f; (a. ward-~) infirmière f en chef; ~ of charity (ou mercy) sœur f de Charité; **sis·ter·hood** ['~hud] communauté f religieuse; '**sis·ter-in-law** belle-sœur f (pl. belles-sœurs) f; '**sis·ter·ly** de sœur.

sit [sit] [irr.] v/i. s'asseoir; être assis; siéger (assemblée); couver (poule); se présenter (à, for); poser (pour, for); ~ down s'asseoir; fig. ~ (up)on remettre q. à sa place; sl. moucher q.; ~ up veiller tard; se coucher tard; se redresser (sur sa chaise); F make s.o. ~ up étonner q.; v/t. asseoir; ~ a horse well se tenir bien à cheval; ~ s.th. out rester jusqu'à la fin de qch.; ~ s.o. out rester jusqu'après le départ de q.; '~-**down strike** grève f sur le tas.

site [sait] **1.** emplacement m; site m; terrain m à bâtir; **2.** situer, placer.

sit·ter ['sitə] personne f assise; personne f qui pose; poule: couveuse f; Am. see baby-sitter; sl. affaire f sûre.

sit·ting ['sitiŋ] séance f; ✚ session f; '~-**room** petit salon m.

sit·u·at·ed ['sitjueitid] situé; thus ~ dans cette situation; ainsi situé; **sit·u·a·tion** situation f, position f; emploi m, place f.

six [siks] six (a. su./m); be at ~es and sevens être sens dessus dessous; manquer d'ensemble; two and ~ deux shillings m/pl. et six pence m/pl.; '~-**fold 1.** adj. sextuple; **2.** adv. six fois autant; **six·teen** ['~'ti:n] seize (a. su./m); '**six·teenth** [~θ] seizième (a. su./m); **sixth** [~θ] sixième (a. su./m); '**sixth·ly** sixièmement; **six·ti·eth** ['~tiiθ]

soixantième (*a. su./m*); '**six·ty**
soixante (*a. su./m*).

size¹ [saiz] **1.** grandeur *f*; grosseur *f*;
personne: taille *f*; *papier etc.*: format *m*; *souliers etc.*: pointure *f*;
chemise: encolure *f*; numéro *m*;
2. classer par grosseur *etc.*; ~ *s.o.*
up juger q., prendre la mesure de
q.; *large-~d* de grande taille.

size² [~] **1.** colle *f*; *tex.* empois *m*;
2. apprêter, (en)coller; *tex.* parer.

siz(e)·a·ble □ ['saizəbl] assez grand,
d'une belle taille.

siz·zle [sizl] grésillement *m*; *radio*:
friture *f*.

skate¹ [skeit] *icht.* raie *f*.

skate² [~] **1.** patin *m*; (*ou roller-~*)
patin *m* à roulettes; **2.** patiner (*a.*
sur roulettes); '**skat·er** patineur
(-euse *f*) *m*; '**skat·ing-rink** skating
m; patinoire *f*.

ske·dad·dle F [ski'dædl] se sauver;
décamper, filer.

skee·sicks *Am.* F ['ski:ziks] vaurien
m.

skein [skein] *laine etc.*: écheveau *m*.

skel·e·ton ['skelitn] **1.** squelette *m*,
homme, bâtiment, etc.: ossature *f*,
charpente *f*; *voiture*: carcasse *f* (*a. d'un
parapluie*); *roman etc.*: esquisse *f*;
✕ personnel *m* réduit; ✕ cadre *m*;
fig. ~ *in the cupboard* (*Am. closet*)
secret *m* honteux (de la famille); **2.**
réduit; esquisse *f* de; ⊕ à claire voie,
à jour; ✕ *-cadre*; ~ *crew* équipage *m*
ou personnel *m* réduit; ~ *key* passe-
partout *m/inv.*; *sl.* rossignol *m* (*du
cambrioleur*); ~ *map* carte *f* muette.

skep·tic *Am.* ['skeptik] *see* sceptic.

sketch [sketʃ] **1.** esquisse *f*, croquis
m; *théâ.* sketch *m*, saynète *f*; *fig.*
aperçu *m*, plan *m*; **2.** esquisser;
faire un *ou* des croquis de; '**sketch-
y** □ imprécis; rudimentaire.

skew [skju:] (de) biais.

skew·er ['skuə] **1.** brochette *f*;
2. brocheter.

ski [ʃi:] **1.** *pl.* ski(s) ski *m*; *attr.* de
ski; à ski; ~ *platform* plate-forme
(*pl.* plates-formes) *f*; tremplin *m*; ~
run piste *f* de ski; **2.** faire du ski.

skid [skid] **1.** sabot *m* ou patin *m*
d'enrayage; ⟋ patin *m*; *mot.* dérapage *m*, embardée *f*; *mot.* ~ *mark*
trace *f* de dérapage; **2.** *v/t.* ensaboter,
enrayer; mettre sur traîneau; *v/i.*
déraper, glisser; *mot.* faire une embardée; ⟋ glisser sur l'aile; ~ *row*

Am. quartier *m* de(s) clochards; *be on
~* être clochard.

ski·er ['ʃi:ə] skieur (-euse *f*) *m*.

skiff ⚓ [skif] esquif *m*; youyou *m*
(*de bateau de commerce*); *canotage*:
skiff *m*.

ski·ing ['ʃi:iŋ] ski *m*; '**ski-jump**
tremplin *m* de ski; (*a.* '**ski-jump-
ing**) saut *m* à skis; '**ski-lift** (re)monte-
te-pente *m*.

skil(l)·ful □ ['skilful] adroit, habile;
'**skil(l)·ful·ness, skill** [skil] adresse
f, habileté *f*.

skilled [skild] habile; spécialisé
(*ouvrier etc.*); expérimenté (en *at*,
in).

skim [skim] **1.** *v/t.* (*souv.* ~ *off*)
écumer; dégraisser (*la soupe*); écrémer (*le lait*); *fig.* effleurer (*la surface*); ~ *through* feuilleter, parcourir
rapidement; *v/i.* glisser (*sur, over*);
2.: ~ *milk* lait *m* écrémé; '**skimmer** écumoire *f*; écrémoir *m*.

skimp [skimp] ménager outre
mesure; mesurer (*qch. à q., s.o. in
s.th.*); lésiner sur tout; F bâcler (*un
ouvrage*); '**skimp·y** □ maigre,
insuffisant; chiche, parcimonieux
(-euse *f*) (*personne*).

skin [skin] **1.** peau *f* (*a. d'un animal,
d'orange*); cuir *m*; pelure *f* (*de banane*); *café, lait, raisin*: pellicule *f*;
saucisson: robe *f*; outre *f* (*à vin*);
⚓ *navire*: coque *f*, voile: chemise *f*;
⊕ *fonte*: croûte *f*; *by* (*ou with*) *the
~ of one's teeth* tout juste; à peine;
Am. F *have got s.o. under one's ~*
ne pouvoir oublier *ou* se débarrasser de q.; **2.** *v/t.* écorcher; peler,
éplucher (*un fruit*); *sl.* tondre (*q.*),
dépouiller (*q.*) (*au jeu*); *keep one's
eyes ~ned* avoir l'œil américain; F ~ *off*
enlever (*les bas etc.*); *v/i.* (*a.* ~ *over*) se
recouvrir de peau; '**~-'deep** à fleur
de peau, peu profond; '**~-'dive** faire
de la plongée sous-marine; '**~-div-
ing** plongée *f* sous-marine; '**~-flick**
surt. Am. sl. film *m* porno; '**~-flint**
grippe-sou (*pl.* grippe-sou[s]) *m*; '**~-
graft·ing** ⚕ greffe *f* épidermique;
'**skin·ner** écorcheur *m*; pelletier *m*;
'**skin·ny** décharné, maigre; efflanqué (*cheval*); F chiche, avare.

skint *Brit. sl.* [skint] fauché, sans le
rond.

skin·tight ['skintait] collant.

skip [skip] **1.** saut *m*; gambade *f*; ✕
benne *f*; **2.** *v/i.* sauter, gambader;

v/t. (*a.* ~ *over*) sauter (*qch.*); '~·**jack**
poussah *m*; *zo.* scarabée *m* à ressort.

skip·per[1] ['skipə] saut**eur** (-euse *f*)
m.

skip·per[2] [~] patron *m*, capitaine *m*;
sp. chef *m* d'équipe.

skip·ping-rope ['skipiŋroup] corde
f à sauter.

skir·mish ✕ ['skə:miʃ] **1.** escarmouche *f*; **2.** escarmoucher; tirailler (*contre*, *with*); '**skir·mish·er**
tirailleur *m.*

skirt [skə:t] **1.** *cost.* jupe *f*; *par-
dessus etc.*: pans *m/pl.*; *souv.* ~**s**
pl. bord *m*; *forêt*: lisière *f*; **2.** *v/t.*
border; *vt/i.* (*a.* ~ *along*) longer,
contourner, côtoyer; '**skirt·ing-
board** ⊕ plinthe *f*; bas *m* de
lambris.

skit[1] F [skit] *usu.* ~**s** *pl.* tas *m/pl.*

skit[2] [~] pièce *f* satirique; satire *f*
(*de*, *on*); '**skit·tish** □ ombrageux
(-euse *f*) (*cheval*); volage, capricieux (-euse *f*) (*personne*).

skit·tle ['skitl] quille *f*; *play* (*at*) ~**s**
jouer aux quilles; '~·**al·ley** jeu *m*
de quilles.

skive *Brit. sl.* [skaiv] tirer au flanc;
skiv·er tire-au-flanc *mf/inv.*

skiv·vy F *péj.* ['skivi] bonniche *f* (*=
bonne à tout faire*).

skul·dug·ger·y *Am.* F [skʌl'dʌgəri]
fourberie *f*, ruse *f.*

skulk [skʌlk] se tenir caché; se cacher; rôder furtivement; '**skulk·er**
carotteur (-euse *f*) *m.*

skull [skʌl] crâne *m.*

skunk [skʌŋk] *zo.* mouffette *f*; *fourrure*: skunks *m*; F mufle *m*; ladre *m.*

sky [skai] *souv.* **skies** *pl.* ciel (*pl.* cieux,
ciels) *m*; '~·**blue** bleu ciel *adj./inv.*
(*a. su./m/inv.*); '~·**div·ing** parachu-
tisme *m* en chute libre; '~·**lark 1.**
orn. alouette *f* des champs; **2.** rigoler;
'~·**light** jour *m* d'en haut; lucarne *f*;
'~·**line** ligne *f* d'horizon; profil *m* (de
l'horizon); ~ *advertising* publicité *f*
dessinée en silhouette sur le ciel; '~·
rock·et *Am.* F augmenter rapidement; monter en flèche (*prix*); '~·
scrap·er gratte-ciel *m/inv.*; **sky·
ward(s)** ['~wəd(z)] vers le ciel;
'**sky·writ·ing** ✈ publicité *f* aérienne.

slab [slæb] *pierre*: dalle *f*; *ardoise*:
table *f*; *métal, marbre, etc.*: plaque *f*;
chocolat: tablette *f*; ⊕ *bois*: dosse *f.*

slack [slæk] **1.** lâche; faible (*a.* ✝);

négligent (*personne*); ✝ *a.* peu vif
(vive *f*); ⚓ ~ *water*, ~ *tide* mer *f*
étale; ⚓ *cable etc.*: mou *m*; ✝
accalmie *f*; ⊕ jeu *m*; ~**s** *pl.* pantalon *m*; **3.** *see* ~*en*; *see* **slake**; F flé-
marder; '**slack·en** (se) relâcher;
(se) ralentir; diminuer (*de*); *v/t.*
détendre; ⊕ donner du jeu à; *v/i.*
devenir négligent; prendre du mou
(*cordage*, *câble*); ✝ s'alanguir;
'**slack·er** F paresseux (-euse *f*), F
flémard(*e f*) *m*; ✕ tireur *m* au
flanc; '**slack·ness** relâchement *m*;
négligence *f*; lenteur *f*; paresse *f*;
✝ stagnation *f.*   [scoriacé.]

slag [slæg] scories *f/pl.*; '**slag·gy** □

slain [slein] *p.p. de* **slay.**

slake [sleik] étancher (*la soif*);
éteindre (*le chaux*).

slam [slæm] **1.** *porte*: claquement *m*;
bridge: chelem *m*; **2.** *v/t.* (faire)
claquer; fermer avec violence; *v/i.*
claquer.

slan·der ['slɑ:ndə] **1.** calomnie *f*;
2. calomnier; diffamer; '**slan·der·
er** calomniateur (-trice *f*) *m*; ⚖
diffamateur (-trice *f*) *m*; '**slan·der·
ous** □ calomnieux (-euse *f*); ⚖
diffamatoire.

slang [slæŋ] **1.** argot *m*; **2.** F réprimander vivement; injurier; ~*ing
match* prise *f* de bec; '**slang·y** □
argotier (-ère *f*); argotique.

slant [slɑ:nt] **1.** pente *f*, inclinaison
f; biais *m*; *Am.* F point *m* de vue;
2. *v/t.* incliner; *v/i.* (s')incliner, être
en pente; être oblique; '**slant·ing**
□ *adj.*, '**slant·wise** *adv.* en biais,
de biais; obliquement (*adv.*).

slap [slæp] **1.** coup *m*, tape *f*; claquement *m* (*d'un piston*); ~ *in the face*
gifle *f*, soufflet *m*; *fig.* affront *m*; **2.**
claquer; gifler; donner une tape à;
3. *pan:* '~·**bang** de but en blanc;
'~·**dash** sans soin; à la six-quatre-
deux; '~·**jack** *Am.* crêpe *f*; '~·**stick**
théâ. batte *f* (d'Arlequin); ~ *comedy*
pièce *f* etc. burlesque; arlequinades
f/pl.; '~·**up** F fameux (-euse *f*), de
premier ordre.

slash [slæʃ] **1.** balafre *f*; entaille *f*;
cost. taillade *f*; **2.** *v/t.* balafrer;
taillader; cingler (*a. fig.*); F éreinter
(*un livre etc.*); *cost.* faire des tail-
lades dans; F réduire (*le prix etc.*);
v/i. frapper à droite et à gauche;
cingler; '**slash·ing** □ cinglant (*a.
fig.*); *fig. a.* mordant; *sl.* épatant.

slat [slæt] 1. *jalousie:* lame(lle) *f*; *lit:* traverse *f*; 2. battre, frapper sur.

slate [sleit] 1. ardoise *f*; *surt. Am.* liste *f* provisoire des candidats; 2. couvrir d'ardoises *ou* en ardoise; F tancer; F éreinter; *be ~d for* un candidat sérieux à (*un poste*); '**~-'pen·cil** crayon *m* d'ardoise; '**slat·er** couvreur *m* (en ardoises).

slat·tern ['slætə:n] 1. souillon *f*; 2. (*a.* '**slat·tern·ly**) mal soigné (*femme*).

slat·y □ ['sleiti] ardoiseux (-euse *f*), schisteux (-euse *f*); ardoisé (*couleur*).

slaugh·ter ['slɔːtə] *bêtes:* abattage *m*; *gibier:* abattis *m*; *fig.* massacre *m*, carnage *m*; 2. abattre; massacrer; '**slaugh·ter·er** abatteur *m*; *fig.* tueur *m*; '**slaugh·ter-house** abattoir *m*; '**slaugh·ter·ous** □ *poét.* meurtrier (-ère *f*).

Slav [slɑːv] 1. slave; 2. Slave *mf*.

slave [sleiv] 1. esclave *mf*; *attr.* d'esclaves, des esclaves; *a. fig. ~ driver* négrier *m*; 2. travailler comme un nègre; peiner.

slav·er[1] ['sleivə] négrier *m*; *personne:* marchand *m* d'esclaves.

slav·er[2] ['slævə] 1. bave *f*, salive *f*; 2. baver (sur, over).

slav·er·y ['sleivəri] esclavage *m*; *fig.* asservissement *m*.

slav·ey *sl.* ['slævi] bonniche *f*.

Slav·ic ['slɑːvik] 1. slave; 2. *ling.* slave *m*.

slav·ish □ ['sleiviʃ] servile, d'esclave; '**slav·ish·ness** servilité *f*.

slaw *Am.* [slɔː] salade *f* de choux.

slay *poét.* [slei] [*irr.*] tuer, mettre à mort; assassiner; '**slay·er** meurtrier (-ère *f*) *m*; tueur (-euse *f*) *m*; assassin *m*.

slea·zy ['sliːzi] usé; miteux (-euse *f*), minable.

sled [sled] *see* sledge[1].

sledge[1] [sledʒ] 1. traîneau *m*; 2. *v/t.* transporter en traîneau; *v/i.* aller en traîneau.

sledge[2] [↲] (*a. ~-hammer*) marteau *m* de forgeron; masse *f* (*de pierres*).

sleek [sliːk] 1. □ lisse; luisant; *fig.* doucereux (-euse *f*), mielleux (-euse *f*); 2. lisser; planer; '**sleek·ness** luisant *m*; *fig.* douceur *f*, onctuosité *f*.

sleep [sliːp] 1. [*irr.*] *v/i.* dormir (*a. toupie*); coucher; *~ (up)on (ou over)*

it remettre cela jusqu'au lendemain; consulter son chevet; *v/t.* coucher (*q.*); *~ the hours away* passer les heures en dormant; *~ off* faire passer (*une migraine*) en dormant; 2. sommeil *m*; *go to ~* s'endormir; *put (ou send) to ~* endormir; (faire) piquer (*un animal*); '**sleep·er** dormeur (-euse *f*) *m*; 🚋 wagon-lit (*pl.* wagons-lits) *m*; couchette *f*; *be a light ~* avoir le sommeil léger; '**sleep·i·ness** assoupissement *m*.

sleep·ing ['sliːpiŋ]: ♀ *Beauty* Belle *f* au bois dormant; ✝ *~ partner* commanditaire *m*; '**~-bag** sac *m* de couchage; '**~-car**, '**~-'car·riage** 🚋 wagon-lit (*pl.* wagons-lits) *m*; '**~-draught** narcotique *m*, somnifère *m*; *~ pill* (comprimé *m*) somnifère *m*; '**~-sick·ness** maladie *f* du sommeil.

sleep·less □ ['sliːplis] sans sommeil; *fig.* inlassable; '**sleep·less·ness** insomnie *f*.

sleep·walk·er ['sliːpwɔːkə] somnambule *mf*.

sleep·y □ ['sliːpi] somnolent; *fig.* endormi; blet(te *f*) (*fruit*); *be ~* avoir sommeil; *~ sickness* encéphalite *f* léthargique; '**~-head** F *fig.* endormi(e *f*) *m*.

sleet [sliːt] 1. neige *f* à moitié fondue; 2.: *it is ~ing* la pluie tourne à la neige; '**sleet·y** de pluie et de neige, de grésil.

sleeve [sliːv] 1. manche *f*; ⊕ fourreau *m*; *attr.* à manches; de manchette; ⊕ de manchon, à manchon; *have something up one's ~* avoir qch. en réserve, avoir qch. dans son sac; *laugh up (ou in) one's ~* rire sous cape; 2. mettre des manches à; **sleeved** à manches; '**sleeve·less** sans manches; '**sleeve-link** bouton *m* de manchette.

sleigh [slei] 1. traîneau *m*; 2. *v/t.* transporter en traîneau; *v/i.* aller en traîneau.

sleight [slait] (*usu. ~ of hand*) adresse *f*; prestidigitation *f*.

slen·der □ ['slendə] mince, ténu; svelte (*personne*); faible (*espoir*); maigre; modeste, exigu(ë *f*); '**slen·der·ness** minceur *f*; sveltesse *f*; faiblesse *f*; exiguïté *f*.

slept [slept] *prét. et p.p. de* sleep 1.

sleuth [sluːθ] (*a. ~-hound*) limier *m*; F détective *m*.

slew[1] [sluː] *prét. de* slay.

slew² [~] (a. ~ round) (faire) pivoter.

slice [slais] **1.** tranche f; tartine f (de beurre etc.); fig. part f; cuis. truelle f (à poisson); ~ of luck coup m de veine; **2.** découper en tranches; (a. ~ off) trancher, couper; tennis: choper; golf: faire dévier la balle à droite; **'slic-er** machine f à couper; coupe-jambon m/inv.

slick F [slik] **1.** adj. (a. adv.) habile (-ment adv.), adroit(ement adv.); **2.** (a. ~ paper) Am. sl. magazine m de luxe.

slick-er Am. ['slikə] F escroc m (adroit); imperméable m.

slid [slid] prét. et p.p. de slide 1.

slide [slaid] **1.** [irr.] v/i. glisser (dans, into), couler; faire des glissades (personne); let things ~ laisser tout aller à vau-l'eau; v/t. faire glisser; **2.** glissade f; coulisse f; cheveux: barrette f; phot. châssis m; ⊕ glissoir m; projection f; **'slid-er** glisseur (-euse f) m; ⊕ coulisseau m; **'slide-rule** règle f à calcul.

slid-ing ['slaidiŋ] **1.** glissement m; **2.** glissant, coulant; mot. ~ roof toit m décapotable; ~ rule règle f à calcul; ~ scale échelle f mobile; ~ seat mot. siège m amovible; canot: banc m à glissières; ~ table table f à rallonges.

slight [slait] **1.** □ léger (-ère f); mince; frêle; svelte; peu important; insignifiant; **2.** affront m; manque m d'égards (pour, on); **3.** manquer d'égards pour; faire un affront à; **'slight-ing** □ de mépris; dédaigneux (-euse f); **'slight-ness** légèreté f; minceur f; insignifiance f.

slim [slim] **1.** □ svelte, mince, élancé; sl. mince, léger (-ère f); **2.** (s')amincir; v/i. suivre un régime amaigrissant; ~ming line ligne f qui amincit.

slime [slaim] limon m, vase f; limace f; bave f; liquide: bitume m.

slim-i-ness ['slaiminis] état m vaseux ou boueux; fig. obséquiosité f.

slim-ness ['slimnis] sveltesse f.

slim-y □ ['slaimi] vaseux (-euse f), boueux (-euse f); fig. obséquieux (-euse f).

sling [sliŋ] **1.** fronde f; barriques: élingue f; suspenseur m (de câble); ✗ écharpe f; **2.** [irr.] lancer (avec

une fronde); élinguer (un fardeau); F ~ over jeter sur; ~ up hisser.

slink [sliŋk] [irr.]: ~ in (out) entrer (sortir) furtivement; ~ away a. s'éclipser.

slip [slip] **1.** [irr.] v/i. glisser; couler (nœud); F aller (vite); (souv. ~ away) s'esquiver, fig. s'écouler; se tromper; v/t. glisser, couler; filer (un câble); s'échapper de; se dégager de; ~ in v/t. introduire; v/i. se faufiler, entrer discrètement; ~ into se glisser dans; ~ on enfiler, passer (une robe etc.); ~ off enlever, ôter (une robe etc.); **2.** glissade f; erreur f; écart m de conduite; faux pas m; oreiller: taie f; chien: laisse f; géol. éboulement m; (a. ~ of paper) feuille f, fiche f; ✗ bouture f; plage: rejeton m; cost. combinaison f; fond m de robe; ⚓ cale f; chantier m; ~s pl. sp. slip m; caleçon m de bain; théâ. coulisses f/pl.; F a ~ of a girl une jeune fille f fluette; ~ of the pen lapsus m calami; ~ of the tongue lapsus m linguae, faux pas m; give s.o. the ~ se dérober à q., planter q. là; '~-knot nœud m coulant; '~-on robe f etc. à enfiler; **'slip-per** pantoufle f; ⊕ patin m; **'slip-per-y** □ glissant; incertain; fig. matois; **slip-shod** ['~ʃɔd] en savates; fig. négligé, bâclé; **slip-slop** ['~slɔp] bouillons m/pl.; lavasse f; fig. sensiblerie f; **slipt** prét. et p.p. de slip 1; **'slip-up** F gaffe f; contretemps m; fiasco m.

slit [slit] **1.** fente f; ajour m; boîte aux lettres: guichet m; incision f; **2.** [irr.] (se) fendre; v/t. éventrer; faire une incision dans.

slith-er F ['sliðə] v/i. glisser; v/t. traîner (les pieds etc.).

sliv-er ['slivə] **1.** tranche f; bois: éclat m; tex. ruban m; **2.** v/t. couper en tranches; établir les rubans de; v/i. éclater.

slob F [slɔb] rustaud m, goujat m.

slob-ber ['slɔbə] **1.** bave f; boue f; fig. sentimentalité f excessive; **2.** baver; fig. s'attendrir (sur, over); **'slob-ber-y** baveux (-euse f); négligé.

sloe ✿ [slou] prunelle f; arbre: prunellier m.

slog F [slɔg] **1.** cogner; travailler avec acharnement; **2.** coup m violent; corvée f, sl. boulot m.

slo-gan ['slougən] écoss. cri m de

guerre (*a. fig.*); *pol.* mot *m* d'ordre; ✝ devise *f*; slogan *m*; **slo·gan·eer·ing** *Am.* F [slougə'niəriŋ] emploi *m* des mots d'ordre *ou* des cris de guerre.   [aviso *m*.\

sloop ⚓ [slu:p] sloop *m*; *marine*:\

slop[1] [slɔp] **1.** gâchis *m*; ~s *pl.* lavasse *f*; eaux *f/pl.* ménagères; **2.** (*a.* ~ *over*) *v/t.* répandre; *v/i.* déborder; *fig.* faire de la sensiblerie.

slop[2] [~] blouse *f*; vêtements *m/pl.* de confection; hardes *f/pl.*; ~s frusques *f/pl.*

slop-ba·sin ['slɔpbeisn] bol *m* à rinçures (de thé).

slope [sloup] **1.** pente *f*, inclinaison *f*; talus *m*; *montagne*: versant *m*; **2.** *v/t.* couper en pente; taluter; ⊕ biseauter; ✕ ~ *arms!* l'arme sur l'épaule droite! *v/i.* être en pente; incliner; aller en pente; *sl.* ~ *off* décamper, filer; '**slop·ing** ☐ en pente, incliné.

slop-pail ['slɔppeil] seau *m* de ménage; seau *m* de toilette; '**slop·py** ☐ fangeux (-euse *f*); encore mouillé; *cost.* mal ajusté, trop large; mou (mol *devant une voyelle ou un h muet*; molle *f*) (*personne*); *fig.* par trop sentimental (-aux *m/pl.*).

slop-shop ['slɔpʃɔp] magasin *m* de confections.

slosh F [slɔʃ] flanquer un coup; '**sloshed** F soûl, bourré.

slot [slɔt] *chasse*: erres *f/pl.*; fente *f* (*d'un distributeur*); ⊕ entaille *f*.

sloth [slouθ] paresse *f*; *zo.* paresseux *m*; **sloth·ful** ['~ful] paresseux (-euse *f*); indolent.

slot-ma·chine ['slɔtməʃi:n] *chocolat, cigarettes*: distributeur *m* automatique; *jeu de hasard*: appareil *m* à jetons.

slouch [slautʃ] **1.** *v/i.* manquer de tenue; traîner en marchant; (*a.* ~ *about*) rôder; *v/t.* rabattre le bord de (*un chapeau*); ~*ed* rabattu; mollasse (*allure*); aux épaules arrondies (*personne*); **2.** démarche *f* *ou* allure *f* mollasse; fainéant *m*; ~ *hat* chapeau *m* rabattu.

slough[1] [slau] bourbier *m* (*a. fig.*).

slough[2] [slʌf] **1.** *zo.* dépouille *f*; ✄ escarre *f*; *plaie*: croûte *f*; **2.** *v/i.* se dépouiller; ✄ se couvrir d'une escarre; ✄ se détacher (*croûte*); *v/t.* jeter; *fig.* (*a.* ~ *off*) se dépouiller de.

slough·y ['slaui] bourbeux (-euse *f*).

Slo·vak ['slouvæk] **1.** *ling.* slovaque *m*; Slovaque *m/f*; **2.** (*ou* **Slo'va·ki·an** [~iən]) slovaque.

slov·en ['slʌvn] souillon *f*; bousilleur (-euse *f*) *m*; '**slov·en·li·ness** négligence *f*; '**slov·en·ly** mal soigné, malpropre; négligent; débraillé (*style, tenue*); déhanché (*allure*).

slow [slou] **1.** ☐ lent (à *of, to*); en retard (*pendule*); lourd (*esprit*); 🚂 omnibus; petit (*vitesse*); ennuyeux (-euse *f*) (*spectacle etc.*); *sp.* qui ne rend pas; *mot.* ~ *lane* voie *f* pour véhicules lents; 🚂 ~ *train* train *m* omnibus; *be* ~ *to* (*inf.*) être lent à (*inf.*); *my watch is ten minutes* ~ ma montre retarde de dix minutes; **2.** *adv.* lentement; **3.** (*souv.* ~ *down, up, off*) *v/t.* ralentir; *v/i.* ralentir; diminuer de vitesse; '~-**coach** lambin(e *f*) *m*; '~-**match** corde *f* à feu; '~-**mo·tion pic·ture** film *m* tourné au ralenti; '**slow·ness** lenteur *f*; *montre*: retard *m*; '**slow·worm** *zo.* orvet *m*.

sludge [slʌdʒ] fange *f*; ⊕ boue *f*; ⚒ schlamm *m*.

slue [slu:] (*a.* ~ *round*) (faire) pivoter.

slug[1] [slʌg] lingot *m* (*a. typ.*); *lino-type*: ligne-bloc (*pl.* lignes-blocs) *f*.

slug[2] *zo.* [~] limace *f*.

slug[3] *Am.* F [~] **1.** coup *m* (*violent*); coup *m* (*de whisky etc.*); **2.** cogner, frapper; ~ *it out* se rentrer dedans, se taper dessus.

slug·gard ['slʌgəd] paresseux (-euse *f*) *m*; fainéant(e *f*) *m*; '**slug·gish** ☐ paresseux (-euse *f*).

sluice [slu:s] **1.** écluse *f*; **2.** *v/t.* vanner; (*a.* ~ *out*) laisser échapper; laver à grande eau; *v/i.* ~ *out* couler à flots; '~-**gate** porte *f* d'écluse; vanne *f*; '~-**way** canal *m* à vannes.

slum [slʌm] bas quartier *m*.

slum·ber ['slʌmbə] **1.** *a.* ~s *pl.* sommeil *m*; **2.** sommeiller, dormir; **slum·brous** ['~brəs], **slum·ber·ous** ['~bərəs] assoupi, somnolent.

slump [slʌmp] *à la Bourse*: **1.** baisse *f* soudaine; marasme *m*; F crise *f*; **2.** baisser tout à coup; s'effondrer.

slung [slʌŋ] *prét. et p.p. de sling* 2.

slunk [slʌŋk] *prét. et p.p. de slink.*

slur [slə:] **1.** tache *f*; *fig.* affront *m*, insulte *f*; mauvaise articulation *f*; ♪ liaison *f*; **2.** *v/t.* (*a.* ~ *over*) glisser sur; ♪ lier (*deux notes*), couler (*un* *passage*); bredouiller; *v/i.* s'estomper.

slush [slʌʃ] neige *f* à demi fondue; fange *f*; F lavasse *f*; F sensiblerie *f*; '**slush·y** détrempé par la neige; boueux (-euse *f*); F fadasse.

slut [slʌt] souillon *f*; F *co.* coquine *f*; '**slut·fish** malpropre.

sly □ [slai] sournois, rusé, matois; on the ~ en cachette; '~**boots** F sournois(e *f*) *m*; espiègle *mf*; '**sly·ness** sournoiserie *f*, finesse *f*, espièglerie *f*.

smack¹ [smæk] **1.** léger goût *m*; soupçon *m* (*a. fig.*); *fig.* grain *m*; **2.** : ~ of avoir un goût de; sentir (*qch.*) (*a. fig.*).

smack² [~] **1.** main: claque *f*; *fouet*: claquement *m*; F gros baiser *m*; F essai *m*; **2.** *v/i.* claquer; *v/t.* faire claquer (*à un baiser*); frapper, taper (avec, with); **3.** *int.* paf!, vlan!

smack³ ⚓ [~] bateau *m* de pêche.

smack·er *Am. sl.* ['smækə] dollar *m*.

small [smɔːl] **1.** *usu.* petit; de petite taille; faible (*pouls, ressources*); peu important; menu (*bétail, gibier, plomb*); court (*durée etc.*); léger (-ère *f*) (*progrès*); maigre (*récolte*); fluet(te *f*) (*voix*); bas(se *f*) (*carte*); *une* demi-mesure *f* de (*alcool*); *une* demi-tasse *f* de (*café*); make s.o. feel ~ humilier q., ravaler q.; ~ fry le menu fretin *m*; les gosses *m/pl.*; ~ game menu gibier *m*; ~ holder petit propriétaire *m*; ~ holding petite propriété *f*; in the ~ hours *pl.* fort avant dans la nuit; *surt. Am.* F *fig.* ~ potatoes bien peu de chose, insignifiant; ~ print les petits caractères *m/pl.*; *l'*important du bas de la page; ✝ ~ wares *pl.* mercerie *f*; **2.** partie *f* mince; *charbon*: menu *m*; *jambe*: bas *m*; *anat.* ~ of the back creux *m* des reins; '~**arms** *pl.* armes *f/pl.* portatives; '**small·ish** assez petit; '**small·ness** petitesse *f*, mesquinerie *f*; '**small·pox** ✝ *pl.* petite vérole *f*; **small talk** banalités *f/pl.*; menus propos *m/pl.*; '**small·time** insignifiant, petit, piètre.

smalt ⊕ [smɔːlt] smalt *m*; émail *m* (*pl.* -aux) *m* de cobalt.

smarm·y F ['smɑːmi] mielleux (-euse *f*), flagorneur (-euse *f*).

smart [smɑːt] **1.** □ vif (vive *f*) (*allure, attaque, etc.*) (à *inf.*, *in gér.*); cuisant (*douleur etc.*); vert (*répri-*

mande); ✗ chaud (*affaire*); habile, adroit; intelligent; éveillé, débrouillard; *péj.* malin (-igne *f*); bien entretenu, soigné; chic *inv.* en genre, élégant, coquet(te *f*); *Am.* ~ aleck finaud *m*; *un* je sais tout *m*; **2.** douleur *f* cuisante; **3.** cuire; souffrir (*personne*); *you shall* ~ *for it* il vous en cuira; '**smart·en** *v/t.* donner du chic à; *v/i.* prendre du chic; se faire beau; '**smart·mon·ey** pension *f* pour blessure; ✝ forfait *m*; '**smart·ness** finesse *f*; intelligence *f*; élégance *f*, chic *m*; *esprit*: vivacité *f*.

smash [smæʃ] **1.** *v/t.* briser (en morceaux), (*souv.* ~ up) casser; *fig.* détruire; écraser (*a. tennis*); ~ *against* (*ou on*) heurter contre; *v/i.* se briser (contre *against, on*); éclater en morceaux; *fig.* échouer; ✝ *a.* (~ up) faire faillite; **2.** mise *f* en morceaux; fracas *m*; collision *f*; désastre *m*; ✝ débâcle *f*, faillite *f*; *tennis*: smash *m*; F ~ *hit* succès *m* fou; *all to* ~ en miettes; '~**and·grab raid** vol *m* après bris de devanture; '**smash·er** *sl.* coup *m* écrasant; critique *f* mordante; F formidable; '**smash·ing** écrasant; F formidable; '**smash·up** destruction *f* complète; collision *f*; ✝ faillite *f*.

smat·ter·er ['smætərə] demi-savant *m*; '**smat·ter·ing** légère connaissance *f*.

smear [smiə] **1.** salir (de, with); barbouiller (de, with) (*a. une page écrite*); enduire (de graisse, with grease); **2.** tache *f*, macule *f*; ✗ frottis *m* (*de sang*).

smell [smel] **1.** senteur *f*, parfum *m*; (*a. sense of* ~) odorat *m*; **2.** [*irr.*] *v/i.* sentir (*qch., of s.th.*); avoir un parfum; *v/t.* sentir, flairer; (*a.* ~ *at*) sentir (*une fleur*). [smell 2.]

smelt¹ [smelt] *prét. et p.p. de* |

smelt² *icht.* [~] éperlan *m*.

smelt³ [~] fondre; extraire par fusion; '**smelt·er** ⊕ fondeur *m*; métallurgiste *m*; '**smelt·ing·fur·nace** fourneau *m* de fusion *ou* de fonte.

smile [smail] **1.** sourire *m*; **2.** sourire (à *at, on*). [souiller.]

smirch *poét.* [smə:tʃ] tacher; *fig.*]

smirk [smə:k] **1.** minauder, mignarder; **2.** sourire *m* affecté; minauderie *f*.

smite [smait] [*irr.*] *poét.* ou *co.* frapper; abattre; ~ *upon* frapper sur; *fig.* frapper (*p.ex. l'oreille*).

smith [smiθ] forgeron *m*.

smith·er·eens F ['smiðə'ri:nz] *pl.* miettes *f*/*pl.*; morceaux *m*/*pl.*; *smash to* ~ briser en mille morceaux.

smith·y ['smiði] forge *f*.

smit·ten ['smitn] 1. *p.p. de* smite; 2. frappé, pris (de, with); *fig.* épris, amoureux (-euse *f*) (de, with).

smock [smɔk] 1. orner de smocks (= *fronces*); 2. (*ou* ~-frock) blouse *f*, sarrau *m*.

smog [smɔg] brouillard *m* enfumé.

smoke [smouk] 1. fumée *f*; F action *f* de fumer; F cigare *m*, cigarette *f*; '~-consumer (appareil *m*) fumivore *m*; *have a* ~ fumer; 2. *v/i.* fumer; *v/t.* fumer (*du jambon, du tabac*); enfumer (*une plante*); noircir de fumée (*le plafond etc.*); ⚒ enfumer; '~-dried fumé; '~-hel·met casque *m* à fumée; 'smoke·less □ sans fumée; fumivore (*foyer*); 'smok·er fumeur (-euse *f*) *m*; *see* smoking-compartment; 'smoke-screen ⚔ rideau *m* de fumée; brume *f* artificielle; 'smoke·stack ⚓, a. ⚒ cheminée *f*.

smok·ing ['smoukiŋ] 1. émission *f* de fumée; *jambon:* fumage *m*; *no* ~! défense *f* de fumer; 2. fumant; '~-com·part·ment 🚃 compartiment *m* de fumeurs, F fumeur *m*; '~-con·cert concert *m* où il est permis de fumer; '~-room fumoir *m*.

smok·y □ ['smouki] fumeux (-euse *f*); plein de fumée; noirci par la fumée.

smol·der *Am.* ['smouldə] *see* smoulder.

smooth [smu:ð] 1. □ lisse; uni; poli; calme (*mer*); doux (douce *f*); *fig.* doucereux (-euse *f*); *Am.* F chic *inv. en genre*; 2. (*souv.* ~ out, down) lisser; (*a.* ~ over, away) aplanir (*le bois; fig. une difficulté*); *fig.* calmer; adoucir (*une courbe*); ~ down (se) calmer, (s')apaiser; 'smooth·ing 1. lissage *m*; aplanissement *m*; 2. à repasser; 'smooth·ness égalité *f*; douceur *f* (*fig.* feinte); calme *m*; 'smooth-tongued mielleux (-euse *f*), enjôleur (-euse *f*).

smote [smout] *prét. de* smite.

smoth·er ['smʌðə] 1. fumée *f* épaisse; nuage *m* épais de poussière; 2. (*a.* ~ *up*) étouffer (*a. fig.*); *fig.* couvrir.

smoul·der ['smouldə] brûler lentement; *fig.* couver.

smudge [smʌdʒ] 1. *v/t.* souiller; barbouiller, maculer; *v/i.* baver (*plume*); s'estomper (*silhouette*); 2. tache *f*; *encre:* pâté *m*; 'smudg·y □ taché; barbouillé; estompé (*silhouette*); illisible.

smug [smʌg] suffisant, satisfait de soi-même; glabre (*visage*).

smug·gle ['smʌgl] *v/t.* (faire) passer (*qch.*) en contrebande; *v/i.* faire la contrebande; 'smug·gler contrebandier *m*; fraudeur *m*; 'smug·gling contrebande *f*.

smut [smʌt] 1. noir *m*; flocon *m* ou tache *f* de suie; ♀ *céréales:* charbon *m*; *coll.* saletés *f*/*pl.*; 2. noircir, salir; ♀ être atteint du charbon.

smutch [smʌtʃ] 1. tacher; souiller; 2. tache *f*.

smut·ty □ ['smʌti] noirci; sale; *fig.* malpropre; ♀ piqué.

snack [snæk] casse-croûte *m*/*inv.*; F *go* ~s partager (qch. avec q., in s.th. with s.o.); '~-bar bar *m*, casse-croûte *m*/*inv.*

snaf·fle¹ ['snæfl] (*a.* ~-*bit*) filet *m*.

snaf·fle² *Angl. sl.* ~ chiper (= *voler*).

sna·fu *Am. sl.* ⚔ [snæ'fu:] 1. en désarroi; en pagaille; 2. pagaille *f*.

snag [snæg] *arbre, dent:* chicot *m*; saillie *f*, protubérance *f*; *fig.* obstacle *m*, F cheveu *m*, pépin *m*; *bas, robe:* accroc *m*; *Am.* chicot *m* submergé; souche *f* au ras d'eau; **snag·ged** ['~id], 'snag·gy épineux (-euse *f*); semé d'obstacles submergés.

snail *zo.* [sneil] limaçon *m*; escargot *m* (comestible).

snake *zo.* [sneik] serpent *m*; '~-weed ♀ bistorte *f*.

snak·y □ ['sneiki] de serpent; infesté de serpents; *fig.* perfide; *fig.* serpentant (*chemin*).

snap [snæp] 1. coup *m* de dents ou de ciseaux ou de froid; coup *m* sec, claquement *m*; *fig.* énergie *f*, entrain *m*; *collier, valise:* fermoir *m*; *gant:* fermoir *m* pression; rupture *f* soudaine; *cartes:* (sorte de) jeu enfantin; *phot.* instantané *m*; *cuis.* croquet *m* au gingembre; *cold* ~

froid *m* soudain; **2.** *v/i.* happer; tâcher de saisir (q., qch. *at s.o., at s.th.*); claquer (*dents, fouet, etc.*); se casser (avec un bruit sec); *fig.* ~ *at* saisir (*une occasion*); F ~ *at s.o.* parler à q. d'un ton sec; *Am.* F ~ *into* (*ou out of*) *it* secouez-vous!; grouillez-vous!; *v/t.* happer; saisir d'un coup de dents; faire claquer; casser, rompre; *phot.* prendre un instantané de, F prendre; F ~ *one's fingers at* narguer (q.); se moquer de; ~ *out* dire d'un ton sec; ~ *up* saisir (*a. fig.*); happer; enlever (vite); **3.** crac!; '~**-drag·on** ♀ gueule-de-loup (*pl.* gueules-de-loup) *f*; *a. jeu qui consiste à happer des raisins secs dans du cognac flambant*; '~**-fas·ten·er** *gant, robe:* fermoir (pression) *m*; '**snap·per** personne *f* hargneuse; '**snap·pish** □ hargneux (-euse *f*); irritable; '**snap·pish·ness** humeur *f* hargneuse; irritabilité *f*; mauvaise humeur *f*; '**snap·py** *see* snappish; F vif (vive *f*); F *make it* ~! dépêchez-vous!, *sl.* grouillez-vous!; '**snap·shot 1.** coup *m* lâché sans viser; *phot.* instantané *m*; **2.** prendre un instantané de.

snare [snɛə] **1.** piège *m*; lacet *m*; **2.** prendre au lacet *ou* au piège (*a. fig.*); attraper; '**snar·er** tendeur *m* de lacets.

snarl [snɑːl] **1.** *v/i.* grogner, gronder; *tex.* vriller; *Am.* s'emmêler; *v/t.* emmêler; **2.** grognement *m*, grondement *m*; *tex.* vrillage *m*; *Am.* enchevêtrement *m*; '~**-up** pagaïe *f*; embouteillage *m* (*de voitures*).

snatch [snætʃ] **1.** mouvement *m* pour saisir; morceau *m*; courte période *f*; *by* ~*es* par boutades; par courts intervalles; **2.** saisir, se saisir de; empoigner; ~ *at* tâcher de saisir; arracher (qch. à q., *s.th. from s.o.*); ~ *up* saisir.

sneak [sniːk] **1.** *v/i.* se glisser furtivement (dans, *in*[to]; hors de, *out of*); *école:* moucharder (q., *on s.o.*); *v/t.* chipper; **2.** pied *m* plat; *école:* mouchard *m*; '**sneak·ers** *pl. Am.* F (chaussures *m/pl.* de) tennis *m/pl.*; '**sneak·ing** □ furtif (-ive *f*); servile; dissimulé, inavoué; '**sneak·thief** chapardeur (-euse *f*) *m*; '**sneak·y** F sournois.

sneer [snɪə] **1.** ricanement *m*, rire *m* moqueur; sarcasme *m*; **2.** ricaner; se moquer (de, *at*); dénigrer (qch., *at*

s.th.); '**sneer·er** moqueur (-euse *f*) *m*; '**sneer·ing** □ ricaneur (-euse *f*); sarcastique.

sneeze [sniːz] **1.** éternuer; **2.** éternuement *m*.

snib [snib] *porte:* loquet *m*; arrêt *m* de sûreté.

snick·er ['snikə] *see* snigger; hennir (*cheval*).

sniff [snif] **1.** *v/i.* renifler (sur, *at*); flairer (qch., *[at] s.th.*); *v/t.* renifler; humer; flairer; **2.** reniflement *m*; '**sniff·les** F ['sniflz] *pl.* petit rhume *m*; *have the* ~ être (légèrement) enrhumé; '**sniff·y** F malodorant; dédaigneux (-euse *f*); de mauvaise humeur.

snig·ger ['snigə] rire sous cape (de, *at*); ricaner tout bas.

snip [snip] **1.** coup *m* de ciseaux; petit bout *m*; petite entaille *f*; *sl.* certitude *f*; **2.** couper; détacher (*d'un coup de ciseaux*); poinçonner (*un billet*).

snipe [snaip] **1.** *orn.* bécassine *f*; *coll.* bécassines *f/pl.*; **2.** ✕ tirailler contre; '**snip·er** ✕ canardeur *m*.

snip·pets ['snipits] *pl.* bouts *m/pl.*; *livre:* extraits *m/pl.*; '**snip·py** F fragmentaire; hargneux (-euse *f*).

snitch *sl.* [snitʃ]: ~ *on s.o.* dénoncer q.

sniv·el ['snivl] avoir le nez qui coule; *fig.* pleurnicher; '**sniv·el·(l)ing** qui coule; morveux (-euse *f*) (*personne*); *fig.* pleurnicheur (-euse *f*).

snob [snɔb] snob *m*, parvenu(e *f*) *m*, poseur (-euse *f*) *m*; '**snob·ber·y** snobisme *m*, morgue *f*; '**snob·bish** □ snob; '**snob·bism** *f*; snob *adj./inv.*

snog F [snɔg] se peloter.

snoop *Am. sl.* [snuːp] **1.** *fig.* ~ *on* épier (q.); **2.** inquisiteur (-euse *f*) *m*; personne *f* indiscrète *ou* curieuse.

snoot·y *Am.* F ['snuːti] arrogant; suffisant.

snooze F [snuːz] **1.** petit somme *m*; **2.** sommeiller; faire un petit somme.

snore [snɔː] **1.** ronflement *m*; **2.** ronfler.

snort [snɔːt] **1.** reniflement *m* (*a. fig.* de dégoût); ⊕ ronflement *m*; *cheval:* ébrouement *m*; **2.** renifler; s'ébrouer (*cheval*); *v/t.* grogner (*une réponse*).

snot *sl.* [snɔt] morve *f*; '**snot·ty** *sl.* morveux (-euse *f*); *fig.* maussade.

snout [snaut] museau *m*; *porc:* groin *m*.

snow [snou] **1.** neige *f*; *sl.* cocaïne *f*; **2.**

v/i. neiger; *v/t.* saupoudrer (de, with); *sl.* en imposer à (*q.*), impressionner (*q.*); *surt. Am.* F *fig.* be ~ed under être accablé (de, with); ~ed in (*ou* up) pris *ou* bloqué par la neige; '~**ball 1.** boule *f* de neige; **2.** lancer des boules de neige; *fig.* faire boule de neige; '~**drift** amas *m* de neige, congère *f*; '~**drop** ♀ perce-neige *f/inv.*; '~**gog·gles** *pl.* (a pair of) (des) lunettes *f/pl.* d'alpiniste; ~**mo·bile** ['~məbiːl] autoneige *f*; '~**plough**, *Am.* '~**plow** chasse-neige *m/inv.*; '~-**white** blanc(he *f*) comme la neige; '**snow·y** □ neigeux (-euse *f*), de neige.

snub [snʌb] **1.** remettre (*q.*) à sa place; rembarrer; **2.** rebuffade *f*; mortification *f*; '**snub·ber** *mot.* amortisseur *m* à courroie; '**snub-nose** nez *m* retroussé; '**snub-nosed** (au nez) camus.

snuff [snʌf] **1.** *chandelle:* mouchure *f*; tabac *m* (à priser); F *up to* ~ dégourdi, à la coule; F *give s.o.* ~ laver la tête à *q.*; **2.** (*a. take* ~) priser; moucher; '~-**box** tabatière *f*; '**snuff·er** priseur (-euse *f*) *m*; (a pair of) ~s *pl.* (des) mouchettes *f/pl.*; **snuf·fle** ['~l] renifler; nasiller; ~ *at* flairer (*qch.*); '**snuff·y** au linge tacheté de tabac; au nez barbouillé de tabac; F *fig.* peu soigné.

snug □ [snʌg] confortable; bien au chaud; gentil(le *f*); ⚓ paré; '**snug·ger·y** petite pièce *f* confortable; petit fumoir *m*; *sl.* turne *f*; **snug·gle** ['~l] (se) serrer; *v/i.* se pelotonner (contre *up to*, *into*); ~ *down* se blottir (dans, *in*).

so [sou] ainsi; par conséquent; si, tellement; donc; *I hope* ~ je l'espère bien; *are you tired?* ~ *I am* êtes-vous fatigué?; je le suis en effet; *you are tired,* ~ *am I* vous êtes fatigué, (et) moi aussi; *a mile or* ~ un mille à peu près; ~ *as* to pour *ou* afin de (*inf.*), pour *ou* afin que (*sbj.*); de sorte que (*sbj.*); de façon à (*inf.*); ~ *far* jusqu'ici; ~ *far as I know* autant que je sache.

soak [souk] **1.** *v/t.* tremper (dans, *in*); imbiber (de, *in*); F faire payer; ~ *up* (*ou in*) absorber; *v/i.* tremper, s'imbiber (dans, *into*); F boire comme une éponge; **2.** trempe *f*; F bain *m*; F ivrogne *m*, biberon(ne

f) *m*; F tombée *f*, *pluie:* arrosage *m*.

so-and-so ['souənsou] machin *m*, chose *m*; *Mr.* ♀ Monsieur *m* un tel.

soap [soup] **1.** savon *m*; F ~ *opera* mélodrame *m* radiodiffusé *ou* télévisé; *soft* ~ savon *m* vert; F flatterie *f*, flagornerie *f*; **2.** savonner; '~-**boil·er** chaudière *f* à savon; *personne:* savonnier (-ère *f*) *m*; '~-**box** caisse *f* à savon; ~ *orator* orateur *m* de carrefour; '~-**dish** plateau *m* à savon; '~-**suds** *pl.*, *a. sg.* eau *f* de savon; '**soap·y** □ savonneux (-euse *f*); qui sent le savon.

soar [sɔː] prendre son essor; s'élever (*a. fig.*); ⚹ faire du vol à voile; '**soar·ing 1.** qui s'élève; plané (*vol*); **2.** essor *m*; hausse *f*; vol *m* plané.

sob [sɔb] **1.** sanglot *m*; **2.** sangloter.

so·ber ['soubə] **1.** □ sobre, modéré; grave; sérieux (-euse *f*); pas ivre; **2.** (*souv.* ~ *down*) (se) dégriser; '**so·ber·ness**, **so·bri·e·ty** [sou'braiəti] sobriété *f*; sérieux *m*.

sob-stuff F ['sɔbstʌf] sensiblerie *f*, histoire *f* larmoyante.

so-called ['sou'kɔːld] prétendu, ce qu'on est convenu d'appeler.

soc·cer *sp.* ['sɔkə] football *m* association.

so·cia·bil·i·ty [souʃə'biliti] sociabilité *f*; '**so·cia·ble** □ **1.** sociable; *zo.* sociétaire; **2.** *véhicule:* sociable *m*; *meuble:* causeuse *f*; *Am.* soirée *f* amicale.

so·cial ['souʃl] **1.** □ social (-aux *m/pl.*); ~ *activities pl.* mondanités *f/pl.*; ~ *insurance* assurance *f ou* prévoyance *f* sociale; ~ *insurance stamp* timbre *m* de sécurité sociale; ~ *science* science *f* sociale; ~ *security* aide *f* sociale; *be on* ~ *security* recevoir l'aide sociale; ~ *services pl.* institutions *f/pl.* sociales; **2.** F soirée *f*; réunion *f*; '**so·cial·ism** socialisme *m*; '**so·cial·ist** socialiste (*a. su./mf*); **so·cial·ite** F ['souʃəlait] mondain(e *f*) *m*; '**so·cial·ize** rendre social; réunir en société; *pol.* socialiser.

so·ci·e·ty [sə'saiəti] société *f*; association *f*; beau monde *m*.

so·ci·o·log·i·cal □ [sousiə'lɔdʒikl] sociologique; **so·ci·ol·o·gist** [~'ɔlədʒist] sociologue *m*; **so·ci·ol·o·gy** sociologie *f*.　　　　[intérieure.)

sock¹ [sɔk] chaussette *f*; semelle *f* [

sock² *sl.* [~] **1.** coup *m*, beigne *f*;

give s.o. ~(s pl.) = 2. flanquer une beigne à (q.).

sock·dol·a·ger Am. sl. [sɔk'dɔlədʒə] coup m violent, gnon m; argument m décisif.

sock·er F ['sɔkə] see soccer.

sock·et ['sɔkit] emboîture f (a. os); douille f (a. ⚡); œil: orbite f; dent: alvéole m; ⊕ godet m; ⚡ socle m; cavité f; chandelle: bobèche f.

so·cle ['sɔkl] socle m.

sod [sɔd] 1. gazon m; motte f; poét. terre f; 2. gazonner.

so·da 🔥 ['soudə] soude f; '~foun·tain siphon m; Am. bar m, débit m (de boissons non alcoolisées).

sod·den ['sɔdn] détrempé; pâteux (-euse f) (pain etc.); (trop longtemps) bouilli m; fig. abruti (par la boisson).

so·di·um 🔥 ['soudjəm] sodium m; attr. de soude.

so·ev·er [sou'evə] que ce soi(en)t.

so·fa ['soufə] canapé m.

sof·fit △ ['sɔfit] soffite m; cintre m.

soft [sɔft] 1. □ mou (devant une consonne ou un h muet; molle f); doux (douce f); tendre; flasque; F facile; F nigaud; F ~ drink boisson f non alcoolisée; F a~ thing une bonne affaire f; see soap; 2. adv. doucement; sans bruit; F nigaud(e f) m; **soft·en** ['sɔfn] (s')amollir; (s')adoucir (a. couleurs, a. ⊕ acier); (s')attendrir; (se) radoucir (ton, voix, etc.); v/t. atténuer (des couleurs, la lumière, a. phot. les contours); **soft·ness** ['sɔftnis] douceur f (a. fig.); caractère: mollesse f; F niaiserie f; '**soft-soap** F passer de la pommade à (q.), flatter; '**soft-spok·en** à la voix douce; '**soft·ware** logiciel m, software m; '**soft·y** F nigaud(e f) m, niais(e f) m.

sog·gy ['sɔgi] détrempé; lourd (temps); pâteux (-euse f).

soil[1] [sɔil] sol m, terre f, terroir m.

soil[2] [~] 1. souillure f; tache f; 2. (se) salir; v/t. souiller; '~pipe descente f (de W.-C.).

so·journ ['sɔdʒə:n] 1. séjour m; 2. séjourner; '**so·journ·er** personne f de passage; hôte(sse f) m.

sol·ace ['sɔləs] 1. consolation f; 2. consoler.

so·lar ['soulə] solaire; ~ battery batterie f solaire, photopile f; ~ cell cellule f photovoltaïque; ~ eclipse

éclipse f du soleil; anat. ~ plexus plexus m solaire; ~ system système m solaire, planétaire m.

sold [sould] prét. et p.p. de sell.

sol·der ⊕ ['sɔldə] 1. soudure f; 2. (res)souder; **sol·der·ing·i·ron** ['~riŋaiən] fer m à souder.

sol·dier ['souldʒə] 1. soldat m; 2. (a. go ~ing) faire le métier de soldat; '**sol·dier·like**, '**sol·dier·ly** de soldat; militaire; **sol·dier·ship** ['~ʃip] aptitude f militaire; '**sol·dier·y** militaires m/pl.; péj. soldatesque f.

sole[1] □ [soul] seul, unique; ~ agent agent m exclusif.

sole[2] [~] 1. semelle f; pied: plante f; 2. ressemeler.

sole[3] icht. [~] sole f.

sol·e·cism ['sɔlisizm] solécisme m; faute f de grammaire.

sol·emn □ ['sɔləm] solennel(le f); sérieux (-euse f); grave: **so·lem·ni·ty** [sə'lemniti] solennité f (a. = fête); gravité f; **sol·em·ni·za·tion** [sɔləmnai'zeiʃn] célébration f, solennisation f; '**sol·em·nize** célébrer (un mariage); solenniser (une fête); rendre grave.

so·lic·it [sə'lisit] solliciter (qch. de q. s.o. for s.th., s.th. from s.o.); prostituée: raccrocher (un homme); **so·lic·i·ta·tion** sollicitation f; votes: brigue f; prostituée: racolage m; **so·lic·i·tor** 🏛 avoué m, Brit. solicitor m; Am. ♱ placier m; ♀ General conseiller m juridique de la Couronne; **so·lic·i·tous** □ préoccupé (de, about); soucieux (-euse f) (de, of; de inf., to inf.); be ~ about s'inquiéter de; be ~ for avoir (qch.) à cœur; **so·lic·i·tude** [~tju:d] sollicitude f; souci m.

sol·id ['sɔlid] 1. □ solide (a. fig., ⅍ angle); plein (acajou, mur, pneu, volume); vif (vive f) (pierre); massif (-ive f) (argent); épais(se f); de volume (mesures); ⊕ solidaire (de, with); fig. bon(ne f); fig. ininterrompu; fig. unanime; surt. Am. F make o.s. ~ with être bien avec, se mettre sur un bon pied avec; a ~ hour une bonne heure, une pleine heure; ⅍ ~ geometry géométrie f dans l'espace; ~ leather cuir m à semelles; ~ rubber caoutchouc m plein; 2. solide m; **sol·i·dar·i·ty** [~'dæriti] solidarité f; **so'lid·i·fy**

[ˌfai] (se) solidifier; v/i. se figer; **so'lid·i·ty** solidité f; ఝ solidarité f.

so·lil·o·quize [səˈliləkwaiz] se parler à soi-même; faire un soliloque; **so'lil·o·quy** soliloque m, monologue m.

sol·i·taire [sɔliˈtɛə] diamant, a. jeu: solitaire m; cartes: jeu m de patience; **sol·i·tar·y** □ [ˈˌtəri] solitaire, isolé; retiré; ~ confinement prison f cellulaire; **sol·i·tude** [ˈˌtjuːd] solitude f.

so·lo [ˈsoulou] ♩ solo m; cartes: whist m de Gand; ✈ vol m solo; **'so·lo·ist** ♩ soliste mf.

sol·stice [ˈsɔlstis] solstice m.

sol·u·bil·i·ty [sɔljuˈbiliti] solubilité f; problème: résolubilité f; **sol·u·ble** [ˈsɔljubl] soluble; résoluble.

so·lu·tion [səˈluːʃn] solution f (a. ቤ, ௺, ✦); ⊕ (dis)solution f.

solv·a·ble [ˈsɔlvəbl] soluble; ቤ, résoluble; **solve** [sɔlv] résoudre; trouver la solution de; éclaircir (un mystère etc.); **sol·ven·cy** [ˈˌvənsi] solvabilité f; **sol·vent 1.** dissolvant; ✝ solvable; **2.** (dis)solvant m.

som·ber, som·bre □ [ˈsɔmbə] sombre; morne.

some [sʌm, səm] **1.** pron. indéf. certains; quelques-uns, quelques-unes; un peu, en; I need ~ j'en ai besoin; **2.** adj. quelque, quelconque; un certain, une certaine; du, de la, des, quelques; ~ bread du pain; ~ few quelques-uns, quelques-unes; ~ 20 miles une vingtaine de milles; in ~ degree, to ~ extent quelque peu; jusqu'à un certain point; that was ~ meal! c'était un chouette repas! **3.** adv. quelque, environ; sl. pas mal; he was annoyed ~ il n'était pas mal fâché; '~·bod·y, '~·one quelqu'un; '~·how de façon ou d'autre; ~ or other d'une manière ou d'une autre.

som·er·sault [ˈsʌməsɔːlt], **som·er·set** [ˈˌset] gymn. saut m périlleux; culbute f; cabriole f; turn ~s faire le saut périlleux; faire des cabrioles.

some...: ~thing [ˈsʌmθiŋ] quelque chose (a. su./m); adv. quelque peu; that is ~ c'est déjà quelque chose; ~ like en forme de; F un vrai ...; '~·time **1.** adv. autrefois; jadis; **2.** adj. ancien(ne f) (devant su.); ~times [ˈˌz] parfois, quelquefois;

'~·what quelque peu, un peu; assez; '~·where quelque part.

som·nam·bu·lism [sɔmˈnæmbjulizm] somnambulisme m, noctambulisme m; **som'nam·bu·list** somnambule mf, noctambule mf.

som·nif·er·ous □ [sɔmˈnifərəs] somnifère, endormant.

som·no·lence [ˈsɔmnoləns] somnolence f, assoupissement m; **'som·no·lent** somnolent, assoupi.

son [sʌn] fils m.

so·nant gramm. [ˈsounənt] (consonne f) sonore.

so·na·ta ♩ [səˈnɑːtə] sonate f.

song [sɔŋ] chant m; chanson f; eccl. cantique m; F for a mere (ou an old) ~ pour une bagatelle, pour rien; '~·bird oiseau m chanteur; '~·book recueil m de chansons; '~·hit succès m; **'song·ster** oiseau m chanteur; chanteur m; **'song·stress** chanteuse f.

son·ic [ˈsɔnik] sonique (vitesse); ~ bang (ou boom) bang m ou détonation f supersonique; ~ barrier mur m du son.

son-in-law [ˈsʌninlɔː], pl. **sons-in·law** gendre m.

son·net [ˈsɔnit] sonnet m.

son·ny F [ˈsʌni] (mon) petit m.

so·nor·i·ty [səˈnɔriti] sonorité f; **so·no·rous** □ [səˈnɔːrəs] sonore; **so'no·rous·ness** sonorité f.

soon [suːn] bientôt; tôt; vite; de bonne heure; as (ou so) ~ as dès que, aussitôt que; 'soon·er plus tôt; plutôt; no ~ ... than à peine... que; no ~ said than done sitôt dit, sitôt fait.

soot [sut] **1.** suie f; **2.** couvrir de suie; calaminer (les bougies).

sooth [suːθ]: ✝ in ~ en vérité, vraiment; ~ to say à vrai dire; **soothe** [suːð] calmer, apaiser; **sooth·say·er** [ˈsuːθseiə] devin(eresse f) m.

soot·y □ [ˈsuti] couvert de suie; (noir) de suie; fuligineux (-euse f).

sop [sɔp] **1.** morceau m (de pain etc.) trempé; fig. don m propitiatoire; **2.** tremper; ~ up éponger.

soph·ism [ˈsɔfizm] sophisme m.

soph·ist [ˈsɔfist] sophiste m; **so·phis·tic, so·phis·ti·cal** □ [səˈfistik(l)] sophist(iqu)e; captieux (-euse f) (argument); **so'phis·ti·cate** [ˌkeit] sophistiquer; falsifier; **so'phis·ti·cat·ed** sophistiqué, falsifié; blasé; aux goûts compliqués; **soph·ist·ry** ['sɔfistri] sophistique *f*; sophistication *f*; sophismes *m/pl*.

soph·o·more *Am*. ['sɔfəmɔ:] étudiant(e *f*) *m* de seconde année.

so·po·rif·ic [soupə'rifik] (*~ally*) soporifique (*a. su./m*), somnifère (*a. su./m*).

sop·ping ['sɔpiŋ] (*a. ~ wet*) trempé; trempé jusqu'aux os (*personne*); **'sop·py** détrempé; *fig*. mou (mol *devant une voyelle ou un h muet*; molle *f*); F fadasse.

so·pran·o ♩ [sə'prɑːnou] soprano *m*.

sor·cer·er ['sɔːsərə] sorcier *m*; **'sor·cer·ess** sorcière *f*; **'sor·cer·y** sorcellerie *f*.

sor·did □ ['sɔːdid] sordide (*souv. fig. = sale, vil*); 🪖 infect; **'sor·did·ness** sordidité *f*; saleté *f*; bassesse *f*.

sore [sɔː] 1. □ douloureux (*-euse f*); irrité, enflammé; ulcéré; *fig*. cruel(le *f*), chagriné (*personne*), *Am*. F fâché; *~ throat* mal *m* de gorge; 2. plaie *f* (*a. fig.*); écorchure *f*; ulcère *m*; **'sore·head** *Am*. F *fig*. rouspéteur *m*; **'sore·ly** *adv*. gravement, vivement; **'sore·ness** sensibilité *f*; *fig*. chagrin *m*.

so·ror·i·ty [sə'rɔriti] communauté *f* religieuse; *univ. Am*. cercle *m* d'étudiantes.

sor·rel[1] ['sɔrəl] 1. saure, alezan (*cheval*); 2. alezan *m*.

sor·rel[2] ♧ [~] oseille *f*.

sor·row ['sɔrou] 1. douleur *f*, tristesse *f*, chagrin *m*; 2. s'attrister; être affligé; **sor·row·ful** □ ['~ful] triste, attristé; pénible.

sor·ry □ ['sɔri] désolé, fâché, peiné (*de to, at*); *fig*. misérable, pauvre; (*I am*) *so* ~! pardon!; *I am* ~ *for you* je vous plains; *we are* ~ *to say* nous regrettons d'avoir à dire...

sort [sɔːt] 1. sorte *f*, genre *m*, espèce *f*; classe *f*; façon *f*; *people of all* ~*s* des gens de toutes sortes; *something of the* ~, *that* ~ *of thing* quelque chose de pareil(le *f*); *in some* ~ *I like it*, F *I* ~ *of like it* jusqu'à un certain point je l'aime; *out of* ~*s* indisposé; de mauvaise humeur; F *he is a good* ~ c'est un brave type; (*a*) ~ *of peace* une paix telle quelle; 2. trier, assortir; 🪖 classifier, classer, lotir; ~ *out* séparer (*de, d'avec from*).

sor·tie ✕ ['sɔːtiː] sortie *f*.

sot [sɔt] ivrogne(sse *f*) *m*; *sl*. soûlard(e *f*) *m*; **sot·tish** □ ['sɔtiʃ] d'ivrogne; abruti par l'alcool.

sough [sau] 1. murmure *m*, susurrement *m*; 2. murmurer, susurrer.

sought [sɔːt] *prét. et p.p. de* **seek**; **'~-'aft·er** recherché.

soul [soul] âme *f*; F *the* ~ *of le premier mobile* (*d'une entreprise*); **'soul·less** □ sans âme; (*a.* **'soul·de·stroy·ing** abrutissant.

sound[1] □ [saund] sain; en bon état; bon(ne *f*); *fig.*, *a*. ⚠ solide; droit; profond (*sommeil*); ✝ bon(ne *f*); 🏛 valable, légal (*-aux m/pl.*).

sound[2] [~] 1. son *m*, bruit *m*; *phys*. acoustique *f*; ~ *barrier* mur *m* du son; ~ *effects pl.* bruitage *m*; ~ *film* film *m* sonore; ~ *wave* onde *f* sonore; 2. *v/i*. (ré)sonner; retentir; paraître; avoir le son de; *v/t*. sonner; faire retentir; prononcer (*les R etc.*); sonder (*louanges*); 🪖 ausculter (*la poitrine*); ✕ ~ *the retreat* sonner la retraite.

sound[3] [~] *géog*. détroit *m*; bras *m* de mer; *icht*. vessie *f* natatoire; *géog. the* ⚥ *le Sund m*.

sound[4] [~] 1. 🪖 sonde *f*; 2. 🪖 sonder (*a. fig.*, *a.* ⚓); ~ *s.o. out* sonder q. (*relativement à, about*).

sound·ing ⚓ ['saundiŋ] sondage *m*; ~*s pl*. sondes *f/pl.*, fonds *m/pl.*

sound(·ing)-board ['saund(iŋ)bɔːd] *chaire etc*.: abat-voix *m/inv.*; 🎵 *orgue*: tamis *m*; *piano*: table *f* d'harmonie.

sound·less □ ['saundlis] muet(te *f*); **sound·ness** ['saundnis] bon état *m*; solidité *f* (*a. fig.*).

sound...: **'~-proof** 1. insonorisé, insonore; 2. insonoriser; **'~-track** piste *f ou* bande *f* sonore.

soup[1] [suːp] potage *m*; soupe *f*.

soup[2] *Am. sl.* [~] 1. cheval-vapeur (*pl.* chevaux-vapeur) *m*; 2.: ~ *up* doper; *mot.* ~*ed up engine* moteur *m* comprimé.

sour ['sauə] 1. □ aigre, acide; vert (*fruit*); *fig*. revêche; aigre; acariâtre; 2. *v/t*. aigrir (*a. fig.*); *v/i.* surir; (s')aigrir (*a. fig.*).

source [sɔːs] source *f*; *fig*. origine *f*; ~ *language* langue *f* de départ.

sour·dough *Am*. ['sauədou] vétéran *m* (*des placers d'Alaska*).

sour·ish □ ['sauəriʃ] aigrelet(te *f*); **'sour·ness** aigreur *f* (*a. fig.*); *fig*. humeur *f* revêche; **'sour·puss** ['sauəpus] grincheux (*-euse f*) *m*.

souse [saus] **1.** v/t. plonger; tremper (d'eau, with water); cuis. faire mariner; v/i. mariner; faire un plongeon; ⬦ sl. ivre, F gris, parti; **2.** immersion f; plongon m; trempée f; cuis. marinade f; Am. ivrogne m; **3.** plouf!, floc!

south [sauθ] **1.** su. sud m; midi m; **2.** adj. du sud; méridional (-aux m/pl.); **3.** adv. au sud, vers le sud; '**⁓·bound** en direction du Sud, allant vers le Sud.

south-east ['sauθ'i:st] **1.** sud-est m; **2.** (a. **south-'east·ern**) du sud-est.

south·er·ly ['sʌðəli], **south·ern** ['⁓ən] (du sud; du midi; méridional (-aux m/pl.); '**south·ern·er** habitant (-e f) m du sud; Am. ♎ sudiste m.

south·ern·most ['sʌðənmoust] le plus au sud.

south·ing ['sauðiŋ] ⚓ chemin m sud; astr. passage m au méridien.

south·paw Am. ['sauθpɔ:] baseball: gaucher m.

south·ward ['sauθwəd] **1.** adj. au ou du sud; **2.** adv. (a. **south·wards** ['⁓dz]) vers le sud.

south...: '⁓·'west **1.** su. sud-ouest m; **2.** adv. vers le sud-ouest; **3.** adj. (a. ⁓·'west·er·ly, ⁓·'west·ern) (du) sud-ouest m; ⚓ suroît m (= chapeau imperméable); '⁓·'west·er (vent m du) sud-ouest m.

sou·ve·nir ['su:vəniə] souvenir m, mémento m.

sov·er·eign ['sovrin] **1.** □ souverain (a. fig.), suprême; **2.** souverain(e f) m; monarque m; monnaie anglaise: souverain m (= pièce de 20 shillings); '**sov·er·eign·ty** souveraineté f.

so·vi·et ['souviət] Soviet m; attr. soviétique.

sow[1] [sau] zo. truie f; ⊕ gueuse f des mères; (a. ⁓·channel) mère-gueuse (pl. mères-gueuses) f.

sow[2] [sou] [irr.] semer (a. with), ensemencer (la terre) (en blé, with wheat); '**sow·er** semeur (-euse f) m; **sown** [soun] p.p. de sow[2].

sox [sɔks] pl. see sock[1].

so·y(a) 🌿 ['sɔi(ə)] (a. ⁓ bean) soya m.

spa [spɑ:] source f minérale; ville f d'eau.

space [speis] **1.** espace m, typ. f; intervalle m (a. temps); étendue f; surface f; F place f; **2.** (a. ⁓ out) espacer (a. typ); échelonner (des troupes, des versements); **3.** spatial (-aux m/pl.), interplanétaire; ⁓ flight vol m spatial; vols m/pl. spatiaux; ⁓ lab laboratoire m spatial; ⁓ shuttle navette f; ⁓ travel voyages m/pl. spatiaux ou dans l'espace; ⁓ weapons pl. armes f/pl. spatiales; '⁓·craft, '⁓·ship vaisseau m spatial.

spa·cious □ ['speiʃəs] spacieux (-euse f), vaste; ample.

spade [speid] **1.** bêche f; ⁓ call a ⁓ a ⁓ appeler les choses par leur nom; usu. ⁓s pl. cartes: pique m; **2.** bêcher; '⁓·work travaux m/pl. à la bêche ou fig. préliminaires.

span[1] [spæn] **1.** main: empan m; court espace m de temps; △ portée f, largeur f; bras, ailes, a. ✈ envergure f; Am. paire f; **2.** franchir, enjamber; fig. embrasser; mesurer à l'empan.

span[2] [⁓] prét. de spin 1.

span·gle ['spæŋgl] **1.** paillette f; **2.** pailleter (de, with); fig. parsemer (de, with).

Span·iard ['spænjəd] Espagnol(e f) m.

span·iel ['spænjəl] épagneul m.

Span·ish ['spæniʃ] **1.** espagnol; d'Espagne; ling. espagnol m; the ⁓ pl. les Espagnols m/pl.

spank F [spæŋk] **1.** v/t. fesser; v/i. ⁓ along aller bon train; **2.** claque f sur le derrière; '**spank·er** ⚓ brigantine f; '**spank·ing 1.** □ qui va bon train; vigoureux (-euse f); F premier ordre; sl. épatant; **2.** F fessée f.

span·ner ⊕ ['spænə] clef f (à écrous); fig. throw a ⁓ in the works mettre des bâtons dans les roues.

spar[1] [spɑ:] ⚓ espar m; ✈ longeron m.

spar[2] [⁓] faire mine de vouloir boxer (q., at s.o.); boxer amicalement; se battre (coqs); fig. argumenter (avec, with); box. ⁓ring partner sparring-partner m, partenaire m d'entraînement.

spar[3] min. [⁓] spath m.

spare [speə] **1.** □ frugal (-aux m/pl.); maigre; sec (sèche f) (personne); disponible, de reste, de réserve, de rechange, de secours; ⁓ hours (heures f/pl. de) loisir m; ⁓ room chambre f d'ami; ⁓ time temps m disponible; **2.** ⊕ pièce f de rechange; **3.** v/t. épargner, ménager;

se passer de; prêter, donner; faire grâce à (q.); respecter; *enough and to* ~ plus qu'il n'en faut (de, *of*); *v/i.* épargner, faire des économies; '**spare·ness** minceur *f*; maigreur *f*; frugalité *f*; '**spare·rib** *cuis.* ['~rib] côte *f* de porc.

spar·ing □ ['spɛəriŋ] ménager (-ère *f*) (de *in*, *of*); économe; frugal (-aux *m/pl.*); limité (*emploi*); '**spar·ing·ness** épargne *f*; frugalité *f*.

spark[1] [spɑːk] **1.** étincelle *f* (*a. fig.*); F ~s radiotélégraphiste *m*; **2.** *v/i.* émettre des étincelles; cracher (*dynamo*); *v/t.* faire éclater avec une étincelle électrique.

spark[2] [~] élégant *m*; beau cavalier *m*; joyeux compagnon *m*.

spark(·ing)·plug *mot.* ['spɑːk(iŋ)plʌg] bougie *f*.

spar·kle ['spɑːkl] **1.** étincelle *f*; éclat *m*; *fig.* vivacité *f* d'esprit; **2.** étinceler, scintiller; chatoyer (*bijou*); pétiller (*esprit, feu, yeux, vin*); *sparkling wine* vin *m* mousseux; **spar·klet** ['~lit] petite étincelle *f*; eau de seltz: sparklet *m*.

spar·row *orn.* ['spærou] moineau *m*, passereau *m*; '**~·hawk** *orn.* épervier *m*.

sparse □ [spɑːs] épars, clairsemé.

spasm ✠ ['spæzm] spasme *m*; *fig.* accès *m*; expressif (-ive *f*); **spas·mod·ic, spas·mod·i·cal** □ [~'mɔdik(l)] spasmodique; involontaire; *fig.* par saccades; **spas·tic** ['spæstik] **1.** (~ally) spasmodique; **2.** paraplégique (spasmodique) *mf*.

spat[1] [spæt] huîtres: frai *m*.

spat[2] [~] guêtre *f* de ville.

spat[3] [~] *prét. et p.p. de* spit[2] 2.

spatch·cock ['spætʃkɔk] *cuis.* faire cuire à la crapaudine; *fig.* faire une intervention dans (*une dépêche*) (à la dernière minute).

spate [speit] crue *f*; *fig.* déluge *m*.

spa·tial □ ['speiʃl] spatial (-aux *m/pl.*).

spat·ter ['spætə] éclabousser (de, *with*); **spat·ter·dash** † ['~dæʃ] guêtre *f*.

spat·u·la ['spætjulə] spatule *f*; *cuis.* gâche *f*.

spav·in *vét.* ['spævin] éparvin *m*.

spawn [spɔːn] **1.** frai *m*, œufs *m/pl.*; *fig. usu. péj.* progéniture *f*; **2.** *v/i.* frayer; *péj.* se multiplier; naître (de,

from); *v/t. péj.* donner naissance à; '**spawn·er** poisson *m* qui fraye; '**spawn·ing** (acte *m ou* époque *f* du) frai *m*.

speak [spiːk] [*irr.*] *v/i.* parler (*a. fig.* = *retentir*); faire un discours; ♪ sonner; *téléph.* Brown ~ing! ici Brown!; ~ *out* parler à haute voix; parler franchement; ~ *to* parler à *ou* avec; ~ *up* parler plus fort *ou* haut; ~ *up!* (parlez) plus fort!; ♪ *that* ~s *well for him* cela est tout à son honneur; ~ *well for* faire honneur à; *v/t.* dire (*qch.*); parler (*une langue*); exprimer; faire (*un éloge*); témoigner de; '**~-eas·y** *Am. sl.* bar *m* clandestin; '**speak·er** parleur (-euse *f*) *m*; interlocuteur (-trice *f*) *m*; orateur *m*; *radio:* haut-parleur *m*; *parl.* Président *m*.

speak·ing ['spiːkiŋ] parlant (*a. fig. portrait*); expressif (-ive *f*); être on ~ *terms with* se connaître assez pour se parler; '**~-trum·pet** porte-voix *m/inv.*

spear [spiə] **1.** lance *f*; *chasse:* épieu *m*; javelot *m*; *fig.* ~ side côté *m* paternel *ou* mâle; **2.** frapper *ou* tuer d'un coup de lance (*ou une bête:* d'épieu); '**~-head** pointe *f* de lance; *fig.* pointe *f*.

spec ✝ *sl.* [spek] spéculation *f*.

spe·cial ['speʃl] **1.** □ spécial (-aux *m/pl.*); particulier (-ère *f*); *journ.* ~ *correspondent* envoyé(e *f*) *m* spécial(e); **2.** (*ou* ~ *constable*) agent *m* de police suppléant (= *citoyen assermenté*); (*ou* ~ *edition*) édition *f* spéciale; (*ou* ~ *train*) train *m* spécial; *Am. magasin:* ordre *m* exprès; *Am.* plat *m* du jour; *restaurant:* spécialité *f* de la maison; '**spe·cial·ist** ['~ʃəlist] spécialiste *mf*; **spe·ci·al·i·ty** [speʃi'æliti] spécialité *f* (*a.* ✝); particularité *f*, caractéristique *f*; **spe·cial·ize** ['speʃəlaiz] *v/t.* particulariser; désigner *ou* adapter à un but spécial; *v/i.* se spécialiser (dans, *in*); *biol.* se différencier; **spe·cial·ty** ['~ʃlti] *Am.* speciality; ✝✝ contrat *m* formel sous seing privé.

spe·cie ['spiːʃiː] monnaie *f* métallique; espèces *f/pl.* (sonnantes).

spe·cies ['spiːʃiːz] *sg. ou. pl.* espèce *f* (*a. eccl.*); genre *m*, sorte *f*.

spe·cif·ic [spi'sifik] **1.** (~ally) spécifique; précis; *phys.* ~ *gravity* pesanteur *f* spécifique; *z⁂ ~ performance contrat*: exécution *f* intégrale; **2.** ⚹ spécifique *m* (contre, for).

spec·i·fi·ca·tion [spesifi'keiʃn] spécification *f*; △ cahier *m* des charges; *z⁂* description *f* (*de brevet*); **spec·i·fy** ['⌣fai] spécifier, déterminer; préciser.

spec·i·men ['spesimin] exemple *m*, spécimen *m*; échantillon *m*.

spe·cious □ ['spi:ʃəs] spécieux (-euse *f*); trompeur (-euse *f*); **'spe·cious·ness** spéciosité *f*; apparence *f* trompeuse.

speck [spek] **1.** graine *f*; point *m*; tache *f*; *fig.* brin *m*; **2.** moucheter, tacheter; **speck·le** ['⌣kl] **1.** moucheture *f*; *see* speck 1; **2.** *see* speck 2.

specs F [speks] *pl.* lunettes *f*/*pl.*

spec·ta·cle ['spektəkl] spectacle *m*; (*a pair of*) ⌣*s pl.* (des) lunettes *f*/*pl.*; **'spec·ta·cled** qui porte des lunettes à lunettes.

spec·tac·u·lar □ [spek'tækjulə] **1.** spectaculaire; impressionnant; **2.** *Am.* F revue *f* à grand spectacle.

spec·ta·tor [spek'teitə] spectateur (-trice *f*) *m*.

spec·tral □ ['spektrəl] spectral (-aux *m*/*pl.*) (*a. opt.*); **spec·ter**, *Brit.* **spec·tre** ['⌣tə] fantôme *m*, spectre *m*; **spec·trum** *opt.* ['⌣trəm] spectre *m*.

spec·u·late ['spekjuleit] spéculer (*a.* ✝), méditer (sur, [up]on); ✝ *a.* jouer; **spe·cu·la·tion** spéculation *f* (*a.* ✝), méditation *f* (sur, [up]on); entreprise *f* spéculative; **spec·u·la·tive** □ ['⌣lətiv] spéculatif (-ive *f*) (*a.* ✝); contemplatif (-ive *f*), théorique; ✝ spéculateur *m*; ✝ agioteur *m*; **spec·u·lum** ['spekjuləm] ✗ spéculum *m*; *opt.* miroir *m*.

sped [sped] *prét. et p.p. de* speed 2.

speech [spi:tʃ] parole *f*, -s *f*/*pl.*; langue *f*; discours *m*; ⌣ *defect* défaut *m* d'élocution; **'⌣-day** *école*: distribution *f* des prix; **speech·i·fy** *péj.* ['⌣ifai] pérorer, *sl.* laïusser; **'speech·less** □ muet(te *f*).

speed [spi:d] **1.** vitesse *f* (*a.* ⊕, *mot.*, *etc.*); marche *f*, hâte *f*; ⌣ *control* réglage *m* de la vitesse; ⌣ *trap* piège *m* de police (pour contrôle de vitesse); *good* ⌣! bonne chance!; **2.** [*irr.*] *v/i.* se hâter, se presser; aller *etc.* vite; ✝ *a. poét.* réussir; *no* ⌣*ing*! vitesse *f* limi-

tée!; *v/t.* hâter, accélérer; ✝ expédier, souhaiter le bon voyage à; ⌣ *up* accélérer; *mot.* mettre en vitesse; **'⌣-boat** hors-bord *m*/*inv.*; **'⌣-cop** motard *m*; **'speed·i·ness** rapidité *f*; promptitude *f*; **speed lim·it** vitesse *f* maxima; vitesse *f* limitée; **'speed·mer·chant** *mot.* chauffard *m*. **speed·om·e·ter** *mot.* [spi'dɔmitə] compteur *m*, indicateur *m* de vitesse; **'speed·way** *Am.* autostrade *f*; *Am. sp.* (piste *f* d')autodrome *m*; **'speed·well** ♀ véronique *f*; **'speed·y** □ rapide, prompt.

spell¹ [spel] temps *m*, période *f*; ⊕ tour *m* (de travail).

spell² [⌣] **1.** charme *m*, incantation *f*; **2.** [*irr.*] épeler (*de vive voix*); écrire, orthographier; *fig.* signifier; ⌣ *out* lire péniblement; épeler; **'⌣-bind·er** *Am.* beau diseur *m*; **'⌣-bound** *fig.* fasciné, charmé; **'spell·er**: *he is a bad* ⌣ il ne sait pas l'orthographe.

spell·ing ['speliŋ] épellation *f*; orthographe *f*; **'⌣-bee** *surt. Am.* concours *m* d'orthographe; **'⌣-book** syllabaire *m*.

spelt¹ [spelt] *prét. et p.p. de* spell² 2.

spelt² ♀ épeautre *m*.

spel·ter ['speltə] zinc *m*.

spen·cer ['spensə] *cost.* spencer *m*.

spend [spend] [*irr.*] *v/t.* dépenser (*de l'argent*) (en, à, pour on), *péj.* dissiper (pour, on); employer, passer (*le temps*), *péj.* perdre; épuiser (*des forces*); ⌣ *o.s.* s'épuiser; ⌣*ing money* argent *m* de poche; *v/i.* dépenser de l'argent; **'spend·er** personne *f* qui dépense; *péj.* dépensier (-ère *f*) *m*.

spend·thrift ['spendθrift] dépensier (-ère *f*) *m* (*a. attr.*).

spent [spent] **1.** *prét. et p.p. de* spend; **2.** épuisé (*personne, a.* ⌢ *acide*); mort (*balle*), vide (*cartouche*); écoulé (*jour*); apaisé (*orage*).

sperm *physiol.* [spə:m] semence *f* (*des mâles*); **sper·ma·ce·ti** [⌣ə'seti] spermaceti *m*; blanc *m* de baleine; **sper·ma·to·zo·on** *biol.* [⌣əto'zouən], *pl.* -zo·a [⌣'zouə] spermatozoïde *m*.

spew *sl.* [spju:] *vt*/*i.* vomir.

sphere [sfiə] sphère *f* (*a. fig. d'acti·vité, d'influence, etc.*); *fig.* domaine *m*; *fig.* milieu *m*; **spher·i·cal** □ ['sferikl] sphérique, en forme de sphère.

sphinc·ter *anat.* ['sfiŋktə] sphincter *m*, orbiculaire *m*.

spice [spais] **1.** épice *f*; *fig.* soupçon *m*, grain *m*, nuance *f*; **2.** épicer (*a. fig.*); **spic·er·y** ['∼əri] épices *f/pl.* [épicé; *fig.* piquant *m.*⟩ **spic·i·ness** ['spaisinis] goût *m*⟩

spick and span ['spikən'spæn] propre comme un sou neuf; tiré à quat∞ épingles (*personne*).

spic·y □ ['spaisi] épicé (*a. fig.*); aromatique; *fig.* piquant.

spi·der *zo.* ['spaidə] araignée *f*; ∼'s web toile *f* d'araignée.

spiel *Am. sl.* [spi:l] discours *m*, allocution *f*; *sl.* laïus *m*.

spiff·y *sl.* ['spifi] élégant; pimpant.

spig·ot ['spigət] *tonneau*: fausset *m*; *robinet*: clef *f*.

spike [spaik] **1.** pointe *f*; *fil barbelé*: piquant *m*; clou *m* à large tête; ♀ *blé*: épi *m*; ♀ (*a. ∼-lavender*) spic *m*; **2.** clouer; ✗ enclouer (*un canon*); F *fig.* damer le pion à (*q.*); armer de pointes; **spike·nard** ['∼na:d] nard *m* (indien); **'spik·y** □ à pointe(s) aiguë(s); armé de pointes.

spill [spil] **1.** [*irr.*] *v/t.* répandre (*a. le sang*); renverser; F désarçonner (*un cavalier*); *Am.* dire; *v/i.* se répandre; s'écouler; **2.** F culbute *f*, chute *f* (*de cheval etc.*).

spill·way ['spilwei] passe-déversoir *m* (*pl.* passes-déversoirs) *f*.

spilt [spilt] *prét. et p.p. de* **spill** 1; *cry over ∼ milk* lamenter ce qu'on ne pourrait changer.

spin [spin] **1.** [*irr.*] *v/t.* filer; faire tourner (*a. une toupie*); *fig.* raconter (*une histoire*); ⊕ centrifuger (*le métal*); *v/i.* tourner; (*a. ∼ round*) tournoyer; ✗ faire la vrille; ∼ *along* filer; ∼ (*a*)*round* se retourner vivement (*personne*); *send s.o. ∼ning* faire chanceler *q.*; **2.** tournoiement *m*, ✗ vrille *f*; *cricket*: effet *m*; F *go for a ∼* se balader en auto.

spin·ach ♀ ['spinidʒ] épinard *m*; *cuis.* épinards *m/pl.*

spi·nal ['spainl] vertébral (*-aux m/pl.*); ∼ *column* colonne *f* vertébrale; ∼ *cord* (*ou marrow*) moelle *f* épinière; ∼ *curvature* déviation *f* de la colonne vertébrale.

spin·dle ['spindl] fuseau *m*; ⊕ arbre *m*; **'spin·dly** long(ue *f*) et grêle.

spin·drift ['spindrift] *courant*: embruns *m/pl.*

spin-dry ['spindrai] essorer à la machine.

spine [spain] ♀ épine *f*; *homme*: épine *f* dorsale; *géog.* arête *f*; *livre*: dos *m*; **'spine·less** sans épines; *fig.* mou (*mol devant une voyelle ou h muet*; molle *f*).

spin·ner ['spinə] fileur (*-euse f*) *m*; machine *f ou* métier *m* à filer.

spin·ney ['spini] bosquet *m*, petit bois *m*.

spin·ning...: ∼-**jen·ny** ⊕ ['spiniŋ'dʒeni] machine *f* à filer; '∼-**mill** filature *f*; '∼-**wheel** rouet *m*.

spin-off ['spinɔf] sous-produit *m*; avantage *m* supplémentaire.

spin·ster ['spinstə] fille *f* (*non mariée*); *p.ext.* vieille fille *f*; *admin.* célibataire *f*.

spin·y ['spaini] épineux (*-euse f*); ♀ spinifère.

spi·ra·cle ['spaiərəkl] évent *m*.

spi·rae·a ♀ [spai'riə] spirée *f*.

spi·ral ['spaiərəl] **1.** □ spiral (*-aux m/pl.*); spiralé; en spirale; spiroïdal (*-aux m/pl.*) (*mouvement*); en boudin (*ressort*); *zo.* cochléaire; **2.** spirale *f*, hélice *f*; tour *m ou* ✗ montée *f etc.* en spirale; *fig. prix*: montée *f* en flèche; **3.** former une spirale; monter *ou* descendre en spirale.

spire [spaiə] *église, arbre*: flèche *f*.

spir·it ['spirit] **1.** esprit *m*, âme *f*; *fig.* élan *m*, entrain *m*, ardeur *f*; courage *m*; alcool *m*; ♨ *hist.* esprit *m*; *mot.* essence *f*; ∼*s pl.* spiritueux *m/pl.*; liqueurs *f/pl.* fortes; *pharm.* alcoolat *m*; ∼ *of wine* esprit *m* de vin; *in* (*high*) ∼*s* en train; *en verve*; *in low* ∼*s* abattu; accablé; tout triste; **2.** ∼ *away* (*ou off*) enlever, faire disparaître; F escamoter; ∼ *up* encourager.

spir·it·ed □ ['spiritid] animé, vif (vive *f*); plein d'entrain; fougueux (*-euse f*); *low-*∼ abattu; **'spir·it·ed·ness** ardeur *f*, feu *m*; *cheval*: fougue *f*.

spir·it·ism ['spiritizm] *métapsychisme*: spiritisme *m*; **'spir·it·ist** spirite *mf* (*a. adj.*).

spir·it·less □ ['spiritlis] abattu; inanimé; sans vie (*a. fig.*); mou (*mol devant une voyelle ou un h muet*; molle *f*).

spir·it·u·al ['spiritjuəl] **1.** □ spirituel(le *f*); immatériel(le *f*); **2.** chant *m* religieux (*des nègres aux É.-U.*);

'**spir·it·u·al·ism** *phls.* spiritualisme *m*; *métapsychisme*: spiritisme *m*; **spir·it·u·al·i·ty** [‿ˈæliti] spiritualité *f*; **spir·it·u·al·ize** [ˈ‿əlaiz] spiritualiser.

'**spir·it·u·ous** [ˈspiritjuəs] spiritueux (-euse *f*), alcoolique.

spirt [spəːt] **1.** *v/t.* faire jaillir; *v/i.* jaillir, gicler; *see* spurt 1; **2.** (re)jaillissement *m*; jet *m*; *see* spurt 2.

spit[1] [spit] **1.** *cuis.* broche *f*; *géog.* langue *f* de sable, pointe *f* de terre; **2.** embrocher (*a. fig.*).

spit[2] [‿] **1.** crachat *m*; salive *f*; F be the very ~ of s.o. être q. tout craché; **2.** [*irr.*] *v/i.* cracher (*a. chat, plume*) (*a.* ~ with rain) crachiner; ~ at (*ou* upon) cracher sur; *v/t.* (*a.* ~ out) cracher.

spit[3] [‿] profondeur *f* de fer de bêche; *spade* f pleine.

spite [spait] **1.** dépit *m*, pique *f*; rancune *f*; in ~ of malgré; **2.** contrarier, vexer; **spite·ful** □ [ˈ‿ful] rancunier (-ère *f*); méchant; **spite·ful·ness** rancune *f*; méchanceté *f*.

spit·fire [ˈspitfaiə] rageur (-euse *f*) *m*.

spit·tle [ˈspitl] salive *f*; crachat *m*.

spit·toon [spiˈtuːn] crachoir *m*.

spiv *sl.* [spiv] parasite *m*; profiteur *m*.

splash [splæʃ] **1.** éclaboussement *m*; éclaboussure *f*; *vague*: clapotement *m*; *sl.* esbroufe *f*; F make a ~ faire sensation; **2.** *v/t.* éclabousser (de, with); tacher (de, with); *v/i.* jaillir; clapoter; barboter; cracher (*robinet*); '**~·board** garde-boue *m/inv.*; *métall.* parapluie *m*; plongeur *m* (*de tête de bielle*); '**~·down** amerissage *m*; '**splash·leath·er** pare-boue *m/inv.*; '**splash·y** □ bourbeux (-euse *f*); barbouillé (*dessin etc.*).

splay [splei] **1.** évasement *m*; **2.** évasé; tourné en dehors (*pied*); **3.** *v/t.* évaser; ⊕ chanfreiner; tourner en dehors; *v/i.* s'évaser.

'**splay·foot** [ˈspleifut] pied *m* plat.

spleen [spliːn] *anat.* rate *f*; *fig.* spleen *m*, humeur *f* noire; **spleen·ful** [ˈ‿ful], '**spleen·y** atrabilaire; de mauvaise humeur.

splen·did □ [ˈsplendid], **splen·dif·er·ous** [‿ˈdifərəs] splendide, magnifique; F épatant; **splen·do(u)r** [ˈ‿də] splendeur *f*; éclat *m*.

sple·net·ic [spliˈnetik] **1.** (*a.* sple·net·i·cal □ [‿kl]) splénique (*a.* ⚕), atrabilaire; **2.** hypocondriaque (*a.*).

splice [splais] **1.** ligature *f*; ⊕ enture *f* (*cricket: du manche de la batte*); **2.** ⊕ enter; *cin.* réparer; épisser; *sl.* marier.

splint ⚕ [splint] **1.** éclisse *f*; **2.** éclisser.

splin·ter [ˈsplintə] **1.** éclat *m*; *os*: esquille *f*; **2.** *v/t.* briser; *v/i.* voler en éclats; se fendre; '**~·bone** *anat.* péroné *m*; '**splin·ter·less** se brisant sans éclats (*verre*).

split [split] **1.** fente *f*, fissure *f*; *fig.* scission *f*; F do the ~s faire le grand écart; **2.** fendu; **3.** [*irr.*] *v/t.* fendre; déchirer; partager; couper en deux; ~ hairs couper un cheveu en quatre; ~ one's sides with laughing se tordre de rire; ~ up fractionner; *v/i.* se fendre; éclater; *fig.* se diviser; *sl.* filer, ficher le camp (= s'en aller); *sl.* ~ on dénoncer (*q.*); F cafarder; '**split·ting** qui (se) fend; F fou (fol *devant une voyelle ou un h muet*; folle *f*), affreux (-euse *f*).

splotch [splɔtʃ] tache *f*.

splurge [spləːdʒ] *Am.* épate *f*; esbroufe *f*; grosse averse *f*.

splut·ter [ˈsplʌtə] *see* sputter; *v/i.* bredouiller; cracher; 🜍 bafouiller (*moteur*).

spoil [spɔil] **1.** *souv.* ~s *pl.* butin *m* (*a. fig.*); *fig.* profit *m*; *surt. Am. pol.* ~s system octroi *m* des places à ses adhérents (*en arrivant au pouvoir*); **2.** [*irr.*] *v/t.* gâter (*a. un enfant*); piller; dépouiller (de, of); abîmer; couper (*l'appétit*); *v/i.* se gâter; s'altérer; ~ for a fight brûler du désir de se battre; '**spoil·er** dépouilleur (-trice *f*) *m*; gâcheur (-euse *f*) *m*; **spoils·man** *Am. pol.* [ˈ‿zmən] chacal (*pl.* -s) *m*; '**spoil·sport** trouble-fête *mf/inv.*

spoilt [spɔilt] *prét. et p.p.* de spoil 2.

spoke[1] [spouk] *prét.* de speak.

spoke[2] [‿] rayon *m*; *échelle*: échelon *m*; *bâton m* (*a. fig.*); ⚓ poignée *f*.

spo·ken [ˈspoukən] *p.p.* de speak.

spokes·man [ˈspouksmən] porteparole *m/inv.*; orateur *m*.

spo·li·a·tion [spouliˈeiʃn] spoliation *f*, dépouillement *m*; pillage *m*.

spon·dee [ˈspɔndiː] spondée *f*.

sponge [spʌndʒ] **1.** éponge *f*; *cuis.* pâte *f* molle; throw up the ~ box. jeter l'éponge; *fig.* abandonner (la partie); **2.** *v/t.* nettoyer *ou* laver avec une éponge; ~ *up* éponger; *v/i.* vivre aux crochets (de *q.*, on *s.o.*); F écornifler; '~**bag** sac *m* de toilette; '~**'cake** gâteau *m* de Savoie; baba *m* (*au rhum etc.*); '**spong·er** *fig.* écornifleur (-euse *f*) *m*; parasite *m.*

spon·gi·ness ['spʌndʒinis] spongiosité *f*; '**spon·gy** spongieux (-euse *f*).

spon·sor ['sponsə] **1.** garant *m*, caution *f*; *eccl.*, *club:* parrain *m*, marraine *f*; be *a* ~ to *radio:* offrir (*un programme*); **2.** être le garant de; prendre en charge; *radio:* offrir (*un programme*); financer; **spon·sor·ship** ['~ʃip] parrainage *m.*

spon·ta·ne·i·ty [spontə'niːiti] spontanéité *f*; **spon·ta·ne·ous** □ [~'teinjəs] spontané; volontaire; automatique; ♀ qui pousse à l'état sauvage; ~ *combustion* inflammation *f* spontanée; auto-allumage *m.*

spoof F [spuːf] **1.** mystification *f*; blague(s) *f(pl.)*; **2.** mystifier; raconter des blagues (à); faire marcher.

spook F [spuːk] **1.** revenant *m*; **2.** hanter; effrayer; '**spook·y** F de spectres, de revenants (*histoire*); qui donne le frisson; lugubre.

spool [spuːl] **1.** bobine *f*; **2.** bobiner.

spoon [spuːn] **1.** cuiller *f*, cuillère *f*; F amoureux *m* d'une sentimentalité exagérée; *golf:* spoon *m*; *sl.* be ~s on avoir un béguin pour (*q.*); **2.** manger *ou* ramasser *ou* servir *etc.* avec une cuiller; *sl.* faire le galant auprès de (*q.*); '~**drift** embrun *m*; '**spoon·er·ism** contrepèterie *f*; '**spoon·feed** *fig.* mâcher la besogne à; **spoon·ful** ['~ful] cuillerée *f*; '**spoon·meat** aliment *m* liquide; '**spoon·y** □ F amoureux (-euse *f*) (de, on).

spo·rad·ic [spə'rædik] (~*ally*) *fig.* isolé, rare; ᵍᵉ, *zo.* sporadique.

spore ♀ [spɔː] spore *f.*

sport [spɔːt] **1.** sport *m*; jeu *m*; divertissement *m*; *fig.* jouet *m*; *fig.* moquerie *f*; ♀, *biol.* type *m* anormal; *sl.* (*a. good* ~) chic type *m*; **2.** *v/i.* jouer; se divertir; ♀, *biol.* produire une variété anormale; *v/t.* F porter; étaler; *univ. sl.* ~ *one's oak* défendre sa porte; s'enfermer à double porte; '**sport·ing** □ de sport; sportif (-ive *f*); amateur de la chasse; '**sport·ive** □ folâtre,

badin, enjoué; **sports-ground** ['~sgraund] terrain *m* de jeux; stade *m*; '**sports·man** ['~smən] amateur *m* du sport, sportsman (*pl.* sportsmen) *m*; sportif *m*; chasseur *m*; '**sports·man·like** de sportsman; digne d'un sportsman; '**sports-wear** costume *m* de sport; '**sports·wom·an** femme *f* amateur du sport *ou* de la chasse *etc.*; sportive *f.*

spot [spot] **1.** tache *f*; *cravate*, *étoffe:* pois *m*; endroit *m*, lieu *m*; *figure:* bouton *m*; *sl. vin:* goutte *f*, petit verre *m*; *théâ. etc.* projecteur *m*; *radio:* spot *m*; *Am.* F ten ~ billet *m* de dix dollars; ♣ ~s *pl.* marchandises *f/pl.* payées comptant; F *a* ~ *of* un peu de; *on the* ~ sur place; *adv.* immédiatement; *be on the* ~ être là; arriver sur les lieux; **2.** ♣ comptant, (du) disponible; fait au hasard; ~ *check* contrôle *m ou* vérification *f* fait(e) au hasard, sondage *m*; **3.** *v/t.* tacher, tacheter, moucheter; F apercevoir; F repérer; F reconnaître; *v/i.* se tacher; F commencer à pleuvoir; '~**check** contrôler au hasard *ou* à l'improviste; '**spot·less** □ sans tache; immaculé; pur; '**spot·less·ness** netteté *f*; propreté *f*; pureté *f*; '**spot·light** *théâ.* projecteur *m*, spot *m*; *mot.* projecteur *m* orientable; *fig. in the* ~ en vedette; sous les feux de la rampe; '**spot-'on** *Brit.* F exact(ement), précis(ément), F en plein dans le mille; '**spot·ted** tacheté, moucheté; *tex.* à pois; *zo.* taché; ᵍᵉ ~ *fever* méningite *f* cérébrospinale; '**spot·ter** ✈ avion *m* de réglage de tir; *personne:* observateur *m*; *Am.* détective *m* privé; *Am.* ᎒ inspecteur *m* en civil; **spot·ti·ness** ['~inis] caractère *m* tacheté *ou* boutonneux; '**spot·ty** moucheté; couvert de boutons (*figure*).

spouse [spauz] époux (-ouse *f*) *m.*

spout [spaut] **1.** *théière etc.:* bec *m*; *arrosoir:* goulot *m*; *pompe:* jet *m*; ⚙ tuyau *m* de décharge; ⌂ gargouille *f*; gouttière *f*; **2.** (faire) jaillir; *v/t.* F déclamer.

sprain [sprein] **1.** entorse *f*, foulure *f*; **2.** se fouler (la cheville, *one's ankle*).

sprang [spræŋ] *prét. de* spring 2.

sprat *icht.* [spræt] sprat *m.*

sprawl [sprɔːl] *v/i.* s'étendre, s'éta-

spur

ler (*a. fig.*); ♀ traîner, ramper; *v/t.* étendre (*les jambes*).

spray¹ [sprei] brin *m*, brindille *f*; *fleurs:* branche *f*.

spray² [~] 1. poussière *f* d'eau; écume *f*, embrun *m*; jet *m*; (*a. ~ can*) *see ~er*; 2. vaporiser (*un liquide*); arroser; passer (*un arbre*) au vaporisateur; **'spray·er** aérosol *m*, bombe *f*; atomiseur *m*, vaporisateur *m*; *foam ~* extincteur *m* à mousse.

spread [spred] 1. [*irr.*] *v/t.* (*a. ~ out*) étendre; tendre (*le filet*); répandre (*un bruit, une nouvelle, une terreur*); propager (*une maladie*); tartiner (*une tranche de pain*); faire circuler, faire connaître; *~ the table* mettre le couvert; *v/i.* s'étendre, s'étaler; 2. *prét. et p.p. de 1*; ⬚ *~* eagle aigle *f* éployée; 3. étendue *f*; *ailes:* envergure *f*; diffusion *f*, propagation *f*; *Am.* dessus *m* de lit; *sandwich etc.:* pâte *f*; *sl.* régal *m*, festin *m*; **'~·ea·gle** F grandiloquent; chauviniste; **'spread·er** étaleur (*-euse f*) *m*; semeur (*-euse f*) *m*; **'spread·ing** étendu; rameux (*-euse f*) (*arbre*).

spree F [spri:] bombe *f*, noce *f*; bringue *f*; *go on the ~* faire la bringue *etc.*

sprig [sprig] 1. brin *m*, brindille *f*; petite branche *f*; *fig.* rejeton *m*; ⊕ clou *m* (*de vitrier*); pointe *f* (*de Paris*); 2.: *~ on* (*ou down*) cheviller; *~ged* à ramages (*tissu*).

spright·li·ness ['spraitlinis] vivacité *f*, sémillance *f*; **'spright·ly** éveillé; vif (vive *f*).

spring [spriŋ] 1. saut *m*, bond *m*; ressort *m*; *auto:* suspension *f*; source *f* (*a. fig.*); *fig.* origine *f*; *saison:* printemps *m*; 2. [*irr.*] *v/t.* faire sauter; faire jouer (*un piège*); suspendre (*l'auto*); munir de ressorts; franchir; (faire) lever (*le gibier*); proposer ou présenter (*un projet etc.*) à l'improviste, faire (*une surprise*) (à q., [up]*on s.o.*); ⬚ *~ a leak* faire une voie d'eau; *v/i.* sauter, bondir; jaillir, sourdre (de, *from*); ♀ pousser; *fig.* sortir, descendre (de, *from*); *~ up* sauter en l'air; ♀ pousser; se lever; se former (*idée*); *~ into existence* naître, (ap)paraître; **'~·bal·ance** balance *f* ou peson *m* à ressort; **'~·board** tremplin *m*; **'~·bolt** ⊕ verrou *m* à ressort; *serrure:*

pêne *m* coulant; **'~·'clean·ing** grand nettoyage *m* de printemps.

springe [sprindʒ] *oiseaux:* lacet *m*; *lapins:* collet *m*.

spring-gun ['spriŋgʌn] piège *m* à fusil; **'spring·i·ness** élasticité *f*; ressort *m*.

spring...: **'~·mat·tress** sommier *m* élastique; **'~·tide** grande marée *f*; *poét.* printemps *m*; **'~·time** printemps *m*; **'spring·y** ☐ élastique; flexible; *fig.* moelleux (*-euse f*).

sprin·kle ['spriŋkl] *v/t.* (with, de) répandre; arroser; *eccl.* asperger; saupoudrer; *fig.* semer; *v/i.* tomber en pluie fine; **'sprin·kler** arrosoir *m*; extincteur *m* (*d'incendie*); *eccl.* goupillon *m*; **'sprin·kling** aspersion *f*; légère couche *f*; *fig. a. ~ of* quelques bribes *f/pl.* de (*une science etc.*).

sprint [sprint] 1. *sp.* course *f* de vitesse, sprint *m*; 2. de vitesse; 3. faire une course de vitesse, sprinter; **'sprint·er** *sp.* coureur (*-euse f*) *m* de vitesse; sprinter *m*.

sprit ⚓ [sprit] livarde *f*.

sprite [sprait] lutin *m*, farfadet *m*; esprit *m*.

sprock·et-wheel ⊕ ['sprɔkitwi:l] pignon *m* de chaîne.

sprout [spraut] 1. (laisser) pousser; 2. ♀ pousse *f*; bourgeon *m*; *Brussels ~s pl.* choux *m/pl.* de Bruxelles.

spruce¹ ☐ [spru:s] soigné; pimpant.

spruce² ♀ [~] (*a. ~ fir*) sapin *m*, épinette *f*.

sprung [sprʌŋ] *p.p. de spring 2.*

spry [sprai] vif (vive *f*), éveillé.

spud [spʌd] sarcloir *m*; *sl.* patate *f* (= *pomme de terre*); F personne *f* trapue.

spume *poét.* [spju:m] écume *f*; **'spu·mous**, **'spum·y** ☐ écumeux (*-euse f*).

spun [spʌn] *prét. et p.p. de spin 1.*

spunk [spʌŋk] amadou *m*; *fig.* courage *m*; *Am.* irritation *f*.

spur [spə:] 1. éperon *m* (*a. géog.*, ♀, †, ⬚); *coq.* seigle: ergot *m*; *fig.* aiguillon *m*; *act on the ~ of the moment* agir sous l'inspiration du moment; *put* (*ou set*) *~s to* éperonner, donner de l'éperon à (*un cheval*); *fig.* stimuler; *win one's ~s* faire ses preuves; *hist.* gagner ses éperons; ⊕ *~·gear* engrenage *m* droit; 2. *v/t.* (*a. ~ on*) éperonner;

fig. aiguillonner, pousser; *v/i.* *poét.* aller au galop, piquer des deux.

spurge ♀ [spə:dʒ] euphorbe *f.*

spu·ri·ous □ ['spjuəriəs] faux (fausse *f*); **'spu·ri·ous·ness** fausseté *f.*

spurn [spə:n] repousser du pied; rejeter *ou* traiter avec mépris.

spurred [spə:d] éperonné; ergoté (*seigle, a. orn.*); ♀ calcarifère.

spurt [spə:t] **1.** (re)jaillir; *sp.* démarrer, faire un emballage; *see* spirt 1; **2.** effort *m* soudain; *sp.* effort *m* de vitesse, emballage *m*, rush *m*; *see* spirt 3.

sput·ter ['spʌtə] **1.** bredouillement *m*; *bois, feu*: pétillement *m*; **2.** *v/i.* bredouiller (*a.* qch. à q., *s.th.* at *s.o.*); cracher (*plume*); *v/t.* (*a.* ~ out) débiter en bredouillant.

spy [spai] **1.** espion(ne *f*) *m*; F mouchard *m*; **2.** *v/i.* espionner; *v/t.* apercevoir; ~ out explorer (*un terrain*); ~ (up)on s.o. épier, guetter q.; '**~·glass** lunette *f* d'approche; '**~·hole** *porte*: judas *m*; *rideau etc.*: trou *m.*

squab [skwɔb] boulot(te *f*) *m*; courtaud(e *f*) *m*; *orn.* pigeonneau *m* sans plumes; *Am. sl.* jeune fille: typesse *f*; *mot.* coussin *m*; ottomane *f*; pouf *m* (*a. abr.*).

squab·ble ['skwɔbl] **1.** querelle *f*, dispute *f*; prise *f* de bec; chamaille *f*; **2.** se chamailler (avec, *with*); '**squab·bler** chamaillard *m*; querelleur (-euse *f*) *m.*

squad [skwɔd] escouade *f*; peloton *m*; *police*: brigade *f*; *Am. sp.* équipe *f*; **squad·ron** ['~rən] ✕ escadron *m*; ✈ escadrille *f*; ♣ escadre *f.*

squal·id □ ['skwɔlid] sordide, crasseux (-euse *f*).

squall[1] [skwɔ:l] **1.** cri *m* rauque; **2.** *vt/i.* brailler, crier.

squall[2] ♣ [~] grain *m*, coup *m* de vent; '**squall·y** ♣ à grains, à rafales (*temps*); orageux (-euse *f*).

squa·lor ['skwɔlə] misère *f*; caractère *m* sordide.

squa·mous ['skweiməs] squameux (-euse *f*).

squan·der ['skwɔndə] gaspiller; '**~·ma·ni·a** prodigalité *f.*

square [skwɛə] **1.** □ carré *m*; *fig.* honnête; en bon ordre; solide (*repas etc.*); catégorique (*refus*); ⊕ plat; ~ *measure* mesure *f* de surface; ~ *mile* mille *m* carré; ⍗ take a ~ *root* extraire la racine carrée; ♣ ~ *sail* voile *f* carrée; *Am.* ~ *shooter* homme *m* loyal *ou* qui agit loyalement; ~ *with* (*ou* to) d'équerre avec; **2.** carré *m* (*a.* Å, ✕); carreau *m*; *échiquier etc.*: case *f*; *surv.* équerre *f*; place *f*; *Am.* bloc *m* de maisons; *silk* ~ foulard *m*; **3.** *v/t.* carrer; équarrir (*le bois, un bloc de marbre*); *fig.* accorder (avec, *with*); mettre en croix (*les vergues*); ✝ régler, balancer; *sl.* graisser la patte à (*q.*); ☐ arranger; *v/i.* se carrer, se raccorder; *fig.* cadrer (avec, *with*); s'accorder (avec, *with*); '**~·built** bâti en carré; aux épaules carrées (*personne*); '**~·rigged** ♣ gréé en carré; '**~·toes** *sg.* F pédant *m*; rigoriste *m* de l'ancienne mode.

squash[1] [skwɔʃ] **1.** écrasement *m*; F cohue *f*, presse *f*; *sp.* jeu *m* de balle au mur; *lemon* ~ citronnade *f*; **2.** (s')écraser; *fig.* (se) serrer.

squash[2] ♀ [~] gourde *f*; *Am.* courge *f.*

squat [skwɔt] **1.** accroupi, trapu; **2.** s'accroupir, se tapir; s'approprier une maison; '**squat·ter** *surt. Am. et Australie*: squatter *m.*

squaw [skwɔ:] femme *f* peau-rouge.

squawk [skwɔ:k] **1.** pousser des cris rauques; **2.** cri *m* rauque.

squeak [skwi:k] **1.** *v/i.* pousser des cris aigus; grincer; F *v/t.* crier d'une voix aiguë; **2.** cri *m* aigu; grincement *m*; '**squeak·y** □ criard; aigu(ë *f*).

squeal [skwi:l] pousser des cris aigus; F ~ *on s.o.* dénoncer q.; *see* squeak 1.

squeam·ish □ ['skwi:miʃ] sujet(te *f*) aux nausées; délicat, difficile, dégoûté; '**squeam·ish·ness** disposition *f* aux nausées; délicatesse *f.*

squee·gee ['skwi:'dʒi:] rabot *m* en caoutchouc; *phot.* raclette *f.*

squeez·a·ble ['skwi:zəbl] compressible, comprimable.

squeeze [skwi:z] **1.** *v/t.* serrer, presser; exercer une pression sur; *fig.* extorquer (à, *from*); ~ *into* faire entrer (de force); ~ *out* exprimer; *v/i.*: ~ *into* s'introduire dans; ~ *together* (*ou* up) se serrer; **2.** étreinte *f*, compression *f*; *main*: serrement *m*; F exaction *f*; '**squeez·er** machine *f* à compression; presse-citron *m*/*inv.*; F extorqueur *m.*

squelch F [skweltʃ] v/t. aplatir; réprimer; v/i. gicler; gargouiller.

squib [skwib] pétard m; fig. brocard m.

squid zo. [skwid] calmar m.

squif·fy sl. ['skwifi] gris, pompette.

squig·gle F ['skwigl] gribouillis m.

squill ♣ [skwil] scille f.

squint [skwint] 1. loucher; 2. strabisme m; regard m louche; F coup m d'œil.

squire ['skwaiə] 1. propriétaire m terrien; seigneur m du village; Am. juge m de paix; hist. écuyer m; co. cavalier m servant; 2. escorter (une dame).

squir(e)·arch·y ['skwaiəra:ki] corps m des propriétaires fonciers, tyrannie f terrienne.

squirm F [skwə:m] se tortiller; fig. se crisper (sous un reproche, under a rebuke).

squir·rel zo. ['skwirəl] écureuil m; (a. ~fur) petit-gris (pl. petits-gris) m.

squirt [skwə:t] 1. seringue f; jet m (d'eau etc.); F petit fat m; 2. (faire) jaillir; v/i. gicler.

squish F [skwiʃ] giclement m.

stab [stæb] 1. coup m de poignard ou de couteau; 2. v/t. poignarder; v/i. porter un coup de poignard etc. (à, at).

sta·bil·i·ty [stə'biliti] stabilité f (a. ✈); fermeté f, constance f.

sta·bi·li·za·tion [steibilai'zeiʃn] stabilisation f (a. ✈).

sta·bi·lize ['steibilaiz] stabiliser; 'sta·bi·liz·er ⚜ plan m fixe horizontal; ⚓ stabilisateur m.

sta·ble¹ □ ['steibl] stable; solide; fixe; ferme, constant.

sta·ble² [~] 1. écurie f; 2. mettre à l'écurie; mettre dans une écurie; **sta·ble·boy** palefrenier m.

sta·bling ['steibliŋ] logement m à l'écurie; coll. écuries f/pl.

stack [stæk] 1. ✿ foin etc.: meule f; tas m, pile f; cheminée: souche f; ✗ faisceau m; ⊕ cheminée f; ~s pl. magasin m de livres; F ~s pl. un tas m; Am. F blow one's ~ sortir de ses gonds; se mettre en rogne; 2. mettre en meule; fig. entasser; ✗ mettre en faisceaux.

sta·di·um sp. ['steidiəm], pl. **-di·a** ['~diə] stade m.

staff [sta:f] 1. bâton m; mât m; ♪ (pl. staves [steivz]) portée f; ✗ état-major (pl. états-majors) m; ♰ personnel m (école, univ.: enseignant); ecole: ~ room salle f des professeurs; 2. fournir de personnel.

stag [stæg] 1. zo. cerf m; F homme m non accompagné d'une dame; ♰ loup m; 2. ♰ acheter pour revendre à prime.

stage [steidʒ] 1. estrade f; échafaudage m; théâ. scène f; fig. théâtre m; période f; étape f; phase f; (a. landing-~) débarcadère m; go on the ~ se faire acteur (-trice f); fare ~ autobus etc.: section f itinéraire; 2. mettre sur la scène; monter; '~box loge f d'avant-scène; '~coach diligence f; ~ di·rec·tion indication f scénique; ~ fright trac m; ~ hand machiniste m; ~ man·ag·er régisseur m; 'stag·er: old ~ vieux routier m; 'stage-struck fou (folle f) du théâtre; stage whis·per aparté m; 'stage·y see stagy.

stag·ger ['stægə] 1. v/i. chanceler, tituber; fig. hésiter; v/t. faire chanceler; ⊕ disposer en quinconce; étager; fig. échelonner; F confondre; 2. chancellement m; allure f chancelante; ⊕ disposition f en quinconce; fig. échelonnement m; ~s pl. vét. mouton: lourd vertige m; cheval: vertigo m; F vertige m; 'stag·ger·ing renversant.

stag·nan·cy ['stægnənsi] stagnation f; 'stag·nant □ stagnant (a. ♰); ♰ en stagnation; dormant; stagnate ['~neit] être ou devenir stagnant; croupir (eau); **stag'na·tion** stagnation f; ♰ a. marasme m.

stag-par·ty F ['stægpa:ti] réunion f d'hommes.

stag·y □ ['steidʒi] théâtral (-aux m/pl.).

staid □ [steid] posé, sérieux (-euse f); '**staid·ness** caractère m ou air m posé ou sérieux.

stain [stein] 1. tache f (a. fig.); ⊕ couleur f (pour bois); 2. v/t. tacher (a. fig.); ⊕ teindre, mettre en couleur; v/i. se tacher; se teindre; ~ed glass verre m de couleur; ~ed glass (window) vitrail (pl. -aux) m; '**stain·less** □ sans tache; immaculé; ⊕ inoxydable (acier); inrouillable.

stair [steə] marche f, degré m; ~s pl. escalier m; flight of ~s pl. (volée f d')escalier m; '~car·pet tapis m d'escalier; '~·**case** (cage f d')escalier m; moving ~ escalier m roulant, escalator m; '~·**rod** tringle f d'escalier; Am. '~·**way** see staircase.

stake [steik] 1. pieu m; poteau m; jeu: enjeu m; jeu m (a. fig.); bûcher m (d'un martyr); ~s pl. turf: prix m/pl.; surt. Am. pull up ~s partir, ficher le camp; be at ~ être en jeu; place one's ~ on parier sur; 2. garnir de ou soutenir avec des pieux; mettre en jeu; jouer, parier, hasarder; ~ out (ou off) jalonner.

stale¹ □ [steil] 1. vieux (vieil devant une voyelle ou un h muet); vieille f; vieux m/pl.); rassis (pain etc.); éventé (bière etc.); défraîchi (article, nouvelle); vicié (air); de renfermé (odeur); rance; usé, rebattu (plaisanterie etc.); 2. v/i. s'éventer (bière); perdre son intérêt.

stale² [~] 1. uriner (cheval etc.); 2. urine f.

stale·mate ['steil'meit] 1. échecs: pat m; fig. impasse f; 2. faire pat (q.).

stalk¹ [stɔːk] tige f; chou: trognon m; verre: pied m.

stalk² [~] 1. v/i. marcher à grandes enjambées; se pavaner; chasser sans chiens; v/t. traquer d'affût; 2. chasse f à l'affût; '**stalk·er** chasseur m à l'affût; '**stalk·ing-horse** fig. masque m, prétexte m.

stall [stɔːl] 1. cheval: stalle f; bœuf: case f; porc: loge f; marché: étalage m; théâ. fauteuil m d'orchestre; eccl. stalle f; 2. v/t. mettre à l'étable ou l'écurie; ℱ mettre en perte de vitesse; mot. caler; v/i. mot. se caler; ℱ s'engager; '~·**feed·ing** nourrissage m à l'étable.

stal·lion ['stæljən] étalon m.

stal·wart ['stɔːlwət] 1. □ robuste, vigoureux (-euse f); fig. ferme; 2. pol. tenant m; partisan m.

sta·men ⚲ ['steimen] étamine f; **stam·i·na** ['stæminə] vigueur f, résistance f.

stam·mer ['stæmə] 1. bégayer, balbutier; 2. bégaiement m; '**stam·mer·er** bègue mf.

stamp [stæmp] 1. battement m (a. bruit m) de pied; ⊕ estampeuse f; ⊕ emboutisseuse f; empreinte f (a. fig.); fig. trempe f; timbre (-poste) m; coin m; ✝ estampille f; ~ pad tampon m (encreur); see date-~; 2. v/t. frapper (du pied, one's foot);

estamper; ✝ estampiller; ✝ contrôler; marquer (a. fig.); timbrer (un document); affranchir (une lettre); ~ on the memory (se) graver dans la mémoire, imprimer sur l'esprit; ~ out étouffer; ⊕ découper à la presse; v/i. frapper du pied; piétiner; '~·**al·bum** album m de timbres-poste; '~·**du·ty** droit m de timbre.

stam·pede [stæm'piːd] 1. panique f; débandade f; ruée f; 2. v/t. mettre en fuite; v/i. fuir en désordre; se précipiter (vers, sur for, towards).

stamp·er ['stæmpə] estampeuse f; personne: timbreur (-euse f), estampeur (-euse f) m, frappeur (-euse f) m de monnaie; '**stamp(·ing)-mill** métall. (moulin m à) bocard(s pl.) m.

stanch [stɑːntʃ] 1. étancher (le sang); 2. adj. see staunch 1; **stan·chion** ['stɑːnʃn] étançon m; colonnette f de soutien.

stand [stænd] 1. [irr.] v/i. se tenir (debout); être; se trouver; rester; se maintenir; se porter candidat; (usu. ~ still) s'arrêter; se lever; ~ against s'adosser à; résister à, combattre; ~ aside se tenir à l'écart; s'écarter; fig. se désister (en faveur de q.); ~ at être à; marquer (les degrés); ~ back se tenir en arrière; (se) reculer; être écarté (de, from); ~ by se tenir prêt; ⚓ se tenir paré; ⚔ être consigné; se tenir à côté de; fig. soutenir; fig. rester fidèle à; radio: ne pas quitter l'écoute; ~ for tenir lieu de; se présenter comme candidat à; soutenir; vouloir dire; représenter; F supporter, tolérer; ⚓ ~ in courir (vers, à to); ~ in with s'associer à; ~ off se tenir éloigné ou à l'écart; s'éloigner; ⊕ chômer; ⚓ courir au large; avoir le cap au large; ~ off! tenez-vous à distance!; ~ on se tenir sur (a. fig.); insister sur; ~ out être en ou faire saillie, avancer; fig. se détacher (sur, against); se profiler (sur, against); se tenir à l'écart; résister (à, against); tenir bon (contre, against); insister (sur, for); ⚓ se tenir au large; courir au large; ~ over rester en suspens; se pencher sur; Am. F ~ pat tenir ferme, ne pas en démordre; ~ to ne pas démordre de, en tenir pour; s'en tenir à; ⚓ avoir le cap à; see reason 1; ⚔ ~ to! aux armes!; ~ up se lever; se dres-

ser; ~ up for soutenir, prendre le
parti de; ~ up to résister à; ~ upon
se tirer sur (a. fig.); insister sur;
2. [irr.] v/t. poser, mettre; supporter, endurer; soutenir (un combat,
un choc, ✗ le feu); see ground² 1; F ~
s.o. a dinner payer un dîner à q.; ~
treat régaler; 3. position f, place f;
station(nement m) f; estrade f, tribune f; étalage m; socle m, dessous
m; surt. Am. barre f des témoins;
arrêt m; (a. wash-~) lavabo m; fig.
résistance f; composés: -~ porte-~m,
umbrella-~ porte-parapluies m/inv.;
✗ ~ of arms armement m (d'un
soldat); make a (ou one's) ~ against
s'opposer résolument à.

stand·ard ['stændəd] 1. ✗ étendard
m; ⚓ pavillon m (a. ⚓); mesure:
étalon m, type m; ⚱ échantillon m;
modèle m, norme f; niveau m (a.
école, fig.); qualité f; degré m (d'excellence); hauteur f; or, argent, a.
⚗: titre m; école primaire: classe f;
⊕ pied m; ↗ arbre m de plein vent;
above ~ au-dessus de la moyenne;
~ lamp torchère f, lampadaire m;
the ~ is high le niveau est élevé;
~ of living niveau m de vie; ~ of
value prix m régulateur; 2. standard
adj./inv.; -étalon; type; classique;
normal (-aux m/pl.); courant; ~
gauge 🚂 ['~geidʒ] voie f normale;
stan·dar·di·za·tion ['~ai'zeiʃn] étalonnage m; unification f; ⊕, cin.
standardisation f; ⚗ titrage m;
'**stand·ard·ize** étalonner, unifier;
normaliser; ⊕, cin. standardiser;
⚗ titrer.

stand-by ['stændbai] 1. expédient m;
réserve f; 2. de réserve, de secours.
stand·ee Am. F [stæn'di:] spectateur
(-trice f) m debout.
stand·er-by ['stændə'bai], pl.
'**stand·ers-'by** spectateur (-trice f)
m; assistant(e f) m, témoin m.
stand-in cin. ['stænd'in] doublure f.
stand·ing ['stændiŋ] 1. ☐ debout
inv.; ~ dormant (eau); permanent;
ordinaire; fixe; ~ jump saut m à
pieds joints; parl. ~ orders pl.
règlement m, -s m/pl.; 2. position f,
rang m; importance f; durée f; date
f; of long ~ d'ancienne date; '~-
room place f, -s f/pl. debout.
stand...: '~-**off** Am. raideur f, réserve f, morgue f; '~-'**off·ish** dis-

tant; raide; ~'**pat·ter** Am. pol.
immobiliste m; '~-**pipe** réservoir m
cylindrique; '~**point** point m de
vue; '~-**still** arrêt m; be at a ~
n'avancer plus; come to a ~ s'arrêter; '~-**up**: ~ collar col m droit; ~
fight bataille f rangée; combat m en
règle.

stank [stæŋk] prét. de stink 2.
stan·nic ⚗ ['stænik] stannique.
stan·za ['stænzə] strophe f, stance f.
sta·ple¹ ['steipl] 1. matière f première; fig. fond m; produit m principal; marché m aux laines; 2. principal (-aux m/pl.).
sta·ple² [~] crampon m, crampillon
m; clou m à deux pointes; serrure:
gâche f.
star [stɑ:] 1. étoile f (a. fig.); astre
m; théâ. vedette f; Am. ♀s and Stripes
pl. bannière f étoilée (U.S.A.); 2. étoiler;
marquer d'un astérisque; théâ.
figurer en vedette, tenir le premier
rôle; ~ (it) briller; théâ. figurer en
vedette de la semaine etc.
star·board ⚓ ['stɑ:bəd] 1. tribord
m; 2. v/t. mettre la barre à tribord;
v/i. venir sur tribord.
starch [stɑ:tʃ] 1. amidon m; pâte:
empois m; fig. raideur f; 2. empesé;
fig. ~ed guindé, raide; '**starch·i-
ness** manières f/pl. empesées, raideur f; '**starch·y** ☐ 1. féculent; fig.
guindé; 2. (ou ~ food) féculent m.
star·dom ['stɑ:dəm] célébrité f; rise
to ~ devenir une vedette.
stare [stɛə] 1. regard m fixe; 2. regarder fixement (qch., at s.th.); ouvrir
de grands yeux; ~ s.o. out dévisager q.
star·fish zo. ['stɑ:fiʃ] étoile f de mer.
star·ing ☐ ['stɛəriŋ] fixe (regard)
effrayé; criard.
stark [stɑ:k] raide; poét. fort; ~ naked
tout nu; nu comme un ver.
star·ling¹ orn. ['stɑ:liŋ] étourneau m.
star·ling² [~] brise-glace m/inv.
star·lit ['stɑ:lit] étoilé.
star·ring théâ. ['stɑ:riŋ] présen-
tant... (en vedette).
star·ry ['stɑ:ri] étoilé (a. ♀); fig.
brillant; '~-**eyed** rêveur (-euse)
extasié; peu fondé.
star-span·gled ['stɑ:spæŋgld] constellé d'étoiles; Am. Star-Spangled
Banner bannière f étoilée.
start [stɑ:t] 1. départ m (a. sp.);
commencement m; sp. envolée f;
sp. avance f; fig. sursaut m, tres-

saillement *m*; get the ~ of s.o. devancer q.; *sp.* give s.o. a ~ donner de l'avance à q.; laisser q. partir le premier; **2.** *v/i.* partir, se mettre en route; commencer (*a. qch., on s.th.; a. à inf., on gér.*); *mot.* démarrer; ✗ prendre son vol; *fig.* tressaillir, (sur)sauter (de, with; à at, with); faire un écart brusque (*cheval*); jaillir (de, from) (*larmes*); ~ up se lever brusquement; *v/t.* faire partir (*a. le gibier*); mettre (*une machine*) en marche; *sp.* donner le signal du départ à; lever (*un lièvre*); lancer (*une personne, une affaire, etc.*); commencer (*un travail, une lutte, etc.*); entamer (*une conversation, un sujet, etc.*); soulever (*une question*); ~ s.o. (*gér.*) mettre q. à (*inf.*).

start·er ['stɑːtə] auteur *m*; *sp.* starter *m*; *sp.* partant *m* (= *concurrent*); *mot. etc.* démarreur *m*; *fig.* lanceur (-euse *f*) *m*.

start·ing ['stɑːtiŋ] **1.** départ *m*; commencement *m etc.*; **2.** de départ; de début; initial; *sp.* ~ block bloc *m* de départ; *sp.* ~ line ligne *f* de départ; ~ phase phase *f* initiale; ~ place (*ou* point) point *m* de départ; ~ salary salaire *m* initial *ou* de début.

star·tle ['stɑːtl] effrayer; **'star·tler** F chose *f* sensationnelle; **'star·tling** □ effrayant; étonnant.

star·va·tion [stɑː'veiʃn] faim *f*; 𝔐 inanition *f*; *attr.* de famine; (be on a) ~ diet (suivre un) régime *m* draconien; **starve** [stɑːv] (faire) mourir de faim; *fig. v/t.* priver (de, of); **starve·ling** ['ˌlin] affamé(e *f*) (*a. su./mf*); faméliqu*e* (*a. su./mf*); *a.* de famine.

state [steit] **1.** état *m*, condition *f*; pompe *f*, apparat *m*; *pol. usu.* ♀ État *m*; *hist.* ♀s *m/pl.* états *m/pl.*, ordres *m/pl.*; ~ of life rang *m*; in ~ en grand apparat *ou* gala; lie in ~ être exposé solennellement (*mort*); F be in a ~ être très agité; **2.** d'État; national (-aux *m/pl.*); d'apparat; *see department*; ~ funeral obsèques *f/pl.* nationales; *Am.* ♀ house palais *m* du gouvernement; **3.** énoncer, déclarer, affirmer; poser (*un problème*); fixer (*une date etc.*); ✝ spécifier (*un compte*); **'state·less** sans patrie; **'state·li·ness** majesté *f*; grandeur *f*; **'state·ly** majestueux (-euse *f*); imposant; noble; **'state·ment** déclaration *f*; exposition *f*, énoncé *m*; affirmation *f*; ✝

état *m* (de compte, *of account*); ✝ bilan *m*; **'state·room** salle *f* de réception; ♆ cabine *f* de luxe; **'state·side** *Am.* aux *ou* des États-Unis; F go ~ rentrer.

states·man ['steitsmən] homme *m* d'État, **'states·man·like** d'homme d'État; F magistral (-aux *m/pl.*); **'states·man·ship** science *f* du gouvernement; politique *f*.

State(s') rights *Am.* ['steit(s)raits] droits *m/pl.* fondamentaux des États fédérés.

stat·ic ['stætik] statique; **'stat·ics** *pl. ou sg. phys.* statique *f*; *pl. radio:* parasites *m/pl.*

sta·tion ['steiʃn] **1.** position *f*, place *f*; poste *m* (*a.* ✗, ♆, radio); *sauvetage etc.:* station *f*; ♧, *zo.* habitat *m*; 🚋 gare *f*; *métro:* station *f*; rang *m*, situation *f* sociale; **2.** placer; poster; **'sta·tion·ar·y** □ immobile; stationnaire; fixe; ~ engine moteur *m* fixe; **'sta·tion·er** papetier *m*; ♀s' Hall Hôtel *m* de la Corporation des libraires (*à Londres*); **'sta·tion·er·y** papeterie *f*; **'sta·tion·mas·ter** chef *m* de gare; **sta·tion wag·on** *Am. mot.* canadienne *f*.

sta·tis·ti·cal □ [stə'tistikl] statistique; **stat·is·ti·cian** [stætis'tiʃn] statisticien(ne *f*) *m*; **sta·tis·tics** [stə'tistiks] *pl.*, *comme science sg.* statistique *f*.

stat·u·ar·y ['stætjuəri] **1.** statuaire; **2.** statuaire *f*, art *m* statuaire; *personne:* statuaire *mf*; *coll.* statues *f/pl.*; **stat·ue** ['stætju:] statue *f*; **stat·u·esque** ['stætju'esk] plastique; sculptural (-aux *m/pl.*); **stat·u·ette** [ˌstætju'et] statuette *f*.

stat·ure ['stætʃə] taille *f*; stature *f*.

sta·tus ['steitəs] statut *m* légal; situation *f*; état *m* (*a.* 𝔐); rang *m*; ~ seeker ambitieux (-euse *f*) *m*; ~ symbol marque *f* de standing.

stat·ute ['stætju:t] loi *f*, ordonnance *f*; ~s *pl.* statuts *m/pl.*; ~ law droit *m* écrit; **'~·book** code *m* des lois.

stat·u·to·ry □ ['stætjutəri] établi par la loi; statutaire.

staunch [stɔːntʃ] **1.** □ ferme; sûr, dévoué; étanche (*navire*); **2.** étancher.

stave [steiv] **1.** douve *f*; bâton *m*; strophe *f*; ♪ mesure *f*; **2.** [*irr.*] (*usu.* ~ in) défoncer, enfoncer; ~ off prévenir, parer à.

staves [steivz] *pl. de* **staff** 1.

stay [stei] 1. ⚓ *mât:* accore *m*, étai *m*; hauban *m*; *fig.* soutien *m*; séjour *m*; ⚕ suspension *f*; ⚕ sursis *m*; *(a pair of)* ~s *pl.* (un) corset *m*; 2. *v/t.* arrêter; remettre; étayer; ~ one's stomach tromper la faim; *v/i.* rester, demeurer; se tenir; séjourner; *sp.* soutenir l'allure; ~ away s'absenter; ~ for attendre; ~ in rester à ou garder la maison; ~ put rester en place; *sl.* ne plus changer; ~ up veiller; rester debout; ~ing power fond *m*, résistance *f*; '~-at-home casanier (-ère *f*) *m*; '**stay·er** *sp. personne:* stayer *m*; cheval *m* de longue haleine.

stead [sted] place *f*; *in his* ~ à sa place; *stand s.o. in good* ~ être fort utile à q.

stead·fast □ ['stedfəst] ferme, stable; solide; inébranlable; constant; '**stead·fast·ness** fermeté *f*, constance *f*.

stead·i·ness ['stedinis] persévérance *f*; ✝ stabilité *f*; *a. see* steadfast-ness.

stead·y ['stedi] 1. □ ferme; solide (*a.* ✝); constant; soutenu; sûr; régulier (-ère *f*); *walk a* ~ 2 miles aller deux bons milles; 2. *v/t.* (r)affermir; assurer; calmer; stabiliser; *v/i.* se raffermir; reprendre son aplomb *ou* équilibre; 3. *Am.* F ami(e *f*) *m* attitré(e *f*); 4. F go ~ sortir ensemble, être de bons amis; F go ~ with s.o. sortir avec q.

steak [steik] tranche *f*; bifteck *m*; filet ~ tournedos *m*.

steal [sti:l] 1. [*irr.*] *v/t.* voler, dérober; (*a.* ~ away) séduire (le cœur de q., *s.o.'s heart*); ~ a glance jeter un coup d'œil furtif (à, *at*); ~ a march on s.o. devancer q.; *v/i.* marcher à pas furtifs; ~ into se faufiler dans; 2. *Am.* filouterie *f*; transaction *f* malhonnête.

stealth [stelθ]: by ~ à la dérobée; furtivement; '**stealth·i·ness** caractère *m* furtif; '**stealth·y** □ furtif (-ive *f*).

steam [sti:m] 1. vapeur *f*; buée *f*; let off ~ ⊕ lâcher la vapeur; *fig.* donner libre cours à ses sentiments; dépenser son superflu d'énergie; 2. de *ou* à vapeur; 3. *v/i.* fumer; jeter de la vapeur; *v/t.* cuire à la vapeur; vaporiser (*du

drap); '~-boil·er** chaudière *f* à vapeur; **steamed** couvert de buée (*fenêtre*); '**steam-en·gine** machine *f* à vapeur; '**steam·er** ⚓ vapeur *m*; *cuis.* marmite *f* à l'étuvée; '**steam·i·ness** *climat:* humidité *f*; '**steam-roll·er** rouleau *m* compresseur; **steam tug** ⚓ remorqueur *m* à vapeur; '**steam·y** □ couvert de buée (*fenêtre*); humide (*climat etc.*).

ste·a·rin ⚗ ['stiərin] stéarine *f*.

steed *poét.* [sti:d] destrier *m*.

steel [sti:l] 1. acier *m*; *poét.* épée *f*; *cuis.* affiloir *m*; 2. d'acier; ~works usu. sg. aciérie *f*; ~ engraving gravure *f* sur acier; 3. aciérer; ~ o.s. s'endurcir; '~-clad revêtu d'acier; '**steel·y** usu. *fig.* d'acier; '**steel·yard** romaine *f*.

steep¹ [sti:p] 1. raide, escarpé; F fort, raide; incroyable; 2. *poét.* escarpement *m*.

steep² [~] 1. trempage *m*; mouillage *m*; 2. baigner, tremper; *fig.* ~ o.s. se noyer (*dans, in*).

steep·en *fig.* ['sti:pən] *vt/i.* augmenter.

stee·ple ['sti:pl] clocher *m*; '~-chase steeple(-chase) *m*.

steep·ness ['sti:pnis] raideur *f*; pente *f* rapide.

steer¹ [stiə] jeune bœuf *m*, bouvillon *m*; *Am.* bœuf *m*.

steer² [~] diriger, conduire; '**steer·a·ble** dirigeable.

steer·age ⚓ ['stiəridʒ] † manœuvre *f* de la barre; entrepont *m*; troisième classe *f*; '~-way ⚓: have good ~ sentir la barre.

steer·ing... ['stiəriŋ]: '~-arm mot. levier *m* d'attaque de (la) direction; ~ com·mit·tee comité *m* d'organisation; '~-wheel ⚓ roue *f* du gouvernail; *mot.* volant *m*.

steers·man ⚓ ['stiəzmən] timonier *m*.

stein [stain] chope *f*, pot *m*.

stel·lar ['stelə] stellaire.

stem¹ [stem] 1. *plante, fleur:* tige *f*; *fruit:* queue *f*; *arbre:* souche *f*, tronc *m*; *bananes:* régime *m*; *verre:* pied *m*; *pipe:* tuyau *m*; *mot.* radical *m*; 2. *v/t.* enlever les queues de; égrapper (*des raisins*); *v/i. Am.* être issu (de, *from*).

stem² [~] 1. ⚓ avant *m*; *poét.* proue *f*; 2. *v/t.* contenir, refouler; arrêter; résister à; *v/i. ski:* se ralentir en faisant un angle aigu; ∿(ming) turn stemmbogen m.

stench [stentʃ] odeur f infecte; puanteur f.

sten·cil ['stensl] 1. patron m; machine à écrire: cliché m; 2. peindre etc. au patron; polycopier.

ste·nog·ra·pher [ste'nɔgrəfə] sténographe mf; **sten·o·graph·ic** [stenə'græfik] (∿ally) sténographique; **ste·nog·ra·phy** [ste'nɔgrəfi] sténographie f.

step¹ [step] 1. pas m (a. fig.); marche f (a. autel); échelon m; etc.: marchepied m; maison: seuil m; démarche f, mesure f; (a pair ou set of) ∿s pl., (a) ∿-ladder (une) échelle f double, (un) escabeau m; in ∿ with au pas avec; 2. v/i. faire un pas; marcher; ∿ down descendre; fig. donner sa démission; se retirer; ∿ in entrer; ∿ on it! sl. dépêchez-vous!; dégrouillez-vous!; ∿ out sortir; allonger le pas; v/t. (a. ∿ off, out) mesurer (une distance) au pas; ∿ up rehausser le niveau de (♣ survolter.

step² [∿] mots composés: beau- (belle f); **'∿-fa·ther** beau-père (pl. beaux-pères) m.

steppe [step] steppe f.

step·ping-stone ['stepiŋstoun] pierre f de gué (dans une rivière); fig. marchepied m; tremplin m.

ster·eo- ['steriə] stéréo...

ster·eo ['steriou] 1. (a. ∿ sound) stéréophonie f, F stéréo f; (a. ∿ set) appareil m stéréo; phonographe m stéréo; typ. cliché m; 2. stéréophonique, F stéréo inv.; **∿·scope** ['∿skoup] stéréoscope m; '**∿-type** ['∿] cliché m; 2. stéréotyper.

ster·ile ['sterail] stérile; ♀ acarpe; **ste·ril·i·ty** [∿'riliti] stérilité f; **ster·i·lize** ['∿rilaiz] stériliser.

ster·ling ['stə:liŋ] de bon aloi (a. fig.); † sterling; a pound ∿ une livre sterling.

stern¹ □ [stə:n] sévère, dur; austère.

stern² ♣ [∿] arrière m; derrière m.

stern·ness ['stə:nnis] sévérité f, dureté f; austérité f.

stern-post ♣ ['stə:npoust] étambot m. [num m.]

ster·num anat. ['stə:nəm] ster-]

steth·o·scope ♣ ['steθəskoup] stéthoscope m.

ste·ve·dore ♣ ['sti:vidɔ:] arrimeur m; entrepreneur m d'arrimage.

stew [stju:] 1. v/t. fricasser, mettre en ragoût; faire une compote de (fruit); ∿ed fruit compote f; v/i. mijoter; cuire à la casserole; 2. ragoût m; F émoi m.

stew·ard ['stjuəd] économe m; maison: maître m d'hôtel; ♣ garçon m, steward m; sp., a. bal: commissaire m; '**stew·ard·ess** ✈ hôtesse f de l'air; ♣ stewardess f.

stew...: '**∿-pan**, '**∿-pot** casserole f; cocotte f.

stick¹ [stik] 1. bâton m (a. cire à cacheter); canne f; baguette f; vigne: échalas m; balai: manche m; ✈ manche m à balai; ✈ bombes: chapelet m; sp. crosse f; fig. F type m; ∿s pl. du menu bois m; 2. ♪ ramer; mettre des tuteurs à.

stick² [∿] [irr.] v/i. se piquer; tenir (à, to); se coller; se coincer (porte); hésiter (devant, at); ∿ out n'être retenu par rien; ∿ out faire saillie; F persister; F s'obstiner (à demander qch., for s.th.); ∿ up se dresser; F résister (à, to); fig. ∿ to persévérer dans; rester fidèle à; F ∿ up for s.o. prendre la défense de q.; v/t. piquer; attacher; fixer; coller; percer; ramer (des pois); sl. supporter (q.); ∿ up afficher; sl. attaquer à main armée; '**stick·er** couteau m; colleur m; Am. affiche f type; '**stick·i·ness** viscosité f; '**stick·ing-plas·ter** sparadrap m; taffetas m anglais; '**stick-in-the-mud** F mal dégourdi; routinier (-ère f) m.

stick·le ['stikl] (se) disputer; '**stick·le·back** icht. épinoche f; '**stick·ler** rigoriste mf (à l'égard de, for).

stick-up ['stikʌp] F (a. ∿ collar) col m droit; Am. sl. bandit m.

stick·y □ ['stiki] collant; fig. pâteux (-euse f); sl. difficile; peu accommodant.

stiff □ [stif] 1. raide, rigide; guindé, gêné; ferme; fort (boisson, vent); difficile; 2. sl. cadavre m; Am. sl. nigaud m, bêta (-asse f) m; '**stiff·en** v/t. raidir (a. ✿); renforcer; empeser (un plastron); lier (une sauce); corser (une boisson); v/i. (se) raidir; devenir ferme; '**stiff·en·er** renfort m; F verre m qui ravigote; '**stiff-'necked** fig. intraitable, obstiné.

sti·fle¹ vét. ['staifl] (affection f du) grasset m.

sti·fle² [∿] étouffer (a. fig.).

stig·ma ['stigmə] stigmate *m*; *fig. a.* flétrissure *f*; **'stig·ma·tize** marquer de stigmates; *fig.* stigmatiser.

stile [stail] échalier *m*, échalis *m*; ⊕ *porte etc.*: montant *m*.

sti·let·to [sti'letou] stylet *m*; *couture:* poinçon *m*; ~ *heel* talon *m* aiguille.

still¹ [stil] **1.** *adj.* tranquille, silencieux (-euse *f*); calme; ~ *wine* vin *m* non mousseux; **2.** *su. cin.* photographie *f*; **3.** *adv.* encore; **4.** *cj.* cependant, pourtant, encore; **5.** (se) calmer; *v/t.* tranquilliser, apaiser.

still² [~] alambic *m*; appareil *m* de distillation.

still...: '~**birth** enfant *mf* mort-né(e); mort *f* à la naissance; '~**born** mort-né(e *f*); '~**hunt** *Am.* traquer d'affût; '~**hunt·ing** *Am.* chasse *f* d'affût; ~ *life* nature *f* morte; '**still·ness** calme *m*; silence *m*.

still-room △ ['stilrum] office *f*.

still·y *poét.* ['stili] *adj.* calme, tranquille; **still·ly** [~] *adv.* silencieusement.

stilt [stilt] échasse *f*; '**stilt·ed** *fig.* guindé, tendu.

stim·u·lant ['stimjulənt] **1.** 🐾 stimulant; **2.** 🐾 surexcitant *m*; stimulant *m*; **stim·u·late** ['~leit] stimuler (*a.* 🐾); *fig. a.* encourager (à *inf.*, to *inf.*); **stim·u·la·tion** stimulation *f*; **stim·u·la·tive** ['~lətiv] stimulateur (-trice *f*); **stim·u·lus** ['~ləs], *pl.* **-li** ['~lai] stimulant *m*, F aiguillon *m* (de, to); 🐾 stimule *m*; *physiol.* stimulus *m*.

sting [stiŋ] *1. insecte:* aiguillon *m*, piqûre *f*; 🐾 dard *m*; *fig.* pointe *f*, mordant *m*; **2.** [*irr.*] *v/t.* piquer (*fig.* au vif); *v/i.* cuire; *sl.* be *stung* for *s.th.* payer qch. à un prix exorbitant; '**sting·er** F coup *m* raide ou douloureux; **stin·gi·ness** ['stindʒinis] mesquinerie *f*, ladrerie *f*; **sting(ing)-net·tle** 🐾 ['stiŋ(iŋ)netl] ortie *f* brûlante; **stin·gy** □ ['stindʒi] mesquin, chiche.

stink [stiŋk] **1.** puanteur *f*; **2.** [*irr.*] *v/i.* puer (qch., of *s.th.*); *sl. a. fig.* ~ of trahir, accuser (qch.); *v/t.* enfumer (*un renard*); *fig.* sentir (qch.); **stink·er** F salaud *m*; salope *f*; vacherie *f*, saloperie *f*; lettre *f* d'engueulade.

stint [stint] **1.** restriction *f*; besogne *f* assignée; travail *m* assigné; **2.** imposer des restrictions à; priver (*q.*), être chiche de (*qch.*).

sti·pend ['staipend] traitement *m*

(*surt. eccl.*); **sti'pen·di·ar·y** [~dʒəri] **1.** appointé; **2.** *Angl.* juge *m* d'un tribunal de simple police.

stip·ple *peint.* ['stipl] pointiller.

stip·u·late ['stipjuleit] (*a.* ~ for) stipuler; convenir (de, for); **stip·u'la·tion** ⚖ stipulation *f*; condition *f*.

stir¹ [stə:] **1.** remuement *m*; mouvement *m* (*a. fig.*); *fig.* vie *f*; agitation *f*; **2.** *v/t.* remuer; tourner; agiter; *fig.* exciter; ~ *up* exciter; pousser; susciter; *v/i.* remuer, bouger.

stir² *sl.* [~] prison *f*.

stir·rup ['stirəp] étrier *m*.

stitch [stitʃ] **1.** point *m*, piqûre *f*; 🐾 suture *f*; 🐾 point *m* de côté; *he has not a dry* ~ *on him* il est complètement trempé; **2.** coudre; piquer (*le cuir, deux étoffes*); brocher (*un livre*); 🐾 suturer.

stoat *zo.* [stout] hermine *f* (d'été).

stock [stɔk] **1.** *arbre:* tronc *m*; souche *f*; *outil:* manche *m*; *fusil:* fût *m*; *fig.* race *f*, famille *f*; 🐾 (*a.* ~*-gilly-flower*) matthiole *f*, giroflée *f* des jardins; ✕ col *m* droit; provision *f*; ✝ marchandises *f/pl.*, stock *m*; ✝ *a.* ~*s pl.* fonds *m/pl.*, valeurs *f/pl.*, *fig.* actions *f/pl.* (*a.* live ~) bétail *m*, bestiaux *m/pl.* (*a. dead* ~) matériel *m*; *cost.* cravate *f*; *eccl.* plastron *m* en soie noire; *cuis.* consommé *m*, bouillon *m*; ~*s pl. a. hist.* pilori *m*; ⚓ chantier *m*; ~ *building* ✝ stockage *m*; ~ *in hand* marchandises *f/pl.* en magasin; 🚋 *rolling* ~ matériel *m* roulant; *take* ~ *of* 🐾 dresser l'inventaire *m*; *fig.* scruter, examiner attentivement; **2.** courant; de série; classique; consacré; *théâ.* ~ *company* troupe *f* à demeure; ~ *play* pièce *f* de ou du répertoire; **3.** *v/t.* (*a.* ~ *up*) approvisionner, fournir (de, with); ✝ avoir en magasin, tenir; *v/i.* se monter (en, with), s'approvisionner (de, with).

stock·ade [stɔ'keid] **1.** palissade *f*; *Am.* prison *f*; **2.** palissader.

stock...: '~**book** livre *m* de magasin; '~**breed·er** éleveur *m*; '~**brok·er** agent *m* de change; courtier *m* de bourse; ~ *ex·change* bourse *f* (des valeurs); '~**hold·er** actionnaire *mf*; porteur *m* de titres.

stock·i·net ['stɔkinet] tricot *m*.

stock·ing ['stɔkiŋ] bas m; '~**loom** métier m à bas.

stock·ist ✝ ['stɔkist] stockiste m.

stock...: '~**job·ber** marchand m de titres; '~**job·bing** courtage m; péj. agiotage m; '~**pile** vt/i. stocker; amonceler; '~**pot** pot-au-feu m/inv.; '~**still** (complètement) immobile; sans bouger; '~**tak·ing** inventaire m; ~ sale solde m avant ou après inventaire; '**stock·y** trapu; ragot (a. cheval).

stodge sl. [stɔdʒ] se bourrer (de nourriture); '**stodg·y** □ lourd; qui bourre.

sto·gy, sto·gie [stougi] cigare m long et fort (à bouts coupés).

sto·ic ['stouik] stoïcien(ne f) (a. su.); stoïque; '**sto·i·cal** □ fig. stoïque.

stoke [stouk] charger; chauffer; '**stok·er** chauffeur m; chargeur m.

stole¹ [stoul] cost. écharpe f; étole f (a. eccl.).

stole² [~] prét., '**sto·len** p.p. de steal 1.

stol·id □ ['stɔlid] impassible, lourd, lent; flegmatique; **sto·lid·i·ty** [~'liditi] flegme m; impassibilité f.

stom·ach ['stʌmək] 1. estomac m; fig. appétit m; goût m (de, for); euphémisme: ventre m; 2. fig. supporter, tolérer, digérer; '~**ache** mal m à l'estomac; **sto·mach·ic** [sto'mækik] (~ally) stomachique (a. su./m); stomacal (-aux m/pl.).

stomp Am. [stɔmp] marcher à pas bruyants.

stone [stoun] 1. pierre f; fruit: noyau m; a. mesure: 6,348 kg; ♪ calcul m; 2. de ou en pierre; de ou en grès; 3. lapider; ôter les noyaux de (un fruit); '~**blind** complètement aveugle; '~**coal** anthracite m.

stoned sl. [stound] soûl; drogué, F défonce.

stone...: '~**dead** raide mort; '~**deaf** complètement sourd; '~**fruit** fruit m à noyau; '~**ma·son** maçon m; '~**pit** carrière f de pierre; '~**wall·ing** fig. jeu m prudent; pol. obstructionnisme m; '~**ware** (poterie f de) grès m.

ston·i·ness ['stouninis] nature f pierreuse; fig. dureté f.

ston·y ['stouni] pierreux (-euse f); de pierre (a. fig.); fig. dur; F ~**broke** à sec, sans le sou, fauché.

stood [stud] prét. et p.p. de stand 1, 2.

stooge Am. sl. [stu:dʒ] théâ. nègre m; fig. souffre-douleur mf/inv.

stool [stu:l] tabouret m; (a. three-legged ~) escabeau m; ♂ selle f; ♀ plante f mère; ♀ talle f; '~**pi·geon** surt. Am. sl. mouchard m.

stoop [stu:p] 1. v/i. se pencher, se baisser; fig. s'abaisser, descendre ([jusqu']à, to); être voûté; v/t. incliner (la tête); 2. penchement m en avant; dos m voûté; Am. véranda f; Am. terrasse f surélevée.

stop [stɔp] 1. v/t. (a. ~ up) boucher; arrêter; bloquer (un chèque, a. box., foot.); retenir (les gages); plomber (une dent); étancher (le sang); mot. stopper; interrompre (la circulation); fermer, barrer (la route etc.); couper (l'électricité, la respiration); suspendre (le paiement, une procédure, ✗ les permissions); cesser; mettre fin à, supprimer; parer à (un coup); empêcher; ♪ presser (une corde), flûte: boucher (des trous); gramm. ponctuer; v/i. s'arrêter; cesser; rester, demeurer; attendre; descendre (à, at) (un hôtel); ~ by, ~ in faire une petite visite, s'arrêter un moment; ~ off faire étape; ~ over faire une halte, faire étape; 2. arrêt m (a. ⊕); halte f; interruption f; ⊕ butoir m; ⊕ crochet m; porte: butée f; machine à écrire: margeur m; ♪ jeu m, orgue: registre m, clarinette: clé f, violon etc.: barré m; guitare: touche f; gramm. (a. full ~) point m; ling. occlusive f; '~**cock** ⊕ robinet m d'arrêt; '~**gap** bouche-trou m; '~**light** Am. feu m rouge; auto: stop m; '~**off**, '~**o·ver** surt. Am. court séjour m, courte visite f, étape f; faculté f d'arrêt; '**stop·page** obstruction f (a. ✗); arrêt m; gages: retenue f; paiements etc.: suspension f; travail: chômage m; travail: interruption f; ⊕ à-coup m; ⚡ ~ of current coupure f du courant; '**stop·per** 1. bouchon m; ⊕ taquet m; ⚓ bosse f; 2. boucher; ⚓ bosser; '**stop·ping** dent: plombage m; bouchon m; a. ~ se stoppage; '**stop·ping train** ⛟ train m omnibus; '**stop-press news** pl. informations f/pl. de dernière heure; '**stop-watch** sp. montre f à arrêt.

stor·age ['stɔ:ridʒ] emmagasinage m; entrepôts m/pl.; frais m/pl. d'entrepôt; ~ battery accumulateur m, F accu m.

store [stɔ:] **1.** (*fig.* bonne) provision *f*; *fig. a.* ⁓s *pl.* abondance *f*; *a.* ⁓s *pl.* magasin *m*; *fig.* fonds *m* (*de connaissances*); *fig.* prix *m*; *Am.* boutique *f*; ⁓s *pl.* entrepôt *m*; ⚓, ✠ magasin *m*; vivres *m/pl.*; *in* ⁓ en réserve; *be in* ⁓ *for* attendre (*q.*); *have in* ⁓ *for* ménager (*qch.*); *set great* ⁓ *by* faire grand cas de; **2.** (*a.* ⁓ *up*) amasser; emmagasiner; mettre en dépôt (*des meubles*); approvisionner (*de, with*); garnir (*la mémoire*); '⁓**house** magasin *m*, entrepôt *m*; *fig.* mine *f*; ✠ manutention *f*; '⁓**keep·er** garde-magasin (*pl.* gardes-magasin[s]) *m*; *Am.* boutiquier (-ère *f*) *m*, marchand(e *f*) *m*; '⁓**room** office *f*, *maison:* dépense *f*; ✠ magasin *m*; ⊕ halle *f* de dépôt.

sto·rey(ed) *see* story²; storied².

sto·ried¹ ['stɔ:rid] historié *f*; † célébré dans la légende *ou* histoire.

sto·ried² [⸗] *four-*⁓ à quatre étages.

stork [stɔ:k] cigogne *f*.

storm [stɔ:m] **1.** orage *m*; tempête *f* (*a. fig.*); ✠ assaut *m*; *fig.* pluie *f*; *take by* ⁓ emporter (*a. fig.*), prendre d'assaut; **2.** *v/i.* se déchaîner; *fig.* tempêter; s'emporter (*contre, at*); *v/t.* ✠ livrer l'assaut à; prendre d'assaut; '**storm·y** □ tempétueux (-euse *f*); orageux (-euse *f*), d'orange; ⁓ *petrel* *orn.* pétrel *m*; *fig.* enfant *m* terrible.

sto·ry¹ ['stɔ:ri] histoire *f*, récit *m*; conte *m* (*a.* F = *mensonge*); pièce, *roman:* intrigue *f*; anecdote *f*; *short* ⁓ nouvelle *f*.

sto·ry² [⸗] étage *m*.

sto·ry·tell·er ['stɔ:ritelə] conteur (-euse *f*) *m*; F menteur (-euse *f*) *m*.

stout [staut] **1.** □ gros(se *f*); fort, vigoureux (-euse *f*); résolu, intrépide; solide; **2.** bière *f* brune forte; '⁓**heart·ed** vaillant; '**stout·ness** embonpoint *m*, corpulence *f*; *sp.* persévérance *f*.

stove [stouv] **1.** poêle *m*; ⊕ four *m*; ✍ serre *f* chaude; **2.** ⊕ étuver (*a. des vêtements*); ✍ élever en serre chaude; **3.** *prét. et p.p. de* stave 2; '⁓**pipe** tuyau *m* de poêle; *Am.* F cylindre *m*, chapeau *m* haut de forme.

stow [stou] ranger, serrer; ⚓ arrimer; '**stow·age** magasinage *m*; ⚓ (frais *m/pl.* d')arrimage *m*; '**stow·a·way** ⚓ passager *m* clandestin.

stra·bis·mus [strə'bismɔs] strabisme *m*.

strad·dle ['strædl] *v/t.* se mettre à califourchon sur; enfourcher; ✠ être à cheval sur; écarter (*les jambes*); *v/i.* écarter les jambes; marcher *ou* se tenir les jambes écartées; *Am.* éviter de se compromettre.

strafe [stra:f] ✠ bombarder; F marmiter.

strag·gle ['strægl] marcher sans ordre; ✠ rester en arrière, traîner (*a.* ♀); *fig.* s'éparpiller; '**strag·gler** celui (celle *f*) *m* qui reste en arrière; ✠ traînard *m*; ⚓ retardataire *m*; '**strag·gling** □ épars, éparpillé.

straight [streit] **1.** *adj.* droit (*a. fig.*); d'aplomb; en ordre; *fig.* honnête; *Am.* sec (sèche *f*) (*whisky etc.*); *Am. pol.* bon teint, vrai; *put* ⁓ (r)ajuster; arranger, remettre de l'ordre dans; **2.** *su.* the ⁓ *turf:* la ligne droite; **3.** *adv.* droit; directement; ⁓ *ahead* tout droit; ⁓ *away,* ⁓ *off* immédiatement, aussitôt, tout de suite; du premier coup, d'emblée; ⁓ *on* tout droit; ⁓ *out* carrément, franchement; '**straight·en** redresser; ranger; ⁓ *out* mettre en ordre; arranger; **straight·for·ward** □ [⁓'fɔ:wəd] franc(he *f*); honnête; loyal (-aux *m/pl.*); '**straight·out** direct, franc(he *f*), droit; *Am.* F *a.* vrai, véritable, à toute épreuve.

strain¹ [strein] **1.** ⊕ tension *f* (*de, on*); effort *m*, fatigue *f*; ⊕ déformation *f*; *fig.* ton *m*, *discours:* sens *m*; *esprit:* surmenage *m*; ♪ entorse *f*; ♩ *usu.* ⁓s *pl.* accents *m/pl.*; *musique:* sons *m/pl.*; *put a great* ⁓ *on* beaucoup exiger de; mettre à l'épreuve; **2.** *v/t.* tendre; *fig.* forcer (*a.* ⊕), pousser trop loin; ⊕ déformer; ⊕ filtrer; *fig.* fatiguer; serrer; ✍ fouler, forcer; *cuis.* égoutter; *v/i.* faire un (grand) effort; peiner; tirer (*sur, at*); ⊕ déformer; ⁓ *after s.th.* faire tous ses efforts pour atteindre qch.

strain² [⸗] qualité *f* (héritée); tendance *f*; race *f*, lignée *f*.

strain·er ['streinə] ⊕ tendeur *m*; *cuis.* passoire *f*; tamis *m*; filtre *m*; (*a. tea-*⁓) passe-thé *m/inv.*

strait [streit] **1.** (*noms propres, géog.* ⁓s *pl.*) détroit *m*; ⁓s *pl.* embarras *m*, gêne *f*; **2.:** ⁓ *jacket* (*ou waistcoat*) camisole *f* de force; '**strait·en** † rétrécir; † resserrer; ⁓ed pauvre; *in*

~ed *circumstances* dans la gêne; **strait-laced** [~'leist] collet monté *inv.*; prude; **'strait·ness** rigueur *f*; gêne *f*, besoin *m*; † étroitesse *f*.

strand¹ [strænd] **1.** plage *f*, rive *f*; **2.** *v/t.* jeter à la côte; *fig.* laisser (*q.*) en plan; ~ed échoué; *fig.* à bout de ressources; *fig.* abandonné; *mot.* resté en panne; *v/i.* (s')échouer.

strand² [~] toron *m*, *cordage:* brin *m*; *tissu*, *a. fig.:* fil *m*; *cheveux:* tresse *f*.

strange □ [streindʒ] étrange; singulier (-ère *f*); curieux (-euse *f*); inconnu; † étranger (-ère *f*); **'strange·ness** singularité *f*; étrangeté *f*; **'stran·ger** inconnu(e *f*) *m*; étranger (-ère *f*) *m* (à, to); ⚻ tiers *m*.

stran·gle ['stræŋgl] étrangler (*a. la presse*); *fig.* étouffer; **'~·hold** *fig.* étau *m*; *have a ~ on s.o.* tenir q. par la gorge.

stran·gu·late ['stræŋgjuleit] étrangler; **stran·gu·la·tion** étranglement *m* (*a.* ⚕).

strap [stræp] **1.** courroie *f*; *cuir, toile:* bande *f*; *soulier:* barrette *f*; ⊕ *frein:* bande *f*; bride *f*; *soutien-gorge:* bretelle *f*; **2.** attacher *ou* lier avec une courroie; boucler (*une malle*); ⚕ mettre des bandelettes à, maintenir au moyen de bandages; bander; **'~·hang·er** *F* voyageur (-euse *f*) *m* debout (*dans l'autobus etc.*); **'strap·ping 1.** robuste, bien découplé; **2.** ⚕ emplâtre *m* adhésif.

strat·a·gem ['strætidʒəm] ruse *f* (de guerre), stratagème *m*.

stra·te·gic [strə'ti:dʒik] (*~ally*) stratégique; **strat·e·gist** ['strætidʒist] stratégiste *m*; stratège *m*; **'strat·e·gy** stratégie *f*.

strat·i·fy ['strætifai] (se) stratifier.

stra·to·cruis·er ['strætoukru:zə] avion *m* stratosphérique.

strat·o·sphere *phys.* ['strætousfiə] stratosphère *f*.

stra·tum ['streitəm], *pl.* **-ta** ['~tə] *géol.* strate *f*; couche *f* (*a. fig.*); *fig.* étage *m*, rang *m* social.

straw [strɔ:] **1.** paille *f*; chalumeau *m*; *fig.* brin *m* d'herbe; *fig.* indication *f*; (*usu. ~ hat*) chapeau *m* de paille; *surt. Am. ~ man* homme *m* de paille; *F I don't care a ~* je m'en fiche; *the last ~* le comble *m*; **2.** de paille; paille *adj./inv.* (*couleur*); *Am. pol. ~ vote* vote *m* d'essai; **'~·ber·ry** fraise *f*;

plante: fraisier *m*; **'straw·y** de paille; paille *adj./inv.*, jaunâtre.

stray [strei] **1.** s'égarer, s'écarter (de, from); errer (*a. fig.*); *fig.* sortir (d'un sujet, *from a subject*); **2.** (*a. ~ed*) égaré (*a. fig.*), errant; **3.** bête *f* perdue *ou* ⚻ épave; enfant *m* abandonné; *~s pl. radio:* parasites *m/pl.*; crachements *m/pl.*; **'stray·er** égaré(e *f*) *m*.

streak [stri:k] **1.** raie *f*, bande *f*; *fig.* trace *f*; *aube:* lueur *f*; *Am. F talk a blue ~* parler à n'en plus finir; **2.** rayer (de, with); **'streak·y** □ rayé, bariolé; en raies *ou* bandes; *tex.* vergé; entrelardé (*lard etc.*).

stream [stri:m] **1.** cours *m* d'eau, ruisseau *m*; courant *m*; torrent *m* (*a. fig.*); **2.** *v/i.* ruisseler, couler à flots (*a. yeux*); flotter (au vent) (*cheveux, drapeau, etc.*); ~ *in* (out) entrer (sortir) à flots; *v/t.* verser à flots; laisser couler; ⚓ mouiller; **'stream·er** banderole *f*; *papier:* serpentin *m*; *journ.* manchette *f*; *météor. ~s pl.* lumière *f* polaire; **'stream·let** ['~lit] petit ruisseau *m*, ru *m*.

stream·line ['stri:mlain] **1.** fil *m* de l'eau; courant *m* naturel; *carrosserie:* ligne *f* aérodynamique; **2.** (*a. stream-lined*) profilé, caréné, fuselé; **3.** *v/t.* caréner (*une auto etc.*); *fig.* rénover, alléger.

street [stri:t] rue *f*; *Am. ~ floor* rez-de-chaussée *m/inv.*; *the man in the ~* l'homme *m* moyen; *F not in the same ~* as ne pas de taille avec; **'~·car** *surt. Am.* tramway *m*; **'~·walk·er** fille *f* de trottoir.

strength [streŋθ] force *f* (*a. fig.*); solidité *f*; *fig.* fermeté *f*; ⊕ résistance *f*; ⚔, ⚓ effectif *m*, *~s m/pl.*; contrôles *m/pl.*; *on the ~ of* sur la foi de, s'appuyant sur; *de par;* **'strength·en** *v/t.* affermir, renforcer; fortifier (*la santé*); *v/i.* s'affermir *etc.*; (re)prendre des forces.

stren·u·ous □ ['strenjuəs] énergique, actif (-ive *f*); ardu (*travail*); tendu (*effort*); acharné (*lutte etc.*); **'stren·u·ous·ness** ardeur *f*; acharnement *m*.

stress [stres] **1.** force *f*; insistance *f*; *circonstances:* pression *f*; *gramm.* accent *m*; appui *m* de la voix (sur, on); violence *f* (*du temps*); ⊕ tension *f*, effort *m*; *lay ~* (up)on insister sur, attacher de l'importance à; **2.** insister sur, appuyer sur; ⊕ faire travailler, fatiguer.

stretch [stretʃ] **1.** v/t. (usu. ~ out) tendre (a. la main); étendre; allonger; prolonger; déployer (les ailes); fig. exagérer; ~ one's legs se dégourdir les jambes; ~ a point faire une exception (en faveur de, for); ~ words forcer le sens des mots; v/i. (souv. ~ out) s'étendre; s'élargir; tendre (étoffe); fig. aller, suffire; **2.** étendue f; extension f; élasticité f; ⊕ tension f, effort m; sl. do a ~ faire de la prison; at a ~ (tout) d'un trait; sans arrêt; on the ~ tendu; **'stretch·er** ⊕ tendeur m (a. pour chaussures); brancard m (pour malades); tente: traverse f; ⚠ panneresse f.

strew [struː] v/t. [irr.] répandre, semer (de, with); **strewn** [struːn] p.p. de strew. ['eitid] strié.]

stri·ate ['straiit], **stri·at·ed** [strai-ʃ

strick·en ['strikən] frappé, fig. accablé (de, with); (well) ~ in years chargé d'années.

strict [strikt] sévère, rigoureux (-euse f); précis, exact; ~ly speaking à proprement parler; **'strict·ness** rigueur f; exactitude f; **stric·ture** ['~tʃə] 𝄞 rétrécissement m; intestin: étranglement m; usu. ~s pl. critique f (sur, on).

strid·den ['stridn] p.p. de stride 1.

stride [straid] **1.** [irr.] v/t. enjamber; se tenir à califourchon sur; enfourcher (un cheval); v/i. marcher à grands pas; **2.** (grand) pas m; enjambée f; get into one's ~ prendre son allure normale; être lancé.

stri·dent □ ['straidnt] strident; ~ly stridemment.

strife [straif] conflit m, lutte f.

strike [straik] **1.** coup m; grève f; Am. F fig. rencontre f; coup m de veine; Am. baseball: coup m (du batteur); ~ ballot référendum m; ~ pay salaire m de gréviste; be on ~ être en ou faire grève; go on ~ se mettre en grève, F débrayer; **2.** [irr.] v/t. frapper (~ une médaille, ♪, a. fig.), (de, with); heurter, cogner; porter (un coup); ⚓ rentrer (le pavillon); amener (la voile); plier (une tente), lever (le camp); former (une commission); faire (le marché); allumer (une allumette); faire jaillir (une étincelle); prendre (une attitude, la moyenne, la racine); ♪ toucher de (la harpe); sonner (l'heu-

re); bouturer (une plante); ⚓ donner sur (les écueils); fig. faire une impression sur; impressionner; rencontrer; découvrir, tomber sur; fig. paraître: ~ a balance établir une balance; dresser le bilan; ~ oil rencontrer le pétrole, fig. avoir du succès, trouver le filon; ~ work se mettre en grève; ~ off abattre; rayer; ~ out rayer; ouvrir (une route); ~ up commencer à jouer ou à chanter; lier (une connaissance); v/i. porter un coup, frapper (à, at); ⚓ (ou ~ [the] bottom) toucher le fond; ⚓, ✕ rentrer son pavillon; ⊕ se mettre en grève, F débrayer; sonner (l'heure); prendre feu (allumette); prendre racine; ~ home frapper juste; porter (coup); ~ in s'interposer, intervenir (personne); ~ into pénétrer dans; ♪ ~ up commencer à jouer ou à chanter; ~ upon the ear frapper l'oreille; **'~-break·er** briseur m de grève, F jaune m; **'strik·er** frappeur (-euse f) m; pendule: marteau m; fusée: rugueux; arme à feu: percuteur m; ⊕ grève m f; foot. buteur m.

strik·ing □ ['straikiŋ] à sonnerie; fig. frappant; saillant; impressionnant.

string [striŋ] **1.** ficelle f (a. fig.); corde f (a. ♪, arc, raquette); cordon m; ♀ fibre f, filament m; eccl., a. oignons, corde: chapelet m; fig. condition f; Am. F prise f; fig. lisière f; fig. procession f, série f; F 𝄞 ligature f; ~ of horses écurie f; ~ of pearls collier m; ♪ ~s pl. instruments m/pl. à cordes; have two ~s to one's bow avoir deux cordes à son arc, avoir un pied dans deux chaussures; pull the ~s tirer les ficelles, tenir les fils; **2.** [irr.] bander (un arc); ficeler (un paquet); fig. (a. ~ up) tendre (des nerfs); enfiler (des perles, a. fig.); corder (une raquette); monter (un violon), monter les cordes de (un piano); effiler (des haricots); Am. sl. faire marcher (q.); F ~ along v/t. payer (q.) de promesses, faire marcher (q.); v/i. suivre; ~ along with s.o. suivre q., accompagner q.; venir ou aller avec q.; fig. se ranger à l'avis de q.; ~ up suspendre; ~ s.o. up pendre q. haut et court; ~ **band** ♪ orchestre m à cordes; ~ **bean** Am. haricot m vert; **stringed** ♪ à cordes.

strin·gen·cy ['strindʒənsi] rigueur f; puissance f, force f; ♱ resserrement m; '**strin·gent** □ rigoureux (-euse f), strict; convainquant; ✝ serré (argent); tendu (marché).

string·y ['striŋi] filandreux (-euse f); visqueux (-euse f) (liquide).

strip [strip] **1.** v/t. dépouiller (de, of) (a. ⚡, a. fig.); ⚡, a. fig. dénuder (de, of); fig. dégarnir (une maison); ⊕ démonter (une machine); métall. démouler; ⚓ déshabiller, dégréer; (a. ~ off) ôter, enlever; v/i. F se déshabiller; sl. se mettre à poil; **2.** bande(lette) f.

stripe [straip] **1.** couleur: raie f; pantalon: bande f; ✗ galon m; (a. long-service ~) chevron m; **2.** rayer.   [tout jeune homme m.]

strip·ling ['stripliŋ] adolescent m,/

strive [straiv] [irr.] s'efforcer (de, to); d'obtenir qch. after s.th., for s.th.); tâcher (de, to); lutter (contre, against); **striv·en** ['strivn] p.p. de strive.

strode [stroud] prét. de stride 1.

stroke [strouk] **1.** usu. coup m; ✚ congestion f cérébrale, apoplexie f; ⊕ piston: course f; peint. coup m de pinceau; fig. retouche f; trait m (de plume, a. fig.); ~ (d'horloge); canotage: nage f, personne: chef m de nage; nage: brassée f; ~ of genius trait m de génie; ~ of luck coup m de bonheur; **2.** caresser; être chef de nage (d'un canot); ~ 32 nager à 32 coups par minute.

stroll [stroul] **1.** v/i. flâner; se promener à l'aventure; F se balader; v/t. se promener dans (les rues); **2.** petit tour m; flânerie f; F balade f; '**stroll·er**, '**stroll·ing ac·tor** comédien(ne f) m ambulant(e f).

strong □ [strɔŋ] usu. fort (a. gramm.), solide; ferme (a. ✝ marché); vif (vive f) (souvenir); bon(ne f) (mémoire); robuste (foi, santé); ardent (partisan); sérieux (-euse f) (candidat); énergique (mesure); accusé (trait); cartes: long(ue f) (couleur); see language; feel ~(ly) about attacher une grande importance à; F go it ~ dépasser les bornes; F going ~ vigoureux (-euse f), solide; 30 ~ au nombre de 30; '~-box coffre-fort m (pl. coffres-forts) m; '~-hold forteresse f; fig. citadelle f; '~-'mind·ed à l'esprit décidé; '~-room chambre f blindée; cave f forte.

strop [strɔp] **1.** cuir m (à rasoir); ⚓ estrope f; **2.** repasser (un rasoir) sur le cuir.

stro·phe ['stroufi] strophe f.

strop·py Brit. F ['strɔpi] de mauvaise humeur.

strove [strouv] prét. de strive.

struck [strʌk] prét. et p.p. de strike 2.

struc·tur·al □ ['strʌktʃərəl] de structure, structural (-aux m/pl.); ⊕ de construction; **struc·ture** ['strʌktʃə] structure f; édifice m (a. fig.); péj. bâtisse f.

strug·gle ['strʌgl] **1.** lutter (contre, against; avec, with); se débattre; faire de grands efforts (pour, to); **2.** lutte f (a. fig.); combat m; '**strug·gler** lutteur m.

strum [strʌm] tapoter (du piano); gratter (de la guitare etc.); fig. pianoter.

strum·pet poét., F ['strʌmpit] prostituée f; catin f.

strung [strʌŋ] prét. et p.p. de string 2.

strut [strʌt] **1.** v/i. se pavaner; v/t. ⊕ entretoiser; contreficher; **2.** démarche f fière; ⊕ entretoise f; arc-boutant (pl. arcs-boutants) m; ✗ pilier m, traverse f; '**strut·ting-piece** ⊕ entretoise f, lierne f.

strych·nine ['strikni:n] strychnine f.

stub [stʌb] **1.** arbre: souche f; cigarette: bout m; Am. chèque: souche f, talon m; **2.** (usu. ~ up) arracher; essoucher (un champ); cogner (le pied); ~ out éteindre (une cigarette) en l'écrasant par le bout.

stub·ble ['stʌbl] chaume m.

stub·bly ['stʌbli] couvert de chaume; court et raide (barbe, cheveux).

stub·born □ ['stʌbən] ᴏbstiné, opiniâtre, entêté; rebelle, réfractaire; ingrat (sol, terre); '**stub·born·ness** opiniâtreté f, entêtement m.

stub·by ['stʌbi] trapu (personne); tronqué (arbre etc.).

stuc·co ['stʌkou] **1.** stuc m; **2.** stuquer; recouvrir de stuc(age).

stuck [stʌk] prét. et p.p. de stick²; Am. F ~ on amoureux (-euse f) de (q.); F '~-'up hautain; prétentieux (-euse f).

stud¹ [stʌd] **1.** clou m à grosse tête; clou m (sur une robe, a. d'un passage clouté); chemise etc.: bouton m; foot.

crampon *m*; △ poteau *m*; 2. clouter; orner (de, with); *fig.* parsemer (de, with).

stud² [~] écurie *f*; (*a. ~ farm*) haras *m*; '**~-book** livre *m* d'origines, studbook *m*; '**~-horse** étalon *m*.

stud·ding △ ['stʌdiŋ] lattage *m*; lattis *m*.

stu·dent ['stju:dənt] étudiant(e *f*) *m*; boursier (-ère *f*) *m*; amateur *m* de livres; investigateur (-trice *f*) *m*; ~ *hostel* foyer *m* d'étudiants; '**student·ship** bourse *f* d'études.

stud·ied □ ['stʌdid] instruit (*personne*) (dans, in); étudié, recherché (*toilette etc.*); voulu, prémédité (*geste, insulte, etc.*).

stu·di·o ['stju:diou] atelier *m*; *radio:* studio *m*; ~ *couch* divan *m*.

stu·di·ous □ ['stju:djəs] appliqué, studieux (-euse *f*); attentif (-ive *f*) (à qch., of s.th.; à *inf.* of *gér.*, to *inf.*); soigneux (-euse *f*) (de *inf.*, to *inf.*); '**stu·di·ous·ness** amour *m* de l'étude; *fig.* attention *f*, zèle *m* (à *inf.*, in *gér.*).

stud·y ['stʌdi] 1. étude *f* (*a.* ♪, *a. peint.*); cabinet *m* de travail; bureau *m*; soins *m/pl.*; *fig.* rêverie *f*; 2. *v/t.* préparer (un examen, *for an examination*); étudier; *v/t.* étudier; observer; s'occuper de (*a. fig.*).

stuff [stʌf] 1. matière *f*, substance *f*; étoffe *f* (*a. fig.*), tissu *m*; *péj.* camelote *f*; *fig.* ⊦ sottises *f/pl.*; 2. *v/t.* bourrer (de, with); remplir (de, with); fourrer (dans, into); gaver; *cuis.* farcir; ~ *up* boucher; *Am. sl.* ~*ed shirt* collet *m* monté; *v/i.* manger avec excès; *fig. sl.* se les caler; '**stuff·ing** (rem)bourrage *m*; *oie etc.:* gavage *m*; *cuis.* farce *f*, farcissure *f*; matelassure *f* (*de*); ⊕ étoupe *f*; '**stuff·y** □ mal aéré; qui sent le renfermé; ⊦ collet monté *adj./inv.*; sans goût; ⊦ *Am.* fâché.

stul·ti·fi·ca·tion [stʌltifi'keiʃn] action *f* de rendre sans effet (*un décret etc.*) *ou* ridicule (*q.*); '**stul·ti·fy** ['~fai] infirmer, rendre nul *ou* vain *ou* sans effet; rendre ridicule.

stum·ble ['stʌmbl] 1. trébuchement *m*, faux pas *m*; *cheval:* bronchade *f*; 2. trébucher; faire un faux pas; broncher (*cheval*); se heurter (contre, *against*); hésiter (en par-

lant); '**stum·bling-block** *fig.* pierre *f* d'achoppement.

stump [stʌmp] 1. tronçon *m*, souche *f*; *crayon, cigare:* bout *m*; *dessin:* estompe *f*; *dent:* chicot *m*; *cricket:* piquet *m*; moignon *m* (*d'un membre coupé*); ⊦ propagande *f* électorale; ⊦ ~*s pl.* quilles *f/pl.* (= *jambes*); ~ *speaker* (*ou orator*) orateur *m* de carrefour; orateur *m* de réunion électorale; 2. *v/t. cricket:* mettre hors jeu en abattant le guichet avec la balle tenue à la main; ⊦ coller, embarrasser; *Am.* ⊦ défier; *sl.* ~ *up* cracher (= *payer*); ~ *the country* faire une tournée électorale; ~*ed for* embarrassé pour; *v/i.* clopiner; haranguer *m*; '**stump·y** □ écourté; trapu (*personne*).

stun [stʌn] étourdir; *fig.* abasourdir.

stung [stʌŋ] *prét. et p.p.* de *sting* 2.

stunk [stʌŋk] *prét. et p.p.* de *stink* 2.

stun·ner ⊦ ['stʌnə] type *m* épatant, chose *f* épatante; '**stun·ning** □ ⊦ épatant, étourdissant.

stunt¹ [stʌnt] 1. tour *m* de force; ⊦ coup *m* d'épate; ⊦ nouvelle *f* sensationnelle; ⚔ acrobaties *f/pl.* aériennes, vol *m* de virtuosité; 2. faire des acrobaties.

stunt² [~] rabougrir; empêcher de croître; '**stunt·ed** rabougri; noué (*esprit*).

stupe ⚕ [stju:p] 1. compresse *f* (pour fomentation); 2. fomenter.

stu·pe·fac·tion [stju:pi'fækʃn] stupéfaction *f*; ahurissement *m*.

stu·pe·fy ['stju:pifai] *fig.* hébéter (par la douleur, by grief); stupéfier, abasourdir.

stu·pen·dous □ [stju:'pendəs] prodigieux (-euse *f*).

stu·pid □ ['stju:pid] stupide, sot(te *f*); ⊦ bête; insupportable; **stu·pid·i·ty** [stju:'piditi] stupidité *f*; lourdeur *f* d'esprit; sottise *f*, bêtise *f*.

stu·por ['stju:pə] stupeur *f*.

stur·di·ness ['stə:dinis] vigueur *f*; résolution *f*; '**stur·dy** vigoureux (-euse *f*); robuste; hardi.

stur·geon *icht.* ['stə:dʒən] esturgeon *m*.

stut·ter ['stʌtə] 1. bégayer; 2. bégaiement *m*; '**stut·ter·er** bègue *m/f*.

sty¹ [stai] étable *f* (à porcs); porcherie *f*.

sty² [~] *œil:* orgelet *m*.

style [stail] 1. style *m* (*pour écrire*,

pour graver, △, ♉, *cadran*, *peint.*, *a.* = *manière*); façon *f*, manière *f*; *cost.* mode *f*; ton *m*, chic *m*; titre *m*; élégance *f*; ✝ raison *f* sociale; *in ~* grand train; *in the ~* of dans le style *ou* goût de; ✝ *under the ~* of sous la raison de; **2.** appeler, dénommer; qualifier (*q.*) de.

styl·ish □ ['stailiʃ] élégant; chic *inv.* *en genre*; à la mode; '**styl·ish·ness** élégance *f*, chic *m*.

sty·lo F ['stailou], **sty·lo·graph** ['stailəgrɑ:f], *a.* **sty·lo·graph·ic pen** [~'græfik'pen] stylographe *m*, F stylo *m*.

styp·tic ['stiptik] styptique (*a. su./m*), astringent (*a. su./m*).

sua·sion ['sweiʒn] persuasion *f*.

suave □ [sweiv] suave; affable; doux (douce *f*) (*vin*); *péj.* doucereux (-euse *f*); **suav·i·ty** ['swæviti] suavité *f*; douceur *f*; *péj.* politesse *f* mielleuse.

sub F [sʌb] *abr. de subordinate* 2; *subscription*; *substitute* 2; *submarine*.

sub...: *usu.* sous-; *qqfois* sub-; presque.

sub·ac·id ['sʌb'æsid] aigrelet (*te f*); *fig.* aigre-doux (-douce *f*).

sub·al·tern ['sʌbltən] **1.** subalterne (*a. su./m*); **2.** ⚔ (sous-)lieutenant *m*.

sub·com·mit·tee ['sʌbkəmiti] sous-comité *m*; sous-commission *f*.

sub·con·scious □ ['sʌb'kɔnʃəs] subconscient (*psych. a. su./m*); ~ly inconsciemment.

sub·con·tract [sʌb'kɔntrækt] soustraité *m*.

sub·cu·ta·ne·ous □ ['sʌbkju:'teinjəs] sous-cutané; ⚕ ~ *injection* injection *f* sous-cutanée.

sub·dean ['sʌb'di:n] sous-doyen *m*.

sub·di·vide ['sʌbdi'vaid] (se) subdiviser.

sub·di·vi·sion ['sʌbdiviʒn] subdivision *f*; sectionnement *m*; sousdivision *f*; *biol.* sous-classe *f*; ⚓ section *f*.

sub·due [səb'dju:] subjuguer; dompter; maîtriser; réprimer; adoucir; baisser (*la lumière*).

sub·head(·ing) ['sʌbhed(iŋ)] sous-titre *m*.

sub·ja·cent [sʌb'dʒeisənt] sous-jacent, subjacent.

sub·ject ['sʌbdʒikt] **1.** *adj.* assujetti,

soumis; sujet(te *f*), exposé; porté (à, to); *fig.* ~ to passible de (*droit*, *courage*); sous réserve de (*une ratification*); sauf; ~ *to a fee* (*ou duty*) sujet(te *f*) à une taxe *ou* à un droit; **2.** *adv.*: ~ to sous (la) réserve de; ~ *to change without notice* sauf modifications sans avis préalable; **3.** *su.* sujet(te *f*) *m* (*d'un roi etc.*); ⚔, ♩, *gramm.*, *conversation*, *peint.* tableau: sujet *m*; (*a.* ~-*matter*) livre *etc.*: sujet *m*, thème *m*; question *f*; ⚕ malade *mf*; matière *f*; *lettre*: contenu *m*; *peint. paysage*: motif *m*; *contrat réel*, *méditation*: objet *m*; **4.** *v/t.* [səb'dʒekt] assujettir, subjuguer; ~ *to* soumettre à (*un examen etc.*); exposer à (*un danger etc.*).

sub·jec·tion sujétion *f*; asservissement *m*; **sub·jec·tive** □ [sʌb-'dʒektiv] subjectif (-ive *f*).

sub·join ['sʌb'dʒɔin] adjoindre, ajouter.

sub·ju·gate ['sʌbdʒugeit] subjuguer; **sub·ju·ga·tion** subjugation *f*, assujettissement *m*.

sub·junc·tive *gramm.* [səb'dʒʌŋktiv] (*a.* ~ *mood*) subjonctif *m*; *in the* ~ au subjonctif.

sub·lease ['sʌb'li:s], **sub·let** [~'let] [*irr.* (*let*)] donner *ou* prendre en sous-location *ou* à sous-ferme; sous-louer.

sub·li·mate ⚗ **1.** ['sʌblimit] sublimé *m*; **2.** ['~meit] sublimer; **sub·li·ma·tion** sublimation *f* (*a. psych.*).

sub·lime [sə'blaim] **1.** □ sublime; **2.**: *the* ~ le sublime *m*; **3.** ⚗ (se) sublimer; *v/t. fig.* idéaliser; **sub·lim·i·nal** [səb'liminəl] □ subliminal (-aux *m/pl.*); ~ *advertising* publicité *f* insidieuse; **sub·lim·i·ty** [sə-'blimiti] sublimité *f*.

sub·ma·chine gun ['sʌbmə'ʃi:n-'gʌn] mitraillette *f*.

sub·ma·rine ['sʌbməri:n] sous-marin (*a.* ⚓ *su./m*).

sub·merge [səb'mə:dʒ] *v/t.* submerger; noyer, inonder; *v/i.* plonger; **sub·mers·i·bil·i·ty** [sʌbmə:sə-'biliti] caractère *m* submersible; **sub·mer·sion** submersion *f*, plongée *f*.

sub·mis·sion [səb'miʃn] soumission *f* (*a. fig.*), résignation *f* (à, to); ⚖ plaidoirie *f*; thèse *f*; **sub·mis·sive** □ [~'misiv] soumis (*air etc.*); docile (*personne*).

sub·mit [sʌbˈmit] *v/t.* soumettre; présenter; poser en thèse (que, *that*); *v/i.* (*a.* ~ *o.s.*) se soumettre (à, *to*); *fig.* se résigner (à, *to*); s'astreindre (à la discipline, *to discipline*).

sub·nor·mal [ˈsʌbˈnɔːməl] au-dessous de la normale; faible d'esprit, arriéré.

sub·or·di·nate 1. □ [səˈbɔːdnit] subordonné; inférieur; secondaire; *gramm.* ~ *clause* proposition *f* subordonnée; **2.** [~] subalterne *mf*, subordonné(e *f*) *m*; **3.** [~ˈbɔːdineit] subordonner (à, *to*); **sub·or·di·na·tion** subordination *f* (à, *to*); soumission *f* (à, *to*).

sub·orn ᵍᵗᶻ [sʌˈbɔːn] suborner, séduire; **sub·or·na·tion** subornation *f*, corruption *f*.

sub·p(o)e·na ᵍᵗᶻ [səbˈpiːnə] **1.** assignation *f*; **2.** assigner, faire une assignation à.

sub·scribe [səbˈskraib] *v/t.* souscrire (*un nom, une obligation, etc.*; pour une somme, *a sum*); *v/i.* souscrire (à, *to*, *for*; pour une somme, *for a sum*; *a.* à une opinion, *to an opinion*); s'abonner (à, *to*) (*un journal*); **sub·scrib·er** signataire *mf* (de, *to*); *fig.* adhérent(e *f*) *m*; souscripteur *m*, cotisant *m*; *journal, a. téléph.* abonné(e *f*) *m*.

sub·scrip·tion [səbˈskripʃn] souscription *f*; *fig.* adhésion *f*; *société, club, etc.*: cotisation *f*; *journal*: abonnement *m*.

sub·se·quence [ˈsʌbsikwəns] conséquence *f*; postériorité *f*; **sub·se·quent** □ conséquent, ultérieur; postérieur, consécutif (-ive *f*) (à, *to*); ~*ly* plus tard; postérieurement (à, *to*); par la suite.

sub·serve [səbˈsɔːv] favoriser, aider à; **sub·ser·vi·ence** [~viəns] soumission *f*; utilité *f*; servilité *f*; **sub·ser·vi·ent** □ servile, obséquieux (-euse *f*); utile; subordonné.

sub·side [səbˈsaid] baisser; s'affaisser, se tasser (*sol, maison*); s'apaiser, tomber (*orage, fièvre, etc.*); F se taire; ~ *into* se changer en; **sub·sid·i·ary** [~ˈsidjəri] **1.** □ subsidiaire (à, *to*), auxiliaire; ~ *company* filiale *f*; **2.** filiale *f*; **sub·si·dize** [ˈsʌbsidaiz] subventionner; primer (*une industrie*); fournir des subsides à;

sub·si·dy [ˈsʌbsidəns] subvention *f*; *industrie*: prime *f*.

sub·sist [səbˈsist] *v/i.* subsister; persister; vivre (de *on*, *by*); *v/t.* entretenir; **sub·sist·ence** existence *f*; subsistance *f*; ~ *money* acompte *m*.

sub·soil [ˈsʌbsɔil] sous-sol *m*.

sub·son·ic [səbˈsɔnik] subsonique.

sub·stance [ˈsʌbstəns] substance *f* (*a. eccl., a. fig.*), matière *f*; *fig.* essentiel *m*, fond *m*; corps *m*, solidité *f*; fortune *f*, biens *m/pl.*

sub·stan·dard [səbˈstændəd] de qualité inférieure; au-dessous de la moyenne.

sub·stan·tial □ [səbˈstænʃl] substantiel(le *f*), réel(le *f*); solide; riche; considérable (*somme, prix, etc.*); **sub·stan·ti·al·i·ty** [~ʃiˈæliti] solidité *f*; *phls.* substantialité *f*.

sub·stan·ti·ate [səbˈstænʃieit] justifier, établir, prouver.

sub·stan·ti·val □ *gramm.* [sʌbstənˈtaivl] substantival (-aux *m/pl.*); **sub·stan·tive 1.** □ réel(le *f*), autonome, indépendant; positif (-ive *f*) (*droit*); formel(le *f*) (*résolution*); *gramm.* substantival (-aux *m/pl.*); **2.** *gramm.* substantif *m*, nom *m*.

sub·sti·tute [ˈsʌbstitjuːt] **1.** *v/t.* substituer (à, *for*); remplacer (par, *by*); *v/i.* ~ *for s.o.* remplacer q., suppléer q.; **2.** *personne*: remplaçant(e *f*) *m* (*a. sp.*), suppléant(e *f*) *m*; *nourriture etc.*: succédané *m*, factice *m*; **sub·sti·tu·tion** substitution *f*, remplacement *m*; ᵍᵗᶻ subrogation *f*; *créance*: novation *f*.

sub·stra·tum [ˈsʌbˈstraːtəm], *pl.* -**ta** [~tə] couche *f* inférieure; sous-couche *f*; *phls.* substrat(um) *m*; *fig.* fond *m*.

sub·struc·ture [ˈsʌbstrʌktʃə] *édifice*: fondement *m*; *route, pont roulant*: infrastructure *f*.

sub·ten·ant [ˈsʌbˈtenənt] sous-locataire *mf*. [fuge *m*.\]

sub·ter·fuge [ˈsʌbtəfjuːdʒ] subter-\]

sub·ter·ra·ne·an □ [sʌbtəˈreinjən] souterrain.

sub·til·ize [ˈsʌtilaiz] *v/t.* subtiliser; raffiner (*son style*), *péj.* alambiquer; *v/i.* subtiliser, raffiner.

sub·ti·tle [ˈsʌbtaitl] *livre, cin.*: sous-titre *m*.

sub·tle □ [ˈsʌtl] subtil, fin; raffiné;

rusé, astucieux (-euse *f*); **'sub·tle·ty** subtilité *f*; finesse *f*; ruse *f*.

sub·tract [səb'trækt] soustraire; **sub'trac·tion** soustraction *f*.

sub·urb ['sʌbəːb] faubourg *m*; *in the* ~*s* dans la *ou* en banlieue; **sub·ur·ban** [sə'bəːbən] de banlieue (*a. péj.*); suburbain; **Sub·ur·bi·a** F [sə'bəːbiə] la banlieue.

sub·ven·tion [səb'venʃn] subvention *f*; *industrie*: prime *f*; octroi *m* d'une subvention.

sub·ver·sion [sʌb'vəːʃn] subversion *f*; **sub'ver·sive** [~siv] subversif (-ve *f*) (de, of). [vertir.\]

sub·vert [sʌb'vəːt] renverser, sub-

sub·way ['sʌbwei] (passage *m ou* couloir *m*) souterrain *m*; *Am.* métro *m*; chemin *m* de fer souterrain.

sub-ze·ro ['sʌb'ziərou] au-dessous de zéro.

suc·ceed [sək'siːd] *v/t.* succéder (à q., à qch., [to] s.o., s.th.); suivre; *v/i.* réussir, arriver, aboutir; ~ *to* prendre la succession *ou* la suite de; hériter (de) (*biens etc.*); he ~*s in* (*gér.*) il réussit *ou* parvient à (*inf.*).

suc·cess [sək'ses] succès *m*, réussite *f*; (*bonne*) chance *f*; *he was a great* ~ il a eu un grand succès; **suc'cess·ful** □ [~ful] heureux (-euse *f*), réussi; couronné de succès; *be* ~ réussir; avoir du succès; **suc·ces·sion** [~'seʃn] succession *f*, suite *f*; *récoltes*: rotation *f*; héritage *m*; lignée *f*, descendants *m/pl*.; ~ *to the throne* avènement *m*; *in* ~ successivement, tour à tour; ~ *duty* droits *m/pl.* de succession; **suc'ces·sive** [~siv] □ successif (-ive *f*), consécutif (-ive *f*); **suc'ces·sor** successeur *m* (de of, to); ~ *to the throne* successeur *m* à la couronne.

suc·cinct □ [sək'siŋkt] succinct, concis.

suc·co·ry ♀ ['sʌkəri] chicorée *f*.

suc·co·tash *Am.* ['sʌkətæʃ] purée *f* de maïs et de fèves.

suc·co(u)r ['sʌkə] **1.** secours *m*, aide *f*; ✕ renforts *m/pl*.; **2.** secourir; aider, venir en aide à, venir à l'aide de; ✕ renforcer.

suc·cu·lence ['sʌkjuləns] succulence *f*; **'suc·cu·lent** □ succulent (*a. fig.*).

suc·cumb [sə'kʌm] succomber, céder.

such [sʌtʃ] **1.** *adj.* tel(le *f*); pareil(le

f); semblable; ~ *a man* un tel homme; *see another*; *there is no* ~ *thing* cela n'existe pas; *no* ~ *thing*! il n'en est rien!; ~ *as* tel que; ~ *and* ~ tel et tel; F ~ *a naughty dog* un chien si méchant; ~ *is life* c'est la vie; **2.** *pron.* tel(le *f*); ceux (celles *f/pl*.) *m/pl*.; **'such·like** de ce genre, de la sorte.

suck [sʌk] **1.** (*v/t. a.* ~ *out*) sucer; **2.** action *f* de sucer; *pompe*: succion *f*; *give* ~ donner la tétée *ou* le sein; **'suck·er** suceur (-euse *f*) *m*; ⊕ *pompe*: piston *m*; ♀ *arbre*: surgeon *m*, *plante*: rejeton *m*; *Am.* blanc-bec (*pl.* blancs-becs) *m*; niais *m*; **'suck·ing** à la mamelle (*enfant*); qui tette (*animal*); ~ *pig* cochon *m* de lait; **suck·le** ['~l] allaiter, nourrir; donner le sein à; **'suck·ling** allaitement *m*; nourrisson *m*.

suc·tion ['sʌkʃn] **1.** succion *f*; aspiration *f*; **2.** aspirant, d'aspiration; à succion; ~-*cleaner* (*ou* sweeper) aspirateur *m*.

sud·den □ ['sʌdn] soudain, brusque; *on a* ~, (*all*) *of a* ~ soudain, tout à coup; **'sud·den·ness** soudaineté *f*; brusquerie *f*.

su·dor·if·ic [sjuːdə'rifik] sudorifique (*a. su./m*).

suds [sʌdz] *pl.* eau *f* de savon; lessive *f*; **'suds·y** *Am.* plein *ou* couvert d'eau de savon.

sue [sjuː] *v/t.* poursuivre; (*usu.* ~ *out*) obtenir à la suite d'une requête; *v/i.* solliciter (de q., to s.o.); demander (qch., *for s.th.*).

suède [sweid] (peau *f* de) suède *m*; *chaussures*: daim *m*.

su·et ['sjuit] graisse *f* de rognon *ou* de bœuf; **'su·et·y** graisseux (-euse *f*).

suf·fer ['sʌfə] *v/i.* souffrir (de, from); être affligé (de, from); *v/t.* souffrir, éprouver; subir (*une peine, une défaite, une dépréciation*); ressentir (*une douleur*); tolérer, supporter; **'suf·fer·ance** tolérance *f*; *on* ~ par tolérance; **'suf·fer·er** victime *f*; ♂ malade *mf*; **'suf·fer·ing** souffrance *f*.

suf·fice [sə'fais] *v/i.* suffire (à, to); *v/t.* suffire à.

suf·fi·cien·cy [sə'fiʃnsi] suffisance *f*; quantité *f* suffisante; *a* ~ *of money* l'aisance *f*; **suf'fi·cient** □

assez de; suffisant; *I am not ~ of a naturalist* je ne suis pas assez naturaliste.

suf·fix *gramm.* ['sʌfiks] **1.** suffixer; **2.** suffixe *m*.

suf·fo·cate ['sʌfəkeit] *vt/i.* étouffer, suffoquer; **suf·fo'ca·tion** suffocation *f*; étouffement, *m*; **'suf·fo·ca·tive** □ qui suffoque; suffocant.

suf·fra·gan *eccl.* ['sʌfrəgən] évêque: suffragant *m*; **'suf·frage** suffrage *m*; (droit *m* de) vote *m*; voix *f*; **suf·fra·gette** [⌐'dʒet] suffragette *f*; **suf·fra·gist** [⌐'dʒist] partisan *m* du droit de vote (*surt.* des femmes).

suf·fuse [sə'fju:z] inonder; se répandre sur; **suf'fu·sion** [⌐ʒn] épanchement *m*; rougeur *f*; ♨ suffusion *f*.

sug·ar ['ʃugə] **1.** sucre *m*; **2.** sucrer; saupoudrer (*un gâteau*) de sucre; '~**ba·sin**, *Am.* '~**bowl** sucrier *m*; '~**cane** canne *f* à sucre; '~**coat** revêtir de sucre; *fig.* sucrer; '~**free** sans sucre; '~**loaf** pain *m* de sucre; '~**lump** morceau *m* de sucre; '~**plum** dragée *f*, bonbon *m*; '**sug·ar·y** sucré (*a. fig.*); *fig.* mielleux (-euse *f*).

sug·gest [sə'dʒest] suggérer (*a.* ♨, *a. psych.*); proposer; inspirer; évoquer, donner l'idée *m* ou que; insinuer; **sug'ges·tion** suggestion *f*; conseil *m*; *fig.* trace *f*, nuance *f*. **sug·ges·tive** □ [sə'dʒestiv] suggestif (-ive *f*); évocateur (-trice *f*); *péj.* grivois; *be ~ of s.th.* évoquer qch.; **sug'ges·tive·ness** caractère *m* suggestif.

su·i·cid·al □ [sjui'saidl] de suicide; *~ maniac* suicidomane *mf*; **su·i·cide** ['⌐said] **1.** suicide *m*; *personne*: suicidé(e *f*) *m*; **2.** *Am.* se suicider.

suit [sju:t] **1.** requête *f*; demande *f*; (*a. ~ of clothes*) *homme*: complet *m*; *femme*: ensemble *m*; *cartes*: couleur *f*; ⚖ procès *m*; *fig. follow ~* en faire autant; **2.** *v/t.* adapter, accommoder (*à* to, *with*); convenir à, aller à; être l'affaire *f* pour; être fait pour; être apte à; accommoder (*q.*); *~ed* fait (*pour* to, *for*); satisfaire; *be ~ed* avoir trouvé (*qch.*) qui convient; être satisfait; *v/i.* aller, convenir; **suit·a'bil·i·ty** convenance *f*; accord *m*; aptitude *f* (*à*, *for*); **'suit·a·ble** □ convenable, qui convient; bon, adapté (*à*, *to* for); **'suit·a·ble·ness** *see* suitability;

'**suit·case** mallette *f*, valise *f*; **suite** [swi:t] *prince, a.* ♩: suite *f*; *pièces*: appartement *m*; ameublement *m*; ensemble *m*; *salon*: mobilier *m*; *bedroom ~* chambre *f* à coucher; **suit·ing** ✝ ['sju:tiŋ] tissu *m* ou étoffe *f* pour complets; '**suit·or** soupirant *m*; ⚖ plaideur (-euse *f*) *m*.

sulk [sʌlk] **1.** (*a.* be in the ~*s*) bouder; faire la mine; **2.** ~*s pl.* (*ou* '**sulk·i·ness**) bouderie *f*; '**sulk·y 1.** □ boudeur (-euse *f*), maussade (*a.*); **2.** *sp.* sulky *m*.

sul·lage ['sʌlidʒ] eaux *f*/*pl.* d'égout; limon *m*; ⊕ scories *f*/*pl.*

sul·len □ ['sʌlən] maussade, morose (*personne*); morne, lugubre (*chose*); obstiné (*silence*); rétif (-ive *f*).

sul·phate ♮ ['sʌlfeit] sulfate *m*; **sul·phide** ♮ ['⌐faid] sulfure *m*; **sul·phon·a·mide** ♮ ['fɔnəmaid] sulfamide *m*.

sul·phur ♮ ['sʌlfə] **1.** soufre *m*; **2.** soufrer; **sul·phu·re·ous** [sʌl'fjuəriəs] sulfureux (-euse *f*); **sul·phu·ret·ted hy·dro·gen** ['⌐fjuretid 'haidridʒən] hydrogène *m* sulfuré, sulfure *m* d'hydrogène; **sul·phu·ric** [⌐'fjuərik] sulfurique, F vitriolique; *~ acid* acide *m* sulfurique; '**sul·phu·rize** ⊕ sulfurer (*un métal*); soufrer (*la laine*).

sul·tan ['sʌltən] sultan *m*; **sul·tan·a** [sʌl'tɑ:nə] sultane *f*; [səl'tɑ:nə] (*a.* ~ *raisin*) raisin *m* sec.

sul·tri·ness ['sʌltrinis] lourdeur *f*; **sul·try** □ ['sʌltri] étouffant, lourd; *fig.* chaud; *fig.* épicé.

sum [sʌm] **1.** somme *f*, total *m*; *fig.* fond *m*, essence *f*; F problème *m*; F ~*s pl.* calcul *m*; **2.** (*usu.* ~ *up*) additionner, faire la somme de; *fig.* résumer, récapituler.

sum·ma·rize ['sʌməraiz] résumer; '**sum·ma·ry 1.** □ sommaire (*a.* ⚖); succinct, en peu de mots; récapitulatif (-ive *f*); **2.** résumé *m*, sommaire *m*; récapitulation *f*.

sum·mer[1] ['sʌmə] **1.** été *m*; ~*house* pavillon *m*, kiosque *m* de jardin; ~ *resort* station *f* estivale; **2.** *vt/i.* estiver; *v/i. a.* passer l'été.

sum·mer[2] △ [~] poutre *f* de plancher; poitrail *m*; linteau *m* de baie.

sum·mer·like ['sʌməlaik], '**sum·mer·ly**, '**sum·mer·y** d'été; estival (-aux *m*/*pl.*).

sum·mit ['sʌmit] sommet *m* (*a. pol.*),

faîte *m* (*a. fig.*); cime *f*; *fig.* comble *m*; ~ conference conférence *f* au sommet.

sum·mon ['sʌmən] appeler; convoquer; sommer (⚖ de comparaître); *fig.* (*usu. ~ up*) faire appel à; **'sum·mon·er** convocateur *m*; † huissier *m*; **sum·mons** ['~z] appel *m*; ⚖ citation *f*, assignation *f*; ✝ convocation *f*; ✗ ~ *to surrender* sommation *f*.

sump *mot.* [sʌmp] (fond *m* de) carter *m*.

sump·ter ['sʌmptə] (*usu.* ~*-horse*, ~*-mule*) cheval *m* *ou* mulet *m* de somme.

sump·tu·ar·y ['sʌmptjuəri] somptuaire.

sump·tu·ous □ ['sʌmptjuəs] somptueux (-euse *f*), fastueux (-euse *f*); **'sump·tu·ous·ness** faste *m*; richesse *f*; somptuosité *f*.

sun [sʌn] **1.** soleil *m*; **2.** du *ou* au *ou* de soleil, par le soleil; **3.** *v/t.* exposer au soleil; ~ *o.s.* se chauffer au soleil; prendre le soleil; **~·baked** brûlé par le soleil; **~·beam** ['sʌnbiːm] rayon *m* de soleil.

sun·burn ['sʌnbəːn] hâle *m*; 🔥 coup *m* de soleil; **'sun·burnt** basané; brûlé par le soleil.

sun·dae *Am.* ['sʌnd(e)i] glace *f* aux fruits.

Sun·day ['sʌndi] dimanche *m*.

sun·der *poét.* ['sʌndə] (se) séparer; *v/t.* fendre en deux.

sun·di·al ['sʌndaiəl] cadran *m* solaire, gnomon *m*.

sun·down ['sʌndaun] coucher *m* du soleil; *Am.* occident *m*; *Am.* chapeau *m* à larges bords; **'sun·down·er** petit verre *m* pris au coucher du soleil.

sun·dry ['sʌndri] **1.** divers; **2.** *sundries pl. surt.* ✝ articles *m/pl.* divers; frais *m/pl.* divers.

sung [sʌŋ] † *prét. et p.p. de sing.*

sun···: '**~·glass·es** *pl.* (*a. a pair of ~*) (des) lunettes *f/pl.* fumées *ou* solaires; '**~·hel·met** casque *m* colonial.

sunk [sʌŋk] *p., a. prét. de sink.*

sunk·en ['sʌŋkən] sombré; *fig.* creux (creuse *f*) (*joues, yeux*); ⊕ enterré.

sun-lamp *cin.* ['sʌnlæmp] grand réflecteur *m*.

sun·lit ['sʌnlit] ensoleillé; éclairé par le soleil.

sun·ni·ness ['sʌninis] caractère *m* ensoleillé; *fig.* gaieté *f*; '**sun·ny** □ ensoleillé; de soleil; *fig.* rayonnant; *fig.* heureux (-euse *f*).

sun···: '**~·rise** lever *m* du soleil; '**~·room** solarium *m*; '**~·set** coucher *m* du soleil; '**~·shade** ombrelle *f*; ⊕, *a. mot.* pare-soleil *m/inv.*; '**~·shine** (lumière *f* du) soleil *m*; *mot.* ~·*roof* toit *m* découvrable *ou* ouvrant; '**~·shin·y** ensoleillé, de soleil; '**~·spot** *astr.* tache *f* solaire; '**~·stroke** 🔥 coup *m* de soleil; insolation *f*; '**~·up** lever *m* du soleil.

sup [sʌp] *v/i.* souper (de *off, on*); *v/t.* donner à souper à (*q.*).

su·per[1] ['sjuːpə] **1.** *théâ., a. cin.* F figurant(e *f*) *m*; **2.** F *mesure:* carré; ✝ surfin.

su·per-[2] [~] super-; plus que; sus-.

su·per···: ~·**a'bound** surabonder (de, en *in, with*); foisonner (de *in, with*); ~·**a'bun·dant** □ surabondant; ~*ly* surabondamment; '~·**add** surajouter; ~·**an·nu·ate** [~'rænjueit] mettre à la retraite; *fig.* mettre au rancart; ~*d* suranné; démodé; en retraite (*personne*); ~·**an·nu·a·tion** mise *f* en retraite; ~ *fund* caisse *f* des retraites.

su·perb □ [sjuː'pəːb] superbe, magnifique.

su·per·car·go ⚓ ['sjuːpəkɑːgou] subrécargue *m*; '**su·per·charg·er** *mot.* (sur)compresseur *m*; **su·per·cil·i·ous** □ [~'siliəs] hautain, dédaigneux (-euse *f*); **su·per'cil·i·ous·ness** hauteur *f*; arrogance *f*; **su·per'dread·nought** super-dreadnought *m* (= *grand cuirassé*); **su·per·er·o·ga·tion** [~rero'geiʃn] surérogation *f*; **su·per·e·rog·a·to·ry** □ ['~re'rogətəri] surérogatoire; **su·per·fi·cial** □ [~'fiʃl] superficiel(le *f*); **su·per·fi·ci·al·i·ty** [~fiʃi'æliti] superficialité *f*; **su·per·fi·ci·es** [~'fiʃiːz] superficie *f*; '**su·per'fine** superfin; ✝ surfin; *fig.* raffiné; **su·per·flu·i·ty** [~'fluiti] superfluité *f*; embarras *m* (de, of); **su·per·flu·ous** □ [sjuː'pəːfluəs] superflu; **su·per'heat** ⊕ surchauffer; **su·per·het** [~'het] *radio:* super-hétérodyne *f*.

su·per···: ~·**hu·man** □ [~'hjuːmən] surhumain; ~·**in·duce** [~'rin'djuːs] surajouter à, [*up*]on; superposer (sur, [*up*]on); ~·**in·tend** [~prin'tend] surveiller, diriger; présider à; ~·**in-**

'**tend·ence** direction *f*, surveillance *f*; ~**in'tend·ent 1.** surveillant(e *f*) *m*; directeur (-trice *f*) *m*; **2.** surveillant.

su·pe·ri·or [sju:'piəriə] **1.** □ supérieur (à, to); *fig.* arrogant, de supériorité; *fig.* au-dessus (de, to); **2.** supérieur(e *f*) *m* (a. *eccl.*); ♀ mère *f* abbesse; **su·pe·ri·or·i·ty** [~'ɔriti] supériorité *f*.

su·per·la·tive [sju:'pə:lətiv] **1.** □ suprême; F *a.* gramm. superlatif (-ive *f*); **2.** *gramm.* (a. ~ degree) superlatif *m*; '**su·per'man** surhomme *m*; '**su·per'mar·ket** supermarché *m*; '**su·per'nat·u·ral** □ surnaturel (-le *f*); **su·per·nu·mer·a·ry** [~'nju:mərəri] **1.** surnuméraire (*a. su./m*); **2.** *théâ.* figurant(e *f*) *m*; '**su·per'pose** superposer (à, [up]on); '**su·per·po'si·tion** superposition *f*; *géol.* disposition *f* en couches; stratification *f*; '**su·per'pow·er** *pol.* superpuissance *f*; '**su·per'scribe** mettre une inscription sur; mettre l'adresse sur; **su·per'scrip·tion** inscription *f*; adresse *f*; **su·per'sede** [~'si:d] remplacer; *fig.* démonter; *fig.* supplanter; **su·per'ses·sion** remplacement *m*; évincement *m*; **su·per·son·ic** *phys.* [~'sɔnik] ultrasonore; supersonique; **su·per·sti·tion** [~'stiʃn] superstition *f*; **su·per'sti·tious** □ [~'[?]əs] superstitieux (-euse *f*); **su·per·struc·ture** [~'strʌktʃə] superstructure *f*; **su·per·vene** [~'vi:n] survenir; arriver (à la suite de, [up]on); **su·per·ven·tion** [~'venʃn] survenance *f*, survenue *f*; **su·per·vise** [~'vaiz] surveiller, diriger; **su·per·vi·sion** [~'viʒn] surveillance *f*; direction *f*; **su·per·vi·sor** [~'vaizə] surveillant(e *f*) *m*; directeur (-trice *f*) *m*.

su·pine 1. *gramm.* ['sju:pain] supin *m*; **2.** □ [~'pain] couché *ou* étendu sur le dos; *fig.* indolent; mou (mol *devant une voyelle ou un h muet*; molle *f*); nonchalant; **su·pine·ness** indolence *f*, mollesse *f*, inertie *f*.

sup·per ['sʌpə] souper *m*; *the* (*Lord's*) ♀ la Cène *f*.

sup·plant [sə'plɑ:nt] supplanter; remplacer; évincer (*q.*); F dégommer.

sup·ple ['sʌpl] **1.** □ souple; complaisant; **2.** assouplir.

sup·ple·ment 1. ['sʌplimənt] supplément *m*; annexe *f*, appendice *m*; **2.** [~'ment] ajouter à, compléter; **sup·ple'men·tal** □, **sup·ple'men·ta·ry** supplémentaire (de, to); additionnel(le *f*) (à, to); ~ allocation *f* supplémentaire; ✝ ~ *order* commande *f* renouvelée; *take a* ~ *ticket* prendre un billet supplémentaire.

sup·ple·ness ['sʌplnis] souplesse *f* (*a. fig.*); *fig.* complaisance *f*.

sup·pli·ant ['sʌpliənt] **1.** □ suppliant; de supplication; **2.** suppliant(e *f*) *m*.

sup·pli·cate ['sʌplikeit] supplier (pour obtenir, for; de *inf.*, to *inf.*); prier avec instance; **sup·pli'ca·tion** supplication *f*; supplique *f*; **sup·pli·ca·to·ry** ['~kətəri] supplicatoire, de supplication.

sup·pli·er [sə'plaiə] fournisseur (-euse *f*) *m* (*a.* ✝); pourvoyeur (-euse *f*) *m*.

sup·ply [sə'plai] **1.** fournir, approvisionner, munir (de, with); combler (*une lacune*); réparer (*une omission*); remplir; répondre à (*un besoin*); remplacer (*q.*); **2.** approvisionnement *m*; ravitaillement *m* (*a. en munitions*); provision *f*; service *m* de (*gaz etc.*); ✝ offre *f*; *usu.* supplies *pl.* ✝ fournitures *f/pl.*; *parl.* budget *m*; crédits *m/pl.*; ⚔ vivres *m/pl.*; approvisionnements *m/pl.*; ravitaillement *m* en munitions; *be in short* ~ manquer; *on* ~ par intérim; ~ *teacher* (professeur *mf*) suppléant(e *f*) *m*; *parl.* Committee of ♀ commission *f* du budget.

sup·port [sə'pɔ:t] **1.** appui *m*, soutien *m* (*a.* ⊕, *a. fig.*); ⊕ soutènement *m*; maintien *m*, entretien *m*; ressources *f/pl.*; ⚔ (troupes *f/pl.* de) soutien *m*; **2.** appuyer (*a. fig.*); soutenir (*a. parl. une motion, a. théâ. un rôle*); maintenir; entretenir; subvenir aux besoins de (*une famille*); venir à l'appui de (*une opinion etc.*); tolérer (*une injure*); entourer (*un président etc.*); *théâ.* donner la réplique à (*le premier rôle*); seconder; *théâ.* ~*ing part* rôle *m* secondaire; *cin.* ~*ing programme* film *m* *ou* -s *m/pl.* d'importance secondaire; △ ~*ing wall* mur *m* d'appui; **sup'port·a·ble** □ tolérable, supportable; soutenable (*opinion*); **sup-port·er** adhérent(e *f*) *m*; partisan (-e *f*) *m*; *sp*. supporter *m*; défenseur *m* (*d'une opinion*); Ø support *m*; *appareil*: soutien *m*.

sup·pose [sə'pouz] supposer, s'imaginer; croire; *he is* ~d *to* (*inf.*) il est censé (*inf.*); ~ (*that*), *supposing* (*that*) admettons que (*sbj.*), supposé que (*sbj.*); F ~ *we do so* eh bien! et puis après?; *he is rich, I* ~ je suppose qu'il est riche.

sup·posed □ [sə'pouzd] supposé, prétendu; soi-disant; **sup'pos·ed·ly** [~idli] probablement.

sup·po·si·tion [sʌpə'ziʃn] supposition *f*; hypothèse *f*; **sup·pos·i·ti·tious** □ [səpɔzi'tiʃəs] faux (fausse *f*), supposé; **sup'pos·i·to·ry** ✻ [~təri] suppositoire *m*.

sup·press [sə'pres] supprimer; réprimer; **sup·pres·sion** [sə'preʃn] suppression *f*; répression *f*; étouffement *m*; **sup·pres·sive** □ [~'presiv] suppressif (-ive *f*), répressif (-ive *f*); **sup'pres·sor** personne *f* qui supprime *ou* réprime; *radio*: grille *f* de freinage; *télév.* antiparasite *m*.

sup·pu·rate ['sʌpjureit] suppurer; **sup·pu·ra·tion** suppuration *f*.

su·prem·a·cy [sju'preməsi] suprématie *f* (*sur, over*); **su·preme** □ [sju'pri:m] suprême (*a. poét. heure*); souverain.

sur·charge 1. [sə:'tʃɑːdʒ] surcharger (*de, with*; *a. un timbre-poste*); surtaxer; **2.** ['~] surcharge *f* (*a. timbre-poste*); charge *f* excessive; *lettre*: surtaxe *f*.

surd ♪ [sə:d] **1.** incommensurable; irrationnel(le *f*); **2.** quantité *f* incommensurable; racine *f* irrationnelle.

sure □ [ʃuə] sûr, certain; *to be* ~!, F ~ *enough!*, *Am.* ~! vraiment!, en effet!, bien sûr; *Am.* F ~ *fire* infaillible; absolument sûr; *Am.* F ~ *thing!* bien sûr!; mais oui!; *it's a* ~ *thing* c'est une certitude, c'est sûr et certain; *I'm* ~ *I don't know* je ne sais vraiment pas; *he is* ~ *to return* il reviendra sûrement *ou* à coup sûr; *make* ~ s'assurer (*de, of*); prendre les dispositions nécessaires (pour *inf.*, *to inf.*); *be* ~ *to write* ne manquez pas d'écrire; **'sure·ly** assurément; certainement; **'sure·ness** sûreté *f*; cer-

titude *f*; **'sure·ty** caution *f*, garant(e *f*) *m*; † garantie *f*.

surf [sə:f] **1.** ressac *m*; brisants *m/pl.*; **2.** (*a.* ~*ride, go* ~*ing*) surfer, faire du surfing; ~ *board* planche *f* de surf.

sur·face ['sə:fis] **1.** surface *f*; *fig.* dehors *m*; ✈ *supporting* (*ou lifting*) ~ aile *f* voilure; ✈ *control* ~ gouverne *f*; **2.** *v/i.* revenir en *ou* faire surface; '~·**man** 🚂 cheminot *m*.

sur·feit ['sə:fit] **1.** excès *m*, surabondance *f*; *fig.* dégoût *m*; **2.** (se) gorger (*de on, with*) (*a. fig.*).

surf-rid·ing ['sə:fraidiŋ] *sp.* planking *m*; sport *m* de l'aquaplane.

surge [sə:dʒ] **1.** houle *f*; vague *f* (*a. ⚡ de courant*); lame *f* de fond; **2.** se soulever; être *ou* devenir houleux; *fig.* se répandre en flots.

sur·geon ['sə:dʒən] chirurgien(ne *f*) *m*; ⚓, ⚔ médecin *m* (militaire); **sur·ger·y** ['sə:dʒəri] chirurgie *f*; médecine *f* opératoire; *endroit*: cabinet *m* de consultation; dispensaire *m*.

sur·gi·cal □ ['sə:dʒikl] chirurgical (-aux *m/pl.*), de chirurgie.

sur·li·ness ['sə:linis] maussaderie *f*; caractère *m* hargneux; air *m* bourru; **'sur·ly** □ maussade; hargneux (-euse *f*); bourru.

sur·mise 1. ['sə:maiz] conjecture *f*, supposition *f*; **2.** [~'maiz] conjecturer; soupçonner.

sur·mount [sə:'maunt] surmonter (*a. fig.*); *fig.* triompher de (*qch.*); ~*ed by* (*ou with*) surmonté *ou* couronné de; **sur'mount·a·ble** surmontable.

sur·name ['sə:neim] **1.** nom *m* (de famille); **2.** donner un nom de famille à); ~*d* surnommé.

sur·pass *fig.* [sə:'pɑːs] surpasser; dépasser; **sur'pass·ing** □ sans égal (-aux *m/pl.*); prééminent.

sur·plice *eccl.* ['sə:pləs] surplis *m*.

sur·plus ['sə:pləs] **1.** surplus *m*, excédent *m*; **2.** d'excédent; surplus de; **'sur·plus·age** *see* surplus 1; surabondance *f*; ⚖ redondance *f*.

sur·prise [sə'praiz] **1.** surprise *f*; étonnement *m*; ⚔ coup *m* de main; *take by* ~ prendre au dépourvu, surprendre; **2.** à l'improviste; **3.** étonner; surprendre (*a.* ⚔); **sur'pris·ing** □ étonnant, surprenant.

sur·re·al·ism [sə'riəlizm] *art*: sur-

swallow

sur·ren·der [sə'rendə] **1.** ⚔ reddition *f*; abandon *m*; **2.** *v/t.* abandonner (*a. fig.*); ⚔ rendre; *v/i.* (*a. ~ o.s.*) se rendre.

sur·rep·ti·tious □ [sʌrəp'tiʃəs] clandestin, subreptice.

sur·ro·gate ['sʌrəgit] suppléant(e *f*) *m*; ⚖, *eccl.* subrogé(e *f*) *m*.

sur·round [sə'raund] entourer (*a.* ⚔); cerner; investir (*une ville*); **sur'round·ing 1.** environnant, d'alentour; **2.** ~s *pl.* environnement *m*; milieu *m*; entourage *m*.

sur·tax ['sə:tæks] surtaxe *f*.

sur·veil·lance [sə:'veiləns] surveillance *f*.

sur·vey 1. [sə:'vei] contempler, promener ses regards sur; examiner attentivement; *surv.* arpenter (*un terrain*); faire le levé du plan de; **2.** ['sə:vei] vue *f* générale, aperçu *m*; étude *f* (*de la situation*); inspection *f*, visite *f*; *surv.* terrain: arpentage *m*; levé *m* (des plans); **sur'vey·ing 1.** arpentage *m*, géométrie *f* expert; *admin.* inspecteur (-trice *f*) *m*; contrôleur (-euse *f*) *m*.

sur·viv·al [sə'vaivl] survivance *f*; restant *m*; ⚖ survie *f* à; **sur'vive** [~'vaiv] *v/t.* survivre à; *v/i.* survivre; demeurer en vie; subsister; **sur'vi·vor** survivant(e *f*) *m*.

sus·cep·ti·bil·i·ty [səseptə'biliti] prédisposition *f* (à, to), susceptibilité *f*; *souv.* susceptibilities *pl.* sensibilité *f*; **sus'cep·ti·ble** □, **sus'cep·tive** sensible, prédisposé (à of, to); *be* ~ *of* se prêter à (*qch.*); être susceptible de.

sus·pect 1. [sə'spekt] soupçonner; avoir idée (que, *that*); se douter de (*qch.*); **2.** ['sʌspekt] suspect(e *f*) *m*; **3.** [~] (*a. ~ed*) suspect.

sus·pend [sə'spend] pendre; suspendre (*fonctionnaire, jugement, paiements, poursuite, travail, etc.*); cesser; ⚔ mettre (*un officier*) en non-activité; *parl.* exclure temporairement; ⚖ surseoir à (*un jugement*); *sp.* exécuter (*un joueur*), mettre (*un jockey*) à pied; ~ed suspendu; interrompu; ~ed *animation* vie syncope *f*; *fig.* suspens *m*; **sus'pend·er** suspensoir *m*; *surt. Am.* ~s *pl.* bretelles *f/pl.*; jarretelles *f/pl*; fixe-chaussettes *m/inv.*

sus·pense [sə'spens] suspens *m*; incertitude *f*; *in* ~ pendant(e *f*); ✝ ~ *account* compte *m* d'ordre; **sus·pen·sion** [~'penʃn] suspension *f*; ⚖ jugement: surséance *f*; *parl.* député: exclusion *f* temporaire; *sp.* exécution *f*; mise *f* à pied (*d'un jockey*); ~*bridge* pont *m* suspendu; ~*railway* chemin *m* de fer suspendu; **sus'pen·sive** □ suspensif (-ive *f*); **sus·pen·so·ry** [~'pensəri] **1.** suspensif (-ive *f*); **2.** *anat.* suspenseur *m*; ⚕ ~ *bandage* suspensoir *m*.

sus·pi·cion [sə'spiʃn] soupçon *m* (*a. fig.*); *fig.* sourire: ébauche *f*; **sus·pi·cious** □ [sə'spiʃəs] suspect; équivoque, louche; méfiant; **sus'pi·cious·ness** caractère *m* suspect *etc.*; méfiance *f*.

sus·tain [sə'stein] *usu.* soutenir (*a. fig.*); entretenir (*la vie*); appuyer (*des témoignages*); essuyer (*une perte*); **sus'tain·a·ble** soutenable (*a. fig.*); **sus'tained** soutenu, nourri (*a. fig.*); continu.

sus·te·nance ['sʌstinəns] sustentation *f*; subsistance *f*; nourriture *f*.

sut·ler ⚔ ['sʌtlə] cantinier (-ère *f*) *m*; *sl.* mercanti *m*.

su·ture ['sju:tʃə] **1.** ⚘, ⚕, *anat.* suture *f*; **2.** suturer.

su·ze·rain ['su:zərein] suzerain *m*; **'su·ze·rain·ty** suzeraineté *f*.

swab [swɔb] **1.** torchon *m*; ⚓ faubert *m*; ⚕ tampon *m* d'ouate; ⚕ prélèvement *m* (dans, of); *sl.* andouille *f*; *sl.* ⚓ marin *m* d'eau douce; **2.** (*a. ~ down*) nettoyer; ⚓ fauberter.

swad·dle ['swɔdl] **1.** emmailloter (de, with); *swaddling clothes* *pl.* maillot *m*; F *fig.* langes *m/pl.*; **2.** lange *m*; bande *f*.

swag·ger ['swægə] **1.** crâner, se pavaner, se donner des airs; fanfaronner; **2.** F ultra-chic *inv.* en genre; élégant; **3.** air *m* avantageux, rodomontades *f/pl.*; '~*cane* ⚔ jonc *m* d'officier; jonc *m* de tenue de sortie.

swain [swein] ✝ berger *m*; *poét.*, *a. co.* soupirant *m*.

swal·low¹ *orn.* ['swɔlou] hirondelle*f*.

swal·low² [~] **1.** gosier *m*; gorgée *f*; **2.** *v/t.* avaler (*a. fig. une histoire, un affront*); gober (*une huître, a. fig.* [*qqfois* ~ *up*] *une histoire*); *fig.*

ravaler (*ses paroles*); mettre dans sa poche (*son orgueil*); *v/i.* avaler.

swam [swæm] *prét.* de swim 1.

swamp [swɔmp] **1.** marais *m*, marécage *m*; **2.** inonder (*a. fig.*); ⚓ remplir d'eau, submerger; *fig.* déborder (de, *with*); écraser; '**swamp·y** marécageux (-euse *f*).

swan [swɔn] cygne *m*.

swank *sl.* [swæŋk] **1.** prétention *f*, épate *f*; **2.** prétentieux (-euse *f*); snob *adj./inv.*; **3.** crâner, faire de l'épate.

swan-neck ['swɔnnek] ⊕ cou *m* de cygne; ⚓ *gui:* aiguillot *m*; **swan·ner·y** ['ꞏꞏ əri] endroit *m* où on élève des cygnes; '**swan-song** chant *m* du cygne (*a. fig.*).

swap F [swɔp] troquer, échanger.

sward [swɔːd] gazon *m*; pelouse *f*.

swarm[1] [swɔːm] **1.** essaim *m*; *sauterelles*: vol *m*; *fig.* foule *f*, troupe *f*; **2.** essaimer; *fig.* fourmiller (de, *with*).

swarm[2] [ꞏ] (*usu.* ~ *up*) escalader; monter à.

swarth·i·ness ['swɔːθinis] teint *m* basané; '**swarth·y** □ basané, noiraud, brun.

swash [swɔʃ] **1.** *v/i.* clapoter; *v/t.* clapoter contre; faire jaillir; **2.** clapotis *m*, *vagues:* clapotage *m*; ~**buck·ler** ['ꞏbʌklə] rodomont *m*, fanfaron *m*.

swas·ti·ka ['swɔstikə] svastika *m*; croix *f* gammée.

swat [swɔt] **1.** frapper; écraser (*une mouche*); **2.** coup *m*.

swath ⚔ [swɔːθ] andain *m*, fauchée *f*.

swathe [sweið] **1.** bandage *m*, bande *f*; *see* swath; **2.** emmailloter, envelopper; rouler.

sway [swei] **1.** balancement *m*; oscillation *f*; *mot.* roulis *m*; empire *m*, domination *f*; **2.** *v/t.* balancer; influencer; gouverner; *v/i.* osciller, se balancer; *fig.* incliner, pencher.

swear [swɛə] **1.** [*irr.*] *v/t.* jurer (qch., *by s.th.*); prêter serment; sacrer, blasphémer; ~ *to* attester (*qch.*) sous serment; ~ *at* maudire (*qch.*); ~ *by se* fier à; *v/t.* jurer (de, *to*); faire (*un serment*); faire jurer (q.); ~ *s.o.* faire prêter serment à q.; *be sworn* (*in*) prêter serment; **2.** ~ *off* jurer de renoncer à; **2.** F (*a.* ~*-word*) juron *m*.

sweat [swet] **1.** sueur *f*, transpira-

tion *f*; ⊕ ressuage *m*; *sl.* corvée *f*, ⚔ F *old* ~ vieux troupier *m*; *by the* ~ *of one's brow* à la sueur de son front; **2.** [*irr.*] *v/i.* suer, transpirer; *v/t.* (faire) suer; ⚓ faire transpirer; exploiter (*un ouvrier*); ⊕ souder (*un câble*) à l'étain; '**sweat·ed** fait à la sueur des ouvriers (-ères *f*); '**sweat·er** chandail *m*; tricot *m*; F pull *m*; ~**shirt** sweat-shirt *m*; '~**shop** atelier *m* où les ouvriers sont exploités; '**sweat·y** en sueur; imprégné de sueur; d'une chaleur humide.

Swede [swiːd] Suédois(e *f*) *m*; ⚘ *ℓ* navet *m* de Suède, chou-navet *m* (*pl.* choux-navets) *m*.

Swedish ['swiːdiʃ] **1.** suédois; **2.** *ling.* suédois *m*; the ~ *pl.* les Suédois *m/pl.*

sweep [swiːp] **1.** [*irr.*] *v/t.* balayer (*une pièce, a. fig. une robe, les mers, etc.*); *fig.* parcourir; *fig.* (*souv. avec adv.*) entraîner; ramoner (*la cheminée*); *fig.* effleurer (*les cordes d'une harpe*); ⚔ enfiler; *fig.* embrasser du regard; tracer (*une courbe*); *v/i.* s'étaler, s'étendre; *fig.* (*usu. avec adv.*) avancer rapidement; envahir, parcourir; entrer *etc.* d'un air majestueux; ~ *for mines* draguer des mines; ~ *in* entrer vivement ou majestueusement; **2.** coup *m* de balai *ou* de pinceau *ou* de faux; geste *m* large; mouvement *m* circulaire; courbe *f*; ligne *f* ininterrompue; *fig.* mouvement *m* majestueux; ♪ *harpe:* effleurement *m*; *mot.* virage *m*; *fleuve:* course *f* rapide; *maison:* allée *f*; *télév.* balayage *m*; étendue *f*, envergure *f*; ⚔ *etc.* portée *f* (*a. fig.*); ⊕ zone *f* de jeu; *formes d'un navire:* courbure *f*; *colline:* versant *m*; ramoneur *m* (*de cheminées*); *embarcation etc.:* aviron *m* de queue; *pompe etc.:* balancier *m*; F *sweepstake m*; *make a clean* ~ faire table rase (de, *of*); *jeu:* faire rafle; *fig. at one* ~ d'un seul coup; '**sweep·er** balayeur *m* (*de rues*); *machine:* balayeuse *f*; '**sweep·ing 1.** □ rapide; entier (-ère *f*); par trop absolu (*affirmation*); allongé, élancé (*lignes*); **2.** ~*s pl.* ordures *f/pl.*, balayures *f/pl.*; **sweep·stake** ['ꞏsteik] sweepstake *m*, poule *f*.

sweet [swiːt] **1.** □ doux (douce *f*); sucré; mélodieux (-euse *f*); gentil(le f) (*personne*); odorant; agréable; sain (*haleine, sol, etc.*); ~ oil huile f douce; *souv.* huile f d'olive; ♀ ~ pea pois m de senteur; ♀ ~william œillet m de poète; *have a* ~ tooth aimer les douceurs; 2. chérie f; bonbon m; *cuis.* entremets m (sucré); ~s pl. confiseries f/pl.; friandises f/pl.; *fig.* délices f/pl.; '~bread ris m de veau ou qqfois d'agneau; 'sweet·en sucrer; adoucir (*a. fig.*); assainir (*l'air, le sol, etc.*); 'sweet·en·er édulcorant m; *fig.* pot-de-vin m (*pl.* pots-de-vin); 'sweet·heart bien-aimé(e f) m; chéri(e f) m; 'sweet·ish assez doux (douce f); 'sweet·meat bonbon m, ~s pl. sucreries f/pl.; 'sweet·ness douceur f (*a. fig.*); *fig.* gentillesse f; air etc.: fraîcheur f; 'sweet·shop confiserie f.

swell [swel] 1. [*irr.*] v/i. se gonfler (*a. voiles*); s'enfler (*a. fig.* jusqu'à devenir qch., *into* s.th.); grossir; se soulever (*mer*); *fig.* augmenter; v/t. gonfler, enfler; augmenter; 2. F élégant, chic *inv. en genre*; *sl.* bath; 3. bosse f; terrain: ondulation f; gonflement m; *J* orgue: soufflet m, crescendo m (et diminuendo m); ♨ houle f; F élégant(e f) m; the ~s pl. le gratin f; 'swell·ing 1. enflure f; tumeur f; gonflement m; *vagues:* soulèvement m; *mot. etc.* hernie f; 2. □ qui s'enfle ou se gonfle; enflé, gonflé; boursouflé (*style*). [nage.]

swel·ter ['sweltə] étouffer; être en]

swept [swept] *prét. et p.p. de* sweep 1.

swerve [swə:v] v/i. faire un écart; *mot.* faire une embardée; dévier; *foot.* crocheter; v/t. faire écarter; *mot.* faire faire une embardée; faire dévier (*la balle*).

swift [swift] 1. □ rapide; prompt; 2. *orn.* martinet m; 'swift·ness vitesse f; promptitude f.

swig [swig] F 1. gorgée f; grand coup m; 2. boire à grands coups; lamper.

swill [swil] 1. lavage m à grande eau; pâtée f pour les porcs; F *péj.* rinçure f, mauvaise boisson f; 2. v/t. laver à grande eau; v/i. avaler; boire comme une éponge.

swim [swim] 1. [*irr.*] v/i. nager; être inondé (de, *with*); *my head* ~s

la tête me tourne; v/t. traverser à la nage; faire (*une distance etc.*) à la nage; faire nager (*un cheval*); 2. action f de nager; *be in the* ~ être à la page; être lancé.

swim·ming ['swimiŋ] 1. nage f; natation f; 2. □ de natation; ~ly F à merveille; ~ pool piscine f; ~ trunks pl. (a pair of ~ trunks un) caleçon de bain.

swim·suit ['swimsju:t] maillot m (de bain).

swin·dle ['swindl] 1. v/t. escroquer (qch. à q., *s.o.* out of s.th.); v/i. faire de l'escroquerie; 2. escroquerie f, filouterie f; 'swin·dler escroc m, filou m; *sl.* floueur (-euse f) m.

swine *poét.*, *zo.*, *fig. péj.* [swain], *pl.* swine cochon m; *sl.* salaud m; 'swine·herd porcher m.

swing [swiŋ] 1. [*irr.*] v/i. se balancer, osciller, tournoyer, pivoter; ♨ éviter (*sur l'ancre*); être pendu; ✕ faire une conversion (vers, to); ~ along avancer en scandant le pas; ~ *into motion* se mettre en mouvement; ~ to se refermer (*porte*); v/t. (faire) balancer, faire osciller; faire pivoter; pendre; brandir; 2. balancement m; coup m balancé; va-et-vient m/inv.; balançoire f (*d'enfant*); mouvement m rythmé; ♨ évitage m; *fig.* entrain m, marche f; *J*, *a. box.* swing m; *in full* ~ en pleine marche; ~ **bridge** pont m tournant; ~ **door** porte f battante, porte f à bascule.

swinge·ing □ ['swindʒiŋ] énorme; écrasant.

swing·ing □ F ['swiŋiŋ] balançant, oscillant; à bascule; *fig.* cadencé; *fig.* entraînant; *Am.* ~ *door see* swing door; *⚓* ~ temperature température f variable.

swin·gle ⊕ ['swiŋgl] 1. teiller, écanguer (*le lin*, *le chanvre*); 2. écang m; '~tree palonnier m.

swin·ish □ ['swainiʃ] de cochon; bestial (-aux m/pl.).

swipe [swaip] 1. frapper à toute volée; F donner une taloche à; *Am. sl.* chipper; 2. F taloche f; ~s pl. petite bière f, bibine f.

swirl [swə:l] 1. (faire) tournoyer ou tourbillonner; 2. remous m; tourbillon(nement) m.

swish [swiʃ] 1. v/i. bruire; siffler; v/t. fouetter; faire siffler; 2. bruissement *m*; sifflement *m*; frou(-)frou *m*; **3.** F chic *inv. en genre*, élégant.

Swiss [swis] **1.** suisse; **2.** Suisse(sse *f*) *m*; the ~ *pl.* les Suisses *m/pl.*

switch [switʃ] **1.** badine *f*; houssine *f* (*a. de cavalier*); 🌿 aiguille *f*; ⚡ interrupteur *m*, commutateur *m*; *cheveux*: postiche *m*; **2.** cingler; housser; 🌿 aiguiller (*a. fig.*); manœuvrer (*un train*); ⚡ (*souv.* ~ over) commuter (*le courant*); ⚡ on (off) allumer (éteindre); '~**back** montagnes *f/pl.* russes; '~**board** ⚡ panneau *m ou* tableau *m* de distribution; *telephone* ~ standard *m* téléphonique; '~**box** caisson *m* d'interrupteur, boîte *f* de distribution; '~**le·ver** 🌿 levier *m* d'aiguille.

swiv·el [⊕ ['swivl] émerillon *m*; pivot *m*; *attr.* tournant, pivotant; à pivot.

swol·len ['swouln] *p.p. de* swell 1.

swoon [swuːn] **1.** évanouissement *m*; ♪ syncope *f*; **2.** s'évanouir.

swoop [swuːp] **1.** (*usu.* ~ down) s'abattre, foncer (sur, [up]on); **2.** descente *f* rapide; attaque *f* inattendue.

swop F [swɔp] troquer.

sword [sɔːd] épée *f*; *cavalry* ~ sabre *m* de cavalerie; '~**cane** canne *f* à épée; '~**knot** dragonne *f*.

swords·man ['sɔːdzmən] épéiste *m*, escrimeur *m*, F lame *f*; '**swords·man·ship** escrime *f*.

swore [swɔː] *prét. de* swear 1.

sworn [swɔːn] *p.p. de* swear 1; ⚖ juré, assermenté.

swot *école sl.* [swɔt] **1.** travail *m* intense, *sl.* turbin *m*; *personne*: bûcheur (-euse *f*) *m*; **2.** bûcher, piocher, potasser.

swum [swʌm] *p.p. de* swim 1.

swung [swʌŋ] *prét. et p.p. de* swing 1.

syb·a·rite ['sibərait] sybarite (*a. su./mf*).

syc·o·phant ['sikəfənt] sycophante *m*; flagorneur (-euse *f*) *m*; adulateur (-trice *f*) *m*; **syc·o·phan·tic** [sikə'fæntik] (~*ally*) adulateur (-trice *f*); ~*ally* bassement.

syl·lab·ic [si'læbik] (~*ally*) syllabique; **syl·la·ble** ['siləbl] syllabe *f*.

syl·la·bus ['siləbəs] *cours, études*: programme *m*; *eccl.* syllabus *m*.

syl·lo·gism *phls.* ['silədʒizm] syllogisme *m*.

sylph [silf] sylphe *m*; sylphide *f* (*a. fig.*).

sym·bi·o·sis *biol.* [simbai'ousis] symbiose *f*.

sym·bol ['simbəl] symbole *m* (*a. A*); signe *m*; attribut *m*; **sym·bol·ic, sym·bol·i·cal** □ [~'bɔlik(l)] symbolique; **sym·bol·ism** ['~bəlizm] symbolisme *m*; '**sym·bol·ize** symboliser.

sym·met·ri·cal □ [si'metrikl] symétrique; **sym·me·try** ['simitri] symétrie *f*.

sym·pa·thet·ic [simpə'θetik] (~*ally*) sympathique (*a. nerf, encre*); de sympathie; compatissant; bien disposé; ~ *strike* grève *f* de solidarité; **sym·pa·thize** ['~θaiz] sympathiser (*avec, with*); compatir (à, *with*); s'associer (à, *with*); **sym·pa·thy** ['~θi] sympathie *f*; compassion *f*; *in* ~ par solidarité (*grève*); par contrecoup (*hausse de prix*); *letter of* ~ lettre *f* de condoléances.

sym·phon·ic ♪ [sim'fɔnik] symphonique; **sym·pho·ny** ♪ ['simfəni] symphonie *f*.

symp·tom ['simptəm] symptôme *m*; indice *m*; **symp·to·mat·ic** [~'mætik] (~*ally*) symptomatique; qui est un symptôme (de, *of*); *be* ~ *of* caractériser (*qch.*).

syn·a·gogue ['sinəgɔg] synagogue *f*.

sync(h) F [siŋk] synchronisation *f* synchronisme *m*; *out of* ~ mal synchronisé, pas en synchronisme.

syn·chro·mesh gear *mot.* ['sin-kroməʃ'giə] boîte *f* de vitesses synchronisée.

syn·chro·nism ['siŋkrənizm] synchronisme *m*; ⚡ *in* ~ en phase *télév. irregular* ~ drapeau *m*; '**syn·chro·nize** *v/i.* marquer la même heure; arriver simultanément; *v/t.* synchroniser (*a. cin.*); ⚡ coupler en phase; *cin.* repérer; '**syn·chro·nous** □ synchrone; ⚡ en phase.

syn·co·pate ['siŋkəpeit] syncoper **syn·co·pe** ♫, ♪, *a. gramm.* ['~pi] syncope *f*.

syn·dic ['sindik] syndic *m*; **syn·di·cate 1.** [~'kit] syndicat *m*; *consei m* de syndics; **2.** [~'keit] (se) syndiquer; '**syn·di·cat·ed** publié simultanément dans plusieurs journaux **syn·drome** ['sindroum] syndrome *m*.

syn·od *eccl.* ['sinəd] synode *m*, con

cile *m*; **syn·od·al** ['ᴧdl], **syn·od·ic,**
syn·od·i·cal □ *eccl.* [si'nɔdik(l)]
synodal (-aux *m*/*pl*.).

syn·o·nym ['sinənim] synonyme *m*;
syn·on·y·mous □ [si'nɔniməs]
synonyme (de, *with*).

syn·op·sis [si'nɔpsis], *pl.* **-ses** [ᴧsi:z]
résumé *m*, abrégé *m*; tableau *m*
synoptique; *bibl.* synopse *f*; *école*:
aide-mémoire *m*/*inv.*

syn·op·tic, syn·op·ti·cal □ [si-
'nɔptik(l)] synoptique.

syn·tac·tic, syn·tac·ti·cal □
gramm. [sin'tæktik(l)] syntaxique;
syn·tax *gramm.* ['sintæks] syntaxe *f*.

syn·the·sis ['sinθisis], *pl.* **-ses** ['ᴧsi:z]
synthèse *f*; **syn·the·size** ⊕ ['ᴧsaiz]
synthétiser; faire la synthèse de.

syn·thet·ic, syn·thet·i·cal □ [sin-
'θetik(l)] synthétique; de synthèse.

syn·to·nize ['sintənaiz] *radio*: syntoniser, accorder; **syn·to·ny** ['ᴧni]
syntonie *f*, accord *m*.

syph·i·lis ⚕ ['sifilis] syphilis *f*.
syph·i·lit·ic ⚕ [sifi'litik] syphiliti-
que.

sy·phon ['saifən] *see* siphon.

Syr·i·an ['sirian] **1.** syrien(ne *f*);
2. Syrien(ne *f*) *m*.

sy·rin·ga ♀ [si'riŋgə] seringa(t) *m*;
jasmin *m* en arbre.

syr·inge ['sirindʒ] **1.** seringue *f*;
2. seringuer; ⚕ laver avec une
seringue.

syr·up ['sirəp] sirop *m*.

sys·tem ['sistim] système *m*; *pol.*
régime *m*; méthode *f*; **sys·tem-**
at·ic [ᴧ'mætik] (ᴧally) systématique, méthodique.

T

T, t [ti:] T *m*, t *m*; F to a T à merveille.

tab [tæb] patte *f*; étiquette *f*; *cordon de soulier*: ferret *m*; *manteau etc.*: attache *f*; *fichier*: touche *f*; ✕ patte *f* du collet; *Am.* pick up the ~ payer (la note); F keep ~(s) on ne pas perdre (*q.*) de vue.

tab·ard *hist.* ['tæbəd] tabar(d) *m*.

tab·by ['tæbi] **1.** soie *f* moirée; (*usu.* ~ cat) chat *m* tigré; F chatte *f*; F vieille chipie *f*; **2.** *tex.* de *ou* en tabis; rayé.

tab·er·nac·le ['tæbənækl] tabernacle *m*; *Am.* temple *m*.

ta·ble ['teibl] **1.** table *f* (*a. fig.* = bonne chère; *a.* A); ⊕ plaque *f*; banc *m* (*d'une machine à percer*); A table *f* de multiplication; *occasional* ~ guéridon *m*; nest of ~s table *f* gigogne; ~ of contents table *f* des matières; turn the ~s renverser les rôles; reprendre l'avantage (sur, on); **2.** mettre sur la table; *p.ext. parl.* saisir la Chambre de (*un projet de loi*); *Am.* ajourner (*usu.* un projet de loi); '~**cloth** nappe *f*; '~**lin·en** linge *m* de table; ~ **nap·kin** serviette *f*; '~**spoon** cuiller (cuillère) *f* à bouche *ou* à soupe.

tab·let ['tæblit] tablette *f* (*de chocolat*, △, *pharm.*, *pour écrire*, *etc.*); plaque *f*; *savon*: pain *m*; *pharm.* comprimé *m*.

table...: ~ **ten·nis** ping-pong *m*; '~**top** dessus *m* de table; '~**ware** vaisselle *f*; ~ **wine** vin *m* de table.

tab·loid ['tæblɔid] *pharm.* comprimé *m*; pastille *f*; petit journal *m* qui vise à la sensation.

ta·boo [tə'bu:] **1.** tabou; F interdit; **2.** tabou *m*; **3.** tabouer; F interdire.

tab·u·lar □ ['tæbjulə] tabulaire; disposé en lamelles; **tab·u·late** ['~leit] disposer en forme de tables *ou* tableaux; classifier.

tac·it □ ['tæsit] tacite; **tac·i·turn** □ ['~təːn] taciturne; **tac·i·tur·ni·ty** taciturnité *f*.

tack [tæk] **1.** petit clou *m*; pointe *f*;

(*a. tin* ~) semence *f*; *couture*: point *m* de bâti; ♣ bord(ée *f*) *m* (en louvoyant); *fig.* voie *f*; tactique *f*; on the wrong ~ sur la mauvaise voie; fourvoyé; **2.** *v/t.* clouer; faufiler (*un vêtement*); *fig.* attacher, annexer (à to, on); *v/i.* ♣ louvoyer; virer (*a. fig.*).

tack·le ['tækl] **1.** appareil *m*, ustensiles *m/pl.*; ♣ apparaux *m/pl.*, palan *m*; ⊕ appareil *m* de levage; *sp.* arrêt *m*; **2.** saisir à bras-le-corps; essayer, entreprendre; *sp.* plaquer.

tack·y ['tæki] collant; *Am.* F minable.

tact [tækt] tact *m*, savoir-faire *m/inv.*; **tact·ful** □ ['~ful] (plein) de tact.

tac·ti·cal □ ✕ ['tæktikl] tactique; **tac·ti·cian** [~'tiʃn] tacticien *m*; **tac·tics** *pl. ou sg.* ['~iks] tactique *f*.

tac·tile ['tæktail] tactile.

tact·less □ ['tæktlis] dépourvu de tact.

tad·pole *zo.* ['tædpoul] têtard *m*.

taf·fe·ta ['tæfitə] taffetas *m*.

taf·fy ['tæfi] caramel *m* au beurre; *Am.* F flagornerie *f*.

tag [tæg] **1.** morceau *m* qui pend, bout *m*; étiquette *f*, attache *f*; ferret *m*; *fig.* cliché *m*; **2.** ferrer; *fig.* attacher (à on, to); *Am.* attacher une fiche à; F ~ along suivre, traîner derrière.

tag-rag ['tægræg]: ~ (and bobtail) canaille *f*.

tail [teil] **1.** queue *f* (*a. de jupe, a. fig. d'une classe, etc.*); F chemise: pan *m*; (*usu.* ~s *pl.*) monnaie: pile *f*; *page*: pied *m*; *charrue*: manche *f*; *voiture*: arrière *m*; ✈ empennage *m*; adhérents *m/pl.* (*d'un parti*); F ~s *pl.* habit *m* à queue; *fig.* ~s *pl.* en train; de bonne humeur; ✈ ~ unit empennage *m*; **2.** *v/t.* mettre une queue à; *fig.* être *ou* se mettre à la queue de; couper la queue à (*un animal*); enlever les queues de (*les groseilles etc.*); *Am.* F filer (*q.*); *v/i.* suivre de près; ~ off s'espacer; s'allonger; s'éteindre (*voix*); '~**back** bouchon *m* (de voitu-

res), retenue f; '**~·board** layon m;
'**~·'coat** habit m à queue; **tailed** à
queue; zo. caudifère; '**~·gate** mot. 1.
hayon m arrière; 2. coller (voiture);
'**tail·less** sans queue; '**tail·light**
mot. feu m arrière ou rouge.

ai·lor ['teilə] 1. tailleur m; 2. v/t.
faire (un complet etc.); habiller (q.);
well ~ed bien habillé (personne); '~-
made 1. tailleur (vêtement); 2. (a. ~
suit) tailleur m.

ail...: '**~·piece** typ. cul-de-lampe (pl.
culs-de-lampe) m; vignette f; '**~-
pipe** mot. tuyau m d'échappement; **~-
plane** ✈ plan m fixe; **~ skid** ✈
béquille f; **~ wind** vent m arrière.

aint [teint] 1. tache f. infection f,
corruption f; trace f; tare f héréditaire; 2. v/t. infecter; (se) corrompre; (se) gâter.

ake [teik] 1. [irr.] v/t. prendre (a.
livraison, maladie, nourriture, poison, repas, temps; a. bien ou mal);
saisir; s'emparer de; emprunter
(à, from); conduire, (em)mener (à,
to); louer (une maison, une voiture);
faire (phot., promenade, repas, vœu,
voyage, etc.); produire (un effet);
tirer (une épreuve); passer (un
examen); tourner (un film); acheter
régulièrement (un journal); franchir
(un obstacle); profiter de, saisir (une
occasion); attraper (un poisson etc.);
remporter (le prix); F comprendre;
F tenir, prendre (pour, for); the
devil ~ it! que le diable l'emporte!;
I ~ it that je suppose que; ~ air se
faire connaître; se répandre (nouvelle); ~ the air prendre l'air; ✈
s'envoler, prendre son vol; ~ (a
deep) breath respirer (profondément); ~ comfort se consoler; ~
compassion avoir compassion ou
pitié (de, on); ~ counsel prendre
conseil (avec, with); ~ a drive faire
une promenade (en auto); ~ fire
prendre feu; ~ in hand entreprendre; ~ a hedge franchir une haie;
~ hold of s'emparer de, saisir;
~ an oath prêter serment; ~ offence se froisser (de, at); ~ pity on
prendre pitié de; ~ place avoir lieu;
se passer; ~ rest se donner du
repos; ~ a rest se reposer; ⚔ faire
la pause; ~ a seat s'asseoir; ⚓ ship
(s')embarquer; ~ a view of envisager (qch.), avoir une opinion de;
~ a walk faire une promenade; ~ my

word for it croyez-m'en; ~ s.o. about
faire visiter (qch.) à q.; ~ down démonter (une machine etc.); descendre (qch.); avaler; prendre note
de, écrire; ~ for prendre pour; ~
from prendre, enlever à; ~ in faire entrer (q.); acheter régulièrement (un
journal); recevoir (un locataire etc.);
recueillir (un réfugié etc.); accepter
(un travail); comprendre; F tromper; F rouler; ~ in sail diminuer de
voile(s); ~ off enlever; quitter (ses
vêtements); emmener (q.); rabattre
(sur un prix); supprimer (un train);
F imiter, singer; ~ on entreprendre;
accepter; engager; prendre; ~ out
sortir (qch.); arracher (une dent);
ôter (une tache); faire sortir (q.),
emmener (un enfant) en promenade; retirer (ses bagages); contracter (une assurance); obtenir (un
brevet); F ~ it out of se venger de
(q.); épuiser (q.); ~ to pieces démonter (une machine); défaire; fig.
démolir; ~ up relever (a. un défi);
ramasser; prendre (les armes);
embrasser (une carrière); † honorer (un effet), lever (une prime);
occuper (une place); fixer (sa résidence); cost. raccourcir; 🖼 embarquer; absorber (de l'eau, le temps);
adopter (une idée); faire (une promenade, un saut, un prisonnier); ~ upon
o.s. prendre sur soi (de, to); see consideration; decision; effect 1; exercise 1;
heart; liberty; note 1; notice 1; rise 1;
2. [irr.] v/i. prendre; réussir,
avoir du succès; phot. he ~s well
il est photogénique; il fait un bel
effet sur une photographie; ~ after
tenir de; ressembler à; ~ from
diminuer (qch.); ~ off prendre son
élan ou son essor; ✈ s'envoler;
décoller; F ~ on laisser éclater
son chagrin; avoir du succès ou
de la vogue; F ~ on with s'embaucher chez; ~ over prendre le
pouvoir; assumer la responsabilité; ~ to s'adonner à; prendre goût
à; prendre (la fuite); prendre (q.)
en amitié; ~ to (gér.) se mettre à
(inf.); ~ up with se lier d'amitié
avec; s'associer à; that won't ~
with me ça ne prend pas avec moi;
3. action f de prendre; prise f; cin.
prise f de vues.

take...: '**~·a·way** 1. à emporter; 2.
restaurant m qui vend des repas à

emporter; '~-'**home pay** gages m/pl. nets; salaire m net; '~-'**in** F attraper; leurre m; '**tak·en** p.p. de take 1, 2; be ~ être pris; be~ with être épris de; be ~ ill tomber malade; F be ~ in se laisser attraper; be ~ up with être occupé de, être tout à; '**take'off** caricature f; élan m; ✈ décollage m; '**tak·er** preneur (-euse f) m; pari: tenant m.

tak·ing ['teikiŋ] **1.** □ F attrayant, charmant; **2.** prise f; † état m nerveux; ✠ ~s pl. recettes f/pl.

talc min. [tælk] talc m.

tale [teil] conte m, récit m, histoire f; **tell** ~s (out of school) rapporter; trahir un secret; '~-**bear·er** ['~-ˌbɛərə] rapporteur (-euse f) m; mauvaise langue f.

tal·ent ['tælənt] talent m; aptitude f; don m; ~ scout (ou spotter) dénicheur (-euse f) m de futures vedettes; '**tal·ent·ed** doué; de talent.

ta·les ⚖ ['teiliːz] sg. jurés m/pl. suppléants.

tal·is·man ['tælizmən] talisman m.

talk [tɔːk] **1.** conversation f; causerie f; discours m; bruit m; bavardage m; **2.** parler (de of, about); causer (avec, to); bavarder; ~ back répondre d'une manière impertinente, répliquer; ~ down faire taire, réduire (q.) au silence; ~ down to parler à q. avec condescence; '**talk·a·tive** □ ['~ətiv] bavard; causeur (-euse f) m; '**talk·ee-talk·ee** F ['tɔːkiːtɔːki] pur bavardage m; † jargon m petit-nègre; '**talk·er** causeur (-euse f) m, parleur (-euse f) m; **talk·ie** F ['~i] film m parlant ou parlé; '**talk·ing** conversation f; bavardage m; **talk·ing-to** F ['~tuː] semonce f.

tall [tɔːl] grand, de haute taille; haut, élevé (bâtiment etc.); sl. ~ order grosse affaire f; demande f exagérée; sl. ~ story, Am. a. ~ tale histoire f dure à avaler; F craque f; '**tall·boy** commode f; '**tall·ness** grandeur f; hauteur f; grande taille f.

tal·low ['tælou] suif m; '**tal·low·y** suiffeux (-euse f); fig. terreux (-euse f) (teint etc.).

tal·ly ['tæli] **1.** taille f; pointage m (de, of); étiquette f (plantes etc.); contre-partie f; **2.** s'accorder (avec, with).

tal·ly-ho ['tæli'hou] chasse: **1.** taïaut!; **2.** taïaut m; **3.** crier taïaut.

tal·on orn. ['tælən] serre f; griffe f; **ta·lus¹** ['teiləs] talus m (a. géol.).

ta·lus² anat. [~] astragale m.

tam·a·ble ['teiməbl] apprivoisable

tam·a·rind ⚘ ['tæmərind] (fruit n du) tamarinier m.

tam·bour ['tæmbuə] **1.** usu. tambour m; ♪ grosse caisse f; **2.** brode au tambour; **tam·bou·rine** [ˌtæmbəˈriːn] tambour m de basque sans grelots]: tambourin m.

tame [teim] **1.** □ apprivoisé domestique; soumis, dompté (person sonne); fade, insipide (style) **2.** apprivoiser; domestiquer; dompter; '**tame·ness** docilité f, soumission f; fadeur f; '**tam·er** dompteur (-euse f) m; apprivoiseur (-euse f) m.

Tam·a·ny Am. ['tæməni] parti m démocrate de New York.

tam-o'-shan·ter [tæmə'ʃæntə] béret m écossais.

tamp [tæmp] ⚒ bourrer; ⊕ re fouler, damer.

tam·per ['tæmpə] ~ with touche à; se mêler à; falsifier (un registre suborner (un témoin); altérer (u document).

tam·pon ⚕ ['tæmpən] tampon m

tan [tæn] **1.** tan m; couleur f d tan; (a. sun ~) brunissage m **2.** tanné; tan adj./inv.; jaune (sou lier); **3.** v/t. tanner; fig. bronzer (l teint); rosser (q.).

tan·dem ['tændem] tandem m; ⚡ ~ connexion accouplement m en série drive ~ conduire en tandem; cycl. se promener en tandem; in ~ en collaboration, en tandem.

tang¹ [tæŋ] soie f (d'un ciseau couteau, etc.); fig. goût m vif; épice etc.: montant m; air marin: salure f

tang² [~] **1.** son m aigu; tintement m; **2.** (faire) retentir; rendre un son aigu.

tan·gent ⚖ ['tændʒənt] tangente f go (ou fly) off at a ~ changer brusquement de sujet, s'échapper par la tangente; **tan·gen·tial** □ ⚖ [~'dʒenʃl] tangentiel(le f); de tangence (point).

tan·gi·bil·i·ty [tændʒi'biliti] tangibilité f, réalité f; **tan·gi·ble** □ ['tændʒəbl] tangible, palpable; fig. réel(le f).

tan·gle ['tæŋgl] **1.** enchevêtrement m; nœud m; fig. embarras m;

2. (s')embrouiller, emmêler; F ~ with s.o. se disputer avec q., avoir une prise de bec avec q.; se colleter avec q.; be ~d with s.th. se trouver impliqué dans qch.

tan·go ['tæŋgou] tango m (danse).

tank [tæŋk] **1.** réservoir m (a. ⊕); phot. cuve f; ✕ char m d'assaut; ~ car (ou truck) camion-citerne (pl. camions-citernes) m; ⛟ wagon-citerne (pl. wagons-citernes) m; **2.** faire le plein d'essence; Am. sl. s'alcooliser; '**tank·age** capacité f d'un réservoir.

tank·ard ['tæŋkəd] pot m (surt. de ou à bière); en étain: chope f.

tank·er ⚓ ['tæŋkə] pétrolier m.

tan·ner¹ ['tænə] tanneur m.

tan·ner² sl. [~] (pièce f de) six pence.

tan·ner·y ⌂ ['tænəri] tannerie f.

tan·nic ac·id ⌂ ['tænik'æsid] acide m tannique.

tan·nin ⌂ ['tænin] tan(n)in m.

tan·noy (TM) Brit. ['tænɔi] système m de haut-parleurs.

tan·ta·lize ['tæntəlaiz] tourmenter.

tan·ta·mount ['tæntəmaunt] équivalent (à, to).

tan·trum F ['tæntrəm] accès m de colère.

tap¹ [tæp] **1.** tape f, petit coup m; **2.** taper, toucher, frapper doucement.

tap² [~] **1.** fût: fausset m; eau: robinet m; F boisson f, usu. bière f; ⊕ taraud m; Brit. ~ water eau f du robinet; F see ~room; on ~ en perce; **2.** percer; mettre en perce; ⚡ ~ the wire(s) faire une prise sur un fil télégraphique; téléph. capter un message télégraphique.   [claquettes.⟩

tap-dance ['tæpdɑːns] danse f à⟩

tape [teip] ruban m; sp. bande f d'arrivée; tél. bande f du récepteur; fig. red ~ bureaucratie f, paperasserie f; '~-meas·ure mètre m à ruban, centimètre m; '~-re·cord·er enregistreur m sur bande; '~-re·cord·ing enregistrement m sur magnétophone.

ta·per [teipə] **1.** bougie f filée; eccl. cierge m; ⊕ cône m; **2.** adj. effilé; ⊕ conique; **3.** v/i. s'effiler; diminuer; ~ing see ~ 2; v/t. effiler; tailler en pointe.

tap·es·tried ['tæpistrid] tendu de tapisseries; tapissé; '**tap·es·try** tapisserie f.

tape·worm ['teipwəːm] ver m solitaire.

tap·pet ⊕ ['tæpit] came f; taquet m.

tap·room ['tæprum] buvette f, estaminet m.

tap·root ⚘ ['tæpruːt] pivot m.

taps Am. ✕ [tæps] pl. extinction f des feux.

tap·ster ['tæpstə] cabaretier m; garçon m de cabaret.

tar [tɑː] **1.** goudron m; F Jack ⚓ mathurin m; **2.** goudronner.

ta·ran·tu·la zo. [təˈræntjulə] tarentule f.

tar·board ['tɑːbɔːd] carton m bitumé.

tar·di·ness ['tɑːdinis] lenteur f; Am. retard m; '**tar·dy** □ lent; peu empressé; tardif (-ive f); Am. en retard.

tare¹ ⚘ [tɛə] (usu. ~s pl.) vesce f.

tare² ✝ [~] **1.** tare f; **2.** tarer.

tar·get ['tɑːgit] cible f; but m, objectif m (a. fig.); fig. ~ date date f limite; ~ language langue f d'arrivée; ~ practice tir m à la cible.

tar·iff ['tærif] tarif m (souv. douanier).

tarn [tɑːn] laquet m.

tar·nish ['tɑːniʃ] **1.** v/t. ⊕ ternir (a. fig.); v/i. se ternir; se dédorer (dorure); **2.** ternissure f.

tar·pau·lin [tɑːˈpɔːlin] ⚓ toile f goudronnée; bâche f; ⚓ prélart m.

tar·ra·gon ['tærəgən] estragon m.

tar·ry¹ poét. ['tæri] tarder; attendre; rester.   [f.⟩

tar·ry² ['tɑːri] goudronneux (-euse⟩

tart [tɑːt] **1.** □ âpre, aigre; fig. mordant; **2.** tourte f; tarte f; sl. poule f (= prostituée).

tar·tan ['tɑːtən] tartan m; ⚓ tartane f; ~ plaid plaid m en tartan.

Tar·tar¹ ['tɑːtə] Tartare m; fig. homme m intraitable; femme: mégère f; catch a ~ trouver son maître.

tar·tar² ⌂ [~] tartre m (a. dent).

task [tɑːsk] **1.** tâche f; besogne f, ouvrage m; école: devoir m; take to ~ réprimander (pour avoir fait, for having done); **2.** assigner une tâche à; ⚓ mettre à l'épreuve (les bordages etc.); ~ force ✕ Am. détachement m spécial des forces de terre, de l'air et de mer; '~-mas·ter surveillant m; chef m de corvée; fig. tyran m.

tas·sel ['tæsl] **1.** gland *m*, houppe *f*; **2.** garnir de glands *etc.*

taste [teist] **1.** goût *m* (de of, for; pour, for); *fig. a.* prédilection *f* (pour, for); *to* ~ à volonté, selon son goût; *season to* ~ goûtez et rectifiez l'assaisonnement; **2.** *v/t.* goûter (*a. fig.*); déguster; *v/i.* sentir (qch., *of* s.th.); avoir un goût (de, of); **taste·ful** □ ['~ful] de bon goût; élégant; de goût (*personne*).

taste·less □ ['teistlis] sans goût, insipide, fade; **taste·less·ness** insipidité *f*; manque *m* de goût.

tas·ter ['teistə] dégustateur (-trice *f*) *m* (de thé, vins, *etc.*).

tast·y □ F ['teisti] savoureux (-euse *f*).

tat[1] [tæt] *see* tit[1].

tat[2] [~] *couture:* faire de la frivolité.

ta·ta ['tæ'tɑ:] *enf., a. co.* au revoir!

tat·ter ['tætə] lambeau *m*, loque *f*; **tat·ter·de·mal·ion** [~də'meiljən] loqueteux (-euse *f*) *m*; **tat·tered** ['~əd] en lambeaux; déguenillé (*personne*).

tat·tle ['tætl] **1.** bavarder, babiller; *péj.* cancaner; **2.** bavardage *m*; *péj.* cancans *m/pl.*; **tat·tler** bavard(e*f*) *m*; *péj.* cancanier (-ère *f*) *m*.

tat·too[1] [tə'tu:] **1.** ✗ retraite *f* du soir; *fig.* beat the devil's ~ tambouriner (*sur la table*); **2.** *fig.* tambouriner.

tat·too[2] [~] **1.** *v/t.* tatouer; **2.** tatouage *m*.

tat·ty F ['tæti] défraîchi, miteux (-euse *f*).

taught [tɔ:t] *prét. et p.p. de* teach.

taunt [tɔ:nt] **1.** reproche *m*; brocard *m*; sarcasme *m*; **2.** accabler de sarcasmes; reprocher (qch. à q., s.o. with s.th.); **'taunt·ing** □ de sarcastique, sarcastique.

Tau·rus *astr.* ['tɔ:rəs] le Taureau.

taut ⚓ [tɔ:t] raide, tendu; étarque (*voile*); **'taut·en** (se) raidir; (s')étarquer (*voile*).

tav·ern ['tævən] taverne *f*, cabaret *m*.

taw[1] ⚓ [tɔ:] mégir.

taw[2] [~] grosse bille *f* de verre.

taw·dri·ness ['tɔ:drinis] clinquant *m*, faux brillant *m*; **'taw·dry** □ d'un mauvais goût; voyant.

taw·ny ['tɔ:ni] fauve; basané (*teint*).

tax [tæks] **1.** impôt *m* (sur, on), contribution *f*; droit *m*, taxe *f* (sur, on); *fig.* charge *f* (à, on), fardeau *m*; ~

allowances *pl.* sommes *f/pl.* déductibles; ~ *bracket* catégorie *f* d'imposition; ~ *dodger*, ~ *evader* fraudeur (-euse *f*) *m* fiscal(e); ~ *evasion* fraude *f* fiscale; ~ *haven* refuge *m* fiscal; ~ *relief* allègement *m* fiscal; ~ *return* déclaration *f* d'impôts; **2.** taxer; frapper d'un impôt; *fig.* mettre à l'épreuve; ✄ taxer (*les dépens, q. de qch., a. fig.*); reprocher (qch. à q., s.o. with s.th.); ~ *s.o. with s.th. a.* accuser q. de qch.; **'tax·a·ble** □ imposable; **tax'a·tion** imposition *f*; prélèvement *m* fiscal; impôts *m/pl.*; *surt.* ✄ taxation *f*; **'tax col·lec·tor** percepteur *m* des contributions (*directes*); receveur *m*; **'tax-de'duct·i·ble** (de l'impôt); **'tax-'free** exempt d'impôts.

tax·i ['tæksi] **1.** (*ou* ~-cab) taxi *m*; **2.** aller en taxi; ✈ rouler sur le sol; hydroplaner; **'~-danc·er**, **'~-girl** *Am.* entraîneuse *f*; **'~-driv·er** chauffeur *m* de taxi; **'~-me·ter** taximètre *m*; **'~-rank**, **'~-stand** station *f* de taxis.

tax·pay·er ['tækspeiə] contribuable *mf*.

tea [ti:] thé *m*; goûter *m*, five-o'clock *m*; *high* (*ou* meat) ~ repas *m* à la fourchette; **'~-bag** sachet *m* de thé; **'~-break** pause-thé *f* (*pl.* pauses-thé); **'~-cad·dy** *see* caddy.

teach [ti:tʃ] [*irr.*] enseigner; apprendre (qch. à q., s.o. s.th.; à *inf.*, to *inf.*); **'teach·a·ble** □ enseignable; à l'intelligence ouverte (*personne*); **'teach·er** instituteur (-trice *f*) *m*; maître(sse *f*) *m*; professeur *mf*; **'teach·er-'train·ing col·lege** école *f* normale; **'teach·ing** *école:* enseignement *m*; *phls. etc.* doctrine *f*.

tea...: **'~-co·sy** couvre-théière *m*; **'~-cup** tasse *f* à thé; *fig.* storm in a ~ tempête *f* dans un verre d'eau; **'~-gown** déshabillé *m*, robe *f* d'intérieur.

teak ♀ [ti:k] (bois *m* de) te(c)k *m*.

team [ti:m] attelage *m*; *surt. sp.* équipe *f*; *by a* ~ effort tous ensemble; **'~-'spir·it** esprit *m* d'équipe; **team·ster** ['~stə] conducteur *m* (*d'attelage*); charretier *m*; **'team-work** ⊕, *sp.* travail *m* d'équipe, jeu *m* d'ensemble; *fig.* collaboration *f*.

tea·pot ['ti:pɔt] théière *f*.

tear[1] [tɛə] **1.** [*irr.*] *v/t.* déchirer; arracher (*les cheveux*); v/i. se déchirer; F *avec adv. ou prp.* aller etc. à toute vitesse; **2.** déchirure f; *see* wear2.

tear² [tiə] larme f; '**~-drop** larme f.

tear·ful □ ['tiəful] larmoyant, en pleurs.

tear-gas ['tiə'gæs] gaz m lacrymogène.

tear·ing ['tɛəriŋ] *fig.* rapide; déchirant.

tear·jerk·er F ['tiədʒə:kə] film *ou* histoire *etc.* larmoyant(e).

tear·less □ ['tiəlis] sans larmes, sec (*œil*).

tear-off cal·en·dar ['tɛərɔf 'kælində] éphéméride f.

tease [ti:z] **1.** démêler (*de la laine*); carder (*la laine etc.*); effil(och)er (*un tissu*); *fig.* taquiner; **2.** F taquin(e) m; **tea·sel** ['~l] ♃ cardère f; ⊕ carde f; '**teas·er** F *fig.* colle f (= *problème difficile*).

teat [ti:t] bout m de sein; mamelon m; *vache:* tette f; *biberon:* tétine f; ⊕ *vis:* téton m.

tea... ['~] '**~-things** pl. F service m à thé; '**~-time** l'heure f du thé; ~ **tow·el** *Brit.* torchon m à vaisselle; ~ **tray** plateau m (à thé); ~ **trol·ley**, ~ **wag·on** table f roulante; ~ **urn** fontaine f à thé.

tech·nic ['teknik] (a. ~s pl. ou sg.) *see* technique; '**tech·ni·cal** □ technique; ⚔ spécial (-aux m/pl.); ᵼ₁₂ de procédure; professionnel(le f); ~ *hitch* incident m technique; **tech·ni·cal·i·ty** [~'kæliti] détail m *ou* terme m technique; considération f d'ordre technique; **tech·ni·cian** [tek'niʃn] technicien m.

tech·ni·col·or ['teknikʌlə] **1.** en couleurs; **2.** film m en couleurs; *cin.* technicolor m.

tech·nique [tek'ni:k] technique f; mécanique f.

tech·nol·o·gy [tek'nɔlədʒi] technologie f; *school of ~* école f de technologie, école f technique.

tech·y ['tetʃi] *see* testy.

ted·der ['tedə] faneuse f; *personne:* faneur (-euse f) m.

te·di·ous □ ['ti:djəs] ennuyeux (-euse f); fatigant; assommant; '**te·di·ous·ness** ennui m; manque m d'intérêt.

te·di·um ['ti:diəm] ennui m.

tee [ti:] **1.** *sp. curling:* but m; *golf:*

dé m, tee m; **2.:** ~ *off* jouer sa balle; placer la balle sur le dé.

teem [ti:m] (*with*) abonder (en), fourmiller (de).

teen·ag·er ['ti:neidʒə] adolescent(e f) m (*entre 13 et 19 ans*).

teens [ti:nz] pl. années f/pl. entre 13 et 19 ans; adolescence f; *in one's ~* n'ayant pas encore vingt ans.

teen·(s)y [ti:n(z)i], **teen·(s)y-ween·(s)y** ['ti:n(z)i'wi:n(z)i] tout petit, minuscule.   [celer.}
tee·ter ['ti:tə] se balancer; chan-}

teeth [ti:θ] pl. de tooth.

teethe [ti:ð] faire ses dents; **teeth·ing** ['~iŋ] dentition f.

tee·to·tal [ti:'toutl] antialcoolique; qui ne prend pas de boissons alcooliques; **tee'to·tal·(l)er** néphaliste mf; abstinent(e f) m.

tee·to·tum ['ti:tou'tʌm] toton m.

tel·e·com·mu·ni·ca·tions ['telikəmju:ni'keiʃənz] pl. télécommunication f.

tel·e·course *Am.* ['teliko:s] cours m (de leçons) télévisé.

tel·e·gram ['teligræm] télégramme m, dépêche f.

tel·e·graph ['teligra:f] **1.** télégraphe m; ♃ transmetteur m d'ordres; **2.** télégraphique; de télégramme; **3.** télégraphier, envoyer un télégramme; **tel·e·graph·ic** [~'græfik] (~ally) télégraphique (a. style); **te·leg·ra·phist** [ti'legrəfist] télégraphiste mf; **te'leg·ra·phy** télégraphie f.

tel·e·phone ['telifoun] **1.** téléphone m; ~ *book* (*ou directory*) annuaire m (des téléphones); ~ *booth* (*ou box*) cabine f téléphonique; ~ *call* appel m téléphonique, F coup de fil; ~ *charges* pl. taxe f téléphonique; ~ *kiosk* cabine f téléphonique; ~ *line* ligne f téléphonique; ~ *number* numéro m de téléphone; ~ *subcriber* abonné(e f) m au téléphone; *at the* ~ au téléphone; *by* ~ par téléphone; *on the* ~ téléphoniquement; par téléphone; *be on the* ~ avoir le téléphone; être à l'appareil; **2.** téléphoner (à q., [*to*] s.o.); **tel·e·phon·ic** [~'fɔnik] (~ally) téléphonique; **te·leph·o·nist** [ti'lefənist] téléphoniste mf; standardiste f; **te·leph·o·ny** téléphonie f.

tel·e·pho·to phot. ['teli'foutou] téléphotographie f; ~ *lens* téléobjectif m.

tel·e·print·er ['teliprintə] téléscripteur m.

tel·e·scope ['teliskoup] **1.** *opt.* télescope *m*; lunette *f*; **2.** (se) télésco-
per; **tel·e·scop·ic** [ˌ~'kɔpik] télésco-
pique; à coulisse (*échelle etc.*); *phot.* ~
lens téléobjectif *m*; ~ *sight* lunette *f* de
visée.

tel·e·type ['teli'taip] télétype *m*; *postes*: télex *m*.

tel·e·view·er ['telivjuːə] téléspecta-
teur (-trice *f*) *m*.

tel·e·vise ['telivaiz] téléviser; **tel·e-
vi·sion** [ˌ~'viʒn] télévision *f*; ~ *set*
appareil *m* de télévision; ~ *channel*
chaîne *f* de télévision.

tel·ex ['teleks] **1.** télex *m*; **2.** envoyer
(*un message*) par télex.

tell [tel] [*irr.*] *v/t.* dire; raconter;
apprendre; exprimer; savoir; reconnaître (à, *by*); compter; annoncer; ~ *s.o. to do s.th.* dire *ou* ordonner à q. de faire qch.; *I have been
told that* on m'a dit que; *j'ai appris
que*; *fig.* ~ *a story* en dire long; ~ *off*
désigner (pour qch., *for s.th.*); F dire
son fait à (q.); rembarrer (q.); *Am.
sl.* ~ *the world* faire savoir partout;
publier à son de trompe; produire
son effet; porter; ~ *of* (*ou about*)
annoncer, révéler, accuser; ~ *on* se
faire sentir à, influer sur; peser sur;
sl. cafarder; dénoncer (q.); '**tell·er**
raconteur (-euse *f*) *m*; *parl. etc.*
scrutateur *m*; *banque*: caissier *m*;
'**tell·ing** ☐ efficace; impressionnant; qui porte; '**tell·ing-off** F *give
s.o. a* ~ gronder q., passer un savon à
q.; '**tell·tale** [ˌ~'teil] **1.** indicateur
(-trice *f*); révélateur (-trice *f*); *fig.*
qui en dit long; **2.** rapporteur (-euse
f) *m*; *école*: cafard(e *f*) *m*; ⊕ indicateur *m*; ~ *clock* horloge *f* enregistreuse.

tel·pher ['telfə] ⊕ de téléphérage; ~
line téléphérique *m*; ligne *f* de téléphérage.

te·mer·i·ty [ti'meriti] témérité *f*,
audace *f*.

temp F [temp] intérimaire *mf*.

tem·per ['tempə] **1.** tempérer; modérer; *fig.* retenir; ♪ accorder par
tempérament; broyer (*les couleurs,
le mortier, l'encre, etc.*); donner la
trempe à (*l'acier*); adoucir (*le métal*);
2. ⊕ trempe *f*; *métall.* coefficient *m*
de dureté; humeur *f*; colère *f*; caractère *m*, tempérament *f*; *lose
one's* ~ se mettre en colère; perdre
son sang-froid; s'emporter; **tem-**

per·a·ment ['ˌ~rəmənt] tempérament *m* (*a.* ♪); humeur *f*; **tem·per-
a·men·tal** ☐ [ˌ~'mentl] du tempérament; capricieux (-euse *f*) (*personne*); **'tem·per·ance 1.** tempérance *f*, modération *f*; antialcoolis-
me *m*; **2.** antialcoolique (*hôtel*);
tem·per·ate ☐ ['ˌ~rit] tempéré
(*climat, a.* ♪); sobre (*personne*);
modéré; **tem·per·a·ture** ['tem-
pritʃə] température *f*; ~ *chart* feuille
f de température; **tem·pered**
['tempəd]: *bad-*~ de mauvaise humeur.

tem·pest ['tempist] tempête *f*, tourmente *f*; **tem·pes·tu·ous** ☐ [ˌ~'pes-
tjuəs] de tempête; fougueux (-euse
f), turbulent (*personne, humeur*);
orageux (-euse *f*) (*réunion etc.*).

Tem·plar ['templə] *hist.* templier *m*;
univ. étudiant(e *f*) *m* en droit du
Temple (*à Londres*).

tem·ple[1] ['templ] temple *m*; ☐ *deux
écoles de droit* (= *Inns of Court*) *à
Londres.*

tem·ple[2] *anat.* [ˌ~] tempe *f*.

tem·po·ral ☐ ['temporəl] temporel
(-le *f*); **tem·po·ral·i·ties** [ˌ~'rælitiz]
pl. possessions *f*/*pl. ou* revenus
m/*pl.* ecclésiastiques; **tem·po·ra-
ri·ness** ['ˌ~pərərinis] caractère *m*
temporaire *ou* provisoire; '**tem-
po·rar·y** ☐ temporaire, provisoire;
momentané; passager (-ère *f*); ~
bridge pont *m* provisoire; ~ *work*
situation *f* intérimaire; '**tem·po-
rize** temporiser; ~ *with* transiger
provisoirement avec (q.).

tempt [tempt] tenter; induire (à
inf., s.o. to inf.); **temp'ta·tion** tentation *f*; '**tempt·er** tentateur *m*;
'**tempt·ing** ☐ tentant; séduisant,
attrayant; '**tempt·ress** tentatrice *f*.

ten [ten] dix (*a. su./m*).

ten·a·ble ['tenəbl] tenable; *fig.* soutenable.

te·na·cious ☐ [ti'neiʃəs] tenace; attaché (à, *of*); obstiné, opiniâtre; **te-
nac·i·ty** [ti'næsiti] ténacité *f*; sûreté *f* (*de la mémoire*); attachement
m (à, *of*); obstination *f*.

ten·an·cy ['tenənsi] location *f*;

ten·ant ['tenənt] **1.** locataire *mf*; *fig.*
habitant(e *f*) *m*; pensionnaire *mf*;
~ *right* droits *m*/*pl.* du tenancier;
2. habiter comme locataire; occuper; '**ten·ant·ry** locataires *m*/*pl.*;
fermiers *m*/*pl.*

tench *icht.* [tenʃ] tanche *f.*

tend[1] [tend] **1.** tendre, se diriger (vers, *towards*); tourner; *fig.* pencher (vers, *towards*), tirer (sur, *to*); tendre (à, *to*); être susceptible (de *inf.*, *to inf.*); être enclin (à, *to*); ~ **from** s'écarter de.

tend[2] [~] soigner (*un malade*); garder (*les bêtes*); surveiller (*une machine etc.*); *Am.* tenir (*une boutique*); **'tend·ance** † soin *m*; serviteurs *m/pl.*

tend·en·cy ['tendənsi] tendance *f*, disposition *f*, penchant *m* (à, *to*);

ten·den·tious [~'denʃəs] tendanciel(le *f*), tendancieux (-euse *f*); à tendance (*livre*).

ten·der[1] ['tendə] *usu.* tendre; sensible (*au toucher*); délicat (*sujet*); affectueux (-euse *f*) (*lettre*); jeune; soigneux (-euse *f*) (de, *of*); **of** ~ *years* en bas âge.

ten·der[2] [~] **1.** offre *f* (*de paiement etc.*); *contrat*: soumission *f*; *legal* ~ cours *m* légal; **2.** offrir; ⚓ soumissionner ([pour], *for*); présenter.

ten·der[3] [~] gardien *m*; ⚙, ⚓ tender *m*; ⚓ bateau *m* annexe; bar·~ garçon *m* de comptoir.

ten·der·foot *Am.* F ['tendəfut] nouveau débarqué *m*; cow-boy *m* d'opérette; **'ten·der·ize** attendrir (*viande*); **ten·der·loin** ['~lɔin] *surt. Am.* filet *m*; *Am.* quartier *m* malfamé; **'ten·der·ness** tendresse *f*; sensibilité *f*; *fig.* douceur *f*; *cuis.* tendreté *f.*

ten·don *anat.* ['tendən] tendon *m.*

ten·dril ⊕ ['tendril] vrille *f.*

ten·e·ment ['tenimənt] † habitation *f*; appartement *m*; 🏛 fonds *m* de terre; tenure *f*; ~ *house* maison *f* de rapport.

ten·et ['tiːnet] doctrine *f*, principe *m.*

ten·fold ['tenfould] **1.** *adj.* décuple; **2.** *adv.* dix fois (autant).

ten·nis ['tenis] tennis *m*; '~·court terrain *m* de tennis, court *m.*

ten·on ⊕ ['tenən] tenon *m*; '~·saw ⊕ scie *f* à tenon.

ten·or ['tenə] cours *m*, progrès *m*; teneur *f*; sens *m* général; ♪ ténor *m.*

tense[1] *gramm.* [tens] temps *m.*

tense[2] □ [~] tendu (*a. fig.*); raide; **'tense·ness** tension *f* (*a. fig.*); **'ten·sile** ['tensail] extensible; de tension, de traction; ~ *strength* résistance *f* à la tension; **ten·sion** ['~ʃn]

tension *f*; ⚡ *high* ~ circuit *m* de haute tension; ~ *test* essai *m* de traction.

tent[1] [tent] tente *f.*

tent[2] 🧵 [~] mèche *f.*

ten·ta·cle *zo.* ['tentəkl] tentacule *m*; cir(r)e *m.*

ten·ta·tive ['tentətiv] **1.** □ expérimental (-aux *m/pl.*); sujet(te *f*) à révision; hésitant; ~*ly* à titre d'essai; **2.** tentative *f*, essai *m.*

ten·ter *tex.* ['tentə] élargisseur *m*; '~·hook crochet *m*; *fig.* be on ~*s* être sur des charbons ardents.

tenth [tenθ] **1.** dixième; **2.** dixième *m*, ♪ *f*; *eccl.* dîme *f*; **'tenth·ly** en dixième lieu.

tent-peg ['tentpeg] piquet *m* de tente.

ten·u·i·ty [te'njuiti] *usu.* ténuité *f*; finesse *f*; faiblesse *f*; **ten·u·ous** □ ['tenjuəs] ténu; effilé; mince; grêle (*voix*); raréfié (*gaz*).

ten·ure ['tenjuə] tenure *f*; (période *f* de) jouissance *f*; *office etc.*: occupation *f.*

tep·id □ ['tepid] tiède; dégourdi (*eau*); **te'pid·i·ty**, **'tep·id·ness** tiédeur *f.*

ter·cen·te·nar·y [təˈsentiːnəri], **ter·cen·ten·ni·al** [~'tenjəl] tricentenaire (*a. su./m*).

ter·gi·ver·sa·tion [təˈdʒivəˈseiʃn] tergiversation *f.*

term [təːm] **1.** temps *m*, durée *f*, limite *f*; terme *m* (*a.* ♉, *phls.*, *ling.*); *ling. a.* mot *m*, expression *f*; 🏛 session *f*; *univ.*, *école*: trimestre *m*; 🏦 échéance *f*; délai *m* (*de congé*, *du droit d'auteur*, *de paiement*, *etc.*); *beginning of* ~ rentrée *f*; ~*s pl.* conditions *f/pl.*, termes *m/pl.*; prix *m/pl.*; relations *f/pl.*, rapports *m/pl.*; ♉ énoncé *m* (*d'un problème*); *in* ~*s of* en fonction de; *be on good* (*bad*) ~*s* être bien (mal) (*avec*, *with*); *come to* (*ou make*) ~*s with* s'arranger, prendre un arrangement (*avec*; ✗ partiser; **2.** appeler, nommer; qualifier (de *qch.*, *s.th.*).

ter·ma·gant ['təːməgənt] **1.** □ revêche, acariâtre; **2.** mégère *f*; dragon *m* (= *femme*).

ter·mi·na·ble □ ['təːminəbl] terminable; résiliable (*contrat*); **'ter·mi·nal 1.** □ extrême; dernier (-ère *f*); final; *école*: trimestriel(le *f*); terminal (-aux *m/pl.*); ~*ly* par trimestre;

2. bout *m*; *✄* borne *f*; *gramm.* terminaison *f*; *🚇 Am.* terminus *m*; *ordinateur*: terminal *m*; **ter·mi·nate** ['¯neit] (se) terminer; finir; **ter·mi·na·tion** fin *f*, conclusion *f*; terminaison *f (a. gramm.);* *ⱬ* extinction *f*.

ter·mi·nol·o·gy [tə:mi'nɔlədʒi] terminologie *f*.

ter·mi·nus ['tə:minəs], *pl.* **-ni** [¯nai] terminus *m*, tête *f* de ligne (*a. 🚇*).

ter·mite *zo.* ['tə:mait] termite *m*.

tern *orn.* [tə:n] sterne *f*, hirondelle *f* de mer.

ter·na·ry ['tə:nəri] ternaire.

ter·race ['terəs] terrasse *f*; rangée *f* de maisons; **'ter·raced** en terrasse; en rangée (*maisons*).

ter·rain ['terein] terrain *m*.

ter·rene □ [te'ri:n] terreux (-euse *f*); terrestre.   [tre.\

ter·res·tri·al □ [ti'restriəl] terres-\

ter·ri·ble □ ['terəbl] terrible; affreux (-euse *f*); **'ter·ri·ble·ness** horreur *f*.

ter·ri·er *zo.* ['teriə] terrier *m*.

ter·rif·ic [tə'rifik] (¯ally) épouvantable; terrible; colossal (-aux *m/pl.*); **ter·ri·fy** ['terifai] *v/t.* épouvanter, terrifier.

ter·ri·to·ri·al [teri'tɔ:riəl] **1.** □ territorial (-aux *m/pl.*); terrien(ne *f*), foncier (-ère *f*); *~* **waters** eaux *f/pl.* territoriales; *✕* *♀* *Army* (*ou* F *Force*) territoriale *f*; **2.** *✕* territorial *m*; **ter·ri·to·ry** ['¯təri] territoire *m*; *Am.* *♀* territoire *m* des É.-U.

ter·ror ['terə] terreur *f (a. fig.),* effroi *m*, épouvante *f*; **'ter·ror·ism** terrorisme *m*; **'ter·ror·ist** terroriste *m/f*; **'ter·ror·ize** terroriser.

ter·ry(·cloth) ['teri(klɔθ)] tissu *m* éponge.

terse □ [tə:s] concis; net(te *f*); **'terse·ness** concision *f*.

ter·tian *✍* ['tə:ʃn] (fièvre *f*) tierce; **ter·ti·a·ry** ['¯ʃəri] tertiaire.

tes·sel·lat·ed ['tesileitid] en mosaïque (*pavé*).

test [test] **1.** épreuve *f*, essai *m (a. ♠);* *psych.,* *⊕* test *m*; *♠* réactif *m* (de, for); examen *m*; *fig.* épreuve *f*, critérium *m*; *put to the ~* mettre à l'épreuve *ou* l'essai; **2.** *v/t.* éprouver, mettre à l'épreuve; examiner; essayer; *v/i.* *♠* faire la réaction (de, for).

tes·ta·ceous *zo.* ['tes'teiʃəs] testacé.

tes·ta·ment *bibl.,* †, *ⱬ* ['testəmənt] testament *m*; **tes·ta·men·ta·ry** [¯'mentəri] testamentaire.

tes·ta·tor [tes'teitə] testateur *m*.

tes·ta·trix [tes'teitriks] testatrice *f*.

test...: *~* **ban** (**treat·y**) (traité *m* d')interdiction *f* d'essais nucléaires; *~* **case** *ⱬ* cas *m* qui fait jurisprudence, précédent *m*; *~* **drive** mot. essai sur *ou* de route; **'~·drive** faire faire un essai de route à (*une voiture*).

test·er ['testə] essayeur (-euse *f*) *m*; vérificateur (-trice *f*) *m*; *outil:* vérificateur *m*.

tes·ti·cle *anat.* ['testikl] testicule *m*.

tes·ti·fi·er ['testifaiə] témoin *m* (de, to); **tes·ti·fy** ['¯fai] *v/t.* témoigner (*a. fig.*); déposer; *v/i.* attester (qch., to s.th.), témoigner (de, to).

tes·ti·mo·ni·al [testi'mounjəl] certificat *m*, attestation *f*; recommandation *f*; témoignage *m* d'estime; **tes·ti·mo·ny** ['¯məni] témoignage *m* (de, to); *ⱬ* *témoin:* déposition *f*.

tes·ti·ness ['testinis] irritabilité *f*.

test...: **'~·pa·per** *🔬* papier *m* réactif; *école:* composition *f*, épreuve *f*; **'~·pi·lot** *✈* pilote *m* d'essai; **'~·print** *phot.* épreuve *f* témoin; *~* **run** course *f* d'essai; essai *m* (de bon fonctionnement); **'~·tube** *🔬* éprouvette *f*; *~* **baby** bébé-éprouvette *m* (*pl.* bébés-éprouvette\.

tes·ty □ ['testi], **tetch·y** □ ['tetʃi] irascible, irritable; bilieux (-euse *f*).

teth·er ['teðə] **1.** attache *f*, longe *f*; *fig.* ressources *f/pl.;* **2.** mettre au piquet, attacher.

tet·ra·gon *♉* ['tetrəgən] quadrilatère *m*; **te·trag·o·nal** [¯'trægənl] tétragone.

tet·ter *✍* ['tetə] dartre *f*.

Teu·ton ['tju:tən] Teuton(ne *f*) *m*; **Teu·ton·ic** [¯'tɔnik] teuton(ne *f*), teutonique; *~* *Order* l'ordre *m* Teutonique.

text [tekst] texte *m*; *fig.* sujet *m*; *typ.* *~* **hand** grosse (écriture) *f*; **'~·book** manuel *m*, livre *m* de classe.

tex·tile ['tekstail] **1.** textile *f*; **2.** *~s* *pl.* tissus *m/pl.;* textiles *m/pl.*

tex·tu·al □ ['tekstjuəl] textuel(le *f*).

tex·ture ['tekstʃə] texture *f (a. fig.);* tissu *m*; *bois, peau:* grain *m*.

tha·lid·o·mide [θə'lidəmaid] thalidomide *f*; *~* **baby,** *~* **child** (bébé *m*) victime *f* de la thalidomide.

than [ðæn; ðən] *après comp.* que; *devant nombres*: de.

thank [θæŋk] **1.** remercier (de *inf.*, for *gér.*); ~ you merci; I will ~ you for je vous saurais bien gré de (*me donner etc.*); *iro.* ~ you for nothing merci de rien; **2.** ~s *pl.* remerciements *m*/*pl.*; ~s to grâce à; **thank·ful** □ ['~ful] reconnaissant; **'thank·less** □ ingrat; **thanks·giv·ing** [~s'givin] action f de grâce(s); *surt. Am.* ♀ (Day) le jour m d'action de grâces (*le dernier jeudi de novembre*); **'thank·wor·thy** † digne de reconnaissance.

that [ðæt] **1.** *cj.* [*usu.* ðət] que; **2.** *pron. dém.* (*pl.* those) celui-là (*pl.* ceux-là), celle-là (*pl.* celles-là); celui (*pl.* ceux), celle (*pl.* celles); cela, F ça; ce; so ~'s ~! et voilà!; and ... at ~ et encore ..., et ... par-dessus le marché; with ~ là-dessus; **3.** *pron. rel.* [a. ðət] qui, que; lequel, laquelle, lesquels, lesquelles; **4.** *adj.* ce (cet *devant une voyelle ou un h muet*; *pl.* ces), cette (*pl.* ces); ce (cet, cette, *pl.* ces) ...-là; **5.** *adv.* F (aus)si; ~ far si loin.

thatch [θætʃ] **1.** chaume m; **2.** couvrir de chaume.

thaw [θɔː] **1.** dégel m; **2.** *v*/*i.* fondre (*neige etc.*); *v*/*t.* décongeler (*de la viande*); *mot.* dégeler (*le radiateur*).

the [ði·; *devant une voyelle* ði, *devant une consonne* ðə] **1.** *art.* le, la, les; **2.** *adv.* ~ richer he is ~ more arrogant he seems plus il est riche, plus il semble arrogant.

the·a·tre, *Am.* **the·a·ter** ['θiətə] théâtre m (*a. fig.*); **the·at·ric, the·at·ri·cal** □ [θi'ætrik(l)] (*a. fig.*) théâtral (-aux *m*/*pl.*) (*a. fig.*); spectaculaire; d'acteur(s); **the·at·ri·cals** [~klz] *pl.* (*usu. amateur* ~) spectacle m d'amateurs, comédie f de société.

thee *bibl.*, *poét.* [ði·] *accusatif*: te; *datif*: toi.

theft [θeft] vol m.

their [ðɛə] leur, leurs; **theirs** [~z] le (la) leur, les leurs; à eux, à elles.

the·ism ['θiːizm] théisme m.

them [ðem; ðəm] *accusatif*: les; *datif*: leur; à eux, à elles.

theme [θiːm] thème m (a. ♪, a. gramm.); sujet m; gramm. radical (-aux *pl.*) m; *école*: dissertation f, *Am.* thème m; ~ **song** leitmotiv (*pl.* -ve) m.

them·selves [ðəm'selvz] eux-mêmes, elles-mêmes; *réfléchi*: se.

then [ðen] **1.** *adv.* alors; en ce temps-là; puis; ensuite; aussi; d'ailleurs; every now and ~ de temps en temps; de temps à autre; there and ~ sur-le-champ; now ~ allons, voyons; **2.** *cj.* donc, alors, en ce cas; **3.** *adj.* de ce temps-là, d'alors.

thence *poét.* [ðens] par conséquent; *temps*: dès lors; '~·**forth** *poét.* depuis ce temps-là; dès lors, à partir de ce jour.

the·oc·ra·cy [θi'ɔkrəsi] théocratie f; **the·o·crat·ic** [θio'krætik] (~ally) théocratique.

the·o·lo·gi·an [θiə'loudʒjən] théologien m; **the·o·log·i·cal** [~'lɔdʒikl] théologique; **the·ol·o·gy** [θi'ɔlədʒi] théologie f.

the·o·rem ['θiərəm] théorème m; **the·o·ret·ic, the·o·ret·i·cal** □ [~·'retik(l)] théorique; **'the·o·rist** théoricien(ne f) m; théoriste m/f; **'the·o·rize** théoriser; **'the·o·ry** théorie f.

the·os·o·phy [θi'ɔsəfi] théosophie f.

ther·a·peu·tics [θerə'pjuːtiks] *usu. sg.* thérapeutique f; **'ther·a·py** thérapie f; *see* occupational; **'ther·a·pist** thérapeute m/f; mental~ psycho-thérapeute m.

there [ðɛə] **1.** *adv.* là; y; là-bas; F ce, cette, ces, cettes ...-là; the man ~ cet homme-là; ~ is, ~ are il y a; ~'s a good fellow! vous serez bien gentil!; ~ you are! vous voilà!; ça y est!; **2.** *int.* voilà!

there...: '~·**a·bout**(s) près de là, par là; à peu près; '~·**aft·er** après cela, ensuite; '~·**by** par là, de cette façon; '~·**fore** donc, par conséquent; aussi (*avec inversion*); '~·**in** là-dedans; à cet égard, en cela; '~·**of** en; de cela; '~·**up·on** là-dessus; '~·**with** avec cela.

ther·mal □ ['θəːməl] thermal (-aux *m*/*pl.*); *phys. a.* thermique, calorifique; ~ value pouvoir m calorifique; **ther·mic** ['~mik] (~ally) thermique; **therm·i·on·ic** [~mi'ɔnik]: ~ valve *radio*: lampe f thermoïonique.

ther·mo·e·lec·tric cou·ple *phys.* ['θəːmoi'lektrik 'kʌpl] élément m thermo-électrique; **ther·mom·e·ter** [θə'mɔmitə] thermomètre m; **ther·mo·met·ric, ther·mo·met·ri·cal** □ [θəːmə'metrik(l)] thermométrique; **ther·mo·nu·cle·ar** phys. ['ˌ~'njuːkliə] thermonucléaire; **thermo-pile** phys. ['ˌ~mopail] thermopile f; **Ther·mos** ['ˌ~məs] (ou ~ flask, ~ bottle) bouteille f Thermos; **thermo·stat** ['ˌ~mostæt] thermostat m.

the·sau·rus [θiːˈsɔːrəs], pl. **-ri** [ˌ~rai] thésaurus m; trésor m.

these [ðiːz] pl. de this 1, 2; ~ three years depuis trois ans; in ~ days à notre époque.

the·sis ['θiːsis], pl. **-ses** [ˌ~siːz] thèse f, dissertation f.

they [ðei] ils, accentué: eux; elles (a. accentué); a. on; ~ who ceux ou celles qui.

thick [θik] **1.** □ usu. épais(se f) (brouillard, liquide, etc.); dense (brouillard, foule); abondant, dru (cheveux); trouble (eau, vin); crème (potage); empâté (voix); serré (foule); profond (ténèbres); F (souv. as ~ as thieves) très lié, intime; ~ with très lié avec; sl. that's a bit ~! ça c'est un peu fort!; **2.** partie f épaisse; gras m; fort m; in the ~ of au plus fort de; au beau milieu de; **'thick·en** v/t. épaissir; cuis. lier; v/i. s'épaissir; se lier; se compliquer; s'échauffer; **thick·et** ['ˌ~it] fourré m, bosquet m; **'thick-head·ed** lourdaud; obtus; **'thick·ness** épaisseur f (a. ⊕); grosseur f; abondance f; état m trouble; empâtement m; ☨ couche f; **'thick-'set** ⚜ dru; épais(se f); trapu (personne); **'thick-'skinned** fig. peu sensible.

thief [θiːf], pl. **thieves** [θiːvz] voleur (-euse f) m; F moucheron m (de chandelle); **thieve** [θiːv] voler; **thiev·er·y** ['ˌ~vəri] vol(erie f) m.

thiev·ish ['θiːviʃ] voleur (-euse f); **'thiev·ish·ness** habitude f du vol; penchant m au vol.

thigh [θai] cuisse f; **'~·bone** fémur m.

thill [θil] limon m, brancard m.

thim·ble ['θimbl] dé m; ⊕ bague f; ⚓ cosse f; **thim·ble·ful** ['ˌ~ful] plein un dé (de, of); **thim·ble·rig** ['ˌ~rig] F v/t. frauder.

thin [θin] **1.** □ usu. mince; peu épais (-se f); maigre; pauvre (sol etc.); clair (liquide, tissu); grêle (voix); ténu; rare, clairsemé; sans corps (vin); fig. peu convaincant; théâ. a ~ house un auditoire peu nombreux; **2.** v/t. amincir; diminuer; (a. ~ out) éclaircir; cuis. délayer;

v/i. s'amincir, maigrir; s'éclaircir.

thine bibl., poét. [ðain] le tien; la tienne, les tiens, les tiennes; à toi.

thing [θin] chose f, objet m, affaire f; être m (= personne); ~s pl. effets m/pl.; vêtements m/pl.; affaires f/pl.; choses f/pl.; F be the ~ être l'usage ou correct ou ce qu'il faut; F know a ~ or two être malin (-igne f); en savoir plus d'un(e); above all ~s avant tout; ~s are going better les affaires vont mieux.

thing·um(·a)·bob F ['θiŋəm(i)bɔb], **thing·um·my** F ['ˌ~əmi] chose m; truc m.

think [θiŋk] [irr.] v/i. penser; réfléchir (sur about, over); compter (inf., to inf.); s'attendre (à inf., to inf.); ~of penser à, envisager; penser (bien, mal) de; considérer; ~of (gér.) penser à (inf.); v/t. croire; penser; s'imaginer; juger, trouver; tenir pour; ~ much etc. of avoir une bonne etc. opinion de; ~ out imaginer (qch.); arriver à la solution de (qch.); ~ s.th. over réfléchir sur qch.; **'think·a·ble** concevable; **'think·er** penseur (-euse f) m; **'think·ing** pensant; qui pense.

thin·ness ['θinnis] minceur f; peu m d'épaisseur; légèreté f; maigreur f.

third [θəːd] **1.** troisième; date, roi: trois; surt. Am. F ~ degree passage m à tabac; troisième degré m; the ♀ World le Tiers-Monde; **2.** tiers m; troisième mf; ♪ tierce f; **'third·ly** en troisième lieu; **'third-'par·ty in·sur·ance** assurance f aux tiers; **'third-'rate** de qualité très inférieure.

thirst [θəːst] **1.** soif f (a. fig.); 2. avoir soif (de for, after); **'thirst·y** □ altéré (de, for) (a. fig.); desséché (sol); F it is ~ work cela vous sèche le gosier.

thir·teen ['θəːˈtiːn] treize; **'thir·teenth** [ˌ~θ] treizième; **'thir·ti·eth** [ˌ~tiiθ] trentième; **'thir·ty** trente.

this [ðis] **1.** pron. dém. (pl. these) celui-ci (pl. ceux-ci), celle-ci (pl. celles-ci); celui (pl. ceux), celle (pl. celles); ceci; ce; **2.** adj. dém. (pl. these) ce (cet devant une voyelle ou un h muet; pl. ces), cette (pl. ces); ce (cet, cette, pl. ces) ...-ci; in this country chez nous; ~ day week aujourd'hui en huit; **3.** adv. F comme ceci; ~ big grand comme ça.

this·tle ♀ ['θisl] chardon *m*.

thith·er *poét.* ['ðiðə] là; y.

thole ⚓ [θoul] (*a.* ~-**pin**) tolet *m*.

thong [θɔŋ] lanière *f* (*souv. de fouet*).

tho·rax *anat., zo.* ['θɔ:ræks] thorax *m*.

thorn ♀ [θɔ:n] épine *f*; **'thorn·y** épineux (-euse *f*) (*a. fig.*); ♀ spinifère.

thor·ough □ ['θʌrə] complet (-ète *f*); profond; minutieux (-euse *f*); parfait; vrai; achevé (*coquin*); ~*ly a.* tout à fait; '~-**bass** ♪ basse *f* continue; '~-**bred 1.** pur sang *inv.*; de race; **2.** cheval *m* pur sang; chien *m etc.* de race; '~-**fare** voie *f* de communication; passage *m*; '~-**go·ing** achevé; consciencieux (-euse *f*); **'thor·ough·ness** perfection *f*; sincérité *f*; **'thor·ough-paced** achevé; parfait; enragé.

those [ðouz] **1.** *pl.* de *that*; *are* ~ *your parents?* sont-ce là vos parents?; **2.** *adj.* ces (...-là).

thou *bibl., poét.* [ðau] tu, *accentué:* toi.

though [ðou] quoique, bien que (*sbj.*); F (*usu. à la fin de la phrase*) pourtant, cependant; *int.* vraiment!; *as* ~ comme si.

thought [θɔ:t] **1.** *prét. et p.p.* de *think*; **2.** pensée *f*; idée *f*; souci *m*; intention *f*; *give* ~ *to* penser à; *on second* ~*s* réflexion faite; *take* ~ *for* songer à.

thought·ful □ ['θɔ:tful] pensif (-ive *f*); rêveur (-euse *f*); réfléchi; soucieux (-euse *f*) (de, *of*); prévenant (pour, *of*); **'thought·ful·ness** méditation *f*; prévenance *f*, égards *m/pl.*; souci *m*.

thought·less □ ['θɔ:tlis] étourdi, irréfléchi, négligent (de, *of*); **'thought·less·ness** irréflexion *f*; inattention *f*; insouciance *f*; négligence *f*.

thought-read·ing ['θɔ:tri:diŋ] lecture *f* de pensée.

thou·sand ['θauzənd] **1.** mille; *dates a.* mil; **2.** mille *m/inv.*; millier *m*; **thou·sandth** ['~zənθ] millième (*a. su./m*).

thrall *poét.* [θrɔ:l] esclave *m* (de *of*, *to*); *a.* = **thrall(l)·dom** ['θrɔ:ldəm] esclavage *m*; asservissement *m* (*a. fig.*).

thrash [θræʃ] *v/t.* battre; rosser; *sl.*

vaincre; ~ *out* débattre; *v/i.* battre, clapoter; ⊕ vibrer; ⚓ se frayer un chemin; *qqfois* bourlinguer; *see* thresh; **'thrash·ing** battage *m*; rossée *f*; F défaite *f*; *see* threshing.

thread [θred] **1.** fil *m* (*a. fig.*); filament *m*; ⊕ *vis:* filet *m*; **2.** enfiler; *fig.* s'insinuer, se faufiler; ⊕ fileter; '~-**bare** râpé; *fig.* usé; **'thread·y** fibreux (-euse *f*); plein de fils; ténu (*voix*).

threat [θret] menace *f*; **'threat·en** *vt/i.* menacer (de qch., [*with*] s.th.).

three [θri:] trois (*a. su./m*); '~-**col·o(u)r** trichrome; '~-**fold** triple; ~-**pence** ['θrepəns] pièce *f* de trois pence; '~-**pen·ny** coûtant trois pence; *fig.* mesquin; ~-**phase** cur·rent ⚡ ['θri:feiz'kʌrənt] courant *m* triphasé; '~-**piece** en trois pièces; ~ *suit* trois-pièces *m/inv.*; '~-**score** soixante; '~-**valve** re·ceiv·er *radio:* poste *m* à trois lampes.

thresh [θreʃ] battre (*le blé*); *see* thrash; *fig.* ~ *out* discuter (*une question*) à fond.

thresh·ing ['θreʃiŋ] battage *m*; '~-**floor** aire *f*; '~-**ma·chine** batteuse *f*, machine *f* à battre.

thresh·old □ ['θreʃhould] seuil *m*.

threw [θru:] *prét.* de *throw* 1.

thrice † [θrais] trois fois.

thrift(·i·ness) ['θrift(inis)] économie *f*, épargne *f*; ♀ statice *m*; **'thrift·less** □ prodigue; imprévoyant; **'thrift·y** □ économe, ménager (-ère *f*); *poét., a. Am.* florissant.

thrill [θril] **1.** (*v/t.* faire) frissonner, frémir (de, *with*); *v/t. fig.* troubler; émotionner; **2.** frisson *m*; vive émotion *f*; **'thrill·er** F roman *m* sensationnel; pièce *f* à gros effets; **'thrill·ing** saisissant, émouvant; sensationnel(le *f*).

thrive [θraiv] [*irr.*] se développer; réussir; *fig.* prospérer; **thriv·en** ['θrivn] *p.p.* de *thrive*; **thriv·ing** □ ['θraiviŋ] vigoureux (-euse *f*); florissant.

throat [θrout] gorge *f* (*a. géog.*); ⚓ ancre: collet *m*; ⊕ *rabot:* lumière *f*; *fourneau:* gueulard *m*; *clear one's* ~ s'éclaircir le gosier; **'throat·y** □ guttural (-aux *m/pl.*).

throb [θrɔb] **1.** battre (*cœur etc.*);

lanciner (*doigt*); 2. battement *m*, pulsation *f*; ⊕ vrombissement *m*.

throe [θrou] convulsion *f*; ~s *pl*. douleurs *f/pl*.; affres *f/pl*.; *fig.* tourments *m/pl*.

throm·bo·sis ⚕ [θrɔm'bousis] thrombose *f*.

throne [θroun] 1. trône *m*; 2. *v/t.* mettre sur le trône; *v/i.* trôner.

throng [θrɔŋ] 1. foule *f*; cohue *f*; presse *f*; 2. *v/i.* se presser, affluer; *v/t.* encombrer; presser.

throt·tle ['θrɔtl] 1. étrangler (*a.* ⊕ *le moteur etc.*); ⊕ mettre (*une machine*) au ralenti; 2. = '~-valve soupape *f* de réglage; étrangleur *m*.

through [θru:] 1. *prp.* à travers; au travers de; au moyen de, par; à cause de; *pendant* (*un temps*); 2. *adj.* direct (*train, vol etc.*); *Am.* ~ *street* rue *f* prioritaire; ~ *traffic* transit *m*; ~'**out** 1. *prp.* d'un bout à l'autre de; dans tout; pendant tout (*un temps*); 2. *adv.* partout; d'un bout à l'autre; '~-**way** *see* thruway.

throve [θrouv] *prét.* de thrive.

throw [θrou] 1. [*irr.*] *v/t. usu.* jeter (*a. fig.*); lancer; projeter (*de l'eau, une image, etc.*); désarçonner (*un cavalier*); *tex.* jeter, tordre (*la soie*); tournasser (*un pot*); envoyer (*un baiser*); rejeter (*une faute*); *zo.* mettre bas (*des petits*); *Am.* T terrasser (*un adversaire*); ~ *away* (re)jeter; gaspiller; ne pas profiter de; ~ *in* jeter dedans; ajouter; placer (*un mot*); ~ *off* jeter; ôter (*un vêtement*); se défaire de; se dépouiller de; *fig.* dépister; ~ *out* jeter dehors; émettre; *fig.* faire ressortir; *fig.* lancer (*une insinuation etc.*); *surt. parl.* rejeter; ⊕ désaccoupler; ~ *over* abandonner; ⊕ renverser (*un levier*); ~ *up* jeter en l'air; lever; abandonner (*un poste*); vomir; construire à la hâte; ~ *up the cards* donner gagné à q.; *see* sponge 1; *v/i. zo.* mettre bas des petits; jeter les dés; ~ *off fig.* débuter; ~ *up* vomir; 2. jet *m*; coup *m*; coup *m* de dé; ~ *déviation f,* écart *m*; '~-'**back** *surt. biol.* régression *f*; [**thrown**] [θroun] *p.p.* de throw 1; '**throw-'off** *chasse:* lancé *m*; *p.ext.* mise *f* en train.

thru *Am.* [θru:] *see* through.

thrum¹ [θrʌm] *tex.* penne *f*, -s *f/pl.*; bout *m*, -s *m/pl.*; ⚓ ~s *pl.* lardage *m*.

thrum² [~] (*a.* ~ *on*) tapoter (*la piano*); pincer de (*la guitare*).

thrush¹ *orn.* [θrʌʃ] grive *f*.

thrush² [~] ⚕ aphtes *m/pl.*; *vét* teigne *f*.

thrust [θrʌst] 1. poussée *f* (*a.* ⊕ ⚒), *a. fig.* assaut *m*; *escrime:* botte *f*; coup *m* de pointe (*d'épée*); 2. [*irr.*] *v/t.* pousser; *v/i.* porter un coup (à *at*); ~ *o.s. into* s'enfoncer dans; ~ *out* mettre dehors, chasser; tirer (*so langue*); ~ *s.th. upon s.o.* forcer q. à accepter qch.; imposer qch. à q.; ~ *o.s. upon s.o.* s'imposer à.

thru·way *Am.* ['θru:wei] autoroute *f* (à péage); rue *f* prioritaire.

thud [θʌd] 1. résonner sourdement; tomber *etc.* avec un bruit sourd; 2. bruit *m* sourd; son *m* mat.

thug [θʌg] thug *m*; *fig.* bandit *m*.

thumb [θʌm] 1. pouce *m*; *Tom ♀ le* petit Poucet *m*; 2. feuilleter (*un livre*); manier; *Am.* ~ *one's nose* faire un pied de nez (à q., *to s.o.*); ~ *a ride* (*ou a ride*) faire de l'auto-stop; ~ arrêter une voiture (pour se faire emmener); ~ *in·dex* onglets *m/pl.* (*d'un livre*); '~-**nail** ongle *m* du pouce; ~ *sketch* petit croquis *m* (hâtif); '~-**print** marque *f* de pouce; '~-**screw** *torture:* poucettes *f/pl.*; ⊕ vis *f* ailée; '~-**stall** poucier *m*; ⚒ doigtier *m* pour pouce, F pouce *m/pl.*; '~-**tack** *Am.* punaise *f*.

thump [θʌmp] 1. coup *m* de poing; bruit *m* sourd; 2. *v/t.* cogner (*sur on*), donner un coup de poing à; *v/i* sonner sourdement; battre fort (*cœur*); '**thump·er** *sl.* chose *f* énorme; *sl.* mensonge *m*; '**thump·ing** *sl.* colossal (-aux *m/pl.*).

thun·der ['θʌndə] 1. tonnerre *m* (*a. fig.*); F *steal s.o.'s* ~ anticiper q.; 2. tonner; '~-**bolt** foudre *f* (*poét. a. m*); '~-**clap** coup *m* de tonnerre *ou fig.* de foudre; '~-**cloud** nuage *m* orageux; '~-**head** partie *f* supérieure d'un cumulus; *fig.* menace *f*; '**thun·der·ing** *sl.* 1. *adj.* colossal (-aux *m/pl.*), formidable; 2. *adv.* joliment, rudement; '**thun·der·ous** □ orageux (-euse *f*); *fig.* menaçant; à tout rompre; de tonnerre (*bruit etc.*); '**thun·der·storm** orage *m*; '**thun·der·struck** foudroyé, abasourdi; '**thun·der·y** orageux (-euse *f*).

Thurs·day ['θə:zdi] jeudi *m*.

thus [ðʌs] ainsi; de cette manière; donc.

thwack [θwæk] *see* whack.

thwart [θwɔːt] **1.** contrarier; frustrer, déjouer; **2.** ⚓ banc *m* de nage.

thy *bibl., poét.* [ðai] ton, ta, tes.

thyme ♀ [taim] thym *m*.

thy·roid *anat.* ['θairɔid] **1.** thyroïde; ~ **extract** extrait *m* thyroïde; ~ **gland** = **2.** glande *f* thyroïde.

thy·self *bibl., poét.* [ðai'self] toi-même; *réfléchi:* te.

ti·a·ra [ti'ɑːrə] tiare *f*.

tib·i·a *anat.* ['tibiə], *pl.* **-ae** [‿iː] tibia *m*.

tic ♀ [tik] tic *m*.

tick[1] *zo.* [tik] tique *f*.

tick[2] [‿] toile *f* à matelas.

tick[3] F [‿]: **on** ~ à crédit.

tick[4] [‿] **1.** tic-tac *m/inv.*; F instant *m*, moment *m*; marque *f*; to the ~ à l'heure sonnante; **2.** *v/i.* faire tic-tac; battre; *mot.* ~ **over** tourner au ralenti; *v/t.* pointer, faire une marque à; ~ **off** pointer; vérifier; *sl.* rembarrer (*q.*).

tick·er ['tikə] téléscripteur *m*; téléimprimeur *m*; F tocante (= montre); F palpitant *m* (= cœur); '~**tape** bande *f* de téléscripteur; serpentin *m*.

tick·et ['tikit] **1.** ⚡ *théâ., loterie:* billet *m*; *métro, consigne, place réservée, etc.:* ticket *m*; coupon *m*; (*a.* price-~) étiquette *f*; bon *m* (*de soupe*); *mot. Am.* F contravention *f*; *parl. Am.* liste *f* des candidats; F programme *m*; F the ~ ce qu'il faut, correct; ~ **of leave** (bulletin *m* de) libération *f* conditionnelle; **on** ~ **of leave** libéré conditionnellement; **2.** étiqueter, marquer; ~ **a·gen·cy** agence *f* de voyages; *théâ. etc.* agence *f* de spectacles; '~**col·lec·tor** ⚡ contrôleur *m* des billets; '~**in·spec·tor** *autobus:* contrôleur *m*; '~**of·fice**, '~**win·dow** *surt. Am.* guichet *m*; '~**punch** poinçon *m* de contrôleur.

tick·ing ['tikiŋ] toile *f* à matelas.

tick·le ['tikl] chatouiller; *fig.* amuser; flatter; **tick·ler** (*ou* ~ **coil**) *radio:* bobine *f* de réaction; '**tick·lish** □ chatouilleux (-euse *f*); délicat; *fig.* susceptible (*personne*).

tid·al □ ['taidl] de marée; à marée; ~ **wave** raz *m* de marée; flot *m* de la marée; *fig.* vague *f*.

tid·bit *Am.* ['tidbit] *see* titbit.

tide [taid] **1.** marée *f*; *fig.* vague *f*; ⚓ flot *m*; **low** (**high**) ~ marée *f* basse (haute); *fig.* fortune *f*; † saison *f*, temps *m*; **turn of the** ~ étale *m*; *fig.* tournure *f* (*des affaires*); **2.** porter (par la marée); *fig.* ~ **over** venir à bout de; s'en tirer; ~ **s.o. over** dépanner *q.*, aider *q.* à s'en tirer, tirer *q.* d'embarras; '~**mark** ligne *f* de marée haute; F ligne crasse (*au cou, dans une baignoire etc.*).

ti·di·ness ['taidinis] (bon) ordre *m*; propreté *f*; *habillement:* bonne tenue *f*.

ti·dings *pl. ou sg.* ['taidiŋz] nouvelle *f*, ~s *f/pl.*

ti·dy ['taidi] **1.** bien rangé; bien tenu; *fig.* passable, F joli; **2.** voile *m* (*sur un fauteuil etc.*); récipient *m* (*pour peignures*); corbeille *f* (*à ordures*); **3.** (*a.* ~ **up**) ranger; mettre de l'ordre dans, arranger (*une chambre etc.*).

tie [tai] **1.** lien *m* (*a. fig.*); attache *f*; (*a.* neck-~) cravate *f*; nœud *m*; ♩ liaison *f*; ⚓ chaîne *f*, ancre *f*; *fig.* entrave *f*; *soulier:* cordon *m*; *sp.* match *m* à égalité, partie *f* nulle; *sp.* match *m* de championnat; *parl.* nombre *m* égal de suffrages; **2.** *v/t.* lier; nouer (*la cravate*); ficeler; ⚓ chaîner; *v/i. sp.* être à égalité; ~ **down** *fig.* assujettir (à *une condition etc.*, to); asservir (*q.*) (à, to); ~ **up** attacher; ficeler; ⚓ amarrer; *fig.* immobiliser; F marier; *Am.* ~ gêner.

tier [tiə] rangée *f*; étage *m*; *théâ.* balcon *m*.

tierce [tiəs] *escrime, cartes:* tierce *f*.

tie-up ['tai'ʌp] cordon *m*; association *f*; impasse *f*; *surt. Am.* grève *f*; *Am.* arrêt *m* (*de la circulation etc.*).

tiff F [tif] **1.** petite querelle *f*; boutade *f*; **2.** bouder.

tif·fin ['tifin] *anglo-indien:* déjeuner *m* (de midi).

ti·ger ['taigə] tigre *m*; *fig.* as *m*; *fig.* homme *m* féroce; *Am.* F **three cheers and a** ~! trois hourras et encore un hourra!; '**ti·ger·ish** □ *fig.* cruel(le *f*); féroce; de tigre.

tight □ [tait] serré; tendu; raide; collant, étroit, juste (*vêtements*); bien fermé, imperméable; resserré, rare (*argent*); F ivre, gris; F *fig.* **it was a** ~ **place** (*ou* squeeze) on tenait tout

juste; *it was a* ~ *squeeze to get through*
il y avait à peine la place de passer;
hold ~ tenir serré; *in a* ~ *corner* en
mauvaise passe; *in a* ~ *squeeze* dans
l'embarras; **'tight·en** *v/t.* (res)serrer
(*sa ceinture, une vis*); retendre (*une
courroie*); tendre, remonter (*un ressort*); *v/i.* se (res)serrer; se bander
(*ressort*); '~·'**fist·ed** F dur à la détente; '~·'**laced** serré dans son corset;
fig. collet monté *inv.*, prude; '~·-
'**lipped** qui ne desserre les lèvres,
taciturne; à l'air pincé; '**tight·ness**
tension *f*; raideur *f*; étroitesse *f*;
'**tight-rope** corde *f* tendue; **tights**
[~s] *pl. théâ.* maillot *m*; '**tight·wad**
Am. sl. grippe-sou *m*; pingre *m*.

ti·gress ['taigris] tigresse *f*.

tile [tail] **1.** *toit:* tuile *f*; *plancher:*
carreau *m*; *sl.* chapeau *m*; **2.** couvrir
de tuiles; carreler; '~·**lay·er**, '**til·er**
couvreur *m*; carreleur *m*.

till¹ [til] tiroir-caisse (*pl. tiroirs-
caisses*) *m*; caisse *f*.

till² [~] **1.** *prp.* jusqu'(à); **2.** *cj.*
jusqu'à ce que (*sbj.*).

till³ ✓ [~] labourer; cultiver; '**till·
age** labour(age) *m*; (agri)culture *f*;
terre *f* en labour.

till·er ⚓ ['tilə] barre *f* franche.

tilt¹ [tilt] bâche *f*, banne *f*; ⚓
tendelet *m*.

tilt² [~] **1.** pente *f*, inclinaison *f*; †
tournoi *m*; † coup *m* de lance; *fig.*
coup *m* de patte, attaque *f*; *full* ~
tête baissée; *on the* ~ incliné, penché; **2.** *v/t.* pencher, incliner; *v/i.*
pencher, s'incliner; courir une
lance (*contre, at*); *fig.* donner un
coup de patte (à, *at*); ~ *against*
attaquer; ~ *up* basculer; '**tilt·ing**
incliné, penché; à bascule.

tilth *poét.* [til¹] *see* tillage.

tim·ber ['timbə] **1.** bois *m* (*d'œuvre,
de charpente, de construction*); piece
of ~ poutre *f*; ⚓ couple *f*; *Am.
fig.* qualité *f*; **2.** boiser; ~ed en bois;
boisé (*terrain*); '~·**line** limite *f* de la
végétation arborescente; '~·**work**
charpente *f*; construction *f* en bois;
'~·**yard** chantier *m*.

time [taim] **1.** temps *m*; fois *f*; heure
f; moment *m*; saison *f*; époque *f*;
terme *m*; *gymn. etc.:* pas *m*; ♩
mesure *f*, tempo *m*; ~, *gentlemen,
please!* on ferme!; ~ *and again* à
maintes reprises; *at* ~s de temps en
temps; parfois; *at a* (*ou at the same*)

~ à la fois; *at the same* ~ en même
temps; *before* (*one's*) ~ en avance;
prématurément; *behind* (*one's*) ~ en
retard; *behind the* ~s arriéré; *by
that* ~ à l'heure qu'il était; à ce
moment-là; alors; *for the* ~ being
pour le moment; provisoirement;
actuellement; *have a good* ~
s'amuser (bien); *in* ~ à temps, à
l'heure; *in good* ~ de bonne heure;
see mean² 1; *on* ~ à temps, à l'heure;
out of ~ mal à propos; à contretemps (*a.* ♩); *beat* (*the*) ~ battre la
mesure; *see* keep 2; **2.** *v/t.* faire (*qch.*)
à propos; fixer l'heure de; choisir
le moment de; régler (*sur, by*); *sp.*
chronométrer; calculer la durée de;
(*a. take the* ~ *of*) mesurer le temps
de; *the train is* ~d *to leave at* 7 le
train doit partir à 7 heures; *v/i.*
faire coïncider (avec, *with*);
'~·**and-'mo·tion stud·y** ✝ étude *f*
des cadences; '~·**bar·gain** ✝ marché *m* à terme; ~ **bomb** bombe *f* à
retardement; '~·**clock** enregistreur
m de temps; '~·**con·sum·ing** qui
prend beaucoup de temps; '~·**ex-
po·sure** *phot.* pose *f*; '~·**hon-
o(u)red** séculaire, vénérable; '~·
keep·er chronomètre *m*, *surt.* montre *f*; *see* timer; contrôleur *m* (de
présence); ~ **lag** retard *m*; '~·**lim·it**
limite *f* de temps; délai *m*; durée *f*;
'~·**ly** opportun, à propos;
'**time-out** *Am.* pause *f*; '**time-
piece** pendule *f*; montre *f*; '**tim·er**
chronométreur *m*.

time...: '~·**serv·er** ['taimsə:və] opportuniste *mf*; '~·**sheet** feuille *f* de
présence; semainier *m*; '~·**sig·nal**
surt. radio: signal *m* horaire;
'~·**ta·ble** horaire *m*; 🚆 indicateur *m*;
école: emploi *m* du temps; ~ **zone**
fuseau *m* horaire.

tim·id ☐ ['timid] timide, peureux
(-euse *f*); **ti·mid·i·ty** [ti'miditi] timidité *f*.

tim·ing ['taimiŋ] ⊕ *mot.* réglage *m*;
sp. chronométrage *m*; *fig.* choix *m* du
moment.

tim·or·ous ☐ ['timərəs] *see* timid.

tin [tin] **1.** étain *m*; fer-blanc (*pl.
fers-blancs*) *m*; boîte *f* (*de conserves*);
bidon *m* (*à essence*); *sl.* galette *f* (=
argent); *Brit.* ~ **opener** ouvre-boîtes
m/inv.; **2.** en *ou* d'étain; en fer-blanc;
de plomb (*soldat*); *fig. péj.* en toc; ~
can boîte *f* (en fer-blanc); F ~ **god**

(faux) idole *m*; F ~ hat casque *m*; **3.**
étamer; mettre en boîtes; ~ned meat
viande *f* de conserve; F ~ned music
musique *f* enregistrée.

tinc·ture ['tiŋktʃə] **1.** teinte *f*; ⊘,
pharm., *a. fig.* teinture *f*; **2.** teindre,
colorer.

tin·der ['tində] amadou *m*.

tine [tain] dent *f*; fourchon *m*;
zo. cor *m*, branche *f*.

tin·foil ['tin'fɔil] feuille *f* d'étain,
papier *m* (d')étain.

ting [tiŋ] *see* **tinkle**.

tinge [tindʒ] **1.** teinte *f*; nuance *f*
(*a. fig.*); **2.** teinter (*a. fig.*), colorer
(de, with); *be* ~d with avoir une
teinte de.

tin·gle ['tiŋgl] picoter; cuire;
fig. avoir grande envie (de *inf.*,
to *inf.*).

tink·er ['tiŋkə] **1.** chaudronnier *m*;
2. *v/t.* rafistoler; *v/i.* bricoler (dans,
about); ~ at rafistoler; ~ up faire
des réparations de fortune; ~ with
retaper.

tin·kle ['tiŋkl] **1.** (faire) tinter; **2.**
tintement *m*; F coup *m* de télé-
phone.

tin·man ['tinmən] étameur *m*;
ferblantier *m*; '**tin·ny** métallique
(son); '**tin·o·pen·er** ouvre-boîtes
m/inv.; '**tin·plate** fer-blanc *m* (*pl.*
fers-blancs) *m*; ferblanterie *f*.

tin·sel ['tinsl] **1.** lamé *m*, paillettes
f/pl.; clinquant *m* (*a. fig.*); *fig. a.*
faux éclat *m*; **2.** de paillettes; *fig.*
de clinquant, faux (fausse *f*);
3. garnir de paillettes; clinquanter;
fig. donner un faux éclat à.

tin·smith ['tinsmiθ] *see* **tinman**.

tint [tint] **1.** teinte *f*, nuance *f*;
peint. ton *m*; **2.** teinter, colorer;
~ed *paper* papier *m* teinté.

tin·tack ['tintæk] broquette *f*; ~s
pl. semence *f*.

tin·tin·nab·u·la·tion ['tintinæbju-
'leiʃn] tintement *m*.

tin·ware ['tinwɛə] ferblanterie *f*.

ti·ny ['taini] tout petit.

tip [tip] **1.** pointe *f*; *cigarette*: bout
m; extrémité *f*; F pourboire *m*; F
tuyau *m*; pente *f*; F coup *m* léger;
give s.th. a ~ faire pencher qch.;
2. *v/t.* mettre un bout à; ferrer,
emboucher (*une canne*); *fig.* dorer; F
donner un pourboire à (*q.*); F (*a.
~ off*) tuyauter, avertir (*q.*); ~ over
renverser; *v/i.* se renverser; '~-

cart tombereau *m* à bascule;
'**~·cat** bâtonnet *m* (*sorte de jeu d'enfants*); '**~-off** tuyau *m*.

tip·pet ['tipit] pèlerine *f*; écharpe *f*
en fourrure.

tip·ple ['tipl] **1.** se livrer à la boisson;
F lever le coude; **2.** boisson *f*; '**tippler** ivrogne *m*; buveur (-euse *f*) *m*.

tip·si·ness ['tipsinis] ivresse *f*.

tip·staff ['tipstɑːf] huissier *m*.

tip·ster ['tipstə] tuyauteur *m*.

tip·sy ['tipsi] gris, ivre; F pompette.

tip·toe ['tiptou]: on ~ sur la pointe
des pieds.

tip·top F ['tip'tɔp] **1.** le plus haut
point *m*; **2.** de premier ordre; extra; F
chic *inv.*

tip-up seat ['tipʌp'siːt] strapontin
m.

ti·rade [tai'reid] tirade *f*, diatribe *f*.

tire¹ ['taiə] pneu(matique) *m*.

tire² [~] (se) lasser, ennuyer (de
of, with).

tired □ ['taiəd] fatigué (*fig.* de, of);
'**tired·ness** lassitude *f*, fatigue *f*.

tire·less □ ['taiəlis] infatigable.

tire·some □ ['taiəsəm] ennuyeux
(-euse *f*); F exaspérant.

tire-valve ['taiəvælv] valve *f* de
pneumatique.

ti·ro ['taiərou] novice *mf*.

tis·sue ['tisjuː] tissu *m*; étoffe *f*;
'**~-pa·per** papier *m* de soie; †
papier *m* pelure.

tit¹ [tit]: ~ for tat à bon chat bon rat;
un prêté pour un rendu.

tit² *Am.* [~] *see* **teat**.

tit³ *orn.* [~] mésange *f*.

Ti·tan ['taitən] Titan *m*; '**Ti·tan·ess**
femme *f* titanesque; **ti·ta·nic**
[~'tænik] (~ally) titanique, titanesque; géant.

tit·bit ['titbit] friandise *f*; bon morceau *m*; *fig.* quelque chose de piquant.

tithe [taið] **1.** dîme *f*; *usu. fig.* dixième
m; **2.** payer la dîme sur; dîmer sur.

tit·il·late ['titileit] chatouiller; **tit·il-
'la·tion** chatouillement *m*.

tit·i·vate ['titiveit] (se) faire beau
(belle *f*).

ti·tle ['taitl] **1.** titre *m*; nom *m*; ⚜
droit *m* (à, to); **2.** intituler (*un livre*);
titrer (*un film*); '**~-deed** ⚜ titre *m* de
propriété; acte *m*; '**~·hold·er** *surt.
sp.* record, coupe: détenteur (-trice *f*)
m; *championnat*: tenant(e *f*) *m*; ~
role *théâ.* rôle *m* principal.

tit·mouse orn. ['titmaus], pl. **-mice** [~mais] mésange f.

ti·trate ⚗ ['taitreit] titrer; doser; **ti'tra·tion** dosage m; analyse f volumétrique.

tits ∨ [tits] nénés m/pl. (= seins).

tit·ter ['titə] 1. avoir un petit rire étouffé; 2. rire m étouffé.

tit·tle ['titl] point m; fig. la moindre partie; to a ~ trait pour trait; '~-**tat·tle** 1. cancans m/pl.; bavardage m; 2. cancaner; bavarder.

tit·tup ['titəp] F aller au petit galop.

tit·u·lar □ ['titjulə] titulaire; nominal (-aux m/pl.).

to [tu:; tu; tə] 1. prp. usu. à; direction: à; vers (Paris, la maison); en (France); chez (moi, ma tante); sentiment: envers, pour (q.); distance: jusqu'à; parenté, hérédité: de; pour indiquer le datif: à; ~ my father à mon père; ~ me accentué: à moi, inaccentué: me; it happened ~ me cela m'arriva; ~ the United States aux États-Unis; ~ Japan au Japon; I bet 10 ~ 1 je parie 10 contre 1; the train (road) ~ London le train (la route) de Londres; a quarter (ten) ~ six six heures moins le quart (dix); alive ~ sensible à (qch.); cousin ~ cousin(e f) de; heir ~ héritier (-ère f) de; secretary ~ secrétaire de; here's ~ you! à votre santé!, F à la vôtre!; 2. adv. [tu:]: ~ and fro de long en large; go ~ and fro aller et venir; come ~ revenir à soi; pull the door ~ fermer la porte; 3. pour indiquer l'inf.: ~ take prendre; I am going ~ (inf.) je vais (inf.); souvent on supprime l'inf.: I worked hard, I had ~ (sc. work hard) je travaillais dûr, il le fallut bien; avec inf., remplaçant une proposition subordonnée: I weep ~ think of it quand j'y pense, je pleure.

toad zo. [toud] crapaud m; '~-**stool** champignon m vénéneux.

toad·y ['toudi] 1. sycophante m, flagorneur (-euse f) m; 2. lécher les bottes à (q.); flagorner (q.); '**toad·y·ism** flagornerie f. [venues f/pl.]

to-and-fro F ['tu:ən'frou] allées et]

toast [toust] 1. toast m (a. fig.); pain m grillé; 2. griller, rôtir; fig. chauffer; fig. porter un toast à.

to·bac·co [tə'bækou] tabac m; **to-'bac·co·nist** [~kənist] marchand m de tabac.

to·bog·gan [tə'bɔgən] 1. toboggan m; luge f (suisse); 2. faire du toboggan.

to·by ['toubi] (ou ~ jug) pot m à bière (de fantaisie); ~ collar collerette f plissée.

to·co sl. ['toukou] châtiment m corporel; raclée f.

toc·sin ['tɔksin] tocsin m.

tod F [tɔd]: on one's ~ tout(e) seul(e).

to·day [tə'dei] aujourd'hui.

tod·dle ['tɔdl] 1. marcher à petits pas; trottiner; F ~ off se trotter; 2. F pas m/pl. chancelants (d'un petit enfant); F balade f; '**tod·dler** tout(e) petit(e) enfant m(f).

tod·dy ['tɔdi] grog m chaud.

to-do F [tə'du:] affaire f; scène f; façons f/pl.

toe [tou] 1. anat. doigt m de pied; orteil m; chaussettes: bout m; 2. botter (a. sp.); mettre un bout à (un soulier); ~ the line s'aligner; fig. ~ the (party) line obéir (aux ordres de son parti); s'aligner (avec son parti).

-toed [toud]: three ~ à trois orteils.

toff sl. [tɔf] rupin(e f) m; dandy m.

tof·fee, tof·fy ['tɔfi] caramel m au beurre; '**tof·fee-nosed** F bêcheur (-euse f).

to·geth·er [tə'geðə] ensemble; en même temps; ~ with avec; all ~ tous ensemble.

tog·ger·y F ['tɔgəri] nippes f/pl., frusques f/pl.

tog·gle ['tɔgl] 1. ⚓ cabillot m; ⊕ clef f; ⚡ ~ switch interrupteur m à bascule; 2. ⚓ fixer avec ou munir d'un cabillot.

togs sl. [tɔgz] pl. nippes f/pl., frusques f/pl.

toil [tɔil] 1. travail (pl. -aux) m, peine f; 2. travailler (dur); '**toil·er** travailleur (-euse f) m.

toi·let ['tɔilit] toilette f; ⚕ détersion f; les cabinets m/pl.; make one's ~ faire sa toilette; '~-**bag** trousse f de toilette; '~-**pa·per** papier m hygiénique; '~-**set** garniture f de toilette; '~-**ta·ble** table f de toilette.

toils [tɔilz] pl. filet m, lacs m, a. m/pl. (a. fig.).

toil·some □ ['tɔilsəm] fatigant.

toil-worn ['tɔilwɔ:n] usé par le travail; marqué par la fatigue (visage).

to·ken ['toukən] signe m, marque f; jeton m; bon m (de livres); ~ money monnaie *f* fiduciaire; ~ *payment* paiement *m* symbolique; ~ *strike* grève *f* d'avertissement; *in* ~ *of* en signe *ou* témoignage *f*.

told [tould] *prét. et p.p. de* tell; *all* ~ tout compris; tout compte fait.

tol·er·a·ble □ ['tɔlərəbl] supportable, tolérable; assez bon(ne *f*); **'tol·er·ance** tolérance *f* (*a.* ⚙, ⊕); **'tol·er·ant** □ tolérant (à l'égard de, *of*); **tol·er·ate** ['˷reit] tolérer, supporter; **tol·er·a·tion** tolérance *f*.

toll¹ [toul] droit *m* de passage; *marché:* droit *m* de place; *téléph.* (*a.* ~*call*) conversation *f* interurbaine; ~ *of the road* la mortalité *f* sur routes; *take* ~ *of* faire payer le droit de passage à; *fig.* retrancher une bonne partie de; ~ *bar,* ~ *gate* barrière *f* (de péage); ~ *road* route *f* à péage.

toll² [~] **1.** tintement *m*; *souv.* glas *m*; **2.** tinter; sonner (*souv.* le glas).

tom [tɔm] mâle *m* (*animal*); ~ *cat* matou *m*.

tom·a·hawk ['tɔməhɔːk] **1.** hache *f* de guerre, tomahawk *m*; **2.** assommer; frapper avec un tomahawk.

to·ma·to ♀ [tə'maːtou; *Am.* tə-'meitou], *pl.* -**toes** [˷touz] tomate *f*.

tomb [tuːm] tombe(au *m*) *f*; ~*stone* pierre *f* tombale.

tom·boy ['tɔmbɔi] fillette *f* d'allures garçonnières; garçon *m* manqué.

tome [toum] tome *m*, livre *m*.

tom·fool ['tɔm'fuːl] **1.** niais *m*; *attr.* insensé; stupide; **2.** faire *ou* dire des sottises; **tom'fool·er·y** niaiserie *f*, -s *f/pl.*

tom·my *sl.* ['tɔmi] simple soldat *m* anglais; mangeaille *f*; ~*gun* mitraillette *f*; ~ *rot* bêtises *f/pl.*

to·mor·row [tə'mɔrou] demain; ~ *week* de demain en huit.

tom·tom ['tɔmtɔm] tam-tam *m*.

ton [tʌn] tonne *f*; F ~*s pl.* tas *m/pl.*

to·nal·i·ty ♩, *a. peint.* [to'næliti] tonalité *f*.

tone [toun] **1.** ton *m* (*a.* ling., ♩, *peint.,* ♫); son *m*; accent *m*; voix *f*; *fig.* atmosphère *f*; ⚙ tonicité *f*; *out of* ~ désaccordé; ~ *accorder;* *peint.* adoucir les tons de; *phot.* virer; *v/i.* s'harmoniser (avec, *with*); *phot.* virer; ~ *down* s'adoucir.

tongs [tɔŋz] *pl.*: (*a pair of*) ~ (des)

pincettes *f/pl.*; ⊕ (des) tenailles *f/pl.*

tongue [tʌŋ] *usu.* langue *f* (*a.* fig., ling.); *soulier, bois, hautbois:* languette *f*; *cloche:* battant *m*; *give* ~ donner de la voix, aboyer (*chien*); *hold one's* ~ se taire; *speak with one's* ~ *in one's cheek* parler ironiquement; blaguer; **'tongue·less** sans langue; *fig.* muet(te *f*); **'tongue-tied** qui a la langue liée; *fig.* interdit; muet(te *f*).

ton·ic ['tɔnik] **1.** (~*ally*) ♩, ⚙, *gramm.* tonique; ♪ ~ *chord* accord *m* naturel; **2.** ♩ tonique *f*; ⚙ tonique *m*, réconfortant *m*.

to·night [tə'nait] ce soir; cette nuit.

ton·ing so·lu·tion *phot.* ['touniŋ sə'luːʃn] (bain *m* de) virage *m*.

ton·nage ⚓ ['tʌnidʒ] tonnage *m*, jauge *f*; *hist.* droit *m* de tonnage.

-ton·ner ⚓ ['tʌnə]: *four-hundred* ~ vaisseau *m* de quatre cent tonneaux.

ton·sil *anat.* ['tɔnsl] amygdale *f*; **ton·sil·li·tis** [˷si'laitis] amygdalite *f*, inflammation *f* des amygdales.

ton·sure ['tɔnʃə] **1.** tonsure *f*; **2.** tonsurer.

ton·y *Am. sl.* ['touni] chic, élégant.

too [tuː] (par) trop; aussi; d'ailleurs.

took [tuk] *prét. de* take 1, 2.

tool [tuːl] **1.** outil *m*; ustensile *m*; instrument *m* (*a.* fig.); **2.** ciseler (*le cuir, un livre*); bretteler (*une pierre*); ⊕ travailler; '~*bag*, '~*kit* sac *m* à outils; *mot.* sacoche *f*; ~ *shed* cabane *f* à outils.

toot [tuːt] **1.** sonner; *mot.* (*a.* ~ *the horn*) corner; klaxonner; **2.** cornement *m*; coup *m* de klaxon.

tooth [tuːθ] (*pl.* teeth) dent *f*; '~*ache* mal *m* de dents; '~*brush* brosse *f* à dents; **toothed** [˷θt] à … dents; aux dents …; ⊕ denté; **'tooth·ing** ⊕ *scie:* taille *f* des dents; *roue:* dents *f/pl.*; **'tooth·less** sans dents; **'tooth-paste** (pâte *f*) dentifrice *m*; **'tooth·pick** cure-dent *m*.

tooth·some □ ['tuːθsəm] savoureux (-euse *f*); **'tooth·some·ness** succulence *f*; goût *m* agréable.

too·tle ['tuːtl] flûter; *mot.* corner; F ~ *along* aller son petit bonhomme de chemin.

toot·sie, toot·sy F ['tuː(ː)tsi] peton *m* (*pied*); *surt. Am.* nana *f* (= *fille*); *surt. Am.* chéri(e *f*) *m*.

top¹ [tɔp] **1.** sommet *m*, cime *f*; *tête*: haut *m*; *arbre*, *toit*: faîte *m*; *maison*: toit *m*; *page*: tête *f*; *eau*, *terre*: surface *m*; *cheminée*, *table*, *soulier*: dessus *m*; *table*: haut bout *m*; *bas*, *botte*: revers *m*; *boîte*: couvercle *m*; *autobus etc.*: impériale *f*; *fig.* chef *m*, tête *f* (*de rang*); *fig.* comble *m*; *mot. Am.* capote *f*; ⚓ hune *f*; *at the ~ (of)* au sommet (de), en haut (de); *at the ~ of one's speed* à toutes jambes, à toute vitesse; *at the ~ of one's voice* à pleine gorge, (*crier*) de toutes ses forces; *on ~* sur le dessus; en haut; *on ~ of* sur, en haut de; et aussi, immédiatement après; F *blow one'* ~ sortir de ses gonds; se mettre en rogne; **2.** supérieur; d'en haut; *the ~ floor* le plus haut étage; *~ speed* vitesse maximum; plafond *m*; *~ coat* pardessus *m*, manteau *m*; *the ~ earners pl.* les gros salaires; *sl. ~ banana* la personne la plus importante; *sl. be ~ dog* être celui qui commande; **3.** surmonter, couronner; dépasser, surpasser; atteindre le sommet de; être à la tête de (*une classe, une liste, etc.*); ✂ écimer (*un arbre*); pincer (*l'extrémité d'une plante*); *golf*: topper; F *~ up*, *~ off* remplir.

top² [~] toupie *f*.

to·paz *min.* ['toupæz] topaze *f*.

top-boots ['tɔp'buːts] *pl.* bottes *f/pl.* à revers.

to·pee ['toupiː] casque *m* colonial.

top·er ['toupə] ivrogne *m*.

top...: '*~·flight* F de premier ordre; '*~·gal·lant* ⚓ ['~'gælənt; ⚓ tə'gælənt] **1.** de perroquet; **2.** (*ou ~ sail*) voile *f* de perroquet; '*~·hat* *chapeau*: haut-de-forme (*pl.* hauts-de-forme) *m*; '*~·heav·y* trop lourd du haut; *fig.* jaloux (-se *f*); '*~·hole* *sl.* excellent, épatant.

top·ic ['tɔpik] sujet *m*, thème *m*; question *f*; matière *f*; '**top·i·cal** ☐ topique, local (-aux *m/pl.*) (*a.* ⚕); d'actualité.

top·knot ['tɔpnɔt] chignon *m*; *orn.* huppe *f*.

top·less ['tɔplis] en monokini; *aux* seins nus, torse nu.

top...: '*~·mast* ⚓ mât *m* de hune; '*~·most* le plus haut *ou* élevé; '*~·notch* F de premier ordre.

to·pog·ra·pher [tə'pɔgrəfə] topographe *m*; **top·o·graph·ic**, **top·o-**

graph·i·cal ☐ [tɔpə'græfik(l)] topographique; **to·pog·ra·phy** [tə'pɔgrəfi] topographie *f*; anatomie *f* topographique.

top·per *sl.* ['tɔpə] type *m* épatant; *see* tophat; '**top·ping** F excellent, chouette, chic.

top·ple ['tɔpl] (*usu. ~ over ou down*) (faire) écrouler, dégringoler.

tops *sl.* [tɔps] **1.** fantastique, le (la *f*) meilleur(e); **2.** *be the ~* être champion.

top·sail ⚓ ['tɔpsl] hunier *m*.

top-se·cret ['tɔp'siːkrət] ultra-secret (-ète *f*).

top·sy·tur·vy ☐ ['tɔpsi'təːvi] sens dessus dessous; en désarroi.

tor [tɔː] pic *m*, massif *m* de roche.

torch [tɔːtʃ] torche *f*, flambeau *m*; *electric ~* lampe *f* électrique de poche; torche *f* électrique; *~ battery* pile *f*; *Am. ~ song* chanson *f* d'amour non partagé; '*~·light* lumière *f* de(s) torches; *~ procession* défilé *m* aux flambeaux.

tore [tɔː] *prét. de tear*¹ 1.

tor·ment 1. ['tɔːmənt] tourment *m*, torture *f*, supplice *m*; **2.** [tɔː'ment] tourmenter, torturer; harceler; *fig.* taquiner; **tor'men·tor** tourmenteur (-euse *f*) *m*; harceleur (-euse *f*) *m*.

torn [tɔːn] *p.p. de tear*¹ 1.

tor·na·do [tɔː'neidou], *pl.* **-does** [~douz] tornade *f*; ouragan *m* (*a. fig.*).

tor·pe·do [tɔː'piːdou], *pl.* **-does** [~douz] **1.** ⚓, ✕, *icht.* torpille *f*; *Am. sl.* homme *m* de main; **2.** ⚓ torpiller (*a. fig. un projet*); *~·boat* ⚓ torpilleur *m*.

tor·pid ☐ ['tɔːpid] inerte, engourdi (*a. fig.*), torpide; *fig.* lent, léthargique; **tor'pid·i·ty**, '**tor·pid·ness**, **tor·por** ['tɔːpə] engourdissement *m*, torpeur *f*; *fig.* léthargie *f*.

torque ⊕ [tɔːk] moment *m* de torsion.

tor·rent ['tɔrənt] torrent *m* (*a. fig.*); *fig.* déluge *m*; *in ~s* à torrents; **tor·ren·tial** ☐ [tə'renʃl] torrentiel(le *f*).

tor·rid ['tɔrid] torride.

tor·sion ['tɔːʃn] torsion *f*; '**tor·sion·al** de torsion.

tort ⚖ [tɔːt] acte *m* dommageable; préjudice *m*.

tor·toise *zo.* ['tɔːtəs] tortue *f*;

~-shell ['ˌtəʃel] écaille f (de tortue). **or·tu·os·i·ty** [tɔ:tju'ɒsiti] tortuosité f; **'tor·tu·ous** □ tortueux (-euse f); sinueux (-euse f); tortu (esprit); À gauche (courbe).

or·ture ['tɔ:tʃə] **1.** torture f, question f; supplice m; **2.** mettre (q.) à la question; torturer; **'tor·tur·er** bourreau m; harceleur m.

To·ry ['tɔːrɪ] tory m (membre du parti conservateur anglais) (a. adj.); **'To·ry·ism** torysme m.

osh sl. [tɒʃ] bêtises f/pl.

oss [tɒs] **1.** jet m, coup m; mouvement m (de tête) dédaigneux; équit. chute f de cheval; (a. ~up) coup m de pile ou face; it is a ~-up les chances sont égales; win the ~ gagner (à pile ou face); **2.** v/t. agiter, (a. ~ about) secouer; démonter (un cavalier); ~ aside jeter de côté; lancer; faner (le foin); cuis. sauter; (a. ~ up) lancer en l'air; ~ (up) a coin jouer à pile ou face; hocher (la tête); ~ off (ou down) avaler d'un trait (du vin etc.); ⚓ ~ the oars mâter les avirons; v/i. s'agiter; tanguer (navire); être ballotté; ~ (up) choisir à pile ou face (qch., for s.th.).

tot[1] F [tɒt] tout(e) petit(e) enfant mf; petit verre m.

tot[2] F [ˌ] **1.** addition f; **2.**: ~ up v/t. additionner; v/i. s'élever (à, to).

to·tal ['toutl] **1.** □ total (-aux m/pl.); entier (-ère f); complet (-ète f); **2.** total m, montant m; grand ~ total m global, somme f globale; **3.** v/t. additionner; v/i. s'élever (à, up to); **to·tal·i·tar·i·an** [toutæli-'tɛəriən] totalitaire; **to·tal·i'tar·i·an·ism** totalitarisme m; **to'tal·i·ty** totalité f; **to·tal·i·za·tor** ['ˌtəlaizeitə] totalisateur m; **to·tal·ize** ['ˌaiz] totaliser; additionner.

tote Am. [tout] (trans)porter.

tot·ter ['tɔtə] chanceler (a. fig.); tituber (ivrogne); **'tot·ter·ing** □, **'tot·ter·y** chancelant; titubant (ivrogne).

touch [tʌtʃ] **1.** v/t. toucher (de, with); émouvoir; effleurer (une surface, ♪ les cordes de la harpe); trinquer (des verres); toucher à (= déranger); fig. atteindre; F taper (de, for); rehausser (un dessin); ~ one's hat saluer (q., to s.o.); porter la main à son chapeau; F a bit (ou a

little) ~ed un peu toqué; sl. ~ s.o. for a pound taper q. d'une livre; ~ off ébaucher; faire partir (une mine); ~ up rafraîchir; repolir; phot. faire des retouches à; v/i. se toucher; être en contact; ⚓ ~ at toucher à; faire escale à; ~ on toucher (qch.) (= traiter, mentionner); **2.** toucher m (♪, a. sens); contact m; attouchement m; léger coup m; cuis., maladie, etc.: soupçon m; peint. (coup m de) pinceau m; sp., peint. touche f; dactylographe: frappe f; fig. nuance f, pointe f; ~ of bronchitis pointe f de bronchite; get in(to) ~ (avec, with) se mettre en communication, prendre contact; **'~-and-'go** ça affaire f hasardeuse; it is ~ ça reste en balance; **2.** très incertain; hasardeux (-euse f); **'~-down** ⚙ atterrissage m; amerrissage m; **'~-hole** canon: lumière f; **'touch·i·ness** susceptibilité f; **'touch·ing 1.** □ touchant, émouvant; **2.** prp. touchant, concernant; **'touch-line** foot. ligne f de touche; **'touch·stone** pierre f de touche (a. fig.); **touch-type** taper au toucher; **'touch·y** □ susceptible; see testy.

tough [tʌf] **1.** dur, résistant; fig. fort; rude; inflexible (personne); Am. dur; brutal (-aux m/pl.); de bandit; **2.** surt. Am. apache m, bandit m; **'tough·en** vt/i. durcir; (s')endurcir (personne); **'tough·ness** dureté f; résistance f (à la fatigue); fig. difficulté f.

tour [tuə] **1.** tour m; excursion f; tournée f; ~ operator organisateur m de voyage; **2.** faire le tour de; voyager; visiter en touriste; **'tour·ing** en tournée; de touristes; mot. ~ car voiture f de tourisme; **'tour·ism** tourisme m; **'tour·ist** touriste mf; voyageur (-euse f) m; ~ agency (ou office ou bureau) bureau m de tourisme; ~ industry tourisme m; ~ season la saison f; ~ ticket billet m circulaire.

tour·na·ment ['tuənəmənt], **tour·ney** ['ˌni] tournoi m.

tou·sle ['tauzl] houspiller; chiffonner (une femme, une robe); ébouriffer (les cheveux).

tout [taut] **1.** pisteur m, racoleur m; (a. racing ~) tout m; **2.**: ~ for pister, racoler; Am. solliciter.

tow[1] ⚓ [tou] **1.** (câble m de) remorque f; ~ car voiture f remorqueuse; take

in ~ prendre à la remorque; 2. remorquer; haler (un chaland).

tow² [~] étoupe f (blanche).

tow·age ⚓ ['touidʒ] remorquage m; chaland: halage m.

to·ward(s) [tə'wɔ:d(z)] vers, du côté de; sentiment: pour, envers.

tow·el ['tauəl] **1.** serviette f; essuie-mains m/inv.; **2.** frotter avec une serviette; sl. donner une raclée à (q.); **'~-horse**, **'~-rack** porte-serviettes m/inv.

tow·er ['tauə] **1.** tour f; ⊕ pylône m; église: clocher m; fig. a ~ of strength un puissant appui; Brit. ~ block immeuble-tour m (pl. immeubles-tours); **2.** (a. ~ over) dominer; monter très haut; **'tow·ered** surmonté ou flanqué d'une tour ou de tours; **'tow·er·ing** □ très élevé, qui domine; fig. violent, sans bornes.

tow(·ing)... ['tou(in)]: **'~-line** (câble m de) remorque f; **'~-path** chemin m ou banquette f de halage; **~ truck** dépanneuse f.

town [taun] **1.** ville f; cité f; county ~ chef-lieu (pl. chefs-lieux) m; **2.** municipal (-aux m/pl.): de la ville; ~ clerk secrétaire m de mairie; ~ council conseil m municipal; ~ hall hôtel m de ville; mairie f; surt. Am. (Nouvelle-Angleterre): ~ meeting réunion f des électeurs de la ville; **'~-'plan·ning** urbanification f; **~scape** ['~skeip] panorama m de la ville.

towns·folk ['taunzfouk] pl., **'towns·peo·ple** pl. citadins m/pl.; bourgeois m/pl.; concitoyens m/pl.

town·ship ['taunʃip] commune f.

towns·man ['taunzmən] citadin m; bourgeois m (a. univ.); (ou fellow ~) concitoyen m.

tow-rope ⚓ ['touroup] (câble m de) remorque f; chaland: corde f de halage.

tox·ic, tox·i·cal □ ['tɔksik(l)] toxique; intoxicant; **'tox·in** toxine f.

toy [tɔi] **1.** jouet m; F joujou(x pl.) m; attr. d'enfant; de jouets; tout petit; pour rire; **2.** jouer, s'amuser (avec, with); fig. faire (qch.) en amateur; **'~-book** livre m d'images; **'~-box** boîte f à joujoux; **'~-shop** magasin m de jouets.

trace¹ [treis] **1.** trace f; vestige m (a. fig.); fig. ombre f; **2.** tracer (a. un plan); calquer (un dessin); fig. es-

quisser; suivre la piste de; suivre la trace; recouvrer; retrouver les vestiges de; suivre (un chemin); ~ back faire remonter (à, to); ~ out tracer; esquisser; surv. faire le tracé de; ~ to (faire) remonter à.

trace² [~] trait m; ~-horse cheval m de renfort.

trace·a·ble □ ['treisəbl] que l'on peut tracer ou décalquer; facile à suivre; **'trac·er**: radio-active ~ traceur m radio-actif; ~ bullet balle f traçante; Am. ⚓ chasse; **'trac·er·y** ⚓ réseau m; tympan m (de fenêtre gothique).

tra·che·a 🫁 [trə'ki:ə] trachée-artère (pl. trachées-artères) f.

trac·ing ['treisin] tracé m; traçage m; calquage m; calque m; **'~-pa·per** papier m à calquer.

track [træk] **1.** trace f; piste f (a. sp. chasse, ⊕); voie f (a. 🚂, chasse); sentier m; chemin m (a. ⊕); tracteur m: chenille f; Am. ⚓ rail m; surt. Am. ~athletics pl. l'athlétisme m (sur piste); la course, le saut, et le lancement du poids; ~ events pl. épreuves f/pl. d'athlétisme; **2.** v/t. suivre à la trace ou à la piste; traquer (un malfaiteur); ~ down (ou out) dépister; retrouver les traces de; v/i. être en alignement; **'~-and-'field sports** pl. l'athlétisme (sur piste); **'track·er** usu. chasse: traqueur m; **'track·less** sans traces; sans chemin; ⊕ sans rails, sans voie.

tract¹ [trækt] étendue f; région f; anat. appareil m.

tract² [~] brochure f.

trac·ta·bil·i·ty [træktə'biliti], **'trac·ta·ble·ness** docilité f; humeur f traitable; **'trac·ta·ble** □ docile, traitable.

trac·tion ['træk[n] traction f; ~engine machine f routière; remorqueur m; **'trac·tive** tractif (-ive f); de traction; **'trac·tor** ⊕ tracteur m; caterpillar ~ autochenille f; Am. ~-trailer tracteur m à remorque.

trade [treid] **1.** commerce m, affaires f/pl.; métier m, emploi m; état m; Am. marché m, vente f en reprise; Board of ♀ Ministère m du Commerce; free ~ libre échange m; do a good ~ faire de bonnes affaires, vendre beaucoup; **2.** v/i. faire des affaires (avec, with); faire le commerce (de, in), trafiquer (en, in); ~ in échanger (contre, for); donner (une vieille voiture) en reprise; *v/t.* échanger (contre, *for*); '~·**fair** ✝ foire *f*; '~·**in** reprise; objet *m* donné en reprise; ~ **price** (value) prix *m* (valeur *f*) à la reprise; *take s.th. as a* ~ prendre qch. en reprise; '~·**mark** marque *f* de fabrique; *souv.* marque *f* déposée; ~ **name** raison *f* de commerce; nom *m* commercial, appellation *f* (*d'un article*); ~ **price** prix *m* marchand; '**trad·er** commerçant(e *f*) *m*, négociant(e *f*) *m*; marchand(e *f*) *m*; **trade·re·la·tions** *pl.* relations *f/pl.* commerciales; '**trade school** école *f* industrielle; '**trades·man** marchand *m*; fournisseur *m*; *prov.* artisan *m*; '**trades·peo·ple** *pl.* commerçants *m/pl.*

trade(s)...: ~ **un·ion** syndicat *m* ouvrier; ~·**un·ion·ism** syndicalisme *m*; mouvement *m* syndical; ~·**un·ion·ist 1.** syndiqué(e *f*) *m*; **2.** syndical (-aux *m/pl.*).

trade...: ~ **war** guerre *f* économique; ~ **wind** (vent *m*) alizé *m*.

trad·ing ['treidiŋ] de commerce; commercial (-aux *m/pl.*); commerçant (*ville*).

tra·di·tion [trə'diʃn] tradition *f* (*a. ✝*); **tra·di·tion·al** ☐, **tra·di·tion·ar·y** ☐ traditionnel(le *f*); de tradition.

traf·fic ['træfik] **1.** commerce *m*, trafic *m* (de, *in*) (*a. péj.*); *rue*: circulation *f*; ~ **census** recensement *m* de la circulation; ~ **jam** embouteillage *m*; ~ **lights** *pl.* feux *m/pl.* (de circulation); ~ **news** *pl.* radioguidage *m*; ~ **sign** poteau *m* de signalisation; ~ **warden** contractuel(le *f*) *m*; **2.** *v/i.* trafiquer; faire le commerce (de, *in*); *v/t. usu. péj.* trafiquer de; ~ **away** vendre; **traf·fi·ca·tor** *mot.* ['træfikeitə] flèche *f* mobile; '**traf·fick·er** trafiquant *m* (de, en *in*) (*a. péj.*).

tra·ge·di·an [trə'dʒi:djən] (auteur *m*) tragique *m*; *théá.* tragédien(ne *f*) *m*; **trag·e·dy** ['trædʒidi] tragédie *f* (*a. fig.*); *fig.* drame *m*.

trag·ic, trag·i·cal ☐ ['trædʒik(l)] tragique (*a. fig.*).

trag·i·com·e·dy ['trædʒi'kɔmidi] tragi-comédie *f*; '**trag·i'com·ic** (~*ally*) tragi-comique.

trail [treil] **1.** ~ traînée *f*; sillon *m*; queue *f*; *chasse*: voie *f*, piste *f*; sentier *m*; **2.** *v/t.* traîner; *chasse*: suivre à la piste, traquer (*a. un criminel*);

F suivre; *v/i.* traîner; se traîner (*personne*); ✿ grimper; ramper; ~ **blaz·er** *Am.* pionnier *m*; précurseur *m*; '**trail·er** ✿ plante *f* grimpante *ou* rampante; *chasse*: traqueur *m*; *véhicule*: remorque *f*; baladeuse *f*; *mot. Am.* roulotte *f*; *cin.* film-annonce *m*.

train [trein] **1.** suite *f*, cortège *m*; train *m* (*a.* 🚂); *animaux, bateaux, wagons*: file *f*; *poudre*: traînée *f*; *cost.* queue *f*; *fig.* chaîne *f*; ✕ rame *f* (de bennes, *a.* du Métro); *by* ~ par le train; *in* ~ en train; *set in* ~ mettre en train; ~ **journey** voyage *m* en ou par chemin de fer; **2.** *v/t.* former; dresser (*un animal*); élever (*un enfant*); diriger (*une plante*); *sp.* entraîner; braquer (*une arme à feu*); *v/i.* s'exercer; *sp.* s'entraîner; F ~ (*it*) voyager en ou par chemin de fer; '~·**ac·ci·dent**, '~·**dis·as·ter** accident *m* de chemin de fer; **train'ee** apprenti *m*; *box.* poulain *m*; '**train·er** dresseur *m* (*d'animaux*); *sp.* entraîneur *m*; '**train·fer·ry** bac *m* transbordeur.

train·ing ['treiniŋ] éducation *f*; ✕ dressage *m* (*a. d'animaux*); *sp.* entraînement *m*; ~ *of horses* manège *m*; *physical* ~ éducation *f* physique; *go into light* ~ effectuer un léger entraînement; '~·**col·lege** école *f* normale; '~·**ship** navire-école (*pl.* navires-écoles) *m*.

train-oil ['treinɔil] huile *f* de baleine.

trait [treit] trait *m* (*de caractère etc.*).

trai·tor ['treitə] traître *m*; '**trai·tor·ous** ☐ traître(sse *f*).

trai·tress ['treitris] traîtresse *f*.

tra·jec·to·ry *phys.* ['trædʒiktəri] trajectoire *f*.

tram [træm] *see* ~·**car**, ~·**way**; '~·**car** (voiture *f* de) tramway *m*.

tram·mel ['træml] **1.** 🎣 tramail *m*; *fig.* ~*s pl.* entraves *f/pl.*; **2.** entraver, empêtrer (de, *with*).

tramp [træmp] **1.** promenade *f* à pied; pas *m* lourd, bruit *m* des pas; *personne*: vagabond *m*, chemineau *m*; 🚢 (*souv.* ocean ~) cargo *m* sans ligne régulière; F *on the* ~ sur le trimard; *be on the* ~ courir les routes; **2.** *v/i.* marcher lourdement; voyager à pied *v/t.* battre (*le pavé*); courir (*le pays*); **tram·ple** ['~l] piétiner, fouler (*qch.*) aux pieds.

tram·way ['træmwei] (voie f de) tramway m.

trance [trɑːns] transe f; extase f.

tran·ny sl. ['træni] transistor m.

tran·quil □ ['træŋkwil] tranquille, calme; **tran'quil·(l)i·ty** tranquillité f, calme m; **tran·quil·(l)i·za·tion** [ˌlai'zeiʃn] apaisement m; **'tran·quil·(l)ize** apaiser; **'tran·quil·(l)iz·er** ⚕ tranquillisant m.

trans·act [træn'zækt] négocier; ~ business faire des affaires; **trans'ac·tion** conduite f; opération f; affaire f; ~s pl. péj. commerce m; comptes-rendus m/pl. (des séances); **trans'ac·tor** négociateur (-trice f) m.

trans·al·pine ['trænz'ælpain] transalpin.

trans·at·lan·tic ['trænzət'læntik] transatlantique.

tran·scend [træn'send] outrepasser; dépasser; surpasser (q.); **tran'scend·ence, tran'scend·en·cy** [ˌdəns(i)] transcendance f (a. phls); **tran'scend·ent** □ transcendant; a. = **tran·scen·den·tal** □ [ˌ-'dentl] ⚕ transcendant; phls. transcendantal (-aux m/pl.); F vague.

tran·scribe [træns'kraib] transcrire (a. ♪); traduire (des notes sténographiques); radio: enregistrer.

tran·script ['trænskript] copie f, transcription f; traduction f (de notes sténographiques); **tran'scrip·tion** transcription f (a. ♪); radio: enregistrement m; see a. transcript.

tran·sept △ ['trænsept] transept m.

trans·fer 1. [træns'fəː] v/t. transférer; transporter; ⚕⚕ transmettre, céder; (dé)calquer (un dessin, une image); banque: virer (une somme); comptabilité: contre-passer, ristourner; 🚂 déclasser; v/i. changer de train etc.; 2. ['trænsfə] transport m; ⚕⚕ transmission f, acte m de cession; ✝ transfert m; déclassement m (🚂 de voyageurs); ⚕⚕ mutation f (de biens); banque: virement m; ristourne f; décalque m; ~-picture décalcomanie f; ✝ ~ ticket transfert m; Am. billet m de correspondance; **trans'fer·a·ble** transmissible; ⚕⚕ cessible; **trans·fer·ee** ⚕⚕, ✝ [ˌ-fə-'riː] cessionnaire mf; **trans·fer·ence** ['ˌ-fərəns] transfèrement m;

psych. transfert m affectif; **'trans·fer·or** ⚕⚕ cédant(e f) m.

trans·fig·u·ra·tion [trænsfigjuə-'reiʃn] transfiguration f; **trans·fig·ure** [ˌ-'figə] transfigurer.

trans·fix [træns'fiks] transpercer; fig. ~ed cloué au sol (par, with).

trans·form [træns'fɔːm] transformer, convertir (en, into); **trans·for·ma·tion** [ˌfə'meiʃn] transformation f; conversion f; fig. métamorphose f; faux toupet m; **trans·form·er** ⚡ [ˌ-'fɔːmə] transformateur m.

trans·fuse [træns'fjuːz] transfuser (a. ⚕ du sang); ⚕ faire une transfusion de sang à (un malade); fig. pénétrer (de, with); fig. inspirer (qch. à q., s.o. with s.th.); **trans'fu·sion** [ˌ-ʒn] transfusion f (surt. ⚕ de sang).

trans·gress [træns'gres] v/t. transgresser, violer, enfreindre; v/i. pécher; **trans·gres·sion** [ˌ-'greʃn] transgression f; péché m, faute f; **trans·gres·sor** [ˌ-'gresə] transgresseur m; pécheur (-eresse f) m.

tran·ship(·ment) [træn'ʃip(mənt)] see transship(ment).

tran·sience, tran·sien·cy ['trænziəns(i)] caractère m passager; courte durée f.

tran·sient ['trænziənt] 1. passager (-ère f), transitoire; éphémère; momentané; ♪ de transition; 2. Am. voyageur m ou client m de passage; ~ camp camp m de passage; **'tran·sient·ness** caractère m passager; courte durée f.

tran·sis·tor [træn'sistə] transistor m; **tran'sis·tor·ize** [ˌ-raiz] transistoriser.

tran·sit ['trænsit] passage m.

tran·si·tion [træn'siʒn] transition f; passage m; **tran'si·tion·al** □ de transition; transitionnel(le f).

tran·si·tive □ gramm. ['trænsitiv] transitif (-ive f).

tran·si·to·ri·ness ['trænsitərinis] caractère m transitoire ou passager; courte durée f; **'tran·si·to·ry** □ transitoire, passager (-ère f); de courte durée.

trans·lat·a·ble [træns'leitəbl] traduisible; **trans·late** [ˌ-'leit] traduire (un livre etc.); déchiffrer; fig. prendre pour; convertir (en, into); transférer (un évêque); **trans'la-**

trashy

tion traduction *f*; déchiffrement *m*; école: version *f*; *eccl.* translation *f*; **trans'la·tor** traducteur (-trice *f*) *m*.

trans·lu·cence, **trans·lu·cen·cy** [trænz'lu:sns(i)] translucidité *f*; **trans'lu·cent** translucide; *fig.* clair.

trans·ma·rine [trænzmə'ri:n] d'outre-mer.

trans·mi·grant ['trænzmigrənt] émigrant *m* de passage; **trans·mi·grate** ['trænzmaigreit] transmigrer (*a. fig.*); **trans·mi·gra·tion** transmigration *f* (*a. des âmes*); *fig.* métempsycose *f*.

trans·mis·si·ble [trænz'misəbl] transmissible; **trans·mis·sion** [~'miʃn] transmission *f* (*a.* ⊕, *biol.*, *phys.*, *radio*); *radio a.* émission *f*.

trans·mit [trænz'mit] transmettre (*a. biol.*, *phys.*, *radio*); *⚡* transporter (*la force*); *radio a.* émettre; communiquer (*un mouvement*); **trans·mit·ter** celui (celle *f*) *m* qui transmet; *tél.* transmetteur *m*; *radio:* (poste *m*) émetteur *m*; **trans·mit·ting** transmetteur (-trice *f*); *radio:* émetteur (-trice *f*); d'émission; ~ *station* poste *m* émetteur.

trans·mog·ri·fy F [trænz'mɔgrifai] transformer (en, *into*).

trans·mut·a·ble □ [trænz'mju:təbl] transmu(t)able (en, *into*); **trans·mu·ta·tion** transmutation *f*; *gⱡ* mutation *f*; **trans·mute** [~'mju:t] transformer, convertir (en, *into*).

trans·o·ce·an·ic [trænzouʃi'ænik] transocéanien(ne *f*).

tran·som ⊕ ['trænsəm] traverse *f*; meneau *m* horizontal; *surt. Am.* vasistas *m*.

trans·par·en·cy [træns'pɛərənsi] transparence *f*; limpidité *f*; *phot.* diapositif *m*; **trans'par·ent** □ transparent; limpide; *fig.* évident.

tran·spi·ra·tion [trænspi'reiʃn] transpiration *f* (*a. fig.*); **tran·spire** [~'paiə] transpirer (*a. fig.*); V se passer.

trans·plant [træns'plɑ:nt] transplanter; **trans·plan·ta·tion** transplantation *f*.

trans·port 1. [træns'pɔ:t] transporter (*a. fig.*); *fig.* enlever; **2.** ['trænspɔ:t] transport *m* (*a. fig.*); *coll.* ⚔ charrois *m/pl.*; *road ~* transport *m* routier; ~ *undertaking* (*ou firm*) entreprise *f* de transport; *Minister*

of ⚔ ministre *m* des transports; *in* ~s transporté (*de joie, de colère*); **trans'port·a·ble** transportable; **trans·por'ta·tion** transport *m*; déportation *f* (*d'un criminel*); ⚔ *Am.* billet *m*.

trans·pose [træns'pouz] transposer (*a.* ♪); **trans·po·si·tion** [~pə'ziʃn] transposition *f*; *A̸* permutation *f*.

trans·ship ⚓, ⚔ [træns'ʃip] *v/t.* transborder; *v/i.* changer de vaisseau; **trans'ship·ment** transbordement *m*.

tran·sub·stan·ti·ate [trænsəb'stænʃieit] transsubstantier; **tran·sub·stan·ti'a·tion** transsubstantiation *f*.

tran·sude *physiol.* [træn'sju:d] *vt/i.* transsuder.

trans·ver·sal [trænz'və:sl] **1.** □ transversal (-aux *m/pl.*); **2.** *A̸* transversale *f*; *anat.* transversal *m*; **trans·verse** ['~və:s] transversal (-aux *m/pl.*); en travers; ~ *section* section *f* transversale; ⊕ ~ *strength* résistance *f* à la flexion.

trans·ves·tite [træns'vestait] travesti(e *f*) *m*.

trap[1] [træp] **1.** piège *m* (*a. fig.*); trappe *f* (*a. théâ., a. de colombier*); *sp.* ball-trap *m* (*pour pigeons artificiels*); boîte *f* de lancement (*pour pigeons vivants*); ⊕ collecteur *m* (*d'eau etc.*); *see ~door*; F carriole *f*; **2.** prendre au piège (*a. fig.*); *foot.* bloquer; ⊕ mettre un collecteur dans.

trap[2] *min.* [~] trapp *m*.

trap·door *théâ.* ['træp'dɔ:] trappe *f*; abattant *m*.

trapes F [treips] se balader (dans).

tra·peze [trə'pi:z] *cirque:* trapèze *m*; **tra'pe·zi·um** [~ziəm] trapèze *m*; **trap·e·zoid** *A̸* ['træpizɔid] quadrilatère *m* irrégulier.

trap·per ['træpə] piégeur *m*; *Am.* trappeur *m*.

trap·pings ['træpiŋz] *pl.* cheval: harnachement *m*; caparaçon *m*; *fig.* apparat *m*.

trap·py F ['træpi] plein de traquenards.

traps F [træps] *pl.* effets *m/pl.* (personnels).

trash [træʃ] *surt. Am.* ordures *f/pl.*; déchets *m/pl.*; rebut *m*; camelote *f*; *fig.* sottises *f/pl.*; vauriens *m/pl.*; *Am.* ~ *can* poubelle *f*; **'trash·y** □ sans valeur, de rebut, de camelote.

trau·ma ['trɔ:mə] trauma m; **trau·mat·ic** [~'mætik] traumatique; ~ *experience* traumatisme m.

trav·el ['trævl] 1. v/i. voyager; faire des voyages; † être voyageur de commerce, représenter une maison de commerce; *fig.* se propager, se répandre; ⊕ se déplacer; F aller à toute vitesse; v/t. parcourir; faire (*une distance*); 2. voyage m, -s m/pl.; ⊕ parcours m; ~ *agency*, ~ *agent's*, ~ *bureau* agence f de voyages; ~ *allowance* indemnité f de déplacement; **'trav·el·(l)ed** qui a beaucoup voyagé; **'trav·el·(l)er** voyageur (-euse f) m; † commis m voyageur; ⊕ grue f roulante; pont m roulant; ~*'s cheque* chèque m de voyage; **'trav·el·(l)ing** voyageur (-euse f); ambulant; de voyage; ⊕ roulant; ~ *salesman* représentant m ou voyageur m de commerce.

trav·e·log(ue) *Am.* ['trævəloug] conférence f avec projections décrivant un voyage.

trav·erse ['trævə:s] 1. traversée f (*a. alp.*); passage m à travers; ⚒, *alp.* traverse f; ⚒ dénégation f; ✗ pare-éclats m/inv.; ✗ *chariot de tour*: translation f latérale; 2. v/t. traverser (*a. fig.*), passer à travers; *fig.* passer en revue; *fig.* contrarier; ⚒ nier; ✗ pointer en direction (*un canon*); v/i. *alp.* prendre une traverse.

trav·es·ty ['trævisti] 1. parodie f; *fig. péj.* travestissement m; 2. parodier; travestir.

trawl ⚓ [trɔ:l] 1. chalut m; câble m balayeur; 2. pêcher au chalut; **'trawl·er** *personne, a. bateau*: chalutier m.

tray [trei] plateau m; cuvette f; *malle, caisse*: compartiment m.

treach·er·ous □ ['tretʃərəs] traître (-sse f) (*a. fig.*); déloyal (-aux m/pl.); perfide; **'treach·er·ous·ness**, **'treach·er·y** perfidie f, trahison f; caractère m dangereux (*de la glace*).

trea·cle ['tri:kl] mélasse f.

tread [tred] 1. [*irr.*] v/i. marcher, aller, avancer (*sur, [up]on*); v/t. marcher sur; fouler; † danser; *coq*: cocher; ~ *water* nager debout; 2. pas m; bruit m des pas; *coq*: accouplement m; *escalier*: marche f; *soulier, roue*: semelle f; **trea·dle**

['~l] 1. pédale f; 2. v/i. pédaler; **'tread·mill** † moulin m de discipline; *fig.* besogne f ingrate.

trea·son ['tri:zn] trahison f; **'trea·son·a·ble** □ traître(sse f); de trahison.

treas·ure ['treʒə] 1. trésor m; ~*s of the soil* richesses f/pl. du (sous-)sol; ~ *hunt* chasse f au trésor; ⚒ ~ *trove* trésor m; 2. priser; (*usu.* ~ *up*) conserver précieusement; **'treas·ur·er** trésorier (-ère f) m; économe m.

treas·ur·y ['treʒəri] trésorerie f; caisse f centrale; Trésor m public; *Am.* ♀ *Department* ministère m des Finances; *parl.* ♀ *Bench* banc m ministériel; ~ *bill* billet m du Trésor; ~ *bond* bon m du Trésor; ~ *note* coupure f émise par le Trésor.

treat [tri:t] 1. v/t. traiter; régaler (*q.*); payer à voir à; v/i. traiter (*de, of*; avec q. pour avoir qch., *with s.o. for s.th.*); 2. régal (s *pl.*) m, festin m, plaisir m; F *it is my* ~ c'est moi qui régale, c'est ma tournée; *see stand 2*; **'treat·er** négociateur (-trice f) m; celui (celle f) m qui paye à boire; **trea·tise** ['~iz] traité m; **'treat·ment** traitement m; **'trea·ty** traité m; convention f; contrat m; *be in* ~ *with* être en pourparlers avec; ~ *port* port m ouvert au commerce étranger.

tre·ble ['trebl] 1. □ triple; ♪ de soprano; ♪ ~ *clef* clef f de sol; 2. triple m; ♪ dessus m; *personne, voix*: soprano m; ♪ ~ *stop* voix: soprano m; 3. adv. trois fois autant; 4. vt/i. tripler.

tree [tri:] 1. arbre m; *souliers*: embauchoir m; poutre f; *see family* 2; F *up a* ~ dans le pétrin; 2. (forcer à) se réfugier dans un arbre; F réduire à quia.

tre·foil ♣, ⌂ ['trefɔil] trèfle m.

trek [trek] *Afrique du Sud*: 1. voyager en chariot (à bœufs); F faire route; 2. (*étape f d'un*) voyage m en chariot.

trel·lis ['trelis] 1. treillis m; ✿ treille f; 2. treillisser (*une fenêtre*); ✿ échalasser (*une vigne*).

trem·ble ['trembl] 1. trembler (*devant, at*; *de, with*); 2. trembl(ot)ement m.

tre·men·dous □ [tri'mendəs] épouvantable, terrible; F énorme, immense. [frémissement m.]

trem·or ['tremə] tremblement m;

trem·u·lous □ ['tremjuləs] trem-bl(ot)ant; frémissant; **'trem·u·lous·ness** tremblotement *m*; timidité *f*.

trench [trentʃ] **1.** tranchée *f* (*a.* ✕); fossé *m*; *~ warfare* guerre *f* de tranchées; **2.** *v/t.* creuser une tranchée *ou* un fossé dans; ✗ défoncer (*un terrain*); planter (*le céleri*) dans une rigole; *v/i.* ✕ creuser des tranchées, empiéter (sur, [up]on); *fig.* friser; **'trench·ant** □ tranchant (*surt. fig.*); *fig.* incisif (-ive *f*); **trench coat** (manteau *m*) imperméable *m*.

trench·er ['trentʃə] tranchoir *m*; table *m*; *~ cap* toque *f* universitaire.

trench...: '*~·jack·et* blouson *m*; '*~·plough*, *Am.* '*~·plow* **1.** rigoleuse *f*; **2.** rigoler.

trend [trend] **1.** direction *f*; *fig.* cours *m*; *fig.* marche *f*, tendance *f*; **2.** tendre, se diriger (vers, to [-wards]); '*~·setter* lanceur (-euse *f*) *m* de modes; personne *f* qui donne le ton; **'trend·y** F à la (dernière) mode, dernier cri; dans le vent; *the trendies* *pl.* les gens *m/pl.* dans le vent.

tre·pan [tri'pæn] **1.** 🩺 trépan *m*; **2.** 🩺 *a.* ⊕ trépaner.

trep·i·da·tion [trepi'deiʃn] trépidation *f*; émoi *m*.

tres·pass ['trespəs] **1.** transgression *f*; délit *m*; 🕊 violation *f* (*des droits de q.*); *eccl.* offense *f*; F empiétement *m* (sur, [up]on); abus *m* (de, [up]on); **2.** violer *ou* enfreindre les droits; empiéter sans autorisation sur la propriété de q.; *~ against* violer, enfreindre (*les droits etc.*); *fig. ~* (up)on empiéter sur, abuser de; **'tres·pass·er** violateur *m* des droits d'autrui; intrus(e *f*) *m*; *~s will be prosecuted* défense d'entrer sous peine d'amende.

tress [tres] tresse *f*, boucle *f* (*de cheveux*).

tres·tle ['tresl] tréteau *m*, chevalet *m*; *~·bridge* pont *m* de chevalets; ponton *m* à chevalets.

trey [trei] *cartes, a. dés:* trois *m*.

tri·ad ['traiəd] triade *f*; *phls., eccl.* unité *f* composée de trois personnes; ♪ accord *m* en tierce; 🧪 élément *m* trivalent.

tri·al ['traiəl] essai *m*, épreuve *f* (de, of); *fig.* adversité *f*, épreuve *f*; 🕊 procès *m*, cause *f*, jugement *m*; *~*

marriage mariage *m* à l'essai; *sp.: ~ match* match *m* de sélection; *~ offer* offre *f* à l'essai; *~ period* période *f* d'essai; *on ~* à l'essai; 🕊 en jugement; *prisoner on ~* prévenu(e *f*) *m*; *~ of strength* essai *m* de force; *bring to ~* mettre en jugement; *give s.th. a ~* faire l'essai de qch.; *send s.o. for ~* renvoyer q. en jugement; 🕊 *stand ~* comparaître devant le tribunal; passer en jugement, être jugé (*pour, for*).

tri·an·gle ['traiæŋgl] triangle *m* (*a.* ♪); **tri·an·gu·lar** □ [*~'æŋgjulə*] triangulaire; en triangle; **tri·an·gu·late** *surv.* [*~leit*] trianguler.

trib·al □ ['traibl] de tribu; qui appartient à la tribu; tribal; **tribe** [traib] tribu *f* (*a. zo.*); 🐟, *zo.* classe *f*, genre *m*; *péj.* clan *m*; **'tribes·man** ['*~zmən*] membre *m* d'une *ou* de la tribu.

tri·bu·nal [trai'bju:nl] tribunal (-aux *pl.*) *m*; cour *f* (de justice); **trib·une** ['tribju:n] tribun *m*; tribune *f* (*d'orateur*).

trib·u·tar·y ['tribjutəri] **1.** □ tributaire; **2.** tributaire *m* (*a. géog.*); *géog.* affluent *m*; **trib·ute** ['*~*bju:t] tribut *m*; *fig.* hommage *m*; (*a. floral ~*) couronne *f*.

tri·car ['traika:] tricar *m*.

trice [trais]: *in a ~* en un clin d'œil.

tri·chi·na *zo.* [tri'kainə], *pl.* **-nae** [*~*ni:] trichine *f*.

trick [trik] **1.** tour *m*; tour *m* d'adresse; ruse *f*; truc *m*; espièglerie *f*; habitude *f*; *cartes:* levée *f*; *~ film* film *m* à truquages; **2.** duper, attraper; *~ into* (*gér.*) amener par ruse à (*inf.*); *~ s.o. out of s.th.* escroquer qch. à q.; *fig. ~ out* (*ou up*) attifer (de *in*, with); **'trick·er**, **trick·ster** ['*~*stə] escroc *m*, fourbe *m*; **'trick·er·y** fourberie *f*, tromperie *f*; **'trick·ish** □ trompeur (-euse *f*), fourbe; compliqué.

trick·le ['trikl] **1.** couler goutte à goutte; suinter; F *fig.* se répandre peu à peu; passer un à un; **2.** filet *m* (d'eau); quelques gouttes *f/pl.*; petits groupes *m/pl.* (d'hommes *etc.*).

trick·si·ness ['triksinis] humeur *f* capricieuse; espièglerie *f*; **'trick·sy** □ capricieux (-euse *f*); espiègle; = **'trick·y** □ astucieux (-euse *f*); F délicat, compliqué.

tri·col·o·u)r ['trikələ] **1.** tricolore; **2.** drapeau *m* tricolore.

tri·cy·cle ['traisikl] tricycle *m.*

tri·dent ['traidənt] trident *m* (*a.* ♈).

tri·en·ni·al □ [trai'enjəl] trisannuel (-le *f*); triennal (-aux *m/pl.*), qui dure trois ans.

tri·er ['traiə] juge *m*; F celui (celle *f*) *m* qui ne se laisse pas décourager.

tri·fle ['traifl] **1.** bagatelle *f*; *fig.* un tout petit peu *m*; *cuis.* charlotte *f* russe; **2.** *v/i.* jouer, badiner (avec, with); *v/t.* ~ away gaspiller (*son argent*); '**tri·fler** personne *f* frivole; amuseur (-euse *f*) *m.*

tri·fling ['traiflŋ] **1.** manque *m* de sérieux; badinage *m*; futilités *f/pl.*; **2.** □ insignifiant; léger (-ère *f*); '**tri·fling·ness** insignifiance *f.*

trig¹ [trig] **1.** caler; enrayer; **2.** cale *f*; sabot *m* d'enrayage.

trig² [~] soigné; net(te *f*).

trig·ger ['trigə] poussoir *m* à ressort; *arme à feu*: détente *f*; *phot.* déclencheur *m*; '~-'hap·py prêt à tirer pour un rien; *fig.* prêt à déclencher la guerre pour un rien.

trig·o·no·met·ric, trig·o·no·met·ri·cal □ ♈ [trigənə'metrik(l)] trigonométrique; **trig·o·nom·e·try** [~'ɔmitri] trigonométrie *f.*

tri·lat·er·al □ ♈ ['trai'lætərəl] trilatéral (-aux *m/pl.*).

tril·by ['trilbi] chapeau *m* mou.

tri·lin·gual □ ['trai'lŋgwəl] trilingue.

trill [tril] **1.** trille *m*; *oiseau*: chant *m* perlé; R *m* roulé; **2.** *v/t.* triller; rouler (*les R*); *v/i.* faire des trilles; perler son chant (*oiseau*).

tril·lion ['triljən] trillion *m*; *Am.* billion *m.*

tril·o·gy ['trilədʒi] trilogie *f.*

trim [trim] **1.** □ en bon ordre; soigné; coquet(te *f*); bien tourné; ♣ bien voilé; étarque (*voile*); **2.** bon ordre *m*; parfait état *m*; ♣ assiette *f*, arrimage *m*; *voiles*: orientation *f*; ♒ équilibrage *m*; *cheveux*: coupe *f*; *just a* ~! simplement rafraîchir!; **3.** *v/t.* mettre en ordre; arranger (*a. une lampe*); (*a.* ~ *up*) rafraîchir (*la barbe, les cheveux*); *cost.* garnir (de, with); tailler, tondre (*une haie etc.*); orner (de, with); F plumer (*q.*); *cuis.* parer (*la viande*); ♣ redresser (*un navire*), orienter (*les voiles*); *v/i. fig.* tergiverser, nager entre deux eaux;

'**trim·mer** garnisseur (-euse *f*) *m*; ⊕ *personne*: pareur (-euse *f*) *m*; machine *f* ` trancher; ♣ arrimeur *m*; *pol.* opportuniste *m*; *coal-*~ soutier *m*, '**trim·ming** ornement *m*; taille *f*; *usu.* ~s *pl.* passementerie *f*; *cuis.* garniture *f*; ⊕ rognures *f/pl.*; '**trim·ness** air *m* soigné *ou* coquet; élégance *f.*

tri·mo·tor ['traimoutə] trimoteur *m*; '**tri·mo·tored** trimoteur.

Trin·i·ty ['triniti] Trinité *f.*

trin·ket ['trŋkit] petit bijou *m*, colifichet *m*; bibelot *m*; ~s *pl.* affiquets *m/pl.*; *péj.* camelote *f.*

tri·o ♪ ['tri:ou] trio *m.*

trip [trip] **1.** excursion *f*, voyage *m* d'agrément; randonnée *f*; *fig.* faux pas *m*; croc-en-jambe (*pl.* crocs-en-jambe) *m*; ⊕ déclic *m*; déclenche *f*; ⊕ ~ *dog* (*ou* *pin*) déclic *m*; **2.** *v/i.* trébucher; faire un faux pas (*a. fig.*); ~ *along* aller d'un pas léger; *catch s.o.* ~*ping* prendre *q.* en défaut; *v/t.* (*usu.* ~ *up*) donner un croc-en-jambe à; faire trébucher (*q.*); surprendre (*un témoin etc.*) en contradiction.

tri·par·tite ['trai'pɑːtait] tripartite; triple; trilatéral (-aux *m/pl.*).

tripe [traip] *cuis.* tripe *f*, -s *f/pl.*; *sl.* bêtises *f/pl.*, fatras *m.*

tri·phase ⚡ ['trai'feiz] triphasé (*courant*). [triple saut *m.*]

tri·ple □ ['tripl] triple; *sp.* ~ *jump*]

tri·plet ['triplit] trio *m*; *prosodie*: tercet *m*; ♉, ♊ triplet *m*; ♪ triolet *m.*

tri·plex ['tripleks] se brisant sans éclats (*verre*), triplex (*TM*).

tri·pli·cate 1. ['triplikit] triplé; triple (*a. su./m*); **2.** ['~keit] tripler; rédiger en triple exemplaire.

tri·pod ['traipod] trépied *m*; pied *m* (à trois branches).

tri·pos ['traipos] examen *m* supérieur (*pour honours à Cambridge*).

trip·per F ['tripə] excursionniste *m/f*; '**trip·ping 1.** □ léger (-ère *f*) (*pas*), leste; **2.** pas *m* léger; faux pas *m*; ⊕ déclenchement *m.*

tri·sect [trai'sekt] diviser *ou* couper en trois.

tris·syl·lab·ic ['traisi'læbik] (~*ally*) trisyllab(ique); **tri·syl·la·ble** ['~'siləbl] trisyllabe *m.*

trite □ [trait] banal (-als *ou* -aux *m/pl.*); rebattu.

trit·u·rate ['tritjureit] triturer.

tri·umph ['traiəmf] **1.** triomphe *m* (*a. fig.*) (sur, over); **2.** triompher (*a. fig.*) (de, over); **tri·um·phal** [ˌ'ʌmfəl] de triomphe, triomphal (-aux *m/pl.*); ~ *arch* arc *m* de triomphe; ~ *procession* cortège *m* triomphal; **tri·um·phant** □ triomphant.

tri·une ['traiju:n] d'une unité triple.

triv·et ['trivit] trépied *m* (*pour bouilloire etc.*); F *as right as a* ~ en excellente santé; en parfait état.

triv·i·al □ ['triviəl] insignifiant, sans importance; frivole (*personne*); banal (-als *ou* -aux *m/pl.*); † de tous les jours; **triv·i·al·i·ty** [ˌ'æliti] insignifiance *f*; banalité *f*.

tro·chee ['trouki:] trochée *m*.

trod [trɔd] *prét.*, **trod·den** [ˌ'ʌn] *p.p.* de **tread** 1.

trog·lo·dyte ['trɔglədait] troglodyte *m*.

Tro·jan ['troudʒn] **1.** de Troie; troyen(ne *f*); **2.** Troyen(ne *f*) *m*; F *like a* ~ en vaillant homme; (*travailler*) comme un nègre.

troll [troul] pêcher à la cuiller.

trol·l(e)y ['trɔli] **1.** 🚋 chariot *m* à bagages; fardier *m*; diable *m*; ⊕ moufle *m/f*; chariot *m* (*de pont roulant*); ⚡ trolley *m*; (*a. dinner* ~) serveuse *f*; *Am.* (*a.* ~ *car*) tramway *m* à trolley; **2.** charrier; **'~-bus** trolleybus *m*.

trol·lop *péj.* ['trɔləp] **1.** souillon *f*; traînée *f*; **2.** rôder; traîner la savate. [bone *m.*]

trom·bone ♩ [trɔm'boun] trom-]

troop [tru:p] **1.** troupe *f*, bande *f*; foule *f*; peloton *m* (*de cavalerie*); **2.** s'assembler; ~ *along* avancer en foule; ~ *away*, ~ *off* partir en bande; ✗ ~*ing* the colo(u)r(s) parade *f* du drapeau; **'~-car·ri·er** ✈ avion *m* de transport; ⊕ transport *m*; **'troop·er** cavalier *m*; soldat *m ou* F cheval *m* de cavalerie; *Am.* membre *m* de la police montée; ⚓ transport *m*; *péj. old-* soudard *m*; **'troop-horse** cheval *m* de cavalerie.

trope [troup] trope *m*.

tro·phy ['troufi] trophée *m*; *sp. a.* coupe *f*.

trop·ic ['trɔpik] **1.** tropique *m*; **2.** *a.* **'trop·i·cal** □ tropique; tropical (-aux *m/pl.*).

trot [trɔt] **1.** trot *m*; F petit(e) enfant *m*(*f*); *Am. sl. école:* traduction *f*

juxtalinéaire; **2.** (faire) trotter; F ~ *out* sortir; présenter.

trot·ter ['trɔtə] trotteur (-euse *f*) *m*; ~*s pl.* pieds *m/pl.* de cochon; F *co.* pieds *m/pl.*

trou·ble ['trʌbl] **1.** trouble *m* (*a.* 🩺, ⊕); peine *f*; chagrin *m*; ennui *m*; inquiétude *f*; ⊕ conflits *m/pl.*; difficultés *f/pl.*; ~ *spot* point *m* de conflit, foyer *m* de troubles; *be in* ~ avoir des ennuis; avoir des soucis (d'argent); *look for* ~ se préparer des ennuis; *make* ~ semer la discorde; *take* (the) ~ se donner de la peine (de, to); se déranger (pour, to); **2.** *v/t.* affliger, chagriner (de, with); inquiéter; déranger; ennuyer; donner de la peine à; *may I* ~ *you for the salt?* voudriez-vous bien me passer le sel?; *v/i.* F se déranger; **'~-man**, **'~-shoot·er** *Am.* F dépanneur *m*; **trou·ble·some** □ [ˌ'ʌsəm] ennuyeux (-euse *f*); gênant.

trough [trɔf] auge *f*; (*a. drinking* ~) abreuvoir *m*; pétrin *m* (*pour le pain*); caniveau *m*; ♒ cuve(tte) *f*; ⚡, *phys.*, *a. fig.* creux *m*; *météor.* dépression *f*.

trounce F [trauns] rosser (*q.*).

troupe [tru:p] *théâ. etc.:* troupe *f*.

trou·sered ['trauzəd] portant un pantalon; **'trou·ser·ing** étoffe *f* pour pantalon(s); **trou·sers** [ˌ'z] *pl.* (*a pair* ~ *of* ~ *un*) pantalon *m*; **trou·ser suit** tailleur-pantalon *m* (*pl.* tailleurs-pantalons).

trous·seau ['tru:sou] trousseau *m*.

trout *icht.* [traut] truite *f*.

tro·ver 🏛 ['trouvə] appropriation *f* (*d'une chose perdue*); *action of* ~ action *f* en restitution.

trow·el ['trauəl] truelle *f*; 🌱 déplantoir *m*.

troy (weight) [trɔi(weit)] poids *m* troy (*pour peser de l'or etc.*).

tru·an·cy ['tru:ənsi] absence *f* de l'école sans permission; **'tru·ant 1.** absent; *fig.* vagabond; **2.** absent *m*; *fig.* vagabond *m*; *play* ~ faire l'école buissonnière; *fig.* vagabonder.

truce [tru:s] trêve *f* (*a. fig.*) (de, to); *political* ~ trêve *f* (*des partis*).

truck¹ [trʌk] **1.** *surt. Am.* camion *m*; chariot *m* (à bagages); 🚃 wagon *m* (à marchandises); (*a. bogie-*~) boggie *m*; ~ *driver camionneur m*, routier *m*; ~ *stop* relais *m* des routiers; ~ *trailer* remorque *f*; **2.** transporter par camion, camionner.

truck² [~] **1.** *vt/i.* troquer; *v/i.* ~ *in* faire le commerce de, trafiquer en; **2.** troc *m*, échange *m*; (*usu.* ~ *system*) paiement *m* des ouvriers en nature; *fig.* relations *f/pl.*; *péj.* camelote *f*; *Am.* légumes *m/pl.*; *attr.* maraîcher (-ère *f*); *Am.* ~ *farm* jardin *m* maraîcher.

truck·le¹ ['trʌkl] s'abaisser, ramper (devant, *to*).

truck·le² [~] *pouli f*; † *meuble:* roulette *f*; ~**bed** grabat *m*, lit *m* de fortune.

truck·man ['trʌkmən] camionneur *m*, routier *m*.

truc·u·lence, **truc·u·len·cy** ['trʌk-juləns(i)] férocité *f*; '**truc·u·lent** □ féroce, farouche; brutal (-aux *m/pl.*).

trudge [trʌdʒ] marcher lourdement *ou* péniblement.

true [truː] **1.** (*adv.* truly) vrai; véritable; sincère, fidèle, honnête; exact; d'aplomb, juste; *be* ~ *of* en être de même pour; *it is* ~ il est vrai (que, *that*); c'est vrai; *come* ~ se réaliser; ~ *to life* (*ou nature*) tout à fait naturel; *pris sur le vif*; vécu (*roman*); *prove* ~ se vérifier; se réaliser; '~**blue** *fig.* loyal (-aux *m/pl.*), fidèle; '~**bred** pur sang *inv.*; de bonne race; '~**love** bien-aimé(e *f*) *m*; '**true·ness** vérité *f*; sincérité *f*; justesse *f*.

truf·fle □ ['trʌfl] truffe *f*.

tru·ism ['truːizm] truisme *m*, axiome *m*.

tru·ly ['truːli] vraiment, véritablement, justement; sincèrement; loyalement; *yours* ~ agréez, Monsieur (Madame), l'expression de mes sentiments les plus distingués.

trump [trʌmp] **1.** *cartes:* atout *m*; F brave garçon (fille *f*) *m*; **2.** *v/i.* jouer atout; *v/t.* couper (*une carte*); ~ *up* forger, inventer; **trump·er·y** ['~əri] friperie *f*, camelote *f*; farce *f*; *attr.* de camelote; ridicule.

trum·pet ['trʌmpit] **1.** trompette *f* (*a.* ♀, *orgues*); ✗ *personne:* trompette *m*; ✗ cornet *m* acoustique; *see ear-~, speaking-~*; **2.** *v/i.* sonner de la trompette; barrir (*éléphant*); *v/t. fig.* (*a.* ~ *forth*) proclamer, publier à son de trompe; '**trum·pet·er** ♪, *orn.* trompette *m*.

trun·cate ['trʌŋkeit] tronquer; **trun'ca·tion** troncature *f*.

trun·cheon ['trʌnʃn] bâton *m* (*d'un agent de police*); casse-tête *m/inv.*; matraque *f*.

trun·dle ['trʌndl] **1.** roulette *f* (*pour meubles*); **2.** (faire) rouler; *v/t.* passer.

trunk [trʌŋk] tronc *m* (*d'arbre, a. de corps*); torse *f*; *éléphant:* trompe *f*; malle *f*; *Am.* ~s *pl.* caleçon *m* de bain; slip *m*; *téléph.* ~s, *please!* l'inter, s.v.p.; *see* ~*-line*; '~**call** *téléph.* communication *f* interurbaine; ~ **ex·change** *téléph.* (service *m*) interurbain *m*; '~**line** 🚂 grande ligne *f*; *téléph.* ligne *f* interurbaine; '~**road** route *f* nationale.

trun·nion ⊕ ['trʌnjən] tourillon *m*.

truss [trʌs] **1.** botte *f*; *fleurs:* touffe *f*; ⚕ bandage *m* herniaire; △ armature *f*; ferme *f*; cintre *m*; **2.** mettre en bottes; lier; trousser (*une poule*); △ renforcer; '~**bridge** ⊕ pont *m* à poutres en treillis métallique.

trust [trʌst] **1.** confiance *f* (en, *in*); espérance *f*, espoir *m*; charge *f*, responsabilité *f*; ✝ crédit *m*; ♦ fidéicommis *m*; ✝ trust *m*, syndicat *m*; ~ *company* institution de gestion: trust-company *f*; *in* ~ par fidéicommis; en dépôt; *on* ~ en dépôt; ✝ à crédit; *position of* ~ poste *m* de confiance; **2.** *v/t.* se fier à; mettre sa confiance en; confier (qch. à q. s.o. *with* s.th., s.th. *to* s.o.); ✝ F faire crédit à (de qch., *with* s.th.); *fig.* espérer (que, *that*); ~ *s.o. to do s.th.* se fier à q. pour qu'il fasse qch.; *v/i.* se fier (à *in*, *to*); se confier (en *in*, *to*).

trus·tee [trʌs'tiː] dépositaire *m*, consignataire *m*; ✝, *admin.* administrateur *m*; ♦ fidéicommissaire *m*, fiduciaire *m*; curateur (-trice *f*) *m*; ~ *securities pl.* (*ou stock*) valeurs *f/pl.* de tout repos; **trus'tee·ship** fidéicommis *m*; curatelle *f*, administration *f*; *pol.* tutelle *f*. [confiant.]

trust·ful □ ['trʌstful], '**trust·ing** □ /

trust·wor·thi·ness ['trʌstwəːðinis] loyauté *f*, fidélité *f*; crédibilité *f* (*d'une nouvelle*); '**trust·wor·thy** digne de confiance, loyal (-aux *m/pl.*); digne de foi.

truth [truːθ, *pl.* ~ðz] vérité *f*; véracité *f*; *home* ~s *pl.* vérités *f/pl.* bien senties; ~ *to life* fidélité *f*, exactitude *f*.

truth·ful □ ['tru:θful] vrai; véridique; fidèle; **'truth·ful·ness** véracité f, fidélité f.

try [trai] **1.** v/t. essayer (de, to); tâcher (de, to); fatiguer (les yeux); fig. vexer; ⚖ juger, mettre en jugement, Am. plaider (une cause); éprouver, mettre à l'épreuve; ⊕ vérifier; cuis. goûter (un mets); ~ on essayer (une robe etc.); ~ one's hand at s'essayer à; v/i. faire un effort; essayer; ~ for tâcher d'obtenir (qch.); se porter candidat pour; F ~ and read! essayez de lire!; **2.** essai m (a. rugby); tentative f; have a ~ essayer; faire un effort; **'try·ing** difficile, vexant, ennuyeux (-euse f); **'try-'on** ballon m d'essai; tentative f de déception, F de bluff; **'try-'out** essai m à fond; sp. (jeu d')essai m; **try·sail** ⚓ ['traisl] voile f goélette.

tryst écoss. [traist] **1.** rendez-vous m; **2.** donner rendez-vous à (q.).

Tsar [za:] tsar m, czar m.

T-square ['ti:skwɛə] équerre f en T.

tub [tʌb] **1.** cuve f, baquet m; tonneau m; (a. bath-~) tub m; F bain m; ⚒ benne f; F co. coque f, baille f; F co. ventre m, panse f; **2.** v/t. encaisser (une plante); ⚒ boiser (un puits); donner un tub à; v/i. prendre un tub; s'exercer dans un canot d'entraînement; **'tub·by** rond comme un tonneau.

tube [tju:b] tube m (a. radio), tuyau m; mot. chambre f à air; F métro m, chemin m de fer souterrain (à Londres); **'tube·less** sans chambre à air (pneu).

tu·ber ⚘ ['tju:bə] tubercule m; truffe f; **tu·ber·cle** anat., zo., a. ⚕ ['tju:bə:kl] tubercule m; **tu·ber·cu·lo·sis** ⚕ [tjubə:kju'lousis] tuberculose f; **tu·ber·cu·lous** tuberculeux (-euse f); **tu·ber·ous** ⚘ ['tju:bərəs] tubéreux (-euse f).

tub·ing ['tju:biŋ] tuyautage m; tuyau m en caoutchouc.

tub-thump·er ['tʌbθʌmpə] orateur m démagogue.

tu·bu·lar □ ['tju:bjulə] tubulaire.

tuck [tʌk] **1.** petit pli m, rempli m; sl. mangeaille f; **2.** remplier, serrer; (avec adv. ou prp.) mettre; ~ up relever, retrousser; border (q.) (dans son lit.).

tuck·er ['tʌkə] **1.** sl. (Australie)

mangeaille f; **2.** Am. F fatiguer, lasser.

Tues·day ['tju:zdi] mardi m; Shrove ~ mardi m gras.

tu·fa min. ['tju:fə], **tuff** [tʌf] tuf m calcaire ou volcanique.

tuft [tʌft] herbe, cheveux, plumes: touffe f; oiseau, laine: huppe f; brosse: loquet m; cheveux: toupet m; **'~-hunt·er** sycophante m; **'tuft·y** □ touffu.

tug [tʌg] **1.** secousse f; saccade f; ⚓ remorqueur m; fig. effort m; ~ of war lutte f à la corde (de traction); fig. course f au poteau; **2.** tirer (sur, at); ⚓ remorquer; fig. se mettre en peine; **'~-boat** remorqueur m.

tu·i·tion [tju'iʃn] instruction f.

tu·lip ⚘ ['tju:lip] tulipe f.

tulle [tju:l] tulle m.

tum·ble ['tʌmbl] **1.** v/i. tomber; faire la culbute; v/t. bouleverser; déranger; chiffonner; **2.** chute f; culbute f; désordre m; **'~-down** en ruines, délabré; croulant; **'~-drier** séchoir m (à linge) à air chaud; **'tum·bler** acrobate mf, jongleur m; orn. culbutant m; verre m sans pied; ⊕ gorge f, serrure: arrêt m; arme à feu: noix f (de platine).

tum·brel ['tʌmbrəl], **tum·bril** ['~bril] tombereau m.

tu·mid □ ['tju:mid] ⚕ enflé, gonflé; zo. protubérant; fig. boursouflé; **tu'mid·i·ty** enflure f (a. fig.).

tum·my F ['tʌmi] estomac m, ventre m; bedaine f.

tu·mo(u)r ⚕ ['tju:mə] tumeur f.

tu·mult ['tju:mʌlt] tumulte m (a. fig.); fracas m; fig. trouble m, émoi m; **tu·mul·tu·ous** □ [tju'mʌltjuəs] tumultueux (-euse f); orageux (-euse f).

tun [tʌn] **1.** tonneau m, fût m; cuve f (de fermentation); **2.** mettre en tonneaux.

tu·na icht. ['tju:nə] thon m.

tune [tju:n] ♪ air m; harmonie f; accord m; fig. ton m; fig. humeur f; in ~ d'accord; fig. en bon accord (avec, with); out of ~ désaccordé, faux (fausse f); fig. en désaccord (avec, with); F to the ~ of £ 100 pour la somme de 100 livres; à la cadence de 100 livres; fig. change one's ~ changer de ton; **2.** accorder; fig. incliner; ~ in radio: accorder (sur,

to), capter (un poste, *to a station*);
~ **out** *radio*: éliminer; ~ **up** ♪ *v/i.*
s'accorder; *v/t. fig. mot.*, *a.* ⊕ mettre
au point; *fig.* (se) tonifier; *v/t.*
accorder; **tune·ful** □ ['~ful] mélodieux (-euse *f*), harmonieux (-euse
f); **'tune·less** □ discordant; **'tuner** ♪ accordeur *m*; *radio*: syntonisateur *m*.

tung·sten ⚛ ['tʌŋstən] tungstène *m*.

tu·nic *cost.*, ⚔, *anat.*, *eccl.*, *a.* ⚕
['tju:nik] tunique *f*.

tun·ing...: '~**coil** *radio*: bobine *f*
syntonisatrice; *self f* d'accord;
'~**fork** ♪ diapason *m*.

tun·nel ['tʌnl] **1.** tunnel *m* (*a.* 🚇);
⚒ galerie *f* à flanc de coteau;
2. percer un tunnel (à travers,
dans, *sous*).

tun·ny *icht.* ['tʌni] thon *m*.

tun·y F ['tju:ni] mélodieux (-euse *f*).

tur·ban ['tə:bən] turban *m*.

tur·bid ['tə:bid] trouble (*a. fig.*);
bourbeux (-euse *f*); confus; **'turbid·ness** état *m* trouble; turbidité *f*.

tur·bine ⊕ ['tə:bain] turbine *f*;
'~**pow·ered** à turbines.

tur·bo-prop ['tə:bou'prɔp] à turbopropulseur (*avion*); **tur·bo·su·per-charg·er** ['tə:bou'sjupətʃɑ:dʒə]
turbocompresseur *m* de suralimentation.

tur·bot *icht.* ['tə:bət] turbot *m*.

tur·bu·lence ['tə:bjuləns] turbulence *f*; tumulte *m*; indiscipline *f*;
'tur·bu·lent □ turbulent; orageux
(-euse *f*); à remous (*vent*); insubordonné.

turd V [tə:d] merde *f*; salaud *m*,
salope *f*.

tu·reen [tə'ri:n] soupière *f*; saucière *f*.

turf [tə:f] **1.** gazon *m*; pelouse *f*;
tourbe *f*; turf *m*, courses *f/pl.* de
chevaux; **2.** gazonner; *sl.* ~ **out**
flanquer (*q.*) dehors; **turf·ite**
['~ait] turfiste *m*; **'turf·y** gazonné,
couvert de gazon; tourbeux (-euse
f); F du turf.

tur·gid □ ['tə:dʒid] enflé, gonflé;
fig. boursouflé; **tur'gid·i·ty** enflure
f (*a. fig.*).

Turk [tə:k] Turc (Turque *f*) *m*; *fig.*
tyran *m*; homme *m* indiscipliné.

tur·key ['tə:ki]: ♀ *carpet* tapis *m*
d'Orient *ou* de Turquie; *orn.*
dindon *m*, dinde *f*; *cuis.* dindonneau

m; *théâ., cin. Am. sl.* navet *m*; *sl.*
talk ~ ne pas ménager ses mots.

Turk·ish ['tə:kiʃ] turc (turque *f*), de
Turquie; ~ *bath* bain *m* turc; ~
delight rahat-lokoum *m*; ~ *towel*
serviette-éponge (*pl.* serviettes-éponges) *f*.

tur·moil ['tə:mɔil] trouble *m*, agitation *f*, tumulte *m*.

turn [tə:n] **1.** *v/t.* tourner; faire
tourner; retourner; rendre; changer, transformer (en, *into*); traduire
(en anglais, *into English*); diriger;
⊕ tourner, façonner au tour; *fig.*
tourner (*une phrase, des vers, etc.*);
F *he has ~ed* (*ou* is ~*ed* [of]) 50
il a passé la cinquantaine; il a ~
ans passés; ~ *colo(u)r* pâlir *ou*
rougir; changer de couleur; ~ *a*
corner tourner un coin; ~ *the*
enemy's flanks tourner le flanc de
l'ennemi; *he can* ~ *his hand to*
anything c'est un homme à toute
main; F ~ *tail* prendre la fuite;
~ *s.o.'s argument against himself*
rétorquer un argument contre q.;
~ *aside* détourner; écarter; ~
détourner; *théâ.* refuser; ~ *down*
rabattre; retourner (*une carte*);
corner (*une page*); baisser (*le gaz*
etc.); faire (*la couverture d'un lit*),
ouvrir (*le lit*); F refuser (*une invitation etc.*); ~ *in* tourner en dedans;
replier (*le bord*); F quitter (*un*
emploi); renvoyer; 🚂 garer (*des*
wagons); fermer (*l'eau, le gaz*);
~ *off* (on) fermer, (ouvrir) (*un*
robinet); ~ *out* faire sortir; mettre
dehors; vider (*les poches etc.*);
nettoyer à fond; fabriquer, produire
(*des marchandises*); éteindre, couper
(*le gaz*); *au* renverser; feuilleter,
tourner (*les pages*); *fig.* transférer,
remettre; ✍ retourner (*le sol*); ⚓
faire; ~ *over a new leaf* revenir à
ses erreurs; ~ *up* retourner (*a. des*
cartes, ✍); relever (*un col, un*
pantalon); retrousser (*les manches*);
donner (*tout le gaz etc.*); remonter
(*une mèche*); chercher, trouver
(*dans le dictionnaire etc.*); F ~ *one's*
nose at faire le dédaigneux devant;
renifler sur; **2.** *v/i.* tourner; se
(re)tourner; se diriger; se transformer (en, *into*); changer (*marée,*
temps); tourner (*au froid etc.*); se
faire, devenir (*chrétien, soldat, etc.*);
se colorer en (*rouge etc.*); prendre

une teinte (*bleue etc.*); (*a.* ~ *sour*) tourner (*lait*); ~ *about* se (re)tourner; ⚔ faire demi-tour; ~ *away* se détourner (*de, from*); ~ *back* rebrousser chemin; regarder en arrière; faire demi-tour; ~ *in* se tourner en dedans; F se coucher; *his toes* ~ *in* il a les pieds tournés en dedans; ~ *off* prendre (*à gauche, à droite*); bifurquer; faire le coin avec; ~ *on* se retourner contre, attaquer; *see* ~ *upon*; ~ *out* sortir; se tourner en dehors (*pieds*); se mettre en grève; tourner (*mal, bien*); aboutir; devenir; se passer; arriver; se trouver; se mettre (*à la pluie, au beau, etc.*); F se lever, sortir du lit; ⚔ sortir; ~ *over* se (re)tourner; *mot. etc.* capoter; se renverser; ~ *round* tourner; tournoyer; ~ *to* se mettre à; devenir à; F ~ *to* (*adv.*) se mettre au travail; ~ *up* se relever; se retrousser (*nez*); arriver, se présenter; ~ *upon* rouler sur (*a. fig.*); attaquer; **3.** *su.* tour *m* (*de corde, de jeu, de roue*); *théâ.*: *a.* = *promenade*, *a.* = *disposition d'esprit*); *roue*: révolution *f*; changement *m* de direction, *mot.* virage *m*, ⚓ giration *f*; *chemin*: tournant *m*; *typ.* caractère *m* retourné; fin *f* (*du mois*); allure *f*, tournure *f* (*des affaires*); disposition *f* (*pour, for*); *théâ.* numéro *m*; *fig.* choc *m*, coup *m*; crise *f*; *fig.* service *m*; *fig.* but *m*; *at every* ~ à tout propos, à tout moment; *by* (*ou in* ~*s*) à tour de rôle, tour à tour; *in my* ~ à mon tour; *it is my* ~ c'est à moi (*de, to*); *take a* ~ faire un tour; *take a* ~ *at s.th.* faire qch. à son tour; *take one's* ~ prendre son tour; *take* ~*s* alterner (*pour inf. at, in gér.*); *to a* ~ à point; *a friendly* ~ un service m d'ami; *do s.o. a good* ~ rendre un service à q.; *does it serve your* ~? est-ce que cela fera votre affaire?; '~-**a**-**bout** demi-tour *m*; '~-**buck**-**le** ⊕ lanterne *f* de serrage; '~-**coat** renégat *m*; apostat(e *f*) *m*; '~-**down 1.** refus *m*; (*tendance f* à la) baisse *f*; **2.** à rabattre; ~ *collar* col *m* rabattu; '**turn**-**er** tourneur *m*; '**turn**-**er**-**y** travail (*pl. -aux*) *m* au tour, tournage *m*; articles *m/pl.* tournés; atelier *m* de tourneur.

turn-**ing** ['tə:niŋ] action *f* de tourner; giration *f*; changement *m* de direc-

tion; *mot.* virage *m*; tournant *m* (*du chemin*); retournage *m* (*d'un vêtement*); *typ.* blocage *m*; ⊕ tournage *m*; '~-**lathe** ⊕ tour *m*; '~-**point** *fig.* moment *m* critique, point *m* décisif.

tur-**nip** ♀ ['tə:nip] navet *m*.

turn-**key** ['tə:nki:] porte-clefs *m/inv.*; geôlier *m*; *admin.* fontainier *m*; '**turn**-**off** *Am.* sortie *f* (d'autoroute); embranchement *m*; '**turn**-**out** tenue *f*, uniforme *m*; équipage *m*; assemblée *f*; assistance *f*, gens *m/pl.*; grève *f*; ✝ production *f*, produits *m/pl.*; 🚂 aiguillage *m*; voie *f* de garage; changement *m* de voie; '**turn**-**o**-**ver** chausson *m* (*aux pommes etc.*); ✝ chiffre *m* d'affaires; ~ *tax* impôt *m* sur le chiffre d'affaires; '**turn**-**pike** (route *f* à) barrière *f* de péage; tourniquet *m* d'entrée; '**turn**-**screw** tournevis *m*; '**turn**-**spit** tournebroche *m*; '**turn**-**stile** tourniquet *m* (*d'entrée*); '**turn**-**ta**-**ble** 🚂 plaque *f* tournante; *phonographe*: tourne-disque *m*, plateau *m*; '**turn**'**up 1.** pliant (*lit.*); à bords relevés; **2.** *pantalon*: revers *m*; F rixe *f*, bagarre *f*; F affaire *f* de chance.

tur-**pen**-**tine** 🌲 ['tə:pəntain] térébenthine *f*.

tur-**pi**-**tude** ['tə:pitju:d] turpitude *f*.

tur-**quoise** *min.* ['tə:kwɑ:z] turquoise *f*.

tur-**ret** ['tʌrit] tourelle *f* (*a.* ⚔, ⚓, ⊕); *a.* revolver *m*; ⊕ ~ *lathe* tour *m* à revolver; '**tur**-**ret**-**ed** surmonté *ou* garni de tourelles; *zo.* turriculé (*conque*).

tur-**tle**[1] *zo.* ['tə:tl] tortue *f* de mer; *turn* ~ chavirer; *canot, mot.*: capoter.

tur-**tle**[2] *orn.* ['tə:tl] (*usu.* ~-*dove*) tourterelle *f*, tourtereau *m*.

tur-**tle**-**neck** *surt. Am.* ['tə:tlnek] (pullover *m* à) col *m* roulé.

Tus-**can** ['tʌskən] **1.** toscan; **2.** *ling.* toscan *m*; Toscan(e *f*) *m*.

tusk [tʌsk] *éléphant*: défense *f*; ~*s pl.* *sanglier*: broches *f/pl.*

tus-**sle** ['tʌsl] **1.** mêlée *f*, lutte *f*; *fig.* passe *f* d'armes; **2.** lutter.

tus-**sock** ['tʌsək] touffe *f* d'herbe.

tut [tʌt] allons donc!; zut!

tu-**te**-**lage** ['tju:tilidʒ] tutelle *f*.

tu-**te**-**lar**-**y** ['tju:tiləri] tutélaire.

tu-**tor** ['tju:tə] (*a. private* ~) précepteur (-trice *f*) *m*; *école, univ.* directeur (-trice *f*) *m* d'études; *univ. a.* répétiteur (-trice *f*) *m*; *Am.*

univ. chargé *m* de cours; ⁀ tuteur (-trice *f*) *m*; **2.** instruire; donner des leçons particulières à; diriger les études de; **tu·to·ri·al** [tjuˈtɔːriəl] **1.** d'instruction; de répétiteur *etc.*; **2.** cours *m* individuel; travaux *m/pl.* pratiques; **tu·tor·ship** [ˈtjuːtəʃip] emploi *m* de répétiteur *etc.*; *private* ~ préceptorat *m*.

tux·e·do *Am.* [tʌkˈsiːdou] smoking *m*.

twad·dle [ˈtwɔdl] **1.** fadaises *f/pl.*, sottises *f/pl.*; **2.** dire des sottises.

twang [twæŋ] **1.** bruit *m* sec; (*usu. nasal* ~) accent *m* nasillard; **2.** (faire) résonner; nasiller (*personne*).

tweak [twiːk] pincer.

tweed [twiːd] cheviote *f* écossaise; tweed *m* (= *étoffe de laine*).

'tween [twiːn] *see* between.

tween·y [ˈtwiːni] (*a.* ~ *maid*) *see* between-maid.

tweez·ers [ˈtwiːzəz] *pl.*: (*a pair of*) ~ (une) petite pince *f*; (des) pinces *f/pl.* à épiler.

twelfth [twelfθ] douzième (*a. su./mf*; *a.* Ⓐ *su./m*); ℒ-*cake* galette *f* des Rois; ℒ-**night** veille *f* des Rois.

twelve [twelv] douze (*a. su.*; ~ *o'clock* midi *m*; minuit *m*); ~**fold** [ˈ_ˌfould] douze fois autant.

twen·ti·eth [ˈtwentiiθ] vingtième (*a. su./mf*; *a.* Ⓐ *su./m*).

twen·ty [ˈtwenti] vingt (*a. su./m*); ~**fold** [ˈ_ˌfould] **1.** *adj.* vingtuple; **2.** *adv.* vingt fois autant.

twerp *sl.* [twəːp] cruche *f* (= *imbécile*).

twice [twais] deux fois; ~ *as much* deux fois autant; ~ *as many books* deux fois plus de livres.

twid·dle [ˈtwidl] **1.** jouer (avec) *v/t.* tripoter (*qch.*); **2.** enjolivure *f*; ornement *m*.

twig¹ [twig] brindille *f*; *hydroscopie*: baguette *f* (*de coudrier*).

twig² *sl.* [~] observer (*q.*); comprendre, saisir (*qch.*).

twi·light [ˈtwailait] **1.** crépuscule *m* (*a. fig.*); **2.** crépusculaire, du crépuscule; ⚕ ~ *sleep* demi-sommeil *m* provoqué.

twin [twin] **1.** jumeau (-elle *f*); jumelé; géminé; ~ *beds pl.* lits *m/pl.* jumeaux; **2.** jumeau (-elle *f*) *m*; ~**-en·gined** ✈ [ˈ_ˌendʒind] bimoteur; ˈ~**jet** biréacteur *m*.

twine [twain] **1.** ficelle *f*; fil *m*

retors; *fig.* sinuosité *f*, repli *m*; **2.** *v/t.* tordre, tortiller; entrelacer (*les doigts etc.*); *fig.* entourer (de *with*); (en)rouler (autour de *about*, *round*); *v/i.* (*a.* ~ *o.s.*) se tordre, s~ tortiller, s'enrouler; serpenter.

twinge [twindʒ] élancement *m*, légère atteinte *f*; *fig.* remords *m* (*de conscience*).

twin·kle [ˈtwiŋkl] **1.** scintiller, étinceler; pétiller (*feu, a. fig.* de *with*); **2.** (*a.* ˈ**twin·kling**) scintillement *m*, clignotement *m*; *in a* ~ (*ou the twinkling of an eye*) en un clin d'œil.

twirl [twəːl] **1.** tournoiement *m*; *moustache*: tortillement *m*; *fig.* rouette *f*; *fumée*: volute *f*; enjolivure *f*; **2.** (faire) tourn(oy)er; ˈ**twirl·ing-stick** *cuis.* agitateur *m*.

twist [twist] **1.** (*film*) retors *m*; torsion *f*; *chemin*: coude *m*; *soie*: tordage *m*, *cheveux*: torsade *f*; *tabac*: carotte *f*, rouleau *m*; *papier*: papillote *f*, contorsion *f* (*du visage*); *sp.* tour *m* de poignet; *mot. cornet*: spire *f*; *fig.* déformation *f*; *fig.* tournure *f*, prédisposition *f* (*de l'esprit*); *fig.* repli *m* (*du serpent*); F appétit *m*; **2.** *v/t.* tordre (*a. le visage, le bras, etc.*), tortiller; *tex.* retordre; torquer (*le tabac*); entortiller; enrouler; dé-naturer, fausser; donner de l'effet à (*une balle*); *v/i.* se tordre, se tortil-ler; *fig.* tourner, serpenter; ˈ**twist·er** tordeur (-euse *f*) *m*; *tex.* retor-deur (-euse *f*) *m*; *sp.* balle *f* qui a de l'effet; *sl.* ficelle *f* (= *ricaneur*); *Am.* tornade *f*, ouragan *m*.

twit¹ [twit] ~ *s.o. with s.th.* railler q. de qch.; reprocher qch. à q.

twit² *sl.* [~] idiot(e *f*) *m*.

twitch [twitʃ] **1.** *v/t.* tirer brusque-ment; *v/i.* se crisper, se contracter (de, *with*); **2.** saccade *f*, coup *m* sec; contraction *f*, tic *m* (*de visage*); *see* twinge; *vét.* serre-nez *m/inv.*

twit·ter [ˈtwitə] **1.** gazouiller; **2.** ga-zouillement *m*; *be in a* ~ être agité ou en émoi.

two [tuː] deux (*a. su./m*); *in* ~ en deux; *fig.* put ~ *and* ~ *together* tirer ses conclusions; raisonner juste; ˈ~**bit** *Am.* F sans importance, infime; bon marché; ˈ~**edged** à deux tranchants (*a. fig.*); ˈ~**faced** hypocrite; ˈ~**fist·ed** costaud; ˈ~**fold** double; ˈ~**hand·ed** à deux mains; ambidextre;

qui se joue à deux; '~-'**job man** F cumulard *m*; ~**pence** ['tʌpəns] deux pence *m*; ~**pen·ny** ['tʌpni] à *ou* de deux pence; *fig.* de quatre sous; '~-**phase** ⚡ biphasé, diphasé; '~-'**pin plug** ⚡ fiche *f* à deux broches; '~-**ply** à deux brins (*cordage*); à deux épaisseurs (*contre-plaqué*); '~-'**seat·er** *mot.* voiture *f* à deux places; '~-**some** couple *m*; jeu *m ou* partie *f* à deux; '~-'**step** two-step *m* (*danse*); '~-'**sto·rey** à deux étages; '~-'**stroke** *mot.* à deux temps; '~-'**time** tromper, tricher; '~-'**valve re·ceiv·er** *radio:* poste *m* à deux lampes; '~-**way** ⊕ à deux voies; ⚡ ~ *adapter* bouchon *m* de raccord.

ty·coon *Am.* F [tai'ku:n] chef *m* de l'industrie; baron *m* de l'industrie.

tyke [taik] vilain chien *m*; rustre *m*.

tym·pa·num *anat., a.* 🔺 ['timpə-nəm], *pl.* **-na** [~nə] tympan *m*.

type [taip] **1.** type *m*; genre *m*; modèle *m*; *typ.* caractère *m*, type *m*, *coll.* caractères *m/pl.*; *typ. in* ~ composé; ~ *area* surface *f* imprimée; *true to* ~ conforme au type ancestral; *typ. set in* ~ composer; **2.** = ~*write*; '~-**found·er** fondeur *m* typographe; '~-**script** manuscrit *m* dactylographié; '~-**set·ter** *typ.* compositeur *m*; '~-**write** [*irr.* (*write*)] écrire à la machine; F taper (à la machine); '~-**writ·er** machine *f* à écrire; † dactylographe *mf*, F dactylo *mf*; ~ *ribbon* ruban *m* encreur.

ty·phoid 💊 ['taifɔid] **1.** typhoïde; ~ *fever* = **2.** (fièvre *f*) typhoïde *f*.

ty·phoon *météor.* [tai'fu:n] typhon *m*.

ty·phus 💊 ['taifəs] typhus *m*.

typ·i·cal □ ['tipikl] typique; caractéristique (de, *of*); *it's* ~ *of him* c'est bien lui; **typ·i·fy** ['~fai] être caractéristique de; être le type de (*l'officier militaire*); symboliser.

typ·ing ['taipiŋ] dactylo(graphie) *f*; ~ *pool* bureau *m* des dactylos, F dactylo *f*; *be good at* ~ taper bien (à la machine); **typ·ist** ['taipist] dactylographe *mf*, F dactylo *mf*; *shorthand* ~ sténodactylographe *mf*, F sténodactylo *mf*.

ty·pog·ra·pher [tai'pɔgrəfə] typographe *m*, F typo *m*; **ty·po·graph·ic, ty·po·graph·i·cal** □ [~pə-'græfik(l)] typographique; **ty·pog·ra·phy** [~'pɔgrəfi] typographie *f*.

ty·ran·nic, ty·ran·ni·cal □ [ti-'rænik(l)] tyrannique; **ty'ran·ni·cide** [~said] *personne:* tyrannicide *mf*; *crime:* tyrannicide *m*; **tyr·an·nize** ['tirənaiz] faire le tyran; ~ *over* tyranniser (*q.*); '**tyr·an·nous** □ tyrannique; *fig.* violent; '**tyr·an·ny** tyrannie *f*.

ty·rant ['taiərənt] tyran *m* (*a. orn.*).

tyre ['taiə] *see* tire¹.

ty·ro ['taiərou] *see* tiro.

Tyr·o·lese [tirə'li:z] **1.** tyrolien(ne *f*); **2.** Tyrolien(ne *f*) *m*.

Tzar [zɑ:] *see* Tsar.

U

U, u [juː] U *m*, u *m*.

u·biq·ui·tous □ [juːˈbikwitəs] qui se trouve *ou* que l'on rencontre partout; **u'biq·ui·ty** ubiquité *f*.

ud·der [ˈʌdə] mamelle *f*.

ugh [uh; əːh] brrr!

ug·li·fy F [ˈʌglifai] enlaidir.

ug·li·ness [ˈʌglinis] laideur *f*.

ug·ly □ [ˈʌgli] laid; vilain (*blessure, aspect, etc.*); mauvais (*temps*).

U·krain·i·an [juːˈkreinjən] **1.** ukrainien(ne *f*); **2.** Ukrainien(ne *f*) *m*.

u·ku·le·le ♪ [juːkəˈleili] ukulélé *m*.

ul·cer ⚕ [ˈʌlsə] ulcère *m*; **ul·cer·ate** [ˈ⁓reit] (s')ulcérer; **ul·cer·'a·tion** ulcération *f*; **'ul·cer·ous** ulcéreux (-euse *f*).

ul·lage ⚓ [ˈʌlidʒ] coulage *m*; *douanes:* manquant *m*.

ul·na *anat.* [ˈʌlnə], *pl.* ⁓nae [⁓niː] cubitus *m*.

ul·ster [ˈʌlstə] *manteau:* ulster *m*.

ul·te·ri·or □ [ʌlˈtiəriə] ultérieur; *fig.* caché, secret (-ète *f*); ⁓ motive arrière-pensée *f*; motif *m* secret.

ul·ti·mate □ [ˈʌltimit] final (-als *m/pl.*); dernier (-ère *f*); fondamental (-aux *m/pl.*); *phys.* ⁓ resistance *f* de rupture; ⁓ly en fin de compte, à la fin.

ul·ti·ma·tum [ʌltiˈmeitəm], *pl. a.* ⁓ta [⁓tə] ultimatum *m*. [dernier.\]

ul·ti·mo ♱ [ˈʌltimou] du mois)

ul·tra- [ʌltrə] ultra-; extrêmement; '⁓'fash·ion·a·ble ultra-chic; '⁓high fre·quen·cy *radio:* très haute fréquence; ⁓ma'rine **1.** d'outremer; **2.** ⚓, *peint.* (bleu *m* d')outremer *m/inv.*; ⁓'mon·tane *eccl., pol.* [⁓'montein] ultramontain(e *f*) (*a. su.*); '⁓'red infrarouge; '⁓'short wave onde *f* ultracourte; '⁓-'vi·o·let ultraviolet(te *f*).

ul·u·late [ˈjuːljuleit] ululer; hurler.

um·bel ♀ [ˈʌmbl] ombelle *f*.

um·ber *min., peint.* [ˈʌmbə] terre *f* d'ombre; *couleur:* ombre *f*.

um·bil·i·cal □ [ʌmˈbilikl; ⚕ ⁓ˈlaikl] ombilical (-aux *m/pl.*); ⁓ cord cordon *m* ombilical.

um·brage [ˈʌmbridʒ] ressentiment *m*; ombrage *m* (*a. poét.*); **um·bra·geous** □ [⁓ˈbreidʒəs] ombragé; ombrageux (-euse *f*) (*a. fig.*).

um·brel·la [ʌmˈbrelə] parapluie *m*; *pol.* compromis *m*; ✕ protection *f*; ⁓ organization organisation *f* de tête; ⁓ stand porte-parapluies *m/inv.*

um·pire [ˈʌmpaiə] **1.** arbitre *m*; **2.** *v/t.* arbitrer; *v/i.* servir d'arbitre.

ump·teen [ˈʌmtiːn], **'ump·ty** F je ne sais combien.

un- [ʌn] non; in-; dé(s)-; ne ... pas; peu; sans.

un·a·bashed [ʌnəˈbæʃt] sans se déconcerter; aucunement ébranlé.

un·a·ble [ʌnˈeibl] incapable (de, to); impuissant (à, to).

un·a·bridged [ʌnəˈbridʒd] non abrégé; intégral (-aux *m/pl.*).

un·ac·cent·ed [ˈʌnækˈsentid] inaccentué; *gramm.* atone.

un·ac·cept·a·ble [ˈʌnəkˈseptəbl] inacceptable.

un·ac·com·mo·dat·ing [ʌnəˈkɔmədeitiŋ] peu commode; peu accommodant (*personne*).

un·ac·count·a·ble □ [ˈʌnəˈkauntəbl] inexplicable; bizarre.

un·ac·cus·tomed [ˈʌnəˈkʌstəmd] inaccoutumé (à, to) (*à. personne*); peu habitué (à, to) (*personne*).

un·ac·knowl·edged [ˈʌnəkˈnɔlidʒd] non avoué; demeuré sans réponse (*lettre*).

un·ac·quaint·ed [ˈʌnəˈkweintid]: be ⁓ with ne pas connaître (*q.*); ignorer (*qch.*).

un·a·dorned [ˈʌnəˈdɔːnd] sans ornements, naturel(le *f*); *fig.* sans fard.

un·a·dul·ter·at·ed □ [ˈʌnəˈdʌltəreitid] pur, sans mélange.

un·ad·vis·a·ble □ [ˈʌnədˈvaizəbl] imprudent; peu sage; **'un·ad·'vised** □ [*adv.* ⁓zidli] imprudent; sans prendre conseil.

un·af·fect·ed □ [ˈʌnəˈfektid] qui n'est pas atteint; *fig.* sincère; sans affectation *ou* pose.

un·aid·ed [ˈʌnˈeidid] sans aide;

(tout) seul; inassisté (*pauvre*); nu (*œil*).

un·al·loyed [ˈʌnəˈlɔid] sans alliage; *fig.* pur, sans mélange.

un·al·ter·a·ble □ [ʌnˈɔːltərəbl] invariable, immuable.

un·am·big·u·ous □ [ˈʌnæmˈbigjuəs] non équivoque, sans ambiguïté.

un·am·bi·tious □ [ˈʌnæmˈbiʃəs] sans prétention; sans ambition (*personne*).

un·a·me·na·ble [ˈʌnəˈmiːnəbl] rebelle, réfractaire (à, *to*).

un·a·mi·a·ble □ [ʌnˈeimjəbl] peu aimable.

u·na·nim·i·ty [juːnəˈnimiti] unanimité *f*; **u·nan·i·mous** □ [juˈnæniməs] unanime.

un·an·swer·a·ble [ʌnˈɑːnsərəbl] sans réplique; incontestable.

un·ap·palled [ˈʌnəˈpɔːld] peu effrayé.

un·ap·peal·a·ble ⚖ [ˈʌnəˈpiːləbl] sans appel.

un·ap·peas·a·ble □ [ˈʌnəˈpiːzəbl] insatiable; implacable.

un·ap·proach·a·ble □ [ˈʌnəˈproutʃəbl] inaccessible; inabordable (*a. personne*); *fig.* incomparable.

un·ap·pro·pri·at·ed [ˈʌnəˈproupriеitid] disponible; libre.

un·apt □ [ˈʌnˈæpt] peu juste; mal approprié; inapte (à, *for*), peu disposé (à *inf.*, *to inf.*); *be* ~ *to* (*inf.*) avoir beaucoup de mal à (*inf.*).

un·a·shamed □ [ˈʌnəˈʃeimd; *adv.* ~midli] sans honte *ou* pudeur.

un·asked [ˈʌnˈɑːskt] non invité; spontané(ment *adv.*).

un·as·sail·a·ble □ [ʌnəˈseiləbl] inattaquable; irréfutable.

un·as·sist·ed □ [ˈʌnəˈsistid] tout seul, sans aide.

un·as·sum·ing [ˈʌnəˈsjuːmiŋ] sans prétentions; modeste.

un·at·tached [ˈʌnəˈtætʃt] non attaché; indépendant (de, *to*); *univ.* qui ne dépend d'aucun collège; ⚔ en disponibilité; isolé; ⚖ sans propriétaire.

un·at·tain·a·ble □ [ˈʌnəˈteinəbl] inaccessible (de, *by*).

un·at·tend·ed [ˈʌnəˈtendid] seul; sans escorte; dépourvu (de, *by*); (*usu.* ~ *to*) négligé.

un·at·trac·tive □ [ˈʌnəˈtræktiv] peu attrayant; peu sympathique (*personne*).

un·au·thor·ized [ˈʌnˈɔːθəraizd] sans autorisation; illicite; *admin.* sans mandat.

un·a·vail·a·ble [ˈʌnəˈveiləbl] non disponible; inutilisable; ˈ**un·aˈvail·ing** □ vain; inutile.

un·a·void·a·ble □ [ˈʌnəˈvɔidəbl] inévitable.

un·a·ware [ˈʌnəˈwɛə] ignorant; *be* ~ ignorer (qch., *of s.th.*; que, *that*); ˈ**un·aˈwares** au dépourvu; sans s'en rendre compte.

un·backed [ˈʌnˈbækt] *fig.* sans appui; non endossé (*a.* ✝); *turf*: sur lequel personne n'a parié.

un·bal·ance [ˈʌnˈbæləns] défaut *m* d'équilibrage; balourd *m*; ˈ**unˈbal·anced** mal équilibré (*a. fig.*); ⊕ non compensé; ✝ non soldé; *phys.* en équilibre instable.

un·bap·tized [ˈʌnbæpˈtaizd] non baptisé.

un·bar [ˈʌnˈbɑː] débarrer, *fig.* ouvrir; dessaisir (*un sabord*).

un·bear·a·ble □ [ʌnˈbɛərəbl] insupportable, intolérable.

un·beat·en [ˈʌnˈbiːtn] invaincu; non frayé (*chemin*).

un·be·com·ing □ [ˈʌnbiˈkʌmiŋ] peu seyant (*robe*); peu convenable; déplacé (chez *q. of, to, for*).

un·be·friend·ed [ˈʌnbiˈfrendid] sans amis; délaissé.

un·be·known [ˈʌnbiˈnoun] **1.** *adj.* inconnu (de, *to*); **2.** *adv.* à l'insu (de q., *to s.o.*).

un·be·lief [ˈʌnbiˈliːf] incrédulité *f*; *eccl.* incroyance *f*; **un·beˈliev·a·ble** □ incroyable; ˈ**un·beˈliev·er** incrédule *mf*; *eccl.* incroyant(e *f*) *m*; ˈ**un·beˈliev·ing** □ incrédule.

un·be·loved [ˈʌnbiˈlʌvd] peu aimé.

un·bend [ˈʌnˈbend] [*irr.* (*bend*)] *v/t.* détendre (*a. fig.*); redresser (*q.*, *a.* ⊕); *v/i.* se détendre; *fig.* se déraidir; se détordre (*ressort*); se redresser; se déplier (*jambe*); ˈ**unˈbend·ing** □ inflexible; *fig. a.* raide.

un·bi·as(s)ed □ [ˈʌnˈbaiəst] *fig.* impartial (-aux *m/pl.*), sans parti pris.

un·bid, un·bid·den [ˈʌnˈbid(n)] non invité; spontané.

un·bind [ˈʌnˈbaind] [*irr.* (*bind*)] dénouer (*les cheveux*); délier (*a. fig.*).

un·bleached *tex.* [ˈʌnˈbliːtʃt] écru.

un·blem·ished [ʌnˈblemiʃt] sans tache (*a. fig.*).

un·blush·ing □ [ʌnˈblʌʃiŋ] qui ne rougit pas; sans vergogne.

unbolt   1192

un·bolt [ˈʌnˈboult] déverrouiller; dévisser (*un rail etc.*); **'un'bolt·ed** déverrouillé; ⊕ déboulonné; dévissé (*rail*); non bluté (*farine*).

un·born [ˈʌnˈbɔːn] à naître; qui n'est pas encore né; *fig.* futur.

un·bos·om [ʌnˈbuzm] révéler; ~ o.s. ouvrir son cœur (à q., *to* s.o.).

un·bound [ˈʌnˈbaund] délié; dénoué (*cheveux*); broché (*livre*).

un·bound·ed □ [ˈʌnˈbaundid] sans bornes; illimité; démesuré (*ambition etc.*).

un·bowed [ˈʌnˈbaud] invaincu.

un·brace [ˈʌnˈbreis] défaire; détendre (*les nerfs*); énerver (*q.*).

un·break·a·ble [ˈʌnˈbreikəbl] incassable.

un·bri·dled [ʌnˈbraidld] débridé (*a. fig.*); sans bride; *fig.* déchaîné.

un·bro·ken [ˈʌnˈbroukn] intact; non brisé; inviolé; imbattu (*record*); non dressé (*cheval*); *fig.* insoumis.

un·buck·le [ˈʌnˈbʌkl] déboucler.

un·bur·den [ˈʌnˈbəːdn] décharger; *fig.* alléger; ~ o.s. (*ou one's heart*) se délester (le cœur).

un·bur·ied [ˈʌnˈberid] déterré; sans sépulture.

un·busi·ness·like [ˈʌnˈbiznislaik] peu commerçant; *fig.* irrégulier (-ère *f*).

un·but·ton [ˈʌnˈbʌtn] déboutonner.

un·called [ʌnˈkɔːld] non appelé (*a.* ✝); **un'called-for** injustifié; déplacé (*remarque*); spontané.

un·can·ny □ [ʌnˈkæni] sinistre; mystérieux (-euse *f*).

un·cared-for [ˈʌnˈkɛədfɔː] mal *ou* peu soigné; abandonné; négligé (*air*).

un·ceas·ing □ [ʌnˈsiːsiŋ] incessant; continu; soutenu.

un·cer·e·mo·ni·ous □ [ˈʌnserimounjəs] peu cérémonieux (-euse *f*); sans gêne (*personne*).

un·cer·tain □ [ʌnˈsəːtn] incertain; douteux (-euse *f*); irrésolu; peu sûr; *be* ~ *ne pas savoir au juste* (*si, whether*); **un'cer·tain·ty** incertitude *f*. [donner libre cours à.]

un·chain [ʌnˈtʃein] déchaîner; *fig.*

un·chal·lenge·a·ble [ʌnˈtʃælindʒəbl] incontestable; **un'chal·lenged** incontesté.

un·change·a·ble □ [ʌnˈtʃeindʒəbl], **un'chang·ing** □ immuable, invariable; éternel(le *f*).

un·char·i·ta·ble □ [ʌnˈtʃæritəbl] peu charitable.

un·chaste □ [ˈʌnˈtʃeist] impudique; **un·chas·ti·ty** [ˈʌnˈtʃæstiti] impudicité *f*; infidélité *f* (*d'une femme*).

un·checked [ˈʌnˈtʃekt] libre (*ment adv.*); ✝ non vérifié.

un·chris·tian □ [ˈʌnˈkristjən] peu chrétien(ne *f*); païen(ne *f*).

un·civ·il □ [ˈʌnˈsivl] impoli; **un'civ·i·lized** [~vilaizd] barbare, incivilisé.

un·claimed [ˈʌnˈkleimd] non réclamé; épave (*chien etc.*); de rebut (*lettre*).

un·clasp [ˈʌnˈklɑːsp] défaire, dégrafer; (se) desserrer (*poing*); laisser échapper.

un·clas·si·fied [ˈʌnˈklæsifaid] non classé; non secret (-ète) (*information*).

un·cle [ˈʌŋkl] oncle *m*; *sl.* *at my* ~'s chez ma tante, au clou.

un·clean □ [ˈʌnˈkliːn] sale; *fig.*, *eccl.* immonde, impur.

un·clench [ˈʌnˈklentʃ] (se) serrer.

un·cloak [ˈʌnˈklouk] ôter le manteau de; *fig.* dévoiler.

un·close [ˈʌnˈklouz] (s')ouvrir.

un·clothe [ˈʌnˈklouð] (se) déshabiller. [nuage; clair (*a. fig.*).]

un·cloud·ed [ˈʌnˈklaudid] sans]

un·coil [ˈʌnˈkɔil] (se) dérouler.

un·col·lect·ed [ˈʌnkəˈlektid] non recueilli; *fig.* confus.

un·col·o(u)red [ˈʌnˈkʌləd] non coloré; incolore; *fig.* non influencé.

un·come·ly [ˈʌnˈkʌmli] peu gracieux (-euse *f*).

un·com·fort·a·ble □ [ʌnˈkʌmfətəbl] peu confortable; désagréable; peu à son aise (*personne*).

un·com·mon □ [ʌnˈkɔmən] (*a. F adv.*) peu commun; singulier (-ère *f*); rare.

un·com·mu·ni·ca·tive [ˈʌnkəˈmjuːnikeitiv] réservé, taciturne; peu communicatif (-ive *f*).

un·com·plain·ing □ [ˈʌnkəmˈpleiniŋ] patient; sans plainte; **un·com·plain·ing·ness** patience *f*, résignation *f*.

un·com·pro·mis·ing □ [ˈʌnˈkɔmprəmaiziŋ] intransigeant; sans compromis; *fig.* raide; absolu.

un·con·cern [ˈʌnkənˈsəːn] indifférence *f*; insouciance *f*; **'un·con·**

'cerned □ [adv. ˌidli] insouciant; indifférent (à, about); étranger (-ère f) (à with, in).

un·con·di·tion·al □ ['ʌnkən'diʃnl] absolu; sans réserve.

un·con·fined □ ['ʌnkən'faind] illimité, sans bornes; libre.

un·con·firmed ['ʌnkən'fə:md] non confirmé ou avéré; eccl. qui n'a pas reçu la confirmation.

un·con·gen·ial ['ʌnkən'dʒi:njəl] peu agréable; peu favorable; peu sympathique (personne).

un·con·nect·ed □ ['ʌnkə'nektid] sans lien ou rapport; décousu (idées).

un·con·quer·a·ble □ ['ʌn'kɔŋkə-rəbl] invincible; fig. insurmontable.

un·con·sci·en·tious □ ['ʌnkɔnʃi-'enʃəs] peu consciencieux (-euse f).

un·con·scion·a·ble □ ['ʌn'kɔnʃə-nəbl] peu scrupuleux (-euse f); déraisonnable (a. fig.); exorbitant.

un·con·scious □ [ʌn'kɔnʃəs] 1. inconscient; sans connaissance (= évanoui); be ∼ of ne pas avoir conscience de; 2. psych. the ∼ l'inconscient m; un'con·scious·ness inconscience f; évanouissement m.

un·con·sid·ered [ʌn'kɔn'sidəd] irréfléchi, inconsidéré; sans valeur.

un·con·sti·tu·tion·al □ ['ʌnkɔnsti-'tju:ʃənl] in-, anticonstitutionnel(le f).

un·con·strained □ ['ʌnkən'streind] sans contrainte; aisé.

un·con·test·ed □ ['ʌnkən'testid] incontesté; pol. qui n'est pas disputé.

un·con·tra·dict·ed ['ʌnkɔntrə'dik-tid] non contredit.

un·con·trol·la·ble □ [ʌnkən'troul-əbl] ingouvernable; irrésistible; absolu.

un·con·ven·tion·al □ ['ʌnkən-'venʃnl] qui va à l'encontre des conventions; original (-aux m/pl.).

un·con·vert·ed ['ʌnkən'vɜːtid] inconverti (a. eccl.); ✝ a. non converti.

un·con·vinced ['ʌnkən'vinst] sceptique (à l'égard de, of).

un·cork [ʌn'kɔːk] déboucher.

un·cor·rupt·ed □ ['ʌnkə'rʌptid] intègre; incorrompu. [comptable.)

un·count·a·ble ['ʌn'kauntəbl] in-)

un·cou·ple ['ʌn'kʌpl] découpler.

un·couth □ [ʌn'ku:θ] grossier (-ère f), rude; gauche, agreste.

un·cov·er [ʌn'kʌvə] découvrir (✗, a. une partie du corps); démasquer.

un·crit·i·cal □ ['ʌn'kritikl] sans discernement; peu difficile.

un·crowned ['ʌn'kraund] non couronné; découronné.

un·crush·a·ble tex. [ʌn'krʌʃəbl] infroissable.

unc·tion ['ʌŋkʃn] onction f (a. fig.); poét. onguent m; eccl. extreme ∼ extrême-onction f; unc·tu·ous □ ['ʌŋktjuəs] onctueux (-euse f) (a. fig.); graisseux (-euse f); péj. patelin.

un·cul·ti·vat·ed ['ʌn'kʌltiveitid] inculte; en friche (terre); fig. sans culture; ⚘ à l'état sauvage.

un·cured ['ʌn'kjuəd] ✗ non guéri; cuis. frais (hareng).

un·curl ['ʌn'kə:l] (se) défriser (cheveux); (se) dérouler.

un·cut ['ʌn'kʌt] intact; sur pied (blé etc.); non coupé (haie, livre); non rogné (livre).

un·dam·aged ['ʌn'dæmidʒd] en bon état.

un·damped ['ʌn'dæmpt] sec (sèche f); fig. non découragé.

un·dat·ed ['ʌn'deitid] sans date.

un·daunt·ed □ [ʌn'dɔ:ntid] intrépide; non intimidé.

un·de·ceive ['ʌndi'si:v] désabuser (de, of); dessiller les yeux à (q.).

un·de·cid·ed □ ['ʌndi'saidid] indécis.

un·de·ci·pher·a·ble ['ʌndi'saifə-rəbl] indéchiffrable.

un·de·fend·ed ['ʌndi'fendid] sans protection.

un·de·filed ['ʌndi'faild] sans tache, pur.

un·de·fined □ ['ʌndi'faind; adv. ˌnidli] non défini; vague.

un·de·mon·stra·tive □ ['ʌndi'mɔn-strətiv] réservé.

un·de·ni·a·ble □ ['ʌndi'naiəbl] incontestable; qu'on ne peut nier.

un·de·nom·i·na·tion·al □ ['ʌndi-nɔmi'neiʃnl] non confessionnel(le f); laïque (école).

un·der ['ʌndə] 1. adv. (au-)dessous; en ou dans la soumission; 2. prp. sous; au-dessous de; from ∼ de sous; de dessous; ∼ sentence of condamné à; 3. mots composés: trop peu; insuffisamment; inférieur; sous-; '∼·'age mineur; de mineurs; '∼·bid [irr. (bid)] demander moins cher que; '∼**bred** mal élevé; qui n'a pas de race (*cheval*); '∼**brush** broussailles *f/pl.*; sousbois *m*; '∼**car·riage**, '∼**cart** ⚔ train *m* d'atterrissage; '∼**cloth·ing** linge *m* de corps; lingerie *f* (*pour dames*); '∼**cur·rent** courant *m* de fond *ou* sous-marin; *fig.* fond *m*; '∼**cut** [*irr.* (*cut*)] vendre moins cher que; '∼**de'vel·oped** sous-développé; '∼**dog** perdant *m*; *fig.* the ∼(*s pl.*) les opprimés *m/pl.*; '∼**done** pas assez cuit; saignant (*viande*); '∼**dress** (s')habiller trop simplement; '∼**em'ploy·ment** sous-emploi *m*; '∼**es·ti·mate** sous-estimer; '∼**ex'pose** sous-exposer; '∼**fed** mal nourri; '∼**feed·ing** sous-alimentation *f*; '∼**felt** assise *f* de feutre; '∼**foot** sous les pieds; '∼**gar·ments** *pl.* sous-vêtements *m/pl.*; '∼**go** [*irr.* (*go*)] subir; supporter; ∼**grad·u·ate** *univ.* étudiant(e *f*) *m*; '∼**ground** 1. souterrain; sous terre; ∼ *engineering* construction *f* souterraine; ∼ *mouvement* mouvement *m* clandestin; ✗ résistance *f*; ∼ *water* eaux *f/pl.* souterraines; ∼ *railway* = 2. métro *m*; chemin *m* de fer souterrain; '∼**growth** broussailles *f/pl.*; '∼**hand** clandestin; sournois (*a. personne*); ∼ *service tennis*: service *m* par en dessous; '∼**hung** 🐕 prognathe; coulissant (*porte*); '∼**lay** 1. [*irr.* (*lay*)]: ∼ *s.th. with s.th.* mettre qch. sous qch.; 2. ['ʌndə'lei] assise *f* de feutre; *géol.* inclinaison *f*; '∼**let** [*irr.* (*let*)] sous-louer; louer à trop bas prix; ♣ sous-fréter; '∼**lie** [*irr.* (*lie*)] être en dessous *ou* au-dessous *ou fig.* à la base de; '∼**line** 1. ['ʌndə'lain] souligner; 2. ['ʌndəlain] légende *f* (*d'une illustration*).

un·der·ling ['ʌndəliŋ] subordonné (-e *f*) *m*; sous-ordre *m*; **un·der·manned** ['∼'mænd] à court de personnel *ou* ♣ d'équipage; '**un·der·'men·tioned** (cité) ci-dessous; **un·der'mine** miner, saper (*a. fig.*); '**un·der·most** 1. *adj.* le (la) plus bas(se *f*); le plus en dessous; 2. *adv.* en dessous; **un·der·neath** [∼'ni:θ] 1. *prp.* au-dessous de, sous; 2. *adv.* au-dessous; par-dessous.

under...: '∼**nour·ished** mal nourri; '∼**pants** *pl.* (*a pair of* ∼ un) caleçon *ou* slip; '∼**pass** *Am.* passage *m* souterrain; '∼**pay** [*irr.* (*pay*)] rétribuer

mal; ∼**pin** ⊕ étayer (*un mur*); *fig.* soutenir; ∼**pin·ning** ⊕ étayage *m*; étais *m/pl.*; soutènement *m*; '∼**plot** minimiser; ∼ *one's hand* dissimuler ses intentions, cacher son jeu; '∼**plot** intrigue *f* secondaire; '∼**print** *phot.* tirer (*une épreuve*) trop claire; '∼**priv·i·leged** déshérité (*a. su.*); ∼**rate** sous-estimer; mésestimer; ∼**score** souligner; '∼**'sec·re·tar·y** sous-secrétaire *m/f*; '∼**sell** ✝ [*irr.*(*sell*)] vendre moins cher que (*q.*); vendre (*qch.*) au-dessous de sa valeur; '∼**shot** en dessous, à plus (*roue*); ∼**signed** soussigné(e *f*) *m*; '∼**sized** trop petit; rabougri; '∼**slung** *mot.* à châssis surbaissé; '∼**staffed** à court de personnel; '∼**stand** [*irr.* (*stand*)] comprendre (*a. fig.*); s'entendre à; se rendre compte de; *gramm.* sous-entendre (*fig. a.* écouter bien; *make o.s. understood* se faire comprendre; *it is understood that* il est (bien) entendu que; *that is understood* cela va sans dire; *an understood thing* chose *f* convenue; '∼**stand·a·ble** compréhensible; ∼**stand·ing** 1. entendement *m*, compréhension *f*; entente *f*, accord *m*; *on the* ∼ *that* à condition que; intelligent; '∼**state** rester au-dessous de la vérité; amoindrir (*les faits*); '∼**state·ment** affirmation *f* qui reste au-dessous de la vérité; amoindrissement *m* (*des faits*).

under...: '∼**strap·per** *see underling*; '∼**stud·y** *théâ.* 1. doublure *f*; 2. doubler; ∼**take** [*irr.* (*take*)] entreprendre; se charger de; ∼ *that* F promettre que; '∼**tak·er** entrepreneur *m* de pompes funèbres; ∼'**tak·ing** ['ʌndə'teikiŋ] entreprise *f* (*a.* ✝); promesse *f*; '∼**tak·ing** ['ʌndə'teikiŋ] entreprise *f* de pompes funèbres; '∼'**ten·ant** sous-locataire *m/f*; '∼**the·coun·ter** clandestin(ement); '∼**tone** *fig.* fond *m*; *in an* ∼ à demi-voix, à voix basse; '∼**val·ue** sous-estimer; mésestimer; '∼**wear** linge *m* de corps; lingerie *f* (*pour dames*); '∼**weight** manque *m* de poids; '∼**wood** broussailles *f/pl.*; sous-bois *m*; '∼**world** les enfers *m/pl.*; les basfonds *m/pl.* de la société; '∼**write** ✝ [*irr.*(*write*)] souscrire (*une émission, un risque*); garantir; '∼**writ·er** assureur *m*; membre *d'un* syndicat de garantie.

un·de·served □ ['ʌndi'zəːvd; *adv.* ~vidli] immérité; injuste; **'un·de·'serv·ing** peu méritoire; sans mérite (*personne*).

un·de·signed □ ['ʌndi'zaind; *adv.* ~nidli] imprévu; involontaire.

un·de·sir·a·ble □ ['ʌndi'zaiərəbl] peu désirable, indésirable (*a. su./mf.*).

un·de·terred ['ʌndi'təːd] aucunement découragé.

un·de·vel·oped ['ʌndi'veləpt] non développé; inexploité (*terrain*).

un·de·vi·a·ting □ [ʌn'diːvieitiŋ] constant; droit.

un·di·gest·ed ['ʌndi'dʒestid] mal digéré.

un·dig·ni·fied □ [ʌn'dignifaid] qui manque de dignité; peu digne.

un·dis·cerned ['ʌndi'səːnd] inaperçu; **'un·dis·'cern·ing** sans discernement.

un·dis·charged ['ʌndis'tʃɑːdʒd] inaccompli (*tâche etc.*); inacquité (*dette*); non réhabilité (*failli*).

un·dis·ci·plined [ʌn'disiplind] indiscipliné.

un·dis·crim·i·nat·ing □ ['ʌndis-'krimineitiŋ] sans discernement.

un·dis·guised □ ['ʌndis'gaizd] non déguisé; franc(he *f*).

un·dis·posed ['ʌndis'pouzd] peu disposé (*a, to*); (*usu.* ~*of*) qui reste; † non vendu.

un·dis·put·ed □ ['ʌndis'pjuːtid] incontesté.

un·dis·turbed □ ['ʌndis'təːbd] tranquille; calme; non dérangé.

un·di·vid·ed □ ['ʌndi'vaidid] indivisé; non partagé; tout.

un·do ['ʌn'duː] [*irr.* (do)] défaire (= *ouvrir*); dénouer; annuler; réparer (*un mal*); † ruiner; † tuer; **'un·'do·ing** action *f* de défaire *etc.*; ruine *f*, perte *f*; **un·done** ['ʌn'dʌn] défait *etc.*; inachevé; non accompli; he is ~ c'en est fait de lui; come ~ se défaire. [table; incontestable.)

un·doubt·ed □ [ʌn'dautid] indubi-⌋

un·dreamt-of [ʌn'dremtɔv] inattendu; inimaginé.

un·dress ['ʌn'dres] **1.** (se) déshabiller *ou* dévêtir; **2.** déshabillé *m*, négligé *m*; ✕ petite tenue *f*; **'un·'dressed** déshabillé; en déshabillé; brut (*pierre*); inapprêté (*cuir etc.*); non pansé (*blessure*); *cuis.* non garni *ou* habillé.

un·due [ʌn'djuː] (*adv.* unduly) inexigible; † non échu; injuste; exagéré; illégitime.

un·du·late ['ʌndjuleit] *vt/i.* onduler; *v/i.* ondoyer; **'un·du·lat·ing** □ ondulé; vallonné (*terrain*); ondoyant (*blé*); **un·du·la·tion** ondulation *f*; pli *m* de terrain; **un·du·la·to·ry** ['~lətəri] ondulatoire; ondulé.

un·dy·ing □ [ʌn'daiiŋ] immortel(le *f*); éternel(le *f*).

un·earned [ʌn'əːnd] immérité; ~ income rente *f*, ~s *f/pl.*

un·earth [ʌn'əːθ] déterrer; *chasse:* faire sortir de son trou; *fig.* découvrir, F dénicher; **un·earth·ly** sublime; surnaturel(le *f*); F abominable.

un·eas·i·ness [ʌn'iːzinis] gêne *f*; inquiétude *f*; malaise *m*; **un·eas·y** □ gêné; mal à l'aise; inquiet (-ète *f*) (au sujet de, about).

un·eat·a·ble [ʌn'iːtəbl] immangeable.

un·e·co·nom·ic, un·e·co·nom·i·cal □ ['ʌniːkə'nɔmik(l)] non économique; non rémunérateur (-trice *f*) (*travail etc.*).

un·ed·u·cat·ed [ʌn'edjukeitid] sans éducation; ignorant; vulgaire (*langage*).

un·em·bar·rassed ['ʌnim'bærəst] peu gêné, désinvolte.

un·e·mo·tion·al □ ['ʌni'mouʃnl] peu émotif (-ive *f*); peu impressionnable.

un·em·ployed ['ʌnim'plɔid] **1.** désœuvré, inoccupé; sans travail; ✕ en non-activité; † inemployé; **2.**: the ~ *pl.* les chômeurs *m/pl.*; Welfare Work for the ♀ assistance *f* sociale contre le chômage; **'un·em'ploy·ment** chômage *m*; manque *m* de travail; ~ benefit secours *m* de chômage; allocation *f* de chômage.

un·end·ing □ [ʌn'endiŋ] sans fin; interminable; éternel(le *f*).

un·en·dur·a·ble [ʌnin'djuərəbl] insupportable.

un·en·gaged ['ʌnin'geidʒd] libre; disponible; non fiancé.

un-English [ʌn'iŋgliʃ] peu anglais.

un·en·light·ened *fig.* ['ʌnin'laitnd] non éclairé.

un·en·ter·pris·ing ['ʌn'entəpraiziŋ] peu entreprenant.

un·en·vi·a·ble ☐ [ˈʌnˈenviəbl] peu enviable.

un·e·qual ☐ [ˈʌnˈiːkwəl] inégal (-aux *m/pl.*); irrégulier (-ère *f*); ~ to au-dessous de; be ~ to (*inf.*) ne pas être de taille à (*inf.*); **'un·e·qual(l)ed** sans égal (-aux *m/pl.*); sans pareil(le *f*).

un·e·qui·vo·cal ☐ [ˈʌniˈkwivəkl] clair; franc(he *f*); sans équivoque.

un·err·ing ☐ [ˈʌnˈəːriŋ] infaillible.

un·es·sen·tial ☐ [ˈʌniˈsenʃl] non essentiel(le *f*); accessoire.

un·e·ven ☐ [ˈʌnˈiːvn] inégal (-aux *m/pl.*) (*a.* humeur, souffle); accidenté (*terrain*); raboteux (-euse *f*) (*chemin*); rugueux (-euse *f*); impair (*nombre*); irrégulier (-ère *f*).

un·e·vent·ful ☐ [ˈʌniˈventful] calme; sans incidents.

un·ex·am·pled [ˈʌnigˈzɑːmpld] unique; sans pareil(le *f*).

un·ex·cep·tion·a·ble ☐ [ˈʌnikˈsepʃənəbl] irréprochable; irrécusable (*témoignage*).

un·ex·cep·tion·al [ˈʌnikˈsepʃənl] ordinaire, banal (-als *m/pl.*), qui ne sort pas de l'ordinaire.

un·ex·pect·ed ☐ [ˈʌniksˈpektid] imprévu; inattendu.

un·ex·plored [ˈʌniksˈplɔːd] encore inconnu; ⚓ insondé.

un·ex·posed *phot.* [ˈʌniksˈpouzd] vierge.

un·ex·pressed [ˈʌniksˈprest] inexprimé; sousentendu (*a. gramm.*).

un·fad·ing ☐ [ʌnˈfeidiŋ] bon teint *inv.*; *fig.* impérissable.

un·fail·ing ☐ [ʌnˈfeiliŋ] sûr, infaillible; qui ne se dément jamais; inépuisable.

un·fair ☐ [ˈʌnˈfɛə] inéquitable; injuste, partial (-aux *m/pl.*) (*personne*); déloyal (-aux *m/pl.*) (*jeu etc.*); **'un·fair·ness** injustice *f*; partialité *f*; déloyauté *f*.

un·faith·ful ☐ [ˈʌnˈfeiθful] infidèle; inexact; déloyal (-aux *m/pl.*) (envers, to); **'un·faith·ful·ness** infidélité *f*. [me; assuré.]

un·fal·ter·ing ☐ [ʌnˈfɔːltəriŋ] fer-]

un·fa·mil·iar [ˈʌnfəˈmiljə] étranger (-ère *f*); peu connu *ou* familier (-ère *f*).

un·fash·ion·a·ble ☐ [ˈʌnˈfæʃnəbl] démodé.

un·fas·ten [ˈʌnˈfɑːsn] délier; détacher; ouvrir; défaire.

un·fath·om·a·ble ☐ [ʌnˈfæðəməbl] insondable.

un·fa·vo(u)r·a·ble ☐ [ˈʌnˈfeivərəbl] défavorable.

un·feel·ing ☐ [ʌnˈfiːliŋ] insensible.

un·feigned ☐ [ʌnˈfeind]; *adv.* ~nidli] sincère, réel(le *f*), vrai.

un·felt [ˈʌnˈfelt] insensible.

un·fer·ment·ed [ˈʌnfəːˈmentid] non fermenté.

un·fet·ter [ˈʌnˈfetə] désenchaîner; briser les fers de; *fig.* affranchir.

un·fil·i·al [ˈʌnˈfiljəl] indigne d'un fils.

un·fin·ished [ˈʌnˈfiniʃt] inachevé; imparfait; ⊕ brut.

un·fit 1. ☐ [ˈʌnˈfit] peu propre, qui ne convient pas (à *inf.*, to *inf.*, à qch., for *s.th.*); inapte (à, for); **2.** [ʌnˈfit] rendre inapte *ou* impropre (à, for); **'un·fit·ness** inaptitude *f*; mauvaise santé *f*; **un·fit·ted** (to, for) impropre (à); incapable (de); indigne (de).

un·fix [ˈʌnˈfiks] (se) détacher, défaire; **un·fixed** mobile; instable (*personne*); flottant; *phot.* non fixé.

un·flag·ging ☐ [ʌnˈflægiŋ] infatigable; soutenu (*intérêt*).

un·flat·ter·ing ☐ [ʌnˈflætəriŋ] peu flatteur (-euse *f*) (*pour*, to).

un·fledged [ˈʌnˈfledʒd] sans plumes; *fig.* sans expérience.

un·flinch·ing ☐ [ʌnˈflintʃiŋ] ferme, qui ne bronche pas; stoïque; impassible.

un·fold [ˈʌnˈfould] (se) déployer; (se) dérouler; *v/t.* [~'fould] révéler; développer.

un·forced ☐ [ˈʌnˈfɔːst]; *adv.* ~sidli] libre; volontaire; naturel(le *f*).

un·fore·see·a·ble [ˈʌnfɔːˈsiːəbl] imprévisible.

un·fore·seen [ˈʌnfɔːˈsiːn] imprévu, inattendu.

un·for·get·ta·ble ☐ [ˈʌnfəˈgetəbl] inoubliable.

un·for·giv·a·ble [ˈʌnfəˈgivəbl] impardonnable; **un·for·giv·ing** implacable; rancunier (-ère *f*).

un·for·got·ten [ˈʌnfəˈgɔtn] inoublié.

un·for·ti·fied [ˈʌnˈfɔːtifaid] sans défenses; ouvert (*ville etc.*).

un·for·tu·nate [ʌnˈfɔːtʃənit] **1.** ☐ malheureux (-euse *f*) (*a. su.*); défavorable; ~ly malheureusement, par malheur.

un·found·ed □ ['ʌn'faundid] sans fondement; gratuit; non fondé.

un·fre·quent·ed ['ʌnfri'kwentid] peu fréquenté.

un·friend·ly ['ʌn'frendli] inamical (-aux *m/pl.*); hostile.

un·fruit·ful □ ['ʌn'fru:tful] infécond (*arbre*); improductif (-ive *f*).

un·ful·filled ['ʌnful'fild] inaccompli; inassouvi (*désir*); inexaucé (*vœu*).

un·furl [ʌn'fə:l] (se) déferler (*voile, drapeau*); (se) dérouler; (se) déplier.

un·fur·nished ['ʌn'fə:niʃt] dégarni; dépourvu (de, *with*); non meublé (*appartement etc.*).

un·gain·li·ness [ʌn'geinlinis] gaucherie *f*; air *m* gauche; **un'gain·ly** gauche; dégingandé (*marche*).

un·gear ⊕ ['ʌn'giə] débrayer.

un·gen·er·ous □ ['ʌn'dʒenərəs] peu généreux (-euse *f*); ingrat (*sol*).

un·gen·tle □ ['ʌn'dʒentl] rude, dur.

un·gen·tle·man·ly [ʌn'dʒentlmənli] mal élevé; impoli.

un·glazed ['ʌn'gleizd] sans vitres; non glacé (*papier*).

un·gloved ['ʌn'glʌvd] déganté.

un·god·li·ness [ʌn'gɔdlinis] impiété *f*; disgracieux (-euse *f*).

un·gov·ern·a·ble □ ['ʌn'gʌvənəbl] irrésistible; effréné; ingouvernable (*enfant, pays*); **'un'gov·erned** effréné; sans gouvernement (*pays, peuple*); désordonné.

un·grace·ful □ ['ʌn'greisful] gauche; disgracieux (-euse *f*).

un·gra·cious □ ['ʌn'greiʃəs] désagréable; peu aimable (*personne*); peu cordial (-aux *m/pl.*) (*accueil etc.*).

un·grate·ful □ [ʌn'greitful] ingrat; peu reconnaissant.

un·ground·ed ['ʌn'graundid] sans fondement; ∉ non (relié) à la terre.

un·grudg·ing □ ['ʌn'grʌdʒiŋ] accordé de bon cœur; généreux (-euse *f*).   [(-aux *m/pl.*); ongulé*.*

un·gual *anat.* ['ʌŋgwəl] unguéal*f*

un·guard·ed □ ['ʌn'gɑ:did] non gardé; sans garde; sans défense (*ville*); ⊕ sans dispositif protecteur; *fig.* imprudent.

un·guent ['ʌŋgwənt] onguent *m.*

un·guid·ed □ ['ʌn'gaidid] sans guide.

un·gu·late ['ʌŋgjuleit] (*ou* ∼ *animal*) ongulé *m.*

un·hal·lowed [ʌn'hæloud] profane; imbéni; *fig.* impie.

un·ham·pered ['ʌn'hæmpəd] libre.

un·hand·some □ [ʌn'hænsəm] laid (*action*); vilain.

un·hand·y [ʌn'hændi] incommode; maladroit, gauche (*personne*).

un·hap·pi·ness [ʌn'hæpinis] chagrin *m*; inopportunité *f*; **un'hap·py** □ triste, malheureux (-euse *f*); *fig.* peu heureux (-euse *f*).

un·harmed ['ʌn'hɑ:md] sain et sauf (-ve *f*).

un·har·ness ['ʌn'hɑ:nis] dételer.

un·health·y □ [ʌn'helθi] malsain (*a. fig.*); maladif (-ive *f*) (*personne*).

un·heard ['ʌn'hə:d] non entendu; ∼·of [ʌn'hə:dɔv] inouï; inconnu.

un·heed·ed ['ʌn'hi:did] négligé; inaperçu.

un·hes·i·tat·ing □ [ʌn'heziteitiŋ] ferme, résolu; prompt.

un·hinge [ʌn'hindʒ] enlever (*une porte*) de ses gonds; *fig.* déranger, détraquer.

un·his·tor·i·cal □ ['ʌnhis'tɔrikl] contraire à l'histoire; légendaire.

un·ho·ly [ʌn'houli] profane; impie (*personne*); F invraisemblable.

un·hon·o(u)red ['ʌn'ɔnəd] qui n'est pas honoré; dédaigné; † impayé (*chèque etc.*).

un·hook ['ʌn'huk] (se) décrocher; (se) dégrafer.

un·hoped-for [ʌn'houptfɔ:] inespéré; inattendu; **un'hope·ful** [∼ful] peu optimiste; désespérant.

un·horse ['ʌn'hɔ:s] désarçonner; dételer (*une voiture*).

un·house ['ʌn'hauz] déloger; laisser sans abri.

un·hurt ['ʌn'hə:t] intact; sans blessure (*personne*); indemne.

u·ni·corn ['ju:nikɔ:n] licorne *f.*

un·i·den·ti·fied ['ʌnai'dentifaid] non identifié; ∼ *flying object* objet *m* volant non identifié.

u·ni·fi·ca·tion [ju:nifi'keiʃn] unification *f.*

u·ni·form ['ju:nifɔ:m] **1.** □ uniforme; constant; ∼ *price* prix *m* unique; **2.** uniforme *m*; ✕ *a.* habit *m* d'ordonnance; **3.** vêtir d'un uniforme; ∼d en uniforme; **u·ni'form-**

i-ty uniformité *f*; régularité *f*; *eccl.* conformisme *m*.

u-ni-fy [ˈjuːnifai] unifier.

un-i-lat-er-al [ˈjuːniˈlætərəl] unilatéral (-aux *m/pl.*).

un-im-ag-i-na-ble ☐ [ʌniˈmædʒinəbl] inconcevable; **ˈun-imˈag-i-na-tive** [ˌ‿nətiv] prosaïque.

un-im-paired [ˈʌnimˈpɛəd] intact; non diminué; non affaibli.

un-im-peach-a-ble ☐ [ʌnimˈpiːtʃəbl] inattaquable; irréprochable (*conduite*).

un-im-por-tant ☐ [ˈʌnimˈpɔːtənt] sans importance; insignifiant.

un-im-proved [ˈʌnimˈpruːvd] non amélioré; ✓, *fig.* inculte.

un-in-flu-enced [ˈʌnˈinfluənst] libre de toute prévention; non influencé.

un-in-formed [ˈʌninˈfɔːmd] ignorant; non averti.

un-in-hab-it-a-ble [ˈʌninˈhæbitəbl] inhabitable; **ˈun-inˈhab-it-ed** inhabité; désert.

un-in-jured [ˈʌnˈindʒəd] intact; sain et sauf (-ve *f*) (*personne*); indemne.

un-in-struct-ed [ˈʌninˈstrʌktid] ignorant; sans instruction.

un-in-tel-li-gi-bil-i-ty [ˈʌnintelidʒə-ˈbiliti] inintelligibilité *f*; **ˈun-inˈtel-li-gi-ble** inintelligible.

un-in-ten-tion-al ☐ [ˈʌninˈtenʃənl] involontaire; non voulu.

un-in-ter-est-ing ☐ [ˈʌnˈintristiŋ] sans intérêt; peu intéressant.

un-in-ter-rupt-ed ☐ [ˈʌnintə-ˈrʌptid] ininterrompu; ~ *working-hours* heures *f/pl.* de travail d'affilée.

un-in-vit-ed [ˈʌninˈvaitid] sans être invité; intrus; **ˈun-inˈvit-ing** ☐ peu attrayant.

un-ion [ˈjuːnjən] union *f* (*a.* ⊕, *pol. etc.*); réunion *f*; *pol.* syndicat *m*; association *f*; asile *m* des pauvres; *fig.* concorde *f*; ⚙ soudure *f*; ⊕ raccord *m*; ⚩ *Jack* pavillon *m* britannique; ~ *member* syndiqué(e *f*) *m*; ~ *shop* atelier *m* d'ouvriers syndiqués; ~ *suit Am.* combinaison *f*; **ˈun-ion-ism** *pol. etc.* unionisme *m*; syndicalisme *m*; **ˈun-ion-ist** *pol. etc.* unioniste *mf*; syndiqué(e *f*) *m*; syndicaliste *mf*.

u-nique [juːˈniːk] **1.** ☐ unique; seul en son genre; **2.** chose *f* unique.

u-ni-son ♩, *a. fig.* [ˈjuːnizn] unisson

m; *in* ~ à l'unisson (de, *with*); *fig.* de concert (avec, *with*).

u-nit [ˈjuːnit] unité *f* (*a.* ✗, ♈, ⊺, *mesure*); élément *m*; ⊕ bloc *m*; **U-ni-tar-i-an** [juːniˈtɛəriən] **1.** unita(i)rien(ne *f*) *m*; unitaire *mf*; **2.** = **u-ni-tar-y** [ˈ‿təri] unitaire.

u-nite [juːˈnait] (s')unir; (se)réunir; (se) joindre (à, *with*); ⚩*d Kingdom* Royaume-Uni *m*; ⚩*d Nations Organisation* Organisation *f* des Nations Unies; ⚩*d States pl.* États-Unis *m/pl.* (d'Amérique); **u-ni-ty** [ˈ‿niti] unité *f*.

u-ni-ver-sal ☐ [juːniˈvəːsəl] universel(le *f*); ~ *legatee* légataire *m* universel; ⊕~ *joint* joint *m* brisé *ou* de cardan; ~ *language* langue *f* universelle; ⚩ *Postal Union Union f Postale Universelle*; ~ *suffrage* suffrage *m* universel; **u-ni-ver-sal-i-ty** [ˌ‿ˈsæliti] universalité *f*; **u-ni-verse** [ˈ‿vəːs] univers *m*; **u-ni-ver-si-ty** [ˌ‿ˈvəːsiti] université *f*.

un-just ☐ [ˈʌnˈdʒʌst] injuste (avec, envers, pour *to*); **un-jus-ti-fi-a-ble** ☐ [ʌnˈdʒʌstifaiəbl] injustifiable; inexcusable.

un-kempt [ˈʌnˈkempt] mal peigné; *fig.* mal *ou* peu soigné; mal tenu.

un-kind ☐ [ʌnˈkaind] dur, cruel (-le *f*); peu aimable.

un-know-ing ☐ [ʌnˈnouiŋ] ignorant; inconscient (de, *of*); **ˈun-ˈknown 1.** inconnu (de, à *to*); *adv.* ~ *to me* à mon insu; **2.** inconnu *m*; *personne*: inconnu(e *f*) *m*; ♈ inconnue *f*.

un-lace [ˈʌnˈleis] délacer, défaire.

un-lade [ˈʌnˈleid] [*irr.* (*lade*)] décharger (*a.* ⚓); *fig.* délester.

un-la-dy-like [ˈʌnˈleidilaik] peu distingué; vulgaire.

un-laid [ˈʌnˈleid] détordu (*câble*); non posé (*tapis*); non mis (*couvert*, *table*). [regretté.]

un-la-ment-ed [ˈʌnləˈmentid] non]

un-latch [ˈʌnˈlætʃ] lever le loquet de; ouvrir.

un-law-ful ☐ [ˈʌnˈlɔːful] illégal (-aux *m/pl.*); contraire à la loi; illicite; *p.ext.* illégitime.

un-learn [ˈʌnˈləːn] désapprendre; **ˈun-ˈlearn-ed** ☐ [ˌid] ignorant; illettré; peu versé (dans, *in*).

un-leash [ˈʌnˈliːʃ] découpler, lâcher; *fig.* déchaîner; détacher.

un·leav·ened ['ʌn'levnd] sans levain, azyme.

un·less [ən'les] **1.** *cj.* à moins que (*sbj.*); à moins de (*inf.*); si ... ne ... pas; **2.** *prp.* sauf, excepté.

un·let·tered ['ʌn'letəd] illettré; sans brevet.

un·li·censed ['ʌn'laisənst] non autorisé; sans brevet.

un·like □ ['ʌn'laik] différent (de q., [to] *s.o.*); dissemblable; à la différence de; **un'like·li·hood** improbabilité *f*; **un'like·ly** invraisemblable, improbable.

un·lim·it·ed [ʌn'limitid] illimité; sans bornes (*a. fig.*).

un·link ['ʌn'liŋk] défaire, détacher; ~ **hands** se lâcher.

un·load ['ʌn'loud] décharger (*un bateau, une voiture, une cargaison*; *a. une arme à feu*; *a. phot.*); ✝ se décharger de; *fig.* ~ **one's heart** épancher son cœur, se soulager.

un·lock ['ʌn'lɔk] ouvrir; tourner la clef dans; débloquer (*une roue*); *mot.* déverrouiller (*la direction*).

un·looked-for [ʌn'luktfɔː] imprévu; inattendu; (faire.)

un·loose(n) ['ʌn'luːs(n)] lâcher; dé-)

un·lov·a·ble ['ʌn'lʌvəbl] peu aimable *ou* sympathique; **'un'love·ly** sans charme; laid; **'un'lov·ing** □ froid; peu affectueux (-euse *f*).

un·luck·y □ [ʌn'lʌki] malheureux (-euse *f*).

un·make ['ʌn'meik] [*irr.* (make)] défaire (*qch., un roi, etc.*); perdre (*q.*), causer la ruine de (*q.*).

un·man ['ʌn'mæn] amollir (*une nation*); attendrir; *fig.* décourager. **un·man·age·a·ble** □ ['ʌn'mænidʒəbl] intraitable; indocile; difficile à manier; difficile à diriger (*entreprise*).

un·man·ly ['ʌn'mænli] efféminé; indigne d'un homme.

un·man·ner·ly [ʌn'mænəli] sans savoir-vivre; impoli, mal élevé.

un·mar·ried ['ʌn'mærid] célibataire; non marié.

un·mask ['ʌn'mɑːsk] (se) démasquer; *v/t. fig.* dévoiler.

un·matched ['ʌn'mætʃt] incomparable; désassorti.

un·mean·ing □ [ʌn'miːniŋ] vide de sens; **un·meant** ['ʌn'ment] involontaire; fait sans intention.

un·meas·ured [ʌn'meʒəd] non mesuré; *fig.* infini.

un·men·tion·a·ble [ʌn'menʃnəbl] **1.** dont il ne faut pas parler; qu'il ne faut pas prononcer; **2.** F *the* ~*s pl.* le pantalon *m*.

un·mer·ci·ful □ [ʌn'məːsiful] impitoyable.

un·mer·it·ed [ʌn'meritid] immérité.

un·mind·ful □ [ʌn'maindful] négligent (*personne*); ~ *of* oublieux (-euse *f*) de; sans penser à.

un·mis·tak·a·ble □ ['ʌnmis'teikəbl] clair; qui ne prête à aucune erreur; facilement reconnaissable.

un·mit·i·gat·ed [ʌn'mitigeitid] non mitigé; *fig.* parfait; véritable.

un·mo·lest·ed ['ʌnmo'lestid] sans être molesté; sans empêchement.

un·moor ['ʌn'muə] dé(sa)marrer; désaffourcher.

un·mort·gaged ['ʌn'mɔːgidʒd] libre d'hypothèque.

un·mount·ed ['ʌn'mauntid] non monté; non serti (*pierre précieuse*); non encadré (*photo etc.*); ✗ à pied.

un·moved □ ['ʌn'muːvd] toujours en place; *fig.* impassible.

un·mu·si·cal □ ['ʌn'mjuːzikl] peu mélodieux (-euse *f*); peu musical (-aux *m/pl.*); qui n'aime pas la musique (*personne*).

un·muz·zle ['ʌn'mʌzl] démuseler (*a. fig.*); ~*d a.* sans muselière.

un·named ['ʌn'neimd] anonyme.

un·nat·u·ral □ [ʌn'nætʃrl] non naturel(le *f*); anormal (-aux *m/pl.*); forcé; dénaturé (*père etc.*).

un·nec·es·sar·y □ [ʌn'nesisəri] superflu.

un·neigh·bo(u)r·ly ['ʌn'neibəli] de mauvais voisin; peu obligeant.

un·nerve ['ʌn'nəːv] effrayer; faire perdre son courage (*etc.*) à (*q.*).

un·no·ticed ['ʌn'noutist] inaperçu.

un·num·bered ['ʌn'nʌmbəd] non numéroté; *poét.* innombrable.

un·ob·jec·tion·a·ble □ ['ʌnəb-'dʒekʃnəbl] irréprochable.

un·ob·serv·ant ['ʌnəb'zəːvənt] peu observateur (-trice *f*); *be* ~ *of* ne pas faire attention à; faire peu de cas de; **'un·ob'served** □ inaperçu, inobservé.

un·ob·tru·sive □ ['ʌnəb'truːsiv] modeste; discret (-ète *f*).

un·oc·cu·pied ['ʌn'ɔkjupaid] inoccupé; oisif (-ive *f*); inhabité; libre.

un·of·fend·ing ['ʌnə'fendɪŋ] innocent.

un·of·fi·cial □ ['ʌnə'fɪʃl] officieux
(-euse *f*); non confirmé.

un·op·posed ['ʌnə'pouzd] sans opposition; *pol.* unique (*candidat*).

un·os·ten·ta·tious □ ['ʌnɔstən-
'teiʃəs] simple; modeste; sans faste.

un·pack ['ʌn'pæk] déballer; défaire (*v/i.* sa valise *etc.*).

un·paid ['ʌn'peid] impayé; sans
traitement; ✝ non acquitté; non
affranchi (*lettre*).

un·pal·at·a·ble [ʌn'pælətəbl] désagréable (*au goût, a. fig.*).

un·par·al·leled [ʌn'pærəleld] incomparable; sans égal (-aux *m/pl.*);
sans précédent.

un·par·don·a·ble □ [ʌn'pɑːdnəbl]
impardonnable.

un·par·lia·men·ta·ry □ ['ʌnpɑːlə-
'mentəri] antiparlementaire; *F*
grossier (-ère *f*).

un·pa·tri·ot·ic ['ʌnpætri'ɔtik] (*~
ally*) peu patriotique; peu patriote
(*personne*).

un·paved ['ʌn'peivd] non pavé.

un·peo·ple ['ʌn'piːpl] dépeupler.

un·per·ceived □ ['ʌnpə'siːvd] inaperçu; non ressenti.

un·per·formed ['ʌnpə'fɔːmd] in-
exécuté (*a. ♪*); ♪, *théâ.* non joué.

un·phil·o·soph·i·cal □ ['ʌnfilə-
'sɔfikl] peu philosophique.

un·picked ['ʌn'pikt] non trié; non
cueilli (*fruit*).

un·pin ['ʌn'pin] enlever les épingles
de; défaire; ⊕ dégoupiller.

un·pit·ied ['ʌn'pitid] sans être
plaint; que personne ne plaint.

un·placed ['ʌn'pleist] sans place;
turf: non placé; non classé.

un·pleas·ant □ [ʌn'pleznt] désagréable; fâcheux (-euse *f*); **un'pleas-
ant·ness** caractère *m* désagréable;
fig. ennui *m*.

un·plumbed ['ʌn'plʌmd] insondé.

un·po·et·ic, un·po·et·i·cal □ ['ʌn-
pou'etik(l)] peu poétique.

un·po·lished ['ʌn'pɔliʃt] non poli;
non verni; *fig.* fruste.

un·pol·lut·ed ['ʌnpə'luːtid] im-
pollué; pur.

un·pop·u·lar □ ['ʌn'pɔpjulə] impopulaire; mal vu; **un·pop·u·lar-
i·ty** ['~'læriti] impopularité *f*.

un·prac·ti·cal □ ['ʌn'præktikl] impraticable; peu pratique (*personne*);

'un'prac·ticed, 'un'prac·tised [~-
tist] (*in*) inexercé (à, dans); peu
versé (dans).

un·prec·e·dent·ed □ [ʌn'presi-
dəntid] sans précédent; inouï.

un·prej·u·diced □ ['ʌn'predʒudist]
sans préjugé; impartial (-aux
m/pl.).

un·pre·med·i·tat·ed □ ['ʌnpri-
'mediteitid] impromptu; spontané;
⚖ non prémédité.

un·pre·pared □ ['ʌnpri'pɛəd; *adv.*
~ridli] non préparé; au dépourvu;
improvisé (*discours*).

un·pre·pos·sess·ing ['ʌnpriːpə-
'zesiŋ] peu engageant.

un·pre·sent·a·ble ['ʌnpri'zentəbl]
peu présentable.

un·pre·tend·ing □ ['ʌnpri'tendiŋ],
'un'pre'ten·tious □ sans prétention.

un·prin·ci·pled ['ʌn'prinsəpld]
sans principes; improbe.

un·pro·duc·tive □ ['ʌnprə'dʌktiv]
improductif (-ive *f*); stérile; ✝
dormant (*capital*); *be ~ of* ne pas
produire (*qch.*).

un·pro·fes·sion·al □ ['ʌnprə'feʃənl]
contraire aux usages du métier;
sp. amateur.

un·prof·it·a·ble □ [ʌn'prɔfitəbl]
improfitable; inutile; ingrat; **un-
'prof·it·a·ble·ness** inutilité *f*.

un·prom·is·ing □ ['ʌn'prɔmisiŋ]
qui promet peu; qui s'annonce mal
(*temps*).

un·pro·nounce·a·ble □ ['ʌnprə-
'naunsəbl] imprononçable.

un·pro·pi·tious □ ['ʌnprə'piʃəs]
impropice; peu favorable (à, *to*).

un·pro·tect·ed □ ['ʌnprə'tektid]
sans défense; ⊕ exposé.

un·proved ['ʌn'pruːvd] non prouvé.

un·pro·vid·ed ['ʌnprə'vaidid] non
fourni; dépourvu (de, *with*); '**un-
pro'vid·ed-for** imprévu; non pré-
vu; (laissé) sans ressources (*personne*).

un·pro·voked □ ['ʌnprə'voukt]
non provoqué; gratuit.

un·pub·lished ['ʌn'pʌbliʃt] non
publié; inédit.

un·punc·tual □ ['ʌn'pʌŋktjuəl]
inexact; en retard; **un·punc·tu·al-
i·ty** ['~'æliti] inexactitude *f*.

un·pun·ished ['ʌn'pʌniʃt] impuni;
go ~ rester impuni; échapper à la
punition (*personne*).

unripe

un·qual·i·fied □ [ʌn'kwɔlifaid]
incompétent; sans diplôme; *fig.*
absolu, sans réserve; F achevé,
fieffé (*menteur etc.*).

un·quench·a·ble □ [ʌn'kwentʃəbl]
inextinguible; *fig.* inassouvissable.

un·ques·tion·a·ble □ [ʌn'kwestʃən-
əbl] incontestable; indiscutable;
un'ques·tioned incontesté; in-
discuté; **un'ques·tion·ing** □ *fig.*
aveugle.

un·quote [ʌn'kwout] fermer les
guillemets; **un'quot·ed** *Bourse:*
non coté.

un·rav·el [ʌn'rævl] (s')effiler; (se)
défaire; (s')éclaircir; *v/t.* dénouer
(*une intrigue*).

un·read [ʌn'red] non lu; illettré
(*personne*); **un·read·a·ble** [ʌn-
'ri:dəbl] illisible.

un·read·i·ness [ʌn'redinis] manque
m de préparation *ou* promptitude;
un'read·y □: *be* ~ ne pas être
prêt *ou* prompt, être peu disposé
(à qch., *for s.th.*; à *inf.*, *to inf.*);
attr. hésitant.

un·re·al □ ['ʌn'riəl] irréel(le *f*);
un·re·al·is·tic ['ʌnriə'listik] peu
réaliste; peu pratique.

un·rea·son ['ʌn'ri:zn] déraison *f*;
un'rea·son·a·ble □ déraisonnable;
exorbitant, indu; *a.* exigeant
(*personne*).

un·re·claimed ['ʌnri'kleimd] non
réformé; indéfriché (*terrain*).

un·rec·og·niz·a·ble □ ['ʌn'rekəg-
naizəbl] méconnaissable; **un'rec-
og·nized** non reconnu; méconnu
(*génie etc.*).   [réconcilié.]
un·rec·on·ciled [ʌn'rekənsaild] ir-]
un·re·cord·ed [ʌnri'kɔ:did] non
enregistré (*a. ♩*).

un·re·deemed [ʌnri'di:md] non
racheté *ou* récompensé (par, *by*);
inaccompli (*promesse*); ✝ non
remboursé *ou* amorti.

un·re·dressed ['ʌnri'drest] non
redressé.

un·reel ['ʌn'ri:l] (se) découler.

un·re·fined ['ʌnri'faind] non raffiné;
brut; *fig.* grossier (-ère *f*); fruste.

un·re·formed ['ʌnri'fɔ:md] non
réformé; qui ne s'est pas corrigé.

un·re·gard·ed ['ʌnri'gɑ:did] négligé; **'un·re'gard·ful** [ˌful] (*of*)
négligent (de); peu soigneux (-euse
f) (de); inattentif (-ive *f*) (à).

un·reg·is·tered ['ʌn'redʒistəd] non
enregistré, non inscrit; non déposé
(*marque*); non recommandé (*lettre*).

un·re·gret·ted ['ʌnri'gretid] (*mourir*) sans laisser de regrets.

un·re·lat·ed ['ʌnri'leitid] sans rapport (avec, *to*); non apparenté
(*personne*).

un·re·lent·ing □ ['ʌnri'lentiŋ] implacable; acharné.

un·re·li·a·ble □ ['ʌnri'laiəbl] sur lequel on ne peut pas compter.

un·re·lieved □ ['ʌnri'li:vd] non
soulagé; sans secours; monotone.

un·re·mit·ting □ ['ʌnri'mitiŋ] ininterrompu; soutenu.

un·re·mu·ner·a·tive □ ['ʌnri'mju:-
nərətiv] peu rémunérateur (-trice *f*).

un·re·pealed ['ʌnri'pi:ld] irrévoqué;
encore en vigueur; non abrogé.

un·re·pent·ed ['ʌnri'pentid] non
regretté.

un·re·quit·ed ['ʌnri'kwaitid] non
récompensé; non partagé (*sentiment*).

un·re·sent·ed ['ʌnri'zentid] dont
on ne se froisse pas.

un·re·served □ ['ʌnri'zə:vd; *adv.*
~vidli] sans réserve; franc(he *f*);
entier (-ère *f*); non réservé (*place*).

un·re·sist·ing □ ['ʌnri'zistiŋ] docile; qui ne résiste pas; mou (mol
devant une voyelle ou un h muet;
molle *f*); souple.

un·re·spon·sive ['ʌnris'pɔnsiv]
froid; peu sensible (à, *to*).

un·rest ['ʌn'rest] inquiétude *f*;
malaise *m*; *pol.* agitation *f*; *pol. etc.*
mécontentement *m*.

un·re·strained □ ['ʌnris'treind]
non restreint; effréné; immodéré.

un·re·strict·ed □ ['ʌnris'triktid]
absolu; sans restriction.

un·re·vealed ['ʌnri'vi:ld] non divul-
gué; caché.

un·re·ward·ed ['ʌnri'wɔ:did] sans
récompense; non récompensé.

un·rhymed ['ʌn'raimd] sans ri-
me(s); ~ verse vers non *m/pl.* blancs.

un·rid·dle ['ʌn'ridl] résoudre.

un·rig ♫ ['ʌn'rig] dégréer; dégarnir.

un·right·eous □ [ʌn'raitʃəs] impie;
injuste.

un·rip ['ʌn'rip] découdre; ouvrir en
déchirant.

un·ripe ['ʌn'raip] vert; *fig.* pas
encore mûr.

un·ri·val(l)ed [ʌnˈraivəld] sans pareil(le f); incomparable.

un·roll [ʌnˈroul] (se) dérouler.

un·rope *alp.* [ʌnˈroup] détacher la corde.

un·ruf·fled [ʌnˈrʌfld] calme (*personne, mer*); serein (*a. personne*).

un·ruled [ʌnˈruːld] non gouverné; *fig.* sans frein; sans lignes (*papier*).

un·rul·y [ʌnˈruːli] indiscipliné, mutin; *fig.* déréglé; fougueux (-euse f) (*cheval*).

un·sad·dle [ʌnˈsædl] desseller (*un cheval*); désarçonner (*un cavalier*).

un·safe [ʌnˈseif] dangereux (-euse f); † véreux (*a. personne*).

un·said [ʌnˈsed] non prononcé; *leave* ~ passer sous silence.

un·sal·a·ried [ʌnˈsælərid] non rémunéré.

un·sal(e)·a·ble [ʌnˈseiləbl] invendable.

un·sanc·tioned [ʌnˈsæŋkʃnd] non autorisé; non ratifié.

un·san·i·tar·y [ʌnˈsænitəri] non hygiénique; insalubre.

un·sat·is·fac·to·ry [ˈʌnsætisˈfæktəri], **un'sat·is·fy·ing** [~ˈfaiiŋ] peu satisfaisant; défectueux (-euse f).

un·sa·vo(u)r·y [ʌnˈseivəri] désagréable; *fig.* répugnant; vilain.

un·say [ʌnˈsei] [*irr.* (*say*)] rétracter, se dédire de.

un·scathed [ʌnˈskeiðd] indemne; sans dommage *ou* blessure.

un·schooled [ʌnˈskuːld] illettré; spontané; peu habitué (à, *to*).

un·sci·en·tif·ic [ˈʌnsaiənˈtifik] (~*ally*) peu *ou* non scientifique.

un·screw [ʌnˈskruː] (se) dévisser.

un·scru·pu·lous [ʌnˈskruːpjuləs] sans scrupules.

un·seal [ʌnˈsiːl] décacheter (*une lettre*); *fig.* dessiller (les yeux à q., *s.o.'s eyes*).

un·search·a·ble [ʌnˈsəːtʃəbl] inscrutable.

un·sea·son·a·ble [ʌnˈsiːznəbl] hors de saison; *fig.* inopportun; ~ *weather* temps *m* qui n'est pas de saison; **un'sea·soned** vert (*bois*); *cuis.* non assaisonné; *fig.* non acclimaté.

un·seat [ʌnˈsiːt] désarçonner (*un cavalier*); *parl.* faire perdre son siège à; invalider; **un'seat·ed** sans chaise; *parl.* non réélu.

un·sea·wor·thy ⚓ [ʌnˈsiːwəːði] incapable de tenir la mer; ⚓ innavigable.

un·see·ing *fig.* [ʌnˈsiːiŋ] aveugle.

un·seem·li·ness [ʌnˈsiːmlinis] inconvenance f; **un'seem·ly** *adj.* inconvenant; peu convenable.

un·seen [ʌnˈsiːn] **1.** inaperçu, invisible; **2.** *l'*autre monde *m*; *le* surnaturel *m*; *école:* (*a.* ~ *translation*) version *f* à livre ouvert.

un·self·ish □ [ʌnˈselfiʃ] sans égoïsme; désintéressé; dévoué.

un·sen·ti·men·tal [ˈʌnsentiˈmentl] peu sentimental (-aux *m/pl.*).

un·serv·ice·a·ble □ [ʌnˈsəːvisəbl] inutilisable; peu pratique.

un·set·tle [ʌnˈsetl] déranger; troubler le repos de (*q.*); ébranler (*les convictions*); **un'set·tled** dérangé; troublé (*pays etc.*); variable (*temps*); incertain; inquiet (-ète f) (*esprit*); † non réglé, impayé; indécis (*question, esprit*); sans domicile fixe; non colonisé (*pays*).

un·shack·le [ʌnˈʃækl] ôter les fers à; ⚓ détalinguer (*l'ancre*).

un·shak(e)·a·ble [ʌnˈʃeikəbl] inébranlable.

un·shak·en [ʌnˈʃeikn] ferme; constant.

un·shape·ly [ʌnˈʃeipli] difforme; informe.

un·shav·en [ʌnˈʃeivn] non rasé.

un·sheathe [ʌnˈʃiːð] dégainer.

un·ship [ʌnˈʃip] décharger (*a.* F *fig.*).

un·shod [ʌnˈʃɔd] nu-pieds *adj./inv.*; sans fers, déferré (*cheval*).

un·shorn [ʌnˈʃɔːn] non tondu; *poét.* non coupé, non rasé.

un·shrink·a·ble *tex.* [ʌnˈʃriŋkəbl] irrétrécissable; **un'shrink·ing** □ qui ne bronche pas.

un·sight·ed [ʌnˈsaitid] inaperçu; sans hausse (*arme à feu*); **un'sight·ly** laid.

un·signed [ʌnˈsaind] sans signature.

un·sized [ʌnˈsaizd] sans colle (*papier*).

un·skil(l)·ful □ [ʌnˈskilful] inhabile (à *at, in*); **un'skilled** inexpérimenté (à, *in*); ~ *work* main-d'œuvre (*pl.* mains-d'œuvre) f non spécialisée; ~ *worker* manœuvre *m*.

un·skimmed [ʌnˈskimd] non écrémé.

un·so·cia·ble [ʌnˈsouʃəbl] farouche; sauvage; **un'so·cial** [‿ʃl] insocial (-aux *m/pl.*); *a. see* unsociable.

un·sold [ʌnˈsould] invendu.

un·sol·dier·ly [ʌnˈsouldʒəli] *adj.* peu militaire.

un·so·lic·it·ed [ʌnsəˈlisitid] spontané; non sollicité.

un·solv·a·ble [ʌnˈsɔlvəbl] insoluble; **un'solved** non résolu.

un·so·phis·ti·cat·ed [ʌnsəˈfistikeitid] pur; non adultéré; candide; ingénu (*personne*).

un·sought [ʌnˈsɔːt] **1.** *adj.* non (re)cherché; **2.** *adv.* spontanément.

un·sound □ [ʌnˈsaund] peu solide; véreux (-euse *f*); malsain (*personne*); taré (*cheval*); gâté (*pomme etc.*); défectueux (-euse *f*); faux (fausse *f*) (*opinion, doctrine, etc.*); *of* ~ *mind* non sain d'esprit.

un·spar·ing □ [ʌnˈspɛəriŋ] libéral (-aux *m/pl.*); prodigue (de *of*, in); impitoyable (pour q., *of* s.o.).

un·speak·a·ble □ [ʌnˈspiːkəbl] indicible; inexprimable; F *fig.* ignoble.

un·spec·i·fied [ʌnˈspesifaid] non spécifié.   [*fig.* inépuisé.]

un·spent [ʌnˈspent] non dépensé;∫

un·spo·ken [ʌnˈspoukn] non dit; (*'un'spo·ken-of*) dont on ne fait pas mention.

un·sports·man·like [ʌnˈspɔːtsmənlaik] indigne d'un sportsman; peu loyal (-aux *m/pl.*).

un·spot·ted [ʌnˈspɔtid] non tacheté; *fig.* sans tache.

un·sta·ble □ [ʌnˈsteibl] instable; peu stable; inconstant; ✝ peu soluble.

un·stamped [ʌnˈstæmpt] non estampé (*papier*); sans timbre, non affranchi (*lettre*).

un·stead·y □ [ʌnˈstedi] peu stable; peu solide; irrésolu; chancelant (*pas*); mal assuré (*voix*); *fig.* déréglé (*personne*); irrégulier (-ère *f*).

un·stint·ed [ʌnˈstintid] abondant; à discrétion.

un·stitch [ʌnˈstitʃ] découdre.

un·stop [ʌnˈstɔp] déboucher.

un·strained [ʌnˈstreind] non filtré (*liquide*); non tendu (*corde etc.*); *fig.* non forcé, naturel(le *f*).

un·stressed [ʌnˈstrest] inaccentué; *gramm.* atone.

un·string [ʌnˈstriŋ] [*irr.* (*string*)] déficeler; détraquer (*les nerfs*); dé-(sen)filer (*des perles etc.*).

un·stud·ied [ʌnˈstʌdid] naturel(le *f*); ignorant (de, *in*).

un·sub·mis·sive [ʌnsəbˈmisiv] insoumis, indocile.

un·sub·stan·tial □ [ʌnsəbˈstænʃl] insubstantiel(le *f*); immatériel(le *f*); sans substance; chimérique.

un·suc·cess·ful □ [ʌnsəkˈsesful] non réussi; qui n'a pas réussi (*personne*); *pol.* non élu.

un·suit·a·ble □ [ʌnˈsjuːtəbl] impropre (à *for*, to); déplacé; mal assorti (*mariage*); peu fait (pour, *for*, to) (*personne*); **'un'suit·ed** (*for*, to) mal adapté (à); peu fait (pour) (*personne*).

un·sul·lied [ʌnˈsʌlid] immaculé.

un·sure [ʌnˈʃuə] peu sûr; peu solide.

un·sus·pect·ed □ [ʌnsəsˈpektid] insoupçonné (de, *by*); non suspect; **'un'sus·pect·ing** qui ne se doute de rien; sans soupçons; sans défiance.

un·sus·pi·cious □ [ʌnsəsˈpiʃəs] qui ne suscite pas de soupçons; *be* ~ *of* ne pas se douter de.

un·swerv·ing □ [ʌnˈswəːviŋ] constant.

un·sworn [ʌnˈswɔːn] qui n'a pas prêté serment.

un·taint·ed □ [ʌnˈteintid] pur, non corrompu (*a. fig.*); *fig.* sans tache (*réputation*).

un·tam(e)·a·ble [ʌnˈteiməbl] inapprivoisable; *fig.* indomptable; **'un'tamed** inapprivoisé; *fig.* indompté.

un·tar·nished [ʌnˈtɑːniʃt] non terni (*a. fig.*); sans tache.

un·tast·ed [ʌnˈteistid] non goûté.

un·taught [ʌnˈtɔːt] illettré (*personne*); naturel(le *f*); non enseigné.

un·taxed [ʌnˈtækst] exempt(é) d'impôts *ou* de taxes.

un·teach·a·ble [ʌnˈtiːtʃəbl] incapable d'apprendre (*personne*); non enseignable (*chose*).

un·tem·pered [ʌnˈtempəd] ⊕ détrempé; *fig.* non adouci (de, *with*).

un·ten·a·ble [ʌnˈtenəbl] intenable (*position*); insoutenable (*opinion etc.*).

un·ten·ant·ed [ʌnˈtenəntid] inoccupé; vide; sans locataire.

un·thank·ful □ [ʌnˈθæŋkful] ingrat.

un·think·a·ble [ʌnˈθiŋkəbl] inconcevable; un'think·ing □ irréfléchi; étourdi.

un·thought ['ʌn'θɔ:t], un'thought-of oublié; imprévu (*événement*).

un·thread ['ʌn'θred] dé(sen)filer; *fig.* trouver la sortie de.

un·thrift·y □ ['ʌn'θrifti] dépensier (-ère *f*); malveuant (*arbre*).

un·ti·dy □ [ʌn'taidi] en désordre; négligé; mal peigné (*cheveux*).

un·tie ['ʌn'tai] dénouer; délier (*q., qch., un nœud*).

un·til [ən'til] 1. *prp.* jusqu'à; 2. *cj.* jusqu'à ce que; jusqu'au moment où.

un·tilled ['ʌntild] inculte; en friche.

un·time·ly [ʌn'taimli] prématuré; inopportun; mal à propos.

un·tir·ing □ [ʌn'taiəriŋ] infatigable.

un·to ['ʌntu] *see* to 1.

un·told ['ʌn'tould] non raconté (*incident etc.*); non compté; *fig.* immense.

un·touched ['ʌn'tʌtʃt] non manié; *fig.* intact; *fig.* indifférent; *phot.* non retouché.

un·trained ['ʌn'treind] inexpérimenté; inexpert; non dressé (*chien etc.*); non formé.

un·trans·fer·a·ble ['ʌntræns'fə:rəbl] intransférable; strictement personnel(le *f*) (*billet*); ⚖ inaliénable.

un·trans·lat·a·ble ['ʌntræns'leitəbl] intraduisible.

un·trav·el(l)ed ['ʌn'trævld] inexploré; qui n'a jamais voyagé (*personne*).

un·tried ['ʌn'traid] inessayé; jamais mis à l'épreuve; ⚖ pas encore jugé (*cause*); pas encore passé en jugement (*détenu*).

un·trimmed ['ʌn'trimd] non arrangé; non taillé (*haie*); ⊕, *a. cuis.* non paré; sans garniture (*robe etc.*).

un·trod·den ['ʌn'trɔdn] non frayé; inexploré.

un·trou·bled ['ʌn'trʌbld] non troublé; calme.

un·true ['ʌn'tru:] faux (fausse *f*); infidèle (*personne*).

un·trust·wor·thy ['ʌn'trʌstwə:ði] douteux (-euse *f*); faux (fausse *f*).

un·truth ['ʌn'tru:θ] fausseté *f*; mensonge *m*.

un·tu·tored ['ʌn'tju:təd] illettré; naturel(le *f*).

un·twine ['ʌn'twain], un·twist ['ʌn'twist] (se) détordre, détortiller.

un·used ['ʌn'ju:zd] inutilisé; neuf (neuve *f*); ['ʌn'ju:st] peu habitué (à, to); un·u·su·al □ [ʌn'ju:ʒuəl] extraordinaire; peu commun.

un·ut·ter·a·ble □ [ʌn'ʌtərəbl] indicible; imprononçable (*mot*).

un·val·ued ['ʌn'vælju:d] non *ou* peu estimé (*personne*).

un·var·ied [ʌn'vɛərid] peu varié; uniforme.

un·var·nished [ʌn'vɑ:niʃt] non verni; *fig.* simple.

un·var·y·ing □ [ʌn'vɛəriiŋ] invariable.

un·veil [ʌn'veil] (se) dévoiler.

un·versed [ʌn'və:st] ignorant (de, in); peu versé (dans, in).

un·voiced [ʌn'vɔist] non exprimé; *gramm.* sourd (consonne etc.), muet(te *f*).

un·vouched [ʌn'vautʃt], *usu.* un·vouched-for [ʌn'vautʃtfɔ:] non garanti.

un·want·ed ['ʌn'wɔntid] non voulu; superflu.

un·war·i·ness [ʌn'wɛərinis] imprudence *f*.

un·war·rant·a·ble □ [ʌn'wɔrəntəbl] inexcusable; 'un'war·rant·ed injustifié; sans garantie.

un·war·y □ ['ʌn'wɛəri] imprudent.

un·wa·tered ['ʌn'wɔ:təd] sans eau; non arrosé (*jardin*); non dilué (*capital*). [tant; inébranlable.]

un·wa·ver·ing [ʌn'weivəriŋ] cons-)

un·wea·ry·ing □ [ʌn'wiəriiŋ] infatigable.

un·wel·come [ʌn'welkəm] importun; *fig.* fâcheux (-euse *f*).

un·well ['ʌn'wel] indisposé.

un·whole·some ['ʌn'houlsəm] malsain (*a. fig.*); insalubre.

un·wield·y □ [ʌn'wi:ldi] peu maniable; encombrant (*colis*).

un·will·ing □ ['ʌn'wiliŋ] rétif (-ive *f*); fait etc. à contre-cœur; be ~ to (inf.) ne pas vouloir (inf.); be ~ for s.th. to be done ne pas vouloir que qch. soit faite.

un·wind ['ʌn'waind] [irr. (wind)] (se) dérouler; ⚓ vt/i. dévirer.

un·wis·dom ['ʌn'wizdəm] imprudence *f*; stupidité *f*; un·wise □ ['ʌn'waiz] imprudent; peu sage.

un·wished [ʌn'wiʃt], *usu.* un·wished-for [ʌn'wiʃtfɔ:] peu désiré.

un·wit·ting □ [ʌn'witiŋ] inconscient.

un·wom·an·ly [ʌn'wumənli] peu digne d'une femme.

un·wont·ed □ [ʌn'wountid] inaccoutumé (à *inf.*, *to inf.*); insolite.

un·work·a·ble □ [ʌn'wəːkəbl] impraticable; ⚓ immaniable; ⊕ rebelle; inexploitable.

un·wor·thy □ [ʌn'wəːði] indigne.

un·wound·ed [ʌn'wuːndid] non blessé; sans blessure.

un·wrap [ʌn'ræp] enlever l'enveloppe de; défaire (*un paquet*).

un·wrin·kle [ʌn'riŋkl] (se) dérider.

un·writ·ten [ʌn'ritn] non écrit; coutumier (-ère *f*), oral (-aux *m/pl.*) (*droit*); blanc(he *f*) (*page*).

un·wrought [ʌn'rɔːt] non travaillé; brut.

un·yield·ing □ [ʌn'jiːldiŋ] qui ne cède pas; ferme.

un·yoke [ʌn'jouk] dételer; découpler.

un·zip [ʌn'zip] ouvrir la fermeture éclair de.

up [ʌp] **1.** *adv.* vers le haut; en montant; haut; en haut; en dessus; en l'air; debout; levé (*a. soleil etc.*); fini (*temps*); fermé (*fenêtre etc.*); ouvert (*fenêtre à guillotine, stores, etc.*); *Am.* baseball: à la batte; *sl.* be hard ~ être fauché (= *être à court d'argent*); be ~ against a task être aux prises avec une tâche; ~ to jusque, jusqu'à; *see* date² 1; be ~ to s.th. être à la hauteur de qch.; être capable de qch.; être occupé à (qch.; it is ~ to me to (*inf.*) c'est à moi de (*inf.*); *see* mark² 1; what are you ~ to there? qu'est-ce que vous faites ou mijotez?; *sl.* what's ~? qu'est-ce qu'il y a?; qu'est-ce qui se passe?; ~ with au niveau de; it's all ~ with him c'en est fait de lui; sl. il est fichu; **2.** *int.* en haut!; **3.** *prp.* au haut de; sans *ou* vers le haut de; ~ the hill en montant *ou* en haut de la colline; **4.** *adj.* ~ train train *m* en direction de la capitale; F train *m* de retour; **5.** *su.*: *Am.* F on the ~ and ~ honnête, en règle, loyal (-aux *m/pl.*); en bonne voie, en train de mourir *ou* de s'améliorer; ~s and downs *pl.* ondulations *f/pl.*; *fig.* vicissitudes *f/pl.* (*de la vie*); **6.** F *v/i.* se lever; *v/t.* (*a.* ~ with) lever.

up-and-com·ing *Am.* F ['ʌpən-'kʌmiŋ] ambitieux (-euse *f*); qui promet; qui a de l'avenir.

up·beat ♩ ['ʌpbiːt] levé *m.*

up·braid [ʌp'breid] reprocher (qch. à q., s.o. *with ou for s.th.*).

up·bring·ing ['ʌpbriŋiŋ] éducation *f.*

up·cast ['ʌpkaːst] relèvement *m;* ⚒ (*a.* ~ shaft) puits *m* de retour.

up·com·ing *Am.* ['ʌpkʌmiŋ] imminent.

up·coun·try 1. ['ʌp'kʌntri] *adj.* de l'intérieur du pays; **2.** *adv.* [ʌp-'kʌntri] à l'intérieur du pays.

up·cur·rent ⚡ ['ʌpkʌrənt] courant *m* d'air ascendant.

up·date [ʌp'deit] mettre à jour; moderniser.

up·end [ʌp'end] mettre debout; *fig.* renverser (*l'adversaire etc.*).

up·grade ['ʌpgreid] montée *f;* on the ~ *fig.* en bonne voie; ✝ à la hausse.

up·heav·al [ʌp'hiːvl] *géol.* soulèvement *m;* *fig.* bouleversement *m,* agitation *f.*

up·hill ['ʌp'hil] montant; *fig.* ardu.

up·hold [ʌp'hould] [*irr.* (hold)] soutenir, maintenir; **up'hold·er** partisan(e *f*) *m.*

up·hol·ster [ʌp'houlstə] tapisser, couvrir (*un meuble*) (de *in*, *with*); garnir (*une pièce*); **up'hol·ster·er** tapissier *m;* **up'hol·ster·y** tapisserie *f* d'ameublement; *meuble:* capitonnage *m;* *mot.* garniture *f;* *métier:* tapisserie *f.*

up·keep ['ʌpkiːp] (frais *m/pl.* d')entretien *m.*

up·land ['ʌplənd] **1.** *usu.* ~s *pl.* hautes terres *f/pl.;* **2.** des montagnes.

up·lift 1. [ʌp'lift] soulever; élever (*a. fig.*); **2.** ['ʌplift] élévation *f* (*a. fig.*); *géol.* soulèvement *m;* ✝ reprise *f.*

up·on [ə'pɔn] *see* on.

up·per ['ʌpə] **1.** plus haut; supérieur; the ~ class(es *pl.*) la haute société; F the ~ crust le gratin; get the ~ hand (of) prendre le dessus (sur); get the ~ hand of a. avoir raison de, venir à bout de; have the ~ hand avoir le dessus; the ~ ten (thousand) la haute société; **2.** *usu.* ~s *pl.* empeignes *f/pl.;* *bottes:* tiges *f/pl.;* '~-'**case let·ter** *typ.* majuscule *f;* '~-'**class** aristocratique; '~-'**cut** box. uppercut *m;* '~-**most** le plus haut; principal.

up·pish □ ['ʌpiʃ] arrogant.

up·pi·ty *Am.* F ['ʌpiti] suffisant; arrogant.

up·raise [ʌp'reiz] (sou)lever, élever.

up·rear [ʌp'riə] dresser.

up·right 1. □ ['ʌp'rait] vertical (-aux *m/pl.*); droit (*a. fig.*); debout; *fig.* ['ʌprait] juste, intègre. **2.** [~] montant *m*; piano *m* droit; *out of* ~ hors d'aplomb.

up·ris·ing [ʌp'raiziŋ] lever *m*; insurrection *f*.

up·roar ['ʌprɔ:] *fig.* tapage *m*, vacarme *m*; tumulte *m*; **up'roar·i·ous** □ tumultueux (-euse *f*); tapageur (-euse *f*). [racher.\

up·root [ʌp'ru:t] déraciner; ar-\

up·set [ʌp'set] **1.** [*irr.* (set)] renverser; bouleverser (*a. fig.*); déranger; *fig.* mettre (*q.*) en émoi; *⚙* indisposer, déranger; ⊕ refouler; **2.**: ~ *price* mise *f* à prix, prix *m* de départ; **2.** renversement *m*; bouleversement *m*; désordre *m*.

up·shot ['ʌpʃɔt] résultat *m*, dénouement *m*; *in the* ~ à la fin.

up·side *adv.* ['ʌpsaid]: ~ *down* sens dessus dessous; à l'envers; *fig.* en désordre; *turn* ~ *down* renverser; *fig.* bouleverser.

up·stage F ['ʌp'steidʒ] **1.** orgueilleux (-euse *f*), arrogant, hautain; **2.** éclipser (*q.*); remettre (*q.*) à sa place.

up·stairs ['ʌp'stɛəz] **1.** *adv.* en haut; jusqu'en haut; **2.** *adj.* d'en haut.

up·start ['ʌpstɑ:t] **1.** parvenu(e *f*) *m*; **2.** se lever brusquement.

up·state *Am.* ['ʌp'steit] région *f* éloignée; *surt.* État *m* de New-York.

up·stream ['ʌp'stri:m] **1.** *adv.* en amont; en remontant le courant; **2.** *adj.* d'amont. [*m*.\

up·stroke ['ʌpstrouk] *écriture* f: délié\

up·surge ['ʌpsə:dʒ] soulèvement *m*; accès *m* (*de colère etc.*); poussée *f*.

up·swing ['ʌp'swiŋ] essor *m*; montée *f*.

up·take ['ʌpteik] entendement *m*; F *be slow* (*quick*) *in* (*ou on*) *the* ~ avoir la compréhension difficile (facile), saisir mal (vite).

up·throw ['ʌpθrou] rejet *m* en haut.

up·tight ['ʌptait] crispé, tendu; nerveux (-euse *f*).

up-to-date ['ʌptə'deit] moderne; au courant, à jour; à la page.

up-to-the-min·ute ['ʌptəðə'minit] le (la *f*) plus moderne; très récent; de dernière heure, dernier (-ière *f*).

up·town ['ʌp'taun] **1.** *adv. Am.* dans le quartier résidentiel de la ville; **2.** *adj.* du quartier bourgeois.

up·turn [ʌp'tə:n] **1.** lever; retourner; **2.** *Am.* reprise *f* des affaires.

up·ward ['ʌpwəd] **1.** *adj.* montant; vers le haut; **2.** *adv.* (*ou* **up·wards** ['~z]) de bas en haut; vers le haut; en dessus, au-dessus; ~ *of* plus de.

u·ra·ni·um 🜨 [juə'reinjəm] uranium *m*.

ur·ban ['ə:bən] urbain; **ur·bane** □ [ə:'bein] courtois, poli; **ur·ban·i·ty** [ə:'bæniti] urbanité *f*; courtoisie *f*; politesse *f*; **ur·ban·i·za·tion** [ə:bənai'zeiʃn] aménagement *m* des agglomérations urbaines; **'ur·ban·ize** urbaniser.

ur·chin ['ə:tʃin] gamin *m*; gosse *mf*.

urge [ə:dʒ] **1.** pousser (*q.* à *inf.*, *s.o. to inf.*); presser (*qch.*); (*souv.* ~ *on*) encourager; hâter; *fig.* insister sur; mettre en avant; recommander (*qch.* à *q.*, *s.th. on s.o.*); **2.** impulsion *f*; forte envie *f*; **ur·gen·cy** ['~ənsi] urgence *f*; besoin *m* pressant; **'ur·gent** □ urgent, pressant; *be* ~ *with s.o. to* (*inf.*) insister pour que *q.* (*sbj.*).

u·ric 🜨 ['juərik] urique.

u·ri·nal ['juərinl] urinoir *m*; *⚙* urinal *m*; **'u·ri·nar·y** urinaire; **u·ri·nate** ['~neit] uriner; **u·rine** ['~rin] urine *f*.

urn [ə:n] urne *f*; (*usu. tea-*~) samovar *m*.

us [ʌs; əs] *accusatif, datif*: nous.

us·a·ble ['ju:zəbl] utilisable.

us·age ['ju:zidʒ] usage *m* (🜨 *de commerce*); coutume *f*; emploi *m*; traitement *m*.

us·ance † ['ju:zəns] usance *f*; *bill at* ~ effet *m* à usance.

use 1. [ju:s] emploi *m* (*a. 🜨*); usage *m*; *fig.*, *a.* 🜨 jouissance *f*; coutume *f*, habitude *f*; utilité *f*; service *m*; *be of* ~ être utile (à *for*); *it is* (*of*) *no* ~ (*gér.*, *to inf.*) il est inutile (que *sbj.*); inutile (*de inf.*); *have no* ~ *for* ne savoir que faire de (*qch.*); F *put s.th. to* ~ profiter de qch.; faire bon (mauvais) usage de qch.; **2.** [ju:z] employer; se servir de; ~ *up* user, épuiser; *I* ~*d* ['ju:s(t)] *to do* je faisais; j'avais l'habitude de faire; **used** ['ju:st] habitué (à, *to*); ['ju:zd] usé, usagé; usité; *a.* sale (*linge*); ~

car auto *f* d'occasion; **useful** □ ['juːsful] utile (*a*. ⊕); pratique; ~ *capacity,* ~ *efficiency* rendement *m ou* effet *m* utile; ~ *load* charge *f* utile; **'use·ful·ness** utilité *f;* **'useless** □ inutile; inefficace; vain; **us·er** ['juːzə] usager (-ère *f*) *m.*

ush·er ['ʌʃə] **1.** huissier *m;* introducteur *m;* ⚖ audiencier *m; péj.* sous-maître *m;* maître *m* d'étude; **2.** (*usu.* ~ *in*) faire entrer, introduire; **usher·ette** *cin.* [~'ret] ouvreuse *f.*

u·su·al □ ['juːʒuəl] ordinaire; habituel(le *f*); ~ *in* (the) *trade* d'usage dans le métier.

u·su·fruct ⚖ ['juːsjufrʌkt] usufruit *m;* **u·su·fruc·tu·ar·y** [~'juəri] **1.** usufruitier (-ère *f*) *m;* **2.** *adj.* usufructuaire (*droit*).

u·su·rer ['juːʒərə] usurier *m;* **u·suri·ous** □ [juːˈzjuəriəs] usuraire; usurier (-ère *f*) (*personne*).

u·surp [juːˈzəːp] *vt/i.* usurper (*sur from, on*); *v/t.* voler (à, *from*); **u·sur'pa·tion** usurpation *f;* **u'surp·ing** □ usurpateur (-trice *f*).

u·su·ry ['juːʒuri] usure *f.*

u·ten·sil [juːˈtensl] ustensile *m;* outil *m;* ~*s pl.* articles *m/pl.,* ustensiles *m/pl.*

u·ter·ine ['juːtərain] utérin; ~ *brother* frère *m* utérin *ou* de mère; **u·ter·us** *anat.* ['~rəs], *pl.* **u·ter·i** ['~tərai] utérus *m,* matrice *f.*

u·til·i·tar·i·an [juːtiliˈtɛəriən] utilitaire (*a. su./mf*); **u'til·i·ty 1.** utilité *f; public* ~ (entreprise *f* de) service *m* public; **2.** à toutes fins (*chariot etc.*).

u·ti·li·za·tion [juːtilaiˈzeiʃn] utilisation *f;* exploitation *f;* emploi *m;* **'u·ti·lize** utiliser, se servir de; tirer parti de, profiter de.

ut·most ['ʌtmoust] **1.** extrême; **2.** dernier degré *m.*

U·to·pi·an [juːˈtoupjən] **1.** d'utopie; **2.** utopiste *mf;* idéaliste *mf.*

u·tri·cle *biol.* ['juːtrikl] utricule *m.*

ut·ter ['ʌtə] **1.** □ *fig.* absolu; extrême; complet (-ète *f*); **2.** dire, exprimer; pousser (*un gémissement etc.*); émettre (*de la monnaie*); **'utter·ance** expression *f;* émission *f;* prononciation *f;* ~*s pl.* propos *m/pl.;* *give* ~ *to* exprimer; **'ut·ter·er** diseur (-euse *f*) *m;* débiteur (-euse *f*) *m* (*de nouvelles etc.*); émetteur *m* (*de monnaie*); **ut·ter·most** ['~moust] extrême; dernier (~èrè *f*).

U-turn ['juːtəːn] *mot.* demi-tour *m;* *fig.* revirement *m,* volte-face *f/inv.;* *mot.* '*no* ~*s*' 'défense de faire demi-tour'.

u·vu·la *anat.* ['juːvjulə] luette *f;* uvule *f;* **u·vu·lar** [~] uvulaire; ~ *R R m* vélaire.

ux·o·ri·ous [ʌkˈsɔːriəs] (extrêmement) dévoué à sa femme (*mari*).

V

V, v [viː] V *m*, v *m*.

va·can·cy ['veikənsi] vide *m*; vacance *f*, poste *m* vacant; chambre *f* à louer; espace *m* vide; ~ **for** on cherche (*employé etc.*); **no vacancies travail**: pas d'embauche; *hotel*: complet; **gaze into** ~ regarder dans l'espace; **va·cant** □ ['veikənt] vacant, libre; hébété (*air*); inoccupé (*esprit*).

va·cate [və'keit] quitter (*un emploi, un hôtel, un siège, etc.*); évacuer (*un appartement*); laisser libre; *v/i.* Am. sl. ficher le camp; **va'ca·tion 1.** école, a. Am.: vacances *f/pl.*; 🏛 vacations *f/pl.*; **2.** *surt.* Am. prendre des *ou* être en vacances; **va'ca·tion·ist** Am. vacancier *m*; estivant(e *f*) *m*.

vac·ci·nate ['væksineit] vacciner; **vac·ci·na·tion** vaccination *f*; **'vac·ci·na·tor** vaccinateur *m*; **vac·cine** ['~siːn] **1.** vaccinal (-aux *m/pl.*); ~ **matter** = **2.** vaccin *m*.

vac·il·late ['væsileit] vaciller; hésiter; **vac·il'la·tion** vacillation *f*; hésitation *f*.

va·cu·i·ty [væ'kjuiti] vacuité *f*; vide *m* (*a. fig.*); **vac·u·ous** □ ['~kjuəs] vide; *fig. usu.* bête; **vac·u·um** ['~əm] *phys.* **1.** vide *m*, vacuum *m*; ~ **brake** frein *m* à vide; ~ **cleaner** aspirateur *m*; ~ **flask**, ~ **bottle** (bouteille *f*) Thermos *f*; ~ **tube** tube *m* à vide; *radio*: audion *m*; **2.** F nettoyer à l'aspirateur; **vac·u·um-packed** emballé sous le vide.

va·de-me·cum ['veidi'miːkəm] vade-mecum *m/inv.*

vag·a·bond ['vægəbɔnd] **1.** vagabond, errant; **2.** chemineau *m*; vagabond(e *f*) *m*; F vaurien *m*; **vag·a·bond·age** ['~bɔndidʒ] vagabondage *m*.

va·gar·y ['veigəri] caprice *m*; fantaisie *f*.

va·gi·na anat. [və'dʒainə] vagin *m*.

va·gran·cy ['veigrənsi] vie *f* de vagabond; 🏛 vagabondage *m*; **'va·grant 1.** errant, vagabond (*a. fig.*); **2.** see **vagabond 2**.

vague □ [veig] vague; imprécis; estompé; indécis; **be** ~ ne rien préciser (*personne*).

vain □ [vein] vain; fier (-ère *f*) (de, of); inutile; mensonger (-ère *f*); vaniteux (-euse *f*); **in** ~ en vain; **do s.th. in** ~ avoir beau faire qch.; **~·glo·ri·ous** □ [~'glɔːriəs] vaniteux (-euse *f*); **~·glo·ry** vaine gloire (*f*).

val·ance ['væləns] frange *f ou* tour *m* de lit.

vale [veil] *poét.*, *a.* dans les noms propres: vallée *f*, vallon *m*.

val·e·dic·tion [væli'dikʃn] adieu *m*, -x *m/pl.*; **val·e'dic·to·ry** [~'tɔri] **1.** d'adieu; **2.** discours *m* d'adieu.

va·lence 🏛 ['veiləns] valence *f*.

val·en·tine ['væləntain] carte *f* de salutations (envoyée à la Saint-valentin) (*le 14 février*); *fig. personne*: valentin(e *f*) *m*, amour *m*.

va·le·ri·an ♀ [və'liəriən] valériane *f*.

val·et ['vælit] **1.** valet *m* de chambre; **2.** servir (*q.*) comme valet de chambre; remettre (*un costume*) en état.

val·e·tu·di·nar·i·an ['vælitjuːdi'nɛəriən] valétudinaire (*a. su./mf*).

val·iant □ ['væljənt] vaillant.

val·id □ ['vælid] valable, valide; bon (pour, for); irréfutable; **val·i·date** ['~deit] rendre valable, valider; **va·lid·i·ty** [və'liditi] validité *f*; justesse *f* (*d'un argument*).

val·ley ['væli] vallée *f*; vallon *m*; △ cornière *f*.

val·or·i·za·tion [væləri'zeiʃn] valorisation *f*; **'val·or·ize** valoriser.

val·or·ous □ *poét.* ['vælərəs] vaillant.

val·o(u)r *poét.* ['vælə] vaillance *f*.

val·u·a·ble ['væljuəbl] **1.** □ précieux (-euse *f*); **2.** ~s *pl.* objets *m/pl.* de valeur.

val·u·a·tion [vælju'eiʃn] évaluation *f*; valeur *f* estimée; inventaire *m*; **'val·u·a·tor** estimateur *m*.

val·ue ['væljuː] **1.** valeur *f*; prix *m* (*a. fig.*); ~ **judgement** jugement *m* de valeur; ✝ **get good** ~ (for one's money) en avoir pour son argent; **2.** évaluer;

estimer, priser (*a. fig.*); **'val·ue·less** sans valeur; **'val·u·er** estimateur (*-euse f*) *m*; expert *m*; commissaire-priseur *m* (*pl.* commissaires-priseurs).

valve [vælv] soupape *f*; *mot. pneu*: valve *f*; *anat.* valvule *f*; *radio*: lampe *f*; *radio*: ~ *amplifier*, *ampli-fying* ~ lampe *f* amplificatrice; ~ *set* poste *m* à lampes.

va·moose *Am. sl.* [və'mu:s] filer; ficher le camp; décamper.

vamp¹ [væmp] **1.** *souliers*: empeigne *f*; ♩ accompagnement *m* improvisé; **2.** *v/t.* remonter (*un soulier*); mettre une empeigne à; *v/i.* ♩ improviser; tapoter au piano.

vamp² [~] **1.** femme *f* fatale; flirteuse *f*; **2.** *v/t.* ensorceler; enjôler; *v/i.* flirter.

vam·pire ['væmpaiə] vampire *m*.

van¹ [væn] fourgon *m* (de déménagement *etc.*); 🚃 wagon *m*; fourgon *m* à bagages.

van² ✕ *ou fig.* [~] avant-garde *f*.

Van·dal ['vændl] **1.** vandale *m*; **2.** (*a.* **Van·dal·ic** [~'dælik]) vandalique; vandale *m*; **van·dal·ism** ['~dəlizm] vandalisme *m*; **van·dal·ize** ['~dəlaiz] saccager, mutiler.

van·dyke [væn'daik] barbe *f* à la Van Dyck; pointe *f* (*de col à la Van Dyck*); *attr.* ⚜ à la Van Dyck.

vane [vein] (*a.* *weather-~*, *wind-~*) girouette *f*; ⊕ ailette *f*; *radio*: lamette *f*; *surv.* viseur *m* (*de compas*).

van·guard ✕ ['vængɑ:d] (tête *f* d')avant-garde *f*.

va·nil·la ♥ [və'nilə] vanille *f*.

van·ish ['væniʃ] disparaître; s'évanouir; *~ing cream* crème *f* de jour.

van·i·ty ['væniti] vanité *f*; orgueil *m*; ~ *bag* sac(oche *f*) *m* de dame; ~ *case* pochette-poudrier *f*.

van·quish *poét.* ['væŋkwiʃ] vaincre; triompher de.

van·tage ['vɑ:ntidʒ] *tennis*: avantage *m*; **'~-ground** position *f* avantageuse.　　　　　　　[(*conversation*).)

vap·id □ ['væpid] insipide; fade)

va·po·u·r·ize ['veipəraiz] (se) vaporiser; (se) pulvériser; **va·po(u)r·iz·er** ⊕ vaporisateur *m* (*a.* ⚕).

va·po·rous □ ['veipərəs] vaporeux (*-euse f*) (*a. fig.*); *fig.* a. vague, nuageux (*-euse f*).

va·po(u)r ['veipə] **1.** vapeur *f* (*a. fig.*); ~ *bath* bain *m* de vapeur; ~ *trail*

traînée *f* de condensation; **2.** s'évaporer; *fig.* débiter des fadaises; **'va·po(u)r·y** *see vaporous*.

var·i·a·bil·i·ty [vɛəriə'biliti] variabilité *f*, inconstance *f*; □ variable, inconstant; **'var·i·ance** variation *f*; divergence *f*; discorde *f*; *be at* ~ être en désaccord; avoir un différend; *set at* ~ mettre en désaccord; **'var·i·ant 1.** différent (*de*, *from*); **2.** variante *f*; **var·i·a·tion** variation *f*.(*a.* ♩); changement *m*; différence *f*, écart *m*; ⊕ ~ *of load* fluctuation *f* de charge.

var·i·cose ⚕ ['værikous] variqueux (*-euse f*); ~ *vein* varice *f*.

var·ied □ ['vɛərid] varié, divers; **var·i·e·gate** ['~rigeit] varier; barioler; **'var·i·e·gat·ed** varié; bariolé, bigarré; ♥ *etc.* panaché; **var·i·e·'ga·tion** diversité *f* de couleurs; ♥ panachure *f*; **va·ri·e·ty** [və'raiəti] diversité *f*; variété *f* (*a. biol.*); ⚕ assortiment *m*; *théâ.* F music-hall *m*; ~ *show* attractions *f/pl.*; (spectacle *m* de) music-hall *m*; ~ *theatre* théâtre *m* de variétés.

va·ri·o·la ⚕ [və'raiələ] variole *f*.

var·i·ous □ ['vɛəriəs] varié, divers; différent; plusieurs.

var·mint ['vɑ:mint] *sl.* petit polisson *m*; *chasse*: renard *m*; vermine *f*.

var·nish ['vɑ:niʃ] **1.** vernis *m* (*a. fig.*); vernissage *m*; **2.** vernir; vernisser; *fig.* farder, glisser sur.

var·si·ty F ['vɑ:siti] université *f*.

var·y ['vɛəri] *v/t.* (faire) varier; diversifier; ♩ varier (*un air*); *v/i.* varier, changer; être variable; s'écarter (*de*, *from*).

vas·cu·lar ⚕, *anat.* ['væskjulə] vasculaire.

vase [vɑ:z] vase *m*.

vas·sal ['væsl] vassal (*-aux m/pl.*) (*a. su.*); **'vas·sal·age** vassalité *f*, vasselage *m*; *fig.* sujétion *f*.

vast □ [vɑ:st] vaste, immense; **'vast·ness** immensité *f*; vaste étendue *f*.

vat [væt] **1.** cuve *f*; (*petit*) cuveau *m*; bain *m*; **2.** mettre en cuve; encuver.

vat·ted ['vætid] mis en cuve (*vin etc.*); en fût (*vin*).

vault¹ [vɔ:lt] **1.** voûte *f* (*a. fig.*); *banque*: souterrain *m*; cave *f* (*à vin*); tombeau *m* (*de famille etc.*); **2.** (se) voûter.

vault² [∿] **1.** v/i. sauter; v/t. (ou ∿ over) sauter (qch.); **2.** saut m.

vault·ing △ ['vɔːltiŋ] (construction f de) voûtes f/pl.

vault·ing-horse ['vɔːltiŋhɔːs] gymn. cheval m de bois.

vaunt poét. [vɔːnt] **1.** (se) vanter (de); **2.** vanterie f; **'vaunt·ing** □ vantard. [de veau.)

veal [viːl] veau m; roast ∿ rôti m)

ve·dette ✕ [vi'det] vedette f.

veer [viə] **1.** (faire) virer; v/i. tourner; **2.** (a. ∿ round) changement m de direction.

veg F Brit. [vedʒ] légume(s) m (pl.).

veg·e·ta·ble ['vedʒitəbl] **1.** végétal (-aux m/pl.); ∿ garden (jardin m) potager m; ∿ soup soupe f de légumes; **2.** légume m; ∿ végétal (pl. -aux) m; **veg·e·tar·i·an** [∿'tɛəriən] végétarien(ne f) (a. su.); **veg·e·tate** ['∿teit] végéter; **veg·e·ta·tion** végétation f; **veg·e·ta·tive** □ ['∿tətiv] végétatif (-ive f).

ve·he·mence ['viːiməns] véhémence f; impétuosité f; **'ve·he·ment** □ véhément; passionné; violent.

ve·hi·cle ['viːikl] voiture f; véhicule m (a. fig., pharm., peint.); pharm. excipient m; **ve·hi·cu·lar** □ [vi'hikjulə] des voitures; véhiculaire (a. langue).

veil [veil] **1.** voile m (a. fig.); phot. voile m faible; **2.** (se) voiler (a. fig.); v/t. fig. a. cacher; **'veil·ing** action f de voiler; phot. voile m faible; voile m, -s m/pl. (a. ✛).

vein [vein] veine f (a. fig.) (de inf., for gér.); (de inf., d'aile); in the same ∿ dans le même esprit; **veined** veiné; ♀ nervuré; **'vein·ing** veinage m; veines f/pl.; ♀ nervures f/pl.

vel·le·i·ty [ve'liːiti] velléité f.

vel·lum ['veləm] vélin m; ∿ paper papier m vélin.

ve·loc·i·ty [vi'lɔsiti] vitesse f.

vel·vet ['velvit] **1.** velours m; bois de cerf: peau f velue; F fig. on ∿ sur le velours; **2.** de velours; velouté; **vel·vet·een** [∿'tiːn] velours m de coton; ∿s pl. pantalon m en velours de chasse; **'vel·vet·y** velouté.

ve·nal ['viːnl] vénal (-aux m/pl.); mercenaire; **ve·nal·i·ty** [viː'næliti] vénalité f.

vend [vend] vendre; **'vend·er**, **'ven·dor** vendeur (-euse f) m;

marchand(e f) m; **'vend·i·ble** vendable; **'vend·ing ma·chine** distributeur m (automatique).

ve·neer [vi'niə] **1.** (bois m de) placage m; F vernis m, masque m; **2.** plaquer; fig. cacher (qch.) sous un vernis.

ven·er·a·ble □ ['venərəbl] vénérable; **ven·er·ate** ['∿reit] vénérer; **ven·er·a·tion** vénération f; **'ven·er·a·tor** vénérateur (-trice f) m.

ve·ne·re·al [vi'niəriəl] vénérien(ne f); ∿ disease maladie f vénérienne.

Ve·ne·tian [vi'niːʃn] **1.** de Venise; vénitien(ne f); ∿ blind jalousie f; **2.** Vénitien(ne f) m.

venge·ance ['vendʒəns] vengeance f; F with a (ou for) ∿ pas d'erreur!; pour de bon!; furieusement.

venge·ful □ ['vendʒful] vengeur (-eresse f).

ve·ni·al □ ['viːnjəl] pardonnable; véniel(le f) (péché).

ven·i·son ['venzn] venaison f.

ven·om ['venəm] venin m (souv. fig.); **'ven·om·ous** □ venimeux (-euse f) (animal, a. fig.); vénéneux (-euse f) (plante).

ve·nous ['viːnəs] veineux (-euse f).

vent [vent] **1.** trou m, orifice m, passage m; soupirail (-aux pl.) m; orn., icht. ouverture f anale; give ∿ to donner libre cours à (sa colère etc.); find ∿ s'échapper (en, in); **2.** fig. décharger, épancher (sur, on).

ven·ti·late ['ventileit] ventiler; aérer; fig. faire connaître, agiter (une question); **ven·ti'la·tion** aération f; ventilation f, aérage m (a. ✕); fig. mise f en discussion publique; **'ven·ti·la·tor** ventilateur m; soupirail (-aux pl.) m; porte, fenêtre: vasistas m.

vent·peg ['ventpeg] fausset m.

ven·tral ✕, zo. ['ventrəl] ventral (-aux m/pl.).

ven·tri·cle anat. ['ventrikl] ventricule m.

ven·tril·o·quist [ven'triləkwist] ventriloque mf; **ven'tril·o·quize** [∿kwaiz] faire de la ventriloquie.

ven·ture ['ventʃə] **1.** risque m; aventure f; entreprise f; ✛ opération f, affaire f; at a ∿ au hasard; **2.** v/t. risquer, hasarder; v/i.: ∿ to (inf.) se risquer à (inf.), oser (inf.); I ∿ to say je me permets de dire; ∿ (up)on s'aventurer dans (un endroit);

ven·ture·some □ ['ˌsəm], **'ven·tur·ous** □ risqué, hasardeux (-euse ᶠ); aventureux (-euse ᶠ) (*personne*).

ven·ue ['venjuː] ⚖ lieu *m* du jugement; *fig.* scène ᶠ; F rendez-vous *m*.

ve·ra·cious [vəˈreiʃəs] véridique; **ve·rac·i·ty** [ˌˈræsiti] véracité ᶠ.

verb *gramm.* [vəːb] verbe *m*; **'ver·bal** □ verbal (-aux *m/pl.*); de mots; littéral (-aux *m/pl.*); (*ou* **ver·ba·tim** [ˌˈbeitim]) mot pour mot; **ver·bal·ize** verbaliser, rendre par des mots; **ver·bi·age** ['ˌbiidʒ] verbiage *m*; **ver·bose** [ˌˈbous] verbeux (-euse ᶠ), prolixe; **ver·bos·i·ty** [ˌˈbɔsiti] verbosité ᶠ, prolixité ᶠ.

ver·dan·cy ['vəːdənsi] verdure ᶠ; F *fig.* inexpérience ᶠ; **'ver·dant** □ vert; *fig.* inexpérimenté (-e etc.).

ver·dict ['vəːdikt] ⚖ verdict *m* (*du jury*); *fig.* jugement *m* (sur, on); **bring in** (*ou* **return**) **a ~** (**of** guilty etc.) rendre un verdict (de culpabilité etc.).

ver·di·gris ['vəːdigris] vert-de-gris *m*.

ver·dure ['vəːdʒə] verdure ᶠ.

verge¹ [vəːdʒ] *eccl.* verge ᶠ.

verge² [ˌ] **1.** *voir. fig.* bord *m*; seuil *m*; **on the ~** au seuil (de, of); à deux doigts (de, of); sur le point (de *inf.*, of *gér.*); **2.** baisser; approcher (de, towards); **~** (**up**)**on** côtoyer (*qch.*); friser; être voisin de, toucher à.

ver·i·fi·a·ble ['verifaiəbl] vérifiable; facile à vérifier; **ver·i·fi·ca·tion** [ˌfiˈkeiʃn] vérification ᶠ, contrôle *m*; ⚖ confirmation ᶠ; **ver·i·fy** ['ˌfai] prouver; confirmer; contrôler, vérifier; **ver·i·si·mil·i·tude** [ˌsiˈmilitjuːd] vraisemblance ᶠ; **'ver·i·ta·ble** □ véritable; **'ver·i·ty** vérité ᶠ.

ver·juice *usu. fig.* ['vəːdʒuːs] verjus *m*.

ver·mi·cel·li [vəːmiˈseli] vermicelle *m*; **ver·mi·cide** *pharm.* ['ˌsaid] vermicide *m*; **ver·mic·u·lar** [ˌˈmikjulə] vermiculaire; vermoulu; **ver·mi·form** ['ˌfɔːm] vermiforme; **ver·mi·fuge** *pharm.* ['ˌfjuːdʒ] vermifuge *m*.

ver·mil·ion [vəˈmiljən] **1.** vermillon *m*; **2.** vermeil(le ᶠ); (de) vermillon *adj./inv.*

ver·min ['vəːmin] vermine ᶠ (*a. fig.*); *chasse:* bêtes ᶠ/pl. puantes; **'~·kill·er** *personne:* preneur *m* de vermine; insecticide *m*; mort-aux-

rats ᶠ; **'ver·min·ous** couvert de vermine; ⚕ vermineux (-euse ᶠ).

ver·m(o)uth ['vəːməθ] vermouth *m*.

ver·nac·u·lar □ [vəˈnækjulə] **1.** indigène; du pays; vulgaire (*langue*); **2.** langue ᶠ du pays; idiome *m* national; langue ᶠ vulgaire; langage *m* (*d'un métier*).

ver·nal ['vəːnl] printanier (-ère ᶠ); ⚕, *astr.* vernal (-aux *m/pl.*).

ver·ni·er ['vəːnjə] ⚙, *surv.* vernier *m*; ⊕ **~ cal(l)iper** jauge ᶠ micrométrique.

ver·sa·tile □ ['vəːsətail] aux talents variés; souple; ⚕, *zo.* versatile; **ver·sa·til·i·ty** [ˌˈtiliti] souplesse ᶠ; ⚕, *zo.* versatilité ᶠ; adaptation ᶠ.

verse [vəːs] vers *m*; strophe ᶠ; *coll.* vers *m/pl.*, poésie ᶠ; ♪ *motet:* solo *m*; **versed** versé (en, dans in).

ver·si·fi·ca·tion [vəːsifiˈkeiʃn] versification ᶠ; métrique ᶠ (*d'un auteur*); **ver·si·fy** ['ˌfai] *vt/i.* versifier; *v/t.* mettre (*qch.*) en vers; *v/i.* faire des vers.

ver·sion ['vəːʃn] version ᶠ; traduction ᶠ.

ver·so ['vəːsou] verso *m*.

ver·sus *surt.* ⚖ ['vəːsəs] contre.

vert F *eccl.* [vəːt] se convertir.

ver·te·bra *anat.* ['vəːtibrə], *pl.* **-brae** [ˌbriː] vertèbre ᶠ; **ver·te·bral** ['ˌbrəl] vertébral (-aux *m/pl.*); **ver·te·brate** ['ˌbrit] **1.** vertébré; **~ animal** = **2.** vertébré *m*.

ver·tex ['vəːteks], *pl. usu.* **-ti·ces** [ˌtisiːz] sommet *m*; *astr.* zénith *m*; **'ver·ti·cal 1.** □ vertical (-aux *m/pl.*); à pic (*falaise*); **♪ ~ angles** angles *m/pl.* opposés par le sommet; **~ takeoff aircraft** avion *m* à décollage vertical; **2.** verticale ᶠ; *astr.* vertical *m*.

ver·tig·i·nous □ [vəˈtidʒinəs] vertigineux (-euse ᶠ); **ver·ti·go** ['ˌtigou] vertige *m*.

verve [vəːv] verve ᶠ.

ver·y ['veri] **1.** *adv.* très; fort; bien; **the ~ best** tout ce qu'il y a de mieux; **2.** *adj.* vrai, véritable, ... même; **the ~ same** le (la *etc.*) ... même(s *pl.*); **in the ~ act** sur le fait; to the ~ bone jusqu'aux os; jusqu'à l'os même; **the ~ thing** ce qu'il faut; **the ~ thought** la seule pensée; **the ~ stones** les pierres mêmes; **the veriest baby** (même) le plus petit enfant; **the veriest rascal** le plus

parfait coquin; *radio:* ~ high frequency très haute fréquence *f*.

ves·i·ca·to·ry ['vesikeitəri] vésicatoire (*a. su./m*); **ves·i·cle** ['~kl] vésicule *f*; *géol.* vacuole *f*.

ves·pers *eccl.* ['vespəz] *pl.* vêpres
f/pl.

ves·sel ['vesl] vaisseau *m* (*a.* ♀, *anat.*,
fig.); ⚓ *a.* navire *m*, bâtiment *m*.

vest [vest] **1.** gilet *m*; ✝ gilet *m* de
dessous; *sp.* maillot *m*; **2.** *v/t. usu.*
fig. revêtir, investir (de, *with*); assigner (qch. à q., *s.th. in s.o.*); *v/i.*
être dévolu (à q., *in s.o.*); ~ed rights
pl. droits *m/pl.* acquis.

ves·ta ['vestə] (*a.* ~ match, wax ~)
allumette-bougie (*pl.* allumettes-
bougies) *f*; *astr.* ♀ vesta *f*.

ves·tal ['vestl] **1.** de(s) vestale(s);
2. vestale *f*.

ves·ti·bule ['vestibju:l] vestibule *m*
(*a. anat.*); salle *f* des pas perdus; 🚂
surt. Am. soufflet *m* (*entre deux*
wagons); ~ train train *m* à soufflets.

ves·tige ['vestidʒ] vestige *m*, trace *f*;
ves·tig·i·al à l'état rudimentaire.

vest·ment ['vestmənt] vêtement *m*
(*a. eccl.*).   [dimensions.]

vest·pock·et ['vest'pɔkit] de petites]

ves·try ['vestri] *eccl.* sacristie *f*;
(réunion *f* du) conseil *m* d'administration de la paroisse; salle *f* de
patronage; '~·man marquillier *m*.

ves·ture *poét.* ['vestʃə] **1.** vêtement
m; **2.** revêtir.

vet [vet] **1.** vétérinaire *m*; Am. ancien
combattant *m*; **2.** traiter (*un*
animal); *fig.* examiner médicale-
ment; revoir, corriger; *fig.* mettre
au point.

vetch ♀ [vetʃ] vesce *f*.

vet·er·an ['vetərən] **1.** expérimenté;
ancien(ne *f*); de(s) vétéran(s);
vieux (vieil *devant une voyelle ou*
un h muet; vieille *f*); *mot.* ~ car
vétéran *m*; **2.** vétéran *m*; ancien *m*;
ancien combattant *m*.

vet·er·i·nar·i·an Am. [vetəri'nɛəriən]
vétérinaire *mf*; **vet·er·i·nar·y**
['vetərinəri] **1.** vétérinaire; ~ surgeon
= **2.** vétérinaire *mf*.

ve·to ['vi:tou] **1.** *pl.* **-toes** [~touz]
veto *m*; *put a (ou one's)* ~ (*up*)*on* =
2. mettre son veto à.

vex [veks] vexer (*a.* ⚖); fâcher,
contrarier; **vex'a·tion** vexation *f*,
tourment *m*; désagrément *m*; dépit
m; **vex'a·tious** □ ennuyeux (-euse

f); fâcheux (-euse *f*); ⚖ vexatoire;
'**vexed** □ fâché, vexé (de qch., *at*
s.th.; contre q., *with s.o.*); ~ question question *f* très débattue; '**vexing** □ agaçant; ennuyeux (-euse *f*).

vi·a ['vaiə] par; *poste:* voie.

vi·a·ble *biol.* ['vaiəbl] viable.

vi·a·duct ['vaiədʌkt] viaduc *m*.

vi·al ['vaiəl] fiole *f*.

vi·ands *poét.* ['vaiəndz] *pl.* aliments
m/pl.

vi·at·i·cum *eccl.* [vai'ætikəm] viatique *m*.

vibes F [vaibz] *sg.* ♪ vibraphone *m*; *pl.*
vibrations *f/pl.*

vi·brant ['vaibrənt] vibrant; *fig.* palpitant (de, *with*).

vi·bra·phone ♪ ['vaibrəfoun] vibraphone *m*.

vi·brate [vai'breit] (faire) vibrer
ou osciller; **vi'bra·tion** vibration
f; **vi·bra·to·ry** ['~brətəri] vibra-
toire.

vic·ar *eccl.* ['vikə] curé *m*; ~ general
vicaire *m* général; '**vic·ar·age**
presbytère *m*; cure *f*; **vi·car·i·ous**
□ [vai'kɛəriəs] délégué; fait *ou*
souffert pour *ou* par un autre.

vice[1] [vais] vice *m*; *fig.* défaut *m*.

vice[2] ⊕ [~] étau *m*.

vice[3] **1.** ['vaisi] *prp.* à la place de;
2. [vais] *adj.* vice-; sous-; '~·**ad-
mi·ral** vice-amiral *m*; '~·'**chairman** vice-président(e *f*) *m*; '~·
'**chan·cel·lor** vice-chancelier *m*;
univ. recteur *m*; '~·'**con·sul** vice-
consul *m*; ~**ge·rent** [~'dʒɛrənt]
représentant *m*; '~·'**pres·i·dent**
vice-président(e *f*) *m*; '~·'**re·gal** de
ou du vice-roi; '~**reine** ['~'rein]
vice-reine *f*; ~**roy** ['~rɔi] vice-
roi *m*.

vi·ce ver·sa ['vaisi'və:sə] vice versa,
réciproquement.

vic·in·age ['visinidʒ], **vi·cin·i·ty**
environs *m/pl.* (de, *of*); proximité *f*
(de to, *with*); *in the* ~ *of* 40 environ 40.

vi·cious □ ['viʃəs] vicieux (-euse *f*);
dépravé (*a. personne*); *fig.* méchant
(*a. cheval*); *phls.* ~ circle cercle *m*
vicieux; *argument m* circulaire.

vi·cis·si·tude [vi'sisitju:d] *usu.* ~s
pl. vicissitudes *f/pl.*

vic·tim ['viktim] victime *f*; '**vic-
tim·ize** prendre comme victime;
✖, *pol.* exercer des représailles
contre; *fig.* duper.

vic·tor ['viktə] vainqueur *m*; **Vic·to·ri·an** *hist.* [vik'tɔ:riən] victorien (-ne *f*); **vic·to·ri·ous** □ victorieux (-euse *f*); de victoire; **vic·to·ry** ['ˌtəri] victoire *f*.

vict·ual ['vitl] **1.** (s')approvisionner; ⤬, ⚓ (se) ravitailler; *v/i.* F bâfrer (= *manger*); **2.** *usu.* ~s *pl.* provisions *f/pl.*; vivres *m/pl.*; **vict·ual·(l)er** ['vitlə] fournisseur *m* de vivres; *licensed* ~ débitant *m* de boissons.

vi·de ['vaidi] voir.

vi·de·li·cet [vi'di:liset] (*abr.* **viz.**) à savoir; c'est-à-dire.

vid·e·o ['vidiəu] **1.** vidéo *f*; *Am.* F télévision *f*; **2.** vidéo *inv.*; ~ **cart·ridge**, ~ **cas·sette** vidéo(-)cassette *f*; ~ **disc** vidéo(-)disque *m*; ~ **phone** vidéophone *m*; ~ **re·cord·er** magnétoscope *m*; ~ **tape** bande *f* vidéo; '~**tape** enregistrer sur bande *f* vidéo, magnétoscoper; '~·**tel·e·phone** vidéotéléphone *m*.

vie [vai] le disputer (à, *with*); rivaliser (avec, *with*).

Vi·en·nese [vie'ni:z] **1.** viennois; **2.** Viennois(e *f*) *m*.

view [vju:] **1.** vue *f*, coup *m* d'œil; regard *m*; scène *f*; perspective *f*; aperçu *m*; *fig.* intention *f*; *fig.* idée *f*, opinion *f*, avis *m*; *field of* ~ champ *m*; *at first* ~ à première vue; *in* ~ in vue, sous les regards; *in* ~ of en vue de; *fig.* in raison ou considération de; étant donné; *in my* ~ à mon avis; *on* ~ exposé; ouvert au public; *on the long* ~ à la longue, envisager les choses de loin; *out of* ~ hors de vue; caché aux regards; *with a* ~ to (*gér.*), *with the* ~ of (*gér.*); dans le but de (*inf.*), en vue de (*inf.*); dans l'intention de (*inf.*); *have in* ~ avoir en vue; *keep in* ~ ne pas perdre de vue; **2.** regarder (*a. télév.*); contempler; voir; apercevoir; *fig.* envisager (*-trice f*) *m*; '**view·find·er** *phot.* viseur *m*; '**view·phone** vidéophone *m*; '**view·point** point *m* de vue; belvédère *m* (*dans le paysage*); '**view·y** □ F visionnaire.

vig·il ['vidʒil] veille *f*; *eccl.* vigile *f*; '**vig·i·lance** vigilance *f*; ~ *committee Am.* comité de surveillance (des mœurs ou de l'ordre); '**vig·i·lant** □ vigilant, éveillé; **vig·i·lan·te** *Am.* [ˌˈlænti] membre *m* du comité de surveillance.

vi·gnette [vi'njet] **1.** *typ.* vignette *f*; *phot.* cache *m* dégradé; **2.** *phot.* dégrader (*un portrait etc.*).

vig·or·ous □ ['vigərəs] vigoureux (-euse *f*), robuste; *phot.* à contrastes; corsé (*couleur*); '**vig·o(u)r** vigueur *f* (*a. fig.*); énergie *f*, ♪ brio *m*.

vile □ [vail] vil; infâme; F sale.

vil·i·fi·ca·tion [vilifi'keiʃn] dénigrement *m*, détraction *f*; **vil·i·fy** ['ˌfai] diffamer, dénigrer; médire de (*q.*).

vil·la ['vilə] villa *f*, maison *f* de campagne.

vil·lage ['vilidʒ] village *m*; '**vil·lag·er** villageois(e *f*) *m*.

vil·lain ['vilən] scélérat *m*; bandit *m*; misérable *m*; F *a. co.* coquin(e *f*) *m*; '**vil·lain·ous** □ infâme, vil; scélérat; F sale; '**vil·lain·y** infamie *f*; vilenie *f*.

vil·lein *hist.* ['vilin] vilain *m*; serf *m*.

vim F [vim] énergie *f*, vigueur *f*.

vin·di·cate ['vindikeit] défendre (contre, *from*); justifier; revendiquer (*ses droits*); **vin·di·ca·tion** défense *f*; revendication *f*; **vin·di·ca·to·ry** □ ['ˌkeitəri] vindicatif (-ive *f*); vengeur (-eresse *f*).

vin·dic·tive □ [vin'diktiv] vindicatif (-ive *f*); *a.* rancunier (-ère *f*) (*personne*).

vine ⚘ [vain] vigne *f*; *houblon etc.*: sarment *m*; *Am.* plante *f* grimpante; '~·**dres·ser** vigneron(ne *f*) *m*; **vin·e·gar** ['vinigə] **1.** vinaigre *m*; **2.** vinaigrer; '**vine·grow·er** viticulteur *m*; vigneron(ne *f*) *m*; '**vine·grow·ing** viticulture *f*; *attr.* vignoble; '**vine·louse** phylloxéra *m*; **vine·yard** ['vinjəd] vigne *f*; clos *m* de vigne; vignoble *m*.

vi·nous ['vainəs] vineux (-euse *f*); F ivrogne.

vin·tage ['vintidʒ] vendange *f*; cru *m*; *fig.* modèle *m*; ~ *year* grande année *f*; '**vin·tag·er** vendangeur (-euse *f*) *m*.

vi·o·la[1] ♪ [vi'oulə] alto *m*.

vi·o·la[2] ⚘ ['vaiələ] pensée *f*.

vi·o·la·ble □ ['vaiələbl] qui peut être violé.

vi·o·late ['vaiəleit] violer (*un serment, une femme*); outrager (*une femme*); profaner (*une église*); **vi·o·la·tion** violation *f*; viol *m* (*d'une* *femme*); profanation *f*; '**vi·o·la·tor** violateur (-trice *f*) *m*.

vi·o·lence ['vaiələns] violence *f*; do (*ou* offer) ~ to faire violence à; '**vi·o·lent** □ violent; vif (vive *f*); criard (*couleur*).

vi·o·let ['vaiəlit] **1.** ♀ violette *f*; *couleur*: violet *m*; **2.** violet(te *f*).

vi·o·lin ♪ [vaiə'lin] violon *m*; '**vi·o·lin·ist** violoniste *mf*.

vi·o·lon·cel·list ♪ [vaiələn'tʃelist] violoncelliste *mf*; **vi·o·lon·cel·lo** [‿lou] violoncelle *m*.

vi·per *zo.* ['vaipə] vipère *f* (*a. fig.*); ⊘ guivre *f*; **vi·per·ine** ['‿rain], **vi·per·ous** □ ['‿rəs] *usu. fig.* vipérin.

vi·ra·go [vi'rɑːgou] vrai gendarme *m*; mégère *f*.

vir·gin ['vəːdʒin] **1.** vierge *f*; **2.** vierge (*a.* ⊕, *a. fig.*); = '**vir·gin·al** □ virginal (-aux *m/pl.*); de vierge; **Vir·gin·ia** [və'dʒinjə] (*ou* ~ *tobacco*) tabac *m* de Virginie, virginie *f*; ~ creeper vigne *f* vierge; **vir·gin·i·ty** [vəː'dʒiniti] virginité *f*.

Vir·go *astr.* ['vəːgou] la Vierge.

vir·ile ['virail] viril, mâle; **vi·ril·i·ty** [vi'riliti] virilité *f*.

vir·tu [vəː'tuː] goût *m* des objets d'art; *article of* ~ objet *m* d'art; **vir·tu·al** □ ['‿tjuəl] de fait; véritable; ⊕ virtuel(le *f*); **vir·tue** ['‿tjuː] vertu *f*; *fig.* qualité *f*; avantage *m*; efficacité *f*; propriété *f*; *in* (*ou by*) ~ *of* en raison *ou* vertu ~ de; **vir·tu·os·i·ty** [‿tju-'ositi] ♪ *etc.* virtuosité *f*; **vir·tu·o·so** [‿'ouzou] *surt.* ♪ virtuose *mf*; amateur *m* des arts; amateur *m* de curiosités *etc.*; '**vir·tu·ous** □ vertueux (-euse *f*).

vir·u·lence ['viruləns] virulence *f*; *fig.* venin *m*; '**vir·u·lent** □ virulent (*a. fig.*); *fig. a.* venimeux (-euse *f*).

vi·rus ✍ ['vaiərəs] virus *m*; *fig.* poison *m*.

vi·sa [vi:zə] *see* visé.

vis·age *poét.* ['vizidʒ] visage *m*.

vis·cer·a ['visərə] *pl.* viscères *m/pl.*

vis·cid □ ['visid] *see* viscous.

vis·cose ♠ ['viskous] viscose *f*; ~ silk soie *f* artificielle; **vis·cos·i·ty** [‿'kɔsiti] viscosité *f*.

vis·count ['vaikaunt] vicomte *m*; '**vis·count·ess** vicomtesse *f*.

vis·cous □ ['viskəs] visqueux (-euse *f*); gluant; pâteux (-euse *f*).

vi·sé ['viːzei] **1.** visa *m*; **2.** apposer un visa à (*un passeport*); viser.

vis·i·bil·i·ty [vizi'biliti] visibilité *f*; good ~ vue *f* dégagée; **vis·i·ble** □ ['vizəbl] visible; *fig.* évident; *be* ~ se montrer (*chose*); être visible (*personne*).

vi·sion ['viʒn] vision *f*, vue *f*; *fig.* pénétration *f*; imagination *f*; fantôme *m*, apparition *f*.

vi·sion·ar·y ['viʒnəri] chimérique; rêveur (-euse *f*) (*personne*) (*a. su./mf*); visionnaire (*a. su./mf*).

vis·it ['vizit] **1.** *v/t.* faire (une) visite à, rendre visite à; aller voir; visiter (*un endroit*); ♰ passer chez; *fig.* causer avec; ~ *s.th. on s.o.* faire retomber qch. sur (*q.*); *v/i.* faire des visites; *Am.* F causer (avec, with); **2.** visite *f*; '**vis·it·ant** visiteur (-euse *f*) *m*; apparition *f*; *orn.* oiseau *m* de passage; **vis·it·a·tion** visite *f*; tournée *f* d'inspection; *fig.* affliction *f*; calamité *f*; apparition *f*; **vis·it·a·to·ri·al** [‿tə'tɔːriəl] de visite; d'inspection; '**vis·it·ing** en visite; de visite; ~ card carte *f* de visite; ~ hours heures *f/pl.* de visite; *sp.* ~ team les visiteurs *m/pl.*; '**vis·i·tor** visiteur (-euse *f*) *m* (de, to); *hôtel:* client(e *f*) *m*; *admin.* inspecteur *m*; they have ~s ils ont du monde; ~s' book livre *m ou* registre *m* des voyageurs.

vi·sor ['vaizə] visière *f* (*de casque*, *Am.* *de casquette*); *mot.* pare-soleil *m/inv.*

vis·ta ['vistə] perspective *f* (*a. fig.*); *forêt:* éclaircie *f*.

vis·u·al □ ['vizjuəl] visuel(le *f*); *anat.* optique; '**vis·u·al·ize** se représenter (*qch.*), se faire une image de (*qch.*).

vi·tal □ ['vaitl] **1.** vital (-aux *m/pl.*); essentiel(le *f*); mortel(le *f*) (*blessure*); ~ *parts pl.* = **2.** ~s *pl.* organes *m/pl.* vitaux; **vi·tal·i·ty** [‿'tæliti] vitalité *f*; vie *f*, vigueur *f*; **vi·tal·ize** ['‿təlaiz] vivifier, animer.

vi·ta·min ['vitəmin], **vi·ta·mine** ['‿miːn] vitamine *f*; **vi·ta·min·ized** ['‿minaizd] enrichi de vitamines.

vi·ti·ate ['viʃieit] vicier (*a.* ⚖); corrompre; gâter.

vit·i·cul·ture ['vitikʌltʃə] viticulture f.

vit·re·ous □ ['vitriəs] vitreux (-euse f); ⚡, a. anat. vitré.

vit·ri·fac·tion [vitri'fækʃn] vitrification f; **vit·ri·fy** ['⁓fai] (se) vitrifier.

vit·ri·ol ♫ ['vitriəl] vitriol m; **vit·ri·ol·ic** [vitri'ɔlik] ♫ vitriolique; fig. mordant.

vi·tu·per·ate [vi'tju:pəreit] injurier; outrager, insulter, vilipender; **vi·tu·per'a·tion** injures f/pl.; invectives f/pl.; **vi'tu·per·a·tive** □ [⁓reitiv] injurieux (-euse f); mal embouché.

Vi·tus ['vaitəs]: ⚡ St. ⁓'(s) dance chorée f; danse f de Saint-Guy.

vi·va (**vo·ce**) ['vaivə ('vousi)] **1.** adv. de vive voix; **2.** adj. oral (-aux m/pl.); **3.** su. oral m.

vi·va·cious □ [vi'veiʃəs] animé, enjoué; vif (vive f); **vi·vac·i·ty** [⁓'væsiti] vivacité f; verve f; enjouement m.

viv·id □ ['vivid] vif (vive f); éclatant, frappant; **'viv·id·ness** éclat m.

viv·i·fy ['vivifai] (s')animer; **vi·vip·a·rous** □ [⁓'vipərəs] vivipare; **viv·i·sec·tion** [⁓'sekʃn] vivisection f.

vix·en ['viksn] renarde f; F mégère f.

vi·zor ['vaizə] see visor.

vo·cab·u·lar·y [və'kæbjuləri] vocabulaire m; glossaire m.

vo·cal □ ['voukl] vocal (-aux m/pl.) (♪, son, prière); sonore, bruyant; doué de voix; gramm. vocalique; voisé; sonore; anat. ⁓ c(h)ords pl. cordes ou bandes f/pl. vocales; ⁓ part partie f chantée; **'vo·cal·ist** chanteur m; cantatrice f; **'vo·cal·ize** v/t. chanter; gramm. voiser, sonoriser; v/i. vocaliser; F chanter; **'vo·cal·ly** adv. à l'aide du chant; oralement.

vo·ca·tion [vou'keiʃn] vocation f (a. au sacerdoce etc.); profession f, métier m; **vo'ca·tion·al** □ (professionnel(le f)); ⁓ guidance orientation f professionnelle.

voc·a·tive gramm. ['vɔkətiv] (a. ⁓ case) vocatif m.

vo·cif·er·ate [vou'sifəreit] vt/i. vociférer, crier (contre, against); **vo·cif·er'a·tion** (a. ⁓s pl.) vociférations f/pl.; cri m, -s m/pl.; **vo'cif·er·ous** □ vociférant, bruyant.

vogue [voug] vogue f, mode f.

voice [vɔis] **1.** voix f; gramm. active ⁓ actif m; passive ⁓ passif m; in (good) ⁓ en voix; give ⁓ to exprimer (qch.); **2.** exprimer, énoncer; gramm. voiser, sonoriser; ♪ harmoniser; **voiced** gramm. voisé, sonore; low-⁓ à voix basse; **'voice·less** □ surt. gramm. sans voix, sourd.

void [vɔid] **1.** vide; ⚖ nul(le f); ⁓ of dépourvu ou libre de, sans; **2.** vide m; **3.** ⚖ annuler, résilier; **'void·ness** vide m; ⚖ nullité f.

vol·a·tile ♫ ['vɔlətail] volatil; fig. gai; fig. volage; **vol·a·til·i·ty** [⁓'tiliti] ♫ volatilité f; fig. inconstance f; **'vol·a·til·ize** (se) volatiliser.

vol·can·ic [vɔl'kænik] (⁓ally) volcanique (a. fig.); **vol·ca·no** [⁓'keinou], pl. **-noes** [⁓'nouz] volcan m.

vole zo. [voul] campagnol m.

vo·li·tion [vou'liʃn] volonté f, volition f; on one's own ⁓ de son propre gré.

vol·ley ['vɔli] **1.** volée f, salve f (a. fig.); pierres, coups: grêle f; tennis: volée f; **2.** v/t. lancer une volée ou grêle de; (usu. ⁓ out) lâcher une bordée de; reprendre (la balle) de volée; v/i. partir ensemble (canons); fig. tonner; **'vol·ley-ball** sp. volley-ball m.

vol·plane ✈ ['vɔl'plein] **1.** vol m plané; **2.** planer; descendre en vol plané.

volt ⚡ [voult] volt m; **'volt·age** ⚡ voltage m, tension f; **volt·a·ic** ⚡ [vɔl'teiik] voltaïque.

volte-face fig. ['vɔlt'fɑ:s] volte-face f/inv.; changement m d'opinion.

volt·me·ter ⚡ ['voultmi:tə] voltmètre m.

vol·u·bil·i·ty [vɔlju'biliti] volubilité f; **vol·u·ble** □ ['⁓bl] facile; grand parleur; coulant.

vol·ume ['vɔljum] livre m; volume m (a. phys., voix, fig., etc.); fig. a. ampleur f; ⁓ of sound radio: volume m; ⁓ control, ⁓ regulator volume-contrôle m; **vo·lu·mi·nous** □ [və'lju:minəs] volumineux (-euse f).

vol·un·tar·y □ ['vɔləntəri] **1.** volontaire (a. physiol.); spontané; **2.** ♪ prélude m; improvisation f; vol-

un·teer [ˌ‿'tiə] **1.** volontaire *m*; *attr.* de volontaires; **2.** *v/i.* s'offrir; ⚔ s'engager comme volontaire; *v/t.* offrir spontanément.

vo·lup·tu·ar·y [və'lʌptjuəri] voluptueux (-euse *f*) *m*; **vo'lup·tu·ous** □ sensuel(le *f*); voluptueux (-euse *f*); **vo'lup·tu·ous·ness** sensualité *f*.

vo·lute △ [və'lju:t] volute *f*; **vo'lut·ed** voluté; à volutes.

vom·it ['vɔmit] **1.** *vt/i.* vomir (*a. fig.*); *v/t.* rendre; **2.** vomissement *m*; matières *f/pl.* vomies.

voo·doo ['vu:du:] **1.** vaudou *m*; **2.** envoûter.

vo·ra·cious □ [və'reiʃəs] vorace, dévorant; **vo'ra·cious·ness**, **vo·rac·i·ty** [vɔ'ræsiti] voracité *f*.

vor·tex ['vɔ:teks], *pl. usu.* **-ti·ces** [ˌ‿tisi:z] tourbillon (*a. fig.*).

vo·ta·ry ['voutəri] dévot(e *f*) *m* (à, of); adorateur (-trice *f*) *m* (de, of); *fig.* suppôt *m* (de, of).

vote [vout] **1.** vote *m*; scrutin *m*; voix *f*; droit *m* de vote(r), suffrage *m*; *parl.* crédit *m*; résolution *f*; ~ of (no) *confidence* vote *m* de confiance (défiance); *cast a* ~ donner sa voix *ou* son vote; *put to the* ~ procéder au scrutin; mettre (*qch.*) aux voix; *take a* ~ procéder au scrutin; **2.** *v/t.* voter; F déclarer; *v/i.* voter; donner sa voix (pour, for); F être d'avis (de *inf.*, for *gér.*); être en faveur (de qch. *for s.th.*); F ~ *that* proposer que (*sbj.*); **'vot·er** votant(e *f*) *m*; électeur (-trice *f*) *m*.

vot·ing ['voutiŋ] vote *m*, scrutin *m*; ~ *booth* isoloir *m*; ~ *box* urne *f* de scrutin; ~ *machine* machine *f* pour enregistrer les votes; ~ *paper* bulletin *m* de vote.

vo·tive ['voutiv] votif (-ive *f*).

vouch [vautʃ] *v/t.* garantir, affirmer; *v/i.* répondre (de, for); ~ *that* affirmer que; **'vouch·er** pièce *f* justificative; ♱ bon *m*; ♱ fiche *f*; *théâ. etc.* contremarque *f*; *personne:* garant(e *f*) *m*; **vouch'safe** *v/t.* accorder; *v/i.:* ~ *to* (*inf.*) daigner (*inf.*).

vow [vau] **1.** vœu *m*; serment *m*; **2.** *v/t.* vouer, jurer.

vow·el ['vauəl] voyelle *f*.

voy·age ['vɔidʒ] **1.** voyage *m* (sur mer; ✈ *Am.* par air); traversée *f*; **2.** *v/i.* voyager (sur *ou* par mer); *v/t.* parcourir (*la mer*).

vul·can·ite ['vʌlkənait] vulcanite *f*, caoutchouc *m* vulcanisé; **vul·can·i'za·tion** ⊕ vulcanisation *f*; **'vul·can·ize** ⊕ (se) vulcaniser.

vul·gar ['vʌlgə] **1.** □ du peuple; vulgaire (*a. péj.*); commun; ~ *tongue* langue *f* vulgaire; **2.** *the* ~ le vulgaire *m*; le commun *m* des hommes; **'vul·gar·ism** vulgarisme *m*; (*usu.* **vul·gar·i·ty** [ˌ‿'gæriti]) vulgarité *f*, trivialité *f*; **'vul·gar·ize** vulgariser.

vul·ner·a·bil·i·ty [vʌlnərə'biliti] vulnérabilité *f*; **'vul·ner·a·ble** □ vulnérable; ~ *spot fig.* défaut *m* dans la cuirasse; **'vul·ner·ar·y** vulnéraire (*a. su./m*).

vul·pine ['vʌlpain] de renard; qui a rapport au renard; *fig.* rusé.

vul·ture *orn.* ['vʌltʃə] vautour *m*; **vul·tur·ine** ['ˌ‿tʃurain] de(s) vautour(s). [lité *f*.]

vy·ing ['vaiiŋ] **1.** *p.pr. de* vie; **2.** riva-]

W

W, w ['dʌblju:] W *m*, w *m*.

wab·ble ['wɔbl] see wobble.

wack·y *Am. sl.* ['wæki] fou (fol *devant une voyelle ou un h muet*; folle *f*); toqué.

wad [wɔd] **1.** *ouate etc.*: tampon *m*, pelote *f*; ✗ *cartouche etc.*: bourre *f*; *surt. Am.* F *billets de banque*: liasse *f*; **2.** ouater; cotonner; bourrer (*une arme à feu*); *Am.* rouler en liasse; **'wad·ding** ouate *f*; bourre *f*; ouatage *m*.

wad·dle ['wɔdl] se dandiner.

wade [weid] *v/i.* marcher dans l'eau; *fig.* (s')avancer péniblement; *v/t.* (faire) passer à gué; **'wad·er** (*oiseau m*) échassier *m*; ~s *pl.* grandes bottes *f/pl.* imperméables.

wa·fer [weifə] **1.** gaufrette *f*; pain *m* à cacheter; *eccl. consecrated* ~ hostie *f*; **2.** apposer un cachet à.

waf·fle ['wɔfl] gaufre *f* (américaine).

waft [wɑːft] **1.** *v/t.* porter; faire avancer; *v/i.* flotter dans l'air; **2.** souffle *m*.

wag¹ [wæg] **1.** agiter, remuer (*le bras, la queue, etc.*) ~ *one's tongue* jacasser; **2.** agitation *f*; hochement *m* (*de la tête*).

wag² [~] moqueur (-euse *f*) *m*; blagueur *m*; *sl. play* ~ faire l'école buissonnière.

wage [weidʒ] **1.**: ~ *war* faire la guerre (à *on, against*); **2.** *souv.* ~s *pl.* salaire *m*, paye *f*; gages *m/pl.*; ~(s) *claim*, ~ *demands* revendication(s) *f(pl.)* de salaire(s); ~ *dispute* conflit *m* salarial; ~ *earner* salarié(e *f*)*m*; soutien *m* de (la) famille; ~ *increase* augmentation *f* de salaire(s); ~ *packet* enveloppe *f* de paye; ~ *scale* échelle *f* des salaires; ~ *slip* fiche *f* de paye; ~(s) *sheet* feuille *f* des salaires.

wa·ger *poét.* ['weidʒə] **1.** pari *m*, gageure *f*; **2.** parier, gager (sur, *on*).

wag·ger·y ['wægəri] facétie *f*, -s *f/pl.*, plaisanterie *f*; **'wag·gish** □ plaisant, espiègle, blagueur (-euse *f*).

wag·gle F ['wægl] see wag¹ 1; **'wag·gly** F qui branle; serpentant.

wag·(g)on ['wægən] charrette *f*; camion *m*; ✗ fourgon *m*; 🚃 wagon *m* (découvert); *Am.* F *be* (*go*) *on the* ~ s'abstenir de boissons alcooliques; **'wag·(g)on·er** roulier *m*; camionneur *m*; **wag·(g)on·ette** [~'net] wagonnette *f*.

wag·tail *orn.* ['wægteil] bergeronnette *f*.

waif [weif] 🏛, *a. fig.* épave *f*; ~s *and strays* enfants *m/pl.* abandonnés; épaves *f/pl.*

wail [weil] **1.** plainte *f*; gémissement *m*; **2.** *v/t.* lamenter sur, pleurer; *v/i.* gémir, se lamenter.

wain *poét.* [wein] see wag(g)on; *astr. Charles's* ♋, *the* ♋ le Chariot *m*.

wain·scot ['weinskət] **1.** lambris *m*; *salle*: boiserie *f*; **2.** lambrisser, boiser (de, *with*).

waist [weist] taille *f*, ceinture *f*; ⚓ embelle *f*; ~*-belt* ceinturon *m*; ~*coat* ['weiskout] gilet *m*; ~*'deep* jusqu'à la ceinture; **'waist·ed** *cost.* cintré; *high*-~ (*low*-~) à taille haute (basse); *slim*-~ qui a la taille fine, à la taille fine; ~*'line* taille *f*; ligne *f*.

wait [weit] **1.** *v/i.* attendre; (*souv.* ~ *at table*) servir; F ~ *about* faire le pied de grue; ~ *for* attendre (*qch.*, *q.*); ~ (*up*)*on* servir (*q.*); être aux ordres de (*q.*); être la conséquence de (*qch.*); *keep s.o.* ~*ing* faire attendre q.; ~ *and see* attendre voir; ~ *in line* faire la queue; *play a* ~*ing game* attendre son heure; *v/t.* attendre; différer (*un repas*) (jusqu'à l'arrivée de q., *for s.o.*); **2.** attente *f*; ~s *pl.* chanteurs *m/pl.* de noëls; *have a long* ~ devoir attendre longtemps; *be in* ~ être à l'affût (de, *for*); **'wait·er** *restaurant*: garçon *m*; *fig.* plateau *m*.

wait·ing ['weitiŋ] attente *f*; service *m*; *in* ~ de service; ~ *list* liste *f* d'attente; ~ *room* salle *f* d'attente; antichambre *f*.

wait·ress ['weitris] fille *f* de service; ~! mademoiselle!

waive [weiv] ne pas insister sur, ⚖ renoncer à; '**waiv·er** ⚖ abandon m.

wake[1] [weik] sillage m (a. fig.); fig. suite f; ✈ remous m d'air.

wake[2] [~] 1. [irr.] v/i. veiller; (fig. ~ up) se réveiller, s'éveiller; v/t. réveiller; ~ a corpse veiller un mort; 2. veillée f de corps; fête f annuelle; **wake·ful** □ ['~ful] éveillé; sans sommeil; '**wak·en** (se) réveiller; (s')éveiller (a. fig.).

wale [weil] marque f; ⊕ drap: côté f; palplanches: moise f; ✦ platbord (pl. plats-bords) m.

walk [wɔːk] 1. v/i. marcher, se promener; aller à pied; cheminer; aller au pas (cheval); revenir (spectre); ~ about se promener, circuler; sl. ~ into se heurter à (qch.); Am. ~ out se mettre en grève; Am. F ~ out on laisser ou planter là (q.); v/t. faire marcher; courir (les rues); faire (une distance); conduire ou mettre un cheval au pas; ~ the hospitals suivre les hôpitaux; assister aux leçons cliniques; ✕ ~ the rounds faire sa faction; ~ s.o. off emmener q.; 2. marche f; promenade f; tour(née f) m; allée f, avenue f; démarche f; pas m; ~ of life position f sociale; métier m; '~·a·bout: go on a ~ prendre un bain de foule; '~·a·way surt. Am. victoire f facile; '**walk·er** marcheur (-euse f) m; piéton m; sp. amateur m du footing; be a good ~ être bon marcheur; '**walk·er-'on** sl. figurant(e f) m.

walk·ie-talk·ie ['wɔːki'tɔːki] appareil m d'émission et réception radiophonique, walkie-talkie m.

walk·ing ['wɔːkiŋ] 1. marche f; promenade f à pied; sp. footing m; 2. ambulant; de marche; Am. F ~ papers pl. congé m; ~ tour excursion f à pied; '~-stick canne f.

walk...: '~-out Am. grève f; '~-o·ver sp. walk-over m; fig. victoire f facile; '~-up Am. sans ascenseur (appartement).

wall [wɔːl] 1. mur m; muraille f; (a. side~) paroi f (a. ⊕); give s.o. the ~ donner à q. le haut du pavé; fig. go to the ~ être ruiné ou mis à l'écart; 2. entourer de murs; murer; fig. emmurer; ~ up murer.

wal·la·by zo. ['wɔləbi] petit kangourou m, wallaby m.   [sacoche f.]

wal·let ['wɔlit] portefeuille m; sac m,]

wall...: '~-eye vét. œil m vairon; '~-eyed vét. vairon; qui louche; strabisme divergent; '~-flow·er ⚘ giroflée f (jaune); fig. be a ~ faire tapisserie; '~-fruit fruit m d'espalier; '~-map carte f murale.

Wal·loon [wɔ'luːn] 1. wallon(ne f); 2. ling. wallon m; Wallon(ne f) m.

wal·lop F ['wɔləp] 1. rosser (q.), tanner le cuir à (q.); 2. gros coup m; sl. bière f; '**wal·lop·ing** F énorme.

wal·low ['wɔlou] 1. se vautrer; fig. se plonger (dans, in), nager (dans, in); 2. fange f; chasse: souille f; have a ~ se vautrer.

wall...: '~-pa·per papier m peint ou à tapisser; '~-sock·et ⚡ prise f de courant; '~-to-wall car·pet(ing) moquette f.

wal·nut ⚘ ['wɔːlnʌt] noix f; arbre: noyer m; (bois m de) noyer m.

wal·rus zo. ['wɔːlrəs] morse m.

waltz [wɔːls] 1. valse f; 2. valser.

wan □ [wɔn] blême, pâle; blafard.

wand [wɔnd] baguette f; bâton m (de commandement); verge f (d'huissier).

wan·der ['wɔndə] errer; (a. ~ about) se promener au hasard, aller à l'aventure; fig. s'écarter (de, from); fig. divaguer (personne); '**wan·der·er** vagabond(e f) m; '**wan·der·ing** 1. □ errant; vagabond (a. fig.); fig. distrait; 2. vagabondage m; ⚕ délire m; fig. rêverie f; '**wan·der·lust** envie f de voyager.

wane [wein] 1. décroître (lune); fig. s'affaiblir; 2. déclin m; on the ~ sur ou à son déclin.

wan·gle sl. ['wæŋgl] employer le système D; carotter (qch.); '**wan·gler** carotteur (-euse f) m.

wan·ness ['wɔnnis] pâleur f.

want [wɔnt] 1. manque m, défaut m (de, of); besoin m; gêne f; for ~ of faute de; Am. ~ ad demande f d'emploi (dans les petites annonces); 2. v/i. be ~ing faire défaut, manquer (chose); be ~ing manquer (de, in) (personne); be ~ing to ne pas être à la hauteur de (une tâche etc.); he does not ~ for talent les talents ne lui font pas défaut; v/t. vouloir, désirer; manquer de; avoir besoin de; falloir; it ~s five minutes of eight o'clock il est huit heures moins cinq; it ~s two days to il y a encore deux jours à; he ~s energy il manque d'énergie; *you* ~ *to be careful* il faut faire attention; ~ *s.o.* *to* (*inf.*) vouloir que q. (*sbj.*); ~*ed* recherché (par la police).

wan·ton ['wɔntən] **1.** □ impudique; licencieux (-euse *f*); folâtre; *poét.* luxuriant; gratuit; **2.** voluptueux (-euse *f*) *m*; femme *f* impudique; **3.** folâtrer; '**wan·ton·ness** libertinage *m*; gaieté *f* de cœur.

war [wɔ:] **1.** guerre *f*; *attr.* de guerre; guerrier (-ère *f*); ~ *of nerves* guerre *f* des nerfs; *at* ~ en guerre (avec, contre *with*); *make* ~ faire la guerre (à, contre [*up*]*on*); **2.** *poét.* lutter; mener une campagne; *fig.* faire la guerre (à, *against*).

war·ble ['wɔ:bl] **1.** *vt/i.* chanter (en gazouillant); *v/i.* gazouiller; **2.** gazouillement *m*; *ruisseau:* murmure *m*; '**war·bler** oiseau *m* chanteur; fauvette *f*.　　　　　[gle de guerre.)

war-blind·ed ['wɔ:blaindid] aveu-)

ward [wɔ:d] **1.** garde *f*; † tutelle *f*; *personne:* pupille *mf*; *escrime:* garde *f*, parade *f*; quartier *m* (*d'une prison*); salle *f* (*d'hôpital*); *admin.* arrondissement *m*; circonscription *f* électorale; ~*s pl.* dents *f/pl.*, bouterolles *f/pl.* (*d'une clef*); *casual* ~ asile *m* de nuit; *in* ~ en tutelle; sous la tutelle (de, *to*); *Am.* F *pol.* ~-*heeler* politicien *m* à la manque; **2.** faire entrer (*à l'hôpital etc.*); ~ *off* écarter; '**ward·en** directeur (-trice *f*) *m*; recteur *m*; '**ward·er** gardien *m* de prison; '**ward·robe** garderobe *f*; *meuble:* armoire *f*; ~ *dealer* marchand(e *f*) *m* de toilette; ~ *trunk* malle-armoire (*pl.* malles-armoires) *f*; '**ward·room** ⚓ carré *m* des officiers; '**ward·ship** tutelle *f*.

ware [wɛə] marchandise *f*; ustensiles *m/pl.*

ware·house **1.** ['wɛəhaus] entrepôt *m*; magasin *m*; **2.** ['~hauz] emmagasiner; *douane:* entreposer; ~·**man** ['~hausmən] emmagasineur *m*; *douane:* entreposeur *m*; garçon *m* de magasin; *Italian* ~ épicier *m*.

war...: '~·**fare** la guerre *f*; '~·**grave** sépulture *f* militaire; '~·**head** torpille *etc.*: cône *m* (de charge).

war·i·ness ['wɛərinis] circonspection *f*; prudence *f*; défiance *f*.

war...: '~·**like** guerrier (-ère *f*); martial (-aux *m/pl.*); '~·**loan** emprunt *m* de guerre.

warm [wɔ:m] **1.** □ chaud (*a. fig.*); *fig.* chaleureux (-euse *f*), vif (vive *f*); F riche; *be* ~ avoir chaud (*personne*); être chaud (*chose*); **2.** F action *f* de (se) chauffer; **3.** *v/t.* chauffer; *fig.* (r)échauffer; *sl.* flanquer une tripotée à; ~ *up* (ré)chauffer; *v/i.* (*a.* ~ *up*) s'échauffer, se (ré)chauffer; s'animer; ~ *to* se sentir attiré vers (*q.*); '~-**heart·ed** affectueux (-euse *f*), chaleureux (-euse *f*); '**warm·ing** *sl.* rossée *f*.

war·mon·ger ['wɔ:mʌŋgə] belliciste *m*; '**war·mon·ger·ing,** '**war·mon·ger·y** propagande *f* de guerre.

warmth [wɔ:mθ] chaleur *f*.

warm-up ['wɔ:mʌp] mise *f* en train.

warn [wɔ:n] avertir (de, *of; against*); prévenir (*ou* ~ *off*) détourner; conseiller (de *inf.*, *to inf.*); alerter; '**warn·ing** avertissement *m*; avis *m*; *turf:* exécution *f*; congé *m* (*d'un employé etc.*); alerte *f*; *take* ~ *from* profiter de l'exemple de; tirer une leçon de.

warp [wɔ:p] **1.** *tex.* chaîne *f*; *tapisserie:* lisse *f*; ⚓ amarre *f*; voilure *f* (*d'une planche*); *fig.* perversion *f*; **2.** *v/i.* se voiler (*bois*); ⚓ (*usu.* ~ *out*) déhaler; *v/t.* (faire) voiler, déverser (*du bois etc.*); ⚓ gauchir (*les ailes*); *tex.* ourdir (*une étoffe*), empeigner (*un métier*); ⚓ haler, touer; *fig.* fausser (*les sens*); pervertir (*l'esprit*).

war...: '~·**paint** peinture *f* de guerre (*des Peaux-Rouges*); F *fig.* grande tenue *f*; gros maquillage *m*; '~·**path** (*be on the* ~ être sur le) sentier *m* de la guerre.

warp·ing ✄ ['wɔ:piŋ] gauchissement *m* des ailes.

war...: '~·**plane** avion *m* de guerre; '~·**prof·it·eer** mercanti *m* de guerre.

war·rant ['wɔrənt] **1.** garantie *f*; *fig.* garant *m*; justification *f*; ⚖ mandat *m*; pouvoir *m*; ✗ feuille *f* (*de route*); ✗ ordonnance *f* (*de paiement*); ✗ warrant *m*; ~ (*of apprehension*) mandat *m* d'amener; ~ (*of arrest* mandat *m* d'arrêt; **2.** garantir (*a.* †); certifier; attester; répondre de (*qch.*); justifier; '**war·rant·a·ble** □ légitime; justifiable; que l'on peut garantir; *chasse:* courable; '**war·rant·ed** garanti; **war·ran·tee** ⚖ [~'ti:] receveur (-euse *f* *m* d'une garantie; '**war·rant·of·fi·cer** ⚓

premier maître *m*; ✕ sous-officier *m* breveté; **war·ran·tor** ⚖ ['ᴐtᴐ:] répondant *m*; **'war·ran·ty** garantie *f*; autorisation *f*.

war·ren ['wᴐrin] garenne *f*, lapinière *f*.

war·ri·or ['wᴐriə] guerrier *m*; *the Unknown* ♀ *le Soldat inconnu*.

war·ship ['wᴐ:ʃip] vaisseau *m* de guerre.

wart [wᴐ:t] verrue *f*; ♃ excroissance *f*; **'wart·y** verruqueux (-euse *f*).

war...: '**~·time** temps *m* de guerre.

war·y □ ['wɛəri] circonspect, prudent; défiant; précautionneux (-euse *f*).

was [wᴐz; wəz] *prét. de be*; *he ~ to have come* il devait venir.

wash [wᴐʃ] **1.** *v/t.* laver; blanchir (*le linge*); *fig.* baigner; *~ed out* délavé; décoloré; F flapi; *~ up* faire la vaisselle; ♃ rejeter sur le rivage; *sl. ~ed up* fini, fichu; *v/i.* se laver; *~ against the cliff* baigner la falaise; ♃ *~ over* balayer (*le pont*); **2.** lessive *f*, blanchissage *m*; toilette *f*; remous *m*; ♃ sillage *m*; ✄ souffle *m* (de *l'hélice*); *peint.* lavis *m*; (*a. colo[u]r ~*) badigeon *m*; *péj.* lavasse *f*; ✵, *pharm.*, *vét.* lotion *f*; **'wash·a·ble** lavable; **'wash(-)and(-)wear** 'ne pas repasser'; **'wash-ba·sin** cuvette *f*, lavabo *m*; **'wash-cloth** torchon *m*; **'washed-'out** F épuisé, F lessivé; **'washed-'up** F fichu, ruiné; épuisé, F lessivé.

wash·er ['wᴐʃə] laveur (-euse *f*) *m*; *machine*: laveuse *f*; ⊕ cylindre *m* à laver; **'~-wom·an** blanchisseuse *f*.

wash·i·ness F ['wᴐʃinis] fadeur *f*, insipidité *f*.

wash·ing ['wᴐʃiŋ] **1.** lavage *m*; ablution *f*; lessive *f*, blanchissage *m*; ⊕ lavée *f* (de *laine*, *de minerai*); *~s pl.* produits *m/pl.* de lavage; **2.** lessive *f*; chantier *m* de lavage; *~ machine* machine *f* à laver; *~ powder* lessive *f*; '**~-silk** soie *f* lavable; '**~-'up** (lavage *m* de la) vaisselle *f*; *~ basin* cuvette *f*; *~ water eau f* de vaiselle; *do the ~* faire la vaisselle.

wash...: '**~-'out** *sl.* fiasco *m*; ratage *m*; raté(e *f*) *m* (*personne*); '**~-rag** *surt. Am.* lavette *f*, gant *m* de toilette; '**~-stand** lavabo *m*; **'wash·y** délavé (*couleur*); *fig.* fade, insipide.

wasp [wᴐsp] guêpe *f*; '**wasp·ish** □

méchant (*a. fig.*); acerbe; acariâtre (*femme*).

wast·age ['weistidʒ] déperdition *f*, perte *f*; gaspillage *m*; *coll.* déchets *m/pl.*

waste [weist] **1.** désert, inculte; perdu (*temps*); ⊕ de rebut; *lay ~* dévaster, ravager; *~ heat* chaleur *f* perdue; *~ paper* vieux papiers *m/pl.*; papier *m* de rebut; *~ products pl.* déchets *m/pl.*; *~ steam* vapeur *f* perdue; *~ water* eaux *f/pl.* ménagères; ⊕ eaux-vannes *f/pl.*; **2.** perte *f*; gaspillage *m*; rebut *m*; déchet *m*; région *f* inculte; *go* (*ou run*) *to ~* se perdre, se dissiper; s'affricher (*terrain*); **3.** *v/t.* user, consumer, gaspiller; perdre (*son temps*); *v/i.* se perdre; s'user; maigrir (*malade*); **waste·ful** □ ['‸ful] gaspilleur (-euse *f*); prodigue; inutile; ruineux (-euse *f*); **'waste·land** terre *f* en friche; **'waste-pa·per bas·ket** corbeille *f* à papier; **'waste-pipe** trop-plein *m*; *baignoire*: écoulement *m*; **'wast·er** gaspilleur (-euse *f*) *m*; *see* wastrel.

was·trel ['weistrəl] vaurien *m*; mauvais sujet *m*.

watch [wᴐtʃ] **1.** garde *f*; † veille *f*; † *personne*: garde; ♃ quart *m*; montre *f*; *be on the ~ for* épier, guetter; être à l'affût de; ♀ *Committee* comité *m* municipal qui veille au maintien de l'ordre; **2.** *v/i.* veiller (sur, over); *~ for* attendre (*q.*, *qch.*); guetter (*q.*); *v/t.* veiller sur, regarder; assister à; guetter (*l'occasion*); '**~-boat** ♃ (bateau *m*) patrouilleur *m*; '**~-brace·let** montre-bracelet (*pl.* montres-bracelets) *f*; '**~-case** boîte *f* de montre; '**~-dog** chien *m* de garde; **'watch·er** veilleur (-euse *f*) *m*; observateur (-trice *f*) *m*; **watch·ful** □ ['‸ful] vigilant, attentif (-ive *f*).

watch...: '**~-mak·er** horloger *m*; '**~-man** gardien *m*; veilleur *m* (de nuit); '**~-tow·er** tour *f* de guet; '**~-word** *pol. etc.* mot *m* d'ordre.

wa·ter ['wᴐ:tə] **1.** eau *f*; *~ supply* (provision *f* d')eau *f*; service *m* des eaux; *high* (*low*) *~* marée *f* haute (basse); *by ~* en bateau, par eau; *drink* (*ou take*) *the ~s* prendre les eaux; *of the first ~* de première eau (*diamant*); *fig.* de premier ordre; F *be in hot ~* être dans le pétrin; avoir des ennuis; F *be in low ~* être dans la gêne; **2.** v/t. arroser (terre, route, plante, région); abreuver (les bêtes); fig. atténuer, affaiblir; (souv. ~ down) mouiller, diluer; ⊕ alimenter en eau (une machine); tex. moirer; v/i. pleurer (yeux); faire provision d'eau; s'abreuver (bêtes); ⊕, ♣, mot. faire de l'eau; make s.o.'s mouth ~ faire venir l'eau à la bouche de q.; '~-blis·ter ⚕ cloque f; '~-borne flottant; transporté par voie d'eau; **can·non** lance-eau m/inv.; '~-cart arroseuse f (dans les rues); '~-clos·et (usu. écrit W.C.) cabinets m/pl., F waters m/pl.; '~-col·o(u)r aquarelle f; couleur f à l'eau; '~-cooled refroidi à eau; '~-cool·ing refroidissement m à eau; '~-course cours m d'eau; conduit m; conduite f d'eau; '~-cress cresson m (de fontaine); '~-fall chute f d'eau; '~-fowl gibier m, coll. ~s m/pl. d'eau; '~-front surt. Am. quai m, bord m de l'eau; '~-gauge ⊕ hydromètre m; (indicateur m de) niveau m d'eau; '~-hose tuyau m d'arrosage; qqfois manche f à feu; '**wa·ter·i·ness** aquosité f; ⚕ sérosité f; fig. fadeur f.

wa·ter·ing ['wɔːtəriŋ] arrosage m; irrigation f; abreuvage m (des bêtes); '~-can, '~-pot arrosoir m; '~-place abreuvage m; ville f d'eau; plage f, bains m/pl. de mer.

wa·ter...: '~-jack·et ⊕ chemise f d'eau; '~-lev·el niveau m d'eau (a. ⊕); '~-lil·y ♣ nénuphar m; '~-logged imbibé d'eau; ♣ plein d'eau; '~-main conduite f (principale) d'eau; '~-man batelier m, marinier m; '~-mark niveau m des eaux; ♣ laisse f; papier: filigrane m; '~-part·ing ligne f de partage des eaux; '~-pipe conduite f d'eau; '~-plane hydravion m; ~ pol·lu·tion pollution f de l'eau; '~-po·lo water-polo m; '~-pow·er force f ou énergie f hydraulique; ~ station centrale f hydraulique; '~-proof **1.** imperméable (a. su./m); **2.** rendre imperméable, caoutchouter; '~-re'pel·lent wool laine f cirée; '~-shed see waterparting; p. ext. bassin m; '~side **1.** riverain; **2.** bord m de l'eau; '~-spout descente f d'eau; gouttière f; météor. trombe f; '~-ta·ble niveau m hydrostatique; '~-tap robinet m; '~-tight étanche; fig. sans échappatoire, inattaquable; fig. in ~ compart-

ments séparé(s) par des cloisons étanches; '~-wave **1.** cheveux: mise f en plis; **2.** mettre (les cheveux) en plis; '~-way voie f d'eau; ♣ gouttière f; '~-works usu. sg. usine f de distribution d'eau; '**wa·ter·y** aqueux (-euse f); larmoyant (yeux); fig. noyé ou plein d'eau; fig. peu épais (-se f).

watt ⚡ [wɔt] watt m.

wat·tle ['wɔtl] **1.** clayonnage m; claie f; dindon: caroncule f; **2.** clayonner; tresser (l'osier).

waul [wɔːl] miauler.

wave [weiv] **1.** vague f (a. fig.); phys. onde f; cheveux: ondulation f; geste m, signe m (de la main); **2.** v/t. agiter; brandir; onduler (les cheveux); faire signe de (la main); ~ s.o. aside écarter q. d'un geste; v/i. s'agiter; flotter; onduler; faire signe (à q., to s.o.); '~-length ⚡ radio: longueur f d'onde; F fig. be on the same ~ être sur la même longueur d'onde(s); '~-me·ter ondemètre m.

wa·ver ['weivə] hésiter; vaciller (a. fig.); ✗ fléchir.

wave...: '~-range radio: gamme f de longueur d'onde; '~-trap radio: ondemètre m d'absorption.

wav·y ['weivi] onduleux (-euse f); ondulé; tremblé (ligne).

wax[1] [wæks] **1.** cire f; oreilles: cérumen m; ~ candle bougie f de cire; eccl. cierge m; ~ doll poupée f de cire; **2.** cirer; mettre (le cuir) en empoisser (le fil).

wax[2] [~] croître (lune); co. devant adj.: devenir.

wax·en ['wæksn] de ou en cire; fig. a. cireux (-euse f); '**wax·work** figure f de cire; ~s pl., ~ show figures f/pl. de cire; '**wax·y** □ cireux (-euse f).

way [wei] **1.** chemin m, route f, voie f; direction f, côté m; façon f, manière f; genre m; moyen m; marche f; progrès m; état m; habitude f; idée f, guise f; ~ in entrée f; ~ out sortie f; admin. ~s and means voies f/pl. et moyens m/pl.; parl. Committee of ~s and Means Commission f du Budget; right of ~ ⛏ servitude f ou droit m de passage; surt. mot. priorité f de passage; this ~ par ici; in some (ou a) ~ en quelque sorte; in no ~ ne ... aucunement ou d'aucune façon; go a great (ou some) ~ towards (gér.), go a long (ou some) ~ to (*inf.*) contribuer de beaucoup *ou* quelque peu à (*inf.*); *by the* ~ en passant, à propos; *by* ~ *of* par la voie de; en guise de, à titre de; *by* ~ *of excuse* en guise d'excuse; *on the* (*ou one's*) ~ en route (*pour, to*); chemin faisant; *out of the* ~ écarté, isolé; *fig.* peu ordinaire; (*under* ~ en marche (*a.* ⚓); *give* ~ céder, lâcher pied; faire place; *have one's* ~ agir à sa guise; *if I had my* ~ si on me laissait faire; *have a* ~ *with* se faire bien voir de (*q.*); *lead the* ~ marcher en tête; montrer le chemin; *see make 1*; *pay one's* ~ joindre les deux bouts; se suffire; *see one's* ~ *to* juger possible de; trouver moyen de; *Am.* ~ *station* petite gare *f*; *Am.* ~ *train* train *m* omnibus; **2.** *adv.* *Am.* loin; là-bas; '~**bill** feuille *f* de route; lettre *f* de voiture; '~**far·er** voyageur (-euse *f*) *m*; ~**lay** [*irr.* (*lay*)] guetter (au passage); '~**leave** droit *m* de passage *ou* de survol; '~**side 1.** bord *m* de la route; *by the* ~ au bord de la route; **2.** au bord de la route, en bordure de route.

way·ward □ ['weiwəd] capricieux (-euse *f*); entêté, rebelle; '**way·ward·ness** entêtement *m*; caractère *m* difficile.

we [wi:; wi] nous (*a. accentué*).

weak □ [wi:k] faible; léger (-ère *f*) (*thé*); '**weak·en** (s')affaiblir; '**weak·ling** personne *f* faible; '**weak·ly 1.** *adj.* faible; **2.** *adv.* faiblement; sans résolution; '**weak·'mind·ed** faible d'esprit; qui manque de résolution; '**weak·ness** faiblesse *f*.

weal[1] [wi:l] **1.** bien(-être) *m*.

weal[2] [~] marque *f*.

wealth [welθ] richesse *f*, -s *f/pl.*; *fig.* abondance *f*; '**wealth·y** □ riche, opulent.

wean [wi:n] sevrer (*un enfant*); *fig.* détourner (*q.*) (*de from, of*).

weap·on ['wepən] arme *f*; '**weap·on·less** sans armes, désarmé; '**weap·on·ry** armes *f/pl.*; armement(s *m* (*pl.*).

wear [wɛə] [*irr.*] **1.** *v/t.* porter (*un vêtement etc.*); (*a.* ~ *away, down, off, out*) user, effacer; épuiser, lasser (*la patience*); *v/i.* faire bon usage; se conserver (*bien etc.*) (*personne*); ~ *away* s'user; s'effacer; passer; ~ *off* disparaître (*a. fig.*), s'effacer; ~ *on* s'écouler (*temps*);

s'avancer; ~ *out* s'user; s'épuiser; **2.** usage *m*; mode *f*; vêtements *m/pl.*; fatigue *f*; (*a.* ~ *and tear*) usure *f*; *gentlemen's* ~ vêtements *m/pl.* pour hommes; *for hard* ~ d'un bon usage; *be the* ~ être à la mode *ou* de mise; *the worse for* ~ usé; *there is plenty of* ~ *in it* yet il est encore portable; '**wear·a·ble** portable (*vêtement*).

wea·ri·ness ['wiərinis] fatigue *f*; lassitude *f*; *fig.* dégoût *m*.

wea·ri·some □ ['wiərisəm] ennuyeux (-euse *f*); *fig.* ingrat, F assommant; '**wea·ri·some·ness** ennui *m*.

wea·ry ['wiəri] **1.** □ las(se *f*), fatigué (*de, with*); *fig.* dégoûté (*de, of*); fatigant, fastidieux (-euse *f*); **2.** (se) lasser, fatiguer.

wea·sel *zo.* ['wi:zl] belette *f*.

weath·er ['wɛðə] **1.** temps *m*; *see permit 1*; **2.** météorologique; ⚓ du côté du vent, au vent; **3.** *v/t.* altérer (par les intempéries); ⚓ passer au vent de; doubler (*un cap*); (*a.* ~ *out*) étaler (*une tempête etc.*); *v/i.* survivre à; ~*ed* altéré par le temps *ou* les intempéries; *v/i.* s'altérer; prendre la patine (*cuivre etc.*); '~**beat·en** battu par les tempêtes; basané (*figure etc.*); '~**board** *fenêtre*: reverseau *m*; *toit etc.*: planche *f* à recouvrement; '~**board·ing** planches *f/pl.* à recouvrement; '~**bound** retenu par le mauvais temps; '~**bu·reau** bureau *m* météorologique; '~**chart** carte *f* météorologique; '~**cock** girouette *f*; '~**fore·cast** bulletin *m* météorologique; prévisions *f/pl.* du temps; '~**proof**, ~**tight** imperméable; étanche; '~**sta·tion** station *f* météorologique; '~**strip** bourrelet *m* étanche; *mot.* gouttière *f* d'étanchéité; '~**vane** girouette *f*; '~**worn** rongé par les intempéries.

weave [wi:v] **1.** [*irr.*] tisser; *fig.* tramer; **2.** armure *f*; tissage *m*; '**weaver** tisserand(e *f*) *m*; '**weav·ing** tissage *m*; entrelacement *m*; *route*: zigzags *m/pl.*; *attr.* à tisser.

wea·zen ['wi:zn] ratatiné, desséché.

web [web] tissu *m* (*a. fig.*); toile *f* (*d'araignée*); *orn. plume*: lame *f*; *pattes*: palmure *f*; ⊕ rouleau *m* (*d'étoffe, de papier*); **webbed** palmé, membrané; '**web·bing** (toile *f* à) sangles *f/pl.*; '**web-foot·ed** palmipède, aux pieds palmés.

wed [wed] *v/t.* épouser, se marier avec (*q.*); marier (*un couple*); *fig.* unir (à *to*, *with*); *v/i.* se marier; '**wed·ded** conjugal (-aux *m/pl.*); marié; '**wed·ding 1.** mariage *m*; noce *f*, -s *f/pl.*; **2.** de noce(s); de mariage; nuptial (-aux *m/pl.*); ∼ *anniversary* anniversaire *m* de mariage; ∼ *ring* alliance *f*.

wedge [wedʒ] **1.** coin *m*; *fig. the thin end of the* ∼ le premier pas, un pied de pris; **2.** coincer; (*a.* ∼ *in*) enclaver, insérer; '**∼-shaped** en forme de coin; cunéiforme (*caractères*, *os*).

wed·lock ['wedlɔk] mariage *m*.

Wednes·day ['wenzdi] mercredi *m*.

wee *écoss.*, F [wi:] (tout) petit.

weed [wi:d] **1.** mauvaise herbe *f*; F tabac *m*; F personne *f* étique; **2.** sarcler; (*a.* ∼ *up*, *out*) arracher les mauvaises herbes; *fig.* éliminer; '**weed·er** sarcleur (-euse *f*) *m*; *outil*: sarcloir *m*; extirpateur *m*.

weeds [wi:dz] *pl.* (*usu.* widow's ∼) (vêtements *m/pl.* de) deuil *m*.

weed·y ['wi:di] plein de mauvaises herbes; F *fig.* étique; maigre.

week [wi:k] semaine *f*; *short working* ∼ semaine *f* courte; *by the* ∼ à la semaine; *this day* ∼ d'aujourd'hui en huit; '**∼-day** jour *m* de semaine; jour *m* ouvrable; '**∼-end 1.** fin *f* de semaine; week-end *m*; ∼ *ticket* billet *m* valable du samedi au lundi; **2.** passer le week-end; '**∼-end·er** touriste *mf* de fin de semaine; '**week·ly 1.** hebdomadaire; **2.** (*a.* ∼ *paper*) hebdomadaire *m*.

wee·ny F ['wi:ni] tout petit, minuscule.

weep [wi:p] [*irr.*] pleurer (de *joie etc.*, for; *qch.* for, over *s.th.*); verser des larmes; '**weep·er** pleureur (-euse *f*) *m*; ∼*s f/pl.* manchettes *f/pl.* de deuil; '**weep·ing 1.** qui pleure; humide; ♀ ∼ *willow* saule *m* pleureur; **2.** larmes *f/pl.*, pleurs *m/pl.*

wee·vil ['wi:vil] charançon *m* (*du blé etc.*).

weft [weft] *tex.* trame *f*; *fig.* traînée *f* (*d'un nuage etc.*).

weigh [wei] *v/t.* peser (*a. fig. le pour et le contre*); *fig.* (*a.* ∼ *up*) jauger; ♣ ∼ *anchor* lever l'ancre; ∼ *down* peser plus que; ∼*ed down* sur-

chargé, *fig.* accablé (de, *with*); *v/i.* peser (*a. fig.*); *fig.* avoir du poids (pour, *with*); ∼ (*up*)*on* peser (lourd) sur; **2.** ♣ *get under* ∼ (*ou way*) se mettre en route; '**weigh·a·ble** pesable; '**weigh·bridge** (pont *m* à) bascule *f*; '**weigh·er** peseur (-euse *f*) *m*; '**weigh·ing-ma·chine** bascule *f*; appareil *m* de pesage.

weight [weit] **1.** poids *m*; pesanteur *f*, lourdeur *f*; force *f* (*d'un coup*); *fig.* importance *f*; *fig. carry great* ∼ avoir beaucoup d'influence; avoir de l'autorité; *sp. putting the* ∼ lancement *m* du poids; **2.** alourdir; attacher un poids à; *fig.* affecter d'un coefficient; '**weight·i·ness** pesanteur *f*; *fig.* importance *f*; '**weight·less** qui ne pèse rien; en état d'apesanteur; '**weight·less·ness** apesanteur *f*; '**weight·y** □ pesant, lourd; grave; sérieux (-euse *f*).

weir [wiə] barrage *m*; *étang*: déversoir *m*.

weird [wiəd] étrange; mystérieux (-euse *f*); F singulier (-ère *f*).

wel·come ['welkəm] **1.** □ bienvenu; agréable; *you are* ∼ *to* (*inf.*) libre à vous de (*inf.*); *you are* ∼ *to it* c'est à votre service; *iro.* grand bien vous fasse!; (*you are*) ∼! soyez le bienvenu!; il n'y a pas de quoi!; **2.** bienvenue *f*; **3.** souhaiter la bienvenue à; accueillir (*a. fig.*).

weld ⊕ [weld] **1.** (se) souder; (se) corroyer (*acier*); ∼ *into* fondre en; **2.** (*a.* ∼*ing seam*) (joint *m* de) soudure *f*; '**weld·ing** soudage *m*, soudure *f*; *attr.* soudant; à souder.

wel·fare ['welfɛə] bien-être *m*; ∼ *centre* dispensaire *m*; ∼ *work* assistance *f* sociale; ∼ *worker* assistant (-e *f*) social(e).

well¹ [wel] **1.** puits *m*; *fig. source f*; ⊕ *haut fourneau*: creuset *m*; (*a. ink-*∼) encrier *m*; *ascenseur*: cage *f*; *hôtel*: cour *f*; **2.** jaillir, sourdre.

well² [∼] **1.** *adv.* bien; *see as* 1; ∼ *off* aisé, riche; bien fourni (de, for); *be* ∼ *past fifty* avoir largement dépassé la cinquantaine; *beat s.o.* ∼ battre q. à plate couture; **2.** *adj. préd.* en bonne santé; bon; bien; *I am not* ∼ je ne me porte pas bien; *all's well* tout va bien; **3.** *int.* eh bien!; F ça alors!; '**∼-ad·vised** sage; bien avisé (*personne*); '**∼-'bal·anced**

(bien) equilibré; '~-'**be·ing** bien-être *m*; '~-'**born** de bonne famille; bien né; '~-'**bred** bien élevé; '~-**dis·posed** bien disposé (envers, *to*[*wards*]); '~-'**fa·vo(u)red** beau (bel *devant une voyelle ou un h muet*; belle *f*); de bonne mine; '~-**in·'formed** bien renseigné.

Wel·ling·tons ['welintənz] *pl.* bottes *f/pl.* en caoutchouc.

well...: '~-**in'ten·tioned** bien intentionné; '~-'**judged** bien calculé; judicieux (-euse *f*); '~-'**knit** bien bâti; solide; '~-'**made** de coupe soignée (*habit*); bien découplé; '~-**man·nered** bien élevé; '~-**mean·ing** bien intentionné; '~-'**meant** fait avec de bonnes intentions; amical (-aux *m/pl.*) (*conseil etc.*); '~-**nigh** presque; '~-'**off** bien *inv.*; (*a. ~ for money*) bien nanti; '~-**pre·'served** bien conservé; '~-'**read** lettré, érudit; instruit; cultivé; '~-**spok·en** qui soigne son élocution; cultivé; '~-**thought-of** (bien) considéré; estimé; '~-'**timed** opportun, à propos; bien calculé; '~-**to-do** aisé; prospère; **~ turned** *fig.* bien tourné; '~-**wish·er** ami(e *f*) *m* sincère, partisan *m*; '~-'**worn** usé; *fig.* rebattu.

Welsh[1] [welʃ] **1.** gallois; **2.** *ling.* gallois *m*; the ~ les Gallois *m/pl.*

welsh[2] [~] *turf:* décamper avec les enjeux des parieurs; '**welsh·er** bookmaker *m* marron; *p.ext.* escroc *m*.

Welsh...: '~-**man** Gallois *m*; '~-**wom·an** Galloise *f*.

welt [welt] **1.** ⊕ *semelle:* trépointe *f*; *chaussette, gant:* bordure *f*; couvre-joint *m*; **2.** mettre des trépointes à (*des souliers*); border; F rosser; ~ed à trépointes (*soulier*).

wel·ter ['weltə] **1.** se rouler, se vautrer; *fig.* ~ *in* nager dans (*son sang etc.*); **2.** désordre *m*; '~-**weight** *box.* poids *m* mi-moyen.

wen ⚕ [wen] kyste *m* sébacé; F goitre *m*.

wench [wentʃ] jeune fille *f ou* femme *f*.

wend [wend]: ~ *one's way* (vers, *to*) diriger ses pas; se diriger.

went *went prét.* de *go 1.*

wept [wept] *prét. et p.p.* de *weep.*

were [wəː; wə] *prét. et sbj. prét.* de *be.*

west [west] **1.** *su.* ouest *m*; **2.** *adj.* de l'ouest; occidental (-aux *m/pl.*); **3.** *adv.* à *ou* vers l'ouest; *sl.* go ~ casser sa pipe (= *mourir*); '~-'**bound** en direction de l'ouest; allant vers l'ouest.

west·er·ly ['westəli] de *ou* à l'ouest; **west·ern** ['westən] **1.** de l'ouest; occidental (-aux *m/pl.*); **2.** *see* westerner; *Am.* ♀ film *m ou* roman *m* de cowboys; western *m*; '**west·ern·er** occidental(e *f*) *m*; habitant(e *f*) *m* de l'ouest; '**west·ern·most** le plus à l'ouest.

west·ing ⚓ ['westiŋ] route *f* vers l'ouest; départ *m* pour l'ouest.

west·ward ['westwəd] **1.** *adj.* à *ou* de l'ouest; **2.** *adv.* (*a.* **west·wards** ['~dz]) vers l'ouest.

wet [wet] **1.** mouillé; humide; *Am.* qui permet la vente de l'alcool; *see* blanket 1; ⚡ ~ *cell* pile *f* à l'élément humide; ⊕~ *process* voie *f* humide; ~ *steam* vapeur *f* mouillée; ~ *through* trempé (jusqu'aux os); F *with a* ~ *finger* à souhait; **2.** pluie *f*; humidité *f*; **3.** [*irr.*] mouiller; tremper; F pleuvoir; F arroser (*une affaire*); ~ *through* tremper (jusqu'aux os).

wet·back *Am. sl.* ['wetbæk] immigrant *m* mexicain illégal.

weth·er ['weðə] bélier *m* châtré.

wet-nurse ['wetnəːs] nourrice *f*.

whack F [wæk] **1.** battre; **2.** coup *m*; claque *f*; (grand) morceau *m*; have (*ou take*) a ~ *at* (*gér.*) essayer de (*inf.*); '**whack·er** F chose *f ou* personne *f* énorme; gros mensonge *m*; '**whack·ing** F **1.** rossée *f*, fessée *f*; **2.** colossal (-aux *m/pl.*).

whale [weil] baleine *f*; F *a ~ of a castle* un château magnifique; F *a ~ at* un as à; '~-**bone** baleine *f*; '~-**fish·er**, '~-**man**, *usu.* '**whal·er** baleinier *m*; '**whale-oil** huile *f* de baleine.

whal·ing ['weiliŋ] pêche *f* à la baleine.

whang F [wæŋ] **1.** coup *m* retentissant; **2.** retentir.

wharf [wɔːf] **1.** (*pl. a.* **wharves** [wɔːvz]) quai *m*; entrepôt *m* (*pour marchandises*); **2.** débarquer; déposer sur le quai; **wharf·age** ['~idʒ] débarquement *m*; mise *f* en entrepôt; quayage *m*; '**wharf·in·ger** ['~indʒə] propriétaire *m* d'un quai.

what [wɔt] **1.** *pron. interr.* que, quoi; qu'est-ce qui; qu'est-ce que; ~ *about...?et ...?;* ~ *about* (*gér.*)? que pensez-vous de (*inf.*)?; ~ *for?* pourquoi donc?; ~ of it? et alors?; ~ if ...? et si ...? qu'importe que (sbj.)?; F ~-d'ye-call-him (-her, -it, -'em), ~'s-his-name (-hername, -its-name), Am. ~-is-it machin m, chose mf; ~ next? et ensuite?; iro. par exemple!; et quoi encore?; **2. pron. rel.** ce qui, ce que; know ~'s ~ en savoir long; savoir son monde; and ~ not et ainsi de suite; ~ with ... ~ with ... entre ... et ...; **3. adj. interr.** quel, quelle, quels, quelles; ~ time is it? quelle heure est-il?; ~ a blessing! quel bonheur!; ~ impudence! quelle audace!, F quel toupet!; (of) ~ use is it? à quoi sert-il (de, inf., to inf.)?; **4. adj. rel.** que, qui; ~ money I had l'argent dont je disposais; '**what-not** étagère f; **what(·so)'ev·er 1. pron.** tout ce qui, tout ce que, quoi qui (sbj.), quoi que (sbj.); **2. adj.** quelque ... qui ou que (sbj.); aucun; quelconque.

wheat ♀ [wi:t] blé m; '**wheat·en** de blé, de froment.

whee·dle ['wi:dl] cajoler; ~ s.o. into (gér.) amener q. à (inf.) à force de cajoleries; ~ money out of s.o. soutirer de l'argent à q.

wheel [wi:l] **1.** roue f; ⚓ (a. steering-~) volant m; Am. F bicyclette f; ⊕ (a. grinding-~) meule f; see potter²; ⚓ barre f; ✗ conversion f; **2. v/t.** rouler, tourner; promener; v/i. tourn(oy)er; se retourner (personne); ✗ faire une conversion; Am. aller à bicyclette; '**~-bar·row** brouette f; **~ base** ⊕ empattement m; **~ chair** fauteuil m roulant; '**wheeled** à roues; roulant; '**wheel·ing and deal·ing** F affaires f/pl. louches, manigances f/pl.; '**wheel·man** F cycliste m; '**wheel·spi·der** ⊕ croisillon m (de roue); '**wheel·wright** charron m.

wheeze [wi:z] **1. v/i.** siffler; respirer péniblement; corner (cheval); v/t. seriner (un air); **2.** sifflement m, respiration f asthmatique; cheval: cornage m; théâ. sl. trouvaille f; sl. truc m; '**wheez·y** □ asthmatique; cornard (cheval).

whelp [welp] **1.** see puppy; petit m (d'un fauve); **2.** mettre bas.

when [wen] **1. adv.** quand?; **2. cj.** quand, lorsque; et alors; (le jour) où; (un jour) que.

whence [wens] d'où.

when(·so)·ev·er [wen(so)'evə] chaque fois que, toutes les fois que; quand.

where [wεə] **1. adv.** où?; **2. cj.** (là) où; **~·a·bout** ['wεərə'baut] **1.** où (donc); **2.** (usu. '~·a·bouts [~s]): the ~ of le lieu m où (q., qch.) se trouve; ~'as puisque, vu que, attendu que; tandis que, alors que; ⁂⅛ considérant que; ~'at sur ou à ou de quoi; ~'by par où; par quoi; par lequel (etc.); ~'fore **1. adv.** pourquoi?; **2. cj.** c'est pourquoi; ~'in en quoi; où; dans lequel (etc.); ~'of dont, de quoi; duquel etc.; ~'on sur quoi; sur lequel (etc.); ~'on·ev·er partout où; ~'up·on sur quoi; sur lequel (etc.); **wher·ev·er** partout où; **where·with·al 1.** [wεəwi'ðɔ:l] avec quoi; avec lequel (etc.); **2.** F ['~] nécessaire m; moyens m/pl.; fonds m/pl.

wher·ry ['weri] bachot m; esquif m.

whet [wet] **1.** aiguiser, affiler; fig. stimuler; **2.** affilage m; fig. stimulation f; F stimulant m; petit verre m.

wheth·er ['weðə] si; ~ ... or no que ... (sbj.) ou non.

whet·stone ['wetstoun] pierre f à aiguiser.   [fichtre!|

whew [hwu:] ouf!; int. par surprise:|

whey [wei] petit lait m.

which [witʃ] **1. pron. interr.** lequel, laquelle, lesquels, lesquelles; **2. pron. rel.** qui, que; all ~ toutes choses qui ou que; in (by) ~ en (par) quoi; **3. adj. interr.** quel, quelle, quels, quelles; **4. adj. rel.** lequel, laquelle, lesquels, lesquelles; ~'ev·er **1. pron. rel.** celui qui, celui que; n'importe lequel (etc.); **2. adj.** le ... que, n'importe quel (etc.); quelque ... que (sbj.).

whiff [wif] **1.** air, fumée, vent: bouffée f; petit cigare m; ⚓ skiff m; **2.** émettre des bouffées (v/t. de fumée etc.).

whif·fle·tree ⊕ ['wifltri:] palonnier m.

Whig hist. Brit. [wig] **1.** whig m (membre d'un parti libéral); **2.** des whigs; whig (parti); '**Whig·gism** whiggisme m.

while [wail] **1.** temps m; espace m; for a ~ pendant quelque temps; F be worth ~ valoir la peine; **2.** (usu.

~ *away*) faire passer, tuer (*le temps*); **3.** (*a.* **whilst** [wailst]) pendant que, tandis que, en (*gér.*).

whim [wim] caprice *m*; lubie *f*; ⊕ triqueballe *m*.

whim·per ['wimpə] **1.** *v/i.* pleurnicher; pousser des petits cris plaintifs (*chien*); *v/t.* dire (*qch.*) en pleurnichant; **2.** pleurnicherie *f*; plainte *f*; petit cri *m* plaintif.

whim·si·cal □ ['wimzikl] bizarre; capricieux (-euse *f*) (*personne*) fantasque; **whim·si·cal·i·ty** [~'kæliti], **whim·si·cal·ness** ['~klnis] bizarrerie *f*; caractère *m* fantasque.

whim·s(e)y ['wimzi] caprice *m*; boutade *f*.

whin ⚘ [win] ajonc *m*.

whine [wain] **1.** *v/i.* se plaindre; gémir; *v/t.* dire (*qch.*) d'un ton dolent; **2.** plainte *f*; cri *m* dolent.

whin·ny ['wini] hennir.

whip [wip] **1.** *v/t.* fouetter (*q., qch., de la crème*); *fig.* corriger; *fig.* cingler (*le visage etc.*); *fig. surt. Am.* vaincre; battre (*des œufs*); *cost.* surjeter; ⚓ surlier (*un cordage*); *avec adv. ou prp.:* mouvoir (*qch.*) vivement *ou* brusquement; ~ *away* chasser à coups de fouet; enlever vivement (à, *from*); part. ~ *in* appeler; ~ *off* chasser; enlever (*qch.*) vivement; ~ *on* faire avancer à coups de fouet; *part.* attacher à points roulés; ~ *up* stimuler; saisir vivement; *part.* faire passer un appel urgent à (*q.*); *cuis.* ~ped cream crème *f* Chantilly; *v/i.* fouetter; ~ *round* se retourner vivement; **2.** fouet *m*; cocher *m*; *parl.* chef *m* de file; *parl.* appel *m* aux membres du parti; '~·cord mèche *f* de fouet; corde *f* à fouet; '~·'hand main *f* droite (*du cocher*); have the ~ of avoir la haute main sur (*q.*).

whip·per ['wipə] fouetteur (-euse *f*) *m*; '~·'in *chasse:* piqueur *m*; *parl.* chef *m* de file; '~·'snap·per freluquet *m*; moucheron *m*.

whip·pet *zo.* ['wipit] lévrier de course: whippet *m*; ⚔ char *m* léger.

whip·ping ['wipiŋ] fouettage *m*; fouettement *m*; fouettée *f*; '~·'boy F tête *f* de Turc; '~·top *jouet*: sabot *m*.

whip-round *Brit.* F ['wipraund]: have a ~ faire une collecte.

whip-saw ⊕ ['wipsɔ:] scie *f* à chantourner, scie *f* de long.

whirl [wə:l] **1.** (faire) tournoyer; *v/i.* tourbillonner; **2.** tourbillon(nement) *m*; '**whirl·i·gig** ['~igig] tourniquet *m*; manège *m* de chevaux de bois; *fig.* tourbillon *m* (*d'eau*); '**whirl·pool** tourbillon *m*; gouffre *m*; '**whirl·wind** ['~wind] trombe *f*, tourbillon *m* (*de vent*); **whirl·y·bird** ['~i'bə:d] *Am.* F helicoptère *m*, F banane *f*.

whir(r) [wə:] **1.** tourner en ronronnant; vrombir; siffler; **2.** bruissement *m* (*des ailes*); ronflement *m*; vrombissement *m*; sifflement *m*.

whisk [wisk] **1.** époussette *f*; verge(tte) *f*; *cuis.* fouet *m*; **2.** *v/t.* épousseter; agiter; *cuis.* fouetter, battre; ~ *away* enlever d'un geste rapide; *v/i.* aller comme un trait *ou* à toute vitesse; '**whisk·er** *zo.* moustache *f*; *usu.* (*a pair of*) ~s *pl.* (*des*) favoris *m/pl.*

whis·k(e)y ['wiski] whisky *m*.

whis·per ['wispə] **1.** *vt/i.* chuchoter; *v/i.* parler bas; murmurer; susurrer; **2.** chuchotement *m*; *fig.* bruit *m*; '**whis·per·er** chuchoteur (-euse *f*) *m*.

whist[1] [wist] chut!

whist[2] [~] *jeu de cartes:* whist *m*.

whis·tle ['wisl] **1.** siffler; **2.** sifflement *m*; sifflet *m*; F gorge *f*; '~·stop *Am.* petite station *f*.

whit[1] *poét.* [wit] brin *m*; *not a* ~ ne … aucunement.

Whit[2] [~] de la Pentecôte.

white [wait] **1.** blanc(he *f*); blême, pâle; F pur, innocent; *Am.* loyal (-aux *m/pl.*); ✗ ~ *arms pl.* armes *f/pl.* blanches; ⊕ ~ *bronze* métal *m* blanc; ~ *coffee* café *m* crème *ou* au lait; ~ *heat* chaude *f* *ou* chaleur *f* blanche; ~ *lead* blanc *m* de plomb; ~ *lie* mensonge *m* innocent; ~ *meat* viande *f* blanche; ✝ ~ *sale* exposition *f* de blanc; ~ *war* guerre *f* économique; *Am.* ~ *way* rue *f* commerçante éclairée à giorno; **2.** blanc *m*; couleur *f* blanche; *typ.* ligne *f* de blanc; '~·bait *icht.* blanchaille *f*; ~ *book* *pol.* livre *m* blanc; '**white-col·lar** d'employé de bureau; ~ *job* emploi *m* dans un bureau; ~ *worker* col *m* blanc; '~·'hot chauffé à blanc; '~·liv·ered pusillanime; '**whit·en** *v/t.* blanchir (*a. fig.*); blanchir à la chaux; ⊕ étamer (*du métal*); *v/i.* blanchir;

pâlir (*personne*); **'whit·en·er** blanchisseur *m*; **'white·ness** blancheur *f*; pâleur *f*; **'whit·en·ing** blanchiment *m*; *cheveux*: blanchissement *m*; *métal*: étamage *m*.

white...: **'~·smith** ferblantier *m*; serrurier *m*; **'~·wash 1.** blanc *m* de chaux; badigeon *m* blanc; **2.** blanchir à la chaux; *fig.* blanchir; **'~·wash·er** badigeonneur *m*; *fig.* apologiste *m*.

whith·er *poét.* ['wiðə] où.

whit·ing ['waitiŋ] blanc *m* d'Espagne; *icht.* merlan *m*.

whit·ish ['waitiʃ] blanchâtre.

whit·low ['witlou] panaris *m*.

Whit·sun ['witsn] de la Pentecôte; **~·day** ['wit'sʌndi] dimanche *m* de la Pentecôte; **~·tide** ['witsntaid] (fête *f* de) la Pentecôte *f*.

whit·tle ['witl] amenuiser; *fig.* **~ away** (*ou* **down**) rogner, réduire petit à petit.   [brun; *fig.* terne.\

whit·y-brown ['waiti'braun] gris-}

whiz(z) [wiz] **1.** siffler; **~ past** passer à toute vitesse; **2.** sifflement *m*.

who [hu:] **1.** *pron. interr.* qui (est-ce qui); quelle personne; lequel, laquelle, lesquels, lesquelles; *Who's Who* le Bottin mondain (= *annuaire des notabilités*). **2.** *pron. rel.* [a. hu] qui; lequel, laquelle, lesquels, lesquelles; celui (celle, ceux *pl.*) qui.

whoa [wou] ho!

who·dun·(n)it *sl.* [hu:'dʌnit] roman *m ou* film *m* policier.

who·ev·er [hu:'evə] celui qui; quiconque; qui que (*sbj.*).

whole [houl] **1.** □ entier (-ère *f*); complet (-ète *f*); tout (tous *m/pl.*); *Am.* F *made out of ~ cloth* inventé de toutes pièces; *Am. sl. go the ~ hog* aller jusqu'au bout; *pol.* **~·hogger** jusqu'au-boutiste *m*; **~ milk** lait *m* entier; **2.** tout *m*, ensemble *m*; *the ~ of London* le tout Londres; (*up*)*on the ~* à tout prendre; somme toute; **'~·'bound** relié pleine peau; **'~·'heart·ed** □ sincère, qui vient du cœur; **'~·length** (*a. ~ portrait*) portrait *m* en pied; **'~·meal** complet (-ète *f*) (*pain*); **'~·sale 1.** (*usu. ~ trade*) (vente *f* en) gros *m*; **2.** en gros de gros; F *fig.* en masse; **'~·sal·er** grossiste *mf*; **whole·some** □ ['~·səm] sain, salubre; **'whole-time**

de toute la journée; pour toute la semaine.

whol·ly ['houlli] *adv.* tout à fait, complètement; intégralement.

whom [hu:m; hum] *accusatif de who*.

whoop [hu:p] **1.** houp *m/inv.*; cri *m*; **♪** quinte *f*; **2.** pousser des houp *ou* cris; *Am. sl.* **~ it up** for faire de la réclame pour, louer jusqu'aux astres; **whoop·ee** *Am.* F ['wupi:] bombe *f*, noce *f*; *make ~* faire la bombe; faire du chahut; **whoop·ing-cough ♪** ['hu:piŋkɔf] coqueluche *f*.

whop *sl.* [wɔp] rosser; battre; **'whop·per** *sl.* personne *f ou* chose *f* énorme; *surt.* gros mensonge *m*; **'whop·ping** *sl.* colossal (*-aux m/pl.*), énorme.

whore V [hɔ:] prostituée *f*, putain *f*.

whorl [wɔ:l] ⊕ *fuseau*: volant *m*; ♀ verticille *m*; *zo.* volute *f*.

whor·tle·ber·ry ♀ ['wɔ:tlberi] airelle *f*; *red ~* airelle *f* rouge.

whose [hu:z] *génitif de who*; **who·so·ev·er** [hu:sou'evə] celui qui; quiconque; qui que (*sbj.*).

why [wai] **1.** pourquoi?; pour quelle raison?; **~ so?** pourquoi cela?; **2.** tiens!; eh bien; vraiment.

wick [wik] mèche *f*.

wick·ed □ ['wikid] mauvais, méchant; *co.* fripon(ne *f*); **'wick·ed·ness** méchanceté *f*.

wick·er ['wikə] *en ou* d'osier; **~ basket** panier *m* d'osier; **~ chair** fauteuil *m* en osier; **~ furniture** meubles *m/pl.* en osier; **'~·work 1.** vannerie *f*; **2.** *see* wicker.

wick·et ['wikit] guichet *m* (*a. cricket*); barrière *f* (*d'un jardin*).

wide [waid] **1.** *adj.* (*a.* □) large; étendu, ample, vaste; répandu (*influence*); grand (*différence etc.*); loin (de, of); *cricket*: écarté; *3 feet ~* large de 3 pieds; **2.** *adv.* loin; à de grands intervalles; grand ouvert; **~·awake** tout éveillé; **'~·an·gle** *phot.*: **~ lens** objectif *m* grand angulaire *m*; **~·a·wake** F **1.** ['waidə'weik] averti, malin (-igne *f*); **2.** ['waidə·weik] chapeau *m* (en feutre) à larges bords; **wid·en** ['waidn] (s')élargir; (s')agrandir; **'wide·ness** largeur *f*; **'wide-'o·pen** grand ouvert; écarté (*jambes*); *Am. sl.* qui manque de discipline *ou* fermeté; **'wide·spread** répandu.

wid·ow ['widou] veuve *f*; **'wid-owed** veuf (veuve *f*); *fig.* privé (de, of); **'wid·ow·er** veuf *m*; **wid·ow-hood** ['~hud] veuvage *m*.

width [widθ] largeur *f*; ampleur *f*.

wield *poét.* [wi:ld] manier (*l'épée, la plume*); tenir (*le sceptre*); *fig.* exercer (*le contrôle etc.*).

wife [waif] (*pl.* **wives**) femme *f*; épouse *f*; **'wife·ly** d'épouse.

wig[1] [wig] perruque *f*; postiche *m*; *attr.* à perruque; de perruques.

wig[2] F [~] **1.** (*ou* **'wig·ging**) verte semonce *f*; **2.** laver la tête *à* (*q.*).

wig·gle ['wigl] agiter, remuer.

wight *co.* [wait] personne *f*, individu *m*.

wig·wam ['wigwæm] wigwam *m*.

wild [waild] **1.** □ sauvage; *p.ext.* insensé, fou (fol *devant une voyelle ou un h muet*; folle *f*); orageux (-euse *f*); effaré (*air, yeux*); *run* ~ courir en liberté; vagabonder; se dissiper; ♀ retourner à l'état sauvage; s'étendre de tous côtés; ~ *talk* propos *m/pl.* en l'air; *fig.* ~ *for* (*ou about*) passionné pour (*qch.*); **2.** (*ou* ~s *pl.*) *see* wilderness; **'wild·cat 1.** *zo.* chat *m* sauvage; *Am.* entreprise *f* risquée; *surt. Am.* (*ou* **'wild·cat·ting**) forage *m* dans un champ (*de pétrole*) non encore exploré; **2.** *fig.* risqué; hors horaire (*train*); illégal (-aux *m/pl.*); ~ *strike* grève *f* sauvage; **wil·der·ness** ['wildǝnis] désert *m*; pays *m* inculte; **wild·fire** ['waildfaiǝ]: *like* ~ comme l'éclair; **'wild-goose chase** *fig.* poursuite *f* vaine; **'wild·ing** ♀ plante *f* sauvage; **'wild·ness** état *m* sauvage; férocité *f*; folie *f*; air *m* égaré.

wile [wail] **1.** artifice *m*; *usu.* ~s *pl.* ruses *f/pl.*; **2.** séduire; ~ *away see* while 2.

wil·ful □ ['wilful] obstiné, entêté.

wil·i·ness ['wailinis] astuce *f*.

will [wil] **1.** volonté *f*; gré *m*; testament *m*; *at* ~ à volonté; *at one's own free* ~ selon son bon plaisir; *with a* ~ de bon cœur; **2.** [*irr.*] *v/aux.* (*défectif*) *usité pour former le fut.*; *he* ~ *come* il viendra; il viendra avec plaisir; il veut bien venir; *I* ~ *do it* je le ferai; je veux bien le faire; **3.** *prét. et. p.p.* **willed** *v/t.* † Dieu, souverain: vouloir, ordonner (*qch.*); ⚖ léguer; **willed**

disposé (à *inf.*, *to inf.*); *strong*-~ de forte volonté.

will·ing □ ['wiliŋ] de bonne volonté; bien disposé, prêt (à, *to*); *I am* ~ *to believe* je veux bien croire; ~*ly adv.* volontiers; de bon cœur; **'will·ing·ness** bonne volonté *f*; empressement *m*; complaisance *f*.

will-o'-the-wisp ['wilǝowisp] feu *m* follet.

wil·low ['wilou] ♀ saule *m*; F *cricket*: batte *f*; ⊕ effilocheuse *f*; **'~-herb** ♀ épilobe *m* à épi, F osier *m* fleuri; **'wil·low·y** couvert *ou* bordé de saules; *fig.* svelte, souple, élancé.

will·pow·er ['wilpauǝ] volonté *f*.

wil·ly-nil·ly ['wili'nili] bon gré mal gré.

wilt[1] † [wilt] *2me personne du sg. de* will 2.

wilt[2] [~] (se) flétrir; *v/i.* se faner; *fig.* languir; *sl.* se dégonfler.

Wil·ton car·pet ['wiltn'ka:pit] tapis *m* Wilton (=*tapis de haute laine*).

wi·ly □ ['waili] astucieux (-euse *f*), rusé.

wim·ple ['wimpl] guimpe *f* (*de religieuse*).

win [win] **1.** [*irr.*] *v/t.* gagner; remporter (*un prix, une victoire*); acquérir; ✕ *sl.* récupérer; amener (*q.*) (à *inf.*, *to inf.*); ~ *over* attirer q. à son parti; convertir q.; *v/i.* gagner; remporter la victoire; ~ *through* parvenir (à, *to*); **2.** *sp.* victoire *f*.

wince [wins] **1.** faire une grimace de douleur; sourciller; **2.** crispation *f*.

winch [wintʃ] manivelle *f*; treuil *m* (*de hissage*).

wind[1] [wind, *poét. a.* waind] **1.** vent *m* (*a.* ♥); *fig.* haleine *f*, souffle *m*; ♪ instruments *m/pl.* à vent; *be in the* ~ se préparer; *have a long* ~ avoir du souffle; *fig. throw to the* ~s abandonner; F *raise the* ~ se procurer de l'argent; *sl. get the* ~ *up* avoir la frousse; *it's an ill* ~ *that blows nobody good* à quelque chose malheur est bon; **2.** *chasse:* flairer (*le gibier*); faire perdre le souffle à (*q.*); essouffler; *be* ~*ed* être à bout de souffle; ♪ [waind] sonner du cor.

wind[2] [waind] [*irr.*] *v/t.* tourner; enrouler; ~ *up* enrouler; remonter (*un horloge,* ⸱*un ressort etc.*); *fig.* terminer, finir; ♥ liquider; clôturer (*un compte*); v/i. tourner; (*a.* ~ *o.s.*, ~ *one's way*) serpenter; *fig.* ~ *up* se terminer, s'achever.

wind... [wind]: '~**bag** *péj.* moulin *m* à paroles; '~**bound** ⚓ retardé par le vent; retenu par le vent; '~-**cheat·er** *cost.* anorak *m*; '~**fall** fruit *m* abattu par le vent; *fig.* aubaine *f*; '~**gauge** indicateur *m* de pression du vent; '**wind·i·ness** temps *m* venteux; F verbosité *f*; *sl.* frousse *f*.

wind·ing ['waindiŋ] **1.** mouvement *m* ou cours *m* sinueux; replis *m/pl.*; *tex.* bobinage *m*; ⚡ enroulement *m*; ⊕ gauchissement *m*; **2.** □ sinueux (-euse *f*); qui serpente; ~ *staircase* (*ou stairs pl.*) escalier *m* tournant; '~-**sheet** linceul *m*; '~-**up** remontage *m*; *fig.* fin *f*; ✝ liquidation *f*.

wind-in·stru·ment ♪ ['windinstrumənt] instrument *m* à vent.

wind-jam·mer ['winddʒæmə] ⚓ *sl.* voilier *m*. [guindeau *m*.]

wind·lass ['windləs] ⊕ treuil *m*; ⚓]

wind·mill ['windmil] moulin *m* à vent; '~ *plane* autogire *m*.

win·dow ['windou] fenêtre *f*; ✝ vitrine *f*, devanture *f*; *mot. etc.* glace *f*; *théâ. etc.* guichet *m*; ~ *display* étalage *m*; ~ *goods* articles *m/pl.* en devanture; '~-**dress·ing** art *m* de l'étalage; arrangement *m* de la vitrine; *fig.* façade *f*, camouflage *m*, trompe-l'œil *m/inv.*; décor *m* de théâtre; '**win·dowed** à fenêtre(s).

win·dow...: ~ **en·ve·lope** enveloppe *f* à fenêtre; '~-**frame** châssis *m* de fenêtre; '~-**shade** *Am.* store *m*; '~-**shop**: *go* ~*ping* faire du lèche-vitrines; '~-**shut·ter** volet *m*; '~-**sill** rebord *m* de fenêtre.

wind... [wind]: '~**pipe** *anat.* trachée-artère (*pl.* trachées-artères) *f*; '~-**screen**, *Am.* '~-**shield** pare-brise *m/inv.*; ~ *wiper* essuie-glace *m*; '~-**tun·nel** ✈ tunnel *m* aérodynamique.

wind·ward ['windwəd] **1.** au vent; **2.** côté *m* au vent.

wind·y □ ['windi] venteux (-euse *f*) (*a.* ⚕); exposé au vent; *fig.* vain; *sl.* qui a le trac.

wine [wain] vin *m*; '~-**grow·er** viticulteur *m*; vigneron *m*; '~-**mer·chant** négociant *m* en vins; '~-**press** pressoir *m*; '~-**vault** cave *f*, caveau *m*.

wing [wiŋ] **1.** aile *f* (*a. fig.*, ✕, ♣, ♠, ✈, *mot., sp.*); vol *m*, essor *m*; F *co.* bras *m*; *foot.* personne: ailier *m*; *porte:* battant *m*; ⊕ oreille *f* (*d'un écrou*); ~*s pl.* coulisse *f*; *take* ~ s'envoler; prendre son vol; *be on the* ~ voler; *fig.* partir; **2.** v/t. empenner; voler; blesser à l'aile *ou fig.* au bras; v/i. voler; '~-**case**, '~-**sheath** *zo.* élytre *m*; '~-**chair** fauteuil *m* à oreillettes; **winged** [~d] ailé; blessé à l'aile *ou fig.* au bras; ~ *word* parole *f* ailée; '**wing·span**, '**wing·spread** envergure *f*.

wink [wiŋk] **1.** clignement *m* d'œil; clin *m* d'œil; F *not get a* ~ *of sleep* ne pas fermer l'œil de toute la nuit; F *tip s.o. the* ~ faire signe de l'œil à *q.*, prévenir *q.*; **2.** v/i. cligner les yeux; clignoter (*lumière*); v/t. cligner de (*l'œil*); signifier (*qch.*) par un clin d'œil; ~ *at* cligner de l'œil à (*q.*); fermer les yeux sur (*qch.*).

win·ner ['winə] gagnant(e *f*) *m*; *sp.* vainqueur *m* (=*homme ou femme*).

win·ning ['winiŋ] **1.** □ gagnant; *fig.* engageant; **2.:** ~*s pl.* gains *m/pl.* (*au jeu etc.*); '~-**post** *sp.* poteau *m* d'arrivée.

win·now ['winou] vanner (*le grain*); *fig.* examiner minutieusement.

win·ter ['wintə] **1.** hiver *m*; ~ *sports pl.* sports *m/pl.* d'hiver; **2.** hiverner; **win·ter·ize** ['~təraiz] préparer pour l'hiver; **win·try** ['wintri] d'hiver; *fig.* glacial (-als *m/pl.*).

wipe [waip] **1.** essuyer; nettoyer; ~ *off* essuyer, enlever; liquider (*une dette*); ~ *out* essuyer; *fig.* effacer; exterminer; **2.** coup *m* de torchon *etc.*; F taloche *f* (= *coup*); '**wip·er** essuyeur (-euse *f*) *m*; torchon *m*.

wire ['waiə] **1.** fil *m* (de fer); *Am.* F dépêche *f*; *attr.* en *ou* de fil de fer; **2.** v/t. munir d'un fil métallique; ⚡ équiper (*une maison*); (*a. v/i.*) *tél.* télégraphier; '~-**drawn** tréfilé (*métal*); trait (*or etc.*); '~-**gauge** ⊕ jauge *f* pour fils métalliques; '~-**haired** à poil dur (*chien*); '**wire·less 1.** □ sans fil; de T.S.F., de radio; *on the* ~ à la radio; ~ *con·trol* radioguidage *m*; ~ (*message ou telegram*) radiogramme *m*; ~ (*telegraphy*) radiotélégraphie *f*; télégraphie *f* sans fil; (*air*) ~ *operator* sans-filiste *mf*; opérateur *m* de T.S.F.; ~ *pirate radio:* auditeur *m* illicite; ~

(set) poste *m* (de radio); ~ *station* poste *m* émetteur; **2.** radiotélégraphier; '**wire-'net·ting** treillis *m* métallique; grillage *m*; '**wire-'pull-er** *fig.* intrigant(e*f*) *m*); '**wire-'tap-ping** *téléph.* mise *f* sur écoute.

wir·ing ['waiəriŋ] grillage *m* métallique; *⚡* câblage *m*; pose *f* des fils; *radio:* montage *m*; *⚡* croisillonnage *m*; *⚡* ~ *diagram* plan *m* de pose; '**wir·y** □ raide (*cheveux*); sec (sèche *f*) et nerveux (-euse *f*) (*personne*).

wis·dom ['wizdəm] sagesse *f*; ~ *tooth* dent *f* de sagesse.

wise¹ □ [waiz] sage; prudent; ~ *crack Am.* F bon mot *m*, saillie *f*; *Am. sl.* ~ *guy* finaud *m*, monsieur *m* je-sais-tout; *Am.* put s.o. ~ mettre q. à la page; avertir (q. de *to*, *on*).

wise² † [~] façon *f*; guise *f*.

wise·a·cre ['waizeikə] prétendu sage *m*; pédant(e*f*) *m*); '**wise-crack** *Am.* F faire de l'esprit.

wish [wiʃ] **1.** vouloir, désirer; souhaiter; ~ *s.o. joy* féliciter q. (de, *of*); ~ *for* désirer, souhaiter, souhaiter (*qch.*); ~ *s.o. well (ill)* vouloir du bien (mal) à q.; **2.** vœu *m*, souhait *m*; désir *m*; *good* ~*es* souhaits *m/pl.*, meilleurs vœux *m/pl.*; '**wish-ful** □ ['~ful] désireux (-euse *f*) (de *of*, *to*); '**wish(·ing)-bone** *volaille:* lunette *f*.

wish-wash F ['wiʃwɔʃ] lavasse *f*; '**wish·y-wash·y** F fade, insipide.

wisp [wisp] bouchon *m* (*de paille*); mèche *f* folle (*de cheveux*).

wist·ful □ ['wistful] pensif (-ive *f*); d'envie; désenchanté.

wit [wit] **1.** (*a.* ~*s pl.*) esprit *m*; ~*s pl.* raison *f*, intelligence *f*; *personne:* homme *m* ou femme *f* d'esprit; *be at one's* ~*'s net ne* plus savoir que faire; *have one's* ~*s about one* avoir toute sa présence d'esprit; *live by one's* ~*s* vivre d'expédients *ou* d'industrie; *be out of one's* ~*s* avoir perdu la raison; **2.**: *to* ~ à savoir; c'est-à-dire.

witch [witʃ] sorcière *f*; *fig.* jeune charmeuse *f*; '**~-craft**, '**witch·er·y** sorcellerie *f*; *fig.* magie *f*; '**witch-hunt** *pol. Am. fig.* chasse *f* aux sorcières.

with [wið] avec; de; à; par; malgré; *sl.* ~ *it* dans le vent; *it is just so* ~ *me* il en va de même pour moi.

with·al † [wi'ðɔ:l] **1.** *adv.* aussi, de plus; **2.** *prp.* avec *etc.*

with·draw [wið'drɔ:] [*irr.* (*draw*)] (se) retirer (de, *from*); **with'draw-al** retraite *f*; rappel *m*; *⚔* repli(ement) *m*; retrait *m* (*d'argent*).

withe [wiθ] brin *m* ou branche *f* d'osier.

with·er ['wiðə] (*souv.* ~ *up*, *away*) (se) flétrir; (se) dessécher; *v/i.* dépérir (*personne*); '**with·er·ing** □ *fig.* foudroyant, écrasant.

with·ers ['wiðəz] *pl.* garrot *m*.

with·hold [wið'hould] [*irr.* (*hold*)] retenir, empêcher (q. de *inf.*, *s.o. from gér.*); cacher, refuser (à q., *from s.o.*); *Am.* ~*ing tax* retenue *f ou* impôt *m* retenu à la source; **with'in 1.** *adv.* à l'intérieur, au dedans; *poét.* à la maison; *from* ~ de l'intérieur; **2.** *prp.* à l'intérieur de, en dedans de; ~ *doors* à la maison; ~ *10 minutes* en moins de dix minutes; ~ *a mile* à moins d'un mille (de, *of*); dans un rayon d'un mille; ~ *call* (*ou hearing*) à (la) portée de la voix ou d'oreille; ~ *sight* en vue; **with'out 1.** *adv.* à l'extérieur, au dehors; *from* ~ de l'extérieur, du dehors; **2.** *prp.* sans; *poét.* en dehors de; **with'stand** [*irr.* (*stand*)] résister à; supporter.

with·y ['wiði] *see* withe.

wit·less □ ['witlis] sot(te*f*); faible d'esprit; sans intelligence.

wit·ling *péj.* ['witliŋ] petit *ou* iro. bel esprit *m*.

wit·ness ['witnis] **1.** témoignage *m*; *personne:* témoin *m*; *bear* ~ témoigner, porter témoignage (de, *to*); *in* ~ *of* en témoignage de; **2.** *v/t.* être témoin de; assister à; attester (*un acte etc.*); témoigner de; *v/i.* témoigner; ~ *for* (*against*) témoigner en faveur de (contre); '**~-box**, *Am.* ~ *stand* barre *f* des témoins.

wit·ted ['witid]: *quick-*~ à l'esprit vif; **wit·ti·cism** ['~tisizm] trait *m* d'esprit, bon mot *m*; '**wit·ti·ness** esprit *m*; '**wit·ting·ly** à dessein; en connaissance de cause; '**wit·ty** □ spirituel(le *f*).

wives [waivz] *pl.* de wife.

wiz *Am. sl.* [wiz], **wiz·ard** ['~əd] **1.** sorcier *m*, magicien *m*; **2.** *fig. sl.* magnifique; **wiz·ard·ry** sorcellerie *f*, magie *f*.

wiz·en(·ed) ['wizn(d)] tatatiné, parcheminé (*visage etc.*).

wo(a) [wou] ho!

woad ⚘,⊕ [woud] guède *f*.

wob·ble ['wɔbl] ballotter; trembler; chevroter (*voix*); ⊕ branler; *mot. wheel that* ∼s roue *f* dévoyée.

woe *poét. ou co.* [wou] chagrin *m*; malheur *m*; ∼ is me! pauvre de moi!; '∼-**be·gone** triste, désolé; **woe·ful** □ *poét. ou co.* ['∼ful] triste, affligé; de malheur; '**woe·ful·ness** tristesse *f*; malheur *m*.

wog *sl.* [wɔg] métèque *m*.

woke [wouk] *prét. et p.p.* de wake² 1.

wold [would] plaine *f* vallonnée.

wolf [wulf] 1. (*pl.* wolves) *zo.* loup *m*; *sl.* coureur *m* de cotillons, tombeur *m* de femmes; ∼ *call*, ∼ *whistle* sifflement *m* admiratif (*au passage d'une femme attractive*); *cry* ∼ crier au loup; 2. F dévorer; '**wolf·ish** □ de loup; F *fig.* rapace.

wolf·ram *min.* ['wulfrəm] wolfram *m*; tungstène *m*.

wolves [wulvz] *pl.* de wolf 1.

wom·an ['wumən] (*pl.* women) femme *f*; *young* ∼ jeune femme *f ou* fille *f*; ∼'s (*ou* women's) *rights pl.* droits *m/pl.* de la femme; *attr.* femme ...; de femme(s); ∼ *doctor* femme *f* médecin; ∼ *student* étudiante *f*; '∼-**hat·er** misogyne *m*; **wom·an·hood** ['∼hud] état *m* de femme; *coll.* les femmes *f/pl.*; *reach* ∼ devenir femme; '**wom·an·ish** □ féminin; efféminé (*homme*); '**wom·an·kind** les femmes *f/pl.*; '**wom·an·like** 1. *adj.* de femme; 2. *adv.* en femme; '**wom·an·ly** féminin.

womb [wu:m] *anat.* matrice *f*; *fig.* sein *m*.

wom·en ['wimin] *pl.* de woman; *votes pl. for* ∼ suffrage *m* féminin; ∼'s *lib* movement *m* de libération de la femme; ∼'s *rights pl.* droits *m/pl.* de la femme; *sp.* ∼'s *team* équipe *f* féminine; ∼'s *single tennis*: simple *m* dames; **wom·en·folk** ['∼fouk] *pl.*, '**wom·en·kind** les femmes *f/pl.* (*surt. d'une famille*).

won [wʌn] *prét. et p.p.* de win 1.

won·der ['wʌndə] 1. merveille *f*, prodige *m*; étonnement *m*; 2. s'étonner, s'émerveiller (de, *at*); se demander (*si whether, if*); '**won·der·ful** □ ['∼ful] merveilleux (-euse *f*), étonnant; admirable; '**won·der·ing** 1. □ émerveillé, étonné; 2. étonnement *m*; '**won·der·struck** émer-

veillé; '**won·der·work·er** faiseur (-euse *f*) *m* de prodiges.

won·drous □ *poét.* ['wʌndrəs] merveilleux (-euse *f*), étonnant.

won·ky *sl.* ['wɔŋki] patraque (= *branlant*).

won't [wount] = will not.

wont [wount] 1. *préd.* habitué; *be* ∼ *to* (*inf.*) avoir l'habitude de (*inf.*); 2. coutume *f*, habitude *f*; '**wont·ed** accoutumé.

woo [wu:] faire la cour à; courtiser (*a. fig.*); solliciter (de *inf.*, to *inf.*).

wood [wud] bois *m*; fût *m*, tonneau *m*; ♩ bois *m/pl.*; *sp.* ∼*s pl.* boules *f/pl.*; F *touch* ∼! touchez du bois!; 2. *attr. souv.* des bois; ∼**bine**, *a.* ∼**bind** ⚘ ['∼bain(d)] chèvrefeuille *m* des bois; *Am.* vigne *f* vierge; '∼-**carv·ing** sculpture *f* sur bois; '∼-**cock** *orn.* (*pl. usu.* ∼) bécasse *f*; '∼-**craft** connaissance *f* de la chasse à courre *ou* de la forêt; '∼-**cut** gravure *f* sur bois; '∼-**cut·ter** bûcheron *m*; graveur *m* sur bois; '**wood·ed** boisé; '**wood·en** en bois; de bois (*a. fig.*); *fig.* raide; '**wood·en·grav·er** graveur *m* sur bois; '**wood·en·grav·ing** gravure *f* sur bois (= *objet et art*); '**wood·i·ness** caractère *m* ligneux.

wood...: '∼**land** 1. bois *m*, pays *m* boisé; 2. *sylvestre*; des bois; '∼**lark** *orn.* alouette *f* des bois; '∼**louse** *zo.* cloporte *m*; '∼**man** garde *m* forestier; bûcheron *m*; † trappeur *m*; '∼**peck·er** *orn.* pic *m*; '∼**pile** tas *m* de bois; '∼**pulp** pâte *f* de bois; '∼**ruff** ⚘ aspérule *f* odorante; '∼**shav·ings** *pl.* copeaux *m/pl.* de bois; '∼**shed** bûcher *m*; ∼**wind** ♩ ['∼wind] (*ou* ∼ *instruments pl.*) bois *m/pl.*; '∼**work** (*surt.* △) boiserie *f*, charpente *f*; menuiserie *f*; travail *m* (-aux) *m* du bois; '∼**work·ing machine** machine *f* à bois; '**wood·y** boisé; couvert de bois; des bois; sylvestre; ⚘ ligneux (-euse *f*); *fig.* sourd, mat; '**wood·yard** chantier *m* (de bois à brûler).

woo·er ['wu:ə] prétendant *m*.

woof [wu:f] *see* weft.

wool [wul] laine *f* (*fig. co.* = *cheveux crépus*); *dyed in the* ∼ teint en laine; *fig.* convaincu; pur sang *adj./inv.*; '∼-**gath·er·ing** 1. F rêvasserie *f*; *go* ∼ avoir l'esprit absent, être distrait; 2. distrait; '**wool·(l)en** 1. de laine;

2.: ~s *pl.* laines *f/pl.*; draps *m/pl.*; tissus *m/pl.* de laine; '**wool·(l)y 1.** laineux (-euse *f*); de laine; cotonneux (-euse *f*) (*fruit*); *peint.* flou; *fig.* mou (mol *devant une voyelle ou un* h *muet*; molle *f*); *fig.* imprécis (*idée*); **2.** woollies *pl.* (vêtements *m/pl.* en) tricot *m*; lainages *m/pl.*

wool...: '~**sack** *parl.* siège *m* du *ou* dignité *f* de Lord Chancelier; '~**sta·pler** négociant *m* en laine; '~**work** tapisserie *f*.

wop *Am. sl.* [wɔp] immigrant(e *f*) *m* italien(ne); Italien(ne *f*) *m*.

word [wəːd] **1.** *usu.* mot *m*; parole *f* (*a. fig.*); ordre *m*; ✕ mot *m* d'ordre; ~s *pl.* paroles *f/pl.*; *fig.* termes *m/pl.*; *opéra:* livret *m*; *chanson:* paroles *f/pl.*; *gramm.* ~ order ordre des mots; ~ processing traitement des mots; by ~ of mouth de vive voix; eat one's ~s se rétracter; have ~s se disputer (avec, with); leave ~ faire dire que; send (bring) s.o. ~ of s.th. faire (venir) dire qch. à q.; be as good as one's ~ tenir sa parole; take s.o. at his ~ prendre q. au mot; **2.** rédiger; formuler par écrit; ~ed as follows ainsi conçu; '~**book** vocabulaire *m*, lexique *m*; '**word·i·ness** verbosité *f*; '**word·ing** rédaction *f*; langage *m*, termes *m/pl.*; '**word·'per·fect** *théâ.* qui connaît parfaitement son rôle (*école:* sa leçon); '**word-split·ting** ergotage *m*.

word·y □ ['wəːdi] verbeux (-euse *f*), diffus.

wore [wɔː] *prét. de wear* 1.

work [wəːk] **1.** travail *m*; tâche *f*, besogne *f*; ouvrage *m* (*a. littérature, couture, etc.*); emploi *m*; œuvre *f*; ⊕ ~s *usu. sg.* usine *f*, atelier *m*; *horloge:* mouvement *m*; public ~s *pl.* travaux *m/pl.* publics; ~ of art œuvre *f* d'art; ~s *pl.* of Keats l'œuvre *m* de Keats; at ~ au travail; en marche; *fig.* en jeu; be in ~ avoir du travail; be out of ~ chômer, être sans travail; make sad ~ of s'acquitter peu brillamment de; make short ~ of expédier (*qch.*); put s.o. out of ~ priver q. de travail; set to ~ se mettre au travail; set s.o. to ~ faire travailler q.; ~s council comité *m* de directeurs et de délégués syndicaux; **2.** [*irr.*] *v/i.* travailler; fonctionner, aller (*machine*); *fig.* réussir; se crisper (*bouche*); ~ at travailler (à); ~ out

sortir peu à peu; s'élever (à, at); aboutir; *v/t.* faire travailler; faire fonctionner *ou* marcher (*une machine*); diriger (*un projet*); opérer; amener; broder (*un dessin etc.*); ouvrer (*du métal*); façonner (*du bois*); faire (*un calcul*); résoudre (*un problème*); exploiter (*une mine*); ~ mischief semer le mal *ou* la discorde; ~ off se dégager de; cuver (*sa colère*); ✝ écouler (*un stock*); ~ one's way se frayer un chemin; ~ out mener à bien; élaborer, développer; résoudre; ~ up développer; se faire (*une clientèle*); exciter, émouvoir; élaborer (*une idée, un sujet*); *phot.* retoucher; préparer.

work·a·ble □ ['wəːkəbl] réalisable (*projet*); ouvrable (*bois etc.*); exploitable (*mine*); '**work·a·day** de tous les jours; *fig.* prosaïque; **work·a·hol·ic** F ['wəːkə'hɔlik] bourreau *m* de travail; '**work·bench** établi *m*; '**work·day** jour *m* ouvrable; '**work·er** travailleur (-euse *f*) *m*; ouvrier (-ère *f*) *m*; ~s *pl.* classes *f/pl.* laborieuses; ouvriers *m/pl.*; *social* ~ assistante *f* sociale; '**work·force** main-d'œuvre *f*, les ouvriers *m/pl.*; '**work·house** hospice *m*, asile *m* des pauvres; *Am.* maison *f* de correction; '**work·ing 1.** fonctionnement *m*; manœuvre *f*; exploitation *f*; ~s *pl.* mécanisme *m*; **2.** qui travaille; qui fonctionne; de travail; in ~ order en état de service; ~ association (*ou co-operation*) groupe *m* de travailleurs; ✝ ~ capital capital *m* d'exploitation; ~ class classe *f* ouvrière; ~ committee (*ou party*) commission *f* d'enquête; ~ condition état *m* de fonctionnement; ~ day jour *m* ouvrable; journée *f*; ~ expenses *pl.* frais *m/pl.* généraux; ~ process mode *m* d'opération; ~ student étudiant *m* qui travaille pour gagner sa vie.

work·man ['wəːkmən] ouvrier *m*, artisan *m*; '~**like** bien travaillé, bien fait; compétent; '**work·man·ship** exécution *f*; fini *m*; construction *f*; travail (*pl.* -aux) *m*.

work...: '~**out** *Am.* F ['wəːkaut] *usu. sp.* entraînement *m* (préliminaire); '~**shop** atelier *m*; ~ place établi *m*; '~**shy 1.** qui renâcle à la besogne; paresseux (-euse *f*); **2.** fainéant *m*; ~**to-'rule** grève *f* du zèle; '~**wom·an** ouvrière *f*.

world [wəːld] monde *m; fig. a ~ of* beaucoup de; *in the ~* au monde; *what in the ~?* que diable?; *bring (come) into the ~* mettre (venir) au monde; *be for all the ~ like* avoir exactement l'air de (*qch., inf.*); *a ~ too wide* de beaucoup trop large; *think the ~ of* avoir une très haute opinion de; *man of the ~* homme *m* qui connaît la vie; mondain *m; ~ champion* champion *m* du monde; *~ championship* championnat *m* du monde; *~ record* record *m* mondial; *~ record holder* recordman *m* du monde; *Am. ~ series* baseball: matches *m/pl.* entre les champions de deux ligues professionnelles; **'world·li·ness** mondanité *f;* **'world·ling** mondain(e *f*) *m.*

world·ly ['wəːldli] du monde, de ce monde; mondain; *~ innocence* candeur *f*; naïveté *f; ~ wisdom* sagesse *f* du siècle; '~-**wise** qui connaît la vie.

world...: '~-**pow·er** *pol.* puissance *f* mondiale; '~-**wide** universel(le *f*); mondial (-aux *m/pl.*).

worm [wəːm] **1.** ver *m* (*a. fig.*); ⊕ alambic; serpentin *m*; vis *f* sans fin; ⊕ spirale *f*; **2.:** *~ a secret out of s.o.* tirer un secret de q.; *~ o.s.* se glisser; *fig.* s'insinuer (dans, *into*); '~-**drive** ⊕ transmission *f* par vis sans fin; '~-**eat·en** rongé de vers; vermoulu (*bois*); '~-**gear** ⊕ engrenage *m* à vis sans fin; (*ou* '~-**wheel**) ⊕ roue *f* hélicoïdale; '~-**wood** armoise *f* amère; *fig.* be ~ to n'être qu'absinthe pour (*q.*); '**worm·y** plein de vers.

worn [wɔːn] *p.p. de* wear 1; '~-'**out** usé; râpé (*vêtement*); épuisé (*personne*).

wor·ri·ment F ['wʌrimənt] souci *m;* **wor·rit** V ['wʌrit] (se) tourmenter, (se) tracasser; '**wor·ry 1.** *fig.* (se) tourmenter, (se) tracasser, (s')inquiéter; *v/t.* harceler; piller (*des moutons*); **2.** ennui *m*, souci *m*, tracasserie *f.*

worse [wəːs] **1.** *adj.* pire; plus mauvais; ⚕ plus malade; *adv.* pis; plus mal; (*all*) the ~ *adv.* encore pis; *adj.* (encore) pire; *~ luck!* tant pis!; *he is none the ~ for it* il ne s'en trouve pas plus mal; **2.** quelque chose *m* de pire; le pire; *from bad to ~* de mal en pis; '**wors·en** empirer; (s')aggraver.

wor·ship ['wəːʃip] **1.** culte *m*, adoration *f*; *your* ♀ monsieur le maire *ou* juge; *place of ~* église *f*; *religion protestante:* temple *m*; **2.** adorer; **wor·ship·ful** □ ['~ful] titre: honorable; '**wor·ship·(p)er** adorateur (-trice *f*) *m; eccl.* fidèle *mf.*

worst [wəːst] **1.** *adj.* (le) pire; (le) plus mauvais; **2.** *adv.* (le) pis, (le) plus mal; **3.** *su. le pire m; at (the) ~* au pire; en tout cas; *do your ~!* faites du pis que vous pourrez!; *get the ~ of it* avoir le dessous; *if the ~ comes to the ~* en mettant les choses au pis; **4.** *v/t.* vaincre, battre.

wor·sted ['wustid] laine *f* peignée; (*a. ~ yarn*) laine *f* à tricoter; tissu *m* de laine peignée; *~ stockings pl.* bas *m/pl.* en laine peignée.

wort[1] ♀ ['wəːt] plante *f*, herbe *f.*

wort[2] [~] moût *m* (*de bière*).

worth [wəːθ] **1.** valant; *he is ~ a million £* il est riche d'un million de livres; *~ reading* qui mérite d'être lu; **2.** valeur *f*; '**wor·thi·ness** ['~ðinis] mérite *m*; '**worth·less** □ ['~θlis] sans valeur, de nulle valeur; '**worth-'while** F be ~ valoir la peine; '**wor·thy** □ ['wəːði] **1.** digne (de, *of*); de mérite; **2.** personnage *m* (éminent).

would [wud] *prét. de* will 2 (*a. usité pour forme polie*).

would-be F ['wudbi:] prétendu; soi-disant; affecté; *~ buyer* acheteur *m* éventuel; personne *f* qui voudrait acheter; *~ painter* personne *f* qui cherche à se faire peintre; *~ poet* poète *m* à la manque; *~ wit* prétendu bel esprit *m*; *~ worker* personne *f* qui voudrait avoir du travail.

wouldn't ['wudnt] = would not.

wound[1] [wuːnd] **1.** blessure *f* (*a. fig.*); plaie *f*; **2.** blesser (*a. fig.*).

wound[2] [waund] *prét. et p.p. de* wind[2].

wove [wouv] *prét.*, **wo·ven** ['~vn] *p.p. de* weave 1 2.

wow *Am.* F [wau] *théâ. sl.* grand succès *m; p.ext.* chose *f* épatante.

wrack[1] ♀ [ræk] varech *m.*

wrack[2] [~] *see* rack[3].

wraith [reiθ] apparition *f.*

wran·gle ['ræŋgl] **1.** se chamailler, se disputer, se quereller; **2.** dispute *f*, querelle *f*, chamaille(rie) *f*; '**wran·gler** querelleur (-euse *f*) *m*, chamailleur (-euse *f*) *m; Am.* (*a. horse ~*) cowboy *m.*

wrap [ræp] **1.** v/t. (souv. ~ up) envelopper (de, in) (a.fig.);fig. be ~ped up in être plongé dans; v/i. ~ up s'envelopper (dans, in); **2.** couverture f; p.ext. pardessus m, châle m; manteau m; '**wrap·per** couverture f; documents: chemise f; papier m d'emballage; cigare: robe f; cost. robe f de chambre; (ou postal ~) bande f; '**wrap·ping** enveloppe (-ment m) f; (a. ~ paper) papier m d'emballage; '**wrap-'up** Am. F résumé m.

wrath poét. ou co. [rɔːθ] colère f; courroux m; **wrath·ful** □ [˷ful] courroucé; irrité.

wreak [riːk] assouvir (sa haine, sa colère, sa vengeance) (sur, [up]on).

wreath [riːθ], pl. **wreaths** [˷ðz] fleurs: couronne f, guirlande f; (a. artificial ~) couronne f de perles; spirale f, volute f (de fumée); écos. amoncellement m (de neige); **wreathe** [riːð] [irr.] v/t. couronner; enguirlander; tresser (des fleurs etc.); v/i. tourbillonner, s'enrouler.

wreck [rek] **1.** ⚓ naufrage m (a. fig.); fig. ruine f; navire m naufragé; **2.** causer le naufrage de; faire dérailler (un train); fig. faire échouer; ⚓ be ~ed faire naufrage; '**wreck·age** débris m/pl.; fig. naufrage m; **wrecked** naufragé; fig. ruiné; '**wreck·er** démolisseur m (a. de bâtiments); ⚓ sauveteur m (d'épaves); mot. Am. dépanneuse f, camion-grue m (pl. camions-grues); Am. marchand m de voitures délabrées; † ⚓ pilleur m d'épaves; '**wreck·ing** démolition f; Am. ~ company entreprise f de démolitions; mot. ~ service (service de) dépannage m.

wren orn. [ren] roitelet m.

wrench [rentʃ] **1.** tordre; arracher (violemment) (à, from); forcer (l'épaule, le sens); ~ open forcer (un couvercle etc.); ~ out arracher; **2.** mouvement m ou effort m de torsion; effort m violent; fig. déchirement m de cœur; fig. violente douleur f; ⊕ clef f à écrous.

wrest [rest] arracher (à, from); fausser (le sens); **wres·tle** [ˈresl] **1.** v/i. lutter; v/t. lutter avec ou contre; **2.** (ou '**wres·tling**) lutte f; '**wres·tler** lutteur m.

wretch [retʃ] malheureux (-euse f) m; infortuné(e f) m; scélérat(e f) m;

co. fripon(ne f) m; type m; poor ~ pauvre diable m.

wretch·ed □ [ˈretʃid] misérable; malheureux (-euse f); lamentable; F diable de …; sacré; '**wretch·edness** malheur m; misère f.

wrick [rik] **1.** fouler (une cheville); ~ one's neck se donner le torticolis; **2.** ⚕ effort m; ~ in the neck torticolis m.

wrig·gle [ˈrigl] (se) tortiller, (s')agiter, (se) remuer; ~ out of se tirer de.

wright [rait] mots composés: ouvrier m, artisan m.

wring [riŋ] [irr.] **1.** tordre (les mains, le linge, le cou à une volaille); étreindre (la main de q.); déchirer (le cœur); ~ s.th. from s.o. arracher qch. à q.; ~ing wet mouillé à tordre; trempé jusqu'aux os (personne); **2.** torsion f; '**wring·er**, '**wring·ingma·chine** essoreuse f.

wrin·kle[1] [ˈriŋkl] **1.** figure, eau: ride f; robe: pli m; rugosité f; **2.** (se) rider; (se) froisser.

wrin·kle[2] F [˷] tuyau m; bonne idée f; ruse f.

wrist [rist] poignet m; ~ watch montre-bracelet (pl. montres-bracelets) f; '**wrist·band** poignet m, manchette f; (ou **wrist·let** [ˈristlit]) bracelet m; sp. bracelet m de force; ~s pl. menottes f/pl.; ~ watch see wrist watch.

writ [rit] mandat m, ordonnance f; acte m judiciaire; assignation f; Holy ♀ Écriture f sainte; ~ for an election ordonnance f de procéder à une élection; ⚖ ~ of attachment ordre m de saisie; ~ of execution exécutoire m.

write [rait] [irr.] v/t. écrire; rédiger (un article); ~ down coucher par écrit; noter; inscrire (un nom); ~ off écrire (une lettre etc.) d'un trait; † défalquer (une dette), réduire (un capital); ~ out transcrire; écrire en toutes lettres; remplir (un chèque); ~ up rédiger; écrire; fig. prôner; ajouter à; mettre au courant; v/i. écrire; être écrivain; ~ for faire venir, commander; ~ off to écrire à (q.); F nothing to ~ home about rien d'étonnant; '~-off annulation f par écrit.

writ·er [ˈraitə] écrivain m; auteur m; femme f écrivain ou auteur;

écoss. ~ *to the signet* notaire *m*; ~*'s cramp* (*ou palsy*) crampe *f* des écrivains.

write-up *Am.* F ['rait'ʌp] éloge *m* exagéré; compte *m* rendu.

writhe [raið] se tordre; se crisper.

writ·ing ['raitiŋ] écriture *f*; écrit *m*; ouvrage *m* littéraire; art *m* d'écrire; métier *m* d'écrivain; *attr.* d'écriture; à écrire; *in* ~ par écrit; ~ *desk* bureau *m*, secrétaire *m*; ~ *pad* sous-main *m* (*pl.* sous-mains); bloc-notes (*pl.* blocs-notes); ~ *paper* papier *m* à écrire *ou* à lettres. [(fait par) écrit.)

writ·ten ['ritn] **1.** *p.p. de* write; **2.**∫

wrong [rɔŋ] **1.** □ mauvais; faux (fausse *f*); inexact; erroné; *be* ~ être faux; être mal (*de inf.*, *to inf.*); ne pas être à l'heure (*montre*); avoir tort (*personne*); *go* ~ se tromper (*a.* de chemin); *fig.* tomber dans le vice; ⊕ se détraquer; *there is something* ~ il y a quelque chose qui ne va pas *ou* qui cloche; F *what's* ~

with him? qu'est-ce qu'il a?; *on the* ~ *side of sixty* qui a dépassé la soixantaine; **2.** mal *m*; tort *m*; ⚖ dommage *m*; *be in the* ~ avoir tort, être dans son tort; *put s.o. in the* ~ mettre q. dans son tort; **3.** faire tort à; être injuste envers; '~'**do·er** méchant *m*; ⚖ délinquant(e *f*) *m*; '~'**do·ing** mal *m*; méfaits *m/pl.*; ⚖ infraction *f* à la loi; **wrong·ful** □ ['~ful] injuste; injustifié; préjudiciable; illégal (-aux *m/pl.*); '**wrong·'head·ed** (qui a l'esprit) pervers; '**wrong·ness** erreur *f*; inexactitude *f*; mal *m*.

wrote [rout] *prét. de* write.

wroth *poét.* [rouθ] courroucé.

wrought [rɔ:t] *prét. et p.p. de* work 2; ~ *goods* produits *m/pl.* ouvrés; *articles m/pl.* apprêtés; ⊕ ~ *iron* fer *m* forgé *ou* ouvré.

wrung [rʌŋ] *prét. et p.p. de* wring 1.

wry □ [rai] tordu; de travers; *pull a* ~ *face* faire la grimace.

X

X, x [eks] X *m*, x *m*; A̷, *a. fig.* X X *m*
(= *l'inconnue*); x(-*certificate*) *film*
film *m* interdit aux moins de 18 ans.
xen·o·pho·bi·a [zenə'foubiə] xénophobie *f*   [phie *f*.⎫
xe·rog·ra·phy [ziə'rɔgrəfi] xérogra-⎬
xe·rox (*TM*) ['ziərɔks] **1.** photocopie
f; **2.** photocopier.
X·mas F ['eksməs, 'krisməs] Noël *m*;
see a. Christmas.

X-ray ['eks'rei] **1.**: ∼s *pl.* rayons *m*/*pl.*
X; **2.** radiologique; **3.** radiographier.
xy·log·ra·pher [zai'lɔgrəfə] xylo-
graphe *m* (= *graveur sur bois*);
xy·lo·graph·ic, xy·lo·graph·i·cal
[∼lə'græfik(l)] xylographique; **xy-
log·ra·phy** [∼'lɔgrəfi] xylographie *f*
(= *gravure sur bois*).
xy·lo·phone ♪ ['zailəfoun] xylophone *m*.

Y

Y, y [wai] Y *m*, y *m*.

yacht ⚓ [jɔt] **1.** yacht *m*; **2.** faire du yachting; **'yacht·er, yachts·man** ['...sman] yachtman (*pl.* yachtmen) *m*; **'yacht·ing** yachting *m*; *attr.* en yacht; de yachtman.

ya·hoo [jə'huː] F brute *f*; *Am. sl.* petzouille *m*.

yam ♀ [jæm] igname *f*.

yank¹ [jæŋk] **1.** *v/t.* tirer (d'un coup sec); arracher; *v/i.* se mouvoir brusquement; **2.** coup *m* sec; secousse *f*.

Yank² *sl.* [~] *see* Yankee.

Yan·kee F ['jæŋki] Yankee *m*; Américain(e *f*) *m* (*des É.-U.*); ~ **Doodle** *chanson populaire des É.-U.*

yap [jæp] **1.** japper; F criailler; **2.** jappement *m*; *sl.* gueule *f*; *sl.* fadaises *f/pl.*; *sl.* rustre *m*.

yard¹ [jɑːd] *mesure:* yard *m* (= 0,914 m); ⚓ vergue *f*; ⚓ ~ **goods** *pl.* étoffes *f/pl.*, nouveautés *f/pl.*; mercerie *f*.

yard² [~] cour *f*; chantier *m* (*de travail*); dépôt *m* (*de charbon, a.* ⚙); (*ou railway* ~) gare *f* de triage.

yard...: '~**arm** ⚓ bout *m* de vergue; '~**man** manœuvre *m* de chantier; garçon *m* d'écurie; ⚙ gareur *m* de trains; '~**stick** yard *m*; *fig.* étalon *m*; *fig.* aune *f*.

yarn [jɑːn] **1.** *tex.* fil(é) *m*; ⚓ fil *m* de caret; *spin a* ~ débiter une histoire *ou* des histoires. [achillée *f*.]

yar·row ♀ ['jærou] mille-feuille *f*.]

yaw [jɔː] ⚓ faire des embardées; ✈ faire un mouvement de lacet.

yawl ⚓ [jɔːl] yole *f*.

yawn [jɔːn] **1.** bâiller; **2.** bâillement *m*.

ye † *ou poét. ou co.* [jiː] vous.

yea † *ou prov.* [jei] **1.** oui; voire; **2.** oui *m*.

year [jəː] an *m*; année *f*; ~ *of grace* an(née *f*) *m* de grâce; *he bears his* ~*s well* il porte bien son âge; '~**book** annuaire *m*, almanach *m*; **year·ling** ['jəːliŋ] animal *m* d'un an; **'year·long** qui dure un an, d'un an;

'year·ly **1.** *adj.* annuel(le *f*); **2.** *adv.* tous les ans; une fois par an.

yearn [jəːn] languir (*pour, for*; après, *after*); brûler (de *inf.*, *to inf.*); **'yearn·ing** **1.** envie *f* (de, *for*); désir *m* ardent; **2.** □ ardent; plein d'envie.

yeast [jiːst] levure *f*; levain *m* (*a. fig.*); **'yeast·y** □ de levure; écumant (*mer etc.*); *fig.* enflé (*style*); emphatique (*personne*).

yegg(·man) *Am. sl.* ['jeg(mən)] cambrioleur *m*.

yell [jel] **1.** *v/t.* hurler; *v/i.* crier à tue-tête; **2.** hurlement *m*; cri *m* aigu.

yel·low ['jelou] **1.** jaune *m*; F lâche, poltron(ne *f*); F sensationel(le *f*), à sensation, à effet; ⊕ ~ **brass** cuivre *m* jaune, laiton *m*; *Am.* ~ **dog** roquet *m*; *fig.* sale type *m*; *attr.* contraire aux règlements syndicaux; ~ **fever,** F ~ **Jack** fièvre *f* jaune; *zo. Am.* ~ **jacket** petite guêpe *f*; ~ **jaundice** jaunisse *f*, ictère *m*; *téléph.* ~ **pages** *pl.* pages *f/pl.* jaunes; ~ **press** presse *f* sensationelle, journaux *m/pl.* à sensation; **2.** jaune *m*; **3.** *v/t/i.* jaunir; ~**ed** jauni; '~**back** livre *m* broché; roman *m* bon marché; '~**(h)am·mer** *orn.* bruant *m* jaune; **'yel·low·ish** jaunâtre.

yelp [jelp] **1.** jappement *m*; **2.** japper.

yen *Am. sl.* [jen] désir *m* (ardent).

yeo·man ['joumən] yeoman (*pl.* yeomen) *m*, franc tenancier *m*; petit propriétaire *m*; ⚓ *Am.* sous-officier *m* aux écritures; ✕ ~ *of the guard* soldat *m* de la Garde du corps; **'yeo·man·ry** francs tenanciers *m/pl.*; ✕ garde *f* montée.

yep *Am.* F [jep] oui.

yes [jes] **1.** oui; **2.** oui *m*; ~**-man** *sl.* ['~mæn] flagorneur *m*; béni-oui-oui *m*.

yes·ter·day ['jestədi] hier (*a. su./m*).

'yes·ter·year l'an *m* dernier.

yet [jet] **1.** *adv.* encore; jusqu'ici; jusque-là; déjà; malgré tout; *as* ~ jusqu'à présent; *not* ~ pas encore; **2.** *cj.* (et) cependant; tout de même.

yew ♧ [ju:] if *m*; *attr*. en bois d'if.

Yid·dish [ˈjidiʃ] yiddish *m, adj*.

yield [ji:ld] **1.** *v/t*. rendre; donner; produire; céder (*un terrain, une ville, etc.*); rapporter (*a.* ✝ *un profit*); *v/i. surt.* ✍ rendre; céder (à **to**, **beneath**); se rendre (*personne*); **2.** rapport *m*; rendement *m*; production *f*; *planche etc.*: fléchissement *m*; **ˈyield·ing** □ peu résistant; mou (mol *devant une voyelle ou un h muet*); molle *f*); *fig*. accommodant (*personne*).

yip *Am*. F [jip] aboyer; rouspéter.

yo·del, yo·dle [ˈjoudl] **1.** ioulement *m*; tyrolienne *f*; **2.** iouler; chanter à la tyrolienne.

yo·ga [ˈjougə] yoga *m*. [yaourt *m*.〕

yog·hourt, yog·(h)urt [ˈjɔgət]〕

yo·ho [jouˈhou] oh, hisse!

yoicks! [jɔiks] taïaut!

yoke [jouk] **1.** joug *m* (*a. fig.*); couple *f* (*de bœufs*); palanche *f* (*pour seaux*); *cost*. empiècement *m*; **2.** accoupler; atteler; *fig*. unir (à, **to**); **ˈ~·fel·low** compagnon (compagne *f*) *m* de travail; F époux (-ouse *f*) *m*.

yo·kel F [ˈjoukl] rustre *m*.

yolk [jouk] jaune *m* (d'œuf); suint *m* (*de laines*).

yon † *ou poét*. [jɔn], **yon·der** *poét*. [ˈ~də] **1.** *adj*. ce (cette *f*, ces *pl*.) -là; **2.** *adv*. là-bas.

yore [jɔ:]: of ~ (d')autrefois.

you [ju:] **1.** tu; *accentué et datif*: toi; *accusatif*: te; *a.* on; **2.** vous.

young [jʌŋ] **1.** jeune; petit (*animal*); fils; *fig*. peu avancé (*nuit etc.*); **2.** jeunesse *f*, jeunes gens *m/pl*.; **with ~** pleine *f* (*animal*); **ˈyoung·ish** assez jeune; **young·ster** F [ˈjʌŋstə] jeune homme *m*; petit(e *f*) *m*.

your [jɔ:; jə] **1.** ton, ta, tes; **2.** votre, vos; **yours 1.** le tien, la tienne, les tiens, les tiennes; à toi; **2.** le (la) vôtre, les vôtres; à vous; **yourˈself** toi-même; *réfléchi*: te, *accentué*: toi; **yourˈselves** *pl*. [~ˈselvz] vous-mêmes; *réfléchi*: vous (*a. accentué*).

youth [ju:θ] jeunesse *f*; *coll*. jeunes gens *m/pl*.; (*pl*. **youths** [ju:ðz]) jeune homme *m*, adolescent *m*; **~ hostel** auberge *f* de la jeunesse; **youth·ful** [ˈ~ful] jeune; de jeunesse; **ˈyouth·ful·ness** (air *m* de) jeunesse *f*.

Yu·go·slav [ˈju:gouˈslɑ:v] **1.** yougoslave; **2.** *ling*. yougoslave *m*; Yougoslave *mf*.

Yule *poét*. [ju:l] Noël *usu. f*; ~ **log** bûche *f* de Noël.

Z

Z, z [zed; *Am.* zi:] Z *m*, z *m*.

za·ny ['zeini] **1.** bouffon *m*; **2.** burlesque; loufoque.

zap *sl.* [zæp] **1.** *v/t.* descendre (*q.*); agresser, assommer; (*a.* ~ *up*) faire à la hâte; *v/i.* filer (à toute allure); **2.** vigueur *f*, énergie *f*, entrain *m*.

zeal [zi:l] zèle *m*; **zeal·ot** ['zelət] zélateur (-trice *f*) *m* (*a. eccl.*) (de, for); **'zeal·ot·ry** fanatisme *m*; *eccl.* zélotisme *m*; **'zeal·ous** □ zélé; zélateur (-trice *f*) (de, for); plein de zèle (pour, for); fanatique.

ze·bra *zo.* ['zi:brə] zèbre *m*; ~ *crossing* passage *m* clouté.

ze·bu *zo.* ['zi:bu:] zébu *m*, bœuf *m* à bosse.

ze·nith ['zeniθ] zénith *m*; *fig. a.* apogée *m*.

zeph·yr ['zefə] zéphyr *m*; ⚓ laine *f* zéphire; *sp.* maillot *m*.

ze·ro ['ziərou] **1.** zéro *m* (*a. fig.*); **2.** zéro *inv.*, nul(le *f*); ~ *growth* croissance *f* zéro; ~ *hour* ⚔ l'heure *f* H; *fig.* le moment décisif; ~ *option* option *f* zéro; ⚔ ~ *point* point *m* zéro, *a. fig.* origine *f*; **3.** ~ *in on* ⚔ régler le tir sur; *fig.* diriger son attention sur; *fig.* piquer droit sur.

zest [zest] **1.** † zeste *m*; saveur *f*, goût *m*; enthousiasme *m* (pour, for); élan *m*; verve *f*; ~ *for life* entrain *m*; **2.** épicer.

zig·zag ['zigzæg] **1.** zigzag *m*; **2.** en zigzag; en lacets; **3.** zigzaguer, faire des zigzags.

zinc [ziŋk] **1.** *min.* zinc *m*; **2.** zinguer.

zi·on ['zaiən] Sion *m*; **'zi·on·ism** sionisme *m*; **'zi·on·ist** sioniste (*a. su./mf*).

zip [zip] **1.** sifflement *m*; F énergie *f*, allant *m*, vigueur *f*; (*a.* ~ *fastener*) fermeture *f* éclair *inv.* (*TM*) *ou* à glissière; *Am.* ~ *code* code *m* postal; **2.** siffler; fermer; **'zip·per 1.** fermeture *f* éclair *inv.* (*TM*) *ou* à glissière; **2.** fermer (avec une fermeture éclair); **'zip·py** F plein d'allant, vif (vive *f*); dynamique.

zith·er ♪ ['ziθə] cithare *f*.

zo·di·ac *astr.* ['zoudiæk] zodiaque *m*; **zo·di·a·cal** [zou'daiəkl] zodiacal (-aux *m/pl.*).

zon·al □ ['zounl] zonal (-aux *m/pl.*); **zone** [zoun] zone *f*; ♀ couche *f* (annuelle); *fig.* ceinture *f*.

zoo F [zu:] zoo *m* (= *jardin zoologique*).

zo·o·log·i·cal □ [zouə'lɔdʒikl] zoologique; ~ *gar·den(s pl.*) [zu:'lɔdʒik'gɑ:dn(z)] jardin *m* zoologique, F zoo *m*; **zo·ol·o·gist** [zou-'ɔlədʒist] zoologiste *m*; **zo'ol·o·gy** zoologie *f*.

zoom *sl.* [zu:m] **1.** ✈ monter en chandelle; filer (à toute allure); vrombir, bourdonner; *fig.* (*a.* ~ *up*) monter en flèche; **2.** ✈ (montée *f* en) chandelle *f*; vrombissement *m*, bourdonnement *m*; *phot.* (*a.* ~ *lens*) zoom *m*.

zoot suit *Am.* ['zu:t 'sju:t] complet *m* zazou.

Zu·lu ['zu:lu:] zoulou *m*; femme *f* zoulou. [tique.)

zy·mot·ic *biol.* [zai'mɔtik] zymo-)

Proper names with pronunciation and explanation

Noms propres avec leur prononciation et notes explicatives

A

Ab·er·deen [æbəˈdiːn] *ville d'Écosse.*

A·bra·ham [ˈeibrəhæm] Abraham *m.*

Ab·ys·sin·i·a [æbiˈsinjə] l'Abyssinie *f (ancien nom d'Éthiopie).*

A·chil·les [əˈkiliːz] Achille *m (héros grec).*

Ad·am [ˈædəm] Adam *m.*

Ad·di·son [ˈædisn] *auteur anglais.*

Ad·e·laide [ˈædəleid] Adélaïde *f;* [ˈˏlid] Adélaïde *(ville d'Australie).*

A·den [ˈeidn] *ville et port d'Arabie.*

Ad·i·ron·dacks [ædiˈrɔndæks] *région montagneuse de l'État de New York (É.-U.).*

Ad·olf [ˈædɔlf], **A·dol·phus** [əˈdɔlfəs] Adolphe *m.*

A·dri·at·ic (Sea) [eidriˈætik(ˈsiː)] (*mer f*) Adriatique *f.*

Ae·sop [ˈiːsɔp] Ésope *m (fabuliste grec).*

Af·ghan·i·stan [æfˈgænistæn] l'Afghanistan *m.*

Af·ri·ca [ˈæfrikə] l'Afrique *f.*

Ag·a·tha [ˈægəθə] Agathe *f.*

Al·a·bam·a [æləˈbɑːmə; *Am.* æləˈbæmə] *État des É.-U.*

A·las·ka [əˈlæskə] *État des É.-U.*

Al·ba·ni·a [ælˈbeinjə] l'Albanie *f.*

Al·ba·ny [ˈɔːlbəni] *capitale de l'État de New York (É.-U.).*

Al·bert [ˈælbət] Albert *m.*

Al·ber·ta [ælˈbəːtə] *province du Canada.*

Al·bi·on *poét.* [ˈælbjən] Albion *f,* la Grande-Bretagne *f.*

Al·der·ney [ˈɔːldəni] Aurigny *f (île Anglo-Normande).*

Al·ex·an·der [æligˈzɑːndə] Alexander *m.*

Al·ex·an·dra [æligˈzɑːndrə] Alexandra *f.*

Al·fred [ˈælfrid] Alfred *m.*

Al·ge·ri·a [ælˈdʒiəriə] l'Algérie *f.*

Al·ger·non [ˈældʒənən] *prénom masculin.*

Al·giers [ælˈdʒiəz] Alger *m.*

Al·ice [ˈælis] Alice *f.*

Al·le·ghe·ny [ˈæligeini] *chaîne de montagnes des É.-U.; rivière des É.-U.*

Al·len [ˈælin] Alain *m.*

Alps [ælps] *pl.* les Alpes *f/pl.*

Al·sace [ælˈsæs] l'Alsace *f.*

A·me·lia [əˈmiːljə] Amélie *f.*

A·mer·i·ca [əˈmerikə] l'Amérique *f.*

A·my [ˈeimi] Aimée *f.*

An·chor·age [ˈæŋkəridʒ] *ville de l'Alaska (É.-U.).*

An·des [ˈændiːz] *pl.* la Cordillère *f* des Andes, les Andes *f/pl.*

An·dor·ra [ænˈdɔrə] Andorre *f.*

An·drew [ˈændruː] André *m.*

An·gle·sey [ˈæŋglsi] *comté du Pays de Galles.*

An·nap·o·lis [əˈnæpəlis] *capitale du Maryland (É.-U.), école navale.*

Anne [æn] Anne *f.*

An·tho·ny [ˈæntəni] Antoine *m.*

An·til·les [ænˈtiliːz] *pl.* les Antilles *f/pl. (archipel entre l'Amérique du Nord et l'Amérique du Sud).*

An·to·ni·a [ænˈtounjə] Antoinette *f.*

An·to·ny [ˈæntəni] Antoine *m.*

Ap·en·nines [ˈæpinainz] *pl.* les Apennins *m/pl.*

Ap·pa·lach·i·ans [æpəˈleitʃiənz] *pl.* les Appalaches *m/pl.*

Ar·chi·bald [ˈɑːtʃibəld] Archambaud *m.*

Ar·chi·me·des [ɑːkiˈmiːdiːz] Archimède *m (savant grec).*

r·den [ˈɑːdn] *nom de famille anglais.*

r·gen·ti·na [ɑːdʒənˈtiːnə], **the Ar·gen·tine** [ðiˈɑːdʒəntain] *l'Argentine f.*

r·gyll(·shire) [ɑːˈgail(ʃiə)] *comté d'Écosse.*

r·is·tot·le [ˈæristɒtl] *Aristote m (philosophe grec).*

r·i·zo·na [æriˈzounə] *État des É.-U.*

r·kan·sas [ˈɑːkənsɔː] *État des É.-U.; fleuve des É.-U.*

r·ling·ton [ˈɑːliŋtən] *cimetière national des É.-U. près de Washington.*

r·thur [ˈɑːθə] *Arthur m; King ~ le roi Arthur (ou Artus).*

s·cot [ˈæskət] *ville et champ de courses d'Angleterre.*

·sia [ˈeiʃə] *l'Asie f; ~ Minor l'Asie f Mineure.*

·th·ens [ˈæθinz] *Athènes f.*

·t·kins [ˈætkinz]: *Tommy ~ sobriquet du soldat britannique.*

·t·lan·tic [ətˈlæntik] *m l'Atlantique m.*

uck·land [ˈɔːklənd] *ville et port de la Nouvelle-Zélande.*

u·drey [ˈɔːdri] *prénom féminin.*

u·gus·tus [ɔːˈgʌstəs] *Auguste m.*

us·ten [ˈɔːstin] *femme écrivain anglaise.*

us·tin [~] *capitale du Texas (É.-U.).*

us·tra·lia [ɔːsˈtreiljə] *l'Australie f.*

us·tri·a [ˈɔːstriə] *l'Autriche f.*

·von [ˈeivən] *rivière d'Angleterre.*

x·min·ster [ˈæksminstə] *ville d'Angleterre.*

·yr [εə] *ville d'Écosse; a. Ayr·shire [ˈ~ʃiə] comté d'Écosse.*

·zores [əˈzɔːz] *pl. les Açores f/pl.*

B

Bac·chus *myth.* [ˈbækəs] *Bacchus m (dieu grec du vin).*

Ba·con [ˈbeikən] *homme d'État et philosophe anglais.*

Ba·den-Pow·ell [beidnˈpouel] *fondateur du scoutisme.*

Ba·ha·mas [bəˈhɑːməz] *pl. les Bahamas f/pl. (archipel de l'Atlantique).*

Bai·le A·tha Cli·ath [blɔːˈkliː] *nom gaélique de Dublin.*

Bald·win [ˈbɔːldwin] *Baudouin m.*

Bal·mor·al [bælˈmɔrəl] *château royal en Écosse.*

Bal·ti·more [ˈbɔːltimɔː] *ville et port des É.-U.*

Bar·thol·o·mew [bɑːˈθɒləmjuː] *Barthélemy m.*

Bath [bɑːθ] *station thermale d'Angleterre.*

Ba·ton Rouge [ˈbætnˈruːʒ] *capitale de la Louisiane (É.-U.).*

Ba·var·i·a [bəˈvεəriə] *la Bavière f.*

Bea·cons·field [ˈbiːkənzfiːld] *titre de noblesse de Disraeli.*

Beards·ley [ˈbiədzli] *dessinateur et illustrateur anglais.*

Beck·ett [ˈbekit] *poète et dramaturge irlandais.*

Beck·y [ˈbeki] *diminutif de Rebecca.*

Bed·ford [ˈbedfəd] *ville d'Angleterre; a. Bed·ford·shire [ˈ~ʃiə] comté d'Angleterre.*

Bel·fast [ˈbelfɑːst] *capitale de l'Irlande du Nord.*

Bel·gium [ˈbeldʒəm] *la Belgique f.*

Bel·grade [belˈgreid] *capitale de la Yougoslavie.*

Bel·gra·vi·a [belˈgreivjə] *quartier résidentiel de Londres.*

Ben [ben] *diminutif de Benjamin.*

Ben·e·dict [ˈbenidikt; ˈbenit] *Benoît m.*

Ben·gal [beŋˈgɔːl] *le Bengale m.*

Ben·ja·min [ˈbendʒəmin] *Benjamin m.*

Ben Ne·vis [benˈniːvis] *point culminant de la Grande-Bretagne.*

Berke·ley [ˈbɑːkli] *philosophe irlandais; [ˈbəːkli] ville des É.-U. (Californie).*

Berk·shire [ˈbɑːkʃiə] *comté d'Angleterre; ~ Hills [ˈbəːkʃiəˈhilz] pl. chaîne de montagnes du Massachusetts (É.-U.).*

Ber·lin [bəːˈlin] *Berlin.*

Ber·mu·das [bəːˈmjuːdəz] *pl. les Bermudes f/pl. (archipel de l'Atlantique).*

Ber·nard [ˈbəːnəd] *Bernard m.*

Bern(e) [bəːn] *Berne.*

Ber·tha [ˈbəːθə] *Berthe f.*

Ber·trand [ˈbəːtrənd] *Bertram m.*

Ber·yl [ˈberil] *prénom féminin.*

Bess, Bes·sy [ˈbes(i), Bet·s(e)y [ˈbetsi], Bet·ty [ˈbeti] Babette f.*

Bill, Bil·ly [ˈbil(i)] *diminutif de William.*

Bir·ken·head [ˈbəːkənhed] *port et ville industrielle d'Angleterre.*

Bir·ming·ham [ˈbəːmiŋəm] *ville industrielle d'Angleterre; [ˈ~hæm] ville des É.-U. (Alabama).*

Bis·kay ['biskei]: *the Bay of* ∿ le golfe *m* de Gascogne.

Blooms·bur·y ['blu:mzbri] *quartier d'artistes de Londres.*

Bob [bɔb] *diminutif de Robert.*

Bo·he·mia [bəu'hi:mjə] *la* Bohême *f* (É.-U.).

Boi·se ['bɔisi] *capitale de l'Idaho* (É.-U.).

Bol·eyn ['bulin]: *Anne* ∿ Anne Boleyn *(femme de Henri VIII d'Angleterre).*

Bo·liv·i·a [bə'liviə] la Bolivie *f.*

Bom·bay [bɔm'bei] *ville et port de l'Inde.*

Bonn [bɔn] *capitale de la République fédérale d'Allemagne.*

Bos·ton ['bɔstən] *capitale du Massachusetts* (É.-U.).

Bourne·mouth ['bɔ:nməθ] *station balnéaire d'Angleterre.*

Brad·ford ['brædfəd] *ville industrielle d'Angleterre.*

Bra·zil [brə'zil] le Brésil *m.*

Breck·nock(·shire) ['breknɔk(ʃiə)] *comté du Pays de Galles.*

Bri·an ['braiən] *prénom masculin.*

Bridg·et ['bridʒit] Brigitte *f.*

Brigh·ton ['braitn] *station balnéaire d'Angleterre.*

Bris·tol ['bristl] *ville et port d'Angleterre.*

Bri·tan·ni·a [bri'tænjə] la Grande-Bretagne *f.*

Brit·ta·ny ['britəni] la Bretagne *f.*

Brit·ten ['britn] *compositeur anglais.*

Broad·way ['brɔ:dwei] *rue principale de New York* (É.-U.).

Brontë ['brɔnti] *nom de trois femmes de lettres anglaises.*

Brook·lyn ['bruklin] *quartier de New York* (É.-U.).

Brus·sels ['brʌslz] Bruxelles *f.*

Bu·cha·rest ['bju:kərest] Bucarest.

Buck [bʌk] *femme écrivain américaine.*

Buck·ing·ham ['bʌkiŋəm] *comté d'Angleterre;* ∿ *Palace palais des rois de Grande-Bretagne;* **Buck·ing·ham·shire** ['bʌkiŋəmʃiə] *see* Buckingham.

Bu·da·pest ['bju:də'pest] *capitale de la Hongrie.*

Bud·dha ['budə] Bouddha *m.*

Bul·gar·i·a [bʌl'gɛəriə] la Bulgarie *f.*

Bul·wer ['bulwə] *auteur anglais.*

Bur·ma ['bə:mə] la Birmanie *f.*

Burns [bə:nz] *poète écossais.*

By·ron ['baiərən] *poète anglais.*

C

Cae·sar ['si:zə] (Jules) César *m (général et dictateur romain).*

Cai·ro ['kaiərou] Le Caire *m.*

Cal·cut·ta [kæl'kʌtə] *capitale c l'État de Bengale-Occidental.*

Cal·i·for·nia [kæli'fɔ:njə] la Californie *f (État des É.-U.).*

Cam·bridge ['keimbridʒ] *ville universitaire anglaise; ville des É.-U. (Massachusetts), siège de l'universi Harvard; a.* **Cam·bridge·shir** ['∿ʃiə] *comté d'Angleterre.*

Camp·bell ['kæmbl] *nom de famille*

Can·a·da ['kænədə] le Canada *m.*

Ca·nar·y Is·lands [kə'nɛəri'ailəndz les îles *f/pl.* Canaries, *les* Canaries *f/p*

Can·ber·ra ['kænbərə] *capitale d l'Australie.*

Can·ter·bur·y ['kæntəbəri] Cantor béry *f (ville d'Angleterre).*

Cape Town, Cape·town ['keiptaun le Cap *m.*

Ca·pote [kə'pouti] *écrivain américair*

Car·diff ['ka:dif] *capitale du Pays d Galles.*

Car·di·gan(·shire) ['ka:digən(ʃiə *comté du Pays de Galles.*

Car·lisle [ka:'lail] *ville d'Angleterre.*

Car·lyle [ka:'lail] *auteur anglais.*

Car·mar·then(·shire) [ka'ma:ðə (-ʃiə)] *comté du Pays de Galles.*

Car·nar·von(·shire) [kə'na:vən(-ʃiə *comté du Pays de Galles.*

Car·neg·ie ['ka:negi] *industriel amé ricain.*

Car·o·li·na [kærə'lainə]: (*North* ∿ *South* ∿) la Caroline *f (du Nord, du Sud) (États des É.-U.).*

Car·o·line ['kærəlain] Caroline *f.*

Car·pa·thi·ans [ka:'peiθjənz] *pl. le: Karpates f/pl.*

Car·rie ['kæri] *diminutif de Caroline.*

Cath·e·rine ['kæθərin] Catherine *f.*

Cau·ca·sus ['kɔ:kəsəs] Caucase *m.*

Cec·il ['sesl; 'sisl] *prénom masculin.*

Ce·cil·i·a [si'siljə], **Cec·i·ly** ['sisili Cécile *f.*

Cey·lon [si'lɔn] Ceylan *m.*

Cham·ber·lain ['tʃeimbəlin] *nom de plusieurs hommes d'État britanniques.*

Chan·nel ['tʃænl]: *the English* ∿ *la* Manche *f.*

Char·ing Cross ['tʃæriŋ'krɔs] *carrefour de Londres.*

Charles [tʃɑ:lz] Charles *m.*

Charles·ton [ˈtʃɑːlstən] *capitale de la Virginie Occidentale (É.-U.).*

Char·lotte [ˈʃɑːlət] *Charlotte f.*

Chat·ham [ˈtʃætəm] *ville et port d'Angleterre.*

Chau·cer [ˈtʃɔːsə] *poète anglais.*

Chel·sea [ˈtʃelsi] *quartier de Londres.*

Chesh·ire [ˈtʃeʃə] *comté d'Angleterre.*

Ches·ter·field [ˈtʃestəfiːld] *ville industrielle d'Angleterre.*

Chev·i·ot Hills [ˈtʃeviətˈhilz] *pl. chaîne de montagnes qui sépare l'Écosse de l'Angleterre.*

Chi·ca·go [ʃiˈkɑːgou; *Am. souv.* ʃiˈkɔːgou] *ville des États de la Prairie (É.-U.).*

Chil·e, Chil·i [ˈtʃili] *le Chili m.*

Chi·na [ˈtʃainə] *la Chine f.*

Chlo·e [ˈkloui] *prénom féminin.*

Chris·ti·na [krisˈtiːnə] *Christine f.*

Chris·to·pher [ˈkristəfə] *Christophe m.*

Chrys·ler [ˈkraislə] *industriel américain.*

Church·ill [ˈtʃəːtʃil] *homme d'État britannique.*

Cin·cin·nat·i [sinsiˈnæti] *ville de l'É.-U.*

Cis·sie [ˈsisi] *diminutif de Cecilia.*

Clar·a [ˈklɛərə], **Clare** [klɛə] *Claire f.*

Clar·en·don [ˈklærəndən] *nom de plusieurs hommes d'État britanniques.*

Cle·o·pa·tra [kliəˈpætrə] *Cléopâtre f. (reine d'Égypte).*

Cleve·land [ˈkliːvlənd] *ville industrielle et port des É.-U.*

Clive [klaiv] *général qui fonda la puissance britannique dans l'Inde.*

Clyde [klaid] *fleuve d'Écosse.*

Cole·ridge [ˈkoulridʒ] *poète anglais.*

Col·in [ˈkolin] *prénom masculin.*

Co·lom·bi·a [kəˈlɔmbiə] *la Colombie f.*

Col·o·ra·do [kɔləˈrɑːdou] *État des É.-U.; nom de deux fleuves des É.-U.*

Co·lum·bi·a [kəˈlʌmbiə] *fleuve des É.-U.; district fédéral des É.-U. (capitale Washington); capitale de la Caroline du Sud (É.-U.).*

Con·cord [ˈkɔŋkəd] *capitale du New Hampshire (É.-U.).*

Con·nacht [ˈkɔnət], **Con·naught** [ˈkɔnɔːt] *province de la République d'Irlande.*

Con·nect·i·cut [kəˈnetikət] *fleuve des É.-U.; État des É.-U.*

Con·stance [ˈkɔnstəns] *Constance mf.*

Coo·per [ˈkuːpə] *auteur américain.*

Co·pen·ha·gen [koupnˈheign] *Copenhague.*

Cor·dil·le·ras [kɔːdiˈljɛərəz] *pl. see Andes.*

Cor·ne·lia [kɔːˈniːljə] *Cornélie f.*

Corn·wall [ˈkɔːnwəl] *la Cornouailles f (comté d'Angleterre).*

Cos·ta Ri·ca [ˈkɔstəˈriːkə] *le Costa Rica m.*

Cov·ent Gar·den [ˈkɔvəntˈgɑːdn] *l'opéra de Londres.*

Cov·en·try [ˈkɔvəntri] *ville industrielle d'Angleterre.*

Craig [kreig] *prénom.*

Crete [kriːt] *la Crète f.*

Cri·me·a [kraiˈmiə] *la Crimée f.*

Crom·well [ˈkrɔmwəl] *homme d'État anglais.*

Croy·don [ˈkrɔidn] *ancien aéroport de Londres.*

Cu·ba [ˈkjuːbə] *(île f de) Cuba m.*

Cum·ber·land [ˈkʌmbələnd] *comté d'Angleterre.*

Cu·pid *myth.* [ˈkjuːpid] *Cupidon m (dieu romain de l'Amour).*

Cyn·thi·a [ˈsinθiə] *prénom féminin.*

Cy·prus [ˈsaiprəs] *Chypre f.*

Cy·rus [ˈsairəs] *Cyrus m.*

Czech·o·Slo·va·ki·a [ˈtʃekouslouˈvækiə] *la Tchécoslovaquie f.*

D

Da·ko·ta [dəˈkoutə]: *(North ~, South ~) le Dakota m (du Nord, du Sud) (États de É.-U.).*

Dan·iel [ˈdænjəl] *Daniel m.*

Dan·ube [ˈdænjuːb] *le Danube m.*

Daph·ne [ˈdæfni] *Daphne f.*

Dar·da·nelles [dɑːdəˈnelz] *pl. les Dardanelles f/pl.*

Dar·jee·ling [dɑːˈdʒiːliŋ] *ville de l'Inde.*

Dart·moor [ˈdɑːtmuə] *massif cristallin d'Angleterre; prison.*

Dar·win [ˈdɑːwin] *naturaliste anglais.*

Da·vid [ˈdeivid] *David m.*

Dee [diː] *fleuve d'Angleterre et d'Écosse.*

De·foe [diˈfou] *auteur anglais.*

Deir·dre [ˈdiədri] *prénom féminin.*

Del·a·ware [ˈdeləwɛə] *fleuve des É.-U.; État des É.-U.*

Den·bigh(·shire) [ˈdenbi(ʃiə)] *comté du Pays de Galles.*

Den·mark [ˈdenmɑːk] *le Danemark m.*

Den·ver ['denvə] *capitale du Colorado (É.-U.).*

Der·by(·shire) ['dɑːbi(ʃiə)] *comté d'Angleterre.*

Des Moines [də'mɔin] *capitale de l'Iowa (É.-U.).*

De·troit [di'trɔit] *ville industrielle des É.-U.*

De Va·le·ra [devə'liərə] *homme d'État irlandais.*

Dev·on(·shire) ['devn(ʃiə)] *comté d'Angleterre.*

Dew·ey ['djuːi] *philosophe américain.*

Di·an·a [dai'ænə] *Diane f.*

Dick [dik] *diminutif de Richard.*

Dick·ens ['dikinz] *auteur anglais.*

Dick·in·son ['dikinsn] *femme poète américaine.*

Dis·rae·li [diz'reili] *homme d'État britannique.*

Dol·ly ['dɔli] *diminutif de Dorothy.*

Do·min·i·can Re·pub·lic [də'minikən ri'pʌblik] *la République f Dominicaine.*

Don·ald ['dɔnld] *prénom masculin.*

Don Quix·ote [dɔn'kwiksət] *Don Quichotte m.*

Dor·o·the·a [dɔrə'θiə], **Dor·o·thy** ['dɔrəθi] *Dorothée f.*

Dor·set(·shire) ['dɔːsit(ʃiə)] *comté d'Angleterre.*

Dos Pas·sos [dəs'pæsəs] *écrivain américain.*

Doug [dʌg] *diminutif de Douglas.*

Doug·las ['dʌgləs] *puissante famille écossaise; prénom masculin.*

Do·ver ['douvə] *Douvres (port d'Angleterre, sur la Manche); capitale du Delaware (É.-U.).*

Down·ing Street ['dauniŋ'striːt] *rue de Londres, résidence officielle du premier ministre.*

Drei·ser ['draisə] *auteur américain.*

Dry·den ['draidn] *poète anglais.*

Dub·lin ['dʌblin] *capitale de la République d'Irlande.*

Du·luth [də'luːθ] *ville des É.-U. (Minnesota).*

Dun·kirk [dʌn'kəːk] *Dunkerque m.*

Dur·ham ['dʌrəm] *comté d'Angleterre.*

E·den ['iːdn] *Eden m, le paradis m terrestre.*

Ed·in·burgh ['edinbərə] *Édimbourg.*

Ed·i·son ['edisn] *inventeur américain.*

Ed·mund ['edmənd] *Edmond m.*

Ed·ward ['edwəd] *Édouard m.*

E·gypt ['iːdʒipt] *l'Égypte f.*

Ei·leen ['ailiːn] *prénom féminin.*

Ei·re ['ɛərə] *ancien nom de la République d'Irlande.*

Ei·sen·how·er ['aizənhauə] *général et 34e président des É.-U.*

E·laine [i'lein] *prénom féminin.*

El·ea·nor ['elinə] *Éléonore f.*

E·li·as [i'laiəs] *Élie m.*

El·i·nor ['elinə] *Éléonore f.*

El·i·ot ['eljət] *femme écrivain anglaise; poète anglais, né aux É.-U.*

E·li·za [i'laizə] *diminutif de Elizabeth.*

E·liz·a·beth [i'lizəbəθ] *Elisabeth f.*

El·lis Is·land ['elis'ailənd] *île de la baie de New York (É.-U.).*

El Sal·va·dor [el'sælvədɔː] *El Salvador m.*

Em·er·son ['eməsn] *philosophie et poète américain.*

Em·i·ly ['emili] *Émilie f.*

Eng·land ['iŋglənd] *l'Angleterre f.*

E·noch ['iːnɔk] *Énoch m.*

Ep·som ['epsəm] *ville d'Angleterre, célèbre course de chevaux.*

E·rie ['iəri]: *Lake ~ le lac m Érie (un des cinq grands lacs de l'Amérique du Nord).*

Er·nest ['əːnist] *Ernest m.*

Es·sex ['esiks] *comté d'Angleterre.*

Eth·el ['eθl] *prénom féminin.*

E·thi·o·pi·a [iːθi'oupjə] *l'Éthiopie f.*

E·ton ['iːtn] *collège et ville d'Angleterre.*

Eu·clid ['juːklid] *Euclide (mathématicien grec).*

Eu·gene ['juːdʒiːn] *Eugène m.*

Eu·ge·ni·a [juː'dʒiːniə] *Eugénie f.*

Eu·phra·tes [juː'freitiːz] *l'Euphrate m.*

Eu·rope ['juərəp] *l'Europe f.*

Eus·tace ['juːstəs] *Eustache m.*

Ev·ans ['evənz] *nom de famille anglais et gallois.*

Eve [iːv] *Ève f.*

Ev·e·lyn ['iːvlin] *Éveline f.*

E

Ec·ua·dor [ekwə'dɔː] *Équateur m.*

Ed·die ['edi] *diminutif de Edmund, Edward.*

F

Falk·land Is·lands ['fɔːklənd'ailəndz] *pl. les îles f/pl. Falkland (archipel de l'Atlantique).*

Faulk·ner ['fɔːknə] *auteur américain.*

Fawkes [fɔːks] *nom de famille anglais; chef de la Conspiration des Poudres* (1605).

Fe·li·ci·a [fi'lisiə] *prénom féminin.*

Fe·lix ['fiːliks] Félix *m.*

Fin·land ['finlənd] la Finlande *f.*

Fitz·ger·ald [fits'dʒerəld] *nom de famille.*

Flan·ders ['flɑːndəz] la Flandre *f.*

Flint·shire ['flintʃiə] *comté du Pays de Galles.*

Flor·ence ['flɒrəns] Florence *f (prénom).*

Flor·i·da ['flɒridə] la Floride *f (État des É.-U.).*

Flush·ing ['flʌʃiŋ] Flessingue.

Folke·stone ['foukstən] *ville et port d'Angleterre sur la Manche.*

Ford [fɔːd] *industriel américain.*

France [frɑːns] la France *f.*

Fran·ces ['frɑːnsis] Françoise *f.*

Fran·cis [~] François *m.*

Frank·fort ['fræŋkfət] *capitale du Kentucky (É.-U.).*

Frank·lin ['fræŋklin] *homme d'État et auteur américain.*

Fred(·dy) ['fred(i)] *diminutif de Alfred, Frederic(k).*

Fred·er·ic(k) ['fredrik] Frédéric *m.*

Ful·bright ['fulbrait] *homme politique américain.*

Ful·ton ['fultən] *inventeur américain.*

G

Gains·bor·ough ['geinzbərə] *peintre anglais.*

Gals·wor·thy ['gælzwə:ði] *auteur anglais.*

Gan·ges ['gændʒiːz] *le Gange m.*

Gaul [gɔːl] la Gaule *f.*

Ge·ne·va [dʒi'niːvə] Genève.

Geof·frey ['dʒefri] Geoffroi *m.*

George [dʒɔːdʒ] Georges *m.*

Geor·gia ['dʒɔːdʒiə] la Georgie *f (État des É.-U.).*

Ger·ald ['dʒerəld] Gérard *m.*

Ger·al·dine ['dʒerəldiːn] *prénom féminin.*

Ger·ma·ny ['dʒəːməni] l'Allemagne *f.*

Gersh·win ['gəːʃwin] *compositeur américain.*

Ger·trude ['gəːtruːd] Gertrude *f.*

Get·tys·burg ['getizbəːg] *ville des É.-U.*

Gha·na ['gɑːnə] le Ghana *m.*

Gi·bral·tar [dʒi'brɔːltə] Gibraltar *m.*

Giles [dʒailz] Gilles *m.*

Gill [gil] Julie *f.*

Glad·ys ['glædis] *prénom féminin.*

Glad·stone ['glædstən] *homme d'État britannique.*

Gla·mor·gan(·shire) [glə'mɔːgən (-ʃiə)] *comté du Pays de Galles.*

Glas·gow ['glɑːsgou] *ville et port d'Écosse.*

Glouces·ter ['glɒstə] *ville d'Angleterre; a.* **Glouces·ter·shire** ['~ʃiə] *comté d'Angleterre.*

Gold·smith ['gouldsmiθ] *auteur anglais.*

Gor·don ['gɔːdn] *nom de famille anglais.*

Go·tham ['gɒtəm] *village d'Angleterre.*

Gra·ham ['greiəm] *nom de famille et prénom masculin anglais.*

Grand Can·yon [grænd'kæniən] *nom des gorges du Colorado (É.-U.).*

Great Brit·ain ['greit'britən] la Grande-Bretagne *f.*

Great Di·vide ['greitdi'vaid] *les montagnes Rocheuses (É.-U.).*

Greece [griːs] la Grèce *f.*

Greene [griːn] *auteur anglais.*

Green·land ['griːnlənd] le Groenland *m.*

Green·wich ['grinidʒ] *faubourg de Londres;~ Village quartier d'artistes de New York.*

Greg·o·ry ['gregəri] Grégoire *m.*

Gros·ve·nor ['grouvnə] *place et rue de Londres.*

Gua·te·ma·la [gwæti'mɑːlə] le Guatemala *m.*

Guern·sey ['gəːnzi] Guernesey *f (île Anglo-Normande).*

Gui·a·na [gi'ɑːnə] la Guyane *f.*

Guin·ea ['gini] la Guinée *f.*

Guin·ness ['ginis; gi'nes] *nom de famille, surt. irlandais.*

Guy [gai] Gui *m,* Guy *m.*

Gwen·do·len, Gwen·do·lyn ['gwendəlin] *prénom féminin.*

H

Hai·ti ['heiti] la Haïti *f.*

Hague [heig]: *the* ~ La Haye.

Hal·i·fax ['hælifæks] *ville du Canada et d'Angleterre.*

Ham·il·ton ['hæmiltən] *nom de famille anglais.*

Hamp·shire ['hæmpʃiə] *comté d'Angleterre.*

Hamp·stead ['hæmpstid] *faubourg de Londres.*

Han·o·ver ['hænəvə] *Hanovre m.*

Har·lem ['hɑːləm] *quartier de New York, habité surtout par des noirs.*

Har·ri·et ['hæriət] *Henriette f.*

Har·ris·burg ['hærisbəːg] *capitale de la Pennsylvanie (É.-U.).*

Har·row ['hærou] *collège et ville d'Angleterre.*

Har·ry ['hæri] *diminutif de Henry.*

Har·vard U·ni·ver·si·ty ['hɑːvəd juːniːvəːsiti] *université américaine.*

Har·wich ['hæridʒ] *ville et port d'Angleterre.*

Has·tings ['heistiŋz] *ville d'Angleterre; homme d'État, gouverneur de l'Inde anglaise.*

Ha·wai·i [hɑː'waii] *pl.* les Hawaii *f/pl.* (*archipel de la Polynésie, État des É.-U.*).

Heb·ri·des ['hebridiːz] *pl.* les Hébrides *f/pl.* (*îles d'Écosse*).

Hel·en ['helin] *Hélène f.*

Hel·sin·ki ['helsiŋki] *capitale de la Finlande.*

Hem·ing·way ['hemiŋwei] *auteur américain.*

Hen·ley ['henli] *ville d'Angleterre sur la Tamise; régates célèbres.*

Hen·ry ['henri] *Henri m.*

Her·cu·les ['həːkjuliːz] *Hercule m.*

Her·e·ford(·shire) ['herifəd(ʃiə)] *comté d'Angleterre.*

Hert·ford(·shire) ['hɑːfəd(ʃiə)] *comté d'Angleterre.*

Hil·a·ry ['hiləri] *Hilaire f.*

Hi·ma·la·ya [himə'leiə] *l'Himalaya m.*

Hin·du·stan [hindu'stæn] *l'Hindoustan m.*

Ho·garth ['hougɑːθ] *peintre anglais.*

Hol·born ['houbən] *quartier de Londres.*

Hol·land ['hɔlənd] *la Hollande f.*

Hol·ly·wood ['hɔliwud] *centre de l'industrie cinématographique américaine.*

Home [hjuːm]: *Sir Alec Douglas~ homme politique anglais.*

Ho·mer ['houmə] *Homère m (poète grec).*

Hon·du·ras [hɔn'djuərəs] *le Honduras m.*

Ho·no·lu·lu [hɔnə'luːlu] *capitale de Hawaii (É.-U.).*

Hoo·ver ['huːvə] *31ᵉ président de É.-U.*

Hous·ton ['(h)juːstən] *ville des É.-U (Texas).*

Hud·son ['hʌdsn] *fleuve des É.-U. avec New York à l'embouchure; vaste golfe au nord de l'Amérique.*

Hugh [hjuː] *Hugues m.*

Hughes [hjuːz] *nom de famille.*

Hull [hʌl] *ville et port d'Angleterre.*

Hume [hjuːm] *philosophe anglais.*

Hum·phr(e)y ['hʌmfri] *prénom masculin.*

Hun·ga·ry ['hʌŋgəri] *la Hongrie f.*

Hun·ting·don(·shire) ['hʌntiŋdən(-ʃiə)] *comté d'Angleterre.*

Hu·ron ['hjuərən]: *Lake ~ le lac m Huron (un des cinq grands lacs de l'Amérique du Nord).*

Hux·ley ['hʌksli] *naturaliste anglais; zoologiste anglais; auteur anglais.*

Hyde Park ['haid'pɑːk] *Parc de Londres.*

I

I·an ['iːən, iən] *Jean m.*

Ice·land ['aislənd] *l'Islande f.*

I·da·ho ['aidəhou] *État des É.-U.*

I·dle·wild ['aidlwaild] *ancien nom de Kennedy Airport.*

Il·li·nois [ili'nɔi(z)] *rivière des É.-U.; État des É.-U.*

In·di·a ['indjə] *l'Inde f.*

In·di·an·a [indi'ænə] *État des É.-U.*

In·di·an Ocean ['indjən'ouʃən] *océan m Indien.*

In·dies ['indiz] *pl.:* the (East, West) ~ les Indes *f/pl.* (orientales, occidentales).

In·dus ['indəs] *l'Indus m.*

I·o·wa ['aiouə] *État des É.-U.*

I·rak, I·raq [i'rɑːk] *l'Irak m, l'Iraq m.*

I·ran [iə'rɑːn] *l'Iran m.*

Ire·land ['aiələnd] *l'Irlande f.*

I·re·ne [ai'riːni; 'airiːn] *Irène f.*

I·ris ['aiəris] *prénom féminin.*

I·saac ['aizək] *Isaac m.*

Is·a·bel ['izəbəl] *Isabelle f.*

Isle of Man [ailəv'mæn] *Isle f de*

Man (*île de la mer d'Irlande*).

Is·ra·el [ˈizreiəl] l'Israël *m*.

It·a·ly [ˈitəli] l'Italie *f*.

I·vy [ˈaivi] *prénom féminin*.

J

Jack [dʒæk] Jean(not) *m* (see Jack au dictionnaire).

Ja·mai·ca [dʒəˈmeikə] la Jamaïque *f*.

James [dʒeimz] Jacques *m*.

Jane [dʒein] Jeanne *f*.

Ja·net [ˈdʒænit] Jeanette *f*.

Ja·pan [dʒəˈpæn] le Japon *m*.

Jean [dʒiːn] Jeanne *f*.

Jef·fer·son [ˈdʒefəsn] 3ᵉ *président des É.-U., auteur de la Déclaration d'Indépendance;* ~ City *capitale du Missouri (É.-U.)*.

Jen·ny [ˈdʒeni] Jeanneton *f*, Jeannette *f*.

Jer·e·my [ˈdʒerimi] Jérémie *m*.

Jer·sey [ˈdʒəːzi] *île Anglo-Normande;* ~ City *ville des É.-U*.

Je·ru·sa·lem [dʒəˈruːsələm] Jérusalem.

Jes·si·ca [ˈdʒesikə] Jessica *f*.

Je·sus (Christ) [ˈdʒiːzəs (ˈkraist)] Jésus(-Christ) *m*.

Jill [dʒil] Julie *f*; *Jack and* ~ Jeannot et Colette.

Jim(·my) [ˈdʒim(i)] *diminutif de James*.

Joan [dʒoun] Jeanne *f*.

Joc·e·lin(e), Joc·e·lyn [ˈdʒɔslin] *prénom féminin*.

Jo(e) [dʒou] *diminutif de Joseph*.

John [dʒɔn] Jean *m*.

John·ny [ˈdʒɔni] Jeannot *m*.

John·son [ˈdʒɔnsn] 36ᵉ *président des É.-U.; auteur anglais*.

Jo·nah [ˈdʒounə] Jonas *m*.

Jon·a·than [ˈdʒɔnəθən] Jonathas *m*.

Jor·dan [ˈdʒɔːdn] la Jordanie *f*.

Jo·seph [ˈdʒouzif] Joseph *m*.

Josh·u·a [ˈdʒɔʃwə] Josué *m*.

Joyce [dʒɔis] *écrivain irlandais*.

Ju·go·sla·vi·a [ˈjuːgouˈslɑːviə] la Yougoslavie *f*.

Jul·ia [ˈdʒuːljə], **Ju·li·et** [ˈ∼t] Julie(tte) *f*.

Jul·ian [ˈdʒuːliən] *prénom masculin*.

Jul·ius [ˈdʒuːljəs] Jules *m*.

Ju·neau [ˈdʒuːnou] *capitale de l'Alaska (É.-U.)*.

K

Kam·pu·che·a [kæmpuˈtʃiə] Cambodge *m*.

Kan·sas [ˈkænzəs] *rivière des É.-U.; État des É.-U*.

Kash·mir [kæʃˈmiə] le Cachemire *m* (*ancien État de l'Inde*).

Kate [keit] *diminutif de Catherine, Katharine, Katherine, Kathleen*.

Kath·a·rine, Kath·er·ine [ˈkæθərin] Catherine *f*.

Kath·leen [ˈkæθliːn] Catherine *f*.

Keats [kiːts] *poète anglais*.

Keith [kiːθ] *prénom masculin*.

Ken·ne·dy [ˈkenidi] 35ᵉ *président des É.-U.; Cape* ~ *cap de la côte de Floride* (*lancement d'engins téléguidés et de satellites artificiels;* ~ airport *aéroport international de New York*.

Ken·neth [ˈkeniθ] *prénom masculin*.

Ken·sing·ton [ˈkenzintən] *quartier de Londres*.

Kent [kent] *comté d'Angleterre*.

Ken·tuck·y [kenˈtʌki] *rivière des É.-U.; État des É.-U*.

Ken·ya [ˈkiːnjə; ˈkenjə] le Kenya *m*.

Kip·ling [ˈkipliŋ] *poète anglais*.

Kit·ty [ˈkiti] *diminutif de Catherine*.

Klon·dike [ˈklɔndaik] *rivière et région du Canada*.

Knox [nɔks] *réformateur écossais*.

Krem·lin [ˈkremlin] le Kremlin *m*.

Ku·wait [kuˈweit] Koweït *m*.

L

Lab·ra·dor [ˈlæbrədɔː] *péninsule de l'Amérique du Nord*.

Lan·ca·shire [ˈlæŋkəʃiə] *comté d'Angleterre*.

Lan·cas·ter [ˈlæŋkəstə] Lancastre *f* (*ville d'Angleterre; ville des É.-U.*); see Lancashire.

Lau·rence, Law·rence [ˈlɔːrəns] Laurent *m*.

Leb·a·non [ˈlebənən] le Liban *m*.

Leeds [liːdz] *ville industrielle d'Angleterre*.

Leg·horn [ˈlegˈhɔːn] Livourne.

Leices·ter [ˈlestə] *ville d'Angleterre; a.* **Leices·ter·shire** [ˈ∼ʃiə] *comté d'Angleterre*.

Leigh [liː; lai] *ville industrielle d'Angleterre; nom de famille anglais*.

Leix [liːʃ] *comté d'Irlande*.

Le·man ['lemən]: *Lake* ~ le lac *m* Léman.

Leon·ard ['lenəd] Léonard *m*.

Les·lie ['lezli] *prénom masculin*.

Lew·is ['lu:is] Louis *m*; *auteur américain; poète anglais*.

Lil·i·an ['liliən] *prénom féminin*.

Lim·er·ick ['limərik] *comté d'Irlande*.

Lin·coln ['lizkən] *16e président des É.-U.; capitale du Nébraska (É.-U.); ville d'Angleterre; a*. **Lin·coln·shire** ['~ʃiə] *comté d'Angleterre*.

Li·o·nel ['laiənl] *prénom masculin*.

Lis·bon ['lizbən] Lisbonne *f*.

Lit·tle Rock ['litl'rɔk] *capitale de l'Arkansas (É.-U.)*.

Liv·er·pool ['livəpu:l] *ville industrielle et port d'Angleterre*.

Liz·zie ['lizi] Lisette *f*.

Lloyd [lɔid] *prénom masculin*.

Locke [lɔk] *philosophe anglais*.

Lon·don ['lʌndən] Londres.

Long·fel·low ['lɔŋfelou] *poète américain*.

Lor·raine [lɔ'rein] la Lorraine *f*.

Los An·ge·les [lɔs'ændʒili:z; *Am. a.* 'æŋgələs] *ville et port des É.-U*.

Lou·i·sa [lu:'i:zə] Louise *f*.

Lou·i·si·an·a [lu:i:zi'ænə] la Louisiane *f (État des É.-U.)*.

Lu·cia ['lu:siə] Lucie *f*.

Lu·cius ['lu:siəs] Lucien *m*.

Lu·cy ['lu:si] Lucie *f*.

Luke [lu:k] Luc *m*.

Lux·em·b(o)urg ['lʌksəmbə:g] Luxembourg *m*.

Lyd·i·a [lidiə] Lydie *f*.

M

Mab [mæb] *reine des fées*.

Ma·bel ['meibl] *prénom féminin*.

Ma·cau·lay [mə'kɔ:li] *historien et homme politique anglais; femme écrivain anglaise*.

Mac·Don·ald [mək'dɔnld] *homme d'État britannique*.

Mac·Gee [mə'gi:] *nom de famille*.

Mac·ken·zie [mə'kenzi] *fleuve du Canada*.

Ma·dei·ra [mə'diərə] Madère *f*.

Madge [mædʒ] Margot *f*.

Mad·i·son ['mædisn] *4e président des É.-U.; capitale du Wisconsin (É.-U.)*.

Ma·dras [mə'drɑ:s] *ville et port de l'Inde*.

Ma·drid [mə'drid] *capitale de l'Espagne*.

Mag·da·len ['mægdəlin] Madeleine *f*.

Mag·gie ['mægi] Margot *f*.

Ma·hom·et [me'hɔmit] Mahomet *m*.

Maine [mein] *État des É.-U*.

Ma·lay·sia [mə'leiʒə]: *the Federation of* ~ la Fédération *f* de Malaisie.

Mal·colm ['mælkəm] *prénom masculin*.

Mal·ta ['mɔ:ltə] Malte *f*.

Man·ches·ter ['mæntʃistə] *ville industrielle d'Angleterre*.

Man·hat·tan [mæn'hætn] *île et quartier de New York (É.-U.)*.

Man·i·to·ba [mæni'toubə] *province du Canada*.

Mar·ga·ret ['mɑ:gərit] Marguerite *f*.

Mar·jo·rie ['mɑ:dʒəri] *prénom féminin*.

Mark [mɑ:k] Marc *m*.

Marl·bor·ough ['mɔ:lbərə] *général anglais*.

Mar·tha ['mɑ:θə] Marthe *f*.

Mar·y ['mɛəri] Marie *f*.

Mar·y·land ['mɛərilænd; *Am.* 'merilənd] *État des É.-U*.

Mas·sa·chu·setts [mæsə'tʃu:sets] *État des É.-U*.

Ma(t)·thew ['mæθju:] Mat(t)hieu *m*.

Maud [mɔ:d] Mathilde *f*.

Maugham [mɔ:m] *auteur anglais*.

Mau·reen [mɔ'ri:n] *prénom féminin*.

Mau·rice ['mɔris] Maurice *m*.

May [mei] Mariette *f*, Manon *f*.

Meath [mi:ð, mi:θ] *comté d'Irlande*.

Mel·bourne ['melbən] *ville et port d'Australie*.

Mel·ville ['melvil] *auteur américain*.

Mer·e·dith ['merədiθ] *auteur anglais*.

Mer·i·on·eth(·shire) [meri'ɔniθ (-ʃiə)] *comté du Pays de Galles*.

Mex·i·co ['meksikou] le Mexique *m*.

Mi·am·i [mai'æmi] *station balnéaire de la Floride (É.-U.)*.

Mi·chael ['maikl] Michel *m*.

Mich·i·gan ['miʃigən] *État des É.-U.; Lake* ~ le lac *m* Michigan (*un des cinq grands lacs de l'Amérique du Nord*).

Mid·dle·sex ['midlseks] *comté d'Angleterre*.

Mid·west ['mid'west] *les États m/pl. de la Prairie (É.-U.)*.

Mil·dred ['mildrid] *prénom féminin*.

Mil·li·cent ['milisnt] *prénom féminin*.

Mil·ton ['miltən] *poète anglais.*

Mil·wau·kee [mil'wɔ:ki:] *ville des É.-U.*

Min·ne·ap·o·lis [mini'æpəlis] *ville des É.-U.*

Min·ne·so·ta [mini'soutə] *État des É.-U.*

Mis·sis·sip·pi [misi'sipi] *État des É.-U.; fleuve des E.-U.*

Mis·sou·ri [mi'suəri; *Am.* mi'zuəri] *rivière des É.-U.; État des É.-U.*

Mitch·ell ['mitʃl] *prénom; nom de famille.*

Mo·ham·med [mou'hæmed] *Mohammed m; islam:* Mahomet *m.*

Moll [mɔl] *Mariette f, Manon f.*

Mo·na·co ['mɔnəkou] *Monaco m.*

Mon·mouth(·shire) ['mʌnməθ(ʃi)ə] *comté d'Angleterre.*

Mon·roe [mən'rou] *5ᵉ président des É.-U.*

Mon·tan·a [mɔn'tænə] *État des É.-U.*

Mont·gom·er·y [mənt'gaməri] *maréchal britannique; a.* **Mont'gom·er·y·shire** [~ʃiə] *comté du Pays de Galles.*

Mont·re·al [mɔntri'ɔ:l] *Montréal m (ville du Canada).*

Moore [muə] *sculpteur anglais.*

Mo·roc·co [mə'rɔkou] *le Maroc m.*

Mos·cow ['mɔskou] *Moscou.*

Mu·ri·el ['mjuəriəl] *prénom féminin.*

Mur·ray ['mʌri] *fleuve d'Australie.*

My·ra ['maiərə] *prénom féminin.*

N

Nan·cy ['nænsi] *Nanette f, Annette f.*

Na·ples ['neiplz] *Naples.*

Na·tal [nə'tæl] *le Natal m.*

Ne·bras·ka [ni'bræskə] *État des É.-U.*

Neil(l) [ni:l] *prénom; nom de famille.*

Nell, Nel·ly ['nel(i)] *diminutif de Eleanor,* Helen.

Nel·son ['nelsn] *amiral britannique.*

Ne·pal [ni'pɔ:l] *le Népal m.*

Neth·er·lands ['neðələndz] *pl. les Pays-Bas m/pl.*

Ne·vad·a [ne'vɑ:də] *État des É.-U.*

New Bruns·wick [nju:'brʌnzwik] *province du Canada.*

New·cas·tle ['nju:kɑ:sl] *ville et port d'Angleterre.*

New Del·hi ['nju:'deli] *capitale de l'Inde.*

New Eng·land ['nju:'iŋglənd] *la*

Nouvelle-Angleterre *f (États des É.-U.).*

New·found·land [nju:'faundlənd; *surt.* ⚓ nju:fənd'lænd] *Terre-Neuve f (province du Canada).*

New Hamp·shire [nju:'hæmpʃiə] *État des É.-U.*

New Jer·sey [nju:'dʒə:zi] *État des É.-U.*

New Guin·ea [nju:'gini] *la Nouvelle-Guinée f.*

New Mex·i·co [nju:'meksikou] *le Nouveau-Mexique m (État des É.-U.).*

New Or·le·ans [nju:'ɔ:liənz] *la Nouvelle-Orléans f (ville des É.-U.).*

New·ton ['nju:tn] *physicien et philosophe anglais.*

New York ['nju:'jɔ:k] *New York f (ville des É.-U.);* New York *m (État des É.-U.).*

New Zea·land [nju:'zi:lənd] *la Nouvelle-Zélande f.*

Ni·ag·a·ra [nai'ægərə] *le Niagara m (rivière de l'Amérique du Nord, unissant les lacs Erie et Ontario).*

Nich·o·las ['nikələs] *Nicolas m.*

Ni·ger ['naidʒə] *le Niger m.*

Ni·ge·ri·a [nai'dʒiəriə] *le (ou la) Nigeria m(f).*

Nile [nail] *le Nil m.*

Nix·on ['niksn] *37ᵉ président des É.-U.*

No·el [nouəl] *prénom masculin.*

Nor·folk ['nɔ:fək] *comté d'Angleterre; ville et port des É.-U.*

North·amp·ton [nɔ:'θæmptən] *ville d'Angleterre; a.* **North'amp·ton·shire** [~ʃiə] *comté d'Angleterre.*

North·ern Ire·land [nɔ:ðən'aiələnd] *l'Irlande du Nord.*

North Sea ['nɔ:θ'si:] *mer f du Nord.*

North·um·ber·land [nɔ:'θʌmbələnd] *comté d'Angleterre.*

Nor·way ['nɔ:wei] *la Norvège f.*

Not·ting·ham ['nɔtiŋəm] *ville d'Angleterre; a.* **Not'ting·ham·shire** ['~ʃiə] *comté d'Angleterre.*

No·va Sco·tia ['nouvə'skouʃə] *la Nouvelle-Écosse f (province du Canada).*

O

Oak Ridge ['ouk'ridʒ] *ville des É.-U.; centre de recherches nucléaires.*

O'Ca·sey [ou'keisi] *dramaturge irlandais.*

O·ce·an·i·a [ouʃi'einiə] l'Océanie f.

O'Fla·her·ty [ou'flæ(h)əti] écrivain irlandais.

O'Har·a [əu'hɑːrə] nom de famille.

Paul [pɔːl] Paul m.

Pau·line [pɔː'liːn; '⌣] Pauline f.

O.Hen·ry [əu'henri] écrivain américain.

O·hi·o [ou'haiou] rivière des É.-U.; État des É.-U.

O·kla·ho·ma [ouklə'houmə] État des É.-U.; ∼ City capitale de l'Oklahoma (É.-U.).

Ol·i·ver ['ɔlivə] Olivier m.

O·liv·i·a [o'liviə] Olivia f, Olivie f.

O·ma·ha ['oumɑːə] ville des É.-U.

O'Neill [ou'niːl] auteur américain.

On·tar·i·o [ɔn'tɛəriou] province du Canada; Lake ∼ le lac m Ontario (un des cinq grands lacs de l'Amérique du Nord).

Or·ange ['ɔrindʒ] l'Orange m (fleuve de l'Afrique australe).

Or·e·gon ['ɔrigən] État des É.-U.

Ork·ney Is·lands ['ɔːkni'ailəndz] pl. les Orcades f/pl. (comté d'Écosse).

Or·well ['ɔːwəl] auteur anglais.

Os·borne ['ɔzbən] auteur anglais.

Os·lo ['ɔzlou] capitale de la Norvège.

Ost·end [ɔs'tend] Ostende f.

O'Sul·li·van [əu'sʌlivən] nom de famille.

Ot·ta·wa ['ɔtəwə] capitale du Canada.

Ouse [uːz] nom de deux rivières d'Angleterre.

Ox·ford ['ɔksfəd] ville universitaire d'Angleterre; a. **Ox·ford·shire** ['∼-ʃiə] comté d'Angleterre.

O·zark Moun·tains ['ouzɑːk'mauntinz] pl. les Ozark m/pl. (massif des É.-U.).

Pat·rick ['pætrik] Patrice m, Patrick m (patron de l'Irlande).

Pat·rick ['pætrik] Patrice m, Patrick m (patron de l'Irlande).

Pearl Har·bor ['pəːl'hɑːbə] port des îles Hawaii.

Peg(·gy) ['peg(i)] Margot m.

Pe·kin(g) ['piːkin (∼kiŋ)] Pékin.

Pem·broke(·shire) ['pembruk(ʃiə)] comté du Pays de Galles.

Penn·syl·va·nia [pensil'veinjə] la Pennsylvanie f (État des É.-U.).

Per·cy ['pəːsi] prénom masculin.

Pe·ru [pə'ruː] le Pérou m.

Pe·ter ['piːtə] Pierre m.

Phil·a·del·phi·a [filə'delfjə] Philadelphie f (ville des É.-U.).

Phil·ip ['filip] Philippe m.

Phil·ip·pines ['filipiːnz] pl. archipel de la mer de Chine.

Phoe·be ['fiːbi] prénom féminin.

Phoe·nix ['fiːniks] capitale de l'Arizona (É.-U).

Pic·ca·dil·ly [pikə'dili] rue de Londres.

Pierce [piəs] prénom: nom de famille.

Pin·ter ['pintə] dramatiste anglais.

Pitts·burgh ['pitsbəːg] ville des É.-U.

Pla·to ['pleitou] Platon m (philosophe grec).

Plym·outh ['pliməθ] ville et port d'Angleterre; ville des É.-U.

Poe [pou] auteur américain.

Po·land ['poulənd] la Pologne f.

Poll [pɔl] Mariette f, Manon f.

Port·land ['pɔːtlənd] ville et port des É.-U. (Maine); ville des É.-U. (Oregon).

Ports·mouth ['pɔːtsməθ] ville et port d'Angleterre.

Por·tu·gal ['pɔːtugəl] le Portugal m.

Po·to·mac [pə'toumæk] fleuve des É.-U.

Pow·ell ['pauəl] nom de famille; prénom.

Prague [prɑːg] capitale de la Tchécoslovaquie.

Prus·sia ['prʌʃə] la Prussie f.

Pul·itz·er ['pulitsə] journaliste américain.

Pun·jab [pʌn'dʒɑːb] le Pendjab m.

Pur·cell ['pəːsl] compositeur anglais.

P

Pa·cif·ic [pə'sifik] le Pacifique m.

Pad·dy ['pædi] diminutif de Patrick; sobriquet de l'Irlandais.

Pak·i·stan [pɑːkis'tɑːn] le Pakistan m.

Pall Mall ['pel'mel] rue des Londres.

Palm Beach ['pɑːm'biːtʃ] station balnéaire de la Floride (É.-U.).

Pal·mer ['pɑː(l)mə] nom de famille.

Pan·a·ma [pænə'mɑː, 'pænəmɑː] le Panama m.

Par·a·guay ['pærəgwai] le Paraguay m.

Par·is ['pæris] Paris m.

Pa·tri·cia [pə'triʃə] prénom féminin.

Q

Que·bec [kwi'bek] Québec m (ville et province du Canada).

Queens [kwi:nz] *quartier de New York.*

Quin·c(e)y ['kwinsi] *nom de famille; prénom.*

R

Ra·chel ['reitʃəl] *Rachel* f.

Rad·nor(·shire) ['rædnə(ʃiə] *comté du Pays de Galles.*

Rae [rei] *prénom.*

Ra·leigh ['rɔ:li; 'ra:li; 'ræli] *navigateur anglais; capitale de la Caroline du Nord (É.-U.).*

Ralph [reif; rælf] *Raoul* m.

Ra·wal·pin·di [rɔ:l'pindi] *capitale du Pakistan.*

Ray [rei] *prénom.*

Ray·mond ['reimənd] *Raymond* m.

Read·ing ['rediŋ] *ville industrielle d'Angleterre; ville des É.-U.*

Rea·gan ['regən] *40ᵉ président des É.-U.*

Re·bec·ca [ri'bekə] *Rébecca* f.

Reg·i·nald ['redʒinld] *Renaud* m.

Rey·kja·vik ['reikjəvi:k] *capitale de l'Islande.*

Rhine [rain] *le Rhin* m.

Rhode Is·land [roud'ailənd] *État des É.-U.*

Rhodes [roudz] *Rhodes* f.

Rho·de·sia [rou'di:ziə] *la Rhodésie* f.

Rich·ard ['ritʃəd] *Richard* m.

Rich·mond ['ritʃmənd] *capitale de la Virginie (É.-U.); district de New York; faubourg de Londres.*

Rob·ert ['rɔbət] *Robert* m.

Rob·in ['rɔbin] *diminutif de Robert.*

Rock·e·fel·ler ['rɔkifelə] *industriel américain.*

Rock·y Moun·tains ['rɔki'mauntinz] *pl. les* (montagnes f/pl.) *Rocheuses f/pl.*

Rog·er ['rɔdʒə] *Roger* m.

Rome [roum] *Rome* f.

Roo·se·velt [*Am.* 'rouzəvelt; *angl. usu.* 'ru:svelt] *nom de deux présidents des É.-U.*

Rud·yard ['rʌdjəd] *prénom masculin.*

Rug·by ['rʌgbi] *collège et ville d'Angleterre.*

Ru·ma·ni·a [ru:'meinjə] *la Roumanie* f.

Rus·sel ['rʌsl] *nom de famille anglais.*

Rus·sia ['rʌʃə] *la Russie* f.

Rut·land(·shire) ['rʌtlənd(ʃiə] *comté de'Angleterre.*

S

Sac·ra·men·to [sækrə'mentou] *capitale de la Californie (É.-U.).*

Salis·bur·y ['sɔ:lzbəri] *ville d'Angleterre.*

Sal·ly ['sæli] *diminutif de Sarah.*

Salt Lake Cit·y ['sɔ:lt'leik'siti] *capitale de l'Utah (É.-U.).*

Sam [sæm] *diminutif de Samuel; Uncle ~ les États-Unis; sobriquet de l'Américain.*

Sam·u·el ['sæmjuəl] *Samuel* m.

San Fran·cis·co [sænfrən'siskou] *ville et port des É.-U.*

San Ma·ri·no [sænmə'ri:nou] *Saint-Marin* m.

Sar·ah ['sɛərə] *Sarah* f.

Sas·katch·e·wan [səs'kætʃiwən] *rivière et province du Canada.*

Sau·di A·ra·bi·a [sɑ'udiə'reibjə] *l'Arabie* f *Saoudite.*

Say·ers ['seiəz] *femme écrivain anglaise.*

Scan·di·na·vi·a [skændi'neivjə] *la Scandinavie* f.

Sche·nec·ta·dy [ski'nektədi] *ville des É.-U.*

Scot·land ['skɔtlənd] *l'Écosse* f; *~ Yard siège de la police londonienne.*

Sean [ʃɔ:n] *Jean* m.

Scott [skɔt] *nom de famille et prénom anglais; auteur anglais.*

Se·at·tle [si'ætl] *ville et port des É.-U.*

Sev·ern ['sevə:n] *fleuve d'Angleterre.*

Sey·mour ['si:mɔ:, 'seimɔ:] *prénom; nom de famille.*

Shake·speare ['ʃeikspiə] *poète anglais.*

Shaw [ʃɔ:] *auteur anglo-irlandais.*

Shef·field ['ʃefi:ld] *ville industrielle d'Angleterre.*

Shei·la ['ʃi:lə] *prénom féminin.*

Shel·ley ['ʃeli] *poète anglais.*

Shir·ley ['ʃə:li] *prénom féminin.*

Sher·lock ['ʃə:lɔk] *prénom masculin.*

Shet·land Is·lands ['ʃetlənd'ailəndz] *pl. les îles f/pl.* (de) *Shetland* (*comté d'Écosse*).

Shrop·shire ['ʃrɔpʃiə] *comté d'Angleterre.*

Sib·yl ['sibil] *Sibylle* f.

Sic·i·ly ['sisili] *la Sicile* f.

Sid·ney ['sidni] *prénom et nom de famille anglais.*

Sin·clair ['siŋklɛə] *prénom masculin; auteur américain.*

1252

Sin·ga·pore [siŋgə'pɔ:] Singapour f.

Sing-Sing ['siŋsiŋ] prison de l'État de New York (É.-U.).

Snow·don ['snoudn] montagne du Pays de Galles.

So·fia ['soufjə] Sofia, capitale de la Bulgarie.

Sol·o·mon ['sɔləmən] Salomon m.

Som·er·set(·shire) ['sʌməsit(ʃiə] comté d'Angleterre.

So·phi·a [so'faiə], **So·phy** ['soufi] Sophie f.

Sou·dan [su:'dæn] see Sudan.

South·amp·ton [sau'θæmtən] ville et port d'Angleterre.

South·wark ['sʌðək; 'sauθwək] quartier de Londres.

Spain [spein] l'Espagne f.

Staf·ford(·shire) ['stæfəd(ʃiə] comté d'Angleterre.

Stat·en Is·land [stætn'ailənd] quartier de New York (situé dans une île).

Stein·beck ['stainbek] auteur américain.

Ste·phen, Ste·ven ['sti:vn] Stéphan m.

Ste·ven·son ['sti:vnsn] auteur anglais.

Stew·art ['st(j)u:ət] prénom masculin; nom de famille.

St. Law·rence [snt'lɔ:rəns] le Saint-Laurent m.

St. Lou·is [snt'lu:is] ville des É.-U.

Stock·holm ['stɔkhoum] Stockholm, capitale de la Suède.

Strat·ford on A·von ['strætfədɔn-'eivən] patrie de Shakespeare.

Stu·art ['stjuət] famille royale d'Écosse et d'Angleterre.

Su·dan [su(:)'dɑ:n] le Soudan m.

Sue [sju:, su:] Suzanne f.

Su·ez ['su:iz] Suez m.

Suf·folk ['sʌfək] comté d'Angleterre.

Su·pe·ri·or [sju:'piəriə]: Lake ~ le lac m Supérieur (un des cinq grands lacs de l'Amérique du Nord).

Sur·rey ['sari] comté d'Angleterre.

Su·san ['su:zn] Suzanne f.

Sus·que·han·na [sʌskwə'hænə] fleuve des É.-U.

Sus·sex ['sasiks] comté d'Angleterre.

Swan·sea ['swɔnzi] ville et port du Pays de Galles.

Swe·den ['swi:dn] la Suède f.

Swift [swift] auteur irlandais.

Swit·zer·land ['switsələnd] la Suisse f.

Syd·ney ['sidni] capitale de la Nou-velle-Galles du Sud (Australie).

Synge [siŋ] poète et dramaturge ir-landais.

Syr·i·a ['siriə] la Syrie f.

T

Ta·hi·ti [tɑ:'hi:ti] Tahiti f.

Tal·la·has·see [tælə'hæsi] capitale de la Floride (É.-U.).

Tan·gier [tæn'dʒiə] Tanger f.

Tay·lor ['teilə] nom de famille.

Ted(·dy) ['ted(i)] diminutif de Edward, Edmund, Theodore.

Ten·nes·see [tene'si:] rivière des É.-U.; État des É.-U.

Ten·ny·son ['tenisn] poète anglais.

Ter·ence ['terəns] prénom masculin.

Tex·as ['teksəs] État des É.-U.

Thack·er·ay ['θækəri] auteur an-glais.

Thames [temz] la Tamise f.

The·o·dore ['θiədɔ:] Théodore m.

The·re·sa [ti'ri:zə] Thérèse f.

Thom·as ['tɔməs] Thomas m.

Tho·reau ['θɔ:rou] philosophe améri-cain.

Ti·gris ['taigris] le Tigre m.

Tim [tim] diminutif de Timothy.

Tim·o·thy ['timəθi] Timothée m.

Ti·ra·na [ti'rɑ:nə] capitale de l'Al-banie.

To·bi·as [tə'baiəs] Tobie m.

To·by ['toubi] diminutif de Tobias.

To·kyo ['toukjou] Tokyo.

Tol·kien ['tɔlki:n] écrivain et philo-logue anglais.

Tom(·my) ['tɔm(i)] diminutif de Thomas.

To·pe·ka [to'pi:kə] capitale du Kansas (É.-U.).

To·ron·to [tə'rɔntou] ville du Ca-nada.

Tow·er ['tauə]: the ~ of London la Tour de Londres.

Tra·fal·gar [trə'fælgə] cap de la côte d'Espagne.

Trent [trent] rivière d'Angleterre.

Trol·lope ['trɔləp] auteur anglais.

Tru·man ['tru:mən] 33e président des É.-U.

Tu·dor ['tju:də] famille royale an-glaise.

Tu·ni·si·a [tju:'niziə] la Tunisie f.

Tur·key ['tə:ki] la Turquie f.

Twain [twein] auteur américain.

U

Ul·ster [ˈʌlstə] l'Ulster *m (province d'Irlande).*

U·nit·ed Ar·ab Re·pub·lic [juːˈnaitidˈærəbriˈpʌblik] République *f* arabe unie.

U·nit·ed States of A·mer·i·ca [juːˈnaitidˈsteitsəvəˈmerikə] *les* États-Unis *m/pl.* d'Amérique.

Up·dike [ˈʌpdaik] *écrivain américain.*

U·ri·ah [juəˈraiə] *prénom masculin.*

U·ru·guay [ˈurugwai] l'Uruguay *m.*

U·tah [ˈjuːtɑː] *État des É.-U.*

V

Val·en·tine [ˈvæləntain] Valentin *m;* Valentine *f.*

Van·cou·ver [vænˈkuːvə] *ville et port du Canada.*

Vat·i·can [ˈvætikən] *le* Vatican *m.*

Vaux·hall [ˈvɔksˈhɔːl] *district de Londres.*

Ven·e·zue·la [veneˈzweilə] *le* Venezuela *m.*

Ven·ice [ˈvenis] Venise *f.*

Ver·mont [vəːˈmɔnt] *État des É.-U.*

Ver·non [ˈvəːnən] *prénom masculin.*

Vic·to·ri·a [vikˈtɔːriə] Victoire *f.*

Vi·en·na [viˈenə] Vienne *f.*

Vir·gin·ia [vəˈdʒinjə] *la* Virginie *f (État des É.-U.).*

Vi·tus [ˈvaitəs] Guy *m,* Gui *m.*

Viv·i·an [ˈviviən] Vivien *m;* Vivienne *f.*

W

Wa·bash [ˈwɔːbæʃ] *rivière des É.-U.*

Wales [weilz] *le* Pays *m* de Galles.

Wal·lace [ˈwɔləs] *auteur anglais; auteur américain.*

Wall Street [ˈwɔːlstriːt] *rue de New York; siège de la Bourse.*

Wal·pole [ˈwɔːlpoul] *nom de deux écrivains anglais.*

Wal·ter [ˈwɔːltə] Gauthier *m.*

War·hol [ˈwɑːhɔːl, ˈwɑːhoul] *artiste pop américain.*

War·saw [ˈwɔːsɔː] Varsovie *f.*

War·wick(·shire) [ˈwɔrik(ʃiə)] *comté d'Angleterre.*

Wash·ing·ton [ˈwɔʃiŋtən] *1er président des É.-U.; État des É.-U.; capitale et siège du gouvernement des É.-U.*

Wa·ter·loo [wɔːtəˈluː] *commune de Belgique.*

Watt [wɔt] *inventeur anglais.*

Waugh [wɔː] *écrivain anglais.*

Wayne [wein] *nom de famille; acteur américain.*

Wedg·wood [ˈwedʒwud] *céramiste anglais.*

Wel·ling·ton [ˈweliŋtən] *général et homme d'État anglais; capitale de la Nouvelle-Zélande.*

Wells [welz] *auteur anglais.*

West·min·ster [ˈwestminstə] *quartier de Londres, siège du parlement britannique.*

West·mor·land [ˈwestmələnd] *comté d'Angleterre.*

West Vir·gin·ia [ˈwestvəˈdʒinjə] *la* Virginie Occidentale *f (État des É.-U.).*

Whit·acker, Whit·a·ker [ˈwitəkə] *nom de famille.*

White·hall [ˈwaitˈhɔːl] *rue de Londres, quartier des Ministères.*

White House [ˈwaitˈhaus] *la* Maison-Blanche *f (résidence du président des É.-U. à Washington).*

Wight [wait]: Isle of ~ *île anglaise de la Manche.*

Wilde [waild] *écrivain et poète anglais.*

Will [wil], **Wil·liam** [ˈwiljəm] Guillaume *m.*

Wil·son [ˈwilsn] *homme politique britannique; 28e président des É.-U.*

Wilt·shire [ˈwiltʃiə] *comté d'Angleterre.*

Wim·ble·don [ˈwimbldən] *faubourg de Londres (championnat international de tennis).*

Win·ni·peg [ˈwinipeg] *ville du Canada.*

Win·ston [ˈwinstən] *prénom masculin.*

Wis·con·sin [wisˈkɔnsin] *rivière des É.-U.; État des É.-U.*

Wolfe [wulf] *auteur américain.*

Wol·sey [ˈwulzi] *cardinal et homme d'État anglais.*

Woolf [wulf] *femme écrivain anglaise.*

Worces·ter [ˈwustə] *ville industrielle d'Angleterre et des É.-U.;* a.
Worces·ter·shire [ˈ~ʃiə] *comté d'Angleterre.*

Words·worth [ˈwəːdzwə(ː)θ] *poète anglais.*

Wren [ren] *architecte anglais.*

Wright [rait] *nom de famille; nom de*

*deux pionniers de l'aviation améri-
cains.*
Wyc·lif(fe) ['wiklif] *réformateur reli-
gieux anglais.*
Wy·o·ming [wai'oumiŋ] *État des
É.-U.*

York [jɔːk] *ville d'Angleterre; a.*
York·shire ['⌣ʃiə] *comté d'Angle-
terre.*
Yo·sem·i·te [jou'semiti] *parc national
des É.-U.*
Yu·go·sla·vi·a ['juːgouˈslɑːviə] *la
Yougoslavie f.*

Y

Yale U·ni·ver·si·ty ['jeiljuːniˈvɔːsiti]
université américaine.
Yeats [jeits] *poète irlandais.*
Yel·low·stone ['jeloustoun] *rivière
des É.-U.; parc national.*
Yem·en ['jemən] *le Yémen m.*

Z

Zach·a·ri·ah [zækə'raiə], **Zach·a·ry**
['zækəri] *Zacharie m.*
Zam·be·zi [zæm'biːzi] *le Zambèze m.*
Zim·ba·bwe [zim'bɑːbwi] *Zimbabwe
m.*
Zoe ['zoui] *Zoë f.*

Common British
and American Abbreviations

Abréviations usuelles, britanniques et américaines

A

a *acre* acre f.

A.A. *anti-aircraft* A.A., antiaérien; *Brit. Automobile Association* Automobile Club m; Alcoholics Anonymous.

A.A.A. *Brit. Amateur Athletic Association* f d'athlétisme amateur; *Am. American Automobile Association* Automobile Club m américaine.

A.B. *able-bodied seaman* matelot m (de deuxième classe); *see B.A.*

abbr. *abbreviated* abrégé; *abbreviation* abréviation f.

abr. *abridged* abrégé; *abridg(e)ment* abrégé m; réduction f.

A.B.C. *American Broadcasting Company* radiodiffusion-télévision f américaine.

A.B.M. *anti-ballistic missile* missile m anti-balistique.

a/c *account (current)* C.C., compte m (courant).

A.C. *alternating current* C.A., courant m alternatif.

acc(t). *account* compte m, note f.

A.D. *Anno Domini (latin = in the year of our Lord)* après J.-C., en l'an du Seigneur *ou* de grâce.

A.D.A. *Brit. Atom Development Administration* Commission f pour le développement de l'énergie atomique.

Adm. *Admiral* amiral m; *admiralty* amirauté f.

advt. *advertisement* annonce f.

AEC *Atomic Energy Commission* CEA, Commission f de l'énergie atomique.

A.E.F. *American Expeditionary Forces* corps m expéditionnaire américain.

AFL-CIO *American Federation of Labor & Congress of Industrial Organizations (fédération américaine du travail).*

A.F.N. *American Forces Network (radiodiffusion-télévison des forces armées américaines).*

AIDS *acquired immunity deficiency syndrome* S.I.D.A., syndrome m immuno-déficitaire acquis.

Ala. *Alabama* (État des É.-U.).

Alas. *Alaska* (État des É.-U.).

Am. *America* Amérique f; *American* américain.

a.m. *ante meridiem (latin = before noon)* avant midi.

A.M. *amplitude modulation* modulation f d'amplitude; *see M.A.*

A/P *account purchase* achat m porté sur un compte courant.

A.P. *Associated Press (agence d'informations américaine).*

A.P.O. *Am. Army Post Office* poste f aux armées.

A.R.C. *American Red Cross* Croix-Rouge f américaine.

Ariz. *Arizona* (État des É.-U.).

Ark. *Arkansas* (État des É.-U).

A.R.P. *air-raid precautions* D.A., défense f aérienne.

arr. *arrival* arrivée f.

A/S *account sales* compte m de vente.

ASA *American Standards Association* association f américaine de normalisation.

av. *average* moyenne f; avaries f/pl.

avdp. *avoirdupois* poids m du commerce.

A.W.O.L. *Am. absent without leave* absent sans permission.

B

b. *born* né(e *f*).

BA *British Airways* (*compagnie aérienne britannique*).

B.A. *Bachelor of Arts* (*approx.*) L. ès L., licencié(e *f*) *m* ès lettres.

B.A.O.R. *British Army of the Rhine* armée *f* britannique du Rhin.

Bart. *Baronet* Baronet *m* (*titre de noblesse*).

B.B.C. *British Broadcasting Corporation* radiodiffusion-télévision *f* britannique.

bbl. *barrel* tonneau *m*.

B.C. *before Christ* av. J.-C., avant Jésus-Christ.

B.D. *Bachelor of Divinity* (*approx.*) licencié(e *f*) *m* en théologie.

B.E. *Bachelor of Education* (*approx.*) licencié(e *f*) *m* en pédagogie; *Bachelor of Engineering* (*approx.*) ingénieur *m* diplômé.

B/E *Bill of Exchange* lettre *f* de change.

B.E.A. *British European Airways* (*compagnie aérienne britannique*).

Beds. *Bedfordshire* (*comté d'Angleterre*).

Benelux ['bene'l ks] *Belgium, Netherlands, Luxemburg* Bénélux *m*, Belgique-Nederland-Luxembourg.

Berks. *Berkshire* (*comté d'Angleterre*).

b/f *brought forward* à reporter; report *m*.

B.F.A. *British Football Association* association *f* britannique du football.

B.F.N. *British Forces Network* (*radio-diffusion-télévision des forces armées britanniques*).

bl. *barrel* tonneau *m*.

B.L. *Bachelor of Law* (*approx.*) bachelier (-ère *f*) *m* en droit.

B/L *bill of lading* connaissement *m* (maritime).

bls. *bales* balles *f*/*pl.*, ballots *m*/*pl.*; *barrels* tonneaux *m*/*pl*.

B.M. *Bachelor of Medicine* (*approx.*) bachelier (-ère *f*) *m* en médecine.

B.M.A. *British Medical Association* association *f* médicale britannique.

B/O *Branch Office* filiale *f*.

B.O.A.C. *British Overseas Airways Corporation* (*compagnie aérienne britannique*).

bot. *bought* acheté; *bottle* bouteille *f*.

B.O.T. *Brit. Board of Trade* Ministère *m* du Commerce.

B.R. *British Railways* (*réseau national du chemin de fer britannique*).

B/R *bills receivable* effets *m*/*pl.* à recevoir.

B.R.C.S. *British Red Cross Society* Croix-Rouge *f* britannique.

Br(it). *Britain* la Grande-Bretagne *f*; *British* britannique.

Bros. *brothers* frères *m*/*pl.* (*dans un nom de société*).

B/S *bill of sale* acte *m* (*ou* contrat *m*) de vente; *Am.* facture *f*; bulletin *m* de livraison.

B.Sc. *Bachelor of Science* (*approx.*) L. ès Sc., licencié(e *f*) *m* ès sciences naturelles.

B.Sc.Econ. *Bachelor of Economic Science* (*approx.*) licencié(e *f*) *m* en économie politique.

bsh., bu. *bushel* boisseau *m*.

Bucks. *Buckinghamshire* (*comté d'Angleterre*).

B.U.P. *British United Press* (*agence d'informations britannique*).

bus(h). *bushel(s)* boisseau(x *pl.*) *m*.

C

c. *cent(s)* cent(s *pl.*) *m*; *circa* environ; *cubic* cubique, au cube; *century* siècle *m*.

C. *thermomètre:* Celsius, centigrade C, Celsius, cgr, centigrade.

C.A. *Brit. chartered accountant* expert *m* comptable.

C/A *current account* C.C., compte *m* courant.

c.a.d. *cash against documents* paiement *m* contre documents.

Cal(if). *California* (*État des É.-U*).

Cambs. *Cambridgeshire* (*comté d'Angleterre*).

Can. *Canada* Canada *m*; *Canadian* canadien.

Capt. *Captain* capitaine *m*.

C.B. (*a.* **C/B**) *cash book* livre *m* de caisse; *Companion of the Bath* Compagnon *m* de l'ordre du Bain; *Confinement to barracks* consigné au quartier.

C.B.C. *Canadian Broadcasting Corporation* radiodiffusion-télévision *f* canadienne.

C.B.I. *Confederation of British Industry* confédération *f* des industries britanniques.

C.C. *Brit. County Council* Conseil *m* de

Comté; *continuous current* C.C., courant *m* continu.

C.E. *Church of England* Église *f* Anglicane; *Civil Engineer* ingénieur *m* civil.

cert. *certificate* certificat *m*.

CET *Central European Time* H.E.C., heure *f* de l'Europe Centrale.

cf. *confer* Cf., conférez.

ch. *chain* (*approx.*) double décamètre *m*; *chapter* chapitre *m*.

Ches. Cheshire (*comté d'Angleterre*).

CIA *Am. Central Intelligence Agency* S.C.E., service *m* contre-espionnage.

C.I.D. *Brit. Criminal Investigation Department* (*police judiciaire*).

c.i.f. *cost, insurance, freight* C.A.F., coût, assurance, fret.

C. in C., CINC *Commander-in-Chief* commandant *m* en chef.

cl. *class* classe *f*.

Co. *Company* compagnie *f*, société *f*; *county* comté *m*.

C.O. *Commanding Officer* officier *m* commandant.

c/o *care of* aux bons soins de, chez.

C.O.D., c.o.d. *cash* (*Am. a. collect*) *on delivery* RB, (envoi *m*) contre remboursement.

Col. Colorado (*État des É.-U.*); Colonel Col., colonel *m*.

Colo. Colorado (*État des É.-U.*).

Conn. Connecticut (*État des É.-U.*).

Cons. *Conservative* conservateur *m*.

Corn. Cornwall (*comté d'Angleterre*).

Corp. *corporation* compagnie *f* (*commerciale*); *Corporal* caporal *m*.

cp. *compare* comparer.

C.P. *Canadian Press* (*agence d'informations canadienne*).

C.P.A. *Am. Certified Public Accountant* expert *m* comptable.

ct(s). *cent(s)* cent(s *pl.*) *m*.

cu(b). *cubic* cubique, au cube.

Cum(b). Cumberland (*comté d'Angleterre*).

c.w.o. *cash with order* payable à la commande.

cwt. *hundredweight* quintal *m*.

D

d. *penny, pence* (*pièce de monnaie britannique*); *died* m., mort.

D.A. *deposit account* compte *m* de dépôts; *Am. District Attorney approx.* procureur *m* de la République.

D.A.R. *Am. Daughters of the American*

Revolution Filles *f/pl.* de la révolution américaine (*union patriotique féminine*).

D.B. *Day Book* (livre *m*) journal *m*.

D.C. *direct current* courant *m* continu; *District of Columbia* (*district fédéral des É.-U., capitale Washington*).

D.C.L. *Doctor of Civil Law* Docteur *m* en droit civil.

d-d *damned* s..., sacré ...!

D.D. *Doctor of Divinity* Docteur *m* en théologie.

DDD *Am. direct distance dialing* service *m* automatique interurbain.

DDT *dichloro-diphenyl-trichloroethane* D.D.T., dichlorodiphényltrichloréthane *m* (*insecticide*).

dec. *deceased* déc(édé).

Del. Delaware (*État des É.-U.*).

dep. *departure* départ *m*.

dept. *department* dép., département *m*.

Derby. Derbyshire (*comté d'Angleterre*).

Devon. Devonshire (*comté d'Angleterre*).

dft. *draft* traite *f*.

disc. *discount* escompte *m*.

div. *dividend* div., dividende *m*.

D.I.Y. *do-it-yourself* de bricolage (*magasin etc.*).

D.J. *disc jockey*.

do. *ditto* do., dito.

doc. *document* document *m*.

Dors. Dorsetshire (*comté d'Angleterre*).

doz. *dozen(s)* Dzne, douzaine(s *pl.*) *f*.

d/p *documents against payment* documents *m/pl.* contre paiement.

dpt. *department* dép., département *m*.

dr. *dra(ch)m* (*poids*); *drawer* tireur *m*.

Dr. *Doctor* D^r., docteur *m*; *debtor* débiteur *m*.

d.s., d/s *days after sight* traite: jours *m/pl.* de vue.

Dur(h). Durhamshire (*comté d'Angleterre*).

dwt. *pennyweight* (*poids*).

dz. *dozen(s)* Dzne, douzain(s *pl.*) *f*.

E

E. *east* E., est *m*; *eastern* (de l')est; *English* anglais.

E. & O.E. *errors and omissions excepted* S.E. ou O., sauf erreur ou omission.

E.C. East Central (district postal de Londres).

ECE Economic Commission for Europe CEE, Commission f économique pour l'Europe.

ECOSOC Economic and Social Council CES, Conseil m Économique et Social.

ECSC European Coal and Steel Community CECA, Communauté f européenne du charbon et de l'acier.

Ed., ed. edition édition f; editor éditeur m.

EDP electronic data processing informatique f.

EE., E./E. errors excepted sauf erreur.

EEC European Economic Community CEE, Communauté f économique européenne.

EFTA European Free Trade Association AELE, Association f européenne de libre échange.

e.g. exempli gratia (latin = for instance) p.ex., par exemple.

EMA European Monetary Agreement A.M.E., Accord m monétaire européen.

enc(l). enclosure(s) pièce(s pl.) f jointe(s).

Eng(l). England l'Angleterre f; English anglais.

EPU European Payments Union UEP, Union f européenne de paiements.

Esq. Esquire Monsieur m (titre de politesse).

ESRO European Space-Research Organization Organisation f européenne de recherches spatiales.

Ess. Essex (comté d'Angleterre).

E.T.A. estimated time of arrival heure f probable d'arrivée.

etc., &c. et cetera, and so on etc., et cætera, et ainsi de suite.

E.T.D. estimated time of departure heure f probable de départ.

EUCOM Am. European Command commandement m des troupes en Europe.

EURATOM European Atomic Energy Community EURATOM, Communauté f européenne de l'énergie atomique.

exam. examination examen m.

excl. exclusive, excluding non compris.

ex div. ex dividend ex D., ex-dividende.

ex int. ex interest sans intérêt.

F

f. fathom brasse f; feminine f., féminin f; foot (feet) pied(s pl.) m; following suivant.

F. thermomètre: Fahrenheit F, Fahrenheit; Fellow agrégé(e f) m, membre m (d'une société savante).

F.A. Football Association Association f du football.

f.a.a. free of all average franc de toute avarie.

Fahr. thermomètre: Fahrenheit F, Fahrenheit.

FAO Food and Agriculture Organization OAA, Organisation f pour l'alimentation et l'agriculture.

f.a.s. free alongside ship F.A.S., franco à quai.

FBI Federal Bureau of Investigation (service du département de la Justice des É.-U. qui est à la charge de la police fédérale).

F.B.I. Federation of British Industries fédération f des industries britanniques.

F.C.C. Am. Federal Communications Commission Comité m fédéral des communications.

fig. figure(s) figure(s) f/(pl.).

Fla. Florida (État des É.-U.).

fm. fathom brasse f.

F.M. frequency modulation F.M., fréquence f modulée, modulation f de fréquence.

F.O. Foreign Office Ministère m britannique des Affaires étrangères.

f.o.b. free on board F.A.B., franco à bord.

fo(l). folio folio m, feuillet m.

f.o.q. free on quay F.O.Q., franco à quai.

f.o.r. free on rail F.O.R., franco sur rail.

f.o.t. free on truck F.O.T., franco en wagon.

f.o.w. free on waggon F.O.W., franco en wagon.

F.P. fire-plug bouche f d'incendie; freezing point point m de congélation.

fr. franc(s) franc(s) m/(pl.).

Fr. France la France f; French français.

Fri. Friday vendredi m.

ft. foot (feet) pied(s pl.) m.

FTC Am. Federal Trade Commission commission f du commerce fédéral.

fur. furlong (mesure).

G

g. *gauge* mesure-étalon *f*; 🚂 écartement *m*; *gramme* gr., gramme *m*; *guinea* guinée *f* (*unité monétaire anglaise*); *grain* grain *m* (*poids*).

G *Am. cin. general audiences* pour tout le monde.

Ga. *Georgia* (État des É.-U.).

G.A. *General Agent* agent *m* d'affaires; *General Assembly* assemblée *f* générale.

gal. *gallon* gallon *m*.

GATT *General Agreement on Tariffs and Trade* Accord *m* Général sur les Tarifs Douaniers et le Commerce.

G.B. *Great Britain* la Grande-Bretagne *f*.

G.B.S. *George Bernard Shaw*.

G.C.B. (*Knight*) *Grand Cross of the Bath* (Chevalier *m*) Grand-croix *f* de l'ordre du Bain.

GCE *Brit. General Certificate of Education* Certificat *m* général d'éducation.

GDR *German Democratic Republic* RDA, République *f* démocratique allemande.

gen. *generally* généralement.

Gen. *General* Gal, général *m*.

GFR *German Federal Republic* RFA, République *f* fédérale d'Allemagne.

gi. *gill* gill *m*.

G.I. *government issue* fourni par le gouvernement; *fig. le* soldat américain.

gl. *gill* gill *m*.

G.L.C. *Greater London Council* (*conseil municipal de Londres*).

Glos. *Gloucestershire* (*comté d'Angleterre*).

G.M.T. *Greenwich mean time* T.U., temps universel.

GNP *gross national product* PNB, produit *m* national brut.

gns. *guineas* guinées *f/pl.* (*unité monétaire anglaise*).

G.O.P. *Am. Grand Old Party* (*le parti républicain*).

Gov(t). *Government* gouvernement *m*.

G.P. *general practitioner* médecin *m* de médecine générale.

G.P.O. *General Post Office* bureau *m* central des postes.

gr. *grain* grain *m* (*poids*); *gross* brut; grosse *f*.

gr.wt. *gross weight* poids *m* brut.

gs. *guineas* guinées *f/pl.* (*unité monétaire anglaise*).

Gt.Br. *Great Britain* la Grande-Bretagne *f*.

guar. *guaranteed* avec garantie.

H

h. *hour(s)* h., heure(s *pl.*) *f*.

Hants. *Hampshire* (*comté d'Angleterre*).

H.B.M. *His (Her) Britannic Majesty* Sa Majesté *f* britannique.

H.C. *House of Commons* Chambre *f* des Communes.

H.C.J. *Brit. High Court of Justice* Haute Cour *f* de Justice.

H.E. *high explosive* explosif *m* puissant; très explosif; *His Excellency* Son Excellence *f*.

Heref. *Herefordshire* (*comté d'Angleterre*).

Herts. *Hertfordshire* (*comté d'Angleterre*).

hf. *half* demi.

H.F. *high frequency* H.F., haute fréquence *f*.

HGV *Brit. heavy goods vehicle* poids lourds *m*.

hhd. *hogshead* fût *m*.

H.I. *Hawaiian Islands* les Hawaii *f/pl.* (État des É.-U.).

H.L. *House of Lords* Chambre *f* des Lords.

H.M. *His (Her) Majesty* S.M., Sa Majesté *f*.

H.M.S. *His (Her) Majesty's Service* service *m* de Sa Majesté (*marque des administrations nationales, surt. pour la franchise postale*); *His (Her) Majesty's Ship* le navire *m* de guerre ...

H.O. *Head Office* bureau *m* or siège *m* central, agence *f* centrale; *Home Office* Ministère *m* britannique de l'Intérieur.

Hon. *Honorary* honoraire; *Honourable* l'honorable (*titre de politesse ou de noblesse*).

H.P., h.p. *horse-power* ch, c.v., cheval-vapeur *m*; *high pressure* haute pression *f*; *hire purchase* achat *m* or vente *f* à tempérament.

H.Q., Hq. *Headquarters* quartier *m* général, état-major *m*.

H.R. *Am. House of Representatives* Chambre *f* des Représentants.

H.R.H. *His (Her) Royal Highness*
S.A.R., Son Altesse *f* Royale.

hrs. *hours* heures *f*/*pl.*

H.T., h.t. *high tension* haute tension *f.*

ht *height* hauteur *f.*

Hunts. *Huntingdonshire* (*comté d'Angleterre*).

I

I. *Island, Isle* île *f*; *Idaho* (*État des É.-U.*).

Ia. *Iowa* (*État des É.-U.*).

IAAF *International Amateur Athletic Federation* FIAA, Fédération *f* internationale d'athlétisme amateur.

IATA *International Air Transport Association* Association *f* internationale des transports aériens.

I.B. *Invoice Book* livre *m* des achats.

ib(id). *ibidem* (*latin = in the same place*) ibid., ibidem.

IC *integrated circuit* circuit *m* intégré.

ICAO *International Civil Aviation Organization* OACI, Organisation *f* de l'aviation civile internationale.

I.C.B.M. *intercontinental ballistic missile* missile *m* balistique intercontinental.

ICFTU *International Confederation of Free Trade Unions* CISL, Confédération *f* internationale des syndicats libres.

ICPO *International Criminal Police Organization* OIPC, INTERPOL, Organisation *f* internationale de police criminelle.

ICRC *International Committee of the Red Cross* CICR, Comité *m* international de la Croix-Rouge.

id. *idem* (*latin = the same author ou word*) id., idem.

I.D. *Intelligence Department* service *m* des renseignements.

Id(a). *Idaho* (*État des É.-U.*).

ID card *identification or identity card* carte *f* d'identité.

i.e. *id est* (*latin = that is to say*) c.-à-d., c'est-à-dire.

IFT *International Federation of Translators* FIT, Fédération *f* internationale des traducteurs.

I.H.P., i.h.p. *indicated horse-power* chevaux *m*/*pl.* indiqués.

Ill. *Illinois* (*État des É.-U.*).

ILO *International Labo(u)r Organization* OIT, Organisation *f* internationale du travail.

IMF *International Monetary Fund* FMI, Fonds *m* monétaire international.

in. *inch*(*es*) pouce(*s pl.*) *m.*

Inc. *Incorporated* associés *m*/*pl.* (*après un nom de société*), *Am.* S.A., société *f* anonyme; *inclosure* pièce *f* jointe.

incl. *inclusive, including* inclusivement; *y compris*; ... compris.

incog. *incognito* incognito.

Ind. *Indiana* (*État des É.-U.*).

ins. *inches* pouces *m*/*pl.*

I.N.S. *International News Service* agence *f* d'informations internationale.

inst. *instant* c^t, courant, de ce mois.

IOC *International Olympic Committee* CIO, Comité *m* international olympique.

I.of.M. *Isle of Man* (*île anglaise*).

I.of.W. *Isle of Wight* (*île anglaise*).

I.O.U. *I owe you* reconnaissance *f* de dette.

IPA *International Phonetic Association* API, Association *f* phonétique internationale.

I.Q. *intelligence quotient* quotient *m* intellectuel.

Ir. *Ireland* l'Irlande *f*; *Irish* irlandais.

I.R.A. *Irish Republican Army* Armée *f* républicaine d'Irlande.

IRC *International Red Cross* CRI, Croix-Rouge *f* internationale.

IRO *International Refugee Organization* OIR, Organisation *f* internationale pour les réfugiés.

ISBN *international standard book number* ISBN.

ISO *International Organization for Standardization* OIN, Organisation *f* internationale de normalisation.

ITO *International Trade Organization* OIC, Organisation *f* internationale du commerce.

IUS *International Union of Students* UIE, Union *f* internationale des étudiants.

IUSY *International Union of Socialist Youth* UIJS, Union *f* internationale de la jeunesse socialiste.

IVS(P.) *International Voluntary Service* (*for peace*) SCI, Service *m* civil international (pour la paix).

I.W.W. *Industrial Workers of the World* Confédération *f* mondiale des ouvriers industriels.

IYHF *International Youth Hostel Fede-*

ration FIAJ, Fédération *f* internationale des auberges de la jeunesse.

J

J. *judge* juge *m*; *justice* justice *f*; juge *m*.
J.C. *Jesus Christ* J.-C., Jésus-Christ.
J.I.B. *Brit. Joint Intelligence Bureau* (*service de renseignements et de sécurité*).
J.P. *Justice of the Peace* juge *m* de paix.
Jr. *junior* (*latin = the younger*) cadet; fils; jeune.
Jun(r). *junior* (*latin = the younger*) cadet; fils.

K

Kan(s). *Kansas* (*État des É.-U.*).
K.C. *Knight Commander* Chevalier *m* Commandeur; *Brit. King's Counsel* conseiller *m* du Roi (*approx. avocat général*).
K.C.B. *Knight Commander of the Bath* Chevalier *m* Commandeur de l'ordre du Bain.
kg. *kilogramme* kg, kilogramme *m*.
K.G.B. *Russian secret police* (*police secrète russe*).
K.K.K. *Ku Klux Klan* (*association secrète de l'Amérique du Nord hostile aux Noirs*).
km. *kilometre* km, kilomètre *m*.
k.o., KO *knock(ed) out* K.-O., knock-out.
k.v. *kilovolt* kV, kilovolt *m*.
k.w. *kilowatt* kW, kilowatt *m*.
Ky. *Kentucky* (*État des É.-U.*).

L

l. *left* gauche; *line* ligne *f*; vers *m* (*mesure*); *litre* l, litre *m*.
£ *pound sterling* livre *f* sterling (*unité monétaire britannique*).
La. *Louisiana* (*État des É.-U.*).
LA *Los Angeles* (*ville des É.-U.*).
Lancs. *Lancashire* (*comté d'Angleterre*).
lat. *latitude* lat., latitude *f*.
lb. *pound* livre *f* (*poids*).
L.C. *letter of credit* lettre *f* de crédit.
l.c. *loco citato* (*latin = at the place cited*) loc. cit., loco citato.
L.C.J. *Lord Chief Justice* président *m* du Tribunal du Banc de la Reine.

Leics. *Leicestershire* (*comté d'Angleterre*).
Lincs. *Lincolnshire* (*comté d'Angleterre*).
ll. *lines* v.v., vers *m/pl.*, ll., lignes *f/pl.*
LL.D. *legum doctor* (*latin = Doctor of Laws*) Docteur *m* en Droit.
LMT *local mean time* heure *f* locale.
loc.cit. *loco citato* (*latin = at the place cited*) loc. cit., loco citato.
L of N *League of Nations* SDN, Société *f* des Nations.
lon(g). *longitude* longitude *f*.
l.p. *low pressure* BP, basse pression *f*.
L.P. *Labour Party* Parti *m* Travailliste.
LP *long-playing record, long-player* (*disque m*) microsillon *m*.
LSD *lysergic acid diethylamide* diéthylamide *m* de l'acide lysergique (*hallucinogène*).
L.S.S. *Life Saving Service* service *m* américain de sauvetage.
Lt. *Lieutenant* Lt, Lieut., lieutenant *m*.
L.T., l.t. *low tension* BT, basse tension *f*.
Lt.-Col. *Lieutenant-Colonel* Lt-Col., lieutenant-colonel *m*.
Ltd. *limited* à responsabilité limitée (*après un nom de société*).
Lt.-Gen. *Lieutenant-General* général *m* de corps d'armée.

M

m *minim* (*mesure*).
m. *masculin* m., masculin; *metre* m, mètre *m*; *mile* mille *m*; *minute* mn, minute *f*.
M.A. *Master of Arts* Maître *m* ès Arts; diplômé(e *f*) *m* d'études supérieures.
Maj. *Major* commandant *m*.
Maj.-Gen. *Major-General* général *m* de brigade.
Man. *Manitoba* (*État des É.-U.*).
Mass. *Massachusetts* (*État des É.-U.*).
M.C. *Master of Ceremonies* maître *m* des cérémonies; *Am. Member of Congress* membre *m* du Congrès.
MCH *Maternal and Child Health* PMI, Protection *f* maternelle et infantile.
M.D. *medicinae doctor* (*latin = Doctor of Medicine*) Docteur *m* en Médecine; *Managing Director* Président *m* directeur général.
Md. *Maryland* (*État des É.-U.*).
Me. *Maine* (*État des É.-U.*).
mg. *milligramme* mg, milligramme *m*.

mi. *mile* mille *m.*

MI 5 (6) *Military Intelligence, section five (six) (service contre-espionnage).*

Mich. *Michigan (État des É.-U.).*

min. *minute(s)* mn, minute(s) *f*/(*pl.*); *minimum* minimum *m.*

Minn. *Minnesota (État des É.-U.).*

Miss. *Mississippi (État des É.-U.).*

mm. *millimetre* mm, millimètre *m.*

Mo. *Missouri (État des É.-U.).*

M.O. *money order* mandat-poste *m*; *mail order* achat *m* or vente *f* par correspondence.

Mon. *Monday* lundi *m.*

Mont. *Montana (État des É.-U.).*

MP, M.P. *Member of Parliament* membre *m* de la Chambre des Communes; *Military Police* P.M., police *f* militaire.

m.p.g. *miles per gallon approx.* litres au cent (kilomètres).

m.p.h. *miles per hour* milles *m*/*pl.* à l'heure (*vitesse horaire*).

Mr. *Mister* M., Monsieur *m.*

Mrs. *Mistress* Mme, Madame *f.*

MS. *manuscript* ms, manuscrit *m.*

Ms. [miz] = *Miss or Mrs.* Madame.

M.S. *motorship* M/S, navire *m* à moteur Diesel.

MSA *Mutual Security Agency* organisation *f* américaine de sécurité mutuelle.

MSS *manuscripts* mss, manuscrits *m*/*pl.*

mt. *megaton* mégatonne *f.*

Mt. *Mount* mont *m.*

N

N. *north* N., nord *m*; *northern* (du) nord.

N.A.A.F.I. *Navy, Army and Air Force Institutes (cantines organisées à l'intention des troupes britanniques).*

NASA *Am. National Aeronautics and Space Administration* administration *f* des questions aéronautiques et spatiales.

NATO *North Atlantic Treaty Organization* OTAN, Organisation *f* du traité de l'Atlantique Nord.

n.b., N.B. *nota bene (latin = note well)* N.B., notez bien.

N.B.C. *National Broadcasting Corporation (radiodiffusion-télévision américaine).*

N.C. *North Carolina (État des É.-U.).*

N.C.B. *Brit. National Coal Board* Office *m* national du charbon.

n.d. *no date* s.d., sans date.

N.D(ak). *North Dakota (État des É.-U.).*

N.E. *northeast* N.E., nord-est *m*; *northeastern* (du) nord-est.

Neb(r). *Nebraska (État des É.-U.).*

Nev. *Nevada (État des É.-U.).*

N.F., n/**f.** *no funds* défaut *m* de provision.

N.H. *New Hampshire (État des É.-U.).*

N.H.S. *Brit. National Health Service (service de santé national; sécurité sociale).*

N.J. *New Jersey (État des É.-U.).*

N.M(ex). *New Mexico (État des É.-U.).*

No. (*a. no.*) *numero* N^o, n^o, numéro *m*; *number* nombre *m*; *north* N., nord *m.*

Norf. *Norfolk (comté d'Angleterre).*

Northants. *Northamptonshire (comté d'Angleterre).*

Northumb. *Northumberland (comté d'Angleterre).*

Notts. *Nottinghamshire (comté d'Angleterre).*

n.p. or d. *no place or date* s.l.n.d., sans lieu ni date.

N.S.P.C.A. *Brit. National Society for the Prevention of Cruelty to animals* S.P.A., Société *f* protectrice des animaux.

N.S.P.C.C. *National Society for the Prevention of Cruelty to Children* Société *f* nationale protectrice des enfants.

Nt.wt. *net weight* poids *m* net.

N.U.M. *Brit. National Union of Mineworkers* Syndicat *m* national des mineurs.

N.W. *northwest* N.O., N.W., nord-ouest; *northwestern* (du) nordouest.

N.Y. *New York (État des É.-U.).*

N.Y.C. *New York City* ville *f* de New York.

N.Z. *New Zealand* la Nouvelle-Zélande *f.*

O

O. *Ohio (État des É.-U.)*; *order* ordre *m.*

o/a *on account* P.C., Pour-compte.

OAP *old-age-pensioner* retraité(e *f*) *m.*

O.A.S. *Organization of American States* O.E.A., Organisation *f* des États américains.

ob. *obiit (latin = died)* décédé.

OECD *Organization for Economic Co-operation and Development* OCED, Organisation *f* de coopération économique et de développement.

OEEC *Organization for European Economic Cooperation* OECE, Organisation *f* européenne de coopération économique.

O.H. *on hand* en magasin.

O.H.M.S. *On His (Her) Majesty's Service* (pour le) service *m* de Sa Majesté (*marque des administrations nationales, surt. pour la franchise postale*).

O.K. (*peut-être de*) *all correct* très bien, d'accord.

Okla. *Oklahoma* (*État des É.-U.*).

O.N.A. *Overseas News Agency* (*agence d'informations américaine*).

O.N.S. *Overseas News Service* (*agence d'informations britannique*).

OPEC *Organization of Petroleum Exporting Countries* OPEP, Organisation *f* des pays exportateurs de pétrole.

o.r. *owner's risk* aux risques et périls du propriétaire.

Ore(g). *Oregon* (*État des É.-U.*).

Oxon. *Oxfordshire* (*comté d'Angleterre*).

oz. *ounce(s)* once(s *pl.*) *f*.

P

p (*new*) *penny*, (*new*) *pence* (*pièce de monnaie britannique*).

p. *page* page *f*; *part* partie *f*.

p.a. *per annum* (*latin = yearly*) par an.

Pa. *Pennsylvania* (*État des É.-U.*).

P.A. *public address* (*system*) sonorisation *f*; *personal assistant* assistant(e *f*) *m* personnel(le).

Panam *Pan American Airways* (*compagnie aérienne américaine*).

par. *paragraph* paragraphe *m*, alinéa *m*.

P.A.Y.E. *Brit.* *pay as you earn* impôt *m* retenu à la source.

P.C. *post-card* carte *f* postale; *police constable* gardien *m* de la paix, policeman *m*; *Personal Computer* ordinateur *m* personnel.

p.c. *per cent* P.C., pour-cent.

p/c *price current* P.C., prix *m* courant.

pd *paid* payé.

P.D. *Police Department* police *f*; *a.* **p.d.** *per diem* (*latin = by the day*) par jour.

P.E.N. *usu.* **PEN Club** *Poets, Playwrights, Editors, Essayists and Novelists*

Union *f* internationale PEN (*fédération internationale d'écrivains*).

Penn(a). *Pennsylvania* (*État des É.-U.*).

per pro(c). *per procurationem* (*latin = by proxy*) par procuration.

P.f.c. *Am.* *private first class* caporal *m*.

PG *cin.* *parental guidance* (*suggested*) (*contient des scènes qui nécessitent l'explication des parents*).

Ph.D. *Philosophiae Doctor* (*latin = Doctor of Philosophy*) Docteur *m* en Philosophie.

pk. *peck* (*mesure*).

P./L. *profit and loss* profits et pertes.

PLC *public limited company* S.A., société *f* anonyme.

PLO *Palestine Liberation Organization* O.L.P., Organisation *f* de libération de la Palestine.

p.m. *post meridiem* (*latin = after noon*) de l'après-midi.

P.M. *Prime Minister* Premier ministre.

P.O. *Post Office* bureau *m* de poste; (*a.* **p.o.**) *postal order* mandat-poste *m*.

P.O.B. *Post Office Box* boîte *f* postale.

p.o.d. *pay on delivery* contre remboursement.

P.O.O. *Post Office Order* mandat-poste *m*.

P.O.S.B. *Post Office Savings Bank* caisse *f* d'épargne postale.

P.O.W. *Prisoner of War* P.G., prisonnier *m* de guerre.

p.p. *per procurationem* (*latin = by proxy*) par procuration.

P.R. *public relations* relations *f/pl.* publiques.

Pres. *President* président(e *f*) *m*.

Prof. *Professor* professeur *m*.

prox. *proximo* (*latin = next month*) du mois prochain.

P.S. *postscript* P.-S., post-scriptum *m*; *Passenger Steamer* paquebot *m*.

pt. *pint* pinte *f*.

P.T.A. *Parent-Teacher Association* Association *f* professeurs-parents.

Pte. *Private* soldat *m* de 1ère *ou* de 2ème classe.

P.T.O., **p.t.o.** *please turn over* T.S.V.P., tournez, s'il vous plaît.

PVC *polyvinyl chloride* chlorure *f* de polyvinyle.

Pvt. *Private* soldat *m* de 1ère *ou* de 2ème classe.

P.W. *Prisoner of War* P.G., prisonnier *m* de guerre.

PX *Post Exchange* (*cantines de l'armée américaine*).

Q

q. *query* question *f*.

Q.C. *Brit. Queen's Counsel* conseiller *m* de la Reine (*approx. avocat général*).

qr. *quarter* quarter *m*.

qt. *quart* (*approx.*) litre *m*.

qu. *query* question *f*.

quot. *quotation* cours *m*.

qy. *query* question *f*.

R

R *Am. cin. restricted* (*les mineurs doivent être accompagnés de leurs parents*).

R. *River* rivière *f*; fl., fleuve *m*; *Road* r., rue *f*; *thermomètre*: Réaumur R, Réaumur.

r. *right* dr., droit, à droite.

R.A. *Royal Academy* Académie *f* royale.

R.A.C. *Brit. Royal Automobile Club* Automobile Club *m* royal.

RADWAR *Am. radiological warfare* guerre *f* atomique.

R.A.F. *Royal Air Force* armée *f* de l'air britannique.

R.C. *Red Cross* C.R., Croix-Rouge *f*; *Roman Catholic* catholique.

rd. *rod* (*mesure*).

Rd. *Road* r., rue *f*.

recd. *received* reçu.

ref(c). (*In*) *reference* (*to*) faisant suite à; mention *f*.

regd. *registered* déposé; *poste*: recommandé.

reg.tn. *register(ed) tonnage* tonnage *m* enregistré.

res. *residence* résidence *f*; *research* recherche(s) *f/(pl.)*.

resp. *respective(ly)* respectif (respectivement).

ret. *retired* retraité, à la retraite.

Rev. *Reverend* Révd., Révérend.

R.I. *Rhode Island* (*État des É.-U.*).

R.L.O. *Brit. Returned Letter Office* retour *m* à l'envoyeur.

rm *room* pièce *f*, chambre *f*.

R.N. *Royal Navy* Marine *f* britannique.

R.P. *reply paid* R.P., réponse *f* payée.

r.p.m. *revolutions per minute* t.p.m., tours *m/pl.* par minute.

R.R. *Am. Railroad* ch.d.f., chemin *m* de fer.

R.S. *Brit. Royal Society* Société *f* royale.

R.S.V.P. répondez s'il vous plaît.

Rt.Hon. *Right Honourable le* très honorable.

Ry. *Brit. Railway* Ch.d.f., chemin *m* de fer.

S

S. *South* S., sud *m*; *Southern* (du) sud.

s. *second* s, seconde *f*; *shilling* shilling *m*.

S.A. *South Africa* l'Afrique *f* du Sud; *South America* l'Amérique *f* du Sud; *Salvation Army* Armée *f* du Salut.

SACEUR *Supreme Allied Commander Europe* Commandant *m* Suprême des Forces Alliées en Europe.

SACLANT *Supreme Allied Commander Atlantic* Commandant *m* Suprême des Forces Alliées de l'Atlantique.

s.a.e. *stamped addressed envelope* enveloppe *f* munie de timbre et d'adresse.

Salop. *Shropshire* (*comté d'Angleterre*).

Sask. *Saskatchewan* (*province du Canada*).

S.B. *Sales Book* livre *m* de(s) vente(s).

S.C. *South Carolina* (*État des É.-U.*); *Security Council* Conseil *m* de Sécurité.

S.D(ak). *South Dakota* (*État des É.-U.*).

S.E. *Southeast* S.E., sud-est *m*; *southeastern* (du) sud-est; *Stock Exchange* Bourse *f*.

SEATO *South East Asia* (*Collective Defense*) *Treaty Organisation* O.T.A.S.E., Organisation *f* du traité de (défense collective pour) l'Asie du Sud-Est.

sec. *second* s, seconde *f*.

Sec. *Secretary* secrétaire *m*; ministre *m*.

SF *science fiction* science-fiction *f*.

SG *Secretary General* SG, Secrétaire *m* général.

sen(r). *senior* (*latin = the elder*) aîné, père.

S(er)gt. *Sergeant* Sgt, sergent *m*.

sh. *shilling* shilling *m*; ✝ *share* action *f*.

SHAPE *Supreme Headquarters Allied Powers Europe* Quartiers *m/pl.* Généraux des Forces Alliées en Europe.

S.M. *Sergeant-Major* Sergent-major *m*.

S.N. *shipping note* note *f* d'expédition.

Soc. *society* société *f*, association *f*; *Socialist* socialiste (*a. su.*).

Som(s). *Somersetshire* (*comté d'Angleterre*).

SOS *S.O.S.* (*signal de détresse*).

sov. *sovereign* souverain *m* (*pièce de monnaie britannique*).

sp.gr. *specific gravity* gravité *f* spécifique.

S.P.Q.R. *small profits, quick returns* à petits bénéfices, vente rapide.

sq. *square* ... carré.

Sq. *Square* place *f*.

Sr. *senior* (*latin = the elder*) aîné, père.

S.R.N. *Brit. State Registered Nurse* infirmière *f* diplômée d'État.

S.S. *steamship* S/S, navire *m* à vapeur.

st. *stone* (*poids*).

St. *Saint* St(*e f*), saint(*e f*); *Street* r., rue *f*; *Station* gare *f*.

Sta. *station* gare *f*.

Staffs. *Staffordshire* (*comté d'Angleterre*).

S.T.D. *Brit. subscriber trunk dialling* service *m* automatique interurbain.

St. Ex. *Stock Exchange* Bourse *f*.

stg. *sterling* sterling *m* (*unité monétaire britannique*).

sub. *substitute* succédané *m*.

Suff. *Suffolk* (*comté d'Angleterre*).

Sun. *Sunday* dimanche *m*.

suppl. *supplement* supplément *m*.

Suss. *Sussex* (*comté d'Angleterre*).

S.W. *southwest* S.-O., sud-ouest; *southwestern* (du) sud-ouest.

Sy. *Surrey* (*comté d'Angleterre*).

T

t. *ton* tonne *f*.

TB *tuberculosis* TB, tuberculose *f*.

TC *Trusteeship Council of the United Nations* Conseil *m* de tutelle des Nations Unies.

T.D. *Treasury Department* Ministère *m* américain des Finances.

tel. *telephone* téléphone *m*.

Tenn. *Tennessee* (*État des É.-U.*).

Tex. *Texas* (*État des É.-U.*).

tgm. *telegram* télégramme *m*.

T.G.W.U. *Brit. Transport General Workers' Union* Confédération *f* des employés d'entreprises de transport.

Thur(s). *Thursday* jeudi *m*.

T.M.O. *telegraph money order* mandat *m* télégraphique.

tn *ton(s)* tonne(s) *f*/(*pl.*).

TNT *trinitrotoluene* trinitrotoluène *m*.

T.O. *Telegraph* (*Telephone*) *Office* bureau *m* télégraphique (téléphonique).

t.o. *turnover* chiffre *m* d'affaires.

T.P.O. *Travelling Post Office* poste *f* ambulante.

TT *teetotal(ler)* abstinent (*a. su.*).

T.U. *Trade(s) Union(s)* syndicat(s *pl.*) *m* ouvrier(s).

T.U.C. *Brit. Trade(s) Union Congress* (*approx.*) C.G.T., Confédération *f* générale du travail.

Tue(s). *Tuesday* mardi *m*.

TV. *television* T.V., télévision *f*.

T.V.A. *Tennessee Valley Authority* (*organisation pour l'exploitation de la vallée de la rivière Tennessee*).

T.W.A. *Trans World Airlines* (*compagnie aérienne américaine*).

U

U *Brit. cin. universal* pour tout le monde.

UFO *unidentified flying object* OVNI *m*, objet *m* volant non identifié.

U.H.F. *ultra-high frequency* UHF, ultra haute fréquence *f*.

U.K. *United Kingdom* Royaume-Uni *m*.

ult. *ultimo* (*latin = last day of the month*) dernier, du mois dernier.

UMW *Am. United Mine Workers* Syndicat *m* des mineurs.

U.N. *United Nations* Nations *f*/*pl.* Unies.

UNESCO *United Nations Educational, Scientific, and Cultural Organization* UNESCO, Organisation *f* des Nations Unies pour l'Éducation, la Science et la Culture.

UNICEF *United Nations International Children's Emergency Fund* FISE, Fonds *m* International de Secours aux Enfants.

UNO *United Nations Organization* O.N.U., Organisation *f* des Nations Unies.

U.N.S.C. *United Nations Security Council* Conseil *m* de Sécurité des Nations Unies.

UPI *United Press International* (*agence d'informations américaine*).

U.S.(A.) *United States* (*of America*) É.-U., États-Unis *m*/*pl.* (d'Amérique).

USAF(E) *United States Air Force (Europe)* armée *f* de l'air des É.-U. (en Europe).

U.S.S.R. *Union of Socialist Soviet Republics* U.R.S.S., Union *f* des Républiques Socialistes Soviétiques.

Ut. *Utah* (État des É.-U.).

V

v. *verse* v., vers *m*, verset *m*; *versus* (*latin = against*) contre; *vide* (*latin = see*) v., voir, voyez.

V *volt* V, volt *m*.

Va. *Virginia* (État des É.-U.).

V.A.T. *value-added tax* T.V.A., taxe *f* à la valeur ajoutée.

V.D. *venereal disease* M.V., maladie *f* vénérienne.

VHF *very high frequency* OTC, onde *f* très courte.

V.I.P. *very important person* personnage *m* important.

Vis. *viscount(ess)* vicomte(sse *f*) *m*.

viz. *videlicet* (*latin = namely*) à savoir; c.-à-d., c'est-à-dire.

vol. *volume* t., tome *m*, vol., volume *m*.

vols. *volumes* tomes *m*/pl., volumes *m*/pl.

V.P., V.Pres. *Vice-President* vice-président(e *f*) *m*.

V.S. *veterinary surgeon* vétérinaire *m*.

V.S.O.P. *very superior old pale* (*cognac de qualité supérieure*).

Vt. *Vermont* (État des É.-U.).

V.T.O.(L.) *vertical take-off (and landing) (aircraft)* A.D.A.V., avion *m* à décollage et atterrissage vertical.

v.v *vice versa* (*latin = conversely*) vice versa, réciproquement.

W

W *watt* W, watt *m*.

W. *west* O., W., ouest *m*; *western* (de l')ouest.

War. *Warwickshire* (*comté d'Angleterre*).

Wash. *Washington* (État des É.-U.).

W.C. *West Central* (*district postal de Londres*); *water-closet* W.-C., water-closet *m*.

WCC *World Council of Churches* COE, Conseil *m* œcuménique des églises.

Wed(s). *Wednesday* mercredi *m*.

WFPA *World Federation for the Protection of Animals* FMPA, Fédération *f* mondiale pour la protection des animaux.

WFTU *World Federation of Trade Unions* F.S.M., Fédération *f* syndicale mondiale.

WHO *World Health Organization* OMS, Organisation *f* mondiale de la Santé.

W. I. *West Indies* Indes *f*/pl. occidentales.

Wilts. *Wiltshire* (*comté d'Angleterre*).

Wis. *Wisconsin* (État des É.-U.).

wk *week* semaine *f*.

wkly *weekly* hebdomadaire; par semaine.

wks *weeks* semaines *f*/pl.

W/L., w.l. *wave length* longueur *f* d'onde.

w/o *without* sans.

W.O.M.A.N. *World Organization of Mothers of All Nations* Organisation *f* mondiale des mères de famille.

Worcs. *Worcestershire* (*comté d'Angleterre*).

W.P. *weather permitting* si le temps le permet.

W.S.R. *World Students' Relief* service *m* international de secours aux étudiants.

W/T *wireless telegraphy (telephony)* T.S.F., Télégraphie *f* (Téléphonie *f*) sans Fil.

wt. *weight* poids *m*.

W. Va. *West Virginia* (État des É.-U.).

WW *World War* guerre *f* mondiale.

Wyo. *Wyoming* (État des É.-U.).

X

X *cin. adults only* interdit aux mineurs.

x.-d. *ex dividend* ex D., ex-dividende.

x.-i. *ex interest* sans intérêt.

Xmas *Christmas* Noël *f*.

Xn *christian* chrétien.

Xroads *cross roads* carrefour *m*.

Xt. *Christ* le Christ, Jésus-Christ *m*.

Y

yd. *yard(s)* yard(s *pl.*) *m*.

YMCA *Young Men's Christian Association* UCJG, Union *f* chrétienne de jeunes gens.

Yorks. *Yorkshire* (*comté d'Angleterre*).

yr(s.) *year(s)* an(s) *m*/(pl.).

YWCA *Young Women's Christian Association* Union *f* chrétienne féminine.

Numerals

Nombres

Cardinal Numbers — Nombres cardinaux

0 nought, zero, cipher *zéro*
1 one *un, une*
2 two *deux*
3 three *trois*
4 four *quatre*
5 five *cinq*
6 six *six*
7 seven *sept*
8 eight *huit*
9 nine *neuf*
10 ten *dix*
11 eleven *onze*
12 twelve *douze*
13 thirteen *treize*
14 fourteen *quatorze*
15 fifteen *quinze*
16 sixteen *seize*
17 seventeen *dix-sept*
18 eighteen *dix-huit*
19 nineteen *dix-neuf*
20 twenty *vingt*
21 twenty-one *vingt et un*
22 twenty-two *vingt-deux*
30 thirty *trente*
40 forty *quarante*

50 fifty *cinquante*
60 sixty *soixante*
70 seventy *soixante-dix*
71 seventy-one *soixante et onze*
72 seventy-two *soixante-douze*
80 eighty *quatre-vingts*
81 eighty-one *quatre-vingt-un*
90 ninety *quatre-vingt-dix*
91 ninety-one *quatre-vingt-onze*
100 a *ou* one hundred *cent*
101 one hundred and one *cent un*
200 two hundred *deux cents*
211 two hundred and eleven *deux cent onze*
1000 a *ou* one thousand *mille*
1001 one thousand and one *mille un*
1100 eleven hundred *onze cents*
1967 nineteen hundred and sixty-seven *dix-neuf cent soixante-sept*
2000 two thousand *deux mille*
1 000 000 a *ou* one million *un million*
2 000 000 two million *deux millions*
1 000 000 000 a *ou* one milliard, *Am.* one billion *un milliard*

Ordinal Numbers — Nombres ordinaux

1. first *le premier, la première*
2. second *le* ou *la deuxième, le second, la seconde*
3. third *troisième*
4. fourth *quatrième*
5. fifth *cinquième*
6. sixth *sixième*
7. seventh *septième*
8. eighth *huitième*
9. ninth *neuvième*
10. tenth *dixième*
11. eleventh *onzième*
12. twelfth *douzième*
13. thirteenth *treizième*
14. fourteenth *quatorzième*
15. fifteenth *quinzième*
16. sixteenth *seizième*

17. seventeenth *dix-septième*
18. eighteenth *dix-huitième*
19. nineteenth *dix-neuvième*
20. twentieth *vingtième*
21. twenty-first *vingt et unième*
22. twenty-second *vingt-deuxième*
30. thirtieth *trentième*
31. thirty-first *trente et unième*
40. fortieth *quarantième*
41. forty-first *quarante et unième*
50. fiftieth *cinquantième*
51. fifty-first *cinquante et unième*
60. sixtieth *soixantième*
61. sixty-first *soixante et unième*
70. seventieth *soixante-dixième*
71. seventy-first *soixante et onzième*

72. seventy-second *soixante-douzième*
80. eightieth *quatre-vingtième*
81. eighty-first *quatre-vingt-unième*
90. ninetieth *quatre-vingt-dixième*
91. ninety-first *quatre-vingt-onzième*
100. (one) hundredth *centième*
101. hundred and first *cent unième*
200. two-hundredth *deux centième*
1000. (one) thousandth *millième*

Fractions — Fractions

½ one half (*un*) *demi*; (the) half *la moitié*
1½ one and a half *un et demi*
⅓ one third *un tiers*
⅔ two thirds *deux tiers*
¼ one quarter *un quart*
¾ three quarters (*les*) *trois quarts*

⅕ one fifth *un cinquième*
⅝ five eights (*les*) *cinq huitièmes*
⁹⁄₁₀ nine tenths (*les*) *neuf dixièmes*
0.45 point four five *zéro, virgule, quarante-cinq*
17.38 seventeen point three eight *dix-sept, virgule, trente-huit*

British and American weights and measures

Mesures britanniques et américaines

Linear Measures — Mesures de longueur

1 inch (in.)
= 2,54 cm
1 foot (ft.)
= 12 inches = 30,48 cm
1 yard (yd.)
= 3 feet = 91,44 cm
1 link (l.)
= 7.92 inches = 20,12 cm

1 rod (rd.), pole *ou* **perch (p.)**
= 25 links = 5,03 m
1 chain (ch.)
= 4 rods = 20,12 m
1 furlong (fur.)
= 10 chains = 201,17 m
1 (statute) mile (mi.)
= 8 furlongs = 1609,34 m

Nautical Measures — Mesures nautiques

1 fathom (fm.)
= 6 feet = 1,83 m
1 cable's length
= 100 fathoms = 183 m

Am. 120 fathoms
= 219 m
1 nautical mile (n.m.)
= 10 cables' length = 1852 m

Square Measures — Mesures de surface

1 square inch (sq. in.)
= 6,45 cm²
1 square foot (sq. ft.)
= 144 square inches
= 929,03 cm²
1 square yard (sq. yd.)
= 9 square feet = 0,836 m²

1 square rod (sq. rd.)
= 30.25 square yards = 25,29 m²
1 rood (ro.)
= 40 square rods = 10,12 ares
1 acre (a.)
= 4 rods = 40,47 ares
1 square mile (sq. mi.)
= 640 acres = 2,59 km²

Cubic Measures — Mesures de volume

1 cubic inch (cu. in.)
= 16,387 cm³
1 cubic foot (cu. ft.)
= 1728 cubic inches
= 0,028 m³

1 cubic yard (cu. yd.)
= 27 cubic feet = 0,765 m³
1 register ton (reg. tn.)
= 100 cubic feet
= 2,832 m³

British Measures of Capacity — Mesures de capacité britanniques

1 gill (gi., gl.)
= 0,142 l
1 pint (pt.)
= 4 gills = 0,568 l

1 quart (qt.)
= 2 pints = 1,136 l
1 gallon (gal.)
= 4 quarts = 4,546 l

1 **peck (pk.)**
= 2 gallons = 9,092 l
1 **bushel (bu., bsh.)**
= 4 pecks = 36,36 l

1 **quarter (qr.)**
= 8 bushels = 290,94 l
1 **barrel (bbl., bl.)**
= 36 gallons = 1,636 hl

U.S. Measures of Capacity — Mesures de capacité américaines

1 **dry pint**
= 0,550 l
1 **dry quart**
= 2 dry pints = 1,1 l
1 **peck**
= 8 dry quarts = 8,81 l
1 **bushel**
= 4 pecks = 35,24 l
1 **liquid gill**
= 0,118 l

1 **liquid pint**
= 4 liquid gills = 0,473 l
1 **liquid quart**
= 2 liquid pints = 0,946 l
1 **gallon**
= 4 liquid quarts = 3,785 l
1 **barrel**
= 31.50 gallons = 119 l
1 **barrel petroleum**
= 42 gallons = 158,97 l

Apothecaries' Fluid Measures — Mesures pharmaceutiques

1 **minim (min., m.)**
= 0,0006 dl
1 **fluid drachm, *Am.* dram (dr. fl.)**
= 60 minims = 0,0355 dl

1 **fluid ounce (oz. fl.)**
= 8 fluid drachms = 0,284 dl
1 **pint (pt.)**
Brit. = 20 fluid ounces = 0,586 l
Am. = 16 fluid ounces = 0,473 l

Avoirdupois Weight – Poids (système avoirdupois)

1 **grain (gr.)**
= 0,0684 g
1 **drachm, *Am.* dram (dr. av.)**
= 27.34 grains = 1,77 g
1 **ounce (oz. av.)**
= 16 drachms = 28,35 g
1 **pound (lb. av.)**
= 16 ounces = 0,453 kg
1 **stone (st.)**
= 14 pounds = 6,35 kg
1 **quarter (qr.)**

Brit. = 28 pounds = 12,70 kg
Am. = 25 pounds = 11,34 kg
1 **hundredweight (cwt.)**
Brit. = 112 pounds = 50,80 kg
Am. = 100 pounds = 45,36 kg
1 **long ton (tn. l.)**
Brit. = 20 hundredweights
= 1016 kg
1 **short ton (tn. sh.)**
Am. = 20 hundredweights
= 907,18 kg

Troy and Apothecaries' Weight – Poids (système troy) et poids pharmaceutiques

1 **grain (gr.)**
= 0,0684 g
1 **scruple (s. ap.)**
= 20 grains = 1,296 g
1 **pennyweight (dwt.)**
= 24 grains = 1,555 g

1 **drachm, *Am.* dram (dr. t., dr. ap.)**
= 3 scruples = 3,888 g
1 **ounce (oz. ap.)**
= 8 drachms = 31,104 g
1 **pound (lb. t., lb. ap.)**
= 12 ounces = 0,373 kg

Conjugations of English verbs

Conjugaisons des verbes anglais

a) Conjugaison régulière faible

L'actif du présent de l'indicatif a la forme de l'infinitif. La 3e personne du singulier se termine par **...s**. Après une consonne sonore, cet **s** se sonorise; p.ex. *he sends* [sendz]; après une consonne sourde, il est sourd; p.ex. *he paints* [peints]; après une sifflante, suivie d'un **e** muet ou non, elle se termine par **...es**, prononcé [iz]; p.ex. *he catches* ['kætʃiz], *wishes* ['wiʃiz], *passes* ['pɑːsiz], *judges* ['dʒʌdʒiz], *rises* ['raiziz]. Les verbes terminés par **...o** précédé d'une consonne la forment en **...es**, prononcé [z]; p.ex. *he goes* [gouz].

Le prétérit et le participe passé se forment en ajoutant **...ed**, ou, après e, **...d** seulement, à l'infinitif; p.ex. *fetched* [fetʃt], mais *agreed* [ə'griːd], *judged* [dʒʌdʒd]. La terminaison **...ed** se prononce [d] après un radical sonore; p.ex. *arrived* [ə'raivd], *judged* [dʒʌdʒd]. Ajoutée à la fin d'un radical sourd, elle se prononce [t]; p.ex. *liked* [laikt]. Après les verbes se terminant par **...d, ...de, ...t** et **...te** cet **...ed** se prononce [id]; p.ex. *mended* ['mendid], *glided* ['glaidid], *painted* ['peintid], *hated* ['heitid].

La terminaison du participe présent et du gérondif se rend par **...ing**. Les verbes terminés par **...ie** les forment en **...ying**; p.ex. *lie* [lai]: *lying* ['laiiŋ].

Les verbes terminés par **...y** précédé d'une consonne transforment cet **y** en **i** et prennent les terminaisons **...es**, **...ed**; devant **...ing**, **y** reste inchangé; p.ex. *try* [trai]: *he tries* [traiz], *he tried* [traid], mais *trying* ['traiiŋ].

Un **e** muet à la fin d'un verbe tombe devant **...ed** ou **...ing**; p.ex. *loved* [lʌvd], *loving* ['lʌviŋ]. Des cas exceptionnels sont *dyeing* ['daiiŋ] de *dye* [dai] et *shoeing* ['ʃuːiŋ] de *shoe* [ʃuː]. Pour des raisons phonétiques *singe* [sindʒ] a *singeing* ['sindʒiŋ] comme participe présent.

Les verbes terminés par une consonne simple précédée d'une seule voyelle accentuée, ou les verbes terminés par **r** simple, précédé d'une seule voyelle longue, redoublent leur consonne finale devant les terminaisons **...ed** et **...ing**; p.ex.

to lob [lɔb]	*lobbed* [lɔbd]	*lobbing* ['lɔbiŋ]
to wed [wed]	*wedded* ['wedid]	*wedding* ['wediŋ]
to beg [beg]	*begged* [begd]	*begging* ['begiŋ]
to step [step]	*stepped* [stept]	*stepping* ['stepiŋ]
to quit [kwit]	*quitted* ['kwitid]	*quitting* ['kwitiŋ]
to compel [kəm'pel]	*compelled* [kəm'peld]	*compelling* [kəm'peliŋ]
to bar [bɑː]	*barred* [bɑːd]	*barring* ['bɑːriŋ]
to stir [stəː]	*stirred* [stəːd]	*stirring* ['stəːriŋ]

Dans les verbes terminés par **...l** ou **...p**, précédé d'une seule voyelle simple, inaccentuée, le redouble-ment se fait si l'on écrit le mot à l'anglaise, et ne se fait pas générale-ment si on l'écrit à l'américaine:

| to travel ['trævl] | travelled ['trævld] | travelling ['trævliŋ] |
| to worship ['wɔːʃip] | worshipped ['wɔːʃipt] | worshipping ['wɔːʃipiŋ] |

Les verbes terminés par **...c** transforment ce **c** en **ck** devant **...ed** et **...ing**; p.ex. to traffic ['træfik] trafficked ['træfikt] trafficking ['træfikiŋ].

Le subjonctif présent a la même forme que l'indicatif, à l'exception de la 3e personne du singulier qui ne prend pas d's. Au prétérit il correspond à l'indicatif.

Les temps composés se forment à l'aide de l'auxiliaire to have, plus le participe passé.

Le passif se forme à l'aide de l'auxiliaire to be, plus le participe passé.

b) Liste des verbes forts et des verbes faibles irréguliers

La première forme en caractère gras indique le présent (present); après le premier tiret, on trouve le passé simple (preterite), après le deuxième tiret, le participe passé (past participle).

abide - abode - abode
arise - arose - arisen
awake - awoke - awoke, awaked

be (am, is, are) - was (were) - been
bear - bore - borne porté, born né
beat - beat - beaten, beat
become - became - become
beget - begot - begotten
begin - began - begun
belay - belayed, belaid - belayed, belaid
bend - bent - bent
bereave - bereaved, bereft - bereaved, bereft
beseech - besought - besought
bestead - besteaded - bested, bestead
bestrew - bestrewed - bestrewed, bestrewn
bestride - bestrode - bestridden
bet - bet, betted - bet, betted
bid - bade, bid - bidden, bid
bind - bound - bound
bite - bit - bitten
bleed - bled - bled
blow - blew - blown
break - broke - broken
breed - bred - bred
bring - brought - brought

build - built - built
burn - burnt, burned - burnt, burned
burst - burst - burst
buy - bought - bought

can - could
cast - cast - cast
catch - caught - caught
chide - chid - chid, chidden
choose - chose - chosen
cleave - clove, cleft - cloven, cleft
cling - clung - clung
clothe - clothed, poét. clad - clothed, poét. clad
come - came - come
cost - cost - cost
creep - crept - crept
cut - cut - cut

dare - dared, durst - dared
deal - dealt - dealt
dig - dug - dug
do - did - done
draw - drew - drawn
dream - dreamt, dreamed - dreamt, dreamed
drink - drank - drunk
drive - drove - driven
dwell - dwelt - dwelt

eat - ate -eaten

fall - fell - fallen
feed - fed - fed
feel - felt - felt
fight - fought - fought
find - found - found
flee - fled - fled
fling - flung - flung
fly - flew - flown
forbear - forbore - forborne
forbid - forbad(e) - forbidden
forget - forgot - forgotten
forgive - forgave - forgiven
forsake - forsook - forsaken
freeze - froze - frozen

geld - gelded, gelt - gelded, gelt
get - got - got
gild - gilded, gilt - gilded, gilt
gird - girded, girt - girded, girt
give - gave - given
go - went - gone
grave - graved - graved, graven
grind - ground - ground
grow - grew - grown

hang - hung, hanged - hung, hanged
have (has) - had - had
hear - heard - heard
heave - heaved, ⚓ hove - heaved, ⚓ hove
hew - hewed - hewed, hewn
hide - hid - hidden, hid
hit - hit - hit
hold - held - held
hurt - hurt - hurt

keep - kept - kept
kneel - knelt, kneeled - knelt, kneeled
knit - knitted, knit - knitted, knit
know - knew - known

lade - laded - laded, laden
lay - laid - laid
lead - led - led
lean - leaned, leant - leaned, leant
leap - leaped, leapt - leaped, leapt
learn - learned, learnt - learned, learnt
leave - left - left
lend - lent - lent

let - let - let
lie - lay - lain
light - lighted, lit - lighted, lit
lose - lost - lost

make - made - made
may - might
mean - meant - meant
meet - met - met
mow - mowed - mowed, mown
must - must

ought

pay - paid - paid
pen - penned, pent - penned, pent
put - put - put

read - read - read
rend - rent - rent
rid - ridded, rid - rid, ridded
ride - rode - ridden
ring - rang - rung
rise - rose - risen
rive - rived - riven
run - ran - run

saw - sawed - sawn, sawed
say - said - said
see - saw - seen
seek - sought - sought
sell - sold - sold
send - sent - sent
set - set - set
sew - sewed - sewed, sewn
shake - shook - shaken
shall - should
shave - shaved - shaved, shaven
shear - sheared - shorn
shed - shed - shed
shine - shone - shone
shoe - shod - shod
shoot - shot - shot
show - showed - shown
shred - shredded - shredded, shred
shrink - sharnk - shrunk
shut - shut - shut
sing - sang - sung
sink - sank - sunk
sit - sat - sat
slay - slew - slain
sleep - slept - slept
slide - slid - slid

sling - slung - slung
slink - slunk - slunk
slit - slit - slit
smell - smelt, smelled - smelt, smelled
smite - smote - smitten
sow - sowed - sown, sowed
speak - spoke - spoken
speed - sped, ⊕ speeded - sped, ⊕ speeded
spell - spelt, spelled - spelt, spelled
spend - spent - spent
spill - spilt, spilled - spilt, spilled
spin - spun, span - spun
spit - spat - spat
split - split - split
spoil - spoiled, spoilt - spoiled, spoilt
spread - spread - spread
spring - sprang - sprung
stand - stood - stood
stave - staved, stove - staved, stove
steal - stole - stolen
stick - stuck - stuck
sting - stung - stung
stink - stunk, stank - stunk
strew - strewed - (have) strewed, (be) strewn
stride - strode - stridden
strike - struck - struck

string - strung - strung
strive - strove - striven
swear - swore - sworn
sweep - swept - swept
swell - swelled - swollen
swim - swam - swum
swing - swung - swung

take - took - taken
teach - taught - taught
tear - tore - torn
tell - told - told
think - thought - thought
thrive - throve - thriven
throw - threw - thrown
thrust - thrust - thrust
tread - trod - trodden

wake - woke, waked - waked, woke(n)
wear - wore - worn
weave - wove - woven
weep - wept - wept
wet - wetted, wet - wetted, wet
will - would
win - won - won
wind - wound - wound
work - worked, *surt.* ⊕ wrought - worked, *surt.* ⊕ wrought
wring - wrung - wrung
write - wrote - written

Temperature Conversion Tables

Tables de conversion des températures

1. FROM −273 °C TO +1000 °C
1. DE −273 °C À +1000 °C

Celsius °C	Kelvin K	Fahrenheit °F	Réaumur °R
1000	1273	1832	800
950	1223	1742	760
900	1173	1652	720
850	1123	1562	680
800	1073	1472	640
750	1023	1382	600
700	973	1292	560
650	923	1202	520
600	873	1112	480
550	823	1022	440
500	773	932	400
450	723	842	360
400	673	752	320
350	623	662	280
300	573	572	240
250	523	482	200
200	473	392	160
150	423	302	120
100	373	212	80
95	368	203	76
90	363	194	72
85	358	185	68
80	353	176	64
75	348	167	60
70	343	158	56
65	338	149	52
60	333	140	48
55	328	131	44
50	323	122	40
45	318	113	36
40	313	104	32
35	308	95	28
30	303	86	24
25	298	77	20
20	293	68	16
15	288	59	12
10	283	50	8
+ 5	278	41	+ 4
0	273.15	32	0
− 5	268	23	− 4
− 10	263	14	− 8

Celsius °C	Kelvin K	Fahrenheit °F	Réaumur °R
− 15	258	+ 5	− 12
− 17.8	255.4	0	− 14.2
− 20	253	− 4	− 16
− 25	248	− 13	− 20
− 30	243	− 22	− 24
− 35	238	− 31	− 28
− 40	233	− 40	− 32
− 45	228	− 49	− 36
− 50	223	− 58	− 40
− 100	173	− 148	− 80
− 150	123	− 238	− 120
− 200	73	− 328	− 160
− 250	23˙	− 418	− 200
− 273.15	0	− 459.4	− 218.4

2. CLINICAL THERMOMETER
2. THERMOMÈTRE MÉDICAL

Celsius °C	Fahrenheit °F	Réaumur °R
42.0	107.6	33.6
41.8	107.2	33.4
41.6	106.9	33.3
41.4	106.5	33.1
41.2	106.2	33.0
41.0	105.8	32.8
40.8	105.4	32.6
40.6	105.1	32.5
40.4	104.7	32.3
40.2	104.4	32.2
40.0	104.0	32.0
39.8	103.6	31.8
39.6	103.3	31.7
39.4	102.9	31.5
39.2	102.6	31.4
39.0	102.2	31.2
38.8	101.8	31.0
38.6	101.5	30.9
38.4	101.1	30.7
38.2	100.8	30.6
38.0	100.4	30.4
37.8	100.0	30.2
37.6	99.7	30.1
37.4	99.3	29.9
37.2	99.0	29.8
37.0	98.6	29.6
36.8	98.2	29.4
36.6	97.9	29.3

3. RULES FOR CONVERTING TEMPERATURES
3. FORMULES DE CONVERSION DES TEMPÉRATURES

	Celsius	Kelvin
$x\,°\text{C}$	—	$= x + 273.15\,\text{K}$
$x\,\text{K}$	$= x - 273.15\,°\text{C}$	—
$x\,°\text{F}$	$= \dfrac{5}{9}(x - 32)\,°\text{C}$	$= \dfrac{5}{9}(x - 32) + 273.15\,\text{K}$
$x\,°\text{R}$	$= \dfrac{5}{4}x\,°\text{C}$	$= \left(\dfrac{5}{4}x\right) + 273.15\,\text{K}$

	Fahrenheit	Réaumur
$x\,°\text{C}$	$= \dfrac{9}{5}x + 32\,°\text{F}$	$= \left(\dfrac{4}{5}x\right)\,°\text{R}$
$x\,\text{K}$	$= \dfrac{9}{5}(x - 273.15) + 32\,°\text{F}$	$= \dfrac{4}{5}(x - 273.15)\,°\text{R}$
$x\,°\text{F}$	—	$= \dfrac{4}{9}(x - 32)\,°\text{R}$
$x\,°\text{R}$	$= \left(\dfrac{9}{4}x\right) + 32\,°\text{F}$	—

Phonetic Alphabets

Codes d'épellation

	Français	Anglais britannique	Anglais américain	International	Aviation civile
A	Anatole	Andrew	Abel	Amsterdam	Alfa
B	Berthe	Benjamin	Baker	Baltimore	Bravo
C	Célestin	Charlie	Charlie	Casablanca	Charlie
D	Désiré	David	Dog	Danemark	Delta
E	Eugène	Edward	Easy	Edison	Echo
É	Émile	—	—	—	—
F	François	Frederick	Fox	Florida	Foxtrot
G	Gaston	George	George	Gallipoli	Golf
H	Henri	Harry	How	Havana	Hotel
I	Irma	Isaac	Item	Italia	India
J	Joseph	Jack	Jig	Jerusalem	Juliett
K	Kléber	King	King	Kilogramme	Kilo
L	Louis	Lucy	Love	Liverpool	Lima
M	Marcel	Mary	Mike	Madagaskar	Mike
N	Nicolas	Nellie	Nan	New York	November
O	Oscar	Oliver	Oboe	Oslo	Oscar
P	Pierre	Peter	Peter	Paris	Papa
Q	Quintal	Queenie	Queen	Québec	Quebec
R	Raoul	Robert	Roger	Roma	Romeo
S	Suzanne	Sugar	Sugar	Santiago	Sierra
T	Thérèse	Tommy	Tare	Tripoli	Tango
U	Ursule	Uncle	Uncle	Upsala	Uniform
V	Victor	Victor	Victor	Valencia	Victor
W	William	William	William	Washington	Whiskey
X	Xavier	Xmas	X	Xanthippe	X-Ray
Y	Yvonne	Yellow	Yoke	Yokohama	Yankee
Z	Zoé	Zebra	Zebra	Zürich	Zulu